Diccionario Bíblico Ilustrado HOLMAN

Diccionario Bíblico Ilustrado HOLMAN

EDICIÓN GENERAL
S. Leticia Calçada

Edición General de la Obra en Inglés
Chad Brand, Charles Draper, Archie England

Editores Asociados
Steve Bond, E. Ray Clendenen

Director de la Primera Edición en Inglés
Trent C. Butler

Reconstrucciones Bíblicas a Escala
Bill Latta

Nashville, Tennessee

Diccionario Bíblico Ilustrado Holman

Nashville, Tennessee 37234

ISBN: 978-0-8054-9490-7
Clasificación Decimal Dewey: 220.3
BIBLIA—DICCIONARIOS

Publicado originalmente en inglés por B&H Publishing Group con el título
Holman Illustrated Bible Dictionary © 2003 por Holman Bible Publishers

Edición General: S. Leticia Calçada, ThM
Coordinación editorial: Adriana Otero
Equipo de traducción: Alicia Ana Güerci, Adriana Powell, Gabriela Bosco,
Cecilia Romanenghi de De Francesco, Adriana E. Tessore Firpi.

Tipografía de la edición en español: *A&W Publishing Electronic Services, Inc.*

Impreso en China

8 9 10 11 12 13 • 16 15 14 13 12

Prólogo

Desde el comienzo de la iglesia cristiana, los creyentes han considerado que las Sagradas Escrituras constituyen la totalidad de la revelación divina. El día que nació la iglesia, la autoridad bíblica plena era el Antiguo Testamento. A su debido tiempo se vio la necesidad de ampliar el texto escritural; así pues, la autoridad de los libros que conforman el Nuevo Testamento se confirmó mediante un largo proceso de canonización que se extendió por varios siglos. La fe histórica de la iglesia establece que la revelación escrita autorizada empieza y termina en la Biblia. Estas declaraciones teológicas fundamentales son esenciales para este proyecto. Declaramos de manera fehaciente nuestro compromiso y el de los demás editores en cuanto a la confiabilidad, veracidad, exactitud, inerrancia e infalibilidad bíblica.

Asimismo, no hay nada más elemental para progresar en la vida cristiana y en cualquier ministerio que poseer un conocimiento básico de las Escrituras. Deseamos sinceramente que este libro desempeñe múltiples propósitos, tales como facilitar la adquisición de conocimiento bíblico, entender su significado y mensaje y brindar acceso a una esfera más amplia de erudición escritural.

Nos apoyamos en la labor de escritores y editores de la obra original en inglés. Es interesante observar que, al igual que esta traducción al castellano, ese proyecto también llevó varios años. Esta edición del Diccionario incluye la mejor información producto de las investigaciones bíblicas más recientes.

Agradecemos profundamente la oportunidad de colaborar con tantas personas talentosas en la realización del *Diccionario Bíblico Ilustrado Holman*. Este proyecto no se podría haber concretado sin la dirección, participación, paciencia y respaldo diligentes y dinámicos del departamento de Biblias de B&H y la profesionalidad de traductores y editores de primer nivel, y estamos sumamente agradecidos a cientos de escritores talentosos.

Si bien nuestro objetivo es ayudar a un público amplio que incluya desde laicos hasta estudiantes y pastores, creemos que este Diccionario también es beneficioso para profesores y eruditos. La edición en inglés de esta obra llegó al millón de ejemplares, y es nuestro deseo que esta obra en español llegue a cientos de miles de lectores. Al saber que esta obra estará entre los diccionarios bíblicos de mayor venta, recomendamos el Diccionario esperando y rogándole a Dios que resulte tan duradero y valioso como su precursor y que sea asimismo ampliamente aceptado.

Los editores generales del proyecto

S. Leticia Calçada, ThM
Dr. Chad Owen Brand
Dr. Charles W. Draper
Dr. Archie W. England

Índice

Material e información especial a través de la obra

GRÁFICOS

RECONSTRUCCIONES A ESCALA

MAPAS

TRASFONDO DE LA BIBLIA Y CULTURA EN TIEMPOS BÍBLICOS

DOCTRINA Y VIDA CRISTIANA

Abreviaturas

a.C.	antes de Cristo
aprox.	aproximadamente
aram.	arameo
AT	Antiguo Testamento
°C	grado centígrado
cap.	capítulo
cm	centímetro
comp.	comparar
d.C	después de Cristo
°F	grado Fahrenheit
gr	gramo
gr.	griego
(h)	hijo
heb.	hebreo
ha.	hectárea
km	kilómetro
k	kilo
lat.	latín
lit.	literalmente
LXX	Septuaginta
m	metro
Mac.	Macabeos
ms (s)	manuscrito (s)
Mte.	Monte
NT	Nuevo Testamento
pl	plural
p.ej.	por ejemplo
RMM	Rollos del Mar Muerto
sin.	sinónimo
sing.	singular
sir.	siríaco
TM	Texto Masorético
v., vv.	versículo (s)
vol (s)	volumen (s)

Transliteración de hebreo, griego y arameo

Hebreo		Griego	
א	ʾ	α	a
בּ ב	b	β	b
גּ ג	g	γ	g
דּ ד	d	δ	d
ה	h	ϵ	e
ו	w	ζ	z
ז	z	η	e
ח	ch	θ	th
ט	t	ι	i
י	y	κ	k
כּ כ	k	λ	l
ל	l	μ	m
מ	m	ν	n
נ	n	ξ	x
ס	s	ο	o
ע	ʿ	π	p
פּ פ	p ph	ρ	r
צ	ts	σ	s
ק	q	τ	t
ר	r	υ	u
שׂ	s	φ	ph
שׁ	sh	χ	ch
ת	t	ψ	ps
		ω	o

vocal shewa	«
patach	a
qamets	a
qamets chatuph	o
tsere	e (plena y defectiva)
segol	e
chireq	i (corta y larga)
cholem	o (plena y defectiva)
qibbuts	u
shureq	u

Cronología

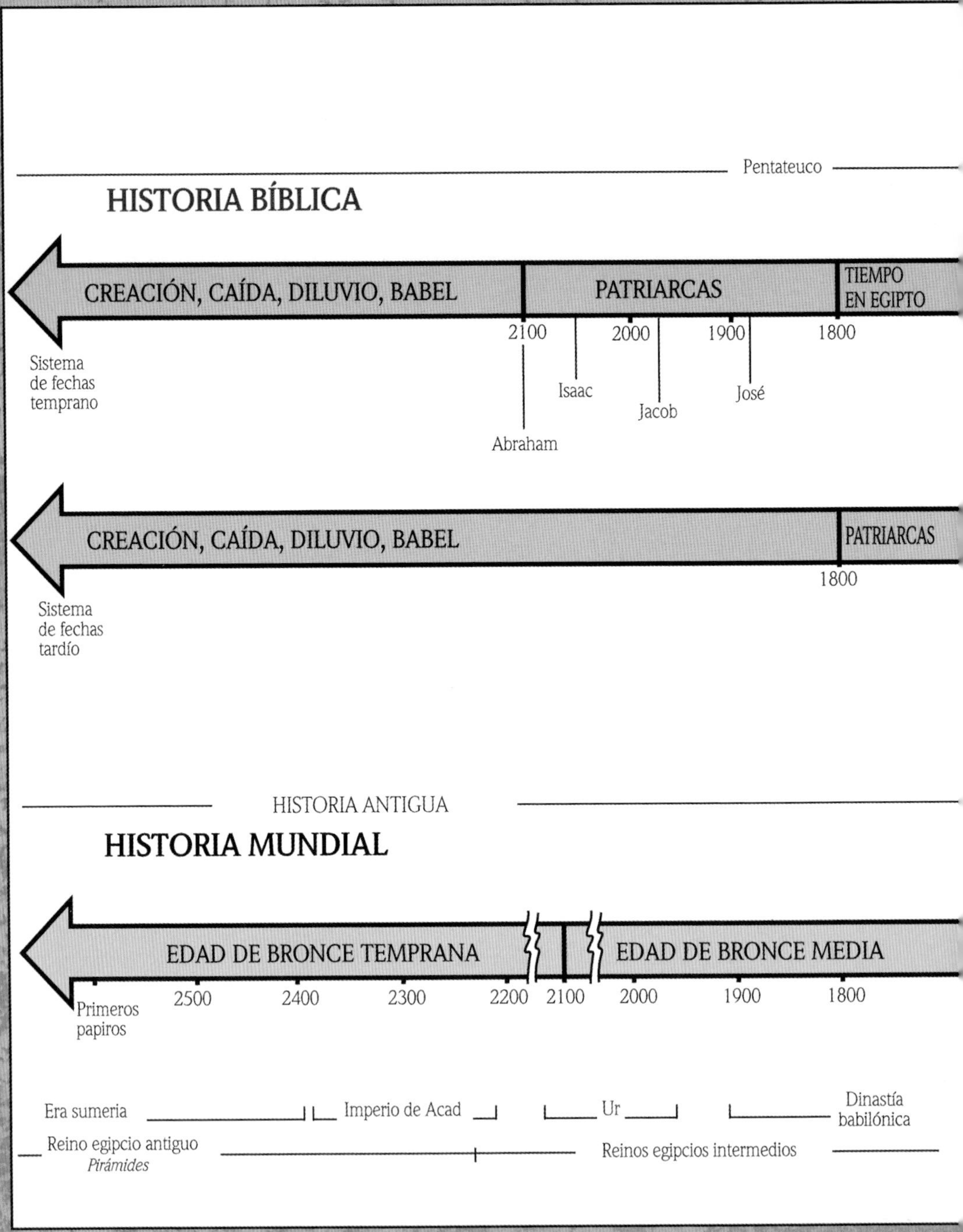

Pentateuco

HISTORIA BÍBLICA

CREACIÓN, CAÍDA, DILUVIO, BABEL | PATRIARCAS | TIEMPO EN EGIPTO

2100 | 2000 | 1900 | 1800

Sistema de fechas temprano

Abraham

Isaac

Jacob

José

CREACIÓN, CAÍDA, DILUVIO, BABEL | PATRIARCAS

1800

Sistema de fechas tardío

HISTORIA ANTIGUA

HISTORIA MUNDIAL

EDAD DE BRONCE TEMPRANA | EDAD DE BRONCE MEDIA

Primeros papiros

2500 | 2400 | 2300 | 2200 | 2100 | 2000 | 1900 | 1800

Era sumeria

Imperio de Acad

Ur

Dinastía babilónica

Reino egipcio antiguo
Pirámides

Reinos egipcios intermedios

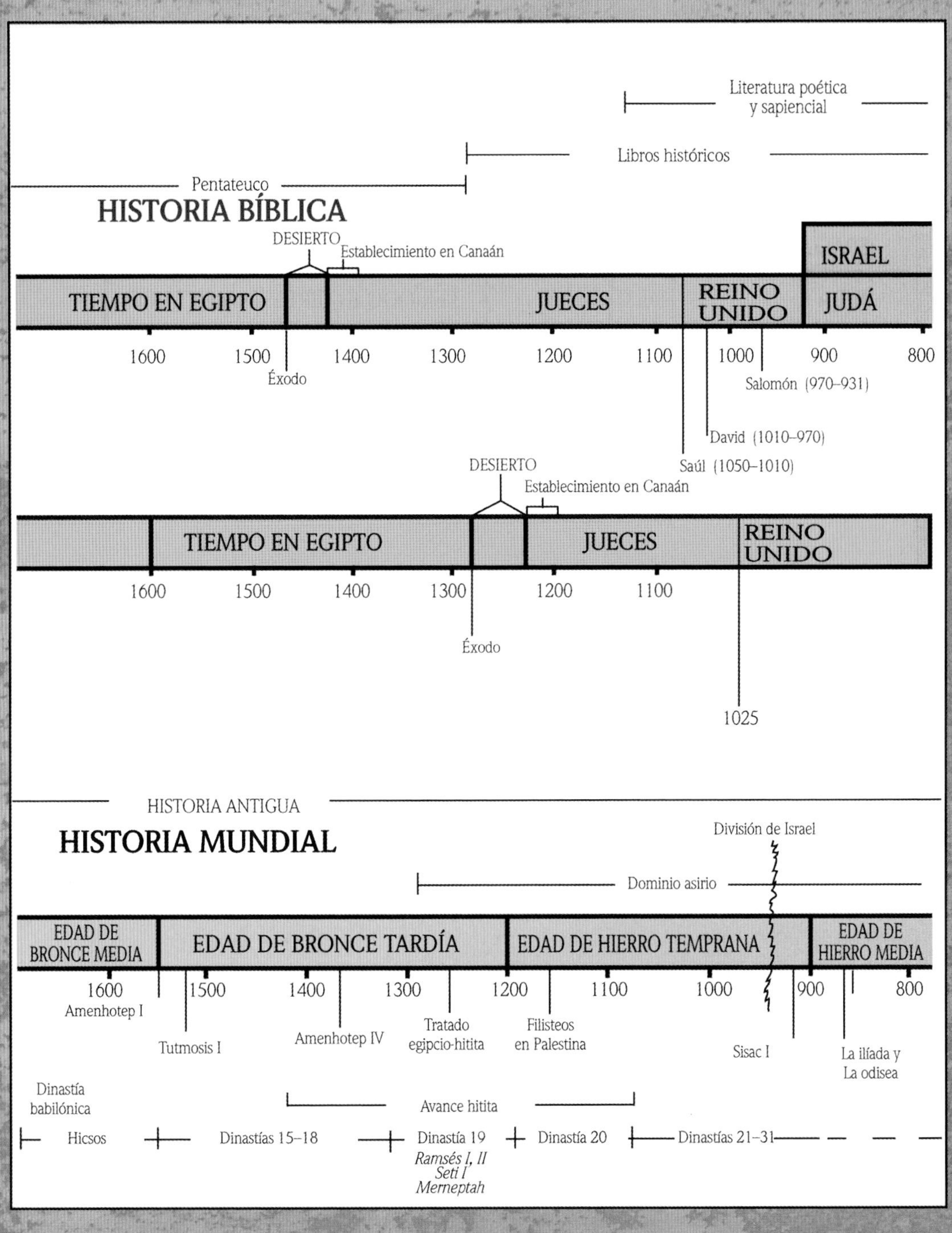

Literatura poética y sapiencial
Libros históricos
Pentateuco
HISTORIA BÍBLICA
DESIERTO
Establecimiento en Canaán
ISRAEL
TIEMPO EN EGIPTO
JUECES
REINO UNIDO
JUDÁ
1600
1500
1400
1300
1200
1100
1000
900
800
Éxodo
Salomón (970–931)
David (1010–970)
Saúl (1050–1010)
DESIERTO
Establecimiento en Canaán
TIEMPO EN EGIPTO
JUECES
REINO UNIDO
1600
1500
1400
1300
1200
1100
Éxodo
1025
HISTORIA ANTIGUA
HISTORIA MUNDIAL
División de Israel
Dominio asirio
EDAD DE BRONCE MEDIA
EDAD DE BRONCE TARDÍA
EDAD DE HIERRO TEMPRANA
EDAD DE HIERRO MEDIA
1600
1500
1400
1300
1200
1100
1000
900
800
Amenhotep I
Tutmosis I
Amenhotep IV
Tratado egipcio-hitita
Filisteos en Palestina
Sisac I
La ilíada y La odisea
Dinastía babilónica
Avance hitita
Hicsos
Dinastías 15–18
Dinastía 19
Dinastía 20
Dinastías 21–31
Ramsés I, II
Seti I
Merneptah

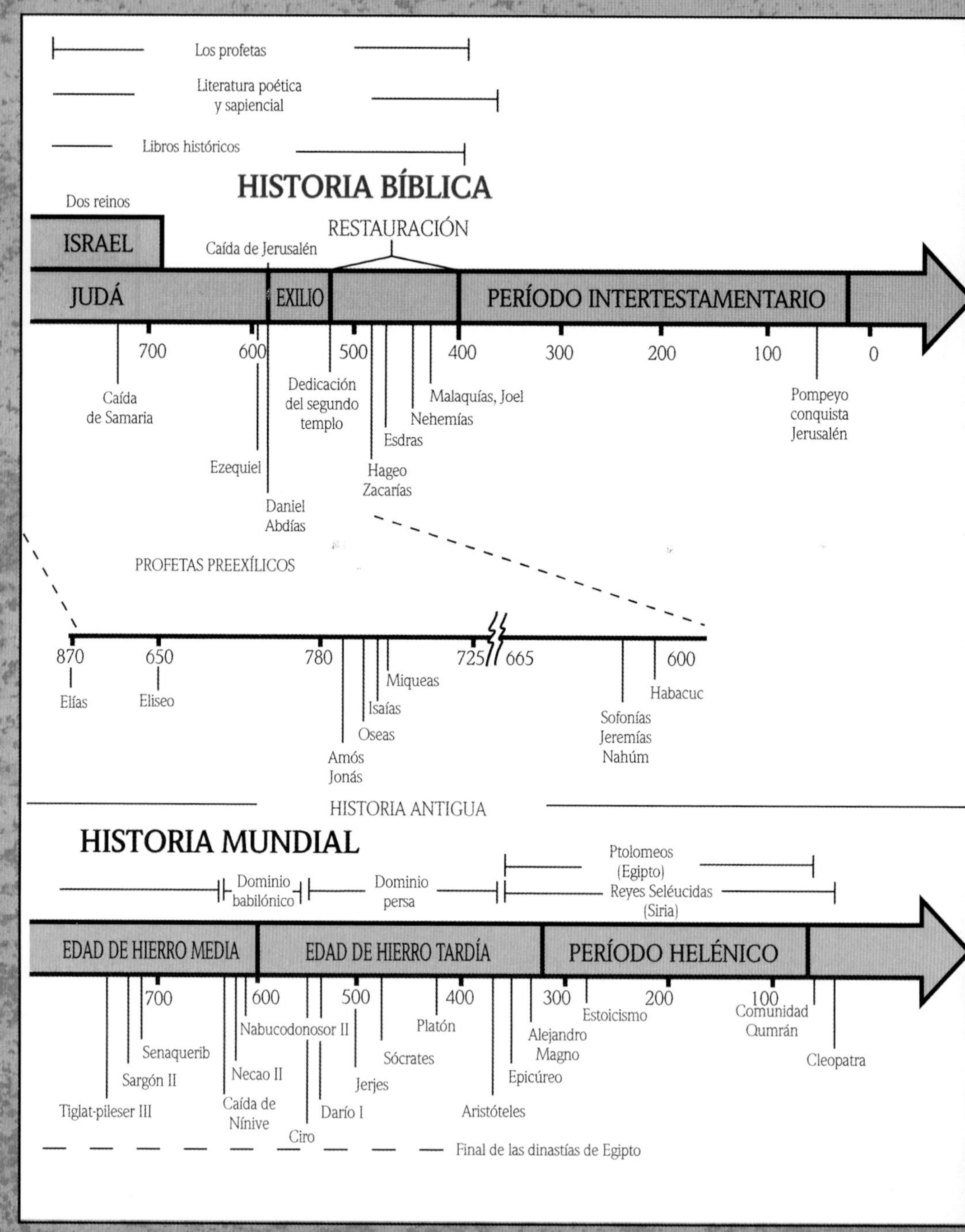

Los profetas
Literatura poética y sapiencial
Libros históricos
HISTORIA BÍBLICA
Dos reinos
ISRAEL
RESTAURACIÓN
Caída de Jerusalén
JUDÁ
EXILIO
PERÍODO INTERTESTAMENTARIO
700
600
500
400
300
200
100
0
Caída de Samaria
Dedicación del segundo templo
Malaquías, Joel
Nehemías
Esdras
Pompeyo conquista Jerusalén
Ezequiel
Hageo
Zacarías
Daniel
Abdías
PROFETAS PREEXÍLICOS
870
650
780
725
665
600
Elías
Eliseo
Miqueas
Isaías
Oseas
Amós
Jonás
Habacuc
Sofonías
Jeremías
Nahúm
HISTORIA ANTIGUA
HISTORIA MUNDIAL
Ptolomeos (Egipto)
Dominio babilónico
Dominio persa
Reyes Seléucidas (Siria)
EDAD DE HIERRO MEDIA
EDAD DE HIERRO TARDÍA
PERÍODO HELÉNICO
700
600
500
400
300
200
100
Estoicismo
Comunidad Qumrán
Nabucodonosor II
Platón
Alejandro Magno
Senaquerib
Sócrates
Cleopatra
Sargón II
Necao II
Epicúreo
Jerjes
Tiglat-pileser III
Caída de Nínive
Darío I
Aristóteles
Ciro
Final de las dinastías de Egipto

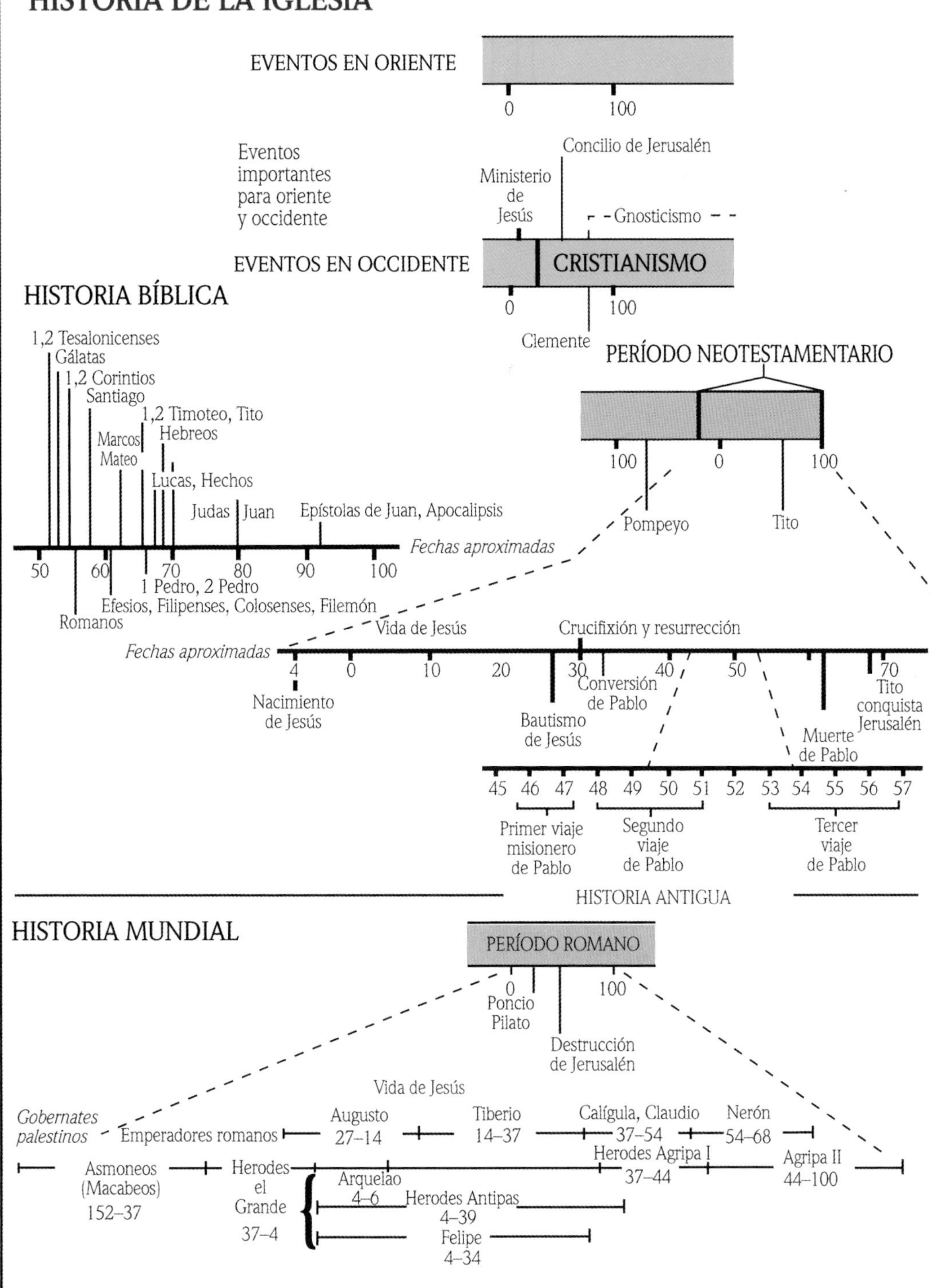
HISTORIA DE LA IGLESIA
EVENTOS EN ORIENTE
0
100
Eventos importantes para oriente y occidente
Concilio de Jerusalén
Ministerio de Jesús
Gnosticismo
EVENTOS EN OCCIDENTE
CRISTIANISMO
0
100
Clemente
HISTORIA BÍBLICA
1,2 Tesalonicenses
Gálatas
1,2 Corintios
Santiago
1,2 Timoteo, Tito
Hebreos
Marcos
Mateo
Lucas, Hechos
Judas
Juan
Epístolas de Juan, Apocalipsis
Fechas aproximadas
50
60
70
80
90
100
1 Pedro, 2 Pedro
Efesios, Filipenses, Colosenses, Filemón
Romanos
PERÍODO NEOTESTAMENTARIO
100
0
100
Pompeyo
Tito
Vida de Jesús
Crucifixión y resurrección
Fechas aproximadas
4
0
10
20
30
40
50
70
Nacimiento de Jesús
Bautismo de Jesús
Conversión de Pablo
Muerte de Pablo
Tito conquista Jerusalén
45 46 47 48 49 50 51 52 53 54 55 56 57
Primer viaje misionero de Pablo
Segundo viaje de Pablo
Tercer viaje de Pablo
HISTORIA ANTIGUA
HISTORIA MUNDIAL
PERÍODO ROMANO
0
100
Poncio Pilato
Destrucción de Jerusalén
Vida de Jesús
Gobernates palestinos
Emperadores romanos
Augusto 27–14
Tiberio 14–37
Calígula, Claudio 37–54
Nerón 54–68
Asmoneos (Macabeos) 152–37
Herodes el Grande 37–4
Arquelao 4–6
Herodes Antipas 4–39
Felipe 4–34
Herodes Agripa I 37–44
Agripa II 44–100

HISTORIA DE LA IGLESIA

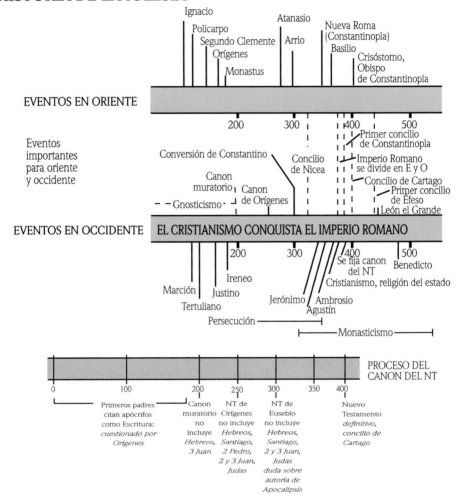

Ignacio
Policarpo
Segundo Clemente
Orígenes
Monastus
Atanasio
Arrio
Nueva Roma (Constantinopla)
Basilio
Crisóstomo, Obispo de Constantinopla

EVENTOS EN ORIENTE

200 300 400 500

Eventos importantes para oriente y occidente

Primer concilio de Constantinopla
Conversión de Constantino
Concilio de Nicea
Imperio Romano se divide en E y O
Canon muratorio
Canon de Orígenes
Concilio de Cartago
Primer concilio de Éfeso
– – Gnosticismo – –
León el Grande

EVENTOS EN OCCIDENTE

EL CRISTIANISMO CONQUISTA EL IMPERIO ROMANO

200 300 400 500

Se fija canon del NT
Benedicto
Ireneo
Cristianismo, religión del estado
Marción
Justino
Tertuliano
Jerónimo
Ambrosio
Agustín
Persecución
Monasticismo

PROCESO DEL CANON DEL NT

0 100 200 250 300 350 400

Primeros padres citan apócrifos como Escritura: *cuestionado por Orígenes*

Canon muratorio no incluye *Hebreos, 3 Juan*

NT de Orígenes no incluye *Hebreos, Santiago, 2 Pedro, 2 y 3 Juan, Judas*

NT de Eusebio no incluye *Hebreos, Santiago, 2 y 3 Juan, Judas duda sobre autoría de Apocalipsis*

Nuevo Testamento *definitivo, concilio de Cartago*

HISTORIA ANTIGUA —— HISTORIA MEDIEVAL

HISTORIA MUNDIAL

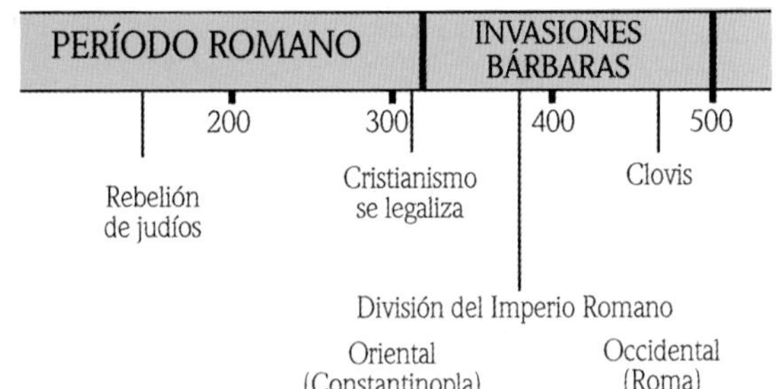

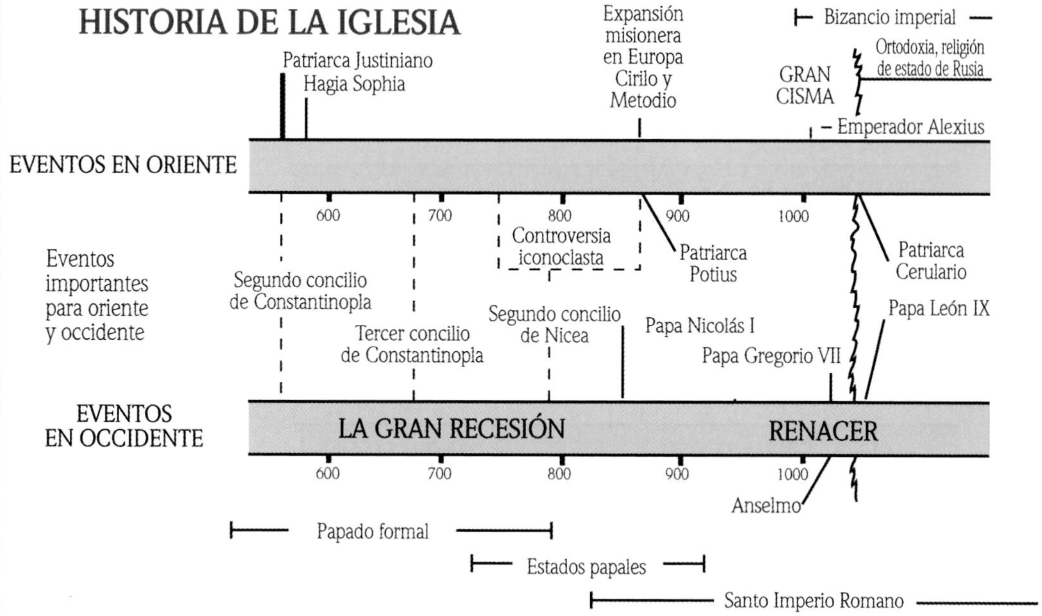

HISTORIA DE LA IGLESIA
Patriarca Justiniano
Hagia Sophia
Expansión misionera en Europa Cirilo y Metodio
Bizancio imperial
GRAN CISMA
Ortodoxia, religión de estado de Rusia
Emperador Alexius
EVENTOS EN ORIENTE
600
700
800
900
1000
Controversia iconoclasta
Patriarca Potius
Patriarca Cerulario
Eventos importantes para oriente y occidente
Segundo concilio de Constantinopla
Tercer concilio de Constantinopla
Segundo concilio de Nicea
Papa Nicolás I
Papa León IX
Papa Gregorio VII
EVENTOS EN OCCIDENTE
LA GRAN RECESIÓN
RENACER
600
700
800
900
1000
Anselmo
Papado formal
Estados papales
Santo Imperio Romano

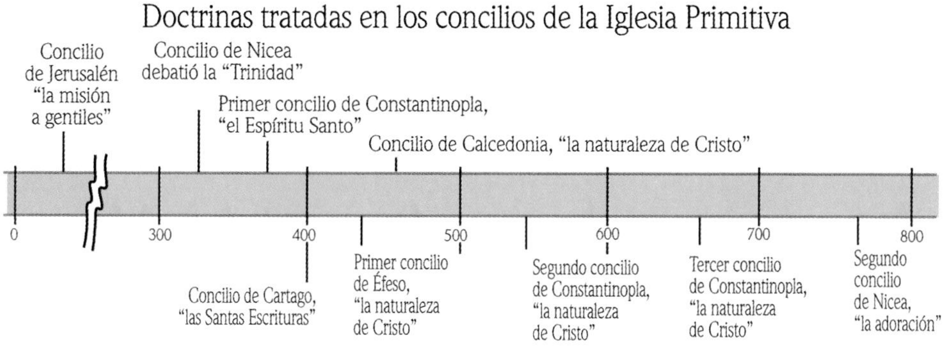

Doctrinas tratadas en los concilios de la Iglesia Primitiva
Concilio de Jerusalén "la misión a gentiles"
Concilio de Nicea debatió la "Trinidad"
Primer concilio de Constantinopla, "el Espíritu Santo"
Concilio de Calcedonia, "la naturaleza de Cristo"
0
300
400
500
600
700
800
Concilio de Cartago, "las Santas Escrituras"
Primer concilio de Éfeso, "la naturaleza de Cristo"
Segundo concilio de Constantinopla, "la naturaleza de Cristo"
Tercer concilio de Constantinopla, "la naturaleza de Cristo"
Segundo concilio de Nicea, "la adoración"

HISTORIA MEDIEVAL
HISTORIA MUNDIAL
INVASIONES BÁRBARAS
ERA MEDIEVAL
CRUZADAS
500
600
700
800
900
1000
1100
Papa Gregorio I
Mahoma
Carlomagno
Fundación del reino ruso
Papiro reemplazado por papel
Conquista normanda
Gran cisma de la Iglesia oriente/occidente

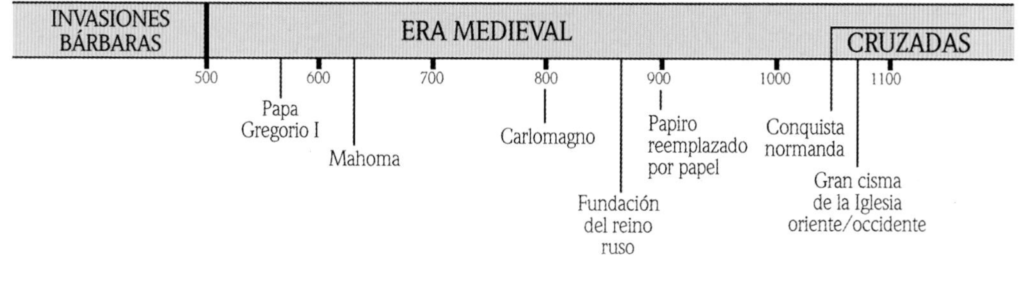

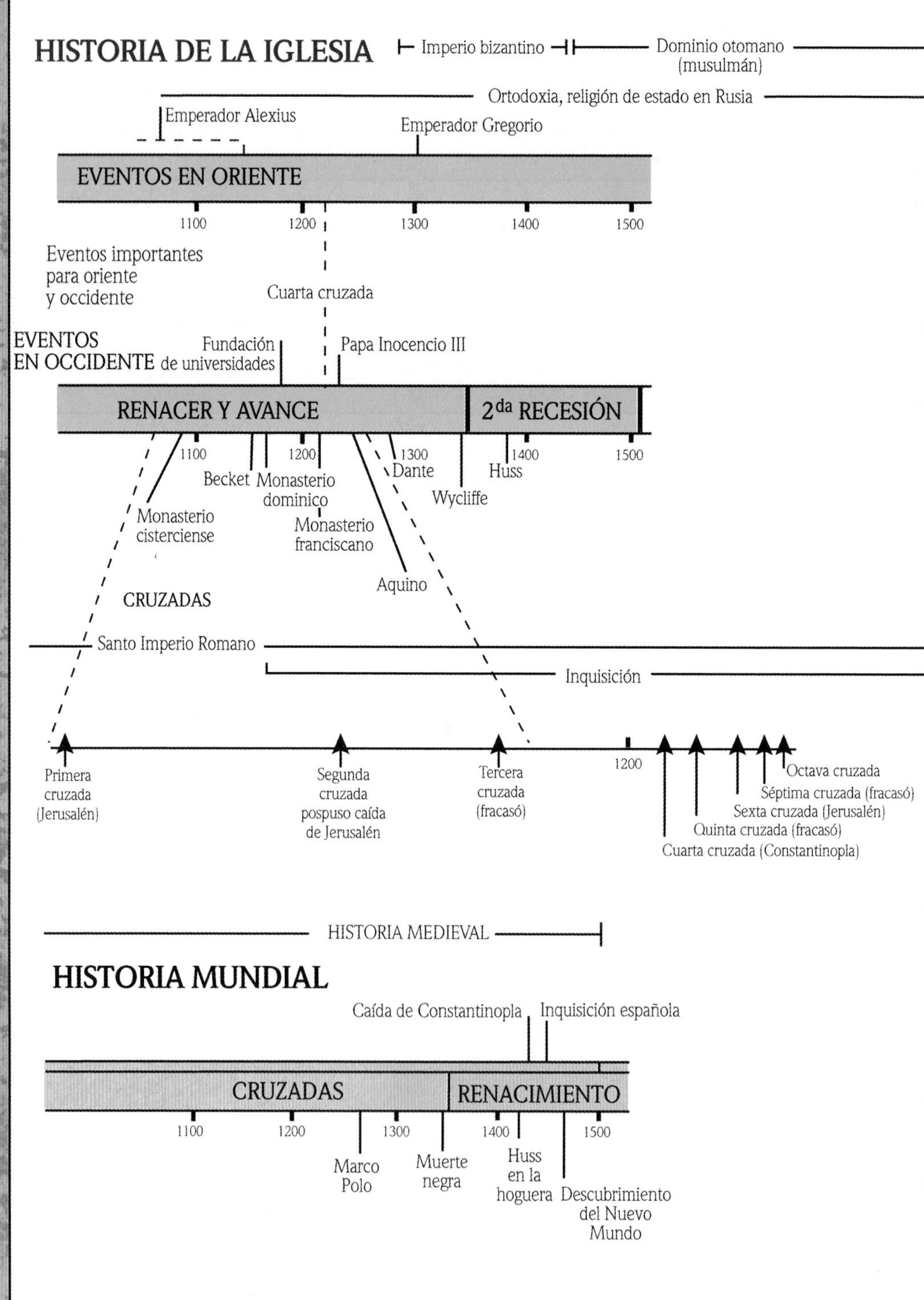
HISTORIA DE LA IGLESIA
Imperio bizantino
Dominio otomano (musulmán)
Ortodoxia, religión de estado en Rusia
Emperador Alexius
Emperador Gregorio
EVENTOS EN ORIENTE
1100
1200
1300
1400
1500
Eventos importantes para oriente y occidente
Cuarta cruzada
EVENTOS EN OCCIDENTE
Fundación de universidades
Papa Inocencio III
RENACER Y AVANCE
2da RECESIÓN
1100
1200
1300
1400
1500
Becket
Monasterio dominico
Dante
Huss
Wycliffe
Monasterio cisterciense
Monasterio franciscano
Aquino
CRUZADAS
Santo Imperio Romano
Inquisición
1200
Primera cruzada (Jerusalén)
Segunda cruzada pospuso caída de Jerusalén
Tercera cruzada (fracasó)
Octava cruzada
Séptima cruzada (fracasó)
Sexta cruzada (Jerusalén)
Quinta cruzada (fracasó)
Cuarta cruzada (Constantinopla)
HISTORIA MEDIEVAL
HISTORIA MUNDIAL
Caída de Constantinopla
Inquisición española
CRUZADAS
RENACIMIENTO
1100
1200
1300
1400
1500
Marco Polo
Muerte negra
Huss en la hoguera
Descubrimiento del Nuevo Mundo

HISTORIA DE LA IGLESIA

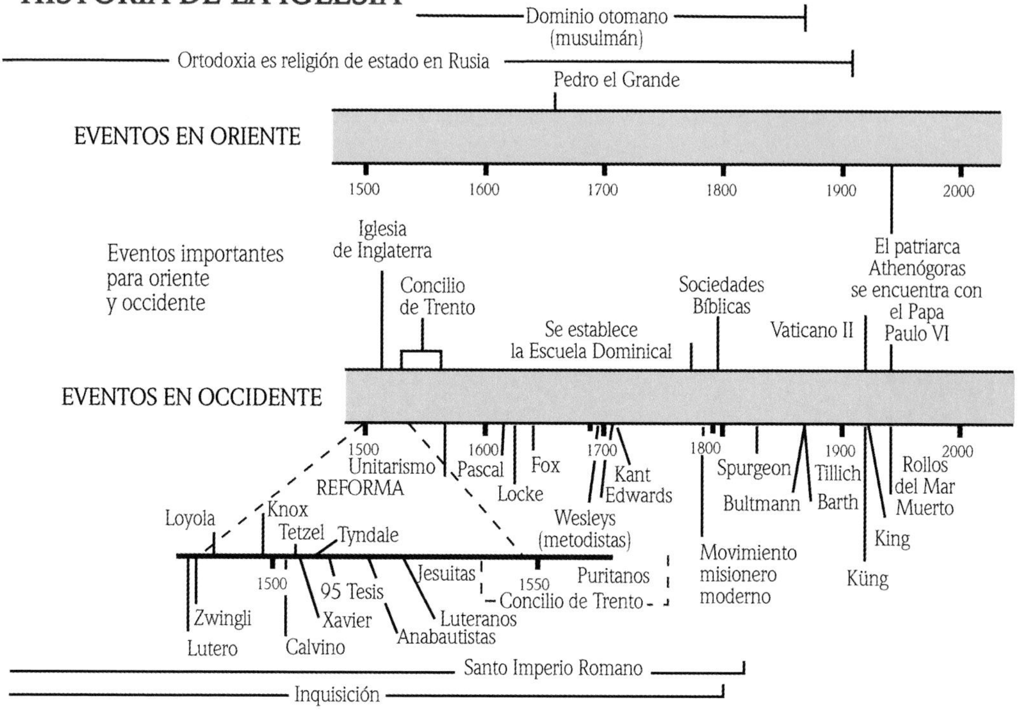

Dominio otomano (musulmán)
Ortodoxia es religión de estado en Rusia
Pedro el Grande
EVENTOS EN ORIENTE
1500
1600
1700
1800
1900
2000
Eventos importantes para oriente y occidente
Iglesia de Inglaterra
Concilio de Trento
Se establece la Escuela Dominical
Sociedades Bíblicas
Vaticano II
El patriarca Athenógoras se encuentra con el Papa Paulo VI
EVENTOS EN OCCIDENTE
1500
1600
1700
1800
1900
2000
Unitarismo
Pascal
Locke
Fox
Kant
Edwards
Wesleys (metodistas)
Spurgeon
Bultmann
Tillich
Barth
Rollos del Mar Muerto
King
Küng
Movimiento misionero moderno
REFORMA
Loyola
Knox
Tetzel
Tyndale
1500
1550
Jesuitas
Puritanos
95 Tesis
Concilio de Trento
Zwingli
Lutero
Calvino
Xavier
Luteranos
Anabautistas
Santo Imperio Romano
Inquisición

HISTORIA MUNDIAL

HISTORIA MEDIEVAL
HISTORIA MODERNA
ERA DE LAS CRISIS
Pedro el Grande
ILUSTRACIÓN
ERA DE LA REVOLUCIÓN
ERA DE LA INDUSTRIA
REFORMA
ERA DE LA CIENCIA
Primera Guerra Mundial
Segunda Guerra Mundial
RENACIMIENTO
EDAD MODERNA
CIVILIZACIÓN MUNDIAL
1500
1600
1700
1800
1900
2000
Napoleón
Revolución Francesa
Kepler
Newton
Varias independencias americanas
Explosión medios de difusión
REFORMA
Revuelta del campesinado
Guerras francesas
1500
10
20
30
40
50
60
70
80
90
1600
Imperio de Carlos V
95 tesis de Martín Lutero
Thomas Moore
Miguel Ángel
Juan Calvino
Fundación orden jesuita
Finaliza Concilio de Trento
Felipe II España
Isabel I Inglaterra

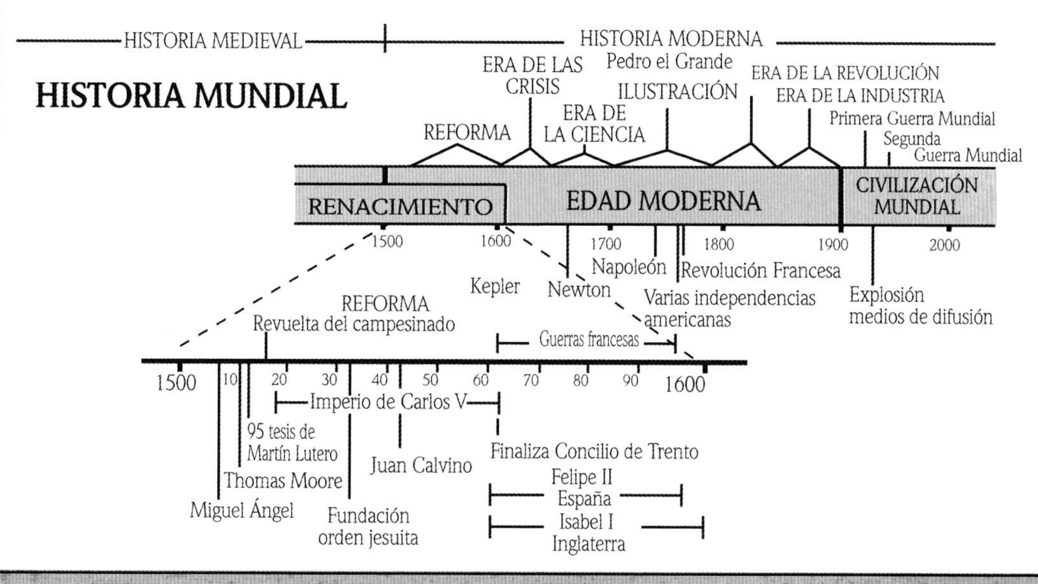

Información sobre la Biblia de la A a la Z

La antigua acrópolis de Atenas, Grecia.

A

AARÓN Hermano de Moisés; primer sumo sacerdote de Israel. Sus padres, Amram y Jocabed, eran de la tribu de Leví, la tribu de sacerdotes de Israel (Ex. 6:16-26). Su hermana se llamaba María. Aarón tuvo cuatro hijos con su esposa Elisabet: Nadab, Abiú, Eleazar e Itamar. Los dos primeros murieron cuando ofrecieron sacrificios con fuego que Dios no había ordenado (Lev. 10:1-2; 16:1-2). A partir de los hijos que quedaron se desarrollaron dos linajes sacerdotales: de Itamar, pasando por Elí, hasta Abiatar, y de Eleazar hasta Sadoc (1 Sam. 14:3; 22:20; 1 Rey. 2:26-27; 1 Crón. 6:50-53).

Aarón tuvo el gozo de comenzar el sacerdocio formal de Israel, de ser consagrado para el oficio (Ex. 28–29; Lev. 8–9), de llevar las primeras vestimentas sacerdotales y de iniciar el sistema de sacrificios (Lev. 1–7). También padeció la carga de su oficio cuando sus hijos murieron a causa de la desobediencia (Lev. 10:1-2) y no pudo hacer duelo por ellos (Lev. 10:6-7). También asumió las reglas especiales de conducta, de vestimenta y de purificación ritual (Lev. 21–22).

Aarón no pudo vivir a la altura de esos patrones tan elevados. En consecuencia, tuvo que ofrecer sacrificios por sus propios pecados (Lev. 16:11). Luego, cumpliendo su oficio purificado y santo, ofrecía sacrificios por los demás. A pesar de su imperfección, Aarón sirvió como símbolo o tipo del sacerdocio perfecto tal como se ve en el Salmo 110:4, donde el rey futuro se describía como el sacerdote eterno. Zacarías 6:11-15 también habla de un sacerdote, Josué, en términos tipológicos. De este modo, el imperfecto Aarón sentó las bases de un oficio cargado de significado simbólico para Israel.

Aun con todas sus fallas, Aarón fue un hombre escogido por Dios. No sabemos qué hizo durante los 40 años en que Moisés estuvo exiliado de Egipto, aunque sabemos que mantuvo su fe, continuó en contacto con los líderes de Israel y no se olvidó de su hermano (Ex. 4:27-31). Como tenía facilidad para hablar, sirvió con excelencia como vocero de Moisés ante Faraón. En más de una ocasión extendió la vara de Moisés para desencadenar sobre la tierra las plagas enviadas por Dios (Ex. 7:9,19). Cuando estaban en el desierto, Aarón y Hur ayudaron a Moisés a sostener en alto la vara, símbolo del poder de Dios, a fin de que Israel pudiera prevalecer sobre Amalec (Ex. 17:12).

En el Sinaí, Aarón y sus dos hijos mayores, Nadab y Abiú, fueron llamados para subir al monte con Moisés y los 70 ancianos (Ex. 24:9). Allí adoraron, comieron y bebieron en comunión celestial. Cuando Moisés y Josué continuaron subiendo, Moisés dejó a cargo a Aarón y a Hur (Ex. 24:14). Cuando Moisés se demoró en el monte, el pueblo le pidió a Aarón que hiciera algo. "Haznos dioses", clamaron (Ex. 32:1). El pecado de ellos fue tanto el politeísmo (la adoración a muchos dioses) como la idolatría. Aarón accedió de inmediato e hizo un becerro, y aparentemente lideró a los demás en la adoración.

Hubo otra ocasión en que Aarón obró mal. En Números 12, María y él hablaron en contra del casamiento de Moisés con la mujer cusita (etíope). (Cus era un nombre antiguo que se le daba a la región del Alto Egipto; aprox. la Sudán moderna.) El vínculo entre la mujer cusita y Séfora no es claro. Se han brindado numerosas explicaciones. Algunos creen que Séfora había muerto. Otros sostienen que la relación de Moisés con ella se resintió cuando la envió a su casa (Ex. 18:2). Es probable que Séfora y la mujer cusita hayan sido esposas de Moisés al mismo tiempo. Algunos inclusive han sugerido que Séfora era la mujer cusita. Aunque Séfora era madianita, es probable que por lo menos una parte de su familia haya sido de Cus. Como sea, Aarón y María (también llamada "Miriam") tuvieron celos de su hermano menor. En realidad, murmuraron contra Dios (Núm. 12).

Aunque María fue juzgada severamente, no sucedió así con Aarón, quizá debido a que no fue instigador sino cómplice. Confesó su pecado y rogó pidiendo misericordia hacia María. Cuando Coré, Datán y Abiram se opusieron a Moisés y Aarón, la intercesión de este último detuvo la plaga (Núm. 16). Dios reivindicó el liderazgo de Aarón haciendo que su vara reverdeciera milagrosamente (Núm. 17). Cuando el pueblo clamó pidiendo agua en Cades, en el Desierto de Zin, Aarón se unió al pecado de Moisés al atribuirse a sí mismos el poder del Señor (Núm. 20:7-13). Como consecuencia, a Aarón, al igual que a Moisés, no se le permitió entrar en la Tierra Prometida. Después de 40 años de oficiar como sacerdote, cuando estaban cerca de la frontera de Edom, Moisés llevó a Aarón a la cima del Monte Hor y le pasó las vestiduras a su hijo Eleazar. Aarón murió allí a los 123 años (Núm. 20:23-28). Israel hizo duelo por su primer sumo sacerdote durante 30 días (Núm. 20:29), tal como lo harían poco después por Moisés (Deut. 34:8).

R. Laird Harris

AARÓN, VARA DE Aarón utilizó una vara para demostrarle a Faraón que el Dios de los hebreos era el Señor. Se convirtió en serpiente cuando Aarón la arrojó al suelo (Ex. 7:8-13) y desencadenó las tres primeras plagas (Ex. 7:19-20; 8:5-7,16-19). Esta vara fue la misma que se utilizó para golpear las rocas en Horeb y Cades para hacer brotar agua (Ex. 17:1-7; Núm. 20:7-11).

La rebelión de Coré (Núm. 16:1-50) hizo necesario que se determinara quiénes serían aptos para presentarse como sacerdotes delante de Dios en el tabernáculo. El jefe de cada tribu tenía que escribir su nombre en una vara de almendro que representaba a su tribu, y todas las varas se colocaron dentro del tabernáculo. A la mañana siguiente, la vara de Aarón había brotado y tenía almendras. Esto se tomó como señal de parte de Dios en cuanto a que la casa de Aarón tenía el derecho de servirle en el tabernáculo. La vara se colocó dentro del tabernáculo (Núm. 17:1-11). Según Heb. 9:4, la vara se guardaba dentro del arca del pacto. Ver *Coré.*

AARONITA Término utilizado en la NVI para traducir el nombre Aarón donde se refiere a sus descendientes (1 Crón. 12:27). Equivalente a las frases "hijos de Aarón", "descendientes de Aarón" y "casa de Aarón" utilizadas frecuentemente en el AT.

AB Nombre del quinto mes del calendario religioso judío correspondiente al onceavo mes del calendario civil hebreo. Por lo general abarcaba parte de julio y agosto. El nombre no aparece en la Biblia.

ABADÓN Nombre que significa "perecer". En la RVR1960, Abadón aparece en Apoc. 9:11 como el nombre hebreo del ángel del abismo cuyo nombre griego era Apolión. Abadón aparece seis veces en la Biblia hebrea (Job 26:6; 28:22; 31:12; Prov. 15:11; 27:20; Sal. 88:11). La NVI y la RVR1960 traducen Abadón por "destrucción" o "destructor" en nota al pie. Ver *Infierno.*

ABAGTA Uno de los siete eunucos de la corte de Asuero o Jerjes (486–465 a.C.), rey de Persia (Est. 1:10). Ver *Eunuco.*

ABANA Río de Damasco en Siria. Naamán, en su enojo, quiso lavarse allí en lugar de hacerlo en el sucio Río Jordán (2 Rey. 5:12). Muchos manuscritos hebreos, la Septuaginta y el Tárgum lo denominan Río Amana (Cant. 4:8). Su nombre

El Río Abana (actual Río Barada) fluye a través del territorio de Siria.

moderno es Barada y desciende rápidamente de las cimas nevadas del Monte Hermón, pasando por Damasco y desembocando en un pantano.

ABARIM Cadena montañosa que incluye el Monte Nebo desde donde Moisés vio la Tierra Prometida (Núm. 27:12; 33:47-48; Deut. 32:49). La cadena montañosa está en Moab, al este del Mar Muerto, al oeste de Hesbón y levemente al sudeste de Jericó. Jeremías le pidió a Jerusalén que cruzara a Abarim para lamentarse de que sus aliados hubieran sido derrotados (Jer. 22:20 LBLA). Ije-abarim (Núm. 21:11; 33:44) era un lugar diferente, quizá al sur del Mar Muerto. Ver *Ije-abarim.*

ABBA Palabra aramea que significa "padre" utilizada por Jesús al hablar de Su relación íntima con Dios, relación a la cual todos pueden entrar por medio de la fe. También se puede referir a un antepasado, abuelo, fundador (de algo), protector o inclusive se utiliza como título honorario para un anciano.

Antiguo Testamento Aunque *abba* no aparece en el AT, su correspondiente hebreo *ab* ocurre con frecuencia. *Ab* se refiere generalmente a un padre humano. En algunas ocasiones, el AT habla de Dios en el papel de Padre de Israel (Ex. 4:22; Deut. 32:6; Isa. 45:9-11; Mal. 2:10) o del rey de Israel (2 Sam. 7:14; Sal. 2:7; 89:26-27).

Nuevo Testamento La idea de la relación íntima de Dios con la humanidad es un rasgo distintivo de la enseñanza de Jesús. Dios se relaciona con los creyentes tal como un padre lo hace con su hijo. Algunos traducirían *Abba* por "Papito" para dar una idea del significado íntimo y personal de la palabra. Aun cuando "Padre" traduce en el NT la

A

palabra griega más formal *pater*, sin duda la idea de *Abba* está en su trasfondo. Jesús se dirigió a Dios en oración como *Abba* (Mar. 14:36) y les enseñó a los discípulos que oraran en los mismos términos (Luc. 11:1-2, pater). Las declaraciones de Jesús en cuanto a Su íntima relación con Dios ofendía a muchos de sus opositores pues consideraban que *Abba* era una expresión excesivamente familiar para dirigirse a Dios. No obstante, el uso que hizo Jesús estableció el modelo para la visión de la iglesia en cuanto a Dios y la relación de los creyentes con Él. Pablo utilizó *Abba* para describir la acción de Dios al adoptar a los creyentes como hijos (Rom. 8:15) y al cambio que resulta en la condición del creyente ante Dios (Gál. 4:6-7). *Michael Fink*

ABDA Nombre que significa "siervo" en el caso de dos hombres. **1.** Padre de Adoniram, a quien Salomón le confió supervisar a los que hacían trabajos forzados (1 Rey. 4:6). **2.** Levita que vivía en Jerusalén en lugar de hacerlo en una de las ciudades levíticas (Neh. 11:17). También se lo llama Obadías, hijo de Semaías (1 Crón. 9:16).

ABDEEL Nombre que significa "siervo de Dios". Selemías, hijo de Abdeel, fue uno de los tres asistentes a quienes Joacim (609–597 a.C.) ordenó que arrestaran a Baruc, el escriba de Jeremías, y a Jeremías (Jer. 36:26). Dios protegió a Sus siervos de los siervos del rey.

ABDI Nombre que significa "mi siervo", aunque probablemente sea una abreviatura de "siervo de Jehová". **1.** Levita cuyo nieto Etán fue uno de los músicos del templo que designó David (1 Crón. 6:44). **2.** Levita cuyo hijo Cis respondió a los deseos del rey Ezequías y ayudó a purificar el templo (2 Crón. 29:12). **3.** Israelita con esposa extranjera en la época de Esdras (Esd. 10:26).

ABDÍAS Nombre de persona que significa "siervo de Yahvéh". **1.** Persona a cargo del palacio de Acab. Estaba consagrado a Jehová y salvó a los profetas de la ira de Jezabel. Fue intermediario entre Elías y Acab (1 Rey. 18:3-16). **2.** Descendiente de David a través de Ananías (1 Crón. 3:21). **3.** Padre de Ismaías, oficial de la tribu de Zabulón que sirvió en el ejército de David (1 Crón. 27:19). **4.** Uno de los cinco oficiales que envió Josafat a las ciudades de Judá para enseñar "el libro de la ley de Jehová" (2 Crón. 17:7-9). Ver *Josafat*. **5.** Levita descendiente de Merari que fue designado por Josías para supervisar la reparación del templo (2 Crón. 34:12). Ver *Josías*. **6.** Profeta de Judá que dejó testimonio escrito. Ver *Abdías, Libro de*.

ABDÍAS, LIBRO DE Libro más breve de los Profetas Menores que contiene el mensaje del profeta Abdías.

El profeta Ninguna otra fuente menciona a Abdías fuera de su libro. Es un nombre común en el AT. Su significado, "siervo de Jehová", refleja la fe y las ambiciones espirituales que tenían los padres para con su hijo. El título "Visión de Abdías" dirige la atención hacia el autor divino, ya que "visión" es un término técnico referente a una revelación profética enviada por Dios.

La situación Históricamente, el libro pertenece al inicio del período postexílico en los últimos años del siglo VI a.C. La parte central, los vv.10-14, trata sobre la caída de Jerusalén a manos de los babilonios en el 586 a.C. Los edomitas desempeñaron un papel importante en este trágico acontecimiento. Edom era un estado ubicado al sudeste de Judá. A pesar de los lazos que los unían a causa de los tratados ("hermano", v.10), los edomitas, junto con otros, no habían acudido en ayuda de Judá sino que incluso colaboraron con Babilonia para saquear Jerusalén y entregar a los fugitivos. Más aún, los edomitas llenaron el vacío que se produjo por el exilio de Judá y se trasladaron hacia el oeste. Esto hizo que el Neguev fuese adicionado al sur de Judá e incluso a la zona sur del territorio edomita (comp. v.19).

Judá reaccionó con una profunda tristeza. El oráculo de Abdías brotó como resultado de una subyacente y apasionada oración de angustia, tal como el Sal. 74; 79 o 137, donde Judá apelaba a Dios para que actuara como Juez y Salvador providencial a fin de recomponer la situación.

El mensaje La respuesta comienza con una fórmula profética del mensajero que refuerza el énfasis del título del libro en cuanto a que Dios está detrás del mensaje. Los vv.2-9 pronuncian el veredicto divino. Dios dirige Sus palabras a Edom y promete derrotar a esos superhombres y derribar la capital ubicada en el monte que reflejaba la excesiva soberbia que poseían. Sus aliados los abandonarían y no serían capaces de salvarlos, ni su famosa sabiduría ni sus guerreros. Esto parece predecir temerosamente la infiltración nabatea desde el desierto oriental y la eventual toma del territorio edomita tradicional. El final del v.1 pareciera un informe del profeta sobre una coalición de grupos vecinos que ya estaba planeando atacar Edom.

El catálogo de los delitos de Edom (vv.10-14) obra como la acusación que justificaba el veredicto del castigo divino. La repetición de la palabra "día" hace que este concepto sea el centro de la escena. La idea subyacente es que Judá había sido víctima de "el día de Jehová" cuando Dios intervino aplicando Su juicio, y que había bebido de la copa de la ira divina (vv.15,16; comp. Lam. 1:12; 2:21). En la teología del AT, el concepto del día de Jehová/Yahvéh no sólo alcanza al pueblo de Dios sino también a sus no menos malvados vecinos. Esta dimensión más amplia se refleja en los vv.15,16 (comp. Lam. 1:21). La caída de Edom desencadenaría este evento escatológico donde se iba a restaurar el orden en un mundo rebelde. Luego llegaría la reivindicación del pueblo de Dios, no para su propio beneficio sino para ser testigos terrenales de Su gloria; y así "el reino será de Jehová" (Abd. 21).

El significado Al igual que el libro de Apocalipsis, que proclama la caída del Imperio Romano que encabezaba la persecución, el objetivo de Abdías es mantener la fe en el gobierno moral de Dios y la esperanza en el triunfo definitivo de Su justa voluntad soberana. Esto proporciona un mensaje pastoral a los corazones quebrantados que afirma que Dios está en el trono y se interesa por los suyos.

Bosquejo

I. Dios conoce y juzgará los pecados de los enemigos de Su pueblo (vv.1-14)
   A. El orgullo engaña al ser humano para que piense que puede escapar del juicio de Dios (vv.1-4)
   B. El pueblo engañoso será engañado por sus "aliados" (vv.5-7)
   C. La sabiduría humana no puede evitar el juicio divino (vv.8,9)
   D. La conspiración contra los "hermanos" no quedará impune (vv.10-14)
II. El día de Jehová aplica juicio a las naciones pero liberación al pueblo de Dios (vv.15-21)
   A. Los pecadores recibirán justa recompensa (vv.15,16)
   B. Dios librará a Su pueblo en santidad (vv.17,18)
   C. El remanente de Dios será restaurado (vv.19,20)
   D. El reino le pertenece solo a Dios (v.21)

Leslie C. Allen

ABDIEL Nombre que significa "siervo de Dios". Su hijo Ahí fue líder de la tribu de Gad (1 Crón. 5:15).

ABDÓN Nombre geográfico y de persona que significa "servicio" o "servil". **1.** Ciudad de la tribu de Aser que se les dio a los levitas (Jos. 21:30; 1 Crón. 6:74). Su nombre moderno es Khirbet Abdeh. Se encuentra a unos 5 km (3 millas) de la costa del Mediterráneo entre Tiro y Aco. **2.** Juez de Israel de la ciudad de Piratón de la tribu de Efraín. Tenía una familia numerosa (40 hijos, 30 nietos) y riquezas personales (70 asnos) (Jue. 12:13-15). **3.** Dos hombres de la tribu de Benjamín (1 Crón. 8:23,30; 9:36). El segundo fue antepasado del rey Saúl. **4.** Miembro del equipo que nombró el rey Josías para buscar la guía de Dios en cuanto al significado del libro que encontró el sacerdote Hilcías en el templo (2 Crón. 34:20). En 2 Rey. 22:12 se lo llama Acbor.

ABED-NEGO Nombre babilónico que aparece en Dan. 1:7 y que se le dio a Azarías, uno de los tres jóvenes hebreos que fueron reclutados junto con Daniel para servir en la corte del rey. Dios los libró del horno ardiente (Dan. 2:48–3:30). Hay discusiones en cuanto al significado preciso del nombre babilónico Abed-nego. Abed significa "siervo". Es probable que Nego sea una modificación intencional de la renombrada deidad babilónica Nebo (o Nabu). Ver *Azarías; Daniel; Daniel, Libro de; Mesac; Sadrac.*

ABEL 1. Aunque se conoce más como el nombre del segundo hijo de Adán y Eva, la palabra hebrea *abel* también aparece frecuentemente con el significado de "vanidad, soplo o vapor". Ver *Eclesiastés, Libro de.*

Quizá como nombre de persona alude a la brevedad de la vida. Tal fue el caso de Abel (Gén. 4:8). Luego de haber ofrecido "por la fe...más excelente sacrificio que Caín" (Heb. 11:4), éste lo asesinó. Génesis 4:4 no declara directamente la razón por la cual el sacrificio de Abel como pastor de ovejas fue mejor que el de Caín, cuyo sacrificio provino de los frutos de la cosecha. Tampoco existe ninguna evidencia antigua correspondiente a ese período que sugiera que el sacrificio animal fuera mejor que la ofrenda de cultivos, frutos y metales o piedras preciosas. Afortunadamente, en 4:7 aparecen dos condiciones que proporcionan una respuesta parcial: Caín no había hecho lo correcto; Abel sí. No

obstante, por qué fue correcto lo que hizo Abel es una pregunta sin respuesta por parte de los historiadores, los profetas y los sabios de Israel. Hebreos 11:4 ofrece una razón adicional: la fe de Abel. Su relación de fe con el Señor lo guió a presentar un sacrificio mejor (la grosura de los animales); a vivir como una persona mejor, aquella que es justa delante de Dios; y a dar testimonio eternamente, aun en la muerte. Identificado como el primer mártir justo entre los profetas y los enviados a Israel (Mat. 23:35; Luc. 11:51), la sangre de Abel clamaba pidiendo venganza de parte de Dios contra los injustos (Gén. 4:10; Apoc. 6:9-10). En contraposición, la sangre de Cristo satisfizo ese clamor de venganza de parte de Dios contra los injustos, llevando a cabo el perdón de los pecados y haciendo posible la reconciliación de los pecadores con Dios. La muerte de Abel, pues, es un prototipo de la muerte de Cristo (Heb. 12:24). *Archie W. England*
2. Nombre geográfico utilizado individualmente y como primera parte del nombre de otros lugares tal como se ve a continuación. El *'Abel* hebreo es una palabra distinta que se escribe en forma diferente a la del nombre de persona Abel (heb. *hebel*). El significado preciso del término que hace referencia a un lugar es incierto. Podría significar "arroyo" o "pradera cerca de un arroyo". Abel aparece en forma separada en 2 Sam. 20:14-18, y probablemente coicida con Abel-bet-maaca.

ABEL-BET-MAACA (LBLA) Ciudad con fuerte tradición israelita, famosa por sus personas sabias. Joab sitió la ciudad cuando Seba huyó hacia allí después de su intento de liderar una rebelión contra David. Una mujer sabia liberó a la ciudad al conseguir que sus habitantes ejecutaran a Seba (2 Sam. 20:1-22). Ben-adad, rey de Siria, respondió al pedido de ayuda de parte de Asa, rey de Judá (913–873 a.C.), y conquistó Abel-bet-maaca de manos de Baasa, rey de Israel (1 Rey. 15:20). Tiglat-pileser, rey de Asiria, capturó la ciudad de manos de Peka, rey de Israel (2 Rey. 15:29). Abel-bet-maaca se identifica con la actual Abil el-Oamh, unos 20 km (12 millas) al norte del Lago Huleh cerca de Dan. Su nombre indica que en alguna ocasión formó parte de la ciudad-estado de Maaca, controlada por los arameos (2 Sam. 10:6). Ver *Abel.*

ABEL-MAIM Nombre geográfico que significa "quebrada de las aguas". Se utilizó en 2 Crón. 16:4 para referirse al lugar que se denomina Abel-bet-maaca en 1 Rey. 15:20. Si Abel-maim es una ciudad distinta, su ubicación exacta al este del Jordán se desconoce.

ABEL-MEHOLA Nombre geográfico que significa "arroyo de la danza circular". Ciudad o ciudades limítrofes cuya ubicación es incierta. Gedeón luchó contra los madianitas en el territorio de Isacar al oeste del Jordán (Jue. 7:22). Salomón ubica Abel-mehola en un distrito que incluye Taanac, Meguido y Bet-seán (1 Rey. 4:12). Aquí se encontraba la casa de Eliseo (1 Rey. 19:16).

ABEL-MIZRAIM Nombre geográfico que significa "arroyo de Egipto" o bien "lamento de los egipcios", si derivara de una palabra hebrea diferente pero que se escribe de manera similar. Los hijos de Jacob hicieron luto por él allí, al este del Jordán (Gén. 50:11). Al asignarle ese nombre, los cananeos identificaron a los hijos de Jacob como egipcios.

ABEL-QUERAMÍN (NVI) Nombre geográfico que significa "arroyo de las viñas". El juez Jefté extendió su victoria sobre los amonitas hasta Abel-queramín (Jue. 11:33), cuya ubicación al este del Jordán no se conoce con certeza.

ABEL-SITIM Nombre geográfico que significa "arroyo de las acacias". Última parada de Israel antes de cruzar el Jordán (Núm. 33:49). Ver *Sitim.*

ABEZ (LBLA, NVI) Nombre geográfico con significado desconocido. Ciudad otorgada a Isacar (Jos. 19:20).

ABI Nombre de persona que significa "mi padre". Madre del rey Ezequías (2 Rey. 18:2). "Abi" es la forma abreviada de "Abías".

ABI-ALBÓN Nombre de persona que significa "mi padre es dominante". Uno de los 30 héroes de David (2 Sam. 23:31). En 1 Crónicas 11:32 se lo llama Abiel. Probablemente el nombre original que aparece en 2 Samuel haya sido Abi-baal, cuyas letras fueron cambiadas para evitar el nombre idólatra. Ver *Abiel.*

ABÍAS Nombre de persona que significa "Yahvéh es mi Padre". **1.** Segundo hijo de Samuel cuyos actos malvados como juez llevaron a Israel a exigir un rey (1 Sam. 8:2-5). **2.** Hijo de Jeroboam, primer rey del Reino del Norte (Israel). Murió conforme a la profecía de Ahías (1 Rey. 14:1-18). **3.** Hijo de Roboam y segundo rey del Reino del Sur (Judá) (915–913 a.C.), llamado Abiam en 1 Reyes 15, nombre que significa "mi padre es Iam" (o mar), posible referencia a un dios cananeo. Abías fue el favorito de su padre (2 Crón. 11:22), y anduvo en los pecados de este (1 Rey. 15:3), pero mantuvo la adoración en Jerusalén como correspondía (2 Crón. 13:10) y Dios le dio la victoria sobre Jeroboam de Israel (2 Crón. 13:15-20). Abías fue recordado por su familia numerosa (2 Crón. 13:21). Aparece en la lista de los antecesores de Jesús (Mat. 1:7). **4.** Esposa de Hezrón relacionada con la genealogía de Caleb en un texto cuyo significado no es claro (1 Crón. 2:24). **5.** Nieto de Benjamín (1 Crón. 7:8). **6.** Descendiente sacerdotal de Aarón (1 Crón. 24:10). Lideró el octavo turno (de 24) de sacerdotes que servían en el templo. **7.** Sacerdote durante el liderazgo de Nehemías que firmó un pacto para obedecer la ley de Dios (Neh. 10:7). **8.** Sacerdote principal durante la época del regreso del exilio (Neh. 12:4) y luego un linaje sacerdotal (Neh. 12:17) al cual perteneció Zacarías, padre de Juan el Bautista (Luc. 1:5). **9.** Madre del rey Ezequías (2 Crón. 29:1) y, en consecuencia, notable influencia política.

ABIASAF Nombre de persona que significa "mi padre ha recogido" o "cosechado". Sacerdote levítico del linaje de Coré (Ex. 6:24) que se rebeló contra el liderazgo de Moisés (Núm. 16). Ver *Ebiasaf.*

ABIATAR Nombre de persona que significa "padre de la abundancia". Hijo de Ahimelec y undécimo sumo sacerdote en la sucesión de Aarón a través del linaje de Elí. Sobrevivió a la matanza de los sacerdotes en Nob y huyó hacia donde estaba David, y se escondió del rey Saúl en la cueva de Adulam (1 Sam. 22). Luego de escapar con el efod, Abiatar se convirtió en sumo sacerdote y principal consejero de David (1 Sam. 23:6-12; 30:7). Compartió con Sadoc la responsabilidad de llevar el arca a Jerusalén (1 Crón. 15:11-12; 2 Sam. 15:24). Si bien permaneció fiel a David durante la rebelión de Absalón (2 Sam. 15), luego respaldó a Adonías como sucesor del rey David en lugar de Salomón (1 Rey. 1:7). Este lo destituyó del sacerdocio y lo desterró a Anatot, su ciudad natal, cumpliendo la profecía de Elí. Se le perdonó la pena de muerte sólo por su servicio fiel al rey David, padre de Salomón (1 Rey. 2:26-35).

Marcos 2:26 registra la declaración de Jesús en cuanto a que David sacó los panes de la proposición del lugar de adoración cuando Abiatar era sumo sacerdote en Nob. Primera Samuel 21:1 registra que esto sucedió cuando Ahimelec, padre de Abiatar, aún era sumo sacerdote. No obstante, Abiatar efectivamente se convirtió en sumo sacerdote unos días después de este incidente (1 Sam. 22:19-20). Algunos manuscritos griegos del NT omiten "siendo Abiatar sumo sacerdote". Tal vez haya sucedido que Abiatar era co-sacerdote con su padre o bien, que haya habido un error de copista en el Evangelio de Marcos. Ver *Levitas; Sacerdotes.* *Donald R. Potts*

ABIB Mes de la liberación de Egipto que dio comienzo al éxodo (Ex. 13:4) y, en consecuencia, de la fiesta de la Pascua (Ex. 23:15; 34:18; Deut. 16:1). Mes de cosecha que abarcaba parte de marzo y abril, Abib significa "espigas de grano". El mes se denominó posteriormente Nisán (Est. 3:7). Ver *Calendarios.*

ABIDA Nombre de persona que significa "mi padre sabe". Era el cuarto hijo de Madián, en consecuencia, nieto de Abraham a través de su esposa Cetura (Gén. 25:4; 1 Crón. 1:33).

ABIDÁN Nombre de persona que significa "mi padre juzgó". Antiguo líder de la tribu de Benjamín que ayudó a Moisés y Aarón a censar al pueblo en el desierto (Núm. 1:11), y capitán de la tribu durante la marcha por el desierto (Núm. 2:22; 7:60-65; 10:24). Él y su familia ya no eran líderes en la época de los doce espías (Núm. 13:9), mucho antes de la reorganización para la entrada a Canaán (Núm. 26).

ABIEL Nombre de persona que significa "mi Padre es Dios". **1.** Abuelo del rey Saúl (1 Sam. 9:1) o, por lo menos, íntimamente relacionado con él (1 Sam. 14:50-51); el significado del texto no es claro. Ver *Jeiel.* **2.** Uno de los hombres fuertes de David (1 Crón. 11:32) también conocido como Abi-albón (2 Sam. 23:31), el arbatita. Ver *Abi-albón.*

ABIEZER Nombre de persona y de lugar que significa "mi Padre es ayuda". **1.** Descendiente de Manasés (su padre era Galaad, hijo de Maquir) y

A

nieto de José (Jos. 17:2; 1 Crón. 7:18). **2.** Territorio que pertenecía a la familia de Abiezer de la tribu de Manasés ubicado en la región sudoeste del territorio de Manasés y que incluía las ciudades de Elmatán, Ofra y Tetel. El territorio era famoso por la producción de uvas (Jue. 8:2) y fue hogar del juez Gedeón (Jue. 6:11,24,34; 8:32). **3.** Uno de los 30 héroes de David (2 Sam. 23:27; 1 Crón. 11:28) y administrador de las tropas de David en el noveno mes (1 Crón. 27:12). Ver *Jezer.*

ABIEZERITA Descendientes de Abiezer (Jue. 6:11,24; 8:32). Ver *Abiezer.*

ABIGAIL Nombre de persona que significa "mi padre se regocijó". **1.** Esposa de David después de haber sido de Nabal. Fue alabada por su sabiduría en contraste con Nabal, su esposo arrogante y autoritario que poseyó gran cantidad de tierras y fue un pastor exitoso. Nabal ofreció una fiesta para sus esquiladores mientras David se escondía de Saúl en el Desierto de Parán. David y sus 600 hombres acamparon cerca de la ciudad de Maón. David escuchó acerca de la fiesta de Nabal y pidió un poco de comida. Nabal, en estado de ebriedad, rechazó el pedido e insultó a los diez mensajeros de David. Éste, en su enojo, decidió matar a toda la familia de Nabal. Abigail anticipó la reacción de David y cargó una caravana de asnos con comida para alimentar a todos los hombres de David. Ni bien se encontró con él, ella lo impresionó con su belleza, humildad, diplomacia y criterio (1 Sam. 25:32-35). Cuando Nabal volvió a estar sobrio y escuchó acerca de los planes de David para matarlo, sufrió un ataque al corazón. Después de la muerte de Nabal, David se casó con Abigail, la segunda de sus ocho esposas. Primero vivieron en Gat y luego en Hebrón, donde Abigail dio a luz a Quileab, el cual también se llamó Daniel. Posteriormente, cuando los amalecitas capturaron Siclag, tomaron cautiva a Abigail pero David la rescató (1 Sam. 30:1-18). **2.** Hermana de David y madre de Amasa (1 Crón. 2:16-17), casada con Jeter ismaelita (también llamado Itra). Su hijo Amasa, en una época fue comandante del ejército de David (2 Sam. 17:25). Abigail fue hija de Nahas a quien, debido a imprecisiones del texto, se lo describió como otra forma del nombre Isaí. Ver *David.* *Donald R. Potts*

ABIHAIL Nombre de persona que significa "mi padre es aterrador". **1.** Mujer de la genealogía de Judá (1 Crón. 2:29), esposa de Abisur. **2.** Esposa del rey Roboam (2 Crón. 11:18). Nombre de persona escrito de otra manera en hebreo, que significa "mi padre es poderoso". **3.** Padre de Zuriel, líder levita de la época de Moisés (Núm. 3:35). **4.** Padre de Ester y tío de Mardoqueo (Est. 2:15). **5.** Miembro de la tribu de Gad (1 Crón. 5:14).

ABILINIA Pequeña región montañosa gobernada por el tetrarca Lisanias en la época en que Juan el Bautista comenzó su ministerio público (Luc. 3:1-3). Ubicada aprox. a 29 km (18 millas) al noroeste de Damasco en la cadena montañosa Antilíbano. La capital era Abila. En el 37 d.C., pasó a estar bajo el control administrativo de Herodes Agripa I. Después fue parte del reino de su hijo, Agripa II.

ABIMAEL Nombre de persona que significa "El (Dios) es mi padre". Antepasado de los israelitas como descendiente de Sem y Eber (Gén. 10:28).

ABIMELEC Nombre de persona que significa "Mi padre es rey". **1.** Rey de Gerar que tomó a Sara creyendo que era hermana de Abraham en lugar de ser su esposa (Gén. 20). Se la devolvió a Abraham después de tener durante la noche un sueño de parte de Dios. **2.** Probablemente el mismo que 1., rey que disputó con Abraham la posesión de un pozo en Beerseba y que luego hizo un pacto de paz con él (Gén. 21:22-34). **3.** Rey de los filisteos en Gerar relacionado o idéntico a 1. Isaac vivió bajo su protección y, por temor, hizo pasar a Rebeca por hermana suya en vez de esposa. Abimelec reprendió a Isaac y le advirtió a su pueblo que no tocara a Rebeca. Una disputa relacionada con un pozo de agua hizo que Isaac se fuera pero que finalmente hiciera un pacto de paz (Gén. 26) en Beerseba. **4.** Hijo de Gedeón, juez de Israel (Jue. 8:31). Asumió el poder después de la muerte de su padre asesinando a sus hermanos y haciendo que sus parientes lo nombraran rey en Siquem. Esto dio lugar a la famosa fábula de Jotam (Jue. 9:7-21). Dios provocó a Siquem en contra de Abimelec, quien derrotó a un ejército bajo las órdenes de Gaal y luego recapturó Siquem. Cuando trató de repetir sus tácticas contra Tebes, una mujer le arrojó una piedra en la cabeza y lo mató (Jue. 9:23-57). El destino de Abimelec sirvió como ilustración utilizada por Joab para protegerse de David (2 Sam. 11:21). **5.** Sacerdote en tiempos de David junto con Sadoc (1 Crón. 18:16), pero una lectura correcta de este texto probablemente corresponda a Ahimelec, como en 2 Samuel 8:17. **6.** Persona que se menciona en el título del Salmo 34 que aparentemente se refiere a 1 Samuel 21:10-15, donde Aquis es el que se opone a David. Abimelec tal vez haya sido un título oficial para los reyes filisteos.

ABINADAB Nombre de persona que significa "mi padre es generoso". **1.** Residente de Quiriat-jearim cuya casa fue el lugar de reposo del arca del pacto durante 20 años, después de que los filisteos la devolvieran. Su hijo Eleazar oficiaba como sacerdote (1 Sam. 7:1-2). Los otros hijos de Abinadab, Uza y Ahío, guiaban el carro en el cual se trasladaba el arca de Dios desde Quiriat-jearim hasta la ciudad de David (2 Sam. 6:3-4). **2.** Hijo de Isaí que fue pasado por alto cuando David fue elegido rey (1 Sam. 16:8; 17:13). **3.** Hijo del rey Saúl asesinado por los filisteos en la batalla del Monte Gilboa (1 Sam. 31:2). **4.** Yerno y oficial de Salomón en Dor, puerto mediterráneo al pie del Monte Carmelo, fue hijo de Abinadab o Ben-abinadab (1 Rey. 4:11).

ABINOAM Nombre de persona que significa "mi padre es con gracia". Padre de Barac, comandante del ejército junto con Débora (Jue. 4–5).

ABIRAM Nombre de persona que significa "mi padre es exaltado". **1.** Líder de la rebelión contra Moisés y Aarón que procuraba obtener autoridad sacerdotal. Murió cuando Dios hizo que la tierra se abriera y tragara a los rebeldes (Núm. 16; 26:9-11). **2.** Hijo de Hiel sacrificado al echar los cimientos para la reedificación de Jericó, en cumplimiento de la advertencia de Josué (1 Rey. 16:34).

ABISAG Nombre de persona que significa "mi padre se desvió" o "es un vagabundo". Joven virgen o "doncella" (LBLA) que fue llevada a la cama de David durante sus últimos días para darle calor (1 Rey. 1:1-4). No tuvieron relaciones sexuales, pero Salomón la consideró esposa de David cuando su hermano Adonías la pidió para casarse con ella después de la muerte de David (1 Rey. 2:17). Salomón interpretó el pedido como un paso para convertirse en rey e hizo que ejecutaran a Adonías (1 Rey. 2:23-25). Abisag era de Sunem, ciudad que protegía el Valle de Jezreel.

ABISAI Nombre de persona que significa "padre existe". Hijo de Sarvia, hermana de David, y hermano de Joab, general de David (1 Sam. 26:6; 1 Crón. 2:15-16). Estaba con David cuando le perdonó la vida a Abner (1 Sam. 26:7) y cuando Joab lo persiguió (2 Sam. 2:24) y lo mató (2 Sam. 3:30). Comandó las tropas contra Amón (2 Sam. 10). Quiso matar a Simei por haber maldecido a David, pero el rey lo detuvo (2 Sam. 16; 19:21). Lideró un tercio de las tropas de David en contra de Absalón, hijo de David (2 Sam. 18). Comandó fuerzas contra Seba, quien encabezó una rebelión en el norte en contra de David (2 Sam. 20). Mató a Isbi-benob, el gigante filisteo que amenazaba a David (2 Sam. 21:15-17). Capitán poderoso, a pesar de lo cual no formaba parte de la elite de los tres de David (2 Sam. 23:18-19). Se hizo famoso por matar a 18.000 edomitas (1 Crón. 18:12).

ABISALOM Nombre de persona que significa "mi padre es paz". Otra forma de escribir Absalón (1 Rey. 15:2,10). Ver *Absalón*.

ABISMO, EL Traducción española del término hebreo *tehom*. A las aguas primitivas de la Creación se las describe como abismo (Gén. 1:2). Este concepto se repite dramáticamente en el Sal. 104:5-7, donde se representa a Dios al reprender a las aguas del abismo, y separar las aguas de las montañas y los valles, al establecer los límites para cada una. La creación incluye el concepto de establecer orden a través de la separación o división de lo creado y mantener cada cosa en su lugar (Prov. 8:22-31). Este pensamiento se expresa en una metáfora interesante del Sal. 33:7 donde está escrito que Dios ha reunido las aguas en un cántaro (NVI) y ha puesto el abismo en una vasija.

En el relato del éxodo de Egipto, la acción de Dios de dividir las aguas para que los israelitas pasaran se describe poéticamente como la división de las aguas del abismo (Ex. 15:8). Dios sostuvo las aguas a ambos lados mientras los israelitas cruzaban el mar y las liberó cuando llegaron al otro lado, protegiéndolos así de los egipcios (Sal. 77:16-20). Teológicamente hablando, éste fue un acto de creación: la creación de un pueblo para el Señor mediante la liberación de la esclavitud en Egipto.

Las aguas del abismo pueden ser destructivas o edificantes, maldición o bendición. Cuando traspasan sus límites, el resultado es inundación (Gén. 7:11). El caso extremo que se describe en Gén. 7 es la acción opuesta a creación, y sólo pudo ser controlada cuando Dios envió nuevamente el viento o espíritu (*ruaj*) con el que comenzó la creación (Gén. 1:2) y cerró las fuentes del abismo (Gén. 8:1-3). Las tormentas en el mar también se asocian con el abismo (Sal. 107:23-26; comp. Juan 2:5,6). En el lenguaje poético de los Salmos, el abismo es una metáfora de las pruebas de la vida que parecen abrumadoras (Sal. 69:14,15). Podría incluso representar la morada de los muertos (Sal. 71:20).

Por otra parte, las aguas del abismo son una bendición sin la cual la vida no podría continuar. Deuteronomio 8:7 describe la tierra prometida como tierra de arroyos, de fuentes y abismos que riegan la tierra para que produzca grano y fruto (Ezeq. 31:4). Cuando Jacob bendijo a su hijo José con las "bendiciones del abismo que está abajo" estaba intentando conceder fertilidad a José, a su descendencia y a su tierra (Gén. 49:25; comp. Deut. 33:13-17). Como bendición o maldición, el abismo se presenta como poder que sólo puede ser controlado por el Dios creador (Sal. 95:4).

La Biblia griega o Septuaginta traduce *tehom* por "abismo", y lo relaciona con la fosa, la morada de los muertos (Rom. 10:7) y el lugar de los espíritus malignos (Luc. 8:31), incluyendo la bestia del Apocalipsis (Apoc. 17:8). *Wilda W. Morris*

ABISÚA Nombre de persona que significa "mi padre es salvación". **1.** Levita, bisnieto de Aarón (1 Crón. 6:4). **2.** Benjamita (1 Crón. 8:4; comp. 1 Crón. 7:7).

ABISUR Nombre de persona que significa "mi padre es un muro". Descendiente de Jerameel (1 Crón. 2:28-29).

ABITAL Nombre de persona que significa "mi padre es rocío". Esposa de David (2 Sam. 3:4).

ABITOB Nombre de persona que significa "mi padre es bueno". Benjamita de Moab (1 Crón. 8:11).

ABIÚ Nombre de persona que significa "mi padre es él". Segundo hijo de Aarón; uno de los primeros sacerdotes de Israel (Ex. 6:23; 28:1). Vio a Dios junto con Moisés, Aarón (hermano de Moisés) y los 70 ancianos (Ex. 24:9-10). Él y su hermano ofrecieron "fuego extraño" delante de Dios (Lev. 10:1-22). No se conoce la naturaleza exacta de su pecado. Simplemente hicieron algo que Dios no había ordenado. Quizá ofrecieron sacrificio en el momento equivocado o con carbón o materiales que no estaban adecuadamente santificados (comp. Lev. 16:12). El resultado fue terminante: el fuego de Dios los consumió. Ver *Sacerdotes*.

ABIUD Nombre de persona que significa "mi padre es glorioso". **1.** Nieto de Benjamín (1 Crón. 8:3). **2.** Antepasado de Jesús que en Mateo 1:13 aparece como hijo de Zorobabel.

ABLUCIONES Lavaje ceremonial hecho con agua para purificarse antes de la adoración. Dicha práctica es un trasfondo del bautismo en el NT. El término hebreo *rachats* es la palabra común usada para lavar con agua, enjuagarse o bañarse (Gén. 18:4; Ex. 2:5; Rut 3:3). La palabra griega *louein* es similar (Hech. 9:37; 16:33; 2 Ped. 2:22).

Antiguo Testamento Las abluciones se realizaban para limpiarse de las impurezas correspondientes a una condición inferior o indeseable a fin de preparar a la persona para ser admitida en una condición superior o más deseable. Aarón y sus hijos fueron lavados antes de ser vestidos con las vestiduras sacerdotales y ungidos con aceite (Ex. 29:4; 30:19-21; Lev. 8:6). Tales lavamientos preparaban a las personas para participar de actos especiales de servicio religioso.

Cuando una persona se tornaba impura (Lev. 11–15), la purificación incluía las prácticas de ablución. El lavado podía simbolizar el argumento de una persona pidiendo ser pura e inocente del pecado en un caso particular (Deut. 21:1-9).

En ocasiones, las abluciones incluían un lavaje o baño general, como cuando los hebreos se bañaban el cuerpo y lavaban la ropa (Lev. 14:8; 15:5; Núm. 19:7-8). Tal lavado se llevaba a cabo en diversos lugares: agua de manantial (Lev. 15:13), un estanque (Juan 9:7), un río (2 Rey. 5:10) o el patio de una casa (2 Sam. 11:2).

En algunos capítulos de la tradición hebrea, la importancia ritual del lavado se convertía en parte esencial de la práctica religiosa, con descripciones minuciosas de cómo se suponía que debía lavarse una persona antes de diversas actividades. Algunos de los grupos más estrictos no entraban a una casa sin abluciones. Decían que se debía lavar primero una mano para purificarla a fin de poder lavar la otra.

Las enseñanzas del AT no dan un tratamiento tan importante y detallado a las abluciones. Más bien, la meta es la pureza interior, espiritual. El lavado externo es sólo un símbolo (Sal. 24:4; 51:7; 73:13).

Nuevo Testamento En Heb. 6:2, el escritor ruega a los creyentes ir más allá de la discusión sobre temas básicos entre los cuales menciona "la enseñanza sobre lavamientos" (LBLA). Tal vez esté refiriéndose a debates acerca de las diferencias entre el bautismo cristiano y otras abluciones. Hebreos 9:10 se refiere a "ceremonias de purificación" (NVI) que practicaban los hebreos al estar bajo la ley pero que ya no eran necesarias porque Cristo fue "ofrecido una sola vez para llevar los pecados de muchos" (9:28).

Marcos 7:4 menciona que entre las tradiciones que cumplían los fariseos estaban "los lavamientos de los vasos de beber, y de los jarros, y de los utensilios de metal, y de los lechos". Ellos cumplían "con el rito de lavarse las manos" (v.3 NVI) antes de comer. Lo hacían para mantener "la tradición de los ancianos". Jesús consideró esto como "tradición de los hombres", lo cual significaba que se estaba "dejando el mandamiento de Dios" (v.8). Jesús citó a Isaías para hacer un llamado a la pureza de corazón en lugar de ser tan estrictos con las reglas (v.6).

Los arqueólogos que realizaron excavaciones en Qumrán, comunidad de los Rollos del Mar Muerto de la estricta secta judía de los esenios, presentaron ilustraciones que ejemplificaban la práctica judía en la época de Jesús. Las excavaciones revelaron una vasta red de lavatorios y bañaderas que se utilizaban en las abluciones.

En el NT, el único lavado que se ordenó fue el del bautismo (Hech. 22:16; 1 Cor. 6:11). Efesios 5:26 muestra que el lavamiento del bautismo no es eficaz como ritual en sí mismo sino solamente como muestra de la obra de la Palabra de Dios en la vida del que se bautiza. La purificación interna debe acompañar el lavado exterior (Heb. 10:22). *Jimmy Albright*

ABNER Nombre de persona que significa "el padre es una lámpara". Oficial militar principal y tío del rey Saúl (1 Sam. 14:50). Respaldó a Is-boset, hijo de Saúl, después de la muerte de éste (2 Sam. 2:8) hasta que Is-boset lo acusó de traición por tomar a una de las concubinas de Saúl (2 Sam. 3:7-8). Abner transfirió su lealtad hacia David. Joab, general de David, se llenó de celos e ira cuando David recibió a Abner, y mató a este. Abner fue sepultado en Hebrón (2 Sam. 3). Ver 1 Samuel 17:55-58; 20:25; 26:5,14-15.

ABOGADO Persona que intercede a favor de otra; se utiliza para hacer referencia a Cristo que intercede ante el Padre a favor de los pecadores.

Antiguo Testamento Si bien la palabra "abogado" no se encuentra en el AT, el concepto de abogar sí está presente. Abraham intercedió ante Dios a favor de Sodoma (Gén. 18:23-33); Moisés intercedió ante Dios a favor de los israelitas (Ex. 32:11-14); Samuel intercedió a favor de los hijos de Israel (1 Sam. 7:8-9). En Jeremías 14:7-9,13,19-22 y Amós 7:2,5-6 hay otros ejemplos. Los traductores modernos utilizan frecuentemente el término "abogado" para referirse al deseo que tenía Job de poseer un representante celestial que rogara por su causa aunque él muriera (Job 16:19).

Nuevo Testamento "Abogado" es la traducción que se le da a menudo al griego *parakletos* en 1 Juan 2:1, palabra que sólo se encuentra en el Evangelio de Juan como un título para referirse al Espíritu Santo y que allí se traduce "Consolador" (Juan 14:16,26; 15:26; 16:7). Los antiguos griegos utilizaban el término para referirse a alguien a quien se invocaba para prestar declaración o hablar en lugar de otro, frecuentemente en el escenario de una corte. Los rabinos transliteraron la palabra al hebreo y la utilizaron para indicar a un abogado delante de Dios. Primera Juan describía la escena de una corte en la que Jesucristo, el Justo, intercedía ante el Padre a favor de los pecadores. Dicha descripción está de acuerdo con las ideas del AT en cuanto a abogar, pero la sustituye. En contraste con los abogados del AT, Jesús es al mismo tiempo el Abogado justo y el "sacrificio por el perdón" (NVI) de los pecados del mundo (1 Juan 2:2). Primera Juan 2:1 compara otras descripciones del NT acerca del papel intercesor de Jesús (Rom. 8:34; Heb. 7:25). Ver *Consolador; Intercesión; Jesucristo; Paracleto; Sumo Sacerdote.*

R. Robert Creech

ABOMINACIÓN, ABOMINACIÓN DESOLADORA Varias palabras hebreas se traducen "abominación". En la mayoría de los casos corresponde a *to'ebah* que se refiere a algo repulsivo, detestable u ofensivo. Entre los ejemplos se incluyen la perversión sexual (Lev. 18:22-26), el orgullo (Prov. 16:5), la adoración hipócrita (Isa. 1:13) y en especial la idolatría (p. ej. Deut. 7:25-26; 1 Rey. 14:24; Ezeq. 7:20).

Otro término es *shiqquts* que indica "algo detestable". Las 28 veces que aparece en el AT está asociado con la idolatría y suele describir a los ídolos como algo desagradable y ofensivo para Dios. Otras palabras hebreas que se traducen "abominación" o "abominable" son *piggul* (alimentos ceremonialmente inaceptables; Lev. 7:18; 19:7; Isa. 65:4; Ezeq. 4:4) y *ba'ash* (literalmente "hedor", pero se emplea como símbolo de algo ofensivo, repugnante u odiado; 1 Sam. 13:4).

Bdelugma también significa "algo detestable"; es el término griego que aparece seis veces en el NT y que generalmente se traduce como "abominación". No hay duda de que la palabra en Mat. 24:15; Mar. 13:14; Apoc. 17:4,5 y posiblemente en Apoc. 21:27 se refiere a la idolatría.

La abominación desoladora se menciona cinco veces (Dan. 9:27; 11:31; 12:11; Mat. 24:15; Mar. 13:14). El hebreo presenta leves variaciones, pero en las tres referencias de Daniel corresponde a formas de *shiqquts* ("abominación") y *shamem* ("estar desolado, horrorizado"). La abominación desoladora es una acción, un objeto o una persona que hace que los adoradores abandonen el templo.

La "abominación" que se menciona en Dan 11:31 se produjo cuando Antíoco IV erigió un altar o una imagen pagana de Zeus (Júpiter) en el templo de Jerusalén en diciembre del 167 d.C. (1 Mac. 1:47,54; 2 Mac. 6:4-5; *Antiquities* [Antigüedades] de Josefo, 12.5.4; conf. Dan. 8:13). Los intérpretes que señalan que el libro de Daniel se escribió durante el reinado de Antíoco IV a menudo sugieren que la expresión hebrea correspondiente a "abominación desoladora" (*shiqquts shomem*) es una modificación deliberada de Ba'al Shamen ("señor del cielo"), el equivalente sirio de Zeus. Los críticos también asumen que Dan. 9:27 y 12:11 se refieren a la blasfemia de Antíoco, en tanto que los eruditos evangélicos por lo general vinculan estos pasajes con la destrucción que llevaron a cabo los romanos en el 70 d.C. o con un sacrilegio del anticristo escatológico.

"Abominación desoladora" aparece dos veces en el NT (Mat. 24:15; Mar. 13:14). En el discurso sobre el fin de los tiempos, Jesús le atribuyó la expresión a Daniel e indicó que se cumpliría en el futuro. El testimonio fehaciente de Jesús señala que todas las referencias a la "abominación desoladora" no se cumplieron durante la época de Antíoco IV. Dado que Dan. 11:31 alude a la blasfemia de Antíoco, las palabras de Cristo deben referirse a la "abominación desoladora" de Dan. 9:27 y/o 12:11. Por lo tanto, Jesús identifica la "abominación" que se menciona en estos pasajes con un futuro sacrilegio del templo de Jerusalén.

La mayoría de los eruditos vinculan esta "abominación desoladora" neotestamentaria con (1) la destrucción del templo, (2) el anticristo escatológico o (3) ambas cosas. Podría referirse a cualquiera de las facetas de la revolución judía y de la destrucción de Jerusalén y el templo a manos de los romanos en el 70 d.C., incluso la entrada de Tito al lugar santísimo (Josefo, *Wars* [Guerras] 6,4,7; 7,5,5); el propio ejército romano (comp. Luc. 21:20), en particular las insignias militares con imágenes idólatras (Josefo, *Wars* 6.6.1); o la profanación del templo en el 67–68 d.C. que inflingieron los zelotes judíos (Josefo, *Wars* 4,3,7–10). El sacrilegio del anticristo escatológico se menciona en 2 Tes. 2:3-12. Los que aluden a ambos acontecimientos argumentan que posee una doble aplicación. Dado que los elementos de la profecía de Jesús se extienden más allá de la destrucción llevada a cabo por los romanos en el 70 d.C. y aluden a Su venida (Mat. 24:29-30; 36-44), las opiniones 2 y 3 parecieran ser las más aceptables.

Ver *Antíoco; Daniel, libro de; Intertestamentaria, historia y literatura; Josefo, Flavio.*

Stephen R. Miller

ABORTO La Biblia otorga gran valor a toda vida humana, incluyendo la vida del niño por nacer. La enseñanza bíblica declara que la vida es un don sagrado dado por Dios (Gén. 1:26-27; 2:7; Deut. 30:15-19; Job 1:21; Sal. 8:5; 1 Cor. 15:26), especialmente la vida de los niños (Sal. 127:3-5; Luc. 18:15-16), y condena a quienes quitan la vida (Ex. 20:13; 2 Rey. 1:13; Amós 1:13-14). Dios controla el desarrollo de la vida del niño no nacido (Job 31:15; Sal. 139:13-16; Ecl. 11:5; Isa. 44:2; 46:3; 49:5; Jer. 1:5; Luc. 1:15; Gál. 1:15). Oseas 9:11 da a entender que la vida comienza en la concepción, mientras Lucas 1:41,44 reconoce la conciencia que tiene un niño por nacer.

El alto valor que da la Biblia a la vida humana del niño por nacer es congruente con la ley mosaica en relación con el aborto por negligencia (Ex. 21:22-25). Esta ley se puede comparar con estatutos similares en el Código de Hammurabi (N° 209-214), donde el castigo por actos de negligencia que dieran como resultado el aborto por parte de la mujer, dependía del nivel legal o social de la madre, no de que el niño por nacer fuera (o no fuera) una persona. La ley N° 53 de Asiria Media (siglo XII a.C.) convirtió en ofensa capital el aborto inducido. *Paul H. Wright*

ABRAHAM Nombre de persona que significa "padre de una multitud". Primer patriarca hebreo, llegó a ser conocido como el ejemplo máximo de

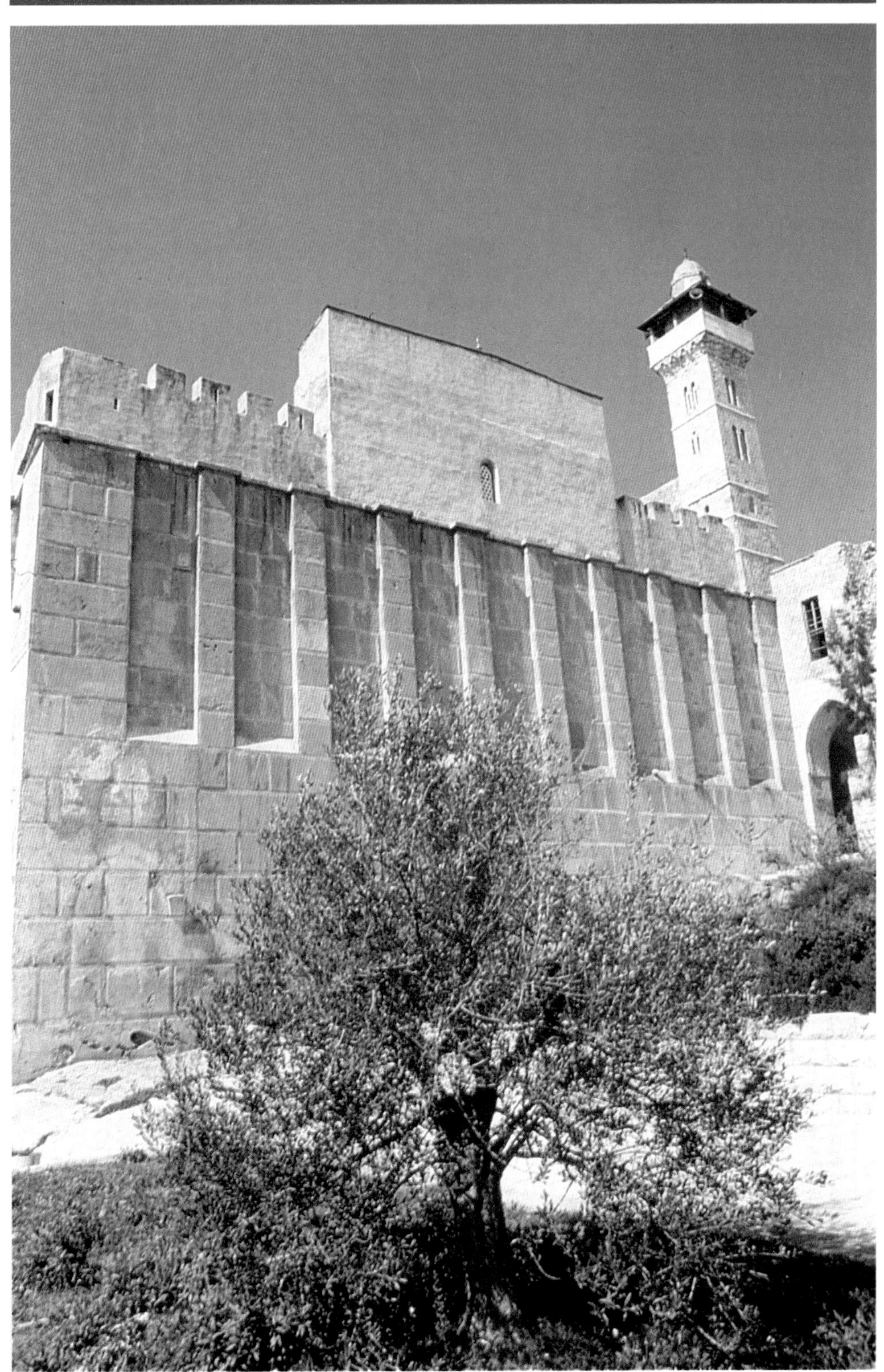

Estructura herodiana construida sobre la cueva de Macpela, el lugar donde Abraham sepultó a Sara.

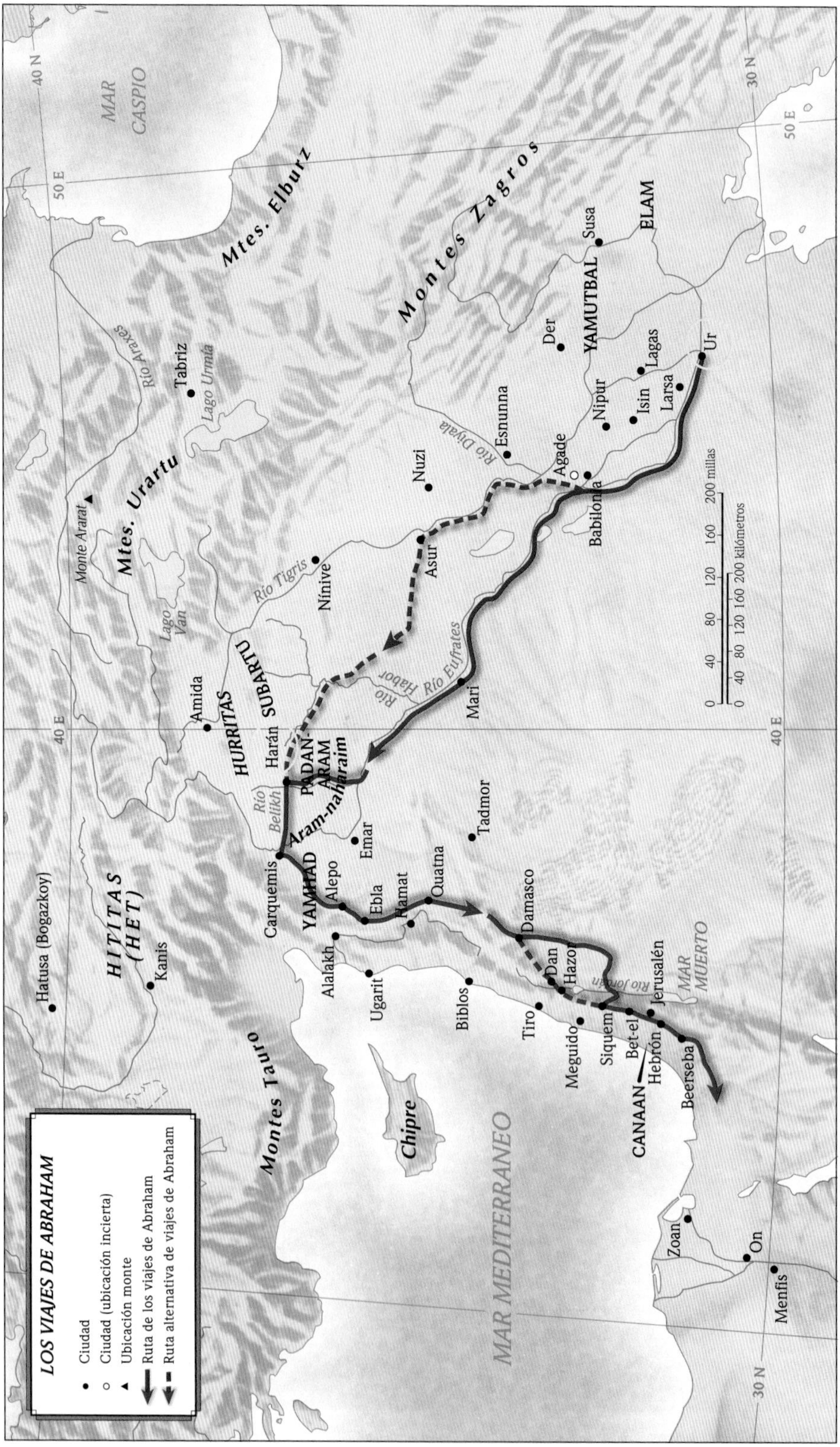

LOS VIAJES DE ABRAHAM

- Ciudad
- Ciudad (ubicación incierta)
- Ubicación monte
- Ruta de los viajes de Abraham
- Ruta alternativa de viajes de Abraham

MAR CASPIO
Mtes. Elburz
Montes Zagros
ELAM
Susa
YAMUTBAL
Der
Ur
Lagas
Larsa
Isin
Nipur
Esnunna
Río Diyala
Agade
Babilonia
Nuzi
Asur
Nínive
Río Tigris
Tabriz
Lago Urmia
Río Araxes
Mtes. Urartu
Monte Ararat
Lago Van
Amida
HURRITAS
SUBARTU
Harán
Río Habor
Río Eufrates
Mari
PADAN-ARAM
Aram-naharaim
Río Belikh
Emar
Tadmor
Carquemis
YAMHAD
Alepo
Ebla
Hamat
Quatna
Damasco
Dan
Hazor
Río Jordán
MAR MUERTO
Jerusalén
Siquem
Bet-el
Hebrón
Beerseba
CANAAN
Meguido
Tiro
Biblos
Ugarit
Alalakh
HITITAS (HET)
Hatusa (Bogazkoy)
Kanis
Montes Tauro
Chipre
MAR MEDITERRANEO
Zoan
On
Menfis

0 40 80 120 160 200 millas
0 40 80 120 160 200 kilómetros

40 N
30 N
40 E
50 E

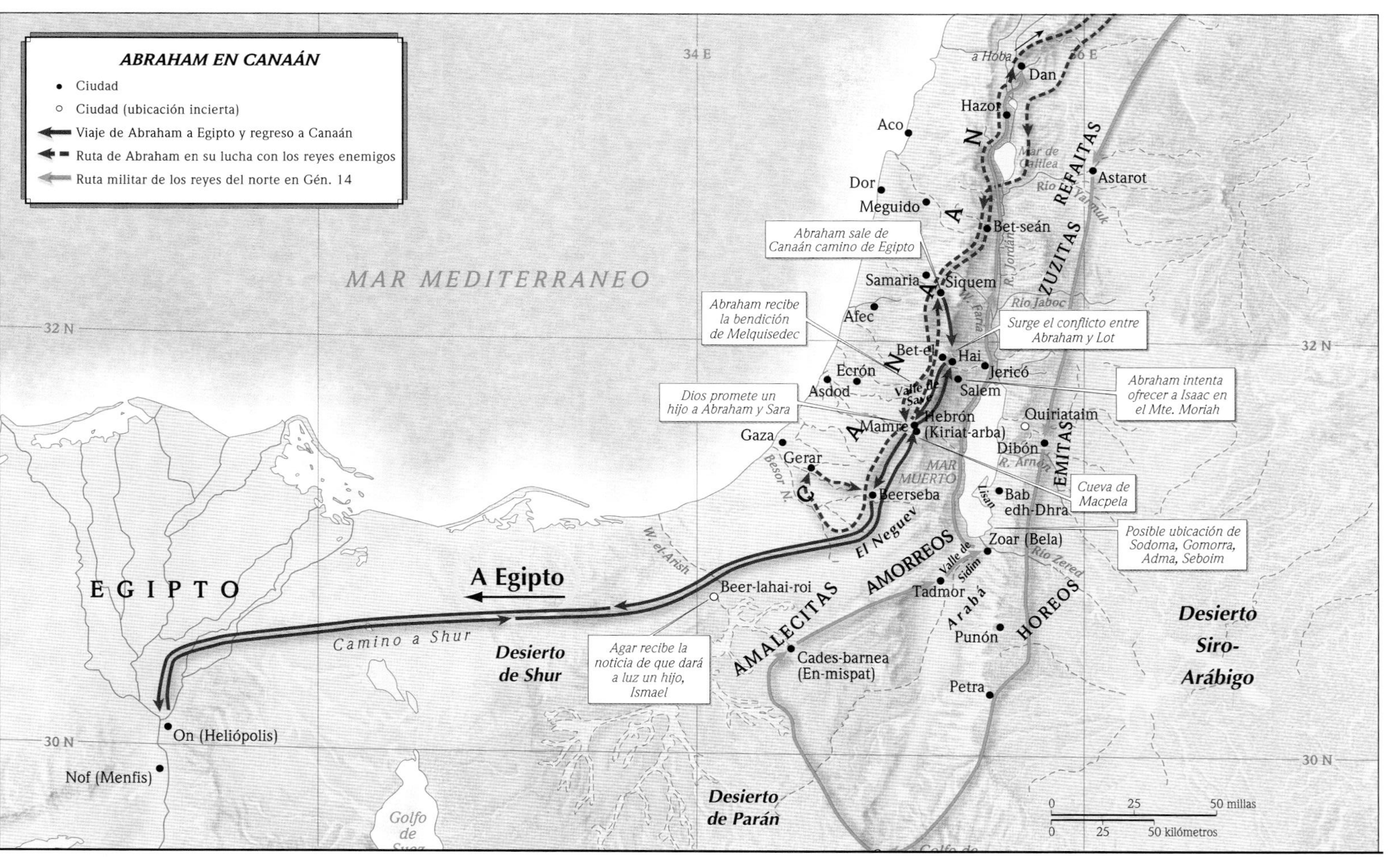

ABRAHAM EN CANAÁN
Ciudad
Ciudad (ubicación incierta)
Viaje de Abraham a Egipto y regreso a Canaán
Ruta de Abraham en su lucha con los reyes enemigos
Ruta militar de los reyes del norte en Gén. 14
MAR MEDITERRANEO
E G I P T O
A Egipto
Camino a Shur
Desierto de Shur
Desierto de Parán
Desierto Siro-Arábigo
Golfo de
On (Heliópolis)
Nof (Menfis)
Abraham sale de Canaán camino de Egipto
Abraham recibe la bendición de Melquisedec
Dios promete un hijo a Abraham y Sara
Surge el conflicto entre Abraham y Lot
Abraham intenta ofrecer a Isaac en el Mte. Moriah
Cueva de Macpela
Posible ubicación de Sodoma, Gomorra, Adma, Seboim
Agar recibe la noticia de que dará a luz un hijo, Ismael
REFAITAS
ZUZITAS
EMITAS
HOREOS
AMORREOS
AMALECITAS
C A N A A N
a Hoba
Dan
Hazor
Astarot
Bet-seán
Aco
Dor
Meguido
Siquem
Samaria
Afec
Bet-el
Hai
Jericó
Salem
Hebrón (Kiriat-arba)
Mamre
Ecrón
Asdod
Gaza
Gerar
Beerseba
Beer-lahai-roi
Quiriataim
Dibón
Bab edh-Dhra
Lisan
Zoar (Bela)
Tadmor
Punón
Petra
Cades-barnea (En-mispat)
Mar de Galilea
Río Yarmuk
R. Jordán
Río Jaboc
W. Faria
MAR MUERTO
R. Arnón
Río Zered
Valle de Sidim
Arabá
El Neguev
Besor N.
W. el-Arish
32 N
30 N
34 E
36 E
0 25 50 millas
0 25 50 kilómetros

A

Pozo en la moderna ciudad de Beerseba, que algunos creen fue un pozo de Abraham.

la fe. Era hijo de Taré, descendiente de Sem, hijo de Noé (Gén. 11:27). Pasó su niñez en Ur de los caldeos, una destacada ciudad sumeria. Al principio se lo conocía como Abram ("padre es exaltado") pero, posteriormente se transformó en Abraham ("padre de una multitud", Gén. 17:5).

Taré, su padre, se trasladó a Harán junto con su familia (Gén. 11:31) y murió allí después de algunos años. Dios llamó a Abraham para que emigrara a Canaán y le aseguró que sería padre de una vasta nación. En épocas diferentes vivió en Siquem, Bet-el, Hebrón y Beerseba. La belleza de su esposa Sara atrajo a Faraón cuando se mudaron a Egipto durante una hambruna (Gén. 12:10), pero Dios intervino para salvarla. El problema surgió en parte porque Abram había declarado que era su hermana en lugar de su esposa y, de hecho, era su hermanastra (Gén. 20:12). Después de regresar a Palestina, Abram recibió de parte de Dios confirmaciones adicionales del pacto (Gén. 15). Abram decidió que podía procrear una descendencia tomando como concubina a Agar, la sierva de Sara. Aunque la unión produjo un hijo, Ismael, éste no estaba destinado a convertirse en el heredero de Abram según la promesa. Aun después de una nueva confirmación del pacto (Gén. 17:1-21), donde el rito de la circuncisión se había declarado como señal, Abram y Sara continuaban dudando de la promesa que Dios les había hecho de un heredero.

Más tarde Sarai, a quien se le cambió el nombre y ahora se llama Sara ("princesa"), tuvo a Isaac ("risa"), el hijo prometido durante tanto tiempo. Abraham tenía 100 años de edad. La presencia de Ismael causó problemas dentro de la familia y lo expulsaron junto con su madre al Desierto de Parán. En Moriah, Dios probó la fe y la obediencia de Abraham cuando le ordenó que sacrificara a Isaac. No obstante, Dios proveyó un sacrificio alternativo y salvó la vida del muchacho. Como recompensa por la fidelidad de Abraham, Dios renovó las promesas del pacto con el padre y con el hijo, en cuanto a una gran bendición y al surgimiento de una gran nación.

Posteriormente Sara murió y la sepultaron en la cueva de Macpela (Gén. 23:19), después de lo cual Abraham buscó una esposa para Isaac. Entre los parientes de Abraham que vivían en la Mesopotamia, se consiguió una mujer llamada Rebeca, e Isaac se alegró de casarse con ella (Gén. 24:67). Abraham volvió a casarse y tuvo más hijos, y murió finalmente después de 175 años. Abraham reconoció a Dios como el Señor todopoderoso y el autor del pacto mediante el cual los hebreos se convertirían en una nación poderosa. Dios fue conocido más tarde como el Dios de Abraham (Ex. 3:6). Dios había revelado a través de él Su plan para la salvación de los seres humanos (Ex. 2:24). Las promesas a Abraham se convirtieron en una confirmación para las generaciones futuras (Ex. 32:13; 33:1). Abraham llegó a ser conocido como el "amigo para siempre" de Dios (2 Crón. 20:7).

Juan y Pablo mostraron que ser descendiente de Abraham no garantizaba la salvación (Mat. 3:9; Rom. 9). De hecho, los extranjeros se unirían a él en el reino (Mat. 8:11; comp. Luc. 16:23-30). Jesús invitó a los hijos perdidos de Abraham para que fueran salvos (Luc. 19:9). Los verdaderos hijos de Abraham hacen las obras de Abraham (Juan 8:39).

Para Pablo, este patriarca fue el gran ejemplo de la fe (Rom. 4; Gál. 3). En Hebreos, Abraham proporcionó el modelo para el diezmo (Heb. 7) y desempeñó un papel destacado en la lista de los héroes de la fe (Heb. 11). Santiago utilizó a

La llamada Tumba de Absalón, en el Valle de Cedrón, en Jerusalén

Abraham para mostrar que la justificación por fe se demuestra en las obras (Sant. 2:21-24).

R. K. Harrison

ABRAHAM, SENO DE Lugar al cual los ángeles llevaron a Lázaro, el mendigo, cuando murió. La costumbre romana de reclinarse para comer era común entre los judíos. Esta posición colocaba a una persona en el seno de la que estaba al lado. Estar junto al anfitrión, es decir, reclinado en su seno, se consideraba la honra más elevada. Lázaro recibió consuelo después de la muerte al dársele el lugar de comunión más íntima con el padre de toda la nación hebrea (Luc. 16:22-23). Ver *Cielo.*

ABRAM Nombre de persona que significa "padre es exaltado". El nombre de Abraham ("padre de una multitud") en Gén. 11:26–17:4. Ver *Abraham.*

ABRIGO Ver *Ropa.*

ABRONA Nombre de persona y de lugar que significa "paso" o "pasaje". Campamento en el desierto (Núm. 33:34). Se desconoce su ubicación pero aparentemente está cerca de Ezión-geber en el extremo norte del Golfo de Aqaba.

ABSALÓN Nombre de persona que significa "padre de paz". Tercer hijo del rey David, que se rebeló contra su padre y fue asesinado por Joab, comandante de David (2 Sam. 3:3; 13–19). Aparentemente, Absalón se ofendió al ser ignorado por su padre, y cuando su hermano Amnón no recibió ningún castigo después de violar a Tamar, su hermana. Excesivamente autocomplaciente y ambicioso, Absalón se convirtió en el vocero del pueblo (2 Sam. 15:1-6). Ellos, a cambio, con alegría lo proclamaron rey en Hebrón (15:10), donde antes había sido coronado David (2:4). Se desencadenó una batalla. David partió de Jerusalén y envió un ejército para buscar a Absalón, sin que lo hiriera (18:5), pero Joab lo mató (18:14). El lamento de David ante la muerte de Absalón muestra la profundidad del amor de un padre ante la pérdida de un hijo, como así también el remordimiento por los fracasos personales que desencadenaron tragedias familiares y nacionales. Ver *Abisalom.* *Robert Fricke*

ABSTINENCIA Abstención voluntaria de una acción, como la de comer ciertas clases de alimentos o tomar bebidas alcohólicas.

Antiguo Testamento Los ejemplos más destacados de abstinencia en el AT se relacionan con el Sábat (Ex. 31:14-15), las leyes sobre alimentos (Lev. 11; 19:23-25; Deut. 14), el voto nazareo (Núm. 6) y el ayuno. Aunque el cumplimiento del Sábat y de las leyes sobre alimentos no era exclusivo de los israelitas, se convirtió en una característica distintiva de Israel ante culturas de otros países.

El voto nazareo incluía la abstinencia de productos fermentados y de los derivados de la uva. A veces, el voto se convertía en un compromiso para toda la vida (Jue. 13:5-7). El ayuno se practicaba como un acto de humillación delante del Señor. Abarcaba la abstinencia de comida y bebida o, en ciertos casos, sólo de una de las dos cosas. El Día de la Expiación era el ayuno más destacado de Israel. Ver *Nazareo.*

Nuevo Testamento Las formas de abstinencia en el AT continuaron en el período del NT pero se convirtieron con frecuencia en puntos de controversia entre Jesús y los líderes religiosos (Mar. 2:18–3:6). Jesús volvió a fijar la atención en los aspectos prohibitivos de las prácticas y enfatizó la motivación interna por encima del cumplimiento externo (Mat. 6:16-18). Pablo estableció el principio de la abstención de cualquier actividad que pudiera ofender a otra persona o hacer que tropiece (Rom. 14; 1 Cor. 8). Este principio suele guiar la práctica contemporánea. *Michael Fink*

ABUBILLA Ave costera de pico corto y cresta de plumas sobre la cabeza (*Vanellus vanellus*). Se conoce por su vuelo irregular y chirrido agudo. Está incluida entre los animales inmundos (Lev. 11:19; Deut. 14:18).

ABUSO DE MENORES Los incidentes de abuso de niños en la Biblia por lo general comprenden la matanza de niños. Las instancias que se registran de abuso de menores incluyen la muerte de los niños varones israelitas en Egipto (Ex. 1:16,17,22), los niños varones de Belén (Mat. 2:16), los hijos de Mesa (2 Rey. 3:4,27), Acab (2 Rey. 16:3; comp. 2 Rey. 23:10) y Manasés (2 Crón. 33:6), y las hijas de Lot (Gén. 19:8) y Jefté (Jue. 11:30-40). La Biblia reconoce que ciertas acciones pecaminosas pasan de generación en generación (Ex. 34:7).

Ezequiel comparó los orígenes del pueblo de Israel con un bebé abandonado (Ezeq. 16:4-5) que Dios había encontrado y cuidado (Ezeq. 16:6-14). El salmista comparó a Dios con un padre que "se compadece de los hijos" (Sal. 103:13), una

A

enseñanza sobre la que Jesús elaboró al declarar que Dios muestra más amor y preocupación que los padres humanos (Luc. 11:11-13).

Las acciones de Jesús al recibir a los niños (Mar. 10:13-16) ejemplifica el cuidado que padres y maestros deben tener hacia los niños que están bajo su protección. A los padres se los exhorta a no provocar a sus hijos (Ef. 6:4; Col. 3:21), un mandamiento que prohíbe todo tipo de abuso y descuido. Además, los cristianos tienen la responsabilidad de dejar al descubierto y rectificar acciones dañinas para con otros, especialmente personas inocentes y desvalidas (Sal. 82: 3-4; Jer. 22:3; Ef. 5:11).

ACAB Nombre de persona que significa "hermano del padre". **1.** El séptimo rey del Reino del Norte (Israel) que se casó con Jezabel, una mujer extranjera, y provocó la ira de Dios más que cualquiera de los reyes anteriores de Israel. Acab fue hijo y sucesor de Omri. Su reinado de 22 años (874–853 a.C.), se vio afectado por la infidelidad y el fracaso espiritual, aunque disfrutó de cierto éxito político y militar (1 Rey. 16:30).

El casamiento de Acab con Jezabel, una princesa fenicia, tuvo beneficios tanto comerciales como políticos. En lo comercial, proveyó a Samaria de artículos que necesitaban y abrió un camino para la extensión del comercio marítimo. En lo político, eliminó cualquier amenaza militar que proviniera de Fenicia.

Durante los días de Acab, Israel disfrutó de paz con Judá como resultado en gran medida de un matrimonio que se arregló entre la princesa Atalía y Joram, el príncipe heredero de la corona de Judá. La alianza resultante produjo esfuerzos conjuntos en el comercio marítimo (1 Rey. 22:48; 2 Crón. 20:35-37) y una campaña militar unida para recapturar Ramot de Galaad, que había quedado bajo control arameo (1 Rey. 22:2-40).

A lo largo de su reinado, Acab mantuvo un control efectivo sobre Moab y obtuvo ingresos por medio del tributo, un impuesto que pagaba el rey moabita para mantener su trono (2 Rey. 3:4). La opresión de Moab bajo el gobierno de Acab y de su padre Omri se halla representada en la Piedra Moabita.

Acab tuvo éxito en dos campañas importantes con el rey asirio Ben-adad, pero en la tercera fue herido de muerte. Su participación en la gran batalla de Qarqar (853 a.C.) está registrada en una inscripción de Salmanasar III de Asiria, aunque no se menciona en la Biblia. Según Salmanasar, Acab envió a la batalla 2000 carros y 10.000 hombres.

El palacio de Acab.

Los días de Acab en Samaria constituyeron una época de riqueza creciente y apostasía espiritual. Según 1 Reyes 22:39, le construyó a Jezabel una "casa de marfil", cuyos restos se descubrieron en las excavaciones que Harvard realizó en el lugar. Las habitaciones y los muebles estaban decorados con incrustaciones de marfil que en muchos casos representaban deidades egipcias. Su entrega a la influencia idolátrica se pone de manifiesto en la construcción de un templo para Baal (1 Rey. 16:32), la masacre de los profetas del Señor (1 Rey. 18:4,19) y la confiscación de la propiedad de un israelita (1 Rey. 21).

Pareciera que Acab era adorador de Yahvéh, Dios de Israel, pero probablemente también de otras deidades. Consultaba frecuentemente a los profetas de Yahvéh (1 Rey. 20:13-14,22,28; 22:8, 16), utilizó el nombre divino al ponerles nombre a sus hijos (Ocozías, Joram y Atalía) y no interfirió en la ejecución de los profetas de Baal después de la disputa en el Monte Carmelo (1 Rey. 18:40). Sin embargo, la influencia de Jezabel en su vida opacó el efecto importante que los profetas del Señor pudieran ejercer sobre él. Se convirtió en el principal ejemplo del mal (Miq. 6:16).

2. Profeta falso que vivía en Babilonia, profetizó mentiras y enfrentó la condenación de Jeremías (Jer. 29:20-23). *John J. Davis*

Un árbol de acacia, en el Desierto de Sinaí.

ACACIA Madera dura con una hermosa veta fina o compacta que se oscurece con el paso de los años. A los insectos les resulta desagradable el sabor de la acacia, y su densidad hace que resulte difícil la penetración de agua u otros agentes destructivos. Los israelitas levantaron sus tiendas junto al Jordán desde Bet-jesimot hasta Abel-sitim, que se traduce "pradera de las acacias" (Núm. 33:49).

Moisés recibió instrucciones para la construcción del tabernáculo (Ex. 25–35) en el Monte Sinaí, en el Desierto de Arabia (Gál. 4:25), donde la acacia es una de las especies madereras más grandes de las pocas de ese lugar. Los elementos para el tabernáculo que se elaboraron con madera de acacia (sitim) incluían: el arca del pacto y sus varas, la mesa de los panes sin levadura y sus varas, el altar de bronce y sus varas, el altar del incienso y sus varas, y todas las varas para colgar las cortinas y los soportes (Ex. 36:20,31,36; 37; 38).

La madera de acacia era tan preciosa que Éxodo 25:5 dice que junto con las ofrendas de plata y bronce, todo hombre que tuviera madera de acacia (sitim) debía ofrendarla al Señor. En Joel 3:18, Judá será bendecido "en aquel tiempo" con un arroyo que regará el Valle de Sitim. Ver *Altar; Arca del pacto; Plantas; Sitim.*

ACAD Nombre geográfico correspondiente a una famosa ciudad de la Mesopotamia, gobernada por Sargón I alrededor del 2350 a.C. (Gén. 10:10). Se desconoce su ubicación exacta. Le da nombre al idioma acadio que se utilizaba en Babilonia y Asiria.

ACADIO, ACADIOS Primeros invasores semíticos de la Mesopotamia de los que se tuvo conocimiento y el idioma que ellos hablaban. Bajo el reinado de Sargón el Grande, los acadios conquistaron la Mesopotamia y establecieron el primer verdadero imperio de la historia (2360–2180 a.C.). Su antigua capital, Acad, se menciona en Gén. 10:10 como una de las ciudades de Sinar (Mesopotamia).

Acadio es también el nombre antiguo del idioma semítico utilizado en las inscripciones y documentos cuneiformes que descubrieron los arqueólogos modernos. Las primeras inscripciones en acadio antiguo datan de alrededor del 2400–2000 a.C. De él surgieron dos dialectos principales, el babilónico y el asirio. Estos dialectos se bosquejan de manera práctica en tres etapas: babilónico antiguo y asirio antiguo, alrededor del 2000–1500 a.C.; babilónico intermedio y asirio intermedio, alrededor del 1500–1000 a.C.; neobabilónico, alrededor del 1000–100 a.C., y neoasirio, alrededor del 1000–600 a.C. Después del 600 a.C., el arameo fue reemplazando en forma progresiva al acadio.

Este se clasifica comúnmente como semítico oriental para distinguirlo del semítico del noroeste (amorreo, ugarítico, hebreo, etc.) y del semítico del sudoeste (árabe, etíope). El acadio era el idioma internacional de la diplomacia y el comercio en el Cercano Oriente antes del 1000 a.C. En consecuencia, varias colecciones de documentos escritos en acadio tuvieron su origen en diversos grupos étnicos y nacionales que no hablaban este idioma. Algunos ejemplos incluyen las Tablas de Amarna de los gobernantes palestinos que se enviaban a Egipto, documentos

En esta tablilla, en acadio, fue inscripto el Tratado de Cades entre los hititas y Egipto.

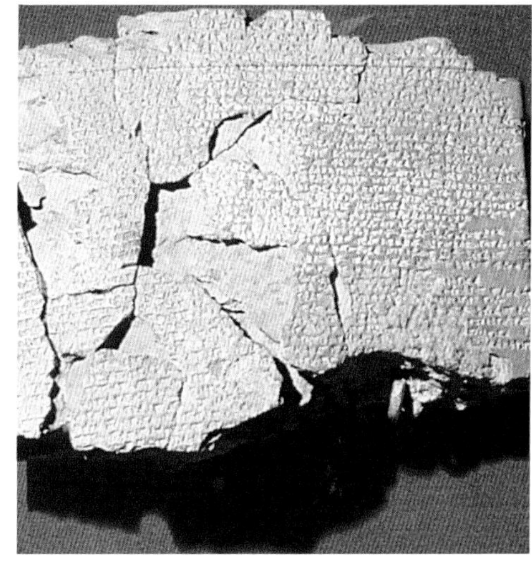

en acadio de Ugarit en Siria y las Tablas Nuzi de los hurritas.

Los estudios referentes al acadio han tenido un efecto profundo en las investigaciones sobre el AT en, por lo menos, cuatro áreas. Primero, el significado de muchas palabras hebreas se ha determinado o aclarado mediante palabras afines del acadio. Segundo, los textos literarios (poéticos) y los legales han proporcionado una fuente rica para el estudio comparativo de la poesía y textos legales del AT. Tercero, los anales históricos y los tratados internacionales proveen un marco de referencia más amplio para entender los acontecimientos bíblicos y a veces mencionan hechos y personas que también se conocen a través de la Biblia. Cuarto, los textos religiosos acadios han incluido relatos de la creación y el diluvio como así también discursos proféticos, maldiciones y bendiciones, y oraciones que proporcionan una base para entender tanto la herencia semítica común como la singularidad de la fe de Israel. Ver *Cuneiforme.*

Thomas Smothers

ACAICO Nombre de persona correspondiente al mensajero que fue desde Corinto a ver a Pablo antes de que éste escribiera 1 Corintios (16:17). Su presencia junto con la de Estéfanas y Fortunato alentaron a Pablo. Los tres llevaron noticias y probablemente una carta a Pablo de parte de la iglesia de Corinto (1 Cor. 7:1). Es posible que hayan llevado 1 Corintios cuando regresaron a aquella ciudad.

ACÁN Nombre de persona de significado incierto. **1.** En Josué 7:1, un hombre de la tribu de Judá que robó parte de los despojos de Jericó, lo cual desencadenó el disgusto divino y produjo la derrota del ejército israelita. El Señor, después de la batalla de Hai, le dijo a Josué que la razón de la derrota de Israel fue que se había violado la prohibición en cuanto al botín de Jericó (Jos. 7:11). Se descubrió que Acán era el culpable y tanto él como su familia fueron lapidados (Jos. 7:25). Ver *Hai; Josué.* **2.** Oficial de Edom con antepasados horitas (Gén. 36:27). En 1 Crónicas 1:42 se escribe "Jaacán".

ACAYA Provincia romana en la que Galión era procónsul o comisionado en la época del apóstol Pablo (Hech. 18:12). Abarcaba aprox. la mitad sur de la Grecia antigua, incluyendo el Peloponeso. Entre las ciudades más importantes de Acaya se encontraban Esparta, Atenas y Corinto, considerada esta última como el centro administrativo. Pablo tuvo éxito con su predicación en esta provincia (Hech. 18:27-28).

ACAZ 1. Rey malvado de Judá (753–715 a.C.). Acaz, cuyo nombre significa "él ha tomado", fue hijo y sucesor de Jotam como rey de Judá, y padre de Ezequías. Acaz se presenta como un hombre malvado que participó de las prácticas idolátricas más monstruosas (2 Rey. 16:3). Su reinado de 16 años fue contemporáneo de los profetas Isaías y Miqueas. Isaías le dio consejos a Acaz durante la crisis siro-efraimita cuando Rezín, rey de Siria, y Peka, rey de Israel, unieron sus fuerzas para atacar Jerusalén. El profeta Obed rescató a algunos cautivos de Israel (2 Crón. 28). Acaz rechazó el consejo del profeta y pidió ayuda a Tiglat-pileser III de Asiria (Isa. 7). Ese pedido de ayuda y el compromiso resultante produjeron consecuencias desafortunadas tanto políticas como religiosas ya que Acaz se sometió al dominio asirio. Inclusive colocó en el templo un altar hecho en base a un modelo sirio (2 Rey. 16:11). Acaz padeció la humillación máxima de no ser sepultado en las tumbas reales (2 Crón. 28:27). Ver *Cronología de la época bíblica; Israel.* **2.** Benjamita descendiente de Saúl (1 Crón. 8:35-36; 9:42).

ACBOR Nombre de persona que significa "ratón". **1.** Padre del rey de Edom (Gén. 36:38). **2.** Hombre al cual comisionó el rey Josías para que le preguntara a Dios el significado del libro de la ley que se había descubierto en el templo. Él y los demás que habían sido comisionados obtuvieron palabra de Dios a través de la profetisa Hulda (2 Rey. 22:12-14). **3.** Padre de Elnatán a quien Joacim envió para que trajera al profeta Urías de Egipto a fin de ejecutarlo (Jer. 26:22; comp. 36:12).

ACCESO Permiso o capacidad para entrar en un área restringida o en la presencia de alguien importante como es Dios. En el ámbito humano, el término se aplica generalmente a personas a las cuales se les permitió ver al rey cara a cara (Est. 1:14). En consecuencia, tuvieron un lugar de privilegio en la presencia del rey (Zac. 3:7). Cada corte real tenía sus propias reglas. La corte persa ante la que se enfrentó Ester establecía la pena de muerte para cualquiera que intentara acceder al rey sin un permiso real (Est. 4:11). El NT enseña que toda persona ahora puede tener acceso a Dios porque la muerte de Jesús en la cruz ha abierto el camino. Dicho acceso lo experimentan aquellos que expresan su confianza personal en Jesús y descansan en Su gracia divina. Esto trae paz y esperanza de Dios (Rom. 5:1-2), pero siempre depende del favor del Rey celestial y no de los requerimientos para entrar que establecen o cumplen los seres humanos. Tanto los gentiles como los judíos tienen una puerta abierta al Padre por medio de la muerte de Cristo en la cruz y a través de la obra del Espíritu Santo que está presente en la vida del creyente (Ef. 2:10-18). El acceso a Dios por medio de la fe en Cristo fue el propósito eterno de Dios, y le da al creyente confianza y libertad para acercarse a Él (Ef. 3:12). Las prácticas religiosas del AT permitían que sólo el sumo sacerdote entrara en el lugar santísimo y que esto lo hiciera solamente una vez al año (Lev. 16:2, 34). Los creyentes tienen por medio de Cristo acceso constante al lugar más santo, el lugar donde está Dios (Heb. 10:19-22).

ACCIÓN DE GRACIAS 1. Gratitud dirigida a Dios (excepto en Luc. 17:9; Hech. 24:3; Rom. 16:4) generalmente en respuesta a intervenciones divinas concretas en la historia. La acción de gracias era un aspecto fundamental de la adoración en el AT. Los sacrificios y ofrendas no se realizaban a regañadientes sino con agradecimiento (Sal. 54:6; Jon. 2:9). El salmista valoraba más una canción de acción de gracias que un sacrificio (Sal. 69:30,31). David empleó levitas "para que ministraran, dieran gracias y alabaran al Señor" (1 Crón.16:4 NVI; 23:30; Neh. 12:46). La peregrinación al templo y la adoración en ese lugar se caracterizaban por la acción de gracias (Sal. 42:4; 95:2, 100:4; 122:4). El agradecimiento se expresaba: por la liberación personal (Sal. 35:18) y nacional (44:7,8); por la lealtad de Dios para con el pacto (Sal. 100:5), y para pedir perdón (Sal. 30:4,5; Isa. 12:1). Toda la creación se une para dar gracias a Dios (Sal. 145:10). Ver *Salmos, Libro de.*

La acción de gracias es un elemento natural de la adoración cristiana (1 Cor. 14:16,17) y debe ser característica del creyente (Col. 2:7; 4:2). Los primeros cristianos expresaban gratitud por el ministerio sanador de Cristo (Luc. 17:16); por la liberación del pecado que Cristo ofrece a los creyentes (Rom. 6:17,18; 7:25); por el inefable don de la gracia de Dios en Cristo (2 Cor. 9:14,15; 1 Cor. 15:57; comp. Rom. 1:21), y por la fe de otros creyentes (Rom.1:8).

2. Acción de gracias epistolar: componente de la introducción de una típica carta griega. Todas las Cartas Paulinas, excepto Gálatas, comienzan con acción de gracias. Ver *Carta.*

Antigua lámpara de aceite decorada con dos figuras humanas.

ACEITE Producto indispensable en el Cercano Oriente para alimentos, medicina, combustible y rituales. El aceite se consideraba una bendición de Dios (Deut. 11:14) y el olivo era característico de la tierra que Dios le dio a Israel (Deut. 8:8).

Preparación En tiempos bíblicos, el aceite doméstico se preparaba de los olivos. A veces, el aceite se combinaba con perfumes y se empleaba como cosmético (Est. 2:12). La extracción de aceite de oliva está ampliamente confirmada por hallazgos arqueológicos de prensas de piedra en varios lugares de Palestina. Este aceite, denominado "aceite machacado", era más liviano y se lo consideraba el mejor. Luego de extraer el aceite machacado se elaboraba otro de diferente calidad calentando la pulpa y volviéndola a apisonar en la prensa.

El aceite doméstico se almacenaba en vasijas o tinajas pequeñas (1 Rey. 17:12; 2 Rey. 4:2); el que se empleaba en las ceremonias religiosas también se guardaba en cuernos (1 Sam. 16:13).

Uso El aceite se usaba de diversas maneras en los tiempos bíblicos pero, en la mayoría de los casos, se empleaba en lugar de la gordura de animales para preparar comida. Se utilizaba junto con harina para hacer tortas (Lev. 2:1,4; Núm. 11:8; 1 Rey. 17:12-16), y también con miel (Ezeq. 16:13) y vino (Apoc. 6:6).

Además, el aceite se usaba como combustible para las lámparas, tanto en las casas (Mat. 25:3) como en el tabernáculo (Ex. 25:6).

A menudo el aceite se empleaba en ceremonias religiosas. Los sacrificios de la mañana y de la tarde requerían, además de los corderos, 1/10 de una efa de flor de harina y 1/4 de un hin de aceite machacado. Otras ofrendas de granos también requerían aceite, que se utilizaba en la ofrenda para la purificación de los leprosos. En el NT, el aceite se empleaba para ungir un cuerpo que era preparado para la sepultura (Mat. 26:12; Mar. 14:8). Varias personas del AT fueron ungidas con aceite: los reyes (1 Sam. 10:1; 16:13), los sacerdotes (Lev. 8:30) y posiblemente los profetas (1 Rey. 19:16; Isa. 61:1). Algunos objetos también se ungían para consagrarlos a Dios: el tabernáculo y todos sus muebles (Ex. 40:9-11), los escudos de los soldados (2 Sam. 1:21; Isa. 21:5), los altares (Lev. 8:10,11) y las columnas de piedra (Gén. 35:14).

Como aceite medicinal o ungüento, se utilizaba para curar heridas (Isa. 1:6; Luc. 10:34). Santiago 5:14 tal vez aluda a un uso simbólico del aceite o al medicinal.

Una antigua prensa de olivas. Las olivas han sido una exportación de Canaán desde por lo menos 3000 años a.C.

El olivo siempre ha sido uno de los árboles más importantes en la cultura y la economía de Israel. Proporcionaba alimento, y el aceite que se extraía se usaba para propósitos medicinales, para cocinar y alumbrar.

El aceite se usaba como cosmético para protegerse del sol abrasador o la sequedad del desierto (Rut 3:3; Ecl. 9:8). Dado que los olivos abundaban en Palestina, el aceite de oliva también se empleaba como materia prima para comercialización (1 Rey. 5:11; Ezeq. 27:17; Os. 12:1).

El aceite era símbolo de honra (Jue. 9:9), en tanto que la virtud se comparaba con el aceite perfumado (Cant. 1:3; Ecl. 7:1). La abundancia de aceite era muestra de bendición y prosperidad (Job 29:6; Joel 2:24). No obstante, como símbolo de riqueza, también se lo asociaba con la arrogancia de los ricos (heb. "valle del aceite"; "valle fértil", Isa. 28:1,4). El aceite era símbolo de gozo y alegría (Sal. 45:7), y en tiempos de tristeza no se practicaba la unción con ese producto (2 Sam. 14:2). Ver *Agricultura; Comercio; Cosméticos; Ungir, Ungido.* *Claude F. Mariottini*

ACEITE PURO Aceite de oliva de la más alta calidad que se obtenía estrujando olivas maduras en un mortero. El aceite de segunda calidad se obtenía prensando las olivas. El aceite de tercera calidad se obtenía estrujando y prensando aún más la pulpa. El aceite puro se utilizaba en las lámparas del santuario (Ex. 27:20; Lev. 24:2) y en los sacrificios diarios (Ex. 29:40; Núm. 28:5). Salomón también utilizaba el aceite puro para sus negocios con Hiram (1 Rey. 5:11).

ACÉLDAMA Judas Iscariote compró este campo en el cual se quitó la vida (Hech. 1:19). El nombre es arameo y significa "campo de sangre". Evidentemente se compró con el dinero que le habían pagado a Judas por traicionar a Jesús. Según Mat.

Monasterio en el Monte Sión que señala el sitio tradicional del suicidio de Judas, con vista al Campo de Sangre.

27:7, dicho campo se compró para sepultar a los extranjeros. Ver *Judas*.

ACENTO GALILEO Particularidad en la manera de hablar de Pedro que demostraba que era de Galilea. Su lenguaje peculiar hizo que la criada sospechara que Pedro era seguidor de Jesús de Nazaret de Galilea (Mat. 26:73; comp. Jue. 12:5-6, donde el lenguaje de una persona reveló su lugar de origen.) Ver *Shibolet*.

ACEPTACIÓN Ser recibido con aprobación o placer. En la Biblia se dice a menudo que las cosas o las personas son aceptables a los hombres o a Dios. La aceptación humana (o el rechazo) de parte de otras personas se ve afectada por cosas tales como la raza, la clase, el sexo, las acciones del individuo, el prejuicio, etc. Jesús, en un nivel humano, nos muestra que todos los seres humanos tienen que ser aceptados, amados por lo que son, simplemente porque son personas creadas a la imagen del Padre amoroso (Gén. 1:26-27; Mat. 5:43-48).

Por sobre todas las cosas, el pecado impide que una persona sea aceptable ante el Señor (Gén. 4:7; Isa. 59:2). Los sacrificios se ofrecían a Dios desde épocas primitivas en un intento de lograr que el adorador fuera aceptable ante Él. Más tarde la ley reveló de manera más clara qué era necesario para ser aceptable a Dios. Esto incluía acciones éticas (los Diez Mandamientos) como así también sacrificios (Levítico). Israel sucumbió a la tentación de separar los sacrificios de las acciones éticas, y en consecuencia los grandes profetas proclamaron una y otra vez la verdad de que ningún sacrificio es aceptable si está divorciado de un trato justo hacia los demás (Isa. 1:10-17; Amós 5:21-24). Miqueas resumió los términos de la aceptación en 6:6-8: "... qué pide Jehová de ti: solamente hacer justicia, y amar misericordia, y humillarte ante tu Dios." La actitud de humildad es tan importante como la acción correcta (Sal. 51:16-17; 1 Ped. 5:5-6).

Jesús resumió la ley y los profetas en dos grandes mandamientos (Mat. 22:37-40), y los presentó como requisitos para la vida eterna (Luc. 10:25-28). Pablo observó que la ley tiene dos propósitos. Uno, da a conocer los requisitos de Dios, revelando de esta manera la pecaminosidad humana (Rom. 3:20). Dos, la ley moral, como expresión verdadera de la voluntad de Dios, permanece como meta y guía, aunque uno ya no piense que la aceptación de Dios se obtiene por medio de la ley. El NT proclama que Jesús ha hecho lo necesario para que seamos aceptables a Dios. Al principio de su ministerio, Jesús anunció que Su misión incluía la proclamación del año agradable (aceptable) del Señor, el tiempo de salvación (Luc. 4:19). Jesús reveló la voluntad de Dios de manera más clara que nunca antes (Heb. 1:1-2), deshizo las obras del diablo (1 Jn. 3:8), pero por sobre todas las cosas, quitó el pecado "por el sacrificio de sí mismo" (Heb. 9:26). Pablo escribió acerca de la aceptación delante de Dios, en especial, al hablar de justificación. Las personas son hechas aceptables ante Dios porque los requisitos justos de la ley se cumplieron por medio del sacrificio de Jesús (Rom. 3:21-26; 8:3-5). El libro de Hebreos presenta a Jesús como el verdadero Sumo Sacerdote que ofrece el sacrificio perfecto que lava o cubre eficazmente el pecado, de manera que este deja de ser una barrera para ser aceptado por Dios (Heb. 9:11-14,26). Tanto Pablo como Hebreos enseñaron que, a fin de que la aceptación de parte de Dios fuera efectiva, uno debe creer, recibir el ofrecimiento de la aceptación de parte de Dios en Cristo, y comprometerse a seguir el camino de Jesús, confesándolo como Señor. Ver *Amor; Expiación; Justificación*.

Joe Baskin

ACMETA o ECBATANA (NVI) Capital del antiguo imperio medo ubicada en los Montes Zagros al oeste de Irán, sobre dos caminos importantes que conducen desde el sur y el oeste hacia la ciudad de Teherán. En los libros canónicos de la Biblia se encuentra una sola referencia a la ciudad (Esd. 6:2), pero en los libros apócrifos se la conoce como Ecbatana y se la cita con frecuencia, especialmente en los libros de Judit, Tobías y 2 Macabeos.

No se ha realizado ninguna labor arqueológica en Acmeta por la simple razón de que actualmente está ocupada por la actual ciudad de Hamadán. Se han hecho dos descubrimientos en la superficie: una daga de oro y una tabla de oro con escritos cuneiformes. *Bryce Sandlin*

ACO Nombre geográfico dado a un famoso puerto mediterráneo al norte del Monte Carmelo. El territorio fue asignado a la tribu de Aser, pero no lo pudieron conquistar (Jue. 1:31). Los griegos cambiaron el nombre de Aco por el de Tolemaida. Pablo pasó un día en Tolemaida durante su tercer viaje misionero (Hech. 21:7). La ciudad tiene una larga historia documentada por registros del Cercano Oriente que llegan hasta alrededor del 2000 a.C., pero cumple un papel pequeño dentro de la narrativa bíblica.

ACOR Nombre geográfico que significa "disturbio, aflicción" o "tabú". El valle en el cual Acán y su familia fueron apedreados hasta morir (Jos. 7:24-26). Posteriormente formó parte de la frontera de Judá. Está incluido en las promesas proféticas de Isaías 65:10 y Oseas 2:15. Ver *Josué.*

ACRABIM Nombre geográfico que significa "escorpiones". La "subida de Acrabim" se encuentra al sudoeste del Mar Muerto y forma el límite sur de Canaán (Núm. 34:4; Jos. 15:3; Jue. 1:36). Es un sendero montañoso en el camino al sudeste de Beerseba, actualmente llamado Neqb es-Safa. Estudios recientes han descubierto que el Paso del Escorpión se menciona en otros escritos del Cercano Oriente.

ACRÓSTICO En la poesía hebrea, recurso literario por medio del cual cada sección de una obra literaria comienza con la letra subsiguiente del alfabeto. De este modo, en el Salmo 119, los primeros ocho versículos comienzan con *aleph*, la primera letra del alfabeto hebreo; los ocho siguientes con *bet*, la segunda letra del alfabeto hebreo; y la modalidad continúa hasta los versículos 169-176, en los cuales cada uno comienza con *tau*, la última letra del alfabeto. Otros ejemplos de la Biblia incluyen Salmos 9–10; 25; 34; 37; 111–112; 145; Proverbios 31:10-31; Lam. 1–4. El estilo acróstico ayudaba a la gente a memorizar el poema y expresaba el carácter completo con que se abarcaba el tema, desde la A hasta la Z.

ACSA Nombre de persona que significa "brazalete" o "adorno para el tobillo". Hija de Caleb que fue ofrecida al hombre que conquistó Quiriat-sefer (Jos. 15:16). Otoniel tomó la ciudad y la mujer (Jue. 1:12-13).

Puerto de Aco, desde el sur.

ACSAF Nombre geográfico que significa "lugar de hechicería". Ciudad-estado que se unió a Jabín, rey de Azor, para oponerse a Josué cuando este invadió el norte de Israel (Jos. 11:1). Acsaf era una ciudad limítrofe de Aser (Jos. 19:25). Probablemente estaba ubicada cerca de Aco.

ACUB Nombre de persona que posiblemente significa "protector" o "protegido". **1.** Descendiente de Salomón en la Judá postexílica alrededor del 420 a.C. (1 Crón. 3:24). **2.** Portero del templo después del regreso del exilio (1 Crón. 9:17; Esd. 2:42; Neh. 7:45; 11:19). Era levita (Neh. 12:25). Puesto que se menciona a "los hijos de Acub" (Neh. 7:45), aparentemente la familia sirvió durante varias generaciones y hubo más de una persona con el mismo nombre en el linaje familiar. **3.** Levita que ayudó a Esdras a enseñarle la ley de Dios al pueblo que había regresado (Neh. 8:7). Es probable que haya estado relacionado con 2. **4.** Jefe de otra familia del personal de trabajo del templo (Esd. 2:45).

ACUEDUCTOS Canales cavados en la roca o el suelo, o cañerías de piedra, cuero o bronce que se utilizaban desde épocas muy tempranas en el Medio Oriente para transportar agua desde lugares distantes hacia pueblos o ciudades.

Antiguo Testamento Los acueductos más simples eran canaletas cavadas en la roca o el suelo que algunas veces se revestían con brea. Estos canales llevaban el agua desde las colinas a los valles que se hallaban más abajo. Jerusalén se abastecía mediante un sistema de acueductos que traía agua de manantial de montaña que primeramente se acumulaba en represas fuera de la ciudad para luego darle entrada. El conducto de Ezequías, el conducto de Siloé, era un acueducto subterráneo serpenteante que desviaba el agua desde los manantiales de Gihón hasta el estanque de Siloé (2 Rey. 20:20).

Acueductos romanos Los romanos se destacaron en la construcción de acueductos y las ruinas de estos sistemas son impresionantes. Los acueductos antiguos, de la clase que no utilizaba el efecto de la presión, llevaban agua que bajaba de los montes como resultado de la fuerza de gravedad. Aunque la mayoría de los acueductos estaban bajo tierra, había grandes estructuras con arcadas que atravesaban las llanuras y contenían un declive incorporado a fin de que el agua fluyera sin obstáculos. A veces estas secciones elevadas servían como puente para peatones además de llevar también varios canales de agua. Los romanos construyeron muchos acueductos; el más largo cubría una extensión de 91 km (57 millas).

Diane Cross

ACUSADOR Término legal que describe a una persona que declara que otra es culpable de un delito o de una ofensa moral. La palabra hebrea para acusador es *Satan* (comp. Sal. 109:6 en varias traducciones). Las acusaciones falsas exigían un castigo grave (Deut. 19:15-21). El salmista oró pidiendo juicio contra sus acusadores (Sal. 109:4,20,29 NVI, LBLA). Los acusadores falsos condujeron a la condena y la muerte de Cristo (Mat. 27:12). Los acusadores judíos (Hech. 22:30) llevaron a que Pablo finalmente apelara a Roma (Hech. 25:11). Ver *Satanás.*

ACZIB Nombre geográfico que significa "engañoso". **1.** Ciudad del sur de Judá, quizá la moderna

Acueducto romano en Cesarea, que transportaba agua desde los cerros del Carmelo a la ciudad.

Tel el-Beida cerca de Laquis (Jos. 15:44). Miqueas 1:14 hace un juego de palabras utilizando Aczib, literalmente "las casas de engaño serán engañosas". **2.** Ciudad fronteriza asignada a Aser (Jos. 19:29) que la tribu israelita no pudo conquistar (Jue. 1:31). Podría ser la moderna Tel Akhziv cerca de Aco.

ADA Nombre de persona que significa "adorno, ornamento". **1.** Esposa de Lamec y madre de Jabal y Jubal (Gén. 4:19-23). **2.** Esposa de Esaú y madre de oficiales edomitas (Gén. 36:2-16).

ADADA Nombre geográfico correspondiente a una ciudad en el sudeste de Judá (Jos. 15:22).

ADAÍA Nombre de persona que significa "Yahvéh ha adornado". **1.** Abuelo del rey Josías (2 Rey. 22:1). **2.** Levita de la familia de los cantores del templo (1 Crón. 6:41). **3.** Sacerdote que regresó de Babilonia a Jerusalén después del exilio (1 Crón. 9:12), probablemente el mismo que 3. en Adaías. **4.** Padre de Maasías que ayudó a convertir en rey al joven Joás en lugar de Atalía, la reina madre (2 Crón. 23:1). **5.** Dos hombres con esposas extranjeras en la época de Esdras (Esd. 10:29,39).

ADAÍAS Nombre de persona que también significa "Yahvéh ha adornado". **1.** Benjamita (1 Crón. 8:21). **2.** Miembro de la tribu de Judá en Jerusalén después del exilio (Neh. 11:5). **3.** Sacerdote del templo después del exilio (Neh. 11:12), probablemente el mismo que 3. en *Adaía.*

ADALÍA Nombre de persona de origen persa. Uno de los diez hijos de Amán, villano del libro de Ester, a quien mataron los judíos (Est. 9:8).

A

ADAM Nombre geográfico correspondiente a una ciudad cerca del Río Jordán donde las aguas se amontonaron para que Israel pudiese cruzar a conquistar la tierra (Jos. 3:16). Su ubicación probablemente sea Tel ed-Damieh cerca del Río Jaboc.

ADAMA Nombre geográfico y nombre común que significa "suelo, tierra cultivable". **1.** La tierra o el suelo cultivado de cuyo polvo Dios formó a la humanidad, haciendo un juego de palabras con Adán del polvo de *'adamah.* (Gén 2:7: comp. 2:19). Los artículos de alfarería también se hacían de la tierra (Isa. 45:9), al igual que los altares (Ex. 20:24). Los muertos retornaban a la tierra (Sal. 146:4), pero el suelo también produce cosechas (Deut. 7:13; 11:17). **2.** Ciudad del territorio de Neftalí (Jos. 19:36) cerca del lugar donde el Río Jordán se une al Mar de Tiberias, quizá la moderna Hagar ed-Damn.

ADAMI-NECEB Nombre geográfico que significa "tierra roja" o "paso de tierra roja". Ciudad del territorio de Neftalí (Jos. 19:33), quizá Quirbet Damiyeh al norte del Monte Tabor.

ADÁN Y EVA Primer hombre y primera mujer creados por Dios. De ellos descienden todas las demás personas.

Antiguo Testamento El nombre *Eva* se relaciona con la palabra hebrea correspondiente a "viviente" pero aparece solamente como el nombre de la primera mujer. *Adán* significa "hombre" y, en muchos lugares, la palabra hebrea se refiere a la humanidad en general. Por ejemplo, Génesis 1:27 dice: "Y creó Dios al hombre *[adam]* a su imagen, a imagen de Dios lo creó; varón y hembra los creó" (ver también Gén. 5:2; 6:1). *Adán* se utiliza también para el primer hombre, ya sea con el artículo, como "al hombre" (Gén 2:15-16), o como el nombre "Adán" (Gén. 4:1,25; 5:3-4). Finalmente, el término se puede referir a un miembro de la raza humana, "un hombre" (por ej.: Gén. 2:5: "ni había hombre para que labrase la tierra".).

Nuevo Testamento El nombre Adán también aparece en el NT en referencia al primer hombre. Lucas remonta la genealogía de Jesús hasta Adán (Luc. 3:38), y Pablo se refiere a Jesús desde un punto de vista tipológico como el postrer Adán (1 Cor. 15:45). Así como Adán fue la cabeza inicial y representativa de la humanidad, Cristo fue la cabeza inicial y representativa de una nueva humanidad.

Eva se menciona dos veces en el NT. En 2 Corintios 11:3 se la utiliza como ejemplo de ser seducido por Satanás para alejarse de la verdad. En 1 Timoteo 2:11-15 se insta a las mujeres a consagrarse al aprendizaje en sumisión silenciosa en lugar de presionar para obtener una función de enseñanza y autoridad en la iglesia. La razón que se da es que Adán fue creado antes que Eva, y que Eva fue engañada para que pecara. El engaño que tuvo lugar en el huerto y que abrió la puerta al pecado, la muerte y la corrupción lo provocó Adán en forma pasiva y parcial al permitir que Eva manejara las cosas con Satanás por sí sola en lugar de asumir de manera apropiada el papel que le correspondía según el orden de la creación y así tratar con Satanás en nombre de ambos. No sabemos si Adán hubiese tenido más éxito. Sí sabemos que no cumplió con su responsabilidad como cabeza de la familia y cabeza de la raza humana, y que nos hizo caer junto con él. Por lo tanto, Pablo instruye a las iglesias a no seguir el ejemplo fatal de Adán colocando a las mujeres en los primeros planos como enseñadoras ni ejerciendo autoridad sobre los hombres.

Alcances teológicos El apóstol Pablo, en su discurso ateniense, basó su convicción acerca de la unidad de la raza humana en nuestra relación con Adán: "De un solo hombre hizo todas las naciones para que habitaran toda la tierra" (Hech. 17:26 NVI).

Aunque gran parte de lo relacionado con el primer hombre y la primera mujer les correspondía exclusivamente a ellos, la naturaleza del pecado no ha cambiado (ver Isa. 53:6), y las metas y estrategias del maligno son esencialmente las mismas (ver 2 Cor. 11:3). La tentación de Eva se puede entender como un paradigma de lo que nos sucede a nosotros, y la corrupción que invade nuestro mundo y nuestra vida es resultado directo de la decisión de Adán de desobedecer a Dios. Pero Adán y Eva también fueron los primeros en enterarse de que Dios tenía un plan de redención mediante el cual uno de sus descendientes quitaría el mal del mundo (Gén. 3:15).

Tal como declaró la serpiente, el pecado ciertamente les abrió los ojos (Gén. 3:5,7), pero lo que vieron fue su propia desnudez y distanciamiento el uno del otro. La vergüenza y el temor habían desplazado a su inocencia, y el primer impulso que tuvieron fue cubrirse y esconderse (v.10). El segundo resultado inmediato de su pecado fue que el hombre y su esposa ya no pudieron caminar más con Dios (comp. Lev. 26:12;

Sal. 89:15; Miq. 6:8). La pregunta que Dios le hizo a Adán, a quien Él consideraba responsable principal, hizo que lo entendiera. De hecho, Dios preguntó (Gén. 3:9): "¿Por qué no estás caminando conmigo?"

El castigo que padeció la mujer iba a ser doble (3:16). Primero, el dolor, la ansiedad y la angustia iban a estar asociados con la función de tener hijos. Segundo, habría conflicto matrimonial.

El pecado de Adán no fue que escuchó a su mujer sino que la escuchó a ella en lugar de escuchar a Dios (3:17). Al igual que con la mujer, la penalidad del hombre sería doble. Primero, así como la serpiente iba a tener conflicto con la mujer, y la mujer con el hombre, éste tendría conflicto con la tierra que le produciría alimento sólo a través del dolor, la ansiedad y la angustia. Segundo, finalmente iba a morir y volver al polvo (3:19), sin tener más acceso al árbol de la vida (3:22). Aunque la mujer también iba a morir, el castigo se le anunció al hombre porque él era el responsable representante de la raza (Gén. 2:16-17). Pablo explicó en Romanos 5:12: "El pecado entró en el mundo por un hombre, y por el pecado la muerte". Más aún, "por la trasgresión de uno vino la condenación a todos" (5:18). Así, en Génesis 5 resuena en ocho oportunidades el toque de difuntos, "y murió". Por otra parte, Eva sería la fuente de vida al convertirse en aquella que produciría al libertador (3:15). Tal como Pablo declaró en Romanos 5:15: "Si por la trasgresión de aquel uno murieron los muchos, abundaron mucho más para los muchos la gracia y el don de Dios por la gracia de un hombre, Jesucristo" (también 1 Cor. 15:22).

Las consecuencias del pecado de Adán no recayeron simplemente en la primera familia sino sobre toda la humanidad, e inclusive sobre la tierra (Gén. 3:17; Rom. 8:19-21). Descender de Adán no sólo ha traído como consecuencia muerte física sino también corrupción espiritual y moral, "muertos en vuestros delitos y pecados", y "por naturaleza hijos de ira" (Ef. 2:1, 3). Alejados de Cristo todos tienen "el entendimiento entenebrecido, ajenos de la vida de Dios por la ignorancia que en ellos hay, por la dureza de su corazón" (Ef. 4:18). Esto se puede remontar finalmente hasta Adán, de quien todos han heredado una naturaleza con inclinación al mal. Ver *Ira; Jesucristo; Juicio, Día del; Misericordia; Pecado.* *E. Ray Clendenen*

ADAR Nombre geográfico y de persona que significa "suelo de la trilla". **1.** Ciudad de la frontera sudoeste de Judá (Jos. 15:3). También denominada Hasar-adar (Núm. 34:4). **2.** Nieto de Benjamín (1 Crón. 8:3). También llamado Ard (Gén. 46:21; Núm. 26:40).
3. Duodécimo mes del calendario judío después del exilio, que incluye parte de febrero y marzo. Fecha de la fiesta de Purim establecida en Ester (9:21).

ADBEEL Nombre de persona que significa "Dios invita". Hijo de Ismael y nieto de Abraham (Gén. 25:13).

ADDÁN Nombre de persona correspondiente a uno que había regresado del exilio pero no podía demostrar que tenía padres israelitas (Esd. 2:59). También llamado Adón (Neh. 7:61).

ADI Nombre de persona que significa "adorno". El equivalente hebreo es *Iddo.* Antepasado de Jesús (Luc. 3:28).

ADIEL Nombre de persona que significa "un adorno es dios". **1.** Líder importante de la tribu de Simeón (1 Crón. 4:36), pueblo de pastores. **2.** Padre de una familia sacerdotal de Jerusalén, después del exilio (1 Crón. 9:12). **3.** Padre del tesorero de David (1 Crón. 27:25).

ADÍN Nombre de persona que significa "deleitoso, bendito, lujoso". **1.** Antepasado de judíos que regresaron del exilio con Zorobabel y Josué (Esd. 2:15; Neh. 7:20). **2.** Antepasado de exiliados que regresaron con Esdras (Esd. 8:6). **3.** Uno de los que adhirió al pacto de Nehemías de obedecer la ley de Dios (Neh. 10:16).

ADINA Nombre de persona que significa "deleitoso, lujoso". Capitán de 30 hombres del ejército de David, provenientes de la tribu de Rubén (1 Crón. 11:42).

ADINO Nombre de persona que significa "amante del lujo". Jefe de los capitanes de David que mató a 800 hombres de una sola vez (2 Sam. 23:8). El nombre no aparece en la Septuaginta, la traducción más antigua de este pasaje al griego, ni en el texto hebreo del pasaje paralelo de 1 Crónicas 11:11. Algunos traductores modernos lo omiten en 2 Samuel 23:8 (NVI).

ADITAIM Nombre geográfico que significa "lugar elevado". Ciudad que Josué le otorgó a Judá (Jos. 15:36). No se conoce su ubicación.

A

ADIVINACIÓN Y MAGIA Práctica de tomar decisiones o leer el futuro a través de signos y presagios. En la Biblia se mencionan diversos tipos de adivinación. Ezequiel 21:21 menciona la consulta a ídolos, el uso de flechas y el examen del hígado de un animal. Las flechas eran sacudidas en una aljaba y se arrojaban a la tierra, o bien se sacaba una para decidir dónde atacar. La posición, el tamaño, el color, etc., del hígado de un animal muerto se consideraba indicador de la mejor elección o del destino de una persona. También se practicaba la adivinación mirando en una taza llena de líquido (Gén. 44:5).

La adivinación y la magia, o brujería, eran comunes entre las naciones vecinas de la antigua Israel. Los magos de la corte egipcia pudieron imitar algunos de los milagros de Moisés (Ex. 7:11,22; 8:7), aunque no todos (Ex. 8:18; 9:11). La adivinación fue una de las razones por las que las naciones fueron expulsadas de Canaán (Deut. 18:12). Los filisteos practicaban la adivinación (1 Sam. 6:2). Los magos de la corte babilónica eran consejeros del rey (astrólogos, encantadores, adivinos y caldeos; Dan. 1:20; 2:2,10; 4:7; 5:7).

Dios condenó la adivinación y la magia en todas sus formas. La ley de Moisés repetidamente condena su práctica. En Ex. 22:18 y Lev. 20:27 se sanciona con la pena de muerte. Levítico 19:26 prohíbe estas prácticas. Levítico 20:6 ordena evitar a aquellos que participan de dichas prácticas, y las compara con la prostitución. Comprometerse con la adivinación significaba ser desleal al Señor y cometer abominación (Deut. 18:9-22). Se exhortaba a escuchar a los profetas de Dios en lugar de a los adivinos.

En los escritos históricos se condena la adivinación y la magia. En 2 Rey. 9:22 se condenan las brujerías de Jezabel. Manasés, rey de Judá, fue considerado malvado por practicar adivinación e idolatría (2 Rey. 21:1-7; 2 Crón. 33:6). La adivinación y la brujería están enumeradas entre los pecados que causaron la caída de Israel ante Asiria (2 Rey. 17:17,18).

Los escritos proféticos también contienen muchas referencias que condenan la adivinación. Isaías la menciona repetidamente (Isa. 2:6; 3:1-3; 44:25; 47:9,12-15). Zacarías 10:1,2 exhorta a suplicarle al Señor por la lluvia y no a los adivinos. Jeremías también dice que los adivinos no deben ser escuchados (Jer. 27:9; 29:8).

También se prohíbe consultar a los médiums que se ponen en contacto con los muertos, lo cual se castigaba con la pena de muerte (Lev. 20:6,27; Isa. 8:19). Saúl fue culpable de consultar a una médium para contactarse con Samuel (1 Sam. 28) a pesar de que él mismo había proscripto a todos los médiums de la nación.

El NT se ocupa menos del tema. Simón, el hechicero de Samaria, fue reprendido por Pedro porque intentó comprar el poder del Espíritu Santo (Hech. 8:9-24). En Filipos Pablo y Silas se encontraron con una muchacha esclava que tenía un espíritu demoníaco para predecir el futuro (Hech. 16:16-26). Pablo le ordenó al demonio que la dejara, y esto culminó en su encarcelamiento junto con Silas. En Gál. 5:20, la brujería está entre las cosas condenadas como obras de la carne.

La Biblia condena constantemente la práctica de la adivinación. Sólo en raras ocasiones se las considera fraudulentas. No son condenadas por no ser sobrenaturales sino porque a menudo la fuente es demoníaca y los practicantes intentan ignorar a Dios cuando buscan guía para el futuro. Los cristianos deben prestar atención a las prescripciones bíblicas en contra de la astrología, la adivinación de la suerte y los médiums.

Fred Smith

ADLAI Nombre de persona correspondiente al padre de uno de los principales pastores de David (1 Crón. 27:29).

ADMA Nombre geográfico que significa "tierra roja". Ciudad conectada con Sodoma y Gomorra como frontera del territorio cananeo (Gén. 10:19). La coalición de cuatro reyes del oriente derrotó a su rey y a los reyes de Sodoma y Gomorra (Gén. 14). Dios destruyó Adma, una de "las ciudades de la llanura" (Gén. 19:29), junto con Sodoma y Gomorra (Deut. 29:23). Dios no podía soportar tener que tratar a Israel, el pueblo que Él amaba, como había tratado a Adma, aunque el comportamiento de Israel se asemejara al de esa ciudad (Os. 11:8). Es probable que Adma haya estado ubicada debajo de lo que es ahora la parte sur del Mar Muerto.

ADMATA Nombre de persona en persa que significa "sin conquistar". Uno de los consejeros principales del rey Asuero (Jerjes) de Persia (Est. 1:14).

ADMINISTRACIÓN Don espiritual que Dios da a algunos miembros para edificar a la iglesia (1 Cor. 12:28). La palabra griega *kubernesis* sólo aparece aquí en el NT griego. Describe la capacidad de liderar u ocupar una posición de liderazgo.

La expresión idiomática hebrea "hacer justicia" se traduce "administrar justicia", "juzgar", "juzgar con justicia" (2 Sam. 8:15; 1 Rey. 3:28; 1 Crón. 18:14). De manera similar, la expresión idiomática se traduce "hacer juicio" en Jeremías 21:12. La NVI avanza todavía más con otras expresiones idiomáticas hebreas y arameas a las que traduce "administrar". La NVI denomina "administrador del palacio" a la persona que en hebreo se llama "el que está sobre la casa" (2 Rey. 10:5). El AT procura guiar a quienes se encuentran en posición de autoridad para que establezcan una sociedad en la cual la ley de Dios aplique equidad y justicia a todas las personas sin favoritismos ni prejuicios.

Al traducir el término griego *diakonia*, la RVR1960 habla de diversidad de "ministerios" (1 Cor. 12:5, "maneras de servir" NVI, "operaciones" LBLA). La tarea de liderar una iglesia abarca el ministerio o el servicio en respuesta a las necesidades de sus miembros.

ADNA Nombre de persona en arameo que significa "gozo de vivir". **1.** Israelita posterior al exilio que tenía una esposa extranjera (Esd. 10:30). **2.** Sacerdote postexílico (Neh. 12:15).

ADNAS Nombre de persona que significa "gozo de vivir". **1.** Líder militar de la tribu de Manasés que se unió a David en Siclag (1 Crón. 12:20). **2.** Líder militar de Judá apostado en Jerusalén bajo el reinado de Josafat (2 Crón. 17:14).

ADÓN Ver *Addán.*

ADONÍAS Nombre de persona que significa "Yahvéh es Señor". **1.** Cuarto hijo de David. El nombre de su madre era Haguit (2 Sam. 3:4). Cuando David era anciano, Adonías ideó una estratagema para suceder a su padre en el trono de Israel, pero su esfuerzo fracasó (1 Rey. 1:5-50). Después de que Salomón ascendiera al trono, Adonías volvió a expresar sus aspiraciones al reino pidiendo como esposa a Abisag, la joven que cuidó a David cuando este era anciano. La respuesta de Salomón al pedido de Adonías fue ejecutarlo (1 Rey. 2:13-28), pues procuraba establecer en Israel un reinado hereditario en el cual el hijo mayor se convertía automáticamente en rey. El profeta Natán trabajó junto con David y Betsabé para establecer un reinado en el cual los deseos del rey que estaba por morir y la elección de parte de Dios determinaban quién sería el nuevo rey. Ver *David.* **2.** Levita a quien Josafat envió para que le enseñara el libro de la ley a la tribu de Judá (2 Crón. 17:8). **3.** Líder de los judíos después del exilio, firmó el pacto de Nehemías en cuanto a obedecer la ley (Neh. 10:16).

ADONI-BEZEC Nombre de persona que significa "señor de Bezec"; nombre geográfico que significa "relámpago" o "fragmentos". Rey cananeo de Bezec. La tribu de Judá lo derrotó y antes de llevarlo a Jerusalén le cortó los pulgares y los dedos grandes del pie, una señal de humillación. Murió allí (Jue. 1:5-7). Ver *Bezec.*

ADONICAM Nombre de persona que significa "el Señor se ha levantado". Cabeza de una familia constituida por 666 personas que regresó de Babilonia a Jerusalén con Zorobabel alrededor del 537 a.C. (Esd. 2:13). Algunos miembros de la familia regresaron con Esdras durante el reinado de Jerjes (Esd. 8:13; comp. 7:18). Algunos eruditos bíblicos creen que Adonicam es la misma persona que aparece en Nehemías 10:16 con el nombre de Adonías.

ADONIRAM Nombre de persona que significa "el Señor es exaltado". Oficial a cargo de los equipos de trabajo que Salomón reclutó en Israel (1 Rey. 4:6; 5:14). El rey forzó a los ciudadanos de Israel para que trabajaran para el estado a fin de conseguir los materiales para edificar el templo y los otros proyectos de Salomón. Aparentemente, la misma persona continuó supervisando a los trabajadores durante el reinado de Roboam, aunque su nombre se abrevia 'Adoram' en 1 Rey. 12:18 y en 2 Crón. 10:18. En esa época Israel se rebeló contra la práctica de hacer trabajar a los ciudadanos libres. El pueblo apedreó a Adoniram hasta matarlo.

ADONISEDEC Nombre de persona que significa "el Señor es justo" o "el dios Sedec es señor". Rey de Jerusalén que formó una coalición de reyes cananeos para luchar contra Gabaón después de que Josué hubiera hecho un pacto de paz con ellos (Jos. 10). Josué marchó para ayudar a Gabaón, derrotó a la coalición y exhibió públicamente a los reyes antes de ejecutarlos (10:22-26).

A

Expuso los cuerpos sobre árboles como señal adicional de humillación, ya que esto posponía la sepultura.

ADOPCIÓN Proceso legal mediante el cual una persona recibe a otra en su familia y le confiere privilegios y ventajas familiares. El "adoptante" asume responsabilidades de padre hacia el "adoptado". El "adoptado", en consecuencia, se considera un verdadero hijo, y se convierte en beneficiario de todos los derechos, los privilegios y las responsabilidades correspondientes a los hijos de la familia.

Raras veces se hace referencia a la adopción en el AT, cuya ley no contenía legislación específica sobre la adopción de hijos. Además, el idioma hebreo no posee ningún término técnico para nombrar esta práctica. Su ausencia explícita entre los israelitas probablemente se explique en parte por las alternativas que existían para los matrimonios que no podían tener hijos. El matrimonio de levirato restringía la necesidad de adoptar, y el principio de mantener la propiedad dentro de la tribu (Lev. 25:23-34; Núm. 27:8-11; Jer. 32:6-15) aliviaba algunos temores de los padres que no tenían hijos.

Aunque la adopción no se menciona en forma manifiesta en el AT, sí existen alusiones al concepto. Jacob le declara a José: "Y ahora tus dos hijos Efraín y Manasés, que te nacieron en la tierra de Egipto, antes que viniese a ti a la tierra de Egipto, míos son; como Rubén y Simeón, serán míos" (Gén. 48:5). La noción de la condición de hijo para Yahvéh desempeñaba un papel crucial en la identidad de la nación de Israel basada en el pacto. "Y dirás a Faraón: Jehová ha dicho así: Israel es mi hijo, mi primogénito. Ya te he dicho que dejes ir a mi hijo, para que me sirva" (Ex. 4:22-23). La idea también se encuentra entre los profetas: "Cuando Israel era muchacho, yo lo amé, y de Egipto llamé a mi hijo" (Os. 11:1). La adopción como concepto relacionado con el pacto se aplicaba a los israelitas en un sentido de unidad corporativa; no se percibía como la adopción de los israelitas individualmente.

El concepto de adopción halla su plena expresión en el NT. En el pensamiento de Pablo incluye diversas implicancias. En Romanos 9:4, la adopción se refiere a la relación exclusiva de Israel con Yahvéh; en Romanos 8:23, tiene connotaciones en cuanto a la futura resurrección corporal, y en Romanos 8:15, alude a convertirse en hijos de Dios. Por lo tanto, como hijos de Dios, el Espíritu Santo (1) da testimonio en el corazón de los creyentes de que son "hijos de Dios" (Rom. 8:16); (2) obra en el corazón de los creyentes haciendo posible la intimidad con Dios como Padre (Gál. 4:6), y (3) proporciona una guía personal cuando los creyentes andan "conforme al Espíritu" (Rom. 8:4). Pablo hace un contraste entre la relación única que se le confiere al creyente mediante la obra de adopción de parte de Dios, y la correspondiente al esclavo que vive, trabaja y se relaciona en base al temor (Rom. 8:15). Los que han sido adoptados por Dios dentro de su familia son "herederos con Dios" y "coherederos" con Cristo, y reciben todas las bendiciones, los beneficios y los privilegios obtenidos mediante el sacrificio del Hijo de Dios (Rom. 8:17).

Aunque Pablo fue quien mayormente desarrolló el tema de la adopción, ciertos aspectos de este concepto se hallan en otros lugares del NT. Está implícita en la enseñanza de Jesús acerca de Dios como Padre (Mat. 5:16; 6:9; Luc. 12:32). El otorgamiento de los beneficios familiares a un adoptado es una expresión de la autoridad de la Palabra Viviente (Juan 1:12) y está en concordancia con Su misión de llevar "muchos hijos a la gloria" (Heb. 2:10). En consecuencia, Jesús no se avergüenza de llamar "hermanos" a los creyentes (Heb. 2:11).

La adopción se convierte en la manera fundamental en que los creyentes viven y se relacionan con Dios y con los demás creyentes. La adopción es una acción del Padre (Gál. 4:6; Rom. 8:15) y se basa en el amor divino (Ef. 1:5; 1 Jn. 3:1). La base de esta actividad de Dios es la obra expiatoria de Jesucristo (Gál. 3:26). Abarca el ser pacificadores (Mat. 5:9), y alienta al creyente a volverse semejante a Cristo (1 Jn. 3:2). Como expresión de la relación familiar, Dios como Padre disciplina a Sus hijos (Heb. 12:5-11). Los creyentes deben considerar miembros de la familia de Dios a todos los que han llegado a Cristo por gracia por medio de la fe (1 Tim. 5:1-2). Ver *Regeneración; Salvación.*

Stan Norman

ADORACIÓN Término empleado para referirse al acto o acción asociados con atribuir honra, reverencia o dignidad por parte de adherentes religiosos a aquello que se considera divino. La adoración cristiana a menudo se define como la atribución de honra y dignidad al Dios triuno. La adoración se entiende de manera más completa como interrelación entre la acción divina y la respuesta humana: la adoración es la respuesta humana ante la revelación personal del Dios triuno. Esto incluye: (1) inicio divino donde Dios se revela a sí mismo, Sus propósitos y Su voluntad; (2) relación espiritual y personal por parte del adorador con Dios por medio de Jesucristo, y (3) respuesta del adorador en devoción, humildad, sumisión y obediencia a Dios.

La adoración se puede entender dentro de un contexto amplio o reducido. En un sentido amplio, la adoración es una forma de vida (Rom. 12:1). En este contexto, la vida en su totalidad se considera un acto de adoración o de servicio ante Dios (1 Cor. 10:31; Col. 3:17). La adoración también se define como una acción del pueblo de Dios reunido, tal como se observa en la adoración que Dios prescribió en el tabernáculo (Ex. 25–40; Lev. 1–7) y en el templo (1 Crón. 22–29; 2 Crón. 3–7; 29–31), como así también en la adoración de la iglesia del NT (Hech. 13:2; 1 Cor. 11–14). Además de las diversas descripciones congregacionales, la adoración a veces incluye encuentros individuales con Dios (Gén. 29:35; 25:11-15; Ex. 3:1-22; Jos. 5:13-15; Isa. 6), adoración familiar (Gén. 4:2-5; 8:16–9:17; 35:2-7), y contiene descripciones de la adoración en el cielo (Isa. 6; Apoc. 4; 5; 7; 15; 19).

El concepto del inicio divino de la adoración se observa en varios textos bíblicos. Pareciera que Dios disfrutaba de la comunión con Adán (Gén. 3:8-24), Su criatura recientemente formada. La Biblia declara que el Señor creó al hombre para gloria de Dios (Isa. 43:7), y el apóstol Pablo considera que la negativa del hombre a funcionar dentro de esta capacidad constituye una ofensa fundamental contra el Creador (Rom. 1:21-23). Dios demostró iniciativa en la relación de adoración que tenía con Israel cuando le ordenó a Moisés: "Y harán un santuario para mí, y habitaré en medio de ellos" (Ex. 25:8). En las instrucciones para el tabernáculo, Dios prescribe lo siguiente: (1) un espacio sagrado (*qadosh*, "lugar santo"); (2) un tiempo sagrado, el día de reposo (Ex. 31:12-17; 35:1-3), y (3) Su deseo de habitar en medio de Su pueblo (Ex. 25:8; 29:45,46; 33:14,15) y revelarles Su gloria (Ex. 29:43; 40:34-37). El Señor continuó esta relación con Israel en la adoración en el templo.

En el NT surgen conceptos similares. En el encuentro de Jesús con la mujer samaritana en Juan 4 se observa la iniciativa divina. Jesús declara allí que Dios busca verdaderos adoradores, aquellos que lo adoren en espíritu y en verdad (Juan 4:21-24). En este pasaje Jesús enseña que la adoración genuina no está limitada a un lugar en particular (Juan 4:21) sino que está basada en una relación espiritual entre el adorador y Dios mediante la fe en Jesucristo (comp. Fil. 3:3). El momento habitual para la adoración cristiana pasa al "primer día de la semana" (Hech. 20:7; 1 Cor. 16:2), conocido como "el día del Señor" (Apoc. 1:10), que está indudablemente asociado con la resurrección de Jesús que se produjo ese día. La presencia de Dios entre su pueblo se revela en Jesús, que es Emanuel, "Dios con nosotros" (Mat. 1:23), y la gloria del Señor se revela en el Cristo encarnado que "habitó entre nosotros" (Juan 1:14). Jesús prometió la continuidad de Su presencia entre Su pueblo (Mat. 28:20), específicamente a través del ministerio del Espíritu Santo (Juan 14:15-26; 16:5-16; 1 Cor. 3:16; 6:19).

Uno de los aspectos asombrosos de la adoración en la Biblia es que, luego de las instrucciones para la liturgia en el tabernáculo y en el templo, existe un relativo silencio con respecto a la estructura formal de la adoración. En su lugar, surgen varios modelos de adoración. Ya se han señalado los modelos individual y familiar. Las descripciones en cuanto a la adoración congregacional varían. En el tabernáculo incluye diferentes ofrendas (Lev. 1–7) que permiten a los adoradores expresar gratitud, reverencia y confesión al Señor en el establecimiento de memorables ofrendas rituales. La adoración en el templo mantiene estos elementos y emplea la música en un grado bastante amplio (1 Crón. 25). Hay un modelo general en la adoración en el tabernáculo y en el templo que procede del patio exterior al atrio interior, y luego al lugar santísimo, donde el sumo sacerdote entraba una sola vez al año en el Día de Expiación. En ciertos salmos también se evidencian modelos similares de entrada y movimiento progresivo (Sal. 95; 100).

En el NT existe cierto énfasis en la oración, la alabanza y la instrucción (Hech. 2:42-47) que tal vez indiquen la influencia de la sinagoga judía. En Hebreos se emplean patrones de adoración en el tabernáculo y en el templo, y allí Jesús es identificado tanto como el sumo sacerdote perfecto (Heb. 8:1–9:10) como también el sacrificio perfecto una vez y para siempre (9:11–10:18) mediante el cual todos los cristianos ahora tienen "libertad para entrar al Lugar Santísimo por la sangre de Jesucristo" (Heb. 10:19). En tanto que existen instrucciones para la adoración ordenada (1 Cor. 14:26-40), en el NT no hay una prescripción formal en cuanto a cierta secuencia.

Un estudio de los elementos bíblicos de la adoración incluye: oración, alabanza, acción de gracias, caridad/ofrenda (Hech. 2:45; 1 Cor. 8–9),

A

confesión (Neh. 9; Sal. 51; Sant. 5:16), predicación y enseñanza (Neh. 8:7-9; Hech. 2; 5:42; 8:4; 14:7; 1 Cor. 14:26), lectura de las Escrituras (Neh. 8:1-6; 1 Tim. 4:13) y disciplina (Mat. 18:15-20; 1 Cor. 5:1-5). Dos características esenciales de la adoración cristiana son las ordenanzas del bautismo (Mat. 28:19; Hech. 2:38, 41) y la Cena del Señor (Luc. 22:19; 1 Cor. 11:17-34). Puesto que en el NT no se prescribe cierta secuencia para la adoración, pareciera que lo mejor es entender que la adoración cristiana debe adoptar aspectos de los varios modelos de adoración que aparecen en la Biblia, y al mismo tiempo diversos elementos que las Escrituras definen de manera más clara.

Hay temas complejos relacionados con la adoración cristiana. La relación entre el aspecto vertical (doxológico) y el horizontal (doctrinal/exhortatorio) de la adoración es fundamental (Sal. 136; 1 Cor. 14:1-25; Ef. 5:18-21; Col. 3:16). Esta relación se observa, por ejemplo, en la naturaleza claramente trinitaria de la adoración cristiana donde la doctrina de una persona tiene implicancias profundas en la adoración que ofrece. La interrelación vertical/horizontal también se ve en la relación entre adoración y evangelismo (Sal. 96; Rom. 15:16). Asimismo, la relación de la adoración con la ética es de importancia fundamental (Sal. 15; 24; Amós 5:21-24; Mat. 15:8) ya que la respuesta obediente a la voluntad de Dios es vital para una adoración genuina (1 Sam. 15:22). *David P. Nelson*

ADORAIM Nombre geográfico que significa "fuerza doble". Ciudad ubicada en la moderna Durah, 10 km (6 millas) al sudoeste de Hebrón. Roboam fortificó la ciudad y colocó tropas y provisiones en ese lugar como parte de un amplio programa de edificación defensiva (2 Crón. 11:9). Ver *Roboam.*

ADORAM Nombre de persona y de tribu que tal vez signifique "Adad (dios) es exaltado". **1.** Tribu árabe descendiente de Sem a través de Heber y por lo tanto, según la Tabla de las Naciones (Gén. 10:27), emparentada en forma lejana con los hebreos. Vivían en el sur de Arabia. **2.** Hijo de Toi, gobernante de la ciudad-estado de Hamat en Siria. Le pagó tributo a David después que este venciera a Hadad-ezer de Soba (1 Crón. 18:10). Ver *Hadad-ezer.* **3.** Persona que estaba "a cargo de los trabajos forzados" (2 Crón. 10:18 LBLA) bajo el gobierno de Roboam, hijo de Salomón y su sucesor como rey de Judá. Roboam envió a Adoram para que cobrara tributo al Reino del Norte inmediatamente después de que ellos se rebelaran y rehusaran reconocerlo como rey. Los hijos de Israel mataron a Adoram. Así mostraron su desacato hacia la política de trabajos forzados impuesta por Roboam y concretaron la división entre Israel y Judá. Comenzó entonces la época de la monarquía dividida. **4.** Ver *Adoniram.*

ADRAMELEC Nombre de divinidad y de persona que significa "Adra es rey". Probablemente se basa en la forma antigua Adadmelec, "Adad es rey", nombre utilizado para un dios cananeo. **1.** Un dios de la ciudad de Sefarvaim. El rey asirio Sargón esparció al pueblo de Israel por todo su imperio y los reemplazó con habitantes de otras ciudades que él había conquistado (2 Rey. 17:24). Estos nuevos moradores intentaron adorar a Yahvéh, el Dios de Israel, como dios de la tierra junto con los dioses que ellos habían traído. Uno de estos dioses era de la ciudad de Sefarvaim, posiblemente en Asiria. Estos adoradores sacrificaban a sus hijos ante este dios semita (17:31-33). **2.** Asesino de Senaquerib, rey de Asiria, mientras el rey adoraba en el templo de Nisroc (2 Rey. 19:37). Una interpretación de los manuscritos hebreos describe a este Adramelec como hijo de Senaquerib. Otros manuscritos no incluyen "sus hijos" (LBLA).

ADRAMITIO (NVI) Nombre geográfico correspondiente a un puerto marítimo en la costa noroeste de la actual Turquía en la provincia romana de Asia. Pablo utilizó un barco cuyo puerto de salida era Adramitio para realizar la primera parte de su viaje desde Cesarea a Italia para apelar su causa ante César (Hech. 27:2). El lugar antiguo está cerca de la moderna Edremit.

ADRIEL Nombre de persona que significa "Dios es mi ayuda". A David se le había prometido darle por esposa a Merab, hija de Saúl, pero luego se la entregaron a Adriel de Mehola, ciudad ubicada al norte del Río Jordán (1 Sam. 18:19). David les entregó los cinco hijos de Adriel a los gabaonitas, quienes los ahorcaron como venganza por acciones inexplicables que Saúl había realizado contra Gabaón (2 Sam. 21:1-9).

ADULAM Nombre geográfico que significa "lugar sellado". Ciudad ubicada a 8 km (5 millas) al sur de Bet-semes en Judá, probablemente la moderna Tell esh-Sheikh Madkur. Josué la conquistó (Jos. 12:15) aunque no se relata en la Biblia. Hira, un amigo de Judá, hijo de Jacob, era de Adulam (Gén. 38:1,12). Él llevó el cabrito que Judá le había prometido a Tamar y descubrió que ella no vivía donde la habían encontrado por primera vez (38:20-22). David escapó a la cueva de Adulam por temor a Aquis, rey de Gat (1 Sam. 22:1), y reunió un ejército formado por personas de clase baja y marginados de la sociedad. Allí formó un ejército contra los filisteos (2 Sam. 23:13). Casi 300 años más tarde, el profeta Miqueas utilizó la experiencia de David para advertirle a su pueblo que otro rey glorioso tendría que huir a las cuevas de Adulam para escapar del enemigo que iba a tomar posesión de la tierra por causa del pecado de Judá (Miq. 1:15). El rey Roboam, hijo de Salomón, en las construcciones que llevó a cabo para defender Judá, reedificó las defensas de Adulam, apostó soldados y almacenó provisiones en ese lugar (2 Crón. 11:7). Después de regresar del exilio, algunos miembros de la tribu de Judá vivieron en Adulam (Neh. 11:30).

ADULTERIO Acto de infidelidad en el matrimonio que tiene lugar cuando uno de los integrantes de la pareja se liga voluntariamente en una relación sexual con otra persona que no es su cónyuge.

Antiguo Testamento La ley del pacto de Israel prohibía el adulterio (Ex. 20:14) y, por lo tanto, hacía de la fidelidad un aspecto fundamental de la voluntad divina para la relación matrimonial. Muchas reglas del AT tratan el adulterio como una ofensa del hombre adúltero contra el marido de la esposa adúltera. No obstante, tanto el hombre adúltero como la mujer eran considerados culpables y el castigo de muerte se aplicaba a ambos (Lev. 20:10). La severidad del castigo indica las consecuencias graves que desencadena el adulterio en la relación entre Dios y el hombre (Sal. 51:4), como así también en el matrimonio, la familia y las relaciones comunitarias.

Varios profetas del AT utilizaron el adulterio como metáfora para describir la infidelidad a Dios. La idolatría (Ezeq. 23:27) y otras prácticas religiosas paganas (Jer. 3:6-10) se consideraban una infidelidad adúltera hacia el pacto exclusivo que Dios había establecido con su pueblo. Comprometerse en estas prácticas era actuar como una ramera (Os. 4:11-14).

Nuevo Testamento Las enseñanzas de Jesús ampliaron la ley del AT para referirse a asuntos del corazón. El adulterio tiene su origen en el interior de la persona (Mat. 15:19), y la codicia es una violación al propósito de la ley en la misma medida que lo es la relación sexual ilícita (Mat. 5:27-28). El adulterio es una de las "obras de la carne" (Gál. 5:19). Crea enemistad con Dios (Sant. 4:4) y los adúlteros no heredarán el reino de Dios (1 Cor. 6:9).

Los adúlteros pueden ser perdonados (Juan 8:3-11) y, una vez que son santificados por medio del arrepentimiento, la fe y la gracia de Dios, son incluidos dentro del pueblo de Dios (1 Cor. 6:9-11). Ver *Divorcio; Matrimonio.* *Michael Fink*

ADUMÍN Nombre geográfico que significa "los rojos". Sendero rocoso en el camino que desciende de Jerusalén a Jericó, ubicado en la moderna Tal'at ed-damm. Señalaba el límite de Judá y de Benjamín en la distribución a las tribus que realizó Josué (Jos. 15:7; 18:17). En la actualidad la Posada del Buen Samaritano se encuentra allí porque las tradiciones posteriores ubicaron dicha narración en ese lugar (Luc. 10:30-37).

ADVERSARIO Enemigo, ya sea humano o satánico. Los salmistas oraban a menudo pidiendo ser librados de los adversarios (Sal. 38:20; 69:19; 71:13; 81:14; 109:29). El diablo es el mayor adversario y hay que resistirlo (1 Ped. 5:8-9).

ADVIENTO Palabra con raíces latinas que significa "venida". Los primeros cristianos hablaban de "el adviento de nuestro Señor" o de "Su segundo adviento". La primera frase se refiere a la encarnación de Dios en Jesús de Nazaret. La última expresión habla de la segunda venida de Jesús. En un segundo sentido, "adviento" designa un período previo a la Navidad en que los cristianos se preparan para la celebración del nacimiento de Jesús. Es probable que esta práctica haya comenzado en algunas iglesias hacia fines del siglo IV. El adviento comenzaba con un período de ayuno. Los sermones se centraban en la maravilla de la encarnación. En la Edad Media, la celebración del adviento se había establecido en un período de cuatro domingos. Desde entonces, el adviento se ha considerado el principio del año eclesiástico. Ver *Año Eclesiástico; Parousia; Segunda Venida.*

Fred A. Grissom y Steve Bond

AFÁN, ANSIEDAD Estado mental en el que uno se preocupa por algo o por alguien. Este estado mental puede variar desde un interés genuino (Fil.

2:20,28; 2 Cor. 11:28) hasta obsesiones que se originan en una perspectiva distorsionada de la vida (Mat. 6:25-34; Mar. 4:19; Luc. 12:22-31). Jesús no prohibió el interés genuino por la comida y el abrigo pero sí enseñó que debemos mantener las cosas en la perspectiva correcta. El reino de Dios debe ser nuestra prioridad; todo lo demás se ubicará en su lugar después de que hagamos eso (Mat. 6:33).

AFEC Nombre geográfico que significa "lecho de arroyo o río" o "fortaleza". **1.** Ciudad a cuyo rey derrotó Josué (Jos. 12:18) donde se formaron los ejércitos filisteos para enfrentar a Israel en la época de Samuel (1 Sam. 4:1). Esto dio como resultado la victoria filistea y la captura del arca del pacto de Israel. Los ejércitos filisteos, incluyendo a David y a sus hombres, se reunieron en Afec para luchar contra Saúl. Los comandantes filisteos exigieron que Aquis alejara a David de la batalla (1 Sam. 29). Finalmente, los filisteos derrotaron a Israel, matando a Saúl y Jonatán. Afec está ubicada en la moderna Tell Ras el'Ain, cerca del nacimiento del Río Yarkón en la planicie del Sarón al noreste de Jope. Los textos execratorios egipcios de alrededor del 1900 a.C. aparentemente hacen referencia a Afec. Esta se conocía como Antípatris en la era neotestamentaria. Ver *Antípatris.* **2.** Ciudad limítrofe del norte que Josué no conquistó (Jos. 13:4). Puede ser la moderna Afqa, 24 km (15 millas) al este de la antigua Biblos y 37 km (23 millas) al norte de Beirut en el Líbano. **3.** Ciudad asignada a Aser (Jos. 19:30) pero que no se conquistó (Jue. 1:31). Puede ser la moderna Tell Kerdanah, a 5 km (3 millas) de Haifa y 10 km (6 millas) al sudeste de Aco. **4.** Ciudad al este del Jordán cerca del Mar de Galilea donde Ben-hadad guió a Siria contra Israel alrededor del 860 a.C. pero padeció la derrota tal como un profeta lo había predicho para Israel (1 Rey. 20:26-30). Un muro de Afec cayó sobre 27.000 sirios (1 Rey. 20:30). Eliseo también le prometió a Joás que iba a vencer a los sirios en Afec (2 Rey. 13:17).

Palacio de la Edad de Bronce tardía, excavado en Afec-Antípatris.

AFECA Ciudad que Josué le asignó a la tribu de Judá (Jos. 15:53). Se desconoce su ubicación.

AFEITAR Ver *Navajas.*

AFÍA Nombre de persona que significa "frente". Antepasado del rey Saúl de la tribu de Benjamín (1 Sam. 9:1).

AFRENTA Término utilizado para indicar desgracia o deshonra, o para desacreditar algo o a alguien. En la RVR1960, la palabra aparece más de 70 veces. Se puede incurrir en una afrenta en diversas circunstancias. Los orígenes de la afrenta incluyen la condición estéril de una mujer (Gén. 30:23; 1 Sam. 1:6-10; Luc. 1:25), la violación (Gén. 34:14), la soltería (Isa. 4:1), la incircuncisión (Jos. 5:9), la mutilación física (1 Sam. 11:2), la viudez (Isa. 54:4), el ayuno (Sal. 69:10), el maltrato a los padres (Prov. 19:26), el hambre (Ezeq. 36:30), el pecado (Prov. 14:34), la derrota militar (Sal. 79:4), la enfermedad (Sal. 31:11) o la destrucción de Jerusalén (Neh. 2:17; Sal. 89:41). En segundo lugar, se puede referir a un estado de vergüenza, deshonra o humillación (Neh. 1.3; Job. 19:5; 27:6; Sal. 15:3). Tercero, puede ser una expresión de culpa, burla o desaprobación (1 Sam. 11:2; 2 Rey. 19:4,16; Neh. 4:4; 5:9; Jer. 23:40). Cuarto, expresa un reproche o una reprimenda (1 Sam. 17:26; Job 19:3; Sof. 2:8; Luc. 11:45). Quinto, puede indicar desprecio o decepción (Rut 2:5; Neh. 6:13; Jer. 6:10; 29:18; 42:18; 44:8). Cristo mismo padeció afrentas al inicio de Su ministerio (Rom. 5:13; Heb. 13:13). Los cristianos son llamados a sufrir afrentas en el nombre del Señor (Sal. 69:7; 89:50) o por amor a Cristo (Luc. 6:22; 2 Cor. 12:10; Heb. 10:33; 11:26; 1 Ped. 4:14). Ver *Vergüenza y honra.*

William Chandler

AFSES Nombre de persona que significa "el destruido". Jefe de uno de los grupos de sacerdotes (1 Crón. 24:6-7,15) y por ello antepasado originario de esa familia sacerdotal.

AGABO Nombre de persona que significa "langosta". Profeta de la iglesia de Jerusalén que fue a visitar a la iglesia de Antioquía y predijo una hambruna en todo el mundo. Su profecía se cumplió unos diez años después durante el reinado de Claudio César (Hech. 11:27-29). Su predicción guió a la iglesia de Antioquía a comenzar un ministerio de ayuda durante la hambruna para auxiliar a la iglesia de Jerusalén. Luego Agabo fue a Cesarea y predijo que los judíos de Jerusalén iban a arrestar a Pablo (Hech. 21:10-11). Ni siquiera los amigos de este pudieron persuadir al apóstol para que no fuera a Jerusalén.

AGAG Nombre de persona que significa "el ardiente". Era rey de los amalecitas, un pueblo tribal que vivía en el Neguev y en la península de Sinaí. Los amalecitas habían atacado a los israelitas en el desierto y por este motivo fueron maldecidos (Ex. 17:14). En 1 Samuel 15:8, Saúl destruyó a todos los amalecitas excepto al rey Agag. Como el Señor había ordenado la destrucción completa de ese pueblo, Samuel, el sacerdote durante el reinado de Saúl, lo censuró por su desobediencia y le informó que Dios lo había rechazado como rey. Luego, el mismo Samuel ejecutó a Agag.

En Números 24:7, el nombre Agag se utiliza para hacer referencia al pueblo amalecita. Agag era un nombre común entre los reyes de Amalec así como lo era Faraón entre los gobernantes egipcios.

AGAGUEO El término parece referirse a un descendiente de Agag. Solamente se denomina agagueo a Amán, el gran villano en el libro de Ester (Est. 3:1). Agagueo probablemente sea sinónimo de amalecita. Ver *Agag*.

ÁGAPE Comida en comunión que la comunidad cristiana celebraba con gozo junto con la Cena del Señor. Como manifestación concreta de obediencia al mandato del Señor de amarse unos a otros, esta comida servía como expresión práctica de la *koinonía* o comunión que caracterizaba la vida de la iglesia. En tanto que la única referencia explícita al ágape en el NT se encuentra en Jud. 12, en otros textos del NT se pueden observar alusiones a esta práctica. Por lo tanto, si bien es probable que la mención del "partimiento del pan" en Hech. 2:42 se refiera a una conmemoración especial de la última cena del Señor con Sus discípulos, la alusión de Hech. 2:46 al partimiento del pan "con alegría y sencillez de corazón" implica que había una comida social relacionada con esa celebración. La discusión de Pablo sobre la Cena del Señor en 1 Cor. 11:17-34 también sugiere una combinación del acto ceremonial con una comida comunitaria. Dicha práctica se sugiere también en Hech. 20:7-12. Para el siglo II, la palabra *agapai* se había convertido en un término técnico para dicha comida comunitaria, lo cual demuestra que poco después del período del NT fue separada de la celebración ceremonial de la Cena del Señor.

Es probable que el origen de la fiesta de amor sea las comidas de comunión religiosas, una práctica común entre los judíos del primer siglo. En tanto que la comida de la Pascua es la más conocida, dichas comidas también se celebraban para inaugurar el día de reposo y los días de fiesta. En estas ocasiones, una familia o un grupo que se había asociado con el propósito de expresar una devoción especial (conocidos como *chaburoth*, de la palabra hebrea correspondiente a "amigos") se reunía semanalmente antes de la puesta del sol para comer en una casa u otro lugar apropiado. Después de servir un aperitivo, el grupo se trasladaba a la mesa para la comida en sí. El anfitrión pronunciaba una bendición (un agradecimiento a Dios), partía el pan y lo distribuía entre los comensales. El momento de la comida se caracterizaba por conversación religiosa festiva y gozosa. A la noche se encendían las lámparas y se recitaba una bendición donde se reconocía a Dios como creador de la luz. Cuando terminaba la comida, se lavaban las manos y se pronunciaba una bendición sobre "la copa de bendición" (1 Cor. 10:16) para alabar a Dios por Su provisión y se le pedía que se cumplieran Sus propósitos en la venida de Su reino. La comida concluía cantando un salmo. No era extraño que pequeños grupos de amigos se reunieran todas las semanas con estos propósitos.

Probablemente Jesús y Sus discípulos hayan formado un grupo de comunión de esta clase. Las comidas comunales de la iglesia primitiva parecieran continuación de la mesa de comunión que caracterizó la vida de Jesús y Sus discípulos. Dicha comunión gozosa servía como manifestación concreta de la gracia del reino de Dios que proclamó Jesús. Su última comida con Sus discípulos tal vez represente un ejemplo específico de dicha comunión, lo cual induce a que algunos relacionen directamente los orígenes del ágape con aquel acontecimiento. Ver *Adoración; Ordenanzas*.

Hulitt Gloer

A

AGAR Nombre de persona que significa "extranjera". Sierva de Sara que fue dada a Abraham como concubina y se convirtió en madre de Ismael (Gén. 16:1-16; 21:8-21; 25:12; Gál. 4:24-25). Génesis 16:1-7 detalla los acontecimientos del conflicto inicial de Sara y Agar y la huida de esta última. Los vv.8-16 detallan la visita del mensajero de Yahvéh a la madre angustiada con la promesa de un hijo, y la anima a regresar a la casa de Sara. Estos conflictos estaban relacionados con las posiciones de esposa y concubina dentro de la familia y la comunidad (comp. conflictos similares en Gén. 29–30). Génesis 21:8-21 relata la historia de la expulsión de Agar e Ismael y su liberación milagrosa. La interpretación paulina (Gálatas) habla de la superioridad de un hijo que nació conforme al Espíritu y otro que nació según la "carne". En Gál. 4, Pablo usa la historia de Agar como símbolo de esclavitud bajo el viejo pacto en contraste con la libertad del nuevo pacto simbolizado en Isaac.

David M. Fleming

AGARENO Nombre de una tribu nómada vencida por la tribu de Rubén al este del Río Jordán (1 Crón. 5:10,19-20). Rubén triunfó porque clamó a Dios y confió en Él. El nombre de la tribu aparentemente deriva de Agar, sierva de Sara y madre de Ismael (Gén. 16). El principal pastor de ovejas de David era agareno (1 Crón. 27:31). Cuando los agarenos se unieron a una coalición contra el pueblo de Dios (Sal. 83:6), el salmista le pidió a Dios que no se quedara en silencio. Primera Crónicas 11:38 menciona a un agareno entre los héroes militares de David, pero algunos intérpretes creen que 2 Sam. 23:36 es evidencia original de un gadita que en hebreo se escribe de manera similar a agareno.

ÁGATA Cuarzo transparente con bandas concéntricas, generalmente de color blanco y marrón. "Ágata" traduce tres palabras de la Biblia: una piedra del pectoral del juicio (Ex. 28:19; 39:12), el material en los pináculos de Jerusalén (Isa. 54:12; Ezeq. 27: 16) y la tercera piedra preciosa de los cimientos del muro de la nueva Jerusalén (Apoc. 21:19). Ver *Joyas, alhajas; Minerales y metales.*

AGE Nombre de persona que tal vez signifique "aguijón de camello". Padre de uno de los tres comandantes en jefe de David (2 Sam. 23:11).

AGORERO Término correspondiente a adivino (Deut. 18:10,14; comp. Lev. 19:26; 2 Rey. 21:6; 2 Crón. 33:6. Ver *Adivinación y magia.*

ÁGRAFA Cosas no escritas; expresión utilizada desde alrededor del 1700 para indicar palabras de Jesús que no se hallaban escritas en los cuatro Evangelios canónicos. Algunos ejemplos son Hechos 20:35 y 1 Corintios 11:24-25. Otros se encuentran en los escritos apócrifos, los Evangelios Gnósticos, el Talmud, las fuentes islámicas, los Papiros de Oxirrinco y los padres de la iglesia. Algunos eruditos sugieren que los Evangelios canónicos probablemente se basen parcialmente en estos dichos. Los eruditos consideran que la mayoría de los dichos son expansiones de la tradición evangélica o creaciones de seguidores posteriores de Jesús, aunque algunos pueden ser auténticos.

Joe Baskin

AGRICULTURA Cultivo de la tierra para hacer crecer los alimentos. Los pueblos de los períodos correspondientes al AT y al NT eran básicamente agrícolas. Aun los que vivían en los pueblos estaban cerca del campo y generalmente poseían huertas o granjas. Tomando las estaciones como trasfondo de la vida familiar, el calendario religioso se basaba parcialmente en el año agrícola y tenía varias celebraciones que coincidían con acontecimientos significativos como la fiesta de las semanas o de los primeros frutos (de cereal, Lev. 23:13 NVI, LBLA) y la fiesta de los tabernáculos o de reunión familiar (enramadas, Lev. 23:34 NVI). Las cosechas primarias incluían cereales, uvas y aceitunas (Gén. 27:28; Deut. 7:13; Joel 1:10).

Cómo se cultivaban los granos Los granos cosechados eran el alimento básico tanto de ricos como de pobres, aunque estos últimos probablemente tenían que consumir pan de cebada en lugar de pan de trigo, que era más sabroso. Ambas cosas se sembraban esparciendo semillas en la tierra preparada que generalmente se había arado utilizando animales especiales para esa tarea. La parábola del sembrador (Mat. 13:3-23; Luc. 8:5-15) proporciona un relato interesante de la siembra de granos y el destino posterior de las semillas. La labor de los pequeños agricultores, a diferencia de las prácticas agrícolas modernas, no era sofisticada en absoluto sino que se utilizaban elementos primitivos bajo condiciones dificultosas donde los suelos rocosos y las cizañas iban en contra de una buena producción. Por lo tanto, era normal que parte de las semillas esparcidas cayeran en un sendero de tierra compacta donde no se llegaban a cubrir y quedaban expuestas a la acción de las aves. Del mismo modo, algunas semillas caían en los límites de los campos donde los matorrales con espinas y los cardos que crecen rápidamente sofocaban con facilidad el trigo en crecimiento. El terreno superficial y la falta de humedad durante el verano seco y caluroso hacían que las semillas que brotaban en los extremos de los campos y comenzaban a crecer se secaran más rápidamente. Las semillas que caían en tierra húmeda y profunda crecían, y las espigas maduraban listas para la cosecha.

El libro de Rut provee un cuadro vívido de la escena de la cosecha que llevaban a cabo familias enteras junto a otros hombres contratados a quienes seguían mujeres espigadoras pobres que levantaban lo que sobraba. Cosechaban la cebada primero, durante abril y mayo, y un mes después cosechaban el trigo. Utilizaban una hoz para cortar las espigas que sostenían con una mano y luego las ataban en gavillas pequeñas que trasladaban a la era (1 Crón. 21:22), una superficie despejada hecha de tierra compactada o de piedra. Conducían a los animales, generalmente ganado, sobre los tallos esparcidos para que pisotearan los granos. Para acelerar la trilla a menudo arrastraban en círculos un carro con ruedas o un carromato pesado con piedras pequeñas insertadas en la parte inferior. Barrían los granos formando montones, y los aventaban para separarlos de la paja. El proceso de aventar consistía en arrojar el grano hacia arriba en un día ventoso de modo que se separara la paja más pesada dejando una pila de grano limpio listo para molerlo y convertirlo en harina (Mat. 3:12). Siempre separaban y almacenaban en un lugar seco una parte de la cosecha para sembrar al año siguiente (Gén. 47:24).

En qué se diferenciaba la agricultura de Egipto de la de Canaán La diferencia fundamental entre la agricultura egipcia y la cananea era que la de Canaán dependía de las lluvias (Deut. 11:11), mientras que la de Egipto dependía del Río Nilo y su inundación anual (Amós 8:8). En otras palabras, Canaán tenía una agricultura que se basaba en la lluvia, mientras que Egipto utilizaba la agricultura por irrigación. El Nilo crecía en julio luego de las lluvias en Etiopía, e inundaba la tierra de ambos lados. (Ahora, el moderno Dique Asuán contiene el agua y la libera en forma equilibrada a lo largo de todo el

Mujer que recoge granos.

A

año.) La inundación acarreaba limo, que enriquecía la tierra cultivable, y luego el nivel del agua bajaba dejando charcas que se podían utilizar para riego a través de canales lo suficientemente pequeños como para que el pie de un granjero los pudiera abrir y cerrar (Deut. 11:10). Egipto era famoso por sus ricas cosechas de trigo y vegetales que los israelitas echaron de menos al abandonar ese país a través del Desierto de Sinaí. Allí fue donde los israelitas añoraron los suculentos melones, pepinos, puerros, ajos y cebollas que habían dejado atrás (Núm. 11:5).

¿Eran las vides para viñedos? La Biblia presenta dos relatos acerca de viñas donde se las describe con cierto detalle. En Isaías 5:1-7 y Marcos 12:1-9 leemos cómo se cercaba una colina y se hacían terrazas a fin de proveer una tierra profunda y sin rocas donde el agua pudiera regar las raíces de las viñas durante el invierno. Fertilizaban la tierra con estiércol y abono, y guiaban a las plantas sobre las rocas o las cercas. Se debía prestar atención constante a las ramas de variedades cuidadosamente escogidas que iban trepando y producían uvas dulces verdes o negras. Cuando se acercaba el tiempo de la cosecha, los propietarios de los viñedos y sus familias acampaban en albergues cerca de las viñas (enramadas) o en cabañas de piedra (Isa. 1:8) para proteger las uvas de animales como chacales (zorros), puercos monteses (jabalíes) (Sal. 80:13) y ladrones. Una vez que las uvas estaban maduras se recogían para comerlas frescas (Isa. 65:21), se secaban al sol para obtener pasas (1 Sam. 30:12) o se trituraban para hacer vino. La mayoría de los viñedos tenía una prensa donde las uvas se aplastaban con los pies (Neh. 13:15; Apoc. 19:15), se juntaba el jugo en jarros u odres, y luego se fermentaba (Mat. 9:17). La fermentación se llevaba a cabo con una levadura que se producía naturalmente (*Saccharomyses*) y descomponía los azúcares formando alcohol y gas de dióxido de carbono. En el invierno se tenían que podar los largos sarmientos de las viñas del año anterior y se dejaban algunos brotes para la estación siguiente (Juan 15:2).

Cuánto tiempo viven los olivos Los inmensos árboles del jardín de Getsemaní (Mat. 26:36) en el Monte de los Olivos en Jerusalén tienen cientos de años y podrían remontarse a la época del NT. Durante el sitio de Jerusalén en el 70 d.C., las fuerzas romanas bajo el liderazgo de Tito talaron todos los árboles, incluyendo probablemente los olivos que podrían haber vuelto a brotar (Sal. 128:3) produciendo los viejos árboles huecos que aún crecen alrededor de Jerusalén.

Los olivos no se cultivan a partir de semillas porque el semillero produce invariablemente árboles de calidad muy inferior similares a las variedades silvestres. Los tallos seleccionados se plantan o, con mayor frecuencia, se injertan en la planta silvestre, que posee un mejor sistema de raíces. Las raíces de olivos se extienden con amplitud para obtener alimento en las colinas rocosas; por lo tanto, los árboles están plantados a cierta distancia entre sí. Aunque los olivos comienzan a florecer cuando tienen menos de 10 años, la producción plena del fruto no se alcanza hasta los 40 ó 50 años, después de lo cual se podan las ramas para inducir un crecimiento nuevo y más fructífero. Para que los olivos sean económicamente productivos se requiere un tipo de clima mediterráneo con inviernos fríos y húmedos y veranos calurosos y secos.

Cerca de los olivares, generalmente había una prensa donde una rueda de piedra pesada trituraba el fruto y su carozo. La pulpa se colocaba en una prensa que extraía el precioso aceite amarillo. Éste se utilizaba con propósitos culinarios como parte esencial de la dieta (Deut. 7:13; 2 Rey. 4:5; 2 Crón. 2:10). El aceite de oliva también se frotaba sobre la piel y el cabello (Sal. 23:5; 133:2; 141:5), y se utilizaba para ungir a los huéspedes (Luc. 7:46; 1 Rey. 1:34). Cristo era el "ungido" de Dios (Sal. 2:2; Juan 1:41 ["Mesías" equivale a "Ungido"]; Hech. 4:27), y la unción es un símbolo del Espíritu Santo (Isa. 61:1; Hech. 10:38). El aceite de oliva se utilizaba como medicina mezclado con vino antiséptico para curar heridas (Luc. 10:34; Sant. 5:14). Si se lo ingería, el aceite de oliva aliviaba los desórdenes gástricos y actuaba como laxante. Además se utilizaba como combustible para las lámparas con mecha de lino que producían una llama brillante cuando se las encendía (Ex. 25:6; Mat. 25:3-4).

Qué animales se utilizaban en la agricultura Se utilizaban principalmente vacas (bueyes) para tirar los carros (1 Sam. 6:7) y arados sencillos de madera (Job 1:14) con una punta de hierro si el granjero estaba en condiciones de afrontar ese gasto (Isa. 2:4). A los bueyes y los asnos se los hacía caminar sobre el grano cosechado y lo trillaban. Pareciera que el uso de caballos y camellos en la agricultura era limitado, presumiblemente porque eran animales más valiosos, bien adaptados para acarrear cargas pesadas y para utilizarlos en tiempos de guerra. Cuando se utilizaban yuntas de animales, estos se unían por medio de un yugo de madera colocado sobre el lomo (Jer. 28:13; Luc. 14:19).

F. Nigel Hepper

AGRIPA Ver *Herodes.*

AGUA La Biblia habla del agua de tres maneras diferentes: como recurso material, como símbolo y como metáfora.

Una necesidad material que Dios provee El agua como recurso material es imprescindible para la vida. Dios hizo que el agua formara parte de la creación y Él ejerce soberanía sobre ella (Gén. 1–2; Isa. 40:12). Dios controla los procesos naturales de precipitación y evaporación, como así también los cursos de los espejos de agua (Job 5:10; 36:27; 37:10; Sal. 33:7; 107:33; Prov. 8:29). Dios normalmente asegura provisión de agua para las necesidades humanas (Deut. 11:14). No obstante, el agua a veces se utiliza como castigo por el pecado, tal como sucedió con el diluvio en la época de Noé (Gén. 6:17) o la sequía que anunció Elías (1 Rey. 17:1). El control divino le enseña a la gente a obedecer a Dios y depender de Él.

Muchas de las grandes acciones de Dios en la historia han incluido agua, como es el caso de la división del mar (Ex. 14:21), la provisión para los israelitas en el desierto (Ex. 15:25; 17:6), y el cruce del Río Jordán (Jos. 3:14-17). El agua también formó parte de varios milagros de Jesús (Mat. 14:25; Luc. 8:24,25; Juan 2:1-11).

El agua fue un elemento esencial en el regalo que Dios le hizo a Israel de la Tierra Prometida (Deut. 8:7). Palestina contiene varias fuentes naturales de agua: lluvia, manantiales, pozos y corrientes cortas y perennes. El promedio anual de precipitaciones en Palestina es de alrededor de 630 mm (25 pulgadas), que se produce mayormente entre noviembre y abril. Los meses secos desde mayo hasta octubre requieren el uso de cisternas o estanques para almacenar agua. Varias ciudades bíblicas famosas tenían estanques: Gabaón (2 Sam. 2:13), Hebrón (2 Sam. 4:12), Samaria (1 Rey. 22:38) y Jerusalén (2 Rey. 20:20).

Un símbolo y una metáfora teológicos El AT contiene leyes para el uso del agua en los rituales como símbolo de purificación. Los sacerdotes, la carne para los sacrificios y los utensilios rituales se lavaban antes de participar en los ritos (Lev. 1:9; 6:28; 8:6). Las personas y las cosas inmundas también se lavaban como un símbolo de purificación ritual (Lev. 11:32-38; 14:1-9; 15:1-30; Núm. 31:23). El libro de Génesis utiliza el agua como símbolo de inestabilidad antes de que se completara la creación (1:2), y Ezequiel habló del agua como símbolo de la renovación en la era futura (47:1-12).

Un hombre árabe bebe del pico de un cántaro como lo hubiera hecho en la época bíblica.

La Biblia contiene decenas de usos metafóricos del agua. Por ejemplo, en el AT, el agua es una metáfora o símil del temor (Jos. 7:5), de la muerte (2 Sam. 14:14), del pecado (Job 15:16), de la presencia de Dios (Sal. 72:6), de la fidelidad en el matrimonio (Prov. 5:15,16), del conocimiento de Dios (Isa. 11:9), de la salvación (Isa. 12:3), del Espíritu (Isa. 44:3,4); de las bendiciones de Dios (Isa. 58:11), de la voz de Dios (Ezeq. 43:2), de la ira de Dios (Os. 5:10) y de la justicia (Amós 5:24). Entre los usos metafóricos del agua en el NT están las referencias al nacimiento (Juan 3:5), al Espíritu (Juan 4:10), al entrenamiento espiritual (1 Cor. 3:6) y a la vida (Apoc. 7:17). Ver *Creación; Diluvio; Hambre y sequía; Lluvia.* *Bob R. Ellis*

AGUAS AMARGAS A las mujeres sospechadas de adulterio se les daba a beber aguas amargas (Núm. 5:11-31). Si un hombre sospechaba que su esposa le había sido infiel pero no había ningún testigo del hecho y no podía conseguir ninguno, la mujer era llevada delante del sacerdote, quien hacía preparativos para someterla a un suplicio a fin de determinar su inocencia o su culpa. Cuando el hombre presentaba a la mujer ante el sacerdote llevaba una ofrenda de celos o recordativa (una ofrenda de harina de cebada). El sacerdote hacía sentar a la mujer delante del santuario mirando hacia el altar, y le hacía soltar el cabello como señal de su vergüenza. La mujer sostenía la ofrenda y el sacerdote la vasija que contenía las aguas amargas. Estas eran una combinación de agua santa y polvo del piso del santuario. En ese momento, la mujer hacía un juramento: si era inocente, el agua no le haría mal; si era culpable, entonces su muslo se caería y su vientre se hincharía. La mujer confirmaba el juramento con un doble "amén". El sacerdote escribía la maldición

A

(Núm. 5:21-23) en un pergamino y borraba la tinta sumergiéndolo en el agua. Después el sacerdote tomaba la ofrenda y la quemaba sobre el altar, tras lo cual la mujer tomaba las aguas amargas. Si era inocente, no sufriría ningún daño y concebiría un hijo como bendición. Si era culpable, la maldición haría efecto. El hombre no era considerado culpable si se comprobaba que su sospecha era falsa; es decir, no había quebrantado voluntariamente el noveno mandamiento referente a dar falso testimonio. La mujer, por el contrario, sufría las consecuencias de su culpa (Núm. 5:31).

AGUIJADA Vara que generalmente mide unos 2,5 m (8 pies) de largo con una terminación puntiaguda que se utilizaba para controlar bueyes. Durante la época de los jueces, los israelitas contrataron herreros filisteos para "componer las aguijadas" (1 Sam. 13:21) mediante la adaptación de puntas metálicas en las terminaciones puntiagudas o la elaboración de estuches de metal en el extremo desafilado para sacar terrones adheridos al arado. Las aguijadas se podían utilizar como arma (Jue. 3:31). Los dichos de los sabios son aguijones, y como clavos (1 Sam. 13:21, la Palabra de Dios) estimulan el pensamiento (Ecl. 12:11). Dios le advirtió a Pablo que no diera "coces contra el aguijón", lo que ocurriría si rechazaba someterse a la visión celestial (Hech. 26:14).

AGUIJÓN EN LA CARNE La palabra griega *skolops* aparece en el griego clásico en referencia a una estaca o asta filosa de madera utilizada para empalar. En el griego helenístico se mencionan las variantes "aguijón" y "astilla". La mayoría de las referencias en la LXX, el NT y los papiros se traducen aguijón, astilla o esquirla. Celso y Eustaquio, opositores teológicos de Orígenes, utilizaron *skolops* para referirse de manera derogatoria a la cruz.

Dado que los falsos maestros de Corinto declararon haber recibido revelación divina, Pablo compartió su visión del "tercer cielo" como prueba milagrosa de su llamamiento apostólico. La revelación que recibió Pablo fue equilibrada mediante un "aguijón en la carne" (2 Cor. 12:7). En esa época, las dolencias físicas eran un problema constante. Por consiguiente, la mayoría de los padres de la iglesia consideraban que la aflicción de Pablo era un doloroso problema físico crónico o una persecución continua.

En la Edad Media, "aguijón" se interpretaba como una tentación carnal. La Vulgata apoyaba la idea de que el aguijón se refería a una tentación sexual. Durante la Reforma, Lutero y Calvino la rechazaron. Calvino interpretaba que el "aguijón en la carne" consistía en una variedad de tentaciones físicas y espirituales. Lutero lo interpretó como enfermedad física.

Existen cuatro teorías modernas sobre el aguijón en la carne de Pablo. La más común, basada en una posible relación con la enfermedad física de Pablo mencionada en Gál. 4:13, sostiene que se trata de algún tipo de enfermedad física recurrente, posiblemente malaria. Según lo expresado en Gál. 4:13-15 donde Pablo confirma que si hubieran podido, los gálatas le habrían dado sus ojos, algunos sostienen que padecía una enfermedad ocular (oftalmia). Además, en Gál. 6:11 Pablo indica que escribía en letras grandes, algo lógico para una persona con problemas de visión. Una tercera teoría habitual es que el aguijón se refiere al dolor y la angustia causados por la falta de fe de los judíos (Rom. 9:1-3). La cuarta teoría se refiere a un "mensajero de Satanás" más que una dolencia física, que actuaba como juicio redentor de Dios para mantenerlo humilde.

Otras teorías suponen que el aguijón se refiere a histeria, hipocondría, cálculos biliares, gota, reumatismo, ciática, gastritis, lepra, pediculosis, sordera, infección dental, neurastenia, discapacidad del habla y remordimiento por perseguir a la iglesia. *Steven L. Cox*

ÁGUILA El término "águila" se refiere a varias aves de presa de gran tamaño, más activas durante el día que durante la noche. El término hebreo traducido "águila" (*nesher*) a veces también se traduce "buitre". La envergadura de las alas del águila, el ave voladora más grande de Palestina, puede alcanzar 2,5 m (8 pies) o más. El águila palestina construye enormes nidos con ramas sobre las grietas rocosas de las montañas (Job 39:27-28; Jer. 49:16). Por ser una de las aves más majestuosas, ocupa un lugar prominente en la Biblia, pero figura en la lista de aves impuras (Lev. 11:13, Deut. 14:12). Los escritores del AT observaron el raudo movimiento del águila (Deut. 28:49; 2 Sam. 1:23; Jer. 4:13), el poder y la majestuosidad de su vuelo (Prov. 23:5; Isa. 40:31), y el cuidado de esta ave hacia su cría (Ex. 19:4; Deut. 32:11).

En el mundo antiguo, el águila o el buitre se asociaban frecuentemente con la deidad. Los escritores proféticos y apocalípticos elegían este pájaro para representar un papel figurado o simbólico (Ezeq. 1:10; 10:14; Dan. 7:4; Apoc. 4:7; 8:13).

En Ex. 19:4 y Deut. 32:11 se usa al águila para representar el cuidado y la protección divinos. En estos pasajes se describe a Dios como un padre amoroso que redime y protege a Su pueblo así como el águila cuida a sus polluelos.

Janice Meier

AGUJA Instrumento pequeño y delgado para coser; presenta un ojo o agujero en un extremo por donde se traspasa el hilo. Las agujas que se utilizaban en la época del NT eran de tamaño similar a las que usamos en el presente, exceptuando las más pequeñas que existen en la actualidad. En la mayoría de los casos eran de bronce, aunque también se usaban algunas de hueso o de marfil. La enseñanza de Jesús acerca de que "es más fácil pasar un camello por el ojo de una aguja, que entrar un rico en el reino de Dios" (Mat. 19:24; comp. Mar. 10:25; Luc. 18:25) ilustra lo imposible que resulta que un rico sea salvo sin la intervención de Dios, quien obra lo imposible (Mat. 19:26). Algunos mss griegos posteriores utilizan "soga" (*kamilos*) para camello (*kamelos*). Este intento de suavizar la agudeza de la expresión de Jesús va en contra del contexto. El uso de la frase "el ojo de una aguja" en relación con una puerta de Jerusalén es una ficción interpretativa cuyo objeto es hacer que las palabras de Jesús sean más aceptables. Dicha puerta no existe.

AGUR Nombre de persona que significa "trabajador contratado". Autor de, por lo menos, parte de Proverbios 30.

AHARA Nombre correspondiente a Ahiram en 1 Crónicas 8:1 (Núm. 26:38). Ver *Ahiram*.

AHARHEL Nombre de persona con significado desconocido. Descendiente de Judá (1 Crón. 4:8).

AHASBAI Padre de un líder del ejército de David (2 Sam. 23:34). Aparentemente era oriundo de Maaca.

AHASTARI Nombre persa de persona y de nación que significa "reino". Miembro de la tribu de Judá y de la familia de Caleb (1 Crón. 4:6). Como sucede en muchas genealogías bíblicas, la forma de la palabra indica tanto un grupo político como también el antepasado. Se desconocen otros datos de la persona y de la nación.

AHAVA Río de Babilonia y ciudad ubicada junto al río donde Esdras reunió a los judíos para regresar a Jerusalén desde el exilio (Esd. 8:15,21,31). Ahava probablemente estaba ubicada cerca de la ciudad de Babilonia, pero se desconoce el sitio exacto.

AHBÁN Nombre de persona que significa "el hermano es sabio" o "el hermano es creador". Miembro de la familia de Jerameel (1 Crón. 2:29).

AHER Nombre de persona que significa "otro". Miembro de la tribu de Benjamín (1 Crón. 7:12); podría ser otra manera de escribir Ahiram (Núm. 26:38).

AHÍ Nombre de persona que significa "mi hermano". **1.** Miembro de la tribu de Gad (1 Crón. 5:15) que vivía en Galaad. **2.** Miembro de la tribu de Aser (1 Crón. 7:34).

AHÍAM Nombre de persona de significado incierto. Uno de los 30 soldados valientes de David (2 Sam. 23:33).

AHIÁN Nombre de persona que significa "hermanito". Miembro de la tribu de Manasés (1 Crón. 7:19).

AHÍAS Nombre de persona que se traduce de varias maneras en hebreo y español y que significa "mi hermano es Yahvéh". **1.** Sacerdote de la familia de Elí en Silo (1 Sam. 14:3-4). Le llevó el arca de Dios a Saúl (1 Sam. 14:18). **2.** Escriba de Salomón (1 Rey. 4:3). **3.** Profeta de Silo que rasgó sus vestiduras en doce partes y le dio diez a Jeroboam como señal de la decisión de Dios de dividir el reino después de la muerte de Salomón (1 Rey. 11:29-39). Más tarde, cuando el hijo de Jeroboam se enfermó, el profeta ciego reconoció a la esposa del rey por la palabra de Dios. Anunció el final del reinado de Jeroboam y de su dinastía (1 Rey. 14:1-18; 15:29). Segunda Crónicas 9:29 se refiere a una profecía de Ahías en forma escrita. **4.** Padre del rey Baasa de Israel perteneciente a la tribu de Isacar (1 Rey. 15:27). **5.** Hijo de Jerameel (1 Crón. 2:25). **6.** Hijo de Aod de la tribu de Benjamín, oficial en Geba (1 Crón. 8:7). **7.** Uno de los 30 héroes militares de David cuya casa estaba en Pelón (1 Crón. 11:36). La lista correspondiente de 2 Samuel 23:34 menciona a Eliam, hijo de Ahitofel, gilonita. **8.** Cantor del pacto de Nehemías para obedecer la ley de Dios (Neh. 10:26). **9.** El texto hebreo de 1 Crónicas 26:20 dice que Ahías, levita, estaba a cargo de los tesoros del templo bajo el reinado de David. La Septuaginta sugiere que se lea *'achehem*, "sus hermanos o parientes".

AHICAM Nombre de persona que significa "mi hermano se puso de pie". Hijo de Safán, escriba de Josías. Le llevó a la profetisa Hulda el libro de la ley que se encontró en el templo para que discerniera la voluntad de Dios (2 Rey. 22:8-20). Su hijo Gedalías lideró durante un lapso breve a los judíos que quedaron en Judá después de que Nabucodonosor destruyera Jerusalén, tras lo cual los rebeldes lo asesinaron (2 Rey. 25:22-25). Ahicam protegió a Jeremías cuando el rey Joacim quiso matar al profeta (Jer. 26:24). Más tarde su hijo también protegió a Jeremías (Jer. 39:14).

AHIEZER Nombre de persona que significa "mi hermano es ayuda". **1.** Ayudante de Moisés en el desierto perteneciente a la tribu de Dan (Núm. 1:12; 2:25). Era quien llevaba las ofrendas de la tribu (7:66-71) y guiaba a la tribu durante la marcha (10:25). **2.** Jefe guerrero que se unió a David en Siclag. Era ambidextro y representaba a Benjamín, la tribu del rey Saúl, que amenazó a David (1 Crón. 12:1-3).

AHILUD Nombre de persona que significa "nace un hermano". Padre de Josafat, cronista de la corte de David (2 Sam. 8:16), que mantuvo su puesto bajo el reinado de Salomón (1 Rey. 4:3). Probablemente el mismo Ahilud fue padre de Baana, oficial de Salomón enviado a la provincia que rodeaba Taanac, Megido y Bet-seán para obtener provisiones para la corte (1 Rey. 4:12).

AHIMAAS Nombre de persona con significado incierto; tal vez "hermano de enojo" o "mi hermano es consejero". **1.** Suegro de Saúl (1 Sam. 14:50). **2.** Hijo de Sadoc, uno de los sacerdotes de David (2 Sam. 15:27). Sirvió en la corte como uno de los mensajeros secretos de David cuando Absalón se rebeló y condujo a su padre fuera de Jerusalén (2 Sam. 15:36; 17:17). Una vez tuvo que esconderse en un pozo para que no lo encontraran (17:18-21). Era un corredor veloz que sobrepasó al etíope para llevarle las noticias a David (18:19-29), pero no le informó acerca de la muerte de Absalón. Tenía reputación de "hombre de bien" (18:27). **3.** Uno de los doce oficiales colocados a la cabeza de las provincias de Salomón; estaba a cargo de Neftalí. Se casó con Basemat, hija de Salomón. Puede ser el mismo que 2., hijo de Sadoc (1 Rey. 4:15).

AHIMÁN Nombre de persona de significado incierto. **1.** Uno de los gigantes de Anac (Núm. 13:22). Caleb sacó de Hebrón a él y a sus dos hermanos (comp. Jue. 1:10, donde la tribu de Judá mató a los tres hermanos). Ver *Anac*. **2.** Levita y portero del templo (1 Crón. 9:17).

AHIMELEC Nombre de persona que significa "mi hermano es rey". Ver *Sumo Sacerdote*.

AHIMOT Nombre de persona que significa literalmente "mi hermano es muerte" o "mi hermano es Mot (dios de muerte)". Levita (1 Crón. 6:25).

AHINADAB Nombre de persona que significa "mi hermano se ha consagrado" o "mi hermano es noble". Uno de los oficiales de las doce provincias de Salomón que suplió de provisiones a la corte real de Mahanaim (1 Rey. 4:14).

AHINOAM Nombre de persona que significa "mi hermano es misericordioso". **1.** Esposa del rey Saúl (1 Sam. 14:50). **2.** Esposa de David proveniente de Jezreel (1 Sam. 25:43) que vivió con él bajo los filisteos en Gat (27:3). Cuando los amalecitas la capturaron a ella y a Abigail, la otra esposa de David, el pueblo amenazó con apedrearlo. David obedeció la palabra de Dios, derrotó a los amalecitas y recuperó a sus esposas y a los otros cautivos (30:1-20). Después Ahinoam se trasladó con David a Hebrón, donde el pueblo lo coronó rey (2 Sam. 2:2-4). Le dio a David el primer hijo, Amnón (3:2).

AHÍO Nombre de persona que significa "mi hermano es Yahvéh". **1.** Hijo de Abinadab en cuya casa se detuvo el arca del pacto (2 Sam. 6:3). Junto con su hermano Uza condujeron un carro y un buey para trasladar el arca. **2.** Miembro de la tribu de Benjamín (1 Crón. 8:14), pero la Septuaginta dice "sus hermanos" o parientes. **3.** Miembro de Benjamín con contactos en Gabaón (1 Crón. 8:31; 9:37). Ver *Ahías*.

AHIRA Nombre de persona que significa "mi hermano es amigo". Líder de la tribu de Neftalí bajo el liderazgo de Moisés (Núm. 1:15) que presentó las ofrendas de la tribu en la dedicación del altar (7:78-83) y los guió en las marchas en el desierto.

AHIRAM Nombre de persona que significa "mi hermano es exaltado". Hijo de Benjamín que le dio su nombre a una familia de esa tribu (Núm. 26:38).

AHIRAMITA Clan establecido por Ahiram. Ver *Ahiram.*

AHISAHAR Nombre de persona que significa "hermano del alba". Miembro de la tribu de Benjamín (1 Crón. 7:10) pero no aparece en la lista de la genealogía en 1 Crónicas 8.

AHISAMAC Nombre de persona que significa "mi hermano ha sustentado". Padre de Aholiab, el artesano que ayudó a Bezaleel a crear las artesanías del tabernáculo del desierto (Ex. 31:6; 35:34; 38:23).

AHISAR Nombre de persona que significa "mi hermano cantó". Jefe del personal del palacio de Salomón (1 Rey. 4:6).

AHITOB Nombre de persona que significa "mi hermano es bueno". **1.** Sacerdote, hijo de Finees y nieto de Elí que ministraba en Silo (1 Sam. 14:3). Era padre de Ahimelec (22:9). **2.** Padre de Sadoc, sumo sacerdote bajo los reinados de David y Salomón (2 Sam. 8:17). El nombre aparece dos veces en la lista de sacerdotes de Crónicas (1 Crón. 6:7-8, 11-12,52; comp. 9:11). Esdras era descendiente del linaje de Ahitob (Esd. 7:2).

AHITOFEL Nombre de persona que significa "hermano de necedad" a menos que sea un intento del copista de esconder un nombre original que incluye a una deidad cananea como Ahibaal. Nombre del consejero de David que se unió a la rebelión de Absalón en contra del rey (2 Sam. 15:12). David oró para que su consejo fuera entorpecido (15:31), y comisionó al fiel Husai para que ayudara a los sacerdotes Sadoc y Abiatar a contrarrestar el consejo de Ahitofel. Este aconsejó a Absalón que tomara a las concubinas de su padre para demostrar de esa manera que su rebelión era verdadera (16:15-23). El consejo de Ahitofel era famoso y se lo igualaba a la palabra de Dios (16:23). No obstante, Husai, por la intervención divina (17:14), persuadió a Absalón para que no siguiera el consejo militar de Ahitofel (cap. 17). Ahitofel regresó deshonrado a su casa en Gilo, puso las cosas en orden allí y se ahorcó (17:23). Probablemente haya sido abuelo de Betsabé, la pareja de David en adulterio y posteriormente su esposa (2 Sam. 11:3; 23:34).

AHIUD **1.** Nombre de persona que significa "mi hermano es espléndido o majestuoso" (heb. *'achihud*). Líder de la tribu de Aser que ayudó a dividir la tierra prometida entre las tribus (Núm. 34:27). **2.** Con el significado de "mi hermano es un acertijo" (heb. *'achichud*). Miembro de la tribu de Benjamín (1 Crón. 8:7).

AHLAB Nombre geográfico que significa "bosque montañoso" o "fértil". Ubicado probablemente en Khirbet el-Macalib sobre la costa del Mediterráneo, 6 km (4 millas) al norte de Tiro. La tribu de Aser no lo pudo conquistar (Jue. 1:31).

AHLAI Nombre de persona que significa "un hermano para mí", quizá una forma abreviada de Ahliya, "el hermano es mi dios". Otros lo interpretan como una interjección que significa "Ojalá". **1.** Miembro de la familia de Jerameel (1 Crón. 2:31). Su padre fue Sesán. Primera Crónicas 2:34 dice que Sesán no tuvo hijos varones sino solamente hijas. Esto hace que Ahlai sea una hija de Sesán o que forme parte de un texto hebreo que se halla incompleto debido a errores de copista. Algunos identifican a Ahlai con el nieto de Sesán, Atai (1 Crón. 2:35). Otros creen que Sesán cambió el nombre a su siervo Jarha por Ahlai cuando lo convirtió en su yerno (v.35). No se ha ofrecido ninguna respuesta cierta a la identidad de Ahlai. **2.** Padre de un soldado valiente de David (1 Crón. 11:41).

AHOA Nombre de persona de significado incierto. Nieto de Benjamín (1 Crón. 8:4), aunque las listas de 2:25, 8:7 y evidencias de traducciones anteriores probablemente indican que el nombre original era Ahías.

AHOHÍTA Nombre de una familia. Figuras militares de esta familia o lugar se convirtieron en líderes militares en la época de David y Salomón (2 Sam. 23:9,28; 1 Crón. 11:12,29; 27:4).

A

AHOLA Nombre de persona que significa "morador de tiendas". Nombre de mujer que empleó Ezequiel para describir Samaria (Ezeq. 23:1-10). Ahola y su hermana Aholiba (Jerusalén) se presentan como prostitutas asociadas con distintos hombres (otras naciones). El significado evidente es el adulterio espiritual contra Dios, quien declaró por medio del profeta que Samaria finalmente sería entregada en manos de su "amante", Asiria (23:9).

AHOLIAB Nombre de persona que significa "tienda del padre". Artesano, diseñador y bordador de la tribu de Dan que colaboró con Bezaleel en la supervisión de la construcción del tabernáculo y sus muebles (Ex. 31:6; 35:34; 36:1,2; esp. 38:23).

AHOLIBA Nombre de persona que significa "adorador en la tienda". Hermana menor en la alegoría de Ezeq. 23 a quien se identifica con Jerusalén (23:4,11-49). El mal comportamiento sexual de estas hermanas representa la idolatría en que cayeron Israel y Judá. Ver *Ahola.*

AHOLIBAMA Nombre de persona que significa "tienda del lugar alto" o "morador de la tienda del culto falso". **1.** Hija hevea de Aná y esposa de Esaú (Gén. 36:2). **2.** Líder edomita descendiente de Esaú (Gén. 36:41).

AHORCAR Método para ridiculizar, avergonzar y profanar al enemigo. Según la ley bíblica, no se consideraba medio para llevar a cabo la pena capital, aunque sí la practicaban los egipcios (Gén. 40:19,22) y los persas (Est. 7:9). Los israelitas, después de dar muerte a un criminal o enemigo, a veces lo colgaban de una horca o de un árbol para exponerlo al desprecio público a fin de enfatizar desdén y señalar advertencia (Gén. 40:19; Deut. 21:22; Jos. 8:29; 2 Sam. 4:12). Pero la ley bíblica exigía que el cuerpo fuera descolgado y sepultado el mismo día (Deut. 21:22-23). Josué 8:29; 10:26-27 relata que los cuerpos de los reyes de Hai y de los amorreos fueron descolgados y enterrados a la puesta del sol del mismo día que los colgaron. Comparar el tiempo indeterminado de exposición permitido por el faraón (Gén. 40:19), los filisteos (1 Sam. 31:10) y los gabaonitas (2 Sam. 21:8-10). Un hombre ahorcado equivalía una ofensa a Dios (Gál. 3:13) y, por lo tanto, profanaba la tierra.

Según Josefo, historiador judío del primer siglo, todos los criminales ejecutados eran luego colgados. La Mishná prescribía la horca sólo para aquellos que habían muerto apedreados. Algunos estudiosos bíblicos sostienen que el ahorcamiento sólo se aplicaba a blasfemos e idólatras.

Ahorcarse uno mismo se menciona sólo una vez en el AT y otra en el NT. Ahitofel, consejero de David, se adhirió a la conspiración de Absalón, el hijo de David (2 Sam. 15:31). Al ver que su ardid para obtener poder personal se desvanecía, puso los asuntos de su casa en orden y se ahorcó (2 Sam. 17:23). Judas, uno de los doce discípulos de nuestro Señor, en un esfuerzo desesperado por superar la culpa y expiar el delito de traicionar a Jesús por 30 piezas de plata, salió y se ahorcó (Mat. 27:5). Hechos 1:18 dice que cayó de cabeza y se reventó, posiblemente cuando la soga se cortó. *C. Dale Hill*

AHUMAI Nombre de persona que significa "un hermano es" o "hermano de agua". Miembro de la familia de los zoratitas de la tribu de Judá (1 Crón. 4:2).

AHUZAM Nombre de persona que significa "su captación" o "su propiedad". Miembro de la tribu de Judá (1 Crón. 4:6).

AHUZAT Nombre de persona que significa "eso captado" o "propiedad". Oficial que acompañó a Abimelec, rey de los filisteos, para hacer un pacto de paz con Isaac (Gén. 26:26). Llamado literalmente "amigo del rey", probablemente haya ocupado una función como el consejero real más íntimo.

AÍA Nombre alternativo de Hai (Neh. 11:31). Ver *Hai.*

AÍN Nombre geográfico que significa "ojo" o "corriente de agua". Se utiliza a menudo como la primera parte de un nombre geográfico, indicando así la presencia de una fuente de agua. El español utiliza frecuentemente el nombre "En" como primera parte de nombre de este tipo. Ver *Endor* como ejemplo. **1.** Lugar de la frontera oriental de Canaán (Núm. 34:11). Su ubicación es incierta. **2.** Ciudad del sur de Judá (Jos. 15:32) que pertenecía a Simeón (Jos. 19:7) pero que se designó como morada de los levitas a quienes no se les había asignado tierras (Jos. 21:16). Esta designación sería correcta a menos que se refiriera a

Asán, tal como aparece en algunos manuscritos de Josué y en 1 Crónicas 6:59.

AIRE Espacio debajo del cielo según la percepción humana del universo. Algunas versiones españolas traducen el término hebreo *ruach*, "viento, aliento, espíritu", como "aire" en Job 41:16 (NVI, LBLA) para describir el espacio vacío entre objetos que se encuentran en la tierra (comp. Jer. 14:6 LBLA). Los que estaban de duelo arrojaban polvo al aire (Hech. 22:23). Los boxeadores ineptos golpeaban el aire en lugar de golpear a los oponentes (1 Cor. 9:26). El hablar en lenguas sin un intérprete es hablar en vano al aire sin que nadie entienda (1 Cor. 14:9). En un sentido teológico y simbólico, Efesios 2:2 menciona al "príncipe de la potestad del aire", mostrando el poder que tiene Satanás para tentar y dominar a las personas aquí abajo, pero la falta de ese poder en el cielo. En la segunda venida, los que todavía estén vivos serán arrebatados junto con los que resucitaron para recibir al Señor Jesús en el aire (1 Tes. 4:17). El quinto ángel del Apocalipsis abre el abismo sin fondo, que al estar tan dominado por el fuego, hace que el humo que sale oscurezca el sol y el aire (Apoc. 9:2). El séptimo ángel derramó de su copa destrucción en el aire, o sea sobre la tierra (Apoc. 16:17).

AJA Nombre de persona que imita el chillido de un halcón y que, en consecuencia, significa "halcón". **1.** Hijo de Zibeón entre las familias de Edom que descendían de Esaú (Gén. 36:24). **2.** Padre de Rizpa, concubina de Saúl (2 Sam. 3:7) y abuelo de Mefi-boset (2 Sam. 21:8).

AJALÓN Nombre geográfico que significa "lugar del ciervo". **1.** Ciudad y valle cercano donde la luna quedó inmóvil ante el mandato de Josué (Jos. 10:12). Cerca del límite filisteo, al sur de Bet-horón, Ajalón pertenecía a Dan según la distribución de las tribus (Jos. 19:42), pero Dan no conquistó el territorio y se trasladó hacia el norte (Jue. 18:1). Fue una de las ciudades que se les dio a los levitas en Dan (Jos. 21:24). Los amorreos lograron un control temporal pero las tribus de José los sometieron para que pagaran tributo (Jue. 1:34-35). Saúl y Jonatán ganaron una batalla entre Micmas y Ajalón (1 Sam. 14:31). En tiempos postexílicos, los escritores de las crónicas reconocieron Ajalón como una ciudad de la tribu de Benjamín que derrotó a Gat (1 Crón. 8:13). Roboam, el hijo de Salomón, había fortificado Ajalón (2 Crón. 11:10). El rey Acaz (735–715 a.C.) les pidió ayuda a los asirios porque los filisteos habían tomado Ajalón y otras ciudades. Por lo tanto, era una ubicación militar importante de la frontera occidental de Judá. Ajalón está situada en la moderna Yalo a alrededor de 22 km (14 millas) de Jerusalén. **2.** Elón, juez de la tribu de Zabulón, fue sepultado en una Ajalón localizada al norte (Jue. 12:12), cuya ubicación puede ser Tell et-Butmeh.

AJAT Nombre alternativo de Hai (Isa. 10:28). Ver *Hai*.

AJELET-SAHAR Instrucción musical en el título del Salmo 22 que literalmente puede significar "cierva de la mañana". Tal vez sea el nombre de una melodía.

AJENJO Planta amarga pero no venenosa común en el Medio Oriente. Se emplea a menudo como analogía para hablar sobre amargura y tristeza. Los profetas del AT describían el ajenjo como opuesto a la justicia y la rectitud (Amós 5:7; Jer. 23:15). Apocalipsis denomina "Ajenjo" a una estrella ardiente que produce destrucción (8:10,11).

AJO (Núm. 11:5) ver *Plantas*.

AKENATÓN Faraón egipcio (1370–1353 a.C.). Originariamente denominado Amenhotep IV, produjo un cambio religioso radical al abandonar la adoración de Amón y servir a Atón, el disco solar. A menudo se hace referencia a él como el primer monoteísta, aunque es probable que no haya llegado a negar la existencia de otros dioses. Escritores egipcios posteriores lo llamaron blasfemo y criminal. Se casó con la famosa Nefertiti, conocida por su belleza, y lo sucedió su yerno Tutankamón. Trasladó la capital hacia el norte, de Tebes a Akenatón en Tell El-Amarna. Durante su reinado recibió los informes y los pedidos de los gobernantes de una ciudad-estado de Palestina que los arqueólogos denominan las cartas de Amarna. Estas demuestran la falta de unidad y armonía en Palestina con que se encontró Josué cuando entró para conquistar esa tierra.

Gary C. Huckabay

ALA Parte especializada del ave que le permite volar (Gén. 1:21). La palabra se utiliza con más frecuencia en sentido figurativo: con referencia a la ayuda de Dios (Rut 2:12), al juicio de Dios (Jer.

48:40) y a la fortaleza para regresar del exilio (Isa. 40:31).

A

ALABANZA Una de las muchas respuestas de los seres humanos ante la revelación que Dios hace de sí mismo. La Biblia reconoce que los hombres y las mujeres también pueden ser objetos de alabanza, ya sea por parte de otras personas (Prov. 27:21; 31:30) o de Dios mismo (Rom. 2:29), y que los ángeles y el mundo natural son capaces asimismo de alabar a Dios (Sal. 148). Sin embargo, la alabanza del ser humano a Dios es uno de los principales temas de la Escritura.

"Alabanza" proviene de una palabra latina que significa "valorar" o "apreciar". Por lo tanto, alabar a Dios es proclamar Su mérito o valor. En la Biblia hay muchos términos para expresar este concepto, entre los que se incluyen "gloria", "bendición", "acción de gracias" y "aleluya"; este último es una transliteración del hebreo de la palabra "alabar al Señor".

Las modalidades de alabanza son muchas, incluyendo la ofrenda de sacrificios (Lev. 7:13), los movimientos físicos (2 Sam. 6:14), el silencio y la meditación (Sal. 77:11,12), el testimonio (Sal. 66:16), la oración (Fil. 4:6) y una vida santa (1 Ped. 1:3-9). Sin embargo, la alabanza está casi invariablemente ligada a la música, tanto instrumental (Sal. 150:3-5) como, en especial, vocal. Las canciones bíblicas de alabanza abarcan desde estallidos personales y más o menos espontáneos de acciones de gracias por algún acto redentor de Dios (Ex. 15; Jue. 5; 1 Sam. 2; Luc. 1:46-55,67-79) hasta salmos e himnos formales adaptados para la adoración grupal en el templo (2 Crón. 29:30) y en la iglesia (Col. 3:16).

Mientras que la Biblia contiene frecuentes mandamientos para que la gente alabe a Dios, también hay advertencias ocasionales acerca de la calidad de esta alabanza. Debe originarse en el corazón y no tiene que convertirse en un espectáculo meramente externo (Mat. 15:8). La alabanza grupal se debe llevar a cabo de manera ordenada (1 Cor. 14:40). La alabanza también está firmemente ligada a la vida cotidiana de un individuo (Amós 5:21-24). Ver *Adoración; Música, instrumentos musicales, danza; Salmos, Libro de.* *David W. Music*

ALABASTRO Ver *Minerales y metales.*

ALAMELEC Nombre geográfico que significa "encina del rey" o "árbol real santo". Ciudad limítrofe de Aser (Jos. 19:26) cuya ubicación específica se desconoce.

ALAMET (1 Crón. 7:8). Ver *Alemet.*

ÁLAMO Ver *Plantas.*

ALAMOT Indicación musical que significa literalmente "según o conforme a una joven mujer". Aparentemente esto significa que se trata de una melodía para una voz aguda, una canción para una soprano (1 Crón. 15:20; Sal. 46, título).

ALARMA Señal que se daba gritando o ejecutando un instrumento. El término hebreo (*teru'ah*) significa literalmente grito, pero se utilizaban instrumentos musicales como las trompetas de Números 10:1-10. La alarma llamaba a la comunidad del desierto para que marchara (Núm. 10:5-6). La alarma era un sonido de trompetas especial e inespecífico ya que los instrumentos se podían hacer sonar sin que correspondiera a la alarma para iniciar la marcha (10:7). Más tarde la alarma llamaba a Israel para la batalla (10:9) y les recordaba acerca de la presencia de Dios junto a sus ejércitos (comp. 31:6). La alarma se hacía sonar contra el enemigo del pueblo de Dios (2 Crón. 13:12). Josué 6 describe un sistema de alarma diferente. Los sacerdotes marchaban con cuernos, instrumentos distintos a las trompetas, y el pueblo emitía un grito fuerte o alarma (*teru'ah*) antes de la milagrosa obra de Dios. La trompeta también se utilizaba para hacer sonar la alarma en un día religioso especial (Lev. 25:9) e Israel elevaría un grito de júbilo (1 Sam. 4:5). La alarma no siempre traía gozo. La que anunciaba que el enemigo se acercaba para la guerra producía estremecimiento, tristeza y temor (Jer. 4:19; Os. 5:8). No obstante, el mayor temor debiera sobrevenir cuando Dios haga sonar la alarma para Su día (Joel 2:1).

ALBA Aparición de la primera luz del día cuando sale el sol. Job 3:9 menciona que las estrellas permanecen visibles al alba. Se usa en sentido literal para referirse al comienzo del día (Jos. 6:15; Jue. 19:26; Mat. 28:1; Hech. 27:33). En Mat. 4:16 se hace referencia a la figura del alba mencionada en Isa. 9:2,3 como una representación de la nueva era de esperanza y promesa que trajo Jesús.

ALBAÑILES, CANTEROS Obreros de la construcción que empleaban ladrillo o piedra. La primera vez que aparece el albañil profesional en la Biblia es en la época de David, aunque ya para

En el Monte del Templo, en Jerusalén, se observan ejemplos de albañilería herodiana.

ese tiempo el oficio era sumamente antiguo y desarrollado en Egipto. La Biblia sugiere que durante el reinado de David ningún israelita era experto como cantero, albañil, carpintero ni constructor. David dependía del rey de Tiro para la provisión de canteros (2 Sam. 5:11,12; 1 Crón. 22:2-4,14-18). Probablemente durante el reinado de Salomón los israelitas hayan comenzado a desempeñar este oficio (1 Rey. 5:18). Es posible que los canteros fueran miembros de una asociación gremial o mercantil, tal como sucedía con otros comerciantes. Dichas asociaciones eran fundamentalmente organizaciones sociales, si bien en épocas posteriores llegaron a convertirse en poderes políticos que preocupaban a los gobernantes (Hech. 19:23-41). También era común que los miembros de un mismo oficio vivieran y trabajaran en una misma zona dentro de los pueblos y ciudades más grandes (2 Rey. 18:17; 1 Crón. 4:14; Neh. 11:35; Hech. 18:3).

La albañilería decorativa o con loza no se utilizaba comúnmente en viviendas particulares. El hombre promedio construía su casa con ladrillos secados al sol que se levantaban sobre un cimiento rocoso. Por esta razón, las referencias bíblicas a albañiles aluden a obras públicas (2 Rey. 12:11-15; 22:3-8; Esd. 3:7).

La piedra caliza era fundamental para edificar en zonas montañosas. Era fácil de cortar y se endurecía al exponerla al sol. La piedra se separaba de su base con cuñas de madera que se deslizaban a través de ranuras triangulares que seguían la línea del corte. Estas cuñas se embebían en agua y, a medida que se expandían, la fuerza cortaba la piedra. La piedra se golpeaba con martillos, punzones y cinceles y se decoraba restregándola con arenisca. Los bloques podían estar tan perfectamente encuadrados y lustrados que era imposible insertar una navaja entre las juntas.

Los canteros que empleaba Herodes cortaban bloques de piedra caliza de 14 m (46 pies) de largo, 3 m (10 pies) de ancho y 3 m (10 pies) de alto de canteras que se hallaban aprox. a 800 m (1/2 milla) del lugar donde se colocaban al frente del Monte del Templo. Se estima que algunas de estas piedras llegaban a pesar 415 toneladas. En la actualidad se las puede ver en el extremo sudoeste del Muro de los Lamentos. Ver *Arquitectura en tiempos bíblicos; Ocupaciones y profesiones.*

Larry Bruce

ALDEA El AT hace una distinción entre ciudad y pueblo o aldea. La ciudad generalmente estaba amurallada y era mucho más grande, mientras que la aldea se caracterizaba por no tener muro y las casas comúnmente consistían de un solo cuarto (Lev. 25:29,31). La aldea tenía un gobierno poco organizado o ninguno en absoluto. La arqueología ha descubierto aldeas israelitas construidas en forma circular donde las paredes de las casas se unían para formar el único sistema de defensa y en el medio se dejaba un espacio comunitario abierto. Muchas aldeas tenían entre 20 y 30 casas. El ganado se guardaba en el espacio abierto interno donde se almacenaba el grano. El trabajo principal de las aldeas era la agricultura. Además se realizaban artesanías pequeñas. Generalmente tenían una era para la labor de las cosechas. A menudo los pastores se reunían alrededor de las aldeas. Las tierras de pastura se consideraban posesión de la aldea (1 Crón. 6:54-60). Ver *Agricultura; Casa; Ciudades y vida urbana.*

ALEGORÍA Recurso literario en el que se utiliza una historia o una narración para transmitir verdades acerca de la realidad. El término "alegoría" proviene de dos palabras griegas: *alla* (otro) y *agoreuo* (proclamar). Una alegoría comunica algo además de su sentido literal. "Alegoría" a veces se define como una metáfora extendida. Cicerón consideraba la alegoría como una corriente continua de metáforas.

Una interpretación alegórica consiste en la lectura de un texto con la idea de descubrir significados no literales. Tales interpretaciones son legítimas cuando es evidente que el texto es una alegoría. Por ejemplo, Juan Bunyan escribió *El progreso del peregrino* como una alegoría. Por lo tanto, la interpretación alegórica no sólo es legítima sino que es necesaria para

entender la obra de Bunyan. Aplicar la interpretación alegórica a textos que no son alegorías es malinterpretar su contenido.

Trasfondo La interpretación alegórica se puede hallar entre los griegos antiguos que leían escritos de Homero y otras historias épicas considerándolas alegorías. Platón intenta transmitir verdades importantes acerca del conocimiento en la alegoría de la cueva que aparece en el Libro VII de *La República.*

Filón Judío de Alejandría (50 a.C.) fue un judío platonista que ejerció gran influencia en el rumbo de la interpretación bíblica. En su comentario sobre el Pentateuco, Filón empleó la exégesis alegórica. Además del significado literal, Filón halló niveles de entendimiento más elevados que evitaban declaraciones desagradables. Otros han empleado la interpretación alegórica para hacer que el cristianismo sea compatible con otras formas religiosas tales como la filosofía griega del movimiento de la Nueva Era. Inclusive existen otros que emplean el método a fin de desenterrar significados "más profundos y espirituales". Clemente de Alejandría y su alumno Orígenes desarrollaron el enfoque de Filón alrededor del 200 d.C.

Alegoría en el Antiguo Testamento Ningún libro completo del AT se escribió como una alegoría aunque se han interpretado alegóricamente algunas porciones. Por ejemplo, el rabino Akiba (aprox. 50–132 d.C.) interpretó que el Cantar de los Cantares se refería alegóricamente al amor de Dios hacia Israel en lugar de ser una colección de canciones de amor románticas. Muchos eruditos cristianos han seguido esa línea interpretando que este libro del AT es un cuadro del amor de Cristo hacia la iglesia. Por lo menos un intérprete hizo lo mismo con Ester, considerando cada uno de los personajes principales como facetas de la vida espiritual e interpretando el libro como una alegoría elaborada de la vida cristiana victoriosa.

Filón aplicó la interpretación alegórica a muchas porciones del AT con el propósito de defender las enseñanzas bíblicas en lugares donde parecía estar en conflicto con los conocimientos filosóficos de su época. No obstante, los judíos defensores de la alegoría, incluyendo Filón, nunca abandonaron completamente el significado histórico de las Escrituras. Ellos empleaban la interpretación alegórica junto con las interpretaciones léxicas, históricas y gramaticales del texto. Se cuestiona que hayan sido capaces de retener la intención histórica una vez que se desviaron hacia la hermenéutica alegórica.

Alegoría del Nuevo Testamento Si bien Jesús nunca interpretó alegóricamente el AT, sí efectuó interpretaciones alegóricas de algunas de sus parábolas. La interpretación de Jesús de la parábola del sembrador (Mar. 4:1-20) asigna significado simbólico a los diversos elementos de la parábola. Por ejemplo, la semilla representa la palabra y las cuatro clases de suelo simbolizan las diferentes maneras en que esta se recibe. El autor de la parábola del sembrador y de la del trigo y la cizaña (Mat. 13:24-30,36-43) las presentó y las interpretó como alegorías. No obstante, la mayoría de las parábolas no son alegóricas.

Es discutible la posibilidad de que Pablo alguna vez haya utilizado una hermenéutica alegórica al tratar el AT. Sí utilizó el término en una ocasión (Gál. 4:22-31), y existen otros dos pasajes de sus escritos en los que su método de interpretación no es estrictamente léxico e histórico (1 Cor. 9:8-10; 10:1-11). Aunque Pablo utilizó la palabra "alegoría" en Gálatas 4, no empleó lo que se ha llegado a conocer como método alegórico sino que, más bien, usó la tipología y consideró que Sara y Agar, personajes históricos, fueron tipos que señalaban "antitipos" posteriores. La interpretación tipológica es un enfoque válido que no elimina el elemento histórico del texto como sí lo hace generalmente la interpretación alegórica. Los textos de 1 Corintios 9 y 10 también presentan un enfoque tipológico. Pablo utiliza la tipología en la comparación que hace entre Adán y Cristo en Romanos 5:12-21. El enfoque paulino en este caso fue similar al de Mateo, y citó testimonios del AT acerca de Jesús para demostrar que Él fue el cumplimiento de las expectativas del AT, no para sostener una interpretación alegórica carente de historicidad. En la gran mayoría de las interpretaciones específicas que Pablo hace del AT utiliza una hermenéutica normal, léxica e histórica.

Los autores tienen libertad para utilizar cualquier método de comunicación que deseen a fin de exponer su concepto. Los lectores, sin embargo, deben tener cuidado de no utilizar métodos de interpretación inapropiados. Las interpretaciones alegóricas de pasajes que no son alegóricos pueden parecer útiles, "espirituales" y teológicamente significativas. No obstante, tales enfoques distorsionan el significado del pasaje en cuestión y hacen que su "significado" se halle sujeto a los intereses y prejuicios del intérprete. Tal como dijo Lutero en una ocasión en relación a la hermenéutica alegórica, el texto se convierte en una "nariz de cera" a la que se le puede dar forma y manipular de cualquier manera que desee el intérprete. En este enfoque, el intérprete ya no intenta descubrir el significado que el autor le dio al texto sino que realmente está tratando de crear su propio sentido para reemplazar al del autor. *Chad Brand y Steve Bond*

ALEJANDRÍA Capital de Egipto desde el 330 a.C., fundada por Alejandro Magno como un destacado centro académico y cultural griego.

Fue designada como principal puerto de Egipto en el extremo occidental del Delta del Nilo. Edificada en una península, separaba el Mar Mediterráneo del Lago Mareotis. Una carretera elevada (*Heptastadion*, o "siete estadios") conectaba la península con la Isla de Faros y dividía el puerto. El faro del lugar se avistaba a kilómetros de distancia a una altura de más de 120 m (400 pies) y actualmente se lo recuerda como una de las "Siete Maravillas del Mundo".

La ciudad estaba dividida en sectores con un barrio básicamente judío, el área real, la Neápolis y una necrópolis hacia el extremo occidental. La ciudad era famosa por sus actividades culturales y académicas. La biblioteca más excelente del mundo antiguo, con más de 500.000 volúmenes, atraía a muchos eruditos. El Mouseion (Museo) complementaba la biblioteca como centro de adoración para las musas, diosas de la "música", la danza y las

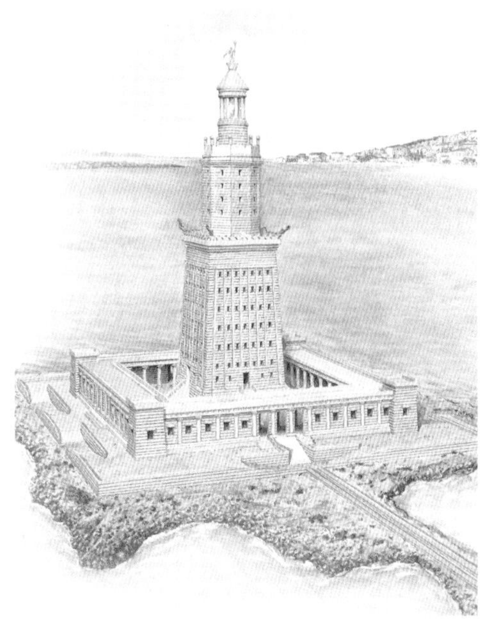

Faro en el puerto de Alejandría.

Teatro romano muy bien conservado, en Alejandría, con capacidad para 800 espectadores. Se utilizó para presentaciones musicales y para espectáculos de lucha libre.

A

Alejandro Magno en la batalla de Isso, en el 333 a.C., en lucha contra Darío III. La escena es del siglo I, de un mosaico encontrado en Pompeya.

letras. Se convirtió en el centro más importante del judaísmo fuera de Jerusalén. Rabinos judíos se reunieron en Alejandría para producir la Septuaginta (LXX), traducción griega del AT. Trabajaban allí filósofos y matemáticos griegos tales como Euclidio, Aristarco y Erastótenes. Octavio la incorporó al Imperio Romano alrededor del 30 a.C. Inmediatamente ocupó el segundo lugar en importancia después de Roma. Su importancia declinó alrededor del 100 d.C.

Los judíos educados de Alejandría contendieron con Esteban (Hech. 6:9). Apolos, el gran orador cristiano, era de Alejandría (Hech. 18:24), y Pablo navegó en barcos de ese puerto (Hech. 27:6; 28:11). Aunque los cristianos padecieron persecución en ese lugar, también produjeron una escuela con personajes destacados como Clemente y Orígenes. La escuela fue conocida por su enfoque alegórico de las Escrituras. *Gary C. Huckabay*

ALEJANDRO Cinco hombres del NT que corresponden al hijo de Simón de Cirene (Mar. 15:21), a un pariente de Anás (Hech. 4:6), a un judío de Éfeso (Hech. 19:33), a un falso maestro (1 Tim. 1:19-20) y a un calderero (2 Tim. 4:14). Estos dos últimos podrían ser la misma persona.

ALEJANDRO MAGNO Sucedió a su padre como rey de Macedonia y conquistó rápidamente el Imperio Persa. Alejandro Magno (356–323 a.C.) fue uno de los líderes militares más grandiosos de la historia. Su padre era Felipe de Macedón, rey de una región de Grecia conocida como Macedonia.

Cuando Alejandro tenía 20 años (336 a.C.), su padre fue asesinado y él se convirtió en rey. Este rey joven y ambicioso comenzó inmediatamente a hacer planes para conquistar Persia. Esta había extendido su imperio hasta Asia Menor (la actual Turquía). En el 334 a.C., Alejandro guió sus tropas y entró en Asia Menor, donde obtuvo una serie de victorias sobre los persas.

Continuó su marcha militar victoriosa hasta Siria y Egipto. Luego de las victorias en esos lugares, guió a sus tropas hasta Persia, Media, y siguiendo hacia el este hasta la parte norte de la India. Regresó a Babilonia, donde murió en el 323 a.C. a los 33 años.

El legado más perdurable de Alejandro fue la propagación de la cultura griega. En todos los lugares donde se dirigió trató de inculcar dicha cultura. Aunque no se lo menciona directamente en la Biblia, la cultura que él introdujo en Palestina afectó en gran manera el mundo bíblico, especialmente durante el período intertestamentario. Su imperio es uno de los elementos del trasfondo histórico de Daniel. Ver *Alejandría; Grecia.*

Lynn Jones

ALELUYA Exclamación de alabanza que aparece a menudo en el libro de los Salmos y significa "¡Alabad a Yahvéh!" A veces los Salmos 146–150 en particular reciben el nombre de Salmos de aleluya. En todo el salterio, Dios recibe alabanza por Su poder, sabiduría, bendiciones y por la liberación de Su pueblo. Ver *Salmos, Libro de.*

ALEMET Nombre de persona y de lugar que significa "escondido" u "oscuro". **1.** Ciudad separada para los levitas dentro de la tierra asignada a Benjamín (1 Crón. 6:60). **2.** Nieto de Benjamín (1 Crón. 7:8). **3.** Descendiente de Saúl y de Jonatán de la tribu de Benjamín (1 Crón. 8:36).

Alejandro Magno

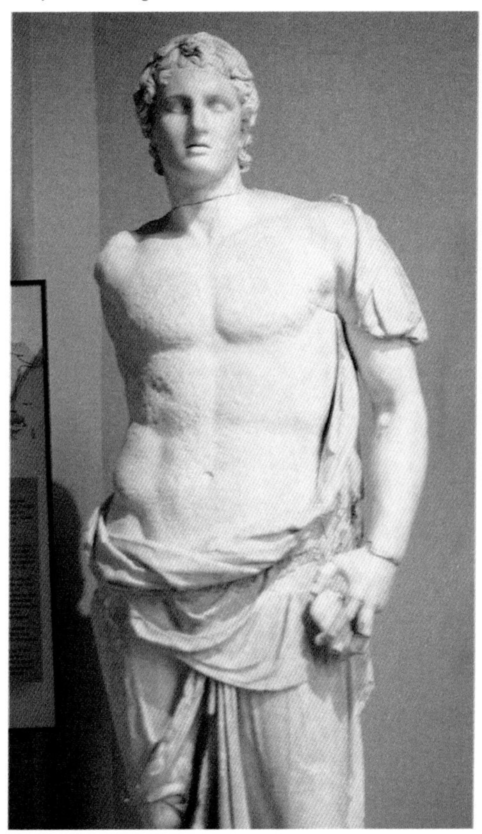

ALFA Y OMEGA Primera y última letras del alfabeto griego, utilizadas en Apocalipsis para describir a Dios o a Cristo (Apoc. 1:8,17; 21:6; 22:13). "Alfa y Omega" se refiere a la soberanía y la naturaleza eterna de Dios. Dios y Cristo son "el principio y el fin, el primero y el último" (Apoc. 22:13).

ALFARERÍA Utensilios domésticos de uso diario cuyos restos constituyen la base para la determinación de la antigüedad de descubrimientos arqueológicos. Hay relativamente pocos textos bíblicos que aluden a los métodos y a los productos de alfarería, aunque la industria formaba parte vital de la estructura económica del mundo antiguo. Las pocas declaraciones sobre la preparación del barro, "como pisa el barro el alfarero" (Isa. 41:25), y el fracaso y el éxito del alfarero sobre la rueda (Jer. 18:3, 4), apenas insinúan la importancia y la abundancia de "las vasijas de barro" en la antigüedad (Lev. 6:21; Núm. 5:17; Jer. 32:14), el término colectivo corriente para la alfarería en la Biblia. Sin embargo, la obra del alfarero al darle forma al barro sin valor proporcionó la imagen que usaron escritores y profetas bíblicos para describir la relación creativa de Dios con los seres humanos (Job 10:8,9; Isa. 45:9).

Los tiestos de cerámica (Job 2:8), aquellos restos indestructibles de la habilidad del alfarero, se recuperan en abundancia en cada emplazamiento arqueológico. No sólo han traído claridad con respecto a las industrias de alfarería sino que también han arrojado luz sobre la migración de los pueblos y el comercio. Además se han convertido en la clave para establecer un marco cronológico más firme para otros datos culturales, en especial en períodos para los cuales hay pocos restos escritos disponibles o ninguno. Esto comienza en el período neolítico, antes del 5000 a.C., cuando apareció por primera vez la alfarería.

Una pila de fragmentos de alfarería en Banias.

La Biblia identifica una variedad de vasijas que probablemente provenían del taller del alfarero: "cántaro" para agua (Gén. 24:14); "olla" (Ex. 16:3); "jarro" (Núm. 7:85); "redoma" (1 Sam. 10:1); "vasija" para aceite y "tinaja" para harina (1 Rey. 17:14); otro tipo de "vaso" (2 Rey. 4:3); "taza" (Cant. 7:2); "tazas y jarros" (Isa. 22:24); "cáliz" (Isa. 51:17,22).

La producción alfarera Dos factores parecen haber contribuido a la aparición más tardía de la alfarería cocida: que a los nómadas primitivos la alfarería les resultaba demasiado pesada para transportarla; y además, que descubrir y comprender el proceso de cocción fue un proceso largo de prueba y error.

La arcilla para la producción de alfarería se puede dividir en dos tipos: el silicato de aluminio puro (arcilla "limpia"), que no se encuentra en Israel, y el silicato de aluminio mezclado con óxido de hierro, con carbonos compuestos y otros ingredientes (lo que a veces se llama arcilla "rica"). El alfarero prepara la arcilla seca tamizando y quitando todo objeto extraño y dejándola reposar en agua para lograr gránulos uniformes. Cuando ha logrado la textura deseada, la mezcla apisonándola o sobándola con la mano, hasta estar listo para darle forma.

La alfarería más primitiva del período neolítico estaba hecha a mano. El barro se enrollaba sobre un pie o una base para darle la forma deseada. Estos esfuerzos primitivos de la industria del alfarero eran toscos y estaban mal cocidos. Otras vasijas se formaban a mano a partir de una bola de arcilla. Las innovaciones pronto condujeron al refinamiento de métodos y técnicas. Durante los períodos calcolítico y de la Edad de Bronce temprana (5000-2000 a.C.), las tablas o piedras giratorias constituyeron los prototipos de la rueda del alfarero. Se produjo un refinamiento de la rueda con la producción de dos discos horizontales de piedra con el cono correspondiente y el encaje adecuado lubricado con agua o aceite. En tanto que la piedra de abajo con la cavidad servía como base fija, la piedra superior permitía una rotación fácil y suave para resaltar la calidad y la productividad del alfarero. Durante la Edad de Bronce media, el uso de la rueda alcanzó una vasta utilización (aprox. 1900–1550 a.C.), aunque se han identificado unas pocas muestras de la Edad de Bronce temprana.

El alfarero rotaba la rueda y usaba ambas manos para "moldear" la arcilla húmeda desde la base hasta el borde dándole forma con la curvatura, el diámetro y la altura deseados. La vasija se dejaba secar hasta obtener la consistencia de un cuero duro. A esta altura, se le aplicaban las modificaciones que la caracterizaban tales como la base, las asas, las decoraciones sobresalientes y las adaptaciones del pico. La tintura y la ornamentación ocurrían luego con una variedad de opciones de barbotina y pintura, bruñido, incisiones, impresiones y relieves. Un segundo período de secado reducía aun más el contenido de agua hasta aprox. un 3%. Luego la vasija se cocía en un horno abierto o cerrado a temperaturas entre 450 y 950° C (850–1750° F).

Desde luego, los mejores artículos se obtenían a las temperaturas más altas y más constantes, resultado que determinaba la naturaleza del horno. Es probable que la cocción haya comenzado accidentalmente cuando la gente se dio cuenta de la calidad de las vasijas de arcilla que quedaban cerca o dentro del horno, o que se recuperaban luego de que se incendiaba un edificio o una ciudad. Primero, los materiales combustibles se quemaban sobre las vasijas en hornos abiertos. Con el tiempo, pareciera que las vasijas se apilaban encima del receptáculo con fuego. Finalmente, la necesidad de distribuir el calor en forma pareja condujo a la aparición de hornos cerrados. La introducción de los fuelles y el encendido con aire forzado proporcionaban las altas temperaturas deseadas.

La importancia del análisis de la alfarería para los estudios históricos Cada cultura produjo su propia alfarería característica y perdurable. Esas cualidades distintivas le han permitido a los arqueólogos rastrear las "huellas digitales" de cada cultura a través del tiempo. El arqueólogo puede así describir la migración de una raza de un lugar a otro, la influencia de pueblos nuevos en una región o un área en particular y la actividad comercial de la gente. Para establecer un marco relativamente cronológico con el propósito de determinar fechas, estos eruditos han utilizado los cambios de un período al siguiente en las formas, en la decoración y en los materiales de alfarería. El tipo de alfarería en una capa o estrato de excavación proporciona claves para colocarle fecha, al menos de manera relativa, a todos los otros artefactos y restos arquitectónicos culturales dentro de ese estrato.

Desarrollo de la producción de alfarería en Palestina La importancia del análisis de la alfarería por lo general se puede enfatizar reconociendo los principales desarrollos de dicha producción en Palestina período por período a través de toda la historia bíblica.

Período neolítico (7000–5000 a.C.) La alfarería neolítica, los primeros intentos de esta importante industria, consistía en piezas pobremente hechas a mano y mal cocidas, aunque algunos tipos que incluían tazones y tarros de almacenaje estaban muy decorados con barbotina roja, bruñidos, pintados (líneas triangulares y en forma de zigzag, diseños de espina de pescado) y grabados (espina de pescado). Jericó, Sha'ar ha-Golan y otros sitios del Valle del Jordán han provisto los mejores ejemplos de estos desarrollos culturales primitivos.

Período calcolítico (5000–3000 a.C.) Las culturas de Gassulian (en el Valle del Jordán) y de Beerseba (en el Neguev) han proporcionado las mejores colecciones para este período de avance en la alfarería. La decoración con cuerdas en estas piezas hechas a mano sugiere claramente el fortalecimiento práctico de las vasijas de arcilla con diversas redes o ribetes de cuerdas. La amplia variedad de formas y medidas indica la proliferación del uso doméstico y comercial para almacenamiento y transporte tanto de productos secos como líquidos y también de mercaderías.

Edad de Bronce temprana (3000–2000 a.C.) Esta etapa se ha dividido en tres y posiblemente en cuatro períodos culturales distintos sobre la base de piezas de alfarería características del momento. El primer período (BA I) se caracteriza por artículos grises bruñidos, artículos con bandas de barbotina y artículos con barbotina roja bruñida. El segundo período (BA II) se identifica con los artículos "abidos" (cántaros y frascos de almacenaje con barbotina roja bruñida en la mitad inferior y triángulos y puntos pintados de color marrón y negro en la mitad superior) que se encontraron por primera vez en tumbas reales egipcias de la Dinastía I en Abidos, en el Alto Egipto y en la historia palestina. El tercer período (BA III) incluye cráteres (grandes tazones para mezclar o almacenar), tazones, cántaros y estrados que inicialmente se identificaron en Khirbet Kerak (Beth Yerak) en el extremo sur del

A

Mar de Galilea, que posee una combinación característica de barbotina roja y negra muy bruñida. Esta cultura parece haberse originado al este de Anatolia. El cuarto período (BA IV) con innovaciones puede ser una continuación cultural del período previo.

Edad de Bronce media (aprox. 2000–1500 a.C.) Una fase de transición (primero identificada como BM I y ahora principalmente como BA-BM) surgió como resultado de la actividad de tribus nómadas o seminómadas que destruyeron la etapa final de la cultura de la edad de BA. Produjeron alfarería tradicional con formas englobadas y cilíndricas. Combinaban cuerpos formados a mano, cuellos hechos en la rueda y bordes ensanchados. El período introdujo el repulgue del borde de un pequeño tazón para producir una lámpara de cuatro mechas. El período patriarcal por lo general se identifica con el siguiente período (BM IIa). La alfarería refleja la llegada de una cultura muy desarrollada que dio como resultado una población próspera, urbanizada y sedentaria, con ricos lazos culturales con la región superior del Éufrates desde donde, según el texto bíblico, emigró Abraham. La alfarería exhibe excelente manufactura y, en muchos casos, sugiere el uso de prototipos de metal. Es posible que las vasijas semíticas más primitivas hechas sobre una rueda fueran hermosos tazones y vasijas carinados provenientes de este período. Con el advenimiento de la nueva rueda rápida los alfareros habilidosos fueron capaces de producir nuevas formas elegantes con cuerpos más anchos, bases estrechas y bocas ensanchadas, todo con detalles refinados. Durante el período BM IIb, un grupo fuera de lo común de jarras indican intercambio de alfarería con Egipto, que durante este período estaba unido políticamente a Siria-Palestina.

Edad de Bronce tardía (aprox. 1550–1200 a.C.) Por lo general, este período coincide con la vibrante etapa del nuevo reino en Egipto cuando Palestina se encontraba principalmente bajo el control egipcio, gobierno que se volvió más concentrado y exigente hacia fines de esta edad. Canaán también mantenía extensas conexiones comerciales con poderes del Egeo y del noreste del Mediterráneo. Los jarros chipriotas llamados "bilbils" con forma de cabezas de semillas de amapolas (invertidas) eran una de las importaciones más populares de Palestina. Es probable que se hayan

Un alfarero en el moderno Medio Oriente mientras modela arcilla de la misma manera que se hacía en tiempos bíblicos.

usado para transportar opio en vino o agua desde Chipre hacia otros sitios mediterráneos.

Claras distinciones en la alfarería sugieren nuevamente una división en tres períodos. El Bronce I tardío (aprox. 1550–1400) refleja una continuación de la vitalidad de la cultura de comienzos del período de bronce medio. La alfarería del Bronce IIa tardío (aprox. 1400–1300) muestra un deterioro de formas y de calidad durante un período de inestabilidad política asociado con el período Amarna. Dicho deterioro se hace más evidente durante el Bronce IIb tardío (aprox. 1300–1200) a medida que la Dinastía XIX de Egipto estableció un control más firme sobre los temas económicos y los centros urbanos de Canaán. Una abundancia de alfarería micénica y chipriota a través de todo el país sugeriría un creciente interés comercial en el Levante para la exportación y el comercio.

Edad de Hierro (aprox. 1200–587/6 a.C.) La edad de hierro se extiende básicamente desde la conquista de Canaán hasta la desaparición del reino de Judá, y se divide, por lo general, en dos períodos. Los elementos distintivos en la alfarería y en otros elementos culturales para hacer divisiones arqueológicas de este período no resultan muy claros. La alfarería de la Edad de Hierro I (1200–925), desde el asentamiento hasta la división del reino, comienza con una continuación de las tradiciones del Bronce tardío, ya que Israel tomó prestadas técnicas industriales de la población cananea local.

La llegada de los filisteos luego del 1200 a.C. trajo una alfarería característicamente decorada con formas y motivos micénicos. El deterioro de la calidad y el diseño de esta alfarería tiende a reflejar la naturaleza ecléctica de estos "pueblos del mar". Para el 1000 a.C., la naturaleza característica de la alfarería en la planicie filistea prácticamente había desaparecido.

Alfarería del siglo XIV a.C. hallada en Hazor, Israel.

Las mercancías filisteas hicieron su primera aparición durante este período. Algunos de los recipientes para líquido tenían filtros o pequeños coladores en el pico para evitar que los restos de pulpa y deshechos, que por lo general quedaban en el fondo, salieran junto con el líquido. Los artículos filisteos son una amalgama de estilos micénicos con claras influencias de Egipto y Canaán. Las decoraciones rojas y negras, en especial con personas y animales, son típicas de este tipo de alfarería.

Durante el período de Hierro II (925–587/6), desde la división de la monarquía unida hasta la caída del reino de Judá y hasta los babilonios, la separación política produjo claras diferenciaciones en los tipos de alfarería regional, conocidos en general como artículos de "Samaria" y de "Judá". Durante la mayor parte de este período, la alfarería del norte exhibe la expresión más elevada de destreza humana. Hasta el 700 a.C., la mercadería más prominente de importación es la de Chipre y de Fenicia. Desde el 700 hasta el 500 a.C., las importaciones de origen asirio dieron como resultado que los alfareros locales copiaran los prototipos asirios.

Período persa (586–330 a.C.) El deterioro de la alfarería con arcilla, de la cocción y de la mano de obra en general parece reflejar el trastorno global de la economía a lo largo de la región, situación que parece prevalecer en todo el Cercano Oriente. En Palestina apareció un número creciente de importaciones griegas, en especial hacia fines de este período.

Período helénico (330–63 a.C.) En tanto que la alfarería local era básicamente rudimentaria y sin inspiración, los artículos importados incluían una vasta gama de objetos lujosos, desde tazones de Megara moldeados hasta artículos con impresiones y bordes decorados en negro y rojo vidriado. Las conexiones comerciales marítimas son más evidentes, por ejemplo, en la vasta aparición de ánforas de Rodas.

Alejandro Magno llevó la cultura helénica y su gran variedad de artículos de cerámica al Medio Oriente. Este período está signado por vasijas grandes y pesadas. Muestran una uniformidad de estilo que pertenece a la dominación griega de todos los principales centros de producción.

Período romano (63 a.C.–325 d.C.) Sólo la alfarería herodiana es de particular interés para comprender el período bíblico. La alfarería local

Vasijas de almacenaje del palacio de Cnossos, en la Isla de Creta.

siguió básicamente las primeras tradiciones con la innovación dominante de una superficie ondulada en la superficie de las vasijas. El artículo que se importaba más comúnmente era la terra sigillata rojiza, tanto oriental como occidental, destacada por su sobresaliente terminación y trabajo artesanal. Los nabateos que controlaban las rutas de comercio desde el Neguev hasta Sinaí y las de Transjordania produjeron las variedades más delicadas, emulando las habilidades y los productos de exportación de los alfareros romanos de la época.

Para el momento en que Roma conquistó Palestina en el 63 a.C., apareció un nuevo tipo de tarro cilíndrico con bordes que iban de angulares a redondeados. Tenía una base redondeada y un borde como para colocar una tapa. Esta clase de vasijas representaban excelentes tarros de almacenamiento para elementos sólidos, en especial para rollos. Los famosos Rollos del Mar Muerto permanecieron durante casi 2000 años en estos contenedores delicadamente confeccionados.

Ver *Arqueología y estudios bíblicos; Lámparas, candelero; Taza, tazón; Vasijas y utensilios.* *George L. Kelm y Mike Mitchell*

ALFEO Nombre de persona. **1.** Padre del apóstol llamado Jacobo el Menor para distinguirlo de Jacobo, hijo de Zebedeo y hermano de Juan (Mat. 10:3; Mar. 3:18; Luc. 6:15; Hech. 1:13). Marcos 15:40 dice que María, la madre de Jacobo, estaba con la madre de Jesús ante la cruz. Juan 19:25 dice que María, la esposa de Cleofas, estaba ante la cruz. Esto parecería indicar que Cleofas y Alfeo eran dos nombres para la misma persona. Algunos quieren equiparar a Alfeo, Cleofas y el Cleofas de Lucas 24:18. **2.** Padre del apóstol Leví (Mar. 2:14). La comparación entre Mateo 9:9 y Lucas 5:27 indica que Leví también se llamaba Mateo.

ALGARROBAS Cáscara seca que se parte en el desgrane de porotos y plantas similares. Las algarrobas de Lucas 15:16 eran probablemente las del algarrobo, que servían como comida habitual para el ganado. Estas algarrobas de sabor dulce pueden alcanzar 30 cm (1 pie) de largo.

ALGUACILES Término para referirse a los oficiales romanos que asistían a los principales magistrados (Hech. 16:35,38).

ALIANZA Ver *Pacto.*

ALIENTO DE VIDA Traducción de varias palabras y frases hebreas. La frase denota capacidad para la vida. En la Biblia, Dios es la fuente del aliento de vida (Gén. 1:30; 2:7; 7:15; Isa. 57:16). Así como Dios dio el aliento de vida, de la misma manera lo puede quitar (Gén. 6:17; 7:22; Isa. 57:16). Ver *Inmortalidad; Vida.*

ALIENTO, RESPIRACIÓN Aire que sale o entra al cuerpo de un ser viviente. Dos términos hebreos se traducen "aliento". *Neshamah* se utiliza generalmente de manera más suave para aludir a que el aliento se encuentra en todas las formas de vida. Corresponde al concepto fisiológico de la respiración con un énfasis primario en el aliento como principio de vida. A manera de contraste, *ruach* se refiere más a la fuerza del aliento en las experiencias extremas de la vida, en el juicio y en la muerte. A veces se intensifica con la idea de una explosión de aliento. Por lo tanto, contiene los significados extensivos de viento y espíritu. *Ruach* se refiere más a la idea psicológica del aliento en relación a la voluntad o el propósito de la persona.

El término *neshamah* se utiliza a menudo con referencia al aliento de Dios. Identifica a

Dios como fuente de la vida (Gén. 2:7; Job 27:3; 33:4; Dan. 5:23).

Dios es también el soberano de la vida. Él inicialmente les dio aliento a los seres humanos cuando los creó (Gén. 2:7), pero también lo quita finalmente en la muerte (Gén. 7:22; Job 34:14). Dios tiene poder para restaurar la vida de los muertos si lo desea (Ezeq. 37:9). Él controla la naturaleza y el clima con Su aliento (Job 37:9, 10). El impacto del aliento de Dios sobre la vida nacional es más significativo porque Él puede respirar enojo y juicio sobre la amenaza de los enemigos y producir así una celebración gozosa en el pueblo de Dios (Isa. 30:33; comp. Job 41:21).

Neshamah se utiliza varias veces para referirse a la respiración humana. Identifica la fragilidad de esta durante las ocasiones en que Dios muestra Su ira y en las catástrofes naturales (Isa. 2:21,22). La respiración se puede debilitar (Dan. 10:17) y limitar (Gén. 7:22; 1 Rey. 17:17). A una persona se le puede quitar el aliento, o sea, hacer que experimente la muerte (Jos. 11:11).

El aliento (*neshamah*) se refiere a todas las criaturas creadas. Se espera que todos los que respiran respondan ofreciéndole alabanzas a Dios (Sal. 150:6). Finalmente, son responsables ante Dios porque Él tiene derecho a demandar que mueran (Deut. 20:16; Jos. 10:40).

El NT contiene algunas referencias al aliento como el principio de vida que da Dios (Hech. 17:25) y el viento potente de Pentecostés (Hech. 2:2). Hechos 9:1 utiliza la respiración para expresar el enojo de Pablo al decir que respiraba amenazas contra los cristianos primitivos. En Juan 20:22, Jesús sopló el Espíritu Santo sobre Sus discípulos. Mientras que la palabra *pneuma* es paralela a *ruach* en sus múltiples usos en el AT, en el NT se traduce principalmente espíritu o Espíritu Santo. En Apoc. 13:15 se refiere al poder de infundirle aliento de vida a la imagen de la bestia. Ver *Espíritu; Vida.* *Donald R. Potts*

ALMA En las Escrituras y la historia de la teología y la filosofía, la palabra "alma" tiene una variada y compleja constelación de significados. Si bien en la teología popular se usa frecuentemente para referirse a la parte interior de la persona (el aspecto no físico de cada ser humano), en las Escrituras también se emplea de otras maneras.

Antiguo Testamento En el AT hebreo, la palabra que generalmente se traduce "alma" es *nephesh*, que aparece más de 750 veces y quiere decir principalmente "vida" o "que posee vida". Se usa tanto para los animales (Gén. 9:12; Ezeq. 47:9) como para los seres humanos (Gén. 2:7). La palabra a veces se refiere a la persona en su totalidad, como por ejemplo en Gén 2:7 donde Dios sopla hálito de vida (*neshamah*) al polvo y así crea un "alma" (*nephesh*). Un uso similar aparece en el texto hebreo de Gén. 12:5 donde Abraham toma a todas las *nephesh* que estaban con él en Harán y se dirige hacia Canaán. De modo similar, en Núm. 6:6 se usa como sinónimo del cuerpo (el nazareo no debe acercarse a un *nephesh* muerto, Lev. 7:21; Hag. 2:13).

La palabra también se utiliza en el AT para aludir a la vida interior y los estados psicológicos o espirituales de la persona. En el Sal. 42, por ejemplo, el alma ansía conocer a Dios. "Como el ciervo brama por las corrientes de las aguas, así clama por ti, oh Dios, el alma mía" (Sal. 42:1). El resto de este salmo se hace eco del deseo interior de conocer a Dios (vv.2,4-6,11). En 2 Rey. 4:27, el alma de la mujer sunamita "está en amargura". En 2 Sam. 17:8, Husai habló a Absalón diciendo: "Tú sabes que tu padre y los suyos son hombres valientes (literalmente, exacerbados en el alma, *nephesh*) y que están con amargura de ánimo". La palabra también se refiere al origen de la emoción, como en Job 30:25: "¿No lloré yo al afligido? Y mi alma, ¿no se entristeció sobre el menesteroso?" (comp. 1 Sam. 1:10; Sal. 86:4; Cant. 1:7). Hasta puede referirse a las actitudes de Dios: "Mi alma aborrece vuestras lunas nuevas y vuestras fiestas solemnes" (Isa. 1:14).

"Alma" en el AT también puede referirse al apetito físico. "Puedes matar y comer carne en todas tus poblaciones conforme a tu deseo (lit. tu *nephesh*)" (Deut. 12:15; comp. vv.20,23; Miq. 7:1). El término a veces es simplemente otra manera de aludir a uno mismo. Es así que en Jue. 16:16 vemos que Sansón se cansó hasta el punto que "su *nephesh* fue reducida a mortal angustia" provocada por los fastidios de Dalila. Asimismo, Jonatán se describe como alguien que amaba a David "como a sí mismo (*nephesh*)" (1 Sam. 18:1). Salmo 120:6 y Ezeq. 18:4 son pasajes similares.

Nuevo Testamento La palabra griega *psuche* tiene un significado muy similar al vocablo hebreo *nephesh.* Frecuentemente se equipara el alma con la totalidad de la persona. Romanos 13:1 dice: "Todos (lit. cada alma) deben someterse a las autoridades públicas", lo que iguala

A

"alma" con "persona" (comp. Hech. 2:41; 3:23). Habrá "tribulación y angustia sobre todo ser humano (*psuche*) que hace lo malo, el judío primeramente y también el griego" (Rom. 2:9). Alma en el NT también indica emociones o pasiones: "Mas los judíos que no creían excitaron y corrompieron los ánimos (*psuche*) de los gentiles contra los hermanos" (Hech. 14:2). En Juan 10:24, los judíos le preguntaron a Jesús: "¿Hasta cuándo nos turbarás el alma?" Jesús también dijo a los discípulos que debían amar a Dios con toda su alma (Mar. 12:30), lo que hace referencia a la energía y pasión que deberían estar presentes en el amor hacia Él.

El NT también habla del alma como algo que se puede distinguir de la existencia física de una persona. Jesús señaló esto cuando observó: "No temáis a los que matan el cuerpo, mas el alma no pueden matar; temed más bien a aquel que puede destruir el alma y el cuerpo en el infierno" (Mat. 10:28). Santiago parece haber pensando lo mismo cuando concluyó su carta: "sepa que el que haga volver al pecador del error de su camino, salvará de muerte un alma" (Sant. 5:20; comp. Apoc. 6:9; 20:4). Esta puede ser la idea subyacente en Mar. 8:36: "Porque ¿qué aprovechará al hombre si ganare todo el mundo, y perdiere su alma?" Las Escrituras enseñan con claridad que las personas continúan existiendo en forma consciente después de la muerte física. Jesús señaló que por ser el Dios de Abraham, Isaac y Jacob, Él es el Dios de los vivos. Ellos aún viven, sus almas regresaron a Dios (Ecl. 12:7). Además, Pablo igualó estar ausente del cuerpo a estar presente con Cristo. La existencia eterna es segura, ya sea en el aspecto "inmaterial" del alma, que sigue conscientemente viva con Dios después de la muerte a la espera de ser completa en la resurrección, o que los creyentes existan en algún tipo de forma física (Fil. 1:23; 2 Cor. 5:1-10; Luc. 23:43).

El NT suele usar "alma" (*psuche*) de manera intercambiable con "espíritu" (*pneuma*). Juan 10:17 habla de entregar la propia vida (*psuche*), y en Juan 19:30 Jesús entregó Su espíritu cuando dio Su vida. Hechos 27:10,22 habla de perder la vida en el sentido de que el alma abandona el cuerpo. Mateo 11:29 habla del descanso para el alma, mientras que 2 Cor. 7:13 habla del espíritu confortado de Tito. Santiago 5:20 habla de la salvación del alma, mientras que 1 Cor. 5:5 habla de la salvación del espíritu. Haciendo uso del paralelismo hebreo, María canta: "Engrandece mi alma al Señor; y mi espíritu se regocija en Dios mi Salvador" (Luc. 1:46,47). Aquí, el espíritu y el alma no son diferentes partes del ser humano sino la misma. Aunque algunos intérpretes señalan Heb. 4:12 y 1 Tes. 5:23 para intentar distinguir estos dos componentes, la gran mayoría de los textos demuestra que no son distintos. El NT no hace una distinción fundamental entre el alma y el espíritu en la persona sino que los considera términos intercambiables.

Consideración teológica Los cristianos generalmente han seguido uno de dos enfoques para entender la relación entre el cuerpo y el alma. La mayoría cree en el dualismo holístico: que hay una diferencia entre cuerpo y alma, pero que los dos están unidos por Dios de manera tal que los seres humanos no están completos cuando el cuerpo y el alma están separados. Algunos sostienen la creencia monista de que el alma de ninguna manera se puede separar del cuerpo. Prácticamente todos los que creen en el segundo concepto también han creído que, después de la muerte, los cristianos "duermen" y esperan la resurrección. A la luz de los textos enunciados previamente, este punto de vista parece insostenible. Sin embargo, un error aun más serio es la idea gnóstica de que el cuerpo es inferior al alma porque está compuesto por materia. Dichas personas enseñan que la salvación se alcanza liberando el alma del cuerpo. La Escritura jamás presenta esa perspectiva. Ver *Antropología; Espíritu; Salvación.* *Fred Smith y Chad Brand*

ALMENDRO Árbol grande que produce un fruto seco denominado almendra. Señalado como el primer árbol que florece (enero) y por sus hermosas flores blancas o rosadas. Jacob utilizó las almendras ("avellano") como método de alimentación para incrementar sus rebaños (Gén. 30:37). Envió almendras como uno de sus mejores frutos de la tierra para satisfacer al gobernante egipcio (Gén. 43:11). Las copas del tabernáculo tenían decoraciones con forma de almendro (Ex. 25:33-34). La vara de Aarón produjo milagrosamente almendras maduras, y demostró de esa manera que él y los de su tribu eran los únicos sacerdotes escogidos (Núm. 17:8). La aparición temprana de los brotes blancos del almendro aparentemente sirve como figura de las primeras canas de una persona, cosa que el escritor de Eclesiastés utiliza para señalar la cercanía de la muerte (Ecl. 12:5). Para Jeremías, el florecimiento temprano del almendro significaba que este aguardaba la llegada de la primavera, y el profeta tomó de ello la posibilidad de hacer un juego de palabras entre el almendro (heb. *shaqed*) y su propia tarea de observar (heb. *shoqed*) (Jer. 1:11).

ALMODAD Nombre de persona que significa "Dios es amigo". Nieto de Eber y antepasado de las tribus árabes (Gén. 10:25-26).

ALMÓN Nombre geográfico que significa "oscuridad", "escondido" o "pequeña señal del camino". Ciudad que se les dio a los levitas dentro de la porción correspondiente a la tribu de Benjamín, denominada Alemet en 1 Crónicas 6:60. El sitio probablemente sea la moderna Khirbet Almit.

ALMÓN-DIBLATAIM Nombre geográfico que significa "señal del camino de los dos higos". Lugar de detención cerca del final de la peregrinación en el desierto, próximo al Monte Nebo (Núm. 33:46-47). Podría identificarse con Bet-diblataim que aparece en Jeremías 48:22. La ubicación moderna podría ser Deleilat el-Gharbiyeh, que mira hacia el cruce de tres caminos.

ALMUD Ver *Pesos y medidas.*

ÁLOE Árbol grande que crecía en la India y la China y que producía resina y aceite que se utilizaban en la elaboración de perfumes. Balaam utilizó la belleza del áloe para describir la hermosura del campamento de Israel al bendecirlo (Núm. 24:6). El perfume de áloe daba aroma a las vestiduras del rey cuando este se casaba (Sal. 45:8). El áloe también perfumaba la cama de la ramera (Prov. 7:17). El huerto de la amada también incluye áloe (Cant. 4:14). Nicodemo llevó áloe con mirra para perfumar el cuerpo de Jesús para la sepultura (Juan 19:39). Ver *Plantas.*

ALÓN Nombre de persona que significa "encina". Líder de la tribu de Simeón (1 Crón. 4:37).

ALÓN-BACUT Nombre geográfico que significa "encina del llanto". Lugar cerca de Bet-el donde se sepultó a la nodriza de Rebeca (Gén. 35:8).

ALÓN-SAANANIM Nombre geográfico de significado incierto. Pueblo en el extremo nordeste de la asignación tribal de Neftalí, cerca de Cades (Jos. 19:33; Jue. 4:11). El "Valle de Zaanaim" (Jue. 4:11 RVR1960) se traduce literalmente "la encina que está en Zanayin" (NVI) o "la encina en Zaanaim" (LBLA). Esto probablemente se refiera a un "árbol sagrado" asociado con un centro de adoración. Ver *Elón.*

ALOT Nombre geográfico que significa "la altura", si no se traduce Bealot (LBLA), "baales femeninos". Centro de actividad de Baana, uno de los supervisores de los doce distritos de Salomón (1 Rey. 4:16).

ALTAR Estructura utilizada durante la adoración como lugar para presentar sacrificios a Dios o a dioses.

Antiguo Testamento La palabra hebrea para altar que se utiliza con más frecuencia en el AT está formada a partir del verbo correspondiente a "matanza" y significa literalmente "lugar de matanza". Los altares se utilizaban principalmente como lugares de sacrificio, en especial el sacrificio de animales.

Mientras que los animales eran un sacrificio común en el AT, los altares también se utilizaban para ofrendar granos, frutas, vino e incienso. Los sacrificios de granos y frutas se ofrecían como diezmo de la cosecha o como representación de los primeros frutos o primicias. Se presentaban ante el sacerdote en canastas y éste las colocaba ante el altar (Deut. 26:2-4). El vino se ofrecía junto con los sacrificios de animales y de pan. El incienso se quemaba sobre los altares para purificación después de las matanzas y para agradar a Dios con un olor fragante.

El "altar" es diferente al "templo". Mientras que el templo se refiere a una estructura edilicia y techada, el altar corresponde a una estructura abierta. A menudo el altar y el templo se encontraban uno junto al otro, aunque no todos los altares tenían un templo adyacente. La referencia al sacrificio de Isaac que debía hacer Abraham (Gén. 22) probablemente indique que el animal que se iba a sacrificar se colocaba vivo en el altar y luego se lo ataba y mataba allí mismo. Es posible que la práctica antigua haya sido esa. Para la época de las leyes levíticas, el animal se mataba frente al altar, se dividía en partes y solo se colocaban sobre el altar las porciones con grasa (Lev. 1:2-9).

En el AT, los altares se distinguían por el material que se utilizaba en su construcción. Los altares más simples, y quizá los más antiguos, eran de tierra (Ex. 20:24). Este tipo de altar estaba hecho ya sea de ladrillos de barro o

Domo de la Roca islámico, edificado sobre la roca tradicionalmente aceptada como el altar donde Abraham estuvo a punto de crucificar a Isaac, y también como el sitio del templo de Salomón.

de un montículo de tierra que se levantaba dándole una forma aproximada. El ladrillo de barro era un material de construcción común en la Mesopotamia, y es probable que allí hayan aparecido los altares de este material. Un altar de tierra no habría sido muy práctico para los pueblos establecidos en forma permanente ya que la estación lluviosa de cada año podía dañarlo o destruirlo. Este tipo de altar era más indicado para pueblos nómades que se trasladaban regularmente y se preocupaban menos de la necesidad de tener un altar permanente. También podría reflejar el antepasado mesopotámico de los hebreos ya que el ladrillo de barro era un material de construcción típico de ese lugar.

El altar de piedra es el que se menciona más comúnmente en los registros bíblicos y el que se halla con más frecuencia en las excavaciones en Palestina. Una sola piedra grande podía servir de altar (Jue. 6:19-23; 13:19-20; 1 Sam. 14:31-35). De manera similar se podían apilar cuidadosamente piedras sin tallar para formar un altar (Ex. 20:25; 1 Rey. 18:30-35). Es probable que estos altares de piedra hayan sido la forma más común antes de la edificación del templo de Salomón. En Palestina se han excavado una gran cantidad de altares de piedra. El santuario de Arad, perteneciente al período de la monarquía dividida (900–600 a.C.), tenía un altar de piedra de este tipo. Los altares de piedra hebreos no debían tener escalones (Ex. 20:25-26), probablemente en cierta medida para diferenciarlos de los altares cananeos que sí los tenían. En Meguido se excavó un asombroso altar cananeo circular que data de la época entre 2500 a.C. y 1800 a.C. Tenía unos 7,5 m (25 pies) de diámetro y unos 14 m (45,5 pies) de altura. Cuatro escalones conducían hacia la parte superior del altar. Aparentemente, en años posteriores no fue obligatorio que los altares hebreos carecieran de escalones porque en la visión de Ezequiel del templo restaurado el altar tenía tres niveles y varios escalones.

Se han excavado otros altares de piedra en Palestina. Uno en Beerseba, también perteneciente al período de la monarquía dividida, era de piedras grandes talladas y, cuando se lo reconstruyó, tenía cuernos en las cuatro esquinas (Ex. 27:2; 1 Rey. 1:50). Aparentemente, las restricciones que aparecen en Éxodo sobre las piedras sin tallar, como así también las de los escalones, no se cumplieron de manera constante en el período del AT.

El tercer tipo de altar que se menciona en el AT es el de bronce. El altar central del atrio del templo de Salomón era de bronce. Las dimensiones que se dan del altar corresponden a 20 codos por 20 codos de lado por 10 codos de alto, alrededor de 3 m^2 (30 pies cuadrados) y 4,5 m (15 pies) de altura (2 Crón. 4:1). No obstante, no resulta claro si todo el altar estaba hecho de bronce o si tenía un enchapado de ese metal. También es posible que la porción de bronce fuera una rejilla colocada en la parte superior del resto del altar que estaba hecho de piedra (Ex. 27:4). A este altar se lo conocía comúnmente como el altar del holocausto. El antiguo tabernáculo tenía un altar similar hecho de madera de acacia recubierto de bronce (Ex. 27:1-2). Dicho altar era más pequeño, solamente de cinco codos de lado y tres codos de alto. No se especifica la ubicación del altar del holocausto en el tabernáculo ni en el templo de Salomón. Estaba ubicado "en" o "delante" de la puerta del tabernáculo de reunión, que también era el lugar donde se mataban los animales para el sacrificio. En general, las reconstrucciones del tabernáculo y del templo ubican el altar en el centro del atrio, pero el texto parece estar a favor de una ubicación cercana a la entrada de la estructura del tabernáculo o del templo. Probablemente lo racional era ubicar el altar lo más cerca posible del punto central de la presencia de Dios, cerca del arca. La visión de Ezequiel del templo restaurado tenía el altar del holocausto ubicado en el centro del atrio. Aunque las dimensiones no se indican con detalles en el texto, aparentemente este altar tenía aproximadamente 12 codos de lado y 4 codos de alto (Ezeq. 43:13-17). El altar de Ezequiel tenía tres niveles superpuestos, cada uno de ellos un poco más pequeño que el anterior, y con escalones en el extremo oriental que conducían hasta la parte superior.

Ruinas de un altar cananeo en Hazor, en el norte de Israel.

Fragmentos de lo que probablemente fue la base de un altar, desenterrado del lugar alto en Laquis, Israel.

Tanto la descripción del altar del tabernáculo como la del de Ezequiel incluyen cuernos. Es probable que el altar del holocausto del templo de Salomón también haya tenido cuernos. En el altar de piedra que se encontró en Beerseba dichos cuernos se habían conservados. Aparentemente, aferrarse a los cuernos del altar era una manera de buscar la protección del santuario cuando alguien era acusado de una ofensa grave (1 Rey. 1:50-51; 2:28-34; comp. Ex. 21:12-14). Más importante aún era que los cuernos del altar constituían el lugar donde se aplicaba la sangre de un animal sacrificado para la expiación del pecado (Ex. 29:12; Lev. 4:7). Jeremías describió gráficamente el pecado del pueblo diciendo que era tan grave que se había esculpido sobre los cuernos del altar (Jer. 17:1). Durante ciertas festividades se realizaba una procesión sagrada que entraba al templo y subía hacia los cuernos del altar (Sal. 118:27). Es probable que esta procesión acarreara el animal del holocausto para hacer expiación por los pecados del pueblo y finalizara en el lugar del sacrificio.

Durante el reinado de Acaz, el altar de bronce o altar del holocausto del templo de Salomón se reemplazó con un altar que el rey había construido en

A

base a un modelo sirio (2 Rey. 16:10-16). Este altar aparentemente era más grande que el altar de bronce de Salomón y fue colocado en un lugar central en el atrio para que fuera el más importante del sacrificio.

No existe ninguna descripción bíblica del altar del holocausto del segundo templo. No obstante, dicho altar se construyó aun antes de que se reedificara el templo (Esd. 3:2). El historiador Josefo describió el altar del templo reedificado de Herodes. Escribió que el altar tenía 50 codos cuadrados y 15 codos de alto, con una rampa que conducía a la parte superior. Este altar debe de haber sido mucho más grande que los anteriores.

Un cuarto tipo de altar es el altar de oro o altar de incienso. Estaba ubicado en la habitación interior del santuario, exactamente afuera del lugar santísimo (1 Rey. 7:48-50). En Éxodo se describe que el altar del incienso estaba hecho de madera de acacia, recubierto de oro y sus dimensiones eran de un codo al cuadrado y dos codos de altura (Ex. 30:1-6). Al igual que el altar del holocausto, el altar del incienso tenía cuernos en las cuatro esquinas. Tal como lo indica su nombre, en este altar se quemaba incienso, un medio de purificación después de la matanza de los animales, un sacrificio costoso y también una ofrenda de olor grato que era agradable a Dios.

Otra palabra hebrea para "altar" que se utilizaba con poca frecuencia en el AT significa literalmente "lugar alto" (heb. *bamah*). Es probable que estos "lugares altos" fueran plataformas elevadas donde se realizaban sacrificios y otros ritos. El "lugar alto" tal vez haya sido una especie de altar, aunque no hay seguridad. El altar circular cananeo que se mencionó anteriormente podría ser un ejemplo de un "lugar alto", un espacio elevado para sacrificio y adoración.

Nuevo Testamento La palabra griega que se utiliza para altar se traduce literalmente "lugar de sacrificio". Las referencias a altares en el NT se relacionan con la adoración adecuada (Mat. 5:23-24) y la hipocresía en la adoración (Mat. 23:18-20). El altar del incienso que se describe en el AT (Ex. 30:1-6) se menciona en Lucas (Luc. 1:11). Varias referencias a altares en el NT se remontan a acontecimientos en altares del AT (Rom. 11:3; Sant. 2:21). Juan describe en Apocalipsis un altar de oro (Apoc. 9:13) que, al igual que el altar de bronce del AT, tenía cuernos.

Aunque son pocas las referencias directas en el NT concernientes al altar y al sacrificio de Jesucristo (Heb. 13:10), el tema del NT es el mensaje en cuanto a que Jesucristo es el sacrificio final que hace posible la reconciliación con Dios.

Cima del Monte Carmelo, donde se edificaron el altar de Elías a Dios y el altar de los sacerdotes de Baal.

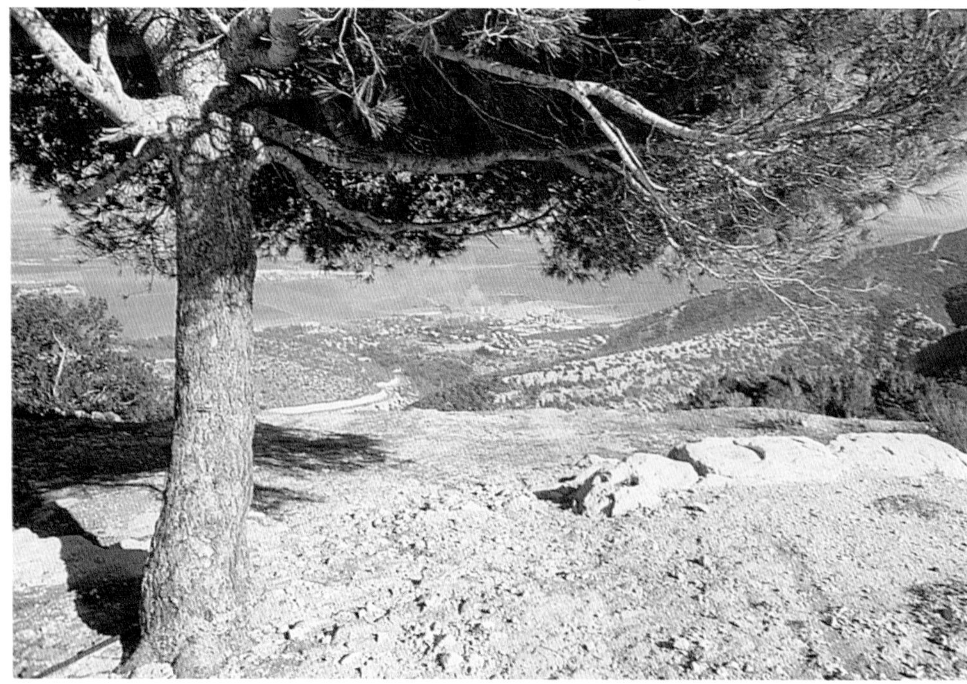

Significado teológico Los altares eran lugares de sacrificio. Además, eran los lugares de la presencia de Dios. Las narraciones patriarcales registran continuamente la edificación de un altar en el lugar de una teofanía, sitio donde Dios se le había aparecido a un individuo (Gén. 12:7; 26:24-25). Era natural edificar un altar y celebrar con un sacrificio la aparición de Dios. Si Dios había aparecido en un lugar en alguna ocasión, esa sería una buena ubicación para que volviera a aparecer. En consecuencia, los sacrificios se ofrecían allí sintiendo que Dios estaba presente y aceptaba la ofrenda. Cuando se construyó el templo de Salomón, la presencia de Dios se asociaba especialmente con el arca del pacto. El altar del holocausto, pues, pasó a tener un significado más relacionado con la reconciliación o la mediación. El adorador llevaba un sacrificio al altar donde se quemaba y, en consecuencia, se lo ofrecía a Dios. La aceptación de las ofrendas por parte del sacerdote simbolizaba la aceptación de Dios manifestada en bendiciones (Ex. 20:24) y en la renovación del pacto. *Joel F. Drinkard (h)*

ALTÍSIMO Designación para Dios (Luc. 1:32, 35,76; 6:35). Las traducciones modernas prefieren "Dios altísimo". En el AT, "Altísimo" suele aparecer como designación del Dios de Israel en su trato con los gentiles (Gén. 14:18-22; Núm. 24:16; y con frecuencia en Daniel). En el período intertestamentario, "Altísimo" se convirtió en la designación más común para el Dios judío; aparece 120 veces en los libros apócrifos. Es además la traducción más común de la palabra hebrea *Elyon*, y se usa en conjunción con otros nombres divinos, por ej. *El* (Gén 14:18) y Yahvéh (Sal. 7:17) para hablar de Dios como Ser supremo. Ver *Dios, Nombres de.*

ALÚS Lugar de campamento en el desierto, cerca del Mar Rojo (Núm. 33:13-14).

ALVA o ALVÁ Nombre de persona que significa "altura". Líder de Edom (1 Crón. 1:51) que también aparece en Génesis 36:40.

ALVÁN Nombre de persona que significa "el alto". Descendiente de Esaú y, en consecuencia, edomita (1 Crón. 1:40). También se menciona en Génesis 36:23 como descendiente de Seir.

AMAD Nombre geográfico con significado desconocido. Ciudad otorgada a la tribu de Aser (Jos. 19:26).

AMAL Nombre de persona que significa "obrero" o "angustia". Líder de la tribu de Aser (1 Crón. 7:35).

AMALECITA Tribu nómada constituida por personas temibles; fue la primera en atacar a los israelitas en Refidim después del éxodo. Descendientes de Amalec, nieto de Esaú (Gén. 36:12), que habitaban la región desolada del noreste de la península de Sinaí y el Neguev. Cuando atacaron a Israel después del éxodo (Núm. 24:20), Israel ganó la batalla inicial (Ex. 17:8-16) pero luego una coalición de amalecitas y cananeos los hicieron retroceder al Desierto de Sinaí (Núm. 14:39-45). A partir de allí, los amalecitas mantuvieron una guerra de guerrilla barbárica en contra de Israel (Deut. 25:17-19). La lucha continuó hasta después de que Israel se estableciera en Canaán. Dios le ordenó a Saúl que exterminara a los amalecitas a causa de las atrocidades que habían cometido (1 Sam. 15:2-3). Saúl desobedeció y los amalecitas no fueron destruidos hasta avanzado el siglo VIII a.C. (1 Crón. 4:43). Hasta la fecha no se han descubierto informaciones arqueológicas relacionadas con ellos. Ver *Éxodo; Neguev.*
LeBron Matthews

AMAM Nombre de un lugar en el sur de Judá (Jos. 15:26).

AMÁN Nombre de persona que significa "espléndido". Agagueo que se convirtió en primer ministro del rey persa Asuero (Est. 3:1). Era enemigo acérrimo de los judíos, y tramó un complot para exterminarlos. Incluso hizo hacer una horca donde planeaba ahorcar a Mardoqueo porque este no se inclinaba ante él. Sin embargo, mediante la intervención de Ester, se descubrió su complot y lo ahorcaron en la horca que había erigido para el judío Mardoqueo. Ver *Ester.*

AMANA Nombre geográfico que significa "confió". Cumbre montañosa en la cadena Antilíbano donde se reunían los amantes y luego descendían (Cant. 4:8).

AMANUENSE Persona empleada para copiar manuscritos o para escribir un dictado. En Romanos 16:22, Tercio saluda identificándose como quien escribió la epístola (comp. Col. 4:18; 1 Ped. 5:12). Ver *Escriba.*

AMARGAS HIERBAS Ver *Hierbas amargas.*

A

AMARÍAS Nombre de persona que significa "Yahvéh ha hablado". Nombre popular después del exilio, especialmente entre los sacerdotes. La brevedad de los comentarios bíblicos hace que resulte difícil distinguir con certeza entre individuos diferentes con el mismo nombre. **1.** Sacerdote del linaje de Aarón (1 Crón. 6:7,52; Esd. 7:3). **2.** Sacerdote del linaje del sumo sacerdocio después de la época de Salomón (1 Crón. 6:11). **3.** Sacerdote hijo de Hebrón del linaje de Moisés (1 Crón. 23:19; 24:23). **4.** Sumo sacerdote y juez más importante en lo relacionado con las leyes religiosas bajo el reinado de Josafat (2 Crón. 19:11). **5.** Sacerdote durante el reinado de Ezequías responsable de distribuir los recursos del templo de Jerusalén a los sacerdotes de las ciudades sacerdotales fuera de Jerusalén (2 Crón. 31:15). **6.** Hombre con una esposa extranjera en la época de Esdras (Esd. 10:42). **7.** Sacerdote que selló el pacto de Nehemías en cuanto a obedecer la ley (Neh. 10:3). **8.** Antepasado de un miembro de la tribu de Judá que vivía en Jerusalén durante la época de Nehemías (Neh. 11:4). **9.** Sacerdote que regresó del exilio en Babilonia a Jerusalén con Zorobabel (Neh. 12:2). **10.** Jefe de uno de los grupos de sacerdotes de Judá después del exilio (Neh. 12:13). **11.** Antepasado del profeta Sofonías (Sof. 1:1).

AMARNA, TELL EL Sitio ubicado aprox. a 320 km (200 millas) al sur de El Cairo, Egipto, donde en 1888 se descubrieron 300 tablillas de barro que describían el período de la historia cuando los israelitas eran esclavos en Egipto. El nombre Amarna no aparece en la Biblia. Tell el-Amarna se encuentra sobre la ribera oriental del Río Nilo. El nombre de la región de Tell el-Amarna probablemente lo creó John Gardner Wilkinson en 1830 cuando combinó el nombre de la aldea Et-Till con el del distrito circundante, El-Amarna. El uso en el nombre de la palabra "tell" trae confusión. En árabe significa "montículo", en consecuencia, debería suponerse que el lugar estuviera formado por varios niveles que indicarían períodos sucesivos de ocupación. Sin embargo, tales niveles no existen.

Tell el-Amarna es la ubicación actual de la antigua ciudad egipcia Akenatón. Esa ciudad se construyó como la nueva capital del joven faraón Amenhotep (Amenofis) IV quien estuvo en el poder a mediados del siglo XIV a.C.

Las denominadas Cartas de Amarna se escribieron en acadio, el idioma internacional de esa época. Eran principalmente comunicaciones diplomáticas entre Egipto y los territorios controlados por los egipcios, incluyendo Siria y Palestina. Los gobernantes de pequeñas ciudades-estado de Palestina que incluían Siquem, Jerusalén y Meguido se quejaban del maltrato recibido de parte de otros gobernantes y solicitaban ayuda de Egipto. Estas cartas daban evidencia del desasosiego, la desunión y la inestabilidad política de la región durante la época de la conquista hebrea. La referencia de *habiru* que aparece en estas cartas ha intrigado a los eruditos, pero no se ha determinado ninguna conexión definida con los hebreos.

En los últimos años, los arqueólogos han realizado análisis petrográficos de estas tablillas para determinar su composición química y el lugar de donde provinieron. Se descubrió que las cartas enviadas por los reyes cananeos de Azor, Siquem y Laquis surgieron de estas mismas ciudades. Pareciera ser que otras tablillas de Amarna se escribieron en Egipto. Una explicación de esto es que los egipcios hacían copias de la correspondencia extranjera. *Hugh Tobias y Steve Bond*

AMASA Nombre de persona que significa "carga" o "soportar una carga". **1.** Capitán del ejército de Judá que reemplazó a Joab durante la rebelión de Absalón contra su padre David (2 Sam. 17:25). Está relacionado con David, pero los textos dejan dudas en cuanto al parentesco exacto. La madre de Amasa era Abigail. Su padre era un israelita llamado Itra (2 Sam. 17:25) o el ismaelita Jeter (1 Crón. 2:17). Abigail era hermana de Sarvia, la madre de Joab (2 Sam. 17:25), o hermana de David y de Sarvia, la madre de Joab (1 Crón. 2:16). Cuando Amasa derrotó a la fuerzas rebeldes y Joab asesinó a Absalón (2 Sam. 18:14), David le hizo insinuaciones de paz a Judá invitando a Amasa, en su condición de pariente, para que asumiera como comandante de su ejército (2 Sam. 19:13). Cuando lo convocaron para la batalla, Amasa se presentó demasiado tarde (2 Sam. 20:4-5). Joab también iba en el ejército de David y asesinó astutamente a Amasa (2 Sam. 20:10). Esto le sirvió a David para aconsejarle a Salomón que eliminara a Joab (1 Rey. 2:5) y, en consecuencia, Salomón lo mató (1 Rey. 2:28-34). **2.** Líder de la tribu de Efraín que impidió que los soldados de Israel tomaran cautivos del ejército del rey Acaz de Judá, sabiendo que eso era pecado (2 Crón. 28:12-14).

AMASAI Nombre de persona que significa "el que soporta la carga". **1.** Levita del linaje de Coat

(1 Crón. 6:25). **2.** Levita del linaje de Coat y de Hemán, un cantor (1 Crón. 6:35), frecuentemente identificado con 1. **3.** Jefe de los capitanes de David que recibió inspiración profética del Espíritu (1 Crón. 12:18). Observar que no aparece en 2 Samuel 23. **4.** Sacerdote y músico que tocaba las trompetas delante del arca de Dios en la época de David (1 Crón. 15:24). **5.** Levita, padre de Mahat, que ayudó a purificar el templo bajo el reinado de Ezequías (2 Crón. 29:12).

AMASAR, ARTESA DE AMASAR Proceso de elaboración del pan realizado con las manos dentro de un tazón o canaleta para amasar mediante la mezcla de harina, agua y aceite junto con una porción de la masa del día anterior. La mezcla se dejaba en el tazón para que levara y fermentara (Ex. 12:34). Por lo general, amasar era tarea de la mujer (Gén. 18:6; 1 Sam. 28:24), pero a veces la realizaban los hombres (Os. 7:4). Los tazones podían ser de madera, de arcilla o de bronce y eran objetos de bendición o maldición de parte de Dios (Deut. 28:5,17; Ex. 8:3).

AMASÍAS Nombre de persona que significa "Yahvéh es poderoso". **1.** Simeonita (1 Crón. 4:34). **2.** Levita y descendiente de Merari (1 Crón. 6:45). **3.** Sacerdote de Bet-el que envió al profeta Amós a su casa diciéndole que no tenía derecho de profetizar en contra del rey Jeroboam II de Israel (789–746 a.C.) en el lugar de adoración del rey (Amós 7:10-17). **4.** Uno de los capitanes de Josafat (2 Crón. 17:16). **5.** Noveno rey de Judá, hijo de Joás y padre de Uzías (797–767 a.C.). Tenía 25 años cuando ascendió al trono. Se vengó inmediatamente de la muerte de su padre que había sido asesinado por los siervos de la corte. Amasías fue extraordinariamente misericordioso en su venganza porque asesinó sólo a los siervos culpables y no a los hijos de estos (2 Rey. 14:5-6).

Entre los logros del rey Amasías de Judá se encuentra la tarea de reclutar un ejército para Judá compuesto en su totalidad por hombres de 20 años de edad para arriba. También contrató mercenarios de Israel pero se abstuvo de utilizarlos, siguiendo el consejo de un "varón de Dios" (2 Crón. 25:7). Amasías guió su ejército hacia Seir donde derrotó fácilmente a los edomitas convirtiéndolos de nuevo en súbditos de Judá. No obstante, llevó ídolos edomitas a Jerusalén y los adoró. Luego se negó a escuchar la censura y la predicción de juicio que le llevó el profeta de Dios (2 Crón. 25:11-16).

Alentado por la victoria en Edom, Amasías desafió a pelear a Joás, rey de Israel. Aunque Joás intentó evitar el conflicto, Amasías insistió y fue derrotado por Israel. El templo y el palacio real fueron saqueados, parte del muro de Jerusalén fue derribado, y Amasías fue tomado prisionero. Vivió quince años más que Joás. Debido a una conspiración en su contra, huyó a Laquis pero lo asesinaron allí. Ver *Cronología de la época bíblica; Joadán; Joás; Uzías.* *Ronald E. Bishop*

AMATISTA Variedad de piedra de color púrpura intenso perteneciente a la familia del óxido de aluminio. Utilizada en el pectoral del sumo sacerdote (Ex. 28:19; 39:12) y la duodécima piedra del cimiento del muro de la nueva Jerusalén (Apoc. 21:20). Ver *Joyas, alhajas; Minerales y metales.*

AMÉN Transliteración de una palabra hebrea que significa que algo es cierto, seguro, válido, confiable y fiel. A veces se traduce "que así sea". En el AT se utiliza para mostrar la aceptación de la validez de una maldición o juramento (Núm. 5:22; Deut. 27:15-26; Jer. 11:5), para indicar la aceptación de un buen mensaje (Jer. 28:6) y para unirse en una doxología en un contexto de adoración a fin de confirmar lo que se ha dicho u orado (1 Crón. 16:36; Neh. 8:6; Sal. 106:48). "Amén" puede confirmar lo que ya es o indicar la esperanza de algo deseado. En la oración judía, el "amén" se expresa al final como una respuesta afirmativa a una declaración o expresión de deseo que ha hecho otra persona y así se lo utiliza en las epístolas del NT (Rom. 1:25; 11:36; 15:33; 1 Cor. 16:24; Gál. 1:5; Ef. 3:21; Fil. 4:20). Pablo concluyó algunas de sus cartas con "amén" (Rom. 16:27; Gál. 6:18). Autoridades antiguas agregan "amén" en otras cartas pero las traducciones sólo lo reflejan en sus notas.

Jesús utilizó "amén" en los Evangelios para afirmar la verdad de sus declaraciones. Las traducciones españolas frecuentemente utilizan "de cierto os digo" o "de cierto, de cierto os digo" para traducir el "amén" de Jesús. Él nunca lo dijo al final de una declaración sino siempre al principio: "Amén, os digo" (Mat. 5:18; 16:28; Mar. 8:12; 11:23; Luc. 4:24; 21:32; Juan 1:51; 5:19). En el Evangelio de Juan, Jesús dijo "Amén, amén" ("De cierto, de cierto"). Es especialmente importante que Jesús prologara sus propias palabras con "de cierto" porque así declaraba que el reino de Dios estaba ligado a su propia persona y enfatizaba la autoridad de lo que decía.

A Jesús también se lo denomina "el Amén" en Apocalipsis 3:14, queriendo decir que Él es el testigo de Dios confiable y verdadero. Quizá el escritor tenía en mente Isaías 65:16 donde el hebreo dice "Dios de Amén".

Roger L. Omanson

AMI Nombre de persona con significado incierto. Siervo del templo después del exilio que pertenecía a un grupo denominado "hijos de los siervos de Salomón" (Esd. 2:55-57). Aparentemente, a Ami se lo llama Amón en Nehemías 7:59.

AMIEL Nombre de persona que significa "pueblo de Dios" o "Dios es de mi pueblo", o sea, Dios es mi pariente. **1.** Espía representante de la tribu de Dan a quien Moisés envió para investigar la tierra prometida. Fue uno de los diez que dieron informes negativos y llevaron al pueblo a negarse a entrar en la tierra (Núm. 13:12). **2.** Padre de Maquir en cuya casa vivió Mefi-boset, el hijo de Jonatán y nieto de Saúl, después de la muerte de su padre y de su abuelo. La familia vivía en Lodebar (2 Sam. 9:4; 17:27). **3.** Padre de Bet-súa, esposa de David (1 Crón. 3:5). Segunda Samuel 11:3 habla de Betsabé, hija de Eliam. Muchos eruditos bíblicos piensan que estos versículos se refieren a la misma persona, aunque los nombres fueron levemente alterados en el proceso de copiado de los manuscritos. **4.** Portero del templo designado por David (1 Crón. 26:5).

AMIGO, AMISTAD Estrecha relación de confianza entre dos personas. En la Biblia no aparece una definición concisa de las palabras "amigo" o "amistad". En su lugar, tanto el AT como el NT presentan la amistad en sus diferentes facetas.

Dos raíces hebreas, *r´ h* y *´hb*, se usan para describir la amistad. *R´h* se refiere a un socio o compañero, mientras que *´hb* alude al objeto del afecto o la devoción, un amigo. Por consiguiente, la amistad puede ser una simple asociación (Gén. 38:12; 2 Sam. 15:37) o una compañía afectiva. El ejemplo más reconocible es la amistad entre David y Jonatán, el hijo de Saúl (1 Sam. 18:1,3; 20:17; 2 Sam. 1:26).

No obstante, la amistad no se limitaba a asociaciones terrenales. El AT también afirma la amistad entre Dios y los seres humanos. La relación entre Dios y Moisés (Ex. 33:11) se compara con la amistad porque conversaban frente a frente. Tanto 2 Cor. 20:7 como Isaías 41:8 describen a Abraham como amigo de Dios. En Isa. 5:1-7, el cántico de la viña, se alude a la amistad entre Dios y Su pueblo. Proverbios ofrece la mayoría de las referencias a la amistad, y en casi todas se advierte sobre amistades dudosas o se ensalzan las virtudes de una amistad verdadera (14:20; 17:17-18; 18:24; 19:4, 6; 22:11,24; 27:6,10,14).

En el NT, la palabra predominante para amigo es *philos*. Un derivado, *philia*, se usa con frecuencia para amistad. A Jesús se lo describe como "amigo... de los pecadores" (Mat. 11:19). Él también llamó "amigos" a Sus discípulos (Luc. 12:4; Juan 15:13-15). El NT destaca el vínculo entre los amigos y el gozo (Luc. 15:6,9,29), además de advertir sobre la posibilidad de que los amigos resulten falsos (Luc. 21:16). Haciendo eco del AT, Santiago señala a Abraham, el amigo de Dios, como alguien cuyo ejemplo de fe práctica debemos seguir (Sant. 2:23). También advierte contra la amistad con el mundo (Sant. 4:4).

En 3 Juan 15 los cristianos se autodenominan "amigos". Como una manera de describir la relación entre los miembros de la iglesia, el concepto de amigo quedó opacado por el modelo de las relaciones familiares, la hermandad (1 Tim. 5:1-3; 1 Ped. 1:22; 2:17). Ver *Amor; Cuerpo; David; Jonatán; Prójimo.*

William J. Ireland (h)

AMIGO DEL REY Título de un oficial de la corte (1 Rey. 4:5) que era consultor y compañero del monarca. Oficiaba como una especie de secretario de estado. Husai evidentemente desempeñaba esa función en la corte de David (2 Sam. 15:37), y Zabud en la de Salomón.

AMINADAB Nombre de persona que significa "mi pueblo da generosamente". **1.** Suegro de Aarón (Ex. 6:23). Padre de Naasón, quien guió a la tribu de Judá en el desierto (Núm. 1:7). Antepasado de David (Rut 4:19) y de Jesús (Mat. 1:4; Luc. 3:33). **2.** Hijo de Coat en la genealogía de los levitas (1 Crón. 6:22), pero tal vez esto sea un cambio que el copista efectuó del nombre Izhar (Ex. 6:18,21). **3.** Jefe de una familia de levitas (1 Crón. 15:10). Ayudó a llevar el arca del pacto a Jerusalén (1 Crón. 15:11-29).

AMISABAD Nombre de persona que significa "mi pueblo da". Hijo de Benaía, uno de los capitanes del ejército de David (1 Crón. 27:6).

AMISADAI Padre de Ahiezer, líder de la tribu de Dan en el desierto (Núm. 1:12). El nombre Amisadai significa “pueblo del Todopoderoso”.

AMITAI Nombre de persona que significa “leal”, “verdadero”. Padre del profeta Jonás, que vivía en Gat-hefer (2 Rey. 14:25).

AMIUD Nombre de persona que significa “mi pueblo es espléndido”. **1.** Padre de Elisama que representó a la tribu de Efraín para ayudar a Moisés durante el peregrinaje en el desierto (Núm. 1:10). Presentaba las ofrendas de la tribu en la dedicación del altar (7:48) y los guiaba en la marcha (10:22). Fue abuelo de Josué (1 Crón. 7:26). **2.** Padre de Samuel de la tribu de Simeón que ayudó a Moisés, Eleazar y Josué a distribuir la tierra a las tribus (Núm. 34:20). **3.** Padre de Pedael de la tribu de Neftalí, que ayudó a distribuir la tierra (Núm. 34:28). **4.** Padre del rey de Gesur hacia el cual Absalón huyó luego de haber matado a su hermano Amnón (2 Sam. 13:37). **5.** Miembro de la tribu de Judá que regresó del exilio (1 Crón. 9:4).

AMMA Colina cerca de Gía en el territorio de Gabaón entre Jerusalén y Bet-el. Joab y Abisai persiguieron allí a Abner cuando este mató a Asael, hermano de ellos (2 Sam. 2:24).

AMMI Nombre que significa “mi pueblo” y que Oseas le dio a Israel en contraste con el nombre Lo-ammi (Os. 1:9), que significa “no es mi pueblo”. El nombre Lo-ammi se le puso al tercer hijo de Gomer, la esposa del profeta Oseas, para expresar el rechazo de Dios hacia Israel. El nombre “Ammi” era el nombre nuevo que se le daría en el día de la redención a la nación de Israel restaurada.

AMNÓN Nombre de persona que significa “digno de confianza, fiel”. **1.** Primer hijo del rey David (2 Sam. 3:2). Violó a su media hermana Tamar. Absalón, hermano de Tamar, se vengó de este agravio matándolo (2 Sam. 13:1-20). Este incidente marcó el comienzo de la caída de la familia de David luego de su relación adúltera con Betsabé y el asesinato de Urías. Ver *David*. **2.** Miembro de la tribu de Judá (1 Crón. 4:20).

AMOC Nombre de persona que significa “profundo”. Familia sacerdotal después del regreso del exilio (Neh. 12:7,20).

AMÓN Nombre de persona que significa “fiel”. **1.** Gobernante de Samaria cuando Josafat era rey de Judá que cumplió las órdenes del rey de Israel poniendo en prisión al profeta Micaías (1 Rey. 22:26). **2.** Rey de Judá (642 a.C.), sucesor de su padre Manasés. Continuó la idolatría infame de su padre y fue asesinado en una insurrección en el palacio (2 Rey. 21:19-23). Como respuesta, el pueblo de Judá asesinó a los rebeldes. Su hijo Josías, caracterizado por su bondad, lo sucedió en el trono. Ver Mateo 1:10. **3.** Antepasado de integrantes del personal del templo después del exilio (Neh. 7:59), llamado Ami en Esdras 2:57. **4.** Deidad egipcia cuyo centro de adoración en Tebas recibió por medio de Jeremías la amenaza de destrucción divina (Jer. 46:25).

AMONITAS, AMÓN Territorio al este del Jordán que coincide aproximadamente con el estado moderno de Jordania. Los amonitas eran un pueblo semítico que vivía al noreste del Mar Muerto en la región aledaña de Rabá y que peleaban a menudo con los israelitas por la posesión de la zona fértil de Galaad. Amón, el reino de los amonitas, era apenas un poco más que una ciudad-estado que incluía la ciudad capital, Rabá o Rabat-amón (“ciudad principal” o “ciudad principal de los amonitas”), y el territorio inmediatamente circundante. Rabá estaba ubicada en la cabecera del Río Jaboc donde el extremo sudeste de Galaad mira hacia el desierto. La productividad agrícola de Galaad, las aguas del Río Jaboc y la de los arroyos afluentes como así también la ubicación defendible de Rabá hicieron que esta ciudad fuera medianamente importante en tiempos antiguos. Asimismo, la proximidad de los amonitas a Galaad hizo que fueran enemigos constantes de los israelitas, que reclamaban esa ciudad y de hecho tuvieron control sobre ella durante los reinados de ciertos reyes poderosos tales como David, Omri, Acab y Jeroboam II.

La mayor parte de nuestra información acerca de los amonitas proviene del AT, aunque los reyes de este pueblo se mencionan ocasionalmente en los registros asirios. Por ejemplo, a partir de estas últimas constancias sabemos que un rey amonita llamado Ba'shá, junto con Acab de Israel y otros reyes de la región, defendieron Siria y Palestina frente a Salmanasar III en el 853 a.C. Una inscripción amonita, la denominada Inscripción de la Jarra de Sirán, y varias impresiones de sellos han provisto información adicional sobre los amonitas.

Los arqueólogos han excavado solamente una pequeña parte del sitio de la antigua Rabá (la denominada "ciudadela" en el corazón de la ciudad moderna de Amán). La región aledaña permanece inexplorada en gran parte. Además de la inscripción y los sellos mencionados, el busto de un guerrero (o dios) amonita y los restos de torres redondas de piedra que se consideran de origen amonita constituyen descubrimientos arqueológicos significativos que arrojan luz sobre este pueblo.

El conflicto entre los amonitas y los israelitas se desencadenó ya en los primeros tiempos de la época de los jueces. Los primeros hicieron guerra contra los israelitas de Galaad induciéndolos a apelar a Jefté, jefe de una banda local de asaltantes renegados, para que organizara y liderara la resistencia. Jefté aceptó el desafío pero solo después de obtener la promesa de parte de los ancianos de Galaad de que, si realmente tenía éxito y derrotaba a los amonitas, sería nombrado gobernador de ese lugar. Al mismo tiempo le hizo una promesa a Yahvéh: "Si entregares a los amonitas en mis manos, cualquiera que saliere de las puertas de mi casa a recibirme, cuando regrese victorioso de los amonitas, será de Jehová, y lo ofreceré en holocausto" (Jue. 11:30b-31). Jefté tuvo éxito y los galaaditas se sometieron a su gobierno, pero luego su joven hija salió a saludarlo cuando regresó (Jue. 10:6–11:40).

En otra ocasión en que los amonitas estaban atacando la ciudad de Jabes de Galaad y los jabeos intentaban negociar los términos de la rendición, los primeros demandaron nada menos que sacarle el ojo derecho a cada hombre de la ciudad. En su desesperación, los jabeos enviaron mensajeros a Gabaa para pedirle ayuda a Saúl. Este organizó un ejército, se dirigió apresuradamente a Jabes y levantó el sitio. Como resultado, los jabeos respaldaron fuertemente a Saúl en años posteriores (1 Sam. 11; 31:11-13). El rey amonita que Saúl derrotó en Jabes era Nahas. Se presume que fue el mismo Nahas con quien David tuvo buenas relaciones pero que su hijo Hanún renovó las hostilidades (2 Sam. 10:1–11:1; 12:26-31). Las guerras subsiguientes entre Israel y Amón incluyeron el enfrentamiento entre las tropas de David y las de Hadad-ezer de Soba (2 Sam. 10:6-19), y dieron ocasión al amorío entre David y Betsabé. Urías, el esposo de Betsabé, fue asesinado mientras se tomaban por asalto los muros de Rabá (2 Sam. 11–12).

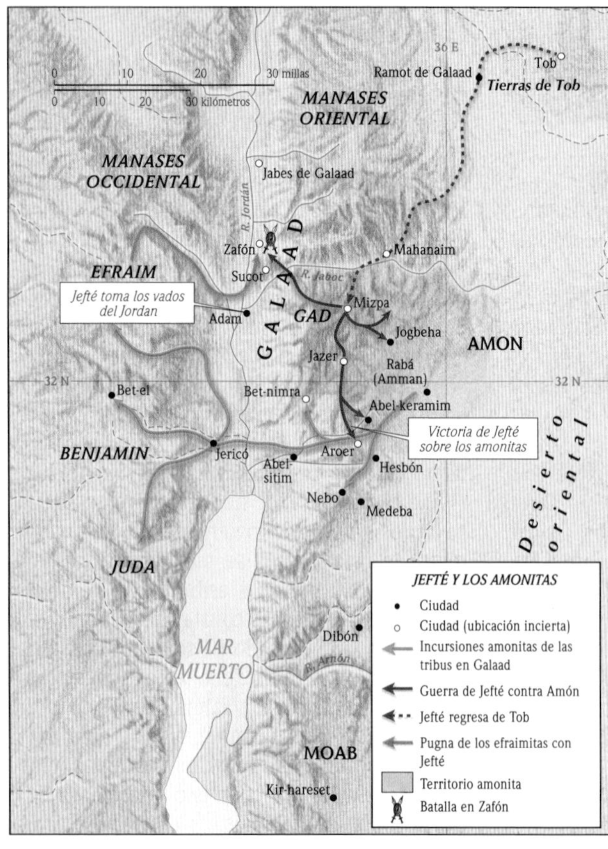

No se registra ninguna guerra con los amonitas durante el reinado de Salomón. Por el contrario, él tomó una o más esposas amonitas y permitió en Jerusalén la adoración de Milcom, el dios amonita (1 Rey. 11:1-8). Es probable que la adoración de Milcom haya continuado en Jerusalén hasta que Josías la abolió muchos años después (2 Rey. 23:13). Sabemos poco acerca de las relaciones entre los amonitas e Israel o Judá durante la primera mitad del siglo en que los reinos estuvieron divididos, probablemente porque ninguno de los reinos hebreos intentó ejercer influencia en Transjordania. La coalición de los reyes de Siria y Palestina, que incluía a Ba'shá de Amón y Acab de Israel, detuvo la marcha del rey asirio Salmanasar en el 853 a.C. No obstante, el éxito fue temporal. Más tarde Salmanasar penetró en el corazón mismo de Siria-Palestina exigiendo tributo de los israelitas y, aunque no está registrado, probablemente también de los amonitas. Al final, todos los pequeños reinos de la región cayeron bajo el poder asirio y fueron incorporados al sistema de provincias asirias o controlados como satélites. Los reyes amonitas les pagaron tributo a Tiglat-pileser III, a Senaquerib y a Esar-hadón.

Los israelitas reconocían a los amonitas como parientes, aunque más lejanos que los edomitas. Esta relación se puede ver en las genealogías. Específicamente, los amonitas eran descendientes de un antepasado llamado Ben-ammi, uno de los dos hijos que Lot tuvo con sus dos hijas. Los moabitas eran descendientes del otro hijo (Gén. 19:30-38). Los amonitas también se mencionan de vez en cuando en la literatura poética de Israel. Ver, por ejemplo, la profecía de Amós contra los amonitas en Amós 1:13-15.

Aparentemente, para el siglo III a.C., Rabá se había reducido a una aldea insignificante tras lo cual Ptolomeo II Filadelfo (285–246) la reedificó y le puso el nombre "Filadelfia" en base a su propio nombre. Filadelfia se llegó a considerar una de las ciudades de Decápolis, federación de diez ciudades griegas de Palestina (Mat. 4:25) y se anexó al Imperio Romano en el 90 d.C. junto con toda la región de Decápolis.

J. Maxwell Miller

AMOR Intención y entrega altruista, leal y benevolente hacia otra persona. El concepto del amor está profundamente arraigado en la Biblia. El término hebreo *jesed* se refiere al amor correspondiente a un pacto. Jehová es el Dios que recuerda y cumple Sus pactos a pesar de la traición de los seres humanos. Su fidelidad para cumplir Sus promesas demuestra Su amor hacia Israel y toda la humanidad.

Otra palabra, *ahavah*, se puede emplear al hablar del amor humano hacia uno mismo, hacia una persona del sexo opuesto o a otra persona en general. Se lo utiliza en Jer. 31:3 con respecto al amor de Dios hacia Jeremías: "Con amor [*ahavah*] eterno te he amado; por tanto, te prolongué mi misericordia [*jesed*]".

En la época del NT, el mundo de habla griega utilizaba tres palabras para amor. La primera es *eros*, que se refiere al amor erótico o sexual. Este vocablo no se emplea ni en el NT ni en la LXX. Se usaba comúnmente en la literatura griega de aquella época.

La palabra *phileo* (y sus derivados) se refieren a un afecto tierno, como el que se tiene hacia un amigo o familiar. Es común en el NT y en la literatura extrabíblica. Se utiliza para expresar el amor de Dios el Padre hacia Jesús (Juan 5:20), el amor de Dios hacia un creyente en particular (Juan 16:27) y hacia un discípulo (Juan 20:2). La palabra *phileo* nunca se usa para hablar del amor de una persona hacia Dios. De hecho, el contexto de Juan 21:15-17 parece sugerir que Jesús deseaba recibir de Pedro un amor más profundo.

La palabra *agapao* (y su derivada *ágape*) en raras ocasiones se emplea en el griego extrabíblico. Lo usaban los creyentes para indicar un amor incondicional especial hacia Dios, y se lo utilizaba de manera indistinta con *phileo* para designar el amor de Dios el Padre hacia Jesús (Juan 3:35), del Padre hacia un creyente en particular (Juan 14:21) y el amor de Cristo hacia un discípulo (Juan 13:23).

El amor bíblico tiene como objeto a Dios, el verdadero motivador y fuente de ese amor. El amor es un fruto del Espíritu Santo (Gál. 5:22) y no va dirigido hacia el mundo o las cosas del mundo (los deseos de los ojos, los deseos de la carne o la vanagloria de la vida, 1 Jn. 2:15,16). El ejemplo máximo del amor de Dios es el Señor Jesucristo, quien dijo: "Un mandamiento nuevo os doy: Que os améis unos a otros; como yo os he amado, que también os améis unos a otros" (Juan 13:34; comp. 15:12).

La declaración definitiva de Pablo sobre el amor aparece en 1 Cor. 13. La capacidad retórica, la predicación, el conocimiento, la fe que mueve montañas, la caridad hacia los pobres o incluso el martirio no son nada sin *ágape*.

Primera Corintios 13:4-8a enumera varias características de este amor. Primero, es sufrido [*makrothumia*] (v.4). Es un fruto del Espíritu (Gál. 5:22). Se refiere a una cualidad que no busca revancha sino que padece los daños a fin de actuar en forma redentora.

Segundo, el amor es benigno (traducido virtuoso, útil, adaptable, afable, agradable, benevolente, que manifiesta gracia; lo opuesto a áspero, duro, cortante o amargo). Tercero, el amor no es envidioso (codicioso), no desea celosamente lo que no posee.

Cuarto, el amor no es jactancioso; no se envanece (1 Cor. 8:1). Pablo dice en Fil. 2:3: "...antes bien con humildad, estimando cada uno a los demás como superiores a él mismo".

Quinto, el amor no se comporta de manera indebida. Los creyentes incluso tienen que evitar toda especie de mal (1 Tes. 5:22).

Sexto, el amor no busca lo suyo. En una ocasión, Pablo envió a Timoteo diciendo de él: "A ninguno tengo del mismo ánimo, y que tan sinceramente se interese por vosotros. Porque todos buscan lo suyo propio, no lo que es de Cristo" (Fil. 2:20-21).

Séptimo, el amor no se irrita fácilmente (no se exaspera ni se enoja con facilidad). Cuando golpearon a Jesús, Él no tomó represalias sino que dijo: "Si he hablado mal, testifica en qué está el mal; y si bien, ¿por qué me golpeáis?" (Juan 18:23).

Octavo, el amor piensa lo mejor sobre los demás; "no guarda rencor" (RVR1960), "no toma en cuenta el mal recibido" (LBLA). En otras palabras, el amor pasa por alto el insulto o el daño (Prov. 17:9; 19:11; comp. Ef. 5:11).

Además, el amor no se goza de la injusticia (acciones malas, falta de rectitud) sino de la verdad (1 Cor. 13:6). Pablo llega a la conclusión de que el amor sobrelleva todo, cree todo, tiene esperanza de todo y soporta todo. El amor nunca falla. Salomón dijo: "Las muchas aguas no podrán apagar el amor, ni lo ahogarán los ríos" (Cant. 8:7).

En Col. 3:12-16, Pablo utiliza la frase "el vínculo perfecto". Él amonesta a los colosenses a vestirse de corazones de misericordia, benignidad, humildad, mansedumbre, paciencia y perdón. Por encima de todo, vestirse de amor, que es el vínculo de la madurez. La imagen es la de varas que se sujetan unidas y dan como resultado mayor fuerza.

Para Juan, el amor es prueba del auténtico discipulado. Los judíos centraban la fe en la confesión de la Shemá: "Oye, Israel: Jehová nuestro Dios, Jehová uno es. Y amarás a Jehová tu Dios de todo tu corazón, y de toda tu alma, y con todas tus fuerzas" (Deut. 6:4,5), y "Amarás a tu prójimo como a ti mismo" (Lev. 19:18b; comp. Mat. 19:19; 23:39; Rom. 13:9; Sant. 2:8). Según Juan, "este mandamiento antiguo es el que habéis oído desde el principio" (1 Jn. 2:7). Por otra parte, el apóstol les estaba escribiendo un nuevo mandamiento (1 Jn. 2:8,9). Para Juan, el amor no es sólo un requisito para la comunión sino además una prueba de la salvación. "En esto se manifiestan los hijos de Dios, y los hijos del diablo: todo aquel que no hace justicia, y que no ama a su hermano, no es de Dios" (1 Jn. 3:10).

Si tenemos una relación genuina con Dios, se debe manifestar mediante el andar en la verdad. "Nosotros sabemos que hemos pasado de muerte a vida, en que amamos a los hermanos. El que no ama a su hermano, permanece en muerte. Todo aquel que aborrece a su hermano es homicida; y sabéis que ningún homicida tiene vida eterna permanente en él. En esto hemos conocido el amor, en que él puso su vida por nosotros; también nosotros debemos poner nuestras vidas por nuestros hermanos... no amemos de palabra ni de lengua, sino de hecho y en verdad" (1 Jn. 3:14-19).

En el aspecto negativo, Juan amonesta a los creyentes diciendo: "No améis al mundo, ni las cosas que están en el mundo. Si alguno ama al mundo, el amor del Padre no está en él" (1 Jn. 2:15).

Jesús enseñó que los creyentes incluso tienen que amar a sus enemigos (Mat. 5:44; Luc. 6:27, 35). Aunque a los cristianos se les permite, e incluso se les ordena, odiar lo malo (Sal. 97:10; Prov. 8:13), no tenemos que odiar al pecador. No es escritural insistir en que el creyente debe aceptar el pecado a fin de aceptar a una persona. Más bien, debemos censurar al pecador.

David Lanier

AMOR FRATERNAL Concepto que aparece a lo largo de toda la Biblia, pero la palabra específica sólo se encuentra en el NT. El término que generalmente se traduce "amor fraternal" en el NT es el griego *philadelphia* y se utiliza solamente cinco veces (Rom. 12:10; 1 Tes. 4:9; Heb. 13:1; 1 Ped. 1:22; 2 Ped. 1:7). Una palabra similar, *philadelphos*, aparece en 1 Ped. 3:8 y significa "amar al hermano". No obstante, la idea del amor fraternal es mucho más amplia de lo que implican estas pocas apariciones.

Antiguo Testamento Dos palabras hebreas del AT, *ahab* y *chesed*, cubren todo el rango de ideas asociadas con el "amor", aunque *chesed* se relaciona a menudo con el amor del pacto. A los israelitas se les pedía que amaran a los demás en función de varias relaciones interpersonales: de amigo a amigo (Sal. 38:11; Prov. 10:12); de esclavo a amo (Ex. 21:5; Deut. 15:16); al prójimo (Lev. 19:18); al pobre y menesteroso (Prov. 14:21,31), y especialmente importante es el mandato de amar al extranjero (Lev. 19:34; Deut. 10:19). La relación de amor entre las personas a menudo se halla en el contexto de un pacto, como en el caso de David y Jonatán (1 Sam. 18:1-3).

Nuevo Testamento El amor fraternal en la literatura cristiana antigua significa tratar a los demás como si formaran parte de la familia de uno. Esta clase de amor quiere decir que a uno "le gusta" la otra persona y que desea lo mejor para ese individuo. La palabra básica utilizada para el tipo de amor fraternal, *phileo*, a veces significa "besar", lo que significaba demostrar una amistad íntima (Mar. 14:44). Esta clase de amor nunca se usa para referirse al amor de Dios ni para el amor erótico.

Jesús les enseñaba constantemente a Sus seguidores el principio del "amor fraternal". Él declaró que el segundo gran mandamiento es: "Amarás a tu prójimo como a ti mismo" (Mar. 12:31). Y en la parábola del buen samaritano explicó quién es ese prójimo (Luc. 10:25-37). También instaba a perdonar al hermano (Mat. 18:23-35) y ofreció la Regla de Oro como guía para relacionarse con un hermano (Mat. 7:12; Luc. 6:31).

Pablo habló del "amor fraternal" en el contexto de la comunidad de los creyentes, o sea, la iglesia. En dos ocasiones utilizó el término *philadelphia*: primero en 1 Tes. 4:9 y luego en Rom. 12:10. En ambos casos instaba a los creyentes a vivir en paz los unos con los otros dentro de la iglesia. En Gál. 5:14 subrayó la idea del amor hacia los hermanos: "Porque toda la ley en esta palabra se cumple: Amarás a tu prójimo como a ti mismo". También en Rom. 13:8-10 declaró: "No debáis a nadie nada, sino el amaros unos a otros". En 1 Cor. 8:13, en relación a provocar que un hermano más débil tropiece, escribió: "Si la comida le es a mi hermano ocasión de caer, no comeré carne jamás, para no poner tropiezo a mi hermano".

El amor fraternal es un tema dominante en los escritos de Juan. Jesús dio un nuevo mandamiento, "que os améis unos a otros" (Juan 13:34), idea repetida en Juan 17:26: "Para que el amor con que me has amado, esté en ellos". Una serie de declaraciones enfáticas sobre el amor fraternal en 1 y 2 Juan tienen por objeto demostrar que esto es ciertamente el mandamiento esencial de Jesús (1 Jn. 2:9; 3:10,18,23; 4:8,20; 2 Jn. 6).

En las Epístolas, la palabra específica *philadelphia* (amor fraternal) aparece en Hebreos y en 1 y 2 Pedro. Hebreos 13:1,2 lo conecta con la hospitalidad a los desconocidos. Primera Pedro 1:22 con la pureza y 2 Ped. 1:7 lo coloca en la lista de las virtudes que deben poseer los creyentes. Ver *Amor; Ética; Hospitalidad.*

W. Thomas Sawyer

AMORREOS Pueblo que ocupaba parte de la Tierra Prometida y que peleó a menudo contra Israel. Su historia se remonta hasta antes del 2000 a.C. Tomaron control de la administración de Babilonia durante aprox. 400 años (2000–1595); Hammurabi (1792–1750) fue el rey más influyente. El descenso de ellos a Canaán se puede rastrear hasta el 2100–1800, cuando su establecimiento en los montes de esa región ayudó a conformar el escenario para la revelación de Dios por medio de Israel.

Abraham ayudó a Mamre, amorreo, a recuperar la tierra que le habían quitado cuatro reyes poderosos (Gén. 14), pero posteriormente los amorreos fueron un obstáculo terrible para la conquista y el establecimiento de los israelitas en Canaán. Preferían vivir en las colinas y valles que flanqueaban ambos lados del Río Jordán. Sehón y Og, dos reyes amorreos, resistieron la marcha de los israelitas hacia Canaán cuando se acercaron al este del Jordán (Núm. 21:21-35) pero, después de la victoria de Israel en este lugar, Gad, Rubén y la mitad de Manasés se establecieron en la región conquistada. Estas dos victorias tempranas sobre los amorreos fueron un anticipo del éxito subsiguiente contra otros amorreos hacia el oeste, y se las recordaba con frecuencia tanto en la historia (Deut. 3:8; Jos. 12:2; Jue. 11:19) como en la poesía (Núm. 21:27-30; Sal. 135:10-12; 136:17-22). Al oeste del Jordán los amorreos vivían en las colinas junto a los heveos, los heteos y los jebuseos (Núm. 13:29; Jos. 11:3), pero la identificación específica de las ciudades amorreas no es certera ya que el término "amorreo" se utiliza a menudo como designación general para todos los habitantes de Canaán, como es el caso de "cananeo" (Gén. 15:16; Jos. 24:15; Jue. 6:10; 1 Rey. 21:26). Cinco ciudades-estado del sur de Canaán formaron una alianza instigada por el rey de Jerusalén (Jebús, jebuseos) e intimidaron a Gabaón, un aliado de Josué. Estos "amorreos", como se denominan en sentido general, fueron derrotados por el ejército de Josué cuando el Señor arrojó "desde el cielo grandes piedras" (Jos. 10:1-27). Los amorreos también se encontraban entre los del norte que se unieron sin éxito para detener a los israelitas (Jos. 11:1-15). Más tarde, dos ciudades amorreas, Ajalón y Saalbim, impidieron el establecimiento de Dan cerca del límite filisteo (Jue. 1:34-36).

Según Ezequiel, la cultura amorrea yace como la raíz de la decadencia de Jerusalén (Ezeq. 16:3, 45), y la idolatría amorrea contaminó la religión de los reinos del norte y del sur (1 Rey. 21:26; 2 Rey. 21:11). A pesar de la resistencia de los amorreos, y de su escasa influencia, fueron sometidos como tributarios (Jue. 1:35; 1 Rey. 9:20-21; 2 Crón. 8:7-8). El estorbo que habían sido en el pasado es un tema de escarnio para el profeta Amós (Amós 2:9-10). Ver *Babilonia; Jebuseos; Sehón; Siria.*

Daniel C. Fredericks

AMÓS Nombre de persona que significa "cargado" o, más probablemente, "uno que es sostenido [por Dios]". Profeta de Judá que ministró en Israel alrededor del 750 a.C.

Era un laico que negaba su condición profesional de profeta: "No soy profeta, ni soy hijo de profeta, sino que soy boyero, y recojo higos silvestres. Y Jehová me tomó de detrás del ganado, y me dijo: Ve y profetiza a mi pueblo Israel" (Amós 7:14-15). A causa del llamado de Dios, Amós asumió sus responsabilidades proféticas como una voz solitaria que profetizaba tanto en el desierto como en las aldeas. Acusaba tanto a Judá como a Israel por la superficialidad de las instituciones religiosas. Para Amós, el llamado y el ministerio continuado descansaban en la iniciativa de Dios y en su poder sustentador: "Si el león ruge, ¿quién no temerá? Si habla Jehová el Señor, ¿quién no profetizará?" (3:8).

Amós vivió en una época de relativa paz dentro del escenario político internacional. Tanto Egipto como Asiria se hallaban en un período de decadencia, aunque esta última estaba comenzando a extender su poder. Siria había comenzado a volverse ineficaz pero la reducción de este estado regulador entre Israel y Asiria iba a tener serias repercusiones en la generación posterior a Amós.

En el ámbito interno, las estructuras políticas tanto de Israel como de Judá eran estables. Amós comenzó su actividad profética durante el reinado de Jeroboam II en el reino de Israel, en el norte, y vivió durante una época que compitió con la generación de Salomón en cuanto a estabilidad y prosperidad económica (2 Rey. 14:23-27). Aún así, fueron precisamente los problemas sociales, morales y religiosos que acompañaron a esa prosperidad los que se convirtieron en el centro de la proclamación de juicio de Amós. El noble rey Uzías gobernaba en el reino de Judá en el sur (Amós 1:1). Es probable que Amós haya comenzado su ministerio con el llamado de Dios "dos años antes del terremoto" (1:1). En la antigua Azor se han encontrado rastros de un terremoto importante que data del 765–760 a.C., una época que podría coincidir con Amós.

Ruinas de un pequeño edificio que probablemente data de los tiempos posbíblicos en Tecoa, Israel, el lugar originario de Amós.

Israel y Judá estaban padeciendo moralmente bajo la corrupción generada como resultado del baalismo cananeo y tirio, como así también por la infidelidad al pacto de Dios. La sociedad israelita había experimentado la decadencia inevitable que caracteriza a la prosperidad mal empleada. Tal vez parezca extraño culpar de la corrupción de la sociedad israelita a las estructuras religiosas de su tiempo y a la prosperidad material, ya que ellos las interpretaban a menudo como una señal del favor divino. A pesar de la naturaleza contradictoria de esas circunstancias, la condición moral viciosa de la tierra era producto tanto de la corrupción religiosa como de la prosperidad material pervertida. El lujo descontrolado y los excesos se manifestaban claramente (4:1-3; 5:10-13; 6:1,4-8; 8:4-6).

La explotación de los pobres se llevaba a cabo en toda la tierra (2:6; 3:10; 4:1; 5:11; 8:4-6). La justicia se distorsionaba. El dinamismo de la experiencia religiosa personal dio lugar a la superficialidad de la religión institucional, tal como se demuestra en el conflicto entre Amós y Amasías, el sacerdote de Bet-el (7:10-15). La oposición de Amós a aquellos males morales y religiosos lo llevaron a enfatizar el tema que se destaca en su libro: "Corra el juicio como las aguas, y la justicia como impetuoso arroyo" (5:24).

Amós aparece en la lista de los antepasados de Jesús (Luc. 3:25), pero no se sabe específicamente si era este profeta. *Roy L. Honeycutt*

AMÓS, LIBRO DE Uno de los doce profetas menores del AT. El libro de Amós se puede dividir en tres secciones. Los capítulos 1 y 2 constituyen una sección básica dividida en subsecciones que comienzan con una introducción literaria en común (1:3,6,9,11,13; 2:1,4, 6). La segunda sección del libro consiste en profecías de juicio dirigidas contra Israel (3:1–6:14). La tercera sección contiene las visiones de Amós (caps. 7–9), que pueden haber sido las primeras revelaciones a través del profeta. Eran fundamentales. Consciente de la realidad asombrosa del pecado humano y del juicio divino, estas visiones dieron forma a sus mensajes proféticos (7:1-3,4-6,7-9; 8:1-3; 9:1-4).

Precipicio en Tecoa, Israel, lugar de nacimiento del profeta Amós.

Las palabras de Amós tratan sobre diversos asuntos, pero el tema central enfatiza el pecado y el juicio. Ya sea que se estuviera dirigiendo a otras naciones, a Israel o a Judá, el profeta condenaba a los que pecaban en contra de una conciencia universal (1:1–2:3), contra la ley revelada (2:4-5) o contra el amor redentor de Dios (2:6-16). Amós desafiaba a las personas para que vivieran según los lineamientos del pacto, y las condenaba por no reflejar ese pacto en su vida diaria. Estaba preocupado por aquellos que "no saben hacer lo recto" (3:10). Su palabra de juicio fue severa para "las mujeres importantes de Samaria" ("vacas de Basán") quienes instaban a sus esposos a ejercer la injusticia y la violencia, y se refirió a ellas diciendo: "oprimís a los pobres y quebrantáis a los menesterosos, que decís a vuestros señores: Traed, y beberemos" (4:1). Debido a tal injusticia y a la falta de unión entre la experiencia religiosa auténtica y la conciencia social, Amós declaró que la nación ya estaba muerta. Se podía cantar el lamento del funeral de Israel: "Cayó la virgen de Israel, y no podrá levantarse ya más" (5:2). En cuanto a los individuos que de manera superficial y confiada estaban "reposados en Sión, y...confiados en el monte de Samaria" (6:1), su única esperanza yacía en la renovación de una experiencia religiosa auténtica que llevara a una vida de justicia y rectitud que inundara la tierra (5:24). El juicio era lo único que quedaba para aquellos que rechazaran este camino: "Prepárate para venir al encuentro de tu Dios, oh Israel" (4:12).

Bosquejo

I. Los sermones: Dios confronta el pecado de su pueblo (1:1–6:14)
   A. La Palabra de Dios se revela en palabras humanas (1:1-2)
   B. Dios identifica y condena todo el pecado humano (1:3–2:16)
      1. Los actos en contra de la decencia humana corriente son pecaminosos (1:3–2:3)
      2. El rechazo de la ley de Dios sustituyéndola con la sabiduría propia es pecado (2:4-5)

3. Rechazar el amor de Dios es pecado (2:6-16)
C. Dios condena la religión vacía (3:1-15)
1. El privilegio de ser amado por Dios lleva responsabilidades (3:1-2)
2. Dios le revela Su propósito a Su pueblo (3:3-8)
3. En Su juicio, Dios utiliza agentes de la historia (3:9-12)
4. Los centros de religión vacía y de prosperidad mal adquirida caerán (3:13-15)
D. El amor de Dios confronta en juicio a Su pueblo desobediente (4:1-13)
1. El deseo insaciable conduce al pecado (4:1-3)
2. La adoración vacía y sin sentido es pecado (4:4-5)
3. El objetivo del juicio temporario es guiar al pueblo de Dios al arrepentimiento (4:6-11)
4. El pueblo rebelde de Dios experimenta una confrontación definitiva con Él (4:12-13)
E. Dios llama a Su pueblo a practicar la justicia y la rectitud (5:1-27)
1. Dios ve el final de Su pueblo pecaminoso (5:1-3)
2. Se invita al pueblo rebelde de Dios para que lo busque (5:4-9,14-15)
3. El juicio ineludible de Dios está sobre Su pueblo (5:10-13,16-20)
4. La justicia práctica es la demanda final que Dios hace a Su pueblo (5:21-27)
F. La seguridad falsa basada en la fortaleza nacional conduce a la caída final (6:1-14)
II. Las visiones: Ver a Dios de manera apropiada revela tanto Su juicio como Su misericordia (7:1–9:15)
A. Dios extiende misericordia en respuesta a la intercesión seria (7:1-6)
B. Nunca se puede escapar de la confrontación final con Dios (7:7-9)
C. Una visión adecuada de Dios coloca en perspectiva todo lo demás (7:10-17)
1. Una visión falsa de la naturaleza del mensaje de Dios conduce a decisiones equivocadas (7:10-13)
2. Una persona transformada por una visión de Dios ve a las personas y las cosas como realmente son (7:14-17)
D. La consecuencia final del pecado ofrece juicio sin esperanza (8:1–9:4)
1. Una religión corrompida y pútrida no sirve para nada (8:1-3)
2. El cumplimiento vacío de rituales sin sentido no afecta nuestra moral (8:4-6)
3. El juicio final de Dios es una visión horrenda (8:7–9:4)
E. La misericordia de Dios se puede ver más allá de Su juicio (9:5-15)
1. Dios es soberano en todo el universo (9:5-6)
2. La misericordia de Dios aún ofrece esperanza más allá del juicio temporario (9:7-10)
3. El propósito final y benévolo de Dios para Su pueblo se cumplirá (9:11-15) *Roy L. Honeycutt*

AMOZ Nombre que significa "fuerte". Padre del profeta Isaías (2 Rey. 19:2).

AMPLIAS Creyente convertido en Roma a quien Pablo le envió saludos (Rom. 16:8). Amplias era un nombre común que se daba con frecuencia a los esclavos. Pablo se refirió a este individuo como "mi querido hermano en el Señor" (NVI, LBLA), lo cual podría sugerir una relación particularmente cálida y afectiva entre Amplias y el apóstol.

AMRAFEL Nombre de persona, probablemente de origen acadio, que significaba "el Dios Amurru devolvió" o "la boca de Dios ha hablado". Rey de Sinar o Babilonia que reunió una coalición para derrotar a Sodoma y Gomorra, y posteriormente a otros reyes de Canaán y de la región del Mar Muerto. Los reyes capturaron a Lot. Cuando Abraham se enteró de la noticia reunió un ejército, derrotó a la coalición y rescató a Lot (Gén. 14:1-16). A Amrafel no se lo puede comparar con ningún otro rey sobre quien haya registros en el antiguo Cercano Oriente.

AMRAM Nombre de persona que significa "pueblo exaltado". **1.** Padre de Moisés, Aarón y María (también llamada Miriam), y nieto de Leví (Ex. 6:18-20). Fue padre de la familia levítica de los amramitas (Núm. 3:27; 1 Crón. 26:23), que sirvieron en el santuario del desierto y que posteriormente lo podrían haber hecho en los tesoros del templo. **2.** Uno de los doce hijos de Bani que fueron culpables de casarse con mujeres extranjeras (Esd. 10:34). **3.** Uno de los cuatro hijos de Disón en 1 Crónicas 1:41. Dichos cuatro hijos también aparecen en una lista en Génesis 36:26; no obstante, Amram se menciona como Hemdán.

AMSI Nombre de persona que significa "mi poderoso" o una abreviatura de Amazías. **1.** Miembro de la familia de cantores del templo (1 Crón. 6:46). **2.** Antepasado de Adaías que ayudó a construir el segundo templo (Neh. 11:12).

AMULETOS (NVI, LBLA) Traducción de una palabra hebrea extraña referente a talismanes grabados con juramentos que usaban las mujeres para protegerse del mal (Isa. 3:20). La versión RVR1960 la traduce "zarcillos".

ANA Nombre de persona que significa "gracia". **1.** Una de las esposas de Elcana y madre de Samuel (1 Sam. 1:2). Como había sido estéril durante muchos años, le prometió al Señor que si concebía un hijo se lo dedicaría a Él (1 Sam. 1:11). Después de eso dio a luz a Samuel. Cumplió su promesa cuando llevó al niño al santuario en Silo donde este sirvió al Señor bajo la dirección del sacerdote Elí. Más adelante Ana tuvo otros hijos e hijas. Ver *Samuel.*
2. Profetisa anciana que reconoció al Mesías cuando lo llevaron al templo para la dedicación (Luc. 2:36). Era hija de Fanuel de la tribu de Aser. Había quedado viuda después de siete años de matrimonio y se había convertido en ayudante del templo. Tenía más de 84 años cuando reconoció al Mesías, le agradeció a Dios por Él y proclamó la esperanza de la redención de Jerusalén.

ANÁ Nombre de persona que significa "respuesta". **1.** Según el Pentateuco Samaritano, la LXX y la Peshita, Madre de Aholibama, esposa de Esaú (Gén. 36:2), y abuela de Jeús, Jaalam y Coré (36:14). La mayoría de las versiones españolas hablan de Aná como "hijo", lo cual podría relacionar o identificar a este con el Aná del punto 2. que aparece a continuación. En Génesis 36:24 se señala que Aná fue quien encontró "manantiales en el desierto" (RVR1960) o "aguas termales" (NVI, LBLA). En este versículo Zibeón es el padre de Aná como en 36:2, pero este Aná es un hombre. En 36:29, Aná es un jefe horeo que vivía en Seir. **2.** Hijo de Seir y hermano de Zibeón (Gén. 36:20).

ANAB Nombre geográfico que significa "uva". Josué eliminó a los anaceos de la región sur de Judá incluyendo Hebrón, Debir y Anab (Jos. 11:21). Josué le otorgó la ciudad montañosa a Judá (Jos. 15:50). Estaba ubicada en la moderna Khirbet Anab a alrededor de 25 km (15 millas) al sudoeste de Hebrón.

ANAC, ANACEOS Nombre de persona y de familia que significa "de cuello largo" o "de cuello fuerte". El antepasado llamado Anac tuvo tres hijos: Ahimán, Sesai y Talmai (Núm. 13:22). Vivían en Hebrón y en los montes aledaños (Jos. 11:21) antes de que Josué los destruyera. Los sobrevivientes habitaron posteriormente entre los filisteos (Jos. 11:22). Estos gigantes formaban parte de los Nefilim (Gén. 6:4; Núm. 13:33). Arba era un héroe de los anaceos (Jos. 14:15). La NVI utiliza la palabra "anaquitas".

ANAHARAT Nombre geográfico que significa "desfiladero". Ciudad en la frontera de Isacar (Jos. 19:19) posiblemente ubicada en la moderna Tell el-Mukharkhash entre el Monte Tabor y el Jordán.

ANAMELEC Nombre de persona que significa "Anu es rey". Dios de los de Sefarvaim que ocuparon parte de Israel después de que el Reino del Norte fuera al exilio en el 721 a.C. Los adoradores de este dios sacrificaban a sus hijos (2 Rey. 17:31).

ANAMIM Tribu o nación que se menciona en Gén. 10:13. Se carece de otra información.

ANÁN Nombre de persona que significa "nube". Cantor del pacto de Nehemías en cuanto a obedecer a Dios (Neh. 10:26).

ANANI Nombre de persona que significa "nublado" o "él me oyó". Descendiente del linaje real de David que vivió después del regreso del exilio (1 Crón. 3:24).

ANANÍAS Nombre de persona que en hebreo significa "Yahvéh me oyó". La forma griega de este nombre significa "Yahvéh ha obrado con gracia". **1.** Abuelo de Azarías, quien ayudó a Nehemías a reconstruir Jerusalén (Neh. 3:23). **2.** Aldea donde habitó la tribu de Benjamín durante la época de Nehemías (Neh. 11:32). Probablemente esté ubicada en Betania, al este de Jerusalén. **3.** Padre de

Sedequías, oficial de la corte en tiempos de Jeremías (Jer. 36:12). **4.** Nombre judío del amigo de Daniel, Sadrac (Dan. 1:7). **5.** Esposo de Safira (Hech. 5:1-6). Juntos vendieron una propiedad privada y debían entregar las ganancias a un fondo común de la iglesia primitiva de Jerusalén (Hech. 4:32-34). No dieron todo lo obtenido de la venta, aunque afirmaron haberlo hecho, y ambos cayeron muertos por haberle mentido al Espíritu Santo (Hech. 5:5,10). **6.** Discípulo que vivía en la ciudad de Damasco (Hech. 9:10-19). En respuesta a la visión que recibió del Señor, visitó a Saulo (Pablo) tres días después de la experiencia que éste había tenido en el camino a Damasco. Ananías colocó las manos sobre Saulo, quien recibió tanto el Espíritu Santo como la vista. Hechos 9:18 probablemente implique que Ananías bautizó a Saulo. **7.** Sumo sacerdote judío desde el 47 al 58 d.C. (Hech. 23:2; 24:1). En su condición de sumo sacerdote, fue presidente de la corte judía conocida como Sanedrín que juzgó a Pablo en Jerusalén (Hech. 23). Tal como era típico de los sumos sacerdotes que pertenecían al grupo judío aristocrático conocido como los saduceos, este Ananías estaba sumamente interesado en aplacar a las autoridades y los representantes romanos. Posiblemente, este deseo fue el que lo indujo a interesarse de manera tan personal en el caso de Pablo (Hech. 24:1-2), ya que algunas autoridades romanas sospechaban que el apóstol era sedicioso y enemigo de Roma (Hech. 21:38). Debido a los sentimientos pro romanos de Ananías, revolucionarios judíos antirromanos lo asesinaron al comienzo de la primera revolución judía importante en contra de Roma en el año 66 d.C. Ver *Saduceos; Sanedrín.*

ANÁS Hijo de Set; sacerdote en la época en que Juan el Bautista comenzó su predicación pública (Luc. 3:2). Evidentemente, Quirino, el gobernador de Siria, designó sumo sacerdote a Anás, cuyo nombre significa "misericordioso", alrededor del 6 d.C. Aunque Grato lo destituyó en el 15 d.C., continuó ejerciendo una influencia considerable. Cuando arrestaron a Jesús, lo llevaron ante Anás (Juan 18:13). Luego de Pentecostés, Anás encabezó a otros sacerdotes en el interrogatorio a Pedro y a los otros líderes de la iglesia (Hech. 4:6).

ANAT Nombre de persona que significa "respuesta" o el nombre de un dios cananeo. Padre de Samgar, juez de Israel (Jue. 3:31).

ANATEMA Traducción griega de la palabra hebrea *cherem*; botín que se obtiene en una guerra santa y se debe destruir totalmente (Lev. 27:28; Deut. 20:10-18). La destrucción completa de este botín demostraba que se entregaba a Dios en forma total. En el NT, "anatema" tiene dos significados aparentemente opuestos. Se refiere a ofrendas dedicadas a Dios (Luc. 21:5 "ofrendas votivas") como así también a algo maldito. Pablo invocó dicha maldición sobre aquellos que no amaban al Señor (1 Cor. 16:22) y también sobre el que predicaba otro evangelio diferente al evangelio de la gracia (Gál. 1:8-9). Sobre la base de estos usos, anatema llegó a tener el sentido de ser separado o excomulgado por un cuerpo religioso. Pablo dijo que estaba dispuesto a convertirse en *anatema*, maldito y separado del Mesías, en beneficio de sus hermanos judíos (Rom. 9:3).

ANATOT Nombre de persona y de lugar. **1.** Ciudad asignada a la tribu de Benjamín ubicada a unos 5 km (3 millas) al noreste de Jerusalén (Jos. 21:18). El rey Salomón envió allí a Abiatar después de destituirlo como sumo sacerdote (1 Rey. 2:26-27). También era el hogar del profeta Jeremías, quien tal vez haya sido un sacerdote del linaje rechazado de Abiatar (Jer. 1:1). Aunque los ciudadanos de Anatot se opusieron a Jeremías y lo amenazaron (Jer. 11:21-23), él le compró un campo allí a su primo Hanameel en obediencia a la palabra de Dios como símbolo de la esperanza final después del exilio (Jer. 32:6-15). Los babilonios arrasaron con Anatot pero fue reconstruida después del exilio (Neh. 7:27; 11:32). **2.** El octavo de los nueve hijos de Bequer, hijo de Benjamín (1 Crón. 7:8). **3.** Jefe de una familia que junto con otros 84 sacerdotes, levitas y líderes firmó un pacto declarando que los israelitas iban a obedecer la ley que Dios había dado por medio de Moisés (Neh. 10:19).

ANATOTÍAS Descendiente de Benjamín (1 Crón. 8:24). El nombre puede representar alguna conexión con la ciudad de Anatot.

ANATOTITA Persona de Anatot. Ver *Anatot.*

ANCIANO Miembro destacado en la comunidad judía y en la cristiana primitiva. En el AT, por lo general el término "anciano" traduce la palabra hebrea *zaqen*, proveniente de una raíz que significa "barba" o "mentón". En el NT, la palabra griega es *presbuteros*, que se translitera presbítero.

Antiguo Testamento Desde el comienzo de la historia de Israel, los ancianos fueron líderes de diversas familias y tribus. Cuando estas se reunieron para formar la nación de Israel, los ancianos naturalmente asumieron funciones importantes en el gobierno de los asuntos de la nación. A Moisés se le ordenó que informara a "los ancianos de Israel" acerca del propósito del Señor de liberar a Israel de Egipto, y que se presentara con los ancianos a confrontar al faraón (Ex. 3:16,18). De manera similar, 70 ancianos participaron con Moisés en la comida del pacto en el Sinaí (Ex. 24:9-11). A medida que la tarea de gobernar Israel creció en complejidad, parte de la carga fue transferida de Moisés a un concilio de 70 ancianos (Núm. 11:16-17).

Durante el período de los jueces y de la monarquía, los ancianos tuvieron un lugar destacado en la vida política y judicial de Israel. Le exigieron a Samuel que nombrara a un rey (1 Sam. 8:4-5); cumplieron una función decisiva para que David obtuviera y retuviera el trono (2 Sam. 3:17; 5:3; 17:15; 19:11-12), y representaron al pueblo en la consagración del templo de Salomón (1 Rey. 8:1,3). En las normas legales en Deuteronomio se hace responsables a los ancianos de administrar justicia, de actuar como jueces a las puertas de la ciudad (Deut. 22:15), de decidir en casos que afectaban la vida familiar (Deut. 21:18-21; 22:13-21), y de hacer que se cumplieran las decisiones (Deut. 19:11-13; 21:1-9).

Aunque los ancianos fueron menos importantes después del exilio, y al parecer el término no se usó mucho en las comunidades judías fuera de Palestina, el "concilio de los ancianos" formaba parte del Sanedrín en Jerusalén. En el NT, a menudo se hace referencia a los ancianos de los judíos, generalmente en asociación con los principales sacerdotes y escribas (Mat. 21:23; Mar. 14:43). En este contexto, los ancianos, aparentemente miembros de familias destacadas, tenían cierta autoridad pero no eran los líderes principales en asuntos religiosos ni políticos.

Nuevo Testamento En las iglesias judeocristianas primitivas, por lo menos en la iglesia en Jerusalén, la función del "anciano" siguió casi con seguridad el modelo de la sinagoga. Si bien hay pocos detalles específicos de la función de los ancianos en la iglesia de Jerusalén, aparentemente servían como concilio para la toma de decisiones. A menudo se los menciona en conjunto con los apóstoles, y algunos pasajes dan la impresión de que estos y los ancianos de Jerusalén consideraban que poseían autoridad para tomar decisiones para toda la iglesia (Hech. 15; 21:17-26).

Otras iglesias tenían ancianos. Hechos 14:23 relata que Pablo y Bernabé nombraron ancianos en las iglesias durante su viaje misionero. Sin embargo, pareciera que dichos ancianos no seguían el modelo judío. En su discurso a los ancianos de Éfeso, Pablo se refirió a ellos como quienes supervisaban a la iglesia y servían en ella como pastores (Hech. 20:28). El apóstol no usaba con frecuencia el término, que se refería más a las funciones del ministerio que a títulos u oficios. Por ejemplo, en Rom. 12:6-9 Pablo aludió a quienes tenían dones de profecía, de servicio, de enseñanza, y para otros aspectos del ministerio (comp. 1 Cor. 12). Aunque aquellos que ejercían tales dones en las iglesias no eran expresamente llamados ancianos, es probable que por lo menos algunos de ellos lo fueran. Por lo tanto, probablemente los ancianos en las iglesias paulinas hayan sido líderes y ministros espirituales, no sólo un concilio de gobierno.

Una de las cuestiones más debatidas en cuanto al estilo del ministerio cristiano primitivo es la relación entre obispos y ancianos. Algunos eruditos consideran que estos términos eran intercambiables. Otros argumentan que se refieren a oficios diferentes. En las cartas de Pablo no hay referencias explícitas a las obligaciones de unos y otros, ni se enumeran requisitos de los ancianos. Tito 1:5-9 es el único pasaje que menciona ambos vocablos. El texto comienza con la indicación de que deben nombrarse ancianos en cada ciudad, y continúa con la descripción de los requisitos de los obispos. El contexto lleva a la conclusión de que las indicaciones y los requisitos se refieren a las mismas personas, lo cual sugiere que los términos son en verdad intercambiables.

Al parecer, los requisitos en Tito 1:6-9 y en 1 Tim. 3:1-7 se aplican a los ancianos. Es evidente que estos eran líderes espirituales de las iglesias. Tomados en conjunto, los requisitos describen a una persona cristiana madura y de buena reputación, con dones para la enseñanza, la administración y el ministerio pastoral. La única descripción concreta del ministerio de los ancianos es la mención en Sant. 5:14-15 de que oren y unjan a una persona enferma. Aunque la palabra "obispo" por lo general se menciona en singular, ninguno de los pasajes referidos indica que hubiera un solo anciano en cada congregación ni se describe el carácter de la relación entre los diversos ancianos. *Fred A. Grissom*

A

ANCIANO DE DÍAS Frase utilizada en Daniel 7:9,13,22 para describir al Dios eterno. Anciano de días significa literalmente "uno avanzado en días" y tal vez quiera decir "uno que se adelanta al tiempo o gobierna sobre él".

Varios pasajes bíblicos tienen términos o ideas relacionadas con Daniel 7 (Gén. 24:1; Job 36:26; Sal. 50:1-6; 55:19; 1 Rey. 22:19-20; Isa. 26:1–27:1; 44:6; Ezeq. 1; Joel 3:2). Es imposible determinar el origen o el significado original de este término. No obstante, en la literatura ugarítica antigua, el dios *El* se designa como "el padre de los años".

Ligado a las figuras retóricas del contexto de Daniel 7, "Anciano de Días" sugiere edad, antigüedad, dignidad, permanencia, juicio y sabiduría. Describe claramente a Yahvéh, el Dios de Israel. *J. J. Owens*

ANCLA Peso unido al extremo de una gran cuerda que cuando se sumerge en el agua mantiene a un barco en el lugar. En los tiempos bíblicos las anclas se hacían de piedra, de hierro o de plomo. El barco en que Pablo navegaba hacia Roma echó cuatro anclas cuando se acercaba a Malta (Hech. 27:29-30,40). "Ancla" se utiliza en sentido figurativo en Hebreos 6:19, donde la esperanza del evangelio se compara con una "segura y firme ancla del alma", es decir, un sostén espiritual en los tiempos de prueba.

ANDRÉS Discípulo de Juan el Bautista que se convirtió en uno de los primeros discípulos de Jesús y condujo a su hermano Simón al Señor. Debido al testimonio de Juan el Bautista acerca de Jesús, Andrés lo siguió hasta su morada nocturna y se convirtió en uno de sus primeros discípulos. Posteriormente, Andrés llevó a su hermano ante Jesús (Juan 1:40-41). Desempeñaba el oficio de pescador (Mat. 4:18). Le preguntó a Jesús acerca de su profecía con respecto al templo (Mar. 13:3). Llevó ante Jesús al muchacho con el almuerzo que hizo posible la alimentación de los 5000 (Juan 6:8). Felipe y él llevaron a algunos griegos para que vieran a Jesús (Juan 12:22). Se lo menciona por última vez en Hechos 1:13. Figura de manera destacada en varias tradiciones eclesiásticas extrabíblicas antiguas. Se cree que lo mataron en una cruz con forma de X. Ver *Discípulo.*

ANDRÓNICO Pariente de Pablo honrado por la iglesia. Había padecido en la prisión por su fe y había sido creyente durante más tiempo que Pablo (Rom. 16:7). Evidentemente vivía en Roma cuando Pablo escribió Romanos. Se hace referencia a él como "apóstol" en el sentido más amplio, queriendo decir "mensajero".

ANEM Nombre geográfico que significa "fuentes". Ciudad dada a los levitas en el territorio de Isacar (1 Crón. 6:73). Josué 21:29 presenta la ciudad como En-ganim.

ANER Nombre de persona y de lugar. **1.** Aliado de Abraham en la batalla contra la coalición de reyes en Génesis 14. **2.** Ciudad de la tribu de Manasés dada a los levitas (1 Crón. 6:70). En Josué 21:25, la ciudad de los levitas se llama Taanac. Ver *Taanac.*

ANFÍPOLIS Ciudad cercana al Golfo Egeo entre Tesalónica y Filipos. Pablo y Silas pasaron por allí camino a Tesalónica en el segundo viaje misionero (Hech. 17:1) mientras transitaban la famosa Vía Ignacia.

ÁNGEL Seres creados cuya función fundamental es servir y adorar a Dios. Aunque algunos interpretan que el uso del verbo en tercera persona del plural en Génesis 1:26 incluye a Dios y a su cortejo angelical, la Biblia no indica cuándo fueron creados. A diferencia de Dios, no son eternos ni omniscientes. La palabra hebrea en el AT es *mal'ak* y el término griego en el NT es *angelos.* Ambas palabras significan "mensajero" y ocasionalmente se refieren a mensajeros humanos.

Clasificación de ángeles Los ángeles no sólo llevan mensajes a la gente (Gén. 18:9-16; Jue. 13:2-24; Luc. 1:13,30; 2:8-15) sino que también ejecutan la voluntad de Dios según Él los dirija (Sal. 148:2-5; Col. 1:16). La Biblia proporciona escasa descripción de los ángeles mensajeros porque el énfasis está en el mensaje y no en quien lo lleva. Además los ángeles realizaban tareas como mediadores (Hech. 7:53; Gál. 3:19; Apoc. 1:1; 10:1).

Los ángeles también sirven a Dios en su corte celestial. Títulos como "hijos de Dios" (Gén. 6:2-4; Job 1:6; 2:1), "santos" o "santo" (Sal. 89:5; Dan. 4:13) y "huestes celestiales" (Luc. 2:13) identifican a los ángeles como seres celestiales que adoran a Dios (Luc. 2:13-15; Apoc. 19:1-3), ayudan en su trono (Apoc. 5:11; 7:11) y conforman el ejército de Dios (1 Sam. 1:11; 1 Crón. 12:22).

A los ángeles se los identifica a veces como criaturas aladas, los querubines y los serafines.

Estos ángeles aparecen en las visiones de Ezequiel (1:4-28; 10:1-22) y en Isaías 6:2-6. Los querubines son principalmente guardias/asistentes del trono de Dios, mientras que los serafines asisten en el trono de Dios y le ofrecen alabanzas.

Aparición angelical La apariencia física de los ángeles varía según su categoría. A diferencia de las imágenes populares, sólo tienen alas los querubines y los serafines. En los textos bíblicos, los ángeles siempre aparecen como hombres, y nunca como mujeres o niños. Se identifican con los seres humanos en cuanto a forma, lenguaje y actividad. La singularidad angelical se evidencia a veces en las Escrituras mediante sus acciones o apariciones de maneras que los seres humanos no lo hacen (Gén. 16:1-11; Ex. 3:2; Núm. 22:23; Jue. 6:21; 13:20; Juan 20:12). La apariencia blanca y brillante de ángeles sólo ocurre en el NT (Mar. 16:5).

Ángeles de la guarda Aunque en la Biblia no aparece el término "ángel de la guarda", muchas personas creen que a los creyentes se les asignan ángeles para que cumplan esta función en forma permanente. Otros sostienen que los ángeles intervienen en la historia humana pero que ayudan a los creyentes en situaciones particulares (Sal. 34:7; 91:11-12; Hech. 12:6-11,15). Hebreos 1:14 confirma que los ángeles ciertamente sirven a los creyentes pero por voluntad de Dios y bajo su dirección.

Se describe a los ángeles como seres celestiales en la presencia misma de Dios (Mat. 18:10). No pueden estar en el cielo y en la tierra simultáneamente. En dicho pasaje de Mateo, una interpretación probable de "sus ángeles" en la presencia de Dios es que están preparados para actuar bajo el mandato de Dios. La protección angelical que se les proporciona a los fieles pareciera un fenómeno universal más que individual.

Los ángeles en el regreso de Cristo Los ángeles predijeron que Jesús volvería a la tierra en forma personal, corporal y visible (Mat. 25:31; Hech. 1:11). En su segunda venida, Cristo descenderá del cielo (1 Tes. 1:10) con voz de arcángel y trompeta de Dios (1 Tes. 4:16; 2 Tes. 1:7). Según 2 Tesalonicenses 1:7, los ángeles lo acompañarán como ejecutores de su decreto.

Marcos 13:26-27 se refiere a la segunda venida del "Hijo del Hombre". Estos versículos describen la venida de Jesús con gran poder y gloria y el envío de sus ángeles para reunir a los escogidos. Muchos eruditos asignan el cumplimiento de esta profecía de Marcos 13 al año 70 d.C. en conexión con la destrucción de Jerusalén y del templo en manos de los romanos. No obstante, es evidente que gran parte de este texto se refiere a su regreso final triunfante. El v.27 confirma que el Hijo del Hombre enviará a sus ángeles para reunir a los escogidos. Las apariciones angelicales frecuentemente señalan un hito en la historia bíblica (Gén. 18:9-15; Luc. 1:13,26-38; 2:8-15). El pasaje paralelo de Mateo (24:31) agrega que los ángeles juntarán a los escogidos "con gran voz de trompeta". Reunirán a los creyentes en tanto que estos serán como aquellos en el sentido de que no morirán ni se casarán en el cielo (Luc. 20:35).

A través de esta acción, los ángeles colaborarán en la reivindicación de los creyentes ante la presencia misma de sus enemigos (Apoc. 11:12). Los ángeles adorarán a Cristo en su venida (Heb. 1:6). Asimismo, los creyentes se unirán a los ángeles en la alabanza a Dios en el cielo (Apoc. 5:13; 19:6).

Los ángeles y el juicio final El tema de la participación angelical en el juicio divino se encuentra tanto en el AT como en el NT. Según 2 Reyes 19:35, el ángel de Jehová mató a 185.000 asirios, mientras que 2 Samuel 24:16 registra que el ángel de Jehová mató a los hijos de Israel hasta que el Señor le dijo que detuviera su mano en Jerusalén (2 Sam. 24:16). Éxodo 14:19-20 apunta que el ángel de Jehová se colocó entre los hebreos y los egipcios, lo cual resultó en la liberación del pueblo hebreo y en la destrucción subsiguiente de sus perseguidores en el Mar Rojo.

Algunas de estas referencias pertenecían a juicios inmediatos y otras a un juicio final (Gén. 19:12-13; 2 Sam. 24:16-17; 2 Rey. 19:35; Ezeq. 9:1,5,7). De la misma manera, el NT ofrece varios ejemplos de participación angelical en el juicio del mal, incluyendo el juicio inmediato (Hech. 12:23) como así también un enjuiciamiento futuro y final (Apoc. 8:6–9:21; 16:1-17; 18:1,21; 19:11-14,17-21; 20:1-3). En la crucifixión, Jesús podría haber convocado a doce legiones de ángeles para que ejecutaran un juicio inmediato sobre aquellos que lo crucificaron y se burlaban de Él (Mat. 26:53).

Según Apocalipsis 14:14-16, "el Hijo del Hombre" segará la cosecha (el creyente), mientras que Apocalipsis 14:17-20 describe que los ángeles recogerán a los incrédulos con el propósito de juzgarlos. Los ángeles segarán la "buena semilla" y la "cizaña" en el nombre del "Hijo del Hombre" y por su autoridad (comp. Mat. 13:36-43). Los ángeles también reunirán a las personas impenitentes para que Cristo las juzgue, y sean arrojadas en el fuego (Mat. 13:39-43; 2 Tes. 1:7-10). Ver *Arcángel; Querubín; Serafín.*

Steven L. Cox

ANIAM Nombre de persona que significa "Yo soy un pueblo", "Yo soy tío" o "lamento de la gente". Miembro de la tribu de Manasés (1 Crón. 7:19).

ANÍAS Nombre de persona que significa "Yahvéh respondió". Ayudante de Esdras cuando éste le leyó la ley a la comunidad postexílica (Neh. 8:4). Él y otro hombre con el mismo nombre firmaron el pacto de Nehemías de obedecer la ley de Dios (Neh. 10:22).

ANILLO Ver *Joyas, alhajas.*

ANILLO DE SELLAR Por lo general, un anillo con un sello cuidadosamente trabajado que usaba una persona importante o rica para autenticar un documento. Se utilizaba de manera similar a una firma en un documento actual. El anillo de los reyes indicaba la autoridad más alta de un territorio determinado y confería poder a los subordinados para actuar en nombre del rey. Algunos ejemplos bíblicos son: el anillo que el faraón le dio a José (Gén. 41:42); el que Asuero le entregó a Amán y luego a Mardoqueo después de que Amán fue ahorcado (Est. 3:10,12; 8:2); el del rey Darío que selló la puerta del foso de leones donde arrojaron a Daniel (Dan. 6:17). El sello se podía llevar en una cadena alrededor del cuello (Cant. 8:6). En Hag. 2:23 vemos un uso poco común de la palabra cuando se dice que Zorobabel era "un anillo de sellar" porque el Señor lo había escogido. Jehová le concedió autoridad a Zorobabel y así quedó garantizada la terminación del templo. Otro uso poco común de la palabra se refería al grabado especial de las piedras del efod del sumo sacerdote que eran "como grabaduras de sello" (Ex. 28:11). Ver *Sello.*

ANIM Nombre geográfico que significa "arroyos". Ciudad que se le entregó a la tribu de Judá (Jos. 15:50) ubicada en la moderna Khirbet Ghuwein at-Tahta, unos18 km (11 millas) al sur de Hebrón.

ANIMALES Dios creó los animales en los días quinto y sexto de la historia de la creación (Gén. 1:20-26). Luego creó al hombre para que los gobernara. Génesis 2:19-20 indica que Dios llevó a los animales ante Adán, el primer hombre, a quien le confirió la tarea de ponerles nombre. Muchos episodios bíblicos incluyen a los animales como parte específica de esas historias. A medida que se desarrollaron las traducciones se fue creando confusión en cuanto a los nombres de animales específicos debido a que conocimientos posteriores proporcionaron una mayor comprensión de la naturaleza general de la tierra y de las clases de animales que vivían allí. En algunos casos se sabe poco acerca del animal específico que estaba realmente presente o al que se hace referencia.

Los mamíferos, las aves, los reptiles, los anfibios, los peces y la clasificación de los invertebrados incluyen un rango de animales tan amplio que no todos se hallarán de manera específica en la Biblia, pero se ha hecho un intento de identificar a los que se mencionan y ofrecer alguna explicación. (Muchos de los animales mencionados específicamente en la Biblia se encontrarán bajo la propia entrada alfabética correspondiente.)

Domésticos Generalmente, las personas de las Escrituras domesticaban muchos animales para su uso en la producción de alimentos, las operaciones militares y el transporte. Entre los que se hallan en el texto bíblico figuran el asno o burro, el camello, el perro, la cabra, el caballo, la mula, el buey, la oveja y el cerdo.

Salvajes En contraste, los animales salvajes proveían alimento y diversión. Las personas de la Biblia generalmente les tenían miedo. Algunos de los que se identifican en el texto bíblico son el antílope, el mono, el tejón, el murciélago, el oso, el behemot (posiblemente el hipopótamo), el puerco montés (jabalí), el conejo, el ciervo, el perro, el elefante (sólo indicado en conexión con el rey Salomón y el marfil que importó, 1 Rey. 10:22), la gacela, la liebre, la hiena, el íbice, el chacal, el leopardo, el león, el topo, el ratón, el buey, el erizo, los roedores, la comadreja, la ballena y el lobo.

Limpios e inmundos Dios estableció una serie de leyes específicamente para los israelitas en relación con los animales limpios e inmundos. Hizo una distinción más estricta para su pueblo escogido de la que realizó para todas las otras naciones. Es discutible si esta distinción se relacionaba con la idolatría, la higiene o las naturalezas ética y religiosa. Un estudio de Levítico 11:1-47; 22:4-5 y Deuteronomio 14:1-21 provee los detalles de estos reglamentos. El apóstol Pedro tuvo una visión en Hechos 10:9-16 que indica que la práctica de distinguir entre los animales limpios e inmundos aún se enseñaba en la época del NT. Esta distinción ha desaparecido y ya no tiene relevancia para los creyentes. Ver *Limpio, limpieza.*

Anfibios Las ranas son los únicos animales anfibios que se incluyen en las Escrituras. Se mencionan fundamentalmente en conexión con las diez plagas de Egipto, lugar donde las ranas eran comunes (Ex. 8:2-13). El salmista les hizo recordar a los israelitas acerca de esa plaga devastadora en los Salmos 78:45 y 105:30. Apocalipsis 16:13 se refiere a espíritus que tienen el aspecto de ranas. Ver *Ranas.*

Aves Generalmente se mencionan de manera específica a lo largo del AT y del NT. Algunas se utilizaban como alimento mientras que otras se usaban en los sacrificios. En Lucas 9:58, Jesús habló acerca de que las aves tienen un nido mientras que Él "no tenía dónde recostar la cabeza". Ver *Aves.*

Peces Diferentes vertebrados acuáticos de sangre fría con branquias (para respirar), aletas y por lo general, escamas. Fundamentalmente una fuente alimenticia. Ver *Peces, pesca.*

Invertebrados Clasificación de cualquier animal que no tiene espinazo o columna vertebral. Algunos tienen patas articuladas, otros no; algunos tienen alas, otros antenas; algunos inclusive viven como parásitos. Ver *Arañas; Gusano; Insectos.*

Mamíferos Cualquier clase de vertebrados superiores, incluyendo los seres humanos y todos los otros animales que alimentan a sus pequeños con leche segregada por las glándulas mamarias y tienen la piel cubierta en mayor o menor medida por vello. En las Escrituras se puede identificar una gran variedad de mamíferos con un nivel elevado de certidumbre, aunque en el AT no son tan fáciles de distinguir. (Ver los nombres individuales de los mamíferos en la lista alfabética del diccionario.)

Reptiles Miembros de la clase de vertebrados de sangre fría que poseen pulmones, esqueletos óseos y cuerpos con escamas o láminas callosas, incluyendo las serpientes y los dinosaurios. Ver *Reptiles.*

ANIMALES ENGORDADOS Por lo general, un animal joven engordado en el corral para luego ser sacrificado. En ocasiones, alusión al más fuerte o al mejor de los ejemplares de un rebaño o manada. En el sueño de Faraón, las vacas gordas (Gén. 41:2,18) simbolizaban años de prosperidad. Saúl no sacrificó los mejores animales de los amalecitas (1 Sam. 15:9). En Ezeq. 34:3,16,20, las ovejas gordas simbolizan a los líderes prósperos de Israel. Como ejemplares selectos, los animales engordados constituían una ofrenda apropiada a Dios (2 Sam. 6:13; Sal. 66:15; Amós 5:22). Con frecuencia se los relacionaba con banquetes.

En la parábola de Mat. 22:4, el ganado engordado formaba parte del menú para el banquete de bodas del hijo del rey. En la parábola del padre amante, el hijo es recibido en el hogar con un banquete de animales engordados (Luc. 15:23, 27,30). Estos también se usaban como símbolo de matanza. En el NT, Santiago describe a los ricos opresores diciendo que engordan el corazón para el día de la matanza, quizás en referencia al juicio de Dios sobre ellos (5:5).

ANIMALES, PROTECCIÓN DE La Biblia hace una clara distinción entre animales y personas. Aunque ambos fueron creados por Dios (Gén. 1:20-30), sólo las personas fueron hechas a imagen divina (Gén. 1:27) y tienen un alma inmortal (Gén. 2:7; 1 Ped. 1:9). El hecho de que Adán le pusiera nombre a los animales (Gén. 2:19-20) significa que tenía dominio sobre ellos (Gén. 1:26-28; Sal. 8:5-8). Este dominio aumentó luego del diluvio, cuando Dios le dio a la humanidad los animales como comida (Gén. 9:3).

Aunque Jesús dijo que las personas tienen más valor que los animales (Mat. 6:26), esto de ninguna manera da licencia para maltratarlos. Estos pertenecen a Dios (Sal. 50:10), y tienen gran valor en sí mismos. Las personas deben cuidar de los animales y cuando los usen, deben tratarlos con toda dignidad.

Tal como Dios cuida a los animales salvajes (Job 38:39-41; Sal. 104:10-30; 147:7-9; Mat. 6:26), así también los dueños deben tratar bien a sus animales domésticos (Prov. 12:10; 27:23). La ley mosaica estipula que los animales deben recibir suficiente alimento (Ex. 23:11; Deut. 25:4; comp. 1 Cor. 9:9; 1 Tim. 5:18), deben recibir ayuda con las cargas que lleven (Ex. 23:5), no se los debe hacer trabajar en exceso (Ex. 20:10; Deut. 5:14), y se los debe tratar con consideración (Deut. 22:6-7,10). Ezequiel comparó a los líderes injustos de Israel con pastores que maltrataban a su rebaño (Ezeq. 34:1-6), situación que fue revertida por Jesús el Buen Pastor (Juan 10:11; comp. Luc. 15:3-6).

Paul H. Wright

A

ANÍS (NVI) Traducción de los términos hebreo y griego que aparece de manera apropiada como "eneldo" en Mat. 23:23, RVR1960. El eneldo es una planta con hojas semejante al perejil. Se cultivaba por sus semillas, que eran aromáticas y se utilizaban como saborizantes para las comidas. Ver *Especias*.

ANTEDILUVIANOS Significa "antes del diluvio" y se refiere a los que vivieron antes del diluvio que se describe en Génesis 6–8. Los primeros capítulos de Génesis afirman que el Dios de Israel es el Dios que creó el mundo y que guía toda la historia humana. Esos capítulos conectan la historia de la humanidad con la del pueblo del pacto de Dios y, en consecuencia, con la historia de la salvación.

La genealogía de Génesis 4 está enmarcada en dos relatos de violencia: (1) el asesinato de Abel en manos de Caín y la promesa de Dios de una venganza siete veces mayor sobre cualquiera que dañara a Caín (Gén. 4:8-16), y (2) el cántico de guerra de Lamec, donde amenazaba con una venganza incrementada setenta veces siete ante cualquier daño (Gén. 4:23-24). En medio de estas dos cosas se nos relata acerca de los logros culturales de los antediluvianos. A Caín se le acredita la edificación de la primera ciudad. A los tres hijos de Lamec se les atribuye el origen de la cría de ganado (Jabal), la música (Jubal) y la metalurgia (Tubal-caín). A raíz de que en el antiguo Cercano Oriente las adquisiciones culturales se les atribuían frecuentemente a los dioses, la Escritura quiere enfatizar que son logros de seres humanos creados por el único Dios. El texto exhibe una toma de conciencia en cuanto a que el desarrollo de la tecnología ha sido una bendición con aspectos contradictorios, tanto en aquel tiempo como ahora. La tecnología cumple ambas funciones, la de mejorar la vida y la de ser utilizada con propósitos perversos.

La longevidad que se les atribuye a los antediluvianos en Génesis 5 es tema de estudio y debate. En la Biblia hebrea (Texto Masorético), en el Pentateuco Samaritano y en el AT griego (Septuaginta) las edades de los antediluvianos se registran en cierto de modo de manera un tanto diferente. Una opinión tradicional es que estas personas vivían más porque se encontraban más cerca del estado en que Dios había creado a los seres humanos. Otros dicen que (Gén. 2:16-17; 3:18b; y Gén 9:3) la causa de un período de vida más prolongado eran su vida más sencilla y el vegetarianismo. Algunos consideran los números en forma simbólica.

El descubrimiento de las listas de reyes sumerios que reinaron antes del diluvio ha arrojado luz sobre el significado teológico del texto. Se dice que los reyes sumerios, quienes eran considerados dioses, vivieron decenas de miles de años. En contraste, los antediluvianos bíblicos eran evidentemente humanos. Génesis enfatiza la unidad de Dios y la distinción entre el Creador y los seres humanos, que fueron creados. Ver *Diluvio*. *Wilda W. Morris*

ANTEPASADOS Aquellos de quienes una persona desciende tanto en sentido literal como figurativo. Las versiones españolas utilizan el término con frecuencia para traducir *'abot* en el AT y *pater* en el NT. Ambas son las palabras normales para "padre", "abuelo", etc. Cuando estas palabras están en plural y el contexto trata acerca del pasado, el término por lo general se refiere a los antepasados varones. Asimismo, las genealogías normalmente incluyen a los antepasados varones.

Adoración de antepasados La adoración de antepasados es la adoración u homenaje a un pariente o antepasado muerto. Dicha adoración generalmente se reservaba para las deidades. Existen varios casos de deificación de antepasados entre los vecinos de la antigua Israel (mitología mesopotámica y reyes egipcios). Quizá en la Biblia se registre un caso de adoración de antepasados. Ezequiel 43:7-9 posiblemente indique que se adoraba a los cuerpos de los reyes muertos de Israel. Esta práctica de adoración de antepasados estaba condenada y prohibida.

El culto a los muertos De manera muy similar a la adoración de antepasados, el culto a los muertos incluía la adoración de personas muertas. No obstante, el culto a los muertos va un paso más allá de la adoración y procura mantener una relación con el fallecido. El culto a los muertos incluye las creencias de que ciertos espíritus que han partido se deben alimentar u honrar, y que pueden ser canales de información con el mundo espiritual.

Mientras que la adoración de antepasados no era común en Israel ni entre sus vecinos, el culto a los muertos se practicaba de modo amplio. Aparentemente, la creencia en una vida después de la muerte era universal en el antiguo Cercano Oriente. La provisión de comida, bebida y artefactos dentro de las tumbas muestra la creencia de que los espíritus que habían partido tenían necesidad de esas cosas.

Aunque a Israel se le había prohibido la práctica del culto a los muertos, a menudo la nación se alejaba de los mandamientos de Dios y participaba en la adoración de deidades paganas. Los israelitas descarriados también eran culpables de practicar el culto a los muertos (1 Sam. 28). A Israel se le advirtió específicamente que no efectuara ofrendas a los muertos (Deut. 26:14). Por medio de los profetas Dios les advirtió que no consultaran a los muertos en un esfuerzo por conocer el futuro (Isa. 8:19; 65:4). Los profetas consideraban que tales acciones estaban peligrosamente en contra de la voluntad de Dios. Ver *Adivinación y magia; Dioses paganos; Genealogías; Médium; Sepultura.* *Larry Bruce y E. Ray Clendenen*

ANTICONCEPTIVOS Como respuesta al mandamiento de Dios en el huerto del Edén, "Fructificad y multiplicaos; llenad la tierra" (Gén. 1:28; comp. Gén. 9:1,7), los hombres y las mujeres en la antigua Israel y Judea valoraban en extremo la reproducción humana (1 Sam. 1:8; Sal. 127:3-5). En la antigua Israel, la seguridad emocional y económica se expresaba con una familia numerosa (Sal. 113:9) y se protegía con estructuras y costumbres legales que aseguraran la continuidad genealógica (Deut. 25:5-10; Rut 4:5; Mar. 12:18-23). La identidad personal se basaba principalmente en parentesco y linaje, de modo que a una mujer estéril se la consideraba una mujer incompleta (Gén. 30:22,23: 1 Sam. 1:5,6). Por estas razones el intento anticonceptivo de Onán resultó desagradable tanto para Dios como para su familia (Gén. 38:8-10).

En el mundo antiguo era común que hubiera eunucos (por ej., Mat. 19:12; Hech. 8:27). El objetivo de la castración no era la anticoncepción sino que se realizaba por una serie de razones: castigo, indicación de devoción religiosa o para habilitar a un hombre para ciertas tareas que requerían completa lealtad, como por ej. la supervisión de las mujeres de la casa real (Est. 1:10-12; 2:3). Sin embargo, la ley de Moisés reconoció que la castración era contraria al orden de la creación y prohibía que personas castradas tuvieran parte en el culto religioso (Deut. 23:1). Para la época de Isaías esta prohibición ya no era tan estricta (Isa. 56:3-5). *Paul H. Wright*

ANTICRISTO Describe a un individuo en particular o a un grupo de personas que se oponen a Dios y a su propósito.

Antiguo Testamento El AT describe al anticristo de diversas maneras. En Daniel, especialmente, surge la expectativa en cuanto a alguien que se iba a oponer al Señor y a su pueblo Israel. Se hace referencia a este líder como el rey del norte (11:40) que llegaría con un ejército poderoso para aplastar a las naciones, para perseguir a los justos (7:25), para traer muerte (8:10) y para establecer su trono en el templo (8:13). Los judíos denominan "abominación desoladora" a este último acontecimiento. Muchos judíos consideraban que la llegada de Antíoco Epífanes IV era la personificación de estos versículos. Sin embargo, en la mente de muchos judíos, el gobierno de Antíoco no cumplió con las expectativas de estas Escrituras. De allí surgió en el judaísmo una expectativa permanente en cuanto a una figura del anticristo. En la historia judía posterior se identificaron con el anticristo figuras romanas tales como Pompeyo y Calígula.

En Daniel también se encuentra un anticristo de este tipo. En 7:7-28, el cuarto imperio se consideraba un anticristo colectivo. El judaísmo más tardío consideraba que el Imperio Romano era el cuarto imperio o el anticristo colectivo (2 Baruc 26-40; 4 Esdras 5:3-4).

Nuevo Testamento El único uso del término "anticristo" en el NT está en las epístolas juaninas. Primera Juan 2:18 habla del anticristo que es el mayor enemigo de Dios y, en particular, de anticristos que preceden a ese gran enemigo. Estos anticristos eran maestros humanos que habían dejado la iglesia. Tales anticristos niegan la encarnación (1 Jn. 4:3) y la deidad de Cristo (1 Jn. 2:2). En 2 Juan 7 se identifica a los anticristos como engañadores que enseñan que Jesucristo no vino en carne. El concepto del anticristo aparece en el término "falso Cristo" (*pseudo christos*) (Mat. 24:24; Mar. 13:22). Marcos y Mateo aparentemente esperaban que un gobernante romano volviera a entrar en el templo tal como lo habían hecho Antíoco y Pompeyo. En Apocalipsis 13:3, la bestia que sale del mar a menudo se observa como una figura del anticristo. Es probable que Juan haya visto allí un regreso del emperador Nerón.

En 2 Tesalonicenses 2:1-12, la figura del anticristo está armada de poder satánico y se la fusiona con Belial, un ser diabólico (2 Cor. 6:15). En este pasaje se considera que el gobierno romano restringe su poder. En Apocalipsis, el César romano es la fuerza del mal.

Aplicaciones contemporáneas Los creyentes contemporáneos tienen diferentes opiniones sobre la figura del anticristo. Los dispensacionalistas contemplan un gobernante romano futuro que aparecerá durante la tribulación y gobernará sobre la tierra. Los de la escuela amilenialista interpretan el término de manera simbólica.

James L. Blevins

ANTIGUO TESTAMENTO Primera parte de la Biblia cristiana tomada de Israel. Narra la historia de la nación de Israel y el trato de Dios con Su pueblo hasta el retorno del exilio babilónico. Para los judíos constituye la Biblia completa y a veces la denominan Tanak debido a las tres partes que la componen (Torá o Ley, Nebiim o Profetas, Ketubim o Escritos). Los cristianos consideran que el NT es complemento donde se revela a Jesucristo como cumplimiento de la profecía del AT. Este posee tres divisiones importantes: Ley, Profetas (Anteriores y Posteriores) y Escritos. La Ley (Génesis–Deuteronomio) comienza con la creación del mundo y concluye cuando Israel está por entrar en la Tierra Prometida. Los Profetas (Josué, Jueces, Samuel, Reyes, Isaías, Jeremías, Ezequiel y los doce Profetas Menores) continúan con la nación ubicada en la tierra de Palestina hasta el exilio e incluye mensajes proféticos. Los Escritos (todos los otros libros) incluyen el relato del regreso del exilio, literatura sapiencial recogida a lo largo de toda la historia de la nación y narraciones seleccionadas sobre el trato de Dios con individuos en forma personal. Ver *Biblia, Formación y canon.*

ANTÍLOPE Mamífero veloz con cuernos y de tamaño aproximado al de un asno. Es un animal herbívoro con aspecto de ciervo. Su nombre corresponde a la palabra hebrea *te'o* que los antiguos traductores tradujeron de diversas maneras. Las referencias podrían corresponder a un antílope blanco grande u órix (*Oryx leucoryx*) de cuernos tremendamente grandes, manchas negras y un mechón de pelo negro debajo del cuello. Tenía la pezuña dividida y rumiaba, por lo cual calificaba como un animal limpio apto para comer (Deut. 14:5). Se cazaban y atrapaban con redes (Isa. 51:20).

Este animal se ha relacionado con uno nativo del norte de África. Tiene cuartos traseros grises y blancos con una mancha blanca en la frente y cuernos retorcidos y en forma de anillo hacia arriba y hacia atrás. También se lo ha identificado con el órix árabe, un antílope de Iraq que tiene cuernos largos que se extienden hacia atrás.

Una de las especies de antílope encontrada en Palestina.

ANTIMONIO Elemento químico metálico, frágil, de color blanco plateado y de estructura cristalina que sólo se halla combinado. Se utiliza en aleación con otros metales para endurecerlos e incrementar su resistencia a las acciones químicas. Los compuestos del antimonio son utilizados en medicina, en la fabricación de pigmentos, de fósforos y en pruebas de combustión. "Antimonio" se utiliza como una traducción de los términos hebreos *'abne-puk* para describir los materiales que se utilizaron en la edificación del templo (1 Crón. 29:2; Isa. 54:11 LBLA; "turquesa" en NVI; "piedras de diversos colores" en RVR1960). Es probable que *'abne-puk* se refiera a una especie de cemento o brea que se utilizaba en la creación de mosaicos, el uso del cual aparentemente hacía que las piedras preciosas parecieran más grandes y más coloridas. En otros dos pasajes (2 Rey. 9:30; Jer. 4:30), *puk* se traduce de manera congruente como pintura para los ojos. Una de las hijas de Job se llamaba Keren-hapuc, es decir, "cuerno de pintura de ojos" (Job 42:14).

ANTINOMIANISMO Enseñanza falsa acerca de que uno está libre de las obligaciones morales de la ley debido a que la fe sola es necesaria para la salvación. La palabra "antinomianismo" no se utiliza en la Biblia pero se habla de la idea. Aparentemente a Pablo se lo acusaba de ser antinomianista (Rom. 3:8; 6:1,15). Si bien es verdad que la obediencia a la ley nunca obtiene la salvación para nadie (Ef. 2:8-9), es igualmente cierto que se espera que aquellos que son salvos vivan una vida colmada de buenas obras (Mat. 7:16-

20; Ef. 2:10; Col. 1:10; Sant. 2:14-26). Puesto que hemos sido liberados del dominio del pecado mediante la fe en Cristo, también hemos sido librados a fin de poner en práctica la rectitud que Dios demanda (Rom. 6:12-22).

ANTÍOCO Nombre de 13 gobernantes de Siria entre el 281 a.C. y el 64 a.C. Formaban parte de la dinastía Seléucida que heredó parte del reino de Alejandro Magno. En las Escrituras no se menciona específicamente a ningún Antíoco. Muchos eruditos bíblicos creen que el libro de Daniel originalmente centraba su atención en los reyes seléucidas, en particular Antíoco IV (175 a 163 a.C.). La revolución macabea y la historia judía intertestamentaria tuvieron lugar durante los reinados de los reyes Antíocos. Ver *Daniel; Intertestamentaria, Historia y literatura; Macabeos.*

ANTIOQUÍA Nombre de dos ciudades del NT, una de las cuales fue morada de muchos judíos de la diáspora (judíos que vivían fuera de Palestina y que mantenían su fe religiosa estando entre los gentiles), y la otra el lugar donde se llamó por primera vez 'cristianos' a los creyentes, entre los cuales había muchos gentiles.

Una de las ciudades llamada Antioquía era la tercera ciudad en importancia del Imperio Romano después de Roma en Italia y Alejandría en Egipto. Debido a que muchas ciudades antiguas tenían este nombre, a menudo se las denomina Antioquía en el Río Orontes y Antioquía de Siria. Antioquía fue fundada por Seleuco Nicanor alrededor del 300 a.C. Desde el comienzo fue una ciudad marítima activa con puerto propio. Se encontraba a unos 32 km (20 millas) del Mar Mediterráneo en la antigua Siria sobre el Río Orontes, aproximadamente 480 km (300 millas) al norte de Jerusalén. Muchos judíos de la diáspora vivían en Antioquía y participaban en el comercio gozando de los derechos de la ciudadanía en una ciudad libre. Muchos de los gentiles de Antioquía fueron atraídos al judaísmo. Tal como sucedió con muchas de las ciudades romanas del oriente, la deidad patrona de Antioquía era la diosa pagana Tiché o "Fortuna".

En el NT, sólo Jerusalén está más íntimamente relacionada con la dispersión de los primeros cristianos. Lucas mencionó en Hechos 6:5 a Nicolás como uno de los líderes de la iglesia de habla griega en Jerusalén. La persecución que se desencadenó por Esteban dio como resultado que los creyentes judíos se dispersaran a Chipre,

Ruinas del Templo de Augusto en Antioquía de Pisidia.

A

Cirene y Antioquía (Hech. 11:19). Los creyentes fueron llamados cristianos por primera vez en Antioquía (11:26), y allí Bernabé llevó a Saulo (Pablo) desde Tarso a fin de poder enseñarle a esta congregación mixta de judíos y gentiles seguidores del Señor. El profeta cristiano Agabo predijo en Antioquía la hambruna que inmediatamente afectaría al mundo romano (11:28). Los discípulos respondieron con una labor de ayuda para la iglesia de Jerusalén durante la hambruna, mientras que todo se dirigía y se llevaba a cabo desde Antioquía. La iglesia en este lugar sintió la guía del Espíritu Santo a fin de apartar a Bernabé y a Saulo para lo que fue la primera obra misionera organizada (13:1-3). Ambos partieron para Seleucia (conocida también como Pieria, puerto marítimo del Mediterráneo) a fin de comenzar su predicación. La iglesia de Antioquía escuchó los informes de Pablo y Bernabé luego del regreso del primer viaje (14:27) y probablemente después del segundo (18:22). Este fue un emprendimiento misionero tanto para los judíos como para los gentiles, en relación con el cual Pablo dice en Gálatas 2:11 que tuvo que enfrentarse cara a cara con Pedro en Antioquía.

Las excavaciones arqueológicas del lugar han sido muy fructíferas, y han revelado una magnífica ciudad romana amurallada con teatros, foros, un circo y otros edificios públicos. El idioma de la ciudad era el griego, tal como demuestran las inscripciones y los registros públicos, pero el idioma de los campesinos alrededor de esta ciudad poderosa era el sirio, un dialecto del arameo.

Otra ciudad llamada Antioquía estaba en Pisidia, Asia Menor, al oeste de Iconio. Al igual que la Antioquía de Siria, fue fundada por Seleuco Nicanor. Esta ciudad se llamó Cesarea

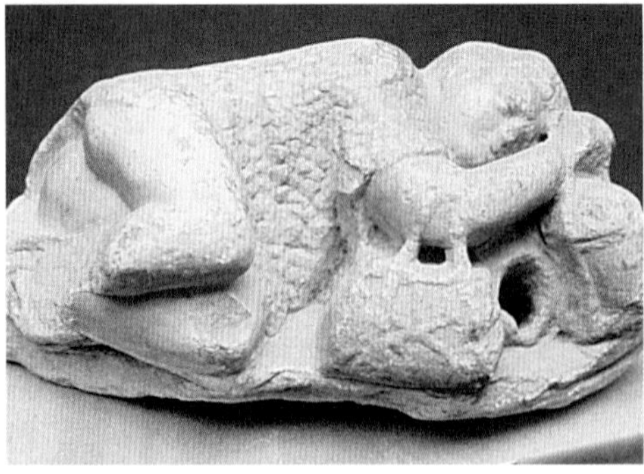

Pequeña estatua de mármol del siglo I de un viajero que duerme, con reminiscencias de Pablo. Antioquía de Siria.

Puertas Cilicianas a través de los Montes Tauros, al norte de Antioquía de Siria, lugar por el que se supone pasó Pablo en su segundo viaje misionero.

mientras estuvo bajo el poder de Roma. Pablo predicó en la sinagoga de este lugar en su primer viaje misionero (Hech. 13:14), donde lo recibieron con calidez (13:42-44). El celo judío condujo a llevar a cabo un ministerio separado de los gentiles (13:46). Finalmente, los judíos echaron de la ciudad a Bernabé y a Pablo. Estos judíos de Antioquía siguieron a Pablo a Listra y provocaron disturbios en ese lugar (14:19). A pesar de esto, el apóstol regresó a Antioquía para fortalecer a la iglesia (14:21). Pablo utilizó esta experiencia como enseñanza para Timoteo (2 Tim. 3:11).

James F. Strange

ANTIPAS Nombre de un mártir que aparece en Apocalipsis, y el hijo de Herodes el Grande. **1.** Tetrarca de Galilea en la época en que Juan el Bautista y Jesús comenzaron su ministerio público (Luc. 3:1). Antipas, cuyo nombre es una abreviatura de Antípater, ordenó la decapitación de Juan el Bautista (Mat. 14:3). Pilato envió a Jesús ante Herodes Antipas antes de la crucifixión. En esa ocasión trató a Jesús con desprecio y escarnio (Luc. 23:11). Esto le propició la amistad de Pilato. Ver *Herodes.* **2.** Según la tradición, el

Antioquía de Pisidia, en las montañas de Asia Menor (actualmente Turquía), al norte del Mar Mediterráneo.

mártir de la iglesia de Pérgamo en Apocalipsis 2:13 fue asado en un recipiente de bronce por pedido de Domiciano.

ANTÍPATRIS Nombre geográfico que significa "en lugar de padre". Ciudad que edificó Herodes el Grande en honor a su padre Antípater en el 9 a.C. Estaba a unos 65 km (40 millas) de Jerusalén y 40 km (25 millas) de Cesarea, sobre la famosa carretera internacional Vía Maris, "camino del mar". Los soldados romanos que llevaban a Pablo de Jerusalén a Cesarea pasaron la noche en Antípatris (Hech. 23:31). Está situada en el lugar de la Afec del AT. Ver *Afec*.

ANTONIA, TORRE DE Fortaleza cerca del templo edificada alrededor del 6 a.C. que servía de palacio de residencia del rey Herodes, de barraca para las tropas romanas, de depósito seguro para la túnica del sumo sacerdote, y de explanada central para discursos públicos. La torre de Antonia no se menciona directamente en la Biblia. Cumplió diversas funciones desde el 6 a.C. hasta el 66 d.C., época en que Tito la destruyó. Herodes el Grande edificó la torre en el extremo noroeste del atrio del templo para reemplazar al fuerte macabeo. La torre tenía 22,5 m (75 pies) de alto y recibió el nombre en honor a Marco Antonio, amigo de Herodes. Aunque el nombre "Antonia" no se utiliza en la Biblia, varias referencias hechas por Josefo, el historiador judío del siglo I, describen la presencia y la función de la torre de Antonia.

Josefo describe el esplendor de la torre con departamentos espaciosos, baños elaborados y patios hermosos. Servía de residencia oficial para los procuradores romanos. Con capacidad para albergar por lo menos a una legión romana

Fortaleza Antonia (Torre de Antonia) en una maqueta de Jerusalén del siglo I (Hotel Holyland, Jerusalén).

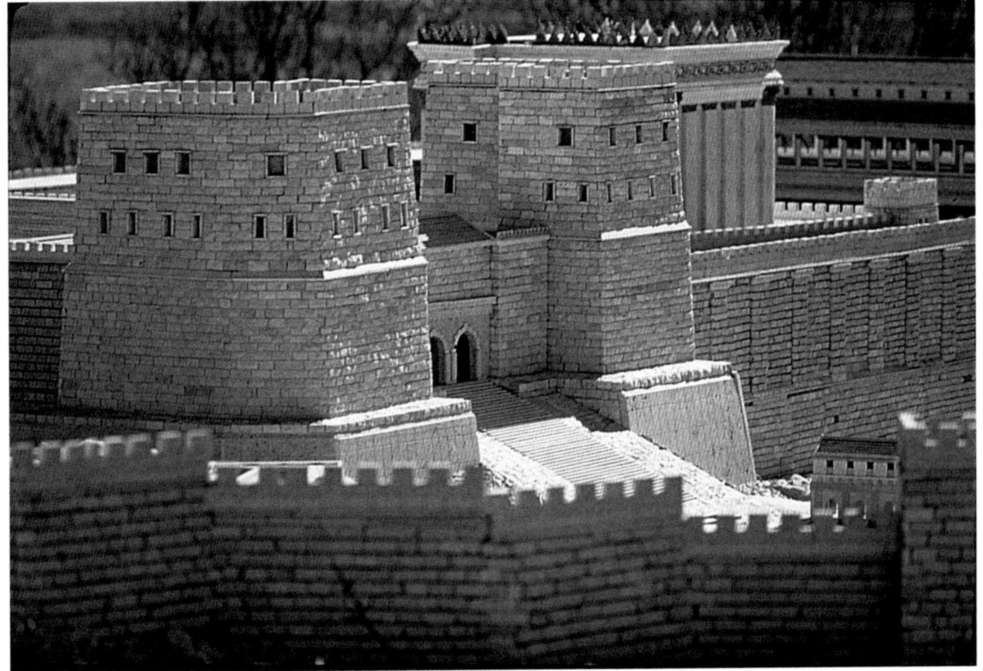

(500–600 hombres), en la torre habitaron porciones del ejército romano que se utilizaron para vigilar a los judíos dentro del patio del templo. Herodes requirió que las vestimentas del sumo sacerdote se guardaran en la torre para mantener el control sobre las fiestas de adoración de los judíos.

Se cree que el pavimento que está debajo del convento moderno de Notre Dame de Sión es el lugar correspondiente al patio de la torre, considerado tradicionalmente el sitio del juicio de Jesús ante Pilato (Juan 19:13). No obstante, evidencias arqueológicas recientes han demostrado que el pavimento data del siglo II y no de la época de Jesús. *Linda McKinnish Bridges*

ANTROPOLOGÍA La antropología bíblica trata acerca del origen, la naturaleza esencial y el destino de los seres humanos. Estos no tendrían conocimiento de su naturaleza depravada ni de la labor salvadora de Dios si no fuera por la obra de la Palabra, tanto encarnada como inscripta en nuestro corazón y mente.

El AT utiliza cinco palabras para "hombre". *Adam* puede ser individual o colectiva y puede incluir tanto a los hombres como a las mujeres (Gén. 5:1-2). Josefo declara que "adam" significa "rojo" porque el primer hombre fue formado a partir de "la tierra roja". Lo más probable es que esté relacionada con la misma palabra árabe que significa "criaturas" o "humanidad". *Ish* en el AT se usa con más frecuencia para el género masculino y para referirse a un hombre en contraposición a Dios (Núm. 23:19), a un hombre como diferente de una mujer (Gén. 2:23), a un hombre como diferente de una bestia (Ex. 11:7), a un hombre como esposo (Gén. 3:6), a un hombre como padre (Ecl. 6:3) y a un hombre valiente (1 Sam. 4:9). *Enosh* es generalmente una referencia poética a un hombre en forma individual (Job 5:17), a los hombres en sentido colectivo (Isa. 33:8) o a la humanidad en general (Job 14:19). *Geber* deriva de un verbo que significa ser "fuerte" o "poderoso" y se utiliza en forma poética para distinguir a los hombres de aquellos a quienes se protege, es decir, las mujeres y los niños. *Metim* se puede referir a varones (Deut. 2:34), a una cantidad de hombres (Gén. 34:30) o a la gente (Job 11:4).

Asimismo, el NT utiliza alrededor de cinco palabras para aludir a "hombre". *Anthropos*, al igual que *Adam*, se utiliza para referirse a los hombres como una clase (Juan 16:21), en contraste con las otras formas de vida (plantas, animales; Mat. 4:19), como el equivalente de las personas (Mat. 5:13) y como un ser físico (Sant. 5:17) sujeto al pecado (Rom. 5:18) y a la muerte (Heb. 9:27). *Anthropos* se utiliza en relación con Cristo como representante de toda la humanidad (1 Cor. 15:21). *Aner*, al igual que *ish*, se usa para referirse a un hombre a diferencia de una mujer (Mat. 14:21), a un hombre a diferencia de un muchacho (1 Cor. 13:11) y a un hombre como esposo (Mat. 1:16). También se utiliza en relación con Jesús como el Hombre a quien Dios designó para ser juez de todos los hombres (Hech. 17:31). *Thnetos* se refiere a un hombre como mortal en referencia a la carne (*sarx*, 2 Cor. 4:11), al cuerpo (*soma*, Rom. 6:12) y al hombre mortal en general (1 Cor. 15:3). *Psyche* es el alma, el yo y la vida (Juan 10:11; comp. *nephesh*, Gén 2:7). *Arsen* también se usa para distinguir lo masculino de lo femenino (Mat. 19:4; comp. LXX; Gén. 1:27; Rom. 1:27).

La creación Las Escrituras no indican que Dios haya creado a los seres humanos a causa de una necesidad o porque se sentía solo. Puesto que Dios es independiente, no había necesidad de que creara la humanidad (Job 41:11; Hech. 17:24-25). Él no tiene necesidad de sentirse completo o realizado fuera de sí mismo. Por lo tanto, Dios tiene que haber creado a los seres humanos para Su gloria (Isa. 43:6-7; Rom. 11:36; Ef. 1:11-12). En consecuencia, los seres humanos deben deleitarse en su Hacedor y procurar conocerlo (Sal. 37:4; 42:1-2; Mat. 6:33).

Debido a que los seres humanos fueron creados por Dios para Su gloria, es lógico que la humanidad refleje Su "semejanza" o "imagen" (Gén. 1:26-31; 5:1-3). La creación de los seres humanos fue buena (Gén. 1:31) y fueron los seres más elevados en el orden creado (Gén. 1:26; Sal. 8). En su condición de creación más elevada, se les dio responsabilidad sobre la tierra como representantes de Dios y encargados de cuidar el orden creado (Gén. 1:26-31). Todos los seres humanos fueron creados a Su imagen. Mientras que "semejanza" no indica similitud física, aun el cuerpo refleja la gloria de Dios y es el medio por el cual los seres humanos llevan a cabo los propósitos divinos. La imagen se encuentra particularmente en la mente y el corazón. El hecho de haber sido creada a la imagen de Dios separa a la humanidad del resto de la creación. Específicamente, abarca las siguientes cualidades: moral (rectitud original, Ecl. 7:29), mental (capacidad de razonamiento y conocimiento, Isa. 1:18; Rom. 12:2; Col. 1:10; 1 Jn. 5:20) y espiritual (Gén.

2:7; Job 20:3; 1 Cor. 2:12-14; 15:35-50). Sin embargo, el propósito de ser creados con estas capacidades es que los seres humanos sean aptos para conocer a su Creador y que sean conocidos por Él. Por lo tanto, la capacidad racional con la que glorificamos a Dios, lo anhelamos y nos deleitamos en Él incluye a las demás. Esa relación tiene como propósito glorificar a Dios y deleitarnos en Él para siempre (Sal. 16:11).

La redención La imagen de Dios se ha dañado a causa de la caída. La imagen no se ha destruido sino que solamente se ha corrompido (Sant. 3:9). Esta corrupción es universal, y afecta a todos sin distinción de raza, sexo, educación ni condición social (Rom. 3:10-26). Se entiende que los seres humanos tienen vestigios de la imagen de Dios porque la Biblia habla acerca de la necesidad de restaurarla (Rom. 8:29; 1 Cor. 3:18; Ef. 4:23-24; Col. 3:10). Por causa del pecado, los seres humanos necesitan redención o regeneración a fin de que la imagen se pueda renovar y se restaure la capacidad de relacionarse con Dios. El pecado nos separa del propósito previsto de glorificar a Dios (Rom. 3:23). En consecuencia, los seres humanos debemos depender completamente de Dios para que Él revele Su gloria como así también nuestra depravación. Se producen dos resultados cuando Él nos revela Su gloria: el conocimiento de Dios y el conocimiento de nuestra iniquidad (Ezeq. 39:21-23; Rom. 3:21-26). En la naturaleza corrupta, la humanidad rechaza la revelación de la gloria de Dios. Esto trae como resultado una falta de conocimiento tanto de Dios como de nuestra condición (Rom. 1:18-32). Él ha entregado a la humanidad a una mente depravada (Rom. 1:28). Aquellos que han caído a causa del pecado, y que no tienen el conocimiento de Dios, están separados de la gloria divina y van a la destrucción eterna (2 Tes. 3:1-3).

Debido a la corrupción de la imagen, la única esperanza de conocer a Dios y de reconocer nuestra depravación es a través de la revelación de la Palabra de Dios, escrita y encarnada. El medio por el cual los seres humanos somos redimidos es mediante el don gratuito de Cristo (Juan 3:16). Por medio de esta expiación sustitutoria en la cruz podemos ser creados de nuevo (Gál. 6:14-15; 2 Cor. 5:14-19). Cristo representa la imagen verdadera de Dios (Juan 12:45; Col. 1:15) como el segundo Adán (1 Cor. 15:45-47). Esa semejanza sólo puede tener lugar en los seres humanos caídos cuando estos son colocados en unión con Cristo (Rom. 12:1-2). El conocimiento que Dios da de sí mismo por medio de Su gloria es lo único que se necesita para escapar de nuestra corrupción y participar de la naturaleza divina (1 Ped. 1:2-4). A través de la re-creación, el propósito de la creación se restaura, o sea, glorificar a Dios y deleitarnos en Él. Nuestra redención obra este propósito de Dios (Ef. 1:3-5), quien perdona nuestro pecado para Su gloria (Sal. 79:9). Esta obra divina es una tarea en desarrollo que se completará en el regreso de Cristo (Fil. 1:6; 1 Jn. 3:2).

La constitución La Biblia habla de los seres humanos como una unidad de cuerpo y alma/espíritu (Gén. 2:7). Aunque existen referencias negativas a la carne como pecaminosa, otros hablan de ella en relación con la unidad de que somos parte (Sal. 63:1). Si bien hay una parte inmaterial que puede existir sin el cuerpo (1 Cor. 14:14; Rom. 8:16; 2 Cor. 5:8), este no es la única parte afectada por el pecado. El pecado incluye el entendimiento y el corazón (Ef. 4:18). El cuerpo se puede referir a la totalidad de una persona (Rom. 7:18), a la carne (Rom. 8:7-8), a la mente y a la conciencia (Tito 1:15), y al pensamiento y la intención (Gén. 6:5). En consecuencia, el cuerpo, la carne, el alma, el espíritu, la mente, la conciencia, el corazón, la voluntad y las emociones no son partes diferentes de un ser humano que existen independientemente, sino que constituyen la totalidad de esa persona. El espíritu, tanto como la carne, necesita ser rescatado de la corrupción y conformado a la imagen de Cristo (2 Cor. 7:1).

Implicancias teológicas Los seres humanos tienen valor porque han sido creados a la imagen de Dios (Gén. 9:6). Este valor no está basado en ningún mérito sino que es otorgado por Dios (Sal. 8:4-6). Él valora a los seres humanos más que a las aves y a las flores (Mat. 6:26-29) porque nosotros fuimos creados con la capacidad moral, mental y espiritual de disfrutar de Él y glorificarlo. Ni la creación ni la re-creación se basan en el mérito sino amar Su nombre (Isa. 48:9-11). Cristo se entregó a sí mismo "para alabanza de la gloria de su gracia" (Ef. 1:6). Los seres humanos "son dignos de muerte" (Rom. 1:32). Sólo Cristo es digno (Apoc. 5:1-14) y nosotros tenemos dignidad solamente por virtud de que Él nos haya creado y redimido (Apoc. 4:11). La redención refleja y manifiesta la gloria de Dios en que, aunque las personas pecadoras eran indignas (Mat. 25:30; Tito 1:16), Cristo, el Digno, murió por nosotros.

Los seres humanos son frágiles y depravados. Estamos sujetos a enfermedad, angustia y muerte (Job 5:6; Sal. 103:14-16; 144:3-4).

A

Somos concebidos en iniquidad (Sal. 51:5) y no podemos hacer nada para cambiar nuestra naturaleza (Jer. 13:23). El pecado es universal para la raza humana (Rom. 3) y para la constitución de cada ser humano (Gén. 6:5).

Los seres humanos son creados y redimidos para la gloria de Dios y para disfrutar de Él para siempre. La naturaleza humana no era corrupta cuando Dios la creó sino sólo cuando Adán la manchó. A pesar de la depravación de los seres humanos por causa de la caída, Dios puede recrearnos y restaurar nuestra imagen corrompida por medio del segundo Adán. Sólo cuando Dios se nos revela por medio de Cristo y su Palabra, nos unimos a Cristo y, como resultado, nos reconocemos a nosotros mismos como depravados y a Cristo como nuestro único Redentor. Una vez que comienza el proceso de restauración, se concretará completamente. Mediante la sangre de Cristo, los hombres y las mujeres redimidos darán gloria a Su nombre y disfrutarán de Él para siempre, cumpliendo de este modo el propósito original para el que fueron creados (Fil. 2:5-11).

Los seres humanos son considerados responsables tanto en forma individual como comunitaria. Cada persona da cuenta de sus propias acciones; sin embargo, somos llamados no sólo a amar al Señor Dios con todo nuestro ser sino también a amar a nuestro prójimo como a nosotros mismos. Según Génesis 5:1-2, parte de la imagen de Dios se refleja en la creación de los varones y las mujeres. A diferencia de Dios, los seres humanos son interdependientes; es decir, nos necesitamos los unos a los otros. Esto conlleva implicancias significativas en cuanto a la responsabilidad mutua entre los seres humanos al vivir juntos en este mundo para la gloria de Dios y conforme a Sus propósitos. Ver *Creación; Ética; Humanidad; Muerte; Salvación; Pecado; Vida eterna.* *David Depp*

ANTROPOMORFISMO Palabras que describen a Dios como si Él tuviera rasgos humanos. Aparecen cada vez que la Escritura menciona el brazo de Dios, el oído u otras partes del cuerpo. Estas descripciones no se deben tomar literalmente porque Dios es Espíritu (Juan 4:24). La Escritura utiliza con frecuencia los antropomorfismos en la literatura poética y profética, pero también pueden aparecer en otros estilos. Un antropomorfismo común habla del brazo de Dios. Esto se relaciona generalmente con su poder para juzgar o salvar. En Éxodo 6:6, Dios dice que redimirá a Israel de los egipcios "con brazo extendido, y con grandes juicios". Esto describe a Dios que se extiende para derramar las plagas sobre Egipto. Moisés, después de la liberación de los israelitas en el Mar Rojo, alaba a Dios diciendo que el temor de Jehová caerá sobre el pueblo ante "la grandeza de tu brazo" (Ex. 15:16; comp. Sal. 77:15). Otros pasajes prometen que el brazo del Señor será fuerte y victorioso (Isa. 40:10; 48:14) y que ejecutará juicio (Isa. 51:5).

También se dice a veces que la mano del Señor rescatará a Israel (Ex. 15:17; Deut. 5:15; 11:2-4; 26:8). El Salmo 44:1-3 describe la manera en que la mano del Señor y Su brazo echaron a las naciones de delante de Israel cuando el pueblo entró a la tierra. Las palabras se refieren a las acciones de Dios (hacer caer el muro de Jericó, hacer que el sol se detenga, etc.) que condujeron a la conquista de Canaán. La mano o el brazo de Dios también se describen al rescatar a Su pueblo o derrotar totalmente a los enemigos de Dios (Sal. 89:10; 98:1; 136:11-12).

El oído de Dios también se menciona con frecuencia en las Escrituras. En los Salmos se le implora a Dios que incline Su oído a la oración del salmista (Sal. 17:1,6; 31:2; 39:12; 55:1; 71:2; 86:1,6; 88:2; etc.), en el sentido que se le pide que escuche atentamente. Un pasaje importante de Isaías combina Su oído, Su mano y Su rostro: "He aquí que no se ha acortado la mano de Jehová para salvar, ni se ha agravado su oído para oír...y vuestros pecados han hecho ocultar su rostro para no oír" (Isa. 59:1-2).

Si bien el antropomorfismo es raro en el NT, también se lo encuentra allí. Existen referencias a la "mano" de Dios o a Su "diestra" (Mat. 26:64; Luc. 1:66; 23:46; Juan 10:29; Hech. 2:33; etc.). Éstas se refieren al poder divino o al lugar de honor en el reino de Dios. Primera Pedro 3:12 habla de los ojos, los oídos y el rostro del Señor, citando el Salmo 34:15-16.

Las Escrituras también describen a Dios diciendo que tiene emociones humanas tales como gozo, enojo y tristeza y también pensamientos, voluntad y planes. Estos no son antropomorfismos porque Dios, al ser una persona, tiene los atributos de la personalidad. A las descripciones de Sus emociones que aparecen en la Escritura a veces se las denomina antropopatismos, lo cual significa que a Dios se le atribuyen emociones humanas. Dios, al ser eterno e inmutable, no experimenta emociones de la misma manera que lo hacen las personas, aunque indudablemente las tiene. En las Escrituras, las descripciones de Sus emociones se efectúan mediante una analogía con las nuestras tal como nosotros las experimentamos.

Los antropomorfismos hacen que el lenguaje de la Biblia sea más vívido. Ayudan a que el lector se haga una imagen de lo que Dios realiza. Se puede decir que el pecado nos separa de Dios, pero decir que Dios esconde Su rostro del pecador desencadena una emoción más profunda (Deut. 31:17). Los antropomorfismos también hacen que sea más fácil recordar las verdades bíblicas. Es cierto que Dios juzgó a Egipto por haber oprimido a Israel, pero se recuerda mucho más al hacernos la imagen de Dios "extendiendo su mano" y "tocando" a Egipto con las plagas. Los antropomorfismos, pues, ayudan a que uno entienda quién es Dios y cómo actúa para Su gloria en el mundo. *Fred Smith*

ANUB Nombre de persona que significa "uva" o "con bigote". Miembro de la tribu de Judá (1 Crón. 4:8).

ANUNCIACIÓN En la tradición histórica cristiana, la anunciación se refiere específicamente al anuncio con que el ángel Gabriel le comunicó a la virgen María acerca de la concepción milagrosa de Cristo (Luc. 1:26-38; José recibió un anuncio similar en Mat. 1:20-25). El nacimiento de Isaac (Gén. 17:16-21; 18:9-14), el de Sansón (Jue. 13:3-7) y el de Juan el Bautista (Luc. 1:13-20) también fueron anunciados por mensajeros divinos pero, a pesar del formato similar, la noticia de que una "virgen" iba a concebir por el Espíritu Santo era algo sin precedentes. Todas las otras mujeres estaban casadas. El relato lucano describe a dos personajes principales, María y Gabriel, aunque no omite la obra del "Altísimo" y del Espíritu Santo en la encarnación del Hijo, demostrando así la participación de la Trinidad. La anunciación de Gabriel señala el carácter humano (Luc. 1:32) y divino (Luc. 1:34-35) del Mesías y la eternidad de su reino (Luc. 1:33). Comenzando alrededor del siglo VII, el 25 de marzo se designó en el calendario cristiano como el día de la celebración de la anunciación.

Stefana Dan Laing

ANZUELO Dispositivo curvo o doblado de hueso o metal que se usaba en tiempos bíblicos para atrapar o sujetar peces (Job 41:1-2; Isa. 19:8; Mat. 17:27). Habacuc describió al pueblo de Dios como peces indefensos que serían atrapados con anzuelo

Iglesia de la Anunciación, en Nazaret, erigida en conmemoración del anuncio sin precedentes del ángel Gabriel a María.

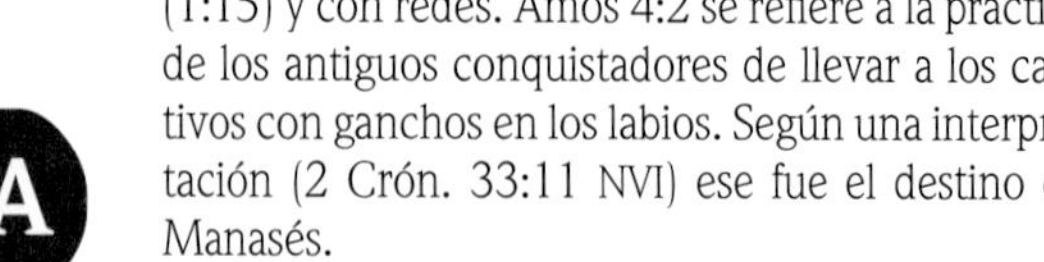

(1:15) y con redes. Amós 4:2 se refiere a la práctica de los antiguos conquistadores de llevar a los cautivos con ganchos en los labios. Según una interpretación (2 Crón. 33:11 NVI) ese fue el destino de Manasés.

AÑO Ver *Calendario.*

AÑO DE JUBILEO El quincuagésimo año (es decir, el número 50) después de 7 ciclos de 7 años (Lev. 25:10) en que la tierra y el pueblo de Israel obtenían la libertad. Comenzaba con el sonido potente de un cuerno de carnero en el Día de Expiación (Lev. 25:9). La ley estipulaba tres aspectos en que la tierra y el pueblo tenían que santificarse durante ese año de gozo y liberación: (1) Era un período de reposo tanto para la tierra como para el pueblo (Lev. 25:11). El rebrote del campo se dejaba para que lo cosecharan los pobres y para las bestias del campo (Ex. 23:11). (2) Toda propiedad se debía devolver a su propietario original (Lev. 25:10-34; 27:16-24). La distribución original de la tierra tenía que permanecer intacta. Toda propiedad cuyo dueño original había estado obligado a vender (y que todavía no había redimido) se le tenía que devolver (sin ningún pago) al propietario original o a sus herederos legales. En Lev. 25:29-30; 27:17-21 se señalan algunas excepciones a este modelo. (3) Todo israelita que debido a la pobreza se había vendido a sí mismo, ya sea a sus conciudadanos o a un extranjero establecido en la tierra, y que permanecía sin ser redimido, tenía que ser liberado junto con sus hijos (Lev. 25:39-46).

El año de jubileo evitaba que los israelitas se oprimieran entre sí (Lev. 25:17). Poseía un efecto nivelador en la cultura de Israel al darle a cada persona la oportunidad de volver a empezar. Refrenaba la acumulación excesiva y permanente de riqueza y la privación a un israelita de su herencia en la tierra. Las familias y las tribus se preservaban mediante el regreso de los siervos liberados a sus propias familias. La esclavitud permanente en Israel se consideraba imposible.

Este año constituía un recordatorio constante del interés de Dios en la libertad económica (Ezeq. 46:17). La compra de una propiedad era equivalente a asumir un arrendamiento por un máximo de 49 años, y el vendedor siempre se guardaba el derecho de cancelar la compra efectuando un arreglo con el comprador por la suma de dinero que aún restaba pagar, tomando en cuenta la cantidad de años que este último había hecho uso de la propiedad. Si el vendedor era incapaz de hacer uso de este derecho de redención o no deseaba hacerlo, la propiedad, no obstante, volvía a ser posesión suya automáticamente en el próximo año de jubileo. De modo que la venta de una casa, por ejemplo, era equivalente a alquilarla por un período de tiempo determinado (Lev. 25:29-34). Esto dificultaba la acumulación de vastas posesiones permanentes de riqueza (comp. Isa. 5:8; Miq. 2:2). El arreglo diseñado por Dios iba en contra tanto de las grandes posesiones de tierras como de la pobreza. A los israelitas se les daba oportunidad de volver a comenzar en repetidas ocasiones, y los que se habían empobrecido tenían la posibilidad de mantenerse dentro de la sociedad.

Este año también reflejaba la provisión de Dios para la conservación de la tierra (Lev. 25:11-12,18-21). Durante el año de jubileo a los israelitas se les enseñaba una vez más que tenían que vivir con fe y que el Señor proveería para sus necesidades (comp. Ex. 16:17-18). Ver *Fiestas.*

AÑO ECLESIÁSTICO Aunque las fechas de las celebraciones y las prácticas específicas de las festividades cristianas se fueron desarrollando a través de los siglos, las fiestas más importantes se centran en la vida de Cristo. A medida que la iglesia crecía y aumentaba la necesidad de establecer una adoración ordenada, también se incrementaba la necesidad de concentrarse en las afirmaciones esenciales que eran parte del mensaje cristiano. Para el siglo V los elementos básicos del calendario eclesiástico ya estaban firmemente establecidos, aunque continuaron haciéndose modificaciones a lo largo de la Edad Media y la Reforma. Aun hoy, los símbolos y los rituales de las festividades varían según la denominación, la cultura y la preferencia personal.

La fiesta cristiana originaria y el eje de todo el año eclesiástico es el día del Señor, el domingo. Los cristianos primitivos apartaron el domingo, el día de la resurrección, como un tiempo especial para recordar a Cristo. En el siglo II, la mayoría de los cristianos ya celebraban en la Pascua una fiesta especial de la resurrección. En la mayoría de las regiones, la temporada previa a la Pascua, denominada posteriormente Cuaresma, era un período especial de penitencia y entrenamiento de los creyentes nuevos. De manera similar, el período de 50 días posterior a la Pascua era un tiempo de triunfo durante el cual estaba prohibido ayunar y arrodillarse para orar. Este período concluía en Pentecostés, que significa "día número 50", la celebración del descenso del Espíritu Santo. En el siglo siguiente, por lo menos en Oriente, muchas iglesias celebraban en la Epifanía una fiesta especial para el nacimiento y el bautismo de Cristo. En el siglo IV, la mayoría de los cristianos comenzaron a celebrar el nacimiento de Cristo en Navidad y a observar el Adviento como un período de preparación.

Las dimensiones del año eclesiástico comenzaron a establecerse a medida que las fechas y las prácticas de estas celebraciones se tornaron más específicas a través del mundo cristiano. El Adviento llegó a considerarse comienzo del año eclesiástico y los seis meses entre esta celebración y Pentecostés, el período en que tenían lugar las festividades más importantes, pasó a considerarse el tiempo en que los cristianos debían concentrar su atención en la vida y la obra de Cristo. El resto del año, desde Pentecostés hasta el Adviento, se convirtió en un tiempo especial para enfocar la atención en las enseñanzas de Cristo y la aplicación de esas enseñanzas en la vida de los cristianos. El desarrollo del calendario eclesiástico ayudó a asegurar que la adoración cristiana incluyera toda la extensión y la profundidad del evangelio cristiano. Ver *Adviento; Cuaresma; Día del Señor; Epifanía; Navidad; Pascua; Semana Santa.* *Fred A. Grissom*

AÑO SABÁTICO Cada siete años los labradores debían dejar reposar la tierra de cultivos para que se renovara. El pueblo de Israel también debía hacerlo en forma personal. La ley mosaica indicaba que cada siete años la tierra no se debía cultivar; los alimentos se obtendrían de lo que crecía naturalmente (Ex. 23:10-11; Lev. 25:1-7). Así como la ley reservaba el séptimo día para santificarlo a Dios, del mismo modo el séptimo año debía separase como período de reposo y renovación. Esto no sólo garantizaba la fertilidad continua de la tierra al dejarla como barbecho, sino que también protegía los derechos de los pobres. Los campesinos podían comer de la abundancia natural de los campos no cultivados. Existe la posibilidad de que sólo una porción de la tierra descansara cada año sabático y que el resto se cultivara de manera habitual. Los hebreos vendidos como esclavos debían ser dejados en libertad ese año (Ex. 21:2). Los préstamos y las deudas de los israelitas también debían perdonarse (Deut. 15:1-3). Se duda que el año sabático haya sido celebrado en las primeras épocas de Israel. Jeremías le recordó al pueblo que sus padres habían ignorado el cumplimiento de la ley (Jer. 34:13-14; comp. Lev. 26:35). Aunque Israel renovó su decisión de practicar el año sabático durante la época de Nehemías, no es claro si lo cumplió (Neh. 10:31). Durante el período intertestamentario Israel procuró guardar el año sabático a pesar del malestar político reinante (1 Mac. 6:49). Las leyes del año sabático apuntaban de manera invariable a ayudar a los pobres. *David Maltsberger*

AÑUBLO Hongo que produce una protuberancia blanquecina en las plantas. El término hebreo significa "palidez". Es probable que la palabra se refiera más al color amarillento de las hojas producido por la sequía que a la acción de los hongos (Deut. 28:22-24; 1 Rey. 8:37; 2 Crón. 6:28; Amós 4:9; Hag. 2:17). El añublo fue una de las plagas sobre la agricultura que Dios envió para inducir al arrepentimiento.

AOD Nombre de persona que significa "unidad, poderoso". **1.** Un benjamita zurdo a quien el Señor levantó para liberar a los israelitas de la opresión moabita (Jue. 3:15). Mediante un ardid pudo acercarse al rey moabita Eglón y lo asesinó. **2.** Bisnieto de Benjamín y líder de una familia de esa tribu (1 Crón. 7:10). **3.** Líder de una familia de la tribu de Benjamín que originalmente vivía en Geba pero que fue deportado a Manahat por alguien cuyo nombre se desconoce (1 Crón. 8:6). El nombre Aod aparece en el texto de manera inesperada, por lo cual los estudiosos buscan otros nombres en las listas de Núm. 26 y 1 Crón. 8:1-5 que pudieran ser la misma persona, pero los resultados son inciertos.

APAIM Nombre de persona que significa "fosas nasales". Miembro de la familia de Jerameel de la tribu de Judá (1 Crón. 2:30-31).

APELAR A CÉSAR Cuando Pablo fue llevado delante de Festo para ser enjuiciado por acusaciones hechas en su contra por parte de los judíos de Jerusalén, Festo le preguntó si quería regresar a esa ciudad para el juicio. Pablo, temiendo que los judíos lo mataran, pidió que el emperador escuchara su causa ya que no había hecho nada digno de merecer la muerte (Hech. 25:1-12). Pareciera que la ciudadanía romana de Pablo le otorgaba el derecho de que su causa fuera escuchada por el emperador. No obstante, existen casos en los que a algunos ciudadanos romanos que estaban en África se les negó el derecho a apelar y en consecuencia Galba, el gobernador de la provincia, los crucificó. A Pablo se le concedió la apelación, aunque posteriormente se determinó que no hubiera necesitado presentarse porque no había hecho nada malo (Hech. 26:32). Desconocemos los resultados de la apelación porque Hechos concluye cuando Pablo aún se encontraba en prisión aguardando el juicio. Es probable que la causa de Pablo se haya desestimado después de dos años y que lo hayan dejado en libertad.

APELES Cristiano de Roma a quien Pablo saludó como "aprobado en Cristo" (Rom. 16:10), lo cual puede significar que había sido probado mediante la persecución y demostró fidelidad.

APIA Mujer creyente a quien Pablo saludó utilizando la expresión "amada" cuando escribió Filemón (v.2). La tradición cristiana primitiva la identificaba como esposa de Filemón, declaración que no se puede confirmar ni rechazar.

APIO, FORO DE Lugar al que se hace referencia en Hechos 28:15 y que también se denomina Mercado de Apio. Ver *Foro*.

APOCALIPSIS, LIBRO DE Último libro de la Biblia. Su título proviene de *apokalupsis* que significa "descubrir", "dar a conocer" o "revelar". Apocalipsis 1:1 presenta el tema del libro: es una revelación "de", "proveniente de" y "sobre" Jesucristo. Si bien pertenece a la literatura apocalíptica, es en realidad una combinación de tres géneros literarios: (1) *apocalíptico*: forma de profecía realzada o intensificada que utiliza lenguaje críptico rico en simbología a fin de retratar la gran reivindicación y la victoria de Dios y Su pueblo al final de los tiempos (1:1); (2) *profecía*: palabra directa de proclamación de parte de Dios a Su pueblo a través de Sus siervos, tanto para predecir como para dar a conocer (1:3); (3) *epístola*: carta dirigida a las necesidades de iglesias en particular (1:4-7; 2; 3; 22:21). El libro señala una esperanza futura y exige fidelidad y perseverancia en el presente.

Para alentar la fidelidad, Apocalipsis anuncia el mundo glorioso que vendrá, un mundo donde "Ya no habrá muerte, ni llanto, ni lamento ni dolor, porque las primeras cosas han dejado de existir" (21:4 NVI; comp. 7:16) cuando reaparezca el Jesús crucificado y resucitado. El Señor entronizado volverá para poner fin a la historia mundial con la destrucción de los enemigos de Dios, la salvación final de Su pueblo y la creación de cielos nuevos y tierra nueva (21; 22). La intensidad de la experiencia de Juan sólo es igualada por la riqueza del simbolismo apocalíptico que se emplea para advertir a los lectores sobre los desastres y las tentaciones inminentes que requerirían lealtad inquebrantable hacia el Señor resucitado. Con toda seguridad, el Señor vendrá con poder y gloria, pero no antes de que Sus enemigos hayan atacado de manera terrible pero limitada (por la misericordia divina) a aquellos que se mantienen fieles "al testimonio de Jesús" (comp. 1:9; 6:9; 12:11).

Autor Cuatro veces el autor se identifica como Juan (1:1,4,9; 22:8). La tradición cristiana primitiva atribuye el Evangelio, las tres cartas y el libro de Apocalipsis al apóstol Juan. Apocalipsis es el único que afirma ser escrito por alguien de nombre Juan. Aunque el autor no sostiene ser apóstol, pareciera improbable que cualquier otro líder cristiano del siglo I haya tenido la autoridad o haya estado asociado de manera tan estrecha con las iglesias de Asia Menor como para referirse a sí mismo simplemente como Juan. Existen ciertas diferencias de estilo y lenguaje entre el Evangelio, las epístolas de Juan y Apocalipsis, pero también aparecen similitudes significativas. Por ejemplo, sólo el Evangelio y Apocalipsis se refieren a Jesús como el Verbo/la Palabra de Dios (Juan 1:1; Apoc. 19:13) y el Cordero. El tema del "testigo" también reviste particular importancia en los cinco libros. La postura más acertada es la que sostiene que el Juan de Apocalipsis era, en verdad, el apóstol Juan, hermano de Jacobo e hijo de Zebedeo. Ver *Juan*.

Trasfondo El autor se encontraba en situación de sufrimiento. Era un "hermano de ustedes y compañero en el sufrimiento" que estaba "en unión con Jesús" y que, debido al testimonio que había dado de Él, había sido exiliado a la isla de Patmos (1:9 NVI). Las realidades de los destinatarios eran diferentes, si bien todos experimentaban dificultades. Un cristiano fiel de Pérgamo sufrió la muerte (2:12,13), y la iglesia en Esmirna recibió advertencias sobre persecución inminente (2:10). Éfeso había abandonado su primer amor (2:4), Pérgamo y Tiatira toleraban enseñanzas falsas (2:14,15; 20), Sardis estaba muerta espiritualmente (3:1), Filadelfia enfrentaba oposición judía (3:9) y Laodicea era tibia (3:16). Estas siete iglesias constituyen los destinatarios inmediatos del libro. Sin embargo, el carácter representativo de las siete iglesias y el mensaje profético del libro indican, que estaba dirigido a una audiencia mucho más amplia: la iglesia en su totalidad.

Fecha Apocalipsis fue escrito a finales del siglo I. La tradición primitiva ubicaba el libro durante el reinado del emperador romano Domiciano (81–96 d.C.). Una postura alternativa lo ubica poco después del reinado de Nerón (57–68 d.C.). Los eruditos que sostienen esta última postura argumentan que las referencias reiteradas a la persecución presente en el libro (1:9; 2:2-3,10,13; 3:9,10; 6:10,11; 7:14-17; 11:7; 12:13–13:17; 14:12-20; 19:2; 21:4) se ajustan mejor a dicho reinado, evidentemente una época de persecución. La alusión al templo en 11:1 pareciera dar por sentado que este todavía estaba en pie, lo que exigiría una fecha anterior al 70 d.C. Quienes argumentan a favor de la época de Domiciano, señalan que esta era la postura de Ireneo, Victorino, Eusebio y Jerónimo. Las cartas a las siete iglesias presuponen crecimiento y decadencia, mientras que estas congregaciones (que no se fundaron hasta fines de la década del 50 d.C.) aparentemente eran fieles cuando Pablo fue encarcelado en la década del 60 d.C. Para la época de Domiciano, es probable que una segunda generación no haya puesto de manifiesto las convicciones de la primera, especialmente al enfrentar oposición intensificada y desafíos a que transigiera (comp. el trasfondo de las cartas de Juan). La mayoría de los eruditos afirman que la época de Domiciano es la más probable y establecen la fecha aprox. entre el 90 y el 96 d.C. Cualquiera sea la fecha correcta, fue una época de creciente persecución, desafío doctrinal y transigencia moral.

Estructura literaria del libro Se han ofrecido varios enfoques, entre los cuales dos tienen un atractivo especial. Según el primero, el libro puede construirse en torno a la frase "en el Espíritu" utilizada en cuatro lugares estratégicos cuando Juan se traslada a sitios diferentes (1:10; 4:2; 17:3; 21:10). Un segundo enfoque considera 1:19 como la clave para la interpretación. A Juan se le indica que escriba "las cosas que has visto" (cap. 1), "las que son" (cap. 2–3), "y las que han de ser después de estas" (cap. 4–22).

Enfoques de interpretación de Apocalipsis Por lo general, los intérpretes se ubican en una de cuatro categorías:

1. Preteristas El libro trata sobre el siglo I y está dirigido a la situación en ese momento. La mayoría de los sucesos descritos en el libro (si no todos) se cumplieron en la época de Juan.

2. Historicistas El libro es un panorama de la historia de la iglesia, y la atención se centra en su desarrollo en Occidente.

3. Idealistas El libro es simbólico de una verdad atemporal y del conflicto entre el bien y el mal. No se tienen en vista ni personas ni sucesos específicos. El mensaje que se debe proclamar y recibir es que finalmente Dios tiene la victoria.

4. Futuristas El libro describe, comenzando por el capítulo 4 (ó 6), lo que sucederá al final de la historia, justo antes de la segunda venida de Jesucristo y el establecimiento de Su reino.

Introducción (1:1-8) La obra de Juan es una "revelación" de Jesucristo y sobre Jesucristo, dirigida a "las siete iglesias" de la provincia romana de Asia Menor en cuanto a "las cosas que deben suceder pronto". El tema es claro: Dios mismo ha garantizado la reivindicación final del Jesús crucificado (1:7,8). Se promete bendición (la primera de siete) para aquellos que escuchen y presten atención a su mensaje (1:3).

La visión de Juan en la isla de Patmos (1:9-20) Mientras estaba exiliado en Patmos, Juan vio al Señor resucitado (1:9-20). Vestido de poder y majestad (1:9-20), el Dios Viviente se reveló como Señor de las iglesias y le ordenó a Juan que enviara las siete cartas junto a un relato de las cosas que había visto y vería, una revelación de "las cosas que sucederán después de estas" (1:19).

Cartas a las siete iglesias (2:1–3:22) Las cartas a las iglesias de Éfeso, Esmirna, Pérgamo, Tiatira, Sardis, Filadelfia y Laodicea tienen un formato congruente. En primer lugar, el Señor resucitado designa a los destinatarios y luego se describe a sí mismo utilizando parte de la imagen de 1:9-20. Después sigue una sección "Yo conozco" con elogios y/o críticas. Por lo general, a continuación se brinda cierto tipo de exhortación: a aquellos que reciben las críticas, una exhortación al arrepentimiento; sin embargo, a las iglesias de Esmirna y Filadelfia, para las que el Señor tenía sólo elogios, la exhortación tiene que ver con la confirmación que les da Dios (2:10; 3:10-13). Cada carta concluye tanto con una exhortación a oír "lo que el Espíritu dice a las iglesias" como también con una promesa de recompensa al vencedor, considerado tal por perseverar en la causa de Cristo. Cada promesa encuentra su origen en la consumación gloriosa (Apoc. 19–22). A la iglesia de Éfeso (2:1-7) se le dice que vuelva a su primer amor; a la iglesia de Esmirna (2:8-11), que sea fiel hasta la muerte; a las iglesias de Pérgamo (2:12-17) y Tiatira (2:18-29), que deben guardarse de las falsas enseñanzas y los

PERSPECTIVAS MILENIALES EN APOCALIPSIS

Tema de interpretación	Amilenial	Premilenial histórico (Postribulación)	Premilenial con pretribulación*	Posmilenialismo preterista
Descripción de la perspectiva	Perspectiva de que el presente reino celestial de Cristo o la época presente del gobierno de Cristo en la tierra es el milenio	Perspectiva de que Cristo reinará en la tierra por 1000 años luego de su segunda venida; los santos serán resucitados al comienzo del milenio y los incrédulos en el fin; luego sigue el juicio	Perspectiva de que Cristo reinará en la tierra por 1000 años luego de su segunda venida; los santos serán resucitados en el arrebatamiento antes de la tribulación, y los que mueren durante la tribulación lo harán al comienzo del milenio	Reino "milenial" de Cristo establecido en el primer siglo; continuará extendiéndose y aumentando hasta el momento de la resurrección y el juicio final
Libro de Apocalipsis	Historia actual escrita en códigos para confundir a enemigos y animar a los cristianos de Asia; el mensaje se aplica a todos los cristianos	Aplicación inmediata para cristianos de Asia y para todos los cristianos a través de los siglos; las visiones también se aplican a un gran evento futuro	Aplicación inmediata para cristianos de Asia, y para cristianos de todos los tiempos; las visiones también se aplican a un gran evento futuro	Historia de eventos ya pasados con consecuencias hasta el mismo presente. Siete iglesias de la época de Juan
Siete candeleros (1:13)	Siete iglesias de la época de Juan	Siete iglesias de la época de Juan	Siete iglesias de la época de Juan	Siete iglesias de la época de Juan
Siete estrellas (1:16,20)	Pastores	Simboliza carácter celestial o sobrenatural de la iglesia (algunos creen que se refiere a un pastor)	Pastores o ángeles	Pastores
Iglesias de Asia (caps. 2–3)	Situaciones históricas específicas, verdad aplicable a todas las iglesias a través del tiempo; no representan períodos de la historia de la iglesia	Situaciones históricas específicas, verdad aplicable a todas las iglesias a través del tiempo; no representan períodos de la historia de la iglesia	Situaciones históricas específicas, verdad aplicable a todas las iglesias a través del tiempo; no representan períodos de la historia de la iglesia	Situaciones históricas específicas, verdad aplicable a todas las iglesias a través del tiempo; no representan períodos de la historia de la iglesia
Veinticuatro ancianos (4:4,10; 5:8,14)	Doce patriarcas y doce apóstoles; todos juntos simbolizan a todos los redimidos	Cofradía de ángeles que ayudan en ejecución del reinado divino (o ancianos que representan 24 órdenes sacerdotales o levíticas, o símbolo de todos los redimidos)	La iglesia ya recompensada; o representa 12 patriarcas y 12 apóstoles (redimidos de todos los tiempos)	¿?
Libro sellado (5:1-9)	Rollo de historia; muestra a Dios quien lleva a cabo su propósito redentor en la historia	Contiene profecías de eventos del fin de caps. 6–22; relacionado con libro de ayes de Ezequiel (2:9-10) y libro sellado de Daniel (12:4,9-10)	Contiene profecías de eventos del fin de caps. 6–22; relacionado con libro de ayes de Ezequiel (2:9-10) y libro sellado de Daniel (12:4,9-10)	Decreto divino del divorcio de Dios para con Israel, y de juicio sobre Israel
144.000 (7:4-8)	Redimidos en la tierra que serán protegidos de la ira de Dios	Iglesia en el umbral de gran tribulación (según algunos, convertidos judíos)	Convertidos judíos de la tribulación y testifican de Jesús (igual que 14:1)	Cristianos judíos

PERSPECTIVAS MILENIALES EN APOCALIPSIS

Tema de interpretación	Amilenial	Premilenial histórico (Postribulación)	Premilenial con pretribulación*	Posmilenialismo preterista
Gran multitud (7:9-10)	Una multitud imposible de numerar, alaban a Dios en el cielo por la salvación	Luego de haber pasado por la tribulación, se ve a la iglesia en el cielo	Redimidos durante el período de tribulación (posiblemente ángeles)	¿La iglesia como un todo?
Gran tribulación (primera referencia en 7:14)	Cristianos de Asia en tiempos de Juan enfrentan persecución; simbólico de tribulación a través de la historia	Antes del regreso de Cristo habrá período de conflictos y disturbios sin explicación; la iglesia pasará por esto; comienza con séptimo sello (8:1), que incluye 1–6 trompetas (8:2–14:20)	Período de conflictos y disturbios inexplicables, 7:14, descrito en caps. 11–18; segunda mitad del período de 7 años entre el arrebatamiento y el milenio	Cristianos de Asia en tiempos de Juan enfrentan persecución
"estrella" 9:1	Mal personificado	Representa una figura angélica con encargo divino de cumplir el propósito de Dios		Satanás
42 meses (11:2); 1260 días (11:3)	Duración indefinida de desolación pagana	Representación de número simbólico: período de maldad con referencia a últimos días de nuestra era	Mitad del período de 7 años de tribulación	Tiempo desde el comienzo de revuelta judía (primavera del 66 d.C.) hasta penetración del muro interno de Jerusalén en agosto del 70 d.C.
Dos testigos (11:3-10)	Difusión del evangelio en el primer siglo	Simbolizan la iglesia y sus testigos	Dos personajes históricos reales que testificaron sobre Jesús	¿?
Sodoma y Egipto (11:8)	Roma, cabeza del Imperio	Jerusalén terrenal	Jerusalén terrenal	Jerusalén terrenal
Mujer (12:1-6)	El verdadero pueblo de Dios bajo el antiguo pacto y el nuevo (verdadero Israel)	El verdadero pueblo de Dios bajo el antiguo pacto y el nuevo (verdadero Israel)	Señala a Israel, no a la iglesia; la llave se compara con Gén. 37:9	¿?
Gran dragón escarlata (12:3)	Siempre se identifica con Satanás	Siempre se identifica con Satanás	Siempre se identifica con Satanás	Siempre se identifica con Satanás
Hijo varón (12:4-5)	Cristo en su nacimiento, toda su vida y su crucifixión, y a quien Satanás trató de matar	Cristo, cuya obra Satanás procura destruir	Cristo, cuya obra Satanás procura destruir	¿(Probablemente Cristo)?
1260 días (12:6)	Tiempo indefinido	Número simbólico que representa período de maldad, con especial alusión a días finales de esta era	Mitad de la gran tribulación después que la iglesia es arrebatada	¿Equivale a 42 meses?
Bestia del mar (13:1)	Emperador Domiciano, personificación del Imperio Romano (igual que en cap. 17)	Anticristo y su reino; aquí se lo muestra como personificación de 4 bestias de Dan. 7	Anticristo y su reino; aquí se lo muestra como personificación de 4 bestias de Dan. 7	Forma general, Imperio Romano; forma específica, Nerón

PERSPECTIVAS MILENIALES EN APOCALIPSIS

Tema de interpretación	Amilenial	Premilenial histórico (Postribulación)	Premilenial con pretribulación*	Posmilenialismo preterista
Siete cabezas (13:1)	Emperadores romanos	Gran potencia, muestra similitud con el dragón	Siete imperios seculares e Imperio Romano que ha resurgido	Forma general, emperadores romanos, específicamente desde Julio hasta Galba.
Tres cuernos (13:1)	Poder simbólico	Reyes representan coronas limitadas (10) contra las muchas de Cristo	Diez naciones que habrán de servir a la bestia	¿?
Bestia de la tierra (13:11)	*Concilia*, organismo romano en ciudades responsable por el culto al emperador	Religión organizada que servía a la primera bestia durante la gran tribulación; dirigida por un falso profeta	Religión organizada que servía a la primera bestia durante la gran tribulación; dirigida por un falso profeta	¿?
666 (13:18)	Imperfección, maldad; personificado como Domiciano	Símbolo de maldad, casi 777; si fue símbolo de personaje, se desconoce, pero se sabrá en el momento adecuado	Símbolo de maldad, casi 777; si fue símbolo de personaje, se desconoce, pero se sabrá en el momento adecuado	El valor numérico de "César Nerón"
144.000 en el Monte Sión (14:1)	El total de los redimidos en el cielo	El total de los redimidos en el cielo	Los judíos redimidos se reúnen en la Jerusalén terrenal durante el milenio	¿Cristianos judíos?
Río de sangre (14:20)	Símbolo de castigo infinito para los impíos	Significa que el castigo radical de Dios aplasta totalmente al mal	Escena de ira y gran matanza; ocurrirá en Palestina	Símbolo de la sangre derramada en Israel durante la guerra judía
Babilonia (mujeres, 17:5)	La Roma histórica	Símbolo de malvada oposición a Dios	¿?	Jerusalén
Bestia (17:8)	Domiciano	El anticristo		El Imperio Romano
Siete montes (17:9)	La Roma pagana, edificada sobre siete colinas	Indicación de poder, que aquí significa sucesión de imperios, el último de los cuales es la Babilonia del fin de los tiempos	Roma, que revive en el fin de los tiempos	¿?
Siete cabezas (17:7) y siete reyes (17:10)	Emperadores romanos desde Augusto a Tito, con la exclusión de 3 breves reinados	Cinco reinos impíos pasados; el sexto fue Roma; el séptimo surgirá en el fin de los tiempos	Cinco reinos impíos pasados; el sexto fue Roma; el séptimo surgirá en el fin de los tiempos	¿?
Diez cuernos (17:7) y diez reyes (17:12)	Reinos vasallos que gobernaron con el permiso de Roma	Símbolo de potencias terrenales que estarán al servicio del anticristo	Diez reinos que surgen en el futuro, y servirán al anticristo	¿?
Novia, esposa (19:7)	La iglesia			
Cena de bodas (19:9)	Culminación de los tiempos; simboliza completa unión de Cristo con su pueblo	Unión de Cristo con su pueblo en Su venida	Unión de Cristo con su pueblo en Su venida	Simboliza la nueva relación de Dios con la iglesia, en contraposición a su divorcio de Israel
Uno en caballo blanco (19:11-16)	Visión de la victoria de Cristo con la pagana Roma; regreso de Cristo sucede en conexión con eventos de 20:7-10	Segunda venida de Cristo	Segunda venida de Cristo	Cristo viene para destruir Jerusalén y juzgar a Israel, al tiempo que toma una nueva esposa, la iglesia

PERSPECTIVAS MILENIALES EN APOCALIPSIS

Tema de interpretación	Amilenial	Premilenial histórico (Postribulación)	Premilenial con pretribulación*	Posmilenialismo preterista
Batalla de Armagedón (19:19-21; ver 16:16)	En tiempos del fin no es literal, pero simboliza el poder de la palabra de Dios al vencer al mal; principio que se aplica a todas las épocas	Cierta clase de evento en el fin de los tiempos, pero no es batalla literal con armas militares; ocurre en el regreso de Cristo al comienzo del milenio	Batalla sangrienta y literal al final de la gran tribulación en Armagedón (Valle de Meguido) entre Cristo y las fuerzas de la bestia; estas son derrotadas por Cristo y entonces comienza el milenio; evento contrastante con la cena de bodas	¿?
Gran cena (19:7)	En contraste con la cena de bodas	En contraste con la cena de bodas		
Satanás atado (20:2)	Símbolo de la resurrección victoriosa de Cristo sobre Satanás	Eliminación del poder de Satanás durante el milenio		Limitaciones del poder de Satanás que comenzaron en el siglo I y continúan en el presente
Milenio (20:2-6)	Referencia simbólica del período desde la primera venida de Cristo hasta su segunda venida	Un evento histórico, aunque el período de mil años puede ser simbólico, después de Armagedón, durante el cual Cristo reina con su pueblo	Período de mil años durante el cual Cristo reina con su pueblo	Símbolo de la época del reinado de Cristo, desde el juicio de Israel en el siglo I hasta el juicio final
Los que estaban en tronos (20:4)	Mártires en el cielo; su presencia con Dios es un juicio sobre quienes los mataron	Santos y mártires que reinan con Cristo en el milenio	Santos y mártires que reinan con Cristo en el milenio	La iglesia, que reina con Cristo en este reino presente
Primera resurrección (20:5-6)	Presencia espiritual con Cristo de los redimidos; ocurre después de la muerte física	Resurrección de los santos al comienzo del milenio cuando Cristo regrese	Incluye dos grupos: (1) los que fueron arrebatados; (2) santos martirizados durante la tribulación	Salvación
Muerte segunda (20:6)	Muerte espiritual, separación eterna de Dios	Muerte espiritual, separación eterna de Dios	Muerte espiritual, separación eterna de Dios	Muerte espiritual, separación eterna de Dios
Segunda resurrección (implícita)	Todas las personas, muertas y redimidas, resucitan cuando Cristo regresa en la única resurrección que tiene lugar	Los incrédulos, resucitados al final del milenio para el juicio del gran trono blanco		Muerte espiritual, separación eterna de Dios; resurrección de todos los muertos
Nuevos cielos y nueva tierra (21:1)	Un nuevo orden; tierra y cielos redimidos	Un nuevo orden; tierra y cielos redimidos	Un nuevo orden; tierra y cielos redimidos	
Nueva Jerusalén (21:2-5)	Dios mora con los santos (la iglesia) en la nueva era después de todos los otros eventos del fin de los tiempos	Dios mora con los santos (la iglesia) en la nueva era después de todos los otros eventos del fin de los tiempos	Dios mora con los santos (la iglesia) en la nueva era después de todos los otros eventos del fin de los tiempos	La iglesia en la gloria de la salvación, que ya está presente en el mundo
Nueva Jerusalén (21:10-22:5)	Igual que 21:2-5	Igual que 21:2-5	Igual que 21:2-5	Igual que 21:2-5

PERSPECTIVAS MILENIALES EN APOCALIPSIS

Tema de interpretación	Amilenial	Premilenial histórico (Postribulación)	Premilenial con pretribulación*	Posmilenialismo preterista
Sello 1 (6:1-2)	Conquistador terrenal o Cristo	Proclamación del evangelio; otros creen que es conquistador terrenal	Posiblemente un falso Cristo	Marcha romana hacia Jerusalén en el 67 d.C.
Sellos 2–4 (6:3-8)	También con sello 1, sufrimiento que se debe soportar a través de la historia	Constantes problemas de guerras, escasez de alimentos y muerte	Secuencia de desastres como resultado de la humanidad pecadora	La guerra judía y sus consecuencias de hambruna y muerte
Sello 5 (6:9-11)	Garantía para los fieles (de todas las edades) de que Dios juzgará la maldad	Mártires de toda la historia	Mártires del período de tribulación	Vindicación de los mártires
Sello 6 (6:12-17)	Fin de los tiempos; juicio final de Dios	Verdadera catástrofe cósmica al fin de los tiempos	Verdadera catástrofe cósmica al fin de los tiempos	Juicio culminante sobre Israel
Sello 7 (8:1)	Siguen siete trompetas	Siguen siete trompetas	Las siete trompetas	Las siete trompetas
Trompetas 1–4 (cap. 8)	Caída del Imperio Romano a raíz de calamidades naturales	La ira de Dios cae sobre una civilización que, cuando tiene que elegir, ofrece su lealtad al anticristo; primeras cuatro trompetas, catástrofes de la naturaleza	La ira de Dios cae sobre una civilización que, cuando tiene que elegir, ofrece su lealtad al anticristo; primeras cuatro trompetas, catástrofes de la naturaleza	Más simbolismo de los efectos de la guerra judía
Langostas, quinta trompeta (9:3-4)	Decadencia interna lleva a la caída del Imperio Romano	Simbolismo de fuerzas demoníacas reales que se desatan durante la tribulación, infligen tortura	Simbolismo de fuerzas demoníacas reales que se desatan durante la tribulación, infligen tortura	Sitio de Jerusalén
Ejército del Oriente, sexta trompeta (9:13-19)	Ataque externo que desata la caída del Imperio Romano	Símbolo de juicio divino y real sobre corrupta civilización; inflige muerte	Invasión de un ejército del Oriente	Otras legiones romanan se unen a la guerra
Séptima trompeta (11:15)	Un día Dios mostrará su victoria	Anuncia resultados victoriosos	Las siete copas	Victoria sobre Jerusalén
Primera copa (16:2)	Juicio a los que se adhieren a la falsa religión, incluyendo los que veneraron a Domiciano	Infligida específicamente en los seguidores del anticristo	Plaga de gran sufrimiento físico	Descripción adicional del juicio sobre Jerusalén
Segunda copa (16:3)	Destrucción de fuentes de sustento físico	Muerte de todo lo que está en el mar	Muerte de todo lo que está en el mar	¿?
Tercera copa (16:4-7)	Los que derramaron la sangre de los santos recibirán maldición de sangre	Afecta el agua dulce	Afecta el agua dulce	¿?
Cuarta copa (16:8-9)	Aun cuando la gente reconoce que la fuente divina de toda vida lucha contra ellos, blasfeman a Dios y se niegan a arrepentirse	Dios rescinde de los procesos de la naturaleza para traer juicio, pero la gente sigue negándose a arrepentirse	Dios rescinde de los procesos de la naturaleza para traer juicio, pero la gente sigue negándose a arrepentirse	¿?
Quinta copa (16:10-11)	Juicio de Dios sobre la autoridad del trono de la bestia; las tinieblas indican complot malvado y confuso	Dirigido contra la civilización demoníaca del fin de los tiempos	Dirigido contra la civilización demoníaca del fin de los tiempos	¿?
Sexta copa (16:12-16)	Fuerzas contra Dios finalmente destruidas; aquí se alude específicamente a los partos	Sirve como preparación para la gran batalla del fin de los tiempos; coalición de gobernantes inspirados demoníacamente	Alude al gran conflicto mundial de muchas naciones en Armagedón, Palestina	¿?
Séptima copa (16:17-21)	Derramada en el aire que todos deben respirar; provoca nota de juicio final sobre el Imperio Romano	Describe la caída de la Babilonia del fin de los tiempos (luego habrá más detalles)	Destrucción total de todo lo que no está edificado sobre Dios; caída de la pecadora civilización humana	¿?

El dispensacionalismo es una forma popular del premilenialismo pretribulacional.

Cuadro realizado por Daniel L. Akin, Robert B. Sloan y Craig Blaisin.

hechos inmorales que acompañan a una teología errónea. A la iglesia de Sardis (3:1-6) se le dice que despierte y complete sus obras de obediencia. A la iglesia de Filadelfia (3:7-13) se le promete, ante la persecución, que la fe en Jesús asegura el acceso al reino eterno, y a la iglesia de Laodicea (3:14-22) se la insta a abandonar el autoengaño y arrepentirse de su tibieza espiritual.

La soberanía del Dios Creador comprometida con el Cordero crucificado y ahora entronizado (4:1–5:14) Los caps. 4 y 5 son fundamentales: relacionan las exhortaciones del Señor resucitado a las iglesias (caps. 2–3) con los juicios y el triunfo final del Cordero (caps. 6–22). Proveen la base histórica y teológica para la autoridad del Señor resucitado sobre la iglesia y sobre el mundo al describir Su entronización y poder para ejecutar los propósitos de juicio y salvación de parte de Dios. El cap. 4 afirma la autoridad soberana de Dios Padre como Creador. El cap. 5 describe la autoridad soberana de Dios Hijo como Redentor. Mediante la creación y la redención, Dios es justo al ejercer autoridad sobre todas las cosas. En Apoc. 5 se habla de un libro de retribución, redención y restauración. Este libro, que contiene el resto de la revelación (caps. 6–22), está relacionado con el libro de los lamentos de Ezequiel (Ezeq. 2:9-10) y el libro sellado de Daniel (Dan. 12:4,9,10). El Señor Jesús crucificado es el León y el Cordero resucitado y exaltado, todopoderoso, omnisciente y omnipresente (Apoc. 5:6). Sólo Él es digno de tomar el libro y abrir los siete sellos. Cuando el Cordero empieza a romper los sellos, comienzan a revelarse los sucesos que constituyen el clímax de la historia.

Los juicios del Cordero entronizado ejecutados por medio de los siete sellos (6:1–8:5) La apertura de los primeros cuatro sellos provoca la aparición de cuatro jinetes (6:1-8), quienes en un paralelismo con el caos predicho en Mat. 24 (comp. Mar. 13; Luc. 21), representan los juicios de Dios a través de la guerra y sus consecuencias devastadoras (violencia, hambre, pestilencia y muerte). El quinto sello (Apoc. 6:9-11) es el ruego de los santos mártires que piden justicia divina sobre sus opresores. Por el momento deben esperar.

El sexto sello es relevante para comprender la estructura literaria y la secuencia de los episodios de Apocalipsis. Al ser abierto se desatan las señales típicas del fin: gran terremoto, oscurecimiento del sol, enrojecimiento de la luna y caída de las estrellas del cielo (comp. Mat. 24:29). En este punto nos encontramos al final de la historia del mundo. Los poderosos y los humildes de la tierra se dan cuenta de que ha llegado el gran día de la ira del Señor (y del Cordero), y nada puede salvarlos (6:14-17). Para no abrumar a su audiencia con la descripción de los juicios iniciados por los primeros seis sellos, Juan interrumpió la secuencia que continuaría con el séptimo sello para recordarles que el pueblo de Dios no debe desesperarse porque, como "siervos de nuestro Dios" (7:3 NVI), tiene la promesa del cielo.

Una lectura cuidadosa de Apocalipsis muestra que tanto el séptimo sello como la séptima trompeta carecen de contenido. Algunos sugieren que las tres series de juicios (sellos, trompetas y copas) tienen una relación telescópica, de modo que el séptimo sello contiene las siete trompetas y la séptima trompeta contiene las siete copas, lo cual da idea de la intensidad y la rapidez de los juicios a medida que se acerca el fin. Esto también explica, al menos parcialmente, el acercamiento al cierre de la historia al concluir cada serie de juicios.

El cap. 7 consta de dos visiones (7:1-8,9-17) y es una especie de paréntesis. Muchos entienden que los 144.000 sellados (7:1-8) son una referencia a los judíos que acuden a Cristo y sirven de manera única y especial durante el período de la tribulación (comp. Rom. 11:25-29). Otros creen que Juan emplea simbolismo judío para representar a todos los creyentes que han puesto su confianza en Cristo. Esta última postura es poco probable porque, en la segunda visión (7:9-17), Juan ve a una gran multitud y no hace distinciones entre ellos. Mediante descripciones del cielo (21:3,4,23; 22:1-5), Juan nos dice que han "salido de la gran tribulación" y que ahora experimentan el gozo del cielo y el alivio de las aflicciones (comp. 7:14-17 con 21:1-6; 22:1-5). Probablemente salir "de la gran tribulación" (7:14) indique que sean los santos mártires que sufrieron la muerte por ser testigos de Jesús (comp. 6:9-11; 12:10-12; 20:4-6). Ahora disfrutan de la presencia de Dios en el cielo (7:15; 21:3). Los cristianos ("los siervos de nuestro Dios", 7:3) tienen el sello de Dios. Rechazan la marca de la bestia (13:16-17; 14:11) y dan testimonio de Jesús (14:12) a pesar de la persecución (12:17; 13:7). Por lo tanto, tienen la promesa de ser finalmente liberados de la gran tribulación (7:14).

Apocalipsis 8:1-5 habla del séptimo sello y la señal del rotundo fin de la historia humana y la venida del Señor. Sin embargo, el profeta aún no está listo para describir el regreso del

A

Señor. Todavía deben cumplirse más juicios adicionales por parte de Dios, la misión de Su pueblo y la persecución por parte de la bestia. El séptimo sello contiene las siete trompetas. Por medio de esta simbología, Juan revela la segunda serie de importantes juicios que se acercan aún más al fin.

Los juicios del Cordero entronizado ejecutados por medio de las siete trompetas (8:6–11:19) Las primeras cuatro trompetas describen juicios parciales ("la tercera parte") sobre la vegetación de la tierra, los océanos, las aguas de los ríos y los cuerpos celestes (8:6-13). Las tres últimas trompetas se agrupan y se describen como tres "ayes" sobre la tierra que enfatizan el juicio de Dios. Estos juicios no tienen efecto redentor pues "los otros hombres que no fueron muertos por estas plagas" no se arrepintieron de su inmoralidad (9:20,21).

El interludio entre el sexto y el séptimo sello nos recordó que el pueblo de Dios está a salvo de los efectos eternamente destructivos de la ira divina. Entre la sexta y la séptima trompeta también se nos recuerda sobre la mano protectora de Dios para con Su pueblo (10:1–11:14). En el interludio de las trompetas vemos además que la protección del Señor durante los días de tribulación no significa aislamiento, ya que el pueblo de Dios debe dar un testimonio profético al mundo.

En 10:1-8 se reafirma el llamado de Juan (comp. Ezeq. 2:1–3:11). En 11:1-13 se enfatiza nuevamente la relevancia de la providencia, la protección y el testimonio de Dios junto con las medidas del templo de la tribulación (11:1,2). Las persecuciones durarán "42 meses", pero Su pueblo no puede ser destruido porque los "dos testigos" (11:3-13) deben dar testimonio de la misericordia y del juicio divino. Los "dos testigos" (el dos sugiere un testimonio confirmado y legal) también son llamados los "dos candeleros" (11:4). Algunos creen que simbolizan a los creyentes que testifican (comp. 1:20). Otros piensan que son dos personas reales que darán testimonio y serán martirizados. Al igual que Moisés y Elías, mantienen un fiel testimonio profético ante el mundo, incluso hasta la muerte. A pesar de que la tierra se regocija cuando su testimonio aparentemente termina, el triunfo temporal del mal ("tres días y medio", 11:9,11) se transformará en la reivindicación celestial cuando los dos testigos sean levantados de entre los muertos (11:11,12).

Con la séptima trompeta (y el tercer ay) llega nuevamente el fin de la historia, el tiempo de "juzgar a los muertos" y recompensar a los santos (11:18). Sin embargo, Juan no está listo para describir la venida del Señor. Desgraciadamente tiene más cosas para comunicar en cuanto a "la bestia que sube del abismo" hasta que llega a hacer guerra con el pueblo de Dios (11:7). Ahora Juan revela los "42 meses", el período de persecución, protección y testimonio.

El dragón persigue a los justos (12:1–13:18) El cap. 12 es crucial para comprender cómo percibe Juan la secuencia de la historia. Cristianos y judíos asociaban el número "tres y medio" con tiempos de maldad y juicio. Juan se refirió a los tres años y medio de diversas maneras: "42 meses" o "1260 días" o "un tiempo, y tiempos, y la mitad de un tiempo". Durante esa época (un período cuando los poderes del mal ejecutarán sus obras), Dios protegerá a Su pueblo (12:6,14) mientras este dé testimonio de su fe (11:3) y al mismo tiempo sufra en manos de poderes malignos (11:2,7; 12:13-17; 13:5-7). Este terrible período de tribulación finalizará con la venida del Señor. Sin embargo, el interrogante crucial es cuándo comienza el período de tres años y medio de persecución y testimonio. Algunos eruditos ubican los "tres años y medio" en una época futura. Otros señalan su comienzo con el ascenso y la entronización de Cristo (12:5). Cuando la descendencia de la mujer (de Israel) es arrebatada "para Dios y para su trono" (12:5), hay guerra en el cielo y el dragón es arrojado a la tierra.

El cielo se regocija porque dicha descendencia ha sido rescatada de manos de Satanás, pero la tierra está de duelo porque el maligno fue arrojado a la tierra y su ira es grande. Sabe que fue vencido por el Cristo resucitado y exaltado y que tiene poco tiempo (12:12). La mujer, que (como Israel) dio a luz a Cristo (12:1,2) y también a más "descendencia", aquellos que "tienen el testimonio de Jesucristo", recibe ahora todo el peso de la ira frustrada del dragón (12:17). Si bien el dragón enfurecido pretende descargar su ira en la mujer, ella está nutrida y protegida durante "1260 días" (12:6), durante "un tiempo, y tiempos, y la mitad de un tiempo" (12:14).

A continuación el dragón coloca en escena a dos secuaces (cap. 13) para que lo ayuden a perseguir a aquellos que creen en Jesús. Satanás se encarna en un gobernante político, la bestia del mar (13:1), que blasfemará durante "42 meses" (13:5). Este es el hombre de pecado del que habla Pablo (2 Tes. 2:3-12) y el anticristo de Juan (1 Juan 2:18,22; 4:3; 2 Juan 7). Es tanto una persona como la cabeza de una potencia política. Hará "guerra contra los santos" (13:7), mientras que la segunda bestia (o falso profeta, 19:20), que viene de la tierra (13:11) procurará engañar a la tierra de modo que sus habitantes adoren a la primera bestia.

El cap. 12 puede verse como una especie de panorama de la historia de la redención. El cap. 13 debe entenderse en conexión con Dan. 7 en la llegada del anticristo escatológico. El dragón (Satanás), la bestia y el falso profeta conforman nada menos que una trinidad falsa, y generarán también una resurrección falsa (13:3). Apocalipsis deja en claro que Satanás es el engañador y falsificador por excelencia.

Resumen del triunfo, la advertencia y el juicio (14:1-20) Después de las angustiosas noticias de continuas persecuciones emprendidas por la nefasta trinidad, los lectores de Juan necesitan otra palabra de aliento y advertencia. El cap. 14 emplea siete "voces" para relatar una vez más las esperanzas y las advertencias del cielo. Primero hay otra visión de los 144.000, el remanente judío. Fieles en su adoración al único Dios verdadero por medio de Jesucristo, y sin haber sido seducidos por los engaños satánicos de la primera bestia y su aliado, el falso profeta, serán rescatados y llevados al trono celestial (14:15).

Un ángel anuncia el evangelio eterno y le advierte a la tierra sobre el juicio venidero (14:6,7). Las restantes "voces" (u oráculos) siguen en rápida sucesión. Se anuncia la caída de "Babilonia, la gran ciudad", un símbolo del AT de una nación que se opone al pueblo de Dios (14:8). A este se le advierte que quienes sigan a la bestia sufrirán la separación de Él (14:9-12). Finalmente, dos voces llaman a la cosecha (14:14-20).

Los juicios del Cordero entronizado ejecutados por medio de las siete copas (15:1–16:21) Otra dimensión del juicio divino son las siete copas de la ira, que presentan similitudes con las siete trompetas y los siete sellos, pero también ciertas diferencias. La ira de Dios ya no es parcial ni temporaria sino completa y eterna, final e irrevocable. Los juicios parciales ("la tercera parte") de las trompetas sugieren que Dios utiliza sufrimientos y mal para que la humanidad se arrepienta y crea. Sin embargo, tales tribulaciones también prefiguran la hora del juicio final cuando la ira de Dios sea consumada.

No hay interrupción entre el sexto y el séptimo derramamiento de juicio en las siete copas. Sólo queda la ira sin retraso alguno. Babilonia, la gran ciudad, símbolo de todos aquellos que se han venturado en contra del Dios altísimo, caerá. El fin ha llegado (16:17).

La caída y la ruina de Babilonia (17:1–18:24) El cap. 17 vuelve a narrar la historia de la sexta copa, la caída de la gran ciudad de Babilonia, y el cap. 18 es un lamento conmovedor por ella.

La cena de las bodas del Cordero (19:1-10) A pesar de que, al menos en tres ocasiones anteriores, Juan optó por no describir la venida del Señor (8:5; 11:15-19; 16:17-21; comp. 14:14-16), ahora está preparado para detallar la gloria de la aparición del Señor. Todo el cielo se regocija por el justo juicio de Dios sobre la maldad (19:16). La esposa del Cordero, es decir el pueblo de Dios, se ha preparado mediante la fidelidad a su Señor en la hora del sufrimiento (19:7,8).

La segunda venida del Señor Jesús (19:11-21) Los cielos son abiertos y Aquel cuya venida se ha anticipado fielmente desde las edades pasadas aparece para luchar contra los enemigos de Dios, conflicto cuyo desenlace no se pone en duda (19:11-16). La primera bestia (el anticristo) y la segunda bestia (el falso profeta) son arrojados al lago de fuego del cual no hay retorno (19:20), un lugar que no es para aniquilación sino para castigo y tormento eterno.

El reino milenial (20:1-6) El dragón (Satanás) es arrojado al abismo, una prisión para los demonios, que se cierra y se sella por mil años (20:1-3). Durante ese período Cristo reinará sobre la tierra como Rey de reyes y Señor de señores. Los muertos en Cristo son levantados para reinar con Él (20:4-6), y el gobierno justo del Señor sobre la tierra es reivindicado.

La rebelión final de Satanás y el juicio ante el gran trono blanco (20:7-15) Al final de los mil años se producirá la derrota final de Satanás (20:7-10). A pesar de que él engañará una vez más, su última insurrección será breve. Él y sus seguidores son vencidos en una batalla final. Luego el diablo se une a la bestia y al falso profeta en el lago de fuego donde "serán atormentados día y noche por los siglos de los siglos" (20:10). Se ejecuta entonces el juicio final, en el cual todos los que no están incluidos en "el libro de la vida" son arrojados al lago de fuego (20:11-15).

El regocijo en el cielo, la revelación del Cordero y el advenimiento de la esposa, la ciudad santa (21:1–22:5) El cap. 21 se refiere al estado eterno que se inicia a partir del juicio ante el gran trono blanco, y describe los cielos nuevos, la tierra nueva y, especialmente, la nueva Jerusalén. Relata

A

la glorificación de la esposa del Cordero (21:1–22:5). Ser la esposa es ser la santa ciudad, la nueva Jerusalén, vivir en la presencia de Dios y del Cordero, y experimentar protección, gozo y la eterna y vivificante luz de Dios (21:9-27). El trono de Dios y del Cordero está allí, y en ese sitio Sus siervos lo servirán y reinarán con Él por la eternidad (22:1-5). La nueva Jerusalén es tanto un pueblo como un lugar.

Conclusión (22:6-21) Juan concluyó su profecía declarando la fidelidad absoluta de sus palabras. Aquellos que atiendan a esta profecía recibirán las bendiciones de Dios. Quienes ignoren las advertencias quedarán fuera de las puertas de Su presencia (22:6-15). Juan cerró su libro con una oración solemne y esperanzada para que viniera el Señor (22:17,20). Las iglesias deben tener oídos para oír lo que el Espíritu ha dicho (22:16). El pueblo de Dios debe, por Su gracia (22:21), perseverar en la hora de la tribulación sabiendo que su Señor entronizado volverá triunfante.

Bosquejo

I. Introducción (1:1-8)
II. La visión de Juan en la isla de Patmos (1:9-20)
III. Cartas a las siete iglesias (2:1–3:22)
IV. La soberanía del Dios Creador comprometida con el Cordero crucificado y ahora entronizado (4:1–5:14)
V. Los juicios del Cordero entronizado ejecutados por medio de los siete sellos (6:1–8:5)
VI. Los juicios del Cordero entronizado ejecutados por medio de las siete trompetas (8:6–11:19)
VII. El dragón persigue a los justos (12:1–13:18)
VIII. Resumen del triunfo, la advertencia y el juicio (14:1-20)
IX. Los juicios del Cordero entronizado ejecutados por medio de las siete copas (15:1–16:21)
X. La caída y la ruina de Babilonia (17:1–18:24)
XI. La cena de las bodas del Cordero (19:1-10)
XII. La segunda venida del Señor Jesús (19:11-21)
XIII. El reino milenial (20:1-6)
XIV. La rebelión final de Satanás y el juicio ante el gran trono blanco (20:7-15)
XV. El regocijo en el cielo, la revelación del Cordero y el advenimiento de la esposa, la ciudad santa (21:1–22:5)
XVI. Conclusión (22:6-21)

Daniel L. Akin y Robert B. Sloan

APOCALÍPTICO Aparece 18 veces en el NT en la forma sustantiva griega *apokalupsis* y 26 veces en la forma verbal *apokalupto*. Estos términos griegos derivan de una combinación de la preposición *apo* con el verbo *kalupto*, y dan como resultado la definición de "descubrir, develar o revelar". Dicho "descubrimiento" o "revelación" se produce a través de visiones o sueños y se refiere al develamiento escatológico de secretos sobre los últimos días. El uso del término "apocalíptico" se debe a la palabra con que comienza Apocalipsis, *apokalupsis*, que significa una revelación. Cuando los comentaristas hablan de escritos apocalípticos quieren decir obras escritas en un estilo similar al libro de Apocalipsis. Apocalíptico, por lo tanto, se refiere a los escritos que emplean un lenguaje simbólico o figurativo con el objeto de describir una intervención divina futura, al sistema doctrinal explícito en este género de literatura, y a los movimientos que produjeron tales escritos y doctrinas.

Hay similitudes entre el zoroastrismo y el material bíblico apocalíptico debido a que el elemento escatológico en el pensamiento apocalíptico se combina con un dualismo cósmico. En este dualismo, el futuro no es una superación del presente porque, si lo fuera, la humanidad mejoraría en gran medida y la edad presente no acabaría. Las diferencias entre las ideas religiosas persas y las de los hebreos son notorias. El apocalipticismo del zoroastrismo es un dualismo donde dos fuerzas personificadas se oponen en el universo, un dios bueno y un dios malo. En el concepto judeocristiano, Satanás no es igual a Dios sino claramente inferior y su oponente. Satanás es tentador y opresor de la humanidad pero, aun así, Dios tiene control sobre Satanás quien actúa según Dios le permite. Las fuentes zoroástricas de las cuales supuestamente derivó el apocalipticismo judío se compusieron con posterioridad a los materiales bíblicos. El zoroastrismo le debe su existencia a la Biblia y no viceversa.

La naturaleza apocalíptica Los eruditos de la alta crítica que aceptan fechas posteriores para la literatura apocalíptica (incluyendo el libro veterotestamentario de Daniel) consideran que estas obras son un método literario que empleaban los escritores de la antigüedad para transmitir una esperanza futura de un mundo mejor. El valor trascendente de lo apocalíptico consiste en la promesa de un mundo mejor a aquellos que están abrumados por sus circunstancias actuales tales como la pobreza, la enfermedad y la persecución. Tal es el significado de los libros canónicos apocalípticos de Daniel y Apocalipsis. Algunos sostienen que el mejor enfoque para definir las obras como apocalípticas es comparar sus características con las de Apocalipsis, donde se ilustran algunos rasgos típicos de lo apocalíptico: la revelación proviene de Dios (Apoc. 1:1); la revelación viene a través de un mediador o de un ángel (Apoc. 1:1; 22:16); el mediador le entrega la revelación a un vidente/profeta (Apoc. 1:1); la revelación se refiere a eventos futuros, generalmente el triunfo del bien sobre el mal (Apoc. 1:1); los escritos apocalípticos se efectuaron durante una época de persecución o una crisis histórica (Apoc. 1:9); el mensaje se presenta en visiones (Apoc. 1:10); se usa mucho el simbolismo y la gematría/numerología (Apoc. 1:20; 7:4-8), y el tema o mensaje más importante es el triunfo escatológico del reino de Dios sobre los reinos malvados de la tierra (Apoc. 19:17-21). No obstante, algunos eruditos tienden a clasificar como apocalípticas las obras que no pertenecen a este género.

Antiguo Testamento Los eruditos críticos sostienen que el género apocalíptico es un desarrollo tardío que surgió durante el período postexílico, aunque hubo influencias anteriores en esta dirección. El pueblo judío tenía esperanzas de que Israel recuperara su gloria anterior y que un rey davídico gobernara sobre la nación trayendo como resultado la derrota de los enemigos de Israel. A medida que fue pasando el tiempo, los judíos se dieron cuenta de que esto no sucedería sin la intervención de Dios. Israel comenzó gradualmente a colocar su confianza para el futuro en un Mesías que traería consigo una nueva era de paz, prosperidad y victoria sobre las naciones.

Porciones de Joel, Amós, Zacarías e Isaías tienen rasgos apocalípticos, tal como sucede con Daniel, un libro al que muchos consideran literatura apocalíptica por excelencia. Aunque Zacarías 1–6 contiene muchas características de este género como las visiones, la gematría y los ángeles, este material no parece enfatizar los temas escatológicos que sobresalen en Daniel y Apocalipsis (por ej.: el triunfo escatológico del reino de Dios sobre los reinos de la tierra, la resurrección) y es mejor no clasificarlo como apocalíptico. Zacarías 9–14 es una profecía pero no comparte los rasgos propios de la literatura apocalíptica (por ej.: ángeles o visiones). Algunos eruditos incluyen Isaías 24–27, Ezequiel 38–39 y Joel 3 como apocalípticos pero, aunque estos pasajes son escatológicos, carecen de demasiados aspectos del género como para ser clasificados de este modo.

Obras apocalípticas Varias obras apocalípticas se escribieron entre el 200 a.C. y el 100 d.C., aunque no están incluidas en el canon bíblico: 1 Enoc (163–80 a.C.), el Libro de los Jubileos (100 a.C.), los Oráculos Sibilinos (aprox. 150 a.C.), los Testamentos de los Doce Patriarcas (140–110 a.C.), los Salmos de Salomón (50 a.C.), la Asunción de Moisés (4 a.C.–30 d.C.), el Martirio de Isaías (siglo I d.C.), 4 Esdras (90–100 d.C.) y 2 Baruc (50–100 d.C.). Las diferencias entre la literatura apocalíptica canónica y no canónica son varias: (1) los apocalipsis no canónicos aparecieron como imitaciones de los libros bíblicos; (2) estas obras eran seudónimas, escritas con un nombre falso. Las personas asociadas con estas obras habían estado muertas desde hacía mucho tiempo pero se las utilizaba para conferir autoridad a los libros; (3) los escritos apocalípticos no canónicos declaran predecir eventos futuros, pero en realidad eran profecías escritas después de que el acontecimiento había tenido lugar; (4) los apocalipsis no canónicos se escribieron después de que el mensaje profético del AT había concluido (aprox. 400 a.C.), y (5) debido a diversos temas doctrinales y éticos, nunca se consideró que las obras apocalípticas no canónicas hayan sido inspiradas de la misma manera que los libros bíblicos.

Nuevo Testamento El libro de Apocalipsis es el único documento del NT totalmente apocalíptico. Otras porciones neotestamentarias que se clasifican como apocalípticas son Mateo 24–25 y Marcos 13. Asimismo, algunos segmentos de las cartas a los Tesalonicenses contienen elementos que garantizan la clasificación de apocalípticos: el apogeo del mal (2 Tes. 2:1-4); Cristo descenderá del cielo (1 Tes. 1:10) con la voz del arcángel y la trompeta de Dios (1 Tes. 4:16; 2 Tes. 1:7); los ángeles lo acompañarán como ejecutores de su decreto (2 Tes. 1:7); se tomará venganza sobre los impíos tanto gentiles como judíos (1 Tes. 4:6; 2 Tes. 1:8), y la condenación de los malos será su destrucción eterna (2 Tes. 1:9). En el apogeo del mal, Cristo descenderá del cielo y matará al hombre de pecado con el aliento de su boca para luego destruirlo con la manifestación de Su venida (2 Tes. 2:8). Ver *Apocalipsis, Libro de; Daniel, Libro de; Escatología.*

Steven L. Cox

A

APÓCRIFOS, ANTIGUO TESTAMENTO

Los judíos no dejaron de escribir durante los siglos que transcurrieron entre el AT y el NT. El período intertestamentario fue una época de mucha producción literaria. Decimos que estos escritos son apócrifos o pseudoepigráficos. No poseen la condición de canónicos pero los cristianos primitivos los citaban casi al mismo nivel de los escritos antiguotestamentarios, y otros se copiaron en los manuscritos bíblicos. Algunos autores del NT estaban familiarizados con diversas obras no canónicas, y la carta de Judas hace una referencia específica a, por lo menos, uno de estos libros. Finalmente, los cristianos los preservaron y no los judíos.

Apócrifos significa "cosas que están ocultas" (también supuesto, falsificado, no auténtico), y se aplica a una colección de quince libros que se escribieron entre alrededor del 200 a.C. y el 100 d.C. No forman parte del AT pero algunos los consideran valiosos para el estudio privado. La palabra "apócrifo" no se encuentra en la Biblia. Aunque nunca formaron parte de las Escrituras hebreas, los quince libros apócrifos, con excepción de 2 Esdras, aparecen en la Septuaginta, la traducción griega del AT. Fueron además incluidos en la Biblia latina oficial, la Vulgata. La Iglesia Católica Romana considera que todos estos libros, con excepción de 1 y 2 Esdras y la Oración de Manasés, son canónicos (en la Biblia) y fuente de autoridad. Los libros apócrifos se han omitido del canon de las iglesias protestantes desde la época de la Reforma. Los apócrifos representan diversos tipos de literatura: histórica, romance histórico, sapiencial, devocional y apocalíptica.

Primera Esdras es un libro histórico de comienzos del siglo I d.C. Material paralelo a los últimos capítulos de 2 Crónicas, Esdras y Nehemías, cubre el período que va desde Josías hasta la lectura de la ley llevada a cabo por Esdras. Difiere del relato antiguotestamentario en varios lugares. Se cree que este escrito se tomó de algunas de las mismas fuentes que utilizaron los escritores de los libros canónicos del AT. La Historia de los tres guardias, 3:1–5:3, es uno de los pasajes significativos de 1 Esdras que no aparece en el AT. Narra la manera en que se le permitió a Zorobabel que guiara a los exiliados de regreso a Palestina.

Primera Macabeos es el escrito histórico más importante de los libros apócrifos. Es la fuente principal para la historia del período que cubre del 180 al 134 a.C. El énfasis es que Dios obró a través de Matatías y sus hijos para proporcionar liberación. Dios no intervino ni de manera divina ni sobrenatural. Obró por medio de personas para llevar a cabo Sus propósitos. El escritor era un patriota acérrimo. Para él, el nacionalismo y el celo religioso eran una sola cosa. Después de versículos introductorios sobre Alejandro Magno, el libro revela las causas de la revolución contra los seléucidas. Las historias de Judas y de Jonatán se tratan en forma detallada. A Simón se le presta menos atención, aunque se enfatiza que fue aclamado como líder y sumo sacerdote para siempre. Una breve referencia a Juan Hircano al final del libro sugiere que se escribió durante la última parte de su vida o luego de su muerte, probablemente poco después del 100 a.C.

Segunda Macabeos también presenta la historia de la primera parte de la revolución contra los seléucidas, y cubre un período que se extiende desde el 180 al 161 a.C. Se basa en cinco volúmenes escritos por Jasón de Cirene sobre los cuales no se tiene otra información. El libro, que se escribió poco después del 100 a.C., no se considera tan preciso desde el punto de vista histórico como 1 Macabeos. Los dos libros no concuerdan en algunas porciones. Este libro comienza con dos cartas dirigidas a los judíos que estaban en Egipto instándolos a celebrar la purificación del templo efectuada por Judas. En el resto del escrito, el autor insiste en que la angustia de los judíos es resultado de la pecaminosidad. Enfatiza la intervención milagrosa de Dios para proteger el templo y Su pueblo. Se honra a los que habían sido martirizados por causa de su fe. El libro incluye la historia de siete hermanos y su madre, quienes fueron asesinados. El libro enseña claramente acerca de una resurrección del cuerpo, por lo menos para los justos.

Tobías es un romance histórico que se escribió alrededor del 200 a.C. Se preocupa más por enseñar lecciones que por registrar la historia. La narración corresponde a una familia que fue llevada al exilio en Asiria cuando Israel fue destruida. Tobit y Ana, tenían un hijo llamado Tobías. Tobit le había dejado una gran suma de dinero a un hombre de Media. Cuando el primero quedó ciego, envió a su hijo Tobías a buscar el dinero. Se encontró a un hombre para que acompañara a Tobías. En realidad, era el ángel Rafael. Paralelamente está el relato de una parienta llamada Sara. Ella había tenido siete esposos, pero el demonio había matado a cada uno de ellos durante la noche de bodas. Rafael le dijo a Tobías que él era el elegido para casarse con Sara. Habían atrapado un pez y habían guardado el corazón, el hígado y la vesícula. Cuando lo quemaran, el corazón y el hígado echarían al demonio. La vesícula iba a curar la ceguera. En consecuencia, Tobías se pudo casar con Sara sin recibir ningún daño. Rafael recogió el dinero que se había dejado en Media y la ceguera de Tobit se curó con la vesícula del pez. El libro enfatiza la asistencia al templo, el pago del diezmo, la dádiva de limosnas, el casarse sólo con miembros del pueblo de Israel y la importancia de la oración. La obediencia a la ley es esencial junto con la separación de los judíos de los gentiles. Introduce el concepto de un ángel de la guarda.

El libro de *Judit*, del 250 al 150 a.C., muestra la importancia de la obediencia a la ley. En este libro, Nabucodonosor, rey de los asirios, reinaba durante la época en que los judíos regresaron del exilio. Esto demuestra que no es históricamente exacto ya que Ciro de Persia era rey cuando los judíos regresaron del exilio (538 a.C.). La historia tal vez esté basada en algún acontecimiento en que una mujer desempeñó un papel heroico en la vida de su pueblo. La historia narra que Nabucodonosor envió a uno de sus generales, Holofernes, para subyugar a las naciones de la parte occidental de su imperio. Los judíos se resistieron, y Holofernes sitió la ciudad de Betulia (desconocida excepto por esta referencia). Si no hubiera mediado la intervención de Dios, la ciudad se habría rendido al cabo de cinco días a causa de la falta en el suministro de agua. Judit había estado viuda tres años y se había ocupado de obedecer la ley. Declaró que Dios iba a actuar por medio de ella para salvar a su pueblo. Fue con su sierva al campamento de Holofernes y declaró que Dios destruiría al pueblo a causa del pecado. Prometió que le mostraría al general cómo hacer para capturar la ciudad sin que se perdiera ni una vida. Unos días después en un banquete, cuando Holofernes se había emborrachado hasta entrar en coma, ella le cortó la cabeza y la llevó de regreso a la ciudad. El resultado fue una gran victoria de los judíos frente a sus enemigos. Este libro hace énfasis en la oración y el ayuno. Se denuncia la idolatría y se glorifica al Dios de Israel. El libro muestra un fuerte odio hacia los paganos. Su contenido moral es pobre ya que enseña que el fin justifica los medios.

Los apócrifos contienen agregados al libro antiguotestamentario de Ester. El texto hebreo de Ester contiene 163 versículos, pero el griego posee 270. Estos agregados están en seis lugares diferentes en el texto griego. No obstante, en la Vulgata latina están colocados todos al final. Estas secciones contienen temas tales como el sueño de Mardoqueo, la interpretación de ese sueño, los textos de las cartas a las cuales se alude en el libro canónico (Est. 1:22; 3:13; 8:5,10; 9:20,25-30) y las oraciones de Ester y de Mardoqueo. Los agregados le otorgan al libro una base obviamente más religiosa. Dios nunca se nombra en el libro de Ester del AT. Esta omisión se soluciona con los agregados que probablemente se efectuaron entre el 125 y 75 a.C.

El Cántico de los tres jóvenes es uno de los tres agregados al libro de Daniel. En el texto griego está ubicado después de Daniel 3:23. Satisface la curiosidad sobre lo que sucedió en el horno al que fueron arrojados los tres hombres. La sección final es un himno de alabanza a Dios. Enfatiza que Él actúa para librar a Su pueblo en respuesta a la oración. Es probable que este escrito, junto con los otros dos agregados a Daniel, provenga de una fecha cercana al 100 a.C.

La historia de *Susana* se agrega al libro de Daniel en la Septuaginta. Cuenta acerca de dos jueces que fueron cautivados por la belleza de Susana y procuraron entrar en intimidad con ella. Cuando ella se negó, declararon que la habían visto tener relaciones íntimas con un joven. Las autoridades creyeron en sus acusaciones y condenaron a muerte a la muchacha. Luego Daniel declaró que los jueces estaban mintiendo y que lo iba a demostrar. Les preguntó por separado bajo qué árbol habían visto a Susana y al joven. Cuando ellos mencionaron distintas clases de árboles, se puso en evidencia su perjurio. Fueron condenados a muerte y Susana fue reivindicada.

El tercer agregado a Daniel es *Bel y el Dragón*, colocado antes de Susana en la Septuaginta. Bel era un ídolo que se adoraba en Babilonia. Todas las noches se colocaban grandes cantidades de comida en el templo de Bel y se consumían antes de la mañana siguiente. El rey Ciro le preguntó a Daniel por qué no adoraba a Bel, y Daniel le respondió que Bel era sólo una imagen hecha por el hombre. Le iba a demostrar al rey que Bel no estaba vivo. Daniel esparció cenizas en el piso del templo y colocó comida en el altar de Bel antes de sellar la puerta del templo. A la mañana siguiente, los sellos de las puertas estaban intactos pero, cuando las puertas se abrieron, la comida no estaba. Sin embargo, las cenizas esparcidas en el suelo revelaban las pisadas de los sacerdotes y sus familiares. Ellos tenían una entrada secreta e iban durante la noche para comer la comida que se le llevaba al ídolo. La segunda parte

A

de la historia de Bel y el Dragón trata sobre un dragón que se adoraba en Babilonia. Daniel lo mató dándole de comer tortas de brea, grasa y pelos. El pueblo se enfureció y Daniel fue arrojado al foso de los leones durante siete días. No obstante, los leones no lo lastimaron. Estas historias ridiculizan el paganismo y la adoración de ídolos.

Los cuatro libros apócrifos siguientes son ejemplos de literatura sapiencial. La *Sabiduría de Salomón*, que no fue escrito por él, se escribió en Egipto probablemente alrededor del 100 a.C. La primera sección consolaba a los judíos oprimidos y condenaba a los que se habían alejado de la fe en Dios. Muestra las ventajas de la sabiduría por encima de la maldad. La segunda sección es un himno de alabanza a la sabiduría, a la que se identifica como una persona que está presente ante Dios, aunque no se le da tanta importancia como en algunos otros escritos. La sección final muestra la sabiduría como algo útil para Israel a lo largo de su historia. Estos escritos presentan el concepto griego de la inmortalidad en lugar de la enseñanza bíblica de la resurrección.

La *Sabiduría de Jesús, Hijo de Sirac* también se conoce como *Eclesiástico*. Enfatiza la importancia de la ley y el obedecerla. Escrito en hebreo alrededor del 180 a.C., el nieto del autor lo tradujo al griego poco después del 132 a.C. El libro tiene dos divisiones principales, 1–23 y 24–51, y cada una de ellas comienza con una descripción de la sabiduría. El escritor fue un judío devoto muy educado, que tuvo oportunidad de viajar fuera de Palestina. En consecuencia, no sólo incluyó en sus escritos la sabiduría judía tradicional sino también material que consideró valioso en el mundo griego. Describía al escriba ideal como una persona que tenía tiempo para consagrarse al estudio de la ley. Los capítulos 44–50 son una alabanza de los grandes padres de Israel, en cierta manera similar a Hebreos 11. Se exalta la sabiduría en gran medida. Es una persona creada por Dios. Va a la tierra en busca de un lugar de morada. Se establece en Sión después de ser rechazada por otro pueblo. La sabiduría se identifica con la ley.

Baruc también se incluye entre los libros de sabiduría. Es una combinación de dos o tres escritos diferentes. La primera sección está en prosa y declara proporcionar una historia del período de Jeremías y Baruc. No obstante, difiere del relato del AT. La segunda sección es poética y una alabanza a la sabiduría. La última sección también es poética y da una palabra de esperanza para el pueblo. Como en el caso de Sirac, la sabiduría y la ley se asemejan. Se escribió poco después del 100 a.C.

La *Carta de Jeremías* se agrega a menudo a Baruc como el capítulo 6. Evidentemente el autor utilizó Jeremías 29:1-23 como base para su obra. Allí fue donde Jeremías realmente les escribió una carta a los exiliados. Sin embargo, esta carta data de antes del 100 a.C. Consiste en una condenación a la idolatría expresada con palabras muy fuertes.

La *Oración de Manasés* es un escrito devocional. Declara ser la oración del rey arrepentido que el AT describe como alguien muy malvado (2 Rey. 21:10-17). En 2 Reyes no se dan indicios de que Manasés se haya arrepentido. No obstante, 2 Crónicas 33:11-13,18-19 declara que sí lo hizo y que Dios lo aceptó. Este escrito que proviene de antes del 100 a.C. probablemente haya sido aquella oración de arrepentimiento.

El último de los libros apócrifos es *2 Esdras*, escrito demasiado tarde como para haber sido incluido en la Septuaginta. Los capítulos 1–2 y 15–16 son escritos cristianos. Los capítulos 3–14, la parte significativa de la obra, datan de alrededor del 20 a.C. Este escrito es un apocalipsis, un tipo de escrito popular entre los judíos en el período intertestamentario que se hizo común entre los cristianos. Segunda Esdras contiene siete secciones o visiones. En las primeras tres, Esdras procura obtener respuestas de parte de un ángel acerca del pecado humano y la situación de Israel. La respuesta que recibe es que la situación solamente cambiará en la nueva era que Dios estaba por inaugurar. La tercera sección describe al Mesías. Él permanecerá 400 años y luego morirá. Las tres visiones siguientes enfatizan la intervención de Dios y la salvación de su pueblo a través del Mesías preexistente. La última sección declara que el fin será pronto y que Esdras fue inspirado para escribir 94 libros. Veinticuatro son reescrituras del AT canónico, y los otros 70 debían ser entregados a los sabios. Los últimos dos capítulos de 2 Esdras contienen material en común con el NT. Ver *Apocalíptico; Pseudoepigráficos, Libros.* *Clayton Harrop*

APÓCRIFOS, NUEVO TESTAMENTO Término colectivo que se refiere a un cuerpo extenso de escritos religiosos que data de los primeros siglos de la era cristiana y tienen una forma similar al NT (evangelios, hechos, epístolas y apocalipsis) pero que nunca se incluyeron como parte del canon de las Escrituras.

Significado del término "apócrifo" Cuando el término *apokryphos* aparece en el NT significa simplemente "cosas ocultas". Este sentido original no incluye los significados posteriores que se le asociaron. En el uso cotidiano y práctico, la palabra apócrifo también significa "supuesto, falsificado, no auténtico". En la formación del canon cristiano de las Escrituras, "apócrifo" pasó a tener el sentido de obras que no fueron divinamente inspiradas y carecen de autoridad. Ciertos grupos (por ej.: los gnósticos) también utilizaron el término para describir sus escritos como reservados. Creían que esos escritos se habían producido muchos años antes pero se mantuvieron ocultos hasta más adelante. Aun en ese entonces, esos escritos sólo estaban a disposición de quienes ya eran iniciados. Debido a que la iglesia comenzó a reconocer obras que se leían abiertamente en cultos públicos de adoración, el término "apócrifo" pasó a significar "falso" y se comenzó a utilizar para describir material herético. A diferencia de lo sucedido con porciones de los apócrifos del AT, los cuales fueron aceptados por algunas ramas de la iglesia cristiana, ninguno de los apócrifos del NT (con la posible excepción del *Apocalipsis de Pedro* y los *Hechos de Pablo*) se aceptó jamás como parte de las Escrituras. Aunque algunos eruditos permiten que el término describa escritos que no son ni parte del NT ni estrictamente apócrifos (por ej.: los padres apostólicos), pareciera más conveniente restringir el término a materiales que no fueron recibidos en el canon de las Escrituras pero que, aun así, por su forma y contenido autodeclaran condición y autoridad equivalente a las Escrituras.

El propósito de los apócrifos Tres razones generales explican la existencia de los apócrifos neotestamentarios. Primero, algunos grupos los aceptaron debido al deseo universal de preservar la memoria de la vida y la muerte de figuras importantes del NT. Sin importar si las tradiciones transmitidas eran verdaderas o falsas, el deseo de las generaciones posteriores de conocer más detalles hicieron atractivos los escritos apócrifos. El segundo propósito está íntimamente relacionado con el primero. La intención de las obras apócrifas era complementar la información que se daba en el NT acerca de Jesús o los apóstoles. Esta tal vez sea la motivación detrás de la *Tercera Epístola a los Corintios* (proveer parte de la correspondencia perdida entre Pablo y la iglesia de Corinto) y la *Epístola a los Laodicenses* (proporciona la carta a que se hace referencia en Col. 4:16). Por la misma razón, los hechos apócrifos se aseguran de registrar los eventos relacionados con la muerte de los apóstoles, tema sobre el cual el NT generalmente guarda silencio. Tercero, los grupos herejes produjeron escritos apócrifos en un intento por obtener autoridad para sus puntos de vista particulares.

Clasificación de los apócrifos del Nuevo Testamento Estos escritos se comparan de manera superficial con las formas literarias del NT: los evangelios, los hechos, las epístolas o cartas y los apocalipsis. Aunque esta similitud formal existe, el título de una obra apócrifa no proporciona necesariamente una descripción digna de confianza en cuanto a su carácter y contenidos.

Los Evangelios Apócrifos Este gran grupo de escritos se puede clasificar aún más en evangelios de la infancia, evangelios de la pasión, evangelios judeocristianos y evangelios originados en grupos herejes.

"Evangelios de la Infancia" es el nombre de obras apócrifas que en cierto modo tratan del nacimiento o de la niñez de Jesús, o de ambos. Mientras Mateo y Lucas pusieron énfasis en la misma historia básica del linaje, también destacaron distintos aspectos de los acontecimientos relacionados con el nacimiento de Jesús, debido fundamentalmente al público al cual se dirigían y al propósito particular de sus escritos. Los escritores de estos evangelios de la infancia apócrifos intentaban corregir lo que ellos consideraban como deficiencias de los relatos canónicos e intentaban llenar los espacios en blanco que ellos veían. La mayor parte del material se ocupa de los años de silencio de la niñez de Jesús. Los dos evangelios de la infancia más antiguos, a partir de los cuales se desarrolló la mayor parte de la literatura posterior, son el *Protoevangelio de Santiago* y el *Evangelio de la Infancia según Tomás*. Pareciera que el *Protoevangelio de Santiago* se escribió para glorificar a María. Incluye el nacimiento milagroso de María, su presentación en el templo, sus esponsales con José (un hombre anciano y con hijos) y el nacimiento milagroso de Jesús. Esta obra del siglo II era sumamente popular e indudablemente tuvo influencia sobre las opiniones posteriores sobre ella. El *Evangelio de la Infancia según Tomás* describe a Jesús de una manera casi grosera como un superniño que utilizaba sus poderes milagrosos para conveniencia personal. Esta obra intenta llenar los años de silencio de la niñez de Jesús pero lo hace de manera bastante repulsiva y exagerada.

A medida que la leyenda continuó expandiéndose, se desarrollaron posteriormente muchos evangelios de la infancia que incluyeron el

A

Evangelio Árabe de la Infancia, el *Evangelio Armenio de la Infancia*, el *Evangelio del Pseudo Mateo*, el *Evangelio Latino de la Infancia*, la *Vida de Juan según Serapión*, el *Evangelio del Nacimiento de María*, la *Asunción de la Virgen* y la *Historia de José, el Carpintero*.

"Los Evangelios de la Pasión", otra clase de evangelio apócrifo, complementan los relatos canónicos describiendo eventos en torno a la crucifixión y la resurrección de Jesús. Las dos obras más importantes de esta categoría son el *Evangelio de Pedro* y el *Evangelio de Nicodemo* (denominado a veces los *Hechos de Pilato*). El *Evangelio de Pedro* es una obra del siglo II que entre otras cosas minimiza la humanidad de Jesús, exalta lo milagroso y reduce la culpabilidad de Pilato. En el *Evangelio de Nicodemo* (Hechos de Pilato), el juicio y la muerte de Jesús se amplían a medida que Nicodemo, el narrador principal, cuenta acerca de un testigo tras otro que pasan a dar testimonio a favor de Jesús. Pilato se rinde ante la demanda popular y entrega a Jesús para que lo crucifiquen. El *Evangelio de Nicodemo* también incluye un relato vívido del "Descenso al Infierno" de Jesús, y lo hace de manera muy similar a la acción de un héroe griego que invade el submundo para deificar a sus autoridades o rescatar a sus prisioneros. Otra obra apócrifa que se podría clasificar como evangelio de la pasión es el *Libro de la Resurrección de Cristo según el Apóstol Bartolomé*.

Los Evangelios judeo-cristianos son obras que se originaron entre grupos judeo-cristianos. Incluyen el *Evangelio de los Ebonitas*, el *Evangelio de los Hebreos* y el *Evangelio de los Nazarenos*. Aunque algunos eruditos igualan el *Evangelio de los Hebreos* con el *Evangelio de los Nazarenos*, la evidencia no es concluyente. El primero, quizá el más sobresaliente, en cierto modo parece una paráfrasis del Evangelio canónico de Mateo y coloca un énfasis especial en Jacobo, el hermano del Señor.

Los Evangelios heréticos abarcan una amplia variedad de evangelios apócrifos, la mayoría de los cuales se consideran evangelios gnósticos. El gnosticismo se desarrolló en el siglo II como un movimiento religioso extendido y variado con raíces en la filosofía griega y en la religión del pueblo. El *Evangelio de la Verdad* no contiene ninguna referencia a las palabras ni las acciones de Jesús. Algunos evangelios heréticos se atribuyen a los apóstoles en conjunto, o a uno de ellos. Éstos incluyen el *Evangelio de los Doce Apóstoles* y los evangelios de Felipe, Tomás, Matías, Judas y Bartolomé. El *Evangelio de Tomás* (que no tiene ninguna relación con el *Evangelio de la Infancia según Tomás*), escrito alrededor del 100 d.C., es una colección de 114 dichos secretos "que el Jesús viviente dijo y Dídimo Judas Tomás puso por escrito". Este documento es uno de los casi 50 que se descubrieron en 1945 cerca de Nag Hammadi en el Alto Egipto, que formaban parte de lo que muchos eruditos creen que era la biblioteca de la comunidad gnóstica. Los énfasis herejes del *Evangelio de Tomás* se contrarrestan anticipadamente en la epístola canónica de 1 Juan, la cual enfatiza que el evangelio de Jesucristo es el mensaje de vida disponible para que toda persona lo experimente. Otros evangelios de esta clase incluyen a los que llevan nombres de mujeres santas (por ejemplo, las *Preguntas de María* y el *Evangelio según María*) y los que se les atribuyen a jefes herejes tales como Cerinto, Basílides y Marción.

Los Hechos Apócrifos Una gran cantidad de relatos legendarios de los viajes y acciones heroicas de los apóstoles del NT procuraron igualar y complementar al libro de los Hechos. Los cinco hechos apócrifos más importantes son historias de los siglos II y III que recibieron su nombre por "Leucio Carino" y, en consecuencia, se conocen como los *Hechos Leucianos*. Aunque exhiben una alta estima hacia los apóstoles e incluyen algunos hechos históricos, mucho de lo que ofrecen es producto de una imaginación desenfrenada, sumamente parecida a una novela romántica (con animales que hablan e insectos obedientes).

Los *Hechos de Juan* es el escrito más antiguo del grupo (150–160 d.C.). Contiene milagros y sermones de Juan en Asia Menor y posee una clara orientación gnóstica. Narra la historia del viaje de Juan desde Jerusalén hasta Roma y su encarcelamiento en la isla de Patmos. Juan finalmente muere en Éfeso después de muchos otros viajes.

Al igual que los *Hechos de Juan*, los *Hechos de Andrés*, escrito poco después del 300 d.C., es distintivamente gnóstico.

El material de los *Hechos de Pablo* fue escrito antes del 200 d.C. por un presbítero asiático "por amor a Pablo". Más tarde lo destituyeron por haber publicado el escrito. Está dividido en tres secciones: Los Hechos de Pablo y Tecla, una muchacha de Iconio que colaboró con Pablo en sus viajes misioneros; la correspondencia con la iglesia de Corinto, y el martirio de Pablo.

Los *Hechos de Pedro* es un escrito de fines del siglo II que relata la forma en que Pedro protegió a la iglesia de un hereje llamado Simón Mago mediante la predicación pública. Pedro, quien se vio obligado a huir, regresó más tarde y lo crucificaron cabeza abajo. Al igual que los demás hechos, éste es ascético, o sea, promueve un estilo de vida de autonegación y alejamiento de la sociedad como medio para combatir el vicio y desarrollar la virtud.

Los *Hechos de Tomás* es una obra del siglo III que muchos eruditos creen tuvo origen en el cristianismo siríaco. Cuenta acerca de la manera en que la India le fue concedida a Judas Tomás, "Mellizo del Mesías", cuando los apóstoles dividieron el mundo echando suertes. Aunque Tomás era esclavo, fue responsable de la conversión de muchos indios famosos. El elemento ascético vuelve a estar presente en el énfasis que hace Tomás en la virginidad. Al final lo encarcelaron y sufrió el martirio.

Otros hechos apócrifos posteriores incluyen: la *Historia Apostólica según Abdías*, la *Historia Fragmentaria de Andrés*, la *Ascensión de Jacobo*, el *Martirio de Mateo*, la *Predicación de Pedro*, los *Hechos Eslavos de Pedro*, la *Pasión de Pablo*, la *Pasión de Pedro*, la *Pasión de Pedro y Pablo*, los *Hechos de Andrés y Matías*, *Andrés y Pablo*, *Pablo y Tecla*, *Bernabé*, *Jacobo el Grande*, *Pedro y Andrés*, *Pedro y Pablo*, *Felipe* y *Tadeo*.

Las Epístolas Apócrifas Conocemos un pequeño grupo de epístolas o cartas apócrifas, muchas de las cuales se atribuyen al apóstol Pablo. La *Epístola de los Apóstoles* es una colección de visiones del siglo II que comunica enseñanzas de Cristo posteriores a la resurrección. La *Tercera Epístola a los Corintios* pretende ser la respuesta de Pablo a una carta de Corinto. Aunque ha circulado en forma independiente, también se la considera parte de los *Hechos de Pablo*. La *Epístola Latina a los Laodicenses* es una recolección de frases paulinas probablemente motivada por Colosenses 4:16.

Otras epístolas apócrifas importantes incluyen la *Correspondencia de Cristo y Abgar*, la *Epístola a los Alejandrinos*, la *Epístola de Tito*, la de *Pedro a Jacobo*, la de *Pedro a Felipe* y la de *María a Ignacio*.

Los Apocalipsis Apócrifos Apocalipsis es el único libro apocalíptico del NT, aunque existen elementos apocalípticos en otros libros (Mar. 13 y paralelos; 2 Tes. 2:1-12). El término "apocalipsis" o "apocalíptico" significa "descubrir" y se utiliza para describir una categoría de escritos que procura revelar con símbolos y visiones el plan de Dios para el mundo. Mientras que el material apocalíptico del NT enfatiza el regreso de Cristo, los apocalipsis apócrifos posteriores se centran más en el cielo y el infierno. El más popular de todos, el *Apocalipsis de Pedro*, parece haber gozado de cierto grado de estatus canónico durante un tiempo. Presenta visiones del Señor resucitado e imágenes del terror que padecen los que están en el infierno. El *Apocalipsis de Pablo* probablemente estuvo motivado en la referencia que hace Pablo en 2 Corintios 12:2 acerca de un hombre en Cristo que fue arrebatado al tercer cielo. El autor está totalmente convencido de que esta fue la experiencia personal de Pablo y procede a dar todos los detalles. Otros apocalipsis incluyen el *Apocalipsis de Santiago*, el *de Esteban*, el *de Tomás*, el *de la Virgen María* y varias obras que se descubrieron en Nag Hammadi.

Otras obras apócrifas Estas incluyen la *Ágrafa* (colección de dichos atribuidos a Jesús), las *Predicaciones de Pedro*, las *Homilías y Reconocimientos Clementinos*, el *Apócrifo de Juan*, el *Apócrifo de Santiago* y ciertos escritos gnósticos tales como la *Pistis Sofía*, la *Sabiduría de Jesús* y los *Libros de Jeú*.

Importancia de los escritos apócrifos del Nuevo Testamento Los apócrifos del NT son importantes para aquellos que estudian la historia de la iglesia. Aunque estos escritos no se incluyeron en el canon, no por eso carecen de valor. Dan un ejemplo de las ideas, las convicciones y la imaginación de una porción de la historia cristiana. Estos apócrifos también sirven como punto de comparación con los escritos que están incluidos en el canon neotestamentario. Los primeros demuestran mediante el contraste la forma en que el NT le da prioridad a los hechos históricos en lugar de dársela a la fantasía humana. Mientras que los apócrifos del NT son frecuentemente interesantes e informativos, por lo general no poseen confiabilidad histórica y siempre carecen de autoridad en relación con los temas de la fe y la práctica. Ver *Apocalíptico*.

J. Scott Duvall

APOLIÓN Nombre griego que significa "destructor" (Apoc. 9:11). Ver *Abadón*.

APOLONIA Nombre geográfico que significa "perteneciente a Apolos". Pablo visitó Apolonia en el segundo viaje misionero, aunque la Biblia no registra actividades en ese lugar (Hech. 17:1). La ciudad está en el norte de Grecia o Macedonia sobre la carretera internacional denominada Vía Ignacia, a 48 km (30 millas) de Anfípolis y a 61 km (38 millas) de Tesalónica.

APOLOS Judío de Alejandría que fue a Éfeso después de la primera visita de Pablo, y a quien Priscila y Aquila le enseñaron la doctrina cristiana. Era un hombre instruido que manejaba las Escrituras veterotestamentarias de manera convincente. No obstante, le faltaba una plena comprensión del camino de Dios, de modo que Priscila y Aquila lo tomaron aparte y lo instruyeron (Hech. 18:26). Apolos se tornó aun más exitoso en su ministerio. Se dirigió de Éfeso a Grecia con el respaldo de los creyentes de Asia y una carta de presentación (Hech. 18:27). Fortaleció en gran manera a los creyentes utilizando las Escrituras para demostrar que Jesús era el Cristo (Hech. 18:28).

La última vez que se menciona a Apolos en Hechos se dice que estaba en Corinto (19:1). Pablo se refirió frecuentemente a él, en particular en 1 Corintios. La mayoría de las referencias en este libro (1 Cor. 1:12; 3:4-6,22) tienen que ver con las divisiones dentro de esa iglesia producidas fundamentalmente por choques entre personalidades. El apóstol señaló que algunos creyentes defendían a Pablo, otros a Apolos y otros a Cefas. Lo importante es que los creyentes pertenecen a Cristo y no a los líderes individuales. Dichas referencias demuestran que Apolos debió de haber sido una figura dinámica como para compararla con Pablo o con Pedro. En 1 Corintios 4:6, Pablo coloca a Apolos al mismo nivel que él. Ambos procuraron derrotar la arrogancia y el sentimiento de superioridad que surge de colocarse a uno mismo en el centro en vez de darle a Cristo el primer lugar.

En 1 Corintios 16:12, Pablo se refiere a Apolos llamándolo "hermano", lo cual demuestra la medida en que lo consideraba parte del equipo. Esto también se expresa en Tito 3:13, donde Pablo le pidió a Tito que ayudara a Apolos en su viaje. Este era un predicador instruido y dotado, y estuvo dispuesto a recibir más instrucción y a ser parte del grupo.

Lutero sugirió que Apolos pudo haber sido el escritor de la carta a los Hebreos debido al conocimiento que tenía del AT. Ver *Corintios, Primera Carta a los; Corintios, Segunda Carta a los; Corinto; Éfeso; Aquila y Priscila.*

William H. Vermillion

APOSENTO Habitación privada de una vivienda donde Jesús animó a los suyos para que oraran (Mat. 6:6). También señaló que ni siquiera las palabras dichas en la privacidad de una habitación interior se podían mantener en secreto (Luc. 12:3), e indicó que la hipocresía de los fariseos no se podía esconder. Ver *Arquitectura; Cámara, sala.*

El lugar tradicional para el aposento alto, o cenáculo, en Jerusalén.

APOSENTO ALTO Sala en la planta alta de una casa que eligió Jesús para celebrar la última cena con Sus discípulos antes de ser arrestado (Mar. 14:14,15). Jesús les ordenó a dos discípulos que prepararan la sala y la comida. La tradición sostiene que los discípulos se reunieron en ese lugar después de la ascensión de Jesús (Hech. 1:13). Más de un siglo después del ministerio de Jesús sobre la tierra, la sala donde se cree que se celebró la última cena fue transformada en un santuario y continúa siendo venerada en la actualidad. Ver *Aposento; Cámara, sala.*

APOSTASÍA Acción de rebelarse en contra, de renunciar, de abandonar o de alejarse de lo que uno ha creído.

Antiguo Testamento El AT habla de "alejarse" en el sentido de una persona que abandona algo o alguien para irse con un rey extranjero (2 Rey. 25:11; Jer. 37:13-14; 39:9; 52:15). No obstante, algunas ideas asociadas incluyen el concepto de la infidelidad religiosa: "rebelión" (Jos. 22:22); "desechado" (2 Crón. 29:19); "prevaricación" (2 Crón. 33:19), y "rebeldía(s)" (Jer. 2:19; 8:5). LBLA utiliza "apostasía" en Jeremías 8:5 y Oseas 14:4 con la forma plural en Jeremías 2:19; 5:6; 14:7.

Los profetas describen la historia de Israel como la historia de alejarse de Dios para ir tras otros dioses, de alejarse de Su ley para seguir la injusticia y la iniquidad, de alejarse de Su rey ungido para ir tras reyes extraños, y de alejarse de Su palabra para seguir la de reyes foráneos. Esto

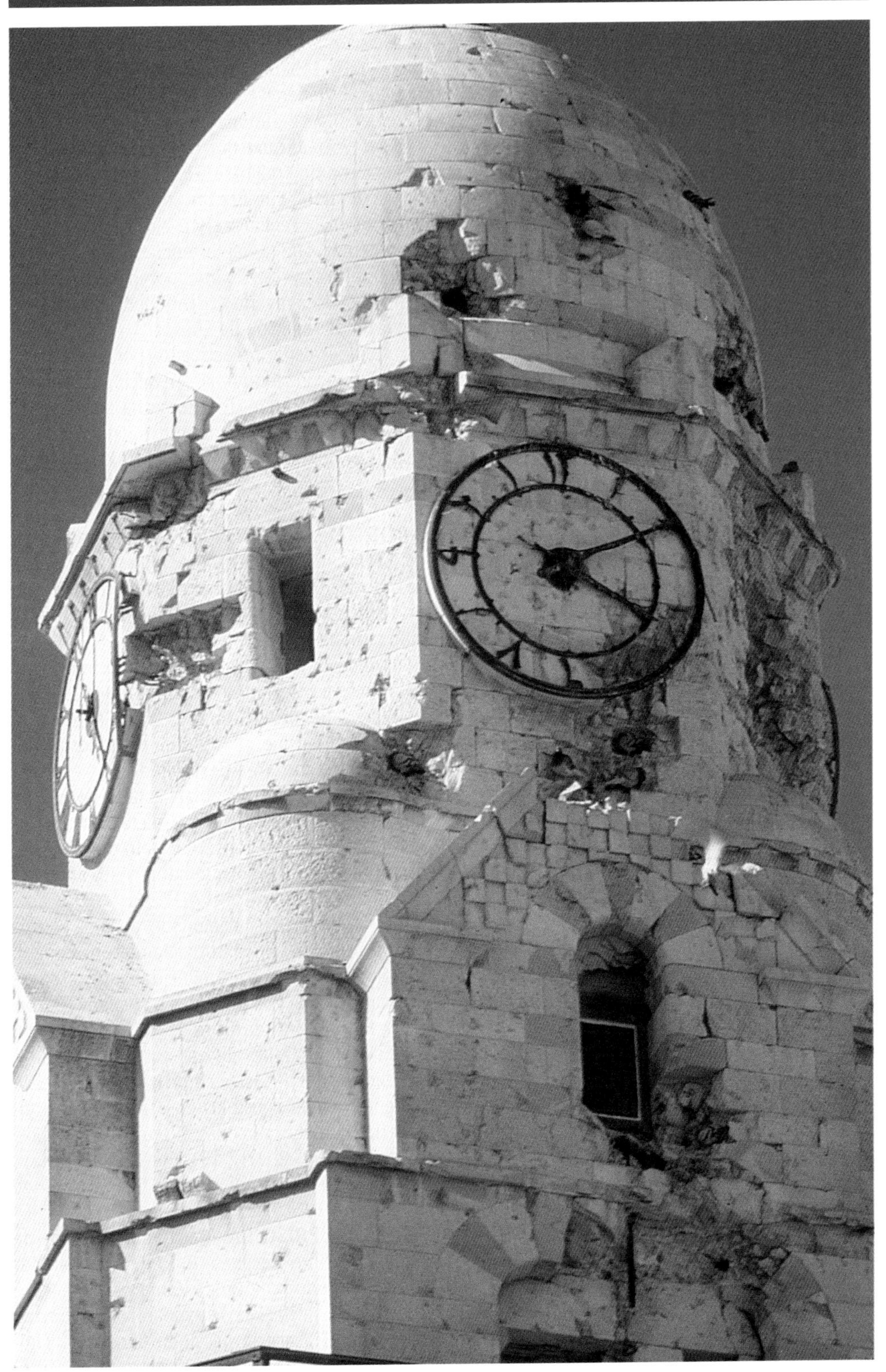

El campanario de la Iglesia de la Dormición, adyacente al tradicional aposento alto, en Jerusalén.

A

se define simplemente como renunciar a Dios, dejar de temerle (Jer. 2:19). Dicha acción era un pecado por el cual el pueblo tenía que pedir perdón (Jer. 14:7-9) y arrepentirse (Jer. 8:4-7). El mensaje básico de Jueces, Samuel y Reyes es que Israel se alejó de Dios al escoger caminos egoístas en lugar de Sus caminos divinos. El resultado fue el exilio. Sin embargo, el pueblo de Dios todavía tenía esperanza. Dios, por pura gracia, podía decidir abandonar Su enojo y sanar la "rebelión" (Os. 14:4).

Nuevo Testamento La palabra española "apostasía" deriva del griego y significa "estar lejos de". El sustantivo griego aparece dos veces en el NT (Hech. 21:21; 2 Tes. 2:3). Un sustantivo relacionado se utiliza para el divorcio (Mat. 5:31; 19:7; Mar. 10:4). El verbo griego correspondiente aparece nueve veces.

Hechos 21:21 presenta una acusación contra Pablo donde se decía que estaba guiando a los judíos fuera de Palestina para que abandonaran la ley de Moisés. Dicha apostasía se definía como dejar de circuncidar a los niños judíos y de cumplir con costumbres judías distintivas.

En la carta de 2 Tesalonicenses, Pablo se dirigió a los que habían sido engañados para que creyeran que el día del Señor ya había llegado. Enseñó que una apostasía precedería al día del Señor. El Espíritu había revelado de manera explícita este alejamiento de la fe (1 Tim. 4:1). Dicha apostasía en los postreros tiempos incluirá el engaño doctrinal, la insensibilidad moral y el alejamiento ético de la verdad de Dios.

Conceptos asociados del NT incluyen la parábola de la semilla en la que Jesús habló de aquellos que creen durante un tiempo pero que "se apartan" en épocas de prueba (Luc. 8:13). En el juicio se les dirá a los hacedores de maldad que se aparten (Luc. 13:27). Pablo "se apartó" de la sinagoga de Éfeso (Hech. 19:9) a causa de la oposición que halló en ese lugar, y le aconsejó a Timoteo que se apartara de aquellos que defienden una doctrina diferente (1 Tim. 6:3-5). Hebreos habla de apartarse del Dios vivo como resultado de un "corazón malo de incredulidad" (3:12). Los que recayeron no pueden ser renovados para arrepentimiento (Heb. 6:6). Sin embargo, Dios puede guardar al creyente para que no caiga (Jud. 24).

Implicancias La apostasía es sin duda un concepto bíblico, pero se ha debatido ardientemente en cuanto a las implicancias de la enseñanza. El debate se ha concentrado en el tema de la apostasía y la salvación. Basados en el concepto de la gracia soberana de Dios, algunos sostienen que los verdaderos creyentes nunca se apartarán completamente aunque puedan llegar a descarriarse. Otros afirman que cualquiera que se aparte jamás ha sido realmente salvo. Aunque tal vez hayan "creído" durante un tiempo, nunca experimentaron la regeneración. No obstante, otros argumentan que las advertencias bíblicas contra la apostasía son reales y que, por lo menos potencialmente, los creyentes mantienen la libertad de rechazar la salvación de Dios.

Quienes están preocupados por la apostasía deberían reconocer que la convicción de pecado es evidencia de que uno no se ha apartado. El deseo de la salvación demuestra que uno no tiene un "corazón malo de incredulidad".

Michael Fink

APÓSTOL Derivación de la palabra griega *apostolos*, uno que es enviado. El término griego se utilizaba para referirse a un barco o a una flota de barcos. Más tarde designó una factura, un recibo o un pasaporte.

"Apóstol" tiene tres usos amplios en el NT. Primero, se refería a los doce a quienes Jesús escogió a fin de entrenarlos para la tarea de llevar Su mensaje al mundo. Jesús los comisionó para esta tarea después de Su resurrección. Estos hombres habían estado con Jesús desde el comienzo de Su ministerio y fueron testigos de Su resurrección. Pablo era un apóstol en este sentido porque había visto al Cristo resucitado.

La segunda designación de apóstol corresponde a una persona autorizada por una congregación local para que entregue de manera segura dádivas específicas a otra iglesia cristiana (2 Cor. 8:23; Fil. 2:25; "mensajero").

El tercer sentido de apóstol corresponde a aquellos a quienes Jesucristo ha enviado. Pablo se refiere como apóstoles en este sentido a un gran número de personas (Rom. 16:7; 1 Cor. 9:1,5; 12:28; Gál. 1:17-19). Ver *Discípulo*.

Steve Bond

AQUILA Y PRISCILA Matrimonio que fue de Italia a Corinto después de que el emperador Claudio ordenó expulsar de Roma a los judíos. Se convirtieron en cristianos y ayudaron a Pablo en su ministerio. Trabajaban haciendo tiendas (2 Tim. 4:19) y en Corinto entraron en contacto con el apóstol, quien tenía el mismo oficio (Hech. 18:1-3).

No resulta claro si se convirtieron en cristianos antes o después de encontrarse con Pablo, pero se transformaron en obreros del evangelio y lo acompañaron a Éfeso (Hech. 18:19). Allí instruyeron a Apolos en la fe cristiana (18:25). En su casa se reunía una iglesia y se sumaron a Pablo al escribirle a la iglesia de Corinto (1 Cor. 16:19).

Aparentemente, Aquila y Priscila tenían influencia sobre "las iglesias de los gentiles" (Rom. 16:3). Es probable que esta referencia indique que Priscila y Aquila habían vuelto a Roma. Algunos eruditos creen que la iglesia de Éfeso recibió una copia del último capítulo de Romanos. La referencia a la pareja en 2 Timoteo 4:19 ("Prisca" corresponde a Priscila) tal vez indique que estaban en Éfeso.

Pablo les agradeció por haber arriesgado su vida por él (Rom. 16:4). Las circunstancias de este incidente se desconocen, aunque probablemente haya tenido lugar durante el conflicto que Pablo experimentó con el platero Demetrio (Hech. 19:23-41). *Taylor Field*

AQUIM Nombre de persona correspondiente a un antepasado de Jesús de quien solo se sabe el nombre (Mat. 1:14).

AQUIS Nombre filisteo de persona. **1.** Rey de Gat, la ciudad filistea a la cual huyó David por temor a Saúl (1 Sam. 21:10). David se hizo pasar por loco para escapar de Aquis (21:13). Luego David se convirtió en soldado de Aquis y de esa manera extendió astutamente su influencia en los alrededores de Siclag (1 Sam. 27). David se unió a Aquis para luchar contra Saúl (28:1-2), pero los líderes filisteos lo obligaron a irse sin haber combatido (29:1-11). Saúl y sus hijos, incluyendo Jonatán, murieron en la batalla (31:1-6). **2.** Rey de Gat al que se dirigió Simei para recuperar sus siervos pero, por hacerlo, violó el acuerdo con Salomón y perdió la vida (1 Rey. 2:36-46).

AR Nombre geográfico que significa "ciudad". Ciudad en la frontera norte de Moab sobre la ribera sur del Río Arnón (Núm. 21:15,28). Israel celebró la derrota de Ar con un cántico de burla (Núm. 21:28). Dios se negó a que Israel ocupara Ar porque la había designado para los descendientes de Lot, los moabitas (Deut. 2:9). Israel sólo podía atravesarla (Deut. 2:18); evidentemente la región era controlada por la ciudad-estado. Ar les proporcionó provisiones a los israelitas cuando pasaron por allí en las últimas etapas del peregrinaje en el desierto (Deut. 2:29). Isaías utilizó una situación amenazante en Ar para anunciar una época en que Moab buscaría protección de parte de Judá (Is. 15:1). Se desconoce su ubicación exacta.

ARA Nombre de persona que significa "buey" o "viajero". **1.** Líder de la tribu de Aser (1 Crón. 7:38). **2.** Grupo de 775 personas que regresaron con Zorobabel del exilio babilónico alrededor del 537 a.C. (Esd. 2:5). Nehemías 7:10 da la cantidad como 652. **3.** Padre de Secanías, suegro de Tobías, que lideró la oposición a Nehemías (Neh. 6:18). Podría ser el mismo que el jefe de familia de 1., ya mencionado. **4.** Miembro de la tribu de Aser (1 Crón. 7:39).

ARAB Nombre geográfico que significa "emboscada". **1.** Ciudad en los montes de Judá cerca de Hebrón (Jos. 15:52). Generalmente se la identifica con la moderna er-Rabiyeh. Ver *Arbita.* **2.** Miembro del pueblo semítico de la Península Arábiga. Ver *Arabia.*

ARABÁ Nombre geográfico que significa "región árida, estéril" y sustantivo común hebreo que se refiere a un desierto con clima cálido y lluvias escasas. **1.** El uso moderno indica específicamente una región agrietada que comprende una distancia de poco más de 170 km (110 millas) desde abajo del Mar Muerto hasta el Golfo de Elat o Aqaba. Era una zona de minas de cobre protegida por un fuerte. Asegurar el control del Arabá junto con el del puerto del Mar Rojo en su extremo sur significaba tener dominio sobre valiosas rutas comerciales y rutas marítimas que conectaban con el sur de Arabia y el este de África (Deut. 2:8; 1 Rey. 9:26-27). **2.** El Desierto de Judá que abarcaba las laderas de los montes de Judá donde caía poca lluvia, cañones profundos y despeñaderos elevados donde David se escondió de Saúl (1 Sam. 23:24-25). **3.** El valle completo del Jordán que se extiende unos 110 km (70 millas) desde el Mar de Galilea hasta el Mar Muerto, o más precisamente, las regiones desérticas que están por encima de la actual Zor o las áreas fértiles y exuberantes en la ribera inmediata del Jordán (Deut. 3:17; Jos. 8:14; 11:2,16; 12:8; 2 Sam. 2:29; Jer. 39:4; Ezeq. 47:8; Zac. 14:10 NVI). **4.** El Mar del Arabá es el Mar Muerto o Salado (RVR1960, NVI y LBLA en Deut. 3:17; 4:49; Jos. 3:16; 2 Rey. 14:25). **5.** Arabot de Moab, o campos o llanos de Moab, incluye la ribera

oriental del Mar Muerto al sur del Valle Nimrim (Núm. 22:1; 31:12; 36:13; Deut. 34:1; Jos. 13:32). **6.** Región desértica o ribera oriental del Río Jordán desde el Mar de Galilea hasta el Mar Muerto (Jos. 12:1 RVR1960, NVI, LBLA). **7.** Arabot de Jericó, o llanura o llanos de Jericó, representa la región cercana al Jordán que en una época estuvo dominada por la ciudad-estado de Jericó (Jos. 4:13; 5:10; 2 Rey. 25:5; Jer. 39:5). **8.** El arroyo del Arabá representa el límite sur de Israel (Amós 6:14), posiblemente el Río Zered, el Valle el-Qelt o el Valle Hefren.

ARABIA Península asiática ubicada entre el Mar Rojo al oeste y el Golfo Pérsico al este, con un territorio de unos 3.100.000 km^2 (1.200.000 millas cuadradas) de superficie.

Antiguo Testamento La península arábiga junto con las tierras adyacentes que fueron morada de los árabes bíblicos incluye toda la actual Arabia Saudita, ambas Yemen (San'a y Aden), Omán, los Emiratos Árabes Unidos, Qatar y Kuwait, como así también partes de Iraq, Siria, Jordania y la Península del Sinaí. La vasta península arábiga estaba dividida en dos regiones económicas y sociales claramente diferentes. La mayoría de las referencias bíblicas a pueblos o territorios árabes corresponden a las partes norte y occidental de la península pero a veces incluye porciones tanto del norte como del sur.

Las montañas Antilíbano, los altos de Transjordania y los montes de Edom flanquean el extremo oeste del desierto en la parte norte de Arabia. Los montes descienden por todo el borde occidental de la Península Arábiga bordeando el Mar Rojo, y en la parte sur son notoriamente más elevados y escarpados. Las partes central y norte de la península son vastas extensiones de desierto arenoso y rocoso que se explayan hacia el norte dentro de Siria e Iraq y constituyen algunos de los climas más secos del mundo.

El nombre "árabe" proviene de una raíz semítica que en hebreo es *arab* y que probablemente signifique "nómada" o beduino. Esto se refiere a los pueblos de las porciones norte y occidental del territorio árabe a quienes los escritores del AT conocían como pastores nómadas de ovejas y cabras, y posteriormente de camellos. A veces *arab* se refiere simplemente a la condición económica de los nómadas sin correspondencia geográfica ni ética. Una comprensión apropiada de las Escrituras incluye la determinación del significado específico de "Arabia" en cada contexto.

En la Biblia, a los árabes también se los denomina "hijos del oriente". Además, muchos nombres del AT se refieren a personas o tribus que eran étnica y lingüísticamente árabes. Estas incluyen a los madianitas, los ismaelitas, la gente de Cedar, los amalecitas, los dedanitas, los temanitas y otros. Los israelitas reconocían su relación de sangre con los árabes. La mayoría de estos grupos están ligados a Abraham a través de su hijo Ismael o mediante su segunda esposa, Cetura (Gén. 25).

Los habitantes de Arabia del sur, en los montes que bordean el Mar Rojo y el Océano Índico, moraban en ciudades con un sistema de irrigación sofisticado. Eran considerablemente ricos como resultado del incienso y las especias que cultivaban; por el oro, la plata y las piedras preciosas que sacaban de las minas que había en su territorio; y por diversos productos que transportaban y comerciaban en la región del Mediterráneo, en la Mesopotamia y hasta en regiones distantes como África Oriental, India y China.

Nuevo Testamento Las referencias a Arabia en el NT son pocas y menos complicadas. Probablemente, en cada uno de los casos se esté haciendo referencia al territorio de los árabes nabateos. Estos controlaban lo que actualmente es el sur de Jordania y el Neguev de Israel. Durante un tiempo llegaron a tener dominio en el norte, hasta Damasco. Los árabes escucharon el evangelio en Pentecostés (Hech. 2:11). Pablo fue a Arabia después de su conversión (Gál. 1:17).

Joseph Coleson

ARACEOS Familia cananea que aparece en la Tabla de las Naciones (Gén. 10:17). Aparentemente se concentraban alrededor de Arqa, la moderna Tell Arqa de Siria, 130 km (80 millas) al norte de Sidón. Tutmosis III de Egipto la conquistó. Aparece en las cartas de Amarna. Tiglatpileser III de Asiria la conquistó en el 738 a.C. Los romanos la llamaron Cesarea del Líbano y señalaron su adoración a Astarté.

ARAD Dos ciudades de importancia del AT y dos hombres veterotestamentarios. La Biblia hace referencia a una de las ciudades durante la época de Moisés y a otra que estuvo habitada durante el período de la monarquía. Ambas están en la región seca y semidesértica conocida como Neguev, en el extremo sur del territorio de Judá.

La Arad de Números 21:1-3 (probablemente Tel Malhata) era una ciudad cananea ubicada a

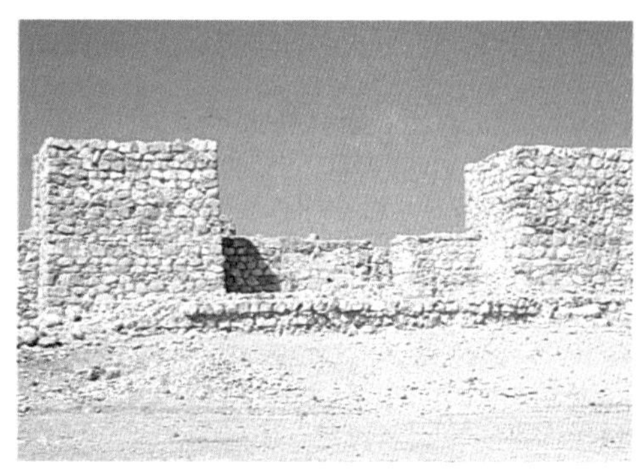

El rey David construyó la citadela, el primer templo de los reyes hebreos, en el punto más alto de Arad.

alrededor de 18 km (11 millas) al oeste sudoeste de Beerseba. Su rey atacó a los israelitas cuando se estaban trasladando a Canaán después de la peregrinación en el desierto. Tuvo éxito temporalmente tras tomar algunos cautivos pero, después de que Israel le hiciera el voto a Dios de que iba a destruir la ciudad, fue atacada de manera efectiva y se le cambió el nombre por el de Horma. La victoria sobre este rey se registra en Josué 12:14. Posteriormente los ceneos se establecieron en Arad cerca de la tribu de Judá (Jue. 1:16-17).

Otro lugar llamado Arad, alrededor de 27 km (17 millas) al oeste noroeste de Beerseba, no se menciona en la Biblia pero fue una fortaleza importante para Judá durante más de 300 años desde la época de Salomón hasta la de Josías. Allí se ha encontrado un templo con una arquitectura muy similar al tabernáculo y el templo bíblicos, con habitaciones parecidas que incluían un lugar santísimo. Inclusive se encontraron los nombres de familias sacerdotales de Israel: Pasur (Esd. 2:38; 10:22) y Meremot (Esd. 8:33; Neh. 10:5). Es probable que el templo haya sido destruido durante las reformas de Josías, que sólo aceptaban el templo de Jerusalén.

Reconstrucción del altar de piedra, en Arad.

Uno de los hombres llamados Arad fue uno de los seis hijos de Bería, el benjamita (1 Crón. 8:15-16) considerado uno de los habitantes más importantes de Ajalón. Otro Arad en el AT fue un rey cananeo que atacó a los israelitas cerca del Monte Hor y fue derrotado (Núm. 21:1). Ver *Ajalón.* *Daniel C. Fredericks*

ARALOT, COLLADO DE Nombre geográfico que significa "colina de los prepucios". Josué utilizó los cuchillos tradicionales de pedernal en lugar de los cuchillos más modernos de metal para circuncidar a la generación de israelitas que estaba a punto de conquistar Canaán (Jos. 5:3).

ARAM Nombre de persona, étnico y geográfico. **1.** Arameos. Ver *Arameos.* **2.** Antepasado que dio origen a los arameos, hijo de Sem y nieto de Noé (Gén. 10:22-23). **3.** Nieto de Nacor, el hermano de Abraham (Gén. 22:21). **4.** Miembro de la tribu de Aser (1 Crón. 7:34). Ver los diversos nombres compuestos con "Aram"; *Bet-rehob; Gesur; Maaca; Padan-aram; Soba; Tob.*

ARAM DE SOBA Nombre alternativo de la ciudad aramea y reino de Soba que se encuentra en el sobrescrito del Salmo 60. Ver *Soba.*

ARAMEA, LENGUA Idioma semítico del norte, similar al fenicio y al hebreo. La presencia de este idioma en el noroeste de la Mesopotamia se conoce desde alrededor del 2000 a.C.

Antiguo Testamento Aunque los arameos nunca fundaron un gran imperio ni un estado nacional, ya en el siglo XI a.C. habían establecido varios estados pequeños en Siria, y su idioma se llegó a conocer desde Egipto hasta Persia.

Las inscripciones más remotas del arameo antiguo provienen de Siria de alrededor del 800 a.C. En el siglo IX apareció el arameo oficial o de la realeza. Era un dialecto que se conoció a través de documentos de Asiria y del que se llegó a saber más mediante escritos del Imperio Persa, donde el arameo se había convertido en el idioma oficial de la corte. Antes del 700 a.C., el arameo ya había comenzado a reemplazar al acadio como el idioma del comercio y la diplomacia (2 Rey. 18:26). Los papiros del siglo V de Elefantina, sitio de una colonia judía en Egipto, son importantes para

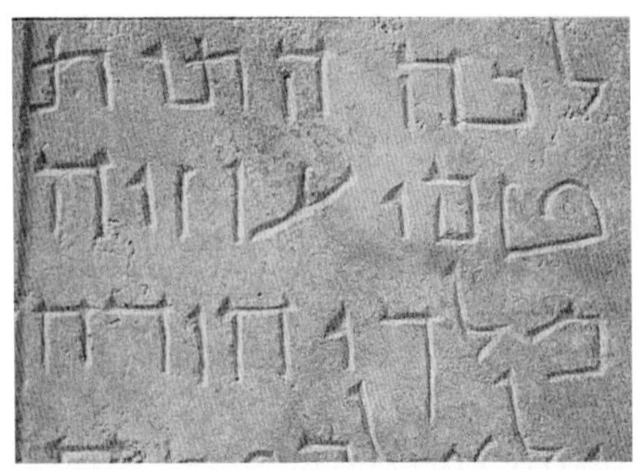

Inscripción funeraria de la segunda sepultura del rey Uzías, escrita en arameo, durante la época de Herodes.

la historia bíblica. El arameo oficial se siguió utilizando en gran manera a lo largo del período helenístico.

Partes del AT se escribieron en arameo: Esdras 4:8–6:18; 7:12-26; Daniel 2:4b–7:28; Jeremías 10:11. Dos palabras de Génesis 31:47, *Jegar sahadutha* (el majano del testimonio) están en arameo. Varias palabras en este idioma se llegaron a utilizar comúnmente en el hebreo, y varios pasajes de la Biblia hebrea exhiben influencia aramea.

Nuevo Testamento La amplia difusión del arameo, junto con su flexibilidad y adaptabilidad, dio como resultado el surgimiento de diversos dialectos. En Siria y Palestina, el grupo occidental incluye el arameo judeo-palestino, el samaritano, el palmirano y el nabateo. En el NT aparecen palabras y frases en arameo judeo-palestino tales como *Abba* (padre) (Mar. 14:36), *talita cumi* (niña, levántate) (Mar. 5:41), *lama sabactani* (¿por qué me has desamparado?) (Mar. 15:34). El Talmud Palestino y los Tárgumes (traducciones al arameo de libros del AT) también se escribieron en arameo judeopalestino. El grupo oriental (mesopotámico) incluye el babilónico, el arameo judeo-babilónico, el mandeano y el siríaco.

Thomas Smothers

ARAMEOS Confederación indeterminada de ciudades y poblados en lo que actualmente se denomina Siria, como así también en algunas áreas de Babilonia, y de donde vinieron Abraham y Jacob (Deut. 26:5). Los arameos raramente se unían formando grupos políticos cohesivos; más bien, existían como ciudades y tribus independientes habitadas por nómadas antes del 1000 a.C. Cuando se sentían amenazados, estaban prestos a formar alianzas entre sí y con otras naciones, pero en cuanto terminaba la crisis se separaban y frecuentemente peleaban entre ellos y en contra de sus antiguos aliados.

El AT registra en varias ocasiones las interacciones entre Israel y los arameos. Deuteronomio 26:5 contiene lo que se ha llegado a convertir en una confesión importante para los judíos, "un arameo a punto de perecer fue mi padre", lo cual declara la ascendencia aramea de Jacob y, por extensión, de Abraham. La primera mención extrabíblica de los arameos data de la época del reinado de Tiglat-pileser I de Asiria (1116–1076 a.C.). Por lo tanto, los arameos se convirtieron en una fuerza política poderosa casi al comienzo de la monarquía en Israel. Pudieron tomar grandes porciones de tierras asirias al derrotar a Tiglat-pileser I y II, y a Asur-rabi II. Al mismo tiempo sufrieron pérdidas en manos de David en el frente occidental (2 Sam. 8:9-10). David obligó a Hadadezer, rey de Soba, a pagarle tributo, y se casó con Maaca, la hija de Talmai, rey de Gesur. Maaca fue la madre de Absalón (2 Sam. 3:3). Tanto Soba como Gesur eran estados arameos.

La ciudad más importante de los arameos era Damasco. Aunque la influencia política de los arameos no fue demasiado importante, produjeron una contribución duradera con el idioma. Ver *Aramea, Lengua; Asiria; Damasco.*

Tim Turnham

ARAM-NAHARAIM Nombre de una nación que significa "Aram de los dos ríos". Aparece en el sobrescrito del Salmo 60. También se encuentra transliterado del hebreo (*Aram Najarayin*) en Gén. 24:10; Deut. 23:4; Jue. 3:8; y 1 Crón. 19:6 en la NVI. Se refiere a la tierra entre los ríos Tigris y Éufrates. Nacor, hermano de Abraham, vivía allí, y Rebeca, la esposa de Isaac, era de ese lugar. Balaam, el profeta que contrató Balac para que maldijera a Israel cuando entraron a Moab después de dejar el desierto, provenía de Aram-naharaim. Lo mismo sucedió con Cusan-risataim, quien oprimió a Israel hasta que Otoniel la liberó. Los amonitas compraron ayuda militar en Aram-naharaim para luchar contra David.

ARÁN Nombre de persona que tal vez signifique "íbice". Descendiente horeo de Seir (Gén. 36:28).

A

ARAÑA Animal de Palestina conocido en la Biblia por hilar una tela (Job 8:14; Isa. 59:5). La telaraña se usa generalmente como señal de fragilidad.

ARAR 1. Nombre geográfico tal vez relacionado con la palabra hebrea para "montaña". El término en la Biblia hebrea aparece en formas ligeramente difíciles. Tres de los héroes militares de David estaban vinculados con Arar (2 Sam. 23:11,33; 1 Crón. 11:34-35), que puede ser una ciudad, una región, una tribu o una referencia general a un país montañoso. **2.** Romper la tierra a fin de prepararla para sembrar la semilla. Los escritores bíblicos apelan a la imagen del agricultor que ara. Arar sirve como imagen del pecado (Prov. 21:4; Os. 10:13) y del arrepentimiento (Jer. 4:3; Os. 10:11). También servía como imagen de opresión (Sal. 129:3) y destrucción (Jer. 26:18; Miq. 3:12), pero también de expectativa de recompensa (1 Cor. 9:10). Arar con otra novilla quería decir cometer adulterio contra la esposa (Jue. 14:18). Tener las manos en el arado y mirar hacia atrás era tener reservas acerca del discipulado (Luc. 9:62). Para los usos literales de arar, ver *Agricultura*.

ARARAT Región montañosa de Asia occidental. **1.** Lugar donde reposó el arca después del diluvio (Gén. 8:4). **2.** Región hacia donde huyeron los hijos de Senaquerib después de asesinar a su padre (2 Rey. 19:37). **3.** Jeremías la incluyó en un llamado profético a fin de conformar una coalición de guerra para juzgar a Babilonia (Jer. 51:27).

Geografía La Errata del AT se conoce como la tierra de los Urartu; así también en fuentes extrabíblicas, especialmente asirias. Los habitantes de la región se identificaban como "hijos de Haldi" (el dios nacional) y su tierra como *Biainae*. La nación se encontraba al sudeste del Mar Negro y al sudoeste del Caspio, donde estaba el nacimiento de los ríos Tigris y Éufrates. Cerca del centro de esta tierra estaba el Lago Van, mientras que el Lago Sevan yacía en su frontera norte, y el Lago Urmia se hallaba en el extremo sudeste. Las actuales Turquía, Irán y la Armenia soviética ocupan partes del antiguo territorio de Urartu. El Monte Ararat está ubicado al noreste del Lago Van.

El Ararat se eleva desde las tierras bajas del Río Aras hasta una altura de 5200 m (17.000 pies). La región es notablemente fértil y apta para apacentar ganado a pesar de su gran elevación. Los arqueólogos creen que el Ararat recibía más lluvias en los tiempos bíblicos de lo que recibe en la actualidad, observación que sugiere que la región tal vez haya sido aun más productiva como tierra de cultivo en la época bíblica.

Esta montaña, en la actual Turquía, puede ser parte de los Montes de Ararat, donde quedó el arca de Noé después del diluvio.

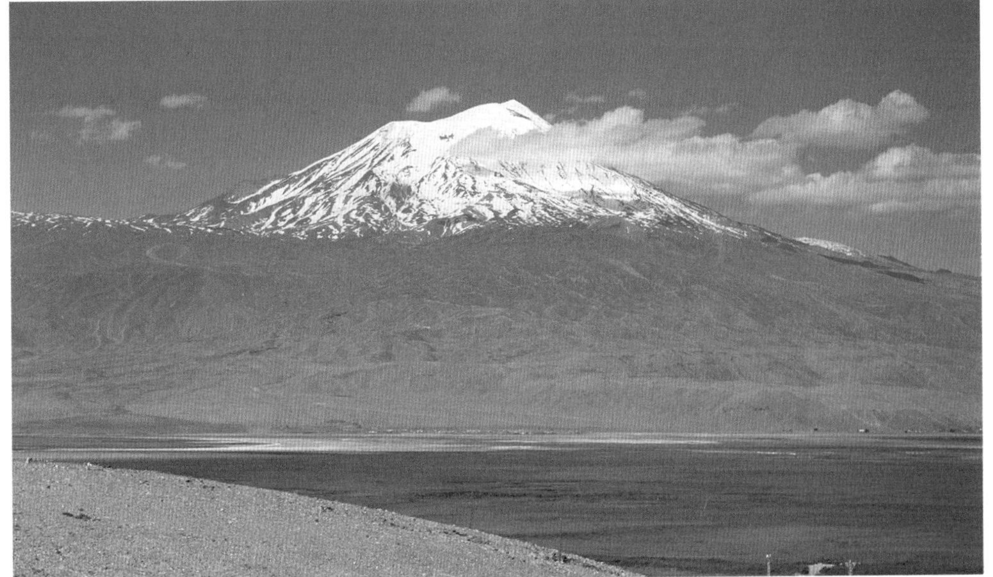

Historia de Ararat El momento cumbre de la importancia política de los urartios se produjo entre el 900 y 700 a.C. Culturalmente eran parecidos a los antiguos hurritas y a los asirios cuyo imperio se extendía hacia el sur. Desde después del 1100 hasta el 800 a.C., Urartu se mantuvo independiente de Asiria y en muchos aspectos fue su rival político. El establecimiento de Tiglat-pileser III (745–727 a.C.) en Asiria, seguido de Sargón II (721–705 a.C.) echó por tierra todas las ambiciones políticas que Urartu pudo haber tenido sobre la región. Ver *Arca; Diluvio; Noé.*

A.J. Conyers

ARARITA Persona de Arar. Ver *Arar.*

ARAUNA Nombre de persona de significado desconocido. Jebusita cuya era compró David siguiendo el mandato profético de Dios, para utilizarla como sitio para el sacrificio a fin de detener una plaga divina que había sido enviada como resultado de la desobediencia de David al llevar a cabo un censo (2 Sam. 24:15-25). Segunda Crónicas 3:1 y 1 Crónicas 21:15-30 se refieren a Arauna como Ornán.

ARBA Nombre de persona que significa "cuatro". Padre de Anac de quien Quiriat-arba recibió su nombre (Jos. 14:15; 15:13). La ciudad se hizo conocida como Hebrón. Arba fue el guerrero sobresaliente de los anaceos. Ver *Anac, Anaceos.*

ARBATITA Habitante de Bet-arabá (2 Sam. 23:31). Ver *Bet-arabá.*

ARBITA Nativo de Arab, una aldea de Judá cerca de Hebrón (Jos. 15:52), identificada como la moderna er-Rabiyeh. Uno de los 30 guerreros de David fue Paarai, arbita (2 Sam. 23:35).

ÁRBITRO Término para referirse a un mediador o juez (Job 9:33). En el Cercano Oriente, dichos mediadores ponían sus manos sobre la cabeza de las partes de una disputa. Es probable que el mediador intentara hacer que las partes se reconciliaran o que tuviera autoridad para imponer un acuerdo entre ambas. El punto de vista de Job es que ningún ser humano es capaz de soportar el juicio de Dios. El NT indica que "Jesucristo hombre" es el "solo mediador entre Dios y los hombres" (1 Tim. 2:5).

ÁRBOL DE LA VIDA Planta del huerto de Edén que simbolizaba acceso a la vida eterna. También es una metáfora en Proverbios. Para el escritor bíblico, el árbol de la vida fue un tema importante sólo después de que Adán y Eva desobedecieron. El pecado trastocó la calidad de vida que Dios tenía pensada para ellos. Adán y Eva debían obedecer a Dios (Gén. 2:17) en un contexto de familia (2:18-25) y realizar las tareas asignadas (2:15). El texto sugiere de manera implícita que tenían acceso a todos los árboles del jardín, incluido el de la vida, pero Dios les dio una orden explícita de no comer del árbol del conocimiento. La relación de ellos con Dios cambió radicalmente cuando desobedecieron esa orden. Entre esos cambios radicales, el más importante fue que dejaron de tener acceso al árbol de la vida (Gén. 3:22-24).

Este aparece cuatro veces en Proverbios (3:18; 11:30; 13:12; 15:4) y en Apoc. 2:7; 22:2,14. La sabiduría es un "árbol de vida" para aquellos que echan mano de ella (Prov. 3:18). "El fruto de la justicia es árbol de vida" (Prov. 11:30 NVI). Otro proverbio declara: "El deseo cumplido es un árbol de vida" (Prov. 13:12 NVI). El autor de otro proverbio escribió: "La lengua que brinda consuelo es árbol de vida" (Prov. 15:4 NVI). Ninguno de estos proverbios parece referirse al "árbol de la vida" mencionado en Génesis. Todas las referencias en el libro de Apocalipsis sí lo hacen. Ver *Adán y Eva; Árbol del conocimiento; Edén.*

Billy K. Smith

ÁRBOL DEL CONOCIMIENTO Planta ubicada en medio del huerto del Edén cuyo fruto se les prohibió a Adán y Eva (Gén. 2:17 NVI). La referencia al "árbol de la ciencia del bien y del mal" se da en un contexto relacionado con la caída. En Gén. 3:3, el árbol se designa como el "árbol que está en medio del huerto". Comer de ese árbol conducía al conocimiento del bien y del mal (Gén. 3:5, 22). Dicho árbol era la oportunidad de Adán y Eva para demostrar su obediencia y lealtad a Dios, pero la serpiente lo utilizó a fin de tentar a Eva para que lo comiera y se volviera como Dios, "sabiendo el bien y el mal" (Gén. 3:5). Cuando Adán se unió a Eva para comer del fruto prohibido, el resultado fue vergüenza, culpa, exclusión del jardín y separación del árbol de la vida y de Dios. El interés principal de la Biblia en cuanto al árbol del conocimiento no se vincula con el tipo de conocimiento que representaba (juicio moral, conocimiento secular, conocimiento sexual, conocimiento universal o de algún otro tipo) sino que sirvió como prueba de parte de Dios y tentación por parte de Satanás. El resultado para la humanidad fue el desastre ya que fallaron en la prueba y cayeron en tentación. Ver *Adán y Eva; Árbol de la vida; Edén.*

Billy K. Smith

ARCA Barco o nave, y en particular la que construyó Noé por indicación de Dios a fin de salvarlo del diluvio a él, a su familia y a representantes de toda vida animal.

Antiguo Testamento Dios le advirtió a Noé acerca de Sus intenciones de destruir la tierra a causa de la maldad de la humanidad. Se le ordenó construir un arca según las especificaciones divinas para salvar del diluvio a su familia y a representantes de todos los animales (Gén. 6:18-19). De esta manera el arca se convirtió tanto en un símbolo de fe de parte de Noé como en un símbolo de gracia de parte de Dios (Gén. 6:8,22).

La forma del arca era inusual. Aunque la Biblia no provee detalles suficientes como para permitir que se realice un modelo completo, el arca aparentemente no tenía la forma de un barco ni antiguo ni moderno. La forma se aproxima más a la de un bloque gigante. El largo era de 300 codos (unos 90 m [300 pies]), el ancho de 50 codos (23 m [75 pies]) y la altura de 30 codos (14 m [45 pies]), dimensiones que en general se asemejan a las de una casa gigante (Gén. 6:15). El arca tenía tres pisos con habitaciones (Gén. 6:14,16), una ventana y una puerta (Gén 6:16).

El arca se construyó de madera de gofer (Gén 6:14), la cual probablemente era una variedad de ciprés. También se ha sugerido que podría referirse a un tipo o forma particular de tablón o viga en vez de una clase de madera. Nuestro conocimiento limitado hace imposible llegar a una conclusión definitiva.

El arca era un testimonio de la fe de Noé porque no había ningún espejo de agua cercano en el que pudiera haber hecho flotar un barco tan grande. En consecuencia, la gente no podía percibir ninguna necesidad obvia ni visible de un barco de esta clase.

El arca también era un símbolo de la gracia de Dios. Evidentemente, la intención de Dios era utilizar el arca como instrumento de liberación a fin de preservar sobre la tierra la vida de seres humanos y animales (Gén. 6:17-18). En este sentido se llegó a considerar como un símbolo de Su gracia y misericordia (Heb. 11:7a).

Nuevo Testamento Las referencias al arca en los Evangelios se relacionan con las enseñanzas de Jesús acerca de la segunda venida. La expectativa de algunos ante la segunda venida se compara con lo que les sucedió a quienes fueron destruidos por el diluvio. En el libro de Hebreos, el escritor presenta a Noé como un hombre de fe que preparó un arca aunque en ese momento no se vislumbraba peligro. La última referencia neotestamentaria del arca señala la maldad de la humanidad y la salvación de parte de Dios en Su paciencia (1 Ped. 3:20).

Fuentes extrabíblicas La historia babilónica del diluvio, denominada poema épico de Gilgamesh, también habla de un barco grande mediante el cual su héroe sobrevivió al diluvio. Sin embargo, allí el arca no era un símbolo de la gracia de los dioses sino de su necedad y falta de planificación. De las tradiciones sumerias y babilónicas obtenemos más detalles en relación al tamaño y la forma del arca. Estos detalles podrían ser interesantes pero son mucho menos significativos que el mensaje del arca bíblica en sí como testimonio de la gracia inmerecida de Dios. Ver *Diluvio; Noé.*

Robert Cate

ARCA DEL PACTO Receptáculo original de los Diez Mandamientos y símbolo central de la presencia de Dios con el pueblo de Israel.

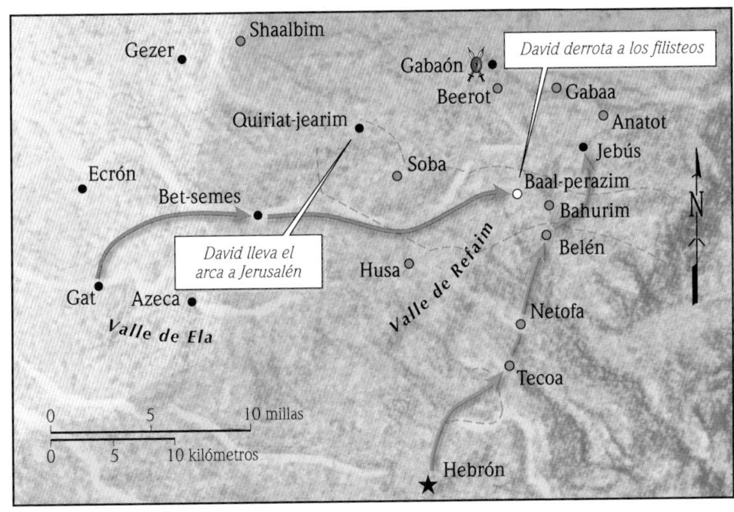

Antiguo Testamento El arca de la antigua Israel es misteriosa en cuanto a sus orígenes, sus significados y su destino final. Sus numerosos nombres confieren el sentimiento santo de la presencia de Dios. La palabra hebrea para arca (*tebah*) simplemente significa "caja, baúl, ataúd", tal como lo indica su uso para el ataúd de José (Gén. 50:26) y para el arca que el rey Joás utilizó para las colectas del templo (2 Rey. 12:9-10).

Los nombres que se utilizan para el arca definen su significado por medio de los términos que la modifican. La palabra "pacto" como parte del nombre define al arca en relación con su propósito original de contener las tablas de piedra sobre las que se inscribieron los Diez Mandamientos (denominados a veces el "testimonio"). En ocasiones se la identifica más bien con el nombre de la deidad, "el arca de Dios" o "el arca del pacto de Jehová de los ejércitos (Yahvéh Sabaot)" (1 Sam. 4:4).

El origen del arca se remonta hasta Moisés en Sinaí. Su origen misterioso se observa haciendo un contraste de los dos relatos del Pentateuco en cuanto a cómo se construyó. El relato más elaborado de la fabricación y la ornamentación del arca realizadas por el artesano Bezaleel aparece en Éxodo 25:10-22; 31:2,7; 35:30-35; 37:1-9. Se planificó durante la primera estadía de Moisés en Sinaí, y se construyó después de que se comunicaron y completaron todas las especificaciones para el tabernáculo. El otro relato se encuentra en Deuteronomio 10:1-5. Después del pecado del becerro de oro y la ruptura de las tablas originales del Decálogo, Moisés hizo una caja simple de madera de acacia a fin de utilizarla como receptáculo para recibir las nuevas tablas de la ley.

Escultura tallada en piedra de lo que se cree es el arca del pacto, en las ruinas de la sinagoga de Capernaum.

Reconstrucción del arca del pacto, dibujada a la usanza egipcia, que refleja los 400 años de esclavitud en Egipto.

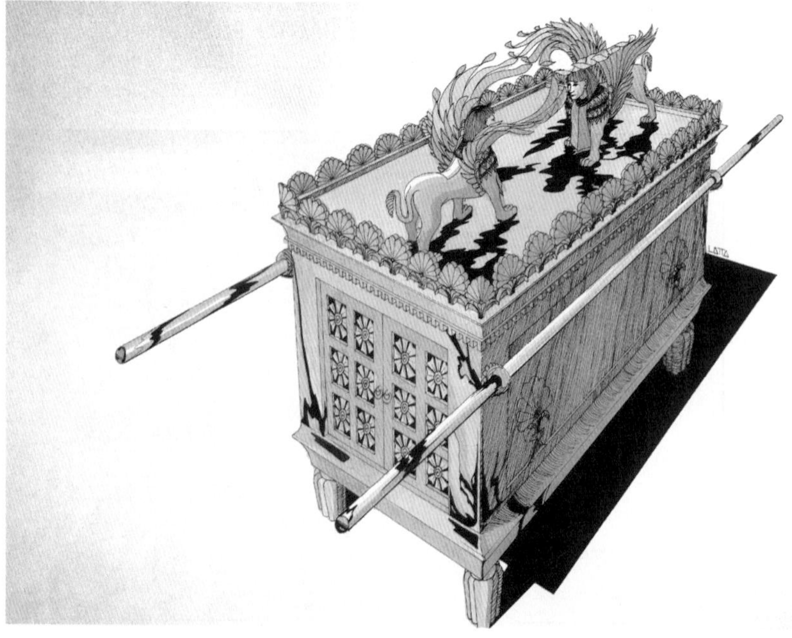

Silo, aprox. 50 km (30 millas) al norte de Jerusalén, fue el centro religioso de Israel durante más de un siglo después de la conquista de Canaán, y el lugar donde se guardaba el arca del pacto.

Un poema muy antiguo, el "Cántico del Arca" de Números 10:35-36, arroja cierta luz sobre la función de esta durante el peregrinaje en el desierto. Era un símbolo de la presencia de Dios para guiar a los peregrinos y liderarlos en la batalla (Núm. 10:33,35-36). Si actuaban sin fe, dejando de seguir esta guía, las consecuencias podían ser dramáticas (Núm. 14:39-45). Algunos pasajes sugieren que el arca también se consideraba trono de la deidad invisible o estrado de sus pies (Jer. 3:16-17; Sal. 132:7-8). Estos significados diversos se deben interpretar como complementarios en lugar de contradictorios.

El arca se diseñó para ser trasladada. Su tamaño (alrededor de 1,20 m de largo [4 pies], 75 cm de ancho [2,5 pies] y 75 cm de profundidad [2,5 pies]) y su forma rectangular eran apropiados para este propósito. Se utilizaban postes permanentes para acarrearla ya que nadie podía tocarla y sólo el personal sacerdotal (levítico) estaba autorizado a transportarla. El arca fue el objeto más importante del tabernáculo en el período del desierto, aunque su relación con el tabernáculo concluyó después de la conquista de Canaán.

El arca desempeñó un papel importante en las narraciones de la "guerra santa" durante el cruce del Jordán y la conquista de Jericó (Jos. 3–6). Después de la conquista se la ubicó en diversos lugares tales como Gilgal, Siquem (Jos. 8:30-35; Deut. 11:26-32; 27:1-26) o Bet-el (Jue. 20:26), según el sitio donde se reuniera la confederación de las tribus para adorar. Finalmente se instaló en forma permanente en Silo, donde se construyó un templo para alojarla (1 Sam. 1:9; 3:3).

Debido a la superstición infiel de los hijos malvados de Elí, las tribus hebreas fueron derrotadas en la batalla de Eben-ezer y los filisteos capturaron el arca (1 Sam. 4). Los acontecimientos relacionados con el arca en las ciudades de Asdod, Gat y Ecrón se narran a fin de magnificar el poder y la gloria del Señor del arca. El Señor venció a Dagón y derramó una peste sobre el enemigo hasta que buscaron el perdón del Dios de Israel mediante ofrendas simbólicas por la culpa, y enviaron de regreso el objeto temido siguiendo el ritual correcto (1 Sam. 5:1–6:12). Los hombres de Bet-semes se alegraron con el retorno del arca hasta que desacertadamente violaron su santidad al mirar en su interior (1 Sam. 6:13-15,19-20). Luego la llevaron a Quiriat-jearim, donde permaneció relativamente descuidada hasta que David la trasladó a su nueva capital y santuario en Jerusalén (1 Sam. 6:21–7:2; 2 Sam. 6). Pareciera que Abinadab y sus hijos (2 Sam. 6:3) habían servido fielmente al Señor del arca hasta que uno de ellos, Uza, cayó muerto al tocar imprudentemente el objeto santo durante el primer intento de David de transportarla desde su "collado" en Quiriat-jearim a la ciudad del rey. David, por temor, le dejó el arca a Obed-edom geteo, cuya casa fue bendecida a causa de la santa presencia. De manera más cuidadosa y con un gran fervor religioso, David tuvo éxito la segunda vez que intentó llevar el arca a su ciudad capital (2 Sam. 6:12-19).

Estudios recientes sugieren que esta ceremonia del arca se representaba en ocasiones de producirse una coronación o anualmente en una celebración de asunción al trono. Dicha representación volvía a enfatizar la promesa hecha a la dinastía davídica, como así también la gloria de Jehová de los ejércitos (Sal. 24:7-10; 103:21-22). Salomón construyó el templo que David había planeado para alojar el arca, a la que posteriormente transportó dentro del lugar santísimo en medio de ceremonias festivas (1 Rey. 8; 2 Crón. 5).

Se desconoce el momento preciso del robo o la destrucción del arca. Algunos han sugerido que Sisac de Egipto saqueó el templo y se apoderó de este objeto santísimo (1 Rey. 14:25-28) pero, tomando como base Jeremías 3:16-17, pareciera más probable que los babilonios la hayan capturado o destruido en el 587 a.C. junto con la caída de Jerusalén y el incendio del templo. Tal como predijo Jeremías, el arca nunca se reconstruyó para el segundo templo, con lo cual el lugar santísimo quedó vacío.

Otros misterios del arca son su relación con los querubines, su cubierta ornamentada denominada "propiciatorio" y su uso ritual preciso durante la época de la monarquía. Debido a que el arca del pacto era el símbolo central de la presencia de Dios con su pueblo Israel, sus misterios permanecen apropiadamente encubiertos dentro del santuario interior del Dios viviente. Ver *Lugar santísimo; Propiciatorio; Tabernáculo; Templo.*

Nuevo Testamento Hebreos 9:1-10 muestra que el arca formaba parte del orden antiguo con reglas externas, en espera de la llegada del nuevo día de Cristo, con un sacrificio perfecto capaz de limpiar la conciencia humana. Apocalipsis 11:19 muestra que el arca del pacto formará parte del templo celestial, cuando éste sea revelado.

M. Pierce Matheney (h)

ARCÁNGEL Ángel jefe o primer ángel. El término español "arcángel" es un derivado de la palabra griega *archangelos*, que aparece sólo dos veces en el NT.

En la Biblia se menciona solamente un arcángel, aunque es posible que haya otros. En la carta de Judas se describe al arcángel Miguel en disputa con Satanás por el cuerpo de Moisés (Jud. 9). En Daniel 10, este mismo Miguel se describe como *uno de los principales príncipes.* Tal vez esto implique que existan otros príncipes principales (arcángeles). La literatura apocalíptica judía del período postexílico describe a siete arcángeles que están en la presencia de Dios: Sariel, Rafael, Raguel, Miguel, Gabriel, Rumiel y Uriel (Tobías 12:15; 1 Enoc 20:1-7; 9:1; 40:9). Algunos eruditos especulan que estos son los mismos ángeles que están delante de Dios y hacen sonar las trompetas del juicio de Dios (Apoc. 8:2–9:15). Aunque Juan no se refiere a ellos como *arcángeles*, es interesante observar la asociación que hay entre la trompeta de Dios y el arrebatamiento de la iglesia con la voz del arcángel (1 Tes. 4:16). No obstante, Pablo utiliza la forma singular del sustantivo, y esto tal vez sea una referencia a la tarea de Miguel al final de los tiempos (Dan. 12:1).

Aparentemente los arcángeles comandan a otros ángeles, integrantes de un ejército general. Miguel y sus ángeles batallan contra el dragón y sus ángeles. Pareciera que Miguel echa a Satanás a la Tierra (Ap. 12:7-9), y también podría ser Miguel quien ata a Satanás por mil años (Ap. 20: 1-3), aunque el texto no lo especifica. También podría ser un arcángel quien sostiene el rollo que se le pide a Juan que coma (Ap. 10:1). A Miguel se lo describe como protector del pueblo de Dios (Dan. 12:1).

Gabriel y Satanás son dos seres angelicales mencionados en la Biblia y que a menudo se consideran arcángeles. Al ángel Gabriel se lo denomina arcángel en algunos escritos apócrifos, pero el texto bíblico lo describe fundamentalmente como un mensajero (Dan. 8:16; 9:21; Luc. 1:19, 26). Sin embargo, también parece tener ciertos poderes extraordinarios. Por lo menos en una ocasión, Gabriel fortaleció a Daniel (Dan. 8:18; posiblemente 10:16,18-19), y Zacarías perdió su capacidad de hablar porque no creyó en el mensaje de Gabriel (Luc. 1:20). Este parece tener con Israel una relación similar a la de Miguel. Daniel describe a Gabriel diciendo que tiene apariencia de hombre (Dan. 8:15-16), y es probable que Gabriel sea el *hombre* a quien Miguel ayudó en la guerra contra el rey de Persia (Dan. 10:13,21). En consecuencia, Gabriel quizá sea un protector del pueblo de Dios. No obstante, pasar de esta evidencia un tanto escasa a la conclusión de que Gabriel sea un arcángel es basarse demasiado en la especulación. Ver *Gabriel.*

Aun más escasa es la evidencia a favor de que Satanás era un arcángel. Aunque se lo describe como líder de otros ángeles en la guerra contra Miguel y sus ángeles (Apoc. 12:7) y se lo menciona como el gran dragón (Apoc. 12:9), el que sea echado del cielo (Apoc. 12:8) y superado por otro ángel (Apoc. 20:1-2) no parece respaldar esta suposición. Ver *Ángel.* *John Laing*

ARCILLA Material básico para la construcción y el arte que consistía en varias clases de tierra o arena combinadas con agua para formar un elemento moldeable para hacer ladrillos para edificios, esculturas, alfarería, juguetes o tablillas de escritura. Un trozo de arcilla sellado daba prueba de propiedad o aprobación. El tipo de tierra, ya sea arena, cuarzo, sílex, piedra caliza, junto con los estilos de colores proporcionan a los arqueólogos una clave para determinar la fecha en que existieron los sedimentos descubiertos pertenecientes a sitios de la antigüedad. Ver *Alfarería; Arqueología y estudios bíblicos.*

ARCO IRIS Causado por reflejo y refracción de la luz solar a través de gotas de lluvia, un arco iris aparece con frecuencia después de tormentas eléctricas para indicar el fin de estas. El arco se colorea por la división de la luz del sol en sus colores primarios. Les recordaba a Israel y a su Dios el pacto con Noé de no destruir nunca más la tierra mediante un diluvio (Gén. 9:8-17). La epopeya de Gilgamesh de Mesopotamia, otro antiguo relato de un diluvio, no incluye la señal del arco iris. Este y su belleza se convirtieron en símbolo de la majestad y belleza de Dios. En una visión, Ezequiel comparó el resplandor de la gloria de Dios con los colores del arco iris (1:28). Habacuc también utilizó el arco para describir la escena de la liberación final del pueblo de Dios llevada a cabo por Él (3:9). El libro de Apocalipsis deja constancia de la visión de Juan del trono de Cristo y dice que estaba rodeado de "un arco iris, de aspecto semejante a la esmeralda" (4:3 LBLA). Más adelante, Apoc. 10:1 describe a un ángel que descendía del cielo con el arco iris sobre su cabeza y el rostro semejante al sol.

ARCO Y FLECHA Ver *Armas y armaduras.*

ARD, ARDITA Nombre de persona que significa "jorobado". **1.** Hijo de Benjamín y nieto de Jacob (Gén. 46:21). **2.** Nieto y padre de una familia de Benjamín (Núm. 26:40).

ARDÓN Hijo de Caleb (1 Crón. 2:18).

ARELI, ARELITAS Hijo de Gad (Gén. 46:16) y antepasado originario de la familia de los arelitas (Núm. 26:17).

AREOPAGITA Miembro del concilio griego sumamente respetado que se reunía en el Areópago de Atenas. Ver *Areópago; Atenas; Dionisio.*

AREÓPAGO Lugar donde Pablo dio su discurso a los filósofos epicúreos y estoicos de Atenas (Hech. 17:19). Era una colina rocosa de unos 110 m (370 pies) ubicada no muy por debajo de la Acrópolis, y miraba hacia el Ágora (mercado) de Atenas, Grecia. La palabra también se utilizaba para hacer referencia al concilio que originariamente se reunía en esa colina. Es probable que el nombre derive de Ares, nombre griego del dios de la guerra que los romanos conocían como Marte.

ARETAS Nombre de persona que significa "excelencia moral, poder". Gobernador de Damasco en la época del NT. Intentó arrestar a Pablo después de su conversión (2 Cor. 11:32). Varios reyes árabes con sede en Petra y Damasco llevaron el nombre Aretas. Aretas IV gobernó en Petra (9 a.C.–40 d.C.) bajo el dominio de Roma. Herodes Antipas se casó con su hija y luego se

Colina de Marte, lugar al que fue invitado Pablo para hablar a los intelectuales de Atenas en el Areópago.

divorció de ella para casarse con Herodías (Mar. 6:17-18). Aretas se unió a un oficial romano para derrotar a Herodes en el 36 d.C.

A

ARFAD Ciudad-estado del norte de Siria íntimamente identificada con Hamat. El Rabsaces, en representación del rey asirio Senaquerib, provocó al pueblo de Judá en el 701 a.C. (2 Rey. 18:17-25; 19:13). Le recordó al pueblo tras los muros de Jerusalén que los dioses de Arfad no los habían salvado de Senaquerib. Isaías imitó dichas declaraciones diciendo que Asiria era tan sólo una vara de la ira de Yahvéh y que pronto enfrentaría el castigo a causa de su orgullo (Isa. 10:5-19). Jeremías señaló la confusión de Arfad al pronunciar la condenación de Damasco (Jer. 49:23). Arfad es la moderna Tell Erfad, ubicada unos 40 km (25 millas) al norte de Alepo. Los reyes asirios Adad-nirari (806 a.C.), Asur-ninari (754 a.C.), Tiglat-pileser (740 a.C.) y Sargón (720 a.C.) mencionan victorias sobre Arfad.

ARFAXAD Tercer hijo de Sem, hijo de Noé, y antepasado del pueblo hebreo (Gén. 10:22). Nació dos años después del diluvio y fue abuelo de Eber. En el NT, el nombre "Arfaxad" aparece en la genealogía de Jesús en Lucas (3:36). El evangelista parece identificarlo como bisabuelo de Eber en lugar de abuelo. Esto da lugar a la posibilidad de que la genealogía de Génesis 10 no haya tenido intención de ser exhaustivamente completa.

ARGOB Nombre de persona y geográfico que significa "montículo de tierra". **1.** Hombre que probablemente se haya unido a Peka (2 Rey. 15:25) para asesinar a Pekaía, rey de Israel (742–740 a.C.) El texto hebreo es difícil de leer en este punto. Algunos eruditos omiten Argob pues lo consideran un error de copista al duplicar parte del versículo 29 en este lugar. **2.** Territorio de Basán en los montes al este del Río Jordán. Es probable que haya estado en el centro de una planicie fértil y fue famoso por sus ciudades poderosas (Deut. 3:4). Moisés les dio esta tierra de gigantes a Manasés (3:13). Jair, el hijo de Manasés, conquistó Argob (3:14) y le cambió el nombre por el de Basán-havot-jair.

ARIDAI Nombre persa de persona que quizá signifique "deleite de Hari" (un dios). Hijo de Amán, el archienemigo de Ester y los judíos. Murió cuando los judíos revirtieron la estratagema de Amán y se vengaron (Est. 9:9).

ARIDATA Nombre persa de persona que tal vez signifique "dado por Hari" (un dios). Hermano de Aridai que compartió su destino. Ver *Aridai.*

ARIE Nombre de persona que significa "león". Aparejado con Argob en 2 Reyes 15:25 y presenta los mismos problemas textuales. Ver *Argob.*

ARIEL Nombre de persona que significa "león de Dios". **1.** Líder judío del cautiverio que actuó como mensajero de Esdras ante los levitas a fin de enviar personas con él a Jerusalén alrededor del 458 a.C. (Esd. 8:16). **2.** Nombre codificado para Jerusalén en Isaías 29. Ariel se refería aparentemente a la parte superior del altar donde los sacerdotes quemaban los sacrificios. Bajo el ataque asirio, Jerusalén era como el altar. No se quemó pero hacía que se quemara todo lo que estaba a su alrededor. Los pecados de Jerusalén habían conducido a la devastación del resto de Judá en el 701 a.C.

ARIMATEA Ciudad de José, el discípulo que reclamó el cuerpo de Jesús después de la crucifixión y en cuya tumba nueva se colocó el cuerpo (Mat. 27:57). Se desconoce la ubicación exacta de Arimatea, pero en Lucas 23:50 se describe como una ciudad judía. Ver *José.*

ARIOC Nombre de persona, probablemente hurrita, que significa "siervo del dios luna". **1.** Rey de Elasar que hizo alianza contra Sodoma y Gomorra (Gén. 14) pero que finalmente fue derrotado por Abraham. Se han hallado nombres paralelos en documentos acadios antiguos y en Mari y Nuzi, pero no se puede demostrar ninguna otra referencia al Arioc bíblico. Ver *Amrafel; Elasar.* **2.** Comandante de la guardia del rey Nabucodonosor (Dan. 2:14-25). Confió en Daniel, quien fue capaz de interpretar el sueño olvidado del rey y evitar la muerte de los consejeros sabios de Babilonia.

ARISAI Nombre persa de persona. Hijo de Amán (Est. 9:9) que padeció el mismo destino que sus hermanos. Ver *Aridai.*

ARISTARCO Nombre de persona que quizá signifique "mejor gobernante". Compañero de Pablo atrapado por los seguidores de Diana en Éfeso (Hech. 19:29). Aparentemente era la misma persona de Tesalónica que acompañó a Pablo de Grecia a Jerusalén cuando regresó del tercer viaje misionero (Hech. 20:4). Aristarco también acompañó al apóstol cuando este navegó hacia Roma (Hech. 27:2). Pablo mandó saludos de Aristarco, un compañero de prisión y colaborador, en las cartas que escribió a los colosenses (4:10) y a Filemón (24). La tradición eclesiástica posterior declaró que Nerón había matado a Aristarco en Roma.

ARISTÓBULO Líder de una familia cristiana de Roma a quien Pablo saludó (Rom. 16:10).

ARMADA Ver *Barcos, marineros y navegación; Flota.*

ARMADURA DE DIOS Ver *Armas y armaduras.*

ARMAGEDÓN Sitio de la batalla final en Medio Oriente entre las fuerzas del bien y del mal (Apoc. 16:16). La palabra "Armagedón" aparece una vez en las Escrituras y no se encuentra en la literatura hebrea. El griego es una transliteración aproximada del hebreo *har meggido*, literalmente "Monte de Meguido". Apocalipsis promete que ante la derrota de los santos de Dios en manos de fuerzas militares del este, del sur y del norte, el Señor Jesucristo regresará para derrotar a Sus enemigos y liberar a Su pueblo Ver *Meguido.* *Kenneth Hubbard*

ARMAS NUCLEARES La descripción del fin del mundo predicha en 2 Ped. 3:10,12 es interpretada por algunos como los efectos de la explosión atómica. En los arsenales militares modernos, sólo las armas nucleares pueden hacer que "los elementos ardiendo" sean "deshechos, y la tierra y las obras que en ella hay" sean "quemadas" (2 Ped. 3:10).

Las armas nucleares representan lo mejor de la humanidad combinado con lo peor. Las personas fueron creadas con capacidad para una gran inteligencia y creatividad. En respuesta a la torre de Babel, Dios indicó que nada que las personas se propongan hacer será imposible para ellas (Gén. 11:6). No obstante, por medio de las armas nucleares, las personas tienen también capacidad de destruir literalmente la creación.

Como todos los avances tecnológicos, las armas nucleares tientan a quienes las controlan a pensar que pueden controlar sus propias vidas. Por esta razón, es oportuna la advertencia de Isaías a Ezequías, que miró "en aquel día hacia la casa de armas del bosque" (Isa. 22:8b) para seguridad: sin primero ordenar la vida de uno conforme a los principios de Dios, incluso el mejor de los esfuerzos humanos resulta inútil (Isa. 22:11; comp. Isa. 7:9), y muy posiblemente sea autodestructivo.

Paul H. Wright

ARMAS Y ARMADURAS Instrumentos y coberturas corporales para defensa y/o protección. **Antiguo Testamento** Las armas ofensivas del AT incluyen las de largo, mediano y corto alcance, y los elementos defensivos incluyen escudos y armaduras.

Armas de largo alcance El arco y la flecha eran armas efectivas de largo alcance (poco menos de 300–400 m [300–400 yardas]) y las naciones de la Biblia las utilizaban en gran manera. Israel poseía arqueros expertos entre los hombres de Benjamín (1 Crón. 8:40; 2 Crón. 17:17) y las tribus orientales de Rubén, Gad y Manasés (1 Crón. 5:18). Jonatán y Jehú eran tiradores con mucha puntería. Por lo menos cuatro reyes israelitas fueron grave o fatalmente heridos por saetas enemigas: Saúl (1 Sam. 31:3), Acab (1 Rey. 22:34), Joram (2 Rey. 9:24) y Josías (2 Crón. 35:23). Los arcos se construían con trozos enteros de madera, cuernos o de modo más efectivo con capas pegadas de madera, cuernos, tendones y posiblemente hasta con agregados de bronce (2 Sam. 22:35; Job 20:24). El tamaño variaba de aprox. 90 cm a 2 m (3 a 6 pies) de largo. Las flechas se hacían de varas de madera o caña con una cabeza de metal en un extremo, forjada de diversas maneras según las diferentes defensas del enemigo. La flecha se dirigía mediante plumas, especialmente de águilas, buitres o milanos. Una aljaba de cuero que se sostenía de la espalda o se colgaba del hombro acarreaba entre 20 y 30 flechas de este tipo o tal vez hasta 50, si se la sostenía de un carro. Frecuentemente se utilizaba también un protector de cuero para el brazo del lado del arco a fin de resguardarlo de la cuerda de tripa que impulsaba la flecha.

Tal vez estemos más familiarizados con la honda al haber leído acerca del enfrentamiento entre David y Goliat (1 Sam. 17:40-50), sin advertir que era un arma de artillería convencional, mortal y de largo alcance utilizada por los ejércitos en todo Medio Oriente. Debido a la capacidad de largo alcance que tenían las hondas, los lanzadores expertos se colocaban de a cientos cerca de los arqueros. Era especialmente valioso tener quienes pudieran lanzarla con la mano izquierda o con la derecha (Jue. 20:16; 1 Crón. 12:2). Un trozo de tela o cuero con dos cuerdas trenzadas de este mismo material en cada extremo sostenía una piedra lisa. Luego el lanzador

El emperador romano Trajano, con su armadura (coraza, falda y botas).

hacía girar sobre su cabeza el misil envuelto. Al soltar una de las cuerdas se disparaba la piedra hacia la víctima. El golpe podía desarmar, desestabilizar, voltear o incluso matar al enemigo. El rey Uzías de Judá desarrolló catapultas grandes que lanzaban saetas y piedras de largo alcance para defender Jerusalén (2 Crón. 26:15).

Armas de alcance medio Una jabalina es una lanza que se arroja a una distancia menor de la que los arqueros podían lanzar sus flechas y la que los tiradores de hondas eran capaces de disparar sus piedras. No obstante, como arma de tiro, su alcance medio se tiene que diferenciar de las lanzas de corto alcance de los soldados de infantería (en una falange militar). David se enfrentó con la jabalina cuando desafió exitosamente a Goliat (1 Sam. 17:6) y cuando intentó calmar pacíficamente el espíritu de Saúl. El perturbado rey lanzó su lanza contra David en dos oportunidades (1 Sam. 18:10-11; 19:9-10) e inclusive una vez contra su propio hijo Jonatán (1 Sam. 20:33). Hechas generalmente de madera o caña, algunas jabalinas tenían una o dos de las características que ayudaban a que volara mejor: algunas tenían una cuerda de cuero envuelta alrededor del asta que hacía que el arma lanzada girara cuando la cuerda se retenía con la mano, y a veces se colocaba un contrapeso en la culata del asta. Este contrapeso inclusive se podía afilar lo suficiente como para hundirlo en el suelo a fin de mantener asentada la lanza (1 Sam. 26:7) o incluso se utilizaba para matar (2 Sam. 2:23). A menudo se utilizaba una aljaba para ayudar al soldado a acarrear más de una lanza por vez.

Armas de corto alcance El combate cuerpo a cuerpo hizo que comenzaran a destacarse armas diferentes: algunas filosas, otras despuntadas, algunas largas, otras cortas. La lanza de tiro era más larga y más pesada que la jabalina y, si era necesario, se podía arrojar. Los soldados de las tribus de Judá y Neftalí acarreaban lanzas como arma tribal (1 Crón. 12:24,34). Los guardias protegían el templo con estas armas (2 Crón. 23:9). Las líneas del frente de batalla frecuentemente presentaban soldados de infantería equipados con escudos rectangulares y acarreando lanzas que sobresalían más allá de los extremos de los escudos para presionar hacia delante a expensas de las tropas de primera línea de combate del enemigo.

En los tiempos bíblicos se utilizaban dos clases de espadas, la de un filo y la de doble filo (Sal. 149:6; Prov. 5:4). La de un solo filo se usaba de manera más efectiva haciéndola girar en el aire y

Un relieve de sarcófago que representa una escena en la batalla entre griegos y gálatas.

golpeando al enemigo para lacerarle la carne. La hoja podía ser recta o con una curva muy pronunciada. En el caso de esta última el borde afilado estaba del lado exterior de la curva. La espada de doble filo se utilizaba fundamentalmente para traspasar en vez de lacerar, aunque si era necesario, se podía usar de ambas maneras. La espada se llevaba en una vaina unida al cinto. La variedad de ancho y largo general de las espadas en proporción a las empuñaduras era numerosa. La diferencia entre una espada recta y la daga era simplemente el largo. Las hojas más antiguas eran más del tipo de dagas que de espadas. Con el paso del tiempo se fueron alargando. Es probable que Aod haya utilizado una daga larga para asesinar al rey Eglón de Moab ya que el arma medía alrededor de 45 cm (18 pulgadas) (un codo, Jue. 3:16-26).

El martillo ("maza" en NVI; "mazo" en LBLA) se menciona pocas veces en la Biblia (Prov. 25:18; Jer. 51:20; Ezeq. 9:2), sin embargo desempeñaba un papel importante en la batalla cuerpo a cuerpo. El martillo o maza era un garrote de guerra que se utilizaba para aplastar la cabeza del enemigo. La cabeza pesada de metal o piedra del arma podía tener formas variadas: redonda, ovalada o semejante a una pera. El mango de madera se sostenía atravesando la cabeza como en el caso de un martillo o un hacha modernos. La parte posterior del mango tenía una forma más ensanchada para impedir que el arma se escapara de la mano. Cuando la armadura, en especial el yelmo (casco), se comenzó a utilizar en forma extensiva, el martillo le dio paso al extremo penetrante del hacha de batalla, que se convirtió en lo más popular. Estas hachas con cabezas más angostas y forma alargada podían penetrar más fácilmente en un yelmo u otra armadura. Se diseñaron otras hojas con bordes más anchos para cortar y abrir la carne en los casos en que se

llevaba menos armadura, o directamente no se la usaba.

Los que vestían armaduras acompañaban a los líderes militares portando armas adicionales y equipos defensivos que se iban agotando durante la batalla (saetas, lanzas, escudos). A veces también ayudaban a los soldados colocándoles los escudos, como en el caso de Goliat, y en otras ocasiones matando a los soldados enemigos que los combatientes que seguían avanzando habían dejado heridos e indefensos.

Los arietes de batalla, tal como los describe Ezequiel en su lección objetiva para los israelitas (Ezeq. 4:2), en realidad se acarreaban sobre ruedas y tenían extremos de metal unidos a astas de madera para soportar el impacto del choque contra las puertas de la ciudad o los muros de piedra.

Armas defensivas La defensa contra todas estas armas eran los escudos o las armaduras. Los primeros se hacían de mimbre o cuero estirados sobre estructuras de madera con mangos en la parte interna. Eran mucho más fáciles de maniobrar que los de metal más pesado pero, obviamente, protegían menos. La combinación entre metal y cuero se conseguía adhiriéndole discos o platillos metálicos al cuero en parte de la superficie. En la Biblia y en muchas ilustraciones antiguas se hace referencia a dos tamaños diferentes (2 Crón. 23:9). Uno era un escudo redondo que se utilizaba con armas más livianas y cubría a lo sumo la mitad del cuerpo. La tribu de Benjamín prefería estos junto con el arco y la flecha (2 Crón. 14:8). Lo mismo hizo Nehemías cuando equipó a sus hombres para que se protegieran mientras reedificaban los muros de la ciudad de Jerusalén (Neh. 4:16). Los escudos de oro y de bronce que hicieron Salomón y Roboam respectivamente tenían una función ceremonial y decorativa (1 Rey. 14:25-28) y eran de ese tamaño. Un escudo más grande tenía forma rectangular y cubría casi todo, o todo el cuerpo y a veces era tan grande que se empleaba a una persona para que lo llevara especialmente delante del que acarreaba las armas. Tanto Goliat como uno de sus ayudantes se enfrentaron con David (1 Sam. 17:41). Las tribus de Judá (2 Crón. 14:8), de Gad (1 Crón. 12:8) y de Neftalí (1 Crón. 12:34) utilizaban este tipo de escudo y en la otra mano llevaban como arma ofensiva una lanza larga. Los arqueros también se paraban detrás de escudos mientras arrojaban sus saetas.

Reconstrucción de una torre romana con ariete para sitiar ciudades (siglo I d.C.).

La armadura es esencialmente una protección que se usa directamente sobre el cuerpo. Debido a que las regiones de la cabeza y el pecho son las partes más vulnerables del cuerpo, la armadura se llevaba especialmente en esos lugares. Saúl y Goliat usaban casco (1 Sam. 17:5,38), al igual que todo el ejército de Judá, por lo menos en la época de Uzías (2 Crón. 26:14). El casco generalmente se hacía de cuero o metal y se diseñaba con varias formas según el ejército, e inclusive la unidad dentro de un ejército a fin de que el comandante la pudiera distinguir de otra, desde una posición estratégica más elevada. Los cascos decorados o realizados de manera diferente ayudaban al soldado a darse cuenta si estaba cerca de un enemigo o un camarada en medio de la confusión del combate cuerpo a cuerpo.

Con el uso más amplio de la flecha y su velocidad de vuelo y acercamiento imperceptible hacia el enemigo, la malla se hizo cada vez más necesaria para cubrir el torso. La elaboración semejante a las escamas de un pez utilizando platillos de metal pequeños cosidos a una tela o cuero era la coraza de los soldados antiguos. Estas escamas podían llegar a sumar entre 700 y 1000 por "cota". Obviamente, cada cota podía ser bastante pesada y costosa a fin

Reconstrucción de un ariete romano (siglo I d.C.).

de darle espesor. Las unidades enemigas de arqueros ubicadas a distancia usaban las mallas especialmente cuando disparaban unas contra otras, al igual que aquellos que andaban en carros. Acab, mientras iba en su carro, fue herido y murió como consecuencia de una flecha que entró por la parte menos protegida de la malla, en la costura donde se unen la manga y el pectoral de la cota (1 Rey. 22:34). La armadura para piernas, como las grebas de bronce que llevaba Goliat (1 Sam. 17:6), no se usaban comúnmente en los tiempos del AT.

Nuevo Testamento Armas y armaduras aparecen sólo en pocas ocasiones en el NT. Desde luego, la época neotestamentaria hallaba a los soldados del Imperio Romano equipados con cascos de metal, pecheras protectoras de cuero y metal, armadura para las piernas, escudos, espadas y lanzas. Cristo aceptó el uso defensivo y legal de la espada (Luc. 22:36-38), pero censuró el ataque ilegal y ofensivo de Pedro contra Malco en el momento de Su arresto (Juan 18:10-11). El NT utiliza a menudo las “armas y armaduras” en forma simbólica, como en el caso de los libros poéticos y proféticos del AT. Se hace referencia a la Palabra de Dios y su efecto cortante y penetrante como una espada (Ef. 6:17; Heb. 4:12; Apoc. 1:16; 2:16; 19:15,21). Pablo utilizó tanto las armas como la armadura de un soldado para expresar las virtudes necesarias para defender al creyente frente a Satanás (Ef. 6:10-17; comp. Isa. 59:16-17).

Uso metafórico En el AT, el efecto devastador de una lengua viciosa se compara con el propósito destructivo de una espada o una flecha (Sal. 57:4; 64:3; Prov. 12:18). Sin embargo, cuando las armas se usan metafóricamente en el AT, por

Relieve pintado de un soldado persa con lanza, arco y aljaba sobre su hombro izquierdo.

lo general se hace para transmitir el concepto de la soberanía suprema de Dios. Por ejemplo, la dependencia específica de las armas militares se considera necio ya que no son la fuente definitiva de liberación, sea mediante el arco o la espada (Jos. 24:12; Sal. 44:6; Os. 1:7). Esto se debe a que Dios supera en poderío y hace pedazos el arco y la flecha, la lanza, la espada y el escudo (Sal 46:9; 76:3). En otro lugares se habla acerca del juicio de Dios como un arco o espada (Sal. 7:12-13; Isa. 66:16; Jer. 12:12). Él también utiliza las armas literales de las naciones conquistadoras para juzgar a Israel (Isa. 3:25). Finalmente, que Dios sea el protector fiel de su pueblo a menudo se expresa haciendo referencia a Él como "escudo a los que en él esperan" (Prov. 30:5), así como alentó a Abraham al decirle: "No temas, Abram, yo soy tu escudo" (Gén. 15:1). Ver *Caballo; Carros.* *Daniel C. Fredericks*

ARMONI Nombre de persona que significa "nacido en Armón". Hijo de Rizpa y Saúl a quien David entregó a los gabaonitas en venganza por la matanza que anteriormente había hecho Saúl de estas personas (2 Sam. 21:7-9). Ver *Rizpa.*

ARMONÍA DE LOS EVANGELIOS Organización de los Evangelios en columnas paralelas con el propósito de estudiar sus similitudes y diferencias. Andreas Osiander (1498–1552), un estudioso alemán de la Biblia durante la Reforma Protestante, fue el primero en usar la frase "armonía de los Evangelios" para referirse a la organización paralela que diseñó de los textos de los Evangelios. Al usar un término musical como metáfora para su organización en columnas, Osiander vinculó la figura completa de Jesús provista por los cuatro Evangelios con el sonido de varias notas musicales que se ejecutan juntas en un acorde. La armonía de los Evangelios también se puede llamar sinopsis o paralelo de los Evangelios.

Historia de las armonías Aunque la expresión "armonía de los Evangelios" no se usó hasta el siglo XVI, ya en el siglo II los estudiosos de la Biblia comenzaron con los esfuerzos por comparar y armonizar los cuatro relatos sobre Jesús. En ese tiempo, Tatiano, un cristiano de Siria, recopiló los cuatro Evangelios en una narración parafraseada llamada Diatesarón (*Diatessaron*). Lo que sabemos de su obra proviene de citas de otros autores.

El Diatesarón representa un enfoque de la armonía de los Evangelios: entrecruzamiento del material para presentar una narración integrada de la vida de Jesús. En los últimos 200 años, diversos estudiosos de la Biblia han intentado obras similares.

Pocos autores contemporáneos dan crédito a los intentos de "armonizar" en uno solo el texto o la información contenida en los Evangelios. Más bien, reconocen las diferencias y comparan las variaciones entre los Evangelios, y usan sus descubrimientos como ayuda en la interpretación. La primera gran obra con este segundo enfoque fue realizada en el siglo III por Amonio de Alejandría. Este tomó el texto de Mateo y escribió en columnas paralelas al lado del texto todos los pasajes de los otros tres Evangelios que se relacionaban con ese. En consecuencia, la obra de Amonio sólo mostraba la equivalencia entre Mateo y los demás Evangelios. Se ignoró cualquier paralelo que hubiera entre los otros tres en forma independiente de Mateo. En el siglo IV, el historiador de la iglesia Eusebio desarrolló un sistema de referencias cruzadas que brindaba un método para localizar y estudiar un pasaje que presentaba paralelos en cualquier otro Evangelio.

J. J. Griesbach, otro alemán, hizo una de las contribuciones más significativas a este campo cuando desarrolló en 1776 su Sinopsis, una organización paralela de los textos de los tres primeros Evangelios. Griesbach le colocó el título en base a la palabra griega que significa "mirar al mismo tiempo", y en consecuencia denominó "Evangelios Sinópticos" a Mateo, Marcos y Lucas por su perspectiva similar sobre la vida de Jesús (en contraste con Juan). La obra de Griesbach todavía sirve como el modelo básico para los eruditos que hacen comparaciones entre los Evangelios a fin de ayudar en la interpretación de un texto determinado.

La necesidad del estudio comparativo Aun la lectura más superficial del NT revela la necesidad y la utilidad de un estudio comparado de Mateo, Marcos y Lucas. Observar lo siguiente: 1. Parte del material de uno de los Evangelios se repite casi textualmente en uno o dos de los otros (el relato de los discípulos de Jesús que recogían espigas el día de reposo, Mar. 2:23-27, Mat. 12:1-8, Luc. 6:1-5) 2. Parte del material, dentro del cual hay registros que parecen ser fundamentales en el registro de la enseñanza de Jesús, aparece sólo en uno de los Evangelios (la parábola del hijo pródigo, Luc. 15:11-32).

El problema sinóptico Como se señaló más arriba, hace tiempo que los eruditos notaron las similitudes especiales entre Mateo, Marcos y Lucas. En los tres Evangelios: 1. La aparición de Juan el Bautista, el bautismo y la tentación de Jesús y la iniciación de Su ministerio público están ligados entre sí. 2. El ministerio de Jesús se limitó a Galilea hasta que asistió a la celebración [illegible] Jerusalén donde fue crucificado. 3. La historia termina con el relato de Su muerte y resurrección.

Además de las toscas similitudes en sus tramas y puntos de vista, los tres Evangelios muestran una innegable interrelación con respecto al contenido en sí: Lucas contiene el 50% del material de los pasajes de Marcos, mientras que Mateo contiene el 90% de Marcos. No obstante, a pesar de estas similitudes, los tres Evangelios también tienen diferencias notables, que los estudiosos han titulado "problema sinóptico".

Una solución temprana Una de las primeras y más influyentes respuestas a este problema lo ofreció San Agustín (354–430 d.C.). Decidió que Mateo había escrito primero y que Marcos produjo su Evangelio al condensar lo que Mateo había escrito. Consideró que Lucas había dependido de ambos para escribir el suyo. El punto de vista de Agustín fue la posición ortodoxa durante más de 1400 años.

Soluciones posteriores En el siglo XIX hubo avances en arqueología y estudio de lenguas antiguas. Se introdujeron nuevos métodos para el estudio de la Biblia. Estos cambios aportaron nuevas soluciones al problema sinóptico.

La primera solución "moderna" se centró en la hipótesis de la existencia de un único evangelio original que se ha extraviado. Algunos estudiosos creían que podría haber sido un evangelio trasmitido oralmente que se había formalizado a fuerza de continuas repeticiones; otros en cambio pensaban que era un documento real. En cualquier caso, quienes aceptaban esta hipótesis suponían que al escribir sus relatos, Mateo, Marcos y Lucas habían seleccionado individualmente el material a partir de este evangelio.

Otras soluciones al problema se centraron en creer que los autores del evangelio utilizaron dos documentos. Invirtiendo la opinión establecida de que Mateo se escribió primero, los defensores de la teoría de los dos documentos llegaron a la conclusión de que Marcos fue en realidad el primer Evangelio y que los otros dos Sinópticos dependieron de él. Por las semejanzas entre los pasajes de enseñanza que aparecen en Mateo y Lucas, estos eruditos también sostenían la hipótesis de que Mateo y Lucas contaron además con otra fuente, una colección de enseñanzas de Jesús.

La hipótesis de los cuatro documentos A comienzos del siglo XX, B. H. Streeter, un erudito británico, propuso la teoría de los cuatro documentos como solución al problema sinóptico. Streeter coincidía hasta cierto punto con la teoría de los dos documentos, pero pensaba que no alcanzaba a explicar la existencia de materiales exclusivos en Mateo o en Lucas. Por lo tanto, ofreció la hipótesis de que los autores de los Evangelios Sinópticos habían contado para su obra con un total de cuatro fuentes.

a. Marcos como base prioritaria Al igual que los defensores de la teoría de los dos documentos, Streeter creía que Marcos se había escrito primero y había servido como fuente para Mateo y Lucas. Varios hechos señalaban en esta dirección. Primero, los tres Evangelios coinciden en el orden del material. No obstante, cuando no concuerdan, Mateo y Marcos con frecuencia coinciden entre sí y se diferencian de Lucas, o Lucas y Marcos coinciden en comparación con Mateo. Este y Lucas prácticamente nunca concuerdan al compararlos con Marcos. Lo mismo sucede con el uso de términos y la estructura de las frases. Marcos generalmente coincide con Mateo o con Lucas, pero Mateo y Lucas rara vez concuerdan al compararlos con Marcos. Estos dos hechos indicarían que los otros dos Evangelios se basaron en Marcos. Una tercera evidencia que indica la prioridad de Marcos es que las afirmaciones que podrían ofender o confundir a los lectores están omitidas o presentadas en forma menos provocativa en los otros dos sinópticos (comp. Mar. 4:38 con Mat. 8:25 y Luc. 8:24). Streeter pensaba que cuando se toman en conjunto, estos tres elementos sólo podían llevar a la conclusión de que Marcos fue escrito primero y que luego lo utilizaron Mateo y Lucas.

b. La existencia de "Q" Streeter también coincidía con los defensores de la teoría de los dos documentos en que Mateo y Lucas habían usado alguna fuente común diferente de Marcos. Los eruditos alemanes le dieron a esa fuente el nombre de "Q", que viene del término alemán *quelle*, que significa "fuente". Su contenido sólo se puede deducir mediante la comparación de pasajes comunes a Mateo y a Lucas pero que están ausentes en Marcos. Los eruditos coinciden en que "Q" habría sido fundamentalmente una colección de enseñanzas de Jesús con poco contenido narrativo y ninguna mención de la

A

crucifixión y la resurrección. La contribución más significativa de "Q" sería el Sermón del Monte (Mat. 5–7 y Luc. 6:20-49).

c. La fuente "M" Streeter creía que Mateo había tenía acceso a un cuerpo de materiales desconocido para Marcos y Lucas (o por lo menos no utilizado). Esta fuente obtiene el nombre "M" de la inicial de Mateo. Como el relato de la infancia en Mateo difiere del de Lucas, se lo considera parte del material contenido en esta fuente "M", también incluiría muchos pasajes probatorios del AT relacionados con Jesús como Mesías.

d. La fuente "L" La cuarta y última fuente en la hipótesis de los cuatro documentos sería que contiene el material exclusivo de Lucas, que además incluye por lo menos un relato de la infancia y muchas parábolas. Las historias del buen samaritano y del hijo pródigo serían parte de esta fuente "L".

El papel de la inspiración Muchos creen que la discusión sobre las "fuentes" usadas por los autores de los Evangelios vulnera la inspiración de las Escrituras. Si Mateo, Marcos y Lucas utilizaron otros documentos para escribir sus Evangelios, ¿tiene Dios todavía un lugar como autor? Una cuidadosa reflexión revela que las "fuentes" y la inspiración no se excluyen mutuamente. Los escritores del AT muestran con claridad que emplearon fuentes escritas (Jos. 10:13; 2 Sam. 1:18; 1 Rey. 11:41; 2 Crón. 9:29).

Lucas dice: "Puesto que ya muchos han tratado de poner en orden la historia de las cosas que entre nosotros han sido ciertísimas, tal como nos las enseñaron los que desde el principio las vieron con sus ojos y fueron ministros de la palabra, me ha parecido también a mí, después de haber investigado con diligencia todas las cosas desde su origen, escribírtelas por orden" (Luc. 1:1-3). Lucas admite conocer que existen otros relatos de la vida y el mensaje de Jesús. Ninguna teoría conocida sobre la inspiración afrenta la humanidad de una persona al punto de negarle cualquier tipo de memoria. En consecuencia, el Evangelio escrito por Lucas con seguridad tenía algo en común con las fuentes que él conocía. Además, ninguna teoría de la inspiración afirma que los autores humanos del material bíblico usaron información o términos que, hasta el momento preciso de escribirlos, hubieran sido totalmente desconocidos para el escritor. Suponer que la inspiración no puede implicar el proceso de ayudar al ser humano a reconocer la verdad

El Valle de Arnón al sur del Jordán, por donde pasaron los israelitas, una de las últimas barreras antes de cruzar el Jordán para entrar a la tierra prometida.

divina y organizarla en el mensaje específico que Dios quiere comunicar, es limitar la capacidad del Espíritu de Dios. La inspiración de ambos Testamentos incluyó guía divina a los escritores hacia fuentes adecuadas y dirección divina en el uso de estas.

Resumen Aunque la mayoría de los autores actuales adhieren a la teoría de los cuatro documentos (o una muy parecida a ella), es necesario reconocer que cualquier solución al problema sinóptico es una teoría y no un hecho comprobado. Muchos estudiosos bíblicos en el presente están volviendo a la idea de que Mateo se escribió primero. Hay que admitir que muchas de las respuestas que ansiamos tener en cuanto a los orígenes de los Evangelios no están a nuestra disposición. Por eso, algunos investigadores modernos se ven frustrados al extremo cuando esperan respuestas científicamente precisas sobre los documentos, cuyo propósito original fue ser confiables en sentido religioso en cuanto a las asombrosas buenas nuevas de Dios por medio de Jesucristo. Podemos confiar en los Evangelios y obedecerlos sin necesidad de respuesta a todas las preguntas acerca de su origen y relaciones mutuas. *P. Joel Snider*

ARNÁN Nombre de persona que significa "rápido". Persona del linaje mesiánico del rey David después del retorno del exilio (1 Crón. 3:21).

ARNÓN Nombre geográfico que significa "río impetuoso" o "río inundado de bayas". Río que señalaba el límite entre Moab y los amorreos (Núm. 21:13). Sehón, rey de estos últimos, gobernó desde Arnón hasta Jaboc (Núm. 21:24), la tierra que Israel había tomado bajo el liderazgo de Moisés. El Arnón, pues, servía de límite sur del territorio que Israel había ocupado al este del Río Jordán (Deut. 3:8). Se convirtió en la frontera sur de la tribu de Rubén (Jos. 13:16). El rey de los amorreos intentó recuperar el Arnón en la época de Jefté pero el espíritu de Dios guió a este juez para que obtuviera la victoria (Jue. 11:12-33). Hazael, rey de Damasco, recuperó el territorio de manos de Jehú de Israel (841–814 a.C.). Isaías describió a Moab como aves espantadas que trataban de cruzar el Arnón (16:2). Jeremías llamó a un mensajero para que anunciara junto al Arnón la derrota de Moab (48:20). El Arnón es largo y profundo, y en las cercanías del Mar Muerto es uno de los paisajes más impresionantes de Palestina. El amplio valle del río se eleva a unos 500 m (1700 pies) hasta la cima de los acantilados. El nombre moderno es Wadi-el-Mojib.

AROD o ARODI Nombre de persona que significa "jorobado". Arodi (Gén. 46:16) o Arod (Núm. 26:17) era hijo de Gad y nieto de Jacob. Fue el antepasado originario de la familia arodita.

AROER Nombre geográfico que significa "enebro". **1.** Ciudad de la ribera norte del desfiladero de Arnón al este del Mar Muerto sobre la frontera sur del territorio que Israel reclamó al este del Río Jordán (Jos. 13:9). Figuraba dentro del territorio reclamado por Rubén (Jos. 13:16), aunque originalmente la edificó la tribu de Gad (Núm. 32:34; comp. Deut. 3:12). Sehón, rey de los amorreos, la gobernó antes de la conquista israelita (Deut. 4:48; Jos. 12:2). Israel proclamó una historia de 300 años en esa región (Jue. 11:26). Los pecados de Jehú desencadenaron el castigo de Dios sobre Israel, incluyendo la pérdida de Aroer en manos de Hazael de Damasco (alrededor del 840 a.C.) (2 Rey. 10:33; comp. Isa. 17:2). Jeremías le pidió a Aroer que fuera testigo del juicio futuro de Dios sobre Moab (Jer. 48:19). Los moabitas habían obtenido el control sobre Aroer bajo el reinado de Mesa, tal como da testimonio su inscripción en la Piedra Moabita (alrededor del 850 a.C.). Excavaciones realizadas por españoles han demostrado que Aroer se destacó más como un fuerte fronterizo que como una ciudad importante. Está ubicada en Khirbet Arair, a unos 4 km (2,5 millas) al este de la carretera que corre a lo largo del Río Arnón. **2.** Ciudad de la tribu de Gad (Jos. 13:25) cerca de Rabá, capital de los amonitas. Podría ser la Aroer donde Jefté derrotó a los amonitas (Jue. 11:33). **3.** Ciudad en la región sur de Judá a unos 19 km (12 millas) al sudeste de Beerseba con cuyos líderes David dividió el botín de la batalla (1 Sam. 30:28). Ubicada en la moderna Khirbet Arara. Es probable que el texto original de Josué 15:22 dijera "Aroer". Dos de los capitanes de David procedían de ese lugar (1 Crón. 11:44).

ARPA Ver *Música, instrumentos musicales, danzas.*

ARPÓN Lanza o jabalina con púas que se usa para cazar peces grandes o ballenas; se la considera inapropiada para atrapar el monstruo marino leviatán (Job 41:7), con lo que se pondría de manifiesto la soberanía de Dios por encima de la incapacidad humana.

A

ARQUELAO Hijo y principal sucesor de Herodes el Grande (Mat. 2:22). Cuando Herodes murió en el 4 d.C., sus hijos Antipas y Felipe fueron nombrados tetrarcas, pero su hijo Arquelao fue el sucesor principal. Consciente de la hostilidad de los judíos hacia su familia, Arquelao no ascendió al trono inmediatamente. Primero intentó ganarse el favor de los judíos. Sus esfuerzos no tuvieron éxito, y cuando los judíos se rebelaron, Arquelao le ordenó a su ejército que tomara represalias.

Arquelao halló oposición a su reinado de parte de sus hermanos, en particular Herodes Antipas, quien se sintió destituido del trono. Los hermanos presentaron la causa ante el emperador Augusto, quien le dio a Arquelao la mitad de la tierra de su padre y dividió el resto entre Antipas y Felipe. A Arquelao se le otorgó el título de tetrarca pero se le prometió que si lograba un desempeño virtuoso en su gobierno sería nombrado rey.

Él interfirió en la tarea de los sumos sacerdotes, se casó en contra de la ley judía y oprimió a los samaritanos y a los judíos aplicándoles un trato brutal. El pueblo se rebeló y envió una delegación ante el César para denunciarlo. Su mandato terminó en el 6 d.C., cuando el gobierno romano lo desterró a Galia y agregó su territorio a Siria.

A José se le advirtió que no pasara por Judea a causa del gobierno de Arquelao. En lugar de ir hacia allí, al regresar de Egipto decidió llevar a María y a su hijo Jesús a Galilea (Mat. 2:22).

ARQUEOLOGÍA Y ESTUDIOS BÍBLICOS

La arqueología es el estudio del pasado basándose en la recuperación, el examen y la explicación de los restos materiales de la vida, el pensamiento y la actividad humana, en combinación con la información disponible del medio ambiente antiguo. La arqueología bíblica, una disciplina ampliamente desarrollada desde el 1800, investiga acerca de lo que se puede aprender sobre los personajes, las enseñanzas y los acontecimientos bíblicos a partir de fuentes extrabíblicas. Su meta es proporcionar una mejor comprensión de la Biblia al ocuparse de lo que dejaron las civilizaciones antiguas.

El propósito de las excavaciones es reconstruir, hasta donde sea posible, la historia y la cultura de un sitio antiguo. Los estudiosos de la Biblia se interesan particularmente en la arqueología de la antigua Canaán y sus regiones aledañas. Actualmente es la zona que corresponde a los territorios que forman los países de Israel, Líbano, Siria y Jordania. Además, el mundo bíblico incluía otras regiones tales como Egipto, Grecia, Italia, Chipre, la Península Arábiga y las extensas áreas que actualmente ocupan Turquía, Iraq e Irán.

Limitaciones de la arqueología El estudiante de arqueología debe entender sus limitaciones. Primero, queda poco de lo que existió en la antigüedad. Además, hasta el momento las tierras bíblicas sólo se han investigado en forma parcial. Pocos montículos se han excavado por completo, y hay muchos que permanecen casi sin tocar. La publicación minuciosa de las investigaciones arqueológicas es un proceso lento, y a menudo el significado de los objetos hallados se constituye en tema de interpretaciones diversas. En muchas ocasiones, las conclusiones que en un momento se sostuvieron se abandonan para dar lugar a hipótesis nuevas. Los estudiosos de la Biblia deben ser precavidos y estar actualizados al utilizar datos arqueológicos. También es necesario ser conscientes de qué puede hacer la arqueología y qué no. Las afirmaciones básicas de la Biblia tales como que Dios es, que Él está activo en la historia y que Jesús es Su Hijo resucitado de los muertos no están sujetas a verificación arqueológica. Se puede demostrar a partir de los materiales arqueológicos que Senaquerib invadió Judá en la época de Ezequías, pero que él haya sido una herramienta en manos del Señor sólo se puede saber a través de la aseveración bíblica.

Breve historia de la arqueología La tarea de los arqueólogos en el mundo bíblico en general, y en la antigua Canaán en particular, se puede dividir en tres períodos superpuestos.

Primera etapa En el período más antiguo, previo a alrededor del 1900 d.C., la práctica de la arqueología era esencialmente la "búsqueda del tesoro" sin una manera organizada ni sistemática de llevar a cabo la labor. Personas como Heinrich Schliemann, Giovanni Belzoni y A. H. Layard se lanzaron a descubrir elementos espectaculares del pasado. Los pozos y las trincheras que se cavaban en ciudades antiguas generalmente destruían más de lo que revelaban. Debido a que la región que ocupaba la antigua Israel era relativamente pobre en "tesoros", gran parte de la obra se llevó a cabo en Egipto y Mesopotamia, hogar inicial de los asirios y los babilonios (sitio actual de la nación de Iraq).

El comienzo de la arqueología bíblica en Egipto en 1798, bajo el auspicio de Napoleón Bonaparte, se produjo con el propósito expreso de desmentir la

Biblia. Se daba por sentado que el registro bíblico no era histórico. Los secretos de Egipto comenzaron a salir a la luz después del descubrimiento y el descifrado de la Piedra Rosetta llevados a cabo por Champollion en 1799. Los secretos de la Mesopotamia comenzaron a revelarse luego de que Rawlinson efectuara la copia y el descifrado de la inscripción de Behistún en 1835, seguida del descubrimiento posterior de la biblioteca de Asurbanipal por parte de Rassam en 1852. Las fuentes arquitectónicas, artísticas y de escritura que se recuperaron en numerosos sitios antiguos comenzaron a arrojar luz sobre la Biblia, en particular sobre el AT. Alrededor de mediados del siglo XIX, arqueólogos ingleses excavaron porciones de la ciudad de Nínive, capital del antiguo Imperio Asirio durante el clímax de su poderío.

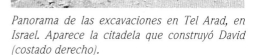

Entre los descubrimiento efectuados en Nínive se encontraron dos grandes palacios. El enorme palacio del rey asirio Senaquerib (704–681 a.C.) contenía cientos de metros de muros revestidos de esculturas en bajo relieve que describían sus hazañas. En ellas se encuentra un cuadro asombroso de la toma de la destacada ciudad-fortaleza bíblica de Laquis que los asirios capturaron en el 701 a.C. Entre los descubrimientos también está el Prisma de Taylor, que contiene una versión asiria escrita de la invasión al reino de Judá en el 701 a.C. El relato bíblico de la toma de Jerusalén en esa época se encuentra en 2 Reyes 18:13–19:37. Es interesante comparar los dos registros. Aunque Senaquerib declara haber capturado Jerusalén, no hace mención de la calamidad que sufrieron sus tropas tal como lo describe el relato bíblico.

El palacio del rey Asurbanipal (668–633 a.C.) también se descubrió. El hallazgo más significativo en este lugar fue una gran biblioteca de documentos escritos que el rey había recolectado de varias partes del imperio. Estos les han proporcionado a los estudiosos de la Biblia mucho material de consulta fundamental proveniente de esta porción del mundo antiguo. Son de interés particular las historias mitológicas que se relacionan con las tradiciones sobre la creación y el gran diluvio.

Varios lugares más tales como Ur, Babilonia y Jerusalén se investigaron durante la primera etapa de la arqueología. No obstante, los arqueólogos gradualmente fueron aprendiendo que era necesario abordar su tarea de una manera más sistemática y disciplinada a fin de extraer mayor información de las civilizaciones antiguas.

Segunda etapa Desarrollos significativos dentro de la disciplina de la arqueología comenzaron a ocurrir cerca del principio del siglo XX. En 1890, Sir Flinders Petrie, arqueólogo inglés que había realizado tareas importantes en Egipto, comenzó a excavar en Tell el-Hesi en el sudoeste de Palestina.

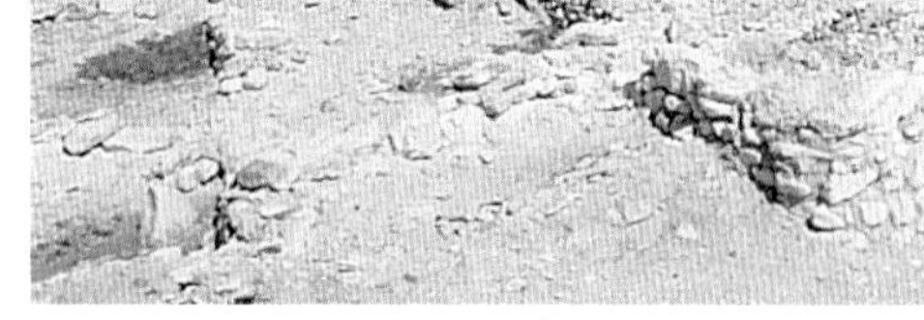

Panorama de las excavaciones en Tel Arad, en Israel. Aparece la citadela que construyó David (costado derecho).

La palabra "tell" se refiere a un montículo que se fue levantando durante un período de tiempo prolongado con los escombros que habían dejado las personas que vivían en el lugar. Un sitio a menudo se abandonaba en un determinado momento, ya sea durante un tiempo corto o largo, tal vez después de haber sido destruido por un enemigo o a causa de una catástrofe natural tal como un terremoto. Una ciudad se podía abandonar como consecuencia de una enfermedad epidémica. Otra razón importante y probablemente común para que la gente partiera de un lugar era un cambio climático como una sequía. A pesar de cuáles hubiesen sido las razones por las que se habían ido, lo que inicialmente había hecho que se establecieran allí era frecuentemente lo que los hacía regresar. Los escombros de ocupaciones anteriores se alisaban mediante rellenado y nivelado hasta que se edificaba una aldea nueva sobre las ruinas. Este proceso, junto con la acumulación ordinaria de los escombros y la reedificación que se llevaba a cabo en cualquier área de ocupación humana, el paso de los siglos y los milenios, gradualmente daba como resultado que el lugar se hiciera cada vez más alto y se formara un "tell", que contenía muchos estratos (capas). Gran cantidad de estos montículos que se originaron artificialmente forman parte del panorama bíblico.

La tarea de Petrie y de su sucesor, F. J. Bliss, fue altamente significativa en dos aspectos interrelacionados. Primero, trataron de excavar Tell el-Hesi de manera cuidadosa, capa

por capa. Segundo, tomaron notas detalladas del estilo de alfarería que se encontró en cada capa. Debido a que la forma en que se realizaba la alfarería iba cambiando con el paso de los años, la clase que se encontraba en cada una de las capas permitía que los arqueólogos le asignaran a ese nivel una fecha aproximada. Casi un siglo de haber estudiado la alfarería ahora les permite a los arqueólogos dar una fecha casi absoluta a cada estrato excavado. La tarea de Petrie y Bliss señala el principio de un enfoque científico y disciplinado de la arqueología en Palestina. Los principios de la excavación estratográfica (aislando cada capa) y del análisis de la alfarería todavía son básicos para una metodología sana, aunque han tenido lugar muchas mejoras desde el comienzo del siglo XX. Ver *Alfarería*.

Los arqueólogos intentan determinar cuándo están dejando una capa y entrando en otra basándose en elementos tales como cambios de color, consistencia y contenido del terreno o, en algunos casos, la presencia de cenizas entre los estratos. Un estrato puede ser muy delgado o bastante grueso, según la naturaleza de la ocupación y el tiempo que duró.

Muchas expediciones arqueológicas de varios países se enviaron al mundo bíblico durante la primera mitad del siglo XX. Los estadounidenses, por ejemplo, excavaron en Meguido, Bet-seán y Tell Beit Mirsim, y los británicos excavaron en Jericó y Samaria. La excavación estratográfica y el análisis de la alfarería se volvieron más precisos y exactos. Además se guardaron registros más detallados (informes escritos, dibujos, fotografías).

Samaria era la capital del Reino del Norte de la antigua Israel. La ciudad fue edificada por el rey hebreo Omri y su hijo Acab en la primera mitad del siglo IX a.C. Las excavaciones realizadas durante el primer tercio del siglo XX recuperaron parcialmente esta antigua ciudad capital del Reino del Norte.

Entre los numerosos descubrimientos interesantes efectuados en Samaria se encuentra un grupo de más de 60 *óstraca*, probablemente de la época del rey Jeroboam II (782–743 a.C.). Un *óstracon*, en plural *óstraca*, es una pieza de alfarería escrita. Los pueblos de la antigüedad generalmente utilizaban piezas de alfarería como superficie para escribir y las empleaban para registros, listas y cartas. Las *óstraca* de Samaria contienen registros de provisiones, incluyendo granos, aceite y vino, que las personas que vivían en diversas ciudades habían enviado para abastecer el palacio real. A partir de estos datos se puede deducir información acerca de la economía y la organización política de la región. Además, la presencia de nombres de varias personas que incluyen el componente Baal (por ej.: Abibaal, Meribaal), revelan la continua influencia del baalismo en la tierra.

Una comparación de estas *óstraca* con Amós 6:1-7 también sugiere que el "impuesto" que se aplicaba sobre la gente común se utilizaba para que los altos oficiales del gobierno desarrollaran un estilo de vida lujoso y libertino. El pasaje de Amós también menciona las "camas de marfil" (v.4; 3:15; 1 Rey. 22:39). En las excavaciones de Samaria se hallaron varios cientos de trozos de marfil, muchos de los cuales se habían utilizado como incrustaciones en los muebles.

Tercera etapa En tanto que en la primera mitad del siglo XX se realizaron descubrimientos notables (por ej.: el Código Hammurabi, los Papiros de Elefantina, los monumentos heteos en Boghazkoy, la tumba del rey Tutankamón, los textos de Ras Shamra, las Tablillas de Mari, las *óstraca* de Laquis y los Rollos del Mar Muerto), alrededor de 1960 empezó a surgir una nueva etapa en la historia de la arqueología del antiguo Cercano Oriente. Los arqueólogos y otras personas comenzaron a darse cuenta de que no era suficiente efectuar descubrimientos y describirlos. Necesitaban además sintetizar la información y explicar los datos.

Esta etapa de la arqueología, denominada a veces "Nueva Arqueología", se caracteriza porque el enfoque de la tarea arqueológica está a cargo de un equipo multidisciplinario constituido por botánicos, geólogos, zoólogos y antropólogos. El enfoque también enfatiza el uso de ayuda voluntaria y de un fuerte programa educacional. En las etapas previas, gran parte de la tarea de excavación la llevaban a cabo personas que vivían en la región, y a las cuales se les pagaba por sus servicios. La tercera etapa de la arqueología también se caracteriza por una tendencia creciente a pensar en términos de un enfoque regional en vez de concentrarse exclusivamente en un lugar. Constantemente crece el interés en la investigación de pequeñas aldeas en oposición a centrarse en el pasado casi totalmente a través de ciudades grandes e "importantes".

El enfoque moderno en Israel se inició en Tell Gezer en la década del 60 y principio de la del 70, y continuó en varios lugares tales como Tell el-Hesi y Tell Halif en los años 70 y 80. La meta del enfoque es obtener un cuadro completo de la vida en una región en particular de la antigüedad, y también una comprensión del comercio y otros contactos culturales entre las regiones.

Contribuciones de la arqueología al estudio bíblico El propósito fundamental de la arqueología no es demostrar que la Biblia es verdadera aunque sirve para afirmar la veracidad de la descripción bíblica del mundo antiguo. La arqueología sirve especialmente para favorecer nuestra comprensión de la Biblia abriendo muchas "ventanas" al mundo bíblico.

Arqueología y texto bíblico La arqueología, mediante la recuperación de antiguas copias hebreas y griegas de las Escrituras, sumada al descubrimiento de otras literaturas antiguas escritas en idiomas relacionados, ha ayudado a los eruditos a determinar un texto de la Biblia más exacto del que estaba disponible anteriormente. También ha demostrado que los escribas eran muy cuidadosos en su labor.

A fines del siglo XIX se llevó a cabo un invalorable hallazgo de materiales hebreos en un cuarto de basura (conocido ahora como la Geniza del Cairo) de una antigua sinagoga de El Cairo, en Egipto. El descubrimiento de los Rollos del Mar Muerto en 1947 dentro de once cuevas hizo que el conocimiento de manuscritos hebreos existentes pasara de la época de la Edad Media al período del 250 a.C. al 70 d.C. Ver *Biblia, Textos y versiones.*

El conocimiento de los escritos ha aumentado en gran manera. Los documentos más antiguos de Siria y Palestina que se conocen actualmente serían los textos de Ebla (el primero de los cuales se encontró en 1975) que datan de alrededor del 2400 a.C., seguidos por los textos ugaríticos (hallados entre 1929–1937) de Ras Shamra en la costa de Siria y que datan de alrededor del 1400 a.C. Los ejemplos de ocho textos escritos de Palestina anteriores a la época de Moisés han respondido a la pregunta que se debatió en el último siglo en cuanto a si Moisés pudo haber tenido conocimiento de la escritura. Algunos ejemplos de hebreo descifrable hallados por los arqueólogos comienzan alrededor de la época de Salomón con el calendario de Gezer.

En 1929, arqueólogos franceses comenzaron a excavar la antigua ciudad de Ugarit cerca de la costa de Siria. Se desenterraron muchas tablillas de barro con escritos antiguos. Muchos estaban en un idioma previamente desconocido que pronto se denominó ugarítico. Este es un lenguaje semítico del noroeste íntimamente relacionado con el hebreo. Es el ejemplo más antiguo de un idioma escrito en un texto alfabético. Un estudio del ugarítico ha ayudado a los eruditos del AT a entender mejor la naturaleza y el desarrollo del lenguaje hebreo, y ha sido particularmente valioso para aclarar parte de la poesía hebrea antigua que aparece en la Biblia.

Los eruditos anteriores definían palabras del AT comparándolas con el árabe y con los significados que surgían de la tradición rabínica. El descubrimiento y el descifrado de lenguas anteriormente desconocidas del antiguo Medio Oriente tales como el sumerio, el acadio, el heteo, el ugarítico, el arameo y el eblateo proporcionan una base más amplia para la definición de palabras, y ayudan (mediante el estudio denominado Semíticos Comparativos) a una reorientación sustancial del vocabulario del AT.

En 1 Samuel 13:21 hay una palabra hebrea, *pim*, que no aparece en ningún otro lugar de la Biblia. Muchos antiguos lectores y traductores de la Biblia desconocían el significado de esta palabra. Aunque los traductores de la versión King James de 1611 en inglés escogieron la palabra "archivo" (*"file"*) para traducir *pim* (algo que en las versiones españolas no ocurre), no existía una base firme para esa elección. Pasada aquella época, los arqueólogos han descubierto varias pesas pequeñas de la antigua Israel que llevaban el nombre de *pim.* Pareciera que un *pim* pesaba poco menos de un siclo. Ahora resulta claro que la palabra *pim* se refiere al precio que cobraban los filisteos por trabajar en las herramientas de hierro de los hebreos. Traducciones recientes de la Biblia reflejan este nuevo conocimiento.

Con relación al NT, durante los últimos dos siglos se han hallado numerosos manuscritos en papiros antiguos, principalmente en Egipto, que contienen porciones del texto bíblico. En estos papiros griegos antiguos se ha encontrado por lo menos parte de todos los libros del NT, excepto 1 y 2 Timoteo. El más antiguo se conoce como el Papiro Rylands (P52) con fecha del 100–125 d.C. Contiene Juan 18:31-33,37-38. Estos papiros son útiles para los eruditos comprometidos con la tarea de determinar la mejor base textual del NT. El número de manuscritos y fragmentos griegos en existencia ha aumentado de 1500 en el año 1885 a más de 5700 en el 2002, donde se incluyen elementos del papiro 116 que permiten conocer el texto sobre el que se basan los códices del siglo IV hasta el siglo II para las partes del texto que se cubren. Se están preparando nuevos textos críticos griegos a fin de poner todo el material a disposición de los estudiantes, y algunas traducciones ya están reflejando los nuevos hallazgos.

El descubrimiento de papiros no bíblicos llevado a cabo en Egipto al final del siglo pasado proveyó nuevas ideas en cuanto al uso y el vocabulario griego diario que actualmente se han convertido en la esencia del estudio del lenguaje neotestamentario.

Arqueología y geografía bíblica La ubicación de muchos lugares mencionados en la Biblia no se conoció hasta el 1800 d.C. En 1838, un explorador estadounidense llamado Edward Robinson y su asistente, Eli Smith, hicieron un viaje a caballo a través de Palestina. Tomando como base el estudio que realizaron de la geografía y el análisis de los nombres de los lugares, fueron capaces de identificar más de 100 lugares bíblicos. Robinson regresó en 1852 para seguir explorando.

Excavaciones arqueológicas a lo largo del límite sur del Monte del Templo, en Jerusalén.

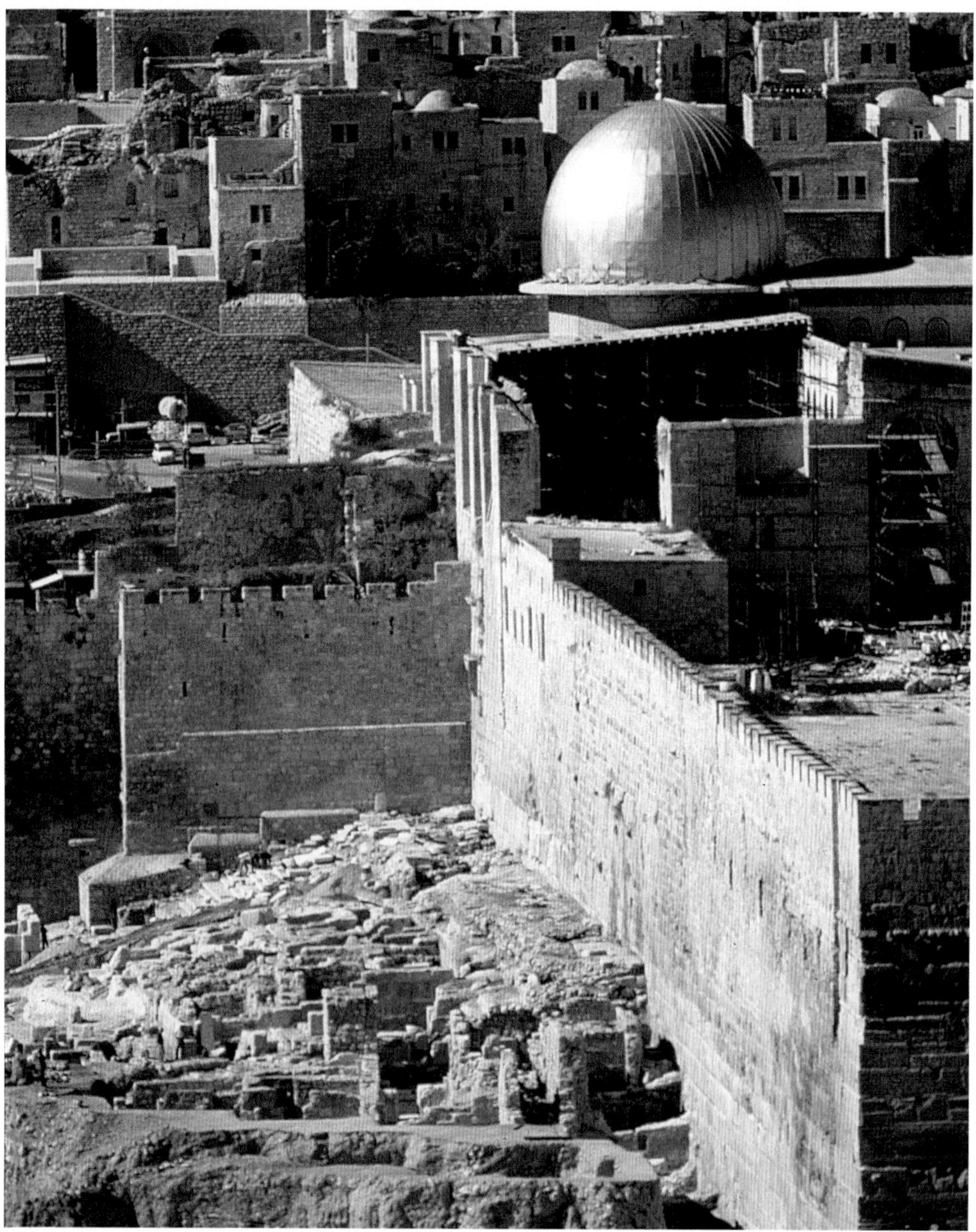

Desde la época de Robinson, los arqueólogos han podido identificar gran cantidad de lugares mencionados en la Biblia, incluyendo aquellos que visitó el apóstol Pablo durante sus viajes. No sólo se han identificado aldeas y ciudades sino además imperios completos. Por ejemplo, las excavaciones que los arqueólogos germanos comenzaron en 1906 en lo que actualmente es Turquía recuperaron el imperio perdido de los heteos (hititas).

La ubicación de lugares como Jerusalén y Belén nunca se olvidó. Otros sitios fueron destruidos y se perdió el lugar donde se encontraban. Edward Robinson desarrolló una técnica mediante la cual la información literaria y los registros de viajeros unidos a la memoria histórica local podían proporcionar probables identidades. La excavación de las ruinas en las regiones aledañas ha sido de ayuda. Veintiocho manijas de jarras que se hallaron en la cisterna de El Jib confirmaron la ubicación de la antigua Gabaón; seis grabados en piedra con el nombre "Gezer" identificaron ese lugar, y "Arad" marcado siete veces en un tiesto confirma su ubicación.

Arqueología e historia bíblica Informes egipcios tales como "El Relato de Sinuhé" muestran qué concepto tenía Palestina para los egipcios alrededor de la época de Abraham. Las tablas de Tell Amarna descubiertas por una campesina son cartas de gobernantes palestinos dirigidas a los faraones reinantes, pero demuestran la condición inestable de Palestina antes de la conquista israelita, lo cual permitió que Israel conquistara al enemigo uno tras otro.

El faraón egipcio Mernepta (1213–1204 a.C.) invadió Siria-Palestina durante su breve reinado. Un monumento que se encontró en su cámara mortuoria en Tebas contiene un registro de esta aventura e incluye la referencia más antigua a Israel fuera de la Biblia. Mernepta declaró haberlos destruido complemente. Es evidencia clara de que los israelitas estaban en la tierra de Canaán antes del siglo XIII a.C.

El descubrimiento del Código de Hammurabi en Susa en 1901 con su preámbulo de 282 leyes abrió el camino a comparaciones interesantes con las leyes de Israel. Actualmente los arqueólogos cuentan con cinco códigos legales con escritura cuneiforme previos a la época de Moisés: los de Ur-Nammu, Eshnunna, Lipit-Ishtar, Hammurabi y de los hititas (heteos). Las leyes de Asiria Media son levemente posteriores. Se pueden efectuar comparaciones interesantes entre estas leyes y las de Moisés. Los contrastes incluyen la cantidad de acciones por las cuales el acusado está sujeto al sufrimiento (Núm. 5) y los castigos de mutilación (Deut. 25:12). Si bien estos códigos tienen tanto similitudes como diferencias con las leyes de Moisés, no se puede establecer ninguna afirmación [illegible]to a que estas últimas se tomaron como base para desarrollarlos. Las diversas clases de mutilación del cuerpo que prescribe Hammurabi están ausentes en las leyes de Israel, como también sucede con las flagelaciones ilimitadas.

Interesantes conceptos paralelos correspondientes al período general de Jueces y Reyes incluyen la costumbre egipcia de contar las víctimas de una campaña militar a partir de las pilas de manos cortadas (comp. Jue. 8:6), el sacar un ojo (1 Sam. 11:1-11), o ambos ojos (2 Rey. 25:7) y la descripción en un marfil de Meguido (como así también en un papiro egipcio) de hombres circuncidados en los que uno de ellos relata su sufrimiento.

Después de la muerte de Salomón (aprox. 922 a.C.), el reino hebreo se dividió en dos, el Reino del Norte (Israel) y el Reino del Sur (Judá). En consecuencia, una nación poderosa se convirtió en dos naciones, y el gobernante egipcio Sisac aprovechó la situación para invadir la tierra alrededor del 918 a.C. (1 Rey. 14:25-28). El relato bíblico es breve y cuenta solamente acerca del ataque a Jerusalén. No obstante, Sisac registró sus proezas sobre un muro del templo del dios Amún en Karnak, Egipto. Declara haber capturado más de 150 ciudades de Palestina, incluyendo lugares del Reino del Norte. Es probable que esta invasión haya sido un golpe más importante para los reinos hebreos de lo que se evidencia en el breve relato de 1 Reyes. El registro egipcio, que tal vez haya sido exagerado en cierta medida, sumado también a la evidencia arqueológica sugiere que varias de las ciudades que se mencionan fueron realmente destruidas alrededor de aquella época. Es un ejemplo de la ayuda arqueológica que provee un contexto histórico más amplio que enriquece el estudio de las Escrituras.

Mesa, rey de Moab, colocó sobre la "piedra moabita" el relato de su servidumbre a los reyes israelitas y de su esfuerzo por liberarse; esto pareciera un paralelo de la narración de 2 Reyes 3. En esta piedra se enumeran los nombres de Omri, de Mesa, del Señor, de Quemos y de numerosas ciudades palestinas. Se ilustra la política de *cherem*, mediante la cual un lugar se dedicaba totalmente a una deidad, tal como había sucedido anteriormente en Jericó (Jos. 6:21). Otros registros incrementan nuestro conocimiento de personajes bíblicos. Tales son los registros de la participación de Acab en la batalla de Qarqar en el 853 a.C. que aparecen en un monumento erigido por Salmanasar III, y del tributo de Jehú a este mismo rey que se registra en el obelisco negro que actualmente se encuentra en el Museo Británico. Ninguno de estos episodios se menciona en la Biblia.

Omri fue monarca del Reino del Norte alrededor del 876–869 a.C. Durante su corto reinado trasladó la capital desde Tirsa hasta la ciudad de Samaria, que había sido recientemente edificada. Fue un rey malvado y la Biblia le dedica poco espacio (1 Rey. 16:15-28). Sin embargo, las naciones circundantes consideraban a Omri un gobernante muy poderoso y capaz. Fue tal la impresión que produjo sobre los asirios que por más de cien años los registros de estas naciones continúan refiriéndose a Israel como "la Casa de Omri", aun después de que su dinastía ya no gobernaba. Esto nos recuerda que, desde una perspectiva bíblica, la fidelidad a Dios es mucho más importante que la capacidad para la guerra y el gobierno.

Los registros asirios proporcionan información acerca de Tiglat-pileser, Sargón, Senaquerib y Asurbanipal, importantes para el AT. También mencionan a los reyes de Israel y de Judá, y hacen una crónica del intercambio de los últimos reyes de Israel y del exilio de Samaria. Hasta el momento en que Emil Botta realizó excavaciones del palacio de Sargón, este rey sólo se conocía a través de la Biblia. Sargón registró su propia invasión a Asdod (Isa. 20) y allí se encontró un fragmento de una esquela. Senaquerib describió en su palacio la toma de Laquis por su parte, y en un cilindro relató la manera en que hizo poner de rodillas a Ezequías. Se cree que un túnel hallado en Jerusalén fue construido por Ezequías en aquella época. Su inscripción cuenta acerca de la excavación que hubo que realizar para construir dicho túnel. Un registro narra que Senaquerib fue asesinado por su hijo. Los babilonios narraron sobre la caída de Nínive, la batalla de Carquemis y la captura de Jerusalén en un informe que establece como fecha el 15/16 de marzo del 597 a.C.

El movimiento profético es uno de los rasgos más distintivos de la vida del AT. Una investigación de antecedentes se ha centrado en Ebla, lugar donde se informa la aparición del equivalente de la palabra hebrea. Más de 20 textos de Mari en el Éufrates registran figuras similares a las proféticas, que tienen visiones y mensajes verbales entregados a los jefes de estado. La historia del siglo XI de la misión de Wen-Amon a Biblos

Vista del complejo edilicio del Palacio de Banias.

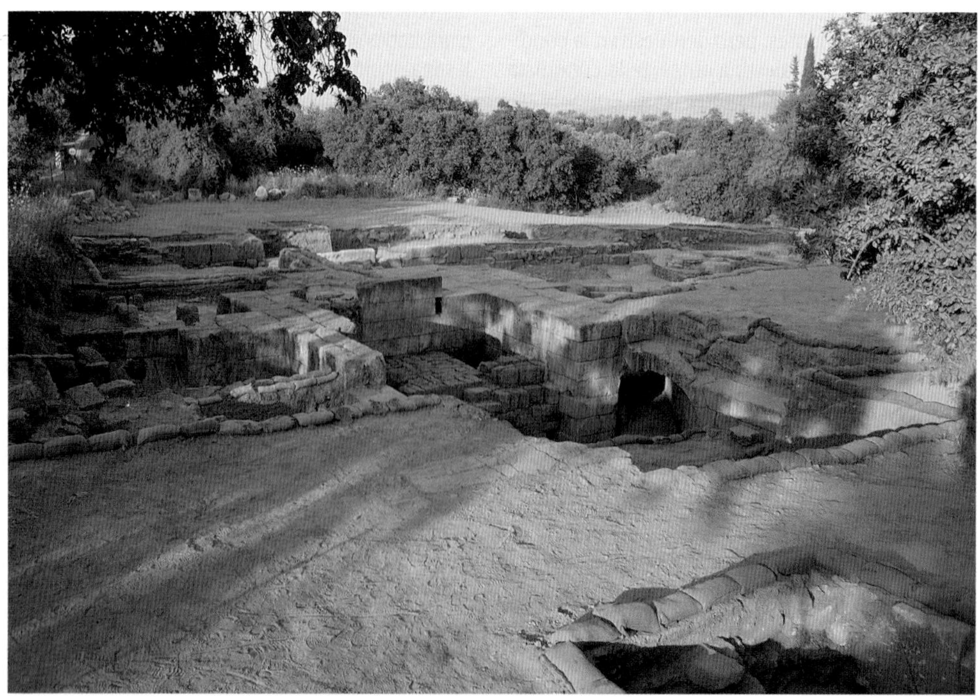

continúa siendo el ejemplo clásico de comportamiento extático. La inscripción de Zakir del siglo XVIII en Afis, Siria, presenta a la deidad Bacalshemán mientras habla a través de sus videntes (*chozim*). La excavación de Tell Deir Alla suministró los textos de Balaam en arameo del siglo VI, el primer texto profético fuera del AT (comp. Núm. 22–24). Aun en esa fecha, este "vidente de Dios" se reverenciaba en ciertos lugares. Ninguna de estas regiones posee una literatura profética comparable a la de los escritos proféticos.

La descripción que hace Nahum de la caída de Nínive se puede comprender mejor mediante un estudio de la descripción de las guerras antiguas registrada en los monumentos asirios. En estos se representan los ataques a ciudades, el cargamento de los carros de guerra y el exilio del pueblo. Nahum 3:8 compara la fecha de Nínive con la de Tebas. Los registros asirios también describen la toma de una ciudad egipcia más una descripción de la captura de Tebas.

La conmovedora declaración de Jeremías 34:6-7 acerca de que el ejército babilónico había capturado todas las ciudades fortificadas de Judá con excepción de Jerusalén, Laquis y Azeca se destaca por medio de un grupo de 21 *óstraca* que los arqueólogos descubrieron en Laquis. Estas *óstraca* son borradores de una carta que el comandante hebreo de la ciudad condenada de Laquis estaba preparando para enviarle a un alto oficial de Jerusalén. Entre otras cosas escribió que ya no se recibían señales desde Azeca. Aparentemente estaba escribiendo poco después de la época de Jeremías 34. En ese momento sólo había dos naciones importantes que estaban resistiendo la arremetida babilónica, ya que Azeca había caído.

El destino del pueblo israelita en el exilio se ilustra en una lista de raciones para Yaukin (Joacim) y sus hijos que se halló en excavaciones en la Puerta de Ishtar de Babilonia. Registros bancarios hallados en Nipur muestran que había personas con nombres judíos que realizaban negocios allí durante el exilio. Aunque hasta ahora no se conoce ningún texto que denomine específicamente a Belsasar como rey, esta figura que en un tiempo sólo se conocía a través de la Biblia, aparece varias veces en algunos textos.

El regreso del exilio se produjo mediante un decreto de Ciro. El cilindro de Ciro, que actualmente se encuentra en el Museo Británico, no menciona ni a los judíos ni a su templo; no obstante, deja en claro que dicho proyecto estaba de acuerdo con la política general de Ciro. Los papiros que se hallaron

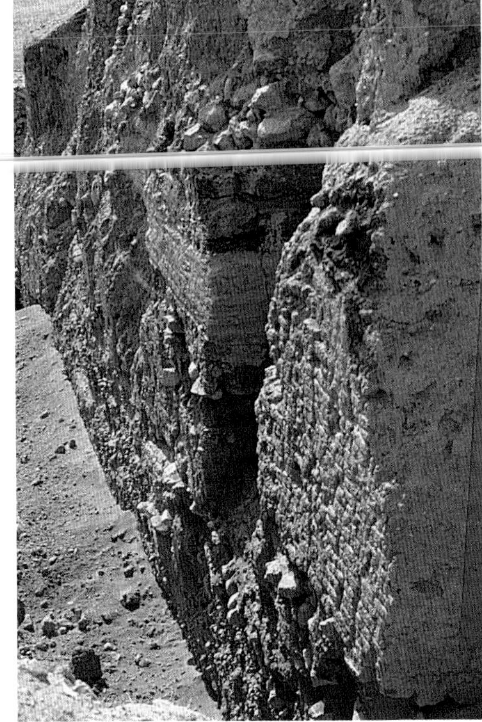

Corte tipo barranco de Tel-es Sultan, de la Jericó del Antiguo Testamento, hecho para que los arqueólogos puedan revelar los distintos niveles de destrucción.

en la isla Elefantina en Egipto, que datan de alrededor de la época de Nehemías, muestran la condición de los judíos en esa región pero también permiten establecer la fecha de la tarea de Nehemías. Se menciona a los hijos de Sambalat, y estos documentos junto a los papiros samaritanos que se encontraron en una cueva al noroeste de Jericó dan evidencia de que hubo una serie de personajes con este nombre.

Arqueología y cultura antigua Un vasto abismo separa las culturas del día de hoy, especialmente las del hemisferio occidental, de las del período bíblico. Una de las grandes contribuciones de la arqueología está en su habilidad para destruir las barreras del tiempo y la cultura a fin de trasladar al lector de la Biblia al contexto antiguo, proveyendo una comprensión renovada y un conocimiento mayor de las Escrituras.

La lista de objetos bíblicos que se han hallado en excavaciones es muy extensa, y nos permite saber exactamente qué significa una palabra. Se incluye todo tipo de ejemplos de pesos y medidas,

puntas de arado, armas, herramientas, joyas, jarras de barro, sellos y monedas. El arte antiguo describe los estilos de ropa, armas, modalidades de transporte, metodologías de guerra y estilos de vida. Las tumbas excavadas muestran las costumbres de los funerales donde se reflejan las creencias sobre la vida y la muerte. La tumba de Beni Hasán en Egipto, de alrededor del 1900 a.C., muestra cómo se vestían los semitas que iban a Egipto. Es el enfoque más cercano sobre el aspecto que pudieron haber tenido los patriarcas y aleja a los estudiantes de la analogía beduina anterior.

La arqueología aporta gran conocimiento de la cultura de las naciones vecinas a Israel: cananeos, egipcios, heteos, filisteos, moabitas, asirios, arameos, babilonios y persas. Los hallazgos revelan cuáles eran los dioses que adoraban, el comercio, las guerras y los tratados.

Las tablillas de Ugarit proveen una gran fuente de información fundamental acerca de la fe y la práctica cananea. Presentan un cuadro bastante claro de cómo era la vida en la tierra donde se establecieron los israelitas. Ver *Canaán.*

Los textos ugaríticos revelan el panteón cananeo con las prácticas de adoración de estos pueblos contra las cuales lucharon los profetas hebreos como Elías, Eliseo y Oseas. La inscripción Kuntillet Ajrud, que habla de "Yahvéh y su Asera" (la contraparte femenina) revela el sincretismo en que se hundió Israel, y confirma la denuncia de los profetas de Judá e Israel en relación con tales prácticas.

Génesis 15:1-6 indica que Abraham y Sara habían convertido en su heredero oficial a Eliezer, un miembro del personal de servicio de la familia. Es probable que lo hayan adoptado como heredero en respuesta a la prolongada tardanza del nacimiento del hijo prometido. Poco después, como se registra en Génesis 16:1-16, Sara avanzó más al tener un hijo por poder. Ante su insistencia, Abraham tuvo un hijo de la sierva egipcia Agar a quien llamó Ismael. ¿Qué lo indujo a estas acciones? En la antigua ciudad mesopotámica de Nuzi, al noroeste de la región, se hallaron tablas de barro que arrojan luz a esta pregunta. Las tablillas provienen de una época correspondiente a unos siglos después de Abraham pero contienen un registro de las costumbres que se practicaron durante un período de tiempo extenso. Estas tablas revelan que tanto la adopción de un hijo como el nacimiento por poder eran prácticas comunes para una pareja estéril. Se promulgaban reglas detalladas a fin de salvaguardar los derechos de todas las partes. Las raíces de Abraham estaban en Mesopotamia (Gén. 11:27-32) y es probable que haya conocido estas costumbres. Pareciera que Abraham y Sara siguieron las normas culturales aceptadas en aquella época.

Génesis 15:7-21 deja perplejo al lector moderno. El pasaje es difícil de entender. La recuperación de numerosas tablillas de barro de la ciudad de Mari, al norte de la Mesopotamia, ha arrojado por lo menos en forma parcial algo de luz sobre este pasaje. Las tablas son del siglo XVIII a.C. Indican que la ceremonia que se utilizaba en aquel tiempo para sellar un acuerdo o un pacto incluía cortar un asno por la mitad. Luego las personas que participaban en el contrato caminaban entre las partes divididas del animal. Se observa que Dios le dio instrucciones a Abraham sobre una ceremonia seguramente conocida por el patriarca. Dios se encontró con Abraham dentro del contexto cultural. Es interesante observar que cuando la gente de un período antiguotestamentario posterior hacía un pacto, decía en idioma hebreo que había "cortado un pacto".

Nuevo Testamento La arqueología confirma en muchos puntos el relato neotestamentario de los sucesos y de la cultura del mundo greco-romano del siglo I en Palestina y en otros lugares. Esto incluye evidencias en relación con las costumbres de las sepulturas, la crucifixión, la adoración en las sinagogas y la identidad de varios gobernantes. El NT presenta correctamente a Herodes el Grande como un rey malvado y cruel (Mat. 2:1-23). Se dan pocos detalles sobre su vida. Actualmente existe un cuadro más completo de este complejo hombre mediante los escritos de Josefo, historiador judío del siglo I, y la tarea de los arqueólogos. Herodes fue uno de los constructores más grandiosos del mundo antiguo. Una persona que visite Tierra Santa puede ver actualmente varias ruinas del programa de edificación de Herodes. Entre estas están la plataforma del templo de Jerusalén, la ciudad portuaria de Cesarea, el poderoso fuerte de Masada, las sorprendentes ruinas de Samaria y el Herodión, el palacio fortaleza donde Herodes fue sepultado. Estos lugares, junto a muchos otros que excavaron los arqueólogos, nos recuerdan que el mundo en que vivió Jesús continuaba estando en gran medida dominado por Herodes, no sólo a través del gobierno de su hijo sino también mediante los monumentos de piedra que había dejado. Actualmente permanece en Jerusalén la plataforma de 14 has (35 acres) donde Herodes edificó su templo; y partes de la torre de David en la Ciudadela son herodianas. Se han hallado piedras con inscripciones que advierten a los gentiles no entrar en el atrio–patio de Israel.

Nunca se pudo demostrar que fueran genuinas algunas supuestas reliquias de figuras del NT. Las declaraciones en cuanto a haber encontrado la casa de Pedro en Capernaum y su tumba en Roma están basadas en suposiciones piadosas. Los peregrinos han viajado a Palestina desde el siglo II, época en que Melito de Sardis fue "a ver los lugares". Muchos dejaron registros de lo que se les mostró, pero los sitios que ellos declaran como los lugares del nacimiento, el bautismo y la sepultura de Jesús sólo se pueden establecer sobre la base del anhelo de venerarlos.

La mayoría de las ciudades paulinas y del Apocalipsis se han ubicado y muchas se han excavado. Corinto ha proporcionado la inscripción "sinagoga de los hebreos" y la relacionada con Erasto, que colocó el enlosado y se hizo cargo de los gastos (comp. Rom. 16:23). Existen documentos en papiros provenientes de Egipto que contienen invitaciones a comidas paganas y son buenas ilustraciones del problema que enfrentaban los corintios al ser invitados a participar de un reunión donde había comida que se había ofrecido a los ídolos.

Descubrimientos arqueológicos recientes A fines del siglo XX tuvieron lugar algunos descubrimientos arqueológicos de importancia que favorecen nuestra comprensión de la Biblia. El descubrimiento y la excavación de la ciudad de Séforis, localidad romana cosmopolita que se puede ver desde Nazaret, cambió el concepto de que Galilea era una región estrictamente rural y nada sofisticada. Un bote pesquero que data del siglo I d.C. y similar al que utilizaban los discípulos de Jesús se halló intacto bajo el lecho del Mar de Galilea. En Jerusalén se encontró un osario (urna) de piedra con el nombre del sumo sacerdote Caifás y que contenía sus huesos. Se recuperaron dos amuletos de plata pequeños que tienen una cita del libro de Números que superan en antigüedad por varios siglos a cualquier otra porción que haya sobrevivido de las Escrituras. Se han hallado pequeñas medallas de barro con la impresión de los sellos personales de Baruc, escriba de Jerusalén, y de los reyes de Judá Acaz y Ezequías. Se ha corroborado la autenticidad de una granada esculpida en marfil que se usó como parte superior de un cayado y que tenía una inscripción que decía pertenecer al servicio del templo de Salomón. Evaluaciones recientes de las excavaciones en Jericó demuestran que el relato bíblico de la caída del muro de la ciudad es preciso en muchos de sus detalles. Dos inscripciones incluyen el término "Casa de David", una descubierta en 1993 en Tel Dan y la otra, la Estela de Mesa, que se descubrió en 1868 pero que sólo se tradujo y se publicó en 1994. Estas son las únicas menciones extrabíblicas del gran rey.

Conclusiones Podemos esperar que surjan más descubrimientos significativos a medida que los arqueólogos continúen su labor en las tierras donde tuvieron lugar los acontecimientos bíblicos. Aunque a muchos arqueólogos les disgusta la idea de que la arqueología pueda demostrar la veracidad de la Biblia, aun así en muchos casos los descubrimientos han confirmado los relatos bíblicos. La función principal de la arqueología es la iluminación de las culturas pasadas. El gran abismo de tiempo, idioma y cultura entre nuestro tiempo y las épocas bíblicas hace que el conocimiento de los descubrimientos arqueológicos sea esencial para una comprensión acabada de las Sagradas Escrituras.

J. Kenneth Eakins, Jack P. Lewis, Charles W. Draper y E. Ray Clendenen

ARQUERO Persona que arroja una flecha con un arco. La arquería se utilizaba en los tiempos antiguos para la caza de presas tanto pequeñas como grandes y para la guerra. Un arquero se entrenaba desde la niñez hasta ser capaz de tirar de un arco de

Reconstrucción de un aparato usado por arqueros romanos en el siglo I d.C.

45 kg (100 libras) y lanzar una flecha a una distancia de unos 300 a 400 m (300–400 yardas). Varios pasajes del AT mencionan la arquería en la batalla (Gén. 49:23-24; 2 Sam. 11:24). Ver *Armas y armaduras.*

ARQUILLA DE JUNCOS (Ex. 2:3-5). Ver *Canasto; Junco.*

ARQUIPO Nombre de persona que significa "primero entre jinetes". Cristiano al que Pablo saludó en Colosenses 4:17 y Filemón 2 rogándole que cumpliera el ministerio que Dios le había encomendado. Algunos han sugerido que era hijo de Filemón y Apia, pero esto no se puede ni comprobar ni desmentir. También se ha discutido ampliamente sobre la naturaleza de su ministerio, sin llegar a conclusiones firmes. El uso que hace Pablo de la expresión "compañero de milicia" al describirlo parece indicar una fuerte participación en el liderazgo de la iglesia. Evidentemente predicó en la iglesia de Colosas.

ARQUITAS Grupo desconocido de personas que le dio su nombre al punto limítrofe entre las tribus de Efraín y Benjamín (Jos. 16:2). Tal vez hayan sido una familia de Benjamín, o más probablemente remanentes de los antiguos habitantes "cananeos". Su único representante en la Biblia fue el consejero de David llamado Husai. Ver *Husai.*

ARQUITECTURA EN TIEMPOS BÍBLICOS La construcción, las técnicas y los materiales utilizados en la edificación de estructuras del antiguo Cercano Oriente.

Antiguo Testamento Los pueblos del Cercano Oriente de la antigüedad utilizaron muchas clases de materiales de construcción. Explotaban con más frecuencia la piedra, la madera, las cañas y el barro. Este último servía como argamasa cuando se usaba en forma natural. También se le daba forma de ladrillo y luego se secaba al sol. Los grandes edificios públicos y religiosos utilizaban madera, que era más costosa y provenía de cedro, ciprés, sándalo y olivos. El sicómoro proporcionaba madera de menor valor. La piedra caliza y el basalto eran comunes en la construcción.

Estructuras públicas Los muros eran un elemento básico de la arquitectura de una ciudad y cumplían tres propósitos principales. Los de protección rodeaban a la ciudad para impedir el ingreso de fuerzas enemigas. Estos muros en general no sostenían ningún peso. Los muros de contención

El Panteón, en Roma, edificado en el siglo I d.C., fue la primera gran cúpula que se construyó.

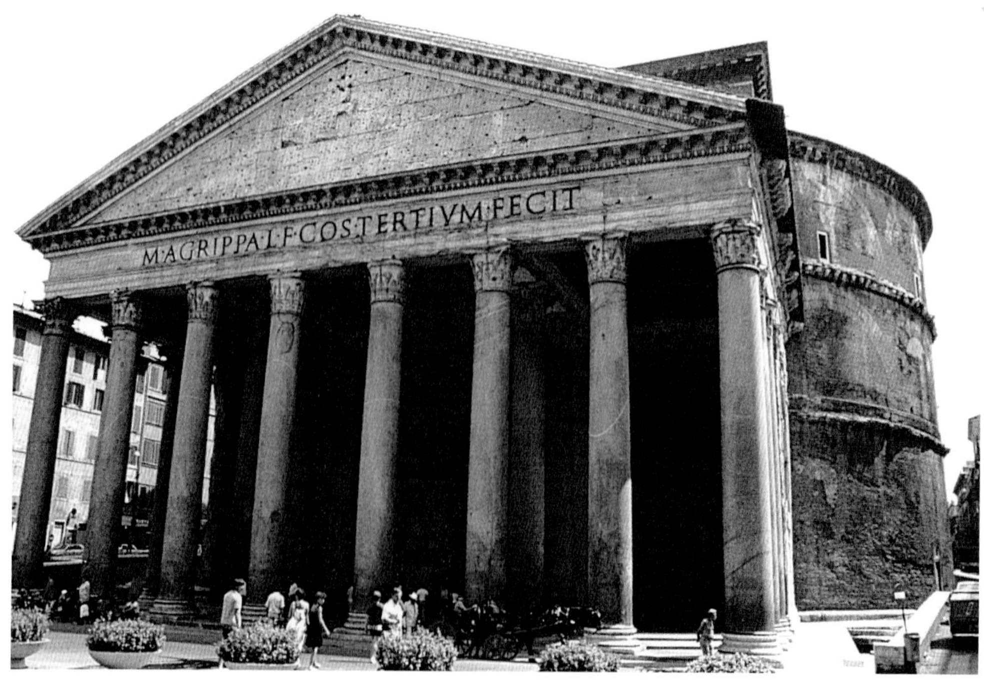

tenían como propósito mantener en su lugar cualquier peso que estuviera detrás de ellos. En las terrazas utilizadas para la agricultura prevenían la erosión y creaban un espacio nivelado para cultivo en las laderas de los montes. Este tipo de muro también se colocaba por debajo de los muros de la ciudad para detener cualquier tipo de erosión del suelo que a la larga pudiera debilitarlos. Finalmente, los edificios y las casas utilizaban muros para soportar cargas o protegerse del clima.

Los muros estaban hechos de varias capas o hileras de piedras colocadas una encima de la otra, con ladrillos de barro que generalmente se ponían entre las hileras. Las primeras capas del muro estaban compuestas por rocas sueltas tomadas de los alrededores y que servían de cimiento. El colocar rocas grandes en las trincheras le daba al muro una base más estable. En las casas y los edificios públicos se podían alisar las superficies de las hileras de piedras que asomaban por encima del piso a fin de que tuvieran un aspecto uniforme, pero esto no siempre se hacía. Para los proyectos de edificios públicos grandes se utilizaba una técnica denominada a soga y tizón. Los constructores alternaban las capas de piedra a lo largo y a lo ancho para formar el muro.

Durante la época de Salomón, en las ciudades existía una clase común de muro, el casamata. Estaba compuesto por dos paredes paralelas entre las que se colocaban paredes perpendiculares a ciertos intervalos de distancia. Los espacios vacíos que quedaban entre los muros, llamados casamatas, generalmente se llenaban de piedra, tierra o escombros. La gente a veces los utilizaba como alojamiento para vivienda, cuarteles para la guardia o almacenes. El muro paralelo externo tenía un tamaño promedio de 1,70 m (5,5 pies) de ancho mientras que la pared paralela interna era de poco más de 1 m (4 pies). Este tipo de muro tenía una ventaja sobre la pared sólida debido a su mayor consistencia y al ahorro de materiales y mano de obra. Las excavaciones realizadas en Gezer, Meguido y Hazor revelaron ruinas de muros con casamata.

El muro irregular comenzó a utilizarse como muro de ciudad después de la época de Salomón. Su nombre surgió de la técnica que se usaba para construirlo. Después de levantar un tramo del muro, el próximo se construía levemente más atrás dejando alrededor de 50 cm (1/2 yarda) de diferencia. La sección siguiente entonces se levantaba levemente más hacia delante y la próxima hacia atrás. Cada tramo de la pared se colocaba en forma alternada, ya sea levemente por delante o por detrás de la sección anterior. Estas "entradas" y "salidas" del muro de la ciudad permitían que los que la defendían pudieran dispararles a los atacantes desde tres ángulos: directamente al frente, a la izquierda o a la derecha del enemigo. Este tipo de muro con una estructura sólida de piedra o ladrillos de barro colocados sobre un cimiento de roca contrasta con el muro casamata. En Meguido se excavaron las ruinas de un muro irregular de unos 3 m (11 pies) de espesor.

Atrio de la villa romana del poeta Menandro, en Pompeya (destruido en el 79 d.C.).

La puerta de la ciudad era parte importante de la arquitectura pública porque era la zona más débil de las defensas de la ciudad. También servía como lugar de reunión para diversas actividades de la ciudad. Restos de las puertas de Salomón en Meguido, Gezer y Hazor muestran que dos torres cuadradas flanqueaban la entrada a la puerta. El complejo del pórtico se componía de tres cámaras o cuartos sucesivos a cada lado (seis cámaras en total). Cada par de recámaras estaba separado por una puerta, y los seis cuartos probablemente se usaban como cuartel para la guardia. Una puerta de fecha posterior hallada en Dan tenía dos torres pero solamente cuatro recámaras en lugar de seis. Este complejo de puertas medía 17,5 m por 29,5 m (58 x 97 pies). La llegada hasta la puerta desde el exterior de la ciudad generalmente se ubicaba formando un ángulo. Esto forzaba a cualquier atacante a exponer los flancos ante los defensores que se encontraban sobre los muros de la ciudad. Si los atacantes eran capaces de llegar al área de la puerta, el ángulo hacía que se movieran a paso más lento.

El templo era una estructura pública destacada que oficiaba como casa de la divinidad. Dos tipos de estructuras de templo fueron comunes en Palestina durante el período bíblico. El templo con salón a lo ancho era una estructura rectangular con la entrada en la parte media de uno de los lados más largos. Por lo tanto, el plano del templo estaba orientado alrededor de una sala que era más ancha que larga. El templo con salón a lo largo era igualmente una estructura rectangular, pero la entrada estaba en el medio de uno de los lados cortos. Esto hacía que el edificio fuera más largo que ancho.

El santuario de Salomón en Jerusalén era un templo con salón a lo largo formado por tres secciones principales. Un atrio con un altar precedía al edificio. El templo propiamente dicho era en realidad una construcción dividida en dos partes, el lugar santo y el lugar santísimo. Desde el atrio se entraba al cuarto principal o lugar santo. Un tabique separaba el lugar santo del santísimo.

En Arad se descubrió otro templo israelita de fecha posterior al 1000 a.C. Era un templo con salón a lo ancho al cual se entraba por el lado oriental. El lugar santísimo era un nicho que sobresalía del muro occidental de enfrente.

Estructuras privadas Las casas del período del AT generalmente se construían alrededor de un patio central con entrada desde la calle. A menudo eran de dos pisos con una escalera fija o de mano que se usaba para acceder a la planta alta. Las paredes de la casa constaban de un cimiento de roca con ladrillos de barro que se colocaban sobre las capas o hileras de piedra. Posteriormente se revocaban. Los pisos se construían con piedras pequeñas o revoque, o se hacían de tierra compactada. La estructura para sostener el techo estaba compuesta de tirantes grandes de madera colocados en forma atravesada entre las paredes. Entre las vigas se colocaban trozos pequeños de madera y caña y luego se cubrían con una capa de barro. Las hileras de columnas colocadas en la casa servían de soporte para la terraza. Puesto que el techo era chato, la gente dormía allí durante las estaciones cálidas y también lo utilizaban como lugar de almacenamiento. A veces se utilizaban cañerías de barro o de piedra que bajaban desde el techo hasta unas cisternas en la parte interior donde se recogía agua de lluvia.

Esquina de una habitación en Pompeya que muestra la manera decorativa en que se usaba el revoque de yeso en el siglo I.

El tipo de casa más común era la denominada casa de "cuatro cuartos". Consistía en un salón amplio ubicado en la parte posterior de la casa con tres cuartos paralelos que salían de uno de los costados del salón. El cuarto de atrás corría a lo ancho de todo el edificio. Hileras de columnas separaban el cuarto paralelo del medio de los otros dos cuartos. Este cuarto del medio era en realidad un patio pequeño y sin techo que servía de entrada a la casa. El patio generalmente contenía elementos para la casa como silos, cisternas, hornos y molinos, y era el lugar donde se preparaba la comida. Los animales tal vez se mantenían en una sección cubierta del patio. Los otros cuartos se utilizaban como vivienda y depósitos.

Los hornos se construían con ladrillos de barro y luego se los revocaba por fuera. Un lado del horno tenía un agujero para el aire. Se construía un horno nuevo cada vez que el viejo se llenaba de cenizas. El horno nuevo se hacía rompiendo la parte superior del antiguo y levantando luego los costados.

Las estructuras para depósito eran comunes en el período bíblico. Los silos públicos y privados para almacenar granos eran redondos y se cavaban a varios metros del suelo. Los constructores generalmente levantaban paredes circulares de ladrillo de barro o piedra alrededor del silo, pero a veces no le hacían nada al pozo o simplemente lo revocaban con barro. Los cuartos con vasijas de barro también servían como lugares de almacenaje.

Aunque la casa de "cuatro cuartos" era el diseño más común de Palestina, también existían otras modalidades. Algunas tenían un diseño simple formado por un patio con un cuarto colocado al costado. Otras casas sólo tenían dos o tres habitaciones. Es probable que algunas otras hayan tenido hasta más de cuatro. La disposición de los cuartos alrededor del patio abierto también variaba. La presencia de un cuarto amplio en la parte posterior de la casa pareciera común a todos los diseños.

Nuevo Testamento En este período, las ideas griegas y romanas tuvieron mucha influencia en la arquitectura de Israel. Algunas ciudades importantes de Israel demuestran esta influencia en sus edificios públicos.

Estructuras públicas En Palestina y Jordania se construyeron más de 20 teatros romanos. El teatro en Cesarea tenía dos partes principales, el auditorio y escenario, y las construcciones anexas. Estas dos partes formaban un complejo edilicio. Seis pasajes abovedados servían de entradas. El auditorio era semicircular con secciones superiores e inferiores que se usaban para sentarse. Las gradas inferiores tenían 6 hileras de asientos y las superiores 7 con una capacidad total para 4500 personas. Se reservaba un palco central para las autoridades y los invitados importantes. La pared del escenario era de la misma altura que el auditorio. Escitópolis (Betseán), Pella, Gerasa, Petra, Dor, Hipos y Gadara también contaban con teatros similares.

Los estadios para carreras de carros, llamados hipódromos, eran largos, angostos y rectos con curvas en los extremos. Gerasa, Cesarea, Escitópolis, Gadara y Jerusalén tenían hipódromos. El de Cesarea, construido en el siglo II d.C., tenía 400 m (1/4 de milla) de largo y 100 m (330 pies) de ancho, con capacidad para 30.000 personas sentadas.

El templo de Jerusalén fue destruido en el 586 a.C. y reedificado en el 515 a.C. Herodes el Grande lo renovó durante el siglo I a.C. Como resultado, el templo se hizo famoso por su belleza. Mantenía el mismo diseño que el anterior pero el área que lo rodeaba se duplicó. Se construyeron muros de contención que señalaban los límites del complejo del templo, y se agregaron pórticos de mármol alrededor del monte que contenía el templo. Las piedras de los muros de contención del monte del templo eran de alrededor de 1 m ó 1,5 m (4 ó 5 pies) de alto y pesaban entre 3 y 5 toneladas.

Estructuras privadas Las casas generalmente seguían un diseño que disponía los cuartos alrededor de un patio. Una escalera en el exterior de la casa conducía a la planta alta. Piedras o maderas sobresalían de la pared a ciertos intervalos para sostener la escalera. Esta técnica arquitectónica se conoce como ménsula. Las paredes y el techo se revocaban y a veces tenían arcos que sostenían la terraza. Las casas de Avdat y Shivta utilizaban arcos que salían de las paredes formando el techo. Los constructores revocaban el techo completo después de colocar lozas delgadas de piedra caliza sobre los arcos. Las casas de la ciudad baja de Jerusalén estaban construidas con piedras pequeñas ubicadas una al lado de la otra. Aún así contaban con patios pequeños.

Las casas de los ricos a menudo tenían columnas colocadas alrededor de un patio central con habitaciones que irradiaban desde allí. Es probable que cocinas, bodegas, cisternas y piletas para bañarse hayan estado ubicadas bajo tierra. Una casa de Jerusalén cubría alrededor de 60 m^2 (650 $pies^2$), y esto significaba una casa grande para lo que era común en el siglo I. En el patio había cuatro hornos cavados en el piso y una cisterna que almacenaba la provisión de agua para la familia. Sobre una de las paredes del interior de la casa salían del suelo tres nichos de alrededor de 1,5 m (5 pies) de altura que servían de alacenas para guardar las vasijas de la familia.

Scott Langston

ARREBATAMIENTO Evento en que Dios en forma instantánea extrae a la iglesia del mundo. El término latino *rapio*, que significa "arrebatar" o "llevarse", es el origen de la palabra española "rapto", que también se utiliza para referirse a este suceso. Si bien hay diferentes puntos de vista con respecto al milenio (Apoc. 20:2-7) en su relación con la segunda venida de Cristo (por ejemplo, premilenialismo, posmilenialismo y amilenialismo), todos los evangélicos afirman que habrá un regreso literal de Cristo a la tierra previo al estado eterno. No obstante, en el premilenialismo se suele enfatizar el acontecimiento singular del arrebatamiento.

El principal pasaje bíblico sobre el rapto (gr. *harpazo*) de la iglesia es 1 Tes. 4:15-17. Otros textos utilizados con frecuencia para apoyar esta doctrina son Juan 14:1-3 y 1 Cor. 15:51,52. En el premilenialismo existen tres enfoques principales para comprender el concepto del arrebatamiento: (1) Los *pretribulacionistas* creen que Cristo arrebatará a la iglesia antes de que comience el período de siete años de tribulación (Dan. 9:24-27; Mat. 24:3-28; Apoc. 11:2; 12:14). Con la venida de Cristo en el aire, un evento separado y anterior a Su venida a la tierra, los creyentes serán "arrebatados (...) en las nubes para recibir al Señor en el aire" (1 Tes. 4:17). Según este enfoque, los creyentes serán liberados "de la ira venidera" (1 Tes. 1:10; Apoc. 3:10) al ser quitados del mundo. (2) Los *tribulacionistas* también creen que el arrebatamiento es un suceso diferente que precede a la segunda venida de Cristo y que liberará a los creyentes de la segunda mitad del período de siete años, es decir, la "gran tribulación" (Mat. 24:15-28; Apoc. 16–18). (3) Los *postribulacionistas* creen que el arrebatamiento y la segunda venida ocurrirán al mismo tiempo. Por lo

tanto, la iglesia permanecerá en la tierra durante "el tiempo de angustia para Jacob" (Jer. 30:7). No obstante, a diferencia de lo que sucederá con el mundo, los creyentes que pasen por la tribulación serán protegidos de la devastadora ira de Dios y de Su juicio (1 Tes. 5:9). Ver *Escatología; Esperanza; Milenio; Segunda venida; Tribulación.*

Pete Schemm

ARREPENTIMIENTO Cambio de opinión; también puede referirse a un giro total en el modo de pensar o al pesar que acompaña el darse cuenta de que se ha obrado mal. En sentido bíblico significa una profunda y total conversión a Dios. Hay arrepentimiento cuando uno se vuelve a Dios de manera radical; es una experiencia donde se reconoce a Dios como lo más importante de la existencia de la persona.

Antiguo Testamento El concepto de volverse a Dios de todo corazón abunda en la predicación de los profetas del AT. Para expresar la idea de arrepentimiento se utilizan términos como "regresar", "volver" o "buscar".

En Amós 4–5, el Señor da a conocer Su juicio para que la nación regrese a Él. El arrepentimiento colectivo del pueblo es un tema que se trata en Oseas (6:1; 14:2) y es el resultado de la predicación de Jonás en Nínive (Jon. 3:10). Los típicos llamados al arrepentimiento se encuentran en Ezeq. 18 y 33, como así también en Isa. 55. En Ezeq. 18, el énfasis se inicia en el arrepentimiento personal.

Nuevo Testamento El arrepentimiento fue la idea central en la predicación de Juan el Bautista, donde hace referencia a una total conversión a Dios. Se agrega al mensaje una nota de urgencia: "¡Arrepentíos, porque el reino de los cielos se ha acercado!" (Mat. 3:2). Quienes estaban preparados para darle a su vida esta nueva y radical orientación, lo demostraron bautizándose (Mar. 1:4). El giro total en la dirección de la vida debía demostrarse mediante profundos cambios en el estilo de vivir y en las relaciones (Luc. 3:8-14).

El énfasis en la necesidad de un cambio de vida total sigue presente en el ministerio de Jesús. El mensaje de arrepentimiento era central en Su predicación (Mar. 1:15). Al describir la esencia de Su misión, Jesús dijo: "No he venido a llamar a justos, sino a pecadores al arrepentimiento" (Luc. 5:32).

El llamado a esta acción es una convocación a una entrega absoluta a la voluntad de Dios y a vivir en procura de Sus propósitos. Este retorno radical hacia Dios se requiere de todos: "Si no os arrepentís, todos pereceréis igualmente" (Luc. 13:3). Quienes habían sido testigos del ministerio de Jesús, de la verdad sobre Dios y de lo que Él reclamaba de sus vidas se encontraban en serio peligro si no se arrepentían. Jesús advirtió sobre las graves consecuencias para aquellos donde Su ministerio había sido rechazado: "Entonces comenzó a increpar a las ciudades en las que había hecho la mayoría de sus milagros, porque no se habían arrepentido" (Mat. 11:20 LBLA). Por otra parte, por un solo pecador que se arrepiente hay gran "gozo en el cielo" (Luc. 15:7). En Sus últimas palabras a los discípulos, Jesús les ordenó que predicaran a todas las naciones el mismo mensaje de arrepentimiento que Él había predicado (Luc. 24:47).

Este término continuó usándose a medida que la iglesia primitiva comenzaba a tomar forma. En la predicación del libro de los Hechos está presente el llamado al arrepentimiento (Hechos 2:38; 3:19; 8:22). Por un lado, en el discurso de Pablo en Atenas el apóstol da a conocer a Dios como quien "manda a todos los hombres en todo lugar, que se arrepientan" (17:30). Por otra parte, el arrepentimiento se muestra como resultado de la iniciativa divina: "Dios ha concedido el arrepentimiento que conduce a la vida también a los gentiles" (Hech. 11:18; 2 Tim. 2:24-26). La abundancia de referencias en el NT deja en claro que el arrepentimiento es fundamental en la experiencia de salvación. La respuesta al llamado de Dios en la vida de una persona debe ser arrepentimiento, es decir, determinación voluntaria de abandonar una vida de pecado y de autogobierno para asumir entonces una forma de vivir gobernada por Dios y en Su justicia. Hay arrepentimiento cuando alguien ha sido convencido de la realidad de su pecado, lo rechaza, renuncia a él y se vuelve a Dios por medio de la fe en Jesucristo. El arrepentimiento es tan fundamental que cuando Pablo resumió su ministerio dijo: "Testifiqué a judíos y a gentiles acerca del arrepentimiento para con Dios, y de fe en nuestro Señor Jesucristo" (Hech. 20:21). La experiencia del arrepentimiento precede a la salvación (2 Ped. 3:9).

Si bien la mayoría de los llamados al arrepentimiento se dirige a los incrédulos, a veces se refiere a los creyentes. Pablo mencionó una carta a los corintios que les causó aflicción pero que finalmente los llevó al arrepentimiento (2 Cor. 7:8-13). En los mensajes a las iglesias en Apocalipsis se exhorta varias veces al arrepentimiento (Apoc. 2:5,16,21,22; 3:3,19) a fin de que estos creyentes e iglesias conduzcan sus vidas con más conformidad a la voluntad de Dios. Los creyentes, al igual que las iglesias, siempre deben esmerarse en la tarea de examinarse a sí mismos y permitir que el Espíritu de Dios señale aspectos que necesitan cambio. El arrepentimiento es más que un simple remordimiento. Ver *Cilicio; Confesión; Conversión; Fe; Reino de Dios.*

Clark Palmer

ARREPENTIMIENTO DE DIOS Descripción que hace el AT de la reacción de Dios ante situaciones humanas. El verbo hebreo *nacham* expresa un fuerte contenido emocional que quizás aluda a un profundo suspiro de aflicción o alivio. Debe observarse que si bien "arrepentirse" no es siempre la mejor traducción para *nacham*, fue la que se usó en la RVR1960. Algunas traducciones posibles son arrepentirse (Jer. 18:8,10), sentir pesar (Gén. 6:7 LBLA), moverse a misericordia (Jue. 2:18), retractarse (Sal. 110:4 LBLA) y tener compasión (Sal. 106:45 NVI). Por lo tanto, el concepto de arrepentimiento divino también debe incluir la acción de Dios de retractarse, Su pesar, misericordia y compasión.

El arrepentimiento de Dios no se limita a solo parte del AT sino que puede encontrarse a lo largo de la Ley, los Profetas y los Escritos. Este arrepentimiento se convirtió en el credo de Israel junto con otros atributos de Dios como la gracia, la misericordia, la compasión, la lentitud para la ira y el gran amor vinculado al pacto (comp. Joel 2:13; Jon. 4:2).

El arrepentimiento de Dios era generalmente en respuesta a acciones de Sus criaturas como desobediencia humana (Gén. 6:6,7), oración intercesora (Amós 7:1-6) o arrepentimiento (Jon. 3:6-10). En muchas ocasiones se dice que Dios decidió no castigar como lo había planeado hacer (Ex. 32:12,14; Jon. 3:10). Una vez se menciona que Dios cambió de parecer (Jer. 18:10) con respecto al bien que había determinado.

El arrepentimiento de Dios es importante para entender el papel de la oración y ciertos atributos divinos como inmutabilidad, eternidad y lo infranqueable de Su persona. El Dios que se arrepiente tiene libertad de responder las oraciones y de interactuar con las personas. Esta libertad es parte de Su infinita inmutabilidad.

M. Stephen Davis

ARRODILLARSE Postura común en la adoración (1 Rey. 19:18; Sal. 95:6; Isa. 45:23) y en la oración (1 Rey. 8:54; 2 Crón. 6:13; Esd. 9:5; Dan. 6:10; Hech. 7:60; 9:40; 20:36; Ef. 3:14), aunque en la Biblia también se indican otras posiciones. En el AT, en la mayoría de los casos las oraciones se ofrecían de pie (p. ej. 1 Sam. 1:26; 2 Crón. 20:9; Neh. 9:4; Mar. 11:25; Hech. 6:6). Arrodillarse también se consideraba señal de reverencia, obediencia o respeto (2 Rey. 1:13; Mat. 17:14; 27:29; Mar. 1:40; 10:17; Luc. 5:8). En una época se pensaba que "arrodillarse" y "bendecir" provenían de la misma raíz hebrea, pero esta etimología ya no es aceptada ampliamente. La acción de bendecir a un hijo incluía a menudo colocarlo sobre las rodillas (Gén. 30:3; 48:9-12; 50:23,24). Las referencias a Dios como "bendito" (p. ej. Gén. 14:20) probablemente describan la acción de arrodillarse delante de Él, es decir, adorarlo o alabarlo. *E. Ray Clendenen*

ARSA Nombre de persona que significa "gusano de la madera" o "terrenal". Mayordomo de la casa del rey Ela (886–885 a.C.) en Tirsa. El rey estaba borracho en la casa de Arsa cuando Zimri lo mató (1 Rey. 16:8-10).

ARTAJERJES Nombre persa de la realeza que significa "reino de justicia", perteneciente a cuatro gobernantes de Persia y que constituye importante evidencia para determinar las fechas correspondientes a Esdras y Nehemías. **1.** Hijo de Jerjes I, Artajerjes I gobernó Persia desde el 465 al 424 a.C. Se llamaba Longimano o "mano larga". La mayoría de los eruditos ubican el viaje de Esdras a Jerusalén en el séptimo año de su reinado, o sea, el 458 a.C. (Esd. 7:7). El rey ya había recibido quejas de parte de los habitantes de Palestina, quienes querían que se detuviera la tarea de reedificación que estaban realizando los que habían regresado del exilio y que se interrumpiera a los constructores judíos (Esd. 4:7-24). El templo se había completado bajo el reinado de Darío II (522–486) y, en consecuencia, antes de Artajerjes (Esd. 6:15). Este respaldó la tarea de Esdras (Esd. 7:6-26). Nehemías servía a este rey como copero (Neh. 2:1) y el monarca demostró ser sensible al estado de ánimo de su siervo (Neh. 2:2). Le concedió a Nehemías el pedido de irse a Judá (Neh. 2:5-6) y lo convirtió en gobernador de esa región (Neh. 5:14). **2.** Artajerjes II gobernó Persia desde el 404 al 359 a.C. Algunos eruditos bíblicos lo identifican como el gobernante bajo cuyo mandato Esdras desarrolló su obra. **3.** Artajerjes III reinó desde el 358 al 337 a.C. **4.** Nombre que asumió Arses, quien gobernó Persia desde el 337 al 336 a.C. Ver *Esdras; Nehemías; Persia.*

A

ARTEMAS Nombre de persona probablemente abreviado de Artemidoros que significa "regalo de Artemisa". Si esto es correcto, entonces los padres adoraban a la diosa griega Artemisa. Pablo le prometió a Tito enviarles a Artemas o a Típuico para que se pudieran reunir con él en Nicópolis (Tito 3:12). Aparentemente Artemas se haría cargo de las obligaciones pastorales de Tito en Creta. La tradición dice que Artemas se convirtió en obispo de Listra.

ARTEMISA (NVI) Nombre de la diosa griega de la luna, hija de Zeus y Leto, cuya adoración se veía amenazada por la predicación que Pablo hacía del evangelio. Artemisa era diosa de la naturaleza tanto para los seres humanos como para los animales. Era la deidad patrona de los animales salvajes que los protegía del trato despiadado y, al mismo tiempo, establecía las reglas para los seres humanos en relación a las actividades de cacería. Se la consideraba imagen de la gran madre y concedía fertilidad a la humanidad. En las tierras de Grecia generalmente se la representaba mediante estatuas de una joven atractiva y virgen que llevaba una túnica corta y tenía el cabello estirado hacia la parte posterior de la cabeza. En Éfeso y en la región occidental de Asia Menor se la representaba como una mujer más madura. Su manto se plegaba de manera que se pudiera exhibir su seno, el cual estaba cubierto de varios pechos, para indicar así su don de fertilidad y de crianza. A menudo se colocaba un cervatillo o venado a cada lado y esto representaba su relación con el mundo animal. La estatua local oficial se alojaba cuidadosamente en un templo que honraba a Artemisa.

La estatua más famosa estaba en la ciudad de Éfeso. Ella era la deidad principal de esa ciudad y su templo era una de las siete maravillas del mundo antiguo. Las ceremonias del templo eran llevadas a cabo por sacerdotes eunucos y sacerdotisas vírgenes. Conducían las ceremonias diariamente y se ocupaban de la deidad y de las ofrendas que traían los adoradores, como así también de la celebración anual que se llevaba a cabo el 25 de mayo, ocasión en que varias estatuas de la diosa se transportaban en procesión hasta el anfiteatro de Éfeso para una fiesta de música, baile y drama. Este podría ser el trasfondo de la exclamación que aparece en Hechos 19:28: "¡Grande es Diana (Artemisa) de los efesios!" Diana era una deidad romana un tanto similar a Artemisa, que era más popular. Cuando las divinidades griegas y romanas se encontraron, Diana fue inmediatamente identificada con Artemisa.

Las estatuas de la diosa, que a menudo eran maquetas en miniatura del templo con una imagen de la diosa en el interior, se vendían en gran escala. En Hechos, un platero llamado Demetrio buscó respaldo contra de la predicación que Pablo hacía del evangelio por temor a que pudiera dañar su negocio de venta de estatuas. Ver *Diana; Éfeso.*

ARUBOT Nombre de ciudad que significa "pozo de humo" o "chimenea". Uno de los oficiales provinciales de Salomón tenía su sede allí y administraba sobre Soco y la tierra de Hefer (1 Rey. 4:10). Podría ser territorio de la familia de Hefer de la tribu de Manasés en la parte norte de la llanura de Sarón, al sudoeste de Meguido y al sudeste de Dor. Arubot es la moderna Araba, 14,5 km (9 millas) al norte de Samaria.

Artemisa (Diana), diosa patrona de Éfeso, cubierta de huevos (o pechos) como símbolo de la fertilidad.

ARUMA Nombre geográfico que significa "exaltado" o "altura". El juez Abimelec vivía allí mientras luchó para obtener control sobre Siquem (Jue. 9:41). Puede ser la moderna Khirbet el-Ormah al sur de Siquem.

ARVAD, ARVADEO Nombre geográfico de significado desconocido y de las personas de ese sitio. Proveía marineros y soldados para Tiro (Ezeq. 27:8,11). Probablemente era la isla rocosa que actualmente se llama Rouad, frente a la costa de Siria. Relacionada con Canaán en la familia de naciones (Gén. 10:18).

ASA Nombre de persona que significa "doctor" o "sanidad". **1.** Hijo y sucesor de Abiam como rey de Judá (1 Rey. 15:8). Reinó 41 años (913–873 a.C.). Fue un hombre piadoso que instituyó varias reformas a fin de desalojar de la tierra a los dioses extranjeros y las prácticas religiosas foráneas, inclusive deponiendo a su madre del poder político (1 Rey. 15:13). Después de su muerte, aparentemente por causas naturales, lo sucedió su hijo Josafat. El profeta Hanani censuró a Asa (2 Crón. 16:7) por apoyarse en el rey de Siria en lugar de hacerlo en el Señor (2 Crón. 16:12). Mateo 1:7-8 incluye a Asa entre los antepasados de Jesús. Ver *Cronología de la época bíblica; Israel.* **2.** Levita que regresó del exilio a Jerusalén. Fue jefe de una familia en las aldeas netofatitas cerca de Jerusalén (1 Crón. 9:16).

ASAEL Nombre de persona que significa "Dios actuó" o "Dios hizo". **1.** Hermano de Joab y Abisai, sobrino de David (2 Sam. 2:18), y general del ejército de este rey (2 Sam. 23:24). Era un individuo veloz que persiguió a Abner cuando este huyó luego de su derrota en Gabaón. Al no poder disuadirlo para que dejara de perseguirlo, Abner lo mató. Esa acción llevó a que Joab, el hermano de Asael, finalmente asesinara a Abner (2 Sam. 3:27-30). **2.** Levita durante el reinado de Josafat, hijo de Asa. Lo enviaron junto con varios príncipes, levitas y sacerdotes para que le enseñaran el libro de la ley de Dios al pueblo de Judá (2 Crón. 17:8). **3.** Levita bajo el reinado de Ezequías, el rey de Judá posterior a Acaz. Asael, junto con otros diez levitas, ayudaba a los oficiales principales a cargo de contribuciones, diezmos y objetos consagrados. El título de Asael era supervisor. **4.** Padre de Jonatán quien junto con Jahazías se opuso a las directivas que Esdras les dio a los hombres de Judá en cuanto a que debían separarse de las esposas extranjeras con las que se habían casado, acción que Esdras catalogó como pecado (Esd. 10:15).

ASAF Nombre de persona que significa "él recolectó". **1.** Padre de un oficial de la corte bajo el reinado de Ezequías (715–686 a.C.); en su angustia le refirió al rey las amenazas de Asiria (2 Rey. 18). **2.** Músico levita que designó David para servir en el tabernáculo hasta que se completara el templo (1 Crón. 6:39). Era padre de la familia de músicos del templo que sirvieron a lo largo de la historia de este lugar. Un miembro de la familia estuvo entre los primeros que regresaron del exilio en el 537 a.C. (1 Crón. 9:15). Parte de la responsabilidad musical incluía la ejecución de los címbalos (1 Crón. 15:19). David estableció la tradición de entregarle salmos a Asaf para que cantaran los cantores del templo (1 Crón. 16:7). Asaf y dichos cantores ministraban diariamente (1 Crón. 16:37). Su servicio musical se podría denominar "profetizar" (1 Crón. 25:1-7). Descendientes de Asaf entregaron mensajes proféticos bajo la dirección del Espíritu de Dios (2 Crón. 20:14-19). Las generaciones posteriores cantaban los cánticos de Asaf "vidente" (2 Crón. 29:30). Los Salmos 50 y 73–83 se denominan "Salmos de Asaf" o títulos similares. Esto se puede referir a la autoría, a los cantores que usaban los salmos para la adoración o a una colección especial de salmos. Ver *Salmos, Libro de.*

ASAÍAS Nombre de persona que significa "Yahvéh hizo". **1.** Siervo del rey Josías enviado junto con otros para ver a la profetisa Hulda, a fin de determinar el significado del libro de la ley que se encontró en el templo alrededor del año 624 a.C. **2.** Líder de la tribu de Simeón que ayudó a sacar al pueblo de Cam de las pasturas de Gedor cuando Ezequías era rey de Judá (715–686 a.C.). Ver *Gedor.* **3.** Levita músico del linaje de Merari (1 Crón. 6:30). Aparentemente es el jefe de los hijos de Merari quien lideró a 220 personas de su familia para llevar el arca del pacto desde la casa de Obed-edom a Jerusalén (1 Crón. 15). **4.** Líder de las familias de Silo que regresaron del exilio babilónico alrededor del 537 a.C. (1 Crón. 9:5).

ASAMBLEA Reunión oficial del pueblo de Israel y de la iglesia. Ver *Congregación.*

ASÁN Nombre geográfico que significa "humo". Ciudad de los montes occidentales de la tribu de

Judá (Jos. 15:42) que se le entregó a la tribu de Simeón (Jos. 19:7). El sacerdocio aarónico reclamaba Asán como una de sus ciudades (1 Crón. 6:59; llamada Aín en Jos. 21:16). Estaba ubicada en la moderna Khirbet Asan al noroeste de Beerseba.

ASAREEL Nombre de persona que significa "Dios ha jurado" o "Dios se regocijó". Miembro de la tribu de Judá (1 Crón. 4:16).

ASARELA Descendiente o hijo de Asaf entre los cantores del templo (1 Crón. 25:2). Pareciera una variante de Jesarela, que aparece en 1 Crónicas 25:14.

ASBEL, ASBELITAS Nombre de persona que significa "con un labio superior grande". Hijo de Benjamín, nieto de Jacob y antepasado originario de la familia de los asbelitas (Gén. 46:21).

ASCALÓN Una de las cinco ciudades principales de los filisteos (Pentápolis) ubicada sobre la costa del Mediterráneo en la ruta comercial conocida como Vía Maris y designada para que Judá la conquistara. Era una ciudad costera del Mediterráneo situada a 19 km (12 millas) al norte de Gaza y 16 km (10 millas) al sur de Asdod. Su historia se extiende hasta la Edad Neolítica. Su importancia económica surge tanto de su puerto como de su ubicación sobre la ruta comercial, la Vía Maris.

La ubicación al sur de Palestina colocó a Ascalón bajo una considerable influencia egipcia en gran parte de su historia. La primera mención de la ciudad fue en los Textos Execratorios del siglo XIX a.C. donde se escribió una maldición a los gobernantes y sus seguidores sobre una vasija que luego fue hecha pedazos para simbolizar el quebrantamiento de su poder. Un papiro del siglo XV a.C. habla acerca de la lealtad de Ascalón a Egipto, y las Cartas de Amarna del siglo XIV confirman esa relación mediante la declaración del gobernante Widia referente a su sumisión al Faraón, aunque el soberano de Jerusalén expresaba que Ascalón le había dado provisiones a Habiru. Durante este período los cananeos adoraban aquí a la diosa Astarot. La ciudad se rebeló contra Egipto y posteriormente fue saqueada por Ramsés II (1282 a.C.). Más tarde, el faraón Mernepta capturó la ciudad en ese mismo siglo.

El registro del AT se ocupa de la ciudad una vez que estuvo bajo dominio filisteo. La regía un gobernante respaldado por una aristocracia militar. Josué no había tomado Ascalón en la conquista de la tierra (Jos. 13:3) pero estaba incluida en el territorio asignado a Judá. Pareciera que Judá tomó la ciudad (Jue. 1:18), pero que en el relato de Sansón (Jue. 14:19) y bajo los reinados de Saúl y David (1 Sam. 6:17; 2 Sam. 1:20) les pertenece a los filisteos. Ascalón posteriormente fue independiente o bien estuvo bajo el dominio de Asiria, Egipto, Babilonia o Tiro. Amós 1:8 y Jeremías 47:5,7 hacen referencia a Ascalón y a sus males. Con la llegada de los griegos, la ciudad se convirtió en un centro cultural y educativo helenístico. Floreció durante el período macabeo y aparentemente no presentaba hostilidades con los judíos (1 Mac. 10:36; 11:60). De hecho, muchos judíos vivían allí. Roma le otorgó la condición de "ciudad aliada libre" en el 104 a.C. En los círculos cristianos se sabe acerca de una tradición referente a que Herodes el Grande, hijo de un esclavo del templo de Apolos, nació en Ascalón. Herodes tenía familiares y amigos en ese lugar y le concedió a la ciudad algunas construcciones hermosas, edificó un palacio y cuando murió se lo dejó a su hermana Salomé. Los judíos atacaron la ciudad durante la primera rebelión contra la dominación romana (66 d.C.) pero sobrevivió y permaneció fiel a Roma.

George W. Knight

ASCALONITA Residente de Ascalón. Ver *Ascalón*.

ASCENSIÓN Movimiento o partida desde lo más bajo a lo más elevado en relación con una ubicación en el espacio. Tanto el AT como el NT registran los eventos de ascensión humana en la vida de Enoc (Gén. 5:24), Elías (2 Rey. 2:1-2) y, la más importante de todas, de Jesucristo (Hech. 1:9). La ascensión puso fin al ministerio terrenal de Jesús, y permitió que los testigos visuales observaran tanto al Cristo resucitado sobre la tierra como así también al Cristo victorioso y eterno que regresaba al cielo para ministrar a la diestra del Padre.

El concepto de ascensión se reafirma en el regreso del Hijo del Hombre a Dios (Hech. 2:34; Rom. 10:6; Ef. 4:8-10). Cristo, el Verbo preexistente (Juan 1:1-5), cierra mediante Su encarnación el abismo que había entre lo humano y lo divino, y en su ascensión revela la paternidad en común de Dios sobre los creyentes y la hermandad del Hijo (Juan 20:17).

Jesús en Su ascensión regresa para convertirse en el abogado de los creyentes a la diestra del Padre (Rom. 8:34; 1 Jn. 2:1; Heb. 7:25). Además, la ascensión les recuerda a los cristianos la obra sacrificial y consumada de Cristo (Heb. 10:9-18). En Su condición de Rey y Sacerdote para Su pueblo, Jesús regresa ante el trono de Dios siendo plenamente Dios y plenamente hombre, habiendo concluido la obra de expiación sustitutoria y siendo capaz de ejercer Su oficio sacerdotal como Mediador entre Dios y el hombre.

El regreso del Hijo del Hombre al cielo (1) confirma la resurrección de todo creyente para estar con Dios (Juan 14:2); (2) envía el Espíritu Santo a la iglesia (Juan 16:7); (3) consuela a los que son perseguidos hasta la muerte (Hech. 7:54-60) y (4) concede fortaleza para perseverar para Su gloria (Col. 3:1-4).

Lo más importante es que la ascensión exaltó a Cristo por encima de toda la creación (Fil. 2:9), lo cual contrasta con su humilde encarnación y su muerte en la cruz (descenso). La ascensión es la acción manifiesta de Dios en que exalta a Jesús a la posición más elevada del universo, declarándolo Señor sobre todo lo que existe y todo lo que sucede (Fil. 2:9-11). En la ascensión, Jesús derrotó a la muerte para siempre e hizo posible la vida eterna (Heb. 6:19-20). Una vez consumada Su obra, la ascensión demuestra la naturaleza de su autoridad, llamando así a todo ser humano a inclinarse en adoración y obediencia ante el soberano ascendido (Fil. 2:10). *Mark O. Overstreet*

ASDOD Una de las cinco ciudades principales de los filisteos donde estos derrotaron a Israel y capturaron el arca del pacto.

Asdod se encontraba a 16 km (10 millas) al norte de Ascalón y 4 km (2,5 millas) al este del Mar Mediterráneo sobre la llanura filistea. Era la ciudad ubicada más al norte de la Pentápolis filistea que se registra en Josué 13:3. Aparece por primera vez en la historia escrita en la Edad de Bronce tardía, donde se la menciona en los documentos comerciales de las tablillas de Ras Shamra que se descubrieron en Ugarit (antiguo centro comercial cerca de la costa del Mediterráneo en el norte de Siria). Asdod era un centro de fabricación y exportación de fibras textiles, específicamente de lana de púrpura. El nombre de la ciudad también aparece en la lista egipcia de nombres, *Onomástico de Amenemopet* (263).

Antiguo Testamento En el AT, Asdod era un lugar donde permanecieron algunos anaceos durante la época de Josué (Jos. 11:22). Aunque formaba parte de las cinco ciudades principales de los filisteos, Josué la tomó (Jos. 13:3) y se la adjudicó a la tribu de Judá (Jos. 15:46-47). David subyugó a los filisteos, lo cual incluía de manera implícita a Asdod (2 Sam. 5:25; 8:1) pero no se la describió bajo el control de Israel hasta que Uzías (783–742 a.C.) la capturó (2 Crón. 26:8). Quizá la relación más infame entre Asdod y los israelitas se registre en 1 Samuel 4–6, cuando los filisteos derrotaron al ejército de Israel, mataron a los dos hijos de Elí, Ofni y Finees, y capturaron el arca del pacto. Ver *Anac, Anaceos.*

Aunque Uzías capturó la ciudad, esta no permaneció mucho tiempo bajo el control de Judá y recuperó la fuerza suficiente como para rebelarse contra Sargón II en el 711 a.C. Los asirios pudieron subyugar rápidamente a los filisteos y estos permanecieron bajo el control de Asiria hasta que el faraón egipcio Psamético I la capturó (664–610) luego de un sitio que duró 29 años según lo registra Herodoto. Durante el reinado de Nabucodonosor (604–562 a.C.), Babilonia capturó inmediatamente este territorio y tomó prisionero a su rey.

Los profetas de Israel hablaron de Asdod en diversos contextos militares, políticos y morales (Neh. 13:23-24; Isa. 20:1-6; Jer. 25:20; Amós 1:8; Zac. 9:6). La ciudad continuó siendo una amenaza para Israel durante todo el período persa.

Fuentes extrabíblicas En la época griega, Asdod se conocía como Azoto y era una ciudad floreciente hasta que Israel la capturó durante el período macabeo. Judas Macabeo destruyó los altares y las imágenes de Asdod (1 Mac. 5:68), y posteriormente Jonatán Macabeo quemó el templo de Dagón, las personas que se refugiaron allí y la ciudad en sí (1 Mac. 10:84-87).

Josefo registró que Pompeyo separó a Asdod de Israel después de su victoria (63 a.C.), que Gabino reedificó la ciudad y que fue agregada a la provincia de Siria. Augusto se la concedió a Herodes el Grande. Este se la dejó a su hermana Salomé quien, a su vez, se la dio como herencia a Julia, la esposa de Augusto. Su grandeza como ciudad concluyó con la destrucción romana en el 67 d.C., aunque continuó ocupada hasta el siglo VI d.C.

Evidencias arqueológicas La tarea arqueológica más importante en Asdod se llevó a cabo desde 1962 hasta 1972 bajo la dirección de D. N. Freedman y otros. Quedan algunas evidencias de los períodos calcolítico y de Bronce antiguo, pero

los restos más importantes datan de la Edad de Bronce media y posterior, incluyendo una ciudad amurallada correspondiente a una fecha alrededor del 1625 a.C. Una capa de 90 cm (3 pies) de cenizas y escombros que datan de alrededor del 1250 a.C. indican una destrucción importante de la ciudad. Dos niveles de amplia ocupación filistea se remontan a los siglos XII al XI a.C. La Edad de Hierro demostró una comunidad floreciente, y un templo de la Edad de Hierro II proporcionó muchos artefactos utilizados en los cultos. *George W. Knight*

ASENA Nombre geográfico y nombre de persona. **1.** Ciudad en el valle de la tribu de Judá (Jos. 15:33), posiblemente la moderna Aslin. **2.** Ciudad en el valle o sefela de Judá (Jos. 15:43), posiblemente la moderna Idna, a unos 13 km (8 millas) al noroeste de Hebrón. **3.** Nombre de origen egipcio posiblemente relacionado con el dios Na. Uno de los sirvientes del templo que regresaron del exilio a Jerusalén con Zorobabel alrededor del 537 a.C. (Esd. 2:50).

ASENAT Nombre egipcio que significa "perteneciente a Neit" (una diosa). Esposa de José e hija de un sacerdote del templo egipcio de On o Heliópolis. Asenat fue el regalo que Faraón le hizo a José (Gén. 41:45). Fue la madre de Efraín y Manasés (Gén. 41:50-51). Ver *Potifera.*

ASENÚA Nombre de persona que significa "el detestado". Líder de la tribu de Benjamín (1 Crón. 9:7).

ASER Nombre de persona, de lugar y de tribu que significa "fortuna", "felicidad". **1.** Octavo hijo de Jacob que tuvo con Zilpa, la concubina (Gén. 30:13). Sus cuatro hijos y una hija comenzaron la tribu de Aser (Gén. 46:17). La bendición de Jacob dijo que Aser tendría comida deleitosa que le iba a entregar a un rey (Gén. 49:20), quizá sugiriendo que la tribu serviría a un rey extranjero. **2.** La tribu de Aser estaba formada por 53.400 personas en el desierto (Núm. 26:47), y había aumentado desde un total de 41.500 (Núm. 1:41). Formaba parte de la retaguardia durante las marchas en el desierto (Núm. 10:25-28). El territorio adjudicado a Aser se encontraba en Fenicia en el extremo noroeste que llegaba hasta Tiro y Sidón sobre la costa del Mediterráneo (Jos. 19:24-31). No pudieron echar a los cananeos y tuvieron que vivir entre ellos (Jue. 1:31-32). Cuando Débora convocó a las tribus para la acción, Aser no respondió sino que "se mantuvo…a la ribera del mar" (Jue. 5:17). Aser aparentemente trabajaba para los cananeos en los puertos del Mediterráneo. La bendición de Moisés da otra visión de Aser, y denomina a la tribu "bendito sobre los hijos", "el amado de sus hermanos", y fuerte (Deut. 33:24-25). Aser no produjo ningún juez en el libro de los Jueces ni tampoco un líder tribal en la lista de las crónicas (1 Crón. 27:16-22). Aser sí le proveyó tropas a Gedeón (Jue. 6:35; 7:23) y 40.000 hombres a David en Hebrón (1 Crón. 12:36). Algunas personas de Aser hicieron el peregrinaje a Jerusalén para celebrar la pascua de Ezequías (2 Crón. 30.11). Quizá la heroína más notable de Aser fue Ana, la profetisa que dio testimonio del niño Jesús (Luc. 2:36-38). Doce mil de Aser son parte de los 144.000 sellados de la gran tribulación para que el Cordero los pastoree (Apoc. 7). **3.** Aparentemente una ciudad limítrofe de Manasés (Jos. 17:7), pero es posible que se refiera al límite que unía los territorios de las tribus de Manasés y Aser. Ver *Tribus de Israel.*

ASERA Diosa de la fertilidad y madre de Baal cuya adoración se concentraba en Siria y Canaán e incluía objetos de madera que la representaban. Asera se traduce a veces con el sustantivo propio "Astarot". Los escritores del AT se referían a la imagen de Asera como así también a los "profetas" que le pertenecían y los utensilios que se usaban para adorarla (1 Rey. 15:13; 18:19; 2 Rey. 21:7; 23:4; 2 Crón. 15:16). Más de la mitad de las referencias antiguotestamentarias a Asera se pueden encontrar en los libros de Reyes y Crónicas. Deuteronomio 7:5 y 12:3 instruía a los israelitas para que cortaran y quemaran las imágenes de Asera. Deuteronomio 16:21 prohibía plantar un árbol para Asera.

Los escritores del AT no proporcionaron ninguna descripción real de una "Asera" ni del origen de la adoración a esa diosa. Otros escritos religiosos del antiguo Cercano Oriente indican que "Asera" es el nombre hebreo de una diosa amorrea o cananea adorada en diversas partes de esa región. Los escritores bíblicos a veces no hacían una distinción clara entre las referencias a Asera como diosa y las correspondientes a un objeto de adoración. Según la mitología antigua, Asera, la diosa madre, era esposa de El y madre de 70 dioses, de los cuales Baal era el más famoso. Asera era la diosa de la fertilidad de los fenicios y los cananeos. Se la llamaba "Señora Asera del Mar". Ver *Canaán; Dioses paganos.*

Los eruditos que han estudiado obras de arte del antiguo Cercano Oriente sugieren que algunas figuras en los dibujos podrían ser representaciones de la diosa Asera. Dibujos de postes lisos y esculpidos, de cayados, de una cruz, de un hacha doble, de un árbol, de una cepa de árbol, de un tocado para un sacerdote y varias imágenes más hechas de madera podrían ser ilustraciones de Asera. Pasajes tales como 2 Reyes 13:6; 17:16; 18:4; 21:3, y 23:6,15 en LBLA se han interpretado como definición de una Asera en el sentido de un objeto de madera construido y destruido por el hombre. El objeto se colocaba en forma vertical y se utilizaba para adorar a la diosa que llevaba el mismo nombre.

Asera existía en los reinos de Israel tanto del norte como del sur. Jezabel de Tiro aparentemente estableció en el norte la adoración a Asera cuando se casó con el rey Acab (1 Rey. 18:18-19). Las principales ciudades donde estaban ubicados los objetos eran Samaria, Bet-el y Jerusalén. Según 1 Reyes 14:23, el pueblo se edificó "lugares altos, estatuas, e imágenes de Asera, en todo collado alto y debajo de todo árbol frondoso". Ver *Baal; Ídolo.* *James Newell*

ASESINATO Quitarle intencionalmente la vida a un ser humano. La Biblia le otorga gran valor a la vida humana. Las personas son creadas a la imagen de Dios y llamadas a obedecerlo, servirlo y glorificarlo. Dios nos ha confiado la vida, que es sagrada. Por esta razón, la Biblia considera que quitarle la vida a un ser humano es un grave delito.

La prohibición de asesinar se encuentra en los Diez Mandamientos, la esencia de la ley hebrea (Ex. 20:13; Deut. 5:17). El asesinato se produce cuando un ser humano mata ilegalmente a otro. Esta acción deliberada le usurpa a Dios la autoridad que sólo le pertenece a Él. La prohibición de asesinar constituye un cerco de protección a la dignidad humana. El AT (Gén. 9:6) indicaba que un asesino debía estar preparado para perder la vida. Números 35:16-31 habla de determinar cuidadosamente si una muerte se debía calificar como asesinato.

Jesús modificó el concepto del asesinato como acto físico para asociarlo a una intención del corazón (Mat. 5:21,22). Según Jesús, el asesinato comienza en realidad cuando una persona pierde el respeto por otro ser humano. Entre las señales que indican la presencia de un espíritu asesino se encuentran escupir el rostro de otra persona, mirarla con desprecio o dar rienda suelta al enojo. Jesús nos ordena inclinarnos hacia el espíritu que respalda la prohibición de asesinar. Se nos requiere que hagamos todo lo posible para proteger la vida de nuestro prójimo y beneficiarlo. El escritor de 1 Juan llevó la enseñanza de Jesús a su máxima expresión: "Todo aquel que aborrece a su hermano es homicida, y sabéis que ningún homicida tiene vida eterna permanente en él" (1 Jn. 3:15). Ver *Imagen de Dios; Ley, Diez Mandamientos, Torá.*

D. Glenn Saul

ASESINOS Grupo organizado de judíos que intentaron liberarse de los romanos. La palabra en griego deriva del término latino *sicarii* y significa literalmente "hombres con dagas". Josefo los describe diciendo que tenían dagas pequeñas escondidas entre la ropa, para entonces poder asesinar a sus víctimas en medio de una multitud. Los romanos utilizaban *sicarii* para referirse a los judíos que participaban del asesinato organizado de figuras políticas. Este grupo tal vez debería asociarse con los zelotes del NT. A los *sicarii* a menudo se los denominaba ladrones, y es probable que los ladrones que fueron crucificados con Jesús hayan sido sospechosos de pertenecer a este grupo. En Hechos 21:38, Pablo fue confundido con el líder de 4000 sicarios. La NVI traduce el término como "guerrilleros" y LBLA "asesinos". Ver *Sicarios; Zelote.*

ASFALTO Brea mineral que se hallaba en terrones negros sólidos de piedra caliza cretácea en la ribera occidental del Mar Muerto (Gén. 14:10). En Asia Menor se encuentran otras formas. El asfalto se utilizaba en la Mesopotamia para colocar ladrillos en los edificios y zigurats (Gén. 11:3) y para calafatear balsas y canastillos flotantes (Ex. 2:3; comp. Gén. 6:14). Ver *Babel; Brea.*

ASIA El NT se refiere a una provincia romana al oeste de Asia Menor cuya capital era Éfeso. Dicha provincia comprendía generalmente la porción sudoeste de Anatolia. Su primera capital fue Pérgamo, pero posteriormente se trasladó a Éfeso. Algunos residentes de Asia se encontraban en Jerusalén durante Pentecostés (Hech. 2:9). El apóstol Pablo viajó y predicó de manera amplia en Asia (Hech. 19:10,22), especialmente en los alrededores de Éfeso, pero Dios le prohibió hacerlo en ese lugar antes de ser llamado para ir a

Macedonia (Hech. 16:6). Los hombres de Asia lideraron el arresto de Pablo en Jerusalén (Hech. 21:27). La primera carta de Pedro estaba dirigida a los cristianos de Asia, lugar donde estaban ubicadas las siete iglesias a las que se les dirigió el libro de Apocalipsis. Asia era conocida por el culto a Diana (Hech. 19:27). Ver *Roma y el Imperio Romano.*

ASIA MENOR, CIUDADES DE Ciudades en la península de Anatolia (actualmente Turquía). Las más importantes para los relatos del NT incluían a Alejandría,Troas, Asón, Éfeso, Mileto, Pátara, Esmirna, Pérgamo, Sardis, Tiatira, Filadelfia, Laodicea, Colosas, Atalía, Antioquía, Iconio, Listra, Derbe y Tarso. Ocuparon un lugar destacado en los viajes misioneros del apóstol Pablo, y muchas de las iglesias recibieron epístolas. Entre ellas se encuentran las "siete ciudades" del Apocalipsis.

Geografía e historia La geografía de Asia Menor tuvo una gran influencia en el desarrollo de los asentamientos de la zona. La región se puede describir como el punto donde "el oriente se encuentra con el occidente", uniendo el continente europeo con el Cercano Oriente. La península es una planicie elevada rodeada de cadenas montañosas empinadas. Las montañas aíslan a Asia Menor de gran parte del mundo exterior. Pasos angostos a través de las montañas conectan el interior con el Cercano Oriente. Barrancos profundos atravesados por numerosos ríos a menudo aptos para la navegación unían las ciudades de la planicie con la ribera occidental. Las ciudades se desarrollaban en sitios vitales para los negocios y el comercio, por ej. la cercanía de la desembocadura de ríos y los pasos montañosos.

La historia de Asia Menor refleja la posición inestable de la región entre oriente y occidente. El Imperio Hitita prosperó en la porción oriental de la península durante el segundo milenio a.C. La región costera que mira hacia el Mar Egeo en el oeste se convirtió en el hogar de numerosas colonias griegas que comenzaron alrededor del 1200 a.C. El Imperio Lidio, con su centro en Sardis, comenzó a extenderse alrededor del 600 a.C., pero los persas lo conquistaron poco tiempo después. El control pasó a manos de Alejandro Magno alrededor del 333 a.C. Luego de su muerte, Asia Menor cayó bajo el dominio de los Seléucidas. El control romano sobre la península comenzó alrededor del 200 a.C. y fue incrementando hasta que toda Anatolia fue incorporada al sistema provincial romano. En esa época "Asia" designaba sólo a las provincias del oeste de Anatolia. Galacia, Capadocia y Cilicia constituían las provincias orientales mientras que Bitinia y el Ponto limitaban al norte con el Mar Negro. Es probable que la península de Anatolia se haya designado por primera vez como "Asia Menor" después del 400 d.C.

Ciudades costeras El nombre *Troas* describía tanto a la región noroeste de Asia Menor como así también a la ciudad portuaria. Ubicada a unos 16 km (10 millas) al sur del sitio correspondiente a la antigua Troya, Alejandría/Troas se fundó como colonia romana durante el período de Augusto y sirvió de puerto principal del paso comercial entre Asia Menor y Macedonia. Aún se encuentran visibles los restos de la ciudad amurallada en ruinas y un complejo de baños correspondientes al siglo II d.C. Tal como sucedió con muchos puertos antiguos, lo que en un tiempo fue un puerto concurrido se llenó de cieno y no se pudo utilizar más. Pablo en una ocasión navegó desde Troas hasta Grecia en respuesta a la visión del "varón macedonio" (Hech. 16:11). En el tercer viaje misionero de Pablo, sus compañeros se embarcaron en una nave que se dirigía hacia el puerto de Asón, 32 km (20 millas) al sur (Hech. 20:13). Asón era una ciudad portuaria activa rodeada de un muro que data del siglo IV a.C. y con un templo de Atenea ubicado en lo alto de la acrópolis con vista hacia el puerto. Pablo subió al barco en Asón llevando consigo a Lucas y varias personas más, luego de haber viajado a pie desde Troas.

Éfeso constituía el centro comercial más importante de Asia Menor. La extensa facilidad portuaria proveía un amplio lugar de anclaje para los barcos que acarreaban mercaderías provenientes desde Grecia e Italia hacia el este, como así también para los que las llevaban camino a Roma, las cuales habían transportado por tierra desde Asia y el Lejano Oriente. Un camino bien establecido unía las instalaciones portuarias de Éfeso con las de *Tarso* al este. El camino llegaba a la ciudad por el sudeste entrando por una puerta monumental cercana a los baños públicos. Las ruinas del inmenso teatro de la ciudad, con capacidad para 24.000 espectadores, permanecen hasta hoy como recordatorio de la gran multitud que ocupó los asientos protestando contra Pablo y gritando durante horas: "¡Grande es Diana de los efesios!" (Hech. 19:34). El templo de la ciudad que honraba a Diana fue una de las siete maravillas del mundo. Conocido como el Artemision de los griegos, el templo tenía 127 columnas de unos 20 m (60 pies) de alto que sostenían el techo de la estructura, construida totalmente de mármol, la estructura de mármol más grande del mundo helenístico. El puerto de la ciudad, edificado alrededor de la salida del Río Cayster, gradualmente se fue llenando de cieno y el lugar actualmente se encuentra a unos 10 km (6 millas) de distancia del mar. En su condición de puerto y ciudad principal de Asia, la elección que Pablo hizo de Éfeso como centro del ministerio proveyó la base perfecta a partir de la cual se podría esparcir el evangelio a lo largo de todo el mundo romano.

Durante el comienzo de la colonización griega, *Mileto* ejerció un dominio amplio sobre la región sudoeste de Anatolia. En su condición de puerto marítimo importante, la ciudad permaneció independiente durante la época del gobierno lidio en la región. Fue capaz de soportar intentos de ocupación por parte de los persas hasta el 494 a.C. Luego de haberse constituido durante un tiempo en un puerto rico para la industria de la lana, Mileto se transformó en una ciudad poco significativa durante la era del NT (Hech. 20:15).

Hechos 21 narra la forma en que Pablo navegó desde Pátara hacia *Tiro*. Esta ciudad era un puerto conocido para los barcos que navegaban hacia el este durante los primeros meses del otoño, cuando los vientos favorables hacían más fácil dirigirse hacia la costa de Egipto y Fenicia. El puerto estaba ubicado cerca de la salida del Río Xantus y era la principal instalación portuaria de la provincia de Lidia.

Esmirna rodeaba un puerto bien protegido sobre la costa del Egeo en la desembocadura del Río Hermos. Una amplia actividad mercantil entraba y salía de Asia a través de la ciudad. Esmirna sobresalió como una de las grandes ciudades de Asia durante el siglo I. Un gran templo dedicado al emperador Tiberio hacía alarde de la íntima alianza de la ciudad con el Imperio. La ciudad estaba "decorada" con varios templos más dedicados a una amplia gama de deidades romanas como así también con una gran cantidad de edificios públicos.

Ciudades del interior Ubicada a unos 25 km (15 millas) hacia el interior y con vista hacia el Río Caicos, *Pérgamo* poseía el primer templo de Asia dedicado al emperador romano Augusto en el 29 a.C. La ciudad gozaba de una ubicación estratégica sobre un monte en lo alto de un valle. Situados en la Acrópolis Superior se encontraban un teatro grande, una biblioteca, el ágora, el palacio, las barracas y el altar de Zeus. La zona amplia del altar probablemente sea lo que Juan describe como "el

El templo de Trajano, en Pérgamo. Este fue emperador de Roma, 98–117 d.C. El templo fue construido por Adrián, su sucesor.

trono de Satanás" (Apoc. 2:13). La ciudad era famosa como centro de adoración a los dioses Asclepio, Zeus, Demetrio y Perséfone, Serapis, Isis y también como centro de culto al emperador.

La ciudad más grande de Lidia, *Sardis*, se recuerda como la primera municipalidad donde se acuñaron monedas de plata y oro. Situada en el fértil Valle del Hermos, Sardis era la capital del rey lidio Creso, nombre sinónimo de riqueza. La ciudad cayó frente el ejército persa de Ciro en el 549 a.C. y ante los romanos en el 188 a.C. Un tremendo terremoto que tuvo lugar en el 17 d.C. destruyó Sardis, golpe del cual jamás fue capaz de recuperarse plenamente.

Camino hacia el interior por el Río Hermos desde Sardis se llegaba a *Filadelfia*, nombre que conmemoraba el amor fraternal entre Atalo Filadelfo y Eumenes. Fundada durante el siglo II a.C., la ciudad estaba situada en medio de vastos viñedos y era cabeza del culto a Dionisio. El terrible terremoto del año 17 d.C. fue seguido por temblores peligrosos durante los 20 años siguientes, cada uno de los cuales debilitó aún más la ciudad. La referencia del apóstol Juan a darle un "nombre nuevo" (Apoc. 3:12) tal vez sea un juego de palabras sobre la propuesta a que la ciudad se denominara "Neocesarea" en honor a la ayuda enviada por Tiberio.

Los viajeros que se dirigían hacia el interior desde Mileto, podían seguir el curso del Río Menderes hasta su confluencia con el Lycos. En el centro del valle se encontraba *Laodicea*. Situada junto a la carretera comercial más importante con dirección este-oeste, la ciudad prosperó en gran manera. Debido a que era la ciudad principal de la rica provincia de Frigia, se jactaba de tener gran cantidad de bancos. Su gran riqueza le permitió financiar su propia reedificación después de un terremoto demoledor en el 60 d.C. y rechazar la ayuda del Senado de Roma. La ciudad también se conocía por la ropa y las alfombras tejidas de excelente lana negra lustrosa, que se obtenía de los rebaños criados en el valle. Laodicea era el asiento de una escuela médica famosa por la producción de colirio, un ungüento ocular. Apocalipsis menciona las riquezas de la ciudad y les aconseja a los creyentes que en lugar de eso busquen el oro espiritual con valor eterno y se unjan los ojos con un colirio espiritual. La descripción de Juan en cuanto a las "vestiduras blancas" para cubrir la desnudez de sus habitantes contrasta con la preferencia de los laodicenses, que preferían la lana negra producida localmente, símbolo de la prosperidad mundana (Apoc. 3:14-18).

Dieciocho kilómetros (11 millas) al sur de Laodicea se encontraba *Colosas*. Ya alrededor del 450 a.C., la ciudad era conocida como centro comercial famoso por las lanas teñidas de rojo. No obstante, el establecimiento de Laodicea condujo a la declinación de la prosperidad de Colosas. Aún existen ruinas visibles, incluyendo un teatro pequeño en el extremo sudeste de la ciudad. El apóstol Pablo nunca evangelizó personalmente esta ciudad. En cambio, la iglesia fue establecida por Epafras durante el tercer viaje misionero paulino (Col. 1:7; 4:12-13). El apóstol le escribió a la iglesia durante su encarcelamiento en Roma y así complementó la obra de Onésimo, el siervo de Filemón (Col. 4:9).

Ciudades del este de Asia Menor Gran parte del ministerio de Pablo en Asia se centró en las provincias de Galacia y Licaonia. Lo más probable es que, en su primer viaje misionero, Pablo y Bernabé hayan llegado por mar a *Atalia*, un puerto relativamente pequeño y de poca importancia. Dirigiéndose desde el puerto hacia el norte y cruzando Panfilia, el grupo arribó a Antioquía en la provincia de Galacia (Hech. 13:14). La "Antioquía de Pisidia" de Lucas llevaba el título de *Colonia Cesarea Antioquía*, establecida en el 25 a.C. sobre una ciudad helenística mucho más antigua. Roma la había restaurado a fin de proveer una defensa para Galacia. Un templo a Augusto dominaba la plaza central y en la ciudad se exhibía la inscripción oficial que narraba sus victorias y logros. Los vagones que transportaban mármol de Anatolia utilizado para la decoración del imperio, atravesaban Antioquía con destino a los barcos que aguardaban en Éfeso.

Pablo y sus compañeros continuaron viaje hacia el sudeste de Antioquía hasta llegar a *Iconio* (Hech. 13:51). Ubicada en una llanura fértil y bien irrigada, Iconio proveía grandes cantidades de fruta y granos para las provincias circundantes. El emperador Claudio, varios años después de la visita de Pablo, permitió que en su honor se le cambiara el nombre a la ciudad por el de Claudiconium, como un recordatorio de los fuertes lazos que compartía con Roma.

Listra se encontraba a poco más de 30 km (20 millas) al sur de Iconio junto a la *Vía Sebaste*. Alrededor del 6 a.C., Augusto le confirió a esta colonia romana el título de *Julia Félix Gemina Lustra*. La ciudad se conectaba con Antioquía al oeste mediante un excelente camino, y sus habitantes honraban a Zeus y a Hermes como dioses patronos. En el siglo XVIII se descubrió una estatua dedicada a ambos que hace recordar la mención que hicieron Pablo y Bernabé acerca de la identificación que la ciudad tenía con los dioses (Hech. 14). Timoteo era nativo de Listra. Las ruinas de la ciudad están actualmente cerca de la pequeña ciudad turca de Katyn Serai.

Derbe estaba ubicada a casi 100 km (60 millas) de Listra en el sitio actual de Kerti Huyuk. Aunque era una ciudad grande de Licaonia, su importancia era relativa. La decisión de Pablo de visitarla sugiere que existía una gran población judía en la región. Es posible que algunos creyentes ya hubiesen llevado el evangelio a Derbe luego de haber sido expulsados de Iconio.

Tarso de Cilicia, el hogar de la niñez del apóstol Pablo, se levantaba sobre el extremo oriental de la carretera comercial que comenzaba en Éfeso y unía el este con el oeste. Los comerciantes de Tarso tenían la posibilidad de dirigirse hacia el sur camino a Siria y Palestina o de continuar a través de las montañas hasta Zeugma y el Oriente. El Río Cidnos le daba a Tarso una salida al Mar Mediterráneo a unos 15 km (10 millas) de distancia. Las principales industrias de Tarso eran la madera y el lino pero muchos, incluso Pablo, se dedicaban a la fabricación de telas de pelo de cabra. Este oficio le sirvió como principal fuente de ingresos dondequiera que viajaba. Tarso también era sede de una universidad y una escuela de filosofía, atmósfera académica que constituyó la base de la posterior carrera rabínica de Pablo. *David C. Maltsberger*

ASIEL Nombre de persona que significa "Dios ha hecho". Descendiente de Simeón y jefe de familia que se estableció en Hedor en tierras de pastos abundantes (1 Crón. 4:35-40).

ASIMA Dios sirio hecho y adorado en Hamat (2 Rey. 17:30). La palabra hebrea *'asham* significa "culpa". Es probable que los escritores hebreos hayan colocado deliberadamente una palabra asociada con la culpa en lugar del nombre del dios o la diosa. La diosa de Hamat tal vez haya sido Asera. Amós 8:14 dice que Israel juró o hizo votos por el "pecado" o la "culpa" (NVI) de Samaria. Las versiones NVI y LBLA aclaran en nota a pie de página que se podría leer la "Asima" o "Ashimah" de Samaria. Esta adoró falsamente. Quizá habían incorporado en su adoración al dios de Hamat. Los papiros exílicos de Elefantina correspondientes a una comunidad judía de Egipto mencionan a "Asim-Betel", a quien los judíos egipcios probablemente adoraban como un equivalente de Yahvéh. Ver *Asera; Hamat.*

ASÍNCRITO Nombre de persona que significa "incomparable". Creyente de Roma a quien Pablo saludó (Rom. 16:14).

ASIR Nombre de persona que significa "prisionero". **1.** Hijo de Coré (Ex. 6:24), líder de la rebelión contra Moisés (Núm. 16:1-35). **2.** Bisnieto de Coré (1 Crón. 6:23) o nieto de Coré y hermano de Elcana y Ebiasaf (comp. 1 Crón. 6:37). **3.** Hijo del rey Jeconías (o Joaquín) de 1 Crónicas 3:17, pero es probable que esto se deba interpretar como un sustantivo común, "cautivo", que se refiere a Joaquín (LBLA).

ASIRIA Nación de la región norte de la Mesopotamia durante la época del AT, que se convirtió en un imperio extenso durante el período de los reyes israelitas. La expansión asiria hacia la región de Palestina (alrededor del 855–625 a.C.) tuvo un impacto enorme sobre los reinos hebreos de Israel y Judá.

Historia Asiria se encuentra al norte de la región de Babilonia junto a las riberas del Río Tigris (Gén. 2:14) en Mesopotamia del norte. El nombre Asiria (heb. *Ashshur*) proviene de Asur, su primera capital, que se fundó alrededor del 2000 a.C. La fundación de otras ciudades asirias, en especial Cala y Nínive, aparecen en Génesis 10:11-12.

La historia de Asiria se encuentra bien documentada en los anales reales asirios, en las inscripciones en edificios, en las listas de reyes, en la correspondencia y otras evidencias arqueológicas. Para el año 1900 a.C., estas ciudades mantenían un comercio vigoroso y llegaban hasta lugares distantes como Capadocia al este de Asia Menor. Una Asiria expandida le hizo guerra al famoso rey Hammurabi de Babilonia poco antes de dividirse en ciudades-estado más pequeñas alrededor del 1700 a.C.

Cerca del 1330 a.C., la Asiria reconstituida experimentó un rápido avance territorial y pronto se convirtió en una potencia internacional. Tiglat-pileser I (1115–1077 a.C.) se expandió hacia el oeste, convirtiéndose así en el primer monarca asirio en dirigir su ejército hacia las costas del Mediterráneo. No obstante, cuando fue asesinado, Asiria entró en un período de decadencia que duró 166 años.

Asiria se despertó de sus años oscuros bajo el reinado de Adad-nirari II (911–891 a.C.), quien reestableció la nación y la convirtió en una potencia digna de atención en la Mesopotamia. Su nieto Asurbanipal II (883–859 a.C.) llevó a Asiria a la

Estos toros gigantescos con rostros humanos datan de la época de Asurbanipal II (siglo IX a.C.).

condición de imperio. Este gobernante gozaba de una bien merecida reputación por su crueldad, al exigir tributo e impuestos de parte de los estados que caían en sus manos, tras las campañas depredadoras de su ejército. También reedificó la ciudad de Cala y la convirtió en la nueva capital militar y administrativa. Paneles de piedra esculpida del palacio de Asurbanipal muestran escenas violentas de las crueles campañas del rey contra los enemigos insurrectos.

El hijo de Asurbanipal, Salmanasar III (858–824 a.C.), continuó la política de expansión asiria con sus campañas anuales en todas direcciones. Ya no consistían en ataques depredadores sino que mostraban una explotación económica sistemática de los estados subyugados. Como de costumbre, el no someterse a Asiria daba como resultado una acción militar desenfrenada. Sin embargo, los resultados no siempre constituían una victoria completa para esa potencia. En ese contexto, los reinos hebreos de la Biblia fueron los primeros con los que se enfrentó Asiria. En el 853 a.C., Salmanasar peleó en Qarqar, al norte de Siria, contra una coalición de doce reyes que incluía a Adad-ezer (Ben-adad, 1 Rey. 20:26,34) de Siria-Damasco y a Acab de Israel. Este enfrentamiento no se menciona en la Biblia pero tal vez haya tenido lugar durante los tres años de paz entre las dos naciones (1 Rey. 22:1). En las inscripciones oficiales, Salmanasar declara haber vencido aunque la batalla no fue decisiva. En el 814 a.C. finalmente derrotó a Hazael de Damasco y en el Monte Carmelo recibió tributo de parte de Tiro, Sidón y el rey Jehú de Israel. Una escena esculpida en bajorrelieve en el Obelisco Negro de Salmanasar, desenterrado en Cala, muestra a Jehú postrado ante él, la única descripción conocida de un rey israelita.

Con la muerte de Salmanasar, Asiria entró en otro período de decadencia durante el cual fue ocupada por el reino vecino de Urartu. Sólo un rey asirio afectó seriamente los asuntos de Palestina durante el siglo siguiente. Adad-nirari III (810–783 a.C.) entró en Damasco y así obtuvo un tributo importante de parte de Ben-adad III. Es probable que sea el "salvador" de 2 Reyes 13:5 que permitió que Israel escapara del dominio de Siria-Damasco. Sin embargo, Adad-nirari también recibió tributo de Joás de Israel.

La preocupación de Asiria en cuanto a Urartu concluyó con el reinado de Tiglat-pileser III (744-727 a.C.). Verdadero fundador del Imperio Asirio, realizó cambios en la administración de los territorios conquistados. Las naciones cercanas a la tierra asiria fueron incorporadas como provincias. A otras se las dejó bajo el gobierno de un nativo del lugar pero sujeto a un supervisor asirio. Tiglat-pileser también instituyó una política de deportaciones masivas a fin de reducir los sentimientos nacionalistas de los habitantes locales. Enviaba al exilio a los pueblos conquistados y los hacía vivir en tierras abandonadas por otros pueblos también conquistados y exiliados (comp. 2 Rey. 17:24).

Cuando Tiglat-pileser, también llamado Pul, arribó a la costa de Fenicia, Manahem de Israel (2 Rey. 15:19) y Rezín de Siria-Damasco le llevaron tributo y se convirtieron en sus vasallos. Rápidamente se formó una alianza antiasiria. Israel y Aram-Damasco atacaron Jerusalén alrededor del 735 a.C. en un intento de reemplazar al rey Acaz de Judá por un hombre leal a la nueva alianza (2 Rey. 16:2-6; Isa. 7:1-6) y forzar de este modo la participación de Judá. Contra las protestas de Isaías (Isa. 7:4,16-17;8:4-8), Acaz apeló a Tiglat-pileser en busca de ayuda (2 Rey. 16:7-9). Como respuesta, este emprendió una campaña contra los filisteos (734 a.C.), redujo a Israel a la región que rodeaba inmediatamente a Samaria (2 Rey. 15:29; 733 a.C.) y anexó Siria-Damasco (732 a.C.), por lo que deportó a sus pobladores. Acaz, por su parte, se convirtió en súbdito asirio (2 Rey. 16:10; 2 Crón. 28:16,20-22).

Poco se sabe del reinado del sucesor de Tiglat-pileser, Salmanasar V (726–722 a.C.), excepto que sitió Samaria durante tres años como respuesta a la negativa de Oseas en cuanto a pagar tributo (2 Rey. 17:3-5). La ciudad finalmente cayó en manos de Salmanasar (2 Rey. 17:6; 18:9-12), quien aparentemente murió ese mismo año. Su sucesor, Sargón II (722–705 a.C.), se atribuyó en las inscripciones

Descomunal toro estilizado con rostro humano, del tiempo de Sargón II de Asiria.

reales asirias la deportación de 27.290 habitantes de Samaria.

Sargón realizó una campaña en la región para contrarrestar las rebeliones en Gaza en el 720 a.C. y en Asdod en el 712 a.C. (Isa. 20:1). Ezequías de Judá fue tentado a unirse a la rebelión de Asdod pero Isaías le advirtió contra tal acción (Isa. 18). Mientras tanto, en otros lugares del imperio ardían los disturbios. Un rey rebelde de Babilonia, Merodac-baladán, halló el respaldo de Elam, enemigo oriental de Asiria. Aunque Merodac-baladán había sido forzado a huir de Babilonia en el 710 a.C., regresó unos años después para reclamar el trono. Envió emisarios para ver a Ezequías en Jerusalén (2 Rey. 20:12-19; Isa. 39), aparentemente como parte de los preparativos para una revolución concertada antiasiria.

Las noticias de la muerte de Sargón en el campo de batalla sirvieron como señal para las fuerzas antiasirias. Senaquerib (704–681 a.C.) ascendió al trono en medio de una amplia rebelión. Merodac-baladán de Babilonia, respaldado por los elamitas, había estimulado el levantamiento de toda la región sur de la Mesopotamia. Una gran cantidad de estados de Fenicia y Palestina también estaban incluidos en la rebelión bajo el liderazgo de Ezequías de Judá. Senaquerib, después de sojuzgar Babilonia, dirigió su atención hacia el oeste. En el 701 a.C. reafirmó su dominio sobre las ciudades-estado de Fenicia, saqueó Jope y Ascalón e invadió Judá, lugar donde Ezequías había efectuado importantes preparativos militares (2 Rey. 20:20; 2 Crón. 32:1-8,30; Isa. 22:8b-11). El relato que hace el propio Senaquerib acerca de la invasión proporciona un notable complemento a la versión bíblica (2 Rey. 18:13–19:36). Declaró haber destruido 46 ciudades amuralladas (2 Rey. 18:13) y haber tomado cautivas a 200.150 personas. La conquista de Laquis en manos de Senaquerib se muestra detalladamente graficada en los paneles esculpidos de su palacio de Nínive. Durante el sitio de Laquis enviaron un ejército asirio en contra de Jerusalén donde Ezequías fue "hecho prisionero ... como un ave en una jaula". Tres de los dignatarios de Senaquerib intentaron negociar la rendición de Jerusalén (2 Rey. 18:17-37) pero Ezequías continuó aferrándose a las palabras de aliento de Isaías (2 Rey. 19:1-7,20-35). El ejército asirio finalmente se retiró y Ezequías pagó un tributo enorme (2 Rey. 18:14-16). El relato asirio declara una victoria sobre el ejército egipcio y menciona el tributo de Ezequías pero es un tanto impreciso en cuanto a la conclusión de la campaña. La Biblia menciona el acercamiento del ejército egipcio (2 Rey. 19:9) y cuenta acerca de una derrota milagrosa de los asirios en manos del ángel de Jehová (2 Rey. 19:35-36). Herodoto, historiador griego del siglo V a.C., relata que los asirios sufrieron la derrota debido a que una plaga de ratones de campo destruyó su equipamiento. No hay certeza en cuanto a si se pueden combinar estos relatos a fin de deducir la forma en que se desencadenó la plaga. Indudablemente, Senaquerib experimentó un revés importante ya que de todos los que habían participado de la rebelión, Ezequías fue el único gobernante que mantuvo su trono.

Dentro de un aspecto más pacífico, Senaquerib llevó a cabo algunos proyectos edilicios importantes en Asiria. La antigua ciudad de Nínive fue reedificada para convertirse en la nueva residencia real y la capital asiria. No obstante, la guerra con Elam continuó y esto influyó sobre Babilonia para que se volviera a rebelar. Un Senaquerib airado arrasó con la ciudad sagrada en el 689 a.C. Los babilonios interpretaron que su asesinato, llevado a cabo por sus propios hijos (2 Rey. 19:37) en el 681 a.C., había sido un juicio divino por haber destruido la ciudad.

Esar-adón (681–669 a.C.) surgió como el nuevo rey e inmediatamente comenzó a reedificar Babilonia, una acción que le concedió la lealtad del populacho local. Hizo guerra contra las tribus nómadas del norte y sofocó una rebelión en Fenicia, mientras Manasés de Judá continuó siendo su leal vasallo. No obstante, su aventura militar más grandiosa fue una invasión a Egipto en el 671 a.C. El faraón Taharqa huyó hacia el sur en tanto que Menfis caía en manos de los asirios, pero dos años más tarde regresó y fomentó una rebelión. Esar-adón murió en el 669 a.C. mientras regresaba para subyugar Egipto.

Estatua de basalto del rey asirio Salmaneser III.

Después de una breve expedición contra las tribus del oriente, Asurbanipal, el hijo de Esar-adón (668–627 a.C.), se lanzó a reconquistar Egipto. Con la colaboración de 22 reyes súbditos, incluido Manasés de Judá, la invadió en el 667 a.C. Derrotó al faraón Taharqa y tomó la antigua capital de Tebas. Al encontrarse a unos 2100 km (1300 millas) de su tierra, Asurbanipal no tuvo más opción que restituir a los gobernantes locales que su padre había designado en Egipto y esperar que no sucediera nada malo. Los planes para una rebelión comenzaron de inmediato pero los oficiales asirios se enteraron del complot, capturaron a los rebeldes y los enviaron a Nínive. Egipto volvió a rebelarse en el 665 a.C. En esta ocasión, Asurbanipal destruyó Tebas, denominada también No-Amón (Nah. 3:8, NVI y LBLA nota al pie de página). También se desbarataron intentos fenicios de una rebelión.

Asurbanipal gobernó durante el clímax de Asiria pero también fue testigo del comienzo de su vertiginoso colapso. Egipto se rebeló nuevamente diez años después de la destrucción de Tebas. Asiria no pudo hacer nada debido a una guerra que sostenía contra Elam. El rey Samas Son Ukín de Babilonia, hermano de Asurbanipal, organizó una amplia sedición en el 651 a.C. Después de tres años de batallas continuadas, Babilonia fue subyugada pero continuó repleta de semillas de odio contra Asiria. Las acciones contra las tribus árabes se mantuvieron y la guerra contra Elam continuó hasta que los asirios alcanzaron una victoria definitiva en el 639 a.C. Ese mismo año los anales oficiales de Asurbanipal llegaron abruptamente a su fin. La desazón aumentó con la muerte del rey en el 627 a.C. Para el año 626, Babilonia había caído en manos del caldeo Nabopolasar. Algunos estados distantes, como el de Judá bajo el reinado de Josías, tuvieron libertad para rebelarse sin temor. La guerra continuó entre Asiria y Babilonia hasta que, en el 614 a.C., la antigua capital asiria de Asur fue saqueada por los medos. Luego, en el 612 a.C., Cala fue destruida. Los ejércitos combinados de los babilonios y los medos sitiaron Nínive. La ciudad cayó después de dos meses.

Un general asirio reclamó el trono y reunió en Harán lo que quedaba del ejército asirio. Una alianza con Egipto hizo que enviaran algunas tropas de ayuda, pero los babilonios se dirigieron hacia allí en el 610 a.C. y Harán fue abandonada. En el 605 a.C., los últimos remanentes del estropeado Imperio Asirio, junto con sus recientes aliados egipcios, fueron sometidos en la batalla de Carquemis. Asiria dejó de existir.

Religión La religión asiria era politeísta, como también la mayoría de las naciones del Cercano Oriente. En esencia era similar a la religión babilónica. La religión asiria oficial reconocía miles de deidades pero en la práctica sólo unas 20 eran importantes.

Los dioses más jóvenes generalmente estaban relacionados con una ciudad más nueva o tal vez con ninguna. Adad (también Hadad) era el dios de las tormentas y, en consecuencia, beneficioso y destructivo. Ninurta, el dios de la guerra y la caza, se convirtió en un patrono apropiado para la capital asiria de Cala. Lo más notable es la figura singular de Asur. En su condición de deidad patrona y del origen del nombre de la capital asiria de Asur y también del estado, este dios se elevó en importancia hasta ser considerado señor del universo y dios supremo. Debido a que el dios Asur estaba por encima de todos los demás, el rey asirio estaba obligado a demostrar ese dominio sobre la tierra entera. La mayoría de las campañas militares asirias se iniciaron "bajo el mandato de Asur". Ver *Babilonia.*

Daniel C. Browning (h)

ASISTENCIA SOCIAL, BIENESTAR SOCIAL Intentos gubernamentales de ayudar a las personas que padecen necesidades económicas. Dios espera que la gente trabaje para ganarse la vida (Prov. 10:4; 19:5; 20:4; Ef. 4:28; 1 Tes. 4:11; 2 Tes. 3:6-13). Sin embargo, la Biblia también reconoce que en toda sociedad habrá gente pobre que necesite ayuda (Deut. 15:11; Juan 12:8). Por esta razón, Dios le manda a su pueblo que esté dispuesto a ayudar a otros y que sea generoso al hacerlo (Deut. 15:10-14; Hech. 11:29; 1 Cor. 16:2,3; 2 Cor. 8:1-4; 9:5-7).

La ley mosaica se ocupaba de aquellos que no podían mantenerse de manera apropiada: los extranjeros, las viudas, los huérfanos y los levitas. Estos últimos no recibieron tierras como herencia para la tribu. Cada una de estas personas tenía que recibir ayuda de parte de los demás israelitas en forma de un diezmo (Deut. 14:28,29). A estos pobres se les debía permitir espigar en los campos, las huertas y los viñedos de aquellos que tenían la posibilidad de tener una vida próspera (Ex. 23:10,11; Lev. 19:9,10; 25:1-7; Deut. 24:19-22; Rut 2:2,3, 15-17). Cada siete años había un año de liberación cuando se perdonaban todas las deudas, lo que permitía que los pobres comenzaran de nuevo (Deut. 15:1-18). Descuidar al pobre en la antigua Israel era como excluirse de recibir la bendición de Dios (Job 31:16-22; Prov. 25:21,22; 28:27). Aun así, la denuncia profética en cuanto a la falta de justicia social en la antigua Israel sugiere que estos programas de bienestar social no se practicaban (p. ej., Isa. 58:6,7; Ezeq. 18:5-9).

Jesús enseñó acerca de la unión necesaria que existía entre la espiritualidad verdadera y la responsabilidad social personal (Mat. 5:42; 19:21; 25:31-46; Mar. 9:41; Luc. 10:32-37), relación que también enfatizaron Santiago (2:14-17) y los demás apóstoles (Gál. 2:9,10; Ef. 4:28; 1 Tim. 6:18; 1 Jn. 3:17,18). La iglesia primitiva proveía para las necesidades materiales de sus miembros (Hech. 2:43-47; 4:32-35; 6:1-4; 10:1,2; 11:27-30; Rom. 15:25-27; 2 Cor. 8:1-4; Fil. 4:15-18). Ver *Pobres, huérfanos, viudas.* *Paul H. Wright*

ASKENAZ Nombre de persona y de nación. Hijo de Gomer (Gén. 10:3) y antepasado originario del

LA DINASTÍA ASMONEA

(Las fechas son a.C.)

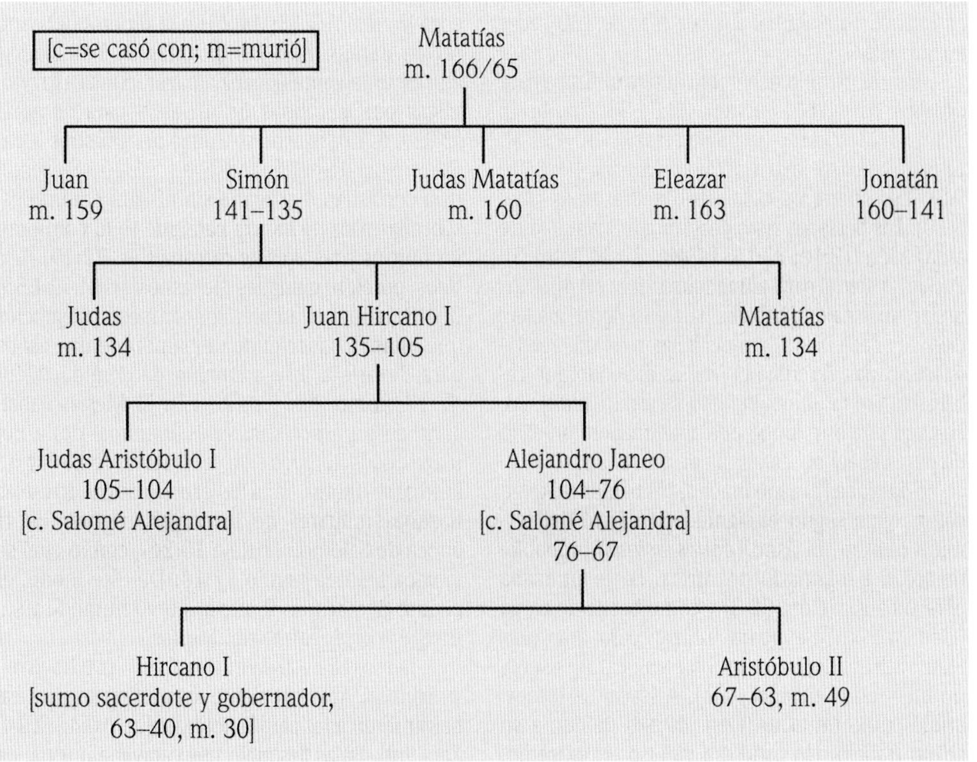

pueblo denominado reino de Askenaz (Jer. 51:27). Generalmente identificado con los escitas. Ver *Escitas.*

A

ASMÓN Nombre geográfico que significa "huesos". Sitio de la frontera sur de la tierra prometida (Núm. 34:4). Josué se la asignó a Judá (Jos. 15:4). Está ubicada cerca de Ain el-Quseimeh, alrededor de 90 km (60 millas) al sur de Gaza. Algunos la identifican con Ezem.

ASMONEOS Nombre de la dinastía que gobernó la antigua Judea durante casi un siglo, desde las guerras macabeas (que terminaron aprox. en el 145 a.C.) hasta la ocupación romana de la antigua Palestina en el 63 a.C. Ver *Intertestamentaria, Historia y literatura; Judíos (grupos, partidos) en el NT.*

ASNAPAR Rey asirio que repobló Samaria con extranjeros después de capturarla en el 722 a.C. (Esd. 4:10). En la mayoría de los casos, a Asnapar se lo identifica con Asurbanipal. Ver *Asiria.*

ASNO "Bestia de carga" y "animal salvaje" que se traduce "asno" en las traducciones más modernas. Seis palabras hebreas diferentes y dos términos griegos son el punto de partida en las traducciones al español. Este animal aparece más de 120 veces en la Biblia.

Aton es un animal hembra que se utilizaba para cabalgar (Gén. 49:11; Núm. 22:21-33; Jue. 5:10: 2 Rey. 4:22) y como bestia de carga (Gén. 45:23). El padre de Saúl había perdido sus asnas (1 Sam. 9:3). Los guerreros cabalgaban sobre asnas (Jue. 5:10). Las personas ricas poseían gran cantidad de asnas (Gén. 12:16; 32:15; 1 Crón. 27:30; Job 1:3). Pacían la tierra para alimentarse (Job 1:14). Dios utilizó un asna que hablaba para enseñarle una lección de obediencia al profeta Balaam (Núm. 22:21-41). Zacarías describió al Mesías diciendo que cabalgaba "sobre un pollino hijo de asna" (*aton*), enfatizando de este modo que el animal era un asno de pura cepa y no una mula de cruza (Zac. 9:9).

Chamor es el asno macho, probablemente de color rojizo según el significado básico del término hebreo. El asno (*equus asinus*) probablemente sea originario de África. Se lo utilizaba para cabalgar (Gén. 22:3) y como bestia de carga (Gén. 42:26). Se podía utilizar para arar (ver Deut. 22:10, donde se prohíbe colocar un asno y un buey en el mismo yugo). A Isacar se lo describió como un asno (Gén. 49:14) debido a su arduo trabajo. Un asno era valioso en extremo,

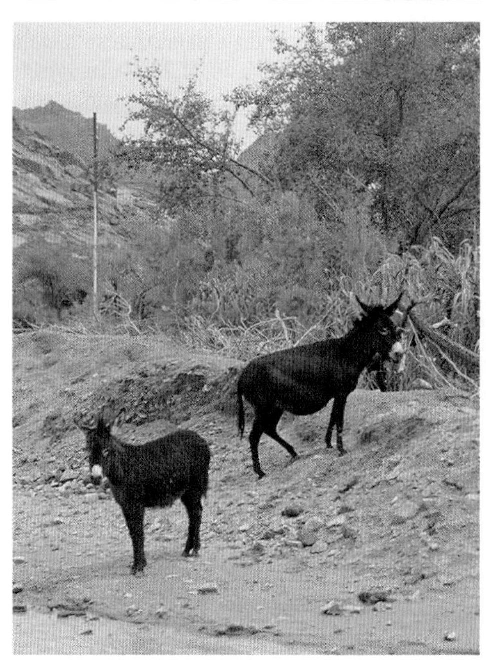

Los asnos aún se usan en Medio Oriente como bestia de carga y medio de transporte.

como para que el primogénito tuviese que ser ritualmente redimido mediante el sacrificio de un cordero (Ex. 13:13; 34:20) o la muerte del asno recién parido. Bajo condiciones de hambrunas extremas la gente llegaba a pagar sumas astronómicas por la cabeza de un asno para comerla (2 Rey. 6:25). El asno se utilizó para ilustrar la pasión sexual desenfrenada (Ezeq. 23:20). Su sepultura consistía en arrojarlo sin ningún ceremonial sobre las pilas de basura para que se lo comieran los buitres y las aves de carroña (Jer. 22:19). Los ricos poseían manadas de asnos (Gén. 24:35; 30:43), aunque también los campesinos egipcios que estaban padeciendo de hambre tenían asnos para llevarle a José a cambio de comida (Gén. 47:17; comp. Ex. 9:3; 20:17). El Mesías cabalgaría en un asno (Zac. 9:9), el animal de la nobleza en los tiempos en que Israel no tenía rey. El animal se diferenciaba del caballo utilizado en las hazañas militares de los reyes después de la época de Salomón (1 Rey. 10:26), con lo cual se violaba Deuteronomio 17:16. De este modo, el cuadro de Zacarías 9 une al siervo humilde y sufriente con la realeza del Mesías.

Ayir se refiere al padrillo o al asno macho joven y vigoroso. Aparentemente eran animales para cabalgar reservados para la nobleza (Jue. 10:4; 12:14; Zac. 9:9). Isaías describió una caravana inusual de asnos y camellos jóvenes que iban camino a Egipto. Los integrantes más comunes de las caravanas eran los asnos más viejos (Isa. 30:6). Los nómadas del desierto a menudo guiaban caravanas de asnos y camellos cargados de mercaderías para vender. El día de la salvación divina incluía alimentos fastuosos para los asnos que tiraban de los arados (Isa. 30:24).

Arod se refiere al asno salvaje (*Asinus hemippus*) que Dios creó para que anduviera libre en el desierto en lugar de realizar tareas pesadas para los seres humanos (Job 39:5). Esos animales exploran las pasturas montañosas en busca de comida (Job 39:8).

Pere' es un asno salvaje u onagro que algunos identifican con la cebra, pero no existen evidencias de cebras en la antigua Palestina. El hebreo en Génesis 16:12 dice que Ismael será "indómito como asno salvaje [montés]" (NVI, LBLA) porque viviría en oposición a todas las demás personas. El asno salvaje era conocido por su rebuzno y por comer hierbas (Job 6:5). Vive en el desierto buscando comida y está expuesto al frío y la lluvia (Job 24:5-8; comp. 39:5). Cuando faltan pastos muere con facilidad (Jer. 14:6). Estos asnos sólo se animaban a entrar a las ciudades cuando estas estaban abandonadas y en ruinas (Isa. 32:14). Dios los había creado para que se acostumbraran a vivir en el Desierto de Judea (Jer. 2:24), donde se lanzaban libremente tras sus instintos y pasiones naturales (comp. Os. 8:9).

Onarion se refiere a un asno pequeño que sólo aparece en Juan 12:14 para demostrar que se estaba cumpliendo la promesa de Zacarías 9:9.

Onos se puede referir tanto a un asno macho como a una hembra. Juan 12:15 se refiere a la asna como madre del pollino sobre el cual cabalgaba Jesús, mientras que Mateo 21:2 involucra tanto al asna como al pollino. A estos animales se los guardaba en establos y se les daba de beber como parte natural de la vida de los campesinos (Luc. 13:15). Podían soltarse fácilmente y caer en pozos (Luc. 14:5). Jesús demostró interés en estos animales, a los que los judíos más rigurosos solían abandonar en pozos a fin de obedecer las leyes religiosas.

Hupozugion significa literalmente "que está bajo un yugo". Este es el término de Mateo para referirse a quien engendró el "pollino de asna" profetizado en Zacarías 9:9 (Mat. 21:5). Pedro utilizó el término para referirse al animal que le habló a Balaam (2 Ped. 2:16).

Ruinas de la antigua ciudad portuaria de Asón, en el Golfo de Adramitio.

La diferencia exacta en el significado de las diversas palabras que se traducen “asno” no siempre les resulta evidente a los estudiosos actuales de la Biblia, aunque las distinciones seguramente eran claras para los escritores y los lectores originales.

ASÓN Ciudad portuaria en el Golfo de Adramitio, protuberancia de la costa este del Mar Egeo. Pablo se quedó poco tiempo en ese lugar y se encontró con Lucas y los demás cuando partió hacia Jerusalén luego de su tercer viaje misionero (Hech. 20:13-14).

ASPATA Nombre persa de persona. Hijo de Amán, asesinado por los judíos (Est. 9:7-10).

ASPENAZ Jefe de los eunucos que cuidaba a la familia de Nabucodonosor, rey de Babilonia (605–562 a.C.) (Dan. 1:3). Administraba la dieta y el estilo de vida de Daniel y sus tres amigos a quienes les puso nombres nuevos babilónicos (Dan. 1:7). Daniel tuvo con él una amistad íntima y afectuosa.

ÁSPID Traducción de una palabra que indica una serpiente peligrosa y venenosa (Deut. 32:33; Job 20:14,16; Isa. 11:8; Rom. 3:13). Otras traducciones (NVI, LBLA) utilizan en algunos de estos lugares “serpiente”, “víbora” o “cobra”. El término hebreo *peten* también aparece en el Salmo 58:4. Algunos estudios señalan a la cobra *naja chaje*, pero es incierto. Cualquiera sea la identificación específica, sirve como símbolo de un veneno peligroso (Deut. 32:33). Se las puede describir como sordas (Sal. 58:4), ya sea en cuanto a una característica natural o a un caso inusual. La sordera las hace inmunes al encantador, y por lo tanto aún más ponzoñosas. Las riquezas que se convierten en el centro de la vida de una persona pasan a ser tan ponzoñosas como las áspides (Job 20:14,16). La visión profética consiste en la restauración del orden mundial llevada a cabo por Dios de modo que los niños pequeños puedan jugar sin temor alrededor de los hoyos de serpientes venenosas (Isa. 11:8). El pecado continuará dominando a la humanidad hasta aquel día, convirtiendo sus palabras en mentiras venenosas (Rom. 3:13). Ver *Reptiles.*

ASRIEL Nombre de persona que significa “Dios ha hecho feliz”. Un hijo de Galaad y familia de la tribu de Manasés (Núm. 26:31) que recibieron una asignación de tierra (Jos. 17:2).

ASTAROT Es la forma plural de Astoret, diosa cananea de la fertilidad, el amor y la guerra, e hija del dios El y la diosa Asera. **1.** El AT utiliza más la forma plural Astarot que la singular, Astoret. Las únicas referencias a Astoret aparecen en 1 Reyes 11:5,33 y 2 Reyes 23:13. Los escribas hebreos reemplazaron las vocales del nombre *'Ashtart* o *'Ashteret* con las correspondientes al término hebreo que se traduce culpa, *boshet*, a fin de deshonrar la memoria de la diosa. Este intercambio de vocales formó la palabra Astoret. La forma griega del nombre es *Astarte.*

En la mitología cananea pareciera hermana de la diosa Anat y esposa del dios Baal. Anat también fue esposa de Baal y diosa del amor y la guerra. Por lo tanto, existe cierta confusión en cuanto a la relación de Astarot con Anat. Es probable que se refirieran a la misma diosa o que quizá hayan sido dos deidades separadas. Tal vez Astarot asumió el papel de Anat entre el pueblo palestino. Los egipcios le otorgaron el título de “Señora del Cielo” a Astarte, a Anat y a otra diosa llamada Qudshu. En Moab, Astarte era la esposa de Quemos, el dios más importante. Los babilonios y los asirios la llamaban Astar y la adoraban como diosa de la fertilidad y el amor. Los pueblos del antiguo Cercano Oriente se referían a ella como Afrodita y Venus durante los períodos helenístico y romano.

Aparentemente, la palabra “astarot” en una época significaba “vientre” o “lo que procede del vientre”. “Astarot” aparece en Deuteronomio 7:13 y 28:4,18,51 para describir la cría de las vacas. Este uso tal vez demuestre la relación entre la diosa Astarot y la fertilidad.

Los escritores bíblicos a menudo unían a Baal y Astarot para designar una adoración pagana (Jue. 2:13; 10:6; 1 Sam. 7:3-4; 12:10). Junto al culto por parte de los cananeos, el AT menciona que los sidonios (1 Rey. 11:5) y los filisteos (1 Sam. 31:10) también la reverenciaban. Estos últimos levantaron un templo para Astarot en Bet-sán (1 Sam. 31:10). La referencia a la reina del cielo (Jer. 7:18) tal vez tenía en mente a Astarot, pero no es seguro. Los israelitas la adoraban, y los escritores bíblicos se refirieron de manera específica al liderazgo de Salomón promoviendo la adoración a Astarot (1 Rey. 11:5). Era sólo una de las muchas deidades que reverenciaban los israelitas. Josías destruyó los lugares altos que le habían edificado (2 Rey. 23:13).

2. Documentos egipcios que datan del siglo XVIII a.C. en adelante hacen referencia a una ciudad llamada Astartu o Astarot en la región de Basán. Josué 21:27 menciona una ciudad con el nombre de Beestera en Basán, mientras que a un hombre llamado Uzías se lo denomina astarotita (1 Crón. 11:44). Og, rey de Basán, reinó en la ciudad de Astarot (Deut. 1:4; Jos. 9:10; 12:4; 13:12,31). Los hijos de Faquir la recibieron como parte de su herencia en la tierra (Jos. 13:31; 1 Crón. 6:71).

En una ocasión la ciudad se denomina Astarot Karnaim (Gén. 14:5) o "Astarot de los dos cuernos". En Nahariyah se descubrió un molde de piedra del siglo XVII a.C. que se usaba para hacer imágenes de bronce de Astarte. Se la representaba con dos cuernos en la cabeza. Se han hallado muchas otras figuras de Astarte en diferentes sitios a lo largo de toda Palestina. El nombre de la ciudad, Astarot, tal vez refleje que los habitantes de este asentamiento la adoraban.

La ciudad está ubicada en la moderna Tel Ashtarah a poco más de 30 km (20 millas) al este del Mar de Galilea. Estaba situada en uno de los ramales más importantes de la Vía Maris o Camino del Mar y en el Camino del Rey, la ruta de tráfico más importante al este del Jordán.

Scott Langston

ASTAROT KARNAIM Ver *Astarot.*

ASTORET Ver *Astarot.*

ASTRÓLOGO Persona que "dividía los cielos" (traducción literal de la frase hebrea, Isa. 47:13) para determinar el futuro. Los babilonios en particular desarrollaron métodos sofisticados de lectura de las estrellas a fin de determinar los momentos apropiados para cada acción. Los profetas se burlaban de los esfuerzos incansables y agotadores de los babilonios en la astrología. Daniel muestra de manera repetida que los magos instruidos y profesionales de Babilonia no se podían comparar con Daniel y sus amigos. Aparentemente, Daniel alude a magos y expertos en conjuros y presagios en lugar de astrólogos. Los "caldeos" que se mencionan en Daniel 2:2; 4:7; 5:7,11 tal vez sean la referencia más cercana a los astrólogos que aparece en el libro. La Biblia no procura describir las habilidades, las tácticas o los métodos del personal extranjero encargado de las diversas prácticas para determinar el momento oportuno. Más bien, la Biblia se burla de tales prácticas y muestra que la palabra de Dios dada a los profetas y a los sabios de Israel supera en gran medida cualquier habilidad foránea.

Asurbanipal (668–629 a.C.) fue gobernante de Asiria durante sus años de decadencia. Este relieve pertenece a un período anterior en la historia asiria, el reinado de Asurbanipal II (883–859).

ASUERO Forma hebrea de Jerjes, el rey en el libro de Ester (NVI, LBLA). Ver *Persia; Jerjes.*

ASUR Nombre de persona que significa "ser negro" o "perteneciente a Ishara". Hijo de Hezrón que nació después de la muerte de su padre (1 Crón. 2:24). Tuvo dos esposas, cada una de las cuales le dio hijos (1 Crón. 4:5-7). El título "padre de Tecoa" tal vez indique que él fundó la ciudad que posteriormente se hizo famosa por un nativo del lugar llamado Amós, el profeta. Algunos estudiosos de la Biblia entienden que Caleb fue el padre de Asur, según 1 Crónicas 2:24. Ver *Tecoa.*

ASUR, ASURIM Nombre de persona y de nación. **1.** Hijo de Sem y en consecuencia semita, tal como eran los hebreos (Gén. 10:22). **2.** Tribu árabe desconocida (Gén. 25:3). El oráculo de Balaam tal vez se refiera también a esa tribu (Núm. 24:22-24), pero es más probable que sea una alusión a Asiria. **3.** El término hebreo *Asur* generalmente se refiere a la nación Asiria y a sus habitantes. Éste es el significado probable de Génesis 10:11; Ezeq. 27:23; 32:22; Os. 14:3. Ver *Asiria.*

ASURBANIPAL El último gran rey de Asiria a quien se lo identifica en Esdras 4:10 como el rey asirio que capturó Susa, Elam y otras naciones, y que estableció a sus ciudadanos en Samaria.

Fue el heredero aparente de Esar-hadón, su padre desde aprox. el 673 a.C. En realidad gobernó desde el 668 al 629 a.C. El legado de Asurbanipal es su famosa biblioteca que contenía más de 20.000 tablillas de arcilla y estaba ubicada en Nínive, la capital asiria. Fue descubierta en 1853. Los copistas de Asurbanipal no sólo transcribieron libros asirios sino que también preservaron literatura sumeria y acadia. La mayor parte de lo que sabemos del Imperio Asirio deriva de esa biblioteca.

Asurbanipal también se conoce con el nombre de Osnapar, y en la versión RVR1960 aparece como Asnapar. Su nombre aparece una sola vez en la Biblia (Esd. 4:10), el único informe acerca de dicho asentamiento en Samaria. Los griegos lo llamaban Sardanápalo. Su reinado fue contemporáneo a los de Manasés, Amón y Josías, reyes de Judá. Ver *Asiria; Asnapar.* *M. Stephen Davis*

ASVAT Nombre de persona que significa "lo que se ha trabajado" (como el hierro). Descendiente de Aser (1 Crón. 7:33).

ATAC Nombre geográfico que significa "ataque". Ciudad del sur de Judá donde David envió el botín después de la victoria mientras se refugiaba entre los filisteos tras haber huido de Saúl (1 Sam. 30:30). Tal vez sea el mismo lugar que se denomina Eter (Jos. 15:42), donde la diferencia se debe a un pequeño error de copista. Ver *Eter.*

ATAD Nombre de persona que significa "espina". El dueño de un sitio para trillar mieses o parte del nombre de la Era de la Zarza al este del Río Jordán, donde José se detuvo para lamentarse por la muerte de su padre, antes de llevar el cuerpo embalsamado a través del río para sepultarlo en Macpela. Al lugar se lo llamó Abel-mizraim (Gén. 50:10-11). Ver *Abel-mizraim.*

ATAI Nombre de persona que significa "oportuno". **1.** Miembro de la familia de Jerameel de la tribu de Judá (1 Crón. 2:35-36). **2.** Guerrero de la tribu de Gad que sirvió a David en el desierto cuando huía de Saúl (1 Crón. 12:11). **3.** Hijo de Maaca (2 Crón. 11:20), la esposa favorita y amada del rey Roboam de Judá (931–913 a.C.).

ATAÍAS Líder de la tribu de Judá que vivió en Jerusalén durante la época de Nehemías (Neh. 11:4).

ATALAYA Persona que monta guardia. Las ciudades antiguas poseían atalayas apostados en los muros. Eran responsables de dar una advertencia si se acercaba un enemigo (2 Rey. 9:17; Ezeq. 33:2,3). Los profetas de Israel se consideraban atalayas que le advertían a la nación en cuanto al juicio futuro de Dios si la gente no se arrepentía. Los viñedos y los campos también tenían atalayas, especialmente durante la cosecha. Su responsabilidad era proteger los productos frente a animales y ladrones.

ATALIA Ciudad portuaria de la costa norte del Mediterráneo en Asia Menor donde Pablo se detuvo brevemente durante su primer viaje misionero (Hech. 14:25). La moderna Antalya continúa siendo un puerto pequeño con algunas ruinas antiguas.

ATALÍA Nombre de persona que significa "Yahvéh ha anunciado su naturaleza exaltada" o "Yahvéh es justo". Esposa de Joram, rey de Judá, y madre de Ocozías, también rey de Judá. O bien era la hija de Acab y Jezabel de Israel (2 Rey. 8:18) o de Omri, rey de Israel (2 Rey. 8:26, según una lectura literal del texto; una interpretación del texto amplía el significado de la palabra hebrea correspondiente a "hija" y hace referencia a una descendiente femenina y, en consecuencia, a una "nieta" tal como aparece en las versiones NVI y LBLA). Algunos han sugerido que su padre era Omri pero que la crió su hermano Acab en la corte desempeñándose de este modo como padre. Ella trasladó a la corte de Judá la devoción a Baal que se practicaba en el norte. Ejerció una gran influencia política durante el reinado de un año de su hijo (2 Rey. 8:27-28). Al morir éste como resultado de las heridas recibidas durante la batalla, trató de arrebatar el poder mandando a matar a todos los herederos varones. Se las arregló para gobernar Judá durante seis años (2 Rey. 11:1-3), y eso la convirtió en la única mujer que desempeñó esa tarea. Finalmente, el sacerdote Joiada lideró una rebelión que coronó como rey al niño Joás y causó la muerte de Atalía (2 Rey. 11:4-20).

ATALÍAS Nombre de persona con el mismo significado de Atalía. **1.** Hijo de Jeroham de la tribu de Benjamín (1 Crón. 8:26). **2.** Padre de Jesaías quien lideró a 70 hombres de regreso del exilio a Jerusalén junto con Esdras (Esd. 8:7).

ATAR Y DESATAR En Mat. 16:16, Simón Pedro hizo la gran confesión de que Jesús era el

Cristo, el Hijo de Dios. Jesús respondió inmediatamente diciéndole a Simón que su nombre iba a ser Pedro y que Cristo edificaría Su iglesia sobre esta gran confesión. Luego continuó diciendo: "Y a ti te daré las llaves del reino de los cielos; y todo lo que atares en la tierra será atado en los cielos; y todo lo que desatares en la tierra será desatado en los cielos" (16:19). Jesús efectuó una declaración similar en Mat. 18:18, pero en esta ocasión a todos los discípulos.

Algunos han hecho que esta declaración lleve implícita la idea de que la iglesia como institución o la cabeza eclesiástica tienen poder para expresar conceptos de autoridad que están por encima de las Escrituras, y que el cielo tiene obligación de acatarlos. Otros han dispuesto que su significado sea que los cristianos tienen autoridad para "atar" y "desatar" poderes espirituales mediante el uso de la palabra de fe hablada. Ninguna de estas opiniones constituye una interpretación satisfactoria.

Una comprensión correcta de los dos pasajes se encuentra unida a la gramática de las frases "será atado en los cielos" y "será desatado en los cielos". Las construcciones gramaticales de ambos pasajes y ambos versículos corresponden al tiempo perifrástico futuro perfecto en voz pasiva. Una traducción más precisa de Mat. 16:19 podría ser, "y todo lo que ates en la tierra habrá sido atado en el cielo; y todo lo que desates en la tierra habrá sido desatado en los cielos". Del mismo modo, Mateo 18:18 bien podría leerse "todo lo que ates en la tierra será atado en el cielo y todo lo que desates en la tierra habrá sido desatado en el cielo". En otras palabras, lo que se declarará y atará en la tierra ya habrá sido declarado y atado primeramente en los cielos, y lo que se declare y desate en la tierra ya habrá sido anticipadamente declarado y desatado en los cielos.

En Mat. 16:19, el contexto incluye las llaves del reino de los cielos. Esta es una clara referencia al evangelio sobre cuyas verdades Jesús iba a construir Su iglesia. A Simón y a los demás apóstoles se les dio autoridad para ofrecer libremente el evangelio a fin de desatar a aquellos que estaban sujetos a esclavitud. Este mismo evangelio margina a algunos, razón por la cual encontramos que Pedro también cierra las puertas del reino (Hech. 4:11, 12; 8:20-23). Los que son desatados por la iglesia, ya han sido desatados en el cielo, y los que son atados por la estrechez del evangelio habrán sido atados por el cielo, siempre que la iglesia se limite exclusivamente a la proclamación del evangelio en forma simple y directa. En consecuencia, el cielo y la tierra se unen a medida que los discípulos proclamen el mensaje de salvación, dejando a algunos sumidos en su pecado y desatando a otros para gozar de la libertad del perdón.

Mateo 18:18 trata de la disciplina de la iglesia. En este versículo, Jesús utiliza virtualmente las mismas palabras que usó en 16:19 para hablar sobre la importancia de la confrontación y la restauración. El cuerpo reunido tiene obligación de aplicar la disciplina de la iglesia a los miembros que yerran o pecan sabiendo que, al hacerlo, el cielo ya ha ratificado dicha acción. Más aún, cuando las iglesias ejercen la disciplina adecuada y piadosa, algo que constituye una señal vital de las iglesias verdaderas, pueden estar seguras de que la presencia de Dios está en medio de ellas en ese momento, "porque donde están dos o tres congregados en mi nombre, allí estoy yo en medio de ellos" (18:20). Los "dos o tres" que aparecen aquí son los mismos dos o tres que en Mat. 18:16 establecen la verdad de la necesidad de aplicar una corrección. Este texto no es, pues, una declaración general de la presencia del Señor entre Su pueblo sino una reafirmación de Su guía providencial en relación a los temas de la disciplina eclesiástica. El Señor también está presente con los creyentes en forma individual, pero es un gran consuelo saber que Él se coloca en medio de la iglesia cuando esta pone en ejercicio la tarea más difícil de todas sus funciones, la disciplina.

David G. Shackelford y Chad Brand

ATARA Nombre de persona que significa "corona". Segunda esposa de Jerameel y madre de Onam (1 Crón. 2:26).

ATARIM Palabra hebrea de significado incierto. Es el nombre de un camino que tomó el rey de Arad para atacar a los israelitas durante la época de Moisés. Los israelitas en un principio estaban siendo derrotados, pero oraron y obtuvieron la victoria bajo la dirección de Dios (Núm. 21:1-3). El sitio puede ser Tamar, a pocos kilómetros al sur del Mar Muerto.

ATAROT Nombre geográfico que significa "coronas". **1.** Ciudad deseada y edificada por la tribu de Gad (Núm. 32:3,34). El rey Mesa de Moab declaró haber capturado Atarot alrededor del 830 a.C., pero admite que "desde antiguo" le pertenecía a Gad y que había sido reedificada por un rey israelita. Está ubicada en la moderna Khirbet Attarus, 13 km (8 millas) al norte de

A

Atenas (Grecia) del siglo I, como lo fue en la época de Pablo. Vista desde el noroeste de la ágora de la parte baja de la ciudad, que está en primer plano. En el trasfondo se puede observar la Acrópolis (en la parte alta de la ciudad), con el famoso Partenón, dedicado a la diosa Atenas, en segundo plano. A la derecha, se observa el Areópago (Campo de Marte), donde Pablo se dirigió a los ciudadanos de Atenas.

Dibón y 13 km (8 millas) al este del Mar Muerto. **2.** Aldea sobre la frontera de Benjamín y Efraín (Jos. 16:2,7). Podría ser la moderna Khirbet el-Oga en el Valle del Jordán.

ATAROT-ADAR Nombre geográfico que significa "coronas de gloria". Ciudad fronteriza de Efraín (Jos. 16:5) que limitaba con Benjamín (Jos. 18:13), probablemente la moderna Khirbet Attara al pie de Tell en-Nasbeh o posiblemente idéntica a esta ciudad y, en consecuencia, a la Mizpa bíblica.

ATAROT-SOFÁN Ciudad de ubicación desconocida edificada por la tribu de Gad (Núm. 32:35). Las traducciones más antiguas escribían el nombre de diversas maneras: Sofar, Safim, Sofam, Etror-sofán.

ATENAS Capital de Ática, antiguo distrito de la zona este de Grecia central donde Pablo les predicó a los filósofos griegos (Hech. 17:15-34). El apóstol observó que los atenienses eran muy religiosos y que inclusive tenían un altar para un Dios desconocido. En esto basó su sermón. Aunque hubo algunos convertidos a la fe en Cristo, no existen registros bíblicos sobre la posibilidad de que se haya establecido una iglesia. La ciudad, que probablemente haya recibido el nombre por Atenea, la diosa de la sabiduría, ya era un lugar antiguo para la época en que Pablo la visitó. De hecho, el lugar se ocupó desde antes del 3000 a.C. En el siglo VI a.C., Atenas se convirtió en escenario del primer gran experimento de un gobierno democrático. Los persas la destruyeron a principios del siglo V a.C. pero la ciudad fue reedificada durante la gestión de Pericles y llegó a ser una maravilla de la arquitectura. En la parte más alta de la ciudad, conocida como la Acrópolis, construyeron el Partenón y otros templos. *(Ver Reconstrucción en págs. 174/175.)*

ATER Nombre de persona que significa o "paralítico" o "zurdo". Familia de la cual 98 de sus integrantes regresaron del exilio babilónico con Zorobabel alrededor del 537 a.C. (Esd. 2:16). Eran porteros del templo (Esd. 2:42). El jefe de la familia firmó el pacto de Nehemías en cuanto a guardar la ley de Dios (Neh. 10:17).

ATLAI Nombre de persona que significa "Yahvéh es exaltado". Un hombre que estuvo de acuerdo (Esd. 10:28) en divorciarse de su esposa extranjera obedeciendo el mandato de Esdras, y volvió a ser fiel a Yahvéh.

El Partenón, en la Acrópolis de Atenas

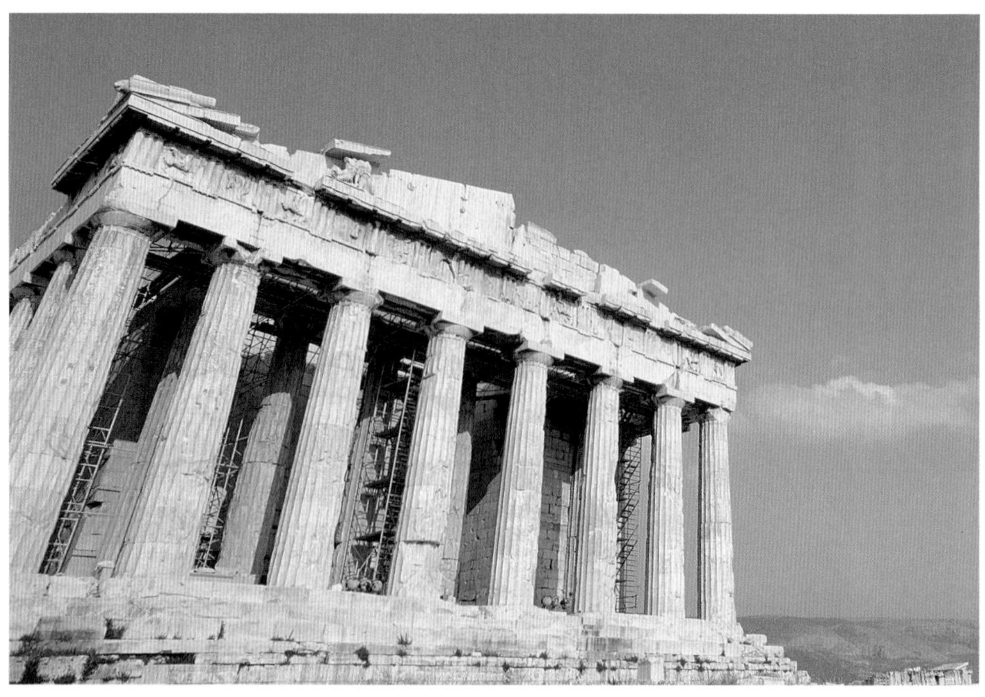

ATRIO DE LOS GENTILES, DE LAS MUJERES, DE LOS ISRAELITAS, DE LOS SACERDOTES Ver *Templo.*

ATROT-BET-JOAB Nombre geográfico que significa "coronas de la casa de Joab". "Descendiente" de Caleb y Hur (1 Crón. 2:54). El nombre aparentemente se refiere a una aldea cerca de Belén.

AUGUSTO Título que significa "reverendo" y que el Senado Romano le otorgó al emperador Octavio (31 a.C.–14 d.C.) en el 27 a.C. Gobernaba el Imperio Romano, incluyendo Palestina, cuando nació Jesús, y ordenó el censo que condujo a José y María hacia Belén (Luc. 2:1). Era hijo adoptivo de Julio César. Nacido en el 63 a.C., obtuvo el poder por primera vez junto con Antonio y Lépido tras la muerte de Julio César en el 44 a.C. Consiguió el poder exclusivo en la batalla de Actio en el 31 a.C. donde derrotó a Antonio y a Cleopatra, quienes se suicidaron. Esto introdujo a Egipto dentro del sistema de provincias romanas. Así fue como fundó el Imperio Romano y gobernó aclamado por el pueblo. Cuando murió, el Senado lo declaró dios. Augusto designó gobernador a Herodes el Grande, aunque éste originariamente respaldó a Antonio. Herodes le edificó templos a Augusto como dios en Cesarea y en Samaria. El título de Augusto se les dio a los sucesores de Octavio como emperadores de Roma. Este título se le aplica a Nerón en Hechos 25:21,25, cuando Pablo apeló a César. En las versiones NVI y LBLA se utiliza el término "emperador".

AUTORIDAD, AUTORIDAD DIVINA El término griego para autoridad es *exousia* tanto en el NT como en la Septuaginta. Aunque a veces se traduce como "poder", *exousia* no se refiere originariamente a la fortaleza o el poder físico (como en *dunamis*) sino al ejercicio justo y legítimo del poder. Una persona tiene autoridad fundamentalmente en virtud de la posición que ocupa y no por la fuerza o la coerción física.

La autoridad se podría caracterizar como intrínseca o bien, delegada. La intrínseca consiste en el dominio que se ejerce por la condición de autoridad innata en esa persona o inherente al oficio que ocupa. Como Dios es el Creador del universo, Él tiene soberanía y dominio sobre todas las cosas. El Dios Triuno posee de manera exclusiva autoridad intrínseca pura. Por otro lado, autoridad

Camafeo de César Augusto.

delegada es la que le otorga quien posee autoridad intrínseca a alguien que desempeña un oficio o lleva a cabo una función. La autoridad delegada no es autoritaria ni innata ni inherente; es una autoridad que deriva de alguien cuya potestad es intrínseca. Toda autoridad es posesión plena de Dios. Toda otra autoridad deriva de Él (Mat. 9:8; Juan 19:11; Rom. 13:1-3; Jud. 25).

Jesús posee la misma autoridad intrínseca que Dios el Padre porque es coigual con Él (Juan 1:1; 10:30; 16:15; Fil. 2:6; Col. 1:16; 2:9-10; Apoc. 12:10). No obstante, debido al modelo único de relaciones dentro de la Trinidad, especialmente durante la encarnación de Jesús, también existe un aspecto en el que su autoridad le fue dada por el Padre (Mat. 9:8; 28:18; Juan 5:22,27; 17:2; Ef. 1:20-22; Fil. 2:9-10; Apoc. 2:27). Dios le ha dado a Jesús autoridad sobre todas las cosas en el cielo y en la tierra (Mat. 28:18). Esta autoridad de Jesús se manifestó en Su encarnación mediante la potestad para perdonar el pecado, proveer salvación, sanar enfermedades, echar fuera demonios y juzgar a la humanidad (Mat. 9:6-8: Mar. 2:10-12; Luc. 4:36; 5:24-25; Juan 5:22-27). Mientras Jesús llevaba a cabo Su ministerio de enseñanza, hablaba con una autoridad que los oyentes reconocían inmediatamente y consideraban ausente en las enseñanzas de los escribas y los fariseos (Mat. 7:28-29; Mar. 1:22; Luc. 4:32). Dicha autoridad reconocida por otros en base a las acciones o el desempeño se puede denominar autoridad ganada.

Autoridad humana Debido a que toda potestad deriva de Dios, los creyentes deben someterse a las estructuras de autoridad que Dios ha establecido. La sumisión a las autoridades que Dios ha designado fluye de la sumisión a Dios mismo. Los patrones de autoridad son necesarios en todo aspecto de las relaciones humanas. Parte de esta clase de autoridad es posicional ya que se ejerce en virtud de la posición que sostiene un individuo y no en la autoridad innata que posea. Dios ordenó que los gobiernos civiles tengan autoridad sobre los ciudadanos (Luc. 19:17; Rom. 13:1-7; 1 Tim. 2:2; Tito 3:1; 1 Ped. 2:13-14). Él estableció patrones de autoridad dentro de las relaciones familiares (1 Cor. 7:4; Ef. 5:21-25; 6:1-4). Las Escrituras también instituyen un modelo de autoridad en las relaciones laborales y sociales (Mat. 8:9; Luc. 7:8; Ef. 6:5-9; 1 Tim. 2:12).

Dios también estableció un orden de autoridad en los asuntos espirituales. La Biblia es la Palabra de Dios, por lo tanto, habla con autoridad divina (2 Tim. 3:16; 2 Ped. 1:21-22; 1 Tes. 4:1-2). Afirma la autoridad apostólica de los primeros discípulos (Mat. 10:1; Mar. 3:15; 6:7; Luc. 9:1; 2 Cor. 10:8; 13:10; 1 Tes. 2:6) y la de otros líderes de la iglesia (Heb. 13:7,17). Dios también estableció la autoridad de ciertos seres espirituales incluyendo los ángeles, Satanás y otros seres en el tiempo del fin (Luc. 4:6; Ef. 2:2; 3:10; 6:11-12; Col. 1:16; 2:15; Apoc. 6:8; 9:3, 10,19; 14:18; 16:9; 18:1).

Los creyentes tienen la obligación de someterse a quienes Dios ha designado para que sirvan como líderes. Rebelarse contra las autoridades designadas por Dios es rebelarse contra Dios. Los seres humanos que ejercen autoridad deben hacerlo con humildad, conscientes de que toda autoridad humana temporaria fluye de Dios y que retornará a Él (1 Cor. 15:24-28). Los líderes creyentes no deben hacer alarde de su autoridad sobre los demás sino poner en práctica el liderazgo de siervo que ejemplificó Jesucristo (Mat. 20:25-28; Mar. 10:42-45; Luc. 22:25-26; 1 Ped. 5:1-3). *Steve W. Lemke*

AVA Pueblo que conquistaron los asirios y al que establecieron en Israel para reemplazar a los israelitas que se habían llevado al exilio (2 Rey. 17:24). Sus dioses no los ayudaron a enfrentar a los asirios y esto se pudo utilizar como ejemplo para inducir a Jerusalén a rendirse (2 Rey. 18:34, donde Iva se refiere al mismo pueblo; comp. 2 Rey. 19:13). Aparentemente Ava estaba en Siria, aunque se desconoce su origen. Algunos sugieren que podría ser Tell Kafr Ayah sobre el Río Orontes. Los aveos que hicieron al dios Nibhaz (2 Rey. 17:31) tal vez correspondan a este grupo humano.

AVARICIA Deseo excesivo o reprensible de adquirir algo, codicia. La avaricia de los hijos de Elí, que tomaban la mejor parte de los sacrificios, los descalificó del sacerdocio (1 Sam. 2:29). Oseas condenó a los sacerdotes que tenían codicia de la iniquidad del pueblo (4:8), es decir, que codiciaban las ofrendas por el pecado.

Jesús advirtió contra toda clase de avaricia (Luc. 12:15). Según el parámetro de Pablo para el ministerio cristiano, no había pretexto para la avaricia (1 Tes. 2:5; 1 Tim. 3:3,8). Esta denotaba un estilo de vida pagano o gentil (Ef. 4:19).

AVELLANO Traducción de una palabra que en realidad significa "almendro" (Gén. 30:37).

AVÉN Sustantivo hebreo que significa "maldad", utilizado en nombres de lugares para indicar que Israel entendía que ese sitio era un lugar de idolatría. **1.** Se refiere a On o a Heliópolis, de Egipto (Ezeq. 30:17). **2.** Se refiere a importantes centros de adoración de Israel tales como Bet-el y Dan (Os. 10:8). **3.** Se refiere a un valle, tal vez reemplazando nombres popularmente conocidos como en el caso de Bet-avén por Bet-el (Jos. 7:2; 18:12). Ver *Bet-avén.*

AVENTAR Paso en el procesamiento del grano mediante el cual este se separa de las partes no comestibles. Los tallos se arrojan al aire y el viento sopla la hojarasca y la paja, en tanto que el grano puro más pesado vuelve a caer al suelo (Isa. 30:24). Juan el Bautista utilizó la acción de aventar como analogía del juicio de Dios cuando el Señor separe a los impíos de los justos (Mat. 3:12). Ver *Agricultura.*

AVES Desde Génesis hasta Apocalipsis la Biblia incluye aprox. 300 referencias a aves. La gran conciencia que el pueblo hebreo tenía de la vida de las aves se refleja en los distintos nombres hebreos y griegos que se utilizaban para los pájaros, tanto en forma general como específica. Aunque los nombres de las aves son difíciles de traducir, muchas se pueden identificar a partir de las descripciones que se dan en las Escrituras.

Aparecen varios términos generales. En el AT, el término hebreo *'oph*, el más general en relación a las aves, se utiliza de manera colectiva para referirse a las criaturas voladoras o aves, como así también a los insectos alados. El término *'oph* aparece reiteradamente en la narración de la creación en Gén. 1 y 2 (Gén. 1:20-22, 26,28,30; 2:19,20). Génesis 6:20 señala la división de las aves en especies. Levítico 20:25 las divide en limpias e inmundas. Levítico 11:13-19 y Deut. 14:12-18 enumera las que los hebreos consideraban inmundas y que, en consecuencia, no se debían comer. Todas las aves de presa, incluyendo águilas, buitres y halcones se consideraban inmundas.

Un segundo término utilizado en el AT para las aves es *tsippor*. Al igual que *'ohp*, *tsippor* se puede referir a aves de toda clase (Gén. 7:14; Deut. 4:17) pero generalmente indica aves de caza (Sal. 124:7; Prov. 6:5) o aves encaramadas (paseriformes, Sal. 102:7; Dan. 4:12). El nombre de la esposa de Moisés (Séfora) deriva del término *tsippor*.

En el NT, el término griego *peteinon* se utiliza para aves en general (Mat. 6:26; 8:20; 13:4; Luc. 9:58; 12:24; Hech. 10:12; 11:6; Rom. 1:23). El término *orneon* se usa en Apocalipsis para describir la totalidad de la destrucción de Babilonia (18:2) y para referirse a las aves carnívoras (19:17,21).

Algunas de las aves mencionadas son: gallo, paloma, águila, avestruz, codorniz, cuervo, gorrión y buitre. Ver otros nombres de aves individuales en la lista alfabética del diccionario.

Aves abominables Las aves abominables están en la lista de 20 pájaros que los israelitas no debían consumir (Lev. 11:13-19). La razón de la exclusión de estas aves no es clara. Algunos han sugerido que estaban prohibidas porque se asociaban con la adoración a ídolos. Otros han propuesto que estaban excluidas porque comían carne con sangre y estaban en contacto con cuerpos muertos, ambas cosas motivo de que una persona fuera ritualmente impura (Lev. 7:26; 17:13,14; 21:1-4,11; 22:4; Núm. 5:2,3; 6:6-11).

AVESTRUZ El más grande de los pájaros, un ave veloz que no vuela. Un pasaje de Job (39:13-18) describe ciertos hábitos característicos del avestruz. La hembra pone los huevos en la arena. El macho lleva a cabo la mayor parte de la incubación, especialmente durante la noche. Los huevos que no empollan sirven de alimento para la cría. Aunque los padres dejan el nido cuando perciben

Árabes avientan grano a la usanza antigua, utilizando horquetas de madera.

A

peligro, esta táctica de distracción es, en realidad, una medida de protección. No obstante, dichos hábitos tal vez dieron lugar a la idea de que al avestruz no le interesan sus crías (Lam. 4:3). Se enumera entre los animales inmundos (Lev. 11:16; Deut. 14:15), quizá por sus hábitos de alimentación. *Janice Meier*

AVIM, AVEOS 1. Pueblo que vivía en la costa filistea antes de que los filisteos los invadieran alrededor del 1200 a.C. (Deut. 2:23). **2.** Ciudad del territorio correspondiente a la tribu de Benjamín (Jos. 18:23).

AVISPAS Ver *Insectos.*

AVIT Nombre de ciudad que significa "ruina". Ciudad capital de Adad, rey de Edom, antes de que Israel tuviera rey (Gén. 36:35). Se desconoce su ubicación.

AYO Las familias griegas y romanas adineradas a menudo tenían un esclavo que atendía a los varones menores de 16 años. Las responsabilidades más importantes de este ayo eran acompañar a los niños a la escuela y ocuparse de su comportamiento. Además tenía la responsabilidad de disciplinar o castigar al muchacho. Una vez que los niños alcanzaban la madurez, ya no necesitaban los servicios del ayo. El joven a menudo lo recompensaba otorgándole la libertad. Pablo habló de la ley como el ayo del pueblo de Dios hasta que vino Cristo (Gál. 3:23-26). La ley no podía salvar pero, al mostrarnos nuestra injusticia, nos podía llevar al punto de poder tener fe en Cristo (Gál. 3:19; comp. Rom. 7:7-12). La muerte de Cristo no anuló la ley ni tampoco lo hizo el habernos convertido en cristianos. Aún se espera que vivamos conforme a los principios morales de la ley (Rom. 7:12,16; comp. Mat. 5:17-48). Ver *Tutor.*

AYUDA EXTRANJERA Asistencia financiera provista por el gobierno o por los ciudadanos de un país a los habitantes de otra nación en momentos de dificultades económicas. El caso más conocido fue el de la venta de grano por parte del gobierno de Egipto a "toda la tierra" durante la prolongada hambruna en tiempos de José (Gén. 41:57). Probablemente en respuesta a este acontecimiento, Moisés destacó que la bendición de Dios a Israel incluía la promesa condicional de que en el futuro la nación sería suficientemente próspera como para prestarles a otras en lugar de pedir prestado (Deut. 15:6; 28:12).

El NT relata que los cristianos de Antioquía, de Macedonia y de Acaya proveyeron ayuda económica a los creyentes en Judea y Jerusalén (Hech. 11:27-30; Rom. 15:26; 2 Cor. 8:1-7; 9:1-5).

Estos ejemplos sugieren que los cristianos deben estar dispuestos a ayudar en tiempo de necesidad a las personas que viven en otros países, ya sea a través de la iglesia o del gobierno.

AYUDA IDÓNEA Expresión para referirse a la mujer como ayuda particularmente apropiada para el hombre (Gén. 2:18). Las traducciones modernas proveen diversos equivalentes: "ayuda adecuada" (NVI), "ayuda que le corresponda" (LBLA nota al pie). La palabra que se traduce "ayuda" o "compañera" no sugiere subordinación. En otros pasajes se usa el mismo término hebreo para Dios como ayudador (1 Crón. 12:18; Sal. 30:10; 54:4; 121:1) o para indicar aliados militares (Jer. 47:4; Nah. 3:9). La palabra traducida "idónea" destaca que la mujer, a diferencia de los animales (Gén. 2:20), puede ser verdaderamente "una sola carne" con el hombre (2:24); es decir, disfrutar de pleno compañerismo y comunión en la tarea que Dios le encomendó a la humanidad (Gén. 1:27-28).

AYUNO Abstención de ingerir alimentos. La Biblia describe tres formas principales de ayuno. El *ayuno normal* que implica la total abstinencia de alimentos. Lucas 4:2 revela que Jesús "no comió nada", y que después "tuvo hambre". Jesús se abstuvo de comer pero no de beber agua.

En Hech. 9:9, leemos de un *ayuno absoluto* en el que Pablo "no comió ni bebió" durante tres días. La abstinencia de alimentos y agua no parece haber durado más de tres días (Esd. 10:6; Est. 4:16).

El *ayuno parcial* en Dan. 10:3 enfatiza una restricción en la dieta más que una abstinencia completa. El contexto indica que existía algún beneficio físico como resultado de este ayuno parcial. No obstante, el versículo indica que Daniel recibió una revelación como resultado de ese período de ayuno.

Ayunar es dejar de lado el alimento durante un período de tiempo en que el creyente procura conocer a Dios mediante una experiencia más profunda (Isa. 58; Zac. 7:5). Debe llevarse a cabo ante Dios, en la privacidad de la devoción personal (Ex. 34:28; 1 Sam. 7:6; 1 Rey. 19:8; Mat. 6:17).

Se lo vincula con un momento de confesión (Sal. 69:10). Puede ser un período de búsqueda de una más honda experiencia de oración y mayor proximidad a Dios mediante oración continua (Esd. 8:23; Joel 2:12). La iglesia primitiva ayunaba con frecuencia a fin de conocer la voluntad de Dios para el liderazgo de la iglesia local (Hech. 13:2). Cuando la iglesia primitiva quería conocer la mente de Dios, dedicaba tiempo al ayuno y la oración. *C. Robert Marsh*

AZADA Herramienta para aflojar la tierra y quitar la maleza que rodea las plantas cultivadas (Isa. 7:25). Ver *Herramientas.*

AZAI Nombre de persona que significa "propiedad" o forma abreviada de Ocozías, "Yahvéh ha captado". Sacerdote después del regreso del exilio (Neh. 11:13). A veces se identifica con Jazera (1 Crón. 9:12).

AZAL Palabra imprecisa del texto hebreo en Zacarías 14:5. Podría ser el nombre de un lugar probablemente cercano a Jerusalén, una preposición que significa "cerca de" o "al lado de", o un sustantivo que quiere decir "el lado". La NVI la traduce "Asal".

AZALÍA Nombre de persona que significa "Yahvéh ha reservado". Padre de Safán, escriba de Josías (2 Rey. 22:3). Ver *Safán.*

AZÁN Nombre de persona que significa "él ha demostrado ser fuerte". Padre de un representante de la tribu de Isacar, cuando se les asignaron los territorios a las tribus después de que Dios le dio a Israel la tierra prometida (Núm. 34:26).

AZANÍAS Nombre de persona que significa "Yahvéh escuchó". Padre del levita que firmó el pacto de Nehemías comprometiéndose a obedecer la ley de Dios (Neh. 10:9).

AZARAEL Nombre de persona que significa "Dios ayudó". Sacerdote que ejecutaba un instrumento musical en la época de Nehemías (Neh. 13:36), probablemente el mismo que 5. en Azareel.

AZAREEL Nombre de persona con el mismo significado de Azarael. **1.** Soldado de David en Siclag, habilidoso con el arco y la flecha y capaz de arrojar piedras con ambas manos (1 Crón. 12:6). **2.** Líder de un grupo de sacerdotes seleccionado bajo la dirección de David (1 Crón. 25:18). **3.** Líder de la tribu de Dan bajo el reinado de David (1 Crón. 27:22). **4.** Sacerdote que se había casado con una esposa extranjera bajo el liderazgo de Esdras (Esd. 10:41). **5.** Padre de Amasai, jefe de una familia sacerdotal que vivía en Jerusalén en la época de Nehemías (Neh. 11:13).

AZARÍAS Nombre de persona que significa "Yahvéh ha ayudado". **1.** Hijo y sucesor de Amazías como rey de Judá (792–740 a.C.). También llamado Uzías. Ver *Uzías.* **2.** Sumo sacerdote bajo el reinado de Salomón (1 Rey. 4:2) mencionado como hijo de Sadoc (1 Rey. 4:2) o de Ahimaas (1 Crón. 6:9), el hijo de Sadoc (2 Sam. 15:27). Si esto último es cierto, entonces el término hijo en 1 Reyes 4:2 significa descendiente. **3.** Hijo de Natán encargado del sistema establecido a fin de obtener provisiones para la corte provenientes de los 12 gobiernos provinciales (1 Rey. 4:5). Es probable que haya supervisado a quienes se enumeran en 1 Reyes 4:17-19. **4.** Bisnieto de Judá (1 Crón. 2:8). **5.** Miembro de la familia de Jerameel de la tribu de Judá (1 Crón. 2:38-39). **6.** Sumo sacerdote, hijo de Johanán (1 Crón. 6:10). **7.** Sumo sacerdote, hijo de Hilcías (1 Crón. 6:13-14) y padre de Seraías a quien se menciona como padre de Esdras (Esd. 7:1). La lista de Esdras no es completa. Aparentemente se han omitido algunas generaciones. **8.** Miembro de la familia de Coat, los cantores del templo (1 Crón. 6:36). Aparentemente llamado Uzías en 6:24. **9.** Sacerdote hijo de Hilcías (1 Crón. 9:11), puede ser el mismo que 7. arriba. **10.** Profeta, hijo de Obed, cuyo mensaje le dio valor al rey Asa (910–869 a.C.) para restaurar la adoración apropiada en Judá (2 Crón. 15:1-8). **11.** Dos hijos de Josafat, rey de Judá (873–848 a.C.) según 2 Crónicas 21:2. Quizá los muchachos tenían distintas madres y cada una le puso a su hijo el nombre Azarías, que era muy común. **12.** Dos oficiales militares a cargo de 100 hombres que ayudaron al sumo sacerdote Joiada a destituir a Atalía de su posición como reina de Judá, a asesinarla, y luego instalar a Joás como rey (835–796) **13.** Sumo sacerdote que lideró a 80 sacerdotes para que se opusieran al rey Uzías de Judá (792–740) cuando intentó quemar incienso en el templo en lugar

A

de que lo hicieran los sacerdotes. Dios castigó a Uzías con una enfermedad espantosa de la piel (2 Crón. 26:16-21). **14.** Líder de la tribu de Efraín bajo el reinado de Peka de Israel (752–732 a.C.), que rescató a los cautivos que el rey se había llevado de Judá, se ocupó de suplir sus necesidades físicas y los hizo regresar a Jericó (2 Crón. 28:5-15). **15.** Levita cuyo hijo Joel ayudó a purificar el templo bajo el reinado de Ezequías de Judá (715–686) (2 Crón. 29:12-19). **16.** Levita que ayudó a purificar el templo (2 Crón. 29:12-19). Ver 15. arriba. **17.** Sacerdote principal bajo el rey Ezequías quien se regocijó por los diezmos y ofrendas generosas del pueblo (2 Crón. 31:10-13). **18.** Hijo de Meraiot en la lista de sumos sacerdotes y padre de Amarías (Esd. 7:3). Como la lista de Esdras es incompleta, este Azarías podría ser el mismo que 6. arriba. **19.** Ayudante de Nehemías en la reconstrucción del muro de Jerusalén (Neh. 3:23). **20.** Hombre que regresó del exilio con Zorobabel (Neh. 7:7) alrededor del 537 a.C. En Esdras 2:2 se lo llama Seraías. **21.** Hombre que ayudó a Esdras a interpretar la ley ante el pueblo en Jerusalén (Neh. 8:7). **22.** Hombre que colocó su sello sobre el pacto de Nehemías para obedecer la ley (Neh. 10:2). **23.** Líder de Judá, posiblemente sacerdote, que marchó con Nehemías y otras personas sobre los muros de Jerusalén para celebrar que se había finalizado la reedificación de las paredes defensivas de la ciudad (Neh. 12:33). Puede ser cualquiera o todos los correspondientes a 19–22. arriba. **24.** Amigo de Daniel a quien los oficiales persas le cambiaron el nombre por el de Abed-nego. Dios lo libró del horno ardiente (Dan. 1:7; 4:1-30). Ver *Abed-nego; Daniel.* **25.** Hijo de Osaías y líder del pueblo judío, que intentó conseguir que Jeremías les diera una palabra de parte de Dios, indicándoles que fueran a Egipto después de que los babilonios destruyeron Jerusalén. Cuando Jeremías dijo que no fueran, la gente lo acusó de estar mintiendo (Jer. 42:1–43:7). En Jeremías 42:1 aparece con el nombre Jezanías.

AZAZ Nombre de persona que significa "él es fuerte". Descendiente de la tribu de Rubén (1 Crón. 5:8).

AZAZÍAS Nombre de persona que significa "Yahvéh es fuerte". **1.** Levita al que David designó para que ejecutara el arpa para la adoración en el templo (1 Crón. 15:21). **2.** Padre del líder de la tribu de Efraín durante el reinado de David (1 Crón. 27:20). **3.** Supervisor entre los sacerdotes en la época del rey Ezequías (715–686 a.C.) (2 Crón. 31:13).

AZBUC Padre de un Nehemías que reparó Jerusalén bajo el liderazgo de Nehemías, hijo de Hacalías (Neh. 3:16).

AZECA Nombre geográfico que significa "tierra cultivada". Ciudad donde Josué derrotó a la coalición de reyes del sur encabezados por Adonisedec de Jerusalén (Jos. 10:10-11), cuando Dios arrojó piedras desde el cielo sobre los ejércitos que huían. Josué les ordenó al sol y la luna que se detuvieran durante la batalla (Jos. 10:12), y le asignó Azeca a Judá (Jos. 15:35). Los filisteos alinearon sus fuerzas cerca de allí para luchar contra Saúl (1 Sam. 17:1), lo cual dio como resultado el enfrentamiento entre David y Goliat. Roboam, rey de Judá (931–913 a.C.), edificó sus fortalezas (2 Crón. 11:9). La tribu de Judá la ocupó durante la época de Nehemías (Neh. 11:30) luego de haber sido una de las últimas ciudades en caer bajo el dominio de Nabucodonosor de Babilonia en el 588 a.C. (Jer. 34:7). Una de las cartas que se hallaron en Laquis relata la búsqueda de luces de señales provenientes de Azeca pero que no se habían podido ver. Esto podría corresponder a una fecha en el año 588 a.C. Inscripciones asirias probablemente del año 712 a.C. hablan de la ubicación de Azeca sobre una cresta montañosa donde era tan difícil acceder como a un nido de águila, y también demasiado fuerte como para colocar rampas para sitiarla o atacarla con arietes.

La tradición posterior conectó Azeca con la tumba del profeta Zacarías y luego con Zacarías, el padre de Juan el Bautista, a quien se le dedicó un templo de gran tamaño. En consecuencia, el mapa de Madeba de alrededor del 550 d.C. llama a Azeca "Bet Zacarías" o "casa de Zacarías" y coloca allí el dibujo de un templo grande.

Azeca está ubicada en Tell Zakariya, unos 9 km (5,5 millas) al noreste de Bet Govrin encima del Valle de Ela. Las excavaciones demuestran que se ocupó antes del 3000 a.C. y que tuvo una fortaleza poderosa durante el período de los reyes.

AZEL Nombre de persona que significa "noble". Descendiente de Saúl de la tribu de Benjamín y padre de seis hijos (1 Crón. 8:37-38).

AZGAD Nombre de persona que significa "Gad es fuerte". **1.** Familia de la que 1222 de sus miembros (Neh. 7:17 dice 2622) regresaron del exilio en Babilonia a Jerusalén con Zorobabel en el 537 a.C. (Esd. 2:12). Ciento diez más regresaron con Esdras alrededor del 458 a.C. (Esd. 8:12). **2.** Levita que firmó el pacto que hizo Nehemías para obedecer la ley de Dios (Neh. 10:15).

AZIEL Forma abreviada de Jaaziel que aparece en 1 Crónicas 15:20. Ver *Jaaziel.*

AZIZA Nombre de persona que significa "el fuerte". Israelita bajo el liderazgo de Esdras que estuvo de acuerdo en divorciarse de su mujer extranjera para ayudar a que Israel permaneciera fiel a Dios (Esd. 10:27).

AZMAVET Nombre de persona y de lugar que significa "fuerte como la muerte" o "la muerte es fuerte". **1.** Miembro del grupo selecto de los 30 héroes militares de David (2 Sam. 23:31). Vivía en Bahurim. Ver *Bahurim.* **2.** Descendiente de Saúl de la tribu de Benjamín (1 Crón. 8:36 [Azamavet]; 9:42). **3.** Padre de dos líderes militares de David (1 Crón. 12:3), probablemente idéntico a 1. arriba. **4.** Tesorero de la corte de David (1 Crón. 27:25). Él también puede ser idéntico a 1. arriba. **5.** Ciudad posiblemente similar a Bet-azmavet. Cuarenta y dos hombres de esta ciudad regresaron del exilio en Babilonia a Jerusalén con Zorobabel en el 537 a.C. (Esd. 2:24). Allí vivían los levitas que formaban parte del personal del templo como cantores. Aparentemente está cerca de Jerusalén, quizá la moderna Hizmeh, a 8 km (5 millas) al noreste (Neh. 12:29). Ver *Bet-azmavet.*

AZNOT-TABOR Nombre geográfico que significa "orejas de Tabor". Ciudad limítrofe de la tribu de Neftalí (Jos. 19:34). Podría ser la moderna Umm Jebeil cerca del Monte Tabor.

AZOR Nombre de persona correspondiente a un antepasado de Jesús (Mat. 1:13-14).

AZOTES Castigo por medio de latigazos repetidos o golpes con vara(s) o fusta. El AT reconocía los azotes como forma de castigo (Deut. 25:1-3), aunque limitados a un máximo de 40, de manera que el prójimo castigado no fuera degradado. A los niños se los disciplinaba con una vara (Prov. 23:13-14). A veces los azotes eran injustos (Prov. 17:26; Isa. 53:5).

Jesús les advirtió a Sus discípulos que serían azotados (Mat. 10:17; Mar. 13:9) en la sinagoga. Saulo hacía azotar a los cristianos en la época en que perseguía a la iglesia (Hech. 22:19-20). Los apóstoles fueron azotados por orden del Sanedrín (Hech. 5:40). Pablo recibió cinco veces "cuarenta azotes menos uno" a manos de los líderes de la sinagoga (2 Cor. 11:24). También fue golpeado con vara tres veces (11:25), tal vez por los oficiales gentiles en Filipos (Hech. 16:22-23).

AZOTAR Método severo de castigo corporal que incluía palizas y golpes. Por lo general, la víctima era sujetada a un poste o banquillo y los castigos los aplicaba un sirviente de la sinagoga (si era por motivos religiosos) o un esclavo o soldado. Juan 19:1 usa esta palabra para referirse a la golpiza que recibió Jesús antes de Su crucifixión. Mateo y Marcos utilizan una palabra que indica un castigo menor, en tanto que Lucas dice que Pilato ofreció castigar a Jesús (Luc. 23:16), lo que alude a un escarmiento un poco más leve. El número de golpes establecido en Deut. 25:3 era de 40, pero luego se redujeron a 39. Debían aplicarse 13 en el pecho y 26 en la espalda. A menudo la víctima moría como consecuencia de los golpes.

AZOTO Ver *Asdod; Filisteos.*

AZRICAM Nombre de persona que significa "mi ayuda se puso de pie". **1.** Descendiente de David después del exilio (1 Crón. 3:23). **2.** Descendiente de Saúl de la tribu de Benjamín (1 Crón. 8:38). **3.** Padre de un levita que fue líder en la restauración de Jerusalén después del exilio (1 Crón. 9:14). **4.** Oficial a cargo del palacio de Acaz, rey de Judá. Lo mató Zicri, un soldado del ejército israelita, cuando Israel atacó Judá alrededor del 741 a.C. (2 Crón. 28:7).

AZRIEL Nombre de persona que significa "Dios es mi ayuda". **1.** Jefe de una familia de la parte oriental de la tribu de Manasés (1 Crón. 5:24). **2.** Jefe de la tribu de Neftalí bajo el reinado de David (1 Crón. 27:19). **3.** Padre de un oficial de la realeza al que se le ordenó que arrestara a Baruc, el escriba de Jeremías (Jer. 36:26).

A

A

AZUBA Nombre de persona que significa "abandonado". **1.** Reina madre de Josafat (1 Rey. 22:42), rey de Judá (873–848 a.C.). **2.** Primera esposa de Caleb, hijo de Hezrón (1 Crón. 2:18-19).

AZUFRE Forma combustible del sulfuro. Utilizado como medio para la retribución divina (Gén. 19:24; Deut. 29:23; Job 18:15; Sal. 11:6; Isa. 30:33; 34:9; Ezeq. 38:22; Luc. 17:29; Apoc. 14:10; 19:20; 20:10; 21:8). Se encuentra en las orillas del Mar Muerto y puede explotar en llamas cuando los terremotos despiden gases desde el interior de la tierra.

AZUR Nombre de persona que significa "alguien que ha recibido ayuda". **1.** Líder judío que firmó el pacto de Nehemías para obedecer la ley de Dios (Neh. 10:17). **2.** Padre del profeta Ananías de la época de Jeremías (Jer. 28:1). **3.** Padre de Jaazanías, líder judío de Jerusalén que planeó hacer el mal en la época de Ezequiel (Ezeq. 11:1).

Mar de Galilea desde la Iglesia de las Bienaventuranzas

B

BAAL Señor de la religión cananea, considerado el dios de las tormentas, y se lo adoraba como dios de la fertilidad. Constituía una gran tentación para Israel. "Baal" aparece en el AT como sustantivo común que significa "señor, dueño, poseedor o esposo"; como sustantivo propio que se refiere al dios supremo de los cananeos, y frecuentemente como nombre de varón. Según 1 Crónicas 5:5, Baal era descendiente de Rubén, el hijo primogénito de Jacob, y padre de Beera. El rey asirio Tiglat-pileser envió a Baal al exilio. Los registros genealógicos de la familia de Saúl que aparecen en 1 Crónicas 9:35-36 indican que el cuarto hijo de Jehiel se llamaba Baal.

El sustantivo proviene de un verbo que significa casarse o gobernar. La forma verbal aparece 29 veces en el texto hebreo, mientras que el sustantivo se utiliza en 166 ocasiones. El sustantivo aparece en varias formas compuestas correspondientes a nombres propios referentes a lugares donde se adoraban deidades cananeas tales como Baal-peor (Núm. 25:5; Deut. 4:3; Sal. 106:28; Os. 9:10), Baal-hermón (Jue. 3:3; 1 Crón. 5:23) y Baal-gad (Jos. 11:17; 12:7; 13:5). Ver *Canaán.*

James Newell

BAALA Nombre geográfico que significa "esposa, señora" o "residencia de Baal". **1.** Ciudad en el límite norte de la tribu de Judá equiparada a Quiriat-jearim (Jos. 15:9-11). David guardó el arca en ese lugar antes de trasladarla a Jerusalén (1 Crón. 13:6). Está ubicada en la actual Deir el-Azar, 13 km (8 millas) al oeste de Jerusalén. Se la denomina Baala de Judá (2 Sam. 6:2) y puede ser la misma que Quiriat-baal (Jos. 15:60). Ver *Quiriat-jearim.* **2.** Ciudad en la frontera sur de Judá (Jos. 15:29) que puede equivaler a Bala (Jos. 19:3) y a Bilha (1 Crón. 4:29). La tribu de Simeón la ocupó. Se desconoce su ubicación. **3.** Monte en el límite norte de Judá entre Jabneel y Ecrón. Puede ser el Monte Jearim.

BAALA DE JUDÁ Nombre geográfico que significa "Baales de Judá" o "señores de Judá". En 2 Samuel 6:2 se puede leer como "de los señores de Judá" o "partió de Baala de Judá". Si la última lectura es la correcta, entonces Baala de Judá es el nombre del lugar donde estuvo el arca del pacto antes de que David la llevara a Jerusalén.

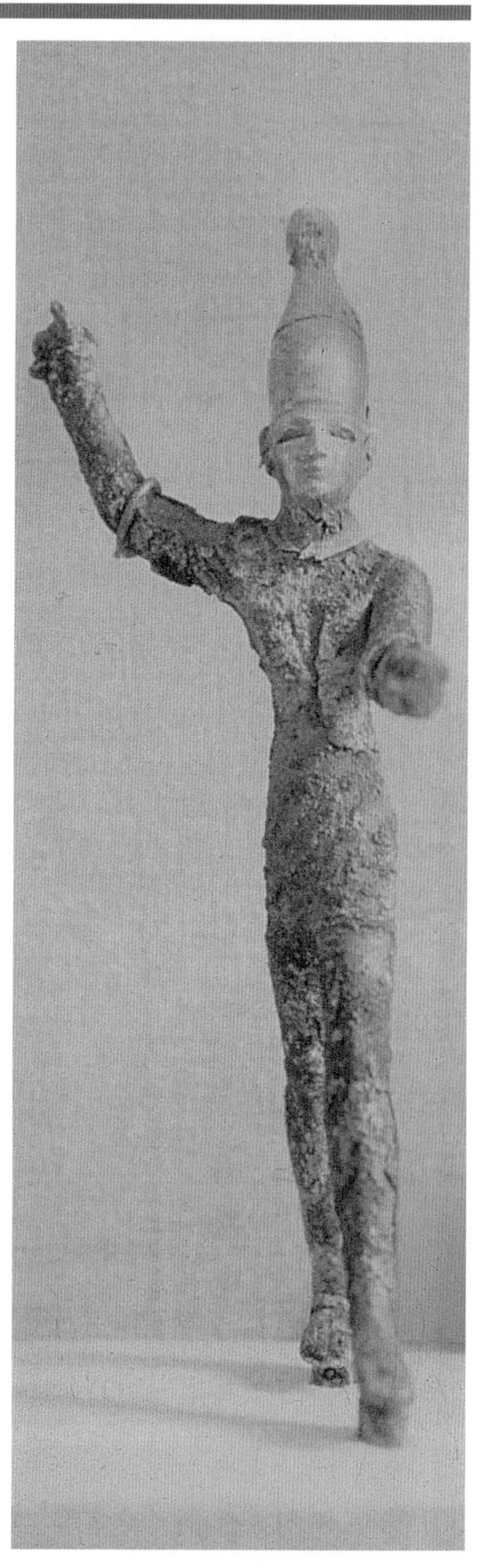

Estatuilla de Baal, dios cananeo de la naturaleza y el clima, de Minet-el-Beida (siglo XV o XIV a.C.).

Primera Crónicas 13:6 denomina al lugar Baala de Judá y lo identifica con Quiriat-jearim. Ver *Quiriat-jearim.*

BAALAT Nombre geográfico que significa "Baal femenino". Ciudad de la herencia original de la tribu de Dan (Jos. 19:44). La misma ciudad que reedificó Salomón u otra diferente (1 Rey. 9:18). Es probable que haya estado cerca de Gezer en el camino hacia Bet-horón y Jerusalén. Algunos identifican la ciudad de Salomón con Bala de Simeón, con Quiriat-jearim o con Baalat-beer.

BAALAT-BEER Nombre geográfico que significa "el baal del pozo" o la "señora del pozo". Ciudad asignada a la tribu de Simeón (Jos. 19:8), identificada con Ramat al sur o Ramat del Neguev. Puede ser idéntica a Baal (1 Crón. 4:33) y/o a Bealot (Jos. 15:24).

BAALBEK Ver *Heliópolis.*

BAAL-BERIT Deidad cananea que aparece en Jueces 8:33 que los israelitas comenzaron a adorar después de la muerte de Gedeón. El nombre significa "señor del pacto", y el templo del dios estaba en Siquem. La identidad exacta de esta deidad no se puede determinar. La designación "señor del pacto" probablemente signifique que se acordó un pacto entre los israelitas y los habitantes de Siquem, y que todos los años se renovaba ante el altar de ese dios. Ver *Siquem.*

BAAL-GAD Nombre geográfico que significa "Baal de Gad" o "señor de Gad". Ciudad que representa el límite norte de las tierras conquistadas por Josué (Jos. 11:17), en el Valle del Líbano al pie del Monte Hermón. Se la ha ubicado en diversos lugares correspondientes a la actual Hasbeya y a Baalbek, más de 80 km (50 millas) al este de Beirut, donde permanecen ruinas imponentes de adoración griega y romana.

BAAL-HAMÓN Nombre geográfico que significa "señor de la abundancia". Lugar donde estaba ubicada la viña de Salomón según Cantares 8:11.

BAAL-HANÁN Nombre de persona que significa "la gracia de Baal". **1.** Rey de Edom anterior a cualquiera de los reyes que gobernaron en Israel (Gén. 36:38). **2.** Oficial bajo el reinado de David que estaba a cargo de los olivos e higueras que crecían en la Llanura de Judá o Sefela (1 Crón. 27:28).

BAAL-HAZOR Nombre geográfico que significa "Baal de Hazor". Aldea donde Absalón, hijo de David, celebró la fiesta de los esquiladores (2 Sam. 13:23). Durante la celebración, Absalón ordenó a sus empleados que asesinaran a su hermano Amnón, quien había violado a su hermana Tamar. La aldea es la actual Jebel Asur, ubicada a 8 km (5 millas) al noreste de Bet-el.

BAAL-HERMÓN Nombre geográfico que significa "Baal de Hermón" o "señor de Hermón". Un monte y una aldea que Israel no pudo conquistarles a los heveos, a quienes Dios había dejado para probar a Israel (Jue. 3:3). Señalaba la frontera sur de los heveos y el límite norte de Manasés (1 Crón. 5:23). Su ubicación se desconoce. Algunos la equiparan con Baal-gad y otros con la actual Banias o Cesarea de Filipo.

BAALI Forma de saludo que significa "mi señor" o "mi Baal". Oseas utilizó un juego de palabras al contemplar el día en que Israel ya no iba a adorar más a Baal (Os. 2:16). Dijo que Israel, la esposa, se iba a referir a Yahvéh, su Dios y esposo, como "mi hombre" (heb. *'ishi*) pero no como "mi señor" (heb. *baali*). Aunque "baal" era una palabra común para señor o esposo, Israel no la podía utilizar porque le hacía recordar muy fácilmente a Baal, el dios cananeo. Ver *Baal; Canaán.*

BAALIM Plural hebreo de Baal.

BAALIS Nombre de persona correspondiente a un rey amonita que envió a Ismael a matar a Gedalías, gobernador de Judá, inmediatamente después de que Babilonia capturara Jerusalén, y que envió al exilio a la mayoría de los habitantes de Judá (Jer. 40:14).

BAAL-MEÓN Nombre geográfico que significa "señor de la residencia" o "Baal de la residencia". Ciudad de la tribu de Rubén edificada al este del Jordán (Núm. 32:38), probablemente sobre la frontera norte del territorio. Alrededor del 830 a.C., el rey Mesa de Moab declara haber reedificado Baal-meón, lo cual implica que en esa fecha la había capturado de manos de los israelitas. Ezequiel 25:9 pronuncia juicio sobre Baal-meón como ciudad de Moab alrededor de la época del exilio en el 587.

Baal-meón está ubicada en la actual Main, 16 km (10 millas) al sudoeste de Hesbón y 16 km (10 millas) al este del Mar Muerto.

BAAL-PEOR En Núm. 25:3 aparece como una deidad de Moab que adoraron los israelitas cuando mantuvieron relaciones sexuales ilícitas con mujeres moabitas. Los culpables fueron gravemente castigados por esta transgresión y el incidente se convirtió en un paradigma del pecado y el juicio divino para las generaciones futuras (Deut. 4:3; Sal. 106:28; Os. 9:10). Ver *Moab; Peor.*

B

BAAL-PERAZIM Nombre geográfico que significa "Señor de los avances" o "Baal de las brechas". Sitio de la primera victoria de David sobre los filisteos después de haberse convertido en rey de todo Israel en Hebrón; allí los capturó y luego los trasladó a Jerusalén (2 Sam. 5:20). Ubicación desconocida. Probablemente corresponda al Monte Perazim (Isa. 28:21).

BAAL-SALISA Nombre geográfico que significa "Baal de Salisa" o "señor de Salisa". Hogar de un hombre anónimo que le llevó primicias a Eliseo para que alimentara a cien hombres (2 Rey. 4:42-44). La "tierra de Salisa" evidentemente se encontraba en el territorio de la tribu de Efraín (1 Sam. 9:4). Baal-salisa puede ser la actual Kefr Thilth, ubicada a 32 km (20 millas) al sudoeste de Siquem. Ver *Salisa.*

BAAL-TAMAR Nombre geográfico que significa "Baal de la palmera" o "señor de la palmera". Lugar donde los israelitas atacaron y derrotaron a la tribu de Benjamín por haber matado a la concubina del levita itinerante (Jue. 20:33). Es probable que quedara cerca de Gabaa. Puede ser Ras et-Tawil, ubicada al norte de Jerusalén.

BAAL-ZEBUB Nombre de una deidad que significa "señor de las moscas". En 2 Rey. 1:2 corresponde a una deidad filistea a la cual el rey israelita Ocozías le pidió ayuda luego de haberse lastimado en una caída. Aunque tal vez los filisteos hayan utilizado este nombre, es más probable que se use en forma intencional para distorsionar el nombre verdadero del dios. El problema de la identificación se complica aún más con las referencias neotestamentarias. Se indica que Jesús utilizó el nombre Beel-zebub para hacer referencia al príncipe de los demonios (Mat. 10:25). Beel-zebub evidentemente es una variación de Baal-zebub. Sin embargo, el texto griego del NT dice Beelzebú. El significado es discutible. Una sugerencia es "señor de la morada". Una segunda opción más probable es "señor del estiércol". Al margen del significado exacto del nombre, Jesús lo utilizó claramente para referirse a Satanás. Ver *Baal; Filisteos; Satanás.*

BAAL-ZEFÓN Nombre geográfico que significa "señor del norte" o "Baal del norte". Sitio de Egipto cercano al lugar donde acampó Israel antes del cruce milagroso del mar (Ex. 14:2,9). La ubicación exacta se desconoce. Algunos sugieren Tell Defenneh, conocida en Egipto como Tahpanhes en la región oriental del delta del Nilo. Ver *Éxodo.*

BAANA Nombre de persona de significado incierto. Algunos han sugerido "hijo del dolor" o "hijo de Anat". **1.** Uno de los gobernadores de distrito de Salomón encargado de proveer alimentos para la corte una vez por año. Su territorio abarcaba la gran llanura central con las famosas ciudades de Bet-seán, Taanac y Meguido (1 Rey. 4:12). **2.** Otro gobernador de distrito en Aser, sobre las laderas del norte de Galilea. Es probable que su padre Husai haya sido "amigo de David" (2 Sam. 15:37; 1 Rey. 4:16). **3.** Padre de Sadoc que reparó los muros de Jerusalén bajo las órdenes de Nehemías (Neh. 3:4). **4.** Capitán del ejército de Is-boset después de la muerte de Saúl y después de que Abner desertara del ejército de David; fue asesinado por Joab. Baana y su hermano mataron a Is-boset y se lo informaron a David, quien a su vez, ordenó que los mataran (2 Sam. 4). **5.** Padre de Heleb, uno de los 30 héroes de David (2 Sam. 23:29). **6.** Hombre que regresó con Zorobabel del cautiverio babilónico alrededor del 537 a.C. (Esd. 2:2). **7.** Uno de los que firmó el pacto de Nehemías en cuanto a obedecer la ley (Neh. 10:27).

BAARA Nombre de persona que significa "ardiendo" o nombre intencionalmente cambiado de alguien que honraba a Baal. Esposa de Saharaim de la tribu de Benjamín (1 Crón. 8:8).

BAASA Rey de Israel que estuvo en guerra contra Asa, rey de Judá (1 Rey. 15:16). Obtuvo el trono de Israel por medio de la violencia. Conspiró contra su antecesor inmediato Nadab, hijo de Jeroboam I, y lo mató (1 Rey. 15:27). Además exterminó a toda la descendencia de Jeroboam

(15:29). Baasa reinó sobre Israel durante 24 años (908–886 a.C.) Tirsa era la ciudad capital. Murió aparentemente por causas naturales y lo sucedió su hijo Ela. Ver *Cronología de la época bíblica; Israel; Tirsa.*

BAASÍAS Nombre de persona con significado desconocido. Levita antepasado de Asaf (1 Crón. 6:40).

BABEL Palabra hebrea que significa "confusión", derivada de una raíz cuyo significado es "mezclar". Fue el nombre que se le dio a la ciudad que construyeron los descendientes desobedientes de Noé a fin de no ser dispersados por toda la tierra (Gén. 11:4,9). Babel también es la palabra hebrea para Babilonia.

La torre y la ciudad que edificaron tenían la intención de ser un monumento al orgullo humano ya que intentaron hacerse "un nombre" (Gén. 11:4). También era un monumento a la desobediencia constante de la humanidad. Se les había ordenado que llenaran la tierra, pero intentaban evitar ser dispersados hacia otros lugares (Gén. 9:1; 11:4). Además, era un monumento al talento humano en ingeniería ya que las técnicas para su edificación describían el uso de ladrillos de barro cocidos para sustituir la piedra. El betún, que se encontraba en forma relativamente abundante en el Valle de la Mesopotamia, se utilizaba para unir los ladrillos.

En la región de Babilonia se han hallado ruinas de varias torres de templos denominadas zigurats. Es posible que el tema de esta narración sea las ruinas de la gran torre del templo a Marduk que se encuentra en el centro de la antigua Babilonia.

Dios confundió el idioma de la gente con el propósito de poner fin a esta tarea monumental. El escritor inspirado aparentemente consideró que esta fue la base del origen de los diferentes idiomas del mundo. Cuando los constructores ya no se pudieron comunicar más entre sí, huyeron llenos de miedo. La ciudad de Babilonia se convirtió para los escritores del AT en el símbolo de la rebelión total contra Dios, y continuó siendo así en el NT (Apoc. 17:1-5). Ver *Babilonia.*

Robert L. Cate

BABILONIA Ciudad-estado del sur de la Mesopotamia durante la época del AT que finalmente se convirtió en un gran imperio que absorbió a la nación de Judá y destruyó Jerusalén.

Historia La ciudad de Babilonia se fundó en un momento desconocido de la antigüedad sobre el Río Éufrates, alrededor de 80 km (50 millas) al sur de la actual Bagdad. Los nombres españoles "Babilonia" y "Babel" (Gén. 10:10; 11:9) se traducen de la misma palabra hebrea (*babel*). Es probable que Babilonia haya sido un centro cultural importante durante el período de las primeras ciudades-estado sumerias (antes del 2000 a.C.), pero los niveles arqueológicos correspondientes a ese sitio se encuentran bajo capas freáticas actuales y permanecen inexplorados.

Babilonia surgió del anonimato poco después del 2000 a.C., un período aproximadamente contemporáneo al de los patriarcas hebreos. En esa época se estableció en la ciudad un reino independiente bajo una dinastía de occidentales semíticos o amorreos. Hammurabi (1792–1750 a.C.), el sexto rey de esta primera dinastía babilónica, levantó un imperio de extensión considerable mediante tratados, vasallaje y conquistas. A partir de ese momento, Babilonia fue considerada la sede política de la Mesopotamia del sur, la región denominada Babilonia. La dinastía amorrea de Babilonia alcanzó su clímax bajo el reinado de Hammurabi. No

Relieve de Nabónido (556–539 a.C.), rey de Babilonia, cuando esta cayó ante Ciro. Aquí Nabónido está ante emblemas del dios de la luna, el dios del sol, y el dios de la guerra y el amor.

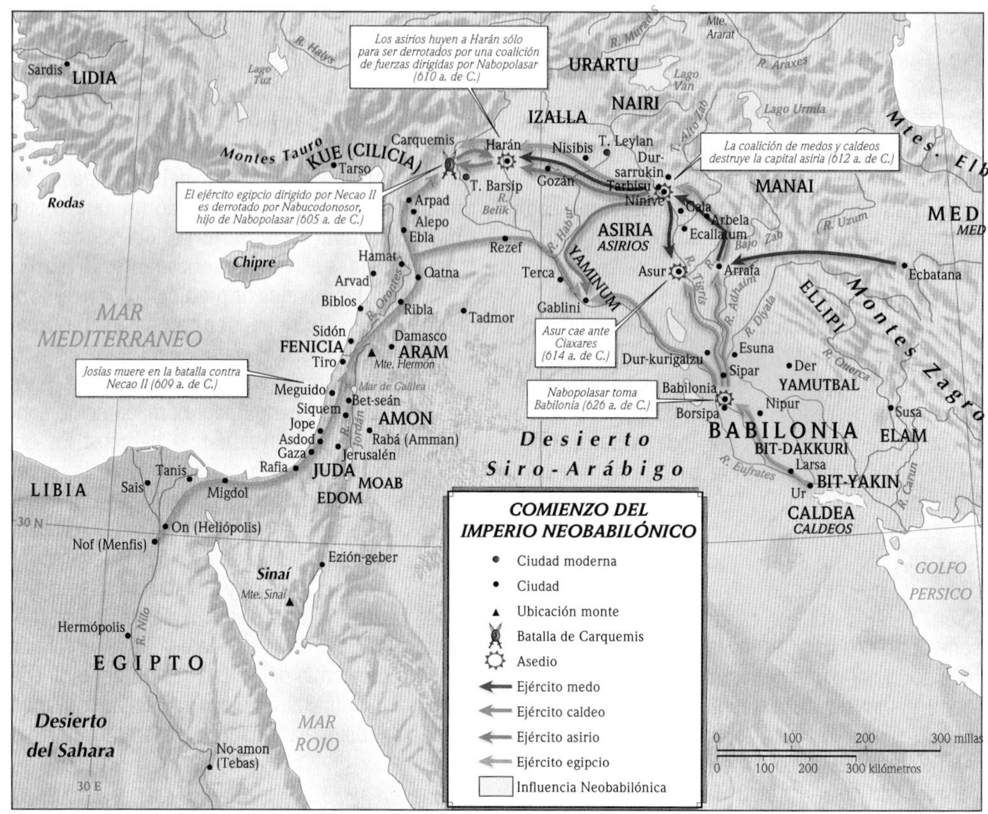

obstante, los gobernantes subsiguientes vieron que su alcance iba disminuyendo hasta que, en el 1595 a.C., los hititas (heteos) saquearon Babilonia. Después de su retirada, miembros de la tribu kasita tomaron el trono. La dinastía kasita gobernó durante más de cuatro siglos, un período de relativa paz pero de estancamiento. Poco se sabe hasta alrededor del 1350 a.C., cuando los reyes babilónicos mantuvieron correspondencia con Egipto y lucharon frente al creciente poder de Asiria en el norte. Después de un breve resurgimiento, la dinastía kasita llegó a su fin con la invasión elamita en el 1160 a.C.

Cuando los elamitas se retiraron hacia su tierra natal iraní, príncipes nativos de la ciudad babilónica de Isin fundaron la cuarta dinastía babilónica. Después de un breve período de gloria en el que Nabucodonosor I (aprox. 1124–1103 a.C.) invadió Elam, Babilonia entró en una era oscura durante la mayor parte de los dos siglos subsiguientes. Las inundaciones, el hambre, un amplio establecimiento de tribus nómadas arameas y la llegada de los caldeos desde el sur plagaron Babilonia durante este período de confusión.

Durante la época del Imperio Asirio, Babilonia estuvo dominada por este belicoso vecino del norte. Una disputa entre dinastías que tuvo lugar en Babilonia en el 851 a.C. provocó la intervención del rey asirio Salmanasar III. Los reyes babilónicos continuaron siendo independientes pero nominalmente sujetos a la "protección" asiria.

Una serie de golpes de estado en Babilonia impulsaron al asirio Tiglat-pileser III a entrar en la ciudad en el 728 a.C. y proclamarse rey bajo el título real de Pulu (Pul en 2 Rey. 15:19; 1 Crón. 5:26). Al año siguiente murió. Para el 721 a.C. el caldeo Marduk-apal-iddina, Merodac-baladán del AT, gobernaba Babilonia. Con el respaldo de los elamitas resistió las arremetidas del asirio Sargón II en el 720 a.C. Babilonia consiguió una independencia momentánea, pero en el 710 a.C. Sargón volvió a atacar. Merodac-baladán fue obligado a huir a Elam. Sargón, tal como lo había hecho Tiglat-pileser antes que él, tomó el trono de Babilonia. En el 705 a.C., ni bien Sargón murió, Babilonia y otras naciones, incluyendo Judá bajo el reinado de Ezequías, se rebelaron contra el dominio asirio. Merodac-baladán había regresado de Elam a Babilonia.

Es probable que en este contexto haya enviado emisarios ante Ezequías (2 Rey. 20:12-19; Isa. 39). En el 703 a.C., el nuevo rey asirio Senaquerib atacó Babilonia. Derrotó a Merodac-baladán, quien volvió a huir. Finalmente murió en el exilio. Después de un período de considerable intriga en Babilonia se desencadenó otra revolución contra Asiria propiciada por los elamitas. Como venganza, Senaquerib destruyó la ciudad sagrada de Babilonia en el 698 a.C. Los babilonios interpretaron que su muerte, llevada a cabo por sus propios hijos (2 Rey. 19:37) en el 681 a.C., fue un juicio divino producto de este ataque impensable.

Esar-hadón, hijo de Senaquerib, inmediatamente comenzó a reedificar Babilonia a fin de ganarse la lealtad del pueblo. Luego de su muerte, el príncipe coronado Asurbanipal gobernó en Asiria, mientras que otro hijo ascendió al trono de Babilonia. Todo anduvo bien hasta el 651 a.C., cuando el rey babilónico se rebeló contra su hermano. Asurbanipal finalmente prevaleció y fue coronado rey de una Babilonia resentida.

El domino asirio pereció con Asurbanipal en el 627 a.C. Al año siguiente Babilonia cayó en manos del jefe caldeo Nabopolasar, primer rey del Imperio Neobabilónico. En el 612, con la ayuda de los medos, los babilonios saquearon Nínive, la capital asiria. Los remanentes del ejército asirio se reunieron en Harán en la región norte de Siria que fue abandonada ante el acercamiento de los babilonios en el 610 a.C. No obstante, Egipto desafió a Babilonia en cuanto al derecho de heredar el imperio de los asirios. El faraón Necao II, con lo último de los asirios (2 Rey. 23:29-30), fracasó en su intento de retomar Harán en el 609. En el 605 a.C., las fuerzas babilónicas bajo las órdenes del príncipe coronado Nabucodonosor aplastaron a los egipcios en la decisiva Batalla de Carquemis (Jer. 46:2-12). Sin embargo, la arremetida babilónica se retrasó con la muerte de Nabopolasar, que obligó a su hijo Nabucodonosor a regresar a Babilonia para asumir el mando.

En los años 604 y 603 a.C., Nabucodonosor II (605–562 a.C.), rey de Babilonia, realizó una campaña a lo largo de la costa de Palestina. En ese momento, el rey de Judá Joacim se convirtió contra su voluntad en vasallo de Babilonia. Es probable que una derrota babilónica en la frontera de Egipto en el 601 haya alentado a Joacim para rebelarse. Judá padeció durante dos años los ataques de los vasallos babilónicos (2 Rey. 24:1-2). Finalmente, en diciembre del 598 a.C., Nabucodonosor marchó contra Jerusalén. Joacim murió ese mismo mes y su hijo Joaquín le entregó la ciudad a los babilonios el

Relieve pintado de la famosa Puerta de Ishtar, en Babilonia.

Reconstrucción de la antigua Babilonia.

16 de marzo del 597 a.C. Muchos judíos, incluyendo la familia real, fueron deportados a Babilonia (2 Rey. 24:6-12). Joaquín finalmente fue liberado, tras lo cual fue tratado como rey en el exilio (2 Rey. 25:27-30; Jer. 52:31-34). Textos excavados en Babilonia muestran que se le asignaron raciones a él y a sus cinco hijos.

Nabucodonosor designó a Sedequías para que gobernara sobre Judá. Contrariando las protestas de Jeremías, pero con promesas de ayuda egipcia, Sedequías se rebeló contra Babilonia en el 589 a.C. En la campaña babilónica que se produjo como resultado, Judá fue devastada y Jerusalén sitiada. Una campaña frustrada del faraón Ofra le dio un corto respiro a Jerusalén, pero el ataque se desencadenó nuevamente (Jer. 37:4-10). La ciudad cayó en agosto del 587 a.C. Sedequías fue capturado, Jerusalén incendiada y el templo destruido (Jer. 52:12-14). Muchos judíos más fueron llevados al exilio en Babilonia (2 Rey. 25:1-21; Jer. 52:1-30).

Nabucodonosor no sólo se destaca por sus conquistas militares sino también por su programa de reedificación masiva en Babilonia. La ciudad se extendió más allá del Éufrates y estaba rodeada por una muralla exterior de 18 km (11 millas) de largo que incluía los suburbios y el palacio de verano de Nabucodonosor. La muralla interior era lo suficientemente ancha como para que pasaran dos carros de lado a lado. Se podía entrar por ocho puertas, de las cuales la más famosa era la puerta del norte llamada Ishtar, utilizada todos los años para celebrar el Año Nuevo y decorada con figuras de dragones y toros en relieve sobre ladrillos esmaltados. El camino que llevaba hacia esta puerta estaba delimitado por altos muros decorados con leones, en ladrillo glaseado, detrás de los cuales se encontraban ciudadelas defensivas. Dentro de la puerta se encontraba el palacio principal que Nabucodonosor había edificado con una inmensa habitación para el trono. Un sótano con fustes ubicado en el palacio probablemente haya servido como

Ruinas de los jardines colgantes de Babilonia (actualmente Iraq), una de las siete maravillas del mundo antiguo.

subestructura de los famosos "Jardines Colgantes de Babilonia" que algunos escritores clásicos describen como una de las maravillas del mundo antiguo. Babilonia tenía muchos templos. El más importante era Esagila, el templo de Marduk, el dios patrono de la ciudad. Reedificado por Nabucodonosor, estaba espléndidamente decorado en oro. Justo al norte de Esagila se encontraba la inmensa torre escalonada de Babilonia, un zigurat denominado Etemenanki y su recinto sagrado. Los siete pisos que tenía probablemente se elevaban unos 90 m (300 pies) por encima de la ciudad. Es indudable que Babilonia impresionó en gran manera a los judíos que fueron llevados cautivos y que proporcionó oportunidades económicas sustanciales.

Nabucodonosor fue el rey más grandioso del período neobabilónico y el último gobernante verdaderamente grande de Babilonia. Sus sucesores fueron insignificantes en comparación con él. Lo sucedió su hijo Awel-marduk (561–560 a.C.), el Evil-merodac del AT (2 Rey. 25:27-30), Neriglissar (560–558 a.C.) y Labashi-Marduk (557 a.C.), asesinado cuando era sólo un niño. Nabónido (556–539 a.C.), el último rey de Babilonia, fue una figura enigmática que parece haberle dado más importancia al dios luna, llamado Sin, que al dios nacional Marduk. Trasladó durante 10 años su residencia a Tema en el desierto Siro-arábigo, y dejó como regente de Babilonia a su hijo Belsasar (Dan. 5:1). Nabónido regresó a una capital dividida en medio de una amenaza de parte de los medos y los persas que se habían unido. En el 539 a.C., Ciro II de Persia (el Grande) entró en la ciudad sin batalla de por medio. De este modo concluyó el papel dominante de Babilonia dentro de la política del Cercano Oriente.

Babilonia permaneció como importante centro económico y capital provincial durante el período del gobierno persa. El historiador griego Herodoto, quien visitó la ciudad en el 460 a.C., pudo señalar que "sobrepasa en esplendor a cualquier ciudad del mundo conocido". Alejandro Magno, conquistador del Imperio Persa, se embarcó en un programa de reconstrucción de Babilonia que se interrumpió con su muerte en el 323 a.C. Después de Alejandro, la ciudad declinó económicamente pero continuó siendo un centro religioso importante hasta la época del NT. El lugar quedó desierto para el año 200 d.C.

En el pensamiento judeo-cristiano, la metrópolis de Babilonia, al igual que la torre de Babel, se convirtió en un símbolo de la decadencia del

Emplazamiento de la antigua ciudad de Babilonia, actualmente Iraq.

hombre y el juicio de Dios. "Babilonia" en Apocalipsis 14:8; 16:19; 17:5; 18:2; y probablemente en 1 Pedro 5:13 se refiere a Roma, la ciudad que personificaba esta idea para los primeros cristianos.

Religión La religión babilónica es la variante más conocida de un sistema de creencia complejo y altamente politeísta que era común a lo largo de la Mesopotamia. De los miles de dioses reconocidos, sólo unos 20 eran importantes en la práctica. A continuación se hace un repaso de los más importantes.

Anu, Enlil y Ea eran deidades patronas de las antiguas ciudades sumerias, y a cada uno se le concedía dentro de su dominio una parte del universo. Anu, el dios del cielo y dios patrono de Uruk ("Erec" bíblica, Gén. 10:10) no desempeñaba un papel importante. Enlil de Nipur era el dios de la tierra. El dios de Eridu, Ea, era señor de las aguas subterráneas y dios de los artesanos.

Marduk también fue considerado uno de los gobernantes del cosmos después del surgimiento político de Babilonia. Hijo de Ea y dios patrono de Babilonia, comenzó a ganar posición de prominencia dentro de la religión local en la época de Hammurabi. En períodos subsiguientes, Marduk (el Merodac de Jer. 50:2) fue considerado el dios principal y se le dio el título de Bel (equivalente al término cananeo para Baal), que significa "señor" (Isa. 46:1; Jer. 50:2; 51:44). Nabu, el hijo de Marduk (el Nebo de Isa. 46:1), dios de la ciudad cercana de Borsippa, era considerado dios de la escritura y de los escribas, y llegó a ser especialmente exaltado durante el período neobabilónico.

Las deidades astrales, los dioses asociados con los cuerpos celestes, incluían al dios sol Shamash, el dios luna Sin, e Ishtar, la diosa de la estrella de la mañana y el crepúsculo (la Afrodita griega y la Venus romana). Sin era el dios patrono de Ur y Harán, ambos asociados con los orígenes de Abraham (Gén. 11:31). Ishtar, la cananea Astoret/Astarot (Jue. 10:6; 1 Sam. 7:3-4; 1 Rey. 11:5), tenía un templo importante en Babilonia y era conocida popularmente como "reina del cielo" (Jer. 7:18; 44:17-19).

Otros dioses estaban asociados con ciudades nuevas o bien con ninguna. Adad, el Hadad cananeo, era el dios de las tormentas y, en consecuencia, tanto beneficioso como destructivo. Ninurta, el dios de la guerra y la caza, era patrono de Cala, capital de Asiria.

Se conocen muchos mitos relacionados con los dioses babilónicos. El más importante es el "elish" Enuma o Epopeya de la Creación. Este mito se originó en Babilonia, donde uno de sus objetivos era demostrar la manera en que Marduk se había convertido en el dios más importante. Cuenta acerca de una batalla cósmica en la que otros dioses eran impotentes mientras Marduk mataba a Tiamat (la diosa del mar, representante del caos). Ea creó a la humanidad a partir de la sangre de otro dios asesinado. Finalmente, Marduk fue exaltado e instalado en su templo de Babilonia denominado Esagila.

La Enuma (epopeya) se recitaba y representaba como parte de la fiesta de Año Nuevo en Babilonia que duraba doce días. Durante la celebración las estatuas de otros dioses llegaban de otras ciudades para "visitar" a Marduk en Esagila. El rey también realizaba penitencia ante Marduk y "tomaba la mano de Bel" en una procesión ceremonial que salía de la ciudad por la Puerta de Ishtar.

Se creía que los dioses residían en localidades cósmicas pero que también estaban presentes en las imágenes o los ídolos que los representaban, y que vivían en el templo tal como lo hace un rey en su palacio. Las imágenes de madera recubiertas de oro tenían forma humana, estaban vestidas con una variedad de vestiduras rituales y se les daba de comer tres veces por día. En algunas ocasiones, las imágenes se acarreaban en procesiones ceremoniales o se llevaban para visitar diferentes santuarios. Para una persona promedio era difícil conocer el significado de dichas imágenes y los templos de los diversos dioses, y aun más difícil afirmar la clase de consuelo o ayuda que podía esperar mediante la adoración. No obstante, parece claro que, más allá de las expectativas de buena salud y éxito en la vida terrenal, la persona carecía de esperanza eterna. Ver *Babel; Hammurabi.* *Daniel C. Browning (h)*

BACBACAR Levita que vivió en Judá después del exilio (1 Crón. 9:15).

BACBUC Nombre de persona que significa "botella". Levita que sirvió en el templo después de regresar con Zorobabel del exilio babilónico alrededor del 537 a.C. (Esd. 2:51; Neh. 7:53).

BACBUQUÍAS Nombre de persona que significa "botella de Yahvéh". Líder de los levitas de Jerusalén después del exilio (Neh. 11:17; 12:9, 25).

BAHURIM Nombre geográfico que significa "hombre joven". Aldea en el camino de Jerusalén a Jericó en el territorio correspondiente a la tribu de Benjamín. David le ordenó a Isboset, hijo de Saúl, que enviara de regreso a Mical, hija de Saúl y esposa de David. Is-boset se la quitó a su esposo Paltiel quien la siguió llorando hasta Bahurim, lugar donde el general Abner lo obligó a regresar a su casa (2 Sam. 3:16). Cuando David huía de su hijo Absalón, un pariente de Saúl llamado Simei lo encontró en Bahurim, lo maldijo y le arrojó piedras a quienes lo acompañaban. David impidió que fuera castigado inmediatamente (2 Sam. 16:5; 19:16). Dos mensajeros que llevaban mensajes secretos de los sacerdotes en relación con Absalón se escondieron de los siervos de este hombre en Bahurim (2 Sam. 17:18). Salomón obedeció las órdenes de David e hizo que mataran a Simei de Bahurim (1 Rey. 2:8-9,36-46). Azmavet, uno de los soldados valientes de David, era de Bahurim (1 Crón. 11:33), que probablemente estaba ubicada en la actual Ras et-Tmim, al este del Monte Scopus cerca de Jerusalén.

BAJO RELIEVE Traducción que describe las volutas labradas sobre las basas de bronce del lavacro en el templo de Salomón (1 Rey. 7:29; "repujadas" en NVI). Tenían el aspecto de una guirnalda y es probable que hayan estado recubiertas de oro.

BALA Nombre geográfico que significa "usado, gastado". Ciudad del territorio de la tribu de Simeón (Jos. 19:3), aparentemente Baala (Jos. 15:29) y Bilha (1 Crón. 4:29). Su ubicación al sudoeste de Judá se desconoce.

BALAAM Profeta que no pertenecía a Israel a quien el rey moabita Balac prometió pagarle sus honorarios si maldecía a los israelitas que lo estaban invadiendo.

Antiguo Testamento Balaam era uno de los numerosos profetas de las religiones orientales que adoraban a todos los dioses de la tierra. Muchos de estos maestros falsos gozaban de gran poder e influencia. Cuando pronunciaban una bendición o maldición, se lo consideraba verdadera profecía. Cuando Moisés guió al pueblo por el desierto, Dios le ordenó que no atacara Edom ni Moab (Deut. 2:4-9), y no lo hizo. Cuando Edom atacó, Israel fue por otro camino (Núm. 20:21). El rey Balac de Moab se enfrentó con la invasión de Israel cuando la gran nación viajaba hacia el norte por la ribera oriental del Jordán. Balac buscó una estrategia para detener a Moisés en lugar de recurrir a la batalla. Decidió utilizar a un profeta para que maldijera a Israel. Escogió a Balaam, y el rey Balac envió a sus mensajeros con dinero para asegurarse los servicios del profeta. Este le pidió permiso a Dios para maldecir a Israel. El permiso le fue denegado pero Balaam viajó para reunirse y hablar con Balac. El asna de Balaam le habló durante el viaje mientras atravesaban un sendero estrecho (Núm. 22:21-30; 2 Ped. 2:16). Allí Balaam entendió claramente que la espada blandida de un ángel lo estaba obligando a obedecer a fin de que solamente le diera a Balac el mensaje de Dios. Posteriormente, Balaam insistió mediante cuatro mensajes vívidos que Dios iba a bendecir a Israel (Núm. 23–24). Dios utilizó a este profeta para predicar la verdad. Inclusive habló acerca de una estrella y un cetro futuros (Núm. 24:17), una profecía finalmente cumplida en la venida de Jesús como el Mesías. Las acciones de Balac desencadenaron la ira de Dios sobre Moab (Deut. 23:3-6). Balaam, que murió en una batalla contra los madianitas (Núm. 31:8; Jos. 13:22), no pudo maldecir a Israel pero instruyó a los moabitas a inducir a los hombres de Israel para que participaran en la adoración a Baal y su inmoralidad. Dios iba a castigar a Israel por esto. Lo que Balaam no pudo concretar con una maldición lo logró a través de medios de seducción.

Nuevo Testamento Pedro advirtió contra los falsos maestros y describió la destrucción que iban a padecer. Hizo referencia a los ángeles caídos, a la destrucción de los incrédulos con agua en la época de Noé, y al juicio de fuego derramado sobre las inicuas Sodoma y Gomorra en los días de Lot. Pedro describió a la generación de falsos maestros de su época como personas que tienen los ojos llenos de adulterio y que nunca dejan de pecar seduciendo a los débiles. Dijo además que estaban bajo maldición por ser expertos en la codicia. Pedro declaró que abandonaron el camino recto y siguieron el camino de Balaam (2 Ped. 2:15). En Apocalipsis 2:14 se elogia a la iglesia de Pérgamo por su fidelidad en medio de la persecución, pero también se le advierte que algunos siguieron a Balaam al ofrecer carne a los ídolos y practicar la inmoralidad.

Lawson G. Hatfield

BALAC En Números 22:2, el rey moabita que envió a buscar al profeta Balaam para que pronunciara una maldición sobre los israelitas. Sin

B

embargo, Balaam no expresó la maldición y a Balac se le negó la victoria militar sobre Israel. Ver *Balaam; Moab.*

BALADÁN Nombre acadio de persona que significa "Dios dio un hijo". Padre de Merodac-baladán, rey de Babilonia (722–711; 705–703 a.C.). Ver *Merodac-baladán.*

BALANZAS Utilizadas para medir pesos desde el inicio del desarrollo de la civilización. Los hebreos conocían muy bien las balanzas y eran de uso común en el AT (Lev. 19:36; Job 6:2; Os. 12:7). Constaban de dos platillos colgados de unas cuerdas que estaban sujetas a una viga que se balanceaba. La viga se sostenía desde el centro por medio de una cuerda. Se podía colgar con un anillo o gancho. Las balanzas a veces se sostenían con la mano. Es probable que los hebreos hayan utilizado las balanzas que eran comunes en Egipto y aparecen en los bajorrelieves de las tumbas egipcias y en escritos sobre papiros.

Las balanzas eran la base de la vida económica. El dinero consistía en unidades de oro y plata con un peso determinado. Estas unidades se tenían que pesar en balanza para realizar cualquier transacción comercial (Prov. 11:1; 16:11; 20:23; Ezeq. 45:9-12; Os. 12:7; Amós 8:5; Miq. 6:10-11). Se utilizaba en sentido figurativo para pedir un juicio justo para los que eran perseguidos (Job 31:6; Sal. 62:9).

Las balanzas ayudan en la enseñanza sobre Dios. Sólo Él puede pesar los montes con una balanza (Isa. 40:12-13). Las balanzas justas demuestran que una persona le pertenece a Él (Prov. 16:11), mientras que los necios pesan cantidades enormes de oro para hacer ídolos para adorar (Isa. 46:6). *Jimmy Albright*

BALSA Medio con el que el rey Hiram transportaba madera para el templo en Jerusalén; se amarraban grupos de troncos y se los hacía flotar por la costa desde Tiro a Jope (1 Rey. 5:9; 2 Crón. 2:16). Ver *Barcos, marineros y navegación.*

BALSAMERA Traducción de dos palabras hebreas. *Baka'* se registra en las traducciones modernas como "balsameras" (2 Sam. 5:23-24; 1 Crón. 14:14-15 RVR1960, LBLA). No se tiene conocimiento de que las balsameras crecieran en la zona de Jerusalén, y esto hace que la identificación del árbol sea incierta. También se han sugerido como traducciones morera, álamo y mástique.

BÁLSAMO Resina o goma aromática ampliamente utilizada en el antiguo Cercano Oriente con fines cosméticos y medicinales. Los egipcios lo utilizaban para embalsamar. El bálsamo es difícil de identificar a pesar de su amplio uso. Los escritores antiguos se refieren al bálsamo mediante una variedad de nombres, lo cual incrementa la dificultad para la identificación. La mayoría de las referencias antiguas parecen relacionarse con la resina de *Balsamodendron opobalsamum* o bálsamo de Galaad. En ocasiones la referencia parece ser a *Balanites aegyptiaca* Delile, un arbusto pequeño que aún crece en África del Norte y que exuda una resina pegajosa utilizada con fines medicinales (Gén. 37:25; Jer. 8:22; 46:11; 51:8). En otro lugar (Gén. 43:11) parece hacer referencia a la almáciga (*Pistacia lentiscos*). Al cortar las ramas de la almáciga se obtenía una resina aromática amarilla.

BÁLSAMO DE GALAAD Sustancia conocida en el mundo antiguo por sus propiedades medicinales. Se exportaba de Galaad a Egipto y Fenicia (Gén. 37:25). Ver *Bálsamo.*

BALUARTE, FORTALEZA Estructura sólida semejante a un muro levantada para defensa; posiblemente un sistema de dos paredes con un espacio en el medio. La salvación de Dios es un baluarte para Su pueblo (Isa. 26:1; Sal. 8:2; 1 Tim. 3:15).

BAMA Sustantivo hebreo que significa "lugar alto, atrás". Término que se utiliza con frecuencia para describir lugares de adoración, una adoración a Yahvéh generalmente falsa que contenía elementos cananeos. En Ezequiel 20:29 aparece un lugar al que se denomina Bama y se hace un juego de palabras para ridiculizar los lugares altos. Si se pretendía ubicar a Bama en algún sitio específico, ese lugar ya no se puede localizar. Ver *Lugar alto.*

BAMOT Nombre geográfico y sustantivo común que significa "lugares altos". Sitio de Moab donde los israelitas permanecieron durante el peregrinaje en el desierto (Núm. 21:19-20). Algunos lo equiparan con Bamot-baal.

BAMOT-BAAL Nombre geográfico que significa "lugares altos de Baal". Mesa, rey de Moab alrededor del 830 a.C., la menciona en la piedra moabita. Números 22:41 habla de Bamot o de los lugares altos de Baal cerca del Río Arnón. Allí fue donde Balac y Balaam pudieron ver toda la tierra de Israel. Josué 13:17 la menciona como ciudad que Moisés le dio a la tribu de Rubén. Podría ser la actual Gebel Atarus.

BANCARIO, SISTEMA La antigua Israel no tenía instituciones para préstamo de dinero ni bancos en el sentido moderno del concepto. Las transacciones comerciales y los préstamos a crédito estaban totalmente en manos de individuos en forma privada, de terratenientes y de comerciantes. Las culturas contemporáneas mesopotámicas prestaban dinero aplicando intereses (en algunos casos hasta un 33,3% anual). La tentación de los israelitas para realizar lo mismo se suprimía mediante leyes que prohibían la aplicación de recargos o intereses sobre los préstamos (Ex. 22:25; Lev. 25:36,37; Ezeq. 18:8). Según estos estatutos, sólo a los extranjeros se les podía aplicar un interés sobre la deuda (Deut. 23:20).

A veces se requerían prendas para garantizar un préstamo (Gén. 38:17), pero artículos esenciales como la ropa no se podían retener durante la noche (Deut. 24:12; Amós 2:8). También había que cumplir con un estricto protocolo para cobrar la deuda, donde el prestamista tenía prohibido entrar a la casa del deudor para "tomarle la prenda" (Deut. 24:10,11). En épocas de hambre o de aplicación de impuestos elevados, un hombre podía hipotecar su casa y sus tierras colocando su trabajo como prenda, como si fuera la deuda de un esclavo, o la labor de su familia para devolver el préstamo (Neh. 5:1-5; Sal. 109:11). El abuso de este sistema se producía con tanta frecuencia que los profetas lo condenaron (Neh. 5:6-13; Ezeq. 22:12). Proverbios lo cataloga como necedad (17:18; 22:26).

La incorporación generalizada del dinero acuñado después del 500 a.C. y el incremento de los viajes y el comercio en el Imperio Romano colaboraron en el establecimiento de instituciones bancarias en el período neotestamentario. El préstamo de dinero (gr. *trapezites*, de la mesa *trapeza* donde se realizaban los negocios) era una actividad común y aceptable en las ciudades. La parábola de los talentos (Mat. 25:14-30) y la de las minas (Luc. 19:11-27) que Jesús relató dan crédito a la práctica de entregar sumas de dinero a los banqueros para invertir u obtener intereses. Jesús condenó como "malo y negligente" al siervo que practicaba la antigua costumbre de enterrar el dinero para guardarlo (Jos. 7:21).

No obstante, algunos involucrados en finanzas se aprovechaban de la gran cantidad de formas de dinero que circulaban en Palestina. Los agricultores y los comerciantes recurrían a dichas personas para pesar las monedas y cambiarlas por la dracma de Tiro, la moneda preferida en la ciudad. Los reglamentos referentes al impuesto del templo en Jerusalén también obraban a favor de los financistas. Los "cambistas", conocidos como *kollubistes*, cobraban una tarifa de 12 granos de plata (un *kollubos*) y colocaban sus mesas en el Patio de los Gentiles. Cambiaban moneda extranjera por la dracma de plata que requería la ley (Mat. 17:24). La purificación que Jesús hizo del templo tal vez haya sido en parte una reacción frente a las prácticas injustas de estos cambistas (Mat. 21:12,13; Mar. 11:15-17; Juan 2:14-16).

El mismo templo se convirtió en un banco al recibir sumas de dinero enviadas por los judíos que se encontraban a lo largo de todo el imperio, prestando dinero para financiar negocios y realizar construcciones y otros programas. Pilato desató una ola de protesta cuando utilizó para construir un acueducto, los fondos del templo (*Corban*) que se debían utilizar exclusivamente con fines religiosos. Después de la destrucción del templo en el 70 d.C., el emperador romano Vespasiano ordenó que se continuara pagando el impuesto y que se depositara en el templo de Júpiter. *Victor H. Matthews*

BANCARROTA Durante el período bíblico, una persona no tenía la opción de declararse en bancarrota como medio legal para escapar de sus deudas. Si alguien no podía pagar sus deudas, sus acreedores podían embargar la propiedad del deudor (Neh. 5:3,4; Sal. 109:11) o retener a sus hijos (Ex. 21:7-11; 2 Rey. 4:1-7; Neh. 5:5; Job 24:9) hasta que se consideraba que el pago era suficiente, o de lo contrario el deudor mismo podía ser vendido en esclavitud (Lev. 25:39-43; comp. Prov. 22:7) o encarcelado (Luc. 12:58,59).

La remisión regular de deudas en el antiguo Israel (Deut. 15.1-3) nunca se concibió como algo que instara a las personas a pedir prestado en forma irresponsable. Más bien, los escritores de la Biblia simplemente esperaban que el pueblo de Dios pagara sus deudas, aun si el hacerlo significaba una gran pérdida (Ex. 22:14; comp. Sal. 15:4). A quines no pagaban sus deudas se los consideraba malvados (Sal. 37:21) y necios (comp. Luc. 14:28,29).

Paul H. Wright

B

BANDERA Señal acarreada para indicar a un grupo un lugar de reunión. Los términos hebreos que se traducen con la palabra española "bandera" son *degel* y *nes*. Un tercer término, *'ot* (enseña), parece relacionarse con estos ya que *degel* y *'ot* aparecen en el mismo versículo (Núm. 2:2), "Los hijos de Israel acamparán cada uno junto a su bandera (*degel*), bajo las enseñas (*'ot*) de las casas de sus padres". Los términos tal vez describan dos banderas diferentes o quizá sean equivalentes y expresen lo mismo con distintas palabras. Una bandera generalmente era un estandarte o una figura esculpida de un animal, un ave o un reptil. Se podían moldear en bronce como en el caso de la serpiente de Núm. 21:8,9. Es probable que cada tribu de Israel haya tenido como estandarte o bandera figuras de animales de esta clase. La bandera se utilizaba como punto de reunión para grupos que compartían un interés común, como en el caso del llamado para que se reuniera un ejército o la señal de que la batalla iba a comenzar. Cuando los israelitas partieron de Sinaí hacia la tierra de Canaán, marcharon bajo la bandera de cuatro tribus importantes: Judá, Rubén, Efraín y Dan (Núm. 10). El profeta Isaías utilizó el término para referirse a una señal que Dios levantaría sobre Babilonia como advertencia de la destrucción que sobrevendría (Isa. 13:2). La mano levantada de Dios en Isaías 49:22 es una señal (*nes*) para que las naciones permitan regresar a la tierra de Canaán a los hijos de los exiliados. La práctica de utilizar banderas o estandartes estaba muy difundida en muchas culturas y naciones de la época antigua. Es probable que Israel haya adoptado la costumbre de sus vecinos. *Bryce Sandlin*

BANI Nombre de persona que significa "edificado". **1.** Hombre de la tribu de Gad que formaba parte de los 30 guerreros especiales de David (2 Sam. 23:36). **2.** Levita descendiente de Merari (1 Crón. 6:46). **3.** Antepasado de Utai de la tribu de Judá, que estuvo entre los primeros israelitas que regresaron del exilio babilónico a Palestina alrededor del 537 a.C. (1 Crón. 9:4). **4.** Antepasado original de una familia de la que 642 de sus miembros regresaron del exilio babilónico con Zorobabel alrededor del 537 a.C. (Esd. 2:10). Nehemías 7:15 lo llama Binuí y dice que regresaron 648. Aparentemente, la misma familia tenía algunos miembros que se habían casado con mujeres extranjeras y que estuvieron de acuerdo en divorciarse de ellas a fin de evitar que la comunidad del pacto se enfrentara con tentaciones religiosas (Esd. 10:29,34,38). **5.** Padre de Rehum, levita que ayudó a Nehemías a reparar el muro de Jerusalén (Neh. 3:17). Es probable que haya sido el hombre que ayudó a Esdras a interpretarle la ley al pueblo (Neh. 8:7), y lideró la reunión de adoración en arrepentimiento que condujo al pacto de Nehemías de obedecer la ley de Dios (Neh. 9:4,5; aquí también participó otro Bani) y selló el pacto de Nehemías junto con el otro Bani (Neh. 10:13,14). Su hijo Uzi fue líder (jefe) de los levitas (Neh. 11:22).

BANQUETE Comida elaborada a veces denominada "fiesta". Los banquetes y las fiestas en el AT y el NT eran importantes para sellar amistades, celebrar victorias y para otras ocasiones alegres (Dan. 5:1; Luc. 15:22-24). La idea de la hospitalidad calaba profundo en el pensamiento de los habitantes del Cercano Oriente (Gén. 18:1-8; Luc. 11:5-8).

La mayoría de los banquetes se celebraban por la noche después de terminar el trabajo del día. Por lo común se invitaba solamente a los hombres. Cuando no estaban presentes los sirvientes, las mujeres servían la comida. Los anfitriones enviaban invitaciones (Mat. 22:3,4) y a veces llevaban a cabo preparativos muy elaborados para recibir a los invitados. Los que participaban de la comida se reclinaban en asientos similares a una cama colocados en ángulo recto en relación a la mesa. Aunque las traducciones españolas generalmente hablan de "sentarse" a comer, el término griego en realidad significa "reclinarse" (Mar. 6:39; Luc. 12:37).

Las comidas típicas que se servían en un banquete eran pescado, pan, aceitunas, diversas clases de vegetales, quesos, miel, dátiles e higos. La carne vacuna y de cordero la utilizaban solamente los ricos o en ocasiones especiales (Mar. 14:12; Luc. 15:23). El vino también era parte importante de las fiestas, de modo que a veces en hebreo se las denominaba "casa de bebida" ("casa del banquete", Cant. 2:4) o en griego "bebidas" ("disipación", 1 Ped. 4:3).

Algunos "asientos" de la mesa del banquete tenían preferencia sobre los demás (Mar. 10:37; Luc. 14:7-11; Juan 13:23). En Lucas 14:8-10, Jesús hizo referencia al "primer" y al "último" lugar. A menudo utilizaba los banquetes y las fiestas para presentarles Su mensaje a diferentes personas (Mat. 9:9,10; Mar. 14:1-9; Luc. 7:36-50; 19:1-6; Juan 2:1-11; 12:1-8). La imagen de la fiesta como ocasión para celebrar una victoria se observa en la referencia de Jesús al banquete mesiánico (Mat. 8:11; Luc. 13:29). También en Apocalipsis, se describe el día de la victoria final como la "cena de las bodas del Cordero" de Dios (Apoc. 19:9).

W. Thomas Sawyer

BAÑARSE Los idiomas bíblicos no hacen distinción entre lavarse y bañarse primeramente porque el clima seco de Medio Oriente prohibía bañarse excepto en ocasiones especiales o donde había disponible una fuente de agua (Juan 9:7). Por lo tanto, en los lugares del texto bíblico donde aparece "bañarse" generalmente se entiende como baño parcial. No obstante, dos excepciones sobresalientes son la de la hija del Faraón en el Río Nilo (Ex. 2:5) y la de Betsabé en la terraza de su casa (2 Sam. 11:2). Los baños públicos de la cultura griega eran desconocidos en Palestina antes del siglo II. El uso principal de la palabra tiene que ver con los actos rituales de purificación (Ex. 30:19-21). Tal como sabemos en la actualidad, probablemente se pueda afirmar que la masa de gente, tanto en el AT como en el NT, no tenían ni la privacidad ni el deseo de bañarse. Los sacerdotes se lavaban la ropa, las manos, los pies o el cuerpo antes de acercarse a los altares para los sacrificios. La impureza ceremonial se quitaba bañando el cuerpo y lavando las ropas (Lev. 14:8). El rostro y la ropa se dejaban sin lavar durante un período de duelo o ayuno (2 Sam. 12:20), práctica que Jesús prohibió (Mat. 6:17). Las ovejas se lavaban en el momento de ser trasquiladas (Cant. 4:2), los bebés al nacer (Ezeq. 16:4) y los cuerpos para prepararlos para la sepultura (Hech. 9:37). A veces se utilizaban otros elementos como el vino y la leche para

Baños romanos del siglo II en la parte alta de la ágora en Éfeso.

Sala de baño en el Herculano romano (actual Italia), que muestra mosaicos y estantes.

simbolizar el lavamiento en sentido metafórico. Según Josefo, la comunidad de los esenios efectuaba baños diariamente con propósitos ceremoniales, práctica que las excavaciones realizadas en Qumrán, parecen confirmar. Ver *Limpio, limpieza.*

C. Dale Hill

BAR Traducción aramea de la palabra hebrea *ben.* Ambas palabras significan "hijo de". "Bar" se utiliza frecuentemente en el NT como prefijo de nombres de hombres, para indicar de quién eran hijos: Barrabás (Mat. 27:16-26), Barjesús (Hech. 13:6), Barsabás (Hech. 1:23; 15:22), Bartolomé (Mat. 10:3; Hech. 1:13) y Bartimeo (Mar. 10:46). Ver *Ben.*

BARAC Hijo de Abinoam a quien la profetisa Débora llamó para que asumiera el liderazgo militar de los israelitas en una campaña contra las fuerzas cananeas que se hallaban bajo las órdenes de Sísara (Jue. 4:6). Barac congregó a las tropas de Zabulón y Neftalí y partió para enfrentarse con los cananeos en una batalla cerca del Monte Tabor. Aunque los cananeos fueron derrotados, Sísara escapó. Posteriormente lo mató Jael, esposa de Heber ceneo. En 1 Sam. 12:11 se lo menciona como uno de los que liberó a los israelitas de sus enemigos. Ver *Jueces.*

BARAQUEL Nombre de persona que significa "Dios bendijo". Padre de Eliú, el amigo de Job (Job 32:2).

BARBA Pelo que crece sobre la cara del hombre que frecuentemente excluye el bigote. El arte del antiguo Cercano Oriente a menudo describe a los hebreos ancianos diciendo que llevaban barbas abundantes y redondeadas. Esto está en contraste con los romanos y los egipcios, que preferían la cara totalmente afeitada, y otros nómadas del desierto y habitantes de Palestina que generalmente se recortaban o cortaban la barba (sobre esto último ver Jer. 9:26; 25:23; 49:32). Los israelitas tenían prohibido estropearse la barba cortándola (Lev. 19:27) y a los sacerdotes se les prohibía cortarse la punta de la barba (Lev. 21:5). El que a uno le cortaran la barba era un insulto (2 Sam. 10:4,5; Isa. 50:6) y la acción era una señal que los profetas utilizaban para indicar una destrucción futura (Isa. 7:20; 15:2; Jer. 41:5; 48:37; Ezeq. 5:1). La palabra hebrea común para "barba" (*zaqan*) también significa "viejo" y se aplicaba a los hombres (Jue. 19:16), los esclavos (Gén. 24:2), las mujeres (Zac. 8:4) y los ancianos (Ex. 19:7). La palabra que en 2 Sam. 19:24 se traduce como "barba" (*sapham*) probablemente signifique "bigote". La misma palabra también se traduce "labios" (Miq. 3:7 RVR1960), "boca" (Miq. 3:7 LBLA), "bigote" (Ezeq. 24:17,22 LBLA) y "barba" (Ezeq. 24:17,22 NVI).

BÁRBARO Originalmente se refería a un tartamudeo o a cualquier modalidad de sonido ininteligible. Inclusive la sílaba repetida "bar-bar" lo representa. El término "bárbaro" llegó a ser sinónimo de "extranjero", alguien que no hablaba griego o que no era griego. La Septuaginta, la traducción griega más antigua traducía el Sal. 114:1 utilizando "bárbaro" en relación a "pueblo extranjero". La palabra griega aparece seis veces en el NT traducida como "extranjero". En 1 Cor. 14:11 Pablo utiliza el término dos veces para tratar el problema de lenguas incomprensibles en la iglesia. El uso más común parece estar relacionado con aquellos que hablaban un idioma extranjero, en especial uno que no fuera el griego. La descripción de Pablo de los isleños de Malta como bárbaros, significaba solamente que ellos no hablaban griego (Hech. 28:2,4). Con el surgimiento del Imperio Griego, se tuvo la tendencia a incluir entre los bárbaros a todos los que no tenían conocimiento de este idioma. Por esta razón, Pablo hace una distinción entre griegos y no griegos en Rom. 1:14. También en Col. 3:11, se hace una distinción entre los "bárbaros" y los griegos. A medida que los romanos fueron asumiendo el poder y absorbiendo la cultura griega, se fueron excluyendo de la clasificación de bárbaros. El término se convirtió en un reproche durante las guerras persas, y en una época se asoció con personas groseras y despreciables. Ver *Gentiles; Griego; Helenistas.* *C. Kenny Cooper*

BARBECHO Suelo virgen o que no ha sido sembrado recientemente (Os. 10:12). La idea central del mensaje profético es clara: la nación de Israel, "Jacob", debe volver a Jehová "sembrando" los valores de justicia y misericordia del pacto. El significado preciso del barbecho no resulta claro. Tal vez la tierra no arada represente el fracaso de Israel en cumplir con lo necesario para mantener el pacto. O quizá represente una nueva relación con Dios. Aquí se invita a Israel a abandonar los campos agotados de injusticia (simbolizada por los espinos) y pasar a la tierra nueva y fértil (Prov. 13:23) del pacto.

BARCOS Nombre arameo que posiblemente significaba "hijo de Cos" (un dios). Antepasado original de una familia de sirvientes del templo que regresó con Zorobabel a Jerusalén en el 537 a.C. después del exilio babilónico (Esd. 2:53).

BARCOS, MARINEROS Y NAVEGACIÓN Transporte marítimo en tiempos bíblicos. En los comienzos, la gente andaba por el mar en cualquier elemento que la mantuviera a flote. El desarrollo temprano de los dos centros más importantes de la civilización junto al Éufrates/Tigris y el Nilo, los principales sistemas fluviales del Cercano Oriente, seguramente no fue fortuito. Si bien las primeras embarcaciones eran remolcadas a lo largo de la costa, este tipo de transporte acuático y el movimiento de mercancías facilitaban el intercambio de productos locales en mercados más distantes, primero junto a la orilla de los ríos y después más allá del mar abierto. Desde sus básicos y rudimentarios orígenes antes del 3000 a.C., la tecnología de los barcos y el oficio de los marineros se fueron desarrollando a medida que las personas se esforzaban por superar las barreras que ofrecían ríos y mares. Los relieves asirios muestran pescadores flotando en cámaras infladas y soldados recostados sobre ellas remando. En las regiones boscosas, el tronco o el atado de juncos que transportaba a una sola persona pronto se convirtió en una balsa de troncos atados capaz de trasladar más gente y productos. En los tramos pantanosos del Nilo, Tigris y Éufrates, las balsas fabricadas con atados de juncos fueron perfeccionadas hasta que se creó la canoa del mismo material. Las características especiales que requerían los rápidos y las aguas rápidas del

Feluca (barco egipcio) en el Río Nilo, cerca de la ciudad de El Cairo, Egipto.

Éufrates y el alto Tigris dieron lugar al desarrollo de la balsa flotadora, una plataforma de madera que se sostenía sobre pieles infladas y se continuó usando hasta épocas recientes. En el lugar de destino río abajo, se desmontaban las partes de madera y se vendían, y las pieles desinfladas se llevaban río arriba para usarlas nuevamente.

Las primeras versiones de barcos propiamente dichos consistían en un cuero estirado y cosido sobre un marco liviano hecho de ramas para transporte fácil cuando era necesario. Dichas embarcaciones, esenciales para viajar por río, se describen en detalle en relieves asirios entre el 1000 y el 600 a.C. En zonas de agua sin rocas, como el Delta del Nilo donde no había materiales adecuados para fabricar armazones de ramas, aparecieron barcazas de arcilla con forma de tina. En los lugares donde había madera, a la canoa hecha con corteza de árbol (con forma de abrevadero alargado y extremos de arcilla) le siguió la piragua, para cuya fabricación se requería una herramienta cortante o el uso controlado del fuego. Desde Europa hasta la India y desde la edad de piedra hasta el período romano tardío, la piragua se solía utilizar por vía fluvial en las regiones donde hubiera bosques que proveyeran troncos. Las piraguas modificadas con laterales más elevados y refuerzos en el interior fueron los prototipos de los botes de tablones con quilla, costillaje e hiladas.

Vías fluviales interiores La civilización surgió a lo largo de dos vías fluviales que conectaban los territorios de las principales unidades políticas y proporcionaban transporte interno.

Las embarcaciones en el Nilo de Egipto El Nilo proveía unos 1200 km (750 millas) de vías fluviales sin obstrucciones con una corriente que llevaba embarcaciones desde Asuán y la primera catarata hasta la desembocadura. Los vientos fuertes del norte llevaban de regreso las embarcaciones que navegaban a vela. Esas condiciones ideales que sin duda contribuyeron al desarrollo de los viajes y el transporte por agua lamentablemente se fueron perdiendo por falta de madera. En consecuencia, los egipcios recurrieron a los abundantes juncos del Nilo para crear balsas sencillas. Antes del 3000 a.C., esas balsas se habían convertido en naves angostas y puntiagudas con paletas y remos para impulsarlas. Las modificaciones consistieron en cabinas y un número cada vez mayor de remeros. La forma era arqueada o semejante a una hoz con una proa algo cuadrada y una popa que se elevaba de manera casi vertical desde el agua. En la parte delantera encima de la plataforma de juncos que acarreaba los pasajeros y la carga se colocaba una vela cuadrada. El peso liviano y el calado poco profundo hacían que esa embarcación fuera muy útil en los canales y pantanos del sistema del Río Nilo.

Poco después del 3000 a.C., estas frágiles embarcaciones de juncos reforzadas con tablas transportaron los enormes bloques de granito y piedra utilizados para construir las impresionantes obras arquitectónicas que comenzaron a adornar las riberas del Nilo. Esas barcas de juncos amarrados y tablones proveyeron el diseño para las primeras embarcaciones egipcias propiamente dichas: con casco plano y terminaciones cuadradas. Sin embargo, al poco tiempo, luego de liberarse de los voluminosos fajos de juncos, las naves egipcias cambiaron su forma por otras de base redondeada, proa puntiaguda y popa también redondeada. Las representaciones en pinturas, relieves y modelos indican que las embarcaciones del Río Nilo, construidas en su mayoría con cedro proveniente de Asia Menor y el Líbano, crecieron dramáticamente en tamaño y formas. Las embarcaciones de carga de 45 m (150 pies) de largo requerían de 40 a 50 remeros. Más tarde, las enormes barcazas de aprox. 60 m por 20 m (200 por 70 pies) arrastradas por una flotilla de remolcadores a remo recorrían el Nilo dado que se utilizaban en las grandes obras de construcción entre Asuán y el delta. Los navíos más pequeños tenían mástiles, paletas o remos, y algunos también estaban equipados con una vela.

Egipto gozaba de una particular ventaja para el comercio marítimo internacional por ser la única nación con acceso directo tanto al Mediterráneo como al Mar Rojo. En consecuencia, durante el período del Antiguo Reino se establecieron dos rutas marítimas de larga distancia a Siria y Punt (África Oriental). La primera ruta a Biblos pronto se extendió a Chipre, Creta y posiblemente otros sitios del Egeo. La primera embarcación marítima que aparece en un relieve de aprox. el 2450 a.C. tenía casco en forma de cuchara con la proa y la popa largas y esbeltas que sobresalían, más un atado de sogas que podía ajustarse para compensar cualquier hundimiento de un extremo u otro. Las naves de la flota de la reina Hatshepsut que comercializaban con la costa de África Oriental presentan un considerable refinamiento. El mástil de dos patas con una vela alta, angosta y rectangular ubicado en la parte delantera fue reemplazado por otro colocado en el medio con una vela ancha y baja. Los remos más pequeños de cada alcázar fueron reemplazados por uno solo de grandes dimensiones. La presencia de 15 remeros de cada lado (que requerían un espacio no menor de 15 m [45 pies]) sugiere que la embarcación medía aprox. 30 m (90 pies) de largo. Según se observa en los relieves, al final del período del Nuevo Reino, las naves usadas por Ramsés III frente a la invasión de los pueblos del mar (cerca del 1170 a.C.) presentan cambios radicales en la construcción. Ver *Egipto.*

Naves mesopotámicas Los reyes y mercaderes de la Mesopotamia también operaban en rutas marítimas de larga distancia en el Mar Rojo y el Océano Índico desde varias ciudades del interior a las que se podía llegar navegando a lo largo de los Ríos Éufrates y Tigris. Para el 3000 a.C., el comercio exterior constituía un aspecto floreciente de la economía regional. Las empresas marítimas incluían emprendimientos reales y privados para suministrar metales, madera y artículos de lujo que no existían en la economía mesopotámica.

Un modelo de arcilla de una nave tipo tazón con proa y popa muy reducidas posiblemente hecha de pieles de alrededor del 3400 a.C. es la evidencia más antigua de naves mesopotámicas. Es posible que se hayan utilizado mástiles y velas, si bien la evidencia contundente de embarcaciones de este tipo aparece mucho después. Las representaciones más antiguas que se observan en los sellos sugieren el uso de diseños cuadrados de juncos similares a los egipcios. Un viento que siempre soplaba del norte, y los rápidos del Alto Tigris y del Éufrates disminuyeron el desarrollo de embarcaciones comerciales y navíos más grandes. En consecuencia, las primeras embarcaciones livianas propulsadas por paletas o remos fueron evolucionando y se convirtieron en diseños de madera con remos y velas. Las embarcaciones más grandes aparentemente cargaban menos de once toneladas y la mayoría, la mitad de ese peso. Por lo general se construían con tablones unidos en los bordes e insertados en armazones para lograr estabilidad. Estas naves de extremos cuadrados tenían una única vela de tela o de estera de juncos, y las más grandes eran impulsadas por once remeros.

Entre los años 3000 y 2000 a.C., el comercio exterior con África Oriental e India se desarrollaba a través del Golfo Pérsico en naves de altura relativamente pequeñas. La mayor que se conoce contaba con una capacidad de aprox. sólo unas 28 toneladas.

Viajes y comercio internacional Las rutas marítimas ofrecieron oportunidades para que las naciones en desarrollo obtuvieran riquezas y exploraran los misterios de tierras lejanas.

El Mediterráneo oriental: 3000–1000 a.C. Los grandes avances en viajes marítimos (entre 2000 y 1500 a.C.) se deben atribuir al mundo insular del Egeo y las costas del Mediterráneo oriental. En especial los minoicos de Creta desarrollaron allí una magnífica flota naval y una marina mercante que conectaba ese mundo de islas. Sin embargo a la larga, los micenos (griegos continentales) dominaron Creta y formaron la confederación egea. Del 1500 al 1200 a.C. reclamaron el control sobre las aguas del Mediterráneo oriental.

Las naves cretenses con cascos redondeados que pueden verse en sellos que datan aprox. del 1500 a.C. eran bastante diferentes a las egeas, de líneas rectas y extremos angulosos. Si bien los grabados evidentemente son estilizados, el delgado casco redondeado que en algunos casos casi se asemejaba a una media luna, sostenía un mástil con puntales en proa y popa con una vela cuadrada y

Buque mercante fenicio.

alta. Estas naves cretenses con 10 o 15 remeros a cada lado medían aprox. 15 a 23 m (50 a 75 pies) de largo respectivamente. Las embarcaciones para pasajeros tenían además una cabina o camarote en la cubierta.

Un mural egipcio hallado en una tumba del 1400 a.C. representa una flota siria de naves mercantes con cascos en forma de cuchara, tajamar recto, baos de cubiertas a los costados, y con vela ancha y cuadrada muy similar a los navíos egipcios de aquella época. (Las naves egipcias se braceaban amarrando sogas.) La representación de los marineros (barbas, perfiles y vestimenta) sugiere claramente origen sirio. (Si bien la evidencia proviene de Egipto, es poco probable que estos fueran navíos egipcios tripulados por sirios.) Desde aprox. el 1600 a.C. en adelante, los cascos redondeados se vincularon más con Creta. Estas naves mercantes con cubiertas espaciosas eran más grandes. Una tablilla ugarítica del 1200 a.C. da idea del tamaño al referirse a una remesa de granos de 450 toneladas.

Las flotas de guerra del Levante en el 1200 a.C. impactaban por la cantidad y el diseño. Las embarcaciones para la lucha dejaron de tener casco en forma de cuchara, alargado y redondeado. Se eliminaron las cubiertas y los remeros quedaban protegidos detrás de una alta amurada. El mástil con vela ajustable estaba coronado con un atalaya. La batalla naval (representada en las paredes del templo de Medinet Habu) entre las naves egeas ("pueblos del mar") y egipcias indica clara similitud en construcción y diseño más allá de los aspectos ornamentales o sagrados. Las únicas armas ofensivas parecieran ser los garfios que se usaban al abordar las naves enemigas. Aparte de las maniobras tácticas de las naves, las batallas se peleaban con arcos, espadas y picas como se hacía en tierra. La modificación del arco para embestida parece de una época posterior.

El Mediterráneo oriental: 1000–500 a.C. Durante este período, los fenicios se ganaron la reputación de ser los marinos y comerciantes marítimos más capaces. El principal desafío provenía del mundo griego, donde los buques mercantes y las naves de guerra controlaban la costa norte del Mediterráneo y el Mar Negro. El elegante casco "hueco" con sólo una diminuta cubierta para el vigía en la parte delantera y otra un poco más amplia para el capitán y los pasajeros se construía con forma aplastada y larga principalmente para poder alcanzar velocidad. Entre las galeras de tamaño estándar se encontraban la de 20 bancos de remos para despacho y transporte local, la "triaconter" de 30, la "penteconter" de 50 para transporte de tropas y la de 100 para transporte pesado. Se construían de roble, álamo, pino y abeto, con remos y mástil de este último material. Después del 800 a.C., el mecanismo de dirección único y de amplias paletas fue reemplazado por remos dobles que se convirtieron en el modelo estándar. Una única vela cuadrada podía izarse o arriarse en un mástil ubicado en el medio del barco. Las velas fabricadas de paños cosidos de lino tejido eran controladas mediante cuerdas de papiro retorcido y cuero. El resto del equipamiento incluía amarras en la popa, anclas de piedra, pértigas de despeje, picas largas para la lucha, y bolsas y vasijas para las provisiones. Ante condiciones climáticas adversas era posible cerrar los laterales con cortinas.

La aparición del espolón fue una innovación sorprendente que revolucionó la industria naviera. El espolón puntiagudo para agujerear el casco de la nave enemiga debía construirse con materiales más pesados para soportar el contacto, especialmente en la zona de la proa. El área de la proa abierta o con aberturas fue reemplazada por una superestructura pesada e incómoda para sostener el espolón. Esto representó el primer período de especialización en la construcción y categorías de navíos: la galera abierta con un casco más liviano para transportar cargas y personas, y la compuesta por una superestructura que incluía plataformas relativamente elevadas como explanadas de lucha tanto en la proa como en la popa. Poco después se inventó la galera con dos hileras de remos a fin de aumentar el número de remeros y la velocidad del navío sin incrementar la longitud ni reducir la navegabilidad del casco. Muchas de estas importantes innovaciones son mérito de los carpinteros de barcos fenicios.

Los aparejos de la mayoría de las galeras de guerra de ese período eran estándar: una única vela cuadrada en medio del barco con un mástil retráctil. Luego del 600 a.C., las galeras de una y dos hileras de remos se fabrican de todos los tamaños y llegaron a incluir hasta 100 remos.

Los primeros barcos mercantes del Mediterráneo probablemente eran impulsados a remo. Dado que durante el verano (cuando la actividad marítima probablemente alcanzaba su pico máximo) las aguas eran mayormente calmas, sólo los barcos a remo podían brindar la confiabilidad y la velocidad requeridas para la pronta entrega de mercancías. Más tarde, cuando el volumen del cargamento creció, se comenzaron a usar naves a vela de mayor envergadura. El buque mercante sólo sufrió pequeñas modificaciones de diseño con respecto al barco de guerra a fin de incluir un casco más espacioso y fuerte y un mástil más resistente para una vela más grande. Sin embargo en última instancia, la embarcación a vela con casco redondeado y una única vela cuadrada se transformó en el principal barco carguero desde Fenicia hasta Italia.

La era del trirreme: 500–323 a.C. La galera impulsada por tres bancos de remeros más o menos superpuestos se puso de moda después del 500 a.C. y mantuvo su prominencia hasta la última etapa del Imperio Romano. La potencia y la velocidad adicionales que requería el espolón parecían afectar el casco relativamente inapropiado para la navegación de este sistema de remos. Como resultado, las batallas navales se programaban cuidadosamente cerca de la costa durante los meses templados de verano para evitar las condiciones climáticas adversas. Mientras que las dos primeras líneas de remeros manejaban los remos a través de portillas en el casco y en una segunda línea ubicada en la borda o justo debajo de ella, la tercera línea lo hacía desde un balancín que se proyectaba lateralmente por encima y por fuera de la borda. Corinto parece haber sido la primera ciudad en lanzar una flota de ese tipo poco después del 700 a.C., la que aparentemente tuvo aceptación general un siglo después. Los registros navales atenienses sugieren que esos barcos eran fabricados con gran cuidado y que, más allá de su frágil construcción, se mantenían en servicio por un promedio de 20 años. Los carpinteros de barcos fenicios aumentaron la altura de las velas a fin de acomodar tres niveles de remeros.

Barcos de guerra del período helenista: 323–31 a.C. Tanto en los navíos fenicios como griegos de este período, la innovación más importante fue la construcción de naves cada vez más grandes, si bien no se entiende claramente la integración de todos los remos. Generalmente se conseguía mayor potencia y velocidad con remos más largos y un doble banco de remeros, mientras que los barcos de mayor envergadura contaban con diversos sistemas de remos. El uso del espolón se mantuvo como una táctica naval común, aunque gradualmente fue reemplazado por disparo de misiles, lanzamiento de barriles y abordaje. Los dardos y los barriles se disparaban desde catapultas de largo alcance, mientras que las batallas a corta distancia incluían arqueros y

Dibujo de un barco (siglo II o III d.C.) con inscripciones en latín, hallado durante excavaciones en Jerusalén.

lanzamiento de jabalinas y piedras. Poco después del 200 a.C., los nativos de Rodas introdujeron la vasija de fuego que se lanzaba hacia la embarcación enemiga desde largos mástiles (que se extendían sobre la proa).

Para complementar estos barcos más grandes aparecieron naves más livianas como los esquifes, veloces y maniobrables, utilizados para transporte expreso y despacho de encomiendas. Algunos estaban equipados con espolones, mientras que otros tenían como objetivo perturbar las tácticas y quebrar los remos de las naves más grandes. Más tarde, la armada imperial romana no sólo aumentó la variedad de naves sino que sus arquitectos introdujeron importantes innovaciones defensivas.

Construcción de embarcaciones griegas y romanas Los constructores de navíos greco-romanos, conocedores del antiguo método egipcio de unir tablas por los bordes para construir el casco, crearon su forma propia de carpintería naval al ensamblar una estructura de tablones y reforzar dicho casco con un armazón interno. Este método se usó sistemáticamente para la construcción de todas las naves, desde el esquife de lago más pequeño hasta los cargueros más grandes de ultramar. En el caso de las embarcaciones de mayor envergadura se mantenían a bordo sogas macizas para asegurar la nave durante emergencias. Se solía cubrir las juntas y a veces todo el casco con brea, o con brea y cera, a manera de cubierta protectora. Si bien el abeto, el cedro y el pino aparentemente eran las maderas preferidas para los tablones y los armazones, lo que finalmente determinaba la elección era la disponibilidad local de madera.

El antiguo marino del Mediterráneo conocía sólo el timón lateral, un remo de gran tamaño que giraba en posición inclinada cerca de la popa. Al empujar o jalar de la barra del timón encajada en la parte superior del gancho, se ajustaba la paleta del remo en determinado ángulo respecto del casco y, de ese modo, se maniobraba la embarcación. Una serie de sogas con funciones individuales complementaban el mástil y la vela. Los elementos auxiliares para la navegación eran limitados y simples. Era posible conseguir manuales con breves notas sobre distancias, puntos de referencia, puertos y amarraderos. No hay referencias históricas sobre el uso de cartas de navegación. Se utilizaban sondas (Hech. 27:28-29). Para señalizar se empleaban los banderines y las luces. Las anclas eran grandes y numerosas.

La estación ideal de navegación en el Mediterráneo iba desde el 27 de mayo hasta el 14 de septiembre, y se podía extender como límite desde el 10 de marzo hasta el 10 de noviembre. En consecuencia, los viajes a fines del otoño boreal y durante el invierno se reducían y cubrían sólo tareas esenciales como llevar encomiendas vitales, transportar suministros imprescindibles y realizar movimientos militares urgentes. La severidad de las tormentas de invierno y la poca visibilidad debido a la niebla y las nubes hacían que la navegación fuera muy difícil antes de la aparición de la brújula (ver Hech. 27:12-20).

Las corrientes del Mediterráneo por lo general son demasiado débiles para afectar la navegación marítima. No obstante, la dirección del viento preponderante producía un patrón definido en el caso de naves que viajaban a los destinos más australes, desde Italia o Grecia a Asia Menor, Siria, Egipto y África, y esto preveía un viaje rápido y fácil con la ayuda de los vientos del norte. El regreso, por otro lado, resultaba difícil por ir en contra de los vientos prevalecientes y, en consecuencia, el trayecto realizado cerca de la costa solía proveer aguas más calmas y refugios periódicos. Los antiguos buques con aparejos en cruz fueron diseñados para navegar con vientos contrarios o de ceñida. Con el viento, los barcos romanos aparentemente alcanzaban de cuatro y medio a seis nudos. El viraje o el uso de la navegación en zig zag eran, en el mejor de los casos, opciones difíciles y lentas. Cuando lo único que quedaba era remar, los remeros se dividían en escuadras para rotación o se les daban breves períodos regulares de descanso.

La estructura organizacional y el rango en las primeras embarcaciones más pequeñas de las armadas griega y romana incluían el oficial comandante que operaba el timón, el jefe de remeros que mantenía el ritmo de los remeros y el oficial de proa ("vigía") que era responsable de la dirección y el bienestar de la nave. Cerca del 400 a.C., cuando el trirreme de Atenas llevaba una tripulación de 200 personas, los oficiales eran cinco: el oficial principal o capitán; el oficial comandante; el jefe de remeros, responsable del entrenamiento y el estado de ánimo de los remeros; el oficial subordinado, con importantes tareas administrativas como encargado de pagos, compras y reclutamiento, y el oficial de proa. El resto del personal incluía entre otros: el carpintero de la nave, el flautista (para marcar las remadas de los remeros) o el marcador del tiempo, jefes laterales (para marcar la remada), marineros, remeros y el médico de la nave. El número del personal para las luchas variaba de acuerdo con la estrategia: los barcos atenienses que dependían principalmente del espolón tenían tan sólo 10; otros que practicaban tácticas de abordaje tenían hasta 40. Generalmente a bordo había algunos arqueros (de cuatro a seis) y operadores de catapultas.

Una nave comercial marítima estaba controlada por su dueño o fletero, generalmente con un capitán profesional contratado con total autoridad sobre la nave y la tripulación (ver Hech. 27:11). Durante el viaje, quien se encontraba al mando era por lo general el "marino maestro". Había dos oficiales a cargo de las operaciones (primer oficial) y la administración (mantenimiento). Las grandes naves mercantes también contaban con intendentes, carpinteros, guardas, remeros para los botes del barco y otros tripulantes. Los marineros por lo general usaban poca o ninguna vestimenta cuando navegaban, y cuando se encontraban en tierra firme llevaban túnica pero no sandalias.

En todos los puertos, lo más común era encontrar naves más pequeñas que solían ser impulsadas con remos y una pequeña vela auxiliar. Estas naves proporcionaban varios servicios. Las embarcaciones fluviales y costeras prestaban servicios de remolque y traslado de cargamento y mercancía a depósitos ubicados en puertos y en puntos inaccesibles para barcos de mayor envergadura. Antes del 700 a.C. surgieron los puertos hechos por el hombre con malecones artificiales para crear un amarradero protegido. Poco a poco se agregaron muelles, depósitos y torres de defensa para crear un puerto comercial seguro. Para el 400 a.C., el puerto de Pireo estaba rodeado por un extenso emporio cubierto para facilitar el manejo de mercaderías de importación y exportación. Para la época romana, tanto el mar como los ríos fueron dotados de grandes puertos, mientras que puertos más pequeños se beneficiaban por el transporte costero al convertirse en centros de distribución para zonas del interior alejadas de las rutas terrestres más importantes. Desgraciadamente, la decadencia del Imperio Romano y la debilidad política sumada a la piratería en alta mar produjeron una marcada disminución de la navegación comercial en el Mediterráneo. Con la fragmentación final del Imperio Romano, las invasiones bárbaras en el este y el traslado del centro mercantil hacia occidente, el Mediterráneo, carente de grandes embarcaciones, lentamente se redujo a pequeñas naves locales con un impacto económico mínimo fuera del puerto patrocinador. *George L. Kelm*

BARIM Palabra de significado desconocido (2 Sam. 20:14). Algunos eruditos bíblicos creen que el texto original dice micritas, en referencia a la familia a la que pertenecía Seba, el hijo de Bicri (2 Sam. 20:13). Algunos identificaban a los de Barim como residentes de una ciudad llamada Biria en el norte de Palestina.

BARJESÚS Mago y falso profeta judío de Pafos (Hech. 13:6). El apóstol Pablo lo denunció y Barjesús quedó ciego. En Hech. 13:8 se lo denomina Elimas.

BAR-KOCHBA Significa "hijo de la estrella" y fue el título que los judíos rebeldes le dieron a Simeón bar Kosevah, líder de su revolución en los años 132–135 d.C. El título lo designaba Mesías (Núm. 24:17). La revolución se desencadenó porque el emperador romano Adriano había comenzado a reedificar Jerusalén como una ciudad pagana y planeaba reemplazar el templo judío en ruinas con uno dedicado a Júpiter. Además se prohibió la circuncisión. Al principio los judíos se prepararon para la lucha en forma secreta. Cuando Adriano se fue de Siria, se rebelaron abiertamente. Utilizando tácticas guerrilleras pudieron vencer a las fuerzas romanas y liberaron Jerusalén en el 132 d.C. Bar-Kochba era el líder civil del pueblo y Eleazar era el sumo sacerdote. El éxito inicial que obtuvieron produjo una rebelión tan generalizada que inclusive se les unieron algunos gentiles y samaritanos. Adriano tuvo que hacer regresar a Severo de Bretaña para reprimirlos. Fue una guerra larga y costosa para los romanos. Severo evitó el enfrentamiento directo y, en vez de capturarlos en grupos pequeños, debilitó a los rebeldes cortándoles las provisiones, sitiando fortalezas y haciéndolos morir de hambre. Bar-Kochba realizó su último levantamiento en Betar, donde la mayoría de los insurgentes que quedaban murieron en el año 135. Algunos se refugiaron en cuevas del desierto de Judea y murieron de hambre. *Ricky L. Johnson*

BARRABÁS Nombre que significa "Hijo del Padre". Asesino y rebelde mantenido bajo custodia romana en la época del juicio de Jesús (Mar. 15:15). Los cuatro Evangelios registran que cuando Pilato ofreció liberar a Jesús o a Barrabás, la multitud pidió que liberaran a este último. Pilato cedió ante la exigencia, ordenó que crucificaran a Jesús y puso en libertad a Barrabás. Nada se sabe de su historia posterior.

El texto crítico actual del NT griego, el cual sigue a Orígenes, a diversas versiones antiguas del NT y a una cantidad de manuscritos griegos, dice que Pilato lo llamó Jesús Barrabás (Mat. 27:16,17). La lectura no es segura pero es factible. Si esto fuera correcto, lo que Pilato le ofreció a la multitud fue elegir entre "Jesús Mesías" (Jesucristo) y "Jesús, hijo del padre" (Jesús Barrabás). Ver *Cristo, cristología; Cruz, crucifixión.* *Charles W. Draper*

BARRERA DE ESCUDO Protuberancias en las superficies planas de los escudos. Cuando los escudos se hacían de cuero o madera, las barreras servían para fortalecerlos. Cuando se hacían de metal, las barreras eran de adorno. Job 15:26 dice que los impíos se oponen a Dios con una barrera de escudo espesa, es decir, con un escudo reforzado. En consecuencia, algunas traducciones modernas expresan el significado en lugar de utilizar la traducción literal: "escudo grueso y resistente" (NVI); "escudo macizo" (LBLA).

BARSABÁS Nombre de persona que significa "hijo de Sabas". **1.** Nombre dado a José Justo, el candidato que no fue elegido cuando la iglesia escogió un sustituto de Judas el traidor (Hech. 1:23). **2.** Apellido de Judas a quien la iglesia de Jerusalén escogió para que fuera con Pablo y Silas a Antioquía después del concilio de Jerusalén (Hech. 15:22). Ver *Apóstol; Discípulo; José; Judas; Justo.*

BARTIMEO Mendigo ciego de las cercanías de Jericó que clamó a Jesús pidiéndole misericordia a pesar de los esfuerzos de la gente para hacerlo callar. Jesús dijo que su fe persistente lo había salvado. Al poder ver, siguió a Jesús (Mar. 10:46-52).

El nombre significa "hijo de Timeo". Su ceguera lo había colocado en el anonimato, razón por la cual los testigos ni siquiera sabían su nombre. La historia demuestra el valor que Dios asigna a todas las personas, aun a lo más bajo y aparentemente menos significativo. *Charles W. Draper*

BARTOLOMÉ Uno de los doce apóstoles (Mar. 3:18). Su nombre significa "hijo de Talmai" y es probable que haya sido un patronímico derivado del nombre del padre o de un antepasado paterno. Aparece en las cuatro listas de los apóstoles en el NT (Mat. 10:2-4; Mar. 3:16-19; Luc. 6:14-16; Hech. 1:13). En cada uno de los Evangelios Sinópticos aparece inmediatamente después del nombre de Felipe. El Evangelio de Juan no lo menciona. No obstante, en el primer capítulo de Juan, el relato del llamado a Felipe al discipulado está íntimamente relacionado con el de una persona llamada Natanael (vv.43-51). Esta circunstancia ha conducido a identificar tradicionalmente a Bartolomé con Natanael. Ver *Apóstol; Discípulo; Natanael.*

BARUC **1.** Hijo de Nerías que sirvió como escriba y amigo de Jeremías. Lo ayudó a comprarle un campo al primo del profeta, Hanameel, y utilizó la compra como un símbolo de esperanza (Jer. 32:12). Baruc, cuyo nombre significa "bendito", ministraba como amanuense o escriba de Jeremías. Además, da la impresión de haber estado íntimamente asociado con Jeremías y ejercido una influencia significativa en el ministerio del profeta. Escribió la predicación de Jeremías y se la leyó a los consejeros que se la llevaron al rey. Joaquín la quemó pero Jeremías se la volvió a dictar (Jer. 36). Jeremías inclusive fue acusado de ser un mero instrumento de la enemistad de Baruc (Jer. 43:3). El profeta le aconsejó a Baruc que colocara su confianza plenamente en el Señor y que no procurara grandes cosas por sí solo (Jer. 45). La tradición judía le atribuyó a Baruc gran parte de la literatura subsiguiente. Ver *Jeremías.* **2.** Sacerdote durante la época de Nehemías e hijo de Zabai. Restauró "con todo fervor" parte del muro oriental de Jerusalén (Neh. 3:20). Por lo general se da por sentado que es el mismo Baruc que firmó el pacto (Neh. 10:6) que se describe en Neh. 8–10 donde la comunidad postexílica se volvió a consagrar oficialmente la ley de Dios como autoridad para su vida (ver en especial 10:28,29). **3.** El Baruc de Neh. 11:5 es de la tribu de Judá. No se sabe nada más acerca de él con excepción de que su hijo Maasías se ofreció a enfrentar el peligro como habitante de la Jerusalén postexílica.

BARZILAI Nombre de persona que significa "hecho de hierro". **1.** Hombre de Galaad al este del Jordán que se reunió con David en Mahanaim cuando este huía de Absalón. Barzilai y otras personas suplieron a la compañía de David con las cosas que necesitaban (2 Sam. 17:27-29). Cuando David regresó a Jerusalén, Barzilai, que tenía 80 años de edad, lo acompañó a cruzar el Jordán pero se negó a ir a Jerusalén (2 Sam. 19:31-39). Es probable que Barzilai haya servido como anfitrión de David durante su estadía al este del Jordán. Sus hijos fueron a Jerusalén y David, quien estaba por morir, se aseguró del bienestar de ellos (1 Rey. 2:7). **2.** Padre de Adriel a cuyos hijos David libró de ser ejecutados por los gabaonitas como retribución por la matanza inhumana que Saúl había hecho de sus habitantes (2 Sam. 21:8). Este Barzilai podría ser el mismo que 1. arriba. **3.** Familia sacerdotal cuyo antepasado se había casado con la hija de 1. arriba y que había tomado su nombre. Algunos de estos sacerdotes regresaron del exilio babilónico con Zorobabel en el 537 a.C. (Esd. 2:61).

BASÁN Región del extremo norte de Palestina al este del Río Jordán. Aunque su extensión exacta no se puede determinar con certeza, generalmente se encontraba al este del Mar de Galilea. En la época de Moisés la gobernaba un rey llamado Og que fue derrotado por el ejército israelita (Núm. 21:33-35). Se asignó como parte de la región correspondiente a la tribu de Manasés (Deut. 3:13; Jos. 13:29-31). Es probable que, debido a su ubicación en la frontera, haya cambiado varias veces de mano durante el curso de la historia israelita. Era conocida como una región particularmente fértil (Deut. 32:14; Ezeq. 39:18). Ver *Palestina.*

BASEMAT Nombre de persona que significa "bálsamo". **1.** Mujer hetea con quien se casó Esaú y provocó la tristeza de sus padres, Isaac y Rebeca (Gén. 26:34,35; 27:46). Aparecen algunas diferencias en su nombre y antepasados. En Gén. 28:8, Esaú se casó con Malta, hija de Ismael y hermana de Nebaiot. En Gén. 36:3, Basemat es hija de Ismael y hermana de Nebaiot. Aparentemente, los tres pasajes se refieren a la misma mujer. No hay precisión en cuanto a cómo explicar la complejidad de los nombres, los parentescos y los trasfondos. Algunos hablan de fuentes literarias, otros de nombres nuevos que se les ponían a las mujeres cuando se casaban y otros de cambios en el texto efectuados por los copistas. Reuel, hijo de Basemat, se convirtió en el padre de cuatro familias de Edom (Gén. 36:10, 13,17). **2.** Hija de Salomón que se casó con Ahimaas, gobernador de un distrito que proveía provisiones para la corte real provenientes de Neftalí (1 Rey. 4:15).

BASTARDO Traducción de una palabra referente a la descendencia producto de una unión ilegítima. El término se podría referir a una unión incestuosa o a un matrimonio prohibido (Lev. 18:6-20; 20:11-20). A los hijos ilegítimos no se les permitía entrar a la congregación de Jehová (Deut. 23:2). Según Hebreos, los que no reciben la disciplina del Señor son hijos ilegítimos (12:8). También se traduce "extranjero" (Zac. 9:6).

BATALLA Ver *Armas y armaduras; Ejército.*

BATO Medida de líquidos, aprox. 22 litros (5,5 galones [U.S.A.]). Se utilizaba para medir el mar fundido del templo (1 Rey. 7:26,38) como así también el aceite y el vino (2 Crón. 2:10; Esd. 7:22; Isa. 5:10; Ezeq. 45:11,14). El bato correspondía a la décima parte de un homer. Ver *Pesos y medidas.*

BAT-RABIM Nombre geográfico que significa "hija de muchos". Puerta de Hesbón que estaba cerca del estanque de los peces. Cantar de los Cantares 7:4 utiliza su belleza para compararla con la de los ojos de la mujer amada. Ver *Hesbón.*

BAUTISMO Rito cristiano de iniciación practicado por casi todos los que profesan la fe cristiana. En la era neotestamentaria, las personas que profesaban creer en Cristo eran sumergidas en agua como confesión pública de su fe en Jesús, el Salvador. Esto se llevaba a cabo obedeciendo directamente el mandato explícito del Señor (Mat. 28:16-20).

Trasfondo judío Entre los judíos palestinos del primer siglo se practicaba una forma de purificación ritual que indudablemente constituyó el tipo que prefiguró el bautismo cristiano. El descubrimiento de cientos de *mikvaot* (estanques para purificación ritual) en diversos lugares desde el Monte del templo hasta el fuerte de Masada y la comunidad de Qumrán, dan testimonio de la práctica generalizada tanto del bautismo proselitista como de las purificaciones rituales. La existencia de estanques profundos a los cuales se accedía mediante escaleras proporciona suficiente evidencia de que la práctica judía empleaba una forma de autobautismo o autoinmersión. Un uso típico del *mikveh* describía a un gentil que había abrazado el judaísmo y aceptado la circuncisión entrando al *mikveh* y citando el *shemá*, "Oye, Israel: Jehová nuestro Dios, Jehová uno es" (Deut. 6:4), para luego sumergirse en el agua.

El bautismo de Juan En consecuencia, cuando Juan el Bautista comenzó a bautizar en el Río Jordán, la práctica del bautismo en sí fue sumamente conmocionante para los judíos. El agregado novedoso de Juan fue la incorporación de un agente que sumergía a los demás. La iglesia mantuvo este agregado en la adoración posterior a la resurrección, y lo elevó a un lugar de prominencia como el primer acto público de identificación con Cristo. Juan puso énfasis en que los que buscaban que él los bautizara estaban dando testimonio de una vida radicalmente cambiada puesta en evidencia mediante el arrepentimiento. Los que consentían conformaban una comunidad purificada que aguardaba el advenimiento del Mesías. Que Jesús de Nazaret haya estado entre aquellos que buscaron que Juan los bautizara ha dejado perpleja durante siglos a la iglesia y parece haber mistificado entonces a Juan (Mat. 3:14). La protesta de Juan sugiere que él no veía necesidad de que Jesús se arrepintiera. Juan cedió y sumergió a Jesús como respuesta a la afirmación que este le hizo de que al llevar a cabo ese acto cumplirían con toda justicia (Mat. 3:15). Además de identificarse con el ministerio de Juan, el acto declaraba la naturaleza de la misión del Mesías. Sería un Mesías crucificado, sepultado y resucitado. Más aún, el evento proveyó una de las declaraciones más importantes en cuanto a la naturaleza triuna de Dios con el bautismo del Hijo, la voz del Padre y el descenso del Espíritu Santo en forma de paloma (Mat. 3:16,17).

El bautismo en el Nuevo Testamento La palabra "bautismo" tiene varios usos en el NT. Además de su sentido usual como la iniciación al dar testimonio de la fe, la Biblia habla de un bautismo de fuego (Mat. 3:11,12), un bautismo en el Espíritu Santo (1 Cor. 12:13), un bautismo por los muertos (1 Cor. 15:29) e inclusive el bautismo del pueblo hebreo en Moisés y el mar (1 Cor. 10:2). Pero predominantemente, el uso más importante de la palabra se refiere a la primera respuesta de obediencia de parte de un nuevo seguidor de Jesús. La palabra "bautizar" es en sí un término adoptado de la palabra griega *baptizo*. Son pocos los eruditos que refutan que el significado del término sea "sumergir" y no "verter" ni "rociar". La palabra se utilizaba en el griego clásico para describir, por ejemplo, el hundimiento de un barco que es, en consecuencia, "sumergido" o totalmente envuelto en agua. Cinco temas importantes acerca del bautismo son: (1) el significado de la ordenanza, (2) el candidato apropiado para el bautismo, (3) la modalidad apropiada del bautismo, (4) el momento correcto para el bautismo y (5) la autoridad correcta para el bautismo.

Significado En su forma más simple, el bautismo es una identificación pública con Jesús, el Cristo. Como tal es un cuadro de la muerte de Jesús por los pecados del mundo, Su posterior sepultura y Su resurrección triunfante. Hay también una representación de la muerte del creyente al pecado, la sepultura del viejo hombre y una resurrección para andar en novedad de vida con Cristo (Rom. 6:4). También existe una insinuación escatológica en el bautismo, una mirada profética al futuro. Aunque muramos y seamos sepultados, en la venida del Señor nos volveremos a levantar. Hay quienes ven el bautismo como un sacramento que concede gracia o que inclusive trae salvación. Para este punto de vista, el bautismo efectúa una remoción del pecado original en los infantes y/o le asegura la salvación al que se bautiza. Los que defienden esta posición citan Hech. 2:38 y algunos otros versículos como textos probatorios. La tradición de la iglesia de los creyentes en Cristo entiende que el bautismo es un símbolo de la salvación, una profesión pública de la fe y un testimonio de la obra de la

Un antiguo bautisterio bizantino en Avdat, Israel, demuestra la importancia que se le daba al bautismo en la iglesia primitiva.

salvación. La Biblia enseña claramente que la salvación se obtiene únicamente por la fe basada en la gracia de Dios. El bautismo, al ser un acto del hombre, jamás puede limpiar de pecado a una persona ni procurar el perdón de Dios (Rom. 4:3).

El candidato apropiado para el bautismo En consecuencia, el único candidato apropiado para el testimonio del bautismo es aquel que tiene algo acerca de lo cual puede dar testimonio (Hech. 2:38; 8:12-13,36-38; Ef. 4:5). En el NT no hay precedente para el bautismo infantil. Además, sólo una persona que haya experimentado la regeneración puede dar un testimonio genuino de esa experiencia. Sólo debería ser bautizada la persona que es lo suficientemente madura como para haber reconocido su pecado, confesándolo y arrepintiéndose, y que ha efectuado un compromiso consciente de fe en Cristo (Hech. 2:41).

El momento correcto para el bautismo En ciertas regiones del mundo el bautismo a veces se pospone hasta un período de dos años, tiempo en el que los candidatos "demuestran su fe" y/o reciben una enseñanza cuidadosa, pero el NT no menciona esa práctica. El bautismo es una confesión pública de la fe, una ordenanza de iniciación para un creyente nuevo que desea ser obediente a Cristo (Hech. 8:35-38). La garantía concomitante es un programa escritural de disciplina eclesiástica. Por lo tanto, uno debe bautizarse inmediatamente después de ser salvo.

La forma apropiada del bautismo La forma correcta del bautismo la determina el significado del acto. En tanto que es cierto que el significado de *baptizo* es "sumergir", y que sumado a eso todos los bautismos judíos y cristianos del primer siglo eran por inmersión, el sentido de la muerte, la sepultura y la resurrección es lo que determina la forma. El creyente nuevo es sepultado en una tumba de agua y levantado como símbolo de su confianza en la muerte, la sepultura y la resurrección de Cristo para expiación de los pecados. Sólo la inmersión describe de manera adecuada sepultura y resurrección (Rom. 6:4-6). Los bautisterios para inmersión que datan de la época de las iglesias cristianas primitivas son comunes en Europa y Medio Oriente. No son pocas las iglesias católicas romanas contemporáneas que han llegado a reconocer la antigüedad de la práctica de la inmersión y que comenzaron a construir estanques para esta modalidad. La fe ortodoxa oriental siempre ha practicado la inmersión.

La autoridad correcta para el bautismo ¿Quién tiene la autoridad para administrar o llevar a cabo el bautismo? Las Escrituras no son explícitas en cuanto a esto. No obstante, en el NT, cada vez que una persona profesaba a Cristo y era bautizada, pasaba a formar parte de una asamblea local de creyentes. La excepción posible a este concepto es el caso del etíope eunuco (Hech. 8:35-38). Ante la falta de una instrucción precisa, parece apropiado decir que sería incomprensible identificarse con Cristo como cabeza de la iglesia sin hacer también lo mismo con la iglesia, que es Su cuerpo. La iglesia local es la autoridad apropiada para administrar el bautismo.

Finalmente, es importante destacar que las dos ordenanzas que se le dieron a la iglesia, o sea, el bautismo y la Cena del Señor, narran en conjunto la historia de la obra expiatoria de Cristo. En la Santa Cena se reconoce y proclama la muerte de Cristo, mientras que en el bautismo se describe Su sepultura y resurrección. Estos constituyen los únicos rituales que Jesús le asignó a la iglesia. Ver *Bautismo en el Espíritu Santo; Bautismo infantil; Ordenanzas.* *Paige Patterson*

BAUTISMO DE FUEGO La esencia del mensaje de Juan el Bautista era la enseñanza de que el Mesías, cuya venida él estaba anunciando, también iba a bautizar pero de una manera que sobrepasaba al bautismo de Juan. El Mesías iba a bautizar "con [o 'en'; el griego se puede traducir de cualquier manera] el Espíritu Santo (Mar. 1:8; Juan 1:33; Hech. 1:5; 11:16) y fuego" (Mat. 3:11; Luc. 3:16). El hecho de que haya sólo un artículo griego que modifique los dos sustantivos, "Espíritu" y "fuego", indica que se tiene en vista únicamente un bautismo y que el agregado de "y fuego" define de manera más amplia el carácter del bautismo del Mesías. Mientras que el agua purifica temporalmente lo exterior, el fuego purifica permanentemente la totalidad.

E. Ray Clendenen

BAUTISMO EN EL ESPÍRITU SANTO Frase utilizada por Juan el Bautista, Jesús, Simón Pedro y Pablo. Juan el Bautista proclamó: "Yo a la verdad os bautizo en agua para arrepentimiento; pero el que viene tras mí, cuyo calzado no soy digno de llevar, es más poderoso que yo; él os bautizará en Espíritu Santo y fuego" (Mat. 3:11). Los cuatro Evangelios presentan esta predicción, aunque Juan y Marcos dejan fuera las palabras "y fuego" (Mar. 1:8; Luc. 3:16; Juan 1:33). Jesús hizo referencia a las palabras de Juan justo antes de Su ascensión, afirmándoles a los discípulos que pronto ("dentro de no muchos días") iban a recibir este bautismo (Hech. 1:5). La promesa se cumplió en el día de Pentecostés cuando el Espíritu Santo descendió sobre los 120 discípulos que estaban en el aposento alto (Hech. 2:4) y las lenguas de fuego se asentaron sobre cada uno de ellos (Hech. 2:3). Dios, a fin de demostrar públicamente que les había dado el Espíritu, capacitó milagrosamente a los 120 para que hablaran en los idiomas extranjeros de los peregrinos que ese día estaban presentes en Jerusalén (Hech. 2:4-12).

En Hechos 10, Dios envió a Simón Pedro a la casa de un gentil llamado Cornelio. El Señor derramó allí el Espíritu sobre los gentiles, capacitándolos para que hablaran en lenguas, demostrándole así a Pedro que los gentiles habían recibido el mismo don que los judíos. Cuando Pedro le dio su informe de este asunto a la iglesia de Jerusalén, citó las palabras de Jesús en Hech. 1:5 acerca del bautismo del Espíritu, lo que causó que los discípulos que estaban presentes afirmaran: "¡De manera que también a los gentiles ha dado Dios arrepentimiento para vida!" (Hech. 11:18). Estas primeras seis referencias al bautismo del Espíritu señalan el cumplimiento de la promesa del don del Espíritu (Juan 14:25-27; 15:26,27; 16:7-11), en primer lugar a los judíos de Jerusalén y luego a los gentiles. Los dos tipos de creyentes ahora son uno, no sólo porque tienen un Salvador en común sino porque poseen el mismo don del Espíritu (Ef. 2:11–3:6; Gál. 3:28; Rom. 2:9-29; Col. 1:26,27).

Pablo habla también acerca de ser bautizados por el Espíritu (1 Cor. 12:13). "Porque por un solo Espíritu fuimos todos bautizados en un cuerpo, sean judíos o griegos, sean esclavos o libres; y a todos se nos dio a beber de un mismo Espíritu." De manera similar a las referencias anteriores, este texto señala la unidad de los judíos y los gentiles al tener el Espíritu, y enfatiza esta unidad al referirse al Espíritu como "un mismo Espíritu". No obstante, la declaración de Pablo tiene aspectos singulares. Primero, se refiere a una experiencia pasada compartida por Pablo y los corintios, mientras que las otras referencias tienen una orientación futura. Segundo, es significativo que ninguna de estas personas haya estado presente en los eventos de los dos textos de Hechos, sin embargo Pablo afirma que ellos también han sido bautizados en el mismo Espíritu. Tercero, Pablo dice que este bautismo del Espíritu tiene como resultado la incorporación de los creyentes al cuerpo de Cristo (comp. 1 Cor. 12:14-27; Ef. 1:23; 4:12; Col. 1:24).

Durante el siglo pasado, los intérpretes de la Biblia han discrepado de tres maneras específicas en cuanto a la interpretación de estos textos. Primero, se ha efectuado la pregunta, el bautismo del Espíritu ¿es acaso una experiencia posterior a la conversión o sucede en el mismo momento? Segundo, ¿debe la persona bautizada por el Espíritu hablar en lenguas para dar "evidencia" de la experiencia? Tercero, ¿está Pablo hablando en 1 Cor. 12:13 acerca de la misma experiencia a la que Juan, Jesús y Pedro hacen referencia en los otros textos? Las preguntas ciertamente requieren una respuesta bastante precisa.

Tomando en primer lugar el último punto, es evidente que Pablo está hablando esencialmente de la misma clase de experiencia que menciona Juan ya que utiliza la misma construcción en el griego, con la única diferencia del agregado de la palabra "un" [Espíritu] y en tiempo pasado. También utiliza la voz pasiva, pero eso es de esperar al pasar de "Él" [Jesús] a "nosotros" [los creyentes]. Si llegamos a la conclusión de que Pablo está hablando de la misma experiencia de la cual hablan los otros textos, entonces quedaría claro que el bautismo del Espíritu no puede ser posterior a la conversión ya que él dice que es el medio por el cual los creyentes son incorporados al cuerpo de Cristo. Esto debe suceder en el momento de la conversión, tal como sucedió en Hechos, como parte de la constelación de bendiciones que el Espíritu derramó sobre los creyentes en esa ocasión: nacer del Espíritu (Juan 3:5), ser sellados con el Espíritu (Ef. 1:13) y recibir el don de la morada del Espíritu (Rom. 8:9-11). ¿Qué sucede con el tema de las lenguas como evidencia inicial del bautismo del Espíritu? Los creyentes bautizados por el Espíritu hablaron en lenguas en Pentecostés y en la casa de Cornelio, pero esto fue para demostrar que tanto los judíos como los gentiles habían recibido de manera similar el don prometido del Espíritu. En ninguna otra parte de las Escrituras se les dice a los creyentes que las lenguas son evidencia del bautismo del Espíritu con excepción de estos momentos iniciales en la historia de la salvación, y en ningún lugar se les ordena a los creyentes que sean bautizados en el Espíritu o que hablen en lenguas.

La promesa inicial de Juan el Bautista acerca del bautismo del Espíritu se cumplió en el "Pentecostés" de los judíos y los gentiles (Hech. 2; 10). Pablo les dice a los corintios que ellos han sido bautizados por el Espíritu, por lo tanto, la bendición del don pentecostal se aplica a todos los discípulos en el momento de la conversión. Los siete textos relacionados entre sí dejan en claro que Jesús es el que bautiza a los creyentes, que el Espíritu es el elemento en o con el que son bautizados, y que el resultado es la incorporación al cuerpo de Cristo. Ver *Espíritu Santo; Lenguas, Don de.* *Chad Brand*

B

BAUTISMO INFANTIL Ritual de iniciación de los bebés nacidos en familias cristianas. Aunque no hay un registro explícito sobre el bautismo infantil en el NT, hacia el siglo III ya era una práctica establecida en la iglesia.

La importancia del bautismo infantil varía en las diversas tradiciones cristianas donde se observa este ritual. Algunas, como el catolicismo romano y la ortodoxia oriental, sostienen que el bautismo brinda limpieza de pecados. Varios reformadores protestantes mantuvieron esa práctica del bautismo infantil pero desarrollaron una teología bautismal centrada más en el significado de pacto que posee el rito.

Los defensores de la práctica del bautismo infantil presentan varias razones. Primero, el bautismo en las casas (Hech. 16:15,33; 18:8; 1 Cor. 1:16) pudo haber incluido a los hijos bebés de padres creyentes. Segundo, Jesús atrajo a los niños hacia sí durante Su ministerio (Mat. 19:13-15; 21:16; Mar. 10:14; Luc. 10:21). Tercero, así como la circuncisión era señal de la promesa del pacto de Dios en el AT, también el bautismo se ve como señal del pacto en el NT (Col. 2:11,12). Como los bebés (varones) cumplían con la circuncisión en el judaísmo, los bebés también debían ser bautizados en el cristianismo. La afirmación de Pedro en el sermón de Pentecostés de que "la promesa es para vosotros y para vuestros hijos" (Hech. 2:39 LBLA) algunos también la consideran como apoyo para el bautismo infantil. Es más, la idea de que Dios hace extensiva la salvación a las familias o a grandes comunidades es evidente en ejemplos del AT donde la familia de Noé se salva del diluvio (comp. 1 Ped. 3:20,21) y toda la nación de Israel es librada a través de las aguas del Mar Rojo (comp. 1 Cor. 10:1,2).

Los adeptos al bautismo de los creyentes argumentan contra el bautismo infantil sobre la base de que: (1) el claro modelo del NT es que el bautismo va precedido de arrepentimiento y fe (p. ej. Hech. 2:38; 8:12; 18:8); (2) no queda claro si el bautismo en las casas incluía a bebés, y (3) el paralelismo del NT con la circuncisión no es el bautismo sino la circuncisión del corazón (Rom. 2:29; Col. 2:11), que apunta a una realidad espiritual interior basada en una confesión de fe imposible para un bebé. *David P. Nelson*

BAUTISMO POR LOS MUERTOS La única mención bíblica de este tema está en 1 Cor. 15:29. Pablo hace referencia a algo que se practicaba pero no agregó ningún comentario. No lo elogia, ni lo aprueba ni lo condena. El bautismo por los muertos no es el tema de Pablo sino que lo utiliza para reforzar su argumento en cuanto a la resurrección que algunos negaban (1 Cor. 15:12). Su argumento se basa en la resurrección de Cristo (vv.13-16) y en la salvación de los corintios (vv.17-19). El orden de la resurrección es que Cristo resucitó primero (v.20), luego los que son de Cristo en Su venida (v.23) y finalmente la misma muerte es abolida (v.26). Pablo refuerza su lógica señalando la práctica que tenían ellos. Si no hay resurrección, entonces "¿qué harán los que se bautizan por los muertos?" (v.29).

No se da ninguna explicación de esta práctica. Una lectura directa de "bautismo por los muertos" es que la gente se bautizaba en forma vicaria a favor de alguien que ya estaba muerto. Algunos han sugerido un significado simbólico. Si el "bautismo" es simbólico, entonces habría que compararlo con la forma en que lo utilizó Jesús en Mar. 10:38, ("¿Podéis... ser bautizados con el bautismo con que yo soy bautizado?"), una referencia metafórica a Su crucifixión y muerte. En este caso las palabras de Pablo se podrían referir al martirio. Si la "muerte" es simbólica, entonces se podría referir a la muerte del creyente a su vieja naturaleza, al yo y al pecado simbolizado todo en el bautismo (Rom. 6:4).

Otras sugerencias entienden que la preposición de la frase significa un bautismo "encima" de las tumbas de los creyentes, "con referencia" a la muerte futura de los convertidos o "en vista a" reunirse con los otros creyentes que ya están muertos. Otra posibilidad es "¿Por qué se bautizan si no hay resurrección de los muertos?"

Estas sugerencias simbólicas o sintácticas tienen poco respaldo. Lo preferible es la lectura natural que consiste en el bautismo vicario a favor de los muertos. No se proporciona información acerca de cómo se llevaba a cabo o lo que se creía que lograba. Simplemente no lo podemos saber sólo con esa referencia. Sin embargo, cualquier idea referente a que una persona viva pueda ser bautizada y cause la salvación de otra que ya está muerta contradice la clara enseñanza de las Escrituras tanto en relación a la salvación como al bautismo. No podía ser una práctica aprobada por Pablo.

David R. Back

BAUTISTA Ver *Juan.*

BAVAI Oficial del gobierno en Keila que ayudó a Nehemías a reconstruir el muro de Jerusalén (Neh. 3:18). Ver *Binúi; Keila.*

BAYIT (Isa. 15:2). En las traducciones modernas aparece como "templo" (NVI, LBLA). La versión RVR1960 lo interpreta como el nombre de un lugar de adoración moabita.

BAZLUT Nombre de persona que significa "en la sombra" o "cebollas". Antepasado original de una familia de sirvientes del templo que regresó del exilio babilónico con Zorobabel en el 537 a.C. (Esd. 2:52; Neh. 7:54).

BEALÍAS Nombre de persona que significa "Yahvéh es Señor". Literalmente, "Yahvéh es baal". Soldado que se unió a David en Siclag cuando este huyó de Saúl y sirvió a los filisteos (1 Crón. 12:5).

BEALOT Nombre geográfico que significa "Baales femeninos" o "señoras". Ciudad de la frontera sur del territorio correspondiente a la tribu de Judá (Jos. 15:24). Puede ser Baalatbeer (19:8).

BEBAI Nombre babilónico de persona que significa "niño". **1.** Antepasado original de la familia de la que 623 de sus miembros (628 en Neh. 7:16) regresaron del exilio babilónico con Zorobabel en el 537 a.C. (Esd. 2:11). Su hijo, o por lo menos un miembro de la familia, guió a 28 hombres desde Babilonia a Jerusalén junto con Esdras (Esd. 8:11). Algunos miembros de la familia se habían casado con mujeres extranjeras (Esd. 10:28). **2.** Firmante del pacto de Nehemías de obedecer la ley de Dios (Neh. 10:15).

BEBIDAS Brebaje. El agua era la bebida principal. Se extraía de las cisternas (2 Sam. 17:18; Jer. 38:6) o de los pozos (Gén. 29:2; Juan 4:11). En épocas de sequía era necesario comprarla (Deut. 2:28; Lam. 5:4). La leche también era una bebida común, aunque más que bebida se consideraba alimento. Se consumían varios tipos de vino. El vino "nuevo" o "dulce" era probablemente el de las primeras gotas de jugo antes de que se pisaran las uvas. Algunos intérpretes argumentan que el vino nuevo no había fermentado. Sin embargo, algunos textos donde se menciona el vino se refieren a sus efectos intoxicantes (Os. 4:11; Hech. 2:13). En climas cálidos, antes de que se inventara la refrigeración, no era posible guardar el vino por muchos meses luego de la cosecha sin que comenzara a fermentar. El vino amargo, tal vez vinagre mezclado con aceite, era una bebida común de los jornaleros (Rut 2:14; Luc. 23:36). El vino se consideraba un artículo de lujo que podía alegrar el corazón (Sal. 104:15) o nublar la mente (Isa. 28:7; Os. 4:11). Ver *Agua; Leche; Vino.*

BECÁ (LBLA) Medio siclo. Cantidad con la que contribuía cada hombre israelita para que se utilizara en el templo (Ex. 38:26). Ver *Pesos y medidas.*

BECERRA, NOVILLA Vaca joven, especialmente la que todavía no ha tenido cría. A las novillas se las usaba para arar (Deut. 21:3; Jue. 14:18) y trillar el grano (Os. 10:11). Se las valoraba por la leche (Isa. 7:21), y se usaban para sacrificios (1 Sam. 16:2). También se las empleaba en tres ritos distintos: para ratificar un pacto (Gén. 15:9), para borrar la culpa asociada con un homicidio a manos de una persona desconocida (Deut. 21:1-9) y para quitar la impureza asociada con el contacto con un cadáver (Núm. 19:1-10). El término hebreo para "novilla" alazana (LBLA) o rojiza en Núm. 19 es el término común para vaca.

Sansón describió la actitud de hacer intrigas con su esposa como "arar con mi novilla" (Jue. 14:18). Una de las esposas de David (2 Sam. 3:5) se llamaba Egla (novilla). La novilla (becerra) se utilizó como símbolo del esplendor de Egipto (Jer. 46:20) y de Babilonia (Jer. 50:11). Oseas 10:11 describe al obediente Efraín (Israel) como novilla domada. En contraste, cuando Israel desobedece, se la compara a una vaca tozuda.

BECERRO Cría de la vaca o de otros animales relacionados. Los becerros se engordaban en establos para proveer terneros para ocasiones especiales (Gén. 18:7-8; 1 Sam. 28:24; Luc. 15:23,27,30). El uso más frecuente del becerro en el AT era como animal para el sacrificio (Lev. 9:2-3; Jer. 34:18; comp. Gén. 15:9-10). También se designaba como animal específico para la ofrenda de paz (Ex. 24:5) y como expiación (Ezeq. 43:19). La fiesta de los tabernáculos se diferenciaba porque requería una cantidad mayor de becerros (Núm. 29:12-40). Se lo relacionaba íntimamente con Baal y es probable que haya influido sobre Jeroboam para que este estableciera los becerros de oro en Bet-el y Dan (1 Rey. 12:28). Un becerro también simbolizaba ejércitos gentiles impetuosos (Sal. 68:30) y soldados mercenarios egipcios (Jer. 46:21). Los pies de uno de los querubines que describió Ezequiel se parecían a los de un becerro (Ezeq. 1:7). Uno de los cuatro seres vivientes que estaban alrededor del trono se asemejaba a un becerro (Apoc. 4:7). Ver *Becerros de oro; Toro.*

BECERROS DE ORO Representación de toros jóvenes que se utilizaba como símbolo de la presencia del dios en el lugar de adoración. El toro se usaba en el antiguo Cercano Oriente para representar a muchos dioses, particularmente Amón-Ra en Egipto, y El y Baal en Canaán. Mientras Moisés estaba en el Monte Sinaí, Aarón hizo un becerro de oro para utilizarlo en la "fiesta para Jehová" (Ex. 32:4,5). Asimismo, Jeroboam colocó becerros en Dan y en Bet-el para que el Reino del Norte los utilizara en la adoración a Jehová (1 Rey. 12:28), de modo que la gente no tuviera que ir a adorar a Jerusalén, la capital del Reino del Sur. Los becerros representaban en ambos casos a los dioses que Israel había traído de Egipto. En consecuencia, el pecado de los becerros no consistía en honrar al dios equivocado sino en adorar al Dios verdadero de la manera equivocada, mediante imágenes (Sal. 106:19, 20). Israel trató de fabricar pedestales en los que pudieran entronizar al Dios invisible. El único pedestal que la enseñanza del AT permitió fue el arca del pacto (1 Sam. 4:4). Ver *Toro.*

BECORAT Nombre de persona que significa "primogénito". Antepasado del rey Saúl (1 Sam. 9:1).

BEDAD Nombre de persona que significa "esparcir" o "estar solo". Padre de Hadad, rey de Edom (Gén. 36:35).

BEDÁN Nombre de persona de significado incierto. **1.** Descendiente de Faquir y Manasés (1 Crón. 7:17). **2.** Mencionado como juez en 1 Sam. 12:11 (LBLA). Generalmente considerado obra de un copista, pero la lectura original es imprecisa. El nombre más parecido de entre los jueces sería Barac (Jue. 4–5). Bedán es hijo de Galaad en 1 Crón. 7:17 (LBLA) y podría ser otro nombre para Jefté, un hijo de Galaad (Jue. 11:1). Los rabinos judíos primitivos leían *ben-Dan*, "hijo de Dan", y pensaban que se refería a Sansón (Jue. 13:2,24).

BEDELIO Traducción de *bedolach*, palabra de significado incierto. Se la ha identificado con una goma o resina, una perla o una piedra. Génesis 2:12 menciona bedelio, oro y ónice como productos de Havila. Números 11:7 compara al maná con el bedelio en cuanto al aspecto. Términos muy similares a *bedolach* utilizados en otros idiomas ayudan a identificarlo como una goma resinosa. Es probable que la goma con forma de gotas se asemejara a una perla o piedra.

BEDÍAS Nombre de persona que significa "Yahvéh solo" o "rama de Yahvéh". Hombre que tenía una esposa extranjera de la que se divorció bajo el liderazgo de Esdras a fin de impedir que Israel se tentara con dioses extraños (Esd. 10:35).

BEELIADA Nombre de persona que significa "Baal sabe" o "el Señor sabe". Hijo de David nacido en Jerusalén (1 Crón. 14:7). En 2 Sam. 5:16, la parte del nombre correspondiente a Baal es reemplazada con "El", palabra hebrea para Dios, y se convierte en "Eliada".

BEELZEBÚ Nombre neotestamentario para Satanás que se escribe de manera diferente en los manuscritos griegos. El término se basa en el Baal-zebub hebreo, "señor de las moscas". Ver *Baal-zebub.*

BEER Nombre geográfico que significa "pozo". Aparece frecuentemente en construcciones compuestas correspondientes a nombres de lugares. Por ejemplo, Beerseba significa "pozo de los siete". El clima generalmente árido de gran parte de Palestina hacía que los pozos fuesen lugares significativos. **1.** Uno de los lugares de campamento de los israelitas durante el peregrinaje en el desierto (Núm. 21:16). **2.** Jotam huyó a Beer cuando temía que su hermano Abimelec lo matara (Jue. 9:21). Puede ser la actual Bireh.

BEERA Nombre de persona que significa "un pozo". **1.** Líder de la tribu de Rubén que fue llevado cautivo por el rey asirio Tiglat-pileser alrededor del 732 a.C. (1 Crón. 5:6). **2.** Descendiente de la tribu de Aser (1 Crón. 7:37).

BEER-ELIM Nombre geográfico que significa "pozo de los carneros, los héroes, los terebintos o los árboles poderosos". Según el lamento de Isaías sobre Moab, el lugar estaba relacionado con un duelo (Isa. 15:8). Es probable que equivalga a Beer (Núm. 21:16), lugar donde Israel cantó el cántico junto al pozo. La ubicación podría ser Wadi et-Temed al noreste de Dibón.

BEERI Nombre de persona que significa "pozo". **1.** Padre heteo de la mujer con quien se casó Esaú y con lo cual provocó la tristeza de sus padres, Isaac y Rebeca (Gén. 26:34,35; 27:46). **2.** Padre del profeta Oseas (Os. 1:1).

BEEROT Nombre geográfico que significa "pozos". Ciudad de los gabaonitas a donde se dirigieron Josué y su ejército para defenderlos después de hacer un pacto con ellos (Jos. 9:17). La ciudad le fue asignada a la tribu de Benjamín (Jos. 18:25). Los capitanes del ejército de Is-boset provenían de Beerot (2 Sam. 4:2), cuyos habitantes habían huido a Gitaim cuando Israel conquistó Beerot probablemente bajo el mando de Saúl (2 Sam. 4:3). Comparar 2 Sam. 21:1-9 con respecto al trato de Saúl hacia los gabaonitas. El escudero de Joab, uno de los 30 héroes de David, provenía de ese lugar (2 Sam. 23:37). Habitantes de Beerot regresaron con Zorobabel del exilio babilónico alrededor del 537 a.C. (Esd. 2:25). La ciudad tiene que haber estado cerca de Gabaón pero su ubicación exacta es debatible. Entre las sugerencias se encuentran: el-Bireh, Tell en-Nasbeh, Nebi Samwil, Khirbet el-Burj, Biddu, Khirbet Raddana, Ras et-Tahune.

BEEROT-BENE-JAACÁN Nombre geográfico que significa "pozos". Pozos de los hijos de Jaacán donde Israel acampó en el desierto (Núm. 33:31 [Bene-jaacán]; Deut. 10:6). Ver *Beerot.*

BEEROTITA Persona proveniente de Beerot (1 Crón. 11:39). Ver *Beerot.*

BEERSEBA Beerseba y la región circundante juegan un papel importante en el AT desde los primeros viajes de los patriarcas (Gén. 21; 22; 26) hasta el regreso de los exiliados hebreos junto con Nehemías (Neh. 11:27,30). Beerseba constituía un cruce de importante rutas en el camino a Egipto ubicada en el centro geográfico de la región árida y semidesértica conocida como Neguev, y servía como sede administrativa de la zona. Los asentamientos en la región de Beerseba comenzaron antes del 3000 a.C.

Pozo de Beerseba.

Varias piedras de molino y morteros de piedra de la zona de Beerseba.

Abraham y Abimelec, un rey de las cercanías, juraron proteger el derecho que tenía Abraham sobre el agua de esta región (Gén. 21:22-33). Abraham, pues, llamó al lugar Beerseba, que significa "pozo del juramento" o preferentemente "pozo de los siete", haciendo referencia a las siete corderas que se incluyeron en el pacto. En este lugar invocó al Señor (Gén. 21:33) y vivió durante un tiempo (Gén. 22:19). El Señor confirmó Su promesa a Isaac en Beerseba (Gén. 26:23-25) donde los siervos de Isaac abrieron un pozo. En el día de hoy en las afueras de la Beerseba bíblica se encuentra un pozo (Tell es-Saba'); sin embargo, no puede ser el pozo de los patriarcas porque data de mucho más tarde, alrededor del siglo XII. Isaac también vivió en la región de Beerseba y su hijo Jacob partió de allí hacia Harán para buscar esposa (Gén. 28:10). Cruce de rutas hacia Egipto, Beerseba fue el lugar donde muchos años después se detuvo Jacob cuando el Señor lo alentó para que continuara su viaje hacia Egipto donde José lo estaba esperando (Gén. 46:1-5). Debido a estos acontecimientos particulares que tuvieron lugar en Beerseba en relación con los patriarcas, se cree que a la larga la ciudad lamentablemente se convirtió en un destino de peregrinaje para la idolatría durante el período posterior a la monarquía (Amós 5:5; 8:14).

Josué le entregó Beerseba a la tribu de Judá (Jos. 15:28) y luego a la tribu de Simeón, cuyo territorio se encontraba dentro de las fronteras de Judá (Jos. 19:1,2,9). Joel y Abías, hijos de

Excavación de depósitos en el emplazamiento de la antigua Beerseba, en el Neguev.

Pozo en Beerseba, aprox. del siglo XIV o XIII a.C.

Samuel, fueron jueces injustos de Beerseba justo antes de que comenzara la monarquía con Saúl (1 Sam. 8:1-3).

Beerseba se menciona 12 veces en sentido idiomático para indicar los extremos norte y sur de Israel, "desde Dan hasta Beerseba" (2 Sam. 24:2; 1 Rey. 4:25). Este tipo de frase servía para hablar de Israel en su totalidad y unidad. Por ejemplo, en la decisión de castigar a la tribu de Benjamín (Jue. 20:1) y en el reconocimiento de Samuel como un verdadero profeta (1 Sam. 3:20). Esta expresión idiomática también sirve para mostrar la extensión de las reformas de tres reyes del sur: Josafat (2 Crón. 19:4, "desde Beerseba hasta el Monte de Efraín"), Ezequías (2 Crón. 30:5, "desde Beerseba hasta Dan") y Josías (2 Rey. 23:8, "desde Geba hasta Beerseba").

Al haber desenterrado sus amplios almacenes comerciales y fortalezas que eran superiores a las de las ciudades menos importantes de la región, la arqueología ha demostrado que Beerseba era el centro administrativo del Neguev. No obstante, las fortalezas fueron inadecuadas frente a los asirios, quienes saquearon la ciudad y la dejaron en ruinas hasta el período persa. Después de que Judá fuese castigada con el exilio, la gente regresó a Beerseba y a las ciudades satélites circundantes junto con Nehemías en el siglo V (Neh. 11:27,30).

En su condición de "puerta al desierto", Beerseba estaba ubicada en un lugar climáticamente precario, lo que la convierte en el trasfondo de las oraciones de dos personas con respecto a la muerte. Agar rogó desde lejos no ver morir a su hijo (Gén. 21:14-16) y Elías oró pidiendo morir en el desierto antes de caer en manos de la reina Jezabel (1 Rey. 19:3,4).

Daniel C. Fredericks

BEESTERA Nombre geográfico que significa "en Astarot" o representa una contracción de "Bet Astarot", que significa "casa de Astarot". Lugar al este del Jordán en el territorio de Manasés apartado para los levitas (Jos. 21:27). Primera Crónicas 6:71 lo denomina "Astarot". Ver *Astarot.*

BEHEMOT Bestia grande conocida por su enorme fuerza y resistencia. Descrito en detalle en Job 40:15-24, este animal se ha identificado de diversas maneras como un elefante, un hipopótamo y un búfalo acuático, siendo lo más probable el hipopótamo. Esta identificación se basa en la descripción de Job 40 en cuanto a su tamaño y fuerza, el lugar donde vivía y la forma de alimentarse. La palabra hebrea moderna para el animal significa "bestia" o "ganado". En Lev. 11:2, la palabra se traduce "animales" en la RVR1960, mientras que en la NVI se traduce "bestias". Ver *Hipopótamo; Leviatán.*

BEL Nombre de un dios babilónico originariamente patrono de la ciudad de Nippur, pero que luego pasó a ser el segundo nombre del dios Marduk de Babilonia. Isaías se burlaba de Babilonia al describir que sus dioses cargaban los asnos para formar una procesión que salía de la ciudad hacia el cautiverio. La gente no se inclinaba ante ellos. Los ídolos se agachaban para salir por las puertas de la ciudad (Isa. 46:1). De manera similar, Jeremías profetizó que a Bel le llegaría confusión (Jer. 50:2). Bel iba a tener que escupir a las naciones que había tragado (Jer. 51:44). Un libro apócrifo se llama Bel y el Dragón. Ver *Apócrifos; Babilonia.*

BELA Nombre de persona y de lugar que significa "él tragó". **1.** Nombre para Zoar. Su rey se unió a la coalición para luchar contra los ataques de los reyes del oriente (Gén. 14:2). Ver *Zoar.* **2.** Rey de Edom que gobernó en la ciudad de Dinaba antes de que Israel tuviera rey (Gén. 36:32). **3.** Hijo de Benjamín y nieto de Jacob (Gén. 46:21). Se convirtió en el antepasado original de la familia de los belaítas (Núm. 26:38; 1 Crón. 7:7). **4.** Descendiente de Rubén (1 Crón. 5:8).

BELAÍTAS Descendientes de Bela (Núm. 26:38). Ver *Bela.*

BELÉN Nombre geográfico que significa "casa de pan", "pelea" o "Lahamu" [dios]. **1.** Aproximadamente 8 km (5 millas) al sudoeste de Jerusalén

Sitio tradicional del pesebre del niño Jesús, en la Iglesia de la Natividad, en Belén.

Pequeña entrada a la Iglesia de la Natividad, en Belén. Se cerró y rellenó el arco de entrada para evitar la entrada de hombres a caballo.

ni bien se sale de la ruta principal que se dirige desde Jerusalén hasta el Neguev, yace la moderna aldea árabe de Belén. Popularmente se entiende que el nombre, *beth-lechem*, significa "casa de pan". Quizá la primera mención que se hace de la aldea tuvo lugar en las cartas de Amarna (N° 290) antes del 1300 a.C., donde el gobernante de Jerusalén se quejaba ante el faraón egipcio de que la gente de *Bit-Lahmi* se había trasladado al costado de "Apiru", aparentemente un pueblo sin ciudadanía específica que provocaba disturbios en la sociedad cananea.

En el AT, la referencia a Belén que se hace en Gén. 35:19 tal vez deriva de un sitio tradicional correspondiente al sepulcro de Raquel que está ubicado cerca de la aldea. Belén aparece en Jue. 17:7-13 como el hogar del levita que se convirtió en sacerdote de Micaías. La concubina del levita de Efraín era de la aldea de Belén (Jue. 19). El libro de Rut se desarrolla en la región de Belén (Rut 1:1,2,19,22; 2:4; 4:11). Esta historia desencadena los acontecimientos que le concedieron suma importancia a la aldea como el hogar de

Vista de Belén, con el Herodión de trasfondo.

Vitral con la escena de la Navidad en la Iglesia de la Natividad, en Belén.

David y el sitio donde fue ungido (1 Sam. 16:1-13; 17:12,15).

Otras referencias del AT incluyen la mención de una fortaleza filistea ubicada en ese lugar durante los comienzos del reinado de David (2 Sam. 23:14), la casa de Elhanán (2 Sam. 23:24), el lugar de sepultura de Asael (2 Sam. 2:32) y un fuerte de Roboam (2 Crón. 11:6). Belén también se menciona en relación con el exilio babilónico (Jer. 41:17; Esd. 2:21).

Lo que le ha asegurado un lugar en la historia del cristianismo es la conexión con Cristo. Se interpreta que Miq. 5:2 indica que el Mesías, al igual que David, iba a nacer en Belén y no en Jerusalén. Mateo (2:1-12), Lucas (2:4-20) y Juan (7:42) informan que Jesús nació en esa aldea humilde. Pareciera que los creyentes primitivos creían que algunas cuevas al este de la aldea eran el lugar del santo nacimiento. Un campo al sudeste de la ciudad ha sido identificado como el lugar donde los pastores tuvieron la visión de los ángeles. **2.** Ciudad del territorio de Zabulón a unos 11 km (7 millas) al noroeste de Nazaret (Jos. 19:15) que fue donde sepultaron a Ibzán (Jue. 12:10), en la moderna Beit Lahm. **3.** Nombre de persona tal como aparece en 1 Crón. 2:51,54. *George W. Knight*

BELÉN EFRATA Nombre geográfico utilizado por Miqueas (5:2) para designar el sitio del nacimiento del nuevo David que vendría de Belén, lugar donde había nacido David, y perteneciente a la familia de Efrata, es decir Isaí, el padre de David (1 Sam. 17:12). Ver *Belén.*

BELIAL Transliteración de un sustantivo común hebreo que significa "inútil" o "indigno". Las traducciones modernas lo traducen como un sustantivo común, "indigno" o "impío". Es un término despectivo (Deut. 13:13). En Nah. 1:15, donde se traduce "el malvado", pareciera que Belial es el nombre de algún poder malévolo específico.

La palabra aparece una vez en el NT (2 Cor. 6:15) donde el apóstol Pablo declaró la mutua enemistad entre Cristo y Belial, quien, en consecuencia, pareciera equipararse a Satanás. Ver *Anticristo; Satanás.*

BELSASAR Nombre que significa "príncipe de Bel". Rey babilónico cuya orgía fue interrumpida por la aparición misteriosa de los dedos de una mano humana que escribían un mensaje codificado sobre la pared del palacio (Dan. 5:1). Cuando los adivinos babilónicos no fueron capaces de interpretar la escritura, llamaron al hebreo Daniel. Él interpretó el mensaje al rey explicándole que su significado era que a Belsasar se le quitaría el reino y se le entregaría a los medos y a los persas (Dan. 5:28). Según Dan. 5:30, Belsasar murió la misma noche en que ocurrió este incidente. Ver *Babilonia.*

BELTSASAR Nombre babilónico que significa "proteger la vida del rey". Nombre que el príncipe de los eunucos bajo las órdenes de Nabucodonosor, rey de Babilonia, le puso a Daniel (Dan. 1:7). Ver *Daniel.*

BEN (LBLA) Sustantivo hebreo que significa "hijo de". Levita que se convirtió en jefe de una familia de los porteros del templo en el reinado de David (1 Crón. 15:18). Otras traducciones siguen a la Septuaginta, la traducción griega más antigua, y a algunos manuscritos hebreos que omiten Ben. Ver *Bar.*

BEN-ADAD Nombre de persona o título de la realeza que significa "hijo de (el dios) Adad". Las referencias a la interacción de Israel con Damasco y otras ciudades-estado de Siria muestran el poder de los reyes de Damasco. Ben-adad era el nombre individual de varios reyes, o bien los reyes llevaban el título "ben-adad", hijo del Dios, de la misma manera que a los reyes de Israel se les decía "hijo de Dios" cuando eran coronados (Sal. 2:7) y a los emperadores romanos se los denominaba césares. Ver *Damasco; Siria.*

BENAÍA Nombre de persona que significa "Yahvéh ha edificado". **1.** Capitán de los soldados profesionales de David (2 Sam. 8:18; 20:23), conocido por sus hazañas heroicas tales como haber despojado de sus armas a un egipcio y matado con su propia espada, y también haber matado a un león en la nieve (2 Sam. 23:20-23). Aún así no formaba parte de los tres consejeros militares más importantes de David (2 Sam. 20:23). Su incuestionable lealtad a David hizo que Adonías no lo incluyera cuando intentó reemplazar a David como rey en lugar de Salomón (1 Rey. 1:8-26). Siguió las órdenes de David y ayudó a ungir como rey a Salomón (1 Rey. 1:32-47). Se convirtió en verdugo bajo las órdenes de este (1 Rey. 2:25-46) y en comandante del ejército (1 Rey. 4:4). **2.** Piratonita que aparece en la lista de los 30 guerreros valientes de David (2 Sam. 23:30). **3.** En 1 Crón. 4:36, jefe simeonita que participó en una derrota de los amalecitas. **4.** En 1 Crón. 15:18, músico levita que participó de la procesión cuando el arca del pacto fue llevada a Jerusalén. **5.** En 1 Crón. 15:24, sacerdote que hizo sonar la trompeta cuando el arca fue llevada a Jerusalén. **6.** En 2 Crón. 20:14, un miembro de la familia de Asaf, abuelo de Jahaziel. **7.** En 2 Crón. 31:13, uno de los supervisores que colaboró en la recolección de contribuciones en la casa del Señor durante el reinado de Ezequías. **8.** En Ezeq. 11:1, padre de Pelaías. **9.** En Esd. 10, el nombre del cuarto israelita que dejó a su esposa extranjera.

BEN-AMMI Nombre de persona que significa "hijo de mi pueblo". Hijo de Lot y de su hija menor después de que sus dos hijas perdieron la esperanza de casarse y engañaron a su padre tras hacerlo emborrachar (Gén. 19:38). Ben-ammi fue el antepasado original de los amonitas. Ver *Amón*.

BENDICIÓN Oración en la cual se pide que Dios bendiga, o una afirmación de que la bendición de Dios está cerca. La más famosa es la bendición sacerdotal (o bendición aarónica) de Núm. 6:24,25. La mayoría de las epístolas del NT también concluyen con bendiciones (Rom. 15:13; 16:25-27; 1 Cor. 16:23; 2 Cor. 13:14; Gál. 6:18; Ef. 3:20,21; 6:23,24; Fil. 4:23; 1 Tes. 5:28; 2 Tes. 3:18; 1 Tim. 6:21b; 2 Tim. 4:22; Tito 3:15b; Filem. 25; Heb. 13:20,21,25; 1 Ped. 5:14b; 2 Ped. 3:18; 3 Jn. 15a; Jud. 24,25). Ver *Bendición y maldición*.

BENDICIÓN Y MALDICIÓN Énfasis bíblico clave, tal como se refleja en los 544 usos de diferentes formas de la palabra "bendición" y 282 apariciones de las diversas formas del término "maldición".

En el AT, la palabra que se traduce "bendición" con más frecuencia es *barak*. La relación que antiguamente se pensaba existía en esta palabra entre los conceptos de "bendición" y "arrodillarse" ya no tiene validez. Las palabras relacionadas con estos conceptos sólo sonaban parecido. "Bendecir" significaba llenar de beneficios, ya sea como un fin en sí mismo o hacer que un objeto sea bendito para convertirse en fuente de mayor bendición para otros. En este sentido y por lo menos con mayor frecuencia, Dios es considerado por lo menos el agente de bendición, y bendecir a una persona equivalía a clamar a Dios para que la bendijera. En otro sentido, la palabra podía significar "alabar", como si se llenara de honor y palabras buenas al objeto de la bendición. En consecuencia, los individuos podían bendecir a Dios (Ex. 18:10; Rut 4:14; Sal. 68:19; 103:1), mientras que Dios también podía bendecir a hombres y mujeres (Gén. 12:23; Núm. 23:20; 1 Crón. 4:10; Sal. 109:28; Isa. 61:9). Las personas también podían bendecirse mutuamente (Gén. 27:33; Deut. 7:14; 1 Sam. 25:33) o bendecir cosas (Deut. 28:4; 1 Sam. 25:33; Prov. 5:18).

Las palabras de bendición también se podían utilizar como saludo, similar a una invocación de "paz" (*shalom*, Gén. 48:20). En este sentido se podían utilizar al encontrarse (Gén. 47:7), al partir (Gén. 24:60), dicho por mensajeros (1 Sam. 25:14), en gratitud (Job 31:20), como saludo matinal (Prov. 27:14), felicitando por la prosperidad (Gén. 12:3), como homenaje (2 Sam. 14:22) y demostrando amistad (2 Sam. 21:3). Ser bendecido por Dios se consideraba ingrediente esencial para una vida exitosa y satisfactoria. Una palabra relacionada, *'asher*, a menudo traducida "bienaventurado" (Sal. 1:1), se refiere especialmente al estado de felicidad producto de ser bendecido.

En el NT, la palabra "bienaventurado" es frecuentemente la traducción de *makarios*, y quiere decir "bendecido, afortunado, feliz". Aparece 50 veces en el NT y en forma más conocida en las "bienaventuranzas" del Sermón del Monte de Jesús (Mat. 5:3-11). En consecuencia, el concepto neotestamentario enfatiza el gozo que experimentan los seres humanos en su condición de hijos de Dios y ciudadanos de Su reino (Rom. 4:7,8; Apoc. 1:3; 14:13).

Para la acción de "bendecir", el NT generalmente utilizaba el verbo *eulogeo*, cuya etimología refleja el significado de "hablar bien de" o "alabar" (Luc. 1:64). El adjetivo relacionado *eulogetos* se utilizaba especialmente con este sentido (Luc. 1:68; Ef. 1:3). El verbo se refiere con más frecuencia al otorgamiento de beneficios (Gál. 3:9) o a pedirle a Dios que lo haga (Heb. 7:1). El sustantivo *eulogia*, "bendición", posee un rango de significado similar al del verbo (por ej.: Apoc. 5:12; Sant. 3:10; Heb. 6:7).

De los 282 usos bíblicos de las diversas formas de la palabra "maldición", todas están en el AT excepto 34. El concepto evidentemente era más importante en el AT. Según quién estaba hablando, el que "maldice" está prediciendo, deseando o pidiendo la maldición, le está causando un gran problema a alguien o está invocando a un objeto para que sea la fuente de dicho problema. Así como pertenecer a Dios y a Su pueblo significaba bendición, ser maldecido frecuentemente quería decir que era separado de Dios y de la comunidad de la fe. Por lo tanto, incluía experimentar inseguridad y desastre.

Las dos palabras más comunes para "maldición" en el AT son *'arar* y *qalal*. La primera especifica los resultados de la caída y la entrada del pecado en la creación de Dios (Gén. 3:14, 17; 4:11; 5:29; 9:25). Se halla 39 veces en el AT como participio en voz pasiva ("maldito el que...") en pronunciamientos de juicio o para disuadir del pecado futuro (esp. Deut. 27–28). La otra palabra, *qalal*, invoca particularmente la experiencia de ser insignificante o despreciable (Gén. 27:12,13; Ex. 21:17; Lev. 19:14).

En una época, muchos eruditos creían que el AT reflejaba la idea del antiguo Cercano Oriente de que la palabra dicha formalmente tenía una existencia independiente como así también el poder para que se cumpliera. Por ejemplo, este concepto se deducía a veces de Isa. 55:10,11, "mi palabra ... no volverá a mí vacía, sino que hará lo que yo quiero, y será prosperada en aquello para que la envié". Del mismo modo se pensaba que las bendiciones y las maldiciones poseen dicho poder independiente. Pero otros pasajes como Prov. 26:2 ("Como el gorrión en su vagar, y como la golondrina en su vuelo, así la maldición nunca vendrá sin causa") demuestran que para que una palabra de bendición o maldición sea efectiva debía ser divinamente sancionada y de manera apropiada (comp. Sal. 109:17-20). Aunque el rey pagano Balac tal vez haya creído en el poder de autocumplimiento de las palabras dichas formalmente (Núm. 22:6), aun el adivino pagano Balaam sabía que no era así (Núm. 22:18,19). La bendición que Isaac pronunció sobre su hijo Jacob no era irrevocable porque ya la hubiera expresado (Gén. 27:30-40) sino porque había sido claramente ordenada por Dios (Gén. 25:22,23), y la preferencia de Isaac hacia su hijo Esaú no pudo cambiar eso.

En el NT, la acción de "maldecir" a veces significa desearle mala fortuna a alguien (Luc. 6:28; Rom. 12:14; Sant. 3:9,10). El concepto de "maldición" también se aplica a los que están fuera de las bendiciones de la gracia de Dios (Mat. 25:41). Ellos, por lo tanto, están bajo la condenación divina, la "maldición de la ley" a causa del pecado (Juan 7:49; Gál. 3:10,13; 1 Cor. 16:22). Una situación especialmente grave es la de aquellos que rechazan o se oponen activamente a la obra divina (Gál. 1:8,9; 2 Ped. 2:14; Apoc. 16:9,11, 21). *E. Ray Clendenen*

BENE-BERAC Nombre geográfico que significa "hijos de Barac" o "hijos del relámpago". Ciudad de la tribu de Dan (Jos. 19:45). Está ubicada en la actual Ibn Ibraq, 6,5 km (4 millas) al sudeste de Jope. El rey asirio Senaquerib declaró haber conquistado Bene-berac en el 701 a.C.

BENEDICTUS Palabra latina que significa "bendito". Primera palabra en latín del salmo de alabanza de Zacarías en Luc. 1:68-79 y, en consecuencia, título del salmo. Ver *Magníficat; Nunc Dimittis.*

BENEFACTOR Título honorífico otorgado a reyes y otros personajes destacados a causa de algún logro meritorio o servicio público. El título en griego es *Euergetes* y se les aplicó a algunos de los reyes helenistas de Egipto. Uno no se gana el título de "benefactor" por el servicio brindado en el reino de Dios. En contraste con el trabajo visible que es necesario para obtener el título de "benefactor", los miembros del reino tienen que consagrarse a un servicio humilde, secreto y quizá servil (Luc. 22:24-27).

BENE-JAACÁN Nombre geográfico que significa "hijos de Jaacán". Equivale a Beerot-bene-jaacán. Ver *Beerot-bene-jaacán.*

BEN-HAIL Nombre de persona que significa "hijo de fortaleza". Oficial bajo el reinado de Josafat de Judá (873–848 a.C.), quien lo envió a las ciudades de Judá a enseñar la ley de Dios (2 Crón. 17:7).

BEN-HANÁN Nombre de persona que significa "hijo del que favorece". Hijo de Simón del linaje de Judá (1 Crón. 4:20).

BENINU Nombre de persona que significa "nuestro hijo". Levita que selló el pacto que hizo Nehemías para obedecer la ley de Dios (Neh. 10:13).

BENJAMÍN Nombre de persona que significa "hijo de la diestra" o "hijo del sur". El segundo hijo que Raquel le dio a Jacob (Gén. 35:17,18). Se convirtió en padre de la tribu de Benjamín. Su nacimiento fue difícil y su madre lo llamó Benoni, que significa "hijo de mi dolor". Ella murió dándolo a luz. No obstante, su padre Jacob no dejó que continuara con ese nombre y lo llamó Benjamín.

La tribu de Benjamín ocupaba el territorio más pequeño de todas las tribus. Sin embargo, desempeñó un papel importante en la historia israelita. Saúl, el primer rey de Israel, era benjamita. Además, la ciudad de Jerusalén estaba cerca del límite entre el territorio de Benjamín y el de Judá, y tal vez originariamente haya formado parte de la región de Benjamín (Jos. 18:16; Jue. 1:21). Es probable que en la bendición de Jacob se vea el deseo que tenía Benjamín de poseer un territorio (Gén. 49:27). La bendición de Moisés enfatiza el lugar especial que ocupaba Benjamín bajo el cuidado de Dios (Deut. 33:12). Posteriormente, durante el período de los jueces, Benjamín casi desapareció de la historia por haber maltratado a un levita y a su concubina (Jue. 19–21).

En el NT, el apóstol Pablo proclamaba con orgullo pertenecer al linaje de la tribu de Benjamín (Rom. 11:1; Fil. 3:5). Ver *Patriarcas; Tribus de Israel.*

BENO Nombre propio que significa "su hijo". Levita bajo el reinado de David (1 Crón. 24:26, 27).

BENONI Nombre de persona que significa "hijo de mi dolor". Ver *Benjamín.*

BENZOHET Nombre de persona que significa "hijo de Zohet". Hijo de Isi, de la tribu de Judá (1 Crón. 4:20).

BEÓN Nombre geográfico de significado desconocido. Probablemente un cambio efectuado por un copista del término original Meón (Núm. 32:3), forma corta de Bet-meón o Bet-baal-meón. Ver *Bet-baal-meón.*

BEOR Nombre propio que significa "ardiente". **1.** Padre de Bela, el rey de Edom que tenía su sede en Dinaba antes de que Israel tuviera rey (Gén. 36:32). **2.** Padre del profeta Balaam (Núm. 22:5). Ver *Balaam.*

BEQUER 1. Nombre de persona que significa "primogénito" o "camello macho joven". Hijo de Benjamín y nieto de Jacob (Gén. 46:21). Tuvo nueve hijos (1 Crón. 7:8). **2.** Antepasado original de una familia de la tribu de Efraín (Núm. 26:35). Primera Crónicas 7:20 lo llama "Bered".

BEQUERITA Miembro de la familia de Bequer. Ver *Bequer.*

BERA Nombre de persona que quizá signifique "con el mal" o "victoria". Rey de Sodoma en la época de Abraham y Lot (Gén. 14:2). Se unió a la coalición de reyes locales para luchar contra la invasión de los reyes del oriente.

BERACA Nombre de persona que significa "bendición". **1.** Soldado habilidoso capaz de utilizar la mano derecha o la izquierda con la honda y con arco y flechas. Se unió a la banda de David en Siclag cuando este huía de Saúl y se unió a los filisteos (1 Crón. 12:3). **2.** Valle donde el rey Josafat de Judá (873–848 a.C.) y su gente bendijeron a Dios después de que les proporcionara una victoria milagrosa sobre Amón, Moab y Edom (2 Crón. 20:26). Un valle cerca de Tecoa y una aldea moderna conservan el nombre: Wadi Berekut y Khirbet Berekut.

BERAÍAS Nombre de persona que significa "Yahvéh creó". Descendiente de la tribu de Benjamín (1 Crón. 8:21).

BEREA Nombre geográfico que significa "lugar de muchas aguas". Ciudad de Macedonia hacia donde escapó Pablo después de los disturbios de los judíos de Tesalónica (Hech. 17:10). Ver *Macedonia.*

BERED Nombre de persona que significa "fresco". **1.** Lugar utilizado para ubicar el Pozo del Viviente-que-me-ve (Gén 16:14) pero que actualmente no se puede localizar. **2.** Hijo de Efraín (1 Crón. 7:20). En Núm. 26:35 aparece con el nombre "Bequer".

BERENICE Nombre que significa "regalo". Compañera de Herodes Agripa II (Hech. 25:13). Era hija de Herodes Agripa I, probablemente nacida alrededor del 28 d.C. Antes de su aparición en Hechos, en primer lugar se había casado con una persona llamada Marcus y luego con su propio tío, Herodes. Como resultado de la unión nacieron dos hijos antes de que Berenice se quedara viuda en el 48 d.C. En los años siguientes se sugiere que existió una relación incestuosa entre Agripa II y ella. Más tarde se volvió a casar con Polemo, el rey de Cilicia. Según el historiador romano Tácito, también fue amante del emperador romano Tito. Ver *Herodes.*

BEREQUÍAS Nombre de persona que significa "Yahvéh bendijo". **1.** Descendiente de David en el período posterior al regreso de los judíos del cautiverio babilónico (1 Crón. 3:20). **2.** Padre de Asaf (1 Crón. 6:39). Ver *Asaf.* **3.** Líder de los levitas después del regreso del exilio que vivía en las aldeas de la ciudad de Netofa (1 Crón. 9:16). **4.** Levita encargado del arca cuando David la trasladó a Jerusalén (1 Crón. 15:23). Puede ser idéntico a 2. arriba. **5.** Líder de la tribu de Efraín que rescató a los prisioneros de guerra que Peka, rey de Israel (752–732 a.C.), le había tomado a Acaz, rey de Judá (735–715) (2 Crón. 28:12). **6.** Padre de Mesulam, quien reparó el muro con Nehemías (Neh. 3:4). Su familia estaba unida en matrimonio con Tobías, el enemigo de Nehemías (Neh. 6:17-19). **7.** Padre del profeta Zacarías (Zac. 1:1; Mat. 23:35).

BERI Nombre de persona de significado desconocido. Descendiente de Aser (1 Crón. 7:36). Muchos eruditos bíblicos piensan que un copista cambió el texto original que tal vez haya sido *bene* (hijos de).

BERÍA Nombre de persona que significa "Yahvéh creó". **1.** Hijo de Aser y nieto de Jacob (Gén. 46:17). En consecuencia, se convirtió en el antepasado original de la familia de los beritas (Núm. 26:44). **2.** Hijo de Efraín que nació después de la muerte de sus hijos Ezer y Elad en la batalla contra Gat. El nombre Bería que aparece aquí no se explica como una combinación de *bara'* + *Yah (Yahvéh creó)* sino de *b* + *ra'ah (con maldad).* Sus hijas edificaron las dos ciudades denominadas Bet-horón (1 Crón. 7:20-25). **3.** Jefe de familia de la tribu de Benjamín en la región de Ajalón. Ayudó a desalojar a los habitantes de Gat (1 Crón. 8:13). **4.** Levita bajo las órdenes del rey David (1 Crón. 23:10).

BERILIO Piedra preciosa de color verde claro íntimamente relacionada con las esmeraldas y aguamarinas. Ver *Joyas, alhajas; Minerales y metales.*

BERIT Nombre de un dios que significa "dios del pacto". Deidad adorada en el templo de Siquem. Había allí una fortaleza o ciudadela que lo protegía. Los habitantes de Siquem buscaron protección cuando fueron atacados por Abimelec, pero este incendió la fortaleza (Jue. 9:46-49). Ver *Baal-berit; Siquem.*

BERNABÉ Nombre que aparece 23 veces en Hechos y 5 veces en las cartas de Pablo y que probablemente signifique "hijo de la profecía" o uno que profetiza o predica ("Hijo de consolación", Hech. 4:36). Era un levita nativo de la isla de Chipre llamado José antes de que los discípulos lo llamaran Bernabé. Vendió su propiedad y entregó las ganancias a la iglesia de Jerusalén (Hech. 4:36,37). Presentó a Saulo de Tarso ante la iglesia de Jerusalén (9:26,27). La iglesia escogió a Bernabé para que fuera a Antioquía de Siria a investigar acerca de la predicación irrestricta a los gentiles que se estaba realizando en ese lugar. Se convirtió en líder de la obra y confirmó a Saulo como su asistente. Le llevó ayuda a la iglesia de Jerusalén durante la hambruna (11:19-30). En el "primer viaje misionero" de Pablo, pareciera que Bernabé originariamente fue el líder (caps. 13–14). Ambos fueron enviados a Jerusalén para aclarar la cuestión de cómo los gentiles podían ser salvos y los creyentes judíos podían tener comunión con ellos (15:1-21). Estuvieron de acuerdo en realizar otro viaje misionero, pero se separaron al decidir si volvían a llevar a Juan Marcos (15:36-41). Bernabé (Gál. 2:1-10) fue con Pablo a Jerusalén y los apóstoles aprobaron la misión que estaban realizando entre los gentiles (posiblemente el acontecimiento de Hech. 15). No obstante, en Gál. 2:13 Pablo señaló que en una ocasión Bernabé dudó en cuanto al tema de la plena aceptación de los creyentes gentiles. En 1 Cor. 9:6, Pablo lo elogió por seguir la práctica de sustentarse por sí mismo, tal como lo hacía él, en lugar de depender de las iglesias. Colosenses 4:10 indica simplemente que Marcos era sobrino de Bernabé. En el siglo III, Clemente de Alejandría identificó a Bernabé como uno de los 70 de Luc. 10:1; Tertuliano hizo referencia a él como el escritor de Hebreos y los *Reconocimientos Clementinos* declaraban que era el Matías de Hech. 1:23,26. Todas estas referencias son sumamente improbables. En el siglo II apareció una epístola que llevaba el nombre de Bernabé y se hizo muy popular, inclusive se la consideró para ocupar un lugar dentro del NT. Posteriormente circuló Hechos de Bernabé y quizá un Evangelio de Bernabé, ambos apócrifos. *James A. Brooks*

BEROTA Nombre geográfico que significa “pozos”. Ciudad de la frontera norte en la visión que tuvo Ezequiel de la tierra prometida restaurada (Ezeq. 47:16). Podría estar ubicada al este del Río Jordán a unos 11 km (7 millas) al sur de Baalbeck en Bereiten. Ver *Berotai.*

BEROTAI Nombre geográfico que significa “pozos”. Ciudad de Siria de la que David tomó bronce como tributo después de haber derrotado al rey Hadad-ezer (2 Sam. 8:8). El pasaje paralelo (1 Crón. 18:8) dice Cun y agrega que Salomón utilizó el bronce para los utensilios del templo. La relación exacta entre Berota, Berotai y Cun no se puede determinar. Las tres generalmente se identifican como el mismo lugar pero algunos eruditos bíblicos están en desacuerdo. Es probable que en la época en que se escribió Crónicas, Cun fuera más conocida que Berotai, que se encontraba en las cercanías. Ver *Cun.*

BESAI Nombre de persona de significado desconocido. Familia de obreros del templo que regresó con Zorobabel del exilio babilónico alrededor del 537 a.C. (Esd. 2:49).

BESER Nombre geográfico que significa “inaccesible”. Ciudad de refugio en el territorio de la tribu de Rubén (Deut. 4:43; Jos. 20:8) apartada como ciudad para los levitas (Jos. 21:36). Podría ser Umm el-Amad, ubicada a 13 km (8 millas) al noreste de Medeba. El rey moabita Mesa declaró haber reedificado Beser como ciudad de Moab alrededor del 830 a.C.

BESO Utilizado con mayor frecuencia como alusión al toque de los labios de una persona con los labios, las mejillas, los hombros, las manos o los pies de otra como gesto de amistad, aceptación, respeto y reverencia. La ubicación del beso conllevaba diferentes significados tal como Jesús lo dejó en claro en el episodio de la mujer que le besó los pies (Luc. 7:36-50). Con excepción de tres ocasiones (Prov. 7:13; Cant. 1:2; 8:1), el término se usa sin connotación erótica. Beso es la traducción de dos palabras hebreas y tres griegas; el término hebreo básico aparece 32 veces, y el griego en 7 ocasiones.

En el AT, los parientes cercanos se besaban al llegar y al partir, en la mayoría de los casos con la idea de aceptación (Gén. 27:26,27; 29:11; 50:1; Ex. 18:7; 1 Sam. 10:1; Rut 1:9). El término además se utilizaba en relación al gesto de reverencia tanto a los ídolos (1 Rey. 19:18; Os. 13:2) como al Señor. También encontramos el beso traicionero (2 Sam. 20:9). El término “beso” se utiliza en el NT en relación a Judas (Mar. 14:44, 45), al padre hacia el hijo pródigo como señal de aceptación y reconciliación (Luc. 15:20), a los ancianos de Éfeso hacia Pablo como señal de gratitud (Hech. 20:37), a la mujer que besó los pies de Jesús (Luc. 7:38) y al “ósculo santo” (1 Tes. 5:26; 1 Cor. 16:20; 2 Cor. 13:12; Rom. 16:16).

El ósculo santo era una práctica sumamente común entre los primeros cristianos como forma de saludo, señal de aceptación y como bendición. Es probable que esta costumbre se haya utilizado para expresar la unidad de la comunión cristiana. El beso sustituto consistía en besar la mano y moverla en dirección al objeto que se deseaba besar (Job 31:27). El beso de la traición de Judas no pertenece a la categoría del beso de Joab a Amasa (2 Sam. 20:9) sino que era la señal de respeto del alumno hacia el maestro. O la acción de Judas no concordaba con su sentimiento interior o tenía otra motivación aparte de la traición.

El beso aún existe en la cultura del Cercano Oriente como señal de amor, de respeto y de reverencia. *G. Al Wright (h)*

BESODÍAS Nombre de persona que significa “en el consejo de Yahvéh”. Padre de Mesulam, que ayudó a Nehemías a reparar la puerta de Jerusalén (Neh. 3:6).

BESOR Nombre geográfico que quizá signifique “vado de la buena noticia”. Torrente donde David dejó a 200 soldados cansados mientras él y los 400 restantes persiguieron a los amalecitas después de que éstos incendiaron Siclag y capturaron a las esposas de David (1 Sam. 30:9,10). Este recompensó a los que se quedaron del mismo modo que lo hizo con los que lucharon (1 Sam. 30:21-24). Besor probablemente sea Wadi Gasa, ubicado a unos 24 km (15 millas) al sur de Siclag.

BESTIA Varias palabras y frases hebreas y griegas se traducen “bestia”. Se puede referir a un animal para diferenciarlo de las personas (Ecl. 3:18-21), los reptiles (Gén. 1:24) y a veces el ganado (Gén. 1:30). Las bestias se dividían en cuatro categorías que incluían limpias e inmundas (Lev. 11:1-8) y salvajes y domésticas (Gén. 1:24; 2:20; Ex. 19:13; 22:10; Núm. 3:13; etc.).

Escritos apocalípticos tales como Daniel y Apocalipsis utilizan bestias de diversas clases en su simbolismo. El AT usaba “bestias” como símbolo del enemigo, y es probable que los escritores de Daniel y Apocalipsis hayan partido de esta idea (Sal. 74:19; Jer. 12:9). Daniel vio cuatro bestias grandes que surgían del mar y representaban a cuatro grandes reyes (Dan. 7:2-14). Estas cuatro bestias iban a amenazar al reino de Dios pero el pueblo de Dios prevalecería contra ellas (Dan. 7:18). Ver *Apocalipsis.*

El libro de Apocalipsis habla de dos bestias. La primera se levanta del mar (Apoc. 13:1), tiene siete cabezas y recibe su autoridad de parte del dragón (Apoc. 12:3; 13:4). Esta bestia posee varias características de las cuatro bestias de Dan. 7. La segunda bestia surge de la tierra (Apoc. 13:11). Está al servicio de la primera buscándole seguidores, y se hace referencia a ella como el “falso profeta” (Apoc. 16:13; 19:20; 20:10). Tanto la bestia como el falso profeta persiguen a la iglesia pero finalmente son juzgados por Cristo (Apoc. 19:20; 2 Tes. 2:6-12). Ver *Behemot; Leviatán.*

BESTIALIDAD Relación sexual entre un ser humano y un animal que en el código legal del AT se castigaba con la muerte (Ex. 22:19; Lev. 18:23; 20:15,16; Deut. 27:21). Los vecinos de Israel practicaban la bestialidad en la adoración ofrecida a la fertilidad y a los dioses representados por animales.

BETA Nombre geográfico que significa “seguridad”. Ciudad de donde el rey David tomó bronce después de derrotar al rey Hadad-ezer (2 Sam. 8:8). Primera Crónicas 18:8 menciona a Beta como Tibhat. La NVI dice Tébaj en 2 Sam. 8:8. Ver *Berotai; Tibhat.*

BETÁBARA Nombre geográfico que significa “casa del cruce”. Ver *Betania.*

BET-ANAT Nombre geográfico que significa “casa de Anat”. Ciudad fortificada del territorio de Neftalí (Jos. 19:38). La tribu no pudo sacar a los cananeos de la ciudad (Jue. 1:33). Aparentemente, Bet-anat era un centro de adoración de la diosa cananea Anat. Tal vez haya estado ubicada en la moderna Sabed el-Battik, 24 km (15 millas) al este de Tiro.

BETANIA Conocida fundamentalmente en los Evangelios como el hogar de María, Marta y Lázaro. La antigua Betania ocupó un lugar importante en la vida de Jesús. Mientras Él ministraba en Jerusalén, frecuentemente se quedaba en Betania en la casa de Sus amigos más íntimos.

Estaba ubicada sobre la ladera oriental del Monte de los Olivos, como a tres kilómetros (dos millas) (Juan 11:18 LBLA) al sudeste de Jerusalén. Se convirtió en la última estación de parada antes de llegar a Jerusalén justo al costado del camino principal con dirección este a oeste que venía desde Jericó. Cuando la gente estaba al pie del monte no podía ver Jerusalén, lo que en consecuencia le daba a Betania una sensación de intimidad y tranquilidad. El camino entre Betania y Jerusalén proporcionaba un ruta fácil para atravesar el Monte de los Olivos y efectuaba un trayecto que requería una caminata de alrededor de 55 minutos.

El acontecimiento principal del NT que tuvo lugar en Betania correspondió a la resurrección de Lázaro (Juan 11–12). Este milagro de Jesús demostró Su autoridad, lo preparó para Su resurrección e inclusive lo exaltó mediante el nombre de Su amigo, Lázaro (abreviatura de Eleazar, “Dios ha ayudado”).

Otro acontecimiento significativo de la vida de Jesús tuvo lugar en Betania en la casa de Simón el leproso (Mat. 26:6; Mar. 14:3). Cuando se acercaba la noche del martes correspondiente a la última semana de Jesús, una mujer (reconocida como María en Juan 12:3) le dio a Jesús la “unción para la sepultura”. Se acercó a Él ante la mirada de todos trayendo un vaso de alabastro con un perfume costoso y volcó el contenido sobre la cabeza de Jesús (“pies” en Juan 12:3).

Vista de la antigua ciudad de Betania, lugar natal de María, Marta y Lázaro.

B

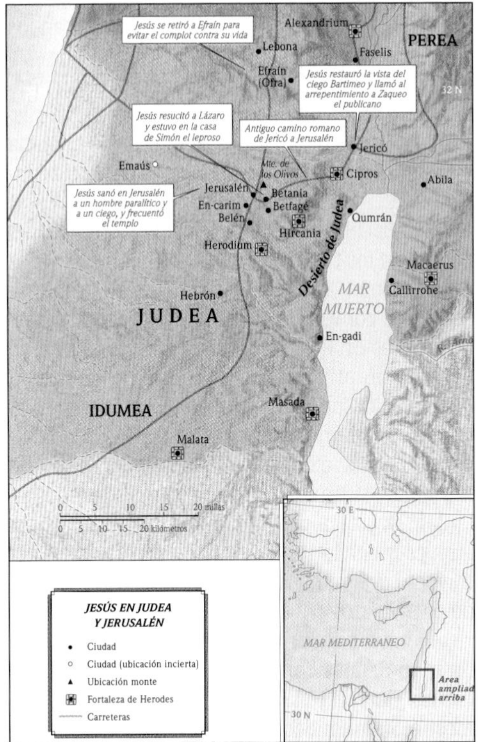

Además de varias referencias menores a Betania, un último evento tuvo lugar allí. Betania fue el lugar donde Jesús les dio la bendición final a Sus discípulos antes de partir. Este encuentro constituyó en el Evangelio de Lucas la escena final de la ascensión (24:50-53). *Larry McGraw*

BET-ANOT Nombre geográfico que significa "casa de Anat" o "casa de ser escuchado". Es probable que aquí estuviera una ciudad de Judá (Jos. 15:59), templo de la diosa cananea Anat. La ubicación moderna tal vez sea Khirbet Beit Ainur, 2, 5 km (1,5 millas) al sudeste de Halhul.

BET-ARABÁ Nombre geográfico que significa "casa del desierto". Ciudad limítrofe de la tribu de Judá (Jos. 15:6,61) también reclamada como ciudad de Benjamín (Jos. 18:22). Tal vez sea la moderna Ain el-Gharbah al sudeste de Jericó.

BET-ARAM Nombre geográfico que significa "casa del exaltado" o "casa de altura". Ciudad que Moisés le asignó a la tribu de Gad (Jos. 13:27). Probablemente sea Tell er-Rameh, aunque otros sugieren Tell Iktanu. Es probable que sea Bet-arán. Ver *Bet-arán*.

BET-ARÁN Nombre geográfico que significa "casa de altura". Ciudad al este del Jordán que la tribu de Dan consolidó después de que Moisés se la asignara (Núm. 32:36). Probablemente sea Bet-aram. Ver *Bet-aram*.

BET-ARBEL Nombre geográfico que significa "casa de Arbel". Sitio de una batalla infame que Oseas pudo utilizar como ejemplo de lo que le sucedería a Israel (Os. 10:14). Dicha batalla es desconocida para nosotros. La ubicación podría ser Irbid en Galaad, 6 km (4 millas) al noroeste de Tiberias. Ver *Salmán*.

BET-ASBEA Lugar de ubicación incierta en Judá, conocida por las familias que trabajaban el lino, lo que en consecuencia evidenciaba la agrupación por artesanías que había en Israel (1 Crón. 4:21).

BET-AVÉN Nombre geográfico que significa "casa de engaño" o "de idolatría". **1.** Ciudad cercana a Hai al este de Bet-el (Jos. 7:2). Formaba el límite de Benjamín (Jos. 18:12) y estaba al oste de Micmas (1 Sam. 13:5). Saúl derrotó a los filisteos en este lugar después de que Dios utilizara a su hijo Jonatán para iniciar la victoria (1 Sam. 14:23). La ubicación exacta se desconoce. Las sugerencias incluyen Burqa, al sur de Bet-el, Tell Maryam y Hai. **2.** Oseas utilizó el término para describir a Bet-el, que se había convertido en una casa de engaño e idolatría en lugar de ser la casa de Dios. En consecuencia, les ordenó a los adoradores que se negaran a ir allí (Os. 4:15), que se prepararan para una batalla contra un ejército que marchaba desde el sur para enfrentarse con Benjamín (5:8), y que tuvieran temor de los becerros de oro que había en el lugar de adoración en Bet-el, no porque representaran la presencia temible de Dios sino porque provocarían un desastre sobre la nación (10:5). Todos los lugares de adoración eran Avén, engaño e idolatría (10:8).

BET-AZMAVET Nombre geográfico que significa "casa de la fortaleza de la muerte". Ciudad natal de 42 personas que regresaron con Zorobabel a Palestina, después del exilio babilónico, alrededor del 537 a.C. (Neh. 7:28). Esdras 2:24 denomina a la ciudad Azmavet. Podría ser la actual Hizmeh, ubicada a unos 3 km (2 millas) al norte de Anatot.

BET-BAAL-MEÓN Nombre geográfico que significa "casa de la residencia de Baal". Ciudad asignada a la tribu de Rubén (Jos. 13:17). Equivale a Baal-meón. Ver *Baal-meón.*

BET-BARA Nombre geográfico que significa "casa de Dios". Si el texto de Jue. 7:24 es correcto, corresponde a un vado sobre el Río Jordán y/o a la aldea que se encuentra allí. Muchos eruditos bíblicos creen que los copistas cambiaron el texto original al introducir un nombre geográfico que originariamente no estaba.

BET-BIRAI Nombre geográfico que significa "casa de mi creación". Ciudad asignada a la tribu de Simeón (1 Crón. 4:31). Aparentemente equivale a Lebaot (Jos. 15:32) y Bet-lebaot (Jos. 19:6). Se desconoce la ubicación.

BET-CAR Nombre geográfico que significa "casa de las ovejas". Sitio final de la batalla donde Dios tronó desde el cielo a favor de Samuel para derrotar a los filisteos (1 Sam. 7:11). La ubicación se desconoce, a menos que los copistas hayan cambiado un Bet-horón original, tal como creen algunos estudiosos de la Biblia.

BET-DAGÓN Nombre geográfico que significa "casa de Dagón". El nombre aparentemente indica un lugar para adorar al dios filisteo Dagón. **1.** Ciudad dentro del territorio de la tribu de Judá (Jos. 15:41). Probablemente sea la actual Khirbet Dajun en el camino que une Ramala con Jope. **2.** Ciudad de Aser (Jue. 19:27) sin ubicación segura en el presente.

BET-DIBLATAIM Nombre geográfico que significa "casa de las dos tortas de higo". Ciudad de Moab sobre la que Jeremías pronunció juicio (Jer. 48:22). El rey moabita Mesa se jactaba de haber edificado la ciudad alrededor del 830 a.C., tal como está registrado en la Piedra Moabita. Podría ser la actual Khirbet et-Tem. Ver *Almón-diblataim.*

BET-EDÉN Nombre geográfico que significa "casa de bendición". Amós anunció la amenaza de Dios de quitar la casa real de Bet-edén o de la "casa de Edén" (Amós 1:5). Se estaba refiriendo obviamente a un lugar de Siria. Los registros asirios hacen referencia a Bit-adini, una ciudad-estado entre los ríos Éufrates y Balik, en la región norte de la misma Siria. Asurbanipal II la conquistó en el 856 a.C. Un representante asirio se jactó de haber conquistado Bet-edén, instó a Ezequías a rendirse alrededor del 701 a.C. (2 Rey. 19:12). Ezequías incluía Edén como uno de los estados que realizaba negocios con Tiro (Ezeq. 27:23).

BET-EL Nombre que significa "casa de Dios". **1.** Bet-el fue importante en el AT tanto por razones geográficas como religiosas. A causa de las corrientes de agua abundantes, la región era fértil y atractiva para los asentamientos que datan de una época tan temprana como el 3200 a.C. y respaldan la mención de una ciudad en los días de Abraham. En la actualidad, la aldea de Beitin descansa sobre gran parte de las ruinas de Bet-el. Ubicada en la intersección de la ruta principal que atravesaba los montes de norte a sur y el camino que se dirigía desde Jericó hasta la llanura central, Bet-el era testigo de muchas travesías locales e internacionales. Se convirtió en una ciudad limítrofe destacada entre tribus y posteriormente entre los dos reinos. En el aspecto religioso, Bet-el sirvió como santuario durante las épocas de los patriarcas, los jueces y el reino dividido, por lo cual ocupaba el segundo lugar como centro religioso después de Jerusalén.

Cuando Abraham entró en Canaán, edificó un altar en Bet-el donde "invocó el nombre de Jehová" (Gén. 12:8) y al que luego regresó después de su estadía en Egipto (Gén. 13:3). Su nieto Jacob pasó la noche en este lugar cuando iba camino a Siria a buscar una esposa. El Señor le confirmó el pacto abrahámico a Jacob mediante un sueño y éste cambió el nombre del lugar, que anteriormente se llamaba Luz, por el de "Bet-el" ("casa de Dios"; Gén. 28:10-22). Es probable que en los pasajes anteriores relacionados con Abraham se haya hecho referencia al nombre "Bet-el" pero sin seguir un orden cronológico. Cuando Jacob regresó con su numerosa familia, se dirigió nuevamente a Bet-el para escuchar la confirmación del pacto que le hizo el Señor y allí se le cambió el nombre por "Israel". Jacob levantó una vez más en este lugar un monumento de piedra (Gén. 35:1-16; Os. 12:4,5). Después de este período patriarcal se produjo una amplia fortificación.

En la época de la conquista, Bet-el y Hai fueron tomadas juntas (Jos. 7:2; 8:3-17; 12:9,16) pero la derrota definitiva de Bet-el se relata posteriormente en Jue. 1:22-26. Al comienzo era una ciudad fronteriza de Benjamín (Jos. 16:1,2; 18:13,22). Más tarde formó parte del Reino del

Norte (1 Crón. 7:28) después que Abías la anexara a Judá sólo por un breve período (2 Crón. 13:19).

El arca del pacto estuvo en Bet-el durante parte de la época de los jueces (Jue. 20:27), y las tribus convergieron allí por Benjamín a fin de vengarse de la atrocidad moral de Gabaa (Jue. 20:18-28), ofrecer sacrificios y buscar la guía del Señor (Jue. 21:1-4). Bet-el también fue el lugar donde Débora (Jue. 4:5) y Samuel (1 Sam. 7:16) juzgaron los asuntos civiles y religiosos de los israelitas de la región. Es evidente que Bet-el era vulnerable en la época de los jueces ya que la arqueología demuestra que durante ese período fue destruida varias veces.

David consideró que la ciudad era significativa como para enviar presentes mientras huía como fugitivo de Saúl, con la esperanza de establecer una amistad de valor diplomático para el futuro (1 Sam. 30:27). Cuando David finalmente nombró Jerusalén como su capital, Bet-el creció y prosperó.

Si bien Bet-el fue un lugar de adoración ortodoxa desde la época de Abraham hasta la de los jueces, Jeroboam I la convirtió en un centro religioso de su culto innovador y apóstata del Reino del Norte. Erigió un becerro de oro tanto en este lugar como en Dan, y colocó sacerdotes que no eran levitas, estableciendo así una festividad ilegítima para competir con las celebraciones y religión de Jerusalén (1 Rey. 12:29-33), ubicada a 17 km (10,5 millas) al sur en Judá. Bet-el se destacaba por encima de Dan. Un profeta anónimo proveniente de Judá encontró allí a Jeroboam I y lo censuró, tras lo cual destruyó el altar del rey (1 Rey. 13:1-10). Otro profeta anónimo de Bet-el indujo al primer profeta para que desobedeciera. A causa de su desobediencia, Dios hizo que un león matara al primer profeta (1 Rey. 13:11-25).

Pareciera que otros verdaderos profetas estuvieron ligados a Bet-el durante la época de la apostasía en el norte, ya que Elías se encontró allí con un grupo de ellos mientras viajaba (2 Rey. 2:2,3). Amós fue enviado a Bet-el para censurar al reino de Jeroboam II en el siglo VIII (Amós 7:10-13), puesto que era el centro de la idolatría del norte y su residencia real. Se enfrentó con la resistencia del sacerdote Amasías, quien le ordenó en vano que se fuera de la ciudad. Además de las acusaciones proféticas de Amós contra los que ofrecían sacrificios en este lugar (Amós 4:4), también predijo la destrucción de Bet-el y sus altares falsos (Amós 3:14; 5:5,6), tal como lo hizo Oseas (Os. 10:14,15). Da la impresión de que Oseas hizo un juego de palabras con el nombre Bet-el ("ciudad de Dios") al referirse a ella como "Bet-avén" ("ciudad de un [dios] falso", Os. 5:8, 9; 10:5).

La importancia religiosa de Bet-el también se confirma con la designación por parte de Asiria de un sacerdote en esta ciudad que les enseñara a los nuevos residentes provenientes del norte que habían desalojado a los israelitas (2 Rey. 17:28). Más tarde, Josías profanó durante sus reformas otro altar falso de Bet-el (2 Rey. 23:4-19) y tal vez anexó la ciudad a su Reino del Sur. Fue destruida en el siglo VI durante el exilio. No obstante, algunas personas regresaron allí cuando fueron liberadas por los persas (Esd. 2:28; Neh. 7:32; 11:31). Es probable que haya sido una ciudad importante en la época de Cristo porque fue un fuerte romano de fines del siglo I. **2.** Otra ciudad que se escribía tanto Betul (Jos. 19:4), Betuel (1 Crón. 4:30) como Bet-el (1 Sam. 30:27). Ésta podría ser la actual Khirbet el Qaryatein al norte de Arad. **3.** Bet-el era aparentemente el nombre de un dios semítico occidental. Muchos eruditos hallan en Jer. 48:13 una referencia a esta deidad. Otros encuentran la mención a la deidad en otros pasajes (especialmente Gén 31:13; Amós 5:5).

Daniel C. Fredericks

BET-EMEC Nombre geográfico que significa "casa del valle". Ciudad fronteriza del territorio de la tribu de Aser (Jos. 19:27). Ubicada en la moderna Tel Mimas, 10,5 km (6,5 millas) al noreste de Aco.

BETÉN Nombre geográfico que significa "vientre". Ciudad limítrofe de la tribu de Aser (Jos. 19:25). Podría estar ubicada en Khirbet Abtun, 18 km (11 millas) al sur de Aco.

BET-ÉQUED (NVI) Nombre geográfico que significa "casa de esquileo" (RVR1960) Lugar donde Jehú se reunió con los representantes del rey Ocozías de Judá y los mató luego de haber matado en Jezreel a todos los miembros de la casa del rey Acab (2 Rey. 10:12-14). Tradicionalmente se sitúa en Beit Qad, 6 km (4 millas) al noreste de Jenin, pero estudios recientes cuestionan esta ubicación. Cualquiera que haya sido su localización, probablemente fue un lugar de reunión y quizá un mercado para los pastores.

BETER Nombre geográfico que significa "división". Cadena montañosa utilizada en Cant. 2:17

como una imagen emocional. La NVI lo registra como "colinas escarpadas".

BETESDA Nombre de un estanque de Jerusalén donde Jesús sanó a un hombre que había estado enfermo 38 años (Juan 5:2). El nombre apropiadamente significa "casa de misericordia". La mayoría de los manuscritos antiguos identifican Betesda como el lugar del estanque. Algunos manuscritos antiguos la llaman Betzata o Betsaida. La tercera edición del Nuevo Testamento Griego de las Sociedades Bíblicas Unidas coloca Betzata en el texto y en otras anotaciones a pie de página. Popularmente se creía que el agua del estanque tenía poderes curativos. En realidad, ese hombre sanado después de 38 años experimentó en el día de reposo el derramamiento de la misericordia de Dios. Las referencias en cuanto a que los ángeles agitaban el estanque (Juan 5:3b,4) no se encuentran ni en los manuscritos más antiguos ni en la mayoría de los posteriores. No obstante, dejando de lado el desacuerdo entre los manuscritos en cuanto al nombre del estanque o lo referente a los ángeles, el estanque ciertamente existió. En el día de hoy, se identifica con la serie de estanques cerca de la iglesia de Santa Ana. Ver *Sanidad divina.*

Estanque de Betesda (de agua de manantial, en Jerusalén), cerca de la Puerta de las Ovejas, donde solían ir los enfermos en busca de sanidad. Jesús allí sanó a un hombre que había estado enfermo 38 años, con una enfermedad que no se explicita.

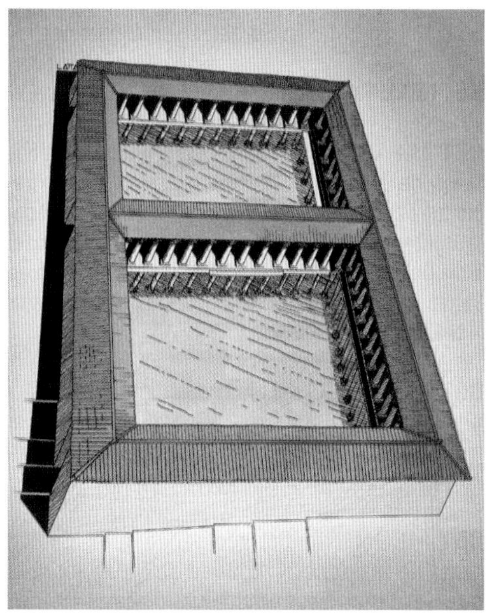

BET-ESEL Nombre propio que significa "casa del líder" o "casa al costado". Ciudad que utilizó Miqueas en un juego de palabras para anunciar el juicio sobre Judá alrededor del 701 a.C. Se quitaría todo respaldo a la casa del líder o la casa de al lado (Miq. 1:11). La ubicación podría ser Deir el-Asal, 3 km (2 millas) al este de Tell Beit Mirsim.

BETFAGÉ Nombre geográfico que significa "casa de las higueras sin madurar". Pequeña aldea ubicada en el Monte de los Olivos cerca de Betania sobre el camino que unía Jerusalén con Jericó o cerca de allí. En cada uno de los Evangelios Sinópticos se hace referencia a la aldea (Mat. 21:1; Mar. 11:1; Luc. 19:29). En todos los relatos, Betfagé es el lugar donde Jesús les dio instrucciones a los dos discípulos para que fueran a buscar el pollino en el que cabalgaría para hacer Su entrada triunfal a Jerusalén. Aquí también podría ser donde maldijo la higuera (Mat. 21:18-22; Mar. 11:12-14,20-26). Aún en el día de hoy se pueden encontrar tumbas con piedras rodantes a la entrada semejantes a la que se utilizó para sepultar al Señor. Ver *Entrada triunfal; Monte de los Olivos.* *William H. Vermillion*

BET-GADER Ciudad fundada o controlada por los descendientes de Haref, un descendiente de Caleb (1 Crón. 2:51). Si esa es la lectura apropiada, probablemente sea la misma que Geder (Jos. 12:13). Algunos estudiosos de Josué manifiestan que el texto original registra Gezer o Gerar.

BET-GAMUL Nombre geográfico que significa "casa de la represalia". Ciudad de Moab sobre la que Jeremías anunció juicio (Jer. 48:23). Su ubicación estaba en la moderna Khirbet el-Jemeil, alrededor de 11 km (7 millas) al este de Dibón.

BET-HAGÁN (NVI) Nombre geográfico o sustantivo común que significa "casa del huerto". El rey Ocozías de Judá (841 a.C.) se dirigió hacia allí cuando huía de Jehú, pero este finalmente lo atrapó y lo mató (2 Rey. 9:27). Tal vez sea la actual Jenin, al sudeste de Tanaac.

BET-HANÁN Nombre geográfico que significa "casa de la gracia". Ciudad del segundo distrito de Salomón (1 Rey. 4:9). Ver *Elón.*

BET-HAQUEREM Nombre geográfico que significa "casa de la viña". Ciudad utilizada como señal de que los enemigos se acercaban desde el norte (Jer. 6:1). Su gobernador ayudó a Nehemías a reparar la puerta del Muladar (Neh. 3:14). Probablemente sea la actual Ramat Rahel a mitad de camino entre Jerusalén y Belén. Las excavaciones arqueológicas muestran que se fundó alrededor del 800 a.C. Está asentada en lo alto de una colina que mira hacia los montes circundantes. Uno de los últimos reyes de Judá construyó allí un palacio grandioso. Aparentemente, quien edificó el palacio fue Joaquín (609-597), lo cual concuerda con la descripción de Jer. 22:13-19. Sirvió como centro administrativo después del regreso del exilio.

BET-HOGLA Nombre geográfico que significa "casa de la perdiz". Ciudad limítrofe entre las tribus de Judá y Benjamín (Jos. 15:6; 18:19,21). Probablemente sea la actual Ain Jala, situada a 6,5 km (4 millas) al sudeste de Jericó.

BET-HORÓN Nombre geográfico de significado incierto. Las sugerencias incluyen "casa de cuevas", "casa de enojo", "casa del hueco", "casa de (el dios) Hurón". Ciudades gemelas, una más elevada que la otra; se denominaban Alta Bet-horón y Baja Bet-horón. Un camino importante en este lugar domina el paso de la Sefela, llanura que se extiende entre los montes de Judea y la costa del Mediterráneo. Josué utilizó el camino para perseguir a los reyes de la coalición del sur encabezados por el rey de Jerusalén (Jos. 10:10). Aquí fue donde Dios arrojó granizo sobre los enemigos. El límite entre las tribus de Efraín y Benjamín se encontraba en Bet-horón (Jos. 16:3, 5; 18:13,14). La ciudad le pertenecía a la tribu de Efraín pero fue separada para los levitas (Jos. 21:22). Los filisteos enviaron una unidad de su ejército a través de Bet-horón para atacar a Saúl y Jonatán (1 Sam. 13:18). Salomón reedificó la ciudad más baja para utilizarla como fortaleza y defensiva avanzada (1 Rey. 9:17). El escritor de Crónicas preservó una tradición aun más antigua en cuanto a una descendiente de Efraín, una mujer llamada Seera, quien edificó las dos ciudades (1 Crón. 7:22-24). Cuando el rey Amasías de Judá (796–767 a.C.) siguió el consejo de un profeta y envió de regreso a los soldados mercenarios que había contratado en Israel, esos soldados lucharon contra las ciudades de Judá, incluyendo Bet-horón (2 Crón. 25:13). Alta Bet-horón es la actual Beit Ur el-Foqa, ubicada a 8 km (5 millas) al noroeste de Gabaón y 16 km (10 millas) al noroeste de Jerusalén. Se encuentra a 525 m (1750 pies) sobre el nivel del mar. La baja Bet-horón está 3 km (2 millas) al este y sólo a 320 m (1050 pies) sobre el nivel del mar. Es la moderna Beit Ur et-Tahta.

BET-JESIMOT Nombre geográfico que significa "casa de los desiertos". Ciudad de Moab donde acampó Israel justo antes de que Moisés muriera y Josué los guiara en el cruce del Jordán (Núm. 33:49). Josué 12:3 la menciona como tierra que Israel tomó de manos de Sehón, rey de los amorreos. Moisés se la entregó a la tribu de Rubén (Jos. 13:20). Ezequiel la describió como una de las tres ciudades de la frontera de Moab, consideradas "tierras deseables" (Ezeq. 25:9), pero que enfrentan el juicio de Dios. Generalmente se la ubica en la moderna Tell el-Azeme, 19 km (12 millas) al sudeste de Jericó.

BET-LE-AFRA Nombre geográfico que significa "lugar de polvo". Ciudad que utilizó Miqueas en un juego de palabras para anunciar juicio sobre Judá. La casa del polvo rodaría en el polvo, un ritual que expresaba lamento y duelo (Miq. 1:10). La ubicación es incierta; quizá et-Taijibe entre Beit Gibrin y Hebrón.

BET-LEBAOT Nombre geográfico que significa "casa de las leonas". Ciudad del territorio asignado a la tribu de Simeón (Jos. 19:6). Aparentemente es Lebaot en la herencia de Judá (Jos. 15:32). En el pasaje paralelo se la denomina Bet-birai (1 Crón. 4:31). Su ubicación es incierta.

BETLEMITA Habitante de Belén. Ver *Belén.*

BET-MAACA Nombre geográfico que significa "casa de Maaca" o "casa de presión". Con frecuencia aparece como Abel-Bet-Maaca (NVI). Aparentemente, Bet-Maaca es una parada final en el viaje de Sebá a través de Israel con el propósito de lograr apoyo contra David (2 Sam. 20:14). Ver *Abel-Bet-Maaca.*

BET-MARCABOT Nombre geográfico que significa "casa de los carros". Ciudad asignada a la tribu de Simeón (Jos. 19:5). Su ubicación es incierta.

BET-MEÓN Nombre geográfico que significa "casa de residencia". Ciudad de Moab sobre la que Jeremías pronunció juicio (Jer. 48:23).

Aparentemente es Bet-baal-meón y Baal-meón. Ver *Baal-meón; Bet-baal-meón.*

BET-NIMRA Nombre geográfico que significa "casa de la pantera". Ciudad al este del Jordán que la tribu de Gad reedificó después de que Moisés se la asignara (Núm. 32:36). Proveía buenas tierras para pastura. Está ubicada en Tell Nimrin o cerca de Tell el-Bleibil, unos 16 km (10 millas) al noreste de la boca del Jordán.

BETONIM Nombre geográfico que significa "pistachos". Ciudad limítrofe del territorio asignado a la tribu de Gad (Jos. 13:26). Está ubicada en Khirbet el-Batne, 4 km (2,5 millas) al sudeste de es Salt sobre el Monte de Galaad.

BET-PASES Nombre geográfico que significa "casa de dispersión". Ciudad del territorio asignado a Isacar (Jos. 19:21). Puede ser la actual Kerm el-Hadetheh.

BET-PELET Nombre geográfico que significa "casa de liberación". Ciudad sureña del territorio asignado a la tribu de Judá (Jos. 15:27). Los judíos vivieron allí después de regresar del exilio de Babilonia (Neh. 11:26). Se desconoce la ubicación.

BET-PEOR Nombre geográfico que significa "casa de Peor". Es probable que allí haya estado el templo del dios Peor o Baal Peor. Ciudad en cuyo valle acampó Israel mientras Moisés pronunció los sermones del libro de Deuteronomio (Deut. 3:29). Había pertenecido a Sehón, rey de los amorreos (Deut. 4:46). Moisés murió y fue sepultado cerca de ese lugar (Deut. 34:6). Pertenecía a la tribu de Rubén (Jos. 13:20). Estaba ubicada en la moderna Khirbet Uyun Musa, 32 km (20 millas) al este del extremo norte del Mar Muerto. Números no utiliza el nombre del lugar pero, evidentemente, al menos parte de la adoración vergonzosa a Baal Peor (Núm. 25:1-5) tuvo lugar en Bet-peor. Oseas describió los hechos ocurridos allí como el punto decisivo en el cambio que se produjo en la gozosa luna de miel que Israel tenía con Dios (Os. 9:10). Ver *Baal-peor; Peor.*

BET-RAFA Nombre geográfico que significa "casa de un gigante". Primera Crónicas 4:12 dice que el de otro modo desconocido Estón "engendró a Bet-rafa". Esto aparentemente describe el comienzo de una familia que vivió en una ciudad con nombre desconocido. El nombre podría estar relacionado de manera lejana con Rabá (Deut. 3:11), aunque la Biblia no presenta esa relación.

BET-REHOB Nombre geográfico que significa "casa del mercado". Ciudad cercana al lugar donde la tribu de Dan reedificó Lais y le cambió el nombre por Dan (Jue. 18:28). Rehob era padre de Hadad-ezer, el rey sirio de Soba (2 Sam. 8:3). Es probable que Bet-rehob haya sido su ciudad natal. Cuando los amonitas hicieron enojar a David al humillar a sus oficiales, Amón envió a buscar soldados sirios a Bet-rehob, lo que evidentemente indica que Siria controlaba la ciudad. Esta yace al pie del Monte Hermón sobre el lado sur. Ver *Rehob.*

BETSABÉ Hija de Eliam y esposa de Urías heteo (2 Sam. 11:3). Era una mujer hermosa con la que el rey David mantuvo una relación adúltera (2 Sam. 11:4). Cuando David se enteró de que ella había quedado embarazada como resultado de la aventura amorosa, se embarcó en una serie de engaños que finalmente condujeron a la muerte violenta de Urías. David después tomó por esposa a Betsabé. Ella fue la madre de Salomón y desempeñó un papel importante para asegurarse de que este fuera nombrado rey (1 Rey. 1:11–2:19). Ver *David.*

BETSAIDA Nombre geográfico que significa "casa del pez". Hogar de Andrés, Pedro y Felipe (Juan 1:44; 12:21), ubicada sobre el costado noreste del Mar de Galilea. Esta ciudad fue reedificada durante el gobierno del tetrarca Herodes, uno de los hijos de Herodes el Grande, quien le cambió el nombre llamándola Julia en honor a la hija del emperador Augusto. Jesús alimentó cerca de allí a los 5000 (Luc. 9:10) y sanó a un ciego (Mar. 8:22). Jesús pronunció juicio sobre Betsaida por su falta de reacción ante Sus mensajes y milagros (Mat. 11:21; Luc. 10:13). La ubicación aún no se ha identificado arqueológicamente. Algunos eruditos proponen dos lugares: uno al noreste del Mar de Galilea, tal como ya se ha mencionado, y el otro al oeste del mismo mar, cerca de Capernaum. Esta propuesta se basa en Mar. 6:45 donde, luego de alimentar a los 5000 en las afueras de Betsaida, Jesús les dijo a sus discípulos que navegaran hacia esta ciudad. No obstante, no existe ninguna mención contemporánea de ninguna de las dos Betsaidas, y el texto de Marcos 6 se puede referir simplemente a un viaje corto hasta la conocida ciudad de Betsaida-Julia o a una ciudad desconocida. *William H. Vermillion*

BET-SEÁN Nombre geográfico que significa "casa de silencio". Ubicada en el cruce de caminos de los Valles de Jezreel y del Jordán dominando las rutas de dirección norte a sur junto al Jordán y de este a oeste desde Galaad hasta el Mar Mediterráneo. Tell el-Husn, sitio de la antigua Bet-seán, se eleva sobre la perenne corriente de Harod, primera fuente de suministro de agua de la ciudad, dándole a ésta una vista dominante de los dos valles.

La Universidad de Pennsylvania realizó varias campañas entre los años 1921 y 1933 y efectuó excavaciones en Tell el-Husn y sus alrededores. Se halló que algunos asentamientos en Bet-seán datan de los períodos neolítico y calcolítico. La ciudad se convirtió en un importante sitio cananeo en el comienzo y la mitad de la Edad de Bronce (3300–1500 a.C.), pero cayó bajo el dominio de la XVIII Dinastía Egipcia en la Edad de Bronce tardía. El nombre Bet-seán (o Bet-sán) se menciona en los textos egipcios de Tutmose III (1468 a.C.), las cartas de Amarna (1350 a.C.), Seti I (1300 a.C.), Ramsés II (1280 a.C.) y Sisac (925 a.C.). Las excavaciones han confirmado el papel egipcio en la vida de Bet-seán durante estos períodos (por ejemplo, con el descubrimiento de amuletos y una insignia que lleva el nombre Tutmose III).

Las referencias bíblicas sobre Bet-seán se relacionan con el período desde Josué hasta la monarquía unida. La ciudad se menciona entre los lugares asignados a la tribu de Manasés, aunque estaba dentro del territorio de Isacar (Jos. 17:11). Sin embargo, Manasés no pudo controlar Bet-seán hasta que los cananeos fueron subyugados durante el reinado de David (Jos. 17:16; Jue. 1:27).

Teatro grecorromano en Bet-seán (Tel el-Husn), Israel.

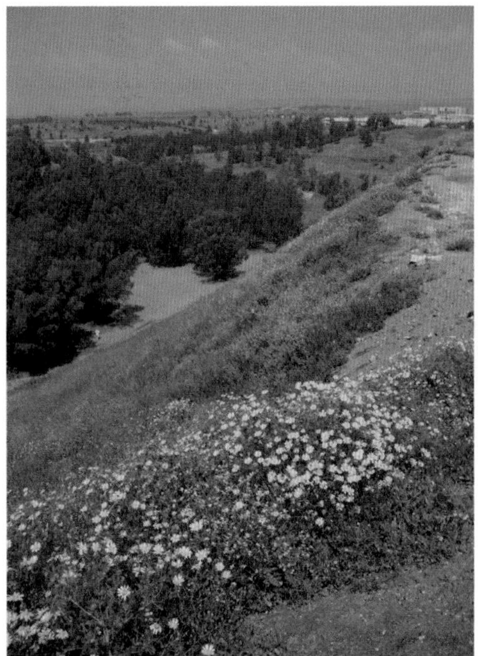

Bet-seán.

Después de que los filisteos derrotaran a Saúl y al ejército israelita (aprox. 1006 a.C.), el cuerpo de Saúl y el de sus hijos fueron colgados de los muros de Bet-seán donde estaba ubicado un templo de Astarot. Algunos hombres valientes de Jabes de Galaad rescataron los cuerpos de este sacrilegio y los sepultaron en Jabes (1 Sam. 31). Más tarde, los hombres de David llevaron los cuerpos a la tierra de Benjamín para sepultarlos allí (2 Sam. 21:12-14). La ciudad se menciona entre las que se hallaban bajo la administración de Baana (quinto distrito) durante el reinado de Salomón (1 Rey. 4:12). Aunque la ciudad no se menciona específicamente en el relato de 1 Rey. 14:25-28 de la invasión de Sisac de Egipto, Bet-seán aparece entre las ciudades saqueadas. Posteriormente, la ciudad desempeñó un papel importante en la historia de Israel, aunque estuvo ocupada por israelitas del Reino del Norte desde el 815 al 721 a.C.

La ciudad permaneció abandonada durante la mayor parte del período helenista (siglo III a.C.) hasta que fue reedificada con el nombre de Escitópolis ("ciudad de los escitas"). Constituyó el fundamento de una importante ocupación helenística y romana que incluía templos, teatro, anfiteatro, calles adornadas con columnas, hipódromo, tumbas y muchos edificios públicos que

Excavaciones en Bet-semes muestran lo que parece ser parte de los gigantescos muros de la ciudad.

se esparcían hacia los cuadrantes norte, este y sur alrededor del antiguo "tel". Escitópolis era la ciudad más grande de la Decápolis (Mat. 4:25; Mar. 5:20) y la única de la confederación al oeste del Río Jordán. Continuó floreciente durante el período bizantino hasta que los árabes la destruyeron en el 636 d.C. La aldea moderna de Beisan preserva el antiguo nombre de la ciudad.

R. Dennis Cole

BET-SEMES Nombre geográfico que significa "casa del sol". Bet-semes es un nombre que se aplica a cuatro ciudades diferentes del AT. El nombre probablemente derive de un lugar donde se adoraba al dios semítico Semes (Shamash). **1.** Bet-semes de Isacar estaba situada en la frontera de la tribu con el territorio de Neftalí entre el Monte Tabor y el Río Jordán (Jos. 19:22). Eruditos de la actualidad identifican a la ciudad con el-Abeidiyeh, unos 3 km (2 millas) al sur de Galilea, o con Khirbet Shemsin, al este de Tabor. **2.** Es probable que Bet-semes de Neftalí haya estado ubicada en el centro de la alta Galilea debido a su asociación con Betanat (Jos. 19:38; Jue. 1:33). Esta ciudad cananea continuó siendo independiente y sin ser conquistada hasta la época de David. El sitio Khirbet er-Ruweisi se ha sugerido como su posible ubicación. **3.** Bet-semes de Egipto tiene que ser identificada con Heliópolis, (8 km [5 millas] al noreste de El Cairo) según la Septuaginta, una traducción griega antigua (Jer. 43:13). Jeremías habló acerca del juicio del Señor sobre los dioses de Egipto haciendo una descripción de la destrucción de los centros de adoración. **4.** Bet-semes de Dan está ubicada sobre el límite sur que lo separa del territorio de la tribu de Judá (Jos. 15:10; 19:41) con vista al Valle de Sorec, alrededor de 38 km (24 millas) al oeste de Jerusalén. El nombre antiguo se preservó en la aldea árabe de Ain Shems y el "tel" se identifica con Tell er-Rumeilah. Bet-semes vigilaba las exuberantes tierras del Valle de Sorec en el lugar en que la Sefela (al pie de las colinas) bordea los montes de Judea. También estaba situada en la estratégica "zona neutral" entre los filisteos y los israelitas durante el período de los jueces.

La tribu de Dan no pudo controlar las tierras correspondientes a su herencia a causa de los amorreos (Jue. 1:34,35) y/o los filisteos. A algunos los forzaron a retirarse hacia los montes cerca de Zoar y Estaol (tal como sucedió con la familia de Sansón, Jue. 13:1,2). Bet-semes se hallaba aparentemente controlada por Israel (1050 a.C.) cuando el arca del pacto pasó por la ciudad cuando los filisteos la devolvieron (1 Sam. 6:13). Alrededor del 795 a.C., la ciudad fue escenario de una batalla en la que Joás de Israel obtuvo la victoria sobre Amasías de Judá, lo cual dio como resultado el saqueo del templo (2 Rey. 14:11-14; 2 Crón. 25:21-24). Bet-semes se menciona por última vez en las Escrituras durante el reinado decadente de Acaz. Los filisteos capturaron Bet-semes de manos de Judá (aprox. 734), lo que se consideró como un juicio de parte de Dios (2 Crón. 28:18,19).

B

Bet-semes fue excavada por D. Mackenzie en 1911–1912 y por Haverford College en 1928–1931, 1933. Un grupo relativamente pequeño se estableció por primera vez en la ciudad alrededor del 2200 a.C. Esta cobró importancia después de haber sido conquistada y reedificada por los hicsos alrededor de 1720 a.C. Descubrieron un muro alto de la ciudad, tres torres de defensa y varias tumbas. La ciudad de los hiscos fue capturada por los egipcios de la VIII Dinastía alrededor del 1550 a.C. Bet-semes floreció en la Edad de Bronce tardía bajo el gobierno egipcio y cananeo, lo que se evidencia en las mercaderías de Micene y Egipto como así también en los hallazgos característicos de los cananeos que incluyen algunas inscripciones. Los hallazgos correspondientes a la Edad de Hierro I (Jueces) demuestran la gran influencia que tuvieron los filisteos sobre Bet-semes, pero la ciudad se hallaba en un estado de decadencia general. Fue reedificada después que David derrotó a los filisteos. Las excavaciones indican que la ciudad israelita poseía aceite de oliva, vino, cobre, telas teñidas e industrias para la producción de cebada. Después de que la ciudad fuera destruida por los babilonios (588–587 a.C.) en el reinado de Nabucodonosor, permaneció desocupada durante largo tiempo excepto por algunos restos de la ciudad romana/ bizantina que se encuentran en Ain Shems (monasterio en el extremo del tell). *R. Dennis Cole*

BET-SITA Nombre geográfico que significa “casa de Acacia”. Escena de la batalla en la que Gedeón y sus 300 hombres derrotaron a los madianitas (Jue. 7:22). Podría ser la actual Tell es-Saidiya o Tell Umm Hamad. Probablemente se halle al este del Río Jordán.

BET-SÚA Nombre de persona que significa “hija de la nobleza”. **1.** Nombre de la esposa cananea de Judá, madre de Er, Onán y Sela (1 Crón.2:3 LBLA). En la RVR1960 aparece como “la hija de Súa”. (Gén. 38:2,12). **2.** Nombre correspondiente a Betsabé según 1 Crón. 3:5. Ver *Betsabé.*

BET-SUR Nombre geográfico que significa “casa de la roca”. **1.** Ciudad asignada a la tribu de Judá (Jos. 15:58). Roboam, hijo de Salomón y su sucesor como rey de Judá (931–913 a.C.), la construyó como ciudad de defensa (2 Crón. 11:7) frente a las amenazas de Sisac de Egipto (2 Crón. 12:2). Un oficial de la ciudad de Bet-sur ayudó a Nehemías a reparar Jerusalén y el muro (Neh. 3:16). Jugó un papel importante en las guerras de los macabeos en el período intertestamentario. Está en Khirbet et-Tubeiqeh, 29 km (18 millas) al sudeste de Jerusalén y 6,5 km (4 millas) al norte de Hebrón junto a la intersección de una importante carretera. Es uno de los sitios de Palestina más elevados sobre el nivel del mar. **2.** Hijo de Maón del linaje de Caleb (1 Crón. 2:45), lo que aparentemente indica cuál fue la familia que se asentó en la ciudad.

BET-TAPÚA Nombre geográfico que significa “casa de las manzanas”. Ciudad asignada a la tribu de Judá en los montes de Judea (Jos. 15:53). Es la actual Taffah, alrededor de 6 km (4 millas) al oeste de Hebrón.

BETUEL Nombre geográfico y de persona que significa “casa de Dios”. **1.** Sobrino de Abraham e hijo de Nacor (Gén. 22:22). Su hija Rebeca se casó con Isaac (Gén. 24:15,67). Era arameo o sirio de Padan-aram (Gén 25:20). Su relación con Labán, el hermano de Rebeca, (Gén. 24:29) no es clara ya que Labán es el que desempeña el papel principal como protector de Rebeca (Gén. 24:55; 27:43) y Nacor es el padre de Labán (Gén. 29:5). Génesis 28:5 dice que Labán era hijo de Betuel. En realidad, Nacor era el padre de Betuel (Gén. 22:22,23). **2.** Ciudad donde vivían los hijos de Simei (1 Crón. 4:30). Josué 19:4 aparentemente menciona la misma ciudad como Betul. Podría ser la actual Khirbet el-Qarjeten, 5 km (3 millas) al norte de Tell Arad.

BEULA Nombre simbólico que significa “casada”, utilizado en referencia a Jerusalén (Isa. 62:4). El otro nombre, Hefzi-bá, significa “mi deleite está en ella”. Ambos conllevan la idea de buena fortuna. El nombre simboliza la cercanía de Sión y sus hijos, y que ésta le es restaurada a su Dios. El nombre sugiere fertilidad basada en la justicia durante la Era Mesiánica y que tiene al Señor como esposo (Isa. 62:1-2).

BEZAI Contracción de Bezaleel. **1.** Familia de 323 miembros (Esd. 2:17) que regresó del exilio babilónico con Zorobabel alrededor del 537 a.C. **2.** Hombre que firmó el pacto de Nehemías de obedecer la ley de Dios (Neh. 10:18).

BEZALEEL Nombre de persona que significa "a la sombra de Dios". **1.** Hijo de Uri, miembro de la tribu de Judá (Ex. 31:2) y bisnieto de Caleb (1 Crón. 2:20). Él y otro hombre, el danita Aholiab, eran artesanos habilidosos que estuvieron encargados de construir el tabernáculo, los muebles y los ornamentos. El talento que poseían provenía de estar llenos del Espíritu de Dios. Las traducciones más modernas traducen el nombre Bezaleel como Bezalel (NVI). **2.** Hombre que siguió el liderazgo de Esdras y se divorció de su esposa extranjera (Esd. 10:30).

BEZEC Nombre geográfico que significa "relámpago". Sitio donde Judá y Simeón derrotaron a los cananeos a quienes lideraba Adoni-bezec (literalmente "señor de Bezec") (Jue. 1:4). Allí Saúl contó a los israelitas a fin de formar un ejército para luchar contra el amonita Nahas y liberar Jabes de Galaad (1 Sam. 11:8). Bezec estaba ubicada en Khirbet Ibziq, 19 km (12 millas) al noreste de Siquem y a 20 km (13 millas) de Jabes de Galaad, 10 km (6 millas) al norte de Tirsa, aunque el sitio que se menciona en Jueces podría ser una ciudad diferente. Si así fuera, entonces estaría en Tell Bezqah cerca de Gezer.

BIBLIA, FORMACIÓN Y CANON "Biblia" deriva del término griego *biblos* ("libros"), y se refiere al AT y al NT. Los 39 libros del AT y los 27 del NT forman el "canon" de las Sagradas Escrituras. "Canon" originalmente quería decir "caña", y pasó a significar regla o vara para medir. En este sentido, la Biblia es la regla o patrón de autoridad para los creyentes. El concepto de "canon" y el proceso de "canonización" se refieren al momento en que los libros obtuvieron la condición de "Sagradas Escrituras", los patrones de autoridad para la fe y la práctica.

Organización de la Biblia El AT se escribió fundamentalmente en hebreo, con algunas porciones de Esdras, Nehemías y Daniel en arameo. El AT hebreo está dividido en tres secciones: la Ley o Torá (Génesis, Éxodo, Levítico, Números y Deuteronomio); los Profetas, divididos en Profetas Anteriores (Josué, Jueces, 1–2 Samuel, 1–2 Reyes) y Profetas Posteriores (Isaías, Jeremías, Ezequiel y el libro de los Doce, Oseas a Malaquías); y las Escrituras. Las Escrituras incluyen tres grupos: Libros Poéticos (Job, Salmos, Proverbios); los Rollos de las Festividades o Meguilot (Rut, Ester, Eclesiastés, Cantar de los Cantares y Lamentaciones), y los Libros Históricos (1–2 Crónicas, Esdras–Nehemías y Daniel). El orden actual de los libros del AT está basado en la Septuaginta, la traducción griega del AT.

El NT, escrito en griego, está organizado con los libros narrativos (los cuatro Evangelios y Hechos) seguidos por las epístolas (Epístolas Paulinas y Epístolas Generales) y concluyendo con Apocalipsis. En muchos manuscritos griegos del NT, las Epístolas Generales (Santiago, 1–2 Pedro, 1–3 Juan y Judas) preceden a las Epístolas Paulinas (Romanos hasta Santiago más Hebreos) debido probablemente a los lazos más directos entre Jesús y Jacobo, Pedro, Juan y Judas.

Desarrollo del canon del Antiguo Testamento La opinión crítica común, que se puede remontar hasta Herbert E. Ryle (1892, rev.1895), es que la triple designación de los libros del AT, Ley (Torah), Profetas (Neviim) y Escritos (Kethubim), esté basada en la aceptación gradual como parte del canon de cada una de estas tres "colecciones". Esta opinión se basa en gran medida en las premisas de que Moisés no pudo haber sido el autor del Pentateuco y que los libros históricos del AT se recopilaron después del reinado del rey Josías (Judá, 640–609 a.C.). El reconocimiento de la Torá (Ley) en el siglo V a.C. se basa en que los samaritanos, cuyo canon sólo incluía la Torá, se separaron de los judíos inmediatamente después del exilio. Se piensa que los Profetas cesaron para el año 200 a.C., y esto explica por qué el profeta Daniel no estaba incluido (su libro se encuentra en las Escritos del canon hebreo); los eruditos críticos ubican la fecha del libro en el siglo II a.C. Generalmente se dice que las Escrituras fueron establecidas en una reunión de rabinos en Jamnia (Jabneh) entre los años 70 y 135 d.C.

Roger Beckwith (1985), basándose en las palabras de Jack P. Lewis (1964), S. Z. Leiman (1976) y otros abordó y refutó muchos de los temas propuestos por la escuela crítica-liberal y llegó a la conclusión de que la colección del AT pudo haberse establecido ya en el siglo IV a.C., aunque es más probable que haya sido en el siglo II a.C. Por ejemplo, el reconocimiento que los samaritanos hicieron solamente de la Torá tal vez no sea una pista en cuanto a la historia del canon sino que, más bien, implicaba

B

un rechazo de los profetas reconocidos anteriormente. Segundo, los rabinos de Jamnia no estaban interesados en la canonización sino en la interpretación. Finalmente, aunque la designación de Ley, Profetas y Escritos era algo conocido e importante (tal como se señala en el prólogo del Eclesiástico; Luc. 24:44; Josefo, *Contra Apión* I:8; manuscritos DDS; y los escritos de Filón), Beckwith demostró que este hecho no es una guía creíble en cuanto al proceso de canonización.

Cuando Dios decidió revelarse a Su pueblo y establecer una relación permanente con ellos, utilizó el principio del pacto, un concepto conocido en la cultura del antiguo Cercano Oriente. La formación de un pacto incluía comúnmente la creación de un documento. Además, la historia del pacto se reflejaba naturalmente en la actualización de ese documento. Por lo tanto, junto con el pacto mosaico llegó el documento mosaico y, a medida que se escribía cada uno de los libros del AT, su autoridad como palabra de Dios revelada hacía que la comunidad israelita en surgimiento la adoptara inmediatamente como algo sagrado a lo cual había que someterse. Moisés, como mediador del pacto, escribió la Torá bajo la guía divina. El resto de las Escrituras, los profetas anteriores y posteriores, la literatura poética y la de sabiduría, y los libros postexílicos fueron aceptados de manera igualmente inmediata a medida que cada uno de ellos se le entregaba a la comunidad israelita y ésta los recibía. La conclusión de este proceso pudo haberse producido cuando se aceptó el último libro como autoridad y vinculante (a lo que se hacía referencia como que "contamina las manos"). Este libro pudo haber sido Malaquías (reconocido comúnmente como el último profeta) o Crónicas (el último libro del orden canónico hebreo). Cualquiera sea el caso, lo que los protestantes reconocen como los 39 libros del canon antiguotestamentario (igual a los 22 ó 24 libros de la comunidad judía [por ej.: los profetas menores se contaban como un solo libro; Jeremías y Lamentaciones como uno; Esdras y Nehemías como uno, etc.]) se estableció muy cerca de la época en que se escribió el último libro. Ver *Pacto*.

Desarrollo del canon del Nuevo Testamento

El proceso de canonización del NT es más fácil de determinar, aunque existen preguntas que no se pueden responder completamente. Las Epístolas Paulinas se recopilaron y fueron consideradas como autoridad ya durante la primera mitad del siglo II, tal como se evidencia mediante el canon de Marción (aprox. 140 d.C.) de las 10 Epístolas Paulinas y Lucas. Los cuatro Evangelios se convirtieron en unidad canónica durante la segunda mitad del siglo II con Ireneo (180 d.C.), quien defendía el canon de los Evangelios cuádruplos. La esencia del canon neotestamentario estuvo determinado para fines del siglo II incluyendo los cuatro Evangelios, Hechos, 1 Pedro, 1 Juan y 13 Epístolas Paulinas, todo aceptado por las iglesias más importantes como textos con autoridad. Apocalipsis también gozó de una aceptación temprana pero más tarde, cerca de la mitad del siglo III, comenzó a ser cuestionado tanto en relación a su contenido como a su autoría. Hebreos fue debatido de la misma manera a causa de las dudas con respecto a su autoría. Muchas iglesias aceptaron Santiago, 2 Pedro, 2–3 Juan y Judas durante la última parte del siglo III, pero no se consideraron plenamente canónicos hasta el siglo IV. El obispo de Alejandría Atanasio fue el primero en mencionar los 27 libros del canon neotestamentario, y en su carta pascual del año 367 instruía a las iglesias en relación al NT enumerando exactamente los 27 libros que poseemos. No obstante, aun en ese tiempo hubo algunos grupos, por ej. las iglesias siríacas, que utilizaban un canon del NT de 22 libros (sin 2 Pedro, 2–3 Juan, Judas y Apocalipsis) o de 26 libros (sin Apocalipsis). Sin embargo, con el paso del tiempo, los 27 libros del canon neotestamentario prevalecieron virtualmente en todas las iglesias.

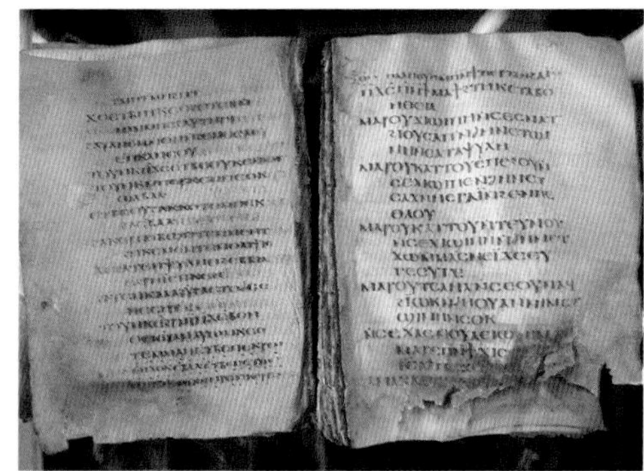

El más antiguo y completo salterio copto.

La tarea de la iglesia primitiva en cuanto a la confirmación de la voluntad de Dios sobre el canon del NT no fue fácil. Marción promovió en Roma un canon muy limitado (ver arriba) que determinó una reacción extrema contra el judaísmo. Él rechazaba el AT como así también los escritos neotestamentarios que eran "demasiado judíos", y conservó únicamente a Pablo y Lucas (el único escritor gentil del NT). A manera de reacción, la iglesia defendió el AT y comenzó a definir su propio canon del NT, mucho más amplio que el de Marción.

Hacia fines del siglo II, el montanismo promovió dentro de la iglesia una voz "profética" en desarrollo. Esta afirmación en cuanto a una nueva revelación hizo que la iglesia se volviera más restrictiva con respecto a la definición del canon y que limitara el NT a los libros cuya autoría e influencia apostólica pudieran ser determinadas.

A medida que la tarea continuaba, el proceso guiado por el Espíritu se fue desarrollando según ciertos parámetros. Para que un libro fuese considerado Santa Escritura (canónico) tenía que gozar de una amplia aceptación entre las iglesias. La aceptación local no era adecuada. También era necesario aplicar ciertos criterios para separar las obras posteriores de aquellas correspondientes al siglo I. Los libros tenían que remontarse a la era apostólica y estar conectados con algún apóstol, ya sea en cuanto a la autoría o una asociación directa (por ejemplo, Marcos y Lucas estaban asociados con Pedro y Pablo respectivamente). Los libros también tenían que demostrar ser beneficiosos para las iglesias que escuchaban su lectura. Esta dimensión espiritual probablemente era lo más sobresaliente. Nuestros libros neotestamentarios fueron incluidos en el canon debido a que le hablaban a la gente de una manera tan poderosa que no podían ser dejados afuera. Finalmente, los libros se tenían que considerar apropiados para la lectura pública en la iglesia. Debido a que el analfabetismo era tan grande, el primer contacto que la mayoría de la gente tenía con el texto era cuando se lo leía durante las reuniones de adoración. Esos textos leídos durante las reuniones de adoración se escuchaban como la Palabra de Dios con autoridad. Tales textos se hallaban camino a la plena canonización.

Una etapa adicional de la canonización tuvo lugar durante la Reforma. Los reformadores, haciendo eco a las palabras de Jerónimo, sostenían que era necesario seguir el canon judío del AT y así fue que solamente aceptaron 39 libros del AT hebreo en lugar del AT extendido que se encontraba en la Septuaginta. Estos libros adicionales (Apócrifos) también se encontraban en la Vulgata latina, Biblia fundamental de la Iglesia Occidental durante más de 1000 años antes de la Reforma. Algunas Biblias de la Iglesia Católica Romana y de las Iglesias Ortodoxas generalmente todavía incluyen los Apócrifos pero, desde el Concilio Vaticano II, poseen un menor grado de canonicidad y se los denomina deuterocanónicos. Mientras que los protestantes no niegan que estos libros sean útiles, los rechazan como parte de las Santas Escrituras canónicas. Ver *Apócrifos, Antiguo Testamento; Apócrifos, Nuevo Testamento.* *Bill Warren y Archie W. England*

BIBLIA, HERMENÉUTICA Teoría de la interpretación bíblica, sus metas, métodos, principios y criterios evaluativos utilizados en la interpretación de las Escrituras. Esto podría parecer esotérico y carente de practicidad pero, en realidad, la teoría hermenéutica genera consecuencias de gran alcance para los creyentes y la iglesia.

Toda persona que se acerca a la Biblia, lo hace utilizando alguna teoría hermenéutica. Los resultados de ese encuentro se verán influidos por la comprensión interpretativa que esa persona tenga del texto. Los seres humanos desarrollan las capacidades interpretativas a medida que aprenden su primer idioma. Desde el momento en que los niños comienzan a adquirir la lengua madre, aprenden lo que significa entender mal. Aprenden que la interpretación puede ser correcta o equivocada.

Esta comprensión temprana es la base de una presunción perdurable de la hermenéutica bíblica: que un texto posee por lo menos un significado, y que la interpretación que uno hace será correcta o incorrecta. En los últimos años los posmodernistas han desafiado esta presunción. Las personas en pequeños grupos de estudio bíblico tal vez no hayan leído a escritores de la posmodernidad, pero las suposiciones posmodernistas se pueden observar en dichos grupos de estudio bíblicos donde toda interpretación se considera tan buena como cualquier otra. El entorno cultural en que nos hallamos imbuidos modifica la teoría hermenéutica mediante esta clase de modalidades sutiles sin que nos demos cuenta de lo que ha sucedido. Por esa razón, el tener un concepto general de la hermenéutica bíblica puede ayudar a los estudiantes de la Biblia a ser conscientes de las presunciones y los principios hermenéuticos que aplican a la Escritura cada vez que la leen. Ver *Biblia, Métodos de estudio.*

La manera en que interpretamos la Biblia tiene mucho en común con la forma en que interpretamos otros textos. Pero la diferencia entre los textos bíblicos y los de ley, literatura y ciencias es que, a pesar de que los 66 libros bíblicos fueron escritos por muchas personas durante un período de más de 1500 años, la Biblia declara que Dios es definitivamente el autor. Esto le otorga mayor importancia a su lectura y a la comprensión precisa de lo que dice. Una cosa es interpretar mal a Shakespeare, pero otra muy distinta es entender mal a Dios. No obstante, ha existido y existe mucho desacuerdo en cuanto a lo que la Biblia quiere decir sobre diversos temas. Esto nos alienta a considerar los distintos enfoques interpretativos que generan una diversidad de interpretaciones, muchas de las cuales son incompatibles entre sí.

B

Una presunción que Jesús y otros líderes religiosos de su tiempo tenían en común era que las Escrituras hebreas eran la palabra de Dios. También compartían una cantidad de métodos de interpretación escritural: literal, midrash, pesher y tipológica. No obstante, Jesús y los líderes religiosos interpretaban las Escrituras de manera muy diferente.

Una de las primeras actividades del Cristo resucitado fue interpretar las Escrituras. Cuando iba caminando con Cleofas y otro discípulo en dirección a Emaús, "comenzando desde Moisés, y siguiendo por todos los profetas, les declaraba en todas las Escrituras lo que de él se decía" (Luc. 24:27). La interpretación de Jesús en cuanto a quién era Él y cuál era Su misión a la luz de las Escrituras hebreas es el fundamento de la iglesia e históricamente se constituye en el factor que determinó la separación entre la iglesia y la sinagoga.

Esta actividad interpretativa de Jesús forja una conexión entre las Escrituras hebreas y lo que posteriormente se denominó Nuevo Testamento. La enseñanza de Jesús no sólo liga los dos Testamentos sino que además provee la clave para observar de qué manera encajan entre sí y cómo dependen mutuamente.

En el siglo II algunos no vieron con tanta claridad lo que pareciera tan claro en Lucas 24. Un conjunto de escritos cristianos se estaban recopilando (2 Ped. 3:16) junto a las Escrituras hebreas. En el año 140 d.C. se comenzó a cuestionar la relación entre las Escrituras hebreas y este conjunto de escritos cristianos. Marción, un acaudalado constructor de barcos del Ponto, se dirigió a Roma y procuró utilizar su influencia para eliminar las Escrituras hebreas de la iglesia. Creía que el Dios revelado en las Escrituras hebreas era incompatible con el Dios revelado en Jesús. Marción propuso que solamente se consideraran "Escrituras" algunas de las cartas de Pablo y una versión editada del Evangelio de Lucas.

Marción obligó a la iglesia a decidir si se mantenían las Escrituras hebreas o no, y a determinar cómo interpretarlas en función de Jesús. En tanto que Marción deseaba que el canon fuera considerablemente más breve, había otro grupo denominado montanistas que deseaba agregarle los escritos de su propia creencia.

En medio de estos dos extremos se encontraba un tercer grupo que deseaba mantener las Escrituras hebreas junto con los escritos cristianos que poseían autoridad apostólica. No se requería que un apóstol fuera el autor de un escrito canónico sino que hubiese sido escrito bajo la autoridad de uno de ellos. Algunos documentos que llevaban el nombre de apóstoles fueron rechazados porque eran incompatibles con la enseñanza apostólica acerca de Jesucristo.

Esta comprensión apostólica de Jesucristo pasó a ser un elemento importante en la interpretación bíblica de la iglesia primitiva. Los documentos escritos frecuentemente se hallan sujetos a múltiples interpretaciones. En cierto modo son como una serie de puntos sobre un trozo de papel. Hay una gran cantidad de cuadros que se pueden realizar conectando los puntos de diferentes maneras. Una cuestión vital para la iglesia primitiva era la forma en que esos puntos tenían que conectarse.

Los gnósticos tomaban las Escrituras y las reinterpretaban de acuerdo a sus propias opiniones. Ireneo comparaba lo que ellos hacían con una persona que tomaba la imagen hermosa de un rey realizada por un artista con joyas preciosas y las reacomodaba a fin de obtener la imagen de un zorro o un perro (Ireneo, *Contra las Herejías*, I,8:1 [180 d.C.], en ANF, I:326).

Frente a estas distorsiones de las Escrituras, Ireneo estableció un marco de referencia interpretativo que había estado implícito en la iglesia durante varias décadas. Este marco de referencia se llegó a conocer como regla de la fe. Esto no era algo que se agregara a las Escrituras. Derivaba de ellas y se convirtió en un patrón en función del cual se debían constatar las interpretaciones.

La regla de la fe ha adoptado numerosas formas durante la historia de la iglesia. El Credo de los Apóstoles se aproxima a esta regla. Credos y confesiones de fe posteriores han funcionado históricamente de manera similar a la regla de la fe, que ha desempeñado una función tanto positiva como negativa en la historia de la interpretación bíblica. En el aspecto positivo ha impedido que la interpretación se alejara de la realidad para convertirse en algo que sólo se adecuaba a los gustos del intérprete. A veces, en sentido negativo, ha impedido que la iglesia observe el texto bíblico con una perspectiva renovada.

En tanto que la regla de la fe fue reconocida en Alejandría, esto no impidió que Clemente y Orígenes fueran creativos en la interpretación bíblica. El método alegórico de interpretación floreció allí mucho antes de la época de Clemente y Orígenes. Se utilizaba para interpretar las obras clásicas griegas como así también las Escrituras hebreas. Tanto uno como otro utilizaron la alegoría como una manera de tratar los pasajes difíciles del AT y para interpretar la vida y las enseñanzas de Jesús. Una de las alegorías más famosas de Orígenes es su interpretación de la historia del Buen Samaritano. Cada elemento de la parábola simboliza algo independientemente de lo que es en sí. Aunque esta interpretación es creativa, la cuestión es si eso es lo que Jesús se propuso transmitir cuando relató la parábola. Ver *Alegoría.*

La forma en que los de Alejandría practicaban el uso de la alegoría fue motivo de crítica por parte de los intérpretes bíblicos de Antioquía. Estos estaban preocupados en cuanto a que la interpretación alegórica le restara mérito a las verdades literales expresadas en las Escrituras. Creían que el significado espiritual de las Escrituras derivaba de una lectura precisa y literal del texto, en lugar de surgir de interpretaciones que aplicaban al sentido original de las Escrituras una serie de significados espirituales que no tenían relación.

Quizá el intérprete bíblico más influyente del milenio siguiente fue Agustín. Su primer encuentro con la Biblia no fue nada prometedor. Agustín halló que la Biblia carecía de dignidad, y en esto se lo comparó a Cicerón. Las reacciones originales de Agustín frente a la Biblia probablemente tuvieron su raíz en la traducción latina antigua que leía.

La educación inicial de Agustín lo llevó a creer que la meta de la interpretación era la fidelidad a la intención del autor tal como estaba expresada en el texto. Tras decir esto, existe cierta ironía en que la conversión de Agustín resultó más fácil después de haber escuchado a Ambrosio aplicando en su predicación el método alegórico. Cuando Agustín interpretaba las Escrituras, no descuidaba el sentido literal sino que iba más allá en el caso de pasajes que eran ambiguos a nivel literal.

Agustín estableció principios que hasta el día de hoy han pasado a formar parte de la sana interpretación bíblica. Reconocía que el intérprete debe conocer el texto, preferentemente en los idiomas originales, y poseer un conocimiento amplio de los diferentes temas que forman parte del contenido bíblico. Agustín reconocía que la Biblia contiene pasajes oscuros y difíciles. Enseñaba que el intérprete debe comenzar con los pasajes claros e interpretar los oscuros a la luz de los claros.

Para Agustín, la meta de la interpretación bíblica es espiritual; nada menos que la transformación de la persona que lee y estudia la Biblia. Esta meta no se puede alcanzar mediante un proceso mecánico. Para entender las Escrituras es necesario conocer bien el lenguaje y la historia, pero eso no es suficiente. La dimensión espiritual del intérprete está unida en forma integral con el proceso de comprensión de las Escrituras, pero tampoco es suficiente. Agustín reconocía que la interpretación bíblica era una tarea que abarcaba tanto el intelecto como el corazón.

Él hacía una distinción entre conocimiento del lenguaje *(linguarum notitia)* y conocimiento de las cosas *(rerum notitia)*. En De Magistro, Agustín sostiene que el lenguaje (signos) no proporciona conocimiento sino que impulsa al lector a recordar lo que ya conoce. En cuestiones espirituales, Cristo es el maestro y la fuente de este conocimiento. Agustín distinguía entre signos literales y signos figurados. El lenguaje de Génesis que presenta el relato de Abraham cuando lleva a Isaac al Monte Moriah utiliza signos literales. Este mismo lenguaje se puede leer en forma figurativa y señalar la muerte de Cristo.

El modelo de interpretación bíblica de Agustín tuvo influencia sobre Gregorio el Grande, figura determinante de la Edad Media. Gregorio comenzaba con una lectura literal del texto. Tomando como fundamento esta lectura, Gregorio deducía el significado doctrinal (alegórico) y el moral (tropológico) del pasaje. Esta triple interpretación agregó posteriormente un cuarto nivel, el anagógico, que señalaba hacia el futuro.

El cuádruple enfoque de la interpretación bíblica se resumía en una rima:

Litera gesta docet, (La letra enseña los hechos)

Quid credas allegoria, (alegoría que uno debe creer)

Moralia quid agas, (tropología que uno debe efectuar)

Quo tendas anagogia (anagogía hacia la que uno debe aspirar).

Este cuádruple método de interpretación lo vemos en acción en la exégesis de Ex. 20:8-11 por parte de Tomás de Aquino. En su interpretación literal, Tomás hace una distinción entre el significado moral y ceremonial de este mandamiento. Los cristianos tienen que dedicar tiempo a las cosas de Dios. La parte ceremonial del mandamiento especifica ese tiempo como el séptimo día. La interpretación alegórica se refiere al reposo de Cristo en la tumba en el séptimo día. La lectura tropológica invita a los cristianos a desistir del pecado y descansar en Dios. El sentido anagógico señala al futuro hacia el reposo eterno y el disfrute de Dios en el cielo.

Una manera de leer las Escrituras que tuvo su origen en la Edad Media concordaba notablemente con el énfasis que Agustín colocaba a la dimensión espiritual del estudio bíblico. La *Lectio divina* consistía en tres pasos:

(1) La preparación espiritual denota que hay que encarar las Escrituras en actitud de oración. El texto se debe leer con una receptividad silenciosa y escuchando la voz del Espíritu Santo que habla por medio del texto. El escuchar está íntimamente relacionado con la disposición a poner en práctica lo que se revela en el pasaje.

(2) Leer la Escritura requiere prestar mucha atención a los numerosos detalles que la componen. El texto se debe encarar con la expectativa de que cada detalle se ha colocado allí por una razón, y que prestarle atención a estos detalles es para nuestro beneficio espiritual.

(3) Es importante prestarle una cuidadosa atención al simbolismo bíblico cuando se observa más allá de las palabras para descubrir las realidades que presenta.

Un conocimiento creciente de los idiomas originales de la Biblia fue un elemento catalizador para una nueva era en la interpretación y el conocimiento bíblicos. Desiderio Erasmo fue una importante figura de transición. Su labor cuidadosa en el desarrollo de una serie de ediciones del Nuevo Testamento griego hicieron que prestara tal atención a los detalles que lo llevaron a cambiar el énfasis en la interpretación, pasando de varios niveles de significado a una pasión por descubrir cuál era la intención del autor en el texto. Lo que observó en el enfoque pasado de la interpretación lo turbó. La creatividad en la interpretación había provocado que los lectores se alejaran de la intención del autor. Era casi como si estuvieran practicando un juego.

En este entorno y en el contexto de su propia crisis espiritual, Martín Lutero pasó gradualmente de una marcada interpretación alegórica de las Escrituras a un enfoque que buscaba el sentido histórico de un pasaje. Lutero hizo una caricatura de la interpretación alegórica diciendo que era como una nariz de cera a la que el intérprete le podía dar forma en lugar de poseer un aspecto definitivo del cual el intérprete debía dar cuenta. Aún así, Lutero continuó aplicando la alegoría a pesar de haberla criticado.

La controversia de Lutero y la ruptura final con Roma dio lugar a otra importante cuestión sobre la interpretación bíblica: en medio de las interpretaciones de las Escrituras que competían entre sí, ¿cuál es la fuente de autoridad? Con la crisis ocasionada por el gnosticismo, la regla de la fe era la piedra fundamental para discernir la interpretación correcta de las Escrituras. En la crisis con Roma, Lutero responde: *"¡Sola Scriptura!"* No la razón. No la tradición de la iglesia. Solamente las Escrituras.

Esto no significa que Lutero y otros reformadores no le dieran valor a la tradición de la iglesia. Habían sido formados por ella y continuaban bajo su influencia. No obstante, tomaron conciencia de que la tradición se había conformado bajo la influencia de otras cosas al margen de las Escrituras. *Sola Scriptura* era un llamado a reconocer y actuar bajo la premisa de que lo importante está por encima de todo lo demás.

Juan Calvino, el principal intérprete bíblico del siglo XVI, observó que el primer propósito del intérprete es oír y entender lo que el autor está diciendo, en vez de decir lo que el autor debería haber dicho. Calvino interpretaba las Escrituras a la luz de las Escrituras, y enfatizaba la importancia del Espíritu Santo que inspiraba el texto y era parte integral del proceso interpretativo.

Una presunción que tenían en común la mayoría de los exegetas desde el siglo II hasta el XVIII se fue abandonando cada vez más en este último siglo y en los subsiguientes. La presunción era que Dios es el autor final de las Escrituras. Tanto la naturaleza de las Escrituras como la meta de las interpretaciones comenzaron a cambiar ante la ausencia de esta presunción.

Una serie de factores contribuyeron al cambio en relación a cómo se debían ver e interpretar las Escrituras. Tanto los padres de la iglesia como los intérpretes medievales se guiaban por la autoridad de la tradición. Como se señaló anteriormente, los reformadores no eliminaron la tradición sino que la criticaron a fin de enfatizar que las Escrituras solas eran la piedra fundamental para lo que enseña y practica la iglesia.

En otros campos del aprendizaje se empezaron a cuestionar las autoridades tradicionales. La razón y la experiencia humana llegaron a considerarse fuentes del conocimiento. El poder aclaratorio de la física newtoniana reforzó la creencia de que la revelación no era necesaria para entender a Dios y el mundo. Esta progresión lógica llevó a Laplace a expresar que ya no se necesitaba a Dios como hipótesis a fin de explicar algo del mundo.

Los escritos de Carlos Darwin del siglo XIX reafirmaron al extremo el punto de vista naturalista que comenzó a desplazar el concepto teísta que durante miles de años había dominado Occidente.

La Biblia ahora se veía simplemente como un libro humano que se debía estudiar aplicando los mismos métodos que se utilizaban para estudiar cualquier otro documento de esa clase. La meta de la interpretación era entender lo que estaban diciendo los autores humanos y reconstruir el proceso por medio del cual habían llegado a escribir los documentos.

Esto no significa que de pronto se efectuaron nuevos descubrimientos acerca de las Escrituras. Los intérpretes más antiguos fueron conscientes de los diferentes relatos acerca de los mismos acontecimientos. Dentro de este marco de referencia, estas diferencias no eran tan significativas y no ponían en cuestión el testimonio que las Escrituras daban de sí mismas diciendo que eran palabra de Dios. No obstante, estas mismas observaciones efectuadas desde la perspectiva del naturalismo se consideraban una confirmación de que las Escrituras eran simplemente un documento humano.

Desde fines del siglo XIX hasta el presente, el estudio académico de las Escrituras ha sido testigo de una proliferación de métodos para entender las Escrituras. Algunos procuraron reconstruir la historia del documento en estudio, incluyendo la historia y las motivaciones de la comunidad donde se compuso. Otro enfoque ampliamente difundido colocaba menos interés en el trasfondo histórico, cultural y religioso del documento y prestaba más atención a su forma literaria. Para los numerosos eruditos que optaron por este enfoque, el trasfondo del documento y la historicidad de los eventos de la narración eran de importancia mínima.

Mientras que los intérpretes histórico-críticos de la Biblia difieren de los tradicionales en cuanto al tema de la naturaleza de las Escrituras, poseen en común la creencia de que la meta de la interpretación es entender qué intenta decir el o los autores. Que uno no pueda establecer esto con certeza no significa que el objetivo no sea válido o importante. En años recientes, los posmodernistas han cuestionado esta presunción. Es interesante observar que filósofos tan dispares como Jacques Derrida y W. V. Quine hayan llegado a esta conclusión. Ambos reconocen que el significado es un concepto pragmático útil. Aun así y por diferentes razones, sostienen que en la semántica y la hermenéutica el significado carece de valor explicativo. La comprensión lógica del significado nos lleva a otorgarle la misma clase de realidad que tienen los objetos físicos, pero el significado como entidad no existe.

La implicancia de este concepto para la interpretación bíblica es que no sólo no podemos estar seguros de tener la interpretación correcta de un texto sino que tampoco existe ninguna interpretación correcta del texto. No hay ninguna intención del autor que sea correcta o equivocada. Tan diferentes como puedan ser los puntos de partida de Derrida o de Quine, ellos intentan explicar el lenguaje dentro de la cosmovisión naturalista. Las conclusiones a las que llegan desde distintas direcciones podrían ser un indicio de la bancarrota del naturalismo en lo que hace al programa de investigación para la comprensión del lenguaje humano y el desarrollo de la teoría hermenéutica que tiene en cuenta la complejidad y la riqueza de este lenguaje. *Steve Bond*

BIBLIA, MÉTODOS DE ESTUDIO La mayoría de quienes leen la Biblia lo hacen sin una meta claramente definida. Es preferible estudiarla con un propósito más concreto, considerando los temas que contiene y el significado deseado por el autor.

Estudio por los temas que contiene Una manera de estudiar la Biblia es tener en mente preguntas específicas; por ejemplo, acerca de doctrina, historia o instrucciones morales y espirituales.

Doctrinas y enseñanzas bíblicas La Biblia es, por sobre todas las cosas, un libro que habla acerca de Dios y Su relación con el mundo. ¿Cómo es Dios? ¿Qué relación tiene con Su creación? ¿Cuál es el propósito deseado en la creación?

Para los cristianos, la Biblia es la fuente definitiva para el conocimiento de la teología (la persona y la naturaleza de Dios), la antropología (la constitución de los seres humanos), la soteriología (la doctrina de la salvación), la cristología (la doctrina de la persona de Cristo), la eclesiología (la doctrina de la iglesia) y la escatología (la doctrina de las últimas cosas). Los cristianos escudriñan la Biblia como única fuente infalible para la doctrina. No obstante, se ha hecho un gran daño al utilizar la Biblia como una fuente para "constatar textos" a fin de respaldar doctrinas teológicas. La Biblia no se

B

debe estudiar para respaldar lo que creemos sino para determinarlo. El respeto verdadero hacia la Biblia incluye la tarea de someter a sus enseñanzas lo que creemos. Por ejemplo, no debemos estudiar los pasajes del NT que tratan acerca del bautismo cristiano para respaldar lo que entendemos particularmente acerca de este tema sino, más bien, para ver si nuestra idea está en armonía con la enseñanza de estos pasajes. Los textos bíblicos respaldarán nuestra comprensión del tema en la medida que esta sea correcta. Debemos juzgar nuestra interpretación a la luz del significado que los autores deseaban transmitir.

Se pueden mencionar dos principios generales al procurar descubrir lo que la Biblia enseña sobre una doctrina en particular. Uno es que existe una tendencia a repetir las doctrinas importantes. Las cosas a las cuales la Biblia alude sólo una o dos veces no son tan importantes como aquellas enseñanzas que aparecen en forma repetida. Por ejemplo, en toda la Biblia leemos una vez solamente acerca del bautismo por los muertos (1 Cor. 15:29). Cualquiera haya sido la intención de Pablo al mencionar este tema, no puede haber sido un asunto o doctrina importante. Es una insensatez construir un sistema teológico basándose en esto. De la misma manera, la gran importancia que algunos grupos le otorgan a Pedro como la roca sobre la que se edifica la iglesia o sobre el hablar en lenguas no refleja la realidad de que el primer tema sólo se menciona una vez en la Biblia (Mat. 16:17-19) y que el otro aparece solamente en dos libros del NT (Hechos y 1 Corintios). La importancia de estos temas no puede haber sido muy grande debido a lo relativamente poco que aparecen en la Biblia. Muchísimo más importantes son las enseñanzas reiteradas acerca de que el amor y el servicio tienen que ser características distintivas de la vida cristiana, que la salvación es por gracia por medio de la fe, y que llegará un día en que Dios juzgará al mundo. Otro principio es que el NT interpreta al AT. Sin negar que el AT arroja luz sobre el NT, es evidente que la revelación más reciente descubre aquellos aspectos de la más antigua que ya no están vigentes (los aspectos ceremoniales de la ley que abarcan lo limpio y lo inmundo, los reglamentos relacionados con la circuncisión, el día de reposo y otros temas más) y los que se han cumplido (el sucesor de David prometido es Jesús de Nazaret, la llegada del reino de Dios con el Espíritu como primicias, y así sucesivamente).

Historia bíblica Una de las razones más comunes para el estudio bíblico es aprender sobre los acontecimientos históricos que registra. El área más importante incluye la vida y las enseñanzas de Jesús, acerca de quien los creyentes desean aprender todo lo posible. La fuente principal son los cuatro Evangelios canónicos. Estos se leen para aprender sobre el nacimiento de Jesús, la cronología de Su vida, Su bautismo y tentación, el llamado de los discípulos, Su enseñanza y ministerio de sanidad, la confesión de Pedro y la enseñanza de Jesús sobre Su futura muerte, la transfiguración, el domingo de ramos, la purificación del templo, la Última Cena, Getsemaní, el arresto y el juicio, la crucifixión, la sepultura, la resurrección, las apariciones posteriores a la resurrección, la ascensión y otros eventos históricos. Otra área popular de investigación histórica incluye la vida y el ministerio del apóstol Pablo. Hay otras muchas áreas dentro de la historia bíblica: la vida de personajes bíblicos (desde personas conocidas como Abraham, Moisés y Juan el Bautista hasta otras menos conocidas como Agar y Josafat); acontecimientos diversos (el llamado de Abraham, el éxodo, la caída de Jerusalén, el regreso del exilio). De modo que gran parte de la Biblia está dedicada a la historia (comp. Génesis–Éxodo, Josué–Ester, Mateo–Hechos, también diversas porciones de Levítico–Deuteronomio, los profetas, y las cartas de Pablo) debido a que la fe bíblica se basa ampliamente en lo que Dios ha hecho en el transcurso de la historia.

No obstante, se debe tener presente que entender lo que ha sucedido no equivale a comprender su significado pleno. Un ejemplo claro es la tumba vacía en la mañana de Pascua. Este acontecimiento no provee una explicación en sí y está sujeto a más de un esclarecimiento. Los enemigos de Jesús no negaron la realidad de la tumba vacía pero le dieron una explicación diferente de la que proporcionaron los escritores del NT. Los enemigos de Jesús declararon que el cuerpo de Jesús había sido robado (Mat. 28:13-15; Juan 20:13-15). Sin embargo, la realidad de la tumba vacía asociada con las numerosas apariciones del Cristo resucitado durante un período de 40 días proporcionaba una interpretación diferente: la tumba estaba vacía porque Cristo había conquistado la muerte y había resucitado triunfante de la tumba. El lector debe procurar entender el significado de los hechos históricos al realizar un estudio de la historia bíblica. Los escritores de la Biblia no se consideraban meros reporteros de los hechos sino intérpretes autorizados de esas verdades. En consecuencia, cuando leemos un pasaje histórico, debemos procurar aprender "por qué" el autor registró ese acontecimiento de la historia. No debemos conformarnos con comprender qué sucedió sino además procurar entender qué trataban de enseñar los autores inspirados mediante los eventos registrados.

Enseñanzas morales para la vida Otra razón por la cual se lee la Biblia es obtener una guía moral y espiritual. La Biblia contiene todo lo que uno necesita conocer a fin de saber cómo ser salvo y vivir una vida agradable a Dios. De manera intuitiva, cuando se cumple con el significado simple y llano de los textos bíblicos, la gente que posee una inteligencia normal puede leer la Biblia a solas y ser capaz de entenderla. Por lo tanto, hablamos acerca de la inteligibilidad o claridad de las Escrituras: todo lo que es necesario para la salvación y para la vida cristiana se halla allí expresado claramente. No se necesita ser ni erudito ni pastor para entender qué hay que hacer para ser salvo o para vivir una vida agradable a Dios. Esto lo entienden tanto los instruidos como los que no lo son, realidad que hace posible el sacerdocio del creyente en su máxima expresión. Existen principios útiles que proveen entendimiento para interpretar las enseñanzas éticas de la Biblia.

El principio más útil es recordar cómo se relacionan los mandatos éticos con el recibimiento de la gracia y el perdón de Dios. De la misma manera que los Diez Mandamientos (Ex. 20) sucedieron a la liberación de la esclavitud en Egipto (Ex. 1–19), así las enseñanzas y los mandatos éticos de la Biblia están dirigidos a las personas receptoras de la gracia y la salvación de Dios. Los mandatos de las Escrituras son parte de un pacto al que se entra simplemente sobre la base de la gracia. Somos salvos por gracia por medio de la fe para buenas obras (Ef. 2:8-10). Amamos a Dios porque Él nos amó primero (1 Juan 4:19). Las enseñanzas éticas de la Biblia son guías para aquellos que ya han experimentado el don de la salvación de Dios. No son un medio para conseguir esa salvación. Ver *Pacto.*

Otros dos principios útiles son prestar más atención a las enseñanzas éticas que se repiten frecuentemente, y destacar las doctrinas más enfatizadas por Jesús y los escritores bíblicos inspirados. En el centro de las Escrituras entonces, encontramos el mandato de amar a Dios con todo el corazón, con toda la mente y con toda el alma, y al prójimo como a uno mismo (Lev. 19:18; Deut. 6:5; Jos. 22:5; Mar. 12:28-31; Juan 15:12; Rom. 13:8-10). La repetición de este mandato y el énfasis que recibe indican que se trata de la esencia de la moral bíblica y el corazón de la ética judeo-cristiana.

Áreas adicionales de información Hay demasiados otros temas como para mencionarlos todos. La Biblia se puede estudiar en relación con la geografía, los idiomas (las características del hebreo bíblico, del arameo y del griego; la gramática, el estilo y el vocabulario de los escritores bíblicos); los templos (tabernáculo, salomónico, segundo, herodiano), las leyes específicas sobre el matrimonio, sacrificios, enfermedades, circuncisión, fiestas judías, alimentos limpios e inmundos, enseñanzas referentes a la hospitalidad, las plantas y los animales de la Biblia, figuras literarias utilizadas en la Biblia (acertijos, parábolas, hipérboles, poesía); fechas de diversos eventos bíblicos; fecha de escritura de los libros de la Biblia; armas y estrategias militares; instrumentos musicales a los que se hace referencia en los Salmos, y otros temas más.

La cantidad de información contenida en la Biblia es enorme. Nadie podría estudiar todos los temas y la información que allí se encuentra, aun si tuviera varias vidas para hacerlo. Algunos temas son más importantes que otros. En consecuencia, es sabio investigar las áreas más relevantes. No obstante, debemos ser conscientes de que el estudio de la Biblia en relación con la información o los hechos que posee es insuficiente si no se determina su significado y se lo hace propio.

El estudio de la Biblia por su significado Durante los últimos cien años se ha debatido ardientemente sobre dónde se tiene que buscar el significado de la Biblia. Debido a que toda comunicación abarca tres componentes fundamentales (el autor/orador; el texto/discurso, y el lector/oyente), no es de sorprender que se haya recurrido a cada uno de estos componentes a fin de determinar el significado bíblico.

Estudio de la Biblia por el significado del autor inspirado Durante la primera mitad del siglo XX surgió un movimiento denominado "neocrítico" que sostenía que textos como los de la Biblia eran obras de arte autónomas cuyo significado es totalmente independiente del autor original y del lector actual. Por lo tanto, lo que Pablo quiso decir en Romanos o el significado que un lector posterior le da a Romanos es irrelevante; el texto se da significado a sí mismo. No obstante, si bien los textos pueden presentar un significado, en sí no pueden "significar" nada. El significado es una elaboración del pensamiento. Los autores pueden pensar. Los lectores pueden pensar. Un texto, no obstante, es un objeto inanimado (tinta y papel) y, en consecuencia, no puede pensar ni desear un significado. Por lo tanto, el significado de un pasaje bíblico no se puede hallar en la tinta ni el papel que conforman el texto sino en el ser humano que pensó o escribió las ideas o en aquel que lo lee.

En la última parte del siglo XX, el énfasis en la respuesta del lector se convirtió en el enfoque dominante de la interpretación. El lector es en este caso el que determina el significado de un texto. No lo determina en el sentido de descubrir el significado del autor original sino que, más bien, le da al texto el significado que este tiene. En consecuencia, en teoría es perfectamente aceptable que a los mismos textos se le otorguen significados diferentes y aun contradictorios. El resultado de dicho enfoque es que el lector se convierte en amo del texto y de su autor en lugar de someterse a ambos, y que lo que los autores bíblicos quisieron decir mediante sus textos se considera irrelevante.

La comprensión más tradicional es que el autor determina el significado y los lectores deben buscar el significado que los autores originales tuvieron intención de transmitir cuando escribieron los textos. Esta es la proposición básica de toda comunicación: los oradores/autores determinan el significado de lo que dicen/escriben. Tratar de entender el significado de Gálatas con la ayuda de Romanos (no de Apocalipsis), el significado de Hechos con la ayuda de Lucas (no de la *República* de Platón), el significado de Juan con la ayuda de 1 Juan (no de *Por quién doblan las campanas* de Hemingway) da testimonio de que deseamos saber qué quisieron decir los autores de Gálatas, Hechos y Juan. Los autores de Romanos, Lucas y 1 Juan lo revelan mejor que cualquier otra persona porque son escritos de los mismos autores realizados aproximadamente en la misma época y sobre el mismo tema.

El papel del Espíritu Santo en la interpretación La Biblia enseña que el Espíritu Santo desempeña un papel importante tanto en su concepción como en su interpretación. Al entender el papel del Espíritu en la interpretación de la Biblia es útil hacer una distinción entre obtener una comprensión mental correcta de lo que quiso decir el autor por medio del texto, y convencerse de la importancia o de la veracidad de lo que escribió. En tanto que toda persona con una inteligencia razonable puede entender el significado de las Escrituras (algunas personas que no son creyentes escriben excelentes comentarios), las enseñanzas de la Biblia son esencialmente "locura" (1 Cor. 2:14) fuera de la convicción que produce el Espíritu Santo. El creyente sabe que estas enseñanzas son realmente la palabra de Dios a través de la obra de convicción del Espíritu.

A través de los siglos algunos lectores de la Biblia han intentado hallar un significado más profundo del que los autores desearon conscientemente. No obstante, es arrogante buscar un significado supuestamente más profundo y definitivo del que poseyó el autor divinamente inspirado. Cualquier interpretación "espiritual" de esta clase debe ser constatada por las Escrituras (1 Juan 4:1). En la práctica, estos significados más profundos con frecuencia demuestran ser falsos. No tenemos acceso a la revelación de Dios sino sólo a través del significado expreso de los autores bíblicos, que son los voceros autorizados de Dios. Los que declaran que Dios les ha concedido un significado más profundo que va más allá del que tuvieron los autores bíblicos, ciertamente poseen un significado diferente, y ese significado es de ellos, no de Dios. Ver *Inspiración de las Escrituras*.

Importancia del género literario En la Biblia encontramos muchos géneros literarios tales como poesía, narrativa, profecía, proverbios, parábolas, cartas, expresiones idiomáticas, hipérboles y algunos otros. Debido a que la meta al estudiar cada género literario es la misma, o sea, entender el significado del autor bíblico, es necesario saber cómo funciona cada uno. Un poema de amor no se interpreta de la misma manera que un informe médico. Los escritores bíblicos esperaban que sus lectores entendieran cómo funcionan los diversos géneros y las reglas que los rigen. Algunos géneros y las reglas asociadas con ellos son:

Proverbios Un dicho breve y conciso generalmente en forma poética que expresa una observación sabia en cuanto a la vida. El libro de Proverbios incluye observaciones sabias de la vida vistas a través de la lente de la revelación de Dios. Lo que diferencia un proverbio bíblico de proverbios seculares es que ha sido formulado y conformado a través del filtro de la revelación divina. Los que escriben proverbios esperan que sus lectores entiendan que los proverbios enseñan verdades generales. No son leyes universales sino que dejan lugar a excepciones. No obstante, dichas excepciones no niegan la regla general (comp. Prov. 1:33; 3:9,10; 10:3,4; 13:21; 22:6; Mat. 26:52; Luc. 16:10).

Poesía La diferencia entre la descripción poética y la narrativa se puede ver en la manera que relatan el mismo evento. En Jue. 4 tenemos una descripción narrativa de la forma en que Débora y Barac encabezaron al pueblo de Israel para vencer a los cananeos liderados por Sísara. El capítulo 5 es una versión poética de esa victoria. Sólo en la descripción poética de la batalla encontramos el cuadro de la tierra que tiembla, los montes que se sacuden (5:4,5) y las estrellas que luchan desde el cielo (5:20). Como poesía (5:1 lo denomina un cántico), esta imagen no se debería tomar en forma literal, tal como lo indica la ausencia completa de estas expresiones en el capítulo 4. En Ex. 14 y 15 hay otro retrato narrativo y poético similar de esa clase de victoria.

Profecía Muchos lectores entienden la profecía como la predicción exacta de acontecimientos futuros. Dejando de lado la verdad de que gran parte de la profecía trata menos acerca de la predicción de lo que lo hace en cuanto a la proclamación, los escritores proféticos no esperaban que sus lectores interpretaran las profecías como si fueran informes para los diarios históricos de la actualidad. Más bien, efectuaban un uso considerable de lenguaje figurado o poético. Cuando se refieren a la destrucción de Jerusalén en el 587 a.C. o el 70 d.C., están mencionando un acontecimiento real pero, frecuentemente, el lenguaje que lo describe es el de poetas y no el de historiadores militares de la actualidad.

Esto se puede observar en el uso frecuente de terminología cósmica al profetizar eventos que se cumplieron posteriormente (por ej.: Isa. 13:9-11 que se refiere a la destrucción de Babilonia; Jer. 4:23-26 que se refiere a la destrucción de Jerusalén, en el 587 a.C.; Hech. 2:17-21 que hace referencia a la venida del Espíritu en Pentecostés). El propósito de dicho lenguaje cósmico es mostrar que Dios está por actuar de manera poderosa en la historia y que, debido a que Dios reside en los "cielos", la terminología cósmica se utiliza para indicar que Él va a hacer que sucedan estos eventos anunciados.

Una regla adicional en la interpretación de la profecía se relaciona con las profecías de juicio. Estas siempre dan a entender, aun cuando no se declare abiertamente, que el arrepentimiento puede revertir o posponer la profecía. Esto se hace evidente en la profecía de juicio que expresó Jonás sobre los habitantes de Nínive en Jon. 3:4, la falta de su cumplimiento en 3:10 y la reacción de Jonás en 4:2. Este principio se expresa claramente en Jer. 18:7,8 (comp. también Ezeq. 33:13-15). Otros ejemplos de profecías de juicio de esta clase son Miq. 3:12 y Jer. 26:16-19. En consecuencia, dichas profecías a menudo no llegan a ser predicciones absolutas e inmutables y se convierten en advertencias y oportunidades para el arrepentimiento.

Parábolas Ya que las parábolas son esencialmente comparaciones breves o ampliadas (símiles o metáforas), se debe distinguir entre la parte figurada de una parábola y el significado que procura enseñar. Una parábola comúnmente busca presentar un punto de comparación básico a fin de enseñar un tema importante. Como en todo símil o metáfora, generalmente no hay intención de enfatizar los detalles. Estos, dentro de una parábola, simplemente tienden a darle color a la historia y a captar el interés. Por otra parte, si la audiencia original hubiese observado algún significado alegórico en dichos detalles, es legítimo que el lector de la actualidad también los tenga en cuenta (comp., por ejemplo, Mar. 12:1-11 con Isa. 5:1-7).

Varias preguntas sirven como guía para entender el tema principal de una parábola. (1) ¿Quiénes son los dos personajes principales? Esto ayuda a concentrar la atención en el tema principal. (2) ¿Qué aparece al final de la parábola? Esta regla, denominada "énfasis final", reconoce que los autores suelen enfatizar la idea que desean transmitir por la manera en que concluyen una historia. (3) ¿Quién o qué ocupa más espacio en la parábola? Hay tendencia a dedicar más tiempo a los personajes más importantes del relato. (4) ¿Qué se expresa en discurso directo? El uso del discurso directo en una historia centra la atención del lector en lo que se está diciendo. Estas preguntas indican que el foco de atención en la parábola de los obreros de la viña (Mat. 20:1-16) está en el dueño y en los obreros de la primera hora, y en la parábola del hijo pródigo (Luc. 15:11-32) se centra en el padre y el hijo mayor.

Géneros literarios misceláneos Algunos otros géneros en la Biblia incluyen expresiones idiomáticas (el uso de palabras combinadas que poseen un significado diferente al del significado normal de las palabras en forma individual); narrativa (la narración de acontecimientos pasados con el propósito de enseñar un tema); cartas (lo que los escritores quisieron decir mediante las palabras individuales, las cláusulas en las que estas aparecen y los argumentos creados por dichas cláusulas); pactos (generalmente constituidos por un prólogo en el que el generador del pacto se describe a sí mismo [el preámbulo], una descripción de sus gracias pasadas [el prólogo histórico], condiciones en cuanto a lo que la otra parte debe hacer para permanecer dentro de esta relación pactada, referencias a los testigos del pacto, un mandato para la lectura regular del pacto, una lista de bendiciones y maldiciones basadas en las condiciones, y el juramento de la segunda parte); hipérbole o exageración, donde se amplían las declaraciones a fin de enfatizarlas; y otros géneros más. Cada uno posee reglas que el escritor entendía. Así como no se puede entender lo que está sucediendo en un juego de balón si no se entienden las reglas, de la misma manera el lector actual no puede entender lo que quiso decir el autor bíblico si no comprende las reglas que gobiernan los géneros que se utilizaron.

Significado del autor y aplicación actual Debido a que el autor bíblico determina el significado del texto bíblico, dicho significado nunca puede cambiar porque lo que el autor quiso decir está confinado a la historia. No obstante, lo que el autor quiso decir en el pasado a menudo tiene implicancias acerca de las cuales no era consciente. En consecuencia, lo que los autores quisieron transmitir en el pasado no sólo incluye el sentido específico sino también todas las implicancias legítimas que se desprenden de ese significado. Por lo tanto, el mandato de no cometer adulterio (Ex. 20:14) incluye derivaciones tales como no codiciar (Mat. 5:28). Debido a que estas implicancias surgen del significado específico que el autor quiso transmitir, la determinación de cuáles son legítimas lo estableció el autor cuando escribió. Un lector puede descubrir estas implicancias, pero quien las creó fue el autor.

Robert H. Stein

BIBLIA, TEXTOS Y VERSIONES El texto de la Biblia es el mejor atestiguado de todos los escritos antiguos, y podemos estar confiados de que poseemos las palabras originales de las Escrituras. Las copias antiguas de la Biblia suman cientos de miles, mientras que otras obras antiguas se conocen a partir de un solo manuscrito, de unos pocos, o rara vez de algunos cientos. Aunque no sobrevive ningún documento original, la gran cantidad de manuscritos confirman la veracidad del texto. Existen alrededor de 5700 manuscritos griegos del NT (con fechas que se remontan al siglo II d.C.) y miles del AT en hebreo (de los siglos II y III a.C.), algunos copiados dentro de los 200 años posteriores a su edición final. Los manuscritos de otras obras antiguas se encuentran separados de sus originales por períodos de tiempo mucho más prolongados.

Textos del Antiguo Testamento Ningún documento previo a la aparición de la imprenta se copió de manera tan cuidadosa como se hizo con el AT. Los manuscritos se escribieron sobre diversos materiales. Los papiros, hechos de un junco que abundaba en Egipto, se utilizaron desde las épocas más antiguas. Los pergaminos se hacían de cuero de ovejas, cabras y otros animales. El papel, una invención china, (105 d.C.) se comenzó a utilizar en Egipto alrededor del 700 d.C. y en Europa alrededor del 1000 d.C. Los manuscritos del AT estuvieron en rollos hasta el 600 d.C. De allí en más se hizo popular el códice, una forma primitiva de libro.

El testigo más importante del texto antiguotestamentario se denomina texto masorético. Los escribas, llamados masoretas, estuvieron activos entre el 500 y el 1000 d.C. No fueron innovadores sino preservadores cuidadosos del texto de consonantes, las vocales y los acentos del texto hebreo. La familia más conocida era de la ben Asher, especialmente Moisés y su hijo Aarón, el masoreta más importante.

El Códice de Leningrado Con fecha de 1008 d.C., el Códice de Leningrado era una copia directa del texto de Aarón ben Asher y es la base de la Biblia hebrea actual y de las traducciones más modernas del AT.

El Códice de Alepo El Códice de Alepo (925 d.C.) quizá sea el mejor manuscrito del AT, pero le falta la mayor parte del Pentateuco debido a un incendio ocurrido a fines de la década de 1940. Salomón ben Buya copió el texto (consonantes) y Aarón ben Asher proveyó las vocales. Este Códice es la base de un nuevo AT hebreo crítico que está produciendo la Universidad Hebrea en Jerusalén.

El Códice Cairensis El Códice Cairensis (896 d.C.), copiado por Moisés ben Asher, contiene los Profetas Anteriores y Posteriores. Los cruzados los tomaron de manos de los judíos karaites de Jerusalén y posteriormente se los devolvieron a los karaites de El Cairo, Egipto.

Los Rollos del Mar Muerto Descubiertos entre 1947 y 1961 en cuevas cercanas al Mar

Muerto, los Rollos del Mar Muerto (aprox. 250 a.C.–70 d.C.) son alrededor de 40.000 fragmentos de 600 a 1000 rollos (200 son del AT). Se remontan a 800–1000 años antes de las fechas de los manuscritos más antiguos existentes hasta ese momento. La mayoría son cercanos al texto masorético, pero algunos siguen a la Septuaginta o al Pentateuco Samaritano. Los Rollos del Mar Muerto dan testimonio de la transmisión cuidadosa del texto antiguotestamentario y de la confiabilidad del texto masorético.

El Pentateuco Samaritano El Pentateuco Samaritano se originó alrededor del siglo V a.C. y se transmitió independientemente del Texto Masorético, del que difiere en unos 6000 lugares. Provee algunos detalles adicionales, armonizaciones y teología sectaria. Los manuscritos más antiguos datan del siglo XI.

Textos del Nuevo Testamento Los más de 6000 manuscritos de todo o parte del NT griego están escritos en papiro, pergamino o papel. Las categorías incluyen Papiros, Unciales (escritura similar a las letras mayúsculas), minúsculos (escritura cursiva minúscula) y leccionarios (textos en cursiva designados para lectura durante la adoración). El texto se transmitió en varios tipos. La mayoría de los eruditos cree que el alejandrino es el más antiguo y más cercano al original, seguido por el occidental, el cesareo y el bizantino o koiné que es la forma más tardía.

Papiros Sólo 4 de 115 papiros provienen de rollos; el resto es de códices. Ninguno cubre el NT completo. Los papiros preservan un texto muy antiguo y preciso ya que muchos datan de los siglos II y III. Algunos manuscritos importantes en papiros incluyen:

P52: El fragmento más antiguo del NT griego (110–125 d.C.); contiene Juan 18:31-33,37-38. Puesto que Juan escribió su evangelio entre el 90–95 d.C., es probable que el P52 refleje el texto original de Juan.

P45, P46, P47: Papiro Chester Beatty (conseguido en 1930–1931). Constituido por 30 hojas (principios del siglo III), el P45 contiene secciones de los Evangelios y Hechos. El P46, aprox. 200 d.C., de 86 hojas, incluye las cartas paulinas y Hebreos (colocado después de Romanos). El P47 (mediados del siglo III) posee 10 hojas, Apoc. 9:10–17:2.

P66, P72, P74, P75: Papiro M. Martin Bodmer, publicado entre 1956 y 1962. El P66, aprox. 200 d.C., contiene la mayor parte de Juan. El P72, aprox. 250 d.C., incluye 1–2 Pedro y Judas. El P74, aprox. 750 d.C., contiene porciones de Hechos, Santiago, 1–2 Pedro, 1–3 Juan y Judas. Con fecha de alrededor del 200 d.C., el P75 posee grandes porciones de Juan 1–15 y Lucas 3–24. Esta es la copia más antigua de Lucas y una de las primeras de Juan.

Unciales Sólo cerca de una quinta parte de los 309 unciales posee secciones extensas del NT. Ocupan el segundo lugar en importancia después de los papiros. Los unciales importantes incluyen:

Sinaítico (a, 01): Descubierto en 1859 en el Convento de Santa Catalina en el Monte Sinaí por Constantin von Tischendorf, el Sinaítico (siglo IV) es el único uncial que contiene todo el NT griego. El texto está en alejandrino temprano y en algunos lugares en occidental.

Vaticano (B, 03): El Vaticano (siglo IV) contiene la mayor parte del NT excepto 1–2 Timoteo, Tito, Filemón, Heb. 9:14–13:25 y Apocalipsis, y es uno de los testigos más importantes del texto neotestamentario al reflejar un texto muy parecido al del P75.

Alejandrino (A, 02): El Alejandrino (siglo V) contiene la mayor parte del NT excepto Mat. 1–24, porciones de Juan 6–8 y 2 Cor. 4–12. Es un importante testimonio alejandrino fuera de los Evangelios (en los Evangelios es bizantino) y uno de los mejores textos de Apocalipsis.

Minúsculos Escrituras en letra cursiva minúscula (siglos IX–XVII), los minúsculos reflejan el texto bizantino pero preservan algunas lecturas originales. Se han catalogado más de 2800 minúsculos.

Familia 1: Constituido por cuatro manuscritos de los siglos XII a XIV (1, 118, 131, 209), la Familia 1 representa un texto cesareo de los siglos III–IV.

Familia 13: Colección de aproximadamente 12 manuscritos de los siglos XI–XV; tiene afinidades con el tipo de texto cesareo.

Ms 33: El Ms 33 (siglo IX) contiene todo el NT excepto Apocalipsis. En general alejandrino, muestra la influencia del bizantino en Hechos y las cartas paulinas.

Ms 81: El Ms 81 (1044 d.C.) contiene Hechos y las epístolas, y en Hechos a menudo concuerda con el texto alejandrino.

Ms 1739: El Ms 1739 (siglo X) contiene Hechos y las epístolas y aparentemente sigue un manuscrito del siglo IV, excepto en Hechos donde el escriba se lo atribuye a Orígenes (aprox. 250 a.C.). El Ms 1739 preserva un texto alejandrino relativamente puro.

Leccionarios Los leccionarios son manuscritos minúsculos que distribuyen el texto del NT en lecturas correspondientes a cada domingo del año litúrgico. Se han catalogado más de 2400 leccionarios. Aunque la mayoría son tardíos, los eruditos están descubriendo que probablemente preservan una forma de texto que se remonta a una época mucho más temprana a la fecha en que se copió el manuscrito.

Versiones del Antiguo Testamento y del Nuevo Testamento Debido a la antigüedad que poseen, algunas versiones (traducciones) antiguas son importantes para establecer el texto original de la Biblia. Las versiones importantes incluyen:

La Septuaginta (LXX) Primera traducción del hebreo al griego (aprox. 280–100 a.C.), la LXX es el testimonio no hebreo más importante del AT. Algunos libros como Génesis y Salmos son traducciones literales. Otros, como Isaías, son más libres. La Septuaginta generalmente representa el texto masorético, pero existen diferencias que a veces son significativas (en Jeremías y Ezequiel). Algunos libros preservan un texto más exacto que el masorético, especialmente Samuel y Reyes.

Los Tárgumes Según la tradición, los tárgumes, traducciones arameas del AT, comenzaban con Esdras (Neh. 8:8), y entre los Rollos del Mar Muerto hay porciones de Job y Levítico. Los tárgumes son importantes porque proveen una interpretación tradicional que se daba en la sinagoga como así también por dar testimonio del texto hebreo. Algunos son bastante literales y otros son perifrásticos.

La Peshitta Traducción siríaca (un dialecto del arameo) del AT y el NT (siglos V–VI d.C.), la Peshitta generalmente sigue al texto masorético en el caso del AT. En el NT sigue varios tipos de texto. El NT contiene 22 libros solamente, y excluye 2 Pedro, 2–3 Juan, Judas y Apocalipsis.

La Vulgata La Vulgata Latina (383–405 d.C.) fue obra de Jerónimo, el primer lingüista de la iglesia en su época. Constituyó la Biblia de la Iglesia Occidental durante más de 1000 años. Jerónimo tradujo el AT masorético al latín y aún existen más de 8000 manuscritos latinos. Utilizó manuscritos en latín y varios en griego. Sus manuscritos griegos parecen haber sido una mezcla de diversos tipos de texto. Ver *Crítica textual; Textus receptus.*

Russell Fuller y Charles W. Draper

BIBLIA, TRADUCCIONES DE El AT se escribió en hebreo y en arameo y el NT en griego, los idiomas tanto de los escritores como de aquellos que se esperaba que en primera instancia leyeran dichos libros. Toda la Biblia, o bien parte de ella, se ha traducido a más de 2000 idiomas y dialectos. El proceso de traducción es constante, en un esfuerzo por lograr que la Palabra de Dios se halle disponible en todos los idiomas que la gente pueda entender.

Primeras traducciones El Pentateuco Samaritano que utilizaba la comunidad de Samaria es una modalidad del hebreo, escrito de manera diferente (letras samaritanas) al que posteriormente utilizó la comunidad judía. Las traducciones arameas, denominadas Targum, tuvieron su comienzo en el período precristiano y se encuentran presenten en los hallazgos de Qumrán; pero los más importantes aparecieron más tarde.

Para aprox. el 250 a.C. el AT se tradujo al griego para la biblioteca real de Alejandría. Tras haber recibido su nombre a partir de los 70 traductores que se dice que la llevaron a cabo, la Septuaginta (LXX), aunque fue realizada por judíos, llegó hasta nosotros a través de canales cristianos. Posteriormente, Aquila, Símaco y Teodocio realizaron traducciones alrededor de esa época.

El avance evangelizador de la iglesia primitiva dio ímpetu a la elaboración de muchas traducciones a fin de impartirles el evangelio a los pueblos de diversas regiones idiomáticas del Imperio Romano. Antes del 400 d.C., la Biblia ya se encontraba disponible en latín, siríaco, cóptico, etíope, armenio y georgiano. Los siglos subsiguientes produjeron todavía más traducciones.

En Occidente, después de fines del siglo II, la iglesia utilizó principalmente el latín y se realizaron traducciones extraoficiales. En el siglo IV, el papa Dámaso I invitó a Jerónimo para que revisara las traducciones latinas corrientes basadas en manuscritos hebreos y griegos. Jerónimo completó la nueva traducción después de 18 años de labor en Belén. La traducción de Jerónimo se convirtió en la Biblia aceptada y, para el 1200 d.C., se denominó la Vulgata, la versión oficial de la Iglesia Católico Romana.

Traducciones de la Reforma La invención de la imprenta en 1443 y el inicio de la reforma protestante en 1517 desencadenaron un gran interés en la traducción bíblica. Para esa época, la mayoría de los idiomas modernos de Europa tenían traducciones impresas: alemán, 1466; italiano, 1471; español, 1478; y francés, 1487. Cada una de estas regiones posee una extensa historia de traducciones manuscritas previas a la imprenta.

Hay evidencias de que la Biblia en idioma español ya era conocida en España en el siglo X. Un edicto de Jaime I de Aragón en 1223 prohibió a sus súbditos tener los libros del AT y el NT en idioma romance. El Concilio de Tolosa en 1229 prohibió a los legos usar la Biblia en el idioma vernáculo. Sin embargo, no se conocen esas traducciones.

1280 Apareció la primera traducción importante al castellano de la que se tienen datos precisos. Se la conoce como Biblia *Alfonsina*, traducida por orden del rey Alfonso X de Castilla (Alfonso el Sabio); fue una traducción de la *Vulgata*, pero en forma resumida y parafraseada.

1420 Antiguo Testamento del rabino Salomón.

1430 Apareció una versión del AT realizada por el rabino Moisés Arragel, de Guadalajara, España, por órdenes de Luis Guzmán. Como se salvó de Inquisición, con el tiempo esta Biblia pasó a la familia del duque de Alba, que la posee en la actualidad, por lo que se conoce como la Biblia de la Casa de Alba.

1516 Erasmo de Rotterdam publicó su Nuevo Testamento en griego, y se basó en los mss más confiables de su época. Su meta era que todos pudieran leer la Biblia. Este texto griego es el fundamento del *textus receptus* que luego usaría Lutero.

1527 El cardenal Quiroga obsequió al rey Felipe II la traducción al español que había realizado de la Vulgata. Se conoce como la Biblia de Quiroga.

1543 Primer NT completo en español a instancias del reformador Felipe Melancton y traducido por Francisco de Enzinas, quien utilizó el texto griego que había publicado Erasmo en Bruselas en 1516.

1533 Biblia de Ferrara. A fines del siglo XV los judíos habían sido expulsados de España. Fueron al exilio, pero con ellos llevaron el idioma. Algunos se establecieron en Ferrara, Italia, donde apareció esta Biblia, una traducción realizada por Yom Tob Atías y Abram Usque.

1556 Juan Pérez de Pineda publicó su versión del NT, para la cual había usado la versión de Enzinas y había agregado su propia traducción de los Salmos.

1560 Salió a la luz la Biblia del Oso, traducida por Casiodoro de Reina; la primera versión de la Biblia completa traducida al español a partir de los originales en hebreo, griego y arameo. Para el NT, Reina usó la tercera edición griega de Erasmo.

Cipriano de Valera invirtió 20 años en la revisión de la traducción que había completado Reina. Publicó el NT en Londres en 1596, y en 1602 toda la Biblia en Amsterdam. Se la conoce también como Biblia del Cántaro. Otras revisiones de esta traducción se hicieron en 1862, 1865, 1874, 1883, 1890, 1909, 1960 y 1995. La revisión de 1960 realizada por las Sociedades Bíblicas Unidas ha tenido una amplia aceptación en el mundo evangélico hispano. Es interesante notar que el trabajo de Valera se realizó durante el Siglo de Oro en la literatura.

La versión castellana inicial de Casiodoro de Reina había aparecido en 1569, pero pasaron más de dos siglos antes que la iglesia de Roma autorizara la publicación de una Biblia en español.

1790 Biblia de Felipe Scío de San Miguel, traducida de la Vulgata por orden del rey Carlos III. Consta de 16 tomos.

1822 Otra traducción de la Vulgata; realizada por Félix Torres Amat y Miguel Petisco.

1833 Biblia de Rivera, igualmente traducida de la Vulgata. Fue la primera Biblia en español que se publicó en el continente americano.

1857 NT "Nuevo Pacto", atribuido a Guillermo Norton de Edimburgo.

1893 Versión Moderna, traducción realizada por el misionero H.B. Pratt, publicada por la Sociedad Bíblica Americana de Nueva York. Esta versión se distingue por ser muy fiel a los idiomas originales; sin embargo, la popularidad que logró fue limitada.

1903 Bajo los auspicios de la iglesia católico-romana en Argentina, Juan José de la Torre publicó su versión del NT.

1909 Nueva edición de la versión Reina-Valera.

1919 NT traducido por Pablo Besson, pastor en Argentina.

1923 Versión Hispanoamericana del NT, a cargo de una comisión de traductores designada por la Sociedad Bíblica Británica y Extranjera y la Sociedad Bíblica Americana.

1944 Se publicó en Madrid la versión Nácar-Colunga por la Biblioteca de Autores Cristianos. Primera traducción a cargo de traductores católico-romanos a partir de los idiomas bíblicos originales. Ha llegado a ser la versión católica más difundida.

A partir de la década de 1940, hubo una verdadera explosión de traducciones de la Escritura al español. La lista que sigue no es exhaustiva:

1947 Biblia, Bóver-Cantera, Madrid, católica.

1951 Biblia, Juan Straubinger, Club de Lectores de la Biblia, Buenos Aires, católica.

B

1960 Revisión de la versión Reina-Valera, comisión de las Sociedades Bíblicas Unidas.

1962 NT, Centro Bíblico Hispanoamericano, Toluca, México.

1964 Biblia, Ediciones Paulinas, España, católica.

1964 Biblia, Evaristo Nieto, católica.

1964 Biblia, Serafín de Ausejo, Barcelona, católica.

1966 NT, "Dios llega al hombre", Versión Popular, Sociedades Bíblicas Unidas.

1966 NT, José María Valverde, revisada por Luis Alonso Schokel, católica.

1967 NT, Carlos de Villapadierna, Editorial Difusora Bíblica, Madrid, católica.

1967 Biblia de Jerusalén, Bilbao, España, católica.

1968 NT Ecuménico, primera edición costeada por la Comunidad Taizé.

1968 NT, Libro de la Nueva Alianza, Levoratti, Perdia y Trusso, católica.

1968 Biblia de Editorial Labor, traducción del italiano, Editorial Labor.

1971 NT, Versión Moderna (sin nombre de autor), España.

1972 La Nueva Biblia para Latinoamérica, Ramón Ricciardi, católica.

1972 NT Viviente, paráfrasis basada en *The Living New Testament* de Kenneth Taylor.

1973 NT, Biblia de las Américas, The Lockman Foundation, La Habra, California.

1975 Nueva Biblia Española, dirigida por Luis Alonso Schökel y Juan Mateos.

1977 Revisión de la versión Reina-Valera 1909, Editorial CLIE.

1978 Biblia Interconfesional, NT, Sociedades Bíblicas Unidas, Biblioteca de Autores Cristianos y Casa de la Biblia

1979 Biblia, Dios Habla Hoy o Versión Popular, Sociedades Bíblicas Unidas. Hay una edición con notas históricas y lingüísticas no confesionales elaboradas por eruditos católicos y protestantes.

1979 Biblia, La Biblia al Día, paráfrasis, Sociedad Bíblica Internacional.

1983 NT de la Universidad de Navarra, texto bilingüe latín-castellano.

1986 La Biblia de las Américas, The Lockman Foundation, La Habra, California.

1989 Versión Reina-Valera Actualizada, también basada en la versión de 1909, Editorial Mundo Hispano, El Paso, Texas.

1993 Biblia del Peregrino, por un equipo de traductores dirigido por Alonso Schökel.

1994 NT Versión Recobro, Ministerios Living Stream, basada en los idiomas originales.

1995 Revisión de la versión Reina-Valera, comisión de las Sociedades Bíblicas Unidas.

1998 Biblia de Jerusalén Latinoamericana, Bilbao, España, católica.

1999 Nueva Versión Internacional, Sociedad Bíblica Internacional.

2000 NT traducción Pedro Ortiz, Ediciones San Pablo, católica.

2002 Biblia, Traducción al Lenguaje Actual, Sociedades Bíblicas Unidas.

2005 Nueva Biblia Latinoamericana de Hoy, basada en el texto de La Biblia de las Américas The Lockman Foundation, California.

2005 La Palabra de Dios para Todos, Centro Mundial de Traducción de la Biblia, Dallas, Texas.

2005 Biblia Textual, trabajo realizado bajo la disciplina de traducción contextual, Sociedad Bíblica Iberoamericana.

2007 Biblia Peshitta en Español, Traducción de los Antiguos Manuscritos Arameos, Instituto Cultural Álef y Tau, Hermosillo, México.

2009 Nueva Traducción Viviente, trabajo auspiciado por Tyndale Español, la Asociación Luis Palau y Editorial Unilit.

La mejor traducción es la que tiene influencia en la vida del lector y le da esperanza. La tarea de la traducción no ha concluido. Nuevos descubrimientos y nuevos estudiantes de la Palabra de Dios habrán de producir más traducciones de la Biblia para servir a la iglesia y ayudar en la misión de la iglesia en futuras generaciones.

BIBLIOTECA, LIBROS Colección sistemáticamente ordenada de escritos. Una biblioteca privada pertenece a un individuo; una biblioteca pública pertenece a una sociedad y la pueden utilizar muchos. Una biblioteca especial de registros oficiales constituye un archivo. Muchas de las bibliotecas más antiguas eran archivos que se albergaban en palacios o templos.

Aunque la Biblia no utiliza la palabra "biblioteca", hace alusiones indirectas a colecciones de libros. La Biblia misma es una "biblioteca" y así se la llamó en latín: *bibliotheca*. Es probable que recién en el 300 d.C. aprox. se hayan publicado los 66 libros en un solo volumen.

El material y la forma de los libros antiguos

Los escritos más antiguos, provenientes de la Mesopotamia, eran inscripciones cuneiformes sobre tablillas de arcilla cuyo tamaño oscilaba desde 15 por 15 cm (6 por 6 pulgadas) hasta 18 por 33 cm (7 por 13 pulgadas). Los textos históricos más extensos se colocaban en barriles de alfarería. Una serie de presagios requirió 71 tablillas para 8000 renglones. La traducción de cada tablilla sería el equivalente a algunas páginas en español y no a un libro completo.

Egipto le proporcionó al mundo antiguo su famoso papiro, hecho de las varas del junco. Como se importaba a Grecia a través del puerto fenicio de Biblos, los griegos denominaron *biblos* a un libro. La palabra "Biblia" deriva de la forma plural *ta biblia*, "los libros", y el término griego para biblioteca, *bibliotheke*, se refería al contenedor de dicho libro. Por lo general, los papiros se escribían de un solo lado. Se podían unir para formar largos rollos (un papiro real egipcio podía medir más de 30 metros (100 pies). Los rollos de papiro griegos generalmente eran más cortos. Los libros más extensos del NT, como Mateo o Hechos, requerirían un rollo de 9 m (30 pies) de largo.

Los Rollos del Mar Muerto en Palestina se escribieron en cuero. El famoso Rollo de Isaías tiene unos 7 m (23,5 pies) de largo; el recientemente publicado Rollo del Templo tenía originariamente una extensión de aprox. 8,5 m (28,5 pies). Alrededor del 285 a.C. y debido a una escasez de papiro, aparentemente la ciudad de Pérgamo se vio forzada a inventar el "pergamino" (también llamado "vitela"), una piel de animal especialmente trabajada que se estiraba para hacerla más delgada hasta que se hacía traslúcida.

Tanto los judíos como los griegos y los romanos del paganismo usaban papiros y pergaminos en forma de rollo. Los cristianos, tal vez ya en el siglo I, comenzaron a utilizar el formato de códice, es decir, el plegado de varias hojas de papiro o de pergamino en forma de "libro". Esto tenía varias ventajas. Se podían utilizar ambos lados de la hoja, era más compacto, y sobre todo, se podían hallar con más facilidad las referencias escriturales. Casi todas las Biblias cristianas antiguas que se preservaron en el clima seco de Egipto son códices de papiros. Cuando Pablo estaba preso en Roma, pidió "los libros, mayormente los pergaminos" (2 Tim. 4:13). Es probable que los primeros hayan sido los rollos del AT. Por otra parte, los pergaminos quizá hayan sido códices de pergamino, posiblemente sus notas y cartas.

Archivos y bibliotecas de la era del AT Abraham provenía de la Mesopotamia, donde existía una tradición bien desarrollada de archivos/bibliotecas de palacios y templos. Desde 1974 se han hallado más de 20.000 tablillas en los archivos de Ebla en la región norte de Siria que datan de épocas anteriores a Abraham. Muchas de las 25.000 tablillas de Mari (siglo XVIII a.C.) y las 4000 de Nuzi (siglo XV a.C.) arrojaron luz al trasfondo de los patriarcas hebreos. Los textos sumerios de las 20.000 tablillas de Nippur (antes del 1500 a.C.) y los textos acadios obtenidos de entre las 20.000 tablillas de la famosa biblioteca de Asurbanipal (aprox. 668–629 a.C.) en Nínive, proporcionaron literatura paralela a las historias bíblicas como es el caso de la Epopeya de Gilgamesh. Textos escritos en cinco inscripciones y siete idiomas provenientes de las bibliotecas de Ugarit arrojaron gran luz sobre el trasfondo literario y religioso de los cananeos. Ver *Arqueología; Asurbanipal; Ebla; Mari; Nuzi; Sumer; Ugarit.*

José y Moisés (Hech. 7:22) tuvieron acceso a las bibliotecas reales de Egipto. Las excavaciones en Amarna descubrieron un edificio con estantes para guardar rollos y la inscripción "Lugar de los registros del palacio del rey". Ramsés II (1292–1224 a.C.) contaba con unos 20.000 rollos que sin duda incluyeron obras médicas como el Papiro Ebers, obras literarias como *El marinero náufrago*, y textos de magia como *El libro de los muertos.*

Es probable que Salomón, famoso como autor prolífico (1 Rey. 4:32), haya tenido una inmensa biblioteca. Posiblemente en los archivos del palacio se hayan alojado documentos tales como el libro de las historias de los reyes de Israel (1 Rey. 14:19) y de los reyes de Judá (1 Rey. 14:29). Los textos sagrados se guardaban en el templo (2 Rey. 23:2).

La Biblia nos revela que los reyes persas contaban con detallados archivos (Esd. 4:15; 5:17; 6:1).

Fachada de mármol de la nuevamente erigida Biblioteca de Celso en Éfeso, siglo II d.C.

Una noche, Asuero (Jerjes) hizo que un siervo le leyera de sus crónicas para curarlo del insomnio (Esd. 6:1).

En 1947 se descubrieron los Rollos del Mar Muerto en tinajas que estaban en cuevas cerca de Qumrán. Originariamente pertenecieron a la biblioteca del monasterio de los esenios. Incluían mss de todos los libros del AT excepto Ester, obras de los libros apócrifos y pseudoepigráficos del AT, y composiciones propias de la secta como el Manual de disciplina, el Rollo de la guerra y el Rollo del templo. Los excavadores también recuperaron una mesa, un banco y tinteros del escritorio donde se copiaban los mss. Ver *Rollos del Mar Muerto.*

Bibliotecas griegas y romanas Los tiranos de aprox. 500 a.C., Peisistrato de Atenas y Polícrates de Samos, fueron los primeros griegos que hicieron acopio de libros. Individuos como Eurípides, Platón y Aristóteles también tenían bibliotecas propias. Alejandro Magno se llevó copias de Homero, de los escritores de tragedia griegos y de diversos poetas.

La primera biblioteca colectiva helenista la ideó Ptolomeo I de Alejandría en Egipto, y posteriormente la concretó Demetrio de Falero (Atenas) bajo el reinado de Ptolomeo II (285–247 a.C.). Con 700.000 rollos se convirtió en la biblioteca más grande del mundo antiguo. El edificio principal estaba en la zona del palacio y poseía una colección secundaria cerca del Serapeo. Muchos de los primeros bibliotecarios fueron eruditos y críticos literarios sobresalientes tales como Zenodoto de Éfeso, Apolonio de Rodas, el poeta Calímaco y el geógrafo Eratóstenes. Calímaco recopiló en 120 rollos un catálogo con anotaciones, el *Pinakes*. Es posible que el ilustre Apolos (Hech. 18:24) haya hecho uso de esta famosa biblioteca.

La segunda biblioteca helenista en importancia la estableció Eumenes II (197–158 a.C.) en Pérgamo (Apoc. 1:11). Los excavadores identificaron que el edificio que se encontraba al lado del templo de Atenea era una biblioteca. Evidentemente, las hileras de agujeros formaban estantes para los rollos; inscripciones de piedra identificaban los bustos de los autores. Antonio le regaló sus 200.000 rollos a Cleopatra en el 41 a.C.

Ya en el siglo I a.C., romanos acaudalados como Cicerón y Lúculo tenían bibliotecas bien aprovisionadas en sus residencias. Los escritores de sátiras se burlaban de aquellos que eran como Trimalco, quien adquiría libros pero nunca los leía. En el Herculaneo se recuperaron de la biblioteca de un hombre rico alrededor de 1800 papiros gravemente chamuscados que fueron sepultados por barro volcánico producto de la erupción del Vesubio en el 79 d.C.

César fue asesinado en el 44 a.C. antes de que pudiera erigir la primera biblioteca pública de Roma. Asinio Polio la construyó poco después del 39 a.C. Augusto edificó tres bibliotecas públicas; Tiberio construyó otra en el templo de Augusto. La mayoría de las bibliotecas romanas, por ej. la famosa Biblioteca Ulpia de Trajano, contaban con colecciones en griego y en latín.

El uso de las bibliotecas El uso de los archivos y de las bibliotecas estaba limitado, en primer lugar, a los eruditos, y segundo, en el caso del templo y de los archivos del palacio, a los sacerdotes y escribas. En Alalakh (1700 a.C.) se registran sólo 7 escribas en una población de 3000 personas.

Aunque individuos poderosos como los emperadores podían tomar libros prestados, la mayoría de las bibliotecas no permitían que estos circularan. Una inscripción proveniente de Atenas dice: "Ningún libro se llevará porque lo hemos jurado. [La biblioteca estará] abierta desde la primera hora [de luz del día] hasta las seis". Ver *Educación en tiempos de la Biblia; Escritura; Papel, papiro.* *Edwin Yamauchi*

BIBLOS Ver *Gebal.*

BICRI Nombre de persona que significa "primogénito" o nombre de familia "de la familia de Bequer". Padre de Seba, quien lideró la revolución contra David después de la rebelión de Absalón (2 Sam. 20:1).

BIDCAR Oficial de Jehú que tomó el cuerpo de Joram, rey de Israel (852–841 a.C.) y lo arrojó en la tierra de Nabot después de que Jehú asesinara al rey (2 Rey. 9:25). Bidcar y Jehú originariamente habían servido como oficiales de los carros de Acab, el padre de Joram.

BIENAVENTURANZAS Las bienaventuranzas o "dichos benditos" reciben esta designación porque comienzan con la expresión "bendito es" o "feliz es" (heb. *ashre*; gr. *makarios*; lat. *beatus*). Sin embargo, "feliz" tal vez no sea la mejor manera de traducir el término ya que el uso moderno lo ha devaluado espiritualmente. La idea es un estado

Iglesia de las Bienaventuranzas, en el sitio tradicional del Sermón del Monte, junto al Mar de Galilea.

dichoso y afortunado basado en las condiciones divinas y no en las circunstancias mundanas. Estas bendiciones condicionales son frecuentes en la literatura de sabiduría del AT, especialmente en los Salmos (Job 5:17; Sal. 1:1; 32:1,2; 33:12; 41:1; 106:3; Prov. 8:34; 28:14).

La colección más ampliamente conocida y extensa de tales bendiciones es la introducción al Sermón del Monte que dio Jesús (Mat. 5:3-12; comp. Luc. 6:20-26). Las bienaventuranzas determinan el tono del sermón y ponen énfasis en la humildad del hombre (5:3-5,7,9) y la justicia de Dios (5:6,8,10). Cada una de las ocho bienaventuranzas (5:11,12 son una ampliación de 5:10) describen la condición ideal del corazón de un ciudadano del reino, condición que produce abundante bendición espiritual. "Pobres de espíritu" se refiere a tomar conciencia de la bancarrota espiritual que se experimenta fuera de Cristo (5:3). "Llorar" es entristecerse y quebrarse ante el pecado (5:4; Isa. 61:1-3; 2 Cor. 7:10). Los "mansos", al igual que Cristo, ejemplifican la bondad y el dominio propio (5:5; 11:29). "Hambre y sed" son una descripción vívida de aquellos que ansían la justicia de Dios (5:6; Sal. 42:1,2). Los "misericordiosos" son lo que saben perdonar y ser compasivos (5:7; 6:12-15). Ser "puro de corazón" se refiere a esa limpieza interior necesaria para entrar en la presencia de Dios (5:8; Sal, 24:3,4). Los "pacificadores" son aquellos que invitan a los hombres a reconciliarse con Dios y los unos con los otros (5:9; Rom. 10:15; 12:18; 2 Cor. 5:20). Finalmente, hay una bendición para los que "padecen persecución por causa de la justicia". Es normal que el mundo se oponga a los ciudadanos del reino (5:10-12; 1 Ped. 3:14; 4:14). Ver *Sermón del Monte.*

Pete Schemm

Monte de las Bienaventuranzas visto desde el Mar de Galilea. En el centro de la foto se puede observar la Iglesia de las Bienaventuranzas.

B

BIGTA Nombre persa de persona que posiblemente signifique “don de Dios”. Eunuco que servía al rey Asuero de Persia y que le llevó la orden a la reina Vasti para que asistiera a la fiesta (Est. 1:10). Es probable que Bigtán (Est. 2:21) sea la misma persona. Ver *Bigtán.*

BIGTÁN Podría ser igual a Bigta. Planeó un complot junto con Teres, otro de los eunucos del rey, para asesinar al rey Asuero de Persia (Est. 2:21). Mardoqueo frustró el complot y, en consecuencia, despertó la necesidad del rey de honrarlo a expensas de Amán (Est. 6:1-12). Ver *Bigta.*

BIGVAI Nombre persa que significa “dios” o “fortuna”. **1.** Líder, junto con Zorobabel, de los exiliados que regresaron de Babilonia alrededor del 537 a.C. (Esd. 2:2). Él u otra persona con el mismo nombre fue el antepasado familiar original de 2056 personas que regresaron (Esd. 2:14). Setenta y dos miembros de la familia regresaron (Esd. 8:14) cuando volvió Esdras alrededor del 458 a.C. **2.** Individuo que firmó el pacto de Nehemías de obedecer la ley de Dios (Neh. 10:16).

BILDAD Nombre propio que significa “el Señor amó”. Uno de los tres amigos de Job (Job 2:11). Se lo identifica como suhita, miembro quizá de un grupo de arameos nómadas. Sus discursos lo revelan como defensor de las perspectivas teológicas tradicionalistas. Argumenta que un Dios justo no castiga al inocente (cap. 8). Job debía admitir que estaba padeciendo el justo destino de los malos (cap. 18) y que ninguna persona puede ser recta delante de un Dios majestuoso (cap. 25). Ver *Job.*

BILEAM Ciudad otorgada a los levitas dentro del territorio occidental de la tribu de Manasés. A menudo se la identifica con Ibleam. Josué 21:25, un pasaje paralelo, dice “Gat-rimón”. Ver *Ibleam.*

BILGA Nombre de persona que significa “brillantez”. **1.** Antepasado original de una de las divisiones del sacerdocio (1 Crón. 24:14). **2.** Sacerdote que regresó del exilio con Zorobabel alrededor del 537 a.C. (Neh. 12:5).

BILGAI Sacerdote que selló el pacto de Nehemías para obedecer la ley de Dios (Neh. 10:8).

BILHA Nombre de persona que significa “despreocupado”. Sierva de Raquel (Gén. 29:29). Se convirtió en concubina de Jacob bajo la insistencia de Raquel cuando esta no le pudo dar hijos a su esposo. Fue la madre de Dan y Neftalí (Gén. 29:29; 30:4-8). Ver *Patriarcas; Tribus de Israel.*

BILHÁN Nombre de persona que quizá signifique “temeroso” o “necio”. **1.** Descendiente de Seir o Edom (Gén. 36:27). **2.** Descendiente de Benjamín (1 Crón. 7:10).

BILSÁN Nombre acadio de persona que significa “señor de ellos”. Líder de los exiliados que regresaron de Babilonia con Zorobabel alrededor del 537 a.C. (Esd. 2:2).

BIMHAL Descendiente de la tribu de Aser (1 Crón. 7:33).

BINA Descendiente de la tribu de Benjamín (1 Crón. 8:37) y del rey Saúl (1 Crón. 9:43).

BINÚI Nombre de persona que significa “edificado”. **1.** Padre de Noadías, levita que se aseguró de que los tesoros del templo que Esdras había llevado de regreso del exilio estuvieran correctamente inventariados (Esd. 8:33). **2.** Dos hombres que se divorciaron de sus esposas extranjeras cuando Esdras procuró quitar la tentación a caer en la idolatría y así purificar a la comunidad (Esd. 10:30,38). **3.** Hombre que ayudó a Nehemías a reparar el muro de Jerusalén (Neh. 3:24). **4.** Jefe de una familia constituida por 648 miembros que regresaron de Babilonia con Zorobabel alrededor del 537 a.C. (Neh. 7:15; Esd. 2:10 dice “Bani” con 642 personas). **5.** Levita que selló el pacto de Nehemías de obedecer la ley de Dios (Neh. 10:9). Podría ser también cualquiera de los anteriores. Regresó del exilio babilónico con Zorobabel (Neh. 12:8).

BIRSA Nombre de persona de significado incierto. Tradicionalmente correspondía a “feo”. Rey de Gomorra que se unió a la coalición de reyes de la región del Mar Muerto para luchar contra el grupo de reyes invasores de oriente (Gén. 14:2).

BIRZAVIT Descendiente de Aser (1 Crón. 7:31).

BISLAM Nombre de persona o nombre común que significa “en paz”. Aparentemente era un representante del gobierno persa en Palestina que se quejó a Artajerjes (464–423 a.C.), rey de

Persia, por las actividades de construcción realizadas por los judíos que habían regresado (Esd. 4:7).

BITIA Nombre de persona que significa "hija de Yahvéh" o sustantivo común egipcio que significa "reina". Hija de un faraón egipcio con la que se casó Mered, un descendiente de la tribu de Judá (1 Crón. 4:17 LBLA; 4:18 RVR1960, NVI). El versículo se encuentra en v.18 en el texto hebreo pero se relaciona con el contenido del v.17. Bitia era madre de María, Sabai e Isba. Israel incorporó extranjeros en sus tribus a lo largo de toda su historia.

BITINIA Distrito del norte de Asia Menor donde Pablo quiso llevar el evangelio (Hech. 16:7). El Espíritu Santo les impidió hacerlo y, en su lugar, los envió a Macedonia. Aunque no existe ningún registro en cuanto a la manera en que la fe cristiana echó raíces en Bitinia, los creyentes vivieron allí durante el siglo I. Los destinatarios de 1 Pedro incluyen personas de Bitinia (1 Ped. 1:1).

BITRÓN Nombre geográfico que significa "barranco" o sustantivo común que significa "mañana". Mientras David gobernaba Judá desde Hebrón e Is-boset reinaba sobre Israel desde Mahanaim, sus ejércitos se enfrentaron bajo las órdenes de los generales Joab y Abner. Este dio marcha atrás, pero Joab y sus hermanos siguieron adelante. Abner mató a Asael. Finalmente, cuando Joab dejó de perseguirlo, Abner cruzó el Jordán y marchó a través de Bitrón (2 Sam. 2:29), un barranco o paso montañoso, o bien lo hizo durante la mañana (LBLA).

BIZTA Nombre persa de persona de significado incierto. Uno de los siete eunucos que servía al rey Asuero en los asuntos relacionados con las esposas (Est. 1:10).

BLANCA Ver *Monedas.*

BLASFEMIA Transliteración de una palabra griega que significa literalmente "hablar mal". En el contexto bíblico, blasfemia es una actitud de irrespetuosidad que se expresa mediante una acción dirigida en contra del carácter de Dios.

Antiguo Testamento Blasfemia adopta su definición cristiana en base al trasfondo del AT. Es significativo que refleje una acción inapropiada en relación al uso del nombre de Dios. Dios reveló Su carácter e invitó a que tengamos una relación personal mediante la manifestación de Su nombre. Por lo tanto, el uso del nombre divino les daba oportunidad a los israelitas de una participación personal con la naturaleza misma de Dios.

Levítico 24:14-16 guía la definición hebrea de blasfemia. La ofensa se designa como pecado capital, y el ofensor tenía que ser apedreado por la comunidad. La blasfemia consistía en pronunciar explícitamente el nombre de Dios junto con una actitud de irrespetuosidad. Bajo la influencia de esta interpretación, el nombre personal de Dios (Yahvéh) estaba excluido del lenguaje común y en su lugar se utilizaba el título Adonai (Señor).

Israel fue culpable de blasfemia en diversas ocasiones. Se mencionan específicamente los casos del becerro de oro (Neh. 9:18) y la forma brusca de tratar a los profetas (Neh. 9:26). Natán acusó a David de burlarse de los mandatos de Dios y darles a los enemigos de Israel ocasión para blasfemar, o sea, malentender la naturaleza divina (2 Sam. 12:14).

Los enemigos de Israel blasfemaron a Dios mediante acciones en contra del pueblo elegido. Los asirios declararon que Dios era impotente al compararlo con sus ejércitos poderosos (2 Rey. 19:6,22; Isa. 37:6,23). Los babilonios demostraron desprecio a Dios durante el exilio al ridiculizarlo constantemente (Isa. 52:5). Edom fue culpable de blasfemia cuando se regocijó ante la caída de Jerusalén (Ezeq. 35:12). Dios reaccionó con juicio (2 Rey. 19:35-37) o prometió juicio (Isa. 52:6; Ezeq. 35:12-15) para defender la dignidad de Su nombre.

Nuevo Testamento El NT amplía el concepto de blasfemia para incluir acciones en contra de Cristo y de la iglesia como cuerpo de Cristo. Los líderes judíos consideraron blasfemo al mismo Jesús (Mar. 2:7). Cuando Jesús fue juzgado ante el Sanedrín, no sólo declaró Su dignidad mesiánica sino que además expuso Su condición de exaltación suprema (Luc. 22:69). Dicha declaración, conforme al Sanedrín, encajaba dentro de la acusación de blasfemia y, en consecuencia, merecía la muerte (Mat. 26:65; Mar. 14:64). No obstante, según la perspectiva neotestamentaria, los verdaderos blasfemos eran aquellos que negaban las declaraciones mesiánicas de Jesús y rechazaban Su unidad con el Padre (Mar. 15:29; Luc. 22:65; 23:39).

La unidad de Cristo y la iglesia se reconoce en que las persecuciones contra los cristianos se catalogan como actos blasfemos (1 Tim. 1:13;

1 Ped. 4:4; Apoc. 2:9). También es importante que los creyentes eviten conductas que podrían dar ocasión a la blasfemia, especialmente en las áreas del comportamiento y el lenguaje (Ef. 4:31; Col. 3:8; 1 Tim. 6:4; Tito 3:2).

El pecado de blasfemia puede ser perdonado. No obstante, existe un pecado de blasfemia contra el Espíritu Santo que no se puede perdonar (Mat. 12:32; Mar. 3:29; Luc. 12:10) y consiste en encontrarse en una condición de dureza en la cual se resiste de manera consciente y voluntaria el poder y la gracia salvadora de Dios. Es una condición desesperada que va más allá de la posibilidad de perdón porque no es capaz de reconocer el pecado ni de arrepentirse. De modo que quien desea arrepentirse de la blasfemia contra el Espíritu no puede haber cometido ese pecado. *Jerry M. Henry*

BLASTO Nombre de persona que significa "retoño". Oficial bajo el mando de Herodes Agripa I (37–44 d.C.). Sobornado por los habitantes de Tiro y Sidón, trató de ayudarlos a hacer la paz con Herodes. El discurso subsiguiente de Herodes hizo que asumiera el papel de Dios sobre el pueblo, lo que dio como resultado que Dios le causara la muerte (Hech. 12:20-23).

BOANERGES Nombre que significa "Hijos del Trueno" y que Jesús les puso a Jacobo y Juan, los hijos de Zebedeo (Mar. 3:17). Al dar el significado del nombre, el escritor del Evangelio no explicó por qué era apropiado. Es probable que sea un indicio del temperamento estrepitoso que aparentemente tenían estos hermanos. Ver *Apóstol; Discípulo.*

BOAZ Columna izquierda o norte que Salomón colocó en el templo (1 Rey. 7:21). La función de las columnas se desconoce. Ver *Jaquín.*

BOCA Orificio externo utilizado para ingerir alimentos y comunicarse. **1.** Sinónimo de labios (1 Rey. 19:18; 2 Rey. 4:34; Job 31:27; Prov. 30:20; Cant. 1:2). **2.** Órgano para comer y beber (Jue. 7:6; 1 Sam. 14:26,27) que en ocasiones se emplea en expresiones figurativas como cuando se dice que la maldad (Job 20:12) o la Palabra de Dios (Sal. 119:13) resultan dulces al paladar. Las descripciones antropomórficas sobre la tierra y el Seol dicen que estos sitios abren la boca para beber sangre o tragar personas (Gén. 4:11; Núm. 16:30,32; Isa. 5:14). **3.** Órgano del habla (Gén. 45:12; Deut. 32:1) o de la risa (Job 8:21; Sal. 126:2). La frase "la boca de Jehová lo ha dicho" se emplea con frecuencia como recordatorio de la confiabilidad del mensaje profético (Isa. 1:20; 40:5; Jer. 9:12; comp. Deut. 8:3; Mat. 4:4). El fuego (2 Sam. 22:9) o la espada (Apoc. 1:16) que salen de la boca de Dios describen la certeza de la consumación del juicio divino. **4.** El término hebreo correspondiente a "boca" se emplea para aberturas de pozos, cuevas, sacos y también para el filo de una espada.

BOCINA Término utilizado para referirse a varias clases diferentes de instrumentos musicales. Ver *Música, instrumentos musicales, danza.*

BOCRU Nombre de persona que significa "primogénito". Descendiente del rey Saúl de la tribu de Benjamín (1 Crón. 8:38).

BODAS En los tiempos bíblicos, el padre escogía la esposa para sus hijos. Abraham envió a su siervo a Harán para que buscara una esposa para su hijo Isaac (Gén. 24). Al arreglar el matrimonio, la familia del novio pagaba un precio (heb. *mohar*) por la novia (comp. Gén. 34:12; Ex. 22:16; 1 Sam. 28:25). Una vez que se había concertado el matrimonio, la pareja entraba en un período de esponsales que generalmente duraba un año y era mucho más ineludible que el compromiso del día de hoy. Durante ese año, el hombre preparaba la casa para su esposa. El desposorio se establecía de una o dos maneras: una promesa en presencia de testigos junto con una suma de dinero, o una declaración escrita y una ceremonia con una bendición final. Antes del exilio de Israel, los esponsales se ratificaban con una promesa verbal (Ezeq. 16:8). Después del exilio, la novia y los padres del novio firmaban un pacto que unía a la pareja. En la época del NT, los padres del novio y de la novia se reunían junto con otros testigos mientras el novio le daba a la novia un anillo de oro u otro artículo de valor, y le hacía esta promesa: "Que este anillo sea una muestra de que eres apartada para mí conforme a la ley de Moisés y de Israel."

Es evidente la naturaleza seria del desposorio. Si un hombre tenía relaciones sexuales con una mujer que estaba comprometida con otro hombre, ambos estaban sujetos a la pena de muerte (Deut. 22:23,24). Si ella no estaba comprometida, el hombre tenía que pagarle 50 piezas de plata al padre de la mujer a manera de dote, y ella tenía que convertirse en su esposa (Deut. 22:28,29).

Por lo general la boda era un acontecimiento social donde se pronunciaba una bendición sobre la novia: "Hermana nuestra, sé madre de millares de millares, y posean tus descendientes la puerta de sus enemigos" (Gén. 24:60). La bendición reflejaba el concepto de la bendición de Dios, es decir, una familia grande y victoria sobre los enemigos. El matrimonio se confirmaba formalizando un contrato matrimonial.

La parábola de las diez vírgenes abunda en explicaciones sobre la boda judía (Mat. 25:1-13). La ceremonia comenzaba cuando el novio llevaba a la novia de la casa de los padres de ella a la casa de su padre. El novio, acompañado de sus amigos y en medio de música y canto, encabezaba una procesión a través de las calles de la ciudad hasta la casa de la novia (comp. Jer. 16:9). A lo largo del camino se unían a la procesión los amigos que estaban preparados, esperando con lámparas encendidas (Mat. 25:7-10). Cubierta con un velo y vestida con hermosas ropas bordadas y adornada con joyas, la novia, acompañada por sus siervas, se reunía con el novio para continuar la procesión hasta la casa del padre de él (Sal. 45:13-15). Isaías 61:10 describe al novio ataviado con un manto y a la novia adornada con joyas. La belleza de la esposa se recordaría para siempre (Jer. 2:32). La novia y el novio se consideraban rey y reina durante esa semana. En algunas ocasiones el novio incluso llevaba una corona de oro.

Una vez que llegaban a la casa, la pareja nupcial se sentaba debajo de un dosel en medio de las festividades de juegos y de bailes que duraban una semana entera y a veces más (Cant. 2:4). Los invitados felicitaban a la pareja recién casada; canciones de amor para ambos adornaban la fiesta. Comidas fastuosas y vino llenaban la casa o el salón del banquete (Juan 2:1-11). Era esencial disponer de una amplia provisión en el caso de una fiesta elaborada. El no hacerlo podía dar lugar a una demanda legal (Juan 2:3). La pareja nupcial vestía la ropa de bodas durante la semana, y los invitados también llevaban vestidos de gala que a veces les proporcionaban las familias adineradas (Mat. 22:12).

La primera noche, cuando se iba a consumar el matrimonio, el padre escoltaba a su hija hasta la habitación matrimonial (Gén. 29:21-23; comp. Jue. 15:1). Los padres de la novia guardaban la sábana de cama manchada de sangre para demostrar la virginidad de su hija al llegar al matrimonio en caso de que el esposo intentara algún recurso acusando a la esposa de no ser virgen (Deut. 22:13-21; comp. v.15).

En algunos casos, la esposa no se quitaba el velo del rostro hasta la mañana siguiente. Cuando Jacob pensó que se estaba casando con Raquel, por la mañana descubrió que su esposa era Lea (Gén. 29:25). En otras ocasiones, el velo se quitaba durante la fiesta, se colocaba en el hombro del esposo y se efectuaba una declaración que decía "el principado será sobre sus hombros" (comp. Isa. 9:6). Ver *Familia; Matrimonio.* *Paul P. Enns*

BOHÁN Nombre geográfico y de persona que significa "pulgar" o "dedo gordo del pie". Un lugar sobre la frontera norte del territorio asignado a la tribu de Judá denominado "la piedra de Bohán", "el hijo de Rubén" (Jos. 15:6). Era el límite sur de la tribu de Benjamín (Jos. 18:17). Algunos eruditos bíblicos consideran que esto es evidencia de que parte de la tribu de Rubén vivió en algún momento al oeste del Jordán. Otros lo ven como una acción heroica de Bohán que de otro modo no se hubiese conocido y que fue honrada con una piedra limítrofe conmemorativa.

BOJ (Isa. 41:19; 60:13) Árbol que crece en Asia Menor y Persia pero que no aparece en Palestina. Se lo ha identificado con el abeto (NVI). "Boj" está basado en traducciones griegas antiguas y en el latín. La palabra hebrea significa "estar derecho" y aparentemente se refiere a los cipreses altos y majestuosos. Dichas maravillas de la naturaleza reflejan la grandeza del Creador (Isa. 41:20).

BOOZ Nombre de persona que quizá signifique "vivaz". Héroe del libro de Rut; pariente adinerado del esposo de Noemí. Rut recogió granos en su campo. En su gracia, él la invitó a permanecer allí y disfrutar de la hospitalidad de sus siervos, tras lo cual pronunció una bendición sobre ella a causa de la bondad que había demostrado hacia Noemí. Mientras él pasaba la noche en la era para proteger su cosecha frente a los ladrones, Rut se acostó a sus pies. Booz estuvo de acuerdo en casarse con ella conforme a la costumbre del matrimonio por levirato por medio del cual el pariente más cercano se casaba con la viuda de un hombre. Booz negoció con el pariente más cercano, quien cedió su derecho a casarse con Rut. Booz se casó con ella y se convirtió en padre de Obed, abuelo de David y antepasado de Cristo (Mat. 1:5; Luc. 3:32). Ver *Rut.*

B

BOQUIM Nombre geográfico que significa "los que lloran". Lugar donde el ángel de Dios anunció juicio sobre Israel al principio del período de los jueces porque no habían destruido los altares paganos sino que habían hecho pactos con los habitantes nativos. En consecuencia, el pueblo clamó y llamó al lugar Boquim (Jue. 2:1-5). Es probable que haya estado entre Bet-el y Gilgal. Una encina del llanto cerca de Bet-el fue el lugar de la sepultura de Débora, la nodriza de Rebeca (Gén. 35:8). Ver *Alón-bacut.*

BORDADO Labor decorativa realizada sobre lienzos. El bordado o recamado se utilizó para decorar las cortinas de la entrada del tabernáculo (Ex. 26:36; 36:37) y la puerta que daba paso al atrio (Ex. 27:16; 38:18) como así también sobre el cinto de Aarón (Ex. 28:39; 39:29). Los bordados también formaban parte de los despojos de guerra (Jue. 5:30) y se enumeraban entre los artículos de lujo para el comercio (Ezeq. 27:16, 24). Las vestiduras bordadas constituían la vestimenta real (Ezeq. 16:10,13,18; 26:16). La mención de telas de diversos colores sugiere la probabilidad de que algunos bordados incluyeran apliques.

BORDE Doblez de una prenda sujetado con una costura para evitar que la tela se deshilache. Las citas bíblicas con la palabra "borde" de una vestidura se refieren de modo más general al costado o ribete de la prenda. El borde del manto del sumo sacerdote Aarón estaba decorado con granadas de color azul, púrpura y carmesí, y con campanillas de oro (Ex. 28:31-35; 39:22-26). A veces, los hilos verticales de la trama tejida se dejaban sueltos y largos para evitar el deshilachado. De este modo se formaba un borde con flecos. Los flecos de las esquinas de los vestidos de los israelitas tenían la función de recordarles la ley de Dios (Núm. 15:38-39). El "borde" del manto de Jesús tuvo poder sanador para quienes lo tocaron con fe (Mat. 9:20; 14:36; Mar. 6:56; Luc. 8:44).

BORRACHERA El resultado de consumir cierta cantidad de alcohol que trae como consecuencia la disminución de las facultades. Dicha disminución puede ser leve (sueño profundo) o severa (vértigo, vómito, alucinación y muerte). Los síntomas físicos mencionados en la Escritura son: tambaleo (Job 12:25; Sal. 107:27); heridas y golpes (Prov. 20:1; 23:29-35; Lam. 2:12); vómito (Isa. 19:14; Jer. 25:27; 48:26); y alucinaciones (Isa. 28:1-8; Prov. 23:33). Los efectos mentales del alcohol mencionados en la Escritura son un sentido falso de las capacidades y las fuerzas (Isa. 28:11; Os. 4:11). Los efectos espirituales del alcohol son el adormecimiento de la conciencia hacia Dios y hacia todo pensamiento religioso (Isa. 5:11,12).

Hay muchos casos de borrachera en el AT. Entre los más conocidos están: Noé (Gén. 9:21), Lot (Gén. 19:33), Nabal (1 Sam. 25:36), Urías heteo (2 Sam. 11:13), Ela rey de Israel (1 Rey. 16:9) y Ben-adad (1 Rey. 20:16). Es interesante notar que la desgracia le acontece a estas personas ya sea en el estupor de la borrachera o poco después de despertarse de esa condición. De modo que la Escritura formula fuertes advertencias (Lev. 10:9; Deut. 21:20; Prov. 24:29-35; 1 Cor. 5:11; Gál. 5:21; Ef. 5:18) y a menudo alude a la borrachera como un gran problema social. En Proverbios, entonces, el borracho se describe como uno que gasta su dinero para alimentar su hábito, y consecuentemente sufre enfermedades y desgracias en manos de sus compañeros. En los libro proféticos, los borrachos ricos por lo general se aprovechan de los pobres (Amós 4:1; 6:6; Isa. 5:11,12; 28:1-8; 56:11,12). Los profetas también enfatizan la insensatez de la borrachera (Jer. 25:27; 48:26; 51:39, 57; Hab. 2:15). Jeremías utiliza la metáfora de la borrachera espiritual no para indicar un estado de dicha espiritual ni entusiasmo sino de insensatez e idolatría (Jer. 25:27-33). En el NT, el Señor advirtió de manera explícita contra el excesivo consumo de alcohol (Luc. 21:34). En las cartas de Pablo hay numerosas advertencias contra la indulgencia hacia el alcohol (1 Cor. 5:11; 6:10; Gál. 5:21; Ef. 5:18). Asimismo, una persona que desea el cargo de obispo no puede ser adicta al vino (1 Tim. 3:2,3; Tito 1:7,8; 2:2,3). *Joe Cathey*

BOSCAT Nombre geográfico que significa "hinchazón". Ciudad cerca de Laquis y Eglón en el territorio de la tribu de Judá (Jos. 15:39). Era la tierra natal de Adaías, la abuela materna del rey Josías (2 Rey. 22:1). Se desconoce su ubicación exacta.

BOSES Nombre geográfico que probablemente signifique "blanco". Roca afilada que señalaba un pasaje del Wadi Suwenit cerca de Micmas por donde pasaron Jonatán y su escudero para luchar contra los filisteos (1 Sam. 14:4).

BOSQUE Zona extensa naturalmente arbolada, característica de la zona montañosa central, Galilea y Basán.

Grandes extensiones de bosque cubrían la mayoría de las montañas en Palestina durante el período del AT. Después del éxodo, la incapacidad de las tribus israelitas de conquistar parte de su herencia los obligó a desarrollar nuevos asentamientos y campamentos en las regiones montañosas boscosas. Incapaces de rescatar de manos de los cananeos la parte del territorio que les pertenecía, las familias de Efraín y Manasés talaron los bosques de los montes de su territorio a fin de proveer lugar para los asentamientos (Jos. 17:15-18). Los bosques también proporcionaban excelentes paradas para las guerras, como sucedió en el caso de la rebelión de Absalón contra David, que terminó en una batalla en los bosques de Efraín (2 Sam. 18:6-8). Salomón importó de Tiro valiosos cedros del Líbano para sus grandes proyectos de construcción en Jerusalén (1 Rey. 5:8-10). El palacio de Salomón, "la casa del bosque del Líbano", fue denominada así por el amplio uso del cedro (1 Rey. 7:2). A medida que crecía la población, las áreas forestadas se iban talando y en su lugar surgían huertas en forma de terrazas. Durante el sitio de Roma en el 70 d.C. se destruyeron grandes zonas boscosas en los alrededores de Jerusalén. *David Maltsberger*

BOSQUE DEL LÍBANO, CASA DE Ver *Casa del bosque del Líbano.*

BOSRA Nombre geográfico que significa "inaccesible". **1.** Hogar de los antepasados de Jobab, un rey de Edom antes de que Israel tuviera reyes (Gén. 36:33). Isaías anunció un gran juicio sobre Bosra en el que Dios iba a sacrificar a Sus enemigos (Isa. 34:6). Centro de reunión de pastores de ovejas, conocido por las vestimentas de lana. A Dios se lo describe al regresar de Bosra y llevar vestiduras teñidas como botín de Su victoria (Isa. 63:1). De este modo demostró Su justicia y Su poder para salvar de manos de los enemigos. Jeremías proclamó juicio sobre Bosra (Jer. 49:13,22) al igual que lo hizo Amós (1:12). Ciudad importante que en ocasiones ofició como capital de Edom, Bosra se encuentra alrededor de 40 km (25 millas) al sudeste del extremo sur del Mar Muerto en la actual Buseirah. Ver *Edom.* **2.** Ciudad de Moab a la que Jeremías condenó (Jer. 48:24). Se podría equiparar con Beser. Ver *Beser.*

BOTÍN Saqueo tomado por individuos en la batalla. Incluye cualquier cosa que pueda ser de valor o útil para el captor, inclusive personas (Núm. 31:53; Ezeq. 25:7). Ver *Despojo.*

BÓVEDA Traducción de la palabra hebrea que sólo aparece en Jer. 37:16 y que significa panteón, sótano o celda de una prisión.

BOYERO El que cuida ganado vacuno a diferencia del pastor de ovejas. Amós era boyero antes de recibir el llamado profético (Amós 7:14). Los boyeros a veces se consideraban funcionarios de alto rango de los antiguos reyes (1 Crón. 27:29; 28:1; comp. Gén. 46:34). En ocasiones se les pagaba con productos del ganado (1 Cor. 9:7).

BOZAL Cuero o soga que cubre la boca de un animal para impedir que coma o muerda. Deuteronomio 25:4 es una de las tantas leyes de este código que se refiere a cómo los seres humanos deben tratar a los demás. Pablo citó la prohibición de colocarle bozal al buey que trilla para ilustrar el principio que dice que "digno es el obrero de su salario" y específicamente que "los que anuncian el evangelio, que vivan del evangelio" (1 Cor. 9:9-14; 1 Tim. 5:17,18).

BRASERO Utensilio de bronce (Ex. 27:3) o de oro (1 Rey. 7:50, NVI "incensario") para transportar brasas encendidas desde el altar del sacrificio (Ex. 27:3), como incensarios para el incienso encendido (Núm. 16:6,17) y como bandeja para recoger las mechas de las lámparas del tabernáculo (Ex. 25:38; 37:23, "despabiladeras").

BRASEROS Vasijas u ollas portátiles para el fuego utilizadas para calentar una habitación durante el tiempo frío (Jer. 36:22,23).

BRAZA Medida de profundidad equivalente a 1,80 m (6 pies) (Hech. 27:28). Ver *Pesos y medidas.*

BRAZALETE Banda ornamental de metal o vidrio que se llevaba alrededor de la muñeca o del brazo. Eran comunes en el antiguo Cercano Oriente y lo llevaban tanto las mujeres como los hombres. En su mayoría estaban hechos de bronce, aunque se han hallado algunos ejemplares de hierro, plata, vidrio y, en pocos casos, de oro. Los brazaletes que se mencionan en la Biblia eran generalmente de oro (Gén. 24:22, 30,47; Núm. 31:50; Isa. 3:19; Ezeq. 16:11). En 2 Sam. 1:10 la palabra se traduce argolla. Una palabra relacionada se traduce como "atavíos de las piernas" (Isa. 3:20) o "cadenillas de los pies" (NVI, LBLA).

Brazalete persa de oro, del tesoro de Oxus.

BRAZO Miembro superior del cuerpo humano utilizado como símbolo de poder y fortaleza. Dicho poder puede oprimir a la gente (Job 35:9), pero dicho brazo será quebrantado (Job 38:15). Ningún brazo ni poder humano se compara con el de Dios (Job 40:9). La persona fiel puede pedirle a Dios en oración que quebrante el brazo del impío (Sal. 10:15). Los brazos humanos no pueden salvar (Sal. 44:3). El brazo extendido de Dios salva (Ex. 6:6; 15:16; Deut. 5:15). La gente puede confiar en el brazo de Dios (Isa. 51:5). Al ver a María mientras aguardaba el nacimiento de Jesús, Elisabet confesó que enviando a Jesús, Dios "hizo proezas con su brazo" (Luc. 1:51).

BREA Mezcla de hidrocarburos, viscosa y de color oscuro, usada para impermeabilizar las naves (Gén. 6:14; comp. Ex. 2:3). La consistencia mineral se produce naturalmente y es altamente inflamable (Isa. 34:9).

BRONCE Ver *Minerales y metales.*

Brazalete en forma de serpiente

BRONCE REFULGENTE Resina transparente amarillenta o pardusca que adquiere muy buen brillo. También se traduce como metal refulgente y metal bruñido (Ezeq. 1:4,27; 8:2 NVI, LBLA). Algunos piensan que las traducciones griega (Septuaginta) y latina (Vulgata) del AT sugieren la sustancia conocida como electrum, una mezcla de plata y oro. Ver *Joyas, alhajas.*

BRONCE, SERPIENTE DE Moisés hizo una serpiente de bronce y la colocó en un mástil en medio del campamento israelita (Núm. 21). Dios le había ordenado esto para que los israelitas que habían sido mordidos por las serpientes pudieran expresar su fe al mirarla y ser sanados. La necesidad de la serpiente surgió en una de las ocasiones en que Israel murmuró contra Dios y Moisés. El pueblo estaba en el desierto después de haberse negado a obedecer a Dios y entrar en la tierra de Canaán. Aunque Dios les había provisto comida y agua aun después de la desobediencia, los israelitas se quejaron por la monotonía del maná. Dios entonces envió serpientes para castigarlos. La mordedura era mortal, pero Dios se compadeció y decidió proporcionar una forma de rescate si los que eran mordidos la aceptaban. Todo el que mirara hacia la serpiente de bronce que estaba en medio del campamento se sanaría.

No se sabe nada más acerca de esta serpiente de bronce hasta que se vuelve a mencionar en 2 Rey. 18:4. Allí, en el relato de la purificación del templo llevada a cabo por el rey Ezequías, la Biblia habla sobre la destrucción de este símbolo. Ezequías deseaba purificar la adoración en el templo. Aparentemente, la serpiente de bronce se había convertido en un objeto de adoración ya que los israelitas le quemaban incienso.

Evidencias arqueológicas de la Mesopotamia y, más importante aún, de lugares cananeos, revelan que la serpiente era símbolo de la fertilidad del suelo. A menudo se representaba en asociación con las diosas de la fertilidad, el toro, la paloma (la vida de los cielos) y el agua.

Jesús hizo la última mención de este símbolo en Juan 3:14. Allí, en Su conversación con Nicodemo, Jesús comparó Su propósito con el de la serpiente de bronce. La serpiente levantada en el desierto había sido la manera escogida por Dios para proveer sanidad física. Jesús levantado en la cruz es el medio elegido por Dios para proveer sanidad espiritual a todos los que se hallan afligidos por el pecado. Todo el que cree en Jesús no perece sino que tiene vida eterna (Juan 3:16). Ver *Desierto; Expiación; Ezequías; Moisés.*

Albert F. Bean y Karen Joines

BUENO, BONDAD En contraste con la opinión griega acerca de "la bondad" como un ideal, el concepto bíblico se centra en las experiencias concretas de lo que Dios hizo y hace en la vida de Su pueblo. La Escritura afirma que Dios es bueno y hace el bien (1 Crón. 16:34; Sal. 119:68). La bondad de Dios se experimenta a través de la bondad de la obra creadora de Dios (Gén. 1:31) y en Sus actos salvíficos (liberación de Israel de Egipto, Ex. 18:9; retorno del remanente tras la cautividad, Esd. 7:9; liberación personal, Sal. 34:8; salvación, Fil. 1:6). La bondad de Dios abarca el nombre de Dios (Sal. 52:9), Sus promesas (Jos. 21:45), Sus mandamientos (Sal. 119:39; Rom. 7:12), los dones de Dios (Sant. 1:17) y la forma providencial en que moldea los sucesos (Gén. 50:20; Rom. 8:28). Aunque sólo Dios es verdaderamente bueno (Sal. 14:1,3; Mar. 10:18), en repetidas ocasiones la Escritura habla de personas buenas que buscan vivir de acuerdo con la voluntad de Dios. Los cristianos han sido salvados para hacer el bien con la ayuda del Espíritu Santo (Ef. 2:10; Col. 1:10).

BUENOS PUERTOS Una bahía abierta en la costa sur de Creta, cerca de Lasea. Protegida solamente por islas pequeñas, no parecía ser un puerto seguro para el invierno, de manera que los marineros del barco que llevaban a Pablo a Roma trataron de llegar a Fenice. Se negaron a escuchar las advertencias de Pablo y los sorprendió una terrible tempestad (Hech. 27:8-20).

BUEY Bovino de tamaño grande y a menudo domesticado. En el AT era sumamente valioso como animal de trabajo. Importante para la economía de Israel, el buey era esencial para la labor agrícola. A menudo se los colocaba de a dos en un yugo para realizar tareas agrícolas, y también se empleaban para transportar cargas. Estaba permitido comerlos y también se ofrecían como sacrificio (Deut. 14:4-6; Lev. 17:3,4).

Se creía que el buey salvaje era un animal grande antepasado del ganado doméstico. Era símbolo de fortaleza feroz. La palabra hebrea que se traduce "búfalo" en Núm. 23:22 se ha identificado como buey salvaje (NVI; comp. Sal. 22:21; 92:10). Ver *Ganado.*

BÚHO, LECHUZA Aves de presa perteneciente al orden de los *Strigiformes* que, por lo general, son nocturnas. Los términos hebreos correspondientes a diversas especies de aves no se pueden identificar exactamente con los vocablos españoles. Las diferentes versiones hablan del búho de las soledades (Deut. 14:16; Sal. 102:6), del búho real (Deut. 14:16; Lev. 11:17 LBLA) y de la lechuza (Isa. 34:14). El búho, al igual que los otros animales depredadores, era clasificado como inmundo. Los búhos o lechuzas que hacían sus nidos en las ruinas son un cuadro común de la desolación (Sal. 102:6; Isa. 34:11,15).

BUITRE Término en algunas versiones para traducir un ave de rapiña (Lev. 11:18; Deut. 14:17).

BUL Nombre del octavo mes o partes de octubre y noviembre que significa "mes de la cosecha". Salomón terminó de edificar el templo durante este mes (1 Rey. 6:38).

BUNA Nombre de persona que significa "entendimiento". Miembro de la familia de Jerameel de la tribu de Judá (1 Crón. 2:25).

BUQUI Abreviatura de Buquías, nombre de persona que significa "Yahvéh demostró" o "Yahvéh ha vaciado". **1.** Representante de la tribu de Dan comisionado para distribuir la tierra prometida entre las tribus (Núm. 34:22). **2.** Sumo sacerdote descendiente de Aarón (1 Crón. 6:5,51) y antepasado de Esdras (Esd. 7:4).

BUQUÍAS Hijo de Hemán entre los músicos del templo que designó David (1 Crón. 25:4). Él o una persona con el mismo nombre encabezó la sexta suerte (turno) de los músicos (1 Crón. 25:13). Ver *Buqui.*

BURLADOR Persona que muestra desprecio hacia los demás. Habacuc predijo que los babilonios se burlarían cuando conquistaran el Cercano Oriente (Hab. 1:10). En 2 Ped. 3:3 se advierte que en los últimos días habrá burladores que se reirán de la idea del regreso de Cristo (comp. Jud. 18). Los escritores de literatura sapiencial advertían continuamente a sus alumnos que no se convirtieran en burladores (Job 11:3; Prov. 9:7-12; 13:1; 14:6; 15:12; 19:25; 21:24; 22:10; 24:9; comp. Sal. 1:1; Isa. 28:14,22). Sin embargo, Dios se mofa de los débiles esfuerzos de quienes se oponen a Él (Sal. 2:4; Prov. 3:34). Jesús soportó la burla (Luc. 16:14; comp. Hech. 13:41).

BUZ Nombre geográfico y de persona que significa "burla". **1.** Hijo de Nacor, el hermano de Abraham (Gén. 22:21). **2.** Miembro de la tribu de Gad (1 Crón. 5:14). **3.** Tierra en el oriente de Arabia (Jer. 25:23) que Jeremías condenó.

BUZI Nombre de persona que significa "burla". Sacerdote y padre de Ezequiel, el profeta y sacerdote (Ezeq. 1:3).

BUZITA Habitante de Buz. Ver *Buz.*

C

El "bema" [tribunal] donde Pablo se presentó ante Galión, en Corinto.

CAB Medida de capacidad mencionada sólo en 2 Rey. 6:25. Las descripciones de fuentes antiguas indican que un cab sería un poco más de 1 litro (1/4 de galón). Ver *Pesos y medidas.*

CABALLERÍA Soldados montados de un ejército. En el éxodo y durante el período de los jueces, Israel se enfrentó con caballería y carros (Ex. 14:9,18,28; Jue. 4). Dios no iba a permitir que Israel se apoyara en la riqueza y la seguridad que representaban los caballos de la milicia (Deut. 17:16). David capturó caballos y carros de Siria (2 Sam. 8:4). Luego Salomón desarrolló una fuerza militar utilizando caballos (1 Rey. 4:26; 9:19; 10:26). Es probable que estas referencias a jinetes aludan al personal relacionado con los carros más que a los individuos que cabalgaban o a los carruajes. El término hebreo *parash* se refiere a ambas cosas y el contexto es la única guía para la interpretación. Las evidencias extraisraelitas señalan que Asiria utilizaba tropas de caballería poco después del 900 a.C. La caballería aportaba una línea defensiva, servía para reconocer el terreno y perseguía a un ejército derrotado. Dios le advirtió a Israel que no dependiera de los caballos para tener seguridad (Isa. 31:1).

CABALLO Animal de cuatro patas y cascos sólidos usado para el transporte y la guerra. Es probable que haya sido domesticado primeramente por los nómadas de Asia Central hace aprox. 4000 años. Los babilonios usaban caballos en las batallas, y victorias militares como las de Genghis Khan y Alejandro Magno habrían sido imposibles sin caballos. Los guerreros hicsos que invadieron Egipto evidentemente llevaron estos animales a la región desde Persia. Cuando ocurrió el éxodo, el ejército del faraón estaba equipado con caballos y carros (Ex.14–15). Herodoto informa el uso de equinos por parte de los persas en su sistema de correos hace 3000 años.

La Biblia menciona al caballo más de 150 veces; la primera referencia se encuentra en Gén. 47:17. No obstante, no hay indicaciones de que el caballo fuera de uso común en Israel sino hasta el tiempo de David y Salomón. El primero capturó carros de los sirios y destruyó la mayor parte de ellos pero retuvo 100 (2 Sam. 8:3,4). Al hacerlo desobedeció a Dios e introdujo su uso en Israel. Salomón multiplicó su número para reforzar la defensa del país y construyó ciudades de carros (1 Rey. 9:19). Él llegó a tener 12.000 caballos (RVR1960 indica 40.000), que se usaban

Relieve de caballos con arneses unidos a un molino, y haciéndolo girar, del siglo I d.C.

para tirar de los carros (1 Rey. 4:26; 10:26). Como la ley mosaica prohibía la cría de caballos, Salomón los importaba de Egipto (Deut. 17:16; 2 Crón. 1:16). Es probable que, debido a la superioridad del caballo para la guerra, más adelante se haya ignorado esa ley. Las ruinas de las famosas caballerizas de Salomón en la antigua Meguido todavía están señaladas como sitio arqueológico e histórico.

En Meguido se ha descubierto lo que aparentemente son compartimientos de establos y abrevaderos de la época del rey Acab. Eran suficientes como para 450 caballos.

Los sirios (1 Rey. 20:20), los filisteos (2 Sam. 1:6), los medos y persas (Jer. 50:42) y los romanos (Hech. 23:23,32) usaban caballos en la guerra. En contraste, y como símbolo del carácter pacífico del reino del Mesías, Jesús entró a Jerusalén montado en un asnillo y no en un caballo (Juan 12:12-15).

En Israel se inició una considerable oposición al caballo porque se lo veía como símbolo de lujo pagano y dependencia del poder físico para defenderse. Los profetas condenaban la confianza en los caballos en lugar de confiar en el Señor para obtener victoria (Isa. 31:1; Ezeq. 17:15). Sin embargo, los caballos llegaron a ser tan comunes en

Jerusalén que un palacio real cerca de la ciudad tenía un portón para esos animales (2 Crón. 23:15) y una de las puertas de la ciudad se llamaba puerta de los caballos (Jer. 31:40; Neh. 3:28).

A menudo los caballos son símbolos de rapidez (Jer. 4:13), fuerza (Job 39:19) y pisada firme (Isa. 63:13). La descripción más detallada la encontramos en Job 39:19-25. Dichos animales desempeñan un papel importante en la profecía, tal como se observa en Joel 2:4,5 y Apoc. 6:1-8, donde cuatro caballos de diferentes colores se asocian a cuatro tragedias diferentes. Ver *Meguido.* *C. Dale Hill y Shirley Stephens*

CABELLO, PELO Cubierta de la cabeza humana y de animales. Por lo general, en las referencias bíblicas se habla de cabello humano (Núm. 6:5), aunque a veces la referencia podría ser al de los animales (Mat. 3:4). Un cabello hermoso siempre fue algo deseado tanto para hombres como para mujeres (Cant. 5:11). En la época del AT, hombres y mujeres se dejaban el cabello largo. A Sansón y a Absalón se los admiraba por su cabello largo (Jue. 16:13; 2 Sam. 14:25-26). En la época del NT, los hombres llevaban el cabello mucho más corto que las mujeres (1 Cor. 11:14-15).

A las canas se las consideraba señales respetables de la edad (Prov. 20:29 LBLA), pero a la calvicie se la veía como algo vergonzante e incluso humillante (2 Rey. 2:23; Ezeq. 7:18). En

Los varones judíos de tradición ortodoxa tienen prohibido cortarse el cabello por encima de sus orejas.

Una cubeta de plata con la escena de una sierva que peina el cabello de su señora.

Lev. 13, donde hay abundantes instrucciones para diagnosticar lepra (probablemente se incluían otras enfermedades de la piel), el color del cabello en la zona infectada indicaba si la enfermedad seguía o se había curado. Un leproso curado debía afeitarse todo el cuerpo (Lev. 14:8-9).

Entre los israelitas se exigía el cuidado del cabello. Las mujeres por lo general lo llevaban suelto, pero a veces lo trenzaban (2 Rey. 9:30). Los escritores del NT advertían contra la ostentación en el peinado femenino (1 Tim. 2:9; 1 Ped. 3:3). El cabello se ungía con aceite como símbolo de bendición y gozo (Sal. 23:5; Heb, 1:9). Ciertos anfitriones proporcionaban aceite para ungir a huéspedes importantes (Luc. 7:46). El cabello desarreglado era símbolo de duelo (Jos. 7:6; 2 Sam. 14:2). Jesús les dijo a Sus seguidores que no copiaran la costumbre de los fariseos, que rehusaban a arreglarse el cabello cuando ayunaban (Mat. 6:17).

Los israelitas varones llevaban el cabello corto, pero la ley les prohibía cortárselo por encima de las orejas (Lev. 19:27), probablemente una reacción frente a ciertas costumbres paganas (Deut. 14:1-2), pero los judíos ortodoxos aún siguen llevando bucles ondulados a los costados. Los que hacían un voto de nazareato no podían cortarse el cabello durante ese período, pero luego tenían que raparse la cabeza (Núm. 6:1-21; Hech. 18:18; 21:24).

Como tenemos tanto cabello, tal vez sea símbolo de algo innumerable (Sal. 40:12). Debido a que parecen tener tan poco valor, también pueden ser símbolo de cosas insignificantes (Luc. 21:18). *Kendell Easley*

CABEZA Literalmente, la parte superior del cuerpo que se consideraba asiento de la vida pero no del intelecto; se usa figurativamente para primero, superior o principal. Los judíos pensaban que el asiento o centro del intelecto era el corazón. "Cabeza" significaba la cabeza física de las personas (Gén. 48:18; Mar. 6:24) o de los animales, como en el caso del becerro (Lev. 1:4). A veces se usaba para representar a toda la persona (Hech. 18:6). Además frecuentemente se usaba para referirse a objetos inanimados como la cumbre de una montaña o la parte superior de un edificio. A menudo también tenía la connotación de "fuente" o "comienzo" de ríos, caminos (Ezeq. 16:25) o períodos de tiempo.

En Sal. 118:22, "cabeza del ángulo" (piedra angular) se refiere metafóricamente a un rey liberado por Dios cuando otros lo habían abandonado (comp. Mat. 21:42; Hech. 4:11; 1 Ped. 2:7, donde se usa en relación con el rechazo de Cristo). "Cabeza" designaba a alguien con autoridad, la persona más importante. Podía significar líder, jefe o príncipe (Isa. 9:15), y conllevar la idea de primero de una serie (comp. 1 Crón. 12:9). Israel era "cabeza de las naciones" (Jer. 31:7), el primogénito de Dios. Damasco era "cabeza (capital) de Siria" (Isa. 7:8). El esposo es "cabeza de la mujer" (Ef. 5:23).

Escultura no identificada de una cabeza de la época romana en Israel.

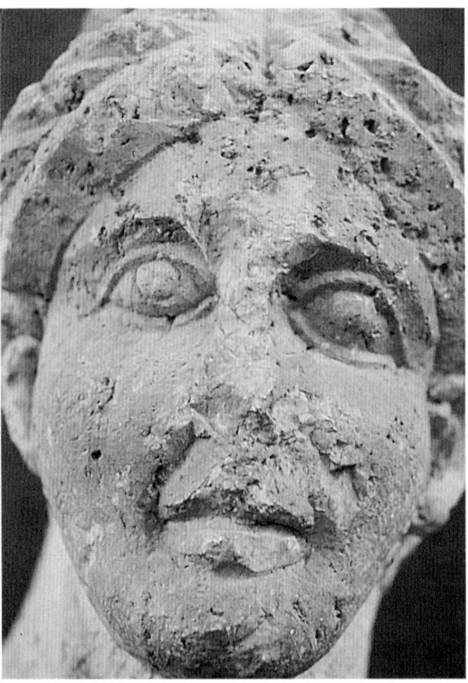

Un uso teológico particular de la palabra "cabeza" se observa en el concepto neotestamentario de la supremacía de Cristo: Cristo es "cabeza" (*kephale*) de la iglesia, Su cuerpo; la iglesia es Su "esposa" (Ef. 5:23-33). En Su función de "cabeza", Cristo permite el crecimiento de la iglesia, la va unificando, la alimenta al atender a cada miembro y la fortalece para que crezca en amor (Ef. 4:15-16). Cristo no sólo es "cabeza" de la iglesia sino que también del universo en su totalidad (Ef. 1:22) y de "todo principado y potestad" (Col. 2:10). La influencia divina en el mundo da como resultado una cadena: Dios es "cabeza" de Cristo; Cristo es "cabeza" del hombre; el hombre es "cabeza" de la mujer, y como tal debe amar y cuidar a su esposa como Cristo lo hace con Su iglesia (Ef. 5:25-30). Este uso teológico puede ser una ampliación del uso del AT del término "cabeza" en relación al líder de la tribu o de la comunidad, o puede ser una reacción frente a las primeras tendencias gnósticas. Ver *Gnosticismo.*

Como la cabeza era el asiento de la vida, se la valoraba. Herir la cabeza era la forma principal de derrotar al enemigo (Sal. 68:21). Como parte de un despectivo insulto, los soldados golpearon a Jesús en la cabeza con una caña y le pusieron una corona de espinas (Mar. 15:16-19). La decapitación era una degradación adicional posterior a la derrota. Herodías, en un acto de traición y venganza, hizo decapitar a Juan el Bautista (Mat. 14:1-11). David le cortó la cabeza a Goliat y se la presentó a Saúl (1 Sam. 17:51). Los filisteos le cortaron la cabeza a Saúl (1 Sam. 31:9), y los hijos de Rimón se la cortaron a Is-boset (2 Sam. 4:7). Según lo atestiguado por muchas inscripciones y representado en diversos monumentos, cortarle la cabeza a enemigos muertos en batalla era común entre babilonios, asirios y egipcios.

En contraposición, la bendición se recibe en la cabeza (Gén. 49:26), y por eso se imponen las manos sobre ella (Gén. 48:17). Ungir la cabeza con aceite simbolizaba prosperidad y gozo (Sal. 23:5; Heb. 1:9). En el servicio para la ordenación de sacerdotes y la dedicación para el servicio sacerdotal, se ungía con aceite la cabeza del sumo sacerdote (Ex. 29:7; Lev. 16:32). Los pecados del hombre se transferían al animal del holocausto poniendo las manos sobre la cabeza de este (Ex. 29:10,15,19).

Hombres y mujeres en el Medio Oriente todavía usan tocados y se cubren la cabeza.

La cabeza forma parte de diversas expresiones coloquiales. Los judíos juraban por la cabeza (Mat. 5:36). La tristeza o el dolor se mostraban poniendo las manos sobre la cabeza o colocando cenizas sobre ella (2 Sam. 13:19). En otras oportunidades, se demostraba dolor rapándose la cabeza (Job 1:20). "Amontonar ascuas sobre su cabeza" equivalía a hacer avergonzar al enemigo al devolverle con bien el mal recibido (Prov. 25:21-22; Rom. 12:20). Menear la cabeza expresaba desprecio (Mar. 15:29), mientras que inclinarla era señal de humildad (Isa. 58:5). Finalmente, "las canas son una honrosa corona que se obtiene en el camino de la justicia" (Prov. 16:31 NVI).

Darlene R.. Gautsch

CABEZA DE LA IGLESIA Título de Cristo (Ef. 4:15; Col. 1:18). En Efesios se desarrolla cuidadosamente la metáfora de Cristo como cabeza de Su cuerpo, la iglesia. Ese papel de supremacía implica la idea de la autoridad de Cristo (1:22; 5:23) y la sumisión que se requiere de la iglesia (5:24). Pero hay más que la sola afirmación de la autoridad de Cristo. El enfoque está sobre el carácter de la relación del Señor con la iglesia. A diferencia de los señores y amos humanos interesados en sí mismos (Luc. 22:25), Cristo ejerce Su autoridad en beneficio de la iglesia (Ef. 1:22), y la alimenta y la cuida como uno cuida su propio cuerpo (5:29). El señorío de Jesucristo también señala la interrelación entre Él y la iglesia. El misterio del esposo y la esposa que llegan a ser "una carne" se aplica a la iglesia y a Cristo (5:31), que es "la plenitud de Aquel que todo lo llena en todo" (1:23). En Col. 1:18, la idea de Cristo como "cabeza" vuelve a ser compleja, y no sólo incluye la idea de cabeza como autoridad sino también como fuente (1:15-20). La iglesia está llamada a seguir a la cabeza y a descansar confiada en su relación con Él.

CABÓN Nombre geográfico de significado incierto. Ciudad del territorio asignado a la tribu de Judá (Jos. 15:40). Se desconoce su ubicación.

CABRA Mamífero rumiante con cuernos, orejas largas caídas, y generalmente cubierto de pelo largo negro. A veces tenían motas. Uno de los tipos de cabras mencionado en la Biblia se ha identificado como la cabra siria. Fue domesticada mucho antes de la época bíblica. La cabra de los tiempos bíblicos probablemente tenía orejas largas y cuernos curvados hacia atrás. Tanto la hembra como el macho tenían cuernos. El color más común era el negro. Era una fuente importante de alimento; el macho también se usaba en los sacrificios (Lev. 22:27). Un macho cabrío (denominado Azazel, chivo expiatorio) se seleccionaba al azar una vez al año en el Día de la Expiación para que simbólicamente cargaran con los pecados de la nación de Israel (Lev. 16:10-22). La piel de cabra se usaba para hacer prendas de vestir, instrumentos musicales y recipientes para agua; con el pelo se tejían paños (Ex. 26:7). Las cabras son sumamente destructivas para la vegetación y así contribuyen a la erosión porque arrancan las plantas del suelo. Algunos dibujos muy antiguos muestran cabras comiendo árboles. Las ovejas y las cabras pastaban en los mismos lugares, pero había que separar los rebaños porque el macho cabrío a menudo era hostil a las ovejas. (Mat. 25:32). En la actualidad es frecuente encontrar cabras negras, grises, marrones, blancas y de una variedad de colores mezclados. Ver *Íbice*.

CABRA, PIEL DE Cuero de cabra que los moradores del desierto utilizaban como vestimenta (Heb. 11:37) y odres para agua (Gén. 21:14) y vino (Jos. 9:4). Génesis 27:16 relata que Rebeca puso piel de cabra sobre el cuello y los brazos de

Jacob como parte del plan para engañar a Isaac y obtener su bendición. Ver *Cabra.*

CABSEEL Nombre geográfico que significa "que Dios reúna". Ubicado en la región sudeste de Judá cerca de la frontera con Edom (Jos. 15:21). Ciudad natal de Benaía, oficial durante los reinados de David y de Salomón (2 Sam. 23:20; 1 Crón. 11:22). Ver *Jecabseel.*

CABUL Nombre geográfico que significa "encadenado" o "trenzado". **1.** Ciudad del límite noreste de Aser (Jos. 19:27). Podría estar ubicada en la moderna Kabul, a 14 km (9 millas) al sudeste de Aco. **2.** Región de ciertas ciudades de la región de Galilea que Salomón le entregó a Hiram, rey de Tiro, como pago por los materiales y los servicios para la edificación del templo y del palacio. A Hiram no le gustaron y las llamó "Cabul", un juego de palabras en hebreo que quiere decir "como nada" "sin valor". Aparentemente, Hiram esperaba otro obsequio como retribución por su "regalo", según el protocolo del Cercano Oriente, ya que le había dado a Salomón 120 talentos de oro (1 Rey. 9:10-14).

CADEMOT Nombre geográfico que significa "lugares antiguos" o "lugares orientales". Una de las ciudades de los levitas en el territorio de la tribu de Rubén que se le asignó a la familia de Merari (Jos. 13:18; 21:37; 1 Crón. 6:79). Moisés envió una delegación desde el desierto cercano para ver a Sehón, rey de los amorreos, y pedirle permiso para atravesar su tierra (Deut. 2:26). La ciudad se asocia con Kasr ez-Za'feran o con Khirbet er Remeil. Ambas ciudades están en la misma región y existían en la época de Abraham. Ver *Levitas, Ciudades de los.*

CADERA, MUSLO Parte del cuerpo donde se conecta la pierna con el torso. La cadera de Jacob se salió de lugar cuando luchó con Dios en el vado de Jaboc (Gén. 32:25). Los israelitas conmemoraban este enfrentamiento absteniéndose de comer el músculo que se inserta en la glena de la cadera (Gén. 32:32). Herir a un enemigo "cadera y muslo" significa atacarlo sin piedad (LBLA) o furiosamente (NVI). El temor de Belsasar frente a la inscripción en la pared (Dan. 5:6 LBLA) se puso en evidencia al aflojársele la cadera.

CADES, CADES-BARNEA Nombre geográfico que significa "consagrado". Sitio donde los hebreos permanecieron durante más de 38 años

Fortaleza de la Edad de Hierro en la zona de la antigua Cades-barnea.

después de partir del Monte Sinaí y antes de entrar a la tierra prometida. El AT lo ubica entre el Desierto de Parán y el de Zin (Núm. 13:3-21,26). Moisés envió a los 12 espías a Canaán desde Cades-barnea (Núm. 13:3-21,26). Los hebreos también intentaron desde allí la infructuosa entrada a Canaán desde el sur (Núm. 13:26; 14:40-45). Cades-barnea es además el lugar donde Abraham luchó contra los amalecitas (Gén. 14:7) y el límite sur de la tribu de Judá (Jos. 15:3).

Se ha debatido mucho sobre la ubicación real de Cades-barnea, pero los dos sitios que se mencionan con más frecuencia son Ein-Qedeis y Ein el-Qudeirat. Ambos lugares están en la parte norte de la Península de Sinaí, y ambos tienen un manantial. La mayoría de los eruditos actualmente aceptan Ein el-Qudeirat debido a la abundancia de agua que presenta (los manantiales y oasis más grandes de la región norte de Sinaí). Ein el-Qudeirat está ubicada en el cruce de dos rutas principales de la antigüedad, el camino de Edom a Egipto y el del Mar Rojo hacia el Neguev y el sur de Canaán, que posteriormente fue el sur de Judá. La ubicación en el camino de Egipto a Edom se adecuaría bien al contexto bíblico de Cades-barnea como el oasis donde se establecieron los hebreos durante el peregrinaje

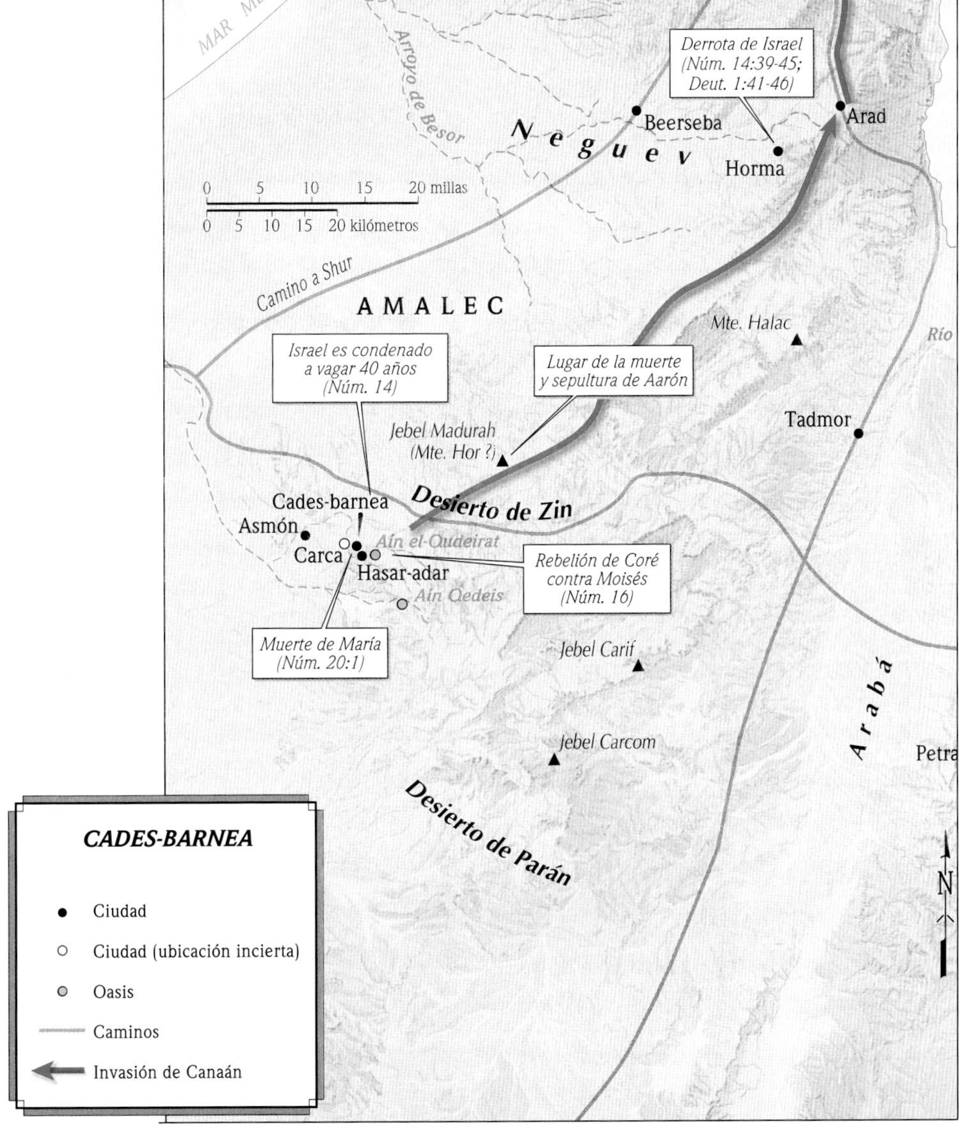

en el desierto. Asimismo, la ubicación de Cades-barnea junto al camino en dirección norte-sur tal vez explique haber intentado invadir Canaán en Arad, ya que esta ciudad se encuentra al norte de Cades-barnea sobre esa misma ruta.

Las excavaciones en Ein el-Qudeirat han descubierto importantes fortalezas que datan desde el período de Salomón hasta la caída de la monarquía (siglo X a.C. hasta el siglo VI a.C.), pero hasta la fecha no se han hallado restos del período de la peregrinación en el desierto. Esto hace surgir la pregunta en cuanto a dónde estaba Cades-barnea. No obstante, el sitio aún no se ha excavado plenamente, y tampoco ha salido a la luz ningún lugar alternativo.

Joel F. Drinkard (h)

CADES, MERIBA DE Nombre geográfico que a veces se traduce "aguas de la rencilla" (Núm. 20:2-13; Deut. 32:51; Ex. 17:1-7; Ezeq. 47:19). Es la ciudad de Cades-barnea. Ver *Cades, Cades-barnea.*

CADMIEL Nombre de persona que significa "Dios es desde la antigüedad" o "Dios va delante". **1.** Levita que regresó del exilio babilónico con Zorobabel. Representante del linaje de Hodavías (Esd. 2:40; Neh. 7:43), conocido también como linaje de Judá (Esd. 3:9). Ayudó a reconstruir el templo. **2.** Levita que ayudó a Esdras con la confirmación del pacto después de regresar del exilio (Neh. 9:4,5). **3.** Levita que firmó el pacto después del exilio (Neh. 10:9). La relación entre estas personas no es clara. Es probable que todos representen a la misma persona o que sean padre e hijo.

CADMONEOS Nombre de un pueblo que significa "orientales". Tribu que Dios le prometió a Israel que iba a despojar (Gén. 15:19). Probablemente habitaban en el Desierto Siro-arábigo entre Palestina-Siria y el Éufrates, lo que equivale decir las regiones al oriente de Canaán. Sus nombres a menudo se asocian con el idioma árabe. Tal vez estén relacionados con "los del oriente" de Jue. 6:33. Los hijos de las concubinas de Abraham fueron enviados a vivir "a la tierra oriental" lejos de Isaac (Gén. 25:6). A Job (Job 1:3), a los reyes madianitas que cabalgaban en camellos (Jue. 8:10-12,21,26) y a los sabios cuyos nombres tienen connotaciones árabes (1 Rey. 4:30,31) se los describe como orientales.

CAFIRA Nombre geográfico que significa "reina de los leones". Está situada en Khirbet Kefire, alrededor de 6 km (4 millas) al oeste de Gabaón. Una de las cuatro ciudades gabaonitas que Josué liberó de la coalición encabezada por el rey de Jerusalén (Jos. 9:17). Josué se la asignó a la tribu de Benjamín (Jos. 18:26). Algunos de sus habitantes exiliados regresaron a la aldea postexílica junto con Zorobabel (Esd. 2:25).

CAFTOR Lugar de origen de los filisteos (Amós 9:7). En Jer. 47:4 y Deut. 2:23 también se alude a los filisteos como habitantes de Caftor (comp. Gén. 10:14). Aunque en ocasiones se han propuesto varios lugares como ubicación, los eruditos actuales generalmente concuerdan en que Caftor es la isla de Creta. Ver *Creta; Filisteos.*

CAFTORIM Habitantes de Caftor o de Creta. También se los llama caftoritas y caftoreos. Ver *Caftor.*

CAÍDA, LA Nombre tradicional para el primer pecado de Adán y Eva que produjo juicio sobre la naturaleza y la humanidad.

En Génesis, el ser humano creado a imagen de Dios (Gén. 1:26-28) tenía dominio sobre todo. El hombre y la mujer fueron colocados en la tierra con el mandamiento de obedecer (Gén. 1:28). La idea bíblica de dominio sugiere una mayordomía servicial y no un mero poder (Mat. 20:25-28).

El pecado en el huerto Génesis describe a los seres humanos como creación especial de Dios (2:7), ubicados en un jardín especial también creado por Él (2:8-15). Existen tres características fundamentales para entender el papel del ser humano en el Edén: (1) Adán fue colocado en el huerto "para que lo labrara y lo guardase" (2:15). Dios proveyó esa vocación para satisfacción del ser humano. (2) A los primeros seres humanos se les concedió gran libertad y autodeterminación en el huerto. Esta libertad les permitió tomar de la abundancia de la creación de Dios (2:16). (3) No obstante, su libertad y autodeterminación eran limitados. Dios les prohibió que tomaran del fruto del árbol de la ciencia del bien y del mal (2:17). Los eruditos han señalado que estas tres características pertenecen únicamente a los seres humanos. Cada persona debe enfrentar la vocación, la libertad y la prohibición. La plena humanidad se experimenta sólo cuando se mantienen estas tres cosas.

En cierto modo, la "ciencia del bien y del mal" haría a los seres humanos semejantes a Dios (Gén. 3:5,22). Algunos estudiosos de la Biblia consideran que el árbol abarcaba todo el conocimiento, es decir, la gama completa de la experiencia. Otros sostienen que el árbol proporciona conocimiento de naturaleza moral. Hay quienes afirman que el conocimiento adquirido era simplemente una experiencia sexual.

El propósito del árbol en el relato provee una clave para una explicación más satisfactoria. El árbol era objeto y símbolo de la autoridad de Dios. El árbol les recordaba a Adán y a Eva que su libertad no era absoluta sino que debían ejercerla en dependencia de Dios. Con orgullosa rebeldía, ellos intentaron tener la capacidad de gobernarse a sí mismos; establecer una total independencia para proceder. Tal dominio absoluto le pertenece únicamente a Dios. La ambición de ellos afectó todos los aspectos de la experiencia humana. Por ej. reclamaron el derecho a decidir qué era bueno y malo.

La serpiente La serpiente apareció en la historia repentinamente. En Génesis sólo se la identifica como una criatura. La reflexión teológica la ha identificado como instrumento de Satanás y, por eso, ha sido legítimamente maldita y descrita como enemigo de la simiente de la mujer (Gén. 3:14-15). Más adelante, las Escrituras declaran también que Satanás es, en definitiva, el tentador (1 Jn. 3:8; Apoc. 12:9). No obstante, su presencia no reduce la responsabilidad humana. Las Escrituras señalan que la humanidad no puede culpar de su pecado a la tentación demoníaca (Sant. 1:12-15).

La serpiente comenzó la conversación con una pregunta que evidentemente distorsionó, o por lo menos amplió, la orden de Dios de no comer del árbol (Gén. 3:1). El interrogador invitó a la mujer a entrar en una conversación sobre Dios y a tratarlo a Él y Su palabra como objetos para considerar y evaluar. Más aún, la serpiente describió a Dios como alguien que sádica y arbitrariamente había aplicado una prohibición a la pareja a fin de que el disfrute del jardín fuera restringido.

Aparentemente, la mujer intentó defender la orden divina. Al responderle a la serpiente, citó el mandamiento de Dios. El texto no nos dice cómo fue que ella o la serpiente llegaron a conocer ese mandamiento. Tal vez Adán haya transmitido la información que había recibido inicialmente antes de la creación de la mujer (Gén. 2:17-18). Por lo tanto, ella podría representar a todos los que reciben la palabra de Dios por mediación "humana" pero que, sin embargo, son llamados a creer (comp. Juan 20:29). Ella respondió con una reafirmación del permiso de Dios de comer libremente de los frutos del huerto (Gén. 3:2). Luego habló de la prohibición de Dios en cuanto a ese árbol en medio del jardín. Tal vez la ansiedad que le produjo dudar del carácter divino hizo que agregara algo a las palabras de Él; amplió la orden incluyendo la prohibición de *tocar* el árbol, y en consecuencia elaboró su propia ley. Es interesante que el primer desafío a la palabra divina no incluyó una supresión sino un agregado, tanto de parte de la serpiente como de la mujer. La caída humana inicial frente a la tentación comenzó al dudar del mandamiento de Dios y de Su carácter amoroso.

La disposición de la mujer a emitir juicio sobre la instrucción de Dios y el agregado que efectuó, aunque aparentemente eran inofensivos, permitieron que la serpiente continuara audazmente con un ataque directo al carácter divino. Declaró que la pareja en realidad no moriría. En su lugar, argumentó que la motivación de Dios era impedir que ellos fueran como Él. La serpiente afirmó que las frases, "serán abiertos vuestros ojos, y seréis como Dios, sabiendo el bien y el mal" (Gén. 3:5), fueron lo que motivó a Dios para que dictara la prohibición. En realidad, esas frases expresan la motivación humana para quebrantar el mandamiento. Adán y Eva estaban descontentos con su libertad porque pensaban que podían tener más. Querían una libertad sin restricciones; no ser responsables ante nadie, ni siquiera ante Dios. La serpiente parecía estar segura de que el comer produciría igualdad, no muerte.

La mujer estaba frente al árbol. Inicialmente, observó que la fruta era buena para comer. También la consideró agradable a la vista. Aún más atractiva para su vanidad era la esperanza recién descubierta de que le otorgaría conocimiento (Gén. 3:6; comp. 1 Jn. 2:16). Comió del fruto y se lo dio a Adán, quien también comió.

Los resultados del pecado El pecado tuvo resultados inmediatos en la relación de la pareja; la actitud "primero yo" y "solamente yo" que desplegaron frente a Dios afectó la forma en que se vieron el uno al otro. La confianza mutua y la intimidad del vínculo en una sola carne (Gén. 2:24) fue devastada por la desconfianza. Esto no sugiere que el conocimiento del bien y el mal se refiera a la conciencia sexual. La relación sexual es un mandamiento y una bendición de Dios previos a la caída (Gén. 1:28). Ante la ausencia de confianza mutua, la intimidad plena implica completa vulnerabilidad (Gén. 3:7).

La pareja también se sintió impulsada a esconderse de Dios cuando lo oyeron caminar por el huerto. Mientras la actitud de la pareja era confianza en amor, aparentemente estaban cómodos en la presencia de Dios. Después del pecado, la vergüenza se tornó en característica apropiada de sus relaciones, tanto humanas como divinas (Gén. 3:8). Los pecadores no pudieron permanecer escondidos. Dios buscó y preguntó: "¿Dónde estás tú?" (Gén. 3:9). Esta podría ser una pregunta normal, pero algunos la ven como la triste antelación divina en cuanto a lo que vendría después. Los pecadores finalmente deben hablar con Dios. Adán admitió que la presencia divina le provocaba temor, y que la vergüenza humana lo llevó a esconderse (Gén. 3:10).

La siguiente pregunta de Dios alejó la atención del hombre de la situación que experimentaba por su pecado (Gén 3:11). La pareja ahora debía enfrentar a su Creador. El hombre admitió su pecado, pero recién después de recordarle enfáticamente a Dios que la mujer lo había inducido a participar. La mujer participó por igual en la acción, pero inmediatamente culpó a la serpiente engañosa (Gén. 3:12-13). Tanto la vergüenza como la culpa, se producen de manera bastante natural en la humanidad.

Inmediatamente Dios pasó al castigo. A la serpiente no la interrogó porque no era portadora de Su imagen; no era alguien en quien Dios pudiera hallar ninguna representación ni relación. La (literalmente) baja condición de la serpiente es un símbolo de la humillación que Dios iba a producir en aquellos que se oponen a Él. Los conflictos que se sucedieron no iban a ocurrir solamente a nivel natural entre la serpiente y los otros animales (v.14), ni entre la serpiente y los seres humanos (v.15). La "simiente" de la mujer representa al Mesías, y la "simiente" de la serpiente representa a Satanás y sus seguidores. Por lo tanto, un sentido más profundo del versículo promete la victoria final de Cristo sobre Satanás (Gén. 3:14-15).

El castigo de la mujer estaba ligado a su papel singular en el cumplimiento del mandato divino (Gén. 1:28). Su privilegio de participar en la obra creadora de Dios se frustró por el intenso dolor que le significaría. A pesar de dicho dolor, ella seguiría deseando tener intimidad con su esposo, pero su deseo quedaría frustrado por el pecado. Anhelaría controlar a su esposo, pero Dios le había dado a él el papel de "señorear" sobre ella (Gén. 3:16).

El castigo de Adán también abarcó la frustración de su servicio. Él era culpable de haber seguido el consejo pecaminoso de su esposa y haber comido del árbol prohibido (Gén. 3:17). La provechosa producción previa a la caída desapareció. De allí en más, aun su mayor esfuerzo se frustraría a causa de la maldición de la tierra. Aparentemente, la tierra fue maldecida por estar bajo la jurisdicción de Adán. Esta mentalidad colectiva nos resulta extraña, pero los autores bíblicos reconocen la necesidad de redención de la naturaleza (Isa. 24; Rom. 8:19-23; Col. 1:15-20).

Resultado y epílogo El derecho del hombre de ponerle nombre a la mujer es una señal del orden caído, pero la esperanza persiste. La humanidad puede continuar porque la mujer tiene la capacidad de tener hijos. En definitiva, la esperanza surgió a partir de la determinación divina de preservar Su creación. Algunos tal vez esperaban que Dios se echara atrás y abandonara a los pecadores para que gustaran la miseria que seguiría, pero Yahvéh, el dador de la gracia, proveyó vestiduras para la humanidad caída (Gén. 3:20-21).

Yahvéh reconoció la verdad parcial de la afirmación de la serpiente: la autonomía de Adán y Eva los había hecho como la Deidad (Gén. 3:5,22). En esas circunstancias, el acceso al árbol de la vida no es apropiado. Muchas preguntas vinculadas con la naturaleza condicional del árbol de la vida quedan aquí sin respuesta (Ezeq. 47:12; Apoc. 2:7; 22:2,14,19) Como un juicio trágico, la pareja pecadora fue echada del huerto que Dios les había preparado como morada. Querubines guardianes protegerían el huerto y el árbol (Gén. 3:22-24) y, de esa forma, misericordiosamente impediría que las personas entraran en un período interminable de lucha. La mentira de la serpiente con respecto a la muerte (Gén. 3:4) se hizo visible. El pecado humano produjo la muerte (Gén. 3:19,22). Algunos lectores se preguntan por qué la muerte no sucedió ese día, tal como Dios aparentemente había prometido (Gén. 2:17), pero es probable que la expresión hebrea simplemente signifique "cuando". También debemos recordar la gracia de Dios al permitir que la vida siguiera, y la perspectiva hebrea de que la muerte, además de muerte física, implica separación de Dios (Job 7:21; Sal. 88:5,10-12; Isa. 38:18-19).

El Nuevo Testamento Los escritores del NT supusieron la condición caída tanto de los seres humanos como de la naturaleza. Ambos gimen por la redención (Rom. 8:19-23). Al comparar a Adán con Cristo, Pablo declaró que el pecado y la muerte habían entrado al mundo por Adán, y que el pecado y la muerte ahora están en toda la humanidad (Rom. 5:12; 6:23). A Adán se lo describe como representante de la humanidad, cuyos integrantes participan de su castigo (Rom. 5:19).

Randy Hatchett

CAIFÁS Nombre de persona que significa "roca" o "depresión". Sumo sacerdote en la época del juicio y la crucifixión de Jesús (Mat. 26:3). Fue yerno de Anás y líder del complot para arrestar y ejecutar a Jesús. Se sabe relativamente poco de su vida. Aparentemente fue designado sumo sacerdote en el 18 d.C. y sirvió en esa función hasta el 36 ó 37 d.C. Sus restos se hallaron en un osario de una cueva para sepultura en Jerusalén que también contiene los restos de muchos miembros de su familia. Ver *Cruz, crucifixión; Levitas; Sacerdotes.*

Charles W. Draper

CAÍN **1.** Nombre de persona que significa "adquisición". Hijo primogénito de Adán y Eva (Gén. 4:1). Aunque se discute el significado del nombre, el razonamiento de Eva para nombrarlo así, sugiere una relación con una raíz hebrea que significa "adquirir". Caín era agricultor y su hermano Abel era pastor. Cuando los dos hombres le presentaron una ofrenda a Dios, la de Abel fue aceptada pero no así la de Caín, quien posteriormente mató a su hermano. Dios lo castigó quitándole la capacidad para trabajar la tierra de manera productiva y lo convirtió en un fugitivo errante. Sin embargo, le colocó una señal para protegerlo de cualquier persona que procurara vengar el asesinato de Abel. **2.** Nombre de lugar que significa "herrero". Ciudad al sudeste de Hebrón en el sur de Judá (Jos. 15:57). Se la identifica con Khirbet Yaqin. Según la tradición árabe, Abraham observó la destrucción de Sodoma y Gomorra desde una colina cercana. Caín era un asentamiento de los ceneos. Ver *Ceneos.*

CAINÁN Nombre de persona de significado desconocido. **1.** Antepasado de Noé (Gén. 5:10-14); considerado a veces una variante en la forma de escribir Caín (Gén. 4:17). Está incluido en la genealogía de Cristo (Luc. 3:37). **2.** Descendiente de Noé que se incluye en la lista de la LXX de Gén. 11:12 pero no en la del hebreo. Lucas utilizó esta traducción griega primitiva del AT e incluyó a Cainán entre los antepasados de Cristo (Luc. 3:36). Ver *Enós.*

CAL Material blanco y cáustico que consiste principalmente en óxido de calcio obtenido mediante calentamiento a alta temperatura de la piedra caliza o los caparazones de animales. Mezclada con agua, se usaba como revoque (Deut. 27:2,4). Quemar los huesos de alguien hasta convertirlos en cal era sinónimo de una aniquilación completa (Isa. 33:12), y se lo consideraba un crimen particularmente atroz (Amós 2:1).

CAL, PIEDRA DE Piedra frágil fácilmente triturable que se utilizó para hacer una comparación con la destrucción del altar (Isa. 27:9).

CALA Nombre asirio de lugar. Ciudad que edificó Nimrod junto con Nínive y Rehobot (Gén. 10:8-12). Es la moderna Tell Nimrud sobre la orilla oriental del Río Tigris donde se une al Río Zap Superior; ubicada a 32 km (20 millas) al sur de Nínive. Asurbanipal II (883–859 a.C.) la convirtió en capital de Asiria. Se han excavado importantes descubrimientos arqueológicos asirios que incluyen el palacio de 2,5 ha (6 acres) de Asurbanipal II. Ver *Asiria.*

CALABAZA Fruto no comestible de corteza dura del género de la *Lagenaria* o *Cucurbita.* Para adornar el interior del templo (1 Rey. 6:18) y el borde del mar de bronce (1 Rey. 7:24) se emplearon motivos con forma de calabaza. La calabacera que aparece en Jon. 4:6-10 no se puede identificar con precisión. La Vulgata (la traducción latina antigua) manifiesta que la planta se trata de una hiedra. Numerosas traducciones modernas simplemente hacen referencia a una planta o arbusto. La NVI traduce el término "vid". Muchos intérpretes consideran que se trata de una planta de ricino (*Ricinus communis*).

CALABAZA SILVESTRE Planta venenosa, probablemente *Citrillus colocynths* (2 Rey. 4:39).

CALAFATEADORES Personas que colocaban sustancias como asfalto en las juntas de los tablones de un barco para hacerlos herméticos (Ezeq. 27:9,27). Ver *Asfalto.*

CALAI Nombre de persona que significa "veloz" o "luz". Jefe de los sacerdotes que regresó del exilio durante la época del sumo sacerdote Joiacim (Neh. 12:20).

CÁLAMO Ingrediente del aceite santo de la unción (Ex. 30:23). Era una especia aromática hecha a partir de una caña importada. También se traduce "caña aromática" (NVI, LBLA). Ver *Plantas.*

CALAVERA Ver *Calvario.*

CALCAÑAR, LEVANTÓ SU Levantar el calcañar contra alguien es volverle la espalda y unirse a los enemigos. Jesús aplicó el término a Judas, quien aceptó la hospitalidad de Jesús pero luego planificó el arresto del Señor (Juan 13:18).

CALCOL Nombre de persona de significado incierto. Sabio que sirvió de comparación con respecto a la sabiduría insuperable de Salomón (1 Rey. 4:31). En 1 Crón. aparece como nieto de Judá, el hijo de Jacob.

CALDEA Se refiere a una localidad geográfica (Caldea) o a las personas que allí vivían (caldeos). Ubicada en la región central y sudeste de la Mesopotamia, es decir, la tierra situada entre las porciones más bajas de los Ríos Tigris y Éufrates. Actualmente Caldea se encuentra en la nación de Iraq, muy cerca de su frontera con Irán, y se extiende hasta el extremo del Golfo Pérsico.

Los caldeos En tiempos del AT, diferentes pueblos ocuparon el sudeste mesopotámico en épocas diversas. Uno de esos grupos fueron los caldeos, cuyo nombre deriva del término antiguo *Kaldai,* que se refiere a varias tribus arameas que se trasladaron a la baja Mesopotamia entre el 1000 y 900 a.C. Su nueva tierra era una llanura plana y aluvial con pocos recursos naturales, muchos pantanos, primaveras con inundaciones y veranos muy cálidos.

Relación con Babilonia Los caldeos al principio vivieron en asentamientos tribales y rechazaron la sociedad urbana de los babilonios que se encontraban al noroeste, denominados de esta manera en relación a Babilonia, la importante ciudad-estado de la región, a la que el AT se refiere en más de 300 ocasiones. En una época, Babilonia fue la ciudad capital del gran rey Hammurabi (aprox. 1763–1750 a.C.), recordado por el imperio que creó y por el famoso código legal que lleva su nombre.

A medida que fue pasando el tiempo, gradualmente los caldeos fueron obteniendo dominio sobre Babilonia. Durante el proceso también adoptaron el título de "babilonios", o más precisamente, "neo-babilonios". Como resultado, los términos caldeo(s) y (neo)-babilonio(s) se pueden utilizar indistintamente (Ezeq. 1:3; 12:13). Ver *Babilonia.*

En el siglo VIII a.C., los caldeos se erigieron en campeones de la resistencia contra Asiria, una fuerza imperial peligrosa y agresiva que llegaba de la alta Mesopotamia. En este momento los caldeos comenzaron a aparecer en al AT, primero como posibles aliados de Judá contra Asiria, pero más tarde como una amenaza directa a Judá y Jerusalén. *Tony M. Martin*

CALDERERO Término que en épocas antiguas se aplicaba a los que trabajaban el metal o a los herreros en general. El nombre ceneo significa "herrero". Un tal Alejandro fue el calderero que causó problemas en la iglesia primitiva (2 Tim. 4:14). Ver *Ceneos.*

CALDERO Un utensilio de cocina hecho de diversos materiales, que los traductores utilizaron para traducir distintas palabras hebreas. Se usaba tanto en la casa como en el templo (1 Sam. 2:14; 2 Crón. 35:13; Job 41:20; Jer. 52:18,19; Miq. 3:3). Ver *Alfarería.*

CALEB Nombre de persona y de familia que significa "perro". **1**. Hijo de Jefone. Fue uno de los doce espías que envió Moisés para investigar el territorio de Canaán (Núm. 13:6), y fue uno de los únicos dos que volvieron con un informe positivo (Núm. 13:30). Debido a su inconmovible lealtad al Señor, Dios lo recompensó permitiéndole vivir durante los años del peregrinaje en el desierto y le concedió la región de Hebrón como herencia en la tierra prometida. Caleb conquistó Hebrón a la edad de 85 años (Jos. 14).

La identidad etnológica de sus descendientes es incierta. En Núm. 13:6, a Caleb se lo identifica con la tribu de Judá. No obstante, según Núm. 32:12, su padre Jefone era cenezeo. Estos eran aparentemente de origen edomita (Gén. 36:9-11). Quizá Caleb representara a una familia cenezea que se había unido a los israelitas y que había sido incorporada a la tribu de Judá. **2**. Hijo de Hezrón, hijo de Fares (1 Crón. 2:18).

CALEB DE EFRATA Lugar donde murió Hezrón, padre de Caleb (1 Crón. 2:24). Efrata era otro nombre de Belén. De otro modo, Caleb de Efrata sería desconocido. Ver *Belén; Efrata.*

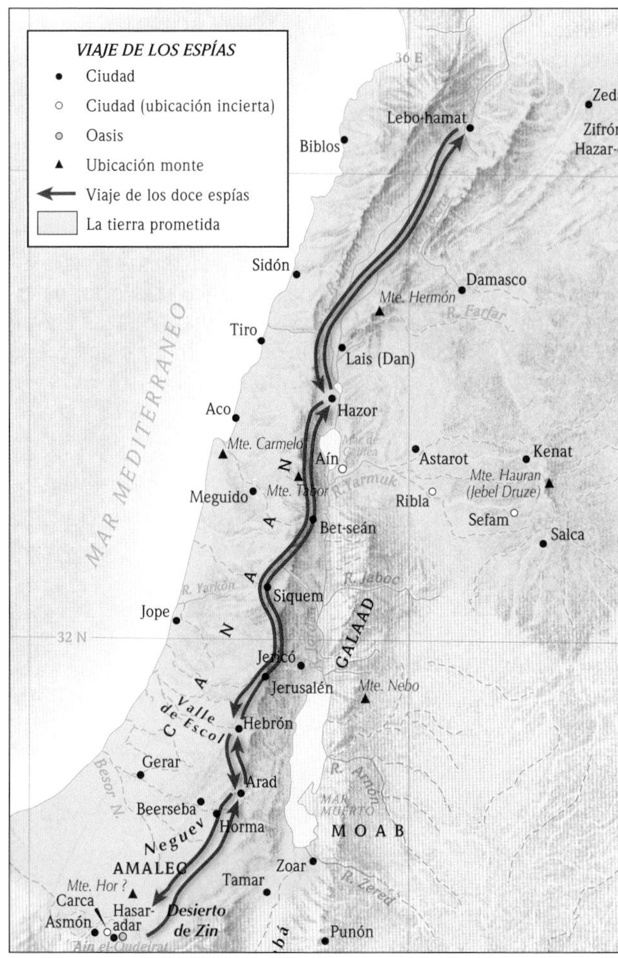

CALENDARIOS El AT menciona días, meses y años, los elementos básicos de un calendario, pero no efectúa ninguna prescripción para reglamentarlo. Durante el período rabínico el tratado escrito sobre las tradiciones judías, *Rosh ha-shaná*, una parte de la Mishná, organizó la información bíblica colocándola dentro del sistema calendario detallado que los judíos observan en la actualidad. Podemos suponer que lo que codificaron los rabinos constituía la práctica general de los judíos del primer siglo, la época de Cristo y los apóstoles, pero el NT ofrece pocos datos calendarios directos. Los períodos que se utilizan para establecer la fecha de ciertos acontecimientos importantes no mencionan ni el día ni el mes sino el nombre de algunas festividades judías antiguas: la Pascua (comúnmente en las porciones escriturales sobre la pasión, Mat. 26, Mar. 14, Luc 22, Juan 18–19; inclusive, en Luc. 2:41 y en los siete pasajes de Juan que preceden a la pasión); el día de Pentecostés (la fiesta judía de las semanas, Hech. 2:1; 20:16; 1 Cor. 16:8); y la fiesta de la dedicación (*Januká* de los judíos, Juan 10:22). El NT no proporciona evidencia de que los judíos, tanto dentro como fuera de Palestina, observaran el calendario romano que comienza el 1 de enero, pero el libro apócrifo de 1 Macabeos y el historiador judío Josefo sí reemplazan los nombres griegos (macedonios) de los meses con los nombres judíos. Es probable que en cuestiones de negocios los judíos de habla griega los utilizaran libremente. No obstante, esto no era mucho más que una convención lingüística, ya que los meses griegos se corresponden con los judíos, lo cual marca poca diferencia en la base del cálculo calendario.

El año Evidencias antropológicas de muchas regiones demuestran que en las épocas más remotas era posible graficar el curso del sol en su órbita anual, lo que sucede en aprox. 365 días. Los equinoccios primaverales y otoñales (el tiempo de la primavera y otoño respectivamente en que los días y las noches tienen la misma duración) generalmente se designaban como el comienzo de un año nuevo. En base a los datos bíblicos y a escritos del Cercano Oriente, sabemos que todos los pueblos de la región de la Mesopotamia, como así también los árabes, los griegos y los romanos, escogían el primero debido indudablemente a que la primavera es el momento en que brota la vida nueva. No obstante, en Fenicia, Canaán e Israel se escogió la fecha de otoño probablemente porque la cosecha señalaba el final de un ciclo agrícola y la preparación para el siguiente. En los períodos exílico y postexílico, los judíos adoptaron el año nuevo de primavera, sin embargo desde los tiempos rabínicos se ha observado el año nuevo de otoño.

En base a evidencias bíblicas y arqueológicas podemos describir tres maneras de calcular los años y dividir los meses de un año nuevo al otro. Cada una refleja un sistema social y una ideología religiosa diferente.

Primero, una sociedad básicamente agrícola se refleja en el "Calendario Gezer" descubierto por R. A. S. Macalister. Este es en realidad un ejercicio escolar en el que las letras hebreas primitivas se escriben sobre una tablilla de arcilla. Dice:

Sus dos meses son cosecha (de olivos),
Sus dos meses son siembra (de granos),
Sus dos meses son plantación tardía;
Su mes es pasar la azada al lino,
Su mes es la cosecha de cebada,
Su mes es cosecha y festividad;
Sus dos meses son el cuidado de las viñas,
Su mes es fruto del verano.

(traducido al inglés por W. F. Albright, *Textos Antiguos del Cercano Oriente [Ancient Near Eastern Texts]*.; traducción al castellano, Alicia A. Güerci)

Es importante observar dos cosas: (1) la lista comienza en el otoño y termina en el verano siguiente; (2) debido a que alterna entre períodos de dos meses y un mes y no menciona el nombre o el número de los meses, podemos ver que la sucesión de las actividades agrícolas es lo que determina el orden de los elementos y que el año se concibe en función de estos en lugar de hacerlo en la observación astronómica.

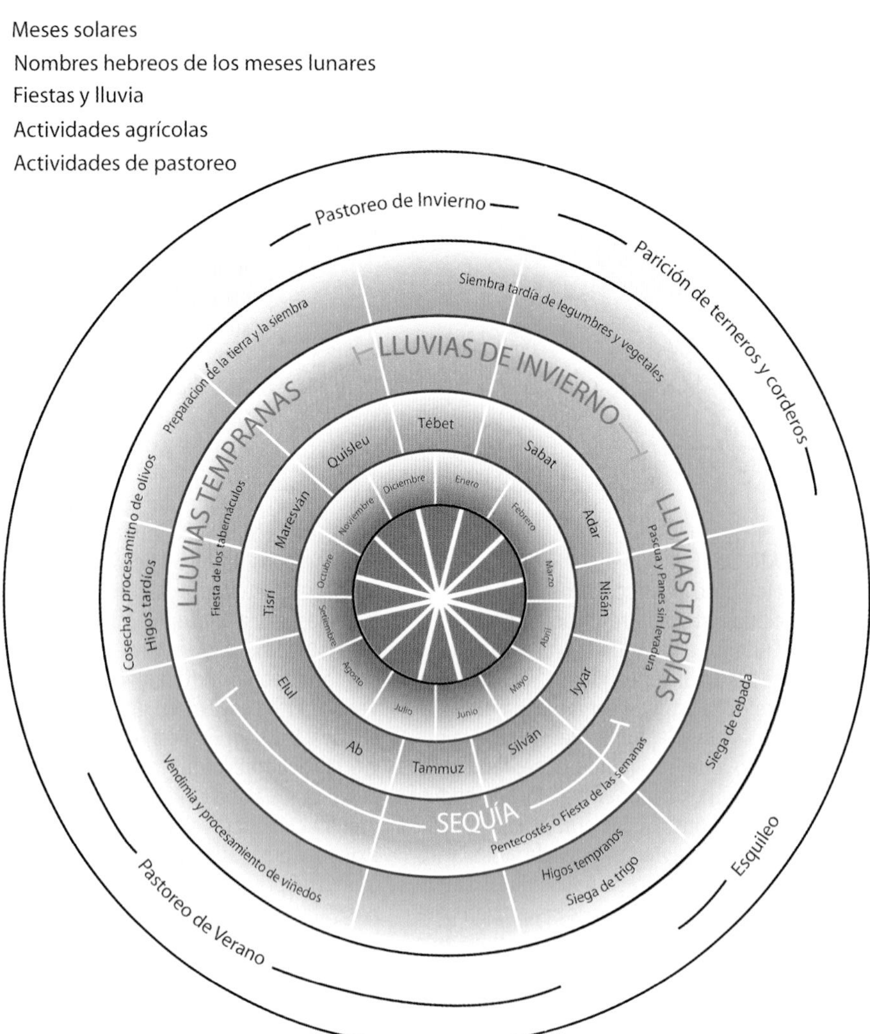

Segundo, la totalidad del AT pasa a un calendario lunar-solar que se basa en la observación de los cuerpos celestes y regula un orden más sofisticado de actividades económicas y religiosas. Este tipo de calendario tuvo una amplia aceptación entre las sociedades más avanzadas. Se denomina "lunar-solar" porque permitía que la órbita del sol señalara el comienzo del año, pero el inicio de los meses se basaba en la observación de las fases de la luna. La primera aparición de la luna nueva señalaba el nuevo mes. Según el Talmud, los sacerdotes observaban el momento en que sucedía y lo proclamaban enviando mensajeros y haciendo sonar trompetas. Ahora bien, el primer problema es que el circuito de la luna es de alrededor de 29 días y 1/2, lo que obliga a una variación entre un mes de 30 días y de 29; y segundo, que doce de estos meses lunares equivalen a 354 días y 1/4, aprox. 11 días más corto que el año solar. Los hebreos aprendieron de los babilonios a agregar un mes adicional cada dos o tres años. En los tiempos rabínicos, este mes "intercalado" se agregó siete veces en 19 años.

Tercero, la secta conocida como esenios creó un calendario puramente solar que combinaba el cálculo matemático con una ideología especial. Ellos descartaban la observación de la luna nueva y le otorgaban 30 días a cada mes, pero agregaban un día especial al final de cada período de tres meses, lo que daba un año de 364 días. Tenemos razones para creer que, cuando este grupo trató de poner en práctica este calendario, las autoridades del templo los envió al exilio. Ese sistema habría perturbado el ciclo oficial de festividades religiosas basado en el año lunar-solar. Tenemos conocimiento acerca de este calendario irregular sólo a partir de libros sectarios, como los rollos de Qumrán.

El mes Además de saber que la duración de los meses variaba, y que la fecha del año nuevo ya sea en primavera o en otoño determinaba cuál era el primero, la historia de Israel nos permite observar un desarrollo interesante en el nombre de los meses. Estos nombres reflejaban la presencia de la influencia de un dominio cultural u otro: primero la de los cananeos y luego la de Mesopotamia.

La práctica más antigua fue utilizar nombres de los meses cananeos, de los que en la Biblia aparecen cuatro: Abib (marzo-abril); Zif (abril-mayo); Etanim (septiembre-octubre); y Bul (octubre-noviembre) (Ex. 13:4; 23:15; 34:18; 1 Rey. 6:1,37, 38; 8:2). Los otros meses cananeos se conocen por inscripciones fenicias. Son todos nombres agrícolas y reflejan un patrón de cálculo estacional como en el caso del calendario Gezer.

La práctica común del AT es simplemente numerar los meses del primero al duodécimo. Algunos de estos meses numerados se encuentran en los pasajes mencionados anteriormente, por lo tanto, es probable que la práctica se remonte al menos hasta la época de la monarquía israelita. Puesto que el primer mes siempre es en primavera, entonces debemos rastrear esta práctica hasta la época de los patriarcas, quienes probablemente la hayan aprendido en la Mesopotamia.

Cuando los judíos regresaron del exilio babilónico, llevaron junto con ellos los nombres del calendario babilónico, al tiempo que contaban el año nuevo a partir de la primavera. Aunque los rabinos volvieron al año nuevo de otoño, el judaísmo conserva como propio estos nombres babilónicos: Nisán (marzo-abril); Iyyar (abril-mayo); Siván (mayo-junio); Tammuz (junio-julio); Ab (julio-agosto); Elul (agosto-septiembre); Tisrí (septiembre-octubre); Maresván (octubre-noviembre); Quisleu (noviembre-diciembre); Tébet (diciembre-enero); Sebat (enero-febrero); Adar (febrero-marzo). El mes insertado se denomina *WeAdar*, "y Adar". *Simon J. DeVries*

CALÍGULA Emperador romano, 37–41 d.C. Ver *Roma y el Imperio Romano.*

Busto de Calígula, César romano, 37–41 d.C.

CALLE DE LOS PANADEROS Calle de Jerusalén donde estaban ubicadas la mayoría, si no todas, las panaderías de la ciudad. En las ciudades antiguas era común que comerciantes y artesanos del mismo rubro se ubicaran cerca unos de otros. Lo más probable era que la residencia del panadero formara parte de la panadería. Sedequías le prometió a Jeremías, a quien había encarcelado, que tendría comida mientras hubiese pan en la calle de los panaderos (Jer. 37:21).

CALLE DERECHA Calle de Damasco donde se hospedó Pablo luego de la experiencia con el Cristo resucitado, que lo dejó ciego (Hech. 9:10-12). Esta calle todavía existe y se llama Darb al-Mustaqim. Ver *Damasco.*

CALLES Caminos establecidos y construidos para el transporte con animales y vehículos. La disposición de calles en las ciudades a menudo se establecía según la forma de las murallas externas. En algunas ciudades había una calle amplia que rodeaba toda la ciudad siguiendo la línea del muro exterior. En otras salían a manera de rayos desde una plaza principal o vía pública. Las puertas de las tiendas, los almacenes

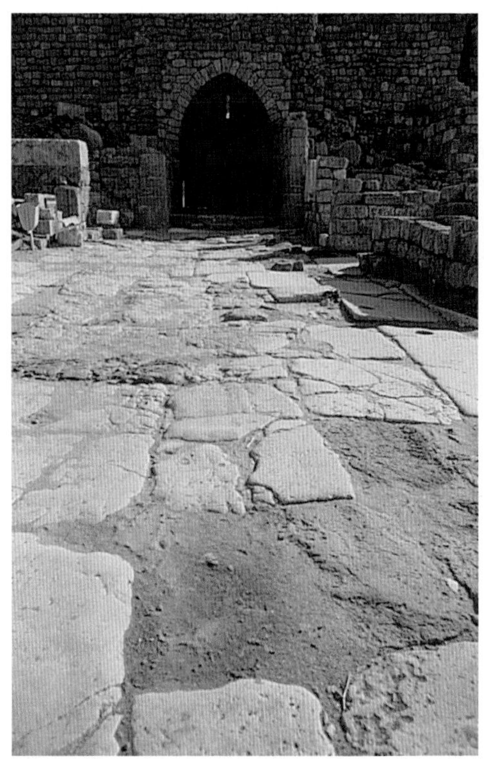

Pavimento romano en la calle principal de Cesarea.

La calle llamada Derecha, en Damasco, Siria.

La calle Curetes, mirando hacia la Biblioteca de Celso, en las ruinas de la antigua Éfeso.

y las casas daban a la calle. A menudo, los desechos del hogar se arrojaban allí. De las calles principales se desprendían pequeños callejones y senderos con muchas curvas que terminaban en un patio central común a varias casas o tiendas. A menudo estaban pavimentadas con piedras grandes y planas, aunque los caminos polvorientos eran comunes. En las urbes más grandes se construían canales de desagüe bajo las calles de la ciudad, algunos para llevar el agua de desecho y otros para recoger el agua de lluvias invernales y canalizarla hacia cisternas. Durante la era del NT, los ingenieros romanos diseñaron ciudades por todo el imperio con calles amplias, rectas y bien construidas que por lo general conducían a una plaza o templo central. Las calles (con grandes baldosas poligonales) estaban bordeadas por aceras con bordillos o cordones elevados. El alcantarillado debajo del pavimento transportaba las aguas residuales y de lluvia. El tráfico constante de carros y peatones solía provocar surcos en las calles, lo que hacía necesario repararlas. *David Maltsberger*

CALNE, CALNO Nombre geográfico de significado incierto. **1.** Parte del reino de Nimrod de Babilonia (Gén. 10:10). No ha sido localizada ni identificada con ninguna otra ciudad conocida. **2.** Ciudad de Siria bajo el dominio de Israel durante la época de Amós e Isaías (aprox. 740 a.C.). Amós invitó a Israel a considerar el destino de Calne como ciudad conquistada, y a comprobar si Israel era de alguna manera realmente mejor que esa ciudad (Amós 6:2). Asimismo, Isaías le advirtió a Jerusalén que Calno (otra forma de escribir Calne) era tan buena como ella y que, aun así, había sido conquistada por Tiglat-pileser de Asiria en el 738 a.C. Es probable que esta Calne sea la moderna Kullan Koy ubicada en el norte de Siria, a 10 km (6 millas) de Arpad.

CALVARIO Nombre del lugar donde Jesús fue crucificado (Luc. 23:33); deriva del latín *Calvaria* y es la traducción de la Vulgata a partir del griego *Kranion*, "calavera". Los otros tres evangelios (Mat. 27:33; Mar. 15:22; Juan 19:17) también se refieren al nombre semita "Gólgota", del aram. *gûlgûlta*, "calavera" o "cabeza". Este significado peculiar, "Lugar de la Calavera" (*Kraniou Topos*), ha dado lugar a diversas especulaciones en cuanto a su origen. Por lo general se sugiere que el sitio correspondía a un lugar convencional y habitual de ejecución, o que físicamente se asemejaba a una calavera humana, o incluso que era probable que allí se encontraran calaveras (o que se podían ver). El texto bíblico no arroja luz sobre el tema. El NT sí revela que estaba ubicado cerca de Jerusalén (Juan 19:20), a las afueras de los muros de la ciudad (Heb. 13:12), aparentemente en las cercanías de un camino muy transitado (Mat. 27:39) y que al parecer se destacaba en el entorno (Mar. 15:40; Luc. 23:49). Cerca de allí había un huerto (Juan 19:41; 20:15) donde se encontraba cavado en la roca el sepulcro de José de Arimatea (Mat. 27:59,60; Luc. 23:53) en el que nadie había sido sepultado jamás (Luc. 23:53; Juan 19:41). Fue sellado con una piedra grande después de la sepultura de Jesús (Mat. 27:60; Mar. 15:46).

En la actualidad hay dos lugares en Jerusalén que declaran ser este sitio antiguo: (1) la Iglesia del Santo Sepulcro, que se encuentra dentro de los muros de la ciudad moderna y que tiene de su lado el peso de la tradición (desde aprox. el siglo IV), y (2) el Jardín de la Tumba que se señaló de manera mucho más reciente (siglo XIX) y está al norte y al este de la

Puerta de Damasco y se conforma íntimamente a los detalles bíblicos (también denominado Calvario de Gordon, nombre que se le dio por el general británico Charles Gordon, quien proporcionó los argumentos para respaldar su validez). *B. Spencer Haygood*

CALVICIE La calvicie natural aparentemente era rara en Israel. Sólo se la menciona en las leyes levíticas acerca de la lepra (Lev. 13:40-43), donde el calvo era declarado "limpio" a menos que la parte calva tuviera evidencias de irritación o hinchazón. La arqueología no ha descubierto descripciones de hombres calvos en Israel. Algunos se burlaron de Eliseo por ser calvo, pero es probable que se hubiera rapado la cabeza en señal de duelo por la partida de Elías (2 Rey. 2:23). La ley prohibía afeitarse la cabeza para aparecer en público o para condolerse por los muertos (Lev. 21:5; Deut. 14:1), especialmente en el caso de los sacerdotes (Ezeq. 44:20). Sin embargo, Isaías dijo que Dios llamó al pueblo para que reconociera su pecado rapándose la cabeza y vistiéndose de cilicio (Isa. 22:12). La cabeza rapada se menciona frecuentemente en conjunto con la barba afeitada y el vestido de cilicio para demostrar la pérdida de seres amados o la pérdida de esperanza (Isa. 3:24; 15:2-3; Jer. 48:37). Deuteronomio 21:11-13 tal vez se refiera a la práctica de rapar a los cautivos, raparse como expresión de duelo o como símbolo de un cambio en el estilo de vida. Ezequiel describió que a los hombres se les hacía trabajar tan arduamente que "toda cabeza ha quedado calva, y toda espalda desollada" (Ezeq. 29:18), pero no hay evidencia de que a los esclavos se los forzara a raparse la cabeza. Ver *Cabello, pelo; Duelo; Lepra.* *Tim Turnham*

CALZONCILLOS Vestiduras sacerdotales de lino que cubrían los muslos por razones de pudor. Los llevaba el sumo sacerdote el Día de Expiación y los demás sacerdotes en otras ceremonias (Ex. 28:42; 39:28; Lev. 6:10; 16:4; Ezeq. 44:18). La vestidura aseguraba que el sacerdote cumpliera el mandamiento de Ex. 20:26.

CAM Nombre de persona que significa "caliente". Segundo de los tres hijos de Noé (Gén. 5:32). Luego del diluvio, descubrió a su padre Noé desnudo y borracho, y se lo informó a Sem y Jafet (Gén. 9:20-29). Cuando Noé se enteró de lo sucedido, pronunció una maldición sobre Canaán, el

El Calvario, según Gordon, es uno de los dos emplazamientos considerados posibles lugares de la crucifixión de Jesús.

Recámara en el Herculano, donde aparece la cama de estilo romano y las paredes originalmente decoradas con frescos.

hijo de Cam. Este fue el antepasado original de los cusitas, los egipcios y los cananeos (Gén. 10:6). Ver *Noé.*

CAMA, LECHO Lugar para dormir o descansar. Una cama puede ser un simple tapete de paja o un armazón elaborado de madera, metal, piedra o marfil.

En el caso de los muy pobres, una cama era un simple tapete delgado de paja o tela estirado sobre el piso sin más que una roca como almohada (Gén. 28:10,11; Juan 5:9) y una prenda exterior para cubrirse. Para los pobres más afortunados, una casa de un solo cuarto utilizado con fines múltiples servía para protegerse de la intemperie y también como cocina, lugar de trabajo y espacio para dormir. En el caso de los pocos que tenían dinero, las casas y los palacios tenían muchas habitaciones que incluían cocinas, salas de estar, bibliotecas y recámaras con camas detalladamente elaboradas (Est. 1:6; Prov. 7:16,17; Amós 6:4). Una cama de hierro llamaba la atención (Deut. 3:11). A veces la cama era un símbolo tanto de los códigos morales más elevados como de los más bajos de la humanidad. La cama es un símbolo de que no hay ningún lugar secreto que se encuentre resguardado del engaño (2 Rey. 6:12). En Isa. 28:20, la cama que es demasiado corta y la manta demasiado estrecha son símbolo de que no existe manera de escapar del juicio. Las Escrituras enseñan que el matrimonio es honroso para toda la gente, que el lecho se debe mantener sin mancilla y que Dios juzgará al adúltero y al sexualmente inmoral (Heb. 13.4; Apoc. 2:22).

Lawson G. Hatfield

CAMALEÓN Animal inmundo que se arrastra sobre la tierra (Lev. 11:30), identificado generalmente como el *Chamaeleo calyptratus.* En Lev. 11:18 y Deut. 14:16 aparece una palabra hebrea cuya traducción es similar pero que quizá tenga una derivación histórica diferente. Estas referencias probablemente correspondan a la lechuza común, *Tyto alba.* Ver *Reptiles.*

CÁMARA, SALA Traducción española de por lo menos siete palabras hebreas que se refieren a parte de una casa o edificio. Entre ellas se incluyen los cuartos para dormir (2 Rey. 6:12); el baño (Jue. 3:24); las habitaciones internas privadas reservadas para una esposa (Jue. 15:1; Joel 2:16); el cuarto privado y personal en el templo amoblado con bancos (1 Sam. 9:22; 2 Rey. 23:11); los almacenes (Neh. 12:44); una habitación superior fresca construida en el techo (Jue. 3:20) o sobre la puerta de la ciudad (2 Sam. 18:33); y los tirantes o vigas que formaban los cuartos laterales del templo (1 Rey. 7:3). El NT habla de las habitaciones internas de una casa (Mat. 6:6; 24:26; Luc. 12:3) o de un cuarto para almacenaje (Luc. 12:24). Ver *Arquitectura.*

CAMARERO Oficial encargado de recibir y distribuir raciones y provisiones (Jer. 51:59). Refleja el concepto del término hebreo para "príncipe del tributo". La expresión "jefe de este viaje" en NVI posiblemente refleje un leve cambio en el texto consonante. Ver *Príncipe.*

CAMBISTAS Personas cuya profesión consistía en vender o intercambiar moneda romana o de otra nación por el dinero judío que se aceptaba para la adoración en el templo. En los tiempos del NT, las regiones o ciudades emitían su propia moneda. Esto hacía que los judíos de la dispersión, aquellos que vivían fuera de Judea, llevaran toda clase de dinero a Jerusalén. Los cambistas colocaban mesas en el templo en el patio de los gentiles para cambiar el dinero de los visitantes por el que se aceptaba en Jerusalén. En ese entonces en Jerusalén se utilizaban monedas de plata sirias, y los adoradores las usaban para pagar el impuesto del templo, que era de medio siclo, y para comprar los sacrificios que ofrecían en el altar.

Hay tres palabras que se traducen "cambistas": *kollubistes* (Mat. 21:12; Mar. 11:15; Juan 2:15), que es de origen semítico y se refiere al precio o comisión por el intercambio; *kermatistes* (Juan 2:14), que aludía a la persona que efectuaba cambios de poco valor, y *trapetzites* (Mat. 25:27), que Lucas empleó de una forma levemente diferente (*trapezan*, 19:23, o *shulhanim* en hebreo) y corresponde a un agente en una mesa de dinero.

Los cambistas se ubicaban en un área junto a los vendedores de animales, aves y otros elementos que se usaban para la adoración y los sacrificios del templo. Se realizaban muchas transacciones y se requería el servicio de un corredor que conociera el valor del dinero extranjero. Algunos cambistas obtenían grandes ganancias y prestaban su propio dinero junto con el de otros que invertían en el negocio. El interés que aplicaban oscilaba entre el 20 y el 300% anual.

Debido al enojo que le produjo esta corrupción del propósito del templo, Jesús dio vuelta las mesas de los cambistas y los arrojó fuera junto con los que vendían animales (Mat. 21:12).

Elmer L. Gray

CAMELLO Mamífero giboso de gran tamaño, originario de Asia y África, utilizado para viajar por el desierto llevando cargas o pasajeros. Descubrimientos recientes demuestran que fue domesticado antes del 2000 a.C.

Antiguo Testamento El camello, llamado "barco del desierto", está adaptado para viajar por el desierto con patas "acolchadas", un cuerpo musculoso y una giba de grasa para mantenerse vivo durante los largos trayectos. Un camello joven puede caminar 160 km (100 millas) en un día. La riqueza se medía de distintas maneras, por ejemplo, la cantidad de camellos que alguien poseía (Gén. 24:35; Job 1:3). Los judíos tenían prohibido comer camello pues era ceremonialmente inmundo, rumiaba pero no tenía pezuña hendida (Lev. 11:4). Un camello descontrolado durante una embestida era capaz de derribar rápidamente las tiendas de una familia. Por lo tanto, Jeremías

En el Medio Oriente, los beduinos y otros pueblos aún utilizan el camello como medio de transporte.

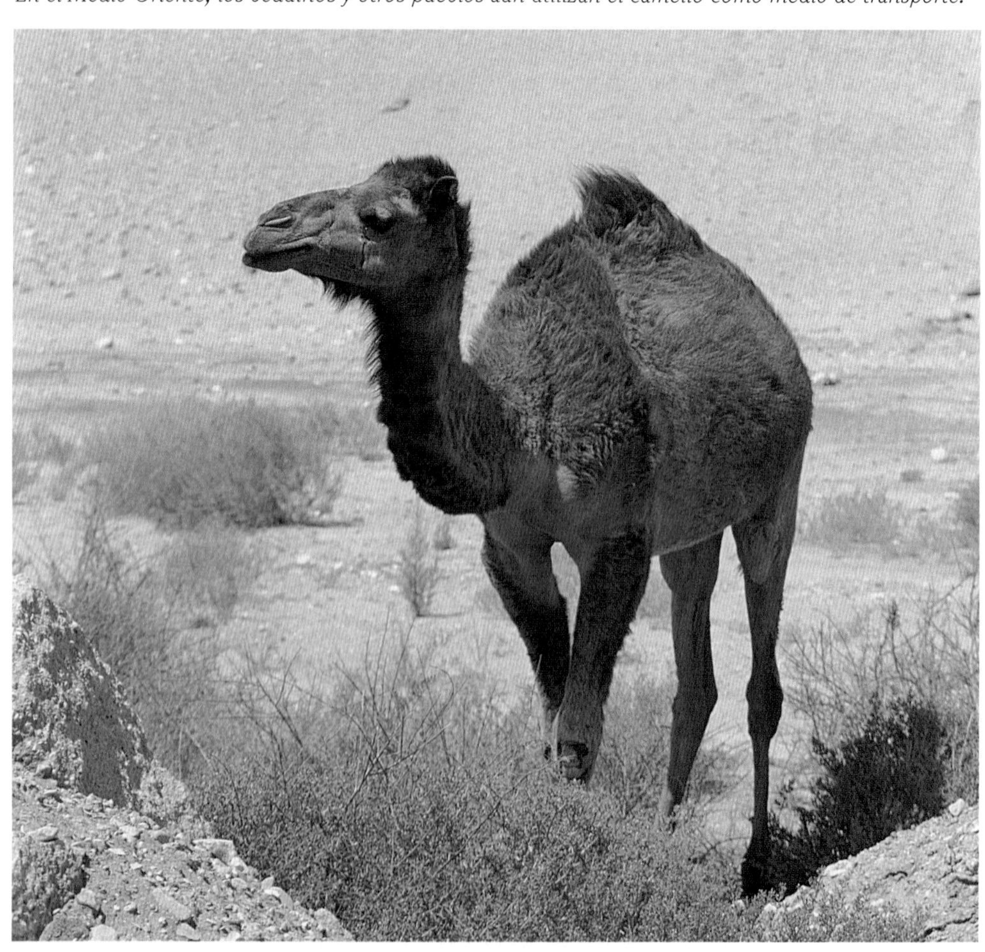

C

describe los pecados de Israel diciendo que eran como una dromedaria ligera que corría descontrolada (Jer. 2:23). A los sabios que adoraron a Jesús (Mat. 2:1) tradicionalmente se los representa como hombres que montan camellos. Esto podría referirse a una profecía de Isa. 60:6 que describe a personas que cabalgaban sobre camellos y llegarían desde Sabá para traer oro e incienso y proclamar alabanzas al Señor.

Nuevo Testamento Juan el Bautista, un predicador del desierto, usaba ropa rústica y sencilla de pelo de camello (Mar. 1:6). Su vestimenta y su dieta eran revolucionarias y congruentes con su papel como predecesor del Mesías. Jesús citó un proverbio que describe las cosas imposibles de lograr (Mar. 10:25), cuando dijo que era más fácil que un camello pasara a través del ojo de una aguja (Mat. 19:24) que un rico entrara en el cielo. Una ilustración tradicional pero no bíblica describe a un camello sin carga arrodillado y arrastrándose bajo una puerta pequeña de un muro de Jerusalén. Esto significa que si un rico se libera de su orgullo y se humilla (arrodilla), puede entonces entrar al cielo. Jesús describe a los hipócritas como personas muy cuidadosas para quitar un mosquito de una copa con bebida pero que tragan un camello sin darse cuenta (Mat. 23:24). Ellos diezman las hojas de una pequeña hierba casera pero omiten el juicio, la misericordia y la fe. *Lawson G. Hatfield*

CAMELLO, PELO DE Una tela muy rústica que se fabricaba con el pelo del lomo y la giba del camello. Un material más delicado se elaboraba con el pelo que se sacaba de la parte inferior del animal. Juan el Bautista se vestía con pelo de camello rústico (Mar. 1:6). Jesús hizo un contraste entre la túnica de Juan y las "vestiduras delicadas" de los miembros de la corte real (Mat. 11:8). La señal de un profeta (Zac. 13:4; comp. 2 Rey. 1:8) era vestirse con un manto velludo.

CAMINAR, ANDAR Paso más lento en comparación con el correr. Se utiliza en forma literal (Ex. 2:5; Mat. 4:18) y figurativa para referirse a la conducta o a la forma de vida de una persona (Gén. 5:24; Rom. 8:4; 1 Jn. 1:6,7).

CAMINO REAL Ruta principal de transporte al este del Río Jordán. Se utilizó con regularidad por más de 3000 años. Se dirige desde Damasco hasta el Golfo de Aqaba y es la principal ruta de caravanas proveniente de Transjordania. Se menciona en Núm. 20:17 y 21:22 como el camino que iban a tomar Moisés y los israelitas al atravesar Edom y la tierra de Sehón. Los romanos lo mejoraron durante el reinado de Trajano y le cambiaron el nombre a Camino de Trajano. El nombre árabe es Tariq es-Sultani, que también significa el camino del sultán o del rey. Ver *Transporte y viajes.*

CAMÓN Ciudad de Galaad donde fue sepultado Jair, juez de Israel (Jue. 10:5). La ubicación exacta se desconoce.

CAMPAMENTO Asentamiento temporal para los nómadas o los militares. En el AT, los traductores generalmente utilizan el término "campamento" para traducir la palabra hebrea *machaneh.* Un *machaneh* es un asentamiento transitorio de viajeros o guerreros. Antes del asentamiento en la tierra prometida, Israel consistía en un grupo de tribus en movimiento. De aquí la referencia frecuente a "el campamento" o "el campamento de Israel" (Ex. 14:1,9; 16:13). Levítico y Deuteronomio contienen leyes que reglamentan la vida "en el campamento".

Cada tribu tenía su propio campamento: Núm. 2:3 habla del "campamento de Judá"; Núm. 2:25 del "campamento de Dan". Una vez que cada tribu se aseguró un lugar de residencia permanente en la tierra prometida, el término "campamento" pasó a designar un asentamiento militar, ya sea de Israel (1 Sam. 4:3; 14:21) o de un enemigo (2 Rey. 7:10). La palabra hebrea *machaneh* se traduce "ejército" en 1 Sam. 17:1. En este caso, el contexto requiere una palabra que designe a las personas del campamento más que al asentamiento en sí.

En la traducción griega del AT, *machaneh* se traduce *parembole,* literalmente "poner al costado". Esta palabra aparece en Heb. 13:11,13 y Apoc. 20:9. En este último pasaje se utiliza en forma figurativa con relación a la iglesia, "el campamento de los santos", que se encuentra bajo el ataque de las fuerzas de Satanás. Su uso en las dos citas en Hebreos también es figurativo: describe el momento en que el pueblo de Israel vivía como campamento y utiliza la metáfora para referirse al pueblo de Dios en la época en que el autor escribió el libro. Durante los años de Israel en el desierto, los holocaustos se ofrecían fuera del campamento. Cuando Jesús murió por los pecados de la humanidad, fue llevado fuera de la Ciudad Santa y a cierta distancia del templo. Por lo tanto, el escritor de Hebreos animaba a sus compañeros cristianos a seguir al Señor "fuera del campamento" en cuanto al sistema de sacrificios de Israel y de su herencia religiosa judía, aunque eso pudiera significar que tuvieran que sufrir abusos. *Thomas A. Jackson*

CAMPANILLA Objeto de oro adherido a las vestiduras del sumo sacerdote que servía como señal o advertencia en relación a los movimientos que éste realizaba (Ex. 28:33-35; 39:25,26).

CAMPO Tierra que no está cercada. En la definición hebrea de campo, tanto el uso de tierra (pastoreo, Gén. 29:2; 31:4; siembra, Gén. 37:7; 47:24; caza, Gén. 27:3,5) como de territorio (tierra, Núm. 21:20, traducción literal "campos de Moab"; Jue. 9:32,36) no diferían demasiado. La diferencia crucial radica entre lo que está cercado y lo abierto. Se podía comparar un campo con una tienda (Núm. 19:14,16), un campamento (Lev. 14:3,7) o un viñedo, que generalmente estaban cercados (Ex. 22:5; Lev. 25:3-4), o con una ciudad amurallada (Lev. 14:53; Deut. 28:3,16). Las aldeas sin muralla se consideraban campos (Lev. 25:31). Estos se distinguían de las tierras yermas (Ezeq. 33:27). A los campos se los señalizaba con mojones (Deut. 19:14).

La palabra hebrea *shedemah*, uno de los términos que generalmente se traduce "campo", recibe diferentes traducciones en distintos pasajes y versiones bíblicas, como es el caso de "labrados" (Hab. 3:17), "viñedos" (Isa. 16:8), "valles" (Jer. 31:40).

CAMPO DE SANGRE Ver *Acéldama*.

CAMPO DEL ALFARERO Extensión de tierra en el Valle de Hinom en las afueras de Jerusalén usado desde la era interbíblica como cementerio para los peregrinos que venían a la Ciudad Santa. El campo se compró con el dinero que se pagó por traicionar a Jesús (Hech 1:18). Mateo 27:3-10 registra que los sacerdotes compraron el campo con el dinero que Judas devolvió. El razonamiento de ellos fue que el dinero se había usado para derramamiento de sangre y no se podía devolver al tesoro del templo.

CANÁ 1. Nombre geográfico que significa "el nido". En Juan 2:1 es la ciudad que se constituyó en escena de una boda donde Jesús convirtió el agua en vino. Su ubicación exacta es incierta, aunque estaba en Galilea. En Caná, un oficial del rey buscó a Jesús para pedirle que sanara a su hijo que se encontraba en Capernaum (Juan 4:46). Caná era también el hogar de Natanael, uno de los apóstoles (Juan 21:2).
2. Con grafía diferente en hebreo, nombre geográfico que significa "lugar de los juncos". Nombre de un arroyo que forma parte de la frontera entre Efraín y Manasés (Jos. 16:8; 17:9). No obstante, algunas ciudades de Manasés estaban al sur del arroyo de Caná (Jos. 17:9). Algunos lo identifican con el moderno Wadi Qanah. **3.** Ciudad en la frontera norte de Aser (Jos. 19:28). Se la identifica con la moderna Qana, aprox. a 10 km (6 millas) al sudeste de Tiro. No se debe confundir con la Caná del NT.

CANAÁN Territorio ubicado entre el Mar Mediterráneo y el Río Jordán que se extiende desde el arroyo de Egipto (Zered) hasta la región de los alrededores de Ugarit en Siria o hasta el Éufrates. Esto representa las descripciones halladas en documentos del Cercano Oriente y en el AT. Aparentemente, Canaán tuvo significados diferentes en distintas épocas. Según Núm. 13:29 el cananeo es aquel que "habita junto al mar, y a la ribera del Jordán" (comp. Jos. 11:3). Israel era consciente de una "tierra prometida" de Canaán más extensa (Gén. 15:18; Ex. 23:20; Núm. 13:17-21; Deut. 1:7; 1 Rey. 4:21), pero la región principal que le correspondía sólo se extendía desde "Dan hasta Beerseba" (2 Sam. 24:2-8,15; 2 Rey. 4:25). En ocasiones, Israel incluía tierras al este del Jordán (2 Sam. 24:5,6). En otros casos, se hacía un contraste entre la tierra de Galaad y la tierra de Canaán (Jos. 22:9). Después de la conquista, Israel sabía que quedaba "aún mucha tierra por poseer" (Jos. 13:1). Por lo tanto, Canaán se extendía más allá de los límites normales de Israel, aunque no abarcaba la tierra al este del Jordán. En ocasiones, la tierra de los cananeos y de los amorreos era la misma. Cualquiera fuera la forma en que se la denominara, ejercía una influencia extraordinaria como la tierra que constituía un puente entre la Mesopotamia y Egipto, y entre el Mediterráneo y el Mar Rojo.
Historia La palabra "Canaán" no es un nombre semítico, aunque su aparición alrededor del 2300 a.C. en los textos de Ebla da testimonio de su antigüedad. Debido a la "n" final, se supone que es una forma hurrita. Es muy probable que el nombre haya derivado de una designación mercantil; es indudable que en el texto bíblico al cananeo se lo equiparaba con un "comerciante" o "mercader"

(Zac. 14:21). Isaías 23:8 traduce el término original hebreo como el sustantivo común "mercaderes", la aristocracia de Tiro en la época del profeta. Una asociación similar se puede encontrar en pasajes como Os. 12:7,8; Ezeq. 17:4; Sof. 1:11. Es probable que esta identificación de Canaán se remonte a la época en que se limitaba a la región de Fenicia, la nación relativamente pequeña y estrecha junto a la ribera marítima de Canaán. Fenicia era particularmente famosa por una tintura púrpura especial producida a partir de moluscos triturados. Este producto se enviaba por barco a lo largo de todo el mundo mediterráneo. Tal vez la palabra "Canaán" esté relacionada con la tintura especial para teñir.

Las referencias genealógicas bíblicas no son particularmente útiles para aclarar cuestiones en cuanto a Canaán. Según Gén. 9:18 y 10:6, Canaán era hijo de Cam, uno de los tres hijos de Noé. Génesis 10:15-20 aclara los alcances de este descendiente de Cam en los hijos de Canaán: Sidón, Het, los jebuseos, los amorreos, los gergeseos, los heveos, los arameos, los sineos, los arvadeos, los zemareos y los hamateos. Todos estos pueblos se caracterizan por hallarse, en líneas generales, dentro de la esfera de influencia egipcia.

Hay testimonios del asentamiento en la tierra de Canaán desde las épocas paleolíticas. Además, por lo menos desde el 3000 a.C. existen huellas de la presencia semítica en la región. Los mejores ejemplos de ciudades con influencia semítica son Jericó, Meguido, Biblos y Ugarit.

El período de la historia cananea sobre el que existen más testimonios es la Edad de Bronce (aprox. 3200–1200 a.C.). El poder de Egipto durante el Reino Antiguo (aprox. 2600–2200 a.C.) se extendía hacia el norte hasta Ugarit. En base a la recuperación de varios sitios entre los que se incluyen Biblos y Ugarit, es evidente que Egipto controlaba la región durante el período de la Dinastía XII (1990–1790 a.C.). Los Textos Execratorios Egipcios, que provienen de este período, detallan los pueblos y los príncipes de la región que le debían lealtad a Egipto. El control egipcio sobre Canaán declinó hasta que se retiró alrededor del 1800.

Canaán tuvo que luchar contra otros agresores aparte de Egipto. Los amorreos invadieron la región aprox. en el 2000 a.C. luego de haber emigrado desde el sur del Valle de la Mesopotamia y haber atravesado la Medialuna Fértil. Además, los cananeos fueron acosados por los hicsos, quienes controlaron Egipto desde 1720 hasta 1570. Los hurritas y los heteos también procuraron obtener control sobre Canaán. De

Estas columnas de basalto son parte de uno de los altares cananeos excavados en Bet-seán

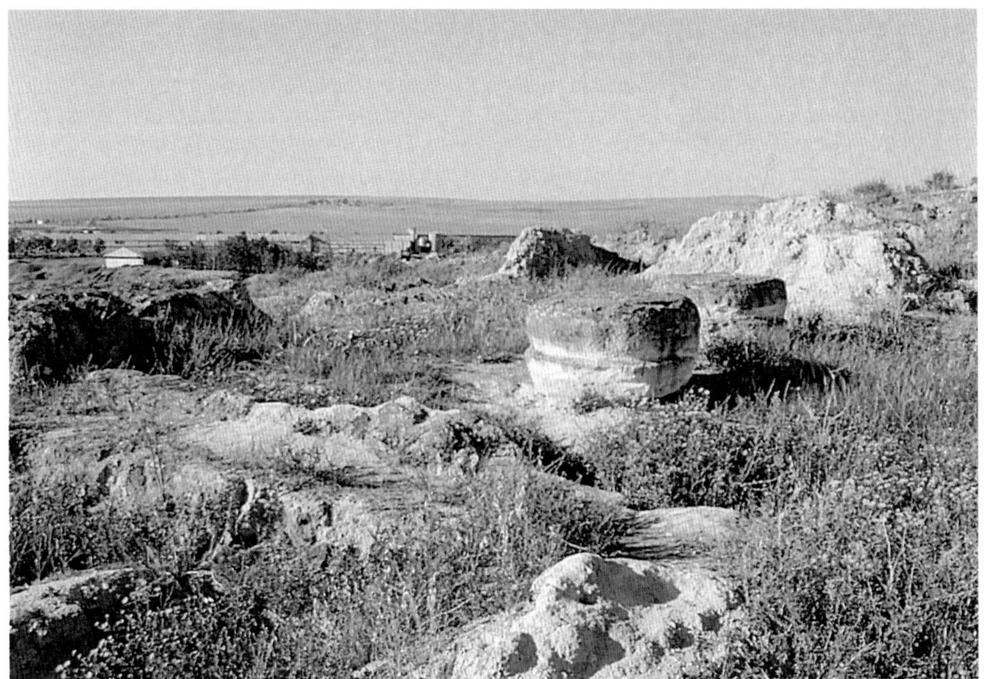

todos modos, la mezcla de tantas influencias dio como resultado una cultura bastante unificada.

Cuando los egipcios pudieron expulsar a los hicsos en el siglo XVI, tuvieron posibilidad de extender su poder sobre Canaán. Sin embargo, el poder egipcio volvió a debilitarse. Alrededor del 1400 a.C., varias naciones pequeñas establecidas en la región luchaban entre sí. Las cartas de Amarna provienen del siglo XIV. Consisten en aprox. 350 cartas escritas en acadio cuneiforme. Representan la correspondencia entre la corte egipcia en Tell el-Amarna y las numerosas ciudades cananeas, incluyendo Jerusalén, Meguido y Siquem. Estas cartas son muestra de la característica inestable de estos principados cananeos tanto en el aspecto social como político.

Antes de la entrada de Israel a Canaán, pareciera que el país se hallaba organizado alrededor de ciudades importantes que daban origen a principados pequeños. Aparentemente no se hacían intentos para organizarse en forma centralizada a fin de defenderse, por lo tanto, esto hizo posible el éxito de los israelitas en el siglo XIV y el triunfo paralelo de los filisteos en el siglo XII. Existe escasa evidencia bíblica en cuanto a una agresión cananea concertada contra los israelitas. Las historias del libro de Josué (9:1,2; 10:1-5) indican que, en situaciones de emergencia, los reyes de las ciudades-estado independientes formaban coaliciones defensivas, pero que ninguno tuvo poder para unir a toda Canaán en contra de Israel. En el libro de los Jueces se describe solamente a Débora (Jue. 4–5) como la líder de Israel que peleó contra los cananeos. En lugar de luchar unos contra otros después de la conquista, los cananeos y los israelitas se fueron entremezclando, fenómeno que esencialmente se completó hacia fines del reinado de David.

Los hallazgos más significativos han sido las tablillas cuneiformes que se descubrieron en la biblioteca real y/o en el templo de Ugarit. Estas tablillas datan aprox. desde el 1400 a.C. hasta la caída final de Ugarit alrededor del 1200 a.C. Representan la cultura cananea del segundo milenio a.C.

El panteón En Ugarit se adoraba a un panteón de deidades. Por una parte, a cada deidad se le asignaba una tarea específica, mientras que por otro lado había una flexibilidad considerable en la percepción de la deidad. El papel o los papeles de cualquiera de las deidades podía ser asumido por alguna otra.

El era reconocido como la cabeza principal del panteón. En su condición de rey de los dioses, era tanto el dios creador como el dios de la fertilidad. En la antigüedad se lo había asociado más íntimamente con la fertilidad de lo que se hacía en el siglo XIV, aunque aún se lo describía con la forma de un toro. El dios *El* vivía a cierta distancia de Ugarit sobre una montaña (Monte Safón) ubicada al norte.

Athirat, aparentemente su esposa, estaba unida al dios *El*. En el AT, Athirat estaba representada por *Asera*, cuya forma femenina plural era *Aserot* y la masculina plural *Aserim*. Athirat era reconocida como madre de las deidades, porque había dado a luz alrededor de 70 dioses y diosas. Por lo tanto, era principalmente una diosa de la fertilidad y se la conocía como "creadora de los dioses".

Baal era el dios principal del pueblo y significa "amo" o "señor" y se podía referir a cualquiera de los numerosos Baales que tenían autoridad en diversos lugares. No obstante, el Baal ugarítico se refería al más importante.

Mientras que el dios El se encontraba a cierta distancia de la gente, era fácil acceder a Baal. Se han recuperado estatuas de este dios que lo representan con un sombrero en forma de cono y con cuernos que simbolizaban la fortaleza y la fertilidad, asociadas con la imagen de un toro. En la mano derecha Baal sostiene un garrote que alude a su fortaleza militar como así también al trueno. En la mano izquierda tiene un relámpago estilizado que representa su papel como dios de la tormenta. A veces se lo retrataba sentado en un trono, que indicaba su autoridad como rey de los dioses.

Baal estaba unido en su tarea a *Anat*, a quien se describe como su hermana y también su consorte. Era la diosa del amor, la virgen perpetua y la diosa de la guerra, cuyas hazañas en favor de Baal fueron en ocasiones sumamente crueles.

A medida que Baal fue reemplazando a El, muchas de las prerrogativas que anteriormente se asociaban con este dios le fueron transferidas a Baal. El texto bíblico proviene del período en que esta batalla simbólica entre las deidades ya se había llevado a cabo. Por lo tanto, al Baal bíblico se lo describe a menudo junto con Asera en lugar de Anat, tal como sucede en Jue. 3:7.

Dos dioses adicionales desempeñaban roles importantes en la mitología popular. *Mot* era el dios de la muerte y la esterilidad. (En el idioma hebreo, la palabra para muerte también es *mot*.) Mot se asociaba con la muerte ya sea haciendo referencia al ciclo estacional de la vegetación, al sentido sabático del séptimo año de reposo agrícola o, en algún sentido, a la muerte de un individuo. Se consideraba que Mot tenía un poder capaz de tornar impotentes los poderes regenerativos de Baal.

A *Yam* se lo denominaba "Río Príncipe" y "Río Juez". (En este caso también, la palabra hebrea para mar es *yam.*) En los textos ugaríticos, Yam era el dios caótico del mar, capaz de convertir el cosmos en un caos. La gente de Ugarit, al igual que otros pueblos de la Mesopotamia (y a diferencia de los egipcios), aparentemente reconocía tanto su dependencia del agua como así también los peligros asociados con ella. En un sentido mitológico, el temor de que el caos venciera al cosmos se representaba en la lucha de Baal con Yam.

Este ejemplo de algunos de los miembros más importantes del panteón indica que el esquema ugarítico y, en consecuencia, el cananeo en general, ofrecían abundantes opciones para la adoración. La modalidad cúltica estaba especialmente ligada a la magia por empatía de la procreación. La unión sexual del dios y de la diosa aseguraba la fertilidad de la humanidad, de los animales y del mundo más amplio de la naturaleza. Un aspecto crucial para esta modalidad de adoración era la posibilidad de que el adorador asistiera en el proceso a través de la magia por empatía. Un sacerdote o un devoto desempeñaban el papel de la diosa en el templo. Estos dos individuos se convertían en ese momento en el dios y la diosa. En la magia por empatía, los seres humanos ordenaban cuándo y cómo actuaban el dios y la diosa. Esta forma de arrogancia humana fue lo subyacente en la historia de la torre de Babel en Gén. 11. Prácticamente, todas las estructuras de adoración antiguas operaban en función de una orientación mágica por empatía ligada a la fertilidad. Los israelitas se enfrentaron con este modelo de pensamiento cuando entraron en Canaán. Se requirieron muchos siglos para que Israel resistiera las prácticas cananeas en el ejercicio diario de la religión popular (observar la tarea realizada por el rey Josías alrededor del 621 a.C. al quitar del templo de Jerusalén los utensilios hechos para Baal y Asera y las casas de culto de prostitución de varones, 2 Rey. 23). Las enseñanzas de los líderes inspirados y la práctica de la religión en sí, a menudo se encontraban en franca oposición.

Mitología cananea Las siete tablillas sobre las que se encontró el material mitológico ugarítico se hallan frecuentemente mutiladas, lo que hace difícil una interpretación segura del material.

Aparentemente, la mitología se centraba en tres proezas fundamentales de Baal. Mediante estos acontecimientos se estableció como el dios de poder supremo dentro del panteón, construyó el palacio o el templo que se merecía en virtud de su victoria sobre Yam y, en el tercer escenario, luchó contra Mot, sucumbió ante él pero finalmente escapó de sus garras.

Se dice que El no tenía vergüenza de tenerle miedo a Yam, el dios caótico del mar. En realidad, estaba tan atemorizado que se escondió debajo de su trono, temeroso de enfrentarse con Yam pero convocando a la vez que alguien diera un paso al frente, y se animara a confrontarse con este agente del caos. Finalmente, luego de negociaciones sobre su rol en caso de triunfar contra Yam, Baal tomó coraje y procedió a enfrentarse con dicho dios. Tuvo éxito y dividiéndolo, lo sometió, y de esa manera transformó en útil lo que de otro modo era una fuerza destructiva y caótica. Baal demostró mediante esta acción que él era digno de ser exaltado.

La segunda secuencia mitológica enfatiza que a partir de ese momento, Baal era digno de tener su propio templo o palacio. Dada la visión cíclica de la realidad y el peligro recurrente que constituía Yam, es comprensible que Baal no quisiera tener ventanas en su palacio. Después de todo, la amenaza de una inundación caótica seguramente volvería a presentarse, ya que dicha recurrencia es característica del pensamiento mitológico. Finalmente, a Baal lo convencieron de proceder de otra manera. Anat consiguió permiso de El para edificar el palacio y los maestros artesanos erigieron la estructura. Baal abrió el palacio completo a todo el panteón para realizar una especie de fiesta sagrada. Durante la comida, Baal abrió una de las ventanas y emitió un bramido desde allí, lo que ciertamente se entendió como una indicación del origen del trueno y que le otorgó a Baal su asociación como dios de la tormenta.

Altar cananeo ubicado en Meguido, Israel.

Todo iba bien pero Baal tenía un enemigo más con quien enfrentarse, Mot. Según la mitología, los dos se midieron en una batalla. Baal fue derrotado y, por lo tanto, confinado al mundo inferior. La esterilidad reinó sobre la tierra cuando Baal fue separado de Anat. Los vados se secaron y Anat lo buscaba ansiosamente. Un día, mientras no podía encontrar a Baal, se cruzó por casualidad con el dios Mot. Ella llevaba una cuchilla con la que cortó a Mot en varios trozos, luego los tamizó y esparció los restos sobre la tierra, lo que probablemente fuera una alusión a algún tipo de fiesta de granos. De todas maneras, esta acción de Anat permitió que Baal escapara de su confinamiento. Inmediatamente después, ¡retornó la fertilidad! De este modo, se ha recorrido el ciclo completo, ya sea en su relación con el ciclo anual que se experimenta en el mundo de la naturaleza, en el ciclo del año sabático o, quizá, en el ciclo del nacimiento y la muerte de los seres humanos. Es evidente la naturaleza cíclica de la adoración mágica por empatía y altamente sensual. Cuando los israelitas entraron a Canaán, se vieron obligados a contender con esta mitología. Se enfrentaron con una estructura de adoración que según los cananeos había demostrado tener éxito. Aparentemente, los israelitas por su parte ofrecían un Dios desértico y no agrícola ¡que no poseía evidencia de victoria en la agricultura!

Relaciones en el AT Los israelitas que estaban asentándose en Canaán no eran insensibles a aquello que los rodeaba. En el antiguo Cercano Oriente, la gente daba por sentado que cuando un pueblo emigraba de una región a otra, adoptaba los dioses y la religión del nuevo lugar donde se establecía. Por lo menos incorporaban la nueva religión a su estructura religiosa anterior. Después de todo, estos dioses y diosas habían demostrado su capacidad para suplir las necesidades de los habitantes. En el caso de los israelitas, lo más natural habría sido abrazar el baalismo aunque quizá sin excluir la adoración a Jehová.

Se puede argumentar que en el Reino del Norte en particular se fue estableciendo gradualmente una especie de sincretismo del baalismo y la adoración a Jehová. Durante el período de Josué y los jueces se desencadenó una batalla cultural que estaba más relacionada con el conflicto entre temas de la cultura en el desierto (israelita) y la agraria (canaanita) que entre Jehová y Baal. Tal como se indicó, Débora es la única jueza del libro de Jueces a la que se describe en su lucha directa contra los cananeos. El nombre de otro juez podría ser Jerobaal (Jue. 6:32), indicativo de que su padre tenía un altar de Baal (Jue. 6:25). Cuando Israel carecía de liderazgo adoraba a Baal-berit (Baal del pacto), haciendo una mezcla del baalismo con el pacto de Jehová (Jue. 8:33).

El período monárquico temprano demuestra la misma clase de comportamiento sincretista. Indudablemente, Saúl no luchó para eliminar el baalismo, e inclusive llamó a uno de sus hijos Esbaal (hombre de Baal, 1 Crón. 8:33). Jonatán tuvo un hijo llamado Merib-baal (1 Crón. 8:34). De la misma manera, David llamó a su hijo Beeliada ("Baal sabe", 1 Crón. 14:7). Salomón fue más sincretista aún. El templo, gloria del reinado de Salomón, fue diseñado y construido por arquitectos cananeos. En una atmósfera de este tipo existían pocas líneas de diferenciación. Los matrimonios políticamente motivados de Salomón introdujeron en Jerusalén a muchos otros dioses y cultos (2 Rey. 11:1-8).

Luego de la muerte de Salomón y la interrupción de la monarquía unida, la crisis de identidad continuó tanto en el norte como en el sur, aunque en esta última región no fue tan intensa como en la primera. Judá era la base de la adoración a Jehová y el sitio del templo de Jerusalén. Además, Judá estaba geográficamente aislado de la región cananea del norte, donde era más común la adoración a Baal.

No obstante, el primer rey que tuvieron en Israel, Jeroboam I (922–901 a.C.), erigió en Dan y en Bet-el santuarios rivales del templo de Jerusalén. La mayoría de los eruditos considera que estos altares con forma de toros tenían relación con el baalismo (recordar que tanto El como Baal se podían representar con la forma de un toro). A pesar de esto, para los escritores bíblicos, la adhesión a los altares de Jeroboam fue una señal de apostasía de los reyes de Israel.

Durante la dinastía Omri, Acab (869–850 a.C.) se casó con Jezabel, una princesa de Tiro, como señal de relación diplomática entre Israel y Tiro. Jezabel introdujo una clara inyección de baalismo en Israel. El profeta Elías apareció en escena en medio de la edificación de un templo a Baal en la ciudad capital de Samaria y la persecución de los profetas de Jehová. En una clásica historia de enfrentamiento cultural, Elías desafió a sus contrincantes a subir al Monte Carmelo (1 Rey. 18–19). Por un lado, la competencia era un intento para determinar cuál de las deidades podía proveer la lluvia que les salvaría la vida. Pero también, tenía un significado mucho mayor. Dejaría en claro si una persona debía adorar a Jehová o a Baal. No era posible adorar a ambos, ya que Jehová demandaba lealtad exclusiva.

El rey Jehú (842–815 a.C.) llevó a cabo políticamente la lucha que Elías inició con este imperativo de escoger entre Jehová y Baal. Desde el punto de vista religioso, Oseas proclamó el mensaje antibaalista en el Reino del Norte.

En el sur, dos reyes encabezaron la lucha antibaalista. A Ezequías (715–687 a.C.) se lo recuerda como un rey reformador (2 Crón. 29–31). Josías (640–609 a.C.) fue el reformador por excelencia.

Judá también tuvo sus voceros proféticos contra el baalismo. Isaías habló del tema alrededor del 740–700 a.C. Desde el 615 a.C. en adelante, Jeremías expuso la mayor denuncia del baalismo.

Los cananeos baalistas influyeron sobre Israel de varias maneras: la construcción del templo, los rituales de los sacrificios, los lugares altos, el rechazo de todo motivo sexual como instrumento de adoración (Deut. 23:17-18) y una reducción de lo puramente mítico, con un énfasis concomitante en el aspecto histórico (como es el caso de la división del mar que llevó a cabo Jehová [Yam Suf]) en lugar de una lucha con el Yam mitológico (Ex. 14–15). Para el intérprete bíblico es muy fácil concentrarse en los numerosos aspectos a través de los cuales Israel descubrió que la religión cananea era ofensiva. En algunos casos, como por ej. el uso del sexo en la adoración, es probable que el nivel de antipatía del que da testimonio el AT no siempre haya caracterizado la práctica de Israel, tal como demuestran los juicios proféticos de Oseas. La destacada hostilidad (Deut. 20:16-18) que clamaba por la destrucción total de los cananeos provenía de líderes religiosos inspirados que no representaban a la mayoría de la población de Israel. Un sacerdote podía pedirle a un profeta que se retirara del lugar de adoración del rey (Amós 7:12,13). El profeta podía ordenar al pueblo que no fuera a los lugares de adoración tradicionales (Amós 5:5).

En resumen, al entrar a Canaán los israelitas no se establecieron en un vacío cultural. Se encontraron con un pueblo que poseía una historia memorable y una religión floreciente. Desde el punto de vista histórico, ese encuentro podría haber conducido potencialmente a la eliminación del culto a Jehová. No fue así. Más bien, un largo proceso histórico condujo a la eliminación definitiva del baalismo y de los otros elementos de la religión cananea. La lucha israelita contra dicha religión proporcionó renovada y profunda fe en Israel. El registro bíblico afirma que Jehová, el Señor de la historia, ha utilizado la realidad del enfrentamiento histórico como un medio para conducir la religión bíblica a su pleno desarrollo, tal como está revelado en el canon completo de las Escrituras. Ver *Amorreros; Asera; Baal; Dioses paganos; El; Elías; Fenicia; Israel; Ugarit.*

Frank E. Eakin (h)

CANANISTA A uno de los doce apóstoles (Mar. 3:18) se lo identifica como Simón el cananista. A este individuo se lo denomina Simón el zelote en algunas otras referencias neotestamentarias. Cananista probablemente sea el equivalente arameo del griego zelote. Ver *Apóstol; Discípulo; Zelote.*

CANASTO En el AT se mencionan cinco clases de canastos. Las diferencias exactas en cuanto al tamaño y la forma no son claras. Algunos tenían asas, otros tapas, algunos ambas cosas y otros ninguna. El término más común se refiere siempre a un recipiente para acarrear alimentos (Gén. 40:16-18). Otro término se utiliza para indicar una "jaula... de pájaros" (Jer. 5:27). Un tercer término para canasto corresponde al utensilio comúnmente utilizado por una familia para cosechar granos (Deut. 26:2; 28:5). Un cuarto término se refiere a un canasto más grande que se usaba para llevar cargas pesadas como el barro para ladrillos o inclusive las cabezas de los 70 hijos de Acab entregadas a Jehú (2 Rey. 10:7). El último término se utilizó para describir el canasto (arca) en que Moisés fue colocado cuando era bebé (Ex. 2:3,5) y para el arca que construyó Noé (Gén. 6:14-16). El NT utiliza dos palabras para canasto. En la historia de la alimentación de los 5000 se hace referencia al más pequeño (Mat. 14:20). El canasto más grande se menciona en la alimentación de los 4000 (Mat. 15:37). El apóstol Pablo también utilizó el canasto más grande como medio para escaparse por el muro de Damasco (Hech. 9:25). Lógicamente se puede considerar una cesta. *C. Dale Hill*

CANCILLER Título de un oficial real del gobierno persa que vivía en Samaria y ayudaba a administrar la provincia persa después de que Persia obtuviera control sobre Palestina. Los traductores españoles difieren en la manera de traducir el título, pero aparentemente se refiere a una gestión política más que a un orden militar y representa a un alto oficial aunque no al más elevado de la provincia, que es el gobernador (Esd. 4:8,9,17).

C

CANDACE En Hech. 8:27, reina de Etiopía cuyo siervo se convirtió en creyente en Cristo y a quien Felipe bautizó. Generalmente hay consenso en cuanto a que Candace era un título más que un nombre propio, aunque su significado es incierto. Varias reinas de Etiopía utilizaron ese título.

CANE Ciudad del norte de Siria que mantenía negociaciones comerciales con Tiro. Ezequiel menciona esta ciudad cuando emite una condena sobre Tiro (Ezeq. 27:23). Puede además ser una variante en la forma de escribir Calne o una ciudad llamada Kannu, que aparece en documentos asirios.

CANELA Especia utilizada para fabricar aceites fragantes. Dicho aceite se utilizaba para ungir el tabernáculo de reunión en el desierto (Ex. 30:23). Formaba parte del lucrativo negocio internacional de especias (Apoc. 18:13; comp. Prov. 7:17; Cant. 4:14). La canela proviene de la corteza de un árbol grande de la familia del laurel. La palabra deriva del hebreo *qinnamon*. Ver *Especias; Plantas*.

CANON Ver *Biblia, Formación y Canon*.

CANTAR DE LOS CANTARES Colección de poesía romántica que constituye el vigésimo segundo libro del AT. El título hebreo, "Cantar de los Cantares de Salomón", da a entender que se trata de una selección de los mejores cantos y que de alguna manera se relaciona con Salomón.

Autor y fecha Si bien el título parece mencionar a Salomón como autor, la frase hebrea también puede significar "para" o "sobre" Salomón. Salomón o "rey" se mencionan varias veces en el libro (Cant.1:1,4-5,12; 3:7,9,11; 7:5; 8:11,12), pero los eruditos no tienen certeza en cuanto al autor. Una antigua tradición rabínica (Baba Bathra 15a) les atribuye Cantares a Ezequías y sus escribas (comp. Prov. 25:1).

De manera similar, es difícil establecer la fecha del libro según la evidencia interna. Algunos eruditos se fundamentan en aspectos lingüísticos y afirman que se escribió en una época muy posterior a Salomón. Dichos aspectos incluyen el uso de expresiones vinculadas con el arameo y la presencia de ciertas palabras tomadas de idiomas extranjeros (*pardes* del persa, "huerta", Cant. 4:13; *appiryon* del griego *phoreion*, "carroza"; o a través del arameo "cama con dosel", Cant. 3:9). Otros argumentan que tales usos lingüísticos y palabras tomadas de otros idiomas pueden remontarse a los tiempos de Salomón o simplemente reflejar la fecha de la edición final del libro.

Canon e interpretación Dado su lenguaje erótico y la difícil interpretación, los rabinos cuestionaron la inclusión del Cantar de los Cantares en el canon. La solución positiva de este debate se refleja en la famosa declaración del rabino Akiva: "El mundo entero no vale lo que vale el día en que el Cantar de Cantares le fue dado a Israel; todas las Escrituras son santas, pero el Cantar de Cantares es el lugar santísimo".

El problema de la inclusión del libro en el canon y de su interpretación están estrechamente vinculados. Por la influencia de un punto de vista griego que denigraba el cuerpo y con la pérdida de una visión bíblica sobre la creación del cuerpo y el amor humanos como cosas buenas, muchos intérpretes se sintieron obligados a considerar que Cantares es una alegoría del amor sagrado entre Dios e Israel, entre Cristo y la iglesia, o entre Cristo y el alma. Con pocas excepciones, la perspectiva alegórica de Cantares ha prevalecido durante la mayor parte de la historia de la iglesia.

En el período moderno, la mayoría de los eruditos han retomado una lectura literal del libro. Sin embargo, el conflicto permanece aun en cuanto al sentido literal del texto. Algunos comparan poemas egipcios y mesopotámicos y consideran que Cantares es una simple colección secular de canciones de amor. Otro enfoque intenta verlo como una adaptación de rituales paganos para la fertilidad. (Este enfoque es en realidad una lectura alegórica moderna.) Otros consideran Cantares como una obra dramática donde el amor puro de la doncella sulamita y su pastor prevalece más allá del intento desalmado de Salomón de llevar a la muchacha a su harén. Este enfoque trata de explicar el cambio de interlocutores en los diversos diálogos del libro. (En la lengua hebrea y en la española esto se manifiesta en los cambios gramaticales de género y número.) Un enfoque reciente y prometedor tiene en cuenta los paralelismos con la poesía romántica egipcia, pero muestra que Cantares expresa una perspectiva bíblica única sobre el amor sexual. Si bien está formado por una cantidad de poemas más breves, se encuentra unificado por patrones de diálogo, repeticiones, uso de eslóganes y, sobre todo, por una visión coherente del amor. Al igual que Gén 2:23-25, Cantares celebra el regalo divino del amor físico entre el hombre y la mujer. Aquí se demuestra la sabiduría y la generosidad del Creador. Por lo tanto, es mejor interpretar Cantares como un ejemplo de poesía de la literatura sapiencial israelita (comp. Prov. 5:15-20; 6:24-29; 7:6-27; 30:18-20). Así como muchos Salmos alaban a Dios y además son didácticos, el propósito principal de Cantares es celebrar más que instruir. Aun así, en este libro se puede percibir la sabiduría bíblica en cuanto al amor. "Fuerte es el amor, como la muerte... Ni las muchas aguas pueden apagarlo... Si alguien ofreciera todas sus riquezas a cambio del amor, sólo conseguiría desprecio" (Cant. 8:6,7 NVI). Además, hay una hora y un lugar exactos para el amor: "Yo les ruego, mujeres de Jerusalén, que no desvelen ni molesten a mi amada hasta que ella quiera despertar" (Cant. 3:5 NVI). En estos poemas, el amor se describe en su fuerza y esplendor, en su frescura y devoción hacia al ser querido. Ante nosotros se presentan todas las variedades de amor: momentos de unión y separación, de éxtasis y angustia, de anhelos y satisfacción.

Por último, hay cierta validez que subsiste en la larga historia de la interpretación que vio en el amor puro de Cantares un reflejo del amor entre Dios y los seres humanos (comp. Ef. 5:21-32; Cant. 3:6-11 y la tipología mesiánica de Sal. 45). Sin embargo, este paralelismo no debería forzarse al punto de alegorizar los detalles del poema. Ver *Alegoría; Sabiduría y sabios.*

Bosquejo

I. El deseo es parte del amor (1:1-8)
II. El amor no permanecerá silencioso (1:9–2:7)
III. La primavera y el amor van juntos (2:8-17)
IV. El amor es exclusivo (3:1-5)
V. El amor se acrecienta con la amistad (3:6-11)
VI. El amor ve sólo lo bello (4:1-7)
VII. El amor implica dar y recibir (4:8–5:1)
VIII. Amar significa arriesgarse a sufrir (5:2–6:3)
IX. Las palabras no alcanzan para expresar el amor (6:4–7:9)
X. El amor debe entregarse libremente (7:10-13)
XI. El verdadero amor no tiene precio (8:1-14)

Raymond C. Van Leeuwen

CANTAR, CANTORES Ver *Himno; Levitas; Música, instrumentos musicales, danza.*

CÁNTARO **1.** Unidad de medida de líquidos (Juan 2:6), aprox. 45 litros (10 galones). Ver *Pesos y medidas.* **2.** Vasija fabricada generalmente de barro para acarrear agua, aunque algunas se hacían de piedra (Juan 2:6). El agua se guardaba en grandes cántaros (1 Rey. 18:33; Juan 2:6). Una mujer podía acarrear recipientes más pequeños sobre los hombros (Juan 4:28). Las jarras más chicas se utilizaban para verter agua (Luc. 22:10; Jer. 19). El agua también se transportaba en pieles de animales. Ver *Alfarería; Piel; Vasijas y utensilios.*

CANTERA Área de tierra donde se extraían piedras para la construcción de diversos objetos y edificios. La piedra útil yacía cerca de la superficie. En la mayoría de los lugares se cortaba del estrato quebrando las rocas en la dirección de las grietas. Evidentemente la tarea de cortar estas piedras era una labor peligrosa (Ecl. 10:9). El término hebreo *pesalim* por lo general se refiere a las imágenes de deidades. Por lo tanto, la mayoría de las traducciones modernas dicen "dioses" o "piedras esculpidas". Esta última expresión posiblemente se refiera a las piedras conmemorativas de Josué (Jos. 4). Las traducciones modernas utilizan "cantera" en 1 Rey. 6:7 (NVI, LBLA) para hacer más explícita la intención de la lectura más literal de RVR1960. Ver *Albañiles, canteros.*

CÁNTICO GRADUAL Frase usada en los títulos de quince salmos (Sal. 120–134). Las traducciones en lenguaje actual utilizan la frase "cántico para las peregrinaciones". Si bien el origen de la frase no es claro, el punto de vista generalmente aceptado es que el término hebreo *ma'alot* (ascensos) es una referencia a los peregrinos que subían a Jerusalén para los tres festivales ordenados en la ley (Sal. 42:4; 122:4). Jerusalén estaba rodeada de montañas (Sal. 121:1; 125:2; 133:3), por lo tanto, los peregrinos literalmente tenían que ascender. Se presume que en tales ocasiones se cantaban estos salmos (Isa. 30:29; Sal. 132:7). Otros han sugerido que "ascensos" es una referencia a la melodía ascendente de los salmos, a la forma poética escalonada de algunos salmos, o a los escalones sobre los cuales los levitas interpretaban música en el templo. La tradición judía relaciona el título con los quince escalones que conducían desde el atrio de las mujeres al atrio de Israel en el templo.

CAÑA DE MEDIR La caña de medir de Ezequiel era una vara de aprox. 3 m (10 pies) de largo utilizada para tomar medidas (Ezeq. 40:3,

5-8; comp. Apoc. 21:15,16). Ver *Pesos y medidas.*

CAOS Transliteración de la palabra griega. En el AT, varias palabras hebreas comunican la idea de vacío, yermo, desolación y vacuidad. Los verbos hebreos denotan el sentido de hundirse en la oscuridad, convertirse en nada o caer presa de la debilidad. En Isa. 24:10, Dios anunció juicio sobre toda la tierra. Esto incluía quebrantar la ciudad del caos para que nadie pudiera entrar. Mediante el poder de Dios se extenderán en Edom el cordel de destrucción y los niveles de desolación (Isa. 34:11). En Jer. 4:23-26, se describe que la tierra está desolada, sin forma, vacía y sin luz, un desierto imposible de habitar. Mientras Israel iba camino hacia Canaán, Dios lo cuidó en medio de un desierto de horrible soledad (Deut. 32:10). El poder de Dios hizo que líderes y príncipes poderosos vagaran por yermos sin camino (Job 12:24; Sal. 107:40). Job comparó a sus amigos con lechos de ríos sin agua que se habían convertido en nada (Job 6:18). Posteriormente Job anheló un lugar de profunda oscuridad, lóbrego y sin orden (Job 10:21,22).

No obstante, en el pensamiento hebreo, el concepto más destacado del caos es un desorden original que precedió a la obra creadora de Dios. Cuando "las tinieblas estaban sobre la faz del abismo" (Gén. 1:2), Dios destruyó los poderes de la confusión por medio de su palabra.

El caos es personificado a lo largo de las Escrituras como el principal opositor de Dios. En leyendas semitas antiguas aparece un monstruo caótico terrible denominado Rahab (el orgulloso), o Leviatán (criatura semejante a un dragón que se contorneaba), o Yam (el mar rugiente). Cuando los escritores bíblicos denunciaban con vehemencia la idolatría y proclamaban de manera inconfundible el poder incomparable del Dios todopoderoso, no vacilaban en recurrir a estas imágenes primordialmente paganas para agregarle vida y color a sus mensajes, con la expectativa de que los oyentes israelitas pudieran entender las verdades presentadas.

Dios demostró gráficamente su poder en la creación mediante la derrota aplastante del caos. Aquietó el mar, hizo pedazos a Rahab, calmó los cielos y traspasó a la serpiente huidiza (Job 26:12, 13). Su victoria sobre Leviatán es bien conocida (Job 41:1-8; Isa. 27:1). El Leviatán y el mar están bajo Sus órdenes (Sal. 104:26). En la creación Dios le puso freno al mar y lo encerró en sus límites (Job 38:1-11). Extendió los cielos y pisoteó las espaldas de Yam, el mar (Job 9:8).

Un segundo uso de la figura del monstruo del caos se aplicaba a las victorias de Dios en la época del éxodo, donde utilizó el término Rahab como sobrenombre de Egipto. Mediante Su poder dividió el mar y destruyó al monstruo de las aguas (Sal. 74:13,14). Calmó el mar y quebrantó a Rahab como a un esqueleto (Sal. 89:9,10). Al matar al monstruo Rahab, Dios permitió que el pueblo cruzara la barrera del mar (Isa. 51:9,10). En tono burlón, Isaías calificó a Egipto como una Rahab impotente y vana, a quien Dios había exterminado (Isa. 30:7). El salmista anticipó el día en que Rahab y Babilonia serían forzadas a reconocer el gobierno de Dios (Sal. 87:4). En Ezeq. 29:3; 32:2, el faraón de Egipto es el dragón de los ríos que será derrotado por voluntad divina.

En tercer lugar, si no se lo utiliza directamente, el tema del caos está implícito en el NT al describir la victoria de Dios en Cristo. En los Evangelios, Cristo demostró confiadamente dominio sobre el mar (Mar. 4:35-41; 6:45-52; Juan 6:16-21). En Apocalipsis, cuando la serpiente antigua personificada como el dragón satánico se levanta del mar para desafiar al reino de Cristo, este derrota al adversario en forma completa y para siempre.

De modo que, comenzando con Gén. 1:2 cuando Dios conquistó el desorden y la vacuidad, y siguiendo a lo largo de las Escrituras, el tremendo poder de Dios sobre el caos se muestra en forma repetida. Finalmente, la nota triunfal resuena en Apoc. 21:1, "el mar ya no existía más". ¡Un cielo nuevo y una tierra nueva son prueba una vez más de que el caos ha sido conquistado! *Alvin O. Collins*

CAPA Vestimenta exterior. Ver *Ropa.*

CAPADOCIA Provincia romana de Asia Menor que se menciona dos veces en el NT: Hech. 2:9 y 1 Ped. 1:1. Aunque la extensión de Capadocia fue variando a través de los siglos según el imperio que dominaba en ese momento, se encontraba al sur del Ponto y se extendía unos 480 km (300 millas) desde Galacia hacia el este en dirección a Armenia, con Cilicia y los Montes Tauros al sur. A pesar de ser un país montañoso, la mayor parte de la población era rural y cultivaba granos, y criaba ganado y caballos. Mientras que en tiempos del NT sus minas aún producían algunos minerales, una gran cantidad de tablillas grabadas en escritura cuneiforme que se descubrieron en Tanish en 1907 (actualmente conocida como Kultepe), revelaron que los asirios explotaban las minas de plata y exportaban este mineral desde Capadocia alrededor del 1900 a.C.

Según Hech. 2:9 sabemos que cuando Pedro predicó en Pentecostés algunos judíos de Capadocia se encontraban en Jerusalén. Los que ese día se convirtieron al cristianismo seguramente dieron un buen testimonio cuando regresaron a su casa porque en 1 Ped. 1:1 se menciona a los creyentes de ese lugar junto con otros del Ponto.

Actualmente la región de Capadocia se encuentra en Turquía central, que en un 98% es musulmana.

CAPERNAUM Significa "aldea de Nahum". La ciudad neotestamentaria de Capernaum se halla ubicada en el noroeste del Mar de Galilea, alrededor de 4 km (2,5 millas) al oeste de la entrada del Jordán.

Capernaum aparece en el registro bíblico únicamente en los Evangelios, donde se la menciona en 16 oportunidades. Como centro económico de Galilea, fue más importante de lo que a menudo le ha atribuido la tradición. La

Partes de columnas talladas con intrincado diseño, descubiertas durante excavaciones en Capernaum.

Monasterio de monjas en Capadocia.

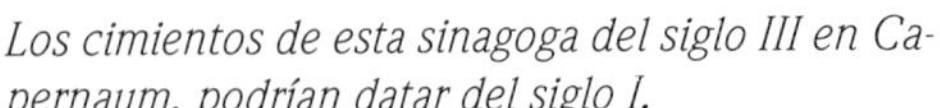

Los cimientos de esta sinagoga del siglo III en Capernaum, podrían datar del siglo I.

Panorama de una sinagoga del siglo III, Capernaum.

designación de "ciudad" la diferencia de la categoría de "aldea de pescadores". Su proximidad a una ruta comercial importante que se dirigía de este a oeste quizás explica la necesidad de que hubiera un puesto de aduana en este lugar. La importancia de la ciudad se demuestra aún más por hallarse ubicada allí una instalación militar bajo las órdenes de un centurión. La pesca y la agricultura eran importantes para la economía, y la evidencia arqueológica sugiere que otras

Casa en Capernaum que los cristianos locales de la iglesia primitiva consideraron como hogar del apóstol Pedro.

industrias livianas contribuían a la prosperidad local.

En el NT, cuando Jesús comenzó Su ministerio escogió Capernaum como base de operaciones. La enseñanza en la sinagoga (Mar. 1:21) y en hogares privados (Mar. 2:1) fue fundamental en ese lugar, pero los milagros de Jesús parecen haber precipitado controversia y oposición. Los líderes religiosos cuestionaron el ministerio de Jesús (Mar. 2:24; 7:5) y el pueblo que lo seguía intentaba apoderarse de Él y forzarlo a ocupar una posición política (Juan 6:15). Marcos (2:1) se refirió a Capernaum como la casa de Jesús, y Mateo (9:1) la describió como "Su ciudad". Pareciera que varios discípulos también vivían en esa ciudad, incluyendo a Pedro, Andrés, Mateo, y quizá Juan y Jacobo. Aparentemente el pueblo no aceptó el rol mesiánico de Jesús porque no se arrepintieron, y en consecuencia cayeron en la misma condenación que Corazín y Betsaida (Mat. 11:20-24). *George W. Knight*

CAPITEL Traducción de un término arquitectónico hebreo que corresponde a un adorno hecho para la parte superior de una columna (1 Rey. 7:16) o la base sobre la que se coloca. Dos términos hebreos se traducen de la misma manera, uno aparece en Ex. 36:38; 38:17,19, 28 y el otro en 2 Crón. 3:15.

CARACOL Animal cuyo nombre aparentemente significa "el húmedo". Ilustra el final rápido de la vida (Sal. 58:8).

CARAVANA Grupo de viajeros (por lo general mercaderes) que cruzaba el desierto o regiones hostiles con una recua de animales de carga (Gén. 37:25; Jue. 5:6; 1 Rey. 10:2; Job 6:18,19; Isa. 21:13). Palestina se encontraba ubicada sobre la principal ruta entre Egipto, Arabia y Mesopotamia, y muchas caravanas cruzaban por ella.

CARBÓN, BRASAS Madera carbonizada utilizada como combustible. En el altar del sacrificio se quemaban brasas (Lev. 16:12), tal como sucedía con el fuego del herrero (Isa. 44:12) y del panadero (Isa. 44:19). Las brasas daban calor para refinar los metales (Ezeq. 24:11). El carbón ardiente se convirtió en símbolo del juicio divino, que aparentemente representaba la venida de Dios a la tierra y provocaba que los volcanes entren en erupción y arrojen carbones encendidos a Sus enemigos (Sal. 18:13). Ver *Cocinar y calentar.*

CARBUNCLO Piedra preciosa utilizada en el pectoral del sacerdote (Ex. 28:17) y parte de la vestidura del rey de Tiro en el huerto del Edén según la descripción irónica de Ezequiel (Ezeq. 28:13). Es difícil, si no imposible, equipararla con una piedra que se utilice en la actualidad. Algunas traducciones dicen "esmeralda" o "berilo". Isaías 54:12 traduce "carbunclo" una palabra hebrea diferente. Otras versiones dicen "cristal" (LBLA) y "joyas brillantes" (NVI). Carbunclo (o carbúnculo) en español es un término obsoleto que se refiere al rubí. Ver *Joyas, alhajas; Minerales y metales.*

CARCA Nombre geográfico que significa "suelo" o "piso". Ciudad en la frontera sur de Judá (Jos. 15:3). Se desconoce la ubicación exacta.

CARCAS Nombre persa que significa "halcón". Uno de los siete eunucos bajo el gobierno del rey Asuero de Persia, encargado de llevar a la reina Vasti a la fiesta del rey (Est. 1:10). Ver *Abagta; Ester.*

CÁRCEL, PRISIONEROS Cualquier lugar donde se confina a personas acusadas y/o condenadas por actividades delictivas y a las capturadas en guerra.

Antiguo Testamento El encarcelamiento como castigo legal no es una característica de los antiguos códigos de leyes. La ley mosaica otorgaba un lugar de custodia hasta que el caso se decidiera (Lev. 24:12; Núm. 15:34) pero, recién al comenzar el período persa, la Biblia menciona el encarcelamiento como castigo por quebrantar las leyes religiosas (Esd. 7:26).

Las prisiones mencionadas en el AT estaban bajo control de la corona. A José lo pusieron en una prisión real en Egipto (Gén. 39:20), aparentemente adjunta a la casa del capitán de la guardia (40:3). Asa de Judá (2 Crón. 16:10) y Acab de Israel (1 Rey. 22:26,27) utilizaron prisiones, probablemente asociadas con el palacio. Sin embargo, la experiencia de Jeremías proporciona conceptos más interesantes de las prisiones y de la vida en prisión. Aparentemente, las prisiones reales no eran grandes, ya que aquella donde pusieron inicialmente a Jeremías era una casa particular modificada (Jer. 37:15). Lo confinaron a un sótano subterráneo (Jer. 37:16), tal vez una cisterna trasformada. Más tarde, lo pusieron bajo arresto domiciliario en el "patio de la cárcel" (Jer. 37:20,21). Allí estaba disponible para que el rey lo consultara (Jer. 38:14,28), podía llevar a cabo negocios (Jer. 32:2,3,6-12) y tenía la posibilidad de hablar con libertad (Jer. 38:1-4). Como esto último enfureció a los príncipes, lo confinaron por un tiempo a una cisterna enlodada en el "patio de la cárcel" (Jer. 38:4-13).

A las personas se las confinaba en las prisiones reales por ofender al rey (Gén. 40:1-3), probablemente por conspiraciones políticas. Israel encarcelaba a los profetas por denunciar las políticas reales (2 Crón. 16:10), por predecirle males al rey (1 Rey. 22:26,27), y por sospechar que colaboraban con el enemigo (Jer. 37:11-15). Los prisioneros políticos de Asiria y Babilonia incluían a antiguos reyes de naciones rebeldes (2 Rey. 17:4; 24:15; 25:27; Jer. 52:11). Sansón se convirtió en prisionero en una cárcel filistea (Jue. 16:21). Por lo general, a los prisioneros de guerra los mataban o los esclavizaban.

La suerte de los prisioneros era lamentable; a veces consistía en raciones magras (1 Rey. 22:27) y trabajo arduo (Jue. 16:21). En algunos casos, se los sujetaba y torturaba en el cepo (2 Crón. 16:10; Jer. 29:26). A Joaquín lo vistieron con ropas especiales de prisión en Babilonia (2 Rey. 25:29). La vida en prisión se convirtió en símbolo de opresión y sufrimiento (Sal. 79:11), y la liberación de la cárcel proporcionaba un cuadro de restauración o salvación (Sal. 102:20; 142:7; 146:7; Isa. 61:1, Zac. 9:11,12).

Nuevo Testamento En los tiempos del NT, las personas podían ir a prisión por no pagar una deuda (Mat. 5:25,26; Luc. 12:58,59), por insurrección política y por acciones criminales (Luc. 23:19,25), como así también por ciertas prácticas religiosas (Luc. 21:12; Hech. 8:3). Para algunas de estas ofensas, también se usaban las prisiones públicas (Hech. 5:18,19). A Juan el Bautista lo arrestaron por criticar al rey (Luc. 3:19,20) y pareciera que fue confinado a una prisión real adjunta al palacio (Mar. 6:17-29). Tiempo después, a Pedro lo arrestaron bajo estricta seguridad, lo cual consistía en sujetarlo con cadenas, rodearlo de gran cantidad de guardias y colocarlo tras puertas de hierro (Hech. 12:5-11).

Pablo mismo, que apresó a otros (Hech. 8:3; 22:4; 26:10), estuvo muchas veces en la cárcel (2 Cor. 11:23). Sus experiencias proporcionan los detalles mayores sobre las prisiones en el mundo del NT. En Filipos, él y Silas quedaron a cargo de un solo carcelero que los puso "en el calabozo interior y les sujetó los pies en el cepo" (Hech. 16:23,24). Excavaciones realizadas en Filipos han descubierto

Interior de la cárcel Mamertina en Roma, donde de acuerdo con la tradición, estuvieron Pablo y Pedro antes de que los ejecutaran.

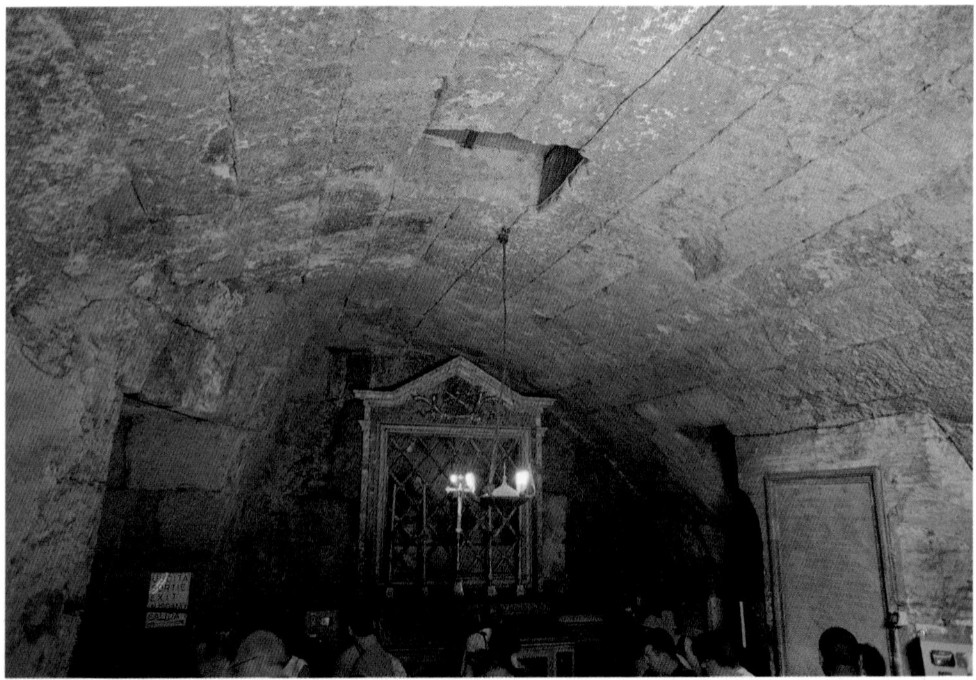

una cripta que los cristianos primitivos veneraban como la prisión y que estaba adornada con frescos que representaban a Pablo y Silas en Filipos. Si la identificación es correcta, el tamaño pequeño de la cripta elimina cualquier duda de que, cuando Pablo y Silas cantaban himnos, "los otros presos los escuchaban" (Hech. 16:25). Tal vez la cripta, que originalmente era una cisterna, servía sólo como "calabozo interior" (Hech. 16:24) para máxima seguridad o confinamiento solitario. En Jerusalén, Pablo estuvo detenido en las barracas de un cohorte romano (Hech. 23:16-18). Luego de trasladarlo a Cesarea, lo encerraron con cierta libertad en el cuartel general de los procuradores romanos y le permitieron recibir visitas (Hech. 23:35; 24:23). Cuando a él y a los otros prisioneros los transfirieron a Roma en barco, Pablo volvió a recibir cierta libertad (Hech. 27:1,3), pero cuando el naufragio parecía inminente, los soldados decidieron matarlos a todos para que no escaparan (27:42,43). Mientras esperaba el juicio en Roma, Pablo permaneció bajo custodia constante en una especie de casa de arresto (28:16,17,30), se encargaba de sus propios gastos, y tenía libertad para recibir visitas y predicar el evangelio "sin impedimento y sin temor alguno" (28:31). Pablo consideraba que su encarcelamiento era como para Cristo (Ef. 3:1; 4:1; Fil. 1:13,14; Filem. 1,9).

La situación de los prisioneros siguió siendo sombría en los tiempos neotestamentarios, y el interés en tales personas era una virtud que Cristo esperaba de cada discípulo (Mat. 25:36,39,43,44). Satanás estará encarcelado durante el milenio (Apoc. 20:1-3,7). *Daniel C. Browning (h)*

CARCELERO Cuidador de la prisión (Hech. 16:23). Ver *Cárcel, prisioneros.*

CARCOR Nombre geográfico que significa "suelo llano, blando". Aldea montañosa de la región oriental de Galaad durante el período de los jueces. No se ha determinado el sitio exacto. Gedeón y los 300 israelitas lanzaron el segundo ataque sorpresivo sobre los madianitas en Carcor. Según Jue. 8:10,11, Zeba y Zalmuna, dos líderes madianitas, estaban acampando en Carcor con 15.000 soldados cuando Gedeón los atacó y los derrotó por completo.

CAREA Nombre de persona que significa "calvo". Padre de Johanán y de Jonatán durante la época de Jeremías (Jer. 40:8,13,15,16; 41:11, 13,14,16; 42:1,8; 43:2,4,5; 2 Rey. 25:23).

CARISIM Nombre geográfico que significa "valle de los artesanos". Miembro de la genealogía de Judá y Caleb que aparece en 1 Crón. 4:14, lista que a menudo incluye nombres de lugares. En una lista se encuentra registrado como lugar donde vivieron los miembros de la tribu de Benjamín en época de Nehemías (Neh. 11:35). Esto podría indicar que en alguna oportunidad los descendientes de Judá y Caleb habían ocupado parte del territorio de Benjamín. Aparentemente se encuentra ubicado cerca de Lod en el territorio asignado a Benjamín, aprox. 50 km (30 millas) al noroeste de Jerusalén.

CARMEL, CARMELO Nombre geográfico que significa "parque, campo fructífero". Aldea del territorio asignado a la tribu de Judá (Jos. 15:55). El rey Saúl erigió un monumento en ese lugar después de derrotar a los amalecitas (1 Sam. 15:12). Es el lugar donde Nabal trató a David y a sus hombres en forma irrespetuosa y desconsiderada, acción que finalmente dio como resultado la muerte de Nabal y el casamiento de David con su viuda Abigail (1 Sam. 25:2-40). La aldea es la moderna Khirbet el-Kirmil, ubicada a 11 km (7 millas) al sur de Hebrón.

CARMELITO Habitante de Carmel. Ver *Carmel.*

CARMI Nombre de persona que significa "mi viña". **1.** Hijo de Rubén (Gén. 46:9) y, en consecuencia, antepasado inicial de una familia de la tribu de Rubén (Núm. 26:6). **2.** Padre de Acán (Jos. 7:1). **3.** Hijo de Judá (1 Crón. 4:1).

CARMITA Miembro de la familia de Carmi (Núm. 26:6). Ver *Carmi.*

CARNAL Cualquier cosa que esté relacionada con los apetitos y los deseos de la carne o los deseos mundanos en lugar de los piadosos o espirituales. La naturaleza humana básica es carnal, vendida al pecado y, en consecuencia, vive en el reino de la muerte, y es incapaz de cumplir la ley espiritual de Dios (Rom. 7:14). La gente anda en la carne o en el espíritu, lo cual conduce respectivamente a la muerte o a la vida. La persona carnal es hostil a Dios, incapaz de agradarle (Rom. 8:1-11). Jesucristo en la carne venció la condenación de la carnalidad para ofrecer la libertad de vida del Espíritu. Pablo dijo que los gentiles habían recibido el evangelio espiritual a través de los judíos y que, por lo tanto, debían servir para suplir las necesidades carnales o materiales de estos últimos (Rom. 15:27; comp. 1 Cor. 9:11).

Aun los miembros de la iglesia pueden ser carnales y comportarse como bebés en Cristo, tal como lo expresó Pablo al escribir a los corintios (1 Cor. 3:1-4). Dichos creyentes se tienen celos y pelean entre sí. Los cristianos deben resolver sus problemas con "armas" diferentes (2 Cor. 10:4). Estas armas sirven para cumplir con los propósitos de Dios, para destruir los argumentos y las divisiones humanas, y para dar gloria a Cristo.

Hebreos enseña que Cristo tenía una clase de sacerdocio diferente al de los sacerdotes judíos. Estos siempre habían realizado sus servicios sobre la base de los mandamientos escritos para suplir necesidades carnales. Cristo sirvió sobre la base de Su vida, que era indestructible y eterna (Heb. 7:16). En 9:10, el escritor de Hebreos deja en claro la naturaleza carnal de la ley. Esta estaba conformada por mandamientos correspondientes al orden antiguo con que se trataban asuntos externos; en cambio Cristo se ocupó de las cuestiones espirituales de la redención eterna, la santificación, la limpieza y la vida eterna.

Utilizando la misma palabra griega (*sarkikos*), Pedro emitió un grito de batalla en contra de los "deseos carnales" a fin de que la gloria fuera para Dios y que la gente pudiera ser atraída hacia Su santa manera de vivir (1 Ped. 2:11).

CARNE En el contexto bíblico, la palabra "carne" tiene una amplia variedad de matices que, en un marco moderno, podrían traducirse "piel", "alimento", "parientes", "ser humano" y "naturaleza pecaminosa". No obstante, en las lenguas originales, todos estos términos aparentemente no relacionados entre sí se expresan por medio de la misma palabra: *basar* en hebreo y *sarx* en griego. Debido a la evidente flexibilidad de la palabra, cada uno de sus significados primarios se enumera a continuación seguido de una explicación y ejemplos bíblicos.

"Carne" como designación del cuerpo o partes del cuerpo "Carne" con frecuencia alude a la piel o el cuerpo; todo lo que cubre el esqueleto de seres humanos y animales. Por ejemplo, en Sal. 119:120, "carne" describe claramente la totalidad del cuerpo cuando el salmista dice: "Mi carne se ha estremecido por temor de ti".

Aunque el término se usa predominantemente para el cuerpo humano, también se puede referir al de animales. Por ejemplo, cuando José explica el sueño del faraón sobre las siete vacas gordas y las siete vacas flacas, se refiere sistemáticamente a las flacas como "enjutas de carne", una expresión idiomática hebrea que significa "flacas" (Gén 41:1-3). Pablo distingue entre varios tipos de "carne" animal o tipos corporales cuando les explica la resurrección física a los cristianos corintios (1 Cor. 15:39). Como "carne" se puede usar también en relación al cuerpo animal, por extensión también se puede referir a la carne como comida (Ex. 21:28; Isa. 22:13).

Sin embargo, el término también puede aludir a una parte del cuerpo. Por ejemplo, con frecuencia la Biblia usa "carne" como eufemismo de los genitales masculinos. Este uso de la palabra es más común en contextos relacionados con la señal visible del pacto, la circuncisión (Gén. 17:11,14; Rom. 2:28; Gál. 6:13).

En ocasiones, el término "carne" se usa en contraste con "alma" (*nephesh* en heb.) para distinguir la existencia física de una persona de la existencia espiritual (Sal. 63:1). De manera similar, "carne" se usa en contraste con las palabras corazón o mente (*leb* en heb.) para diferenciar al cuerpo de la mente, la voluntad y las emociones (Sal. 16:9; 84:2; Prov. 14:30).

"Carne" como designación para humanidad o parientes consanguíneos A veces, las Escrituras usan "carne" como designación general a todo lo que tiene vida. En Gén. 6:17, Dios advierte que el diluvio sobre la tierra destruiría "toda carne". Esto incluía animales y seres humanos por igual. En un sentido un poco más limitado, "carne" puede referirse a la humanidad como un todo. La conocida profecía de Joel 2:28-32, citada y cumplida en Hech. 2:17-21, prometía que el Espíritu sería derramado sobre "toda carne". En este caso es evidente que sólo se tiene en vista a la humanidad.

En un aspecto todavía más limitado, "carne" puede aludir a los parientes de alguien. Por ejemplo, Lev. 18:6,17 emplea el término al prohibir las relaciones sexuales entre familiares cercanos.

El uso del término "carne" para designar a la humanidad sugiere una importante diferencia entre el hombre y Dios. El hombres es "carne", mientras que Dios es "espíritu"; el hombre es finito y mortal, Dios es infinito e inmortal. Numerosos pasajes destacan este contraste al asociar la palabra "carne" con el término "espíritu" (Gén. 6:3; Isa. 31:3; Mat. 26:41). No obstante, "carne" por sí sola también puede destacar la debilidad y la pecaminosidad del ser humano en contraste con el poder y la santidad de Dios (Sal. 56:5 BJ; Sal. 78:39; 2 Crón. 32:8).

"Carne" como designación para la naturaleza pecadora En el NT, especialmente en las cartas paulinas, "carne" toma un sentido teológico especial. Pablo lo usa para referirse a la naturaleza humana caída que es incapaz de alcanzar las expectativas santas de Dios (Rom. 7:5,18; 8:3-9; Gál. 3:3). En este sentido, "carne" es el mero esfuerzo del hombre; simple esfuerzo humano sin el poder del Espíritu Santo. Esta "carne" da lugar al pecado en la vida del creyente (Rom. 8:3-4,9; Gál. 3:3; 5:16-17). Pablo explica que la carne y el Espíritu están en conflicto en los cristianos y hace falta que estos rechacen los deseos pecaminosos y cooperen con el Espíritu Santo (Rom. 8:13; Gál. 2:19-21; Col. 3:5).

Desafortunadamente, muchos han entendido mal el uso especializado que Pablo hace del término "carne", y toman los pasajes mencionados más arriba para afirmar que nuestro cuerpo es inherentemente malo. No obstante, nada puede haber estado más lejos del pensamiento de Pablo. Él enseñó que Cristo mismo vino en forma de carne y que, aun así, llevó una vida sin pecado (Rom. 1:3; 1 Tim. 3:16). Más aún, el cuerpo es creación de Dios y por lo tanto, cuando está dedicado a Dios en un servicio santo, es bueno (1 Tim. 4:4). En realidad, Pablo se refirió al cuerpo del creyente como templo del Espíritu Santo al indicar su naturaleza y propósito sagrado (1 Cor. 6:19-20). La idea de que el cuerpo es inherentemente malo y, por esa razón, un obstáculo para la espiritualidad, no proviene de Pablo sino de Platón. Ver *Antropología; Cuerpo.* *Kevin J. Youngblood*

CARNE OFRECIDA A ÍDOLOS Ofrendas de carne animal presentadas como sacrificio a un dios. La mayoría de las religiones del antiguo Cercano Oriente tenían leyes sobre ofrendas sacrificadas a un dios o dioses. En Lev. 1–8 y 16–17 aparecen las leyes correspondientes a Israel. Parte del ritual consistía en que la gente comiera una porción del sacrificio. Se creía que Dios y el pueblo se acercaban más cuando compartían el mismo animal. Dado que la mayoría de los primeros cristianos tenía un trasfondo judío, se desencadenó un problema en la iglesia cuando los gentiles convertidos comían carne que se había sacrificado a ídolos. El concilio de Jerusalén decidió que los cristianos debían abstenerse de comer esa carne para no hacer tropezar a los creyentes débiles. Pablo hizo eco de este sentir en 1 Cor. 8:13.

CARNE Y ESPÍRITU Términos usados específicamente en conjunto en el NT para contrastar estilos de vida diametralmente opuestos. Al término "carne" se le atribuye con frecuencia la connotación de un estilo de vida impío de egoísmo y autocomplacencia. "Espíritu" indica características opuestas. Una persona que anda en el Espíritu vive con notoria conciencia de Dios que dirige su disposición, sus actitudes y sus acciones.

Este uso de los términos se evidencia en especial en los escritos paulinos. En Rom. 7, Pablo habla francamente de su constante lucha entre el persistente poder de la carne y las sinceras intenciones de su voluntad para vivir en obediencia a Dios. "Pues no hago el bien que deseo, sino el mal que no quiero, eso practico" (Rom. 7:19 LBLA). Esta lucha se debe a la "carne" con la cual el creyente batalla incluso después de la salvación. Pablo entonces hace la pregunta: "¿Quién me librará de este cuerpo de muerte?" (Rom. 7:24). Y responde con confianza: "Gracias a Dios, por Jesucristo Señor nuestro. Así que yo mismo, por un lado, con la mente sirvo a la ley de Dios, pero por el otro, con la carne, a la ley del pecado" (Rom. 7:25 LBLA). Aunque los creyentes luchan con la carne, quienes están en Cristo Jesús ya no están obligados a vivir de manera carnal. En Gál. 5, Pablo trata este tema de manera más completa. Anima a los creyentes que efectivamente "viven por el Espíritu" a que también "anden por el Espíritu" para entonces evitar "satisfacer los deseos de la carne". La advertencia aquí, al igual que en otras cartas paulinas, es no vivir carnalmente. Un cristiano carnal es un creyente que, aunque ha sido regenerado, persiste en una vida gobernada por los deseos carnales (Rom. 8:7; 1 Cor. 3:1).

Otros pasajes del NT usan los términos "carne" y "espíritu" para enfatizar la misma lucha. Juan les indicó a los creyentes que no se comportaran de una manera que buscara satisfacer "la pasión de la carne" (1 Jn. 2:16 LBLA).

No hay que forzar el sentido de este contraste como si dijera que la existencia física humana es mala. La carne humana en sí fue creada "buena". Ciertos grupos cristianos gnósticos primitivos pervirtieron este concepto y enseñaron que todo lo que estuviera vinculado con la existencia física debía considerarse malo. Esta falsa dicotomía hizo que algunas sectas se volvieran ascéticas, y privaran al cuerpo de alimento, descanso y cuidado adecuado en un esfuerzo para purificarlo. Otros grupos llegaron a la conclusión de que lo que se hiciera con el cuerpo carecía de consecuencias espirituales, incluso los actos de libertinaje moral.

Por medio del poder y la libertad de Cristo, uno debe tomar la decisión de vivir en forma piadosa y no convertir esa libertad en "ocasión para la carne" (Gál. 5:13). La meta consiste en mostrar una vida regida por la constante presencia del Espíritu Santo que se caracteriza por "el amor, el gozo, la paz, la paciencia, la benignidad, la bondad, la fidelidad, la mansedumbre y el dominio propio" (Gál. 5:22-23 LBLA). *D. Cornett*

C

CARNERO MONTÉS Antílope pequeño (*rupicapra*) que alcanza unos 60 cm (2 pies) de altura y se encuentra en regiones montañosas (Deut. 14:5). Ver *Antílope; Oveja.*

CARPINTERO Oficio o habilidad que Jesús colocó en una posición de honor (Mar. 6:3). Ver *Ocupaciones y profesiones.*

CARPO Nombre de persona que significa "fruto". Amigo cristiano al que Pablo le dejó su capote en Troas. Le pidió a Timoteo que lo recuperara (2 Tim. 4:13).

CARQUEMIS Fuerte de Quemos; la moderna Jerablus. Ciudad importante en la gran curva del Río Éufrates. Se hallaba sobre la orilla occidental del río en un punto importante de cruce de la ruta de comercio internacional. Carquemis se encuentra mayormente sobre el lado turco de la frontera turco-siria de la actualidad.

A Carquemis se la menciona alrededor del 1800 a.C. como capital de un reino aliado con el rey asirio Shamshi Adad I en contra del rey Yahdunlim de Mari.

Después del período de Mari se produce un corte breve en la historia de la ciudad, según lo que sabemos. Se obtiene nuevamente información cuando Carquemis estuvo primeramente bajo influencia hurrita y luego incluida en la esfera hitita. Carquemis fue vasalla y aliada del rey hitita Muvatalis en contra del faraón egipcio Ramsés II en la importante batalla de Cades en el 1286 a.C.

Luego de la destrucción del Nuevo Reino Hitita por parte de los pueblos del mar poco después del 1200 a.C., Carquemis se convirtió en la heredera más importante de la cultura hetea. Es probable que la tierra de Hatti y los hititas que se

Un pequeño taller en la Calle de los Carpinteros en Nazaret. Muchos artesanos usaron herramientas y métodos similares a los de la época cuando José trabajaba cerca de este lugar.

mencionan sean sucesores de los hititas anatolios que tenían su centro en Carquemis. Esta se volvió a convertir en cabeza de un reino independiente que resistió victoriosamente la conquista por parte del Imperio Asirio durante todo su primer período de expansión. Los asirios sólo la pudieron capturar y destruir en el 717 a.C. bajo el liderazgo de Sargón II. Este ayudó a reconstruir la ciudad y esta se convirtió en capital de una provincia asiria del oeste. La captura definitiva de la ciudad en manos de Asiria fue lo suficientemente notoria como para que Isaías la utilizara como ejemplo retórico en uno de sus discursos (Isa. 10:9).

No obstante, la batalla más importante de Carquemis no se peleó con el objetivo de tomar posesión de la ciudad. Al final del período asirio, cuando Nabucodonosor estaba incorporando todo el antiguo territorio asirio dentro del Imperio Neoabilónico, el faraón Necao II de Egipto se dirigió a Carquemis para tratar de salvar los remanentes del ejército asirio. Tenía esperanzas de preservar a Asiria como intermediaria entre él y una Babilonia poderosa y agresiva. Llegó demasiado tarde, tal vez debido al retraso que le produjo el frustrado desafío de Josías en Meguido (2 Crón. 35:20-24). Nabucodonosor derrotó a Necao en Carquemis. Esta victoria le concedió a Babilonia autoridad sobre toda Asia occidental durante los años subsiguientes. Por esta razón se la considera una de las batallas más decisivas de todos los tiempos. Tanto Jeremías como el escritor de las crónicas toman nota de ella. El profeta compuso un lamento poético en conmemoración a la derrota de Egipto (Jer. 46:2-12). La ciudad parece haber declinado después del período de poder babilónico, ya que las referencias a ella desaparecen.

Carquemis y sus ruinas fueron visitadas en forma repetida por viajeros de Occidente durante los siglos XVIII y XIX. Se llevaron a cabo excavaciones en el lugar desde 1878 hasta 1881, y nuevamente desde 1911 hasta 1914, y en 1920. Una inscripción cuneiforme que se halló durante las excavaciones confirma que el sitio es Carquemis.

Joseph Coleson

CARRERA (PROFESIONAL) Por regla general, durante el período bíblico los hijos se dedicaban al mismo tipo de trabajo que sus padres. Sin embargo, en forma ocasional Dios elegía carreras específicas para las personas, haciendo que dejaran la ocupación familiar y se dedicaran a servirlo a Él en forma directa (por ej. Ex. 3:10; 1 Sam. 16:1-13; 1 Rey. 19:19-21; Amós 7:14,15; Mar. 1:16-20).

La Biblia defiende todo tipo de trabajo que sea honesto y positivo (Tito 3:1; comp. Gén. 2:15; Neh. 2:18) y no contradiga el evangelio (Hech. 16:16-18; 19:23-27). Todo trabajo se debe realizar en el nombre de Jesús (Col. 3:17) y para gloria de Dios (1 Cor. 10:31), como si Dios mismo fuera el empleador (Col. 3:23). Y esto es así ya sea que uno trabaje como obispo, algo que Pablo consideraba "buena obra" (1 Tim. 3:1), o en un trabajo que no sea tenido en tan alta estima por el mundo (comp. la actitud egipcia hacia la ganadería en Gén. 46:34). Por este motivo Dios se interesa más por la actitud que tengamos hacia el trabajo que por la tarea en particular (Ecl. 9:10; Col. 3:23).

Dios desea que alcancemos nuestro potencial. Por esta razón Él dirige a las personas para que éstas elijan carreras (Sal. 73:24) que se ajusten a sus habilidades y a las áreas específicas de sus dones (comp. Ex. 39:43).

CARRO, CARRETA Vehículo de transporte con dos o cuatro ruedas de madera. Los de dos ruedas por lo general se llamaban carros. Las carretas se utilizaban para transportar personas y materiales (Gén. 45:17-21). Tanto unos como las otras a veces se usaban como instrumentos de guerra (Ezeq. 23:24). Los carros generalmente eran tirados por bueyes. El uso de las carretas era bastante diferente al de los carros de guerra. Ver *Transporte y viajes.*

CARROS Vehículos terrestres de dos ruedas hechos de madera y tiras de cuero que generalmente eran arrastrados por caballos. Se utilizaban ampliamente en la Mesopotamia antes del 3000 a.C., y los hicsos los introdujeron en Canaán y en Egipto alrededor del 1800–1600 a.C. Su función primaria era servir de plataformas de lanzamiento móviles durante las batallas. También se usaban para cazar, para transportar dignatarios y en ceremonias estatales y religiosas.

Antiguo Testamento Los carros egipcios son los primeros que se mencionan (Gén. 41:43; 46:29; 50:9). Los carros de hierro de los filisteos estaban fortificados con planchas de metal que los hacían militarmente más fuertes que los de los israelitas (Jue. 1:19; 4:3,13-17; 1 Sam. 13:5-7).

Los carros se convirtieron en parte importante del ejército de Salomón y de sus actividades comerciales (1 Rey. 4:26; 9:15-19; 10:28,29). La fortaleza militar de Israel bajo el reinado de Acab era digna de destacar debido a la cantidad de carros que poseía. Según registros asirios, Acab llevó 2000 carros a la batalla de Qarqar en el 853 a.C. Los carros también se observaban en las visiones proféticas (Zac. 6:1-8) y se aplicaban en forma figurativa al poder de Elías y Eliseo (2 Rey. 2:12; 13:14).

Nuevo Testamento Los carros se utilizaron en imágenes proféticas (Apoc. 9:9; 18:13) y como transporte del etíope eunuco (Hech. 8:26-38). Ver *Armas y armaduras.* *Lai Ling Elizabeth Ngan*

C

CARROS DEL SOL Traducción que aparece en 2 Rey. 23:11 en referencia a una escultura que Josías quitó del templo de Jerusalén. Otras traducciones hablan de caballos que los reyes de Judá le habían dedicado al sol. Los asirios denominaban al rey sol "jinete de carruaje", de modo que esto podría representar un santuario que se introdujo cuando Judá comenzó a pagar tributo a los reyes asirios. Deuteronomio 17:3 registra el mandamiento de Dios de no adorar al sol, pero Ezequiel da testimonio de personas que estaban en el templo adorando a esa deidad (Ezeq. 8:16).

CARROZA Término para referirse a un asiento o diván cerrado, transportado sobre los hombros de los sirvientes (Cant. 3:9). Otras traducciones incluyen: carruaje (NVI) y palanquín (LBLA).

CARSENA Consejero sabio del rey Asuero de Persia a quien este le pidió consejo en cuanto a cómo actuar con Vasti, su desobediente esposa (Est. 1:14).

CARTA Nombre geográfico que significa "ciudad". Ciudad de los levitas en el territorio de Zabulón (Jos. 21:34). Ubicación desconocida. Ver *Levitas, Ciudades de los.*

CARTA DE DIVORCIO Ver *Divorcio; Familia.*

CARTA: FORMATO Y PROPÓSITO **Historia y formato** Las cartas en el mundo antiguo eran un medio de comunicación importante entre quienes vivían en lugares diferentes. En realidad, eran el único medio disponible aparte de los mensajes verbales. Escribir cartas es tan antiguo como la escritura misma, y tuvo su comienzo en el segundo milenio a.C. En la época antigua se publicaron materiales de ayuda para la composición, dos de los cuales han sobrevivido. *Tupoi Epsistolikoi* (*Tipos Epistolares*), al que también se denomina *Pseudo-Demetrius* (escrito antes del 100 d.C.), identificaba y explicaba 21 tipos de cartas. El otro, *Epistolimaioi Characteres* (*Estilos Epistolares*) también llamado *Pseudo-Libanius*, se escribió después del 300 d.C. y presentaba 41 tipos de cartas. En Demetrius, cada tipo de carta se definía, se presentaba su lógica y luego se ilustraba con una carta modelo. Libanius no proporcionaba cartas modelo propiamente dichas sino, más bien, instrucciones y sugerencias presentando la idea general de cada tipo. En la práctica, los tipos de carta con frecuencia se mezclaban entre sí, de modo que cualquier descripción del contenido de una carta antigua "típica" es artificial y podrá inducir a error. Miles de cartas han sobrevivido desde la antigüedad, muestra de la influencia de manuales como el Demetrius y el Libanius.

El método de clasificación de las cartas se relacionaba con la teoría retórica. Esta es el arte de la persuasión y constituía la piedra angular de la educación clásica. Los diversos tipos de cartas emplean los tres tipos principales de retórica: judicial, deliberativa y epidíctica. El ámbito de la retórica judicial era la persuasión del juez y del jurado. En la retórica deliberativa se argumentaba en la arena pública o la asamblea gubernamental a favor o en contra de un curso de acción; era aconsejar. La retórica epidíctica era el discurso de alabanza o condenación en ocasión de celebraciones o conmemoraciones, entre ellas casamientos y funerales. La teoría epistolar derivó de estas categorías, pero la mayoría de las cartas se relacionaban con lo epidíctico, donde se expresaba elogio o condenación. El entrenamiento en retórica ayudaba a los escritores de cartas a tomar bosquejos y fórmulas de los manuales para adaptarlos y combinar los diferentes tipos para una situación en particular.

A medida que la escritura de cartas se fue desarrollando junto con la historia, muchas ya no encajaban dentro de ninguna categoría de retórica establecida sino, en cambio, dentro de otra más amplia, la exhortación, que sólo se relacionaba marginalmente con la retórica. El término griego es *paraenesis* y el latino es *praeceptio*, de donde obtenemos la palabra precepto. A veces a dichas cartas se las llamaba exhortativas o parenéticas.

Los escritores de cartas a menudo empleaban servicios de un amanuense. El equivalente moderno más cercano es secretario. El amanuense podía estar entrenado en retórica y escritura de cartas y participar en el escrito en varios niveles. Podía simplemente recibir el dictado y preparar la carta para que la firmara el escritor. No obstante, con frecuencia podía editar lo que se había escrito. A veces los amanuenses eran participantes plenos o colaboradores en el contenido de la carta del escritor. Incluso podían llegar a componer la carta conforme a las instrucciones del remitente.

El dictado podía ser angustiosamente lento e interferir con la línea de pensamiento del orador. En una ocasión, el gran pensador romano Cicerón (106–43 a.C.) se quejó de tener que dictar lentamente, sílaba por sílaba. El historiador Plutarco le atribuye a Cicerón el desarrollo de la taquigrafía (gr. *tachugraphy*) y su introducción en Roma. La taquigrafía se usaba ampliamente para la época en que se escribieron las cartas del NT. Séneca, escribiendo en los años 63–64 d.C., declaró que esta taquigrafía empleaba signos en lugar de palabras completas, lo que permitía que el transcriptor igualara la velocidad del orador.

Las cartas en la Biblia ***Antiguo Testamento*** La primera mención de una carta aparece en 1 Sam. 11:14,15 donde la traición de David condujo a la muerte del que llevaba la carta, Urías, el esposo de Betsabé. La malvada reina Jezabel escribió cartas (1 Rey. 21:8,9) cuando urdió el asesinato de Nabot. En 2 Rey. 5:5-7 el rey de Aram (Siria) le envió una carta al rey de Israel con respecto a su general Naamán. Jehú, el rey de Israel, escribió cartas que aseguraban la muerte de los hijos de Acab que quedaban vivos (2 Rey. 10:1-7). Ezequías, un justo rey de Judá, recibió cartas de los reyes de Asiria y Babilonia (2 Rey. 19:14; 20:12; Isa. 37:14; 39:1; 2 Crón. 32:17), y envió cartas a las doce tribus de Judá e Israel donde invitaba a todo el pueblo a ir y celebrar la Pascua (2 Crón. 30:1-12). Salomón intercambió cartas con Hiram, rey de Tiro (2 Crón. 2:1-12). En 2 Crón. 21:12, el profeta Elías le envió una carta al rey Joram de Judá donde pronunciaba juicio y una muerte dolorosa. Cuando Esdras estaba reedificando el templo, los enemigos de los judíos y la corte real de Persia intercambiaron cartas (Esd. 4–5). Nehemías recibió cartas del rey de Persia, Artajerjes, donde lo autorizaba a regresar a Jerusalén y completar el templo (Neh. 2:1-9). Se intercambiaron varias cartas hostiles entre los ancianos de Judá y su enemigo Tobías (Neh. 6:17-19). El rey persa Asuero envió una cantidad de cartas en el libro de Ester (1:22; 3:13; 8:5, 10). Mardoqueo, el tío de Ester, les envió cartas a judíos de varios lugares (Est. 9:20-30). Jeremías envió una carta a los exiliados en Babilonia (Jer. 29:1). Semaías mandó una carta a los exiliados reclamando para sí el sumo sacerdocio (Jer. 29:24-32).

Nuevo Testamento Las cartas son todavía más comunes en el NT, y 21 de los 27 libros están en este formato. Apocalipsis contiene siete cartas breves. Trece libros son cartas escritas por el apóstol Pablo, y ocho, denominadas cartas generales, fueron escritas por otros. Se desconoce quién fue el escritor de Hebreos. Santiago (Jacobo) y Judas, hermanos de Jesús, escribieron cartas. El apóstol Pedro escribió dos, y el apóstol Juan tres.

La primera mención específica de cartas corresponde a cuando Saulo de Tarso se las pidió al sumo sacerdote para autorizar el arresto de los creyentes en Damasco, Siria (Hech. 9:2; 22:5). La iglesia de Jerusalén envió una carta a los creyentes gentiles de Antioquía de Siria donde los eximía de la ley de Moisés (Hech. 15:23-30). El comandante romano Claudio Lisias le escribió al gobernador romano Félix para hablarle de Pablo (Hech. 23:25-33).

En su mayoría, las cartas del NT entran en la categoría exhortativa. La mayor parte presenta una mezcla de distintos tipos de epístolas. En varias también se entremezclan elementos importantes de la retórica deliberativa. El antiguo teórico-retórico Posidonio sugirió tres clases principales de *paraenesis* o preceptos: el consejo relacionado con acciones, la exhortación relacionada con hábitos y carácter, y la consolación referida a emociones o pasiones. Todas estas están presentes en las cartas del NT.

A veces los eruditos cuestionan la autenticidad de varias cartas atribuidas a Pablo, pero se carece de evidencias convincentes que anulen el testimonio antiguo de autoría paulina. Podemos tener confianza de que Pablo realmente escribió las 13 cartas que llevan su nombre.

Como sucede con toda correspondencia, las cartas de Pablo eran documentos "ocasionales" que se escribieron en un momento en particular por una razón determinada. La mayoría de las cartas del NT se escribieron para ser leídas a las congregaciones y para servir como sustituto del escritor que no le podía hablar a la iglesia en persona. La correspondencia paulina que aún conservamos es la que mantuvo con iglesias que fundó, con una iglesia que no había visitado (Colosas) y con individuos (Timoteo y Tito) que trabajaban a sus órdenes. Sólo Dios sabe la cantidad de cartas que escribió el apóstol durante los 30 años de actividad misionera, pero nosotros somos bendecidos con la presencia, dentro del canon del NT, de aquellas que sobrevivieron.

Al constituir el corpus más importante de cartas de la Biblia, las epístolas paulinas se han estudiado más que la otra colección de cartas (generales). Las cartas de Pablo indican que en siete de ellas se utilizó un amanuense (Rom.; 1 Cor.; Gál.; Col.; 1–2 Tes. y Filem.). Según algunos aspectos gramaticales que aparecen en 2 Cor. se puede deducir que participó un amanuense. Es razonable suponer que Pablo haya utilizado dicha ayuda. Tercio es un amanuense que se menciona a sí mismo (Rom. 16:23). En cinco de las cartas, Pablo escribió una porción con su propia mano (1 Cor.; Gál.; Col.; 2 Tes.; Filem.). El uso de diferentes amanuenses proporciona una explicación lógica para ciertas diferencias de estilo, vocabulario y gramática en las cartas del apóstol. En ocho cartas Pablo menciona colaboradores (1–2 Cor.; Gál.; Fil.; Col.; 1–2 Tes. y Filem.). Es probable que el esfuerzo conjunto haya influido hasta cierto punto en el estilo y el vocabulario. Las cartas paulinas demuestran que él y sus amanuenses conocían y empleaban las formas convencionales de escritura de cartas correspondientes al siglo I d.C.

Por lo general, las epístolas del NT se dividen en tres partes: la dirección, el cuerpo de la carta y la conclusión. Dentro de este marco se pueden encontrar las siguientes características, aunque pocas cartas incluyen todas.

(1) La dirección consiste en la identificación del escritor y los receptores, el saludo inicial, el agradecimiento y una plegaria.

(2) El cuerpo de la carta consiste en diferentes elementos que varían ampliamente de una carta a otra. Lo que más se asemeja a un rasgo común incluye un comienzo formal, un precepto sobre áreas de interés fundamental y una aplicación.

(3) La conclusión incluye bendiciones finales, saludos (a veces a personas determinadas), el deseo de "paz" y las posdatas.

Las cartas del NT tenían que ser llevadas del escritor a los receptores.

El Imperio Romano tenía un sistema postal eficiente, pero estaba restringido al uso gubernamental. La palabra latina *positus*, que está asociada a este sistema, es el origen del término

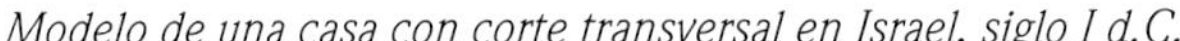

Modelo de una casa con corte transversal en Israel, siglo I d.C.

español postal y sus derivados. La correspondencia se transportaba a caballo, y en las rutas postales se ubicaban estaciones a ciertos intervalos de distancia. En estas estaciones se cambiaban los caballos y se guardaban comida y otras provisiones a fin de acelerar la tarea de los transportadores de correo. En el ámbito privado, cartas y otros documentos se transportaban mediante una diversidad de medios. Se utilizaban los correos profesionales, pero para la mayoría de la gente esta no era una opción. En estos casos, amigos, conocidos u otros viajeros llevaban las cartas. En el caso de Pablo, pareciera que los mensajeros provenían del círculo de colaboradores y de miembros de las iglesias con las que estaba vinculado. Ver *Saludo.* *Charles W. Draper*

CARTÁN Nombre geográfico que significa "ciudad". Ciudad de los levitas en el territorio de la tribu de Neftalí (Jos. 21:32). También denominada Quiriataim (1 Crón. 6:76). Estaba ubicada cerca del Mar de Galilea. Por lo general se la identifica con la moderna Khirbet el-Qureiyeh. Ver *Levitas, Ciudades de los.*

CASA Lugar donde vive la gente, generalmente en unidades familiares amplias. Abraham dejó la Mesopotamia donde vivía en casas de adobe (comp. Gén. 11:3) y se convirtió en habitante de tiendas (Heb. 11:9). Estas se fabricaban con piel de cabra y eran adecuadas para la vida nómada. Sus descendientes aparentemente vivieron en tiendas hasta los tiempos de Josué, cuando conquistaron Canaán y comenzaron a edificar casas a la manera cananea. En las tierras bajas del Valle del Jordán, las casas se construían de ladrillos de adobe porque la piedra no era fácil de adquirir. Este tipo de construcción todavía se puede ver en campamentos de refugiados de la actual Jericó. En las regiones montañosas se utilizaba piedra. Aunque hubo leves diferencias en la construcción de casas a lo largo de los siglos, las que se han excavado muestran un estilo similar. Las de los pobres eran pequeñas y modestas, constaban de una a cuatro habitaciones y casi siempre incluían un patio al este de la casa para que los vientos dominantes del oeste se llevaran el humo. La familia realizaba la mayoría de las actividades en ese patio. Las comidas se preparaban en un

Reconstrucción de una casa israelita del siglo VIII a.C., que permite ver habitaciones para dormir en esterillas y para almacenaje. El patio exterior se usaba para la preparación de comidas y para albergar a pequeños animales. La construcción de casas no cambió demasiado en los siglos que siguieron hasta el período del NT. De manera que este modelo era típico de la mayoría de las casas de la época del AT.

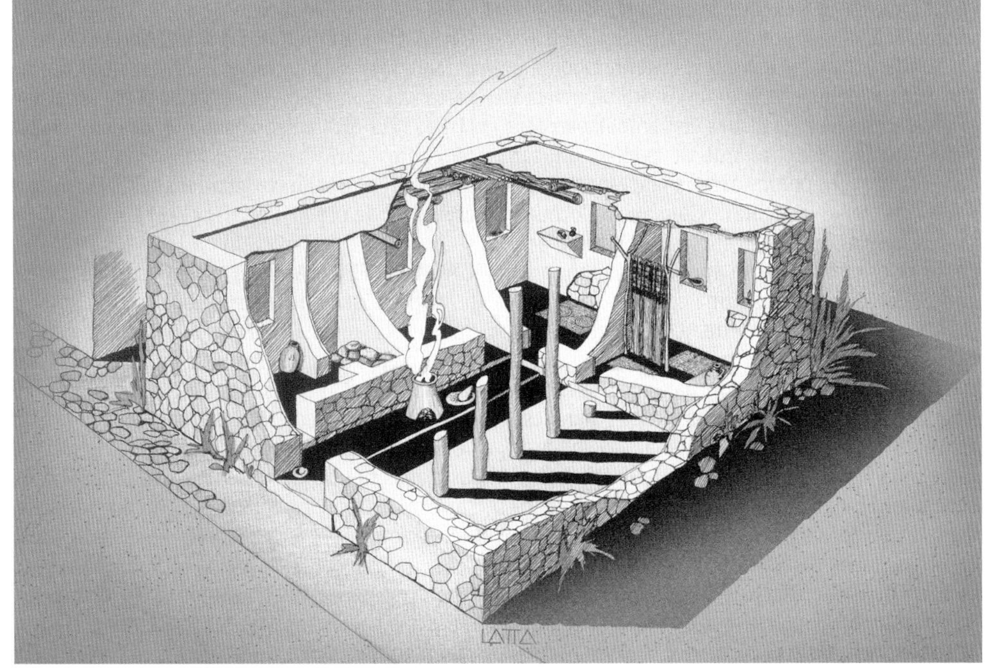

horno de barro. Allí se almacenaban vasijas con provisiones, y con frecuencia se alojaban también los animales. No obstante, la casa sólo cubría las necesidades esenciales de la vida familiar tales como techo, lugar para preparar comida, fabricar ropa y alfarería, cuidar de los animales y demás.

La vida social normalmente tenía lugar alrededor del pozo comunitario, las puertas de la ciudad, el mercado o los campos de cultivo. Por el calor del verano y el frío del invierno, las casas se construían con escasas o ninguna ventana. Eso también protegía mejor de los intrusos, pero hacía que las casas fueran oscuras y poco acogedoras. El único modo de escapar de interiores oscuros y apretados era el patio y los techos planos. Las mujeres de la casa allí podían llevar a cabo muchas tareas domésticas: lavado, hilado, secado de higos y dátiles, e incluso cocinar. Era un lugar ideal para disfrutar la brisa fresca al calor del día y hasta para dormir en verano (Hech. 10:9; comp. 2 Rey. 4:10). El techo se sostenía con vigas que cruzaban desde la parte superior de las paredes de las habitaciones, que eran angostas, y luego se cubrían con paja y barro apretado hasta formar una superficie firme y lisa. El paralítico de Capernaum fue bajado hasta donde estaba Jesús por una abertura en un techo de esas características (Mar. 2:4; cubierta con tejas de arcilla, Luc. 5:19). Para evitar las caídas, en la época de Moisés se requería la construcción de una baranda alrededor del techo (Deut. 22:8).

A diferencia de los pobres, la gente pudiente construía viviendas más grandes donde a veces se utilizaban piedras talladas. Las amoblaban con sillas, mesas y sillones que se podían utilizar como camas. Los pobres carecían de espacio y dinero para tener muebles. Comían y dormían sobre esterillas que luego enrollaban. La mayoría de los pisos eran de tierra apisonada, aunque algunos eran de adobe con una capa de cal, y ocasionalmente de bloques de piedra caliza. Los ricos de la época del NT podían cubrir los pisos con bellos mosaicos y adornar con hermosos frescos las paredes revocadas de cal. Para esa época, bajo la influencia romana, las mejores casas solían incluir un atrio, lo que se sumaba al concepto de vida al aire libre que ya se experimentaba en patios y terrazas. Hay evidencias de construcción de casas de dos pisos en los tiempos bíblicos, donde se llegaba al nivel superior por escaleras exteriores. Ver *Arquitectura en los tiempos bíblicos; Familia.* *John McRay*

CASA DE ESQUILEO Traducción de un término que muchos traductores modernos consideran nombre geográfico (2 Rey. 10:12,14). Ver *Bet-équed.*

CASA DE INVIERNO Parte separada del palacio o casa de los ricos que posee calefacción y que, en consecuencia, es más cálida que el resto de la casa (Jer. 36:22) o se construye en una parte más cálida del país. Amós habló sobre la destrucción de la casa de invierno como resultado del pecado de Israel contra Dios (3:15).

CASA DE LOS ARCHIVOS Lugar mencionado en Esd. 6:1 donde se guardaban registros de acciones y decretos de los reyes. A veces se guardaban en la tesorería real (Esd. 5:17) o tal vez en el templo. El rollo de Jeremías (Jer. 36:20-26) y el libro de la ley (2 Rey. 22:8,9) probablemente se hayan guardado en uno de esos archivos. Los registros sobre los reinados de los reyes de Judá y de Israel probablemente se guardaban en una casa similar. Es posible que los registros genealógicos también se hayan depositado en este tipo de archivos (Esd. 4:15).

CASA DE LOS VALIENTES Mencionada en Neh. 3:16. Posiblemente pensada como una especie de museo para honrar a héroes o guerreros del pasado.

CASA DEL BOSQUE DEL LÍBANO Nombre para un gran salón que Salomón construyó como parte del complejo de su palacio en Jerusalén (1 Rey. 7:2-5), llamado así por el uso abundante de cedros para columnas, vigas y tirantes del techo. En este salón se guardaban 300 escudos y utensilios de oro (1 Rey. 10:17-21).

CASA PATERNA En el antiguo Cercano Oriente, nombre dado a los círculos familiares amplios que reflejaban una organización social donde el varón preponderante era el jefe de la familia. Estas unidades podían ser grandes (la casa de Jacob incluía 66 descendientes cuando llegó a Egipto, Gén. 46:26). La casa paterna podía darle el nombre a los clanes dentro de una tribu (Jos. 22:14) o incluso a toda la tribu (Jos. 22:14). Las designaciones comunes “casa de Jacob” (Ex. 19:3; Amós 3:13), “casa de Israel” (Ex. 40:38) y la poco común “casa de Isaac” (Amós 7:16) se refieren todas a la nación de Israel en los términos de una casa paterna.

En el período patriarcal se esperaba que los matrimonios se realizaran con personas de la casa paterna (Gén. 11:29; 20:12; 24:4,15,38,40; 29:10; Ex. 6:20; Núm. 36:8-10). Posteriormente, algunos de estos matrimonios dentro del clan se prohibieron (Lev. 18:9, 12; 20:17, 19). En la época patriarcal, las mujeres casadas seguían siendo consideradas parte de la casa paterna (Gén. 31:14; comp. 46:26 donde la enumeración de los integrantes de la casa de Jacob no incluye a las esposas de sus hijos). En épocas posteriores se consideró que las casadas habían dejado de ser parte de la casa paterna (Núm. 30:3, 16). Se esperaba que las viudas regresaran a la casa del padre (Gén. 38:11). Génesis 31:14 sugiere que en aquella época las mujeres casadas generalmente podían contar con la parte que les correspondía de la herencia paterna. Leyes posteriores limitaron este derecho a los casos en que no hubiera hijos varones para heredar (Núm. 27:8).

En Juan 2:16, "la casa de mi padre" es una designación para el templo que en ese momento se equiparaba al cuerpo de Cristo (2:21). La referencia a "la casa de mi Padre" con sus muchas moradas (14:2) se puede explicar de dos maneras. "Casa" se puede entender como un lugar o un conjunto de relaciones, los integrantes de la familia. Ya en los Salmos, el templo era la casa de Dios donde los justos morarían (23:6; 27:4). Inmediatamente se llega a la idea del cielo como la morada de Dios donde hay mucho lugar para los discípulos. Si casa se entiende como aquellos que viven en ella, el concepto enfatiza la comunión con Dios. A diferencia de los sirvientes, el hijo habita en la casa paterna (Juan 8:35). Como Hijo de Dios, Jesús disfruta de una relación única con su Padre. Por creer en Cristo, nosotros podemos ser hijos de Dios (1:12), miembros de la casa de Dios, y participar de la comunión con el Padre. Los dos significados no se excluyen entre sí. Ambos están incluidos en la promesa de Juan 14:2. *Chris Church*

CASCAJO Fragmentos de roca redondeados y sueltos. Los dientes quebrados con un guijarro eran imagen del sufrimiento de Sion, que había sido conquistada (Lam. 3:16); tal vez la misma imagen que representa lamer el polvo de los pies del conquistador.

CASIA Corteza de un árbol oriental (*Cinnamomum cassia Blume*) relacionado con la canela. Uno de los ingredientes para elaborar el aceite de la unción (Ex. 30:24), adquirido a través del comercio con Tiro (Ezeq. 27:19), y codiciado por sus cualidades aromáticas (Sal. 45:8). Una de las hijas de Job recibió el nombre de Cesia (Job 42:14), que hace referencia a 'casia'.

CASIFIA Nombre geográfico que significa "orfebre". Lugar de Babilonia donde se establecieron los levitas durante el exilio (Esd. 8:17) y desde donde Esdras los convocó para que regresaran con él a Jerusalén. El lugar se desconoce aparte de esta mención.

CASIS, VALLE DE Nombre geográfico que significa "valle cortado por un río" o "valle de grava". Se la enumera como una de las ciudades asignadas a la tribu de Benjamín (Jos. 18:21). Se desconoce su ubicación.

CASLUHIM Nombre de familia de "los hijos de Mizraim" (Egipto) y "padre" de los filisteos en la tabla de las naciones (Gén. 10:14). Se desconoce su origen.

CASTAÑO Traducción correspondiente a un plátano en Gén. 30:37. Aparentemente se refiere al *Platanus orientalis* de corteza alisada.

CASTIDAD Pureza santa que se exigía al pueblo de Dios con referencia especial a la pureza sexual de las mujeres. La palabra griega *hagnos* se refería originariamente a la pureza santa de las deidades. Pablo utilizó el término para animar a los creyentes corintios a permanecer puros a fin de poder presentarse a Cristo en los últimos días como una esposa virgen y pura (2 Cor. 11:2,3). Tito debía enseñarles a las mujeres jóvenes a ser puras en la adoración, en el comportamiento moral general y en cuestiones sexuales (Tito 2:5; comp. 1 Ped. 3:2). De la misma manera, los líderes de la iglesia deben ser puros (1 Tim. 5:22). La pureza es un elemento esencial de la ética cristiana (Fil. 4:8; Sant. 3:17). Aun la predicación del evangelio se puede hacer por motivos impuros (Fil. 1:16). El ser puro también puede aparecer en un contexto legal en el sentido de ser declarado inocente de una acusación tal como lo hizo Pablo con respecto a los corintios (2 Cor. 7:11). Finalmente, Jesús es puro (1 Jn. 3:3).

CASTIGO Una acción punitiva con intención de instruir y modificar el comportamiento. Dos palabras hebreas básicas expresan la idea: *yakach*, "arreglar una disputa, reprobar"; y *yasar*, "instruir, disciplinar". La gente teme el castigo de Dios (Sal.

6:1; 38:1). No obstante, el Padre debe corregir a Sus hijos (2 Sam. 7:14; comp. Deut. 8:5; 21:18; Prov. 13:24; 19:18). El pueblo de Dios no debe despreciar el castigo divino ya que da como resultado sanidad (Job 5:17,18; comp. Prov. 3:11; Heb. 12:5). Dicho castigo es elección de Dios y no de los seres humanos (Os. 10:10; comp. 7:12). El propósito es guiar al arrepentimiento (Jer. 31:18,19) y proporcionar bendición (Sal. 94:12), no matar (Sal. 118:18). Demuestra el poder y la grandeza de Dios (Deut. 11:2). La idea veterotestamentaria por excelencia sobre el castigo es que el Siervo sufriente soportó nuestro castigo a fin de que nosotros no tuviésemos que padecerlo (Isa. 53:5). Finalmente, el castigo demuestra el amor de Dios hacia el castigado (Apoc. 3:19). Él procura alejarnos del castigo eterno (1 Cor. 11:32; comp. Heb. 12:10).

CASTIGO CORPORAL La Biblia enseña que el castigo corporal puede tener un papel importante en la corrección de la mala conducta (Prov. 20:30). Proverbios anima a los padres a "usar la vara" con sensatez en la crianza de sus hijos (13:24; 22:15; 23:13,14).

En la Biblia aparecen otros ejemplos de castigo corporal. Gedeón hirió a los hombres de Sucot con espinos y abrojos porque se habían negado a ayudarlo a perseguir a los reyes madianitas Zeba y Zamuna (Jue. 8:16). Dios declaró que si el hijo de David obraba mal, estaría sujeto a castigo "con azotes de hijos de hombres" (2 Sam. 7:14), un uso figurado del castigo corporal para referirse a sujeción a enemigos. La ley de Moisés reglamentaba la severidad del castigo por un delito (Deut. 25:1-3).

La Biblia reconoce que el castigo corporal, así como otras formas de disciplina, resulta más eficaz si se recibe con un espíritu dispuesto y sumiso. Proverbios 17:10 indica que una persona necia no prestará atención ni con cien azotes.

Paul H. Wright

CASTIGO ETERNO El castigo interminable de Dios para los pecadores más allá de esta vida. La Biblia enseña que los pecadores impenitentes serán castigados (Dan. 12:2; Mat. 10:15; Juan 5:28-29; Rom. 5:12-21). La naturaleza infinita de este castigo se enfatiza de varias maneras en las Escrituras. Isaías 66:24 afirma que los malvados serán consumidos por un fuego inextinguible: "Y saldrán, y verán los cadáveres de los hombres que se rebelaron contra mí, porque su gusano nunca morirá, ni su fuego se apagará, y serán abominables a todo hombre". El propio Jesús alude a este castigo inacabable de los malvados en Marcos 9:47-48: "Y si tu ojo te fuere ocasión de caer, sácalo; mejor te es entrar en el reino de Dios con un ojo, que teniendo dos ojos ser echado al infierno, donde el gusano de ellos no muere, y el fuego nunca se apaga". El énfasis de estos y otros pasajes similares es que el fuego en que son arrojados los malvados les ocasiona tormento pero nos los consume.

Más evidencia sobre el carácter duradero del castigo eterno puede encontrarse en frases que describen la morada futura de los impíos impenitentes. Conceptos tales como fuego o ardor (Isa. 33:14; Jer. 17:4; Mat. 18:8; 25:41; Jud. 7), desprecio (Dan. 12:2), destrucción (2 Tes. 1:9), cadenas (Jud. 6), tormento (Apoc. 14:11; 20:10) y castigo (Mat. 25:46) están vinculados con términos como "sin fin" o "eterno", que subrayan su carácter incesante. Los impíos padecerán esta horrible existencia sin alivio ni sosiego. El castigo no termina.

En la historia del pensamiento cristiano se han desarrollado varios conceptos teológicos que intentan eliminar o limitar la noción de castigo eterno. Uno de los más destacados es la aniquilación. Esta es la idea de que los seres humanos no poseen inmortalidad innata. La inmortalidad, o más propiamente la vida eterna, es el don concedido por Dios a los que creen en Él. Algunas formas de esta creencia (inmortalidad condicional) enseñan que los impíos simplemente cesan de existir después de la muerte. Otras formas afirman que los impíos experimentarán un tiempo de castigo después de la muerte pero que finalmente "se consumirán" o dejarán de existir; serán "aniquilados". En todas sus variadas formas, esta escuela de pensamiento niega la duración interminable del castigo.

Por lo general se presentan dos razones para fundamentarlo. Una es que el castigo eterno niega el amor eterno de Dios. Que Dios permita que sus criaturas existan en una situación de tormento eterno es una contradicción a Su naturaleza amante. Otro argumento contra el castigo eterno es que un tormento interminable contradice la soberanía de Dios ya que permite que los incrédulos existan para toda la eternidad. Aunque estos argumentos parecen valederos, parecen carecer de fundamento bíblico.

Uno de los pasajes más significativos de las Escrituras que sostiene la doctrina del castigo eterno y refuta a quienes niegan un castigo interminable es Mat. 25:46. En este versículo, el estado de los justos y de los injustos se yuxtapone, ya que la palabra "eterno" se aplica al estado definitivo de ambos. Jesús dijo que los justos irían a la "vida eterna" pero que los injustos irían al "castigo eterno". Aun cuando la palabra "eterno" o "eterna" parezca referirse a "calidad de vida", el concepto incluye la idea de duración ilimitada. Más aún, las reglas de interpretación bíblica necesitan que la duración de la vida de los justos, considerada eterna, se aplique igualmente a la duración del castigo de los impíos, también llamado eterno.

Dios es el Creador de todas las cosas. Parte de Su plan pudo haber sido crear a la humanidad de tal modo que aquellas personas que deciden vivir separadas de Dios, experimenten una angustia eterna como consecuencia de su elección. La intención de Dios para la humanidad es vivir eternamente en dicha y comunión con Dios. Quienes pervierten este propósito deberán experimentar y por cierto experimentarán las consecuencias eternas de ese acto. Ver *Gehenna; Infierno; Ira de Dios; Juicio.*

Stan Norman

CÁSTOR Y PÓLUX Deidades griegas; los hijos mellizos de Zeus representados por el signo astral de Géminis. Se suponía que debían cuidar particularmente a los marineros y a los viajeros inocentes. Se los consideraba guardianes de la verdad que castigaban a quienes cometían perjurios. En Hech. 28:11, Cástor y Pólux eran la señal o mascarón de proa del barco que llevó a Pablo desde Malta a Roma. Ver *Enseña.*

CATAT Nombre geográfico que significa "pequeño". Ciudad en el territorio de la tribu de Zabulón (Jos. 19:15). Probablemente sea Quitrón (Jue. 1:30). Ver *Quitrón.*

CAUTIVIDAD Término utilizado para referirse al exilio de Israel en Babilonia entre el 597 a.C. y el 538 a.C. Ver *Exilio.*

CAZADOR Todas las referencias bíblicas son figuradas. En las Escrituras se mencionan una variedad de métodos para cazar: lazos de cazadores (Sal. 91:3; 124:7); trampas (Sal. 141:9; Jer. 5:26-27); cuerdas (Job 18:10) y redes (Os. 7:12). A Dios se lo ensalza porque libera del lazo del cazador (Sal. 91:3; 124:7), una figura del poder de los malvados. La oposición al profeta Oseas se describe como un lazo de cazador que se coloca en el templo (Os. 9:8). Oseas 7:12 se refiere al pueblo de Israel como aves que Dios cazará con una red para que la nación sea disciplinada. Proverbios 6:1-2,5 describe las deudas como un lazo que hay que evitar. Jesús advierte que el día del juicio del Señor vendrá en forma tan inesperada como el lazo de una trampa (Luc. 21:35).

CAZAR Perseguir animales salvajes para comer o como deporte. La caza era una importante fuente suplementaria de comida, especialmente en la etapa seminómada de la civilización. Génesis menciona a varios cazadores, ninguno de los cuales es antepasado de los israelitas (Nimrod, Gén. 10:9; Ismael, 21:20; Esaú, 25:27), lo que quizá sugiera que la caza era característica de los pueblos vecinos más que de Israel. No obstante, estaba regulada por la ley mosaica. La sangre de un animal cazado debía derramarse en tierra (Lev. 17:13). Deuteronomio 14:3-5 establece qué animales de caza eran ritualmente limpios para ser utilizados como alimento.

Las herramientas del cazador incluyen arcos y flechas (Gén. 21:20; 27:3); redes (Job 18:8; Ezeq. 12:13); lazos (Job 18:9); trampas; cuerdas (Job 18:9,10). El "terror, foso y red" de Isa. 24:17,18 (Jer. 48:43,44) tal vez aluda al método de "batida de caza", donde un grupo forma un cordón y avanza golpeando la tierra para arrinconar los animales de presa hacia una zona confinada, un foso o una red. Tallados del antiguo Egipto describen dicha forma de caza.

La caza deportiva era un pasatiempo popular entre los reyes de la antigüedad, y un motivo popular en el arte asirio, egipcio y fenicio. Son famosos los bajorrelieves asirios que muestran la caza de leones que realizaba Asurbanipal. El AT no menciona la caza como pasatiempo de los reyes de Israel ni de Judá. Josefo sí mencionó la pasión de Herodes por la caza.

La mayoría de las veces, se utiliza en sentido figurado. Una imagen positiva poco frecuente es la de Jeremías que describe a Dios al dar caza a los exiliados dispersos para llevarlos de regreso a Israel (Jer. 16:16). Saúl andaba a la caza de David (1 Sam. 24:11). Mateo describe a los fariseos que conspiraban para sorprender a Jesús (22:15). Lucas dice: "acechándole, y procurando cazar alguna palabra de su boca..." (11:54). Las cartas pastorales hablan del "lazo del diablo" (1 Tim. 3:7; 2 Tim. 2:26). Ezequiel 13:17-23 describe a una mujer que practica artes mágicas fabricando "vendas y velos mágicos para cazar almas". En Miq. 7:2, a los infieles se los describe mientras se cazan unos a otros con redes. La advertencia de Prov. 6:5 es que cada uno se salve (del mal) como lo hacen una gacela o un ave al huir del cazador.

Chris Church

CAZUELA, SARTÉN Nombre del recipiente en que se cocinaba el cereal para las ofrendas (Lev. 2:7; 7:9). Supuestamente se trata de una marmita profunda para freír con grasa.

CEBADA Cereal por el que se conocía a Palestina (Deut. 8:8). La falta de cosecha de cebada se consideraba un desastre (Joel 1:11). Era el alimento de los pobres (Lev. 23:22; Rut 3:15,17; 2 Sam. 17:28; 2 Rey. 4:42; 7:1,16,18; 2 Crón. 2:10,15; 27:5; Jer. 41:8). La harina de cebada se usaba para hacer pan (Jue. 7:13; Ezeq. 4:12) y fue la clase de pan que utilizó Jesús para alimentar a la multitud (Juan 6:9,13). La cebada también se usaba como alimento para caballos, mulas y asnos (1 Rey. 4:28). Existía una variedad de primavera (*Hordeum vulgare*) y otra de invierno (*Hordeu hexastichon*).

CEBADA, SIEGA DE LA Comenzaba a fines de abril o principios de mayo y estaba precedida unas dos semanas por la cosecha del trigo (Ex. 9:31,32). Al principio de la siega de la cebada (Rut 2:23), las primicias se ofrecían como consagración de la cosecha (Lev. 23:10).

CEBOLLA Ver *Plantas.*

CEDAR Nombre de persona que significa "poderoso", "moreno" o "negro". Segundo hijo de Ismael y nieto de Abraham (Gén. 25:13; 1 Crón. 1:29). El nombre aparece otra vez en la Biblia probablemente como referencia a una tribu que adoptó ese nombre. No obstante, se conoce muy poca información concreta sobre este grupo. Aparentemente, los descendientes de Cedar ocuparon la zona sur de Palestina al este de Egipto (Gén. 25:18). Eran nómadas que vivían en tiendas (Sal. 120:5; Cant. 1:5), criaban ovejas y cabras (Isa. 60:7; Jer. 49:28,29,32), y también camellos, que vendían en lugares tan alejados como Tiro (Ezeq. 27:21).

Los cedareos eran liderados por príncipes (Ezeq. 27:21) y famosos por sus guerreros, en particular los arqueros (Isa. 21:17). Evidentemente tuvieron cierta importancia durante la época de Isaías (Isa. 21:16). Ver *Abraham; Ismael.*

Hugh Tobias

Cedro del Líbano.

CEDEMA Nombre de persona y de tribu que significa "hacia el oriente". Último hijo de Ismael (Gén. 25:15; 1 Crón. 1:31). Probablemente, líder de una tribu árabe con el mismo nombre. Tal vez incluida entre los cadmoneos. Ver *Cadmoneos.*

CEDES Nombre geográfico que significa "lugar sagrado" o "santuario". **1.** Ciudad de la parte sur de Judá (Jos. 15:23). Probablemente sea Cades-barnea. Ver *Cades-barnea.* **2.** Ciudad cananea en el este de Galilea derrotada por Josué (Jos. 12:22). Le fue asignada a Neftalí (Jos. 19:32,37) y se llamó Cedes de Neftalí (Jue. 4:6). También se la denominó Cedes de Galilea y se les entregó a los levitas de la familia de Gersón como una de sus ciudades (Jos. 20:7; 21:32). Cedes de Neftalí era la ciudad donde vivía Barac (Jue. 4:6), y donde él y Débora reunieron al ejército para la batalla (Jue. 4:1-10). Heber ceneo levantó su tienda en las inmediaciones, donde Sísara halló la muerte en manos de Jael, la esposa de Heber (Jue. 4:21; 5:24-27). Cedes de Neftalí fue capturada por Tiglat-pileser III durante el reinado de Peka de Israel. Los habitantes fueron exiliados a Asiria (2 Rey. 15:29). Por lo general se la identifica con la moderna Khirbet Qedish, aprox. 3 km (2 millas) al sur de Tiberias. Ver *Levitas, Ciudades de los.* **3.** Ciudad de Isacar asignada a los levitas de la familia de Gersón (1 Crón. 6:72). También se la denomina Cisón (Jos. 21:28). Se sugiere que "Cedes de Isacar" tal vez haya surgido como una lectura errónea de "Cisón" en vez de "Cedes". El sitio se desconoce; quizás la moderna Tell Abu Qudeis, aprox. 3 km (2 millas) al sudeste de Meguido. *Phil Logan*

CEDES DE NEFTALÍ Ver *Cedes 2; Neftalí.*

CEDRO Árbol que crece especialmente en el Líbano y que se valora como material de construcción (probablemente *Cedros libani*). Cumplía un papel en los ritos de purificación de Israel (Lev. 14:4; Núm. 19:6), aunque se desconoce cuál. Los reyes utilizaban cedro para los edificios reales (2 Sam. 5:11; 1 Rey. 5:6; 6:9–7:12). El cedro simbolizaba poder y riqueza real (1 Rey. 10:27). Por lo tanto, era símbolo del crecimiento y la fortaleza (Sal. 92:12; comp. Ezeq. 17). Aun así, el cedro no podía permanecer de pie ante la presencia majestuosa de Dios (Sal. 29:5). Los cedros le debían su existencia a Dios, quien los había plantado (Sal. 104:16). Ver *Plantas.*

CEDRÓN, TORRENTE DE Nombre geográfico que significa "turbio, oscuro, sombrío". Barranco profundo junto a Jerusalén que separa el monte del templo y la ciudad de David al oeste, del Monte de los Olivos al este. La corriente de Gihón está situada en la cuesta occidental. El huerto de Getsemaní estaba por sobre el valle en el extremo oriental. En esta zona se han ubicado cementerios desde la Edad de Bronce media (antes del 1500 a.C.). David cruzó el torrente cuando huyó de Jerusalén para escapar de Absalón (2 Sam. 15:23). Salomón le advirtió a Simei que no lo cruzara porque, de lo contrario, iba a morir (1 Rey. 2:37). En este lugar, ciertos reyes de Judá destruyeron ídolos y otros objetos paganos que fueron sacados del templo (1 Rey. 15:13; 2 Rey. 23:4,6,12; 2 Crón. 29:16; 30:14). Después de la última cena, Jesús atravesó el Torrente de Cedrón al dirigirse hacia el Monte de los Olivos (Juan 18:1). Ver *Ciudad de David; Gihón; Hinom, Valle de; Jerusalén; Monte de los Olivos.*
Ricky L. Johnson

CEDRÓN, VALLE DE Nombre geográfico que en alguna ocasión se usa para aludir al Torrente de Cedrón (2 Rey. 23:6). Ver *Cedrón, Torrente de.*

CEELATA Nombre geográfico que significa "asamblea". Campamento de los israelitas en el desierto durante el peregrinaje (Núm. 33:22, 23). Ubicación desconocida.

CEFAS Ver *Pedro.*

CEGUERA La ceguera física era muy común durante el período bíblico. El sufrimiento del ciego se hacía peor ante la creencia general de que la aflicción se debía al pecado (Juan 9:1-3). Debido a su severa discapacidad, los ciegos tenían poca oportunidad de ganarse la vida. Un hombre ciego no podía siquiera ser elegido sacerdote (Lev. 21:18). Los ciegos frecuentemente se convertían en mendigos (Mar. 10:46). Dios reconoció la posibilidad de que un ciego fuera maltratado y lo prohibió. La ley prohibía dar instrucciones falsas (Deut. 27:18) o hacer algo que provocara que un ciego tropezara (Lev. 19:14).

Causa física En la antigüedad había muchas causas para la ceguera. Uno podía nacer ciego (Juan 9:1) debido a algún defecto congénito o como resultado de una infección previa al nacimiento. No obstante, la ceguera generalmente comenzaba más tarde. La causa más común eran las infecciones. El tracoma, una infección ocular dolorosa, es causa común de ceguera en la actualidad y es probable que lo fuera en tiempos antiguos. La lepra también puede provocar ceguera. La visión se les puede afectar gravemente a personas de edad avanzada (Gén. 27:1). Algunos desarrollan cataratas. Otros experimentan una atrofia gradual de ciertas partes del ojo.

Los pueblos antiguos utilizaban ungüentos de varias clases para tratar las afecciones oculares. También se empleaban procedimientos quirúrgicos simples tales como la laceración de llagas cerca del ojo y la extracción de pestañas invertidas.

En realidad, casi no se disponía de tratamientos eficaces para quienes padecían enfermedades oculares y ceguera. No había antibióticos ni ningún procedimiento quirúrgico eficaz para la mayoría de los problemas, ni tampoco gafas. A menudo se procuraba obtener una cura milagrosa (Juan 5:2,3).

Jesús con frecuencia sanó a personas ciegas (Mat. 9:27-31; 12:22; 20:30-34; Mar. 10:46-52; Juan 9:1-7). Quizá no existía mayor evidencia de Su compasión y Su poder de la que se observaba en la disposición y la capacidad que tenía para sanar a aquellos que vivían en oscuridad y desesperanza.

Ceguera espiritual La Biblia habla de la ceguera espiritual como el gran problema de los seres humanos. Se suponía que el pueblo de Israel era siervo de Dios (Isa. 42:19) pero no podía ver el papel que Dios quería que desempeñara. Había sido llamado para actuar como guardián a fin de proteger a la nación pero, en su lugar, explotaban y se aprovechaban de la gente (Isa. 56:10). Cuando los fariseos adquirieron el liderazgo, se convirtieron en líderes ciegos de los ciegos (Mat. 15:14; 23:16-26). Jesús vino para revertir la situación y dejar en claro quiénes tenían visión espiritual y quiénes estaban espiritualmente ciegos (Juan 9:39-41). Pedro dio una lista de las cualidades que debe poseer una persona para tener visión espiritual, sin las cuales está ciega (2 Ped. 1:5-9). El problema es que los que están espiritualmente ciegos no saben de su ceguera (Apoc. 3:17). Están cegados por "el dios de este mundo". (2 Cor. 4:4). Andan en tinieblas y finalmente son enceguecidos por la oscuridad moral que produce el odio (1 Jn. 2:11).

C

CELIBATO Abstención del voto del matrimonio. Es probable que en el NT se haga alusión en dos ocasiones a la abstención del matrimonio. Jesús dijo que algunos se habían hecho eunucos para beneficio del reino y que los que eran capaces de asumirlo, así lo hicieran (Mat. 19:12). Tradicionalmente se ha interpretado que esta declaración es una referencia al celibato. Pablo aconsejó a los solteros que permanecieran en ese estado (1 Cor. 7:8). No obstante, tanto Jesús (Mar. 10:2-12) como Pablo (1 Cor. 7:9,28,36-39; 9:5) afirmaban las bondades del estado matrimonial. Un solo pasaje del NT llega al punto de caracterizar como demoníaca la prohibición del matrimonio (1 Tim. 4:1-3). Ver *Eunuco*.

CELO, IMAGEN DE Término para referirse a un ídolo en Ezeq. 8:3,5. El significado puede ser que el ídolo evoca los celos de Dios o que el ídolo se identifica con Asera, la diosa del amor pasional (comp. 2 Rey. 21:7; 2 Crón. 33:7). Ver *Celos*.

CELOS En las Escrituras la palabra se emplea en tres sentidos: (1) como intolerancia hacia rivalidad o infidelidad, (2) como actitud que sospecha rivalidad o infidelidad y (3) como hostilidad o envidia para con un rival o para con alguien que se supone goza de ventajas, una sensación de envidia. Dios es celoso para con Su pueblo Israel en el sentido (1), es decir, Dios no tolera dioses rivales (Ex. 20:5; 34:14; Deut. 4:24; 5:9). Una manifestación de que Dios es celoso de Su pueblo es cómo lo protege de los enemigos. De modo que los celos de Dios incluyen vengar a Israel (Ezeq. 36:6; 39:25; Nah. 1:2; Zac. 1:14; 8:2). A Finnes se lo describe como celoso con los celos de Dios (Núm. 25:11,13, se traduce "celo por su Dios"). A Elías también se lo caracteriza diciendo que era celoso para con las cosas de Dios (1 Rey. 19:10,14). En el NT Pablo habla de su celo divino por los cristianos de Corinto (2 Cor. 11:2).

En Núm. 5:11-30 vemos el proceso por el cual el esposo podía poner a prueba a su esposa si sospechaba que esta le había sido infiel. Es frecuente que los celos humanos incluyan hostilidad hacia el rival. Los hermanos de José tuvieron celos (Gén. 37:11) y lo vendieron como esclavo (Hech. 7:9). En Hech. 17:5 un grupo celoso de entre los judíos incitó a la multitud contra Pablo. Los celos, así como la envidia, aparecen en la lista de vicios (Rom. 13:13; 2 Cor. 12:20; Gál. 5:20,21). Se considera que los celos son peores que la ira o el enojo (Prov. 27:4). Santiago consideró que los celos (o la envidia con amargura) son característica de la sabiduría terrenal y demoníaca (3:14) y además la fuente de todo desorden y maldad (3:16). Ver *Envidia*.

CELOS, AGUA DE Ver *Aguas amargas*.

CELOS, OFRENDA DE Ver *Celos, Prueba de*.

CELOS, PRUEBA DE Prueba por medio de la cual se determinaba culpabilidad o inocencia de una esposa sospechada de adulterio que no fuera descubierta en el acto mismo (Núm. 5:11-31). La prueba constaba de dos partes: "una ofrenda memorial de cereal, un recordatorio de iniquidad" (5:15 LBLA) y "el agua de amargura que trae maldición" (5:18 LBLA). Ver *Aguas amargas*.

CELOSÍA Ventana con enrejado. El sabio maestro miró por una ventana enrejada y observó a una mujer extraña que hablaba con un joven ingenuo (Prov. 7:6). La madre de Sísara miraba por una ventana similar cuando aguardaba impacientemente

Celosía de hierro sobre una ventana, en la antigua Pompeya del siglo I d.C.

que su hijo regresara de la batalla que había perdido frente a Débora y Barac, y tras la cual Jael lo asesinó (Jue. 5:28). Los arqueólogos han encontrado dichas ventanas enrejadas en los palacios reales. Representar a la reina o a una diosa mirando por una ventana real parece haber sido un motivo popular en el antiguo Cercano Oriente.

CENA DEL SEÑOR Ordenanza eclesiástica donde el pan sin levadura y el fruto de la vid conmemoran la muerte del Señor Jesús y anticipan Su segunda venida. Jesús estableció la Cena del Señor antes de Su crucifixión mientras celebraba la Pascua con Sus discípulos (Mat. 26:26-29). Aunque aparecen otros nombres, Pablo utilizó en 1 Cor. 11:20 la frase "cena del Señor".

Al celebrarla, los miembros de la iglesia comen pan sin levadura y beben del "fruto de la vid" para simbolizar el cuerpo y la sangre de Cristo. Esta comida conmemorativa se debe celebrar hasta que Cristo regrese. La frecuencia con que las iglesias celebran la Cena del Señor varía, pero las Escrituras ciertamente requieren que se realice con regularidad (Hech. 2:42). Ver *Ordenanzas.*

Michael R. Spradlin

CENAZ Nombre de persona de significado incierto. **1.** Hijo de Elifaz y nieto de Esaú, era jefe de una familia de edomitas (Gén. 36:11,15). **2.** Padre de Otoniel, el primer juez de Israel que menciona la Biblia (Jos. 15:17; Jue. 1:13) y hermano de Caleb; fue padre de Seraías (1 Crón. 4:13). **3.** Nieto de Caleb e hijo de Ela (1 Crón. 4:15). Se cree que los cenezeos eran habitantes de Cenaz. La tierra de este pueblo se le prometió a la descendencia de Abraham (Gén. 15:19). Eran nómadas del sudeste que habitaban en Hebrón, Debir y partes del Neguev. Se lo asocia con Judá, con Edom y con los ceneos. Ver *Cenezeos.*

CENCREA Ciudad portuaria del este de Corinto. Febe sirvió en la iglesia de ese lugar (Rom. 16:1) y Pablo se rapó la cabeza allí cuando hizo un voto (Hech. 18:18).

CENEOS Nombre de una tribu que significa "herrero". Tribu nómada, probablemente de herreros, cuya tierra Dios prometió a Abraham junto con la de los cadmoneos y la de los cenezeos (Gén. 15:19). Habitaban en los montes del sudeste de Judá. Balaam les pronunció juicio y cautiverio (Núm. 24:21,22). A Jetro, el suegro de Moisés, se lo denomina "sacerdote de Madián" (Ex. 3:1) y se lo describe como ceneo (Jue. 1:16). Esta asociación sugiere una estrecha relación entre ceneos y madianitas. Algunos eruditos

Relieve de piedra con la Cena del Señor.

sugieren que Moisés se enteró de la adoración a Yahvéh por influencia cenea, pero esta teoría contradice el testimonio bíblico.

Durante la época de Saúl los ceneos vivieron entre los amalecitas. Mostraron misericordia hacia los israelitas durante los días del éxodo (1 Sam. 15:6). El escritor de Crónicas incluye a los ceneos de Hamat, padre de los recabitas, entre los antepasados de la tribu de Judá (1 Crón. 2:55). No se los menciona durante la última parte de la historia de Israel, lo cual sugiere a muchos eruditos que este pueblo desapareció o perdió su identidad poco después del 1000 a.C.

Es probable que la palabra "ceneo" esté relacionada con un término arameo que significa "herrero". Algunos eruditos creen que los herreros ambulantes de la Edad Media se asemejaban a los ceneos. Esto explicaría su relación con distintos pueblos. Además de su carácter nómada, la evidencia bíblica también indica que los ceneos jamás fueron completamente absorbidos por ningún otro pueblo sino que mantuvieron una existencia individual a lo largo de su historia. Ver *Amalecita; Caín; Jetro; Madián, madianitas; Moisés.*

CENEZEOS Nombre de un clan de significado incierto. Dios le prometió a Abraham que los israelitas despojarían a dicho clan (Gén. 15:19). Vivían en el Neguev, la región desértica del sur de Judá, antes de que Josué conquistara la tierra. La tribu de Judá absorbió a algunos cenezeos, en tanto que otros fueron absorbidos por Edom. Es probable que hayan estado relacionados con los ceneos, de quienes tal vez aprendieron el oficio de trabajar el metal (1 Crón. 4:13,14). El nombre quizás derive de Cenaz, un descendiente de Esaú (Gén. 36:11,15), al que se menciona entre jefes de los edomitas (Gén. 36:42). Es posible que el cenezeo Jefone se haya casado con una mujer de la tribu de Judá. El hijo de ambos fue Caleb (Núm. 32:12; Jos. 14:6,14; 15:13). Ver *Cenaz; Ceneos.*

CENIZAS A menudo se las asocia con sacrificios, luto y ayuno. Dolor, humillación y arrepentimiento se expresaban colocando cenizas sobre la cabeza o sentándose sobre cenizas. El polvo, el cilicio, el ayuno, el rasgarse las vestiduras y las cenizas demostraban de manera visible las emociones de la persona. Las cenizas que quedaban de un sacrificio a veces se guardaban y se utilizaban para el rito de la purificación. También simbolizaban los resultados de la destrucción divina. El uso de las cenizas para expresar dolor y

Ruinas de Cencrea donde se ven, en el fondo, las aguas de la bahía.

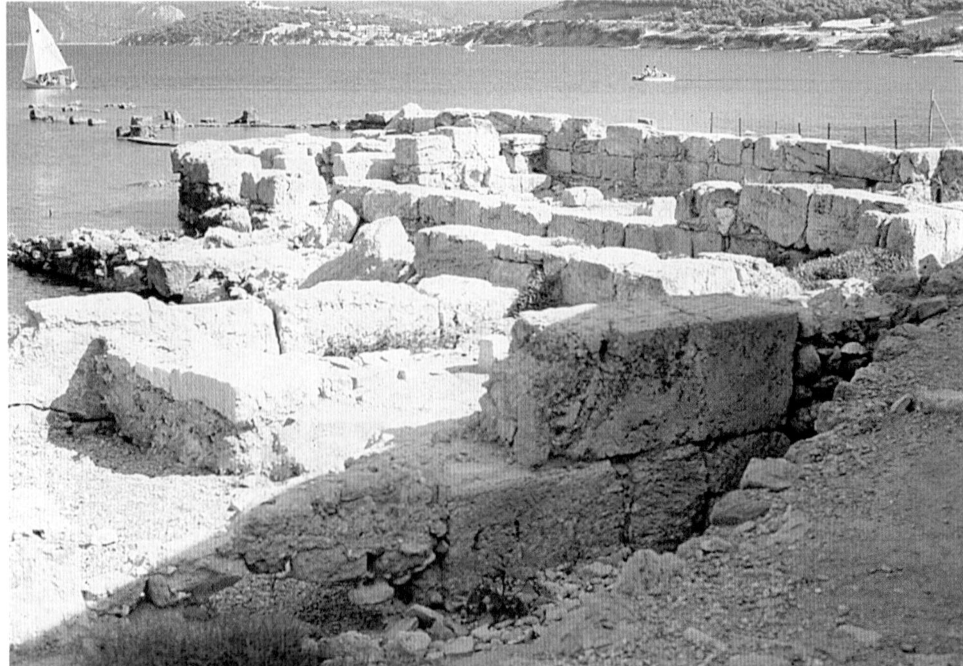

arrepentimiento continuó durante el período neotestamentario. Su uso en los ritos de purificación contrasta con la limpieza que produce la sangre de Cristo. También representan el efecto devastador de la ira de Dios sobre Sodoma y Gomorra (2 Ped. 2:6). *Scott Langston*

CENSO Conteo de la población con propósitos impositivos o para la determinación del potencial humano para la guerra.

Moisés efectuó un censo de Israel en el Monte Sinaí y estableció un impuesto de medio siclo a cada hombre mayor de 20 años para mantenimiento del tabernáculo (Ex. 30:13-16). Otro censo contó la disponibilidad de poder humano de Israel para la guerra. Este censo excluía a los levitas, quienes eran separados para el servicio en el tabernáculo (Núm. 1). Otro censo se llevó a cabo en Moab al final del peregrinaje en el desierto, y nuevamente se excluyó a los levitas. Es probable que el hebreo indique que las unidades utilizadas en el conteo reflejaran unidades tribales y no miles, lo que explica la amplitud de los números totales. David también contó a los guerreros de Israel. En 2 Sam. 24 se expresa que Dios incitó a David para que realizara el censo, y 1 Crón. 21 dice que Satanás fue quien lo hizo. En ambos relatos se menciona una peste sobre Israel debido a ese censo. Esdras 2 enumera a aquellos que regresaron del exilio con Zorobabel y Nehemías.

El primer censo al que se hace referencia en el NT está relacionado con el decreto de Augusto César de "que todo el mundo fuese empadronado". Este primer censo lo llevó a cabo Cirenio, gobernador de Siria (Luc. 2:1-5). Lucas utilizó esta señal para establecer una referencia de tiempo general y, lo que es más importante aún, para determinar el nacimiento de Jesús en Belén, la ciudad ancestral de David. Este pasaje ha presentado problemas en el sentido de que no existe ningún registro específico de dicho censo fuera del relato de Lucas y que la fecha de la gobernación de Cirenio (6–9 d.C.) pareciera incongruente con la declaración anterior de que el nacimiento de Jesús ocurrió durante el reinado de Herodes el Grande (Luc. 1:5), quien murió en el año 4 d.C. Sin embargo, el relato de Lucas es congruente con las prácticas romanas y dicho censo bien podría haber sido ordenado por Cirenio mientras se desempeñaba como gobernante militar durante el gobierno político de Sencio Saturnino alrededor del 6 d.C., fecha que la mayoría de los eruditos otorgan al nacimiento de Jesús. La otra referencia es la declaración de Gamaliel en relación a Judas el galileo quien surgió "en los días del censo" y murió poco más tarde (Hech. 5:37). *Joel Parkman*

CENTAVO Ver *Monedas*.

CENTURIÓN Oficial del ejército romano nominalmente a cargo de 100 soldados. En Mat. 8:5 se menciona a un centurión de Capernaum que se acercó a Jesús para pedirle ayuda por su siervo enfermo. En Mar. 15:39, un centurión testigo de la crucifixión identificó a Jesús como el Hijo de Dios. En Hechos 10, la conversión del centurión llamado Cornelio señaló el comienzo de la extensión de la iglesia al mundo gentil. En Hech. 27:3, el centurión Julio trató cortésmente al apóstol Pablo. Estos pasajes ilustran la impresión generalmente favorable que daban los centuriones que aparecen en el NT. Por lo general eran soldados de carrera y constituían el eje de la fuerza militar romana.

CEPO Instrumento que sujetaba los pies (y a veces el cuello y las manos) de un prisionero (Job 13:27; Jer. 29:26; Hech. 16:24). Generalmente era de madera con agujeros para los pies. También podía servir como instrumento de tortura ya que estiraba las piernas y forzaba al prisionero a sentarse en posiciones antinaturales. Los romanos solían agregarle cadenas.

CERDO Animal corpulento, de hocico grande y piel gruesa. Es probable que la mayoría de los cerdos mencionados en la Biblia fueran salvajes, como los que existen comúnmente en Palestina hasta el presente. Si bien los paganos cananeos tenían manadas de cerdos, la ley mosaica clasificaba a este animal como "impuro" y, por ende, prohibía comer su carne (Lev. 11:7; Deut. 14:8). Isaías condenó la ingestión de cerdo, perros y ratones (65:4; 66:3,17). Los cuidadores de cerdos tenían prohibida la entrada al templo. Este animal que en la antigüedad era carroñero se convirtió en símbolo de vileza y paganismo. Se lo usaba como metáfora para hablar de inmundicia (Prov. 11:22; Mat. 7:6; 2 Ped. 2:22). Es interesante que Hezir, un nombre propio judío, sea la misma palabra que se traduce "cerdo" (1 Crón. 24:15; Neh. 10:20).

Que el hijo pródigo haya recurrido al cuidado de los cerdos indica la humillación extrema que experimentó. Marcos 5:11-17 habla de una gran manada de cerdos en la región de Decápolis donde Jesús consideró que eran aptos para que los demonios se encarnaran en ellos. Muchas personas de la antigüedad comían carne de cerdo y lo sacrificaban a los ídolos.

CERETEOS Pueblo que vivía al sur de los filisteos o junto con ellos (1 Sam. 30:14). Probablemente estaban relacionados con los filisteos o estos les pagaban por ser soldados. Su tierra original tal vez haya sido Creta. David utilizó a algunos de estos soldados como guardia personal (2 Sam. 8:18). Ezequiel pronunció juicio contra ellos (Ezeq. 25:16) al igual que lo hizo Sofonías (Sof. 2:5).

CÉSAR Apellido de Julio César que los emperadores que lo sucedieron adoptaron como título. Algunos fariseos y herodianos le preguntaron a Jesús si era apropiado pagarle tributos al César. El Señor les respondió diciendo que aquello que le pertenecía al César se le debía dar al César, y lo que le pertenecía a Dios había que dárselo a Él (Mat. 22:15-21). En este pasaje, el nombre César es virtualmente un símbolo de la autoridad civil. César fue originariamente el apellido de la familia del fundador del Imperio Romano. Julio César fue asesinado el 15 de marzo del 44 a.C. Sus sucesores mantuvieron viva su memoria y finalmente este nombre pasó a utilizarse como título. Los césares que se mencionan o a los que se hace referencia en el NT incluyen a Augusto, Tiberio, Claudio y probablemente Nerón. Ver *Roma y el Imperio Romano.*

CÉSAR, CASA DE En Fil. 4:22, el apóstol Pablo les envió saludos a los creyentes filipenses de parte de ciertos creyentes que estaban en la casa

Las turbulentas aguas del Mar Mediterráneo, tal como se ven desde Cesarea.

de César. La frase se utilizó para referirse a todo tipo de personas, tanto esclavos como libres, que se encontraban al servicio del emperador. En Fil. 1:13, Pablo había indicado que estaba encarcelado debido a que la causa de Cristo se había llegado a conocer bien dentro de la guardia pretoriana. Es muy probable que algunos miembros del pretorio estuviesen incluidos entre los creyentes de la casa de César. Ver *César; Roma y el Imperio Romano.*

CESAREA La ciudad de Cesarea se encuentra ubicada en la costa del Mar Mediterráneo, a 37 km (23 millas) al sur del Monte Carmelo. También se la conoce como Cesarea del Mar (Marítima), Cesarea Sebaste, Cesarea de Palestina y Cesarea de Judea.

Debido a la falta de un puerto natural entre Sidón y Egipto, el rey sidonio Abdastart estableció un fondeadero en el siglo IV a.C. Se conoció como la Torre de Strato, que corresponde al nombre griego del rey. En este sitio se estableció una ciudad fortificada. El primer registro literario se encuentra en el archivo del egipcio

En Cesarea nuevamente hay funciones en el Teatro Herodiano (restituido a su antigua grandeza).

Una calle bizantina en Cesarea, con dos colosales estatuas, una probablemente del emperador Adriano.

El Mar Mediterráneo tal como se ve a través de los arcos del acueducto herodiano, en Cesarea.

Cesarea recibía agua por un importante sistema basado en este acueducto herodiano.

Zenón, quien colocó provisiones en ese lugar en el 259 a.C. El gobernante asmóneo Alejandro Janeo la sometió al control judío en el 96 a.C., pero Pompeyo la devolvió al poder gentil en el 63 a.C. La comunidad judía continuó creciendo. Marco Antonio se la regaló a Cleopatra, pero Octavio (o Augusto) derrotó a Antonio en Actio y colocó Cesarea bajo el dominio de Herodes en el 30 a.C.

Herodes decidió construir una gran instalación portuaria y respaldarla con una ciudad nueva. El puerto, al que llamó Sebastos (lat. Augustus), fue un magnífico proyecto de ingeniería. El rompeolas del sur se construyó con piedras unidas con mortero que fueron colocadas formando un semicírculo de alrededor de 600 m (2000 pies) de largo, y el del norte con una estructura similar de casi 270 m (900 pies). A la entrada se erigieron grandes estatuas de Augusto y de Roma. Pareciera que se excavó un puerto interior donde se construyeron amarraderos y depósitos a nivel del subsuelo. Josefo describió en forma maravillosamente detallada la construcción del puerto y de la ciudad que lo acompañaba. La ciudad era de diseño y estilo helenista y recibió el nombre de Cesarea por César. Además de la gran cantidad de edificios, se erigió una plataforma cerca del puerto sobre la que se construyó un templo para César con un coloso en conmemoración a él.

Después de la destitución de Arquelao en el 6 d.C., Cesarea se convirtió en capital de la provincia de Judea y sirvió como sitio oficial de los procuradores. Las hostilidades entre los habitantes judíos y gentiles parecen haber sido una forma de vida en esta ciudad. Uno de los levantamientos públicos dio como resultado la profanación de la sinagoga Knestha d'Meredtha en el 66 d.C., que desencadenó la guerra judeo-romana. Vespasiano le otorgó la condición de colonia.

La ciudad aparece en el libro de Hechos como un lugar de testimonio, de viaje y de asiento del gobierno. Hechos menciona que Felipe llegó a Cesarea luego de cumplir con una misión de predicación en la cual le testificó al etíope eunuco. Pedro llevó el cristianismo a Cornelio, un centurión que tenía su base en ese lugar (Hech. 10). Se registra que Pablo estuvo varias veces en contacto con la ciudad por el puerto que poseía (Hech. 9:30; 18:22 y quizás 21:8) y allí fue juzgado y encarcelado (Hech. 23:23; 25:1-7). Herodes Agripa I tenía una residencia en ese lugar y murió allí (Hech. 12:19-23). *George W. Knight*

CESAREA DE FILIPO Ciudad ubicada alrededor de 345 m (1150 pies) sobre el nivel del mar, en una llanura triangular en el valle superior del Jordán junto a las laderas sudoestes del Monte Hermón. Detrás de ella se levantan cumbres montañosas escarpadas. La región es una de las zonas más exuberantes y hermosas de Palestina con abundantes plantaciones de árboles y campos cubiertos de pasto. El agua abunda ya que la ciudad está cerca del lugar donde el manantial Nahr Baniyas, una de las fuentes del Jordán, brota de una cueva de los acantilados. La ciudad también se encuentra en una ubicación estratégica y domina las llanuras de la región. La extensión de sus ruinas indica que fue una ciudad de tamaño considerable. La ciudad moderna que se ha reducido de manera drástica se conoce como Banias.

Historia Cesarea de Filipo parece haber sido un centro religioso desde épocas tempranas. En los tiempos del AT, en este lugar se adoraba al dios cananeo Baal-gad, el dios de la buena fortuna. Posteriormente, en el período griego, se le dedicó un altar al dios Pan. Además, varios nichos de la cueva contenían estatuas de las ninfas.

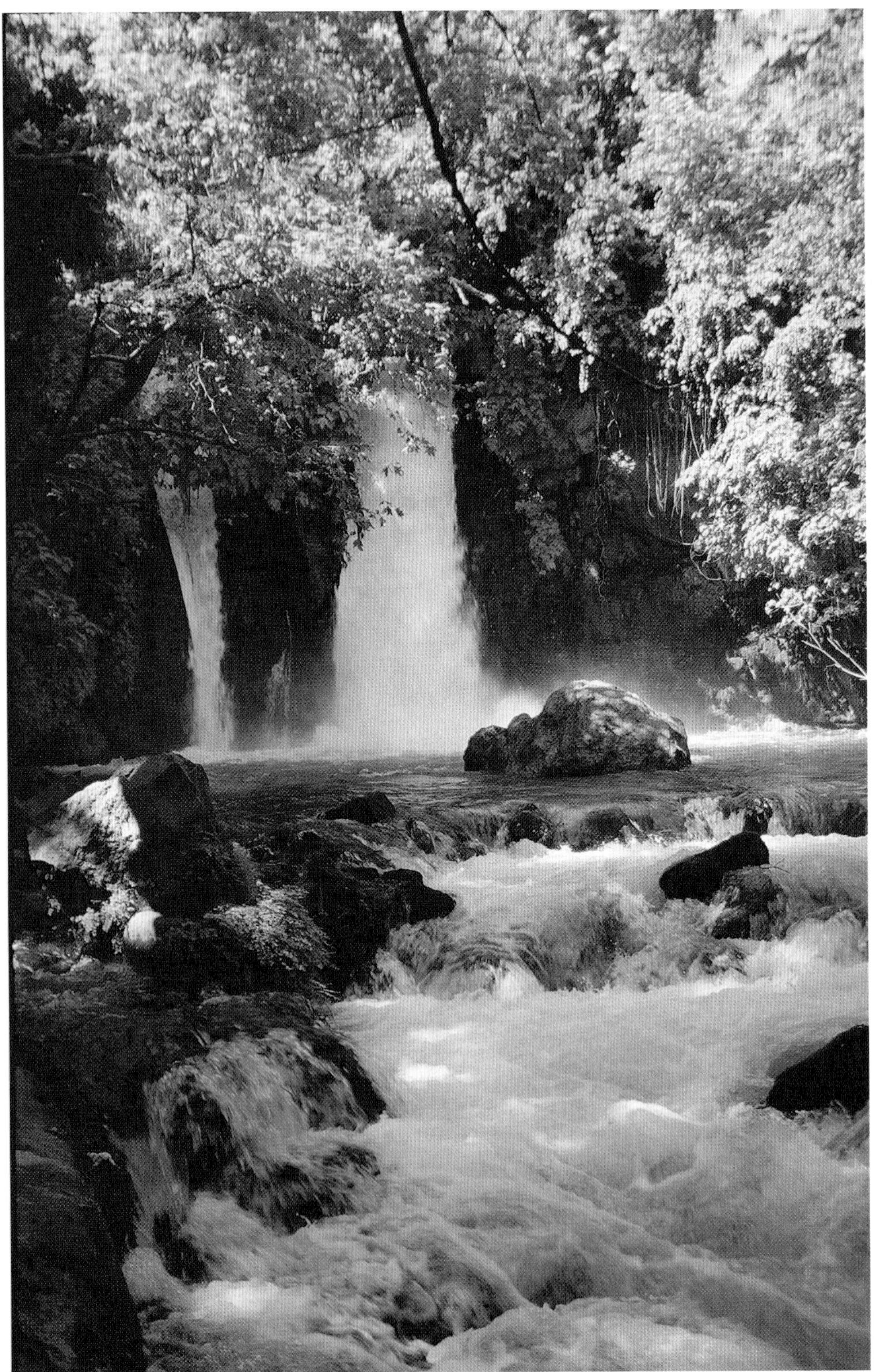

Vertiente de Banias, cerca de Cesarea de Filipo.

Cuando Herodes el Grande era rey de los judíos, construyó un templo de mármol blanco cerca del mismo lugar y se lo dedicó al emperador Augusto.

La ciudad también ocupa un papel importante en la historia de la región. Paneas, el nombre original, fue el lugar de una batalla famosa (198 a.C.) en la que Antíoco el Grande derrotó a los egipcios y, en consecuencia, quitó Palestina de manos de los seléucidas. En el 20 a.C., los romanos que estaban bajo el gobierno de Augusto, quien en ese momento dominaba la región, entregaron el territorio a Herodes el Grande. Después de la muerte de Herodes, pasó a manos de su hijo Felipe quien gobernó allí desde el 4 a.C. hasta su muerte en el 34 d.C. Felipe reedificó la ciudad convirtiéndola en un lugar hermoso y le cambió el nombre por el de Cesarea de Filipo en honor a Tiberio César y a sí mismo.

Cuando Herodes Agripa II (nieto de Herodes el Grande) heredó la ciudad, la llamó Neronías en honor al emperador Nerón. Pero el nombre desapareció después de la muerte de este último. Durante la guerra judeo- romana del 66–70 d.C., el general romano Vespasiano asentó su ejército en este lugar. Después de la guerra, Tito, quien sucedió a su padre como general de los ejércitos

Nicho de piedra en Cesarea de Filipo (Banias), donde estuvo ubicada la estatua de un dios pagano.

Ruinas de una capilla cristiana en el Monte Hermón, cerca de Cesarea de Filipo, el sitio de la confesión de Pedro.

romanos, llevó a cabo allí exhibiciones de gladiadores donde murieron muchos prisioneros judíos. Los romanos volvieron a cambiarle el nombre por el de Paneas después de haber sometido a los judíos.

Nuevo Testamento Cerca de aquí Jesús les hizo a sus discípulos la famosa pregunta en cuanto a Su identidad. Cuando les preguntó quién decían los hombres que era, ellos le respondieron que la gente lo identificaba con Elías, con Juan el Bautista o con uno de los profetas (Mar. 8:27-33; Mat. 16:13-23). Entonces Jesús les preguntó: "Y vosotros, ¿quién decís que soy yo?" (Mat. 16:15). Pedro, actuando como vocero del grupo, respondió con su famosa declaración de que Jesús es el Cristo.

Es probable que en esta región se haya producido la transfiguración que tuvo lugar alrededor de una semana después de la confesión en Cesarea de Filipo. Esta ciudad, que había sido centro de la adoración pagana, se convirtió así en un sitio importante para los cristianos debido a la forma en que estaba asociada con Jesús. Ver *Augusto; Baal; Herodes; Nerón.* *W. T. Edwards (h)*

CESIA Nombre de persona que significa "casia" o "canela". La segunda hija que tuvo Job después de que se le restaurara la prosperidad (Job 42:14).

CETRO Bastón oficial de un rey; símbolo de su autoridad. El concepto probablemente provenga del bastón antiguo que llevaban los soberanos prehistóricos. Las Escrituras describían los cetros del antiguo Medio Oriente como el sorprendente poder del rey (Núm. 24:17). Como parte del protocolo real, el cetro se le extendía a un visitante o dignatario (Est. 5:2) para mostrar aprobación a su visita y permitir que la persona se acercara al trono. Los cetros estaban decorados con oro y piedras preciosas. Las formas variaban desde mazas anchas y cortas hasta bastones delgados, por lo general con cabezas adornadas. El tipo de cetro normalmente difería de un reino a otro.

CETURA Nombre de persona que significa "incienso" o "la perfumada". En Gén. 25:1, a Cetura se la llama esposa de Abraham, mientras que 1 Crón. 1:32 la denomina su concubina. Era la segunda esposa de Abraham a quien, aparentemente tomó después de la muerte de Sara.

Cetura le dio a Abraham seis hijos (las hijas pocas veces se mencionan); el más destacado fue Madián. La lista de los hijos de Cetura confirma el lazo entre los hebreos y las tribus que habitaban en las regiones este y sureste de Palestina. Por ser hijos de una segunda esposa, eran considerados inferiores a Isaac, el hijo de Sara.

CHACAL Mamífero carnívoro de pelaje amarillo, similar al lobo pero más pequeño (entre 85 y 95 cm [34–37 pulgadas], contando la cola de casi 30 cm [1 pie]), con cola y orejas más cortas. La misma palabra hebrea se traduce "chacal", "zorra" y también "dragón" (Jue. 15:4; Isa. 13:22; Neh. 2:13; Lam. 4:3). Los chacales son de hábitos nocturnos. Cazan solos, de a dos o en grupo. Cuando lo hacen en grupo, han llegado a conseguir grandes antílopes. Eso explica el horror de aquel que es abandonado a los chacales (Sal. 44:19), que comen pequeños mamíferos, aves, frutas, vegetales y carroña (Sal. 63:10) y se caracterizan por su inconfundible aullido nocturno (Job 30:28-31; Miq.1:8). La mayoría de las referencias bíblicas asocian los chacales con las ruinas del desierto. Si una nación es considerada cueva o guarida de chacales es porque será destruida por completo (Isa. 13:22; 34:13; Jer. 9:11; 10:22; 49:33; 50:39; 51:37; Lam. 5:18; Mal. 1:3). Ver *Dragón*.

CHIPRE Isla grande de la región oriental del Mar Mediterráneo que se menciona de manera destacada en el libro de los Hechos. En el AT, las pocas referencias mencionan a la isla llamándola Quitim (Isa. 23:1; Jer. 2:10), aunque en algunos pasajes el término abarca una zona más amplia que incluye tierras fuera de Chipre al oeste de Palestina (Dan. 11:30). La isla tiene unos 220 km (138 millas) de largo de este a oeste y 95 km (60 millas) de ancho de norte a sur. Sólo Sicilia y Cerdeña la superan en tamaño. Gran parte de Chipre es montañosa. Los montes Troodos (aprox. 1800 m [5900 pies]) dominan las regiones occidental y central, mientras que los montes Kyrenia (unos 950 m [3100 pies]) se extienden a lo largo de la costa norte.

Limassol, una ciudad moderna en la costa sur de Chipre.

Históricamente, Chipre se destacó como proveedora de madera para la construcción de barcos, y también de cobre. Ambos elementos eran vitales en el mundo antiguo. La posición estratégica de Chipre justo frente a la costa de Asia Menor y de Siria, junto con la presencia de corrientes favorables y vientos estivales confiables, impulsaba contactos comerciales de amplio espectro. En Asia Menor, Egipto, Palestina y Siria se han hallado evidencias de actividad comercial con Chipre entre el 2000 y el 1000 a.C. Los contactos también se mantenían con Creta, las islas del Egeo y Grecia. Después del 1500 a.C., Chipre fue ampliamente influida por la cultura micena de la Grecia continental que dejó un sello indeleble.

Después del 1000 a.C., varias ciudades-estado, cada una de ellas gobernada por un rey, constituyeron la base de la estructura política chipriota. Entre las más importantes se encontraban Salamina y Kitión. Los fenicios, pueblo semítico que estableció un imperio comercial a lo largo del Mediterráneo, colonizaron Kitión alrededor del 850 a.C. Tiro y Sidón eran el centro comercial fenicio, y el AT señala en varios pasajes la relación entre estas ciudades y Chipre (Isa. 23:1, 2,12; Ezeq. 27:4-9).

Las excavaciones en Pafos, Chipre, muestran el sitio tradicional donde Pablo fue azotado.

Parte de la zona del ágora en el emplazamiento de la antigua Salamina, en la Isla de Chipre.

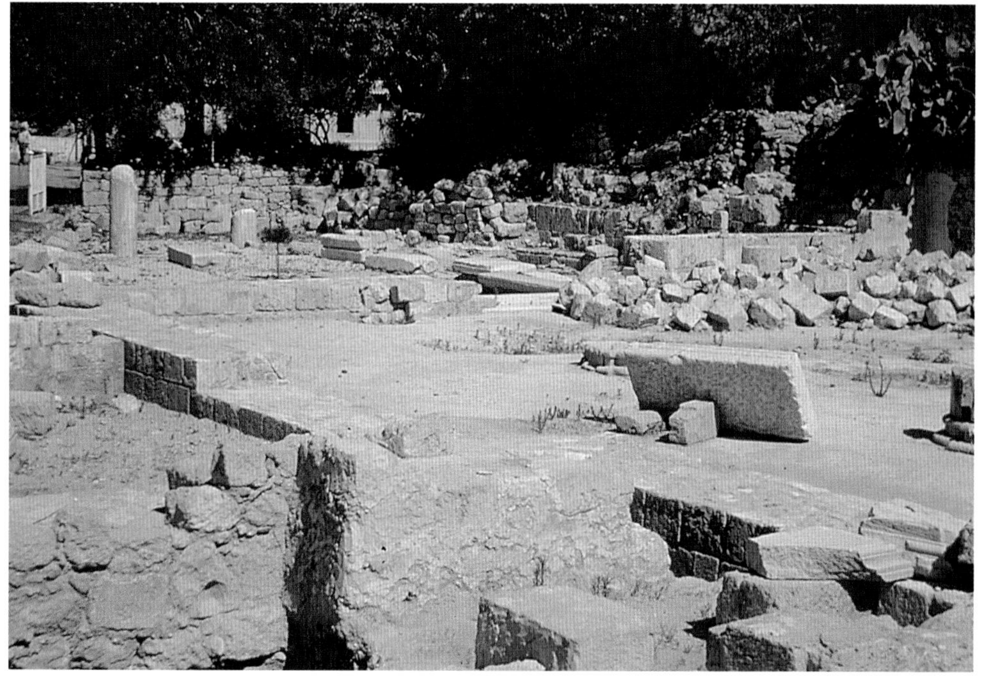

Desde el momento en que los reyes de Chipre se sometieron a Sargón II de Asiria en el 707 a.C., los destinos políticos de la isla estuvieron determinados por los sucesivos imperios que dominaron el Cercano Oriente. Los monarcas egipcios y persas controlaron Chipre antes de la llegada de Alejandro Magno en el 333 a.C. Después de su muerte, Chipre pasó a formar parte del Imperio Ptolomeo (294–258 a.C.). Muchos judíos se establecieron en la isla durante este período, y constituyeron una parte importante de la población. Roma anexó Chipre en el 58 a.C. Con el establecimiento del Imperio Romano bajo el gobierno de Augusto, la isla se convirtió en provincia senatorial en el 22 a.C. gobernada por un procónsul desde Pafos.

Chipre se menciona por primera vez en el NT como lugar de nacimiento de José, quien tenía por sobrenombre Bernabé y que fue un judío helenista convertido que posteriormente acompañó a Pablo (Hech. 4:36,37). Como resultado de la persecución asociada con el martirio de Esteban en Jerusalén, los cristianos judíos viajaron a Chipre y predicaron el evangelio a la comunidad judía de la isla (Hech. 11:19,20). En el 46 o 47 d.C., Pablo realizó el primer viaje misionero acompañado por Bernabé y Juan Marcos (Hech.13). Cuando llegaron a Salamina, sobre el extremo oriental de Chipre, el grupo cruzó la isla predicando la nueva fe hasta llegar a Pafos. La referencia a esta ciudad corresponde a Neapafos, "Nueva Pafos", fundada en el siglo IV a.C. y al centro del gobierno romano en Chipre. La conversión del procónsul Sergio Paulo se produjo en parte por la ceguera del mago Barjesús. No resulta claro si Pablo visitó Paleapafos, "Antigua Pafos". Esta era una ciudad antigua asociada a la adoración a la diosa griega Afrodita quien, según la leyenda, emergió de la espuma del mar de las inmediaciones.

Juan Marcos y Bernabé regresaron a Chipre por segunda vez después de separarse de Pablo (Hech. 15:39). Más tarde, el apóstol pasó dos veces por la isla durante sus viajes; una vez cuando iba de regreso a Jerusalén (Hech. 21:3), y finalmente mientras se dirigía hacia Roma (Hech. 27:4). Ver *Eliseo; Fenicia; Quitim.*

Thomas V. Brisco

CHIPRIOTA Habitante de Chipre. Ver *Chipre.*

CHOZA, CABAÑA Cobertizo o refugio transitorio (Isa. 1:8; 24:20). La figura de Isa. 1:8 destaca el aislamiento de Jerusalén, única sobreviviente de las ciudades de Judá (1:7-9). Isaías 24:20 ilustra el poder de Dios al aplicar juicio utilizando la figura de la tierra que tiembla frente a Él como una choza inestable.

CHUZA Nombre de persona que significa "veedor". Administrador de Herodes Antipas (Luc. 8:3). Era esposo de Juana, una de las mujeres que le proporcionó sustento material a Jesús. Ver *Juana.*

CIELO Parte de la creación de Dios que está sobre la tierra y las aguas, incluye el "aire" y el "espacio", y es la morada de Dios y Sus criaturas celestiales.

Antiguo Testamento La palabra hebrea *shamayim* es plural y la gente común la identificaba fácilmente con el término *mayim*, "aguas". Los escritores bíblicos se unieron a sus contemporáneos al describir el universo de la manera que aparecía ante el ojo humano: los cielos arriba, la tierra abajo y las aguas alrededor y debajo de la tierra. Al cielo se lo podría describir como una división creada por Dios para separar ríos, mares y océanos de abajo, de las aguas celestiales que producen lluvia (Gén. 1:6-8). Las lumbreras celestiales, o sea, el sol, la luna y las estrellas, se ubican en esta división (Gén. 1:14-18), que tiene ventanas o compuertas por donde Dios envía la lluvia para regar la tierra (Gén. 7:11). Dios "desplegó" o "extendió" esta partición celestial (Isa. 42:5; 44:24; Sal. 136:6, comp. Ezeq. 1:22-26; 10:1). Las nubes desempeñan una función similar como productoras de lluvia, de modo que con frecuencia se ha traducido "cielo", palabra hebrea que significa "nubes" (Deut. 33:26; Sal. 57:10; Isa. 45:8; Jer. 51:9; comp. Sal. 36:6; 108:4).

Sólo Dios tiene sabiduría para "extender los cielos" (Jer. 51:15). El "cielo" entonces se convierte en la cortina de la tienda de Dios que divide Su morada de la morada de la humanidad que está en la tierra (Sal. 104:2; Isa. 40:22). A semejanza de una morada humana, al cielo se lo puede describir como si descansara sobre columnas o pilares (Job 26:11) o sobre cimientos (2 Sam. 22:8; aunque el paralelo en Sal. 18:7 aplica los cimientos a las montañas). Así como Dios creó la división de los cielos, también puede "rasgarla" o desarmarla (Isa. 64:1). Por eso no separan a Dios de Su creación ni de Su pueblo. Las traducciones españolas usan "firmamento", "expansión", "bóveda celestial" para describir lo que Dios creó y llamó "cielo" (Gén. 1:8).

El hebreo no emplea un término para el "aire" o "espacio" entre el cielo y la tierra. Todo forma parte del cielo. Por eso la Biblia habla de "aves del cielo", mientras que algunas traducciones usan "aire" (Deut. 4:17; Jer. 8:7; Lam. 4:19). Incluso Absalón, colgado del cabello en la rama de un árbol, estaba suspendido "entre el cielo y la tierra" (2 Sam. 18:9, comp. 1 Crón. 21:16; Ezeq. 8:3). El cielo es fuente de lluvia (Deut. 11:11; Sal. 148:4), rocío (Gén. 27:28), escarcha (Job 38:29), nieve (Isa. 55:10), terribles relámpagos (Gén. 19:24), polvo (Deut. 28:24) y granizo (Jos. 10:11). Este es el lenguaje de la observación y la descripción humana, pero va más allá. Es el idioma de la fe que describe a Dios en acción, tanto dentro como a favor de Su mundo (Jer. 14:22). El cielo es el cofre del tesoro de Dios y guarda tesoros como lluvia (Deut. 28:12), viento y relámpagos (Jer. 10:13), nieve y granizo (Job 38:22). El milagroso maná descendió de los graneros celestiales de Dios cuando Israel estaba en el desierto (Ex. 16:11-15).

Por lo tanto, el cielo y la tierra abarcan el universo completo y todos sus componentes (Jer. 23:24), pero Dios llena todo eso y más para que nadie pueda ocultarse de Él (comp. 1 Rey. 8:27-30; Isa. 66:1). No obstante, este Ser también vive en el corazón humilde y contrito (Isa. 57:15).

Como morada de Dios, el cielo no es un refugio divino donde Dios puede aislarse de la tierra. Es el taller divino desde donde envía bendiciones a Su pueblo (Deut. 26:15; Isa. 63:15) y castigo a Sus enemigos (Sal. 2:4; 11:4-7). Es un canal de comunicaciones entre Dios y los seres humanos (Gén. 28:12; 2 Sam. 22:10; Neh. 9:13; Sal. 144:5).

Como creación de Dios, los cielos lo alaban y manifiestan Su gloria, Su creatividad (Sal. 19:1; 69:34) y Su justicia (Sal. 50:6). Pero el cielo no deja de ser parte del orden creado. A diferencia de las naciones vecinas, Israel sabía que el cielo y los cuerpos celestes no eran dioses y no merecían adoración (Ex. 20:4). Pertenecían a Dios (Deut. 10:14). El cielo es un símbolo de poder y existencia inmutable y perdurable (Sal. 89:29), pero no es eterno. Llegará el día cuando el cielo desaparecerá (Job 14:12; Isa. 51:6). Así como Dios en una ocasión extendió la tienda celestial, de la misma manera volverá a enrollar los cielos como un pergamino (Isa. 34:4), habrá un cielo nuevo y una tierra nueva (Isa. 65:17; 66:22).

El AT habla del cielo para mostrar la soberanía del Creador y asimismo el deseo de Dios de comunicarse y proveer para la criatura humana. También muestra los atrayentes ejemplos de personas que abandonaron la tierra y fueron llevadas al cielo (Gén. 5:24; 2 Rey. 2:11).

El Nuevo Testamento En el NT la principal palabra griega traducida "cielo" lo describe situado sobre la tierra, aunque ningún pasaje del NT da datos completos sobre su ubicación o geografía. Salvo la alusión de Pablo a los tres cielos (2 Cor. 12:2-4), el NT habla de uno solo.

Además afirma que Dios creó el cielo (Hech. 4:24), que este y la tierra están bajo el señorío de Dios (Mat. 11:25), y que el cielo es la morada divina (Mat. 6:9).

Jesús predicó que el reino de los cielos (de Dios) se había acercado mediante Su propia presencia y ministerio (Mar. 1:15). Usando la imagen de una fiesta mesiánica, Jesús habló de la vida celestial como un tiempo de gozo, celebración y comunión con Dios (Mat. 26:29). También enseñó que en el cielo no habría casamientos (Luc. 20:34-36).

Los cristianos deben regocijarse de que sus nombres estén escritos en el cielo (Luc. 10:20). Jesús prometió un hogar celestial para Sus seguidores (Juan 14:2-3).

Según Pablo, Cristo está sentado a la diestra de Dios en el cielo (Ef. 1:20). El apóstol creía que era el futuro hogar de los creyentes (2 Cor. 5:1-2), y se refirió a la esperanza del cielo como esperanza de gloria (Col. 1:27). El Espíritu Santo es la garantía de la participación del creyente en el cielo (2 Cor. 5:5). Pedro afirmó que allí está la herencia del creyente hasta la revelación del Mesías (1 Ped. 1:4).

"Cielo" aparece con mayor frecuencia en Apocalipsis que en cualquier otro libro del NT. Se alude al cielo desde el punto de vista de la lucha entre el bien y el mal y el dominio de Dios desde ese lugar. El pasaje más popular sobre el cielo es Apoc. 21:1–22:5, donde se lo describe con tres imágenes: (1) tabernáculo (21:1-8), (2) ciudad (21:9-27), y (3) huerto (22:1-5). La figura del tabernáculo describe la vida celestial como comunión perfecta con Dios. El simbolismo de la ciudad describe la vida celestial como protección perfecta. La imagen del huerto muestra la vida celestial como perfecta provisión.

Trent C. Butler y Gary Hardin

CIELOS DE LOS CIELOS Designación que en la mayoría de las versiones más modernas se traduce "los cielos más altos" (NVI) o "la inmensidad"

(DHH) (1 Rey. 8:27; 2 Crón. 2:6; 6:18). Según una antigua concepción del universo, encima de la bóveda celeste había otra bóveda donde moraba Dios.

CIELOS NUEVOS Término técnico y escatológico referido al estado final y perfeccionado del universo creado. Con frecuencia se lo relaciona con el concepto de tierra nueva.

La promesa de una re-creación de los cielos y la tierra surgió como consecuencia del pecado humano y la consiguiente maldición de Dios (Gén. 3:17). La esperanza bíblica para el hombre está ligada a la convicción de que las personas no pueden ser completamente libres del poder del pecado sin la redención del orden creado: tanto la tierra como los cielos. La idea de un universo renovado aparece en muchos pasajes de la Biblia (Isa. 51:16; Mat. 19:28; 24:29-31; 26:29; Mar. 13:24-27,31; Hech. 3:20-21; Rom. 8:19-23; 2 Cor. 5:17; Heb. 12:26-28; 2 Ped. 3:10-13). No obstante, la frase "cielos nuevos" se encuentra sólo en cuatro (Isa. 65:17; 66:22; 2 Ped. 3:13; Apoc. 21:1).

En varios lugares la Biblia describe la naturaleza de los "nuevos cielos y nueva tierra". En primer lugar, Dios es la causa de esta nueva creación (Isa. 65:17; 66:22; Apoc. 21:22). En Heb. 12:28 se describe el nuevo cielo y la nueva tierra como un "reino inconmovible" e imperecedero (Isa. 66:22). En 2 Ped. 3:13 vemos que en el nuevo cielo y la nueva tierra "mora la justicia".

En Apocalipsis, la naturaleza del nuevo cielo y la nueva tierra tiene un marcado contraste con el antiguo cielo y la antigua tierra. La palabra griega que se traduce "nueva" designa algo que ya existe pero que ahora aparece de una manera nueva: el nuevo mundo es el antiguo mundo trasformado gloriosamente. La condición de pureza (Apoc. 21:27) y de liberación de la ira de Dios (Apoc. 22:3) son señales del nuevo cielo y la nueva tierra. Además, el nuevo mundo está signado por la perfecta comunión de los santos entre sí y con Dios. Él y Su pueblo moran juntos en una nueva era (21:1,3).

Es claro que Dios creará un nuevo orden al final de la historia, pero los eruditos están en desacuerdo respecto a cuándo va a ocurrir esto dentro de los sucesos vinculados con el fin de los tiempos. Hay dos opiniones principales. Primero, el nuevo cielo y la nueva tierra se crearán inmediatamente después de la segunda venida de Cristo. Pero hay desacuerdo incluso entre quienes sostienen esta opinión. Algunos piensan que la creación del nuevo cielo y la nueva tierra ocurrirán inmediatamente después del juicio del "gran trono blanco". Por lo general, los amilenialistas adhieren a esta teoría. Algunos premilenialistas asocian la creación del nuevo cielo y la nueva tierra con el comienzo del reino milenial de Cristo. Un segundo punto de vista que los premilenialistas sostienen con frecuencia es que el nuevo cielo y la nueva tierra se crearán al final de reinado milenial de Cristo. Ver *Ángel; Cielo; Creación; Escatología; Infierno; Jerusalén; Reino.*

Paul E. Robertson

CIENCIA Término que indica conocimiento (Dan. 1:4; 1 Tim. 6:20). Las Escrituras describen con admiración y aprobación el conocimiento de Daniel, pero advierten sobre los debates sin sentido producto del orgullo humano sobre temas que no conducen a ningún discernimiento útil. Ver *Gnosticismo.*

CIERVA, GACELA Traducción moderna donde otras versiones traducen "corzo". El hebreo tiene dos palabras para referirse a este término: *Ya 'aalah* que se refiere a la hembra del íbice o a la cabra montés (Prov. 5: 19), la compañera del íbice, *Capra nubiana* o *Capra sinaitica* (Sal. 104:18). *Ayalah* es la hembra del corzo (Gén. 49:21; Job 39:1; 29:9; Jer. 14:5; Cant. 2:7; 3:5). "Que hace mis pies como de ciervas" es una expresión común para indicar la ayuda de Dios en situaciones peligrosas (2 Sam. 22:34; Sal. 18:33; Hab. 3:19). El macho es el *Cervus captrolus* que aparece como ciervo en Deut. 12:15,22; 14:5; 15:22; 1 Rey. 4:23; Isa. 35:6; Sal. 42:2; Cant. 2:9,17; Lam. 1:6. Ver *Ciervo.*

CIERVO Animal con astas (todo los machos y algunas hembras tienen cornamenta) con dos pezuñas grandes y dos pequeñas. Se cree que tres especies de ciervos vivieron en Palestina en los tiempos bíblicos: rojo, corzo y negro. El ciervo rojo parece ser el más fácilmente identificable y probablemente fue la especie que se menciona en la lista de las provisiones diarias para Salomón (1 Rey. 4:23). El venado es el ciervo rojo masculino (Sal. 42:1), y la cierva es la hembra (Job 39:1). El corzo es una especie pequeña con cuernos grandes. Es nativo del Oriente Medio y todavía sobrevive en zonas del norte de esa región. La tribu de Neftalí se describe como "cierva suelta, que pronunciará dichos hermosos" (Gén. 49:21). Ciertas características de los ciervos se expresan en la Biblia en forma de metáforas (Prov. 5:19; Isa. 35:6; Hab. 3:19).

CIGÜEÑA Ave grande de patas largas que generalmente camina por el agua para conseguir comida. Come peces y diversos animales acuáticos. Se conoce por el cuidado que le brinda a sus crías y por volver cada año al mismo lugar para anidar. La cigüeña emigra del invierno africano a la primavera europea. Durante esa migración se detiene en Palestina. Era ceremonialmente impura (Lev. 11:19). Está relacionada con la garza. Ver *Aves.*

CILICIA Región geográfica y/o provincia romana del sudeste de Asia Menor. La región fue hogar de algunas personas que se opusieron a Esteban (Hech. 6:9). Ubicada en la costa del Mar Mediterráneo en la parte sudeste de Asia Menor. Una de sus ciudades importantes era Tarso, el lugar de nacimiento del apóstol Pablo (Hech. 21:39; 22:3). Para la época del concilio de Jerusalén (Hech. 15), el cristianismo ya había penetrado en Cilicia. Pablo pasó por la región durante sus viajes misioneros (Hech. 15:41; 27:5; Gál. 1:21).

La porción occidental de la región geográfica, de unos 200 km (130 millas) de largo en sentido este oeste y de unos 80 a 95 km (50 a 60 millas) de ancho, está constituida casi en su totalidad por la prolongación occidental de los Montes Tauros. Se la denominaba Cilicia "montañosa" y estaba escasamente poblada, y fundamentalmente era importante por los árboles madereros. La porción oriental, de unos 160 km (100 millas) de extensión de este a oeste y de 50 a 80 km (30 a 50 millas), consistía en una llanura costera fértil y la denominaban Cilicia "llana". A través de las Puertas Cilicianas (paso) en los Montes Tauros al norte, a través de la misma Cilicia "a nivel" y a través de las Puertas Sirias en los Montes Amanus al este, corría la gran carretera internacional entre Asia Menor central y Siria, Mesopotamia y Egipto.

Los romanos conquistaron la región entre el 102 y 67 a.C. Hasta el 72 d.C., la porción occidental tuvo la condición de reino cliente o formaba parte de otro reino de esta clase. En el 38 a.C., la porción oriental se incorporó a la provincia de Siria, que entonces se convirtió en Siria y Cilicia. En el 72 d.C., las partes se unieron y formaron una provincia separada.

En el AT, la misma región se denomina Coa (1 Rey. 10:28; 2 Crón. 1:16 LBLA, NVI). Ver *Pablo; Tarso.* *James A. Brooks*

Las famosas Puertas Cilicianas, un paso montañoso entre los Montes Tauros, a 50 km (30 millas) al norte de Tarso.

CILICIO Prenda de tela gruesa confeccionada con pelo de cabra o de camello que se llevaba como señal de luto o angustia; también iba acompañada de ayuno y la persona se sentaba sobre una pila de cenizas (Isa. 58:5). Jonás 3:8 señala que aun los animales eran cubiertos de cilicio en tiempos de luto. La forma de la prenda quizá haya sido un saco holgado que se colocaba sobre los hombros o un taparrabos. Ver *Duelo.*

CIMIENTO Base sobre la que se construye un edificio; el primer nivel de estructura que provee un sustrato estable para el resto de la construcción. El cimiento preferido era el lecho de roca (Mat. 7:24). La mejor alternativa era una plataforma sólida de piedras cortadas y encajadas entre sí (1 Rey. 5:17). Las casas más modestas tenían cimientos de tosca. Generalmente, los sitios a construir se nivelaban rellenando las zanjas de los cimientos con grava o guijarros. Con frecuencia, lo único que queda de las construcciones antiguas es el cimiento. La prohibición de echar cimientos en Jericó (Jos. 6:26) se refería en realidad a no reconstruir la ciudad como lugar fortificado pero no había prohibición de habitar en el lugar. El esplendor de la nueva Jerusalén se hace evidente en los cimientos de piedras preciosas (Isa. 54:11; Apoc. 21:19).

El AT describe al mundo (la tierra seca) como si descansara sobre cimientos (2 Sam. 22:16; Sal. 18:15; 82:5). Dios se presenta como constructor que marcó los cimientos (Prov. 8:29) y colocó las piedras (Sal. 104:5). Las montañas (Deut. 32:22; Sal. 18:7) y la bóveda celeste (2 Sam. 22:8; Job 26:11) también se describen como si descansaran sobre cimientos. El gran poder de Dios se expresa en la imagen de cimientos que tiemblan (Isa. 24:18) o quedan al descubierto (2 Sam. 22:16) ante el Todopoderoso.

La enseñanza de Cristo se compara a un cimiento de roca sólida (Mat. 7:24, Luc. 6:48). Este sirve como metáfora de la predicación inicial del evangelio (Rom. 15:20; Heb. 6:1-2 bosqueja los puntos fundamentales); de los apóstoles y los profetas como la primera generación de predicadores (Ef. 2:20, comp. Apoc. 21:14,19); y de Cristo como el contenido de la predicación (1 Cor. 3:10-11).

Los "fundamentos" del Salmo 11:3 son los cimientos de la vida, la seguridad, la comunidad, la justicia y la religión. Colocar un buen cimiento para el futuro (1 Tim. 6:19) es ser generoso y estar dispuesto a compartir. El fundamento de 2 Timoteo 2:19 es un enigma. El contexto parece sugerir que el cimiento de Dios es el núcleo de los creyentes verdaderos a quienes sólo Dios conoce. Otras sugerencias incluyen Cristo, la obra de Dios, la iglesia, la enseñanza de Cristo y la ley eterna de Dios. *Chris Church*

C

CINA Nombre geográfico que significa "lamento". Ciudad del sudeste de Judá cerca del límite con Edom (Jos. 15:22). Quizás haya sido un asentamiento de los ceneos. Por lo general se la identifica con la moderna Wadi el-Qeini, al sur de Hebrón.

CINERET Nombre geográfico que significa "con forma de arpa". **1.** Mar o lago que también se denominaba Mar de Galilea, Lago de Genesaret o Mar de Tiberias. Constituía el límite oriental de Canaán, la tierra prometida (Núm. 34:11), y señalaba la frontera occidental de la tribu de Gad (Jos. 13:27). **2.** Ciudad sobre la ribera occidental del Mar de Cineret (Jos. 11:2), aunque podría referirse al mar. La ciudad pertenecía a la tribu de Neftalí (Jos. 19:35). Aparentemente le dio el nombre al mar y a la región circundante con sus numerosas bahías. En 1 Rey. 15:20 se narra acerca de Ben-adad de Siria cuando derrota la región en respuesta al pedido del rey Asa de Judá. Tutmés III de Egipto también declaró haber conquistado la ciudad alrededor del 1475 a.C. Es la actual Tell al-Oreimeh.

CIPRÉS (Isa. 41:19; 60:13). Nombre de un árbol que, según la versión de la Biblia, en algunos pasajes se lo asocia con el pino o con el abeto; a veces se lo traduce también encina o junípero. Ver *Plantas*.

CIRCUNCISIÓN Acción de quitar el prepucio de los genitales. En la antigua Israel, este acto se realizaba en forma ritual al octavo día del nacimiento de los hijos de los lugareños, los siervos y los extranjeros (Gén. 17:12-14; Lev. 12:3). La circuncisión originariamente la llevaba a cabo el padre utilizando un cuchillo afilado (comp. Jos. 5:3). Posteriormente se emplearon especialistas dentro del pueblo judío.

Origen Varias teorías procuran explicar y describir la naturaleza y el origen de la circuncisión: (1) rito de iniciación, antes del matrimonio (como en el caso de los habitantes de Siquem en Gén. 34:14-24) o en la pubertad; (2) higiene física, para prevenir la adquisición o transmisión de enfermedades; (3) señal tribal de diferenciación; (4) rito de iniciación a la comunidad de la fe. En el AT, el origen de la práctica israelita se fundamentaba en la circuncisión de Abraham como señal del pacto entre Dios y el patriarca (Gén. 17:10).

Trasfondo del antiguo Cercano Oriente Según fuentes bíblicas y otras fuentes adicionales, varios pueblos semíticos y no semíticos practicaban la circuncisión. Jeremías describe a los egipcios, a los edomitas, a los amonitas, a los moabitas y a los árabes que habitaban en el desierto como pueblos circuncidados (Jer. 9:25,26; comp. Ezeq. 32:17-32). Por el contrario, los filisteos, los asirios y los babilonios se encuentran entre los incircuncisos. Es digno de señalar que los cananeos no se mencionan en ninguno de los casos. No existen evidencias de la perspectiva que ellos tenían sobre la circuncisión.

Las implicancias éticas de la circuncisión se pueden observar en el uso metafórico del término. Los incircuncisos son aquellos que se muestran insensibles al liderazgo de Dios. La circuncisión del corazón implica una devoción total a Dios (Deut. 10:16; Jer. 4:4). No obstante, el oído incircunciso no puede oír como para responderle al Señor (Jer. 6:10); y los labios incircuncisos no pueden hablar (Ex. 6:12). La circuncisión era, por lo tanto, una señal exterior de gran devoción interior a Jehová.

La circuncisión y el cristianismo En la iglesia primitiva surgió la controversia (Hech. 15:1-12) en cuanto a si los gentiles convertidos debían ser circuncidados. Los judíos del primer siglo despreciaban a los incircuncisos. El liderazgo del apóstol Pablo en el concilio de Jerusalén fue crucial para la resolución de la disputa: la circuncisión no era esencial para la fe y la comunión cristianas. Los únicos requisitos eran la circuncisión del corazón por medio del arrepentimiento y la fe (Rom. 4:9-12; Gál. 2:15-21).

R. Dennis Cole

CIRENE Hogar de un cierto Simón que fue obligado a acarrear la cruz de Jesús hasta el lugar de la crucifixión (Mat. 27:32). Ubicada en el norte de África, era la ciudad capital del distrito romano de Cirenaica durante la era neotestamentaria. Cirenaica y Creta formaban una provincia. Es probable que Simón de Cirene haya pertenecido a la población bastante numerosa de judíos que hablaban griego y residían en la ciudad durante la primera parte del siglo I d.C.

CIRENEO Residente de Cirene. Ver *Cirene*.

CIRENIO Oficial romano mencionado en Luc. 2:2 como gobernador de Siria cuando tuvo lugar el nacimiento de Jesús. Su nombre completo fue Publio Sulpicio Cirenio. A lo largo de su variada carrera, se desempeñó como cónsul de Roma, líder militar, tutor de Gayo César y legado (gobernador). Murió en el 21 d.C.

La referencia de Lucas a Cirenio como gobernante cuando nació Jesús ha provocado que algunos eruditos cuestionen la veracidad histórica de Lucas. Se ha establecido que Cirenio fue gobernador de Siria desde el 6 al 9 d.C., pero esta fecha es demasiado tardía para el nacimiento de Jesús, que tuvo lugar antes de la muerte de Herodes el Grande en el 4 a.C. La referencia histórica de Lucas parece estar en conflicto directo con las fuentes extrabíblicas que establecen que cuando nació Jesús el gobernador de Siria era Saturnino (9–7 a.C.) o Varo (6–4 a.C.).

El descubrimiento de una inscripción antigua ha demostrado que un gobernador que concuerda con la descripción de Cirenio desempeñó ese oficio en Siria durante dos ocasiones distintas. Aparentemente, Jesús nació durante el primer ejercicio de Cirenio en Siria como gobernador con responsabilidades principalmente militares, mientras que Varo era el legado que se ocupaba de las cuestiones civiles. Cirenio ocupó el cargo por segunda vez en el 6–9 d.C.

Esta solución confirma la veracidad de Lucas sin pasar por alto otras fuentes históricas conocidas. *Stephen Dollar*

CIRO Tercer rey de Ansán, Ciro (el Grande) asumió el poder aprox. en el 559 a.C. Según los mejores historiales, Ciro fue criado por un pastor de ovejas después de que su abuelo Astyages, rey de Media, ordenara que lo mataran. Aparentemente, Astyages había soñado que Ciro un día lo iba a suceder como rey antes de la muerte del monarca reinante. El oficial al que se le había encargado la ejecución, en lugar de concretarla, llevó al niño a los montes y lo dejó con pastores.

Cuando Ciro se hizo adulto, organizó a los persas formando un ejército que se rebeló en contra de su abuelo y de su padre (Cambises I). Los derrotó y se apoderó del trono.

Una de sus primeras acciones como rey de Media y Persia fue lanzar un ataque contra Lidia, la capital de Sardis y depósito de las riquezas de su rey, Creso. Ciro se dirigió hacia el este, y continuó su campaña hasta que se forjó un vasto imperio que se extendía desde el Mar Egeo hasta la India.

Posteriormente, el Imperio Babilónico se interpuso en su camino, obstáculo que parecía insuperable. Sin embargo, al enfrentarse con el ejército babilónico en Opis, las tropas de Ciro lo derrotaron totalmente y siguieron hasta Babilonia. El pueblo recibió a Ciro con los brazos abiertos pues lo consideraron libertador más que conquistador. Lo único que restaba era Egipto, que se lo dejó a su hijo Cambises II. Ciro era verdaderamente gobernante del mundo.

Sus hazañas militares se han hecho legendarias. No obstante, se lo recuerda mejor por sus políticas de paz. Su famoso decreto del 539 a.C. (2 Crón. 36:22,23; Esd. 1:1-4) dejó en libertad a los cautivos que Babilonia había tomado. Entre estos prisioneros se encontraban los judíos llevados de Jerusalén en el 586 a.C. A estos se les permitió regresar para reedificar el templo y la ciudad. Junto con esta liberación, Ciro devolvió los valiosos tesoros del templo que se habían llevado durante el exilio. Puesto que a los judíos les había ido financieramente bien en Babilonia, muchos no quisieron regresar a los yermos de Judá, y Ciro les exigió un impuesto a fin de ayudar a pagar el viaje de aquellos que deseaban reedificar Jerusalén.

El Cilindro de Ciro, donde se grabó el famoso Edicto de Ciro el Grande, en el 538 a.C. (2 Crón. 36:23; Esd. 1:2-3).

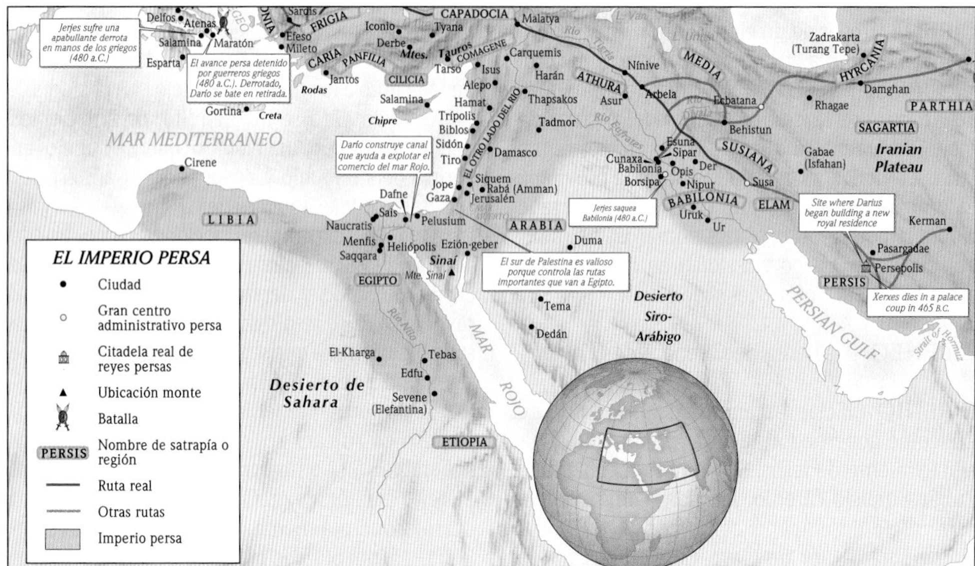

Ciro fue un político astuto que convirtió en práctica pública la adoración a los dioses de cada reino conquistado. De esta manera se ganó el corazón de sus súbditos y mantuvo controladas las rebeliones. Se hace referencia a él como el pastor y el ungido de Jehová (Isa. 44:28–45:6) debido a su bondad para con los judíos y la adoración a Jehová.

Sus últimos años fueron oscuros. Fue asesinado mientras luchaba en un frente de guerra contra el pueblo nómada masageta. Su tumba está en Pasargade (la actual Murghab).

Mike Mitchell

CIS Nombre de persona de significado desconocido, tal vez “regalo”. **1.** Padre de Saúl (1 Sam. 9:1,2). Un hombre de la tribu de Benjamín que vivía en Gabaa. Se dice que fue hijo de Abiel (1 Sam. 9:1) e hijo de Ner (1 Crón. 8:33). Algunos piensan que era nieto de Abiel e hijo de Ner. Aparentemente era un hombre rico, propietario de asnas y de siervos (1 Sam. 9:3). La descripción que se hace de Saúl como miembro de la familia más humilde de la tribu de Benjamín probablemente sea un buen ejemplo de modestia oriental (1 Sam. 9:21). Fue sepultado en Sela de Benjamín, donde posteriormente fueron enterrados Saúl y Jonatán (2 Sam. 21:14). **2.** Benjamita, tercer hijo de Jehiel de Gabaón y de Maaca (1 Crón. 8:29,30; 9:35,36). **3.** Segundo hijo de Mahli que pertenecía a la familia de Merari de los levitas. Los hijos de Cis se casaron con las hijas de su hermano (1 Crón. 23:21,22). Jerameel, el hijo de Cis, se convirtió en jefe de la familia de Cis (1 Crón. 24:29). **4.** Hijo de Abdi, también de la familia de Merari de los levitas. Colaboró en la purificación del templo durante el reinado de Ezequías (2 Crón. 29:12). **5.** Benjamita antepasado de Mardoqueo (Est. 2:5).

CISÓN Nombre geográfico que significa “terreno duro” o “curvo, sinuoso”. **1.** Ciudad de Isacar designada a los levitas de la familia de Gersón (Jos. 21:28). Una lista paralela la denomina Cedes (1 Crón. 6:72). Se ha sugerido que “Cedes de Isacar” tal vez haya surgido a partir de una lectura equivocada de “Cisón” en lugar de “Cedes”. El sitio se desconoce; quizás la moderna Tell Abu Qudeis, unos 3 km (2 millas) al sudeste de Meguido. **2.** Río pequeño que fluye este-oeste y atraviesa el Valle de Jezreel. En la primavera alcanza un ancho de aprox. 21 m (65 pies) y una extensión de 37 km (23 millas). Fue junto al Cisón que Débora y Barac derrotaron al cananeo Sísara cuando los carros de este se empantanaron en las ciénagas (Jue. 4:7,13; 5:21). Más tarde, el río fue el sitio adonde Elías llevó a los profetas de Baal para ser ejecutados luego de la exhibición y victoria de Dios en el Monte Carmelo (1 Rey. 18:40). Ver *Cedes; Levitas, Ciudades de los.*

CISTERNA Traducción de un término hebreo que significa “agujero”, “pozo” o más comúnmente “fuente”. La diferencia entre “cisterna” y “fuente” a menudo no se percibe. La innumerable cantidad de cisternas y pozos en Palestina son evidencia de los esfuerzos de los pueblos antiguos para

Abertura circular de una cisterna en Laquis, Israel.

suplementar la provisión natural de agua. La cisterna de Palestina consistía generalmente en un reservorio con forma de botella o de pera en la que el agua podía drenar desde un techo, túnel o patio. La porosa piedra caliza donde se cavaban las cisternas dejaba que se escapara gran parte del agua que se colocaba en ellas. Después del 1300 a.C. se comenzaron a revocar las cisternas, lo que dio como resultado un sistema más eficiente de almacenaje de agua. La boca de la cisterna generalmente se terminaba o se cubría con una piedra. Se han hallado cisternas con un filtro rudimentario para detener los escombros.

Cisterna con un mortero de piedra en primer plano, usado probablemente para moler grano en Beerseba.

Amplia cisterna en Masada, la fortaleza montañosa de Herodes.

Los escritores bíblicos revelaron que las cisternas también se utilizaban con otros propósitos. Los hermanos de José lo colocaron en una cisterna "vacía" (Gén. 37:20-29). El profeta Jeremías fue encerrado en la cisterna de Malquías, hijo del rey Sedequías (Jer. 38:6). En Jer. 14 se describe a los dioses paganos como cisternas ("lagunas") rotas que no podían mantener el agua. Las cisternas también servían como lugares apropiados donde arrojar cadáveres (Jer. 41:7,9). Ver *Pozo.*

James Newell

Sistema hídrico en Gabaón que se basa en este gran estanque tallado en roca viva, que se conectaba por un túnel a otra cisterna.

C

CITAS DEL ANTIGUO TESTAMENTO EN EL NUEVO TESTAMENTO La influencia del AT se observa a lo largo de todo el NT, cuyos escritores incluyeron aprox. 250 citas expresas del AT, y si se incluyen las indirectas o parciales, el número asciende a más de 1000. Es evidente que los escritores del NT tenían interés en demostrar la continuidad entre las Escrituras del AT y la fe que ellos proclamaban. Estaban convencidos de que las promesas del AT se habían cumplido en Jesús.

Tipos de citas ***Citas a manera de fórmula*** Estas se presentan mediante una fórmula introductoria típica que, por lo general, emplea formas verbales derivadas de "decir" o "escribir". Las fórmulas introductorias más comunes son: "como dice la Escritura" (Juan 7:38); "¿qué dice la Escritura?" (Gál. 4:30); "como está escrito", lo cual enfatiza la permanente validez de la revelación del AT (Mar. 1:2; Rom. 1:17; 3:10); "para que se cumpliese lo dicho", donde se resalta el cumplimiento de las profecías del AT (Mat. 4:14; 12:17; 21:4); "como dijo Dios", "Él también dice", "el Espíritu Santo dice", lo cual personifica las Escrituras y revela su dimensión divina (Rom. 9:25; 2 Cor. 6:16; Heb. 3:7); "Moisés", "David" o "Isaías" dice, donde el énfasis se coloca en el elemento humano de las Escrituras (Rom. 10:16,19,20; Heb. 4:7).

Citas compuestas Este tipo de citas combina dos o más textos del Antiguo Testamento tomados de una o más secciones del canon del AT hebreo (Ley, Profetas y Escritos). Por ejemplo, Rom. 11:8-10 cita de la Ley (Deut. 29:4), de los Profetas (Isa. 29:10) y de los Escritos (Sal. 69:22, 23). En algunos casos, una serie de textos del AT se puede emplear a manera de comentario como en el caso de Juan 12:38-40 y Rom. 9–11. Las citas compuestas se suelen organizar en función de énfasis temático o un eslogan como comúnmente se acostumbraba en el judaísmo según una noción desarrollada en Deut. 19:15 que establecía la necesidad de dos o tres testigos para determinar una cuestión. El tema de la "piedra de tropiezo" que aparece en Rom. 9:33 (Isa. 8:14; 28:16) y en 1 Ped. 2:6-9 (Isa. 8:14; 28:16; Sal. 118:22) es un buen ejemplo de este método.

Citas no reconocidas Estas a menudo se entremezclan en la trama del NT sin ningún reconocimiento ni presentación. Por ejemplo, Pablo citó Gén. 15:6 en su exposición sobre Abraham (Gál. 3:6) y Gén. 12:3 (Gál. 3:8) sin aplicar ninguna fórmula de reconocimiento ni introductoria.

Citas indirectas o alusiones Estas conforman la clase más difícil de identificar entre las citas del AT. La transición entre cita y alusión quizá sea casi imperceptible. Una alusión puede ser simplemente una cláusula, frase o incluso una palabra tomada del texto del AT que el lector fácilmente podría pasar por alto. Por ejemplo, sería probable que el lector no se diera cuenta de que las palabras pronunciadas en la transfiguración de Jesús, tal como se registran en Mat. 17:5, combinan tres textos diferentes del AT: "Este es mi Hijo amado" (Sal. 2:7), "en quien tengo complacencia" (Isa. 42:1), y "a él oíd" (Deut. 18:15).

Fuentes de las citas del AT Puesto que el NT se escribió en griego para lectores predominantemente de nacionalidad griega, no es extraño que gran parte de las citas del AT en el NT se hayan tomado de la traducción griega del AT conocida como LXX (Septuaginta). De las 93 citas de Pablo, 51 son de la LXX o están virtualmente de acuerdo con esta versión, mientras que sólo 4 concuerdan con el texto hebreo. Esto significa que 38 citas difieren de todos los textos griegos y hebreos conocidos. De las 43 citas de Mateo, 11 concuerdan con la LXX, en tanto que las otras 32 difieren de todas las fuentes conocidas. ¿Cómo, pues, se deben explicar estas citas? Los escritores del NT tal vez hayan empleado una versión del AT que nosotros desconocemos o lo hayan citado de memoria. También es posible que los escritores del NT estuvieran más interesados en el significado y la interpretación. También se ha sugerido que las citas del AT quizá se tomaron de "libros de testimonio", colecciones de textos del AT seleccionados, combinados e interpretados que la comunidad cristiana primitiva recopiló para emplear en la predicación y la apologética. El uso frecuente de ciertos textos del AT, tales como Sal. 110, Isa. 43, etc., en la predicación y en los escritos de la iglesia primitiva junto con el descubrimiento de dichas colecciones en Qumrán, parecen sustentar dicha posibilidad.

Usos de las citas del AT Los escritores del NT emplearon citas del AT por lo menos por cuatro razones: (1) para demostrar que Jesús es el cumplimiento de los propósitos de Dios y del testimonio profético de las Escrituras del AT (Rom. 1:2; Mat. 4:14; 12:17-21; 21:4,5); (2) como fuente de instrucción ética y de edificación para la iglesia (Rom. 13:8-10; 2 Cor. 13:1); (3) para interpretar sucesos de la época (Rom. 9–11; 15:8-12); (4) para comprobar la afirmación de que la Escritura es Palabra de Dios (1 Cor. 10:26; 14:21; 15:55). Las técnicas empleadas en el uso del AT son un reflejo del judaísmo del siglo I, tal como lo describen los Rollos del Mar Muerto, Filón de Alejandría y el judaísmo rabínico de épocas posteriores. Algunas citas del AT se utilizan en el sentido histórico literal que poseían y, por esa razón, tienen en el NT el mismo significado que tenían bajo el antiguo pacto. La cita de Sal. 78:24 y Juan 6:31 es ejemplo de dicho uso. Algunas citas reflejan un enfoque típico que empleaba el judaísmo del siglo I para interpretar el AT y que se conoce como *midrás*, que consiste en la exposición de un texto cuyo objetivo es poner de manifiesto su relevancia contemporánea. El texto del AT se cita y se explica como para aplicarlo a una situación del momento o para que resulte significativo. El uso de Gén. 15:6 en Rom. 4:3-25 y de Sal. 78:24 en Juan 6:31-58 refleja esta técnica.

Algunos textos del AT se interpretan en sentido tipológico. En este enfoque, el escritor del NT observa una relación entre personas, acontecimientos o cosas del AT con elementos correspondientes de su contexto contemporáneo. La correspondencia con el pasado no se halla en el texto escrito sino en el suceso histórico. El fundamento de la tipología lo constituye la convicción de que ciertos acontecimientos de la historia pasada de Israel, tal como se registran en las Escrituras primitivas, revelaban en sentido simbólico los métodos y propósitos de Dios para con las personas. La forma en que Mateo emplea Os. 11:1 (2:15) sugiere que el escritor de este Evangelio observaba una correspondencia entre el viaje de Jesús a Egipto y el del pueblo de Israel. Jesús recapituló o reexperimentó la historia sagrada de Israel. Los propósitos redentores de Dios exhibidos en el éxodo (que refleja el profeta Oseas) se estaban demostrando en la vida de Jesús. A veces, la comprensión y la aplicación de la cita del AT dependen del conocimiento del contexto más amplio en que aparece en el AT. Mediante el uso de la cita se trata de captar la atención del lector hacia el contexto o tema más amplio del AT; esto se puede denominar "cita indicadora". La costumbre dentro del judaísmo del siglo I, donde grandes porciones de las Escrituras se sabían de memoria, era citar sólo el comienzo de un pasaje aun cuando había que tener presente el resto. En Rom. 1–3 se puede observar un buen ejemplo. Pablo había hecho una exposición sobre la fidelidad de Dios y la pecaminosidad del hombre. En Rom. 3:4, Pablo citó Sal. 51:4 a fin de respaldar el primer concepto. Continuó su argumento haciendo una referencia adicional a la maldad humana que, ciertamente, es el tema del Sal. 51:5. Pero no sintió necesidad de citar dicho versículo dado que ya se lo había sugerido a aquellos que estaban familiarizados con el texto bíblico. Finalmente, existe un limitado uso alegórico de la Escritura del AT donde el texto se considera como una especie de código con dos significados: un nivel de significado literal y superficial y otro más profundo o subyacente, como en Gál. 4:22-31.

No obstante las similitudes con el uso judío contemporáneo del AT, los escritores del NT interpretaron las Escrituras de manera radicalmente novedosa. Deliberadamente emplearon el mismo método exegético. Escribieron desde una perspectiva teológica diferente. Estos escritores estaban convencidos de que el verdadero significado del AT es Jesucristo y que solo Él provee los medios para entenderlo. La interpretación auténtica del AT se logra mediante la lectura de pasajes e incidentes del AT a la luz de la vida de Cristo. En tanto que muchos de los textos del AT citados en el NT ya se habían aceptado como mesiánicos (p. ej., Sal. 110:1) o se podía declarar que lo eran a la luz de la vida de Jesús (Sal. 22; Isa. 53), para los primeros cristianos toda la Escritura se debía interpretar en función de la realidad de Cristo ya que las Escrituras del AT lo señalan a Él (Juan 5:39). En resumen, el escritor del NT citó o aludió al AT para demostrar cómo los propósitos de Dios se cumplieron y se cumplen en Jesús.

Hulitt Gloer

CIUDAD CELESTIAL Cumplimiento de las esperanzas del pueblo de Dios para la salvación final. Para el mundo antiguo, las ciudades representaban vida ordenada, seguridad frente a los enemigos y prosperidad material. Hebreos dice que esa ciudad tiene "cimientos"; que "su arquitecto y constructor" es Dios (11:10). Él la ha preparado (11:16), y es la "ciudad del Dios vivo, Jerusalén la celestial" (12:22). Es también la morada de "la compañía de muchos millares de ángeles" (12:22), de "la congregación de los primogénitos" (12:23; una imagen de los creyentes redimidos por la muerte de Cristo; comp. Ex. 13:13-15) y de los justos hechos perfectos por Dios (12:23, tal vez los santos del AT). Algunos interpretan literalmente estas descripciones. No obstante, la meta del cristiano no es algo que se puede sentir y tocar como la experiencia de Israel en Sinaí (12:18). En realidad, los creyentes ya han llegado (12:22) a la Jerusalén celestial, al menos en parte. Por lo tanto, algunos eruditos consideran la ciudad celestial como imagen del pueblo redimido de Dios y cuyo "fundamento" son los profetas y los apóstoles (Ef. 2:20). La experiencia de los patriarcas, cuya esperanza iba más allá de la vida terrenal (Heb. 11:13-16), indica que el cumplimiento final de la salvación será en el cielo.

La ciudad celestial de Apoc. 21:9–22:7 también se ha interpretado tanto en sentido literal como figurado. Una perspectiva ve la ciudad celestial suspendida sobre la tierra como una plataforma espacial. Otros observan una ciudad terrenal. Y aun otros ven una ciudad terrenal suspendida en el aire que luego desciende a la tierra. Hay quienes, al señalar la identificación de la ciudad con la esposa de Cristo (21:2,9), la toman como símbolo de la iglesia. Ya sea que lo interpretemos como una ciudad literal o una representación del pueblo redimido de Dios que experimenta su salvación final, es un lugar de comunión con Dios (21:3,22), de seguridad (21:4,25) y de provisión divina (22:1-2,5). Ver *Ciudades y vida urbana.* *Chris Church*

CIUDAD DE ALMACENAJE, DEPÓSITO En los comienzos de la historia de la humanidad se construían depósitos para proteger de los insectos y el clima extremo los cultivos cosechados. El típico depósito durante el período israelita consistía en un edificio rectangular con una doble fila de columnas que lo dividían en tres pasillos angostos. Grandes y gruesas paredes sostenían el techo y se distribuían pequeñas habitaciones hacia los costados del salón principal. Los depósitos de la fortaleza de Herodes en Masada tenían paredes que medían más de 3 metros (11 pies), construidas con piedras que pesaban más de 180 kg (400 libras). Los depósitos comunitarios también podían usarse como mercados públicos. En las grandes ciudades, algunas secciones se designaban como zonas de almacenaje con varios depósitos a lo largo de las calles. Durante el período del reino dividido, las instalaciones de almacenaje de la corona se establecían en las capitales regionales para recaudar impuestos que se pagaban con harina, aceite, granos o vino. Las provisiones reales se almacenaban en tinajas especialmente marcadas que luego se distribuían entre el ejército y los palacios. El complejo del templo incluía áreas especiales de almacenaje donde se guardaban los utensilios utilizados en la adoración y también funcionaba una especie de banco donde se podían colocar los objetos de valor. La imagen de un depósito lleno servía como símbolo de la bendición de Dios, y los profetas la empleaban con frecuencia. *David Maltsberger*

Cuartos o ciudad de almacenaje, excavados en el tell de Beerseba, en el Neguev.

CIUDAD DE DAVID En el AT, la frase "la ciudad de David" se refiere a Jerusalén. El nombre se le asignó a la ciudad fortificada de los jebuseos después de que David la capturara (2 Sam. 5:6-10). Es probable que su referencia original haya sido sólo al monte del sudeste y a la fortaleza militar de los jebuseos que se encontraba allí. En Luc. 2:4,11, se hace referencia a Belén, el lugar de nacimiento de David (Juan 7:42). Ver *Jerusalén; Sión.*

CIUDAD DE LA SAL Ciudad otorgada a la tribu de Judá "en el desierto" (Jos. 15:62). Se desconoce su ubicación exacta. Los hallazgos arqueológicos no respaldan su identificación con Qumrán que algunos han tratado de indicar.

CIUDAD DE LAS AGUAS Ciudad de Amón que debería identificarse con la capital Rabá, ya sea en parte o en su totalidad. Joab la capturó para David (2 Sam. 12:27).

CIUDAD DE LAS PALMERAS Probablemente debería identificarse con un sitio cerca de Jericó donde vivían los ceneos (Jue. 1:16; ver Deut. 34:3; Jue. 3:13; 2 Crón. 28:15). Jericó permaneció en ruinas desde la época de la conquista hasta los días de Acab. Algunos identifican la región con Zoar en la zona sur del Mar Muerto, o con Tamar a unos 32 km (20 millas) al sur del mismo mar. Ver *Jericó.*

CIUDAD DE MOAB Ciudad donde Balac se fue a encontrar con Baalam (Núm. 22:36). Algunos identifican la ciudad como Ar. Ver *Ar.*

CIUDAD DEL CAOS (NVI) Nombre que se aplica a Jerusalén en Isa. 24:10.

CIUDAD DEL SOL (NVI) Generalmente se la toma como referencia a Heliópolis (Isa. 19:18). También se traduce "ciudad de destrucción" (LBLA). Ver *Heliópolis*.

CIUDAD REAL Ciudad con gobierno monárquico. Gabaón (Jos. 10:2) fue comparada en tamaño y fuerza con ciudades regidas por reyes, como Hai y Jericó. Gat (1 Sam. 27:5) fue una de las cinco ciudades filisteas gobernadas por reyes o señores. Rabá (2 Sam. 12:26) ofició como capital del reino amonita.

CIUDAD SANTA Nombre para Jerusalén (Neh. 11:1,18; Isa. 48:2; 52:1; Dan. 9:24; Mat. 4:5; 27:53; Apoc. 11:2) y para la nueva Jerusalén celestial (Apoc. 21:2,10; 22:19) porque allí vive el Dios santo. Ver *Santo*.

CIUDAD, PUERTAS DE LA Las puertas en los tiempos bíblicos traían a la mente dos imágenes: las enormes estructuras defensivas que protegían el camino de entrada, y un lugar de actividades diversas "en la puerta". Las puertas y los muros en conjunto señalan el límite entre el exterior y el interior, pero se mencionan con frecuencia simplemente porque proporcionan acceso para entrar y salir.

Las puertas han existido desde que aparecieron por primera vez las murallas defensivas de los pueblos y las aldeas. Si son necesarios los muros para proteger un pueblo, también es necesaria una entrada a través del muro, y del mismo modo se requería una puerta para proteger la entrada. Es probable que se hayan desarrollado al mismo tiempo. En el antiguo Cercano Oriente, los arqueólogos han descubierto cimientos de puertas de pueblos que se remontan hasta, por lo menos, la Edad de Bronce temprana (3300–2200 a.C.) y cuentan con un muy buen precercado complejo de puertas de ladrillos de barro, con cuatro cámaras, que data de la Edad de Bronce media (aprox. 1800 a.C.) en Tel Dan [ver abajo]. Anteriormente, durante el período calcolítico (4500–3300 a.C.) se hallaron en Engadi las ruinas de un templo y un área sagrada con un muro alrededor con dos entradas. Una de las entradas tiene evidentes cimientos de una puerta de dos cámaras. Mucho antes que esto, en la Jericó neolítica prealfarería (aprox. 8300 a.C.) hay evidencias de un muro alrededor de la ciudad y una torre circular que probablemente servía de atalaya. Aunque todavía no se ha excavado ninguna evidencia de una puerta de esa época, tuvo que haber existido una que permitiera entrar a la ciudad.

La puerta es generalmente la parte más vulnerable de las defensas de un pueblo, simplemente porque se encuentra en una abertura hacia la ciudad. Además, la puerta por lo general se ubicaba en un punto bajo de la topografía del pueblo por varias razones: el punto bajo proporcionaba el acceso más fácil a la ciudad para los viajeros y los mercaderes de manera que no tuvieran que maniobrar con los animales o las mercancías hacia sectores más elevados; el mercado se encontraba a menudo cerca de la puerta por la misma razón; y el punto bajo ofrecía un buen canal de drenaje para el agua de lluvia a lo largo de la ciudad para que corriera hacia el exterior de los muros a través de la puerta. Debido a su vulnerabilidad, la puerta de entrada se encontraba flanqueada por poderosas torres que ayudaban a protegerla. Además, se cerraban puertas pesadas de madera o metal para guardar la entrada durante la noche o en tiempos de ataque inminente.

Durante la Edad de Hierro, el período de la monarquía israelita, se hallaron puertas con dos, cuatro y seis cámaras. La elección del tipo de puerta parece estar más relacionada a la topografía local y a las necesidades defensivas que a un esquema determinado. Indudablemente, el desarrollo de nuevas armas, incluyendo arietes más efectivos, requería nuevas estrategias defensivas. Entre dichas innovaciones estuvo la introducción de estructuras de puertas internas y externas. Es muy probable que dichas estructuras de puerta doble hayan querido fortalecer las defensas. El ataque a una estructura de puerta exterior no daría acceso directo a la ciudad; sólo conduciría a un pasaje estrecho (donde un ejército invasor se encontraría bajo el ataque continuo de los soldados defensores ubicados en los muros) hacia una estructura de puerta interna, igualmente defendida. Sitios con estructuras de puertas internas y externas incluyen Tel Dan, Meguido y Laquis. Las aberturas de puertas típicas durante la Edad de Hierro eran de aprox. 3,5 a 4 m (11 a 13 pies), y permitían un paso fácil para los animales cargados con madera, para los carros y también para el tránsito pedestre.

Inmediatamente en las afueras de la ciudad a menudo había una fuente o manantial. Puesto que el acceso a la provisión de agua es importante, la puerta de la ciudad con frecuencia estaba ubicada cerca del agua. Excavaciones recientes en la ciudad jebusea y davídica de Jerusalén han hallado una puerta con torres enormes que protegían el acceso a la corriente de Guijón. Beerseba tenía un pozo justo en las afueras de la puerta de la ciudad. Juan 4 narra la historia del encuentro de Jesús con una mujer de Sicar junto al pozo fuera de la ciudad.

En el plano típico de la ciudad, el mercado, a menudo una plaza abierta, estaba en el interior justo al lado del complejo de la puerta de entrada. Es probable que en las cercanías se encontraran edificios administrativos, militares o un altar o templo. La descripción bíblica de diversas actividades dentro de las puertas de la ciudad/pueblo indica la actividad de esa zona. Cuando Abraham estaba negociando para adquirir un lugar de sepultura para Sara, se reunió en la puerta con el propietario de la tierra y los ancianos de la ciudad (Gén. 23:10,18), tal como lo hizo Booz cuando negoció la compra de la propiedad de Elimelec (Rut 4:1-11). Los ancianos se reunían en la puerta de la ciudad para administrar justicia y juicio (Deut. 21:19; 22:15,24) al igual que transacciones de ventas. Los profetas poseen muchas referencias a la justicia administrada en la puerta de la ciudad (Amós 5:10-15; Zac. 8:16). El rey David tenía un asiento en la puerta (2 Sam. 19:8). En Tel Dan se descubrió una plataforma justo dentro del complejo de puertas que pudo haber sido para un trono real o un santuario. Se han excavado altares en varios sitios alrededor de los complejos de puertas. Betsaida, probablemente la antigua Gesur, tenía una plataforma de culto junto a la puerta y numerosas estelas en el complejo de puertas. También en Mudayna, sobre el vado eth-Thamid en Jordania, se ha descubierto un santuario adyacente al complejo de puertas.

Muchos han sugerido que las diversas actividades descritas se llevaban a cabo literalmente en la puerta de la ciudad. Dentro de las cámaras de algunas puertas de ciudad se han encontrado "bancos". No obstante, los bancos a menudo son tan altos y de tamaño tan grande que es improbable que se utilizaran para sentarse. Es más probable que se usaran para depositar o almacenar elementos o con otros propósitos. Es factible que las actividades tuvieran lugar "a" la puerta de la ciudad o "dentro" de la puerta [es decir, dentro de la plaza abierta] más que "en" la puerta misma. La presencia del mercado y de los edificios administrativos inmediatamente adyacentes al complejo de puertas daba motivo para que los ancianos se reunieran allí. Y el lugar donde se reunían los ancianos era el sitio ideal para las transacciones comerciales o la aplicación de justicia que les atañía a ellos. *Joel F. Drinkard (h)*

CIUDADANO, CIUDADANÍA Condición reconocida oficialmente dentro de un estado político que otorgaba ciertos derechos y responsabilidades definidos por ese estado. Pablo expuso el tema de la ciudadanía al apelar a su derecho como ciudadano romano (Hech. 16:37; 22:26-28). Los derechos de la ciudadanía romana se formularon por primera vez en la ley Valeriana como fundamento de la república romana en el 509 a.C., pero fueron cambiando a medida que también lo hicieron los gobiernos romanos. En la época neotestamentaria, la definición apareció en la ley Juliana que se promulgó cerca del 23 a.C.

Obtención de la ciudadanía La ciudadanía romana se podía obtener de varias maneras: ser hijo de padres romanos, incluyendo ser hijo de madre romana sin considerar la identidad del padre; retirarse del ejército; ser liberado de la esclavitud por parte de un amo romano; comprar la libertad de la esclavitud; haber recibido la ciudadanía de parte de un general o emperador romano en forma individual o como parte de una unidad política; comprar la ciudadanía. Pablo fue ciudadano romano desde su nacimiento, pero no sabemos cómo la obtuvo su familia.

Derechos y responsabilidades Un ciudadano era responsable de los impuestos romanos a la propiedad y municipales. Un ciudadano tenía derecho a votar en Roma, aunque diferentes clases sociales tenían derechos distintos en este caso. Un ciudadano se convertía en miembro de una tribu romana. A un ciudadano se le prometía un juicio justo sin ciertas formas de castigo severo. Un ciudadano no podía ser ejecutado sin un juicio y no sería crucificado excepto por orden del emperador. Un ciudadano podía apelar al César y ser llevado a Roma para el juicio. Pablo hizo uso de estos derechos cuando se enfrentó con oposición y persecución (Hech. 16:37; 25:11).

CIUDADES DE LA LLANURA Alusión a las cinco ciudades (Sodoma, Gomorra, Adma, Zeboim y Zoar) que se cree estaban ubicadas cerca del extremo sur del Mar Muerto. La narración de Génesis 14 asocia estas cinco ciudades y las ubica en el Valle de Sidim, el Mar Muerto. Todas ellas, con excepción de Zoar, fueron destruidas por la maldad de Sodoma y Gomorra (Gén. 19:24-29).

Los estudios más recientes han localizado las cinco ciudades en las aguas poco profundas del extremo sur del Mar Muerto, al sur de Lisán, la lengua de tierra en la orilla sudeste que sobresale hacia el mar. Sin embargo, no se ha hallado ninguna evidencia concluyente que respalde esta propuesta. Las excavaciones realizadas en años recientes sobre la costa oriental del Mar Muerto han convencido a algunos eruditos de que las ciudades de la llanura pudieron haber estado ubicadas en esa región, especialmente en Bab-ed-Dhra y Numeira cerca de Lisán.

La frase "ciudades de la llanura" aparece en Gén. 13:12 como el lugar que escogió Lot para habitar, y en Gén. 19:29 con relación a la destrucción. La palabra hebrea que se traduce "llanura" significa con más exactitud "alrededor". Por lo tanto, parece mejor pensar en estas ciudades como que están ubicadas "alrededor" del Mar Muerto o "alrededor" del Valle del Jordán. Esta interpretación podría indicar simplemente que estas ciudades eran pueblos aliados en el Valle del Jordán cerca del Mar Muerto. En este sentido, es probable que estas ciudades hayan estado sobre una ruta comercial y que hayan participado en la comercialización del betún, la sal y el azufre. *Joel F. Drinkard (h)*

CIUDADES DE REFUGIO Lugar seguro al que huía una persona que había matado accidentalmente a otra. La ciudad le proporcionaba asilo al fugitivo resguardándolo y protegiéndolo hasta que se pudiera llevar a cabo un juicio a fin de determinar su culpabilidad o su inocencia. Si a juicio de los ancianos de la ciudad, la muerte había ocurrido accidentalmente y sin intención, al hombre se le permitía permanecer allí sin temor a que le hicieran daño ni a recibir venganza de parte de los familiares del occiso (Jos. 20:2-6).

Cuatro pasajes importantes del AT describen el derecho de asilo y la protección que proveía una ciudad de refugio (Ex. 21:12-14; Núm. 35:6-34; Deut. 19:1-13; Jos. 20:1-9). Una traducción literal de la frase hebrea es una "ciudad de admisión". Este derecho de asilo se ofreció antes del establecimiento en la tierra prometida pero sólo estaba a disposición de los acusados de homicidio sin premeditación. Éxodo 21:12 registra que "el que hiriere a alguno, haciéndole así morir, él morirá". No obstante, el pasaje continúa prometiendo que al "que no pretendía herirlo" se le designaría un lugar a donde pudiera huir (v.13). Antes del establecimiento de estas ciudades, se podía obtener seguridad temporaria huyendo a un santuario y asiéndose de los cuernos del altar. En 1 Reyes 1:50 y 2:28 se registran dos ejemplos de hombres que buscaron seguridad aferrándose al altar en Jerusalén. No obstante, ni Adonías ni Joab eran inocentes y posteriormente fueron ejecutados.

A Moisés se le ordenó establecer seis ciudades de refugio de un total de 48 ciudades que se les habían asignado a los levitas (Núm. 35:6,7). Se encontraban tres a cada lado del Jordán. En el este se hallaban Bezer dentro del territorio de los rubenitas, Ramot en Galaad y Golán en la región de Basán (Deut. 4:43). Al oeste del Jordán estaban Cedes en Galilea, Siquem en Efraín y Quiriat-arba o Hebrón en el Monte de Judá (Jos. 20:7,8). El asilo no estaba limitado al pueblo de Israel sino que se extendía a los extranjeros y los peregrinos que habitaban en medio de ellos (Núm. 35:15).

El AT revela la importancia y el carácter sagrado de la vida humana mediante las leyes sobre quitar la vida. Las ciudades de refugio estaban distribuidas a lo largo de Israel a ambos lados del Jordán para que la persona responsable de un homicidio accidental pudiese acceder fácilmente a ellas. Necesitaba hallar asilo inmediatamente porque un miembro de la familia del hombre muerto podía perseguirlo. El vengador de sangre procuraba matar al asesino de su pariente a causa del daño efectuado a la familia. En los primeros tiempos de la historia de Israel, antes de que aparecieran las ciudades de refugio, esta acción podía traer como resultado una riña de sangre que sólo concluía con la extinción de una familia. El establecimiento de las ciudades de refugio tenía un propósito humanitario al transformar un caso de homicidio, que dejaba de ser un pleito privado entre dos familias y pasaba a ser una cuestión judicial resuelta por un grupo de ancianos.

Números 35 enumera varios requisitos antes de procurar protección en una ciudad de refugio. El requisito primario era que la muerte tenía que haber sucedido en forma accidental sin premeditación ni intención. En Núm. 35:16-18,20-23 se presentan casos a fin de proporcionar ejemplos de los incidentes que impedían o permitían que un asesino buscara refugio en dicho lugar.

Un segundo requisito para el asilo en una ciudad de refugio era que el asesino, una vez que era admitido en la ciudad, no podía irse hasta el momento de la muerte del sumo sacerdote (Núm. 35:25; Jos. 20:6). Si decidía partir de la ciudad antes de ese tiempo, el vengador de sangre lo podía matar (Núm. 35:26-28). En contraste con el refugio temporal que ofrecía el aferrarse a los cuernos de un altar, la ciudad de refugio proporcionaba un lugar de asilo permanente para el homicida. En sentido punitivo, la ciudad también servía como lugar de detención. El homicida no carecía de culpabilidad. No podía irse porque el vengador de sangre había declarado su pena de muerte, ni podía comprar su salida ofreciéndoles un rescate a los parientes del occiso. Un ejemplo similar a este castigo se puede observar cuando Salomón confinó a Simei a permanecer en Jerusalén bajo amenaza de muerte en caso de que abandonara la ciudad (1 Rey. 2:36-46).

La acción de quitar una vida imponía una culpa que no se podía pagar con ningún otro medio que no fuera la muerte. Cuando moría el sumo sacerdote, aun como resultado de causas naturales, esto servía para pagar el precio de la pena requerida. Un hombre moría en lugar de otro. Una de las funciones del sumo sacerdote durante su vida era llevar los pecados del pueblo (Ex. 28:38). Conforme a este reglamento, todas las ciudades de refugio eran ciudades levíticas otorgadas a dicha tribu durante la división de la tierra prometida entre los israelitas. Es probable que estos lugares tuvieran santuarios locales donde el sacerdote prestaba servicios. Después de la muerte del sumo sacerdote, el culpable del homicidio podía dejar la ciudad y regresar a su casa sin temor del vengador de sangre. Ver *Vengador.* *Brenda R. Hockenhull*

CIUDADES FORTIFICADAS La expresión "ciudades fortificadas" alude a una ciudad con sólidas defensas, por lo general un muro con ciudadelas o fortalezas interiores. Normalmente, las ciudades fortificadas eran grandes centros administrativos o militares de una región. El tamaño no era tan importante, aunque muchas eran ciudades grandes. Lo que sí era significativo era la ubicación.

La Biblia contiene dos listados de ciudades fortificadas, una para Neftalí (Jos. 19:35-38) y una lista de ciudades que Roboam fortificó para Judá (2 Crón. 11:5-12). Esas dos listas parecen incluir la mayoría de las ciudades fortificadas del territorio de las tribus. Cumplían una función estratégica. Podían proteger una ruta importante (como era el caso de Laquis y Hazor). Podían proteger pasos montañosos (Meguido y Taanac). Podían servir como bastiones de frontera (Arad y Hazor).

Es probable que en las ciudades fortificadas hubiera tropas acuarteladas. En tiempos de peligro inminente, gran parte de la población que vivía en áreas circundantes podía hallar protección en el interior de dichas ciudades (Jer. 4:5; 8:14).

Otros términos relacionados en la Biblia son ciudades de carros y ciudades de provisiones (1 Rey. 9:19). Las primeras eran grandes centros militares donde se acuartelaban tropas

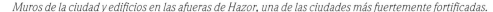

Muros de la ciudad y edificios en las afueras de Hazor, una de las ciudades más fuertemente fortificadas.

Masada, el sitio de un palacio construido por Herodes el Grande, proporciona su propia fortificación natural.

con carros de guerra. Las ciudades de almacenaje probablemente funcionaban como bases centrales para suministro a los militares.

Joel F. Drinkard (h)

CIUDADES Y VIDA URBANA Las ciudades constituyen un indicador significativo de civilización. De hecho, el surgimiento de las ciudades a menudo señala un avance de la civilización. La ciudad más antigua que se ha excavado hasta la fecha se encuentra en Palestina. Es Tell es-Sultan, la Jericó del AT. Este sitio era ya una ciudad bulliciosa entre el 8000 y 7000 a.C. Aun antes de que sus habitantes utilizaran la alfarería, la ciudad tenía una extensa muralla defensiva y un elevado atalaya circular dentro del muro.

Los términos "ciudad" y "vida urbana" tenían un significado bastante diferente en el período bíblico, especialmente en las primeras épocas. El uso moderno nos ha proporcionado por lo menos cinco términos para describir rangos de población. A medida que aumenta el tamaño de la población hablamos de campo abierto, aldea, pueblo, ciudad y metrópolis. El AT utiliza dos palabras para "ciudad" (*'eer* y *qir*) y una para "aldea" (*chatser*). La diferenciación veterotestamentaria no parece basarse ante todo en el tamaño sino en la presencia o la ausencia de un muro de defensa. Las ciudades tenían murallas, mientras que las aldeas carecían de muros.

Tamaño de las ciudades En comparación con lo que típicamente entendemos como ciudad, las ciudades antiguas tenían tendencia a ser mucho más pequeñas tanto en tamaño como en población. La antigua ciudad amurallada de Jericó que se mencionó anteriormente no cubría más de 4 ha (10 acres) de superficie. Algunas de las grandes ciudades de la Mesopotamia se asemejaban mucho más al tamaño que consideramos para una ciudad. En el clímax del imperio asirio en el siglo VIII a.C., Nínive cubría aprox. 700 ha (1720 acres) o bien unos 6,5 km^2 (2,5 millas^2). El montículo de Cala (la antigua Nimrod) cubría más de 354 ha (875 acres) o poco más 3 km^2 (1,25 millas^2). Ninguna de las ciudades de Palestina del período veterotestamentario se acerca al tamaño de las grandes ciudades de la Mesopotamia. En la época de Salomón, Jerusalén cubría menos de 13 ha (33 acres). Inclusive en los días de Jesús abarcaba menos de 80 ha (200 acres). Esto no significa que Palestina no tuviera ciudades más grandes. Azor, en el norte de Israel, tenía una superficie de poco más de 70 ha (175 acres). No obstante, la mayoría de los lugares bíblicos conocidos eran por lo general más pequeños.

La población está íntimamente ligada a la superficie de una ciudad. Los estudios de población realizados recientemente que se basan en la densidad de las ciudades pertenecientes a culturas similares a las de los tiempos bíblicos, junto con el número de casas que se hallaron en las excavaciones, sugieren que la mayoría de las ciudades tenían entre 160 y 200 personas por acre. En consecuencia, es probable que Siquem haya tenido una población de 2000 a 2500 personas durante el período del AT; Jerusalén en la época de Salomón pudo haber tenido de 5000 a 6500. Aun cuando Jerusalén se expandió en la época de Josías, probablemente no haya tenido más de 25.000 habitantes. Una inscripción hallada en Ebla en el norte de Siria con fecha de alrededor del 2400–2250 a.C. declara que esta ciudad tenía una población de 250.000 personas. No obstante, no resulta claro si este número se refería a la ciudad o a todo el reino controlado por Ebla, o si era una exageración para impresionar a los demás en cuanto al tamaño de la ciudad. Para el 300 d.C., es probable que la ciudad de Roma haya tenido casi un millón de habitantes.

Ciudades y área circundante Se utilizan por lo menos dos tipos de frases para describir el área suburbana. Una describía la ciudad principal de una región en relación con las aldeas más pequeñas que la rodeaban. De este modo, en una traducción hebrea literal el AT habla de una ciudad "con sus aldeas" (Núm. 21:25; Jos. 19:16; 2 Crón. 13:19; Neh. 11:30). Esta frase indica que la ciudad era el centro de actividad más importante de la región. Para poder mantenerse, las aldeas periféricas estaban íntimamente asociadas con la ciudad central. La mayor parte de la actividad comercial de la región se llevaba a cabo en la ciudad. Generalmente, esta estaba ubicada sobre la carretera principal o el cruce de caminos y la ruta comercial que atravesaba la región. Lo más frecuente era que el santuario o lugar de adoración principal estuviera ubicado en la ciudad, convirtiéndola así en un centro de peregrinajes y celebraciones religiosas. Cuando había amenaza de guerra o invasión, el pueblo de las aldeas circundantes huía a la ciudad amurallada para protegerse.

Entre los intereses principales que se consideraban para edificar una ciudad en un lugar determinado, se tenía en cuenta la presencia de alimentos y agua en las cercanías, junto con las materias primas necesarias para protección, herramientas e industria. Además, era más probable que se escogiera un sitio que fuera más fácil de defender. En una ciudad típica del Cercano Oriente antiguo se podían hallar una serie de características comunes, a saber:

Muros Los muros de las ciudades del antiguo Cercano Oriente estaban formados por series de piedras o ladrillos de barro, en ocasiones de mucho espesor. La muralla de Hazor en el norte de Israel alrededor del 1700 a.C. tenía unos 15 m (50 pies) de altura en algunos lugares y hasta casi 90 m (290 pies) de espesor. Más aun, el perímetro del área delimitada era de más de 3 km (2 millas).

Puertas La puerta era la parte más importante y vulnerable de la estructura del muro. Generalmente estaba flanqueada por enormes torres de vigilancia. La entrada en sí era estrecha, comúnmente de 3,5 a 4,5 m (12 a 15 pies) de ancho. Durante la noche o en caso de ataque dos puertas pesadas de madera se podían cerrar y reforzar con barras de metal. El complejo de puertas de entrada en sí tenía dos o tres series de puertas separadas a través de las cuales había que pasar para poder acceder a la ciudad.

Provisión de agua Otra necesidad para la ciudad era una provisión adecuada de agua. Durante épocas de paz, la provisión de agua podía estar fuera del muro y a una distancia razonable de la ciudad. En caso de soportar un sitio durante tiempos de guerra, era necesaria una provisión de agua a la que se pudiera acceder desde el interior. La mayoría de las ciudades estaban ubicadas cerca de manantiales, corrientes o fuentes. Muchos hogares tenían cisternas, especialmente en las regiones más áridas. Los manantiales generalmente estaban al pie del tell fuera del muro de la ciudad. Hazor, Meguido y Gabaón proporcionan ejemplos de los sistemas de agua que los israelitas construyeron durante la monarquía. Se construían extensos túneles de agua y sistemas de estanques que atravesaban el lecho de roca del tell para llegar al nivel de los manantiales. En Hazor, el sistema de túneles tenía que atravesar 20 m (70 pies) de terreno y rocas para alcanzar el nivel del agua. El túnel de Ezequías en Jerusalén es otro ejemplo de sistema de túneles para agua. En 2 Rey. 20:20 se menciona la construcción de este sistema alrededor del 700 a.C. A menudo los romanos construían grandes acueductos para llevar agua a una ciudad desde muy lejos. En Cesarea aún permanecen porciones de dos acueductos de esta clase y llevan agua desde más de 8 km (5 millas) de distancia. Un acueducto helenista-romano en Jerusalén cubre casi 40 km (25 millas).

Tierra para agricultura Los pueblos de la antigüedad eran ciertamente autosuficientes y sin duda debían tener tierra cultivable fértil en las cercanías. El AT habla de los campos de una ciudad o una aldea (Lev. 25:34; Jos. 21:12; Neh. 11:25,30) e indica que parte de la tierra se mantenía en común y otra parte le pertenecía a una familia. Es probable que las ciudades grandes no tuvieran suficiente terreno en los alrededores para suplir las necesidades alimenticias, por lo que dependían de la comercialización de la producción excedente de las aldeas más pequeñas. Estas a su vez dependían de las ciudades para obtener los artículos manufacturados y los elementos de mercadeo de regiones distantes. Se suponía que la porción agrícola de una familia no debía venderse (Lev. 25:25-28). Isaías denunció enérgicamente a las personas ricas que añadían "heredad a heredad hasta ocuparlo todo" (Isa. 5:8).

Acrópolis La elevación más sobresaliente de muchas ciudades a menudo constituía una acrópolis o ciudadela interior. Además de servir como fortaleza, la acrópolis también se utilizaba como residencia de la aristocracia o la realeza. Tal como se podría esperar, las casas ubicadas en ese lugar eran las más grandes y mejor construidas de la ciudad. No sólo la seguridad era mayor en la acrópolis sino que además la elevación hacía que captara brisa y refrescara la casa durante el verano. Además, los altares o templos más importantes frecuentemente se situaban en la acrópolis.

Trazado de calles Las ciudades del antiguo Cercano Oriente generalmente tenían un trazado de calles similar. En Babilonia, las calles más importantes se dirigían desde las puertas hasta el centro de la ciudad. En el período de la monarquía, las ciudades israelitas solían tener una plaza abierta inmediatamente después de la puerta. Una calle circular partía desde la plaza y recorría el perímetro de la ciudad. Dicha calle proporcionaba un acceso fácil a todas las secciones de la ciudad y proveía a los militares una vía rápida a cualquier punto del muro. Otras calles partían de esta calle circular y conducían hacia el centro de la ciudad. En las ciudades romanas, el camino más importante era generalmente el *cardo*, un camino ancho y enlosado que corría norte-sur. El camino este-oeste más importante era el *decumanus*.

Planos habitacionales Junto con el plano de la ciudad se puede observar cierto desarrollo en los planos habitacionales de Israel. Las casas más antiguas tenían una habitación principal y un patio. Para la época de la monarquía, la típica casa israelita poseía cuatro habitaciones.

En los períodos helenista y romano, tuvieron lugar cambios dramáticos. Los sucesores de Alejandro Magno edificaron muchas ciudades griegas en Palestina. Decápolis y otras ciudades helenísticas siguieron el estilo de la cultura griega. Ver *Arquitectura en tiempos bíblicos*.

Joel F. Drinkard (h)

CIZAÑA Planta gramínea, cuyas cañas crecen hasta más de 1 m (aprox. 3 pies), con flores en espiga. Se parece al trigo. Se cría espontáneamente en los sembrados y la harina de su semilla es venenosa. Jesús se refirió a la cizaña en Mat. 13:24-30. Ver *Siega; Símbolo; Trigo*.

CLAUDA Isla pequeña cuyo nombre aparece escrito de diversas maneras en los manuscritos griegos. Pablo navegó junto a la isla cuando iba camino a Malta y finalmente a Roma (Hech. 27:16). Es la moderna Gavdos, al sudoeste de Creta.

CLAUDIA Mujer que le envió saludos a Timoteo (2 Tim. 4:21).

CLAUDIO 1. Emperador romano desde el 41 hasta el 54 d.C. Convirtió a Judea en provincia romana en el 44 d.C. Expulsó a los judíos de Roma alrededor del 49 d.C. (Hech. 18:2) probablemente debido a un conflicto entre los judíos y los cristianos de esa ciudad. Aparentemente, su cuarta esposa, Agripina, lo envenenó en el 54

Busto de Claudio en mármol, Isla de Malta, siglo I.

d.C. y se hizo cargo del imperio en nombre de su hijo Nerón. El profeta Agabo anunció que habría una hambruna durante el reinado de Claudio (Hech. 11:28). Ver *César*. **2.** Capitán del ejército romano que protegió a Pablo de los judíos que lo querían asesinar (Hech. 23:26,27). Se hace referencia a él como Claudio Lisias.

CLAVOS Sujetadores metálicos empleados para construcción o decoración (1 Crón. 22:3 NVI; 2 Crón. 3:9; Isa. 41:7; Jer. 10:4). Los clavos más antiguos eran de bronce. Con la aparición del hierro, los clavos más largos se hacían de este material. Los más pequeños continuaron siendo de bronce. Cuando el clavo se utilizaba como ornamento, a veces se lo recubría con metales preciosos y la cabeza se bañaba en oro (comp. 2 Crón. 3:9). Es probable que los clavos que se usaron en la crucifixión de Jesús hayan sido estacas de hierro de 13 a 18 cm (5 a 7 pulgadas) de largo (Juan 20:25).

CLEMENTE Compañero de tarea de Pablo en el evangelio (Fil. 4:3). Aparentemente era miembro de la iglesia de Filipos. Se desconoce otra información sobre él.

CLEOFAS 1. Seguidor de Jesús que el día de la resurrección de Cristo estaba viajando con un compañero hacia la aldea de Emaús (Luc. 24:13-25). Una persona a quien no reconocieron se unió a ellos. Posteriormente descubrieron que el extraño era Jesús mismo. **2.** Esposo de una de las Marías que estuvieron cerca de la cruz durante la crucifixión (Juan 19:25). El texto literal griego dice "María, quien era de Cleofas", de donde se interpreta que él era su esposo. Ver *María.*

C

CLIMA Condiciones climáticas de Palestina, incluyendo los factores geográficos y los cambios estacionales. Los patrones climáticos de Palestina son el resultado del choque entre el calor extremo del Desierto de Arabia y los vientos mediterráneos más frescos que provienen del oeste. El clima es subtropical con inviernos húmedos y fríos, y veranos cálidos y secos. Desde octubre hasta abril, los días pasan de ser frescos y soleados a nublados, fríos y lluviosos. Las lluvias llenan los arroyos y los riachos temporales, lo que provee la mayor parte del agua para el año siguiente. La elevación de la tierra, que desciende de 1200 m (3900 pies) en el norte de Galilea hasta 400 m (1300 pies) bajo el nivel del mar en el Mar Muerto, proporciona barreras naturales que influyen en el clima. La lluvia generalmente disminuye a medida que uno se dirige hacia el sur y el interior. Por lo tanto, la llanura costera y Galilea reciben más lluvia que los montes centrales y el Desierto del Neguev. La nieve cubre las cumbres más elevadas del Monte Hermón durante la mayor parte del invierno, y ocasionalmente cae en Jerusalén y en los montes circundantes. El Valle del Jordán, particularmente en la región del Mar Muerto, permanece templado en el invierno, y esto lo convierte en el sitio tradicional para los palacios invernales de reyes y gobernantes. El Mar Mediterráneo se torna ventoso y frío, y esto lo hace peligroso para los viajes.

El clima cambia completamente en abril y mayo. El viento cálido del desierto sopla desde el este a través de la tierra en las primeras horas de la mañana. El suelo y los ríos estacionales se secan, y la vegetación se marchita. Todos los días, cerca del mediodía, el viento gira soplando del oeste, lo que trae un aire levemente más fresco desde el mar. No obstante, la diferencia es mínima y el calor continúa siendo intenso. La región montañosa central es más fresca que las llanuras y las regiones costeras, pero el Desierto de Judea y el Neguev se tornan intensamente cálidos. Las temperaturas a lo largo del Mar Muerto y el Arabá se mantienen durante semanas por encima de los 32° C (90° F). Al otro lado del Valle del Jordán sobre la planicie de Cisjordania al este, la temperatura se vuelve a moderar. Raramente se observa lluvia en los meses de verano; con frecuencia cae en octubre, noviembre, febrero y marzo.

La Biblia insinúa la influencia que imponía el clima en la vida en Palestina. Se consideraba que los vientos y la lluvia estaban bajo la directiva personal de Dios. Por lo tanto, el control que Cristo ejercía sobre los elementos les demostró a Sus discípulos el llamado celestial que poseía. El viento cálido del oriente a menudo se consideraba como la ira de Dios que traía esterilidad y muerte. La lluvia significaba las bendiciones continuas de parte de Dios; su ausencia, el juicio divino. Ver *Fertilidad, Cultos a la; Lluvia; Palestina; Viento.*

David Maltsberger

CLOÉ Nombre de persona que significa "verde". Mujer perteneciente a una familia cuyos miembros le informaron a Pablo sobre las disensiones dentro de la iglesia de Corinto (1 Cor. 1:11). Se desconoce dónde vivía y la forma en que su gente se enteró de la situación en Corinto.

COA Nombre de nación de significado desconocido. Ezequiel 23:23 enumera los nombres de varias naciones a las que Dios enviaría contra Israel. No todos están de acuerdo en la identificación de Coa, tal como sucede con Soa. Algunos identifican Coa con el pueblo de Guti de Babilonia, pero esto es debatible.

COAT Nombre de persona de significado desconocido. Segundo hijo de Leví (Gén. 46:11) y padre de Amram, Izhar, Hebrón y Uziel (Ex. 6:18), que se convirtieron en los líderes de la rama coatita del sacerdocio levítico. Coat fue a Egipto con Leví (su padre) y con Jacob (su abuelo) (Gén. 46:11), tenía una hermana llamada Jocabed (Ex. 6:20), y murió a los 133 años de edad (Ex. 6:18). Ver *Coatitas.*

COATITAS Descendientes de Coat, el hijo de Leví (Ex. 6:16). Puesto que Coat fue abuelo de Aarón, de Moisés y de María (Ex. 6:20; Núm. 26:59), los coatitas eran considerados los más importantes de las tres familias levíticas principales (es decir, coatitas, gersonitas y meraritas). Los coatitas además fueron divididos en cuatro ramas según los cuatro hijos de Coat: Amram, Izhar, Hebrón y Uziel (Ex. 6:18; Núm. 3:19; 1 Crón. 6:1-3,16,18, 33,38; 23:6,12,13,18-20; 26:23).

Los coatitas fueron activos durante toda la historia de Israel. Junto con los gersonitas y los meraritas, fueron ubicados alrededor del tabernáculo y estaban a cargo de cuidarlo y trasladarlo. Los coatitas tenían que acampar al sur del tabernáculo y tenían la responsabilidad de cuidar y trasladar el arca, la mesa, el candelero, los altares, los utensilios del santuario y el velo (Núm. 3:29-31). Sin embargo, no podían tocar estos objetos y sólo los podían trasladar después de que Aarón y sus hijos los hubieran preparado apropiadamente. La muerte era el resultado de trasladar estos objetos sin que primero se les colocaran varas para acarrearlos (Núm. 4:15,17-20; 7:9; comp. 1 Sam. 5–6; 2 Sam. 6:6-11).

Después de la conquista, los coatitas descendientes de Aarón recibieron 13 ciudades de las tribus de Judá, Simeón y Benjamín (Jos. 21:4,9-19; 1 Crón. 6:54-60). El resto de los coatitas recibieron 10 ciudades de las tribus de Dan, Efraín y Manasés (Jos. 21:5,20-26; 1 Crón. 6:61,66-70). Una de las últimas 10 fue Siquem, una ciudad de refugio.

David designó a 120 coatitas bajo el liderazgo de Uriel para que llevaran el arca a Jerusalén (1 Crón. 15:5). Cuando Josafat procuró liberación del poder de los moabitas y de los amonitas, los coatitas guiaron al pueblo en oración y alabanza (2 Crón. 20:19). Mahat y Joel, de los coatitas, ayudaron en la purificación de la adoración de Israel durante la época de Ezequías (2 Crón. 29:12). Durante la reforma religiosa de Josías, dos sacerdotes coatitas (Zacarías y Mesulam) ayudaron a supervisar la obra (2 Crón. 34:12).

Cuando los israelitas regresaron del exilio, algunos coatitas fueron puestos a cargo de preparar los panes de la proposición todos los días de reposo (1 Crón. 9:32). Ver *Amram; Ciudades de refugio; Coat; Gersonita; Levitas; Levitas, Ciudades de los; Meraritas.* *Phil Logan*

COBRA Serpiente venenosa. Ver *Reptiles.*

COBRADOR DE IMPUESTOS Ver *Publicano.*

COBRE Metal rojizo que se puede moldear fácilmente martillándolo y que se puede lustrar hasta conseguir un acabado brillante.

En tanto que el oro es probablemente el primer metal que utilizaron los seres humanos, las herramientas y los utensilios más antiguos que los arqueólogos recuperaron en tierras bíblicas son de

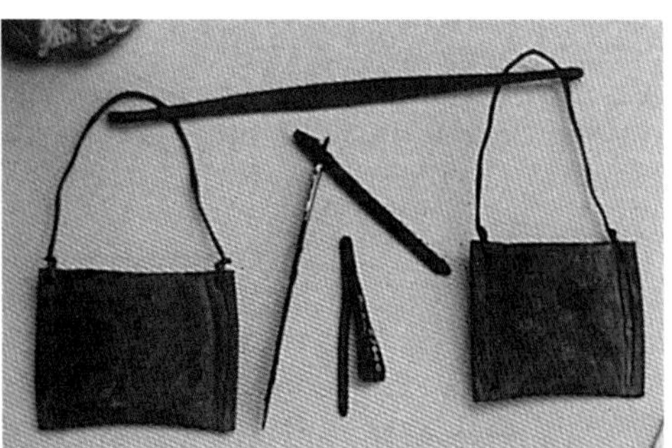

Herramientas de cobre en miniatura para los "shawabtis" (pequeñas estatuillas de dioses) de Egipto, del Nuevo Reino.

cobre, generalmente con alguna aleación. La misma palabra hebrea se traduce "cobre" en algunos pasajes de la Biblia y en otros "bronce", y se refieren al mismo material. El cobre por sí solo tuvo uso limitado en aquellos tiempos. Combinado con una cantidad de 2 a 16 % de estaño se producía el bronce, que era lo suficientemente duro como para ser usado en la fabricación de armas, armaduras, utensilios y esculturas.

Chipre era la principal fuente de cobre en el mundo mediterráneo, pero es probable que Egipto obtuviera parte del metal de la península de Sinaí. Además de la abundancia normalmente prometida de Canaán, Deuteronomio decía que incluiría "tierra cuyas piedras son hierro, y de cuyos montes sacarás bronce" (8:9). Los hebreos explotaban una cantidad limitada en el Arabá, la región sur del Mar Muerto. En esa zona se han hallado ruinas palestinas de minas de cobre, y los arqueólogos han descubierto restos de dichas minas en el extremo norte del Golfo de Aqaba. El excavador original pensó que Salomón había construido estos lugares para procesar tanto cobre como hierro, pero investigaciones subsiguientes han demostrado que son anteriores a esa época.

En el AT, la palabra hebrea se puede referir al metal básico o al bronce. Si un objeto descrito como cobre se podía moldear con martillo, es probable que estuviera hecho de cobre puro. No obstante, si el metal del objeto se tenía que derretir para darle forma, la palabra se refería al bronce. Por lo tanto, los muebles del tabernáculo eran de bronce (Ex. 26:11–39:39). Asimismo sucedió con las dos enormes columnas, la gigantesca fuente y otros elementos importantes del templo que diseñó Hiram de Tiro para Salomón (1 Rey. 7:14-47). También luego del período de hierro, el bronce era el mejor metal para armas y armaduras, tal como lo demuestra el equipamiento de Goliat (1 Sam. 17:5-6). Aunque no se consideraba un metal precioso, constituía un premio significativo de una conquista (2 Rey. 25:13-15). Ver *Minerales y metales.*

William J. Fallis

COCER El AT habla con mucha frecuencia acerca de la tarea de cocer pan y tortas, lo que constituía una parte importante de la alimentación tanto de los hebreos como de los cananeos (Gén. 19:3; Ex. 12:39; Lev. 26:26; 1 Rey. 17:12-13; Isa. 44:15). El pan de la proposición (Lev. 24:5) y el de otras ofrendas (Lev. 2:4-6) también se cocía. Ver *Amasar, Artesa de amasar; Cocinar y calentar; Comida; Pan; Pan de la proposición.*

COCINA Lugar para la preparación de comida, en particular de la que requiere ser cocinada. La visión de Ezequiel del templo incluía cuatro atrios pequeños en los rincones del atrio de los gentiles donde se cocinaban los sacrificios que se le permitía comer a la gente común (Ezeq. 46:24). Las ofrendas por el pecado y la expiación se cocinaban en las cocinas dentro de las cámaras de los sacerdotes a fin de impedir que entraran en contacto con personas que no habían sido consagradas (Ezeq. 46:19, 20). En la Biblia no se mencionan habitaciones separadas dentro de la casa donde se prepararan las comidas. Ver *Cocinar y calentar.*

COCINAR Y CALENTAR Sólo en épocas recientes se ha hecho una separación entre cocinar y calentar, de manera que la calefacción central, por ejemplo, actúa de manera independiente a la microonda. En tiempos bíblicos, los medios para calentar eran los mismos que para cocinar. Se calentaba encendiendo fuego al aire libre y se cocinaba de la misma manera. Esto no quiere decir que el fuego siempre se producía de la misma forma ni que los métodos para cocinar eran idénticos; lo que hace interesante este tema son las diferencias.

El lugar principal para cocinar y calentar era el fuego al aire libre. Los campamentos beduinos se podían reconocer por los fuegos encendidos durante la noche a la intemperie y al frente de las tiendas. El fuego se colocaba en un agujero cavado en el suelo o sobre rocas lisas. El fuego se encendía por fricción o encendiendo madera con chispas (Isa. 50:11). Muchas historias de la Biblia se preservaron, originariamente como recuerdos de la gente, al relatarlas palabra por palabra alrededor de las fogatas que se encendían para calentarse durante las noches frías del clima árido o en los terrenos elevados. Los pueblos de la Biblia

El panadero del pueblo prepara masa para el horno de piedra ubicado a su izquierda.

fueron afortunados porque la retama blanca era útil para hacer fuego. Sus brasas se mantenían calientes durante largo tiempo y se podía avivar el fuego aun cuando parecían estar apagadas. Materiales menos útiles pero igualmente combustibles eran los espinos (Isa. 10:17), la hierba seca (Mat. 6:30), los palos y el excremento seco de animales (Ezeq. 4:15).

Cuando los pueblos de la Biblia dejaron las tiendas para establecerse en casas, los fuegos para cocinar aún se encendían comúnmente al aire libre. Si la casa tenía un patio, el fuego se hacía en alguno de los extremos más alejados a causa del humo. Pocas casas tenían chimenea, y aunque el fuego se colocara en un recipiente de barro o estuviera contenido en un brasero de metal, no había salida para el humo. La vida tiene que haber sido bastante dura durante los inviernos húmedos y fríos de la Tierra Santa. Se necesitaba fuego para mantener el calor, pero la única ventana requería un cortinado pesado, hecho con una manta. El humo tenía poco espacio para salir, de modo que el techo rústico ennegrecía y hacía que los habitantes de la casa se ahogaran y resoplaran. Posteriormente, a las mejores casas se les colocó una chimenea, y las casas reales tenían una especie de calefacción central donde el calor por fuego subterráneo se conducía a la manera de losa radiante.

En la época patriarcal, la comida consistía básicamente en pan, productos lácteos, carne y miel. El vino era la bebida más común. Por lo tanto, cocinar consistía en preparar dichos alimentos. Los granos (la escanda, la cebada o el trigo, preferentemente en ese orden) primero tenían que ser lavados y seleccionados. Era necesario quitar cualquier semilla venenosa como la cizaña (Mat. 13:25). Luego se molía, ya sea en un mortero o en un molino manual. Este último estaba hecho con dos discos de piedra de unos 30 cm (12 pulgadas) de diámetro. La piedra de abajo tenía una estaca derecha de madera en el centro, y la de arriba tenía un agujero en el medio que encajaba en la estaca. Una manija adherida a la piedra de arriba permitía hacerla girar alrededor de la estaca. El grano se insertaba a través del agujero central. A medida que se hacía girar la piedra de arriba, el grano se apisonaba y salía en forma de harina entre las dos piedras y caía en una tela que se colocaba por debajo. Cualquier mujer podía manejar el molino manual, pero era mucho más fácil si dos compartían la tarea, sentadas con el molino ubicado entre ambas y turnándose para hacer girar la manija (Mat. 24:41). Era una tarea doméstica y, por lo tanto, cuando era posible se asignaba a los esclavos (Lam. 5:13), pero era una labor con un ruido que siempre se asociaba con el hogar (Jer. 25:10). La harina se mezclaba con agua y se hacía masa para pan dentro de una artesa de amasar. Se le agregaba sal, y la mayoría de los días del año también se le agregaba levadura. Esta era masa fermentada de lo que se había horneado el día anterior. Requería más tiempo para penetrar en la masa que si se utilizaba levadura fresca, pero eso se reservaba para después de la fiesta de los panes sin levadura, y el método normal tenía la misma efectividad. Parte del grano se trituraba hasta hacerlo muy fino y se le daba un nombre especial. Era la harina finamente molida que se usaba en la expiación (Ex. 29:40).

Mujer del Medio Oriente que tamiza grano con cierto tipo de cedazo.

Cocinar consistía en la aplicación de calor (relativamente) directo. En algunos casos se colocaban piedras lisas grandes en el fuego ardiente. Una vez que se apagaban las llamas, la masa se colocaba sobre las piedras calientes. En otros casos donde el fuego se colocaba en un agujero en el suelo, la masa se ponía directamente sobre los costados calientes de la depresión. Otro método común era colocar en forma invertida sobre el fuego un recipiente de alfarería de poca profundidad y poner la masa de tortas en la superficie convexa del recipiente. Pasaron muchos años antes de que se inventara el "horno" de ladrillos. Consistía en un cono truncado que se colocaba sobre el fuego. Luego las tortas de pan se ponían en el interior del cono en la parte superior, lejos de las llamas. No fue hasta la época romana que se utilizaron los hornos de ladrillos donde el arca para el fuego estaba separada del área para cocinar mediante una pieza divisoria de arcilla. Este método se mantuvo durante siglos.

Había diferentes formas de pan. Algunos eran delgados como papel y los más apropiados para sacar comida de una fuente común (Mat. 26:23). Otros panes (Juan 6:9) eran más pesados, como galletas, y un pan aún más pesado se describe en Jue. 7:13 donde echó abajo una tienda.

A medida que las comunidades fueron creciendo, el panadero fue desarrollando su negocio y proveyendo servicios para toda la aldea. Su horno tenía forma de túnel. A los costados había estantes donde se colocaba la masa, y el fuego se encendía en el piso. Las amas de casa tenían posibilidad de llevar las masas que preparaban para cocinarlas en el horno comunitario, y los niños podían ir a buscar brasas calientes al final del día para encender el fuego en su casa (Os. 7:4-7). Mientras estaba en prisión, Jeremías recibió una ración de pan de la panadería local (Jer. 37:21).

No todo el grano se molía. A veces se colocaba una lámina de metal para hornear sobre el fuego caliente y se ponían los granos sobre la superficie metálica. El grano "se inflaba" y daba como resultado lo que la Biblia denomina grano tostado (1 Sam. 25:18), que se usaba como merienda ocasional.

El alimento básico que acompañaba al pan era la sopa de vegetales preparada con porotos, vegetales verdes y hierbas. Se colocaba sobre el fuego un recipiente grande para cocinar. El guiso que Jacob le dio a Esaú era sopa de lentejas (Gén. 25:30). Se comía haciendo una cuchara con un trozo de pan y hundiéndolo en el recipiente central. Cuando se hacían sopas, la persona que cocinaba tenía que recordar la ley ritual que prohibía la mezcla de semillas para este propósito (basada en Lev. 19:19). Cuando surgía una ocasión especial, tal como la llegada de un huésped, al caldo se le podía agregar carne. La mayoría de la carne se hervía o se guisaba de este modo, y se obtenía del rebaño y de la caza. Hervir la carne era la manera más fácil de elaborarla porque la ley ritual requería que se extrajera la sangre del animal (Lev. 17:10,11). Por lo tanto, era más fácil cortar la carcasa antes de colocarla en un guiso. La carne normalmente se asaba sólo para las fiestas y para días muy especiales como la Pascua (Ex. 12:8,9). A veces se asaba en un asador que se traspasaba por el animal y se sostenía encima del fuego. Puesto que el altar principal del templo y del tabernáculo era una especie de barbacoa o de parrilla donde la carcasa se colocaba sobre una grilla encima del fuego, sería extraño que en las casas no se utilizara a veces un dispositivo similar. Siempre había carne disponible en las ovejas y las cabras del rebaño, pero era muy popular cazar animales salvajes que salían de la selva al Valle del Jordán. En Gén. 18:7, a los huéspedes de Abraham se les sirvió becerro, mientras que

Pan en proceso de cocción en un horno de barro.

Mujer árabe que utiliza un antiguo molinillo manual para moler cereal.

las visitas de Gedeón comieron carne de cabra (Jue. 6:19). La leche también se usaba como material básico de cocina, pero estaba prohibido hacer un guiso de cabrito en la leche de su madre (Ex. 23:19). La razón para ello no es clara. Se han hecho suposiciones en cuanto a que el mandamiento se dio por razones "humanitarias" o que la práctica estaba en alguna medida asociada con la magia en la vida religiosa de aquella época.

Para la época en que el pueblo judío se había establecido en la tierra prometida, se habían efectuado agregados a su dieta. Mientras estaban en Egipto se habían acostumbrado a comidas populares en ese país, o sea, pepinos, ajo, puerro, cebollas y melones (Núm. 11:5). Algunas de estas plantas no se cocinaban y se usaban para comer con pan o como ensalada. Otras se cocinaban para darle un sabor adicional a la comida. El puerro era una variedad para ensalada, y el pepino era el "pepino serpiente", común en Egipto. Con el crecimiento del comercio bajo la monarquía israelita, estos artículos se volvieron bastante comunes en la dieta. Además de las cebollas y el ajo se utilizaban hierbas para cocinar que le agregaban sabor a la comida. La sal se juntaba durante la estación cálida en las orillas del Mar Muerto después de que la evaporación la dejaba expuesta. Se usaba para conservar como así también para sazonar. El eneldo, el comino (Isa. 28:25-27) y el culantro, al igual que el azúcar, se utilizaban mucho. También se preparaban conservas agridulces condimentadas para hacer más sabrosa la comida. La *charoset* que se usaba en la Pascua era una conserva hecha de dátiles, higos, pasas y vinagre.

La gran diferencia que se produjo cuando tuvo lugar el establecimiento en la tierra prometida fue que los judíos comenzaron a utilizar las frutas de los árboles. Construyeron plantaciones

Pan que se está cociendo en recipientes bajos sobre llamas.

y huertos. Lo más significativo en este aspecto fueron los olivos. Una vez que se bajaban las olivas de los árboles y se apisonaban en las prensas, el aceite de oliva se usó en lugar del agua para unir la harina y para freír. Se abrió una era completamente nueva para la cocina. La mujer de Sarepta que cuidaba a Elías sólo necesitó un poco de harina y aceite de oliva para sobrevivir durante la época de hambruna (1 Rey. 17:12). Otros árboles proveían alimentos básicos que se comían crudos o en guiso, tales como higos, higos de sicómoro, granadas y nueces.

La leche ya se ha mencionado como líquido para guisar carne y vegetales. También se tomaba sola (Jue. 4:19) y se utilizaba para preparar alimentos. Parte se fermentaba para producir yogur. Además se utilizaba para hacer queso (1 Sam. 17:18), y cuando se la colocaba en una bolsa de piel para batirla y luego estrujarla, se obtenía manteca. Se presume que también se utilizaba la leche cortada, pero en la Biblia no se menciona.

Para la época neotestamentaria, el pescado era un agregado común a la dieta. Gran parte se importaba de los fenicios que pescaban en el Mediterráneo. La industria pesquera también prosperó en el Mar de Galilea. Lo más común era asar el pescado sobre el fuego (Juan 21:9) o salarlo y después comerlo. Magdala, el hogar de María Magdalena, era un conocido centro saladero de pescado.

Siempre había vino disponible, aun entre los pueblos nómadas. Cuando se produjo la entrada a la tierra prometida, a los pueblos bíblicos se les hizo posible dedicarse en gran manera a la vitivinicultura, y la preparación de las uvas constituía un aspecto importante de la cocina. Algunas uvas se secaban al sol caliente para convertirlas en pasas, un refrigerio sustancial cuando se necesitaba. No obstante, la mayor parte de las uvas se apisonaba para obtener el jugo. Este era un largo proceso de "cocina". Las uvas se cosechaban entre julio y septiembre, se colocaban en un lagar, un "tanque" de piedra cavado en el suelo con un agujero de salida en el fondo por donde corría el jugo y se podía recolectar afuera. El jugo permanecía en las vasijas recolectoras durante unas seis semanas para permitir que se produjera la fermentación natural. Luego se vertía cuidadosamente para dejar intacto el sedimento en el fondo y se colocaba en otro recipiente, al que se sellaba con excepción de un pequeño agujero para permitir que escaparan los gases hasta que se completaba el proceso de fermentación. El vino era la bebida más natural y más segura porque a menudo se sospechaba de los suministros de agua. Sólo parte del vino se utilizaba para beber. Las amas de casa a veces hervían el jugo para hacer una jalea o dulce de uva sencillo que untaban sobre el pan. Esto era tan satisfactorio que bien podría ser uno de los significados del término "miel" a que se hace referencia en la frase "tierra que fluye leche y miel" (Ex. 3:8,17).

Ralph Gower

CÓDICE Colección de hojas manuscritas, especialmente de la Biblia o secciones de ella, encuadernadas en forma de libro.

La palabra proviene directamente del latín y significa "tronco de árbol"; probablemente describa una pila de tablas de madera recubiertas con cera sobre uno de los lados para escribir y unidas por correas de cuero insertadas en agujeros en uno de los costados. Durante siglos, los papiros y los pergaminos hechos de pieles de animales eran materiales para escritura populares porque se les podía dar forma de tiras largas que se enrollaban formando rollos. No obstante, el uso de los rollos requería de ambas manos y alguien decidió cortarlos en hojas del mismo tamaño, apilarlas y coserlas a lo largo de uno de los bordes. De este modo, el rollo se convirtió en códice.

Los manuscritos bíblicos producidos en forma de códice eran copiados a mano con letras griegas mayúsculas sobre pergaminos de manuscritos más antiguos. Casi 250 de estos manuscritos en forma de códice se conservan actualmente en diversas bibliotecas y museos. Datan de los siglos IV al XI. El más antiguo y más completo es el Códice Sinaítico que hoy se encuentra en el Museo Británico. Contiene alrededor de 350 hojas que miden unos 40 por 35 cm (aprox. 15 por 13,5 pulgadas) con cuatro columnas de escritura por página. Un erudito romano lo descubrió accidentalmente en 1844 en un monasterio al pie del Monte Sinaí. Contiene todo el NT y la mayor parte del AT. Otro códice importante del siglo IV está en la biblioteca del Vaticano en Roma. Un manuscrito del siglo V de los cuatro Evangelios se conoce como Códice Washingtoniano y se encuentra en la Galería de Arte Freer en Washington, D. C. *William J. Fallis*

CODICIAR Deseo desmesurado de poseer lo que le pertenece a otro; generalmente cosas tangibles.

En tanto que la palabra hebrea para "codiciar" también se puede traducir "desear", en el décimo mandamiento se refiere a un deseo descontrolado y egoísta que se convierte en amenaza a los derechos básicos de los demás. La codicia era pecado porque se concentraba con avaricia en la propiedad de un prójimo quien también tenía su parte en la tierra que Dios le había prometido a Su pueblo. Después de la derrota de Israel en Hai, Acán confesó que su deseo del tesoro era tan grande que había desobedecido el mandato específico de Dios (Jos. 7:21). En defensa de los pobres de Judá, Miqueas declaró el juicio del Señor contra los que codiciosamente se apoderaban de pequeñas granjas y las quitaban a los indefensos dueños (Miq. 2:2). Aunque el mandamiento contra la codicia pareciera ocuparse solamente de la motivación, algunos pasajes indican que la codicia en el corazón terminaría por apropiarse de aquello que deseaba.

En el NT, la misma palabra griega que en algunos lugares se traduce "desear", en 1 Cor. 12:31 aparece como "procurar". Así, pues, la codicia se puede utilizar en sentido positivo. Otra palabra griega describe la inflexible reafirmación que prohíbe el décimo mandamiento (Luc. 12:15; Ef. 5:5). En el pasaje de Lucas, Jesús dijo que el hombre codicioso "no es rico para con Dios". En el pasaje de Efesios, Pablo clasificó al codicioso junto al idólatra. De modo que la persona codiciosa niega su fe en Dios y se burla de los valores divinos. *William J. Fallis*

CODO Unidad de medida. Se consideraba la distancia entre el codo y el extremo del dedo medio de una persona, aprox. 45 cm (18 pulgadas). Ver *Pesos y medidas.*

CODORNIZ El término hebreo que se traduce "codorniz" en el AT sólo se encuentra en relación con la provisión de alimento que Dios le dio a Israel en el desierto (Ex. 16:13; Núm. 11:31-32; Sal. 105:40). Es probable que las codornices que visitaron el campamento hebreo fueran una bandada migratoria. Enormes cantidades emigraban hacia el norte durante la primavera después de invernar en África. Cuando los animales fatigados se detenían a descansar, se podían atrapar fácilmente. En el tiempo de Dios, las aves llegaron a fin de proveer para las necesidades de Su pueblo.

Las codornices mencionadas en el AT difieren de las de América del Norte. Además de ser migratorias, las de la Biblia son de color marrón moteado y más pequeñas que las americanas. Las que se mencionan en el AT tienen alas cortas y poca capacidad de vuelo. *Janice Meier*

Fragmento de una vara de medir, de piedra, dividida en fracciones de codo, de la época del reinado del faraón Akhenatón.

COHORTE Unidad militar romana de aprox. el 10% de la legión, es decir, unos 600 hombres. Ver *Compañía; Legión.*

COJO, COJERA Condición física en que resulta difícil o imposible caminar. En el AT, los animales cojos no constituían sacrificios aceptables (Deut. 15:21; Mal. 1:8,13). A los cojos se les prohibía servir como sacerdotes, aunque tenían permitido comer de sus provisiones (Lev. 21:18). Los jebuseos se jactaban de que la fortaleza de Jerusalén era tan impenetrable que aun los ciegos y los cojos podrían resistir a las tropas de David (2 Sam. 5:6). Un proverbio que excluye a los ciegos y a los cojos de "la casa" (es decir, el templo) se remonta al ataque a Jerusalén (2 Sam. 5:8). En el NT, la curación de los cojos forma parte importante de la obra mesiánica de Jesús (Mat. 11:2-6; 15:29-31). Al sanar al cojo en el templo, Jesús restauró a estas personas excluidas a la plena participación en la adoración colectiva (Mat. 21:14). Hechos narra la continuidad por parte de la iglesia primitiva del ministerio de sanidad de Jesús hacia los cojos: Pedro y Juan (Hech. 3:2); Felipe (8:7); Pablo (14:8-10).

COLAÍAS Nombre de persona que significa "voz de Jah". **1.** Hijo de Maasías cuyos descendientes vivieron en Jerusalén luego del exilio (Neh. 11:7). **2.** Padre del falso profeta Acab (Jer. 29:21-23).

COLHOZE Nombre de persona que significa "él ve todo" o "todos son veedores". Padre de Salum, que gobernaba parte de Mizpa y ayudó a Nehemías a reparar las puertas de Jerusalén (Neh. 3:15). Aparentemente tenía un nieto que vivía en Jerusalén en la época de Nehemías (Neh. 11:5). El nombre Colhoze tal vez indique una familia de profetas.

COLLADO DE ARALOT Lugar cerca de Gilgal donde Josué circuncidó a los israelitas nacidos durante el peregrinaje en el desierto (Jos. 5:3).

COLLADO DE DIOS Lugar de asentamiento de una guarnición filistea y sitio de adoración. Allí Saúl se encontró con un grupo de profetas en estado de éxtasis y se unió a su celebración (1 Sam. 10:5).

COLLAR Adorno utilizado alrededor del cuello (Cant. 1:10; Ezeq. 16:11). Entregar un collar de oro solía ser muestra de estar asignado para una función destacada (Gén. 41:42; Dan. 5:29).

C

COLONIA En el NT Filipos es la única ciudad que se describe como "colonia" de Roma (Hech. 16:12), aunque muchas otras ciudades neotestamentarias se consideraban de esta manera. La colonización romana tal como se practicaba durante el reinado de Julio César proveía tierras a los soldados veteranos y a los individuos sanos de las listas de ayuda solidaria de Roma. Las ciudades de Corinto y Filipos eran colonias romanas durante la época de César. Augusto fundó colonias en Antioquía (Pisidia), Listra, Troas y Siracusa (todas mencionadas en Hechos). Otras colonias romanas incluían Ptolemaida (Aco) e Iconio. Las colonias tenían gobiernos locales autónomos y, en algunos casos, estaban exentas de impuestos comunitarios e inmobiliarios. En Hech. 16:12-40 se observa el funcionamiento de los gobiernos locales de colonias romanas.

COLORES Los escritores de literatura bíblica reflejaban poco o nada de sentido abstracto del color. Sin embargo, hacían referencias frecuentes a grupos selectos de colores cuando el propósito de los escritos lo demandaba.

Referencias a los colores Más allá del color en el sentido abstracto, sí se encuentran referencias frecuentes a ciertos objetos a los que se les asigna un color. Cuando se alude a un color o colores en particular, es probable que se haga por una o dos razones básicas. Primero, quizá el escritor desee utilizar un color en sentido descriptivo para ayudar a identificar un objeto o aclarar algún aspecto acerca de este. El uso de los colores en sentido descriptivo se puede aplicar a categorías tales como el mundo natural, los objetos animados e inanimados, y el aspecto de la apariencia personal. Por ejemplo, la vegetación de la tierra se describe como verde; las ropas a menudo tienen diversas tonalidades de rojo o azul; los caballos se identifican con colores tales como rojo, negro o blanco; y los rasgos humanos tales como ojos, cabello, piel y dientes también se describen con colores.

Una segunda razón de los colores en la Biblia abarca un uso más especializado. En ocasiones, el escritor podía utilizar un color en sentido simbólico para expresar una verdad teológica sobre el tema que estaba escribiendo. Las designaciones de colores tienen un significado simbólico general. Por ejemplo, el blanco puede ser símbolo de pureza y gozo; el negro tal vez simbolice juicio o degradación; el rojo quizá representaba el pecado o la sangre; y el púrpura podía indicar lujuria y elegancia. Para los escritores de literatura apocalíptica (Daniel, Apocalipsis), el simbolismo del color se convirtió en una herramienta apropiada para expresar diversas verdades en lenguaje oculto. En sus escritos se puede encontrar que el blanco representa conquista o victoria, el negro simboliza hambre o pestilencia, el rojo indica derramamiento de sangre durante la guerra, la palidez (lit. "gris verdoso") representa muerte, y el púrpura simboliza realeza.

Designación de colores de uso frecuente Las designaciones de colores que aparecen en la Biblia ofrecen relativamente poco en lo que hace a la variedad. El tema se complica más porque resulta difícil una traducción precisa de los términos subyacentes hebreos y griegos correspondientes a los colores que aparecen.

Los de más frecuencia aluden a los productos teñidos que fabricaban los pueblos de Israel y sus vecinos. Particularmente comunes son las diversas tonalidades del rango entre el púrpura y el rojo. La púrpura era la tintura antigua más valiosa y se utilizaba para colorear telas tejidas. Los pueblos de Creta, Fenicia y Canaán producían la tintura a partir de moluscos tomados del Mar Mediterráneo. Se observa que el púrpura es el color de algunos muebles del tabernáculo y de las vestiduras de los sacerdotes en el AT (Ex. 26:1; 28:4-6). En el NT, el manto que le colocaron a Cristo y el oficio de Lidia también estaban asociados con el color púrpura (Mar. 15:17; Hech. 16:14). Otras tonalidades de azul se conseguían mediante variaciones en el proceso de fabricación de la tintura, algo que también se menciona en las Escrituras (Ex. 28:5,6; Ezeq. 23:6; Apoc. 9:17).

Los tonos de tintura roja se obtenían del cuerpo de insectos, de vegetales y de minerales. Estos también se utilizaban para colorear la ropa.

Además, a algunos objetos naturales a veces se les atribuye el rojo, el escarlata, o el carmesí, e incluyen elementos tales como vasijas, vino, cielo y caballos (Gén. 25:30; Prov. 23:31; Mat. 16:2,3 NVI; Apoc. 6:4). Isaías utilizó el color rojo como símbolo de la naturaleza del pecado (Isa. 1:18).

A veces, en la Biblia se mencionan los neutros blanco y negro. Objetos naturales tales como la leche, la piel leprosa y la nieve se designan con el blanco (Gén. 49:12; Lev. 13:3,4; Isa. 1:18). El blanco se usa en el NT en relación a las vestiduras de Jesús y de los ángeles para indicar la gloria del que lo viste (Mat. 17:2; 28:3; Hech. 1:10). Los objetos naturales designados con negro incluyen el pelo, la piel, el cielo e, inclusive, el sol mismo (Lev. 13:31; Job 30:30; 1 Rey. 18:45; Apoc. 6:12).

Otras designaciones de colores tales como el verde, el amarillo, el bermellón y el gris se utilizaban con menor frecuencia pero no son menos importantes. *James Sexton*

COLOSAS Ver *Asia Menor, Ciudades de; Colosenses, Epístola a los.*

COLOSENSES, EPÍSTOLA A LOS Carta de Pablo a la iglesia de Colosas. Es una de las epístolas de la prisión (junto con Efesios, Filemón y Filipenses). La fecha y el lugar tradicionales de escritura son el 61 o 62 d.C. desde Roma. La carta en sí no menciona el lugar donde estaba encarcelado Pablo, y Cesarea y Éfeso se han sugerido como alternativas a Roma. Si se escribió desde Éfeso, el tiempo de escritura sería a mediados de los años 50; si fue desde Cesarea, fue a fines de esa década. El propósito fundamental de Colosenses era corregir las enseñanzas falsas que estaban perturbando a la iglesia.

Autoría de Colosenses La autenticidad de Colosenses se ha debatido, como también ha sucedido con la naturaleza exacta de la relación entre esta epístola y Efesios. En favor de la autoría de Pablo se puede señalar que la iglesia primitiva aceptó la carta como genuinamente paulina. Si bien es cierto que el estilo y el vocabulario difieren de otras cartas de Pablo, esto sucede fundamentalmente en la sección que ataca la herejía colosense (1:3–2:23). La terminología inusual de esta sección se debe, por lo menos en parte, a que se está tratando un problema poco común.

Panorama del Tell de Colosas.

Algunos descartan la autoría paulina al identificar la herejía que se ataca en Colosas como el gnosticismo del siglo II. No obstante, dichos argumentos no son convincentes porque no se pueden identificar con certeza, y el pensamiento gnóstico ya estaba invadiendo a la iglesia a mediados del siglo I.

También se debe señalar la relación entre Filemón y Colosenses. Mencionan varias personas en común y aparentemente el mismo mensajero las llevó (Col. 4:7-18; Filem. 1-2,10,23-24). La indudable autenticidad de Filemón juega en favor de la autoría de Pablo también en el caso de Colosenses.

La ciudad Colosas estaba situada en el extremo sudoeste de Asia Menor en lo que entonces era la provincia romana de Asia. Hierápolis y Laodicea se hallaban a pocos kilómetros de distancia. Las tres estaban en el Valle del Río Lycus. Por la región atravesaba un camino importante que iba desde Éfeso hacia el este. Ver *Asia Menor, Ciudades de.*

Colosas se destacó durante el período griego. En la época de Pablo había perdido gran parte de su importancia debido quizá al crecimiento de las ciudades vecinas. Los terremotos que ocasionalmente provocaron daños graves fueron sumamente perjudiciales para todas las ciudades de la región. Poco después de que Pablo escribiera Colosenses, un terremoto devastó todo el Valle del Río Lycus (aprox. 61 d.C.) y esto probablemente puso fin a la ocupación de la ciudad.

La región incluía una mezcla de personas nativas de la zona, griegos, romanos y judíos trasplantados. Es probable que la iglesia reflejara la misma diversidad. Hasta donde sabemos, Pablo nunca visitó Colosas. No obstante, la influencia del apóstol se sintió durante su ministerio en Éfeso. (Hech. 19:10 registra que toda Asia escuchó el evangelio.) Las cartas a Filemón y a los Colosenses indican que muchos compañeros de tarea de Pablo (y Pablo mismo) habían trabajado entre las iglesias del Valle del Lycus. Como resultado, la relación entre el apóstol de los gentiles y la iglesia de Colosas era tan cercana que, cuando surgió un problema, algunos de la congregación recurrieron a Pablo para que los instruyera.

Contenido Colosenses se puede dividir en dos partes principales. La primera (1:3–2:23) es una polémica contra las enseñanzas falsas. La segunda (3:1–4:17) está conformada por exhortaciones para una vida cristiana apropiada. La introducción (1:1,2) se presenta en forma de carta personal helenística. Los que la envían (Pablo y Timoteo) y los receptores (la iglesia de Colosas) son identificables y se expresa un saludo (el usual saludo paulino de "gracia y paz" reemplazaba la forma secular, "saludos").

Como era costumbre de Pablo, una extensa gratitud (1:3-8) y una oración (1:9-14) guiaban hacia el cuerpo principal de la carta. Pablo le agradeció a Dios por la fe, la esperanza y el amor (1:4,5) que poseían los colosenses como resultado de su respuesta positiva al evangelio. Oró pidiendo que pudieran ser llenos de conocimiento y comprensión de la voluntad de Dios y que vivieran una vida digna de los santos redimidos, los ciudadanos del reino de Cristo (1:9-14).

La sección doctrinal que sigue comienza con una descripción de la grandeza de la preeminencia de Cristo (1:15-20). Aunque el significado exacto de algunas palabras y frases es incierto, no hay dudas en cuanto a la intención de Pablo. Él intentó presentar a Jesús como Dios plenamente encarnado (1:15,19), Señor supremo sobre toda creación (1:15-17), Señor supremo de la iglesia (1:18) y como única fuente de reconciliación (1:20).

El origen de esta gran declaración sobre la naturaleza y la obra de Cristo es tema de debate. La estructura, el tono y el vocabulario del pasaje han llevado a muchos a especular que 1:15-20 sea una declaración doctrinal (himno) que se utilizaba en la iglesia en la época de Pablo. La mayoría de los eruditos creen que este pasaje y Fil. 2:6-11 son los ejemplos más evidentes de la tradición prepaulina en las cartas de Pablo. No obstante, la dificultad para reconstruir la estructura equilibrada de un himno ha convencido a muchos de que si no fue él el autor de toda la confesión, Pablo modificó partes del himno. Autor o no, el sello apostólico de aprobación se halla en estas palabras que Pablo utilizó para declarar sin ambigüedad que Cristo es Señor y Salvador de todo.

El propósito de los dos primeros capítulos era corregir la enseñanza falsa que se había infiltrado en la iglesia. La herejía no se identifica pero se pueden percibir varias características. (1) En 1:15-20 se combate una opinión disminuida de Cristo. Este pasaje cristológico implica que los herejes no consideraban que Jesús fuera plenamente divino y quizá no lo aceptaban como única fuente de

El valle del Río Lico, tal como se ve desde Colosas.

redención. (2) A los colosenses se les advirtió en cuanto a "filosofías" aparentemente plausibles que iban en contra de Cristo (2:8). (3) La herejía parecía incluir el cumplimiento legalista de "tradiciones", la circuncisión y diversas leyes sobre la dieta y las festividades (2:8,11,16,21; 3:11). (4) Los falsos maestros fomentaban la adoración a los ángeles y a espíritus de menor importancia (2:8,18). (5) Se promovía el ascetismo, privación o trato rudo del cuerpo carnal "malvado" (2:20-23). Finalmente, (6) los falsos maestros declaraban poseer una comprensión especial (tal vez revelaciones) que los constituía (más que a los apóstoles o las Escrituras) en la fuente definitiva de la verdad (2:18,19).

Los eruditos no concuerdan en cuanto a quiénes eran estos falsos maestros. Algunas características que se citaron anteriormente parecen ser enseñanzas judías, mientras que otras parecieran gnósticas. Algunos ven aquí las enseñanzas de una religión misteriosa. Autores muy capaces han propuesto decenas de alternativas. Incluso se ha argumentado que Pablo no estaba atacando una herejía específica (o si lo hacía, él mismo no la entendía claramente) sino que, más bien, les estaba advirtiendo a los colosenses en cuanto a una variedad de enseñanzas falsas que habían perturbado a la iglesia o que podían hacerlo en el futuro. Si bien el pasaje no identifica con claridad las herejías, sí declara específicamente que Cristo (no los ángeles, las filosofías, las tradiciones, el ascetismo ni ninguna otra cosa) es la fuente de la redención.

Colosenses 3:1-4 provee el nexo para unir la teología de los caps. 1 y 2 con las exhortaciones para vivir una vida cristiana de los caps. 3 y 4. El mandamiento "haced morir" (3:5) y "dejad también vosotros todas estas cosas" que desencadenarán la ira de Dios (3:5-11), se equilibra con el mandato de "vestíos" (3:12) de aquellas cosas que caracterizan al pueblo escogido de Dios (3:12-17). No obstante, los cambios están lejos de ser superficiales. Tienen su raíz en la nueva naturaleza del cristiano y en la sumisión al gobierno de Cristo en todas las áreas de la vida de una persona (3:9,10, 15-17).

Los reglamentos para la familia aparecen en 3:18–4:1. Se tiene en cuenta la típica familia del siglo I, por lo tanto, el pasaje está dirigido a esposas y esposos, a padres e hijos, y a amos y esclavos. Pablo no hizo comentarios sobre lo correcto o incorrecto de las estructuras sociales; las aceptó como eran. El interés de Pablo era que dichas estructuras tal como existían estuvieran regidas por principios cristianos. La sumisión al Señor (3:18,20,22; 4:1), el amor cristiano (3:19) y la perspectiva del juicio divino (3:24–4:1) debían determinar la forma en que la gente se trataba mutuamente al margen de la condición social. Dicha motivación cristiana distingue estos reglamentos familiares de aquellos que se pueden hallar en fuentes judías y paganas.

Un último grupo de exhortaciones (4:2-6) y un intercambio de saludos (4:7-17) lleva a la carta a su fin. En esta sección final se deben señalar la mención de Onésimo (4:9), que asocia esta carta con la de Filemón; la mención de una carta a Laodicea (4:16), que podría haber sido la de Efesios; y la firma final de Pablo que indica que un amanuense (secretario) preparó la carta (4:18).

Bosquejo

I. Advertencias contra la herejía (1:1–2:23)
   A. Saludo, agradecimiento y oración (1:1-14)
   B. Cristo es supremo en el universo (1:15-17)
   C. Cristo, al haber reconciliado con Dios a toda la creación y corporizado la plenitud de Dios, es supremo en la iglesia (1:18-20)
   D. Los creyentes experimentan la supremacía de Cristo en el poder salvador del evangelio (1:21-23)
   E. El Cristo supremo cumple el propósito eterno de Dios para la salvación (1:24-29)
   F. Los creyentes deben tener plena confianza en la supremacía de Cristo y deben olvidarse de las enseñanzas heréticas (2:1-5)
   G. Las tradiciones humanas elementales no deben alejar de la fe en Cristo (2:6-10)
   H. Las prácticas legales no pueden complementar la obra de salvación de Cristo en la cruz (2:11-23)

II. El gobierno supremo de Cristo conduce a las reglas para la vida con Cristo (3:1–4:18)
   A. Los creyentes buscan la plenitud de la nueva vida en Cristo (3:1-4)
   B. La vida en Cristo limpia a los creyentes de las prácticas antiguas (3:5-11)
   C. La vida en Cristo da poder para la unidad, el amor mutuo y el perdón (3:12-14)
   D. La vida en la iglesia incluye aliento mutuo y adoración (3:15-17)

C

E. La vida en Cristo produce fidelidad y compasión en las relaciones familiares (3:18–4:1)
F. Saludos y bendiciones finales para los que están en Cristo (4:2-18)

Michael Martin

COLUMNA DE FUEGO Y DE NUBE Prueba visible de la presencia de Dios con el pueblo de Israel durante el éxodo y el peregrinaje en el desierto (Ex. 14:24; 33:9,10; Núm. 12:5; Deut. 31:15). Como señal de la presencia de Dios, la columna de fuego y de nube se asociaba con acciones divinas: salvación (Ex. 14:19,20); revelación (Ex. 33:9,10; Sal. 99:7); juicio (Núm. 12:5); misión (Deut. 31:15). Nehemías usó la columna como señal de la fidelidad de Dios (Neh. 9:12, 19). El Salmo 99:7 refleja una tradición que de otra manera sería desconocida: que la columna habitó con Israel hasta el tiempo de Samuel. La manera en que Jesús se presentó como la luz del mundo (Juan 8:12) recuerda la luz que guiaba a Israel mientras vagaba por el desierto. En los días de Jesús, en la celebración de la fiesta de los tabernáculos (Juan 7:2) se encendían grandes lámparas de oro en el atrio del templo como recordatorio de la columna de fuego y de nube. Jesús, como la luz viviente, desafió a las personas a que lo siguieran como Israel había seguido antiguamente la luz de Dios.

COMADREJA Animal inmundo (Lev. 11:29); mamífero pequeño relacionado con el visón. Algunas traducciones consideran que este animal es el "topo" (LBLA). Podría ser un miembro de la familia de los topos (*Spalax ehrenbergi*) que se encuentra en muchos países, incluso en Palestina. La comadreja era común en la Tierra Prometida, aunque en la Biblia se la menciona una sola vez.

COMBUSTIBLE Material usado para encender y mantener un fuego. En las Escrituras se mencionan numerosos tipos: madera (Isa. 44:14-16); carbón vegetal (Jer. 36:22; Juan 18:18); arbustos (Sal. 120:4), espinos (Ecl. 7:6; Nah. 1:10); hierba seca (Mat. 6:30); maleza (Mat. 13:40); viñas (Ezeq. 15:4,6); ramas de poda (Juan 15:6); excremento animal e incluso humano (Ezeq. 4:12); y la ropa manchada de sangre de los guerreros caídos (Isa. 9:5). El aceite se usaba como combustible para lámparas (Mat. 25:3). La hulla no se conocía entre los hebreos.

El combustible se usa frecuentemente en sentido figurado como símbolo de destrucción total. La Israel desobediente se describe como "pasto del fuego" (Isa. 9:19; Ezeq. 15:6; 21:32). Para Jesús, el inconmensurable amor de Dios manifestado al vestir de hermosas flores el pasto destinado a ser quemado como combustible era ilustración del cuidado aún mayor que tenía hacia los seres humanos (Mat. 6:30).

COMER Ver *Cocinar y calentar; Comida.*

COMERCIO La actividad comercial en el antiguo Cercano Oriente adoptaba muchas formas. La economía se centraba en la agricultura, pero se producían algunos artículos manufacturados y se explotaban recursos naturales. Los artículos de granja, los productos y los recursos se tenían que transportar a los centros mercantiles y a otros países. El trueque y la compra y venta de artículos y servicios ocupaban un lugar prominente en la vida de las aldeas y los pueblos. Esto se demuestra por la gran cantidad de textos de economía que se descubrieron en excavaciones y la importancia que el texto bíblico le otorga al diálogo transaccional y al uso de escenarios comerciales a fin de enfatizar acontecimientos importantes.

Productos Los campos irrigados de la Mesopotamia y Egipto, y las colinas en forma de terrazas de Palestina producían una variedad de productos agrícolas. La cebada y el trigo se trituraban, se aventaban, se tamizaban y se distribuían en la era (*goren*) para consumo local (Deut. 15:14; Rut 3:15). El excedente se transportaba a los mercados regionales y a las ciudades importantes. El grano entero, la harina, el lino, las nueces, los dátiles, el aceite de oliva, los peces de la región de Galilea y una variedad de subproductos animales llegaban a todos los hogares y pagaban los impuestos que requería el gobierno. Reyes como Uzías (2 Crón. 26:10) también poseían grandes propiedades y vastos rebaños que contribuían a la economía general.

Los artesanos de las aldeas producían alfarería, utensilios de metal y madera, armas y ropa. Se pueden observar evidencias de su autoabastecimiento comercial en la recuperación de pesas de telar en excavaciones de casas privadas en todo Israel. Estas bolas de barro muestran lo extensamente diseminadas que se encontraban las industrias locales del tejido y la fabricación de ropa en épocas antiguas. Los productos manufacturados se distribuían entre los habitantes de las aldeas. Los artículos más finos se negociaban con los mercaderes o se transportaban por tierra a Jerusalén u otros centros comerciales.

Los artículos manufacturados más comunes en el mercado nacional e internacional incluían la alfarería fina, las armas, la cristalería, las joyas, los cosméticos y la ropa teñida. La calidad sobresaliente y la mano de obra delicada creaban un buen mercado para estos productos y, en consecuencia, justificaban los costos y los peligros del transporte marítimo y terrestre. Las evidencias de lo ampliamente extenso que era el mercado en el mundo antiguo se puede analizar siguiendo diferentes estilos y decoraciones de la alfarería. Los sellos que indicaban el lugar de origen también se encuentran en muchos jarros y frascos de almacenaje que se utilizaban para trasportar vino, aceite, grano y especias.

Otra muestra de la diversidad de productos comercializados a lo largo del antiguo Cercano Oriente se encuentra en la lamentación de Ezequiel sobre Tiro, uno de los principales puertos fenicios (Ezeq. 27:12-24). Sus barcos y los de Tarso transportaban hierro, estaño y plomo, y lo intercambiaban por esclavos, caballos, mulas, marfil y ébano en diferentes puertos de escala. Edom (o Aram NVI) traficaba "perlas, púrpura, vestidos bordados, linos finos, corales y rubíes" (27:16), y Judá enviaba a Tiro miel, aceite y resina junto con trigo como artículos de comercialización (Ezeq. 27:17). Los fenicios también abastecían a sus socios comerciales con lana y telas teñidas de púrpura provenientes de la secreción glandular del molusco múrice.

Las sedes mercantiles estaban establecidas en centros comerciales como Ugarit, un puerto al norte de Siria (1600–1200 a.C.). Los puertos marítimos de Tiro y Sidón también tenían residentes de comunidades extranjeras, lo que ampliaba la naturaleza cosmopolita de estas ciudades y facilitaba la transmisión de cultura y formas de pensamiento. La importancia política y económica de estas comunidades comerciales se observa en la construcción de ciudades de almacenaje que llevó a cabo Salomón en Amat (2 Crón. 8:4), y en las negociaciones de Acab con Ben-adad de Siria para el establecimiento de "plazas en Damasco" (1 Rey. 20:34).

Lugares de negociación Centros metropolitanos como Babilonia y Tebas tenían zonas abiertas o plazas donde se comerciaba. Éste también era el caso en las ciudades helenistas del Cercano Oriente que tenían uno o más *agoras.* No obstante, los límites reducidos de las aldeas y los pueblos de Palestina restringían la actividad comercial a tiendas o puestos construidos junto a casas privadas o a áreas abiertas en los alrededores de las puertas de la ciudad.

Para la mayoría de las aldeas y pueblos de Palestina, la puerta era un lugar vital donde se llevaban a cabo actividades comerciales, jurídicas y sociales. Lot se sentaba a la puerta, lo cual demostraba su condición de residente extranjero privilegiado (Gén. 19:1). La puerta de Samaria servía de centro mercantil donde la gente compraba cebada y harina fina (2 Rey. 7:18). En Prov. 31:23, una señal de un hombre próspero con una casa bien ordenada era su capacidad de sentarse con los ancianos en la puerta.

Los grandes centros urbanos como Jerusalén tenían varias puertas y distritos comerciales, que les permitía diversificar la actividad comercial a lo largo de toda la ciudad. Jeremías menciona "la calle de los Panaderos" como la zona principal de producción y provisión de pan en Jerusalén (Jer. 37:21). Josefo enumera varias actividades comerciales en la ciudad durante el período romano: tiendas de lana, herrerías y mercados de ropa.

Pesos y medidas A través de todo el Cercano Oriente se utilizaban pesas de piedra, arcilla o metal que los arqueólogos han hallado en grandes cantidades. Varían desde el talento (2 Sam. 12:30; 2 Rey. 18:14) hasta la mina (Esd. 2:69), el siclo (2 Sam. 14:26; Ezeq. 4:10) y diversas pesas más pequeñas. Hasta el establecimiento de la monarquía, un parámetro de cambio local dirigía las transacciones en cada pueblo israelita. Se han hallado evidencias (marcas sobre las pesas) del uso de los patrones de medida egipcios como así también de medidas babilónicas. No obstante, aun estos parámetros eran aparentemente negociables y a veces sujetos a abusos. Por lo tanto, Abraham fue forzado delante de testigos en la puerta de Hebrón a pagar una suma exorbitante (400 siclos de plata) por la cueva de Macpela (Gén. 23:16), y Amós condenó a los mercaderes que decían: "...achicaremos la medida, y subiremos el precio, y falsearemos con engaño la balanza" (Amós 8:5).

Hasta que se introdujo la moneda después del 600 a.C., los alimentos y otros artículos se obtenían mediante trueque en los mercados o se compraban con pesas de metales preciosos (Gén. 33:19; Job 42:11). Cuando el uso de las monedas acuñadas se generalizó durante el período helenista (después del 200 a.C.), se produjo una revolución en el comercio. Las transacciones en moneda aceptada con un peso definido le dio más confianza al público y eliminó parte de los abusos del mercado. Las monedas también facilitaron el pago de impuestos (Mar. 12:15-17) y salarios (Mat. 20:2). Ver *Monedas.*

Leyes comerciales El código de Hammurabi (aprox. 1750 a.C.) contiene un modelo de legislación comercial del antiguo Cercano Oriente. Este código rige muchas áreas o negocios. Los códigos bíblicos también hacen eco de algunas de sus características. Por ejemplo, la ley de Hammurabi protegía a un hombre que almacenaba parte de sus granos para resguardarlos de las pérdidas provocadas por sucesos naturales y las prácticas corruptas del dueño del depósito (comp. Ex. 22:7-9). El préstamo a intereses a otros israelitas se prohibía (Ex. 22:25 y Deut. 23:19). No obstante, este requerimiento judicial no parece aplicarse a la práctica de la inversión de capital excedente que se encuentra en Mat. 25:14-30 y Luc. 19:12-25.

Las parábolas de las minas y de los talentos sugieren la existencia de una comunidad bancaria y de inversión sofisticada que prestaba grandes sumas para emprendimientos comerciales y proporcionaba beneficios para los que depositaban el dinero en esas entidades. Parte de las grandes sumas de dinero que entraban anualmente en el tesoro de Jerusalén mediante impuestos (Mat. 17:24) probablemente se prestaba como capital de inversión. Varias de las leyes de Hammurabi hablan de prácticas similares que requerían que los participantes de transacciones comerciales obtuvieran recibos a fin de tener pruebas de sus inversiones y ventas.

Mercado y rutas mercantiles Las caravanas de mercaderes acarreaban mercancías a lo largo del Cercano Oriente desde épocas antiguas. La obsidiana (vidrio volcánico), que los mercaderes neolíticos trajeron desde Anatolia, se ha encontrado en sitios ubicados a cientos de kilómetros de su lugar de origen. Palestina, que estaba situada en una tierra "puente" entre la Mesopotamia y África, se convirtió naturalmente en un centro de transporte comercial. En textos egipcios y en paredes de sepulcros, como los dibujos de la tumba de Benhasen (aprox. 1900 a.C.), se registran grupos de mercaderes semitas, como los ismaelitas y los madianitas (Gén. 37:27,28), donde se describen familias enteras que transportaban lingotes de metal sujetos con cuero a los asnos. Utilizaban pasos montañosos como así también la carretera costera Vía Maris y el Camino Real en Transjordania para trasladarse entre la Mesopotamia y Egipto. Finalmente, la introducción del camello y el establecimiento de las caravaneras (posadas donde las caravanas podían descansar durante la noche) como centros de depósito y reposo hicieron posible que los mercaderes pudieran tomar rutas más directas a través de los desiertos del norte de Siria y Arabia. La ciudad de Tadmor, capital del reino de Palmira, y los nabateos controlaban estas lucrativas rutas comerciales durante el período romano.

Durante la época de la monarquía, el horizonte comercial de Israel se expandió. Salomón importó artículos lujosos y exóticos: marfil, monos, pavos reales (1 Rey. 10:22b) de todo el Cercano Oriente. También compró caballos y carros para sus fortalezas de Gezer, Hazor y Meguido (1 Rey. 10:26). La nación no tenía puertos de aguas profundas en la costa, de manera que el Golfo de Aqaba se convirtió en el lugar de acceso más importante para los artículos que llegaban de África (especias, piedras preciosas, oro de Ofir, madera). El puerto de Aqaba de Elat (Ezión-geber) se utilizaba para las necesidades de la corte de Salomón y también de los reyes subsiguientes. El comercio naviero de Israel, como así también el de otras naciones, estaba unido o era transportado por mercaderes fenicios (1 Rey. 10:22). Estos marinos experimentados podían evitar las tormentas y otros peligros que hundieron muchos barcos en el Mediterráneo (2 Crón. 20:37).

Aun en los tiempos neotestamentarios, el transporte naviero estaba limitado a rutas y épocas específicas (Hech. 27:12). Los viajes parecen haber sido más comunes en esta época tal como lo demuestran los movimientos de Pablo, de los otros apóstoles y de los que estuvieron asociados con el establecimiento de la iglesia primitiva, tales como Aquila y Priscila (Rom. 16:3). Es probable que los pasajeros y la carga se transportaran en un barco durante parte del viaje y que luego se transfirieran a otros a fin de llegar a destino (Hech. 27:1-8). No obstante, excavaciones submarinas cerca de la costa de Chipre y en el puerto herodiano de Cesarea demuestran que varios de estos barcos nunca llegaron a destino (Hech. 27:39-44).

Para los que escogían tomar las rutas terrestres, los romanos construyeron caminos pavimentados que facilitaban el traslado de sus ejércitos como así también de personas y de carruajes cargados de mercancías. Los marcadores de millas a lo largo de estos caminos indican la frecuencia con que los reparaban y qué emperadores se interesaban especialmente en los distritos que conformaban su dominio. Ver *Agricultura; Bancario, Sistema; Pesos y medidas; Plaza; Transporte y viaje.*

Victor H. Matthews

COMEZÓN Afección de la piel que se caracteriza por una sensación de irritación en su superficie. La comezón que se incluyó entre las maldiciones para los que fueron infieles al pacto (Deut. 28:27) puede haber sido eczema o prurigo. Ver *Enfermedades.*

COMIDA Cuando Jesús fue invitado a una cena, se refirió a las dos comidas principales del día. "Cuando hagas comida o cena, no llames a tus amigos, o a tus hermanos, ni a tus parientes, ni a vecinos ricos; no sea que ellos, a su vez, te vuelvan a convidar, y seas recompensado. Mas cuando hagas banquete, llama a los pobres, a los mancos, los cojos y los ciegos" (Luc. 14:12-13). Había dos comidas principales para la familia judía. El desayuno era algo informal que se ingería inmediatamente después de levantarse y consistía de una torta de pan chata y un trozo de queso, frutas secas o aceitunas, alrededor de los cuales se enrollaba el pan, y en otras ocasiones se lo partía por la mitad formando una bolsa y se rellenaba. Comer el pan en una comida de esa manera era tan natural y común que "comer pan" llegó a tener el mismo sentido que "comer comida". "El pan nuestro de cada día, dánoslo hoy" es un pedido para que Dios provea el alimento necesario para el día (Mat. 6:11). Era muy común que los muchachos y los hombres salieran de la casa y desayunaran camino al trabajo, en tanto que las esposas, las madres, las hijas y los niños se quedaban en la casa. Al mediodía no había almuerzo, aunque se podía tomar un descanso para beber algo y comer alguna fruta. Cuando Rut se detuvo a descansar con los segadores, comió cereales tostados mojados en vino (Rut 2:14).

Mientras los hombres de la familia trabajaban, las mujeres y los niños se preparaban (entre otras actividades diarias) para la comida de la tarde. Las niñas mayores juntaban agua de los pozos o los arroyos al comienzo del día, antes de que se calentara con el sol, y también ordeñaban las cabras. Juntar agua era un asunto serio porque el agua de un pozo corría riesgo de contaminarse con los animales, y el agua recogida de techos de barro normalmente no servía para beber. Una vez recogida el agua necesaria, las muchachas iban al mercado a comprar alimentos. Los puesteros que se sentaban en el piso del mercado rodeados de sus productos y vendían verduras frescas. Si hacía falta, se proveían de aceite de oliva y condimentos. Algunas familias obtenían pan del panadero del pueblo, quien tenía un horno comunitario y entregaba el pan que cada familia había dejado leudando la noche anterior (Os. 7:4-6). Otras familias horneaban su propio pan al volver a la casa. Mientras tanto, esta había sido limpiada (Luc. 11:25) y se había lavado la ropa. Se había triturado el grano en el mortero y aventado el fuego a fin de que estuviera a punto para cocer el pan. Después del descanso del mediodía, se preparaba la cena en el fuego. Consistía en un estofado de verduras o lentejas que se cocinaba en una marmita grande con el agregado de sal y condimentos. La carne se incluía en la comida sólo en ocasiones especiales como un sacrificio o una fiesta, y en muy raras ocasiones se comía carne asada, o animales producto de la caza o de la pesca. Cuando llegaba la hora de la cena se colocaba la marmita en el suelo sobre una alfombra mientras toda la familia se sentaba alrededor. Se ofrecía una bendición o acción

Durante la época romana, la comida se cocinaba en una olla sobre carbones encendidos.

de gracias, y cada miembro de la familia usaba un trozo de pan como cuchara porque no había cubiertos. (El que todos sumergieran el pan en la olla hacía que fuera fundamental el lavado de las manos antes de comer.) Posteriormente, una mesa y banquillos reemplazaron la alfombra en el suelo (1 Rey. 13:20), pero la olla común seguía en el centro. Al final de la comida se servía fruta y se bebía vino.

Las comidas formales siempre estaban precedidas por una invitación. El anfitrión insistía hasta que la gente aceptaba dicha invitación (Luc. 14:16-24). Cuando llegaban los invitados, los esclavos más humildes les quitaban las sandalias y les lavaban los pies (Juan 13:3-11). Esto se hacía para proteger del polvo las alfombras y para que fuera más cómodo sentarse sobre los talones. A los invitados se les untaba la cabeza con aceite de oliva aromatizado con especias (Luc. 7:36-50). A continuación se les ofrecía agua para beber. En las casas grandes, el invitado especial se sentaba en "la mesa superior" en una sala que tenía un piso más elevado, y se ubicaba a la derecha del anfitrión. El segundo invitado se sentaba a la izquierda del anfitrión (Luc. 14:7-11; 20:46).

En realidad, no se "sentaban" a la mesa sino que se reclinaban sobre ella. Se acercaban sofás con la cabecera hacia la mesa y se proveían almohadones para que los invitados se reclinaran sobre el brazo izquierdo y usaran el derecho para servirse de la mesa. De esa manera, los sirvientes podían continuar lavando los pies de los invitados (Luc. 7:46). Pero para conversar, las personas debían volverse sobre la espalda y estar casi literalmente "sobre el pecho" de la persona que tenían a la izquierda (Juan 13:23-25). En la época de Jesús, el triclinium o sofá que rodeaba tres lados de la mesa era el último grito de la moda. El lado abierto lo usaban los esclavos para acercar comida o llevarse las bandejas vacías.

La comida comenzaba con un trago de vino diluido con miel. La comida principal que seguía consistía en tres platos, atractivamente dispuestos en fuentes. No había cubiertos, de modo que se comía con los dedos, salvo cuando se servía sopa, huevos o mariscos, en cuyo caso se usaba una especie de cuchara. Finalmente había postre, pastel y alguna fruta. Durante la comida, el anfitrión proporcionaba entretenimiento en forma de música, danza (danzas individuales y expresivas) y lectura de poesías y otra literatura. Semejante ocasión era un evento local importante, y las personas de condición más humilde podían observar desde el exterior (Luc. 7:37). Cuando se terminaba la comida,

Área del comedor de una casa de campo en Pompeya, con espacio para que varias personas se sienten a comer.

seguía un largo tiempo de conversación. Se narraban historias y se compartían habladurías. Esas fiestas eran la envidia de los pobres, que intentaban imitarlas a su manera.

Fueran formales o informales, abundantes o escasas, siempre había leyes que se debían cumplir en cuanto a los alimentos de esas fiestas. Sólo se podían comer animales que rumiaran y tuvieran pezuñas hendidas, peces que tuvieran aletas y escamas, y aves que no comieran carroña (Lev. 11:1-22). *Ralph Gower*

COMIDA OFRECIDA A ÍDOLOS Motivo de controversia en la iglesia primitiva referente a los alimentos que se permitían comer.

"Comida ofrecida a los ídolos" es la traducción de una única palabra griega que también se tradujo "cosas sacrificadas a los ídolos" (Apoc. 2:14). La identificación del objeto de la ofrenda con la palabra "ídolo" sugiere que la expresión se originó fuera del paganismo del siglo I. Refleja la perspectiva y la conclusión de alguien que hablaba como judío o como cristiano.

Los sacrificios paganos normalmente consistían en tres partes. Una parte pequeña se usaba en el rito del sacrificio. Una porción mayor se reservaba para uso del sacerdote o del personal del templo. La parte más grande la retenía el adorador para usarla en una de dos formas. El que ofrecía el sacrificio a veces usaba la porción sobrante como plato principal en una comida que se servía en el templo pagano o cerca de allí. Este tipo de evento social-religioso está relacionado con la cuestión planteada por la iglesia de Corinto a Pablo (1 Cor. 8:1), y aparece como trasfondo de su respuesta en 1 Cor. 8. La segunda forma en que el adorador disponía era venderla en el mercado local. Carne vendida de esa forma terminaba formando parte de la comida regular de una familia. Esta situación se refleja en los comentarios de Pablo en 1 Cor. 10:23–11:1.

Robert Byrd

COMINO Hierba de la familia de la zanahoria (*Cuminum cyminum* L.) que se menciona junto con el eneldo. En tiempos bíblicos se usaba para condimentar los alimentos. Isaías describió la siembra y la trilla del comino (Isa. 28:25,27). Jesús acusó a los fariseos por prestar atención a cosas pequeñas como diezmar la menta, el eneldo y el comino mientras ignoraban cuestiones más importantes de la ley (Mat. 23:23; Luc. 11:42). Ver *Plantas.*

COMPAÑÍA Unidad militar romana que no siempre se refería a una cantidad específica de soldados sino también a un grupo grande. Cuando Pilato entregó a Jesús para que lo crucificaran, toda la compañía se reunió delante de Jesús (Mat. 27:27; Mar. 15:16). Esta compañía puede haber sido la Segunda Compañía Italiana. Aparentemente, Cornelio (Hech. 10:1) pertenecía a una compañía de arqueros denominada Segunda Compañía Miliaria Itálica Civium Romanorum Voluntariorum. Cornelio estaba al mando de 100 soldados. Originariamente, la unidad se había formado en Roma con esclavos que habían recibido la ciudadanía. Fue transferida a Siria por lo menos para el 69 d.C. La narración bíblica ubica a la compañía en Cesarea antes del 41 d.C. Una compañía de infantería se estacionó en Jerusalén para proteger a Pablo de los judíos celosos (Hech. 21:31). Tenía su base en la ciudadela Antonia en el extremo noroeste del templo. A un centurión relacionado con la compañía Augusta se le encargó que transportara desde Cesarea hasta Roma a Pablo y otros prisioneros (Hech. 27:1). Ver *Cohorte; Legión.*

COMPAÑÍA AUGUSTA Unidad del ejército romano con asiento en Siria desde alrededor del 6 d.C. El lugar de la cohorte dentro del resto del ejército romano se indica mediante el nombre que se le otorgó en base al del emperador Augusto. Esta unidad especial tuvo a su cargo a Pablo durante su viaje a Roma (Hech. 27:1). Según la perspectiva de Lucas, este hecho demostraba la importancia de Pablo y, lo que es aún más importante, del evangelio que Pablo predicaba.

COMPAÑÍA LA ITALIANA Nombre de la unidad de arquería del ejército romano a la que pertenecía el centurión gentil Cornelio (Hech. 10:1). Es probable que fueran 1000 hombres reclutados en Italia que conformaban esta compañía de la que poco se sabe. Existe evidencia extrabíblica sobre la presencia en Cesarea de una unidad llamada Cohorte II Itálica después del 69 d.C. Sin embargo, es una fecha demasiado tardía para los eventos relatados en Hech.10. Tal vez la Cohorte II en realidad estuvo en Cesarea antes del 69 d.C. o quizás la compañía a la que perteneció Cornelio era otra unidad. Ver *Cornelio.*

COMPASIÓN Significa "sentir pasión con otro" o "entrar compasivamente en el dolor y la tristeza de alguien". En diferentes traducciones de la Biblia, esta palabra española se utiliza para traducir por lo menos cinco términos hebreos del AT y ocho palabras griegas del NT. A continuación se enfatizan las variaciones sutiles de los términos originales, donde se pone en evidencia la superposición inevitable de significados.

Antiguo Testamento *Chamal* significa "lamentarse", "sentirse triste por", "condolerse" o "perdonarle la vida a alguien". Ver 2 Samuel 12:4, el ejemplo de un hombre rico que les "perdonó la vida" a sus propias ovejas ("se abstuvo" de tomar sus ovejas) y tomó las de un pobre para alimentar a su huésped. Es obvio que tenía más compasión por sus ovejas que por su vecino pobre. La hija del Faraón tuvo compasión por el niño Moisés (Ex. 2:6). David le "perdonó la vida" a Mefiboset (2 Sam. 21:7). Dios, en su enojo, con frecuencia no demostró "piedad" hacia su pueblo rebelde (Zac. 11:6) pero, en el ejercicio de Su gracia, más a menudo mostró "compasión" o "dolor" para con ellos (Joel 2:18; Mal. 3:17; Gén. 19:16; 2 Crón. 36:15; Isa. 63:9).

Chen representa "gracia" y "carisma". El término identifica aquello que "tiene gracia". Por ejemplo, Dios planeó demostrar un espíritu de "gracia" o "compasión" hacia Su pueblo (Zac. 12:10). Le permitiría al pueblo "lamentarse" por el que traspasaron (posiblemente una referencia mesiánica). El término se vuelve a utilizar en Job 8:5, donde Bildad instruye a Job para que implore la "misericordia del Todopoderoso" (LBLA).

El significado de *chus* pareciera más cerca de la palabra española "empatía", que sugiere una identificación con la persona por la que se tiene "sensibilidad" o hacia quien se tiene "compasión". Junto con el contenido emocional va la intención intelectual de ayudar. Dios le prohibió a Israel que tuviera dicha clase de sentimiento hacia los pueblos que debía expulsar de la tierra prometida (Deut. 7:16). Dios mismo se negó a tener tal clase de actitud hacia un pueblo desobediente, fuera Israel o sus vecinos (Ezeq. 5:11). Se observa un contraste interesante cuando Jonás tuvo "lástima" de la planta (Jon. 4:10) mientras que no quería que Dios tuviera "piedad" de toda la población de la ciudad (Jon. 4:11).

Nichum o *nocham* son dos formas de otra palabra hebrea para "compasión" que incluye más que emoción. Significa "lamentarse por", "compadecerse", "consolar" o "confortar". Este término habla de la voluntad de cambiar la situación. Dios "se arrepintió" de haber hecho personas (Gén. 6:6) pero, aun así, actuó para preservar la vida humana (Gén. 8:21). Aunque en Su naturaleza esencial, Dios "no cambia de parecer" (una traducción de la palabra hebrea *nicham* en 1 Sam. 15:29 NVI), hay un sentido en el que Dios (Yahvéh) sí "se arrepiente" (lo que normalmente significa cambiar la forma de pensar o la acción). Se encuentran ejemplos en varios textos del AT (Ex. 32:14; 2 Sam. 24:16; y Jon. 3:10). Lo que sucedió en cada caso es que la gente o las circunstancias cambiaron lo suficiente como para que Dios tratara con ellos de manera diferente. Por lo tanto, Os. 11:8 se traduce "se inflama toda mi compasión", y esto sugiere que se produjo en Dios un cambio compasivo en favor de Su pueblo.

Racham está relacionado con la palabra hebrea para "vientre" y expresa la compasión de una madre (Isa. 49:15) o la de un padre (Sal. 103:13) hacia su hijo indefenso. Esta emoción profunda busca expresarse en actos de servicio generoso (Gén. 43:14; Deut. 13:17). En las Escrituras, esta compasión protege y refleja los sentimientos del más poderoso hacia el más débil. La mayoría de los usos de *racham* en la Biblia tienen a Dios como sujeto (el dador) y a alguien o algo del mundo temporal como objeto (el receptor). Comp. Os. 2:4,23; Zac. 1:16; 10:6; y Sal. 145:9.

Nuevo Testamento *Eleos* es una de las dos palabras neotestamentarias principales para compasión. La otra es *splanchnizomai.* La primera, *eleos*, se utiliza en el AT griego, la LXX, para traducir la mayoría de las palabras hebreas mencionadas anteriormente. En el NT, *eleos* es el término que escogió Jesús para desafiar a los fariseos a que aprendieran sobre el deseo de compasión de parte de Dios (Mat. 9:13; 12:7). Jesús volvió a usar la palabra para desafiar a Pedro a que entendiera que aun los esclavos debían practicar la compasión y el perdón (Mat. 18:33). Pablo les recordó a sus lectores que la exigencia de compasión está arraigada en la naturaleza misma de Dios, quien es infinitamente compasivo (Ef. 2:4; 1 Ped. 1:3).

Splanchnizomai está relacionada con el sustantivo griego "partes internas" o "entrañas de misericordia". La expresión "la boca del estómago" sugiere que las "partes internas" son el asiento de la emoción humana. Estas expresiones contemporáneas y otras similares como "es algo visceral", demuestran que este concepto de la compasión todavía es válido. La práctica común del siglo I era utilizar el término para referirse a la valentía más que a la misericordia o a la compasión, aunque algunos escritos judíos no bíblicos anteriores a Cristo usaron la palabra con el sentido de misericordia.

Jesús amplió el término y lo utilizó para definir la actitud que debería reproducir la vida de todo creyente. En la parábola del siervo que no perdonó, el amo tuvo compasión y le perdonó la deuda al siervo (Mat. 18:27). El padre del hijo pródigo le tuvo compasión (Luc. 15:20). El buen samaritano tuvo compasión del viajero herido (Luc. 10:33). Jesús tuvo compasión de la multitud (Mar. 6:34). Las personas que necesitaban ayuda le pidieron compasión a Jesús (Mar. 9:22; comp. Mat. 9:36; 20:34).

Oiktirmos es otro de los ocho términos griegos que se traducen "compasión" en el NT. Normalmente se relaciona con hacer duelo por los muertos, y expresa una participación compasiva en el dolor. En la LXX, el AT griego, traducida aprox. en el 250 a.C., este término griego se usa para traducir las palabras hebreas *chen* y *racham.* Dicha compasión está pronta para ayudar al que se lamenta. Pablo enseñó que Dios es la fuente que le da capacidad al creyente para demostrar compasión genuina (2 Cor. 1:3; comp. Sant. 5:11).

Sumpathes es el cuarto término que se traduce "compasión". *Sun*, la preposición griega que significa "con", se cambia por *sum* cuando se antepone a la forma verbal *patheis*, de *pascho*, la raíz del verbo que significa "sufrir". El significado de la palabra es "sufrir con" o "sufrir junto". Pedro enumeró *sumphates* (compasión) entre las virtudes cristianas básicas (1 Ped. 3:8).

Don H. Stewart

COMUNIDAD DE BIENES Práctica de la iglesia de Jerusalén de tener "en común todas las cosas" (Hech. 2:41-47; 4:32-37) presentaba paralelos contemporáneos: el ideal utópico griego de la propiedad común entre amigos, la comunidad obligatoria de la secta judía de Qumrán, e incluso el precedente de Jesús y los Doce (Luc. 8:3; Juan 13:29). El contexto inmediato de ambas referencias de los Hechos (2:1-40; 4:31) indica que la comunidad de bienes no era un ideal al que aspiraba la iglesia sino que constituía una evidencia de la naturaleza comunitaria: que el Espíritu Santo determinaba y dirigía la totalidad de sus vidas.

"Común" (*koina*) en 2:44 y 4:32 tiene la misma raíz que *koinonia* ("comunión" en 2:42). Por lo tanto, el tema no era una teoría económica sino la vida juntos en común ("cada día" en 2:46) sin ninguna separación entre las necesidades físicas y las espirituales. (Ver 6:1-6 donde se describe la preocupación en el cuidado de los necesitados.) El paralelo entre Hech. 4:34 y Deut. 15:4 señala que la iglesia primitiva cumplía con la intención divina de que Israel fuera generosa.

La iglesia de Jerusalén escogió practicar la generosidad sin egoísmo de manera similar al estilo de vida de Jesús y los Doce. Otras iglesias primitivas practicaron la generosidad con sacrificio de diferentes maneras (Hech. 11:27-30; 1 Cor. 16:1-4; Rom. 12:13; 1 Jn. 3:17) ya que el llamado de Jesús a dejar de lado las posesiones abarcaba más de una forma de expresión (comp. Mat. 19:16-22 con Luc. 19:1-10). Estos incidentes tienen en común un énfasis en el dar sacrificial (Luc. 21:1-4), lo que requiere un cambio completo del corazón a fin de servir a Dios y no a las posesiones (Mat. 6:24), con un claro reconocimiento del peligro que implican las riquezas (Mar. 10:23-31; Luc. 6:24; 12:13-31).

Dicho peligro se manifestó en el contexto de la comunidad de bienes (Hech. 4:36–5:11). En contraste con Bernabé, quien vendió una propiedad y les dio la ganancia a los apóstoles, Ananías y Safira se guardaron parte de los beneficios de la venta. La muerte que sufrieron dio testimonio de la gravedad que implicaba abandonar la vida comunitaria por intereses egoístas. El egoísmo llevaba a mentirle al Espíritu (5:3,9) y, en consecuencia, a rechazar los lazos ("de un corazón y un alma", 4:32) creados por el Espíritu. La naturaleza voluntaria de esta comunidad de bienes no era, por lo tanto, una cuestión de que los individuos escogieran independientemente cuánto dar y si lo hacían, sino una generosidad espontánea y continuada de una comunidad unificada y dirigida por el Espíritu. El uso de la forma verbal en Hech. 2:45 y 4:34b ("vendían") identifica la naturaleza continuada de la generosidad. Ver *Ananías; Comunión; Dádiva, Regalo; Esenios; Espíritu Santo; Mamón; Prestar, tomar prestado; Qumrán.* *David Nelson Duke*

COMUNIÓN Vínculo de propósito común y devoción que une a los cristianos entre sí y con Cristo. Es la traducción española de las palabras que provienen de la raíz hebrea *chabar* y de la raíz griega *koin-*. El término hebreo *chabar* se usaba para expresar ideas como casa común o compartida (Prov. 21:9 NVI), "vínculo" o "unión" (Ex. 26:6; Ecl. 9:4 LBLA), compañía (Ecl. 4:10), e incluso una esposa como compañera (Mal. 2:14). *Chaber* se usaba para un miembro de una sociedad farisaica. Los fariseos tendían a asociarse estrechamente entre ellos para asuntos sociales, religiosos e incluso comerciales. Una dimensión muy importante en la vida de estos *cheberim* era compartir el estudio de las Escrituras y la ley, y la camaradería alrededor de la mesa.

Los Evangelios no registran dichos de Jesús donde haya usado la raíz *koin* para describir "comunión" entre los discípulos, aunque con toda seguridad la íntima asociación que compartían Jesús y sus seguidores estableció bases para que la iglesia comprendiera el sentido de la comunión después de la Pascua.

Koinonia era la palabra favorita de Pablo para describir la relación de un creyente con el Señor resucitado y los beneficios de la salvación que tenemos por Su intermedio. Sobre la base de la fe, los cristianos tienen comunión con el Hijo (1 Cor. 1:9). Además, compartimos la comunión en el evangelio (1 Cor. 9:23; Fil. 1:5). Pablo probablemente quería decir que todos los creyentes participan juntos del poder salvador y el mensaje de las buenas nuevas. Los creyentes también comparten la comunión con el Espíritu Santo (2 Cor. 13:14), que el apóstol consideraba un importante lazo para la unidad en la vida de la iglesia (Fil. 2:1-4).

La tendencia de muchos cristianos a referirse a la Cena del Señor como "comunión" se basa en el uso paulino del término *koinonia* en el contexto de las descripciones de la Cena de Señor. Pablo describe la copa como "la comunión de la sangre de Cristo" y el pan como "la comunión del cuerpo de Cristo" (1 Cor. 10:16). El apóstol no explicó cómo se produce esa "comunión". Él creía con firmeza que la Cena ligaba íntimamente a los participantes entre sí y con Cristo. Esa "comunión" no se podía compartir con Cristo y otros dioses o seres sobrenaturales. Por eso Pablo les prohibió a sus lectores que participaran de comidas religiosas paganas que conducirían a "comunión" con el pecado, las fuerzas sobrenaturales o los demonios.

Inmediatamente después de hablar de la "comunión" con Cristo por medio de la participación en la Cena del Señor (1 Cor. 10:16), Pablo dijo: "Siendo uno solo el pan, nosotros, con ser muchos, somos un cuerpo" (1 Cor. 10:17). Esto ilustra con claridad la idea de Pablo de que la comunión con Cristo debía derivar en comunión entre los creyentes. Una vez que comprendemos esto, es fácil entender por qué Pablo se mostró tan molesto con la farsa que los corintios hacían en la Cena del Señor. Mientras afirmaban participar de esa cena sagrada, muchos ignoraban las necesidades de sus hermanos y, en realidad, estaban creando divisiones (1 Cor. 11:17-18), "Porque al comer, cada uno se adelanta a tomar su propia cena; y uno tiene hambre, y otro se embriaga" (1 Cor. 11:21). La comunión entre los propios corintios estaba tan pervertida que Pablo pudo llegar a decir: "Cuando pues, os reunís vosotros, esto no es comer la cena del Señor" (1 Cor. 11:20).

La *koinonia* con el Señor no se da solamente cuando participamos de Sus beneficios (el evangelio y el Espíritu Santo) sino también al participar de Sus sufrimientos (Fil. 3:10; Col. 1:24). Estos pasajes expresan la profunda percepción que Pablo tenía de la comunión íntima entre el creyente y el Señor. El modelo de abnegación y humildad, demostrado con más profundidad por medio del sufrimiento de Cristo en la cruz (Fil. 2:5-8), debería distinguir la vida normal del discípulo. Así como Jesús se dio a sí mismo de manera tan completa por Su pueblo, también los creyentes deben darse por el pueblo de Dios (2 Cor. 4:7-12; Col. 1:24). El modelo de seguir a Cristo en el sufrimiento continúa para el creyente pues así como Cristo pasó a la gloria después de sufrir (Fil. 2:9-11), el creyente compartirá la gloria de Cristo en el futuro si "padecemos juntamente con él" (Rom. 8:17, comp. Fil. 3:10-11).

Pablo creía que los cristianos debían compartir lo que tenían a fin de ayudar a sus hermanos creyentes. Usaba la raíz *koin* para referirse a esa forma de compartir. El que ha recibido la palabra debe "compartir" con otros (Gál. 6:6). Aunque no se traduce "comunión", Pablo en realidad usó el término *koinonia* para indicar la contribución económica que estaba recogiendo entre los creyentes gentiles para llevar a Jerusalén y ayudar a los santos que vivían allí (Rom. 15:26; 2 Cor. 8:4; 9:13). Una ofrenda financiera se podía llamar *koinonia*: "porque si los gentiles han sido hechos participantes de sus [de los cristianos judíos] bienes espirituales, deben también ellos ministrarles de los materiales" (Rom. 15:27). En este caso, cada uno ofrecía lo que podía para beneficiar a otros: los cristianos judíos ofrecían sus bendiciones espirituales, los cristianos gentiles sus bendiciones materiales. Ese compartir mutuo de las bendiciones es una expresión clara y profunda de la comunión cristiana.

Finalmente, para Pablo, *koinonia* era un término muy apropiado para describir la unidad y el vínculo que existe entre los creyentes en virtud de que comparten la gracia del evangelio. Cuando Pablo quiso expresar la unidad esencial del liderazgo apostólico de la iglesia dijo al referirse a Jacobo el hermano del Señor, a Pedro y a Juan que "nos dieron la mano en señal de compañerismo" (Gál. 2:9). Cuando comprendemos que esta expresión de *koinonia* se produjo después de tratar uno de los temas más acaloradamente debatidos de la iglesia primitiva, o sea, la posición de los gentiles dentro del pueblo de Dios (Gál. 2:1-10; Hech. 15), podemos ver lo poderosa y amplia que era la idea del apóstol en cuanto a la comunión cristiana.

Al igual que Pablo, Juan también afirmaba que *koinonia* era un aspecto relevante de la peregrinación cristiana. Por otra parte, afirmó enérgicamente que la comunión con Dios y con el Hijo debía producir comunión con los otros creyentes (1 Jn. 1:3,6-7). Ver *Cena del Señor; Espíritu Santo.* *Bradley Chance*

CONANÍAS Nombre de persona que significa "Yahvéh ha establecido". **1.** Levita a cargo de la colecta de las ofrendas del templo bajo el reinado de Ezequías (2 Crón. 31:12). **2.** Quizá el nieto de 1. Junto con otro levita contribuyó con 5000 ovejas y cabras y 500 bueyes para la ofrenda de Josías para la Pascua (2 Crón. 35:9).

CONCIENCIA Capacidad humana de reflexionar sobre el grado en que el comportamiento personal se ha conformado a las normas morales. En el caso del cristiano, dichas normas morales deben ser las establecidas por Dios. La palabra no aparece en el AT, aunque existen ocasiones en que el concepto está claramente presente (1 Sam. 25:31). Sin embargo, el trasfondo principal para el término conciencia es el griego. Mientras que inicialmente se refería a ser consciente de la existencia de uno mismo, en forma gradual se fue asociando la conciencia con el aspecto moral. El escritor judío Filón (aprox. 40 d.C.) probablemente fue el primero en haber declarado en forma explícita que Dios da la conciencia a fin de reprobar el comportamiento inadecuado.

En el NT, dos terceras partes de los casos donde aparece el término están en los escritos de Pablo. La mayoría está en sus cartas a los Corintios, por lo cual algunos piensan que estos cristianos habían utilizado primeramente el término en una carta a Pablo. El apóstol declara que su "gloria" en relación a su ministerio es el testimonio de su propia conciencia (2 Cor. 1:12; 5:11). Continúa declarando que este testimonio se basa en que él se ha conducido con sinceridad y pureza en la gracia de Dios y no en sabiduría "humana" ante los receptores de sus cartas tanto incrédulos ("el mundo") como creyentes (Hech. 23:1; 24:16). Por lo tanto, la conciencia examina tanto el comportamiento como así también las motivaciones personales. Si uno actúa de manera congruente con lo que le dicta la conciencia, un cristiano tiene razones para creer que los demás finalmente reaccionarán de manera positiva al mensaje (1 Ped. 3:16).

Conciencia débil En 1 Cor. 8:7, la expresión "conciencia débil" no se refiere a una conciencia menos sensible de lo que debería ser. En el contexto, Pablo se refiere a las personas que tal vez sepan intelectualmente que hay un solo Dios y que, sin embargo, cuando comen carne en el templo de un ídolo, aún creen que están adorando a esa deidad. En consecuencia, una "conciencia débil" se refiere a aquella que quizá sea excesivamente sensible o que no actúa en conformidad con lo que la persona sabe es la verdad. No obstante, otros cristianos no deben influir en el "débil" para que participe de prácticas que irían en contra de la conciencia o que la contaminen (1 Cor. 8:7-10).

Sin embargo, la conciencia no debe limitar la libertad que el cristiano tiene en Cristo. En 1 Cor. 10:25, Pablo habla de la práctica de comer carne comprada en el mercado que probablemente se haya obtenido de un animal sacrificado en el templo de un ídolo. El apóstol declara que los cristianos pueden comer esta carne y que no deben hacer preguntas "por motivos de conciencia". Es decir, está permitido consumir esta carne y la conciencia no debe dictar lo contrario. En asuntos que resulten indiferentes (*diaphoros*), la conciencia no debe limitar la libertad cristiana. Los que tienen la conciencia "cauterizada" son aquellos que engañan a los demás prohibiendo acciones que están totalmente permitidas (1 Tim. 4:2,3). La conciencia, pues, no es juez final en el tema. Pablo utiliza la forma verbal de la palabra cuando declara en 1 Cor. 4:4, "Porque aunque de nada tengo mala conciencia (*sunoida*), no por eso soy justificado; pero el que me juzga es el Señor". Tal como señaló Martín Lutero, hay que obedecer a la conciencia, pero la conciencia debe estar "cautiva" a la Palabra de Dios.

La conciencia de los incrédulos En Rom. 2:15, Pablo declara que la conciencia y los pensamientos de los gentiles que no conocen la ley de Dios actúan como testigos de manera tanto acusadora como apologética. Si bien el enfoque está en el comportamiento pasado, pareciera que la conciencia aquí podría regir también la conducta futura. Sin embargo, el v.16 deja en claro que el veredicto definitivo se producirá en el juicio final. En tanto que la conciencia puede ser un componente evaluativo importante de los pensamientos y el comportamiento, tanto los creyentes como los incrédulos finalmente se hallarán bajo el juicio de Dios.

C. Hal Freeman (h)

CONCILIO APOSTÓLICO Reunión en Jerusalén donde los apóstoles y los ancianos de esta ciudad defendieron el derecho que tenían Pablo y Bernabé de predicarles el evangelio a los gentiles sin forzar a los convertidos a obedecer leyes judías (Hech. 15). Un "decreto" del concilio pedía a los gentiles convertidos no comer carne sacrificada a los ídolos, no comer carne con sangre, no comer animales ahogados y no cometer inmoralidad sexual (Hech. 15:28-29). Todos estos requisitos se pueden tomar de Levítico 17–18 donde no sólo se establecen los requerimientos para la "casa de Israel" sino también para "los extranjeros que moran entre vosotros" (Lev. 17:8).

En Gálatas 2, Pablo describió la tarea del concilio desde su perspectiva, aunque durante mucho tiempo algunos estudiosos de la Biblia han intentado hacer una distinción entre los acontecimientos de Hechos 15 y los de Gálatas 2. Pablo no sólo dio un informe de la decisión del concilio sino que además enfatizó que este no requería que Tito, siendo gentil, fuera circuncidado.

CONCILIO CELESTIAL Reunión de Dios con las huestes celestiales que señala el papel de Dios como Rey del universo. Algunos eruditos han propuesto una analogía con los mitos mesopotámicos y cananeos referentes a los encuentros entre deidades del panteón para decidir el destino del cosmos. Por ejemplo, a los ángeles se los describe presentándose delante de Dios, quizá para informar sobre la contribución que hicieron a Su plan (Job 1:6; 2:1) o para discutir cómo se llevará a cabo ese plan (1 Rey. 22:20b; posiblemente Gén. 1:26, aunque es dudoso). Sin embargo, existen diferencias importantes. El monoteísmo del pueblo hebreo es *proclamado* en lugar de ser *cuestionado* en los textos del concilio. Jehová (el SEÑOR) se sienta en Su trono en medio de la exaltación y la adoración de los seres angelicales creados (Sal. 29:1), y en la asamblea se lo teme y alaba en gran manera (Sal. 89:5-8). Su función de presidir la asamblea está directamente asociada al declararse gobernante único y juez (Sal. 82:1, 8).

Los seres humanos a veces tienen conocimiento de las obras del concilio divino. Un verdadero profeta de Jehová es alguien que ha estado presente en el concilio de Dios. En la terrible experiencia que tuvo con los profetas falsos, Micaías informó sobre sus observaciones en las deliberaciones del concilio (1 Rey. 22:19-23). Asimismo, Elifaz le preguntó a Job si había estado en el concilio de Dios, y dio a entender que de ese modo sus declaraciones podrían ser corroboradas (Job 15:8). Jeremías condena a aquellos profetas que no se han presentado en el concilio de Dios porque, si lo hubiesen hecho, conocerían el plan de Dios y no harían descarriar a Su pueblo (Jer. 23:18,22). La participación en el concilio por parte de los profetas conduce, pues, a una predicción exitosa.

Los demonios a veces aparecen ante dicho concilio. En la historia de la caída de Acab se recluta a un espíritu malo para que engañe a los profetas falsos. Dios interroga a los espíritus en cuanto al engaño de Acab, pero esto no significa que les esté consultando a los ángeles sobre Su plan. Su respuesta al espíritu mentiroso indica que ordenó que tenga éxito (1 Rey. 22:23). Satanás aparece delante del trono de Dios para acusar a los santos (Job 1:9-11; 2:4,5; Zac. 3:1, 2); sin embargo, pareciera que no asiste con regularidad. El texto declara que Satanás *vino* con los ángeles (Job 1:6; 2:1) después de *rodear la tierra* (Job 1:7; 2:2). Esto se debe diferenciar de los seres espirituales que están perpetuamente alrededor del trono divino (Apoc. 4:6b-8). Con toda seguridad se puede llegar a la conclusión de que los espíritus malos participan del concilio cuando tienen una función dentro del plan de Dios. Ver *Hijos de Dios.* *John Laing*

CONCILIO DE JERUSALÉN Nombre de la reunión que se describe en Hech. 15:6-22. El propósito del concilio era determinar las condiciones en que los gentiles convertidos al cristianismo serían recibidos dentro de la iglesia. La ocasión de la reunión fue la conversión significativa de gentiles a Cristo que se produjo como resultado de la actividad misionera de Bernabé y Pablo. Algunos sostenían que todos los gentiles convertidos debían someterse a la circuncisión y cumplir con toda la ley mosaica. Sin embargo, Pablo y Bernabé sostenían que era irracional imponerles tales requisitos a los gentiles. La solución que propuso el concilio de Jerusalén fue que a los creyentes gentiles no se les requeriría en primer lugar convertirse en prosélitos judíos sino que se les pediría que se abstuvieran de la idolatría, de la mala conducta sexual y de comer sangre. Ver *Hechos, Libro de; Pablo.*

CONCUBINA Esposa de menor condición social (generalmente una esclava) que la esposa principal. La costumbre de tomar concubinas se remonta hasta, por lo menos, el período patriarcal. Tanto Abraham como Nacor tuvieron concubinas (Gén. 22:24; 25:6; 1 Crón. 1:32). Los jefes de tribus, los reyes y otros hombres ricos generalmente tenían concubinas. Gedeón tuvo una (Jue. 8:31). Saúl tuvo por lo menos una concubina que se llamaba Rizpa (2 Sam. 3:7; 21:11). David tuvo muchas (2 Sam. 5:13), pero Salomón llevó la práctica a un extremo y llegó a tener 300 concubinas, además de sus 700 esposas reales (1 Rey. 11:3). Deuteronomio 17:17 prohíbe que los reyes tengan muchas esposas.

Las concubinas (y las esposas) de los líderes y los reyes eran símbolos de su virilidad y poder. Tener relaciones sexuales con la concubina de un gobernante era un acto de rebeldía. Cuando Absalón se rebeló contra su padre David, "se llegó…a las concubinas de su padre, ante los ojos de todo Israel" (2 Sam. 16:22) en el techo del palacio. Cuando David regresó al palacio, las diez concubinas que participaron fueron enviadas lejos para que vivieran aisladas por el resto de sus vidas (2 Sam. 20:3).

A una concubina, ya sea comprada (Ex. 21:7-11; Lev. 25:44-46) u obtenida en batalla (Núm. 31:18), se le otorgaba cierta protección legal (Ex. 21:7-12; Deut. 21:10-14), pero era propiedad de su esposo. Una mujer estéril le podía ofrecer su sierva al esposo con la esperanza de que concibiera (Gén. 16:1-3; 30:1-4).

Aunque tomar concubinas no estaba explícitamente prohibido, el matrimonio monogámico se estableció como modelo bíblico (Gén. 2:24; Mar. 10:6-9). Ver *Familia; Matrimonio.*

Wilda W. Morris

CONCUPISCENCIA Traducción del griego *epithumia*, "deseo, lujuria". Los griegos utilizaban el término para aludir al entusiasmo en relación a algo en un sentido neutral, y también en un sentido malo en cuanto a valorar equivocadamente las cosas terrenales. El NT reconoce que el deseo puede ser bueno (Mat. 13:17; Luc. 22:15; Fil. 1:23; 1 Tes. 2:17). De hecho, utiliza la forma verbal con más frecuencia en el buen sentido que en el malo.

El sentido malo de *epithumia* es el deseo controlado por el pecado y los instintos mundanos en lugar de estar regido por el Espíritu (Gál. 5:16). Todos hemos estado controlados por tales deseos antes de entregarnos a Cristo (Ef. 2:3; Tit. 3:3). Dicho deseo forma parte de la vida antigua sin Cristo y es engañoso (Ef. 4:22). Tal deseo puede ser por el sexo (Mat. 5:28), las cosas materiales (Mar. 4:19), las riquezas (1 Tim. 6:9) y la embriaguez (1 Ped. 4:3). La vida cristiana, pues, es una lucha entre los deseos de la vida antigua y el deseo de seguir al Espíritu (Gál. 5:15-24; 1 Ped. 2:11), la vida guiada por el Espíritu Santo, que crucifica los deseos del mundo (Gál. 5:24). (Observar la lista de deseos mundanos en Gál. 5:19-21). Así como la vida nueva viene por medio del Espíritu, los viejos deseos vienen a través de Satanás (Juan 8:44) y el mundo del que él es príncipe (1 Jn. 2:16) y pueden convertir a la persona en esclava (2 Ped. 2:18-20). El deseo produce tentación, lleva al pecado y da como resultado la muerte (Sant. 1:14,15). Las personas no pueden culpar a Dios porque Él les da libertad para elegir y las entrega a aquello que ellas escogieron (Rom. 1:24). Dios ciertamente dio la ley, que definía que los deseos equivocados son concupiscencia o pecado. El poder del pecado posteriormente cambió el mandamiento positivo para convertirlo en un instrumento que incentivó a los seres humanos a experimentar áreas nuevas de la vida. En consecuencia, ellos pecaron y murieron en vez de confiar en la guía de Dios mediante la ley. Esta manifiesta que tales áreas están fuera del plan de Dios para la vida y que, por lo tanto, no se deben experimentar (Rom. 7:7,8). Hay dos opciones: o el pecado trae la muerte, o el creyente en Cristo mata los deseos malvados (Col. 3:5).

En una esfera muy limitada de la vida, Pablo instó a los creyentes a estar por encima de las actividades normales que provoca lujuria en la sociedad. También a ser fieles en el matrimonio en lugar de experimentar con las prácticas inmorales del mundo griego y romano de su época (1 Tes. 4:4,5).

CONDENAR Acción de declarar culpable a alguien después de evaluar las evidencias.

Antiguo Testamento La palabra aparece por primera vez en el contexto de una corte de justicia (Ex. 22:9) donde un juez escucha una acusación contra un ladrón y condena al culpable. Otra instancia judicial aparece en Deut. 25:1, donde se instruye a los jueces a escuchar otros casos, decidir sobre el asunto y condenar al culpable. En Sal. 94:20,21, el escritor acusa a los jueces corruptos que "condenan la sangre inocente", y en Sal. 109:31 le agradece a Dios por salvar al pobre "de quienes lo condenan" (NVI).

"Condenar" también se utiliza en cuanto a efectuar diariamente juicios personales como en el libro de Job. Él se sentía indefenso frente al poder y la justicia de Dios, y sabía que por más que intentara defenderse a sí mismo, su propia boca lo condenaría (9:20). Le rogó a Dios que no lo condenara sino que le explicara por qué razón lo estaba haciendo sufrir (10:2). Después de que los consejeros de Job concluyeron con sus dichos, Eliú observó que los tres "habían condenado a Job" (32:3). Otros ejemplos de la palabra en relación a juicios diarios aparecen en Isa. 50:9; 54:17.

El uso más significativo de "condenar" está en conexión con el juicio divino. Al dedicar el nuevo templo, Salomón oró para que Dios juzgara a su pueblo, "condenando al impío...y justificando al justo" (1 Rey. 8:32). El escritor de Proverbios esperaba que el Señor condenara "al hombre de malos pensamientos" (12:2). El salmista estaba seguro de que Dios no abandonaría al hombre bueno y no permitiría que lo condenaran cuando lo juzgaran (37:33). Por otra parte, el Señor le preguntó a Job si deseaba condenarlo a Él sólo para demostrar su propia rectitud (40:8).

Nuevo Testamento Varias palabras griegas se traducen "condenar" y "condenación" con una progresión de significado que va desde hacer una distinción hasta efectuar un juicio desfavorable. El triple uso de la palabra en el AT continúa en el NT. El contexto de una corte de justicia se ve en la predicción de Jesús sobre Su juicio futuro en

Jerusalén (Mat. 20:18), en la expresión de uno de los hombres crucificados con Él (Luc. 23:40), y en el voto final del Sanedrín (Mar. 14:64).

"Condenar" también se utilizaba en la época de Jesús en relación a efectuar juicios personales sobre los demás. Por ejemplo, Jesús dijo que los hombres de Nínive condenarían a su generación, que no se había arrepentido (Mat. 12:41); Santiago les advirtió a los hermanos que los maestros estaban sujetos a mayor crítica (Sant. 3:1); y Pablo instruyó a Tito para que utilizara un lenguaje sano en su enseñanza a fin de evitar las críticas (Tito 2:8). Así como en el AT, Dios también es la fuente de condenación en el NT. Él fue responsable de la destrucción de Sodoma y Gomorra (2 Ped. 2:6), y condenó el pecado en la naturaleza humana enviando a Su propio Hijo (Rom. 8:3).

El uso neotestamentario de "condenar" es único en su referencia al juicio final, especialmente en Juan 3:17-19. En Juan 5:24 aparece una enseñanza similar. Pablo pensaba que una razón para aceptar la disciplina del Señor en esta vida era evitar esa condenación final (1 Cor. 11:32). *William J. Fallis*

CONDUCTO Canal de agua o acueducto en Jerusalén o cerca de la ciudad que conducía el agua hacia allí (2 Rey. 20:20). La misma palabra hebrea se refiere a una zanja construida para conducir la corriente de agua (Job 38:25). La ubicación del conducto de Jerusalén es un tema de debate entre los diversos eruditos, que proponen el estanque de Siloé, la corriente de Gihón o un lugar fuera del muro en la parte noroeste de la ciudad junto a una carretera importante de dirección norte a sur que conduce hacia Samaria. El último lugar tal vez sea el más probable. Antes de que David conquistara Jerusalén se habían construidos acueductos, túneles que proveían agua a la ciudad (2 Sam. 5:8). Evidentemente, los reyes de Israel lo complementaron. En una maravillosa hazaña arquitectónica, Ezequías hizo que los obreros comenzaran en ambos extremos y se unieran en el medio para construir un túnel de agua que conectaba los manantiales de Gihón y el estanque de Siloé (2 Rey. 20:20; 2 Crón. 32:2-4,30). El túnel se descubrió en 1880.

CONEJO *(Oractolagus cunilicus)* Pequeño mamífero de pelo espeso y orejas largas relacionado con la liebre pero que se diferencia debido a que sus crías nacen sin pelo. La LBLA utiliza "conejo" para referirse a un animal impuro (Lev. 11:6; Deut. 14:7), mientras que otras traducciones utilizan "liebre". Ver *Liebre.*

CONFESIÓN Admisión, declaración o reconocimiento que constituye un elemento significativo en la adoración a Dios tanto en el AT como en el NT. La mayoría de las apariciones del término se pueden dividir en dos respuestas principales ante Dios: la confesión de pecado y la confesión de fe.

Confesión de pecado Numerosos pasajes del AT enfatizan la importancia de la confesión de pecado como parte de la experiencia de adoración. Levítico habla de los actos rituales que abarcan dicha confesión: la expiación por el pecado (5:5–6:7) y el macho cabrío que representa la remoción del pecado (16:20-22). Además, la confesión puede ser una acción de un individuo en favor del pueblo como un todo (Neh. 1:6; Dan. 9:20) o la respuesta colectiva de la congregación que adoraba a Dios (Esd. 10:1; Neh. 9:2, 3). Frecuentemente se presenta como el reconocimiento individual del pecado por parte del pecador arrepentido (Sal. 32:5; Prov. 28:13; Sal. 40 y 51, que son confesiones individuales aunque no se utiliza la palabra "confesión").

Asimismo, la confesión de pecado en el NT es un aspecto de la adoración tanto individual como colectiva. Los seguidores de Juan fueron bautizados en el Jordán como muestra de la confesión de sus pecados (Mat. 3:6; Mar. 1:6). Los convertidos por el ministerio de Pablo en Éfeso efectuaron confesiones similares (Hech. 19:18). A los creyentes se les recuerda que Dios perdona fielmente los pecados de aquellos que los confiesan (1 Jn. 1:9). Santiago amonestó a sus lectores no sólo a orar unos por otros sino también a confesarse las ofensas unos a otros (5:16), probablemente dentro del contexto de la adoración congregacional. Para fines del siglo I, el culto de adoración incluía la confesión como preludio a la celebración de la Cena del Señor, tal como se observa en *Didajé* 14:1. Ver *Padres apostólicos.*

Confesión de fe Íntimamente relacionada con la confesión de pecado del AT está la confesión de fe, o sea, el reconocimiento ante Dios y la consagración a Él. En 1 Rey. 8:33,35 (como así también en 2 Crón. 6:24,26), el reconocimiento del nombre de Dios da como resultado perdón de pecados. Dicho reconocimiento pasó a ser un parámetro de la fórmula confesional conocida como Shemá (Deut. 6:4,5).

Esta declaración de compromiso con Dios, o particularmente con Cristo, también se halla en el NT. El reconocimiento público de Jesús que expresa una persona es la base del reconocimiento de Jesús ante Dios con respecto a ese cristiano (Mat. 10:32; Luc. 12:8; comp. Apoc. 3:5). Más aún, cuando Pablo describió el proceso mediante el cual una persona es salva, explícitamente trazó un paralelo entre lo que uno cree en el corazón y lo que confiesa con los labios (Rom. 10:9,10). La fe y la confesión son dos lados de la misma moneda. Es probable que la primera confesión de fe haya sido el simple reconocimiento del señorío de Cristo (Rom. 10:9; 1 Cor. 12:3; Fil. 2:11), pero el surgimiento de la herejía parece haber provocado el agregado a la confesión de datos específicos acerca de Cristo. Por ejemplo, que Él es el Hijo de Dios (1 Jn. 4:3,15) y que ha venido en carne (1 Jn. 4:2). Por lo tanto, aparentemente, en escritos neotestamentarios posteriores se estableció un bosquejo específico de la fe cristiana para describir qué significa la confesión (Heb. 4:14). Ver *Arrepentimiento; Fe; Macho cabrío; Pecado.* *Naymond Keathley*

CONFESIONES Y CREDOS Declaraciones teológicas de fe. Aunque los creyentes individualmente pueden producir dichas afirmaciones, las denominaciones o los grupos cristianos por lo general elaboran confesiones o credos. Estas proclamas declaran la perspectiva doctrinal del grupo acerca de los temas desarrollados en el documento.

El AT describe al pueblo de Dios que confiesa verdades acerca de Él y le ofrece su lealtad. Deuteronomio 6:4-25 invita a Israel a confesar la verdad acerca de Dios (Su unidad) y la salvación (liberación del control de los ejércitos de Faraón), y luego a ofrecerle lealtad a Él en términos de una devoción personal (amarlo de todo corazón, v.5) transmitiendo la herencia del mensaje divino (enseñarles [los mandamientos] diligentemente a sus hijos, v.7), recordando siempre la Palabra de Dios (vv.8-10), y contándole a la siguiente generación la historia de su liberación (vv.15-20). Este pasaje ha servido durante siglos como confesión en los hogares judíos. El Salmo 78 demuestra cómo Israel recordaba la obra de Dios en su historia. Habla en forma narrativa de la soberanía de Dios (vv.12,22-26), Su ira (vv.21,27-29), Su salvación (vv.12-16,70-72), Su misericordia (vv.38,39), Su juicio (vv.41-67), y Su gracia al elegir al pueblo de Israel (vv.67-72). Otros textos sobre la confesión aparecen en Ex. 19–20; Jos. 24; Deut. 26.

El NT presenta evidencias del uso que la iglesia primitiva hacía de confesiones y credos. La expresión "Jesús es Señor" es una confesión antigua para referirse a los que habían nacido de nuevo de manera genuina y en quienes moraba el Espíritu Santo (Rom. 10:9; 1 Cor. 12:3; Fil. 2:11). Es probable que un candidato al bautismo haya utilizado la confesión para profesar su fe en Cristo inmediatamente antes de bautizarse. Dicha confesión pública a menudo daba como resultado persecución y muerte. Tal vez los credos hayan sido herramientas para instruir a los nuevos creyentes o para combatir la herejía. Por ejemplo, la expresión "Jesucristo ha venido en carne" pareciera un credo para refutar la enseñanza falsa de que Jesucristo sólo *parecía* un ser humano (1 Jn. 4:2; 2 Jn. 7). Otros ejemplos de concisas declaraciones que compendian la fe de la iglesia primitiva en un formato confesional o de credo: Col. 1:15-20; 1 Tim. 3:16; 1 Ped. 3:18-22; Heb. 1:1-3; Fil. 2:5-11.

En la iglesia primitiva, las confesiones y los credos se utilizaron para profesar la fe de los mártires o de aquellos que padecían persecución. El concepto finalmente llegó a referirse a una afirmación decidida de las convicciones religiosas. Estas declaraciones pueden estar o no unidas a la persecución.

Siguiendo el precedente bíblico, las confesiones y los credos se desarrollaron hasta constituir declaraciones doctrinales formales. Este concepto tiene varias maneras. Una forma de confesionalismo es producir confesiones de fe. Estas son documentos teológicos cuya intención es proveer una identidad doctrinal o fomentar la unidad denominacional. Las confesiones de fe a menudo identifican y articulan áreas comunes de fe entre diferentes denominaciones cristianas. La mayoría de estas han utilizado confesiones de fe a lo largo de su historia. Entre las excepciones se pueden incluir a los campbelistas (seguidores de Alexander Campbell, que ahora están representados por las siguientes denominaciones: Iglesia de Cristo, Iglesia Cristiana, Discípulos de Cristo) y los cuáqueros. Los primeros han sostenido que el NT es suficiente y, en consecuencia, no hay necesidad de ninguna confesión de fe, mientras que los últimos han respaldado un individualismo radical donde cada persona, bajo la guía de la "luz interior" del Espíritu, es árbitro de la verdad. Los bautistas y otros protestantes generalmente han rechazado tales argumentos.

Otra forma de ver el confesionalismo es la presentación formal de creencias que produjeron los protestantes y proporcionan guías interpretativas de las Escrituras, generalmente ampliando el credo de fe reconocido de una denominación en particular. El confesionalismo, en este sentido, se refiere a los tratados teológicos formales que se clasifican como "teologías confesionales". Ellas normalmente profesan una comprensión protestante de la fe, a menudo en contraste con el catolicismo romano o incluso con otras tradiciones también protestantes.

El confesionalismo asimismo puede ser el esfuerzo por derivar conceptos doctrinales básicos desde una comunidad de fe cristiana en particular. Esta forma de confesionalismo tiene su punto de partida teológico en una perspectiva que es exclusiva de una comunidad religiosa cristiana en particular. Dicha interpretación doctrinal puede o no ser una interpretación de las declaraciones de fe formales de una denominación en particular.

Actualmente, el debate se centra en la distinción entre las confesiones de fe y los credos. Son distinciones a menudo difíciles de aclarar y de definir. Tanto las confesiones de fe como los credos proporcionan identidad denominacional y doctrinal a denominaciones cristianas en particular. Además, ambas expresan declaraciones doctrinales explícitas que requieren una adhesión voluntaria y consciente. No obstante, podría establecerse una diferencia por el uso de dichos documentos. Los credos se pueden utilizar para requerir conformidad de parte de todos los miembros de una tradición en particular. En otras palabras, los credos requieren una suscripción completa de un individuo a fin de ser miembro de la denominación. Las confesiones de fe, aunque proveen una opinión consensuada de la mayoría de los adherentes, generalmente no requieren dicha suscripción a fin de pertenecer a un cuerpo específico.

Stan Norman y Chad Brand

CONFIRMAR Establecer un acuerdo y demostrar que una palabra es cierta y confiable. Algunas traducciones españolas utilizan "confirmar" para términos hebreos generales que significan "demostrarse confiable, digno de confianza", "ser fuerte", "llenar, cumplir", "sostener", "elevarse". Los términos griegos significan "ser confiable" y "establecer", y se utilizan comúnmente para hablar de los seres humanos que establecen las palabras, el pacto y la ley de Dios al practicarlas (Deut. 27:26) y, con más frecuencia a Dios, que confirma Su mensaje o Su pacto al establecerlo con Su pueblo y cumplir las promesas que hizo (2 Sam. 7:25; 1 Crón. 16:17; Rom. 15:8). A veces las promesas o los acuerdos humanos se confirman (Rut 4:7; Est. 9:29; Jer. 44:25; Heb. 6:16). Una persona también se podía establecer en un cargo o institución (2 Rey. 15:19; 1 Crón. 17:14). Los creyentes procuran confirmar el mensaje del evangelio mediante la vida cristiana (1 Cor. 1:6; Fil. 1:7). Al hacerlo, también se confirma la vocación y la elección del individuo (2 Ped. 1:10).

CONFISCACIÓN Incautación de la propiedad privada para uso público o gubernamental. No se practicó en Israel hasta la monarquía, y Dios no la permitía. Samuel profetizó sobre esta práctica antes de que Israel eligiera a su primer rey (1 Sam. 8:14) diciendo que era un peligro de los reyes que seguían los modelos del Cercano Oriente. Acab ejerció este derecho real cuando confiscó la propiedad de una persona (Nabot) ejecutada por el estado (1 Rey. 21:15,16), pero tuvo que soportar el juicio de Dios por su acción (1 Rey. 21:18,19). Ezequiel reaccionó enérgicamente contra los abusos relacionados con esta prerrogativa real (Ezeq. 45:7,8; 46:16-18).

CONFLICTOS INTERPERSONALES La Biblia ilustra, explica y ofrece soluciones para conflictos interpersonales. Entre los ejemplos más notables de ese tipo de conflictos en la Biblia, se registran las hostilidades entre Caín y Abel (Gén. 4:1-16), Abram y Lot (Gén. 13:8-18), Jacob y Esaú (Gén. 25–27; 32–33), Jacob y Labán (Gén. 29–31), Saúl y David (1 Sam. 18–31), María y Marta (Luc. 10:38-42), los discípulos de Jesús (Mar. 9:33-37; Luc. 22:24-27), Pablo y Bernabé (Hech. 15:36-41) y los creyentes corintios (1 Cor. 1:10-12; 3:2-4; 11:18).

La causa fundamental de estos conflictos es el pecado (Gál. 5:19,20). Santiago explica que las peleas son resultado de pasiones y deseos no controlados (Sant. 4:1-3). El libro de Proverbios caracteriza a quienes fomentan conflictos diciendo que son personas que dan lugar al enojo (Prov. 15:18; 29:22), a la codicia (Prov. 28:25), al odio (Prov. 10:12), a los chismes (Prov. 16:28) y a las perversidades (Prov. 6:12-15). Tales conflictos inevitablemente dan como resultado destrucción personal (Prov. 6:15), discordia (Prov. 6:14) y contiendas (Prov. 10:12; 16:28). No debemos asombrarnos, entonces, de que el Señor aborrezca a quien "siembra discordia entre hermanos" (Prov. 6:16,19).

La Biblia otorga gran valor a la capacidad para vivir en paz con otros (Sal. 34:14; Mar. 9:50;

Rom. 14:19; 1 Tes. 5:13; Heb. 12:14; 1 Ped. 3:11), en unidad (Sal. 133:1) y armonía (Rom. 15:5,6). Al mismo tiempo, declara de manera inequívoca que sólo Dios puede dar esa paz (Núm. 6:26; Juan 14:27; 16:33; 2 Cor. 13:11; 2 Tes. 3:16) y sólo se puede hacer realidad cuando los creyentes imitan el estilo de vida de Jesús (Fil. 2:3-8).

CONGREGACIÓN Pueblo de Dios que se reúne. Congregación es principalmente la traducción de las palabras hebreas *'edah* y *qahal*. Estos términos se pueden aplicar a cualquier individuo o clase en forma colectiva, por ejemplo "los malos", "los hipócritas" y demás. Si bien *'edah* se utiliza en una oportunidad para referirse a una manada de toros (Sal. 68:30) y otra vez para un panal de abejas (Jue. 14:8), ambas palabras describen ante todo al pueblo israelita como un pueblo santo, unido por la devoción religiosa a Jehová más que por lazos políticos. Aparentemente no existe diferenciación de significado entre ambos. Todo israelita circuncidado era miembro de la congregación. Esta se subdividía en tribus y luego en la unidad básica más importante, la familia. La congregación de Israel funcionaba en temas militares, legales y punitorios.

En el AT griego, *'edah* generalmente se traducía *sunagoge*, y *qahal* como *ekklesia*. En el judaísmo posterior, *sunagoge* describía al pueblo de Israel en sí y *ekklesia* se refería al elegido de Dios llamado para salvación. Por lo tanto, *ekklesia* se convirtió en el término para la congregación cristiana, la iglesia. En el NT *Sunagoge* está casi totalmente restringido al lugar de adoración judío. (Sant. 2:2, que se podría referir a una asamblea cristiana, es una excepción.) La palabra española "sinagoga" es simplemente una transliteración del griego *sunagoge*. *Ekklesia* significa "llamados", y en el griego clásico se refería al conjunto de ciudadanos libres convocados por un heraldo. En el NT, los "llamados" son la iglesia, la asamblea del pueblo de Dios. Hay una continuidad espiritual directa entre la congregación del AT y la iglesia neotestamentaria. De manera significativa, la comunidad cristiana escogió el término del AT para referirse al pueblo ideal de Dios llamado para salvación (*ekklesia*) más que el término que describía a todos los israelitas en forma colectiva (*sunagoge*). *Joe E. Lunceford*

CONÍAS Ver *Joacim*.

CONOCIMIENTO Traducción de varias palabras hebreas y griegas que cubren un amplio espectro de significados: entendimiento intelectual, experiencia personal, emoción y relación personal (incluyendo la relación sexual, Gén. 4:1; etc.). El conocimiento se le atribuye tanto a Dios como a los seres humanos.

En lo que respecta al conocimiento, se dice que Dios es omnisciente. Él sabe todo (Job 21:22; Sal. 139:1-18); Su entendimiento va más allá de toda medida (Sal. 147:5). Él conoce los pensamientos de nuestra mente y los secretos de nuestro corazón (Sal. 44:21; 94:11). Conoce los sucesos del pasado (Gén. 30:22), los acontecimientos del presente (Job 31:4) y los eventos del futuro (Zac. 13:1; Luc. 1:33).

El conocimiento que Dios posee de las naciones y de los seres humanos indica que tiene un interés personal en la gente y no una mera conciencia de su existencia (Sal. 144:3). Ser conocido por Dios tal vez signifique que una nación o un individuo son escogidos por Dios para desempeñar cierto papel dentro de los propósitos divinos para el mundo (Jer. 1:5; Amós 3:2; Gál. 4:9).

Con frecuencia la Biblia habla sobre el conocimiento humano. Conocer a Dios es el conocimiento más grandioso (Prov. 9:10) y constituye la necesidad más importante de la humanidad (Os. 6:6). En el AT, los israelitas conocen a Dios por medio de lo que Él hace por Su pueblo (Ex. 9:29; Lev. 23:43; Deut. 4:32-39; Sal. 9:10; 59:13; 78:16; Os. 2:19,20). Este conocimiento de Dios no es simplemente teórico ni objetivo; incluye experimentar la realidad de Dios en la vida de la persona (comp. Fil. 3:10) y vivir de una manera que demuestre respeto hacia el poder y la majestad de Dios (comp. Jer. 22:15,16).

En el NT, la persona conoce a Dios por medio del conocimiento de Jesucristo (Juan 8:19; Col. 2:2,3). El apóstol Pablo relacionaba íntimamente el conocimiento con la fe. El conocimiento le confiere a la fe dirección, convicción y seguridad (2 Cor. 4:14). Es un don espiritual (1 Cor. 12:8) que puede crecer, aumentar, llenar y abundar (Fil. 1:9; Col. 1:9,10; 2 Cor. 8:7). Consiste en tener una mejor comprensión de la voluntad de Dios en el sentido ético (Col. 1:9,10; Fil. 1:9), en saber que Dios desea salvarnos (Ef. 1:8,9), y en tener un discernimiento más profundo de la voluntad de Dios manifestada en Cristo (Ef. 1:17; 3:18,19).

Aunque Pablo reconocía la importancia del conocimiento, también sabía que podía ser un factor de división en iglesias como la de Roma y la de Corinto, donde algunos cristianos declaraban ser más espirituales debido al conocimiento que poseían de temas espirituales (Rom. 14:1–15:6; 1 Cor. 8:1-13). Pablo argumentaba que el conocimiento produce jactancia, pero que el amor edifica, y que el conocimiento ejercitado por el que es "fuerte" en la fe puede hacer que el "débil" en la fe vaya en contra de su conciencia cristiana y esto lo conduzca a la ruina espiritual. El conocimiento puede ser mal utilizado (1 Cor. 8). El amor es más importante que el conocimiento (1 Cor. 13), sin embargo, el conocimiento sigue siendo un don necesario para la enseñanza cristiana (1 Cor. 14:6) y para que los cristianos crezcan hasta alcanzar una fe madura (1 Cor. 8:7; 2 Ped. 1:5,6; 3:18).

En el Evangelio de Juan, el conocimiento es un concepto clave, aunque el sustantivo "conocimiento" nunca aparece en el relato. Más bien, Juan utiliza con frecuencia el verbo "conocer". Jesús y el Padre poseen un conocimiento mutuo (Juan 10:14,15), y el conocimiento que Jesús tiene de Dios es perfecto (p. ej. Juan 3:11; 4:22; 7:28,29).

El conocimiento de Dios está íntimamente relacionado con la fe, ya que expresa percepción y comprensión de dicha fe. El conocimiento pleno sólo es posible después de la glorificación de Jesús, puesto que los discípulos a veces no entendían al Señor (Juan 4:32; 10:6; 12:16). En el Evangelio de Juan, el conocimiento se expresa en el testimonio cristiano que puede conducir a la fe en Jesús (Juan 1:7; 4:39; 12:17,18) y amor (Juan 17:26). Mientras que el conocimiento que Jesús tiene del Padre es perfecto, el de los discípulos en relación a Jesús es indirecto, habilitado por medio de la fe. El conocimiento que los creyentes tienen de Jesús es la percepción de Su persona como la revelación de Dios que guía a obedecer Su palabra de amor. Así pues, el cristiano es parte de la misión divina de amor hacia el mundo a fin de que la humanidad llegue a conocer y a creer en Jesús como revelación del amor del Padre para con el mundo.

Roger L. Omanson

CONQUISTA DE CANAÁN El libro de Josué y el primer capítulo del libro de Jueces describen la conquista de Canaán, que dio como resultado el establecimiento de Israel en la tierra prometida.

Trasfondo histórico La conquista israelita se produjo cuando el control egipcio sobre Canaán se hallaba debilitado. Los historiadores están en desacuerdo sobre la fecha del éxodo, y en consecuencia no concuerdan en la fecha de

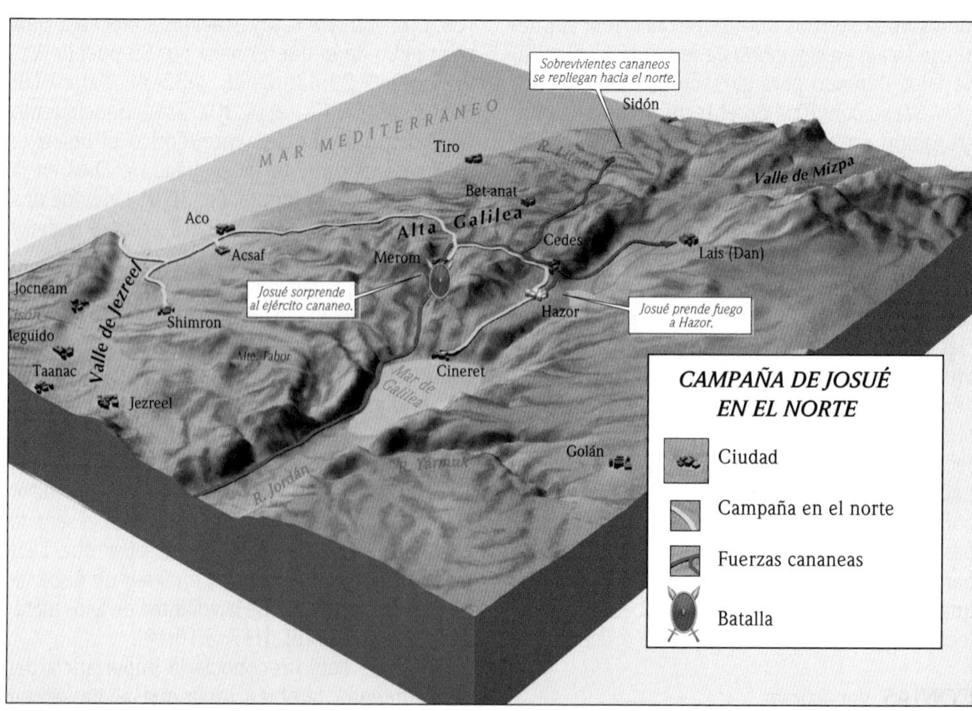

la conquista. Las evidencias arqueológicas son ampliamente ambiguas debido a las similitudes entre la cultura israelita y la cananea, y a que los israelitas en general se abstuvieron de destruir y quemar las ciudades. La fecha tradicional del éxodo, basada en una interpretación literal de 1 Rey. 6:1, es aprox. 1445 a.C., lo que ubica la conquista alrededor de 1400–1350 a.C. Los que tienen más fe en la arqueología que en la información bíblica, y los que entienden que 1 Rey. 6:1 y pasajes similares son figurados, comúnmente consideran que el éxodo ocurrió alrededor del 1280 a.C. Dicha fecha ubicaría la conquista aprox. en 1240–1190 a.C.

Aunque no hay una fecha exacta para la conquista, es posible llegar a algunas conclusiones generales en cuanto a la situación de Canaán en el marco de tiempo aproximado en que se produjo. Poco después del 1500 a.C., Egipto dominó Canaán. La sociedad cananea operaba conforme a un sistema feudal mediante el cual los reyes de las ciudades-estado pagaban tributo a sus amos egipcios. Las ciudades-estado eran numerosas en la llanura costera palestina y estaba ampliamente poblada. Las regiones montañosas contaban con pocos habitantes. Desde aprox. 1400 a.C. en adelante, el control egipcio sobre Canaán se debilitó, y dejó la tierra expuesta a una posible invasión de una fuerza externa.

La estrategia de Josué Este encabezó una invasión de Canaán con tres campañas. Al final de la peregrinación en el desierto, los israelitas llegaron a las llanuras de Moab en Transjordania ("al otro lado del Jordán"). Allí sometieron a dos reyes locales, Sehón y Og (Núm. 21:21-35). Algunas tribus israelitas, Rubén, Gad y la mitad de la tribu de Manasés, decidieron establecerse en este territorio recién conquistado (Núm. 32).

Después de la muerte de Moisés, Josué se convirtió en el nuevo líder. Tal como Dios le indicó, Josué guió al pueblo a través del Río Jordán para entrar en Canaán. El cruce se hizo posible mediante una división sobrenatural de las aguas del Jordán (Jos. 3–4). Después de cruzar el río, los israelitas acamparon en Gilgal. Josué dirigió desde allí la primera campaña militar contra los cananeos en los montes centrales escasamente poblados al noroeste del Mar Muerto. El objetivo inicial de ataque fue la antigua fortaleza de Jericó. Las fuerzas israelitas marcharon alrededor de la ciudad una vez por día durante seis días. Al séptimo día marcharon siete veces y luego hicieron sonar las trompetas y gritaron. Como resultado, los muros de Jericó se derrumbaron, y permitió que los invasores destruyeran la ciudad (Jos. 6).

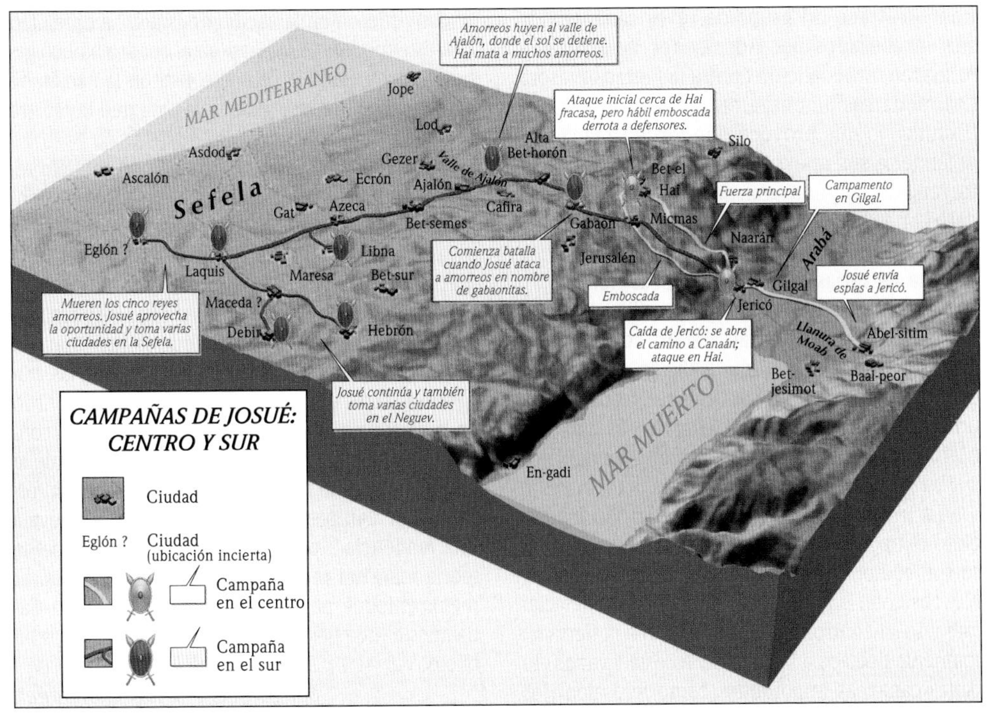

Ruinas de un templo en Hazor, que Josué destruyó en la conquista de Canaán.

Los israelitas posteriormente intentaron conquistar la ciudad de Hai, donde sufrieron la primera derrota. La razón del fracaso fue que Acán, uno de los soldados israelitas, se había guardado parte del botín de la invasión a Jericó, acción que violaba las órdenes de Dios en cuanto a destruir todo lo que había en la ciudad. Después de la ejecución de Acán, los israelitas pudieron destruir Hai (Jos. 7–8).

No todos los cananeos trataron de resistirse a la invasión de Israel. Un grupo, los gabaonitas, evitaron la destrucción engañando a los israelitas para que hicieran un pacto de paz con ellos (Jos. 9). Alarmados por la deserción de los gabaonitas frente a Israel, un grupo de reyes cananeos del sur encabezados por Adonisedec de Jerusalén, formaron una coalición contra la fuerza invasora. Los monarcas amenazaron con atacar a los gabaonitas, lo que provocó que Josué se lanzara a defender a sus nuevos aliados. Debido a una intervención sobrenatural, los israelitas pudieron derrotar a esta coalición. Luego Josué lanzó una campaña en el sur que dio como resultado la captura de varias ciudades cananeas (Jos. 10).

La tercera y última campaña militar de Josué fue en el norte de Canaán. En esa región, el rey Jabín de Hazor formó una coalición de reyes vecinos para luchar contra los israelitas. Josué efectuó un ataque sorpresivo sobre ellos en las aguas de Merom y derrotó por completo al enemigo (Jos. 11:1-15).

La invasión de Canaán se desarrolló con un éxito extraordinario. Extensas porciones de tierra se sometieron a los israelitas (Jos. 11:16–12:24). No obstante, algunas regiones aún permanecían fuera de su control, como por ejemplo la tierra sumamente poblada a lo largo de la costa y varias ciudades cananeas importantes como Jerusalén (Jos. 13:1-5; 15:63; Jue. 1). Los israelitas lucharon durante siglos para controlar estas regiones.

Establecimiento israelita Las tribus de Israel se establecieron lentamente en Canaán sin eliminar por completo a la población nativa. Aunque algunas secciones de la tierra no se habían conquistado, Dios instruyó a Josué que les otorgara Canaán a las tribus que todavía no habían recibido territorio (Jos. 13:7). Luego de la distribución de la tierra, Israel comenzó a ocupar su territorio. Jueces 1 describe el establecimiento como un lento proceso mediante el cual las tribus en forma individual luchaban para echar a los cananeos. En el análisis final, las tribus tuvieron éxito limitado en la eliminación de la población nativa (Jue. 1). Como resultado, Israel estuvo plagada durante siglos de la infiltración de elementos cananeos en su religión (Jue. 2:1-5).

Reconstrucciones de la conquista Se han propuesto varios modelos para entender la conquista de Canaán. La descripción previa de la naturaleza de la conquista y el establecimiento presenta un enfoque tradicional y armónico para la interpretación del material bíblico. Algunos eruditos han propuesto otros modelos de interpretación. Uno es el modelo de la inmigración, que da por sentado que no hubo una verdadera conquista de Canaán sino que personas de distintos orígenes inmigraron gradualmente a la zona después del 1300 a.C., y finalmente obtuvieron control de las ciudades-estado y se convirtieron en la nación de Israel. La dificultad con este modelo es que ignora el cuadro bíblico general que presenta a Dios al constituir la nación de Israel en el desierto y guiándola para que invadiera la tierra prometida.

Otros eruditos han desarrollado un modelo revolucionario para entender la naturaleza de la conquista. Este enfoque sugiere que no hubo una invasión importante de Canaán de parte de una fuerza externa sino que simplemente la inmigración de pequeños grupos de personas inspiraron a los campesinos cananeos para que se rebelaran. El resultado fue la destitución de los reyes de las ciudades-estado y el surgimiento de lo que se convirtió en la nación de Israel. Esta interpretación de la conquista difiere del registro bíblico, al declarar que la mayor parte de la población de Israel estaba conformada por campesinos cananeos. También revela una tendencia a percibir en la historia de Israel la teoría marxista moderna de la lucha de clases. El mejor enfoque para entender la conquista de Canaán es el que tiene sus raíces en los materiales bíblicos. Ver *Acán; Éxodo; Gilgal; Hai; Jericó; Josué.*

Bob R. Ellis y E. Ray Clendenen

CONSAGRACIÓN Personas o cosas separadas para Dios o que le pertenecen a Él. Son santas o sagradas. Son puestas aparte para el servicio a Dios. El hebreo *qadesh* y el griego *hagiazo* se traducen mediante varias palabras españolas diferentes: santo, consagrar, santificar, dedicar.

Antiguo Testamento Se dice que Dios es *qadesh* o "santo". Cuando las personas o las cosas se "consagraban", eran separadas para Dios o le pertenecían a Él. "Santos seréis, porque santo soy yo Jehová vuestro Dios" (Lev. 19:2). "Y vosotros me seréis un reino de sacerdotes, y gente santa" (Ex. 19:6). Cuando las personas eran "consagradas", se las apartaba para que vivieran conforme a las exigencias de Dios y a su servicio.

En el AT, esa dedicación para el servicio a Dios se indica con la frase "llenar la mano". Esta frase generalmente se traduce "consagrar" o "dedicar".

Números 6:1-21 enseña sobre el voto del nazareato. *Nazir*, de donde deriva nazareo, significa "separar" y en Núm. 6:7,9,12 se traduce "consagración", "purificación", "consagrará".

Nuevo Testamento Esta comprensión ética de la santidad de Dios se advierte a lo largo del NT. En Mat. 23:16-24, Jesús criticó a los escribas y los fariseos por la negligencia que demostraban hacia la justicia, la misericordia y la fe. Dijo que lo que santifica la ofrenda es el altar (Mat. 23:19). La causa por la cual las personas se ofrecen a sí mismas determina la naturaleza del sacrificio. Cuando la causa es de Dios, el don es consagrado. La misión de Jesús era santificar a las personas. Pablo dijo que los creyentes son llamados a ser "santos" y que su santificación tiene lugar por medio de Cristo.

H. Page Lee

CONSEJERO Persona que analiza una situación y aconseja a quien tiene responsabilidad de tomar una decisión. Los reyes israelitas parecen haber empleado consejeros con regularidad (2 Sam. 16:23; 1 Rey. 12:6-14; Isa. 1:26; 3:3; Miq. 4:9). A Dios con frecuencia se lo considera consejero (Sal. 16:7; 73:24), tal como sucede con el Mesías (Isa. 9:6; 11:2) y con el Espíritu Santo (Juan 14:16,26; 15:26; 16:7). Ver *Abogado; Consolador*.

CONSERVADURISMO Disposición para apreciar, conservar y fomentar enseñanzas y valores presentes que tienen su raíz en el pasado. En la Biblia, el conservadurismo se ve con gran claridad en la actitud de Pablo hacia la fe y las Escrituras. Pablo reconoció ser heredero de un conjunto de escritos sagrados y de tradiciones que se deben aprender, creer y enseñar a otros (1 Cor. 11:2; 2 Tes. 2:15; 2 Tim. 1:13,14; 3:14,15; Tito 1:9).

Los fariseos, con su énfasis en la observancia de las tradiciones de los ancianos (Mar. 7:3,4; comp. Deut. 6:6,7; Prov. 1:8; 4:1-4), criticaron a Jesús por su aparente falta de conservadurismo (Mar. 7:5). Jesús respondió que había que distinguir entre las tradiciones humanas y las palabras de Dios (Mar. 7:6-13), ya que estas últimas, por implicancia, tenían el objetivo de vivificar los corazones de una manera que no lo podía hacer la mera tradición.

CONSOLACIÓN Consuelo que alivia la tristeza y el dolor. Los términos hebreos están íntimamente relacionados con las palabras *nichum, nocham*, que se utilizan para referirse a compasión. La integridad de Job para con las instrucciones divinas le dieron consolación a pesar de la tristeza y el dolor (Job 6:10). David envió a sus siervos a consolar a Hanún, rey de Amón, después de la muerte de su padre (2 Sam. 10:1,2). La gente llevaba alimentos y bebida para consolar a los dolidos (Jer. 16:7; comp. Juan 11:19). La respuesta de Dios a la oración produce consuelo al alma angustiada (Sal. 94:19). Incluso cuando Dios destruyó Jerusalén, proporcionó consuelo a sobrevivientes fieles (Ezeq. 14:22,23).

La esperanza final de Israel era la consolación que únicamente podía efectuar el Mesías. Los fieles aguardaban esto con expectación (Luc. 2:25; comp. Isa. 40:1,2). Los que confían en las riquezas más que en la venida del Hijo del Hombre ya tienen todo el consuelo que recibirán (Luc. 6:24). Los creyentes reciben consolación mediante el ministerio de proclamación (1 Cor. 14:3). Ver *Compasión*.

CONSOLADOR Traducción comúnmente utilizada de la palabra griega *paracletos*. El sustantivo compuesto se refiere a "alguien llamado al lado". El Evangelio de Juan presenta cinco pasajes donde esta palabra detalla la obra y el ministerio del Consolador para con los creyentes. Jesús les dijo a Sus discípulos que Él se iría y eso sería beneficioso para ellos porque enviaría a otro Consolador, el Espíritu Santo, quien nunca les sería quitado. El Consolador iba a llevar a cabo una serie de ministerios en la vida del creyente. Él les enseñará todas las cosas (Juan 14:26), dará testimonio de Cristo (Juan 15:26), expondrá el error del mundo y producirá convicción de pecado (16:8), guiará a los creyentes en el camino de verdad (16:13) y glorificará a Jesús (16:14).

La misma palabra se traduce "abogado" en 1 Jn. 2:1, y es una referencia a la obra intercesora de Jesús a favor de los cristianos. Se puede observar que los "dos Consoladores" trabajan simultáneamente: el Espíritu Paracleto obra en y para nosotros en la tierra, y el Jesús Paracleto obra por nosotros en el cielo como aquel que está "viviendo siempre para interceder" a nuestro favor (Heb. 7:25). Ver *Abogado; Espíritu Santo; Paracleto.* *W. Dan Parker*

CONSTELACIONES Ver *Cielo; Estrellas.*

CONSULTAR A DIOS Búsqueda de orientación divina, más frecuente antes de una batalla (1 Sam. 23:2,4; 2 Sam. 5:19,23; 2 Rey. 3:11; 2 Crón. 18:4, 6,7), pero también en otras situaciones. Para buscar el consejo de Dios se empleaban diversidad de métodos: los sueños (1 Sam. 28:6); los sacerdotes con el efod (1 Sam. 22:10; 23:9-13); los profetas (2 Rey. 3:11), y la consulta directa. En la historia temprana de Israel se consultaba a los sacerdotes en busca de consejo divino (Jue. 18:14,17; 1 Sam. 22:10). Ellos discernían la voluntad de Dios por las suertes sagradas, urim y tumim (Núm. 27:21; 1 Sam. 14:36-42). Como estas suertes aparentemente se guardaban en una pequeña bolsa en el efod del sacerdote (Ex. 28:30), es probable que las referencias a la consulta del efod se refieran a las suertes (1 Sam. 23:9-13; 30:8). En ocasiones, los profetas usaban música para facilitar un estado de éxtasis en el que se pudiera discernir a Dios con claridad (2 Rey. 3:15; 1 Sam. 10:5,6). Los profetas con frecuencia tomaban la iniciativa de anunciar la voluntad de Dios cuando no existía una consulta. Con la aparición de la sinagoga, la consulta directa por medio de la oración se convirtió en el medio principal para determinar la voluntad divina.

No todos los métodos de consultas a Dios eran aprobados. Los danitas consultaron al levita a cargo del santuario de Micaía (Jue. 18:5,6,14). No resulta claro qué método empleó el levita para discernir la voluntad divina. El santuario contenía un efod, un ídolo de fundición y terafines (dioses domésticos), cualquiera de los cuales pudo haber sido consultado. Tales santuarios son evidencia del mal resultante de la época en que no tenían rey y "cada uno hacía lo que bien le parecía" (Jue. 17:6). Otros métodos para discernir la voluntad de Dios rechazados por los escritores bíblicos incluyen: consulta a adivinos (Deut. 18:10,11; 1 Sam. 28:3,7; Isa. 8:19), consulta a terafines (Jue. 17:5; 18:13-20; Os. 3:4; Zac. 10:2) y consulta a deidades paganas (Baal-zebub, 2 Rey. 1:2,3,16; Malcham o Milcom, Sof. 1:5). Ver *Efod; Milcom; Nigromancia; Profecía, profetas; Suertes; Terafines; Urim y tumim.*
Chris Church

CONSUMACIÓN Fin de la historia y el cumplimiento de las promesas del reino de Dios. El término proviene de Dan. 9:27, que habla de la destrucción completa que Dios había decretado sobre el príncipe que amenazaba Su santuario. Ver *Escatología.*

CONTAMINACIÓN Cosas de calidad inferior (Mal. 1:7,12) o cosas ensuciadas por el pecado (Esd. 6:21; Hech. 15:20; Apoc. 21:8). En el lenguaje moderno, alude a cosas que contaminan el ambiente. Como resultado de la caída, el medio ambiente, que fue creado limpio y puro, se ha convertido en objeto de toda clase de contaminación, lo cual hace que la tierra (Deut. 29:22-28; comp. Jer. 4:23), los ríos y los arroyos (Ex. 7:20-24; Prov. 25:26; Ezeq. 32:2; 34:18,19; Apoc. 8:9,10; 16:4) y el mar (Apoc. 8:8,9; 16:3) no sean aptos para la vida como Dios lo había planeado. La tierra y sus recursos pertenecen a Dios (Sal. 24:1), sin embargo, le han sido confiados a la gente (Gén. 1:28,29; 9:1-4), que tiene una responsabilidad sagrada de cuidar la tierra con la misma diligencia con que lo hace Dios (Deut. 11:12). *Paul H. Wright*

CONTENTAMIENTO Satisfacción interna que no requiere cambios de las circunstancias externas. El NT expresa esto con la palabra griega *arkeo* y sus derivados. Hebreos 13:5 resume la enseñanza al aconsejarles a los cristianos que se liberen del amor al dinero y dependan de la promesa divina de no abandonar a Su pueblo. La comida y el techo deben ser suficientes para el piadoso (1 Tim. 6:6-10; comp. Mat. 6:34; Luc. 12:19). El cristiano puede contentarse independientemente de las circunstancias externas (Fil. 4:11-13). Los cristianos están contentos de conocer al Padre (Juan 14:8,9) y dependen de Su gracia divina (2 Cor. 12:9,10; comp. 2 Cor. 9:8-11).

CONTRITO Estar humillado y arrepentido delante de Dios, aplastado por el sentimiento de culpa y pecaminosidad. Este concepto del AT se expresa mediante la palabra hebrea *daqaq* y sus derivados. El significado principal es estar hecho pedazos o golpeado. Este significado aparece cuando se molió el becerro de oro (Ex. 32:20) o se molía el grano durante la trilla (Isa. 28:28). Aplastar a los enemigos es un tema frecuente (Sal. 89:10). Dios le enseñó a Israel a no quebrantar al pobre (Prov. 22:22). El rey tiene que aplastar al opresor que daña al pobre (Sal. 72:4). Este puede recurrir a Dios sabiendo que Él es su "refugio" (Sal. 9:9; comp. 143:3). Por lo tanto, puede acercarse a Dios en oración sabiendo que lo que Dios desea es un espíritu quebrantado y un corazón contrito (Sal. 51:17). Dios revivirá el espíritu de tales personas (Isa. 57:15; comp. 66:2; Sal. 34:18).

El plan divino de salvación se basa en que Dios halla contentamiento al "moler" a su Siervo sufriente (Isa. 53:10). Este Siervo finalmente será exaltado (Isa. 52:13).

CONTROL ARMAMENTISTA En el texto de 1 Sam. 13:19–22 hay una analogía bíblica al control armamentista. Los filisteos, que monopolizaban la fabricación de instrumentos de hierro, no permitían que los israelitas tuvieran acceso a las espadas ni a las lanzas. A pesar del intento filisteo de ejercer control armamentista, los israelitas lograron derrotarlos tanto a ellos (1 Sam. 14) como a los amalecitas (1 Sam. 15).

Se destaca especialmente que David venció "al filisteo [Goliat] con honda y piedra... sin tener David espada en su mano" (1 Sam. 17:50; comp. vv.31-40). La lección teológica de la victoria de David es que la confianza en Dios tiene más poder que la dependencia humana en el armamento. Isaías consideró necesario recordarle esta lección a Ezequías ante la amenaza de invasión asiria en el 701 a.C. (Isa. 22:8b–11).

Paul H. Wright

CONVERSIÓN Vuelta o regreso de una persona a Dios; un concepto bíblico y teológico fundamental. La palabra en sí es relativamente inusual en las Escrituras. En el AT, el término es *shub*, que generalmente se traduce "volver" o "retornar". En el NT, el verbo básico es *epistrepho*, y el sustantivo es *epistrephe*. Este grupo de palabras es más parecido a nuestro concepto de la conversión. *Metanoeo* (y el sustantivo relacionado) generalmente se traduce "arrepentirse" o "arrepentimiento". Teológicamente, por lo general se entiende que "conversión" es la experiencia de la salvación, que tiene su fundamento en la obra divina previa de la regeneración (el "nuevo nacimiento"; Juan 3:3,5-8; Tito 3:5). Se refiere a un cambio decisivo del pecado a la fe en Jesucristo como único medio de salvación (Juan 14:6; Hech. 4:12; 1 Tim. 2:5). Es una acción decisiva e irrepetible efectuada una vez y para siempre. Uno se convierte o no. No hay término medio ni tercera opción. Humanamente hablando, la conversión es el comienzo del proceso general de la salvación. Sólo en una ocasión se utiliza *epistrepho* en el NT, y es en relación a un creyente que "regresa" a la obediencia y la fe. Esto sucedió cuando Pedro "volvió" después de haber negado a Cristo (Luc. 22:32).

En el AT, el concepto de conversión se presenta de varias maneras. (1) Se puede hablar de una conversión grupal como en el caso de una ciudad pagana como Nínive en el pasado (Jon. 3:7-10), o de la nación de Egipto (Isa. 19:22) o de todas las naciones en el futuro (Sal. 22:27). El concepto se aplica más comúnmente a Israel que vuelve a Dios. La conversión de Israel se señala mediante el establecimiento de un pacto y un compromiso renovado a ser fieles y leales a Dios, de quien se habían olvidado en el pasado (Jos. 24:25; 2 Rey. 11:4; 2 Crón. 15:12; 29:10; 34:31). (2) Hay relatos de individuos que regresan a Dios (Sal. 51:13; 2 Rey. 5:15; 23:25; 2 Crón. 33:12,13). (3) Incluso existen ocasiones cuando se dice que Dios vuelve o regresa a Su pueblo (Isa. 63:17; Amós 9:14).

El salmista afirma que la palabra de Dios es esencial para la conversión (19:7). Isaías asocia la conversión con la justicia (1:27), la sanidad (6:10), la misericordia y el perdón (55:7). Jeremías identifica la conversión con dejar de lado los ídolos (4:1, 2). La conversión es un regreso genuino hacia Dios que abarca arrepentimiento, humildad, un cambio de corazón y una búsqueda sincera de Dios (Deut. 4:29,30; 30:2,10; Isa. 6:9,10; Jer. 24:7). Da como resultado un conocimiento nuevo de Dios y Sus propósitos (2 Crón. 33:13; Jer. 24:7).

En el NT, un texto clave es Mat. 18:3: "Si no os volvéis y os hacéis como niños, no entraréis en el reino de los cielos". La conversión es posible para todo el que se acerque a Dios con una confianza sencilla tal como un niño lo hace ante sus padres.

En Hechos descubrimos llamados a convertirse como así también el registro de una serie de experiencias de conversión. Pedro asoció la conversión con el arrepentimiento y con que los pecados de uno sean borrados (3:19). Hechos 11:20,21 afirma que la conversión está relacionada con creer en Jesús. Pablo afirma que la conversión consiste en alejarse de las cosas inútiles para volverse al Dios vivo (14:15; comp. 1 Tes. 1:9; 1 Ped. 2:25). La única aparición de la forma sustantiva de la palabra "conversión" en el NT describe a los gentiles que son salvos y el gran gozo que provocó esto (15:3; comp. Luc. 15:7,10).

Al relatar su propia conversión, Pablo dijo que el Señor lo comisionó para predicar a los gentiles, diciéndole: "para que abras sus ojos, para que se conviertan de las tinieblas a la luz, y de la potestad de Satanás a Dios; para que reciban, por la fe que es en mí, perdón de pecados y herencia entre los santificados" (Hech. 26:18). En Hechos se registra la conversión de diversos grupos: los judíos en Pentecostés (2:22-41), los samaritanos (8:5-25), los gentiles (10:44-48) y los discípulos de Juan (19:1-7). También aparecen experiencias de conversión de individuos. Algunas son bastante emocionantes y van acompañadas de manifestaciones físicas (por ej. Pablo, 9:5-18; Cornelio, 10:44-48; también 15:7-35; observar 15:19; el carcelero de Filipos, 16:29-34). Otras son silenciosas y calmas (el etíope, 8:26-40; Lidia, 16:14). También es interesante observar que Lucas posee tres relatos de la conversión de Pablo (9:5-18; 22:6-21; 26:12-23) como así también del gentil Cornelio (10:44-48; 11:15-18; 15:7-35). Dios no hace una distinción racial en cuanto a las personas que se pueden volver a Él. Santiago agrega una palabra de aliento para el evangelista fiel al informarnos que "el que haga volver al pecador del error de su camino, salvará de muerte un alma, y cubrirá multitud de pecados" (Sant. 5:20).

En la teología bíblica, la conversión tiene dos aspectos, uno divino y otro humano. Representa la inyección de la gracia divina en la vida humana y una resurrección de la muerte espiritual a la vida eterna. Sólo podemos volver a Dios mediante el poder de la gracia divina y el llamado del Espíritu Santo. La conversión es un acontecimiento que da inicio a un proceso. Se refiere al momento en que somos movidos a responder a Jesucristo con arrepentimiento y fe. Esto da comienzo a la obra santificadora del Espíritu Santo en nuestro interior, que nos purifica y nos conforma a la imagen de Cristo. La conversión es el principio de nuestro viaje hacia la madurez cristiana. Nosotros podemos y debemos progresar hacia la perfección, pero nunca seremos capaces de lograrla en esta vida. Incluso el convertido necesita mantener una vida de arrepentimiento constante, y aun el santificado tiene necesidad de volverse nuevamente a Cristo y renovar su limpieza (comp. Sal. 51:10-12; Luc. 17:3,4; 22:32; Rom. 13:14; Ef. 4:22-24; 1 Jn. 1:6–2:2; Apoc. 2:4,5,16; 3:19). Ver *Arrepentimiento; Regeneración.*

Daniel L. Akin

CONVICCIÓN Sentimiento de culpa y vergüenza que guía al arrepentimiento. La palabra "convicción" aparece una sola vez en el NT (Heb. 11:1). El término "convencer" es el que expresa de manera más cercana el significado de "convicción".

La palabra hebrea *yakah* expresa esa idea de convicción. Significa "argumentar con", "comprobar", "corregir". Dios puede ser el sujeto y la persona el objeto (Job 22:4), una persona puede ser el sujeto que convence a otra persona (Ezeq. 3:26).

El término griego que significa "convencer" es *elencho.* Quiere decir "refutar", "reprender", y comúnmente sugiere vergüenza de parte de la persona convencida. Ministros jóvenes como Timoteo y Tito tenían la responsabilidad de "reprender" (censurar, refutar) a quienes tenían a su cargo (1 Tim. 5:20; 2 Tim. 4:2; Tito 1:13; 2:15). Juan el Bautista "reprendió" a Herodes Antipas por su matrimonio ilícito con Herodías, la esposa de su hermano (Luc. 3:19). Nadie podía "redargüir" a Jesús de pecado (Juan 8:46).

Juan 16:8-11 es un pasaje clásico sobre la convicción. El Espíritu Santo convence y el mundo (habitado) es el objeto de la convicción. Un estudio de estos versículos arroja los siguientes resultados. Primero, la convicción de pecado es el resultado de la obra del Espíritu Santo que despierta a la humanidad para que experimente un sentimiento de culpa y condenación por el pecado y la incredulidad. Segundo, la idea va más allá de la convicción mental. Abarca a la persona en su totalidad. Esto puede conducir a una acción basada en un sentimiento de convicción. Tercero, la convicción da como resultado esperanza y no desesperanza. Una vez que las personas toman conciencia de estar separadas de Dios, son desafiadas y alentadas para que arreglen esta situación. La convicción no sólo implica ser expuesto al pecado (desesperanza) sino que también llama a arrepentirse (esperanza). Ver *Arrepentimiento; Pecado; Perdón.*

Glenn McCoy

CONVIDADO Persona invitada a una fiesta (1 Sam. 9:22; 2 Sam. 15:11). Jesús escandalizó a algunos en Jericó porque comió en la casa de Zaqueo, un famoso pecador (Luc. 19:7). Pedro superó barreras raciales cuando recibió en su casa como huéspedes a los mensajeros gentiles que Cornelio había enviado (Hech. 10:23).

Sofonías 1:7 utiliza el término figurativamente para referirse a los invitados consagrados, que son una imagen del ejército invasor que el Señor invitó para castigar a Judá. Jesús describe a Sus discípulos como invitados a la boda que no deben lamentarse mientras Él, el novio/esposo, esté con ellos (Mat. 9:15). La salvación de Dios se representa como una fiesta de boda llena de invitados que deben presentarse con atavío apropiado (Mat. 22:10-13).

CONVOCACIÓN, SANTA Ver *Fiestas*.

COPA Utensilio para beber hecho de cerámica o de diversos metales como oro, plata o bronce. Durante los tiempos bíblicos las copas eran de dos formas diferentes. Algunas se asemejaban a sus homólogos modernos. Sin embargo, la mayoría de las antiguas eran tazones achatados que se producían en gran cantidad de tamaños. También se podían usar para la adivinación (Gén. 44:5). Además, el término "copa" se utilizaba para designar a los receptáculos que sostenían las lámparas en el candelero del tabernáculo (Ex. 25:31-35).

La palabra "copa" se utiliza frecuentemente en la Biblia en sentido figurativo. Se enfatizaba el contenido de la copa ya que simbólicamente Dios era quien servía la bebida. Por lo tanto, la copa podía representar bendiciones o prosperidad de una persona justa (Sal. 16:5; 23:5; 116:13). Asimismo, describía la totalidad del juicio divino sobre los impíos (Sal. 11:6; 75:8; Isa. 51:17,22; Jer. 25:15; 49:12; 51:7; Ezeq. 23:31-34; Apoc. 14:10; 16:19; 17:4; 18:6). Jesús bebió voluntariamente la copa del sufrimiento (Mat. 20:22; 26:39,42; Mar. 10:38; 14:36; Luc. 22:42; Juan 18:11), que fue Su muerte y todas las cosas que esto abarcaba.

Copa de oro decorada con gacelas que data de fines del segundo milenio a.C., de la región suroeste del Caspio.

La copa tenía un lugar prominente en la liturgia de la comida de la Pascua judía y también, posteriormente, en la Cena del Señor. En la celebración cristiana, la copa es un recordatorio simbólico de la muerte expiatoria de Jesús (Mat. 26:27,28; Mar. 14:23,24; Luc. 22:20; 1 Cor. 11:25,26). Ver *Adivinación y magia; Alfarería; Cena del Señor; Lámparas, candelero; Pascua; Vasijas y utensilios.*

LeBron Matthews

COPERO Oficial de alto rango en las cortes de los reyes del antiguo Cercano Oriente. Era responsable de servir el vino en la mesa del rey y protegerlo del envenenamiento. El copero a menudo era parte del grupo de confianza del rey y tenía bastante influencia en sus decisiones. El "jefe de los coperos" de la historia de José (Gén. 40:2) supervisaba a los que trabajaban en el mismo oficio. Nehemías fue el copero sumamente estimado de Artajerjes (Neh. 1:11). Ver *Ocupaciones y profesiones.*

CORAL Depósitos óseos calcáreos o espinosos producidos por los pólipos antozoarios. El coral rojo o precioso que se halla exclusivamente en los mares Mediterráneo y Adriático (*Corallium rubrum*) es la clase que conocían los escritores bíblicos. El valor de la sabiduría sobrepasa al del oro, la plata, una variedad de piedras preciosas, el cristal o el coral (Job 28:12-18). Este se encontraba en los artículos comercializados entre Israel y Edom (Ezeq. 27:16).

CORAZA Pieza de la armadura defensiva. Pablo utilizó la coraza militar como ilustración de las virtudes cristianas. Efesios 6:14 refleja Isa. 59:17 al mencionar la coraza como símbolo de justicia. En 1 Tes. 5:8 simboliza la fe y el amor. Las corazas también eran símbolos poderosos del mal (Apoc. 9:9,17). Ver *Armas y armaduras.*

Lawson G. Hatfield

CORAZÍN Una de las ciudades que Jesús censuró a causa de la incredulidad de sus habitantes (Mat. 11:21). Ubicada en Galilea. Ha sido identificada con la moderna Khirbet Kerazeh, con ruinas ubicadas a unos 3 km (2 millas) al norte del sitio de Capernaum. Corazín se menciona en el Talmud como un lugar famoso por la cebada. Durante la época de Jesús, probablemente fue un lugar importante pero quedó deshabitada para la segunda mitad del siglo III d.C.

Excavaciones en Corazín muestran la zona de la sinagoga.

CORAZÓN Centro de la vida física, mental y espiritual del ser humano. "Corazón" se refiere al órgano físico y se lo considera centro de la vida física. Se dice que comer y beber fortalece el corazón (Gén. 18:5; Jue. 19:5; Hech. 14:17). Como centro de la vida física, llega a representar toda la persona. Se convirtió en el centro de todas las funciones vitales del cuerpo, incluyendo la vida intelectual y espiritual. El corazón y el intelecto están estrechamente relacionados, y al corazón se lo considera asiento de la inteligencia: "Porque el corazón de este pueblo se ha vuelto insensible ... De lo contrario ... entenderían con el corazón, y se convertirían, y yo los sanaría" (Mat. 13:15 NVI). El corazón está vinculado con el pensamiento: "Porque cual es su pensamiento en su corazón, tal es él" (Prov. 23:7). Meditar algo en el corazón significa considerarlo cuidadosamente (Luc. 1:66, 2:19). La forma hebrea literal de decir que uno se preocupa por algo es "poner en ello el corazón". En hebreo, "llamar algo al corazón" es lo que se traduce "recuerden esto" (Isa. 46:8 NVI). Todas estas son funciones mentales, pero en el lenguaje bíblico están relacionadas con el corazón.

Estrechamente relacionados con la mente están los actos de la voluntad, aquellos que resultan de una decisión consciente o deliberada. Así pues, 2 Cor. 9:7 afirma: "Cada uno dé como propuso en su corazón". Ananías concibió en su corazón la acción de mentir al Espíritu Santo (Hech. 5:4). Las decisiones conscientes se toman en el corazón (Rom. 6:17). Asociados a la voluntad están los anhelos y los deseos humanos. Romanos 1:24 describe cómo "Dios los entregó a los malos deseos de sus corazones, que conducen a la impureza sexual, de modo que degradaron sus cuerpos los unos con los otros" (NVI).

El corazón no sólo está asociado con actividades de la mente y la voluntad sino que además está íntimamente relacionado con los sentimientos y los afectos de la persona. Emociones como alegría o dolor se originan en el corazón (Sal. 4:7; Isa. 65:14). También se atribuyen al corazón otros sentimientos, en especial en el AT. El temor de Nabal se describe con la frase "se le apretó el corazón en el pecho" (1 Sam. 25:37; comp. Sal. 143:4). La desilusión o la desesperación se describen con la frase, "la congoja abate el corazón", que equivale a hacerlo detener (Prov. 12:25). Ecl. 2:20 dice: "Volvió, por lo tanto, a desesperanzarse mi corazón acerca de todo el trabajo en que me afané, y en que había ocupado debajo del sol mi sabiduría". Otra emoción conectada con el corazón es la tristeza. Juan 16:6 declara: "Porque os he dicho estas cosas, tristeza ha llenado vuestro corazón". Proverbios 25:20 describe la tristeza como tener el "corazón afligido". El corazón también es el asiento del sentimiento de amor y de lo opuesto, odio. En el AT, por ejemplo, a Israel se le ordena: "No aborrecerás a tu hermano en tu corazón" (Lev. 19:17). Una emoción similar, los celos amargos, se describe en Sant. 3:14 como que está alojada en el corazón. Por otra parte, el amor tiene su asiento en el corazón. Al creyente se le pide que ame a Dios "con todo [su] corazón" (Mar. 12:30; comp. Deut. 6:5). Pablo enseñó que el propósito del mandamiento de Dios es el amor "nacido de corazón limpio" (1 Tim. 1:5).

En las Escrituras se habla del corazón como centro de la vida moral y espiritual. Por ejemplo, se lo vincula con la conciencia. En realidad, la lengua hebrea carece de una palabra para conciencia, de manera que con frecuencia se usaba "corazón" para expresar ese concepto: "No me reprochará mi corazón en todos mis días" (Job 27:6). En 1 Sam. 25:31, la versión Reina Valera traduce la palabra hebrea para "corazón" por "remordimiento". En el N. T. también se habla del corazón como aquello que nos reprende (1 Jn. 3:19-21). Se dice que todas las condiciones morales, desde la más elevada hasta la más baja, están en el corazón. A veces se usa el corazón para representar el verdadero carácter o naturaleza de una persona. Sansón le descubrió a Dalila "todo su corazón" (Jue. 16:17). Esta verdadera naturaleza se contrasta con la apariencia externa: "el hombre mira lo que está delante de sus ojos, pero Jehová mira el corazón" (1 Sam. 16:7).

En el aspecto negativo, se dice que la maldad surge del corazón: "Engañoso es el corazón, más que todas las cosas, y perverso; ¿quién lo conocerá?"

(Jer. 17:9). Jesús dijo que del corazón salen malos pensamientos, homicidio, adulterio, fornicación, robo, falso testimonio, blasfemia (Mat. 15:19). En otras palabras, la corrupción viene del interior más que del exterior.

Debido a que el corazón es la raíz del problema, allí es donde Dios obra en la persona. Por ejemplo, la labor de la ley está "escrita en sus corazones", y la conciencia es prueba de ello (Rom. 2:15). El corazón es el campo donde se siembra la semilla (la Palabra de Dios) (Mat. 13:19; Luc. 8:15). Además de ser el lugar donde están escritas las leyes naturales de Dios, es el lugar de la renovación. Antes de que Saúl se convirtiera en rey, Dios le dio un corazón nuevo (1 Sam. 10:9). El Señor le prometió a Israel un nuevo espíritu, que le quitaría el "corazón de piedra" y le daría "un corazón de carne" (Ezeq. 11:19). Pablo declaró que las personas deben creer en el corazón para ser salvas; "con el corazón se cree para justicia" (Rom. 10:10, comp. Mar. 11:23; Heb. 3:12).

El corazón es la morada de Dios. Se nos dice que dos personas de la Trinidad viven en el corazón del creyente. Dios nos ha dado "como garantía, el Espíritu en nuestros corazones" (2 Cor. 1:22). Efesios 3:17 expresa el deseo de que "habite Cristo por la fe en vuestros corazones". El amor de Dios "ha sido derramado en nuestros corazones por el Espíritu Santo que nos fue dado" (Rom. 5:5). *Gerald P. Cowen*

CORBÁN Ofrenda designada especialmente para Dios y que, por lo tanto, estaba prohibido utilizarla para otra cosa (Mar. 7:11). Jesús se refirió a algunos que de manera errónea y deliberada evitaban proveerles a sus padres el cuidado necesario declarando que el dinero o los elementos que podían utilizar para proporcionar dicho cuidado eran "corbán". En consecuencia, lo que comenzó como un acto religioso de ofrenda finalmente se convirtió en una maldición cuando se les negaban los beneficios a los propios padres. Ver *Sacrificios y ofrendas.*

Gene Henderson

CORDERO Ver *Cordero de Dios; Oveja.*

CORDERO DE DIOS Título que Juan el Bautista le otorgó específicamente al Señor Jesús (Juan 1:29): "He aquí el Cordero de Dios, que quita el pecado del mundo". El título aparece anteriormente, pero no con el significado específico que tiene aquí. Por ejemplo, la frase se utiliza en un libro apócrifo del siglo II para referirse al Mesías ("honra a Judá y a Leví, porque de ellos se levantará para ti el Cordero de Dios para salvar por gracia a todas las naciones"). Jeremías 11:19 e Isa. 53:7 también señalan una alusión profética. No obstante, en el NT el término halla su significado particularmente cristiano al referirse a Cristo como el Cordero que hizo expiación por nuestros pecados.

El origen de la expresión se observa en el lugar importante que ocupa el "cordero" en los sacrificios del pueblo judío. En la Pascua anual (Ex. 12:1-36) como así también en los sacrificios diarios de Israel (Lev. 14:12-21; Heb. 10:5-7) se usaba un cordero para el sacrificio. La cantidad de ofrendas se duplicaba en el día de reposo, y en algunas fiestas importantes se ofrecía en el altar un número aun mayor (Ex. 29:38; Núm. 28:3,9, 13). Todo esto le resultaba conocido a Juan el Bautista, ya que era miembro de una familia sacerdotal.

El cordero de la Pascua ocupaba un lugar central en la mente del israelita devoto, y cuando Juan expresó las palabras que aparecen en Juan 1:29, no faltaba mucho tiempo para esa fiesta. Tal como sugieren algunos, el significado del término en su relación con el sacrificio es mucho más importante que la mera comparación del carácter de nuestro Señor con la mansedumbre y la bondad. Las palabras del apóstol Pablo (1 Cor. 5:7) y de Pedro (1 Ped. 1:18) reflejan claramente el uso de la frase en el contexto sacrificial.

Mientras que el uso de "cordero" es escaso en el resto del NT, las referencias en el libro de Apocalipsis adquieren una importancia fundamental. El término aparece 27 veces, pero la palabra que utiliza el apóstol Juan difiere de la que usó el Bautista. El *amnos* de Juan 1:29 se convierte en *arnion* en Apocalipsis, una forma diminutiva que sugiere la idea de afecto. *Arnion* también es la palabra que utilizó el Señor cuando censuró y perdonó a Pedro (Juan 21:15). Si bien *arnion* en Apocalipsis es el Cordero del sacrificio (5:6-10; 12:11), es también el que vendrá con ira y juicio (6:16,17).

La relación entre Juan 1:29 e Isa. 53 ha sido tema de importantes debates. En el v.10, Él sufrió habiendo "puesto su vida en expiación por el pecado", y en el v.4, "llevó él nuestras enfermedades". La palabra del profeta correspondiente a "llevar" (en la LXX, *pherein*) incluye el concepto de una ofrenda por el pecado que tiene poder para justificar y donde se tiene en vista la idea de "quitar". Sin embargo, cuando Juan dijo que Cristo iba a "quitar" el pecado del mundo, no utilizó la palabra de la LXX, *pherein*, sino *airein*. Algunos eruditos sostienen que el término de Juan significa simplemente "hacer a un lado" o "sostener" o "soportar". Pero esto, sin duda, descarta el significado del término relacionado, "cordero", que Juan no podría haber empleado sin tener en cuenta su sentido sacrificial y, en consecuencia, sustitutorio.

Entre las dos referencias, en Cristo hallamos el cumplimiento de la promesa de Dios de proveer un sacrificio que cargaría con la maldición del pecado y proporcionaría salvación al mundo. Aunque es probable que Isaías no haya tenido un concepto completamente dogmático de la plena relación entre la muerte de Cristo y la salvación del mundo, en su mente había una leve percepción de la idea de cargar con la maldición. Ver *Cristo, cristología; Expiación; Pascua; Redimir, redención, redentor; Sacrificios y ofrendas; Siervo de Jehová.* *Dale Ellenburg*

C

CORÉ Nombre de persona que significa "calvo" o "uno que proclama". **1.** Hijo de Esaú (Gén. 36:5,14; 1 Crón. 1:35) que se convirtió en jefe de una familia de Edom (Gén. 36:18). **2.** Nieto de Esaú, hijo de Elifaz, y jefe de una familia de Edom (Gén. 36:16). **3.** Líder de la rebelión contra Moisés y Aarón mientras Israel acampaba en el Desierto de Parán (Núm. 16). Coré, Datán y Abiram encabezaron una confederación de 250 príncipes del pueblo contra la declaración de Aarón en relación al sacerdocio y la afirmación de Moisés con respecto a su autoridad en general. Los rebeldes sostenían que toda la congregación estaba santificada y que, por lo tanto, estaba calificada para desempeñar funciones sacerdotales. Como castigo por su insubordinación, Dios hizo que la tierra se abriera y se tragara a los líderes y sus posesiones. Fuego del Señor consumió a los 250 seguidores. **4.** Levita descendiente de Izar, de la familia de Coat (Ex. 6:21; 1 Crón. 6:22,37), que probablemente se identifique con *3.* más arriba. Los hijos de Coré y de Asaf fueron los dos grupos más destacados de cantores del templo (comp. 2 Crón. 20:19). Es probable que muchos de los Salmos con el título "Salmo de los hijos de Coré" se hayan tomado de su himnario (Sal. 42; 44–49; 84–85; 87–88). En una lista posterior de los cantores del templo, el grupo de Hemán reemplazó a Coré y se unió a Asaf y a Etán para constituir los tres grupos de cantores (1 Crón. 6:33-48). Los miembros del grupo de Coré eran también porteros (1 Crón. 9:19; 26:1,19) y panaderos que elaboraban las tortas para los sacrificios (9:31). **5.** Hijo de Hebrón del linaje de Caleb (1 Crón. 2:43). **6.** Posiblemente un pueblo de Judá cerca de Hebrón. Los cinco coreítas que se unieron a David en Siclag tal vez hayan sido personas de este pueblo (1 Crón. 12:6). No obstante, como a estos hombres también se los identifica como benjamitas (1 Crón. 12:2), es probable que hayan sido de un pueblo con este mismo nombre que aún no se haya identificado. **7.** Hijo de Ebiasaf, levita de la familia de Coré y padre de Salum y de Meselemías, porteros del tabernáculo (1 Crón. 9:19; 26:1). **8.** Hijo de Imna, guarda de la puerta oriental designado por Ezequías para recibir las ofrendas voluntarias y distribuirlas entre los sacerdotes (2 Crón. 31:14).

Mike Mitchell y Phil Logan

COREÍTAS Descendientes de Coré que pertenecían a los levitas coatitas (Núm. 26:58). Ver *Coatitas; Coré.*

CORINTIOS, PRIMERA CARTA A LOS Es una carta práctica donde Pablo trata problemas sobre la iglesia como un todo y también problemas personales.

Primer ministerio de Pablo en Corinto Un breve repaso de los contactos de Pablo con Corinto ayudará a entender su correspondencia con esta ciudad. En una visión que tuvo en Troas en el segundo viaje misionero, el apóstol escuchó el llamado que decía: "Pasa a Macedonia y ayúdanos" (Hech. 16:9). Pablo y sus compañeros fueron a Filipos y establecieron la obra en ese lugar. Luego de ser liberados de prisión, Pablo y Silas fueron a Tesalónica. Aunque allí se estableció una obra, se desencadenó una persecución debido al celo de los judíos. Pablo y Silas se trasladaron a Berea, donde fueron bien recibidos. No obstante, los judíos de Tesalónica aparecieron y agitaron a las multitudes.

Se tomó la decisión de que Pablo ministrara solo en Atenas. Una comparación de Hech. 17:13-15 con 1 Tes. 3:6 indica que Timoteo regresó a Tesalónica. Es probable que Silas se haya quedado en Berea. El ministerio de Pablo en Atenas fue breve. Hubo algunos convertidos pero no se estableció ninguna iglesia. Pablo partió de Atenas solo y probablemente desanimado.

De allí se trasladó a Corinto, donde Silas y Timoteo posteriormente se unieron a él (Hech. 18:5), y ministró durante por lo menos 18 meses (Hech. 18:1-18). Comenzó trabajando con Aquila y Priscila fabricando tiendas. Es probable que ellos ya fueran creyentes.

Pablo partió de Corinto acompañado de Aquila y Priscila (Hech. 18:18). Los dejó en Éfeso y les prometió a los efesios que regresaría. Mientras tanto, Aquila y Priscila instruyeron a Apolos, y este último partió hacia Corinto, donde predicó durante un tiempo (Hech. 18:24-28). Después de visitar Jerusalén y Antioquía de Siria, regresó a Éfeso para desarrollar un ministerio de más de dos años (Hech. 19:8-10).

Contacto de Pablo con Corinto durante su ministerio en Éfeso Durante el ministerio de Pablo en Éfeso se produjeron una serie de acontecimientos turbulentos relacionados con Corinto: (1) Surgió un espíritu de división (1 Cor. 1:12,13; 3:3,4). (2) A Pablo le llegaron una serie de informes, algunos de parte de los de Cloé (1 Cor. 1:11). Estos informes incluían ataques al apóstol (1 Cor. 2:1-10) y problemas de inmoralidad (1 Cor. 5:1). (3) Pablo escribió una carta advirtiendo contra la comunión con personas sexualmente inmorales (1 Cor. 5:9). Esta carta se perdió, excepto una parte que se encuentra en 2 Cor. 6:14–7:1. (4) Los corintios le escribieron al apóstol (1 Cor. 7:1) preguntándole sobre ciertos problemas relacionados con el matrimonio, la fornicación y los desórdenes en la adoración pública. (5) Llegó una delegación desde Corinto (Estéfanas, Fortunato y Acaico) con noticias de la ciudad (1 Cor. 16:17). (6) Apolos dejó su labor en Corinto y regresó a Éfeso. Incluso bajo la insistencia de Pablo, Apolos se negó a regresar a Corinto (1 Cor. 16:12). (7) Pablo envió a Timoteo a Corinto (1 Cor. 4:17) en un esfuerzo por solucionar los problemas. Es probable que Timoteo haya viajado a través de Macedonia (Hech. 19:22; 1 Cor. 16). (8) Pablo escribió 1 Corintios en Éfeso (1 Cor. 16:8) con la esperanza de que recibieran la carta antes de la llegada de Timoteo (1 Cor. 16:10).

Propósito de la primera carta a los Corintios Pablo escribió 1 Corintios para dar instrucciones y amonestaciones que conducirían a la solución de los numerosos problemas de la congregación. Algunos tal vez hayan surgido de un grupo "súper espiritual" que había sido influenciado por las incipientes enseñanzas gnósticas. Todos los problemas de los caps. 1–14 giraban en torno a las actitudes individualistas y egocéntricas, en contraposición a las de autonegación y centralizadas en Cristo. El cap. 15, que trata sobre la

Una calle en la ciudad de Corinto del siglo I, con el Acrocorinto como fondo.

C

CORINTO

PRIMER SIGLO

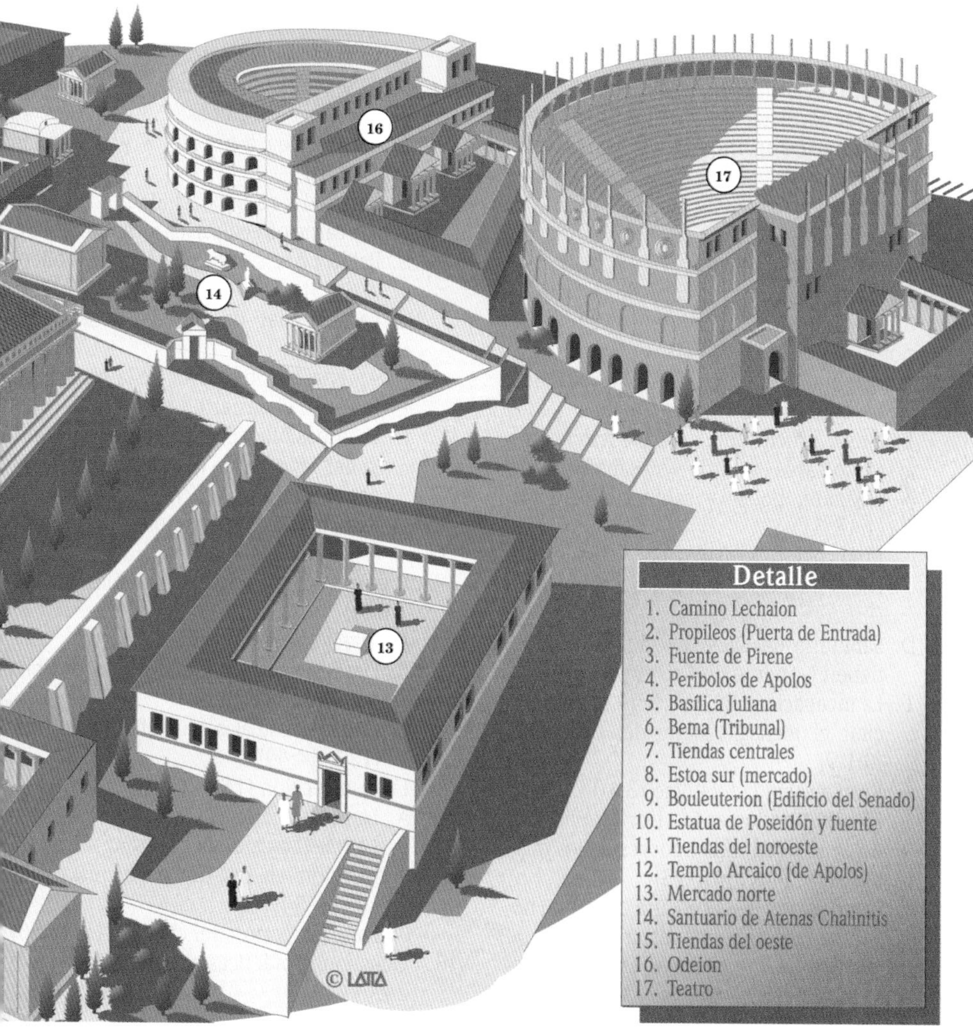

16
17
14
13
© LATTA
Detalle
1. Camino Lechaion
2. Propileos (Puerta de Entrada)
3. Fuente de Pirene
4. Peribolos de Apolos
5. Basílica Juliana
6. Bema (Tribunal)
7. Tiendas centrales
8. Estoa sur (mercado)
9. Bouleuterion (Edificio del Senado)
10. Estatua de Poseidón y fuente
11. Tiendas del noroeste
12. Templo Arcaico (de Apolos)
13. Mercado norte
14. Santuario de Atenas Chalinitis
15. Tiendas del oeste
16. Odeion
17. Teatro

El "bema" o tribunal en Corinto.

C

resurrección, refleja que los corintios no lograban interpretar correctamente ese tema.

Tema de Primera Corintios La vida egocéntrica se contrasta con la cristocéntrica, o el creyente maduro se caracteriza por "dar" y no por "recibir".

Bosquejo

I. Introducción (1:1-9)

II. Divisiones que revelan carnalidad e inmadurez en lugar de crecimiento bajo el señorío de Cristo (1:10–4:21)
 A. Fragmentados por un espíritu partidista (1:10-17)
 B. Cristo crucificado: una piedra de tropiezo para el mundo y su sabiduría; no obstante, poder y sabiduría de Dios (1:18-31)
 C. Predicación de Pablo por el poder de Dios, no por la sabiduría del mundo (2:1-5)
 D. Sabiduría de Dios revelada a los que tienen la mente de Cristo (2:6-16)
 E. La incapacidad de los corintios para recibir el mensaje pleno del evangelio (3:1-9)
 F. Responsabilidad y juicio (3:10-23)
 G. El papel de los apóstoles, "servidores de Cristo y administradores de los misterios de Dios" (4:1-13)
 H. La intención de la censura de Pablo; no avergonzar sino amonestar (4:14-21)

III. Problemas de inmoralidad sexual (5:1–6:20)
 A. Un caso de incesto (5:1-8)
 B. La actitud correcta y la relación de la iglesia con los fornicarios (5:9-13; 6:9-11)
 C. El error del antinomianismo en relación al sexo (6:12-20)
 D. Litigio en cortes paganas (6:1-8)

IV. Matrimonio y celibato (7:1-40)
 A. La relación sexual en el matrimonio (7:1-7)
 B. Consejo a los solteros en vista del impulso sexual (7:8-9)
 C. Amonestación a los compañeros cristianos para que permanezcan casados (7:10-11)
 D. Responsabilidad del cristiano cuando el cónyuge no es creyente (7:12-24)
 E. Circunstancias en que Pablo aconseja a los solteros permanecer como están (7:25-35)
 F. La responsabilidad de un padre hacia su hija virgen (7:36-38)
 G. Consejo a las viudas (7:39-40)

V. Carne ofrecida a los ídolos y la libertad cristiana (8:1–11:1)
 A. Libertad y responsabilidad en relación a la carne ofrecida a los ídolos (8:1-13)
 B. Pablo cede sus privilegios apostólicos (9:1-23)
 C. La necesidad de autodisciplina (9:24-27)
 D. Amonestación a partir de la historia de Israel en el desierto (10:1-13)
 E. La imposibilidad de participar en la mesa del Señor y a la vez en la mesa de los demonios (10:14-22)
 F. Resumen de los principios instructivos (10:23–11:1)

VI. Problemas en la adoración pública (11:2–14:40)
 A. El velo de las mujeres (11:2-16)
 B. Desórdenes relacionados con la Cena del Señor (11:17-34)
 C. Dones espirituales y supremacía del amor (12:1–14:40)

VII. La resurrección (15:1-58)
 A. La resurrección de Jesús (15:1-29)
 B. La relevancia de la esperanza de resurrección en las luchas de esta vida (15:30-34)
 C. La resurrección del cuerpo (15:35-58)

VIII. Cuestiones prácticas y personales (16:1-24)

R. E. Glaze

CORINTIOS, SEGUNDA CARTA A LOS

Después de escribir 1 Corintios, Pablo continuó su ministerio en Éfeso. Este fue tan exitoso que "todos los que habitaban en Asia, judíos y griegos, oyeron la palabra del Señor Jesús" (Hech. 19:10). Sin embargo, sus intentos de solucionar los problemas en

Corinto no tuvieron tanto éxito. El problema continuó aumentando aun después de que se escribiera 1 Corintios, especialmente el ataque severo de los corintios hacia Pablo. Las divisiones dentro de la iglesia y los ataques contra Pablo negaban la esencia misma del evangelio, que decía que "Dios estaba en Cristo reconciliando consigo al mundo... y nos encargó a nosotros la palabra de la reconciliación" (2 Cor. 5:19).

Los contactos entre los corintios y Pablo continuaron. Los informes que llegaban indicaban una hostilidad creciente hacia el apóstol. Timoteo, a quien Pablo había enviado con la esperanza de que pudiera resolver los problemas, regresó a Éfeso y estuvo con Pablo mientras éste escribió 2 Corintios (2 Cor. 1:1).

El apóstol realizó una visita penosa a Corinto que no se registra en Hechos, pero 2 Corintios alude a ella tres veces. Luego, Pablo escribió: "Esto, pues, determiné para conmigo, no ir otra vez a vosotros con tristeza" (2 Cor. 2:1). La primera visita de Hech. 18:1-18 no fue triste; por lo tanto, la visita triste fue la segunda que realizó. También, 2 Cor. 12:14 y 13:1 indican que la futura visita de Pablo sería la tercera.

Pablo escribió una carta con una fuerte censura y le pesó luego de haberla enviado (2 Cor. 7:8). Luego se regocijó porque la misiva los había inducido al arrepentimiento. Es probable que Tito haya sido quien llevó esta carta (2 Cor. 8:7, 16,17), que no se ha conservado a menos que sean los caps. 10–13 de 2 Corintios.

Después de que Tito dejara el lugar, Pablo partió de Éfeso. Tenía el corazón apesadumbrado a causa de Corinto. Esperaba que Tito se reuniera con él en Troas con noticias de reconciliación. Tito no se encontró con él, y aunque Pablo halló una puerta abierta en Troas, su corazón estaba tan angustiado que no podía ministrar (2 Cor. 2:12,13). Continuó camino a Macedonia, donde finalmente se reunió con Tito (2 Cor. 7:6,7), quien le informó que las condiciones en Corinto habían mejorado. En respuesta a esto, Pablo escribió 2 Corintios y prometió que los visitaría de inmediato.

Han surgido preguntas en cuanto a la unidad de 2 Corintios. Estas preguntas se refieren a 6:14–7:1 y a los caps. 10–13. Algunos consideran que la sección 6:14–7:1 forma parte de una carta anterior que se menciona en 1 Cor. 5:9. Hay dos argumentos a favor de esta opinión: (1) los versículos interrumpen la conexión temática entre 6:13 y 7:2. (2) Su contenido se adecúa a la descripción de la carta en 1 Cor. 5:9. Hay dos

Excavaciones en Corinto que muestran los negocios en el ágora (plaza).

argumentos que se oponen a este punto de vista: (1) No existe evidencia de manuscritos que indiquen que estos versículos hayan existido aparte de 2 Corintios. (2) Era característico de Pablo insertar otros temas dentro de su argumento principal.

Se ha sugerido que los caps. 10–13 se refieren a la carta escrita "por la mucha tribulación y angustia del corazón" (2 Cor. 2:4). Hay dos argumentos a favor: (1) El tono cambia entre los caps. 9 y 10, que reflejan relaciones restauradas y ausencia de hostilidad. Los capítulos 10–13 están repletos de censura y presentan la defensa de Pablo en cuanto a su apostolado y conducta. (2) Los capítulos 1–9 reflejan el gozo y el optimismo de Pablo. Es difícil explicar esto si aún quedaba un remanente rebelde. Se presentan dos argumentos en contra de que los capítulos 10–13 sean una carta severa: (1) No hay ningún manuscrito que proporcione evidencias de tal división. (2) Los capítulos 1–9 podrían estar dirigidos a la mayoría arrepentida, y los capítulos 10–13 a la minoría que no se había arrepentido.

Podemos estar seguros de que Pablo fue el autor de todo y que es el mensaje que Dios le dio mediante inspiración divina. El apóstol escribió 2 Corintios para tratar los problemas dentro de la iglesia y para defender el ministerio apostólico en general y su apostolado en particular. Al hacerlo, reveló muchas cosas acerca de sí mismo, de su apostolado y de su misión apostólica. Esta epístola es esencial para quien desee saber todo lo posible sobre Pablo.

Segunda Corintios es importante en la actualidad en lo que hace a sus enseñanzas sobre los ministros y sus ministerios. Entre estas enseñanzas se encuentran las siguientes verdades: (1) Dios estaba en Cristo reconciliando consigo al mundo, y nos ha dado a nosotros un ministerio de reconciliación. (2) El ministerio verdadero en el nombre de Cristo incluye tanto sufrimiento como victoria. (3) Servir a Cristo significa ministrar en Su nombre en relación a todas las necesidades de las personas. (4) Los líderes del ministerio necesitan el respaldo y la confianza de aquellos a quienes ministran.

Bosquejo

I. Salutación (1:1-3)
II. La naturaleza del ministerio apostólico (1:3–7:16)
   A. Definida en términos de las relaciones de Pablo con los corintios (1:3–2:17)
   B. Definida a la luz de su gloria y vergüenza (3:1–7:16)
III. La expresión del ministerio apostólico mediante la ofrenda para Jerusalén (8:1–9:15)
   A. Ejemplos de dar con sacrificio (8:1-15)
   B. Cuidado en el manejo de la ofrenda (8:16-24)
   C. Llamado para una respuesta generosa (9:1-15)
IV. La defensa de Pablo de su ministerio apostólico (10:1–12:13)
   A. Lo defiende respondiendo a las acusaciones (10:1-18)
   B. Lo defiende recurriendo a la necedad de la jactancia (11:1–12:13)
V. Planes futuros de Pablo (12:14–13:10)
   A. Expectación ante su tercera visita a Corinto (12:14-21)
   B. Advertencia de Pablo de que tratará las cosas directamente cuando vaya (13:1-10)
VI. Despedida (13:11-14)

R. E. Glaze

CORINTO Uno de los cuatro centros sobresalientes del relato neotestamentario de la iglesia primitiva, en tanto que los otros tres eran Jerusalén, Antioquía de Siria y Éfeso. El primer ministerio amplio de Pablo en una iglesia fue en Corinto. En su primera visita a esta ciudad se quedó, por lo menos, durante 18 meses (Hech. 18:1-18). Las tres cartas más largas de Pablo están asociadas con Corinto. Primera y Segunda Corintios las escribió a ese lugar, y Romanos la escribió desde allí. Algunos líderes destacados que se asocian a Corinto son Aquila, Priscila, Silas, Timoteo, Apolos y Tito.

Historia de Corinto Ubicada en el extremo sudoeste del istmo que une la parte sur de la península griega con el resto del territorio del norte, la ciudad se encuentra en una llanura elevada al pie del Acrocorinto, un monte escarpado que alcanza los 565 m (1886 pies) sobre el nivel del mar. Era una ciudad marítima ubicada entre dos puertos importantes: el de Lequeo sobre el Golfo de Corinto, a unos 3 km (2 millas) al norte, y el puerto de Cencrea en el Golfo de Sarónica, aprox. a 10 km (6 millas) al este de Corinto.

Era una ciudad importante mucho antes de convertirse en colonia romana en el 44 a.C. Además de las obras existentes de escritores antiguos, la arqueología moderna ha contribuido al conocimiento de la antigua Corinto.

El descubrimiento de utensilios de piedra y de alfarería indica que la región estaba habitada en la Edad de Piedra tardía. Se han hallado herramientas de metal que revelan la presencia de habitantes durante la Edad de Bronce temprana (entre el 3000 a.C. y el 2000 a.C.). La creciente importancia de Corinto durante el período clásico comenzó con la invasión dórica alrededor del 1000 a.C.

Ubicada al pie del Acrocorinto y en el extremo sudoeste del istmo, era relativamente fácil de defender. Sus habitantes controlaban el comercio de este a oeste a través del istmo, como así también el que se desarrollaba entre el Peloponeso y la región norte de Grecia. La ciudad experimentó rápido crecimiento y prosperidad, incluso colonizó a Siracusa de Sicilia y la isla de Córcega sobre la ribera oriental del Adriático. La alfarería y el bronce se exportaban a lo largo del mundo mediterráneo.

Corinto fue durante un siglo (aprox. 350 a 250 a.C.) la ciudad más grande y más próspera de la Grecia continental. Posteriormente, como miembro de la Liga Aquea, Corinto entró en conflicto con Roma. Finalmente, la ciudad fue destruida en el 146 a.C. L. Mummio, cónsul romano, quemó la ciudad, mató a los hombres y vendió a las mujeres y a los niños como esclavos. La ciudad quedó desolada durante cien años.

Julio César la reedificó en el 44 a.C., e inmediatamente se convirtió en una ciudad importante del Imperio Romano. Una ruta naviera terrestre que atravesaba el istmo conectaba los puertos de Lequeo y de Cencrea. La carga de los barcos grandes se desmontaba, se transportaba por el istmo y se volvía a cargar en otros barcos. Los barcos pequeños se trasladaban sobre un sistema de rodillos. Por lo tanto, los barcos podían evitarse 320 km (200 millas) de viaje tormentoso alrededor de la parte sur de la península griega.

Descripción de Corinto en la época de Pablo Cuando Pablo visitó Corinto, la ciudad reedificada tenía poco más de un siglo de antigüedad. No obstante, se había convertido en un centro metropolitano importante. Excepto en el lugar donde la ciudad estaba protegida por el Acrocorinto, el resto estaba rodeado por un muro de unos 10 km (6 millas) de circunferencia. El camino de Lequeo entraba a la ciudad desde el norte y la conectaba con el puerto en el Golfo de Corinto. Cuando el camino entraba en la ciudad se ensanchaba hasta alcanzar más de 6 m (20 pies) con aceras a cada lado. Desde la parte sur de la ciudad salía un camino que se dirigía hacia el sudeste hasta Cencrea.

Llegando a la ciudad desde el norte, el camino de Lequeo atravesaba la Propilea, la hermosa puerta que señalaba la entrada al ágora (mercado). Este era rectangular y contenía muchos puestos de negocios. Una hilera de puestos dividía el ágora en

Columnas del templo de Apolo en Corinto.

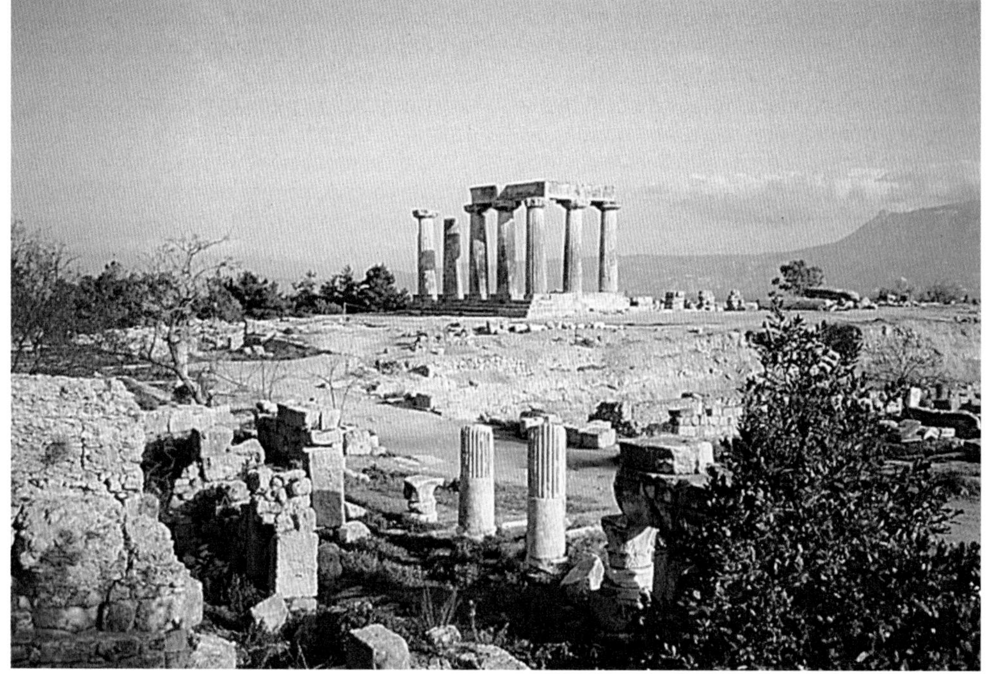

una sección norte y otra sur. El *bema* estaba ubicado cerca del centro de esta línea divisoria, y consistía en una plataforma larga y elevada para los oradores y bancos en la parte posterior y a los costados. Probablemente aquí fue donde Pablo tuvo que presentarse ante Galio (Hech. 18:12-17).

Religiones de Corinto Aunque la ciudad restaurada de la época de Pablo era romana, los habitantes continuaban adorando a los dioses griegos. Al oeste del camino de Lequeo y al norte del ágora se elevaba el antiguo templo de Apolo. Es probable que haya sido destruido por Mummio en el 146 a.C., pero aún se conservan 7 de las 38 columnas originales. Sobre el costado oriental del camino se encontraba el altar a Apolo. En la ciudad también había altares a Hermes, Hércules, Atenea y Poseidón.

Corinto tenía un famoso templo dedicado a Asclepio, el dios de la sanidad, y a su hija Higeia. Alrededor del templo se construyeron varios edificios para los enfermos que acudían para ser sanados. Los pacientes dejaban en el templo réplicas de arcilla de la parte del cuerpo que se les había curado. Entre las ruinas se han hallado algunas de estas réplicas.

El culto pagano más significativo de Corinto era la adoración a Afrodita. Este culto había florecido en la antigua ciudad antes de la destrucción en el 146 a.C., y revivió durante la ocupación romana. En la cima de la Acrópolis estaba ubicado un templo para la adoración a Afrodita.

Resumen La ciudad de Corinto, tal como la encontró Pablo, era cosmopolita y compuesta por personas de diversos trasfondos culturales. Ubicada cerca del sitio de los juegos ístmicos que se llevaban a cabo cada dos años, los corintios disfrutaban tanto del placer de estos juegos como de la riqueza que los visitantes dejaban en la ciudad. Mientras los barcos eran trasladados a través del istmo, los marineros iban a la ciudad a gastar dinero en los placeres de Corinto. Aun en una era de inmoralidad sexual, Corinto era conocida por su estilo de vida de libertinaje. *R. E. Glaze*

CORNALINA Piedra preciosa roja y dura, una variedad de la calcedonia. Se utilizó para decorar al rey de Tiro (Ezeq. 28:13 "cornerina") y podría usarse para describir al que estaba sentado en el trono celestial (Apoc. 4:3) y también a una de las partes que conformaba el muro de la nueva Jerusalén (Apoc. 21:20). Ver *Minerales y metales.*

CORNELIO Centurión del ejército romano que vivía en Cesarea (Hech. 10:1). Aunque era gentil, adoraba al único Dios verdadero. También trataba al pueblo judío con amabilidad y generosidad. Un ángel se le apareció, tras lo cual envió a buscar a Simón Pedro a Jope, quien le llevó el mensaje del perdón de pecados mediante la fe en el Cristo crucificado y resucitado. Como resultado de este incidente Cornelio se convirtió en cristiano. Su conversión señaló el comienzo de la actividad misionera de la iglesia entre los gentiles. También ayudó a preparar el escenario para una importante controversia en los comienzos de la iglesia, ya que hizo surgir la pregunta de la posibilidad de salvación para los que no eran judíos. Ver *Hechos, Libro de los; Pedro.*

CORO Se cree que es una medida de áridos equivalente a un homer o a aprox. 6,3 bushels imperiales (fanegas), aunque las estimaciones varían en gran manera. Tomando como base el sistema métrico, se ha estimado que un coro oscila entre 220 y 450 litros. Aparentemente, representaba la carga que un asno podía acarrear sobre el lomo. Es probable que la medida que aparece en Luc. 16:7 represente una transliteración griega del hebreo *cor.* Ver *Pesos y medidas.*

CORONA Tocado especial que usaban la realeza y otras personas destacadas por su valía y honor. Es probable que haya surgido del turbante o cinta de tela para la cabeza que usaba el líder de una tribu. La cinta finalmente se convirtió en una diadema de metal con o sin ornamentos. Hace unos años, arqueólogos descubrieron en una tumba de Jericó una vincha de cobre o corona que data de alrededor del 2000 a.C.

Tanto el rey como el sumo sacerdote de Israel llevaban coronas, pero se habla más acerca del último que del primero (Ex. 28:36,37; 29:6; Lev. 8:9). La corona de oro de David era parte de un botín (2 Sam. 12:30). El rey llevaba la corona como símbolo de autoridad cuando se sentaba en el trono y en ocasión de liderar a sus fuerzas en combate (2 Sam. 1:10). La palabra corona también se utilizó en sentido figurativo para referirse a la cabeza cana del anciano (Prov. 16:31), a la esposa virtuosa de un hombre (Prov. 12:4), y a la bendición de Dios sobre la humanidad (Sal. 8:5). La palabra ocasionalmente se refería a una guirnalda festiva (Cant. 3:11).

En tanto que la mayoría de las referencias a "corona" en el AT indican el tocado en sí, en el NT generalmente tiene un sentido figurado. Pablo imaginaba una "corona de justicia" para sí mismo y para los demás (2 Tim. 4:8), y Santiago anticipaba la "corona de vida" (Sant. 1:12). Mientras que en aquella época el corredor que triunfaba recibía una guirnalda de hojas de arrayán, Pablo anhelaba una corona futura que no se degradaría (1 Cor. 9:25). Ni siquiera el atleta victorioso recibiría su recompensa a menos que obedeciera las reglas (2 Tim. 2:5). A la inversa, la palabra provoca repulsión cuando leemos que los soldados romanos entretejieron espinas en una corona para la cabeza de Jesús (Mat. 27:29).

En el libro de Apocalipsis, las coronas son tanto reales como figurativas. Los 24 ancianos sentados alrededor del trono de Dios llevaban "coronas de oro" (4:4) y, mientras adoran, "echan sus coronas delante del trono" (4:10). Posteriormente, el dragón de siete cabezas apareció llevando una corona en cada cabeza (12:3 "diadema"), pero oponiéndose a todas las fuerzas del mal estaba el "Hijo del Hombre que tenía en la cabeza una corona de oro" (14:14). En cada ocasión, la corona simboliza poder, ya sea para bien o para mal. *William J. Fallis*

CORONA DE ESPINAS Corona que los soldados romanos hicieron para burlarse de Jesús, el "Rey de los judíos" (Mat. 27:29; Mar. 15:17; Juan 19:2; no se menciona en Lucas). Se desconoce la planta utilizada para trenzar esta corona. Jesús usó en sus enseñanzas la imagen de las "espinas" en sentido negativo (Mat. 7:16; Mar. 4:7, 18; Heb. 6:8). Ver *Plantas.*

CORREA Término correspondiente a una tira de cuero utilizada para sujetar las sandalias (Gén. 14:23; Isa. 5:27; Mar. 1:7; Luc. 3:16; Juan 1:27). Según los rabinos, desatar las sandalias era tarea de un esclavo que no se le podía requerir a un discípulo. Por lo tanto, Juan el Bautista declaró estar ubicado frente a Jesús en una posición más baja aún que la de un esclavo.

CORREDORES Mensajeros (2 Crón. 30:6,10; Est. 3:13; Jer. 51:31) y guardaespaldas reales (1 Sam. 8:11; 22:17; 2 Sam. 15:1; 1 Rey. 1:5; 2 Rey. 10:25; 11:4).

CORREOS Miembros de la guardia real que acarreaban mensajes a lo largo del reino (2 Crón. 30:6,10; Est. 3:13,15; 8:10,14). Los correos romanos tenían poder para confiscar el transporte y obtener ayuda de los ciudadanos del imperio a fin de cumplir con sus obligaciones (Mat. 5:41; Mar. 15:21).

CORRER Metáfora común para describir la lucha por llevar a la práctica la vida cristiana (1 Cor. 9:24-26; Gál. 5:7; Heb. 12:1). En Gál. 2:2, "correr" se aplica específicamente a la lucha de Pablo por evangelizar.

CORRUPCIÓN Término utilizado para indicar la naturaleza transitoria del mundo material, es decir, la tendencia del mundo hacia el cambio y la decadencia (Rom. 8:21; 1 Cor. 15:42-57; 1 Ped. 1:4). La corrupción del mundo se contrasta con la naturaleza permanente y eterna de la esperanza de resurrección.

CORRUPTIBLE Término que algunas traducciones (RVR1960, LBLA) utilizan para describir el cuerpo presente y mortal (1 Cor. 15:42,50,53, 54) que está sujeto a muerte y descomposición. Pablo comparó la corona perecedera que reciben los atletas campeones con la recompensa eterna por la cual competimos los creyentes (1 Cor. 9:25). Primera Pedro 1:7 compara la puesta a prueba de la fe duradera con la del oro perecedero.

CORTINA Trozo de tela o de otro material que a veces se colocaba para poder elevarlo o correrlo hacia los costados y que se colgaba como decorado o para cubrir, esconder o encerrar algo. "Cortina" a menudo se utiliza como sinónimo de "tienda" o "velo" (Cant. 1:5; Isa. 54:2; Jer. 4:20; 10:20; 49:29). El tabernáculo que se construyó para albergar el arca del pacto estaba compuesto por 10 cortinas (Ex. 26:2). Posteriormente, en la historia israelita se utilizaron dos cortinas en el templo para dividir el lugar santo del lugar santísimo. La cortina ("velo") que separaba el lugar santo del santísimo se rasgó de arriba abajo en el momento de la muerte de Jesús, con el fin de manifestar que todas las personas tenían libre acceso a Dios, desde aquel instante en adelante (Mat. 27:51). El escritor de Hebreos habla del velo en el santuario celestial (Heb. 6:19; 9:3). Jesús también abrió esta cortina para Sus seguidores mediante Su muerte (Heb. 10:20).

CORZO Una de las especies de ciervo más pequeñas. Mide aprox. 66 cm (26 pulgadas) del cuello a la cola (1 Rey. 4:23). Ver *Ciervo; Gacela.*

COS Nombre de persona, familia y geográfico que significa "la espina". **1.** Líder de una familia de la tribu de Judá (1 Crón. 4:8). **2.** Familia de sacerdotes (1 Crón. 24:10; comp. Neh. 3:4,21). En la época de Esdras y Nehemías, algunos miembros de esta familia no pudieron demostrar su genealogía y no se les permitió oficiar como sacerdotes (Esd. 2:61). **3.** Isla y su correspondiente ciudad principal, entre Mileto y Rodas, donde Pablo desembarcó brevemente en su viaje de regreso después del tercer viaje misionero (Hech. 21:1). Era un centro de educación, comercio, vino, púrpura, tinturas y ungüentos. Hipócrates fundó allí una escuela de medicina. Es la moderna Kos.

COSAM Nombre de persona que significa "adivinador". Antepasado de Jesús (Luc. 3:28).

COSAS QUE SE ARRASTRAN Traducción española que a veces corresponde a un término hebreo general que designa a animales pequeños que parecen arrastrarse o reptar en el suelo. Los traductores en ocasiones utilizan "cosas que se mueven" u otros equivalentes para la palabra hebrea. El término se aplicaba a todos los animales de la tierra en general (Gén. 1:24-26,28; 7:23; 9:3), a los peces (Sal. 69:34; 104:25; Hab. 1:14), a los animales del bosque (Sal. 104:20) y a "los que se arrastran" (Lev. 11:29-30,44,46, es decir, comadrejas, ratones, lagartijas, caracoles, topos y cocodrilos). Ver *Reptiles*.

COSECHA, FIESTA DE LA Nombre alternativo para la fiesta de los tabernáculos (enramadas) (Ex. 23.16; 34:22). Ver *Fiestas*.

COSMÉTICOS Materiales utilizados para el cuidado y la belleza personal. En el antiguo Cercano Oriente, tanto los hombres como las mujeres usaban cosméticos. Los hombres utilizaban principalmente el aceite, que frotaban en el cabello de la cabeza y de la barba (Sal. 133:2; Ecl. 9:8). Las mujeres usaban preparados cosméticos que incluían pintura para los ojos, talcos, lápiz de labios, ungüentos para el cuerpo y perfumes. En la Biblia sólo hay unas pocas referencias a los cosméticos.

Utensilios, colores y elaboración de cosméticos En excavaciones arqueológicas en Palestina, Egipto y la Mesopotamia se han hallado utensilios de cosmética de vidrio, madera y hueso. En Ur se descubrieron elementos que datan de épocas tempranas como el 2500 a.C. Una escena en un sarcófago en Egipto que data de aprox. el 2000 a.C. muestra a una mujer mientras sostiene un espejo. Lo que se ha encontrado con más frecuencia en Palestina son recipientes o paletas de piedra caliza. Estas generalmente son pequeños recipientes de unos 10 cm (4 pulgadas) de diámetro, con bases lisas y un pequeño agujero achatado en el centro. El borde ancho generalmente estaba decorado con diseños geométricos tallados. Se utilizaban para preparar colores para maquillarse el rostro. La mezcla se hacía con espátulas de hueso o morteros pequeños. Las paletas, posiblemente importadas de Siria, fueron comunes en el norte de Palestina desde aprox. el 1000 a.C. en adelante.

Otra parafernalia descubierta incluye pequeños frascos de vidrio y jarritas de alfarería que se usaban como recipientes para perfume, jarrones de alabastro utilizados para ungir, redomas de marfil, calentadores de cosméticos y cofres de perfumes tales como se menciona en Isa. 3:20. Las mujeres de esa época también usaban peines de marfil, espejos de bronce, ganchillos para el cabello, palillos de kohol (antimonio), cucharas para ungüento y pinzas. En excavaciones realizadas en Laquis se descubrió un objeto que aparentemente es una plancha onduladora de cabello que se remonta hasta aprox. el 1400 a.C. En la Cueva de las Cartas, uno de los escondites de algunos rebeldes de la guerra de Bar Kochba (132–135 d.C.), los descubrimientos incluían un espejo y utensilios femeninos cosméticos de vidrio, madera y hueso.

Los colores para los preparados cosméticos provenían de diversos minerales. El ocre rojo se utilizaba para colorear los labios. El blanco se obtenía del carbonato de plomo. El color verde para párpados derivaba de la turquesa o la malaquita, y el negro a menudo se sacaba del sulfato de plomo. El kohol o manganeso se utilizaba para delinear los ojos. Los colores también se producían a partir de marfiles, betún y maderas quemadas.

Los fabricaban artesanos expertos. Importaban gran parte de la materia prima de la India y de Arabia. Los aceites para cremas para la piel se extraían de olivos, almendros, calabazas, otros árboles y plantas, y de la gordura de animales y peces. Las fragancias se obtenían de las semillas, las hojas de plantas, las frutas y las flores, especialmente las rosas, los jazmines, la menta, los bálsamos y la canela.

Pintura para los ojos Las mujeres se pintaban los párpados para que sus ojos parecieran más grandes (Jer. 4:30). Tal vez haya tenido cierto valor medicinal al prevenir la sequedad del párpado o alejar las moscas que transmitían enfermedades.

No obstante, las referencias bíblicas a menudo parecen asociar la práctica de pintarse los ojos con mujeres de reputación cuestionable (2 Rey. 9:30; Ezeq. 23:40).

Los polvos para colorear los ojos se guardaban en pequeñas bolsas, cañas, carrizos que parecían tubos de piedra, o jarros pequeños. La referencia a la hija de Job, "Karen-hapuc", que significa "cuerno de antimonio o pintura de ojos" (Job 42:14), indica que los polvos también se acarreaban en cuernos. Los polvos se mezclaban con agua o resina y se aplicaban en los párpados con varillas pequeñas hechas de marfil, madera o metal. Las mujeres egipcias preferían los colores negro y verde, y se pintaban el párpado superior de negro y el inferior de verde. Las mujeres de la Mesopotamia preferían los amarillos y los rojos. Se trazaban líneas negras gruesas alrededor de los ojos para darles un aspecto almendrado.

Ungüentos y perfumes Las cremas, los ungüentos y los perfumes eran especialmente importantes en el clima cálido del Cercano Oriente. Las cremas protegían la piel del calor del sol y contrarrestaban los olores corporales. Los ungüentos se aplicaban en la cabeza (Mat. 6:17) o en todo el cuerpo (Rut 3:3) como parte de la higiene personal. Se consideraban parte del proceso de embellecimiento (Est. 2:12). Ungirse la cabeza con aceite era señal de regocijo (Sal. 45:7). En los servicios de adoración, la unción constituía una parte especial de la consagración (Ex. 30:30-32). Dios había dado la fórmula y era un secreto sacerdotal (Ex. 30:22-38). Los profetas utilizaban ungüentos para ungir a los nuevos reyes. Elías ungió a Jehú (2 Rey. 9:3), y Joiada a Joás (2 Rey. 11:12). En la época neotestamentaria, un buen anfitrión demostraba hospitalidad al ungir a las visitas con aceites (Luc. 7:37-50). Estos se usaban a veces para ungir a los enfermos (Sant. 5:14). Los ungüentos perfumados formaban parte de los preparativos para la sepultura (Mar. 14:8; Luc. 23:56).

El uso del perfume es una práctica antigua. La primera mención registrada se encuentra en la tumba de la reina Hatsheput del siglo XV a.C., quien había enviado una expedición a la tierra de Punt para buscar incienso. Herodoto (450 a.C.) mencionó los artículos aromáticos de Arabia. En el caso de los magos de Oriente que le llevaron presentes al niño Jesús, la ofrenda de incienso simbolizaba divinidad.

Los perfumes que se mencionan en la Biblia incluyen los áloes (Núm. 24:6), la resina (Ezeq. 27:17), la canela (Prov. 7:17), el incienso (Isa. 43:23; Mat. 2:11), la mirra (Cant. 5:5; Mat. 2:11) y el nardo (Juan 12:3). Los perfumes derivaban de la savia o resina del árbol (incienso, mirra), de la raíz (nardo) o del tronco (canela). A menudo eran costosos y se importaban de Arabia (incienso, mirra), de la India (áloes, nardo) y de Ceilán (canela).

Los perfumes se podían elaborar como polvos y se guardaban en bolsas (Isa. 3:20), o en forma de aceites que se colocaban en frascos de alabastro, tal como el nardo con el que María ungió a Jesús (Juan 12:3). También se podían obtener en su forma natural como goma o esferas de resina. Cuando tenían esta forma, se los colocaba en braseros para cosméticos y se quemaba la resina. En espacios cerrados o pequeños, el humo resultante del incienso actuaba a manera de fumigación tanto para el cuerpo como para la ropa, tal como es el caso que parece describirse en el proceso de embellecimiento mencionado en Est. 2:12. Ver *Perfume, perfumador; Ungir.*

Darlene R. Gautsch

COZBI Nombre de persona que significa "mi falsedad". Mujer madianita a la que Finees asesinó en la tienda que compartía con un hombre israelita llamado Zimri (Núm. 25:15). Cuando ambos, Zimri y ella, fueron ejecutados, la plaga que estaba arrasando con los israelitas se detuvo.

COZEBA Nombre geográfico que significa "engañoso". Hogar de los descendientes de Judá (1 Crón. 4:22). Su ubicación es incierta.

CREACIÓN La naturaleza de la enseñanza bíblica sobre la creación es a la vez teológica, doxológica y fáctica. Teológicamente, la Biblia refuta las teorías cosmológicas paganas tanto antiguas como modernas: este mundo no es la realidad definitiva. Doxológicamente, la creación no sólo declara la gloria de Dios sino que incluso la enseñanza sobre la creación en las Escrituras se presenta como una alabanza a Dios. Por ejemplo, los eruditos reconocen la agradable simetría literaria en la estructura de los días de la creación en el Génesis. Desde el punto de vista fáctico, los textos bíblicos revelan algo de las actividades creativas y formativas de Dios en este mundo. Por lo tanto, aunque la doctrina de la creación es más que ciencia, no por eso es anticientífica. De lo contrario, la teología y la doxología bíblicas no tendrían fundamento. En realidad, estos énfasis se asocian en la doctrina creacionista como un tema central a lo largo de la Biblia.

El mensaje de la creación Dios es eterno y trascendente; la creación no lo es (Gén. 1:1; comp. las referencias de Jesús al "principio de la creación que Dios creó" Mar. 13:19; comp. Mat. 19:4; Mar. 10:6). Todas las cosas le deben su existencia (Isa. 44:24; 45:12; Sal. 33:6; Apoc. 4:11) a la obra de Dios Padre, Hijo y Espíritu Santo (comp. Gén. 1:1; Juan 1:1; Gén. 1:2), que tiene a Cristo como agente preeminente de la creación (Juan 1:10; Col. 1:16). La enseñanza bíblica da a entender que Dios creó el mundo de la nada (Heb. 11:3). A diferencia de Dios, cualquier cosa creada puede ser afectada; sólo lo que Dios desea continuará existiendo (Heb. 1:3; 12:27; Col. 1:17).

C

A pesar de estar actualmente sujeta a la corrupción ética y material, la creación de Dios aún lleva las marcas originales de su condición completamente buena (Gén. 1:31; 1 Tim. 4:4). La raza humana es la única que disfruta del privilegio de llevar la imagen divina (Gén. 1:27, todas las personas subsiguientes, aunque no fueron creadas directamente como Adán y Eva, se consideran obra especial de la mano de Dios; Sal. 89:47; comp. Sal. 102:18). El propósito (Col. 1:16) y el diseño divinos (por ejemplo, la determinación del tiempo mediante el movimiento de los cuerpos celestes en Gén. 1:14) dominaron la creación. Esta habla de la gloria de Dios en pleno contraste con el hombre (Sal. 8; 19:1-4).

La desfiguración de la creación, por lo tanto, no es original. Debido al pecado de Adán, la creación acarrea ahora evidencias de su sujeción a la vanidad, su esclavitud a la corrupción, su gemido y su sufrimiento (Rom. 8:20-22). Sin embargo, la obra de Dios continúa dando testimonio fiel de Su poder eterno y de Su naturaleza divina, a pesar de la rebelión e idolatría de una raza que decide alejarse de este conocimiento revelado (Rom. 1:18-23). La buena noticia es que, aunque la imagen de Dios se vio afectada a causa de la caída, esa misma imagen se está renovando (Col. 3:10; Ef. 4:24) en aquellos que son nuevas criaturas en Cristo (2 Cor. 5:17; Gál. 6:15). Un día, toda la creación será liberada para poder entrar en la libertad de la gloria futura de los hijos de Dios (Rom. 8:20-22). Por lo tanto, así como Adán lo anticipó en forma simbólica, Cristo es el verdadero prototipo para los redimidos (Rom. 5:14; 1 Cor. 15:45).

Cuidado al interpretar las Escrituras y la ciencia La enseñanza escritural sobre la creación se ha vuelto objeto de análisis minucioso y de duda, especialmente desde la época de la Ilustración. En la actualidad, textos bíblicos importantes se consideran comúnmente errores precientíficos o mitología. En este entorno, los maestros y los predicadores de la doctrina creacionista pueden esperar cuestionamientos sobre la veracidad de la Biblia en relación a las "ciencias" física y literaria.

Los críticos de historia normalmente opinan que el relato de la creación de Génesis depende de las narraciones paralelas de la Mesopotamia y Egipto. No obstante, ninguna de las diversas reconstrucciones de dependencia del Génesis ha obtenido consenso entre los eruditos. Indudablemente existen historias de la creación que en algunos aspectos son similares a Génesis, pero en las comparaciones a menudo se ignoran ciertas diferencias, incluso algunas fundamentales. Por ejemplo, el monoteísmo sereno del Génesis se eleva como un alivio sobresaliente ante el politeísmo turbulento que se hallaba comúnmente en los relatos babilónicos. Algunos puntos de contacto entre el Génesis y otros relatos creacionistas se deben tal vez al repudio bíblico hacia las ideas paganas en aquellas cosmogonías.

Lo que se ha convertido en una acusación normal de los críticos de la Biblia es que el Génesis no sólo contiene mitología sino que incluso está constituido en sus capítulos iniciales por dos relatos mitológicos y conflictivos de la creación. En un intento por explicar los dos primeros capítulos como si fueran una recopilación de una fuente de información y de la tradición, la conjetura común es que una fuente sacerdotal (S) que destaca Gén. 1:1–2:4a está en conflicto con el relato yahveísta (J) del resto del capítulo 2. Sin embargo, una tendencia creciente entre los eruditos es rechazar la opinión de que estos capítulos representan dos relatos opuestos de la creación. La congruencia de la estructura literaria de ambos capítulos indica la presencia de tradiciones unificadas y no separadas. Los estudios retóricos también dan a entender que ambos capítulos presentan una narrativa unitaria. Y los estudios comparativos indican que las historias de los orígenes de Sumeria y Babilonia se narraban en dos partes que consistían en presentar el relato general seguido de otro más detallado. Todo esto respalda la opinión tradicional: el capítulo 2 presenta una elaboración más detallada de los temas del capítulo 1.

Con el surgimiento de la ciencia moderna se ha lanzado otro desafío a la doctrina bíblica de la creación. Un concepto muy común es que las enseñanzas bíblicas y las científicas son diametralmente opuestas, o que son completamente irrelevantes entre sí. Sin embargo, una opinión más sana que requiere mayor cuidado y dedicación es que las Escrituras y la ciencia se complementan mutuamente cuando se las interpreta de manera correcta. Se conocen muy bien los errores interpretativos del pasado y la comprensión incompleta de la ciencia y de la Biblia. Por ejemplo, Isaac Newton estaba equivocado en cuanto a su teoría corpuscular de la luz. El fenómeno cuántico continúa dejando perplejo nuestro entendimiento. En una época, los intérpretes bíblicos creían que la Biblia enseñaba acerca de un universo geocéntrico (también la creencia científica de aquella época). También permanecen muchos enigmas interpretativos de la Biblia tales como la creación de la luz antes del sol y las estrellas en Génesis 1, o cuándo y dónde ubicar la fecha de la creación. Lo que sí es claro es que la iglesia no se debe someter al escepticismo ni a las dudas interpretativas acerca de la veracidad bíblica y que, al mismo tiempo, debe resistir las tendencias pasajeras de interpretación.

La iglesia también debe permanecer firme frente a los puntos de vista mundanos especulativos que se disfrazan de verdad científica. La Biblia ciertamente parece reconocer la variabilidad genética dentro de los diversos órdenes de criaturas (por ej., puesto que todos los seres humanos han descendido de Adán y Eva, sólo existe una raza humana; comp. Hech. 17:26). Pero la doctrina escritural de la creación rechaza la plasticidad casi infinita de las especies tal como lo postula el darwinismo (observar que la reproducción es "según su género"; ver Gén. 1:11,12). Es vital reconocer que el rechazo de cualquier posibilidad de diseño que reclama la teoría macroevolutiva desaparece frente al relato bíblico de la creación y no se puede armonizar con él.

Los cristianos están agradecidos cuando la ciencia, intencionalmente o no, arroja confirmación a la verdad escritural (por ej., la cosmología reciente ha comenzado a debatir nuevamente si existen evidencias de una creación *ex nihilo*). Sin embargo, la fe en la palabra de Dios revelada en las Escrituras es, en definitiva, esencial para entender el origen de todas las cosas (Heb. 11:3). La verdad revelada de la obra creadora soberana de Dios es un asunto terminado que no depende de la comprensión incompleta y defectuosa de los seres humanos (Sal. 119:89-91). *Ted Cabal*

CREACIÓN Y CIENCIA El precoz progreso de la ciencia se ha hecho posible mediante el método científico que incluye observar un fenómeno, formular una hipótesis para explicar la observación y realizar un experimento para obtener información a fin de afirmar la validez de esa hipótesis. Estos pasos ilustran dos principios importantes de la ciencia. Primero, la ciencia se limita al presente. Sin importar lo sofisticado que sea el equipamiento científico, nunca permitirá que una persona analice datos que no correspondan al tiempo presente. El científico puede examinar los artefactos, catalogarlos y efectuar suposiciones utilizando las técnicas historiográficas, pero nunca puede realizar un experimento controlado para discernir lo que sucedió en el pasado.

Segundo, el método científico proporciona información independiente del punto de vista del científico. Un científico que sea creyente (y hay muchos) arribará exactamente a las mismas conclusiones que un ateo si utiliza el método científico. La ciencia no depende de un sistema de creencias en particular y no es, por lo tanto, dominio exclusivo de los evolucionistas. De aquí que es un error intentar catalogar el debate entre los evolucionistas y los creacionistas como si fuera una disputa de la ciencia frente a la religión o de los hechos en contra de la fe.

En la actualidad, la evolución se presenta como una teoría en crisis. Los experimentos para demostrar la manera en que la vida surgió de la no vida dentro de un caldo primigenio y prebiótico han dejado a todos los evolucionistas sin ninguna explicación en cuanto a la presencia de la vida en la actualidad. El experimento de Stanley Miller del año 1953 en el que produjo algunos aminoácidos, ya no se considera válido aunque aún aparezca como prueba de la evolución en los libros de texto de todas las universidades. Miller presuponía que la atmósfera primitiva de la tierra era reducida y contenía gases de amonio y metano, pero que no había oxígeno. Como él era químico, sabía que una atmósfera reducida era absolutamente necesaria si se iban a formar espontáneamente algunas moléculas. Una nueva interpretación de datos (desde una perspectiva evolucionista) sugiere que en la tierra primitiva se encontraba presente una atmósfera neutral producida por gases volcánicos. Estos gases no forman ningún bloque productor de vida en el aparato de Miller. Como para complicarles las cosas a los evolucionistas, ciertos artefactos (rocas y agua) sugieren que el oxígeno ciertamente estaba presente desde muy temprano. El evolucionista A. G. Cairns-Smith ha demostrado que la producción de elementos químicos de existencia natural, puros y utilizables para desarrollar moléculas, sería imposible en las aguas de la tierra primitiva (*Seven Clues to the Origin of Life* [Siete pistas para el origen de la vida], Cambridge University Press, 1985, p.43).

Uno se debe preguntar: "Si fue posible que se formaran bloques productores de vida, ¿pudieron estos ensamblarse espontáneamente para formar un célula viviente?" Sir Fred Hoyle calculó esta posibilidad (que es un número bastante conservador) y determinó que existe sólo una chance en $10^{40.000}$ de que una célula se pueda ensamblar para formar moléculas orgánicas (*The Universe: Past and Present Reflections* [El universo: Reflexiones pasadas y presentes], University College, 1981). La mayoría de los científicos consideran que las posibilidades mayores al 10^{50} son imposibles. Francis Crick, el biólogo ganador del Premio Nobel por haber descubierto la estructura del ADN, determinó que los cuatro mil millones de años que los evolucionistas determinaron se necesitaban para la evolución, no constituían suficiente tiempo para que la vida surgiera de un caldo primigenio (*Life Itself: Its Origin and Nature* [La vida misma: Su origen y naturaleza], Simon & Schuster, 1981).

Los defectos de la teoría darwiniana continúan manifestándose. Darwin escribió: "Si se pudiera demostrar que existe un órgano complejo que posiblemente no se haya formado mediante modificaciones numerosas, sucesivas y leves, entonces mi teoría se destruiría por completo" (*The Origin of the Species* [El origen de las especies], New York University Press, 1988, p.154). ¿Cómo le va a Darwin en el día de hoy? Hay dos líneas de investigación científica que proveen evidencias contra la posición de Darwin.

La primera demuestra que las mutaciones no desarrollan genes nuevos. Pierre-Paul Grassé, antiguo presidente de la Academia de Ciencias, declaró que las mutaciones son sólo cambios triviales que resultan de la alteración de genes ya existentes, mientras que la evolución creadora requiere la síntesis de genes nuevos (*Evolution of Living Organisms* [La evolución de los organismos vivientes], Academia Press, 1977, p.217). Sus estudios proporcionan evidencia de que las mutaciones no se extienden a generaciones subsiguientes alejadas de un punto de partida sino que, en cambio, esas generaciones se mantienen dentro de límites firmemente establecidos. Las bacterias, a pesar de sus innumerables mutaciones, no han excedido el marco estructural dentro del que siempre han fluctuado y aún lo hacen. Lee Spetner no sólo ha confirmado estos hallazgos sino que además ha demostrado que las mutaciones dan como resultado una pérdida de información genética; exactamente lo opuesto a lo que pronosticaba el darwinismo. Spetner llegó a esta conclusión: "La imposibilidad de observar siquiera una mutación que agregue información es más que un simple fracaso en hallar un respaldo para la teoría. Es evidencia en contra de la teoría" (*Not by Chance: Shattering the Modern Theory of Evolution* [No por casualidad: Cómo hacer trizas la teoría moderna de la evolución], Judaica Press, 1998, p.160). Peor aún, una pieza clave de evidencia sostenida durante mucho tiempo como "prueba" de la evolución mediante mutación fue el desarrollo de la resistencia antibiótica de las bacterias. La resistencia antibiótica se desencadena despertando un gen que ya está presente en la bacteria. El resultado es que no existe absolutamente ninguna mutación.

La otra línea de prueba científica que desacredita la evolución es la complejidad irreductible. El esquema de Darwin, que va de lo simple a lo complejo, no ha soportado el escrutinio científico. El bioquímico Michael Behe declaró que la complejidad irreductible no sólo se extiende a la célula sino también a las partes que la constituyen (*Darwin's Black Box: The Biochemical Challenge to Evolution* [La caja negra de Darwin: El desafío bioquímico a la evolución], Free Press, 1996). Es decir, la célula no se pudo haber desarrollado mediante un proceso de pasos simples. Para que la célula funcionara, debía contar con toda su complejidad desde el principio. De otra manera, habría sido basura orgánica carente de funcionalidad. El famoso ejemplo de la trampa para ratones de Behe ilustra la falacia de que es mejor tener parte de un ojo (órgano, músculo, etc.) que no tenerlo en absoluto. Tener parte de un ojo no funciona mejor que tener sólo partes de una trampa para ratones. Uno sencillamente no espera atrapar menos ratones cuando falta la mitad de las partes de una trampa. La complejidad irreductible hasta en las porciones más pequeñas exige un Creador inteligente que, por Su sabiduría, creó una asombrosa célula compleja para confundir la sabiduría del mundo.

La imposibilidad de que la vida aparezca espontáneamente es un problema insuperable para los evolucionistas pero se adecúa con claridad a la verdad que declaran las Escrituras en cuanto a que Dios, en el comienzo, creó la vida. La razón por la que la vida parece ser un "principio" organizado que se autodesarrolló dentro de un plan definido se debe a que Dios, el Gran Diseñador, formó la vida con intrincado detalle. Dios no creó la célula y puso las cosas en movimiento (evolución teísta) sino que Dios creó toda cosa viviente tal como Él lo dijo en los dos primeros capítulos de Génesis.

En tanto que los puntales de la evolución se derrumban, la creación continúa siendo la única explicación realista de la vida. Explica de la mejor manera las evidencias proporcionadas hoy por los artefactos, tales como la ausencia de formas transicionales de vida de lo cual dan testimonio los registros fósiles. Los eslabones perdidos entre los peces y los anfibios, entre los anfibios y los reptiles, etc., dentro del registro fósil no aparecen porque no existen. Dios creó las especies para que se reprodujeran según su género. Aun así, Dios diseñó la diversidad genética dentro de la célula que permite observar variaciones dentro de los géneros.

Si la evolución se encuentra en esta condición, ¿por qué hay tantos que se aferran a ella? Resulta ser que la discusión no es entre la creación y la ciencia. La discusión se ubica en un nivel filosófico. El pensamiento racionalista deja de lado lo sobrenatural y busca otras explicaciones aparte de la obra de un Creador perfectamente sabio quien dejó su sello en el diseño de la creación. ¿Debe la teoría del hombre racionalista y falible moldear nuestro pensamiento, o deberíamos reconocer a Dios quien es nuestro Creador soberano y creer en Su palabra?

David Mapes

CRÉDITO, TARJETAS DE CRÉDITO Aunque las tarjetas de crédito no existían en el mundo bíblico, el crédito sí, y la Biblia habla con gran firmeza tanto contra la práctica imprudente de tomar prestado como también contra las tasas de interés exorbitantes.

La actitud bíblica en cuanto a tomar prestado se halla resumida en Proverbios 22:7, donde tomar prestado equivale a ser siervo del que presta. Pablo enseñó que es mejor no deber a nadie nada. No obstante, la Biblia reconoce que a veces ciertos préstamos pueden ser necesarios, y por lo tanto aconseja contra las tasas de interés injustas (Sal. 15:5; Prov. 28:8; Ezeq. 18:8,13). A los que toman prestado y no devuelven se los llama "impíos" (Sal. 37:21), y habrán de comparecer cuando haya que rendir cuentas (Hab. 2:6,7).

Las inminentes dificultades sociales y económicas cuando se toman prestadas grandes cantidades ya habían sido anticipadas en la ley de Moisés, que ordenaba a los israelitas no cobrar interés sobre préstamos a conciudadanos (Ex. 22:25; Deut. 23:19,20; comp. Neh. 5:7-12). Esta práctica va contra la moderna industria bancaria y la crediticia, y lo mismo sucede con la máxima de Jesús de prestar sin esperar devolución (Luc. 6:34). Ver *Préstamo.*

Paul H. Wright

CREER Ver *Fe.*

CREMACIÓN La idea de cremación aparece en el AT cuando se habla de quemar los huesos (1 Rey. 13:2; 2 Rey. 23:16,20; Amós 2:1). En la antigua Israel, la muerte en la hoguera se reservaba como castigo para los peores criminales (Gén. 38:24; Jos. 7:15,25; Lev. 20:14; 21:9). Tanto la hoguera como la cremación, es decir quemar el cuerpo después de muerto, tenían el estigma de ser aborrecibles a ojos israelitas. Y como quemar huesos humanos se consideraba la profanación más extrema de los muertos (1 Rey. 13:2; 2 Rey. 23:16,20), estaba sujeto a castigo divino (Amós 2:1).

Por razones sanitarias, los antiguos griegos cremaban cuerpos luego de una plaga o una batalla, o lo hacían para prevenir que los enemigos mutilaran a los muertos. Entre los israelitas existía una actitud similar, y eso tal vez explica por qué se quemaron los cuerpos de Saúl y sus hijos (1 Sam. 31:12; comp. 2 Sam. 21:11-14). La cremación de Saúl también refleja el rechazo de Dios para con su reino ignominioso. Cuando Amós (6:9,10) describió la quema de cuerpos después de una batalla, evidentemente por razones sanitarias, procuró describir los horrores que debían enfrentar las víctimas de la guerra.

Los cristianos primitivos vacilaban en practicar la cremación porque entendían que el cuerpo era el templo del Espíritu Santo (1 Cor. 6:19), pero reconocían que la cremación no tiene efectos en la integridad de nuestro estado eterno (Apoc. 20:13).

Paul H. Wright

CRESCENTE Nombre de persona que significa "creciendo". Cristiano compañero de labor de Pablo que había ido a Galacia cuando se escribió 2 Timoteo (2 Tim. 4:10).

CRETA Isla montañosa larga y estrecha ubicada al sur de la Grecia continental. Mide 270 km (170 millas) de este a oeste pero el ancho nunca se extiende más de unos 60 km (35 millas). Creta era el centro del imperio marítimo minoico que lleva su nombre en honor al legendario rey Minos, y que estaba especialmente relacionado con los famosos palacios de Knossos y Festos que florecieron desde el 2000 al 1500 a.C. Esta civilización artísticamente brillante se derrumbó en forma repentina, quizá debido a un terremoto seguido de la conquista alrededor del 1400 a.C., pero quedaron tablillas escritas en los textos europeos más antiguos que se conocen y que incluyen el "A Linear" indescifrado y el protogriego "B Linear" aparentemente posterior que también se hallaron en la región continental. Los egipcios conocían a los minoicos de Creta como "Keftiu", que probablemente equivalga a la región bíblica denominada "Caftor", aunque el término de la Biblia tal vez corresponda a una referencia más amplia que incluye zonas costeras e islas de la región del Egeo. Los filisteos llegaron a Palestina desde Caftor (Jer. 47:4; Amós 9:7) y es probable que hayan formado parte de los "pueblos del mar" migratorios en extremo más que de los cretenses propiamente dichos.

En la época griega clásica, Creta tenía muchas ciudades-estado, pero éstas desempeñaron un papel menor en la historia griega dominante. Antes de la ocupación romana en el 67 a.C., se había convertido en un centro de piratería. Bajo el gobierno romano pasó a formar parte de una provincia doble, Creta y Cirene, bajo el mando de un gobernador que llevaba el título de "procónsul" y regía sobre la isla y la costa opuesta del norte de África desde la capital romana llamada Gortyna. Esta ciudad ya había estado entre los lugares a los cuales los romanos habían apelado un siglo antes pidiendo trato justo para las minorías judías (1 Mac. 15:23). Los cretenses se mencionan entre los presentes en Jerusalén el día de Pentecostés (Hech. 2:11), y es probable que el evangelio haya llegado por primera vez a la isla por intermedio de ellos.

Pablo hizo el viaje a Roma como prisionero en un barco romano que transportaba granos. El trayecto recorría la ruta al sur de Creta, y esto proporcionaba protección parcial frente a los vientos del noroeste y evitaba el peligro de la costa de sotavento sobre la ribera norte, aunque incluía la necesidad de luchar contra vientos intensamente adversos. El viaje ya había sido muy lento y peligroso durante la estación veraniega de

Un puerto en Creta, por donde probablemente pasó Pablo en su viaje desde Cesarea a Roma.

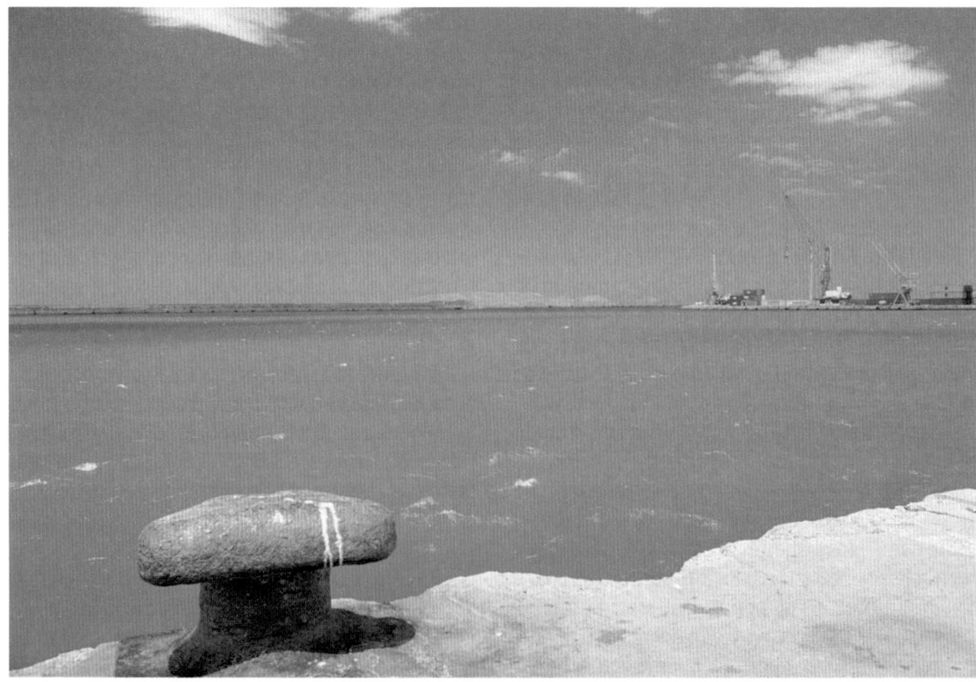

navegación. El barco viró en Salamina, el cabo oriental de Creta, y llegó dificultosamente hasta Buenos Puertos, un ancladero pequeño cerca de la ciudad de Lasea (Hech. 27:8). En ese lugar, el concilio de emergencia convocado por el centurión y el capitán del barco desechó el consejo de Pablo y realizó un intento riesgoso para llegar a Fenice, un puerto común de mantenimiento de los barcos graneros ubicado a unos 65 km (40 millas) más al oeste. El viento suave del sur dio lugar a otra corriente violenta del noreste (Euroclidón, Hech. 27:14) cuando salieron de la zona protegida por el cabo Matala (Loukinos) hacia una bahía abierta, y el barco quedó a la deriva; solamente pudo realizar algunas tareas de emergencia yendo a sotavento frente a la isla de Claude para luego naufragar frente a Malta.

La única referencia a Creta aparte de ésta en el NT está en la epístola a Tito, a quien Pablo había dejado en ese lugar para que ejerciera una supervisión pastoral en las iglesias de la zona (Tito 1:5). El carácter de los nativos se describe en una cita de un profeta perteneciente a ellos: "Los cretenses, siempre mentirosos, malas bestias, glotones ociosos" (Tito 1:12). Estas palabras se le atribuyen al veedor cretense Epiménides, a quien también se le imputa haber aconsejado a los atenienses levantar altares a los dioses desconocidos (comp. Hech. 17:23).

Es difícil saber cuándo Pablo (o Tito) visitó Creta aparte del viaje que hizo como prisionero. Es difícil ubicar las ocasiones en que se escribieron las Epístolas Pastorales (a Timoteo y Tito) durante la vida de Pablo tal como se registra en Hechos. La respuesta más satisfactoria para esta dificultad pareciera ser que Pablo fue liberado de su encarcelamiento de dos años en Roma (Hech. 28:30) y que realizó otros viajes en el Oriente que sólo se pueden esbozar en estas epístolas. Es probable que en este último período de su vida haya concentrado su tarea en establecer y fortalecer las iglesias a lo largo de la Grecia oriental.

Colin J. Hemer

CRETENSES Habitantes de Creta. Ver *Creta*.

CRIATURA Algo que tiene vida, ya sea animal o humano. La frase utilizada en la Biblia hebrea, *nephesh chayah*, se traduce "criatura", "viviente [cosa, alma]" y "bestia". En Gén. 2:7 se utiliza en relación con la humanidad y se traduce "ser viviente". En todas las otras referencias, la frase se aplica solamente a los animales. Puesto que el mismo término se usa para la humanidad y otras criaturas, los intérpretes creen que se emplea haciendo alusión a la composición física similar (misma materia), más que a la relación con Dios más elevada que es exclusiva de los seres humanos.

Mike Mitchell

CRIBA Instrumento utilizado para remover materiales indeseables de la arena o los granos. Las piedrecillas o la paja quedan en la criba, mientras que la arena o los granos la atraviesan. Dios les advirtió a los israelitas que los pondría en una criba de juicio y que ninguno pasaría porque no eran grano bueno (Amós 9:9).

CRÍMENES DE GUERRA Acciones ilegales de naciones, ejércitos e individuos en tiempo de batalla y pelea. Claramente, algunas prácticas de guerra –antiguas y modernas– exceden toda sensatez (p. ej. 2 Sam. 8:2; Sal. 137:9). Puede ser de ayuda rotular tales actos con terminología moderna como "crímenes de guerra" o "purificación étnica." Amós declaró que hacer la guerra para deportar poblaciones enteras como esclavos o masacrar mujeres y niños israelitas merecía el juicio de Dios (Amós 1:6,9). Del mismo modo, Moisés reconoció que la emboscada de Amalec a los israelitas por la retaguardia, cuando estaban cansados e indefensos, no debía quedar sin castigo (Deut. 25:17-19). Más problemática es la respuesta de Dios de que Israel destruyera a Amalec de la misma forma, incluyendo a sus mujeres y niños indefensos (1 Sam. 15:1-3; comp. Sal. 137:9), o su orden de aniquilar a los cananeos (Deut. 7:2). De alguna manera, la elección de Israel como nación por parte de Dios (Gén. 12:1-3; Ex. 19:5,6) invalidó el derecho de otras naciones de dañar a Israel. La ley mosaica incluía reglamentos de guerra con el propósito de que los enemigos de Israel pudieran rendirse (Deut. 20:1-20) y de que se pudieran salvaguardar los derechos de las mujeres cautivas (Deut. 21:10-14).

Paul H. Wright

CRISOL Recipiente para derretir o purificar hecho probablemente de alfarería y que se utilizaba para refinar la plata. El crisol se usa en la Biblia como símbolo de la purificación de las personas (Prov. 17:3; 27:21).

CRISÓLITO Mineral que compone la séptima piedra del cimiento de la Nueva Jerusalén (Apoc. 21:20). El griego *chrusolithos* significa "piedra dorada", lo que indica que es de color amarillo. Era, por lo tanto, topacio, berilo o zirconio amarillo. El crisólito moderno es verde y no es idéntico al crisólito bíblico (comp. Ezeq. 1:16). Ver *Joyas, alhajas; Minerales y metales.*

CRISOPRASO Mineral que formaba la décima piedra del cimiento de la Nueva Jerusalén (Apoc. 21:20). La palabra griega significa literalmente "puerro verde". Gema, de veta fina y verde manzana o cuarzo coloreado con óxido de níquel, y sumamente transparente. Puede parecerse más a la calcedonia moderna que a cualquier otro mineral actual. Ver *Joyas, alhajas; Minerales y metales.*

CRISPO Nombre de persona que significa "crespo". Líder de la sinagoga de Corinto (Hech. 18:8) y uno de los pocos a los que Pablo bautizó personalmente (1 Cor. 1:14). La tradición de la iglesia dice que se convirtió en obispo de Egina.

CRISTAL Cuarzo casi transparente que puede ser incoloro o levemente matizado. Es la traducción moderna de varias palabras hebreas y griegas que describen algo valioso (Job 28:17 "diamante"), un cielo despejado (Ezeq. 1:22), un mar o río calmo (Apoc. 4:6; 22:1), o la brillantez de la nueva Jerusalén (Apoc. 21:11). Los traductores difieren en cuanto a su uso en los diversos pasajes.

CRISTIANO El sufijo griego *-ianos* se aplicaba originariamente a los esclavos. Pasó a referirse a los adherentes a un individuo o partido. Un cristiano es un esclavo o partidario de Cristo; uno consagrado a Cristo; un seguidor de Cristo. El término se utilizó tres veces en el NT. A los creyentes "se les llamó cristianos por primera vez en Antioquía" porque en su comportamiento, actividad y forma de hablar eran semejantes a Cristo (Hech. 11:26). Agripa respondió al testimonio de Pablo diciendo: "Por poco me persuades a ser cristiano" (Hech. 26:28). Hablaba de convertirse en partidario de Cristo. Pedro declaró que los creyentes que sufrían como cristianos tenían que hacerlo para la gloria de Dios (1 Ped. 4:16). Un cristiano es aquel que se convierte en partidario de Cristo cuya vida diaria y comportamiento al enfrentar la adversidad son semejantes a Cristo.

Darrell W. Robinson

CRISTO, CRISTOLOGÍA "Cristo" es el término español para el griego *Christos*, "el ungido". La palabra hebrea es *Mashiach*, Mesías. Cristología es un término compuesto por las palabras griegas *Christos* y *logos* (palabra, discurso). Cristología entonces es el estudio de la persona de Jesucristo, el Hijo de Dios (quién es) y de su obra (lo que hizo y hace).

Antecedente veterotestamentario y judío Ver *Mesías.*

Jesús como el Cristo en los Evangelios Los Evangelios presentan retratos de Jesús que son singulares y a la vez complementarios. Las presentaciones de los Sinópticos (Mateo, Marcos y Lucas) son similares, mientras que la de Juan es significativamente diferente. Los Sinópticos dan menos importancia al título "Cristo" de lo que podríamos esperar. Jesús no hace alarde de Su condición de Mesías ni declara abiertamente serlo debido a que no se presenta como el rey guerrero de Israel que libertaría a Palestina del dominio romano. Sí declaró ser aquel en quien el reino de Dios estaba presente (Mar. 1:14,15; Luc. 11:20). Sus parábolas anunciaban tanto la llegada como el carácter del reino, y a través de ellas enseñaba cómo ser hijos de Dios (Mat. 13; Mar. 4). Sanar a los enfermos, resucitar a los muertos y echar fuera demonios fueron demostraciones de Su poder divino y de la presencia de Dios en Su ministerio (Luc. 5:17). Su enseñanza sobre la oración demostró que era consciente de que Dios era Su Padre de manera exclusiva e íntima. Llamaba a Dios "Abba" ("mi querido Padre"), palabra que los hijos judíos utilizaban afectuosamente con relación a un padre (Mar. 14:36; Luc. 10:21,22; 11:2). Su misión era anunciar el reino venidero que estaba unido a Su muerte sacrificial y sustitutoria en la cruz (Mar. 8:31,32; 9:31; 10:32-34; Luc. 9:51; 13:32-35). El reino de Dios sólo podía venir a través de la cruz, y la voluntad de Dios sería hecha mediante su Siervo e Hijo ungido (Luc. 4:16-19). Ver *Abba.*

Puesto que la redención incluía a un Mesías sufriente, Jesús adoptó una actitud reservada en cuanto al título "Cristo". Cuando Pedro confesó "Tú eres el Cristo" (Mar. 8:29), la respuesta de Jesús fue que lo mantuvieran en secreto. Él no lo negó, pero se alejó de las expectativas nacionalistas judías en cuanto a un Mesías libertador (Mar. 10:35-45; Luc. 24:19-21). Aun los discípulos abrigaban esa esperanza (Hech. 1:6). En el juicio de Jesús ante el Sanedrín, les respondió que Él era el Cristo, el Hijo del Bendito, y luego agregó el título de "Hijo del Hombre" (Mar. 14:61,62). No obstante, ante Pilato fue más cauto (Mat. 26:63,64; Mar. 15:2; Luc. 22:67,68) y no se identificó con ninguna idea política mesiánica. Jesús fue sentenciado a muerte sobre la base de una acusación falsa de ser un mesías político y rival de Roma (Mar. 15:26,32). En cambio, Jesús consideraba su misión como "Hijo del hombre" (Mar. 10:45), representante de Dios que sufre, es leal a la verdad, compartiría el trono de Dios (Dan. 7:13,14) y era el Siervo de Dios sufriente (Isa. 42:14; 49:5-7; 52:13–53:12). En Su bautismo (Mat. 3:13-17; Mar. 1:9-13; Luc. 3:21-22), la voz de Dios reveló la clase de Mesías que era. "Este es mi Hijo amado" (comp. Sal. 2:7) es mesiánico. "En quien tengo complacencia" (Mat. 3:17; comp. Isa. 42:1) proviene de los primeros cánticos del Siervo sufriente. Su condición de Mesías se concretó por medio de Su sufrimiento y Su muerte, al ser Él quien cargó con los pecados. Como Jesús sabía cuál era Su identidad y cuál Su misión mesiánica, miró con confianza más allá del rechazo por parte de los suyos (Juan 1:11) y la muerte en la cruz, seguro de que Dios lo reivindicaría mediante Su resurrección corporal de entre los muertos.

El Evangelio de Juan efectúa una contribución singular a la cristología. Mateo y Lucas narran acontecimientos relacionados con la concepción y el nacimiento virginal (Mat. 1–2; Luc. 1–2) de Jesús. Juan, por el contrario, enfatiza la encarnación del Hijo divino, el Verbo (*Logos*) de Dios (Juan 1:1-18). La cristología de los Sinópticos es "desde abajo", comenzando con el nacimiento de Jesús; la cristología de Juan es "de lo alto", empezando con el Verbo preexistente (*Logos*) que estuvo con Dios en la creación y que era Dios (1:1-2). Juan 1 y Colosenses 1 presentan la cristología más elevada del NT. El trasfondo del uso que hace Juan del término Logos son los conceptos veterotestamentarios de la "Palabra" y la "Sabiduría" (Prov. 8) de Dios. El Verbo es: el agente de la creación (Juan 1:1-3; comp. Gén. 1:1; Sal. 33:6-9); el agente de la revelación (Juan. 1:4; comp. Gén. 12:1; 15:1; Isa. 9:8; Jer. 1:4; Ezeq. 33:7; Amós 3:1); eterno (Juan 1:1-2; comp. Sal. 119:89) y el agente de la redención (Juan 1:12,29; comp. Sal. 107:20). En Prov. 8, mucho de esto se atribuye a la sabiduría. Esta estaba con Dios en el principio y estaba presente en la creación (Prov. 8:22-31). Gén. 1–2 y Prov. 8 proporcionan el contexto del AT para el prólogo de Juan (1:1-18). Jesús hablaba y enseñaba como un hombre sabio. Gran parte de Su discurso fue sapiencial y utilizó muchas formas tradicionales de sabiduría (incluso parábolas y proverbios). Jesús se presenta a sí mismo como un hombre sabio, y otros también se refieren a Él de ese modo (Mat. 12:42; 13:54; Mar. 6:2; Luc. 2:40,52; 11:31; 21:15; Juan 1:1-4; Rom. 11:33-36; Col. 2:2,3; Apoc. 5:12; 7:10-12). Además se presenta como la sabiduría misma de Dios (1 Cor. 1:22-24,30; 2:6-8). Esta cristología de la sabiduría es un rasgo importante del retrato neotestamentario de Jesús. Juan también descubrió que *Logos* era una palabra valiosa que le permitía hablar en forma unitaria a diversas culturas al mismo tiempo, tales como los judíos y los griegos. Para estos, el Logos era el principio ordenador del universo. El Verbo (Jesús) del prólogo de Juan se hizo carne (1:14) y le ha explicado al hombre lo invisible de Dios (1:18).

Juan también desarrolla su cristología en torno a siete señales y siete expresiones "Yo soy", todas las cuales apuntan a la naturaleza divina del Hijo. Las señales eran milagrosas, pero la importancia que le otorga Juan está en que demostraban quién era Jesús.

LAS SIETE SEÑALES DE JUAN

2:1-11	Jesús convierte el agua en vino.
4:46-54	Jesús sana al hijo de un noble.
5:1-16	Jesús cura a un paralítico.
6:1-15	Jesús alimenta a los 5000.
6:16-21	Jesús camina sobre el agua.
9:1-41	Jesús sana a un ciego.
11:1-57	Jesús resucita de los muertos a Lázaro.

LAS SIETE DECLARACIONES "YO SOY"

"YO SOY el pan de vida" (6:35,41,48,51).
"YO SOY la luz del mundo" (8:12).
"YO SOY la puerta de las ovejas" (10:7,9).
"YO SOY el buen pastor" (10:11,14).
"YO SOY la resurrección y la vida" (11:25).
"YO SOY el camino, la verdad y la vida" (14:6).
"YO SOY la vid verdadera" (15:1,5).

En Juan 8:58, Jesús declara ser el "YO SOY" del AT. No encontramos ninguna declaración más directa en cuanto a la deidad. Juan también desarrolla una teología de gloria mediante el sufrimiento del Mesías (12:27,28; 17:1-5). En Juan se enfatiza que Jesús era consciente de ser el Hijo del Padre, aunque esto no está ausente en los Sinópticos. La deidad de Jesús llega a su clímax mediante la exclamación de Tomás al final de Juan, "¡Señor mío, y Dios mío!" (20:28).

Este concepto se proclamó en la iglesia apostólica (Hech. 2:22-36; 8:26-40) y fue expuesto con mayor claridad en manos de teólogos neotestamentarios como Pablo (Rom. 3:24-26) y el autor de Hebreos (Heb. 8–10).

C

Cristología: Métodos Cualquier estudio de cristología debe considerar la metodología. Algunos comienzan con la formulación de credos que confiesan a Jesucristo como "verdaderamente Dios" y "verdaderamente humano", "completo en Deidad y completo en humanidad" (por ej., de Nicea y de Calcedonia) y luego retroceden hasta la cristología de la iglesia primitiva y del NT. Este método es cristología "desde arriba". El enfoque alternativo, la cristología "desde abajo", comienza con los registros históricos y la información teológica del NT y detalla la interpretación cristológica de la iglesia antes que aparecieran los credos. En otros palabras, ¿es ontológica (que se ocupa del papel trascendente de Cristo en relación con Dios, con el mundo o con la iglesia) la teología neotestamentaria? ¿o acaso es primeramente funcional (ante todo interesada en relacionar a la persona de Jesucristo con Sus logros como Salvador y Señor en el contexto del ministerio terrenal)?

Los dos métodos tienen distintos puntos de partida. El primero pregunta, "¿Quién es Cristo y cuál es su relación con Dios?" El segundo hace surgir las preguntas: "¿Qué hizo el Jesús humano y cómo llega la iglesia a considerarlo Dios al otorgarle títulos de divinidad?" O: "¿Es correcto denominar a Jesús Hijo de Dios porque me salva" (cristología funcional), o "me salva porque Él es Dios"? (cristología ontológica). Los dos enfoques alcanzan el mismo objetivo y ambos están presentes en el NT.

Juan, especialmente en el prólogo de su Evangelio (1:1-18), pone mayor atención en la cristología ontológica, igual que otros textos clásicos de cristología. Filipenses 2:6-11 expone la unión hipostática y la doctrina de la kenosis; Col. 1:15-23 y 2:9,10 presentan al Hijo como la misma imagen (*eikon*) de Dios y el Creador en quien habita toda la plenitud (*pleroma*); y Heb. 1:1-3 confirma a Cristo como el resplandor de la gloria de Dios y la representación exacta de la naturaleza divina. Es imposible defender el argumento que dice que la iglesia primitiva se interesaba poco o nada en la naturaleza ontológica de Jesús y en su condición de Hijo de Dios. La cristología "desde lo alto" estuvo presente desde el comienzo de la iglesia primitiva.

No obstante, la cristología desde abajo también es valiosa, y fue la manera en que los apóstoles y la iglesia primitiva conocieron a Jesús y entendieron quién era y qué hizo. Es sorprendente que un pueblo aferrado al monoteísmo llegara a afirmar que la vida de Cristo sin pecado (2 Cor. 5:21; Heb. 4:15), Su deidad y Su muerte en la cruz eran necesarias como expiación por el pecado de la humanidad.

El curso de la cristología del Nuevo Testamento Los primeros creyentes fueron judíos que aceptaron a Jesús por la fe como Mesías y Señor resucitado (Hech. 2:32-36). El reconocimiento hacia Jesús surgió de la convicción de que Su resurrección y exaltación, la nueva era del triunfo de Dios prometido en el AT, ciertamente había amanecido y las Escrituras (Sal. 110:1; Isa. 53:10-13) se habían cumplido. La cruz requería una explicación ya que la forma en que murió Jesús estaba en contraposición directa con las expectativas mesiánicas judías de ese tiempo. Deuteronomio 21:23 declara que cualquiera que fuera colgado de un madero moría bajo la maldición de Dios (comp. Gál. 3:13). La iglesia primitiva respondió de dos maneras: afirmando que el rechazo de Cristo se predijo en el AT (Sal. 118:22; Isa. 53), y que la resurrección reivindicó al Hijo de Dios y lo instaló en el más alto lugar de honra y poder (Fil. 2:5-11). La primera cristología tenía dos ideas centrales: Él es el Hijo de David en su ascendencia humana, y en la resurrección es el Hijo de Dios con gran poder (Rom. 1:3, 4). Sus afirmaciones mesiánicas implícitas durante Su vida terrenal se pusieron de manifiesto en Su resurrección y exaltación, y Su naturaleza se reveló gloriosamente. Más aún, la venida del Espíritu Santo en Pentecostés autenticó la nueva era que Jesús inauguró (Hech. 2:16-21; comp. Joel 2:28).

A nivel práctico, esta opinión acerca de la vida y la resurrección de Jesús les dio a los creyentes una relación personal con Jesús como realidad presente. Él no fue una figura del pasado, sino actual. La primera oración cristiana que se registra es "*Marana tha*" ("el Señor viene", 1 Cor. 16:22). Al estar dirigida al Señor resucitado, lo hace igual a Jehová, el Dios del pacto con Israel (Rom. 10:9-13; comp. Hech. 7:55,56,59) y lo hace también digno de adoración.

Además, las Escrituras del AT ponen luz a la verdadera identidad de Jesús y explican cómo Él usó el título "Hijo del Hombre". Tomado de Dan. 7:13-18, Hijo del Hombre es un título de autoridad y dignidad, dos ideas confirmadas por la resurrección (Hech. 7:56). Aunque rara vez lo utilizaron otras personas aparte de Jesús, la iglesia preservó esta enseñanza por varias razones: (1) para demostrar de qué manera malinterpretaron y rechazaron a Jesús como un mesías falso, pero que como el "Hijo del Hombre", Él inaugura el reino de Dios y comparte el trono divino; (2) para señalar la forma en que Jesús introdujo una nueva era de revelación que no estaba ligada a la ley de Moisés sino universalizada para todas las personas. El "Hijo del Hombre" es cabeza de un reino universal, que sobrepasa en gran medida las estrechas expectativas judías (Dan. 7:22,27), y (3) para hallar un impulso misionero que llevara a los creyentes a evangelizar a los no judíos (Hech. 7:59–8:1; 11:19-21; 13:1-3).

Esa era la misión de la iglesia en el mundo de la cultura y la religión greco-romanas. El título más destacado era "Señor", que se utilizaba para dioses y diosas. De más importancia aún, "Señor" designaba la honra y la divinidad del culto al emperador. Ambos aspectos resultaron útiles para la aplicación del término Señor, el título cristológico más común de Jesús. Utilizado previamente con referencia a Yahvéh en el AT griego, ahora se aplicaba al Cristo exaltado y se convertía en un punto de contacto útil entre los cristianos y los paganos familiarizados con sus propias deidades (1 Cor. 8:5,6). Posteriormente, "Señor" se convirtió en la piedra angular de la lealtad cristiana a Jesús cuando las autoridades romanas requerían que se le rindiera homenaje al emperador como ser divino, tal como sucede en Apocalipsis cuando el emperador Domiciano (81–96 d.C.) se proclamó señor y dios (Apoc. 17:14).

En Hebreos se observa otro aspecto de la cristología neotestamentaria. El autor de esta epístola demuestra la irrevocabilidad de la revelación de Cristo como Hijo de Dios y gran "sumo sacerdote" (5:5; 7:1–9:28), un tema exclusivo de este libro. Junto con Pablo (Rom. 3:25) y Juan (1 Jn. 2:2; 4:10), Hebreos ve la obra de Cristo como propiciación (satisfacción) por el pecado (Heb. 2:17). Hebreos también afirma que en Su muerte en la cruz, Jesús nos limpió de nuestros pecados (1:3), quitó el pecado (8:12; 10:17), soportó nuestros pecados (9:28), ofreció un sacrificio por los pecados una vez y para siempre (10:12), hizo ofrenda por el pecado (10:18), y anuló el pecado mediante Su sacrificio (9:26). El Hijo se hizo cargo del pecado en todos los aspectos.

Aun en estas maravillosas confesiones (Rom. 9:5; Tito 2:13; 1 Jn. 5:20), la iglesia nunca transigió en su creencia en la unidad y la singularidad de Dios (Deut. 6:4-6), una herencia cristiana proveniente de los judíos y elemento esencial del monoteísmo del AT. Jesús y el Padre son uno (Juan 10:30). Jesús, el Verbo, está con Dios y es Dios. Hay unidad en esencia pero distinción entre personas. Jesús no era una deidad nueva ni un rival que competía con el Padre (Juan 14:28; 1 Cor. 11:3; Fil. 2:9-11). La adoración de la iglesia está correctamente dirigida a ambos, junto con el Espíritu Santo. La iglesia neotestamentaria enseñó y practicó esto sin entrar en una profunda reflexión teológica acerca de las relaciones de la Deidad. No se ha explicado cómo se relacionan los dos lados (humano y divino) de la persona de Jesús. Los escritores le dejaron un rico legado a la iglesia que constituyó la sustancia de los debates trinitarios y cristológicos que condujeron a los concilios de Nicea (325 d.C.) y de Calcedonia (451 d.C.), donde se decretó y expresó que Jesucristo es "Dios de Dios, Luz de Luz, el mismo Dios del mismo Dios", y que las dos naturalezas de Cristo están unidas en una sola Persona. Esta declaración de fe ha permanecido como la posición esencial de la iglesia desde ese entonces, una verdadera confesión de una cristología cuyas raíces se encuentran en el terreno de las Santas Escrituras. Ver *Hijo de Dios; Mesías; Señor.*

Daniel L. Akin, Ralph P. Martin y Charles W. Draper

C

CRÍTICA TEXTUAL, ANTIGUO TESTAMENTO

La crítica textual (en ocasiones denominada "baja crítica") es el estudio de copias de cualquier obra cuyo original ya no existe. Es importante destacar que la palabra "crítica" no tiene una connotación negativa en este contexto. Tiene que ver más bien con estudio y análisis cuidadoso. Cuando se aplica al AT, se refiere al esfuerzo continuo por estudiar del modo más completo posible el texto hebreo antiguo del AT. Han sobrevivido miles de copias de todo o parte del AT hebreo, pero hace sólo algunas décadas que casi todas se presentaron en un texto realmente uniforme y estable. Desde mediados del siglo XX se han realizado interesantes descubrimientos que amplían nuestro conocimiento sobre el desarrollo del texto hebreo original y la historia de su transmisión.

Los Rollos del Mar Muerto son el hallazgo más famoso y consta de aprox. 40.000 fragmentos que representan alrededor de 600 documentos, de los cuales 200 son textos bíblicos. Además antedatan en 1000 años los mss más antiguos del AT con que contábamos, y son de una importancia incalculable. Pero además se encontraron mss en la fortaleza judía de Masada, en Muraba'at cerca del Mar Muerto, en la Geniza (habitación para guardar textos antiguos a fin de darles un destino apropiado) de una sinagoga de El Cairo, y dos amuletos de plata pequeños que contenían una cita del libro de Números. Esto demuestra que realmente existió un proceso pero también que el posterior texto consolidado (el texto masorético) es sumamente exacto. Más del 90% del texto ha sido sólidamente acreditado, y las dudas significativas atañen sólo a un pequeño porcentaje de variantes. Por lo tanto, los críticos textuales del AT están mejor equipados que nunca para resolver cuestiones sobre pasajes difíciles. Ver *Biblia, Textos y versiones.*

Como en la crítica textual del NT, los mss pueden estudiarse y evaluarse con datos derivados del cotejo de mss. Cotejar el texto consiste en compararlo con un texto base o estándar y registrar cada una de las diferencias. Los lugares donde los mss difieren se denominan variantes o variantes de lectura. El objetivo final es establecer cuál es el texto original en cada lugar donde aparece una variación.

A diferencia de la crítica textual del NT, la del AT trata algunas cuestiones no relacionadas con las palabras del texto dado que los mss hebreos contienen anotaciones marginales que son producto de una antigua práctica de crítica textual. Estas lecturas marginales arrojan luz sobre la transmisión del texto y ayudan a la crítica textual a decidir cuál es la probable versión original.

Al igual que la crítica textual del NT, la del AT hebreo también se guía por "cánones", aunque levemente diferentes. Esta tarea es una ciencia y un arte al mismo tiempo, y no es posible evitar cierto grado de subjetividad. Dado que el texto es tan similar en su totalidad, la crítica textual del AT se refiere mayormente a detalles e incongruencias de poca relevancia. Los mss deben evaluarse ("medirse") por su trascendencia y no por la cantidad. Se toma en cuenta la evidencia interna (literaria) de los mss estudiados (por ej. tendencias de los copistas, estructura literaria, gramática, sintaxis, modelos quiásmicos, patrones acrósticos y estructura de las oraciones). También se pesa la evidencia externa (histórica) (por ej. fecha y lugar de escritura y relaciones con otros mss). Se procura llegar a la lectura más apropiada para el contexto inmediato. Por lo general, se prefiere la versión que pueda explicar mejor la existencia de otras variantes, es decir, las versiones más distintivas y más breves. Las primeras traducciones del AT hebreo (griego antiguo y Septuaginta griega, distintas versiones del tárgum arameo, Peshitta siríaca [aramea] y latín) también son valiosas ya que en ocasiones representan un ejemplar hebreo muy antiguo. Ver *Crítica textual, Nuevo Testamento.*

Actualmente, la crítica del AT está más activa que nunca. El texto erudito actual, la *Biblia Hebraica Stuttgartensia*, se basa en el Códice de Leningrado (1009 d.C.) y está siendo objeto de una revisión. La nueva edición, la *Biblia Hebraica Quinta*, se completará en un futuro cercano. Se ha publicado una muestra (Rut). Una nueva edición, la *Biblia Hebraica Leningradensia*, también basada en el Códice de Leningrado, fue preparada por la universidad de Tel Aviv. La tan esperada *Hebrew University Bible* (Biblia de la Universidad Hebrea), basada en el Códice de Alepo (930 d.C.) ha estado en desarrollo desde 1955. Se han publicado los libros de Isaías y Jeremías. Todas estas ediciones son "diplomáticas", es decir, están basadas en un solo ms. A pesar de contar con un aparato crítico con variantes de lectura, no son realmente textos ecléctico o críticos (basados en el estudio de muchos mss). La selección que realizaron los editores de las versiones recuperables más antiguas se conserva en uno de los numerosos aparatos críticos anexos. Existen varias tradiciones textuales en los numerosos mss de la Biblia hebrea y están en proceso de estudio. Sin embargo, todos los textos actuales dan prioridad a una de las ramas del texto masorético, la correspondiente a la familia de ben Aser de los masoretas de Tiberias. Si bien debemos reconocer que se convirtió en un texto estandarizado y está bien preservado, es un texto crítico producido hace mucho tiempo, cuando se carecía de los recursos con que actualmente cuentan los eruditos. Sería posible producir un texto hebreo realmente ecléctico, una verdadera *editio critica maior* si se emplean todas las fuentes disponibles de mss. La *Oxford Hebrew Bible* (Biblia Hebrea Oxford) de Oxford University Press pareciera tener como objetivo la producción de un texto ecléctico. Más allá de todo esto, la próxima generación tendrá impresas las mejores fuentes que jamás se hayan tenido a disposición para realizar un estudio meticuloso del texto hebreo del AT.

Algunos sostienen que hay que priorizar el texto de ben Chayim del AT hebreo por encima del masorético tradicional ya que lo consideran el *Textus Receptus* del AT. Los argumentos que respaldan esta postura no son convincentes dado que el objetivo de Jacob ben Chayim era recuperar el texto masorético de Aarón ben Moses ben Aser, que es exactamente lo que contienen los códices de Leningrado y de Alepo. Ver *Textus Receptus.*

Charles W Draper

CRÍTICA TEXTUAL, NUEVO TESTAMENTO

La crítica textual (en ocasiones llamada "crítica baja") es el arte y la ciencia de reconstruir el texto de una obra que ya no existe en su forma original. Es importante destacar que la palabra "crítica" no tiene connotación negativa. Se refiere a cuidadosos métodos de estudio y análisis. Cuando se aplica al NT, el objetivo final es determinar con el mayor grado posible de detalle y exactitud, mediante un exhaustivo estudio y comparación de todos los mss existentes, cuál es el texto original de cada libro. Esto se logra principalmente mediante una comparación de los mss y la evaluación de datos derivados de dicha comparación. Cotejar consiste en comparar el ms con un texto base letra por letra y registrar cada diferencia. Se trata de determinar cuál es el texto original mediante una comparación de la mayor cantidad posible de mss y la determinación de todos los lugares donde difieren (llamados variantes o variantes de lectura). Este proceso de comparación y evaluación es el elemento principal para la reconstrucción del texto original.

Otros objetivos incluyen el seguimiento de la transmisión histórica del texto (establecer el texto que se utilizó en determinados momentos y lugares) y la determinación de las relaciones entre diferentes mss (a fin de separarlos en grupos, familias y tipos de textos). Esto permite comprender mejor las situaciones y controversias teológicas que se produjeron durante los primeros siglos de la historia cristiana y en el desarrollo de la doctrina cristiana a través del tiempo.

Es importante recordar que antes de la invención de la imprenta, todas las copias de las Escrituras se hacían a mano, y todas las copias manuscritas extensas de un mismo documento difieren entre sí. Ninguna copia manuscrita de ningún libro ni grupo de libros del NT es idéntica a otra. Sin embargo, tenemos motivos ilimitados para creer que cada lectura original ha sobrevivido en algunos mss. Por eso la crítica textual estudia la mayor cantidad posible de mss.

Los mss del NT griego generalmente contienen un grupo de libros: Evangelios, Epístolas Paulinas, Hechos y Epístolas Generales, o Apocalipsis (que por lo general circulaba de manera independiente). En un momento, menos de 60 mss contenían la totalidad del texto del NT griego. Existen seis tipos de mss útiles para establecer cuál es el texto original del NT griego. Los mejores y más antiguos están escritos en papiros. Se han identificado cerca de 115 papiros, muchos de los cuales datan del siglo II. La mayoría posee una breve cantidad de texto, aunque algunos son extensos. Los mss unciales están escritos con letras de gran tamaño similares a las mayúsculas. Los grandes códices antiguos, el Sinaítico, el Vaticano y el Alejandrino, son mss unciales. Se han identificado más de 300 mss unciales que datan de los siglos IV al X. Los papiros y los unciales son las fuentes más importantes. Los mss "minúsculos" están escritos en un estilo de letra cursiva que se desarrolló después del siglo VIII. Se conocen más de 2800 minúsculos que datan de los siglos IX al XVI. Los leccionarios son textos del NT arreglados según un esquema de lecturas anuales para la adoración colectiva. Datan de los siglos VIII al XVI, pero algunos son valiosos ya que fueron copiados de un ejemplar mucho más antiguo. Mediante un estudio de sus citas de la Biblia, se han clasificado más de 2400 leccionarios. Es posible determinar los textos que utilizaron los primeros padres de la iglesia. Como algunos de estos textos son bastante antiguos, constituyen una fuente muy valiosa. Las primeras traducciones del NT griego a otras lenguas (versiones) pueden resultar muy útiles ya que se tradujeron a partir de mss antiguos que ya no existen. Entre las versiones antiguas más importantes se incluyen las escritas en latín, siríaco, copto, armenio, georgiano, etíope y eslavo. Ver *Biblia, Textos y versiones.*

Una familia o grupo de mss tiene una ilación bastante estrecha y exhibe similitudes asombrosas análogas a un parecido entre familiares. Un tipo de texto posee una base más amplia con patrones definidos de lecturas comunes. Los tipos textuales se desarrollaron en determinadas regiones donde ejemplares similares se utilizaron en reiteradas ocasiones para copiar el NT. Se han identificado cuatro tipos de textos.

El tipo de texto alejandrino (egipcio), que la mayoría de los eruditos considera el mejor y más antiguo, se origina en la labor de escribas bien entrenados que vivieron en los alrededores de Alejandría, Egipto, durante el siglo II. Los mejores papiros más antiguos y los primeros mss en pergamino son de esta clase. El tipo de texto occidental también se originó en el siglo II y tuvo amplia difusión. Se caracteriza por presentar adiciones y paráfrasis que señalan un proceso de copia más libre y menos estricto. El texto occidental de Hechos es aprox. un 10% más extenso que el alejandrino. El tipo de texto cesariano probablemente se haya originado cuando el padre de la iglesia, Orígenes (siglo III), llevó consigo los textos egipcios desde Alejandría a Cesarea en Palestina y más tarde a Jerusalén, donde se utilizaron como ejemplares para copiar el NT griego. El cesariano tiende a mezclar versiones que son claramente alejandrinas y occidentales. Es el menos homogéneo de todos los tipos de texto y algunos eruditos cuestionan su existencia.

El tipo de texto más tardío es el bizantino (también llamado koiné, sirio o antioqueño), que no apareció hasta fines del siglo IV. Los mss bizantinos más antiguos que aún existen pertenecen al siglo V. Según una versión del NT griego realizada por Luciano de Antioquia en Siria a fines del siglo III, el texto bizantino combinaba deliberadamente elementos correspondientes a tipos de texto más antiguos (práctica denominada refundición de versiones). Luciano y otros editores posteriores deseaban producir un texto completo, unificado y fácil de leer. Para la época en que se originó el tipo de texto bizantino, los otros tipos ya estaban establecidos, hecho que queda demostrado por ausencia de versiones marcadamente bizantinas en mss anteriores. Por lo tanto, el texto bizantino es de índole secundaria. Sólo en muy raras ocasiones (dos) una versión claramente bizantina privilegia una lectura original por sobre otros tipos de texto. El bizantino está representado en la gran mayoría de los mss del NT que sobrevivieron y se convirtió en la versión estándar de las iglesias ortodoxas griegas. Esta estandarización y preponderancia de los mss bizantinos se produjo principalmente porque la iglesia de Occidente abandonó el griego para utilizar el latín. Las iglesias del Este continuaron utilizando la lengua griega y el NT griego se siguió copiando en este idioma. La existencia de una gran cantidad de estos mss no significa que sean mejores ni que representen el texto original. Evidentemente no es así. Los mss deben ser estimados por el valor y no la cantidad. Una gran cantidad de mss de mala calidad no implica que el texto sea mejor. Ver *Textus Receptus*.

Las variantes en la lectura sólo se producen en un 5% del texto griego del NT y, por lo tanto, todos los mss coinciden en un 95%. Sólo unas 2100 variantes se pueden considerar “significativas” y en ningún caso cuestionan o ponen en duda la doctrina cristiana. Sólo se cuestiona el 1,67% de la totalidad del texto griego del NT. Esto nos asegura que el actual texto ecléctico o crítico del NT griego (un texto ecléctico o crítico es el que se basa en el estudio de la mayor cantidad posible de mss) se ha confirmado en más del 99% de su contenido. En realidad, hay más variaciones entre algunas traducciones de la Biblia al español que entre los mss del NT griego. La palabra de Dios es infalible e inerrante en sus copias originales (mss), que han desaparecido en su totalidad. Los críticos textuales del NT griego continuarán su labor hasta que, si es posible, quede establecida sin lugar a dudas la lectura original de cada porción cuestionada.

Los críticos textuales trabajan en función de ciertos procedimientos llamados “cánones de crítica textual”. Las variantes en la lectura se clasifican en intencionales o involuntarias y significativas o insignificantes. La inmensa mayoría de las variantes son involuntarias e insignificantes, y tienen que ver con disparidades ortográficas. Las variantes de lectura importantes de los mss se evalúan mediante un estudio de la evidencia interna (literaria) relacionada con ese ms en particular (por ej. prácticas y cuestiones estilísticas de los escribas), y de la evidencia externa (histórica) (por ej. fecha, distribución geográfica y relación con otros mss). Las variantes involuntarias pueden ser resultado de errores de visión, audición, falta de concentración o criterio del escriba. Las variantes intencionales generalmente se producen cuando el copista pensó que mejoraba el texto al realizar cambios ortográficos o gramaticales, cambios para uso litúrgico (adoración), cambios al corregir la geografía o la historia, o al armonizar pasajes paralelos (especialmente en los Evangelios Sinópticos). En ocasiones, las citas del AT se ampliaban y se agregaban complementos naturales (por ej. cambiar Jesús por Señor Jesús o Señor Jesucristo). En alguna ocasión los cambios se realizaban por cuestiones doctrinales. La mayoría procuraba que el texto fuera más ortodoxo (según lo que el escriba interpretaba como ortodoxia). Esta explicación puede parecer poco ortodoxa, pero en general, los copistas eran muy escrupulosos y cuidadosos en cuanto a ser fieles al texto que estaban copiando.

Al evaluar la evidencia interna, el factor clave quizás consista en determinar qué versión explica mejor la existencia de otras lecturas. Por lo general se prefiere la versión más difícil ya que es probable que los escribas intentaran que la lectura fuera más fácil de entender y no más complicada. También se prefieren las versiones más breves ya que era bastante más frecuente la adición de texto que la exclusión. Al considerar la evidencia externa, generalmente se prefieren los mss más antiguos porque son resultado de un proceso de copiado más corto y, por lo tanto, más fiel al original. El lugar de origen, si se conoce, es importante, como así también las afinidades textuales con las diferentes familias de mss y tipos de texto. Cuanta mayor distribución geográfica haya tenido determinada versión en la antigüedad, mayor es la probabilidad de que sea original. Se considera toda la evidencia, se evalúan versiones de mss pertenecientes a todo tipo de textos y se decide cuál es la probable versión original. La crítica textual es una ciencia pero también un arte, y la subjetividad no puede eliminarse por completo. Por eso, los críticos textuales trabajan en cooperación a fin de tomar en cuenta todas las perspectivas y para que las parcialidades inevitables no determinen el resultado final.

Existen dos NT griegos críticos que se utilizan comúnmente: el de Nestle/Aland (actualmente en la 27ª edición: N/A27) y el de las Sociedades Bíblicas Unidas (actualmente en la 4ª edición revisada: UBS4). El NT de Nestle/Aland se inició con el trabajo de Erwin Nestle a fines del siglo XIX, labor que fue continuada luego por su hijo Eberhard. Más tarde, Kurt Aland y una comisión se hicieron responsables de dicho NT. En 1966, las Sociedades Bíblicas Unidas produjeron una edición del NT griego para que fuera utilizada principalmente por estudiantes y traductores. Desde 1979, el texto de estos dos NT griegos ha sido el mismo y supervisado por la misma comisión. La diferencia reside en el aparato crítico que los acompaña. En un aparato crítico, las variantes de lectura importantes y la evidencia que las apoya se colocan al pie de cada página para que cada estudiante del NT griego pueda evaluarla. El aparato crítico del N/A27 contiene más variantes y es, por lo tanto, más útil para los eruditos. El del UBS4 contiene menos variantes pero proporciona más evidencias sobre cada una de ellas, y esto lo convierte en más útil para estudiantes y traductores. En el UBS4, las lecturas del texto en los lugares donde hay variantes se califican según el grado de certeza (A, B, C, D) mediante el voto de la comisión editorial.

A medida que se recopilan y comparan más mss, la información se ingresa en bases de datos para evaluar la posibilidad de incorporarla en futuras ediciones del NT griego. Un gran esfuerzo internacional denominado Proyecto del Nuevo Testamento Griego Internacional (*International Greek New Testament Project*) trabaja actualmente en una nueva edición crítica del NT griego. El Evangelio de Lucas se ha completado, el de Juan está casi listo y se continúa la labor en el libro de los Hechos. El trabajo es coordinado por muchos reconocidos eruditos, entre ellos el Dr. Bill Warren, Director del Centro de Estudios Textuales del Nuevo Testamento (*Center for New Testament Textual Studies*) del Seminario Teológico Bautista de Nueva Orleáns. El Centro de Nueva Orleáns lidera este esfuerzo.

Hay más copias de todo o parte del NT griego que de cualquier otro texto antiguo (aprox. 5700). Eruditos de otros tipos de literatura antigua desearían poder acreditar de manera tan completa los textos que estudian como sucede con el texto del NT griego, pero no lo logran porque sólo cuentan con pocas copias que sobrevivieron o, en el mejor de los casos, algunos cientos. Por lo tanto, el texto griego del NT es el documento antiguo mejor acreditado y más preciso que existe. Podemos estar seguros de que la Biblia que utilizamos, basada en los textos críticos del NT griego y el AT hebreo, es la verdadera Palabra de Dios. Ver *Biblia, Textos y versiones; Crítica textual, Antiguo Testamento.*

Charles W. Draper

CRÓNICAS DE LOS REYES DE ISRAEL Y JUDÁ Fuentes de información que el escritor de 1 y 2 Reyes menciona como recursos que los lectores pueden utilizar para obtener más datos acerca de los diversos reyes mencionados (1 Rey. 14:19). Estos no son los libros bíblicos de 1 y 2 Crónicas. Es probable que hayan sido registros oficiales de la corte recopilados para ser utilizados por cada uno de los reyes. Aparentemente, dichos registros estuvieron a disposición del autor de Reyes, que escribió después de la destrucción de Jerusalén, pero no están disponibles en la actualidad. Ver *Reyes.*

CRÓNICAS, LIBROS DE Los libros de 1 y 2 Crónicas son el primer y el segundo libro de una serie de cuatro que incluye Esdras y Nehemías. Estos cuatro libros proporcionan una historia amanuense (sacerdotal) de Israel desde la época de Adán (1 Crón. 1:1) hasta la reconstrucción de la casa de Dios y de los muros de Jerusalén, y la restauración del pueblo en la adoración a Dios conforme a la ley de Moisés (Neh. 13:31). El énfasis especial está en la bendición de la casa de Dios en Jerusalén sobre la cual Dios había establecido Su nombre para siempre (2 Crón. 7:16). David halló que Israel era como ovejas dispersas. En su condición de pastor escogido por Dios y linaje a través del cual Dios iba a edificar su casa, David procuró ordenar la vida de Israel en torno a la adoración a Dios. Bajo dirección divina, convirtió a Jerusalén en su capital (1 Crón. 11:4-9), trasladó el arca a la ciudad (1 Crón. 16:1) y comenzó los preparativos para la construcción del templo (1 Crón. 22:1,2). Su hijo Salomón edificó el templo (2 Crón. 2:1), y Zorobabel, su hijo en generaciones subsiguientes, lo reedificó (Esd. 3:8). Los "hijos" intermedios de David que se desempeñaron como reyes de Judá fueron juzgados en función de su fidelidad a Dios y a Su casa. Comparar, por ejemplo, el reinado del malvado Acaz con el del buen rey Ezequías (2 Crón. 28:1-4; 29:1-11).

C

Significado del título Los dos libros que en nuestro tiempo se denominan 1 y 2 Crónicas originariamente formaban uno solo. La división en dos después del 300 a.C. la realizaron los ancianos judíos que tradujeron por primera vez el AT hebreo al griego, lo que produjo como resultado la LXX. La razón para convertir Crónicas en dos libros es bastante simple. El manuscrito hebreo, que generalmente no contenía vocales, se podía escribir en un solo y extenso rollo. No obstante, la traducción griega con sus vocales requería casi el doble de espacio. La división parece bastante apropiada al concluir 1 Crónicas con el reinado de David y comenzar 2 Crónicas con el reinado de Salomón.

El título español "Crónicas" deriva del latín *chronicon* que Jerónimo le aplicó a estos escritos. Él describió estos materiales como "una crónica de toda la historia sagrada". El título de la LXX (griega) es *Paraleipomena*, que significa "cosas omitidas". Ese título refleja la idea de que Crónicas se consideraba un suplemento del material en Samuel y Reyes, aunque esto ciertamente no es el caso.

El título hebreo se halla más cercano a la esencia. Significa "acciones o hechos de la época o los tiempos". No obstante, los libros hacen más que relatar las diversas acciones de las personas de aquella época. Crónicas se centra en los hechos más importantes de aquellos tiempos o, en realidad, de cualquier época, es decir, la edificación de la casa de Dios. Esta era, desde luego, el templo de Jerusalén. Pero la casa de Dios trasciende aquel edificio. La expresión de David, "en la casa de Jehová moraré por largos días" (Sal. 23:6) se refiere a morar para siempre con Dios y Su pueblo en la morada de Dios. En sentido definitivo podríamos equiparar la casa de Dios con Su reino. En conformidad con esto, el escritor (o escritores) de Crónicas nos recuerda que las acciones más importantes son aquellas mediante las cuales el reino de Dios se edifica en el corazón de las personas.

Importancia del lugar que ocupa Crónicas en el canon Crónicas, Esdras y Nehemías se encuentran dentro de la *Hagiógrafa*, que significa "escritos santos", que constituyen la tercera división del AT. El orden de las versiones españolas que ubican Crónicas, Esdras y Nehemías después de Samuel y Reyes se remonta a la LXX.

La Biblia hebrea coloca Crónicas como el último libro del AT inclusive después de Esdras y Nehemías. Es indudable que Crónicas ya ocupaba este lugar en la época de Cristo ya que Él citó a Zacarías como el último profeta mencionado, quien padeció una muerte violenta (2 Crón. 24:20-22; Mat. 23:35; Luc. 11:51).

Existen tres enfoques que tratan de explicar por qué los hebreos concluyeron el AT con Crónicas. La primera es la opinión de que Crónicas fue el último libro que se aceptó dentro del canon veterotestamentario. La segunda es que el autor (o autores) escribió primero Esdras y Nehemías, y después Crónicas. La tercera y más probable es que el AT concluya con el control providencial de Dios sobre la historia a fin de construir (reconstruir) Su casa en Jerusalén. La amonestación final del AT hebreo es, pues, para que el pueblo de Dios suba a Jerusalén a edificar la casa de Dios (2 Crón. 36:23). Además, la promesa final de Dios es bendecir con Su presencia a aquellos que verdaderamente ascienden para edificar (2 Crón. 36:23).

Autoría, fecha y fuentes No sabemos con seguridad quién escribió Crónicas. Tal como se ha señalado, la tradición menciona a Esdras, el "escriba diligente", sacerdote descendiente de Sadoc y de Finees (Esd. 7:1-6) como autor de Crónicas, Esdras y Nehemías. Esta tradición no se puede comprobar pero no existen objeciones válidas en su contra. Si él no lo hizo, se desconoce quién fue. La ubicación de estos libros en la *Hagiógrafa* indica que el autor no era profeta. Más aún, el énfasis en los sacerdotes y levitas sugiere que el autor fue alguien como Esdras, que era uno de ellos. Además, Artajerjes Longímano, el rey persa desde el 465 al 425 a.C., en el séptimo año de su reinado envió a Esdras a Jerusalén para que ordenara la vida civil y religiosa de los judíos conforme a la ley de Moisés (Esd. 7:8, 14). Por consiguiente, Esdras fue el líder del esfuerzo de restauración espiritual, algo que se pretendía lograr a través de estos libros. El material que se extiende más allá de la época de Esdras puede ser atribuido a un editor o editores.

La utilización de fuentes por parte del autor o autores es evidente. Gran parte del material provino de los libros bíblicos de Samuel y Reyes. No obstante, también se usaron otras fuentes tales como crónicas oficiales (1 Crón. 27:24), escritos de los profetas (1 Crón. 29:29) y comentarios sobre los acontecimientos de aquellos tiempos (1 Crón. 24:27). Las genealogías reflejan registros cuidadosos por parte de los levitas. Las fuentes para los materiales del templo incluyen "las palabras de David y de Asaf" (2 Crón. 29:30) y el "diseño" dado por Dios (1 Crón. 28:19).

Propósitos y valor trascendente El propósito principal de 1 y 2 Crónicas es demostrar el control que Dios tiene de la historia a fin de concretar el deseo divino de morar en medio de Su pueblo en una relación perfecta de santidad en la que Dios es Dios y los redimidos son Su pueblo. Dios compartió primeramente Su deseo con Moisés (Ex. 25:8). El tabernáculo y el templo simbolizan ese deseo. Dios está cumpliendo Su deseo por medio del Señor Jesucristo, el hijo de David. Cuando Cristo haya completado Su obra redentora, "el tabernáculo de Dios" estará "con los hombres, y él morará con ellos; y ellos serán Su pueblo, y Dios mismo estará con ellos como Su Dios" (Apoc. 21:3). Las Crónicas demuestran cómo obró Dios desde la época de Adán, pero particularmente en los tiempos de David, Esdras y Nehemías a fin de llevar a cabo Su anhelo de morar en santidad con Su pueblo.

Un segundo propósito es mostrar la elección que Dios hizo de una persona y de un pueblo para que edificaran Su casa. La persona es el hijo de David, el Mesías. Salomón edificó el templo en Jerusalén, pero el Hijo que está edificando y que edificará hasta completar la verdadera casa de Dios, y el Hijo cuyo reinado Dios establecerá para siempre es el Señor Jesucristo (1 Crón. 17:12; Luc. 1:31-33; Hech. 15:14-16). Las personas son aquellas que tuvieron fe y cuyos linajes se remontan hasta Adán pasando por Set hasta Sem y de allí hasta Abraham (1 Crón. 1:1,17,28), a quienes Dios les hizo la promesa de la simiente (el Cristo) por cuyo medio bendeciría a todas las naciones (Gén. 12:1-4; 15:4-6; 17:7; 22:16-18; Gál. 3:16). Su pueblo son aquellos que pertenecen a Israel y ciertamente todas las naciones que colocan su confianza en Él.

Un tercer propósito es mostrar conforme a la ley que Él le dio a Moisés que es necesario acercarse al Dios que mora en santidad. Mientras procuraba reunir a su pueblo alrededor de la presencia de Dios, David descubrió que había que buscar a Dios de la manera apropiada (1 Crón. 15:13). Es fundamental acercarse a Dios mediante el altar del sacrificio, tal como lo practicaba el sacerdocio levítico. Dios, en Su perdón misericordioso hacia David, reveló que el lugar para el altar del sacrificio estaba en Jerusalén en la era de Ornán (Arauna) (1 Crón. 21:18–22:1). David erigió allí el altar y edificó el templo conforme a las instrucciones de Dios. Pero lo más importante es que allí fue donde el Hijo de Dios, nuestro gran Sumo Sacerdote, se sacrificó en la cruz en nuestro lugar a fin de conducir a Su pueblo a la presencia gloriosa de Dios (Heb. 2:17; 5:1-10).

Un cuarto propósito de las Crónicas es alentar al pueblo de Dios a trabajar junto con Él y los demás con el fin de edificar la casa de Dios. El autor (o autores) le compartió al pueblo el desafío divino por medio del rey Ciro en cuanto a subir a Jerusalén a edificar la casa de Dios. Crónicas le recuerda al pueblo la historia de la fidelidad de Dios para con Su pueblo y Su casa. Dios prometió bendecir la obediencia de ellos (2 Crón. 36:23), y advirtió sobre el juicio a los que fueran negligentes, a los que frustraran la edificación o profanaran la casa de Dios.

Bosquejo de 1 y 2 Crónicas: Bendiciones por edificar la casa de Dios

I. Israel, pueblo de la fe (1 Crón. 1:1–9:44)
   A. Linaje piadoso de Adán (1:1-4)
   B. Hijos de Noé con enfoque en Sem (1:5-27)
   C. Hijos de Abraham con enfoque en Isaac (1:28-34a)
   D. Hijos de Isaac con enfoque en Israel (1:34a-54)
   E. Hijos de Israel con enfoque en Judá y Leví (2:1–9:44)

II. Aprendizaje de David sobre la obediencia (10:1–22:1)
   A. Dios reemplaza al rebelde Saúl con David (10:1-14)
   B. Dios coloca a David en el poder (11:1–12:40)
   C. David lleva el arca de regreso a Jerusalén y pide edificar el templo (13:1–17:27)
   D. Mediante su pecado David echa a perder sus victorias (18:1–21:17)
   E. En Su misericordia Dios revela el lugar del templo y del altar del sacrificio (21:18–22:1)

III. Preparativos de David para edificar la casa de Dios (22:2–29:30)
   A. Preparación de obreros y materiales (22:2-5)
   B. Preparación de Salomón para edificar (22:6-16)
   C. Se les encarga a los príncipes que ayuden a Salomón (22:17-19)
   D. Salomón se convierte en rey (23:1)
   E. Se dedica a sacerdotes, levitas y príncipes para el servicio (23:2–27:34)
   F. Encargos a Salomón y al pueblo (28:1-21)
   G. Presentes inspiradores para la edificación (29:1-9)
   H. Adoración a Dios y entronización de Salomón (29:10-25)
   I. Resumen del reinado de David (29:26-30)

IV. Salomón edifica la casa de Dios (2 Crón. 1:1–9:31)
   A. Dios bendice a Salomón para la edificación (1:1-17)
   B. Construcción y consagración (2:1–7:22)
   C. Otros logros de Salomón (8:1-18)
   D. Sabiduría, riqueza y fama de Salomón (9:1-28)
   E. Finalización del reinado de Salomón (9:29-31)

V. Dios juzga a los reyes de Judá según la fidelidad de ellos a la casa de Dios (10:1–36:21)
   A. El reinado malvado de Roboam (10:1–12:16)
   B. El reinado malvado de Abías (13:1-22)
   C. El reinado arruinado por el pecado del buen rey Asa (14:1–16:14)
   D. El reinado piadoso de Josafat (17:1–21:1)
   E. El reinado malvado de Joram (21:2-20)
   F. El reinado malvado de Ocozías (22:1-9)
   G. El reinado malvado de Atalía (22:10–23:21)
   H. El reinado piadoso de Joás (24:1-27)
   I. La devoción imperfecta de Amasías (25:1-28)
   J. La violación de Uzías del oficio sacerdotal (26:1-23)
   K. El reinado bueno pero imperfecto de Jotam (27:1-9)
   L. El reinado malvado de Acaz (28:1-27)
   M. El reinado bueno pero descalificado de Ezequías (29:1–32:33)
   N. La conversión del malvado rey Manasés (33:1-20)
   Ñ. El reinado malvado de Amón (33:21-25)
   O. El reinado bueno pero descalificado de Josías (34:1–35:27)
   P. Reinados malvados de Joacaz y Joaquín: comienzo del exilio (36:1-8)
   Q. Reinados malvados de Joacim y Sedequías: etapa final del exilio (36:9-21)

VI. Decreto providencial para reedificar la casa de Dios (36:22-23)
   A. Fecha y origen del decreto (v.22a)
   B. Propósito del decreto (v.22b)
   C. Fuerza motivadora del decreto (v.23)
   D. Contenido del decreto (v.23)

John H. Taylor (h)

CRONISTA Funcionario de gobierno con responsabilidades que no conocemos a ciencia cierta (comp. 2 Sam. 8:16; 20:24). La NVI lo identifica con el secretario de estado. La TLA, con el secretario del reino. El término posiblemente se refiera a un heraldo o historiador de la corte. La mayoría de las traducciones utilizan "cronista", pero no definen sus funciones.

CRONOLOGÍA DE LA ÉPOCA BÍBLICA Cuando se habla de cronología, es necesario diferenciar entre cronología relativa y absoluta. La absoluta se basa en fechas fijas, eventos que se sabe tuvieron lugar en una fecha específica (por ej., el hombre caminó por primera vez en la luna el 20 de julio de 1969). La cronología relativa ubica los acontecimientos en orden cronológico pero sin una fecha determinada (por ej., Jesús fue bautizado, luego tentado, luego comenzó su ministerio público). Para fechar la mayoría de los eventos bíblicos se ha utilizado el método relativo más que el absoluto. Por esta razón, muchos de los gráficos cronológicos tienen diferencias en fechas específicas, a.C. ó d.C., pero en general concuerdan en cuanto al orden relativo de la mayoría de los acontecimientos.

El período del AT La herramienta primaria mediante la cual se proporcionan fechas absolutas para la antigua Israel es la cronología asiria, que se estableció por medio del uso de listas de nombres de años (epónimos) que pueden asociarse a la cronología absoluta en referencia a un eclipse solar que se sabe ocurrió en el 763 a.C. En las tablillas asirias se alude a dos reyes israelitas, Jehú y Acab. Por lo tanto, sabemos que el rey Acab

(1 Rey. 16–22) peleó contra Salmanasar III en la batalla de Qarqar y murió en el 853 a.C. De manera similar, sabemos que el rey Jehú (2 Rey. 9–10) en el primer año de su reinado pagó tributo al mismo rey asirio en el 841 a.C. Puesto que los libros de 1 y 2 Reyes dan el nombre y la extensión del reinado de todos los reyes de Judá e Israel, se sabe con razonable exactitud que el reinado de Salomón tuvo lugar entre los años 970 y 930 a.C., el de David entre el 1010 y el 970 a.C. y el de Saúl entre el 1050 y el 1010 a.C.

Las aparentes incongruencias numéricas entre las fechas de Reyes y Crónicas se pueden resolver reconociendo (1) las prácticas comunes como por ej. las corregencias (los reinados superpuestos de un rey y su sucesor) y los reyes rivales, y (2) las diferencias entre Israel y Judá en la manera de contar los años del reinado de un rey. Los reyes de Judá contaban su reinado desde el primer año completo como rey. Una parte de un año se designaba como el último año de gobierno del rey anterior. En Israel, una parte del año se tomaba como el último año del rey anterior y el primer año del rey nuevo. Por lo tanto, la extensión del reinado de un rey de Israel se contaba como un año más largo que el reinado similar de un rey de Judá. Aún hay incertidumbre en muchos puntos. Para paliar las diferencias entre los calendarios antiguos y modernos a menudo es necesario incluir fechas alternativas, por ejemplo con la forma 931/0 a.C. Además, los diversos métodos para armonizar las fechas de los reyes bíblicos proporcionan resultados levemente diferentes. Las fechas que se proporcionan para el reino dividido en el gráfico "Fechas significativas de la historia bíblica del AT" están conforme al sistema ampliamente utilizado de Edwin A. Thiele.

Si se asume una interpretación literal de 1 Rey. 6:1, el éxodo tuvo lugar en el 1446 a.C., y el período de la conquista duró unos siete años alrededor del 1400 a.C. Siguiendo hacia atrás, en base a Ex. 12:40, la migración de Jacob a Egipto habría sido en 1876 a.C. Los datos relacionados con las edades de los patriarcas ubicarían el nacimiento de Jacob en el 2006 a.C. (Gén. 47:9), el de Isaac en el 2066 a.C. (Gén. 25:26) y el de Abraham en el 2166 a.C. (Gén. 21:5). Puesto que la mayoría cree que las listas genealógicas de Génesis están intencionalmente incompletas o "abiertas", generalmente no se intenta establecer fechas históricas anteriores a Abraham.

Muchos eruditos bíblicos descartan los datos cronológicos de la Biblia. Incluso algunos de los que aceptan la autoridad bíblica, argumentan que muchos de los números de la Biblia son figurados, especialmente el "40" y sus múltiplos. Estos eruditos prefieren dar prioridad a las pistas arqueológicas para establecer la cronología bíblica. Por lo tanto, el período patriarcal a menudo se ubica en la Edad de Bronce Media entre los años 1800 y 1600 a.C. También se supone que los hebreos emigraron a Egipto durante el período de los hicsos (alrededor del 1700 al 1500 a.C.) cuando el pueblo semita gobernaba esa nación. Al éxodo se lo asocia, pues, con el reinado de Ramsés II poco después del 1290 a.C. Luego del período del peregrinaje en el desierto, la conquista de Canaán pudo haber comenzado alrededor del 1250 a.C. El faraón Mernepta (1224–1214 a.C.) lanzó una campaña contra Canaán en el quinto año de su reinado (alrededor del 1220). En sus registros de la campaña menciona que, entre otras naciones, Israel fue completamente destruida. En consecuencia, el pueblo de Israel constituía para ese entonces un grupo reconocido en Canaán.

Los últimos días del reino de Judá incluyen a los reyes de Babilonia, lo cual por lo tanto provee una fuente externa para establecer fechas en la historia de Judá. Estos sincronismos externos pueden utilizarse para fijar la fecha de la caída de Jerusalén alrededor del 586 a.C.

El período de exilio comenzó con la captura de Jerusalén, la destrucción del templo y la segunda deportación de ciudadanos destacados en el 586 a.C. (Una deportación anterior en el 597 a.C. había llevado a Babilonia al rey Joaquín y a su familia, y a muchos oficiales importantes.) Ezequiel es uno de los profetas sobresalientes entre los exiliados durante esta época. El exilio concluyó en el 538 a.C. después de la captura de Babilonia por parte de los persas bajo el reinado de Ciro en el 539 a.C. Este rey emitió un edicto que permitía a los desterrados regresar a su tierra natal. La reedificación del templo se ubica entre el 520 y el 515 a.C. según las fechas tomadas de Hag. 1:1; Zac. 1:1; y Esd. 4:24; 6:15.

El período intertestamentario Durante el período intertestamentario, Palestina se halló primeramente bajo el control de los persas. El gobierno persa finalizó con la conquista de Palestina en manos de Alejandro Magno en el 333–332 a.C. Después de la muerte de este, Palestina cayó en primer lugar bajo el gobierno ptolomeo (323–198 a.C.) y luego bajo el control seléucida (198–164 a.C.) La LXX (traducción griega del AT) se preparó en Egipto durante el período del gobierno ptolomeo. El dominio seléucida produjo un fuerte

FECHAS IMPORTANTES DE LA HISTORIA BÍBLICA DEL ANTIGUO TESTAMENTO

	Tradicional	Crítica
Patriarcas (Abraham, Isaac, Jacob)	2100–1800	1800–1600
Éxodo	1446	1290
Conquista	1400	1250
Jueces	1350–1050	1200–1025
Reyes del Israel Unido		
Saúl	1050–1010	1025–1005
David	1010–970	1005–965
Salomón	970–931/0	965–925

Reyes del Reino Dividido

Judá		Israel	
Roboam	930–913	Jeroboam	930–909
Abías (Abiam)	913–910		
Asa	910–869		
		Nadab	909–908
		Baasa	908–886
		Ela	886–885
		(Zimri	885)
		(Tibni	885–880)
		Omri	885–874
Josafat	872–848		
		Acab	874–853
		Ocozías	853–852
Joram	853–841		
		Joram	852–841
Ocozías	841		
Atalía	841–835		
		Jehú	841–814
Joás	835–796		
		Joacaz	814–798
Amasías	796–767		
		Joás	798–782
Uzías (Azarías)	792–740		
		Jeroboam II	793–753
Jotán (Jotam)	750–732		
		Zacarías	753
		Salum	752
		Manahem	752–742
Acaz	735–715		
		Pekaía	742–740
		Peka	752–732
		Oseas	732–722
Ezequías	729–686		
		Caída de Samaria	722
Manasés	697–642		
Amón	642–640		
Josías	640–609		
Joacaz	609		
Joacim	608–598		
Joaquín	598–597		
Sedequías	597–586		

Caída de Judá
Exilio y Restauración

Conquista babilónica de Judá; Daniel y otros nobles exiliados	605
Joaquín y miles de personas exiliadas a Babilonia, incluso Ezequiel	597
Destrucción de Jerusalén y del templo; Sedequías y otros exiliados	587/6
Gobernador Gedalías asesinado; muchos huyen a Egipto; llevan a Jeremías	582(¿?)
Joaquín liberado de la cárcel	562
El rey persa Ciro (559–530) conquista Babilonia	539
Los judíos regresan a Judá liderados por Sesbasar y Zorobabel	538
Rey persa Cambises	530–522
Rey persa Darío	522–486
Predicación de Hageo y Zacarías; se reinicia la construcción del templo	520
Templo completado	516/5
Rey persa Jerjes/Asuero	486–465
Rey persa Artajerjes	465–424
Llegada de Esdras a Judá; ¿comienza la reedificación del muro?	458
Llegada de Nehemías a Judá; muro completado	445
Ausencia temporaria de Nehemías en Judá	433–431¿?

movimiento con el propósito de introducir la cultura helenista en Palestina, lo que concluyó con la profanación del templo de Jerusalén y la persecución de los judíos por manos de Antíoco IV (Epífanes) en el 167 a.C. La revolución judía subsiguiente encabezada por Judas Macabeo dio como resultado la derrota de los seléucidas y el establecimiento de la Segunda Mancomunidad Judía (164–63 a.C.). El templo se reedificó en el 164 a.C. Estos sucesos están registrados en los libros apócrifos en 1 Macabeos 1–4. A los sucesores de los macabeos generalmente se los denomina gobernantes asmóneos. El dominio asmóneo concluyó en el 63 a.C. cuando Pompeyo ocupó Jerusalén y Judea volvió a estar bajo poder extranjero.

El período neotestamentario Se podría esperar que la cronología del NT fuera mucho más precisa que la del AT. En algunos casos lo es, pero no en su totalidad. Es verdad que contamos con historias y anales griegos y romanos, pero aun así la mayoría de los acontecimientos bíblicos no pueden ser ubicados de manera exacta en una cronología absoluta. Los factores que lo complican son por lo menos dos. En primer lugar, los historiadores griegos y romanos no registran los sucesos del NT, y por su parte el NT tampoco incluye muchos acontecimientos precisos de la historia griega y romana. En segundo lugar, los romanos y los judíos utilizaban calendarios distintos. Los romanos tenían un calendario solar donde el año comenzaba en enero, pero la mayoría de los eventos se consideraban en función de la fecha de asunción del emperador. Por lo tanto, tenían diferencias internas en su propio calendario. Lo único que hacía el calendario judío era confundir más el tema. En principio, los judíos utilizaban un calendario lunar de 354 días. Periódicamente le agregaban un mes adicional a fin de mantener el calendario acorde a las estaciones. A causa de los numerosos cambios en el calendario llevados a cabo durante su historia, los judíos tenían dos días de Año Nuevo, uno en otoño y el otro en primavera. El Año Nuevo de primavera señalaba el comienzo del calendario de cultos y el inicio del reinado del rey judío del próximo año. El Año Nuevo de otoño marcaba el principio del año civil. El reinado de gobernantes extranjeros se indicaba en base a este Año Nuevo de otoño. No es de sorprenderse que con dichas diferencias resulte muy difícil la cronología absoluta de los sucesos neotestamentarios.

La vida y el ministerio de Jesús El nacimiento de Jesús (Mat. 2:1) y el de Juan el Bautista (Luc. 1:5) se ubican durante el reinado de Herodes el Grande. Según Josefo, sabemos que Herodes murió 37 años después de que el decreto del Senado romano lo nombrara rey (40 a.C.). Esto ubicaría su muerte en el 4 a.C. La orden de Herodes de matar a todos los varones de Belén de dos años o menos (Mat. 2:16) es otro indicio. La evidencia adicional que da Lucas en relación a un censo realizado mientras Cirenio era gobernador de Siria presenta cierta dificultad (Luc. 2:2). Cirenio llevó a cabo un censo mientras oficiaba como gobernador en el 6–7 d.C., pero no existe referencia histórica que corrobore la realización de un censo durante el reinado de Herodes ni de que aquel haya sido gobernador en dicha época. Esto simplemente significa que no podemos verificar la declaración de Lucas en función de las evidencias disponibles actualmente. Es probable que Lucas se haya referido al censo del 6–7 d.C. que se menciona en Hech. 5:37. Si se ubica la muerte de Herodes en el 4 a.C., el nacimiento de Jesús generalmente se coloca entre el 7 y el 5 a.C.

El comienzo del ministerio de Juan el Bautista se establece durante el año 50 de Tiberio (Luc. 3:1,2), que corresponde al 28 ó 29 d.C. El ministerio de Jesús entonces habría comenzado en el 29 ó 30 d.C. si el de Juan comenzó uno o dos años antes que el de Jesús. Por otra parte, si se considera que el reinado de Tiberio comenzó cuando cogobernaba con Augusto, el año 50 sería el 26 ó 27 d.C. Esta última fecha se adecuaría mejor a la declaración de Lucas acerca de que Jesús tenía alrededor de 30 años cuando comenzó su ministerio (Luc. 3:23). En consecuencia, el ministerio de Jesús habría comenzado alrededor del 27 ó 28 d.C. La duración del ministerio de Jesús también es motivo de debate. Ninguno de los cuatro Evangelios proporciona suficientes detalles como para determinar la extensión exacta. Lo que se propone con más frecuencia es una duración de uno, dos ó tres años. El Evangelio de Juan menciona tres fiestas de la Pascua (2:13; 6:4; 11:55). Si ésas son Pascuas diferentes, entonces indicarían un ministerio de por lo menos un poco más de dos años de duración.

El historiador romano Tácito ubica la fecha de la crucifixión de Jesús durante el reinado del emperador Tiberio (14–37 d.C.), cuando Pilato era gobernador de Judea (26–37 d.C.). Los relatos de los Evangelios concuerdan en que Jesús murió un viernes, el día antes del día de reposo, al comienzo de la semana de Pascua. Los términos cronológicos utilizados por Juan y los Evangelios Sinópticos no son idénticos, lo que produce un desacuerdo en cuanto a la interpretación y la reconciliación entre ambos. No obstante, pareciera que Jesús fue arrestado después de haber celebrado la última cena junto con sus discípulos el jueves por la noche, y que fue juzgado esa misma noche y también a la mañana siguiente. Luego fue crucificado al día siguiente, el 14 de nisán, que en los años 30 y 33 d.C. correspondió a un viernes. Si el ministerio de Jesús comenzó en el 29 o 30 d.C., su crucifixión tuvo que haber sido en el 33 d.C. Por otra parte, si su ministerio comenzó en el 27 o 28 d.C., su crucifixión fue en el 30 d.C.

Los apóstoles Fechar los hechos y las actividades de los apóstoles es tan conflictivo como hacerlo en relación a los acontecimientos de la vida de Jesús. Hay muy pocas fechas fijas. Según Josefo, la muerte de Herodes Agripa I que se menciona en Hech. 12:23 tuvo lugar en el 44 d.C. Asimismo, el edicto de Claudio que expulsaba de Roma a los judíos (Hech. 18:2) generalmente se ubica en el 49 d.C., y el período en que Galión fue procónsul (Hech. 18:12) corresponde al 51–52 d.C.

Otros acontecimientos de los Hechos deben fecharse de manera relativa, y los problemas aún persisten. En particular, existe una gran dificultad para concordar la cronología de los Hechos con la información de las epístolas paulinas. No obstante, en general podemos bosquejar el ministerio de Pablo con fechas aproximadas de la siguiente forma:

Conversión, 33/34 d.C.

Primera visita a Jerusalén, 36 d.C.

Segunda visita a Jerusalén, durante la hambruna, 46/47 d.C.

Primer viaje misionero, 47–48/49 d.C.

Conferencia en Jerusalén, 49 d.C.

Segundo viaje misionero, 49/50–52 d.C.

Tercer viaje misionero, 53–57 d.C.

Visita final a Jerusalén, 57 d.C.

Llegada a Roma, 60 d.C.

Ministerio adicional en Asia, 62–63 d.C.

Regreso a Roma (ejecución bajo el reinado de Nerón), 64/65 d.C.

Todos los eventos neotestamentarios factibles de ser fechados ocurrieron antes de la caída de Jerusalén y la destrucción del templo en el 70 d.C. *Joel F. Drinkard (h) y E. Ray Clendenen*

CRUJIR DE DIENTES Hacer rechinar los dientes. En el AT, era una expresión de ira reservada para los malvados y los enemigos (Job 16:9; Sal. 35:16; 37:12; Lam. 2:16). En el NT se asocia con el lugar de castigo futuro (Mat. 8:12; 13:42,50). En este caso, el crujir de dientes tal vez sea una expresión de la impotencia del malvado ante el juicio de Dios o, si no, una demostración de la negativa continua a arrepentirse y reconocer el justo juicio de Dios (comp. Apoc. 16:9,11). Ver *Castigo eterno; Infierno.*

CRUZ, CRUCIFIXIÓN Método que los romanos utilizaron para ejecutar a Jesucristo. La forma más dolorosa y degradante de pena capital del mundo antiguo se convirtió en el medio por el cual Jesús llevó a cabo el sacrificio expiatorio por los pecados de la humanidad. También se transformó en símbolo del sacrificio del yo en el discipulado (Rom. 12:1), y de la muerte del yo al mundo (Mar. 8:34).

Desarrollo histórico Originariamente, una cruz era una estaca de madera puntiaguda que se usaba para construir una pared o levantar fortalezas alrededor de una ciudad. Los asirios y los persas comenzaron a utilizarla para exhibir las cabezas de los enemigos capturados o de criminales particularmente atroces, en las empalizadas que estaban encima de la puerta de entrada a una ciudad. Posteriormente, la crucifixión se convirtió en una forma de pena capital cuando a los enemigos del estado se los empalaba sobre la estaca. Los griegos y los romanos al principio reservaban el castigo solamente para los esclavos y decían que era demasiado barbárico para los ciudadanos o los nacidos libres. No obstante, llegado el siglo I, se utilizó para los enemigos del estado, aunque los ciudadanos sólo podían ser crucificados mediante el edicto directo del César. A medida que fue pasando el tiempo, los romanos comenzaron a utilizar más y más la crucifixión como fuerza disuasiva para la actividad criminal, de modo que para la época de Jesús era común.

En el AT se practicaba la forma oriental de crucifixión. Los filisteos decapitaron a Saúl y exhibieron su cuerpo sobre un muro (1 Sam. 31:9, 10). Conforme a la ley judía (Deut. 21:22,23), los ofensores eran colgados en un madero; esto significaba que era "maldito por Dios" y que quedaba fuera del pueblo del pacto. Dichos criminales debían ser bajados de la cruz antes de la noche para que no contaminaran la tierra. Durante el período intertestamentario se tomó prestada la forma occidental cuando Alejandro Janeo crucificó a 800 fariseos (76 a.C.), pero los judíos condenaron esta acción y rara vez utilizaron este método. Aun Herodes el Grande se negó a crucificar a sus enemigos. La práctica se abolió después de la "conversión" al cristianismo del emperador Constantino.

Una persona a la que se crucificaba en la época de Jesús, primeramente se la azotaba (se la golpeaba con un azote que consistía en cuerdas con trozos de metal o hueso en los extremos) o, por lo menos, se la flagelaba hasta que sangrara. Esto no se hacía sólo para demostrar crueldad sino que además su intención era apresurar la muerte y acortar el terrible sufrimiento. Después de ser azotada, se obligaba a la víctima a acarrear la cruz hasta el sitio de ejecución como una manera de expresar que la vida ya había terminado y que la voluntad para vivir había desaparecido. A menudo se colocaba alrededor del cuello del criminal una tablilla donde se detallaba el delito (o delitos) y luego se sujetaba a la cruz. Una vez que llegaba al lugar, el prisionero frecuentemente era atado (el método normal) o clavado a la cruz (si se deseaba una muerte más rápida). El clavo se colocaba atravesando la muñeca más que la palma, ya que los huesos más pequeños de la mano no podían soportar el peso del cuerpo. Luego se levantaba la viga con el cuerpo y se sujetaba al poste que ya estaba colocado en sentido vertical. En la mitad de la viga se colocaban ganchos o un bloque de madera pequeño para asentar el cuerpo ante la posibilidad de que los clavos rasgaran las heridas o las sogas hicieran que los brazos se salieran de los sostenes. Los pies finalmente se ataban o se clavaban al poste. La muerte se producía por falta de circulación de sangre o paro cardíaco. Sobre todo, si la víctima era atada, podía llevar días de horrendo dolor hasta que las extremidades se tornaban lentamente gangrenosas, de modo que los soldados con frecuencia les quebraban las piernas con una cachiporra para provocar un síncope masivo y una muerte rápida. Esta clase de ejecución por lo general se llevaba a cabo en lugares públicos y el cuerpo se dejaba durante días en descomposición y esto permitía que las aves de carroña lo destrozaran aún más.

Se utilizaban cuatro tipos de cruces: (1) La cruz latina tenía una viga cruzada colocada a una altura de alrededor de dos terceras partes del poste vertical; (2) la cruz de San Antonio (probablemente debido a su similitud con su famosa muleta) tenía una viga en el extremo superior del poste vertical semejante a una T; (3) la cruz de San Andrés (supuestamente la forma que se utilizó para crucificar al apóstol Andrés) tenía la forma de la letra X; (4) la cruz griega tenía ambas vigas iguales con la forma de un signo de adición.

La crucifixión de Jesús Jesús predijo muchas veces Su futura crucifixión. Los Evangelios Sinópticos mencionan por lo menos tres ocasiones (Mar. 8:31; 9:31; 10:33,34 y paralelos), mientras que Juan registra otras tres (3:14; 8:28; 12:32,33). Se predicen varios aspectos de la pasión de Jesús: (1) ocurrió por necesidad divina ("necesario" en Mar. 8:31); (2) tanto los judíos ("que lo entregaron") como los romanos ("que lo mataron") fueron culpables (Mat. 9:31); (3) Jesús sería reivindicado a través de la resurrección de entre los muertos; (4) la muerte misma implicaba gloria (se observa en las expresiones relacionadas con "levantar" que abarcaba la exaltación en Juan 3:14; 8:28; 12:32,33).

La narración de la crucifixión de Jesús en los Evangelios enfatizaba la culpabilidad de los judíos, pero los cuatro separan cuidadosamente a los líderes del pueblo que habían respaldado a Jesús en todo momento y que, al final, fue arrastrado por esos líderes. Sin embargo, la culpabilidad romana también es obvia. Al Sanedrín ya no se le permitía aplicar la pena capital; sólo podían hacerlo los romanos. Más aún, solamente los soldados romanos la podían llevar a cabo. Se siguieron las costumbres romanas al aplicar los azotes, al entronarlo en medio de burlas, al acarrear la cruz y al consumar la crucifixión. La ubicación en una colina y el tamaño de la cruz (el uso de la varilla con el hisopo muestra que medía entre 2 y 3 m [7 a 9 pies] de altura) demuestran que deseaban exhibir públicamente a un "criminal". Los elementos judíos de la crucifixión de Jesús fueron el vino mezclado con mirra (Mar. 15:23), el hisopo con vinagre (Mar. 15:36) y la remoción del cuerpo de Jesús de la cruz antes del crepúsculo (Juan 19:31).

Los cuatro Evangelios observan la crucifixión de Jesús desde cuatro puntos estratégicos diferentes y enfatizan aspectos distintos del significado de Su muerte. Marcos y Mateo se centran en el horror de matar al Hijo de Dios. Marcos enfatiza el significado mesiánico al utilizar las burlas de la multitud, que le decía "sálvate a ti mismo" (15:30,31) como una profecía inconsciente que señalaba hacia la resurrección. Mateo fue más lejos que Marcos al señalar a Jesús como el Mesías que enfrentó Su destino con un completo control de la situación. La vindicación de Jesús no sólo se evidenció en la ruptura del velo y en el testimonio del centurión (Mat. 27:51,54 en un paralelo con Marcos), sino además en la resurrección asombrosa de los santos del AT (vv.52,53), algo que asocia la cruz con la tumba abierta. Para Mateo, la cruz inauguró los días postreros cuando el poder de la muerte es quebrantado y la salvación se derrama sobre todos.

Lucas quizá tenga el retrato más singular al presentar dos aspectos fundamentales: Jesús como el arquetipo del mártir justo que perdona a Sus enemigos, y la crucifixión como una escena asombrosa de reverencia y adoración. Lucas omitió los aspectos negativos de la crucifixión (terremoto, vino con mirra, clamor de abandono) y anuló las burlas cuando las multitudes "se volvían golpeándose el pecho" (23:48). Lucas fue el único que incluyó tres expresiones de Jesús relacionadas con la oración: "Padre, perdónalos" (v.34, en contraste con la burla); "hoy estarás conmigo en el paraíso" (v.43, en respuesta a la oración del criminal); y "Padre, en tus manos encomiendo mi espíritu" (v.46). Un maravilloso sentimiento de quietud y adoración colorean el retrato de Lucas.

La narración de Juan tal vez sea la más dramática. Todos los elementos negativos desaparecen, aun más de lo que sucede en el caso de Lucas (la oscuridad y las burlas al igual que las cosas que también faltan en Lucas), y una atmósfera de calma caracteriza la escena. En el corazón mismo de la situación se observa el control soberano que Jesús posee de toda la escena. La cruz se convierte en Su trono. Juan destacó que la inscripción de la cruz ("JESÚS NAZARENO, REY DE LOS JUDÍOS") se escribió en arameo, en latín y en griego (19:19,20) y se convirtió así en una proclamación universal de la condición real de Jesús. A lo largo del relato y hasta la exclamación final, "Consumado es" (v.30), Jesús tuvo pleno control de lo que ocurría.

No se puede entender la crucifixión de Jesús hasta tanto se consideren los cuatro Evangelios en conjunto. Todos los énfasis (el enfoque mesiánico, Jesús como el Hijo de Dios y el mártir justo, la naturaleza sacrificial de Su muerte, la cruz como Su trono) son necesarios para obtener un cuadro completo del significado de Su crucifixión.

Significado teológico En tanto que una teología de la cruz se puede encontrar fundamentalmente en los escritos de Pablo, este tema se remonta a una época anterior a él, tal como se puede demostrar en los "credos" (declaraciones de fe o enseñanza) que él citó. Por ejemplo, 1 Cor. 15:3-5 dice que Pablo había recibido y que luego les había enseñado a los corintios la verdad de que Jesús "murió por nuestros pecados conforme a las Escrituras". Tres temas importantes están entretejidos en esta declaración y en otros credos (Rom. 4:25; 6:1-8; 8:32; Col. 2:11,12; 1 Tim. 3:16; Heb. 1:3,4; 1 Ped. 1:21; 3:18-22): la muerte de Jesús como nuestro sustituto (de Isa. 53:5; comp. Mar. 10:45; 14:24); la muerte y resurrección de Jesús como cumplimiento de las Escrituras; y la reivindicación y exaltación de Jesús llevada a cabo por Dios.

Para Pablo, la "palabra de la cruz" (1 Cor. 1:18) es el corazón del evangelio, y la predicación de la cruz es el alma de la misión de la iglesia. "Cristo crucificado" (1 Cor. 1:23; comp. 2:2; Gál. 3:1) es más que la base de nuestra salvación; la cruz fue el acontecimiento central de la historia, el momento particular que demostró el control de Dios sobre la historia humana y Su participación en ella. En 1 Cor. 1:17–2:16, Pablo hace un contraste entre la "locura" del "mensaje de la cruz" frente a la "sabiduría" humana (1:17, 18), ya que la salvación sólo se puede encontrar en la cruz, y "el poder de Dios" solamente se puede ver en la locura del "mensaje de la cruz" y en la "debilidad" (1:21,25). Jesús en Su humildad obtuvo la gloria en virtud de Su sufrimiento; sólo el crucificado podía convertirse en el resucitado (1:26-30). Dicho mensaje indudablemente se consideraba una locura en el siglo I. Historiadores romanos como Tácito y Suetonio miraban con desprecio la idea de un "Dios crucificado".

La cruz es la base de nuestra salvación en las epístolas de Pablo (Rom. 3:24,25; Ef. 2:16; Col. 1:20; 2:14), mientras que en el libro de los Hechos se enfatiza como esencia la resurrección (Hech. 2:33-36; 3:19-21; 5:31). Romanos 4:25 presenta ambos énfasis. Lo más probable es que la razón del énfasis distinto se advierta más claramente al observar que Hechos presenta una crónica de la predicación de la iglesia primitiva (donde la resurrección es el fundamento apologético de nuestra salvación) y las epístolas desarrollan la enseñanza de esa iglesia (donde la base teológica de nuestra salvación es la crucifixión). Los tres términos importantes son: "redención", que enfatiza el "pago del rescate" que efectuó la sangre de Jesús al librarnos del pecado (Tito 2:14; 1 Ped. 1:18); "propiciación", que se refiere a la muerte de Jesús que "satisface" la ira del Dios justo (Rom. 3:25; Heb. 2:17); y "justificación", que describe los resultados de la cruz, la "absolución" ("declarar justo") de nuestra culpa (Rom. 3:24; 4:25; Gál. 2:16-21; 3:24).

La cruz ciertamente hizo aun más que procurar salvación. Forjó una unidad nueva entre los judíos y los gentiles al derribar "la pared intermedia de separación" y "crear... de los dos un solo" cuerpo (Ef. 2:14,15); en consecuencia, esto produce la "paz" al crear un nuevo acceso al Padre (v.18). Además, la cruz actuó "despojando" a las "potestades" demoníacas y concibió el triunfo final sobre Satanás y sus huestes, y forzó a esos ejércitos espirituales a seguir a su séquito en una procesión victoriosa (Col. 2:15). La cruz fue el gran error de Satanás. Cuando él entró en Judas para que traicionara a Jesús, no se dio cuenta de que la cruz se convertiría en su gran derrota. Sólo pudo reaccionar con ira llena de frustración al saber que "tiene poco tiempo" (Apoc. 12:12). Satanás participó de su propia destrucción.

El significado simbólico Jesús mismo estableció la interpretación primariamente figurativa de la cruz como un llamado a someterse por completo a Dios. La utilizó cinco veces como símbolo del discipulado verdadero en términos de autonegación, de tomar la cruz y de seguir a Jesús (Mar. 8:34; 10:38; Mat. 16:24; Luc. 9:23; 14:27). Él tomó como base la práctica romana de acarrear la cruz hasta el lugar de la ejecución, para graficar dos enseñanzas prácticas: la muerte del yo, que incluía el sacrificio del individualismo con el propósito de seguir completamente a Jesús; y la disposición a imitar a Jesús de modo pleno, aun hasta el extremo del martirio.

El símbolo de Pablo de la vida crucificada está íntimamente relacionado. Conversión significa que el individuo "ya no vive" sino que es reemplazado por Cristo y la fe en Él (Gál. 2:20). Los deseos centrados en el yo son clavados en la cruz (Gál. 5:24) y los intereses mundanos están muertos (Gál. 6:14). En Rom. 6:1-8, somos "sepultados con él" (utilizando la imagen del bautismo), lo que trae como resultado que resucitemos "en vida nueva" (v.4). Esto se amplía en 2 Cor. 5:14-17. El creyente reconstruye la muerte y resurrección al hacer morir el viejo yo y vestirse del nuevo. En un sentido, es una acción pasada que se experimenta en la conversión. Aun así, según Ef. 4:22,24 también es un acto del presente que se experimenta en la vida colectiva de la iglesia. En otras palabras, tanto en la conversión como en el crecimiento espiritual, el creyente debe revivir la cruz antes de experimentar

la vida resucitada. La paradoja cristiana es que la muerte es el sendero hacia la vida. Ver *Cristología; Expiación; Justificación; Propiciación; Redención.*
Grant Osborne

CUAJAR Término correspondiente al cuarto estómago de los rumiantes. El "cuajar" se hallaba entre los cortes de carne predilectos reservados como porción para los sacerdotes (Deut. 18:3). Las traducciones modernas dicen intestinos (NVI) o estómago.

C

CUARESMA Término que se refiere al período de penitencia previo a la Pascua. Los cristianos primitivos sentían que la magnitud de la celebración de la Pascua requería una preparación especial. Ya en el siglo II, muchos cristianos cumplían con varios días de ayuno como parte de esa preparación. En los siglos que siguieron, quizá conmemorando los 40 días de ayuno de Jesús en el desierto (Mat. 4:1,2), este número se aceptó como duración de la cuaresma. Desde los primeros años del cristianismo se había considerado inadecuado ayunar el día de la resurrección, razón por la cual los domingos no se cuentan entre los 40 días. Por lo tanto, el miércoles correspondiente al día 46 previo a la Pascua se consideraba como comienzo de la cuaresma.

En los primeros siglos, la época anterior a la Pascua también era el período normal de entrenamiento intenso para los nuevos cristianos. Durante este tiempo, los catecúmenos (los que aprendían el significado de ser cristianos) atravesaban las últimas etapas de preparación para el bautismo, que comúnmente tenía lugar al amanecer del domingo de Pascua. A medida que se fue incrementando la práctica del bautismo infantil, el énfasis en la cuaresma como período de entrenamiento fue disminuyendo. Ver *Año eclesiástico.* *Fred A. Grissom*

CUARTO 1. Nombre latino de persona. Creyente que probablemente provenía de Corinto y le envió saludos a la iglesia de Roma a través de Pablo (Rom. 16:23). Cuarto y Tercio, cuyo nombre significa "tercero" (Rom. 16:22), posiblemente hayan sido los hijos tercero y cuarto de la misma familia. **2.** Ver *Monedas.*

CUBO Cerco metálico exterior de una rueda (1 Rey. 7:33).

CUBRIRSE LA CABEZA En 1 Cor. 11:1-16, Pablo trata el tema de cubrirse la cabeza en las reuniones de adoración. Este extenso desarrollo muestra que tiene que haber sido un tema de considerable interés en Corinto.

La costumbre judía era que cuando salían de su casa todas las mujeres se cubrieran la cabeza con un velo. Aparecer en público sin velo era señal de falta de pudor y virtud. Mostrarse en una reunión de adoración sin velo era impensable.

Evidentemente, algunas mujeres cristianas de Corinto habían asistido a adorar sin llevar un velo en la cabeza. Quizá entendieron que el énfasis de Pablo en la libertad cristiana significaba que ya no tenían que cumplir con ninguna de las antiguas costumbres judías, incluso la de usar un velo.

Los efectos de dicho cambio en el estilo de vestir habían sido un obstáculo en las reuniones de adoración y en el testimonio cristiano en Corinto. Pablo entonces declaró que una mujer debía cubrirse la cabeza durante la reunión de adoración. Al mismo tiempo, exhortó a los hombres para que siguieran la costumbre judía de adorar sin cubrirse la cabeza.

Pablo citó en 1 Cor. 11:1-16 varias razones para defender su posición. Hizo referencia a: (1) el orden de la creación (v.3), (2) las costumbres sociales de la época (vv.4-6), (3) la presencia de los ángeles (v.10), (4) la naturaleza misma (vv.13-15), y (5) la práctica común de las iglesias (v.16).

El principio aquí es que los cristianos deben ser sensibles a las culturas en que viven. No deben descartar innecesariamente las costumbres locales a menos que haya una razón moral para hacerlo. Ser insensible a la cultura donde uno vive hace que muchas de las personas a quienes la iglesia está tratando de ganar para Jesucristo se sientan ofendidas. Desvía la atención de aquello que es más importante y se concentra en cuestiones secundarias. Ver *Adoración; Corinto; Mujer.* *Lynn Jones*

CUCHARA Término que se refiere al plato donde se quemaba el incienso en el tabernáculo y el templo (Núm. 7:14). Otras traducciones son "bandeja de oro" (NVI) y "recipiente de oro" (LBLA). Los doce platos estaban hechos de diez siclos de oro (Núm. 7:84-86). Ver *Incienso; Vasijas y utensilios.*

CUCHILLO Instrumento pequeño hecho de pedernal, cobre, bronce o hierro utilizado principalmente con fines domésticos. A Josué se le ordenó fabricar cuchillos de pedernal (NVI, LBLA) afilados para circuncidar a los varones israelitas

Cuchillo de hoja grande y ancha de la época romana.

(Jos. 5:2,3). Debido a que el pedernal no era el material corriente para hacer cuchillos en la época de Josué, la orden de fabricarlos así probablemente refleje una práctica muy antigua de circuncisión (Gén. 17:11). Los cuchillos se utilizaban con más frecuencia para matar y despellejar animales y para matar a los animales para los sacrificios (Lev. 7:2; 8:15,20,25; 9:8-15; 1 Sam. 9:24). Algunos estudiosos de la Biblia creen que las podaderas de Isa. 18:5 eran cuchillos curvos. Los sacerdotes de Baal utilizaron cuchillos y lancetas para cortarse la carne a fin de captar la atención de su dios (1 Rey. 18:28). Según Esd. 1:9, los muebles del templo incluían 29 cuchillos, pero el significado del término hebreo es incierto, tal como se observa en las traducciones modernas. Ver *Circuncisión.*

CUELLO Parte del cuerpo que conecta la cabeza con el torso. La acción de colocar el pie sobre el cuello del enemigo era señal de victoria total (Jos. 10:24). Colocar un yugo en el cuello suele ser símbolo de esclavitud (Gén. 27:40; Deut. 28:48; Isa. 10:27). Echarse sobre el cuello de alguien llorando o besándolo es una señal especial de afecto (Gén. 33:4; 45:14; comp. Luc. 15:20). Ser duro de cerviz (sinónimo de cuello) o endurecer la cerviz es un cuadro común de desobediencia empedernida (Ex. 32:9; 33:3,5).

CUERNO Estructuras curvas con aspecto óseo que crecen de la cabeza de animales como el ciervo y las cabras, y los utensilios o instrumentos fabricados con dichos cuernos animales o que imitaban su forma. En las Escrituras, el cuerno alude a trompetas, vasijas, características topográficas y símbolos.

Antiguo Testamento El sentido primario de "cuerno" se relaciona con el de los animales (Gén. 22:13; Dan. 8:5). Los colmillos de elefantes también se consideraban cuernos (Ezeq. 27:15). Los cuernos también se usaban como trompetas (Jos. 6:5). Estos instrumentos eran cuernos perforados de carnero o buey salvaje que se usaban para sonidos ceremoniales o señales militares. Los sacerdotes tocaban la trompeta para convocar a la adoración. Más adelante se fabricaron trompetas de plata. Se usaban como vasos. Por ser huecos y fáciles de lustrar, se los empleaba para beber o almacenar líquidos, incluso el aceite de la unción ceremonial (1 Sam. 16:1). En las esquinas del altar para holocaustos del templo o del tabernáculo se adosaron figuras con forma de cuernos (Ex. 27:2). Estos se rociaban con la sangre del sacrificio, servían como postes para sostener lo sacrificado y se aferraban a ellos los que procuraban evitar un castigo (1 Rey. 2:28). Ver *Música, instrumentos musicales y danzas.*

Metafóricamente, cuerno hablaba de la fuerza y el honor del pueblo, y también de luminosidad y rayos. En Dan. 7:7 aparece un uso apocalíptico de la palabra. Los cuernos que están retoñando o brotando constituyen lenguaje figurativo para indicar el avivamiento de una nación o del poder.

Nuevo Testamento A Cristo se lo llama "cuerno de salvación" (Luc. 1:69 LBLA), uso metafórico de la palabra para expresar la idea de fortaleza. Otros usos figurados incluyen al Cordero con siete cuernos de Apocalipsis (5:6); la bestia con diez cuernos que sale del mar (13:1), y la bestia escarlata de la gran prostituta que también tiene diez cuernos (17:3,7). Estas referencias representan un poder anticristiano. *J. William Thompson*

CUERO Piel de animal teñida y preparada para uso humano. Al profeta Elías se lo reconocía por tener vestido de pelo y cinturón de cuero (2 Rey. 1:8). La vestimenta similar de Juan el Bautista lo distinguía como profeta (Mat. 3:4; Mar. 1:6). Los

Zapatos de niño de cuero, de Egipto (época romana).

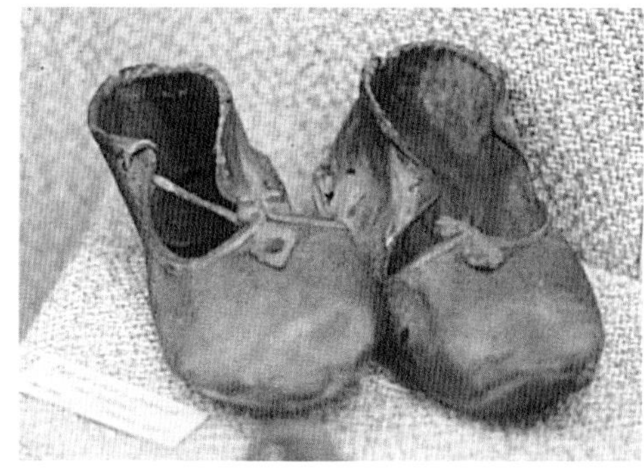

zapatos de cuero eran uno de los regalos que simbolizaban el cuidado generoso de Dios hacia su amada esposa Jerusalén (Ezeq. 16:10). Ver *Cabra, Piel de; Piel.*

CUERPO Comparado con la mayoría de las religiones y los sistemas de pensamiento, tanto el AT como el NT le otorgan un gran valor al cuerpo humano. En el AT no existe ningún término que se refiera al cuerpo como tal. La palabra más cercana y utilizada con más frecuencia es *basar*, que se traduce "carne". *Basar* y *nephesh*, traducida "alma", se utilizan de manera indistinta.

C

Enseñanzas bíblicas La Biblia presenta algunas declaraciones básicas sobre la existencia humana física.

El cuerpo como creación de Dios. El cuerpo es creado por Dios, mortal, con necesidades físicas, débil y sujeto a tentación. No obstante, no carece de importancia. En él la persona vive fuera del "yo" de la existencia humana, relacionándose con Dios y con los demás seres humanos. El cuerpo es el lugar de la adoración adecuada (Rom. 12:1), el templo del Espíritu Santo (1 Cor. 6:19,20) y, en consecuencia, debe ser disciplinado (1 Cor. 9:27). Los corintios no entendían correctamente el propósito de Dios para el cuerpo. Pablo seguía la idea de Jesús al enseñar que la vida espiritual interior no se tenía que oponer a la vida física exterior (Mat. 6:22; 1 Cor. 6:12-20; 2 Cor. 4:7,10). Esto significa que la lucha en nombre del espíritu no es contra el cuerpo sino contra el pecado. La meta no es la liberación del cuerpo de un alma "divina" sino colocar el cuerpo en el servicio a Dios. Un día habremos de dar cuenta delante de Dios por todas las acciones (2 Cor. 5:10).

El cuerpo y la sexualidad. El amor físico es un don del Creador (Gén. 2:23,24). Un libro completo de la Biblia se regocija en esta realidad, el Cantar de los Cantares. Los seres humanos expresan amor con toda su persona, no sólo con sus órganos sexuales. Esto significa que la sexualidad se diferencia de comer o beber, lo cual satisface solamente los requisitos del estómago. El pecado sexual gobierna al cuerpo, es decir, a la persona en su totalidad. Debido a que el cuerpo del creyente le pertenece al Creador, al Redentor y al Espíritu Santo, se le prohíbe el pecado sexual (1 Cor. 6:12-20).

La redención y la resurrección del cuerpo. El ser humano terrenal se encuentra bajo el poder del pecado y la muerte. Ninguna persona se puede distanciar de ese poder pero todos anhelan la redención (Rom. 7:24; 8:23). Esta no está garantizada mediante un alma incorpórea que continúa viviendo después de la muerte. Dicha redención sólo está garantizada por Dios, quien continúa cuidando el cuerpo y el alma de los seres humanos aun después de la muerte (Mat. 10:28). Quien redime es Dios, no la muerte. Él da el regalo de la vida eterna (Rom. 6:23) mediante la verdad de que Jesucristo se convirtió en un ser humano terrenal y se ofreció a sí mismo por nosotros (Juan. 1:14; Rom. 7:4). Los que lo siguen en la fe y en el bautismo experimentan la realidad de que el cuerpo no tiene, necesariamente, que seguir siendo esclavo del pecado (Rom. 6:6,12). Una persona no será redimida del cuerpo sino que, en cambio, el cuerpo será redimido mediante la resurrección de los muertos (Rom. 6:5; 8:11). La existencia de los resucitados es una existencia corporal. El cuerpo de la bajeza terrenal será renovado para ser semejante al cuerpo glorioso del Jesús resucitado, convertido en un cuerpo, edificio o casa que no es terrenal (1 Cor. 15:35-49; 2 Cor. 5:1-10; Fil. 3:21).

La resurrección del cuerpo no significa que la personalidad se disuelva para convertirse en una idea, en una posteridad o en la sociedad. En su lugar, significa la transformación total de "carne y sangre" en un "cuerpo espiritual", o sea, en una personalidad creada y formada de nuevo por el Espíritu de Dios. La resurrección del cuerpo es esa comunión con el Señor y con la gente que comienza antes de la muerte y halla una plenitud inimaginable por medio de la resurrección.

El cuerpo de Cristo. Jesucristo tuvo un cuerpo físico y terrenal que fue crucificado fuera de las puertas de Jerusalén (Mar. 15:20-47; Col. 1:22; Heb. 13:11,12). "Cuerpo de Cristo" designa también el cuerpo del que fue crucificado y que "por vosotros es dado", con el que la iglesia se une en la celebración de la Cena del Señor (Mar. 14:24; 1 Cor. 10:16; 11:24). El poder continuado del sacrificio del Gólgota conduce a los seres humanos a unirse a la comunidad de una iglesia, la que en un sentido real está unida al Señor exaltado. No obstante, lo corporal no es físico. El unirse al cuerpo de Cristo no ocurre de manera mágica a través del pan sino históricamente mediante la comprensión del sufrimiento y la muerte de Jesús.

La iglesia como cuerpo de Cristo. La imagen del cuerpo invita a los distintos miembros individuales a unirse (1 Cor. 12:12-27). No obstante, la iglesia no es solamente una similitud; es un cuerpo y, de hecho, un cuerpo en Cristo (Rom. 12:5; 1 Cor. 10:17). En Cristo se incorpora el cuerpo de la comunidad de la iglesia. La comunidad de los creyentes no produce el cuerpo sino que este es una realidad previamente concretada (1 Cor. 12:13). En el cuerpo de Cristo, el cuerpo de la comunidad de la iglesia vive porque Cristo es mayor que la iglesia. Él es la cabeza de toda la creación (Ef. 1:22,23; Col. 2:10), y como cabeza no sólo pertenece a la comunidad de la iglesia sino que, más bien, también vela por ella. Mientras que el mundo se encuentra en una relación de sujeción a Cristo (Ef. 1:20-23; Fil. 2:9-11), sólo la iglesia es Su cuerpo (Col. 1:18, 24; Ef. 4:4,12; 5:23,30), y la ama (Ef. 5:25). La iglesia se une a Él en un crecimiento orgánico (Col. 2:19; Ef. 4:15,16); crece sirviendo para el futuro que, por medio de Cristo, ya ha comenzado a encarnarse (Col. 2:9). El crecimiento del cuerpo se produce a medida que la iglesia se lanza al mundo para el servicio (Ef. 4:12), y es testigo aun al mundo demoníaco (Ef. 3:10). El creyente individual es unido a Cristo sólo como miembro del cuerpo. La Biblia desconoce una unión directa y mítica del individuo con el Señor, sino que habla de una unión con Cristo tan sólo como una fe corporizada en el ámbito de la comunidad de la iglesia y con la iglesia dentro del ámbito del mundo. *Christian Wolf*

CUERPOS CELESTIALES Pablo hizo un contraste entre los cuerpos celestiales (sol, luna y estrellas) y los terrenales al explicar la diferencia entre el cuerpo humano actual (físico) y el cuerpo resucitado (cuerpo espiritual, 1 Cor. 15:35-50). Las dos clases de cuerpo son de una naturaleza completamente diferente: uno débil y perecedero, y el otro glorioso y eterno.

CUEVA Los acantilados y las montañas de Palestina cuentan con gran cantidad de cuevas. Estas proveían vivienda y sitios para sepultura a los pueblos prehistóricos. Aunque la ocupación no era continua, existen evidencias de que seres humanos habitaron en algunas cuevas hasta la época romana. En ese momento se convirtieron en lugares de refugio para los judíos que huían de la persecución romana.

Las cuevas en la Biblia se utilizaban a menudo como lugares para sepultura. Abraham compró la cueva de Macpela para que fuera la tumba

La ladera oriental del Monte de la Transfiguración, donde se pueden ver cuevas que la gente de la zona usaba como refugio.

de Sara (Gén. 23:11-16,19). Lázaro fue sepultado en una cueva (Juan 11:38). David utilizó la cueva de Adulam para refugiarse (1 Sam. 22:1), al igual que lo hicieron los cinco reyes cananeos en Maceda (Jos. 10:16). *Diane Cross*

CULANTRO, SEMILLA DE Hierba (*Coriandrum sativum*) de la familia de la zanahoria con frutos aromáticos que se utilizaban mucho tal como sucede actualmente con las semillas de amapola, carvi o sésamo. El maná del período del desierto era similar a la semilla de culantro ya sea en aspecto o en sabor (Ex. 16:31; Núm. 11:7).

C

CULPA Responsabilidad de un individuo o de un grupo por una ofensa o mala acción. En el AT, *asham* y sus derivados son las palabras hebreas más comunes para referirse a "culpa, ser culpable" (Gén. 26:10; Esd. 9:6,7,13,15; Sal. 69:5; además se utiliza para aludir a la ofrenda por la culpa, también conocida como ofrenda propiciatoria, por el pecado o de restitución). Aunque la enseñanza del NT sobre el pecado y sus consecuencias es bastante clara, las referencias explícitas a "culpa" son menos frecuentes. Las palabras griegas que se utilizan en el NT para "culpa" son: *enochos*, "culpable, responsable" (Mat. 13:41; Mar. 3:29; 1 Cor. 11:27; Sant. 2:10); *opheilo*, "deuda, obligación" (Mat. 6:12; 18:24,28,30; Luc. 7:41; Rom. 4:4), y *aitia*, "motivo de castigo" (Luc. 23:4, 14,22; Hech. 28:18).

La Biblia enseña que violar la ley moral de Dios (es decir, pecar; 1 Juan 3:4), ya sea a través de una acción o una actitud, produce de inmediato un estado de culpabilidad ante Dios que requiere castigo o expiación. El resultado del pecado es la culpa, sea miembro de la comunidad redimida de Dios o no (comp. Ezeq. 25:12; Amós 1:3-2:16; Hab. 1:11).

En tanto que esta comunidad tiene más responsabilidad de obedecer la ley escrita de Dios, todos los seres humanos son responsables de guardar la ley moral divina (Rom. 2:14-15). El pacto que Dios hizo con la humanidad en Adán, donde estableció que la obediencia daría como resultado bendición y la desobediencia castigo, es la base de la culpabilidad universal (Gén. 2:16-17; 3:17-19,22-24; Os. 6:7; Rom. 7:7-12; 10:5). Cuando Adán eligió desobedecer a Dios, hizo culpable a la humanidad ante Él y, por lo tanto, la sometió a Su ira y la hizo merecedora de la muerte (Rom. 5:12-21; Ef. 2:1-3). El principio referente a que el pecado de ciertos individuos puede hacer culpable a un grupo se puede observar también en pasajes como Lev. 4:3, "Si el sacerdote ungido pecare según el pecado del pueblo, ofrecerá a Jehová, por su pecado que habrá cometido, un becerro sin defecto para expiación" (ver también Gén. 26:10; Jos. 7:1; 1 Crón. 21:3).

Además, cada persona es culpable por el pecado que comete (1 Rey. 8:46; Sal. 51:5; 58:3; 143:2; Rom. 3:9-23; 1 Juan 1:8). Incluso la violación de un solo mandamiento de Dios produce condenación (Gál. 3:10; Sant. 2:10-11), y la Biblia enseña que Dios tiene conocimiento y registro de todos los pecados (Ecl. 12:14; Mat. 12:36; Luc. 12:2-3; Rom. 2:16).

Por ser justo, Dios no puede pasar por alto la culpa que resulta del pecado (Prov. 11:21; Hab. 1:13). La "paga" del pecado es muerte (Rom. 6:23), y Dios no puede dejar la culpa sin castigo y seguir siendo justo (Ex. 34:7; Núm. 14:18; Deut. 7:10; Nah. 1:3). La única manera en que puede perdonar nuestro pecado es por medio de Cristo, a quien le imputa el pecado y en quien lo castiga, "con la mira de manifestar en este tiempo su justicia, a fin de que él sea el justo, y el que justifica al que es de la fe de Jesús" (Rom. 3:26; ver también Isa. 53:6,12; Juan 1:29; 2 Cor. 5:21; Gál. 3:13; Heb. 9:26-28; 1 Ped. 2:24). El resultado es que no hay "condenación" para los que están "en Cristo", los que por medio de la fe han sido librados de la culpa (Rom. 8:1).

La presencia o ausencia de sentimiento o comprensión de la culpa no es indicativo confiable de que esta verdaderamente exista porque el corazón es más engañoso que todas las cosas (Jer. 17:9). Quienes se consideran "justos", es decir, los que no tienen sentimiento de culpa, pueden no obstante ser culpables (Mat. 5:20; 9:10-13), y los que se sienten plagados de dudas personales pueden, de todas maneras, ser justos ante Dios (comp. 1 Cor. 8:7). Por otro lado, la Biblia provee numerosos ejemplos sobre la angustia emocional que produce el pecado (Sal. 32:1-5; 38; 51; Mat. 27:3-5; Luc. 22:62). Ver *Cristo; Expiación; Expiación y propiciación, Diferencia entre; Pecado; Perdón; Reconciliación.* *E. Ray Clendenen*

CULTO A LOS ANTEPASADOS Ver *Antepasados.*

CUMI Palabra aramea que significa "levántate" en Mar. 5:41.

CUMPLIMIENTO DEL TIEMPO Traducción tradicional de dos expresiones griegas similares en Gál. 4:4 y Ef. 1:10. La primera se refiere a un acontecimiento del pasado, el envío de Cristo para redimir a los nacidos bajo la ley. Aunque el envío del Hijo de Dios abarca la totalidad del ministerio encarnado de Cristo, el NT lo relaciona específicamente con la muerte de Jesús como suceso salvífico (Juan 3:17, Rom. 8:3; 1 Jn. 4:9-10). El envío de Cristo en el cumplimiento del tiempo no se refiere tanto a las condiciones del mundo en el sentido de que el dominio del griego como idioma de habla común, los caminos romanos y la paz impuesta por Roma facilitaron la rápida dispersión del evangelio. Más bien, el énfasis está en Dios quien, al enviar a Cristo, no lo hizo como un "último intento desesperado" sino como parte de Su misericordioso plan desde el principio.

La alusión al cumplimiento del tiempo en Efesios es más difícil. Algunas traducciones consideran que el tiempo cuando todas las cosas son reunidas en Cristo corresponde al futuro (NVI); otras, al pasado. Un tema de suma importancia en Efesios es que Cristo ya destruyó la pared divisoria de enemistad entre judíos y gentiles (2:11-22; esp. 2:14,21). Por consiguiente, es probable que el cambio crucial en el tiempo transcurrido entre el pasado con su desesperanza y enemistad y la era presente de reconciliación, ya haya ocurrido.

Chris Church

CUMPLIR Verbo que se usa en la Biblia en tres sentidos que merecen especial atención: un sentido ético de observar o satisfacer requisitos; un sentido profético de corresponder a lo prometido, predicho o anunciado; y un sentido temporal relacionado con la llegada de los tiempos ordenados por Dios. El sentido ético de "cumplir" aparece en el AT sólo en relación a satisfacer los requerimientos de un voto (Lev. 22:21; Núm. 15:3), nunca en conexión con la ley. En el NT, Jesús se sometió al bautismo de Juan y se identificó con los pecadores para que se cumpliera "toda justicia" (Mat. 3:15); es decir, para satisfacer la expectativa de Dios para Su vida. Jesús no describió Su misión como si viniera "para abrogar la ley y los profetas" sino "para cumplir" con eso (Mat. 5:17). El NT habla repetidamente del amor como cumplimiento de la ley (Rom. 13:8-10; Gál. 5:14; Sant. 2:8).

"Cumplir" es más común en las Escrituras en el sentido profético de corresponder a lo prometido, predicho o anunciado. El cumplimiento de profecías en la vida de Jesús es un tema fundamental en el Evangelio de Mateo. La profecía de Isaías (7:14) no sólo se cumplió en el nacimiento virginal de Jesús sino también en Su naturaleza de "Dios con nosotros" (Mat. 1:22-23; comp. 28:20). El ministerio de Jesús equivale a Escrituras cumplidas (Isa. 9:1-2; 53:4), tanto en palabras (Mat. 4:14-17) como en hechos (8:16-17). El mandato de Jesús de mantener el secreto de Su identidad (Mat. 12:16), y Su costumbre de enseñar por medio de parábolas (13:35) también era cumplimiento de las Escrituras (Isa. 42:1-3; Sal. 78:2), al igual que lo fue Su humilde entrada en Jerusalén (Mat. 21:4-5: Zac. 9:9). En varios puntos, la historia de la vida de Jesús dio nuevo sentido a la historia de Israel. Como había sucedido con Israel, Jesús era el Hijo de Dios sacado de Egipto (Mat. 2:15; Os. 11:1). El sufrimiento de las madres de Israel (Jer. 31:15) tuvo eco en las madres de Belén (Mat. 2:17-18). En ambos casos se anunciaba el destino del niño Jesús, que fue salvado sólo para morir más tarde.

Lucas y Hechos se ocupan especialmente de los sufrimientos de Cristo y Su posterior glorificación como cumplimiento de las expectativas de todo el AT, la Ley, los Profetas y los Escritos (Luc. 24:25-26,44-47; Hech. 3:18; 13:27-41). Jesús interpretó Su viaje a Jerusalén como un segundo "éxodo" (Luc. 9:31), un hecho que traería como resultado la libertad para el pueblo de Dios.

Para Juan, el hecho de que la gente no reconociera a Dios por medio de las señales de Jesús ni aceptara Su testimonio, se explicaba como el cumplimiento de las Escrituras (12:37-41, comp. Mar. 4:11-12). Juan también veía los detalles de la historia de la pasión de Jesús como elementos que cumplieron las Escrituras (Juan 19:24,28; Sal. 22:18; 69:21). El cumplimiento tipológico donde Jesús equivalía a las instituciones antiguotestamentarias es más común que el cumplimiento que lo relaciona con las profecías futuras. Jesús era "el Cordero de Dios, que quita el pecado del mundo" (Juan 1:29); probablemente una referencia al cordero de la Pascua (Juan 19:14). Al igual que Bet-el (Gén. 28:12), Jesús ofreció acceso entre el cielo y la tierra (Juan 1:51). En Caná, el regalo del vino por parte de Jesús corresponde a las bendiciones futuras de Dios (Juan 2:1-11; Isa. 25:6; Joel 3:18; Amós 9:13; Zac. 9:17). El cuerpo de Jesús que sería derribado y resucitado se identificó con el templo (Juan 2:19,21). Al ser levantado en la cruz (Juan 3:14), Cristo equivalía a la serpiente que Moisés levantó en el desierto (Núm. 21:9). De la misma manera, cuando Cristo dio Su vida, fue el equivalente del maná vivificador que cayó del cielo (Juan 6:31-32; Ex. 16:15). Con frecuencia, las referencias al tiempo en el Evangelio de Juan sugieren que Jesús dio nuevo sentido a las celebraciones de Israel (Pascua, 2:13; 6:4; 11:55; enramadas, 7:10; la dedicación, 10:22).

El apóstol Pablo habló de Cristo como aquel en quien "todas las promesas de Dios son en él SÍ" (2 Cor. 1:20). Así como Juan, Pablo usó frecuentemente las tipologías. Cristo fue tipificado por Adán (Rom. 5:12-21; 1 Cor. 15:22,45-49), por la roca en el desierto (1 Cor. 10:4), y por el cordero de Pascua (1 Cor. 5:7).

Frases relacionadas con el tiempo como, "el tiempo se ha cumplido", señalan momentos ordenados por Dios; por ejemplo, el tiempo del ministerio de Cristo (Mar. 1:15; Gál. 4:4; Ef. 1:10), el período de la dominación gentil sobre Israel (Luc. 21:24), o el tiempo de la aparición del hombre de pecado (2 Tes. 2:6).

Chris Church

CUN Nombre de una ciudad de Siria que pertenecía a Hadad-ezer, rey de Soba. David tomó bronce de la ciudad como tributo, y Salomón utilizó los materiales para amoblar el templo (1 Crón. 18:8). El pasaje paralelo de 2 Sam. 8:8 dice "Berotai". Aparentemente son dos ciudades diferentes. Cun se encuentra al noreste de Biblos y Berotai al sudeste. Evidentemente, los lectores de las Crónicas estaban más familiarizados con Cun que con Berotai. Ver *Berotai.*

CUNEIFORME Sistema de escritura que más se utilizaba en el antiguo Cercano Oriente hasta que fue suplantado por los textos alfabéticos como el arameo. La palabra "cuneiforme" deriva del latín *cuneos*, "cuña", y se usa para referirse a los caracteres en forma de cuñas. El sistema de escritura aparentemente lo originaron los sumerios antes del 3000 a.C. Los documentos más antiguos son tablillas comerciales que consistían en pictografías (de ovejas, de granos, etc.) y cifras. Puesto que los documentos se escribían en tablillas de arcilla húmeda, los escribas inmediatamente se dieron cuenta de que era más conveniente indicar los objetos con dibujos

Tablilla y sobre cuneiforme que tratan sobre la venta de cierta tierra.

estilizados con un estilete. Los primeros signos cuneiformes fueron ideografías (signos que representaba una palabra), pero a medida que las necesidades literarias fueron aumentando, a los signos se les dieron valores fonéticos.

El sistema cuneiforme de escritura se adaptó y desarrolló para adecuarse a los requisitos de varios idiomas más como el acadio, el hurrita, el heteo, el elamita y el eblaíta. Los pueblos de Ugarit y los persas utilizaban cuñas para realizar sus textos alfabéticos.

La existencia de inscripciones trilingües, como las de la Roca de Behistún escrita en persa, babilónico y elamita cuneiforme, ayudaron a descifrar los escritos cuneiformes de la Mesopotamia. El desciframiento del idioma persa escrito en cuneiforme alfabético abrió paso a la interpretación de los textos silábicos babilónicos y elamitas, que eran más difíciles. Debido a los esfuerzos pioneros de H. Rawlinson, E. Hincas, J. Oppert y otros, para fines del siglo XIX era posible leer con confianza las inscripciones cuneiformes conocidas hasta esa época.

En los años 1930–31 H. Bauer, E. Dhorme y C. Virolleaud descifraron en forma simultánea pero independiente la escritura cuneiforme alfabética ugarítica. A diferencia de cualquiera de los otros escritos cuneiformes, el ugarítico consiste en 31 signos o caracteres utilizados para registrar documentos en un idioma similar al fenicio y al hebreo. Las inscripciones y los documentos ugaríticos datan del siglo XIV a.C. y son de importancia crucial para el estudio de la Biblia. Ver *Acadio; Asiria, Babilonia; Escritura; Sumer.*

Thomas Smothers

CUS **1.** Miembro de la tribu de Benjamín acerca de quien cantó el salmista (Sal. 7:1). Se desconoce otra información. **2.** Hijo de Cam y nieto de Noé (Gén. 10:8). Por lo tanto, en la Tabla de las Naciones se lo considera antepasado original de los habitantes de la tierra de Cus. **3.** Nación ubicada al sur de Egipto con límites diferentes y que quizá incluía distintas tribus de piel oscura (Jer. 13:23) en diversos períodos de la historia. La palabra hebrea *Cus* tradicionalmente se ha traducido "Etiopía" basándose en la LXX o en las primeras traducciones griegas, pero como se sabe hoy, Cus no era equivalente a la actual Etiopía. La esposa de Moisés era de Cus (Núm. 12:1); probablemente no era Séfora (Ex. 2:21). Cus fue enemiga de Egipto durante siglos y estuvo controlada por los faraones poderosos, pero obtenía la independencia bajo el gobierno de los faraones más débiles. Zera, un general de Cus (Etiopía), peleó contra Asa, el rey de Judá (910–869 a.C.) (2 Crón. 14:9). Finalmente, Piankhi de Cus conquistó Egipto y estableció la Dinastía XXV de gobernantes egipcios (716–656 a.C.) con su capital en Napata sobre el cuarto rápido (la cuarta catarata). Isaías 18 tal vez describa actividades políticas en el establecimiento del poder de Cus en Egipto. Tirhaca (2 Rey. 19:9) fue uno de los últimos faraones de Cus. Isaías prometió que quienes huyeran de Judá y se exiliaran en Cus verían la liberación de Dios (Isa. 11:11; comp. Sof. 3:10). El profeta pronunció juicio contra Cus, probablemente como los gobernantes de Egipto (Isa. 20:3-5; comp. 43:3; 45:14; Sal. 68:31; Jer. 46:9; Ezeq. 30:4,5,9). En la época de Ezequiel, Cus representaba el límite sur del territorio egipcio (Ezeq. 29:10). El poderío de Cus no pudo ayudar a Tebas a escapar del rey asirio Asurbanipal en el 663 a.C. Nahum utilizó este ejemplo histórico para pronunciar juicio sobre Nínive, la capital de Asiria (Nah. 3:9). Ezequiel mencionó Cus como uno de los aliados de Gog y Magog en la gran batalla final (Ezeq. 38:5). El salmista proclamó que la reputación de Dios había llegado incluso hasta Cus (Sal. 87:4). Job consideraba que Cus era una rica fuente de minerales, especialmente de topacio (Job 28:19). Para la época de Ester, Cus representaba los límites sur y oeste del poder persa (Est. 1:1). Cambises (530–522 a.C.) conquistó Cus para Persia.

En Gén. 2:13 se menciona que el Río Gihón rodeaba Cus. Gihón generalmente se asocia con Jerusalén como un manantial (1 Rey. 1:33). Algunos estudiosos de la Biblia identifican este Cus con los casitas, los sucesores del antiguo Imperio Babilónico que controlaron Babilonia entre aprox. 1530 y 1151 a.C. Dichos eruditos asocian esto con Gén. 10:8, donde Cus se relaciona con Nimrod, cuyo reino tenía su centro en Babilonia (Gén. 10:10). Otros estudiosos de la Biblia consideran este Gihón como nombre alternativo del Río Nilo, y Cus como referencia a la tierra ubicada al sur de Egipto. Aún no se ha hallado una solución clara para este problema.

C

CUSAÍAS Nombre de persona de significado desconocido. Levita de la familia de Merari mencionado como uno de los cantores del santuario durante el reinado de David. Su hijo Etán fue designado asistente principal de Hemán (1 Crón. 15:17). Esta misma persona también se menciona con el nombre Quisi (1 Crón. 6:44).

CUSÁN Pueblo que moraba en tiendas al que Habacuc vio en aflicción y padeciendo la ira de Dios (Hab. 3:7). El paralelo con Madián hace que se considere una tribu árabe, posiblemente nómada. Algunos identifican Cusán con Cus, ya sea como territorio controlado por Cus o un reino de Cus desconocido ubicado sobre la ribera noreste del Golfo de Aqaba cerca de Madián. Esto podría respaldar la ubicación de los cusitas ("etíopes") cerca de los árabes (2 Crón. 21:16).

CUSAN-RISATAIM Rey de Aram-naharaim que oprimió a Israel hasta que fue derrotado por Otoniel, hijo de Cenaz (Jue. 3:8). El nombre de este gobernante mesopotámico significa "Cusan de doble iniquidad". Probablemente haya sido un epíteto despectivo y no su verdadero nombre. Se desconoce otra información. Algunos han intentado ver Aram como un error involuntario de transcripción de la palabra original Edom, pero no existe evidencia alguna para esta conjetura. Ver *Aram-naharaim*; *Jueces*.

CUSI Nombre de persona que significa "cusita". **1.** Padre del profeta Sofonías (Sof. 1:1). **2.** Antepasado de un oficial real bajo el reinado de Joaquín (Jer. 36:14).

CUSITA, ETÍOPE Habitante de Cus. La palabra hebrea es la misma que para el nombre "Cusi". Dios se interesaba por ellos y los controlaba de la misma manera que lo hace con su pueblo (Amós 9:7). **1.** Etíope de nombre desconocido que sirvió como mensajero de Joab para llevarle a David la noticia de la muerte de Absalón (2 Sam. 18:21-32). **2.** Eunuco bajo el reinado de Ezequías que ayudó a Jeremías a escapar de una cisterna donde lo había arrojado el rey (Jer. 38:6-12; 39:16). Ver *Cus; Ebed-melec.*

CUTA Nombre geográfico correspondiente al centro de adoración de Nergal, el dios de la muerte en la Mesopotamia. Los residentes de la ciudad fueron exiliados por los asirios para que vivieran en Israel (2 Rey. 17:24). Una vez que se establecieron allí, hicieron un ídolo para adorar a Nergal (2 Rey. 17:30), lo que agravó la tendencia a adorar a Jehová, el Dios de Israel, junto con otras deidades. Cuta estaba ubicada en Tell Ibrahim, unos 29 km (18 millas) al noreste de Babilonia. Ver *Nergal.*

D

Hombre judío en oración en el Muro de los Lamentos, con su filacteria, que contiene pasajes de Deuteronomio.

DABERAT Nombre geográfico que significa "pastura". Ciudad limítrofe de Zabulón cerca del Monte Tabor (Jos. 19:12). En Jos. 21:28 figura como ciudad otorgada a los levitas en el territorio de Isacar. Es la moderna Daburiyeh, ubicada al pie del Monte Tabor, en el noroeste.

DABESET Nombre geográfico que significa "loma". Ciudad limítrofe de la tribu de Zabulón (Jos. 19:11). Es la moderna Tel esh-Shamman, ubicada al noroeste de Jocneam.

DÁDIVA, REGALO Favor u objeto que se le otorga a alguien. En numerosas ocasiones se hicieron regalos, y con diversos propósitos: como dote para una esposa (Gén. 34:12); como tributo a un conquistador militar (2 Sam. 8:2); como soborno (Ex. 23:8; Prov. 17:8; Isa. 1:23); como recompensa por servicio leal y para asegurar lealtad futura (Dan. 2:48), y como ayuda para los pobres (Est. 9:22). Debido a que la costumbre, la ley o la fuerza requerían dádivas, a fin de especificar aquellas que se daban voluntariamente, a veces se utilizaban modificadores tales como: ofrendas o dádivas "voluntarias" o que se dan por decisión propia (Ex. 35:29); dádiva gratuita o dádiva de gracia (Rom. 5:15-17; 6:23); dádiva generosa que no nace de la codicia (2 Cor. 9:5).

Tanto el AT como el NT dan testimonio de que Dios es la fuente de toda buena dádiva (1 Crón. 29:14; Sant. 1:17). La vida del ser humano es un regalo de Dios (Job 1:21), al igual que todas las cosas necesarias para la vida física, por ej. la luz del sol (Jer. 31:35); las plantas (Gén. 1:29) y los animales que sirven de alimento (Gén. 9:3); el agua (Núm. 21:16); la vestimenta (Gén. 28:20); la hierba para el ganado (Deut. 11:15); las lluvias estacionales para las cosechas (Lev. 26:4); la compañía del hombre y la mujer (Gén. 2:18-24; comp. 3:12); la capacidad de tener hijos (Gén. 17:16), y la capacidad de dormir (Sal. 127:2). Asimismo, Dios nos dota de diversas capacidades humanas tales como capacidad para trabajar (Deut. 8:18); habilidades artísticas (Ex. 31:6); capacidad de aprender y llegar a dominar el arte de la comunicación (Dan. 1:17). Estas dádivas demuestran la providencia general de Dios.

La Escritura también testifica sobre dádivas de Dios como prueba de providencia especial. En el AT, dichas dádivas incluyen la tierra prometida (Gén. 12:7) junto con la conquista exitosa (Deut. 2:36); la posesión de ciudades (Deut. 6:10) y sus botines (Deut. 20:14); el día de reposo (Ex. 16:29); las promesas (1 Rey. 8:56); los pactos (2 Rey. 17:15); la ley (Ex. 24:12), y la paz (Lev. 26:6). En el NT, la providencia especial de Dios se manifiesta particularmente en la dádiva del Hijo de Dios (Juan 3:16) y del Espíritu Santo de Dios (Luc. 11:13).

Dios hace posible la relación con Él al proveerle a Su pueblo sabiduría (1 Rey. 4:29), comprensión (1 Rey. 3:9), un corazón nuevo (Ezeq. 36:26) y un buen Espíritu como enseñador (Neh. 9:20). El NT expresa que estas dádivas son la potestad para convertirnos en hijos de Dios (Juan 1:12), la justificación del pecado (Rom. 3:24; 5:15-17) y la vida eterna (Juan 10:28; Rom. 6:23).

Ambos Testamentos testifican sobre la dádiva de Dios para el liderazgo de Su pueblo en las funciones de: sacerdotes (Núm. 8:19; Zac. 3:7); reyes davídicos (2 Crón. 13:5); libertadores (2 Rey. 13:5); pastores con corazones piadosos (Jer. 3:15); apóstoles, profetas, evangelistas y pastores-maestros (Ef. 4:11-12). Pablo manifestó que Dios le había dado el ministerio de reconciliación (2 Cor. 5:18), autoridad para edificar la iglesia (2 Cor. 10:8) y gracia para compartir el evangelio con los gentiles (Ef. 3:8). El NT también enfatiza que Dios concede capacidades espirituales a cada creyente (Rom. 12:6; 1 Cor. 12:4; 1 Ped. 4:10). Ver *Dones espirituales*.

Las dádivas de Dios deberían impulsar a los creyentes a responder de manera apropiada. Esta respuesta incluye: no ser jactancioso (1 Cor. 4:7; Ef. 2:8); asombrarse ante la inefable bondad de Dios (2 Cor. 9:15); usar los dones para la extensión del reino de Cristo (1 Tim. 4:14; 2 Tim. 1:6-11), y vivir haciendo buenas obras (Ef. 2:10).

Chris Church

DAGÓN Nombre de un dios que significa "pececillo" o "querido". Dios asociado a los filisteos. Sin embargo, su origen tuvo lugar en la Mesopotamia durante el tercer milenio a.C. Cerca del año 2000 a.C. se edificó un templo importante para él en la ciudad marítima de Ugarit. El comercio de Ugarit transportó su culto a Canaán en el tiempo en que esta región todavía formaba parte del Imperio Egipcio. Cuando los filisteos conquistaron la región costera de Canaán, adoptaron a Dagón como su deidad principal.

De acuerdo con una etimología popular, el nombre deriva de la palabra hebrea que se refiere a los peces, por lo tanto se pensó que era un dios del mar. Sin embargo, la evidencia arqueológica no apoya este punto de vista. El nombre quizás derivó originalmente de la palabra usada para referirse al grano o posiblemente de una palabra para aludir a las nubes. De esta manera, Dagón era un dios del grano o un dios de la tormenta, muy parecido a Baal. De acuerdo con documentos ugaríticos del siglo XIV a.C., Dagón era padre de Baal. Se desconocen otros datos sobre su mitología o culto.

Luego de someter a Sansón, los filisteos le acreditaron la victoria a Dagón (Jue. 16:23). Sin embargo, cuando Sansón colapsó el templo de Dagón sobre sí mismo y sobre los filisteos, demostró la superioridad del Dios de Israel. Asimismo, cuando el ídolo de Dagón cayó postrado ante el arca del pacto, quedó demostrada la superioridad de Dios (1 Sam. 5:1-7). Sin embargo, tiempo después los filisteos expusieron la cabeza de Saúl en el templo de Dagón como un trofeo (1 Crón. 10:10). Ver *Filisteos.*

LeBron Matthews

DALFÓN Nombre de persona aparentemente derivado de una palabra persa que tal vez significaba "desvelado". Uno de los diez hijos de Amán, el principal enemigo de Mardoqueo y Ester. Sus hijos murieron cuando los judíos se protegieron contra el ataque de los persas (Est. 9:7).

DALILA Nombre de persona que significa "con cabello largo que cuelga". Mujer del Valle de Sorec a quien Sansón amó (Jue. 16:4). Probablemente fuera filistea. Engañó a Sansón para que le revelara que el secreto de su gran fuerza radicaba en el cabello, que nunca había sido cortado. Luego lo entregó a los filisteos. Mientras él dormía, hizo afeitar la cabeza de Sansón y este fue capturado, dejado ciego y apresado por los filisteos. Ver *Jueces, Libro de; Sansón.*

DALMACIA Nombre geográfico que se refería a la parte sur de Ilírico, al norte de Grecia y al otro lado del Mar Adriático desde Italia. Según Timoteo, Tito había dejado a Pablo para dirigirse hacia Dalmacia (2 Tim. 4:10). Pablo había predicado en Ilírico (Rom. 15:19). Ilírico incluye la mayor parte de la actual Albania y la ex Yugoslavia.

DALMANUTA Lugar al que Jesús y sus discípulos se dirigieron luego de la alimentación de los 4000 (Mar. 8:10). Se desconoce su ubicación. La referencia paralela en Mat. 15:39 sugiere la región de Magdala. Ver *Magdala.*

DÁMARIS Nombre de persona que significa "ternera". Mujer ateniense que se convirtió al cristianismo escuchando el sermón de Pablo en el Areópago, la corte suprema de Atenas (Hech. 17:34).

DAMASCENO Habitante de Damasco. Ver *Damasco.*

DAMASCO Capital de una ciudad-estado importante de Siria vinculada históricamente con Israel. Aparentemente, Damasco ha estado habitada en forma continua por un período de tiempo superior a cualquier otra ciudad del mundo, y puede por lo tanto considerarse la ciudad más antigua de la tierra.

Ubicación La ubicación geográfica de Damasco le permitió convertirse en un importante centro comercial y de transporte. Ubicada a 760 m (2300 pies) sobre el nivel del mar, se encontraba al noreste del Monte Hermón y aprox. a 95 km (60 millas) al este de Sidón, ciudad portuaria del Mediterráneo. Por Damasco pasaban las dos rutas internacionales más importantes: La Vía Maris desde la Mesopotamia en el este cruzaba Damasco y el Valle de Jezreel hacia la llanura de Sarón y la costa del Mediterráneo, luego al sur hacia Egipto; y el Camino del Rey desde Damasco hacia el sur a través de Astarot, Rabat-Amón, y Bosra hacia Elat en el Mar Rojo y hacia Arabia. Por esa misma condición, Damasco vio la marcha de los ejércitos a lo largo de sus rutas debido a que con frecuencia usaban la ciudad como escenario central.

Historia La arqueología no puede hacer una gran contribución para el estudio de Damasco debido a que la existencia continuada de la ciudad hace que la excavación resulte difícil, si no imposible. Las exploraciones indican con certeza

Muro de la época del Nuevo Testamento en Damasco, de donde escapó Pablo para empezar su ministerio.

Muro de Damasco en la época bíblica.

que hubo asentamientos anteriores al año 3000 a.C. Las tablillas del centro sirio de Ebla mencionan Damasco a partir del año 2300 a.C. Tutmosis III de Egipto afirmó que había conquistado Damasco aprox. en el 1475 a.C. Los hititas batallaron contra Egipto por el control de Damasco hasta que fueron vencidos por los pueblos del mar aprox. en el 1200 a.C. En ese tiempo los arameos del desierto cercano entraron y tomaron control de una Damasco independiente, tras lo cual en forma gradual establecieron una base de poder político.

Ventana en el muro de Damasco, posible sitio del que Pablo escapó de la ciudad en una canasta.

En la Biblia Abraham persiguió a los reyes invasores hacia el norte de Damasco para rescatar a Lot, quien había sido tomado cautivo (Gén. 14:15). Eliezer, el siervo de Abraham, aparentemente provenía de Damasco (Gén. 15:2).

Los soldados de Damasco intentaron defender del rey David a Hadad-ezer, rey de Soba, otra ciudad-estado siria. David venció y ocupó Damasco (2 Sam. 8:5,6). La debilidad de Soba alentó a Rezón a organizar una banda de renegados, semejante a la liderada por David cuando se oponía a Saúl (1 Sam. 22:2). Rezón se convirtió en líder de Siria acuartelado en Damasco (1 Rey. 11:23-25). Dios lo usó para hostigar a Salomón.

A medida que Asiria creció en poder, la nueva ciudad-estado siria tuvo que hacer frente a un poderoso oponente del este. Ben-adad fortaleció Damasco al punto que Asa, rey de Judá, (910–869), le pagó tributo para atacar a Baasa, rey de Israel, y aliviar a Judá de la presión (1 Rey. 15:16-23). Esto le dio motivo a Damasco para interferir repetidamente en asuntos políticos de Palestina.

Primera Reyes 20 también describe a Ben-adad de Damasco y hace suponer que Ben-adad (literalmente, "hijo de Adad") era un título real en Siria e identifica al rey de Damasco como adorador del dios Adad, otro nombre para referirse a Baal. El rey sirio atacó Samaria durante el reinado de Acab, rey de Israel (874–853). Un profeta reveló el camino hacia la victoria para Acab sobre un embriagado Ben-adad. El rey sirio decidió que el Dios de Israel controlaba los montes pero no las llanuras, y por ese motivo atacó en Afec (1 Rey. 20:26). Nuevamente un profeta indicó el camino para la victoria de Israel. Acab accedió a efectuar un pacto con el vencido rey de Siria, por lo cual debió enfrentar un fuerte juicio de parte del profeta (1 Rey. 20:35-43).

Naamán, un oficial sirio, buscó la ayuda de Eliseo para curarse de su enfermedad de la piel, pero consideró que Abana y Farfar, los grandes ríos de Damasco, ofrecían una ayuda más efectiva que la del Río Jordán (2 Rey. 5:12). Estos ríos hacían de Damasco un oasis en medio del desierto. Eliseo ayudó a liberar a Samaria cuando Ben-adad la asedió (2 Rey. 6–7). Eliseo también profetizó un cambio de dinastía en Damasco y nombró a Hazael como nuevo rey (2 Rey. 8:7-15). Salmanasar III, rey de Asiria (858–824), declaró haber vencido tanto a Ben-adad como a Hazael. La primera batalla importante tuvo lugar en

La tradicional calle llamada Derecha, en Damasco, Siria.

Qarqar en el 853 a.C. Ocozías, rey de Judá (841), se unió a Joram, rey de Israel (852–841), en batalla contra Hazael, en la que Joram resultó herido. Jehú tomó ventaja sobre el rey herido y lo mató (2 Rey. 8:25–9:24).

Salmanasar III, rey de Asiria, debilitó gravemente a Damasco luego de pelear contra esta ciudad en campañas realizadas en los años 853, 849, 848 y 845; la sitió en el 841 y recibió tributo nuevamente en el 838. Luego, Hazael, rey de Damasco, ejerció una fuerte presión y ganó influencia en Israel, Judá y Filistea (2 Rey. 10:32, 33). Ben-adad, su hijo, mantuvo la fortaleza de Damasco (2 Rey. 13:3-25). Finalmente Joás, rey de Israel (798–782), recuperó algunas ciudades que Hazael, rey de Damasco, había tomado (2 Rey. 13:25). Jeroboam II, rey de Israel (793–753), expandió la influencia israelita y obtuvo el control de Damasco (2 Rey. 14:28). Esto fue posible debido a que Asiria amenazó nuevamente a Siria, cuando Adad-nirari III, rey de Asiria (810–783), invadió Siria desde el 805 al 802 y nuevamente en el 796. En el 760 a.C. aprox., el profeta Amós condenó a Damasco y a sus reyes Hazael y Ben-adad (Amós 1:3-5).

Tiglat-pileser III, rey de Asiria (744–727), amenazó una vez más a Damasco. El rey Rezín de Damasco se unió a Peka, rey de Israel, aprox. en el 734 a.C. en un esfuerzo para detener a los asirios. Marcharon a Jerusalén y trataron de forzar a Acaz, rey de Judá, para que se uniera a ellos en la lucha contra Siria (2 Rey. 16:5). El profeta Isaías advirtió a Acaz que no se aliara con Siria e Israel (Isa. 7). También profetizó que Asiria destruiría Damasco (Isa. 8:4; comp. cap. 17). Si bien Rezín, rey de Damasco, hasta cierto punto tuvo éxito militar (2 Rey. 16:5), no pudo lograr que Acaz, rey de Judá, cooperara con él. Tampoco pudo Isaías. En su lugar, Acaz envió dinero a Tiglat-pileser y le pidió que rescatara a Judá de manos de Israel y Damasco. Los asirios respondieron rápidamente, capturaron Damasco en el 732 a.C. y enviaron al exilio a los líderes de la ciudad (2 Rey. 16:7-9). Damasco tuvo una última influencia sobre Judá porque cuando Acaz fue a Damasco a pagar tributo a Tiglat-pileser, le gustó el altar en ese lugar y mandó hacer una copia para el templo de Jerusalén (2 Rey. 16:10-16). En los años 727 y 720 Damasco luchó contra Asiria para obtener independencia, pero sin éxito. De ese modo, se convirtió en un estado cautivo primero de los asirios, luego de los babilonios, persas, griegos, ptolomeos y seléucidas. Finalmente, Roma tomó el control bajo el gobierno de Pompeyo en el 64 a.C. Los judíos comenzaron a emigrar a Damasco y establecer sinagogas en esa ciudad. Por lo tanto, Saulo fue a Damasco para determinar si había creyentes en Cristo que estuvieran adheridos a las sinagogas a fin de perseguirlos (Hech. 9), y el camino a Damasco se transformó en el lugar donde Saulo se convirtió y fue presentado a la iglesia pero tuvo que escapar de allí escondido en un canasto para comenzar su ministerio (2 Cor. 11:32,33). Damasco ganó importancia y finalmente se convirtió en colonia romana. Ver *Baal*; *Ben-adad*; *Hadad*; *Siria*. *Trent C. Butler*

DAN Nombre de persona que significa "juez". Primer hijo que Jacob tuvo de Bilha, la sierva de Raquel (Gén. 30:6). Fue el antepasado original de la tribu de Dan. Cuando los israelitas entraron a Canaán, la tribu de Dan recibió tierra en la costa oeste. No pudieron contar con el control total del territorio, especialmente luego que los

Excavaciones en Dan muestran los escalones de piedra que llevaban a la puerta de ladrillos de barro, al fondo.

filisteos se asentaron en la región. Los últimos capítulos de Jueces hablan sobre Sansón, de la tribu de Dan, y sus luchas contra los filisteos. Con el tiempo Dan emigró hacia el norte y pudo apoderarse de la ciudad de Lais. Le cambiaron el nombre y la llamaron Dan, y se asentaron en el territorio que la rodeaba. Dan fue siempre una tribu pequeña y nunca tuvo una influencia significativa en Israel. Los danitas más prominentes que se mencionan en la Biblia son: Aholiab y Sansón.

La ciudad bíblica de Dan se menciona con frecuencia en la descripción de la tierra de Israel, concretamente "desde Dan hasta Beerseba" (Jue. 20:1). La ciudad ha sido identificada con la moderna Tell el-Qadi (o Tell Dan). El tell, que cubre aproximadamente 20 km^2 (50 acres), está situada al norte de la muy fértil llanura de Huleh en la base del Monte Hermón. Los abundantes manantiales del lugar constituyen una de las tres fuentes más importantes del Río Jordán.

La ciudad se llamaba Lais (Jue. 18:7, o Lesem en Jos. 19:47) cuando estaba ocupada por los cananeos. Se la menciona en los textos execratorios egipcios y en las tablillas de Mari, que datan del siglo XVIII a.C. Luego Tutmosis III registró Lais entre las ciudades conquistadas en su campaña del 1468 a.C.

A. Biran, de la Universidad Hebrea de Jerusalén, lideró la excavación de Tell Dan desde 1966. Lais se fundó al final de la Edad de Bronce II temprana (alrededor del 2700 a.C.) cerca de los manantiales y floreció aprox. hasta el 2300 a.C. Se descubrieron importantes restos de alfarería que pertenecieron a esta era, juntamente con restos de pisos y paredes. La ciudad probablemente permaneció desocupada hasta la Edad de Bronce II media (aprox. en el 2000 a.C.),

Vista de la entrada en forma de arco hecha con ladrillos de barro, justo después de que fuera descubierta pero antes de que se desenterrara en su totalidad.

Base de un dosel en Dan, probablemente del tiempo de Acab.

cuando se construyó una ciudad grande y bien fortificada. Se levantó una muralla de contención de tierra de grandes dimensiones similar a la de Hazor, con propósitos defensivos. Tenía una puerta de tres arcos construida con ladrillos de barro, bien protegida y empotrada en la muralla (aprox. en el 1750 a.C.). El sistema de puertas de 15 m^2 (160 pies) estaba a 12 metros (36 pies) sobre el nivel de la llanura circundante e incluía las primeras entradas arqueadas conocidas en el mundo.

La Edad de Bronce tardía está representada por una tumba ricamente adornada que contenía mercancías importadas de Chipre y Micenas; cajas de cosméticos con incrustaciones de marfil; objetos de bronce, plata y oro; y los esqueletos de 45 hombres, mujeres y niños.

En la Edad de Hierro, Lais fue reconstruida por los habitantes locales hacia fines del siglo XIII a.C.; pero fue destruida alrededor del 1100 a.C. por la tribu de Dan que estaba entrando en la región. La Escritura describe la conquista de la ciudad como si la gente local no sospechara de la invasión que se avecinaba. Los danitas utilizaron como defensa la muralla que los habitantes de Lais habían construido, y levantaron sus hogares sobre las ruinas de la ciudad anterior. La primera ciudad danita con algunos restos de cerámica filistea fue destruida un siglo después de su fundación. La ciudad fue prontamente reconstruida y se convirtió en un centro israelita prominente de la Edad de Hierro.

Luego del establecimiento del reino de Israel bajo los gobiernos de David y Salomón, Jeroboam lideró a las tribus del norte en una revuelta contra Roboam (aprox. en el 925 a.C.). Como alternativa a la adoración en Jerusalén, Dan y Bet-el fueron fortificadas como santuarios/fortalezas limítrofes (1 Rey. 12:29), con templos que tenían becerros de oro para representar a Yahvéh.

Esto puede haber representado una combinación de la adoración a Baal con la adoración a Yahvéh. En el reinado de Jehú se puede observar la medida en que el culto a Baal influyó el norte de Israel, ya que no destruyó los altares en Dan y Betel a pesar de que había erradicado de la región a los sacerdotes de Baal (2 Rey. 10:23-29). Las excavaciones en Dan han descubierto "el lugar alto" de Jeroboam junto con un altar pequeño con cuernos, el portón de la ciudad (con el trono real) y los muros (de 4 m [12 pies] de espesor), cientos de vasijas de alfarería, construcciones y objetos grabados. Esta ciudad fue rápidamente tomada por Ben-adad de Siria y luego recapturada por Jeroboam II en el siglo VIII a.C. (2 Rey. 14:25). Dan cayó en manos de los asirios bajo el reinado de Tiglat-pileser III (Pul en el AT), aprox. en el 743 a.C. (2 Rey. 15:29). Este rey anexó la ciudad al distrito asirio. Muchos danitas fueron deportados a Asiria, Babilonia y Media luego de la caída de Samaria en el 722 ó 721 a.C. (2 Rey. 17:6) bajo el poder de Sargón II. Trasladaron extranjeros desde Babilonia, Siria y otras tierras para ocupar el territorio de Israel. El escritor de Reyes atribuye la caída del reino a la adoración a dioses que no eran Yahvéh (2 Rey. 17:7-20), y Dan era uno de los centros más importantes de esta idolatría.

Cuando Josías asumió el trono de Judá en el 639 a.C., Asiria estaba en decadencia. Josías incorporó los antiguos territorios del Reino del Norte a un país unido, restauró los límites clásicos de Israel "desde Dan hasta Beerseba". En este período se construyó una puerta superior de entrada a la ciudad, y la inscripción "perteneciente a Ba'alpelet" que se encontró en este nivel demuestra que la adoración a Baal continuó influyendo esta región luego de la destrucción asiria. La ciudad reconstruida parcialmente sobrevivió hasta la masacre cometida por el ejército babilónico de Nabucodonosor (aprox. en el año 589 a.C.; comp. Jer. 4:14-18).

Otra base de dosel en Dan, posiblemente de la época de Acab.

Dan fue ocupada nuevamente en los períodos helénico, romano y bizantino. En la región del lugar alto se encontraron estatuas y figuras de dioses egipcios y grecorromanos como Osiris, Bes y Afrodita. La inscripción griega y aramea, "Al dios que está en Dan, Zoilos le hizo un voto", brinda evidencias adicionales en cuanto a la importancia religiosa de la ciudad. Ver *Patriarcas; Tribus de Israel.* *R.Dennis Cole*

DANA Nombre geográfico que significa "fortaleza". Pueblo asignado a la tribu de Judá en la región montañosa (Jos. 15:49). Su ubicación es incierta.

DANIEL Nombre de persona que significa "Dios es juez" o "el juez de Dios". **1.** Hijo de David y Abigail, la carmelita (1 Crón. 3:1), también llamado Quileab en 2 Sam. 3:3. **2.** Sacerdote del linaje de Itamar (Esd. 8:2; Neh. 10:6), quien retornó con Esdras del cautiverio babilónico. **3.** El Daniel de Ezeq.14:14,20; 28:3 se escribe de manera diferente en hebreo, a diferencia de todas las otras formas del AT. Este Daniel era una figura de la antigüedad que se menciona junto con Noé y Job. Era famoso por su sabiduría y justicia. Debido a la similitud en la forma de escribir el nombre y los atributos en común de sabiduría y justicia, algunos intérpretes relacionan a este Daniel con el del libro canónico que lleva su nombre. Sin embargo, la mayoría de los intérpretes notan la diferencia en la escritura del nombre y también el dato de la antigüedad. Algunos relacionan al "Daniel" del libro de Ezequiel con el "Daniel" de la literatura ugarítica antigua.

4. El uso más común del nombre "Daniel" se refiere al héroe del libro de Daniel. Este joven de la nobleza fue tomado cautivo por Nabucodonosor, rey de Babilonia, y elevado a un alto rango en los reinos de Babilonia y Persia. Los babilonios trataron de eliminar todos los vestigios de la religión y nacionalidad de Daniel. Por esta razón, le cambiaron el nombre (Dan. 1:7; 2:26; 4:8-9, 18-19; 5:12; 10:1).

En su adolescencia Daniel fue transportado de Judá a Babilonia en ocasión de la batalla de Carquemis en el 605 a.C. El texto no indica su edad exacta. A Daniel se lo llamó Beltsasar, y a sus tres compañeros hebreos, Ananías, Misael y

Azarías, los llamaron Sadrac, Mesac y Abed-nego (Dan. 1:6,7). Fue instruido en artes, letras y ciencias en la capital de Babilonia. Finalmente, alcanzó una alta posición entre los sabios babilónicos. Se mantuvo en ejercicio durante el largo reinado de Nabucodonosor (604–562 a.C.). No se hace mención a Daniel en los tiempos de Evil-Merodac (561–560 a.C.), Neriglisar (559–555 a.C.), ni Labasi-Marduk (555 a.C.). Sin embargo, hay mucha información relacionada con el trabajo de Daniel durante el reinado de Nabónido (555–539 a.C.). Cuando Nabónido se ausentaba de su país durante largos períodos de tiempo, dejaba a su hijo Belsasar a cargo de los asuntos de gobierno.

Daniel estaba en Babilonia cuando las fuerzas de Ciro, el persa, la capturaron. Sucesivamente, Daniel fue un alto oficial de gobierno durante el reinado de Ciro (539–529 a.C.) y el de Cambises (529–522 a.C.). Sirvió también durante su ancianidad en el reinado de Darío I, hijo de Histaspes (522–486 a.C.). Daniel probablemente celebró su cumpleaños número cien durante el reinado de Darío. Era físicamente muy atractivo. A una edad temprana mostró predisposición al conocimiento, la sabiduría y el liderazgo. Además de su sabiduría, era hábil en la interpretación de los sueños. A través de su vida demostró una inconmovible fe en su Dios. Esto le dio valentía para resistir las tentaciones y amenazas con las que se vio confrontado en repetidas oportunidades. Reconoció que Dios estaba juzgándolo continuamente y permaneció fiel. *J.J.Owens*

DANIEL, LIBRO DE El libro de Daniel es uno de los más intrigantes de la Biblia. Sus historias se relatan con belleza y sus visiones son increíblemente inspiradoras. Sus páginas están llenas de verdades eternas. Sin embargo, es uno de los libros más controversiales de las Escrituras y hay diferencias importantes con respecto a la interpretación, la autoría y la fecha en que se escribió.

Daniel y el canon En las versiones españolas, Daniel aparece como el último de los cuatro libros proféticos mayores, mientras que en la Biblia hebrea está agrupado en la sección conocida como la *Hagiógrafa* o los *Escritos*. En la Escritura, a Daniel se lo considera profeta en un sentido general, como Abraham (Gén. 20:7) o Moisés (Deut. 18:15), ya que recibió mensajes de Dios y los compartió con el pueblo. Pero en primer lugar, Daniel fue estadista y administrador. Nunca predicó sermones a la nación de Israel de la manera en que lo hicieron Isaías o Jeremías, y por esta razón los responsables de definir el canon de la Biblia hebrea no incluyen este libro con los profetas. La ubicación de Daniel en la sección profética de las versiones españolas sigue el modelo de la mayoría de las traducciones griegas.

Autoría y fecha La posición tradicional es que Daniel escribió el libro en el siglo VI a.C., que la profecía es históricamente confiable y que sus predicciones son sobrenaturales y precisas. En tiempos modernos, algunos estudiosos han mantenido el punto de vista (primeramente propuesto por el neoplatónico Porfirio en el siglo III a.C.) de que la profecía en su forma presente fue producida por un judío anónimo durante el siglo II a.C. que escribió bajo el seudónimo (nombre falso) Daniel. Así, el libro está compuesto por relatos no históricos y seudo profecías (*vaticinia ex eventu*). El propósito era animar a los creyentes judíos en su lucha contra el tirano sirio-griego Antíoco IV Epífanes (175–163 a.C.), durante el período de los macabeos. De acuerdo con esta tesis, el libro de Daniel sería el último de los escritos del AT. Generalmente aquellos que mantienen el punto de vista de los macabeos consideran que los capítulos 7–12 son esencialmente una creación del autor del siglo II quien introdujo su material con las historias de los capítulos 1–6, una colección que tomó de un corpus de Daniel que databa del siglo anterior. Con frecuencia se identifica al escritor del siglo II como miembro de la secta religiosa de los jasídicos.

Aquellos que defienden la hipótesis de los macabeos sostienen que la teología, el lenguaje del libro, su ubicación en el canon hebreo junto con los Escritos y no con los profetas (planteado anteriormente) y las imprecisiones de eventos históricos anteriores al siglo II sugieren que se escribió en una fecha posterior. Sin embargo, la confiabilidad histórica del libro ha sido confirmada en muchos casos por los descubrimientos arqueológicos (por ejemplo, la historicidad de Belsasar y la invasión de los ejércitos babilónicos a Jerusalén en el 605 a.C.), y cuando se examinan detalladamente las imprecisiones históricas que se plantean, se llega a la conclusión de que tienen soluciones razonables. Además, el lenguaje del libro no requiere necesariamente una fecha posterior. Daniel completó su libro luego de la conquista de Babilonia en manos de los persas, e incluso se desempeñó en la nueva administración; por lo tanto, no es sorprendente la presencia de palabras tomadas de los persas. En realidad, las expresiones persas parecen ser una evidencia poderosa en cuanto a una fecha de composición anterior pues las expresiones son antiguas palabras persas dejadas de utilizar alrededor del 300 a.C. Además, las tres palabras tomadas del griego que aparecen en el libro (3:5,7, 10,15) tampoco requieren una fecha posterior porque la evidencia arqueológica ha demostrado que mucho antes del siglo VI a.C. existía un amplio contacto entre Grecia y las naciones que rodeaban el Mar Mediterráneo. Por otro lado, si el libro se escribió entre los años 170–164 a.C., durante el control griego sobre Palestina, es de esperar que encontremos gran número de palabras griegas en el texto. El arameo de Daniel (y de Esdras) exhibe paralelos sorprendentes con ejemplos antiguos del idioma encontrado en algunos documentos (por ej. los papiros elefantinos) que también se escribieron en arameo imperial y cuya fecha data del siglo V a.C. y aun previamente. Además, el arameo del libro no se asemeja a las muestras del idioma encontradas posteriormente en Qumrán (por ej. el Génesis Apócrifo). Por último, los argumentos para determinar la fecha de los documentos a partir de la teología son precarios. Si se determina que Daniel se escribió en el siglo VI a.C. tomando como base otros criterios objetivos, la teología del libro es del siglo VI a.C.

Los argumentos a favor del punto de vista tradicional son: (1) Los escritores del NT y el mismo Jesús parecen haber aceptado la comprensión tradicional de la profecía (comp. Mat. 24:15 con Mar. 13:14; Mat. 26:64 con Mar. 14:62 con Luc. 22:69; Heb. 11:32-34). (2) El libro indica haber sido escrito por Daniel (comp. 7:1; 12:4), ser un relato de la historia de un individuo que experimentó el exilio y vivió en Babilonia, y ser una predicción de sucesos futuros (por ej.: Dan. 7:2,4,6-28; 8; 9:2-27; 10:2-21; 12:4-8). (3) Se ha establecido que uno de los ocho manuscritos de Daniel descubiertos en Qumrán (4QDan[c]) data aproximadamente del 125 a.C. y pudo haber sido escrito en una fecha anterior. Algunos eruditos han argumentado que el profeta no habría tenido tiempo suficiente para obtener tal aceptación general si hubiera sido escrito solamente 40 años antes. (4) La Septuaginta (LXX) es el nombre con que comúnmente se designa una traducción griega del AT realizada por eruditos judíos que vivían en Egipto (Alejandría) y que llegó a ser usada ampliamente por los judíos de la diáspora. Por lo general, los eruditos concuerdan en que al menos el Pentateuco se tradujo a mediados del siglo III a.C. Es probable que todos los libros de la Biblia se hayan traducido al griego aproximadamente en la misma época. Sin duda, Daniel ya había sido traducido aprox. en el 130 a.C. (cuando el nieto de Ben-Sirac escribió el prólogo de Eclesiástico). De acuerdo con la hipótesis de los macabeos, el libro de Daniel había sido incluido en el canon y transportado a Alejandría, Egipto, ubicada a unos 480 km (300 millas) de distancia, sólo 30 años después de haber sido escrito, y allí lo tradujeron al griego. Tal proposición parece improbable. (5) Ezequiel, el profeta del siglo VI a.C., en su libro se refiere a Daniel en tres ocasiones (14:14,20; 28:3), y estas referencias serían una evidencia determinante para el punto de vista tradicional. Sin embargo, debido a los descubrimientos realizados en Ras Shamra, los eruditos que aceptan la fecha tardía han tratado de explicar estos pasajes declarando que Ezequiel se refería a una figura mitológica llamada Danel que aparece en la obra épica ugarítica "La Historia de Aqhat". ¡Un argumento devastador contra la teoría de que el Daniel de Ezequiel es este héroe ugarítico es que este Daniel era idólatra! Ezequiel tiene que haberse referido al autor del libro de Daniel. De ser así, su historicidad y su libro quedarían confirmados.

Tipo de literatura La primera sección del libro (caps. 1–6) está compuesta por material histórico y algunas profecías (cap. 2); la segunda sección (caps. 7–12) contiene tanto mensajes históricos como apocalípticos. Daniel es el ejemplo clásico del género apocalíptico, nombre que deriva de la palabra griega *apokalupsis*, que significa "revelación, manifestación". En este género, el profeta recibe a través de un mediador divino una revelación divina sobre eventos futuros. Es habitual emplear simbolismos y numerología. El tema más sobresaliente de los escritos apocalípticos es el triunfo escatológico del reino de Dios sobre los reinos de la tierra. Además, le brindan al mundo una visión de Dios y del futuro.

Idioma Una característica inusual del libro es que está escrito en dos idiomas. Daniel 1:1–2:4a y 8:1–12:13 (157 versículos y medio) está escrito en hebreo, mientras que 2:4b–7:28 (199 versículos y medio) está escrito en arameo. Se han elaborado diversas teorías para explicar este fenómeno, pero la propuesta más satisfactoria es que el empleo de ambos idiomas fue un recurso empleado en forma deliberada. El arameo (la *lingua franca* de este período) se reservó para las partes del libro que poseían una atracción universal o relevancia especial para las naciones gentiles, y el hebreo fue empleado en aquellas porciones con más relación con el pueblo judío.

Textos y versiones El texto hebreo y arameo de Daniel ha sido bien conservado y muy pocas variaciones textuales son significativas.

Las traducciones griegas designadas como Teodocio y Septuaginta (LXX) son las más importantes en comparación a otras. La traducción de Teodocio concuerda más exactamente con el texto hebreo y por esta razón reemplazó en gran medida a la LXX en el uso cristiano. En la LXX se incluyeron tres porciones extensas que no se encuentran en el texto hebreo-arameo de Daniel: La oración de Azarías y La canción de los tres jóvenes, Susana, y Bel y el dragón. Aunque estos agregados hacen interesante la lectura, no fueron aceptados como Escritura por los judíos de Palestina ni fueron incluidas en el canon palestino. Debido a que ningún agregado de la LXX se encuentra en los textos de Qumrán, es razonable pensar que se originaron fuera de Palestina, posiblemente en Egipto. En la actualidad, los protestantes y los judíos incluyen estos escritos dentro de los apócrifos, mientras que en las ediciones católico-romanas la primera se inserta en el mismo libro a continuación de 3:23, y las dos últimas aparecen al final del libro como capítulos 13 y 14.

Ocho manuscritos del texto de Daniel han sobrevivido durante dos milenios en cuevas de Qumrán. Se produjeron entre el siglo II a.C. y el I d.C. Estos fragmentos de Qumrán demuestran la fidelidad con que el texto bíblico fue preservado a través de los siglos.

Énfasis teológico Indudablemente, el tema teológico principal del libro es la soberanía de Dios. Cada página refleja la convicción del autor de que Dios es el Señor de las personas, las naciones y la historia en su totalidad. Daniel también enfatiza la persona y la obra del Mesías (por ej.: 7:13,14; 9:24-27). Otro tema prominente es la escatología. Los creyentes padecerán tribulación en los últimos días (7:21,25; 9:27; 12:1), pero el Mesías aparecerá y establecerá un reino eterno y glorioso (2:44,45; 7:13-14,26-27; 9:24) y en este maravilloso mundo nuevo los santos serán recompensados y honrados (12:2,3).

Estructura El libro de Daniel debe dividirse de acuerdo al tipo de literatura: la historia de Daniel (1:1–6:28) y las profecías de Daniel (7:1–12:13), según lo indicado por el esquema cronológico establecido por el autor y porque el propio autor agrupó los relatos literarios homogéneos.

Interpretación Quienes respaldan la tesis de los macabeos interpretan que virtualmente cada aspecto del libro de Daniel es un recurso para abordar las persecuciones de los judíos llevadas a cabo por Antíoco IV en el siglo II a.C. El autor creía que el reino de Dios vendría inmediatamente después de la muerte del tirano greco-sirio. Entre aquellos que siguen el punto de vista tradicional, hay diferencias importantes de interpretación en lo relativo a si el reino de Dios descrito en el cap. 2 se refiere a la primera o la segunda venida de Cristo, en cuanto a la naturaleza de las 70 semanas del cap. 9 (períodos simbólicos o semanas de años) y en cuanto a su culminación (siglo I d.C. o la segunda venida de Cristo), o si algunos pasajes proféticos se refieren a la nación de Israel o a la iglesia como la Israel espiritual (por ej.: 9:24).

Bosquejo

I. El ministerio de Daniel en Babilonia (1:1–6:28)
   A. Se describe la identidad de Daniel y su carácter piadoso (1:1-21)
   B. Daniel interpreta el sueño de Nabucodonosor sobre los cuatro imperios gentiles y la venida del reino de Dios (2:1-49)
   C. Los tres amigos de Daniel se rehúsan a inclinarse ante la idolátrica imagen del rey, son arrojados al fuego pero milagrosamente salvados (3:1-30)
   D. Debido a su orgullo Nabucodonosor es humillado por el Señor de los cielos (4:1-37)
   E. La escritura en la pared advierte a Belsasar de su muerte por blasfemar contra el Dios de Israel en un banquete inmoral (5:1-31)
   F. Daniel es arrojado al foso de los leones a causa de su fidelidad a Dios, y es liberado (6:1-28)

II. Las visiones de Daniel en Babilonia (7:1–12:13)

En una visión se le muestran a Daniel cuatro imperios mundiales (simbolizados por bestias), el último de los cuales será vencido por el "hijo del hombre", quien establecerá un reino eterno donde vivirán los santos del Altísimo (7:1-28).

La visión del carnero, el macho cabrío y el cuerno pequeño simbolizan las victorias de Alejandro Magno sobre Persia y la venida de Antíoco IV como consecuencia de la división del Imperio Griego (8:1-27).

En respuesta a la oración de Daniel y mediante la visión de las 70 semanas, Dios le asegura al profeta que Israel será restablecida y preservada como nación (9:1-27).

La visión final de Daniel brinda un anticipo de los grandes imperios mundiales, una descripción de la liberación de los santos al final de los tiempos y las instrucciones finales para el profeta (10:1–12:13). *Stephen R. Miller*

DANITA Residente y/o habitante de la ciudad de Dan o miembro de la tribu de Dan. Ver *Dan*.

DANJAÁN Nombre geográfico de significado incierto mencionado en 2 Sam. 24:6. Muchos eruditos bíblicos consideran que los escribas no han preservado el texto hebreo y leen solamente "Dan" o "Dan e Ijón". Si el texto hebreo actual es correcto, la ubicación del pueblo se desconoce, excepto que aparentemente se encuentra en el territorio de la tribu de Dan.

DANZAR La danza era parte esencial de la vida judía en los tiempos bíblicos. Según Ecl. 3:4, hay un tiempo para lamentarse y uno para bailar. Las danzas tenían lugar tanto en ocasiones profanas como sagradas, aunque es probable que la mente hebrea no las haya interpretado en estos términos.

El AT emplea once vocablos para describir el acto de danzar, lo que indica el interés hebreo en el tema. El término hebreo básico traducido "danzar" significa dar vueltas o girar en círculos. Otros términos para danzar significan "brincar", "saltar". Pareciera que una de estas palabras fue usada para describir marchas en procesión o danzas en fiestas y días santos.

Los términos griegos para referirse a la danza significan "círculo" o "fila". Los dos aparecen cinco veces en el NT (Mat. 11:17; 14:6; Mar. 6:22; Luc. 7:32; 15:25). Las danzas se realizaban con diferentes propósitos. El estado de ánimo para la danza era de celebración y alabanza.

Las victorias militares se celebraban con danzas. Las mujeres cantaban y danzaban acompañadas con instrumentos musicales. María y otras mujeres israelitas cantaron y danzaron para celebrar la victoria en el Mar Rojo (Ex. 15:20,21). La hija de Jefté danzó ante su victorioso padre (Jue. 11:34), como también lo hicieron las mujeres israelitas cuando David regresó luego de vencer a los filisteos (1 Sam. 18:6). Los hombres también danzaban para celebrar victorias militares (1 Sam. 30:16).

Hombres judíos danzan durante una ceremonia privada en el atrio de los hombres, en el Muro de los Lamentos, en Jerusalén.

Las danzas eran tradicionales en las bodas. En algunas ocasiones las jovencitas vestidas con sus mejores ropas danzaban en una ceremonia de elección de esposa (Jue. 21). Las danzas se realizaban en honor de la novia (Cant. 6:13b NVI).

Algunas danzas se realizaban para entretener a los invitados. Salomé danzó ante los príncipes y políticos reunidos para celebrar el cumpleaños de su padre (Mat. 14:6; Mar. 6:22). Los niños hacían juegos con "danzas" (Job 21:11), usualmente acompañados por un instrumento musical (Mat. 11:17; Luc. 7:32). El regreso de un hijo que se había perdido por mucho tiempo fue causa de celebración y danza (Luc. 15:25).

La ocasión más frecuente para la danza era la celebración religiosa. David danzó delante del arca mientras la llevaban a Jerusalén (2 Sam. 6:14,16; 1 Crón. 15:29). El salmista exhortó a otros a alabar a Dios con música y danza (Sal. 149:3; 150:4). También los paganos danzaban para honrar a sus dioses (1 Rey. 18:26).

En resumen, la danza del pueblo judío era similar a lo que hoy nosotros llamamos danza folclórica. Era efectuada tanto por hombres como por mujeres, aunque aparentemente en forma separada. Danzaban tanto en forma individual como grupal. Ver *Música, instrumentos musicales, danza.* *Glenn McCoy*

DARA Traducción del hebreo en 1 Crón. 2:6, que aparece como Darda en 1 Rey. 4:31. Ver *Darda.*

DARCÓN Nombre de persona que posiblemente signifique "duro". Siervo de Salomón cuyos descendientes retornaron del exilio con Zorobabel alrededor del 537 a.C. (Esd. 2:56).

DARDA Nombre de persona que posiblemente signifique "perla de conocimiento". Hombre sabio famoso cuyo padre aparece como Mahol en la lista de 1 Rey. 4:31, pero como Zera en lo que pareciera una lista paralela en 1 Crón. 2:6. El significado de Mahol podría ser "danzarín", "músico" o "corista", lo que representa una ocupación u oficio más que el nombre del padre.

DARDO Arma para clavar o lanzar usada para combate de media distancia similar a una lanza o jabalina (2 Sam. 18:14) o incluso a una flecha (Prov. 7:23; Ef. 6:16). El uso de flechas encendidas (Sal. 7:13; 120:40) se utiliza en Efesios 6:16 como figura del ataque del maligno a los creyentes. La LBLA usa la palabra "dardos" para traducir dos palabras hebreas distintas, una que significa "vara" o "bastón" y la otra "flechas".

DARDOS DE MANO Objetos de madera que soldados de infantería utilizaban como arma (Ezeq. 39:9). No es clara la naturaleza del arma salvo que era de madera (39:10). La NVI traduce el término por "mazas" y otras versiones, "jabalinas". Ver *Armas y armaduras.*

DARÍO Nombre de diversos reyes medo-persas, tres de los cuales se mencionan en el AT. **1.** Darío el Medo (Dan. 5:31), soberano que arrebató

Relieve de Darío I mientras concedía una audiencia.

Restos del trono de Darío el Grande.

Babilonia de manos de Belsasar. Contra su propia voluntad ordenó echar a Daniel al foso de los leones y más tarde decretó: "que en todo...mi reino todos teman y tiemblen ante la presencia del Dios de Daniel" (Dan. 6:26). Ha sido un enigma para los eruditos debido a que las fuentes antiguas indican que el conquistador de Babilonia fue Ciro el Persa. Además, falta evidencia arqueológica sobre él. Algunos niegan la existencia de Darío el Medo, y argumentan que el texto bíblico es un intento ficticio de cumplir las profecías de la conquista de Babilonia en manos de los medos (Isa. 13:17,18; 21:2; Jer. 51:1, 27,28). Se han sugerido otras posibilidades pero la evidencia apunta sólo a un único candidato probable. Esta persona fue Gubaru (o Gobiro), gobernador de Gutium quien tomó Babilonia para Ciro y fue nombrado gobernador de Mesopotamia, donde ejerció poderes reales. Se desconocen su edad y sus antepasados, sin embargo, Gutium estaba en el territorio medo y por lo tanto el ejército que lideró habría sido de los medos. Daniel 6:28 parecería indicar que Ciro y Darío reinaron simultáneamente. **2.** Darío I (521–486 a.C.), también conocido como Darío Histaspes o el Grande, fue tanto extremadamente cruel como generoso. Tomó el poder luego de la muerte de Cambises II, hijo de Ciro. Aunque Darío era sólo primo de Cambises, enfatizó su ascendencia real. Aun así su reinado no fue reconocido en todas las provincias y tuvo que soportar numerosas revueltas. Una vez que logró el control, Darío demostró una gran capacidad militar. Extendió su imperio desde el norte de India, en el este, hasta el Mar Negro y parte de Grecia en el oeste, e hizo de su imperio el más grande y conocido de esa época. Dos veces intentó invadir Grecia. La primera vez lo detuvo una tormenta en el Egeo, y la segunda vez llegó a unos 30 km (20 millas) de Atenas. Los atenienses lo derrotaron en

Maratón (490 a.C.) y detuvieron su expansión hacia el oeste. Darío unificó el Imperio Persa mediante la creación de 20 satrapías o provincias, y decretó el arameo como lengua oficial. Instituyó un sistema de pesos y medidas, extendió las rutas comerciales y probablemente introdujo las monedas de oro (dracmas) como moneda corriente. También concretó impresionantes proyectos edilicios. Es el Darío mencionado en Esdras (Esd. 4–6; Hageo; Zac. 1:8). Durante su reinado se reconstruyó el templo de Jerusalén; dicho trabajo se completó en el sexto año de su gobierno. Darío continuó con la política de Ciro de restaurar a las personas que habían perdido sus derechos civiles bajo el poder de los asirios y babilonios. Darío reafirmó la autorización de Ciro y proveyó para la manutención del templo. **3.** Darío el Persa (Neh. 12:22). Aunque los eruditos difieren en lo relativo a su identidad, muchos creen que se trata de Darío III, Codomano (336–331 a.C.). Fue vencido por Alejandro Magno, quien puso fin al dominio persa. Sin embargo, esto es sumamente improbable ya que su reinado data de un período posterior a Nehemías. Este Darío coincide con el sacerdocio de Jadúa y Johanán (Neh. 12:11,22, 23) quien lo identifica como Darío II (423–404 a.C.), llamado Notos. Fue hijo de Artajerjes I con una concubina babilónica y gobernador de Icania. Su medio hermano Sogdiano asesinó a Jerjes II y le arrebató el trono en el 423 a.C. Notos lo ejecutó inmediatamente y tomó el trono para sí. Su reinado estuvo colmado de corrupción y sublevaciones pero ganó la guerra del Peloponeso y conquistó las ciudades de la costa de Grecia sobre el Mar Egeo. *T.J. Betts*

DATÁN Nombre de persona que significa "fuente" o "guerra". Hijo de Eliab de la tribu de Rubén. Él y su hermano Abirán fueron los líderes de la revuelta para desafiar la autoridad de Moisés sobre los israelitas. La revuelta fracasó y Datán y Abirán, junto con sus familias, fueron tragados por la tierra (Núm. 16). Ver *Abiram; Números, Libro de.*

Excavaciones de las ruinas de Datán, en Israel.

DAVID Nombre de persona que probablemente signifique "favorito" o "amado". Fue el primer rey que unió Israel y Judá, y el primero que recibió la promesa de un Mesías real en su linaje. David fue considerado rey ideal del pueblo de Dios. Reinó aprox. desde el 1005 al 965 a.C.

Su elección como rey Cuando Saúl no cumplió con las pautas divinas para el reinado (1 Sam. 15:23,35; 16:1), Dios envió a Samuel para que ungiera a quien habría de reemplazarlo; o sea, uno de los hijos de Isaí, en Belén (1 Sam. 16:1). Dios le mostró a Samuel que había escogido al menor, quien todavía pastoreaba las ovejas de su padre (16:11,12). La buena apariencia de David era notable.

En la corte de Saúl El talento musical de David, combinado con su reputación de guerrero, inspiró a uno de los siervos de Saúl para recomendarlo como la persona indicada para tocar el arpa cuando el espíritu maligno enviado por Dios atormentaba a Saúl (1 Sam. 16:18). Saúl se encariñó con David y lo nombró su paje de armas (16:21,22).

Luego los filisteos que contaban con el gigante Goliat amenazaron a Israel (1 Sam. 17). David retornó a su casa para pastorear las ovejas de su padre Isaí (17:15), quien envió a David al campo de batalla con comida para sus hermanos, que eran soldados. Al menos uno de sus hermanos no lo valoraba (17:28). Saúl trató de persuadir al joven David a no desafiar a Goliat, sin embargo, David insistió en que Dios le daría la victoria, y así fue.

Jonatán, el hijo de Saúl, se convirtió en el amigo íntimo de David (1 Sam. 18:1). Este ocupó un lugar permanente en la corte de Saúl y no regresó a la casa paterna (18:2). Saúl le asignó una misión militar, que llevó adelante más allá de lo que se esperaba de él. Venció a los filisteos y se ganó el corazón del pueblo. Esto provocó los celos de Saúl (18:8) quien, impulsado por el espíritu maligno enviado por Dios, trató de asesinar a David con su espada pero la presencia de Dios lo protegió (18:10-12). Finalmente, David ganó el derecho a casarse con Mical, la hija de Saúl, debido a que los filisteos no lo mataron como Saúl esperaba que sucediera (18:17-27). Con la ayuda de Mical y Jonatán, David escapó de Saúl y se encontró con el profeta Samuel (19:18). Jonatán y

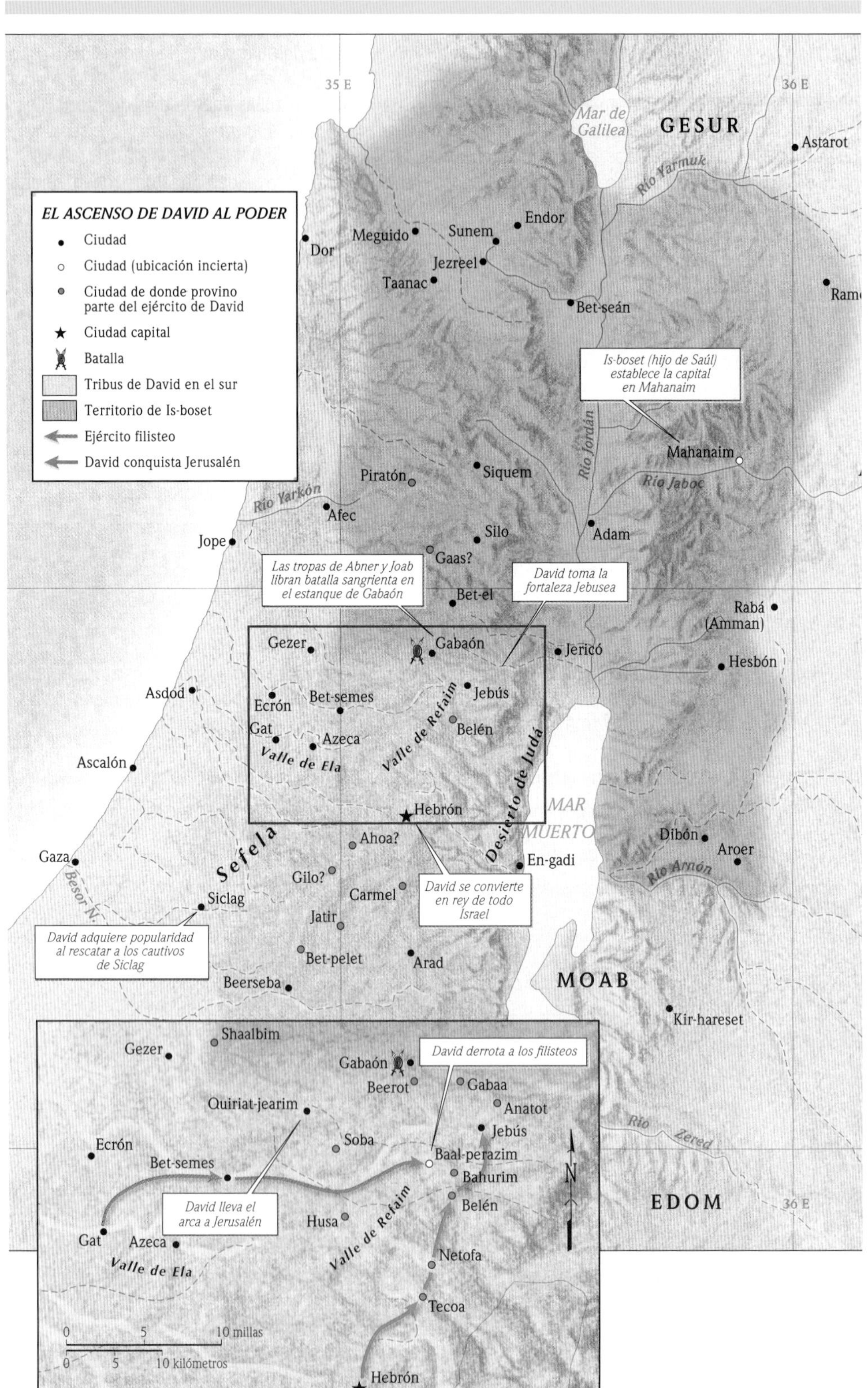
EL ASCENSO DE DAVID AL PODER
Ciudad
Ciudad (ubicación incierta)
Ciudad de donde provino parte del ejército de David
Ciudad capital
Batalla
Tribus de David en el sur
Territorio de Is-boset
Ejército filisteo
David conquista Jerusalén
GESUR
Mar de Galilea
Astarot
Río Yarmuk
Endor
Sunem
Meguido
Dor
Jezreel
Taanac
Bet-seán
Ram
Is-boset (hijo de Saúl) establece la capital en Mahanaim
Río Jordán
Mahanaim
Río Jaboc
Piratón
Siquem
Río Yarkón
Afec
Silo
Adam
Jope
Gaas?
Las tropas de Abner y Joab libran batalla sangrienta en el estanque de Gabaón
David toma la fortaleza Jebusea
Bet-el
Rabá (Amman)
Gezer
Gabaón
Jericó
Hesbón
Asdod
Jebús
Ecrón
Bet-semes
Belén
Gat
Azeca
Valle de Refaim
Valle de Ela
Ascalón
Desierto de Judá
MAR MUERTO
Hebrón
Ahoa?
Dibón
Aroer
Gaza
Sefela
En-gadi
Río Arnón
Gilo?
Besor N.
Carmel
David se convierte en rey de todo Israel
Siclag
Jatir
David adquiere popularidad al rescatar a los cautivos de Siclag
Bet-pelet
Arad
MOAB
Beerseba
Kir-hareset
Shaalbim
Gezer
Gabaón
David derrota a los filisteos
Beerot
Gabaa
Quiriat-jearim
Anatot
Río Zered
Jebús
Ecrón
Soba
Baal-perazim
Bet-semes
Bahurim
N
Belén
EDOM
David lleva el arca a Jerusalén
Husa
Valle de Refaim
Gat
Azeca
Valle de Ela
Netofa
Tecoa
0 5 10 millas
0 5 10 kilómetros
Hebrón
35 E
36 E

David hicieron un juramento de amistad eterna y Jonatán arriesgó su vida para proteger a David (1 Sam. 20).

El guerrero independiente David reunió una banda de personas pobres y descontentas para que lo siguieran. Estableció relaciones con Moab y otros grupos y se ganó el favor del pueblo a través de sus victorias sobre los filisteos (1 Sam. 22–23). Todos los esfuerzos de Saúl para capturarlo fracasaron. Dios protegió a David y éste rehusó hacerle daño al rey. En su lugar, prometió no aniquilar a la familia de Saúl (24:21,22).

Abigail de Maón intercedió ante David para evitar que castigara a su necio esposo, Nabal. Dios hizo que Nabal muriera y David se casó con Abigail. También se casó con Ahinoam de Jezreel, y Saúl entregó a Mical, la primera esposa de David, a otro hombre (1 Sam. 25).

Luego de negarse a matar a Saúl, el ungido de Dios, David se unió a Aquis, el rey filisteo de Gat. Finalmente Saúl dejó de perseguirlo. Aquis le dio la ciudad de Siclag a David, lugar donde estableció su cuartel general y comenzó a destruir a los vecinos en el límite sur de Israel (1 Sam. 27). A pesar de los deseos de Aquis, los otros líderes filisteos no permitieron que David se les uniera en la batalla contra Saúl (1 Sam. 29). Cuando David regresó a su casa, descubrió que los amalecitas habían destruido Siclag y capturado a sus esposas. Siguió el consejo de Dios y venció a los amalecitas que estaban celebrando su victoria, recobró todo el botín de guerra y lo distribuyó entre sus seguidores y el pueblo de Judá (1 Sam. 30).

Rey de Judá Cuando David escuchó sobre la muerte de Saúl y Jonatán, vengó la muerte de estos y cantó un lamento por los caídos (2 Sam. 1). Partió hacia Hebrón, donde los habitantes de Judá lo coronaron rey (2 Sam. 2). Este hecho generó una guerra con Israel, que estaba bajo el gobierno de Is-boset, el hijo de Saúl. Luego de mucha intriga, los comandantes de Is-boset lo asesinaron. David hizo lo mismo con ellos (2 Sam. 4).

Rey de Israel Posteriormente, las tribus del norte coronaron rey a David en Hebrón y unieron a todo Israel bajo su reinado. David tomó Jerusalén y la hizo capital de su reino. Luego de vencer a los filisteos, procuró llevar el arca del pacto a Jerusalén y tuvo éxito en el segundo intento (2 Sam. 6). Comenzó a planificar la construcción de un templo, pero el profeta Natán le hizo comprender que en lugar del templo iba a construir una dinastía con dimensiones eternas (2 Sam. 7) y que el templo sería construido por su hijo.

Luego David organizó su administración y sometió a otras naciones que se le oponían. Finalmente tomó el control sobre la tierra que Dios originalmente había prometido a sus antepasados. También recordó su promesa a Jonatán y se encargó de cuidar a Mefi-boset, el hijo paralítico de aquel (2 Sam. 9).

Un pecador David fue un gigante entre los líderes obedientes a Dios, pero su naturaleza humana se puso en evidencia cuando pecó con Betsabé y Urías. David espió a Betsabé cuando ella se estaba bañando, la deseó y luego de cometer adulterio con ella planeó la muerte de su leal esposo, el guerrero Urías (2 Sam. 11). El profeta Natán lo confrontó con su pecado y David confesó su maldad. El hijo que le dio Betsabé murió. El rey reconoció su impotencia ante la situación y declaró su convicción de que un día se reencontraría con el niño. Betsabé concibió nuevamente y dio a luz a Salomón (2 Sam. 12:1-25).

La intriga familiar David fue capaz de gobernar a su pueblo pero no a su familia. Presenció las intrigas, los pecados sexuales y el asesinato que conmovieron los cimientos de su casa, lo cual dio como resultado el exilio ya que tuvo que retirarse ante la amenaza de Absalón (2 Sam. 18:19-33). El reino de David fue restaurado pero las amenazas de división entre Judá e Israel se mantuvieron (2 Sam. 19:40-43). Tuvo que poner fin a una revuelta que se generó en el norte (2 Sam. 20). El último acto que registra el libro de Samuel acerca de David es el censo del pueblo, que generó la ira de Dios, pero también narra la preparación de un lugar para el templo que se iba a construir (2 Sam. 24). El último capítulo de 1 Crónicas describe los preparativos que hizo el rey David para la construcción del templo y para la práctica de la adoración. Los últimos días de David se vieron envueltos por nuevas intrigas familiares, ya que Adonías buscaba heredar el trono de su padre, pero Natán y Betsabé lucharon para asegurarse de que Salomón se convirtiera en el próximo rey (1 Rey. 1:1-2:12).

Esperanza profética David desapareció de la escena histórica pero dejó un legado que nunca se olvidaría. Fue el modelo a seguir por los reyes israelitas (1 Rey. 3:14; 9:4; 11:4,6,33,38; 14:8; 15:3,11; 2 Rey. 14:3; 16:2; 22:2). David fue el "hombre de Dios" (2 Crón. 8:14 LBLA) y Dios fue "el Dios de David" (2 Rey. 20:5). El pacto de

Vista de Jerusalén, desde el sudeste, durante la época de David (1000–962 a.C.). Se puede observar el tabernáculo montado sobre la era de Arauna (u Ornán), el jebuseo (derecha, arriba). El palacio de David (derecha, centro) miraba hacia el tabernáculo. También se pueden ver la fortaleza de la ciudadela (centro) y la Ciudad de David (izquierda, centro). El Valle de Tiropeón (centro, arriba) y el Valle de Cedrón flanquean cada lado de la ciudad, que está posada alto, en el terreno escarpado de Sión.

Dios con David fue un factor decisivo cuando aquel contendió con los herederos desobedientes del trono davídico (2 Crón. 21:7). Incluso cuando los israelitas reconstruyeron el templo, siguieron "lo establecido por David, rey de Israel" (Esd. 3:10 NVI).

Los profetas de Dios señalaron hacia un futuro David que restauraría a Israel. "Lo dilatado de su imperio y la paz no tendrán límite, sobre el trono de David y sobre su reino, disponiéndolo y confirmándolo en juicio y en justicia desde ahora y para siempre" (Isa. 9:7). El profeta Jeremías resumió la garantía de la esperanza en David con las siguientes palabras: "Así ha dicho Jehová: Si pudiereis invalidar mi pacto con el día y mi pacto con la noche, de tal manera que no haya día ni noche a su tiempo, podrá también invalidarse mi pacto con mi siervo David, para que deje de tener hijo que reine sobre su trono...Como no puede ser contado el ejército del cielo, ni la arena del mar se puede medir, así multiplicaré la descendencia de David mi siervo" (Jer. 33:20-22; comp. 33:15,17,25,26; Ezeq. 34:23,24; 37:24,25; Os. 3:5; Amós 9:11; Zac. 12:6-10).

Nuevo Testamento El NT relata la historia de Jesús como la historia del Hijo de Dios, pero también como la historia del Hijo de David desde Su nacimiento (Mat. 1:1) hasta Su última venida (Apoc. 22:16). Los Evangelios se refieren por lo menos doce veces a Jesús como el "Hijo de David". Jesús citó como ejemplo el comportamiento de David (Mat. 12:3), y David lo llamó "Señor" (Luc. 20:42-44). Por lo tanto David ocupó un lugar en la lista de los hombres de fe expresada en Heb. 11:32. El Señor dice acerca de David: "He hallado a David hijo de Isaí, varón conforme a mi corazón" (Hech. 13:22).

DAVID, CIUDAD DE El sector más antiguo de Jerusalén, ubicada en el extremo sudeste; representa la ciudad ocupada por los jebuseos y conquistada por David (2 Sam. 5:7). El Valle de Cedrón la bordeaba por el este y el Valle de Tiropeón por el oeste. El área completa abarcaba no más de 4 hectáreas (10 acres). Se la conoce también como Sión. Esta parte de Jerusalén data aprox. del 2500 a.C., cuando se la menciona en los documentos de Ebla. Sus fuertes murallas de defensa que eran orgullo de los jebuseos, fueron construidas alrededor del 1750 a.C.

DEBIR Nombre de persona y de lugar que significa "espalda, parte posterior". Como sustantivo común,

Vista de las excavaciones de la Ciudad de David, lideradas por Kathleen Kenyon.

el término hebreo se refiere a la parte de atrás del templo, el lugar santísimo. **1.** Rey de Eglón que se unió a la coalición que tuvo lugar en Jerusalén contra Josué y fue derrotada (Jos. 10:3). Se desconoce otra información. Ver *Eglón.* **2.** Ciudad importante de los montes de la tribu de Judá cuya ubicación exacta los arqueólogos y geógrafos debaten. Josué aniquiló a sus residentes (Jos. 10:38; comp. 11:21; 12:13), y en 15:15 se describe el desafío de Caleb a Otoniel para que capturara Debir, antes llamada Quiriat-sefer (comp. Jue. 1:11). Josué 15:49 le da otro nombre y la llama Quiriat-sana. Se convirtió en una ciudad levítica para los sacerdotes (Jos. 21:15). Diversos eruditos ubican a Debir en Tell Beit Mirsim, unos 21 km (13 millas) al sudoeste de Hebrón; Khirbet Tarrameh, 8 km (5 millas) al sudoeste de Hebrón; y Khirbet Rabud 12 km (7,5 millas) al oeste de Hebrón. Pudo haber sido la ciudad más importante al sur de Hebrón. **3.** Ciudad en la frontera norte de Judá (Jos. 15:7). Podría estar en Thoghret ed Debr, el "paso de Debir", 16 km (10 millas) al este de Jerusalén. **4.** Ciudad de Gad al este del Jordán cuyo nombre se escribe de diversas formas en la Biblia hebrea: *Lidebor* (Jos. 13:26); *Lwo Debar* (2 Sam. 9:4,5); *Lo'Debar* (2 Sam. 17:27); *Lo'Dabar* (Amós 6:13). Podría ser la moderna Umm el-Dabar, 19 km (12 millas) al norte de Pella. Aparentemente estaba cerca de Mahanaim donde primero Is-boset y luego David (al huir de Absalón) hicieron sus cuarteles. Algunos eruditos de la Biblia han sugerido una ubicación en Tell el-Chamme o Khirbet Chamid.

DÉBORA Nombre de persona que significa "abeja". Es el nombre de dos mujeres en la Biblia: la sierva de Rebeca (Gén. 35:8) y una líder del Israel premonárquico (Jue. 4–5).

Débora, la sierva de Rebeca, murió y fue enterrada cerca de Bet-el. Había formado parte de la casa de Jacob, el hijo de Rebeca.

Débora, la líder de Israel, es identificada como profetisa, jueza y esposa de Lapidot (Jue. 4:4). Vivió probablemente cerca del 1200 a.C. o un poco más adelante durante un período de opresión cananea. A Débora se la describe en Jue. 5:7 como "madre en Israel" debido a su papel en la liberación del pueblo de Dios. Aparte de Moisés, sólo Samuel tuvo también la misma combinación de oficios: profeta, juez y líder militar.

Débora servía habitualmente como jueza, escuchando y decidiendo los casos que le presentaba el pueblo de Israel. Convocaba a la corte "bajo la palmera de Débora" en la parte meridional del territorio de Efraín, entre Ramá y Bet-el (Jue. 4:4,5). No se mencionan los procedimientos de su tribunal ni la extensión de su jurisdicción.

Como profetisa, Débora convocó a Barac y pronunció un discurso en que le dio las instrucciones de Dios para una batalla en el Valle de Jezreel contra el ejército cananeo comandado por Sísara (Jue. 4:6-9; comp. Samuel, 1 Sam. 15:2,3 y el profeta de quien no se da el nombre,1 Rey. 20:13-15). Barac obedeció y los israelitas ganaron la batalla. Algunos eruditos creen que Débora como profetisa también compuso el poema de la victoria que junto con Barac cantaron en Jueces 5. La autoridad de Débora otorgada por Dios se puso en evidencia en el deseo de Barac de tenerla presente en el campo de batalla (Jue. 4:8,14) y en el testimonio de su liderazgo expresado en la canción (Jue. 5:7,12,15).

Pamela J. Scalise

DECADENCIA MORAL La Biblia enseña que en los últimos días habrá en el mundo una decadencia moral sin precedentes. La enseñanza falsa hará que aumente la maldad, lo que a su vez producirá apatía (Mat. 24:12) y una abierta actitud hostil (Mat. 24:9-11,24; 2 Tim. 3:1-5) hacia las cosas de Cristo. La religión se convertirá en pretexto para beneficio personal y no una expresión de verdadera devoción a Dios (comp. 2 Tim. 3:5). Como resultado, el patrón de conducta moral fundamentado en la Biblia se considerará irrelevante.

El NT hace una lista de características de las personas que rechazan a Cristo (Gál. 5:19-21; Ef. 5:3-5; Col. 3:5,6; 1 Tim. 1:9,10; Apoc. 21:8). Dichas características incluyen todos los pensamientos y las acciones que no condicen con el ejemplo de Cristo. En el presente muchos que hablan de la moral la limitan a cuestiones sexuales. Sin embargo, el NT deja en claro que la sexualidad es sólo

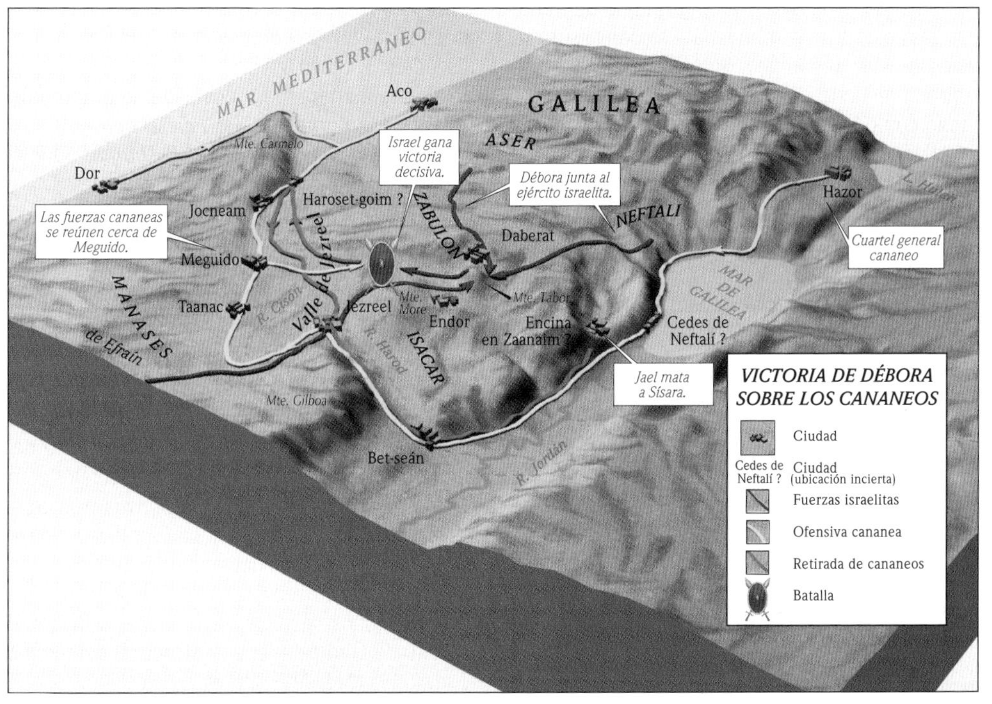

uno de los muchos elementos que conforman el comportamiento humano que ha de ser juzgado de acuerdo al código moral divino.

Aunque básicamente en el fin de los tiempos el tipo de actividades desenfadadas será similar a lo que la gente siempre ha realizado en oposición a Dios, la intensidad será mucho mayor, y mayor será el efecto y el alcance a nivel mundial.

Paul H. Wright

DECÁLOGO Ver *Ley, Diez Mandamientos.*

DECAPITAR Ver *Delitos y castigos; Pena capital.*

DECÁPOLIS Nombre geográfico que significa "diez ciudades". Grupo de ciudades griegas mencionadas en Mat. 4:25; Mar. 5:20; 7:31, originalmente diez en número, aunque incluyeron más ciudades en una época posterior. En el siglo II d.C., el escritor Plinio mencionó las diez ciudades como Damasco, Filadelfia (la moderna Amman), Canatá, Escitópolis, Pella, Hipos, Gadara, Dión, Rafaná, y Gerasa (la moderna Jeras). Tolomeo, otro escritor del siglo II, nombra 18 ciudades en Decápolis, y omite Rafaná pero agrega otras nueve. Una fuente posterior menciona catorce ciudades en el grupo. De modo que el número fue variando de un período a otro. Las ciudades fueron establecidas después del tiempo de Alejandro Magno y eran predominantemente griegas en cultura e influencia. Estaban al sur y al este del Mar de Galilea. Sólo Escitópolis estaba ubicada al oeste del Río Jordán. Josefo la mencionó como la más grande del grupo.

"Decápolis" solamente se menciona en Mateo y Marcos. En Mar. 5:20 Jesús curó a un endemoniado tras lo cual el hombre "comenzó a publicar en Decápolis cuán grandes cosas había hecho Jesús con él". En Mar. 7:31 se indica que Jesús después partió a la región de Tiro y Sidón, "pasando por la región de Decápolis". Mateo 4:25 no agrega nada a lo que sabemos sobre estas ciudades.

Columnata a lo largo de la calle principal entre las ruinas de Gerasa (la actual Jeras), en la antigua Decápolis.

Teatro grecorromano en Amaan, Jordania (la antigua ciudad Filadelfia, en Decápolis).

Tradicionalmente se supone que Decápolis es una liga de ciudades que preservó el baluarte del pensamiento y la vida griega en Palestina y resistió la influencia semítica de los judíos. Sin embargo, según Plinio, no era una alianza política muy sólida. Un punto de vista reciente sostiene que no era una liga sino una región geográfica. Estas ciudades parecen tener mucho en común. Eran centros para la expansión de la cultura greco-romana y no demostraban gran amor por los judíos. Estaban tan asociadas una a la otra que de alguna manera fueron consideradas como un grupo, o bien una liga. Ver *Palestina.*

W. Thomas Sawyer

DECAR La RVR1960 dice "hijo de Decar" en 1 Rey. 4:9, donde las traducciones modernas transliteran el texto hebreo para que se lea "Bendecar".

DECRETO Orden o decisión real. Los decretos eran proclamados en público por los anunciadores (Jon. 3:5-7), designados como "pregoneros" (Dan. 3:4), a menudo a través de todo el territorio del monarca (1 Sam. 11:7; Esd. 1:1). Los decretos eran escritos y almacenados en los archivos para referencia posterior (Esd. 6:1,2). La Escritura atribuye los decretos justos a la sabiduría divina (Prov. 8:15), y también reconoce decretos injustos (Isa. 10:1). Algunos decretos importantes incluyen: el decreto de Ciro para la reconstrucción del templo (Esd. 6:3-5); el de Ester para la celebración de

Purim (Est. 9:32), y el decreto de Augusto César que estableció el trasfondo para el nacimiento de Cristo (Luc. 2:1)

Como Rey de la tierra, Dios promulga los decretos que regulan el mundo de la naturaleza (el mar, Prov. 8:29; la lluvia, Job 28:26) y de la humanidad (Dan. 4:24). Dios también decreta el reinado del Mesías Rey (Sal. 2:7).

Algunas versiones usan el término “decreto” para describir la decisión del concilio apostólico (Hech. 16:4, “ordenanzas” en RVR1960, “acuerdos” en NVI, LBLA) y una decisión personal de no casarse (1 Cor. 7:37). La NVI se refiere al decreto justo de Dios sobre la muerte de los pecadores (Rom. 1:32). La LBLA usa “decreto” y “preceptos” para referirse a la ley de Dios que llevó a desobediencia y muerte (Col. 2:14,20). Otras versiones usan “decreto” para referirse a la sabiduría eterna y al plan de Dios para la creación. El traductor que usa la palabra “decreto” está interpretando el significado de un término hebreo o griego más general, lo cual da como resultado que cada traducción use el término “decreto” para diferentes palabras del idioma original.

DEDÁN Nombre de persona y de lugar de significado desconocido. **1.** Antepasado original de una tribu árabe enumerado en la Tabla de las Naciones como hijo de Cus (Gén.10:7). Ver *Cus.* **2.** Nieto de Abraham (Gén. 25:3). Aquí, como en 10:7, el hermano de Dedán es Seba. Tres tribus árabes que descendieron de Dedán, según Gén. 25:3. **3.** Tribu árabe con centro en al-Alula, unos 112 km (70 millas) al sudoeste de Tema y 640 km (400 millas) de Jerusalén. Era una parada en el camino de las caravanas entre Tema y Medina. Jeremías pronunció juicio contra las tribus árabes (Jer. 25:23) quizás al considerar la incursión de Nabucodonosor en Arabia en 599–598 a.C. Nabónido, rey de Babilonia (556–539), le dejó el control de su reino a su hijo Belsasar y por un tiempo se ocupó de Arabia donde, entre otras ciudades, controló Dedán. Este lugar era un centro para las caravanas que comerciaban incienso (Isa. 21:13). Isaías advirtió a los comerciantes de Dedán que evitaran las paradas habituales de las caravanas y que pasaran la noche en el desierto. Los vecinos de Tema les suplirían las necesidades de alimento. Jeremías advirtió a los mercaderes de Dedán que trabajaban o pernoctaban en Edom que huyeran del país porque Dios traería juicio sobre esta nación (Jer. 49:8). Ezequiel advirtió a Edom que aun los soldados que huyeran a Dedán serían aniquilados (Ezeq. 25:13). En el juicio a Tiro, Ezequiel mencionó que ellos también comerciaban con Dedán (Ezeq. 27:15,20; comp. 38:13).

DEDICAR, DEDICACIÓN Término general usado para describir un acto de separación o consagración de personas o cosas a Dios (o dioses), a personas, a trabajos sagrados o a otros fines. Generalmente el acto va acompañado de un anuncio de lo que se hace o se intenta hacer y de una oración para pedir aprobación y bendición divinas. En el AT, el pueblo consagrado abarcaba a todo Israel (Ex. 19:5,6; Deut. 7:6; 14:2) y a los sacerdotes (Ex. 29:1-37). Los objetos consagrados incluían el altar del tabernáculo (Núm. 7:10-88), imágenes de deidades paganas (Dan. 3:2,3), plata y oro (2 Sam. 8:11), el templo (1 Rey. 8:63; Esd. 6:16-18), los muros de Jerusalén (Neh. 12:27), y viviendas privadas (Deut. 20:5). En la palabra neotestamentaria “santos” está incluida la idea de la dedicación. Toda la iglesia es separada para Dios (Ef. 5:26). El creyente individual forma parte de un pueblo dedicado, santificado, consagrado y sacerdotal apartado para “ofrecer sacrificios espirituales aceptables a Dios por medio de Jesucristo” (1 Ped. 2:5).

Ray F. Robbins

DEDO DE DIOS Expresión vívida que señala a Dios en actividad. El dedo de Dios que escribió los Diez Mandamientos lo describe diciendo que da la ley sin ninguna mediación (Ex. 31:18; Deut. 9:10). En otros pasajes bíblicos, el dedo de Dios indica Su poder para enviar las plagas sobre Egipto (Ex. 8:19) y para crear los cielos (Sal. 8:3). La afirmación de Jesús “mas si por el dedo de Dios echo yo fuera demonios, ciertamente el reino de Dios ha llegado a vosotros” (Luc. 11:20), significa que en vista de que Él echaba fuera demonios mediante el poder divino, demostraba que el gobierno de Dios ya era una realidad entre Sus oyentes.

DEFECTO, MANCHA Condición que descalifica a un animal para un sacrificio (Lev. 22:17-25) y a un hombre para el servicio sacerdotal (Lev. 21:17-24). En el NT, Cristo es el sacrificio perfecto (sin mancha, Heb. 9:14; 1 Ped. 1:19) cuya intención es santificar a la iglesia y quitar todas sus manchas (Ef. 5:27). A los hijos de Dios se les ordena que vivan una vida sin mancha (Fil. 2:15; 2 Ped. 3:14).

DEFECTOS CONGÉNITOS En la Biblia se registran cuatro casos claros de defectos congénitos:

un hombre "ciego de nacimiento" (Juan 9:1), un hombre "cojo de nacimiento" (Hech. 3:2), un hombre "imposibilitado de los pies, cojo de nacimiento" (Hech. 14:8) y los eunucos (esterilidad masculina) "que nacieron así" (Mat. 19:12).

En la Biblia se mencionan una variedad de enfermedades y defectos físicos sin que se indique el origen o la causa (por ej., Mat. 9:2; Mar. 7:32). Levítico 21:18-21 ofrece una lista de los defectos que descalificaban a un descendiente de Aarón para servir en el tabernáculo del Señor; estos defectos incluían ceguera, cojera, deformidades, enanismo, defectos en los ojos y testículos dañados. En muchos casos dichas deformidades tienen que haber sido congénitas. La Biblia es clara en cuanto a que si bien la gente no entiende a cabalidad el desarrollo de un feto (Ecl. 11:5), es algo que Dios conoce y dirige (Job 10:11; 31:15; Sal. 119:73; 139:13-16; Isa. 44:2; 46:3; 49:5; Jer. 1:5; Rom. 8:28). Por ello, cada persona debe ser aceptada como una entidad completa, pues a los ojos de Dios es eso. *Paul H. Wright*

DEIDAD Palabra utilizada para referirse a Dios cuando se habla sobre Su naturaleza o esencia divina, o de las tres personas de la Trinidad. Ver *Trinidad.*

DELAÍA Nombre de persona que significa "El Señor rescató". **1.** Jefe de una de las 24 divisiones de la orden sacerdotal organizada por David (1 Crón. 24:18). **2.** Hijo de Semaía y miembro de la corte que le aconsejó a Joacim que no quemara el rollo de Jeremías (Jer. 36:12,25). **3.** Uno de los exiliados que retornó a Jerusalén con Zorobabel (Esd. 2:60; Neh. 7:62). **4.** Contemporáneo de Nehemías (Neh. 6:10).

DELAÍAS Descendiente de David e hijo de Elioenai (1 Crón. 3:24).

DELINCUENCIA JUVENIL Los escritores de la Biblia trataron muy seriamente el tema de la delincuencia juvenil debido a que la rebelión de los hijos, al interrumpir la estructura de autoridad de la familia, rasgaba la esencia misma de la sociedad. Una familia bien ordenada prevenía problemas fuera de la casa que, a su vez, aseguraban una sociedad estable (comp. Ef. 6:2,3).

Dios espera que los padres controlen a sus hijos y que los hijos obedezcan a sus padres (Ex. 20:12; Ef. 6:1-4; 1 Tim. 3:4), no obstante, es consciente de que no siempre es así (Isa. 3:5; Ezeq. 22:7). Los hijos de Elí (1 Sam. 2:22-25; comp. 8:3), los muchachos que se burlaron de Eliseo (2 Rey. 2:23,24), y el hijo pródigo (Luc. 15:12,13) son ejemplos de delincuencia juvenil. La ley mosaica consideraba que golpear (Ex. 21:15), maldecir (Ex. 21:17) y deshonrar (Deut. 27:16) a los padres eran actos de rebeldía familiar y ordenaba que un hijo que rechazaba la corrección fuese apedreado públicamente (Deut. 21:18-21).

A pesar de la responsabilidad que se aplica sobre los padres en la crianza de los hijos (Deut. 6:7; Prov. 13:24; 19:18; 22:6; Ef. 6:1-6), la Biblia reconoce que, en definitiva, los hijos son responsables de sus acciones (Ezeq. 18:10-13). Jesús utilizó el ejemplo del hijo pródigo para enseñar que cada persona es un delincuente delante de Dios y que se debe acercar a Él para recibir el perdón (Luc. 15:11-32). *Paul H. Wright*

DELITOS Y CASTIGOS Israel, al igual que la mayoría de los pueblos del antiguo Cercano Oriente, consideraba que la ley que tenían era la revelación directa de Dios. Dado que procedía de Él, cualquier trasgresión constituía una violación a Su voluntad revelada.

Toda comunidad era responsable de obedecerla y exigir su cumplimiento. Si una persona o un grupo en Israel violaba una ley, toda la comunidad era culpable. Esto se aplicaba especialmente en casos de homicidio, idolatría y pecados sexuales (Deut. 19:10; 21:1-9; 2 Rey. 24:1-7). Cuando Israel no quitaba del medio ni al ofensor ni la rebelión contra la ley divina, Dios castigaba a la nación (Lev. 18:26-28; 26:3-45; Deut. 28).

La ley israelita sobre delitos y castigos se diferenciaba de otras culturas en varios aspectos. Primero, en contraposición a las naciones vecinas, Israel no consideraba que los delitos contra los bienes fueran crímenes capitales. Se aplicaba un sistema de castigo corporal y/o multas para delitos menores. Segundo, Israel limitaba la aplicación de la ley de la represalia (ojo por ojo; ley del talión) al infractor en forma individual. Tercero, Israel no implementaba discriminaciones de clase para la aplicación de la ley tanto como lo hacían las naciones vecinas. Teóricamente, los nobles y la gente común, los sacerdotes y los laicos eran tratados con equidad. No obstante, los esclavos y los extranjeros no gozaban de la misma posición que los israelitas libres, en especial en cuanto a las leyes de matrimonio y divorcio y las relacionadas con los delitos sexuales. Finalmente (en contraste con las naciones circundantes), los israelitas no podían ofrecer sacrificios como compensación por infracciones intencionales a la ley; los holocaustos y las ofrendas por el pecado sólo se permitían en caso de pecados involuntarios (Lev. 4–5).

Delitos y pena capital en el Antiguo Testamento La ley israelita consideraba que algunos delitos eran pasibles de la pena capital. Ver *Pena capital.*

Ser "cortado" de Israel El AT emplea con frecuencia el término ser "cortado" de Israel para referirse al castigo por determinados delitos. El significado de la frase es relativamente ambiguo. Algunos interpretan que se refiere a excomulgar o exiliar de Israel o de la comunidad de la fe, mientras que otros consideran que alude al dictamen de la pena capital. El artículo concuerda con esta última posición. El término "cortado" se suele emplear junto a otras palabras o frases en contextos que indican claramente la muerte (Ex. 31:14; 2 Sam. 7:9; 1 Rey. 11:16; Jer. 7:28; 11:19; Zac. 13:8). Ver *Excomunión.*

Los delitos que exponían a que la persona fuera "cortada" eran: no circuncidarse (Gén. 17:14; comp. Ex. 4:24; Jos. 5:2-9); comer pan leudado durante la fiesta de los panes sin levadura (Ex. 12:15, 19); tratar de copiar o emplear el aceite de la unción en extranjeros (30:33); profanar el día de reposo (Ex. 31:14); participar de los sacrificios en estado de impureza (Lev. 7:20,21,25; 19:8; comp. 1 Sam. 2:33); comer sangre (Lev. 7:27; 17:10,14); ofrecer sacrificios fuera del tabernáculo (Lev. 17:3-4,8-9); practicar determinados delitos sexuales (18:29; 20:17,18); ofrecer niños en sacrificio a Moloc (Lev. 20:3,5); consultar a adivinos o médium (Lev. 20:6; Miq. 5:12); utilizar utensilios santos cuando la persona está impura (Lev. 22:3; Núm. 19:13,20); celebrar inadecuadamente el Día de la Expiación (Lev. 23:29); no celebrar la Pascua (Núm. 9:13); cometer un pecado dictatorial (pecar voluntariamente o en forma desafiante; Núm. 15:30,31); idolatría (1 Rey. 9:6,7; 14:9,10,14; 21:21; Ezeq. 14:7,8; Miq. 5:13; Sof. 1:4; Zac. 13:2), y maldecir a Dios (Sal. 37:22). El NT también menciona la idea de ser "cortado" (Rom. 9:3; 11:22; 1 Cor. 16:22; Gál. 1:6; 5:12).

Delitos y castigo corporal en el Antiguo Testamento Los delitos menores (generalmente abarcaban algún daño corporal premeditado) se sancionaban con cierta clase de castigo corporal. La ley de las represalias (ojo por ojo; ley del talión) era el principio aplicado en la mayoría de los casos que incluían castigo corporal (Ex. 21:23-25; Lev. 24:19-22; Deut. 19:21).

Algunos consideran que la ley del talión es demasiado cruel e incluso severa. En nuestro mundo moderno, antes de sacarle el ojo a otra persona la demandaríamos por habernos sacado el nuestro. No obstante, en el mundo antiguo, la ley del talión servía para impedir vengarse de alguien que infligiera daño corporal. Por ejemplo, impedía que se asesinara a alguien que le había sacado el ojo a otra persona. La ley del talión ayudaba a que el castigo se adecuara al delito.

Además de la ley del talión, el castigo corporal también incluía azotar (Deut. 25:1-3), provocar ceguera (Gén. 19:11; 2 Rey. 6:18; comp. Jue. 16:21; 2 Rey. 25:7), arrancar el cabello (Neh. 13:25; Isa. 50:6), y vender como esclavo a un ladrón que no podía compensar el castigo con dinero (Ex. 22:1-3; comp. Lev. 25:39; 2 Rey. 4:1; Neh. 5:5). En un caso hasta se prescribió la mutilación (Deut. 25:11,12).

Delitos y multas en el Antiguo Testamento Las multas siempre se pagaban a la parte afectada, y se prescribían en caso de provocar un aborto (Ex. 21:22), quitarle la virginidad a una joven (Ex. 22:16,17; comp. Deut. 22:29), violar a una esclava comprometida para casarse con otro hombre (Lev. 19:20), y en algunos casos cuando un toro corneaba a una persona y la mataba (Ex. 21:28-32). Cuando alguien hurtaba, podía ser multado con dos, cuatro o cinco veces el valor de lo robado según el bien sustraído (Ex. 22:1-4,9). Cuando alguien cometía un robo (usando violencia e intimidación), debía devolver el bien robado más 1/5 adicional y debía hacer una ofrenda por la culpa (Lev. 6:1-7). La diferencia entre los castigos por hurto y robo es difícil de explicar. Si un hombre acusaba falsamente a su esposa de no ser virgen, se multaba al hombre con el doble del valor del presente matrimonial (100 siclos de plata; Deut. 22:19). El que infligía daño corporal premeditado debía compensar a la víctima por el lucro cesante más los gastos de recuperación (Ex. 21:18,19). Si una persona provocaba la pérdida del ojo o diente del esclavo, este último quedaba en libertad (Ex. 21:26,27).

Delitos y castigos en el Nuevo Testamento En el NT no aparece ningún compendio de material legal comparable al del AT. Jesús ciertamente se refirió en el Sermón del Monte a algunas cuestiones mencionadas más arriba. Incorporó el enojo dentro del concepto de asesinato (Mat. 5:21-26) y la codicia como parte del adulterio (Mat. 5:27-30). En contraste con el AT, Jesús prohibió el divorcio excepto en caso de infidelidad (Mat. 5:31,32). Con respecto a la ley del talión, Jesús quería que sus discípulos renunciaran a los derechos de restitución (Mat. 5:38-42).

Durante la época del NT, pareciera que los judíos tenían cierta autonomía en lo referente a leyes y costumbres religiosas. Incluso las comunidades judías fuera de Palestina estaban bajo la autoridad del sumo sacerdote (Hech. 9:1,2) y poseían cierto grado de autonomía en cuestiones religiosas (Hech. 18:12-17).

Se debate si los judíos sujetos al gobierno romano tenían autoridad para imponer la pena capital. Cuando los judíos juzgaron a Jesús, lo llevaron ante Pilato porque no tenían poder para ejecutar a criminales (Juan 18:31). Una antigua tradición rabínica del Talmud Babilónico (Abodah Zarah 8b) sostiene que durante aprox. 40 años, los judíos perdieron el poder para ejecutar a criminales. No obstante, algunos incidentes del NT parecieran indicar lo contrario: las declaraciones en el juicio de Pedro (Hech. 5:27-42), el apedreamiento de Esteban (Hech. 7:56-60), los intentos de linchamiento (Hech. 9:23,24; 14:19; 23:12-15), la autoridad para matar extranjeros que traspasaban ciertos límites del templo (Hech. 21:28-31, práctica que menciona el historiador Josefo), y una declaración de Pablo (Hech. 26:10). Otros registros judíos antiguos sobre lapidación y muerte en la hoguera indican que los israelitas tal vez podían aplicar la pena capital.

Durante el período del NT, los judíos tenían poder para aplicar castigo corporal. Este fundamentalmente consistía en azotes (Mat. 10:17; Hech. 5:40; 22:19; 2 Cor. 11:24) y excomunión (Luc. 6:22; Juan 9:22; 12:42; 16:2).

El procurador era el representante legal de Roma en las provincias del Imperio Romano. Intervenía en asuntos locales cuando peligraban la paz y el orden público, en especial en casos de sedición, amotinamiento y vandalismo (comp. Hech. 5:36,37). La acusación contra Jesús fue por haber declarado ser "REY DE LOS JUDÍOS" (Mat. 27:37). Los castigos romanos incluían crucifixión (por lo general reservada sólo para esclavos y pobres), decapitación (Mat. 14:10; Apoc. 20:4), trabajo forzado de por vida en las minas (es decir, confinamiento; Hech. 23:29; 26:31), azotes (Hech. 16:22; 22:24) y encarcelamiento (Hech. 16:23, 24). Ver *Apelar a César.* *Phil Logan*

DEMAS Compañero y colaborador del apóstol Pablo (Col. 4:14). Aunque en Filem. 24 Pablo identifica a Demas como "colaborador", 2 Tim. 4:10 indica que este hombre más tarde abandonó a Pablo "amando este mundo".

DEMETRIO Nombre de persona que significa "que pertenece a Démeter, la diosa griega de las cosechas". **1.** Platero de Éfeso que incitó un alboroto contra Pablo porque temía que la prédica del apóstol fuera una amenaza para la venta de los altares de plata de Diana, la diosa patrona de Éfeso (Hech. 19:24-41). Demetrio pudo haber sido un maestro del oficio encargado de la producción de pequeñas copias de plata del templo de Diana con una figura de la diosa en su interior. **2.** Aparentemente un convertido de la adoración a Démeter, el dios adorado en la religión misteriosa de Eleusis, cerca de Atenas. Juan lo elogió diciendo "todos dan testimonio de Demetrio, y aun la verdad misma" (3 Juan 12). Pudo haber sido quien les llevó la Tercera Epístola de Juan a los lectores originales.

DEMONIOS DEL DESIERTO Figura demoníaca espeluznante con aspecto de macho cabrío. En otros casos el término hebreo se traduce "macho cabrío". Los estudiosos de la Biblia difieren en la interpretación de los pasajes; no coinciden si se refiere a una figura demoníaca o un animal normal. Los israelitas aparentemente ofrecían sacrificios a estos demonios del desierto ya que fue necesaria una ley que prohibiera dichos sacrificios (Lev. 17:7). Algunos han llegado a interpretar los rituales del macho cabrío (Lev. 16:20-22) como la manera de enviar los pecados de Israel de regreso a su autor, un demonio del desierto. Jeroboam (926–909 a.C.) designó sacerdotes para que sirvieran a estos demonios (2 Crón. 11:15). Es posible que los ídolos en forma de cabra que se mencionan aquí fueran similares a los famosos becerros que construyó Jeroboam. Isaías prometió que Babilonia quedaría tan desolada que los demonios del desierto vivirían en las ruinas (Isa. 13:21; comp. 34:14). Algunos comentaristas creen que 2 Rey. 23:8 se refiere a lugares de adoración para estos demonios junto a una puerta de Jerusalén. Una palabra hebrea diferente que aparece en Deut. 32:17; Sal. 106:37 (comp. Mat. 12:43; Mar. 5:13; Luc. 11:24; Apoc. 18:2) expresa un concepto similar.

DENARIO Moneda que representaba el salario de un día para un obrero común (Mat. 20:2). Esta unidad del dinero romano es la moneda mencionada con más frecuencia en el NT. Ver *Economía; Monedas.*

Un denario romano.

DEPORTES El verbo hebreo "hacer deporte" se usaba para indicar burla (por ejemplo, Gén. 21:9), pero también deporte en el sentido de entretenimiento (Jue. 16:25,27) o juego (Ex. 32:6; Sal. 104:26; Zac. 8:5).

En la Biblia se alude a varios juegos de destreza. El combate de Jacob en Peniel parece haber sido una lucha entre dos luchadores talentosos (Gén. 32:24-32). La pelea en el estanque de Gabaón entre los soldados de Abner y los soldados de Joab puede haber comenzado como una demostración de fuerza a través de la lucha (2 Sam. 2:12-17). Job 16:12-13 habla de arquería, un deporte evidente en los bajorrelieves asirios. Isaías 22:18 sugiere un juego de pelota. En Sal. 19:5 se alude a carreras pedestres. Pablo menciona los combates greco-romanos de gladiadores, seguramente el más horrendo evento de entretenimiento (1 Cor. 4:9 y 15:32).

El NT usa varios juegos deportivos como figuras de la vida cristiana. Pablo frecuentemente habla de su obra a favor del evangelio como "correr" (Gál. 2:2; 5:7; Fil. 2:16; 3:13-14; comp. Heb. 12:1), y asemeja la disciplina espiritual que se requiere para una vida exitosa con la que se requiere para ganar carreras pedestres y combates de boxeo (1 Cor. 9:24-27; comp. 2 Tim. 2:5; 4:7). Era natural para Pablo adoptar una metáfora como "correr," no sólo por causa de la popularidad de las carreras pedestres en el mundo greco-romano, sino también en razón de que desde los más antiguos días del AT la relación del creyente con Dios se describía como "caminar" o "correr" con Él (Gén. 3:8; 5:24; Sal. 119:32; Isa. 40:31). *Paul H. Wright*

DERBE Ciudad importante de la región de Licaonia en la provincia de Galacia en Asia Menor. Al parecer estaba cerca de la moderna Kerti Huyuk. Los residentes de Derbe y Listra hablaban una lengua diferente a la de la gente del norte de Iconio. Pablo visitó Derbe en su primer viaje misionero (Hech. 14:6) al huir de Iconio. La persecución en Listra condujo a una acertada misión de predicación en Derbe (14:20,21). En el segundo viaje, Pablo volvió a Derbe (Hech. 16:1). Aparentemente la volvió a visitar en el tercer viaje (18:23). Gayo, compañero de milicias de Pablo, era de Derbe (20:4) Ver *Asia Menor, Ciudades de.*

DERECHOS CIVILES La base bíblica para los derechos civiles se fundamenta en la imparcialidad de Dios (Deut. 10:17-18; Hech. 10:34; comp. Luc. 20:21), en el orden de la creación por el cual todas las personas son creadas a imagen de Dios (Gén. 1:27,28; 9:6), y en la obra redentora de Cristo (Gál. 3:28).

La ley de Moisés distinguía entre extranjeros residentes (no-israelitas residentes en la tierra de Israel) y extranjeros no residentes. Los extranjeros estaban sujetos a las mismas leyes que los israelitas (Ex. 12:49; Núm. 15:15,16; comp. Deut. 10:18, 19), pero los derechos de los extranjeros no residentes eran más restringidos (Ex. 12:43; Deut. 15:3; 17:15; 23:20).

Tanto el AT como el NT reconocían que en el mundo antiguo la esclavitud era un hecho. Además, en comparación con culturas vecinas, las Escrituras sostienen un mayor derecho de protección para los esclavos (por ej. Ex. 12:44; Lev. 25:39-55).

El NT reconoce la igualdad fundamental de todos los que están en Cristo (Gál. 3:28) y defiende la subordinación voluntaria de derechos individuales para beneficio de otros (Luc. 22:26; 1 Cor. 8:9-13; Fil. 2:4-8).

DESAYUNO Ver *Comida.*

DESCENSO AL HADES Frase del Credo de los Apóstoles (donde se habla de "infiernos" pero se alude al lugar de espera de las almas) que describe la obra de Cristo. Hechos 2:27 dice: "porque no dejarás mi alma en el Hades, ni permitirás que tu Santo vea corrupción". Hechos 2:31 dice: "su alma no fue dejada en el Hades, ni su carne vio corrupción". Efesios 4:9 dice que Cristo "descendió a las profundidades de la tierra" (LBLA). Primera Pedro

3:19 dice que Cristo "también fue y predicó a los espíritus encarcelados". El tiempo puede entenderse como los días de Noé (1 Ped. 3:20) y de esa manera describir la actividad del Cristo preexistente o la obra del Espíritu de Cristo a través de Noé. El momento pudo haber sido inmediatamente después de la muerte de Cristo en la cruz o después de Su resurrección corporal. El contenido de Su prédica pudo haber sido el juicio, la afirmación de Su victoria sobre "ángeles, autoridades, y poderes" (1 Ped. 3:22) o la liberación del Seol o del Hades para los santos que lo precedieron. Los espíritus podrían ser los "hijos de Dios" de Gén. 6:2, la gente de los días de Noé, los pecadores de la época del AT, personas del AT que eran leales a Dios, ángeles caídos (2 Ped. 2:4) o espíritus malvados (poderes demoníacos) a quienes Jesús enfrentó durante Su ministerio terrenal. La prisión pudo haber sido el Seol o el Hades, un lugar especial de cautiverio para los pecadores, un lugar de castigo para los ángeles caídos, un lugar de seguridad donde estos ángeles pensaban que podrían esconderse del poder de Cristo o un lugar en el camino al cielo donde los fieles de la antigüedad esperaban para oír el mensaje del triunfo expiatorio y final de Cristo. Más allá de las explicaciones detalladas, el propósito y el resultado fundamental es glorificar a Cristo por Su obra de concretar la salvación y demostrar Su control soberano sobre todos los lugares y poderes que existen. *Charles W. Draper*

DESEADO DE TODAS LAS NACIONES Frase que Hageo usó en su profecía del templo renovado (Hag. 2:7). Algunas traducciones interpretan el hebreo subyacente como una profecía del Mesías que vendría. Otras traducciones interpretan la frase "tesoro" (LBLA) o "riqueza" (NVI) de todas las naciones como un paralelo del oro y la plata de 2:8. La interpretación mesiánica aparece por primera vez en la traducción latina de la Vulgata, mientras que los "tesoros" demostrarían el poder de Yahvéh para restaurar la gloria de Su casa a pesar de la pobreza de la gente.

DESEMPLEO Ver *Pérdida de empleo.*

DESIERTO Regiones con escasa precipitación al este y sur de Palestina, habitadas por nómadas con rebaños y manadas. Se mencionan tres desiertos principales en el relato bíblico: la meseta oriental de las montañas al este del Río Jordán, la región sur de Edom y el triángulo limitado por Gaza, el Mar Muerto y el Mar Rojo. La Biblia habla de los asaltantes del desierto, los amalecitas, los madianitas y los ismaelitas, que amenazaban a los agricultores de Palestina. Saúl alivió en alguna medida esta presión (1 Sam. 14:48).

Las yermas tierras del norte del Neguev, en la región sur de Israel.

Las regiones desérticas de Palestina recibían lluvias breves e intensas en marzo y abril. De vez en cuando florecían fugazmente, pero las largas temporadas de sequía les devolvían sus características desérticas habituales. El lenguaje hebreo distingue con varias palabras lo que llamamos de manera general desierto o erial.

Midbar es el término más destacado y global, pero se utiliza en diversos contextos con diferentes significados. Puede describir el límite meridional de la tierra prometida (Ex. 23:31; Deut. 11:24). Este desierto meridional puede dividirse en varias áreas: Shur (Ex. 15:22), Sin (Ex. 16:1), Parán (Núm. 12:16) y Zin (Núm. 13:21). La región meridional completa del desierto puede llamarse Desierto del Sinaí (Ex. 19:1) sobre el cual se eleva el Monte Sinaí. Limita al norte con el Desierto de Judá (Jue. 1:16), ubicado al este de la ruta que conecta Jerusalén con Hebrón. Cañones profundos y estrechos conducen desde las colinas de Judá hacia el Mar Muerto. *Midbar* también describe la región que rodea un asentamiento donde se pastorean las manadas (1 Sam. 23:24; 24:1; 2 Crón. 20:20; comp.

Jos. 8:24). Los asentamientos en el desierto crecieron particularmente durante las épocas de estabilidad política y sirvieron como puestos militares contra las invasiones de los beduinos y como protección para el comercio en las rutas del desierto.

Arabah a menudo aparece como sinónimo de *midbar.* Es el término principal para la larga hendidura que se extiende desde el Mar de Galilea al Mar Muerto y hacia abajo al Mar Rojo. Describe la tierra donde predomina la sal y hay muy poca agua y vegetación. *Arabah* nunca se utiliza para describir tierra de pastura. Define el límite del este de la tierra prometida y a menudo se traduce "llanura" si no se translitera "Arabá" (Deut. 3:17; Jos. 12:1).

Yeshimon designa la tierra desechada que es improductiva. La palabra aparece ya sea en forma paralela a *midbar* o como parte de una designación territorial como en el caso de 1 Sam. 23:24. Dios manifiesta la esperanza de restauración de las tierras agrestes (Isa. 43:19,20).

Chorbah describe la tierra caliente y seca o con campamentos destruidos. Puede indicar la tierra seca en oposición a la tierra cubierta por agua (Gén. 7:22; Ex. 14:21). En Sal. 102:7; 106:9; Isa. 25:5; 50:2; 51:3; 64:10; Jer. 25:9 describe al desierto.

Tsiyyah indica una región árida (Job 30:3; Sal. 78:17; 105:41; Isa. 35:1; Jer. 50:12; Sof. 2:13).

Shamamah es una tierra desolada y tenebrosa, y con frecuencia describe la acción de Dios en la destrucción de un lugar (Ex. 23:29; Lev. 26:33; Jer. 4:27; Ezeq. 6:14; 23:33).

Negev (Negeb) se refiere a la tierra seca y es un nombre técnico para el desierto meridional cuya frontera septentrional está ubicada al norte de Beerseba. La precipitación anual varía entre 100 y 300 milímetros (4 a 12 pulgadas) por año, aunque tiene variaciones drásticas de un año a otro. *Negev* llegó a significar "sur" en hebreo y se podría traducir el "país del sur" (Gén. 24:62).

Trent C. Buttler

Israel y el desierto Históricamente, el desierto se relacionaba ante todo con el peregrinaje de los hebreos después de la salida milagrosa de Egipto y justo antes de la conquista de Transjordania. Cuando el pueblo volvía a relatar esta historia, se lo recordaba como el "grande y terrible desierto" (Deut. 1:19; 8:15). Había noticias buenas y malas en relación con este período de la existencia de la nación. La buena noticia era que Dios había provisto maná, codornices y agua de la roca. Él

El Desierto de Judea.

los había guiado en el desierto y se les había revelado en Sinaí/Horeb, el monte de la revelación y el lugar donde les había entregado las leyes del pacto. La mala noticia era que una y otra vez, estando en el desierto, se habían rebelado contra el Señor y habían murmurado contra Moisés. En la Biblia hebrea, el libro de Números se llama *bemidbar,* "en el desierto". Relata la historia trágica de Cades-barnea en el Desierto de Parán y de la comisión de espías que persuadió al pueblo para que no atacara desde el sur la tierra prometida, razón por la cual una generación entera pereció en el desierto (Núm. 13–14). En el libro de Salmos, al adorar a Dios, los israelitas confesaron estos pecados antiguos (78:40; 106:26), y los predicadores del NT los utilizaron como advertencia para los "creyentes del desierto" para que no cometan los mismos errores (1 Cor. 10:1-13; Heb. 3:16-19). Como ya se ha indicado, se mencionaron varias regiones desérticas, como Sin, Shur, Sinaí, Parán y Zin en el trayecto del peregrinaje en el desierto. Algunos lugares específicos se relacionaron con los años de proscripción de David, por ej. el Desierto de En-gadi, de Judá, de Maón, de Zif. Jeremías en una ocasión anhelaba tener un albergue en el desierto como lugar para escapar de su audiencia rebelde (9:2). La gente de la época bíblica en su mayoría le temía al desierto por considerarlo un lugar habitado por bestias de presa, serpientes y escorpiones (incluso demonios), a donde se debía conducir el becerro de la expiación (Lev. 16:10,22,26; Isa. 13:21, 22; 34:13,14). Por lo tanto, fue el lugar apropiado para la tentación de Jesús (Mat. 4:1-11; Mar. 1:12,13; Luc. 4:1-13).

Los profetas creían que la mayor parte de los problemas religiosos de Israel habían comenzado con el asentamiento en Canaán y la apostasía al adoptar la idolatría cananea, pero también miraban hacia el futuro a un peregrinaje renovado en el desierto (Os. 2:14,15; 9:10; comp. Deut. 32:10; Jer. 2:2,3; 31:2,3). Después del exilio babilónico habría un nuevo éxodo a través del desierto sirio del norte para convertir al Señor en su rey y preparar camino a Jehová (Ezeq. 20:30-38; Isa. 40:3-5). Juan el Bautista apareció en el Desierto de Judea como el precursor profético prometido (Mat. 3:1-3; Mar. 1:2-4; Luc. 3:2-6; Juan 1:23). Jesús no sólo venció al tentador en el desierto sino que alimentó a 4000 personas en un lugar desierto al este del Mar de Galilea (Mar. 8:1-9). Ver *Monte Sinaí; Parán; Peregrinación en el desierto; Shur, Desierto de; Sin, Desierto de.* *M. Pierce Matheney*

DESILUSIÓN, DESÁNIMO La Biblia reconoce el estrés físico y emocional que puede acompañar al desánimo y proclama que la esperanza siempre se encuentra en Dios. Ejemplos de desánimo registrados en la Biblia incluyen a Samuel (1 Sam. 16:1), los hombres en el camino a Emaús (Luc. 24:17-21) y Pablo (1 Tes. 2:17-20). Muchos de los lamentos del salmista reflejan la profundidad de su desaliento en la vida y a veces espera que Dios le muestre la razón (por ej. Sal. 39:12,13; 42:5a, 9-11a).

La decepción y el desaliento quebrantan el espíritu (Prov. 15:13), secan los huesos (Prov. 17:22) y pueden conducir a la muerte (Prov. 18:14).

A pesar de las circunstancias, el salmista aprendió a confiar en Dios quien, al final, podía más que su desaliento (Sal. 22:5; 40:1; 42:5b). Isaías tuvo la visión de un día cuando todos los débiles y temerosos serían fortalecidos (Isa. 35:3,4). Por su parte, Jesús ordenó a los desanimados a continuar esperando en Dios, a orar y a no desmayar (Luc. 18:1; comp. Mat. 5:4). Todo creyente es invitado a reconocer que el sufrimiento produce paciencia, la paciencia, prueba, y la prueba, esperanza; y que la esperanza no avergüenza (Rom. 5:3-5).

Paul H. Wright

DESJARRETAR Dejar lisiado cortando los tendones de las piernas. Los caballos capturados en la guerra frecuentemente eran sometidos a esta acción (Jos. 11:6,9; 2 Sam. 8:4; 1 Crón. 18:4). El desjarretado de los toros (Gén. 49:6 en traducciones modernas) es ejemplo de un arrebato de ira.

DESNUDO Carecer de vestimenta (Gén. 2:25; Job 1:21; Ecl. 5:15; Amós 2:16; Miq. 1:8) o, de lo contrario, estar pobremente vestido (Deut. 28:48; Mat. 25:36-44; Sant. 2:15). La frase "descubrir su desnudez" significa tener relaciones sexuales (Lev. 18:6-19; 20:11,17-21). La desnudez suele aparecer vinculada con la vergüenza (Gén. 3:7; 9:21-27; Isa. 47:3; Ezeq. 16:8,36,37).

DESPOJO Cualquier cosa que tomaba un soldado victorioso. En las guerras de la antigüedad, un soldado podía llevarse cualquier cosa del enemigo que pudiera acarrear. Este botín podía consistir en metales, vestimenta, ganado o las mismas personas derrotadas. Las guerras santas dedicaban todo ese botín a Dios (Deut. 20:1), y esto se ilustra en las batallas de Josué. Ver *Botín.*

DESPOSORIO Acto de compromiso matrimonial en los tiempos bíblicos, y que incluía las mismas obligaciones que el matrimonio.

Antiguo Testamento El término bíblico desposorio es casi sinónimo de matrimonio y tiene las mismas obligaciones. El desposorio y el matrimonio constituían un principio moral y espiritual para el hogar y la sociedad. Bajo la ley de Moisés, el castigo por interrumpir este principio mediante adulterio, violación, fornicación o incesto era morir apedreado (Deut. 22:23-30). Posteriormente, el sistema legal judío permitió el divorcio bajo ciertas circunstancias. El amor y la gracia perdonadora de Dios hacia su pueblo adúltero se demostró cuando Oseas compró a su esposa adúltera para restaurarla a su lugar en el hogar y colocarla bajo su protección (Os. 2:19,20). Esto significa que el perdón tiene precedencia sobre el apedreamiento o el divorcio.

Nuevo Testamento María y José estaban desposados pero no vivieron juntos hasta después del casamiento. Cuando se supo que María esperaba un niño durante el desposorio, José decidió divorciarse de ella en secreto. En un sueño de parte de Dios se le explicó a José la verdad acerca de la aparente infidelidad de María diciéndole que era un milagro del Espíritu Santo. Este milagro puso énfasis en las naturalezas humana y divina exclusivas de Jesucristo. Pablo utilizó el concepto del desposorio para explicar la relación ideal que existe entre la iglesia como una virgen casta que le es presentada a Cristo (2 Cor. 11:2).

Lawson G. Hatfield

DESTINO Aquello que ineludiblemente debe ocurrir. El AT habla de la muerte como el destino común de toda la humanidad (Sal. 49:12; 81:15; Ecl. 2:14; 3:19; 9:2-3). De manera similar, el AT habla de la muerte violenta como destino de los malvados (Job 15:22; Isa. 65:12; Os. 9:13). Ver *Elección; Predestinación.*

DETENIDO DELANTE DE JEHOVÁ Permanecer en la presencia del Señor en el tabernáculo o en el templo (1 Sam. 21:7). No se menciona la razón para que Doeg permaneciera en el tabernáculo. Quizás estaba allí para cumplir un voto, recibir un oráculo, realizar un acto de penitencia o celebrar una fiesta. Primera Samuel 21:6 sugiere que fue el día de reposo (Mar. 2:25,26).

DEUDA, DEUDOR Ver *Préstamo.*

DEUEL Nombre de persona que significa "Dios sabe". En Núm. 1:14 es el padre de Eliasaf, líder de la tribu de Gad en el desierto. Números 2:14 identifica al padre de Eliasaf como Reuel. Deuel y Reuel pueden ser formas alternativas del mismo nombre, probablemente representando una lectura equivocada del copista de la "d" y la "r" hebreas, que son bastante similares.

DEUTERONOMIO, LIBRO DE Nombre del quinto libro del AT tomado de la traducción griega que significa "segunda ley". Deuteronomio es el último de los cinco libros de la ley y no se debe leer sin tener en cuenta los otros cuatro (Génesis, Éxodo, Levítico y Números). Pentateuco (cinco libros) es el título asociado con estos cinco libros de la ley, la primera sección de la Biblia hebrea y la más importante. Por una larga tradición y por buenas razones, estos libros han sido vinculados con Moisés, el instrumento humano que Dios utilizó para liberar a Israel de la esclavitud en Egipto y el mediador del pacto entre Dios e Israel. En el NT se cita o se menciona Deuteronomio más que cualquier otro libro del AT, con excepción de Salmos e Isaías.

El origen probable del título "Deuteronomio" es la traducción de Deut. 17:18,19 en la Septuaginta (traducción griega del AT hebreo). Estos dos versículos contienen instrucciones para el rey sobre la realización "de una copia de esta ley" que se tenía que leer con regularidad y obedecer fielmente. Los traductores de la Septuaginta interpretaron la frase arriba mencionada como "esta segunda ley" en lugar de "una copia de esta ley". La traducción de la Septuaginta implica un cuerpo de legislación diferente de la que contenían los libros previos de la ley. Sin embargo, ese no parece ser el enfoque del mandato en Deut. 17:18,19.

El título usado en la Biblia hebrea, "estas [son] las palabras" (dos términos en hebreo), sigue una costumbre antigua de usar las palabras de la primera línea del texto para designar un libro. Algunas veces el título en la Biblia hebrea se abreviaba como "palabras". Este título define más exactamente el contenido del libro de lo que lo hace nuestro acostumbrado título Deuteronomio. El libro está compuesto principalmente por las palabras con las que Moisés se dirigió a Israel antes de la entrada a la tierra prometida. Presenta el estilo de un sermón como el usado por un predicador para dirigirse a su congregación con palabras que tienen el propósito de motivar a la obediencia y el compromiso.

Trasfondo Deuteronomio no es principalmente un libro legal o de historia. Se considera como la instrucción de Moisés a Israel en vísperas de la entrada a Canaán. El tiempo de deambular por el desierto había llegado a su fin. Sus esfuerzos iniciales para conquistar la tierra prometida al este del Jordán habían resultado exitosos.

El éxodo de Israel desde Egipto y el pacto en Sinaí fueron etapas del nacimiento de Israel como nación. Sin embargo, era una nación sin tierra propia. El pacto de Dios con Israel en Sinaí era, en parte, una renovación de pactos anteriores celebrados con los patriarcas. En esos pactos se incluían las siguientes promesas: (1) que Israel sería la nación especial de Dios, (2) que el Dios Yahvéh sería su Dios, (3) que serían obedientes a Dios, y (4) que Dios les daría una patria e innumerables descendientes.

Ahora Israel se encontraba en la frontera con Canaán esperando entrar y tomar posesión de la tierra prometida. Moisés, consciente de que el

Manos de un hombre judío mientras ora, con las largas tiras de su filacteria entrelazadas en sus dedos.

D

futuro de Israel dependía de su obediencia y compromiso con Dios, guió al pueblo en una ceremonia de renovación del pacto. La inminente muerte de Moisés y la transferencia del liderazgo a Josué, además de las batallas que Israel tendría que enfrentar para conquistar la tierra, fueron la base para la renovación del pacto.

Contenido Deuteronomio no contiene uno sino tres (o más) discursos de Moisés a Israel. La mayoría de los intérpretes coinciden en que la estructura del libro sigue el estilo de los pactos tributarios del Cercano Oriente.

Deuteronomio 1:1-5 es una introducción que menciona el momento y el lugar de los discursos. La fecha es "a los cuarenta años" (Deut. 1:3) de deambular por el desierto, "en el mes undécimo, el primero del mes". El lugar es "a este lado del Jordán en el desierto" (Deut. 1:1) y, más específicamente, "en tierra de Moab" (Deut. 1:5). Deuteronomio 1:6–4:40 abarca el primer discurso de Moisés, en el cual realizó un repaso de la travesía de Israel desde Horeb a Moab y exhortó a Israel a ser fiel a Yahvéh. Moisés usó la historia pasada inmediata de Israel para enseñarle a la presente generación de israelitas la importancia de confiar en Dios. Si esperaban poseer la tierra de Canaán, debían ser obedientes. Moisés edificó ciudades de refugio en la costa este del Jordán (Deut. 4:41-43).

Hombre judío en oración en el Muro de los Lamentos, con su filacteria, que contiene pasajes de Deuteronomio.

Deuteronomio 4:44–28:68 contiene el segundo discurso de Moisés a Israel. Dicho discurso tiene su introducción en Deut. 4:44-49. Luego Moisés procedió a enseñarle a Israel lecciones tomadas de la ley. Estas no son leyes para ser utilizadas en las cortes de justicia ni para decidir casos legales sino instrucciones para la vida en la tierra de Canaán. Los capítulos 5–11 son leyes generales que incluyen los Diez Mandamientos (5:6-21) y el mandato "amarás a Jehová tu Dios de todo tu corazón, y de toda tu alma, y con todas tus fuerzas" (6:5). Las leyes específicas están en los capítulos 12–26, seguidas por una serie de anuncios de bendiciones o maldiciones que dependen de la lealtad de Israel al pacto de Dios y de que guardara Su ley o que no lo hiciera.

El tercer discurso de Moisés se encuentra en Deut. 29:1–30:20. El énfasis está en la renovación del pacto. El arrepentimiento y el compromiso garantizarían vida y bendiciones de Dios. Si se rebelaban, morirían como nación. La decisión era de ellos.

Deuteronomio 31:1-29 es el discurso de despedida de Moisés. La canción de Moisés está en Deut. 31:30–32:52. La bendición de Moisés se encuentra en el capítulo 33 y su muerte en el capítulo 34.

Fecha y autoría El texto da fe de que "estas son las palabras que Moisés habló a todo Israel a este lado del Jordán" (Deut. 1:1), "de este lado del Jordán, en tierra de Moab, resolvió Moisés declarar esta ley" (1:5), y "escribió Moisés esta ley y la dio a los sacerdotes" (31:9). Jesús también identifica Deut. 24:1-4 como procedente de Moisés (Mat. 19:8), Pablo identifica la ley sobre el buey en Deut. 25:4 como parte "de la ley de Moisés" (1 Cor. 9:9), y el escritor de Hebreos considera el requisito legal de dos o tres testigos de Deut. 17:2-6 como procedente de la "ley de Moisés" (Heb. 10:28). Sin embargo, los eruditos han discutido arduamente el grado de conexión de Moisés con el libro de Deuteronomio. ¿Escribió todo, parte o nada del libro? Muy pocos afirmarían que el libro provino de la mano de Moisés exactamente como lo conocemos ahora. El relato de su muerte en el capítulo 34 sugiere que se pudieron haber realizado algunos cambios después de su época. Sin embargo, la evidencia usada para descartar la autoría de Moisés de gran parte del contenido del libro no es concluyente. Por ejemplo, las referencias a Moisés en tercera persona argumentarían contra su autoría de la mayor parte del Pentateuco, al que la Biblia se refiere en varias ocasiones como "el libro de Moisés" (por ej. 2 Crón. 25:4 que cita Deut. 24:16). Tales expresiones son, al parecer, una cuestión de estilo. La referencia a Moab como "de este lado del Jordán" (Deut. 1:1) no indica necesariamente la ubicación del escritor al oeste del Jordán, ya que las tribus de "Transjordania" utilizaron la misma expresión en Galaad, al describir su herencia en Núm. 32:19.

Las semejanzas estructurales entre Deuteronomio y los textos de pactos del Cercano Oriente del segundo milenio a.C. han provisto una evidencia de gran peso en cuanto a la unidad y la antigüedad del libro. La comparación con los tratados hititas sugiere una fecha no más allá de alrededor del 1300 a.C. Los eruditos que procuraban ubicar Deuteronomio entre los siglos VIII o VII a.C. (o después) han señalado las semejanzas con los tratados neo-asirios del siglo VII a.C. Sin embargo, a esta última forma de tratado le faltan elementos importantes que se encuentran en Deuteronomio y en los textos hititas tales como el prólogo histórico (Deut. 1:6–4:43) y la lista de las bendiciones (Deut. 28:1-14). La conclusión es que la autoría de Moisés, tal como nos ha llegado, es la posición más razonable para quienes aceptan el testimonio de la Escritura.

El "libro de la ley" encontrado durante la reparación del templo en el décimo octavo año del reinado de Josías (621 a.C.) ha sido identificado como Deuteronomio desde los tiempos de los padres de la iglesia, poco después del 300 d.C. Si bien esa identificación no puede comprobarse, la naturaleza de las reformas de Josías y los contenidos de Deuteronomio muestran una semejanza interesante. Por ejemplo, el llamado a centralizar la adoración (Deut. 12) está relacionado con la destrucción de todos los altares que llevó a cabo Josías, con excepción del que estaba en el templo en Jerusalén (2 Rey. 23:4-20).

Propósito El tema principal del libro es la tierra como un regalo prometido por Dios. Hay por lo menos 66 referencias a la tierra como regalo. A Israel se le dice 69 veces que ellos "poseerán" y "heredarán" la tierra. Los mensajes de Moisés en Deuteronomio son necesarios a fin de preparar a Israel para tomar posesión de la tierra en vista de la muerte de la primera generación y el deceso inminente de Moisés. Era el momento de que Moisés se dirigiera a ellos y les recordara quiénes eran y qué esperaba Dios de ellos. Necesitaban recordar que la tierra era un regalo inmerecido que no hubieran podido conseguir por sí solos. La tierra que Dios les había prometido no era sólo un lugar sino que además representaba las provisiones abundantes del Señor, Su protección y, lo más importante, Su presencia. Moisés también advirtió a Israel sobre los riesgos que acompañaban al regalo de Dios: la amenaza de los cananeos, la influencia de la corrupción de los cananeos y su propia tendencia pecaminosa a olvidarse del Señor. Sobre todo, Moisés trató de grabar en Israel la importancia de una lealtad completa y amorosa hacia el Señor, expresada en una obediencia reverente y una adoración gozosa y agradecida.

Enseñanza Las verdades de Deuteronomio tienen relevancia eterna. Jesús conocía este libro en profundidad. Cuando Satanás lo tentó al principio de Su ministerio, Él respondió a cada una de las tres tentaciones con una cita de Deuteronomio. Este libro se cita o se alude aprox. 200 veces en el NT.

Deuteronomio invita a una devoción a Dios completa y exclusiva. Establece las consecuencias de la obediencia y denuncia la inclinación del pueblo a olvidar quién es Dios y qué ha hecho por ellos. Por esa razón, Moisés insta a Israel a estar continuamente en guardia para no olvidarse de Dios y no permitir que sus hijos sean ignorantes en cuanto a Él y Sus expectativas.

Billy K. Smith y E. Ray Clendenen

Bosquejo

I. Primer discurso de Moisés (1:1–4:43)
   A. Preámbulo narrativo (1:1-5)
   B. El discurso: El prólogo histórico (1:6–4:40)
      1. Repaso de Moisés de la historia reciente de Israel (1:6–3:29)
      2. Invitación a responder a la Torá del Señor (4:1-40)
         a. La gracia de la Torá (4:1-8)
         b. La gracia del pacto (4:9-31)
         c. La gracia de la salvación (4:32-40)
   C. La posdata narrativa (4:41-43)
II. El segundo discurso de Moisés (4:44–29:1)
   A. Preámbulo narrativo (4:44-49)
   B. Las estipulaciones del pacto (5:1–26:19)
      1. Las estipulaciones generales del pacto (5:1–11:32)
         a. Los orígenes del pacto de Dios con Israel (5:1-33)

b. El desafío de la relación de pacto con Dios (6:1–8:20)
c. La gracia de la relación de pacto con el Señor (9:1–11:25)
d. El llamado a la decisión (11:26-32)
2. Las estipulaciones específicas del pacto (12:1–26:15)
a. La vida religiosa del pueblo santo (12:1–16:17)
b. El gobierno del pueblo santo (16:18– 21:9)
(1) Las estructuras de gobierno (16:18–18:22)
(2) La conducta del gobierno (19:1–21:9)
c. Los asuntos familiares (21:10–22:30)
d. La santidad de la congregación santa (23:1-8)
e. Leyes diversas para la vida de los israelitas (23:9–25:15)

Un rabino judío mientras abre el estuche de la Torá (Génesis a Deuteronomio) para una ceremonia en el Muro de los Lamentos (muro occidental) en Jerusalén. Los judíos consideran que el muro es sagrado, pero se les prohibió adorar allí durante el dominio turco, británico y jordano.

f. Dos ofrendas especiales (26:1-15)
3. El juramento del pacto (26:16-19)
C. Interludio: La disposición para la renovación futura del pacto (27:1-26)
D. Las bendiciones y las maldiciones del pacto (28:1–29:1)
1. Un breve preámbulo (28:1)
2. Las bendiciones del pacto (28:2-14)
3. Las maldiciones del pacto (28:15-68)
4. Posdata narrativa (29:1)
III. El tercer discurso de Moisés: Un paradigma para la renovación del pacto (29:2–30:20)
A. Recapitulación de los principios básicos del pacto (29:1–30:10)
1. Breve prólogo histórico para la relación de pacto (29:2-9)
2. El privilegio de la relación por medio del pacto (29:10-13)
3. Las responsabilidades de la relación de pacto (29:14–30:10)
a. El alcance del pacto (29:14-17)
b. La manera de juzgar (29:18-29)
c. La suficiencia de la ley para Israel (29:29)
d. El camino de la esperanza (30:1-10)
B. La apelación final (30:11-20)
1. La accesibilidad del pacto (30:11-14)
2. La promesa del pacto (30:15-20)
IV. Los arreglos de Moisés para el futuro (31:1–32:47)
A. La designación de un sucesor (31:1-8)
B. La provisión de la ley escrita (31:9-13)
C. La provisión de un himno (31:14–32:47)
1. El contexto (31:14-29)
2. El cántico (31:30–32:47)
V. La muerte de Moisés (32:48–34:12)
A. El llamado del Señor a Moisés (32:48-52)
B. La bendición de Moisés a las tribus (33:1-29)
C. La partida de Moisés (34:1-12)

Daniel I. Block

DÍA DE CAMINO Distancia habitual, aunque imprecisa, que se recorría en un día. La distancia variaba de acuerdo al terreno y las circunstancias del viajero. El día de camino típico de los judíos era entre 30 y 50 km (20 y 30 millas) por día, aunque algunos grupos generalmente viajaban solamente 16 km (10 millas) diarios (Gén. 30:36; 31:23; Ex. 3:18; 8:27; Deut. 1:2; Luc. 2:44).

DÍA DE CRISTO Ver *Juicio, Día del; Día del Señor.*

DÍA DE EXPIACIÓN Décimo día del séptimo mes del calendario judío (sept.-oct.) cuando el sumo sacerdote entraba en el lugar santísimo del templo para hacer sacrificios de reconciliación por los pecados de toda la nación (Lev. 16:16-28). El sumo sacerdote tenía prohibido entrar a ese lugar en otro momento, algo que se castigaba con la pena de muerte. (Lev. 16:2). Tampoco se le permitía a ningún otro sacerdote realizar tareas en el tabernáculo de reunión durante el ritual del Día de Expiación (Lev. 16:17). El ritual requería que el sumo sacerdote se bañara y vistiera con ropas de lino fino como símbolo de pureza (Lev. 16:4). La ceremonia comenzaba con el sacrificio de un becerro como ofrenda de expiación por el pecado del sacerdote y su familia (Lev. 16:3,6). Luego de quemar el incienso ante el propiciatorio en el lugar santísimo, el sumo sacerdote rociaba la sangre del becerro encima y delante del propiciatorio (Lev. 16:14), y echaba suertes sobre dos machos cabríos. Uno era ofrecido como ofrenda por el pecado y el otro era presentado vivo como chivo expiatorio (16:5,7-10, 20-22). La sangre del macho cabrío y del becerro se utilizaban como ofrenda por el pecado y se rociaban para hacer expiación por el santuario (16:15). La sangre del macho cabrío mezclada con la sangre del becerro se aplicaba a los cuernos del altar para hacer expiación (16:18). El sumo sacerdote confesaba el pecado de todo el pueblo sobre la cabeza del macho cabrío vivo, al que llevaban lejos y luego soltaban en el desierto (16:21,22). Luego de la ceremonia, el sacerdote se bañaba otra vez y se vestía con su ropa habitual (16:23,24), para entonces ofrecer un holocausto por sí mismo y por el pueblo (16:24). Los cuerpos del becerro y del macho cabrío usados en el ritual de ese día eran quemados afuera del campamento (16:27,28). El Día de Expiación era una jornada solemne y requería el único ayuno establecido por la ley de Moisés. También estaba prohibido todo tipo de trabajo (16:29; 23:27, 28).

El escritor de Hebreos usa figuras del Día de Expiación para enfatizar la superioridad del sacerdocio de Cristo (8:6; 9:7,11-26). En Heb. 13:11,12 se usa la figura del becerro y del macho cabrío quemados fuera del campamento como ilustración del sufrimiento de Cristo fuera de los muros de la ciudad de Jerusalén. Según una interpretación, Pablo hace alusión al ritual de este día y habla de Cristo como ofrenda por el pecado (2 Cor. 5:21) Ver *Expiación.*

Chris Church

DÍA DE PREPARACIÓN Sexto día de la semana en que los judíos preparaban lo que necesitaban para vivir a fin de evitar el trabajo durante el día de reposo (comp. Ex. 20:8-11; Mat. 12:1-14; Juan 9:14-16). Estaban incluidas la preparación de comida, la finalización del trabajo y la purificación espiritual. El día hebreo comenzaba y terminaba a las seis de la tarde, de modo que el día de preparación se extendía desde el jueves a las seis de la tarde hasta el comienzo del día de reposo a la misma hora del viernes.

La fiesta de la Pascua era seguida de inmediato por la santa convocatoria a la fiesta de los panes sin levadura (Lev. 23:1-7). Nadie trabajaba durante ninguno de estos días santos, por lo tanto, se separaba un día de preparación a fin de alistarse para el período de festividades (Juan 19:14). Juan identificó explícitamente el día de preparación como el día de la ejecución de Jesús (Juan 19:14,31,42) y ubicó la última cena antes de la Pascua (Juan 13:1). Sin embargo, los Evangelios Sinópticos establecieron la última cena en el día de la Pascua (Mat. 26:17; Mar. 14:12; Luc. 22:7). Esta aparente contradicción en las fechas puede depender de que los escritores de los Evangelios se estuvieran refiriendo al día de la preparación para el día de reposo o al día de preparación para la Pascua. *Steve W. Lemke*

DÍA DE REPOSO, CAMINO DE UN Distancia que un judío consideraba legal caminar en un día de reposo según los rituales de la época de Jesús. Esta frase aparece una sola vez en la Biblia (Hech. 1:12) y describe la distancia desde el Monte de los Olivos hasta Jerusalén. Los eruditos conjeturan que la expresión provino de la instrucción de Dios a los hijos de Israel cuando se preparaban para cruzar el Jordán a fin de entrar a Canaán (Jos. 3:4). Mientras seguían a los sacerdotes que llevaban el arca del pacto, debían mantener una distancia de 2000 codos. Anteriormente, cuando se encontraban en el desierto, se les había indicado no dejar su hogar durante el Sábat (Ex. 16:29). Los rabinos finalmente interpretaron que estos mandamientos limitaban a 2000 codos los viajes en el día de reposo. Esa era la distancia máxima que un judío fiel podía alejarse de su centro de adoración durante el Sábat. La longitud del codo dependía de quién medía.

Para los griegos, eran unos 46 cm (1 pie, 6 pulgadas) pero los romanos optaban por unos 53 cm (1 pie, 9 pulgadas). De modo que 2000 codos podían representar entre aprox. 900 y 1100 m (3000 a 3600 pies). Cualquier persona que deseara "hacer trampa" podía llevar una vianda en algún momento previo al Sábat a un lugar que se encontrara aprox. a esa distancia de su casa. Entonces, al comerlo ese día podía alegar que dicho lugar era un hogar "legal" y luego podía recorrer otra distancia similar, como se permitía para un día de reposo.

W. J. Fallis

DÍA DEL SEÑOR Designación para el domingo, el primer día de la semana, que se emplea una sola vez en el NT (Apoc. 1:10). No obstante, la palabra griega para "del Señor" es exactamente igual que la que se utiliza en el término "cena del Señor" (1 Cor. 11:20). De hecho, la *Didaché*, un manual cristiano antiguo de adoración e instrucción, une ambos términos, lo cual indica que la Cena del Señor se celebraba cada día del Señor (14:1). Aquí puede radicar el origen del término. Como el primer día de la semana era la jornada en que los cristianos primitivos celebraban la Cena del Señor, se lo conoce como día del Señor, la jornada de adoración característica de los cristianos.

El relato más antiguo de una experiencia de adoración en el "primer día" se encuentra en Hech. 20:7-12. En este caso, el primer día de la semana por la noche Pablo se reunió con los cristianos de Troas para partir el pan (probablemente una referencia a la Cena del Señor). El día en sí es en cierto modo dudoso. La noche del primer día se podía referir al sábado por la noche (según los judíos) o al domingo por la noche (según los romanos). No obstante, debido a que el acontecimiento incluía a gentiles en suelo gentil, es probable que la referencia corresponda al domingo por la noche.

La importancia del domingo para los cristianos del siglo I también se percibe en 1 Cor. 16:1-2. Cuando Pablo dio las instrucciones acerca de una ofrenda especial de ayuda que deseaba llevarles a los creyentes de Jerusalén, sugirió que los corintios debían apartar su contribución semanal el primer día de la semana. Es probable que Pablo haya mencionado este día porque sabía que sus lectores acostumbraban a reunirse dicho día para adorar, y que sería una ocasión lógica para que apartaran las ofrendas.

Otros dos documentos del siglo II arrojan luz al significado del día del Señor para la iglesia primitiva. Primero, en su *Epístola a los Magnesianos* (aprox. 110–117 d.C.), Ignacio enfatizó la importancia del día del Señor al diferenciarla de la adoración que se ofrecía en la antigua celebración del día de reposo (9:1). Segundo, Justino Mártir (aprox. 150 d.C.) puso por escrito la primera descripción cristiana existente de una reunión de adoración. Señaló que las primeras reuniones del domingo por la mañana comenzaban con un bautismo, que incluían lecturas de las Escrituras, enseñanza expositiva y oración, y luego concluían con la celebración de la Cena del Señor (*Apología* 65–67).

Documentos cristianos de los siglos I y II indican que para los creyentes el domingo se convirtió rápidamente en el día específico para la adoración, pero no explican ni cómo ni por qué se produjo este cambio del día de reposo al día del Señor. Desde luego, la razón más evidente fue la resurrección de Jesús que tuvo lugar en ese primer día del Señor. Debido a que las experiencias colectivas más antiguas de los discípulos con el Señor resucitado ocurrieron la noche del domingo de Pascua (Luc. 24:36-49; Juan 20:19-23), es natural esperar que los discípulos se hayan reunido los domingos subsiguientes a esa misma hora para recordarlo en la celebración de la cena. Quizá este modelo se refleje en la reunión en Troas que aparece en Hechos 20.

Sin embargo, el cambio de horario de adoración de la noche a la mañana tal vez surgió debido a una necesidad práctica. Cuando Plinio el Joven, gobernador de Bitinia, le escribió al emperador Trajano al comienzo del siglo II, le informó que de conformidad con el edicto de Trajano en contra de las asambleas sediciosas había ordenado que ningún grupo se podía reunir por la noche, incluso los cristianos. A continuación, Plinio describía una reunión de cristianos realizada a la mañana temprano. Ante la prohibición de reunirse de noche, se juntaban para celebrar la cena a la única hora que tenían posibilidad de hacerlo el primer día de la semana: temprano por la mañana antes de ir a trabajar. Es probable que la práctica se haya extendido luego a lo largo de todo el imperio donde estaban vigentes reglamentos similares en contra de la asamblea nocturna.

Aunque es probable que algunos cristianos judíos también guardaran el día de reposo, los cristianos primitivos consideraban el domingo como un día de gozo y celebración y no un sustituto del sábat. El uso del término "día de reposo" para referirse al domingo no se popularizó hasta que los puritanos ingleses comenzaron a emplearlo después del 1500 d.C. Las evidencias de los primeros siglos demuestran que los cristianos consideraban el domingo como día para regocijarse en la nueva vida que la resurrección había traído como resultado. Otros días, los creyentes podían ayunar o arrodillarse para orar, pero el carácter gozoso del día del Señor hacía que esas acciones fueran inapropiadas para los domingos. Poco después de que el cristianismo se convirtiera en la religión del Imperio Romano, el domingo se declaró oficialmente día de descanso. Ver *Adoración; Cena del Señor; Día de reposo; Didaché.*

Fred A. Grissom y Naymond Keathley

DÍA DEL SEÑOR, DÍA DE JEHOVÁ Momento en que Dios revela Su soberanía sobre los poderes y la existencia humana. El Día del Señor se basa en el término hebreo *yom*, "día", el quinto sustantivo más frecuentemente usado en el AT y con una variedad de significados: el tiempo que dura el día, desde que sale el sol hasta que se pone (Gén. 1:14; 3:8; 8:22; Amós 5:8); un período de 24 horas (Gén. 1:5); una expresión general para "tiempo" sin límites específicos (Gén. 2:4; Sal. 102:3; Isa. 7:17); el período de tiempo de un suceso específico (Jer. 32:31; Ezeq. 1:28). El "Día del Señor" no especifica un período de tiempo preciso. Puede significar las horas del día, las 24 horas del día o un período de tiempo general caracterizado tal vez por un suceso especial. En Zac. 14:7 incluso se enfatiza un tiempo cuando es de día en todo momento y las tinieblas de la noche se han desvanecido.

El "Día del Señor" no designa la perspectiva temporal del hecho, ya sea pasado, presente o futuro. Lamentaciones 2:1 puede hablar del "día de la ira del Señor" en tiempo pasado, ya que describe la caída de Jerusalén. Joel 1:15 podría describir el "Día del Señor" como un desastre en tiempo presente.

Los profetas del AT usaron un término conocido por su audiencia, y por medio del cual la audiencia esperaba luz y salvación (Amós 5:18), pero los profetas lo describieron como un día de tinieblas y juicio (Isa. 2:10-22; 13:6,9; Joel 1:15; 2:1-11,31; 3:14,15; Amós 5:20; Sof. 1:7,8,14-18; Mal. 4:5). Por lo tanto, el lenguaje del AT para el Día del Señor está dirigido a advertir a los pecadores dentro del pueblo de Dios acerca del peligro de confiar en la religión tradicional sin comprometerse con Dios ni con Su manera de vivir. Es un lenguaje que podría usarse con el propósito de juzgar a Israel o bien para prometerle que será liberada de los enemigos malvados (Isa. 13:6,9; Ezeq. 30:3; Abd. 15). Por lo tanto, el Día del Señor es una instancia temporal cuando Dios despliega Su iniciativa soberana y muestra Su control sobre la historia, el tiempo, Su pueblo y todos los seres humanos.

Los escritores del NT tomaron la expresión del AT para enfatizar la victoria final de Cristo y el juicio final de los pecadores. Con este propósito, usaron muchas expresiones diferentes: "el día de Jesucristo" (Fil. 1:6); "el día de nuestro Señor Jesucristo" (1 Cor. 1:8); "el día del Señor Jesús" (1 Cor. 5:5; 1 Tes. 5:2); "el día de Cristo" (Fil. 1:10; 2:16); "el día del juicio" (1 Juan 4:17); "aquel día" (1 Tes. 5:4; 2 Tim. 1:12); "el día de la ira" (Rom. 2:5).

Quienes tienen una perspectiva dispensacionalista de la Escritura con frecuencia tratan de interpretar cada uno de los términos en forma diferente. Por lo tanto "el día de Cristo" es un día de bendición equivalente al arrebatamiento, mientras que el día de Dios es un término que incluye todos los eventos del fin de los tiempos (2 Ped. 3:12). De acuerdo con este punto de vista, el Día del Señor incluye la gran tribulación, el juicio subsiguiente de las naciones y el período de bendición mundial bajo el gobierno del Mesías.

Muchos eruditos bíblicos sin un punto de vista dispensacionalista interpretan que las numerosas expresiones del NT se refieren a un acontecimiento de suma importancia: el fin de los tiempos cuando Cristo regrese para el juicio final y establezca Su reino eterno. Más allá de las interpretaciones de los detalles específicos, el Día del Señor enfatiza la promesa de que llegará un día en que la soberanía eterna de Dios sobre la creación y sobre todas las naciones se hará claramente evidente para toda la humanidad. Ver *Dispensación.*

DÍA POSTRERO Ver *Juicio, Día del; Escatología.*

DIABLO, SATANÁS, DEMONIO El demonio aparece al comienzo del Génesis representado por la figura de la serpiente (Gén. 3:1-5). Si bien Génesis no identifica a esta figura como "Satanás", el Apocalipsis lo menciona de esa manera (Apoc. 12:9). Las Escrituras describen a Satanás como un ser personal en oposición directa a Dios y Sus propósitos. Satanás no es igual a Dios, ni tampoco amenaza el poder de Dios (Isa. 45:5-7).

Antiguo Testamento En el AT la palabra *satan* se utiliza como verbo o sustantivo y se traduce "adversario". Cuando se usa como verbo, significa actuar como adversario, acusador o con una actitud hostil (Gén. 27:41; 49:23; 50:15; Zac. 3:1). Es posible actuar de esa manera hacia otros seres humanos o hacia Dios (1 Sam. 29:4; 1 Rey. 5:4; 11:14,23,25; Sal. 71:13; 109:4,6,20).

Satanás es el líder de los ángeles caídos. Desde la creación del hombre, Satanás y los ángeles caídos han sido rebeldes en actividad contra Dios. Al parecer, el origen de la caída de Satanás fue el orgullo (1 Tim. 3:6). El material escrito más extenso sobre Satanás se encuentra en Job. 1–2, donde Satanás aparece como un agente de Dios cuyo propósito aparente es poner a prueba a los seres humanos (Job. 1:8). Cuando se presenta ante Dios, lo hace junto con los "hijos de Dios", miembros del consejo celestial (Job. 1:6). Satanás pregunta a Dios: "¿Acaso teme Job a Dios de balde?" (Job. 1:9). De esa manera pone en duda la fe del justo Job. Para refutar la afirmación de Satanás, Dios le concede ciertos poderes. Satanás ataca a Job pero solamente con la anuencia divina. En Zac. 3:1, Satanás está a la derecha del sumo sacerdote para acusarlo. En 1 Crón. 21:1, Satanás tienta al rey David para que haga un censo en Israel.

Apócrifos y Pseudoepigráficos En el período intertestamentario, el concepto de Satanás recibe una definición más detallada. En los libros deuterocanónicos (Jubileos, La asunción de Moisés y Tobías) se describe a Satanás como una fuerza mucho más malévola. Estos textos identifican a Satanás como el jefe de los espíritus demoníacos. Con frecuencia le atribuyen a Satanás ciertos comportamientos de Dios que nos resultan difíciles de comprender (el sacrificio de Isaac, el ataque a Moisés camino a Egipto). Durante este período, a muchos de los demonios les atribuyen nombres y ciertos aspectos de la personalidad.

Nuevo Testamento En el tiempo del NT, la doctrina de Satanás fue ampliamente desarrollada. El origen del mal se le atribuyó a Satanás reconociendo, de esa manera, que el mal existe más allá del ámbito de la voluntad humana. El NT menciona más de 35 veces a Satanás, y le da diferentes nombres. Los Evangelios lo llaman "tentador" (Mat. 4:3), "príncipe de los demonios" (Mat. 9:34; 12:24; Mar. 3:22; Luc. 11:15), "maligno" (Mat. 13:38), "enemigo" (Mat. 13:39), "padre de mentira" (Juan 8:44), "asesino" (Juan 8:44) y "príncipe de este mundo" (Juan 12:31; 14:30; 16:11). Pablo se refiere a él como "el dios de este mundo" (2 Cor. 4:4), "príncipe de la potestad del aire" (Ef. 2:2), "gobernador de las tinieblas de este siglo" (Ef. 6:12) y "tentador" (1 Tes. 3:5). Pablo les advirtió a los corintios que Satanás podía aparecer como "ángel de luz" (2 Cor. 11:14). En las epístolas universales se lo menciona como "adversario" (1 Ped. 5:8) y "el maligno" (1 Juan 5:19). El Apocalipsis lo llama "engañador" (Apoc. 12:9) "acusador" (Apoc. 12:10), "serpiente" (Apoc. 12:9), y "dragón" (Apoc. 12:3-17; 13:2,11).

En los Evangelios sinópticos, Satanás es responsable de la tentación de Cristo en el desierto (Mat. 4:1); es el líder de las fuerzas demoníacas que pueden causar enfermedad (Mat. 17:14-18; Luc. 13:16) y tomar posesión de las personas (Luc. 22:3). Es el jefe principal de las fuerzas demoníacas nombradas a menudo como "potestad del aire" (Ef. 2:2; 6:12). Las epístolas universales retratan a Satanás como león rugiente que busca a quien devorar (1 Ped. 5:8). Segunda Pedro 2:4 y Judas 6 se refieren a los ángeles que no guardaron su lugar y de esa manera pecaron.

Aunque el NT enseña que este mundo está bajo el poder de Satanás, se debe recordar que ni él ni los demonios son iguales a Dios. Satanás y los seres demoníacos son criaturas que están sujetas a la voluntad soberana de Dios. Las huestes del mal pueden tentar pero no forzar a la persona a pecar. El NT expresa claramente que Satanás y sus seguidores demoníacos ya han sido juzgados y definitivamente han sido vencidos por la muerte y la resurrección de Jesucristo (Col. 1:13; 2:15). Los creyentes tienen la armadura de Cristo como protección espiritual (Ef. 6:11-19). *Joe Cathey*

DIÁCONO El término diácono proviene del sustantivo griego *diakonos* que aparece 29 veces en el NT y se traduce comúnmente "siervo" o "ministro". Deriva del verbo "servir" y se usa para nombrar diferentes clases de servicios. Pablo no solamente se refiere a sí mismo como un *diakonos* (1 Cor. 3:5; 2 Cor. 3:6; 6:4; Ef. 3:7; Col. 1:23,25) sino que además aplica este término a sus colaboradores: Febe (Rom. 16:1), Apolos (1 Cor. 3:5), Tíquico (Ef. 6:21; Col. 4:7), Epafras (Col. 1:7) y Timoteo (1 Tim. 4:6). Este vocablo también se usa para referirse a los gobiernos (Rom. 13:4) y a Cristo (Rom. 15:8; Gál. 2:17). Con menor frecuencia se lo encuentra como referencia a un ministro de la iglesia local (Fil. 1:1; 1 Tim. 3:8,12; posiblemente Rom. 16:1).

Aunque es difícil probar que el origen del diaconado se remonta a la elección de los siete en

Hechos 6:1-6 ya que no se usa el sustantivo *diakonos*, es razonable creer que estos siete líderes constituyeron por lo menos el prototipo de los primeros diáconos. Fueron nombrados precisamente cuando los apóstoles necesitaban ayudantes que se hicieran cargo del servicio a fin de que ellos estuvieran libres para dedicarse a la oración y la enseñanza. Se observa entonces que lo que distingue a los diáconos de los obispos o ancianos es la capacidad de estos últimos para enseñar (1 Tim. 3:2; 5:17; Tito 1:9). La imposición de manos efectuada por los apóstoles en Hech. 6:6 se considera frecuentemente como el origen del nombramiento de los diáconos para ejercer sus funciones.

La primera mención de los diáconos como oficiales de la congregación local aparece en Fil. 1:1 donde Pablo se dirige a la iglesia de Filipos "incluyendo los obispos y diáconos". Aunque los requisitos de los diáconos se detallan en 1 Tim. 3:8-13, no hay un texto explícito que especifique sus responsabilidades. Debido a que los diáconos se mencionan después de los obispos en Fil. 1:1 y 1 Tim. 3, y dadas las connotaciones del término *diakonos*, la mayoría concuerda en que cumplen una función de respaldo hacia los obispos. En siglos posteriores, los diáconos estuvieron dedicados a la administración de los bienes para los pobres, la colaboración en las celebraciones del bautismo y la Cena del Señor, y en el cumplimiento de otras tareas administrativas y de servicio. Algunos han sugerido que el requisito de ser "sin doblez" [de una sola palabra, LBLA] (1 Tim. 3:8) tal vez indique un contacto cercano con los miembros de la iglesia durante las visitas hogareñas. Otros sostienen que el requisito de no ser codicioso (1 Tim. 3:8) indica que los diáconos eran responsables de reunir y distribuir dinero.

En Rom. 16:1 no queda claro si el término *diakonos* debería ser traducido "siervo" o la forma más oficial, "diácono". Debido a que *diakonos* no se usa comúnmente en su significado técnico, algunos entienden que Febe no desempeñaba un servicio oficial en su iglesia. Sin embargo, hay diversos factores que podrían indicar lo contrario. Primero, Pablo usa la forma masculina de *diakonos* para referirse a una mujer en vez de la forma femenina. Segundo, Pablo específicamente establece que Febe es *diakonos* de la iglesia de Cencrea, el único lugar donde Pablo se refiere a alguien como *diakonos* de una iglesia local (comp. Ef. 6:21; Col. 1:7; 1 Tim. 4:6). Tercero, Pablo exhorta a los romanos a ayudar a Febe debido a que ella es enviada para realizar una tarea oficial en nombre del apóstol Pablo y su iglesia. Se sostiene que para cumplir con dicha tarea oficial era necesario tener un cargo oficial.

Otro texto relacionado con el tema de mujeres-diáconos (diaconisas) es 1 Tim. 3:11. El problema es que el texto es ambiguo ya que Pablo usa el término griego *gynaikes* ("mujeres" o "esposas"), que podría referirse a las diaconisas o a las esposas de los diáconos. Los argumentos a favor de la última posición son los siguientes: (1) Primera Timoteo 3:11 incluye el término "asimismo" tal como lo hace el v.8 y, por lo tanto, también introduce un cargo nuevo. (2) Si no hay requisitos para las esposas de los obispos, ¿por qué debería existir en el caso de las esposas de los diáconos? (3) Aunque la palabra "las" está incluida en algunas traducciones, no se encuentra en el griego. El texto simplemente dice "esposas" o "mujeres" y no "las esposas (de los diáconos)". (4) Un ministerio de servicio no requeriría que las mujeres tuvieran autoridad sobre los hombres y, en consecuencia, no estaría en contra de 1 Tim. 2:1. Esa es la razón por la cual los diáconos no necesitan ser "aptos para enseñar", como sucede con los obispos ya que ésta es una acción de autoridad.

Sin embargo, hay buenos argumentos que se oponen a los cuatro mencionados previamente: (1) Primera Timoteo 2:9 empieza con "asimismo" pero no es una idea paralela (los hombres deben orar...asimismo las mujeres deben vestirse de manera apropiada). También le resultaría extraño a Pablo dirigirse a los diáconos en los vv.8-10, hacer una interrupción para introducir el cargo de diaconisa y luego volver a hablar acerca de los diáconos en los vv.12,13. (2) Es posible que se mencione a las esposas de los diáconos pero no a las de los obispos ya que las primeras participaban en el ministerio de sus esposos (como es el caso del servicio a las viudas). Además, hay otros requisitos de los diáconos que no son necesarios para los obispos. (3) El contexto indica que se hace referencia a las esposas de los diáconos. Si Pablo hubiese tenido intención de hablar del cargo de diaconisa, entonces habría usado esa palabra "diaconisa" en lugar del término que habitualmente se traduce "esposas". (4) Aunque los diáconos no enseñen, sí ejercen autoridad, lo que sería inapropiado para las mujeres. Ver *Anciano; Obispo.* *Ben L. Merkle*

DIAMANTE Piedra preciosa usada en joyería y grabado. Es el mineral más duro que se conoce; formado por carbono cristalizado. Tres palabras hebreas equivalen a la traducción "diamante". *Yahelom* es una piedra ubicada en el pectoral del sumo sacerdote (Ex. 28:18; NVI, "jade"; LBLA, "diamante"). *Shamir* es la piedra usada en la punta de un cincel para grabar superficies de piedra (Jer. 17:1 NVI, "pedernal"; otros sugieren "esmeril"). El término también aparece en Ezeq. 3:9 y Zac. 7:12 como la piedra más dura conocida. *Zekukit* se utiliza en Job 28:17 para decir que la sabiduría es más preciada que el diamante.

Al parecer, alrededor del 330 a.C., en la India, Alejandro Magno descubrió los diamantes por primera vez para el mundo occidental. Esto indicaría que en las referencias del AT no se hablaba de "diamantes" propiamente dichos. Las piedras esmeriladas o piedras firmes se utilizaron extensamente para el grabado. El esmeril era una variedad de corindón y estaba compuesto por óxido de aluminio. Ver *Joyas, alhajas; Minerales y metales.*

DIANA Diosa romana con características similares a la Artemisa de los griegos. La RVR1960 dice "Diana" en Hechos, donde el griego y la mayoría de las traducciones modernas dicen "Artemisa". Ver *Artemisa.*

DIÁSPORA Dispersión de los judíos desde la tierra de Palestina a otras partes del mundo. El término "dispersión" también se utiliza a menudo para describir este proceso.

La diáspora tuvo lugar a lo largo de varios siglos. Aunque es difícil dar una fecha exacta de su comienzo, dos acontecimientos importantes contribuyeron de manera significativa para que se iniciara. En el 722 a.C., los asirios capturaron el Reino del Norte (Israel). Después de esta victoria, reubicaron una gran cantidad de israelitas en Asiria (2 Rey. 17:6). En el 586 a.C., los babilonios capturaron el Reino del Sur (Judá) y siguieron la misma política de reubicación. Muchos de los residentes de Judá fueron transportados a Babilonia (2 Rey. 25:8-12). Si bien algunas de estas personas posteriormente volvieron a Judá, muchas de ellas permanecieron para siempre en Babilonia. Más adelante, guerras que llevaron a cabo los griegos y los romanos en Palestina contribuyeron a la dispersión del pueblo judío. El resultado de la diáspora fue que para la época neotestamentaria vivían tantos judíos fuera de Palestina como dentro de la nación. Pablo encontró una sinagoga judía en casi todas las ciudades que visitó en sus viajes misioneros (Hech. 14:1; 17:1,10; 18:4). De este modo, la diáspora ayudó a preparar el camino para la extensión del evangelio. Ver *Asiria; Babilonia; Exilio; Sinagoga.*

Lynn Jones

DIBLAIM Nombre de persona o de lugar que significa "dos tortas de higo". Oseas 1:3 incluye a Diblaim como padre de Gomer, la esposa prostituta de Oseas. Algunos eruditos bíblicos entienden que este nombre alude al suegro de Oseas; otros, a su suegra. El último caso se basa en una interpretación de que ella también era prostituta y que su precio era dos tortas de higo. Para otros, Diblaim equivale al nombre de un lugar llamado Bet-diblataim. La explicación más directa pareciera ser que Diblaim es el padre de Gomer del cual se desconoce información adicional. Ver *Bet-diblataim.*

DIBLAT Nombre geográfico con variantes de escritura en los manuscritos y transliteraciones al español de Ezeq. 6:14. El término hebreo puede significar "torta de higos". Ezequiel utilizó el término para describir la frontera norte de Israel en su unión con el desierto del sur a fin de describir todo el territorio de Israel que sería juzgado desde "el desierto hacia Diblat". Con la ayuda leve del manuscrito de la Vulgata latina, muchos eruditos de la Biblia leen "Riblá" (NVI), suponiendo que al comienzo de la historia de la tradición del texto, un copista incurrió en la equivocación simple de cambiar una "r" hebrea por una "d", dos letras que pueden confundirse fácilmente. Ver *Ribla.*

DIBÓN Nombre geográfico que posiblemente signifique "añoranza" o "cerca de cañas" **1.** Ciudad capital de Moab capturada por Moisés (Núm. 21:21-31). Gad y Rubén la pidieron como territorio tribal (Núm. 32:3). Gad tomó control y fortificó Dibón (Núm. 32:34). Por lo tanto, se hizo conocida como Dibón-gad y fue uno de los puntos donde acampó Israel al este del Jordán (Núm. 33:45,46). Josué informó que Moisés le dio Dibón a la tribu de Rubén (Jos. 13:9,17). Al pronunciar juicio sobre Moab, Isaías describió la lamentación religiosa en el lugar de adoración en Dibón (Isa. 15:2), lo que evidencia que Moab había obtenido el control de Dibón aprox. en el 730 a.C. La piedra moabita del rey Mesa, descubierta en Dibón, demuestra que Moab tuvo control de la ciudad cerca del 850 a.C. Aprox. en el 700 a.C., Jeremías anunció otra vez la destrucción de Moab y Dibón (Jer. 48:18-22).

Dibón estaba ubicada en el cerro del norte al otro lado del valle de la moderna Dhiban. Está unos 65 km (40 millas) al sur de Amán, Jordania, y a unos 5 km (3 millas) al norte del Río Arnón. La ocupación del sitio al parecer se remonta aprox. al 2500 a.C., pero el período principal de ocupación comenzó después del 1200 a.C., y culminó cerca del 850 con Mesa. Nabucodonosor destruyó la ciudad en el 582 a.C. Los nabateos construyeron un templo en ese lugar durante la niñez de Jesús. Pareciera que fue abandonado alrededor del 100 d.C. **2.** En el tiempo de Nehemías (alrededor del 445 a.C.), había judíos en una Dibón de Judá. Ésta podría equivaler a Dimona. Ver *Dimona.*

DIBRI Nombre de persona que significa "locuaz" o "murmuración". Padre de una mujer israelita que tuvo un hijo con un egipcio. El hijo maldijo el nombre de Dios y fue apedreado hasta morir (Lev. 24:10-23).

DICLA Nombre de persona que aparentemente significa "palmera". Nieto de Heber (Gén. 10:27). Posiblemente antepasado original de una tribu de Arabia que se estableció en un oasis donde se cultivaban las palmeras datileras, aunque nada más se sabe sobre él.

DIDACHÉ Ver *Padres apostólicos.*

DÍDIMO Nombre de persona que significa "gemelo". Nombre alternativo para el apóstol Tomás (Juan 11:16). Aparece solamente en el Evangelio de Juan. Ver *Tomás.*

DIDRACMA Moneda griega que vale dos dracmas o medio siclo judío, monto del impuesto del templo que pagaba cada judío varón a partir de los 19 años. Después de la destrucción del templo en el 70 d.C., al parecer el gobierno romano continuó cobrando dicho impuesto (Mat. 17:24), posiblemente para sostener un templo romano. Es probable que los primeros lectores del Evangelio de Mateo hayan entendido el impuesto del templo en el contexto romano.

DIENTES Estructuras óseas sólidas en las mandíbulas de los seres humanos y los animales que se utilizan para cortar y moler alimentos. Según el pensamiento del AT, la pérdida de un diente era una cuestión grave sujeta a la ley del talión (Ex. 21:23-25; Lev. 24:19,20; Deut. 19:21; comp. Mat. 5:38-42). Los dientes con dentera, es decir romos o insensibles, ilustran el concepto de culpa colectiva o heredada que cuestionaban los profetas (Jer. 31:29,30; Ezeq. 18:2,3). El crujir de dientes muestra la desesperación de los excluidos del reino de Cristo (Mat. 8:12; 13:42).

DIETA Para la mayoría de las personas en el mundo de la antigüedad, morir de hambre era una amenaza constante y real. Por esta razón, cuando los escritores bíblicos querían describir a alguien que gozaba de bendiciones, a menudo decían que esa persona comía alimentos nutritivos, suculentos y dulces, o que comía en abundancia (por ej., 2 Sam. 6:19; Neh. 8:10; 9:25; Prov. 24:13; Cant. 5:1; Isa. 7:22; 25:6; Ezeq. 16:13; Joel 2:26). Era importante no perder peso.

Entre los seres humanos Dios creó una gran variedad de formas y tamaños. Dios también creó una gran variedad de alimentos para la nutrición y el placer de la gente (Gén. 1:29; 9:3). Pero la enseñanza bíblica deja implícito que no todos los alimentos son igualmente beneficiosos para el consumo humano, y que para algunas personas el deseo de ciertas comidas puede conducir a cierta clase de esclavitud (1 Cor. 6:12).

El libro de Proverbios advierte que comer y beber en exceso es indicativo de una persona necia (Prov. 23:20,21; comp. Ecl. 5:18; 9:7; 1 Cor. 15:32), e insta a refrenar el cuerpo (Prov. 23:2; 25:16). El autor de Eclesiastés indica que es bienaventurado quien "come a su hora, para reponer sus fuerzas y no para beber" (Ecl. 10:17). Daniel y sus amigos rechazaron las suculentas comidas de Babilonia y optaron por legumbres y agua (Dan. 1:5-16), y como resultado tuvieron más salud.

La enseñanza del NT sostiene que el cuerpo de una persona es el templo del Espíritu Santo (1 Cor. 6:19) y que por lo tanto debe estar en sujeción (1 Cor. 9:27) y debemos cuidarlo de manera que honre a Dios (1 Cor. 6:20). De modo que comer en exceso es contrario a la disciplina cristiana (Fil. 3:19). *Paul H. Wright*

DIEZ Ver *Números, Sistemas de.*

DIEZ MANDAMIENTOS Aunque muchas personas llaman "Diez Mandamientos" al "Decálogo", la opción no es la más acertada por varios motivos. Primero, impide ver que el AT los denomina de otro modo. Siempre que se hace referencia a ellos mediante un título, se identifica con la frase *aseret haddebarim*, "las diez palabras" (Ex. 34:28; Deut. 4:13; 10:4). Este significado se expresa con precisión en la palabra griega "decalogos". En segundo lugar, tanto en el contexto original en que se entregó el decálogo (Ex. 20:1) como en el recuerdo de Moisés sobre lo sucedido en Deut. 4:12 y 5:22, los Diez Mandamientos se presentan como una serie de palabras habladas y no un conjunto de leyes. En tercer lugar, "Diez Mandamientos" no indica que el decálogo es el documento de un pacto cuya forma sigue la antigua tradición de los tratados efectuados en el Cercano Oriente. En cuarto lugar, como código de leyes, el decálogo es virtualmente imposible de cumplir. Por todos estos motivos, aunque las diez declaraciones se presentan como mandamientos, deberíamos seguir la idea de los textos bíblicos y referirnos a ellos como las "Diez Palabras/Declaraciones", los diez principios fundamentales que rigen las relaciones del pacto. Las estipulaciones reveladas en el "libro del pacto", en el "código de santidad" y en otras partes del Pentateuco constituyen aclaraciones y aplicaciones de estos principios. Es probable que las cláusulas del pacto se redujeran a 10 principios para que se pudieran memorizar fácilmente.

Además de la mención que hace Moisés del decálogo en Deut. 5, el AT ofrece poca o ninguna evidencia de que este tenga mayor autoridad que el resto de las leyes reveladas en el Sinaí. Esto no significa que estas tablas de la ley no se consideren especiales. Por el contrario, Moisés menciona que el decálogo contenía la única revelación comunicada por Dios directamente al pueblo (Deut. 4:12,13; 5:22) y puesta por escrito en las tablas de piedra por Su propia mano (Ex. 24:12; 31:18; 34:1; Deut. 4:13; 5:22; 10:1-4). Todas las revelaciones siguientes en el Sinaí se le comunicaron al pueblo indirectamente por medio de Moisés, el mediador del pacto. El carácter especial de las tablas se demuestra en que fueron las únicas que se depositaron dentro del arca del pacto (Deut. 10:5; 1 Rey. 8:9).

La ley del pacto de Israel tenía dos formas predominantes. La *ley casuística* está estructurada en tercera persona, generalmente se refiere a situaciones específicas, suele mencionar consecuencias del cumplimiento/incumplimiento y está formulada de la siguiente manera: "Si una persona hace X, entonces Y será la consecuencia". *La ley apodíctica*, por el contrario, está estructurada en segunda persona, normalmente trata principios generales, en raras ocasiones establece condiciones o menciona consecuencias y está formulada de la siguiente manera: "Deberás/

El Monasterio de Santa Catalina, visto desde la cima del Monte Sinaí, donde Moisés recibió los Diez Mandamientos.

No deberás hacer X". El decálogo pertenece a esta última categoría.

El decálogo puede interpretarse legítimamente como una declaración de derechos, quizás la primera del mundo. Sin embargo, a diferencia de las declaraciones de derechos actuales, este documento no tiene como objetivo garantizar los derechos de otras personas. A mí se me considera potencial infractor de los derechos de otra persona. Así interpretado, el significado de las diez declaraciones puede resumirse del siguiente modo:

1) El derecho de Dios a recibir lealtad exclusiva (Ex. 20:3; Deut. 5:7).

2) El derecho de Dios a autodefinirse (Ex. 20:4-6; Deut. 5:8-10).

3) El derecho de Dios a ser representado adecuadamente por Su pueblo (Ex. 20:7; Deut. 5:11).

4) El derecho de Dios sobre el tiempo de Su pueblo (Ex. 20:8-11); el derecho de una familia a recibir un trato humanitario por parte de la cabeza del hogar (Deut. 5:12-15).

5) El derecho de los padres a ser respetados (Ex. 20:12; Deut. 5:16).

6) El derecho del prójimo a la vida (Ex. 20:13; Deut. 5:17).

7) El derecho del prójimo a un matrimonio seguro (Ex. 20:14; Deut. 5:18).

8) El derecho del prójimo a la propiedad privada (Ex. 20:15; Deut. 5:19).

9) El derecho del prójimo a una audiencia justa ante un tribunal (Ex. 20:16; Deut. 5:20).

10) El derecho del prójimo a tener una vida segura en la comunidad (Ex. 20:17; Deut. 5:21).

Las primeras cuatro declaraciones protegen los derechos del Señor del pacto; las últimas seis protegen los derechos de la comunidad del pacto. El decálogo invita a los redimidos a responder a la gracia que experimentaron en la salvación comprometiéndose a cumplir con el pacto, primero para con Dios y luego para con las demás personas. Esta es la esencia del "amor" *('ahab)* tal como se entiende en el AT y en el NT. Ver *Ley, Diez Mandamientos, Torá.* *Daniel I. Block*

DIEZMO Décima parte de algo, especialmente cuando se ofrenda a Dios. Abraham le entregó la décima parte de un botín de guerra a Melquisedec, rey-sacerdote de Jerusalén (Gén. 14:18-20). Jacob prometió entregarle a Dios una décima parte de todas sus posesiones si regresaba sano y salvo (Gén. 28:22). El diezmo estaba sujeto a diferentes leyes. Números 18:20-32 menciona que levitas y sacerdotes recibían el diezmo del pueblo para su sustento. El código deuteronómico estipulaba que la décima parte de la producción agrícola debía destinarse para una fiesta familiar en el santuario a fin de celebrar la provisión divina (Deut. 14:22-27). El mismo código estipulaba que el diezmo del tercer año debía destinarse a los levitas, los huérfanos, las viudas y los extranjeros (14:28,29). Algunos eruditos creen que las diferencias en la legislación reflejan distintos usos del diezmo en diversas etapas de la historia de Israel. Sin embargo, los rabinos del período del NT creían que las leyes se referían a tres diezmos diferentes: un diezmo levítico, un diezmo destinado a la celebración en Jerusalén y un diezmo caritativo. Malaquías 3:8 equipara la falta de entrega del diezmo con robarle a Dios. No obstante, Jesús advirtió que la observación estricta de la ofrenda del diezmo debe ir acompañada de interés por las cosas más importantes que establece la ley; puntualmente, por un estilo de vida misericordioso y justo (Mat. 23:23; Luc. 11:42). Ver *Mayordomía.*

DILEÁN Nombre geográfico que significa "protuberancia" o "saliente". Aldea del territorio tribal de Judá (Jos. 15:38). Tell en-Najileh, al sudoeste de Tell el-Hesi, se ha sugerido como posible sitio actual.

DILUVIO Génesis 6–9 narra la historia del diluvio que cubrió toda la tierra, y de Noé, el hombre que Dios usó para salvar a seres humanos y animales.

Los acontecimientos El diluvio y la inundación se produjeron por el pecado. Los seis primeros versículos de Gén. 6 hablan de los "hijos de Dios" que tuvieron relaciones con "las hijas de los hombres". Algunos consideraron a "los hijos de Dios" como seres angelicales (o demoníacos), es decir, el mal en forma de demonios en convivencia con seres humanos. Es más probable que "los hijos de Dios" hayan sido los descendientes del linaje piadoso de Set, mientras que las "hijas de los hombres" fueran descendientes de la línea profana de Caín. El mal entonces consistiría en el yugo desigual entre justos e incrédulos que dominó al resto de la tierra al punto que "se corrompió la tierra delante de Dios, y estaba la tierra llena de violencia" (Gén. 6:11). Aparentemente, sólo quedaba Noé. "Pero Noé halló gracia ante los ojos de Jehová" (Gén. 6:8). Era un hombre de fe, y esa fe "condenó al mundo" (Heb. 11:7).

Dios le ordenó a Noé que construyera un arca de "madera de gofer". En ella entraron 14 ejemplares ("7 parejas") de todos los animales puros y 2 de cada animal impuro (Gén. 7:1-5). Había más animales limpios porque, cuando terminara el diluvio, iban a ser necesarios como alimento y para los sacrificios (8:20-22; 9:2-4). Entonces Dios mandó Su juicio en forma de una lluvia que cayó sobre la tierra durante 40 días (7:17) y que prevaleció durante 150 días (7:24). Finalmente el arca se asentó sobre el Monte Ararat. Noé envió palomas tres veces hasta que la última no regresó. Luego abrió el arca, alabó a Dios, ofreció un sacrificio y recibió la promesa del pacto divino por el cual Dios no volvería a condenar al mundo con un diluvio (8:21-22).

Los temas Pocos pasajes han despertado mayor interés que este. Se ha convertido en fuente de debates sobre ética (pena capital), teología (el pacto noeico) y apologética (las evidencias del diluvio). De esto último sobresalieron varios temas. El primero tiene que ver con los restos del arca. En los últimos 30 años se ha puesto mucho interés en fotografías que parecieran mostrar una enorme estructura de madera enterrada en la cima del Monte Ararat en Turquía. Se desconoce si esto se determinará alguna vez y si realmente se trata del arca. Segundo, hay mucha discusión sobre la existencia de pruebas del diluvio. Es como si cada semana aparecieran datos nuevos. No hace mucho, los científicos descubrieron restos de una ciudad a 300 m (100 pies) o más bajo la superficie del Mar Negro. Pareciera que ese mar no siempre estuvo allí o que no siempre fue tan extenso. Eso podría constituir prueba clara de un diluvio en la antigüedad. El tercer tema es si el diluvio fue local o universal. Los que proponen un diluvio local, algunos de los cuales son evangélicos, están en manifiesta oposición a los que sostienen un diluvio universal. Los textos del AT y del NT parecen enseñar claramente que el diluvio fue universal (Gén. 7:19-24; 2 Ped. 3:6). Sin embargo, esto no significa que una determinada forma de argumentar a favor del diluvio universal, como por ejemplo el enfoque catastrófico, sea la última palabra sobre el tema. Queda mucho por hacer. Lo que se puede afirmar es que la evidencia científica de un diluvio universal tiene mucho peso y aumenta diariamente. *Chad Brand*

DIMNA Nombre geográfico que significa "estiércol". Ciudad en el territorio tribal de Zabulón otorgada a los levitas (Jos. 21:35). Primera Crónicas 6:77 parece referirse a esta ciudad como Rimón (comp. Jos. 19:13). El escriba que copió el texto pudo fácilmente confundir los dos nombres. Ver *Rimón*.

DIMÓN Nombre geográfico que tal vez signifique "sangre". Ciudad de Moab sobre la que Isaías anunció juicio (Isa. 15:9). Los Rollos del Mar Muerto y la Vulgata latina dicen "Dibón" en este pasaje. Esta podría ser la lectura original, pero eso iría en contra del tipo normal de error de copista ya que remplazaría un lugar famoso por uno desconocido. Podría ser que la trascripción de un nombre moabita en lengua hebrea o el desarrollo del lenguaje hayan dado lugar a un cambio de pronunciación de manera que los dos nombres representan un solo lugar. Si Dimón es una ciudad diferente, es probable que esté ubicada en la moderna Khirbet Dimme, aprox. 11 km (7 millas) al norte de Kerak. Jeremías 48:2 llama a una ciudad moabita "Madmena". La palabra hebrea, *madmen*, puede implicar un juego de palabras refiriéndose a Dimón. Ver *Dibón*.

DIMONA Nombre geográfico relacionado con la palabra hebrea que significa sangre. Ciudad en la frontera sureste del territorio adjudicado a la tribu de Judá (Jos. 15:22). Algunos han sugerido su ubicación en Tell ed-Dheib cerca de Aroer. Podría ser igual a la Dibón mencionada en Neh. 11:25.

DINA Nombre de persona que significa "justicia" o "hecho artísticamente". Hija de Jacob y Lea (Gén. 30:21). Según Gén. 34, un hombre llamado Siquem, que deseaba desposarla, abusó de ella sexualmente. Simeón y Leví, sus hermanos, se vengaron matando a todos los residentes varones de la ciudad de Siquem. Ver *Jacob; Lea; Patriarcas; Siquem*.

DINABA Nombre de ciudad de significado desconocido. Residencia de uno de los primeros reyes de Edom en un período anterior al de Saúl en Israel (Gén. 36:32). Se desconocen más detalles de la ciudad.

DINERO Ver *Monedas*.

DINOSAURIOS Algunos intérpretes sostienen que muchas de las referencias bíblicas al leviatán (Job 41:1-34; Sal. 74:14; 104:26; Isa. 27:1), a los dragones (Sal. 74:13; Isa. 27:1; 51:9) y a behemot (Job 40:15-24) preservan recuerdos iniciales acerca de los dinosaurios. La mayoría, sin embargo, prefiere explicar estos grandes monstruos en términos de animales grandes y aterrorizantes conocidos por el hombre actual.

La palabra "leviatán" (quizás derivada de un verbo que significa "torcer") es el nombre propio de una criatura marina grande pero inclasificable zoológicamente. Las sugerencias incluyen el cocodrilo, el delfín, la ballena o la serpiente marina.

La palabra hebrea para dragón *(tannin)*, que se refiere a menudo a serpientes (por ej. Ex. 7:9; Deut. 32:33; Sal. 91:13), se utiliza genéricamente en Gén. 1:21 para referirse a las grandes criaturas marinas. Otro pasaje que menciona la palabra *tannin* indica una clase específica de criatura marina grande (Job 7:12; Sal. 74:13; Isa. 27:1; 51:9) imposible de identificar con exactitud.

Behemot (la forma plural del sustantivo hebreo común para el ganado) se aplica a un gran monstruo sólo en Job 40:15-24. La descripción allí sugiere un hipopótamo o un elefante.

Dios creó toda clase de seres vivientes para Su gozo y gloria, incluyendo los dinosaurios (comp. Sal. 148:7). Sin embargo, las dificultades para la interpretación nos impiden saber hasta qué punto los escritores bíblicos tenían conocimiento sobre ellos.

Paul H. Wright

DINTEL Travesaño de madera encima de una puerta. Es sumamente notorio en la celebración de la Pascua. El pueblo de Israel tuvo que rociar el dintel y los postes de la puerta con sangre del cordero del sacrificio, como señal para el ángel de la muerte. En toda casa que tuviera sangre en el dintel se le perdonaría la vida al primogénito (Ex. 12:22-23).

DIONISIO Aristócrata ateniense que se convirtió al cristianismo con la predicación del apóstol Pablo (Hech. 17:34). Era miembro del Areópago, un grupo de funcionarios exclusivo e influyente. Ver *Areópago*.

DIOS Ser personal Creador y Señor del universo, Redentor de Su pueblo, autor definitivo y tema principal de la Escritura, y objeto de confesión, adoración y servicio de la iglesia.

Conocimiento de Dios Los primeros versículos de la Escritura no sólo comienzan con la afirmación de la existencia de Dios sino que también revelan la acción exclusiva divina mediante la cual crea el universo de la nada a través de Su palabra (Gén. 1:1; comp. Sal. 33:6; 148:5; Juan 1:1-2; Heb. 11:3). En la esencia de la presentación que la Biblia hace de Dios se encuentra la verdad de que sólo Dios es Creador y Señor, y que para que Sus criaturas realmente lo conozcan, Él debe tomar la iniciativa para revelarse a sí mismo (1 Cor. 2:10-11; Heb. 1:1-2). No hay dudas de que Su existencia y poder se manifestaron en el orden de la creación aun cuando la rebelión humana y sus consecuencias afectaron profundamente ese orden (Sal. 19:1-2; Rom. 1:19-20; Gén. 3:18; Rom. 8:19-22). También es cierto que la conciencia humana, incluso después de la caída, refleja una tenue imagen de la naturaleza moral de Dios (Rom. 2:14-16). Sin embargo, la escritura manifiesta claramente que si Dios no se hubiera revelado por Su gracia, tanto en palabra como en hechos, no podríamos conocerlo.

D

Dios es incomprensible, no lo podemos entender totalmente (Sal. 139:6; 145:3; Rom. 11:33-36). Sin embargo, esto no implica que no podamos conocer de verdad a Dios. Al crearnos a Su imagen y darnos Su Palabra donde se revela a sí mismo, aunque no podamos conocerlo en plenitud, verdaderamente podemos conocerlo (Deut. 29:29). Por esta razón toda discusión referente a la doctrina cristiana sobre Dios se debe fundar con firmeza en la verdad de que la Escritura es la Palabra de Dios escrita. (Sal. 19:7-14; 119; Prov. 1:7; 2 Tim. 3:14-17). La especulación humana acerca de Dios nunca será suficiente para guiarnos al conocimiento de Él.

Naturaleza de Dios La Escritura identifica y describe a Dios de muchas maneras a través de todo el canon, y nuestra comprensión se debe basar en la presentación completa que la Escritura hace de Su persona. Sin embargo, en función de nuestro propósito, trataremos de resumir el alcance de los datos bíblicos mediante estas palabras: Dios, el Señor del pacto. Primero, Dios es el "Señor" (*Yahvéh; kurios*). Aunque no es el único nombre de Dios registrado en la Escritura, es el nombre exclusivo a través del cual Él se identifica a sí mismo (Ex. 3:13-15; 34:6-7). Lo hace al comienzo de Su pacto con Israel como así también en el nombre que se le dio a Jesucristo como cabeza del nuevo pacto (Ex. 6:1-8; 20; Juan 8:58; Fil. 2:11). Segundo, Dios es el Señor del "pacto". Es el Dios que no sólo creó el universo a través de Su palabra sino que también está activo en él. Su obra en el mundo puede verse de la manera más excelsa en las relaciones del pacto que alcanzaron su clímax en la persona del Señor Jesucristo. Por lo tanto, la expresión "el Señor del pacto" resume de manera hermosa gran parte de la información bíblica sobre la identidad del Dios que crea, sustenta, gobierna y, que por Su gracia, redime a un pueblo para sí. Ver *Dios, Nombres de.*

Se pueden enfatizar tres declaraciones importantes y breves de esta presentación general del Dios de la Escritura. Primero, como Señor del pacto, Dios es tanto trascendente como inmanente en el mundo. Dios se presenta como el Señor que es exaltado por encima del mundo, es decir, que lo trasciende (Sal. 7:17; 9:2; 21:7; 97:9; 1 Rey. 8:27; Isa. 6:1; Apoc. 4:3). La trascendencia no es principalmente un concepto espacial sino que se refiere más bien a la distinción de Dios y a la separación que existe entre Él y Su creación, y por lo tanto a Su señorío completo sobre ella. Según el pensamiento bíblico, sólo Dios es Creador y Señor todopoderoso, y todo lo demás es creación suya. Él solo existe por sí mismo, es autosuficiente, eterno y no necesita nada fuera de sí mismo (Sal. 50:12-14; 93:2; Hech. 17:24-25). Por esta razón el Dios de la Escritura es absolutamente único y, por lo tanto, no comparte Su gloria con ninguna cosa creada (Isa. 42:8). Además, por este motivo se debe adorar, confiar y obedecer sólo a Dios. Esta presentación acerca de Dios distingue el teísmo cristiano de todas las formas de dualismo, panteísmo o politeísmo.

Sin embargo, hay que tener cuidado de no malinterpretar la enseñanza bíblica sobre la trascendencia de Dios. Esta no se debe considerar a través de términos deístas o de otredad, tal como ha sucedido con frecuencia en ciertos pensamientos contemporáneos. La Escritura manifiesta que Dios es Señor del "pacto" y también enfatiza claramente que es inmanente, es decir, participa y está presente en el mundo (Sal. 139:1-10; Hech. 17:28; Ef. 4:6). Esto es así no sólo porque Dios sustenta el mundo sino también porque lo gobierna y lo moldea eficazmente para lograr Su objetivo eternamente planificado (Ef. 1:11). Es aquí donde esta posición se opone directamente al teísmo panteísta, que no sólo le resta importancia a la trascendencia de Dios sino que además considera erróneamente que la inmanencia divina se refiere a una participación conflictiva, progresiva y mutuamente dependiente con el mundo. Aunque Dios se encuentra profundamente comprometido con Su mundo, también es el soberano que lo gobierna.

Segundo, como Señor del pacto, Dios es infinito, soberano y personal. Cuando la Escritura presenta a Dios como infinito se refiere a que tiene atributos y cualidades perfectas y que el tiempo y el espacio no lo limitan, como ocurre con nosotros, Sus criaturas. Dios es espíritu eterno (Juan 4:24; comp. Ex. 3:14; Deut. 33:27; Sal. 90:2-4; 1 Tim. 1:17) y por eso no lo limita ningún tiempo ni espacio en particular, ni tampoco puede ser controlado por Sus criaturas. Él es el Dios viviente, trascendente e invisible de donde deriva la existencia de todas las cosas. Por lo tanto, afirmar que Dios es infinito implica que siempre está presente en todas partes (omnipresente, Sal. 139:7-10; Hech. 17:28) aunque de una manera invisible e imperceptible, y que en todo momento es consciente de lo que fue, es y será (omnisciente). La Escritura no afirma como sí lo hace el teísmo expreso, que Dios no conoce las acciones libres y futuras de los seres humanos y que, por lo tanto, el futuro le es incierto. Por el contrario, el conocimiento de Dios se manifiesta como absoluto, integral, certero e inmediato, y abarca las cosas del pasado, del presente y del futuro, tanto las que son como las que podrían ser (Sal. 139:1-4,16; Isa. 40:13-14; 41:22-23; 42:8--9; 46:9-11; Hech. 2:22-24; 4:27-28; Rom. 11:33-36).

Cuando la Escritura manifiesta que Dios es soberano se refiere a que Su poder y autoridad son tan amplios que no hay nada que suceda fuera de Su plan y gobierno, incluso las acciones libres de los seres humanos (Ef. 1:11; Prov. 21:1; Hech. 2:22-24). Dios obra en, con y a través de Sus criaturas para lograr todo lo que desea hacer de la manera que lo desea, sin violar la naturaleza de las cosas ni el albedrío humano (Isa. 10:5-11; Dan. 4:34-35). Dios es verdaderamente el Señor soberano y personal. La Biblia lo revela como una persona que interactúa con otras personas. Nunca se describe a Dios como concepto meramente abstracto ni como fuerza o poder impersonal. Más bien, Él es el Dios glorioso que conoce, desea, planifica, habla, ama, se enfurece, hace preguntas, da órdenes, escucha la alabanza y la oración, e interactúa con Sus criaturas.

Tercero, Dios es triuno. Una característica distintiva del teísmo bíblico es la convicción de que el Señor del pacto es verdaderamente tres y uno. Aunque la palabra "trinidad" no se encuentra en la Escritura, los teólogos la han empleado para reconocer la enseñanza bíblica de que Dios no sólo es uno en naturaleza sino también tres en cuanto a Su persona. A través de un estudio de la revelación que Dios hizo de sí mismo en la historia de la redención se puede descubrir no sólo que Dios es uno (Deut. 6:4-5; Isa. 44:6) sino también que el Padre es Dios (Juan 20:17), el Hijo es Dios (Juan 1:1,14; Rom. 9:5; Col. 2:9) y el Espíritu Santo es Dios (Gén. 1:2; Hech. 5:3-4; 1 Cor. 3:16). Esto se puede observar con mayor claridad en el NT a través de la relación entre Padre, Hijo y Espíritu, y en las referencias permanentes a la trinidad por medio de las cuales el NT presenta en forma congruente la salvación como la obra conjunta de las tres personas (1 Cor. 12:3-6; 2 Cor. 13:14; Ef. 1:3-14; 2 Tes. 2:13-14; Mat. 28:19). Así, dentro de la unidad compleja del ser de Dios, tres centros personales de conciencia coexisten, interactúan, se relacionan y cooperan en todas las acciones divinas eternamente. Cada persona es coigual y coeterna en poder y gloria, aunque cada una se distinga por Su rol y función: el Padre envía al Hijo, el Hijo obedece al Padre y el Espíritu Santo da gloria al Padre y al Hijo (Juan 5:16-30; 16:12-16; Hech. 2:14-36). No hay duda de que la trinidad es un misterio, una realidad incomprensible. Sin embargo, la importancia de la doctrina es crucial. Lo que en última instancia está en juego en la doctrina es la presentación que la Biblia hace de Dios como ser trascendente y autosuficiente, y a la vez personal y activo en la historia de la humanidad y en la redención que llevan a cabo el Padre, el Hijo y el Espíritu Santo, los tres plenamente divinos.

Carácter de Dios A través de la Escritura, en el trato de Dios con los seres humanos podemos ver el carácter de Dios revelado por completo, particularmente en acción a través de Jesucristo, el Señor de gloria, la Palabra hecha carne (Juan 1:1,14). Hay por lo menos dos declaraciones que se deben afirmar en cuanto al carácter de Dios.

Primero, el carácter de Dios es amor santo. Es importante no separar nunca la santidad de Dios del amor de Dios. Dios es santo (Lev. 11:44; Isa. 6:3; Apoc. 4:8). En primera instancia, "santo" refleja el significado de separación y trascendencia. Dios es el santo supremo porque Él es "exaltado sobre todos los pueblos... Él es santo" (Sal. 99:2-3). Sin embargo, el significado secundario de la palabra revela la pureza moral de Dios en el sentido de Su separación del pecado. De acuerdo con este último significado, la santidad de Dios implica que Él es puro, recto y justo. Por esto la Escritura en repetidas ocasiones enfatiza que nuestro pecado y la santidad de Dios son incompatibles. Sus ojos son demasiado puros como para mirar la maldad, y no pueden tolerar el mal (Ex. 34:7; Rom. 1:32; 2:8-16). De esta manera, nuestros pecados nos separan de Él, de modo que esconde Su rostro de nosotros (Isa. 59:1-2). La santidad de Dios y Su ira, Su reacción santa contra la maldad, están íntimamente relacionadas (Rom. 1:18-32; Juan 3:36). La ira de Dios, a diferencia de Su santidad, no es una de las perfecciones intrínsecas de Dios sino una acción de Su santidad frente al pecado. Donde no hay pecado no hay ira, pero siempre habrá santidad. Sin embargo, Dios manifiesta Su ira cuando en Su santidad confronta la rebeldía de quienes llevan Su imagen. De otra manera, Dios no sería el Dios celoso que proclama ser, y Su santidad no sería tal. Finalmente, cuando se le resta importancia a la ira de Dios se le quita importancia a Su santidad y carácter moral.

Sin embargo, Dios es también amor. A menudo entendemos que la santidad divina y el amor parecieran estar enfrentados, algo que la Escritura no enseña. Esto se puede entender mejor en el contexto de la afirmación de que "Dios es amor" (1 Juan 4:8). En este contexto, Juan no interpreta el amor de Dios como un mero sentimentalismo o cerrar Sus ojos ante nuestro pecado; más bien, percibe el amor divino como aquello que ama lo que no merece ser amado. La manifestación suprema del amor de Dios es la entrega de Su propio Hijo amado como sacrificio propiciatorio a nuestro favor que aparta de nosotros la ira santa de Dios y satisface las exigencias de la justicia (1 Juan 4:8-10). De esta manera, en la cruz de Cristo observamos la demostración más grande tanto de la santidad como del amor de Dios en su máxima expresión. Allí la justicia y la gracia se unen, y Dios permanece justo y justificador de aquellos que tienen fe en Cristo Jesús (Rom. 3:21-26).

Segundo, el carácter de Dios tiene perfección moral. En todo el trato de Dios con Su creación y con Su pueblo, Dios manifiesta la maravilla, la belleza y la perfección de Su carácter. En la relación con Su pueblo, se revela como Dios de gracia y de verdad, lento para la ira y que abunda en amor y fidelidad, sabiduría y bondad (Ex. 34:6-7; Juan 1:14-16; Deut. 7:7-8; Sal. 34:8; 100:5; 103:8; Mal. 1:2-3; 2 Cor. 1:3; Ef. 1:3-14; Heb. 4:16). Incluso en Su relación con el mundo rebelde, Él despliega Su generosidad, bondad y paciencia, al igual que Su justicia y juicio santo (Sal. 65:9-13; 104:10-30; 136:25; Mat. 5:44-45; Hech. 14:16-17; Rom. 2:4). En todos Sus caminos, Él es majestuosamente perfecto, inmutable (Ex. 3:14; Mal. 3:6; Sant. 1:17) y bondadoso. Finalmente, la humanidad y en especial la iglesia, el pueblo redimido de Dios, fueron creados para adorar, amar y alabar a este Dios grande y glorioso y para encontrar plenitud solo en Él (Sal. 73:23-28; Rom. 11:33-36). Ver *Cristo; Espíritu Santo; Trinidad.* *Steve Wellum*

DIOS DE LOS PADRES Frase técnica que se utiliza como designación general para referirse al Dios de los patriarcas. Algunas alusiones a la fórmula en las narrativas bíblicas hablan del "Dios de mi (tú, su) padre" (Gén. 31:5,29; 43:23; 49:25; 50:17), sin mencionar a un padre en particular. Otras referencias incluyen el nombre de un patriarca específico, como el "Dios de Abraham" (Gén. 31:53; 26:24; 28:13; 32:9), "el Dios de Isaac" (Gén. 28:13; 32:9; 46:1), o "el Dios de Nacor" (Gén. 31:53). Si se tiene en cuenta la cultura politeísta de aquellos tiempos, la fórmula podía referirse originalmente a dioses de tribus o familias (Jos. 24:2,14-15). Aparentemente, cada patriarca tenía un nombre especial para Dios: "Temor de Isaac" (Gén. 31:42), "Fuerte de Jacob" (Gén. 49:24).

La historia de la "zarza ardiente" (Ex. 3) identifica al "Dios de los padres" con Yahvéh. Ante la perspectiva de tener que decirle al pueblo, "el Dios de vuestros padres me ha enviado", Moisés se preocupó de que ellos le preguntaran, "¿Cuál es su nombre?" (3:13). Dios le ordenó responder: "Yahvéh (el Señor), el Dios de vuestros padres, el Dios de Abraham, el Dios de Isaac y el Dios de Jacob me ha enviado a vosotros (3:15)". En Ex. 6:2-3 se revela que al "Dios de los padres" no lo conocían por el nombre Yahvéh (YHVH/YHWH) sino como "El Shaddai" (Dios Todopoderoso).

El testimonio bíblico constantemente utiliza la fórmula para enfatizar la continuidad entre el Dios que se revela a Moisés y el que guió a los patriarcas, incluso con un nombre diferente. Asimismo, en el AT el "Dios de los padres" o el "Dios de nuestros padres" funciona como conexión entre contemporáneos del escritor con el Dios de generaciones anteriores, especialmente en relación a las promesas a los patriarcas (Deut. 1:11,21; 4:1; 6:3; 12:1; 26:7; 27:3). En contraposición, también se enfatiza el abandono de esta conexión histórica (1 Crón. 12:17; 2 Crón. 20:33; 24:24; 29:5; 30:7; 36:15; Esd. 7:27). En el NT, la fórmula cambia para señalar la continuidad entre el Israel histórico y el cristianismo. El Dios que se revela en Jesucristo es el mismo que se les reveló a los patriarcas (Mat. 22:32; Mar. 12:26; Hech. 3:13; 5:30; 7:32; 22:14). Ver *Jehová; Dios, Nombres de; Patriarcas.*

Dixon Sutherland

DIOS, NOMBRES DE El nombre de Dios encierra una clave importante para la comprensión de las doctrinas divinas y de la revelación. El nombre de Dios es una manifestación personal y revela la relación de Él con Su pueblo. Su nombre se conoce porque Dios decide darlo a conocer. Para el pensamiento hebreo, Dios se hallaba al mismo tiempo escondido y revelado, y era trascendente e inmanente. Aunque era misterioso, alto e inaccesible, mediante la revelación de Su nombre hizo desaparecer la brecha que lo separaba de la humanidad. Ver *Nombres.*

La verdad del carácter de Dios se centra en Su nombre. El nombre divino revela el poder, la autoridad y la santidad de Dios. Esto explica la gran reverencia de Israel hacia el nombre de Dios. Los Diez Mandamientos prohíben violar el nombre divino (Ex. 20:7; Deut. 5:11). Cuando los profetas pronunciaban el nombre de Dios hablaban con autoridad. Los votos que se efectuaban en el nombre de Dios eran vinculantes, y las batallas que se peleaban en Su nombre eran victoriosas. Las otras naciones no le temían a Israel por ser una nación poderosa sino porque se apoyaba en el nombre del Señor. En el NT, el nombre de Dios tiene su máxima expresión en Jesucristo. A Él se lo denomina "el Verbo" (Juan 1:1), y Jesús mismo declara haber revelado el nombre de Dios (Juan 17:6). El nombre divino es la promesa que Él hizo de habitar con Su pueblo.

Dios de los padres Antes de que Moisés se encontrara con Dios en el Desierto de Madián, la divinidad era comúnmente conocida como Dios de los padres. En este concepto se empleaban diversos nombres para Dios, muchos de los cuales estaban asociados con la antigua palabra semítica *El.*

El es un término genérico para Dios o deidad. Aparece en otros idiomas antiguos aparte del hebreo. Se pueden observar similitudes con la actual palabra árabe para Dios, *Al* o *Alá*. *El* alude a un poder asombroso que instila en la humanidad temor o reverencia misteriosos.

Si bien *El* era un término que las religiones paganas o politeístas empleaban para referirse a Dios, no es una designación para una fuerza impersonal como sucede en el animismo. Los paganos adoraban a *El* como un Dios alto y elevado.

Era el Dios principal del panteón cananeo. Ver *Canaán*.

En la Biblia, el nombre *El* suele referirse a la deidad en contraposición a la revelación histórica particular que se asocia con el nombre "Yahvéh" (ver más abajo). No obstante, en la mayoría de los casos se emplea indistintamente como sinónimo de Yahvéh, el Dios de Israel, y se traduce "Dios".

Uno de los usos más interesantes de *El* se presenta cuando se lo une a otros términos a fin de revelar el carácter de Dios. Estas son algunas de las combinaciones:

El-Shaddai "Dios de los montes" o "El Dios Todopoderoso". Este término se relaciona más íntimamente con el período patriarcal y se halla con más frecuencia en los libros de Génesis y Job. Éxodo 6:3 señala El-Shaddai como el nombre revelado a los patriarcas. Dios lo empleó para establecer Su pacto con Abraham (Gén. 17:1,2).

El-Elyon "El Dios Altísimo" o "El Exaltado" (Núm. 24:16; 2 Sam. 22:14; Sal. 18:13). Melquisedec era sacerdote de El-Elyon y bendijo a Abraham en ese nombre (Gén. 14:19,20) al decir "creador de los cielos y de la tierra". Los cananeos de Ugarit también adoraban a dios como El-Elyon. Pareciera que El-Elyon se hallaba íntimamente vinculado con Jerusalén.

El-Olam "Dios de la eternidad" o "Dios eterno" (Gén. 21:33; Isa. 26:4; Sal. 90:2). La soberanía divina se extiende más allá del tiempo y de nuestra capacidad para ver o entender.

El-Berit El "Dios del pacto" (Jue. 9:46) transforma al Baal-berit cananeo (8:33) a fin de demostrar que solo Dios establece y guarda el pacto.

El-Roi "Dios que me ve" o "Dios de visión" (Gén. 16:13). Dios ve las necesidades de Su pueblo y responde.

Elohim Forma plural de la deidad. Término utilizado con frecuencia y que constituye la más amplia de las combinaciones correspondientes a "El". La pluralidad de esta palabra no alude al politeísmo. Es un plural de majestad. Es una revelación de la naturaleza infinita de Dios. En el relato de la creación leemos: "Entonces dijo Dios: Hagamos al hombre a nuestra imagen" (Gén. 1:26). Este nombre sugiere que existe un misterio en cuanto al Dios Creador que la humanidad no puede comprender en plenitud. Dios es Señor absoluto e infinito sobre la creación y la historia. El creyente observa en este término un indicativo de la realidad trinitaria de la creación.

Otros usos El nombre *El* se combina a menudo con otros sustantivos o adjetivos. Algunos ejemplos: Isra-el (alguien gobernado por Dios); Bet-el (casa de Dios), Peni-el (rostro de Dios). En el relato de la crucifixión (Mar. 15:34), Jesús empleó una forma de *El* cuando citó el Sal. 22 al exclamar desde la cruz, "Eloi, Eloi", "Dios mío, Dios mío".

Nombre de Dios para el pacto El nombre de Dios en el pacto fue "Yahvéh". La fe de Israel constituía una nueva respuesta a Dios en función de esta manifestación. Este nombre era tan exclusivo y poderoso que Dios estableció un pacto con Su pueblo sobre la base de Su propia revelación. Los títulos de Yahvéh aparecen en algunas traducciones españolas como Jehová. Ver *YHWH, YHVH*.

Yahvéh-Jireh "Jehová proveerá" (Gén. 22:14). Este es el nombre del sitio donde Dios proveyó un carnero para que Abraham sacrificara en lugar de Isaac. Este nombre es un testimonio de la liberación que otorga Dios.

Yahvéh-Nissi "Jehová es mi estandarte" (Ex. 17:15). Moisés le atribuyó este nombre a Dios después de la victoria sobre los amalecitas. El nombre de Dios se consideraba un estandarte bajo el cual Israel podía salir para alcanzar la victoria. El nombre del Señor era el grito de batalla.

Yahvéh-Mekaddesh "El Señor santifica" (Ex. 31:13). La santidad es la revelación esencial del carácter de Dios y Él llama a un pueblo que es colocado aparte, separado.

Yahvéh-Shalom "Jehová es paz" (Jue. 6:24). Este fue el nombre del altar que Gedeón edificó en Ofra para expresar que Dios le concede bienestar a Su pueblo y no muerte.

Yahvéh-Sabaot "Jehová de los ejércitos" (1 Sam. 1:3; Jer. 11:20; comp. 1 Sam. 17:45). También se puede traducir "Señor Todopoderoso". Representa el poder de Dios sobre las naciones y estaba íntimamente relacionado con Silo, con el arca del pacto y con la profecía. El título designa a Dios como rey y gobernante de Israel, de sus ejércitos, de su templo y del universo en pleno.

Yahvéh-Rohi "Jehová es mi pastor" (Sal. 23:1). Dios proporciona cuidado amoroso hacia Su pueblo.

Yahvéh-Tsidkenu "Jehová, justicia nuestra" (Jer. 23:5,6; 33:16). Este es el nombre que Jeremías le dio a Dios, el Rey justo que gobernaría sobre Israel después de regresar del cautiverio. Él iba a establecer un nuevo reino de justicia.

Yahvéh-Shammah "El Señor está presente" (Ezeq. 48:35). Es el nombre divino que se vincula con la restauración de Jerusalén, el lugar de la morada de Dios.

Otros nombres ***Baal*** Este era el dios principal del panteón cananeo. En algunas religiones antiguas, Baal y El se podían utilizar de manera indistinta. En Israel existían tendencias a identificar a Baal con Yahvéh, pero la adoración a Baal era incompatible con el monoteísmo hebreo. Los profetas, tal como sucedió en el caso de Elías y Oseas, invocaban al pueblo para que se alejara de dichas tendencias y regresara al pacto.

Adon o ***Adonai*** Es un título de autoridad y honor. Se puede traducir "Señor". No es un título exclusivo de la deidad porque se empleaba también para dirigirse a un superior, como en el caso de un rey o un amo. En este sentido se lo utiliza para atribuirle a Dios la honra y la adoración más elevadas. Adon o Adonai se usaba a menudo en combinación con Yahvéh. Con el paso del tiempo, Adonai sustituyó a Yahvéh. En el período postexílico adoptó una connotación referente al señorío absoluto de Dios.

Títulos simbólicos Una característica sobresaliente en las Escrituras es el uso de lenguaje figurativo. Muchos de los nombres de Dios son simbólicos, ilustrativos o figurativos.

Anciano de días (Dan. 7:9,13,22) El cuadro corresponde a un hombre viejo que ha vivido muchos años. Desde luego, esta no es una descripción literal de Dios sino una confesión de que Él vive para siempre y que Su reino es eterno. Su reinado abarca toda la extensión de las edades. A diferencia de la descripción que hacen otras religiones, donde los dioses se hallan limitados al tiempo, Yahvéh está activo en el tiempo y la historia. Él le confiere sentido a la historia y la conduce hacia un fin. Él es "desde el siglo y hasta el siglo" (Sal. 90:2).

Roca (Deut. 32:18; Sal. 19:14) Dios es fuerte y permanente. En ocasiones, a Yahvéh se lo identifica como "la Roca de Israel".

Refugio (Sal. 9:9; Jer. 17:17) Dios es asilo frente al enemigo.

Fortaleza (Sal. 18:2; Nah. 1:7) Dios es defensa (fuerte) contra el enemigo.

Escudo (Gén. 15:1; Sal. 84:11) Dios es protección.

Sol (Sal. 84:11) Dios es fuente de luz y vida.

Refinador (Mal. 3:2,3) Dios es purificador.

Nombres con connotación política Muchas descripciones de Dios surgen de la vida política.

Rey En el antiguo Oriente era común dirigirse a los dioses como rey. A Yahvéh también se le atribuía el reinado. El pueblo del pacto lo tenía que obedecer como Soberano. Este título es la clave para entender el concepto del reino de Dios, que es el que más se utiliza en las Escrituras para describir el gobierno divino.

Juez El juez constituía el gobernante político durante la época de la confederación tribal. Yahvéh era el juez que mediaba en las disputas, ordenaba las cosas e intervenía a favor de Israel durante las campañas militares.

Pastor A Dios se lo suele describir como pastor. Este era un término que encierra los conceptos de protección y alimentación para describir el cuidado de Dios hacia Su pueblo escogido. También tenía implicancias políticas o gubernamentales. Yahvéh es el Rey Pastor (Ezeq. 34). En el NT, la imagen de Dios como pastor se sigue utilizando en parábolas (Luc. 15:4-7) y en el Evangelio de Juan donde Jesús mismo hace una descripción de Cristo como buen pastor (Juan 10:1-18).

Dios el Padre En el AT, la palabra "padre" se emplea en referencia a Dios a fin de describir el íntimo reinado que Él disfruta con los que lo adoran. Hay muchas alusiones figuradas a la paternidad de Dios. "Como el padre se compadece de los hijos, se compadece Jehová de los que le temen" (Sal. 103:13). Dios es un padre para Israel (Jer. 31:9) y se habla de Israel como Su "hijo" (Ex. 4:22; Os. 11:1).

Padre es el título distintivo de Dios en el NT. Jesús les enseñó a Sus discípulos a emplear la forma aramea *Abba*, término afectivo que se aproxima a nuestra palabra "Papi", para dirigirse al Padre celestial. Ver *Abba*.

Padre adquiere mayor significado cuando se lo asocia con otras designaciones:

Padre nuestro (Jesús les enseñó a Sus discípulos a dirigirse a Dios de este modo cuando oraran; Mat. 6:9);

Padre de misericordias (2 Cor. 1:3);

Padre de las luces (Sant. 1:17);

Padre de gloria (Ef. 1:17);

Cuando el título Padre se yuxtapone a la palabra "Hijo" se entiende el significado del nombre de Dios en relación con Jesucristo. La declaración de Cristo en cuanto a haber venido en nombre del Padre revela que era el único representante de Dios (Juan 5:43). Él comparte la autoridad inherente del Padre, y las obras realizadas en el nombre de Su Padre dan testimonio de esta relación especial (Juan 10:25). Cristo proporcionó una revelación plena de Dios porque declaró claramente Su nombre (Juan 12:28; 17:6). Ver *Jehová; Yahvéh.*

Brad Creed

DIOS, TEMEROSO DE El libro de los Hechos es nuestra fuente principal para entender la frase "temeroso de Dios". En Hechos 10:2, Lucas describe a Cornelio como un hombre "piadoso" y "temeroso de Dios" (comp. 10:22). La carta de Pablo a los que se reunían en la sinagoga de Antioquía de Pisidia comienza de la siguiente manera: "Varones israelitas, y los que teméis a Dios" (Hech. 13:16; comp. 10:26). Asimismo, hay numerosos ejemplos en Hechos donde se describe a las personas como "piadosas" o "adoradoras de Dios". Un grupo de "mujeres piadosas" de Antioquía de Pisidia fueron incitadas por los judíos contra Pablo y Bernabé (13:50). A Lidia, una de las primeras convertidas en Filipos, se la describe como una mujer que "adoraba a Dios" (16:14). Entre los que se convirtieron con la prédica de Pablo en Tesalónica había muchos "griegos piadosos" (17:4). En Atenas, Pablo debatió en la sinagoga con judíos y piadosos (17:17). Durante su primera visita a Corinto, permaneció en la casa de Justo, "temeroso de Dios" (18:7).

Esta expresión se utiliza en Hechos para describir a gentiles que se convirtieron a la religión judía tal vez por razones éticas y morales, o porque se sintieron atraídos por el monoteísmo judío y las prácticas de adoración. Los "temerosos de Dios" participaban de las prácticas judías tales como dar el diezmo y orar con regularidad (Hech. 10:2-4), y aparentemente eran bienvenidos para tomar parte en algunos cultos de la sinagoga. Se ha sugerido que los temerosos de Dios pueden haber tenido los mismos derechos y obligaciones que tenían los "extranjeros" en el AT. En tal caso, se puede dar por sentado que los temerosos de Dios cumplían con las prácticas de guardar el día de reposo (Ex. 20:10) y participar de los holocaustos (Lev. 17:8-9), y que se les prohibía cometer ofensas tales como blasfemia (Lev. 24:16) o idolatría (Lev. 20:2). Tal vez en los Oráculos Sibilinos se puede encontrar otra referencia a las pautas que guardaban los temerosos de Dios mencionados en Hechos (4:24-34). Hay una bendición para los gentiles que adoran al único Dios, rechazan la idolatría y no asesinan, roban ni cometen pecados sexuales.

Aunque los temerosos de Dios se adherían a muchos aspectos del judaísmo y a ciertas prácticas judías, nunca se convirtieron completamente a esa creencia. Por ejemplo, Lucas parece distinguir entre los gentiles que temían a Dios y los "prosélitos piadosos" (Hech. 13:16,43). Es posible, al menos para los varones gentiles, que la circuncisión haya sido una de las razones por la que algunos de los "temerosos de Dios" nunca se convirtieron totalmente. Es posible que otras razones, por ej. los aspectos sociales o étnicos, también hayan sido factores que influyeron en esa situación. Los "temerosos de Dios" siguieron siendo plenamente gentiles, más allá de la relación y afecto con el judaísmo.

Se debe enfatizar que "temeroso de Dios" es una expresión descriptiva más que técnica. Es decir, probablemente no era una definición "oficial" de los gentiles que obedecían casi todos los preceptos del judaísmo, excepto la circuncisión. Descripciones como "piadoso" y "adorador de Dios" se pueden aplicar tanto a judíos como a gentiles y no se deben considerar sinónimos de "temeroso de Dios". Además es necesario ser cuidadoso en lo que respecta a establecer una distinción tan marcada entre la expresión "temeroso de Dios" y el término técnico "prosélito". Siempre y cuando se tomen estas precauciones, la expresión "temeroso de Dios" es una manera válida de referirse a las personas mencionadas en los pasajes citados previamente.

En los Hechos, "los temerosos de Dios" son figuras centrales en la revelación del plan de redención de Dios. Cornelio fue uno de los primeros gentiles cristianos, un hombre que "temía a Dios". Además, a medida que el evangelio se predicó a los gentiles en Antioquía de Pisidia, Filipos, Corinto, Atenas y aún más allá, hubo "temerosos de Dios" entre los que formaron las congregaciones cristianas más antiguas. Ver *Prosélitos.* *Brian J. Vickers*

DIOSES PAGANOS El monoteísmo, es decir, el reconocimiento y la adoración al único Dios, es una de las distinciones más importantes de la religión judeo-cristiana. Por el contrario, las religiones paganas de épocas bíblicas eran politeístas y adoraban a muchos dioses. Aunque algunos pasajes del AT son ambiguos en cuanto a si los dioses paganos realmente existían, otros pasajes son claros. Cuando la Biblia se refiere a dioses paganos, habla de conceptos ideados por el hombre y de ídolos sin valor ("Y serviréis allí a dioses hechos de manos de hombres, de madera y piedra, que no ven, ni oyen, ni comen, ni huelen", Deut. 4:28) o de espíritus demoníacos ("Sacrificaron a los demonios, y no a Dios; a dioses que no habían conocido, a nuevos dioses venidos de cerca, que no habían temido vuestros padres... Ellos me movieron a celos con lo que no es Dios, me provocaron a ira con sus ídolos" Deut. 32:17,21; ver también 2 Rey. 17:29; 19:17-18; 1 Crón. 16:26; 2 Crón. 13:9; 32:19; Isa. 41:23; 42:17; Jer. 2:11; 5:7; 14:22; 16:20; Hech. 19:26; 1 Cor. 8:4-6; Gál. 4:8). Los pasajes del AT que parecen implicar un punto de vista politeísta (p. ej., Sal. 82:1; 86:8; 95:3; 96:4-5) se deberían interpretar como burla o intento de demostrar vívidamente la impotencia de la adoración pagana.

Antiguo Testamento La mayoría de los dioses paganos comenzaron como dioses de ciertos lugares, por ej. ciudades o regiones. Dichos dioses o la combinación de dioses se convirtieron en símbolos nacionales a medida que sus ciudades o regiones alcanzaron dominio político. La creencia de que los dioses ejercían poder en una región determinada es producto de la conexión entre estos y determinados lugares. Por lo tanto, los oficiales del rey sirio le aconsejaron batallar contra Israel en las planicies debido a que creían que "sus dioses son dioses de los montes, por eso nos han vencido; mas si peleáremos con ellos en la llanura, se verá si no los vencemos" (1 Rey. 20:23). Israel, en contraste con esta creencia común, se esforzaba por sostener el concepto de que Dios era Señor sobre todos los aspectos de la creación.

Dioses egipcios Se conocen los nombres de unas 40 deidades del antiguo Egipto, muchas de las cuales tienen más de un nombre. Cada uno de los aprox. 40 distritos de Egipto tenía su propio culto para su dios o dioses favoritos. Se conocen pocos dioses que hayan tenido una sola identidad personal o área de influencia, y a menudo se superponían. Por ej., numerosos mitos le acreditan la creación a Atón, Atén, Nun, Tot, Amón o Ptah. Los egipcios representaron muchas de sus deidades como animales o parte de animales. Por ej., a Ator como vaca y a Horus como hombre con cabeza de halcón.

Muchos eran personificaciones de las grandes fuerzas naturales de Egipto. Varias deidades se podían considerar dioses del sol, y los más comunes eran Ra o Atón. Se creía que Ator o Nut eran dioses del cielo que se inclinaban sobre Geb, dios de la tierra. Supuestamente, Nut daba a luz al sol cada mañana y lo tragaba todas las noches. Creían que *Ra*, el dios sol, atravesaba el cielo en un barco durante el día, viajaba a través del bajo mundo durante la noche y emergía de nuevo luego de batallar con Apopis, el dios serpiente.

En Hermópolis se adoraba a Tot, dios de la luna y patrono de los escribas. También lo representaban como capitán del barco del dios sol y, a veces, como el que mataba a Apopis. Otros dioses vinculados a la luna eran Osiris, Min, Su y Nun.

Numerosos dioses se relacionaban con el Nilo. Apis era el más importante y se lo consideraba responsable de la inundación anual. A este dios lo describían como un hombre obeso. Otros dioses fueron Sobec, el dios cocodrilo, y Nun, el dios de la primera catarata.

Ma'at y Set representaban la dualidad del equilibrio, el orden y la estabilidad (Ma'at) y el caos, el desorden y la muerte (Set). Set, quien había asesinado a su hermano Osiris, representaba el desierto, las naciones extranjeras y la maldad en general que constantemente amenazaban la vida en Egipto. El rey egipcio o faraón, cuya coronación era una reconstrucción de la victoria diaria de Ra sobre Apopis, era el arma principal para luchar contra las fuerzas del mal. Cuando el rey moría, lo identificaban con Osiris, juez y señor de los muertos a quien Set había asesinado. El nuevo rey se convertía en Horus, hijo de Ra, dios de la fertilidad y de la vida después de la muerte. Ver *Egipto*.

Los políticos a menudo desempeñaban un papel importante en la supremacía de un dios sobre otro, o en el sincretismo o identificación de una deidad con otra. Los numerosos centros religiosos más importantes, tales como Tebas, Hermópolis, Heliópolis, Abidos y Menfis, explicaban temas sobre los dioses y el universo de maneras que se contradecían en diversos aspectos.

Los nombres de los dioses que llevaban los faraones en una dinastía mostraban la ciudad dominante como así también su dios principal. De esta manera, el dios Amón, quien más tarde recibió el nombre Amón-Ra, se convirtió en el dios principal del imperio debido a la posición que ocupaba Tebas. Bajo el gobierno de Amenotep III, el éxito del imperio desencadenó luchas internas entre los poderosos sacerdotes de Amón-Ra y el trono. Amenotep IV se cambió el nombre por Akenatón y se embarcó en una reforma revolucionaria que promovió la adoración de Atén, el dios sol, sobre todos los otros dioses. Las reformas de Akenatón no tuvieron éxito. Su segundo sucesor puso en evidencia su lealtad a Amón-Ra al cambiar su nombre Tutankatón a Tutankamón y abandonar la nueva capital para favorecer a Tebas. Aunque la dinastía que siguió promovía la adoración a Amón-Ra, parecía estar a favor de los dioses del norte. Los nombres de los dioses Set de Abaris, Ra de Heliópolis y Ptah de Menfis se manifiestan en los nombres Seti, Ramsés y Mernepta de la dinastía XIX.

Los rituales diarios en los templos para cuidar las estatuas de las deidades fueron medios por los cuales los egipcios impedían que las fuerzas del caos entraran en acción. Las ofrendas personales también acompañaban pedidos de ayuda o alivio de la aflicción. Además se usaban amuletos para simbolizar la devoción a las deidades y los pedidos de ayuda. Entre estas se encontraban dioses de la familia tales como Bes, dios del amor, y su esposa Tauert, diosa de la fertilidad y del nacimiento representada como un hipopótamo.

En la Biblia no se menciona ningún dios egipcio, y la compleja religión egipcia no influenció significativamente a los hebreos. Algunos han tratado de establecer una relación entre las reformas de Akenatón y el monoteísmo de Moisés, pero las diferencias entre la religión de Atón y el punto de vista mosaico acerca de Dios son mucho más amplias que las similitudes.

Dioses de la Mesopotamia La civilización más antigua de la Mesopotamia (tercer milenio a.C.) fue la sumeria. Sus sucesores semíticos (los acadios, luego los asirios y los babilonios) que gobernaron la Mesopotamia durante casi 2000 años hasta la llegada de los persas, asimilaron la avanzada cultura de los sumerios, incluso su religión. Estos pueblos continuaron adorando a la mayoría de las deidades sumerias, aunque por lo general con nombres diferentes. Se podrían nombrar más de 3000 dioses, aunque sólo tomaban en cuenta en forma especial a unos 20. Variaban en rango según los diferentes períodos históricos y las diferentes localidades. Las incursiones militares dentro y fuera de la Mesopotamia generalmente incluían saqueo de templos de los enemigos donde capturaban las estatuas de sus dioses.

An, dios de los cielos y patrono de Uruc (el Erec bíblico, Gén. 10:10), fue uno de los dioses más importantes. Enlil de Nipur, hijo de An, fue la deidad sumeria más importante. Poseía las "tablillas del destino" y se lo consideraba señor del aire y gobernante de la tierra. Creían que él había creado la raza humana golpeando con su azada en la tierra, pero según otra historia, también decretó la destrucción de la humanidad por medio de un diluvio ya que el ruido excesivo que hacían los seres humanos lo molestaba cuando dormía.

Enki o Ea, el dios de Eridu, era señor de las aguas subterráneas y el ingenioso dios de los artesanos. Se creía que había originado la civilización humana y había designado dioses para que gobernaran diversos elementos de la creación y la cultura. Según un relato, creó a los seres humanos de la sangre de Kingu, el dios rebelde, y les asignó la tarea de servir a los dioses. En la historia mesopotámica del diluvio, le compartió el plan a un héroe humano, que entonces construyó un barco y salvó a la humanidad.

El temible Nergal de Kuta (también llamado Erra) era dios de la guerra, las plagas, la muerte súbita y el mundo subterráneo (comp. Jer. 39:3,13). Su esposa y cogobernante era Ereskigal. Al bajo mundo, también conocido como "la tierra sin retorno" y "la casa oscura", lo representaban como una ciudad rodeada por siete muros y donde se ingresaba a través de siete puertas. Era un lugar oscuro y polvoriento, lleno de criaturas aterradoras donde los habitantes comían polvo y tenían plumas como los pájaros. Los muros y las puertas separaban el mundo de los seres vivos de los espíritus que habían partido. A través de cultos mortuorios, encantamientos y médiums mantenían libres del mal a los espíritus.

Cuando Asiria asumió el poder, también surgió la prominencia del dios Asur, de quien proviene el nombre de la capital asiria original. Asimismo, el surgimiento político de Babilonia se celebró como victoria de su dios Marduc, hijo de Ea y dios de las tempestades. Muchos de los mitos antiguos representaban a este dios como el héroe que vence a Tiamat, la diosa del mar que representa el caos, y que luego de derrotarla organiza el mundo y recibe las tablillas del destino. Se lo conocía como "señor de las tierras" y como *Bel* (equivalente al término cananeo Baal), que significa "señor" (Isa. 46:1; Jer. 50:2; 51:44). Nabú, el hijo de Marduc (Nebo en Isa. 46:1), dios de los escribas y de Borsipa, una ciudad cercana, fue especialmente exaltado en el período neobabilónico, como puede verse en el nombre Nabucodonosor.

Muchos dioses importantes se relacionaban con cuerpos celestes. Samas era dios del sol y desempeñó un rol importante entre los semitas. A Nana o Sin, el dios luna, lo reverenciaban en las ciudades de Ur y Harán, ambas asociadas con los orígenes de Abraham (Gén. 11:31). Debido a que supuestamente era hijo primogénito de Enlil, se creía que viajaba en un barco a través del cielo nocturno. Se creía que la desaparición mensual de la luna se debía a que asumía el rol de juez en el mundo de los muertos, y por esta razón realizaban rituales especiales para asegurar su reaparición.

Ishtar (la diosa cananea Atart/Astart/Astarte/Astarot) estaba relacionada con la estación de la cosecha, las tormentas de primavera, la fertilidad, la guerra, la estrella de la mañana y de la tarde (el planeta Venus) y con la prostitución. Era muy popular y frecuentemente se la conocía como "la señora/reina del cielo" (Jer. 7:18; 44:17-19,25). Según un relato, ella trata sin éxito de usurpar el poder que su hermana Ereskigal tenía en el mundo de los muertos. Esta la encarcela y expresa un encantamiento de infertilidad sobre la tierra. La prostitución en el templo era parte importante de su culto, y le dio una reputación sórdida a Uruc, la ciudad de Inanna, su equivalente sumeria más antigua. Se creía que la práctica de prostitución en el templo promovía la fertilidad de la tierra. En Babilonia, donde la adoraban como la amante de Marduc, le pusieron su nombre a una de las impresionantes nueve puertas de la ciudad. A Tamuz, el dios de la vegetación de primavera, a quien recordaban con lamentaciones durante el mes caluroso de verano que llevaba su nombre (comp. Ezeq. 8:14), lo relacionaban íntimamente con su esposa Ishtar. Asirios y babilonios celebraban un ritual sagrado de matrimonio donde simbólicamente llevaban una estatua del dios al templo de Ishtar.

Además de su naturaleza cósmica, los mesopotámicos creían que los dioses estaban presentes en imágenes o ídolos y que vivían en el templo como lo hace un rey en su palacio. Las imágenes de madera recubiertas de oro generalmente tenían forma humana y ojos de piedras preciosas (comp. Isa. 44:9-20; Jer. 10:1-16). Los sacerdotes las limpiaban, vestían y proveían alimento todos los días (lo mismo que en Egipto). El rey asirio ministraba diariamente ante la imagen de su deidad principal, pero el rey de Babilonia sólo se presentaba ante Marduc una vez al año durante el *akitu*, el festival del año nuevo.

Dioses cananeos Los dioses de los cananeos tuvieron el impacto más significativo en los israelitas. Aunque muchos de estos dioses se relacionan con dioses de la Mesopotamia, la religión cananea no se entendió en profundidad hasta el descubrimiento de textos religiosos en la década de 1920 en la ciudad siria de Ras Shamra, la antigua Ugarit. Estos textos datan del siglo XIV al XII a.C. Ver *Canaán*.

Los dioses más importantes del panteón cananeo eran dos pares de deidades: El y Atirat (o Elat), el dios supremo y su esposa principal; y Baal y Anat, rey de los dioses y su esposa principal y hermana. El era la palabra semítica genérica para "dios".

Sin embargo, El, al igual que el dios An de la Mesopotamia, se consideraban dioses ancianos y próximos a retirarse pues no tenían rol activo en la comunidad.

Baal fue el dios cananeo más importante, y los mitos ugaríticos giraban en torno a él. Estos mitos representan a Baal como dios de la tormenta con poder sobre la lluvia, el viento y las nubes y, como consecuencia, sobre la fertilidad de la tierra. Es posible que al principio el término *Ba'al*, que significaba "señor, esposo", haya sido un título de la deidad cuyo nombre personal era Hadad y al que los semitas del este y del oeste identificaban como dios de la tormenta, la guerra, la fertilidad y la adivinación (pretendían conocer el futuro observando las entrañas de los animales del sacrificio, etc.). Este dios fue la deidad principal de los sirios (comp. 2 Rey. 5:18; Zac. 12:11).

Los cananeos representaban el ciclo de las estaciones a través de los mitos donde Baal luchaba con Mot (lit. "muerte"), que representaba sequía y hambre. La muerte de Baal en manos de Mot daba lugar a la estación seca (verano), pero cuando Baal volvía, traía consigo la estación lluviosa (invierno) y restauraba la fertilidad de la tierra. En otro mito, Baal derrotaba a Yam (lit. "mar"), el dios del caos, de manera muy similar a cómo Marduc, la deidad babilónica, vencía a Tiamat.

En los mitos ugaríticos, la esposa de Baal era su hermana Anat, diosa guerrera sedienta de sangre que lo rescató del mundo de los muertos cuando derrotó y descuartizó a Mot. Sin embargo, aparentemente entre los cananeos que vivían en Palestina, Atirat, conocida en Ugarit como esposa de El y madre de los dioses, tomó el lugar de Anat. En el AT aparece con el nombre de Asera, equivalente hebreo de Atirat (1 Rey. 18:19). Su símbolo era un "poste de Asera" (en plural se la conocía como Aserot/Aserim; p. ej. Ex. 34:13; 2 Rey. 17:10) que probablemente representaba un árbol. Su adoración incluía la prostitución sagrada que en Canaán abarcaba hombres y mujeres (Gén. 38:15-22; Deut. 23:17-18; 2 Rey. 23:4-7; Jer. 2:20; Ezeq. 16:16,31; Os. 4:13-14). Con frecuencia tenía lugar en los "lugares altos", que incluían postes de Asera, que representaban a la diosa, y pilares sagrados, que representaban a la deidad masculina (Lev. 26:30; Núm. 33:52; 1 Rey. 14:23-24; 2 Rey. 18:4; 21:3; Sal. 78:58).

Atart fue otra esposa de Baal. Aunque en Ugarit era menos importante, en el AT frecuentemente aparece como Astarot (combinado con Boset probablemente era un término despectivo que significaba "vergüenza"), y en inscripciones fenicias aparece como Astart, cuyo equivalente en griego era Astarte. Posiblemente, en Canaán cumplía la función que Anat desempeñaba en Ugarit (comp. Jue. 10:6; 1 Sam. 7:4; 12:10; 1 Rey. 11:5,33; 2 Rey. 23:13). Ver *Asera*.

El aspecto de la fertilidad de los dioses cananeos era una tentación para los israelitas. Estos eran nuevos en su función de agricultores y hacía poco que se habían instalado en Canaán luego de una generación de vida nómada en el desierto. Por lo tanto, se sentían particularmente tentados a servir a dioses que supuestamente controlaban la fertilidad de la tierra. Muchos israelitas practicaban sincretismo religioso y mezclaban elementos de la adoración a Baal con la adoración a Jehová. Es posible que los becerros de oro que Jeroboam hizo fundir en Dan y Be-tel hayan sido un intento de identificar a Jehová con Baal. Una jarra con una oración inscripta a "Yahvéh de Samaria y su Asera" sugiere una creencia sincretista de que Asera era esposa de Jehová/Yahvéh.

Muchas otras deidades de Palestina impactaron la historia del AT. Aparentemente, el dios Dagón de los filisteos (Jue. 16:23) era un dios semítico de las cosechas que habían adquirido de los cananeos. En Ugarit lo llamaban Dagán, padre de Baal (aunque se creía que su padre era El).

El dios nacional de los amonitas era Milcom (heb., *milkom* o *malkam*; 1 Rey. 11:5,33; 2 Rey. 23:13; Sof. 1:5), que tal vez se relacionaba con Moloc (o Moloj), la deidad cananea cuyo culto a los muertos incluía adivinación y sacrificio de niños que consistía en "ofrecerlo por fuego" (Lev. 18:21; 20:2-5; 2 Rey. 23:10; Jer. 19:5). En Judá, esta práctica tenía lugar en Tofet, en el Valle de Hinón al sudoeste de Jerusalén (2 Crón. 28:3; Jer. 7:31; 32:35). Los nombres Milcom y Molec se relacionan con la raíz semítica *mlk*, que significa "rey", lo mismo que el nombre de un dios semítico del oeste conocido como Malic, Milcu y Muluc. También se relacionaba con culto a los muertos, y en la antigüedad se lo identificaba con Nergal, dios mesopotámico del infierno. Algunos también lo asocian con Quemos (heb. *kamos*), el dios nacional de los moabitas (Núm. 21:29; Jer. 48:7) cuya adoración también incluía sacrificio de niños (2 Rey. 3:26-27); probablemente se lo haya identificado con Nergal.

Resep (heb. para "llama" o "pestilencia" Hab. 3:5), dios de la plaga y tal vez Rapiu, dios patrono de los muertos deificados (heb. *refa'im*; Isa. 14:9; 26:14; Prov. 2:18; 9:18), también se identificaba con Nergal. El culto a los muertos, conocido como marzih, se realizaba en Ugarit, e incluía orgías y borracheras (tal vez en una tumba familiar).

Nuevo Testamento Los dioses paganos de la época del NT fueron deidades del panteón greco-romano y ciertos dioses orientales cuyos mitos dieron origen a las religiones de misterio. Alejandro Magno de Macedonia con sus conquistas esparció la cultura griega a lo largo del Cercano Oriente.

El NT menciona algunos dioses greco-romanos. La deidad más importante de los griegos era Zeus, equivalente a Júpiter, dios romano del cielo que originalmente era el dios del clima o la tormenta. Con el sincretismo del período helenístico que surgió de las conquistas de Alejandro Magno, a Zeus se lo equiparó con Hadad, dios semítico de la tormenta. Sin embargo, a Zeus, deidad suprema de los griegos, comenzaron a identificarlo con los dioses principales de otras regiones. Así, cuando Antíoco IV intentó obligar a los judíos a aceptar el helenismo en el 167 a.C., transformó el templo judío en un santuario para Zeus. La referencia al "trono de Satanás" en Apoc. 2:13 probablemente se refiera a un altar enorme de Zeus que se encontraba en Pérgamo.

Hermes (el Mercurio romano) era el mensajero de los dioses griegos. Cuando los habitantes de Listra creyeron que Bernabé y Pablo eran dioses (Hech. 14:8-18), llamaron a Pablo "Hermes" porque era el vocero, e identificaron a Bernabé con Zeus o Júpiter. Los bueyes y las guirnaldas que ofrecieron eran ofrendas apropiadas para Zeus. Hermes era también dios de los comerciantes y los viajeros.

Artemisa era la diosa griega del bosque, del parto y, por lo tanto, de la fertilidad. Artemisa, la diosa Diana de los romanos, era la gran diosa madre de Asia Menor que se adoraba en Éfeso. Su templo, ubicado en esa ciudad, era una de las siete maravillas del mundo antiguo y un lugar que los peregrinos deseaban visitar. Allí representaban a Artemisa de los efesios con estatuas con muchos pechos, tal vez inspirados por una roca sagrada que guardaban en el templo (Hech. 19:35). La obra de Pablo en Éfeso dio como resultado un alboroto encabezado por los plateros que vendían pequeñas imágenes a los peregrinos (Hech. 19:23-41).

El NT no menciona otros dioses greco-romanos que, sin embargo, formaron parte importante de la cultura helenística. Apolo fue uno de los dioses más populares. El arte griego lo representaba con una imagen que reflejaba la belleza de un hombre joven. Era el dios de la medicina, las leyes y los pastores. Afrodita era la diosa griega del amor sexual y la belleza. Se identificaba con la diosa semítica Ishtar/Astarte y con la diosa romana Venus. Aunque el NT no lo menciona, en Corinto se construyó un templo para Afrodita que se dice empleaba mil prostitutas para el culto y contribuía con la reputación de inmoralidad que tenía la ciudad. Las fuentes griegas identificaban a *Ba'alat*, diosa semítica de Biblos, con Afrodita, de quien se creía que todos los años rescataba del Hades a Adonis, el dios de la fertilidad (el semítico *Adon*, "señor").

Atenea, diosa patrona de la ciudad de Atenas, de donde proviene su nombre, era una deidad virgen que gobernaba artes, artesanías, fertilidad y guerra. Se identificaba con la diosa romana Minerva. Hera, equivalente a Juno de los romanos, era esposa de Zeus y la diosa del matrimonio, las mujeres y la maternidad. Poseidón, el dios Neptuno de los romanos, era dios del mar, de los terremotos y, curiosamente, de los caballos. También era importante aunque no se lo menciona. Ares, correspondiente al dios romano Marte, era el dios griego de la guerra. Hefaísto, equivalente al dios romano Vulcano, era dios del fuego y patrono de los herreros. Hades, equivalente al dios romano Plutón, era el dios griego del infierno. En el NT se utiliza el término Hades en griego para referirse a la morada de los muertos (Mat. 11:23; 16:18; Luc. 10:15; 16:23; Hech. 2:27,31; Apoc. 1:18; 20:13-14).

Algunos dioses griegos se convirtieron en centros de adoración con gran influencia en los tiempos del NT. Entre estos se encontraba principalmente el culto a Deméter o los misterios de Eleusis. Deméter era la diosa griega del grano quien, según el mito, abandonó su función cuando Hades secuestró a Proserpina y la llevó al infierno. Finalmente, Proserpina volvió con su madre pero debía pasar un tercio de cada año en el infierno, lo que reflejaba el ciclo anual del crecimiento del grano. Anualmente, en Eleusis se realizaba el culto con ritos secretos de iniciación. Dionisio, correspondiente al dios romano Baco, era el dios griego del vino, la intemperancia y la fertilidad. Ver *Babilonia; Fertilidad, Cultos a la; Misterio; Misterio, Religiones de.*

Daniel C. Browning (h) y E. Ray Clendenen

DIÓTREFES Nombre de persona que significa "nutrido por Júpiter (Zeus)". Individuo cuya ambición personal se menciona en sentido desfavorable (3 Juan 9). Juan declaró que Diótrefes había rechazado su autoridad. Ver *Juan, Epístolas de.*

DIRECCIONES (geográficas) En el mundo occidental tomamos los puntos de la brújula como los cardinales para obtener direcciones geográficas; la brújula señala el norte, sur, este y oeste. Además, consideramos el norte como punto de referencia primario. Por lo menos, este ha sido el patrón desde las épocas del Imperio Romano. Pero en el mundo del antiguo Cercano Oriente de los pueblos de lengua semítica, la referencia primaria era el este, la dirección de la salida del sol. Lo sabemos por el vocabulario usado para las direcciones geográficas. A menudo la frase la "salida del sol", o simplemente "salida", se utiliza para expresar la dirección este (Deut. 4:41,47; 4:49). La palabra hebrea *qedem* y sus formas relacionadas significan "al frente de" y "al este de". El ejemplo más claro para demostrar que *qedem* significa "al este de" es Jos. 19:12, donde se describe la frontera de Zabulón. Una porción de esta frontera va desde Sarid hacia el este *(qedmah)*, hacia la salida del sol. Por lo tanto, la dirección "en frente de" se refería al este. Se dice que Hai está ubicada *miqedem*, "al este de" Bet-el (Jos. 7:2). Otras palabras que describían lo que estaba delante o al frente de también podrían significar al "este de". La cueva de Macpela donde Abraham sepultó a Sara, está ubicada *al pene*, "al este de", Mamre (Gén. 23:19; 25:9,18). Otra referencia localiza la cueva *liphne* "al este de" Mamre (Gén. 23:17). Ambas frases utilizan las palabras literales "en dirección a" o "delante de" para indicar la dirección este. También, la referencia bíblica al Río Tigris diciendo que está "delante de" Asiria, significa que el Tigris está al este de Asiria (Gén. 2:14).

El AT expresa "oeste" en términos de la puesta del sol. La frase "desde el nacimiento del sol, y hasta donde se pone" expresa el concepto "del este al oeste" (Isa. 45:6; Mal. 1:11; Sal. 50:1; 113:3). A menudo el oeste también se indicaba haciendo referencia al elemento geográfico principal al oeste de Israel-Canaán, el Mar Mediterráneo. En hebreo con frecuencia se llamaba simplemente "el mar" o "el gran mar". Josué 1:4 describe "el gran mar donde se pone el sol" como la frontera occidental de Israel. Otras veces la dirección oeste podría indicarse a través de "mar" o "hacia el mar" (Gén. 12:8; 13:14; Jos. 11:2,3).

Los hebreos utilizaron tanto palabras específicas como términos relacionados con el cuerpo para indicar los puntos cardinales. Así como *qedem*, "delante de" podía indicar el "este", la palabra hebrea *achor* y las formas relacionadas pueden significar "detrás" y "oeste". Por lo tanto en hebreo, el Mar Mediterráneo se describe como "mar de atrás" o "mar occidental" (Deut. 11:24; 34:2).

La palabra hebrea específica para el norte era *tsafon*. Se describe que el límite norte de Israel comprende desde el Mar Mediterráneo al Monte Hor, a Hamat, a Zedad, a Zifrón y a Hazar-enán (Núm. 34:7-9). "El norte" era también lo que estaba ubicado a la izquierda, usando la posición del cuerpo para las direcciones. Samaria y sus pueblos estaban ubicados al norte (literalmente, "a la izquierda") de Judá y Jerusalén (Ezeq. 16:46). El norte es a menudo la dirección específica desde donde Dios dijo que enviaría juicio sobre Israel-Judá (Jer. 1:13-15) pero también es la dirección de donde llegaría la restauración (Jer. 31:8)

La dirección "sur" en hebreo es *nege*, y puede ser utilizada para referirse a la región árida en el sur de Judá, generalmente al sur de Hebrón y Beerseba (Gén. 20:1). También se utiliza en general para la dirección "sur": el límite sur de la tribu de Manasés que terminaba en el Wadi Kenah; las ciudades al sur de ese vado pertenecían a Efraín (Jos. 17:9). El sur era también lo que estaba ubicado a la derecha. Así la frontera sur de Manasés también se describe como la que estaba a la derecha (Jos. 17:7). El nombre "Benjamín" significa literalmente "hijo de la mano derecha" o "hijo del sur". Benjamín era la tribu situada más al sur de las diez tribus de Israel, el Reino del Norte.

El AT utiliza todas las direcciones cardinales en numerosos pasajes. Dios le dice a Abraham que mire al norte y al sur, al este y al oeste (es decir, en todas las direcciones), y que toda esa tierra sería suya y de sus descendientes (Gén. 13:14). En el NT, vendrán de todas direcciones, del este y del oeste, del norte y del sur, y se sentarán a la mesa en el reino de Dios (Luc. 13:29).

Joel F. Drinkar (h)

DISÁN Nombre de persona que significa "bisonte" o "antílope". Puede ser una variante de escritura/pronunciación de Disón. Jefe de los horeos e hijo de Seir (Gén. 36:21,28,30). Al parecer estos horeos controlaban la tierra de Edom antes de que los edomitas entraran a la tierra. Ver *Disón; Edom; Horeos; Seir.*

DISCAPACIDADES Y DEFORMIDADES Ver *Enfermedades.*

DISCERNIMIENTO DE ESPÍRITUS Uno de los dones del Espíritu (1 Cor. 12:10). Al parecer, se refiere a la capacidad dada por Dios para entender si un mensaje profético vino del Espíritu de Dios o de otra fuente opuesta a Dios.

DISCIPLINA En la Biblia generalmente se refiere al entrenamiento moral que incluye el aspecto positivo de la instrucción y la faceta negativa de la corrección, a veces punitiva. El resultado de recibir disciplina con humildad implica sabiduría y una vida satisfactoria y exitosa (Prov. 4:13; 5:23; 10:17; 13:18). Estos diversos aspectos de la disciplina interactúan en la vida espiritual del creyente y de la iglesia.

En el AT, la palabra comúnmente traduce una forma del hebreo *yasar*, "instruir, reprender y advertir". En el NT por lo general "disciplina" traduce una forma del término griego *paideuo*, "instruir, corregir".

La disciplina en Proverbios El libro de Proverbios habla del entrenamiento moral más que cualquier otro libro de la Biblia. Su propósito es desarrollar sabiduría a través de la "corrección que dan la prudencia, la rectitud, la justicia y la equidad" (1:3 NVI). Sólo un necio impío rechazaría tal entrenamiento (1:7), que incluye instrucción de la Torá o Ley de Dios (1:8; 6:23; Deut. 6:6,7; Sal. 94:12; Ef. 6:4). Un hijo debe prestar diligente atención a la disciplina de su padre y su madre (4:1; 6:20; 13:1; 15:5), y un padre fiel y amante debe estar dispuesto a castigar las malas acciones como parte del entrenamiento del hijo (13:24; 15:10; 19:18; 22:15; 29:15).

Un efecto de dicho entrenamiento sería el desarrollo de la disciplina personal o dominio propio, característica fundamental de una persona sabia (1 Cor. 9:27; 1 Ped. 4:7). La Biblia enseña que las personas necesitan el entrenamiento moral y la disciplina del yo para derrotar las tendencias naturales al egoísmo pecaminoso y la corrupción que son el resultado de la depravación moral a partir de la caída (Gén. 4:7).

La disciplina divina Esta disciplina es diferente al juicio o al castigo. Mientras que el juicio y el castigo divinos se aplican a los injustos, la disciplina se reserva solamente para Sus hijos. El escritor de Hebreos exhortó a sus lectores a estar agradecidos por la disciplina de Dios porque ésta sirve como prueba definitiva de que Dios es sin duda su Padre (Heb. 12:5-11). Al representar la gracia de Dios hacia Sus hijos, explicaba que Dios la ejerce para nuestro beneficio a fin de que podamos compartir Su santidad (v.10), y da como resultado el fruto de la paz y rectitud a los que han sido entrenados en ella (v.11).

Disciplina de la iglesia Esta es quizás la disciplina más descuidada por los cristianos del siglo XXI. Así como a los miembros de la iglesia se les manda preocuparse el uno por el otro a fin de promover el amor y las buenas obras (Heb. 10:24), también se nos ordena confrontarnos unos a otros en amor cada vez que un miembro cae en pecado. Durante Su ministerio terrenal, Jesús ordenó a la iglesia que practicara la disciplina y delineó el procedimiento a través del cual se debe ejercer (Mat. 18:15-20). Si un miembro peca contra otro, la parte agraviada debe confrontar en privado al que está en pecado con la esperanza de restaurar la relación. Si una persona en pecado se niega a arrepentirse y a ser restaurada después de la reunión privada inicial, la parte ofendida debe tomar uno o dos testigos para una segunda reunión. Si la persona sigue sin arrepentirse, se debe informar a la iglesia y tomar medidas contra el miembro no arrepentido.

Si bien el Evangelio de Mateo no explica precisamente cuáles pecados son lo suficientemente serios como para aplicar la disciplina de la iglesia, las epístolas de Pablo sí lo hacen. En tres pasajes, el apóstol explica que un miembro necesita ser disciplinado por una inmoralidad grave que haya tomado estado público (1 Cor. 5:1-13), por herejía doctrinal (Rom. 16:17,18) y por la provocación intencional de división en la iglesia (Tito 3:10,11). Aunque el propósito de dicha disciplina es siempre restauración (Gál. 6:1), cuando las personas en cuestión no admiten que han estado en pecado, deben ser separadas de la comunión de la iglesia y se les debe negar cualquier privilegio como miembro de la congregación, lo que incluye no participar de la Cena del Señor pero sin limitarse sólo a esto (1 Cor. 5:11). Esta acción les quita la protección espiritual de la iglesia y permite que el ataque satánico revele su verdadero estado espiritual "para destrucción de la carne, a fin de que el espíritu sea salvo en el día del Señor Jesús" (1 Cor. 5:5). Pablo sostiene la esperanza de que el ataque satánico pueda conducirlos de regreso a la iglesia con una actitud de arrepentimiento.

La disciplina de la iglesia se relaciona con la disciplina de sus líderes, una circunstancia especial sobre la que Pablo enseña en 1 Tim. 5:19,20: "Contra un anciano no admitas acusación sino con dos o tres testigos. A los que persisten en pecar, repréndelos delante de todos para que los demás también teman."

Hershael W. York y E. Ray Clendenen

DISCÍPULO Seguidor de Jesucristo, especialmente los doce elegidos que siguieron a Jesús durante Su ministerio terrenal. El término "discípulo" proviene de una raíz latina. Su significado primario es "aprendiz" o "pupilo". El término prácticamente no se encuentra en el AT, aunque hay dos referencias relacionadas (1 Crón. 25:8; Isa. 8:16).

En el mundo griego, la palabra "discípulo" normalmente se refería al adherente a un maestro particular o de una escuela religiosa/filosófica. La tarea del discípulo era aprender, estudiar y transmitir los dichos y las enseñanzas del maestro. En el judaísmo rabínico, el término "discípulo" se refería a alguien que estaba dedicado a las interpretaciones de la Escritura y la tradición religiosa que le había enseñado el maestro o rabino. A través de un proceso de aprendizaje que incluía un tiempo de reunión formal y métodos pedagógicos como preguntas y respuestas, instrucción, repetición y memorización, el discípulo crecería en su devoción al maestro y sus enseñanzas. A su tiempo, el discípulo también transmitiría las tradiciones a otros.

Discípulos de Jesús En el NT, 233 de los 261 casos en que aparece la palabra "discípulo" ocurren en los Evangelios; las otras 28 en Hechos. Generalmente la palabra se refiere a los discípulos de Jesús, pero hay también referencias a discípulos de los fariseos (Mat. 22:16; Mar. 2:18), de Juan el Bautista (Mar. 2:18; Luc. 11:1; Juan 1:35) e incluso de Moisés (Juan 9:28).

Los Evangelios se refieren con frecuencia a Jesús como "Maestro" *(Rabbi)* (Mat. 26:25,49; Mar. 9:5; 10:51; 11:21; Juan 1:38,49; 3:2,26; 6:25; 20:16). Se supone que Jesús utilizó técnicas rabínicas tradicionales de enseñanza (preguntas y respuestas, discusión, memorización) para instruir a sus discípulos. Él era diferente de los rabinos en muchos aspectos. Invitó a sus discípulos con la palabra "sígueme" (Luc. 5:27). Los discípulos de los rabinos podían seleccionar a sus maestros. Jesús a menudo exigió niveles extremos de entrega personal (pérdida de familia, propiedades, etc.; Mat.

4:18-22; 10:24-42; Luc. 5:27,28; 14:25-27; 18:28-30). Pidió lealtad absoluta (Luc. 9:57-62) como el medio fundamental para hacer la voluntad de Dios (Mat. 12:49-50; Juan 7:16-18). Enseñó más como portador de la revelación divina que como eslabón en la cadena de la tradición judía (Mat. 5:21-48; 7:28,29; Mar. 4:10,11). Así fue que Jesús anunció el final de los tiempos y el largamente esperado reino de Dios (Mat. 4:17; Luc. 4:14-21,42-44).

Los doce Como vocero mesiánico del reino de Dios, Jesús reunió a un círculo especial de doce discípulos, una representación claramente simbólica de las doce tribus (Mat. 19:28). Al hacerlo estaba redefiniendo la identidad social judía sobre el fundamento del discipulado en relación a Jesús. Los Doce representaron un grupo único, haciendo de la palabra "discípulo" (como una referencia a los doce) un equivalente exacto a "apóstol" en aquellos contextos donde la última palabra también estaba limitada a los Doce. Las cuatro listas de los Doce en el NT (Mat. 10:1-4; Mar. 3:16-19; Luc. 6:12-16; Hech. 1:13,26) también implican en sus contextos el uso sinónimo de los términos "discípulos" / "apóstoles" cuando se utiliza para referirse a los Doce.

Un grupo más grande de seguidores Los Evangelios demuestran claramente que la palabra "discípulo" puede aplicarse a otros aparte de los Doce. El verbo "seguir" se convirtió en un tecnicismo que Jesús usó para llamar a sus discípulos, quienes luego fueron llamados "seguidores" (Mar. 4:10). Estos incluían a una gran cantidad de personas de entre las cuales se seleccionó a los Doce (Mar. 3:7-19; Luc. 6:13-17). Este grupo más amplio de discípulos incluía a una gran variedad de hombres y mujeres (Luc. 8:1-3; 23:49). (Incluso en el grupo de los Doce había diversidad: pescadores, un recaudador de impuestos y un zelote). Sin duda Jesús era sumamente popular entre los marginados sociales y los despreciados por la religión, aunque también lo seguían algunos ricos y personas con trasfondo teológico (Luc. 8:1-3; 19:1-10; Juan 3:1-3; 12:42; 19:38,39).

Los Doce fueron enviados como representantes de Jesús, comisionados para predicar la venida del reino, echar fuera demonios y curar las enfermedades (Mat. 10:1,5-15; Mar. 6:7-13; Luc. 9:1-6). Estas tareas no estaban limitadas a los Doce (Luc. 10:1-24). Aparentemente los discípulos de Jesús al comienzo incluían a "una gran multitud de gente" (Luc. 6:17). Jesús formó a ciertos grupos más pequeños y más específicamente definidos dentro de esa "gran multitud". Estos grupos más pequeños incluían a un grupo de "70" (Luc. 10:1,17), a los "doce" (Mat. 11:1; Mar. 6:7; Luc. 9:1), y quizás a un grupo aún más pequeño, dentro de los doce, integrado especialmente por Pedro, Jacobo y Juan, cuyos nombres (junto con Andrés) siempre aparecen primeros en las listas de los Doce (Mat. 10:2; Mar. 3:16,17; Luc. 6:14; Hech. 1:13), cuyos llamados se destacan de modo especial (Mat. 4:18-22; Juan 1:35-42 y la tradición de que Juan es "el otro"/"discípulo amado" del Evangelio de Juan: 13:23; 19:26; 20:2; 21:20), y fueron los únicos que acompañaron a Jesús en algunas ocasiones especiales de sanidad y revelación (Mat. 17:1; Mar. 13:3; Luc. 8:51).

Todos los seguidores de Jesús El libro de Hechos de los Apóstoles frecuentemente utiliza "discípulo" para referirse de manera general a todos aquellos que creen en el Señor resucitado (6:1,2,7; 9:1,10,19,26,38; 11:26,29). Además, la forma del verbo "discipular" como aparece en la escena de la gran comisión del Evangelio de Mateo (28:19,20), también sugiere el uso del término "discípulo" en la iglesia primitiva como un término más generalizado para todos aquellos que respondían a Jesús con fe, luego de haber escuchado y creído en el evangelio.

Conclusión Como referencia a los Doce entonces, las palabras "apóstol" y "discípulo" podrían ser sinónimos. Sin embargo, así como el término "discípulo" podría referirse a otros seguidores de Jesús además de los Doce en la época de Su ministerio, también después de Su resurrección el término "discípulo" tuvo un significado más amplio y se aplicó claramente a todos sus seguidores. Si bien el término "apóstol" conservó un significado más específico y estuvo ligado a ciertos testigos visuales del Señor resucitado, la palabra "discípulo" tendió a perder sus asociaciones más específicas con los Doce y/o los que siguieron al Jesús histórico o vieron al Señor resucitado, y se convirtió en equivalente de "cristiano" (Hech. 11:26). Sin embargo, en todos los casos el vínculo del significado para las diferentes aplicaciones de la palabra "discípulo" era la lealtad a Jesús. Ver *Apóstol*.

Robert B. Sloan (h)

DISCÍPULO AMADO Expresión abreviada utilizada para hacer referencia a un discípulo a quien Jesús amaba profundamente. Se ha identificado de varias maneras haciendo referencia a Lázaro, a una fuente anónima o autor del Evangelio, a un discípulo idealizado o a la referencia que Juan hace de sí mismo sin utilizar su nombre. La tradición y la

D

interpretación de evidencias bíblicas parecieran indicar que era Juan, el cual en forma modesta se negó a colocar su nombre en sus obras literarias. Por esta razón, aquel que en una ocasión era "hijo del trueno" se refirió a sí mismo como el otro discípulo a quien Jesús amaba (Juan 20:2; 21:7). Ver *Juan.* *Lawson G. Hatfield*

DISENTERÍA Enfermedad caracterizada por diarrea, espasmos dolorosos intestinales y ulceración e infección de las vísceras que produce sangrado y pus en las excreciones. Muchos intérpretes también entienden como disentería a la enfermedad intestinal crónica que afectó al rey Joram (2 Crón. 21:15,18,19). El lenguaje no técnico del relato impide expresar un diagnóstico preciso, excepto de enfermedades intestinales tales como diarrea crónica o colitis. Hay cierto desacuerdo en cuanto a la naturaleza de los síntomas indicados en 2 Crón. 21:15. Muchos comentaristas entienden que la frase que expresa que sus intestinos se le salieron, es una referencia a un intestino prolapsado, es decir, que el intestino se deslizó de su posición normal. Otros entienden que el texto se refiere a la expulsión del intestino mismo.

DISÓN Nombre de un jefe de los horeos de Edom (Gén. 36:21,25-26,30). El nombre puede equivaler a Disán con una variante de escritura utilizada para identificar a personas diferentes. Ver *Disán.*

DISPENSACIÓN Término derivado del latín *dispensatio*, que se utiliza comúnmente para traducir el término griego *oikonomia*. Etimológicamente, la palabra griega se refiere al régimen o la administración de un hogar. La forma del verbo *oikonomeo* significa dirigir, administrar, gobernar o planificar. Según lo observado en Rom. 16:23, donde se menciona a Erasto, el tesorero de la ciudad de Corinto, el término implica responsabilidades financieras. En 1 Cor. 9:17, el término se emplea para describir la administración del ministerio apostólico de Pablo. Por lo tanto, además de la responsabilidad y la administración financiera, *oikonomia* incluye todo tipo de mayordomía.

En la enseñanza de Jesús, aparece en su famosa parábola del mayordomo astuto (Luc. 16:1-13). En este caso particular, la tarea y el funcionario están íntimamente vinculados. Jesús utilizó ocho veces la palabra *oikonomeo* o términos semejantes. Las aplicaciones restantes en el NT están en los escritos de Pablo (excepto una de Pedro, 1 Ped. 4:10), lo que da como resultado un total de más de 20 apariciones.

El empleo bíblico de *oikonomia* revela uso y significado teológicos. En Ef. 3:2 y 3:9 la dispensación se vincula con el misterio de Cristo, que según Pablo es una revelación de Dios. La dispensación es, por lo tanto, un acuerdo en el que Dios asigna responsabilidad a la humanidad. Debido a que se relaciona con Jesucristo, quien no había sido revelado por largo tiempo (3:5), en ese sentido es nueva. Pablo había indicado anteriormente en esa epístola que llegaría una "dispensación del cumplimiento de los tiempos" (1:10; comp. LBLA, NVI), a la que se presenta como un fenómeno futuro. Colosenses 1:25-29 indica que existía un acuerdo dispensacional previo diferente del actual. Esto sugiere que en el pensamiento de Pablo son evidentes por lo menos tres dispensaciones de Dios en Su trato con la humanidad: pasada, presente y futura.

Cuando se las observa a la luz del desarrollo de la revelación (por ej. Juan 1:17; Gál. 3–4), se puede interpretar que las dispensaciones van adquiriendo importancia adicional. Hay un avance de la revelación a medida que se va develando la historia de la salvación. Las diversas épocas incorporan diferentes maneras o dispensaciones (designadas soberanamente) para relacionarse con Dios. Éstas no se deben considerar caminos alternativos de salvación. La salvación es siempre por gracia y solamente por medio de la fe (Rom. 4). La iglesia de esta dispensación tiene la característica distintiva de incluir a judíos y gentiles en una posición de igualdad que no había sido reconocida anteriormente (Ef. 2:11-22). La administración mosaica fue suplantada por completo (Gálatas es particularmente importante en este proceso) tal como había sido profetizado en el AT. En 2 Cor. 3:6, Pablo hace mención de sí mismo y de sus colaboradores como ministros de un nuevo pacto (comp. Luc. 22:20). Las promesas a Israel en Jer. 31:31-34 y Ezeq. 36:22-32 tuvieron cumplimiento inicial y parcial en el ministerio de la vida, muerte y resurrección de Jesucristo. Otros aspectos de la historia de la salvación tendrán lugar en el ministerio futuro de Cristo cuando Él vuelva. Por lo tanto, estos planes dispensacionales deben ser considerados teología de revelación progresiva en el tiempo y herramienta hermenéutica para interpretar correctamente las relaciones de Dios con la humanidad.

El dispensacionalismo es un sistema de interpretación bíblica prominente en la iglesia desde el resurgimiento del estudio bíblico a mediados del siglo XIX, aunque sus raíces son anteriores. John Nelson Darby, C. I. Scofield y Lewis Sperry Chafer estuvieron entre los defensores más famosos de un sistema de teología e interpretación que enfatizaba los elementos sobresalientes dentro de las dispensaciones. El énfasis hermenéutico más característico del dispensacionalismo es la diferenciación entre la nación de Israel y la Iglesia. Algunos dispensacionalistas clásicos incluso sostenían que Israel y la Iglesia tenían destinos finales divergentes, el primero en la tierra renovada y la otra en el cielo. En las últimas siete u ocho décadas, esta teología creció en número de seguidores y además tuvo un desarrollo significativo. En las décadas de 1950 y 1960, la forma extrema de la naturaleza dualista del plan eterno de Dios fue de alguna manera flexibilizada, especialmente en los escritos de Charles Ryrie y John Walvoord. En lugar de la enseñanza anterior sobre la tierra permanente o el cumplimiento terrenal de las promesas de Dios a Israel en oposición a las promesas espirituales en el cielo para la iglesia, estos teólogos enseñaron que tanto a los judíos como a los gentiles les esperaba un mismo futuro en unidad soteriológica. Más recientemente ha comenzado la reconciliación entre algunos adherentes al dispensacionalismo y aquellos que comparten la teología no dispensacionalista. Es de particular importancia la comprensión escatológica del NT con su enfoque "ya/todavía no" del cumplimiento de las promesas del AT. El dispensacionalismo progresivo según lo presentan cristianos evangélicos como Craig Blaising, Darrell Bock y Robert Saucy ha surgido como un esfuerzo reciente de afinar el sistema hermenéutico. Este enfoque ha sido criticado por los partidarios de la escuela anterior, aunque ha ganado gran atención. Esta perspectiva reciente está más cerca del pensamiento no dispensacionalista y podría, por lo tanto, servir como puente para unir a los creyentes evangélicos en asuntos bíblicos y teológicos. El dispensacionalismo sigue siendo una fuerza vibrante dentro de las interpretaciones evangélicas de la Biblia. Ver *Apocalipsis, Libro de; Milenio.*

Doros Zachariades

DISPERSIÓN Ver *Diáspora.*

DIVERSIDAD La diversidad es una característica de la población humana y la animal (Gén. 10; Hech. 17:26,27). En su incomparable riqueza, Dios creó una increíble cantidad de criaturas para que llenaran la tierra (Gén. 1:11-12,20-22,24-25) y le respondieran con alabanza (Sal. 148).

Aunque Dios eligió a la familia de Abraham entre las demás a fin de que fueran su especial tesoro, Su pueblo siempre tuvo el rasgo de diversidad étnica (Ex. 12:38; comp. Luc. 4:25-27). En ocasiones Israel reaccionó en forma negativa hacia la variedad de su población, como cuando Nehemías criticó a los judíos de Jerusalén por casarse con mujeres extranjeras (Neh. 13:23-30). El tema de la diversidad se tornó crítico durante la propagación inicial de la iglesia hacia el mundo gentil (Hech. 10:1-48; 15:1-21), y la forma de resolver la cuestión fue la unidad en Cristo (Gál. 3:28). Juan vio que los que estaban en el cielo eran personas "de todas naciones y tribus y pueblos y lenguas" (Apoc. 7:9).

Dios da una variedad de dones espirituales a fin de equipar y capacitar a Su pueblo para el servicio en un mundo de diversidad (1 Cor. 12:4-31; Ef. 4:11-13).

DIVINIDAD DE CRISTO Ver *Cristo, cristología; Encarnación; Jesús.*

DIVORCIO Ruptura del pacto del matrimonio. Acción contraria al modelo de "un hombre, una mujer, una vida" revelado por Dios en Gén. 1:27; 2:21-25. La raíz de la idea implica el corte de la unión matrimonial. Si bien las culturas antiguas diferían en detalles, la mayoría tenía un concepto de matrimonio y otro concepto de divorcio.

El AT incluye numerosas referencias al divorcio. El divorcio como pecado apareció en Mal. 2:14-16. En primer lugar, Malaquías indicó que el matrimonio representaba un pacto entre un hombre y una mujer. Además, el matrimonio proporcionaba compañerismo, unidad, y promovía una descendencia santa. La disolución del matrimonio representaba un comportamiento traidor ante el Señor. Dios odiaba el divorcio y pronunció una advertencia a los que no se habían divorciado.

Bajo ciertas condiciones, el divorcio podía tener lugar de acuerdo con la ley del AT (Deut. 24:1-4). Aunque una esposa podía abandonar a su esposo, solamente el marido podía solicitar el divorcio. Si el esposo encontraba "en ella alguna cosa indecente", se le permitía, aunque no se le requería, escribir un "certificado de divorcio" contra su esposa. La mujer repudiada podía casarse otra vez, pero no con su primer esposo. Deuteronomio 24 se ha interpretado en el sentido de que cualquier cosa desagradable permitía el divorcio, o bien que solamente la inmoralidad sexual era motivo para divorciarse. La interpretación más coherente parecería ser que, si luego del casamiento un esposo descubría que su esposa había tenido relaciones sexuales durante el período de compromiso (o antes), podía divorciarse. Esto era una salvaguarda importante puesto que, bajo la ley del AT, el adulterio (inmoralidad sexual durante el matrimonio) se castigaba con la muerte (Lev. 20:10). Después del cautiverio de Israel en Babilonia, Esdras (Esd. 10) condujo a los israelitas a "despedir a todas las mujeres y los nacidos de ellas" con el propósito de eliminar a los extranjeros idólatras de Israel. El matrimonio con los idólatras de los alrededores de Israel estaba prohibido (Deut. 7:3). Puesto que otros extranjeros habían sido aceptados en Israel (por ej. Rut), la norma probablemente indicaba que las esposas extranjeras se negaban a adorar al Señor como Dios.

Las normas sobre el divorcio aparecen en otros lugares del AT. A los sacerdotes no se les permitía casarse con mujeres divorciadas (Lev. 21:14), lo que reflejaba un estándar más alto para sus acciones. El voto de una mujer divorciada se consideraba compromiso legal, ya que no tenía un esposo que confirmara o invalidara sus acciones (Núm. 30:9). Finalmente, el Señor usó el divorcio como símbolo de Su descontento con Israel (Jer. 3:8), aunque en otros lugares habla de Sus planes futuros para la nación.

El NT también vierte luz sobre el tema del divorcio. El Señor Jesús declaró que, excepto en el caso de inmoralidad sexual, el divorcio sería motivo de complicaciones para volver a casarse. Un divorcio incorrecto dejaba a la esposa divorciada y a su futuro esposo en condición de adúlteros (Mat. 5:31,32). En Mat. 19:3-12, Jesús enseñó que Dios no tenía intención de que existiera el divorcio. Además, indicó que la ley de Moisés lo permitía solamente debido a la dureza de corazón de los israelitas. Los discípulos de Jesús consideraron esto como una dura enseñanza y así lo manifestaron; sin embargo, el Señor no varió Su posición (Mat. 19:7-12; Mar. 10:4-12).

El apóstol Pablo abordó dos veces el tema del divorcio. En su exposición sobre la ley en Rom. 7:1-3, utilizó la ilustración del matrimonio para demostrar la autoridad de la ley. Reafirmó los principios de la santidad del matrimonio, el error del divorcio y las probables consecuencias de contraer nuevas nupcias. En 1 Cor. 7:10-16, el apóstol reiteró la necesidad de mantener el compromiso del matrimonio.

Basándose en Rom. 7:1-3 y 1 Cor. 7:39, Pablo manifestó que el divorcio dejaba de ser un problema una vez que el esposo hubiera muerto. El cónyuge con vida era libre para casarse, siempre y cuando el nuevo matrimonio fuera "en el Señor" (1 Cor. 7:39). Por lo tanto, el matrimonio en la Escritura representaba una unión sagrada para toda la vida entre un hombre y una mujer. El concepto del matrimonio fue establecido por Dios y aplicado a creyentes y no creyentes por igual. Se aplicaba también en los requisitos para liderazgo en la otra institución de Dios, la Iglesia (1 Tim. 3:1-13; Tito. 1:5-9). La ruptura del pacto matrimonial se oponía al plan de Dios y dividía la institución de la familia establecida por Dios. Ver *Matrimonio.* *Michael R. Spradlin*

DIZAHAB Nombre geográfico que significa "lugar de oro". Sitio al este del Río Jordán usado en Deut. 1:1 para ubicar el lugar donde Moisés le habló a Israel. Se desconoce información adicional sobre el lugar. Podría estar situado en Moab en la moderna ed-Dhebe.

DOBLE ÁNIMO Palabras del NT utilizadas solamente por Santiago para expresar la falta de pureza de corazón o una falta de confianza plena en Dios. El término significa literalmente "de dos mentes o almas" (gr. *dipsychos*). Describe a alguien que confía en Dios mientras que a la vez confía en algo más, tal como en uno mismo o en el mundo. Santiago animó a los que carecían de sabiduría para que se la pidieran a Dios. En Sant. 1:8 se describe al que pide a Dios y duda como un "inconstante". Es el que duda entre pedirle a Dios con fe y no creer que Él va a responder ni que podrá hacerlo. Puede también ser alguien que pide a Dios pero que recurre a su propia sabiduría en lugar de la que proporciona Dios. Se describe a esta persona como alguien "inconstante en todos sus caminos", lo cual indica que ha vivido toda su vida sin confiar plenamente en Dios.

Más adelante en su carta, Santiago anima a sus lectores a purificar sus corazones (Sant. 4:8) porque eran personas de "doble ánimo". Santiago exhortaba a estos cristianos a que asumieran el compromiso de confiar en Dios y en Sus propósitos en lugar de depositar su confianza en sus propios caminos o en sí mismos.

Thomas Strong

DOBLEZ (DE LENGUA) Uno de los requisitos de los diáconos es que no tengan doblez de lengua, es decir, que no falten a su palabra (1 Tim. 3:8; LBLA, "de una sola palabra"). Santiago 3:9,10 advierte sobre la incongruencia de aquellos que bendicen a Dios mientras maldicen a los que han sido creados a la imagen de Dios. Primera Juan 3:18 anima a que las palabras amorosas vayan acompañadas de acciones amorosas. La incongruencia o doblez del habla también se puede entender como pensar una cosa y decir otra, o como decir una cosa a una persona y otra distinta a otra.

DOCE, LOS Ver *Apóstol; Discípulos.*

DOCTRINA Verdades y enseñanza cristianas transmitidas de generación en generación como "la fe que ha sido una vez dada a los santos" (Jud. 3).

La doctrina se refiere a la enseñanza cristiana, y más específicamente, a la enseñanza cristiana sobre Dios, el evangelio y el sistema global de la verdad cristiana. La palabra doctrina significa "enseñanza" y por lo general se refiere al cuerpo de creencias aceptadas y sostenidas universalmente por la iglesia cristiana, y a las creencias específicas de las denominaciones y congregaciones en particular.

La iglesia cristiana no puede evitar la enseñanza, por lo cual debe formular un marco para la comprensión y enseñanza de los rudimentos básicos y los principios de la fe, y para desarrollar esas doctrinas de una manera más amplia y cabal. Sin dicho marco, la iglesia carece de un sistema coherente de creencias y recursos para discriminar entre las creencias verdaderas y las falsas. De este modo, la doctrina cumple un papel vital y necesario en la vida de la iglesia y del creyente. El enfoque bíblico de la doctrina no está basado en la noción de creencias estáticas y muertas sino en verdades vivientes valoradas y defendidas por todos los creyentes verdaderos.

El fundamento, fuente y autoridad para el desarrollo de la doctrina es la Biblia. Esta es "útil para enseñar" (2 Tim. 3:16) y establece la estructura, el contenido y la autoridad para el desarrollo de la doctrina.

La estructura de la doctrina cristiana se arraiga en el carácter de la Biblia como Palabra de Dios inerrante e infalible. Por ser revelación de Dios, la Biblia establece una estructura para el pensamiento y transmite la verdad en forma doctrinal. La doctrina se asienta claramente en la naturaleza proposicional de la revelación bíblica. Las Escrituras presentan una estructura unificada y exhaustiva de la verdad cristiana, y la iglesia tiene la responsabilidad de correlacionar estas verdades en un sistema integral de la verdad.

El contenido de la doctrina cristiana deriva de una consideración cuidadosa de la totalidad de las enseñanzas bíblicas. Las doctrinas se desarrollan a medida que los cristianos buscan entender el contenido de la Sagrada Escritura y procuran expresar esas enseñanzas en forma comprensible y apropiada para instruir a los creyentes.

La autoridad de las doctrinas cristianas es la Biblia misma. En la formulación de la doctrina, la iglesia toma en cuenta otras autoridades. La experiencia revela a menudo la necesidad del cuidado doctrinal, y la doctrina cristiana verdadera se debe vivir con fidelidad y no ser recibida solamente como tema de interés intelectual. La razón es también importante en la formulación doctrinal porque las herramientas del razonamiento son indispensables para la tarea de expresar las verdades bíblicas en forma doctrinal. La tradición también cumple una función porque cada generación de cristianos hereda de las generaciones anteriores patrones de creencia y práctica. No comenzamos con tradiciones heredadas y una pizarra en blanco.

Sin embargo, la Biblia no puede funcionar simplemente como una autoridad entre otras tantas. La Biblia es la autoridad final y de control para todas las cuestiones de creencia y práctica cristiana. La experiencia, la razón y la tradición deben ser juzgadas por la Escritura, y ésta no puede ser juzgada por otras autoridades. Este principio ha caracterizado a la iglesia en los períodos en que tuvo fuerza y pureza doctrinal. Cuando se transige en la doctrina, las enseñanzas falsas y las herejías resultan inevitables. Este principio se expresó durante la Reforma al hablar de *sola Scriptura*, ya que solamente la Escritura es la autoridad final para toda formulación doctrinal y enseñanza cristiana verdadera.

Una vez instituidas, las doctrinas con frecuencia se expresan y enseñan a través de los catecismos, y se adoptan como credos y confesiones. Cada denominación cristiana expresa sus creencias en alguna forma doctrinal, ya sea rudimentaria o altamente desarrollada. Asimismo, cada cristiano debe tener una comprensión básica de la doctrina cristiana para poder responder a quien "demande razón de la esperanza que hay en vosotros" (1 Ped. 3:15).

La iglesia debe prestar atención constante a la doctrina porque las enseñanzas aberrantes y las herejías son una amenaza permanente para la integridad bíblica del pueblo de Dios. Como los cristianos de la antigua Berea, la iglesia debe examinar continuamente sus creencias por medio de la Escritura (Hech. 17:11). Las herejías se deben confrontar y corregir con la autoridad de la Biblia. Los falsos maestros deben ser puestos a la luz y apartados de la comunión (1 Tim. 6:3-5; Tito 3: 10) La iglesia no puede permanecer indiferente a las enseñanzas falsas sino que debe proteger la pureza de la fe cristiana verdadera en sumisión a la Biblia como Palabra de Dios.

Las doctrinas se deben formular, enseñar y transmitir de una generación a otra conforme a la sucesión establecida por los apóstoles (Hech. 2:42; 2 Tim. 2:2). La fe "una vez dada" (Jud. 3) debe ser cuidada, creída, defendida y protegida por los cristianos auténticos. Los padres son responsables de enseñarles con fidelidad a sus hijos, y los líderes de la iglesia de enseñarles a los hijos de Dios.

Ninguna formulación humana puede expresar la verdad cristiana de manera completa. Nuestras formulaciones doctrinales nunca llegan a cubrir la medida de la plenitud de la verdad bíblica. Sin embargo, la iglesia está llamada a expresar la estructura y el contenido de esa verdad y a ocuparse siempre de corregir las doctrinas por medio de la Escritura, buscando enseñar el evangelio y el modelo de la verdad bíblica tal como fueron recibidos inicialmente por los apóstoles.

R. Albert Moler (h)

DODAI Nombre de persona relacionado a la palabra hebrea que significa "favorito" o "amado". Primera Crónicas 27:1-15 describe que el ejército de David estaba repartido en doce divisiones mensuales con un oficial a cargo de cada una de ellas. Dodai estaba a cargo del segundo mes. En 2 Sam. 23:9 y 1 Crón. 11:12 se menciona a Dodo el ahohíta, que es probablemente una variante de escritura que equivale a Dodai. Ver *Ahohíta; Dodo.*

DODANIM Bisnieto de Noé e hijo de Javán en la Tabla de las Naciones (Gén. 10:4). En 1 Crón. 1:7, el nombre es Rodanim. Los primeros copistas confundían fácilmente la "r" y la "d" hebreas. Si Rodanim es correcto, puede ser una referencia a los habitantes de Rodas. Si el original es Dodanim, la identificación del pueblo no es sencilla. Podría referirse a cierta tierra de Danuna, conocida a través de las cartas de Amarna, que al parecer estaba ubicada al norte de Tiro. Hubo un pueblo con un nombre similar entre los pueblos del mar que lucharon con Ramesés III. Homero dice que los daneanos sitiaron Troya. Sargón II describe a los yadanana que vivieron en Chipre. A pesar de la información específica, aparentemente provenían de la región griega y su idioma pudo haber sido el griego.

DODAVA Nombre de persona que significa "amado de Yahvéh". Padre del profeta Eliezer (2 Crón. 20:37).

DODO Nombre de persona que significa "su amado". **1.** Abuelo de Tola, juez de Israel (Jue. 10:1). **2.** Padre de Eleazar, uno de los tres hombres poderosos de David (2 Sam. 23:9). En 1 Crón. 27:4 es llamado Dodai. **3.** Habitante de Belén y padre de Elhanán, uno de los guerreros de David (2 Sam. 23:24).

DOEG Nombre de persona que significa "lleno de temor". Edomita al servicio del rey Saúl (1 Sam. 21:7). Se encontraba en Nob cuando David llegó allí durante el curso de su huida de Saúl. Doeg informó posteriormente a Saúl que el sacerdote Abimelec había ayudado a David. Después de confrontar a Abimelec, Saúl les ordenó a sus guardias que asesinaran a los sacerdotes de Nob. Cuando los guardias rehusaron obedecer, Saúl le ordenó a Doeg que matara a los sacerdotes. En una demostración espantosa de obediencia, Doeg les quitó la vida a 85 personas. El título del Sal. 52 se refiere a este incidente. Ver *Saúl.*

DOFCA Nombre geográfico que quizás signifique "instinto (animal)". Lugar de parada entre el Desierto de Sin y Refidim donde acampó Israel (Núm. 33:12). Ha sido ubicado en la moderna Serabit el-Chadim, aunque sin certeza.

DOMICIANO Ver *Roma y el Imperio Romano.*

DOMINGO Ver *Día del Señor.*

DOMINIO PROPIO, AUTOCONTROL Término que utilizan las versiones modernas para traducir varias palabras griegas que indican una actitud sobria, moderada, calma y ecuánime ante la vida; una actitud donde los deseos y las pasiones se hallan bajo control. Las amonestaciones bíblicas esperan que el pueblo de Dios ponga en práctica el dominio propio (Prov. 25:28; 1 Cor. 7:5; 1 Tes. 5:6; 1 Tim. 3:2; 2 Tim. 1:7; 3:3; Gál. 5:23; Tito

1:8; 2 Ped. 1:6). La libertad en Cristo no les da a los creyentes la libertad de abandonar toda restricción moral, como aparentemente creían algunos miembros de la iglesia de Galacia y otras congregaciones. Tampoco se pide que los creyentes se recluyan del mundo y sus tentaciones. El llamado es a vivir una vida de autodisciplina conforme al ejemplo de Cristo, quien estaba en el mundo pero no era del mundo. Ver *Ética; Libertad.*

DOMINIO, SEÑORÍO Autoridad política (Núm. 24:19; Dan. 7:6,12,14) o reino en el que se ejerce tal autoridad (1 Rey. 4:24; 9:19). El dominio puede tener una connotación positiva, como cuando se le da a la humanidad el dominio sobre la creación (Gén. 1:26,28; Sal. 8:6), o una negativa que se aproxima a la idea de sometimiento (Gén. 37:8; Jue. 14:4; Neh. 9:28). Aunque los seres humanos ejercen dominio sobre la esfera política y sobre la creación, el dominio definitivo le pertenece a Dios (Sal. 72:8; Dan. 4:3,34). El dominio se utiliza en forma figurada para la autoridad de la ley (Rom. 7:1) y para el poder del pecado (Sal. 19:13; Rom. 6:14) y de la muerte (Rom. 6:9). Los dominios de Col. 1:16 son poderes angelicales que se subordinan a Cristo.

DONES ESPIRITUALES La frase "dones espirituales" se emplea comúnmente para referirse a la capacidad que Dios les da a los creyentes para el servicio. Las Escrituras emplean estos términos de manera específica: "dones" (gr. *domata*, Ef. 4:8), "dones espirituales" (*pneumatika*, 1 Cor. 12:1), "gracia" (*charismata*, Rom 12:6; 1 Cor. 12:4,9,28, 30,31; 1 Ped. 4:10), "operaciones" (*energemata*, 1 Cor. 12:6) y "manifestación" (*phanerosis*, 1 Cor. 12:7). Estos términos indican lo que Dios otorga a los creyentes para que realicen la obra del ministerio en la iglesia. Es apropiado usar la frase "dones espirituales" dado que provienen del Espíritu Santo (aunque también podría decirse que vienen del Padre a través de la obra redentora del Hijo: Ef. 4:8-11; 1 Cor. 12:5-7,11) y son otorgados por Dios de acuerdo a Sus propósitos soberanos (1 Cor. 12:11).

En las dos discusiones más largas sobre estos *charismata*, Pablo enfatiza la diversidad que existe en la iglesia, el cuerpo de Cristo, y que se ve reflejada en la variedad de dones espirituales (1 Cor. 12:1-31; Rom. 12:3-8). Los eruditos han intentado clasificarlos de distintas maneras pero ninguna resulta convincente. Una de dichas clasificaciones (James D. G. Dunn) presenta estas distinciones:

(1) Actividades (milagros, sanidad, fe)

(2) Manifestaciones (revelación de Cristo, visión y éxtasis, conocimiento y sabiduría, guía)

(3) Palabra inspirada (proclamación, profecía, discernimiento de espíritus, enseñanza, canto, oración, lenguas, interpretación)

(4) Servicio (dar y cuidar, ayudar y guiar)

Otra clasificación (Bridge y Phypers) sigue este esquema:

(1) Líderes reconocidos de la iglesia (apóstoles, profetas, evangelistas, pastores y maestros, servidores, administradores, ayudantes)

(2) La iglesia en su totalidad (sabiduría, conocimiento, fe, sanidad, milagros, profecía, discernimiento, lenguas, interpretación, pobreza voluntaria, martirio, celibato, contribución, acciones de misericordia)

Es posible que haya formas más apropiadas de clasificar los dones, los cuales tienen que ser vistos en el contexto de los ministerios, pero estos ministerios se pueden entender de diferentes modos. ¿Qué son exactamente estos dones en el NT? Hay cierto desacuerdo entre los eruditos sobre la interpretación de algunos dones, pero será útil hacer algunos comentarios.

Ciertos dones parecen manifestarse de manera sumamente espectacular. El don de milagros (1 Cor. 12:28,29) se refiere a un poder que manifiesta el señorío de Cristo sobre todo lo creado. Nada está fuera de Su Señorío. La "palabra de sabiduría" (1 Cor. 12:8) tiene que ver con la capacidad para dar un consejo sabio ante cualquier circunstancia difícil. Muchos lo han experimentado en situaciones de la iglesia en que alguien tiene la capacidad de conocer la mente del Espíritu y decir las palabras correctas. A continuación aparece el ministerio de sanidad de la iglesia. Muchas personas del NT demostraron dones de sanidad sorprendentes, y estas manifestaciones estaban entre "las señales de apóstol" (2 Cor. 12:12). No obstante, algunos no eran sanados, como Pablo dice claramente: "a Trófimo dejé en Mileto enfermo" (2 Tim. 4:20), y urgió a Timoteo a tomar "un poco de vino a causa de tu estómago y de tus frecuentes enfermedades" (1 Tim. 5:23). Si bien Pablo tenía el don de sanidad (Hech. 14:6-10), queda claro que sólo podía sanar a aquellos a quienes Dios quería sanar de esa manera. También puede resultar significativo que Pablo habló de "dones de sanidades" (1 Cor. 12:28, lit. gr.). El plural puede indicar que ese tipo de don puede manifestarse en más de una forma, y que la sanidad milagrosa tal vez sea sólo una de las formas que asume. Otras formas pueden ser las oraciones de los ancianos por los enfermos (Sant. 5:13-16) o incluso el uso de la medicina y de la tecnología médica (ver las palabras de instrucción de Pablo a Timoteo mencionadas más arriba). Este don indica que Dios finalmente producirá la sanidad completa del cuerpo en la glorificación. Sin embargo, al igual que en otras áreas de la experiencia cristiana, hay cosas que ya tenemos pero que aún no se han completado, como sucede con la redención final del cuerpo que aguarda el regreso del Señor (Rom. 8:23; 1 Cor. 15:42-44). El "discernimiento de espíritus" (1 Cor. 12:10) puede aludir tanto a la capacidad para detectar espíritus malignos (Hech. 16:16-18) como también de tener un corazón que pueda discernir las necesidades espirituales del ser humano (Jer. 17:9,10; 1 Cor. 2:14). Ver *Lenguas, Don de; Profecía, profetas.*

D

Otros dones parecieran más comunes y corrientes y no parecieran venir directamente de Dios. La enseñanza, el servicio, la administración, la ayuda y la misericordia parecen más prosaicos; sin embargo, se mencionan entre los dones espirituales sin sugerir que sean de menor importancia en la iglesia. Más bien, en la analogía del cuerpo que presenta Pablo, dice claramente que los de "menor honra" (1 Cor. 12:23) son tan importantes como los más visibles y honrosos. Ninguna iglesia podría funcionar si todos quisieran tener los roles de pastor, maestro y evangelista. Estos son dones carismáticos (de gracia) al igual que la profecía y los milagros.

Los intérpretes a veces preguntan si los dones enumerados en el NT son los únicos que otorga Dios. Tal vez sea imposible responder dicha pregunta con autoridad. Lo que sí puede decirse con tranquilidad es que estos dones eran representativos de los que estaban presentes en la iglesia del primer siglo y, dado que las necesidades reales de las personas y de la iglesia no cambian, probablemente también lo sean en la iglesia actual. Estos dones pueden ser transferidos a una variedad de contextos específicos del ministerio.

Otros preguntan si todos los dones enumerados en estos pasajes todavía operan en la iglesia de hoy. No es una pregunta fácil. En primer lugar, se debe reconocer que los dones son dados de acuerdo a la soberanía del Espíritu (1 Cor. 12:11). En segundo lugar, no hay nada en estos textos que requiera que, sólo porque Dios otorgó un don o ministerio especial en el pasado, está obligado a otorgarlo en cada generación. Podría darse el caso, o tal vez no, de que Dios quisiera dar algún don con un propósito temporal y que, una vez que ese propósito se cumpliera, no hubiera necesidad de otorgarlo a generaciones posteriores. En algunos períodos de la historia bíblica, los milagros y los prodigios no eran prominentes ni siquiera en la vida de algunos héroes de las Escrituras. Moisés, por ejemplo, fue testigo de muchas señales y maravillas, pero David no. Esta cuestión adquiere relevancia en relación a los dones de profecía y apostolado. Pablo les recordó a los efesios que estos dos dones constituían el fundamento de la iglesia (Ef. 2:20), y Jesús le mostró a Juan que los nombres de los apóstoles están en los cimientos de la ciudad celestial (Apoc. 21:14). Si es así, pareciera que esos dones no necesiten seguir operando, por lo menos no de la misma forma que en la primera generación de la iglesia cristiana. De otro modo, el cimiento estaría en proceso de ser colocado nuevamente en cada generación, y eso no parece coherente con estos y otros textos, lo cual no significa que estos dones hayan cesado, como si la iglesia actual hubiera perdido su poder y su objetivo. Más bien, la razón por la cual Dios otorgó alguno de esos dones puede haber sido que se utilizaran para alguna necesidad específica y que, una vez logrado el objetivo, ya no fueran necesarios. Si la profecía y el apostolado tuvieron que ver con el proceso de formación de las Escrituras cristianas, no debemos esperar que esos dones sean necesarios (por lo menos del mismo modo) como lo fueron en los primeros tiempos de la iglesia.

A pesar de que los dones son muchos, el Espíritu que los otorga es uno. Dios ha dado a la iglesia diversidad de dones, dado que las necesidades de la comunidad cristiana son amplias y complejas. La iglesia necesita instrucción, exhortación, ministerios de misericordia, administración de su programa, consolación y sanidad en tiempos de enfermedad, consejo sabio en los días oscuros y mucho más. En consecuencia, Dios le ha dado a Su pueblo una amplia gama de capacidades, y cada persona debe descubrir los dones que posee, dónde ponerlos en práctica y ser feliz con eso (1 Cor. 12:15-25). Pero esta diversidad no debe ser causa de divisiones y peleas, ya que todos hemos sido dotados por el mismo Espíritu Santo que también mora en otros cristianos (Rom. 8:9-11; 1 Cor. 12:4-7).

Dios da dones espirituales a Su pueblo para que esté capacitado y sea eficaz en el ministerio.

Todos los cristianos tienen dones (1 Cor. 12:7; Ef. 4:7), los cuales nunca se dan a los creyentes para beneficio personal ni para que de alguna manera los utilicen para sí mismos. Son dados, como dice el apóstol, "para provecho" (1 Cor. 12:7), e implican ministerio. Todos los cristianos son ministros. Todos tienen tareas que llevar a cabo en la iglesia para servir al Señor. No se espera que nadie sea sólo receptor de un servicio; todo el pueblo de Dios da y recibe servicios. Las iglesias nunca podrán lograr el nivel de madurez que Cristo espera hasta tanto todos los miembros estén activos y demuestren qué dones recibieron. Esto lo demuestran mediante dedicación a los ministerios relacionados con sus dones (Ef. 4:12-16). Cuando las iglesias descubran la importancia del ministerio de cada miembro, experimentarán realmente el crecimiento del cuerpo para ser edificados en amor (Ef. 4:16). Ver *Espíritu Santo.*

Chad Brand

DOR Nombre geográfico que significa "morada". Ciudad cananea situada en la moderna Khirbet el-Burj, 19 km (12 millas) al sur del Monte Carmelo. Su historia primitiva demuestra conexiones con Egipto durante el gobierno de Ramesés II y con los pueblos del mar, que están íntimamente relacionados con los filisteos. Al parecer Tjeker, uno de los pueblos del mar, destruyó la ciudad poco después del 1300 a.C. Su rey se unió a la coalición del norte contra Josué (Jos. 11:2; 12:23) pero fue derrotado. La expresión hebrea en este caso, *naphoth dor*, las alturas de Dor, es inesperada debido a que Dor se encuentra en la costa. Es probable que sea una referencia al Monte Carmelo. Dor estaba en el territorio asignado a Aser, pero la tribu de Manasés lo reclamó (Jos. 17:11). Los cananeos mantuvieron el control político (Jos. 17:12; Jue. 1:27). Sirvió como cuarteles de distrito durante el reinado de Salomón, gobernado por su yerno, el hijo de Abinadab (1 Rey. 4:11).

Vista del antiguo puerto de Dor, en Israel.

DORCAS Nombre de persona que significa "gacela". Mujer creyente de Jope conocida por sus obras caritativas (Hech. 9:36). También la llamaban Tabita, un nombre arameo. Cuando se enfermó y murió, sus amigos enviaron a buscar al apóstol Pedro. Este fue a Jope e hizo resucitar a Dorcas. Fue el primer milagro de esa naturaleza realizado por uno de los apóstoles, y dio como resultado la conversión de muchos.

DOTÁN Nombre geográfico de significado incierto. Ciudad de la tribu de Manasés al oeste del Jordán, noreste de Samaria, sudeste de Megido y actualmente identificada como Tell Dotha. Estaba situada en un área menos productiva para la agricultura y atravesada por rutas comerciales. Dotán es la región a la que José se trasladó para encontrarse con sus hermanos (Gén. 37:17). Allí, ellos lo vendieron a una caravana de ismaelitas que lo llevó a Egipto siguiendo una ruta comercial antigua sobre la llanura de Dotán. Eliseo estuvo en Dotán (2 Rey. 6:13). El rey de Siria intentó capturar al profeta sitiando la ciudad. Eliseo entonces condujo al ejército sirio lejos de Dotán, a Samaria y a la derrota. Dotán está a 8 km (5 millas) al sudeste de Genín, 19 km (11 millas) al noreste de Samaria, y unos 20 km (13 millas) al norte de Siquem.

David M. Fleming

DOTE Regalo de bodas que respaldaba la seguridad financiera de la recién casada ante la posibilidad de que su marido pudiera abandonarla o morir. El futuro esposo o el padre de este pagaban la dote o el precio de la novia al padre de la desposada para que lo guardara. Si su padre utilizaba la dote para otros propósitos (Gén. 31:15) ella podía presentar su queja. Además la novia recibía regalos de boda de parte de su padre y de su esposo (Gén. 24:53; 34:12; Jue. 1:15). El monto de la dote dependía de las costumbres de las tribus o las familias específicas y de la clase económica y social de las partes (1 Sam. 18:23-27, un pasaje que también muestra que el dinero podía ser remplazado por servicio; comp. Gén. 29:15-30, Jos. 15:16,17). Además de garantizar seguridad financiera, la dote también compensaba a la novia y a su familia por la pérdida económica que representaba el que ella dejara su casa para unirse a la familia de su marido. Deuteronomio 22.29 indica el precio en 50 siclos de plata, un precio mucho mayor que el que se pagaba por un esclavo, o sea, 30 siclos (Ex. 21:32; comp. Lev. 27:1-8). El pago de la dote legalizaba el casamiento aun antes de la ceremonia oficial de la boda o de la consumación del matrimonio. Textos de diversas culturas del antiguo Cercano Oriente muestran prácticas similares. Con frecuencia, la novia recibe la dote directa o indirecamente a través de su padre. Ver *Familia; Matrimonio.*

DOXOLOGÍA Fórmula breve para expresar alabanza o gloria a Dios. Las doxologías generalmente contienen dos elementos: una expresión de alabanza a Dios (por lo general en tercera persona) y una manifestación de Su naturaleza infinita. El término "doxología" ("palabra de gloria") no aparece en la Biblia, pero tanto el AT como el NT contienen muchos pasajes doxológicos que usan esta fórmula.

Las doxologías bíblicas se encuentran en muchos contextos, pero una de sus funciones principales parece haber sido finalizar las canciones (Ex. 15:18), los salmos (Sal. 146:10) y las oraciones (Mat. 6:13), donde posiblemente servían como respuestas del grupo al solista que cantaba o recitaba. Las doxologías concluyen cuatro de las cinco divisiones del salterio (Sal. 41:13; 72:19; 89:52; 106:48), y el Salmo 150 cumple la función de una especie de doxología para la colección completa. Las doxologías también se encuentran al final o cerca del final de varios libros del NT (Rom. 16:27; Fil. 4:20; 1 Tim. 6:16; 2 Tim. 4:18; Heb. 13:21; 1 Ped. 5:11; 2 Ped. 3:18; Jud. 25) y se utilizan de manera prominente en Apocalipsis (1:6; 4:8; 5:13; 7:12). *David W. Music*

DRACMA Moneda persa de oro equivalente al salario de cuatro días de trabajo, introducida probablemente por Darío I (522–486 a.C.). Podría ser la moneda acuñada más primitiva y usada por los judíos durante el exilio. Las ofrendas para la reconstrucción del templo se hacían en dracmas (Esd. 2:69 LBLA; Neh. 7:70,72). Algunos intérpretes entienden que los 20 tazones de oro mencionados en Esd. 8:27 valían 1000 dracmas cada uno. Otros consideran que su peso era de aprox. 8,5 kg (19 libras) Ver *Economía, Monedas.*

DRAGÓN Término utilizado para traducir dos palabras hebreas muy parecidas *(tannim* y *tannin).* En ocasiones, los términos parecen ser intercambiables. El contexto indica que el primer vocablo hebreo se refiere a un mamífero que habita en el desierto (Isa. 13:22; 35:7; 43:20; Lam. 4:3). La mayoría de las traducciones modernas comparan al animal con el chacal, aunque tal vez se trate del lobo. El segundo término tiene cuatro aplicaciones posibles: (1) "gran monstruo marino" (NVI, "grandes animales marinos") en el sentido de una criatura grande del mar (Gén. 1:21; Sal. 148:7), posiblemente una ballena. Este sentido de *tannin* como ser creado puede servir como corrección del sentido 4; (2) serpiente (Ex. 7:9,10,12; Deut. 32:33; Sal. 91:13); (3) cocodrilo (Jer. 51:34; Ezeq. 29:3; 32:3); aquí la bestia se utiliza como símbolo de Nabucodonosor de Babilonia o del faraón egipcio; (4) monstruo marino mitológico, símbolo de las fuerzas del caos y del mal en oposición a la obra creativa y redentora de Dios (Sal. 74:12-14; Job 7:12; 26:12,13; Isa. 27:1; 51:9-10). Leviatán se utiliza como término paralelo.

En el NT, Apocalipsis desarrolla el sentido 4, describe al dragón como un monstruo grande y rojo con siete cabezas y diez cuernos. Este dragón se identifica claramente con Satanás (el diablo) y se lo llama engañador y acusador de los santos. Al igual que en los textos del AT, el dragón es encarcelado (Apoc. 20:1-3; Job 7:12) y más tarde sacado de allí para su destrucción final (Apoc. 20:7-10; Isa. 27:1).

DRAGÓN, FUENTE DEL Marca territorial en Jerusalén en tiempos de Nehemías que ya no se puede identificar con certeza (Neh. 2:13). La naciente del agua se describe como una fuente o un manantial. Algunas versiones toman la palabra hebrea subyacente como chacal en lugar de dragón. La Fuente del Dragón se ha identificado con el manantial de Gihón, la fuente de agua principal durante la época de Ezequías, el estanque de Siloé que era alimentado por el Gihón, el manantial En-rogel que estaba situado a unos 210 m (unos 700 pies) al sur de la confluencia del Hinom y los valles de Cedrón, o con un manantial a lo largo del lado este del Valle Tiropeón, que desde entonces se ha secado.

DROGAS (NARCÓTICOS ILEGALES) Varios principios bíblicos se refieren a la calamidad que es consecuencia del uso de narcóticos ilegales. El inequívoco consejo de la Biblia contra la borrachera (Prov. 20:1; 23:20,21,29-35; Isa. 28:1,7,8; Hab. 2:15,16; Gál. 5:16,21; Ef. 5:18) es una clara indicación de que los narcóticos ilegales, que afectan la mente y el cuerpo en mayor grado que el alcohol, deben ser evitados categóricamente. Así como el abuso del alcohol, la drogadicción también destruye la capacidad para vivir una vida moderada y prudente (Isa. 5:11,12).

La Biblia reconoce la apremiante realidad de la tentación de ceder ante la presión de otros, de abusarse a uno mismo y alejarse de todo (Prov. 31:4-7; Isa. 56:12; 1 Cor. 10:13; 15:33). Pedro habla de la importancia de mantener una mente alerta ante las circunstancias difíciles (1 Ped. 1:13; 5:8; comp. 1 Tes. 5:6). Hasta en la cruz, Jesús se negó a los efectos narcotizantes del vino (vinagre) mezclado con hiel (Mat. 27:34).

A los cristianos se les ordena honrar a Dios con sus cuerpos, que el apóstol Pablo llama apropiadamente templos del Espíritu Santo (1 Cor. 6:19,20). La Biblia enseña el valor del dominio propio (Prov. 25:28; Gál. 5:23), que es una de las maneras de resistir la tentación (1 Cor. 10:13). En realidad lo que rompe el ciclo de pecado y muerte es la obra de Cristo (Rom. 7:18–8:2).

Paul H. Wright

DRUSILA Esposa de Félix, el gobernador romano de Judea que escuchó la defensa de Pablo. Era judía y escuchó junto con su esposo los argumentos del apóstol (Hech. 24:24). Era la hija menor de Herodes Agripa I. Estuvo comprometida con Antíoco Epífanes de Comagene, pero éste rehusó convertirse al judaísmo. En cambio, el rey Aziz de Emesa sí aceptó ser circuncidado y entonces contrajeron matrimonio. Átomos, un mago de Chipre, ayudó a Félix a alejar a Drusila de su esposo. Al parecer, su hijo Agripa murió cuando el Monte Vesubio entró en erupción en el 79 d.C. Es probable que ella también haya muerto en tal desastre. Ver *Herodes.*

DUELO Prácticas y emociones asociadas con la experiencia de la muerte de un ser amado u otra catástrofe o tragedia. Cuando en la Biblia se menciona la muerte, generalmente se relaciona con la experiencia de alguien desconsolado que siempre responde de manera inmediata y exteriorizada, y sin ninguna clase de reservas. La Biblia relata el duelo de Abraham por Sara (Gén. 23:2). Jacob hizo duelo por José porque pensaba que estaba muerto: "Entonces Jacob rasgó sus vestidos, y puso cilicio sobre sus lomos, y guardó luto por su hijo muchos días. Y se levantaron todos sus hijos y todas sus hijas para consolarlo; mas él no quiso recibir consuelo, y dijo: Descenderé enlutado a mi hijo hasta el Seol. Y lo lloró su padre." (Gén. 37:34-35). Los egipcios hicieron duelo por Jacob durante 70 días (Gén. 50:3). Generalmente se guardaban 30 días de duelo por los líderes: Aarón (Núm. 20:29), Moisés (Deut. 34:8) y Samuel (1 Sam. 25:1). David lideró al pueblo mientras hacía duelo por Abner (2 Sam. 3:31-32).

María y Marta lloraron por la muerte de su hermano Lázaro (Juan 11:31). Juan escribió que "Jesús lloró" al ver a María y a sus amigos llorando (Juan 11:35). El llanto en aquella época, al igual que ahora, era la principal muestra de dolor. Las lágrimas se mencionan repetidas veces en la Biblia (Sal. 42:3; 56:8). El lamento en voz alta (llorar a gritos) también caracterizaba el duelo; tal es el caso del profeta que gritó "¡Ay, hermano mío!" (1 Rey. 13:30; comp. Ex. 12:30; Jer. 22:18; Mar. 5:38).

A veces la gente rasgaba sus vestiduras (Gén. 37:29,34; Job 1:20; 2:12), evitaba lavarse y realizar otras actividades normales (2 Sam. 14:2), y a menudo se ceñía de cilicio: "Entonces dijo David a Joab, y a todo el pueblo que con él estaba: Rasgad vuestros vestidos, y ceñíos de cilicio, y haced duelo delante de Abner" (2 Sam. 3:31; Isa. 22:12; Mat. 11:21). El cilicio era un material oscuro que se hacía con pelo de oveja o camello (Apoc. 6:12) y se utilizaba para elaborar sacos de grano (Gén. 42:25). Se usaba en lugar de otra vestimenta, o tal vez debajo de ella, y se ataba alrededor de la cintura por fuera de la túnica (Gén. 37:34; Juan 3:6). A veces los que hacían duelo se sentaban o se acostaban sobre el cilicio (2 Sam. 21:10). Las mujeres usaban vestimenta negra u oscura: "envió Joab a Tecoa, y tomó de allá una mujer astuta, y le dijo: Yo te ruego que finjas estar de duelo, y te vistas ropas de luto, y no te unjas con óleo, sino preséntate como una mujer que desde mucho tiempo está de duelo por algún muerto" (2 Sam. 14:2). Los que estaban de duelo también se cubrían la cabeza: "Y David subió la cuesta de los Olivos; y la subió llorando, llevando la cabeza cubierta y los pies descalzos. También todo el pueblo que tenía consigo cubrió cada uno su cabeza, e iban llorando mientras subían" (2 Sam. 15:30). Los que hacían duelo generalmente se sentaban en el suelo, descalzos, con las manos sobre la cabeza (Miq. 1:8; 2 Sam. 12:20; 13:19; Ezeq. 24:17) y se arrojaban ceniza o polvo sobre la cabeza o el cuerpo (Jos. 7:6; Jer. 6:26; Lam. 2:10; Ezeq. 27:30; Est. 4:1). Incluso se cortaban el pelo, la barba o la piel (Jer. 16:6; 41:5; Miq. 1:16), aunque este tipo de prácticas en el cuerpo estaban prohibidas porque eran paganas (Lev. 19:27-28;

21:5; Deut. 14:1). A veces se hacía ayuno; por lo general sólo durante el día (2 Sam. 1:12; 3:35), y tradicionalmente durante siete jornadas (Gén. 50:10; 1 Sam. 31:13). Sin embargo, los amigos proporcionaban comida porque no se podía preparar en una casa que se consideraba impura por la presencia del muerto (Jer. 16:7).

No sólo hacían duelo los parientes sino que también contrataban plañideras profesionales (Ecl. 12:5; Amós 5:16). La referencia de Jer. 9:17 a las "plañideras" sugiere que esas mujeres practicaban ciertas técnicas. Cuando Jesús fue a la casa de Jairo para curar a su hija, "vio a los que tocaban flautas, y la gente que hacía alboroto" (Mat. 9:23).

John W. Drakeford y E. Ray Clendenen

D

DUMA Nombre geográfico que significa "silencio" o "asentamiento permanente". **1.** Hijo de Ismael y antepasado original de la tribu árabe (Gén. 25:14) asentada en el oasis de Duma, probablemente la moderna el-Gof, también llamada Dumat el-Gandel, que significa Duma de las Rocas. Al parecer, los gobernantes de Duma lideraron coaliciones contra Asiria apoyadas por Damasco y más adelante por Babilonia entre los años 740 y 700 a.C. Asiria castigó a Duma en el 689, cuando también derrotó a Babilonia. Senaquerib conquistó Duma. El resto de la historia asiria está llena de relaciones turbulentas con los árabes vasallos, particularmente de los alrededores de Duma. Isaías proclamó un oráculo contra Duma (Isa. 21:11). **2.** Ciudad de la tribu de Judá (Jos. 15:52). Probablemente la moderna Khirbet ed-Dome, ubicada a unos 14 km (9 millas) al sudoeste de Hebrón. Posiblemente sea mencionada en las cartas de Amarna.

DURA Nombre acadio de lugar que significa "muralla exterior". Llanura de Babilonia donde el rey Nabucodonosor levantó una imagen de oro gigantesca de un dios o de sí mismo (Dan. 3:1). El nombre común del lugar no se presta para una localización exacta.

DUREZA DE CORAZÓN Acción o estado de resistencia y rechazo a la Palabra y la voluntad de Dios. Puede ser rechazo a escuchar la Palabra de Dios o a someterse y obedecer Su voluntad, puede incluir tanto el mensaje entregado como el mensajero que lo entrega.

El "endurecimiento" es un proceso por el cual una persona deja de tener conciencia de un acto de maldad cometido o de una actitud pecaminosa adoptada, como orgullo, impiedad, odio, lujuria, etc. (Heb. 3:13; 1 Tim. 4:2). Los hábitos pecaminosos pueden producir o exacerbar la condición de endurecimiento. La dureza de corazón puede hacer que se destruya el sentido de pecado de la persona y se anule la posibilidad de arrepentimiento.

Uno de los principales aspectos de este tema se refiere al agente de endurecimiento. La Biblia describe como agentes tanto a Dios como a individuos. Por ejemplo, un pasaje del libro de Éxodo afirma que Faraón endureció su corazón (Ex. 8:15). En otros lugares se dice que Dios endureció el corazón de Faraón (Ex. 4:21; 10:1). Pablo afirma que Dios endurecerá a quien Él quiera y será misericordioso con quien Él desee serlo (Rom. 9:18). La Biblia también expresa severas advertencias a quienes endurezcan su corazón, y esto implica que las personas son responsables de la condición del corazón (Sal. 95:8; Heb. 3:8,15; 4:7). Por tanto, el endurecimiento puede ser considerado tanto obra de Dios como de la persona misma.

La importancia de los pasajes que hablan sobre este tema es que Dios usa esa condición lamentable como medio para lograr Sus propósitos. Por la dureza del corazón de Faraón, Dios libró a los israelitas de la esclavitud en Egipto y finalmente los condujo a la tierra prometida (Jos. 11:20). Dios usó la dureza de Israel para dar salvación a los gentiles (Rom. 11:7-25). En estos pasajes se ponen de manifiesto los propósitos soberanos de Dios. La dureza obstinada del corazón de las personas puede ser la oportunidad para que Dios manifieste Su gracia y misericordia. El brillo de la redención de Dios se destaca en contraposición a la oscuridad del pecado humano. *Stan Norman*

El templo de Luxor, Egipto, de noche.

EBAL Nombre de persona y nombre de lugar que probablemente signifique "desnudo". **1.** Nieto de Seir e hijo de Sobal, jefe de familia entre los descendientes horeos que vivían en Edom (Gén. 36:23). **2.** Hijo de Joctán en la línea de Sem (1 Crón. 1:22). En Gén. 10:28 se lo menciona como Obal, resultado de un cambio del copista. **3.** Montaña próxima a Siquem donde Moisés estableció maldiciones durante la ceremonia del pacto (Deut. 11:29; 27:13). En Ebal (Deut. 27:4-5) también había un altar. El Ebal se eleva a unos 945 m (3100 pies) y está constituido de roca pura, desnuda de vegetación, y da idea de una maldición. Se encuentra al norte de Siquem, en contraste con el fructífero Monte Gerizim, el monte de la bendición ubicado al sur. Josué llevó a cabo la ceremonia del pacto sobre el Ebal y el Gerizim (Jos. 8:30-35) y construyó un altar en el primero (Deut. 27:4-5). Más tarde, los samaritanos construyeron su templo sobre el Monte Ebal (comp. Juan 4:20). Ver *Monte Gerizim y Ebal.*

ÉBANO Ver *Plantas.*

EBED Nombre de persona que significa "siervo". **1.** Padre de Gaal, que dirigió la revuelta contra Abimelec en Siquem (Jue. 9:26-40). Ver *Abimelec; Gaal.* **2.** Líder de una familia que regresó del exilio bajo el liderazgo de Esdras (Esd. 8:6).

EBED-MELEC Nombre de persona que significa "siervo del rey". Eunuco etíope que servía al rey Sedequías en Judá (Jer. 38:7). Cuando Jeremías fue apresado en una cisterna que se usaba como calabozo, Ebed-Melec fue responsable del rescate del profeta. Como resultado de su fe en el Señor, recibió la promesa que se registra en Jer. 39:15-18.

EBEN-EZER Nombre geográfico que significa "piedra de ayuda". Lugar próximo a Afec donde acamparon los israelitas antes de entrar en batalla contra los filisteos (1 Sam. 4:1). Durante el segundo de los dos enfrentamientos en esa región, los filisteos capturaron el arca del pacto. Más tarde, después de que se recuperó el arca y de una victoria decisiva de los israelitas, Samuel levantó un monumento recordatorio al que llamó Eben-ezer.

EBER Jefe de una familia sacerdotal de Amoc (Neh. 12:20) en tiempos de Joacim (609–597 a.C.).

EBIASAF Nombre de persona que significa "mi padre ha recogido o tomado". Levita descendiente de Coat (1 Crón. 6:23). Podría ser la misma persona que se nombra en el v.37, pero la relación precisa de estas listas familiares es incierta y es posible que una o ambas estén incompletas. Él y su familia guardaban la puerta del tabernáculo (1 Crón. 9:19). Al parecer equivale al Abiasaf de Ex. 6:24. Ver *Abiasaf.*

EBLA Importante lugar de la antigüedad, ubicado en Siria a unos 65 km (40 millas) al sur de Alepo. Con una superficie aprox. de 56 ha (140 acres), este montículo se conoce en la actualidad como Tell Mardikh. Se han realizado excavaciones a partir de 1964 a cargo de un equipo italiano conducido por P. Matthiae. El descubrimiento de más de 17.000 tabletas de arcilla a mediados de la década de 1970 sacó a luz una importante civilización siria de mediados del tercer milenio y le dio al sitio relevancia mundial.

Aunque hasta el momento son pocas las tablillas que se dieron a conocer, pareciera que datan de alrededor del 2500 a.C. La mayoría fue descubierta en dos habitaciones del Palacio G entre escombros, pero de una manera que permitió la reconstrucción de los estratos originales. La escritura era cuneiforme, similar a la que se usaba en Mesopotamia. En una escala limitada se usaba el sumerio, al igual que un idioma nuevo al que se denomina eblaíta. Este idioma se interpretó correctamente como semítico, por lo que fue posible descifrarlo casi de inmediato. Sin embargo, la complejidad de la lectura de los signos cuneiformes produjo interpretaciones diversas, con las consiguientes controversias. Se conocen por lo menos cuatro categorías de textos: (1) textos administrativos relativos al palacio componen la mayor proporción (alrededor del 80 %); (2) textos lexicográficos para los copistas; (3) textos literarios y religiosos que incluyen relatos sobre la creación y sobre un diluvio, y (4) cartas y decretos.

Numerosos intentos iniciales para establecer vínculos entre Ebla y la Biblia no resultaron convincentes. El término *Ebla* no aparece nunca en la Biblia, y no se han identificado personajes o sucesos bíblicos en las tablillas de ese lugar. Algunos nombres de personajes bíblicos, por ej. Ismael, se han confirmado en Ebla. Pero como estos nombres pueden confirmarse en otras partes del antiguo Cercano Oriente, esto no tiene especial importancia. No fueron confirmadas las declaraciones de que las tablillas de Ebla mencionan ciudades bíblicas tales como Sodoma, Gomorra, Jerusalén y

Azor. Tampoco fueron convincentes los esfuerzos por identificar al Dios israelita Jehová con el componente *–ya* de los nombres eblaítas de personas porque este aparece con frecuencia tanto en los idiomas semíticos como en los no semíticos.

Por otro lado, en Ebla hay información general valiosa para el estudio de la Biblia. El lugar era un importante centro religioso, y en los textos se mencionan más de 500 dioses. El dios principal era Dagón, una deidad de la vegetación que en la Biblia se asocia con los filisteos (1 Sam. 5:2). Entre otros dioses están Baal, el dios cananeo de la fertilidad, y Kamish (en la Biblia Quemos), dios de los moabitas (Jue. 11:24). Además hay referencias a "el dios de mi padre" (comp. Gén. 43:23). Se pueden establecer ciertas similitudes entre los profetas de Ebla y Mari y los de los israelitas, especialmente en relación al llamamiento divino y a su papel como mensajeros de la deidad hacia el pueblo.

En realidad, las conexiones entre Ebla y la Biblia son necesariamente limitadas debido a tres razones: (1) La luz que se arroja sobre la Biblia a partir de otras civilizaciones del antiguo Cercano Oriente es generalmente de carácter cultural más que específica y directa. (2) Una limitación más concreta en este caso se debe a que las tablillas de Ebla son por lo general demasiado antiguas como para tener relación directa con el AT. (3) Por último, el estudio de Ebla está en sus inicios y se han publicado muy pocos textos al respecto. A medida que se conozcan más textos, es posible que contemos con información adicional que no sólo arroje luz en cuanto a la Biblia sino también al resto del antiguo Cercano Oriente. *James C. Moyer*

ECBATANA Traducción moderna del término Acmeta. Ver *Acmeta*.

ECLESIASTÉS El título Eclesiastés fue tomado de la LXX, traducción al griego del término hebreo *Qohelet* (1:1-2,12; 7:27; 12:8-10). Tanto Qohelet como Eclesiastés denotan a una persona que preside una asamblea, es decir, un predicador o un maestro.

Autoría y fecha Tradicionalmente se identificó a Salomón como autor de Eclesiastés, pero en la actualidad muchos estudiosos, incluyendo un amplio número de eruditos conservadores, han seguido el enfoque de Martín Lutero y ubican al libro en el período postexílico (generalmente entre aprox. 300–200 a.C.). Los eruditos que sostienen este último punto de vista por lo general consideran que la obra es una composición unificada de un solo autor, si bien reconocen algún trabajo editorial, en especial en el prólogo y en el epílogo.

Los que aceptan la fecha tardía señalan que en ningún lugar se menciona de manera explícita el nombre de Salomón como autor. De mayor peso aún es el argumento de que el uso de expresiones arameas, dos palabras aparentemente persas, paralelismos con el hebreo de la Mishná y otras señales del hebreo tardío imponen una fecha postexílica. A veces también se argumenta que el autor muestra signos de dependencia del pensamiento griego, y que el libro refleja una teología posterior.

En defensa del punto de vista tradicional se ha presentado la siguiente evidencia. (1) La tradición, tanto cristiana como judía (por ej. el Talmud), nombra a Salomón como autor. (2) Aunque el texto no declara de manera explícita que Salomón haya escrito el libro, en 1:1 el autor se identifica como "hijo de David, rey en Jerusalén", y en 1:12 agrega que era "rey sobre Israel en Jerusalén". Sólo uno de los hijos de David, Salomón, gobernó en el reino unificado de Israel (con la excepción de Roboam, su nieto, cuyo breve reinado sobre las doce tribus y su carácter débil difícilmente podrían satisfacer los requerimientos del texto). Las referencias del libro sobre la sabiduría incomparable de su autor (1:16), sus oportunidades para el placer (2:3), los extensos proyectos de construcción (2:4-6) y su riqueza sin igual (2:7-8) apuntan todas a Salomón. Al igual que este, el escritor también escribió muchos proverbios (12:9). Aquellos que niegan la autoría de Salomón por lo general responden que este es simplemente el personaje principal del libro o que el escritor coloca sus palabras en boca de Salomón. (3) Muchos estudios recientes sobre el lenguaje de Eclesiastés también respaldan la fecha preexílica de la composición. La cantidad de influencia aramea en el libro ha sido ampliamente exagerada. Por ejemplo, un estudio reciente llega a la conclusión de que hay sólo siete términos de origen arameo en el libro, cuatro de los cuales aparecen en otros lugares en el hebreo bíblico primitivo. En cuanto a las palabras persas, una de ellas es cuestionable (*pardes*) y la otra (*pitgam*) pudo haber entrado en forma temprana al idioma hebreo. Otros estudios diversos indican que no hay fundamentos para asegurar la influencia del hebreo de la Mishná, y han sugerido que esas formas lingüísticas supuestamente tardías son, en realidad, de naturaleza cananea–fenicia primitiva. (4) Las evidencias de pensamiento griego en realidad están ausentes, tal como reconoce la mayoría de los eruditos. Más aún, si Eclesiastés hubiera sido escrito en el siglo III a.C., el clímax del Imperio Griego, esperaríamos una influencia griega significativa en el lenguaje del libro. (5) No es posible demostrar teología tardía. (6) Hay numerosas afinidades entre Proverbios y Eclesiastés.

Haya sido el autor Salomón u otra persona, los numerosos consejos que contiene el libro reflejan la experiencia de una persona anciana, y podemos presuponer que se trataba de un hombre mayor que sentía la inminencia de su muerte.

Canon Eclesiastés fue incluido en la LXX (siglo III a.C.), y Ben Sirá (Eclesiástico) conocía y usaba el libro (aprox. 190 a 180 a.C.). Fragmentos de Eclesiastés en Qumrán confirman su condición canónica a mediados del siglo II a.C. Si bien no se encuentran citas en el NT, algunos pasajes parecen referirse a Eclesiastés (p. ej. Rom. 8:20; Sant. 4:14). Josefo y escritores cristianos de la primera época, como Melito de Sardis, Epifanio, Orígenes y Jerónimo, hacen alusiones al libro.

En la Biblia en español, Eclesiastés está ubicado con los libros poéticos, siguiendo el orden de la LXX griega. En cambio en la Biblia hebrea está incluido entre los *Escritos* o *Hagiógrafa*, específicamente en la sección conocida como *Megilloth*. Allí se incluyen cinco rollos: Rut, Cantar de los Cantares, Eclesiastés, Lamentaciones y Ester. Estos libros son diferentes en su contenido pero tienen algo en común. Eran leídos en público en las grandes fiestas anuales judías: el libro de Rut en la Fiesta de las semanas (Pentecostés), el Cantar de los Cantares en la Pascua, el Eclesiastés en la Fiesta de los tabernáculos, Lamentaciones en la conmemoración de la destrucción de Jerusalén en el 586 a.C. (el noveno de Ab), y el libro de Ester en la celebración de Purim. Sin duda, Eclesiastés se leía en la Fiesta de los tabernáculos, probablemente la festividad más alegre de Israel, porque el libro contiene numerosas exhortaciones a disfrutar de la vida que Dios ha dado (2:24-25; 3:13; 5:18-20; 8:15; 9:9).

Texto El texto de Eclesiastés está bien preservado, y son pocos los pasajes discutidos. En Qumrán se recuperaron tres manuscritos de Eclesiastés (que datan del siglo II a.C.). Contienen parte de 5:13-17, porciones sustanciales de 6:3-8, y cinco palabras de 7:7-9. Más allá de las diferencias ortográficas, las discrepancias con el Texto Masorético son pocas e insignificantes.

Tipo de Literatura Por lo general, Eclesiastés, Job y Proverbios se clasifican como libros de sabiduría del AT. Proverbios se ocupa de la sabiduría práctica (didáctica), pero Eclesiastés y Job son de naturaleza más filosófica. Este aborda el problema del sufrimiento de los justos, en tanto que Eclesiastés examina la cuestión del sentido de la vida. Buena parte de Eclesiastés es poesía, como puede observarse en una traducción moderna de la Biblia. La poesía hebrea se caracteriza por el paralelismo: principalmente en forma de sinónimo o de repetición (1:9a,18; 3:1), sintética o por desarrollo de un pensamiento (1:3; 2:13), y antitética o por contraste (1:4; 7:26b; 10:12).

Tema Posiblemente ningún libro de la Biblia esté tan dedicado a un tema dominante como sucede con Eclesiastés. En 1:2 el autor declara “todo es un absurdo” (NVI), o mejor aún “vanidad” (RVR1960). La palabra hebrea que se traduce “absurdo” o “vanidad” es *hebel* (literalmente “aliento”), que es la palabra clave del libro y aparece 38 veces, casi la mitad de las ocasiones que aparece en el AT. En Eclesiastés, *hebel* parece denotar principalmente (aprox. en dos docenas de casos) elementos tan volátiles como el aliento (6:12; 7:15; 9:9; 11:10), la vanidad (4:7-8; 5:7,10; 7:6) o aquellos que, como el aliento, carecen de congruencia o valor perdurable (2:1,11). A primera vista la declaración de que “todo es vanidad” (1:2) parece negativa, pero la frase en el versículo siguiente (1:3), “bajo el sol” (que sólo aparece en la Biblia en Eclesiastés, 29 veces), aclara la perspectiva del autor. Significa que la existencia terrenal es breve y que los logros meramente mundanos no tienen valor eterno. El autor desarrolló este tema mediante el uso de lo que puede ser rotulado como “tema de investigación”. Su búsqueda abarcó áreas principales de la existencia humana: la ciudad, el campo, los jardines, el templo, una casa, un dormitorio, la corte de justicia, los asientos del poder y aun las operaciones militares. Examinó la riqueza, el poder, la religión, las relaciones humanas, el trabajo y el esparcimiento.

Interpretación De todos los libros de la Biblia, suele considerarse a Eclesiastés como el más problemático. Ha sido entendido como una obra pesimista, abrumadora, no ortodoxa y hasta herética. Por ejemplo, se ha interpretado que algunas aseveraciones del libro niegan la vida después de la muerte (3:18-21; 9:5-6,10). Sin embargo, cuando esos pasajes se consideran a la luz del tema global del libro, resulta claro que el autor no niega la existencia del espíritu humano después de la muerte, aunque confirma un hecho obvio: con la muerte, la vida terrenal (la vida “debajo del sol”), con sus alegrías, sus tristezas y sus oportunidades, se termina. En 12:7, el autor declara en forma explícita que el cuerpo volverá "a la tierra, como antes fue, y el espíritu volverá a Dios, que es quien lo dio" (NVI).

Al autor de Eclesiastés se lo ha considerado pesimista, e incluso existencialista. Otros han sostenido que era un apologista que defendía la fe en Dios señalando el horror de la vida sin Dios. Sin embargo, es posible que lo más apropiado sea considerar a este autor como alguien realista. Observó que todas las personas (tanto buenas como malas) experimentan injusticia, envejecen, mueren y son olvidadas. La vida de todos los seres humanos es breve. Las posesiones terrenales y los proyectos meramente terrenales son temporarios y no tienen valor eterno, ni para los que creen ni para los incrédulos. Sólo permanece lo que se hace para Dios. Por lo tanto, los seres humanos deberían vivir con la perspectiva de la eternidad, conscientes de que algún día tendrán que rendir cuentas a Dios (12:13-14).

Bosquejo

I. El autor se identifica y presenta el tema del libro (1:1-3)

II. El Maestro expone observaciones referentes a la vida debajo del sol en diversos asuntos (1:4–12:7)
   - A. La vanidad de la vida terrenal, de la sabiduría terrenal, del placer, del éxito terrenal y del trabajo terrenal, y también la primera exhortación a disfrutar de la vida (1:4–2:26)
   - B. El momento apropiado para cada actividad de la vida; observaciones respecto al trabajador, al tiempo y a la eternidad; una segunda exhortación a disfrutar de la vida, las obras y las acciones de Dios, y una tercera exhortación a disfrutar de la vida (3:1-22)
   - C. Diversos males de la vida (4:1–6:6)
   - D. Observaciones misceláneas sobre diversos asuntos, y una quinta y sexta exhortación a disfrutar de la vida (6:7–11:6)
   - E. Vivir a la luz de la realidad de la muerte (11:7–12:7)

III. El autor resume el tema, enfatiza la verdad y el propósito de su instrucción, y presenta la magnífica conclusión de su libro: "Teme a Dios y guarda sus mandamientos" (12:8-14)

Stephen R. Miller

ECONOMÍA En la antigua Palestina la economía comprendía el simple deseo de mejorar las condiciones de vida y ampliar el contacto con otras personas. El éxito estaba determinado en gran medida por las condiciones del ambiente. Las lluvias y las fuentes de agua adecuadas, las tierras cultivables y los campos de pastoreo, y la disponibilidad de recursos naturales eran los factores ecológicos más importantes. Una vez que se constituyó la nación y se estableció la monarquía, comenzaron a pesar los requerimientos de los mercados locales e internacionales, la estabilidad del gobierno y los efectos de la política internacional. Sin embargo, a lo largo de su historia, la economía del pueblo de Israel estuvo gobernada, al menos en parte, por las leyes de Dios sobre la manera de tratar a los compatriotas israelitas en cuestiones de negocios y de caridad.

Como en casi todo el resto del Cercano Oriente, la economía de la antigua Palestina era principalmente agrícola. Sin embargo, a diferencia de las grandes civilizaciones de la Mesopotamia y de Egipto, la economía de Israel no estaba completamente dominada por los intereses del palacio o del templo, como sucedía en otras naciones. Por ejemplo, no había monopolio estatal sobre la propiedad de la tierra cultivable. La propiedad privada de la tierra y la empresa privada eran el sistema que rigió durante la historia inicial de las tribus de Israel. Esta situación cambió en cierta medida cuando se estableció la monarquía y se formaron propiedades más extensas (2 Sam. 9:10) para sostener a los reyes y a la nobleza. También hubo intentos de parte de la burocracia real de controlar todo aquello que fuera posible dentro de la actividad económica y de la tierra de la nación (1 Rey. 4:1-19).

Después de que la nación fue conquistada por Asiria y por Babilonia, hubo más cambios. A partir de ese momento, los esfuerzos económicos (la producción agropecuaria, la industria y el comercio) de la nación estuvieron en gran medida sometidos a las exigencias tributarias de los imperios dominantes (2 Rey. 18:14-16) y al mantenimiento de las rutas de comercio internacional. Este esquema continuó durante el período neotestamentario, cuando las rutas romanas facilitaron el comercio aunque también mantuvieron sometido al pueblo. Si bien la economía era relativamente estable, estaba sobrecargada de elevados impuestos (Mat. 22:17-21) para mantener al gobierno y al ejército de ocupación.

Condiciones ambientales Muchos aspectos de la economía del pueblo estaban determinados por las condiciones ambientales en que vivían. Palestina tiene una geografía notablemente variada y

E

grandes cambios climáticos. Entre sus ambientes se encuentran la estepa y el desierto al sur y al este en el Neguev y en el territorio correspondiente de Cisjordania. En estas regiones sólo es posible el cultivo seco o por irrigación, y gran parte del terreno se les deja a los pastores que guían sus manadas y rebaños. Cerca del Mar Muerto hay una región desierta e inhóspita, mientras que en la meseta de la Sefela (entre la llanura costera y la zona montañosa) y en el área de Galilea en el norte de Palestina se encuentran las tierras húmedas de cultivo. El territorio ondulado y montañoso domina el centro del país; allí se desarrolla la agricultura "en terrazas", y el riego y la conservación del agua son indispensables para el crecimiento del cultivo.

El clima semitropical de Palestina incluye veranos y otoños cálidos y secos durante los cuales no llueve por seis meses. La sequía se acaba en septiembre u octubre, y las lluvias continúan a lo largo del invierno boreal hasta marzo y abril. La cantidad anual de precipitación, que puede caer en forma torrencial en el término de pocos días, promedia los 1010 mm (40 pulgadas) anuales en el norte y en la zona occidental de la región montañosa y de la Sefela. Bajo la influencia de los vientos del desierto y de la barrera montañosa, esta cantidad disminuye hacia el sur y el este, con unos 200 mm (8 pulgadas) anuales en las regiones áridas del Desierto de Judá y el Neguev. Las temperaturas medias también varían ampliamente; las zonas elevadas y la franja costera son más frescas, mientras que las regiones bajas y desérticas alcanzan temperaturas superiores a los 32° C (90° F).

Con frecuencia, las condiciones climáticas inestables determinaban la actividad económica de los pueblos, de la región y de la nación. No es sorprendente que la primera experiencia de Abraham en Palestina fuera una hambruna (Gén. 12:10). La sequía, que arruinaba las cosechas (1 Rey. 17:1; Jer. 14:1-6), producía un efecto en cadena sobre el resto de la economía. Algunas personas dejaban el país en busca del clima más predecible de Egipto (Gén. 46:1-7), o se trasladaban a regiones de Cisjordania que no estuvieran afectadas por el hambre (Rut 1:1). Las dificultades económicas provocadas por las condiciones climáticas extremas también afectaban la actividad de los alfareros, los curtidores, los herreros y los tejedores.

Economía de la aldea La agricultura en la antigua Palestina adquirió tres formas principales: la producción de granos (cebada y trigo), el cultivo de viñas y árboles frutales, y el cuidado de plantas oleaginosas (olivos, dátiles y sésamo) de los que se extraía el aceite para cocinar, iluminar y para uso personal. Los pobladores se dedicaban mayormente a arar los campos (1 Rey. 19:19) y a la construcción y el mantenimiento de las terrazas de cultivo donde se plantaban las viñas (Isa. 5:1-6; Mar. 12:1) y los granos. En la región montañosa, las fuentes de agua generalmente se encontraban en los valles y, por lo tanto, hubiera sido demasiado trabajoso acarrear el agua hasta las terrazas. En consecuencia, se cavaban canales de riego para asegurar que las terrazas fueran humedecidas de manera continua por la lluvia y el rocío. Se construían fuentes para recibir el agua de los techos, y cisternas impermeabilizadas a fin de aumentar la provisión de agua de los pozos y de los manantiales de la aldea durante los meses secos del verano.

La situación ideal para un agricultor israelita era pasar sus días "debajo de su parra y debajo de su higuera" (1 Rey. 4:25). A fin de asegurar esta posibilidad para sus hijos, la propiedad de la tierra se consideraba parte del patrimonio familiar que pasaba de una generación a la siguiente. Cada terreno era una garantía que Jehová daba a cada familia y, como tal, debía ser cuidado para que se mantuviera productivo. Su fruto era el resultado de un trabajo arduo (Prov. 24:30-34) y se debía compartir con los pobres (Deut. 24:19-21). La provisión de la tierra que Jehová les daba se pagaba (Núm. 18:21-32) con la entrega de diezmos a los levitas y sacrificios. Las pertenencias de las familias eran debidamente marcadas. Era ilegal desplazar las piedras de los límites (Deut. 19:14; Prov. 22:28). Las leyes de la herencia estaban bien definidas y tenían previstas todas las eventualidades. Por lo general, el hijo mayor heredaba la porción más grande de las propiedades de su padre (Deut. 21:17; Luc. 15:31). A veces, la tierra era lo único que un hombre poseía para legarles a los hijos. Por esa razón se estableció la tradición de que la tierra no debía venderse en forma definitiva fuera de la familia ni del clan (Lev. 25:8-17). La tradición tenía tanto peso que Nabot tuvo derecho de rechazar la petición del rey Acab de comprarle el viñedo, con el argumento de que no podía entregarle la heredad de sus padres (1 Rey. 21:3). Sin embargo, más adelante los profetas denunciaban a los ricos "que acaparan casa tras casa y se apropian de campo tras campo" (Isa. 5:8, NVI), aprovechándose del labrador pobre cuya tierra había sido devastada por los ejércitos invasores (Miq. 2:2) o por la sequía.

Si un hombre moría sin dejar un heredero varón, sus hijas recibían la tierra (Núm. 27:7-8), pero se les pedía que se casaran con alguien de la propia tribu a fin de asegurar que la parcela permaneciera dentro del legado tribal (Núm. 36:6-9). La propiedad de un hombre sin hijos pasaba al pariente masculino más cercano (Núm. 27:9-11). La tragedia de la falta de hijos se resolvía a veces mediante el deber del levirato. En esos casos, el pariente varón más cercano se casaba con la viuda del fallecido y así aseguraba un heredero (Gén. 38). La obligación del redentor o *go'el*, como se llamaba el pariente, también incluía la compra de los terrenos familiares que hubieran sido abandonados (Jer. 32:6-9).

Como la vida era incierta y la enfermedad y la guerra a menudo se cobraban la existencia de muchos habitantes de la aldea, las leyes incluían medidas para garantizar que la viuda, el huérfano y el extranjero no pasaran hambre. El propietario de cada campo debía dejar una porción de grano sin cosechar y de uvas en las viñas (Lev. 19:9-10). Esto era para los pobres y los necesitados, que tenían derecho de recoger en esos campos (Rut 2:2-9). Se protegía la tierra de quedar agotada mediante la ley del año sabático, que obligaba a que la tierra descansara un año de cada siete (Lev. 25:3-7).

A pesar del agobiante trabajo de cosechar los campos con hoces (Joel 3:13), el grano y los frutos representaban la supervivencia de la aldea y eran motivo de celebración (Jue. 21:19). Después de la cosecha, el campo de la trilla se convertía en el centro de la actividad económica del pueblo y sus alrededores (Joel 2:24). Las espigas de grano de los campos cosechados en la región se llevaban allí (Amós 2:13) para que los bueyes las pisaran (Deut. 25:4) y también las rastras de trilla (2 Sam. 24:22; Isa. 41:15). Luego el grano se separaba de la paja con horquillas para aventar (Rut 3:2; Isa. 41:16; Jer. 15:7) y, por último, eran zarandeadas (Amós 9:9; Luc. 22:31). Una vez completado el proceso, el grano se guardaba (Rut 3:2-7) hasta que pudiera ser distribuido a la gente. La aldea tal vez tenía un granero comunitario, pero la mayoría de los pobladores guardaba el grano en su casa en fosos de almacenamiento o en graneros (Mat. 3:12).

Dada la importancia que tenía la distribución para el bienestar de la gente, la era gradualmente quedó asociada con la administración de justicia en la comunidad. Esto puede verse en la épica ugarítica de Aqhat (fechada aprox. 1400 a.C.), donde se describe a Daniel, el padre del héroe, cuando juzgaba casos de huérfanos en la era. De la misma manera, la forma en que Rut se acercó a Booz cuando éste se encontraba durmiendo en la era después de la trilla (Rut 3:8-14) pudo haber sido un intento de obtener justicia en relación al derecho de propiedad sobre la heredad de su marido muerto. En otro ejemplo correspondiente al período monárquico puede observarse que la era se había convertido en el lugar simbólico para la administración de justicia usado por los reyes para acrecentar su autoridad. En 1 Rey. 22:10 (TLA, RVA, BJL) se describe al rey Acab y a Josafat sentados en sus tronos frente a las puertas de Samaria en el campo de trilla, mientras analizaban los anuncios del profeta Micaías. La economía de los pueblos también incluía el cuidado de pequeños rebaños de ovejas y cabras. El pastoreo nómada, como el que se describe en las narraciones patriarcales, no formaba parte de la vida pueblerina. Cuando llegaba la estación seca del verano, los rebaños se trasladaban a nuevas pasturas en la zona de las colinas, pero esto sólo requería de unos pocos pastores (1 Sam. 16:11). Solamente la esquila de las ovejas exigía mayor cantidad de personas de la comunidad (2 Sam. 13:23-24).

La escasa industria existente en las aldeas israelitas estaba orientada a complementar la actividad agrícola y a proveer tanto para las necesidades como así también algunos artículos de comercio. Esta actividad incluía la fabricación de ladrillos y tablas para construcción de casas, y el tejido de telas para vestimenta. Algunas familias tenían habilidad para fabricar utensilios de cocina y herramientas para el campo con arcilla, piedra y metal. Unos pocos tenían talento para fabricar sus propias armas, y los demás se protegían con garrotes y varas para arrear bueyes (Jue. 3:31).

En casos excepcionales, los artesanos del pueblo instalaban puestos donde ofrecían artículos más especializados como alfarería fina, armas de bronce y joyas de oro y plata. Se podía prescindir de cualquier otro objeto u obtenerlo mediante el intercambio con otras aldeas o naciones donde había artesanos especializados (1 Sam. 13:20). También existía la posibilidad de que, durante la visita anual a la ciudad (Luc. 2:41) para asistir a las fiestas religiosas, el aldeano concurriera a los puestos de comerciantes para comprar productos que llegaban de todo el Cercano Oriente.

Economía urbana A medida que las aldeas y los pueblos crecían, el comercio local se fue expandiendo con la venta del excedente de mercadería de primera necesidad y de productos artesanales. El crecimiento de la población, estimulado por el establecimiento de la monarquía y de la estabilidad social, también incrementó la necesidad y el deseo de poseer metales (oro, estaño, cobre, hierro), artículos de lujo y productos manufacturados. En forma gradual se fue extendiendo una red de caminos a fin de facilitar esta actividad económica y vincular las aldeas y los pueblos del país. Los reyes encararon la construcción de caminos más sofisticados destinados al tránsito de vehículos pesados, y también llevaron a cabo otras obras públicas; para ello reclutaban una gran cantidad de trabajadores que realizaban esa tarea en lugar de pagar impuestos (1 Rey. 9:15-22). Ezión-geber, un puerto en el Mar Rojo, se les compró a los edomitas para recibir una flota de barcos que traía oro de Ofir, maderas valiosas y otros artículos de lujo para la corte real (1 Rey. 9:26; 10:11-12). Otra flota se sumó a la de Hiram de Tiro en el comercio por la zona del Mediterráneo (1 Rey. 10:22).

En el interior de las aldeas y de las ciudades amuralladas, la mayor parte de la actividad comercial tenía lugar en las puertas de acceso y sus alrededores. Estos eran los lugares donde el tránsito era más intenso en cualquier pueblo y, probablemente, los sitios preferidos para instalar puestos y negocios de venta en lugar de hacerlo en las casas (Jer. 18:2-3). Como también se atendían allí los asuntos legales (Deut. 21:18-19), se podía dar fe de los contratos (Gén. 23:15-16) y resolver disputas (Rut 4:1-6). Las tiendas también se podían establecer dentro de las murallas de las ciudades donde la construcción de aquellas incluía casamatas.

Como esta economía funcionó sin monedas acuñadas hasta alrededor del 550 a.C., las medidas de intercambio eran la permuta y el peso convenido (siclo, mina, talento) de metales preciosos. Como siempre, los precios quedaban fijados por la ley de la oferta y la demanda (2 Rey. 6:25; Apoc. 6:6), con un adicional para cubrir los costos de transporte y, si correspondía, la manufactura. Por ejemplo, artículos de lujo tales como especias y perfumes de Arabia, marfil y animales exóticos se cotizaban a precios elevados. Ser fácilmente transportable hacía que el negocio resultara rentable.

Las pesas y medidas también se aplicaban a la venta de artículos de primera necesidad en el mercado del pueblo. Estas pesas variaban en los diferentes distritos y de un período de tiempo a otro (2 Sam. 14:26; Ezeq. 45:10). Sin embargo, la ley exigía que los israelitas aplicaran una medida justa a sus clientes (Lev. 19:35-36). El clamor de los profetas contra las pesas engañosas (Miq. 6:11) y las balanzas alteradas (Amós 8:5) comprueba que la ley no impedía totalmente el fraude. Evidencias arqueológicas dan muestras del intento de la administración de los reyes para uniformar el peso del siclo. Los símbolos hieráticos en estos marcadores demostraban la dependencia del sistema egipcio de pesas y medidas.

El trabajo de los esclavos también fue parte de la evolución de la urbanización de Israel y de las continuas campañas militares de los reyes. El enorme número de prisioneros militares se agregaba a los equipos de trabajo forzado (1 Rey. 5:13; 9:20-22) que construían caminos y reparaban las murallas de las fortalezas que protegían el reino. Las propiedades reales eran administradas por mayordomos (1 Crón. 27:25-31) y cultivadas por numerosos grupos de esclavos que eran propiedad del estado, y también por hombres libres contratados (1 Sam. 8:12).

Es poco probable que los individuos particulares tuvieran tantos esclavos como los monarcas o la elite. Dado que las leyes sobre la esclavitud eran bastante rigurosas (Ex. 21:1-11,20,26; Lev. 25:39-46), lo más probable es que la mayoría de los propietarios de campos contrataran trabajadores por jornada (Mat. 20:1-5). El arrendamiento de la tierra a campesinos era otra alternativa para resolver el problema laboral, pero no fue común en Israel antes de la época neotestamentaria (Mat. 21:33-41; Mar. 12:9).

Para cancelar una deuda, los israelitas podían vender como esclavos a miembros de la familia o a sí mismos (Ex. 21:7-11; Lev. 25:39; Mat. 18:25). La ley regulaba esta situación a fin de que la duración normal de la esclavitud o del contrato no excediera los seis años. Después el esclavo debía ser liberado y recibir una parte del rebaño o de la cosecha, con lo que podía comenzar de nuevo (Deut. 15:12-14). La esclavitud perpetua sólo tenía lugar cuando el propio israelita eligiera permanecer en esa condición. Esta decisión podía ocurrir cuando no se quería separar de la esposa y de los hijos que había obtenido durante el tiempo de esclavitud (Ex. 21:1-6), o al considerar que no podría vivir mejor por sus propios medios (Deut. 15:16).

La urbanización y las exigencias impuestas por los conquistadores extranjeros produjeron mayor complejidad a la vida económica de los pueblos de Palestina. Aumentaron los viajes y el comercio, y con el aumento de los pedidos de los consumidores y la influencia de nuevas ideas y tecnologías de otros países la variedad de bienes y servicios creció. La agricultura se mantuvo como actividad principal, pero creció en función de los proyectos de obras públicas de los reyes y los gobernantes extranjeros. El tránsito comercial y privado aumentó y se agilizó con la construcción de mejores carreteras y medios de transporte. También se hizo más frecuente el trabajo de esclavos, aunque la mayoría eran prisioneros militares adquiridos en las guerras que consolidaban y protegían las fronteras nacionales. Ver *Agricultura; Comercio; Esclavo, siervo; Pesos y medidas; Transporte y viajes.*

Victor H. Matthews

ECRÓN De las cinco ciudades filisteas más importantes conocidas como Pentápolis, Ecrón es la ubicada más al norte. Se ha debatido mucho sobre la ubicación de la antigua Ecrón, pero ya hay cierto acuerdo de que se trata de la moderna Tell Miqne, a unos 22 km (14 millas) de la costa del Mar Mediterráneo y a unos 16 km (10 millas) de Asdod. El sitio es uno de los más grandes de Palestina y cubre unas 20 ha (50 acres). Se ubica sobre el camino que conduce desde Asdod hacia la región montañosa de Judea y hasta Jerusalén a través del Valle de Sorec.

Ecrón fue asignada tanto a Judá (Jos. 15:11, 45-46) como a Dan (Jos. 19:43). Probablemente estaba ubicada en la frontera entre ambas tribus. Jueces 1:18 narra que Judá conquistó Ecrón junto con otros lugares de la costa filistea, pero sin duda esta ciudad estaba en manos filisteas cuando fue capturada el arca (1 Sam. 5:10). También fue el lugar al que retrocedieron los filisteos cuando David mató a Goliat (1 Sam. 17:52). Cuando Ocozías, hijo del rey Acab de Israel, se enfermó, invocó a Baal-zebub, dios de Ecrón (2 Rey. 1:2-16).

Las excavaciones en Tell Miqne han descubierto mucha alfarería típica de los filisteos. Del último período previo a la destrucción de la ciudad en manos de los babilonios, los arqueólogos encontraron un importante complejo industrial cerca de las puertas. Desenterraron un tesoro de instrumentos agrícolas de hierro. Había centenares de vasijas de barro enteras. Quizás lo más importante fue el descubrimiento de una prensa de olivas. La más grande y mejor preservada que se conoce en Israel. Durante las excavaciones también se encontró un altar con cuernos.

Joel F. Drinkard (h)

ECZEMA Ver *Enfermedades.*

ED Nombre geográfico que significa "testimonio". Altar construido por las tribus en un territorio designado a ese fin al este del Jordán, como testimonio de que Jehová es Dios tanto de las tribus establecidas al este como al oeste del río. La construcción del altar provocó una disputa entre ambos grupos, pero el sacerdote Finees ayudó a resolver el conflicto y se decidió que el altar fuera sólo un símbolo y que no se usara para ofrecer holocaustos (Jos. 22:34). La NVI lo traduce "testimonio".

EDAD DE LOS PATRIARCAS Cuando la Biblia menciona la edad de los patriarcas antediluvianos, algunos manifiestan cierto escepticismo relativo a la autenticidad de los años que se mencionan, y aducen que no sabemos cómo se contaban los años en ese entonces. Otros declaran que aunque la Biblia lo afirme, es imposible, por ejemplo, que Matusalén haya vivido 969 años literalmente. Cuando las Escrituras relatan la historia del diluvio y su porqué, explican en forma exacta los días que tenían los meses, y en forma clara la cantidad "mínima" de meses que conformaban el año.

La fortaleza física de los primeros hombres, unida a su capacidad intelectual, debió de haber tenido características muy especiales, aunque disminuidas luego de la caída por la disfunción que produjo el pecado; por eso no debe sorprender las edades mencionadas en Gén. 5. Para comprender la inteligencia de los hombres de aquella época, nos basta comprobar cómo medían ya los períodos de tiempo. Así como Adán al principio le puso nombre a los animales, es probable que los seres humanos de aquel tiempo hayan analizado el movimiento del sol y las distintas fases de la luna para elaborar, entonces, un calendario de acuerdo a sus conocimientos, que por supuesto fue muy avanzado si analizamos la proyección del tiempo en Gén. 7–8. Esos capítulos acreditan con precisión la medición del tiempo.

Análisis de las fechas y el tiempo transcurrido

1. Gén. 7:11 Año 600 de la vida de Noé, mes 2, día 17: comenzó el diluvio. Había pasado 1 mes, más 16 días del año 600 de la vida de Noé, es decir, ***46 días*** de ese año, siguiendo el ordenamiento del punto 2.

2. Gén. 8:3-4 Año 600 de Noé, mes 7, día 17, se indica que pasaron 150 días. Dichos ***150***

días entre el mes 2 y el 7 comprueban que los meses tenían 30 días.

3. Gén. 8:5 Las aguas decrecieron hasta el mes 10, día 1:

Mes 7: 14 días que faltaban transcurrir en ese mes

Mes 8: 30 días

Mes 9 : 30 días

El total según 8:5 son ***74 días***

4. Gén. 8:6 afirma que pasaron 40 días

Gén. 8:8 declara que transcurrieron 7 días

Gén. 8:10 habla de "otros" 7 días

Gén. 8:12 menciona "otros" 7 días

Total: ***61 días***

5. Gén. 8:13 Año 601 de la vida de Noé, mes 1, día 1 declara que las aguas se secaron: "sucedió que en el año 601 de Noé, en el mes 1, el día 1, las aguas se secaron sobre la tierra", y 8:12 aclara que luego de enviada la paloma esa vez, no volvió más, lo cual puede dar a entender que transcurrió más tiempo. Sin embargo, al no tener mayores precisiones no es conveniente considerar estos días.

En consecuencia...

Punto 1........................ 46 días
Punto 2........................ 150 días
Punto 3........................ 74 días
Punto 4........................ 61 días
Punto 5 .... ¿?

Total comprobable de duración de un año: 331 días, es decir 11 meses.

Si el año normal de la actualidad tiene 12 meses, y se puede comprobar bíblicamente que en los tiempos del diluvio el año tenía como mínimo 11 meses (aunque en 8:12-13 se deduce que pasaron más días), la conclusión es que el año tendría como mínimo aprox. 10% menos de días comprobables que en esta época. Consecuentemente, se puede afirmar que, hasta donde se puede constatar en la Biblia, en un año hay una diferencia de 10% menos de días. Si Noé vivió 950 años (9:29), descontando aquel porcentaje vivió 855 años, una cantidad de años nada despreciable.

Con el simple análisis realizado se comprueba la exactitud de las cifras bíblicas en cuanto a la edad de los patriarcas y la pequeña diferencia con respecto al calendario actual. La cantidad de años que vivieron y que se mencionan en las Escrituras no tiene que ver con números proféticos, ni errores de copistas, ni diferencias notables en cuanto al calendario que tenían. La Biblia habla de años literales.

Por otra parte, después del diluvio las generaciones siguientes comenzaron a disminuir su tiempo de vida. Sucede que el clima de la tierra al principio era ideal, probablemente producto "de las aguas que estaban sobre la expansión" (1:7); era como un sistema invernadero que posibilitaba un clima antediluviano cálido y muy generoso para la expansión de la vida y su duración. Dios le había preparado al hombre condiciones de vida muy favorables para disfrutar en forma total.

La caída de Adán y Eva y la maldición de la tierra por causa del pecado (3:17-19; 4:11-12) generó mayor esfuerzo físico para desarrollar la vida. Luego el clima cambió como consecuencia del diluvio (8:22). Cambiaron también radicalmente las condiciones de vida (9:2-3) y fue rápida la disminución de la edad de los hombres (11:10-32; 25:7; 50:26). En Gén. 1 leemos sobre la maravillosa creación de Dios, que culminó con el hombre hecho a semejanza divina. Pese a su desobediencia, Adán vivió 930 años (5:5). José por su parte, murió a los 110 años de edad (50:26). Podemos así observar la disminución progresiva de la edad de los hombres a causa de las distintas condiciones de vida que produjo el pecado en la tierra. *Antonio Viegas Calçada*

EDAR Nombre geográfico y de persona que significa "charco de agua" o "manada". **1.** Torre cercana a Belén (Gén. 35:21 "Migdal-edar"; comp. v.19). Se desconoce la ubicación exacta. Miqueas se refirió a Jerusalén como la "torre del rebaño", la misma expresión hebrea que aparece en Génesis (Miq. 4:8). **2.** Aldea en el límite sur del territorio de la tribu de Judá, cerca de Edom (Jos. 15:21). Se desconoce su ubicación. **3.** Levita de la familia de Merari (1 Crón. 23:23; 24:30).

EDÉN Huerto de Dios. La palabra "Edén" probablemente derive del término sumerio-acadio *edinu*, que significa "llanura" o "desierto". La similitud con el verbo hebreo *eden*, que significa "delicia" o "placer", dio como resultado que la LXX tradujera la expresión "huerto de Edén" por "huerto de deleite", y de allí paraíso.

"Edén" aparece 18 veces en el AT pero ninguna en el NT. En dos oportunidades se refiere a hombres (2 Crón. 29:12; 31:15); dos veces se usa para designar una ciudad o región en la provincia Asiria de Telasar (Isa. 37:12; 2 Rey. 19:12). Ezequiel 27:23 menciona una región llamada Edén ubicada a orillas del Éufrates. Amós 1:5 se refiere al gobernante de Damasco como portador del cetro de la casa de Edén.

Las 13 menciones restantes se relacionan con el lugar idílico de la creación. En Génesis (2:8,10,15; 3:23-24; 4:16) se refiere a la región donde estaba ubicado el huerto. Aunque los detalles parecieran precisos, no es posible identificar con certeza los ríos que fluyen desde el río que sale del Edén. Es posible reconocer al Éufrates y al Tigris, pero no hay acuerdo en cuanto a la ubicación del Pisón y el Gihón.

Joel 2:3 compara con el Edén la situación de Judá antes de su destrucción. En Isa. 51:3 ("paraíso") y en Ezeq. 36:35 se usa Edén como ilustración de la gran prosperidad que Dios dará a Judá. Estos profetas del exilio anunciaron que la nación que Dios restauraría después del exilio sería semejante al huerto del Edén. Ezequiel también se refiere a los árboles del Edén (31:9,16, 18) y describe el Edén como huerto de Dios (28:13). Ver *Paraíso.* *Robert Anderson Street*

EDICTO Ver *Decreto.*

EDIFICACIÓN Acción relacionada con el consuelo y el ánimo (1 Cor. 14:3; 1 Tes. 5:11), aunque se centra en la meta, y se define como ser afirmado en la fe (Col. 2:7) o adquirir unidad en la fe y en el conocimiento, la madurez y la medida de la estatura de la plenitud de Cristo (Ef. 4:13). Es responsabilidad particular de los líderes de la iglesia (Ef. 4:11-12), y el contexto legítimo para el ejercicio de la autoridad (2 Cor. 10:8; 13:10). Sin embargo, el trabajo de edificación es tarea de todos los cristianos (1 Tes. 5:11). Los dones espirituales se otorgan para la edificación de la iglesia. De estos dones, son de especial importancia los que implican el habla (1 Cor. 14; Ef. 4:29). Todos los elementos de la adoración cristiana deben contribuir a la edificación (1 Cor. 14:26). La profecía y la enseñanza son especialmente importantes (1 Cor. 14:3,18-19). Sin embargo, la edificación no consiste solo en hablar sino que también incluye la demostración de amor (1 Cor. 8:1) y el cuidado de los débiles en la fe (Rom. 15:1-2).

EDOM Región al sudeste y sudoeste del Mar Muerto, en el lado opuesto al Arabá. "Edom" deriva de una raíz semítica que significa "rojo" o "colorado", y describe el terreno arenoso rojizo que caracteriza gran parte de dicha zona. Más aún, la región edomita era en gran medida un "páramo", semidesértica, no muy apta para la agricultura, y muchos de sus habitantes eran seminómadas. En

Las colinas de Edom, entre Petra y Bosra, hacia el Wadi Araba.

consecuencia, los límites de Edom estaban poco definidos. Sin embargo, no toda esa región era desértica; la zona de las actuales Tafileh y Buseireh, al este del Arabá, está bastante bien irrigada, es tierra cultivable, y habrá albergado numerosas aldeas en tiempos del AT. Esta tal vez haya sido el centro de la población edomita. Buseireh está ubicada sobre las ruinas de la antigua Bosra, la capital de Edom. Observar que el nombre moderno, "Buseireh", preserva la memoria del antiguo, "Bosra".

La mayoría de los pasajes bíblicos relacionados con Edom se refieren a este centro edomita al este del Arabá. Isaías 63:1, por ejemplo, habla de alguien que "viene de Edom, de Bosra, con vestidos rojos ... que marcha en la grandeza de su poder". (Ver también Jer. 49:22; Amós 1:11-12.) Sin embargo, hay otros pasajes que presuponen que el territorio al oeste del Arabá, al sur de la zona montañosa de Judea y que separa a esta del golfo de Aqaba, también formaba parte de Edom. Ver especialmente la descripción de la frontera de Judá en Núm. 34:3-4 y Jos. 15:1-3, donde se describe que el lado sur de Judá se extiende "desde el Desierto de Zin hasta la frontera de Edom". Algunos de los grupos tribales que recorrían esta zona semidesértica al sur de Judá se mencionan en la genealogía edomita de Gén. 36. En tiempos neotestamentarios, incluso el extremo sur de la región montañosa de Judea (aprox. al sur de Hebrón) se conocía oficialmente como Idumea (Edom).

En algunos pasajes, "la tierra de Seir" parece sinónimo de Edom (Gén. 32:3; 36:8; Jue. 5:4). Textos egipcios de alrededor del 1300 al 1100 a.C. informan sobre los shasu (aparentemente tribu seminómada) de Seir y de Edom. También se utiliza "Temán" en correlación a Edom en, por lo menos, un pasaje bíblico (Amós 1:12), pero por lo general se refiere a un distrito específico de Edom y probablemente a una ciudad con ese nombre. Uno de los visitantes de Job era Elifaz temanita (Job 2:11; comp. Ezeq. 25:13).

Los israelitas consideraban a los edomitas como parientes cercanos, aun más relacionados que los amonitas y los moabitas. A estos dos últimos los identificaban como descendientes de Lot, el sobrino de Abraham, pero a los edomitas como descendientes de Esaú, el hermano de Jacob (Gén. 19:30–36; 36). Por eso, ocasionalmente se menciona a Edom como "hermano" de Israel (Amós 1:11-12). Pareciera que a los edomitas no se los excluía de la adoración en el templo de Jerusalén con el mismo rigor que a amonitas y moabitas (Deut. 23:3-8). Sin embargo, como suele ocurrir en las relaciones personales, el pariente más cercano puede ser un acerbo enemigo. Según los escritores de la Biblia, la enemistad entre Israel y Edom comenzó con Jacob y Esaú (cuando aquel le robó a este la primogenitura) y se exacerbó durante el éxodo de los israelitas de Egipto (cuando los edomitas les negaron a los israelitas el paso a través de su tierra). Sea como fuere, gran parte del conflicto era que Edom significaba una amenaza constante sobre la frontera de Judá y además bloqueaba el acceso al Golfo de Aqaba.

Tanto Saúl como David mantuvieron guerras con los edomitas, probablemente enfrentamientos fronterizos en la región desértica al sudoeste del Mar Muerto (1 Sam. 14:47-48; 2 Sam. 8:13-14). David obtuvo una victoria decisiva en el Valle de la Sal, es probable que al sudeste de Berseeba, donde el antiguo nombre todavía se preserva en la actual Wadi el-Milk de Arabia. Al parecer, esto le dio a David control de la región edomita al oeste del Arabá, además del acceso al Golfo de Aqaba. Por eso leemos que Salomón construyó una flota de barcos en Ezión-geber para enviarla a regiones lejanas en busca de productos exóticos. Más tarde Hadad, del linaje real edomita, volvió de Egipto y se convirtió en un activo adversario de Salomón. Esto tal vez haya implicado ataques edomitas a las caravanas de Salomón que pasaban a través del territorio tradicionalmente edomita yendo desde Ezión-geber a Jerusalén (1 Rey. 11:14-22).

Aparentemente, Judá recuperó el dominio sobre Edom durante el reinado de Josafat. Volvemos a leer sobre un intento de Judea (esta vez sin éxito) de reanudar la empresa naval desde Ezión-geber (1 Rey. 22:47-50). Edom recuperó su independencia durante el reinado de Joram, sucesor de Josafat (2 Rey. 8:20-22). Se informa que más tarde Amasías, rey de Judá, volvió a

El terreno montañoso de la tierra de Edom.

derrotar a los edomitas en el Valle de la Sal y que luego persiguió a 10.000 sobrevivientes "hasta la cumbre de un peñasco" desde donde fueron arrojados y despedazados (2 Crón. 25:11-12).

Los conflictos entre Judá y Edom, y los esfuerzos por parte de los reyes de Judea por explorar las posibilidades comerciales del Golfo de Aqaba continuaron (2 Rey. 14:22; 16:6; 2 Crón. 26:1-2; 28:17) hasta que finalmente los edomitas, al igual que otros pueblos y reinos pequeños de Siria y Palestina, cayeron bajo el poder de los grandes imperios orientales: el asirio, luego el babilónico y, por último, el persa y el griego. Algunos investigadores sostienen que los edomitas ayudaron a los babilonios en los ataques contra Jerusalén en el 597 y el 586 a.C., y que luego se aprovecharon de los habitantes de Judea que estaban indefensos. Esto explicaría, por ejemplo, los duros ataques verbales contra Edom en pasajes como Jer. 49:7-22 y en el libro de Abdías. Sin embargo, no hay evidencia suficiente para respaldar este punto de vista.

En tiempos del NT, un pueblo de origen árabe conocido como los nabateos había establecido un imperio comercial cuyo centro estaba situado en lo que antes había sido territorio edomita al este del Arabá. La ciudad principal era Petra, y toda la región al sudeste del Mar Muerto se llegó a conocer como Nabatea. Sólo la zona antiguamente edomita al oeste del Arabá seguía siendo conocida como Idumea (Edom). Herodes el Grande tenía antepasados idumeos. Ver *Bosra; Esaú; Nabateos; Petra; Sela; Transjordania.*

EDOMITAS Ver *Edom.*

EDREI Nombre geográfico de significado desconocido. **1.** Ciudad real de Og, rey de Basán (Jos. 12:4). Fue allí donde Israel invadió y derrotó a Og (Núm. 21:33-35). Este sitio también aparece en los registros egipcios. En su lugar se encuentra la moderna Dera, a mitad de camino entre Damasco y Amán. La familia de Faquir, de la tribu de Manasés, reclamó la ciudad como posesión (Jos. 13:31). **2.** Ciudad fortificada en el territorio de la tribu de Neftalí (Jos. 19:37).

EDUCACIÓN EN TIEMPOS DE LA BIBLIA La mayor parte de la enseñanza y el aprendizaje en la época bíblica consistía en instrucción informal con el objetivo de transmitir un enfoque de la vida orientado hacia un estilo moral y religioso. Durante la mayor parte del tiempo bíblico, la educación formal estaba limitada a la clase alta de la sociedad (los gobernantes y sus subordinados inmediatos). La instrucción básica, en el sentido de leer y escribir, normalmente se relacionaba con las clases gobernantes y sus auxiliares, ya que esa preparación requería de un ambiente más formal. Por otro lado, la aceptación gradual del AT como canon trajo consigo una mayor necesidad y propósito de enseñarle por lo menos a leer a un grupo más amplio de la población. Las sinagogas sirvieron como lugar para dicho entrenamiento (probablemente durante el tiempo del exilio). Sin embargo, en general las clases sociales inferiores no necesitaban educación para cumplir con las obligaciones diarias, ni tenían el tiempo libre que se requería para capacitarse en algo que hubiera sido un lujo innecesario para las exigencias básicas de la vida en ese tiempo. Por este motivo, la enseñanza informal es la modalidad educativa principal a la que se refiere el texto bíblico, y el hogar y la comunidad servían como canales de esa instrucción.

Aprendizaje informal y semiformal En la Biblia se mencionan tres tipos principales de aprendizaje, cada uno con un énfasis diferente. El ámbito principal y más común era el hogar, donde informalmente los padres les transmitían a sus hijos orientación moral, modelos culturales, sucesos históricos y guía espiritual. En ocasiones, la familia extendida también participaba de la tarea. Un excelente ejemplo es Deut. 6 (que incluye el "*Shemá*"), donde se les ordena a los padres que les repitan los mandamientos de Dios a sus hijos y los analicen con ellos a lo largo del día. El discipulado habitual que realizaban los padres era el canal preferido para transmitir la herencia religiosa. Casi todos los aspectos de la vida cotidiana se enseñaban en el hogar, pero aun la instrucción en este ámbito debía poseer un matiz religioso, ya que toda la vida tenía ese carácter. Un rasgo específico del AT es el esfuerzo consciente que se requiere para realizar esta tarea, cuyo contenido está definido en líneas generales desde la perspectiva religiosa. Otros ejemplos de educación en el hogar incluyen instrucción en las normas de la santidad (leyes acerca de lo limpio y lo inmundo, leyes sobre alimentación y normas para el día de reposo), enseñaza sobre acontecimientos históricos como la Pascua, y transmisión de capacidad laboral mediante el aprendizaje del oficio del padre.

Un segundo tipo de aprendizaje se relacionaba especialmente con la necesidad de la elite política de contar con auxiliares como los escribas para registrar información sobre el gobierno y promover la imagen pública. Estas necesidades se reflejan en listas tributarias y relatos de las conquistas del período del AT que se encontraron en esa región en distintos descubrimientos arqueológicos. Restos en tablillas de arcilla dan testimonio de este tipo de registro entre sumerios, como así también entre babilonios y asirios, práctica que se incrementó durante el primer milenio a.C., tal como puede comprobarse en los avances literarios durante ese lapso tanto en la cultura hebrea como en otras circundantes. El entrenamiento requerido para este trabajo de escriba era complejo, y sólo un pequeño segmento fuera de la elite o clase alta alcanzaba un nivel elevado de entrenamiento literario. Esta estructura semiformal de educación se relacionaba en forma directa con la alfabetización y no abarcaba necesariamente el aprendizaje en otras áreas de estudio (que no formaban parte del entrenamiento de los escribas), a menos que los aprendices (ayudantes de la elite) estuvieran siendo capacitados para enseñarles a los niños de la clase alta en un contexto de educación formal.

En el contexto del AT, Esdras es el principal ejemplo de énfasis religioso en la preparación y el desempeño de un escriba. Él marca un hito en el surgimiento de una clase de escribas religiosos que se ocupaban de copiar los textos sagrados y de leerlos al pueblo. Los miembros de este grupo de escribas eran, a menudo, los intérpretes del texto durante el período intertestamentario y en tiempos del NT.

El desarrollo de reuniones en la sinagoga brindó nuevos contextos donde ofrecer entrenamiento en un nivel por lo menos mínimo de la capacidad de lectura requerida para leer textos sagrados en los cultos de la sinagoga. Además, durante la semana allí se les brindaba a los niños instrucción moral y orientación espiritual. En el período neotestamentario, es probable que este haya sido el ámbito del que dispusieron Jesús y los discípulos para la capacitación educativa fuera del hogar.

Enseñanza formal Un tercer contexto para el aprendizaje en los tiempos de la Biblia era la educación de la elite, los que pertenecían a la clase alta de la sociedad. En esos ambientes existía un sistema de educación más formal que incluía a personas ajenas a la familia a quienes se contrataba con ese propósito (o bien se usaba a los esclavos). Si bien las menciones de este tipo de entrenamiento son escasas en el período del AT, un cuadro general de la época incluye la descripción de cortes reales y elites urbanas con, al menos, algunas colecciones de obras importantes. En Egipto y en los imperios babilónico, asirio y persa, el nivel de formalidad, de amplitud y de sofisticación del aprendizaje era bastante elevado. Hacia el siglo V, Atenas había alcanzado un notable nivel de alfabetización, capacitación y educación, y un amplio grado de participación que se extendía más allá de la alta sociedad de la ciudad. Gigantes de la filosofía como Sócrates, Platón y Aristóteles son ejemplos de la calidad de aprendizaje que en esa época comenzaba a alcanzar al público de las ciudades. Sin embargo, para la época de las conquistas griegas lideradas por Alejandro Magno volvió a prevalecer el esquema tradicional de educación formal como un privilegio de las elites, y la responsabilidad de la enseñanza con frecuencia recaía en los sirvientes (esclavos y empleados).

El esquema de la educación formal en la cultura greco-romana durante el período neotestamentario incluía una etapa inicial de instrucción gramatical durante los primeros años de la infancia, seguida por otra de orientación en el arte de la retórica y la oratoria. En algunos casos, el alumno recibía instrucción por medio de un tutor en el hogar, y en otros mediante asistencia a una escuela, con una variedad de combinaciones posibles entre estas dos opciones. Quintiliano, uno de los más grandes maestros de Roma durante el primer siglo, describió de manera detallada el sistema educativo y sus diversos componentes. El joven alumno comenzaba bajo el cuidado de un *grammaticus* (maestro de gramática) con el objetivo de aprender esa ciencia, y luego pasaba a manos de un *rhetor* para ser instruido en retórica y oratoria. La enseñanza gramatical abarcaba leer y escribir, y comenzaba con un proceso de copiar lo escrito por otros, reformular esos escritos en palabras propias, y finalmente redactar escritos originales. Este último paso se desarrollaba más plenamente durante la etapa siguiente de instrucción en la retórica. La formación moral por lo general se incluía en el proceso mediante lecturas, presentación de modelos y debates. Quintiliano también destacó la importancia del padre y de la familia en el proceso y en las metas educativas, la necesidad de una comprensión clara de la gramática, y el desafío de continuar aprendiendo a lo largo de toda la vida.

Aunque probablemente ninguno de los líderes de la iglesia primitiva o de los escritores del NT fueron miembros de las elites gobernantes, Pablo y Lucas quizás hayan tenido cierto grado de instrucción formal. Se dice que Pablo había estudiado bajo la orientación de Gamaliel en Jerusalén, y tal vez haya recibido instrucción en Tarso antes de ir a Jerusalén; pero aun así, su preparación seguramente fue de un nivel inferior al que estaba al alcance de las clases gobernantes. Pablo era fabricante de tiendas y, por lo tanto, no pertenecía a la elite; tendría una posición a lo sumo adecuada para los empleados de las clases altas, o podría haber estado vinculado a la clase mercantil de un nivel menor. Aceptar la tradición de que Lucas era médico implica que pertenecía a un estrato social no mayor que el de los empleados o los criados. De modo que probablemente Lucas no haya pasado por todo el proceso de preparación sistemática que estaba al alcance de las elites. Sin embargo, la referencia que Lucas hace al "excelentísimo Teófilo" podría reflejar su relación como criado de alguien de la clase gobernante. De cualquier manera, la introducción de Lucas a su Evangelio indica un nivel de instrucción adecuado como para asimilar e investigar fuentes tanto orales como escritas, lo cual implica que Lucas tenía, por lo menos, cierto grado de entrenamiento literario.

Bibliotecas En conjunción con el entrenamiento de las elites y el prestigio de las oportunidades de aprendizaje surgieron bibliotecas en algunas de las principales ciudades del Imperio Romano. La biblioteca más famosa de la antigüedad era la de Alejandría, que en la cumbre de su prestigio tenía 500.000 rollos de escritos, entre la biblioteca principal y la "biblioteca hija" más pequeña contigua a la primera.

La meta era tener todas las obras conocidas de cualquier género existente. La excelencia de dicha biblioteca puede verse en la práctica de comparar (corregir) las copias de otras bibliotecas tomando como referencia las de Alejandría, debido a que allí se preservaban los "textos antiguos". Como resultado, la Torá del AT fue traducida al griego e incorporada a la biblioteca hacia mediados del siglo III a.C., y a lo largo del tiempo se agregaron a esa traducción los Profetas y los Escritos, como así también otros libros. Esta versión griega del AT llegó a ser de uso corriente en la iglesia primitiva.

Si bien la biblioteca de Alejandría era la más conocida del mundo antiguo y estaba acreditada con poseer el mayor número de obras, también había otras en ciudades como Antioquía, Pérgamo, Atenas, Rodas, Cartago y Roma. Cuando comenzó el cristianismo, la mayoría de las grandes ciudades contaba con bibliotecas, y en los centros más importantes el público tenía cierto grado de acceso a ellas. Durante la época del Imperio Romano, Alejandría siguió siendo el mejor lugar donde estudiar obras griegas, en tanto que Roma albergaba la mejor colección de obras de escritores latinos (además de una valiosa colección de obras griegas).

La función de las bibliotecas era proveer acceso a las obras de escritores griegos clásicos de la antigüedad, como por ej. Homero, Platón y Aristóteles, además de otras de menor jerarquía o de autores contemporáneos. Las copias de las obras se archivaban allí y se hacían duplicados para quienes deseaban usarlas fuera del ámbito del edificio. En ocasiones, el autor pagaba para que se hicieran copias para sus amigos y, en otros casos, el comprador abonaba para la reproducción del ejemplar. El préstamo de libros, si bien estaba permitido en algunos lugares, era una práctica restringida y tal vez reducida a sólo algunos ciudadanos de cierta posición social. Ver *Biblioteca*. *Bill Warren*

EFA Nombre de persona que significa "oscuridad". **1**. Hijo de Madián y nieto de Abraham (Gén. 25:4). La línea genealógica venía de la esposa de Abraham llamada Cetura y no de Sara, por lo que no heredó como sucedió con Isaac. Efa era, por lo tanto, antepasado original de una familia de madianitas, y el nombre del clan podía ser usado en poesía como paralelo de Madián para referirse a los madianitas (Isa. 60:6). **2**. Concubina de Caleb y madre de sus hijos (1 Crón. 2:46). **3**. Hijo de Jahdai y, aparentemente, descendiente de Caleb (1 Crón. 2:47). **4**. Una palabra hebrea completamente distinta con una primera letra diferente es "efa" como medida de áridos para granos. Es la décima parte de un homer y equivale a un bato de líquido (Ezeq. 45:11). También es igual a 10 gomer (Ex. 16:36). Por lo tanto, corresponde aprox. a 40 litros (10 cuartos), aunque no se cuenta con suficiente información para un cálculo exacto. Otras estimaciones lo colocan en alrededor de la mitad de una fanega. La visión en Zac. 5:7 de una mujer sentada sobre un efa contiene visiones de imágenes muy creativas, ya que un efa sería demasiado pequeño para que una mujer pudiera sentarse encima. Al pueblo israelita se le advertía constantemente que no debía utilizar dos medidas de efa, una para la compra y otra para la venta (Deut. 25:14; Prov. 20:10; comp. Lev. 19:36; Ezeq. 45:10; Amós 8:5).

EFAI Nombre de persona que significa "ave". Padre de los hombres que se unieron a Ismael en la revuelta contra el asesino de Gedalías, gobernador de Judá, después de que Babilonia tomara y destruyera Jerusalén en el 586 a.C. (Jer. 40:8). Efai era originario de Netofa, cerca de Belén.

EFATA Expresión aramea que usó Jesús cuando curó a una persona sorda con un impedimento para hablar. Se lo traduce "sé abierto". Cuando Jesús la pronunció, el individuo se sanó (Mar. 7:34).

EFER Nombre de persona que significa "cervatillo". **1**. Hijo de Madián, nieto de Abraham a través de su esposa Cetura, y jefe de familia entre los madianitas (Gén. 25:4). **2**. Descendiente de Caleb de la tribu de Judá (1 Crón. 4:17). **3**. Antepasado original de la familia de la tribu de Manasés (1 Crón. 5:24).

E

EFES-DAMIM Nombre geográfico que significa "fin de la masacre". Pueblo entre Soco y Azeca donde los filisteos se reunieron para luchar contra Saúl (1 Sam. 17:1) antes de que David matara a Goliat. Aparentemente se trata de Pas-damim (1 Crón. 11:13). Es la moderna Damun, aprox. 6 km (4 millas) al noreste de Soco.

EFESIOS, CARTA A LOS Si bien no es la más larga de las epístolas paulinas, es la que mejor expone los conceptos básicos de la fe cristiana.

Pablo y los efesios No se ha encontrado información precisa sobre la introducción del cristianismo a Éfeso. A partir de Hech. 13:1 a 14:28 sabemos que el cristianismo fue llevado a la península asiática desde temprano. Pablo y Bernabé, durante el primer viaje misionero alrededor del 45–48 d.C., llevaron el cristianismo a Cilicia, Panfilia y Frigia. La religión recientemente establecida se desplazó inevitablemente hacia el oeste, a la costa de la floreciente ciudad de Éfeso, una ciudad de múltiples religiones, dioses y diosas.

Al final del segundo viaje misionero, alrededor del 49–52 d.C., Pablo dejó Acaya (Grecia) y llevó consigo a Aquila y a Priscila. Se detuvieron en Éfeso y observaron la situación de aquella ciudad donde florecían tantas religiones. Los efesios le insistieron a Pablo para que se quedara allí pero no aceptó. Partió por mar hacia Antioquía y dejó allí a Aquila, a Priscila, y quizá a Timoteo, para que difundieran el testimonio cristiano (Hech. 18–21). Regresó a Éfeso durante el tercer viaje misionero y experimentó el triunfo tanto sobre el reto constituido por los líderes religiosos judíos, como también sobre las religiones greco-romanas representadas en el culto a la diosa griega Artemisa (nombre romano: Diana; Hech. 19:24).

Su ministerio en Éfeso duró tres años. De allí viajó a Jerusalén, donde fue arrestado por los judíos y entregado a las autoridades romanas. Fue retenido en la prisión de Cesarea por dos años (Hech. 21:15–26:32). Luego lo enviaron a Roma, donde lo pusieron nuevamente en prisión por dos años más (Hech. 27:1–28:31).

Los intérpretes tienen opiniones divididas acerca de cuándo y dónde fue escrita la Carta a los Efesios. Estos dos arrestos de Pablo son los únicos casos de importancia para esclarecer cuándo y dónde se escribieron las Epístolas de la Prisión. En estas cuatro epístolas, Pablo declara estar en la cárcel.

Otra pregunta relacionada e igualmente debatida es el año y el lugar en que Pablo escribió cada una de las epístolas. Por lo que sabemos, sólo dos opciones parecen viables: Cesarea y Roma. La opinión mayoritaria a través de la historia cristiana ha favorecido a Roma. Una pequeña minoría de intérpretes afirma que escribió desde Cesarea.

Ha surgido una tercera opinión a partir de Col. 4:16, donde Pablo insta a la iglesia de Colosas a intercambiar cartas con la vecina iglesia de Laodicea para que las dos obtengan el beneficio de ambas epístolas. Esta opinión, que nunca tuvo gran aceptación, se apoya en la idea de que Pablo escribía desde una prisión en Éfeso y que la carta a los "laodicenses" es la que tenemos en la Biblia como Efesios.

Una revisión de este tema extremadamente complejo y extenso nos deja con la impresión subjetiva de que las cuatro Epístolas de la Prisión se escribieron durante su encarcelamiento en Roma alrededor del 61–62 d.C. Igualmente subjetiva es la opinión de que fueron escritas en este orden: Efesios, 61 d.C.; Colosenses, 61 d.C.; Filemón, 61 d.C.; Filipenses, 62 d.C.

Introducción a la epístola La motivación de Pablo para escribir esta carta fue el reto que enfrentaba el cristianismo ante otras religiones y filosofías de la época. Él estaba convencido de que la religión que proclamaba era la única forma de redención del pecado y de llegar a ser hijos de Dios.

El desafío era la lucha de la mente humana en su búsqueda de la "buena vida". Aun en el judaísmo, la cuna del cristianismo, esta fe enfrentó esa agresiva disputa.

Pablo se oponía a un judaísmo que consideraba transformado en una religión de logros humanos, que cumplía con las obras de la ley como medio para estar bien con Dios. Él proponía al cristianismo como una religión de provisión divina; la salvación por medio de la fe es la provisión por parte de Dios de aquello que los seres humanos nunca podrían obtener por sí mismos.

Esta distinción fue también lo que produjo el conflicto entre el cristianismo y la filosofía griega y las religiones naturales greco-romanas. El punto de vista cristiano es que la "vida buena" llega a través de la fe y no mediante procesos intelectuales, especulaciones y reglas de conducta en la integración de la personalidad.

Análisis de la epístola: Teología y ética Siguiendo el modelo de todas sus epístolas, Pablo se presentó como apóstol de Cristo Jesús por voluntad de Dios; ni por voluntad humana ni aun por la suya, sino por voluntad de Dios. Esa era la fuerza motivadora de su vida.

La expresión "en Éfeso" no aparece en los manuscritos más antiguos de Efesios pero sí en muchos de los más confiables. Esta omisión condujo a especular que, al escribir la epístola, Pablo dejó un espacio en blanco para que esta sirviera como carta circular dirigida a varias iglesias. Cuando la epístola se leía en una iglesia, la persona que leía insertaba el nombre de esta, por ej. en Laodicea, en Hierápolis, en Colosas, etc. Es más, un manuscrito de mediados del siglo II llevaba en ese espacio la inscripción "en Laodicea".

"Gracia y paz a vosotros, de Dios nuestro Padre y del Señor Jesucristo" (Ef. 1:2) está en todas las epístolas de Pablo. Siempre está en ese orden, gracia y paz. La gracia es la obra del Padre mediante la cual se obtiene la salvación del pecado. La paz es el estado del alma del creyente después de que la gracia ha obrado. Están en ese orden porque no puede haber paz en el corazón hasta tanto la gracia haya hecho su obra.

Siguiendo un modelo usado frecuentemente en las epístolas de Pablo, se desarrollan dos temas fundamentales. Primero hay una sección principal sobre algún tema teológico. Después sigue una sección importante sobre ética que surge del tema teológico. En el NT, la teología y la ética están inseparablemente unidas; no deben separarse nunca.

En la sección teológica (1:3–3:21), Pablo centró la atención en el plan y la propagación de la redención. Comenzó con un modelo literario de poema o himno de alabanza a Dios por lo que Él hizo al brindar salvación a la humanidad pecadora. La provisión de la redención se presenta como obra de la Trinidad: el Padre, el Hijo, y el Espíritu Santo. La expresión "para alabanza de la gloria de su gracia" se repite al final de cada sección con una leve variación.

Pablo pasó al agradecimiento a fin de mostrar las bendiciones de la redención (1:15–2:10). Quería que sus lectores conocieran mejor a Cristo, el Cristo que permite que los creyentes tengan el poder incomparable que lo resucitó a Él y que gobierna en esta era y en la que vendrá. Este poder puede llegarles a personas que estaban muertas en pecado pero que son salvas por la gracia y resucitadas con Cristo para participar en Su gobierno, pero también para vivir por gracia en las buenas obras que Dios ha preparado para que realice Su pueblo.

Pablo acudió al lenguaje imperativo para explicar cómo se propaga la redención (2:11–3:21). Un pueblo sin esperanza, separado del pueblo del pacto, ha experimentado salvación por medio de la sangre de Cristo. Así, la unidad de todas las razas se logra por medio de Él. En la cruz trajo paz y proveyó el acceso a Dios por medio del Espíritu Santo. La iglesia de Cristo, construida sobre el fundamento de los apóstoles y que sirve como morada del Espíritu de Dios, los reúne a todos. Esta buena noticia es un misterio, un misterio que Dios invita a Su pueblo a compartir con otras personas por medio de la gracia divina, y un misterio que permite que todas las personas se acerquen a Dios con confianza y libertad.

Pablo pasó a la oración para concluir esta sección y revelar la meta de la redención (3:14-21). Su oración pedía que Cristo habitara en los creyentes para que estuvieran arraigados en el amor y pudieran aprehender la maravillosa grandeza de ese amor.

En la sección sobre ética (4:1–6:24), Pablo se ocupó de la aplicación de la redención a la iglesia, a la vida personal y al quehacer cotidiano. Los imperativos éticos dominan la sección. Buscaba la unidad en el Espíritu, es decir, un cuerpo, un Espíritu, una esperanza, un Señor, una fe, un bautismo, un Dios y Padre. Dentro de la unidad elogiaba la diversidad de los individuos en el seno de la iglesia, una diversidad originada en los diferentes dones que da Cristo. El uso de los dones dentro de la iglesia conduce a la madurez de la iglesia y de sus miembros. La madurez supone crecer en Cristo, en Su amor, mientras cada uno hace las obras que Dios le encomendó y sin tratar de hacer lo que se les asignó a otros.

Esto trae consecuencias en la vida personal y requiere una transformación total del estilo de vida de los incrédulos. Sin fe, la persona está condenada a una vida de pasiones egoístas y de disipación mundana. El creyente adquiere las características de Dios en santidad, pureza y rectitud. Un elemento central de esto se halla en el lenguaje humano, que declara la verdad y dice aquello que ayuda a edificar a los demás. El enojo y la malicia deben transformarse en amor, compasión y perdón. Andar en la luz significa agradar a Dios y mostrar lo pecaminoso de las acciones impías. Esta es la senda sabia que evita los espíritus embriagadores y va al único Espíritu que conduce a la alabanza y la adoración. Esto cambia nuestro papel en el hogar. La sumisión mutua es clave, una sumisión motivada por la lealtad a Cristo y el amor hacia el cónyuge. Ese amor sigue el ejemplo del amor de Cristo por Su iglesia. Los padres esperan respeto de parte de los hijos mientras los entrenan en el camino de amor del Señor. Asimismo, los amos y los siervos se respetan y ayudan mutuamente.

Para completar su carta, Pablo instó a sus lectores a colocarse la armadura del Señor para evitar las tentaciones de Satanás. Esto conducirá a una vida de oración por uno mismo y por los otros siervos de Dios. Esto llevará a interesarse en los demás creyentes y recibir aliento de parte de ellos. Como de costumbre, Pablo concluyó su carta con una bendición, pidiendo paz, amor, fe y gracia para sus amados lectores.

Bosquejo

- I. Salutación: el apóstol saluda a la iglesia (1:1-2)
- II. Teología: el plan de redención conduce a la propagación de la redención (1:3–3:21)
  - A. El plan de la redención (1:3-14)
    1. La obra del Padre: Él nos ha elegido y nos ha bendecido en Cristo, predestinándonos para ser sus hijos (1:3-6)
    2. La obra del Hijo: Él brinda redención y perdón de pecados por medio de Su sangre (1:7-12)
    3. La obra del Espíritu: nos sella como posesión preciada de Dios (1:13-14)
  - B. Las bendiciones de la redención (1:15–2:10)
    1. Una clara comprensión de la naturaleza de la redención (1:15-19)
    2. Una comprensión completa de la naturaleza de Cristo (1:20-23)
    3. Una transición de la muerte espiritual a la vida espiritual (2:1-9)
    4. Una vida de buenas obras (2:10)
  - C. La propagación de la redención (2:11–3:21)
    1. La redención es para todos, al margen de la raza (2:11-13)
    2. La redención hace que todos sean uno en Cristo (2:14-22)
    3. La redención debe ser revelada a la gente por medio de personas (3:1-13)
    4. La redención tiene un objetivo: la revelación de la naturaleza del amor de Dios por medio de Cristo (3:14-21)
- III. Ética: La redención es aplicada a la vida de la iglesia, a la personal y a la doméstica (4:1–6:24)
  - A. La aplicación de la redención a la vida de la iglesia (4:1-16)
    1. El Espíritu Santo produce unidad (4:1-6)
    2. Cristo provee diversidad de dones (4:7-11)
    3. La unidad en el Espíritu y los dones de Cristo producen madurez (4:12-16)
  - B. La aplicación de la redención a la vida personal (4:17–5:21)
    1. Los deseos y las prácticas de la antigua manera de vivir se terminan (4:17-32)
    2. En la nueva manera de vivir, los redimidos aprenden a andar en amor (5:1-5)
    3. En la nueva manera de vivir, los redimidos aprenden a andar en la luz (5:6-14)
    4. En la nueva manera de vivir, los redimidos aprenden a andar con sabiduría (5:15-21)
  - C. La aplicación de la redención a la vida doméstica (5:22–6:9)
    1. Los deberes mutuos entre esposos (5:22-23)
    2. Los deberes mutuos entre padres e hijos (6:1-4)
    3. Los deberes mutuos entre amos y siervos (6:5-9)
- IV. Conclusión: Preparación para el conflicto espiritual en la vida (6:10-24)

Enlosado tallado que probablemente anuncia un prostíbulo, en la antigua ciudad de Éfeso.

El gran teatro de la antigua Éfeso, visto desde la Vía de Arcadio, camino al puerto.

Parte del complejo romano de baños y gimnasio excavado en Éfeso.

ÉFESO

–48–400 d.C.

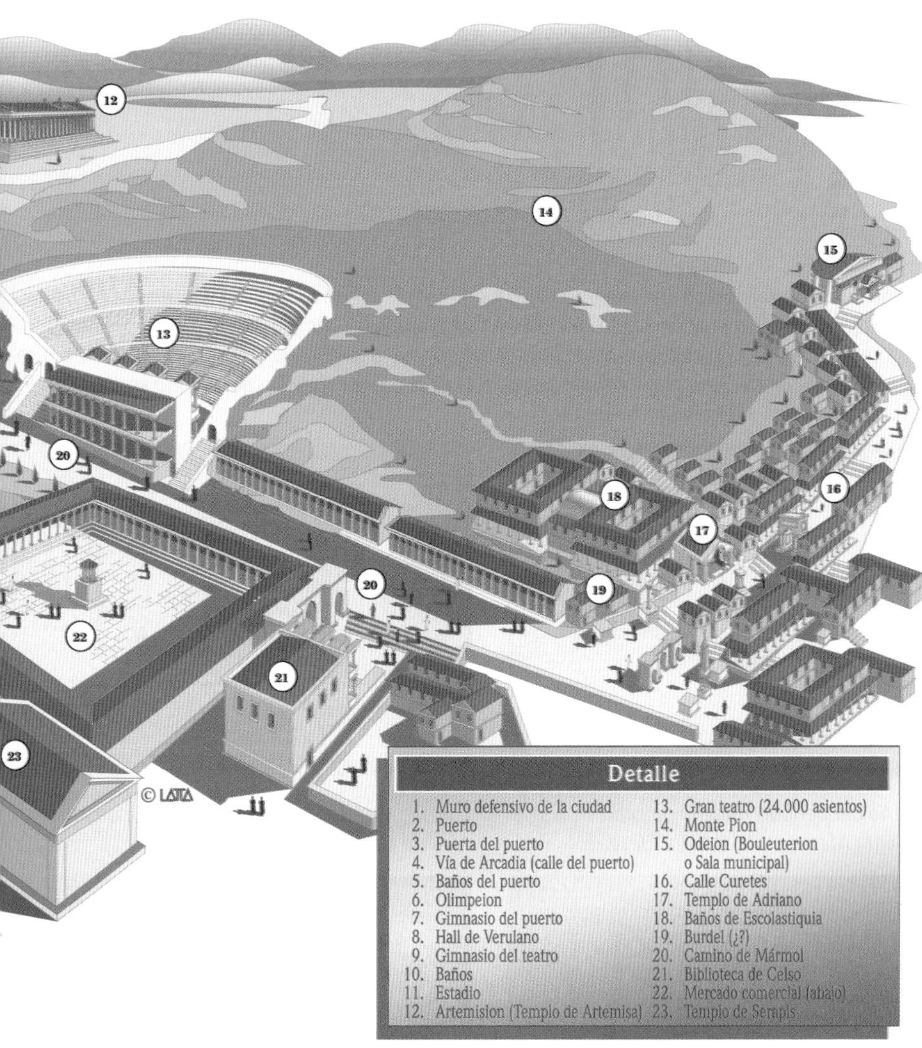

12
14
15
13
20
18
16
17
20
19
22
21
23
© LATA
Detalle
1. Muro defensivo de la ciudad
2. Puerto
3. Puerta del puerto
4. Vía de Arcadia (calle del puerto)
5. Baños del puerto
6. Olimpeion
7. Gimnasio del puerto
8. Hall de Verulano
9. Gimnasio del teatro
10. Baños
11. Estadio
12. Artemision (Templo de Artemisa)
13. Gran teatro (24.000 asientos)
14. Monte Pion
15. Odeion (Bouleuterion o Sala municipal)
16. Calle Curetes
17. Templo de Adriano
18. Baños de Escolastiquia
19. Burdel (¿?)
20. Camino de Mármol
21. Biblioteca de Celso
22. Mercado comercial (abajo)
23. Templo de Serapis

Reconstrucción del gran templo de Artemisa (Diana, en la mitología romana), en Éfeso, en la antigua Asia Menor (Turquía actual), que se comenzó en el 360 a.C. en honor a la antigua diosa de muchos pechos, de la región de Anatolia. Fue un culto adoptado por Alejandro Magno de Grecia, con el nombre de Artemisa. Los griegos completaron el templo y terminó siendo una de las siete maravillas del mundo antiguo, cuatro veces más grande que el Partenón de Atenas.

E

Bautisterio del período romano ubicado en la iglesia de Santa María, en la antigua Éfeso.

La calle Curetes en la antigua Éfeso, con la biblioteca de Celso en el fondo.

La fachada de mármol, reconstruida, de la biblioteca de Celso en la antigua Éfeso.

El gran teatro de Éfeso y, como trasfondo, la vía Arcadiana, que llevaba al antiguo puerto.

A. Saber que Dios es nuestro aliado y Satanás nuestro enemigo (6:10-12)
B. Ponerse la armadura que Dios provee (6:13-17)
C. Orar para que los líderes cristianos tengan valor (6:18-20)
D. Comunicarse con otros y alentarse mutuamente (6:21-22)
E. Vivir bajo la bendición de la paz, el amor, la fe y la gracia de Dios (6:23-24)

Ray Summers

ÉFESO Una las ciudades más grandes e imponentes del mundo antiguo; centro político, religioso y comercial de Asia Menor. En relación con los ministerios de Pablo, de Timoteo y del apóstol Juan, esta ciudad jugó un papel importante en la difusión del cristianismo primitivo. Éfeso y sus habitantes se mencionan más de 20 veces en el NT.

Ubicación La antigua ciudad de Éfeso, ubicada en la costa occidental de Asia Menor en la desembocadura del Río Caister, era un puerto importante. Situada entre el Río Meandro al sur y el Río Hermo al norte, Éfeso tenía un acceso excelente a ambos valles fluviales que le permitían florecer como centro comercial. Debido a la acumulación de sedimento depositado por el río, la ubicación actual de la ciudad está a unos 9 km (6 millas) tierra adentro.

Trasfondo histórico Los primeros habitantes de Éfeso fueron un grupo de pueblos llamados léleges y carios, que fueron desalojados alrededor del año 1000 a.C. por los residentes jonios griegos liderados por Androcles de Atenas. Los nuevos habitantes de Éfeso asimilaron la religión nativa de la región, la adoración a la diosa de la fertilidad a quien identificaron con la diosa griega Artemisa, la virgen cazadora. (Más tarde, los romanos identificaron a Artemisa con su diosa Diana.)

Alrededor del 560 a.C., Creso de Lidia conquistó Éfeso y la mayor parte de Asia Menor. Durante el gobierno de Creso, se trasladó la ciudad más hacia el sur y se construyó un magnífico templo, el Artemision, para la adoración a Artemisa. En el 547 a.C., después de la derrota de Creso a manos de Ciro de Persia, Éfeso quedó bajo control persa. En el 356 sobrevino una desgracia a la ciudad cuando el Artemision se incendió.

Alejandro Magno, de quien se dice que nació el mismo día que ardía el Artemision, llegó a dominar la región en el 334 a.C. Su ofrecimiento para financiar la reconstrucción ya iniciada del templo fue rechazado diplomáticamente. El templo reconstruido, completado alrededor del 250 a.C., se convirtió en una de las Siete Maravillas del Mundo. Lisímaco, uno de los generales de Alejandro, gobernó Éfeso desde el 301 al 281 a.C., cuando fue asesinado por Seleuco I. Bajo el gobierno de Lisímaco, la ciudad fue trasladada nuevamente, esta vez a un terreno más elevado para evitar el peligro de las inundaciones. Se construyeron murallas, se montó un nuevo puerto y se abrieron nuevas calles. Después de la muerte de Lisímaco, Éfeso cayó bajo el control de los seléucidas hasta que estos fueron derrotados por los romanos en el 189 a.C. Roma le entregó la ciudad al rey de Pérgamo como recompensa por su apoyo militar. En el 133 a.C., con la muerte del último gobernante de Pérgamo, la ciudad quedó completamente bajo control romano.

Durante la administración romana, Éfeso prosperó y llegó a la cúspide de su esplendor durante los siglos I y II de la era cristiana. En la época de Pablo, era quizá la cuarta ciudad del mundo en cantidad de habitantes, con una población estimada en 250.000 personas. Durante el reinado del emperador Adriano, Éfeso fue designada capital de la provincia romana de Asia. El esplendor de la antigua ciudad resulta evidente en los restos arqueológicos encontrados, que incluyen las ruinas del Artemision, el ágora cívica, el templo de Domiciano, gimnasios, baños públicos, un teatro para 24.000 personas, una biblioteca y un mercado, como así también varias calles y residencias privadas. También se encontró la cabeza y el antebrazo de una colosal estatua del emperador Domiciano. En la actualidad, la ciudad turca de Seljuk ocupa el antiguo emplazamiento de Éfeso. Ver *Asia Menor, Ciudades de*; *Efesios, Carta a los*; *Timoteo, Primera Carta a.*

Mitchell G. Reddish

EFLAL Nombre de persona que significa "mellado" o "agrietado". Descendiente de Jerameel de la tribu de Judá (1 Crón. 2:37).

EFOD Vestimenta sacerdotal relacionada con buscar una palabra de parte de Dios y utilizada erróneamente como ídolo. El significado exacto y las derivaciones del término "efod" no resultan claros.

En la primera parte de la historia del AT hay referencias al efod como vestimenta de lino más bien sencilla, posiblemente una falda corta, un delantal, o una faja. Se lo identificó como vestimenta sacerdotal (1 Sam. 14:3; 22:18). Samuel solía usarla (1 Sam. 2:18), y también David cuando danzó ante Dios durante el traslado del arca del pacto a su ciudad capital, Jerusalén (2 Sam. 6:14). Por sus formas y usos más antiguos, se presume que el efod se asociaba con la presencia de Dios o con aquellos que tenían una relación privilegiada con Él. Se describe como fuente de guía divina, como cuando David quiso saber si podía confiar en el pueblo de Keila (1 Sam. 23:9-12) o cuando deseaba saber si debía perseguir a los amalecitas (1 Sam. 30:7-8).

Hay referencias a un efod especial asociado con el sumo sacerdote. Pareciera haber sido una indumentaria similar a un delantal que se usaba encima de la túnica sacerdotal y debajo del pectoral. Se describe detalladamente en Ex. 28–35. Tejido con oro, azul, púrpura y escarlata, era una pieza sumamente elaborada y ornamentada. Por encima de cada hombro, el efod se ajustaba con dos hebillas de ónix donde estaban grabados los nombres de seis de las doce tribus. Algunos eruditos creen que este pectoral también tenía un bolsillo en el que se conservaban los objetos sagrados para echar suertes, Urim y Tumim (Ex. 28:30). El efod se ceñía alrededor de la cintura con una hermosa faja tejida de manera compleja. La túnica que se llevaba con el efod era tan elaborada como este. Era de color azul con una franja en la parte inferior que llevaba campanillas de oro y granadas azules, púrpura y escarlata (Ex. 28:31-34). Aparentemente, el efod del sumo sacerdote no era sólo para que lo usara este sino también para ser expuesto notoriamente en el tabernáculo. Tal vez se lo haya colocado encima de una imagen divina y se haya utilizado como objeto de adoración en algún momento de la historia de Israel. Este uso, además de la importancia misma del efod, pudo haber conducido a un uso idolátrico durante la época de los jueces (Jue. 8:27; 17:5-6).

La importancia del efod en la adoración del pueblo hebreo puede verse en que aun después de la división de la nación en los reinos del norte y del sur, se lo menciona en la adoración en el Reino del Norte (Os. 3:4) Ver *Arca del pacto; Sacerdotes; Tabernáculo; Terafines.*

Daniel B. McGee

EFRAIMITA Miembro de la tribu de Efraín. Ver *Efraín.*

EFRAÍN Nombre de persona y de tribu que significa "tierra de dos frutos" o "dos tierras de pastoreo". Hijo menor de José con su esposa egipcia Asenat, hija del sacerdote de On (Gén. 41:52). Fue adoptado por su abuelo Jacob y se le dio precedencia sobre su hermano Manasés (Gén. 48:14). Fue padre de la tribu de Efraín y ocupó una región ligeramente al noroeste del Mar Muerto (Jos. 16), y fue la tribu principal del Reino del Norte, siempre dispuesta a hacer valer sus derechos (Jos. 17:15; Jue. 3:27; 4:5; 7:24–8:3; 12:1).

Efraín jugó un papel importante en la historia de Israel. Josué era efraimita (Jos. 19:50); también lo era Samuel (1 Sam. 1:1) y Jeroboam I (1 Rey. 12:25). El gran santuario de Silo estaba situado en territorio efraimita. A partir del siglo VIII a.C., la palabra Efraín se usó a menudo para designar a Israel (Isa. 11:13; Jer. 7:15; Os. 5:13). *Ver Patriarcas; Tribus de Israel.*

EFRAÍN, BOSQUE DE Sitio densamente arbolado donde se libró la batalla entre las fuerzas del rey David y el ejército rebelde de Absalón (2 Sam. 18:6,8). La ubicación de este bosque resulta difícil de determinar. El relato de 2 Samuel sugiere un lugar en la ribera este del Río Jordán, cerca de la ciudad de Mahanaim en el Valle de Jaboc, como para permitir que David enviara refuerzos. La dificultad se presenta porque el territorio que recibió la tribu de Efraín se encontraba al oeste del Jordán. Josué 17:14-18 predice la expansión de Efraín hacia el norte hasta el boscoso Valle de Jezreel y las cercanías de Bet-seán, ambos dentro del territorio de Isacar. Es posible que esta tribu dominante también se haya asentado en las laderas boscosas al este del Jordán.

EFRAÍN, CIUDAD DE Otro nombre para Efrón. *Ver Efrón 3.*

EFRAÍN, MONTE DE Ver *Monte Efraín.*

EFRATA Nombre geográfico y de persona que significa "fértil". **1.** Ciudad cercana al lugar donde Jacob enterró a su esposa Raquel (Gén. 35:16-19). Génesis 35:16 parece indicar que estaba cerca de Bet-el. Esto está acreditado por 1 Sam. 10:2; Jer. 31:15, que ubica la tumba de Raquel cerca de Ramá, en la frontera de los territorios tribales de Efraín y Benjamín. Sin embargo, Génesis 35:19 identifica a Efrata con Belén (comp. Gén. 48:7). Forma parte del territorio tribal de Judá según las traducciones griegas más antiguas del AT, con palabras omitidas en los manuscritos hebreos (Jos. 15:59). Miqueas 5:2 también parece equiparar a

La entrada a la Iglesia de la Natividad, en Belén (Efrata).

Belén con Efrata como el hogar del Mesías que iba a venir. A su vez, este concepto estaba basado en que Belén (1 Sam. 16:1) y Efrata (1 Sam. 17:12) eran el hogar de Isaí, el padre de David y, por lo tanto, de este último. Al enviar al Mesías, Dios eligió comenzar nuevamente en el lugar del nacimiento de David. Elimelec, el marido de Noemí, era efrateo de Belén (Rut 1:2). En Rut 4:11, Belén y Efrata están aparentemente identificados en un paralelismo poético. Podría ser que Efrata haya sido el nombre de una familia de Belén cuya importancia hizo que ese nombre fuera sinónimo de la ciudad. El paralelismo en Sal. 132:6 pareciera equiparar Efrata con "el campo de Jaar" (LBLA) o "los campos de Yagar" (NVI). Esto correspondería a Quiriat-jearim, aunque la intención tal vez haya sido referirse a dos sitios diferentes donde reposó el arca: Belén y Quiriat-jearim. La identificación con Quiriat-jearim podría tener respaldo en la genealogía de 1 Crón. 2, que enumera tanto nombres de personas como de lugares. Sobal, el fundador de Quiriat-jearim, era hijo de Efrata, la esposa de Caleb (1 Crón. 2:19,50). En 1 Crón. 4:4, Hur, hijo de Efrata, era el padre de Belén. Efrata pudo haber sido un nombre de familia asociado con varias localidades geográficas, de las que Belén era la más renombrada. Las conexiones textuales y geográficas no siempre son fáciles de establecer. **2.** Esposa de Caleb (1 Crón. 2:19,50; 4:4).

EFRATEO Residente o miembro de la familia de Efrata. *Ver Efrata.*

EFRÓN Nombre de persona y de lugar que significa "polvoriento". **1.** Heteo que le vendió la cueva de Macpela a Abraham (Gén. 23:8-20). El relato del acuerdo de compra sigue el estilo normal entre los pueblos del Cercano Oriente. Abraham también fue sepultado en la cueva junto con Sara (Gén. 25:9-10). Se convirtió en lugar de sepultura de los patriarcas (Gén. 49:30-33; 50:13). **2.** Monte que marca los límites tribales entre Judá y Benjamín (Jos. 15:9). Situado al noroeste de Jerusalén, cerca de Mozah en el-Qastel. **3.** Ciudad que el rey Abías de Judá (913–910 a.C.) tomó del rey Jeroboam de Israel (926–909 a.C.) (2 Crón. 13:19 "Efraín"). Los copistas hebreos más antiguos sugieren que la escritura correcta es "Efraín". Aparentemente es Ofra de Benjamín (Jos. 18:23; 1 Sam. 13:17), situada en et-Taiyibeh, alrededor de 6 km (4 millas) al norte de Bet-el. Probablemente sea la ciudad de Efraín (2 Sam. 13:23; Juan 11:54). Si et-Taiyibeh es el sitio correcto, entonces se trata de una ciudad elevada, 100 m (300 pies) más alta que Jerusalén, donde podía hacer bastante frío. Algunos ubican la ciudad de Efraín en el valle bajo de ain Samieh, en los límites del desierto.

EGIPCIO, EL Líder de un intento frustrado de conquistar Jerusalén alrededor del 54 d.C. En Hech. 21:38, el tribuno que comandaba la fortaleza Antonia confundió a Pablo con este revolucionario que había conducido a 4000 "asesinos" al desierto. Josefo menciona dos incidentes que involucran al mismo personaje o a uno similar. En el primero, un falso profeta egipcio había guiado a un grupo al desierto. El procurador Félix dispersó a esta banda de revoltosos con soldados de infantería y caballería. Después, el egipcio reunió a 30.000 hombres en el desierto y llevó a la multitud hasta el Monte de los Olivos desde donde, según su promesa, verían caer las murallas de Jerusalén cuando él así lo ordenara. Félix respondió nuevamente con la fuerza, mató a 400 y tomó cautivos a 200. El líder de la banda escapó.

El gran número de seguidores sugiere que es más probable que el líder de la revuelta haya sido un egipcio judío o un prosélito del judaísmo y no un egipcio pagano. El tribuno suponía que el egipcio era un bárbaro (incapaz de hablar en griego). Esta suposición, además de la respuesta de Pablo de que él era judío de Tarso, una importante ciudad de Cilicia, sugiere que el egipcio rebelde era de origen rural.

EGIPTO Tierra en el noreste de África, hogar de una de las civilizaciones más antiguas, e importante influencia política y cultural sobre la antigua Israel.

Geografía Egipto se ubica en la esquina noreste de África, separada de Palestina por el Desierto de Sinaí. A diferencia de la nación contemporánea, el antiguo Egipto estaba confinado al Valle del Río Nilo, una franja angosta y extensa de tierra fértil (la "tierra negra") rodeada por un desierto inhabitable (la "tierra roja"). Egipto propiamente dicho, desde la primera catarata del Nilo hasta el Mediterráneo, se extiende alrededor de 1200 km (750 millas).

Los historiadores clásicos hicieron notar que Egipto era un don del Nilo. Los tres afluentes del río convergen en Sudán. El Nilo Blanco, que tiene sus fuentes en el Lago Victoria, provee un caudal de agua casi constante. El flujo estacional del Nilo Azul y del Atbara cada año provocaba una inundación que comenzaba en junio y alcanzaba su mayor nivel en septiembre. Dicha inundación no sólo favorecía la irrigación sino que además les reponía cada año a los suelos una nueva capa de limo negro y fértil. El Nilo era también una importante vía de comunicación. Debido a la orientación de los ríos, los barcos navegaban hacia el norte, mientras que el predominio de los vientos desde esa dirección facilitaba la navegación corriente arriba.

A pesar del carácter unificador del Nilo, las "dos tierras" de Egipto eran muy distintas. El Alto Egipto es el valle cultivable del Nilo, desde la primera catarata hasta el sur de Menfis en el norte. El Bajo Egipto abarca el amplio delta en la desembocadura del Nilo, constituido por depósitos aluviales. Egipto quedaba relativamente aislado por la serie de seis cataratas del Nilo en el sur y la protección del desierto en los límites este y oeste. El delta era la vía de acceso a Egipto para los viajeros que llegaban desde la Medialuna Fértil, cruzando el Sinaí.

Historia Los numerosos faraones egipcios fueron clasificados en 30 dinastías por el antiguo historiador Manetho. A pesar de presentar algunas dificultades, el esquema de Manetho todavía está en uso y provee un marco adecuado para el examen de la historia egipcia.

Los reinos originalmente separados del Alto y el Bajo Egipto se unificaron alrededor del 3100 a.C.; esto dio comienzo al Período Arcaico (Dinastías I y II). Las famosas pirámides se construyeron durante el primer período de gloria de Egipto, desde la Dinastía III a la VI del Imperio Antiguo (2700–2200 a.C.).

Las inundaciones del Nilo inferior, las malas cosechas resultantes y las incursiones de los asiáticos en la región del delta causaron el caos político entre las Dinastías VII y X, que se conocen como el Primer Período Intermedio (2200–2040 a.C.). Luego de una guerra civil, la Dinastía XI reunificó Egipto y dio comienzo al Reino Medio (2040–1786 a.C.). Bajo el gobierno de los hábiles faraones de la Dinastía XII, Egipto prosperó y amplió su comercio. Desde el Imperio Medio en adelante, la historia egipcia es contemporánea con los acontecimientos bíblicos. La breve estadía de Abraham en Egipto durante este período (Gén. 12:10-20) puede entenderse a la luz del cuadro en una tumba en Beni Hasan donde se muestra a visitantes asiáticos en Egipto alrededor del 1900 a.C.

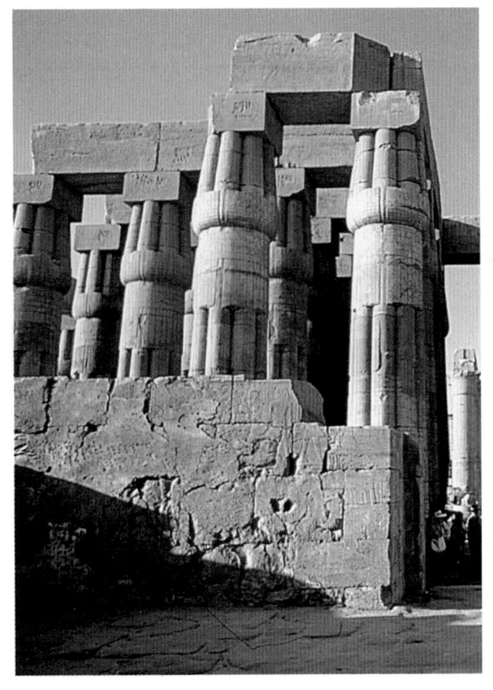

El templo de Lúxor.

Estatuillas funerarias de la tumba del faraón Tutankamón.

Bajo la débil Dinastía XIII, Egipto entró en otro período de división. Los asiáticos, en especial semitas como los hebreos, migraron hacia la región del delta y comenzaron a establecer asentamientos autónomos, hasta que con el tiempo consolidaron el control sobre el Bajo Egipto. A estos faraones, que eran más bien asiáticos y no egipcios nativos, se los recuerda como hicsos, o "gobernantes de tierras extranjeras". Este período, en que Egipto estaba dividido entre las dinastías de los hicsos (XV y XVI) y las de los egipcios nativos (XIII y XVII), se conoce como Período de los Hicsos o Segundo Período Intermedio (1786–1550 a.C.). Algunos creen que el ascenso de José al poder (Gén. 41: 39-45) tal vez tuvo lugar bajo el gobierno de un faraón hicso. Ver *Hicsos.*

Los hicsos fueron expulsados y Egipto se reunificó alrededor del 1550 a.C. bajo el gobierno de Amosis I, quien inició la Dinastía XVIII e inauguró el Nuevo Imperio. Los faraones subsiguientes llevaron a cabo campañas militares en Canaán y en contra del reino de Mitanni en la Mesopotamia, y crearon un imperio que se extendió hasta el Río Éufrates. El faraón más destacado fue Tutmosis III (1479–1425 a.C.), quien ganó una importante victoria sobre Palestina en Meguido. Amenofis III (1391–1353 a.C.) gobernó en un magnífico imperio en paz (gracias a un tratado con Mitanni) y consagró su energía a proyectos edilicios. Los grandes éxitos del imperio provocaron luchas internas de poder, especialmente entre el poderoso sacerdocio de Amón-ra y el trono.

Amenofis IV (también llamado Amenhopes), hijo de Amenofis III (1353–1335 a.C.), cambió su nombre por Akhenatón y se embarcó en una revolucionaria reforma que promovía la adoración del sol Atón por encima de los demás dioses. Puesto que Tebas estaba dominada por el poderoso sacerdocio de Amón-ra, Akhenatón trasladó la capital al norte, a Aketatón, a más de 320 km (200 millas), la moderna Tell el-Amarna. Esta Era de Amarna trajo innovaciones en el arte y la literatura, pero Akhenatón prestó poca atención a los asuntos extranjeros, y esto afectó al imperio. Las Cartas de Amarna, documentos de Akhenatón, constituyen la correspondencia diplomática entre los gobernantes locales en el ámbito de influencia de Egipto y la corte del faraón. Arrojan luz especialmente sobre la turbulenta situación en Canaán y, según se prefiera ubicar al éxodo de Israel en los siglos XIII ó XIV, este período podría ubicarse un siglo después o uno antes de la invasión israelita.

Busto de la reina egipcia Nefertiti, esposa del faraón Akhenatón.

Las reformas de Akhenatón fracasaron. El segundo sucesor mostró claramente su lealtad a Amón-ra al cambiar su nombre de Tutankatén a Tutankamón y abandonar la nueva capital prefiriendo en su lugar Tebas. Murió joven y su tumba comparativamente insignificante quedó olvidada hasta que se la redescubrió en 1921. La Dinastía XVIII no pudo repuntar. El general Haremhab conquistó el trono y trabajó vigorosamente para reestablecer el orden y erradicar cualquier rastro de la herejía de Amarna. Haremhab no tuvo heredero y dejó el trono a su visir Ramsés I, primer monarca de la Dinastía XIX.

Seti I (1302–1290 a.C.) restableció el control egipcio en Canaán y realizó una campaña contra los hititas, quienes habían conquistado territorio egipcio en el norte de Siria durante la Era de Amarna. Seti I comenzó la construcción de una nueva capital en la zona oriental del delta, cerca de la tierra bíblica de Gosén. Tebas continuó siendo la capital religiosa y tradicional de la nación. Ver *Hititas.*

Ramsés II (1290–1224 a.C.) fue el faraón más enérgico y exitoso de la Dinastía XIX. En el quinto año de su reinado, luchó contra los hititas en Cades, sobre el Orontes, en el norte de Siria. Aunque le tendieron una emboscada y casi lo derrotaron, el faraón se recuperó y obtuvo una gran victoria. Sin embargo, la batalla no fue definitoria. En el 1270 a.C., Ramsés II firmó un tratado de paz con los hititas donde aceptaba las condiciones reinantes. De regreso a su tierra se embarcó en el programa más ambicioso de construcción jamás encarado por un gobernante egipcio. Se hicieron ampliaciones notables en los santuarios en Tebas y en Menfis, se construyó un gigantesco templo de Ramsés II en Abu Simbel, en Nubia, y se prepararon la tumba y el templo mortuorio en Tebas occidental. En la zona oriental del delta se completó una nueva capital a la que se llamó Pi-Ramsés ("dominio de Ramsés"; comp. Gén. 47:11). Muchos investigadores consideran que esta es la Ramesés que menciona la Biblia (Ex. 1:11), una ciudad de almacenaje construida para el faraón del éxodo, de quien no se da el nombre.

Después de un prolongado reinado, Ramsés II fue sucedido en el trono por su hijo Merneptah (1224–1214 a.C.). Una estela del 1220 a.C. conmemora la victoria de Merneptah sobre los invasores libios, y concluye con un relato poético acerca de una campaña militar en Canaán. Incluye la primera mención extrabíblica de Israel y la única que se conoce en la literatura egipcia. Después de Merneptah, la Dinastía XIX entró en un período de confusión.

Egipto tuvo una breve etapa de gloria con Ramsés III (1195–1164 a.C.), de la Dinastía XX, quien derrotó una invasión de los Pueblos del Mar, entre los que se encontraban los filisteos. Los restantes gobernantes de esta dinastía, todos ellos de nombre Ramsés, enfrentaron problemas civiles y económicos cada vez más severos. El Reino Nuevo y el imperio llegaron a su fin con el último de estos gobernantes en el 1070 a.C. La Edad de Hierro ya dominaba el Cercano Oriente.

El Período Tardío (1070–332 a.C.) encontró a Egipto dividido e invadido, aunque con ocasionales momentos de grandeza. Mientras el alto sacerdocio de Amón-ra controlaba Tebas, la Dinastía XXI gobernaba desde Tanis, ciudad del delta oriental, mencionada en la Biblia como Zoán (Num. 13:22; Sal. 78:12; Ezeq. 30:14; Isa. 19:11; 30:4). Es probable que un faraón de esta dinastía, tal vez Siamún, conquistó

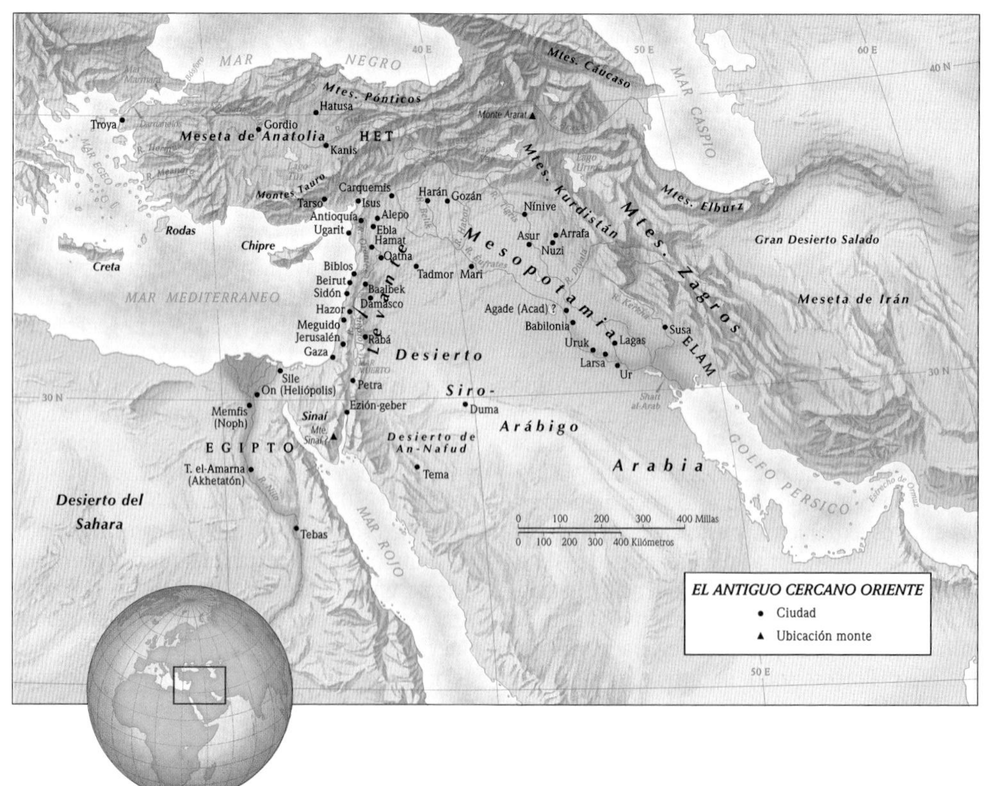

Gezer en Palestina y se la entregó a Salomón como dote de su hija (1 Rey. 3:1; 9:16). La Dinastía XXII fue fundada por Sesonc I (945–924 a.C.), el Sisac de la Biblia, quien unificó brevemente a Egipto y llevó a cabo una exitosa campaña contra las recientemente divididas naciones de Judá e Israel (1 Rey. 14:25; 2 Crón. 12). Luego Egipto se dividió durante las Dinastías XXII y XXV. El "So, rey de Egipto" (2 Rey. 17:4), que alentó la traición de Oseas, sin duda pertenece a este período confuso, aunque no se puede identificar con certeza. Egipto se reunificó en el 715 a.C., cuando la Dinastía XXV etíope logró con éxito el control de todo Egipto. El más importante de estos faraones fue Taharqa, mencionado en la Biblia como Tirhaca, quien brindó ayuda a Ezequías (2 Rey. 19:9; Isa. 37:9).

Asiria invadió Egipto en el 671 a.C., empujó a los etíopes hacia el sur y en el 664 a.C. saqueó la ciudad de Tebas (No-amón, LBLA, Nah. 3:8 en nota al pie). Bajo el poco preciso patrocinio asirio, la Dinastía XXVI controló todo Egipto desde Sais, en el delta occidental. Al declinar Asiria, el faraón Necao II (610–595 a.C.) se opuso al avance de Babilonia y obtuvo un breve control sobre Judá (2 Rey. 23:29-35). Después de una severa derrota en la batalla de Carquemis (605 a.C.), Necao II perdió a Judá como vasallo (2 Rey. 24:1) y se vio obligado a defender sus límites ante Babilonia. El faraón Ofra (el Apriés de los griegos; 589–570 a.C.) respaldó la rebelión de Judá contra Babilonia pero no pudo proveer el sustento prometido (Jer. 37:5-10; 44:30). A pesar de estos reveses, la Dinastía XXVI fue una etapa de renacimiento egipcio hasta que fue conquistada por los persas en el 525 a.C. El gobierno persa (Dinastía XXVII) fue interrumpido por un período de independencia egipcia entre las Dinastías XXVIII y XXX (404–343 a.C.). Con la reconquista persa en el 343 a.C., el Egipto faraónico llegó a su fin.

Alejandro Magno arrebató Egipto del control de los persas en el 332 a.C. y fundó la gran ciudad de Alejandría en la costa del Mediterráneo. Después de su muerte en el 323 a.C., Egipto se convirtió en el hogar del Imperio Helenístico Ptolemeo hasta el reinado de Cleopatra, quien cayó ante los romanos (30 a.C.). Durante la época del NT y bajo el gobierno directo de los emperadores romanos, Egipto fue el granero de Roma.

Religión La religión egipcia es extremadamente compleja y no se la comprende en forma total. Muchos de los numerosos dioses eran personificaciones de las fuerzas naturales permanentes de

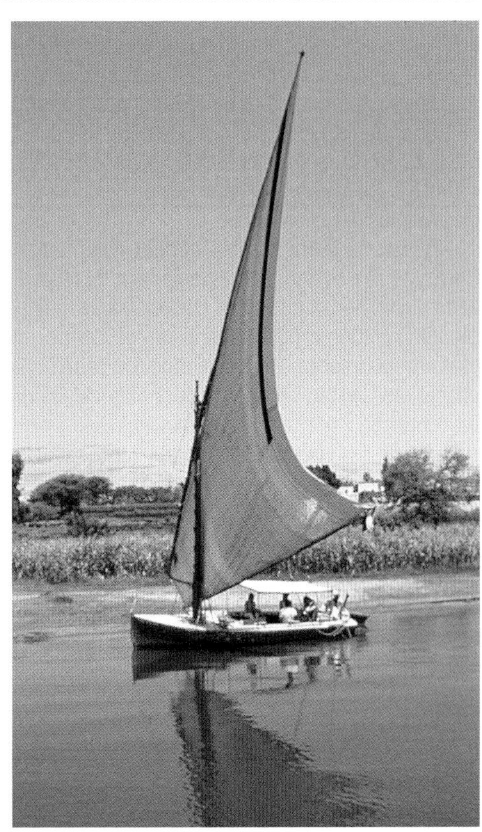

Velero en el Río Nilo, cerca de Lúxor.

Egipto tales como el sol, el Nilo, el aire, la tierra, etc. Otros dioses, como Maet ("verdad", "justicia"), personificaban conceptos abstractos. Otros gobernaban sobre ámbitos de la humanidad, por ejemplo Osiris, el dios del mundo de los muertos. Algunos dioses tenían forma de animales, como el buey Apis que representaba al dios Ptah de Menfis.

Muchas de las principales deidades estaban asociadas con ciudades o regiones específicas, y su posición con frecuencia dependía de la situación política. Esto se refleja en que los nombres de los dioses caracterizan los nombres de los faraones en varias dinastías. Así, el dios Amón, más tarde llamado Amón-ra, se convirtió en el dios principal del imperio debido a la jerarquía de Tebas. La confusión entre las creencias locales y las circunstancias políticas condujo a que se vincularan diversos dioses y determinadas figuras dominantes. Los sistemas teológicos se desarrollaron en torno a los dioses locales en Hermópolis, Menfis y Heliópolis. En Menfis, a Ptah se lo consideraba el dios supremo que había creado a los demás dioses por el poder de su palabra, pero

E

este concepto era demasiado intelectual como para ser popular. El sistema de Heliópolis, hogar del dios sol Atón, más tarde identificado con Ra, adquirió supremacía. De una manera similar al ciclo de Hermópolis, hacía referencia a un caos primitivo del que surgió Atón, quien a su vez dio origen a los demás dioses.

El mito de Osiris era popular entre el pueblo. Osiris, el rey bueno, fue asesinado y descuartizado por su hermano Set. Isis, la esposa de Osiris, recogió su cuerpo para hacerlo momificar por el dios embalsamador Anubis, el dios con cabeza de chacal. Así, restaurado de manera mágica, Osiris fue enterrado por su hijo Horus, y reinó en el mundo de los muertos. Mientras tanto, Horus venció al malvado Set y obtuvo el gobierno de la tierra. Este ciclo se constituyó en el principio de la monarquía divina. Después de la muerte, el faraón era adorado como Osiris. Cuando el heredero legítimo Horus enterraba al Osiris muerto, el nuevo faraón se convertía en el Horus viviente mediante el entierro de su predecesor.

La provisión continua del Nilo daba a los egipcios una actitud por lo general optimista de la vida, a diferencia de los habitantes de la Mesopotamia. Esto se refleja en su interés por la vida del más allá, considerada continuación ideal de la vida terrenal. En el Reino Antiguo, la inmortalidad era prerrogativa exclusiva del rey, por ser un dios. La atracción popular por el culto a Osiris era enorme, y en años posteriores se hacía referencia a cualquier persona fallecida llamándola "el Osiris tal y tal".

Para ayudar a los muertos en la vida del más allá se incluían textos mágicos en su tumba. En el Reino Antiguo sólo se lo hacía con la realeza, pero en el Reino Medio se escribían variaciones de estos textos en el interior de la tapa de los sarcófagos para cualquiera que pudiera pagarlo. En el Reino Nuevo y posteriormente, se escribían textos mágicos en papiros conocidos como *El Libro de los Muertos* y se colocaban en el sarcófago. Las viñetas dibujadas muestran, entre otras cosas, al muerto ante una especie de juicio donde se pesaba su corazón, con la verdad en el otro plato de la balanza. Esto indica cierto concepto de pecado, pero la vida en el más allá concebida por los egipcios no era regalo de un dios de gracia sino simplemente la esperanza optimista basada en la observación del entorno.

La Biblia no menciona a ningún dios egipcio, y la religión egipcia no tuvo una influencia significativa sobre los hebreos. Hay paralelos interesantes entre los textos bíblicos y la literatura egipcia. Un himno de la Era de Amarna dirigido al dios Atón tiene semejanzas con el Salmo 104, pero es improbable que hubiera una influencia directa. Se encuentran paralelos más notables en los escritos sapienciales, por ejemplo entre Proverbios 22 y la obra egipcia *La Instrucción de Amenemope.*

Daniel C. Browning (h) y Kirk Kilpatrick

Vista de Giza, en Egipto, donde se ven dos de las pirámides de ese lugar y la famosa esfinge.

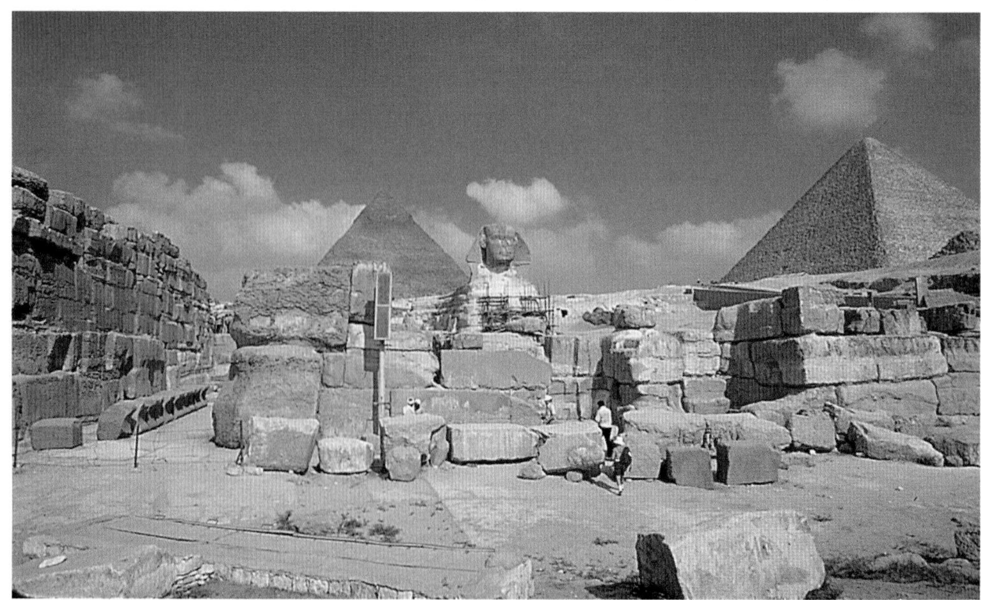

EGLA Nombre de persona que significa "novillo, ternero". Esposa de David y madre de su hijo Itream (2 Sam. 3:5).

EGLAIM Nombre geográfico que significa "dos cisternas". Lugar moabita usado por Isaías para describir el gran alcance de la desgracia de Moab. Actualmente se ubica allí Rugm el-Gilimeh, al sudeste de el-Kerak. Se diferencia de En-eglaim en ubicación y en ortografía hebrea (Ezeq. 47:10).

EGLÓN **1.** Rey de Moab que oprimió a los israelitas (Jue. 3:12). Ayudado por los amalecitas y los amonitas, Eglón dominó a Israel durante 18 años. Finalmente fue asesinado por el juez benjamita Aod, quien atravesó al obeso monarca con un puñal. **2.** Ciudad cananea cuyo rey hizo alianza con otros cuatro gobernantes de la región en contra de Gabaón (Jos. 10:3). Los gabaonitas habían hecho un pacto con Israel (Jos. 9). Posteriormente, Eglón fue capturada por un ejército israelita bajo las órdenes de Josué. Pasó a integrar el territorio de la tribu de Judá. Durante mucho tiempo, la mayoría de los eruditos sostuvo que la ubicación de la antigua Eglón era la moderna Tell el-Hesi. Sin embargo, recientemente algunos han argumentado a favor de Tell 'Eton. Ambos lugares están al sudoeste de Laquis. Ver *Aod; Josué; Jueces.*

EHI Nombre de persona que significa "mi hermano". Uno de los hijos de Benjamín (Gén. 46:21), aunque no aparece en las listas de sus hijos en Núm. 26:38-40; 1 Crón. 8:1-2.

EJERCICIO La Biblia habla brevemente de ejercicio físico. Primera Timoteo 4:8 reconoce el valor del entrenamiento físico pero lo subordina al valor más grande de la santidad. Debido a que el cuerpo humano fue creado por Dios, es incumbencia de las personas cuidarlo. Esto se aplica especialmente a los cristianos, cuyo cuerpo es templo del Espíritu Santo (1 Cor. 6:19), que ha de ser presentado a Dios como sacrificio vivo (Rom. 12:1). Utilizando la imagen de un atleta que corre, Pablo habla de la necesidad de "golpear" su cuerpo y "ponerlo en servidumbre" para que esté en condiciones de participar en la carrera de la vida (1 Cor. 9:24-26).

Paul H. Wright

EJÉRCITO Personal militar de una nación organizado para la batalla. En consecuencia, cuando Israel estaba en Egipto se podía decir que tenía "ejércitos" aun cuando no poseía una organización política (Ex. 6:26; 7:4; 12:17). Goliat sabía que desafiar al pueblo de Dios era como provocar "a los escuadrones del Dios viviente" (1 Sam. 17:26,36) porque Dios era "el Dios de los escuadrones de Israel" (1 Sam. 17:45). Cara a cara con Dios, los seres humanos sólo pueden confesar: "¿Tienen sus ejércitos número?" (Job 25:3). Israel reconocía el enojo de Dios cuando Él no salía con los ejércitos del pueblo (Sal. 44:9). Para anunciar la salvación, el profeta proclamó la ira de Dios sobre todos los ejércitos (Isa. 34:2).

En el NT, el escritor de Hebreos mencionó a los héroes de la fe y proclamó que por medio de la fe "pusieron en fuga ejércitos extranjeros" (Heb. 11:34).La visión de Juan del fin de los tiempos incluía a los ejércitos del cielo que seguían al Rey de reyes para obtener la victoria sobre la bestia y el falso profeta (Apoc. 19:11-21).

Los ejércitos se organizaron de diversas formas durante la historia de Israel. Los patriarcas reclutaban a los siervos y otros miembros de la familia (Gén. 14). Mientras estaban en el desierto, Josué lideró a los hombres que él había escogido para defenderse de los amalecitas (Ex. 17:9-10). En la conquista, Josué encabezó las tribus de Israel para la batalla luego de que "el Príncipe del ejército de Jehová" (Jos. 5:14) lo comisionara para la tarea. En algunas ocasiones las tribus se unían para ocupar territorios (Jue. 1:3; 4:6).

Débora convocó a muchas de las tribus para la batalla pero algunas no respondieron (Jue. 5). Otros jueces llamaron a familias (6:34) y tribus (6:35; 7:2-9). Saúl fue el primero en establecer un ejército permanente y profesional en Israel (1 Sam. 13:2). Al principio lo lideró él mismo junto con su hijo pero luego designó a un general profesional (1 Sam. 17:55). David aparentemente contrató en forma personal tropas extranjeras que le eran leales (2 Sam. 15:18). Salomón perfeccionó a los soldados de infantería proveyendo un cuerpo de carros y caballería (1 Rey. 10:26). El ejército estaba organizado en diversas unidades con oficiales en cada una de ellas, pero no se puede determinar con exactitud cómo era la cadena de mando (2 Crón. 25:5). Las leyes humanitarias detallaban quiénes estaban eximidos del servicio militar y cómo se conducía una guerra (Deut. 20).

EJÉRCITO DE LOS CIELOS Ejército al mando de Dios, compuesto por cuerpos celestes (sol, luna y estrellas) o ángeles.

"Ejército" es un término básicamente militar relacionado con luchar o hacer guerra. El uso más frecuente corresponde a un grupo de hombres organizados para la guerra. En este caso, la palabra hebrea con frecuencia se refiere a un ejército humano (Gén. 21:22,32; Jue. 4:2,7; 9:29; 1 Sam. 12:9; 2 Sam. 3:23; Isa. 34:2). En el libro de Números se usa el término para referirse al período de servicio de los levitas en el santuario.

La frase "ejército de los cielos" (huestes celestiales) comenzó a usarse por la estrecha relación en el pensamiento antiguo entre el ámbito terrenal y el celestial. Se pensaba que los cuerpos celestes estaban organizados de la misma manera que los militares terrenales. El sol, la luna y las estrellas se veían como huestes del cielo (Gén. 2:1 LBLA). El autor del Sal. 33:6 afirmó que Dios creó ese "ejército" por el aliento de Su boca. Y Dios mantenía dicho ejército (Isa. 40:26).

Los escritores del AT advertían a Israel del peligro de adorar los cuerpos celestes (Deut. 4:19) y prescribían la pena de muerte por el delito de adorar al sol, la luna o a "todo el ejército del cielo" (Deut. 17:2-7). Lamentablemente, Israel y Judá a veces sucumbieron a la tentación de adorar cuerpos celestes, en especial durante el período de influencia asiria y babilónica (2 Rey. 17:16-23; 21:3,5).

Manasés, rey de Judá (697–642 a.C.), construyó altares en Jerusalén para "todo el ejército de los cielos" (2 Rey. 21:5). Intentó combinar la adoración de otros dioses con la adoración a Jehová. Los esfuerzos de Manasés fueron alterados con la llegada de Josías al trono (2 Rey. 23:7).

Otro concepto del "ejército de los cielos" se presenta en pasajes similares a 1 Rey. 22:19, donde el profeta Micaías afirmó haber visto al Señor sentado en Su trono "y todo el ejército de los cielos estaba junto a él". El pueblo de Israel hacía comparaciones entre su Dios y los dioses de Canaán y Babilonia. Yahvéh llegó a ser considerado como un rey que presidía sobre un concilio celestial compuesto por siervos angelicales, a veces llamados "hijos de Dios". Este concepto se refleja en los dos primeros capítulos de Job. Ver *Ángeles; Cielo; Concilio celestial; Hijos de Dios.* *James Newell*

EJÉRCITOS Ver *Sabaot.*

EJÉRCITOS, JEHOVÁ DE LOS Ver *Dios, Nombres de.*

EJIDOS Tierra abierta que rodea pueblos y aldeas, considerada propiedad común para ser usada libremente por los pastores y cuidadores de ganado lugareños (Núm. 35:2,7; Jos. 14:4; 21:11). El mismo término hebreo designa un espacio abierto alrededor de una ciudad o del santuario (Ezeq. 45:2; 48:17).

EL Una de varias palabras para nombrar a Dios en el idioma hebreo de la Biblia, y nombre del dios principal entre los cananeos. El término se encuentra en el hebreo, el arameo y el árabe, aunque se desconoce su origen y la raíz de la que deriva. "El" es un término general que expresa majestad y poder. Aparece 238 veces en el hebreo del AT, con mayor frecuencia en Salmos y en Job. En el uso bíblico normal, es un sustantivo simple para mencionar a la deidad. Es sinónimo del nombre más frecuente de Dios: Elohim. "El" se refiere al Dios de Israel, y en otros pasajes a uno de los dioses paganos. A veces se agregaban calificadores para distinguir a qué dios se estaba mencionando. Éxodo 34:14 es un ejemplo de la expresión "otro dios". En Sal. 44:20 y 81:9 se traduce "dios extraño".

Con frecuencia "El" se combinaba con sustantivos o adjetivos para expresar el nombre de Dios en relación con determinados atributos o características de Su persona. El Shaddai, "Dios Todopoderoso", aparece en Gén. 17:1. El-Elohe-Israel, en Gén. 33:20, se usaba para diferenciar al Dios de Israel de los otros dioses. El Elyón, en Gén. 14:18 y Sal. 78:35, sugería la naturaleza excelsa de Dios. El Gibbor (Isa. 9:6, Jer. 32:18) se ha interpretado como un retrato de Dios como guerrero poderoso. El Roi, el Dios que ve, se encuentra solamente en Gén. 16:13. Ver *Canaán.* *James Newell*

EL FIN DE LOS TIEMPOS, DISCURSO Sermón importante que predicó Jesús en el Monte de los Olivos; dio instrucciones sobre el fin de los tiempos y la destrucción de Jerusalén. El discurso (Mat. 24–25; Mar. 13) es parcialmente apocalíptico porque emplea lenguaje simbólico y futurista que lo hace difícil de comprender. Partes de este discurso aparecen dispersas a través de Luc. 12–21.

Significado de las señales (Mat. 24:4-8) Las declaraciones iniciales advierten contra la creencia errónea en señales engañosas que de ningún modo indican el fin del mundo. Estas señales se produjeron en la época de Jesús y precedieron la destrucción de Jerusalén, el acontecimiento que predominaba en la mente del Señor y para el cual procuraba preparar a Sus discípulos. Estos sucesos están vigentes aún después de 2000 años, evidencia adicional de que no anunciaban el fin de los tiempos.

Tiempo de persecución (Mat. 24:9-14) Estos versículos sugieren la existencia de un período de tremenda angustia. Muchos dirían que es una referencia a un tiempo de sufrimiento final inmediatamente previo a la *parousia* (el retorno o segunda venida de Cristo; 24:14). La afirmación de Jesús de que se debe predicar el evangelio en todo el mundo parece fortalecer esta opinión. "Mas el que persevere hasta el fin, éste será salvo" (24:13) podría aludir al período inmediatamente antes de la parousia. También podría vincularse con el final de algún otro suceso, como la destrucción de Jerusalén. La opresión de los cristianos y la traición familiar eran comunes. Los cristianos despreciados y sujetos a grandes padecimientos describen de manera precisa la situación de Judea antes de la guerra judía, 66–70 d.C., cuando Tito destruyó la ciudad.

La abominación desoladora (Mat. 24:15-22) Historias extrabíblicas describen la profanación del templo de Jerusalén en el 167 a.C. a manos de Antíoco Epífanes, que edificó allí un altar a Zeus. Ese acontecimiento generalmente se considera como el cumplimiento de la profecía de Daniel (Dan. 11:31). No obstante, Jesús aplicó esa profecía a un futuro derrocamiento de Jerusalén llevado a cabo por los ejércitos de Tito. El horror de este sitio no tuvo precedentes. El templo y la ciudad fueron completamente destruidos. Ver *Intertestamentaria, Historia y literatura.*

La segunda venida de Cristo (Mat. 24:26–25:46) Jesús habló en lenguaje simbólico acerca de Su venida. En los escritos apocalípticos se empleaban comúnmente sucesos sobrenaturales desencadenados en los cielos a fin de describir lo indescriptible, pero también para ocultar aquellas cosas que debían permanecer ocultas. Gran parte de los planes de Dios constituyen un misterio, pero Jesús reveló lo necesario. La venida del Hijo de Hombre será totalmente visible a todos y "a la hora que no pensáis" (Mat. 24:44). Él vendrá en las nubes con gran poder (Hech. 1:9-11). La señal de Su *parousia* tiene un significado poco claro. El sermón se interrumpe con la declaración: "no pasará esta generación hasta que todo esto acontezca" (Mat. 24:34). Jesús no estaba confundido ni equivocado en cuanto a estos eventos. Él aludió a la destrucción de Jerusalén que se produjo durante esa generación como un anticipo de Su venida definitiva. Las parábolas con las que concluye enseñan sobre la necesidad de permanecer alerta. El discurso termina con una descripción del juicio final. Su mensaje esencial es un llamado a estar preparados cuando Jesús regrese. *Diane Cross*

ELA Nombre de persona de significado desconocido, tal vez relacionado con *el*, palabra hebrea que significa Dios. **1.** Padre de uno de los gobernadores regionales del rey Salomón (1 Rey. 4:18). Con grafía hebrea apenas diferente, también es nombre de persona y de lugar que significa "roble", "árbol imponente", o "terebinto". **2.** Jefe de familia descendiente de Esaú (Gén. 36:41) y por lo tanto edomita. Ver *Edom*; *Esaú*. **3.** Valle donde Saúl y su ejército formaron el frente de batalla contra los filisteos (1 Sam. 17:2). El valle corre de este a oeste justo al norte de Soco. Allí David derrotó a Goliat (1 Sam. 21:9). **4.** Rey de Israel (886–885 a.C.), asesinado mientras estaba borracho durante la rebelión que el general Zimri llevó adelante con éxito (1 Rey. 16:6-14). **5.** Padre de Oseas; condujo una rebelión y llegó a ser rey de Israel (732–723 a.C.) (2 Rey. 15:30). **6.** Hijo de Caleb y padre de Cenaz, entre las familias de Judá (1 Crón. 4:15). **7.** Jefe de una familia de Benjamín que se estableció en Jerusalén después del exilio (1 Crón. 9:8).

ELAD Nombre de persona que significa "Dios es testigo". Miembro de la tribu de Efraín asesinado por los hombres de Gad por haberles robado ganado (1 Crón. 7:21) Ver *Ezer.*

ELADA Nombre de persona que significa "Dios se engalanó". Descendiente de Efraín (1 Crón. 7:20).

ELAM Nombre de persona y de lugar. **1.** Hijo de Sem, uno de los hijos de Noé (Gén. 10:22; 1 Crón. 1:17). Tal vez le haya dado el nombre a la región conocida como Elam. **2.** Región en el borde occidental de la antigua Persia, actualmente Irán. La cadena de los Montes Zagros se encuentra al este y al norte, mientras que el Golfo Pérsico está en el sur y el Río Tigris al oeste. La antigua capital de la región es Susa. La zona ha estado habitada desde antes del 3000 a.C., pero sólo unos pocos períodos son importantes para la historia bíblica.

Elam apareció en la historia cuando Sargón de Asiria la sometió alrededor del 2300 a.C.

Sin embargo, los elamitas pronto revirtieron la situación, saquearon Ur y establecieron un rey elamita en Eshnuna. La presencia elamita se mantuvo en Babilonia hasta la época de Hammurabi, alrededor del 1700 a.C. después del cual los casitas invadieron Elam. Su gobierno se mantuvo hasta el 1200 a.C. El siglo siguiente fue el momento cumbre del poder de Elam. Toda la región occidental de Irán les pertenecía. Una vez más los babilonios pusieron fin al poder elamita. El asirio Asurbanipal terminó con los ciclos de fortaleza y debilidad. Azotó la región en una serie de campañas militares y conquistó Susa en el 641 a.C. Es probable que en esa oportunidad haya trasladado a algunos elamitas a Samaria (Esd. 4:9). Anteriormente, Elam había incorporado Ansán, que más tarde fue el hogar de Ciro el Grande. A medida que Asiria se debilitaba, Elam y Ansán pasaron a integrar el Imperio de los Medos. Por ese motivo, participaron con los babilonios en la derrota del Imperio Asirio. A partir de entonces Elam tuvo poca historia independiente y continuó formando parte de los Imperios Medo y Persa. En las Escrituras, la importancia de Elam podría deberse a su papel como vasallo de los grandes imperios, a los que proveía de tropas.

Elam se menciona en las Escrituras en narraciones y en profecías. Abraham luchó contra Quedorlaomer, rey de Elam, para rescatar a Lot y a otros (Gén. 14). Aunque no se puede identificar a este rey a partir de otros registros, los sucesos pudieron haber ocurrido durante un tiempo de poder de Elam, antes de Hammurabi.

Otras referencias bíblicas mencionan Elam como nombre de persona o como tierra natal. Tal vez lo más interesante sea la presencia de hombres de Elam el día de Pentecostés. Quizás eran judíos de la región de Elam o personas convertidas al judaísmo (Hech. 2:9). Dios seguía reuniendo a Su pueblo desde allí. Ver *Asiria; Ciro; Persia.*

3. Jefe de una familia de la tribu de Benjamín que vivía en Jerusalén (1 Crón. 8:24). **4.** Sacerdote y portero bajo el reinado de David (1 Crón. 26:3). **5.** Dos jefes de familias entre los que regresaron a Jerusalén desde el exilio con Zorobabel en el 537 a.C. (Esd. 2:7,31; comp. 8:7; 10:2,26). **6.** Líder postexílico que firmó el pacto de Nehemías de obedecer a Dios (Neh. 10:14). **7.** Sacerdote que ayudó a Nehemías a conducir al pueblo en la celebración cuando se completó la muralla de Jerusalén (Neh. 12:42). *Albert F. Bean*

ELASA Nombre de persona que significa "Dios ha hecho". **1.** Hijo de Safán, el escriba real. Llevó el mensaje de Jeremías a la comunidad de los exiliados en Babilonia cuando cumplía una misión para el rey Sedequías (Jer. 29:3). **2.** Descendiente de Jerameel de la tribu de Judá (1 Crón. 2:39-40, Elasá en NVI). **3.** Descendiente de Saúl y Jonatán de la tribu de Benjamín (1 Crón. 8:37; comp. 9:43, Elasá en NVI). **4.** Sacerdote que tenía una esposa extranjera y estuvo de acuerdo en divorciarse de ella en tiempos de Esdras para evitar la tentación de los dioses foráneos (Esd. 10:22).

ELASAR Nombre babilónico de lugar de significado desconocido. Ciudad capital del rey Arioc, quien se sumó a la coalición oriental contra Sodoma y Gomorra y dio motivo a la intervención de Abraham en el conflicto (Gén. 14:1). La identificación de este lugar con Larsa en Babilonia se debió a una confusión al identificar a Arioc. Los textos de Mari mencionan Ilanzura, entre Carquemis y Harán. Otros investigadores sugieren que Elasar es una abreviatura de Til-Asurri sobre el Río Éufrates. Otros sugieren que está ubicada en la costa sur del Mar Negro, cerca del Ponto en Asia menor. Por lo tanto, la ubicación exacta del lugar se mantiene sin resolver.

ELAT o ELOT Nombre geográfico que significa "carnero", "árbol poderoso", o "terebinto". Ciudad portuaria en el extremo norte del Mar Rojo. Israel la cruzó cuando pasó por Edom en el desierto (Deut. 2:8). Era lo suficientemente importante como para servir de punto de referencia para identificar Ezión-geber, donde el rey Salomón construía sus barcos (1 Rey. 9:26; comp. 2 Crón. 8:17-18). Más tarde, el rey Uzías (792–740) reconstruyó el

Aqaba, Jordania, en la boca del Golfo de Aqaba; y a la distancia, Elat.

puerto y lo mantuvo bajo el control de Judá (2 Rey. 14:22). Los arqueólogos habitualmente han identificado Elat como un nombre alternativo de Ezión-geber y la han ubicado en Tell el-Kheleifeh. Los trabajos arqueológicos más recientes han intentado mostrar que Ezión-geber era la ciudad portuaria en la isla de Jezirat Faraun. Elat, entonces, podría haber sido la base continental a la cual se transferían los productos para luego cargarlos en animales de transporte e iniciar la larga caravana hacia Judá, Israel, Siria o Fenicia, o las travesías hacia el este a Babilonia o Asiria, o hacia el oeste a Egipto. Ver *Ezión-geber.*

EL-BET-EL Nombre geográfico que significa "dios de la casa de El (dios)". Puede tratarse de Bet-el o de un lugar cercano donde Jacob construyó un altar a Dios como recordatorio de su visita previa a ese lugar, donde había recibido una visión divina (Gén. 35:7; comp. 28:10-19). Al parecer, la palabra con que se nombraba a Dios se usaba también como nombre de lugar. Ver *Dios de los padres.*

ELCANA Nombre de persona que significa "Dios creó". **1.** Uno de los hijos del sacerdote Coré (Ex. 6:24). **2.** Hijo de Joram y padre de Samuel (1 Sam. 1:1). **3.** Nombre de persona en la lista de los levitas (1 Crón. 6:23-26). **4.** Padre de Asa a quien se menciona en una lista de levitas (1 Crón. 9:16). **5.** Guerrero de la tribu de Benjamín que desertó de Saúl y se alió a David (1 Crón. 12:6). **6.** Uno de los dos porteros del arca del pacto (1 Crón. 15:23). **7.** Oficial al servicio del rey Acaz de Judá que fue asesinado por el efraimita Zicri (2 Crón. 28:7). Ver *Samuel.*

ELCOS Nombre geográfico de significado desconocido. Hogar del profeta Nahum (Nah. 1:1). Aunque distintas tradiciones identifican a Elcos con diversos lugares, su ubicación se desconoce. Es probable que haya estado en la región de Judea.

ELDA Nombre de persona que significa "Dios ha llamado", "Dios ha buscado" o "Dios de sabiduría". Hijo de Madián y nieto de Abraham; en consecuencia, primer antepasado de la familia de los madianitas (Gén. 25:4).

ELDAD Nombre de persona que significa "Dios amó". Junto con Medad, fue uno de los 70 ancianos de Israel a quienes Dios eligió para ayudar a Moisés, pero estos dos no se reunieron en el tabernáculo con los demás. Aun así, el Espíritu vino sobre Eldad y Medad en el campamento, y profetizaron. Josué intentó detenerlos, pero Moisés oró pidiendo que todo el pueblo de Israel tuviera el Espíritu (Núm. 11:16-29). Ver *Espíritu; Medad; Profeta.*

ELEALE Nombre moabita de lugar que significa "Dios subió" o "terreno elevado". Pueblo que la tribu de Rubén le pidió a Moisés, y que fortificó (Núm. 32:3,37). Isaías pronunció juicio contra la ciudad (Isa. 15:4; 16:9; comp., Jer. 48:34). Es la moderna el-'Al, 1,5 km (1 milla) al norte de Hesbón en un valle fértil.

ELEAZAR Nombre de persona que significa "Dios ayuda". **1.** Tercer hijo de Aarón (Ex. 6:23) y sumo sacerdote de Israel (Núm. 20:28). Después de la muerte de su padre, Eleazar ocupó su lugar como ayudante de Moisés. En presencia de Eleazar Moisés encomendó a Josué (Núm. 27:22). Según Josué 14:1, Eleazar y Josué fueron figuras clave en la distribución de los territorios cananeos entre las tribus de Israel. Cuando murió, Eleazar fue sepultado en una colina que pertenecía a su hijo Finees (Jos. 24:33). Fue antepasado del escriba Esdras (Esd. 7:5). Ver *Aarón; Sacerdotes y levitas.* **2.** Hijo de Abinadab que fue consagrado por los hombres de Quiriat-jearim para asumir la responsabilidad de cuidar el arca del Señor (1 Sam. 7:1). **3.** Uno de los notables guerreros de David, hijo de Dodo (2 Sam. 23:9). **4.** Hijo de Mahli, quien al morir no tenía hijos varones sino sólo mujeres (1 Crón. 23:21-22). **5.** Hijo de Finees que ayudó a pesar los utensilios de plata y de oro en la casa de Dios (Esd. 8:33). **6.** Uno de los hijos de Paros en una lista de personas que se habían casado con mujeres extranjeras. Luego dejó a su esposa en obediencia a la reforma de Esdras, que prohibía el casamiento con extranjeros (Esd. 10:25). **7.** Músico que participó en la dedicación del muro de Jerusalén (Neh. 12:42). **8.** Hijo de Eliud y padre de Matán. Antepasado de José, esposo de María (Mat. 1:15).

ELECCIÓN Plan de Dios para brindar salvación a Su pueblo y al mundo que creó. La doctrina de la elección es, a la vez, una de las enseñanzas centrales y una de las menos entendidas de la Biblia. En su nivel básico, elección se refiere al propósito o plan de Dios mediante el cual ha decidido cumplir Su voluntad. De manera que la elección abarca el rango completo de la actividad divina desde la creación, la decisión de Dios de dar existencia al mundo a partir de la nada, hasta el fin de los tiempos, la nueva creación de cielo y tierra. La palabra "elección" deriva de un término griego, *eklegomai*, que significa literalmente "elegir algo para uno mismo". A su vez, corresponde al término hebreo *bachar*. Los objetos de la selección divina son los escogidos, concepto que se encuentra con frecuencia cada vez mayor en los últimos escritos del AT y en muchos lugares del NT (Mat. 22:14; Luc. 18:7; Col. 3:12; Apoc. 17:14). La Biblia también usa otras palabras tales como "elegir", "predestinar", "determinar" y "llamar" para indicar que Dios ha entrado en una relación especial con ciertos individuos y grupos mediante los cuales ha decidido cumplir sus propósitos en la historia de la salvación.

Israel como objeto de la elección de Dios La doctrina de la elección está enraizada en la particularidad de la tradición judeocristiana, es decir, en la convicción de que, entre todos los pueblos de la tierra, Dios eligió revelarse de manera única y especial a través de un pueblo en particular. Esta convicción resuena en cada estrato de literatura del AT, desde la percepción inicial primitiva de Israel como "el pueblo de Jehová" hasta los Salmos (147:19-20a: "Ha manifestado sus palabras a Jacob, sus estatutos y sus juicios a Israel. No ha hecho así con ninguna otra de las naciones"; comp. Isa. 14:1; Ezeq. 20:5). Se pueden identificar cinco motivos principales en el retrato del AT sobre la elección que Dios hace de Israel.

(1) La elección es resultado de la iniciativa soberana de Dios. En el comienzo de la función de Israel en la historia de la salvación se encuentra el llamado a Abraham para que deje su tierra y vaya a una nueva tierra que Dios le mostraría (Gén. 12:1-7). Él también le prometió bendecir a sus descendientes y a todos los pueblos de la tierra a través de ellos. Si bien Abraham respondió con fe y obediencia a este llamado, su elección no fue resultado de sus propios esfuerzos sino de la decisión exclusiva de Dios. (2) La palabra principal en el vocabulario de Israel para describir su especial relación con Dios era "pacto". Este no era un contrato entre socios iguales, sino un vínculo fundado en la gracia y el amor inmerecidos de Dios. El carácter benévolo del pacto es un tema central en Deuteronomio. "Porque tú eres pueblo santo para Jehová tu Dios; Jehová tu Dios te ha escogido para serle un pueblo especial, más que todos los pueblos que están sobre la tierra. No por ser vosotros más que todos los pueblos os ha querido Jehová y os ha escogido, pues vosotros erais el más insignificante de todos los pueblos" (7:6-7). (3) Dentro de la comunidad del pacto, Dios seleccionó a determinados individuos para cumplir funciones específicas. Se nos dice que las siguientes personas fueron elegidas en este sentido: Abraham (Neh. 9:7), Moisés (Sal. 106:23), Aarón (Núm. 16:1–17:13), David (Sal. 78:70), Salomón (1 Crón. 28:10) y Zorobabel (Hag. 2:23). Los reyes, los sacerdotes y los profetas eran también elegidos por Dios, aunque de diferentes maneras y con una variedad de propósitos. Jeremías creía que había sido elegido y separado como profeta desde antes de nacer (Jer. 1:4-5). (4) La elección de Israel nunca tuvo el propósito de ser un pretexto para la soberbia sino una oportunidad para el servicio. "Yo Jehová te he llamado en justicia ... por luz de las naciones" (Isa. 42:6). De vez en cuando, los hijos de Israel cedían a la tentación de hacer alarde del favor benévolo de Dios y suponer, por ejemplo, que quedaban exentos de juicio porque el Señor había colocado Su templo en Jerusalén. Una y otra vez los profetas procuraron desengañarlos de esta falsa noción de seguridad señalándoles el verdadero significado del pacto y de su misión entre las naciones (Jer. 7:1-14; Amós 3:2: Jon.). (5) En los últimos escritos del AT, y en especial durante el período intertestamentario, se observa la tendencia a identificar a "los elegidos" con el "remanente" fiel y verdadero del pueblo de Dios. El nacimiento del Mesías se considera el amanecer de la era de salvación para ese remanente (Ezeq. 34:12-13,23-31; Miq. 5:1-2). La comunidad de los esenios en Qumrán se consideraba un remanente elegido cuya pureza y fidelidad presagiaban la era mesiánica.

La elección y el nuevo pacto Los primeros cristianos se consideraban herederos de la elección de Israel, "linaje escogido, real sacerdocio, nación santa, pueblo adquirido por Dios" (1 Ped. 2:9). Pablo trata este tema ampliamente, aunque no debemos pasar por alto la importancia central que ocupa en todo el NT. Allí también se menciona a ciertos individuos como escogidos por Dios: los doce apóstoles (Luc. 6:13), Pedro (Hech. 15:7), Pablo (Hech. 9:15) y el propio Jesús (Luc. 9:35; 23:35). En los Evangelios Sinópticos, el término "escogidos" se ubica siempre en un contexto escatológico, es decir, en los días de tribulación que serán acortados "por causa de los escogidos que él escogió" (Mar. 13:20). Muchas parábolas de Jesús, como la del banquete de bodas (Mat. 22:1-14) y la de los obreros de la viña (Mat. 20:1-16), ilustran la soberanía divina en la salvación. En Juan, Jesús es el indiscutible Mediador de la elección: "No me elegisteis vosotros a mí, sino que yo os elegí a vosotros," les recordó a sus discípulos (Juan 15:16a). Una vez más, sus discípulos son aquellos que le fueron dados por el Padre "antes que el mundo fuese" y "ninguno de ellos se perdió" (Juan 17:5,12). También en Juan, el lado sombrío de la elección se posa en la persona de Judas, "el hijo de perdición". Aunque por haber traicionado a Cristo se cuestiona su condición como uno de los elegidos, ni siquiera ese acto pudo desbaratar el plan de la salvación diseñado por Dios.

Hay tres pasajes en que Pablo se ocupa extensamente de diversos aspectos de la doctrina de la elección. En el primero (Rom. 8:28-39), la elección divina se presenta como fundamento y garantía de la esperanza cristiana. Puesto que aquellos a quienes Dios predestinó también son llamados, justificados y glorificados, nada puede separarlos del amor de Dios en Cristo Jesús. El segundo pasaje (Rom. 9–11) se ocupa del rechazo de Israel hacia Cristo, lo que, en el propósito de Dios, se ha convertido en la oportunidad para el ingreso de los creyentes gentiles al pacto. En el tercer pasaje (Ef. 1:1-12), Pablo señala el carácter cristocéntrico de la elección: Dios nos eligió "en Cristo" antes de la fundación del mundo. Podemos referirnos a esta declaración como la esencia evangélica de la doctrina de la elección. Nuestra elección ocurre sola y estrictamente en Cristo. Como Hijo eterno, Él es, junto con el Padre y el Espíritu Santo, el Dios que elige; como Dios encarnado y Mediador entre Dios y la humanidad, el Elegido. Nunca debemos hablar sobre la predestinación sin vincularla a esta verdad esencial.

La elección y la vida cristiana Pablo exhortó a los tesalonicenses a ser agradecidos por haber sido escogidos (2 Tes. 2:13); y Pedro dijo que debemos "hacer firme [nuestra] vocación y elección" (2 Ped. 1:10). Sin embargo, en la historia del pensamiento cristiano, pocas enseñanzas han sido tan distorsionadas o usadas de manera tan incorrecta. Las siguientes preguntas demuestran las apreciaciones equivocadas más frecuentes. (1) ¿No es lo mismo elección que fatalismo? La predestinación no niega la necesidad del arrepentimiento y de la fe del ser humano; más bien, lo que hace es habilitar la posibilidad de ambos. Dios no se relaciona con los seres humanos como si fueran piedras o palos sino como criaturas libres hechas a Su imagen. (2) Si la salvación se basa en la elección, ¿para qué predicamos el evangelio? Porque Dios ha elegido la predicación como el medio para despertar la fe en los elegidos (1 Cor. 1:21). Debiéramos proclamar el evangelio a todos sin excepción, conscientes de que sólo el Espíritu Santo convence, regenera y justifica. (3) ¿Enseña la Biblia la "doble predestinación"; es decir, que Dios ha elegido a algunos para ser condenados y a otros para ser salvados? Hay pasajes (Rom. 9:11-22; 2 Cor. 2:15-16) que describen a Dios como un alfarero que ha modelado tanto vasijas de misericordia como de destrucción. Sin embargo, la Biblia también enseña que Dios no desea que nadie perezca sino que todos se salven (Juan 3:16; 2 Ped. 3:9). No estamos en condiciones de comprender de qué manera todo lo que la Biblia dice acerca de la elección encaja dentro de un sistema lógico ordenado. Nuestra tarea no es curiosear el consejo secreto de Dios sino compartir el mensaje de salvación con todos y ser agradecidos por haber sido liberados de las tinieblas y trasladados a la luz. (4) La doctrina de la elección, ¿no trae como resultado orgullo y lasitud moral? Pablo dice que Dios nos eligió "para salvación, mediante la santificación por el Espíritu" (2 Tes. 2:13). Debemos ocuparnos de nuestra salvación con temor y temblor, si bien sabemos que Dios actúa en nosotros dándonos el deseo y la voluntad para hacer lo bueno (Fil. 2:12-13). La respuesta correcta a la elección no es orgullo sino gratitud por la maravillosa gracia que nos salva eternamente. La elección, entonces, no es un pedestal desde donde juzgamos a otros ni una almohada en la que dormimos. Más bien, es fortaleza en tiempos de prueba y expresión de alabanza a la gracia de Dios y para Su gloria.

Timothy George

ELEF Nombre geográfico que significa "el buey". Algunos intérpretes siguen la evidencia de mss griegos muy antiguos, combinan el nombre del pueblo anterior que aparece en Jos. 18:28 y consideran que "Zela Elef" es una ciudad. Pueblo en el territorio de la tribu de Benjamín (Jos. 18:28). Se desconoce su ubicación. Ver *Zela.*

ELEFANTES Si bien en la Biblia no hay una mención directa de elefantes, entre los tesoros que importaba el rey Salomón se hace referencia al marfil (1 Rey. 10:22). Los colmillos de marfil se usaban para el comercio entre las naciones. En Ezeq. 27:15 y en Apoc. 18:12 se menciona nuevamente el marfil entre los productos que se comerciaban o se compraban. Ver *Marfil.*

E

ELEGIDA, SEÑORA Receptora de la segunda carta de Juan (2 Jn. 1) que a veces se considera una persona, aunque la frase probablemente sea una manera de referirse a una congregación local. Los miembros de la iglesia serían en ese caso los "hijos" a quienes se menciona en el mismo versículo. La "hermana, la elegida", a la que se nombra en el versículo 13, podría tratarse de otra congregación cuyos miembros enviaban saludos.

EL-ELOHE-ISRAEL Nombre de la Deidad que significa "Dios, el Dios de Israel". Nombre que le dio Jacob al altar que construyó en el terreno que compró cerca de Siquem (Gén. 33:20). Ver *Patriarcas.*

EL-ELYÓN Ver *Dios; El.*

ELHANÁN Nombre de persona que significa "Dios es bondadoso". Habitante de Belén que mató al hermano de Goliat (2 Sam. 21:19). Sin embargo, el texto hebreo no contiene las palabras "el hermano de". Declara que Elhanán mató a Goliat. En 1 Crónicas 20:5 sí dice que Elhanán mató a Lahmi, el hermano de Goliat. Otra diferencia entre los pasajes de 2 Samuel y 1 Crónicas es el nombre del padre de Elhanán: en 2 Sam. 21:19 se lo llama Jaare-oregim, y en 1 Crón. 20:5 Jair. La armonización entre estos pasajes y su relación con 1 Sam. 17 (según el cual David mató a Goliat), constituye uno de los rompecabezas más desconcertantes del AT. Ver *David.*

ELÍ Nombre de persona que significa "elevado". **1.** Sacerdote de Silo custodio del niño Samuel (1 Sam. 1:3). Padre de Ofni y Finees. Después del nacimiento de Samuel, su madre lo llevó al santuario de Silo en cumplimiento del voto que había hecho al Señor. De esa manera, Elí se convirtió en el agente humano en gran medida responsable de la preparación religiosa y espiritual del muchacho. Cuando Samuel confundió la voz de Dios pensando que era de Elí, este le indicó que la próxima vez que oyera la voz le pidiera al Señor que le hablara (1 Sam. 3). La muerte de Elí se precipitó cuando le llegó la noticia de la muerte de sus hijos y de la captura del arca de Dios en manos de los filisteos (1 Sam. 4:18). **2.** Hijo de Matat y padre de José, el padre de crianza de Jesús (Luc. 3:23-24). A la luz de Mat. 1:16, los eruditos explican de diversas maneras su relación con José, pues la cita indica que el padre de este sería Jacob. También se lo ha considerado padre de José, o un antepasado más remoto de José o incluso un antepasado de María. O bien Jacob y Elí son nombres diferentes de la misma persona ("hijo de" significa "descendiente de", como en otras genealogías bíblicas) o Lucas preservó la genealogía de María en lugar de la de José. Aún no se ha hallado una respuesta totalmente satisfactoria a la pregunta.

ELÍ, ELÍ, LAMA SABACTANI Este clamor de Jesús en la cruz, conocido tradicionalmente como "la cuarta palabra desde la cruz", significa "Dios mío, Dios mío, ¿por qué me has desamparado?" (Mat. 27:46; Mar. 15:34). Es una cita del Sal. 22:1. La expresión en Marcos, *Eloi,* es más cercana al arameo que la forma más hebraica de Mateo, *Elí.*

Para algunos cristianos, esta expresión de Jesús desde la cruz pareciera una nota discordante porque parece indicar que Jesús se sintió abandonado por el Padre. Hay varias maneras de considerar el sentido de este pasaje con una actitud de fe reverente. Es posible interpretar estas palabras como un hermoso testimonio del amor de Jesús a Su Biblia, el AT, y de citarla en esta hora de profunda crisis. En este caso, algunos versículos de Sal. 22 (5,7,8,12,14,18) indican que Jesús se veía a Sí mismo y a Su destino. Sin embargo, como los Evangelios registran sólo la primera línea del salmo y no sabemos si Jesús lo citó completo, esa perspectiva podría correr el riesgo de no tomar la frase al pie de la letra.

Otro punto de vista considera este clamor como indicación de genuino abandono de Jesús por parte del Padre, un abandono necesario para nuestra redención. Esta perspectiva da lugar a preguntas sobre la naturaleza de la Deidad y de las teorías de la expiación que no podemos ocuparnos en este breve análisis. Quizá la dificultad más seria de esta perspectiva radica en que plantea la pregunta de si la idea de que Dios Padre volviera la espalda a su Hijo obediente es en realidad coherente con la enseñanza general de la Biblia sobre la inmutabilidad y la fidelidad de Dios. ¿Abandonaría Él en semejante hora a un hijo confiado?

Un punto de vista más útil toma en cuenta tanto la plena humanidad como la plena divinidad de Jesús. Obviamente, Él se sintió abandonado mientras llevaba la carga del pecado humano y sufría la agonía de la crucifixión. Sin duda, esta percepción de Su muerte como el "rescate por muchos" pudo haber empañado por un tiempo Su sensación de intimidad con el Padre, de modo que aun a la hora de morir fue tentado como lo somos nosotros. En lugar de dejar de lado al Padre en ese momento, clamó a Él en oración. *Earl Davis*

ELIAB Nombre de persona que significa "Dios es padre". **1.** Líder de la tribu de Zabulón en tiempos de Moisés (Núm. 1:9). Presentó las ofrendas de su tribu en la dedicación del altar (Núm. 7:24). **2.** Miembro de la tribu de Rubén y padre de Datán y Abiram. Ver *Abiram*; *Datán*. **3.** Primer hijo de Isaí que se presentó y fue rechazado cuando Samuel buscaba al rey que remplazaría a Saúl (1 Sam. 16:6). Fue soldado en el ejército de Saúl (1 Sam. 17:13) y se enojó cuando David mostró intenciones de luchar contra Goliat (1 Sam. 17:28). Su hija se casó con el rey Roboam (2 Crón. 11:18). Aparentemente, en 1 Crón. 27:18 se le dice Eliú. **4.** Levita del linaje de Coat y antepasado de Samuel (1 Crón. 6:27). A la misma persona se la nombra Eliú en 1 Sam. 1:1 y Eliel en 1 Crón. 6:34. **5.** Levita designado como músico del templo durante el reinado de David (1 Crón. 15:18,20; 16:5). **6.** Líder militar de la tribu de Gad bajo el gobierno de David (1 Crón. 12:9).

ELIABA Nombre de persona que significa "Dios se refugia a salvo" o "mi dios es Chiba". Soldado destacado del ejército de David (2 Sam. 23:32).

ELIADA Nombre de persona que significa "Dios ha conocido". **1.** Hijo que le nació a David después de establecer su gobierno en Jerusalén (2 Sam. 5:16). En 1 Crón. 14:7 se lo llama Beeliada ("Baal ha conocido" o "el señor ha conocido"). **2.** Padre de Rezón, quien se instaló como rey en Damasco cuando David venció a Soba (1 Rey. 11:23). **3.** Comandante militar de la tribu de Benjamín (2 Crón. 17:17) durante el gobierno de Josafat (873–848 a.C.).

ELIAM Nombre de persona que significa "Dios es un tío o un pariente" o "Dios de la gente". **1.** Padre de Betsabé (2 Sam. 11:3). Las letras del nombre están intercambiadas cuando se menciona en 1 Crón. 3:5, donde aparece como Amiel. **2.** Guerrero notable bajo el liderazgo de David (2 Sam. 23:34). La lista paralela de 1 Crón. 11 ubica en una posición similar a Ahías ("mi hermano es Yahvéh").

ELIAQUIM Nombre de persona que significa "Dios se levantará". **1.** Hijo de Hilcías que estaba a cargo de la casa del rey Ezequías de Judá (2 Rey. 18:18). Esa responsabilidad le había pertenecido anteriormente a Sebna. Isaías 22:15-25 trata sobre el reemplazo de Sebna por Eliaquim. **2.** Hijo de Josías que fue puesto en el trono de Judá por el faraón Necao de Egipto (2 Rey. 23:34). El faraón cambió el nombre de Eliaquim por Joacim. Se lo conoce más por este último nombre. Ver *Joacim*. **3.** Antecesor de José, el esposo de María (Mat. 1:13). **5.** Hijo de Melea, mencionado en la genealogía de Jesús que Lucas presenta (Luc. 3:30).

ELÍAS Nombre de persona que significa "mi Dios es Yah". Profeta (siglo IX a.C.). de Tisbé (o Tisbi) de Galaad en el Reino del Norte, el personaje más grande y más sentimental y soñador de Israel (1 Rey. 17:1–2 Rey. 2:18). Era un hombre complejo, que provenía del desierto y aconsejaba a los reyes. Su vida se entiende mejor considerada desde cuatro perspectivas históricas que en algunos momentos se entrecruzan: sus milagros, su lucha contra la adoración a Baal, su papel profético y su relación escatológica con el Mesías.

Milagros Su primer milagro está asociado con la profecía que dio ante el rey Acab (1 Rey. 17:1): no habría lluvia ni rocío a menos que Elías lo pidiera. Inmediatamente después de la profecía se retiró al arroyo de Querit, donde fue alimentado por cuervos. Su siguiente refugio fue Sarepta, donde realizó el milagro de resucitar al hijo de la viuda (1 Rey. 17:17-24). Allí por primera vez se lo denominó "un hombre de Dios".

En el Monte Carmelo, el milagro público más extraordinario implicó el enfrentamiento con los 450 profetas de Baal y los 400 profetas de Asera (1 Rey. 18:19-40). El desafío tenía el propósito de confirmar quién era el Dios verdadero. Los falsos profetas invocaron a sus dioses y Elías invocó a su Dios para ver cuál de ellos haría llover

Entrada de la cueva de Elías, cerca de Tiro.

E

fuego del cielo. Después de que los falsos profetas no lograron la respuesta de sus dioses paganos, Elías mojó la leña sobre el altar al Dios verdadero al derramarle cuatro cántaros de agua en tres ocasiones. En respuesta a la oración de Elías, Jehová hizo llover fuego del cielo, fuego que consumió la leña mojada. Como resultado del engaño de parte de los falsos profetas, Elías resolvió que murieran.

Elías luego profetizó desde el Carmelo que la sequía estaba llegando a su fin (1 Rey. 18:41) después de tres años sin lluvia. Envió siete veces a su sirviente para que viera si se aproximaba lluvia. La séptima vez apareció en el horizonte

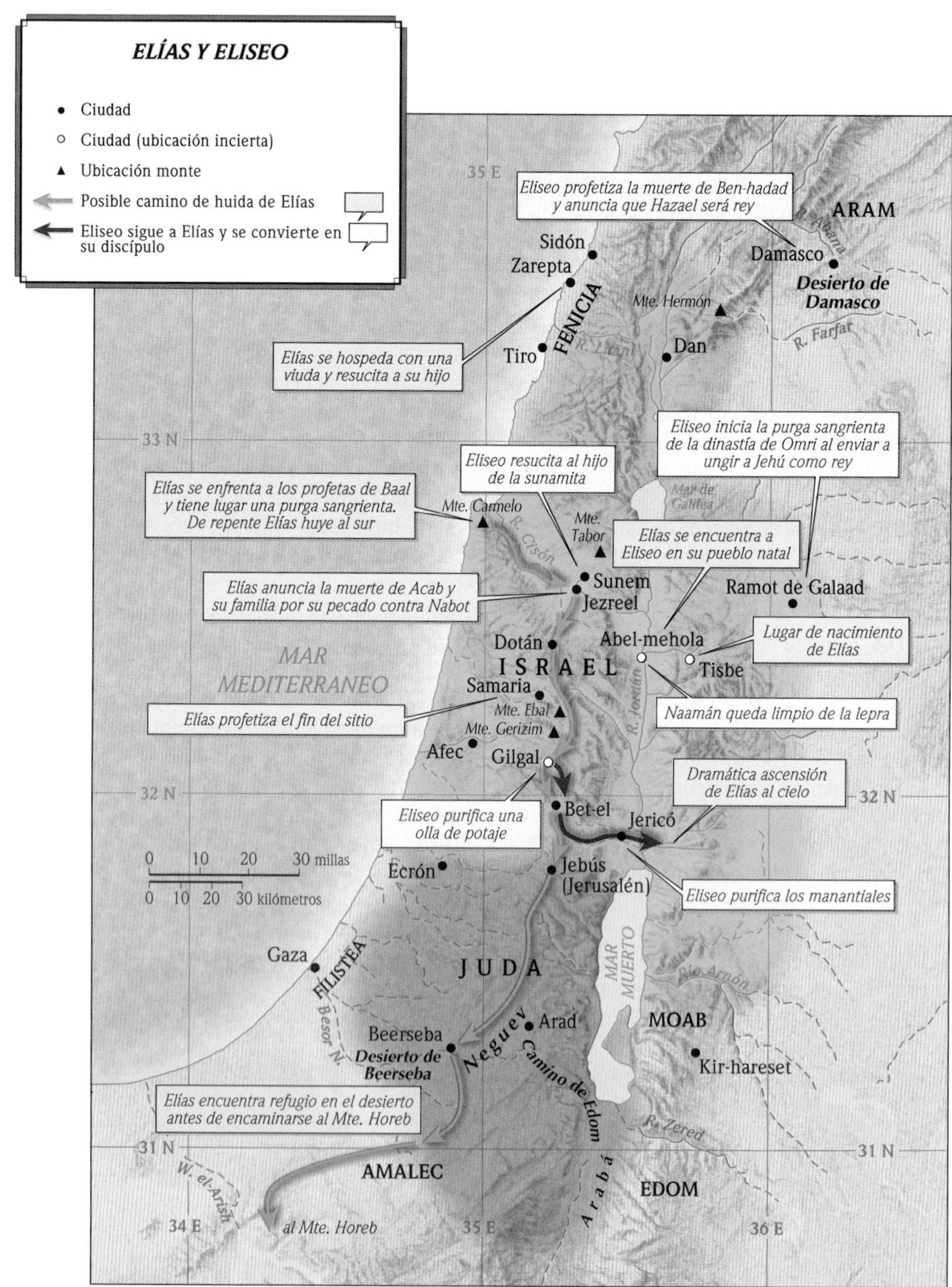

ELÍAS Y ELISEO
Ciudad
Ciudad (ubicación incierta)
Ubicación monte
Posible camino de huida de Elías
Eliseo sigue a Elías y se convierte en su discípulo
Eliseo profetiza la muerte de Ben-hadad y anuncia que Hazael será rey
ARAM
Sidón
Zarepta
Damasco
Desierto de Damasco
Mte. Hermón
FENICIA
R. Farfar
Elías se hospeda con una viuda y resucita a su hijo
Tiro
Dan
33 N
Eliseo inicia la purga sangrienta de la dinastía de Omri al enviar a ungir a Jehú como rey
Eliseo resucita al hijo de la sunamita
Elías se enfrenta a los profetas de Baal y tiene lugar una purga sangrienta. De repente Elías huye al sur
Mte. Carmelo
Mar de Galilea
Mte. Tabor
R. Cisón
Elías se encuentra a Eliseo en su pueblo natal
Elías anuncia la muerte de Acab y su familia por su pecado contra Nabot
Sunem
Jezreel
Ramot de Galaad
Dotán
Abel-mehola
Lugar de nacimiento de Elías
MAR MEDITERRANEO
ISRAEL
Tisbe
Samaria
Mte. Ebal
R. Jordán
Elías profetiza el fin del sitio
Naamán queda limpio de la lepra
Mte. Gerizim
Afec
Gilgal
Dramática ascensión de Elías al cielo
32 N
Bet-el
Eliseo purifica una olla de potaje
Jericó
0 10 20 30 millas
0 10 20 30 kilómetros
Ecrón
Jebús (Jerusalén)
Eliseo purifica los manantiales
MAR MUERTO
Gaza
FILISTEA
JUDA
Río Arnón
Besor N.
Arad
MOAB
Beerseba
Desierto de Beerseba
Neguev
Camino de Edom
Kir-hareset
Elías encuentra refugio en el desierto antes de encaminarse al Mte. Horeb
R. Zered
31 N
W. el-Arish
AMALEC
Arabá
EDOM
34 E
al Mte. Horeb
35 E
36 E

La Capilla de Elías, en el Monte Sinaí, como recordatorio del sitio tradicional a donde huyó Elías.

una nube del tamaño de una mano, y Elías le comunicó a Acab que saliera de inmediato antes de la tormenta. El profeta corrió y llegó más rápido a Jezreel que el carro del rey y la tormenta.

Baalismo La lucha contra el baalismo está entretejida con la vida de Elías. Jezabel, hija de Et-baal, rey de Sidón y de Tiro (1 Rey. 16:31), era esposa de Acab y reina de Israel. Ella introdujo en el reino de Acab la adoración de su dios Baal. Incluso "Acab sirvió a Baal un poco" (2 Rey. 10:18, LBLA). La confrontación en el Carmelo puso en evidencia el contraste entre las deidades. El poder de Jehová y la impotencia de Baal también quedaron demostrados por medio de la sequía. Jezabel decidió vengarse de Elías por la muerte de los falsos profetas, de modo que este retrocedió hacia Judá y finalmente al Monte Horeb. Allí contempló el poder del viento, del terremoto y del fuego; pero Dios no estaba en esas fuerzas. Con voz suave, Dios le ordenó que ungiera a Hazael como rey de Siria, a Jehú como rey de Israel y a Eliseo como su sucesor (1 Rey. 19:1-17).

Profeta El papel profético de Elías lo colocaba constantemente en oposición a la mayor parte del pueblo de su nación. Sus enfrentamientos proféticos incluyeron al rey Acab y, más tarde, a su hijo Ocozías. La razón permanente de las denuncias proféticas de Elías era la actitud tolerante hacia el politeísmo.

Cuando Ocozías se cayó y se hirió, envió mensajeros a preguntarle a Baal-zebub (el dios de las moscas) sobre su destino. Elías los interceptó y le mandó a decir a Ocozías que pronto moriría (2 Rey. 1). El rey envió tres grupos diferentes de 50 soldados cada uno para arrestar a Elías. Los dos primeros grupos fueron destruidos por fuego del cielo. El capitán del tercer grupo rogó por su vida, lo escoltó a salvo hasta la presencia del rey, y Elías le profetizó al rey en persona sobre su muerte inminente.

Su relación con el Mesías Elías y Eliseo eran parte de las escuelas de los profetas cuando Elías golpeó las aguas del Jordán y estas se dividieron para que pudieran cruzar (2 Rey. 2:1-12).

Malaquías prometió que Dios enviaría al profeta Elías antes del "día del Señor" (Mal. 4:5). De Juan el Bautista se dijo que iría delante del Mesías "con el espíritu y el poder de Elías" (Luc. 1:17). Juan negó en forma categórica que él fuera Elías reencarnado (Juan 1:21,25). Algunos pensaban que Jesús era Elías (Mat. 16:14; Mar. 6:15).

El profeta apareció con Moisés en el Monte de la Transfiguración, donde hablaron con Jesús acerca de su "partida". Allí fue donde Pedro sugirió que se construyeran tres tabernáculos, para Jesús, Moisés y Elías (Mat. 17:4; Mar. 9:5; Luc. 9:33).

Los dos testigos a los que hace referencia Apoc. 11:6 no se identifican por nombre, pero su poder "para cerrar el cielo, a fin de que no llueva" hacen que muchos crean que son Moisés y Elías. *Nelson Price*

ELIASAF Nombre de persona que significa "Dios ha añadido". **1.** Líder de la tribu de Gad bajo la conducción de Moisés (Núm. 1:14). Presentó las ofrendas de su tribu en la dedicación del altar (Núm. 7:42). **2.** Levita de la familia de Gersón (Núm. 3:24).

ELIASIB Nombre de persona que significa "Dios devuelve o guía de regreso". **1.** Descendiente de David en Judá antes del regreso del exilio babilónico (1 Crón. 3:24). **2.** Importante sacerdote bajo el gobierno de David (1 Crón. 24:12). **3.** Sumo sacerdote en tiempos de Nehemías que condujo la reconstrucción de la Puerta de las Ovejas en el muro de Jerusalén, una puerta por la cual se conducían las ovejas hasta el templo cercano para ser sacrificadas (Neh. 3:1). Su casa estaba construida en el muro de la ciudad (Neh. 3:20). Hijo de Joiacim y padre de Joiada (Neh. 12:10). Su nieto se casó con la hija de Sanbalat, quien se opuso tenazmente a los esfuerzos de Nehemías (Neh. 13:28), y sugiere cierta tensión entre este y los líderes sacerdotales. Podría tratarse del Eliasib cuyo hijo tenía una habitación en el templo (Esd. 10:6). **4.** Sacerdote en tiempos de Nehemías y administrador de los depósitos del templo. Le brindó lugar a Tobías, fuerte opositor de Nehemías (Neh. 13:4-9). **5.** Levita y cantor del templo en tiempos de Esdras. Acordó divorciarse de su esposa extranjera para evitar la tentación de Israel de adorar a otros dioses (Esd. 10:24). **6.** Dos israelitas que estuvieron de acuerdo en divorciarse de sus esposas extranjeras durante el liderazgo de Esdras (Esd. 10:27,36).

ELIATA Nombre de persona que significa "mi Dios ha venido". Músico del templo designado por David para ejecutar un instrumento y para profetizar (1 Crón. 25:4). Encabezaba un grupo de trabajadores del templo (1 Crón. 25:27, donde varía levemente la escritura del nombre en hebreo). Muchos lingüistas creen que los nombres de los últimos nueve hijos de Hemán en el v.4b originalmente formaban un verso de un salmo en hebreo, donde Eliata tal vez significaba "mi Dios eres tú".

ELICA Nombre de persona que significa "mi Dios se ha puesto de pie" o "mi Dios ha vomitado". Uno de los héroes militares de David, oriundo de Harod (2 Sam. 23:25). No se lo menciona en la lista paralela de 1 Crón. 11.

ELIDAD Nombre de persona que significa "Dios amó" o "mi Dios es tío o amigo". El nombre en hebreo es una variación ortográfica de Eldad. Representante de la tribu de Benjamín a quien Dios eligió para ayudar a Josué y Eleazar en la distribución de la tierra de Canaán entre las tribus (Núm. 34:21). Ver *Eldad.*

ELIEL Nombre de persona que significa "mi Dios es Dios" o "mi Dios es El". **1.** Jefe de familia de la tribu de Manasés al este del Río Jordán (1 Crón. 5:23-24). **2.** Levita y antepasado del cantor Hemán (1 Crón. 6:34). **3.** Miembro de la tribu de Benjamín (1 Crón. 8:20). **4.** Otro benjamita (1 Crón. 8:22). **5.** Líder militar durante el reinado de David (1 Crón. 11:46) que no aparece en la lista de 1 Sam. 23. **6.** Otro líder militar bajo el reinado de David no incluido en la lista de 1 Sam. 23 (1 Crón. 11:47). **7.** Guerrero de la tribu de Judá que prestó servicio en el desierto bajo las órdenes de David (1 Crón. 12:11). **8.** Levita principal en tiempos de David (1 Crón. 15:9,11). **9.** Supervisor levita de las ofrendas en el templo (2 Crón. 31:13) bajo el reinado de Ezequías (715–686 a.C.).

ELIENAI Forma abreviada del nombre hebreo Elioenai. El significado literal de la forma abreviada es "mi Dios mis ojos". Miembro de la tribu de Benjamín (1 Crón. 8:20). Ver *Elioenai.*

ELIEZER Nombre de persona que significa "Dios ayuda". **1.** Sirviente de Abram que habría sido heredero del patriarca si este hubiese fallecido sin tener hijos (Gén. 15:2). **2.** Segundo hijo de Moisés y Séfora (Ex. 18:4). **3.** Uno de los hijos de Bequer benjamita (1 Crón. 7:8). **4.** Uno de los sacerdotes que hicieron sonar las trompetas cuando el arca del pacto era llevada a Jerusalén (1 Crón. 15:24). **5.** Uno de los jefes de la tribu de Rubén (1 Crón. 27:16). **6.** Hijo de Dodava que profetizó contra Josafat (2 Crón. 20:37). **7.** Uno de los líderes a los que Esdras mandó llamar (Esd. 8:16). **8.** Sacerdote que despidió a su esposa extranjera **9.** Levita que dejó a su esposa extranjera (Esd. 10:18). **10.** Miembro de la familia de Harim que despidió a su esposa extranjera (Esd. 10:31). **11.** Hijo de Jorim, mencionado en la genealogía de Jesús (Luc. 3:29).

ELIFAL Nombre de persona que significa "Dios ha juzgado". Héroe militar bajo el reinado de David (1 Crón. 11:35). En 2 Sam. 23:34 aparece como Elifelet. Ver *Elifelet.*

ELIFAZ Nombre de persona que significa "mi dios es oro". **1.** Hijo de Esaú por su esposa Ada, hija de Elón hitita (Gén. 36:4). Antepasado de los jefes de varias familias edomitas (Gén. 36:15-16). **2.** Uno de los tres hombres que visitaron a Job y dialogaron con él (Job 2:11). Se lo identifica como temanita, oriundo de Temán en Edom. Los discursos que pronunció se caracterizan por un tradicionalismo teológico simplista y una actitud de superioridad moral. Tal vez haya sido descendiente de Elifaz, el hijo de Esaú. Ver *Job.*

ELIFELEHU Nombre de persona que significa "Dios le dio un trato distinguido". Levita y músico del templo durante el reinado de David (1 Crón. 15:18,21).

ELIFELET Nombre de persona que significa "Dios es liberación". **1.** Hijo de David nacido en Jerusalén (2 Sam. 5:16). Aparentemente se menciona tanto en 1 Crón. 3:6,8 como en 1 Crón. 14:7, con una forma abreviada del hebreo en 14:5. **2.** Descendiente de Saúl y Jonatán, de la tribu de Benjamín (1 Crón. 8:39). **3.** Líder de tribu que acompañó a Esdras en el regreso del exilio en Babilonia (Esd. 8:13). **4.** Hombre que se divorció de su esposa extranjera durante el liderazgo de Esdras a fin de evitar la adoración a otros dioses en el pueblo de Dios (Esd. 10:33). **5.** Guerrero famoso bajo la conducción de David (2 Sam. 23:34).

ELIHOREF Nombre de persona que significa "mi Dios recompensa" o "mi Dios es quien da la cosecha de otoño", o tomado del egipcio, "Apis es mi Dios". Junto con su hermano Ahías, uno de los dos escribas del rey Salomón (1 Rey. 4:3). Probablemente su padre haya sido egipcio. El nombre podría indicar que el suegro de Salomón (1 Rey. 3:1) le habría ayudado a organizar y a designar su personal administrativo. Sisa, padre de Elihoref, es la palabra egipcia que significa escriba. Algunas versiones interpretan Elihoref como un título, "ayudante general".

ELIM Nombre geográfico que significa "árboles". Uno de los campamentos israelitas después del éxodo de Egipto (Ex. 15:27). El primer sitio donde encontraron agua. Había allí 12 pozos de agua y 70 palmeras (Núm. 33:9). Se desconoce su ubicación exacta.

ELIMAS Nombre de persona que probablemente signifique "sabio". Mago y falso profeta conocido como Barjesús (Hech. 13:6-11). En Pafos, en la isla de Chipre, intentó disuadir al procónsul Sergio Paulo para que no escuchara a Bernabé y a Pablo. Fue denunciado por este y quedó momentáneamente ciego. Ver *Sergio Paulo.*

ELIMELEC Nombre de persona que significa "mi Dios es rey". Esposo de Noemí; llevó a su familia de Belén a Moab para escapar de la hambruna; murió en Moab. Esto preparó el escenario para el libro de Rut (Rut 1:2-3; comp. 4:3).

ELIOENAI Nombre de persona que significa "mis ojos son para Yahvéh" (comp. Sal. 123:2). **1.** Uno de los porteros del templo o guardianes de las puertas durante el gobierno de David (1 Crón. 26:3). **2.** Uno de los doce jefes de familias que regresó con Esdras de Babilonia a Jerusalén (Esd. 8:4). **3.** Descendiente postexílico de David que mantuvo el linaje real de Israel (1 Crón. 3:23-24). **4.** Jefe de familia de la tribu de Simeón (1 Crón. 4:36). **5.** Sacerdote que, bajo el liderazgo de Esdras, acordó divorciarse de su esposa extranjera para proteger a la comunidad de la adoración falsa (Esd. 10:22). **6.** Israelita que acordó divorciarse de su esposa extranjera (Esd. 10:27). **7.** Sacerdote líder durante la reunión de dedicación y agradecimiento por la finalización de las reparaciones del muro de Jerusalén (Neh. 12:41).

ELISA Nombre geográfico cuyo significado se desconoce. Elisa (o Alashiya, como aparece en heteo, en acadio y en los textos ugaríticos) es el nombre de toda o parte de la isla de Chipre desde donde se exportaba cobre y tela púrpura. Otros la identifican con la actual Haghio Kyrko en Creta. Entre las cartas de Amarna en Egipto, hay algunas del rey de Elisa al faraón donde se mencionan exportaciones de cobre. Los griegos establecieron una colonia en Chipre alrededor del 1500 a.C. Esto podría explicar la mención de Elisa como hijo de Javán, o la mención de los griegos en la Tabla de las Naciones (Gén. 10:4; comp. 1 Crón. 1:7). En su lamento sobre Tiro, el profeta Ezequiel mencionó que esta ciudad había importado de Elisa la tela púrpura por la cual se había hecho famosa (Ezeq. 27:7).

ELISABET Nombre de persona que significa "mi Dios es buena fortuna" o "mi Dios ha pronunciado juramento". **1.** Esposa del sumo sacerdote Aarón (Ex. 6:23). **2.** Descendiente de Aarón que fue esposa del sacerdote Zacarías (Luc. 1:5). Tanto a ella como a su esposo se los describe como ejemplos destacados de piedad y devoción al Señor Luc 1:6. Sin embargo, ella había llegado estéril a la vejez. Dios quitó el estigma de esta condición porque fue madre de Juan el Bautista, el precursor de Cristo. También era parienta de María, la madre de Jesús, aunque la Biblia no especifica el grado exacto de parentesco. Ver *Anunciación; Juan.*

ELISAFAT Nombre de persona que significa "Dios había juzgado". Capitán militar que ayudó al sacerdote Joiada a derrocar a la reina Atalía y coronar a Joás (835–796 a.C.) como rey de Judá (2 Crón. 23:1).

ELISAMA Nombre de persona que significa "Dios ha escuchado". **1.** Líder de la tribu de Efraín bajo la conducción de Moisés en el desierto (Núm. 1:10). Presentó las ofrendas de su tribu durante la dedicación del altar (Núm. 7:48-53; comp. 1 Crón. 7:26). **2.** Hijo de David nacido después de conquistar Jerusalén y trasladarse allí (2 Sam. 5:16). Aparentemente se lo menciona dos veces en 1 Crón. 3:6,8, aunque 1 Crón. 14:5 interpreta la primera mención como Elisúa, igual que en 2 Sam. 5:15. **3.** Escriba real durante el reinado de Joacim (609–597 a.C.). El rollo de la prédica de Jeremías que Baruc había registrado estuvo guardado en la habitación de Elisama antes de ser llevado ante el rey para leérselo (Jer. 36:12-21). **4.** Antepasado de Ismael de sangre real que asesinó a Gedalías y tomó el control político de Judá inmediatamente después de que Babilonia destruyera Jerusalén (2 Rey. 25:25). **5.** Descendiente de la familia de Jerameel de la tribu de Judá (1 Crón. 2:41). **6.** Sacerdote bajo el reinado de Josafat (873–848 a.C.). A pedido del rey, le enseñó el libro de la ley al pueblo (2 Crón. 17:7-9).

ELISEO Nombre de persona que significa "mi Dios es salvación". Profeta israelita del siglo IX a.C., hijo de Safat de Abel-mehola (1 Rey. 19:16).

Nombre y llamado Un día Eliseo estaba en el arado cuando, "pasando Elías por delante de él, echó sobre él su manto" (1 Rey. 19:19). Esta acción simbólica manifestaba el propósito de Dios de otorgar a Eliseo los poderes proféticos de Elías. El elegido entendió el llamado de Dios porque, "dejando él los bueyes, vino corriendo en pos de Elías" (1 Rey. 19:20). Después del dramático ascenso de Elías al cielo se volvió a poner en evidencia que Eliseo sintió el llamado a la sucesión profética. Eliseo "alzó luego el manto de Elías que se le había caído" (2 Rey. 2:13).

El manantial de Eliseo, en Jericó, que es la fuente para el pozo de Eliseo (ubicado en el área cubierta).

El comienzo del ministerio de Eliseo debe fecharse en los últimos años del gobierno del rey Acab (1 Rey. 19) o aprox. en el 850 a.C. El profeta sirvió con fidelidad durante los reinados de Ocozías (alrededor del 853 a.C.), de Joram (852 a.C.), de Jehú (aprox. 841 a.C.), de Joacaz (aprox. 814 a.C.), y de Joás (798 a.C.).

Milagros Cuando Elías le insistió al sucesor que había elegido y le dijo, "Pide lo que quieras que haga por ti, antes que yo sea quitado de ti", Eliseo respondió "Te ruego que una doble porción de tu espíritu sea sobre mí" (2 Rey. 2:9). Luego levantó el manto del profeta que había partido y dividió las aguas del Río Jordán. Después de ese milagro, el grupo de profetas o "hijos de los profetas" declaró: "El espíritu de Elías reposó sobre Eliseo" (2 Rey. 2:15).

Poco después, Eliseo transformó aguas amargas en aguas dulces (2 Rey. 2:19-22). Su reputación pronto alcanzó un aura tan sagrada que el hostigamiento al profeta merecía severo castigo. Por burlarse del profeta calvo, 42 muchachos fueron atacados por dos osos (2 Rey. 2:23-24).

El profeta usó su poder para abastecer con abundante aceite a una viuda, lo que le permitió salvar de la esclavitud a los hijos de esta (2 Rey. 4:1-7). Tornó en comestible un guiso venenoso (2 Rey. 4:38-41), alimentó a cien hombres mediante la multiplicación de escasos recursos (2 Rey. 4:42-44), y proveyó de manera milagrosa agua para ejércitos sedientos (2 Rey. 3:13-22). En una oportunidad hizo que flotara la cabeza de un hacha (2 Rey. 6:5-7).

Algunos de los milagros de Eliseo son bien conocidos y apreciados. A una mujer estéril y su esposo, que de manera generosa habían recibido al profeta en su casa, el Señor les concedió un hijo como retribución. Un día, mientras el muchacho trabajaba en el campo con su padre, al parecer sufrió un golpe de calor y murió. La compasión y la tenaz esperanza de la madre encontraron su recompensa cuando buscó y encontró al hombre de Dios, y le pidió ayuda. El poder divino por medio de Eliseo levantó al muchacho de la muerte (2 Rey. 4:8-37).

Otra historia bien conocida es la curación del leproso Naamán y la posterior desgracia de Giezi, el siervo deshonesto de Eliseo (2 Rey. 5:1-27). Los poderes milagrosos del profeta se desplegaron de manera notable en la guerra entre Siria e Israel. Los soldados sirios quedaron ciegos, y luego volvieron a ver. Por último, la intervención divina frustró por completo el sitio de Siria sobre Samaria (2 Rey. 6:8-7:20).

El poder de Eliseo no terminó con su muerte. Cuando depositaron un cadáver en la tumba de Eliseo, por el contacto con los huesos de este, el muerto "revivió, y se levantó sobre sus pies" (2 Rey. 13:21).

Al llevar a cabo la segunda y la tercera parte de la orden del "silbo apacible y delicado" que escuchó Elías (1 Rey. 19:11-16), Eliseo amplió su legado y fue más allá de la esfera de un hacedor de milagros. Cumplió un papel importante en el ascenso de Hazael como rey de Siria (2 Rey. 8:7-15) y también en el ungimiento de Jehú como rey de Israel (2 Rey. 9:1-13).

Con poder suficiente para realizar milagros y designar reyes, y a la vez con sensibilidad necesaria para llorar por el destino de Israel, (2 Rey. 8:11-12) Eliseo, discípulo y sucesor de Elías, demostró ser a la vez profeta y estadista.

J. Randall O'Brien

ELISÚA Nombre de persona que significa "Dios es salvación". Hijo de David que nació después de que este conquistara Jerusalén y se trasladara allí (2 Sam. 5:15). Ver *Elisama 2.*

ELISUR Nombre de persona que significa "Dios es una roca". Líder de la tribu de Rubén bajo el liderazgo de Moisés en el desierto (Núm. 1:5). Presentó las ofrendas de su tribu durante la dedicación del altar (Núm. 7:30-35).

ELIÚ Nombre de persona que significa "él es Dios". **1.** Hijo de Baraquel, el buzita que le habló a Job luego que los tres amigos de este terminaron de pronunciar sus discursos (Job 32:2). Las palabras de Eliú abarcan los capítulos 32–37 de Job. Los intérpretes difieren en cuanto al significado de los discursos. Sus palabras parecieran mostrar un poco más de discernimiento que las de los otros tres amigos, aunque de todos modos, finalmente resultan insatisfactorias para explicar el sufrimiento de Job. Ver *Job.* **2.** Bisabuelo de Samuel (1 Sam. 1:1). **3.** Miembro de la tribu de Manasés que ayudó a David (1 Crón. 12:20,21). **4.** Poderoso héroe militar durante el reinado de David (1 Crón. 26:7). **5.** Hermano de David a cargo de la tribu de Judá (1 Crón. 27:18).

ELIUD Nombre de persona que significa "Dios es excelso y poderoso". Tatarabuelo de José, el padre de crianza de Jesús (Mat. 1:14-15).

ELIZAFÁN Nombre de persona que significa "Dios ha escondido o atesorado". **1.** Líder de familia entre los hijos de Coat entre los levitas en el desierto bajo la conducción de Moisés (Núm. 3:30; comp. 1 Crón. 15:8; 2 Crón. 29:13). **2.** Representante tribal de Zabulón en el concilio que ayudó a Josué y a Eleazar a repartir la tierra entre las tribus (Núm. 34:25).

ELMODAM Nombre de persona de significado desconocido. Antepasado de Jesucristo (Luc. 3:28).

ELNAAM Nombre de persona que significa "Dios es una delicia". Padre de líderes militares bajo la conducción de David (1 Crón. 11:46). No aparece en la lista de 2 Sam. 23.

ELNATÁN Nombre de persona que significa "Dios ha dado". **1.** Padre de la madre del rey Joaquín (2 Rey. 24:8). **2.** Posiblemente deba identificarse con *1.* Miembro del consejo del rey Joacim que por orden real llevó de regreso desde Egipto al profeta Urías para que fuera castigado (Jer. 26:22-23). Quiso impedir que el rey quemara el rollo donde Baruc había escrito las proclamas de Jeremías (Jer. 36:12-26). **3.** En la lista de Esd. 8:16 aparecen tres hombres con este nombre, además de un "Natán", como parte de la delegación que Esdras envió para que buscaran levitas que regresaran con él de Babilonia a Jerusalén. Muchos estudiosos de la Biblia consideran que al copiar los manuscritos se agregaron nombres a la lista.

ELOI Transliteración griega del arameo *'elohi*, "mi Dios". Ver *Elí, Elí, lama sabactani.*

ELÓN Nombre de persona y de lugar que significa "árbol grande" o "árbol de dios" (comp. Gén. 12:6; Jue. 9:6,37) **1.** Hijo de Zabulón y nieto de Jacob (Gén. 46:14). Una familia zabulonita recibió su nombre (Núm. 26:26). **2.** Juez de la tribu de Zabulón (Jue. 12:11-12). **3.** Ciudad en el territorio tribal de Neftalí (Jos. 19:43), a veces traducido Alón. Ver *Alón.* Tal vez se refiera a un gran árbol que servía como marca limítrofe.

Una grafía hebrea apenas distinta está subyacente en otros casos de Elón en traducciones al español. **4.** Padre hitita (heteo) de Basemat, esposa de Esaú (Gén. 26:34). **5.** Padre hitita de Ada, esposa de Esaú (Gén. 36:2). A Basemat se la menciona como hija de Ismael (36:3). Ver *Basemat.*

6. Ciudad en el territorio tribal de Dan (Jos. 19:43). Podría ubicarse en Khirbet Wadi Alin.

ELONITA Habitante de Elón. Ver *Elón.*

ELÓN-MEONENIM Ver *Encina de los adivinos.*

ELOT Variante en la escritura de Elat. Ver *Elat.*

ELPAAL Nombre de persona que significa "Dios ha hecho". Nombre de una familia de la tribu de Benjamín, mencionada dos veces en 1 Crón. 8 (vv.11-12,18). Los estudiosos de la Biblia debaten si las referencias aluden a un mismo antepasado de la tribu o a dos personas diferentes. También es incierto si a él o a sus hijos se les debe atribuir la construcción de Ono y de Lod (v.12).

ELPELET Hijo de David que nació después de que este conquistara Jerusalén y se trasladara allí (1 Crón. 14:5). Probablemente sea una forma abreviada del nombre Elifelet. Ver *Elifelet.*

EL-SHADDAI Ver *Dios; El.*

ELTECÓN Nombre geográfico que significa "obtener consejo". Pueblo en el territorio de la tribu de Judá en la zona montañosa del sur (Jos. 15:59). Se desconoce su ubicación, aunque algunos han sugerido Khirbet ed-Deir, al oeste de Belén.

ELTEKE Nombre geográfico que significa "lugar de reunión", "sitio donde se escucha" o "súplica por lluvia". Ciudad en Dan (Jos. 19:44) asignada a los levitas (Jos. 21:23). Los faraones egipcios sostienen haber conquistado Altaku, que tal vez sea el mismo lugar. Senaquerib de Asiria se encontró allí con un ejército egipcio alrededor del 701 a.C. Alternativamente se la ha identificado con Khirbet el-Muqenna sobre el borde oriental de la llanura costera, o con Tell el-Melat al noroeste de Gezer.

ELTOLAD Nombre geográfico que significa "súplica por un hijo". Pueblo en el territorio de la tribu de Judá (Jos. 15:30) que le fue entregado a Simeón (Jos. 19:4). Aparentemente, 1 Crón. 4:29 abrevia el nombre como Tolad. Se desconoce su ubicación.

ELUL Sexto mes del calendario hebreo; nombre tomado del acadio. Abarcaba parte de agosto y parte de septiembre. Ver Neh. 6:15.

ELUZAI Nombre de persona que significa "Dios es mi fortaleza". Miembro de la tribu de Benjamín (del rey Saúl) que llegó a ser líder militar bajo el mando de David mientras este vivía como fugitivo en Siclag (1 Crón. 12:5).

ELYÓN Ver *Dios; El.*

ELZABAD Nombre de persona que significa "Dios hizo un regalo". **1.** Guerrero que luchó a favor de David cuando este vivía fugitivo en Siclag (1 Crón. 12:12). **2.** Levita y nieto de Obed-edom identificado como un hombre valiente (1 Crón. 26:7). Fue portero o guardia del templo.

ELZAFÁN Nombre de persona que significa "Dios ha escondido o atesorado". Forma abreviada del nombre Elisafán. Hijo de Uziel y tío de Aarón (Ex. 6:22). Ayudó a acarrear los cadáveres de Nadab y Abiú fuera del campamento al desierto después del castigo que Dios les aplicó (Lev. 10:4-5).

EMANUEL Nombre de persona que significa "Dios con nosotros". Nombre del hijo que iba a nacer según la profecía de Isaías al rey Acaz (Isa. 7:14), que se cumplió con el nacimiento de Jesús (Mat. 1:22,23).

Cuando el rey Acaz se negó a manifestar su fe solicitando una señal de parte de Dios (Isa. 7:10-12), Isaías le dio una señal del nacimiento de Emanuel mediante el anuncio tradicional de un nacimiento (7:14; comp. Gén. 16:11; Jue. 13:3, 5). El idioma hebreo parece indicar que el profeta y el rey señalaban cumplimiento inmediato. Estudios recientes señalan a la esposa de Acaz como la mujer que daría a luz y demostraría que Dios seguía presente con la dinastía real davídica aun en medio de la severa amenaza asiria. Tal señal daría esperanza a un rey que confiaba en Dios, pero sería una amenaza constante para el que siguiera su propia estrategia. El doble sentido de la señal de Emanuel vuelve a aparecer en Isa. 8:8. El ejército asirio inundaría la tierra hasta que Judá estuviera de problemas hasta el cuello y sólo pudiera clamar "Oh, Emanuel"; esto era un grito de confesión de que Dios está con nosotros en medio de Su furia destructora pero, al mismo tiempo, es una oración que aguarda la intervención divina. Isaías prosigue con un llamado a las naciones para que pierdan en batalla en razón de Emanuel, Dios con nosotros (8:10).

La Biblia no agrega nada en cuanto a los efectos de la profecía de Emanuel en los días de Isaías y Acaz. Anuncia el gran cumplimiento en Jesucristo (Mateo 1:22,23). El nacimiento de Jesús demostró a toda la humanidad que Dios es fiel para cumplir sus promesas de maneras que exceden la expectativa humana porque Jesús no era sólo una señal de Dios con nosotros. Jesús era Dios hecho carne, Dios encarnado, Dios con nosotros en persona.

EMAÚS Nombre geográfico que significa "baños calientes". Aldea adonde se dirigían dos discípulos de Jesús el día de la resurrección del Señor (Luc. 24:13). Mientras iban en camino se les sumó una persona a la que más tarde reconocieron como el Cristo resucitado. Emaús quedaba a unos 60 estadios de Jerusalén (aprox. 11 km [7 millas]). Esa descripción es el único dato con que se cuenta para ubicar el lugar. Por lo menos cuatro lugares se han propuesto como ubicación de Emaús, pero no hay certeza al respecto. Ver *Resurrección.*

EMBAJADOR Representante de una corte real ante otra. Según la traducción de las versiones RVR1960 y LBLA de Josué 9:4, cuando los gabaonitas se dirigieron a Josué fingieron ser embajadores oficiales de un gobierno extranjero. El rey de Babilonia envió embajadores oficiales para saber cuál era el poder de Ezequías (2 Crón. 32:31 "mensajeros"). El faraón Necao envió embajadores para impedir que el rey Josías de Judá (640–609 a.C.) se sumara a la batalla en Meguido, pero Josías insistió y murió (2 Crón. 35:21-24 "mensajeros"). Embajadores fieles acarrean salud a una nación (Prov. 13:17 "mensajeros"). Isaías condenó a Israel por enviar embajadores a Egipto para obtener ayuda militar en lugar de buscar la ayuda de Dios (Isa. 30:4). Si bien sufrían antes de la salvación que Dios había anunciado, el pueblo se lamentaba delante de Dios. Esto incluía a los embajadores que habían obrado sin éxito en busca de paz (Isa. 33:7). Israel se apoyaba en los embajadores que enviaba a otras naciones, en lugar de confiar en Yahvéh y su plan (Isa. 57:9). Jeremías anunció que Dios había enviado un embajador para invitar a las naciones a castigar a Edom (Jer. 49:14 "mensajero"; comp. Abd. 1). Ezequiel condenó al rey Sedequías (597–586 a.C.) por haber enviado embajadores a Egipto en busca de ayuda durante su rebelión contra Babilonia (Ezeq. 17:15).

Cuando estaba en la cárcel, Pablo se consideraba un embajador en cadenas, enviado por el Rey divino para proclamar al mundo la salvación por medio de Cristo (Ef. 6:20; comp. 2 Cor. 5:20).

EMBALSAMAR Proceso de preservar los cuerpos de la descomposición. El embalsamamiento se originó en Egipto y rara vez fue usado por los hebreos. La práctica se menciona muy poco en la Biblia, y los restos humanos encontrados en tumbas de Palestina por lo general no muestran signos de haber sido embalsamados. En Gén. 50:2-3 se relata que José ordenó que el cuerpo de Jacob fuera embalsamado y a los "médicos" les llevó 40 días el proceso. El v.26 dice que José fue embalsamado y depositado en Egipto. El embalsamamiento de estos dos patriarcas da testimonio tanto de su importancia en la comunidad como también de la intención de trasladar luego los cuerpos para enterrarlos en Canaán (Gén. 50:13; Ex. 13:19).

Otros pasajes como 2 Crón. 16:14, donde se describe el entierro de Asa, y Juan 19:39-40 donde se relata el entierro de Jesús, mencionan el uso de especias, aunque no se trata de un embalsamamiento sino de una ceremonia de purificación.

El arte egipcio de momificación era una compleja versión de embalsamamiento que se completaba en 70 días. *Joe Haag*

EMBOSCADA Táctica militar que consiste en esconder una unidad de tropas para atacar sorpresivamente mientras que el resto continúa con la batalla normal. Josué utilizó esta táctica contra Hai (Jos. 8). Los habitantes de Siquem esperaban escondidos para atacar y robar a las personas que cruzaban el monte (Jue. 9:25; comp. Os. 6:9). Abimelec utilizó una emboscada para derrotar a Siquem (Jue. 9:43-45). Israel utilizó una emboscada para atacar Gabaa y la tribu rebelde de Benjamín (Jue. 20:29-43). Aparentemente, Saúl utilizó tácticas similares contra los amalecitas (1 Sam. 15:5). Jeroboam, rey de Israel (926–909 a.C.), intentó sin éxito realizar una emboscada contra Judá (2 Crón. 13:13). Dios puso emboscadas para que el rey Josafat (873–848 a.C.) derrotara a Moab, Amón y Edom. Dios liberó a Esdras de intentos de emboscada en su contra (Esd. 8:31).

Los salmistas le pedían ayuda a Dios frente a personas malvadas que procuraban tenderles emboscadas (Sal. 10:8; 59:3; 64:4; comp. Prov. 1:11,

18). Jeremías acusó a su pueblo de tenderse emboscadas espirituales unos contra otros (Jer. 9:8). También convocó a poner emboscadas para derrotar a Babilonia (Jer. 51:12). Los habitantes de Jerusalén se lamentaron de que el enemigo hubiese utilizado emboscadas para derrotar y destruir la ciudad y la nación (Lam. 4:19). El sobrino de Pablo lo salvó de caer en una emboscada que los judíos pensaban tenderle cuando las autoridades romanas lo trasladaran de Jerusalén a Cesarea (Hech. 23:12-33; comp. 25:3).

EMITAS Gentilicio que significa "los que asustan". Perdieron la guerra frente a la coalición de reyes del oriente (Gén. 14:6). Se los identifica en un sitio en la zona norte de Moab, Save-quiriatim. Eran gigantes de la antigüedad, es decir refaítas (Deut. 2:10-11). Ver *Refaítas.*

EMPERADOR, CULTO AL Práctica de asignar el estatus de deidad a gobernantes en ejercicio o fallecidos.

E

Antiguo Testamento Aunque la expresión "culto al emperador" se aplica por lo general al culto romano, hubo creencias y prácticas similares en tiempos del AT. En Egipto, por ejemplo, el gobernante en ejercicio era considerado encarnación del dios Horus, hijo de Ra, y al morir se transformaba en Osiris. El ejemplo más obvio de culto al emperador en el AT es la bien conocida historia de Sadrac, Mesac y Abed-nego (Dan. 3). El rey Nabucodonosor hizo una imagen de oro, probablemente de sí mismo, y ordenó que todos se postraran y adoraran la imagen bajo amenaza de muerte (3:5-6). Sadrac, Mesac y Abed-nego se negaron a cometer idolatría (3:16-18). Fueron arrojados en un horno pero no se quemaron (3:27), después de lo cual Nabucodonosor les dio libertad para adorar a su Dios (3:29). Ver *Dioses paganos.*

Nuevo Testamento Aunque los griegos creían que los dioses podían tener apariencia de hombres (comp. Hech. 14:12-13), por lo general rechazaban la deificación de gobernantes. Sin embargo, después de encontrarse con el sacerdote Amún en Egipto, Alejandro Magno comenzó a referirse a sí mismo como "hijo de Zeus". Después de ser sepultado en Alejandría, le consagraron allí un templo y un culto que luego se difundió en Asia Menor y aun en Atenas. Los ptolomeos y los seléucidas, que se consideraban herederos de su imperio, también creyeron ser herederos de su divinidad y construyeron templos dedicados a sí mismos. El culto al gobernante también fue heredado por el Imperio

El foro y el templo de Augusto en Roma, el centro más importante de culto al emperador.

Romano. En Éfeso, en el 48 a.C., Julio César fue declarado "dios en la tierra, descendiente de Ares y Afrodita, y salvador universal de la vida humana". Después de su muerte, el pueblo de Roma se hizo eco de esta declaración; el senado la oficializó en el 42 a.C. y construyó un templo en su honor. Octavio, el hijo adoptivo de Julio César y heredero del imperio, también recibió culto similar en las provincias orientales, y llegó a ser conocido como Augusto. Su cumpleaños se celebraba como "el comienzo de la buena noticia [*euangelia*]" para el mundo, y se dedicaron templos "a Roma y a Augusto". Igual que su predecesor, cuando Augusto murió en el 14 a.C., ocupó un lugar entre los dioses romanos.

Los emperadores Tiberio y Claudio pospusieron su deificación para después de la muerte, pero Calígula, sucesor de Tiberio, y Nerón, sucesor de Claudio, no fueron tan pacientes. Calígula se presentó como Helios, el dios sol, y Nerón reclamó para sí la designación de Apolos. El emperador Domiciano (81–86 d.C.) emitía sus mandatos como si los pronunciara un dios. Construyó un templo en Éfeso con una enorme estatua de su persona.

Domiciano estaba decidido a lograr que el imperio recuperara la religión romana tradicional y, en consecuencia, se mostró particularmente cruel con los cristianos. Estos también fueron víctimas del culto al emperador durante los reinados de Nerón y otros emperadores romanos. La persecución de los creyentes fue severa, en parte por serios malentendidos en cuanto a la práctica de la fe cristiana. Los creyentes en Cristo eran considerados indeseables y fueron erradicados violentamente. Se les prometía libertad si durante el juicio adoraban a dioses paganos y al emperador. Si no lo hacían, sufrían todo tipo de castigos y aun la muerte. Lo único que se esperaba del que se sospechaba cristiano era que arrojara algunos granos de incienso en la llama que ardía en forma continua frente a la estatua del emperador. Dado que los castigos eran terribles y el medio para escapar de ellos era sencillo, muchos cristianos cedieron. Pero muchos no lo hicieron y fueron quemados vivos, matados por los leones en el estadio o crucificados.

Un caso específico de culto al emperador en el NT es la adoración a la bestia en el libro de Apocalipsis. El cap.13 habla de una bestia que recibe autoridad para gobernar. Se construye una imagen de ella y todos reciben la orden de adorarla (13:4,12,14-15; ver también Dan. 8:4, 8-12). Ver *Roma y el Imperio Romano.* *Donna R. Ridge y E. Ray Clendenen*

ENAIM Nombre geográfico que significa "dos ojos o vertientes". Pueblo cerca de Timnat donde Tamar sedujo a Judá (Gén. 38:14). Probablemente sea el mismo lugar que Emal en el territorio de la tribu de Judá (Jos. 15:34). Se desconoce su ubicación exacta. Ver *Timnat.*

ENÁN Nombre de persona que significa "ojos o vertientes". Padre de Ahira, líder de la tribu de Neftalí bajo el mando de Moisés (Núm. 1:15).Ver *Ahira.*

ENANO Persona de tamaño anormalmente pequeño, en especial alguien con proporciones físicas anormales. La palabra hebrea traducida como enano por la mayoría de las versiones españolas en Lev. 21:20, se usa en Gén. 41:3,23 para describir las vacas magras y las espigas de grano secas. Algunos entienden que la palabra significa consumido o magro. Las primeras versiones griegas y latinas entendieron que el término significaba un tipo de defecto del ojo. Aunque a los sacerdotes con dicho defecto se les negaba el privilegio de hacer ofrendas a Dios, podían comer el alimento santificado junto con los demás sacerdotes y levitas.

ENCABEZAMIENTO Títulos de algunos salmos que informan sobre el autor y el contexto. Ver *Cruz, crucifixión; Juicio de Jesús; Salmos, Libro de.*

ENCANTADOR Ver *Adivinación y magia.*

ENCANTADORES DE SERPIENTES Ver *Gracia, encantamiento.*

ENCANTAMIENTOS Salmodia que usaban los magos para controlar a los espíritus del mal y así sanar a los enfermos o afligir a los enemigos. No sobreviven encantamientos palestinos del período bíblico. Los encantamientos babilónicos constaban de tres partes: (1) invocación de los nombres de los grandes dioses, (2) identificación del espíritu que produce la enfermedad, y (3) exigencia al demonio para que salga. Comparar Hech. 19:13, donde los exorcistas judíos invocaron el nombre supremo de Jesús. La ley mosaica prohibía hechizos o encantamientos (Deut. 18:10,11). La declaración de que los malvados son como las serpientes, inmunes a los encantadores maliciosos, quizás se refiera a la futilidad de los encantamientos (Sal. 58:3-5). Los babilonios esperaban tener éxito y aterrorizar a sus enemigos con encantamientos (Isa. 47:12). Isaías les advirtió que no les valdrían de nada (47:9). La lengua que habla maldad quizás alude a encantamientos (Isa. 59:3). Es probable que los libros de magia de Hech. 19:19 fueran colecciones de encantamientos. Ver *Bendición y maldición; Imprecación, Salmos imprecatorios.*

ENCARNACIÓN Dios convertido en ser humano; la unión de la divinidad y la humanidad en Jesús de Nazaret.

Definición doctrinal La encarnación (del lat. *incarnatio*, ser o tomar carne), aunque es una idea bíblica, no por eso es un término bíblico. Su uso cristiano deriva de la versión latina de Juan 1:14 y aparece repetidas veces en escritos de autores cristianos latinos desde alrededor del 300 d.C.

Como enseñanza bíblica, la encarnación alude a la afirmación de que Dios, en una de las modalidades de Su existencia como Trinidad y sin dejar de ninguna manera de ser el único Dios, se ha revelado a la humanidad para salvación de esta volviéndose humano. Jesús, el Hombre de Nazaret, es el Verbo o Hijo de Dios encarnado, el punto de encuentro entre el hombre y Dios. Como el Dios-hombre, es el mediador entre Dios y los hombres; como el hombre-Dios, representa a los seres humanos ante Dios. Unidos con Él por la fe, hombres y mujeres, como hijos adoptivos de Dios, participan de una relación filial con Dios como su Padre.

La humanidad de Jesús El ángel del Señor, en una profecía del nacimiento de Jesús, estableció con claridad el propósito de la encarnación: María daría a luz un hijo, y debía llamarlo Jesús, porque él salvará a su pueblo de sus pecados

(Mat. 1:21; comp. Luc. 19:10; Juan 3:17; 1 Tim. 1:15). La liberación de la humanidad de todo lo que impida la relación con Dios como Padre exige la encarnación. Aunque los materiales bíblicos relacionados con la encarnación no estén acomodados en forma sistemática, muestran a Jesús como Aquel en quien estuvieron presentes la plena divinidad y la plena humanidad.

Jesús se refirió a sí mismo como hombre (Juan 8:40), y los testigos del NT lo reconocieron como tal. (P. ej., en el sermón de Pentecostés, Pedro declaró que Jesús es "un hombre acreditado por Dios ante ustedes", Hech. 2:22 NVI.) El Verbo hecho carne es el punto clave del principal pasaje en el NT sobre la encarnación (Juan 1:14). Las respectivas genealogías de Jesús sirven como testimonio de su ascendencia natural humana (Mat. 1:1-17; Luc. 3.23-37). Además, Jesús se atribuyó elementos humanos naturales como cuerpo y alma (Mat. 26:26,28,38). Creció y se desarrolló según las líneas normales de desarrollo del hombre (Luc. 2:40). Durante Su ministerio terrenal, manifestó necesidades fisiológicas comunes: experimentó fatiga (Juan 4:6); su cuerpo necesitó el descanso del sueño (Mat. 8:24), alimento (Mat. 4:2; 21:18) y agua (Juan 19:28). Las características emocionales humanas acompañaron a las físicas: Jesús expresó alegría (Juan 15:11) y tristeza (Mat. 26:37); manifestó compasión (Mat. 9:36) y amor (Juan 11:5), y se sintió movido a justa indignación (Mar. 3:5).

Una adecuada comprensión de los eventos que precedieron e incluyeron Su muerte exige afirmación de Su plena humanidad. En el huerto, oró por fortaleza física y emocional para enfrentar las horas críticas que tenía por delante. Transpiró como alguien que está bajo enorme presión física (Luc. 22:43-44). Padeció una muerte real (Mar. 15:37; Juan 19:30). Cuando le atravesaron el costado con una lanza, de su cuerpo brotó sangre y agua (Juan 19:34). Jesús pensó en sí como humano, y quienes fueron testigos de su nacimiento, crecimiento, ministerio y muerte lo vieron como plenamente humano.

Aunque Jesús era humano en todo sentido, Su humanidad era perfecta, definida y única. Su concepción milagrosa destaca la diferenciación y la originalidad de Su humanidad. Jesús fue concebido en forma sobrenatural y nació de una virgen (Luc. 1:26-35). Por cierto, la Biblia menciona otros nacimientos milagrosos como el de Isaac (Gén. 21:1-2) y el de Juan el Bautista (Luc. 1:57), pero ninguno que alcanzara el rango milagroso de un hombre concebido de manera sobrenatural y nacido de una virgen.

El NT también da fe de la naturaleza sin pecado de Jesús. Él mismo formuló el interrogante: "¿Quién de vosotros me prueba que tengo pecado?" (Juan 8:46 LBLA). Pablo declaró que Dios "al que no conoció pecado, por nosotros lo hizo pecado" (2 Cor. 5:21). El escritor de Hebreos sostiene que Cristo fue "sin pecado" (4:15). El NT presenta a Jesús como hombre, pleno ser humano y como un hombre único, el ser humano ideal.

La deidad de Jesús Pablo, en una declaración de la supremacía de Cristo, expresó: "por cuanto agradó al Padre que en él habitase toda plenitud" (Col. 1:19; comp. Juan 20:28; Tito 2:13). Jesús era consciente de Su condición divina (Juan 10:30; 12:44-45; 14:9). Con las declaraciones "Yo soy" se equiparó con el Dios que apareció a Moisés en la zarza ardiente (Ex. 3:14). El NT afirma que Jesús era Dios (Juan 6:51; 8:58; 10:7, 11; 11:25; 14:6; 15:1).

La Biblia declara la preexistencia de Jesús: "En el principio era el Verbo, y el Verbo era con Dios, y el Verbo era Dios. Este era en el principio con Dios" (Juan 1:1,2; 1:15; 8:58; 17:5; Fil. 2:5-11). Jesús obtuvo logros y proclamó una autoridad reservada sólo a la Deidad. Perdonó pecados (Mat. 9:6) y envió a otros a hacer Su voluntad, declarando toda autoridad "en el cielo y en la tierra" (Mat. 28:18-20). La principal declaración del evangelio es que Él es el único camino a la vida eterna, una condición que sólo le corresponde a la Deidad (Juan 3:36; 14:6; comp. Hech. 4:12; Rom. 10:9). El NT lo muestra merecedor del honor y la adoración debidas a una Deidad (Juan 5:23; Heb. 1:6; Fil. 2:10,11; Apoc. 5:12). Él es el agente de la creación (Juan 1:3) y el mediador de la providencia (Col. 1:17; Heb. 1:3). Él levantó a los muertos (Juan 11:43,44), sanó a los enfermos (Juan 9:6,7) y venció a los demonios (Mar. 5:13). Llevará a cabo la resurrección final de la humanidad, ya sea para juicio o para vida (Mat. 25:31,32; Juan 5:27-29).

Los títulos adjudicados a Jesús proveen evidencia concluyente de que el NT lo considera Dios. Jesús es "Señor" (Fil. 2:11), "Señor de señores" (1 Tim. 6:15), "Señor de gloria" (1 Cor. 2:8), "el Mediador" (Heb. 12:24) y "el cual es Dios sobre todas las cosas, bendito por los siglos" (Rom. 9:5). Además, en varias oportunidades el NT menciona el nombre "Dios" junto a Jesús (Juan 1:18; 20:28; Hech. 20:28; Rom. 9:5; 2 Tes. 1:12; Tito 2:13; Heb. 1:18; 2 Ped. 1:1; 1 Jn. 5:20).

Formulación de la doctrina Los problemas de la encarnación comienzan con la afirmación de Juan: "aquel Verbo fue hecho carne" (1:14). La expresión clara de la relación del Verbo con la carne, de la Deidad con la humanidad en la persona de Jesús, se convirtió en un tema de gran preocupación durante los primeros cinco siglos de la era cristiana. Las afirmaciones no sistematizadas del NT fueron pulidas por la controversia, proceso que terminó en los concilios ecuménicos de Nicea (325 d.C.), Constantinopla (381 d.C.), Éfeso (431 d.C.) y Calcedonia (451 d.C.).

El Concilio de Nicea marcó el encuentro de los representantes de la iglesia de todo el mundo cristiano. El propósito era presentar la controversia sobre las enseñanzas de Ario, presbítero de la iglesia de Alejandría. Este enseñaba una cristología creada; es decir, negaba la divinidad eterna del Hijo. En contra de Ario, el Concilio afirmó que el Hijo era de una misma sustancia con el Padre. Jesús era plenamente divino.

El Concilio de Constantinopla se reunió para aclarar y refutar la cristología de Apolinario, obispo de Laodicea. Este insistía en que Jesús era un hombre celestial distinto al hombre humano. Si el humano es cuerpo, alma y espíritu, el obispo afirmaba que Jesús era cuerpo, alma y Logos (lit. "Verbo"), un hombre que no tenía espíritu ni mente humanos. Contrario a esta doctrina, el Concilio declaró la plena humanidad de Cristo.

El Concilio de Éfeso consideró la cristología matrimonial de Nestorio, obispo de Constantinopla. Este sostenía que la unión de lo humano y lo divino en Jesús era como el matrimonio de un esposo y una esposa. En consecuencia, el Concilio lo acusó de enseñar que en Cristo había dos personas separadas.

El Concilio de Calcedonia fue quizás el concilio eclesiástico más importante para el cristianismo. Se reunió para debatir la enseñanza de Eutico, monje de Constantinopla. Él negaba la doble naturaleza de Jesús. Esta reacción contra la cristología de Nestorio impulsó al Concilio a expresar la encarnación de Jesús en términos de una persona con dos naturalezas: humana y divina.

El misterio de la encarnación prosigue, y las declaraciones de los primeros cuatro concilios de la iglesia cristiana preservan dicho misterio. Jesús, Dios encarnado, plenamente divino y plenamente humano. Ver *Cristo.* *Walter D. Draughon III*

ENCINA DE LOS ADIVINOS Lugar visible desde la puerta de Siquem (Jue. 9:35,37). Algunas traducciones entienden que el hebreo subyacente se refiere a una llanura. El árbol formaba parte de un santuario y tal vez esté asociado con Abraham (Gén. 12:6), Jacob (Gén. 35:4) y Josué (Jos. 24:26) (comp. Deut. 11:30; Jue. 9:6). Pudo haber jugado un papel importante en la adoración cananea en Siquem antes de que Israel consiguiera el control del antiguo lugar de adoración. Aparentemente estaba cerca de la puerta este de la ciudad.

ENDECHA Traducción moderna del término lamentación. Ver *Música, instrumentos musicales, danza; Salmos, Libro de los.*

ENDOR Nombre geográfico que significa "vertiente de Dor", es decir, "vertiente del asentamiento". **1.** Lugar donde residía la adivina que hizo volver a Samuel de la tumba (1 Sam. 28:7). Salmo 83:10 dice que Jabín murió allí (comp. Jue. 4–5). Es la moderna Khirbet Safsafe, 5 km (3 millas) al sur del Monte Tabor. **2.** Ciudad que quiso poseer la tribu de Manasés pero que no pudo conquistar (Jos. 17:11; comp. Jue. 1:27).

ENEAS Nombre de persona correspondiente a un paralítico que Pedro curó en Lida (Hech. 9:33-34,) lo cual dio como resultado grandes victorias evangelísticas en la región.

ENEBRO En 1 Rey. 19:4, árbol bajo el que reposó el profeta Elías cuando huía de la ira de Jezabel. La misma planta se menciona en Job 30:4 y Sal. 120:4. Por lo tanto, es probable que la palabra hebrea traducida se refiera a una clase de arbusto que crece en el Desierto de Arabia.

ENELDO Especia cultivada en Israel (Isa. 28:25-27). Probablemente comino negro, *Nigella* satina. Jesús acusó a escribas y fariseos de ofrendar el eneldo pero descuidar la justicia, la misericordia y la fe (Mat. 23:23). Ver *Plantas.*

ENEMIGO Adversario u opositor; alguien que siente desagrado u odio por otra persona y busca hacerle daño. A veces se aplica a un individuo y otras a una fuerza hostil, ya sea una nación o un ejército.

La inclinación natural del ser humano es odiar a sus enemigos. Algunos incluso han llegado a modificar la ley de Dios a fin de enseñar el odio. Por el contrario, Jesús enseñó que debemos amar a nuestros enemigos y buscar su bien (Mat. 5:43–47). Esta es también la enseñanza del AT (Prov. 24:17; 25:21).

E

En la Biblia, la persona que desobedece los mandamientos divinos es declarada enemiga de Dios (Rom. 5:10). Job sintió que Dios se había convertido en su enemigo (Job 13:24). A causa de esta relación dañada, Dios ha provisto el recurso para nuestro perdón mediante la vida, la muerte y la resurrección de Jesucristo.

Satanás también es llamado "adversario" (1 Tim. 5:14-15). Se ha manifestado como tal a lo largo de la historia, procurando hacer daño a hombres y mujeres y alejándolos de Dios.

El gran enemigo final es la muerte (1 Cor. 15:26). Es temida por su carácter definitivo y su naturaleza desconocida. Pero la Biblia enseña que Jesús abolió la muerte una vez y para siempre (2 Tim. 1:10). Aquellos que han confiado en Cristo y han recibido la salvación que Él da por gracia no necesitan temerle a la muerte. *Bradley S. Butler*

EN-ENGLAIM Nombre geográfico que significa "vertiente de los dos terneros". Fuente cerca del Mar Muerto, donde Ezequiel predijo que las aguas saladas se volverían dulces y el sitio se transformaría en un paraíso para la pesca (Ezeq. 47:10). Aparentemente se trata de Ain Feshcha en la costa occidental del Mar Muerto.

ENFERMEDADES Desórdenes físicos y/o mentales que limitan las funciones humanas y disminuyen la calidad de vida. El tratamiento exitoso de la enfermedad depende sobre todo de un diagnóstico inmediato y correcto y del uso de agentes terapéuticos eficaces. Desgraciadamente, la gente de la época bíblica tenía medios limitados para diagnosticar y tratar enfermedades. Las personas mejor instruidas de ese entonces tenían una escasa comprensión de la anatomía y la fisiología del ser humano, y aun menos conocimiento de la naturaleza de las enfermedades y sus efectos en el cuerpo. Nada se sabía sobre bacterias y virus, lo cual dificultaba el diagnóstico. Las enfermedades a menudo eran atribuidas al pecado o a la maldición de un enemigo. Las principales herramientas de diagnóstico eran la observación y el examen físico superficial. El médico tenía pocos medios para realizar su trabajo.

Los proveedores de asistencia médica La literatura del antiguo Cercano Oriente contiene numerosas referencias sobre médicos y la práctica médica. Lulu, un médico sumerio, vivió en la Mesopotamia alrededor del 2700 a.C. Algunas décadas más tarde, un egipcio famoso llamado Imhotep adquirió reputación como médico y sacerdote, y también se hizo famoso como gran arquitecto. Diseñó los escalones de la Pirámide de Saqqara.

El código de Hammurabi, aprox. 1750 a.C., incluye numerosas leyes para regular la práctica de la medicina y la cirugía entre los médicos del antiguo reino babilónico. Aunque el ejercicio de la medicina estaba en sus comienzos, gradualmente los médicos fueron mejorando sus habilidades.

Los egipcios progresaron con mayor rapidez que los babilonios en el conocimiento médico y sus aplicaciones a los pacientes porque sus médicos tendían a especializarse. Cada uno limitaba su práctica a una parte del cuerpo, como los ojos, la dentadura o el estómago. Los médicos egipcios, igual que otros, a menudo usaban hierbas en las recetas medicinales. Estas se recogían de diferentes regiones del mundo y con frecuencia se cultivaban en los jardines conectados con los templos de Egipto. Los médicos egipcios se ganaron el respeto en todo el mundo antiguo. Su capacidad recibió admiración de los griegos en un período posterior, quienes con el tiempo se convirtieron en los médicos más destacados.

El AT tiene pocas referencias a médicos. Es muy probable que estas personas hayan recibido entrenamiento en Egipto. Los médicos fueron convocados para embalsamar el cuerpo de Jacob (Gén. 50:2). El rey Asa buscó asistencia médica para que le curaran los pies enfermos (2 Crón. 16:12). Hay algunas referencias no médicas a los médicos (Jer. 8:22; Job 13:4). Es poco probable que entre los antiguos hebreos hubiera muchos médicos adiestrados.

El gran médico griego Hipócrates, nacido alrededor del 460 a.C., recibe a menudo el título de padre de la medicina. Él creía que la enfermedad tenía causas naturales. Confiaba principalmente en dietas y diversas hierbas para tratar a sus pacientes. En el 300 a.C. aprox., los griegos fundaron una importante escuela de medicina en Alejandría, Egipto, que se mantuvo por varios siglos y entrenó a muchos médicos. Fue famosa por su gran biblioteca y las instalaciones de laboratorio. Se permitía la disección del cuerpo humano y se lograron avances limitados en el conocimiento de la anatomía.

En tiempos de Jesús, la ciudad de Roma se había transformado en un centro médico importante, y allí trabajaban muchos médicos. Originalmente pertenecían a la clase de los esclavos, sin embargo, su profesión gradualmente fue ganando estima. Julio César concedió la ciudadanía romana a los médicos griegos que ejercían en Roma. Los romanos hicieron contribuciones valiosas en el área de la salud pública, incluyendo el abastecimiento de agua medianamente pura, un sistema de cloacas eficiente y la organización de un programa de control de alimentos. Los romanos también organizaron una red de hospitales fundada inicialmente para atender las necesidades del ejército.

Las regiones periféricas del Imperio, tales como Palestina, probablemente tenían pocos médicos bien entrenados, aunque hay escasa información sobre la asistencia médica profesional fuera de las grandes ciudades. Es posible que la mayoría de las personas nacieran y murieran sin haber sido tratadas jamás por un médico adiestrado.

El NT menciona pocas veces a los médicos. Jesús observó que la función de ellos era tratar a los enfermos (Mat. 9:12; Mar. 2:17; Luc. 5:31), e hizo mención de un conocido proverbio, "médico, cúrate a ti mismo" (Luc. 4:23). Marcos y Lucas relataron la historia de una mujer que había buscado ayuda de los médicos pero no había sido curada (Mar. 5:25-34; Luc. 8:43-48). Pablo, en Col. 4:14, menciona que su colega Lucas era médico de origen gentil, aunque no se conoce su lugar de nacimiento. También se desconoce la fuente de su capacitación como médico, pero es posible que haya asistido a la escuela médica de Tarso, la ciudad natal de Pablo.

En muchos lugares a los sacerdotes se les asignaban deberes médicos. Así sucedía entre los antiguos hebreos. Los médicos en especial eran responsables del diagnóstico de las enfermedades que podían significar una amenaza para la comunidad (Lev. 13). Al parecer, los sacerdotes de Israel tenían un papel de poca importancia en el tratamiento directo de los enfermos.

Durante la época del NT era popular Esculapio, el dios romano de la salud (conocido anteriormente por los griegos con el nombre de Asclepio). Sus templos, colmados de sacerdotes, se encontraban dispersos por todo el mundo mediterráneo. Las personas que buscaban sanarse acudían en masa a estos lugares. Con frecuencia llevaban pequeñas reproducciones de la parte del cuerpo que estaba enferma y se las dejaban a los sacerdotes. Otros lugares, por una razón u otra, se hicieron famosos como lugares de sanidad. Un ejemplo bíblico es el estanque de Betesda (Juan 5:1-15). El estanque de Siloé también está relacionado con el ministerio de sanidad de Jesús (Juan 9:7).

Probablemente, gran parte de la medicina practicada en la antigua Palestina y en otros lugares periféricos del Imperio Romano no era profesional. Sin duda, esto era así en los tiempos del AT. Las mujeres, entrenadas por la práctica y la experiencia, servían como parteras. Algunos se hicieron expertos en acomodar huesos rotos. Las familias recurrían a remedios populares para la mayoría de las enfermedades, y quizás consultaban a alguna persona de la comunidad conocida por su habilidad para tratar diversas enfermedades. Afortunadamente, el cuerpo humano tiene una capacidad considerable de curarse solo. A pesar de las obvias limitaciones médicas, muchos pacientes se recuperaban y muchos de los remedios utilizados eran "exitosos".

Métodos para tratar la enfermedad La Biblia contiene poca información sobre el tratamiento de las enfermedades, excepto el que se realizaba por medios milagrosos. La mayoría de los datos sobre este tema se deben obtener de otra literatura de la antigüedad. La mayoría de estos registros provienen de los antiguos babilonios, los egipcios, los griegos y los romanos. Algunos son aun más antiguos. Por ejemplo, se ha encontrado una tablilla de arcilla que data de aprox. el 2200 a.C. y contiene quince prescripciones de una fuente sumeria.

Un examen de dichos registros, a menudo fragmentarios y oscuros, revela que la mayoría de los remedios derivaban de tres fuentes. Muchos se obtenían de diferentes partes de diversas plantas. Los médicos primitivos también utilizaban sustancias obtenidas de los animales tales como sangre, orina, leche, pelo, conchillas y huesos molidos. Además, se utilizaban con frecuencia ciertos productos minerales, incluyendo la sal y el asfalto. El uso de estas medicinas iba acompañado a menudo de oraciones, encantamientos y ritos mágicos. En los períodos más antiguos no había líneas claramente definidas entre la religión, la superstición y la ciencia.

Los médicos modernos y los estudiosos de la Biblia enfrentan una tarea casi imposible cuando intentan diagnosticar con precisión las dolencias que se mencionan en las Escrituras. Un buen número de las afecciones graves y mortales pueden atribuirse a diferentes enfermedades infecciosas. Las deficiencias alimenticias, los defectos de nacimiento y las lesiones eran comunes. Los síntomas de estas y otras clases de afecciones físicas se trataban con diversos medios.

La prevención es siempre la mejor forma de tratamiento. Puesto que la causa de la mayoría de las enfermedades era desconocida en los tiempos bíblicos, se podía hacer relativamente poco para prevenirlas. Los pueblos de la antigüedad reconocían la naturaleza contagiosa de algunos males. En estos casos, se trataba de mantener en cuarentena a la persona enferma y evitar el contacto cercano con personas sanas (Lev. 13).

La palabra hebrea traducida "lepra" en Lev. 13 es un término general usado para describir una variedad de erupciones de la piel. Aunque la lepra propiamente dicha existía en la antigüedad, y con frecuencia causaba cambios en la piel, muchas personas que se presentaban ante los sacerdotes indudablemente sufrían infecciones dermatológicas bacterianas y micóticas más comunes. Los sacerdotes tenían el deber de determinar, sobre la base de un examen reiterado, qué erupciones representaban una amenaza para la comunidad y tenían autoridad para aislar a las personas con enfermedades sospechadas de ser peligrosas.

Isaías 38 relata la historia de la enfermedad grave del rey Ezequías. La causa de su dolencia era una "llaga" (v.21). La palabra hebrea que se traduce aquí "llaga", aparece como "sarna maligna" en Job 2:7. Es también la palabra usada para describir la erupción que afectó a los hombres y las bestias en Ex. 9:8-11 (comp. Lev. 13:18-20; Deut. 28:27).

La enfermedad de Ezequías se trató aplicando una masa de higos (Isa. 38:21). Es casi seguro que Ezequías sufría de algún tipo de infección bacteriana aguda de la piel. Antes del descubrimiento de los antibióticos, estas infecciones podían causar la muerte. Aunque es poco probable que los higos hayan tenido algún valor medicinal, tal vez se aplicaron en forma de compresa caliente. El calor es un tratamiento eficaz para las infecciones de la piel.

Las compresas calientes y frías y los baños se empleaban extensamente en el mundo antiguo para tratar enfermedades, aunque la Biblia contiene poca información al respecto.

Los médicos en los tiempos bíblicos empleaban con frecuencia diversas clases de bálsamos y ungüentos para asistir a los enfermos. Se utilizaba mucho el aceite de oliva, ya sea solo o como ingrediente de los ungüentos. En Isa. 1:6 y Luc. 10:34 se menciona el uso de este aceite para tratar heridas. El aceite también se convirtió en símbolo de la medicina, y se combinaba con oración por la enfermedad (Mar. 6:13; Sant. 5:14).

Entre las medicinas más populares se encontraban las hierbas y varios productos obtenidos de diversas plantas, que se aplicaban al cuerpo como compresas o, en muchos casos, se ingerían por vía oral. El incienso y la mirra, gomorresinas obtenidas de los árboles, se utilizaban comúnmente para tratar una variedad de enfermedades, aunque se usaban principalmente en perfumes e incienso.

Generalmente se consideraba que el vino tenía valor medicinal. Una de sus aplicaciones consistía en aliviar dolor y malestar. A Jesús le ofrecieron vino mezclado con hiel y mirra antes de su crucifixión, pero Él se rehusó a beberlo (Mat. 27:34; Mar. 15:23). El vino también se utilizaba para aliviar desórdenes estomacales e intestinales (1 Tim. 5:23) y para tratar otros problemas físicos. La cerveza era utilizada especialmente por los babilonios como ingrediente en varias medicinas.

En el mundo antiguo eran frecuentes las enfermedades mentales y la epilepsia, y las víctimas padecían gran sufrimiento. Por lo general, la enfermedad era relacionada con poderes demoníacos. A la persona afectada se la aislaba y a menudo se la abusaba. El rey Saúl se volvió mentalmente inestable, y es interesante notar que recibió cierta ayuda de la música (1 Sam. 16:23), una forma de terapia que ha demostrado ser beneficiosa en ciertas enfermedades mentales. Quizás el ejemplo más dramático de enfermedad mental relatado en la Biblia sea el de Nabucodonosor, rey de Babilonia (Dan. 4). Sin embargo, no se describe tratamiento. El rey recobró la cordura cuando reconoció al Dios verdadero.

La esterilidad era una carga pesada en los tiempos bíblicos. Todos sentían lástima por un matrimonio sin hijos. Cuando Lea sufrió un período de esterilidad temporal, envió a su hijo Rubén al campo para obtener mandrágoras. Raquel, su hermana estéril, también pidió algunas mandrágoras (Gén. 30:9-24). La raíz de la mandrágora se utilizaba extensamente en el mundo antiguo para ayudar a la concepción, aunque no hay razón para creer que era eficaz. También se utilizaba como narcótico.

La mayoría de los bebés nacían sin asistencia médica; por lo tanto, con frecuencia se recurría a las parteras, especialmente en casos de partos difíciles (Gén. 35:16-21; 1 Sam. 4:19-22). A menudo las madres daban a luz sentadas en un taburete especial (Ex. 1:16). Muchas madres y bebés morían durante el parto o en los primeros días y semanas posteriores. El alto índice de mortalidad se debía a infecciones, hemorragias, desnutrición y a la ausencia de una buena asistencia médica antes, durante y después del parto. Afortunadamente, la costumbre de amamantar ayudaba a prevenir algunas dolencias.

En la Biblia se mencionan varios ejemplos de enfermedades, sin que se detalle el tratamiento indicado. El rey Asa sufría una enfermedad de los pies (2 Crón. 16:12). No se especifica la naturaleza del tratamiento proporcionado por sus médicos, pero no tuvieron éxito y Asa murió dos años después. Pudo haber estado enfermo de gota, aunque es incierto.

El rey Joram murió de un desorden intestinal doloroso (2 Crón. 21:18-20). El rey Usías murió de lepra (2 Crón. 26:19-23). El rey Herodes Agripa I murió de cierta clase de enfermedad parasitaria (Hech. 12:21-23). Varios monarcas murieron debido a lesiones recibidas en batalla. Ocozías murió al sufrir una caída del piso superior de su casa en Samaria (2 Rey. 1:2-17). Cuando en el mundo antiguo ocurrían enfermedades o accidentes, poco importaba si la persona era de la realeza o del pueblo; en cualquier caso, se disponía de escasa ayuda médica.

En Mat. 8:14,15; Juan 4:46-52 y Hech. 28:8 se mencionan varias enfermedades acompañadas por fiebre. En la última referencia citada, el hombre enfermo también tenía disentería. Esta se produce por varias causas, pero el tipo más común y grave era causado por la ameba, un parásito intestinal. La mayoría de las fiebres se debían a enfermedades infecciosas, incluyendo malaria. No había tratamiento eficaz y el resultado con frecuencia era la muerte. Las infecciones de los ojos a menudo daban lugar a la ceguera.

Los niños pequeños eran particularmente vulnerables a las enfermedades y el índice de mortalidad era elevado. La Biblia habla de muchos niños que sufrieron enfermedades y a veces muerte (2 Sam. 12:15-18; 1 Rey. 17:17-24; 2 Rey. 4:18-37; Luc. 7:11-15; 8:40-56; Juan 4:46-52).

Puesto que se disponía relativamente de poca asistencia médica, y debido a que las enfermedades a menudo producían consecuencias desastrosas, era comprensible que las personas enfermas frecuentemente pidieran ayuda divina. El pueblo hebreo no era una excepción. Buscaban la ayuda de Dios directamente a través de la oración o mediante alguna persona en la que reconocían poderes otorgados por Dios para curar. Muchos milagros en la Biblia son milagros de sanidad.

Cirugía La circuncisión es el único procedimiento quirúrgico mencionado en la Biblia. Se practicaba por razones religiosas más que médicas, y por lo general no era realizada por un médico. Sin embargo, de diferentes maneras, en muchos países los avances en la cirugía ocurrieron más rápidamente que los progresos en otras ramas de la medicina. En la literatura antigua se han encontrado descripciones de operaciones y en las ruinas de ciudades antiguas también algunos instrumentos para cirugía. Los esqueletos y las momias a veces presentan rastros de procedimientos quirúrgicos.

Se punzaban las llagas, se acomodaban los huesos quebrados y se amputaban brazos y piernas. Se perforaban los cráneos para reducir la presión y se quitaban las piedras de la vejiga. También se extraían dientes. Se han encontrado momias antiguas con relleno de oro en sus dientes. Además, alrededor del 500 a.C. se preparaban dientes postizos usando piezas de seres humanos o de animales. Se realizaban también otras clases de operaciones riesgosas. La cirugía requería de audacia tanto por parte del médico como del paciente.

Jesús y el tratamiento de las enfermedades Uno de los principales ministerios de Jesús fue la sanidad. Venían a Él en multitudes, a menudo después de haber probado todos los recursos disponibles. Buscaban ayuda con desesperación. Jesús no consideraba que todas las enfermedades fueran resultado directo del pecado (Juan 9:1-3). Sin embargo, Él tenía poder tanto para perdonar pecados como para curar (Mat. 9:1-8; comp. Mar. 2:1-12; Luc. 5:17-26). Por lo general no utilizaba ninguna clase de medios secundarios para tratar a los enfermos, aunque en varias ocasiones usó saliva (Mar. 7:32-35; 8:22-25; Juan 9:6,7). Algunas enfermedades tratadas por Jesús probablemente tenían origen psicosomático, pero muchas otras indudablemente tenían causas orgánicas, incluyendo defectos de nacimiento, lesiones accidentales e infecciones.

Cualquiera fuera la causa de su dolencia, la gente comprobaba que Jesús ciertamente podía ayudarlos. No hay duda de que la capacidad de Jesús para realizar milagros se demuestra de manera especial en Su ministerio de sanidad. El ciego, el sordo, el paralítico y los que padecían de diferentes sufrimientos encontraron en Él la ayuda que con frecuencia no disponían a través de los canales médicos corrientes.

Kenneth Eakins

ENFERMO Ver *Enfermedades.*

E

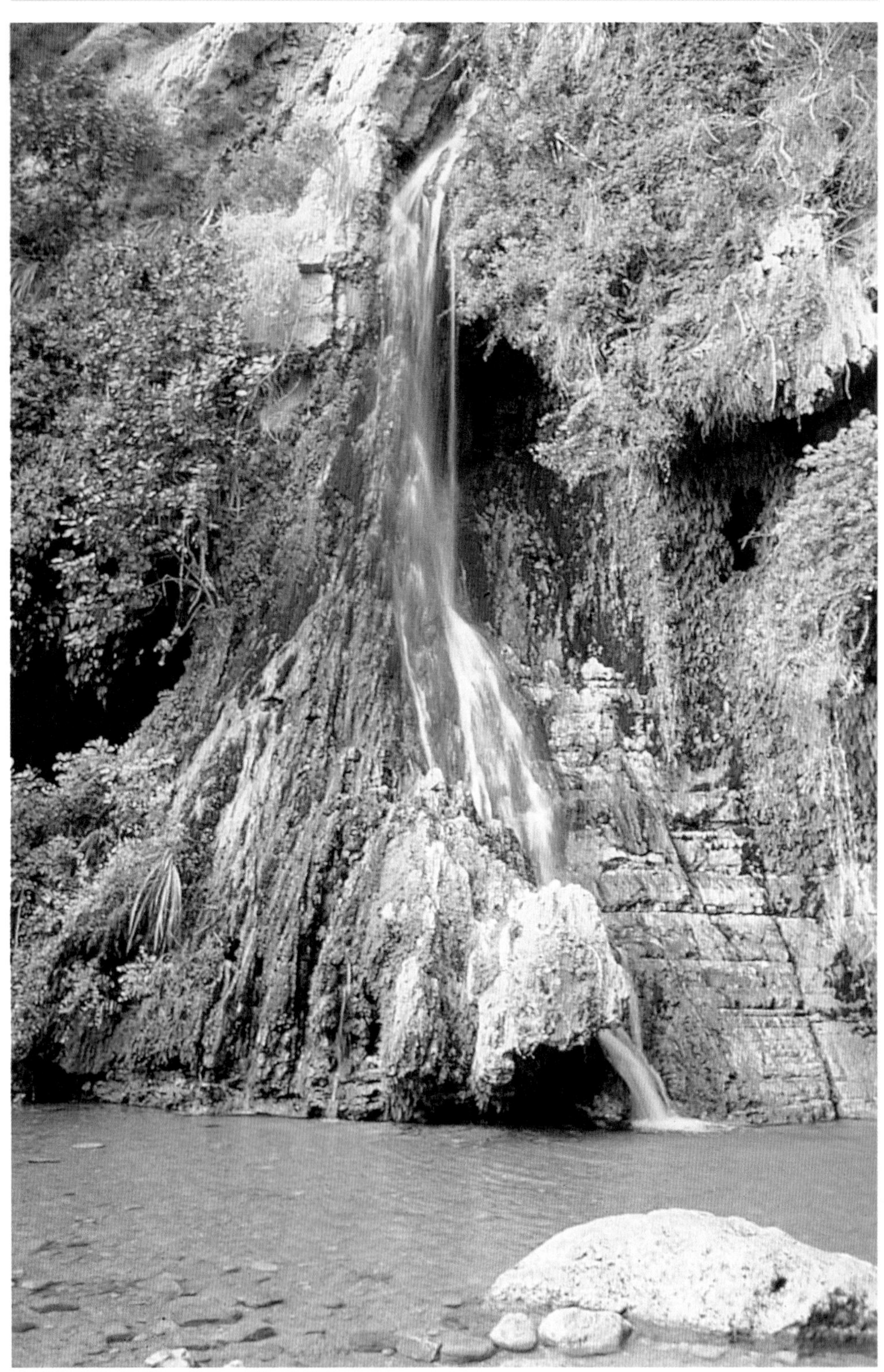

La única cascada natural en Israel está ubicada en En-gadi, en el lado oeste del Mar Muerto.

EN-GADI Nombre geográfico que significa "sitio de la cabrita". Es un gran oasis a lo largo del lado oeste del Mar Muerto y a unos 55 km (35 millas) al sudeste de Jerusalén. Los manantiales son caudalosos y la vegetación semitropical. Tanto las fuentes bíblicas como las extrabíblicas describen En-gadi como un sitio que produce finos dátiles, plantas aromáticas que se usan en perfumes, y plantas medicinales (Cant. 1:14). Era una importante fuente de bálsamo, planta de relevancia para la producción de perfumes y fuente fundamental de ingresos para la región. Aparentemente, En-gadi estaba ubicada sobre la ruta de caravanas que iba desde la costa este del Mar Muerto hacia el sur para luego subir por el lado oeste hasta En-gadi. Desde allí, el camino iba hacia Tecoa y luego a Jerusalén.

En-gadi, también llamada Hazezon-tamar (2 Crón. 20:2), estaba habitada por amorreos en tiempos de Abraham y fue sometida por Quedorlaomer (Gén. 14:7). En la distribución de la tierra a las tribus, le fue dada a Judá y estaba ubicada en este distrito en la zona del desierto (Jos. 15:62). Cuando David huía de Saúl se escondió en En-gadi (1 Sam. 23:29). Saúl estaba en una cueva cerca de En-gadi cuando David le cortó un trozo del manto pero le perdonó la vida (1 Sam. 24). Durante el reinado de Josafat, los moabitas, los amonitas y otros se reunieron en En-gadi para atacar a Judá (2 Crón. 20:1–2).

Las excavaciones recientes en el lugar han descubierto una fortaleza del período de la monarquía, un taller dedicado a la producción de perfumes y un santuario de la era calcolítica o la era temprana del bronce.

Joel F. Drinkard (h)

EN-GANIM Nombre geográfico que significa "vertiente de jardines". **1.** Aldea en el territorio de la tribu de Judá ubicada en la Sefela (Jos. 15:34). Se la ha identificado con la moderna Beit Jemal, alrededor de 3 km (2 millas) al sur de Bet-semes o con 'umm Giina, 1,5 km (1 milla) al sudoeste de Bet-semes. **2.** Aldea en el territorio de la tribu de Isacar designada como ciudad para los levitas (Jos. 19:21; 21:29). Al parecer, Anem (1 Crón. 6:73) es una escritura alternativa. Tal vez haya una alusión al mismo lugar en 2 Rey. 9:27, donde aparece como Bet Hagán (NVI) o "casa del jardín" en otras versiones. Se la identifica con la moderna Jenin al oeste de Bet-seán y a unos 95 km (60 millas) de Jerusalén.

ENGAÑO Artimaña; trampa; traición; astucia hábil o engañosa. En la Escritura, la mejor ilustración de engaño la proporciona Jacob cuando se vistió con las ropas de su hermano y se cubrió brazos y cuello con piel de cabra (Gén. 27:35, según las traducciones modernas, con engaño). Tal vez Jesús tenía en mente esta imagen de Jacob (Israel) cuando vio a Natanael y dijo: "He aquí un verdadero israelita, en quien no hay engaño" (Juan 1:47; comp. Juan 1:51 con Gén. 28:12). En 1 Ped. 2:22 leemos que no se halló engaño en los labios de Jesús. Pablo animó a los cristianos a ser "ingenuos para el mal" (Rom. 16:19; comp. 1 Ped. 2:1), es decir, inocentes cuando se trata del mal.

ENGASTE Traducción moderna para un trabajo ornamental, especialmente de alambre de algún metal fino. Los engastes de oro se usaban como engarce para piedras preciosas (Ex. 28:11, 13,14,20; 39:6,13,16,18) y como broches (Ex. 28:13,25; 39:18) para vestidos o joyas. El diseño en Éxodo probablemente fuera un rosetón o un simple motivo floral. Ver *Joyas, alhajas; Sumo sacerdote.*

EN-HACORE Nombre geográfico que significa "fuente de la perdiz" o "fuente del que llama". Lugar donde Dios le dio agua a Sansón luego que él tirara la quijada que había usado para matar a mil filisteos (Jue. 15:18-19). Se ubica cerca de Lehi, o si se traduce de manera literal, "Quijada", probablemente está cerca de Bet-semes.

EN-HADA Ciudad en el territorio asignado a la tribu de Isacar (Jos. 19:21). Aparentemente se trata de el-Hadetheh, a unos 10 km (6 millas) al este del Monte Tabor.

EN-HAZOR Nombre geográfico que significa "fuente de la aldea cerrada". Ciudad fortificada en el territorio de la tribu de Neftalí (Jos. 19:37). Podría ubicarse en Khirbet Hazireh, al oeste de Cades. Otros la ubican al oeste de Cedes, sobre la frontera entre Neftalí y Aser.

ENIGMA Enunciado enigmático o desconcertante, a menudo basado en el uso inteligente de ambigüedades del lenguaje. El ejemplo bíblico clásico de un enigma es el que Sansón les formuló a los filisteos. Está en forma poética (Jue. 14:12-14), y la pregunta "¿Qué es?" está implícita. La respuesta de los filisteos toma la forma de otro enigma (v.18a) cuya respuesta original probablemente haya sido "amor". La réplica de Sansón puede reflejar aun otro enigma bastante conocido y atrevido (v.18b).

La palabra hebrea para enigma también aparece en otros lugares en el AT. El Señor habló con Moisés directamente, "sin enigmas" (Núm. 12:8 NVI) o "no en dichos oscuros" (RVA). La reina de Sabá probó a Salomón con "preguntas difíciles" o enigmas (1 Rey. 10:1-13). Estos eran una forma de expresión poética (Sal. 49:4), y la capacidad para resolverlos constituía una señal de sabiduría (Prov. 1:6 NVI). Daniel tenía esta clase de sabiduría (Dan. 5:12). *Daniel C. Browning (h)*

EN-MISPAT Nombre geográfico que significa "vertiente del juicio". Nombre alternativo para Cades, donde la coalición de reyes del este derrotó a los amalecitas y a los amorreos. El lugar generalmente se menciona como Cades-barnea, y se identifica con el oasis que actualmente lleva el nombre de ain Hudeirat. Ver *Cades-barnea.*

E

ENOC Nombre de persona que significa "consagrado". **1.** Hijo de Jared a quien Dios llevó al cielo sin que muriera (Gén. 5:18). Fue padre de Matusalén. Vivía en una comunión tan íntima con Dios que fue trasladado a Su presencia sin pasar por la muerte. Hebreos 11:5 le atribuye su traslado a la fe. Según Jud. 14, profetizaba. El nombre Enoc se asocia con un extenso corpus de literatura antigua extrabíblica. Ver *Apocalíptico*; *Génesis*; *Resurrección*; *Pseudoepigráficos, Libros.* **2.** Hijo de Caín para quien este construyó una ciudad y le puso nombre (Gén. 4:17-18).

ENOJO Ver *Ira, ira de Dios.*

ENÓN Nombre geográfico que significa "doble arroyo". Lugar donde estaba bautizando Juan el Bautista durante la época en que Jesús bautizaba en Judea (Juan 3:23). El texto bíblico indica que Enón era un lugar generosamente dotado de agua cerca de Salim, cuya ubicación exacta se desconoce. La ubicación más probable de Enón es en un amplio valle abierto llamado Wadi-Farah, al oeste del Jordán y al noreste de Nablus.

ENÓS Nombre de persona que significa "humanidad" o "un hombre". Hijo de Set y, por lo tanto, nieto de Adán (Gén. 4:26). El período que sigue a su nacimiento se identifica como el tiempo en que la gente comenzó a adorar a Yahvéh. Ver Gén. 5:6 11.

ENRAMADA Refugio temporal construido para ganado (Gén. 33:17) y personas (Jon. 4:5), especialmente para los soldados en el campo de batalla (2 Sam. 11:11; 1 Rey. 20:12,16). Después de una invasión, a Israel se la compara con una enramada abandonada en una viña (Isa. 1:8). La enramada también se utiliza como símbolo de algo que es poco sólido y sin permanencia (Job 27:18). Las enramadas que se utilizaban en la fiesta de los tabernáculos estaban hechas de ramas entretejidas (Lev. 23:40-43: Neh. 8:15).

ENREJADO Estructura de barras entrecruzadas. El enrejado del altar del tabernáculo era de bronce y tenía anillos a través de los cuales se insertaban las varas para acarrear el altar (Ex. 27:4-7; 35:16; 38:4-5,30; 39:39).

EN-RIMÓN Nombre geográfico que significa "fuente de la granada". Ciudad de Judá (Neh. 11:29), habitada en tiempos de Nehemías (alrededor del 445 a.C.). Aín y Rimón o Remón aparecen como ciudades distintas en el territorio de la tribu de Judá (Jos. 15:32), donde se estableció la tribu de Simeón (Jos. 19:7). En algunas versiones se las menciona como una sola ciudad, pero esto torna inexacto el número de ciudades en las listas. Se la ubica en Khirbet er-Ramamin, unos 3 km (2 millas) al sur de Lahav.

EN-SEMES Nombre geográfico que significa "vertiente del sol". Ciudad en la frontera entre los territorios tribales de Judá (Jos. 15:7) y de Benjamín (Jos. 18:17). Se ubica en Ain el-Hod, "la vertiente de los apóstoles", unos 3 km (2 millas) al este de Jerusalén sobre el límite oriental de Betania.

ENSEÑA Emblema en la proa de una embarcación (Hech. 28:11). En el pasaje de Hechos, la figura corresponde a los mellizos Cástor y Pólux, hijos de Zeus y Leda, identificados con la constelación de Géminis. Ver la constelación era señal de buen agüero en mal tiempo. De tal modo, la enseña era algo así como un amuleto para buena suerte.

ENSEÑANZA Ver *Educación en tiempos de la Biblia; Instrucción.*

ENTRADA TRIUNFAL Expresión que se emplea en relación a la entrada de Jesús a la ciudad de Jerusalén el domingo anterior a la crucifixión. Dado que se colocaron ramas de árboles delante de Él, este día a menudo se denomina "domingo de ramos". El evento se registra en Mat. 21:1-9; Mar. 11:1-10; Luc. 19:28-38; Juan 12:12-15. La esencia de todos los relatos concuerda, y luego se agregan ciertos detalles. Ya sea por haberlo concertado o por la presciencia divina, los discípulos hallaron un pollino de asno en Betfagé tal como Jesús había dicho. (Mateo vincula estrechamente este relato con la profecía de Zacarías [9:9] donde se menciona el pollino y su madre.) Es probable que Cristo haya montado en el asno durante la parte más difícil del viaje, y que luego lo cambiara por el pollino justo antes de entrar en Jerusalén. Allí fue aplaudido por una gran multitud que extendía ramas y vestimentas en el camino. Lo reconocieron como el hijo de David.

La entrada triunfal es de importancia vital para comprender la misión mesiánica de Jesús. Anteriormente, Jesús no había permitido que lo reconocieran públicamente como Mesías. Al trasladar Su ministerio fuera de Jerusalén había evitado intensificar el conflicto con los líderes religiosos judíos. Ahora, sin embargo, el tiempo se acercaba. Sus enemigos comprendían las poderosas implicancias mesiánicas vinculadas con esa forma de entrar a Jerusalén. La acción de montar el pollino, las vestimentas y las palmas en el camino, y los gritos de la multitud, todo señalaba a Jesús como el Mesías. Cuando se le instó que aquietara a la gente, respondió: "Les aseguro que si ellos se callan, gritarán las piedras." (Luc. 19:40 NVI).

Irónicamente, aunque la entrada triunfal fue la aceptación pública de Jesús como Mesías y un desafío directo para Sus enemigos, tal vez haya sido un desencanto para muchos de Sus seguidores. Cristo no entró a Jerusalén como un conquistador en un caballo de guerra sino sobre un pollino de asno que representaba humildad. En consecuencia, los líderes religiosos demandaron Su crucifixión, mientras que las multitudes finalmente lo abandonaron indiferentes. Ver *Jesús, Vida y ministerio; Mesías.* *Steve Echols*

ENTRAÑAS Traducción utilizada en versiones modernas para referirse a los intestinos y otras vísceras (Hech. 1:18). También se utiliza para referirse a los órganos sexuales del sistema reproductivo (2 Sam. 16:11; Sal. 71:6), y en forma figurada a las emociones fuertes (Job 30:27), en especial al amor (Cant. 5:4 NVI, LBLA) y la compasión (Col. 3:12). Tanto el hebreo como el griego describen las entrañas como el centro de las emociones y la excitación humanas.

ENVEJECER Proceso natural de los seres humanos que se vuelven ancianos y, según la Biblia, logran respeto.

Antiguo Testamento Las referencias a las personas ancianas en el AT enfatizan los cambios psicológicos que se producen con el envejecimiento (1 Rey. 14:4; 2 Sam. 19:35; Ecl. 12:1-5; Zac. 8:4), la sabiduría de los ancianos (Deut. 32:7; Job 12:12), la honra debida a la vejez (Ex. 20:12; Lev. 19:32) y el servicio continuo de los ancianos (Gén. 12–50, los patriarcas; Jos. 13:1; 14:10; Sal. 92:14; Joel 2:28). El envejecimiento se presenta como una parte normal del concepto bíblico acerca del ciclo de la vida (Sal. 90:10; Isa. 46:4). Ver *Anciano.*

Nuevo Testamento Las referencias a las personas ancianas en el NT se centran en la responsabilidad que tienen los hijos o la familia de la fe de cuidar a personas ancianas, dependientes o discapacitadas (Mar. 7:1-13; Mat. 15:1-6; 1 Tim. 5:4,8; Sant. 1:27). A los jóvenes se los exhorta a honrar a los ancianos (1 Tim. 5:1-2) y se alienta a los de edad avanzada para que sean ejemplos dignos (Tito 2:2-3). Se espera que los creyentes cuiden a las viudas (Hech. 6:1-7) y que los ancianos sirvan a Dios como lo hicieron Zacarías, Elisabet, Simeón y Ana en Lucas 1–2. Dicho servicio de parte de los ancianos puede traerle bendiciones a la familia tal como sucedió en el caso de la abuela y la madre de Timoteo (2 Tim. 1:5).

Alcances prácticos La opinión bíblica acerca del envejecimiento es indiscutiblemente positiva, aunque deja lugar a la posibilidad de que una persona anciana sea necia (Ecl. 4:13). Las personas mayores por lo general tienen una reserva de sabiduría y entendimiento basada en experiencias pasadas (Deut. 32:7). Pueden experimentar las alegrías de una familia nueva aun después de haber tenido anteriormente muchas experiencias tristes (Rut 4:13-17). Tanto los jóvenes como los viejos tienen su valor particular; no compiten entre sí (Prov. 20:29). Aunque la edad avanzada trae como consecuencia una disminución de la fuerza (Ecl. 12:1-8), la gracia y la ayuda de Dios están a disposición de las personas en cada etapa de la vida (Isa. 46:4). *Douglas Anderson*

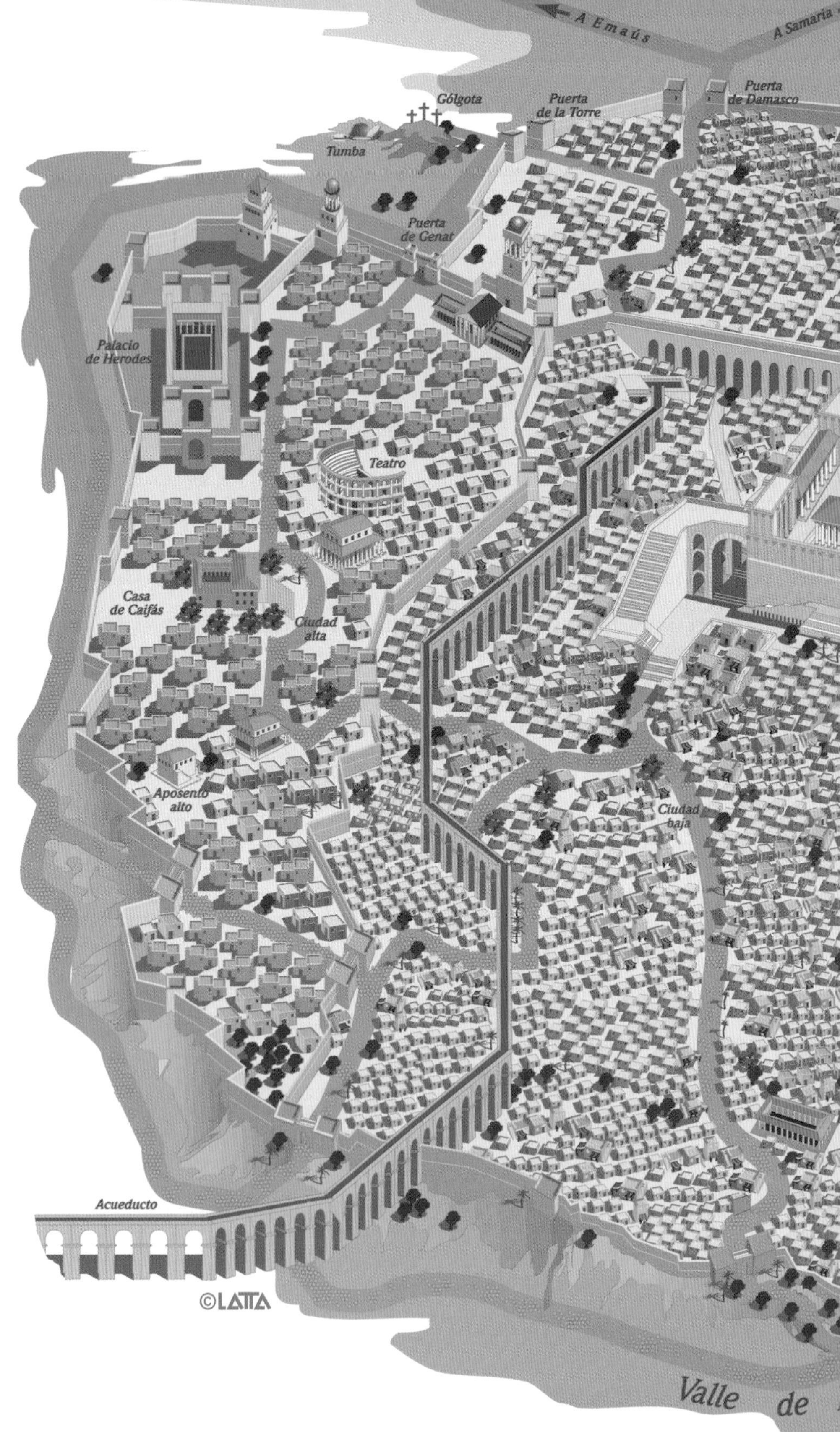
A Emaús
A Samaría
Gólgota
Puerta de la Torre
Puerta de Damasco
Tumba
Puerta de Genat
Palacio de Herodes
Teatro
Casa de Caifás
Ciudad alta
Aposento alto
Ciudad baja
Acueducto
©LATTA
Valle de

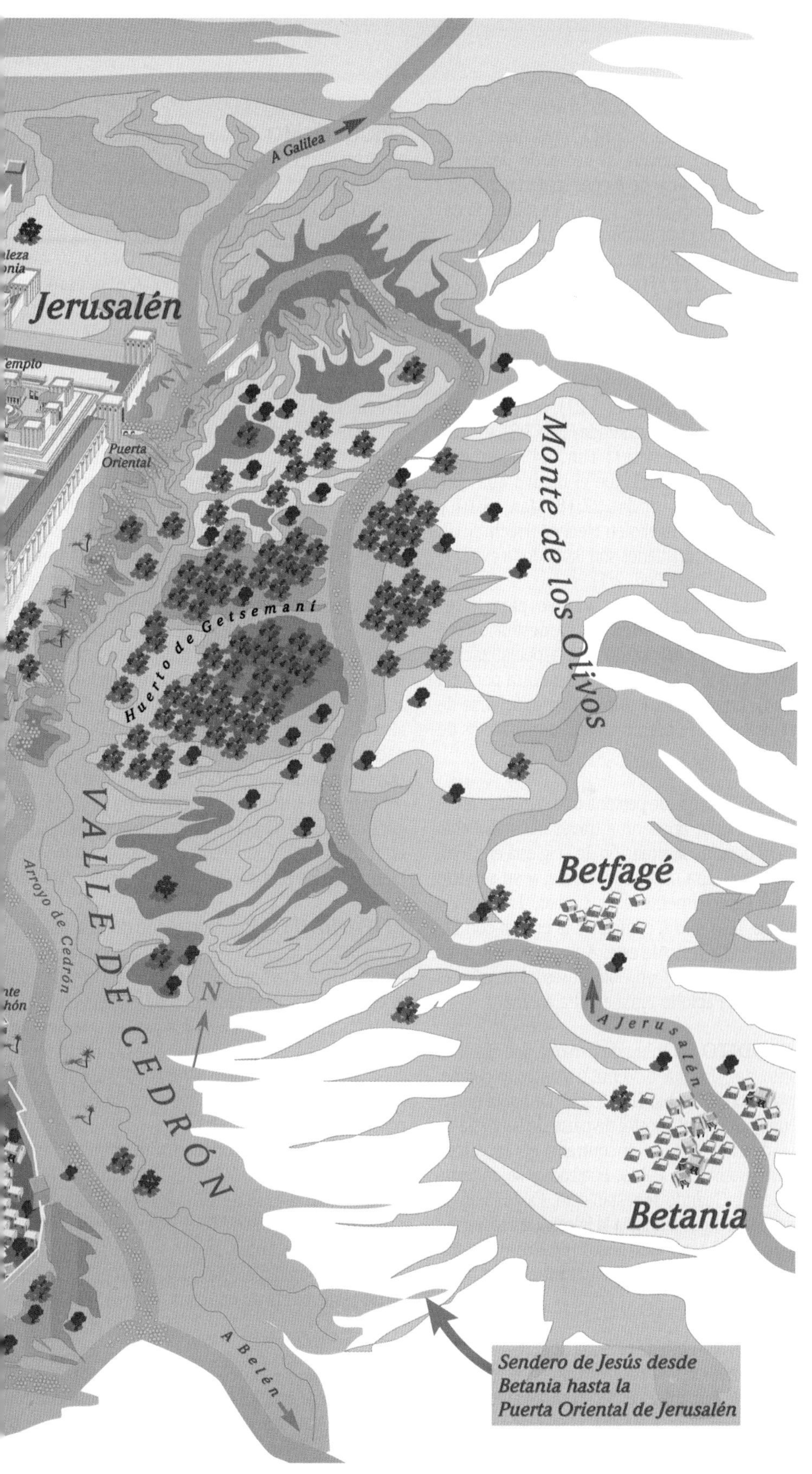

A Galilea
Jerusalén
Templo
Puerta Oriental
Monte de los Olivos
Huerto de Getsemaní
VALLE DE CEDRÓN
Arroyo de Cedrón
N
Betfagé
A Jerusalén
Betania
A Belén
Sendero de Jesús desde Betania hasta la Puerta Oriental de Jerusalén

ENVIDIA Conciencia dolorida o resentida por el beneficio de otro sumada al deseo de poseer lo mismo. Puede tratarse de bienes materiales (Gén. 26:14) o de posición social (30:1). La sabiduría del AT con frecuencia nos advierte que no envidiemos al arrogante (Sal. 73:3), al violento (Prov. 3:31), ni al malvado (Sal. 37:1; Prov. 24:1,19). En el NT, la "envidia" es un elemento común en las listas de pecados como aquello que sale de la persona y contamina (Mar. 7:22), como una característica propia de la humanidad rebelada contra Dios (Rom. 1:29), como fruto de la carne (Gál. 5:21), como característica de una vida no regenerada (Tito 3:3), y como rasgo de los falsos maestros (1 Tim. 6:4). La envidia (a veces traducida "celo") fue el motivo que condujo al arresto de Jesús (Mat. 27:18; Mar. 15:10) y a la oposición al evangelio en Hechos (Hech. 5:17, 13:45; 17:5). Los cristianos son llamados a evitar la envidia (Gal. 5:26; 1 Ped. 2:1).

A veces, constituye un motivo para hacer algo bueno. El Predicador estaba desilusionado de que el trabajo esforzado y la especialización fueran resultado de la envidia hacia otra persona (Ecl. 4:4). En cambio, Pablo podía regocijarse de que el evangelio se predicara aun por motivos de envidia (Fil. 1:15).

EPAFRAS Nombre de persona que significa "amoroso". Predicador cristiano a través del cual Pablo recibió noticias de la situación de la iglesia en Colosas (Col. 1:7). Era originario de allí, y su servicio abarcaba especialmente esta ciudad, Laodicea y Hierápolis. Más tarde, compartió la prisión con Pablo durante el arresto de este. Aunque sólo aparece mencionado en el NT en Colosenses y Filemón, es evidente que Pablo lo tenía en alta estima.

EPAFRODITO Nombre de persona que significa "favorito de Afrodita o Venus". Amigo y colaborador del apóstol Pablo (Fil. 2:25). Le había entregado una ofrenda al apóstol de parte de la iglesia de Filipos cuando este se encontraba en la cárcel. Mientras estaba con Pablo, Epafrodito se enfermó gravemente. Cuando se restableció, Pablo lo envió de regreso a Filipos e instó a la iglesia de ese lugar a que lo recibiera "con todo gozo" (Fil. 2:29). Epafrodito era un nombre común en el mundo de habla griega del siglo I.

EPENETO Nombre de persona que significa "alabanza". Primer cristiano convertido en Acaya y, en consecuencia, un amigo especial para Pablo (Rom. 16:5).

EPICUREÍSMO Escuela de filosofía que surgió en Atenas alrededor del año 300 a.C. La escuela de pensamiento fue fundada por Epicuro, quien había nacido en el año 341 a.C. en la isla griega de Samos. Epicuro fundó su escuela (El Jardín) en Atenas. Agrupaba a los alumnos a su alrededor y perfeccionaba su filosofía. El pensamiento epicúreo tuvo un impacto considerable en el mundo helenístico y, más tarde, también en Roma. Pablo se encontró con epicúreos en Atenas mientras predicaba sobre Jesús y la resurrección (Hech. 17:18).

La filosofía epicúrea se centraba en la búsqueda de la felicidad. El placer era el comienzo y la plenitud de una vida feliz. A menudo en nuestros días, las ideas de Epicuro son distorsionadas. Muchos creen que proponía una vida de placeres sensuales y de glotonería. Esto está muy lejos de su filosofía y de su estilo de vida. Para Epicuro, la felicidad sólo podía alcanzarse a través de la tranquilidad y la contemplación. La meta del epicureísmo era alcanzar un estado mental libre de problemas a fin de superar los dolores corporales y especialmente las angustias mentales. Los epicúreos apuntaban a aislarse de las tentaciones mundanas. Epicuro enseñaba que una persona no debía enredarse en política o en asuntos del Estado. Estas actividades sólo servían para distraer a la persona de una vida de contemplación. Creía en dioses, pero afirmaba que eran totalmente indiferentes a la vida y a los problemas de los mortales. *Gary Poulton*

EPIFANÍA El término proviene de una palabra griega que significa "aparición" o "manifestación". En el cristianismo occidental, la fiesta de la epifanía que se realiza el 6 de enero celebra la manifestación de Cristo a los gentiles, la llegada de los magos para ver al niño Jesús (Mat. 2: 1-12). Los doce días entre la navidad y la epifanía a menudo han sido llamados "los doce días de navidad".

En gran parte del cristianismo oriental, la epifanía es una celebración del bautismo de Jesús, un reconocimiento de su manifestación a la humanidad como Hijo de Dios (Mar. 1:9-11). En los primeros siglos antes de que se conmemorara la navidad, la epifanía celebraba tanto el nacimiento de Jesús como su bautismo. Ver *Año eclesiástico*. *Fred A. Grissom*

EPILEPSIA Desorden caracterizado por descargas eléctricas erráticas del sistema nervioso central que provocan convulsiones. En tiempos antiguos se creía que la luna provocaba las crisis epilépticas. El término en Mat. 4:24, traducido "epilepsia" por la mayoría de las traducciones modernas (NVI, LBLA), literalmente significa "golpeado por la luna". El término "lunático", tomado del latín *luna*, da por sentadas las mismas causas para este desorden. Muchos intérpretes entienden que los síntomas del muchacho en Mar. 9:17-29 (imposibilidad de hablar, salivación, rechinamiento de dientes, rigidez del cuerpo, convulsiones) son manifestaciones epilépticas.

EPÍSTOLA Ver *Carta*.

EPÍSTOLAS CATÓLICAS Cartas del NT que no se atribuían a Pablo y que se escribieron para una audiencia más general y sin identificación: Santiago, 1 y 2 Pedro; 1, 2 y 3 Juan y Judas. El título corresponde a la tradición y no se puede definir mediante parámetros modernos.

EQUER Nombre de persona que significa "raíz" o "retoño". Hijo de Ram y nieto de Jerameel de la tribu de Judá (1 Crón. 2:27).

ER Nombre de persona que significa "protector" o "vigilante" **1.** Hijo mayor de Judá y nieto de Jacob (Gén. 38:3). Se casó con Tamar, pero era tan malvado que Dios le quitó la vida (Gén. 38:6-7). **2.** Nieto de Judá (1 Crón. 4:21). **3.** Antepasado de Jesús (Luc. 3:28).

ERÁN Nombre de persona que significa "de la ciudad" o "vigilante". Algunas de las traducciones más antiguas y el Pentateuco Samaritano dicen "Edén" en lugar de Erán. Este era nieto de Efraín y líder de una familia de esa tribu (Núm. 26:36).

ERANITA Miembro de la familia de Erán (Núm. 26:36).

ERASTO Nombre de persona que significa "amado" **1.** Discípulo que Pablo envió con Timoteo desde Éfeso a Macedonia durante su tercer viaje misionero (Hech. 19:22). **2.** Funcionario de finanzas de la ciudad de Corinto que se unió a Pablo para saludar a la iglesia de Roma (Rom. 16:23). Tal vez haya sido un esclavo o un liberto que trabajaba para el gobierno de la ciudad; bien pudo haber sido un oficial de alto rango y un líder influyente (el tesorero de la ciudad). De ser así, habría tenido poder político, prestigio y probablemente fortuna. **3.** Discípulo que permaneció en Corinto y no estaba con Pablo cuando este le escribió a Timoteo (2 Tim. 4:20). Puede identificárselo con cualquiera de los otros hombres llamados Erasto o puede ser otra persona.

EREC Transliteración hebrea del nombre acadio de un lugar: Uruk, una de las más antiguas ciudades sumerias, fundada antes del año 3100 a.C. La tabla de las naciones de Génesis informa que Nimrod, poderoso cazador, incluía a Erec en su reino (Gén. 10:10). Asurbanipal, rey de Asiria (668–629 a.C.), exilió a "hombres de Erec" a Samaria alrededor del 640 a.C. (Esd. 4:9). La literatura sumeria incluye Erec en la lista de las primeras ciudades que surgieron después del diluvio. Gilgamesh, el héroe de los relatos acadios del diluvio, aparece como rey de Erec. Las excavaciones en Erec proporcionan evidencias tempranas de escrituras pictográficas y anotaciones numéricas sobre tablillas de arcilla que revelan un observatorio astronómico y una escuela de escribas. Es la moderna Warka, a unos 190 km (120 millas) al sureste de Babilonia y a 65 km (40 millas) al noroeste de Ur.

E

ERI Nombre de persona que significa "de la ciudad" o "vigilante". Hijo de Gad y nieto de Jacob (Gén. 46:16). Primer antepasado de la familia de los eritas (Núm. 26:16).

ERITAS Miembros de la familia de Eri. Ver *Eri*.

ERIZO Traducción del hebreo *qippod*, palabra de significado incierto (Isa. 14:23; 34:11; Sof. 2:14). El término se refiere al erizo (o puercoespín) o bien a un tipo de ave. La decisión de los traductores se funda en la supuesta raíz hebrea *qaphad* (que significa enrollarse, algo que hacen los erizos cuando se asustan) y en cognados arameos y siríacos que aluden a erizo o puercoespín. Otras versiones lo traducen pájaro. El contexto favorece la referencia a un ave. Se han propuesto diversas clases: el avetoro, el búho, la avutarda.

ESÁN Nombre geográfico que significa "me reclino". Pueblo de los Montes de Judá asignado a esta tribu (Jos. 15:52). Una tradición escrituraria de la traducción griega más antigua dice "Soma" en lugar de Esán, lo que posiblemente indica un lugar en la actual Khirbet Hallat Sama. De lo contrario, no se puede ubicar su emplazamiento.

ESAR-HADÓN Nombre asirio real que significa "Asur (el dios) ha dado un hermano". Rey de Asiria (681–669 a.C.); hijo favorito de Senaquerib, al que sucedió en el trono (2 Rey. 19:36-37; Esd. 4:2; Isa. 37:37-38). En Isa. 19:4 probablemente sea el "señor duro" y el "rey violento" que conquistó Egipto. En Esdras 4:2 se lo puede identificar como el rey que colonizó Samaria. *Ver Asiria.* *M. Stephen Davis*

ESAÚ Nombre de persona cuyo significado se desconoce. Hijo de Isaac y Rebeca; hermano mellizo mayor de Jacob (Gén. 25:24-26; 27:1,32, 42; 1 Crón. 1:34); padre de la nación edomita (Gén. 26:34; 28:9; 32:3; Deut. 2:4-29; Mal. 1:2-3). Cuando nació, su cuerpo era velludo y rojo, "y llamaron su nombre Esaú" (Gén. 25:25,30; 27:11,21-23). El hermano mellizo menor, Jacob, padre de la nación israelita, nació aferrado al talón de Esaú (Gén. 25:22-26). Esto ilustraba la lucha que habría entre los descendientes de ambos, que terminó cuando David lideró a Israel a conquistar Edom (2 Sam. 8:12-14; 1 Crón. 18:13; comp. Núm. 24:18).

Jacob siempre buscó la manera de aventajar a Esaú (Os. 12:3). Este, extrovertido, era el favorito de su padre y por ser cazador le proveía carne de su predilección. Jacob era el favorito de su madre, Rebeca.

Al volver hambriento de una cacería, Esaú, carente de dominio propio, le vendió la primogenitura a Jacob a cambio de comida (Gén. 25:30-34). Dicha primogenitura incluía el derecho a ser jefe de la familia (Gén. 27:29) y recibir porción doble de la herencia (Deut. 21:15-17). Esto le cercenó a Esaú la posibilidad de ser jefe del pueblo a través del cual vendría el Mesías. Por lo tanto, el linaje se limitó a Abraham, Isaac y Jacob.

Pozo que marca el sitio tradicional donde Jacob se encontró con Esaú.

Si bien había perdido su primogenitura, Esaú todavía podía recibir la bendición de Isaac por ser su hijo mayor. Rebeca urdió un fraude para que Jacob recibiera esta bendición (Gén. 27:1-30).

Años más tarde, los dos hermanos se reconciliaron cuando Jacob regresó de la Mesopotamia. Esaú había vivido en la tierra de Seir. A medida que se acercaba a Palestina, Jacob hizo planes para enfrentar a su hermano engañado y apaciguar su ira. Esaú, con un ejército de 400 hombres, sorprendió a Jacob y lo recibió sin rencor (Gén. 33:4-16).

Los dos hermanos reconciliados volvieron a encontrarse por última vez al morir su padre (Gén. 35:29). A pesar de que la hostilidad entre ellos se había resuelto en el plano personal, sus descendientes siguen enfrentándose hasta el presente.
Nelson Price

ES-BAAL Nombre de persona que significa "hombre de Baal". Hijo de Saúl, primer rey de Israel (1 Crón. 8:33; 9:39). En 2 Sam. 2:8 el nombre es Is-boset, "hombre de vergüenza", aparentemente una distorsión intencional de la tradición hebrea para evitar el nombre del dios cananeo y para describir a la persona que así se llama. En 1 Sam. 14:49 aparece Isúi como hijo de Saúl, posiblemente otra manera de deletrear el nombre para no pronunciar "baal". En los tiempos de Saúl, la palabra "baal" tal vez haya sido un título para Yahvéh que indicaba "Él es el Señor o el Amo". En ese caso, Es-baal significaría "el hombre del Señor". De lo contrario, el nombre que Saúl le dio a su hijo parecería indicar cierta devoción al dios cananeo Baal en el momento en que se lo puso. Jonatán, otro hijo de Saúl, llamó a su hijo Merib-baal. Ver *Is-boset; Isúi; Jonatán, Merib-baal.*

ESBÁN Nombre de persona de significado desconocido. Edomita registrado como descendiente de Seir horeo (Gén. 36:26).

ESCALERA Serie de peldaños mediante los cuales una persona puede subir fácilmente a otro nivel. El término hebreo se puede referir a escalones esculpidos en la roca o construidos de madera, metal, piedra e incluso soga. Las casas en Palestina por lo general tenían escalones en el exterior que conducían al techo. Muchas actividades tenían lugar en la terraza de la casa. A veces las pendientes de las calles de la ciudad requerían escaleras para pasar de un nivel a otro. También los pozos y las cisternas de muchas ciudades de Palestina tenían escaleras que bajaban hasta el agua. Los escalones aparecen en dos visiones del AT: la visión del templo de Ezequiel (Ezeq. 43:17), y la escalera de Jacob donde ángeles subían y bajaban (Gén. 28:12). La promesa que Jesús le hizo a Natanael señala a Cristo como aquel que encarna la presencia de Dios (Juan 1:49-51). Ver *Arquitectura en tiempos bíblicos; Casa.*

ESCATOLOGÍA Deriva de la combinación del griego *eschatos*, que significa "último", y de *logos*, que significa "palabra" o "significado". Se refiere a la doctrina bíblica de los últimos tiempos. La doctrina del fin normalmente se centra en una disquisición sobre el retorno de Cristo y el fin de los tiempos, los juicios venideros, varias concepciones del reino de los cielos y del reino de Dios, la naturaleza del cuerpo glorificado y las perspectivas de la vida eterna. Generalmente, la escatología se presenta a sí misma como una teología del futuro, yuxtapuesta tanto a la historia como a la era presente.

Este consenso general sobre la naturaleza de la escatología fue puesto en tela de juicio por C.H. Dodd y otros a comienzos del siglo XX. En una publicación de 1935, titulada *Las parábolas del reino*, Dodd señala pasajes del NT en los que Jesús y otros parecen hablar del reino de los cielos como si fuera algo ya presente. Juan el Bautista habló del reino de Dios como de algo que "se ha acercado" (Mat. 3:2), y el propio Jesús parece haber empleado la misma terminología (Mat. 10:7). Más concretamente, Jesús declaró que "si yo por el Espíritu de Dios echo afuera los demonios, ciertamente ha llegado a vosotros el reino de Dios" (Mat. 12:28). En Lucas 17:20 y en los versículos siguientes, Jesús otra vez parece insistir en que el reino de Dios está entre los discípulos. La conclusión de Dodd es que Jesús creía que Él traía el reino en Su persona. A la luz de su teoría, Dodd reinterpretó pasajes a los que siempre se les había dado un enfoque futurista. Estos se conocieron como escatología realizada, lo que daba a entender que el cumplimiento de todas las anticipaciones del fin se confirmaban en Cristo.

Sin embargo, los críticos de Dodd respondieron señalando que usaba inadecuadamente textos como Mat. 6:10 donde el mismo Jesús les enseña a sus discípulos a orar "Venga tu reino. Hágase tu voluntad, como en el cielo, así también en la tierra". Además, Jesús dijo que el evangelio del reino sería predicado a todo el mundo para testimonio de todas las naciones, "y entonces vendrá el fin" (Mat. 24:14). Jesús parece hacer alusión también a un tiempo futuro cuando habla de pueblos que vendrán del este, del oeste, del norte y del sur, "y se sentarán a la mesa en el reino de Dios" (Luc. 13:28-29). Pablo parece estar hablando de acciones futuras cuando dice: "Luego el fin, cuando entregue el reino al Dios y Padre, cuando haya suprimido todo dominio, toda autoridad y potencia. Porque preciso es que él reine hasta que haya puesto a todos sus enemigos debajo de sus pies" (1 Cor. 15:24-25).

Este debate, que en un primer momento parecía ser simplemente otro debate entre eruditos, es importante porque produjo un nuevo énfasis en la escatología neotestamentaria como de "ya; y no todavía". En otras palabras, Jesús sí parece indicar que, en algún sentido claramente entendible, el reino de Dios vino con la llegada del Mesías. Aun así, hay otros aspectos en los que el reino no llega en su expresión definitiva sino hasta el fin de los tiempos. Por lo tanto, se puede llegar a la conclusión de que el estudio de escatología comienza con la encarnación de Cristo y no termina hasta la cristalización de acontecimientos asociados con Su retorno.

En este sentido, hablar del retorno o del regreso de Cristo técnicamente es más apropiado que referirse a Su segunda venida. Hay dos razones. Primero, sólo una vez la Biblia sugiere la expresión "segunda venida". El autor de Hebreos dice que "Cristo ... aparecerá por segunda vez, ya no para cargar con el pecado, sino para traer salvación a quienes lo esperan" (Heb. 9:28 NVI). Las otras referencias en el NT simplemente hablan de Su venida o Su presencia entre nosotros. La segunda razón para ser cautelosos es que en el AT en verdad parece haber teofanías o más exactamente cristofanías (apariciones de Cristo). Si este es el caso, hablar de Su encarnación sería entonces la terminología apropiada para el comienzo del *eschatos*, y referirse a Su retorno sería la mejor manera de pensar en el cumplimiento de toda la profecía.

Material escatológico en el Antiguo Testamento El AT (y no sólo el NT) es de naturaleza intensamente escatológica. Si la escatología en efecto comienza con la llegada de Cristo, todas las profecías mesiánicas son parte de la categoría de materiales escatológicos. Por ejemplo, Isa. 9:6-7, un pasaje sobre el nacimiento de Cristo, se vuelve escatológico porque no sólo habla de un niño (un hijo) entregado sino también de que "el principado [estará] sobre su hombro" y que "lo dilatado de su imperio y la paz no tendrán límites". Otros libros del AT contienen extensos segmentos de materiales claramente escatológicos relacionados con el fin de los tiempos. Por ejemplo, Dan. 9 registra la famosa semana 70 de la profecía de Daniel. Una parte de dicha profecía parece haberse cumplido en la época de la muerte de aquel al que el pasaje se refiere como "el Príncipe". Claramente, "Príncipe" está usado como sinónimo de Mesías (Dan. 9:25). Pero la profecía también habla de las 70 semanas destinadas no sólo para "expiar la iniquidad" sino también para "traer la justicia perdurable" y "sellar la visión y la profecía" (Dan. 9:24). Una vez más, los acontecimientos parecen indicar un proceso que comienza en la encarnación y la expiación de Cristo y culmina en el cumplimiento de todas las profecías y la llegada de una justicia perdurable.

El profeta Ezequiel ostenta muchos pasajes escatológicos, pero no hay duda alguna de que a partir del cap. 36 hasta el 48 sólo tiene en vista el fin de los tiempos. Estos capítulos incluyen una magnífica visión de un templo escatológico, información destacada sobre el plan de Dios para la nación judía y, en el capítulo 36, una explicación de Dios que nuevamente se relaciona con el pueblo judío después que este se endureció (Ezeq. 36:19-24). Mientras tanto, Zacarías ve que llegará el día cuando habrá una fuente abierta para la casa de David y la casa de Jerusalén para la purificación "del pecado y la inmundicia" (Zac. 13:1). Las maravillosas profecías de Isaías contienen amplios y significativos anticipos del fin de los tiempos. Por ejemplo, Isaías predijo que vendrían días "en lo postrero de los tiempos" en que todas las naciones "volverán sus espadas en rejas de arado, y sus lanzas en hoces" y que no se adiestrarán más para la guerra (Isa. 2: 2,4). El mismo profeta ve un retorno de los animales a la domesticidad, un día en que "morará el lobo con el cordero, y el leopardo con el cabrito se acostará" (Isa. 11:6). Anticipa, además, un día en el que la fertilidad de la tierra será restaurada y "el yermo se alegrará y florecerá como la rosa" (Isa. 35:1).

Material escatológico en el Nuevo Testamento El NT comienza donde termina el AT. El mismo Jesús habló frecuentemente sobre el *eschatos*. Sus observaciones están incorporadas en lo que se conoce como el sermón sobre los últimos tiempos (Mat. 24–25) que predicó en el Monte de los Olivos, un mensaje entregado en forma sucinta en lo que ha dado en llamarse "el pequeño Apocalipsis" en Mar. 13. En esos pasajes, Jesús habla específicamente de cataclismos del fin de los tiempos y de igual devastación a lo largo del período conocido como la gran tribulación, al punto que "si aquellos días no fuesen acortados nadie sería salvo" (Mat. 24:22). Jesús anunció que los hombres lo verían volver en las nubes del cielo con poder y gran gloria (Mat. 24:30), pero que nadie sabría el día ni la hora de estos acontecimientos, excepto Su Padre Celestial (Mat. 24:36). Habló de dos personas que estarían en el campo; una de ellas sería llevada y la otra dejada (Mat. 24:40). Ilustró todo el tema de su retorno con la parábola de las vírgenes sabias y las insensatas (Mat. 25:1-13), que terminaba con una advertencia sobre estar alerta. Jesús concluyó este sermón con la reunión de todas las naciones y el juicio final de Dios para con ellas (Mat. 25:31-46).

Pablo a menudo tocaba temas escatológicos, como en 1 Cor. 15, donde explica cuidadosamente la naturaleza del cuerpo glorificado que los santos van a recibir cuando regrese el Señor. En Rom. 9–11, Pablo retoma el interrogante acerca del plan de Dios para con el pueblo judío, que él considera florecerá nuevamente en los últimos días. Habla del olivo cuyas ramas originales (los judíos) fueron cortadas, del olivo silvestre (los gentiles) que fue injertado. Anticipa, no obstante, el momento en que las ramas originales serán nuevamente injertadas (Rom. 11:17-26). Por último, habla de un "endurecimiento en parte, hasta que hayan entrado la plenitud de los gentiles", y luego anticipa que "todo Israel será salvo" (Rom. 11:25-26).

Sumado a todos estos pasajes, el Apocalipsis de Juan es un libro escatológico casi desde el comienzo. Una visión del Cristo glorificado en el cap. 1 va seguida de mensajes a las siete iglesias históricas de Asia Menor en los caps. 2 y 3. Pero comenzando con la escena del trono en el cielo en el cap. 4, el resto del libro pareciera de orientación futurista y revela los catastróficos sucesos durante la gran tribulación, para concluir con la expectativa del juicio final (Apoc. 20: 11-15) y la revelación de los nuevos cielos y la nueva tierra en los caps. 21 y 22.

***Sistemas de pensamiento acerca del* eschatos** En ningún punto de la interpretación bíblica se vuelve tan obligatoria una proposición hermenéutica como en el estudio de los últimos tiempos. Al manejar materiales escatológicos que a menudo usan lenguaje altamente simbólico, surge la pregunta: "¿Hasta qué punto los temas abordados en el texto deben ser tomados literalmente?", y "¿hasta qué punto deben ser tomados de manera figurativa?" Como ejemplo de este problema, los pasajes de Isaías que predicen que un lobo se echará junto a un cabrito podrían ser interpretados para una era de un reino real donde los animales viven en paz unos con otros y con los seres humanos. Por el otro lado, algunos intérpretes insisten en que esto debe tomarse figurativamente. En ese caso, el pasaje no anticiparía un cumplimiento literal sino que describiría la paz de Dios que existe en el corazón del creyente y, por esa razón, en el cosmos cuando Cristo sea honrado como rey. La controversia llega a su clímax en Apoc. 20:1-10 donde, no menos de seis veces en seis versículos, se menciona un período de tiempo de "mil años". Estos mil años, que en la literatura teológica reciben el nombre de milenio, constituyen un período cuando a Satanás no se le permitirá engañar a las naciones por un lapso de mil años y los santos de Dios vivirán y reinarán con Cristo durante ese mismo tiempo. Si se centra en el texto con la decisión hermenéutica de que se deben entender de manera literal, entonces anticiparía un reinado de Cristo de mil años sobre la tierra al final de los tiempos. Si, por otra parte, el material se considera simplemente como "género apocalíptico judío", se lo debe entender en forma espiritual más que literal, y el pasaje sólo se convierte en otra manera de hablar sobre la soberanía definitiva de Dios y de Su reino sobre todas las cosas. La decisión básica que uno toma determina en cuál de las siguientes maneras ha de entenderse la escatología de la Biblia.

Amilenialismo Los amilenialistas (el prefijo negativo "a" significa "no") son aquellos que creen que la mayor parte del material escatológico de la Biblia referido al final de los tiempos no se debe entender de manera estrictamente literal. No anticipan un reinado sobre la tierra, e interpretan el reino únicamente en términos de su expresión eterna.

Posmilenialismo Por su parte, los posmilenialistas (así llamados porque la palabra "post" significa "después") creen que habrá sobre la tierra un reino que se consumará mediante la venida de Cristo. Por lo tanto, el regreso de Cristo es "post" (después) del milenio. Esta visión, más popular en la iglesia antes de la Segunda Guerra Mundial, considera la iglesia y su movimiento misionero como algo maravillosamente prolífico y exitoso. En consecuencia, en algún momento el reinado de Cristo se experimenta en la tierra por medio de la iglesia, y su culminación será la venida de Cristo al final del milenio.

Premilenialismo Otra opinión popular que, por lo general, intenta comprender las Escrituras de manera más literal, entiende el retorno de Cristo a la tierra antes del milenio (de allí, el prefijo "pre"). Según esta perspectiva, el reinado sobre la tierra no puede comenzar si el Rey no está presente. Por lo tanto, Cristo vuelve a la tierra, subyuga a Sus enemigos y establece un reino de justicia durante mil años.

La tribulación Tal como indicamos, Jesús habló de un tiempo futuro de tribulación sobre la tierra como nunca ha ocurrido en la historia del mundo. Este mensaje pareciera ser también la clara enseñanza de la semana 70 de Daniel, del libro de Apocalipsis y de otros textos. Uno de los temas debatidos por los teólogos, particularmente en años recientes, ha sido la relación de la iglesia con la tribulación. En este debate, sólo los premilenialistas se ven obligados a evaluar, pero no los amilenialistas ni los posmilenialistas. Entre los eruditos premilenialistas hay tres perspectivas básicas y una cantidad de posiciones secundarias. Las tres más importantes se designan con los términos pretribulacionismo, tribulacionismo medio y postribulacionismo.

Pretribulacionismo Cristo se revelará al comienzo del período de siete años de tribulación. Los muertos en Cristo volverán a la vida y todo creyente verdadero se encontrará con el Señor en el aire. Será un período de siete años donde el castigo de Dios se aplicará sobre la tierra y concluirá con el retorno de Cristo a establecer Su reino milenial. En consecuencia, Cristo viene a buscar a Su iglesia antes de la tribulación y antes del milenio para establecer Su reino.

Tribulacionismo medio Señala que Apocalipsis divide la tribulación en dos períodos de tres años y medio cada uno. Quienes sostienen este enfoque sugieren que Cristo volverá a buscar a Su iglesia al final de la primera mitad de la tribulación. La iglesia, por lo tanto, deberá experimentar los primeros 42 meses de la tribulación, pero será rescatada de la parte más agobiante.

Postribulacionismo (Sus defensores la denominan premilenialismo histórico.) Esta posición argumenta que la iglesia sufre la gran tribulación pero no es objeto de la ira de Dios que se derrama sobre los impíos. Para ellos, en las Escrituras hay sólo un regreso de Cristo, en contraposición a las dos propuestas, tanto de los pretribulacionistas como de los tribulacionistas medios. Por lo tanto, Cristo viene al final de la tribulación para llevar a la iglesia, y luego regresa inmediatamente a la tierra para establecer la era del reino.

Otras opiniones defendidas por unos pocos incluyen la idea de un arrebatamiento parcial (la opinión de que sólo la iglesia vigilante será arrebatada) y un arrebatamiento pre-ira (una opinión que simplemente traslada el momento del arrebatamiento a un tiempo posterior de la tribulación de lo que sostienen los midtribulacionistas). Esta opinión, sin embargo, sigue siendo esencialmente tribulacionista media.

Otros temas escatológicos Otros temas debatidos por estudiosos de escatología incluyen (como señalamos antes) la venida de Cristo. El tema aquí es si se puede discernir que el retorno de Cristo se produce en dos segmentos o no: uno para buscar a la iglesia y otro para establecer Su reino, o si hay sólo un retorno de Cristo para establecer el reino.

Otra cuestión gira en torno a la naturaleza y el número de los juicios. Al menos tres pasajes de las Escrituras enfocan el tema de los juicios finales. Primera Corintios 3:11-15 parece vislumbrar un juicio para creyentes que también se menciona en Rom. 14:10 y 2 Cor. 5:10, y se lo llama "tribunal de Cristo". Mateo 25:31-46 registra las palabras de Jesús que aluden al juicio de "la ovejas y los cabritos". El pasaje de Apoc. 20:11-15 ha sido llamado "el juicio del gran trono blanco" y parece centrar la atención en el juicio de los perdidos. Los amilenialistas y algunos premilenialistas tienden a creer que todos estos juicios son simplemente diferentes escenarios del juicio final de todos los hombres. Por otra parte, otros premilenialistas argumentan que hay tres juicios separados: el tribunal de Cristo que representa el juicio inmediatamente después del arrebatamiento de la iglesia previo a la tribulación. Es un juicio sólo para creyentes, y tiene que ver con la entrega de recompensas. Por otra parte, el juicio de las ovejas y los cabritos de Mat. 25 es una determinación efectuada por el Señor al concluir la tribulación con respecto a quiénes entran en la era del milenio o la edad del reino. Las ovejas entran; los cabritos son excluidos. Sin embargo, el juicio del gran trono blanco tiene lugar al final de los tiempos y sólo serán juzgados los incrédulos.

Hay un tema final vinculado al destino eterno. La Biblia deja suficientemente claro que aquellos que no se encuentran en el libro de la vida serán arrojados al lago de fuego o al infierno. Los justos, por el contrario, son admitidos al cielo. Hay pocos cristianos evangélicos que cuestionan la existencia del cielo o la vida eterna. Sin embargo, la posibilidad de un lugar de castigo que proporcione sufrimiento para toda la eternidad ha demostrado ser una concepción intolerable para algunos teólogos de la actualidad. Por lo tanto, teólogos tan importantes como John Stott y Clark Pinnock han argumentado que los perdidos son arrojados al infierno donde, después de un período de sufrimiento por sus pecados, son aniquilados. La mayoría de los eruditos evangélicos consideran que la aniquilación es incongruente con el testimonio de la narrativa bíblica. Aquellos que están de acuerdo señalan que, si las palabras usadas para describir el infierno no se deben tomar literalmente, entonces es difícil imaginar que las que se utilizan para describir el cielo deban ser tomadas de otra forma.

Conclusión La escatología se ha convertido con demasiada frecuencia en un campo de batalla más que en un oasis de esperanza en el desierto de la vida. Las actitudes hacia el estudio de la escatología se extienden desde una preocupación exclusiva por tales asuntos hasta el deseo de evitar totalmente el tema al considerar que ha causado demasiadas disputas y que es excesivamente complejo. Ninguno de los enfoques parecen ser suficientemente sanos. El objeto de la información que se da en la Biblia sobre la escatología pareciera ser no tanto proporcionar cada detalle sino crear esperanza y expectativa mientras la iglesia aguarda la llegada de "la esperanza bienaventurada y la manifestación gloriosa de nuestro gran Dios y Salvador, Jesucristo" (Tito 2:13). Ver *Apocalipsis, Libro de; Apocalíptico; Arrebatamiento; Milenio; Reino de Dios; Tribulación.* *Paige Patterson*

ESCEVA "Sumo sacerdote" judío de Éfeso que tenía siete hijos que fracasaron en su intento de exorcizar demonios en el nombre de Jesús como lo había hecho Pablo (Hech. 19:14). En este caso el espíritu maligno saltó sobre ellos. Ninguna otra fuente alude a este sumo sacerdote, en particular ninguno que viviera en Éfeso. La expresión podría ser resultado de una modificación de copista o un título que Esceva se atribuyó para impresionar a los líderes de otras religiones en Éfeso.

ESCITA Pueblo indoeuropeo nómada que hablaba un dialecto iraní y emigró de Asia central hacia el sur de Rusia entre el 800 y el 600 a.C. Eran habilidosos jinetes que se destacaban por brutales ataques y saqueos. Los arqueólogos han descubierto abundante evidencia del arte escita en obras en metal. Las tropas escitas que perseguían a los cimerios se dirigieron al sur atravesando o rodeando las montañas caucásicas hasta las fronteras de Asiria. Alrededor del 680–670 a.C. se formó una alianza asirio-escita.

Según el historiador griego Herodoto, un ataque escita obligó a los medos a retirarse de un asalto a Nínive (626–620 a.C.). Luego los escitas avanzaron hacia el sur y bordearon la costa palestina hasta llegar a la frontera egipcia (611 a.C.), donde el Faraón les pagó para que se retiraran. Finalmente los medos los obligaron a dirigirse nuevamente hacia el norte, a la región sur de Rusia.

El dominio escita controló el área al noroeste del Mar Negro hasta el 350 a.C. Finalmente, nuevos invasores llamados sarmatianos los confinaron a la región de Crimea y después del 100 d.C. destruyeron los restos escitas que habían quedado.

El AT hace referencia a los escitas llamándolos reino de Askenaz (Gén. 10:3; Jer. 51:27). Eruditos de épocas tempranas identificaron a los escitas como los enemigos de Jeremías provenientes del norte que en época de Sofonías amenazaron invadir Judá, pero dichas teorías se basan en evidencias muy débiles. Colosenses 3:11 utiliza a los escitas como símbolo de lo más repugnante de la barbarie y la esclavitud, y agrega que ellos también son aceptados en Cristo, ya que en Su Iglesia se derriban todas las barreras culturales y sociales. Ver *Askenaz.* *Charles Graham*

ESCLAVO, SIERVO Persona totalmente responsable ante otra persona y dependiente de ella.

En el mundo antiguo prevalecía la esclavitud y era aceptada ampliamente. Las economías de Egipto, Grecia y Roma se basaban en el trabajo de los esclavos. En el primer siglo del cristianismo, una de cada tres personas en Italia y una de cada cinco en el resto del mundo eran esclavos. Enormes cuadrillas de esclavos trabajaban en campos y minas y en otros proyectos de construcción. Muchos eran sirvientes domésticos y del estado. Había también esclavos del templo y artesanos. A algunos se los obligaba a convertirse en gladiadores. Algunos eran muy inteligentes y tenían puestos de responsabilidad. Legalmente, un esclavo no tenía derechos; pero, exceptuando las cuadrillas, a la mayoría se los trataba humanamente y les iba mejor que a muchas personas libres. A los esclavos domésticos se los consideraba parte de la familia, y algunos eran muy amados por sus amos. Canaán, Siria, Asiria, Babilonia y Persia tenían menos esclavos porque era más económico emplear personas libres. Aun así, la esclavitud institucionalizada era inapelable. Los estoicos insistían en que los esclavos eran seres humanos y debían ser tratados como tales; las leyes de Israel los protegían de varias formas; los predicadores cristianos les recomendaban a los amos ser amables con sus esclavos, pero sólo los esenios se oponían a la esclavitud. Ver *Esenios; Judíos (grupos, partidos) en el Nuevo Testamento.*

Alguien podía convertirse en esclavo tras ser capturado durante la guerra; por no pagar una deuda; por ser incapaz de sustentarse económicamente y decidir "voluntariamente" venderse; por ser vendido de niño por padres indigentes; por nacer de padres esclavos; por haber sido condenado por delito, secuestro o piratería. La esclavitud no hacía distinción de razas ni nacionalidades.

La manumisión o liberación de esclavos era posible y habitual en tiempos romanos. Los amos solían liberar a sus esclavos en los testamentos, y a veces lo hacían en vida. Los esclavos laboriosos podían ahorrar dinero y comprar su propia libertad. En el primer siglo del cristianismo ya se había desarrollado una numerosa clase de libertos. Incluso había una sinagoga de libertos en Jerusalén (Hech. 6:9).

Antiguo Testamento Las leyes sobre la esclavitud aparecen en Ex. 21:1-11; Lev. 25:39-55 y Deut.15:12-18. Mayormente abordan los temas de trato humanitario y manumisión. Un hebreo vendido a otro o a un residente extranjero por causa de su insolvencia debía ser liberado después de seis años de servicio y se le debían dar provisiones para que comenzara una nueva vida. Si había llegado con esposa, ella y los hijos que tuvieran también debían ser liberados. Si el amo le había dado una esposa, ella y los niños debían quedarse. No obstante, si el esclavo prefería quedarse con su esposa y los niños antes que ser libre, podía registrarse como esclavo por el resto de su vida. Un hebreo que se había vendido a otro o a un residente extranjero debía ser liberado durante el año del jubileo. Un esclavo podía ser redimido en cualquier momento por un pariente. Una muchacha hebrea vendida por su padre a otro hebreo para que fuera su esposa debía ser liberada si ese hombre o su hijo no se casaban con ella. Un esclavo que hubiera sufrido algún tipo de lesión permanente causada por su amo debía ser liberado (Ex. 21:26,27). Un esclavo fugitivo (que presumiblemente se hubiera escapado de un amo extranjero) no debía ser extraditado (Deut. 23:15,16). Los extranjeros podían ser esclavizados en forma permanente pero tenían derecho a la circuncisión (Ex.12:44-48), al día de reposo (Ex. 20:10) y a celebrar los días festivos (Deut. 16:11,14). El que golpeaba a un esclavo hasta la muerte debía ser castigado (Ex. 21:20,21). Ver *Año de Jubileo.*

Nuevo Testamento Pablo y Pedro insistían en que los esclavos cristianos fueran obedientes a sus amos (Ef. 6:5-8; Col. 3:22-25; 1 Tim. 6:1,2; 1 Ped. 2:18-21) y no procuraran la libertad sólo por haberse convertido (1 Cor. 7:20-22). Se instaba a los amos a ser amables (Ef. 6:9; Col. 4:1). Se condenaba el comercio de esclavos (1 Tim. 1:10). Pablo declaró que, en Cristo, el estatus humano no tenía importancia (Gál. 3:28). Pero ni Jesús ni los apóstoles condenaron la esclavitud. ¿Por qué? Porque era una parte tan integral de la sociedad de ese tiempo que requerir su abolición habría desencadenado violencia y derramamiento de sangre. Más bien, Jesús y los apóstoles enseñaron principios de dignidad humana e igualdad que finalmente condujeron a que se aboliera.

Usos metafóricos de la esclavitud En la mayoría de las sociedades antiguas, pocas cosas eran más despreciables que ser esclavo. Sin embargo, en Israel surgió la idea de que ser siervo o esclavo de Dios era un gran privilegio (las diversas palabras hebreas y griegas podrían traducirse indistintamente de las dos maneras). Muchos de los héroes del AT son llamados siervos (Ex. 32:13; Deut. 34:5; 2 Sam. 7:5; 2 Rey. 21:10). Los cánticos del Siervo en Isa. 42:1-4; 49:1-6; 50:4-9 y 52:13–53:12 son muy significativos. Si bien originariamente se referían a Israel, la iglesia primitiva los reinterpretó como referidos a Jesús. Ver *Siervo de Jehová.*

Jesús adoptó el papel de siervo (Juan 13:4-5; Mar. 10:45; comp. Fil. 2:7) y señaló que Sus discípulos debían hacer lo mismo (Mat. 6:24; 10:24; 24:45,46; Luc. 17:10; Juan 13:12-16). Pablo se refirió a sí mismo como esclavo o siervo de Jesucristo (Rom. 1:1; Gál. 1:10; Fil. 1:1), al igual que Santiago (1:1), Pedro (2 Ped. 1:1) y Judas (1).

Hay otros tres ejemplos del uso metafórico de la esclavitud en el NT. Se habla de una vida de pecado llamándola esclavitud (Juan 8:34; Rom. 6:6, 16-20; Heb. 2:15). El legalismo es una forma de esclavitud (Gál. 4:24,25; 5:1). No obstante y paradójicamente, también hay una bendita esclavitud: la de aquellos que se hacen esclavos de la justicia (Rom. 6:16-22). Ver *Siervo de Jehová.*

James A. Brooks

ESCOL Nombre geográfico que significa "valle de uvas" o "racimo" **1.** Valle en Canaán que fue explorado por los doce espías israelitas enviados para reconocer el territorio (Núm. 13:23). Del Valle de Escol trajeron un racimo de uvas excepcionalmente grande. Aparentemente se le dio este nombre al valle por los racimos de uva como el que encontraron los espías israelitas. **2.** Hermano de Mamre y de Aner (Gén. 14:13). Él y sus hermanos fueron amorreos aliados de Abraham en la derrota de Quedorlaomer.

ESCORIA Desecho del metal impuro que es separado mediante el proceso de fundición (Prov. 25:4; 26:23) o bien el metal base (impuro) antes de dicho proceso. El litargio (óxido plúmbico) del que debía extraerse la plata es tal vez la alusión en Isa. 1:22,25. Se requiere aplicar el mismo sentido si en Prov. 26:23 se prefiere leer escoria en lugar de la corrección "baño de plata" (realizada por la NVI). La escoria es símbolo de la impureza. Los malvados son representados como escoria (Prov. 25:4; Sal. 119:119), la cual describe al conjunto de la sociedad impura. Tanto Isa. 1:22, 25 como Ezeq. 22:18,19 hablan de la plata que se vuelve escoria para describir la rectitud que había perdido Israel.

ESCORPIÓN Especie de arácnido conocido por el veneno y el aguijón que presenta en la cola angosta y segmentada. En el desierto Dios protegió a Israel de los escorpiones (Deut. 8:15) y también protegió a Su profeta (Ezeq. 2:6). Este nombre se le aplicó a un insidioso instrumento de tortura con látigos y púas. Roboam decidió usar escorpiones para imponer sus duras políticas (1 Rey. 12:11,14).

ESCORPIÓN, PASO DEL Ver *Acrabim.*

ESCRIBA Persona capacitada para la escritura y cuya tarea consistía en registrar eventos y decisiones (Jer. 36:26; 1 Crón. 24:6; Est. 3:12). Durante el exilio babilónico los escribas instruidos se convirtieron en expertos en la palabra de Dios escrita a fin de copiarla, preservarla y enseñarla. Esdras era escriba en el sentido de ser un experto en la enseñanza de la palabra de Dios (Esd. 7:6). Para la época del NT se constituyó un grupo profesional de escribas, la mayoría fariseos (Mar.

2:16). Interpretaban la ley, la enseñaban a los discípulos y eran expertos en causas donde se acusaba a la gente de transgredir la ley de Moisés. Encabezaron los planes para matar a Jesús (Luc. 19:47) y escucharon Su duro reproche (Mat. 23). Ver *Gobierno; Judíos (grupos, partidos) en el Nuevo Testamento; Sanedrín.*

ESCRITURA Capacidad humana para registrar y comunicar información grabando signos en piedra o dibujándolos en pieles o papiros. El conocimiento actual muestra que la escritura comenzó en el antiguo Cercano Oriente aprox. en el 3500 a.C. La creciente complejidad de la vida comercial y civil hizo necesaria la aparición de un sistema de escritura. El desarrollo de la escritura, a su vez, hizo posible el desarrollo de civilizaciones cada vez más sofisticadas.

Mesopotamia Los documentos más antiguos aparecieron en la Mesopotamia aprox. en el 3500 a.C. Eran documentos comerciales utilizados con propósitos contables. Previamente, las cuentas se habían mantenido colocando fichas o contadores de diferentes formas en esferas de arcilla o barro sobre las que se hacía rodar un sello cilíndrico que identificaba al dueño o al remitente. Las tablillas más primitivas generalmente se inscribían con una figura o figuras que identificaban mercaderías, cifras y nombres de las personas. Se desconoce el idioma que utilizaban los escritores de estas tablillas primitivas. Los sumerios fueron los primeros en escribir con la misma figura diferentes palabras que tenían el mismo sonido. Poco después, comenzaron a emplear figuras estilizadas compuestas por cuñas estampadas con un punzón en la tablilla de barro. Así se comenzaron a desarrollar los cientos de signos con forma de cuña que constituyen la escritura cuneiforme.

La escritura pictográfica primitiva, que describía objetos, se fue desarrollando hasta convertirse en escritura logográfica donde una figura representaba una palabra asociada con la idea del objeto. Se podían combinar varias figuras para presentar un concepto o frase. La escritura jeroglífica surgió cuando una figura o signo se asociaba con otra palabra de igual sonido. En la escritura logosilábica, un signo representaba un sonido más que una palabra. Por lo general a esto se lo considera como el surgimiento de la verdadera escritura. La lectura correcta de los signos se podía indicar mediante el agregado de complementos fonéticos o la anteposición de determinantes que podían referirse a "madera", "ciudad", "varón", "monte", etc. El rápido desarrollo de la escritura cuneiforme sirvió no sólo para la tarea banal de mantener registros comerciales sino también para documentos legales, cartas y documentos literarios y religiosos.

Los sumerios establecieron la escuela de escribas donde los alumnos pasaban varios años aprendiendo a escribir documentos de toda especie. El maestro escribía un texto de un lado de la tablilla y el alumno lo copiaba al dorso para que el maestro lo evaluara. Se recopilaban gráficos gramaticales y verbales. Los escribas calificados eran muy requeridos para el servicio en el templo, la corte y las firmas comerciales.

La escritura cuneiforme fue adoptada por los acadios semíticoparlantes, los elamitas y los hurritas. Este tipo de escritura se siguió ampliando y adaptando para suplir las exigencias de los diversos idiomas. Las excavaciones han proporcionado miles de documentos en sumerio y acadio que muestran el progreso de la civilización, de las artes y de las ciencias. El acadio tuvo tanto éxito que durante varios siglos se utilizó como idioma internacional para el comercio y la diplomacia. El historiador moderno le debe sus conocimientos mayormente al rey Asurbanipal de Asiria (668–626 a.C.), quien fundó una biblioteca en Nínive. Asurbanipal envió a sus escribas por toda la Mesopotamia para que hicieran copias de miles de documentos importantes, especialmente textos literarios y religiosos. El descubrimiento de esta biblioteca proveyó un corpus de textos de todos los períodos de la historia mesopotámica.

Egipto Aprox. para el 3000 a.C., los egipcios habían desarrollado un sistema jeroglífico de escritura denominado "escritura pictórica sagrada" que se empleaba principalmente para inscripciones en monumentos públicos. De una manera similar a la de los sumerios, los signos jeroglíficos se podían leer como signos para palabras o ideas, como signos fonéticos y como determinativos. Las vocales no se indicaban en el escrito, pero aparentemente continúa el debate con respecto a si el escrito logográfico se convirtió en un escrito silábico. En 1822 Champollion llevó a cabo el descifre de jeroglíficos después de varios años de estudio riguroso.

Los egipcios desarrollaron una escritura cursiva denominada hierática con el propósito de suplir las necesidades de la vida diaria como las tareas de guardar registros, inventarios de bienes, etc. La hierática, jeroglíficos simplificados, se escribía con un pincel y tinta sobre superficies lisas de piedra y papiros. Alrededor del 700 a.C., el hierático se simplificó aún más convirtiéndose en otra escritura cursiva, la demótica. Para el 200 d.C., las letras griegas se utilizaban para la escritura del idioma egipcio en uso en aquel momento, el copto.

Asia Menor Los hititas de Anatolia, que hablaban un idioma indoeuropeo, adoptaron el sistema de escritura cuneiforme mesopotámico. Los textos cuneiformes hititas se conocen principalmente por los archivos de Bogazkoy descubiertos en 1906. La obra pionera de interpretación de textos la realizó F. Hrozny, quien reconoció que los textos contaban con una mezcla de logogramas sumerios, palabras y frases acadias, y términos y expresiones hititas escritas en forma fonética. Copias divergentes del mismo texto o de textos similares contenían a menudo equivalentes de los elementos sumerios y acadios escritos fonéticamente. Los hititas, al igual que los elamitas y los hurritas, también utilizaron el acadio para los documentos correspondientes a relaciones internacionales.

Alrededor del 1500 a.C. comenzó a aparecer un sistema jeroglífico conocido como jeroglíficos hititas. Este sistema de escritura no recibió la influencia de los jeroglíficos egipcios antiguos. Los estudiosos de los textos han determinado que el lenguaje está relacionado con el hitita que se conoce a partir de los textos cuneiformes, pero que no es idéntico a éste. La inscripción bilingüe de Karatepe, compuesta por un texto en jeroglíficos y fenicio, salió a la luz en 1947, y no sólo confirmó los significados de algunas palabras sino también que las investigaciones previas realizadas sin el auxilio de los textos bilingües habían sido correctas.

Siria-Palestina Los primeros intentos de producir un alfabeto se realizaron en Siria-Palestina. Los textos de Ugarit (*Ras Shamra*) datan del 1500 al 1200 a.C. y se escribieron en un cuneiforme alfabético. El alfabeto consta de 31 caracteres, 28 de los cuales son consonantes y tres indican la vocal que acompaña a la letra *aleph*.

En un trabajo llevado a cabo en 1904–1905 en Serabit el-Khadem en el Sinaí, Flinders Petrie descubrió inscripciones realizadas con una escritura semejante a los jeroglíficos egipcios pero consistía en sólo unos 30 signos. A pesar de que no todos los signos se han descifrado de manera concluyente, es posible observar la relación entre algunos caracteres y las letras del alfabeto fenicio de aprox. el 1000 a.C. El texto de las inscripciones sinaíticas es la primera etapa del desarrollo de la escritura linear cananea.

Las fuentes disponibles para el estudio del desarrollo de la escritura hebrea son de varias clases: inscripciones en monumentos (talladas en piedra), ostraca (tiestos inscritos), inscripciones grabadas sobre sellos, pesos, asas de jarros, osarios y documentos escritos con tinta en papiros y cuero. Las inscripciones de monumentos incluyen el calendario de Gezer (950 a.C.), la Piedra Moabita (850 a.C.), la inscripción en el túnel de Siloé y la inscripción en la tumba de Siloé (700 a.C.). La ostraca incluye las de Samaria (800 a.C.), de Asor (800 a.C.), de Yavneh-yam (550 a.C.) y de Laquis (500 a.C.). Después del exilio, la escritura "cuadrada" de origen arameo comenzó a reemplazar a la cursiva, tal como lo demuestra el papiro de Elefantina. Los documentos de las regiones de Qumrán y de Wadi Murabba'at (220 a.C. a 150 d.C.) completan la información. Estos materiales fuente hacen posible rastrear el desarrollo de las escrituras hebreo-arameas por más de mil años y, en consecuencia, otorgarles una fecha mucho más precisa a los documentos que sigan saliendo a la luz en el curso de excavaciones.

Referencias bíblicas a la escritura Para la época de Moisés y de Josué se encontraban en uso varios sistemas de escritura en Siria-Palestina. Muchos textos bíblicos hacen referencia a que a Moisés se le indicó escribir narraciones de los acontecimientos históricos (Ex. 17:14), las leyes y los estatutos (Ex. 34:1-9), y las palabra de Jehová (Ex. 24:4). Josué escribió en piedras una copia de la ley de Moisés (Jos. 8:32), y luego escribió estatutos y ordenanzas en el libro de la ley de Dios (Jos. 24:26). Gedeón hizo que un hombre joven de Sucot escribiera los nombres de los 77 oficiales y ancianos de esa ciudad (Jue. 8:14). Samuel escribió los derechos y los deberes de los reyes (1 Sam. 10:25). David pudo escribirle una carta a su general (2 Sam. 11:14). Los reyes se ocupaban de la correspondencia internacional (2 Crón. 2:11). Muchas referencias a las crónicas de los reyes de Israel y de Judá quizá correspondan a diarios y anales de la corte (1 Rey. 14:19). Los profetas escribían o dictaban sus oráculos (Isa. 8:1,16; 30:8; Jer. 30:1,2; 36:27, 28). Por lo menos para el 800 a.C., los escribas de la corte ya registraban el pago de impuestos (comp. la *ostraca de Samaria*). Era costumbre utilizar inscripciones conmemorativas y recordatorias (comp. la inscripción de Siloé y la inscripción de la tumba de Siloé). Nehemías, en su condición de oficial bajo designación persa, escribió el pacto para guardar la ley de Dios (Neh. 9:38), y allí varios hombres colocaron su firma como testigos (Neh. 10:1-27).

De la misma manera, la alfabetización se extendió ampliamente durante el período del NT. Jesús podía leer (Luc. 4:16-21) y escribir (Juan 8:6). Los escritores de los Evangelios y Pablo escribieron en un griego excelente, en tanto que este último por lo general utilizaba un amanuense o escriba.

Las diversas clases de documentos y escritos mencionados en la Biblia fueron cartas (personales y oficiales), decretos (religiosos y civiles), documentos legales, contratos de venta, certificados de divorcio, registros familiares, descripciones topográficas y libros en rollos que contenían leyes, registros de la corte y obras poéticas. Ver *Libro(s)*.

Es difícil determinar el alcance de la alfabetización durante la época del AT. La mayoría de las personas mencionadas como escritoras son aquellas que poseían cargos profesionales o que ostentaban posiciones de liderazgo que requerían escritura, tales como reyes, líderes religiosos, profetas y gobernantes. Aun en esos casos, la mayoría de las veces se utilizaban escribas o secretarios. Uno de los funcionarios de gabinete era el secretario (*sopher*) que manejaba la correspondencia oficial, incluyendo comunicaciones internacionales (2 Sam. 8:17; 20:25). Jeremías le dictaba sus oráculos a su escriba Baruc (Jer. 30:2; 36:27). Además, las inscripciones hebreas no proporcionan evidencia firme de que la población en general pudiera leer o escribir; ni siquiera de que tuvieran gran necesidad de hacerlo.

Materiales y utensilios para la escritura La piedra se utilizó como superficie para escribir durante todos los períodos del antiguo Cercano Oriente, especialmente en las inscripciones de monumentos y conmemorativas. En Egipto, las paredes de los templos se cubrían con inscripciones históricas cinceladas en piedra. En la Mesopotamia y en Anatolia, se labraban inscripciones en las laderas de los montes (comp. la Piedra de Beistún), en rocas de diversos tamaños para monumentos en exhibiciones públicas (comp. el Código de Hammurabi y los mojones de fronteras), o en inscripciones pequeñas que se colocaban en depósitos en los cimientos. En Siria-Palestina, varias inscripciones de monumentos se tallaron en piedra, incluyendo la Piedra Moabita, la inscripción de Siloé y las inscripciones de gobernantes arameos y fenicios desde el 1000 a.C. en adelante. En el AT, la ley se escribió en piedras (Ex. 24:12) y en piedras revocadas con cal (Deut. 27:1-10).

La arcilla era el medio principal de escritura para las culturas que utilizaban el sistema cuneiforme. Las impresiones se realizaban en arcilla blanda mediante el uso de un punzón. A menudo los documentos legales y las cartas se colocaban en un sobre de arcilla donde se escribía un resumen del texto y sobre el cual se enrollaban sellos cilíndricos para identificar a los testigos. Aunque en Palestina se han hallado documentos de barro escritos con escritura cuneiforme, en el AT no hay ninguna clara referencia con respecto a que los israelitas utilizaran tablillas de arcilla.

Las tablillas de madera cubiertas de arcilla o cera se utilizaban como superficies para escribir tanto en Egipto como en Mesopotamia. En la Biblia se menciona la escritura sobre varas (Núm. 17:2,3) y palos de madera (Ezeq. 37:16). Es probable que las referencias de Isa. 30:8 y Hab. 2:2 aludan a escritos sobre tablillas de madera. En Luc. 1:63, Zacarías escribió sobre una tablilla de madera encerada.

El metal se empleó como material para escritura en varios períodos, especialmente en los de bronce y de cobre. Algunas inscripciones de Biblos, realizadas con una escritura silábica poco entendible, se hicieron en láminas de bronce. Especialmente conocidos son los dos rollos de cobre de Qumrán que contenían una lista de los tesoros de la comunidad.

Los tiestos proporcionaban una superficie económica y sumamente útil para cartas, registros económicos y textos de escuelas. Los tiestos escritos (*ostraca*) se utilizaron comúnmente en Egipto durante todos los períodos, y también en Palestina. Se escribían con una pluma (o pincel) y tinta. La ostraca constituye una parte importante del cuerpo de inscripciones hebreas, tales como la ostraca de Samaria y la de Laquis.

El papiro se utilizó desde muy temprano en Egipto y se continuó empleando hasta los primeros siglos de nuestra era. El junco de papiro se dividía en tiras delgadas colocadas en dos capas en ángulos rectos que luego se prensaban y lustraban para formar una superficie lisa. Estas hojas se podían pegar para formar rollos largos. A medida que el arameo comenzó a ser aceptado como idioma internacional, el papiro empezó a utilizarse más ampliamente en la Mesopotamia y en Siria-Palestina. Es probable que la primera edición del libro de Jeremías se haya escrito en papiro (Jer. 36). Los documentos de la comunidad judía de Elefantina se escribieron en papiros. Entre los restos literarios de Qumrán se encontraron varias obras escritas en papiros. Grandes colecciones de papiros provenientes de Egipto escritos en griego koiné ayudaron a dilucidar los escritos del NT.

El cuero cuidadosamente preparado se utilizó para la mayoría de los rollos bíblicos de Qumrán. Los rollos de la Torá aún se escriben en cuero. Los trozos de cuero se cosían para formar rollos del largo apropiado para el libro u obra. A menudo se imprimían líneas horizontales en el cuero que servían de guía para los escribas. El códice, o libro, se hacía solamente de pergamino.

En el AT se utilizan dos palabras para los instrumentos de escritura, *et* y *cheret*. El primer término generalmente se traduce "pluma". Salmo 45:1 habla de la "pluma de escribiente muy ligero" y, en consecuencia, es probable que sea una referencia a una pluma de junco cuyas fibras se separaban en un extremo para formar un pincel. Jeremías 17:1 y Job 19:24 mencionan un cincel de hierro para hacer inscripciones en la roca. El segundo término, *cheret*, alude tanto a una herramienta para grabar (Ex. 32:4) como a un estilete (Isa. 8:1 NVI). Puesto que Isa. 8:1 menciona como superficie de escritura una tabla, es posible que el estilete se empleara para grabar o raspar la inscripción en la madera o sobre su cobertura de cera.

La tinta se hacía de carbón negro y resina, y se podía limpiar en una superficie para escritura como el papiro. De este modo, el papiro se podía usar más de una vez. Una hoja de papiro que se utilizó más de una vez, luego de que la escritura original se lavara, se denomina palimpsesto. Los paleógrafos a menudo han considerado que los palimpsestos son valiosos debido a que la escritura original, borrada en forma incompleta, podía ser más significativa que la escritura posterior.

Ezequiel 9:2,3,11 menciona el equipo del escriba, el *qeset ha-sopher*. El hombre vestido de lino que se le apareció a Ezequiel tenía un "tintero" o "cuerno de tinta" en la cintura (al costado). Los tinteros se conocían tanto en la literatura, en las obras de arte de Egipto como así también de la Mesopotamia. Proporcionaban recipientes para las plumas, los cepillos, los estiletes y la tinta.

El último implemento que se menciona es el cortaplumas de escriba en Jer. 36:23. Mientras se estaba leyendo el rollo de Jeremías, el rey tomó un cortaplumas de escriba para cortar las columnas del rollo y quemarlas. Es probable que el escriba empleara el cortaplumas para cortar el papiro, el cuero o el pergamino en diversos tamaños. Que el rey estuviera en su casa de invierno buscando calor en un brasero de carbón indica que el rollo de Jeremías estaba hecho de papiro y no de cuero. El olor del cuero quemado en un espacio cerrado habría sido repugnante. Ver *Acadio; Alfarería; Aramea, Lengua; Arqueología y estudios bíblicos; Cuneiforme; Hebreo; Papel, Papiro.*

Thomas Smothers

ESCRITURAS Nombre histórico judeocristiano que se da a la literatura específica que recibe la iglesia como instrucción divina. Escritura significa "un escrito," (del latín *scriptura* y del griego *graphe*). El término se utiliza unas 50 veces en el NT para aludir a parte o todo el AT.

En la historia de la iglesia, el carácter divino de las Escrituras constituyó el motivo fundamental de toda la predicación y la teología cristiana. Esto se refleja en cómo el NT habla del AT. Para introducir pasajes del AT, los escritores del NT solían utilizar fórmulas como "Dios dice" y "el Espíritu Santo dice". Para estos escritores, las Escrituras eran el registro de las palabras y la revelación de Dios a Su pueblo. De este modo, las Escrituras y Dios están tan estrechamente vinculados que los escritores atribuían a las Escrituras las acciones de Dios (Gál. 3:8; Rom. 9:17).

Debido a que creían en el origen y contenido divino de las Escrituras, los escritores del NT las describieron como seguras (2 Ped. 1:19), dignas de ser recibidas por todos (1 Tim. 1:15) y confirmadas (Heb. 2:3). Su palabra "permanece para siempre" (1 Ped. 1:24,25). Quien construye su vida sobre las Escrituras "no será avergonzado" (Rom. 9:33). La Biblia fue escrita para "enseñanza" y "esperanza" (Rom. 15:4), para conducir a la fe salvadora (2 Tim. 3:15), para instruir en justicia (2 Tim. 3:16) a fin de equipar a los creyentes para realizar buenas obras (2 Tim. 3:17).

El propósito de las Escrituras es colocar a los seres humanos en una posición correcta delante de Dios y capacitar a los creyentes para que procuren glorificarlo en todas las actividades y planes de la vida. Sobre todas las cosas, es un libro de la historia de la redención.

Las Escrituras no son sólo un libro divino sino también divino-humano. Es importante reconocer que los escritores bíblicos empleaban los recursos lingüísticos que tenían a disposición dado que les escribían a personas específicas, con necesidades particulares y en momentos determinados. Los autores humanos no eran ajenos a culturas ni contextos. Eran miembros de la comunidad de la fe, conscientes del liderazgo de Dios en sus vidas.

Las Escrituras, compuestas por 66 libros escritos por más de 40 autores en el transcurso de más de 1500 años, revelan al pueblo de Dios la historia unificadora de Sus palabras y actos redentores. El tema central es la encarnación y la obra redentora de Jesucristo. Él es el centro en quien se unifica y vincula todo el contenido de las Escrituras: el principio y el fin, la creación y la redención, la humanidad, el mundo, la caída, la historia y el futuro. Ver *Biblia, Formación y canon; Inspiración de las Escrituras.*

David S. Dockery

ESCUELA Lugar e institución para la educación, especialmente de los niños. La palabra "escuela" no se menciona en el AT y sólo se menciona una vez en el NT, donde se hace referencia a una escuela griega (Hech. 19:9). Hasta el exilio en Babilonia (586 a.C.), la educación de los niños era similar a todos los pueblos de la antigüedad: se centraba en el hogar. La mayor preocupación del pueblo judío era que existiera educación religiosa en la familia.

Debido a la catástrofe del exilio babilónico se inició una nueva etapa en la educación judía dado que las clases altas fueron transportadas a Babilonia. Durante el Sábat, los exiliados se congregaban para orar y adorar. A medida que pasó el tiempo, se construyeron edificios para que el pueblo se pudiera reunir. Estas pequeñas reuniones fueron el origen de la sinagoga que, con el tiempo, se convirtió en el centro de la vida religiosa judía después del exilio. La sinagoga era el lugar donde los escribas enseñaban la ley al pueblo. A los niños no se les enseñó en la sinagoga sino hasta mucho después. El padre era el responsable de transmitirles a sus hijos lo que había aprendido.

El intento de Antíoco Epífanes de erradicar el judaísmo por la fuerza desencadenó la feroz revolución nacionalista de los macabeos (patriotas judíos) en el 168 a.C. Los judíos que habían permanecido fieles comprendieron que necesitaban escuelas para los jóvenes e instrucción para los padres. Simón ben Shetah, líder de los fariseos, fundó escuelas para muchachos de 16 y 17 años con el fin de promover el estudio de las Escrituras. Un siglo más tarde, como consecuencia inevitable, aparecieron escuelas privadas para los niños. Luego de la destrucción del templo de Herodes a manos de Tito en el 70 d.C. y de la desaparición del estado judío tras la revuelta de Bar-Kochba en el 135 d.C., se instituyó enseñanza pública para todos los niños. Ver *Intertestamentaria, Historia y literatura.*

La escuela primaria, significativamente llamada Bet-hasefer, "casa del libro", inicialmente se desarrollaba en alguna habitación accesible pero, para el 200 d.C., se había solidificado en la sinagoga. Los niños ingresaban a la edad de 6 ó 7 años y continuaban hasta los 13. El estudio se centraba en la ley escrita. Incluía el aprendizaje del hebreo, ya que el arameo lo había reemplazado desde hacía tiempo y se había convertido en el idioma cotidiano del pueblo. El conocimiento de la palabra escrita, tanto en la escuela como en el hogar, procuraba el objetivo religioso de generar obediencia a la ley.

La escuela no sólo era lugar de aprendizaje sino también casa de oración; sus metas no eran exclusivamente culturales sino también religiosas. Para el 200 d.C., un fuerte sentido de responsabilidad comunitaria (puesto de manifiesto por un impuesto para la educación que debían abonar todos los padres) había abierto todas las escuelas a los hijos de los pobres. Sin embargo, la escuela judía, al igual que la griega, continuó siendo una institución paga e independiente. Ver *Educación en tiempos de la Biblia; Escribas; Sinagoga; Torá.*

Jeff Cranford

ESCUPIR Escupir a alguien es la más grande señal de desprecio. El hombre que se rehusaba a cumplir con un matrimonio por levirato (tener un hijo con la esposa de su hermano muerto para continuar su nombre, Deut. 25:5,6) debía ser escupido en la cara por la esposa desdeñada del hermano fallecido (Deut. 25:7-9). Los soldados que se burlaron de Jesús antes de Su crucifixión lo escupieron (Mat. 27:30). Los líderes religiosos que juzgaron a Jesús antes de llevarlo ante Pilato le escupieron la cara (Mat. 26:67). El escupitajo se utilizaba para sanar (Mar. 8:23; Juan 9:6). Mezclar el escupitajo con tierra (Juan 9:6) tal vez se haya hecho para quebrantar deliberadamente las leyes sabáticas de los líderes religiosos judíos.

ESDRAELÓN Traducción griega de la palabra "Jezreel" que designa las tierras bajas que separan las montañas de Galilea de las de Samaria.

Antiguo Testamento Esdraelón, también llamado la Gran Planicie de Esdraelón o Llanura de Jezreel, es la región asignada a Zabulón e Isacar (Jos. 19:10-23). Se extiende desde el Mar Mediterráneo hasta el Río Jordán a la altura de Bet-seán. Dentro de esta región están el

Valle o Planicie de Meguido al este y el Valle de Jezreel al oeste.

No hay consenso entre diversas fuentes en cuanto al nombre preciso de la región. Algunos eruditos sostienen que Valle de Jezreel alude a toda la región; con Esdraelón como la parte más occidental que comprende la Llanura de Aco y el Valle de Meguido. Cualquiera sea el nombre de toda esta región, se cree que las referencias a Jezreel indican tanto la ciudad de Jezreel como el valle donde está localizada; y que las referencias a Meguido señalan también la ciudad y la planicie donde se encuentra.

El significado histórico y bíblico de Esdraelón en el AT está asociado a la guerra y a las masacres. Como campo de batalla, era un lugar estratégicamente favorecido. Estaba ocupado por cananeos con pocas intenciones de irse cuando las tribus de Israel intentaron asentarse allí (Jue. 1: 27). El cántico de Débora en Jue. 5 celebra la batalla de "Taanac, junto a las aguas de Meguido" (Jue. 5:19), donde Barac finalmente repelió a los cananeos.

Valle de Armagedón o Llanura de Esdraelón, tal como se ve desde el emplazamiento del antiguo Valle de Meguido.

Otras batallas importantes tuvieron lugar en Esdraelón. Frecuentemente, el tema del liderazgo sobre Israel se resolvió allí. Josías murió en batalla contra el faraón Necao en Meguido (2 Crón. 35:20-24). Saúl y Jonatán murieron en manos de los filisteos en el Valle de Jezreel (1 Sam. 29:1, 11; 31:1-7). Jehú mató en Jezreel a sus rivales Joram y Ocozías (2 Rey. 9). Más tarde masacró en ese sitio a todos los hombres de Acab y de Ocozías, así como a todos los profetas de Baal (2 Rey. 10).

En Esdraelón también tuvieron lugar otras matanzas brutales por motivos no políticos. Nabot era propietario de una viña en Jezreel. Jezabel y Acab quisieron comprar el viñedo, pero Nabot se rehusó porque lo había heredado de sus ancestros (1 Rey. 21:3). Jezabel planeó el asesinato de Nabot para que Acab pudiera apoderarse de la viña (1 Rey. 21:5-16).

Las tragedias en Esdraelón no pasaron inadvertidas ante Dios. Por su parte, Jezabel posteriormente fue asesinada en Jezreel, tal como lo había profetizado Elías (1 Rey. 21:23; 2 Rey. 9:36). Oseas profetizó venganza sobre la casa de Jehú por el papel desempeñado en la matanza de Jezreel (Os. 1:4-5).

Nuevo Testamento Esdraelón se menciona en el NT como Armagedón, que significa monte o ciudad de Meguido. Apocalipsis 16:16 hace eco de la descripción antiguotestamentaria de Esdraelón como un lugar de guerra y tragedia. Aquí se librará la batalla final de Yahvéh (Apoc. 16:14-16; 19:19). *Donna R. Ridge*

ESDRAS Sacerdote y escriba del siglo V a.C. Descendiente de Aarón a través de Finees y posteriormente de Sadoc (Esd. 7:1-5; 1 Crón. 6:4-14). Fue enviado a Jerusalén en el 458 a.C. por el rey Artajerjes de Persia con un gran contingente de israelitas (Esd. 7:7). Su misión consistía en "inquirir la ley de Jehová y ... cumplirla, y ... enseñar en Israel sus estatutos y decretos" (7:10).

Se le suministraron del tesoro del rey plata y oro y los utensilios del templo anterior, y se le dio la facultad de designar funcionarios públicos para que hicieran cumplir la ley. Una vez que dividió los suministros entre las tribus de Israel, ofreció sacrificios a Dios y comenzó a llevar a cabo reformas. Su primer acto reformador fue ocuparse de la cuestión de los matrimonios mixtos. Los israelitas habían contraído matrimonio con personas de naciones circundantes. Mediante la oración, la intercesión y la predicación rápidamente logró cierta medida de éxito (10:19). Nehemías registra que leyó la ley ante todo el pueblo en el 444 a.C. al restablecerse la fiesta de los tabernáculos (Neh. 8). Esdras tuvo una gran importancia para Israel como así también para los eruditos bíblicos de nuestros días. Fue el principal inspirador de las reformas inmediatamente después del regreso de Israel del exilio y uno de los más importantes preservadores y maestros de la ley en la historia judía. (Probablemente fue el autor de los libros de Crónicas y Esdras, y el editor final del AT.) Agregado a esto, es la fuente principal de información sobre el primer retorno del exilio. *Kevin Burris*

ESDRAS, LIBRO DE El nombre "Esdras" podría ser la forma abreviada de un nombre que significa "Dios/Yahvéh es mi auxilio". Varias personas llevaban este nombre: un jefe de familia en Judá (1 Crón. 4:17), un sacerdote que regresó con Zorobabel (Neh. 12:1, 13), y un príncipe en la dedicación de los muros de Jerusalén construidos por Nehemías (Neh. 12:32-33). El más famoso es el personaje principal del libro de Esdras.

Dicho libro está íntimamente relacionado con Crónicas y Nehemías. La conexión es tan evidente que es posible que una misma persona haya escrito y compilado los tres. A esta persona no identificada se la denomina el Cronista.

Esdras y Nehemías eran en realidad un solo libro en el primer AT en hebreo y en griego. Cada uno de los libros contiene materiales que se encuentran en el otro (por ej., la lista en Esd. 2 también está en Neh. 7). Cada uno de los libros completa al otro; el relato de Esdras continúa en Nehemías (caps. 8–10). Ambos son necesarios para la historia de Israel. Desde el punto de vista histórico, todo un siglo resultaría desconocido (538–432 a.C.) si no contáramos con Esdras y Nehemías. Ellos constituyen el capítulo siguiente de la historia registrada en Crónicas.

El libro presenta una crónica de dos acontecimientos principales, el de Zorobabel y el grupo que retornó y reedificó el templo (caps. 1–6), y el de Esdras (caps. 7–10, completado en Neh. 8–10). Algunas peculiaridades de este libro incluyen el nombramiento de Sesbasar (cap. 1) y no Zorobabel, como líder del primer grupo que regresó. Son posibles dos enfoques. Uno es que Sesbasar era una persona que efectivamente condujo a Jerusalén a un pequeño grupo de judíos ansiosos. Según el otro, Sesbasar tal vez haya sido otro nombre para Zorobabel. Pero parecería

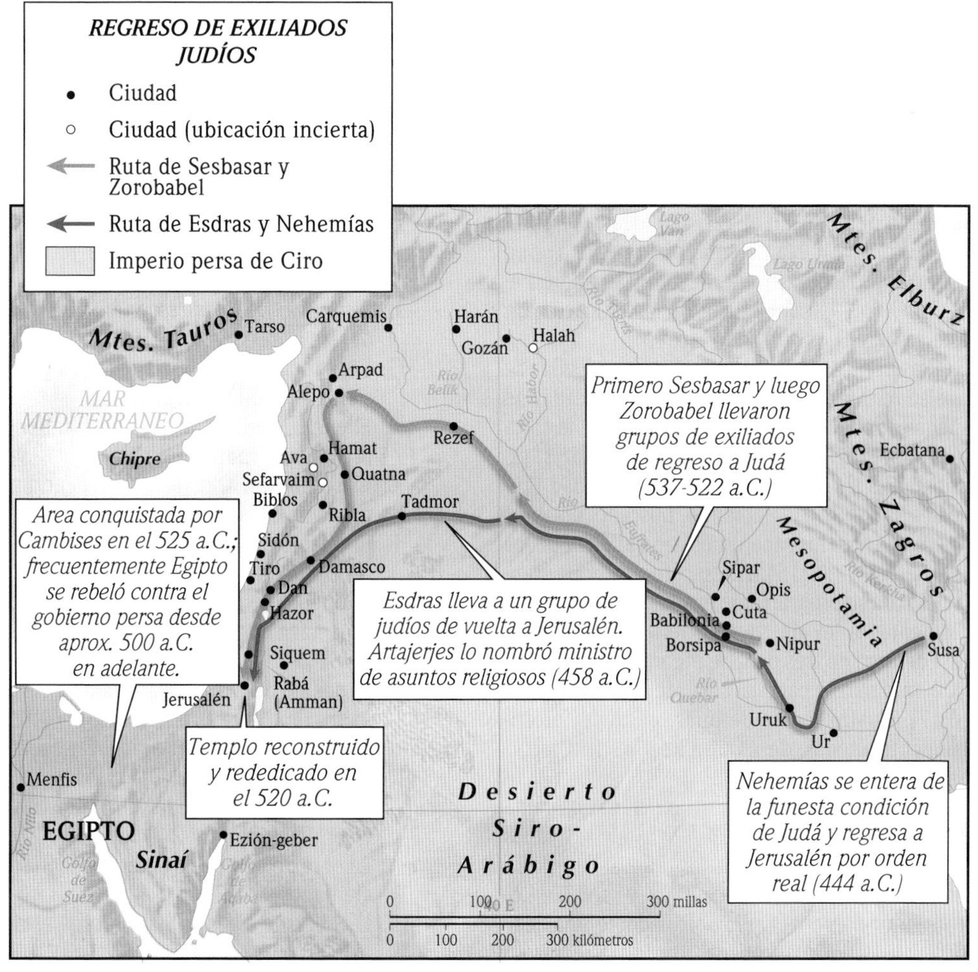

improbable que un judío tuviera dos nombres babilónicos.

Otra peculiaridad, tanto en Esdras como en Nehemías, es el uso de listas. La de Esdras 2 de los que regresaron con Zorobabel se encuentra en Nehemías 7. Otras listas incluyen a los que regresaron con Esdras (Esd. 8:1-14) y a "los hijos de los sacerdotes que habían tomado mujeres extranjeras" (Esd.10:18-43).

Otra peculiaridad es el arameo en Esdras. Se trataba de una lengua ampliamente usada en su época, emparentada con el hebreo y usada por los judíos y gentiles por igual. La mayor parte del libro está escrita en hebreo, pero hay dos largas secciones en arameo (Esd. 4:7–6:18; 7:12-26). En líneas generales, el arameo se usa en la correspondencia oficial entre Palestina y Persia.

Las listas y el arameo muestran que el autor estaba decidido a usar documentos oficiales donde fuera posible. Establecer la legitimidad de los judíos constituía un objetivo importante, y dichos documentos contribuían a lograrlo.

Esdras comienza con el relato de Sesbasar y Zorobabel y de los primeros judíos que en el 538 a.C. regresaron a Jerusalén del cautiverio. El principal objetivo era reconstruir el templo. Los cimientos se hicieron en el 536 a.C. Luego hubo una gran demora. En el 520 a.C., Hageo y Zacarías (Esd. 5:1) habían alentado al pueblo a completar el proyecto, lo que llevaron a cabo en el 515 a.C. (6:14-15), e "hicieron la dedicación de esta casa de Dios con gozo" (6:16).

Pasaron casi 60 años antes de que Esdras se trasladara a Jerusalén (458 a.C.), seis décadas de silencio. Salió de Persia con "la copia de la carta que dio el rey Artajerjes al sacerdote Esdras, escriba" (7:11), dándole poderes y autoridad inusuales (7:12-26). "Habiendo buscado entre el pueblo y entre los sacerdotes, no hallé allí de los hijos de Leví" (8:15). Los sacerdotes eran esenciales para su programa de enseñanza a fin de implementar la ley de Dios en Jerusalén. Durante una demora de tres días, se incorporaron más de 200 ministros "para la casa de nuestro Dios" (8:17). Cuatro meses después, el grupo, probablemente menos de 2000, llegó a la Ciudad Santa.

Pronto Esdras fue informado del más flagrante pecado de los judíos, matrimonios con no judíos que no entraban en el pacto con Yahvéh (9:2). Esdras se preocupó profundamente y oró (9:3-4,6-15). En una asamblea, el pueblo adoptó una decisión que tiene que haberles partido el corazón: "Ahora, pues, hagamos pacto con nuestro Dios, que despediremos a todas las mujeres y los nacidos de ellas" (10:3). El libro de Esdras concluye con el cumplimiento de esta decisión (cap. 10).

El relato de Esdras alcanza su clímax en Nehemías 8–10. Allí leyó "el libro de la ley de Moisés, la cual Jehová había dado a Israel" (Neh. 8:1). El resultado fue un gran avivamiento.

La mayor contribución de Esdras fue su enseñanza, afirmación y puesta en práctica del "libro de la ley de Moisés" (Neh. 9:3) entre los judíos. Esdras dio muestras de una sólida teología; creía en la soberanía de Dios que podía usar a un Ciro, a un Artajerjes, y a un Darío para lograr Sus propósitos. Creía en la fidelidad de Dios que llevó a los exiliados que quisieron regresar. Creía en la santidad y la practicidad de las Escrituras; se las leía al pueblo e insistía en que las enseñanzas se pusieran en práctica. Era una persona de oración; notemos sus largas oraciones de confesión (Esd 9:5-15; Neh 9:6-37). Era un predicador: se valía del púlpito (Neh. 8:4); leía las Escrituras públicamente, y ayudaba a su congregación a interpretarlas (8:8).

Bosquejo

I. El culto a Dios debe ser restablecido (1:1–6:22)
   A. Dios puede valerse de un pagano "para que cumpliese la palabra de Jehová" (1:1-4)
   B. El pueblo de Dios responde a los modos de obrar divinos (1:5-6)
   C. Dios recuperará y reclamará sus posesiones (1:7-11)
   D. El pueblo de Dios, importante por nombre y como individuos (2:1-67)
   E. El pueblo de Dios es dador generoso para una causa buena (2:68-70)
   F. El pueblo de Dios adora, al margen de las circunstancias (3:1-6)
   G. El pueblo de Dios es capaz de dar y de organizarse para llevar a cabo una tarea (3:7-9)
   H. El pueblo de Dios lo alaba tanto ante el éxito como ante el desengaño (3:10-13)
   I. El pueblo de Dios debe rechazar ciertas ofertas de ayuda (4:1-3)
   J. La obra de Dios puede sufrir oposición y ser detenida (4:4-24)
   K. La obra de Dios y los obreros deben ser alentados (5:1-2)
   L. La obra de Dios y Sus obreros están bajo Su cuidado (5:3-5)

M. La obra de Dios puede tener autorización y apoyo pagano (5:6–6:12)
N. La obra de Dios finalmente se debe completar (6:13-15)
O. La obra de Dios se debe dedicar públicamente con celebración gozosa (6:16-22)

II. La obra de Dios se debe continuar (7:1–10:44)
A. La obra de Dios requiere maestros y ayudantes expertos (7:1-7)
B. La obra de Dios evoca compromiso (7:8-10)
C. La obra de Dios acepta la ayuda que pueda conseguir de distintas fuentes (7:11-26)
D. Dios bendice a Sus obreros y espera ser alabado (7:27-28)
E. La obra de Dios merece buenos registros (8:1-14)
F. La obra de Dios requiere la incorporación de obreros preparados (8:15-20)
G. La obra de Dios requiere fe, oración y humildad (8:21-23)
H. La obra de Dios garantiza división de responsabilidades (8:24-30)
I. La obra de Dios exige buena mayordomía y sacrificio generoso (8:31-36)
J. Las crasas violaciones de la Palabra de Dios deben ser reconocidas (9:1-5)
K. El pecado reconocido lleva a la oración y a la confesión con profundo discernimiento teológico (9:6-15)
L. La gracia de Dios y la confesión humana exigen compromiso activo (10:1-4)
M. El pueblo de Dios debe unirse (10:5-9)
N. Los líderes de Dios deben hacer claro ante el pueblo de Dios el llamado a una vida separada (10:10-11)
O. El modo de obrar de Dios utiliza soluciones prácticas para los problemas difíciles (10:12-17)
P. El modo de obrar de Dios espera "frutos dignos de arrepentimiento" (Mat. 3:8) de parte de todos los culpables (10:18-44)

D. C. Martin

ESEC Nombre de persona que significa "opresión" o "fuerte". Miembro de la tribu de Benjamín, descendiente del rey Saúl (1 Crón. 8:39).

ESEK Nombre geográfico que significa "conflicto". Pozo que los sirvientes de Isaac cavaron en el valle cerca de Gerar a fin de encontrar agua para el ganado. Los pastores de Gerar resistieron la pretensión de Isaac de tener allí un abrevadero. Este aparentemente cedió sin llegar a un enfrentamiento, por lo que recibió la promesa de Dios de que sería bendecido (Gén. 26:18-24).

ESEM o EZEM Nombre geográfico que significa "poderoso" o "hueso". Ciudad en el territorio tribal de Judá pero ocupado por la tribu de Simeón (Jos. 15:29; 19:3; 1 Crón. 4:29). Es la moderna Umm el-Azam, alrededor de 24 km (15 millas) al sur de Beerseba y al sudoeste de Aroer. En Tell esh-Sharia, alrededor de 21 km (13 millas) al noroeste de Beerseba, los arqueólogos han encontrado una pieza de alfarería con la inscripción Esem.

ESENIOS Nombre de una secta judía en Palestina durante la época de Cristo. No se mencionan en el NT. Eran ascetas que practicaban la comunidad de bienes, generalmente rechazaban el matrimonio, se negaban a ir al templo a adorar y le atribuían gran importancia al estudio de las Escrituras. Muchos eruditos le atribuyen a la comunidad de los esenios los Rollos del Mar Muerto descubiertos en 1947. Ver *Qumrán; Rollos del Mar Muerto.*

ESLI Nombre de persona de significado incierto. Antepasado de Jesús (Luc. 3:25). Algunos eruditos lo equiparan con Elioenai (1 Crón. 3:23). Ver *Elioenai.*

ESMIRNA Ciudad principal sobre la costa occidental de Asia Menor, la actual Izmir en Turquía. Tenía buenas instalaciones portuarias; allí terminaba una ruta importante y la rodeaban ricas tierras

Ruinas de la antigua Qumrán, probablemente habitada por esenios desde el 130 a.C. hasta el 70 d.C.

E

Ruinas del foro en el emplazamiento de la antigua ciudad de Esmirna, en Asia Menor (Turquía).

de labranza. Es la segunda de las siete iglesias a las que se dirige Juan (Apoc. 2:8-11), una de las dos iglesias de las cuales el Señor no dijo nada negativo. (La otra fue Filadelfia.) Esmirna fue leal a los romanos en una etapa inicial (aprox. 195 a.C.) y nunca vaciló. Los romanos solían recompensarla por su lealtad. La ciudad era sede del culto de adoración al emperador en esa región del imperio. Los cristianos fueron perseguidos por los judíos y los romanos. Policarpo, famoso mártir cristiano, fue quemado en una estaca en Esmirna en el 156 d.C. Ver *Asia Menor, Ciudades de.*

ESPACIO SIDERAL La Biblia enseña que el espacio sideral fue creado por Dios (Gén. 1:1,14-19; Job 9:7-10; 26:7; Sal. 8:3; 136:7-9; Amós 5:8). Él hizo el sol, la luna y las estrellas para proveer de luz a la tierra e indicar el paso del tiempo a través de las estaciones, días y años (Gén. 1:14, 15).

Mucho antes de que existieran registros históricos, la gente comenzó a adorar los cuerpos celestes. Las deidades del sol, la luna y las estrellas tenían lugares prominentes en los panteones del antiguo Cercano Oriente. Los babilonios desarrollaron un sistema sofisticado de causalidad basado, en parte, en el movimiento de las estrellas. Estas ideas se propagaron en el antiguo Israel (p. ej. 2 Rey. 23:5; Jer. 8:1,2), donde los escritores de la Biblia las condenaron diciendo que eran idolátricas (Deut. 4:19; 17:3; Job 31:26-28; Isa. 47:13; Jer. 10:2).

Los poetas bíblicos estaban anonadados por la vastedad y misterio del espacio sideral. Frecuentemente se refirieron al sol, la luna, y las estrellas como testigos del poder de Dios y la permanencia de Su obra. Por ejemplo, Job reconocía que "cuelga la tierra sobre la nada" (Job 26:7) y que los movimientos de las constelaciones sólo eran conocidos por Dios (Job 38:31-33). El salmista equiparaba la permanencia de la monarquía davídica al sol y la luna (Sal. 72:5; 89:37). Solo al final de los tiempos, cuando el proceso de la creación se revierta en el día de Jehová, el sol, la luna y las estrellas se oscurecerán (Isa. 13:10; Joel 2:31; Mat. 24:29; Apoc. 6:12,13; 8:12).

La Biblia no da indicación de que haya vida en otros planetas, y sostiene con fuerza la singularidad de la vida en la tierra.

Estatuas halladas en las ruinas de Esmirna (actualmente Izmir, Turquía).

ESPADA Arma de corto alcance. La palabra hebrea *cherev* y la griega *machaira* designan una daga o espada. La palabra hebrea también corresponde a una herramienta de hierro ("hachas", Ezeq. 26:9) o un cincel ("herramienta" Ex. 20:25). En Josué 5:2, la palabra alude a cuchillos de piedra usados para circuncidar a los israelitas.

La arqueología ha demostrado que en el antiguo Cercano Oriente se utilizaban diferentes tipos de espadas. La hoz o espada curva se usaba en toda la Mesopotamia, Egipto y Palestina. Las primeras espadas fueron rectas, relativamente cortas y de bronce. La espada de Aod fue una daga corta de doble filo de aprox. 45 cm (18 pulgadas) (Jue. 3:16). La espada que usaron los israelitas en la conquista de Canaán probablemente haya sido curva y de hoja larga (Jos. 6:21).

Los pueblos del mar introdujeron en Canaán la espada de doble filo hecha de hierro. Los filisteos privaron a los israelitas de este tipo de espada por motivos militares y económicos hasta los tiempos de David (1 Sam. 13:19). El AT atestigua que en las guerras entre israelitas y filisteos, los primeros no poseían esta nueva arma (1 Sam.

13:22). La espada se guardaba en una vaina (1 Sam. 17:51; Mat. 26:52). Colgaba de un cinturón (1 Sam. 25:13) y generalmente se colocaba sobre la cadera izquierda (2 Sam. 20:8).

Hay muchos usos simbólicos de la palabra "espada" en la Biblia. El término se empleaba como metáfora para la guerra (Jer. 14:15; Mat. 10:34); era un instrumento de justicia divina (Ezeq. 21:3; Apoc. 1:16). Las palabras imprudentes son comparadas a una espada que golpea (Prov. 12:18); la lengua es como una espada aguda (Sal. 57:4); las palabras malévolas son "espadas desenvainadas" (Sal. 55:21 NVI). La Palabra de Dios es más cortante que una "espada de dos filos" (Heb. 4:12); la espada del Espíritu, que es la Palabra de Dios, es parte de la armadura del cristiano en la lucha contra el mal (Ef. 6:17). Ver *Armas y armaduras.* *Claude F. Mariottini*

ESPALDILLA La parte superior de la pierna o muslo era una de las porciones preferidas para el sacrificio y se reservaba para los sacerdotes (Lev. 7:32-34). En Isa. 47:2 se traduce "piernas".

ESPAÑA País que aún se conoce por ese nombre situado en el extremo sudoeste de Europa. Los romanos lo ocuparon justo antes del 200 a.C. Pablo quiso ir a España (Rom. 15:24,28). Según Clemente (aprox. 95–96 d.C.) y el Fragmento Muratorio (aprox. 195–196 d.C.), fue precisamente lo que hizo. Ver *Tarsis.*

ESPARCIMIENTO Por lo general, la Biblia habla del "reposo" en términos de un cese de trabajo, de problemas y de pecado (por ej., Ex. 33:14; Isa. 32:18; Heb. 4:1-11). Mientras reposan, las personas se ocupan de disfrutar de Dios y de la compañía de otros, un anticipo de la actividad del cielo.

La Biblia reconoce la necesidad de tener con regularidad un descanso programado del trabajo. El día de reposo semanal (Ex. 20:8-11) y varias fiestas anuales (Lev. 23:1-44; Deut. 16:1-17) se celebraban con la intención de centrarse en las necesidades espirituales de Israel, pero también proporcionaban interrupción de las tareas físicas. La ley mosaica ordenaba para los recién casados una luna de miel de un año de duración (Deut. 24:5; comp. Luc. 14:20). Jesús trataba de hallar tiempo para estar a solas a fin de descansar y orar, pero a menudo la presión de las multitudes impedía que lo hiciera (Mat. 14:13; Mar. 3:20; 6:31; Juan 11:54).

La Biblia advierte contra el mal uso del tiempo libre que puede conducir al ocio (Prov. 19:15; 24:33-34; Ecl. 10:18; Amós 6:4-6; 1 Tim. 5:13), a excederse con las fiestas (Isa. 5:11-12) o a provocar problemas (2 Crón. 13:7; Prov. 6:10-15). Ver *Sábat, Sábado, Día de reposo.*

Paul H. Wright

ESPECIAS Sustancias aromáticas y acres usadas en la preparación de alimentos, aceites sagrados para unciones, incienso, perfumes y ungüentos para higiene personal y sepultura de los muertos.

En la antigüedad eran muy costosas y se valoraban mucho. Llegaban a Palestina desde la India, Arabia, Persia, Mesopotamia y Egipto. Salomón tenía una relación comercial fluida con el rey

Espada que data del Reino Medio egipcio.

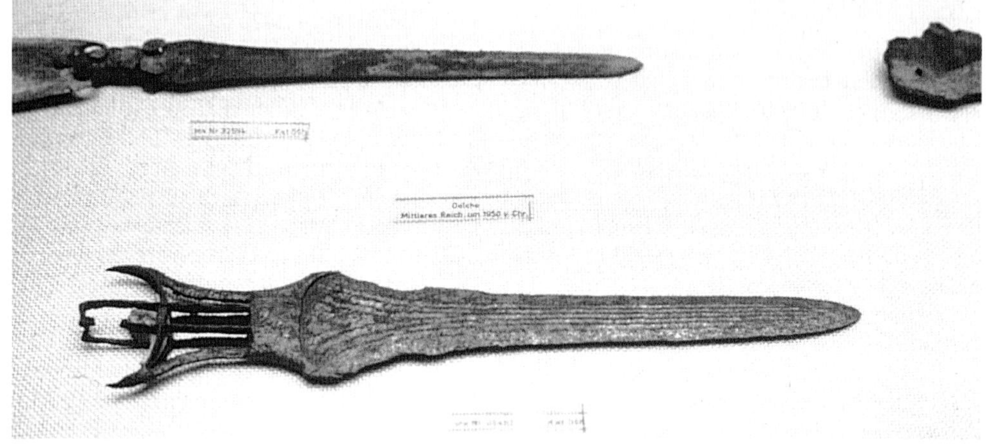

Hiram de Tiro, con quien intercambiaba especias y otros artículos. Su flota de barcos generaba ingresos relevantes para la economía israelita (1 Rey. 10:15). Salomón también cobraba impuestos a las caravanas que atravesaban el territorio. La tierra de Seba (Sabá), actual Yemen, desarrollaba un amplio comercio de especias. La reina de Sabá hizo un largo viaje de aprox. 1900 km (1200 millas) porque tuvo temor de que su negocio de especias transportadas en caravanas se viera perjudicado por la flota mercante de Salomón. Al visitarlo, la reina le dio a Salomón una "gran cantidad de especias aromáticas" (2 Crón. 9:9).

Eran de amplio uso en la adoración en el templo y en la vida diaria. El Talmud habla de varias especias "favorecedoras de alimentos" que se utilizaban para preparar comidas. Entre ellas se incluyen comino, eneldo, canela y menta. En Israel el incienso, el estacte, el gálbano y la uña aromática se usaban en la elaboración del incienso para la adoración (Ex. 30:34,35). Para preparar el santo aceite de la unción se empleaba bálsamo, mirra, canela, casia y cálamo (Ex. 30:23-25). Algunas especias usadas en la preparación de cosméticos eran casia, áloe y nardo (Cant. 4:14; Mar. 14:3; Juan 12:3). La mirra y los áloes se usaban en los ungüentos para la sepultura (Luc. 23:56; Juan 19:39). Ver *Ungüento.*

Algunas de las especias más importantes son:

Alheña Planta utilizada como cosmético; sus hojas producían un tinte que usaban las mujeres (Cant. 1:14; 4:13 LBLA).

Áloe (*Aloexyllon agallochum* y *Aquilaria agallocha*) Especia utilizada para perfumar vestimentas y camas (Prov. 7:17; Sal. 45:8). El áloe que se menciona en Juan 19:39 era una planta diferente. El extracto de sus hojas se mezclaba con agua y otras especias a fin de hacer el ungüento para ungir a los muertos.

Azafrán (*Curcuma longa, Crocus sativus*) Sustancia de una planta que producía un tinte amarillo; se usaba como colorante de comidas. Cuando se mezclaba con aceite, se podía usar como medicina y perfume (Cant. 4:14).

Bálsamo (*Pistacia lentiscus*) Este producto de Galaad se exportaba a Egipto y Tiro. La resina de esta planta del desierto se utilizaba con fines medicinales y cosméticos (Jer. 46:11).

Canela Planta sumamente valiosa usada como condimento, en la preparación de perfumes (Prov. 7:17) y en el santo aceite de la unción (Ex. 30:23). El NT la menciona como una de las mercaderías de Babilonia (Apoc. 18:13).

Casia (*Flores cassiae*) Dos palabras hebreas se traducen "casia" (Ex. 30:24; Sal. 45:8). Las flores y la corteza seca se usaban en la preparación del aceite de la unción; las vainas y las hojas tenían uso medicinal.

Cilantro (*Coriandrum sativum*) Semilla aromática que se usaba para las comidas; su aceite se empleaba para elaborar perfume. Los israelitas compararon el maná con la semilla de cilantro (Ex. 16:31; Núm. 11:7 NVI).

Comino (*Cuminum cyminum*) Esta semilla se usaba como especia en el pan. La semilla seca se golpeaba con un palo porque era demasiado blanda para ser trillada con un mazo (Isa. 28:23-28).

Eneldo Semilla y hojas usados para condimentar comidas y como medicamento para lavar las heridas de la piel (Mat. 23:23).

Especias La palabra hebrea en realidad debería traducirse "bálsamo" (*Balsamodendrium opolbalsamum*). Arbusto con una resina de aroma agradable. Se utilizaba como perfume y medicina. Era uno de los ingredientes del aceite de la unción (Ex. 30:23).

Estacte (*Pistacia lentiscus*) Árbol pequeño que producía una resina utilizada en el incienso sagrado (Ex. 30:34).

Gálbano Resina fragante que emitía un olor agradable cuando se quemaba; era uno de los ingredientes del incienso santo (Ex. 30:34).

Incienso (*Boswellia carteri* y *frereana*) Resina de un árbol que, cuando se quemaba, producía un fuerte aroma. Se utilizaba en la preparación del aceite santo para la unción de reyes y sacerdotes y para los sacrificios del templo. Los magos de Oriente le llevaron incienso a Jesús como regalo (Mat. 2:11).

Menta Las hojas se usaban como condimento (Mat. 23:23; Luc. 11:42).

Mirra (*Commiphora abessinica*) Goma resinosa de una planta usada en la elaboración del aceite santo de la unción (Ex. 30:23) También se la utilizaba por sus propiedades aromáticas (Sal. 45:8) y para la purificación femenina (Est. 2:12). La mirra le fue ofrecida como regalo a Jesús cuando nació (Mat. 2:11) y también como bebida cuando estaba en la cruz (Mar. 15:23).

Nardo (*Nardos tacs jatamansi*) Aceite fragante muy costoso usado en la elaboración de perfumes y ungüentos (Cant. 1:12; 4:13; Mar. 14:3; Juan 12:3). Los Evangelios de Marcos y Juan indican que una mujer ungió a Jesús con este perfume.

Ruda (*Ruta graveolens*) Hierba usada como condimento. Se la valoraba por sus propiedades medicinales. Las hojas se usaban para curar picaduras de insectos (Luc. 11:42).

Uña aromática Tradicionalmente se la entiende como la cáscara aromática aplastada de un molusco, pero a la luz de los catálogos ugaríticos de plantas, probablemente sea un tipo de berro o mastuerzo (*Lepidium sativum*). Se usaba para el santo incienso (Ex. 30:34).

Claude F. Mariottini

ESPECTÁCULO Teatro u obra teatral. Pablo sentía que estaba en exhibición ante el mundo. El mundo no apreciaba su compromiso con Cristo sino que lo consideraba un espectáculo para ver y quizás reírse (1 Cor. 4:9).

ESPEJO Superficie lisa y lustrada que refleja imágenes. Durante los tiempos bíblicos, se hacían de metal lustrado (bronce, Ex. 38:8; [metal] fundido, Job 37:18). Los espejos de vidrio recién aparecieron en la última etapa del período romano. Se esperaba que los lectores de los escritos de Pablo entendieran la ilustración de la imagen borrosa en un espejo de metal (1 Cor. 13:12). Ver *Gasa, Vestidos de; Vidrio.*

Espejo de bronce con mango de hueso, de la cultura etrusca (aprox. 350 a.C.).

ESPERANZA Expectativa confiada, particularmente en relación con el cumplimiento de las promesas de Dios. La esperanza bíblica es la anticipación de un resultado favorable bajo la guía de Dios. Más específicamente, es la confianza en que lo que Dios hizo por nosotros en el pasado garantiza nuestra participación en lo que hará en el futuro. Esto contrasta con la definición secular de la esperanza que dice que es "el sentimiento de que lo que uno ansía se cumplirá".

La base y el objeto de la esperanza En el AT, sólo Dios es la base y el objeto de la esperanza. La esperanza en Dios se generaba por los poderosos hechos divinos en la historia. En cumplimiento de Su promesa a Abraham (Gén. 12:1-3), Dios liberó a los israelitas de la esclavitud en Egipto. Proveyó para sus necesidades en el desierto, formó con ellos en el Sinaí una comunidad basada en el pacto, y los condujo a una ocupación exitosa de Canaán. Estos hechos proveían una base firme para la confianza del pueblo en el propósito permanente de Dios para con ellos. Incluso cuando Israel era infiel, la esperanza no se perdía. Gracias a la fidelidad y la misericordia de Dios, los que se volvían a Él podían contar con Su ayuda (Mal. 3:6,7), que incluía perdón (2 Crón. 7:14; Sal. 86:5) como así también liberación de manos del enemigo. Por eso, Jeremías llamó a Dios "la esperanza de Israel, su Salvador en el tiempo de aflicción" (Jer. 14:8; comp. 14:22; 17:13).

Un resultado de poner la esperanza en Dios es negarse a colocarla en el orden creado. Este último es débil, transitorio y factible de fracaso. Por eso es inútil depositar la esperanza final en las riquezas (Sal. 49:6-12; 52:7; Prov. 11:28), las casas (Isa. 32:17,18), los príncipes (Sal. 146:3), los imperios y los ejércitos (Isa. 31:1-3; 2 Rey. 18:19-24) o incluso en el templo de Jerusalén (Jer. 7:1-7). Dios, y sólo Dios, es una roca inconmovible (Deut. 32:4,15,18; Sal. 18:2; 62:2; Isa. 26:4), y refugio y fortaleza que provee seguridad total (Sal. 14:6, 61:3, 73:28; 91:9). En el Sal. 119:49,50 encontramos un resumen preciso del énfasis del AT.

Un aspecto significativo de la esperanza del AT era la expectativa de Israel de la llegada de un mesías, es decir, un soberano ungido de la descendencia de David. Esta expectativa se basaba en la promesa de que Dios establecería el trono de David para siempre (2 Sam. 7:14). El mesías sería el agente de Dios para restaurar la gloria de Israel y gobernar las naciones en paz y justicia. No obstante, los sucesores de David en su mayoría fueron decepcionantes. El rumbo de la nación distaba mucho de ser el ideal. Por eso, el pueblo esperaba que en el futuro hubiera un descendiente davídico que cumpliera la promesa divina.

El NT continúa hablando de Dios como fuente y objeto de la esperanza. Pablo escribió que Dios "resucita a los muertos" y que tenemos nuestra esperanza colocada en Él (2 Cor. 1:9,10). Aun más, "esperamos en el Dios viviente, que es el Salvador de todos los hombres" (1 Tim. 4:10). Pedro les recordó a sus lectores que la fe y la esperanza de ellos estaban en Dios (1 Ped. 1:21). En el NT, al igual que en el AT, Dios es el "Dios de esperanza" (Rom. 15:13).

Para los primeros cristianos, la fe también está centrada en Cristo. A Jesús se lo llama "nuestra esperanza" (1 Tim. 1:1), y la esperanza de gloria se identifica con "Cristo en vosotros" (Col. 1:27). Las imágenes aplicadas a Dios en el AT se trasfieren a Cristo en el NT. Él es el salvador (Luc. 2:11; Hech. 13:23; Tito 1:4; 3:6), la fuente de vida (Juan 6:35), la roca sobre la cual se construye la esperanza (1 Ped. 2:4-7). Es el primero y el último (Apoc. 1:17), el manantial de luz que disipa la oscuridad y guía a Su pueblo a la eternidad (Apoc. 22:5).

Los autores del NT hablaron de Cristo como objeto y base de la esperanza por dos motivos: (1) El Mesías trajo salvación por medio de Su vida, muerte y resurrección (Luc. 24:46). Las promesas de Dios se cumplieron en Cristo, "porque todas las promesas de Dios son en él Sí" (2 Cor. 1:20). (2) Eran conscientes de la unidad entre el Padre y el Hijo. Es una unidad de naturaleza (Juan 1:1; Col. 1:19) y unidad en la obra de redención. La esperanza en el Hijo es una unidad con la esperanza en el Padre porque "Dios estaba en Cristo reconciliando consigo al mundo" (2 Cor. 5:19).

Un futuro de esperanza Si bien el NT afirma la suficiencia de la obra redentora de Cristo en el pasado, también espera Su regreso en el futuro para completar el propósito de Dios. Efectivamente, el principal énfasis de la esperanza en el NT se centra en la segunda venida de Cristo. La "esperanza bienaventurada" de la iglesia no es otra cosa que "la manifestación gloriosa de nuestro gran Dios y Salvador Jesucristo" (Tito 2:13).

La seguridad de la esperanza Los cristianos viven en esperanza por dos motivos básicos. El primero se debe a lo que Dios hizo en Cristo. Es de especial importancia el énfasis del NT en la resurrección mediante la cual Jesucristo derrotó el poder del pecado y de la muerte. "Según su grande misericordia nos hizo renacer para una esperanza viva, por la resurrección de Jesucristo de los muertos" (1 Ped. 1:3).

El segundo motivo es que el Espíritu Santo mora en el creyente. "El Espíritu mismo da testimonio a nuestro espíritu, de que somos hijos de Dios" (Rom. 8:16).

Dada la seguridad de la esperanza, los cristianos viven el presente con confianza y encaran el futuro con valentía. También pueden enfrentar las pruebas de manera victoriosa porque saben que "la tribulación produce paciencia; y la paciencia, prueba; y la prueba, esperanza" (Rom. 5:3,4). Tal perseverancia no es resignación pasiva; es la confiada resistencia frente a la oposición. Por lo tanto, en la esperanza cristiana hay una certeza que marca una diferencia cualitativa respecto de la esperanza común. La esperanza cristiana es un don de Dios. "La cual tenemos como segura y firme ancla del alma" (Heb. 6:19). Ver *Escatología*. *Bert Dominy*

ESPERANZA ESCATOLÓGICA Expectativa para después de la muerte y en cuanto a un nuevo mundo cuando Dios ponga fin a este.

La esperanza se centra en la expectativa de la consumación de la salvación individual en el fin de los tiempos. Con la venida del orden eterno cuando Cristo regrese, la esperanza del creyente se convierte en una realidad de experiencia más que en una expectativa de experiencia futura (Rom. 8:24-25). Esta orientación escatológica de la esperanza neotestamentaria surge de la anticipación profética en el AT con respecto a la futura liberación por parte de Dios (Isa. 25:9; ver especialmente el uso paulino de Isa. 11:10 en Rom. 15:12).

Términos del Antiguo Testamento En el AT hebreo se usan diversos términos para transmitir la idea de esperanza: *qawah* (ser tironeado hacia delante, anhelar, esperar en [con Dios como objeto, 26 veces]), *yachal* (esperar, anhelar [a Dios, 27 veces]), *chakah* (esperar [a Dios, 7 veces]), *sabar* (esperar, confiar [en Dios, 4 veces]). Los sustantivos correspondientes no se usan con frecuencia; y sólo 9 veces en relación con la esperanza en Dios. De las 146 veces que aparecen estos verbos o sustantivos, solamente la mitad se refiere a una realidad espiritual en lugar de tener un sentido no religioso. De estos 73 usos con sentido religioso, el concepto de esperanza está estrechamente relacionado con la confianza. Dios es la base y el objeto frecuente de la esperanza; "esperar en Jehová", "confiar en Jehová" son expresiones comunes. En la esperanza en Dios está implícita la sumisión a Su gobierno soberano. Por consiguiente, la esperanza y el temor a Yahvéh a menudo se expresan juntos (Sal. 33:18-20; 147:11; Prov. 23:17-18). Esperar en Dios es sentir temor reverencial hacia Él y Su poder, con la confianza de que cumplirá fielmente Su Palabra. Por lo tanto, la esperanza se convierte en confianza en el carácter justo de Yahvéh.

Entre ambos Testamentos En el período intertestamentario, la esperanza escatológica ocupó un lugar prominente pero también confuso por las diversas expectativas. Con frecuencia se orientaba hacia la expectación de la venida del Mesías y la restauración del reino de Israel. Con el surgimiento de numerosos individuos que hacían afirmaciones mesiánicas y despertaban expectativas de la gente para luego derrumbarse en derrota y destrucción, la esperanza de Israel adquirió un tono pesimista, especialmente en el pensamiento rabínico. El reino de Dios no podría ser restablecido antes de que Israel lograra obediencia completa a la ley.

Esta incertidumbre nacional tendió a producir incertidumbre personal sobre qué significaba la obediencia requerida para complacer a Dios, y así asegurarse la resurrección del cuerpo y la inclusión en el reino mesiánico venidero. En contraste con esta visión pesimista, en Qumrán encontramos esperanza escatológica confiada. No obstante, esta confianza era posible solamente para el grupo selecto que constituían los elegidos de Dios. En el judaísmo helenístico, la esperanza estaba inmersa en el concepto griego de la inmortalidad del alma, como lo demuestran los escritos de Filón.

Nuevo Testamento Los escritores del NT expresan el concepto de esperanza principalmente con la palabra griega *elpis* y sus cognados.

En Mat. 24:50 (también en Luc. 12:46) y en 2 Ped. 3:12-14 se ve el uso de la esperanza en relación con el regreso de Cristo. En la enseñanza de Jesús sobre estar alerta, no estar atento a la venida del Hijo del hombre puede ser desastroso. En 2 Pedro, esta expectativa sobre el día del Señor se convierte en incentivo para la vida santa. En ambos pasajes, el elemento de incertidumbre asociado frecuentemente con la palabra griega desapareció y es reemplazado por un sentido de confianza basada en la promesa del Señor de que volvería.

Contenido de la esperanza Los objetos de las diversas palabras griegas relacionadas con esperanza ayudan a entender lo que esta constituye. Lo fundamental es la expectativa del regreso de Cristo, descrita como la "manifestación de nuestro Señor Jesucristo" (1 Cor. 1:7) y como "la venida del día de Dios" (*parousia*, 2 Ped. 3:12), o simplemente como "la esperanza en nuestro Señor Jesucristo" (1 Tes. 1:3; comp. Luc. 12:36; Fil. 3:20; Heb. 9:28). Esta expectativa constituye una esperanza bienaventurada y se define como "la manifestación de la gloria de nuestro gran Dios y Salvador Jesucristo" (Tito 2:13, comp. Rom. 5:2; Col. 1:27). Junto a esta manifestación de Cristo se encuentra la expectación de un cielo nuevo y una tierra nueva (2 Ped. 3:13; Apoc. 21:1); la resurrección de los justos y los pecadores (Hech. 24:15); la manifestación de los hijos de Dios (Rom. 8:19); nuestra adopción como hijos que se define como redención de nuestro cuerpo (Rom. 8:23); la misericordia de nuestro Señor Jesucristo para vida eterna (Jud. 21); la gracia de Dios (1 Ped. 1:13). Así como Abraham esperaba la Ciudad Santa, el creyente también la espera (Heb. 11:10). La esperanza de Israel en la promesa de Dios se cumple en la resurrección (Hech. 26:6-8). Esto constituye la esperanza de la vida eterna prometida mucho tiempo antes (Tito 1:2; 3:7), de salvación (1 Tes. 5:8) y de justicia (Gál. 5:5).

La base de esta esperanza está en Dios. Ponemos la esperanza en Él, que es el Salvador de toda la humanidad (1 Tim. 4:10; 5:5; Rom. 15:12; 1 Ped. 1:21), más que en las riquezas inciertas (1 Tim. 6:17); ponemos la esperanza en Su nombre (Mat. 12:21), o en Cristo (1 Cor. 15:19). Esta esperanza está estrechamente ligada al evangelio (Col. 1:23), a nuestro llamado en Su gracia (Ef. 1:18; 4:4), y a la fe y la presencia del Espíritu Santo (Gál. 5:5). Es una esperanza viva y dinámica (1 Ped. 1:3) que motiva a la persona a llevar una vida justa y santa (2 Ped. 3:14). Así se presenta como integrante de la tríada cristiana de fe, esperanza y amor (1 Cor. 13:13; 1 Tes. 1:3; 1:4-5). Ver *Día del Señor; Escatología; Esperanza; Fe, fiel; Regreso de Cristo; Resurrección; Salvación; Vida eterna.*

Lorin L. Cranford

ESPIGAR Proceso mediante el cual los cosechadores recogen granos o fruto de la vid u otros árboles en un campo y dejan el sobrante. La ley de Moisés requería que se dejara esta porción para que pobres y extranjeros tuvieran un medio de ganarse la vida (Lev. 19:9-10; 23:22; Deut. 24:19-

21; comp. Rut 2). Isaías comparó las pocas uvas o aceitunas que quedaban para los trilladores con el pequeño remanente de Israel que Dios dejaría cuando los juzgara (Isa. 17:5-9). Sin embargo, un día Dios otra vez recogería o trillaría Su remanente uno por uno y lo haría regresar para que adorara en Jerusalén (Isa. 27:12).

ESPIGAS Extremidad donde se encuentra el fruto de un cereal como el maíz, que incluía tanto la semilla como las estructuras de protección. El maíz americano no se conocía en el antiguo Cercano Oriente. Es más apropiado hablar de los granos comunes de aquella región, es decir, el trigo y la cebada, que tenían espiga. La ley permitía que una persona que pasaba arrancara granos del campo de un vecino (Deut. 23:25).

ESPINO Traducción de distintas palabras hebreas que se refieren a plantas espinosas. Se utiliza en forma metafórica en relación con los enemigos de Israel (Ezeq. 28:24) y con la tierra que carece de valor (Isa. 5:6; 7:23-25; 55:13; comp. Miq. 7:4).

E

ESPIRITISTA Ver *Médium.*

ESPÍRITU Elemento que habilita la vida humana y el Espíritu Santo que manifiesta la presencia y el poder de Dios en el mundo. Proviene de la palabra hebrea *ruach* y de la griega *pneuma*, que según el contexto pueden traducirse "viento", "aliento" o "espíritu".

En ambos Testamentos, "espíritu" se utiliza para referirse tanto a Dios como a los seres humanos, pero en ambos casos es difícil de definir. La similitud entre el espíritu, el aliento y el viento es una indicación útil para comenzar a entenderlo. En Su conversación con Nicodemo (Juan 3), Jesús dijo que el Espíritu es como el viento; no se puede ver pero se ven sus efectos. Esto es cierto tanto del Espíritu de Dios como del espíritu del ser humano.

Espíritu de Dios En el principio de la creación, el Espíritu de Dios se movía sobre las aguas (Gén. 1:2). Eliú reconoció ante Job que el Espíritu de Dios lo había creado y que era la fuente de su vida (Job 33:4). Los animales fueron creados cuando Dios envió Su "Espíritu" (Sal. 104:30).

El Espíritu de Dios está presente en todas partes. El salmista tenía la sensación de que dondequiera que estuviera, allí también estaba el Espíritu de Dios (Sal. 139:7). El faraón percibió el Espíritu de Dios en José (Gén. 41:38). Moisés comprendió que el Espíritu de Dios estaba sobre él y deseaba que estuviera sobre todo el pueblo (Núm. 11:29). Durante el período de los jueces, el Espíritu del Señor iba sobre los individuos y les confería poder para llevar a cabo tareas específicas (Jue. 3:10; 6:34; 11:29; 13:25; 14:6,19). Cuando Samuel, el último de los jueces, ungió a Saúl, el primer rey de Israel, aquel le dijo que el Espíritu del Señor vendría sobre él. El resultado fue que Saúl profetizó y se convirtió en una persona diferente (1 Sam. 10:6). Posteriormente, el Espíritu se apartó de Saúl (1 Sam. 16:14). Del mismo modo, el Espíritu vino sobre David cuando Samuel lo ungió (1 Sam. 16:13). En sus últimas palabras, David dijo que el Espíritu del Señor había hablado a través de él (2 Sam. 23:2).

Isaías habló de alguien que vendría del linaje de Isaí sobre el cual estaría el Espíritu del Señor. Esta persona tendría el Espíritu de sabiduría, entendimiento, consejo, fortaleza, conocimiento y temor de Jehová (Isa. 11:1-3). Ezequiel profetizó que Dios daría Su Espíritu a Su pueblo para quitarles los corazones de piedra y cambiarlos por corazones de carne que serían obedientes al camino de Dios (Ezeq. 36:26,27).

Enseñanza del Nuevo Testamento Los cuatro Evangelios contienen numerosas referencias al Espíritu de Dios o Espíritu Santo. Este fue el agente de la concepción milagrosa de Jesús (Mat. 1:18, 20), descendió sobre Jesús en Su bautismo (Mat. 3:16), lo condujo al desierto donde el demonio lo tentó (Mat. 4:1) y le permitió curar enfermedades y expulsar demonios (Mat. 12:28). Cuando se preparaba para partir de este mundo, Jesús les prometió a Sus seguidores el Espíritu Santo. Este sería el Consolador y el Consejero, continuaría enseñándoles y recordándoles lo que Jesús les había dicho (Juan 14:25,26). No muchos días después de la ascensión de Jesús, el Espíritu prometido descendió sobre Sus seguidores durante Pentecostés. El advenimiento del Espíritu estuvo acompañado por un sonido parecido a un viento poderoso. Los testigos de este acontecimiento vieron lo que parecían ser lenguas de fuego sobre los creyentes. Además, a estos discípulos se les dio poder para hablar en lenguas que no eran sus idiomas maternos (Hech. 2:1-3). En todo el relato de Lucas sobre la iglesia primitiva, el Espíritu Santo confería poder y guiaba a los seguidores de Jesús en la misión que debían cumplir en el mundo que rodeaba el Mediterráneo (Hech. 11:12; 13:2; 15:28; 16:6,7; 20:22; 21:11).

El Espíritu es crucial en la explicación de Pablo sobre la relación del creyente con Dios. El Espíritu es una presencia personal otorgada por gracia que vive dentro de la persona que confesó que Jesucristo es el Señor. La relación que existe con Dios a través de Cristo por el Espíritu es revolucionaria. En Gálatas, Pablo declaró que el legalismo y el camino de la fe son incompatibles. El Espíritu de Dios llega a nosotros como un regalo basado en Su gracia y en nuestra fe en Cristo (Gál. 3:1-5). Dicho Espíritu llega a la vida del creyente para darle certeza de que es hijo de Dios (Rom. 8:16). Además es la garantía divina de que seremos totalmente transformados y conformados a imagen de Cristo. (Rom. 8:1-29; 2 Cor. 1:22). Pablo identificó al Espíritu con el Señor (el Cristo resucitado) y afirmó que donde está el Espíritu del Señor, allí hay libertad, una libertad que progresivamente libera de la ley del pecado y de la muerte (2 Cor. 3:18; comp. Rom. 8:2).

El Espíritu distribuye dones en la iglesia destinados a otorgarle al pueblo de Dios lo necesario para servir y edificar el cuerpo de Cristo (1 Cor. 12; Ef. 4:7-13). La evidencia de que el Espíritu de Dios está obrando en una persona o un grupo de personas es amor, gozo, paz, paciencia, benignidad, bondad, fe, mansedumbre y templanza (Gál. 5:22,23).

Al comienzo de las Escrituras vemos al Espíritu obrando en la creación. Al cierre, el Espíritu y la esposa (la iglesia) invitan a todos los que tienen sed a que vayan y beban del agua de la vida (Apoc. 22:17).

Espíritus humanos Tanto en el AT como en el NT se habla del espíritu de los seres humanos y de otros seres. Cuando se refiere a los seres humanos, el espíritu se asocia con una amplia gama de funciones entre las que se incluyen pensamiento y entendimiento, emociones, actitudes e intenciones. Eliú le dijo a Job que el espíritu de la persona, el soplo de Dios, otorgaba entendimiento (Job 32:8). Cuando Jesús sanó al paralítico, percibió en Su "espíritu" que los líderes religiosos allí presentes cuestionaban que le hubiera perdonado los pecados al hombre (Mar. 2:8).

"Espíritu" se usa ampliamente para referirse a las emociones humanas: dolor (Prov. 15:4,13), angustia (Ex. 6:9; Juan 13:21), ira (Prov. 14:29; 16:32), aflicción (Ecl. 1:14), miedo (2 Tim. 1:7) y gozo (Luc. 1:47).

Una variedad de actitudes e intenciones están relacionadas con el "espíritu". Caleb tenía un espíritu diferente al de la mayoría de sus contemporáneos dado que siguió al Señor con todo su corazón (Núm. 14:24). Sehón, rey de Hesbón, tenía un espíritu obstinado (Deut. 2:30). En 1 Rey. 22 se alude a un espíritu mentiroso. El salmista llamó "bienaventurados" a los que no tienen engaño en su espíritu (Sal. 32:2). Se puede hablar de un espíritu arrepentido (Sal. 34:18), firme (Sal. 51:10), dispuesto (Sal. 51:12), quebrantado (Sal. 51:17) y lleno de arrogancia (Prov. 16:18). El Evangelio de Marcos frecuentemente alude a Jesús cuando este curaba a personas con espíritus impuros o inmundos.

Espíritu también se usa para referirse a seres, tanto buenos como malos, que no tienen presencia física. A Satanás se lo llama príncipe de la potestad del aire, el espíritu que obra en los desobedientes (Ef. 2:2).

Uno de los constantes puntos conflictivos interminables entre saduceos y fariseos era la existencia de ángeles y espíritus. Los fariseos creían que existían; los saduceos no. Cuando el Cristo resucitado se apareció a los discípulos, estos se sobresaltaron y tuvieron miedo porque pensaron que estaban viendo un espíritu. Jesús los invitó a tocarlo. Luego les recordó que un espíritu no tiene carne ni huesos (Luc. 24:37-39). Ver *Antropología; Dios; Espíritu Santo; Humanidad.*

Steve Bond

ESPÍRITU SANTO Tercera persona de la Trinidad por medio de la cual Dios actúa, revela Su voluntad, da poder y devela Su presencia tanto en el AT como en el NT.

Antiguo Testamento En el AT la expresión "Espíritu Santo" se encuentra sólo en Sal. 51:11; Isa. 63:10-11. Sin embargo, abundan las referencias al Espíritu de Dios. Uno de los aspectos del Espíritu de Dios es ser como viento poderoso. En el hebreo se usa la misma palabra, *ruach*, para viento, aliento y espíritu. En la época del éxodo, Dios usó ese viento para abrir el Mar Rojo, permitir que los israelitas pasaran a salvo y eludir a Faraón y su ejército (Ex. 14:21). Dios utilizó ese agente en dos sentidos: como fuerza destructora que secó las aguas (Os. 13:15) y como poder divino para juntar nubes que traerían lluvia refrescante (1 Rey. 18:45). Al comienzo de la creación, el Espíritu ejercía control sobre las caóticas aguas (Gén. 1:2; 8:1; comp. Sal. 33:6; Job 26:13). De las 87 veces que el Espíritu se describe como viento, 37 lo muestran como un agente de Dios mayormente funesto y siempre fuerte e intenso. Esta propiedad del Espíritu refleja claramente el poder de Dios. Una cualidad adicional del Espíritu es ser misterioso. El Sal. 104:3 muestra al Espíritu como un viento capaz de transportar a Dios sobre sus alas hasta los confines de la tierra. Nadie puede decir dónde ha estado ni hacia dónde se dirige. El poder y el misterio describen la naturaleza divina.

El Espíritu de Dios se puede expresar como fuerza impersonal o se puede manifestar en individuos. En el AT hay numerosos ejemplos donde Dios inspiró a los profetas indirectamente por medio del Espíritu. La revelación fundamental del Espíritu en el AT, en sentido personal, es por medio de la profecía. Se percibe que los sueños de José son inspirados por Dios (Gén. 41:38); el rey David, como portavoz de Dios, proclamó "el espíritu de Jehová habla por mí" (2 Sam. 23:2); y Zacarías anunció la palabra del Señor a Zorobabel: "No con ejército, ni con fuerza, sino con mi Espíritu, ha dicho Jehová de los ejércitos" (Zac. 4:6). De manera muy similar al poder del viento, el Espíritu equipó a los héroes de Israel con fuerza extraordinaria (Jue. 14:6). Se muestra a los jueces como individuos poseídos por el Espíritu; tal era el caso de Otoniel (Jue. 3:10). A veces el Espíritu llegaba poderosamente sobre las personas y alteraba su conducta (1 Sam. 10:16; 19:23-24).

El Espíritu también es el origen definitivo de todos los dones espirituales y mentales, como es el caso de inspiración de los hombres sabios (Ex. 31:1-6; Isa 11:2; Job 4:15; 32:8). No sólo se beneficiaban los profetas por la influencia del Espíritu sino que este también sería derramado sobre el pueblo de Dios (Isa. 44:3) y sobre todas las personas (Joel 2:28). Ezequiel e Isaías expresan la idea del Espíritu más que ninguna otra fuente del AT. Muchas alusiones de Ezequiel al Espíritu se relacionan con la futura restauración de Israel. La recepción del Espíritu nuevo, profetizada en Ezequiel y Jeremías, depende del arrepentimiento (Ezeq. 18:31) y está asociada con un corazón nuevo (Jer. 31:31-34). A la luz de la manifestación individual, esporádica y temporaria del Espíritu en el AT, este anuncio profético apuntaba hacia un tiempo cuando el Espíritu de Dios revitalizaría a Su pueblo escogido, daría poder al Mesías y se derramaría abundantemente sobre toda la humanidad.

Nuevo Testamento Cuando Juan el Bautista apareció en escena proclamando el advenimiento del reino de Dios, la voz profética inspirada por el Espíritu regresaba después de 400 años de ausencia. A Zacarías y a Elisabet, los padres de Juan, se les informó que su hijo sería "lleno del Espíritu Santo aún desde el vientre de su madre" (Luc. 1:15). De manera similar, el ángel Gabriel visitó a María y declaró: "el Espíritu Santo vendrá sobre ti y el poder del Altísimo te cubrirá con su sombra; por lo cual también el Santo Ser que nacerá será llamado Hijo de Dios" (1:35).

El hito en la historia bíblica ocurrió en ocasión del bautismo de Jesús cuando fue ungido por el Espíritu de Dios (3:22). El Espíritu entonces fue responsable de conducir a Jesús al desierto para atravesar las tentaciones (4:1-13). Lucas incluye muchas más referencias al Espíritu Santo que los otros relatos sinópticos. Esto puede responder al interés teológico de Lucas que se extiende también al libro de los Hechos de los Apóstoles, que se ha llamado acertadamente "Los Hechos del Espíritu Santo" debido a la importancia que se le imbuye al Espíritu.

Todos los escritores apostólicos dieron testimonio de la realidad del Espíritu en la iglesia; no obstante, el apóstol Pablo, que escribió más que cualquier otro autor, ofrece la reflexión más teológica sobre el tema. Los principales capítulos son Rom. 8; 1 Cor. 2; 12–14; 2 Cor. 3 y Gál. 5.

La teología juanina abunda en la doctrina del Espíritu. En el Evangelio de Juan, el Espíritu habita en Cristo (1:32,33); es una señal del nuevo nacimiento (3:1-16); llegará cuando Jesús se haya ido (16:7-11), y capacitará al creyente después de la resurrección (20:22). La comunidad cristiana está ungida por el Espíritu (1 Jn. 2:20), y este le confirma al creyente la presencia de Jesús en su vida (1 Jn. 3:24). En el libro profético del Apocalipsis, Juan, al estilo del AT, se describe a sí mismo como profeta inspirado por el Espíritu. Ver *Dios; Espíritu.*

Paul Jackson

ESPÍRITU SANTO, PECAR CONTRA EL Atribuirle al diablo la obra del Espíritu Santo (Mat. 12:32; Mar. 3:29; Luc. 12:10). Ver *Pecado imperdonable.*

ESPÍRITUS ENCARCELADOS En 1 Ped. 3:19 el texto dice que Cristo "fue y predicó a los espíritus encarcelados". Más adelante el apóstol expresa que "en otro tiempo desobedecieron, cuando una vez esperaba la paciencia de Dios en los días de Noé". Se han presentado varias interpretaciones para estas intrigantes palabras. Una afirma que estos espíritus eran ángeles caídos que pusieron a prueba la paciencia de Dios en la era antediluviana.

Según este punto de vista, después de Su crucifixión Cristo descendió al Hades para predicar un mensaje de salvación o de triunfo. Sin embargo, la interpretación es inaceptable. Las Escrituras nunca sugieren que los demonios tengan oportunidad de ser salvos.

Una mejor interpretación considera que son pueblos que Dios destruyó durante el diluvio y que ahora están en el infierno o Hades.

Hay diferentes puntos de vista sobre cuándo y qué fue lo que Cristo les predicó. Una perspectiva sostiene que Cristo descendió a las profundidades luego de Su crucifixión para predicar salvación o triunfo. Nuevamente, esto es improbable. La idea de que Cristo ofrece a los pecadores una oportunidad de salvación post mortem contradice Heb. 9:27 y Luc.16:19-31. Un enfoque más apropiado sostiene que Cristo les predicó a estas personas "en el espíritu" a través de Noé cuando todavía estaban vivas. Esta interpretación es confirmada en 1 Ped. 1:11 donde Pedro indica que Cristo habló a través de los profetas del AT, y en 2 Ped. 2:5 donde Noé es denominado "pregonero de justicia". Ver *Descenso al Hades.* *Steven B. Cowan*

ESPONJA Esqueleto de un animal marino cuya estructura retiene el agua. Era especialmente útil para bañarse. Las únicas instancias donde se usa en la Biblia se relacionan con la bebida que le dieron a Jesús cuando estaba en la cruz (Mat. 15:36; Juan 19:29). Ver *Cruz.*

ESPOSA Ver *Familia; Matrimonio; Mujer.*

ESPOSA DE CRISTO Ver *Iglesia.*

ESPOSO Ver *Familia; Matrimonio.*

ESTABLO Lugar donde se guardan los animales, ya sea atados o encerrados. Tal como sucede hoy, antiguamente en un establo se guardaban varios animales en lugar de uno solo. Podía ser un recinto simple, una cueva o un edificio. Salomón guardaba muchos caballos en caballerizas (1 Rey. 4:26). La mayoría guardaba sus animales juntos. Algunos los ponían en la parte inferior de la casa. El establo donde nació Jesús probablemente pertenecía a una posada porque después de envolverlo en pañales lo pusieron en un pesebre (comedero donde se alimentaban los animales). Ver *Pesebre; Salomón.*

ESTACTE Resina del estoraque que se combinaba con uña aromática, gálbano e incienso para

Una región de Meguido que probablemente fue un complejo de establos (o tal vez lugares de almacenaje) de la época del rey Acab.

elaborar el incienso que se quemaba en el tabernáculo (Ex. 30:34). Es un árbol pequeño que abunda en lugares rocosos en casi toda Palestina. Ver *Incienso.*

ESTANQUE Depósito de agua, natural o artificial. Algunos estanques se veían comúnmente como lugares para recoger el agua de lluvia de los techos, que se usaba para regar o para beber. Estos reservorios eran fuentes importantes de suministro de agua en el clima árido del Medio Oriente.

Los siguientes son algunos de los principales estanques mencionados en la Escritura: el estanque de Ezequías (2 Rey. 20:20), el estanque de arriba y el estanque de abajo de Gihón (Isa. 7:3; 22:9), el estanque viejo (Isa. 22:11), el estanque del rey en Jerusalén (Neh. 2:14), el estanque de Betesda (Juan 5:2,4,7) y el estanque de Siloé (Juan 9:7,11). Salomón también hizo estanques para regar su vivero (Ecl. 2:6).

Un estanque en los Baños de Faustina en las ruinas romanas de Mileto (actual Turquía).

E

La mayoría de los estanques cerca de las ciudades estaban cavados en la piedra; los alimentaba el agua de lluvia mediante canales cortados en la roca. Los estanques eran lugares naturales de reunión (Juan 9:7). Se usan metafóricamente para ilustrar el poder de Dios para transformar lo estéril en algo fructífero (Isa. 41:18); el juicio (Isa. 42:15) y la belleza de los ojos de una mujer (Cant. 7:4). Ver *Cisterna.* *C. Dale Hill*

ESTAOL Nombre geográfico que significa "pidiendo (un oráculo)". Pueblo de las tierras bajas de la Sefela de Judea asignado a la tribu de Judá (Jos. 15:33) pero también a la de Dan (Jos. 19:41). Cerca de allí, el Espíritu del Señor comenzó a manifestarse en Sansón, de la tribu de Dan (Jue. 13:25). Sansón fue sepultado cerca de Estaol (Jue. 16:31). La tribu de Dan envió hombres de Estaol para que buscaran nueva tierra donde habitar (Jue. 18:2-11). Sus miembros eran parientes de la familia de Caleb y residentes de Quiriat-jearim (1 Crón. 2:53). Podría estar ubicada en la moderna Irtuf, a 1,5 km (1 milla) al sur de Ishwa.

ESTAOLITA Residente de Estaol. Ver *Estaol.*

ESTAQUIS Nombre de persona que significa "cabeza de grano". Hombre al que Pablo llamó "amado mío" (Rom. 16:9).

ESTATURA Suele referirse a la altura de la persona y a veces se usa en sentido figurado (Ezeq. 17:6; 19:11). Jesús "crecía en sabiduría y en estatura" (Luc. 2:52). Se usaba para mostrar la debilidad de la humanidad y la necesidad de depender de Dios (Mat. 6:27; Luc. 12:25). También se utilizaba como medida de la madurez del creyente (Ef. 4:13).

ESTATUTO Ley o mandamiento. Podía proceder de Dios o de un soberano terrenal. Moisés le dio al pueblo de Dios distintos estatutos que provenían de Él (Ex. 15:25,26). José pudo instituir leyes como gobernador de Egipto (Gén. 47:26).

ESTE Ver *Direcciones (geográficas).*

ESTEBAN Nombre de persona que significa "corona". Primer mártir cristiano; pionero entre los elegidos para brindar paz a la iglesia con conflictos (Hech. 6:1-7) y tan poderoso en las Escrituras que sus oponentes judíos no pudieron refutarlo (Hech. 6:10) cuando declaraba que Jesús era el Mesías.

Puerta de San Esteban (Puerta del León) en Jerusalén.

Saulo de Tarso escuchó su discurso ante el Sanedrín donde acusó a los líderes judíos de rechazar el camino de Dios tal como lo habían hecho sus antepasados (Hech. 6:12–7:53). Saulo sostuvo la ropa de los que apedrearon a muerte a Esteban, y lo vio morir victoriosamente. Es posible que Esteban haya sido el agente humano que utilizó Dios para conquistar a quien se convertiría en el gran misionero cristiano.

Esteban fue uno de los primeros que vieron el cristianismo como mucho más que una secta judía. Todos ellos tomaron seriamente la comisión de Jesús de llevar el evangelio a todo el mundo y fundaron el movimiento misionero mundial que esparció las buenas nuevas a todo el Imperio Romano durante el primer siglo. Los creyentes tuvieron que escapar de Jerusalén tras la muerte de Esteban; sólo los apóstoles permanecieron allí (Hech. 8:1). *Fred L. Fisher*

ESTÉFANAS Nombre griego que significa "corona". Uno de los primeros convertidos (las "primicias") de Pablo en la provincia romana de Acaya (Grecia). El apóstol relata que bautizó a Estéfanas y su familia, y que luego se habían "dedicado al servicio de los santos". Esto tal vez signifique que estaban sirviendo en la iglesia de Corinto como líderes reconocidos (1 Cor. 1:16; 16:15; comp. 1 Clemente 42:4). Estéfanas fue miembro de la delegación de corintios que visitó a Pablo durante el ministerio del apóstol en Éfeso (1 Cor. 16:17,18). *Robert L. Plummer*

ESTEMOA Nombre geográfico y de persona que significa "ser escuchado". El nombre tal vez indique una vieja tradición de ir a Estemoa para obtener un oráculo o palabra de Dios mediante un profeta o sacerdote. **1.** Ciudad del territorio asignado a la tribu de Judá (Jue. 15:50). Dios la separó para los levitas (Jos. 21:14). Mientras vivía exiliado en Siclag, David envió parte de su botín a Estemoa (1 Sam. 30:28). **2.** Miembro de la familia de Caleb en la tribu de Judá (1Crón. 4:17), probablemente registrado como el padre de la familia de quienes se habían asentado en Estemoa. No queda clara la relación entre los dos Estemoa en 1 Crón. 4:17,19. La ciudad es la moderna es-Samu situada a unos 14 km (8,5 millas) al sud-sudoeste de Hebrón y 22 km (14 millas) al noreste de Beerseba.

ESTER Nombre de persona de origen persa que significa "estrella". Como este no es el nombre que recibió la Ester de la Biblia al nacer (Est. 2:7), algunos han sugerido que está ligado al planeta Venus y a la diosa Ishtar. Ya sea que su tío Mardoqueo le haya puesto ese nombre para ocultar su identidad judía o que se le haya dado al ser presentada al rey, desde la perspectiva de los persas un nombre vinculado a la diosa de la fertilidad sería apropiado para el rol de reina.

ESTER, LIBRO DE Los judíos en la tercera parte de la Biblia hebrea, "Escritos". Si bien existió debate sobre el libro debido a que no incluye el nombre de Dios, la actividad de Yahvéh era tan evidente que esta objeción se suprimió.

Según el libro de Ester, conocida en la Biblia como tal, al nacer recibió el nombre Hadasa (que significa "mirto"). Tras quedar huérfana en su niñez, fue criada por su tío Mardoqueo entre los judíos que vivían en Persia. Hadasa se convirtió en reina cuando Vasti, la esposa del rey de Persia, se rehusó a aparecer ante él durante un banquete para los nobles. Ester fue elegida como la más hermosa de todas las mujeres candidatas de todo el imperio del monarca persa. La belleza sobresaliente de Hadasa no era casualidad. En consonancia con el énfasis que tiene este libro en la providencia de Dios, su belleza increíble debe ser considerada como algo guiado por Dios. El rey desconocía la identidad judía de la joven.

Alrededor de la época en que Ester fue nombrada nueva reina, Mardoqueo descubrió un complot contra la vida del rey, se lo hizo saber a Ester, quien a su vez pasó la información de modo que la estratagema fuese frustrada.

El agagueo Amán (quien parece haber sido descendiente de Agag, rey de los amalecitas) fue nombrado primer ministro de Persia. Enfurecido porque Mardoqueo se rehusaba a inclinarse ante él, comenzó a elaborar un complot contra él y todos los judíos. Después de lograr que el monarca persa firmara un decreto contra los judíos para destruirlos en un día establecido, Mardoqueo y todos los judíos hicieron luto por la destrucción anunciada.

Mardoqueo Entonces llamó a Ester para que hablara con el rey. Le recordó que como judía ella no escaparía a la matanza y que "quién sabe si para esta hora" Dios la hubiera puesto como reina de Persia. Ester, después de ayunar y orar, arriesgó su vida entrando ante el trono del rey sin ser convocada. Después que el rey le extendiera el cetro, ella le rogó que honrara con su presencia un banquete preparado en honor de él. Amán también estaba invitado.

Mientras tanto, Amán estaba dedicado a urdir la muerte de Mardoqueo y a edificar la horca donde había decidido colgarlo. Providencialmente, el rey leyó sobre la fidelidad de Mardoqueo cuando este reveló un antiguo complot contra su vida. El monarca entonces se propuso honrar a Mardoqueo y le preguntó a Amán qué se debía hacer con un hombre a quien el rey quería honrar. Pensando que los honores eran para él, para desilusión suya Amán descubrió que la ceremonia estaba dispuesta para Mardoqueo, y que él debía llevarla a cabo.

Al segundo día del banquete, Ester le reveló al rey el complot de Amán, y este terminó colgado en la horca que había preparado para Mardoqueo. Después se promulgó otro edicto por el que se autorizaba a los judíos a defenderse, y muchos de las provincias se hicieron judíos. En el día previsto, los judíos obtuvieron la victoria. La fiesta de Purim celebra cada año este acontecimiento (9:24-28).

El período histórico del libro El nombre hebreo "Asuero" se identifica generalmente con Jerjes I

El tradicional sitio de las tumbas de Ester y Mardoqueo, en el actual Irán.

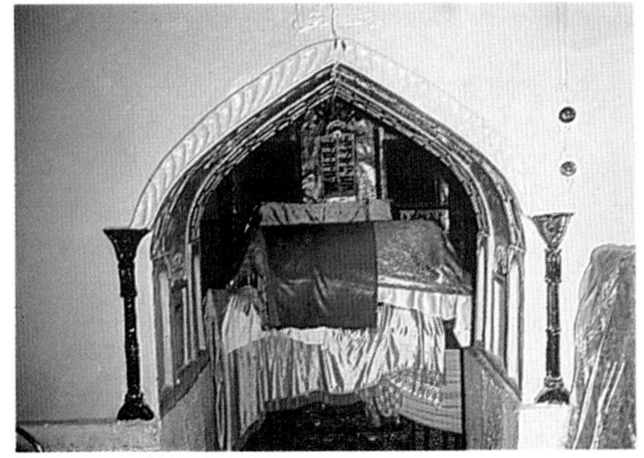

(486–465/64 a.C.). El nombre persa era *khshayarsha*. En los papiros elefantinos figura como *kshy'resh*, que se acerca más al griego Jerjes. A lo largo del libro se hace evidente el conocimiento íntimo que el autor tenía de las costumbres persas, de la topografía de Susa y del interior de los palacios reales persas. En todo el libro aparecen nombres y palabras del idioma persa.

Se sugiere que Mardoqueo pudo haber estado vinculado con la casa de Otanes, una de las siete familias nobles de Persia. Cuando los persas eligieron un rey de entre siete nobles, Otanes pidió que su nombre no se incluyera con el de los otros seis, con la condición de que su familia se mantuviera libre en Persia y sólo tuviera que obedecer las órdenes del nuevo rey que ellos apoyaban (Herodoto III, 83). Esto podría explicar por qué Mardoqueo no estaba obligado a inclinarse ante Amán.

Uso tradicional del libro El libro de Ester proporciona el trasfondo histórico para la fiesta de Purim. Al complotar contra los judíos, Amán echó suertes (*purim*, del asirio *puru*) para determinar el desenlace (9:24-28). La historia de cómo Dios preservó a Su pueblo es un recordatorio del pacto con Abraham de que no sólo bendeciría a los que bendicen a Su pueblo sino que también maldeciría a los que lo maldicen. La preservación de los judíos mantuvo viva la expectativa mesiánica en el período intertestamentario.

Cuando se les lee esta historia a grupos de niños judíos en la fiesta de Purim, es costumbre que estos siseen (como una víbora) con fuerza y golpeen el suelo con los pies cada vez que aparece el nombre de Amán para así tapar aun el sonido de su nombre. En ese sentido, se lo ve como figura satánica.

Bosquejo

I. La destitución de Vasti (1:1-22)
  A. La fiesta y las convocatorias del rey (1:1-11)
  B. La negativa de la reina y su destitución (1:12-22)
II. Ester accede al trono (2:1-23)
  A. Se busca reemplazante de Vasti (2:1-4)
  B. Ester forma parte del harén del rey (2:5-16)
  C. Ester recibe la corona de nueva reina (2:17-20)
  D. Mardoqueo descubre un complot para asesinar al rey (2:21-23)
III. Amán y el decreto de muerte (3:1-15)
  A. Amán designado primer ministro (3:1)
  B. Mardoqueo se niega a inclinarse (3:2-4)
  C. La ira de Amán y el complot contra los judíos (3:5-9)
  D. El decreto es sellado y enviado (3:10-15)
IV. El dilema de Ester (4:1-17)
  A. El duelo de Mardoqueo (4:1-2)
  B. El duelo de los judíos (4:3)
  C. Mardoqueo aconseja a Ester (4:4-14)
  D. Ester solicita que los judíos ayunen (4:15-17)
V. El banquete de Ester: primer día (5:1-14)
  A. Ester entra a la corte del rey (5:1-2)
  B. El rey y Amán son invitados a un banquete (5:3-5)
  C. El rey y Amán deben volver (5:6-8)
  D. La horca construida por Amán (5:9-14)
VI. El banquete de Ester: primera noche (6:1-14)
  A. El rey intranquilo (6:1-3)
  B. Honores para Mardoqueo (6:4-14)
VII. El banquete de Ester: segundo día (7:1-10)
  A. Solicitud de la reina (7:1-7)
  B. Amán ahorcado (7:8-10)
VIII. Mardoqueo y el contra-decreto (8:1-17)
  A. Mardoqueo es ascendido (8:1-2)
  B. El decreto redactado por Mardoqueo (8:3-17)
IX. Victoria para los judíos: la fiesta de Purim (9:1-32)
X. Mardoqueo prospera (10:1-3)

Kirk Kilpatrick

ESTÉRIL, ESTERILIDAD Término utilizado para describir a una mujer que no podía dar a luz hijos: Sarai (Gén. 11:30), Rebeca (Gén. 25:21), Raquel (Gén. 29:31), la esposa de Manoa (Jue. 13:2), Ana (1 Sam. 1:5) y Elisabet (Luc. 1:7,36). También se traduce como "sola" (Isa. 49:21), "desconsolada" (2 Sam. 13:20), "desamparada" (Isa. 54:1) o como "cuerpo como muerto" (Rom. 4:19 NVI). La esterilidad se consideraba maldición de Dios (Gén. 16:2; 20:18; 1 Sam. 1:5), lo cual explica la declaración de Elisabet en cuanto a que Dios le había quitado su "afrenta entre los hombres", es decir, que era pecadora y estaba bajo la maldición de Dios tal como lo evidenciaba su esterilidad (Luc. 1:25). La esterilidad de Sarai, Rebeca y Raquel (las madres de la nación israelita) es importante en el sentido de que la capacidad que finalmente tuvieron de dar a luz hijos es una señal de la gracia y el favor de Dios para con Su pueblo escogido.

ESTIÉRCOL Excremento de ser humano o de animales. Es la traducción de varias palabras hebreas y griegas. Un montón de ceniza o un estercolero era figura del refugio del indigente (1 Sam. 2:8; Luc. 14:35).

La primera mención del estiércol en la Biblia está relacionada con los ritos expiatorios. La ley sagrada requería que el estiércol, junto con otras partes del animal, no se quemaran sobre el altar sino fuera del campamento (Ex. 29:14; Lev. 4:11, 12).

Para un judío era un agravio que su cuerpo fuera tratado como estiércol (2 Rey. 9:37). Este ha sido ampliamente usado como fertilizante. En Luc. 13:8 e Isa. 25:10 se registra que los pueblos de Palestina lo usaban con ese propósito. El estiércol seco era y es usado a menudo como combustible (Ezeq. 4:12-15). El estiércol animal se utilizaba como combustible mezclado con paja y secado hasta que adquiría un estado apropiado para calentar los hornos sencillos para cocer pan.

Pablo usó una metáfora poderosa con la idea de la palabra "estiércol" cuando hizo una comparación entre su conocimiento personal de Cristo y el de aquellos que no lo conocían (Fil. 3:8, "basura"). La palabra es usada también en las Escrituras para indicar simbólicamente la degradación a que puede llegar una persona o nación (2 Rey. 9:37; Jer. 8:2). *Gary Bonner*

ESTÓN Nombre de persona de significado incierto. Miembro de la tribu de Judá (1 Crón. 4:11-12).

ESTRADO Mueble para apoyar los pies, especialmente para alguien que está sentado en un trono (2 Crón. 9:18; Sant. 2:3). El estrado de Tutankamón en Egipto tenía talladas las figuras de sus enemigos. Otros faraones se representaban con los pies sobre la cabeza de enemigos. De esa manera, el estrado se convirtió en símbolo de dominio. A Dios se lo describe como un rey entronado en el cielo con la tierra como estrado de sus pies (Isa. 66:1; Mat. 5:35). En Sal. 99:5 y Lam. 2:1 es difícil determinar si el estrado de Dios es el arca, el templo, o Sion (comp. Isa. 60:13; Ezeq. 43:7). Sólo en 1 Crónicas 28:2 hay una referencia no ambigua al arca como lugar de descanso de los pies de Dios.

En Sal. 110:1, Dios hace que el Rey mesiánico triunfe sobre sus enemigos, que entonces se convierten en estrado de Sus pies. Este pasaje se cita seis veces en el NT. Sirvió como base para el acertijo de Jesús acerca del hijo de David que también es Señor de David (Mat. 22:44; Mar. 12:36; Luc. 20:43). En otros pasajes, se lo aplica a la ascensión de Cristo (Hech. 2:34-35), Su exaltación (Heb. 1:13) y Su victoria futura (Heb. 10:13).

ESTRELLAS Constelaciones, planetas y todos los cuerpos celestes excepto el sol y la luna. A Dios se lo reconoce como Creador de todas las estrellas (Gén. 1:16) y el que sabe sus nombres y número (Sal. 147:4). Los escritores bíblicos conocían muchas constelaciones. El Señor le preguntó a Job: "¿Podrás tú atar los lazos de las Pléyades, o desatarás las ligaduras de Orión?" (Job 38:31).

Se mencionan estrellas individuales (Amós 5:26; Hech. 7:43). Probablemente la más famosa e intrigante sea la estrella de Belén (Mat. 2). Se han postulado muchas teorías para explicarla. Es suficiente decir que las Escrituras no le dan un nombre. Es uno de los muchos milagros que dan testimonio del poder divino, y es similar a la columna de fuego que sirvió para demostrar la presencia y el poder de Dios a los hijos de Israel cuando iban camino a la tierra de Canaán. En el ultimo libro de la Biblia, al Señor Jesús se lo llama "la estrella resplandeciente de la mañana" (Apoc. 22:16). *C. Dale Hill*

ETAM Nombre geográfico que significa "lugar de aves de presa". **1**. Peñasco rocoso donde acampó Sansón durante su batalla contra los filisteos (Jue. 15:8-13) e hizo trato con los hombres de Judá que querían apresarlo y entregarlo en manos del enemigo. El lugar exacto se desconoce. Tiene que ser cerca de Lehi. Ver *Lehi.* **2**. Pueblo en el territorio asignado a la tribu de Judá según las traducciones griegas más antiguas del AT, pero omitido en los manuscritos hebreos actuales (Jos. 15:59). Roboam, rey de Judá (931–913 a.C.), fortificó la ciudad (2 Crón. 11:5-6), lo que parece indicar que Etam estaba entre Belén y Tecoa. Probablemente Roboam temía un ataque de Egipto, que había protegido a Jeroboam, rey de Israel (2 Crón. 10:2). En realidad, el faraón Sisac atacó (2 Crón. 12:2-4). Algunos eruditos sugieren que el programa de fortificaciones de Roboam comenzó después del ataque de Sisac. Una carretera corría a lo largo de las cadenas de montes que pasaba cerca de o atravesaba Hebrón, Bet-sur, y Belén a Jerusalén. Etam protegía el acceso a este camino por el este. Está ubicado en

Kirbet-el-Khohk, al sudoeste de Belén. **3**. Miembro de la tribu de Judá y aparentemente patriarca de la familia del pueblo que lleva el mismo nombre, asociada con Jezreel (1 Crón. 4:3). **4**. Aldea asignada a Simeón (1 Crón. 4:32), aunque no está en la lista de los territorios de esta tribu en Jos. 19:7. Podría ser la actual Aitun, unos 18 km (11 millas) al sudoeste de Hebrón.

Nombre geográfico que significa "fortaleza" **5**. Segundo lugar donde se detuvieron los israelitas cuando peregrinaban por el desierto al salir de Egipto (Ex. 13:20; Núm. 33:6-8). El desierto cercano se llamaba Desierto de Etam (Núm. 33:8). Se desconoce la ubicación exacta.

ETÁN Nombre de persona que significa "de larga vida". **1**. Hombre tan famoso por su sabiduría que al describir la sabiduría sobresaliente de Salomón se afirmó que excedía a la de Etán (1 Rey. 4:31). Es posible que ezraíta indique que ya estaba radicado en Canaán antes de que entraran los israelitas, aunque no hay certeza. Una lista similar a la de 1 Rey. 4:31 aparece entre los descendientes de Judá en 1 Crón. 2:6-8. Ver *Ezraíta*. **2**. Levita y cantor en el templo (1 Crón. 6:42,44; 15:17), e instrumentista (1 Crón. 15:19). Asociado con los títulos de los Salmos 88 y 89.

ETANIM Nombre cananeo adoptado por Israel para designar el séptimo mes (1 Rey. 8:2), también llamado mes de Tisrí. Este era el primer mes del año civil. Etanim significa "siempre anegado" y se refiere a los arroyos que se inundaban por las fuertes lluvias.

ET-BAAL Nombre de persona que significa "Baal está con él". Rey de Sidón y padre de Jezabel (1 Rey. 16:31), la cual se casó con Acab, rey de Israel (874–853 a.C.). Con la influencia de esta, el culto de Baal se extendió por el Reino del Norte. Ver *Jezabel*.

ETER Nombre geográfico que significa "humo de incienso". **1**. Ciudad dentro del territorio tribal de Judá (Jos. 15:42). **2**. Ciudad ocupada por la tribu de Simeón (Jos. 19:7). Algunos estudiosos de la Biblia la identifican con la ciudad en Judá porque el territorio de Simeón estaba dentro de los límites de Judá. Otros eruditos nos advierten que no debemos equiparar ambos lugares. La Eter de Judá corresponde a la moderna Kirbet Attir, al sur de Lahav y 1,5 km (1 milla) al noroeste de Bet Gibrin.

ÉTICA Estudio del buen comportamiento, la motivación y la actitud a la luz de la revelación de Jesucristo y de la Biblia. La disciplina de la ética trata temas como: ¿Qué debo hacer?, ¿Cómo debo actuar para hacer lo que es bueno y correcto?, ¿Qué es el bien?, ¿Quién es una buena persona?

De igual manera, la ética bíblica hace algunas de las mismas preguntas. A pesar de que ninguno de los Testamentos posee un término abstracto o global, ni una definición que se compare al término moderno "ética", tanto el AT como el NT abordan el tema de la forma de vida que las Escrituras prescriben y aprueban. La palabra hebrea que más se aproxima a "ética", "virtud" o "ideales" en el AT, es *musar*, que significa "disciplina" o "enseñanza" (Prov. 1:8); o incluso *derek*, que significa "camino" o "sendero" de lo bueno y lo correcto. En el NT, la palabra griega que más ofrece un paralelo es *anastrofe*, que significa "tipo o estilo de vida" (aparece 9 veces en sentido positivo, y en 2 Ped. 3:11 se encuentran los usos más significativos). La palabra griega *ethos* aparece 12 veces en el NT (Luc. 1:9; 2:42; 22:39; Juan 19:40; Hech. 6:14; 15:1; 16:21; 21:21; 25:16; 26:3; 28:17; Heb. 10:25). La forma plural aparece una vez en 1 Cor. 15:33. Comúnmente se traduce "conducta", "costumbre", "manera de vivir" o "práctica".

La definición bíblica de ética está relacionada con lo doctrinal El problema al tratar de hablar de la ética de la Biblia es que el material ético no se ofrece aisladamente de la doctrina y de la enseñanza bíblica. En consecuencia, lo que Dios es en Su carácter y Su naturaleza, lo que Él desea en Su revelación define lo que es correcto, bueno y ético. En este sentido la Biblia tuvo influencia decisiva para modelar la ética en la cultura occidental.

Algunos han cuestionado si realmente hay una única ética a lo largo de la Biblia. Sienten que hay demasiada diversidad en la amplia variedad de libros y tipos de literatura en la Biblia como para decidir si existe armonía y una posición ética básica en función de lo cual se deben tomar todas las decisiones éticas y morales. No obstante, al seguir las afirmaciones de los libros de la Biblia, algunos consideran que dicho mensaje constituye una contribución al tema actual y permanente del carácter y la voluntad de Dios. Esta narración sobre el carácter y la voluntad divina es la base apropiada para contestar estas preguntas: qué clase de persona debo ser; cómo debemos vivir, pues, para hacer lo correcto, lo justo y lo bueno.

Tal como algunos han señalado, la búsqueda de diversidad y pluralismo en el estándar ético es tanto resultado de una decisión metodológica previa como también búsqueda de unidad y armonía de esos parámetros. No se puede afirmar que la búsqueda de diversidad sea más científica y objetiva que la búsqueda de armonía. Este punto se debe decidir sobre la base de una investigación de los materiales bíblicos y no como una decisión impuesta al texto.

Las tres suposiciones fundamentales ¿Pueden las decisiones éticas o morales subyacer en la Biblia, o acaso se trata de una idea absurda e incoherente? Tres suposiciones ilustran la manera en que un estudioso contemporáneo de la ética o una persona de conducta moral pueden basar sus decisiones en el contenido ético del texto bíblico de una era ya pasada. Estas tres son: (1) las declaraciones morales de la Biblia debían aplicarse a una clase universal de pueblos, épocas y condiciones; (2) las enseñanzas de las Escrituras tienen una congruencia tal que presentan un frente común a las mismas preguntas en todas sus partes y para todas las culturas pasadas y presentes; (3) Cuando hace alguna afirmación o pedido, la Biblia se propone dirigir nuestra acción o nuestra conducta. La Biblia es congruente y procura ordenar cierta conducta moral.

Consideremos en primer lugar la universalidad de la Biblia: cada uno de sus mandamientos, ya sea en un código legal, un texto narrativo, de sabiduría, de carácter profético, de los Evangelios o de las epístolas, fue originalmente dirigido a alguien, en algún lugar y en alguna situación en particular. Dichas particularidades no tenían por objeto condicionar su uso en otros tiempos, lugares o personas. Detrás de cada uno de estos mandatos específicos hay un principio universal. En base al principio general, una persona en una situación diferente puede usar la Biblia para obtener orientación para una decisión específica.

¿Son nuestros problemas, nuestra cultura o nuestros patrones sociales tan diferentes que, aun cuando podemos universalizar los mandatos específicos de las Escrituras, en la actualidad carecen de toda relevancia? ¿Podemos suponer que existe congruencia entre las culturas y las épocas para esta ética? Lo que aquí se requiere es que el mismo escritor bíblico nos haya proporcionado también en otros sitios un patrón completo de pensamiento ético que conduzca a este mandamiento particular y contextualizado. Si podemos suponer que el escritor no cambió su manera de pensar de un momento a otro, podemos dar por sentado que mantiene sus principios para todas las situaciones similares, independientemente de épocas y culturas.

Por último, la Biblia reclama su autoridad sobre los mortales, hechos a la imagen de Dios. Sea que el material ético esté en modo imperativo o indicativo, la diferencia es poca. Los escritores bíblicos tenían el propósito de hacer algo más que informar; se proponían encauzar la conducta.

Cinco características básicas de la ética bíblica En contraste con la ética filosófica que tiende a ser más abstracta y centrada en lo humano, la moralidad bíblica estaba directamente relacionada con la fe religiosa. De allí que los hombres y las mujeres inmorales eran por esa misma razón hombres y mujeres irreligiosos, y las personas irreligiosas eran también personas inmorales (Sal. 14:1).

La ética bíblica es, en primer lugar, personal. La base de esta ética es la persona, el carácter y la expresión de un Dios absolutamente santo. En consecuencia, se insta a los individuos: "Santos seréis, porque santo soy yo Jehová vuestro Dios" (Lev. 19:2).

En segundo lugar, la ética de la Biblia es enfáticamente teísta. Se centra en Dios. Conocer a Dios era saber cómo practicar rectitud y justicia.

De manera más significativa aun, la ética bíblica está profundamente vinculada a la respuesta moral interna más que a las meras acciones externas. "Jehová mira el corazón" (1 Sam. 16:7). Este era el clamor repetidamente anunciado por los profetas (Isa. 1:11-18; Jer. 7:21-23; Os. 6:6; Miq. 6:6-8).

La motivación ética de la Biblia estaba orientada hacia el futuro. La creencia en una futura resurrección del cuerpo (Job 19:26-27; Sal. 49:13-15; Isa. 26:19; Dan. 12:2-3) era razón suficiente para hacer una pausa y comprender que cada acción no se limitaba a la situación cuando ocurría y ni carecía de consecuencias para el futuro.

La quinta característica de la ética bíblica es su carácter universal. Abarca el mismo patrón de rectitud para cualquier nación y persona sobre la tierra.

El principio organizador: el carácter de Dios Lo que da plenitud, armonía y congruencia a la moralidad de la Biblia es el carácter de Dios. Así pues, las instrucciones éticas y la moralidad bíblica estaban fundadas, en primer lugar, en el carácter y la naturaleza de Dios. Lo que Él exigía era lo que Él era y es. La esencia de cada mandamiento moral era el tema que aparecía en Lev. 18:5-6,30; 19:2-4,

10, 12, 14, 18, 25, 31-32,34,36-37, "Yo Jehová", o "Seréis santos, porque yo Jehová vuestro Dios soy santo". Asimismo, Fil. 2:5-8 concuerda diciendo: "Haya, pues, en vosotros este sentir que hubo también en Cristo Jesús, el cual, siendo en forma de Dios... se humilló a sí mismo, haciéndose obediente hasta la muerte, y muerte de cruz".

El carácter y la naturaleza del Dios santo encontraron su expresión ética en la voluntad y en la palabra de Dios. Estas palabras pueden dividirse en leyes morales y leyes positivas. La ley moral expresa el carácter divino. El ejemplo más importante son los Diez Mandamientos (Ex. 20:1-17; Deut. 5:6-21). Otro ejemplo es el código de santidad (Lev. 18–20). La ley positiva afectaba a hombres y a mujeres durante un tiempo determinado en virtud de la autoridad del que les había hablado, o sea, Dios. La ley positiva exigía lealtad de las personas sólo por el tiempo y en las situaciones que la autoridad de Dios había determinado al momento de emitir originariamente esa ley. Por lo tanto, en las palabras divinas en el huerto del Edén, "del árbol de la ciencia del bien y del mal, no comerás" (Gén. 2:17), o la orden del Señor "desatadlo [al burro] y traedlo" (Luc. 19:30) estaban destinadas sólo para la pareja en el jardín del Edén o para los discípulos. No tenían el propósito de ser mandatos permanentes. No se aplican a nuestro tiempo. Un estudio de la ética bíblica nos ayuda a distinguir entre la ley moral siempre válida y el mandato temporal de la ley positiva.

La ley moral es permanente, universal y con autoridad sobre todos los seres humanos en todos los tiempos. El mejor ejemplo de esta ley es el Decálogo de Moisés. Su profundidad puede entreverse con facilidad al observar la amplitud de los temas y la simplicidad de su expresión. Unas pocas observaciones pueden ayudarnos a interpretar estos Diez Mandamientos.

(1) La ley tiene un prólogo. Este establecía la gracia de Dios, vista en la experiencia del éxodo, como base para cualquier requerimiento a los individuos. La ética era una respuesta amorosa a la gracia, no una respuesta de temor ante un mandato.

(2) Toda ley moral tiene dos facetas que apuntan a la acción positiva y a alejarse de la negativa. No importa si la ley esté expresada en forma negativa o afirmativa porque cada acto moral, cuando se adopta una acción positiva, es al mismo tiempo un freno para la contraria.

(3) El simple hecho de omitir o refrenarse de hacer algo prohibido, no es un acto moral. De otra manera, la mera inactividad podría considerarse cumplimiento de la orden. Pero en el ámbito moral, esto es simplemente otra manera de referirse a la muerte. La ética bíblica es un llamado a participación activa en la vida.

(4) Cuando se prohíbe el mal mediante una orden moral, se debe poner en práctica lo bueno antes que a uno se lo considere obediente. No sólo debemos rehusarnos a ser homicidas sino que debemos hacer todo lo que esté a nuestro alcance para socorrer la vida de nuestro prójimo.

La esencia del Decálogo puede encontrarse en tres áreas: (1) relaciones correctas con Dios (primer mandamiento, una adoración íntima a Dios; segundo, una adoración externa a Dios; tercero, una adoración verbal a Dios); (2) relaciones correctas en lo que se refiere al tiempo (cuarto mandamiento); y (3) relaciones correctas con la sociedad (quinto mandamiento, santidad de la familia; sexto, santidad de vida; séptimo, santidad del matrimonio y del sexo; octavo, santidad de la propiedad; noveno, santidad de la verdad; y décimo, santidad de la motivación).

El contenido de la ética bíblica La ética bíblica se fundamenta en toda la revelación de la Biblia. El Decálogo y sus expansiones en los otros tres códigos legales básicos se unen al Sermón del Monte en Mateo 5–7 y el Sermón del Llano en Lucas 6:17-49 como textos fundamentales de la enseñanza bíblica en el orden moral y ético. Todos los otros textos bíblicos, o sea, las narraciones de las acciones incorrectas, la colección de Proverbios, las solicitudes personales de cartas, todo contribuye al conocimiento de la ética bíblica. La Biblia no ofrece una lista de donde podamos elegir. Insiste sobre un estilo de vida y llama a ponerlo en práctica.

Varios ejemplos del contenido de la ética bíblica pueden ayudar a entender mejor de qué manera el carácter de Dios, en particular Su santidad, establece la norma para todas las decisiones morales.

Honrar o respetar a los padres era una de las primeras aplicaciones de lo que implicaba la santidad, según Lev. 19:1-3. Esto no debería sorprender, ya que uno de los primeros mandatos que Dios dio en Gén. 2:23-24 establece que la relación monogámica es el fundamento y la piedra angular de la familia.

Marido y mujer debían ser iguales ante Dios. La esposa no era una simple posesión, un bien ni solamente una "procreadora". No era sólo regalo "del Señor" (Prov. 19:14) y "corona" de su esposo

(Prov. 12:4), sino también “una fuerza igual” a él (la palabra “ayuda” en Gén. 2:18 NVI, se traduce mejor “fuerza, poder”). El requisito de honrar a los padres no podía darse como excusa para no asumir la responsabilidad de ayudar a los pobres, a los huérfanos y a las viudas (Lev. 25:35; Deut. 15:7-11; Job 29:12-16; 31:16-22; Isa. 58; Amós 4:1-2; 5:12). Los oprimidos debían hallar consuelo en el pueblo de Dios y en sus autoridades.

De igual manera, la vida humana se debía considerar tan sagrada que al asesinato premeditado le correspondía el castigo de la pena capital a fin de mostrar respeto hacia las víctimas afectadas, creadas a la imagen de Dios (Gén. 9:5-6). De esta manera, la vida de todas las personas, ya sea las que no habían nacido y que aún estaban en el útero (Ex. 21:22-25; Sal. 139:13-6) o aquellas que provenían de una nación conquistada (Isa. 10; Hab. 3), para Dios tenían un valor infinito.

La sexualidad humana era un regalo de Dios. No era una maldición ni una invención del diablo. Fue concebida para la relación matrimonial y para disfrutar (Prov. 5:15-21), no sólo para procrear. La fornicación estaba prohibida (1 Tes. 4:1-8). Las aberraciones sexuales, tales como la homosexualidad (Lev. 18:22; 20:13; Deut. 23:17) o el bestialismo (Ex. 22:19; Lev. 18:23-30; 20:15-16; Deut. 27:21) resultaban repulsivas ante la santidad de Dios y, por lo tanto, estaban condenadas.

Finalmente, mandamientos sobre la propiedad, la riqueza, las posesiones y el interés por la verdad sentaron nuevas normas. Estas iban en contra de la propensión humana universal a la codicia, a valorar las cosas por encima de las personas y a preferir la mentira como alternativa de la verdad. No importa cuántos temas nuevos se abarcaran en el discurso ético, el resultado final permanecía donde el último mandamiento lo había colocado: los motivos y las intenciones del corazón. Por esto la santidad en el ámbito de la ética comenzaba con el “temor de Yahvéh” (Prov. 1:7; 9:10; 15:33).

El resumen de instrucción ética más importante lo dio nuestro Señor en Mateo 22:37-39: amar a Dios y amar al prójimo. También estaba la “regla de oro” de Mateo 7:12. La mejor manifestación de este amor era la disposición a perdonar a los demás (Mat. 6:12-15; 18:21-35; Luc. 12:13-34).

El NT, al igual que el AT, incluye como parte de su enseñanza la ética social y el deber que uno tiene hacia el estado. Puesto que el reino de Dios estaba obrando en el mundo, era necesario que la sal y la luz también estuvieran presentes en la vida santa.

Mientras ambos Testamentos comparten la misma posición en temas como casamiento y divorcio, el NT a menudo adoptaba en forma explícita sanciones diferentes. Así, en el caso del incesto mencionado en 1 Cor. 5 se recomienda la disciplina aplicada por la iglesia antes que la lapidación.

La principal diferencia entre los dos Testamentos es que el NT presenta a Jesús como el nuevo ejemplo de obediencia incondicional a la voluntad y a la ley de Dios. Jesús no vino a abolir el AT sino a cumplirlo. El NT está lleno de exhortaciones a vivir de acuerdo a las palabras y a andar en la senda propuesta por Jesús de Nazaret, el Mesías (1 Cor. 11:1; 1Tes. 1:6; 1 Ped. 2:21-25).

Algunas motivaciones para vivir vidas éticas y morales llegan desde el AT, pero se le agregan la proximidad del reino de Dios (Mar. 1:15); la gratitud por la gracia de Dios manifestada en Cristo (Rom. 5:8); y la obra consumada de la redención, la expiación y la resurrección del Señor (1 Cor. 15:20-21). Al igual que en el AT, el amor es una motivación poderosa; con todo, no ocupa el lugar de la ley. El amor no constituye la ley; es una palabra que dice “cómo” pero que nunca nos va a decir “qué” debemos hacer. El amor es el cumplimiento de la ley (Rom. 13:9) porque nos induce a cumplir con lo que la ley enseña. Por lo tanto, el amor crea afinidad con el objeto amado y afecto hacia él. Proporciona una obediencia voluntaria y alegre más que una aceptación forzada y coercitiva.

Finalmente, el contenido de la ética bíblica no es sólo personal sino de amplio alcance. Las cartas de Pablo y de Pedro enumeran un amplio espectro de deberes éticos; hacia nuestro prójimo, respeto por el gobierno civil y sus deberes, el significado espiritual del trabajo, la responsabilidad en el manejo de las posesiones y las riquezas, y mucho más.

La ética que exigen y aprueban las Escrituras tiene como parámetro y fuente la santidad de la Deidad; el amor a Dios como fuerza motivadora; la ley de Dios como se la encuentra en el Decálogo y el Sermón del Monte, como su principio directivo, y la gloria de Dios como la meta que lo gobierna. *Walter C. Kaiser (h)*

ETIOPÍA Región de Nubia, justo al sur de Egipto, desde la primera catarata del Nilo hasta Sudán. Ha surgido confusión entre los nombres Etiopía y Cus. El nombre hebreo antiguotestamentario (y egipcio) de la región era Cus. La traducción griega más antigua del AT, la LXX, traducía Cus con la palabra griega *Aithiopia*, excepto donde se tomaba como nombre de persona. Las traducciones generalmente han seguido a la LXX para designar a la tierra como Etiopía y a sus habitantes como etíopes. En pasajes como Gén. 2:13 e Isa. 11:11, varias versiones alternan entre Cus y Etiopía. Ver *Cus.*

La Etiopía bíblica no debe confundirse con la nación actual de ese mismo nombre situada un poco más hacia el sudeste. En tiempos bíblicos, Etiopía era equivalente de Nubia, la región ubicada más allá de la primera catarata del Nilo, al sur de Egipto, o río arriba. Esta región, con abundantes recursos naturales, era conocida por los egipcios como Cus, y fue ocupada por ellos durante los períodos de dominación egipcia. Durante el Nuevo Imperio (1550–1070 a.C.), Etiopía fue totalmente incorporada al Imperio Egipcio y era gobernada por un oficial llamado "virrey de Cus".

Cuando decreció el poder egipcio, Nubia se independizó con un linaje de gobernantes que imitaban la cultura de Egipto. Cuando en el 725 a.C. Egipto cayó en un período de caos, los reyes nubios extendieron su influencia hacia el norte. En el 715 a.C. lograron establecer control sobre todo Egipto y gobernaron como faraones hasta la Dinastía XXV. El faraón etíope más influyente fue Taharka (el Tirhaca bíblico) que brindó ayuda a Ezequías de Judá durante la invasión asiria de Senaquerib en el 701 a.C. (2 Rey. 19:9; Isa. 37:9).

El Imperio Asirio invadió Egipto en el 671 a.C., obligó a los faraones etíopes a retirarse hacia el sur y finalmente saqueó la capital egipcia de Tebas (Nah. 3:8) en el 664 a.C. Desde entonces los reyes etíopes se limitaron a gobernar Nubia desde la ciudad de Napata. Etiopía continuó siendo una potencia política de importancia y un centro de intercambio comercial (Isa. 45:14). Después del 300 a.C., Napata fue abandonada y la capital de Nubia se trasladó a Meroe, más hacia el sur, donde el reino continuó por otros 600 años. Las excavaciones en Nubia han revelado la existencia de numerosas pirámides con tumbas como así también templos dedicados a Amón, el dios egipcio, tanto en Napata como en Meroe.

En tiempos del NT, varias reinas del reino de Meroe llevaron el título de Candace. El eunuco etíope a quien Felipe le explicó el evangelio era un funcionario de "Candace, reina de los etíopes" (Hech. 8:27). El nombre Candace debe entenderse como título más que como nombre propio.

Daniel Browning (h)

ETNÁN Nombre de persona que significa "regalo". Miembro de la tribu de Judá (1 Crón. 4:7).

ETNI Nombre de persona que significa "yo daré". Levita, antepasado de Asaf (1 Crón. 6:41).

EUBULO Nombre de persona que significa "buen consejo". Compañero de Pablo que le envió saludos a Timoteo (2 Tim. 4:21).

EUNICE Nombre de persona que significa "victorioso". Madre de Timoteo (2 Tim. 1:5). Pablo alabó por su fe tanto a ella como a su madre Loida. Era una mujer judía con esposo gentil. Se desconocen detalles sobre su conversión al cristianismo. Ver *Timoteo.*

EUNUCO Hombre privado de sus testículos o genitales externos. Tales hombres quedaban excluidos del sacerdocio (Lev. 21:20) y de la membresía en la congregación de Israel (Deut. 23:1). En el antiguo Cercano Oriente, a los eunucos se los consideraba especialmente confiables y por esa razón se los empleaba con frecuencia en el servicio real. En consecuencia, la palabra hebrea traducida eunuco podía usarse para cualquier oficial de la corte (Gén. 37:36 y 39:1 en referencia a un hombre casado). La palabra griega que se traduce eunuco es literalmente "alguien a cargo de una cama", en referencia a la práctica de usar eunucos como guardianes del harén (Est. 2:3, 6, 15). Parte de la visión de Isaías de la era mesiánica incluía la imagen de un eunuco que ya no se quejaba de ser "un árbol seco", que no albergaba la esperanza de tener descendientes, porque Dios premiaría a los eunucos fieles con un monumento duradero y con su nombre en el templo, algo mucho mejor que hijos o hijas (Isa. 56:5). El eunuco etíope de Hechos 8:27 estaba leyendo del rollo de Isaías.

La referencia a hacerse eunuco "por causa del reino de los cielos" (Mat.19:12) es probablemente una metáfora para el que decide permanecer célibe a fin de ser más útil en la obra de Dios (comp. 1 Cor. 7:32-34).

EUNUCO ETÍOPE Persona no identificada que retornaba a su patria después de estar en Jerusalén para adorar (Hech. 8:27). Era un oficial de la corte de la reina de Etiopía. Mientras viajaba se encontró con Felipe, el evangelista. Este llegó a la región desierta en respuesta a un llamado de Dios. Le expuso el evangelio al eunuco y este recibió el bautismo cristiano de manos de Felipe (Hech. 8:26-39). Su conversión ilustra la fe cristiana que trasciende fronteras nacionales e incluye a alguien cuya mutilación física lo hubiera excluido de comunión plena en el judaísmo.

EUROCLIDÓN Nombre que significa "viento del sudeste que levanta olas imponentes". Es la lectura tradicional del texto griego en Hech. 27:14, pero la mayoría de las traducciones siguen otros escritos griegos que dicen *Eurakulon*, el viento del noreste. Sea cual fuere la lectura correcta, el viento creó una potente tormenta que causó el naufragio del barco que llevaba a Pablo a Roma.

EUTICO Nombre de persona que significa "buena fortuna". Un joven que escuchaba predicar al apóstol Pablo en Troas (Hech. 20:9-10). Vencido por el sueño, se cayó de la ventana de un segundo piso y lo levantaron muerto. Sin embargo, Pablo abrazó al joven y le restauró la vida.

EVA Nombre de persona que significa "vida". La primera mujer creada y, por lo tanto, antepasado original de la humanidad (Gén. 3:20; comp. 4:1-2, 25). También ella enfrentó la primera tentación por parte de la serpiente (3:1; 2 Cor. 11:3; 1 Tim. 2:13-14). Su caída ilustra la facilidad con que todas las personas caen en pecado (2 Cor. 11:3). Ver *Adán y Eva.*

EVANGELIO El término "evangelio" aparece con frecuencia en el NT como sustantivo y como verbo, y literalmente significa "buenas nuevas" o "proclamar las buenas nuevas". El sustantivo *euangelion*, aparece 75 veces y el verbo *euangelizomai* 56.

Trasfondo Hay dos puntos de vista sobre el trasfondo del uso neotestamentario de los términos *euangelion* y *euangelizomai.* Uno hace referencia a que provienen del contexto judío que es la base sobre la que se estableció la iglesia, particularmente por la forma en que se utilizan en la Septuaginta (LXX). El segundo estipula que los términos provienen de la cultura helenística (pagana). Estos puntos de vista se han erosionado mutuamente de tal manera que los intérpretes no entienden en forma total a qué alude la Biblia cuando utiliza el término "evangelio".

La LXX podría establecer el significado de estos vocablos, pero no aparece el uso singular de *euangelion.* Por esta razón, algunos argumentan que la influencia primaria, tal vez única y externa sobre el uso del NT del término *euangelion* proviene de la cultura pagana. Sin embargo, el papel importante que tiene *euangelizomai* en pasajes del AT (LXX) que se mencionan en el NT, hace difícil sostener una posición contra antecedentes judíos del término. En Isa. 40:9; 52:7-10; 60:6; 61:1 el heraldo de las buenas nuevas anuncia que Jehová, Dios de Israel, derrotó a los enemigos paganos, terminó con el exilio de Su pueblo y estableció Su reino. Esto se adecúa perfectamente al contexto del NT.

Originalmente, el sustantivo *euangelion* significaba el anuncio de victoria luego de la batalla, y posteriormente el contenido de ese mensaje. El término también llegó a describir el nacimiento o arribo al poder de un nuevo rey. Una inscripción de Priano en Asia Menor, que probablemente data de aprox. el 9 a.C., describe la asunción de Augusto como nuevo emperador romano. Augusto recibe honores como el salvador que traerá la paz, y proclama su nacimiento como "el comienzo de las buenas nuevas (*euangelion*) que han llegado a los hombres a través de él". Esto ilustra el contenido religioso del término que se relaciona con el culto al emperador.

Cuando se compara el uso pagano de *euangelion* con la forma en que la LXX usa *euangelizomai,* se manifiesta un paralelo asombroso con un rey a quien el pueblo adora. El evangelio y su confesión en cuanto a que Jesús es el Señor confronta la proclamación de que César es el señor y declara que, en la cruz y en la resurrección, Jesús sube al trono como Rey de reyes. El César o cualquier otra cosa creada que reclama señorío doblará su rodilla ante el Cristo crucificado y resucitado.

Pablo y el evangelio El evangelio fue el centro de la prédica de Pablo y la regla por la que vivió para gloria de Dios. El apóstol utiliza *euangelion* 60 de las 75 veces que aparece en el NT. Las congregaciones a las que se dirigía conocían el contenido del evangelio. Esto se puede observar en que Pablo empleó el término 28 veces sin calificadores. También califica el término como: el "evangelio de Cristo", el "evangelio de Dios", el "evangelio de la paz", el "evangelio de nuestra salvación", etc. Cuando emplea el vocablo *euangelizomai,* tiene el mismo significado que *kerusso*; ambos describen la acción de predicar el evangelio. En 1 Cor. 15 y Rom. 1, Pablo explica el contenido del evangelio que predicó.

Primera Corintios 15 Pablo comienza a analizar la certeza de la resurrección y asegura que el evangelio que ellos recibieron los sostiene y es el medio por el cual son salvos. Pablo define el contenido de ese evangelio como el mensaje que recibió de Jesucristo. La muerte de Jesús el Mesías en la cruz y la resurrección de entre los muertos conforme a las Escrituras son las dos características centrales. La base escritural de Pablo para su evangelio proviene de textos seleccionados del AT, pero también brota de su fe en que en toda la Escritura se menciona la muerte y la resurrección de Jesús el Mesías. Por medio de la cruz y la resurrección, Dios destruyó el pecado de Adán y la maldición que vino sobre toda la creación. Jesús en Su muerte tomó nuestro pecado y lo venció. La resurrección destruye el poder de la muerte y esta ya no posee ningún aguijón. El sepulcro ya no tiene la victoria.

En 15:3-8, Pablo demuestra que el mensaje que proclamó tiene el mismo contenido que el de Pedro y de los otros apóstoles. Enfatiza la unidad del mensaje porque tanto él como los otros discípulos tienen el mismo Señor resucitado. A pesar de que en una época había perseguido a la iglesia, el encuentro que Pablo tuvo con Cristo lo ubica al mismo nivel de aquellos que vieron al Señor. Esta descripción del evangelio abre la discusión que sigue acerca de la resurrección, porque si Jesús había resucitado, entonces todos los que creen en Él también resucitarán. Si Jesús no resucitó, el evangelio no tiene poder y Jesús sólo puede ser definido como un falso Mesías.

Romanos 1:1-17 En el saludo, Pablo nuevamente establece el contenido de su evangelio, cuya autoría es de Dios el Padre y presenta a Su Hijo Jesucristo. Pablo les recuerda a sus lectores que el evangelio ya había sido prometido en las Escrituras. Fortaleció este argumento al reconocer que Jesús es la simiente de David, tal como los profetas habían declarado sobre el Mesías. Jesús fue designado Hijo de Dios en virtud de Su resurrección de entre los muertos. La cruz y la resurrección son el corazón del evangelio. Toda la historia se basa en esto y si se minimiza la importancia de la muerte de Jesús en la cruz, se perjudica el evangelio. La consecuencia es la confesión de que Jesús, el Mesías, es el Señor. En Su muerte y resurrección, Jesús recibe el reconocimiento como el Mesías de Jehová y el Señor, ante quien se doblará toda rodilla y toda lengua jurará fidelidad para gloria de Dios el Padre (Fil. 2:10-11). El resumen de Rom. 1:4-5 es prácticamente idéntico a lo que Pablo llama "mi evangelio" en 2 Tim. 2:8. En 2 Cor. 4:3-5, Pablo describe el evangelio con un enfoque en la gloria de Cristo, y la confesión de que Jesucristo es Señor se equipara con el evangelio que predicó. En la conclusión de esta sección (Rom. 1:16-17), Pablo afirma que el evangelio no es sólo un corpus de información sino además poder de Dios para salvación. Por medio de la cruz y la resurrección, la salvación del pecado se hizo posible para todos los que creen, tanto judíos como griegos.

Otros pasajes paulinos En Rom. 10:8c-13, la fe que Pablo predica y el mensaje que se debe creer para salvación es que Jesús es el Señor y que Dios lo levantó de entre los muertos. En 10:15, la enseñanza de Pablo se refiere a la relación entre el que anuncia el retorno victorioso de Jehová y el siervo sufriente de Jehová (Isa. 52:13–53:11). En Rom. 10:8c-13, el mensajero que proclama esta palabra acerca de Jesús se asemeja al que anuncia el retorno de Jehová a Sión. Pablo entiende que el evangelio es la proclamación de que Jehová Dios venció a todos Sus enemigos y estableció Su reino.

El evangelio se refiere a que Jesús de Nazaret, el Mesías, fue crucificado por nuestros pecados, se levantó de entre los muertos y es también Señor de toda la creación. Este mensaje es poder de Dios para salvación y trae consigo todos los aspectos que forman parte de la salvación (p. ej., fe, regeneración, justificación, etc.). El evangelio es el mensaje de Pablo (1 Cor. 9:14-18; Fil. 1:5; 2:22) y la razón de su encarcelamiento y sufrimiento (Fil. 1:7; 2 Tim. 1:8; 2:8-9). Dios llamó a Pablo para proclamar las buenas nuevas, y este llamado lo anima a predicar el mensaje de salvación a los gentiles (Rom. 15:16-20; 1 Cor. 9:19-23; 2 Cor. 10:12-18; Gál. 1:15-23; 1 Tes. 2:2,8-9; 2 Tim. 2:11-12). El evangelio también hace un llamado a vivir una vida ética (Fil. 1:27; 1 Tes. 2:12; 2 Tes. 1:11). Pablo relaciona el evangelio con el juicio final donde todos serán juzgados según la respuesta ante el Salvador proclamado en las buenas nuevas (Rom. 2:16; Col. 1:23; 2 Tes. 1:8; 2 Tim. 4:1).

El evangelio en los Evangelios y en Hechos

Marcos utiliza el término *euangelion* en más oportunidades que los otros evangelistas (8 veces que incluyen 16:15). Empieza con la declaración programática de que el libro es "el comienzo del evangelio de Jesucristo, el Hijo de Dios". El uso sorprendente del término *euangelion* refleja el sentido que tenía tanto para los paganos como para el AT en lo referente a la llegada de un nuevo rey y la promesa del AT de que Jehová retornaría a Sión y derrotaría a los enemigos de Su pueblo. Todo lo que Marcos describe sobre la vida y el ministerio de Jesús manifiesta que Él es el Mesías que Dios envió para liberar a Su pueblo. A través de Sus milagros, Jesús demuestra que es el Mesías, el Hijo de Dios, que tiene poder sobre la naturaleza, los demonios, las enfermedades e incluso la muerte. Por medio de las parábolas, el lector puede aprender acerca del reino que Jesús vino a establecer. El propósito final de la vida del Mesías fue morir para rescate de muchos. A través de la resurrección, Jesús se vindica como Mesías y manifiesta que Su condición de Hijo de Dios es incuestionable.

Marcos también emplea el término *euangelion* para describir el ministerio que Jesús comenzó luego del encarcelamiento de Juan el Bautista (1:14-15). Jesús comenzó a predicar el evangelio, la proclamación de que el tiempo se había cumplido y que el reino de Dios estaba cerca. El Dios de Israel actúa para restaurar a Su pueblo a través del ministerio de Jesús. El corolario de esta proclamación es el llamado a arrepentirse y a creer en el evangelio. La prédica de Jesús hace eco a la de Juan el Bautista y le da cumplimiento porque Jesús era el Mesías, el Hijo de Dios, quien establecería el reino de Yahvéh. Para Marcos, el evangelio trata esencialmente del establecimiento del reino de Dios. También utiliza *euangelion* con el sentido de *kerusso* cuando Jesús anuncia que la mujer que lo había ungido para la sepultura sería recordada en todo lugar donde se predicara el evangelio (Mar. 14:3-9).

La importancia del reino también se puede observar en el uso del término *euangelion* en Mar. 8:35 y 10:29-30. En 8:35, luego del anuncio de Su muerte, Jesús describe el costo de seguirlo y explica que quien quiere ser Su discípulo debe estar dispuesto a perder su vida por amor a Él y al evangelio.

Mateo Mateo utiliza cuatro veces *euangelion* (4:23; 9:35; 24:14; 26:13) y una vez *euangelizomai* (11:5; comp. Luc. 7:18-23). Mateo califica tres veces *euangelion* como el *euangelion tou basileias*, el evangelio del reino. En 4:23, Mateo resume el ministerio de Jesús en Galilea diciendo que Él enseñaba en sinagogas, predicaba el evangelio del reino y sanaba enfermedades y dolencias. Para Mateo, el evangelio se centra en el reino que Jesús vino a establecer a través de Su vida y muerte. Esta buena nueva encaja muy bien en la esperanza judía de que Jehová/Yahvéh restauraría a Su pueblo mediante la obra del Mesías, y apoya el argumento de Mateo en cuanto a que Jesús vino para dar cumplimiento a las Escrituras.

Lucas-Hechos Lucas no utiliza *euangelion* en su evangelio pero emplea diez veces el verbo que se refiere al acto de proclamar las buenas nuevas. En Hechos, Lucas utiliza 15 veces *euangelizomai* y sólo 2 veces *euangelion*. En las narrativas sobre Jesús y Juan el Bautista, Lucas emplea *euangelizomai* en la proclamación de Gabriel a Zacarías (1:19) y del ángel a los pastores la noche del nacimiento de Jesús (2:10). Cuando Jesús habla en la sinagoga en Nazaret (4:16-21), lee en Isaías sobre la restauración de los pecados y el exilio del pueblo de Jehová (Isa. 61:1; 58:6). El Mesías proclamará buenas nuevas a los pobres, declarará libertad de los cautivos, dará vista a ciegos, libertará a oprimidos y proclamará el año aceptable del Señor. Luego de leer este texto, Jesús le explica a la multitud que esta profecía se cumple en Él. Este texto bosqueja el enfoque central del relato de Lucas sobre la vida y el ministerio de Jesús. Lucas emplea nuevamente este texto para comunicarle el mensaje a Juan el Bautista cuando este buscaba confirmación de que Jesús era el que vendría después de él (7:22). La proclamación de las buenas nuevas se centra en el reino de Dios y en el cumplimiento de la ley y los profetas (8:1; 16:16).

En Hechos, Lucas utiliza *euangelizomai* para enfatizar la proclamación sobre la vida y ministerio de Jesús. Utiliza ocho veces esta proclamación para referirse a Jesús el Mesías que es Señor de todos (5:42; 8:4-6,12,35; 10:36-44; 11:20; 13:16-41; 17:18). Estas buenas nuevas acerca de Jesús componen el centro de la prédica de los misioneros de la iglesia primitiva (8:12,25,40; 14:7,15,21; 15:35; 16:10). Las buenas nuevas que predicaban se relacionaban íntimamente con las promesas del AT y se centraban en la vida y ministerio de Jesús, particularmente en la cruz y la resurrección (8:26-39; 10:36-44; 13:16-41).

Juan Juan no emplea *euangelion* ni *euangelizomai* en su Evangelio y prefiere los términos que significan "testigo" y "verdad". También enfatiza la acción de creer que Jesús es el Mesías, el Hijo de Dios, y la vida que se imparte como resultado de la fe (Juan 20:20-31).

El evangelio en otros lugares del NT En 1 Ped. 1:3-12, el apóstol define el evangelio como el mensaje que prometieron los profetas y se cumplió en el sufrimiento y la gloria de Jesucristo. La resurrección de Jesús ha provisto esperanza viva y herencia eterna. Este evangelio revela algo tan importante que incluso los ángeles anhelan tener una visión de él. En 1:23, Pedro llama al evangelio Palabra de Dios viva y perdurable. En 4:1-19, para disipar las dudas de los que argumentan sobre el tiempo del juicio venidero y del castigo final, Pedro explica que a los que rechazan el evangelio les espera un final terrible. En Heb. 4:2,6 se utiliza el término *euangelizomai* para aludir al mensaje acerca de Jesús el Mesías de manera similar a 1:1-4. Apocalipsis 14:6 describe el evangelio eterno que se utiliza en el juicio.

Conclusión El evangelio en el NT se puede resumir como el mensaje sobre el reino de Dios que se instauró por medio de la vida, muerte y resurrección de Jesús el Mesías, a quien Dios exaltó como Señor de todo. Estas buenas nuevas describen sucesos que se profetizan en toda la Escritura y declaran que Jesús, el Mesías, derrotó de una vez y para siempre a todos los principados y poderes. Finalmente, Dios juzgará a los seres humanos según hayan recibido o rechazado estas buenas nuevas.

Donny Mathis

EVANGELIO SEGÚN TOMÁS Ver *Apócrifos, Nuevo Testamento; Gnosticismo.*

E

EVANGELIOS SINÓPTICOS Nombre empleado para referirse en forma conjunta a los Evangelios de Mateo, Marcos y Lucas. El término "sinóptico" significa "con el mismo ojo", por lo tanto, "con el mismo punto de vista".

Mateo, Marcos y Lucas comparten una organización común de los materiales para relatar la historia del evangelio. Orientan el ministerio de Jesús geográficamente: comienzan con Su ministerio en Galilea, continúan con una etapa de transición que incluye tanto los viajes fuera de Galilea como dentro y a través de esa región, y concluyen con el relato de los sucesos que tuvieron lugar en Jerusalén y culminan con Su muerte y resurrección. Por otra parte, Juan organizó el relato de la historia de Jesús de una manera diferente. Relata numerosos viajes de Jesús entre Galilea y Judea debido a Su participación en diversas fiestas judías. Aunque un modelo de organización no es mejor que el otro, las similitudes entre Mateo, Marcos y Lucas se pueden notar fácilmente cuando se los compara. La relación que existía entre Mateo y Marcos resalta especialmente la forma común de contar la historia de Jesús. Mateo provee 606 de los 661 versículos de Marcos (1:1-16:8), ya sea en una forma exacta o similar. En otras palabras, Mateo incluye en su Evangelio prácticamente todos los versículos de Marcos. Lucas incluyó 320 versículos que son paralelos a los de Marcos, por lo tanto, también guarda una relación cercana con este y con Mateo. Hay 250 versículos que aparecen en Mateo y Lucas pero que no se encuentran en Marcos. En algunas de estas instancias se encuentran las mismas expresiones en diferentes Evangelios, no sólo en lo que se refiere a las palabras de Jesús sino también en la manera de relatar las historias. Ver *Lucas, Evangelio de; Marcos, Evangelio de; Mateo, Evangelio de.*

Existen tantas indicaciones acerca de la relación literaria que los eruditos generalmente dan por sentado que los escritores de estos Evangelios compartieron una o más fuentes. Se han efectuado varios intentos para explicar la naturaleza de esta relación literaria. Algunos eruditos postulan que Marcos empleó tanto a Mateo como a Lucas para armar su Evangelio. Sin embargo, la gran mayoría de eruditos sostiene que Marcos escribió primero su Evangelio y que Mateo y Lucas lo utilizaron como una de sus fuentes. La gramática de Mateo y de Lucas es, en general, mejor que la de Marcos, y no en el sentido contrario. Este modelo indicaría que Marcos se escribió antes que Mateo y Lucas debido a que sería improbable que Marcos no hubiese copiado el lenguaje más sofisticado y menos vulgar de los otros dos. Si Marcos hubiese realmente contado con una copia de los otros Evangelios cuando escribió el suyo, habría sido incomprensible que no incluyera las enseñanzas maravillosas de Jesús que aparecen en Mateo y Lucas, tales como el Sermón del Monte y las parábolas de Lucas 15. Marcos parece haber escrito primero su evangelio sin el beneficio de las ediciones griegas de Mateo y Lucas que conocemos. Por lo tanto, un tiempo después de que Marcos escribiera su Evangelio, Mateo y Lucas lo utilizaron como una ayuda para escribir los de ellos.

Por otro lado, Mateo y Lucas también tuvieron una fuente común que posiblemente haya sido una forma más antigua de Mateo (tal vez escrita en arameo) u otro documento o documentos diferentes que contenían muchas enseñanzas y dichos de Jesús. A esta fuente común de materiales para Mateo y Lucas generalmente se la conoce como Q (*Quelle*), palabra que significa "fuente" en alemán. Desde luego, Lucas señala que conocía otros que habían tratado de contar la historia del evangelio y que él personalmente había investigado las fuentes cuando escribió el suyo (Luc. 1:1-4). Por lo tanto, no es para nada sorprendente que Mateo haya hecho lo mismo y haya utilizado diversas fuentes. Debido a que Marcos no fue un testigo ocular, también habría empleado numerosas fuentes de las que, según la iglesia primitiva, la prédica de Pedro fue la primera. El relato de la historia del evangelio fue un emprendimiento tan importante que probablemente los escritores hayan utilizado todas las fuentes confiables a las que pudieron tener acceso.

Aunque los tres Evangelios tienen mucho en común y encaran el relato de la historia de Jesús con un mismo plan general y la misma organización, cada uno presenta una visión única acerca de Jesús y de las implicancias del discipulado. Cada escritor se dirigió a diferentes grupos ubicados en lugares y entornos históricos distintos. Por lo tanto, las características comunes de estos tres Evangelios no se deberían interpretar como que estos presentan un solo punto de vista en lugar de tres. Cuando se estudian paralelamente estos tres evangelios, las diferencias que existen entre ellos pueden resaltar la riqueza de los distintos énfasis que posee cada uno. Mateo, Marcos y Lucas se complementan para comunicar la historia del evangelio a través de los aspectos en común, aun cuando presenten el mensaje con una profundidad que sólo se observa al considerarlos de manera separada. Ver *Apócrifos, Nuevo Testamento.* *Bill Warren*

EVANGELISMO Invitación activa a las personas para que respondan al mensaje de gracia y se entreguen a Dios en Jesucristo. Si bien muchos creen que el evangelismo es un fenómeno del NT, una profunda preocupación por todas las personas es igualmente obvia en el AT (1 Rey. 8:41-45; Sal. 22:27-28; Isa. 2:2-4). El cuidado de Dios hacia la primera pareja después de que pecaran, su plan para "bendecir" a todas las personas por medio de la nación israelita, y sus continuas tentativas mediante los profetas y la disciplina para forjar a Su pueblo y convertirlo en una nación útil, todo habla de su amoroso interés.

SI bien la influencia de Israel era principalmente nacional e interna, había ocasiones en que su testimonio era individual y externo (Dan. 3-6; 2 Rey. 5:15-18; Jon. 3:1-10). Aunque Israel fracasó en gran medida en su misión, la importante cantidad de personas temerosas de Dios al comienzo de la era cristiana muestra que su atracción y sus esfuerzos proselitistas no fueron totalmente en vano.

Sin embargo, el NT manifiesta el empuje dinámico del evangelismo. Si bien la palabra no aparece en la Biblia, está entretejida en la trama de las Escrituras.

A pesar de su evidente importancia, un amplio abanico de opiniones busca definir qué significa y qué debería incluir. Las definiciones abarcan desde concepciones extremadamente estrechas hasta otras amplias en exceso.

Evangelismo deriva de la palabra griega *euangelion*, que significa "buenas nuevas". La forma verbal *euangelizo* significa "llevar" o "anunciar buenas nuevas", aparece unas 55 veces (Hech. 8:4, 25, 35; 11:20) y se traduce normalmente con la forma apropiada de la palabra "predicar". El evangelismo tiene que ver con la proclamación del mensaje de buenas noticias.

En vista del amplio espectro de definiciones y del debate continuo, conviene considerar dos clases de definiciones. En primer lugar, muchos insisten en definir evangelismo sólo en el sentido más estricto de las palabras neotestamentarias antes mencionadas. Es decir, predicar el evangelio, comunicar el mensaje de la misericordia de Dios hacia los pecadores. Tal definición impone un marco limitado para llegar a una definición precisa. Rehúsa hablar en términos de los receptores, los resultados o los métodos, y coloca todo el énfasis en el mensaje.

Hasta donde podemos ver, este tipo de definición es sin duda correcta. Representaría la visión de muchos evangélicos en relación a la evangelización. Muchos otros, sin embargo, creen que tales definiciones son inadecuadas para la actualidad y que son parcialmente responsables de una especie de evangelismo truncado que se practicó a menudo en el pasado.

Por lo tanto, muchos preferirían lo que podría describirse como una definición "holística" o que tome en cuenta "las buenas nuevas del reino". Esto podría expresarse de la siguiente manera: el evangelismo es la comunicación del evangelio del reino guiada por el Espíritu de tal modo que los receptores tengan una oportunidad válida de aceptar a Jesucristo como Señor y Salvador y convertirse en miembros responsables de Su iglesia. Dicha definición toma en cuenta la obra esencial del Espíritu Santo, las diversas maneras de hacer llegar la buena nueva, el interés holístico hacia las personas involucradas, la necesidad de comunicación y comprensión reales del mensaje, y la necesidad de una membresía productiva en la iglesia por parte de la persona convertida.

Lucas 8:2-56 muestra cómo Jesús llevaba la buena nueva. No sólo predicó; demostró su poder sobre las fuerzas de la naturaleza al salvar a sus asustados discípulos. Exorcizó un demonio, sanó a una pobre mujer que sufría desde hacía doce años de una hemorragia, y resucitó a la hija de Jairo.

Presentó claramente la buena nueva mediante la palabra y las obras, y no sólo con palabras.

Pablo, de modo similar, describe cómo fue usado: "para la obediencia de los gentiles, con la palabra y con las obras, con potencia de señales y prodigios, en el poder del Espíritu de Dios ... todo lo he llenado del evangelio de Cristo" (Rom. 15:18-19).

Algunos advierten sobre el peligro de tales definiciones porque abren la puerta a un énfasis exagerado en la dimensión social del evangelio en detrimento del mensaje oral. Por cierto que esto es posible. Un evangelio completo incluye el evangelio verbal. Hace falta equilibrio, aunque diferentes situaciones pueden a veces exigir mayor énfasis en un aspecto que en otro. El mandato bíblico sigue siendo: "a todos me he hecho de todo, para que de todos modos salve a algunos" (1 Cor. 9:22). *G. William Schweer*

EVI Nombre de persona de significado incierto, tal vez "deseo". Rey de Madián muerto en batalla por los israelitas durante el peregrinaje en el desierto (Núm. 31:8). Aparentemente gobernó como vasallo de Sehón (Jos. 13:21).

EVIL-MERODAC Nombre real babilónico que significa "adorador de Marduc". Rey de Babilonia (562–560 a.C.) que trató bondadosamente a Joaquín, rey de Judá (2 Rey. 25:27). La forma babilónica del nombre es Amel-Marduk. Era hijo de Nabucodonosor. Ver *Babilonia.*

EVODIA Mujer líder en la iglesia de Filipos cuyo desacuerdo con Síntique preocupaba a Pablo (Fil. 4:2-3). El nombre Evodia significa "viaje próspero" o bien "fragancia agradable". Evodia y Síntique probablemente eran diaconisas o anfitrionas en reuniones de la iglesia que se congregaba en sus respectivos hogares. Pablo alabó a estas mujeres como dos de las que habían luchado a su lado para la extensión del evangelio, de la misma manera que lo habían hecho Clemente y otros líderes de iglesia. Ver *Filipenses, Carta a los.*

EXCOMUNIÓN Práctica de excluir a alguien de la iglesia, en forma temporal o permanente, como castigo por pecado o apostasía.

Antiguo Testamento En el AT, la excomunión llegaba como maldición de Dios que castigaba el pecado (Deut. 27:26; 28:15; Sal. 119:21; Mal. 2: 2-9; 4:6). La comunidad judía asumía autoridad en nombre de Dios para castigar el pecado (Núm. 23:8; Isa. 66:5). Los términos para excomunión en el AT incluyen: *karat,* que significa ser excluido o cortado (Ex. 12:15, 19; Lev. 17:4, 9); *cherem,* que significa desterrar, separar o matar (Ex. 22:19; Lev. 27:28-29; Jos. 6:17), y *qelalah,* que significa desolación o cosa horrenda (2 Rey. 22:19; Jer. 25:18). La comunidad del pacto se protegía a sí misma de la maldición y de la tentación alejando de la comunidad a los que quebrantaban el pacto, y llegaban incluso a ejecutarlos.

Nuevo Testamento La expulsión de la sinagoga era una de las formas de excomunión en el NT. Los cristianos frecuentemente eran expulsados como castigo por "blasfemia" o por alejarse de la tradición de Moisés (Luc. 6:22; Juan 9:22; 12:42; 16:2). Así, por causa de su fe, muchos cristianos primitivos sufrieron la excomunión del lugar de adoración de sus antepasados. Los apóstoles practicaban la excomunión basándose en la autoridad para atar y desatar que Jesús les había dado (Juan 20:23; Mat. 18:18). Excomulgaron a miembros de la iglesia por herejía (Gál. 1:8), por pecados flagrantes y deliberados (1 Cor. 5; 2 Juan 7), y tal vez por apartarse de la fe y la práctica de la iglesia (Heb. 6:4-8). El propósito era purificar a la iglesia y alentar a los transgresores al arrepentimiento (1 Cor. 5:5-6; 2 Cor. 2:6-10; 2 Tes. 3:15). El castigo se extendía desde un ostracismo temporal hasta una exclusión definitiva, y si la iglesia continuaba con la práctica de la sinagoga, tal vez haya incluido alguna forma de castigo físico (Luc. 4:28-30; Juan 8:2-11; Hech. 5:1-5; 7:58). Los términos para excomulgar en el NT incluyen: ser entregado a Satanás (1 Cor. 5:5; 1 Tim. 1:20); pronunciar anatema o maldición y ser separado de Dios (Rom. 9:3; 1 Cor. 16:22; Gál. 1:8). Las iglesias neotestamentarias aparentemente usaban la excomunión como medio de disciplina redentora. Ver *Apostasía; Atar y desatar.*

En la historia de la iglesia Durante la Edad Media, cuando la iglesia y el estado se integraron, la excomunión frecuentemente se usaba como herramienta política. En el 1054, la iglesia católica estaba dividida en oriental y occidental. Cada una se arrogaba la primacía de ser la iglesia verdadera. "Resolvieron" el dilema excomulgándose mutuamente.

En la actualidad En su sentido más amplio, la excomunión ahora significa negarle al excomulgado los sacramentos, no permitirle adorar con la congregación ni tener algún tipo de contacto social. La excomunión se practica de esta manera tanto por las iglesias católicas como por las protestantes. Sin embargo, el término en sí es usado ante todo por la iglesia católica, y normalmente indica una exclusión permanente. A los castigos menores se los llama censuras. *Donna R. Ridge*

EXECRACIÓN Acción de maldecir; objeto de la maldición. El término aparece en Jer. 42:18 y 44:12, las dos veces en referencia al destino del remanente que desobedeció la palabra de Dios y buscó refugio en Egipto. El texto se puede entender al menos de dos maneras. Primero, el nombre de ellos terminaría siendo objeto de maldición, es decir que otros los maldecirían. Alternativamente, su nombre sería usado para maldecir, de la manera siguiente: "Que seas como el remanente que Dios destruyó." Ver *Bendición y maldición.*

EXHORTACIÓN Argumento (Hech. 2:40) o consejo cuya intención es alentar a la acción. La capacidad para exhortar o incitar a actuar es un don espiritual (Rom. 12:8) asociado a veces con profetas/predicadores (Hech. 15:32; 1 Cor. 14:3). En todos los otros casos, la exhortación mutua es responsabilidad de todos los creyentes (Rom. 1:12; 1 Tes. 5:11,14; Heb. 3:13, 10:24-25). Las Escrituras hebreas proveyeron a los predicadores del NT fuente de inspiración para la exhortación (Rom. 15:14; Heb. 12:5-6). El sermón de la sinagoga se describía como "palabra de exhortación" (Hech. 13:15; NVI, "mensaje de aliento"). Como tal, invitaba a aplicar las verdades de los textos bíblicos a la vida cotidiana. La meta de la adoración ordenada es exhortación (1 Cor. 14:31). Las cartas de este tipo eran frecuentes en la antigüedad. Los mensajeros a menudo proveían verbalmente un aliento adicional para complementar los mensajes escritos (2 Sam. 11:25; Ef. 6:22; Col. 4:8). Dos documentos del NT se autodescriben como exhortaciones (1 Ped. 5:12; Heb. 13:22). De la misma manera, el efecto de la carta del Concilio Apostólico fue descrito como una exhortación (Hech. 15:21). Aunque no se designa como tal, la carta de Santiago también es exhortación.

EXILIO Acontecimientos que condujeron a las tribus israelitas del norte al cautiverio a manos de los asirios, y a las tribus del sur a ser capturadas por los babilonios. A veces, los términos "cautiverio" y "llevados a cautiverio" se refieren al exilio de Israel y de Judá.

En tiempos del AT, los asirios y los babilonios iniciaron la práctica de deportar cautivos a tierras extranjeras. La deportación se consideraba la medida más dura, y sólo se recurría a ella cuando otros medios de dominación habían fracasado. Los asirios preferían exigir tributo antes que deportar a las naciones a las que amenazaban conquistar. Ya en el 842 a.C., Jehú, rey de Israel, pagaba tributo a Salmanasar, rey de Asiria. No fue sino hasta el reinado de Tiglat-pileser (745–727 a.C.) que los asirios comenzaron a deportar personas de las diversas tribus de Israel.

En el 734 a.C., Tiglat-pileser capturó las ciudades de Neftalí (2 Rey. 15:29) y se llevó cautivas a las tribus de Neftalí, Rubén, Gad y media tribu de Manasés (1 Crón. 5:26). En el 732, el rey tomó control de Damasco, la ciudad capital de Siria. Por ese tiempo hizo tributario a Oseas (732–723 a.C.), el último rey de Israel (Reino del Norte). Este se rebeló aprox. en el 724 a.C. y fue capturado por los asirios (2 Rey. 17:1-6).

Samaria, la ciudad capital de Israel, ofreció resistencia hasta el 721 a.C., cuando Salmanasar (727–722 a.C.) decidió sitiarla. La consiguiente caída de la ciudad se produjo a manos de Sargón II (722–705 a.C.). Estos acontecimientos marcaron el final de las diez tribus del norte (2 Rey. 17:18).

Los asirios exiliaron a los israelitas hacia Halah, Gozán y Sefarad (2 Rey. 17:6; 18:11; Abd. 20). Llevaron a Samaria gente de Babilonia, Cuta, Ava, Hamat y Sefarvaim (2 Rey. 17:24; Esd. 4:10). Sargón II registró que se deportaron 27.290 israelitas.

Los profetas Oseas y Amós habían anunciado la caída de Israel, y también proclamaron que dicha caída se debía más a su degeneración moral y espiritual que a la supremacía militar de la nación asiria. Esta era sólo "la vara de mi [de Dios] ira" (Isa. 10:5).

Historia del exilio de Judá Más de cien años antes del exilio babilónico, el profeta Isaías había anunciado la caída de Judá (Isa. 6:11-12; 8:14; 10:11). Además, los profetas Miqueas, Sofonías, Jeremías, Habacuc y Ezequiel coincidían en que Judá iba a caer.

Hubo tres deportaciones de judíos a Babilonia. La primera en el 598 a.C. (2 Rey. 24:12-16). La segunda en el 587 a.C. (2 Rey. 25:8-21; Jer. 39:8-10; 40:7; 52:12-34). Después de esta, Gedalías fue designado gobernador de Judá por los babilonios, pero fue asesinado (2 Rey. 25:22-25). Una tercera deportación, como castigo por el asesinato de Gedalías, ocurrió en el 582 a.C. (Jer. 52:30).

La vida en el exilio Esto significó vivir en cinco regiones geográficas diferentes: Israel, Judá, Asiria, Babilonia y Egipto. Poseemos poca información de los acontecimientos en estas regiones entre los años 587 y 538 a.C.

Israel Asiria se llevó a líderes y personas educadas del Reino del Norte, y los reemplazó con pobladores de otros países conquistados (2 Rey. 17:24). Hicieron regresar a algunos sacerdotes de Israel para enseñarle a la gente las tradiciones religiosas del Dios de la tierra (2 Rey. 17:27-28). Tales sacerdotes probablemente servían a una población de agricultores judíos pobres dominados por líderes extranjeros. Un remanente fiel intentó, a su manera, mantener la adoración a Jehová cerca de Siquem, donde finalmente se fundó la comunidad samaritana. Cuando Babilonia conquistó la región, estableció una capital provincial en Samaria. Los líderes del lugar se unieron con otros líderes provinciales para impedir que Zorobabel –que lideraba el regreso del exilio– y su gente reedificaran el templo (Esd. 4:1-24). En Esdras 10 se nos muestra una gran escena de arrepentimiento, y así, gradualmente, fue emergiendo una población mixta Ver *Samaritanos.*

Asiria Los exiliados del Reino del Norte fueron dispersados entre las avanzadas asirias (2 Rey. 17:6). Aisladas de otros judíos, pareciera que estas pequeñas comunidades no pudieron mantener su identidad nacional. Se desconoce qué sucedió con este pueblo, de allí la designación "las tribus perdidas de Israel". Con el tiempo, algunos quizás regresaron a su tierra de origen. Otros tal vez establecieron el fundamento de comunidades judías que aparecen en registros históricos posteriores.

Judá Los babilonios no destruyeron totalmente la tierra de Judá. En realidad, dejaron labradores para cuidar la tierra (Jer. 52:16). Algunos que habían huido del país antes que Babilonia lo invadiera, regresaron a la tierra después de la destrucción de Jerusalén (Jer. 40:12). Los babilonios establecieron un gobierno que tal vez haya dependido del gobierno provincial en Samaria. Los judíos leales a la tradición davídica asesinaron al gobernador Gedalías (2 Rey. 25:25). Posteriormente, muchos huyeron a Egipto (2 Rey. 25:26; Jer. 43). Los que permanecieron en el país continuaron adorando a Dios en las ruinas del templo y buscando una palabra de esperanza de parte de Dios (Lamentaciones). Es probable que muchos se hayan molestado al ver que los judíos regresaban de Babilonia para reclamar tierra y liderazgo.

Babilonia El centro de la vida judía se desplazó hacia Babilonia con líderes como Ezequiel. Babilonia llegó a reconocer a la familia real de Judá, como se advierte en 2 Rey. 25:27 y también en documentos recuperados de esa zona. Los judíos exiliados basaron su calendario en el exilio del rey Joaquín en el 597 a.C. (Ezeq. 1:2; 33:21; 40:1). Zorobabel, nieto de Joaquín, acompañó a los primeros exiliados de regreso a Jerusalén en el 538 a.C. (Esd. 2:2; Hag. 1:1). La mayoría probablemente siguieron las prácticas normales del Cercano Oriente y se convirtieron en agricultores con tierras de propiedad del gobierno. Documentos babilónicos muestran que algunos judíos llegaron a ser comerciantes exitosos. Aparentemente, líderes religiosos como Ezequiel lograron organizar encuentros religiosos (Ezeq. 8:1; comp. Esd. 8:15-23). Siguió habiendo correspondencia entre los que estaban en el exilio y los que habían quedado en Judá (Jer, 29), y los ancianos judíos fueron líderes entre los exiliados (Jer. 29:1; Ezeq. 8:1; 14:1; 20:1). Esdras y Nehemías demuestran que las genealogías y los registros familiares se convirtieron en material importante al extremo para la identidad de los desterrados. Las personas eran económicamente solventes y algunos hasta tenían esclavos (Esd. 2:65). También contaban con recursos para financiar su regreso a Jerusalén (Esd. 1:6; 2:69). Es más, muchos anhelaban volver y no querían cantar cántico a Dios en Babilonia (Sal. 137). Seguían a profetas como Ezequiel en su deseo de reedificar el templo y restaurar al pueblo judío. Se reían de los dioses babilónicos y los consideraban leños sobrantes de alguna fogata (Isa. 44:9-17; 45:9-10; 46:1-2,6-7; Jer. 1:16; Ezeq. 20:29-32). Se había establecido una comunidad judío-babilónica que ejercería fuerte influencia mucho después de que Ciro, el rey de Persia, permitiera que los judíos regresaran a Judá. Estos judíos habían organizado su propia adoración, habían recopilado textos de las Escrituras y habían comenzado a interpretarlos en una paráfrasis aramea y con explicaciones que finalmente se convirtieron en el Talmud babilónico; estos judíos continuaron brindando apoyo a los judíos en Jerusalén.

Egipto Hubo judíos que escaparon de Jerusalén a Egipto (2 Rey. 25:26) en contra de la advertencia de Dios (Jer. 42:13-44:30). Muchos se convirtieron en parte del ejército egipcio estacionado en los fortines de las fronteras para protegerse de la invasión babilónica. Probablemente se hayan unido a judíos que estaban en Egipto desde antes. Los arqueólogos han descubierto inscripciones en Elefantina y en el sur de Egipto que muestran que allí se había emplazado un gran ejército de judíos. Aparentemente edificaron un templo donde adoraban a Jehová y a otros dioses. Estas comunidades militares con el tiempo desaparecieron, pero la influencia judía en Egipto se mantuvo. Finalmente, una comunidad numerosa se estableció en Alejandría y produjo la Septuaginta, la traducción más antigua del AT al griego.

El edicto de Ciro en el 538 a.C. (2 Crón. 36:22-23, Esd. 1:1-4) liberó a los judíos de Babilonia para que pudieran regresar a su tierra. Aunque las condiciones en su patria eran deplorables, muchos regresaron. Las predicaciones de Zacarías y de Hageo (520–519 a.C.) animaban a los cautivos liberados para que regresaran a edificar el templo en Jerusalén. Este se completó en el 515 a.C., fecha que tradicionalmente marca el fin del exilio babilónico. *Gary Hardin*

ÉXODO Nombre para la huida de Israel de la esclavitud en Egipto y su viaje hacia la tierra prometida bajo el liderazgo de Moisés. Histórica y teológicamente, este es el suceso más importante del AT. Más de cien veces en diferentes lugares del AT, con excepción de la literatura sapiencial, se proclama a Jehová como "quien los sacó de la tierra de Egipto, de casa de servidumbre". Israel recordaba el éxodo como la poderosa acción de Dios para redimirlos. Lo celebraba en sus credos (Deut. 26:5-9; 1 Sam. 12:6-8). Lo cantaba durante sus cultos de adoración (Sal. 78; 105; 106; 114; 135, 136). Los profetas constantemente le recordaban al pueblo que la elección y el pacto estaban estrechamente vinculados con el éxodo (Isa. 11:16; Jer. 2:6; 7:22-25; Ezeq. 20:6, 10; Os. 2:15; Amós 2:10; 3:1; Miq. 6:4; Hag. 2:5). En el AT significaba para Israel lo que la muerte y la resurrección de Cristo era para los cristianos en el NT. Del mismo modo que Israel conmemoraba su liberación de la esclavitud egipcia en la fiesta de la Pascua, los cristianos conmemoran su redención del pecado en la celebración de la Cena del Señor (Luc. 22:1-20; 1 Cor. 11:23-26).

Historicidad El único relato explícito del éxodo está en la narración bíblica (Ex. 1–15). No hay testimonios extrabíblicos que hablen directamente de la estadía de los antepasados de Israel en la tierra del Nilo. Sin embargo, fuentes egipcias sí confirman la situación general que encontramos al final del Génesis y al comienzo del libro de Éxodo. Hay muchas referencias de fuentes egipcias acerca de pueblos nómadas llamados *habiru*, que llegaban a Egipto desde el este huyendo de la hambruna. Evidencias extrabíblicas en Egipto indican que este país usó mano de obra esclava en proyectos de edificación (Ex. 1:11). En un momento, la tierra de Egipto estaba repartida entre muchos terratenientes; pero después del reinado de los hicsos, los faraones se apropiaron de la mayor parte de la tierra y los campesinos se convirtieron en siervos del rey (Gén. 47:20). Los estudiosos del AT aceptan la historicidad esencial del éxodo.

Naturaleza del acontecimiento Algunos eruditos consideran el éxodo como la liberación milagrosa del pueblo de Dios de las garras del ejército del faraón en el Mar Rojo. Otros lo ven como la huida a través de un extendido páramo y un desierto abrasador de una pequeña y heterogénea banda de esclavos de zonas fronterizas. Algunos otros argumentan que el tipo de lenguaje militar del relato del éxodo indica que el acontecimiento fue una escaramuza. Dicho lenguaje tal vez sea el de una guerra santa.

La Biblia afirma que el éxodo fue obra de Dios. Él desplegó las plagas sobre Egipto (Ex. 7:1-5). El milagro en el mar nunca fue tratado como un hecho natural o como la victoria de Israel por sí sola. En los registros más antiguos que evocan este evento, María exclamó: "Cantad a Jehová, porque en extremo se ha engrandecido; ha echado en el mar al caballo y al jinete" (Ex. 15:21).

Elementos tanto maravillosos como cotidianos contribuyeron al acontecimiento más grandioso del AT. Lo natural y lo sobrenatural se combinan para recrear la liberación divina. El éxodo es al mismo tiempo milagroso e histórico. Un aire de misterio envuelve este hecho, como sucede con todo acontecimiento milagroso. A pesar de las referencias temporales en 1 Rey. 6:1 y en Jue. 11:26, todavía se debate cuándo exactamente ocurrió el éxodo. En lugar de esta fecha de siglo XV a.C., muchos eruditos lo ubican durante el siglo XIII a.C. cuando reinaba Ramsés II. No sabemos con precisión dónde ocurrió, ya que el término hebreo tal vez haya querido decir "Mar Rojo", tal como lo conocemos ahora, o uno de sus afluentes, o "mar de los juncos", cuya ubicación se desconoce. No sabemos quiénes ni cuántos participaron. El registro deja claro que Dios liberó a Israel en virtud de su pacto con los patriarcas y porque deseaba redimir a Su pueblo (Ex. 6:2-8).

La fecha del éxodo La Biblia no ofrece una fecha incontrovertible. En 1 Rey. 6:1 dice: "En el año cuatrocientos ochenta después que los hijos de Israel salieron de Egipto, el cuarto año del principio del reino de Salomón sobre Israel, en el mes de Zif, que es el mes segundo, comenzó él a edificar la casa de Jehová". Aunque este versículo se refiere principalmente al comienzo de la edificación del templo de Salomón y sólo de manera general a la época del éxodo, hace referencia a un éxodo en el siglo XV a.C. Un problema es que se calcula el cuarto año del reinado de Salomón de manera indirecta. Primero, se menciona al rey Acab en una inscripción extrabíblica que establece que dicho rey luchó en una coalición de ejércitos contra los asirios en la batalla de Qarqar (aprox. 853 a.C.). Segundo, los reinados de los reyes israelitas comienzan a sumarse remontándose en el tiempo hasta llegar al reinado de Salomón. Dejando un margen para cálculos contradictorios del año de asunción en Israel al norte y en Judá, y para corregencias superpuestas y demás, se manejan varias fechas posibles para el comienzo del reinado de Salomón. No obstante, las cronologías que compiten para determinar el comienzo del reinado de Salomón no difieren en más de una década (970; 967; 966; 961 a.C.). El cuarto año del reinado de Salomón podría ubicarse en cualquier momento entre el 966 y el 957 a.C. De modo que aun sin una cifra precisa para el comienzo de su reinado, la Biblia parece afirmar como fecha del éxodo un año entre 1446 y 1437 a.C. La fecha más antigua aceptada comúnmente (entre conservadores) es el 1446 a.C.

Se han presentado tres objeciones importantes a esta conclusión. (1) *Pitón y Ramesés.* Éxodo 1:11 dice que los israelitas en Egipto edificaron las ciudades de almacenamiento en Pitón y Ramesés. Se declara que el nombre "Ramesés" no se usó hasta el tiempo del nuevo imperio (aprox. 1300 a.C. y siguientes). Sin embargo, la respuesta conservadora es que el editor posterior del Pentateuco probablemente haya usado estos

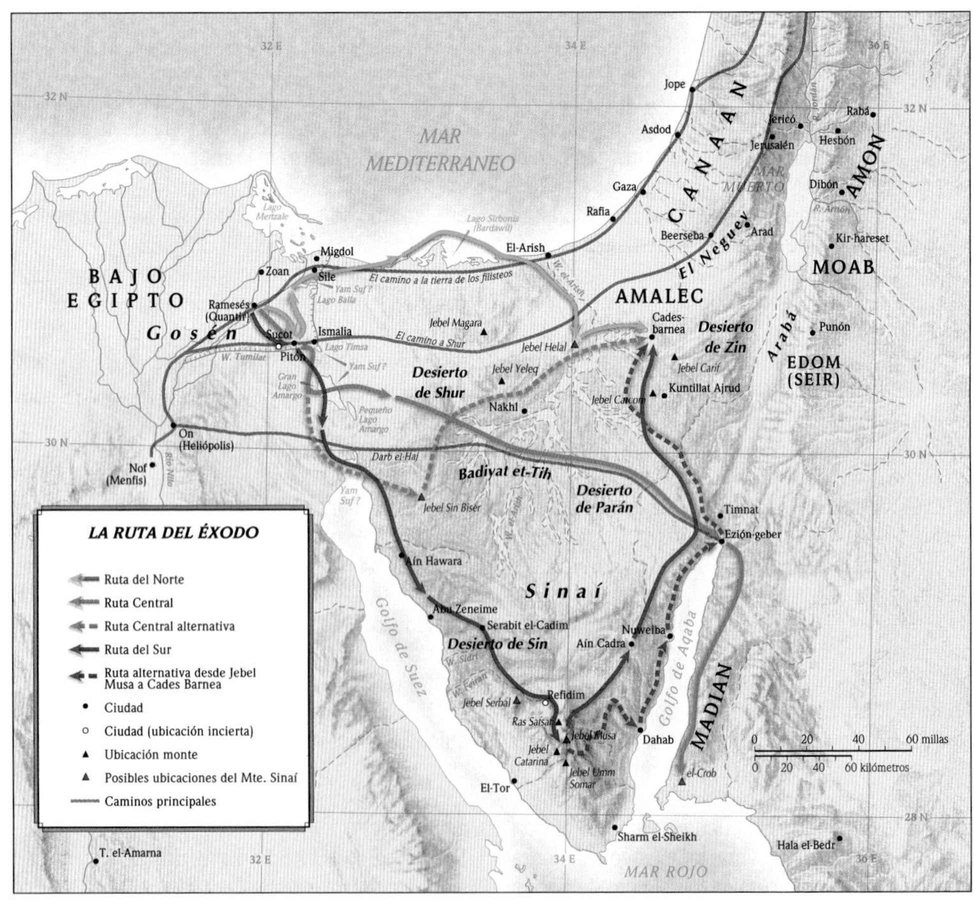

dos últimos nombres para aclarárselo a la audiencia de su época (del mismo modo que un historiador moderno diría que Guillermo el Conquistador cruzó el "Canal de la Mancha", lo que es claramente un anacronismo). (2) *El período de 480 años.* Esto se ha tomado como un lapso simbólico (12 generaciones de 40 años cada una; posiblemente en relación a la genealogía de Aarón hasta Sadoc en 1 Crón. 6:3-8). Sin embargo, no hay una razón definitoria para que este número sea simbólico. Aparece expresado así sólo en 1 Rey. 6:1, y la continuación del versículo especifica el momento exacto de la fundación del templo en el cuarto año del reinado de Salomón. Otro problema surge cuando se suman todos los años desde Éxodo hasta 1 Samuel. Esto suma alrededor de 550 años, pero se puede explicar superponiendo el período de algunos jueces y otros factores. Según el juez Jefté, en ese momento Israel ya había ocupado la tierra de Canaán unos 300 años. Esto impide un éxodo/conquista tardío que sólo deja un lapso de 200 años para el período de los jueces (Jue. 11:26). (3) *La evidencia arqueológica para una conquista en el siglo XIII.* Debido a la escasez de evidencias y a las interpretaciones en conflicto sobre la fecha, no existe hoy un consenso en cuanto a la entrada de Israel a la tierra de Canaán. Actualmente hay tres teorías relevantes sobre el surgimiento de Israel como nación que van del siglo XIII al siglo IX a.C. La primera, siguiendo el modelo de Allbright, presenta la conquista en el siglo XIII. En segundo lugar, hay diferentes enfoques del surgimiento/asentamiento nómada en la región central de Canaán alrededor del siglo XIII. Estos modelos tratan de tomar seriamente en cuenta la falta de fechas de la conquista y la contradicción de evidencias culturales mixtas en la región montañosa central durante la Edad de Bronce Tardía (aprox. 1200 a.C.). En tercer lugar, están aquellos que usan la escasez de datos para minimizar la historicidad del texto bíblico y así aferrarse a una fecha como el siglo IX para indicar el comienzo de la nación de Israel con Omri/Acab. En cuanto a los datos, la Estela de Mernepta (aprox. 1220 a.C.) indica que Israel ya estaba en Canaán para esta fecha, pero esto no impide una fecha anterior. Los datos de Laquis, Bet-el, Azor, Debir y demás podrían interpretarse como respaldo para ubicar la conquista en el siglo XIII, pero algunos de estos niveles de destrucción podrían atribuirse a la época de los jueces. El análisis de Bryan Woods de la evidencia de Jericó ha demostrado que era correcta la interpretación original de

Lago Timsah, posible lugar donde los hebreos cruzaron el Mar Rojo.

John Garstang en cuanto a un nivel temprano (aprox. 1400 a.C.) de la destrucción de Jericó. El último análisis de Woods de las excavaciones de un equipo italiano en Jericó indica que la muralla de protección alrededor de esta cuidad fue construida y destruida durante la última parte del período del Bronce I. Esta es una evidencia adicional para establecer una fecha temprana para la destrucción (y conquista) de Jericó, como así también para una fecha temprana para el éxodo. La identificación de Hai con Et-Tell ha demostrado no ser concluyente debido a que el sitio no existía ni en la fecha temprana ni en la tardía. Sin embargo, el sitio de Khirbet el-Maqatir, excavado por Bryan Woods y Garry Byers, sí existía cerca de allí a fines de la Edad de Bronce y podría ser el Hai bíblico. Se ha refutado el estudio de Transjordania realizado por Nelson Glueck, donde llega a la conclusión de que no existían evidencias de edomitas, moabitas ni tribus nómadas como para que los israelitas se toparan con ellas en la fecha temprana. El estudio de Transjordania de Maxwell Miller (específicamente de la meseta moabita) ha demostrado que hay evidencia de tribus nómadas a través de los períodos de tiempo en cuestión para ambas fechas del éxodo. Ver *Pitón y Ramesés*.

El faraón del éxodo El faraón del éxodo está directamente ligado a la interpretación de los datos para establecer la fecha del éxodo/conquista. Si se toma la fecha tardía del éxodo (aprox. 1270 a.C.), el faraón de la opresión tal vez haya sido Seti I, y el faraón del éxodo Ramsés II (1304–1237 a.C.). Sin embargo, si se toma la fecha temprana del éxodo (aprox. 1446 a.C.), el faraón de la opresión fue Tutmosis III, y el faraón del éxodo fue Amenhotep II (1450–1425 a.C.). Ninguna de estas fechas tiene evidencia cronológica concluyente, lo que lleva a muchos a determinar que el éxodo/conquista no ocurrió o que ocurrió en etapas. Si bien hay evidencia conflictiva, no existen razones concretas para contradecir el año 1446 a.C. como fecha del éxodo como se indica en la Biblia. En textos antiguos, Amenhotep II se describe como un guerrero poderoso y un faraón bélico que dirigió varias campañas contra Canaán y que luego, abruptamente, cesó su actividad militar. El padre de Amenhotep II, Tutmosis III, fue uno de los faraones más poderosos y más ricos de la dinastía XVIII. Egipto estaba en la cúspide de su poderío y bienestar cuando Amenhotep II accedió al trono y se convirtió en el faraón del éxodo. Aunque no es concluyente, la estela del sueño de Tutmosis IV, hijo y sucesor de Amenhotep II, indica que Tutmosis IV no fue el

Capilla interior del hall de festividades de Hashepsut. Esta fue esposa de Thutmosis II y tía y madrastra de Thutmosis III, quien algunos creen fue el faraón del éxodo.

primogénito de Amenhotep II, una posible alusión a la décima plaga que afectó a los primogénitos de Egipto.

La cantidad de personas en el éxodo En nuestras Biblias en español, Ex. 12:37 dice que "partieron los hijos de Israel de Ramasés a Sucot, con seiscientos mil hombres de a pie, sin contar los niños". Por diversos motivos (aprovisionamiento de agua y de víveres en el Sinaí; evidencia de sepulturas, etcétera) los eruditos actuales traducen la palabra hebrea "mil" como "clan o unidad militar". Esto da como resultado una reducción drástica de la cantidad de israelitas en el éxodo como así también en el resto del AT. Sin embargo, deben admitir que esta traducción no se puede utilizar de manera constante en el AT porque algunos números son más específicos. Números 1:46 establece más específicamente que Dios le ordenó a Moisés hacer un censo en el segundo año del éxodo de Egipto y que los hombres aptos para la guerra sumaban 603.550. No es inusual que se usen números redondos en ciertas ocasiones, tanto en la Biblia como en el antiguo Cercano Oriente, pero esto no significa que los números redondos carezcan de historicidad o de veracidad. Justo antes de entrar en la tierra prometida, en Núm. 26, Dios le ordenó a Moisés que realizara un censo después de la plaga causada por la inmoralidad con las mujeres moabitas. Los israelitas contaron 601.730 hombres en pie de guerra (Núm. 26:51) de más de 20 años de edad (Núm. 1:3). Las diferencias entre las cifras de Ex. 12 y de Núm. 26 podrían atribuirse al fallecimiento de las personas de más edad debido tanto a la voluntad divina como a causas naturales, y también a un aumento producto de los nuevos nacimientos en los primeros 20 de los 40 años de peregrinaciones en el Desierto de Sinaí. Algunos eruditos evitan grandes cantidades específicas al dividir las cifras en dos partes (donde los miles son unidades/clanes militares y los cientos son el número real de hombres), pero este método se derrumba cuando vemos en Núm. 1:46 (603.550) 603 unidades militares o clanes pero un total de sólo 550 hombres. Si las estadísticas son correctas en cuanto a que esos hombres de más de veinte años representan aprox. el 25% de la población total, los israelitas sumaban mucho más de dos millones de personas, tanto al comienzo como al final del peregrinaje en el desierto.

El éxodo fue obra de Dios. Fue un hecho histórico donde participaron una nación sumamente poderosa y un pueblo oprimido. Dios actuó de manera redentora con poder, libertad y amor. Cuando el reino de Dios no llegaba, los profetas tardíos comenzaron a esperar un segundo éxodo. Esta expectativa se cumplió espiritualmente en la obra redentora de Cristo.

Ralph L. Smith y Eric Mitchell

ÉXODO, LIBRO DE Libro central del AT que relata el acto salvador fundamental de Dios para con Israel en el éxodo de Egipto y la realización de Su pacto con la nación destinada a ser Su reino de sacerdotes.

Trasfondo literario Éxodo es el segundo libro del AT y del Pentateuco (Ver *Pentateuco* para un análisis de la fecha y autoría). Éxodo continúa la narrativa del Génesis sobre la creación, el pecado humano, el castigo divino y la renovación, el llamado a Abraham para bendecir al mundo y las luchas de Isaac y luego de Jacob para llevar adelante este llamado de Dios. El libro termina cuando José lleva a la familia de su padre a Egipto para evitar el tormento de la hambruna. Éxodo retoma la historia de los hijos de Jacob en Egipto, en ese momento bajo un nuevo faraón y considerados extranjeros temibles en lugar de inmigrantes bienvenidos liberados de la hambruna. Fue así que Israel se convirtió en mano de obra esclava en Egipto (cap. 1). Dios salvó del peligro al bebé Moisés, el cual creció en la corte del faraón como hijo de la hija del faraón. Aun así, Moisés amaba a los israelitas. Al tratar de proteger a uno de su pueblo, mató a un egipcio. En consecuencia, tuvo que huir al Desierto de Madián donde protegió a siete jóvenes pastoras en peligro. Se radicó allí y se casó con una de ellas. En ese lugar Dios lo llamó desde la zarza ardiente en el Monte Horeb/Sinaí, y lo envió de regreso para rescatar a Israel de Egipto (caps. 2–4). Con su hermano Aarón, tuvo que enfrentar a un faraón empecinado que se rehusaba a liberar a los israelitas. Cuando el faraón le hizo la vida más dura a Israel, los israelitas se quejaron de Moisés. Dios usó esta oportunidad para revelarse a Israel, al faraón y a los egipcios. Dios envió las plagas sobre el país. El faraón se rehusó obstinadamente a dejar salir a Israel hasta que su primer hijo y los primogénitos de todo Egipto murieron en la plaga final. Esta décima plaga se convirtió en el escenario de la celebración religiosa más importante de Israel, la Pascua y el pan sin levadura donde Israel representaba el éxodo de Egipto y se regocijaba en el supremo acto de salvación de Dios a favor de Su pueblo (caps. 5–13). Cuando Israel huye de Egipto, el faraón nuevamente se resiste y envía al ejército a perseguirlos. El milagro del Mar Rojo (o tal vez más literalmente, el mar de los juncos) se convirtió en el momento supremo de la historia de Israel, cuando Dios creó una nación para sí al rescatarla del poder militar más grande de la tierra y guiarla a través de las aguas divididas del mar, para luego volver a inundarlo cuando los egipcios trataron de seguirlos (cap. 14).

Después de celebrar la liberación con cánticos y danzas (15:1-21), Israel fue guiado por Dios al desierto, pero muy pronto la difícil vida en el páramo demostró ser demasiado dura. Los israelitas comenzaron a añorar los días de bonanza en Egipto, aun después de que Dios les diera alimento y bebida y que derrotara a los amalecitas (15:22–17:15). Jetro, el suegro de Moisés, llevó a la esposa y a los hijos de este para reunirse con él en el desierto y alabó a Dios por todo lo que Él había hecho por Moisés y por Su pueblo. Jetro también aconsejó a Moisés acerca de cómo organizar un sistema judicial más eficiente para aliviar la carga que tenía (cap. 18). Después Israel llegó hasta el Monte Sinaí, donde Dios los llamó para que se convirtieran en el pueblo del pacto, una nación santa que llevara adelante la misión de Abraham de ser una bendición a las naciones. Dios les dio mandamientos y otras leyes básicas para el pacto (caps. 19–23), y luego confirmó el pacto en una ceremonia misteriosa (cap. 24). Moisés fue a la cima de la montaña a recibir el recordatorio de las instrucciones de Dios, especialmente las correspondientes a la edificación del tabernáculo, el lugar sagrado para la adoración (caps. 24–31). Impacientes por la espera, Israel logró convencer a Aarón para que le fabricara un objeto de adoración que pudieran ver, de modo que hizo un becerro de oro. El pueblo comenzó a adorar esa imagen. Esto provocó la ira de Dios, quien envió a Moisés de regreso al pueblo. A pesar del pecado de ellos, Moisés oró por el pueblo pero luego comprobó personalmente las acciones pecaminosas y arrojó las tablas al suelo y las hizo pedazos. Moisés volvió a subir al monte y oró por su pueblo, a quien Dios castigó pero no lo destruyó como había amenazado hacer. Dios demostró Su presencia permanente en el tabernáculo de reunión y al dejar que Su gloria se manifestara delante de Moisés (caps. 32–33). Después, Dios le dio las leyes en dos tablas de piedra nuevas y renovó el pacto con el pueblo, dándole además otras leyes fundamentales. Una comunicación tan intensa con Dios hizo que el rostro de Moisés resplandeciera (cap. 34). Moisés entonces alentó al pueblo a celebrar el día de reposo y a edificar el tabernáculo (caps. 35–39); lideró la construcción del tabernáculo y estableció la adoración en ese lugar. Dios bendijo esta acción con Su gloriosa y santa presencia (cap. 40). Esto proporcionó una señal para el futuro viaje de Israel al seguir la nube y el fuego de Dios.

Enseñanza teológica Durante el éxodo, Israel aprendió sobre la naturaleza esencial de Dios y Su salvación. También aprendieron sobre la naturaleza del pecado, las características del líder escogido por Dios, los componentes de la adoración y el significado de la salvación. También acerca de la identidad del pueblo de Dios.

Dios es quien gobierna el mundo, capaz de obrar a favor de Su pueblo aun en el territorio de la potencia política y militar más poderosa del mundo. Él decide actuar a favor del pueblo de Su elección. Sabe de la situación de los suyos aun cuando otra nación le haya impuesto la esclavitud. Dios salvó a Su pueblo llamando a un líder que comunicó la voluntad divina y enfrentó a sus enemigos. Dios capacitó al líder en un momento de debilidad personal más que de fortaleza. Dominó las fuerzas de la naturaleza para mostrar Su poder inigualable y para demostrar Su preocupación amorosa por el pueblo.

La salvación, el poder y el cuidado no fueron las únicas cosas que Dios reveló de sí mismo. También mostró una naturaleza santa al recordarles que debían entrar en Su presencia especialmente preparados. Reveló el esplendor de Su gloria, tan majestuosa que ni siquiera el líder podía contemplarla. Pero sobre todo, reveló Su voluntad de estar presente entre Su pueblo y guiarlo a través de sus actividades diarias.

Al hacerlo, mostró cómo esperaba que viviera Su pueblo, un camino de santidad y de sacerdocio entre las naciones. Este camino se centraba en una vida guiada por los Diez Mandamientos. Dicha vida reflejaba la naturaleza de Dios, quien podía ser identificado como "¡Jehová! fuerte, misericordioso y piadoso, tardo para la ira, y grande en misericordia y verdad; que guarda misericordia a millares, que perdona la iniquidad, la rebelión, y el pecado, y que de ningún modo tendrá por inocente al malvado" (Ex. 34:6-7).

Dios esperaba que Su pueblo viviera en el camino de la santidad, el camino de los Diez Mandamientos. No cumplir con ello era pecado. Este se centra particularmente en atribuirle a otro dios lo que Dios ha hecho y en adorar las cosas hechas por manos humanas antes que al verdadero Dios, quien no permite imágenes de sí mismo. Para evitar el pecado, el pueblo de Dios tenía que seguir al líder elegido por Él, aun cuando ese sendero atravesara el desierto y demandara un estilo de vida carente de los lujos y las comidas que habían aprendido a considerar como derecho. El líder seguía la voluntad de Dios y no la del pueblo; debía interceder ante Dios por un pueblo pecador y estar dispuesto a renunciar a su lugar ante Dios a cambio de la salvación del pueblo. Sólo un líder que estuviera en comunión cara a cara con Dios podía desarrollar tal actitud. Por lo tanto, Moisés se convirtió en un líder incomparable para Israel.

La permanencia del líder implicó el establecimiento de un lugar de adoración y de prácticas litúrgicas. El pueblo de Dios obtuvo identidad al ejercer la adoración. El líder le mostró cuándo, dónde y cómo adorar.

El pueblo ofrecía adoración porque había experimentado la salvación de Dios. Para ellos, la salvación significaba liberación física en la actividad militar contra un enemigo poderoso. Significaba seguir las instrucciones de Dios y esperar ayuda milagrosa de Él. La salvación estableció una relación entre Dios y la gente, una relación basada en la iniciativa divina para liberar al pueblo e invitarlo a tener una relación basada en un pacto. Esto significaba que el pueblo podía confiar en que Dios lo guiaría a través de su historia personal y nacional. También significaba que Dios esperaba la confianza del pueblo mientras este obedecía a medida que Él le mostraba el camino de vida que debían seguir. La salvación no era simplemente recibirla de manos de Dios. Consistía en seguir con fe el estilo de vida que Dios describía. Ver *Pacto*.

Bosquejo

I. Dios salva a Su pueblo (1:1–4:17)
  A. El pueblo de Dios enfrenta la opresión con temor (1:1-22)
  B. Dios elige un libertador para Su pueblo oprimido (2:1–4:17)
II. Dios envía a Su líder a una misión difícil (4:18–7:2)
  A. Dios utiliza todos los medios para llevar a cabo Su voluntad contra un gobernante impío (4:18-26)
  B. Dios, en Su enojo, promete proporcionar ayuda a Su líder (4:27-31)
  C. El líder de Dios entrega Su mensaje a líderes paganos (5:1-23)
  D. Dios promete liberación al pueblo ensordecido (6:1-9)
  E. Dios reafirma a Sus líderes inseguros (6:10–7:2)
III. Dios se revela al castigar al enemigo (7:3–12:30)
  A. Dios es soberano sobre los poderes enemigos (7:3-13)
  B. Los milagros no proporcionan alivio (7:14-25)
  C. Las fuerzas enemigas intentan negociar antes que convertirse (8:1-15)
  D. El poder de Dios convence a los líderes religiosos enemigos (8:16-19)
  E. El engaño político no logra derrotar el propósito de Dios (8:20-32)
  F. El poder de Dios es superior a los símbolos religiosos paganos (9:1-7)
  G. El poder de Dios afecta a personas y también a animales (9:8-12)
  H. El terror y la admisión del pecado no son respuestas adecuadas a las acciones de un Dios único (9:13-35)
  I. Las acciones salvadoras de Dios deberán ser enseñadas a generaciones venideras (10:1-20)
  J. La voluntad de Dios debe ser enteramente acatada (10:21-29)
  K. Cuando castiga, Dios hace diferencia entre Su pueblo y Sus enemigos (11:1-10)
  L. Dios impone Su juicio sobre otros dioses y preserva a Su pueblo obediente (12:1-13)
  M. El pueblo de Dios deberá recordar y celebrar su liberación (12:14-28)
  N. Dios castiga a Sus enemigos arrogantes y endurecidos (12:29-30)
IV. Dios se revela al rescatar a Su pueblo de la esclavitud (12:31–15:21)
  A. Dios libera y bendice a Su pueblo y a aquellos que se unen a Él (12:31-51)
  B. Dios instruye a Su pueblo para que recuerde, celebre y enseñe sobre Su gran salvación (13:1-16)
  C. Dios guía y protege a Su pueblo obediente (13:17-22)
  D. Dios manifiesta Su gloria y suscita fe al salvar a Su pueblo atribulado (14:1-31)
  E. El pueblo de Dios lo alaba por haberlo liberado (15:1-21)

V. Dios brinda Su cuidado a un pueblo quejoso e indeciso (15:22–18:27)
   A. Dios promete sanidad al pueblo obediente (15:22-27)
   B. Dios revela Su gloria y pone a prueba la fe de Su pueblo mientras responde a Sus necesidades (16:1-36)
   C. Un pueblo que duda pone a prueba la presencia de Dios (17:1-7)
   D. Dios libera a Su pueblo y condena permanentemente al enemigo (17:8-16)
   E. Parientes extranjeros dan testimonio de la superioridad de Dios sobre otros dioses (18:1-12)
   F. El pueblo de Dios necesita enseñanza eficaz y liderazgo administrativo (18:13-27)
VI. Los pactos de Dios con Su pueblo (19:1–20:21)
   A. El pacto de Dios está basado en Su acción liberadora y en la obediencia del pueblo como reino de sacerdotes (19:1-8)
   B. Dios prepara a Su pueblo antes de descender para hacer un pacto (19:9-15)
   C. La sobrecogedora presencia de Dios confirma el pacto (19:16-25)
   D. Los Diez Mandamientos son reglas básicas del pacto para quienes viven con Él (20:1-17)
   E. El pueblo sobrecogido necesita mediación humana ante el Dios santo (20:18-21)
VII. Dios da leyes civiles, ceremoniales y penales para ayudar a Su pueblo (20:22–23:33)
   A. Instrucciones para una adoración aceptable (20:22-26)
   B. Tratamiento de los esclavos hebreos (21:1-11)
   C. Trato con una persona que hiere o mata a otra (21:12-32)
   D. Justicia para el daño a la propiedad de otro (21:33–22:15)
   E. Justicia para una virgen seducida (22:16-17)
   F. Castigo para la brujería, el bestialismo y la idolatría (22:18-20)
   G. Cuidado del extranjero, la viuda, el huérfano y el pobre (22:21-27)
   H. Respeto a Dios y a las reglas humanas, consagración de los niños y reglas de santidad (22:28-31)
   I. Práctica de la honestidad; protección del justo o inocente (23:1-9)
   J. Respeto por el año sabático, el día de reposo y los días sagrados (23:10-19)
   K. Dios proveerá guía espiritual (23:20-33)
VIII. Dios y Su pueblo deben ratificar el pacto (24:1-18)
   A. El pueblo se compromete a hacer la voluntad de Dios (24:1-11)
   B. Dios ratifica el pacto con Su santa presencia (24:12-18)
IX. Dios decide estar presente con Su pueblo (25:1–31:17)
   A. Según la voluntad de cada uno, se le solicita al pueblo que aporte para la construcción del lugar de adoración a Dios (25:1-7)
   B. Dios morará entre Su pueblo en Su lugar de adoración santa (25:8–27:21)
   C. El ministro de Dios mediará la presencia santa a favor de un pueblo santo (28:1–29:37)
   D. La gente responde a la presencia de Dios ofrendando con sacrificio (29:38–30:38)
   E. Los artesanos responden a la presencia de Dios dedicando las capacidades recibidas como don divino (31:1-11)
   F. El pueblo responde a la presencia santa con adoración sabática (31:12-17)
X. Dios restaura a un pueblo pecador (31:18–34:35)
   A. Dios proporciona orientaciones para vivir en Su presencia (31:18)
   B. Un pueblo impaciente rompe el pacto haciendo otros dioses y adorándolos (32:1-6)
   C. Dios reacciona con ira ante un pueblo desobediente (32:7-10)
   D. La oración intercesora produce arrepentimiento divino (32:11-14)
   E. El juicio de Dios cae sobre un pueblo desobediente a través de Sus líderes escogidos (32:15-29)
   F. La majestuosa intercesión de un mediador no es suficiente (32:30-35)
   G. Dios retira Su presencia inmediata del pueblo pecador (33:1-4)
   H. El duelo y el arrepentimiento, aun de parte de un pueblo desobediente, captan la atención de Dios (33:5-6)
   I. La adoración en el lugar elegido por Dios es elemento esencial para la restauración del pacto (33:7-11)

E

J. La presencia invisible de Dios reafirma la relación del pacto (33:12-23)
K. Dios renueva el pacto con Su pueblo (34:1-35)

XI. Dios honra la obediencia de Su pueblo con Su santa presencia (35:1–40:38)
A. Dios establece exigencias específicas para Su pueblo (35:1-19)
B. Un pueblo obediente proporciona recursos y oficios necesarios para la obra de Dios (35:20–36:7)
C. Un pueblo obediente brinda sus recursos para edificar el lugar donde Dios hace Su morada (36:8–39:43)
D. El líder del pueblo de Dios se prepara para adorar (40:1-33)
E. La presencia de Dios llena continuamente el lugar de adoración para Su pueblo obediente (40:34-38)

Trent C. Butler

EXORCISMO La práctica de expulsar demonios mediante actos rituales. Aunque la Biblia hebrea hace referencia a seres demoníacos (Lev. 17:7; Deut. 32:17; Isa. 13:21; 34:14; 2 Crón. 11:15; Sal. 106:37), no hay relatos sobre echar fuera demonios de personas o de lugares. El oficio de exorcista, largamente conocido en la práctica religiosa de la Mesopotamia, está totalmente ausente en la Biblia hebrea. Los demonios mencionados por lo general son seres terrestres espantosos, a veces parecidos a chivos o sátiros, que viven en regiones áridas. *Shedim*, término adoptado de otra lengua (del acadio *shedu*, "espíritu protector"), se usa dos veces para describir a dioses extranjeros (Deut. 32:17; Sal. 106:37), y generalmente se traduce "demonios".

En el NT, los demonios son poderes terrenales o espirituales aliados con Satanás. El poder de Jesús para exorcizarlos se demuestra en los Evangelios Sinópticos mediante el poder que Él ejerce sobre Satanás (Mat. 15:21-28; Mar. 1:23-38; 5:1-20; 7:24-30; 9:14-29). El exorcismo se incluye en la lista de maravillas que hizo Jesús en Capernaum y en Galilea (Mar. 1:34,39). En Mar. 3:11 se relata que Jesús tuvo que silenciar a espíritus inmundos que lo reconocían y lo proclamaban Hijo de Dios.

Jesús les da a Sus discípulos autoridad sobre espíritus inmundos (Mar. 3:14-15; 6:7), algo que generalmente ejercieron con éxito (Mar. 6:13), pero no siempre (Mar. 9:18). Marcos 9:38-41 hace referencia a alguien que hacía exorcismos en nombre de Jesús aunque no era seguidor de Él. Jesús les ordenó a Sus discípulos que no se lo prohibieran. Hech. 19:13-16, en otro relato, se menciona a unos judíos ambulantes de Éfeso que intentaban sin éxito exorcizar demonios en nombre del Jesús predicado por Pablo.

Juan no menciona que Jesús exorcizara demonios, pero el tema demoníaco no está ausente de ese Evangelio ya que Sus oponentes a menudo lo acusaban de estar poseído por ellos (Juan 7:20; 8:48-49, 52; 10:20). Asimismo, en los Sinópticos, los escribas acusaron a Jesús de expulsar demonios mediante el poder del príncipe de los demonios (Mar. 3:22).

La técnica habitual del exorcismo, tal como se conoce a través de papiros sobre magia de aquella época, consistía en ordenarle al demonio (si era posible, por nombre) mediante el poder de uno o más dioses que saliera de la persona poseída. A menudo esta acción se acompañaba con la preparación de hierbas y la imposición de amuletos. En casi todas las fórmulas de exorcismo se incluían palabras mágicas con sílabas repetidas. En contraste, los exorcismos que realizó Jesús en los Sinópticos describen Su mandato sin hacer referencia a otros seres divinos (Mar. 1:25; 9:25). Hay una sola referencia a algún tipo de técnica cuando se hace referencia al muchacho del que los discípulos no pudieron exorcizar al demonio, donde se aclara que sólo podía ser expulsado mediante la oración (Mar. 9:29). Algo semejante a la técnica habitual de exorcismo aparece en el caso del endemoniado gadareno, donde el poseído trató sin éxito de ordenarle a Jesús, en nombre del Dios Altísimo, que no lo atormentara (Mar. 5:7). Jesús se basó en Su poder singular para demostrar a los demonios que no tenían ni lugar ni poder en Su reino. Ver *Adivinación y magia; Milagros; Posesión demoníaca; Sanidad.*

Fred L. Horton (h)

EXPANSIÓN Ver *Firmamento.*

EXPIACIÓN Doctrina bíblica referente a que Dios ha reconciliado a los pecadores con Él por medio de la obra sacrificial de Jesucristo. El concepto de la expiación abarca ambos Testamentos y señala siempre la muerte, la sepultura y la resurrección de Jesús por los pecados del mundo.

La expiación como concepto penal El concepto bíblico de expiación no se puede entender excepto dentro del contexto de la ira de Dios contra el pecado. La necesidad de expiación surge en las primeras etapas de la narración bíblica cuando los seres humanos recientemente creados se rebelaron contra el mandato de Dios. A causa de la desobediencia y la traición a Dios, se les dice a Adán y Eva que morirán y que la maldición de Dios se ha derramado sobre ellos y sobre todo el orden creado (Gén. 3:13-19).

Como resultado de esta rebelión primigenia, todo el sistema mundial se encuentra en enemistad con los propósitos de Dios (Ef. 2:2) y enceguecido por el engaño de Satanás (2 Cor. 4:4). Los seres humanos no sólo se irritaron ante el mandato que Dios había dado en el huerto, sino que además desobedecieron la ley que Él les reveló en el corazón (Rom. 2:14-16) y en una revelación específica (Rom. 3:19-20). En esta condición, cada ser humano se ha volcado a la idolatría (Rom. 1:18-32) y es culpable delante del tribunal de Dios (Rom. 3:9-18).

Los profetas hebreos advertían que el mundo estaba encendiendo la ira de Dios contra la injusticia. Predecían que llegaría un gran día de juicio catastrófico contra toda forma de rebelión. Los secretos del corazón humano se pondrían en evidencia y nadie podría sostenerse en pie frente a la furia de la justicia recta de Dios (Sal. 1:5; Nah. 1:6; Mal. 3:2). La ira de Dios echaría por tierra toda oposición mediante una manifestación feroz de Su retribución contra el pecado (Isa. 2:12; 61:2).

Sin embargo, los profetas del AT también hablaban de Aquel que cargaría en su propio cuerpo la condenación de Dios contra los pecadores. El profeta Isaías escribió que el Siervo de Dios que iba a venir salvaría a muchos de la condenación por medio de su sufrimiento (Isa. 53). Los escritos neotestamentarios identifican estos pasajes del Siervo Sufriente con la muerte de Jesús en la cruz fuera de las puertas de Jerusalén (Hech. 8:32-35).

Jesús mismo reconoció la naturaleza penal de la expiación al hablar de la cruz como un "bautismo" ardiente que tenía que padecer (Mar. 10:38; Luc. 12:49-50). Expresó angustia ante la perspectiva de la cruz (Juan 12:27) e inclusive rogó ser librado de ella si existía la posibilidad (Luc. 22:42). Los evangelios presentan de manera vívida la naturaleza penal de la expiación al describir la agonía de Jesús en la cruz clamando como alguien abandonado por Dios (Mat. 27:46). Describen la crucifixión acompañada de señales de juicio escatológico tales como la oscuridad, las alteraciones de la naturaleza y la resurrección de los muertos (Mat. 27:45-54).

Los apóstoles y los escritores del NT hablaban de la expiación de Jesús que absorbía la ira de Dios merecida por los pecadores. Describieron la muerte de Jesús como una propiciación que echa a un lado la ira de Dios (Rom. 3:25; 1 Jn. 2:2). El apóstol Pablo les escribió a los corintios diciendo que Jesús era contado como pecador a fin de que los pecadores pudieran ser contados como justos en Él (2 Cor. 5:21). Jesús soportó la maldición de la ley con el propósito de otorgarles a los gentiles las bendiciones del pacto con Abraham (Gál. 3:10-14). Pedro habla de manera similar diciendo que Jesús llevó los pecados "en su cuerpo sobre el madero" (1 Ped. 2:24).

No obstante, la obra de Cristo cargando los pecados en el *Gólgota* no se puede entender fuera del concepto de la resurrección. Pedro les predicó a los espectadores reunidos en Pentecostés, diciendo que la resurrección de Jesús era la prueba de que Dios no lo había abandonado para dejarlo en la tumba, sino que lo exaltó como el Mesías triunfante, por causa de quien se hicieron las promesas del pacto veterotestamentario (Hech. 2:22-36). Aunque Jesús fue considerado "herido de Dios" en la cruz (Isa. 53:4), en la resurrección "fue declarado Hijo de Dios con poder" (Rom. 1:4). Luego de haber soportado plenamente la pena de muerte debida al pecado, Jesús ahora ha resucitado como el Justo en quien Dios halla contentamiento. Debido a que Jesús ha satisfecho la pena por el pecado, los creyentes aguardan expectantes a Aquel que "nos libra de la ira venidera" (1 Tes. 1:10).

La expiación como sacrificio El NT coloca la expiación dentro del contexto del sistema de sacrificios del AT. El concepto de sacrificio aparece aun en los pasajes más antiguos del relato bíblico, cuando Abel tomó un animal de su rebaño para ofrecerlo (Gén. 4:4-5). El sacrificio desempeñó un papel crucial en la liberación de los israelitas de Egipto, cuando el sacrificio del cordero de la pascua salvó a los niños hebreos de la visita tenebrosa del ángel de la muerte (Ex. 12:1-32). El pacto mosaico introdujo un sistema detallado de sacrificios que la nación israelita debía cumplir (Lev. 1:1–7:38).

El NT afirma que los sacrificios de los animales del antiguo pacto señalaban la ofrenda del sacrificio de Jesús en el *Gólgota*. En la identificación de Jesús como el Siervo Sufriente de Isaías, el profeta describe al Mesías como una "expiación" (Isa. 53:10), y hace referencia al antiguo código mosaico de sacrificios (Lev. 5–7). Juan el Bautista enfatiza la naturaleza sacrificial de la misión de Cristo al denominarlo el "Cordero de Dios que quita el pecado del mundo" (Juan 1:29). Jesús mismo habla de dar su vida voluntariamente por las ovejas como una ofrenda de sacrificio a Dios (Juan 10:11).

Pablo habló de Cristo denominándolo "nuestra pascua", lo que ligaba directamente la obra expiatoria de Cristo con el sacrificio del cordero de la Pascua (1 Cor. 5:7). Utiliza el lenguaje de los sacrificios del AT para hablar acerca de la expiación de Jesús como un "olor fragante" ofrecido a Dios (Ef. 5:2). De manera similar, Pedro usa la imagen del cordero sacrificado para referirse a los creyentes que son comprados por la "sangre preciosa" de Jesús (1 Ped. 1:18-19) quien, al igual que los animales para el sacrificio del AT, es sin mancha. En la visión de Juan en la isla de Patmos, el apóstol ve que Jesús es adorado por las multitudes redimidas debido a que Él es el Cordero sacrificado que los compró con su sangre (Apoc. 5:1-14).

La naturaleza sacrificial de la expiación quizá se explica más claramente en el libro de Hebreos. Para el escritor de ese libro, el Jesús crucificado es el sacrificio definitivo que soluciona permanentemente el problema del pecado y, en consecuencia, pone fin al sistema de sacrificios (Heb. 10:11-12). El escritor afirma que la sangre de los animales jamás fue suficiente como para quitar el pecado de los seres humanos, sino que simplemente apuntaba hacia el sacrificio futuro del Mesías (Heb. 10:4).

Hebreos explica, probablemente a los cristianos judíos que pensaban regresar al sistema de sacrificios mosaico, que Jesús es el sacerdote (Heb. 7:23-28) que se presenta ante Dios para ofrecer su propia sangre por los pecados de la humanidad, y lo hace como un sacrificio una vez y para siempre (Heb. 9:11-28). Haciendo alusión a los animales que en el antiguo pacto se sacrificaban "fuera del campamento", el escritor señala el sufrimiento de Jesús fuera de las puertas de Jerusalén (Heb. 11–13). Su resurrección de los muertos es la prueba de que Dios ha oído los clamores de este postrer Sacerdote y ha aceptado su sacrificio (Heb. 5:7).

La expiación como obra sustitutoria El lenguaje penal y sacrificial que describe la expiación hace evidente que la muerte de Jesús fue sustitutoria. Así como los israelitas del AT tenían que ofrecer animales para que ocupen el lugar de los pecadores, de la misma manera se describe que la muerte de Jesús es una ofrenda en lugar de aquellos que merecen la ira de Dios. Jesús habló de su muerte comparándola con la de un pastor que da su vida por sus ovejas (Juan 10:11). Describe su misión diciendo que se ofrece como "rescate" por los pecadores (Mar. 10:45). En la noche que Judas lo traicionó, Jesús les dijo a sus discípulos que el pan que estaba partiendo delante de ellos representaba "[su] cuerpo, que por vosotros es dado" (Luc. 22:19).

Después de hablar de la condenación universal que merecían los pecadores, Pablo escribió acerca de la sangre de Jesús, derramada como propiciación por el pecado, de manera que Dios pudiera seguir siendo justo al castigar el pecado mientras al mismo tiempo justifica a los que tienen fe en Jesús (Rom. 3:2-26). El apóstol fundamenta la seguridad del pueblo de Dios en cuanto a que ellos no se enfrentarán con su ira, que Él "no escatimó ni a su propio Hijo, sino que lo entregó por todos nosotros" (Rom. 8:31-34). El apóstol habló acerca de la naturaleza sustitutoria de la expiación diciendo que es la esencia de su proclamación del evangelio (1 Cor. 15:3-4). Pablo afirma que Jesús sufrió la pena del pecado "por nosotros" (2 Cor. 5:21). Argumenta que Jesús soportó la maldición de Dios "por nosotros" (Gál. 3:13). Emplea el lenguaje del rescate para hablar de la obra de mediación de Jesús (1 Tim. 2:5-6). De manera similar, Pedro habla de la muerte de Jesús por los pecados diciendo que el justo muere en lugar de los injustos, y eso da como consecuencia la reconciliación con Dios (1 Ped. 3:18).

La naturaleza sustitutoria de la expiación enfatiza la importancia de la humanidad de Jesús. Tal como se señaló anteriormente, la Biblia muestra el papel de Jesús como el mediador designado por Dios entre Él y la humanidad (1 Tim. 2:5). Al tomar la naturaleza humana, Jesús se identificó con la humanidad pecadora mediante el sufrimiento y finalmente la muerte. Jesús, en su condición de segundo Adán, representa a la humanidad al vencer las tentaciones del mundo y del diablo (Mat. 4:1-11). Él no sufre en la cruz como un lejano semidiós sino como un ser humano nacido bajo la ley (Gál. 4:4-5). Al soportar la ira de Dios tomando el lugar de la humanidad pecadora, Jesús es el "precursor" (Heb. 6:20) que triunfa sobre el dominio que la muerte tiene sobre la raza humana (Heb. 2:14). Como tal es capaz de presentar ante Dios a los "hermanos" redimidos por quienes sufrió, murió y resucitó (Heb. 2:10-13).

La doctrina bíblica de la expiación sustitutoria hace que los escritores de la Biblia se maravillen ante el amor de Dios por el mundo (1 Jn. 2:2), pero también los induce a quedar pasmados frente a la naturaleza profundamente personal de esa obra. En consecuencia, a la comunidad del reino se le recuerda que Jesús dio Su vida porque ama a Su iglesia (Ef. 5:25-27). El apóstol Pablo puede proclamar con vigor que en la expiación Dios no sólo "estaba en Cristo reconciliando consigo al mundo" (2 Cor. 5:19) sino también que el Señor Jesús "me amó y se entregó a sí mismo por mí" (Gál. 2:20).

La expiación como obra universal No se puede decir que Jesús murió por los "pecados" de los animales, las rocas o los árboles. De hecho, las Escrituras señalan de manera explícita que Jesús ni siquiera murió por los seres angelicales (Heb. 2:16). Él se colocó en el lugar de los seres humanos, los agentes morales que atrajeron sobre sí la condenación de Dios. No obstante, esto no significa que la obra expiatoria de la muerte y la resurrección de Jesús no afecte el orden universal en su totalidad.

Pablo le recuerda a la iglesia de Roma que como resultado de la maldición adánica "toda la creación gime a una ... con dolores de parto" (Rom. 8:22). La maldición que cayó sobre el universo por el pecado de la humanidad finalmente se revertirá mediante la obra expiatoria del segundo Adán, quien lleva a cabo una reconciliación cósmica por medio de la sangre de su cruz (Col. 1:20). A causa de la expiación, el universo aguarda una renovación cósmica donde habrá cielos nuevos y tierra nueva, donde el Mesías triunfante hará desaparecer toda oposición a Dios (2 Ped. 3:13; Apoc. 21:1–22:9).

La Biblia revela que la intención original de Dios para la humanidad era que las criaturas hechas a su imagen gobernaran la tierra (Gén. 1:27-28; Sal. 8:3-8). La caída parece haber hecho descarrilar dichos propósitos. No obstante, Dios colocará todas las cosas debajo de los pies del segundo Adán triunfante mediante la expiación que Jesús concretó (1 Cor. 15:27-28; Heb. 2:5-9).

Con la caída de Adán, la serpiente se estableció como "el dios de este siglo" (2 Cor. 4:4) y mantiene a los seres humanos cautivos bajo sus pasiones corruptas (2 Tim. 3:6). Sin embargo, desde tiempo antiguo el Creador le hizo una promesa a la humanidad sobre el juicio inminente de la serpiente (Gén. 3:15). En la obra expiatoria, Jesús triunfa sobre los poderes de las tinieblas (Col. 1:15-16) y destruye los propósitos de Satanás (1 Jn. 3:8).

Las Escrituras también revelan que el propósito original de Dios para la creación incluía Su morada en comunión con la humanidad, situación que fue interrumpida por el pecado (Gén. 3:8). En la obra expiatoria de Jesús, Dios reclama un pueblo para sí mismo (Tito 2:14) y promete estar para siempre con los suyos en el universo redimido (Apoc. 21:3).

La expiación y el mensaje del evangelio La Biblia deja en claro que la esencia de la proclamación de la iglesia debe ser la obra expiatoria de Dios en Cristo (1 Cor. 1:22-25). Las Escrituras presentan la verdad de la expiación como el evangelio en sí (1 Cor. 15:3-4), que es lo único que puede salvar a un pecador de la ira de Dios (Hech. 2:13-21).

Dios en la expiación le ha revelado Su amor salvador a la humanidad. Él no desea condenar al mundo sino salvarlo por medio de Su Hijo (Juan 3:17). El pecador debe reconocer que está viviendo bajo una sentencia de muerte, aguardando el juicio futuro (Juan 3:36). El pecador debe mirar a Jesús que carga en la cruz la pena justa por el pecado (Juan 3:14-16). El pecador debe confiar en que Dios ha aceptado este sacrificio a su favor al resucitar a Jesús de los muertos (Rom. 10:9).

El pecador halla refugio en Cristo cuando abandona toda esperanza de su propia justicia delante de Dios y confía en la provisión divina mediante la muerte y la resurrección de Jesús (Fil. 3:9). El pecador ahora está en paz con Dios (Rom. 5:1). En realidad, mediante el poder del Espíritu, ahora es una "nueva creación" que aguarda la redención del universo creado (2 Cor. 5:17). Al creyente se le asegura que ya no enfrenta la condenación, porque está unido a aquel que ya ha soportado y satisfecho la ira de Dios (Rom. 8:31-39).

El mensaje de la expiación se presenta en términos asombrosamente universales. Todos son invitados a hallar refugio en la expiación de Cristo (Luc. 14:16-17). Los apóstoles les rogaban a los pecadores que confiaran en la obra expiatoria de Jesús (Hech. 2:40; 2 Cor. 5:20). Los seres humanos no sólo son invitados a creer en el evangelio sino que tienen la obligación de hacerlo (Hech. 17:30-31). No obstante, esto no significa que el cumplimiento práctico de la expiación dé como resultado salvación universal. Jesús mismo es la propiciación de la ira de Dios contra el mundo (1 Jn. 2:2). Los que son redimidos son salvos del juicio de Dios porque están unidos a Cristo por medio de la fe (Ef. 1:7). En el día del juicio final, los que no estén "en

Cristo" padecerán la condenación eterna por sus pecados (2 Cor. 5:10) y por la tremenda trasgresión de haber rechazado la provisión de Dios en Cristo (Juan 3:19; Heb. 10:29).

La expiación y la vida de la iglesia La Biblia habla acerca de la iglesia como la manifestación visible de la obra expiatoria de Cristo (Hech. 20:28). En el sacrificio de Jesús en la cruz Dios no sólo se proponía rescatar a una determinada cantidad de almas individuales. Más bien, se proponía que naciera una comunidad nueva, la iglesia (Ef. 5:25-27). Por lo tanto, los escritores del NT constantemente basan sus advertencias en relación con la vida de la iglesia en el relato de la muerte, la sepultura y la resurrección de Jesús.

Debido a que Jesús murió por el mundo, la iglesia no se identifica en términos de fronteras raciales, étnicas o nacionales (Ef. 2:11-22) sino que en sus relaciones internas debe reflejar la paz de Dios en Cristo. La composición y las actividades de la iglesia deben reflejar el resultado final armonioso de la expiación, o sea, una vasta multitud multinacional de pecadores redimidos que alaban al Mesías crucificado y exaltado (Apoc. 5:1-14). Asimismo, los creyentes maduros deben tener cuidado de no ofender a los más débiles "por [quienes] Cristo murió" (1 Cor. 8:11). Por el contrario, los creyentes deben soportarse y perdonarse "como Dios también os perdonó a vosotros en Cristo" (Ef. 4:32).

La expiación además sirve para instruir a la iglesia en cuanto a la manera de relacionarse con el mundo exterior. Jesús instruye a sus discípulos diciéndoles que la cruz significa que enfrentarán tribulaciones de parte del mundo, y también significa que Él ha vencido al mundo mediante la cruz (Juan 16:33). La crucifixión de Jesús debe recordarles a los creyentes que no corresponde reaccionar ante las hostilidades del mundo (Heb. 12:3) participando de contraataques vengativos (1 Ped. 2:21-25). Más bien, la cruz de Cristo les recuerda a los creyentes que Dios es justo (Rom. 3:26) y que la venganza no proviene de la mano de ellos sino de la de Él (Heb. 10:30-31). Ver *Cristo; Cristología; Día de expiación; Expiación y propiciación, Diferencias entre; Redimir; Salvación.* *Russel D. Moore*

EXPIACIÓN Y PROPICIACIÓN, DIFERENCIAS ENTRE En la teología cristiana se usan en conjunto y directamente correlacionan y definen la naturaleza y los efectos del sacrificio sustitutorio en relación a Dios y a los creyentes. Los dos términos tienen significados ligeramente diferentes y a veces los teólogos los colocan en oposición, aunque también es posible verlos como complementarios. La expiación habla del proceso por el cual los pecados son anulados o cubiertos. La propiciación habla del apaciguamiento de la ira o del enojo de la parte ofendida, o sea, específicamente del Dios cristiano. La expiación está incluida dentro del concepto de propiciación. En las Escrituras, la expiación no puede existir sin propiciación. Otros términos usados para propiciación son apaciguamiento y aplacamiento.

Terminología bíblica En el AT, la palabra hebrea *kaphar*, que normalmente se traduce "ofrecer expiación", se usa casi siempre en el contexto de apaciguar la ira de Dios. Por ejemplo, Núm. 25:11-13 afirma que el Señor le dijo a Moisés que Aarón le había hecho apartar Su furor porque "hizo expiación por los hijos de Israel". Otros ejemplos son Ex. 32:30-33; Núm. 16: 41-50; Isa. 47:11 y Mal. 1:9-10. En relación al hombre como objeto del apaciguamiento, se usa "apaciguar" (Gén. 32:20); "dar satisfacción" (2 Sam. 21:3-14), y "evitar" (Prov. 16:14). Otros textos hablan de dioses o ídolos como objeto de la acción apaciguadora (Deut. 32:17; Jer. 32:35 y Sal. 106:37-38). Aunque *kaphar* a veces se traduce "cubrir" o "limpiar" (comp. Sal. 85:2-3), lo que tiende a la idea de expiación, el término casi siempre está en el contexto de propiciación. Por lo tanto, aplacar la ira de Dios es un tema que se trata dentro del contexto de los sacrificios del AT.

Aunque la controversia sobre expiación y propiciación aparece en el AT, la tensión aumenta en el NT con la palabra griega *hilasmos* (la forma verbal, *hilaskomai*, y el sustantivo correspondiente, *hilasterion*) en cuatro pasajes clave: Rom. 3:25; Heb. 2:17; 1 Jn. 2:2; y 4:10. Diversas versiones de esta palabra en traducciones modernas ilustra la controversia sobre el significado y el efecto de la expiación. Por ejemplo, la palabra *hilasterion* en Rom. 3:25 se traduce "propiciación" y "expiación" (NVI). Esta dualidad deja al lector indeciso en cuanto a la función de la expiación, pero apela al lugar que ocupa la sangre rociada sobre el propiciatorio en el día de la expiación. La LXX usa 28 veces la palabra *hilasterion*, y en todas alude al propiciatorio, excepto en Amós 9:1. Esta traducción de *hilasterion* como "propiciatorio" en el NT conlleva, sin embargo, cierta ambigüedad, ya que Cristo fue a la vez la encarnación personal de la Deidad y el medio de expiación, no un lugar impersonal de esta acción. Es mejor no traducir la palabra por "propiciatorio".

Pablo explica que la ira de Dios se cierne sobre todos los seres humanos debido a la terrible pecaminosidad (Rom. 1–3, especialmente 1:18-32). En Rom. 3:25 demuestra la iniciativa de Dios por satisfacer Su ira al hacer de Cristo el *hilasterion* o la propiciación. Si Pablo hubiera tenido intención de tratar únicamente la expiación en este versículo, habría abandonado el tema de la propiciación hasta después de este punto de la carta.

En Heb. 2:17 *tas harmartias* (los pecados) son el objeto directo de *hilaskomai*, lo que podría hacernos pensar que la mejor traducción sería "expiación". Sin embargo, este pasaje, aunque habla de la expiación que lava nuestros pecados, no niega el concepto de que se considera la ira de Dios, e incluso menciona a un "misericordioso y fiel sumo sacerdote", lo que indica el aplacamiento de una ira justa. El otro pasaje se encuentra en 1 Jn. 2:2, que habla de un abogado necesario para detener al Dios airado. Aunque 2 Cor. 5:18-20 no usa la palabra *hilasmos*, sí habla de un Dios que "nos reconcilió consigo mismo por Cristo", lo que denota una enemistad previa con Dios. Esta imagen no se podría explicar sólo mediante la expiación sino que debe tener como base la propiciación; por lo tanto, las traducciones deberían reflejar este significado preciso.

Formulación teológica Hallamos la necesidad de propiciación en Dios mismo, en que el pecado provoca Su ira. Sin embargo, eruditos como C.H. Dodd y A.T. Hanson creen o que la ira de Dios es inexistente o bien que es impersonal, un episodio de causa y efecto. Dodd creía que la palabra *hilasmos* en griego (tanto clásico como koiné) significa "propiciar", y que la adoración pagana incluía un aplacamiento similar de las deidades por medio de sacrificios. No obstante, no sentía que esto se aplicara al judaísmo helenístico ni al NT. Entonces interpretó los versículos del AT y del NT únicamente en el sentido de expiación, negando así la propiciación. El interés teológico de Dodd de redefinir la naturaleza de Dios sin hacer referencia a Su justa ira contra el pecado parece haber condicionado sus conclusiones. Otros eruditos, como León Morris y Roger Nicole, han defendido y respaldado la realidad de la ira de Dios y de la doctrina de una expiación propiciatoria.

La doctrina de la propiciación en las Escrituras está en franca oposición con la propiciación de los rituales paganos de sacrificios. En primer lugar, el objeto del sacrificio pagano estaba relacionado con deidades personales que no tienen poder absoluto o con una deidad absoluta e impersonal, ninguna de las cuales puede producir expiación. El destinatario del sacrificio en las Escrituras es el Dios triuno, absoluto y personal. En segundo lugar, las deidades objeto de adoración pagana despliegan ira de una manera irracional y caprichosa. La Deidad de las Escrituras despliega ira debido a Su naturaleza interna y no por causas externas y caprichosas. En tercer lugar, el sujeto de la propiciación pagana es el adorador que ofrece el sacrificio. Quien apacigua la ira de Dios el Padre es Dios el Hijo, que voluntariamente presenta la expiación eficaz, ya que la humanidad no es digna de ofrecer un sacrificio al Dios contra quien se ha rebelado. Esta forma de sacrificio se describe en el AT en Lev. 17:11, donde Dios le dio la expiación a Israel con el propósito de propiciar Su ira.

El efecto de la expiación está directamente vinculado con la ira de Dios. Si Dios no tuviera ni ira ni enojo hacia los pecadores, no habría necesidad de propiciación. La mera expiación bastaría. Si hay expiación sin propiciación, Dios es a la vez indiferente al pecado y, por lo tanto, injusto. La propiciación es la única manera en que Dios puede ofrecerles perdón a los pecadores y, al mismo tiempo, ser justo. "Pero en el tiempo presente ha ofrecido a Jesucristo para manifestar Su justicia. De este modo Dios es justo y a la vez el que justifica a los que tienen fe en Jesús" (Rom. 3:26 NVI).

Otro atributo de Dios que algunos creen incompatible con Su ira es Su amor, pero ambos se muestran compatibles a través de la expiación, "en que siendo aún pecadores, Cristo murió por nosotros" (Rom. 5:8; comp. Ex. 34:7). La tensión debe reconciliarse porque esta falta teológica (a saber, no reconciliar la aparente paradoja del amor y la ira de Dios) es probablemente la razón de gran parte de la controversia sobre cuál de los dos conceptos, la expiación o la propiciación, es el sentido correcto. Los que no pueden reconciliar la aparente paradoja rechazan la ira y la propiciación a cambio del amor, lo cual es innecesario. En 1 Jn. 4:9-10, el autor afirma que Dios "nos amó a nosotros, y envió a su Hijo en propiciación por nuestros pecados". La crucifixión es la encarnación misma del amor. Aunque los pecadores odiaban a su Creador, Él buscó una manera de reconciliarse con ellos. Isaías 53:10 afirma que "el Señor quiso quebrantarlo, y hacerlo sufrir" (NVI). Jesús no fue una víctima. Este acto de Su parte fue un amor incomparable, un entregarse completamente por nosotros, "como ofrenda y sacrificio fragante para Dios" (Ef. 5:2 NVI). Ver *Expiación.* *Jeremiah H. Russell*

ÉXTASIS Traducción del vocablo hebreo que lit. significa "cambio de lugar". El término evolucionó hasta referirse el estado mental de una persona que experimenta una reacción emocional intensa ante estímulos cuyo origen se encuentra fuera de la persona y producen sensaciones visuales, auditivas u otras reacciones.

El éxtasis describe una experiencia donde una persona recibe una revelación por medios sobrenaturales (Hech. 10:10; 11:5; 22:17). En estos casos, cuando el autor del libro de los Hechos se refiere a las experiencias de Pedro y Pablo, pareciera querer mostrar que el éxtasis sólo fue un vehículo para una revelación divina. Lucas indica que los éxtasis de Pedro y Pablo les "sobrevinieron" y no fueron autoinducidos. Las diferencias entre "éxtasis", "sueño" y "visión" no siempre son claras. Ver *Profetas.*

James Newell

EXTRANJERO Persona que vive en una sociedad que no es la suya. Algunos términos relacionados son "forastero" y "hospedado". Eliseo fue un extranjero hospedado en la casa de la viuda de Sarepta (1 Rey. 17:20; aquí "hospedado" significa extranjero). Isaac fue forastero para Abimelec, el rey filisteo (Gén. 26:3). Los patriarcas (Abraham, Isaac, Jacob) fueron extranjeros en Canaán pero poseían grandes recursos materiales (Gén. 20:1; 26:3; 32:5). Israel tenía un lugar especial para los extranjeros porque esta nación había comenzado su historia en Egipto en esa condición (Ex. 23:9). Leyes especiales proveían alimentos y ropa para los extranjeros (Deut. 24:19-20; 26:12). Estos tenían derechos judiciales (Deut. 24:17; 27:19).

Las expectativas rituales en relación con los extranjeros no siempre son claras (Deut. 14:21; Lev. 17:15). Dios ama a los extranjeros (Deut. 10:19) y éstos podían adorar a Dios y debían guardar el día de reposo (Ex. 23:12; Deut. 31:12). Podían celebrar la Pascua como cualquier israelita (Núm. 9:14) y ofrecer sacrificios (Lev. 17:8). Debían obedecer las leyes sexuales (Lev. 18:26).

Por otra parte, los profetas dicen poco acerca de los extranjeros (Jer. 7:6; 22:3; Ezeq. 22:7,29). Jeremías sí se lamenta de que Dios parecía ser extranjero (Jer. 14:8). El salmista veía a todas las personas como extranjeras en la tierra (39:12; 119:19). Pedro les recuerda a sus lectores que eran "extranjeros y peregrinos" en la tierra.

EZBAI Nombre de persona de significado desconocido. Padre de uno de los líderes militares de David (1 Crón. 11:37). La lista paralela (2 Sam. 23:35) contiene una palabra de aspecto similar: "arbita". La lectura de Samuel puede ser la original, mientras que la lectura de Crónicas puede ser resultado de una copia anterior, pero no es posible tomar una decisión definitiva.

EZBÓN Nombre de persona que tal vez signifique "desnudo". Hijo de Gad y nieto de Jacob (Gén. 46:16). Números 26:16 lista un nombre hebreo parecido, "Ozni". En el Pentateuco Samaritano aparece un nombre hebreo más largo con sonido semejante, de modo que la ortografía y la pronunciación precisas del nombre se desconocen. Cualquiera sea el nombre, fue uno de los hebreos que llegó a Egipto con José.

EZEL Nombre geográfico de significado incierto, tal vez "desaparición". Peñón donde David se ocultó de Saúl y esperó la señal de Jonatán (1 Sam. 20:19). Ya se había escondido allí antes, aparentemente una referencia a la huida de David en 1 Sam. 19:2. En 1 Sam. 20:41, el texto hebreo al parecer se refiere al mismo lugar como "del lado sur" valiéndose de una palabra para lado que suena muy parecido a Ezel. Traductores antiguos y modernos han buscado alternativas para este concepto. Así se obtiene la expresión, "de su escondite" (NVI). El nombre y la ubicación del sitio son inciertos. La idea del relato es clara: David utilizó un escondite natural para escapar de Saúl y para obtener información vital de su amigo, el hijo del rey.

EZEQUÍAS Nombre de persona que significa "Yah es mi fortaleza". **1.** Hijo y sucesor de Acaz como rey de Judá (716/15–687/86 a.C.). Comenzó a reinar a los 25 años. En esa época, la nación de Asiria se había convertido en potencia.

Ezequías inició su reinado introduciendo una reforma religiosa en Judá. No estuvo dispuesto a negociar para obtener favor de reyes asirios. Se reabrió el templo de Jerusalén. Se quitaron los ídolos. Se santificaron las copas que habían sido profanadas durante el reinado de Acaz. Se iniciaron los sacrificios con cánticos y acompañamiento de instrumentos musicales. Las tribus del Reino del Norte (Israel) habían sido sometidas al dominio asirio. Ezequías invitó a los israelitas a participar de la celebración de la Pascua en Jerusalén. Se destruyeron los lugares de adoración a ídolos y la serpiente de bronce que Moisés había levantado en el desierto (Núm. 21:4-9) para que el pueblo no la considerara objeto de adoración. Organizó a sacerdotes y levitas para la conducción de servicios religiosos. Se reinstauró el diezmo y se hicieron planes para celebrar las fiestas religiosas ordenadas en la ley.

En el 711 a.C., pocos años después que Ezequías iniciara su reinado, Sargón II de Asiria capturó Asdod. Ezequías anticipó la época en que tendría que confrontar a los ejércitos asirios. Fortificó la ciudad de Jerusalén y organizó un ejército. Como sabía que era fundamental contar con provisión de agua, construyó un túnel a través de la roca sólida desde las vertientes de Gihón hasta el estanque de Siloé. El muro de la ciudad se extendió para incluir esta importante fuente de agua.

Isaías le advirtió a Ezequías que no se comprometiera con Asiria (Isa. 20:1-6). El momento crítico para este rey llegó en el 705 a.C., cuando Senaquerib se convirtió en rey de Asiria y aquel tuvo que pagarle un elevado tributo de plata y de oro.

En el 701 a.C., Ezequías enfermó gravemente (Isa. 38:1-21). Isaías le aconsejó que se preparara para su muerte inminente, pero Ezequías oró a Dios para que interviniera, y este respondió prometiéndole 15 años más de vida y la liberación de Jerusalén del dominio asirio (Isa. 38:4-6).

Mientras tanto, Senaquerib había sitiado Laquis. Sabiendo que Ezequías había confiado en Dios para la liberación, Senaquerib envió mensajeros al muro de Jerusalén para instar al pueblo a que se rindiera. Se jactó de haber conquistado 46 ciudades amuralladas y haber tomado 200.000 cautivos. Los mensajeros de Senaquerib se burlaron diciendo que Dios no llegaría en ayuda de Judá. Ezequías fue al templo a orar con las vestiduras rasgadas y cubierto de cenizas. También mandó llamar al profeta Isaías. Este anunció que Senaquerib oiría un rumor, se volvería a su tierra y allí moriría por espada (2 Rey. 19:7).

La fe de Ezequías y su recuperación física le concedieron reconocimiento de las naciones vecinas (2 Crón. 32:33). El líder babilonio Merodac-baladán incluso felicitó a Ezequías por su recuperación. Este entonces lo agasajó, pero Isaías le

Túnel del rey Ezequías que llevaba agua desde la fuente de Gihón hasta el estanque de Siloé.

advirtió que las generaciones siguientes serían sometidas a cautiverio en Babilonia (Isa 39:1-8).

Senaquerib destruyó Babilonia en el 689 a.C. Luego avanzó sobre Egipto. Con la esperanza de desviar toda interferencia por parte de Judá, envió cartas a Ezequías ordenándole que se rindiera (Isa. 37:9-38). Ezequías llevó las cartas al templo y oró pidiendo la ayuda de Dios. Isaías le anticipó que Senaquerib no triunfaría. Efectivamente, el ejército de Senaquerib fue derrotado de manera milagrosa (2 Rey. 19:35-37). En el 681 a.C., Senaquerib fue asesinado por dos de sus hijos tal como lo había predicho Isaías en el 701 a.C. Ezequías murió en el 687/6 a C. Le sucedió su hijo Manasés, aunque este había sido corregente con su padre.

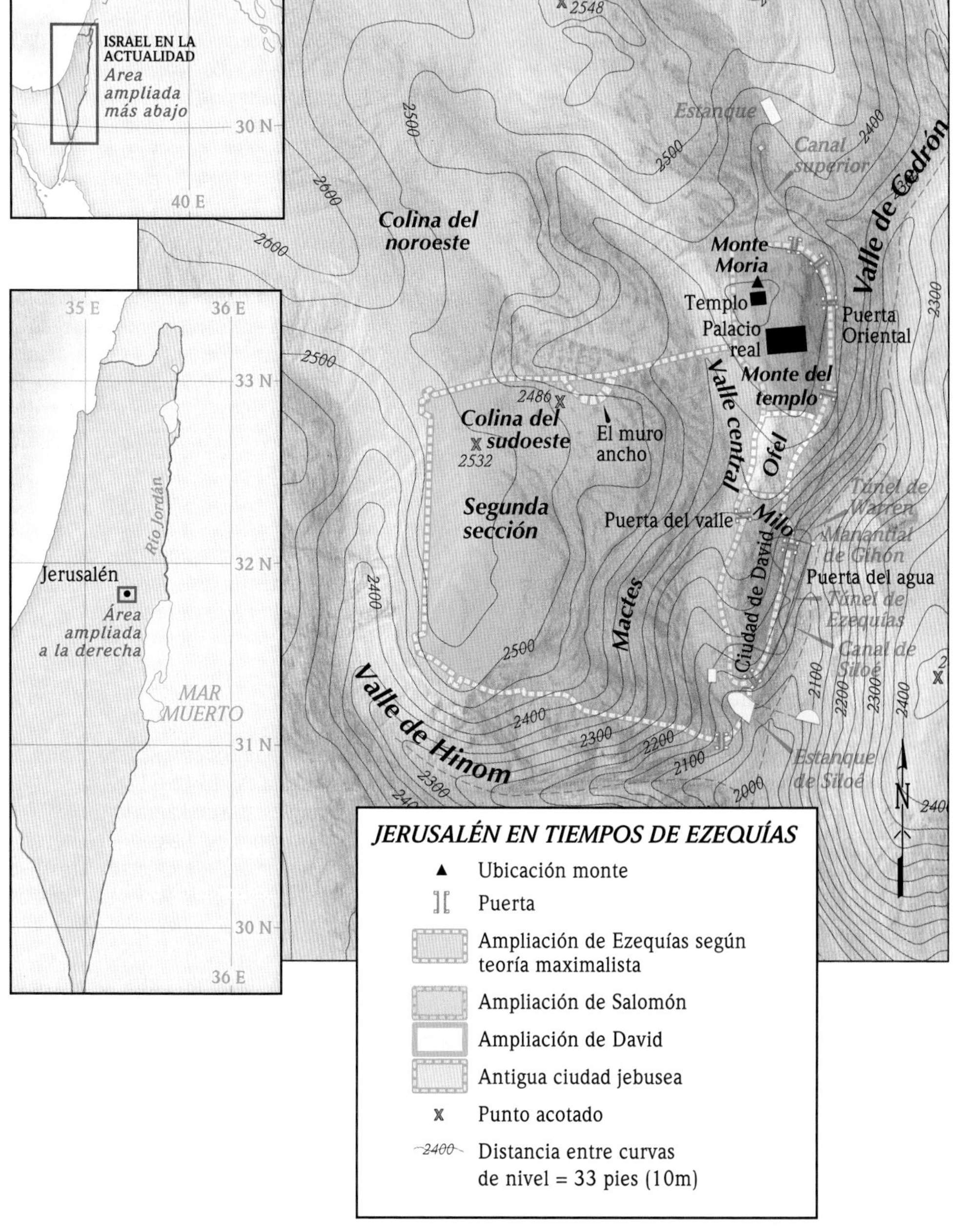

El Evangelio de Mateo incluye a Ezequías en la genealogía de Jesús (Mat. 1:9-10). *Gary Hardin*

2. Miembro de la tribu de Efraín que impidió que el pueblo de Israel tomara prisioneros de guerra de Judá luego de que Peka de Israel venciera a Acaz de Judá alrededor del 733 a.C. (2 Crón. 28:12).

3. Aparentemente el nombre de una familia que regresó del exilio babilónico con Zorobabel alrededor del 537 a.C. Ater sería el mismo nombre pero de origen acadio (Neh. 7:21, Esd. 2:16). No obstante, tanto Ater como Ezequías aparecen entre los que firmaron el pacto de Nehemías de obediencia a Dios (Neh. 10:17), lo cual los presenta como personas diferentes, probablemente de la siguiente generación. **4.** Descendiente de David que vivió después del regreso del exilio (1 Crón. 3:23).

EZEQUIEL Nombre de persona que significa "Dios fortalecerá". Fue un profeta del siglo VI a.C. que ministró a los exiliados hebreos en Babilonia. Lo que se sabe de Ezequiel deriva de su libro. Era hijo de Buzi (1:3), fue llevado cautivo a Babilonia en el 597 a.C. junto con el rey Joaquín y otras 10.000 personas, incluidos líderes políticos y militares, además de hábiles artesanos (2 Rey. 24:14-16). Vivía cerca del Río Quebar, un canal de irrigación que encauzaba el Río Éufrates hacia las regiones áridas de los alrededores. Era casado y ministraba desde su propia casa (3:24; 8:1; 33:30-33). Su esposa murió súbitamente (24:18), pero a él no se le permitió lamentar la pérdida.

El papel de Ezequiel Conocemos a Ezequiel principalmente como profeta que recibía oráculos de Dios y se los transmitía al pueblo (comp. 2:5; 33:33). Sin embargo, sus marcados intereses sacerdotales ofrecen buenas razones para considerarlo principalmente sacerdote que a la vez era profeta. El llamado de parte de Dios para él le llegó a los 30 años (1:1), la edad en que normalmente se iniciaban en el oficio los sacerdotes (Núm. 4:30). En Jerusalén seguramente heredó la función sacerdotal y se habrá preparado para ello por los medios tradicionales. Sin embargo, en el exilio, el llamado le llegó en forma memorable y directa de parte de Dios. En una visión fue llamado al servicio divino y llevado a la presencia de Dios. En notas autobiográficas, Ezequiel describió con sensibilidad sacerdotal sus reacciones ante los acontecimientos, especialmente frente a cuestiones que tenían que ver con la pureza y la inmundicia (4:14). Algunas acciones que Dios le asignó eran sólo apropiadas para un sacerdote: poner "sobre él la maldad" del pueblo (4:4-6) y no hacer duelo por la muerte de su esposa (24:15-27; comp. Lev. 21:4-5). Esto resulta particularmente cierto en cuanto a las visiones del templo donde Dios mismo llevó a Ezequiel a ese lugar y lo guió por el edificio (caps. 8–11; 40–43). En ambas visiones, la legítima presencia de Ezequiel en el templo contrasta con la presencia ilegítima de los demás (8:7-18; 44:1-14). En su predicación y en su enseñanza, Ezequiel cumplió el papel de sacerdote encargado de enseñar la Torá en Israel (Lev. 10:11; Deut. 33:10a). Él dio a conocer profecías de Dios, impregnadas de teología y formas mosaicas.

El ministerio sacerdotal se asocia con los sacrificios y otros rituales del tabernáculo y del templo (comp. Deut. 33:10b). Pero alejado de Jerusalén, Ezequiel no podía cumplir responsabilidades vinculadas con el templo. La principal función sacerdotal que le quedaba era la enseñanza. Ezequiel es modelo del sacerdote como maestro de la Torá. Esto no significa negar su tarea profética. Normalmente, los sacerdotes se ocupaban del ministerio profético por medio del Urim y el Tumim (Núm. 27:21). No obstante, desprovisto de las vestiduras oficiales sacerdotales, Ezequiel no podía hacer uso de dichos objetos. En su lugar recibía mensajes verbales y directos de parte de Dios.

Al igual que su contemporáneo Jeremías, Ezequiel primeramente resistió el llamado de Dios. Esto explica la naturaleza de la visión inicial que tenía intención de sobrecogerlo y vencer su aprehensión (1:1-28a); la advertencia que le hizo Yahvéh de no ser rebelde (2:8); el profundo disturbio emocional de Ezequiel ante su llamado (3:15); la dureza de la advertencia del Señor de no fracasar como atalaya (3:16-21), y las severas restricciones impuestas a su llamado (3:22-27).

Una vez que aceptó ese llamado, comenzó a proclamar sin temor los mensajes divinos. Debido a que demostró muchas acciones extrañas, algunos han caracterizado a Ezequiel como neurótico, paranoico, psicótico o esquizofrénico. No obstante, su comportamiento extraño deriva de su total obediencia a Dios. Ezequiel se vio atrapado por el Espíritu divino, tuvo una perspectiva profundamente teológica de los acontecimientos históricos contemporáneos y una decisión inamovible de dar a conocer los mensajes tal como Dios se los entregaba.

Trasfondo histórico del ministerio de Ezequiel Fue el único profeta israelita que desempeñó su ministerio totalmente fuera del territorio de Israel. Recibió su llamado 5 años después de haber sido deportado a Babilonia por Nabucodonosor en el 597 a.C. Esta tragedia, anticipada por el profeta Isaías más de 100 años antes (2 Rey. 20:16-18), representaba la culminación de una serie de acontecimientos históricos. Después de las horrendas apostasías de Manasés, el piadoso rey Josías (640–609 a.C.) intentó llevar a cabo amplias reformas religiosas (2 Rey. 23:1-25), pero fueron demasiado limitadas y llegaron demasiado tarde. El destino de la nación ya había sido resuelto. Todos los sucesores de Josías fueron perversos. Su hijo Joacaz gobernó sólo tres años antes de que lo depusieran los egipcios y lo remplazaran por su hermano Joacim (609–598 a.C.).

Después de la batalla de Carquemis en el 605 a.C., Babilonia remplazó a Egipto como potencia política dominante en el antiguo Cercano Oriente. Bajo Nabucodonosor, el ejército babilónico marchó hacia el sur hasta Jerusalén y tomó a Judá como vasallo. En esa época, Daniel y sus tres amigos fueron llevados a Babilonia como rehenes con el fin de preparar el camino para la llegada de grandes cantidades de habitantes de Judá en el 597 a.C. Como Joacim se rebeló contra Babilonia ese mismo año, Nabucodonosor lo sacó del trono y lo remplazó por su hijo Joaquín, pero este también resistió a los babilonios y Nabucodonosor deportó a él y a toda las clase altas (incluido Ezequiel) a Babilonia y puso en el trono a su tío Sedequías. Sorprendentemente, Sedequías también resistió la autoridad de Nabucodonosor. Por último, en el 587 a.C., los ejércitos de Nabucodonosor sitiaron Jerusalén, que cayó en el 586.

Daniel I. Block

EZEQUIEL, LIBRO DE Clasificado junto con los profetas mayores y colocado en el canon del AT a continuación de Lamentaciones, Ezequiel es una serie de oráculos dados a conocer en una cantidad de formas literarias identificables tales como oráculos de aflicción, oráculos de juicio, enigmas, y otros. A diferencia de Jeremías, el orden de Ezequiel es mayormente cronológico.

Debido a la extraña naturaleza de la visión inicial de Ezequiel, con frecuencia personas bien intencionadas abandonan la lectura del libro incluso antes de terminar con los relatos vinculados con el llamado. Si bien se han propuesto muchas teorías para el significado de su visión, esta tiene sentido si se la interpreta en el contexto de la iconografía del antiguo Cercano Oriente. Prácticamente todos los rasgos de la carroza real celestial se han corroborado en imágenes y relieves del mundo antiguo. Aunque las imágenes pueden resultar confusas en nuestros días, en los de Ezequiel tenían pleno sentido. Dios se reveló a una comunidad que había perdido su senda espiritual y su confianza en el Señor, y le declaró que Él seguía siendo absoluta y gloriosamente soberano sobre todas las cosas. La destrucción de Jerusalén por parte de Nabucodonosor no era señal de la superioridad de Marduk sobre Jehová; aquél vino como agente de Jehová. Dios se apartó del templo (caps. 8–11) pero se le apareció a Ezequiel muy lejos, en una tierra extraña, contaminada y pagana.

Debido a que prácticamente todos los oráculos de Ezequiel están en primera persona, pareciera que los lectores tienen acceso a las memorias personales del profeta. Una sola vez, en la nota editorial en 1:2-3, se abandona la primera persona a favor de la tercera. En el resto del libro, al profeta se lo menciona solamente en 24:24, en el contexto de un discurso divino que se inicia en primera persona. Esto establece un contraste con otros profetas, que rara vez utilizan la forma autobiográfica de la primera persona. Irónicamente, aun cuando los oráculos aparecen en estilo narrativo autobiográfico, son raras las ocasiones en que el profeta permite que el lector se introduzca en su mente. Sólo en seis oportunidades da a conocer su reacción ante las circunstancias, expresando su reacción o reconociendo lo incomprensible de las acciones de Dios (4:14; 9:8; 11:13; 21:5 [20:49]; 24:20; 37:3). En otros pasajes, sus respuestas se presentan como oráculos divinos. Aunque tiene que haber oído lo que hablaba el pueblo, en repetidas ocasiones Dios le recuerda lo que la gente está diciendo (11:15; 12:22, 27; 33:30-33; 37:11), incluso las reacciones ante las señales o acciones realizadas por Él (12:9; comp. 17:12; 24:19). A pesar de la forma autobiográfica del texto, uno se pregunta si alguna vez se nos muestra al verdadero Ezequiel. Vemos a un hombre totalmente bajo el control del Espíritu del Señor; sólo lo que Dios dice y hace tiene importancia.

El mensaje de Ezequiel Aun cuando muchas de las profecías de Ezequiel están dirigidas a la población de Jerusalén o a naciones extranjeras, sus principales oyentes eran compatriotas exiliados en Babilonia. Antes del 586 a.C., los ancianos de la comunidad acudían a su casa para oír la palabra pronunciada por Dios (8:1; 14:1; 20:1), esperando recibir un anuncio del inminente retorno a Jerusalén. Sin embargo, los exiliados se negaron a reconocer que habían sido desterrados debido a su propia rebelión contra Dios. Finalmente llegaron a considerar a Ezequiel, ante todo, como un actor que ofrecía teatro en su casa. Podía declarar palabras procedentes de Dios, pero a ellos no les interesaba el mensaje; deseaban simple distracción (33:30-33).

En el aspecto económico, la comunidad del exilio no tenía problemas. Sin embargo, espiritualmente se encontraban en estado de conmoción y amargados por la "traición" de Dios. Cuando estaban en Jerusalén, basaron su seguridad en cuatro promesas divinas inmutables: (1) Dios había hecho un pacto eterno con Israel que no permitía divorcio alguno; (2) les había dado Canaán como posesión eterna; (3) había establecido el reino davídico y les había prometido el título eterno al trono de Israel; (4) había elegido Sión como el lugar de Su morada eterna. Tomando como base estas promesas, incluso cuando el enemigo acampaba alrededor de Jerusalén, los israelitas se sentían absolutamente seguros. Con el pacto, Dios se había comprometido en forma irrevocable e incondicional con ellos, con la tierra, con el rey y con el templo. Sin embargo ellos olvidaron que las bendiciones asociadas con estas promesas dependían de una activa demostración de fidelidad mediante vidas caracterizadas por la obediencia a Dios, como respuesta al privilegio de ser Su pueblo del pacto. Pero Dios los había abandonado; ellos pensaban que les había sido infiel; había dejado entrar a la ciudad a Nabucodonosor, aceptando que Marduk, el dios babilónico, era más fuerte. Desilusionados y deprimidos, siguieron con las prácticas idolátricas que fueron inicialmente el motivo de su exilio.

La estrategia retórica de Ezequiel en los capítulos 4–24 consistía en demoler las ilusiones de seguridad poniendo de manifiesto los delitos del pueblo. Declaraba que, lejos de ser inocentes en este "divorcio", eran culpables y habían provocado la calamidad que les había tocado. Si bien el orden en que están presentados estos temas principales da la impresión de ser algo casual, todos sus oráculos tenían el deliberado objeto de demoler los cuatro pilares en los que habían basado su seguridad. Sistemáticamente fue socavando la validez de la confianza del pueblo en las eternas promesas de Dios de un pacto inmutable e incondicional (por ej., 15:1-8; 16:1-60), en un título eterno e incondicional sobre la tierra (4:1-3; 6:1-14; 7:1-27; 11:1-23), en los reyes davídicos como símbolo irrevocable de Su compromiso para con ellos (12:1-16; 17:1-24; 19:1-14), y en Jerusalén como la eterna morada de Dios (8:1-10:22; 24:16-27). Valientemente declaraba que no podían pecar con impunidad. Todo lo contrario, ya que el pacto incluía advertencias de juicio si persistían en su rebelión (Lev. 26; Deut. 28). Esta era la eterna palabra que Dios ineludiblemente cumpliría. No sólo las promesas eran eternas, también lo era el juicio por la ingratitud y la desobediencia.

Cuando Israel cayó en el 586 a.C., el mensaje de Ezequiel cambió. El juicio había ocurrido, y él fue vindicado como profeta fiel. Con pocas excepciones, de allí en más en sus mensajes proclamó esperanza. Pero Ezequiel siempre enfatizó que la futura restauración de Israel sería obra de la gracia divina. Primero, declaró que Dios iba a tratar a Israel con benevolencia, eliminando la amenaza de todos sus enemigos (caps. 25–32) y, finalmente, la conspiración mundial bajo el liderazgo de Gog y Magog (caps. 38–39). Segundo, declaró que Dios restablecería a Israel a un estado de plenitud y bienestar como Su pueblo del pacto. Irónicamente, basó esa esperanza en las mismas promesas de Dios que él, como profeta, de manera tan sistemática había demostrado eran bases falsas de seguridad (caps. 1–24). Sus profecías de restauración muestran que esas antiguas promesas realmente eran eternas. Las deportaciones no constituían la última palabra: Israel tenía que volver a la tierra prometida a sus padres, el reinado davídico sería restablecido y Dios moraría nuevamente entre ellos y jamás volvería a abandonarlos (caps. 40–48). Ezequiel 36:22-38 es el corazón teológico de los oráculos de restauración. Ezequiel sintetizó el proceso. Después que el Señor limpiara y purificara la tierra, volvería a reunir al pueblo y lo trasladaría nuevamente a la tierra prometida. Entonces remplazaría el corazón de piedra con un corazón de carne, y pondría Su Espíritu en ellos a fin de que pudieran caminar por Sus sendas y experimentar Su generosa bendición.

El método de Ezequiel En el pasado, Ezequiel fue descrito como emocionalmente inestable, víctima de anormalidades neuróticas y psicóticas. Hoy los eruditos reconocen que no era un hombre al borde de la locura sino que usaba tácticas retóricas deliberadas para que su mensaje hiciera eco en oyentes endurecidos y resistentes. No hubo profeta tan creativo como Ezequiel en cuanto a las estrategias empleadas para comunicar su mensaje. Inspirado por Dios, creó impactantes cuadros descriptivos (17:1-24; 19:1-14; 27:1-9), destruyó estribillos populistas con impecable lógica (11:1-21; 18:1-32), representó el papel de abogado acusador (16:1-63; 23:1-49) y, como vigía en el muro, advirtió al pueblo sobre la inevitable catástrofe (3:16-21; 7:1-27; 33:1-9). Una vez que se produjo el juicio, adoptó una postura compasiva, semejante a un pastor (34:1-31), a un portador de buenas nuevas (6:8-10; 36:16-38; 37:1-14), y como un segundo Moisés, anunció una nueva constitución (40–48). También llevó a cabo acciones simbólicas para demostrar la condición de la nación y de sus reyes (caps. 4–5; 12:1-20). Más tarde se valió de la misma estrategia para declarar su mensaje de esperanza (37:15-28), pero era mucho más que "teatro callejero". Ezequiel llevó el mensaje del juicio en su propio cuerpo (2:8–3:3; 3:22-27; 24:15-27; 33:21-22).

La importancia de Ezequiel en la historia y la tradición Ezequiel ofrece pocas pruebas de frutos positivos por sus labores. Más bien, el Señor le dice lo contrario (3:4-11). El único aliento que recibió fue que, por más endurecido que fuera su público, Dios lo haría a él más fuerte. Dios prometió que lo vindicaría, declarando que cuando ocurriera el desastre, el pueblo reconocería que en medio de ellos hubo un profeta fiel y verdadero (2:5; 33:33).

Para evaluar la efectividad de Ezequiel debemos recordar los acontecimientos posteriores a su libro. De conformidad con evidencias internas, Ezequiel pronunció su último oráculo en el 571 a.C. (29:1), más de dos décadas después de su llamado. Incluso entonces, no había indicio alguno de una respuesta positiva entre los exiliados. Con todo, las tres décadas siguientes fueron testigo de un notable desarrollo: cuando Ciro dictó un decreto en el 538 a.C. por el que permitía que los judíos regresaran a su tierra y reedificaran el templo, más de 40.000 personas regresaron, totalmente apartados de la idolatría y entusiasmados con la idea de la reedificación (Esd. 2:64). Lo más probable es que hayan regresado por influencia del ministerio de Ezequiel, por haber experimentado un amplio despertar espiritual. No sabemos si el profeta vivió lo suficiente como para ser testigo de estos cambios. La conservación de sus profecías da testimonio de su impacto sobre los exiliados.

La influencia de Ezequiel se hizo sentir mucho más allá de su propio siglo. Las alusiones a su libro son frecuentes en el NT, comenzando con cómo Jesús se apropió del título "Hijo del Hombre". Esta es la forma mediante la cual Dios se dirige a Ezequiel en el libro (más de 90 veces) presumiblemente para recordarle que, aunque fue llamado al servicio divino, seguía perteneciendo al mismo género humano al que pertenecían sus oyentes. Haciendo eco de Ezeq. 34, en Juan 10 Jesús se identifica explícitamente como el Buen Pastor, en contraste con los pastores malvados. Los intentos de apedrearlo por reclamar este título para sí refleja el reconocimiento de que se trataba de un título de la Deidad (comp. Jn. 10:31-33). La parábola de Jesús sobre la vid y el viñador en Juan 15 tiene sus raíces en Ezeq. 15. Apocalipsis contiene mucha alusiones a Ezequiel, en algunos casos apropiándose de oráculos enteros y adaptándolos. Los seres vivientes de Ezeq. 1 y 10 reaparecen en Apoc. 4:6-9, y el cuadro del trono de Dios en Ezeq. 1:26-28 se retoma en Apoc. 4:2-3. Apocalipsis 20 usa la profecía de Ezequiel contra "Gog, en tierra de Magog" (Ezeq. 38:2). La visión de la ciudad celestial de Jerusalén en Apoc. 21–22 se basa en la visión de Ezequiel del templo (40–48). En este sentido, la referencia al río que parte del trono de Dios es particularmente llamativa.

Los eruditos no logran ponerse de acuerdo en cuanto al significado de las profecías de Ezequiel sobre la restauración de Israel. Los teólogos del pacto tienden a ver que dichas profecías se cumplieron en sentido espiritual en la iglesia, mientras que los dispensacionalistas entienden que las profecías de Ezequiel sobre Gog y Magog (caps. 38–39) y la visión del templo y la tierra (caps. 40-48) se deben interpretar literalmente. Es probable que la verdad se encuentre en un punto medio entre ambos extremos.

Dificultades para interpretar el libro de Ezequiel Si bien su lenguaje y sus temas están arraigados en la revelación del Sinaí y en Deuteronomio, muchos de sus oráculos reconocen otras influencias, tanto en su lenguaje como en sus motivos. Sus profecías contra Tiro y Egipto (caps. 27–32), por ejemplo, presentan motivos mitológicos y ambientales cananeos y egipcios. En otros momentos, el lenguaje es hebreo simple, pero su elección de expresiones es desconcertante, y casi llega a impúdico (caps. 16 y 23). Aparentemente, la única forma de llegar a sus oyentes y despertarlos de su letargo era el uso de lenguaje escandaloso y la reconstrucción de la historia de Israel como la veía Dios en términos asombrosos y hasta repugnantes. Más que en el caso de otros libros proféticos, para comprender a Ezequiel tal vez sea preciso preguntarse no solamente "¿Qué dice el texto?" (la cuestión de la crítica textual) o, "¿Qué significa el texto?" (la cuestión hermenéutica), sino también, "¿Por qué lo dice de ese modo?" Después de explorar su mundo y su auditorio, las respuestas a las tres preguntas se aclaran.

Bosquejo

I. Mensajes de infortunio y abatimiento para Judá/Israel (1:1–24:27)
  A. El llamado y la comisión de Ezequiel al ministerio profético (1:1–3:27)
  B. Señales y visiones de aflicción para Israel/Judá (4:1–11:25)
    1. Dramatización de la caída de Jerusalén (4:1–5:17)
    2. Proclamación de juicio contra los montes de Israel (6:1-14)
    3. Sonido de la alarma para la tierra de Israel (7:1-27)
    4. Visión de la profanación del templo (8:1–11:25)
  C. Colección de oráculos de juicio contra Israel (12:1–24:27)
    1. Señales de los tiempos (12:1-20)
    2. Profecía: Lo verdadero y lo falso (12:21–14:11)
    3. El alto precio de la traición (14:12–15:8)
    4. La esposa adúltera: Pisotear la gracia de Dios (16:1-63)
    5. Mensaje de pecado y castigo (17:1–22:31)
      a. El águila y la vid: Fábula (17:1-24)
      b. Discusión sobre la justicia de Dios (18:1-32)
      c. Lamento por la dinastía davídica (19:1-14)
      d. Nuevo relato de la historia sagrada (20:1-44)
      e. La espada vengadora del Señor (20:45–21:32)
      f. ¡Ay de la sanguinaria ciudad! (22:1-31)
    6. ¡Oh, Ahola! ¡Oh, Aholiba! (23:1-49)
    7. La olla hirviente (24:1-14)
    8. El fin de una era (24:15-27)

II. Mensajes de esperanza y restauración para Judá/Israel (25:1–48:35)
  A. Mensajes de esperanza negativos: Los oráculos contra las naciones extranjeras (25:1–32:32)
    1. Oráculos de juicio: Sobre las seis naciones (25:1–28:23)
      a. Oráculos breves contra los vecinos de Israel (25:1-17)
      b. Oráculos de Ezequiel contra Tiro (26:1–28:19)
    2. El plan del Señor para las naciones (28:20-26)
    3. Oráculos de juicio sobre Egipto (29:1–32:32)
  B. El fin de una era (33:1-33)
    1. La convocación final (33:1-20)
    2. La palabra final (33:21-22)
    3. La disputa final: Afirmación de nuestros reclamos (33:23-29)
    4. La vindicación final (33:30-33)
  C. Mensajes positivos de esperanza para Israel: El evangelio según Ezequiel (34:1–48:35)
    1. Proclamación de las buenas nuevas: "¡Estad quietos y ved la salvación del Señor!" (34:1–39:29)
      a. La salvación del rebaño del Señor (34:1-31)
      b. La restauración de la tierra del Señor (35:1–36:15)
      c. La restauración del honor del Señor (36:16-38)
      d. La resurrección del pueblo del Señor (37:1-14)
      e. La renovación del pacto del Señor con Israel (37:15-28)
      f. La garantía de la protección del Señor sobre Israel (38:1–39:29)
    2. Contemplando las buenas nuevas: "¡Estad quietos y ved el regreso del Señor!" (40:1–48:35)
      a. El nuevo templo (40:1–43:11)
      b. La nueva Torá (43:12–46:24)
      c. La nueva tierra (47:1–48:29)
      d. La nueva ciudad (48:30-35)

Daniel I. Block

EZER Representación de dos nombres hebreos con ortografía y significados diferentes. El primer significado hebreo es "recolección" o "pila". Ezer era líder de Edom y descendiente de Esaú (Gén. 36:21,27,30). Era horeo y vivió en Seir o Edom.

El segundo significado hebreo es "ayuda" o "héroe". **1.** Descendiente de Judá (1 Crón. 4:4) de la familia de Caleb. **2.** Hijo de Efraín y nieto de Jacob. Con su hermano Elad fue asesinado cuando trataba de quitarles ganado a los habitantes de Gat (1 Crón. 7:21). Efraín nació y vivió en Egipto con su familia (Gén. 46:20). Determinar cuándo algún miembro de su familia inmediata pudo haber tenido la oportunidad de visitar Gat y robar ganado es una cuestión de difícil solución. Podría ser parte de la historia de las familias de Efraín y referirse a algún momento de duelo en la experiencia de sus descendientes. La ubicación en el centro de la lista de descendientes de Efraín y de antepasados de Josué indica un tiempo posterior a Efraín. De lo contrario, se trata de un Efraín distinto al hijo de Jacob; o indica que Efraín, el hijo de Jacob, ingresó a Palestina pero la Biblia no conservó un relato de sus viajes. **3**. Miembro de la tribu de Gat que se unió al ejército de David en el desierto antes de que fuera rey (1 Crón. 12:9). **4**. Persona que ayudó a Nehemías a reparar el muro de Jerusalén. Su padre ejerció autoridad política sobre Mizpa (Neh. 3:19). **5**. Músico del templo que ayudó a Nehemías en la dedicación tras la terminación del muro de Jerusalén. Ver *Eben-ezer.*

EZIÓN-GEBER (Núm. 33:35-36; Deut. 2:8; 2 Crón. 20:36). Ciudad portuaria de Edom ubicada en la costa norte del golfo de Aqaba. Se menciona por primera vez en la Biblia entre las ciudades en la ruta del éxodo (Núm. 33:35-36; Deut. 2:8). Salomón utilizó esta ciudad para la construcción de barcos. En esos tiempos se trataba de un puerto desde donde zarpaban hacia Ofir barcos con marineros fenicios en busca de oro y otras riquezas (1 Rey. 9:26-28; 10:11,22; 2 Crón. 8:17).

Nelson Glueck dirigió excavaciones del emplazamiento de la antigua ciudad y descubrió los restos de cuatro pueblos; el primero se remonta a los días de Salomón. Resulta interesante que esta primera ciudad ofrece indicios de haber sido un complejo cuidadosamente trazado, construido no en forma gradual sino en un momento determinado de acuerdo a un plan. Un rasgo notable de esta primera ciudad fue una serie de estructuras con tiros de chimenea y conductos de ventilación en pisos y muros. Glueck determinó que esa ciudad fue una refinería para el cobre y el hierro que se extraía en la zona. Sin embargo, en 1962, Rothenburg objetó este punto de vista y persuadió a Glueck de que los restos indican que la ciudad fue un gran lugar de almacenaje para granos y suministros.

Después de la división del reino, la ciudad quedó en el reino de Judá. Es probable que haya sido destruida cuando Sisac invadió Palestina (925 a.C.). Posteriormente fue reedificada por Josafat, rey de Judá, quien intentó un emprendimiento similar al de Salomón pero con resultados desastrosos (1 Rey. 22:48; 2 Crón. 20:35-37). La ciudad fue nuevamente destruida en el reinado

Isla del Faraón, en la costa norte del Golfo de Aqaba, en el antiguo puerto de Ezión-geber.

Las ruinas de Ezión-geber, donde se aprecia una canaleta o un pozo de agua.

de Joram cuando se rebelaron los edomitas (2 Rey. 8:20-22). Azarías reedificó la ciudad y, según muchos eruditos, recibió el nuevo nombre de Elat (2 Rey. 14:22; 2 Crón. 26:2), aunque estudios recientes muestran a Elat como una ciudad separada. Durante el reinado de Uzías, los edomitas recuperaron la posesión de la ciudad. Desde entonces permaneció bajo su control. Fue abandonada en algún momento entre los siglos VIII y IV a.C. y nunca fue reedificada.

Estudios arqueológicos recientes han cuestionado la identificación de Ezión-geber con Tell el-Kheleifeh. La falta de un buen puerto y del hallazgo de alfarería adecuada determinó la exploración de la isla de Jezirat Faraun, donde existe un puerto natural. También conocida como Isla del Faraón e Isla de Coral, se encuentra a unos 11 km (7 millas) al sur de la moderna Eilat y a unos 300 m (900 pies) de la costa de la Península de Sinaí. Esta isla tiene más de 300 m (1000 pies) de norte a sur y unos 70 m (200 pies) de este a oeste. Pudo haber servido como atracadero y puerto cuando Tell el-Kheleifeh era Elat. Ver *Comercio; Elat.* *Paul E. Robertson*

EZNITA Término de significado incierto que describía la relación familiar o tribal de Adino (2 Sam. 23:8), pero la mayoría de las traducciones modernas se valen del indicio que ofrece el texto paralelo en 1 Crón. 11:11 y la traducción griega más primitiva que omiten del texto a Adino el eznita. (Comparar traducciones modernas.) Ver *Adino.*

EZRAÍTA Término usado para describir las relaciones familiares de Etán, un famoso sabio (1 Rey. 4:31). El significado preciso de la palabra hebrea es motivo de debate. Puede significar alguien nacido en la tierra con plenos derechos ciudadanos y puede indicar que Etán era de origen cananeo. Una palabra relacionada aparece en Ex. 12:19, 49; Lev. 17:15; Jos. 8:33, y otros textos. Ver *Etán.*

EZRI Nombre de persona que significa "mi ayuda". Supervisor de los labradores reales durante el reinado de David (1 Crón. 27:26).

El ágora (plaza-mercado) en la antigua ciudad de Filipos en Macedonia.

FÁBULA Breve relato ficticio que se vale de animales y objetos inanimados como personajes para enseñar lecciones prácticas o éticas. Los personajes se representan con rasgos buenos o malos de la personalidad humana. La lección práctica o moral se manifiesta en el relato cuando las características del personaje conducen al éxito o al fracaso. En la Biblia raramente aparecen fábulas, pero hay dos ejemplos claros en el AT. La fábula de los árboles del bosque que eligen un rey (Jue. 9:8-15) tiene como objeto advertir a Israel sobre los peligros de elegir un rey débil y despiadado. En 2 R. 14:8-10 (2 Crón. 25: 17-19), hay una fábula dirigida a Amasías, rey de Judá, acerca de la insensatez de la arrogancia. En este relato, un cardo cree ser igual a los enormes cedros del Líbano y es atrapado por un animal salvaje del bosque. *Daniel B. McGee*

FALSO PROFETA Persona que difunde mensajes y enseñanzas falsas, y que afirma hablar de parte de Dios.

Antiguo Testamento Aunque la expresión "falso profeta" no aparece en el AT, hay claras referencias a dichos profetas. Hay páginas del AT repletas de hombres y mujeres que cumplen con la descripción de falso profeta que se da en Jer. 14:14: "Falsamente profetizan los profetas en mi nombre; no los envié, ni les mandé, ni les hablé; visión mentirosa, adivinación, vanidad y engaño de su corazón os profetizan". Otros ejemplos aparecen en Jer. 23:21-33 y Zac. 10:2. El castigo por profetizar falsamente era severo. Los falsos profetas eran arrojados de la presencia de Dios y humillados constantemente. Además, padecían la destrucción de sus ciudades (Jer. 7:14-16; 23:39).

Un falso profeta también era el que profetizaba en nombre de otro dios. Ejemplo de ello es el relato de Elías y los profetas de Baal (1 Rey. 18:20-39). En una prueba contra Elías y el verdadero Dios, los profetas de Baal sufrieron una derrota humillante.

Israel no siempre lograba distinguir entre los profetas falsos y los verdaderos, tal como se observa en 1 Rey. 22; Jer. 28. El profeta sólo podía declarar su profecía, esperar y ver qué profecía se cumplía en la historia (Deut. 18:22; 1 Rey. 22:28; Jer. 29:9; comp. 1 Rey. 13).

Nuevo Testamento Jesús y los apóstoles hablaron muchas veces sobre falsos profetas. En el Sermón del Monte, Jesús enseñó sobre las marcas que distinguen a un falso profeta y las consecuencias de ser uno de ellos (Mat. 7:15-23). También les advirtió a Sus seguidores que se cuidaran de los falsos profetas que surgirían durante los períodos de tribulación y en los últimos tiempos (Mat. 24:11,24; Mar. 13:22). Les dijo que tuvieran cuidado cuando el mundo alabara las palabras de un profeta porque un profeta falso es propenso a ser popular (Luc. 6:26).

Loa apóstoles les enseñaban a los creyentes a ser diligentes en la fe y en la comprensión de las enseñanzas cristianas a fin de poder desentrañar a los falsos profetas cuando surgieran (2 Ped. 1:10; 1:19–2:1; 1 Jn. 4:1). Pruebas de un profeta: (1) ¿Se cumplen sus predicciones (Jer. 28:9)? (2) ¿Está comisionado por Dios (Jer. 29:9)? (3) ¿Son sus profecías congruentes con las Escrituras (2 Ped. 1:20-21; Apoc. 22:18-19)? (4) ¿Se beneficia espiritualmente la gente con el ministerio del profeta (Jer. 23:13-14,32; 1 Ped. 4:11)?

Los castigos para los falsos profetas eran tan severos en el NT como en el AT. El apóstol Pablo hizo que uno de ellos quedara ciego temporalmente (Hech. 13:6-12), pero la mayoría de los castigos eran de naturaleza más duradera. Jesús dijo que serían cortados y quemados como un árbol inútil (Mat. 7:19). Segunda Pedro 2:4 los describe diciendo que son arrojados a prisiones de oscuridad. El castigo definitivo aparece en Apoc. 19:20; 20:10; el falso profeta, la bestia y el diablo serán arrojados en un lago de fuego y azufre y serán atormentados para siempre. Ver *Profecía, profetas.* *Donna R. Ridge*

FALSOS APÓSTOLES Designación dada a los enemigos de Pablo en 2 Cor. 11:13; también llamados obreros fraudulentos (11:13) y ministros de Satanás (11:15). Se los describe como personas que predicaban a un "Jesús rival" (probablemente la "historia exitosa" de un Jesús grandioso y hacedor de milagros), y poseían un espíritu diferente (una motivación egoísta que se evidenciaba en un estilo de vida distinto al de Pablo) y un evangelio diferente que ignoraba la cruz (y su corolario de sufrimiento para quienes siguen a Cristo). Los falsos apóstoles parecen haber sido cristianos judíos (11:22), oradores hábiles (11:6) que probablemente afirmaban tener "visiones y revelaciones del Señor" (12:1) como señales que autenticaban su apostolado (comp. la experiencia de Pablo camino a Damasco, Hech. 9:15; 22:14-15; 26:16-19). Aunque deseaban sacar provecho del territorio misionero de Pablo, se caracterizaban por ser jactanciosos (2 Cor. 10:13-16) según criterios humanos. Su estilo de liderazgo era opresivo (11:29). En contraste con Pablo, estos falsos apóstoles dependían de los creyentes corintios para el sustento económico (11:7-11,20; 12:14). Tal vez acusaron a Pablo de recibir el pago que merecía. Pablo respondió que la marca del verdadero apostolado era sufrir por Cristo (11:23). Lo que revela el poder de Dios es la debilidad, no un poder dominante (11:30; 12:5,9). Si se identifica a los "grandes apóstoles" (11:5; 12:11; "superapóstoles", NVI) con los líderes de la iglesia de Jerusalén, hay que distinguirlos de los falsos apóstoles de Corinto. Estos últimos parecen haber reclamado la autoridad de los primeros.

A los falsos apóstoles de Apoc. 2:2 se los llama malos y mentirosos. Tal vez deban ser identificados con los nicolaítas que actuaban en Éfeso (2:6) y en Pérgamo (2:15), y con los seguidores de la falsa profetisa de Tiatira (2:20).

FALSOS CRISTOS Impostores que afirmaban ser el Mesías (Cristo en griego). Jesús asoció la aparición de los supuestos mesías con la caída de Jerusalén (Mat. 24:23-26; Mar. 13:21-22). Les advirtió a sus seguidores que desconfiaran de aquellos que se valían de señales y presagios para autenticar falsas pretensiones mesiánicas. Jesús también instó a dudar de aquellos que afirmaban que el Mesías estaba en el desierto o en "los aposentos" (quizá una referencia a las habitaciones interiores del complejo del templo). Josefo menciona varias figuras históricas a quienes podrían considerar falsos cristos: (1) Teudas, que apareció cuando Fadus era procurador (44–46 d.C.) y convocó a la gente al desierto del Río Jordán con la promesa de dividirlo como lo había hecho Josué, y comenzar así una nueva conquista de la tierra; (2) diversos "impostores" durante el período de Félix (52–59 d.C.) que también conducían a las multitudes al desierto con promesas de realizar señales y maravillas; (3) un "impostor" durante el período de Festo (60–62 d.C.) que prometió liberación de las miserias del dominio romano a quienes lo siguieran al desierto; (4) Manahem ben Judá (alias "el galileo") durante el período de Floro (64–66 d.C.); llegó a Jerusalén "como rey" y sitió la ciudad. Estos impostores mesiánicos y los poco distinguibles falsos profetas instaban repetidamente al pueblo judío a que iniciara una resistencia armada contra Roma o permaneciera en Jerusalén para luchar. En cambio, Jesús instó a sus discípulos a tratar de salvarse huyendo de la ciudad. Los cristianos de Jerusalén recordaron este consejo cuando estalló la guerra con Roma (66 d.C.), y para protegerse huyeron a Pella en Transjordania. Algunos intérpretes esperan que surjan falsos cristos antes de la segunda venida de Cristo.

FALÚ Nombre de persona que significa "llamativo", "maravilla" o "distinguido". Segundo hijo de Rubén (Gén. 46:9; Ex. 6:14; Núm. 26:5,8; 1 Crón. 5:3).

FALUÍTAS Descendientes de Falú (Núm. 26:5).

FAMILIA Grupo de personas unidas por lazos de matrimonio, sangre o adopción, que permite la interacción entre los integrantes de la casa en sus diferentes roles sociales. Dios ha ordenado que la familia sea la institución básica de la sociedad humana.

Terminología Dentro del "pueblo" (*am*) étnico de Israel, que descendía de Jacob, había tres niveles de relaciones familiares. Uno era la tribu (*shevet* o *mateh*), que comprendía los descendientes de uno de los hijos de Jacob. Dentro de las tribus estaban los "clanes" (*mishpachah*), y dentro del clan estaban las unidades familiares, que eran las unidades básicas de la estructura social de Israel. Se hacía referencia a ellas como "la casa del padre" (*bet-'av*; Jos. 7:16-18). Esta unidad sería similar a lo que llamamos "familia", pero generalmente era más grande que nuestro "núcleo familiar", ya que incluía tres o cuatro generaciones de hijos con sus esposas y niños, que vivían en la misma tierra bajo el liderazgo del patriarca familiar o "cabeza". El grupo de ancianos que juzgaba a la puertas de una ciudad (por ej., Deut. 21:19) probablemente comprendiera a todas las "cabezas" locales. La percepción y el valor del "núcleo familiar" de dos generaciones se puede inferir de las repetidas referencias a la relación entre padre e hijo.

Los términos "padre" y "madre" podían referirse a cualquier antecesor masculino o femenino, de una o más generaciones anteriores, ya sea vivo o muerto. De la misma manera, "hijo" o "hija" aludía a cualquier descendiente masculino o femenino. De modo similar, los términos "hermano" y "hermana" podían referirse a cualquier familiar del mismo clan (comp. Gén. 12:5 con 14:16).

El término que se usa con mayor frecuencia en el NT es *oikos* y su equivalente, *oikia*, "casa, familia". Sinónimo de la expresión hebrea "la casa del padre", se usaba para referirse a los

F

habitantes de una casa, incluyendo a los sirvientes y cualquier otro dependiente.

Antiguo Testamento La importancia de la unidad familiar en Israel se percibe en que por lo menos la mitad de los delitos capitales estaban vinculados con la familia, entre ellos el adulterio, la homosexualidad, el incesto, la desobediencia persistente o la violencia contra los propios padres, y la violación (Lev. 20, Deut. 21–22). La base de la unidad familiar era la pareja casada (Gén. 2:4–5:1). A partir de la unión del esposo y la esposa, la familia se extendía e incluía a los hijos y también a familiares como abuelos y demás.

Junto con la autoridad paterna sobre la familia estaba la responsabilidad de proveer para ella y protegerla. El padre era responsable de la instrucción religiosa y moral de los hijos (Deut. 6:7, 20-25; Ex. 12:26-27; Jos. 4:6-7), y ante la ley actuaba como sacerdote familiar (Gén. 12:7-8; Job 1:2-5). Después del establecimiento del sacerdocio levítico, el padre guiaba a la familia a los sitios de adoración designados por Dios, y los sacerdotes realizaban los sacrificios (1 Sam. 1). La pureza moral se les recalcaba a los hombres y las mujeres de Israel al aplicar castigos severos a ambas partes cuando había pecado (Lev. 18; Prov. 5). El padre sólo debía entregar a su hija en matrimonio (Deut. 22:16; 1 Sam. 17:25; Jer. 29:6) a un hombre israelita, generalmente de su propia tribu. Si se descubría que una hija había sido promiscua antes del matrimonio, debía ser apedreada en la puerta de la casa de su padre (Deut. 22:21).

A diferencia de las prácticas de naciones vecinas, las esposas no se consideraban una propiedad. Aunque la mayoría de los matrimonios en el AT eran convenidos, no significa que carecían de amor. El Cantar de los Cantares ensalza el gozo del amor físico entre el esposo y la esposa. A Dios se lo ve como ejemplo del esposo perfecto que ama a Su "esposa" Israel (Os. 1-2) y se complace en cuidarla y hacerla feliz.

Las madres daban a luz y criaban a sus hijos, llevaban adelante el hogar bajo la autoridad del esposo, y generalmente eran sus asistentes (Gén. 2:18; Prov. 31:10-31).

La importancia de los hijos en la antigua Israel se puede deducir en la ley del matrimonio por levirato, que aseguraba la continuidad de la línea familiar (Deut. 25:5-10; Sal. 127:3-5). Ellos también constituían el instrumento por el que se transmitían las tradiciones antiguas (Ex. 13:8-9, 14; Deut. 4:9; 6:7). A Dios le complacen las alabanzas de los niños (Sal. 8:2) y a estos se les enseñaba a respetar a la madre y al padre (Ex. 20:12; Deut. 5:16; 21:13; 27:16; Prov. 15:20; 23:22, 25; 30:17), y a obedecer sus instrucciones (Prov. 1:8; 6:20). La disciplina era una manera de demostrar amor a los hijos (Prov. 3:11-12; 13:24).

La poligamia (más específicamente la "poliginia") era una de las formas anormales de la familia en el AT, y el primero en practicarla fue Lamec, un descendiente de Caín. En las Escrituras nunca se la ve bajo una luz positiva sino que es fuente de rivalidad y discusiones, tal como se observa en la vida de Abraham y Jacob (Gén. 16; 29-30). Los harenes de los reyes de Israel se presentan como excesos desaprobados en la monarquía (Deut. 17:17). A causa de la poligamia, los reyes de Israel fueron persuadidos a adorar a dioses falsos (1 Rey. 11:1-10). La unidad de la familia normal en Israel nunca era polígama, ni tampoco se practicaba mucho fuera del ámbito de la monarquía.

Los parientes entre quienes se prohibía el matrimonio (por considerarse incestuoso, ver Lev. 18:6-18; 20:11-14,19-21) parecen haber sido aquellos que normalmente se consideraban miembros de la "casa paterna". Esto incluía a los padres, los hijos (de cualquier generación), los hermanos, los tíos, los hermanastros, los hijastros, los padrastros, o los parientes políticos, es decir, los padres, los hijos, los hermanos, los tíos por parte del esposo o la esposa. La excepción era el caso del "matrimonio por levirato", es decir, el matrimonio de un hombre soltero con la viuda sin hijos del hermano fallecido.

Nuevo Testamento Así como la familia fue la unidad básica de la sociedad y de Israel en el AT, también fue esencial para la vida y el crecimiento de la iglesia primitiva. Los misioneros apostólicos enviados por Jesús debían dirigirse especialmente a las casas de familia (Mat. 10:11-14); el culto primitivo consistía en cierta medida en "partir el pan en las casas" (Hech. 2:46; ver también 5:42; 12:12; 20:20); y las iglesias posteriores se reunían regularmente en casas (Rom. 16:23; 1 Cor. 16:19; Col. 4:15). Incluso las conversiones a veces se producían en toda la casa (Hech. 10:24,33,44; 16:15,31-34; 18:8; 1 Cor. 1:16). Las familias servían como campo de prueba para los líderes de la iglesia, quienes debían mostrar fidelidad en el matrimonio, hospitalidad, administración competente del hogar, lo que incluía una sabia aptitud como padre, y mantener a las esposas "fieles en todo" (1 Tim. 3:2-13; Tito 1:6-9).

F

En el NT, la estructura familiar no se trata tanto como las funciones y las responsabilidades de quienes la integran. La unidad familiar más común era una relación monógama que incluía el círculo familiar más amplio. En el siglo I ya existía un mayor grado de independencia en la familia, basada en la cultura romana y en la vida urbana. En Israel, por lo común, existían lazos estrechos entre los miembros de la familia.

Durante Su ministerio, Jesús reafirmó la centralidad de la familia monógama y censuró la inmoralidad y el divorcio. Habló de la indisolubilidad de la familia y dijo que ni siquiera las cortes civiles podían romper los vínculos familiares (Mar. 10:1-12). La responsabilidad de cuidar a los integrantes de la familia se puede ver en la cruz donde Jesús, aunque estaba en agonía, le dio al apóstol Juan la responsabilidad de cuidar a Su madre (Juan 19:26-27).

En los escritos paulinos hay muchas enseñanzas sobre la familia. La ética del hogar se describe en Efesios 5–6 y Colosenses 3–4. En estos pasajes, el esposo es responsable de la salud física, emocional, religiosa y psicológica de la esposa. La sumisión de la esposa tiene lugar en el contexto del matrimonio.

Las esposas son llamadas a ser administradoras de la casa. Como tales, las esposas son responsables de darle consejos y orientación a la familia. Pablo afirma que al cumplir con estas tareas no participarán de habladurías ni de otras distracciones inútiles (1 Tim. 5:14). Por eso, es imprudente tomar cualquier decisión dentro de la familia sin el consejo y la guía de la esposa.

Las funciones familiares en el NT también incluyen a los hijos, a quienes se les manda que obedezcan a los padres. Cada miembro de la familia tiene responsabilidades. En Mat. 18:2-14; 19:13-14; Mar. 10:14-16, Jesús afirma la importancia de los niños y la relevancia que tienen para Él.

La familia como metáfora El AT usa a menudo términos familiares para describir la relación de Dios con el pueblo de Israel. A veces se dice que el pueblo es Su "hijo" o "hijos", y otras que es Su "esposa". (Sal. 103:13). Desafortunadamente, a causa de su rebelión contra Dios, se describe muchas veces a Israel como esposa caprichosa o hijo rebelde (Jer. 2:32; 3:14).

La iglesia de Jesucristo se podría describir como la "casa de Dios", de la que eran miembros tanto los creyentes judíos como los gentiles (Ef. 2:19, ver Mar. 10: 29-30; 1 Tim. 3:15). El resultado es que nuestra responsabilidad hacia la familia espiritual es similar a la que le corresponde a la familia física (Gál. 6:10; 1 Ped. 3:8), aunque uno no debería depender de la iglesia para satisfacer las necesidades de su casa (1 Tim. 5:3-8). Ver *Casa paterna; Educación; Huérfano; Incesto; Levirato (ley), Matrimonio por; Madre; Matrimonio; Mujer.*

Brent R. Kelly y E. Ray Clendenen

FANTASMA Las traducciones modernas usan el término "fantasma" para aludir a los espíritus incorpóreos de los muertos. Cuando Jesús caminó sobre el agua (Mat. 14:26; Mar. 6:49) y cuando apareció después de la resurrección (Luc. 24:37,39), los discípulos lo confundieron con un fantasma.

FANUEL Forma alternativa del nombre de persona Penuel que significa "rostro de Dios". Padre de la profetisa Ana (Luc. 2:36).

FARAÓN Título que significa "casa grande" y que llevaban los antiguos reyes de Egipto. Cada antiguo faraón tenía cinco "grandes nombres" que recibía el día de su asunción. Como no se consideraba apropiado usar estos nombres tan poderosos de manera directa, se recurría a un circunloquio de cortesía; al monarca se lo llamó Faraón.

Los egipcios aplicaron la palabra "faraón" al palacio real y a sus alrededores en la Dinastía IV (alrededor del 2500 a.C.). El título de Faraón se le aplicó al rey desde alrededor del 1500 a.C. hasta la dominación persa, aprox. en el 550 a.C.

Un faraón antiguo era un monarca absoluto, comandante supremo de los ejércitos, jefe de justicia de la corte real y sumo sacerdote de toda religión. Su poder absoluto se observa en que la justicia se definía como "lo que al Faraón le

Máscara funeraria del faraón Tutankamón de Egipto.

Valle de los Reyes, con tumbas de faraones, cruzando el Río Nilo desde Luxor, en la antigua Tebas.

gusta"; lo que estaba mal era "lo que el Faraón detesta". Un ejemplo de su poder divino era que diariamente conducía "el rito de la casa de la mañana", un ritual temprano por la mañana en el que rompía el sello ante la estatua del dios sol, despertándolo con una oración. Este acto hacía que el sol se levantara y comenzara el día.

En el AT pueden distinguirse referencias a diez faraones: el faraón de Abraham, Gén. 12:10-20; el de José, Gén. 39–50; el de la opresión, Ex. 1; el del éxodo, Ex. 2:23–15:19; el de 1 Crón. 4:18; el de Salomón, 1 Rey. 3–11; el de Roboam, llamado Sisac, rey de Egipto, 1 Rey. 14:25; el de Ezequías e Isaías, 2 Rey. 18:21; Isa. 36; el de Josías, 2 Rey. 23:29; el de Jer. 44:30 y Ezeq. 29:1-16. Ver *Egipto; Éxodo, Libro de.*

FARES Nombre de persona que significa "brecha". Uno de los mellizos que nació del amorío ilícito entre Judá y su nuera Tamar (Gén. 38). Luego de quedar viuda y de que su cuñado Onán se negara a cumplir con sus obligaciones del matrimonio por levirato (diseñado para perpetuar el nombre del difunto a través de un hermano), engañó a su suegro Judá y lo hizo tener una aventura amorosa (vv.13-30). Sus descendientes fueron los faresitas (Núm. 26:20).

FARESITAS (Núm. 26:20) Ver *Fares.*

FARFAR Río asociado con Damasco (2 Rey. 5:12). Tal vez sea el Nahr el 'A'waj que fluye desde el Monte Hermón y pasa a unos 16 km (10 millas) al sur de Damasco, o de lo contrario, el Nahr Taura.

FARISEOS Partido político-religioso más grande y de mayor influencia en los tiempos del NT. Ver *Judíos (grupos, partidos) en el Nuevo Testamento.*

FE, FIEL La palabra actual "fe" deriva del latín, *fides.* En el presente, la palabra "fe" denota confianza. Pero en el español no funciona como verbo; esa función la cumplen los verbos "creer" o "confiar". El sustantivo "fidelidad" denota confianza o confiabilidad.

El concepto bíblico En el último siglo, el concepto de la palabra fe ha sido radicalmente redefinido en ciertos círculos filosóficos y teológicos. Esos nuevos conceptos rara vez se remiten a las complejidades del concepto bíblico, un concepto donde toda la persona, el mundo físico, la Palabra de Dios y Dios mismo juegan papeles cruciales. Con frecuencia, esas definiciones alternativas no captan los rasgos objetivos ni subjetivos de la fe bíblica.

A través de las Escrituras, la fe es la respuesta humana de confianza frente a la revelación que Dios hace de sí mismo por medio de Sus palabras y de Sus acciones. Dios inicia la relación entre Él y los seres humanos. Espera que las personas confíen en Él; la falta de confianza en Él fue en esencia el primer pecado (Gén. 3:1-7). Desde la caída de la humanidad, Dios inspira y nutre la confianza en Él por medio de lo que dice y hace en beneficio de la gente que lo necesita. Provee evidencias de su confiabilidad actuando y hablando en el mundo para darse a conocer externamente a las personas que lo necesitan. Por eso, la fe bíblica es un tipo de conocimiento personal y limitado sobre Dios.

Terminología hebrea La palabra hebrea más significativa para fe es *aman*, una raíz que denota responsabilidad, estabilidad y firmeza. *Aman* significaba concretamente sostener o mantener, como en el caso, por ejemplo, de los fuertes brazos de un padre cuando sostiene a su hijo. Esos brazos son seguros, confiables y firmes. Diversas formas de esta raíz se usaban metafóricamente para describir la fe (una respuesta humana ante Dios) y la fidelidad (una virtud de Dios y de sus siervos). Cuando se la utiliza para describir las relaciones entre Dios y la gente, la raíz *aman* expresa un concepto complejo. Expresa tanto la naturaleza objetiva como la subjetiva de la confianza en Dios, y una cualidad objetiva de Dios mismo. Él, que existe objetivamente de modo independiente de los seres humanos, recibe la confianza que se genera en el interior de las personas (Deut. 7:9). Él y sus palabras son objetivamente fieles, constantes y confiables (Sal. 119:86). Dios permite que la gente tenga estas virtudes objetivas, fidelidad y confiabilidad (Jos. 24:14; Isa. 7:9).

Otra palabra hebrea relevante que se usa para transmitir la idea de fe es *yare'*, generalmente traducida "temer". *Yare'* aparece con más frecuencia que *aman* en el AT, aunque las dos expresan conceptos muy similares. Temer a Dios es creer en Él con sobrecogimiento reverencial, incluso hasta el punto de causar cierta inquietud. Temer a Dios es tener la firme convicción de que los mandatos divinos son confiables (Sal. 119:89-91), protectores (Sal. 33:18-19) y beneficiosos para el creyente (Sal. 31:19). Alguien que teme a Dios tiene temor de desilusionarlo, pero el temor a Dios produce gozo y plenitud en la persona que lo posee. En Jos. 24:14, "temed al Señor" se usa como análogo a servirle "con integridad y en verdad". En este temor hay un elemento de responsabilidad humana; "escogeos hoy a quién sirváis" (24:15). Dios no fuerza la fe a quienes no quieren tenerla. Presenta Sus expectativas y las bendiciones prometidas, pero las personas siguen teniendo libertad para elegir y recibir las consecuencias de lo que elijan (Deut. 30:19). La negativa a elegir a Dios puede hacer que Él endurezca la resistencia del incrédulo (Ex. 10:20).

Así como *aman*, la raíz hebrea *yare'* revela mucho sobre las características objetivas y subjetivas de la fe genuina. Los autores del AT usaban el "temor a Jehová" para subrayar la importancia de someterse a Dios por medio de lo que ha revelado en forma objetiva. Este sometimiento debe ocurrir de modo subjetivo en la mente, la voluntad y las emociones de quienes confían en la Palabra de Dios, y da como resultado una conducta objetiva que refleja el carácter divino. A medida que avanzó el período del AT, Dios proveyó más información sobre cómo planeaba conferir a más personas una verdadera fe o "temor al Señor". Por medio de Jeremías, por ejemplo, predijo que haría un pacto eterno por el cual permitiría que Su pueblo tuviera temor del Señor para siempre (Jer. 32:40). Dios describe un pacto en que escribirá Su ley en el corazón de Su pueblo y les permitirá conocerlo personalmente (31:33-34). La descripción de Dios revela que tener temor de Él es conocerlo de modo personal. Esa relación permite que las personas agraden a Dios. Los profetas del AT condenaban la incapacidad humana para mantener este tipo de temor de Dios.

El tema de la fe en el Antiguo Testamento El AT provee una clara definición de la fe en el contexto del divino propósito revelado de redimir. Dios hace posible la fe al proveerles información verbal a los seres humanos acerca de sí mismo y de Sus planes. Esta información está relacionada con Sus acciones redentoras en el mundo. Dichas palabras y acciones se combinan para ofrecer una base objetiva para la fe (Ex. 4:29-31). Esas palabras interpretan y explican los actos divinos para la salvación, a fin de que la gente reciba de Él las bendiciones que las acciones ponen a nuestra disposición (Ex. 12:21-28; Deut. 11:1-11; e Isa. 55:1-3). Así como podemos conocer a otro ser humano por sus palabras y acciones, Dios ha elegido hacerse conocer por medio de Sus palabras y acciones divinas.

Mediante las acciones y las obras de Dios en el AT se puede rastrear el constante tema de la fe. La gente se salvaba por fe en la revelación que Dios hizo de sí mismo durante ese período, tal como en el futuro iba a ser salva por fe en la revelación divina durante el período neotestamentario y el posterior a este. Dios siempre ha requerido fe como respuesta adecuada a la revelación de sí mismo.

Dos pasajes fundamentales del AT revelan el tema de la salvación por fe. Abram fue proclamado "justo" por Dios cuando creyó en Su promesa (Gén. 15:6). En este versículo se usa una forma de *aman* para describir la respuesta de Abram frente a lo que Dios dijo que planeaba hacer por él. El patriarca se vinculó con Dios por medio de esa promesa, y se convenció interiormente de la confiabilidad de quien había hecho la promesa. La confianza de Abram indujo a Dios a llamar "justo" a Su siervo, completamente aceptable en su relación con Dios. Abram demostró luego que el título que Dios le había dado era acertado. Después de años de comprobar la fidelidad divina, Abraham obedeció la orden de sacrificar a Isaac, a lo que el Señor dijo: "ya conozco que temes a Jehová" (Gén. 22:12). La fe de Abraham fue el tipo de fe que soportaba una dura prueba; eso demostró que dicha fe era sinónimo de temer a Dios.

Una segunda afirmación temática aparece en Hab. 2:4, "el justo por la fe vivirá". La nación de Judá enfrentaba una enorme amenaza para su existencia futura: el ejército de Babilonia, enviado por Dios para juzgarla. Pero el Señor hizo la promesa de que los justos sobrevivirían al juicio y prosperarían. Por creer en el Dios que hace la promesa, son considerados "justos". En el NT, Pablo interpreta Hab. 2:4 como una afirmación escritural temática y lo considera una clave hermenéutica para comprender cómo Dios se relaciona sistemáticamente con las personas. Las justifica por la fe.

Génesis 15:6 y Hab. 2:4 revelan un importante principio soteriológico: Dios salva a las personas (en el momento o en el lugar en que vivan) que confían sinceramente tanto en Él como en lo que Él dice sobre cómo relacionarse adecuadamente con Dios. Ambos pasajes revelan que, en el AT, la fe salvadora se ve como respuesta a la revelación verbal de Dios acerca de sí mismo, de Su divino plan para el futuro y de Su accesibilidad divina para el ser humano necesitado. Esta revelación verbal se expresa mediante proposiciones; se comunica por medio de declaraciones hechas por Dios con afirmaciones acerca del presente y del futuro. El *modus operandi* de Dios durante los períodos del AT y del NT era darse a conocer por medio de Sus palabras en cuanto a cómo las personas pueden relacionarse con Él. Esas palabras no son el objeto de la fe del creyente; el objeto es Dios. Y Sus palabras transmiten fe en Él y guían a las personas a Él. Sin ellas, nadie sabría cómo responderle adecuadamente. Los creyentes del AT alababan a Dios porque Él revelaba palabras de salvación (Sal. 56:4).

La ampliación en el Nuevo Testamento El término principal en el NT para fe es la palabra del griego koiné *pistis*, generalmente traducida "fe". Transmite la idea de confianza, una firme convicción respecto a la veracidad de alguien o de alguna afirmación. La forma verbal, *pisteuo*, generalmente se traduce "creo" o "confío". *Pistis* y *pisteuo* en el NT corresponden a los términos *aman* y *yare'* del AT. *Pistis* también aparece en el NT con el artículo definido para describir las creencias cristianas específicas denominadas "la fe".

Con frecuencia, los autores del NT muestran continuidad con el concepto de la fe en el AT. Pablo señala que la experiencia de Abram provee un modelo de la forma en que Dios sigue salvando por fe (Rom. 4). La cita paulina "el justo por la fe vivirá" respalda los argumentos de Pablo en su Carta a los Romanos (1:17) y a los Gálatas (3:11). De la misma manera que sucedió antes de la venida de Cristo, es imposible que, después de Su venida, alguien sin fe agrade a Dios (Heb. 11:6).

En el NT la fe sigue siendo una respuesta personal de confianza a la revelación personal de Dios, aunque el contenido de esa revelación aumentó de manera notable con la vida, el ministerio, la muerte y la resurrección de Cristo. En el NT, la fe en Dios responde a aquello que Él ha revelado verbal y activamente en Jesucristo. Como Hijo de Dios encarnado, Jesús es el medio perfecto para poder conocer a Dios (Juan 17:3).

En palabras y en hechos, Dios el Padre puso a disposición Su revelación personal y expresa por medio de Cristo. Con la muerte y la resurrección del Hijo, el Padre comunicó Su amor, Su justicia y Su misericordia (Rom. 5:8). Estos acontecimientos, especialmente la resurrección de Cristo, fueron interpretados por los autores del NT como evidencia de que Dios había declarado que Jesús es el único Hijo de Dios (Rom. 1:4).

Dios no sólo se comunicó por medio de sus acciones en Cristo; también lo hizo verbalmente. Jesús designó a apóstoles como Sus representantes personales (Mat. 10:2-4). Bajo el poder y el liderazgo del Espíritu de Dios, los apóstoles difundieron esta revelación proposicional mediante enseñanzas y/o escritos. Por ejemplo, Juan afirma claramente que su Evangelio fue escrito para ayudar a las personas a creer (Juan 20:31). Dios proveyó hechos y palabras para ayudarnos a entender qué hizo y qué puede hacer por nosotros en Cristo.

Destacando la naturaleza objetiva de la fe cristiana, los autores del NT hablaban de "la fe" cuando se referían a doctrinas o proposiciones cristianas esenciales que poseían los creyentes (Hech. 6:7; 14:22; Gál. 1:23; 3:25). Dichas doctrinas ayudan a interpretar el objeto de la fe, Dios en Cristo. Pablo invita a sus lectores a que examinen si sus creencias son congruentes con "la fe" (2 Cor. 13:5).

El papel de la fe en la justificación El *euangelion* expresa las creencias fundamentales por las cuales se puede alcanzar la fe en Cristo y se lo puede conocer a Él. Según 1 Cor. 15, la verdad objetiva del *euangelion* se manifestó en las apariciones de Jesús posteriores a Su resurrección. El apóstol Pablo desafió a los lectores para que examinaran la evidencia directa de la resurrección de Jesús (15:1-6). Dios pone a disposición una gran cantidad de evidencias por parte de testigos históricos de la resurrección. Jesús bendijo a los que creen sin haber visto Su cuerpo resucitado, pero también proporcionó testigos directos de esa verdad (Juan 20:29; Hech. 1:8). Ver *Justificación.*

Pablo incluso estaba dispuesto a aceptar que, si Jesús no había resucitado de los muertos, la fe cristiana no tiene sentido y es inútil (1 Cor. 15:14-19). La resurrección de Cristo sería evidencia de que Dios desea que la gente crea que Jesús es la solución para la pecaminosidad del hombre; pero sin la resurrección, las personas no pueden llegar adecuadamente a una conclusión tan radical. Por eso, la resurrección de Jesús actúa como la principal base histórica para la fe cristiana.

La fe en Cristo se basa en la evidencia de los testigos oculares, pero la evidencia no es un fin en sí misma. Para que se produzca la fe, es preciso escuchar y comprender el evangelio; la fe tiene lugar cuando alguien analiza las palabras y las evidencias e "invoca" o le pide a Cristo que lo salve (Rom. 10:9-13). Pedirle salvación a Cristo es confiar en lo que Dios declara que es posible a través de la muerte de Cristo, especialmente en relación con el perdón y la liberación del poder del pecado. Cuando Dios salva, el creyente identifica internamente la muerte de Cristo con la muerte de su propio pecado (Rom. 6:1-14), lo cual hace posible genuina y constante obediencia a Dios en el futuro. Este es el tipo de fe que demuestra autenticidad gracias a la vida transformada que Dios produce por medio de ella, tal como ocurrió con Abraham (Sant. 2:14-26). La fe salvadora nunca es una mera respuesta superficial ni verbal. Tampoco es una simple aceptación intelectual de las afirmaciones del evangelio. El tipo de fe mediante la cual Dios justifica a los pecadores va más allá de la aceptación de esas afirmaciones, y llega a Cristo mismo.

En el concepto neotestamentario de la fe se incluye un elemento de elección subjetiva personal (Luc. 13:34). Las personas aún tienen que elegir, pero dicha elección subjetiva debe entenderse a la luz de elementos objetivos que guían y producen la elección. Cuando se destaca la naturaleza subjetiva de la decisión, en el "corazón" de la persona se produce la fe salvadora, y el Espíritu Santo ilumina la necesidad de la persona frente a lo que Cristo ha hecho y puede hacer por ella (Rom. 10:9-10; 1 Tes. 1:5). El reconocimiento de la necesidad siempre precede a la fe salvadora. El Espíritu de Dios ayuda a la persona a entender que la muerte de Cristo y Su resurrección fueron a su favor. Dios le da al incrédulo la capacidad de confiar en Él mediante lo que dice sobre Cristo a través de testigos humanos. El Espíritu de Dios también da testimonio al aplicar personalmente las palabras del evangelio en el interior del oyente. El Espíritu activa, guía y confiere poder para la fe en Dios.

Si Dios dejara que los seres humanos actuaran totalmente sin la influencia de la obra del Espíritu, por naturaleza ellos decidirían en contra de Dios (Rom. 1–3). El Espíritu le "da" fe al creyente, permite que la gente crea lo que Dios dice que hizo y hará para salvar. La fe, entonces, es un don espiritual (Rom. 12:3). Nadie puede jactarse de tener fe salvadora producida por uno mismo; Dios decide capacitar a algunas personas para que crean (Ef. 2:8-9). Sólo Dios merece ser alabado por producir fe en las personas. En la descripción neotestamentaria de la fe salvadora existe una tensión paradójica entre la soberanía divina y la responsabilidad humana.

El papel de la fe en la santificación Dios permite que se ponga a prueba la fe para santificar al creyente, tal como ocurrió con Abraham (Sant. 1:2-8; 2:14-26). Él usa las pruebas para verificar y aumentar la calidad de la fe en los creyentes, para demostrar que haberlos justificado fue una valoración acertada. Dios desea que crezcan en la relación con Él para producir en ellos la fidelidad de Cristo (Mat. 25:21). Cuando los cristianos aprenden a confiar en lo que Dios afirma que ellos poseen en Cristo, pueden descubrir la liberación del pecado y el poder para glorificar a Dios a medida que Cristo produce en ellos el carácter divino (Ef. 1:15-23). El Espíritu de Dios produce la santificación de la misma manera que lo hace con la justificación, por medio de la fe en lo que Dios declara que hizo y que hará en Cristo (Gál. 3:1-5; 5:25).

La fe produce en el creyente confianza o sentido de seguridad a medida que la persona continúa creyendo en Dios a través de las promesas divinas (Heb. 11:1). Esta confianza es posible cuando el creyente, con la ayuda del Espíritu de Dios, puede identificar maneras en que Él lo ha ido transformando (Rom. 8:13-16; Fil. 3:10; 1 Jn. 2:3; 3:14; 5:18-20). Los autores del NT se refieren sin reparo a esta fe confiada llamándola conocimiento de Dios, aun cuando sea conocimiento parcial (1 Cor. 13:9). La fe será innecesaria para el cristiano sólo cuando Cristo vuelva y establezca Su reino. Entonces dicho conocimiento ya no será parcial.

El Espíritu Santo les da a algunos cristianos un *carisma* o don de gracia especial por medio del cual disciernen la voluntad de Dios y, en consecuencia, confían en Dios en situaciones particulares donde la voluntad divina no se ha revelado objetivamente (1 Cor. 12:9). Por ej. algunos cristianos han recibido la capacidad para discernir la voluntad de Dios de sanar a una persona enferma y orar con éxito por la sanidad (Sant. 5:15). Todos los cristianos tienen un don de fe (Rom. 12:3), pero no el don (*carisma*) de fe que se les otorga a algunos para beneficio del ministerio.

Conclusión El Dios de la Biblia siempre se ha relacionado con los seres humanos por medio de la fe y la confianza en lo que Él dice y hace. La fe bíblica es un concepto complejo; Dios, Su palabra, Sus actos, toda la humanidad y el mundo físico desempeñan papeles fundamentales. Cuando se produce fe salvadora, significa que Dios ha capacitado a alguien para que lo conozca mediante la revelación de sí mismo en las palabras y los hechos en Cristo. Dios mismo activa la fe en el que oye Su palabra, y permite que el oyente se torne fiel en Cristo, así como Él es fiel (Apoc. 19:11).

D. Mark Parks

FEBE Nombre de persona que significa "brillante". "Diaconisa" de la iglesia de Cencrea a quien Pablo recomienda a la iglesia de Roma (Rom. 16:1,2). Ver *Diácono.*

FELIPE Nombre de persona que significa "amante de los caballos". **1.** Respetado miembro de la iglesia de Jerusalén que fue elegido como uno de los primeros siete diáconos (Hech. 6:5). Luego del martirio de Esteban, Felipe llevó el evangelio a Samaria, donde su ministerio fue bendecido (Hech. 8:5-13). A continuación, fue guiado al sur hacia el camino de Jerusalén a Gaza, donde llevó a Cristo al eunuco etíope y lo bautizó (Hech. 8:26-38). Más tarde fue transportado por el Espíritu a Azoto (Asdod) y de allí condujo un ministerio itinerante hasta que se instaló en Cesarea (Hech. 8:39,40). Luego, durante casi 20 años, no sabemos nada de él. Se lo ve por última vez en la Escritura cuando Pablo se aloja en su casa en el último viaje a Jerusalén (Hech. 21:8). Tenía cuatro hijas solteras que eran profetisas (Hech. 21:9). Ver *Hechos de los apóstoles; Diácono; Evangelismo.* **2.** Uno de los doce apóstoles (Mat. 10:3). Llamó a Natanael desde Betsaida para que "viniera y viera" a Jesús (Juan 1:43-51). Jesús puso a prueba a Felipe en cuanto a cómo alimentar a la multitud (Juan 6:5-7). Él y Andrés llevaron a gentiles con inquietudes delante de Jesús (Juan 12:21,22). Felipe le pidió al Señor que les mostrara al Padre (Juan 14:8,9), lo cual dio lugar a que Jesús enseñara que el que le ha visto a Él, ha visto al Padre. Ver *Discípulo.* **3.** Tetrarca de Iturea y Traconite (Luc. 3:1). Ver *Herodes.* *Paul Powell*

FELIPE, HERODES Ver *Herodes.*

FÉLIX Procurador de Judea en la época en que el apóstol Pablo visitó Jerusalén por última vez y

El Martirio de Felipe en Hierápolis, construido para conmemorar la tradición de que el apóstol Felipe fue martirizado en dicho lugar.

fue arrestado (Hech. 23:24). Antonio Félix se convirtió en procurador de Judea (Hech. 23:24) en el 52 d.C. al suceder a Cumano. Permaneció en el cargo hasta el 60 d.C., cuando el emperador Nerón lo retiró del cargo. En el libro de los Hechos se lo describe como un hombre que escuchó con interés la defensa de Pablo pero que no tomó ninguna decisión en relación al caso ni a las implicancias personales del mensaje del apóstol. Más bien, esperaba que Pablo le pagara soborno (Hech. 24:26). Los historiadores contemporáneos de Félix, Tácito y Josefo, lo describen como un político cruel e incompetente que finalmente fue reemplazado (comp. Hech. 24:27). Ver *Pablo; Roma y el Imperio Romano.*

FENICE Nombre geográfico que tal vez signifique "palmera datilera". Puerto sobre la costa sudeste de Creta a donde Pablo y la tripulación del barco tenían esperanza de llegar para pasar el invierno (Hech. 27:12). A Fenice siempre se lo identifica con Puerto Loutro que, sin embargo, está en la dirección incorrecta como para ofrecer refugio de las tormentas de invierno. A Fenice se lo identifica mejor con algún punto en la Bahía de Finica al oeste de Loutro.

Un relieve con un pastor fenicio.

FENICIA Nombre geográfico que significa "púrpura" o "carmesí", traducción del hebreo *Canaán,* "tierra de púrpura". La estrecha franja de tierra entre el Mar Mediterráneo y las montañas del Líbano, que se extiende desde Tiro al sur hasta Arvad al norte. La Fenicia del NT llegaba hasta el sur de Dor. Las grandes zonas forestales le permitieron al pueblo construir barcos y convertirse en la nación marina predominante. Los bosques también proporcionaban madera para exportación. Los cedros fenicios fueron parte del material del templo de Salomón (1 Reyes 5:8-10).

Cultura La religión fenicia era muy similar a la cananea, donde se realizaban ritos de fertilidad a Baal. Más tarde, el homólogo griego de Baal, Adonis ("mi señor"), recibió adoración similar en Tamuz. La princesa fenicia Jezabel implantó en Israel la devoción a Baal. Fenicia introdujo el alfabeto al mundo oriental, pero muy poca de su literatura sobrevivió. Ver *Canaán; Elías; Fertilidad, Cultos a la; Jezabel.*

Historia Lo que predominaba en Fenicia eran las ciudades-estado y no un gobierno central. Las ciudades principales eran Tiro, Sidón, Biblos (Gebal) y Beritos (Beirut). Una raza neolítica primitiva desapareció alrededor del 3000 a.C. y fue reemplazada por colonizadores semitas del este. Ejércitos invasores del norte (hititas), del este (amorreos y asirios) y del sur (egipcios) dominaron la historia hasta el 1000 a.C., cuando el rey Hiram de Tiro estableció un gobierno local (981–947 a.C.). Pudieron sacar ventaja de su ubicación frente al mar con bahías naturales y bosques a fin de establecer un comercio extendido. Sus navegantes establecieron colonias comerciales al oeste y al sur a lo largo de toda la costa mediterránea. La colonia más destacada era Cartagena, ubicada sobre la coste norte africana.

El crecimiento del poder asirio alrededor del 750 a.C. llevó a la decadencia de Fenicia. El Imperio Persa prácticamente le dio independencia y utilizó su flota contra Egipto y Grecia. Alejando Magno puso fin al poder político de Fenicia, pero las grandes ciudades retuvieron su poder económico. Ver *Hiram.*

Nuevo Testamento El ministerio de Jesús llegó hasta Tiro y Sidón (Mat. 15:21). La persecución que comenzó con la muerte de Esteban llevó a la iglesia a esparcirse hacia Fenicia (Hech. 11:19; comp. 15:3; 21:2,3). Ver *Sidón; Tiro.*

Timothy Trammel

F

FÉRETRO Litera o cama sobre la que se colocaba un cuerpo antes de la sepultura. Eran portátiles (2 Sam. 3:31; Luc. 7:14). Los féretros de las épocas bíblicas se han comparado con las tablas de madera que se utilizan en la actualidad para transportar los cuerpos en funerales musulmanes. El féretro de Asa era una especie de diván más elaborado para sepultura que probablemente se colocó dentro de la tumba. La palabra hebrea para féretro (*mittah*) es el término normal para cama y sólo se traduce féretro cuando se relaciona con una sepultura.

FEREZEOS Nombre de un grupo étnico que significa "rústico". Uno de los pueblos que se opuso a la ocupación israelita de Canaán (Jos. 9:1,2). Moraban en la zona desde los tiempos de Abraham (Gén. 13:7). El nombre implica que los ferezeos moraban a campo abierto mientras que los cananeos rodeaban sus campamentos con muros.

FERTILIDAD, CULTOS A LA Término general referente a las religiones caracterizadas por rituales que representan algún mito para explicar el cambio ordenado de las estaciones y la productividad de la tierra. Tales mitos a menudo incluyen una gran diosa madre como símbolo de la fertilidad y una deidad masculina, generalmente su consorte, pero a veces un hijo que, al igual que la vegetación, muere y vuelve a vivir. En la Mesopotamia, la pareja divina era Ishtar y Tamuz (por quien lloran las mujeres en Ezeq. 8:14); en Egipto, Isis y su hijo Osiris; en Asia Menor, Cibeles y Atis. En Siria, los mitos ugaríticos del segundo milenio a.C. describían a Baal-adad, el dios de la tormenta, como deidad que muere y renace. (En Zac. 12:11 se llora a una manifestación local de este dios; los reyes sirios tomaban su nombre de esa deidad, 1 Rey. 15:18; 2 Rey. 6:24; 13:24.) Su esposa era la diosa Anat. En el mito ugarítico más primitivo, Asera, la gran diosa madre, era la consorte de El, el principal dios del panteón. Como Baal reemplazó a El como deidad principal, se asoció con Asera (Jue. 6:25-30; 1 Rey. 18:19). Astoret, la hija de Asera, es la palabra hebrea usada para vientre o fruto del vientre (Deut. 7:13; 28:4,18,51).

Los cultos a la fertilidad le atribuyen la productividad de los sembrados y los rebaños a las relaciones sexuales de la pareja divina. El acto sexual sagrado de los sacerdotes y las sacerdotisas o de las prostitutas del culto era un episodio de adoración destinado a imitar a los dioses y compartir sus poderes de procreación, o de lo contrario, un acto de magia imitadora para estimular a los dioses a preservar la fertilidad de la tierra (1 Rey. 14:23-24; 15:12; Os. 4:14). Es probable que el travestismo (prohibido en Deut. 22:5) haya formado parte de un rito de fertilidad como el que practicaban los hititas. Los sacrificios de la producción, del ganado e incluso de los niños (2 Rey. 17:31; 23:10) era ofrecerle al dios lo más preciado de la vida, en un intento por restaurar orden en el cosmos y asegurar la fertilidad.

La lucha de Elías con los sacerdotes de Baal y Asera en el Monte Carmelo es el conflicto más conocido entre la adoración a Jehová y un culto a la fertilidad (1 Rey. 18:17-40). Bajo el reinado Acab, el baalismo se había convertido en la religión del estado (1 Rey. 16:31). El relato sobre los sacerdotes que se laceraban (1 Rey. 18:28) se explica mediante los mitos ugaríticos donde El se corta los brazos, el pecho y la espalda al enterarse de la muerte de Baal. Los sacerdotes de Baal representaban habitualmente esta escena mítica durante la época de la siembra. Tanto la piel como la tierra se cortaban como señal de lamento (prohibido en Deut. 14:1). La resurrección de Baal coincidía con el retorno de las lluvias. El relato bíblico es claro al declarar que Jehová, no Baal, es el Dios que retiene y envía la lluvia (1 Rey. 17:1; 18:20-45).

El calendario sagrado de los israelitas celebraba las mismas estaciones que sus vecinos (la cosecha de la cebada, igual a la fiesta de los panes sin levadura; la cosecha del trigo, igual a Pentecostés; la cosecha de la fruta, igual a la fiesta de los tabernáculos). Los israelitas interpretaban estas estaciones a la luz de las acciones redentoras de Dios a lo largo de la historia. Israel reconocía a Dios como el responsable de la lluvia (1 Rey. 18), el grano, el vino, el aceite, la lana y el lino (Os. 2:8-9). Israel consideraba la productividad de la tierra de una manera totalmente diferente a cómo lo hacían sus vecinos. Jehová no tenía consorte, por eso, la fertilidad no estaba ligada al regreso de Yahvéh a la vida ni a la actividad sexual. Más bien, la capacidad de plantas y animales para reproducir su especie se originaba en la creación misma (Gén. 1:11-12,22,28). El transcurso ordenado de las estaciones no se remontaba a una batalla inicial sino que provenía de la promesa de Dios a Noé (Gén. 8:22). La fertilidad de la tierra no se aseguraba mediante la representación ritual del matrimonio sagrado sino por el cumplimiento de las exigencias del pacto (Deut. 28:1,3-4,11-12).

En el NT, Diana o Artemisa de los efesios (Hech. 19:35) era una diosa de la fertilidad con muchos senos. Afrodita también estaba asociada a la fertilidad. Su templo en Corinto era el hogar de las prostitutas del culto responsables de la fama de inmoral que tenía la ciudad (comp. 1 Cor. 6:15-20). Muchas religiones de misterio que competían con el cristianismo en los primeros siglos desarrollaban los mitos de los antiguos cultos a la fertilidad. Ver *Asera; Astarot; Baal; Canaán; Dagón; Diana; Dioses paganos; Lugar alto; Prostitución; Tamuz; Ugarit.*

Chris Church

FESTO Sucesor de Félix como procurador de Judea (Hech. 24:27); asumió este cargo por nombramiento de Nerón en el 60 d.C. y lo mantuvo hasta su muerte en el 62 d.C. El apóstol Pablo apeló ante Porcio Festo para tener la oportunidad de ser juzgado ante César, y Festo le otorgó el pedido. Ver *Herodes; Pablo; Roma y el Imperio Romano.*

FIADOR Persona legalmente responsable de la deuda de otro. Si la deuda no se pagaba, el fiador debía pagarla e incluso quedar esclavo hasta que fuera saldada. Judá fue el fiador de Benjamín ante José (Gén. 43:9; 44:32). Un salmista fiel le pidió a Dios que fuera su fiador (Sal. 119:121,122). Proverbios advierte en contra de salir fiador de alguien que uno no conoce bien (Prov. 11:15). En un sentido positivo, Jesús es el fiador de los fieles conforme al nuevo pacto (Heb. 7:22). Ver *Esclavo, siervo; Prenda; Préstamo.*

FICOL Nombre de persona que significa "poderoso". Principal capitán del ejército filisteo bajo el rey Abimelec (Gén. 21:22). Fue testigo de pactos entre su comandante y Abraham (21:32) e Isaac (26:26-28). Ver *Abimelec; Abraham; Isaac; Pacto.*

FIEBRE Temperatura corporal elevada o enfermedad acompañada de ese síntoma. La "calentura" (Lev. 26:16) es una fiebre aguda marcada por períodos regulares de fiebre, sudor y escalofríos. La fiebre acompañada de "tisis" o "enfermedad que consume" (Deut. 28.22) podría referirse a: malaria, fiebre tifoidea, tifus, disentería, diarrea crónica o cólera. La mayoría de las traducciones modernas interpretan que el "gran ardor" de Deut. 28:22 es una referencia al clima ("calor sofocante", NVI) más que a la fiebre. Jesús sanó a dos personas que padecían fiebre: la suegra de Pedro (Mat. 8:14-15; Mar. 1:30-31; Luc. 4:38-39) y el hijo del oficial del rey (Juan 4:52). En Lucas, la curación se describe como exorcismo. En Hechos 28:8, Pablo sanó de fiebre y disentería al padre de Publio. Ver *Enfermedades.*

FIESTA DE LA DEDICACIÓN Término usado para Januká en Juan 10:22. Ver *Fiestas; Januká.*

FIESTAS Celebraciones religiosas regulares en memoria de los grandes hechos salvíficos de Dios en la historia de Su pueblo. Estas fiestas se pueden clasificar según la frecuencia de su celebración. Muchas se calculaban según ciclos de 7. El ciclo de la semana con su punto culminante en el 7° día proveía la base cíclica para gran parte de la adoración de Israel. Así como se guardaba el 7° día, también se celebraba el 7° mes (donde tenían lugar 4 fiestas nacionales), y el 7° año y el 50° año (el año del jubileo) que seguía a 7 ciclos de 7 años. Las fiestas no sólo estaban organizadas en relación al ciclo de la semana (el día de reposo), sino que 2 de ellas (la de los panes sin levadura y la de los tabernáculos) duraban 7 días. Cada una de ellas comenzaba el día 15 del mes, al final de 2 ciclos de 7 días, y en luna llena. Pentecostés también se celebraba el día 15 del mes y comenzaba 50 días después de la presentación de las primicias, o sea, el día siguiente a 7 veces 7 semanas.

Día de reposo El 7° día de cada semana formaba parte de las fiestas (Lev. 23:1-3). Era un recordatorio del descanso del Señor al final de la semana de la creación (Gén. 2:3) y también de la liberación de la esclavitud en Egipto (Deut. 5:12-25). El día de reposo se celebraba mediante un descanso estricto del trabajo, de puesta del sol a puesta del sol (Ex. 20:8-11; Neh 13:15-22). Las personas debían quedarse donde estuvieran y no debían viajar (Ex. 16:29; Lev. 23:3). A pesar de las restricciones, que incluían hasta encender fuego (Ex. 35:3) o cualquier tarea (Ex. 31:14; 35:2), el día de reposo era un tiempo de júbilo (Isa. 58:13-14). Ver *Sábat, Sábado, Día de reposo.*

Luna nueva Esta fiesta era una celebración mensual caracterizada por ofrendas especiales de gran cantidad y calidad (Núm. 28:11-15), y también son de trompetas (Núm. 10:10; Sal. 81:3). Según Amós 8:5, cesaba el comercio. Con frecuencia, las fiestas de la luna nueva y el día de reposo se mencionan juntas en el AT (Isa. 1:13; 66:23; Ezeq. 45:17; 46:1,3). Esta fiesta le dio al rey Saúl

F

Un muchachito judío recibe su primera filacteria durante su bar-mitzvá.

oportunidad de organizar un banquete oficial, y a la familia de David de ofrecer un sacrificio anual especial (1 Sam. 20:5,6,24,29). Las disposiciones de David para los levitas incluían servicio en luna nueva (1 Crón. 23:31), y el ministerio de los profetas a veces estaba conectado con esta ocasión (2 Rey. 4:23; Isa. 1:13; Ezeq. 46:1; Hag. 1:1). Cuatro veces Ezequiel menciona haber tenido una visión el 1° día del mes (Ezeq. 26:1; 29:17; 31:1; 32:1). Este día (junto con otros) está incluido en las denuncias proféticas de abusos en celebraciones religiosas (Isa. 1:13-14). La luna nueva del 7° mes aparentemente recibía una atención especial (Lev. 23:24; Núm. 29:1-6; Esd. 3:6; Neh. 8:2). Aunque el exilio produjo un cese temporario (Os. 2:11), más adelante la fiesta se reanudó (Neh. 10:33; Esd. 3:1-6). El 1° día del 7° mes Esdras leyó la ley frente a la asamblea pública (Neh. 7:73–8:2). Pablo consideraba que las fiestas de la luna nueva eran meras sombras de cosas mejores que vendrían (Col. 2:16-17, comp. Isa. 66:23).

Las fiestas anuales requerían que todos los varones se presentaran en el santuario (Ex. 34:23; Deut. 16:16). Estas ocasiones, llamadas "fiestas para Jehová" (Ex. 12:14; Lev. 23:39,41), eran ocasiones en que se hacían ofrendas voluntarias (Deut. 16:16-17).

La Pascua La 1° de las 3 fiestas anuales era la Pascua. Recordaba la plaga final en Egipto, cuando los primogénitos de los egipcios murieron mientras que los de los israelitas se salvaron gracias a la sangre colocada en los dinteles de las puertas (Ex. 12:11,21,27,43,48). La Pascua se festejaba el día 14 (al anochecer) del 1° mes (Lev. 23:5). El animal (oveja o cabrito) que sería sacrificado se elegía el día 10 del mes (Ex. 12:3), lo mataban el día 14, y luego lo comían (Deut. 16:7). No debía sobrar nada del animal para el día siguiente (Ex. 34:25). Los incircuncisos y los jornaleros contratados no podían participar del sacrificio (Ex. 12:45-49).

A la Pascua también se la llamaba fiesta de los panes sin levadura (Ex. 23:15; Deut. 16:16) porque durante los 7 días siguientes a la fiesta sólo se comía ese tipo de pan (Ex. 12:15-20; 13:6-8; Deut. 16:3-8). Dicho pan reflejaba que el pueblo no había tenido tiempo de hacer leudar el pan antes de su apresurada salida de Egipto. Aparentemente, también estaba vinculada con la cosecha de la cebada (Lev. 23:4-14).

En tiempos del NT se reunían en Jerusalén grandes multitudes para presenciar esta celebración anual. Jesús fue crucificado durante la fiesta de la Pascua. Él y sus discípulos comieron juntos la cena de la Pascua en la víspera de Su muerte. Durante esa cena Jesús dijo: "Esto es mi cuerpo" y "Esta copa es el nuevo pacto en mi sangre" (Luc. 22:17,19-20). El NT identifica a Cristo con el sacrificio de la Pascua: "Porque nuestra pascua, que es Cristo, ya fue sacrificada" (1 Cor. 5:7).

Fiesta de las semanas La 2° de las 3 fiestas anuales era Pentecostés, también llamada fiesta de las semanas (Ex. 34:22; Deut. 16:10,16; 2 Crón. 8:13), fiesta de la siega (Ex. 23:16), y día de las primicias (Núm. 28:26; comp. con Ex. 23:16; 34:22; Lev. 23:17). Se celebraba 7 semanas completas, o 50 días, después de la Pascua (Lev. 23:15-16; Deut. 16:9); de allí el nombre de Pentecostés.

Esencialmente una celebración de la cosecha, el término "semanas" se usaba para el período de cosecha del grano, que se extendía desde la cosecha de la cebada hasta la del trigo, un período de alrededor de 7 semanas. Durante ese tiempo la lluvia y la fertilidad se le asignaban a Dios (Jer. 5:24). Se la llamaba "día de las primicias" (Núm. 28:26) porque marcaba el comienzo del tiempo en que el pueblo debía traer ofrendas de las primicias recogidas. Se celebraba como un día de reposo, con descanso de los trabajos normales y una convocatoria santa (Lev. 23:21; Núm. 28:26). Era una fiesta de júbilo y agradecimiento por la finalización de la estación de cosecha. Los varones sanos debían estar presentes en el santuario, y se ofrecía un sacrificio especial (Lev. 23:15-22; Núm. 28:26-31). Según Lev. 23:10-11,16-17, los sacerdotes ungidos mecían 2 panes grandes delante del Señor, que se preparaban con la mejor harina del grano nuevo y se horneaban leudados. Era una "ofrenda mecida" a favor del pueblo. No se los podía comer hasta después de la ceremonia (Lev. 23:14; Jos. 5:10-11), y ninguna porción de este pan se ponía sobre el altar porque tenía levadura. También se ofrecían 2 corderos. La fiesta terminaba con comidas comunitarias a las que estaban invitados los pobres, los extranjeros y los levitas. Tradiciones posteriores asociaron la fiesta de las semanas con la entrega de las leyes en Sinaí. Algunos creen que Éxodo 19:1 indicaba que la ley fue entregada el día 50 después del éxodo. Algunos pensaban que Deuteronomio 16:12 probablemente relacionaba los hechos del Sinaí con la fiesta, pero las Escrituras no indican ningún vínculo definido entre Sinaí y Pentecostés. En el NT, el Espíritu Santo descendió sobre los discípulos en Pentecostés (Hech. 2:1-4), en la época festiva cuando judíos de diferentes provincias se reunían en Jerusalén para celebrar esta fiesta anual. Ver *Pentecostés; Primicias.*

El Día de la Expiación La 3° fiesta anual se celebraba el 10° día del 7° mes (Tisrí: sept./oct.) y el 5° día antes de la fiesta de los tabernáculos (Lev. 16:1-34; Núm. 29:7-11). Según Levítico 23:27-28, hay 4 elementos principales en esta importante fiesta. Primero, debía ser una "convocación santa" que dirigiera la atención del pueblo al altar de la misericordia divina. El Santo de Israel convocaba al pueblo a reunirse en Su presencia y dedicarle su atención en forma exclusiva. Segundo, debían "afligir sus almas" (Lev. 23:27). La tradición posterior explicó que esto se refería al ayuno y al arrepentimiento. Israel entendía que era un día para lamentarse de los pecados propios. La seriedad de este requisito se reitera en Levítico 23:29: "Porque toda persona que no se afligiere en este mismo día, será cortada de su pueblo". En tercer lugar, las ofrendas son esenciales para el Día de Expiación. La Biblia les dedica un capítulo entero (Lev. 16). También se enumeran en Números 29:7-11. Además, si la celebración coincidía con el día de reposo, debían hacerse las ofrendas regulares correspondientes a este. El cuarto y último elemento del día era la prohibición de trabajar. El Día de Expiación era un "día de reposo" (Lev. 23:32), y los israelitas tenían prohibido hacer cualquier trabajo. El que desobedecía era pasible de recibir la pena capital (Lev. 23:30).

El aspecto central de esta fiesta era la entrada del sumo sacerdote al lugar santísimo. Antes de entrar, éste primero se lavaba todo el cuerpo, es decir, más que el simple lavado de manos y pies que se requería para otras ocasiones. Este lavamiento simbolizaba su deseo de purificación. En lugar de vestir las ropas comunes y la túnica colorida (que se describen en Ex. 28 y Lev. 8), se le ordenaba llevar vestiduras especiales de lino. Además, el sumo sacerdote sacrificaba un becerro como ofrenda por el pecado suyo y los de su casa (Lev. 16:6). Después de llenar su incensario con brasas encendidas del altar, entraba al lugar santísimo donde ponía incienso sobre el fuego. Tomaba parte de la sangre del becerro sacrificado y la rociaba sobre el propiciatorio ("que está sobre el arca del pacto" Lev. 16:13 NVI) y el suelo frente al altar. Esto proporcionaba expiación para el sacerdote (Lev. 16:14-15). A continuación sacrificaba un macho cabrío como ofrenda de expiación por el pecado del pueblo. Parte de esta sangre también se llevaba al lugar santísimo y se rociaba allí por el pueblo (Lev. 16:15). Luego tomaba otro cabrito, llamado "Azazel" (que significa "chivo emisario"), le ponía las manos sobre la cabeza, confesaba los pecados de Israel y lo soltaba en dirección al desierto, símbolo de que el animal se llevaba los pecados del pueblo (Lev. 16:8-10). Los restos del becerro sacrificado y del macho cabrío se llevaban a las afueras de la ciudad y se quemaban, y el día concluía con algunos otros sacrificios.

Según Hebreos 9–10, este ritual es símbolo de la obra expiatoria de Cristo, nuestro gran Sumo Sacerdote, quien no necesitó hacer ningún sacrificio por sí mismo sino que vertió Su sangre

Una madre judía con su hijo celebran la tradición judía de encender las velas durante Januká.

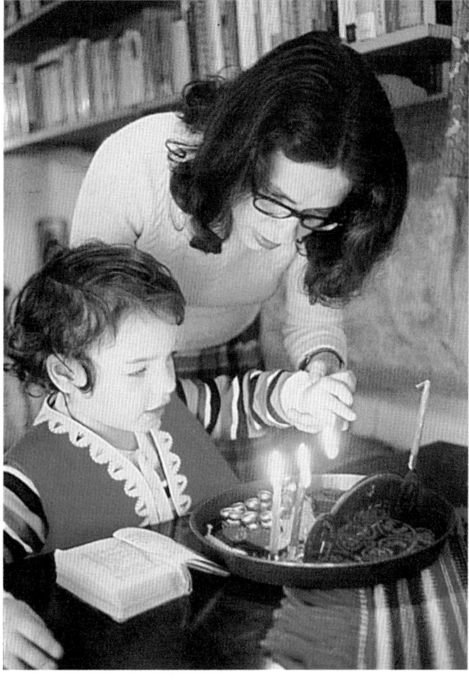

F

El calendario judío

Año sagrado	1	2	3	4	5	6
Año civil	7	8	9	10	11	12
Mes	Nisán/Abib 30 días	Iyyar/Ziv 29 días	Siván 30 días	Tammuz 29 días	Ab 30 días	Elu 29 dí
Meses contemporáneos (aprox.)	Abril	Mayo	Junio	Julio	Agosto	Septien
Fiestas	**1** Luna nueva **14** Pascua **15–21** Panes sin levadura	**1** Luna nueva **14** Segunda Pascua (para quienes no pudieron observar la primera)	**1** Luna nueva **6** Pentecostés	**1** Luna nueva **17** Ayuno Toma de Jerusalén	**1** Luna nueva **9** Ayuno Destrucción del templo	**1** Luna n
Estaciones y producción	Lluvias de primavera (Deut. 11:14) Desborde (Jos. 3:15) Cebada madura en Jericó	**Siega** Cosecha de cebada (Rut 1:22) Cosecha de trigo Comienza verano Sin lluvias de abril a septiembre (1 Sam. 12:17)		**Temporada calurosa** Aumento de temperatura	Corrientes se secan Vendimia (Lev. 26:5)	Calor in (2 Rey. Cosech viñed (Núm. 1

Nota 1

El año judío es estrictamente lunar, con 12 lunaciones y un promedio de 29½ días, l conduce a 354 días en un año.
El día sagrado judío comienza con la luna nueva de la primavera boreal, que sería en nuestro 22 de marzo y 25 de abril, en ciclos de 19 años.
Podemos entender mejor este concepto si imaginamos que nuestro día de Año Nuev para nosotros es el 1 de enero —sin importar lo que suceda con la luna—, variaría ar mente según la fecha de la Pascua, el tiempo de la luna llena que, al ser una luna nu hubiera dado paso al Año Nuevo dos semanas antes.

7	8	9	10	11	12	13
1	2	3	4	5	6	Año bisiesto
/Etanim) días	Maresván/Bul 29 días	Quisleu 30 días	Tébet 29 días	Sabat 30 días	Adar 29 días	Veadar/Adar Sheni
:tubre	Noviembre	Diciembre	Enero	Febrero	Marzo	Marzo/Abril
1) nuevo e tocar la mpeta. e juicio y rdación **10** a de la ción (Lev. 3:24) **15** rnáculos **21** . 23:24) **22** mblea lemne	**1** Luna nueva	**1** Luna nueva **25** Dedicación (Juan 10:22,29)	**1** Luna nueva **10** Ayuno Sitio de Jerusalén	**1** Luna nueva	**1** Luna nueva **13** Ayuno de Ester **14-15** Purim	**1** Luna nueva **13** Ayuno de Ester **14-15** Purim
mbra iienzan tempranas l 2:23) nzan arado embra	Lluvia continúa Se cosecha trigo y cebada	**Invierno** Invierno comienza Nieve en los montes	El mes más frío Granizo y nieve (Jos. 10:11)	Clima se vuelve más cálido	Frecuentes truenos y granizo Florece almendro	Mes que se intercala

ota 2 Por lo tanto el calendario judío tiene un décimo tercer mes, Veadar o Adar Sheni, que se usaba 7 veces cada 19 años.

ota 3 El día judío comienza al atardecer del día anterior.

por nuestros pecados. Así como el sumo sacerdote del AT entraba al lugar santísimo con la sangre de los animales sacrificados, Jesús entró al cielo mismo para presentarse a nuestro favor frente al Padre (Heb. 9:11-12). Todos los años, el sumo sacerdote repetía las ofrendas por el pecado tanto por los propios como por los del pueblo a fin de recordar cada año que la expiación perfecta y permanente aún no se había logrado; pero Jesús, por medio de Su propia sangre, concretó la redención eterna para Su pueblo (Heb. 9:12). Así como el sacrificio del Día de Expiación se quemaba fuera del campamento de Israel, Jesús sufrió fuera de las puertas de Jerusalén para redimir a Su pueblo de pecado (Heb. 13:11-12).

Fiesta de los tabernáculos La 4° fiesta anual era la de los tabernáculos (2 Crón. 8:13; Esd. 3:4; Zac. 14:16), también llamada fiesta de la cosecha (Ex. 23:16; 34:22), fiesta a Jehová (Lev. 23:39; Jue. 21:19). A veces era simplemente "la fiesta" (1 Rey. 8:2; 2 Crón. 5:3; 7:8; Neh. 8:14; Isa. 30:29; Ezeq. 45:23,25) porque se conocía en detalle. La celebración combinaba la cosecha de la labor de los campos (Ex. 23:16), el fruto de la tierra (Lev. 23:39), las acciones en la era y el lagar (Deut. 16:13), y la morada en enramadas (o "tabernáculos") que debían ser recordatorios jubilosos para el pueblo de Israel (Lev. 23:41; Deut. 16:14). La "enramada" en las Escrituras no representa la idea de privaciones y sufrimiento sino de protección y preservación, un refugio para el calor y las tormentas (Sal. 27:5; 31:20; Isa. 4:6). Además de las familias, la comunidad que participaba de la fiesta incluía a siervos, viudas, huérfanos, levitas y extranjeros (Deut. 16:13-15).

La fiesta comenzaba el día 15 de Tisrí (el séptimo mes), que era 5 días después del Día de Expiación. Duraba 7 días (Lev. 23:36; Deut. 16:13; Ezeq. 45:25). El 1° día se construían enramadas con ramas verdes de árboles. Cada participante debía juntar ramas de arrayán, sauce y palmera en los alrededores de Jerusalén para construir las enramadas (Neh. 8:13-18). Durante la fiesta, todo israelita debía vivir 7 días en ellas para conmemorar la época en que sus antepasados habían vivido en enramadas después del éxodo de Egipto (Lev. 23:40; Neh. 8:15). La dedicación del templo de Salomón tuvo lugar durante esa fiesta (1 Rey. 8:2).

Al volver del exilio, Esdras leía la ley durante esta fiesta y dirigía al pueblo en actos de penitencia (Neh. 8:13–9:3). Más tarde Josefo se refirió a esta fiesta como la más sagrada y grandiosa de las fiestas hebreas. Posteriormente, al rito se le incluyeron una libación de agua del estanque de Siloé (probablemente el trasfondo para el comentario de Jesús sobre el "agua viva" en Juan 7:37-39) y el encendido de enormes menoras (candelabros) en el atrio de las mujeres (probable trasfondo de la afirmación de Jesús "Yo soy la luz del mundo" en Juan 8:12). El agua y la "columna de fuego" provistos durante el peregrinaje en el desierto (cuando el pueblo vivía en tabernáculos) fueron temporarios y contrastaban con el agua y la luz permanentes que Jesús proclamó durante la fiesta que conmemoraba ese tiempo de peregrinación por el desierto.

Fiesta de las trompetas La actual *Rosh Hashaná* (el año nuevo judío) se remonta a la llamada "fiesta de las trompetas", el toque de trompetas el 1° día del 7° mes (Tisrí) del calendario religioso (Lev. 23:24; Núm. 29:1). La trompeta que se menciona aquí era el *shophar*, un cuerno de carnero diferente de las trompetas de plata que se ejecutaban en las otras lunas nuevas.

Este día ha llegado a ocupar el segundo lugar en importancia en el moderno calendario religioso judío. Inicia los diez días de sobrecogimiento antes del Día de Expiación. Según Lev. 23:24-27, la celebración incluía el sonar de las trompetas, un tiempo de reposo y una "ofrenda encendida". El texto no registra nada específico respecto a un día de Año Nuevo, y el término mismo (*Rosh Hashaná*) se encuentra una sola vez en las Escrituras (Ezeq. 40:1), donde hacer referencia al 10° día. La asamblea posterior al exilio que se llevó a cabo el 1° día del 7° mes, cuando Esdras leyó la ley, no se menciona como un día de fiesta. (Neh. 8:2-3). Que el AT tenga 2 calendarios, uno civil y otro religioso, complica más la situación y hace difícil comprender el origen de esta fiesta. Hasta los tiempos modernos, este día no aparecía como un día de fiesta importante.

En las Escrituras se señalan dos fiestas de origen posterior al exilio: Purim y Januká.

Purim La fiesta de Purim conmemora la liberación del genocidio del pueblo judío gracias a los esfuerzos de Ester (Est. 9:16-32). Su nombre deriva de la "suerte" (*pur*) que Amán planeaba echar para decidir cuándo se debía cumplir el decreto promulgado por el rey para la exterminación de los judíos (Est. 9:24). En el libro apócrifo de 2 Macabeos (15:36) se lo llama día de Mardoqueo. Los que vivían en aldeas y pueblos sin muralla lo celebraban el día 14 de Adar (marzo), y los de las ciudades fortificadas lo conmemoraban el 15 (Est. 9:18-19). No se menciona ninguna celebración religiosa vinculada con ese día. En períodos posteriores, el libro de Ester se leía en la sinagoga el día de Purim. Con el tiempo se fue convirtiendo en un momento de alegría y distribución de regalos y alimentos.

Januká El otro día festivo posterior al exilio fue Januká, una fiesta que comenzaba el día 25 de Quisleu (diciembre) y duraba 8 días. Josefo se refirió a ella como fiesta de las luces porque cada día se encendía una vela hasta llegar al octavo día. La fiesta conmemora las victorias de Judas Macabeo en el 167 a.C. En ese tiempo, cuando se restableció la adoración en el templo después de una interrupción de tres años, se llevó a cabo una celebración durante ocho días. La celebración actual no afecta mayormente la rutina diaria. En Juan 10:22 hay una referencia a esa fiesta, donde se la denomina fiesta de la dedicación.

Dos fiestas se celebraban con menor frecuencia: el año sabático y el año de jubileo.

Año sabático Cada 7 años, Israel celebraba un año sabático para los campos. Se trataba de un descanso para la tierra de cualquier cultivo (Ex. 23:10,11; Lev. 25:2-7; Deut. 15:1-11; 31:10-13). Otros nombres para esa fiesta eran reposo para Yahvéh (Lev. 25:4), año de reposo (Lev. 25:5), año de remisión (Deut. 15:9), y año séptimo (Deut. 15:9). El año sabático, al igual que el año de jubileo, comenzaba el primer día del mes Tisrí. Primera Macabeos 6:49,53 y Josefo confirman esta celebración. Las leyes que regían ese año de descanso eran las siguientes: (1) la tierra, los viñedos y los huertos de olivos debían tener descanso completo (Ex. 23:10-11; Lev. 25:4-5); (2) el crecimiento espontáneo de los campos y los árboles (Isa. 37:30) era de uso libre para los jornaleros, los extranjeros, los siervos y el ganado (Ex. 23:10-11; Lev. 25:6-7); se había prometido que el sexto año habría una cosecha fructífera (Lev. 25:20-22); (3) todas las personas quedaban libres de deuda, con excepción de los extranjeros (Deut. 15:1-4) (esta ley probablemente no prohibía el pago voluntario de las deudas, pero nadie podía oprimir a una persona pobre); (4) finalmente, durante la fiesta de los tabernáculos de ese año se le debía leer la ley al pueblo en una solemne asamblea (Deut. 31:10-13).

La tradición judía interpretó que 2 Crónicas 36:21 significaba que los 70 años de cautiverio tenían la intención de compensar la falta de cumplimiento de los años sabáticos. Después del cautiverio el año sabático se celebró estrictamente.

Año de jubileo También se lo llamaba año de la liberación (Ezeq. 46:17). Su relación con el año sabático y las indicaciones generales para su cumplimiento se encuentran en Levítico 25:8-16,23-55. Su relevancia para las tierras dedicadas a Dios se menciona en Levítico 27:16-25.

Cada 7 años sabáticos, o 7 veces 7 años (49 años), se debía tocar la trompeta en toda la tierra para anunciar el año de jubileo (Lev. 25:8-9).

La ley señala 3 aspectos en que se debía respetar dicho año: descanso de la tierra (no sembrar, ni cosechar, ni vendimiar; Lev. 25:11); restitución de las tierras (Lev. 25:10-34; 27:16-24; todas las propiedades de casas o tierras ubicadas en aldeas o pueblos sin muralla que el dueño se hubiera visto forzado a vender a causa de la pobreza, y que no se habían recuperado, se debían restituir sin cobro a los dueños o a los herederos legales; las excepciones se especifican en Lev. 25:29-30; 27:17-21); y redención de los esclavos (todo israelita que por pobreza se hubiera vendido a otro israelita o a un extranjero radicado en el país, y no hubiera podido redimirse o ser redimido por un familiar, debía ser liberado junto con sus hijos; Lev. 25:39-41).

Aparentemente, el año del jubileo era un período de remisión tan completa de todas las deudas, que se convirtió en tiempo de celebración por la libertad y la gracia. Ese año debía cesar la opresión, y cada miembro de la familia del pacto debía hallar júbilo y satisfacción en el Dios del pacto. Él había redimido a Su pueblo de la esclavitud en Egipto (Lev. 25:42), y ninguno podía volver a ser reducido a la condición de esclavo perpetuo. Los israelitas no podían ser oprimidos (Lev. 25:43,46); y la pobreza no podía, ni siquiera en su peor expresión, reducir a un israelita a una condición inferior a la de un criado o jornalero; y si así sucedía, sólo se extendería hasta el año de jubileo (Lev. 25:40).

Después de la institución de las leyes del año de jubileo (Lev. 25:8-34), este se vuelve a mencionar en Núm. 36:4. En las Escrituras no hay ninguna referencia a la celebración de esta fiesta aparte de la anticipación idealista de Ezequiel 46:17, pero la influencia de esas leyes aclara pasajes como la conducta de Nabot y Acab en 1 Rey. 21:3-29; y las reprensiones proféticas que aparecen en Isa. 5:8 y Miq. 2:2. *Larry Walker*

FIGELO Nombre de persona que significa "fugitivo". Cristiano que abandonó a Pablo (2 Tim. 1:15). El contraste con Onesíforo, que no se avergonzó de la prisión de Pablo (1:16,17), sugiere que Figelo abandonó a Pablo cuando este estaba en la cárcel.

FIGURA LITERARIA Lenguaje figurado. La Escritura prefiere expresar verdades por medio de imágenes en vez de hacerlo mediante lenguaje abstracto. La Biblia abunda en imágenes verbales referentes a Dios, al pueblo de Dios y a la salvación que experimentaron.

El desafío de la teología ("hablar acerca de Dios") es expresar en lenguaje humano las verdades divinas. La misma Escritura da testimonio de lo difícil de esta tarea: "¿A quién me asemejáis, y me igualáis, y me comparáis, para que seamos semejantes?" (Isa. 46:5). El Dios vivo no debe equipararse con ninguna imagen manipulable. La idolatría es, en esencia, el intento de reducir a Dios a una imagen o etiqueta. La multiplicidad de figuras literarias sobre Dios en el AT sirve como rectificación de los intentos humanos de limitar la visión personal en cuanto a Dios. Algunas imágenes de Dios son inanimadas: roca (Gén. 49:24); fortaleza (2 Sam. 22:2); fuente de agua viva (Jer. 2:13). Hay poco peligro de confundir a Dios con tales imágenes. Otras imágenes de Dios son de personas: padre (Mal. 1:6); esposo (Os. 2:16 NVI); pastor (Sal. 23:1); juez, legislador y rey (Isa. 33:22); maestro (Isa. 28:26); sanador (Jer. 30:17); guerrero (Ex. 15:1,3); agricultor (Isa. 5:2-7). Con esta clase de imágenes de personas, existe el peligro real de confundir "Dios es como..." con "Dios es". Las imágenes femeninas, menos conocidas, en cuanto a Dios sugieren una desafiante rectificación como por ejemplo una madre ave que cobija a los polluelos bajo sus alas (Rut 2:12; Sal. 17:8). Las imágenes sobre llevar desde la matriz (Isa. 46:3), a enseñarle a un niño a caminar (Os. 11:3), a darle de comer (Os. 11:4) y a criar hijos (Isa. 1:2) también sugieren la ternura de una madre.

En sus parábolas, Jesús continuó con la práctica del AT de usar imágenes vívidas para Dios: un pastor que busca una oveja perdida (Luc. 15:4-7); una mujer que busca una moneda perdida (Luc. 15:8-10); un padre que espera con paciencia el regreso de un hijo y toma la iniciativa de reconciliar al otro (Luc. 15:11-32). Las imágenes también se emplearon para enseñar quién es Jesús el Cristo: verbo (Juan 1:1); luz (Juan 8:12); pan y vino (Mat. 26:26-29); viña (Juan 15:1); camino (Juan 14:6).

Las figuras literarias también se emplean para describir al pueblo de Dios y su experiencia de salvación. El AT lo describe como: esposa infiel (Jer. 3:20); vid extraña (Jer. 2:21); asna montés en celo (Jer. 2:24); amada de Dios (Jer. 11:15); esposa de Dios (Jer. 2:2); siervo de Dios (Jer. 30:10), e hijo de Dios (Os. 11:1). Las imágenes del NT incluyen: luz (Mat. 5:14); sal (Mat. 5:13); pámpanos de la vid (Juan 15:5); nueva criatura (2 Cor. 5:17); templo de Dios (1 Cor. 3:16) y real sacerdocio (1 Ped. 2:9; comp. Ex. 19:6). Las imágenes sobre salvación se toman de todos los aspectos de la vida: un tribunal de justicia (Rom. 7:3; Heb. 9:16,17); el mercado de esclavos (Tito 2:14); el mercado (1 Cor. 6:20; 7:23), y la familia (Rom. 8:17,23). Una vez más, la multiplicidad de imágenes da testimonio de la rica experiencia del pueblo de Dios. Ver Antropomorfismo; Parábolas. *Chris Church*

FILACTERIAS Ver *Frontales.*

FILADELFIA Nombre geográfico que significa "amor de hermano". Ciudad helénica de la provincia de Lidia en el Asia Menor occidental. Ver *Apocalipsis, Libro de; Asia menor, Ciudades de.*

FILEMÓN, CARTA A Nombre de persona que significa "cariñoso" y 18° libro del NT. Filemón debe su conversión a la fe cristiana al apóstol Pablo. Esta conversión tuvo lugar durante el extenso ministerio del apóstol en Éfeso (Hech. 19:10). No existe evidencia de que Pablo haya visitado Colosas, donde vivía Filemón. Ambos se hicieron muy amigos. Pablo se refirió a él como "amado... colaborador" (v.1).

La única carta de Pablo de naturaleza privada y personal que se incluye en el NT se la escribió a Filemón en el 61 d.C. Esta carta se refiere a Onésimo, un esclavo que había escapado; le había

Ruinas del templo en el emplazamiento de la antigua ciudad de Filadelfia, en Asia Menor (Turquía).

robado a Filemón y había huido a Roma. Onésimo conoció al apóstol Pablo que estaba preso allí. Este le escribió a Filemón aludiendo a Onésimo, a quien envió de regreso a la ciudad de Colosas con la carta. La epístola afirma que Onésimo se había hecho cristiano. Pablo le pide a Filemón que perdone a su esclavo y lo reciba no como a esclavo sino como a un hermano (v.16). Este pedido no surge de la autoridad apostólica de Pablo sino que lo hace tiernamente como un amigo creyente. Pablo escribe: "Recíbele como a mí mismo" (v.17).

También afirma que está dispuesto a pagar por los daños que hubiera causado Onésimo. Algunos eruditos indican que Pablo con sutileza puede haber estado pidiéndole a Filemón que liberara a Onésimo para que pudiera regresar y auxiliar al apóstol en sus esfuerzos evangelizadores. Filemón tenía el derecho judicial de castigar severamente a Onésimo y hasta de matarlo. La breve epístola de Pablo, de unas 355 palabras griegas, desafía a Filemón a poner en práctica el amor cristiano mediante su trato con Onésimo. El enfoque de Pablo finalmente produjo el cese de la esclavitud. Ver *Esclavo, siervo; Onésimo; Pablo.*

Bosquejo

I. Saludos de gracia y paz (1-3)
II. Elogio al amor, la fe y el ejemplo de Filemón (4-7)
III. Ruego a favor de Onésimo sobre la base de la amistad (8-22)
IV. Saludo final (23-25) *Kenneth Hubbard*

FILETO Nombre de persona que significa "amado". Maestro hereje que aseguraba que la resurrección (general) ya había ocurrido (2 Tim. 2:17,18), tal vez en un sentido puramente espiritual.

FILIPENSES, CARTA A LOS Undécimo libro del NT, escrito por Pablo a la iglesia de Filipos, la primera que estableció en Europa. Es una de las epístolas de la prisión (junto con Efesios, Colosenses y Filemón). Por lo general se acepta la autenticidad de la carta. La terminología y la teología son plenamente paulinas.

A pesar de las circunstancias negativas desde las que Pablo escribió, Filipenses es una carta cálida, personal y positiva (excepto el cap. 3). El apóstol escribió para agradecerle a la iglesia el regalo que recientemente le había enviado a la prisión y para informarle sobre las circunstancias y los planes de viaje de Timoteo y Epafrodito. El tema subyacente en toda la epístola es un llamado a la unidad de la iglesia.

La fecha de la carta depende de cuál encarcelamiento hubiera estado atravesando Pablo. La fecha y el lugar tradicional de escritura es 61/62 d.C. desde Roma. Si Filipenses se escribió desde Cesarea, deberíamos asignarle una fecha a fines de la década del 50; si fue desde Éfeso, correspondería a la mitad de esa década. Ver más abajo.

Origen de Filipenses ¿Dónde estaba Pablo cuando escribió Filipenses? La carta en sí sólo revela que se encontraba en prisión. Hechos registra encarcelamientos paulinos en Cesarea y en Roma. Ciertas evidencias indican que Pablo también estuvo preso en Éfeso (Hech. 19; 2 Cor. 11:23; 1 Cor. 15:30-32).

Filipenses se le asigna tradicionalmente a Roma. La referencia a la casa de César (Fil. 4:22), el guardia pretoriano o del palacio (1:13 NVI), como así también la posibilidad de recibir visitas (Hech 28:16,30,31) como la de Epafrodito, y la probabilidad de ejecución (Fil. 1:20-26), parecieran coincidir con el encarcelamiento de los versículos finales de Hechos.

Un origen efesio de Filipenses también tiene mucho a su favor. Éfeso era la capital de Asia. Un guardia del gobernador provincial ocupaba un "pretorio" y la residencia del gobernador se llamaba "la casa de César". Un encarcelamiento en Éfeso como lugar de origen de Filipenses le da sentido a la declaración de Pablo sobre su intención de visitar Filipos cuando lo liberaran (Fil. 2:24; desde Roma, Pablo tenía intenciones de ir a España, Rom. 15:23,24). Además, Fil. 2:25-30 implica que se habían realizado varios viajes portando noticias entre el sitio donde se encontraba Pablo y Filipos. Un viaje de Roma a Filipos llevaba varias semanas; de Éfeso a Filipos se llegaba tan sólo en unos días. La gran cantidad de viajes que se dejan entrever en Filipenses no encajan fácilmente en un encarcelamiento de dos años en Roma, pero esto es menos problemático en un encarcelamiento mucho más breve en Éfeso.

El origen de la carta en Cesarea ha tenido menos respaldo con el paso de los años. Sus detractores señalan la intención de Pablo de ir a Roma (no de visitar Filipos) luego de su liberación y dudan de que Pablo haya temido alguna vez que lo ejecutaran en Cesarea, tal como lo implica Filipenses, ya que siempre tenía la opción de apelar al César.

Contenido de la carta Filipenses está estructurada en gran parte como una típica carta personal de aquellos tiempos. La introducción identifica al (a los) que la envía(n): Pablo y Timoteo, y a los receptores: los santos, los obispos y los diáconos. Sin embargo, esta forma epistolar típica está llena de rasgos cristianos. El saludo habitual secular y el deseo de buena salud se transforman en una bendición (v.2); una acción de gracias por la participación fiel de la iglesia de Filipos en la obra del evangelio (1:3-8), y una oración para que sean bendecidos con un amor cristiano que siempre crezca en todo conocimiento (1:9-11). Ver *Carta: Formato y propósito.*

El cuerpo de la carta comienza con la explicación de Pablo de su situación actual (1:12-26). En vv.12-18, él revela que su principal preocupación (la proclamación del evangelio) se estaba llevando a cabo a pesar de las circunstancias difíciles que atravesaba. Sus captores estaban recibiendo el evangelio (vv.12,13). Sus compatriotas habían ganado confianza mediante su ejemplo de arrojo (v.14). Hasta los hermanos que trabajaban con malas motivaciones compartían las buenas noticias de manera activa. (No existen indicios de que predicaran un evangelio falso; Pablo se regocijaba en la obra de ellos, vv.15-18.) La severidad del encarcelamiento paulino se refleja en 1:19-26. Su muerte parecía una posibilidad real. La muerte lo uniría con Cristo. La vida le daría las alegrías del ministerio productivo continuo. Encontraba motivos genuinos para regocijarse en ambas posibilidades. Sin embargo, Pablo parecía tener confianza de que finalmente lo liberarían y volvería a reunirse con los filipenses.

Cuando Pablo regresó a Filipos, tenía la esperanza de encontrar una iglesia unida en Cristo. Filipenses 1:27–4:9 es un llamado multifacético a la unidad. La gran causa de la proclamación del evangelio requiere que estén unidos en espíritu, en trabajo y en confianza (1:27-30). Su experiencia cristiana en común (2:1) y su propósito (2:2) también debían dejar de lado una actitud egoísta e interesada (2:3,4). Los que siguen a Cristo deben seguirlo con un servicio abnegado hacia los demás (2:5-11).

Filipenses 2:6-11 es conocido como el pasaje de la *kenosis* (de la palabra griega traducida "despojó" en 2:7). El lenguaje y la estructura del pasaje han convencido a la mayoría de los comentaristas de que Pablo estaba citando un himno que ya se usaba en la iglesia. El propósito del himno prepaulino era, probablemente, enseñarle al creyente sobre la naturaleza y la obra de Cristo. La preexistencia, la encarnación, la pasión, la resurrección y la exaltación se resumen de manera magistral. Sin embargo, en el contexto de Filipenses, el pasaje de la *kenosis* se usa para resaltar la humildad y el servicio abnegado que demostró Jesús, cuyo ejemplo debe seguir el creyente. Ver *Kenosis.*

A Pablo le interesaba que los filipenses demostraran en acción la realidad de su profesión cristiana. Ni las quejas tan características de Israel en el desierto ni la perversidad de un mundo que no conoce a Dios deben caracterizar a la iglesia. Pablo se sacrificó a sí mismo para engendrar verdadera fe en los filipenses. Su deseo para ellos y para sí mismo era poder regocijarse en que su sacrificio no fuera en vano (2:12-18).

Filipenses 2:25-30 explica a la iglesia por qué Epafrodito regresaba a Filipos. Los hermanos lo habían enviado para llevarle un regalo a Pablo (Fil. 4:10-20) y para servirlo durante su encarcelamiento. Es probable que Pablo temiera que alguno criticara a Epafrodito por regresar antes de lo planeado.

El tono de la carta cambia en el capítulo 3. El aliento a regocijarse (3:1) se convierte inesperadamente en una severa advertencia (3:2). (El cambio es tan marcado que algunos eruditos creen que el capítulo se agregó a la carta posteriormente.) La iglesia de Filipos se veía amenazada por un problema con el potencial de destruir el fundamento de la unidad y la base del gozo.

La naturaleza exacta del problema no es clara. Se ataca el legalismo judío (3:2-11), el perfeccionismo cristiano o gnóstico (3:12-16) y el libertinaje pagano (3:17-21). Lo que queda claro, sin embargo, es que Pablo rebate las enseñanzas heréticas con verdades cristianas: Jesucristo es el único camino para la rectitud (3:2-11); la estatura de Cristo es la meta de la madurez cristiana (3:12-16), y la naturaleza de Cristo y de Su reino son la norma conforme a la cual debe vivir el creyente (3:17-21).

Una inscripción del período romano en la antigua Filipos.

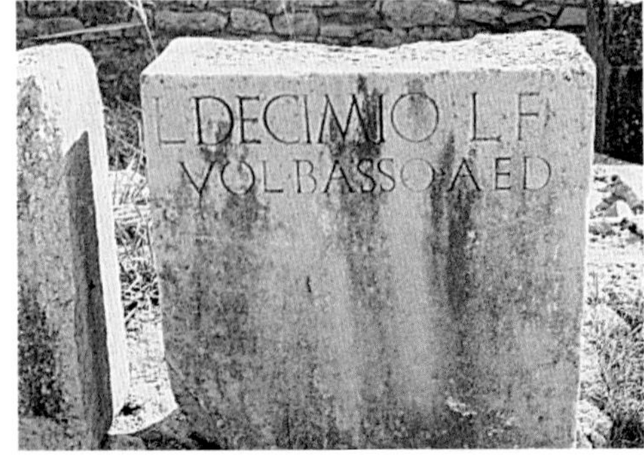

El capítulo 4 regresa a una instrucción más positiva y a la afirmación de la iglesia. A dos mujeres, Evodia y Síntique (4:2,3), se las exhorta a terminar con el conflicto que tenían porque los desacuerdos personales pueden ser tan dañinos para la unidad de la iglesia como las falsas doctrinas.

Las exhortaciones generales a regocijarse y a permanecer fieles (4:4-9) llevan a que Pablo exprese su gratitud por el apoyo fiel que los filipenses le brindan a él y a su ministerio (4:10-20). La carta cierra con el típico estilo paulino, con un intercambio de saludos y una oración pidiendo gracia divina.

Bosquejo

I. Saludo (1:1-2)
II. Introducción (1:3-26)
 A. Oración de acción de gracias (1:3-11)
 B. Las circunstancias personales adversas pueden hacer avanzar el evangelio (1:12-26)
III. Amonestaciones pastorales (1:27–2:18)
 A. Amonestación a la coherencia (1:27)
 B. Amonestación al valor (1:28-30)
 C. Amonestación a la unidad (2:1-11)
 D. Amonestación a la responsabilidad y la obediencia (2:12,13)
 E. Amonestación a una vida de regocijo e irreprensible (2:14-18)
IV. Preocupaciones pastorales (2:19-30)
 A. Preocupación pastoral para el bienestar de la iglesia (2:19-24)
 B. Preocupación pastoral por un ministro afligido (2:25-30)
V. Advertencia pastoral e incentivo (3:1–4:1)
 A. Advertencia contra los zelotes legalistas: Gloriarse sólo en Cristo (3:1-3)
 B. Advertencia contra confiar en la carne: Poner la confianza sólo en Cristo y en la esperanza de la resurrección (3:4-11)
 C. Advertencia contra la satisfacción con el pasado: Correr en pos de la recompensa celestial (3:12-16)
 D. Advertencia contra los enemigos de la cruz: Permanecer firmes como ciudadanos del cielo (3:17–4:1)
VI. Exhortación final (4:2-9)
 A. A la reconciliación personal (4:2,3)
 B. Al gozo y la gentileza (4:4,5)
 C. A la serenidad (4:6,7)
 D. A los pensamientos nobles (4:8,9)
VII. Conclusión (4:10-23)
 A. El contentamiento del apóstol en la fortaleza de Cristo (4:10-13)
 B. La valoración del apóstol por la mayordomía de la iglesia (4:14-20)
 C. Los saludos finales del apóstol y su bendición (4:21-23)

Michael Martin

FILIPOS Ciudad en la provincia romana de Macedonia. Pablo efectuó allí trabajo misionero (Hech. 16:12) y más tarde le escribió una carta a la iglesia en ese lugar (Fil. 1:1).

Relieve de la cabeza de un toro adornada con una guirnalda, en Filipos.

Historia En épocas antiguas, el sitio se encontraba en una región minera. Luego del 400 a.C., Felipe II de Macedonia se apoderó de las minas, fortificó la ciudad y le puso el nombre en su honor. Filipos, junto con el resto de Macedonia, cayó bajo el dominio romano luego del 200 a.C. En el 43 a.C., fue el sitio de una batalla decisiva que selló la suerte de Roma como república y preparó la escena para el establecimiento del imperio. Las fuerzas de Octavio (que más tarde sería Augusto César, el primer emperador) y de Marco Antonio derrotaron al ejército de Bruto y Casio. En honor a la victoria, Antonio estableció allí algunos soldados romanos e hizo de Filipos una colonia de Roma. Luego de derrotar a Marco Antonio en la batalla de Actio en el 31 a.C., el victorioso Octavio despojó a los que apoyaban a su oponente en Italia, pero les permitió establecerse en lugares como Filipos. Octavio volvió a fundar Filipos como colonia romana.

Pablo y Filipos Pablo visitó por primera vez Filipos en el segundo viaje misionero en respuesta a su visión del varón macedonio (Hech. 16:9). Navegaron desde Troas cruzando el Mar Egeo hasta Neápolis, en la ribera oriental de Macedonia (Hech. 16:11). Luego viajaron algunos kilómetros tierra adentro hasta "Filipos, que es la primera ciudad de la provincia de Macedonia, y una colonia" (Hech. 16:12).

El ágora (plaza-mercado) en la antigua ciudad de Filipos en Macedonia.

En el día de reposo, Pablo fue a una reunión de oración a orillas del río. Cuando habló, Lidia y otras personas más le abrieron el corazón al Señor (Hech. 16:13-15). Por regla general, cuando Pablo llegaba a una ciudad, primero iba a la sinagoga judía. El que no haya hecho esto en Filipos probablemente sea muestra de que allí no había sinagoga.

El carácter romano de la ciudad es evidente a juzgar por otras experiencias de Pablo en el lugar. Sanó a una esclava poseída cuyos dueños acusaron a los judíos de perturbar la ciudad enseñando costumbres ilegales para los romanos (Hech. 16:20, 21). Los magistrados hicieron azotar a Pablo y a Silas y los entregaron al carcelero (Hech. 16:20,22, 23). Luego de la milagrosa liberación de Pablo y de la conversión del carcelero, el magistrado le mandó a decir a este último que liberara a Pablo (Hech. 16:35,36), quien informó a los mensajeros que era ciudadano romano. Como había sido azotado y puesto en prisión de manera ilegal, insistió en que los magistrados mismos fueran a liberarlo (Hech. 16:37), y así lo hicieron. No sólo le rogaron a Pablo que saliera de la prisión sino que también se fuera de la ciudad (Hech. 16:38-40). Ver *Filipenses, Carta a los; Ley romana, Derecho romano; Pablo.*

Robert J. Dean

FILISTEA Planicie costera del sudoeste de Palestina que estaba bajo el control de los filisteos (Ex. 15:14; Sal. 60:8; 87:4; 108:9; Isa. 14:29-31). Ver *Filisteos.*

FILISTEOS (Gén. 10:14). Uno de los grupos rivales que encontraron los israelitas al establecerse en la tierra de Canaán. En el AT y en otros escritos antiguos del Cercano Oriente, se hace referencia a los filisteos. La palabra se refiere a un grupo de personas que ocupó y le dio su nombre a la parte sudoeste de Palestina. Registros egipcios antiguos de la época de Mernepta y de Ramsés III se refieren a ellos como los *prst.* Antiguos registros asirios incluyen alusiones a los filisteos con los términos *Filisti* y *Palastu.*

El origen y el trasfondo de los filisteos no se ha aclarado por completo. Los registros egipcios antiguos incluyen el *prst* como parte de un movimiento más grande de gente conocido como "pueblos del mar" que invadieron Egipto por tierra y por mar alrededor del 1188 a.C. combatiendo las fuerzas de Ramsés III que, según los registros egipcios, los derrotó. Los "pueblos del mar", un grupo sólido que se originó en la región del Egeo, incluían el tjeker, el shekelesh, el denyen, el shardana y el weshesh como también el *prst* o peleset, los filisteos bíblicos. Mientras se trasladaban hacia el este desde la región egea, los "pueblos del mar" hicieron la guerra a los pueblos que encontraban a su paso, incluyendo a los heteos en Anatolia y a los habitantes de sitios al norte de Siria tales como Ugarit. Según las referencias bíblicas, la tierra natal de los filisteos era Caftor (Amós 9:7; Jer. 47:4). Ver *Caftor.*

Se los menciona por primera vez en las historias de los patriarcas (Gén. 21:32,34), referencia que algunos sugieren anacrónica y otros que se refiere a migraciones de una colonia egea en el período patriarcal. La fase más dramática de la historia filistea comienza en el período de los jueces, cuando eran el principal enemigo y la mayor amenaza política de Israel. La amenaza se ve por primera vez en las historias de Sansón (Jue. 13–16), y se intensificó a medida que los filisteos invadieron el territorio de la tribu de Dan obligándola finalmente a moverse hacia el norte (Jue. 18:11,29). La amenaza alcanzó proporciones críticas en la batalla de Eben-ezer (1 Sam. 4:1-18), cuando los israelitas fueron derrotados por completo y los enemigos capturaron el arca del pacto que habían traído de Silo (1 Sam. 4:3, 4). Durante el tiempo de Samuel, los israelitas a veces derrotaron a los filisteos (1 Sam. 7:5-11; 14:16-23) pero en general su avance contra Israel continuó. Saúl no sólo no pudo controlar la intromisión de ellos en territorio israelita sino que además al final perdió la vida luchando contra ellos en el Monte Gilboa (1 Sam. 31:1-13). David finalmente detuvo su avance en Baal-perazim (2 Sam. 5:17-25).

En el AT se encuentran reflejados varios rasgos de la vida y la cultura filisteas. En lo político, tenían un sistema de ciudades-estado altamente organizado conformado por cinco ciudades al sudoeste de Palestina: Asdod, Gaza, Ascalón, Gat y Ecrón (1 Sam. 6:17). Cada una estaba gobernada por un "príncipe" (1 Sam. 6:18), figura parecida a la de un rey. Gat probablemente fuera la ciudad más importante de esta pentápolis y, como tal, servía como el centro del sistema de ciudades-estado.

Los filisteos eran expertos en metalurgia, la habilidad de procesar metales (1 Sam. 13:19-23). La pericia de este pueblo en esta área ponía a los israelitas en decidida desventaja en las luchas contra ellos (1 Sam. 13:22). Ver *Minerales y metales.*

Los filisteos tenían una organización militar altamente adiestrada. Las batallas en mar y tierra entre los egipcios y los "pueblos del mar" se han representado en grandes paneles del templo de Ramsés III en Madinat Habú en Tebas. Los filisteos iban en barcos diseñados con una quilla curva y la cabeza de un ave en la proa. Los guerreros usaban un tocado de plumas, detalle que añadía altura a su apariencia física. En tierra estaban equipados con caballos y carros, con numerosos soldados de a pie y con arqueros (1 Sam. 13:5; 31:3). La armadura de estos soldados incluía cascos de bronce, cotas de malla, protectores para las piernas, lanzas y escudos (1 Sam. 17:5-7). La historia de Goliat indica que a veces utilizaban el combate individual (1 Sam. 17). Lo más probable es que el guerrero filisteo pusiera en práctica un ritual de maldiciones justo antes de la confrontación (1 Sam. 17:43). David, que reconocía la pericia militar de los enemigos, seleccionó cereteos y peleteos (filisteos) (2 Sam. 20:23) para la guardia de su palacio o para el ejército mercenario. Este segmento del ejército proporcionó protección a David y a su familia durante épocas de sublevación. Ver *Armas y armaduras.*

Aunque nuestra información sobre la religión filistea es limitada, en el AT se mencionan tres dioses: Dagón, Astarot y Baal-zebub. Dagón parecía ser el dios principal. Había templos de Dagón en Gaza (Jue. 16:21-30) y en Asdod (2 Sam. 5:1-7). Lo más probable es que hayan adoptado a Astarot, la diosa de la fertilidad de los cananeos. Aparentemente, los filisteos tenían templos de Astarot en Bet-seán (1 Sam. 31:10) y, según Herodoto, en Ascalón (Herodoto I.105). Baal-zebub, el dios filisteo cuyo nombre significa "señor de las moscas", era el dios de Ecrón (2 Rey. 1:1-16). Es probable que los filisteos adoraran a Baal-zebub como un dios que impedía pestilencias o plagas.

Excavaciones arqueológicas han sacado a luz muchos rasgos de la cultura material de los filisteos. En muchos sitios se ha encontrado la alfarería característica que refleja estilos y diseños adoptados y adaptados de otras culturas. Los principales tipos de alfarería filistea son los llamados jarros de cerveza con un "colador" en el pico vertedor sobre un costado, el tazón tipo cráter, la copa del estribo y la vasija con forma de cuerno. La alfarería por lo general estaba decorada con diseños pintados en negro y rojo, con figuras geométricas que muchas veces consistían en círculos, y con aves estilizadas. Los filisteos usaban ataúdes de arcilla para los funerales. Se los llamaba “ataúdes antropoides” porque estaban hechos con la forma del cuerpo humano, tenían tapas decoradas con los rasgos físicos de la parte superior de un ser humano, como la cabeza, los brazos y las manos.

Excavaciones recientes, en especial en sitios como Asdod, Tel-Qasile, Tel Jemmeh y Tel Mor, han hecho aportes significativos al conocimiento de la cultura filistea. Las excavaciones de Tel Qasile descubrieron un fundidor de hierro, un templo, soportes para ofrendas y otras vasijas para rituales religiosos, y muchos otros artefactos e instalaciones. En Ascalón se está realizando una nueva serie de excavaciones. Las actuales añadirán nueva dimensión al conocimiento sobre este pueblo. La influencia política de los filisteos fue más prominente entre el 1200 y el 1000 a.C., pero su ascendiente continúa mediante el uso del nombre Palestina, nombre que deriva de “filisteo”. Ver *Ascalón; Asdod; Ecrón; Gat; Gaza; Palestina.*

LaMoine DeVries

FILÓN EL JUDÍO Antiguo intérprete judío de la Escritura conocido por su uso de las alegorías. También se lo conoce como Filón de Alejandría. Vivió aprox. la misma época que Jesús (aprox. del 20 a.C. hasta el 50 d.C.). Miembro de una rica familia judía de Alejandría, Egipto, fue bien educado en escuelas griegas y utilizó el AT griego, la Septuaginta, como su Biblia.

Los escritos de Filón (particularmente sus comentarios sobre las Escrituras) influyeron en la iglesia primitiva. Una interpretación literal estaba bien para el estudioso promedio, pero un iluminado como él defendía la interpretación alegórica. Ver *Biblia, Hermenéutica.*

James Taulman

FILOSOFÍA EN EL NUEVO TESTAMENTO Siglos antes de la era del NT, los pensadores griegos se llamaban a sí mismos filósofos (“amantes de la sabiduría”). Rechazaban los mitos de su cultura y examinaban el mundo a través de la razón, no de la religión. A. N. Whitehead reconoció que la era de oro de la filosofía terminó luego de Platón, por lo tanto, la filosofía desde entonces ha sido “una serie de notas al pie”. Al llegar el período del NT, la filosofía se había hundido hasta su punto más bajo. Sin embargo, los pensadores cristianos reconocen que con la desaparición de las mejores pero inadecuadas teorías de la filosofía, providencialmente Dios estaba preparando el camino para Cristo y el evangelio.

Principales sistemas filosóficos en la era del NT Dos sistemas filosóficos principales (mencionados en Hech. 17:18) competían por el primer lugar en la era del NT. Los epicúreos eran esencialmente materialistas que veían la realidad como una configuración al azar de átomos indivisibles. Si existían dioses, no tenían importancia. La vida debía gastarse en simples placeres. El estoicismo era fundamentalmente panteísta y enfatizaba la fuerza de carácter. La materia estaba animada y organizada por el Logos o palabra universal de la que son hijos todos los seres humanos.

La filosofía en el NT Dos pasajes del NT usan específicamente las palabras filosofía y filósofo. En Col. 2:8, Pablo advierte sobre quedar cautivos de “filosofías y vanas sutilezas”. La herejía específica que está detrás de esta advertencia sigue siendo objeto de debate. Pero los lectores del apóstol seguramente sabían que la “filosofía” se aplica a todas las teorías acerca de Dios, del mundo y del significado de la vida, y que un cristiano no puede someter el evangelio a cualquier filosofía.

Hay pocos pasajes en Hechos que se hayan analizado más que 17:16-34, donde se detalla el encuentro de Pablo con los filósofos epicúreos y estoicos (v.18). En el discurso que les dirigió a los intelectuales de Atenas, el apóstol citó a dos pensadores griegos (v.28). Tomó ideas que originalmente aludían a Dios como Zeus, la principal deidad de la tradición estoica, sólo para ilustrar que el verdadero Dios es Padre de toda vida y no puede estar contenido en los templos. Rápidamente Pablo va de este punto de contacto a una presentación del evangelio. Les habría dicho más si lo hubieran escuchado. Aparentemente, la metodología evangelizadora de Pablo era establecer contacto con los judíos a través del AT, pero con los gentiles por medio de la creación. Por ejemplo, en Hech. 14:15-17, luego de haber sanado a un paralítico, Pablo tuvo que detener a los de Listra para que no lo adoraran a él y a Bernabé como si fueran encarnación de los dioses. Les señaló al único y verdadero Dios que les dejó testimonio bendiciéndolos con buenas dádivas (lluvias, estaciones, alimento y felicidad; comp. también Rom. 1:18-21). Los estudiantes de la Biblia deben ser cautos antes de dar por sentado que Pablo se equivocó en su enfoque frente a Atenas.

A veces otros pasajes del NT parecieran dependientes de la filosofía griega. Filón, el filósofo judío del primer siglo, acusa a menudo al Evangelio de Juan de alegorizar el AT. O si no, se acusa a Juan de importar ideas estoicas (tales como la del Logos). Pero los eruditos de la Biblia reconocen cada vez más que Juan se basa principalmente en el primer capítulo de Génesis. Si el evangelio hace uso de ideas filosóficas del momento, estas no son puntos principales de contacto sino sólo secundarios. Algunos también consideran el libro de Hebreos como un manual de platonismo, posición verdaderamente equivocada. Hebreos no plantea la irrealidad del mundo material como lo hace Platón sino que, en cambio, enfatiza lo efímero del sistema sacerdotal del AT y su cumplimiento final en Jesucristo. La iglesia primitiva no tenía temor de los distintos sistemas de pensamiento, pero rechazaba la especulación teórica cuando se realizaba a expensas de la revelación de Dios. Era consciente de que el mundo no conoció a Dios mediante la sabiduría (1 Cor. 1:21). *Ted Cabal*

FINANZAS Hay dos máximas que sirven de fundamento para los principios bíblicos de responsabilidad financiera: la tierra y sus recursos le pertenecen a Dios (Lev. 25:23; Job 41:11; Sal. 24:1; 89:11; Hag. 2:8), y le han sido confiados a la gente para usarlos sabiamente (Gén. 1:29-30; 9:1-4). El mensaje general de la Biblia en cuanto a las finanzas es un mensaje de frugalidad combinada con generosidad hacia otros. La Biblia le otorga gran valor al ahorro de dinero para sustentarse a uno mismo y a otros en épocas de necesidad (Gén. 41:1-57; Prov. 6:6-8; 21:20; Ecl. 11:2; Luc. 12:16-21; 1 Cor. 16:2). En vista de que Dios bendice a aquellos que dan a otros (Deut. 15:10; Sal. 112:5; Prov. 11:25; 22:9; Mal. 3:10; 2 Cor. 9:6-12), la disposición de dar con generosidad (Mat. 25:31-46; 2 Cor. 8:3) y sin esperar recompensas (Deut. 15:11; 23:19; Sal. 15:5; Mat. 5:42; Luc. 6:34; Rom. 11:35) se considera señal de responsabilidad financiera. A los que ahorran sólo para proveerse a sí mismos y a los que no pueden ahorrar a causa de los gastos extravagantes se los considera necios (Job. 20:20-22; Prov. 21:20).

Otras señales de responsabilidad financiera incluyen el planeamiento cuidadoso de las finanzas (Prov. 27:23-27), el trabajo arduo (Prov. 28:19; Ef. 4:28; 2 Tes. 3:10; comp. Prov. 24:33-34), la diversificación de las inversiones (Ecl. 11:2), el pago de las deudas a la fecha de vencimiento (Prov. 3:27-28), el sustento de la familia (1 Tim. 5:8), y el dejar una herencia a los hijos (Núm. 27:7-11; Prov. 13:22; comp. Rut 4:6; Ecl. 5:13-14).

Las parábolas que relató Jesús en cuanto a la mayordomía hablan de la responsabilidad financiera como precursora de responsabilidades mayores en el reino de Dios (Mat. 25:14-30; Luc. 16:1-13; 19:11-27).

Ejemplos de buena planificación financiera en la Biblia incluyen los preparativos de José para la hambruna en Egipto (Gén. 41:34-36), los siervos que invirtieron sabiamente el dinero de su amo (Luc. 19:13-19), y los creyentes corintios que apartaron dinero a fin de ayudar a otros (1 Cor. 16:1-2; comp. 2 Cor. 9:1-5). Proverbios 27:23-27 le aconseja al pastor que conozca bien la condición de su rebaño a fin de que este le proporcione un medio de vida en el futuro. En Eclesiastés 11:2 se aconseja la diversificación de inversiones.

Se observa una planificación financiera deficiente en el caso del hombre que construyó graneros más grandes sin tener en cuenta su muerte inminente (Luc. 12:16-21), en el que comenzó a construir una torre sin tener dinero para completarla (Luc. 14:28-30), y en el siervo que se negó a invertir el dinero de su amo (Luc. 19:20-21).

La Biblia reconoce que tener planes firmes ayuda a que la empresa sea exitosa (Prov. 6:6-8; 21:5; 27:23-27; 30:25; Isa. 32:8; 2 Cor. 9:5). Un elemento clave en el planeamiento es el sabio consejo de otros (Prov. 13:18; 20:18), en especial de Dios, quien permite que los planes tengan éxito o que fracasen (Sal. 32:8; Prov. 3:6; 16:1-4, 9; Isa. 29:15). *Paul H. Wright*

FINEES Nombre de persona que significa "de piel oscura" o "boca de bronce". **1.** Nieto de Aarón y sumo sacerdote que, en varias ocasiones, asistió a Moisés y a Josué. Ver *Sumo sacerdote*. **2.** Uno de los despreciables hijos del sacerdote Elí. Se involucró en prostitución religiosa (1 Sam. 2:22) y condujo al pueblo para que lo siguiera. Él y Ofni murieron en una batalla contra los filisteos mientras intentaban evitar que el arca fuera capturada (4:11). Cuando su esposa encinta se enteró de su muerte, inmediatamente dio a luz y llamó a su hijo Icabod ("la gloria se ha ido").

FIRMAMENTO Gran bóveda o expansión de cielo que separa las aguas de abajo y de arriba. Dios en el segundo día creó el firmamento para separar “las aguas de las aguas” (Gén. 1:6-7 NVI). Uno de los usos de “cielo” en la Biblia corresponde al techo o cubierta de la tierra. En ese sentido también se lo llama firmamento (Gén. 1:8 NVI). En esa expansión Dios puso el sol, la luna y las estrellas (Gén. 1:14-18).

En Génesis 1:6, el firmamento separa la masa de aguas y las divide en capas. El término más usado en la Biblia en español es “expansión”. Se lo describe como brillante, transparente como el cristal, revelador de la obra de Dios y una representación de Su estrado de poder (Sal. 19:1; 150:1; Ezeq. 1:22; Dan. 12:3).

Algunos eruditos sostienen que los hebreos tenían una cosmología primitiva donde visualizaban el firmamento como una cúpula rígida y sólida: una represa celestial (Gén. 7:11; 2 Sam. 22:8; Job 26:8; 37:18; Prov. 8:28; Mal. 3:10). Sobre el firmamento fluían las aguas celestiales. El firmamento estaba salpicado de rejillas o compuertas, “ventanas del cielo” por donde se vertía la lluvia. Otros afirman que esas interpretaciones son infundadas y confunden el lenguaje figurativo con la prosa literal. Otros señalan que los autores inspirados de Israel usaban el lenguaje de la experiencia y la apariencia en lugar de una descripción científica precisa. Ver *Cielo*.

Paul Robertson

El ciclamen es una de las flores de Israel. Aparece entre diciembre y principios de mayo, pero hay una región cerca de Jericó donde la planta florece en el otoño (boreal).

FLECOS Borlas de cuerdas retorcidas adosadas a las cuatro puntas del manto externo que los judíos practicantes vestían como recordatorio de las obligaciones del pacto (Núm. 15:38-39; Deut. 22:12; comp. Zac. 8:23). La mujer que sufría de hemorragia crónica tocó los flecos del manto de Jesús (Mat. 9:20; Luc. 8:44). Algunas versiones oscurecen el pasaje al usar diferentes términos para traducir la palabra griega *kraspedon* cuando se refiere al manto exterior de Jesús (por ej., ruedo, borde, capa o sencillamente vestimenta) y de los fariseos. Aunque Jesús cumplía con el mandamiento del AT, criticaba a los que usaban flecos demasiado largos para llamar la atención sobre su piedad (Mat. 23:5).

FLEGONTE Nombre de persona que significa “ardiente”, tal vez en el sentido de “celoso”. Miembro de una iglesia que se reunía en una casa en Roma a quien Pablo envía saludos (Rom. 16:14).

FLORES Parte colorida de un vegetal que contiene los órganos reproductivos. En primavera, las flores abundaban en Palestina. Crecían sobre todo en lugares abiertos, ya que en tiempos bíblicos no se cultivaban jardines como los conocemos ahora. Las flores crecían en campos cultivados y en arboledas alrededor de las casas. En las planicies y las montañas había numerosas especies de flores silvestres. La palabra “flor” o “flores” alude a arbustos en flor, plantas trepadoras florecidas, pimpollos y flores maduras. En Palestina, las cálidas temperaturas de la primavera se unen a las lluvias de invierno para producir bellas flores.

Flores de alcaparra (Ecl. 12:5 LBLA). La alcaparra era un arbusto espinoso que producía flores hermosas y pequeñas vainas comestibles crecía en rocas y paredes rocosas. Se suponía que tenía propiedades afrodisíacas. En Ecl. 12:5, algunas versiones tradicionales dicen “se perderá el deseo”, pero las traducciones más actualizadas concuerdan con los diccionarios hebreos recientes y dicen “cuando la alcaparra pierda su efecto”.

Flores de alheña (Cant. 1:14; 4:13). La alheña era una planta o arbusto pequeño que producía bellas flores de color crema que colgaban en racimos como las uvas y tenían un fuerte aroma. Se usaban como tintura anaranjada.

Flores de almendro (Gén. 43:11; Ex. 25:33-34; 37:19-20, Núm. 17:8; Ecl. 12:5). El almendro, de la familia de la rosa, tiene bellas flores rosadas que los israelitas usaban como modelo para los grabados que adornaban las copas del candelero de oro.

Arrayán o mirto (Neh. 8:15, Isa. 41:19; 55:13; Zac. 1:8-11). Las matas de arrayán (*Myrtus communis*) crecían en las laderas de montañas de Palestina, tenían hojas perennes fragantes y flores blancas perfumadas que se usaban como perfumes.

Azafrán (Cant. 4:14) (*Curcuma longa* o *Crocus sativas*). En la antigüedad, los pétalos del azafrán se utilizaban para perfumar salones de banquetes. El tipo que se menciona en Cant. 4:14 puede ser una planta exótica importada de la India.

Cálamo aromático (Ex. 30:23; Cant. 4:14; Isa. 43:24; Jer. 6:20; Ezeq. 27:19). Las hojas de esta planta eran una caña de aroma dulce. Cuando se las trituraba, producían un aroma muy apetecible similar al jengibre. Aparentemente se importaba de la India para usarlo en la adoración (Jer. 6:20). Hay varias expresiones hebreas relacionadas con el "cálamo". El término hebreo básico, *qaneh*, significa "caña". En la cita de Ex. 30:23 la palabra aparece con un modificador y podría referirse a la

Estrella de Belén, flor de Israel.

Flores y frutos de un granado en Israel. El granado es una de siete especies con que cuenta Israel como bendición (Deut. 8:8). Es un tema frecuente en el arte judío y se incluye sobre las columnas en la fachada del templo.

caña dulce o *Cymbopogon. Qaneh tob* en Jer. 6:20 podría aludir a una planta similar, ya que *tob* significa "bueno" o "perfumado". En las demás citas, *qaneh* aparece sin modificadores y puede referirse a diferentes tipos de caña. Por ejemplo, en 1 Rey. 14:15 podría aludir al junco gigante *Arundo donax* (comp. Job 40:21; Isa. 19:6; 35:7)

Eneldo (Isa. 28:25-27) Aunque algunas versiones llaman a esta flor "eneldo", lo mejor sería traducirla "flor de nuez moscada". Esta planta era de la familia de las ranunculáceas y crecía en forma silvestre en la mayoría de la zona mediterránea. Tenía alrededor de 60 cm (2 pies) de altura y sus flores eran de un azul intenso. Las vainas se usaban como pimienta. Técnicamente, es probable que la planta haya sido el "comino negro" (*Nigella sativa*).

Flores de espinos (Job 31:40). Flores de color rojo púrpura de una maleza tóxica (*Lolium temulentum*). Esta planta crecía en forma abundante especialmente en los campos de trigo. Su nombre en hebreo se escribe igual que la palabra hebrea para "hediondo", de donde viene la traducción "hierba maloliente" de algunas versiones (LBLA).

Flor de granado (Ex. 28:33; Núm. 13:23; 1 Sam. 14:2; 1 Rey. 7:18). El granado (*Punica granatum*) tenía hojas de color verde oscuro y grandes flores de color rojo anaranjado. Los decoradores esculpían granadas en edificios públicos. La fruta simbolizaba fertilidad y se usaba para teñir cuero y como medicina.

Junco (Ex. 2:3; Job 8:11; Isa. 18:2; 35:7). También llamada "lirio "o "papiro", esta planta esbelta y alta crecía a lo largo de las riberas del Nilo y proveía el material más antiguo que se conoce para elaborar papel y forrar el interior de las embarcaciones (Isa. 18:2).

Lirio (1 Rey. 7:19,22,26; 2 Crón. 4:5; Cant. 2:1-2,16; 5:13; 6:2-3; 7:2; Os. 14:5). El término "lirio" cubría una amplia variedad de flores. La más común era el *Lilius candium.* El que se menciona en Cant. 5:13 es una variedad poco común cuya flor parecía una llama encendida. El "lirio de los valles" (Cant. 2:1-2,16) también se conoce como lirio de Pascua. El que se menciona en Oseas 14:5 está más emparentado con el gladiolo. El hermoso lirio acuático o loto era una flor preferida en Egipto y se usó para decorar el templo de Salomón (1 Rey. 7:19,22,26; 2 Crón. 4:5). Los "lirios del campo" (Mat. 6:28; Luc. 12:27) probablemente correspondían a varias clases de coloridas flores de primavera como las anémonas.

Mandrágora (Gén. 30:14-16; Cant. 7:13). Hierba de la familia de la dulcamara con una roseta de hojas grandes, flores de invierno del color de la malva, y frutos fragantes y redondos en primavera. Crecía en campos y zonas agrestes. Se le atribuían cualidades afrodisíacas y probablemente se la pueda identificar con la *Atropa mandragora*, usada con frecuencia en la antigüedad con fines medicinales.

Menta (Mat. 23:23; Luc. 11:42). Planta aromática de hojas filiformes y densas flores blancas o rosadas, probablemente el *Juncade olens.* Se la usaba para sazonar comidas. Los judíos la esparcían en el piso de las casas y las sinagogas por su fragancia dulce.

Puerro (Núm. 11:5). De la familia de las liliáceas, planta bulbosa bienal de hojas anchas. La base de las hojas se usaba como alimento. Los bulbos como condimento. Israel recordaba con placer el puerro (*Allium porrumro*) de Egipto.

Rosa (Cant. 2:1; Isa. 35:1). En Palestina se podían encontrar diversas variedades de "rosas" de la familia del crocus. Las flores mencionadas en la Biblia no son las que se cultivan actualmente, pero podrían ser el asfódelo o el azafrán.

Otras Aunque no se las especifica en la Biblia, en Palestina crecen otras variedades de flores. Ya en enero aparecían las flores rosa, blanca y lila del ciclamen. Los diferentes matices de rojo y rosa de las anémonas, las amapolas y los tulipanes dominaban muchos paisajes. Algunas flores de verano de corta duración eran los crisantemos blancos y amarillos.

Usos figurativos de "flores" La manera asombrosa en que las plantas estallan en flor durante algunas semanas de primavera y luego se desvanecen dejando hojas mustias, se consideraba un ejemplo de la naturaleza transitoria de la vida humana (Job 14:2; Sal. 103:15; Isa. 40:6; 1 Ped. 1:24). Las flores de primavera (Cant. 2:12) hablan de la renovación. La "flor caduca" de Isaías 28:1 representaba la caída desobediente del pueblo de Dios. Los "lirios del campo" (Mat. 6:28) crecían sencillamente y sin signos exteriores de ansiedad. Si Dios cuida de los lirios, así también cuidará a sus hijos, quienes no necesitan preocuparse inútilmente. Los ricos pasan con tanta rapidez como el corto período de floración de una planta (Sant. 1:10-11). Ver *Huerto, jardín; Plantas.*

Gary Hardin

FLOTA Grupo de barcos. Salomón construyó una flota en Ezión-geber con la ayuda de Hiram de Tiro (1 Rey. 9:26-27; 10:11,22). La flota de Salomón se usó con propósitos comerciales más que militares. Ver *Barcos, marineros y navegación; Ezión-geber.*

FLUJO Traducción moderna del término para excreción corporal que resultaba en la impureza ceremonial (Lev. 15:2-33; NVI, "derrame seminal"). La naturaleza del flujo de los varones (Lev. 15:2-25) es confusa. Las sugerencias incluyen hemorroides, espermatorrea, es decir, eyaculación involuntaria debido a un debilitamiento de los órganos sexuales, o un flujo relacionado con cierta inflamación del tracto urinario. En el caso de las mujeres, el flujo consistía en el período menstrual (15:19) o la hemorragia fuera de este período (15:25). El flujo hacía impura a la persona y a cualquier cosa o persona que entrara en contacto con la fuente de la impureza.

FORNICACIÓN Diversos actos de inmoralidad sexual, especialmente la condición de ramera o prostituta.

Antiguo Testamento Generalmente, el sujeto gramatical del verbo hebreo *zanah* son las mujeres, pero en Núm. 25:1 es "el pueblo" el que "comenzó a fornicar". El ejemplo más evidente es Tamar sentada junto al camino para engañar a Judá (Gén. 38:12-30). Esa conducta estaba sujeta a acción penal y el resultado era la pena de muerte (Gén. 38:24; comp. Lev. 21:9; Deut. 22:21). Fornicar significaba ser infiel a un compromiso de matrimonio (Jue. 19:2).

Los pueblos vecinos de Israel practicaban culto a la fertilidad donde la prostitución era parte de la adoración. Esto llevó naturalmente a describir como prostitución la adoración a otros dioses (Ex. 34:15-16; Jue. 8:27,33; Os. 4:13). Este concepto es esencial en la predicación de Oseas, que se basa en su experiencia con su infiel esposa Gomer. Ezequiel también se refirió a este concepto (Ezeq. 16; 23) y lo amplió al incluir los tratados políticos con enemigos extranjeros (Ezeq. 16:26,28; 23:5).

Nuevo Testamento El NT condena la prostitución. Una vez más, aquí la prostitución cumplía un papel fundamental en los cultos de lugares como Corinto y Atenas. Los filósofos griegos incluso podían diferenciar los roles de las prostitutas para placer, de las esclavas para proveer cuidado diario al cuerpo de sus amos, y de las esposas para producir hijos legítimos. Algunos filósofos estoicos reaccionaron contra esas prácticas y condenaron el sexo fuera del matrimonio. Muchas mujeres aprovechaban la situación para tomar esclavos sexuales para sí mismas o para convertirse en lesbianas.

Jesús estuvo en contra de la tradición judía y perdonó a las prostitutas y les abrió el camino para entrar al reino de Dios por medio de la fe (Mat. 21:31-32; comp. Heb. 11:31; Sant. 2:25), aunque seguía considerando la fornicación como pecado (Mar. 7:21).

Pablo extendió el uso del término griego para fornicación, y llegó a cubrir toda actividad sexual pecaminosa. Trató el problema en particular al escribirles a los corintios, que se enfrentaban con una sociedad inundada de religión sexual y pecados sexuales en esa ciudad con puerto marítimo. El creyente debe decidir entre ser parte del cuerpo de Cristo o de una prostituta (1 Cor. 6:12-20). El cristiano debe huir de la inmoralidad sexual y ser fiel a Cristo, honrándolo con su cuerpo. La fornicación es resultado de la naturaleza humana pecadora (Gál. 5:19) y no corresponde al pueblo santo de Dios (Ef. 5:3; 1 Tes. 4:3).

El libro de Apocalipsis también habla mucho de la fornicación al condenar a los culpables al castigo eterno (Apoc. 2:21-22). Este libro, al igual que los profetas, amplía el sentido de la fornicación e incluye infidelidad política y religiosa (Apoc. 14:8; 17:2-4; 18:3; 19:2).

En general, el NT usa la palabra *porneia*, con frecuencia traducida "fornicación", en por lo menos cuatro formas: relaciones sexuales consensuales entre personas de sexo opuesto pero no casadas entre sí (1 Cor. 7:2; 1 Tes. 4:3); como sinónimo de adulterio (Mat. 5:32; 19:9); ramería y prostitución (Apoc. 2:14,20); diversas formas de falta de castidad (Juan 8:41; Hech. 15:20; 1 Cor. 5:1). Ver *Adulterio*; *Divorcio*. *Gary Hardin*

Vista panorámica de las ruinas del Foro.

FORO Lugar abierto de un pueblo mercantil o el pueblo en sí. El Foro de Apio (Hech. 28:15) o pueblo mercantil de Apio se hallaba a 69 km (43 millas) al sudeste de Roma sobre la Vía Apia.

FORRAJE Alimento para animales domésticos. El hebreo sugiere un alimento mezclado, ya sea de varios granos (aunque la cebada era el cereal más común para el ganado, Jue. 19:19; 1 Rey. 4:28) o una mezcla de paja triturada, cebada y alubias en forma de esferas. El ensilaje es el forraje que se ha dejado humedecer en el silo para que fermente ligeramente (Isa. 30:24). Al forraje se lo salaba para suplir la necesidad de sal de los animales y para mejorar el sabor.

FORTALEZA, FORTIFICACIÓN Estructuras amuralladas que se construían para defensa contra ejércitos enemigos. Las fortificaciones más antiguas en Israel están en Jericó, donde una torre neolítica de piedra y parte de un muro datan de antes del 7000 a.C. Después del 3000 a.C. las ciudades casi siempre estaban rodeadas por muros. En la época de Salomón, se comenzaron a usar piedras labradas (bloques de piedra caliza cuidadosamente recortadas) para construir sistemas de fortificación. Estos incluían muros casamata (es decir, dos paredes de piedra, paralelas, con particiones divisorias que las conectaban) e inmensas puertas con seis cámaras o habitaciones, que permitían rápido acceso y salida para los carros. Posteriormente, en la época de Acab y Jeroboam II, se usaron puertas similares pero de menor tamaño, con sólo cuatro cámaras que estaban unidas a sólidos muros intercalados. Las ciudadelas a menudo se construían sobre la acrópolis de la ciudad, que a su vez estaba cercada. Ver *Arquitectura en tiempos de la Biblia; Ciudades y vida urbana.*

FORTUNATO Cristiano de Corinto que junto con Estéfanas y Acaico sirvió a Pablo en Éfeso (1 Cor. 16:17). Posiblemente los tres le llevaron a Pablo una carta de la casa de Cloé en Corinto. En vista de su previsto regreso a esa ciudad, es probable que hayan entregado 1 Corintios, como indica el encabezamiento del Textus Receptus.

FRENO Barra de metal unida al extremo del bozal de la brida del caballo. Se inserta en la boca del caballo entre los dientes y se utiliza para controlarlo. Tiene ganchos en cada extremo para atar las riendas. Algunos frenos de los tiempos bíblicos tenían púas que presionaban los costados de la boca del caballo cuando se aplicaban las riendas y el dolor que les provocaba hacía que respondieran mejor a las órdenes del jinete. El freno y la brida se utilizan en la Biblia para referirse a diferentes formas de control (Sant. 1:26; 3:2; 2 Rey. 19:28; Isa. 37:29).

FRENTE Parte de la cabeza por encima de los ojos. Como es tan visible, el aspecto de la frente con frecuencia determina la opinión que nos despierta una persona.

Sobre la frente de Aarón estaba el grabado de Santidad a Jehová (Ex. 28:36-38). Simbolizaba aceptación por parte de Dios. En la frente de quienes lamentaban y gemían por la maldad de Jerusalén se imprimía una señal. Ellos fueron librados durante un tiempo de juicio terrible (Ezeq. 9:4).

La Biblia declara que se puede determinar el carácter de una persona al observarle la frente. Una frente desafiante indica oposición, rebeldía (Jer. 3:3). Una frente fuerte indica perseverancia y determinación (Isa. 48:4; Ezeq. 3:8-9). Se ha usado también como representación de Satanás (Apoc. 13:16-17). Tiene un matiz deshonroso cuando se alude a la frente de la ramera (Jer. 3:3), en cuyo caso indica desvergüenza total. Al mismo tiempo, representa valentía como cuando Dios le dijo a Ezequiel que había hecho que la frente del profeta fuera más dura que el pedernal en comparación con la frente de los israelitas (Ezeq. 3:9).

En los escritos apocalípticos del NT, la frente de los justos estaba marcada (Apoc. 7:3; 9:4; 14:1; 22:4). La mujer apocalíptica, vestida de púrpura y escarlata, tenía su nombre escrito en la frente (Apoc. 17:5). Ver *Rostro.* *Gary Bonner*

F

Una cubeta de cobre o bronce con forma de cabeza de carnero, que data del período frigio de Gordion.

FRIGIA Nombre geográfico que significa "reseco". En la antigüedad, era la región ubicada inmediatamente al oeste del Helesponto. Luego, hubo migraciones hacia el Asia Menor. Durante los tiempos romanos, Frigia era una subregión de Galacia, y sus habitantes muchas veces eran esclavos o siervos. La región permaneció relativamente indefinida, pero incluía Antioquía de Pisidia, Laodicea y, a veces, Iconio. Algunos frigios estaban presentes en Jerusalén el día de Pentecostés y oyeron el evangelio en su lengua natal (Hech. 2:10; comp. 16:6; 18:23). Ver *Asia Menor, Ciudades de.*

FRONTALES Objetos que contenían pasajes de las Escrituras y se usaban en la frente y entre los ojos, especialmente en los momentos de oración. Los judíos obedecieron el mandamiento de las Escrituras al escribir Ex. 13:1-16; Deut. 6:4-9; 11:13-21 en pequeños rollos que colocaban en esos recipientes de cuero que se sujetaban en la frente y en el brazo derecho (Ex. 13:9,16; Deut. 6:8; 11:18).

Un judío ortodoxo de la actualidad en oración en el Muro de los Lamentos, en Jerusalén, con sus frontales puestos.

En tiempos del NT, los frontales se conocían como filacterias (Mat. 23:5). Los hombres judíos las usaban durante las oraciones, salvo el día de reposo y los días festivos.

Las filacterias se ataban con correas a la frente, aunque algunas se usaban en el antebrazo a fin de que, cuando una persona se cruzaba de brazos, las Escrituras contenidas en las filacterias estuvieran cerca del corazón.

Jesús condenó a quienes llamaban la atención al usar filacterias más grandes de lo normal (Mat. 23:5). *Gary Hardin*

FRUSTRACIÓN El verbo hebreo "frustrar" (de *parar*) significa hacer inefectivo o vacío, y se usa principalmente para describir la respuesta de Dios a los planes de la gente. La Biblia declara que Dios frustra los planes de aquellos que confían en sus propios medios o que operan conforme a sus designios (Job 5:12; Sal. 33:10; Isa. 44:25) y relata varios casos de personas cuyos planes se frustraron al oponerse a Dios. Entre estas se incluye a Faraón (Ex. 8-12), Ahitofel (2 Sam. 17:14,23), Acab (1 Rey. 18:17; 21:1-4), los hombres de Sanbalat y Tobías (Neh. 4:7,15), y Pilato (Juan 19:1-16).

A menudo, quienes se esfuerzan por seguir a Dios experimentan frustración en un sentido más general frente a las expectativas insatisfechas. Frustrado, el salmista clamó ante la aparente inactividad de Dios a su favor (Sal. 22:1-2; 38:1-22; 39:1-13), y Pablo expresó frustración por la falta de fe que evidenciaban los creyentes gálatas (Gál. 3:1-5). Como parte de su reacción ante esas frustraciones, el apóstol aprendió a estar conforme en cualquier situación (Fil. 4:11-13) y señalaba que con el tiempo todo obra para el bien de aquellos que aman a Dios y son llamados conforme al propósito divino (Rom. 8:28). Las promesas de consuelo de Dios se extienden a quienes se sienten frustrados (Isa. 40:1; 1 Cor. 1:3-7), en tanto que la madurez espiritual que les permite a los creyentes superar la frustración, surge de la confianza en Dios en medio de las pruebas (Sal. 22:5; Prov.3:5-6; Fil. 1:6; Sant. 1:2-4).

FRUTO, FRUTA Pulpa comestible que rodea la(s) semilla(s) de muchas plantas. En la Biblia se mencionan diversos tipos; las más comunes son uvas, higos, aceitunas, granadas, manzanas (tal vez deberían identificarse con los damascos o los membrillos). Israel, a diferencia de sus vecinos, reconocía que el proceso de la reproducción de los árboles por medio de las semillas de los frutos formaba parte del buen plan de Dios en la creación (Gén. 1:12,29). La continua productividad de los árboles de Israel dependía de la fidelidad al pacto (Deut. 28:4,11,18). El primer fruto maduro se ofrecía a Dios (Ex. 23:16; Neh. 10:35).

En sentido figurado, "el fruto del vientre" es una expresión común para referirse a los descendientes (Gén. 30:2; Deut. 7:13; Sal. 127:3; Isa. 13:18). Con frecuencia, fruto indica una idea cercana a lo que expresa la palabra "resultado". El fruto del Espíritu es el resultado de la obra del Espíritu en la vida de los creyentes (Gál. 5:22-23). Un uso similar de fruto se da cuando nos referimos a manifestaciones o expresiones de algo. Los frutos de la justicia (Fil. 1:11; Sant. 3:18), del arrepentimiento (Mat. 3:8), de la verdad (Ef. 5:9) son expresiones de justicia, arrepentimiento y pureza moral. Jesús advirtió que los falsos profetas podían identificarse por los frutos que producían (Mat. 7:15-20), es decir, por las cualidades que manifestaban en su vida. Del mismo modo, Jesús advirtió sobre la necesidad de dar frutos que fueran compatibles con la ciudadanía en el reino de Dios (Mat. 21:43). A veces fruto tiene el sentido de recompensa (Isa. 3:10; Juan 4:36; Fil. 4:17). También se usa como un cuadro de los cristianos convertidos (Rom. 1:13; 1 Cor. 16:15).

FÚA 1. Nombre de persona que significa "muchacha". Partera hebrea que desobedeció las órdenes de Faraón de matar a los bebés hebreos varones (Ex. 1:15). **2.** Nombre de persona que significa "tintura roja". Padre del juez Tola (Jue. 10:1) y forma alternativa de Púa (1 Crón. 7:1).

FUEGO En el AT, "fuego" generalmente es la traducción del término hebreo *esh*, y en el NT de la palabra griega *pur* (la raíz de donde deriva la palabra "piromaniaco"). Ambos términos se refieren a manifestaciones físicas de algo que arde: calor, luz y llamas. En la antigüedad, la gente encendía fuego frotando entre sí trozos de leña seca a fin de provocar una fricción suficiente como para encender ramas secas, o golpeando rocas de sílice (pedernal) para producir chispas (comp. 2 Macabeos 10:3). Generalmente, los fuegos se mantenían y perpetuaban para no tener que volver a encenderlos. Por ejemplo, mientras Abraham iba camino al lugar donde debía sacrificar a Isaac, aparentemente llevaba consigo una antorcha para evitar tener que encender otro fuego en el altar (Gén. 22:6-7).

A lo largo del AT y del NT, el fuego conlleva una función teológica significativa. Con frecuencia se asocia con conceptos tan importantes como la presencia de Dios, el juicio de Dios y la purificación divina. En realidad, en el AT el fuego era el principal medio por el que Dios manifestaba Su presencia y aplicaba juicio. Debido al sistema de sacrificios, el fuego constituyó un aspecto importante en el comienzo de la adoración de los israelitas; era el medio por el que se ofrecían sacrificios de animales a Dios como un "olor grato" (Ex. 29:18,25,41).

La primera vez que Dios se le apareció a un ser humano en las Escrituras, tomó la forma de un "horno humeando" y una "antorcha de fuego" (Gén. 15:17). Del mismo modo, cuando Dios reveló por primera vez Su nombre en relación al pacto, se le apareció a Moisés en una zarza que ardía (Ex. 3:2). También habló en medio de un fuego abrasador sobre el Monte Sinaí cuando le entregó los Diez Mandamientos a Israel (Ex. 19:8; 24:17; Deut. 4:11-15). Dios asimismo condujo a los israelitas por el desierto mediante una columna de nube durante el día y otra de fuego por la noche (Deut. 1:32-33).

Con frecuencia, Dios también comunica la naturaleza protectora de Su presencia por medio de fuego. El profeta Eliseo estaba rodeado de un ejército angelical de caballos y carros de fuego cuando el rey de Siria intentó atacarlo (2 Rey. 6:17). Zacarías anticipó una Jerusalén futura sin la muralla protectora acostumbrada porque Dios le dijo: "Yo seré para ella... muro de fuego en derredor" (Zac. 2:5).

El NT sigue representando la presencia de Dios en forma de fuego, especialmente en la persona del Espíritu Santo. El bautismo del Espíritu en Pentecostés se manifestó por la aparición de lenguas de fuego sobre la cabeza de cada creyente (Hech. 2:3). Pablo advierte a los creyentes diciendo, "no apaguéis al Espíritu" (1 Tes. 5:19). Como Dios con tanta frecuencia indicaba Su presencia por medio del fuego, este llegó a ser una metáfora para Él donde se destacaba tanto Su santidad como Su justicia punitiva (Deut. 4:24; Heb. 12:29).

Además de simbolizar la presencia de Dios entre Su pueblo, el fuego sirve como instrumento de justicia divina. La destrucción de Sodoma y Gomorra es el primer ejemplo de cómo Dios usó el fuego para juzgar y destruir la maldad (Gén. 19:24). Más adelante en las Escrituras, la destrucción de estas ciudades llegó a ser ejemplo tipológico para indicar la severidad del juicio futuro (Deut. 29:22-23; Isa. 13:19; Lam. 4:6; Luc. 17:29; 2 Ped. 2:6; Jud. 7). Un fuego especial llamado "fuego del cielo" consumió los bordes externos del campamento de Israel en el desierto cuando los israelitas se quejaron. El mismo fuego sobrenatural cayó del cielo y consumió a los soldados que el rey Ocozías había enviado para prender al profeta Elías (2 Rey. 1:12). En numerosas ocasiones, Jesús describió el castigo eterno de los condenados en términos de un fuego inextinguible (Mat. 5:22; 13:40; 18:8; 25:41; Mar. 9:48; Juan 15:6).

Incluso en contextos donde el juicio divino no se menciona explícitamente, el fuego era la forma preferida de destrucción, en especial en casos de corrupción o maldad extrema. Por ejemplo, la ciudad de Jericó, junto con algunas otras ciudades cananeas, fue completamente quemada junto con todos sus habitantes, animales y bienes como un acto de devoción a Dios y un medio de purgar la tierra de las prácticas abominables de sus habitantes (Jos. 6:24). También a los ídolos se los destruía frecuentemente con fuego (Deut. 7:5; 9:2; 12:3; 2 Rey. 19:18).

Por supuesto, el fuego jugaba un papel importante en las actividades domésticas diarias, tales como cocinar (Ex. 12:8), calentar las casas (Isa. 44:16) y purificar los metales (Jer. 6:29). Sin embargo, la mayoría de las referencias bíblicas al fuego expresan su poder como símbolo de la presencia, la protección y el juicio divinos. Ver *Bautismo de fuego; Moloc.* *Kevin J. Youngblood*

FUELLE Instrumento que sopla aire sobre el fuego haciendo que las llamas ardan con más intensidad. El término se utiliza solamente en Jer. 6:29. Dios designó a Jeremías como el aquilatador de Su pueblo para probar su pureza. El pueblo de Dios permanecía siendo un metal impuro a pesar de que el fuelle había soplado con fuerza sobre el fuego haciendo que estuviera lo suficientemente caliente como para consumir el plomo. El proceso de refinamiento fue en vano; la maldad permaneció; el pueblo fue como plata rechazada. En otras partes se hace alusión al fuelle (Job 20:26; 41:21; Isa. 54:16; Ezeq. 22:20, 21).

FUENTE 1. Manantial de agua que fluye del interior de la tierra. La piedra caliza de Palestina es especialmente adecuada para la formación de

Durante la época romana, fuentes hechas por el hombre (tal como esta en Pompeya, siglo I d.C.) suplían las fuentes alimentadas por manantiales naturales.

fuentes. Los manantiales de suelos semiáridos son muy valorados como recursos de agua, y a menudo determinan la ubicación de los asentamientos. De allí la frecuencia de la raíz hebrea *En*, que significa manantial, como parte del nombre de lugares: En-dor (Jos. 17:11); En-eglaim (Ezeq. 47:10); En-ganim (Jos. 15:34); En-gadi (15:62); En-hada (19:21); En-hacore (Jue. 15.19); En-hazor (Jos. 19:37); En-rimón (Neh. 11:29); En-semes (Jos. 15:7). Enaim (Enam, Jos. 15:34) significa "dos manantiales". La bondad de Canaán se observaba en la abundancia de su provisión de agua, "tierra de arroyos, de aguas, de

Fuente en el centro de Cisterna, sitio posible de las Tres Tavernas, en Italia.

F

fuentes y de manantiales, que brotan en vegas y montes" (Deut. 8:7).

El AT describe la superficie seca de la tierra como si descansara sobre cimientos que contienen "las fuentes del grande abismo" (Gén. 7:11). La liberación de esas aguas equivalía a volver al caos previo a la creación (Gén. 1:1,9).

La provisión de agua de manantiales era una expresión del cuidado divino (Sal. 104:10). El interés especial de Dios por los pobres y los necesitados se expresa en términos de provisión de arroyos y manantiales (Isa. 41:17-18). La bendición del final de los tiempos incluye imágenes de manantiales que fluyen del templo (Ezeq. 47:1-12; Joel 3:18), de Jerusalén (Zac. 14:8) o del trono de Dios (Apoc. 22:1-2) con sorprendentes poderes vivificantes.

El uso metafórico de fuente (o manantial) en el sentido de origen es muy común. La enseñanza del sabio es un manantial (origen) de vida (Prov. 13:14; comp. con 25:26). *Chris Church*

2. Recipiente o lavatorio grande que se utilizaba en los ritos de purificación. El AT describe las fuentes del tabernáculo y del templo de Salomón. La fuente de bronce se construyó con espejos de metal que proporcionaron las mujeres que ministraban a la entrada del tabernáculo (Ex. 38:8). Los sacerdotes usaban las fuentes para lavarse las manos y los pies antes del servicio sacerdotal (Ex. 30:18; 40:30,31). Los levitas también utilizaban agua de esta fuente para purificarse (Núm. 8:7). En el templo de Salomón se empleaban una fuente grande, el mar de fundición (1 Rey. 7:23-26; 2 Crón. 4:2-5), y diez fuentes más pequeñas (1 Rey. 7:38,39; 2 Crón. 4:6). Los sacerdotes se lavaban en el mar de fundición. Las diez fuentes se utilizaban para lavar los sacrificios (2 Crón. 4:6). Ver *Mar de fundición; Templo.*

FUENTE DEL DRAGÓN Fuente de agua en las afueras de Jerusalén a la que se llega por la Puerta del Valle (Neh. 2:13). Es probable que se trate de En-rogel o una fuente de agua en la parte alta del Valle de Hinom. Ver *Chacal; Jerusalén.*

FUNITAS Descendientes de Fúa (Núm. 26:23).

FURA Nombre de persona que significa "belleza" o sobrenombre que significa "contenedor de metal". Siervo de Gedeón (Jue. 7:10,11).

FUT Nombre de persona y designación geográfica que tal vez derive del egipcio *pdty*, que significa "arquero extranjero". **1.** Hijo de Cam (Gén 10:6; 1 Crón. 1:8) en la "Tabla de las naciones" y, por lo tanto, antepasado de los habitantes de Fut. **2.** Designación para una región de África que limita con Egipto (Ezeq. 27:10; 30:5; 38:5; Nah. 3:9; y por enmienda, Isa. 66:19). Por lo general, a Fut se la identifica con Libia, tal vez con la ciudad de Cirene. Todas las referencias a hombres de Fut incluyen mercenarios, es decir, soldados a sueldo.

FUTIEL Nombre de persona que significa "aquel a quien Dios le da" o "afligido por Dios". Suegro del sacerdote Eleazar (Ex. 6:25).

FUTITAS Familia de descendientes de Judá (1 Crón. 2:53).

F

Crepúsculo en el Mar de Galilea, en Tiberias.

GAAL Nombre de persona que significa "aborrecer", "abandonar", o tal vez "escarabajo del estiércol". Hombre que le usurpó el liderazgo a Abimelec en Siquem; sin embargo, fue repentinamente derrotado por este y abandonó la ciudad (Jue. 9:26-41). Las traducciones antiguas transcriben su nombre y el de su padre de diferentes maneras, lo que demuestra que tal vez la intención de los israelitas fue distorsionar su nombre para manchar su reputación.

GAAS Nombre de persona que significa "levantarse y caer pesadamente". Elevación en los Montes de Efraín que no se puede ubicar con precisión. Allí fue sepultado Josué (Jos. 24:30). Hidai, uno de los 30 héroes del ejército de David, provenía de los arroyos de Gaas (2 Sam. 23:30).

GABAA Nombre geográfico que significa "una colina" y que guarda relación con los nombres Geba y Gabaón. En el AT se utilizó "Gabaa" para referirse a tres lugares distintos. **1.** Ciudad de los montes de Judá asignada a la tribu de Judá (Jos. 15:57). Es posible que haya sido el hogar de Maaca, esposa del rey Abías (2 Crón. 13:2), y podría ser el mismo lugar que se indica en la lista de descendientes de Caleb (1 Crón. 2:49). Esta lista incluía nombres de ciudades en lugar de nombres de personas, tal vez para indicar a las familias que habitaron originalmente en esos lugares. A esta Gabaa generalmente se la ubica en el-Jeba, 12 km (7,5 millas) al sudoeste de Belén, pero esta ubicación se encuentra demasiado al norte como para relacionarla con las familias de Caleb. Se desconoce otra ubicación. **2.** El arca encontró refugio en un collado (heb. Gabaa) durante el período comprendido entre que los filisteos la llevaron de regreso a Israel y la época en que David realizó el primer intento para trasladarla a Jerusalén (2 Sam. 6:3-4). Es probable que la palabra hebrea no sea un sustantivo propio (la escritura hebrea no distingue los sustantivos propios con mayúscula, como lo hace el español). La mejor traducción podría ser "loma" (NVI, comp. 1 Sam. 7:1-2), que en este pasaje aparentemente se encuentra cerca de Quiriat-jearim o Baala (comp. Jos. 15:9-11). Ver *Baala.* **3.** La Gabaa más importante fue la ciudad del territorio de la tribu de Benjamín (Jos. 18:28). Se desató una sangrienta guerra civil entre esta última y las otras tribus israelitas cuando los hombres de Gabaa violaron a la concubina de un levita que estaba de paso por la ciudad (Jue. 19:1–21:25). Saúl tenía familiares cercanos relacionados con esta ciudad (1 Crón. 8:29-33 también conecta a sus familiares con Gabaón, una ciudad cercana y con sonido similar a Gabaa); por lo tanto, la declaró su capital luego de convertirse en rey (1 Sam. 10:5,26; 15:34; 23:19). Oseas e Isaías la mencionaron durante el siglo VIII a.C. (Isa. 10:29; Os. 5:8; 9:9; 10:9). Isaías manifiesta que la ciudad era paso obligado de un ejército enemigo, por ej. el asirio, que atacaría Jerusalén desde el norte. Los arqueólogos han demostrado que la ciudad floreció una vez más después de la destrucción de Jerusalén y nuevamente en la época de los macabeos. Esta Gabaa se encuentra en Tell el-Ful sobre una cima elevada a 5,5 km (3,5 millas) al norte de Jerusalén. Ver *Benjamín; Gabaón; Geba; Saúl.*

LeBron Matthews

GABAATITA Ciudadano de Gabaa (1 Crón. 12:3). Ver *Gabaa.*

GABAI Nombre de persona que tradicionalmente se interpretaba con el significado de "recaudador de impuestos". Miembro de la tribu de Benjamín que se estableció en Jerusalén en el tiempo de Nehemías (Neh. 11:8). Muchos comentaristas modernos consideran que los copistas cometieron errores e introdujeron el nombre en el texto tomándolo de un texto hebreo original que significa "hombres heroicos", aunque ningún texto hebreo existente sigue esta lectura.

GABAÓN Nombre geográfico que significa "lugar de la colina". Esta "gran ciudad" (Jos. 10:2) desempeñó un papel importante en la historia del AT, especialmente durante la conquista de Canaán. La arqueología ha demostrado que dicha ciudad era una zona industrial floreciente, aspecto que la convirtió en una importante comunidad de Canaán.

Antecedentes de la ciudad Hasta el siglo XX se conocía muy poco sobre la ubicación exacta de Gabaón. Originariamente, luego de la victoria de Israel en Canaán, la tribu de Benjamín recibió la ciudad como herencia (Jos. 18:25) y se convirtió en ciudad para los levitas (Jos. 21:17). En 1956 comenzaron excavaciones encabezadas por James B. Pritchard que probaron que la moderna ciudad de el-Jib era el sitio de la antigua Gabaón. A 13 km (8 millas) al noroeste de Jerusalén, Gabaón era una zona de clima moderado, con lluvias abundantes y una economía encabezada por la industria vitivinícola. Gabaón estaba emplazada a unos 730 m (2400 pies) de altura, y esto la situaba por encima de la mayoría de las otras ciudades y, por lo tanto, era fácil de defender. Gabaón data aprox. del 3000 a.C., y sirvió como ciudad-fortaleza en la cumbre del Valle de Ajalón, que proveía el acceso principal a la colina desde la llanura costera. La arqueología no ha descubierto ningún signo de destrucción, de lo cual se deduce que Gabaón era una ciudad poderosa.

Función de la ciudad En el AT hay 45 alusiones a la ciudad. La primera aparición importante en la historia de Israel fue en relación con la conquista de Canaán. El pueblo de Gabaón planeó una estrategia engañosa para protegerse de los israelitas (Jos. 9): simularon ser también extranjeros a fin de hacer un pacto con Josué. Cuando este descubrió la verdad, los obligó a acarrear agua y cortar leña para los israelitas. Para honrar este pacto, Josué lideró a Israel contra ejércitos de cinco reyes que habían atacado Gabaón. En el transcurso de estas victorias, el Señor hizo que el sol y la luna se detuvieran (Jos. 10; comp. Isa. 28:21).

Para el tiempo en que David ascendió al trono, Gabaón ya formaba parte de la monarquía unida de Israel. La familia de Saúl parece haber tenido cierta conexión con Gabaón (1 Crón. 8:29-33; 9:35-39). Luego de la muerte de aquel, hubo una reunión crucial en Gabaón de la que participaron Abner y Joab, los respectivos generales de Saúl y David (2 Sam. 2:12-17). Una batalla con maniobras (v.14) tuvo lugar cerca del estanque de Gabaón, donde los hombres de Joab vencieron. Los arqueólogos han descubierto un acueducto con forma de espiral y un túnel con una escalera circular que conducían a las aguas y le proveían a la ciudad agua dentro de los muros durante los ataques enemigos.

Un estanque en la antigua Gabaón, con una escalera en espiral que llevaba hasta el nivel del agua.

Gabaón también fue sede de la rebelión de Seba contra David (2 Sam. 20:8-13). Joab persiguió a Amasa, un líder de la revuelta, hasta la gran piedra en Gabaón donde lo dejó "revolcándose en su sangre en mitad del camino" (v.12). Cuando David descubrió que Saúl había quebrantado el pacto al matar a algunos gabaonitas, les entregó siete varones descendientes de Saúl y ellos los mataron (2 Sam. 21:1-9). Durante uno de los sacrificios que Salomón realizó en Gabaón, el Señor se le presentó y le concedió la sabiduría que el nuevo rey le había pedido (1 Rey. 3:3-14; comp. 9:2). Aparentemente, Gabaón fue el lugar de adoración más importante de Israel antes de que Salomón construyera el templo.

Las referencias posteriores a Gabaón son de aprox. el 600 a.C., cuando Jeremías profetizó sobre la destrucción futura de Jerusalén y contradijo a Ananías de Gabaón quien predijo la condenación de Nabucodonosor (Jer. 28). A Ismael, el asesino de Gedalías, el gobernador designado por los babilonios, lo atraparon en Gabaón mientras huía de la justicia (Jer. 41).

Las referencias finales a Gabaón enfatizan el rol de la ciudad en Israel luego del exilio. Los gabaonitas ayudaron a reconstruir los muros de Jerusalén (Neh. 3:7). La lista de Nehemías sobre los exiliados que retornaron también incluía una referencia al número de "los hijos de Gabaón" (7:25). Ver *Canaán; David; Gabaa; Josué.*

Larry McGraw

GABAONITA Residente de Gabaón. Ver *Gabaón.*

GABATA Transliteración al español de la transliteración griega de un nombre geográfico arameo que significa "elevación". Plataforma ubicada frente al pretorio o al palacio del gobernador en Jerusalén donde Pilato se sentó para juzgar a Jesús (Juan 19:13) y pronunció la sentencia de crucificarlo. Sin embargo, antes de anunciar la decisión, Pilato presentó a Jesús como el Rey de los judíos y les dio a los líderes judíos una última oportunidad de confesar a su Mesías. Los griegos llamaban a este lugar *lithostrotos*, o "el enlozado". El lugar podría estar ubicado en la fortaleza Antonia o en el palacio de Herodes. Actualmente, los turistas pueden ver que en el lugar conocido como Antonia se encuentra el Convento de las Hermanas de Sión; sin embargo, los arqueólogos consideran que el enlozado allí data de un tiempo posterior a Jesús.

Entrada a la Iglesia de San Gabriel, en Nazaret.

GABRIEL Nombre de persona que significa "hombre fuerte de Dios". Mensajero celestial que le interpretó a Daniel el significado de la visión del carnero y el macho cabrío. Aparece cuatro veces en la Biblia para transmitirle a los seres humanos un mensaje de parte del Señor. Se le apareció dos veces a Daniel (8:15-27; 9:20-27). En el NT apareció para anunciar los nacimientos de Juan el Bautista (Luc. 1:8-20) y de Jesús (Luc. 1:26-38). Ver *Ángeles.*

GACELA Animal veloz que se caracteriza por sus ojos atractivos. Es nativo del Medio Oriente y se asemeja al antílope, aunque es más pequeño. Los israelitas lo consideraban puro, por lo tanto, lo podían comer. (Deut. 12:15,22). Ver *Antílope.*

GAD Nombre de persona que significa "buena fortuna". **1.** Séptimo hijo de Jacob y progenitor de la tribu de Gad (Gén. 30:9-11). Su madre fue Zilpa, esclava de Lea. Al final del período del peregrinaje en el desierto, cuando los israelitas se preparaban para ocupar Canaán, la tribu de Gad solicitó permiso junto con la de Rubén y la mitad de la tribu de Manasés para ocupar el este del Jordán. Argumentaron que poseían grandes cantidades de ganado y que el territorio al este del Jordán era particularmente apropiado para su cría (Núm. 32). Este territorio llegó a conocerse como Gad (Jer. 49:1). Aunque es difícil determinar los límites exactos del territorio de los gaditas, estos generalmente ocupaban la tierra al noreste del Mar Muerto (Jos. 13:24-28). Ver *Tribus de Israel.* **2.** Dios sirio conocido a través de inscripciones de Fenicia y Palmira, y utilizado en nombres bíblicos como Baal-gad (Jos. 11:17) y Migdal-gad (Jos. 15:37). En Isa. 65:11, el profeta aparentemente se refiere a Gad cuando condenó al pueblo por preparar "una mesa para la fortuna". **3.** Profeta que aconsejó a David cuando huía de Saúl (1 Sam. 22:5) y que le comunicó las opciones de castigo de parte de Dios después que David realizó el censo en Israel (2 Sam. 24:11-14). Gad también le comunicó a David las órdenes de Dios acerca de construir un altar aparentemente en el lugar donde luego se construiría el templo (2 Sam. 24:18-19). El escritor de las crónicas mencionó a los lectores los registros del reinado de David escritos por Gad (1 Crón. 29:29) y la ayuda de este al mostrarle a David el plan de Dios para la adoración en el templo (2 Crón. 29:25).

GADARA Nombre geográfico que significa "tierra de los gadarenos" (Mat. 8:28). Ver *Gadareno.*

GADARENO Habitante de Gadara, una de las ciudades de Decápolis (Mar. 5:1; gerasenos NVI). En el NT sólo se menciona en los relatos de los Evangelios sobre la curación del gadareno poseído

Vaso de oro decorado con la figura en relieve de una gacela, del tesoro de Oxus.

por demonios (Mat. 8:28-34; Mar. 5:1-17; Luc. 8:26-37). La tradición textual en los mss griegos de cada uno de estos pasajes muestra confusión entre los términos gadarenos, gerasenos y gergesenos. La evidencia textual parece favorecer a los gadarenos en Mateo, y a los gerasenos en Marcos y Lucas. Orígenes, uno de los padres de la iglesia primitiva, fue el que aparentemente introdujo en la tradición el término gergeseno. El vocablo gadareno, en el contexto, tendría que referirse a un área más grande, no solamente la ciudad de Gadara. Gergesenos señala la moderna ciudad de Kersa ubicada en el extremo del lago. El término geraseno proviene de la ciudad de Gerasa ubicada aprox. a unos 50 km (30 millas) al sudeste del lago. Es probable que la tradición antigua haya confundido la escritura hebrea o aramea de Gedara y Gerasa, o que tal vez haya considerado Gerasa como el pueblo más importante del área. Cualquiera haya sido el nombre original, los gentiles y sus cerdos dominaban la región. Ha sido identificada con la moderna Um Keis, ubicada aprox. a 8 km (5 millas) al sudeste del Mar de Galilea. La designación "país de los gadarenos" aparentemente se aplicaba a una región que se extendía hasta la costa del Mar de Galilea.

GADI Nombre de persona que significa "mi buena fortuna". **1.** Espía de la tribu de Manasés a quién Moisés envió a investigar la tierra de Canaán antes que Israel la conquistara (Núm. 13:11). **2.** Padre de Manahem, rey de Israel (752–742 a.C.) (2 Rey. 15:14,17).

GADIEL Nombre de persona que significa "Dios es mi buena fortuna". Espía de la tribu de Zabulón a quien Moisés envió a examinar Canaán, el territorio que iban a conquistar (Núm. 13:10).

GADITA Miembro de la tribu de Gad. Ver *Gad.*

GAHAM Nombre de persona que significa "llama". Hijo que Nacor, el hermano de Abraham, tuvo con su concubina Reúma (Gén. 22:24).

GAHAR Nombre de persona que significa "sequía", "pequeño en espíritu" o "sonrojado". Jefe de una familia de sirvientes del templo que retornó de la cautividad de Babilonia con Zorobabel, aprox. en el 537 a.C. (Esd. 2:47).

GALAAD Nombre geográfico que significa "mojón de testimonio". También significa "crudo" o "escarpado" como nombre geográfico y de persona. **1.** Sección norte-centro del altiplano de Transjordania. Es posible que al principio el nombre se haya aplicado a una región sumamente pequeña. A

Montes escarpados de Galaad.

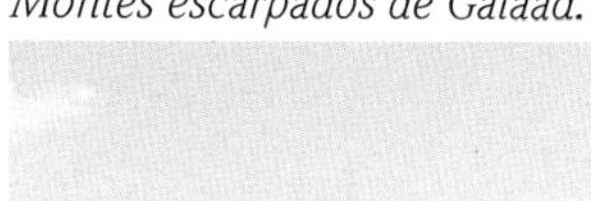

partir de allí, el uso del nombre se amplió y pudo aplicarse en diferentes contextos según las situaciones políticas del momento (comp. Jue. 10:17; Os. 6:8). Ocupa las laderas de las montañas y la meseta oriental del Jordán al noreste del Mar Muerto. El Río Jaboc divide Galaad. En tiempos del AT, el reino de Amón ocupó el borde oriental de Galaad. Generalmente estaba en conflicto con otras naciones (Amós 1:3). Galaad se extiende aprox. 80 km (50 millas) desde el sur de Hesbón casi hasta el Río Yarmuk en el norte. De este a oeste tiene una extensión de 32 km (20 millas).

Físicamente, Galaad es una región escarpada. Algunos de sus picos alcanzan una altura superior a los 1050 m (3500 pies). También cuenta con llanuras con pasturas adecuadas para cría de ganado, y en la antigüedad la mitad norte de la región era un espeso bosque. El Camino Real, una ruta importante de comercio internacional, atravesaba Galaad. Esta también fue una región agrícola significativa. Era especialmente famosa por sus rebaños y manadas y por el bálsamo, una preparación medicinal aromática que probablemente derivaba de la resina de un pequeño árbol de bálsamo.

Lugar donde Jacob y su suegro Labán hicieron un pacto o acuerdo formal que determinaba el límite entre sus familias y donde acordaron no dañarse el uno al otro (Gén. 31:43-52). El lugar también se conoce como Sahaduta y Mizpa. El montón de piedras que señalaba Galaad estaba al norte del Río Jaboc. Ver *Mizpa*.

A Galaad también se lo asocia con otros personajes y acontecimientos famosos. Los jueces Jair y Jefté (Jue. 11:1), Jehú, el rey de Israel, y el profeta Elías eran galaaditas. Jacob luchó con el ángel de Dios en Peniel, en Galaad (Gén. 32:30). Is-boset, el hijo de Saúl, (2 Sam. 2:8-9), David (2 Sam. 17:24-26) y Jesús (Mat. 19:1) se retiraron a Galaad por un tiempo. Las ciudades importantes del AT fueron: Hesbón al sur, Rabot-amón en el borde oriental del desierto, Jabes de Galaad y Ramot de Galaad. En el NT, Rabot-amón es Filadelfia. Pella y Jerash (Gerasa) son otras ciudades importantes del NT.

2. Biznieto de José y jefe de una familia de la tribu de Manasés (Núm. 26:28-32; 36:1). La familia era tan poderosa que hasta fue incluida en la lista de las tribus de Israel en el canto de Débora (Jue. 5:17). Los gaaladitas pelearon para ser reconocidos entre las otras tribus (Jue. 12:4-7).

Joseph Coleson

GALAADITA Persona de Galaad. Ver *Galaad*.

GALACIA Nombre geográfico que deriva de Galia debido a que sus habitantes eran celtas o galos. Originalmente se encontraba ubicada en el centro de Asia Menor. El rey Nicomedes de Bitinia invitó a los guerreros celtas que vivían al otro lado del Río Bósforo para que lo ayudaran a pelear contra su hermano en el 278 a.C. Los invasores pelearon por su cuenta y capturaron ciudades hasta que Antíoco I los detuvo en el 275 a.C. Luego ocuparon la parte norte de Asia Menor, limitada al norte por el Ponto y Bitinia, al este por Tavium y al oeste por Pesinonte. Por lo general, los gálatas vivieron a campo abierto, y dejaron la ocupación de la ciudad a los frigios, sus predecesores. Los verdaderos gálatas constantemente cambiaban de bando debido a las guerras permanentes en la región. Finalmente, en el 25 a.C., Roma declaró a Galacia provincia del Imperio y extendió sus límites incluyendo Licaonia, Isauria y Pisidia, y designó Ancira como centro gubernamental. Numerosos gobernadores romanos añadieron y sustrajeron territorio de la provincia, por lo tanto es difícil determinar su límite preciso. Pablo visitó Galacia (Hech. 16:6; 18:23), aunque no es claro su trayecto preciso. Se desconoce si visitó ciudades dominadas por los frigios

Imagen de un galo en agonía. Los galos, que habitaban la región de Galacia, eran belicosos.

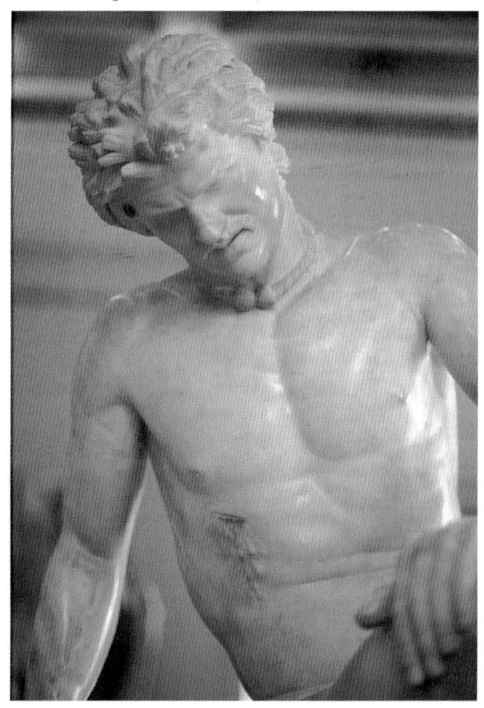

G

o a los verdaderos gálatas que habitaban en el campo, o si dirigió su epístola al territorio original del norte o a la provincia romana con sus límites extendidos en el sur (comp. 1 Cor. 16:1; 2 Tim. 4:10, en estos versículos algunos mss contienen la palabra galo, y 1Ped. 1:1). Ver *Asia Menor, Ciudades de; Gálatas, Epístola a los.*

GALAL Nombre de persona que significa "rollo" o "tortuga". **1.** Levita que se estableció en Jerusalén luego del exilio (1 Crón. 9:15). **2.** Abuelo de Ada, levita que lideró la acción de gracias de Nehemías (Neh. 11:17). Se estableció en Jerusalén después del exilio (1 Crón. 9:16).

GÁLATA El término se refiere específicamente a un miembro de las tribus celtas o gálicas que invadieron y habitaron Galacia. Sin embargo, se refiere en un sentido más general a cualquier habitante del territorio o de la provincia de Galacia. Ver *Galacia.*

GÁLATAS, EPÍSTOLA A LOS Gálatas es la carta más intensa de Pablo. Su enojo por la situación se evidencia en la omisión de su expresión habitual de alabanza luego del saludo. Pablo fundó las iglesias de Galacia (4:13-15); sin embargo, otros que probablemente provenían de Jerusalén, visitaron a los gálatas y les expusieron un punto de vista contrario a lo que Pablo había enseñado. Lo que enseñaron se centraba en la necesidad de complementar la fe en Cristo con la obediencia a la ley de Moisés. Exigían la circuncisión debido a que era señal de la "conversión" de un gentil al judaísmo. A estos falsos maestros se los conocía como "judaizantes".

Pablo presentó con firmeza su posición respecto a que la justificación se obtiene por la gracia de Dios, solamente a través de la fe en Cristo. Pablo enseña que la justificación significa ser declarado sin culpa delante de Dios y haber recibido el derecho a ser miembro de la comunidad del pacto con Él. Guardar la ley de Moisés no es de ninguna manera un plan alternativo para la salvación debido a que la confianza en la observancia de la ley manifiesta la falta de fe necesaria para creer que Cristo solo es suficiente para la salvación.

Hay dos problemas que dificultan la determinación del origen y el destino de los gálatas. El primero está relacionado con su identidad exacta. La palabra misma se refiere a un grupo étnico (conocido también como galos o celtas) que habitaba al norte de Galacia, o a los que vivían en la provincia romana de ese nombre. Si Pablo utilizó el término en sentido provincial, es probable que haya escrito a los creyentes de las ciudades del sur, tales como Iconio, Listra, Derbe y Antioquía de Pisidia, que se reunían en iglesias que él había establecido en su primer viaje misionero. De ser así, es probable que Pablo ya hubiese escrito Gálatas para el 49 d.C.; sin embargo, hay quienes sostienen que escribió desde Corinto aprox. en el 53 d.C. Por otro lado, algunos eruditos sostienen que Pablo escribió para el grupo étnico que vivía en el norte de Galacia. Ellos consideran que Hechos 16:6 y 18:23 se deben interpretar como que Pablo se dirigió hacia el norte en el segundo viaje. Si este fuera el caso, Pablo no escribió Gálatas hasta aprox. el 55 d.C. Es más probable que Pablo se haya dirigido a los habitantes del sur por dos razones. Primero, Pablo tendía a usar títulos provinciales (comp. 2 Cor. 9:2). Segundo, no tenemos evidencia de que haya visitado el norte de Galacia.

El segundo problema radica en que las visitas a Jerusalén mencionadas en Gálatas se correlacionan con las que se mencionan en Hechos. Este libro describe cinco visitas de Pablo a Jerusalén (Hech. 9:26; 11:27-30; 12:25; 15:4; 18:21; 21:7,15), y en Gálatas él menciona dos. Gálatas 1:18-19 describe la primera visita a Jerusalén luego de su conversión. La mayoría de los eruditos concuerdan en que esta es la visita de Hechos 9:26. Tradicionalmente, muchos sostenían que la segunda visita mencionada en Gálatas 2:1-2 se refiere a la tercera de Hechos, la del "Concilio de Jerusalén". Sin embargo, por las siguientes razones, parece más probable que la visita de Gálatas 2:1 aluda a la ayuda contra la hambruna mencionada en Hechos 11:27 y 12:25. Primero, Gálatas 1–2 describe sus visitas a Jerusalén (1:20). Es improbable que hubiera obviado mencionar una visita debido a que el asunto que lo llevaba era de suma importancia. Segundo, en Gálatas Pablo describe una reunión privada; la reunión en Hechos 15 es pública. Una reunión con los apóstoles en privado explicaría por qué Lucas no menciona detalles de la visita en Hechos 11–12. Tercero, en Gálatas 2 se acordó que Pablo iría a los gentiles y Pedro a los de la "circuncisión". El acuerdo de Hechos 15 fue que los gentiles no necesitaban circuncidarse para ser salvos pero que debían cumplir con ciertas restricciones. En Hechos 15 no se hace ninguna mención sobre esferas de ministerios. Cuarto, la referencia al pedido de los apóstoles "que nos acordásemos de los pobres" (Gál. 2:10) sería natural si la visita estuviera relacionada con auxilio para la hambruna, como fue el caso de Hechos 11:27 y 12:25.

La epístola se puede dividir en tres secciones principales. En la primera (1:10–2:21), Pablo defiende su apostolado y manifiesta que lo recibió directamente de Dios por medio de Cristo, sin depender de Jerusalén ni de los que fueron apóstoles antes que él. Describe su relación con Jerusalén como distante, aunque ampliamente positiva. Pablo cumplió su comisión sin autorización de Jerusalén. El único problema que tuvo se manifestó en un enfrentamiento con Pedro sobre una mesa de comunión con los gentiles en Antioquía. Pablo concluye y manifiesta el principal argumento de la epístola: la justificación es por la fe en Cristo, y no se le debe añadir la observancia de la ley. La fe consiste en vivir la vida en sumisión constante a Cristo y en una relación con Él. Pablo incluso dice "Cristo vive en mí".

En la segunda sección (3:1–5:12), Pablo sostiene su tesis apelando a la experiencia de los gálatas, a las prácticas de la herencia y a las experiencias de Abraham. En su primer llamado a la experiencia de los gálatas, les recuerda que recibieron el Espíritu, lo que Pablo equipara a la conversión (3:1-5). Recibieron el Espíritu al creer el mensaje que Pablo les había predicado. Ahora creían que podían añadir algo al Espíritu a través de las obras de la carne, es decir, la circuncisión. Pablo les recuerda que Dios declaró justo a Abraham antes de que se circuncidara. Él también había simplemente creído en Dios y esa fe le fue contada por justicia (3:6-9). La confianza en la ley implica estar bajo la maldición de la ley (3:10-14). El propósito de la obra de Cristo fue liberarnos (redimirnos) de la maldición.

Pablo también apela al conocimiento que ellos tenían de la herencia y de las prácticas de la adopción. Manifiesta que el acto de incluir al adoptado en una herencia era irrevocable. Se le hizo una promesa a Abraham en cuanto a que todas las naciones serían benditas. Dios nunca alteraría una promesa (3:17). Eso sería como cambiar un testamento luego que entró en vigencia.

En el cap. 4, Pablo continúa con el mismo razonamiento pero cambia lo hipotético para referirse a un "menor" al que se lo trata como esclavo hasta el tiempo establecido por el padre, donde cambia el estatus legal del muchacho. Cuando ese tiempo se cumple, todo cambia (4:1-7). Por lo tanto, con la venida de Cristo en el cumplimiento del tiempo, los hijos ya no son esclavos de la ley.

Luego de recordarles que una vez ellos lo habían recibido a pesar de su enfermedad física, Pablo concluye apelando al nacimiento de los hijos de Abraham. Isaac fue el hijo por medio del cual se cumplió la promesa. El nacimiento de Ismael fue natural o "de la carne". Isaac, que nació cuando Sara era anciana, lo hizo conforme a la promesa de Dios. Los creyentes también son hijos de la promesa y no deberían depender de la carne. Circuncidarse implicaba depender de la carne. Ellos debían confiar en la promesa de Dios en Cristo.

La tercera sección (5:13–6:10) contiene el llamado de Pablo a vivir en el Espíritu. No debían perder su libertad espiritual sucumbiendo ante el pecado. La vida en el espíritu no descarta reglas morales. El énfasis de Pablo sobre la justificación por la fe fue el argumento de los gálatas para vivir una libertad sin límites. Sin embargo, la libertad no se debe usar como excusa para evadir la responsabilidad moral. El mandato respecto a no vivir conforme a la ley de Moisés no es incongruente con las directivas de cómo vivir. "Las obras de la carne" son evidentes y se deben evitar. Ellos deben cultivar el fruto del Espíritu (5:22,23a) y actuar en amor unos con otros. De esta manera cumplirían la ley de Cristo.

Pablo escribió de puño y letra la última sección, y nuevamente los desafía a no volver a depender de la ley (6:11-18).

Bosquejo

- I. Introducción (1:10-11)
  - A. Pablo saluda a los gálatas y les recuerda que su comisión vino de Dios (1:1-5)
  - B. Pablo reprende a los gálatas (1:6-10)
    1. Los gálatas siguen un evangelio diferente (1:6)
    2. No hay otro evangelio (verdadero) aparte del que les predicó Pablo (1:7)
    3. Los que predican otro evangelio serán malditos y condenados eternamente (1:8-9)
    4. Pablo busca agradar a Dios y no a los hombres (1:10)
- II. Pablo defiende su evangelio (1:11–2:21)
  - A. Pablo recibió su evangelio directamente de Jesucristo (1:11-12)
  - B. Pablo recuerda su vida pasada en el judaísmo (1:13-14)
  - C. Les recuerda su llamado a predicar a los gentiles (1:15-17)
  - D. Pablo visitó Jerusalén durante 15 días (1:18-24)
  - E. Luego de 14 años visita Jerusalén por segunda vez (2:1-10)

F. Pablo confronta a Pedro en Antioquía debido a que se apartó de los creyentes gentiles (2:11-14)
G. Pablo resume su comprensión sobre el evangelio verdadero: la fe sola justifica (2:15-21)

III. Pablo explica su evangelio (3:1–5:12)
A. Los gálatas recibieron el espíritu sin obedecer la ley (3:1-5)
B. Abraham fue declarado justo sin obedecer la ley (3:6-9)
C. Los que están bajo la ley están bajo la maldición de la ley (3:10-14)
D. La ley no puede alterar las promesas hechas a Abraham (3:15-18)
E. La ley desempeña un papel temporal (3:19-22)
F. Cristo vino a darle a todos los creyentes la condición de hijos de Dios (3:23-29)
G. La venida de Cristo habilita a los creyentes a llamar a Dios "Abba" (4:1-7)
H. El conocimiento de Dios hace innecesaria la celebración de días especiales y de fiestas (4:8-11)
I. Pablo recuerda su visita a los gálatas (4:12-20)
1. Los gálatas lo recibieron a pesar de su enfermedad física (4:12-13)
2. Lo recibieron como si fuera un ángel o Jesucristo mismo (4:14)
3. Hubieran hecho cualquier cosa por él (4:15)
4. Pablo los exhorta a volver a su fe y confianza del principio (4:16-20)
J. Pablo apela al ejemplo de Sara y Agar (4:21-31)
1. Isaac nació como cumplimiento de la promesa a la mujer libre
2. Ismael nació de una esclava por medios naturales
K. Conclusión: ellos no deben perder su libertad (5:1-12)

IV. Pablo explica la libertad en el espíritu (5:13–6:10)
A. La libertad se debe usar para servir en amor (5:13-15)
B. La libertad es resultado de ser guiado por el espíritu (5:16-26)
1. Las "obras de la carne" son evidentes y peligrosas (5:16-21)
2. El "fruto del espíritu" se manifiesta en los que crucifican la carne (5:22-26)
C. La libertad se debe usar para el servicio unos a otros (6:1-10)
1. Debían ayudar a los desobedientes, a los cargados y a quienes les enseñaban (6:1-6)
2. A su tiempo segarían lo que habían sembrado (6:7-10)

V. Conclusión: (6:11-18)
A. Los judaizantes tenían motivos falsos (6:11-13)
B. Pablo se gloría sólo en Jesucristo (6:14)
C. El propósito del evangelio es una nueva creación, no la circuncisión (6:15-16)
D. Saludos (6:17-18) *C.Hal Freeman (h)*

GÁLBANO (Ex. 30:34) Ver *Plantas.*

GALERA Barco largo y angosto impulsado principalmente con remos. Se utilizaban como navíos de guerra (Isa. 33:21). Estaban diseñados para navegar cerca de la costa o en ríos. La imagen que refleja Isaías alude a una Jerusalén libre de la amenaza de invasión.

GALILEA Nombre geográfico que significa "círculo" o "región". Parte norte de Palestina en la región montañosa de Efraín y de Judá (Jos. 20:7). En Josué 12:23, la LXX (traducción griega antigua) se refiere a un rey de las naciones de Galilea, aunque en el hebreo se menciona "Gilgal". Muchos eruditos consideran que la forma griega es la original. Esto señalaría al líder de una coalición de ciudades-estado a quien Josué derrotó. Cedes de Galilea era una ciudad de refugio (Jos. 20:7) y una ciudad para los levitas (Jos. 21:32). Salomón le pagó a Hiram de Tiro con 20 ciudades de Galilea por los materiales que le proveyó para la construcción del templo y el palacio real (1 Rey. 9:11); sin embargo, a Hiram no

El Mar de Galilea y una vista del amarradero en Capernaum.

le agradaron las ciudades y las llamó Cabul, que significa “sin valor” (1 Rey. 9:12-13). Aparentemente, Galilea y Tiro eran limítrofes. Es posible que las ciudades hayan sido pueblos limítrofes cuya posesión se disputaban ambos reyes. Los asirios tomaron el norte bajo el mando de Tiglat-pileser en el 733 a.C. (2 Rey. 15:29) y lo dividieron en tres distritos: la costa oeste o “el camino del mar”, cuya capital estaba en Dor; Galilea con capital en Meguido, y el otro lado del Jordán o Galaad (Isa. 9:1).

Aparentemente, el término “Galilea” se utilizaba antes de la conquista de Israel, y está mencionado en registros egipcios. Se usaba en Israel pero no como referencia política. Las tribus de Neftalí, Aser, Isacar, Zabulón y Dan ocuparon el territorio que abarcaba aprox. los 70 km (45 millas) que se extendían entre el Río Litani en el Líbano y el Valle de Jezreel en Israel, de norte a sur, y desde el Mar Mediterráneo al Río Jordán de oeste a este.

En tiempos de Jesús, Herodes Antipas gobernaba Galilea y Perea. Jesús dedicó la mayor parte de Su ministerio terrenal a predicar en Galilea, y se lo conocía como galileo (Mat. 26:69). Luego de la caída de Jerusalén en el 70 d.C., Galilea se convirtió en el centro más importante del judaísmo; allí se compilaron y se escribieron la Mishná y el Talmud.

GALILEA, MAR DE Ver *Mar de Galilea*.

GALILEO Habitante de Galilea. Se distinguían de los judíos de Jerusalén y de Judá por un dialecto, particularmente por la dificultad para distinguir los sonidos de letras guturales que son importantes en hebreo y arameo. El estilo galileo de Pedro lo distinguió de la multitud que se encontraba en el patio durante el juicio de Jesús (Mar. 14:70; comp. Hech. 2:7). A Jesús lo consideraban galileo (Mat. 26:69). Pilato usó esto como excusa para lograr que Herodes interviniera en el caso de Jesús (Luc. 23:6-7). Los galileos tenían fama de ser rebeldes y vivir sin guardar la ley judía

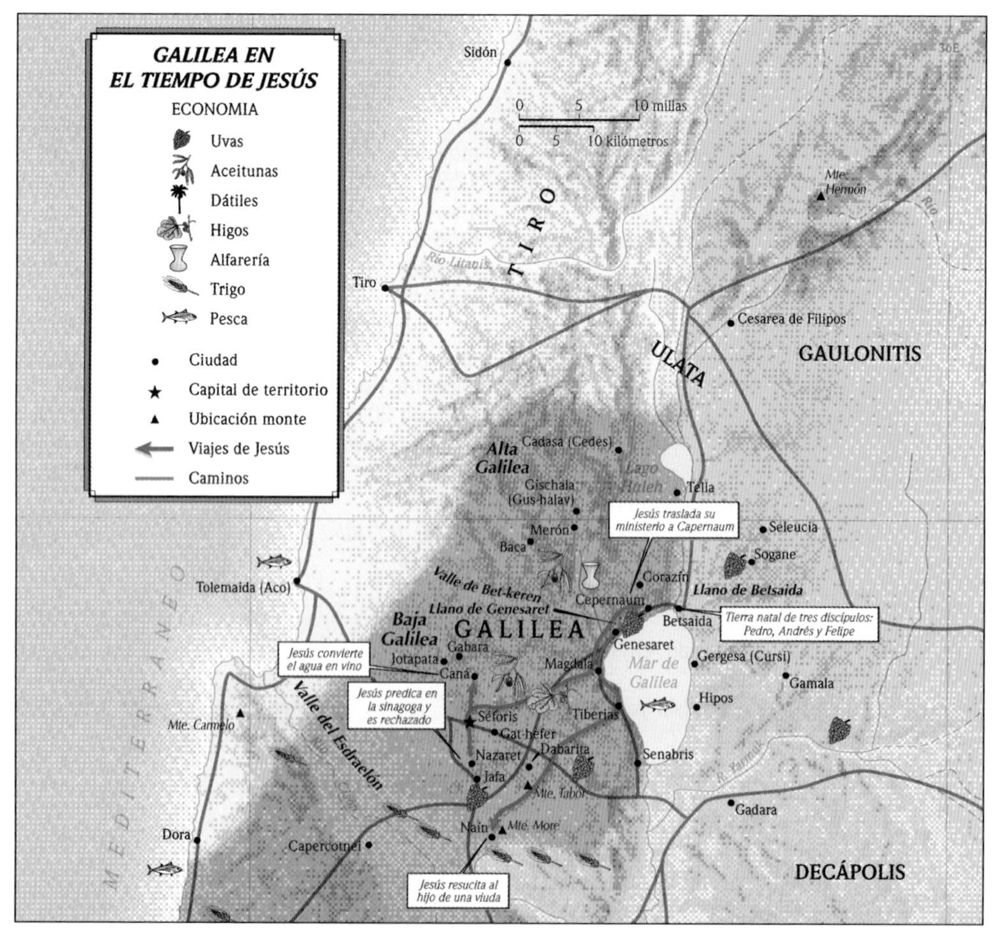

(Hech. 5:37), por lo tanto se los podía considerar pecadores (Luc. 13:2). Aparentemente, Pilato había asesinado a algunos galileos mientras ofrecían sacrificios de Pascua en Jerusalén (Luc. 13:1). Cuando Jesús volvió a Galilea desde Judea y Samaria recibió una cálida bienvenida. Esta declaración sorprendente se ve modificada por la historia que le siguió, que demuestra que el aparente recibimiento se fundaba en expectativa de milagros y no en apreciación de quién era Jesús ni en fe en Él (Juan 4:43-54).

GALIM Nombre geográfico que significa "mojones". Pueblo cercano a Anatot en el territorio de la tribu de Benjamín. Saúl le entregó su hija Mical como esposa a un habitante de Galim luego de quitársela a David (1 Sam. 25:44; comp. 2 Sam. 3:14-15). Estaba en el camino de Bet-el a Jerusalén que tomaron los conquistadores (Isa. 10:30). Podría ser la moderna Khirbet Kabul al noroeste de Anatot o incluso más hacia el noroeste al sur de Ramá en Khirbet Ercha. Ver *Mical.*

GALIÓN Nombre de persona de significado desconocido. Diputado o procónsul de Acaya con sede en Corinto donde se descubrió la sala de su tribunal. Algunos judíos llevaron a Pablo ante Galión para intentar que los romanos lo castigaran. Lo acusaron de predicar una religión ilegal (Hech. 18:12-17). Galión se negó a involucrarse en asuntos religiosos judíos e incluso ignoró los golpes que la multitud le propinó a Sóstenes, el jefe de la sinagoga.

Galión era hijo de Marcos Anaeo Séneca, orador y financista español y hermano mayor de Séneca, el filósofo y tutor de Nerón. Lucio Junio Galión, un romano rico, adoptó a Galión y lo llamó Lucio Junio Galión Anaeo. El nombre Galión aparece en una inscripción en Delfos que alude a la 26° proclamación de Claudio como emperador. Esto lo ubica como funcionario en Corinto entre el 51 y 53 d.C. Aparentemente, fue procónsul desde el 1 de mayo del 51 hasta el 1 de mayo del 52, aunque es posible que haya sido un año más tarde. La fecha proporciona

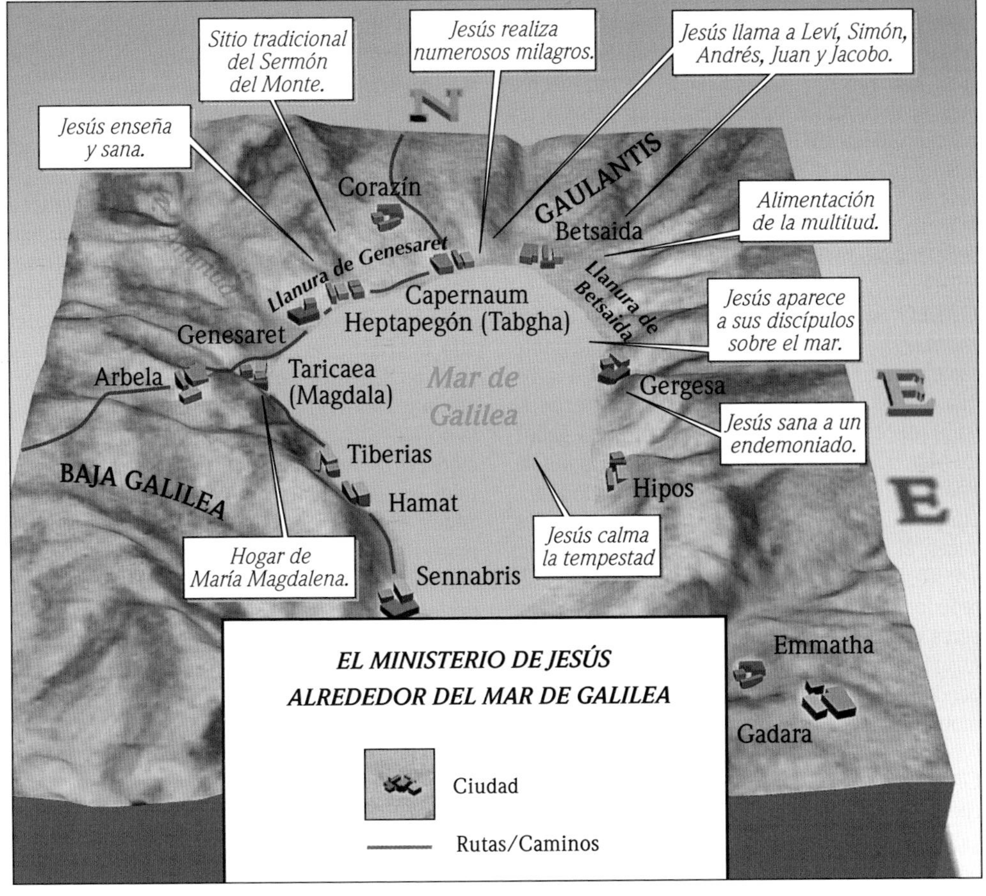

EL MINISTERIO DE JESÚS ALREDEDOR DEL MAR DE GALILEA

evidencia no bíblica del tiempo en que Pablo estuvo en Corinto y fundó la iglesia en esa ciudad.

Debido a que el clima en Corinto era insalubre, Galión aparentemente aprovechó la oportunidad para retornar a Roma, donde fue consejero de Nerón hasta que se unió con Séneca en una conspiración contra el emperador. Primero murió Séneca; luego Nerón obligó a Galión a suicidarse aprox. en el 65 d.C. Ver *Acaya; Corintios, Primera carta a los; Corintios, Segunda carta a los; Corinto; Pablo; Roma y el Imperio Romano.*

GALLINA La palabra griega que se traduce "gallina" puede referirse a la hembra de cualquier ave, no sólo las domésticas o de corral. La gallina sólo se menciona dos veces en las Escrituras (Mat. 23:37; Luc. 13:34). En ambos casos, el término se usa en sentido figurado en referencia al cuidado de Dios hacia Su pueblo. La gallina representa la entrega y el tierno cuidado maternal de Dios revelado en Cristo. *Janice Meier*

GALLINAZO Término para referirse a un ave rapaz inmunda (Deut. 14:13). Es imposible determinar la identidad del ave (heb. *ra'ah*). Se ha sugerido: azor (LBLA) y milano (NVI). La raíz hebrea sugiere un pájaro de mirada aguda; por ejemplo, un miembro de la familia de los halcones. La palabra hebrea (*da'ah*), que se confunde fácilmente, aparece en Lev. 11:14 y en algunos mss y traducciones antiguas de Deut. 14:13. El ave en cuestión podría ser el milano (*Milvus milvus*). Ver *Milano.*

G

GALLO Ave que se contonea y cacarea, *Zarzir motnayim.* El cacareo del gallo probablemente sea el sonido de ave que más se conoce en la Biblia. Todas las referencias neotestamentarias al gallo (excepto la mención del "canto del gallo" en Mar. 13:35) se relacionan con la negación de Pedro en relación a Cristo. Jesús le advirtió al discípulo que, antes de que el gallo cantara dos veces, él lo negaría en tres oportunidades (Mar. 14:30). Los gallos cacareaban por primera vez alrededor de la media noche y por segunda vez cerca de las tres de la mañana. El cacareo tenía lugar con tanta puntualidad que los romanos dependían del sonido de esta ave para señalar el momento del cambio de guardia. Ver *Pollo.*

GALLO, CANTO DEL Tercera guardia de la noche del sistema romano (Mar. 13:35). El sistema judío desde la medianoche hasta las tres de la mañana tenía sólo tres guardias; el romano tenía cuatro.

El interior del sitio tradicional de la tumba de Gamaliel.

GAMAD Nombre geográfico de significado incierto que aparece en Ezeq. 27:11. Las traducciones antiguas aparentemente confundieron el texto hebreo con una palabra cuyas letras eran muy parecidas a las de Gamad y cuyo significado era "vigilantes". Otros la interpretan como "enano" o "pigmeo". Algunos otros indican que se refiere a un pueblo del norte de Siria llamado Kumudi que se enumera en una lista de fuentes egipcias antiguas. Aparentemente, fueron aliados de Tiro en su lucha contra Babilonia.

GAMADEOS Habitantes de Gamad. Ver *Gamad.*

GAMALIEL Nombre de persona que significa "Dios premia con bien". **1.** Hijo de Pedasur; jefe de la tribu de Manasés que ayudó a Moisés a realizar el censo en el desierto (Núm. 1:10; comp. 7:54-59). **2.** Fariseo importante y miembro del alto concilio (Hech. 5:34). Fue quien sofocó el plan del Sanedrín para matar a los apóstoles al recordarles a los otros miembros que interferir con la obra de los apóstoles podría resultar en oposición a Dios. Argumentó que si la obra de los apóstoles era puramente humana, no tendría éxito. Según Hechos 22:3, este Gamaliel había sido maestro de Pablo. Era nieto del gran rabino Hillel. Murió aprox. en el 52 d.C. **3.** Rabino judío destacado a fines del siglo I y comienzos del II d.C. Fue nieto del Gamaliel, mencionado en Hechos. Se le atribuyen muchas de las adaptaciones del judaísmo que fueron necesarias tras la destrucción del templo en el 70 d.C.

GAMUL Nombre de persona que significa "receptor de buenas obras". Líder de una de las divisiones sacerdotales del templo durante los reinados de David y Salomón (1 Crón. 24:17).

GANADO Cuadrúpedos domesticados utilizados como animales de cría. En la Biblia, el término se refiere comúnmente a todos los animales domesticados. Las traducciones españolas utilizan el término "ganado" para por lo menos trece palabras hebreas diferentes y seis palabras griegas que se refieren a animales.

En el "ganado" de la Biblia se incluyen el buey, el toro, el becerro y la vaca. Las ovejas, las cabras y otros animales domesticados también se incluyen bajo la designación de ganado (Gén. 1:24 LBLA, RVR1960; Juan 4:12). La tierra de Gosén, donde se establecieron los hebreos durante la época de José, era rica en ganado. En base a huesos hallados en Meguido, un arqueólogo ha identificado al ganado de la antigua Israel como la pequeña raza actual Beiruti, mientras que otro ha identificado cinco tipos de ganado de Gezer. El ganado era valioso para los sacrificios, para la alimentación y para la labor con animales (Deut. 25:4; Luc. 14:19). Se dividían según su clasificación en limpios e inmundos (Lev. 5:2) y estaban amparados bajo la ley del primogénito y del día de reposo (Ex. 13:12; 20:12). Los toros y los becerros se usaban para sacrificios. Poseer gran cantidad de ganado era señal de riqueza (Gén. 13:2; 1 Sam. 25:2). *Shirley Stephens*

GANGRENA El término griego *gangraina* (2 Tim. 2:17) puede referirse a la gangrena, muerte del tejido blando como resultado de problemas de circulación sanguínea, o a una úlcera. En 2 Timoteo, el término se utiliza en sentido figurado para referirse a las falsas doctrinas que destruyen a quienes las reciben.

GAREB Nombre de persona y de lugar que significa "lleno de costras". **1.** Miembro de la guardia personal de David (2 Sam. 23:38). **2.** Colina de Jerusalén que señala la porción del muro de la ciudad que Jeremías prometió sería reconstruido (Jer. 31:39).

GARFIO Horquilla grande que se usaba para manipular grandes trozos de carne, especialmente en el altar de los sacrificios. Los del tabernáculo eran de bronce (Ex. 27:3; 38:3); los del templo podían ser de bronce (2 Crón. 4:16) o de oro (1 Crón. 28:17).

GARMITA Título o designación que significa "mi hueso" y se utilizó para Keila en el linaje de la tribu de Judá (1 Crón. 4:19). El texto hebreo y el significado exacto del término garmita son inciertos.

GARZA Ave de la familia de las zancudas de cuello y patas largas (*Areidae*) que se consideraba impura (Lev. 11:19; Deut. 14:18).

GASA, VESTIDOS DE Uno de los artículos finos asociados con la vida mundana en Jerusalén (Isa. 3:23). El significado subyacente del término hebreo es debatible. El vocablo podría referirse a una prenda de seda o a un espejo. En esa época, el espejo era una pieza de metal pulido. En Isaías 8:1, la palabra hebrea traducida prenda de seda (o espejo) se traduce tablilla (para escribir).

GASMU Forma aramea de *Gesem* que se utiliza en Nehemías 6:6. Ver *Gesem*.

GAT Una de las cinco ciudades del sistema filisteo de ciudades-estado (1 Sam. 6:17). A los habitantes de Gat se los conocía como geteos (1 Sam. 17:4; 2 Sam. 6:10-11). Como el hebreo *gat* significaba "lagar", y como viñedos y lagares eran comunes a lo largo del país, numerosas ciudades de Palestina recibieron el nombre Gat. En general, el nombre se utilizaba con otro que ayudaba a distinguir un lugar de otro, por ej. Gat-hefer, Gat-rimón y Moreset-gat.

Figura mítica con vestidos de gasa de estilo romano.

Vista panorámica del tell de la antigua Gat.

Gat de los filisteos es sin duda alguna la Gat que se menciona con mayor frecuencia en el AT. Las otras ciudades-estado filisteas eran Ecrón, Asdod, Ascalón y Gaza (1 Sam. 6:17). Tal vez sea razonable suponer que Gat era la más importante de las cinco y servía como centro de la Pentápolis.

Gat ocupaba una posición estratégica para los propósitos filisteos. Aunque desconocemos la ubicación exacta, sí conocemos el área general donde estaba Gat. Según la información suministrada por relatos bíblicos, era una ciudad interior, en contraste con las otras ciudades filisteas que se encontraban ubicadas cerca o sobre la costa. Estaba en la Sefela, es decir, la cadena de estribaciones asentada entre la llanura marítima al oeste y los montes del sistema central al este. Debido a que Israel, al menos durante el período del asentamiento, ocupó los montes del sistema central, la posición geográfica de Gat permitía que los filisteos protegieran el territorio de ataques israelitas. Al mismo tiempo, Gat favorecía las incursiones de los filisteos a comunidades israelitas. Como en los últimos años, y en base a excavaciones arqueológicas, se han eliminado numerosas posibilidades, Tell es-Safi, ubicada a 19 km (12 millas) al este de Asdod, es el lugar más apropiado para situar a Gat de los filisteos.

Numerosos momentos culminantes en la historia de Gat se encuentran reflejados en el AT. Antes de la llegada de los israelitas, era una ciudad cananea ocupada por los anaceos, un grupo conocido por su estatura elevada (Jos. 11:21-22). Durante la conquista de Canaán, aparentemente Josué y los israelitas no tomaron las tierras de Gaza, Gat ni Asdod (Jos. 11:22). Podemos deducir que los filisteos se apoderaron de estas ciudades en esa época. Los filisteos llevaron el arca a esa ciudad (1 Sam. 5:8-9), y allí había nacido Goliat (1 Sam. 17:4) y Obed-edom (1 Crón. 13:13). Uno de los datos más interesantes de la vida del rey David se relaciona con que encontró refugio con Aquis, rey de Gat, y posiblemente se convirtió en vasallo de los filisteos cuando Saúl lo perseguía (1 Sam. 27:1-7). Finalmente, David derrotó a los filisteos y convirtió Gat en una ciudad israelita (1 Crón. 18:1). Es probable que Aquis haya permanecido como rey de Gat, aunque tal vez como rey vasallo incluso durante el reinado de Salomón (1 rey. 2:39). Durante el período de la monarquía dividida, la historia de Gat atravesó una serie de cambios. Roboam, rey de Judá (931–913 a.C.), la fortificó y la convirtió en una ciudad fortaleza de Judá (2 Crón. 11:5-12). Hazael, rey de Siria (aprox. 843–797 a.C.), asedió la ciudad y la capturó (2 Rey. 12:17). Poco tiempo después, los habitantes de Gat aparentemente se rebelaron contra Hazael y establecieron hasta cierto punto su independencia. Finalmente, Uzías, rey de Judá (792–740 a.C.), destruyó parcialmente Gat y la incorporó al territorio de Judá (2 Crón. 26:6). Aprox. en el 711 a.C., Sargón II de Asiria conquistó la ciudad y es posible que la haya destruido. Aparentemente en esa época finalizó la historia de Gat. Esta conclusión se ve reforzada porque los profetas omitieron incluir Gat en las listas de las ciudades palestinas (Jer. 25:20; Amós 1:6-8; Sof. 2:4; Zac. 9:5-6). Ver *Filisteos.*

LaMoine DeVries

GATAM Nombre de persona de significado incierto. Hijo de Elifaz y nieto de Esaú (Gén. 36:11). Jefe de una familia de edomitas (Gén. 36:16).

GAT-HEFER Nombre geográfico que significa "lagar en el abrevadero". Ciudad ubicada en el borde oriental del territorio de la tribu de Zabulón (Jos. 19:13). El profeta Jonás era oriundo de dicho lugar (2 Rey. 14:25). Está en la moderna el-Meshed o en las cercanías de Khirbet ez-Zurra, 5 km (3 millas) al noreste de Nazaret.

GAT-RIMÓN Nombre geográfico que significa "lagar en el árbol de granadas". Ciudad en el territorio de la tribu de Dan (Jos. 19:45), separada para los levitas (Jos. 21:24). Generalmente se la localiza en Tell Jerisheh, en la ribera del Río Yarcón en la moderna Tel Aviv; sin embargo, algunos eruditos la sitúan a unos 3 km (2 millas) al noreste en Tel Abu Zeitun. En 1 Crónicas 6:69 se incluye entre las ciudades de la tribu de Efraín, lo que generalmente se interpreta como error de copista al omitir una oración al comienzo del v.69. El término Gat-rimón también aparece en el texto hebreo de Josué 21:25, aunque no se encuentra en la traducción griega más antigua, la Septuaginta, ni en el versículo paralelo de 1 Crón. 6:70. La mayoría de los eruditos reconocen que un copista repitió el término Gatrimón del v.24; es posible que la lectura original haya sido Ibleam. Ver *Ibleam*.

GAVILÁN Ave de presa que se consideraba inmunda (Lev. 11:16) y no se podía comer. Dios le recordó a Job que Él había creado el gavilán para que volara (Job 39:26).

GAVILLA, MANOJO Granos cosechados y unidos en forma de atado. Traducción de tres términos hebreos. En el sueño de José aparecían manojos que aún estaban en el campo (Gén. 37:7). Las leyes sacrificiales establecían que los primeros manojos cosechados debían ofrecerse como sacrificio (Lev. 23:10-15). Algunos manojos eran para los espigadores (Deut. 24:19; Rut 2:7). Los profetas usaron manojos como símbolos de juicio (Jer. 9:22; Amós 2:13; Miq. 4:12; Zac. 12:6). Ver *Agricultura; Espigar; Grano; Sacrificios y ofrendas; Siega.*

GAYO Forma griega del nombre latino *Caius* que significa "estoy alegre". **1.** Cristiano macedonio, uno de los compañeros de viaje de Pablo (Hech. 19:29). Lo atraparon junto con Aristarco durante el disturbio que el platero Demetrio provocó en Éfeso. **2.** Cristiano de Derbe que acompañó al apóstol Pablo a Asia (Hech. 20:4). **3.** Anfitrión del apóstol Pablo en Corinto (Rom. 16:23). Según 1 Cor. 1:14 fue uno de los individuos que Pablo había bautizado. **4.** Cristiano a quien Juan amaba y al que le escribió 3 Juan (3 Jn. 1).

GAZA Nombre geográfico que significa "fuerte". Ciudad filistea del interior de la llanura costera aprox. a 5 km (3 millas) del Mar Mediterráneo. Era la ciudad más austral del sistema filisteo de ciudades-estado, que también incluía Ascalón, Asdod, Ecrón y Gat (1 Sam. 6:17).

Aunque el lugar se asocia especialmente con los filisteos, muchos otros grupos lo habitaron a lo largo de la historia, desde antes del arribo de los filisteos, cuando los aveos ocupaban el pueblo (Deut. 2:23), hasta el presente.

El rol importante de Gaza en la antigüedad se debía a su ubicación estratégica a la vera de la carretera más importante de la llanura costera que conectaba Egipto con el resto del antiguo Cercano Oriente. Debido a esta ubicación, Gaza fue testigo del paso de numerosas caravanas y ejércitos, y a menudo se veía en medio de luchas políticas, todo esto reflejado en una breve reseña sobre momentos sobresalientes de su historia. Según los registros de Tutmosis III, este capturó Gaza en su primera campaña a Palestina y la transformó en importante centro egipcio. Las cartas de Amarna identifican Gaza como centro principal de las posesiones egipcias en el sur de Palestina. Para Salomón, Gaza era el centro más importante del límite sur de su reino, que se extendía "desde Tifsa hasta Gaza" (1 Rey. 4:24).

A menudo, Gaza se vio afectada por las luchas políticas y los cambios durante los períodos asirio y babilónico. Tiglat-pileser III le cobró tributo durante su campaña militar contra Israel y Siria aprox. en el 734 a.C. Ezequías "hirió también a los filisteos hasta Gaza" cuando trató de reestablecer la independencia de Judá (2 Rey. 18:8) aprox. 705–704 a.C. Senaquerib reafirmó su control sobre Gaza como estado vasallo cuando invadió Judá en el 701 a.C. El faraón Necao la conquistó aprox. en el 609 a.C. y la convirtió en pertenencia egipcia; sin embargo, permaneció bajo el dominio de esa nación sólo unos pocos años. Luego del 605 a.C., el rey babilónico Nabucodonosor conquistó Gaza y la incorporó a su imperio. *LaMoine DeVries*

GAZAM Nombre de persona que significa "oruga" o "ave de presa". Jefe de una familia de sirvientes del templo que regresó de la cautividad en Babilonia con Zorobabel (Esd. 2:48).

GAZEZ Nombre de persona que significa "esquilador". Nombre tanto del hijo como del nieto de Caleb (1 Crón. 2:46). Es posible que Gazez sea una ciudad, al igual que otros nombres de la lista que representan ciudades del sur de Judá ocupadas por la tribu de Caleb; sin embargo, se desconoce información adicional.

GEBA Nombre geográfico que significa "colina", y variante de escritura hebrea para Gabaa. Los términos Geba y Gabaa a veces se confunden, aunque ambos representan ciudades diferentes del territorio de Benjamín. Este recibió Geba como herencia (Jos. 18:24), pero la ciudad fue apartada para los levitas (Jos. 21:17). Fue sin duda la base militar de Saúl y Jonatán en su lucha contra los filisteos (1 Sam. 13:16-14:18), aunque los textos hebreos y las traducciones modernas confunden aquí Geba y Gabaa. El rey Asa de Judá (910–869 a.C.) fortaleció la ciudad (1 Rey. 15:22). En días del rey Josías (640–609 a.C.),

El emplazamiento sur de Geba (actualmente Jebas), pocos kilómetros al norte de Jerusalén.

Geba aparentemente representaba el límite norte de Judá en contraposición con el límite sur en Beerseba (2 Rey. 23:8). Isaías describió el oscuro presagio de la marcha del ejército asirio y dijo que iba a través de Geba camino a Jerusalén (Isa. 10:29). Para Zacarías (Zac. 14:10), Geba representaba el límite norte de Judá, ciudad que sería aplastada y quedaría como una llanura dominada por Dios, quien gobernaría sobre el Monte Sion en Jerusalén. En un período los habitantes de Geba tuvieron que trasladarse a Manahat (1 Crón. 8:6), tal vez cuando la tribu de Benjamín se estableció allí por primera vez o durante el exilio. Los exiliados retornaron a Geba con Zorobabel (Esd. 2:26). En los días de Nehemías, algunos habitantes de Geba vivieron en Micmas y en otras ciudades, a menos que el texto hebreo se lea de manera diferente y se interprete que vivieron en Geba además de hacerlo en otras ciudades (Neh. 11:31). Allí vivían cantores levitas (Neh. 12:29).

A Geba se la sitúa en diversas áreas; incluso algunos eruditos ubican una Geba austral en Benjamín, al otro lado del wadi Suweinit frente a Micmas, ubicada aprox. a 9 km (5,5 millas) al norte de Jerusalén, y una Geba al norte (Jos. 18:24) en Khirbet et-Tell, a 11 km (7 millas) al norte de Bet-el. Sin embargo, hasta ahora la arqueología no cuenta con evidencias en estos lugares que correspondan a los materiales bíblicos.

GEBAL Nombre geográfico que significa "montaña". **1.** Puerto marítimo conocido por los griegos como Biblos, desde donde, según la descripción de Ezequiel, se envió ayuda para Tiro (Ezeq. 27:9). Los textos egipcios anteriores al 2000 a.C. y numerosos textos egipcios y asirios a través de los siglos mencionan Gebal, situada en la moderna Dschebel, aprox. a 40 km (25 millas) al norte de Beirut. Fue el puerto sirio más famoso. Formaba parte de la tierra que Josué debía conquistar (Jos. 13:5). Albañiles de Gebal cortaron piedras para el templo de Salomón (1 Rey. 5:18). En ese lugar, los arqueólogos han descubierto asentamientos que datan del 8000 a.C. Los delicados sarcófagos del rey Ahiram allí descubiertos contenían la evidencia más antigua existente del alfabeto fenicio. Aprox. en el 900 a.C., Tiro reemplazó a Gebal y se convirtió en la ciudad más poderosa de Fenicia. Aún así Gebal continuó su fama mundial por construcción de barcos y comercio. **2.** Miembro de una coalición contra Israel que el salmista lamentó (Sal. 83:7). Región norte de Arabia cercana a Petra, en la región montañosa al sur del Mar Muerto. El Génesis apócrifo de los Rollos del Mar Muerto también la menciona.

GEBALITA Habitante de Gebal. Ver *Gebal.*

GEBER Nombre de persona que significa "hombre joven" o "héroe". Hijo de Uri, gobernador del distrito de Galaad en la época de Salomón, más allá del Jordán (1 Rey. 4:19). Recolectaba provisiones para suplir las necesidades de la corte real. Ben-geber, hijo de Geber, fue gobernador del distrito de Ramot de Galaad.

GEBIN Nombre geográfico que significa "pozo de agua". Se encontraba en el trayecto de los conquistadores que avanzaban contra Jerusalén (Isa. 10:31). Se desconoce el lugar exacto, pero estaba entre Tell el-Ful y el Monte Scopus cerca de Jerusalén.

GEDALÍAS Nombre de persona que significa "Yahvéh ha hecho grandes cosas". **1.** Hijo de Ahicam a quien Nabucodonosor de Babilonia

Ruinas de la antigua ciudad portuaria de Biblos (Gebal), ubicada en el actual Líbano.

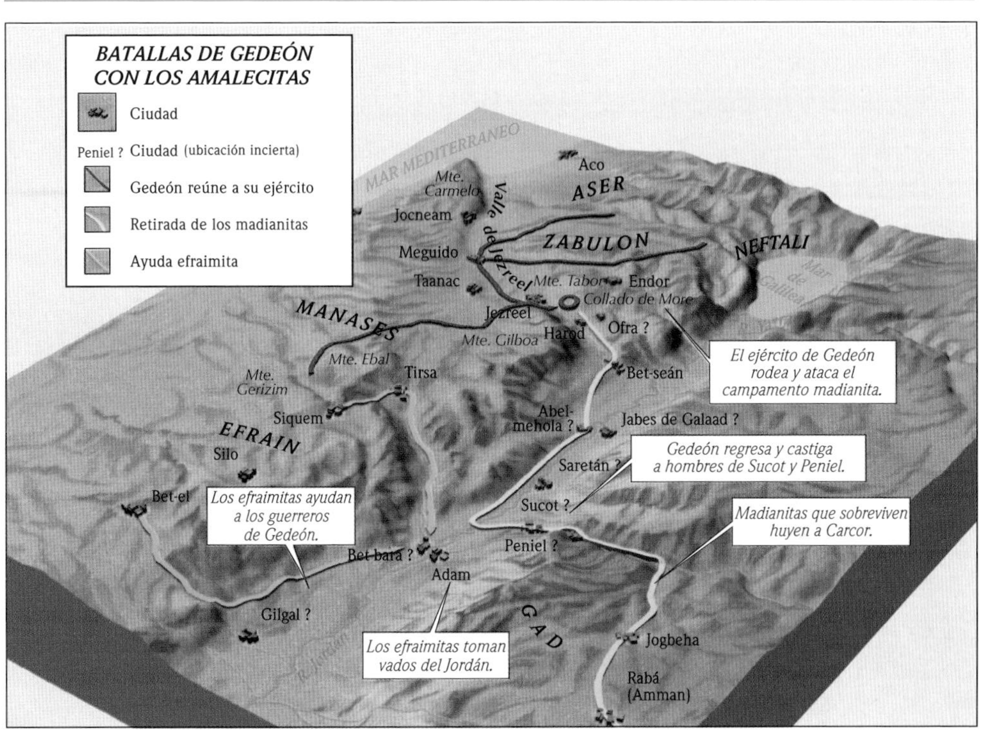

designó gobernador de Judá en el 587 a.C. (2 Rey. 25:22). Jerusalén había caído ante los babilonios, y muchos habitantes de Judá habían sido deportados. Ahicam, padre de Gedalías, era aliado del profeta Jeremías (Jer. 26:24; 39:14), y es posible que Gedalías haya coincidido con el punto de vista político de Jeremías. Esto explicaría por qué Nabucodonosor lo eligió gobernador. Ocupó su cargo por un tiempo breve, ya que un grupo de nacionalistas fanáticos bajo el liderazgo de Ismael lo asesinó dos meses después de haber asumido (Jer. 40:1–41:18). **2.** Oficial del rey Sedequías (597–586 a.C.) que estaba con el grupo que obtuvo permiso del rey para encerrar a Jeremías en una cisterna (Jer. 38). **3.** Cantor del templo y profeta que ejecutó el arpa con su padre Jedutún y sus cinco hermanos (1 Crón. 25:3). Encabezaba una de las 24 divisiones de los sirvientes del templo (1 Crón. 25:9).

Un sacerdote que se había casado con una mujer extranjera durante el tiempo de Esdras (Esd. 10:18) y el abuelo del profeta Sofonías (Sof. 1:1) recibieron como nombre la forma abreviada del nombre hebreo.

GEDEÓN Nombre de persona que significa "el que destroza". Quinto gran juez de Israel en el siglo XII a.C. También se llamaba Jerobaal y era hijo de Joás, de la tribu de Manasés. Juzgó a Israel durante 40 años (Jue. 6:11-8:35).

A Gedeón se le asignó la tarea de liberar a Israel de la opresión de los madianitas y amalecitas, tribus nómadas del desierto que repetidamente incursionaban en el país. Estos pueblos montaban en camellos, lo cual les permitía incursionar en Israel, destruir las cosechas, tomar el botín y luego escapar al desierto con tal rapidez que los israelitas no podían atraparlos. Gedeón no realizó la tarea con buena disposición. Aunque conocía la voluntad de Dios, en dos ocasiones colocó el vellón en un acto que parecía ser un esfuerzo para evitar la voluntad divina imponiendo condiciones imposibles. Dios cumplió con sus exigencias en ambos casos y luego estableció la estrategia que garantizaría la victoria para Israel.

Dios proveyó dos pruebas que ayudarían a reducir el número de integrantes del ejército de Gedeón, que constaba de 32.000 hombres. Esto se hizo para que Israel no pudiera proclamar la victoria por ningún otro medio que no fuera la continua dependencia de Dios. Los que tuvieron miedo y los que se arrodillaron para beber agua fueron enviados de regreso a su casa. Los 300 que quedaron recibieron cántaros, antorchas y

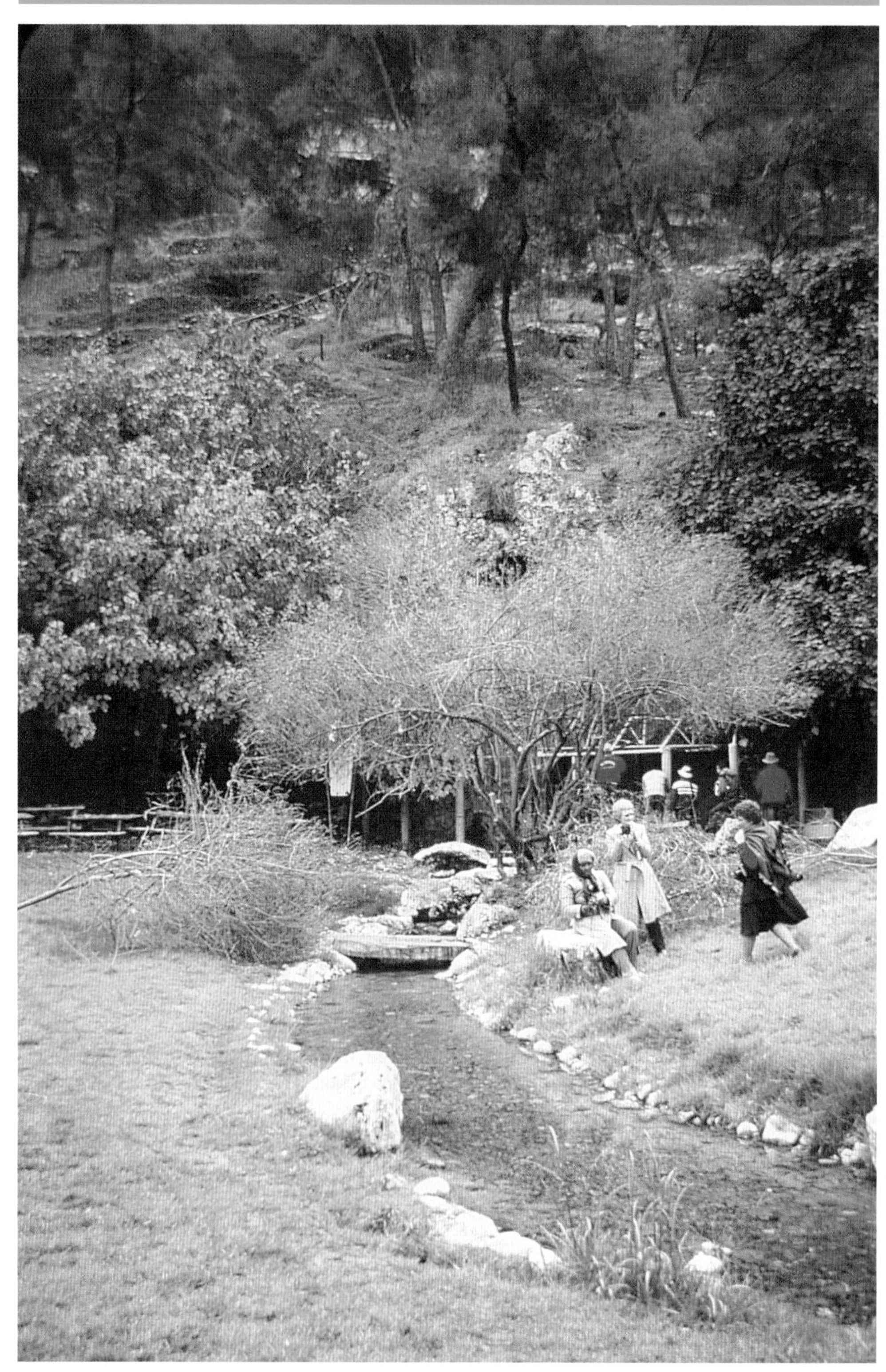

La fuente de Harod, donde Gedeón dividió a sus hombres para la batalla contra los madianitas.

trompetas, y se ubicaron alrededor del campamento madianita. La estrategia consistió en sembrar terror: cuando Gedeón dio la señal, los soldados rompieron los cántaros y las antorchas se hicieron visibles y tocaron las trompetas, lo que hizo que sus enemigos creyeran que estaban rodeados. Estos huyeron, sus líderes murieron y la opresión madianita llegó a su fin.

El héroe de la fe (Heb. 11:32) terminó su vida con una nota triste. Castigó con furia a Sucot y Penuel porque no lo habían ayudado a luchar contra los reyes madianitas (Jue. 8:1-17). Rechazó el ofrecimiento del pueblo para que reinara y testificó que solamente Dios era rey (Jue. 8:22-23); sin embargo, le ordenó al pueblo que le entregara los zarcillos de oro que había tomado como botín de guerra de los ismaelitas. Con ellos fabricó un efod, un símbolo de culto, y guió al pueblo por el camino equivocado (Jue. 8:24-27). Su familia no siguió a Dios (Jue. 8:33). Ver *Camello; Jerobaal; Jueces, Libro de; Madianitas.*

Darlene R. Gautsch

GEDEONI Nombre de persona que significa "el que corta o despedaza". Padre de Abidán, líder de la tribu de Benjamín durante el peregrinaje en el desierto (Núm. 1:11; 2:22; 7:60; 10:24).

GEDER Nombre geográfico que significa "muro de piedra". Ciudad a cuyo rey mató Josué (Jos. 12:13). Se desconoce la ubicación y se podría confundir fácilmente con sitios tales como Bet-geder, Gedera, Gederot y Gederotaim. Algunos eruditos creen que un copista confundió este término con Gezer, que lo precede, o que transcribió mal Gerar. En 1 Crónicas 27:28 se menciona un oficial de Geder, pero la relación de este nombre con el que se menciona en Josué 12 y las otras ciudades mencionadas arriba no se puede determinar.

GEDERA Nombre geográfico que significa "redil" o "muro de piedra". Aldea de la Sefela o Valle de Judá (Jos. 15:36). Ubicada en la moderna Tell el-Judeireh al norte de Maraeshah y a 16 km (10 millas) al sudeste de Lod. Los habitantes eran famosos por alfarería. La mayoría de las artesanías las realizaban para el rey (1 Crón. 4:23). Hogar de uno de los soldados de David (1 Crón. 12:4) que aparentemente pertenecía a la tribu de Benjamín (1 Crón. 12:2), pero que tal vez haya vivido en Judá antes de unirse a David en Siclag. De lo contrario, sería una Gedera diferente ubicada en Jedireh cerca de Gabaón. Ver *Geder.*

GEDERATITA Ver *Gedera.*

GEDERITA Habitante de Geder. Ver *Geder.*

GEDEROT Nombre geográfico que significa "muros". Ciudad del territorio de la tribu de Judá en la Sefela o valle (Jos. 15:41). Podría ser una forma de escritura alternativa de Gedera o Qatra, cerca de Laquis. Cuando los filisteos tomaron Gederot junto con otras ciudades, el rey Acaz (735–715 a.C.) buscó ayuda de los asirios (2 Crón. 28:18). Ver *Geder; Gedera.*

GEDEROTAIM Nombre geográfico que significa "dos muros", o sustantivo común que se refiere a rediles. Ciudad del valle o Sefela de Judá otorgada a la tribu de Judá (Jos. 15:36). La lista contiene catorce ciudades pero Gederotaim no se menciona, por lo que varios comentaristas la identifican como parte de Gedera o duplicación del copista. Ver *Gedera.*

GEDOLIM Nombre de persona que significa "los grandes". Zabdiel, uno de los principales sacerdotes, era hijo de Gedolim (Neh. 11:14). Los estudiosos de la Biblia han sugerido que *gedolim* tal vez no sea un nombre propio hebreo y lo interpretaron como error de copista de un nombre poco común cambiado por una palabra o título más conocido, un título honorario de una familia importante o un título del sumo sacerdote.

GEDOR Nombre geográfico que significa "muro". **1.** Ciudad de los montes de Judá en el territorio asignado a esa tribu (Jos. 15:58). Ubicada en Khirbet Judur, a 5 km (3 millas) al norte de Hebrón y Beth-zur y al oeste de Tecoa. **2.** En 1 Crón. 4:18, Jered es el padre de Gedor. Ver *Soco.* **3.** El Gedor de 1 Crónicas 4:39 probablemente represente una versión diferente de Gerar realizada por un antiguo copista. Este término en hebreo es bastante similar en apariencia y aparece en la primera traducción griega. Si Gedor es la lectura original, se desconoce su ubicación en el territorio de la tribu de Simeón (1 Crón. 4:24). Un benjamita de Gedor tenía dos hijos en el ejército de David que operaba en el desierto (1 Crón. 12:7). Podría ser una ciudad de Benjamín con ubicación desconocida o podría referirse a algunos de los términos Gedor mencionados arriba. Un miembro de la tribu de Benjamín se llamaba Gedor (1 Crón. 8:31). Ver *Geder; Gederot.*

GEHENNA Término español equivalente a la palabra griega (*geena*) que deriva del topónimo hebreo (*gehinnom*) que significa "Valle de Hinom". En la época del NT se llegó a usar para referirse al infierno. Valle ubicado al sur de Jerusalén, cuyo nombre actual es Wadi er-Rababi, donde se sacrificaban niños a dioses extranjeros (Jos. 15:8; 18:16; 2 Crón. 33:6; Jer. 32:35). Posteriormente, los judíos usaron el valle para arrojar basura, cuerpos muertos de animales y de criminales ejecutados. Aparentemente, debido a que el fuego en el valle era permanente (para consumir la basura y los cuerpos muertos), el pueblo comenzó a utilizar el nombre para designar el lugar donde sufrían los malvados. En el período intertestamentario, los escritos judíos usaban el término para describir el infierno de fuego en el juicio final. En algunos escritos, pero no en la Biblia, al término Gehenna se lo considera el lugar de juicio temporal para aquellos que esperan el juicio final.

El NT usa "Gehenna" para referirse al lugar del castigo final. Jesús advirtió que los que llamaban a alguien "fatuo" enfrentarían el peligro del fuego del Gehenna (infierno de fuego, Mat. 5:22). Jesús enseñó que era mejor destruir una parte del cuerpo antes de que todo el cuerpo fuera echado al Gehenna (Mat. 5:29; 18:9; Mar. 9:43,45,47). Allí los gusanos trabajan constantemente en un ambiente de fuego continuo (Mar. 9:48). Dios es el único que puede dictaminar que las personas vayan al Gehenna y, por lo tanto, es el único digno del temor humano (Mat. 10:28, Luc. 12:5). Jesús condenó a los fariseos porque hacían adeptos pero luego los transformaban en hijos del Gehenna, es decir, personas destinadas al infierno (Mat. 23:15). Reprendió a los fariseos y les advirtió que no tendrían posibilidad de escapar del Gehenna mediante sus prácticas cotidianas (Mat. 23:33). Santiago exhortó a aquellos que no podían controlar la lengua que había sido encendida por el Gehenna (Sant. 3:6). Ver *Hades; Hinom, Valle de; Infierno.*

GELILOT Nombre geográfico que significa "círculos" o "regiones". Punto limítrofe al norte de Jerusalén en el territorio de la tribu de Benjamín (Jos. 18:17). En la descripción de Judá parece corresponder a Gilgal (Jos. 15:7). Ver *Gilgal.*

GEMALI Nombre de persona que significa "mi camello" o "el que monta un camello". Espía que representó a la tribu de Dan en el reconocimiento de la tierra de Canaán (Núm. 13:12).

Vista del Valle de Gehenna (Valle de Hinom), mirando al nordeste, hacia la ciudad (nueva) de Jerusalén.

G

GEMARA Porción del Talmud que contiene un comentario sobre la Mishná. La palabra "Gemara" (aram. "aprender") se refiere específicamente a los debates sobre la Mishná que se realizaban en escuelas rabínicas de Palestina y Babilonia en la antigüedad. La Mishná y la Gemara combinadas componen el Talmud. La mayor parte de la Gemara se escribió en arameo. Existen dos Gemaras, la de Palestina y la de Babilonia. Ver *Mishná.*

GEMARÍAS Nombre de persona que significa "Yahvéh ha completado o realizado". **1.** Mensajero que el rey Sedequías (597–586 a.C.) envió a Babilonia. Portador de una carta de Jeremías a los exiliados (Jer. 29:3). **2.** Hijo de Safán, escriba de la corte, que tenía una habitación en el templo donde Baruc le leía a la congregación los sermones de Jeremías (Jer. 36:10). Más tarde, Gemarías trató de evitar que el rey quemara el rollo de Jeremías (v.25). Ver *Safán.*

GENEALOGÍAS Expresiones escritas u orales de la ascendencia de una persona o personas a partir de un antepasado o antepasados.

Antiguo Testamento Aquí las genealogías se presentan de dos formas: en listas concisas o dentro de relatos que contienen información adicional. Las genealogías pueden ser *extensas* o *amplias*, de manera tal que presentan sólo la primera generación de descendientes ("los hijos de Lea... los hijos de Raquel... los hijos de Bilha... los hijos de Zilpa", Gén. 35:23-26). Pueden ser *profundas* o *lineales*, donde se enumeran los descendientes subsiguientes, generalmente de dos a diez ("el hijo de Salomón fue Roboam, cuyo hijo fue Abías, del cual fue hijo Aza", 1 Crón. 3:10). Las genealogías lineales sirven para convalidar a la última persona o personas registradas en la lista de nombres. Las genealogías segmentadas despliegan tanto profundidad como amplitud ("estas son las generaciones de los hijos de Noé: Sem, Cam y Jafet... Los hijos de Jafet fueron Gomer... los hijos de Gomer", Gén. 10:1-29). Las genealogías descendentes van desde el padre al hijo (1 Crón. 9:39-44; ver también la genealogía de Jesús en Mat. 1:1-16), y las ascendentes se presentan desde el hijo al padre (1 Crón. 9:14-16; ver también la genealogía de Jesús en Luc. 3:23-38). Las genealogías bíblicas no siempre mencionan a todos los miembros del linaje familiar. Cumplen una función selectiva que depende del propósito o propósitos del autor. Por ejemplo, Ex. 6:14-26 presenta una lista de cinco generaciones de antepasados de Moisés y Aarón. El propósito allí es convalidar a Moisés y Aarón como nuevos líderes. La genealogía de Efraín (1 Crón. 7:23-27) demuestra que hubo por lo menos doce generaciones desde José hasta Josué, lo cual sugiere que algunos de los antepasados de Moisés y Aarón no se incluyeron en la genealogía de Éxodo.

M.D.Johnson identificó nueve funciones/propósitos de las genealogías: (1) Demostrar las relaciones existentes entre Israel y los pueblos vecinos a través de la búsqueda de ancestros comunes del pasado, y exhibir simultáneamente el linaje de los reyes y la distinción entre Israel y sus vecinos. Las genealogías de Lot (Gén. 19:36-38), Nacor (Gén. 22:20-24), Cetura (Gén. 25:1-6), Ismael (Gén. 25:12-16) y Esaú (Gén. 36) son ejemplos de esta función. (2) Crear un sistema genealógico inclusivo y coherente para Israel. Ejemplo de esto es el libro *toledot* (de las generaciones) de Génesis. (3) Establecer la continuidad a través de los períodos que no cubrieron las narraciones bíblicas. Génesis 5 y 11 son ejemplos de este propósito. Rut 4:18-22 también cumple con este objetivo. (4) Asignar fechas para el diluvio (Gén. 5), el nacimiento de Abraham (Gén. 11) o la división en dos partes iguales de la historia preexílica de Israel (1 Crón. 6:1-15) mediante la enumeración de los sumos sacerdotes previos y posteriores al reinado de Salomón. Como algunas genealogías son selectivas, esta función no es una medida de cálculo cronológico absoluto. (5) Cumplir con la función militar de enumerar a los guerreros de Israel. Números 1 y 26 son ejemplos de este propósito. (6) Demostrar la legitimidad de una persona en la función que desempeña, particularmente en lo referente al sacerdocio. Esdras 8 y Nehemías 7 y Ex. 6:14-26 son ejemplos de esto. (7) Establecer y preservar la homogeneidad de la comunidad judía. Las genealogías de Esdras y Nehemías y la tradición rabínica sirven a este propósito. (8) Afirmar la continuidad de los hijos de Dios a través del período de dispersión de la nación de Israel (el exilio). Por lo tanto, la comunidad postexílica es la misma comunidad israelita de la monarquía. Las genealogías de 1 Crón. 1–9 son ejemplos de esto. (9) Dividir la historia en períodos ordenados y demostrar que el plan divino rige y ordena el curso de la historia.

Nuevo Testamento La genealogía de Jesús de Mat. 1:1-17 contempla la familia de Jesús en tres listas de 14 ancestros: De Abraham a David, de David al exilio y del exilio a José. Lucas presenta una genealogía ascendente desde Jesús hasta Adán, el hijo de Dios (Luc. 3:23-38). Se han presentado diversas propuestas para armonizar las dos genealogías. Uno de los puntos de vista ampliamente aceptado es que el enfoque de Mateo es el propósito mesiánico de Jesús y la genealogía legal del heredero del trono de David mediante la enumeración del linaje de reyes de David hasta Jeconías. El propósito de Lucas era enfocar la descendencia física de Jesús a través de Su madre, María. Lucas deseaba presentar la humanidad de Jesús, mientras que Mateo enfatizó Su realeza. Ambos hicieron hincapié en el nacimiento virginal de Jesús y en Su naturaleza divina. En cuanto a los otros personajes del NT, los escritores demostraron tener menos interés en los antepasados de lo que se observa en el AT. Dios ha revelado ahora a aquel en quien Él reuniría a la humanidad, no mediante un antepasado en común sino a través de un nuevo nacimiento espiritual compartido. *Francis X.Kimmitt*

GENERACIÓN Acontecimientos importantes durante un período de tiempo que abarca la vida de una persona, pero también se utiliza para referirse a un lapso más indefinido. Hay dos palabras hebreas que a veces se traducen "generación". La más significativa es *toledot*, que deriva del verbo hebreo "dar a luz hijos". *Toledot* provee la estructura del libro de Génesis (2:4; 5:1; 6:9; 10:1,32; 11:10,27; 25:12-13,19; 36:1,9; 37:2). De esta manera, la creación, Adán, Noé, los hijos de Noé, Sem, Taré, Ismael, los hijos de Ismael, Isaac, Esaú y Jacob proporcionan una generación y una unidad estructural a la narrativa de Génesis. Al escribir una narración de esta manera, Israel siguió un modelo que sus vecinos del Cercano Oriente habían utilizado por largo tiempo y consistía en describir la creación como una serie de nacimientos. Israel, como ocurrió a menudo bajo la inspiración divina, cambió radicalmente el modelo. Los vecinos de Israel relataban el nacimiento de los dioses, y dichos nacimientos representaban a su vez parte del universo, ya que ellos consideraban que el sol, la luna y las estrellas eran dioses. Israel simplemente relató el nacimiento de la creación por las palabras y acciones de Dios. Esto inició un proceso mediante el cual las generaciones humanas permanecerían hasta tanto lo hiciera la generación de la creación. Cada generación humana comprendía desde la muerte del padre hasta la muerte del hijo. Este era el momento en que el hijo asumía el liderazgo de la familia hebrea, que incluía a todos los miembros del hogar. A menudo, el anciano patriarca presidía sobre el liderazgo activo de sus hijos, lo cual se puede observar particularmente en Isaac y Jacob. Por lo tanto, la historia humana en su forma más simple, que es la historia familiar, es el medio que utiliza Dios para relatar Su manera de obrar entre los seres humanos con el fin de bendecirlos y llevar a cabo Sus propósitos para con ellos. Él no obra sólo a través de acontecimientos singulares y milagrosos; también lo hace en la serie continuada de nacimientos y muertes de los seres humanos. En otras partes de la Escritura, por ej. Ex. 6, Núm. 1, 1 Crón. 1–9, el término *toledot* aparece en listas genealógicas.

El término hebreo *dor* se relaciona con la palabra para referirse a círculo e implica el círculo de la vida de un individuo, ya sea del nacimiento a la muerte, o del nacimiento al nacimiento del primogénito. Puede tener usos extendidos en lenguaje metafórico. *Dor* aparece más de 160 veces en el AT. Generación era un vocablo general que se usaba para aludir a las personas que vivían en un período en particular. Una generación no tenía necesariamente un número específico de años. Génesis 15:13-16 aparentemente equipara 400 años con cuatro generaciones, lo que implica 100 años por generación. Tal vez Núm. 32:11-13 considere que una generación comprende 60 años. Incluía personas de 20 años y mayores a las que atribuía 40 años más hasta la muerte. Esto también se podría interpretar en el sentido de que una generación comprende los 40 años de adultez que van desde los 20 a los 60 años. Dios le prometió a Jehú que sus hijos gobernarían hasta la cuarta generación, lo que aparentemente significaba que serían cuatro hijos (2 Rey. 10:30; 15:12). Jehú comenzó a gobernar aprox. en el 841 a.C., su primogénito Joacaz aprox. en el 814 a.C., y la cuarta generación, Zacarías, falleció aprox. en el 752 a.C. Las cinco generaciones gobernaron menos de 90 años, mientras que las de los cuatro hijos gobernaron cerca de 60. En este caso, una generación sería menos de 20 años. Luego de sus tragedias, Job vivió 140 años y vio cuatro generaciones (Job 42:16). Esto significa que una generación abarcaría aprox. 35 años. Básicamente, una generación no es un número específico de años sino un período de tiempo más o menos determinado (comp. Job 8:8; Isa. 51:9). Por lo tanto, la expresión literal hebrea "generación y generación" significa todas las generaciones o para siempre (Sal. 49:11). Asimismo, "a tus (sus) generaciones" significa para siempre (Núm. 10:8).

Las generaciones vienen y van (Ecl. 1:4). Una generación también representa a aquellos que se reúnen para adorar, de manera tal que la comunidad reunida para adorar forma una generación (Sal. 14:5; 24:6; 73:15). Las generaciones de los pueblos cambian, pero Dios ha dado su nombre Yahvéh para que todas las generaciones lo recuerden (Ex. 3:15). Él es refugio para todas las generaciones (Sal. 90:1). El peligro radica en que se levantará una generación que no conoce a Yahvéh (Jue. 2:10 comp. Sal. 12). Por lo tanto, una generación debe relatar y poner por escrito las obras de Dios para la siguiente (Sal. 22:30-31; 102:18; comp. Sal. 79:13).

El pueblo de Dios debe aprender a ser fiel. Él es fiel a miles de generaciones porque forma parte de Su propia naturaleza (Deut. 7:9). Todas las generaciones pueden alcanzar salvación, que es eterna (Isa. 51:8).

En el NT, el término "generación" se refiere a una audiencia contemporánea específica. A menudo Jesús utilizaba el término para describir la naturaleza malvada de las personas a las que se dirigía (Mat. 11:16; 12:39; Luc. 17:25). El mensaje del NT se puede resumir en: "a Él sea la gloria en la iglesia y en Cristo Jesús por todas las generaciones, por los siglos de los siglos" (Ef. 3:21 LBLA). *Trent C. Butler*

GENERAL, CAPITÁN En lo referente a Sísara (Jue. 4:7) y Joab (1 Crón. 27:34), un general es el oficial de mayor rango al comando de un ejército. En las traducciones españolas, los términos general, comandante y capitán se utilizan de manera indistinta para referirse a un oficial de dicho rango.

GENESARET Nombre alternativo para referirse al Mar de Galilea. Utilizado también para referirse al valle fértil ubicado al noroeste de este mar. Ver *Mar de Galilea.*

GÉNESIS, LIBRO DEL El primer libro de la Biblia y el primero de los cinco escritos por Moisés. Describe la creación de todas las cosas mediante los actos portentosos del único Dios verdadero, la rebelión humana, el castigo y la restauración (1:1–11:9). El resto del libro explica el origen de Israel, el pueblo de Dios, y su lugar en el plan de redención divina (11:10–50:26). Ver *Pentateuco.*

Contenido La mayoría entiende que la estructura del Génesis se relaciona con la frase repetida que se traduce de diversas maneras, "estas son las generaciones de X", "estos son los registros de X" o "este es el relato de X". La palabra hebrea *toledot* que aparece en esta frase normalmente significa "descendientes", pero en Génesis generalmente quiere decir "historia familiar". Tiene un sentido figurado en la primera aparición en 2:4 (donde se traduce orígenes) al referirse a los cielos y la tierra. Allí introduce una sección que recrea lo que ocurrió con la creación de Dios, es decir, la entrada del pecado y la muerte. Además, los primeros 11 capítulos de Génesis relatan la historia más antigua de la tierra y demuestran por qué era tan necesario el plan de redención divino por medio de Abraham. El resto del libro se refiere a: (1) Los patriarcas: Abraham, Isaac, Jacob y sus hijos; (2) el juramento de Dios de bendecir y redimir a la humanidad a través de ellos, y (3) cómo llegaron a Egipto los descendientes de Abraham.

Génesis 1:1–11:9 Génesis 1:1–2:3 describe el origen del universo, "los cielos y la tierra", los seis días de la creación y el séptimo día cuando Dios descansó. Génesis 2:4–4:26 describe más detalladamente cómo creó Dios al ser humano y cómo se corrompió la humanidad a través del pecado. Génesis 5:1–6:8 detalla la descendencia de Adán hasta la época de Noé. Génesis 6:9–9:29 relata la historia del diluvio, el pacto de Dios con Noé y la maldición de Dios sobre Canaán y los cananeos. Finalmente, 10:1–11:9 registra la distribución geográfica de los hijos de Noé (10:1-32) y explica que la existencia de tantos idiomas y naciones es resultado de la maldición de Dios ante el orgullo humano manifestado en la torre de Babel (11:1-9).

Génesis 11:10–50:26 Génesis 11:10-26 detalla a los descendientes de Sem, el hijo de Noé, hasta la época de Taré y sus hijos Abram, Nacor y Harán. Algunos consideran que esta sección es la conclusión de la primera división importante del libro. Génesis 11:27–25:11 relata la historia de la relación de Dios con Abram (que significa "padre exaltado"), cuyo nombre Dios cambió por Abraham (que significa "padre de una multitud"). Dios le prometió a Abraham que lo bendeciría, engrandecería su nombre, sería enemigo de sus enemigos y le daría multitud de descendientes que se convertirían en una gran nación. Más importante aún es la promesa de Dios de que bendeciría a todas las naciones a través de él (12:1-3). En Gén. 15, Dios reafirmó su pacto con Abraham y lo garantizó incondicionalmente. Abraham trató de cumplir la promesa de Dios de que tendría un hijo y tomó a Agar, la sierva de su esposa, para que fuera su esposa esclava. De ella nació Ismael (Gén. 16). Sin embargo, la promesa de Dios se cumplió cuando les dio a Abraham y Sarai (cuyo nombre Él cambió por Sara) un hijo, Isaac (Gén. 21). La historia de Abraham concluye con el relato de su muerte luego de proveerle esposa a Isaac. En Gén. 25:19–35:29 se detalla la historia de los descendientes de Isaac luego de enumerar a los de Ismael, a quien Dios bendijo por amor a Abraham (25:12-18). El pasaje se refiere principalmente a la relación de Dios con Jacob, el hijo de Isaac, a quien Él escogió en lugar de Esaú para que a través de él se cumpliera la promesa de redención. Génesis 37:2–50:26 relata la historia de los descendientes de Jacob, luego de detallar a los descendientes de Esaú (36:1–37:1). Este pasaje trata principalmente de la historia de José y cómo Dios llevó a Jacob y a sus hijos a vivir a Egipto. Aunque el carácter piadoso de José preservó a la familia, la promesa de redención de Dios se cumpliría a través de Judá, el cuarto hijo de Jacob (49:8-12). Génesis 47–50 completa la historia de los patriarcas, continúa el relato de la vida de Jacob y José hasta su muerte, y anticipa el retorno a Canaán que se relata en el libro de Éxodo. Ver *Abraham; Adán y Eva; Antropología; Creación; Diluvio; Dios de los padres; Humanidad; Imagen de Dios; Isaac; Jacob; José; Noé; Nombres de Dios; Pecado; Tierra.*

Interpretaciones Hasta el siglo XIX, tanto cristianos como judíos aceptaban la autoría de Moisés del Pentateuco, los primeros cinco libros de la Biblia. Hay seis pasajes que citan explícitamente a Moisés como autor de, por lo menos, parte de la obra (Ex. 17:14; 24:4-8; 34:27; Núm. 33:1-2; Deut. 31:9,24-26; 31:22,30). Aunque en el Génesis no se encuentra dicha mención, el libro es parte integral del Pentateuco sin el cual Éxodo carecería de sentido. Éxodo hasta Deuteronomio proveen abundante testimonio de que la revelación de Dios al pueblo de Israel llegó por primera vez a través de Moisés, y el resto del AT se refiere al Pentateuco como "el libro de la ley", e implica que lo escribió Moisés (p. ej. Jos. 1:7-8; 1 Rey. 14:6; 2 Crón. 34:14; Dan. 9:11-13). Jesús y los escritores del NT consideraron que el Pentateuco, incluyendo Génesis, provenían de Moisés (ver Luc. 16:29,31; 24:27,44; Juan 1:17; 5:45-47; 7:19,22-23; Hech. 3:22; 13:39).

Sin embargo, con la llegada del Siglo de las Luces, muchos eruditos bíblicos se embarcaron en el camino de la crítica que divergía radicalmente del punto de vista tradicional. La motivación que los respaldaba provenía en parte del deseo de abrir una brecha en la tradición religiosa, a fin de descubrir lo que realmente sucedió en el pasado y liberar la fe religiosa del dogmatismo y la esclavitud al literalismo bíblico. Ciertas características del texto bíblico eran señales que apuntaban hacia ese camino: (1) Las variaciones en los nombres utilizados para Dios (*Elohim/ Yahvéh*); (2) las supuestas redundancias, tales como los dos relatos de la creación (Gén. 1–2) y las dos narrativas de la esposa–hermana (Gén. 12 y 20); (3) las variaciones en los nombres de personas y topónimos tales como cananeos/amorreos, ismaelitas/madianitas y Sinaí/Horeb; (4) las ideas supuestamente diferentes, como la lejanía o la inmanencia de Dios, y (5) los anacronismos, por ej. referencias a los reyes de Israel (Gén. 36:31) o a la ciudad de Dan (Gén. 14:14; comp. Jos. 19:47). Como consecuencia, en el siglo XIX en Europa surgió una nueva concepción, especialmente sobre cómo y cuándo se escribió el Pentateuco. Se conoció como "la hipótesis documental" debido a que la teoría proponía cuatro fuentes documentales principales, J, E, D y P, que se escribieron y recopilaron entre los siglos IX y V a.C. Julius Wellhausen, a través de su trabajo publicado por primera vez en 1878, fue el principal erudito de la propagación de esta teoría revisionista, no sólo del origen del Pentateuco sino también de la historia de Israel.

Este clásico punto de vista crítico ha sufrido muchas revisiones, sin embargo ha demostrado ser muy resistente a pesar de oponerse a lo que la Biblia dice de sí misma. Numerosas implicancias problemáticas han generado asimismo diversas respuestas. Primero, si no podemos confiar en la manera en que la Biblia describe su propio origen, ¿por qué deberíamos confiar en ella en lo referente a otras áreas? Segundo, si el Pentateuco no se originó en tiempos de Moisés, su confiabilidad como fuente de la historia antigua de Israel es cuestionable. Tercero, si el Pentateuco se compone de diversas fuentes cuya teología y perspectiva no coinciden entre sí, ¿cómo se puede escuchar la voz de Dios? El camino que nos ha guiado a este territorio enemigo se puede rastrear y evitar mediante una lectura de los textos bíblicos que sea (1) más sensible a las convenciones literarias del antiguo Cercano Oriente en la era mosaica, (2) más tolerante frente a las prácticas de los escritores de la antigüedad que son diferentes a las nuestras, (3) más abierta al principio de la revelación divina verbal y (4) flexible ante las prácticas de los escribas de actualización de los textos bíblicos durante el proceso de transmisión. De esta manera, los signos que han guiado a muchos a este sendero de la alta crítica se pueden interpretar mostrando que no difieren significativamente de la posición tradicional sobre Moisés como autor del Génesis y el resto del Pentateuco. Muchos comentarios de eruditos destacados se escribieron sobre estos libros desde esta perspectiva. Sobre Génesis, ver especialmente los comentarios de V.P. Hamilton, K.A. Mathews, G. J. Wenham y Bruce Waltke. Ver *Pentateuco.*

Los relatos de la creación y el diluvio del Génesis son similares a las historias de las antiguas Sumer, Babilonia y Asiria, que establecen otro testimonio sobre la antigüedad del Génesis. Algunos incluso consideran esto como una evidencia de que Génesis tomó prestada la historia de otras culturas. Sin embargo, las diferencias son tan sorprendentes como las similitudes. El relato del Génesis presenta a un Dios soberano, lleno de gracia y pureza moral. Los otros relatos retratan a dioses (múltiples) que son peores que el peor de los hombres, y a la creación como resultado de la actividad sexual de esos dioses. Una mejor explicación es que la creación sucedió como lo revela Génesis. Todos los pueblos descienden de Noé, por lo tanto las culturas de la antigüedad tenían "memoria" de los comienzos y les dieron forma a los relatos a su manera. Ver *Creación; Diluvio.*

La historicidad del diluvio ha sido rechazada como algo mitológico. Sin embargo, la evidencia geológica demuestra la existencia de estratos diluvianos en todo el mundo. Además se encontraron fósiles de peces en las cumbres de las montañas. No obstante, hay científicos que dan por sentado la imposibilidad de un diluvio universal. Se cuestionó la existencia de Abraham y los patriarcas. Se afirmó que era un personaje legendario o mitológico, lo mismo que la ciudad de Ur. Sin embargo, se ha descubierto Ur y ha sido excavada durante muchos años, y se ha encontrado grabado el nombre Abram en piedras del lugar.

La erudición que se practica correctamente no prueba que el Génesis no sea verdadero en todo lo que enseña sobre la creación y la caída, el diluvio, los patriarcas y demás. Existen muchas razones para llegar a la conclusión de que Génesis es una guía confiable para lo que realmente sucedió.

Enseñanzas Dios es el personaje central de Génesis. Él es Señor y Creador soberano de todas las cosas. Génesis da por sentado la realidad de la creación divina pero no trata de probarla; no especifica cuándo sucedió la creación ni cuánto tiempo tardó exactamente. Génesis enseña con elocuencia que Dios creó todas las cosas, incluso a Adán y Eva, mediante una creación especial para que tuvieran comunión con Él. Los creó inocentes y con libre albedrío. Ellos libremente escogieron desobedecer a Dios, dejar la inocencia y perder la libertad. Esa naturaleza caída pasó a todos los seres humanos y ahora limita la libertad de la voluntad humana. Los seres humanos son seres morales que pueden escoger, pero sus voluntades no son libres para obedecer a Dios. La muerte llegó a causa del pecado, y la humanidad se corrompió tanto que Dios los borró de la faz de la tierra y comenzó de nuevo a partir de Noé. La segunda humanidad también se corrompió, y Dios confundió sus lenguas y los dispersó. El plan de redención divino comenzó a manifestarse cuando llamó a un hombre para que formara una familia, una familia escogida entre todas las familias de la tierra, que sería fuente de bendición y salvación para todos los pueblos. Dios demostró a través de cada generación en Génesis que la promesa dependía solamente de Su poder soberano y que ninguna circunstancia, persona, familia ni nación podría desbaratar Sus propósitos. El pecado humano no pudo frustrar el plan de Dios, sino que por el contrario, le dio oportunidad de demostrar Su gloria. El cadáver de José puede haber estado en un sarcófago en Egipto, sin embargo desde su lecho de muerte ordenó que sus huesos fueran transportados a su casa, Canaán, cuando Dios llevara a Su pueblo de regreso a la tierra que había prometido a Abraham, Isaac y Jacob.

Bosquejo

I. Historia de los prepatriarcal (1:1–11:9)
   A. Creación de todas las cosas (1:1–2:3)
   B. Origen y corrupción de la humanidad (2:4–4:26)
   C. De Adán a Noé (5:1–6:8)
   D. El diluvio y sus consecuencias (6:9–9:29)
   E. La Tabla de las Naciones y la torre de Babel (10:1–11:9)
II. Historia de los patriarcas (11:10–50:26)
   A. De Noé a Abram (11:10-26)
   B. El ciclo de Abraham (11:27–25:11)
      1. La familia de Abram (11:27-32)
      2. Dios llama a Abram (12:1-9)
      3. Dios protege a Abram y su familia (12:10–14:24)
      4. El pacto de Dios con Abram (15:1-21)
      5. La impaciencia de Abram (16:1-16)
      6. La promesa divina renovada (17:1–18:15)

7. Intercesión de Abraham por Sodoma y Gomorra (18:16–19:38)
8. Cumplimiento de la promesa de Dios en cuanto a un hijo (20:1–21:34)
9. La prueba divina definitiva de la fe de Abraham (22:1-24)
10. La primera porción de tierra de Abraham (23:1-20)
11. La esposa de Isaac (24:1-67)
12. La muerte de Abraham (25:1-11)

C. Los descendientes de Ismael (25:12-18)

D. El ciclo de Jacob (25:19–35:29)
1. El derecho de Esaú a la primogenitura (25:19-34)
2. Dios libera a Isaac (26:1-35)
3. Dios protege y bendice a Jacob (27:1–33:20)
4. Conflicto de Jacob con los cananeos (34:1-31)
5. Jacob retorna a Bet-el (35:1-15)
6. La muerte de Raquel y de Isaac (35:16-29)
7. Dios bendice a Esaú por amor a Abraham e Isaac (36:1-43)

E. Los descendientes de Esaú (36:1–37:1)

F. El ciclo de José (37:2–50:26)
1. La esclavitud de José en Egipto (37:1-36)
2. La infidelidad de Judá (38:1-30)
3. El éxito de José en Egipto (39:1–40:23)
4. La exaltación de José en Egipto (41:1-52)
5. José pone a prueba a sus hermanos (41:53–44:34)
6. José se reúne con sus hermanos (45:1-28)
7. La familia de Jacob se traslada a Egipto (46:1–47:31)
8. La bendición de Jacob para su familia y su muerte (48:1–49:33)
9. Muerte de José (50:1-26)

Charles W. Draper y E. Ray Clendenen

GENTILES Personas que por nacimiento no son parte de la familia escogida de Dios y que, por lo tanto, se pueden considerar "paganos". Aunque "gentiles", "naciones", "paganos" e "impíos" no son sinónimos en español, constituyen variantes que los traductores escogen para traducir la palabra *goyim* del hebreo y *ethnoi* del griego. Los términos "gentil" y "nación" sugieren raza o territorio, mientras que "paganos" e "impíos" indican religión.

La doctrina de la elección que convierte a Israel en nación santa (Ex. 19:6; Lev. 19:2), escogida entre las naciones mediante el pacto en Sinaí, dirige la atención a que ninguna otra nación tiene un Dios con esas características ni leyes de esa clase. El escritor de Deuteronomio prohibió la comunión con las naciones (Deut. 7:3,6,16). El AT señalaba los caminos corruptos (Esd. 6:21) y la adoración abominable de las naciones (2 Rey. 16:3).

Las aflicciones por parte de otros países incrementaron la tensión entre Israel y las naciones. En los Salmos esto dio lugar a la invocación de maldiciones sobre esas tierras (Sal. 9; 59; 137). La dispersión entre las naciones fue el castigo final por la desobediencia de Israel.

Según los profetas, las naciones estaban controlados por Dios y Él las utilizaba sin que ellas se dieran cuenta (Isa. 10:5-7), pero a su vez, serían castigadas (Isa. 10:12-16). Joel describió en el Valle de Josafat (Joel 3:12-16) el juicio de las naciones que habían abusado de Israel.

Salomón, en su oración de dedicación, estableció claramente que la puerta nunca se cerraría para los extranjeros que deseaban servir al Señor (1 Rey. 8:41-43), y las palabras proféticas y algunos salmos hablan de las naciones que se reúnen para adorar al Dios de Jacob (Sal. 86:9; 102:15-17; Isa. 2:2-4; Sof. 3:9-10). Yahvéh es el único Dios de todos los pueblos (Isa. 45:22-24). La misión de Israel consistía en llevar justicia (Isa. 42:1) y luz a las naciones (Isa. 49:6).

En los Evangelios, el ministerio de Jesús se interpreta en los términos de las expectativas del AT para los gentiles. Él fue una luz para ellos (Mat. 4:16-17; Luc. 2:32). Aunque Jesús dirigió Su obra hacia los judíos (Mat. 15:24), y al principio limitó a ellos el trabajo de Sus discípulos (Mat. 10:5), advirtió que se les quitaría el reino y que se lo daría a una nación que diera frutos apropiados (Mat. 21:43). Aunque los gentiles crucificaron a Jesús (Mat. 20:19), los culpables son tanto estos como los judíos (Hech. 4:27).

Luego de la resurrección de Jesús, la comisión incluyó a "todas las naciones" (Mat. 28:19). La escena del juicio de la parábola de Jesús presenta una visión de "todas las naciones" reunidas ante el trono glorioso (Mat. 25:31-32). Las promesas incluían a todos los que estaban lejos (Hech. 2:39). En la casa de Cornelio, el Espíritu se derramó sobre los gentiles (Hech. 10:45; 11:1,18; 15:7). La reunión de los apóstoles en Jerusalén, convocada mediante una carta apostólica, liberó a los gentiles de la obediencia a la ley (Hech. 15:9; comp. 21:19, 21,25).

En la prédica apostólica se cumplió (Gál. 3:8) la promesa que Dios le había hecho a Abraham (Gén. 12:3; 18:18). Aunque en el pasado los gentiles no conocían a Dios (Ef. 2:12-22), Él derribó en Cristo todas las barreras de separación. Pablo, como ministro a los gentiles (Hech. 9:15; 22:21; 26:17; Gál. 1:16; 2:9), estuvo expuesto a muchos peligros (2 Cor. 11:26). Cuando lo rechazaron en las sinagogas, se dirigió a los gentiles (Hech. 13:46; 18:6; 28:28) y entendió su misión a la luz de las predicciones del AT (Hech. 13:47-48; Rom. 15:9-12). Como apóstol a los gentiles (Gál. 2:8-9), estableció que en Cristo no había distinciones raciales (Gál. 3:28) y proclamó que todos tenían la misma oportunidad de obtener salvación (Rom. 1:16; 9:24; Col. 3:11; comp. Hech. 26:20,23). Según la alegoría, los gentiles eran ramas silvestres injertadas en el árbol de olivo (Rom. 11:16-25).

Pablo experimentó mucho resentimiento entre los judíos ante la oportunidad ofrecida a los gentiles (1 Tes. 2:14-16). Sin embargo, conforme al pensamiento del NT, la iglesia conformada por judíos y gentiles era la nación santa, el pueblo de Dios (1 Ped. 2:9).

El Apocalipsis con sus variados enfoques, describe a una multitud redimida de todas las naciones (Apoc. 5:9; 7:9), y el vencedor tiene poder sobre las naciones (Apoc. 2:26), Babilonia (Apoc. 14:8; 18:2,23), la bestia (Apoc. 13:4) y la ramera (Apoc. 17:15) que engañan a las naciones. El diablo es atado para que no engañe más a las naciones (Apoc. 20:3). Todas las naciones vendrán a adorar (Apoc. 15:4) al que nace para gobernar con vara de hierro (Apoc. 12:5). En las escenas finales del libro, las naciones caminan a la luz de la lumbrera del Cordero; las naciones llevan su gloria a la ciudad (Apoc. 21:23-24,26); las hojas del árbol de la vida son para sanidad de las naciones (Apoc. 22:2). *Jack P. Lewis*

GENUBAT Nombre de persona que significa "robo" o "invitado extranjero". Hijo de Hadad, rey de Edom, y de la hermana de Tahpenes, la esposa del faraón de Egipto (1 Rey. 11:19-20). Se desconoce el nombre de dicho faraón. Ver *Hadad.*

GERA Nombre de persona que significa "extranjero", "foráneo" o "visitante". **1.** Hijo de Benjamín y nieto de Jacob (Gén. 46:21). **2.** Nieto de Benjamín (1 Crón. 8:3,5). Hijo de Aod y jefe de una familia de Geba exiliado a Manahat (1 Crón. 8:6-7 [ver 1. arriba]). **3.** Padre de Aod (Jue. 3:15). **4.** Padre de Simei, el que maldijo a David (2 Sam. 16:5). Ver *Simei.* **5.** La medida bíblica de peso más pequeña, equivalente a 1/20 de un siclo. Los descubrimientos arqueológicos demuestran que un gera pesaba aprox. 0,5gr. Ver *Pesos y medidas; Siclo.*

GERAR Nombre geográfico que posiblemente signifique "arrastrar". Ciudad ubicada entre Gaza y Beerseba. Abraham e Isaac firmaron tratados con el rey de Gerar (Gén. 20; 26). Esta ciudad se encontraba en el límite del territorio cananeo. Asa persiguió hasta Gerar a los etíopes que había derrotado (2 Crón. 14:13-14). Probablemente, la ubicación corresponda a Tell Abu Hureirah, al noroeste de Wadi Esh-Sheriah. Numerosas vasijas de la Edad de Bronce media (1800–1600 a.C.) revelan que la ciudad floreció en el tiempo de los patriarcas.

GERASA (NVI) Existen dos lugares que llevan este nombre. Solo uno se encuentra en la Biblia.

Según evidencias confiables de mss antiguos, Marcos 5:1 y Lucas 8:26 situaron en "la región de los gerasenos (gadarenos)" la curación del endemoniado que vivía entre las tumbas. Esto apuntaría a un lugar llamado Gerasa. Dicho sitio existía al este del Mar de Galilea. La selección entre Gadara, Gergesa y Gerasa como escenario donde Jesús curó al endemoniado es un desafío en los estudios del NT. Ver *Gadareno.*

Arcos grecorromanos en las ruinas de Gerasa (actual Jeras, Jordania), una ciudad de la Decápolis.

Ruinas de la antigua Gerasa ubicada en la actual Jordania.

La otra Gerasa se encontraba ubicada aprox. 42 km (26 millas) al norte de la actual Amán en Jordania. Sus ruinas están entre las mejor preservadas de Medio Oriente. Ver *Arabia.*

GERASENOS Habitantes de Gerasa. Ver *Gerasa.*

GERGESEO Nombre de una tribu que posiblemente signifique "el que mora con una deidad". Aparece en la lista de las tribus originales de Canaán, hijo de Cam y nieto de Noé (Gén. 10:16). Aparentemente, los textos ugaríticos de Ras Shamra también la mencionan.

GERSÓN Nombre de persona que significa "el que mora allí", "expulsado", "protegido por el dios Shom". **1.** Primogénito de Moisés y Séfora (Ex. 2:22). El escritor inspirado interpretó que el nombre significa "extranjero" o "morador", que deriva de la palabra hebrea *ger*, "viajero". Su nacimiento en Madián se convirtió en una señal más que le aseguraba a Moisés que había hecho lo correcto al huir de Egipto. Aparentemente, Gersón fue el hijo circuncidado en el extraño ritual de Ex. 4:24-26, donde Séfora liberó a Moisés cuando Dios procuraba matarlo. Por lo tanto, Gersón representaba una protección para Moisés. **2.** Hijo de Leví y jefe de una familia de sacerdotes levitas (1 Crón. 6:16-20,43,62,71; 15:7). En 1 Crón. 23:14 vemos que los hijos de Moisés habían sido incorporados al linaje de los levitas (comp. 1 Crón. 26:24). **3.** Hombre que acompañó a Esdras cuando retornó de Babilonia a Jerusalén (Esd. 8:2). Ver *Levitas; Moisés.* **4.** Una palabra hebrea apenas distinta, significa "campana". Hijo mayor de Leví (Gén. 46:11). Progenitor de los gersonitas, a quien se le había asignado específicamente la responsabilidad de transportar

Foro y camino con columnata en Gerasa (actualmente Jeras), tal como se ven desde el templo de Zeus.

el tabernáculo durante los años de existencia nómada de Israel en el desierto (comp. Ex. 6:16-17; Núm. 3:17-25; 4:22-41; 7:7; 10:17; 26:57; Jos. 21:6,27). Ver *Leví; Levitas; Sacerdotes.*

GERSONITA Descendiente de Gersón. Ver *Gersón.*

GERUT Parte de un topónimo que significa "hospitalidad" (Jer. 41:17). Algunos fugitivos se detuvieron allí, cerca de Belén, cuando huían a Egipto para escapar de Ismael, que había asesinado a Gedalías, designado por Babilonia como gobernador de Judá luego de la caída de Jerusalén en el 586 a.C. El término aparentemente indicaba una posada o alojamiento en las proximidades de Belén. Tal vez haya sido la primera parada para cruzar el límite desde Judá hacia territorio controlado por los egipcios.

GESAM Nombre de persona con diferentes formas de escritura que tal vez signifique "lluvia". Hijo de Jahdai (1 Crón. 2:47). Las traducciones más antiguas proveen diversas formas de escritura que los traductores modernos han adoptado. La NVI registra el nombre "Gesan", que es la verdadera forma de escritura hebrea. Las tradiciones griegas antiguas registran "Gersón" y "Sogar". Muchos de los nombres de la lista son pueblos asociados con Caleb, por lo tanto, Gesam también podría ser nombre de un lugar.

GESEM Nombre de persona que significa "lluvia". Gobernador árabe de Cedar que se unió a Sambalat y Tobías cuando se opusieron a los esfuerzos de Nehemías para reconstruir el muro de Jerusalén (Neh. 2:19; 6:1-19). Su nombre aparece en una vasija de plata que su hijo Qainu le dedicó a la diosa Han-Ilat en Tell el-Maskhuta, en el bajo Egipto. Una inscripción descubierta en Dedán también parece describir extensos territorios controlados por Gesem. Aunque teóricamente era vasallo de Persia, es probable que ejerciera gran poder sobre las tribus del Desierto de Siria, el sur de Palestina, el delta de Egipto y el norte de Arabia. Es posible que haya anhelado mayor control en Palestina, y por cierto no quería la amenaza de ningún poder local.

GESTOS Movimientos de una parte o de todo el cuerpo para comunicar pensamientos y sentimientos. A menudo pueden incluir objetos externos tales como rasgarse las vestiduras (Joel 2:13) o arrojar coronas ante Dios (Apoc. 4:10). Un gesto no tiene por qué acompañar una expresión verbal. Sólo es suficiente una mirada penetrante para comunicar algo con persuasión (Luc. 22:61). En cierto sentido, todos los gestos son símbolos visuales.

Gestos culturales-corporales Son los más comunes de la vida cotidiana y las costumbres del antiguo Cercano Oriente.

Gestos con todo el cuerpo (1) Ponerse de pie para orar indica respeto a Dios (1 Sam. 1:26; 1 Rey. 8:22; Mar. 11:25). (2) Sentarse puede comunicar muchas cosas. Cuando David se sentó ante el Señor manifestó reverencia, humildad y sumisión (2 Sam. 7:18), mientras que la imagen de Jesús sentado a la derecha de Dios indica carácter definitivo y finalización, como también poder y autoridad (Heb. 10:12). (3) Arrodillarse y postrarse indican honra, devoción y sumisión en adoración (1 Rey. 19:18; Isa. 45:23; Apoc. 4:10; 5:8), y reverencia en oración (1 Rey. 8:54; 18:42; Dan. 6:10; Luc. 22:41). (4) Llorar no es sólo un signo de pesar (Job 16:16; Jer. 9:10; Luc. 22:62; Juan 11:35) sino también de felicidad (Gén. 46:29). (5) La danza manifiesta gozo (Ex. 15:20; Jue. 11:34) y celebración en alabanza (2 Sam. 6:16; Sal. 149:3). (6) Rasgarse las vestiduras y arrojarse cenizas sobre la cabeza significa profundo dolor (2 Sam. 1:11; 13:19), terror paralizante (Núm. 14:6; Jos. 7:6) y alarma repentina (Mat. 26:65; Hech. 14:14).

Gestos con la cabeza (1) Menear la cabeza comunica desprecio y censura (Sal. 22:7; Lam. 2:15; Mat. 27:39; Mar. 15:29). (2) Levantar la cabeza puede indicar exaltación (Sal. 27:6), menosprecio (Sal. 83:2) y libertad (2 Rey. 25:27). (3) Inclinar la cabeza demuestra reverencia en la adoración y la oración (Gén. 24:26; Neh. 8:6).

Gestos con la cara (1) Los gestos de los ojos son numerosos y expresivos. El guiño puede manifestar malicia y engaño (Prov. 6:13) y también puede provocar pesar (Prov. 10:10). Los ojos disipados son ojos sensuales que merecen condenación (Isa. 3:16). La forma en que Jesús miró a Pedro cuando este lo negó es un ejemplo de ojos que muestran tanto dolor como condenación (Luc. 22:61). Levantar los párpados expresa altanería y orgullo (Prov. 30:13). Los ojos pueden manifestar ira (Mar. 3:5). Cuando se elevan en oración, no sólo se manifiesta un reconocimiento respetuoso de Dios sino también devoción a Él (Mar. 6:41; Luc. 9:16). No poder levantar los ojos a Dios en oración indica sensación de indignidad personal

(Luc. 18:13). Cuando Jesús alzó los ojos ante sus discípulos estaba manifestando su amor por ellos (Luc. 6:20). (2) En las Escrituras, los gestos de la boca son numerosos. Sonreír y reírse pueden significar más que simplemente felicidad y gozo; también pueden manifestar buena voluntad (Job. 29:24), burla (Sal. 22:7; Mar. 5:40; Luc. 8:53) o incluso reprensión (Sal. 2:4). Cerrar los labios comunica la idea de desprecio (Sal. 22:7). El beso expresa la calidez de un saludo amistoso (Rom. 16:16; 1 Cor. 16:20), el afecto mutuo (Cant. 8:1), la tristeza del que se preocupa con amor por otro (Rut 1:14; Hech. 20:37), el engaño de quien oculta sus verdaderas intenciones (Prov. 27:6; Mat. 26:48), la sumisión del débil ante el fuerte (Sal. 2:12) y la seducción de la mujer adúltera hacia el necio (Prov. 7:5-23). Escupir es una forma enfática de demostrar desprecio para avergonzar a otro (Deut. 25:9; Isa. 50:6; Mat. 26:67; 27:30). (3) Inclinar el oído significa prestar atención (Sal. 45:10; Jer. 7:26). (4) Aplicar el ramo a la nariz es un gesto ofensivo. Este gesto pagano es una ofensa a Dios y posiblemente tenga connotaciones obscenas (Ezeq. 8:17). (5) La cerviz endurecida indica terquedad (Neh. 9:16; Prov. 29:1; Jer. 7:26), mientras que el cuello erguido revela altivez (Isa. 3:16).

Gestos con las manos (1) Levantar las manos en oración es un gesto que implica que la petición se dirige a Dios (Sal. 141:2; 1 Tim. 2:8). Elevar las manos también puede ser un símbolo de bendición (Lev. 9:22; Neh. 8:6; Luc. 24:50) o un acto que pone énfasis a un juramento (Deut. 32:40; Ezeq. 20:5,15,23,28). (2) Cubrirse la boca con la mano significa silencio (Job. 29:9). (3) Levantar la mano o sacudir el puño significa desafío (2 Sam. 18:28; Isa. 10:32; Sof. 2:15). (4) Poner una mano o ambas sobre una persona puede significar violencia (Gén. 37:22), favor y bendición como en el caso de un hijo (Gén. 48:14) o sanidad (Luc. 4:40; Hech. 28:8). Poner las manos sobre la cabeza de una persona implica favor y bendición como en reconocimiento de un ministerio (Hech. 6:6) o en la venida del Espíritu Santo (Hech. 8:17). Estrechar las manos indica garantía o confirmación (Prov. 6:1; 17:18; 22:26), mientras que darle la mano a alguien es un signo de camaradería (2 Rey. 10:15). (5) Aplaudir puede significar desprecio (Job 27:23; Lam. 2:15; Nah. 3:19) o gozo y celebración (2 Rey. 11:12; Sal 47:1; 98:8; Isa. 55:12). (6) Agitar la mano puede indicar que se llama a alguien (Luc. 5:7; Juan 13:24), se pide silencio para dirigir la palabra (Hech. 12:17; 13:16; 19:33) o se invoca a Dios para que sane (2 Rey. 5:11). (7) Dejar caer las manos muestra debilidad y desesperación (Isa. 35:3; Heb. 12:12). (8) Una mano sobre la cabeza manifiesta dolor (2 Sam. 13:19; Est. 6:12; Jer. 2:37). (9) Lavarse las manos en público declara la inocencia del que se lava (Deut. 21:6-7; Mat. 27:24). (10) Señalar con el dedo puede manifestar mala voluntad (Prov. 6:13) o acusación (Isa. 58:9). (11) La mano o el brazo extendido es una señal de poder y autoridad (Ex. 6:6). (12) El abrazar manifiesta calidez en el saludo (Gén. 33:4).

Gestos con los pies (1) Poner un pie sobre el enemigo es un gesto con dos implicancias: demuestra victoria y dominio del que está de pie, y derrota y sumisión para el que está en el suelo vencido (Jos. 10:24; Sal. 110:1; 1 Cor. 15:25). (2) Sacudirse el polvo de los pies es una señal de desprecio y separación (Mat. 10:14; Hech. 13:51). (3) Lavarle los pies a otra persona es signo de humillarse hasta la condición de siervo (Juan 13:5-12). (4) Alzar los talones contra otro manifiesta oposición (Sal. 41:9; Juan 13:18). (5) Cubrirse los pies significa relegarse en busca de privacidad (Jue. 3:24; 1 Sam. 24:3). (6) Descubrirse los pies o caminar descalzo indica dolor o arrepentimiento (2 Sam. 15:30; Isa. 20:2). (7) El acto de descubrirle los pies a alguien, como en el caso de Rut con Booz (Rut 3:4), implicaba una práctica establecida que no sólo indicaba la disposición a casarse sino también la protección del esposo sobre su esposa.

Gestos religiosos-ceremoniales Estos gestos constituyen una categoría más especializada donde los movimientos habituales del cuerpo adquieren un significado religioso más evidente que los mencionados en el grupo anterior.

Gestos sacrificiales del Antiguo Testamento Hay dos ejemplos que son suficientes para representar esta categoría limitada de gestos. (1) Entre las instrucciones que Moisés dio en cuanto a la Pascua se encuentran las siguientes palabras: "Y lo comeréis así: ceñidos vuestros lomos, vuestro calzado en vuestros pies, y vuestro bordón en vuestra mano; y lo comeréis apresuradamente; es la Pascua de Jehová" (Ex. 12:11). Todas estas acciones simbolizan urgencia y disposición. Este conjunto de gestos corporales manifiesta una de las profundas maneras que Dios escogió para enfatizar lo repentina y costosa que fue la liberación de la esclavitud. (2) Otro conjunto de gestos corporales con un énfasis especial en las manos es el acto de ofrecerle un holocausto a Dios. Si la ofrenda se

G

tomaba del rebaño, debía ser un macho sin defecto, y tenía que ofrecerse en la puerta del tabernáculo de reunión como ofrenda voluntaria. "Y pondrá su mano sobre la cabeza del holocausto... entonces degollará el becerro en la presencia de Jehová" (Lev. 1:4-5). La ofrenda de este sacrificio enfatizaba la santidad de Dios (un animal macho sin defecto) y el pecado del hombre que lo separa de Él (una persona en pecado sólo podía llegar hasta el altar que estaba en el patio del tabernáculo). El acto expresaba la necesidad de sustitución y muerte (la muerte de un animal) y la mediación (el ministerio de los sacerdotes). En un sentido ideal, el acto de acercarse a la entrada del tabernáculo era un testimonio público de confesión y compromiso. La ofrenda de un sacrificio era el lenguaje del pacto representado en acciones que mostraban la necesidad que el hombre tenía de Dios. El acto de poner la mano sobre la cabeza del animal y matarlo servía para enfatizar que la ofrenda era a favor del pecador.

Gestos sacrificiales del Nuevo Testamento Las dos ordenanzas de la iglesia continúan con el tema del sacrificio y testifican sobre la muerte sacrificial de Jesucristo. (1) La ordenanza del bautismo constituye un gesto de todo el cuerpo que expresa identificación con la obra expiatoria de Cristo: Su muerte, sepultura y resurrección. El acto de bautizarse es un testimonio público del compromiso personal con Jesucristo como Salvador y Señor (Mat. 28:19). (2) La Cena del Señor también enfatiza identificación personal con la muerte sacrificial de Cristo (Mat. 26:26-30; 1 Cor. 11:23-29). Al observar la Cena del Señor se manifiesta la voluntad de negarse a uno mismo y tomar la cruz para seguir a Cristo (Mat. 16:24).

Gestos profético-simbólicos Los profetas representaban su mensaje con gestos simbólicos. Los ejemplos que aparecen aquí se limitan a Isaías, Jeremías y Ezequiel. La forma en que ellos hacían uso de gestos simbólicos podía variar desde el simple y obvio, como el ataque alegórico de Ezequiel a una maqueta de arcilla de Jerusalén para simbolizar el juicio inminente de Dios sobre la ciudad (Ezeq. 4:1-3), hasta el complejo y teológico, como el acto en que Jeremías compra un campo para simbolizar que Dios, el redentor (*go' el*) de Israel, restauraría en el futuro el Reino del Sur (Jer. 32:1-44).

En Isa. 20:3, el profeta había andado "desnudo y descalzo tres años" como símbolo de la humillación que padecerían Egipto y Etiopía cuando Asiria las conquistara. En Jer. 27:1-7, Jeremías llevó un yugo de madera alrededor del cuello como símbolo del dominio futuro que Babilonia ejercería sobre Judá y sus vecinos; por lo tanto, el mensaje de Jeremías implicaba sometimiento al gobierno babilónico. Ezequiel fue conocido, más que los otros profetas, por el uso de actos profético-simbólicos. En una oportunidad se acostó sobre su costado por muchos días para indicar un año por cada día de iniquidad y de sitio inminente del pueblo (Ezeq. 4:4-8). Luego comió raciones escasas (Ezeq. 4:9-17), se cortó el cabello con diversas consecuencias (Ezeq. 5:1-17) y puso su rostro hacia los montes de Israel (Ezeq. 6:1-7), todos gestos simbólicos que manifestaron el inminente juicio de Dios sobre su pueblo (Ezeq. 12:1-28). Ver *Fiestas; Ordenanzas; Profecía, profetas; Sacrificios y ofrendas; Símbolo.*

Gary A. Galeotti

GESUR Nombre geográfico que tal vez signifique "puente". Pequeña ciudad-estado siria ubicada entre Basán y el Monte Hermón. Sirvió como intermediaria entre Israel y Siria. David se casó con Maaca, hija del rey de Gesur, que fue la madre de Absalón (2 Sam. 3:3). Ella logró que los dos pueblos convivieran en paz. Luego Absalón se retiró a la ciudad de su madre (2 Sam. 13:37-38). Los registros de las batallas de David no mencionan Gesur (2 Sam. 8; 10). Muchos eruditos consideran que Jos. 13:2 y 1 Sam. 27:8 se refieren a un grupo de ciudades palestinas del sur de las que no existe más información.

GESUREOS Habitante de Gesur. Ver *Gesur.*

GETEO Ciudadano de Gat.

GETER Nombre de significado incierto de una tribu aramea (siria). Semitas cuyo antepasado original fue nieto de Sem y biznieto de Noé (Gén. 10:23). Se desconoce información adicional.

GETSEMANÍ Nombre geográfico que significa "lagar de olivo". Lugar al que fue Jesús luego de la última cena. Era un huerto ubicado fuera de la ciudad, al otro lado del Cedrón en el Monte de los Olivos (Mat. 26:36-56; Mar. 14:32-52; Luc. 22:39-53; Juan 18:1-14). Allí, Jesús les pidió a los discípulos que "velaran" mientras Él oraba. Judas guió a los enemigos de Jesús a Getsemaní, donde lo arrestaron y lo llevaron para ser juzgado. Jesús, Dios Hijo, demostró aquí que había aprendido a obedecer al Padre, aun en el sufrimiento (Heb. 5:7-9).

Es probable que Getsemaní haya sido un jardín/huerto alejado y cercado (Jesús "entró" y

Vista hacia el Huerto de Getsemaní, con la Iglesia de Todas las Naciones en el centro de la foto.

"salió") donde el Señor a menudo iba a orar, descansar y disfrutar de la compañía de sus discípulos. Ver *Cedrón, Torrente de; Judas; Monte de los Olivos.* *Wayne Dehoney*

GEUEL Nombre de persona que significa "orgullo de Dios". Espía de la tribu de Gad a quien Moisés envió a inspeccionar la tierra antes de conquistarla (Núm. 13:15).

GEZER Ciudad importante del período bíblico ubicada en una intersección de la Vía Maris, el camino del mar. Resguardaba el Valle de Ajalón y la ruta desde la costa hasta Jerusalén y los cerros de Judea. Gezer está en Tell Jezer (Tell Jazari). Es un montículo de 13 has (33 acres) situado al pie de los montes de Judá. Se la conoce a partir de fuentes bíblicas, egipcias y asirias. Aparece en los anales de Tutmosis III (aprox. 1468 a.C.), en las cartas de Amarna (siglo XIV a.C.), y en la estela de Victoria de Mernepta. Tiglat-pileser III menciona Gezer en una inscripción y un bajorrelieve (siglo VIII a.C.). Además de las fuentes históricas, el lugar es conocido por las numerosas expediciones arqueológicas. R.A.S. Macalister en 1902–1909 y William G. Dever y Joe D. Seger en 1964–1973 condujeron dos importantes excavaciones. Alan Rowe (1934) y Dever (1984,1990) realizaron numerosas excavaciones menores.

Gezer fue una importante ciudad-estado cananea durante el segundo milenio a.C. El montículo estuvo inicialmente ocupado aprox. en el 3500 a.C. y el asentamiento continuó creciendo hasta que se transformó en una ciudad amurallada durante la Edad de Bronce media (aprox. 2000–1500 a.C.), cuando se construyeron las fortificaciones más significativas (portón, torre, pendientes) y se fundó el "lugar alto". La ciudad fue destruida (aprox. 1500 a.C.) y reconstruida

En el Huerto de Getsemaní, los olivos y el follaje proporcionan una escena hermosa y tranquila.

Tell de Gezer.

durante la Edad de Bronce tardía, cuando pasó a formar parte de la hegemonía egipcia, tal como lo comprueban diversos palacios y residencias. Josué derrotó al rey de Gezer que formó parte de una coalición cananea (Jos. 10:33). La ciudad permaneció en manos de los cananeos durante el período de los jueces (Jos. 16:10; Jue. 1:29), aun cuando constituía el límite del territorio de la tribu de Efraín (Jos. 16:3) y se la asignaron como ciudad a los levitas (Jos. 21:21). David peleó contra los filisteos cerca de Gezer (2 Sam. 5:25; 1 Crón. 20:4).

Egipto conquistó Gezer y se la otorgó a Salomón como dote por su casamiento con la hija del faraón. Finalmente estuvo bajo control israelita cuando Salomón la fortificó junto con Jerusalén, Hazor y Meguido (1 Rey. 9:15-17). La construcción de un monumental portón de cuatro entradas para ingresar a la ciudad, un palacio y un muro evidencia la reedificación realizada por Salomón. Sisac la destruyó (aprox. 950–925). La ciudad fue reconstruida pero experimentó otra destrucción por parte de los asirios (Tiglat-pileser III, 733 a.C.). Durante el período helenístico Gezer se conocía como Gazara y se convirtió en una importante ciudad para los gobernantes asmoneos. *Steve Ortiz*

GEZRITA Nombre del pueblo mencionado en 1 Sam. 27:8, donde el texto hebreo tradicional registra tanto guirzitas (NVI) como gezrita. Ambos se referían a los habitantes de Gezer; sin embargo, este se encuentra demasiado al norte como para situarlo en el contexto de Samuel. Desconocemos más información. En 1 Sam. 27:8 se registra que vivieron en el límite sudoeste de Palestina desde tiempos inmemoriales, y que David incursionaba en este territorio desde su campamento en Siclag.

GÍA Nombre geográfico que significa "burbujeante". Lugar donde Joab, el general del ejército de David, confrontó a Abner, el general de Saúl, después de que este hubo matado a Asael, hermano de Joab (2 Sam. 2:24). Las traducciones más antiguas interpretaban que Gía era un sustantivo común que significaba "valle". Se desconoce su ubicación en las proximidades de Gabaón.

GIBAR Nombre de persona que significa "joven poderoso". En Esd. 2:20, 95 descendientes de un hombre llamado Gibar retornaron de la cautividad de Babilonia con Zorobabel en el 537 a.C. La lista correspondiente en Neh. 7:25 contiene el nombre Gabaón. No se puede determinar la lectura correcta.

GIBEA Nombre de persona que significa "colina". Hijo que Caleb tuvo con su concubina Maaca (1 Crón. 2:49). Ver *Gabaa.*

GIBETÓN Nombre geográfico que significa "arqueado", "colina" o "montículo". Ciudad del territorio de la tribu de Dan (Jos. 19:44) asignada a los levitas (Jos. 21:23). Durante la monarquía fue controlada por los filisteos. Nadab de Israel (909–908 a.C.) la sitió. Durante el sitio, Baasa asesinó a Nadab y ascendió al trono (1 Rey. 15:25-28). Cuando el ejército israelita acampó para enfrentarse con Gibetón de los filisteos, Zimri asumió el mando tras asesinar a Ela, el hijo de Baasa (1 Rey. 16:15-17). Se la ha identificado con Tell el-Melat al norte de Ecrón, y con Agir, 4 km (2,5 millas) al oeste de Tell el-Melat.

GIDALTI Nombre de persona que significa "traje de allí" o "engrandecí, hice que alabaran". Hijo de Hemán a quien David le asignó la tarea de profetizar mientras ejecutaba instrumentos musicales (1 Crón. 25:4). Se convirtió en líder de una familia de músicos del templo (1 Crón. 25:29).

GIDEL Nombre de persona que significa "él engrandeció, alabó". **1.** Líder de una familia de sirvientes del templo que retornó de la cautividad de Babilonia con Zorobabel aprox. en el 537 a.C. (Esd. 2:47). **2.** Antepasado de un grupo de sirvientes reales que retornó del exilio babilónico con Zorobabel aprox. en el 537 a.C. (Esd. 2:56).

GIDGAD Nombre geográfico que tal vez signifique "colina de los grillos". Campamento durante el viaje de Israel por el desierto (Núm. 33:32,33). Puede estar situado en el Wadi Geraphi, aunque su ubicación precisa no se conoce. Pareciera una variante de Gudgoda (Deut. 10:7).

GIDOM Nombre geográfico que significa "tierra despejada". Lugar donde las tribus de Israel mataron a 2000 soldados de Benjamín como castigo por haber maltratado cruelmente a un levita y su concubina que pasaban por la ciudad (Jue. 20:45). Se desconoce la ubicación exacta entre Gabaa y Bet-el.

GIEZI Nombre de persona que significa "valle de la visión" o "asombrado". Siervo del profeta Eliseo (2 Rey. 4:12). La Biblia lo retrata como un hombre de carácter cuestionable. En una ocasión trató de apartar por la fuerza de la presencia del profeta a una mujer en duelo (2 Rey. 4:27). A pesar de haber sido comisionado por el profeta, no pudo revivir a un niño (2 Rey. 4:31). Más tarde trató de asegurarse la recompensa del sirio Naamán que Eliseo había rechazado, y luego le mintió al profeta (2 Rey. 5:20-25). Debido a su ambigüedad con respecto a Naamán, Giezi adquirió la enfermedad de la cual Naamán había sido sanado. Giezi le habló al rey acerca de los hechos portentosos de Eliseo y ayudó a la viuda a recuperar sus tierras (2 Rey. 8:1-6). Ver *Eliseo.*

GIGANTES Personas de estatura inusual que tenían la reputación de poseer gran fuerza y poder. Las referencias bíblicas más antiguas a los gigantes están relacionadas con los nefilim, que nacieron de la unión entre las "hijas de los hombres" y los "hijos de Dios" (Gén. 6:1-4). Los intérpretes difieren en cuanto al origen de estos gigantes. Algunos interpretan que los "hijos de Dios" son seres angelicales que se casaron con mujeres humanas (Jud. 6). Otros consideran que son los descendientes de Set que se casaron con mujeres impías. Los descendientes de los nefilim recibieron el nombre de "hijos de Anac" (Núm. 13:33) o anaceos (Deut. 2:11; 9:2). Estos habitaban Canaán antes de que Israel la conquistara. Los registros egipcios testifican su presencia en el territorio aprox. en el 2000 a.C. Hubo una raza similar de gigantes que había habitado Moab (Deut. 2:9-10) y Amón (Deut. 2:19-20).

Los refaim constituyeron una segunda clase de gigantes que habitaron en el territorio de Palestina antes que los israelitas. Og, el rey de Basán, fue el último sobreviviente de este grupo (Deut. 3:11,13). Un valle ubicado en las cercanías de Jerusalén (Jos. 15:8; 18:16) y parte del territorio boscoso de la tribu de Efraín (Jos. 17:15) retuvieron ese nombre.

El AT también registra casos de individuos gigantes. Goliat fue un paladín filisteo de renombre (1 Sam. 17). David y sus seguidores mataron a una familia de gigantes de Gat que estaba entre los enemigos filisteos (2 Sam. 21:16-22; 1 Crón. 20:4-8). *Michael Fink*

GIHÓN Nombre geográfico que significa "torrente". Fuente principal de provisión de agua para Jerusalén, y uno de los cuatro ríos en que se dividía el río del Edén (Gén. 2:13). No se lo puede identificar con ningún río contemporáneo.

Durante el período del AT, el Torrente de Gihón era la principal fuente de provisión de agua para Jerusalén. El nombre proviene de una palabra hebrea que significa "vertiente", y describe el manantial en el Valle o Torrente de Cedrón. No tiene flujo continuo sino que brota a chorros en intervalos irregulares, dos veces por día en estación seca y entre cuatro y cinco veces en estación lluviosa. El agua fluye de una grieta de aprox. 5 m (16 pies) en la roca. En alguna época de la antigüedad se edificó una pared en el

La fuente de Gihón, en el Valle de Cedrón.

extremo este de la grieta para que el agua fluyera a una cueva en el otro extremo. En el período jebuseo previo a la época de David existía un acueducto que conducía el agua desde el manantial a un estanque debajo de la ciudad. Había un conducto vertical por donde se bajaban las vasijas para sacar agua. Es probable que este haya sido el camino por donde Joab entró a la ciudad y la capturó para David (2 Sam. 5:8; 1 Crón. 11:6). Durante la ocupación israelita inicial, el agua se recogía de una fuente abierta afuera de los muros de la ciudad que se llamaba "el estanque de arriba" (Isa. 7:3). Un acueducto abierto conducía el agua desde allí al "estanque viejo" en el extremo sur de la ciudad (Isa. 2:11; comp. Isa. 8:6). Isaías confrontó a Acaz en un extremo de este acueducto (Isa. 7:3), y posteriormente el ejército de Senaquerib exigió la rendición de la ciudad (2 Rey. 18:7). Antes de que llegara Senaquerib, Ezequías clausuró el acueducto y cavó su famoso túnel de agua (2 Rey. 20:20; 2 Crón. 32:30). Ver *Agua; Cedrón, Torrente de; Edén; Ezequías; Jerusalén; Siloé.* *LeBron Matthews*

GILALAI Nombre de persona que tal vez signifique "enrollado". Músico del templo que ayudó a Nehemías a dirigir el culto de acción de gracias cuando se completó el muro de Jerusalén (Neh. 12:36).

GILBOA Nombre geográfico de significado incierto; tal vez quiera decir "tierra montañosa" o "manantial". Lugar donde acamparon los israelitas (1 Sam. 28:4). Estos, bajo el liderazgo de Saúl, se prepararon para pelear contra los filisteos, pero en el Monte Gilboa murieron él y sus tres hijos (1 Sam. 31:8). David cantó un lamento sobre la tragedia de Gilboa (2 Sam. 1:17-27). A este monte se lo ha identificado con la moderna Jebel Fuqus, en el extremo este de la Llanura de Esdraelón. Ver *Palestina; Saúl.*

Monte Gilboa.

GILGAL Nombre geográfico que significa "círculo" y que probablemente se refiera a un círculo de piedras o un altar circular, algo que se podía encontrar prácticamente en cualquier lugar de Palestina, por lo tanto, es posible que haya resultado fácil llamar a los pueblos "Gilgal". Las numerosas referencias en el AT no se pueden conectar al mismo pueblo ya que posiblemente hayan existido muchos lugares con el mismo nombre. **1.** Gilgal y Josué tenían una íntima relación, pero los numerosos pueblos con ese nombre aún son tema no resuelto. Luego de cruzar el Jordán, Josué estableció el primer campamento en Gilgal (Jos. 4:19). Allí tomó doce piedras del lecho del río para levantar un memorial del cruce milagroso. Gilgal, el primer lugar donde los israelitas pisaron suelo palestino, se convirtió en el primer sitio de adoración de Israel. En este lugar se circuncidaron y celebraron la Pascua. Allí Dios se le apareció a Josué y confirmó su misión (Jos. 5). Aparentemente, este Gilgal se trasformó en la base de operaciones militares de Israel (Jos. 9:6; 10:6; 14:6), aunque algunos eruditos lo identifican con un Gilgal ubicado más al norte, cerca de Siquem. Josué estableció Gilgal como límite entre Judá y Benjamín (Jos. 15:7; comp. 18:17), aunque muchos estudiosos de la Biblia consideran que el límite del pueblo tiene que estar al sur del campamento inicial. El juez Aod pasó por Gilgal para cumplir con su misión de asesinar al rey de Moab (Jue. 3:19, 26). David atravesó Gilgal mientras huía de Absalón (2 Sam. 19:15,40). A este Gilgal generalmente se lo sitúa en la moderna Khirbet Mefjir ubicada a poco más de 1,5 km (1 milla) al este de Jericó. Otros lo ubican en Khirbet en-Nitleh, 3 km (2 millas) al sudeste de Jericó. Incluso hay otros que continúan desconcertados en cuanto a la ubicación de Gilgal. A menudo se cree que el pueblo limítrofe es Khan el-Ahmar o Araq ed-Deir. A veces se ubica el campamento militar en Tell Jiljulieh al este de Siquem, pero no existen evidencias arqueológicas para respaldar esta teoría. Este podría ser el mismo Gilgal de Deut. 11:30, si es que no se refiere al pueblo original de Josué. Gilgal también fue uno de los tres lugares del circuito jurisdiccional de Samuel en forma anual (1 Sam. 7:16). Podría encontrarse cerca de Tell Jiljulieh o en el lugar cerca del Jordán donde Josué arribó por primera vez a la tierra prometida. Allí Saúl fue coronado y rechazado como rey (1 Sam. 11:14-15; 13:14-15). Gilgal se estableció como el lugar de adoración más importante para Israel, con tradiciones ancestrales. Sin embargo, también permitió la adoración relacionada con otros dioses y se convirtió en objeto de juicio profético (Os. 4:15; Amós 4:4; 5:5). **2.** Elías y Eliseo estaban íntimamente relacionados con Gilgal. En una época, Eliseo estableció allí su cuartel central (2 Rey. 4:38), desde donde Dios llevó a Elías al cielo (2 Rey. 2:1). Aparentemente, este lugar era Tell Jiljulieh, aprox. 5 km (3 millas) al sudeste de Silo, aunque podría ser aún el Gilgal original de Josué. **3.** En 12:23 se menciona al rey de Goim en Gilgal, en referencia a una ciudad real cerca de Dor. La traducción griega más antigua se refiere a este pasaje como "reyes de las naciones de Galilea". Muchos eruditos consideran que esta es la lectura original, y creen que un copista del texto hebreo empleó la palabra "Gilgal", que se había convertido en un término conocido en los primeros capítulos de Josué. Si el Gilgal hebreo es el original, se desconoce su ubicación. Ver *Eliseo; Josué; Samuel; Saúl.*

Kenneth Craig

GILO Nombre geográfico que significa "descubierto" o "revelado". Pueblo del territorio de Judá en las colinas de Judea (Jos. 15:51). Ahitofel, asesor de David, provenía de Gilo (2 Sam. 15:12). Algunos eruditos lo ubican en Khirbet Jala en los suburbios de Jerusalén, pero la mayoría considera que Gilo estaba más al sur.

GILONITA Ciudadano de Gilo. Ver *Gilo.*

GIMNASIO Centro educativo griego. La palabra deriva de un vocablo griego *(gumnos)* que significa "desnudo". En la antigua Grecia era el centro de educación intelectual y física de los varones adolescentes aristocráticos. El gimnasio se originó en Atenas, donde los ciudadanos buscaban los ideales

La zona abierta (palestra) del gimnasio en Pompeya, con cuartos para gladiadores a la izquierda.

Un gimnasio restaurado en la antigua ciudad de Sardis.

de Pericles referentes a que los hombres debían tener sabiduría sin perder el vigor varonil. La educación física incluía lucha, natación, maratón y uso del arco y la honda, prácticas que realizaban desnudos. La educación intelectual incluía lectura, escritura, matemática, política, filosofía y música. Posteriormente, los gimnasios se abrieron a todos los ciudadanos y se convirtieron en parte integral de las ciudades griegas.

Durante el siglo II a.C., cuando los seléucidas bajo el gobierno de Antíoco Epífanes trataron de convertir a los judíos a la cultura griega, Jasón, uno de los sumos sacerdotes judíos, construyó un gimnasio en Jerusalén (1 Mac. 1:14; 2 Mac. 4:7). Los jóvenes judíos aristocráticos comenzaron a frecuentar el gimnasio y a participar en las actividades griegas. Los judíos piadosos estaban azorados tanto por la desnudez, cosa que los judíos prohibían, como por la práctica de usar sombreros griegos de ala amplia, que se asociaban con la adoración al dios griego Hermes. Además, algunos jóvenes se avergonzaban de la circuncisión y trataban de ocultarla. Estas prácticas constituyeron una de las causas de la rebelión de los macabeos en el 175 a.C.

Aunque el NT no hace mención del gimnasio, hay referencias a las actividades que se asocian con este. En 1 Tim. 4:8, la expresión "ejercicio físico" deriva de la palabra que se utiliza para gimnasio. En 1 Cor. 9:24-27; Gál. 2:2; 5:7; Fil. 1:30; 2:16, Pablo también utilizó metáforas relacionadas con el gimnasio. En estos pasajes, la palabra no tiene connotaciones negativas. *W. T. Edwards (h)*

GIMZO Nombre geográfico de significado incierto. Pueblo de la Sefela o Valle de Judá que los filisteos capturaron de manos de Acaz, rey de Judá (735-715 a.C.), lo cual lo llevó a pedir

G

ayuda a Asiria y pagarle tributo (2 Crón. 28:18). Se encuentra ubicado en Gimzu, unos 6 km (4 millas) al este de Ramleh y 5 km (3 millas) al sudeste de Lod.

GINAT Nombre geográfico o de persona que significa "muro" o "cercado". Padre de Tibni, a quien la mitad de Israel prefirió como rey cuando Omri ascendió al trono aprox. en el 885 a.C. (1 Rey. 16:21). Ver *Tibni.*

GINETO Nombre de un levita que retornó de la cautividad de Babilonia con Zorobabel aprox. en el 537 a.C. (Neh. 12:4). Los textos hebreos tienen diferentes escrituras que las traducciones modernas adoptaron. Aparentemente es la persona registrada como líder de una familia de sacerdotes en Neh. 12:16. Es probable que la persona que firmó el pacto de Nehemías haya pertenecido a la misma familia (10:6).

GISPA Nombre de persona de significado incierto. Supervisor de los sirvientes del templo en los días de Nehemías (Neh. 11:21). No aparece en las listas de Crónicas ni de Esdras, y algunos estudiosos bíblicos piensan que el nombre proviene de Hasupha, un error de copista, que los judíos pronuncian de manera similar (Esd. 2:43; Neh. 7:46).

GITAIM Nombre geográfico que significa "dos lagares". Ciudad a donde huyó el pueblo de Beerot luego de que Israel entrara a Canaán. La Biblia no especifica el tiempo (2 Sam. 4:3). Después del exilio, parte de la tribu de Benjamín se asentó allí (Neh. 11:33). Podría ser la misma que Gat de 1 Crón. 7:21; 8:13, pero es incierto. Se desconoce la ubicación exacta; probablemente cerca de Lida, y en consecuencia, en Rash Abu Hamid en territorio filisteo.

GITIT Palabra de significado incierto que se utiliza en los títulos de los Salmos 8, 81 y 84. Podría representar un instrumento musical semejante a la guitarra española, una tonada musical o un rito o ceremonia como parte de una celebración.

GIZONITA Ciudadano de Giza o Gizón, lugar sobre el que no hay información. Podría ser la moderna Beth-giz al sudeste de Latrún. Líderes militares de David provenían de ese lugar (1 Crón. 11:34), aunque el término gizonita no aparece en el pasaje paralelo de 2 Sam. 23:34. Algunas evidencias de mss griegos señalan que la lectura original sería Guni. Algunos eruditos sugieren que la lectura original era Gimzoni de Gimzo. Ver *Gimzo; Guni.*

GLORIA Majestad esplendorosa y magnificencia que acompañan la presencia de Dios. El significado básico de la palabra hebrea *kavod* es "de mucho peso" (comp. 1 Sam. 4:18; Prov. 27:3). Por lo tanto, se puede referir a una carga pesada (Ex. 18:18; Sal. 38:4; comp. más usos idiomáticos en Gén. 12:10; 47:4; Ex. 4:10; 7:14). Por otra parte, según las diferentes traducciones al español puede describir buena fortuna extrema o grandes cantidades (comp. Gén. 13:2; Ex. 12:38; Núm. 20:20; 1 Rey. 10:2).

En consecuencia, el verbo por lo general significa "dar peso a, honrar" (Ex. 20:12; 1 Sam. 15:30; Sal. 15:4; Prov. 4:8; Isa. 3:5). El honor que las personas se dan mutuamente reconoce el lugar que ocupan en la comunidad. Una nación puede tener tal honor o gloria (Isa. 16:14; 17:3). Esto no es tanto algo que alguien otorga a una persona sino una cualidad de importancia que tiene una persona, grupo o nación, y que otro reconoce.

"Dar gloria" significa alabar, reconocer la importancia de otro, el peso que otro tiene en la comunidad. En los Salmos, el pueblo le otorga dicha gloria a Dios; reconoce la naturaleza esencial de Su "deidad", la cual le da importancia y peso en relación con la comunidad que lo adora (comp. Sal. 22:23; 86:12; Isa. 24:15). La alabanza a Dios puede ser falsa, sin reconocer Su importancia (Isa. 29:13; comp. 1 Sam. 2:30). A veces Dios crea la gloria para sí mismo (Ex. 14:4, 17; Ezeq. 28:22). Cuando alguien confiesa su culpabilidad y acepta el castigo correspondiente, debe reconocer la rectitud y la justicia de Dios y darle gloria (Jos. 7:19; 1 Sam. 6:5). De esta manera, Dios revela Su gloria a través del trato justo con los seres humanos. También la revela en tormentas y sucesos de la naturaleza (Sal. 29; comp. Isa. 6). Por lo tanto, la gloria de Dios es ese aspecto de Su persona que los seres humanos reconocen y ante el cual responden con confesión, adoración y alabanza (comp. Isa. 58:8; 60:1). En el AT, la revelación más grande de la gloria divina ocurrió en el Sinaí (Deut. 5:24). Tales experiencias son maravillosas y asombrosas (Deut. 5:25). Sin embargo, dicha manifestación no revela todo acerca de Dios, ya que ninguna persona, ni siquiera Moisés, puede ver la gloria divina en plenitud (Ex. 33:17-23).

El NT utiliza la palabra *doxa* para expresar gloria, y limita el significado a la gloria de Dios. En el griego clásico, *doxa* significa opinión, conjetura, expectativa y finalmente alabanza. El NT mantiene el significado del AT en cuanto a poder y majestad divina (Hech. 7:2; Ef. 1:17; 2 Ped. 1:17). El NT extiende a Cristo el significado de la gloria divina (Luc. 9:32; Juan 1:14; 1 Cor. 2:8; 2 Tes. 2:14).

La gloria de Dios implica que los seres humanos no buscan gloria para sí (Mat. 6:2; Juan 5:44; 1 Tes. 2:6). Sólo procuran recibir alabanza y honor de parte de Cristo (Rom. 2:7; 5:2; 1 Tes. 2:19; Fil. 2:16).

GLOSOLALIA Término técnico para referirse a hablar en lenguas (gr. *glossa*). Ver *Lenguas, Don de.*

GLOTÓN Persona que habitualmente come con voracidad y avidez. La glotonería se asociaba con obstinación, rebelión, desobediencia, borrachera y derroche (Deut. 21:20). "Inútil" es un significado más general del término hebreo que se refleja en algunas traducciones, tales como libertino (Deut. 21:20 NVI), despilfarrador (Prov. 28:7 NVI). La acusación a Jesús relativa a que era "comilón y bebedor" (Mat. 11:19; Luc. 7:34) tenía este sentido amplio correspondiente a alguien habituado a la vida desenfrenada y llena de excesos. La glotonería produce somnolencia, conduce a la pereza y finalmente a la pobreza (Prov. 23:21).

GNIDO Nombre geográfico correspondiente a una ciudad del sudoeste de Turquía. El barco de Pablo pasó por ese lugar camino a Roma (Hech. 27:7).

GNOSTICISMO Designación moderna para ciertas perspectivas religiosas y filosóficas dualistas que existieron antes que se estableciera el cristianismo, y para sistemas específicos de creencias caracterizados por estas ideas que surgieron a partir del siglo II. El término "gnosticismo" deriva de la palabra griega *gnosis* (conocimiento) debido a que el conocimiento secreto era una doctrina esencial de dicha corriente de pensamiento.

Importancia del gnosticismo Surgió en escuelas de pensamiento dentro de la iglesia a principios del siglo II y rápidamente se instaló en los principales centros eclesiásticos como una manera de entender el cristianismo. La iglesia se dividió debido a los acalorados debates sobre este tema, y al final del siglo II muchos gnósticos formaron parte de iglesias alternativas separadas o de sistemas de fe heréticos. De esta manera, el gnosticismo se convirtió en una de las mayores amenazas para la iglesia primitiva, cuyos líderes, por ej. Ireneo (que falleció aprox. en el 200), Tertuliano (que falleció aprox. en el 220) e Hipólito (que falleció aprox. en el 236) escribieron profusamente para refutarlo. En el siglo III, la secta de los maniqueos adoptó muchas características del gnosticismo. Incluso en el siglo IV, el maniqueísmo continuó siendo una amenaza herética para la iglesia.

El gnosticismo también es importante para interpretar algunos aspectos del NT. Ireneo registró que una de las razones por las que Juan escribió su Evangelio fue para refutar los puntos de vista de Cerinto, un gnóstico de aquella época. A fin de refutar la aseveración de los gnósticos acerca de que Dios no vino a nuestro mundo, Juan enfatizó en su Evangelio que Jesús era el Hijo de Dios encarnado.

Sectas gnósticas heréticas Los gnósticos que se separaron o que fueron excomulgados de la iglesia declaraban ser cristianos verdaderos, y los antiguos escritores cristianos que asumieron el compromiso de refutar sus declaraciones constituyen la mayor fuente para obtener descripciones de dichas sectas heréticas. Aunque existían amplias variaciones entre las diferentes sectas gnósticas en cuanto a detalles, había ciertas características comunes a la mayoría: separación del dios de la creación del dios de la redención, división de los cristianos en categorías con diversos niveles de importancia, énfasis en las enseñanzas secretas que sólo las personas divinas podían comprender, y exaltación del conocimiento por sobre la fe. La iglesia rechazó tales enseñanzas catalogándolas de herejías, pero muchos continuaron siendo atraídos por diversas manifestaciones de estas ideas.

Generalmente, los gnósticos distinguían entre un dios inferior o "demiurgo", al que consideraban responsable de la creación, y el dios superior revelado en Jesús como el Redentor. Esta era una creencia lógica para ellos ya que oponían radicalmente la materia al pensamiento. Consideraban que la materia era algo maligno; el pensamiento o conocimiento, que era imperecedero, capaz de revelar a Dios y el único canal de redención, distinguía a las personas de la materia y los animales. Por lo tanto, el gnóstico Marción rechazó el AT y señaló que el dios inferior o subordinado que se revela allí obraba con la materia, insistía en la ley en lugar de la gracia, y era responsable de nuestro mundo en decadencia y cargado de tragedia. Por el contrario, el Dios que se reveló en Jesús y a través de las enseñanzas secretas adicionales era el Dios absoluto y trascendente. Según Marción, no se había encarnado porque el Dios absoluto no podía entrar en la materia maligna. Cristo sólo *parecía* ser humano; no lo era.

Los gnósticos clasificaban a los cristianos en grupos, compuestos por lo general por los espirituales y los carnales. Los cristianos espirituales formaban parte de una clase especial o más elevada que los cristianos comunes porque habían recibido, como escogidos de la buena deidad, un destello divino o una semilla espiritual dentro de su ser que les permitía obtener redención. Los cristianos espirituales eran los verdaderos cristianos que pertenecían al mundo celestial, que era el verdadero. Esta creencia de que los cristianos espirituales no pertenecían a este mundo inspiró a algunos gnósticos a apartarse del mundo a través del ascetismo. Otros sistemas gnósticos se inclinaron hacia el extremo opuesto del antinomianismo (creencia de que la ley moral no es válida para una persona o un grupo). Proclamaban que los cristianos espirituales no eran responsables de lo que hacían y que realmente no podían pecar, porque su existencia carnal no formaba parte del plan de Dios. Por lo tanto, podían hacer lo que quisieran sin temor a ser disciplinados.

Los gnósticos enfatizaban mucho enseñanzas o tradiciones secretas. Este conocimiento secreto no era producto del esfuerzo intelectual sino que provenía de Jesús, el Redentor enviado por la verdadera deidad, ya sea a través de una revelación especial o mediante Sus apóstoles. Los seguidores del gnóstico Valentino alegaban, por ej. que Teodoto, un amigo de Pablo, había sido el medio para transmitir informaciones secretas. El conocimiento secreto era superior a la revelación del NT y un complemento esencial de esta, ya que era lo único que podía despertar o avivar el destello o la semilla divina dentro del escogido. Cuando una persona recibía la *gnosis* o el conocimiento verdadero, tomaba conciencia de su verdadera identidad con un ser interior divino, era liberado (salvado) del dominio del dios inferior creador, y capacitado para vivir como un hijo verdadero de la deidad superior y absoluta. Para lograr el destino verdadero como hijo de Dios, la persona debía participar de ciertos rituales secretos y, en algunos casos, memorizar la información secreta que lo capacitaba para atravesar la red de poderes de la deidad inferior que procuraba mantener a las personas bajo su dominio. De esta manera, los gnósticos consideraban la salvación en un contexto cósmico más que moral; ser salvo consistía en ser capacitado para retornar al reino de la pureza espiritual con el Dios trascendente.

Los gnósticos pensaban que la fe era inferior al conocimiento; por lo tanto, más que la fe, lo que salvaba a los hijos verdaderos de la deidad absoluta era el conocimiento. Esta característica de los diferentes sistemas fue lo que les dio a los movimientos la designación de gnósticos, conocedores. Sin embargo, es impreciso a qué se refiere concretamente este conocimiento. Para los gnósticos era más una percepción de la existencia personal que resolvía los misterios de la vida, que un compendio de doctrina. El conocimiento a través del cual se obtenía la salvación se podía mejorar mediante participación en rituales o con instrucción, pero finalmente se trataba de un autodescubrimiento que cada gnóstico tenía que experimentar.

Orígenes de los conceptos del gnosticismo

El gnosticismo no habría representado una amenaza para la iglesia primitiva si no hubiese sido tan persuasivo en los primeros siglos de la era cristiana. Por lo tanto, se debe abordar el tema del origen de dichas ideas y las necesidades humanas que satisfacían.

La explicación clásica de por qué surgió el gnosticismo dice que este representa "la helenización radical del cristianismo". Según este punto de vista, el gnosticismo fue resultado del intento de pensadores cristianos primitivos de hacer que el cristianismo fuera entendible, aceptable y respetable en un mundo que estaba casi completamente influenciado por suposiciones griegas sobre la realidad del mundo.

El punto de vista clásico que considera que las sectas gnósticas heréticas son distorsiones del cristianismo llevadas a cabo por pensamiento helenista, tiene mucha fuerza porque se puede demostrar con facilidad la manera en que los gnósticos utilizaban textos del NT para adaptarlos a sus propósitos. Por ejemplo, en 1 Cor. 3:1-4 Pablo reprende a los cristianos de Corinto porque eran carnales en vez de espirituales. Este texto se podría utilizar fácilmente como fundamento para respaldar la idea helenística sobre la superioridad de ciertas personas dentro de la comunidad cristiana.

Sin embargo, la explicación clásica deja algunos problemas sin resolver. Hay ideas, actitudes y prácticas incorporadas a muchas herejías gnósticas que sin duda están fuera del pensamiento helenístico y pertenecen a una época mucho más temprana que el siglo II d.C. En particular, la meta específica de los gnósticos (retornar a la deidad absoluta más allá de la materia y ser de alguna manera absorbidos en la deidad) pertenece al pensamiento místico precristiano del Cercano Oriente y no fundamentalmente al mundo helenístico.

Aunque se han descartado las conclusiones radicales de algunos eruditos con respecto al gnosticismo precristiano altamente desarrollado, pareciera que muchas ideas, supuestos y percepciones sobre la deidad, la realidad y las relaciones de las personas con los dioses y el mundo se incorporaron a sectas gnósticas a partir de fuentes extrahelenísticas. Dos descubrimientos literarios han inspirado e intentado respaldar esta línea de investigación: los Rollos del Mar Muerto y la biblioteca Naghammadi compuesta por numerosos documentos gnósticos.

Harold S. Songer y E. Ray Clendenen

GOA Nombre geográfico que significa "bajo" o "inferior" (como una vaca) o "bramido". Lugar aparentemente en el extremo oeste de Jerusalén donde Jeremías prometió que los muros serían restaurados después de la destrucción de Babilonia (Jer. 31:39).

GOB Nombre geográfico que significa "atrás" o "cresta de montaña". Lugar donde David y sus hombres pelearon dos batallas contra los filisteos y mataron a gigantes de este pueblo (2 Sam. 21:18-19). El pasaje paralelo (1 Crón. 20:4) relata que el nombre del lugar era Gezer. Algunos mss hebreos registran Benob o en Nob, como sucede en 2 Sam. 21:16. Los mss griegos presuponen que el nombre de lugar es Gat o Gezer. Aunque Gob pareciera una ciudad filistea, se desconoce su ubicación.

GOBERNADOR Generalmente se trataba de un funcionario civil designado como administrador regional sobre territorios o tareas asignadas. Por lo general, era responsable de hacer cumplir la ley y ejercía las funciones judiciales como representante de su superior.

Antiguo Testamento La palabra *pechah*, que proviene del acadio, es el término que se utiliza más ampliamente en el AT para referirse a gobernador. Esta palabra aparece en Esdras y Nehemías como título para Tatnai, el administrador persa de la provincia del "otro lado del río" Éufrates (Esd. 5:3). La respuesta de Tatnai ante el decreto de Darío (Esd. 6:13) es indicativa de la lealtad del gobernador hacia el rey.

El título también se utilizó para Sesbasar (Esd. 5:14) a fin de describir su designación como "gobernador de los judíos" (Esd. 6:7). Ciro lo había comisionado para reconstruir el templo de Jerusalén al final del exilio babilónico. Nehemías describió que Artajerjes lo había designado "gobernador... de la tierra de Judá" (Neh. 5:14). El profeta Hageo dirige su mensaje a Zorobabel y lo identifica como "gobernador de Judá" (Hag. 1:1). *Pechah* también se utiliza en el AT para referirse a otros líderes (1 Rey. 20:24; 2 Rey. 18:24; Isa. 36:9).

Nuevo Testamento Para referirse a "gobernador" en el NT predomina el término griego *hegemon* y sus derivados. Generalmente el vocablo se utiliza para describir a los funcionarios romanos que ejercían la autoridad impositiva y militar del emperador. Los nombres que aparecen específicamente son: Cirenio (Luc. 2:2), Poncio Pilato (Luc. 3:1; Mat. 27:2), Félix (Hech. 23:24) y Porcio Festo (Hech. 24:27). A José también se lo consideró gobernador de Egipto (Hech. 7:10).

Debido a que el rey envía a los gobernadores "para castigo de los malhechores y alabanza de los que hacen bien" (1 Ped. 2:13-14), los creyentes se deben someter a su autoridad. Sin embargo, los cristianos a quienes Cristo envía serán llevados ante gobernadores y reyes para ser juzgados. La fidelidad en tales situaciones dará testimonio a favor de Jesús (Mat. 10:18).

Michael Fink

GOBIERNO Se define de dos maneras generales, ya sea en término de los oficiales o de las instituciones. En lo relativo a los oficiales, el término gobierno hace referencia a la autoridad soberana que rige sobre un pueblo. En cuanto a las instituciones, gobierno se relaciona con las costumbres, las tradiciones, las leyes y las organizaciones.

Muchas definiciones corrientes del término civilización incluyen la presencia de un gobierno fuerte y centralizado como elemento constitutivo. El surgimiento de los primeros imperios al principio de la Edad de Bronce temprana se relaciona en parte con la aparición de gobiernos centralizados. Esa forma de gobierno era necesaria para la construcción y el mantenimiento de canales que se empleaban para la irrigación en la Mesopotamia. También era necesaria para la formación de un ejército permanente. El amplio comercio internacional requería un poder gubernamental sobre las instituciones económicas.

Para entender el punto de vista bíblico sobre el gobierno es necesario recordar que la teología bíblica presenta al pueblo de Israel de la antigüedad como una teocracia, es decir, que Dios era el rey y el que gobernaba (Jue. 8:22-23; 1 Sam. 8:7-9; Sal. 93-99; Rom. 13:1-4). La autoridad suprema reside en Dios y sólo en Él. Por lo tanto, la voluntad de Dios limita y condiciona el gobierno humano. El mejor gobernante será quien mejor se ajuste a los designios de Dios para un gobierno justo.

Estructuras de gobierno de los hebreos de la antigüedad Para comprender la estructura de gobierno bíblico es necesario comenzar con el período de los patriarcas. Durante esta época, los hebreos no tenían un gobierno centralizado. La unidad más importante era la familia completa, o en un plano más amplio, la tribu. El gobierno se basaba en la familia. La primera unidad de autoridad o gobierno era la familia o la casa del padre.

Esta unidad de la sociedad se adecúa mejor a nuestra designación de la familia más amplia, que generalmente incluía dos o más generaciones que vivían juntas. El hombre más anciano era, por lo general, el líder de la familia, el patriarca. Por lo tanto era el jefe oficial de la familia y del gobierno. El clan componía el nivel siguiente de organización social, generalmente el AT lo llama familia (heb. *mishpahah*). El clan se componía de numerosos círculos familiares relacionados entre sí. Se designaba a un individuo como jefe o líder de cada clan. La tribu conformaba el siguiente nivel social (heb. *shevet*), compuesta por numerosos clanes. Una tribu podía tener como líder a un jefe o incluso un príncipe. Finalmente, un grupo de tribus podía conocerse como pueblo (heb. *'am*). La tribu era la unidad social que se mencionaba con mayor frecuencia aparte de la familia o el círculo familiar más amplio. Las tribus no eran necesariamente demasiado grandes sino más bien grupos pequeños y aislados, en especial antes de la época de Saúl y David. Ver *Familia*.

En épocas recientes se ha establecido un debate en cuanto a que la estructura de las tribus y los clanes no se basaba en el parentesco sino que se agrupaban para defenderse mutuamente. Por lo tanto, dos o tres aldeas que se unían podían constituir un clan, y una tribu se podía formar con dos o tres clanes. Esto sucedió en el período posterior a la conquista de Canaán. Por lo tanto, muchos eruditos argumentan que el canto de Débora (Jue. 5) hace referencia a que los guerreros pertenecían a una estructura de gobierno tribal y no a un grupo familiar.

Generalmente se da por sentado que la sociedad patriarcal era nómada o seminómada. Si se tiene en cuenta la estructura de las tribus nómadas modernas que se basan en una organización patriarcal, es probable que la sociedad hebrea haya sido democrática. La tribu tomaba decisiones en base a la discusión entre todos los hombres adultos. No todos ellos tenían la misma autoridad. Los más ancianos tenían mayor autoridad tanto durante ese período como en los posteriores.

Probablemente, los ancianos que lideraban un clan eran los líderes de las familias que lo componían. Es posible que los ancianos que lideraban una tribu fueran los líderes de las familias o los ancianos escogidos de cada clan. Por lo tanto, los ancianos eran los líderes de la comunidad local. Tenían la responsabilidad de decidir sobre asuntos religiosos y judiciales de la vida diaria. Los ancianos representaban a la comunidad en general en temas religiosos y militares. Generalmente acompañaban al líder. Podían hacer un pacto (2 Sam. 5:3) o tratado en representación del pueblo. Los ancianos regularmente impartían justicia en la puerta de la ciudad (Deut. 21:19), y cumplían la función de cuerpo de gobierno en el período de la monarquía. Ver *Anciano*.

A partir del Éxodo, el AT presenta a Israel como un pueblo compuesto por numerosas tribus pero con un solo líder. Josué sucedió a Moisés como líder, y a él lo sucedieron los jueces. Aunque se describe a un líder principal, no hay indicación de un gobierno centralizado. Es cierto que el líder tenía gran autoridad, pero no lo respaldaba ninguna estructura de gobierno centralizado. Durante ese período existía una confederación de tribus. Luego del período de Moisés y Josué, Israel contó con el cargo de juez además del anciano. El juez no era esencialmente un funcionario judicial sino un líder militar carismático. Una característica típica era que reunían al ejército de Israel y vencían a los poderes opresores. Desde la época de Moisés, el cargo de juez incluía la autoridad para decidir en las causas judiciales (Deut. 1:16; 16:18-20; 17:8-9). Con mayor frecuencia, el énfasis se encontraba sobre las proezas militares de los jueces (Jue. 3:7-30). El libro de 1 Samuel inserta un cambio en este énfasis. El juez se convirtió en un funcionario sacerdotal, como sucedió con Elí y Samuel. Por lo tanto, el término "juez" parece tener un significado más amplio que el simple aspecto judicial. Sin duda, el juez parece haber sido el líder oficial de la confederación de tribus en el período previo a la monarquía. Es posible que el término no especificara la clase de líder al que se refería (sacerdotal, militar o judicial) sino que simplemente indicaba el liderazgo. Aunque hubo algunos casos en que el juez intentó que sus hijos lo sucedieran (como en el caso de Elí y de Samuel), generalmente el cargo no era hereditario (comp. los problemas de Abimelec; Jue. 8:22–9:56). En este aspecto en particular, el cargo de juez era diferente al de rey que apareció más tarde.

Aunque el período de los jueces tal vez haya conducido al desarrollo de la monarquía, son completamente diferentes. El juez mantenía un carácter tribal. Aunque diversas tribus podían unirse bajo el liderazgo de un juez para luchar contra un enemigo común, no se observó en ese período la permanencia, el carácter hereditario ni la corte real típicas de la monarquía. El juez era sólo una extensión del líder o jefe de la tribu con una autoridad mayor que le conferían las tribus unidas bajo su liderazgo. En realidad, antes de Samuel, en raras ocasiones el juez cumplió un papel poderoso para mantener las tradiciones religiosas del pueblo (Jue. 2:10; 17:6; 21:25).

El gobierno durante la monarquía Con el comienzo de la monarquía surgió un modelo de organización totalmente nuevo. No sólo se establece al rey como gobernante único para todo el pueblo, como una especie de jefe con autoridad a nivel nacional, sino que este se encontraba respaldado por una nueva estructura. El rey contaba con una corte que cumplía sus mandatos. Además de los líderes de los pueblos y tribus más antiguos, el rey tenía un nuevo plantel de funcionarios. Estos incluían oficiales militares y un ejército profesional junto con la antigua milicia de las tribus. La nación se dividía en distritos administrativos con administradores que actuaban junto al sistema antiguo de ancianos. La corte real y el ejército profesional requerían ingresos, por lo tanto, se desarrolló un sistema de impuestos con los funcionarios correspondientes. En la ostraca de Samaria, que registra los recibos de impuestos que varios estados le pagaban al gobierno, se encontró evidencia sobre este sistema impositivo. Asimismo, las asas de la vasija *lamelek* (que llevan una inscripción que literalmente significa "para el rey") indican que se trataba de un impuesto o un producto de la industria real. Los proyectos de construcción requerían trabajo masivo, por lo tanto, el gobierno organizaba a los contingentes de obreros. Aún existía el antiguo sistema de gobierno local que tenía como base la ciudad y los ancianos, pero paralelamente al viejo sistema se desarrolló una burocracia en ciernes. En esta época, el gobierno también ingresó en el campo internacional y llevó a cabo guerras nacionales e internacionales. Negociaba tratados y alianzas, acuerdos comerciales y de servicio e incluso arreglaba y fijaba matrimonios reales. Funcionarios tales como "el que gobierna la casa", una especie de secretario de estado o primer ministro; el historiador que era heraldo, secretario de prensa y también secretario de protocolo; el jefe de los escribas; consejeros; sacerdotes; profetas, todos componían la corte real (1 Rey. 4). Además, el rey tenía muchos ayudantes a su servicio. El rey representaba el gobierno de toda la nación. La nación prosperaba cuando el rey y sus funcionarios eran justos y leales en el gobierno. La nación sufría cuando el rey y los funcionarios eran injustos. Asimismo, las acciones injustas de los oficiales de menor rango eran finalmente responsabilidad del rey. Por lo tanto, los profetas acusaban al rey por sus acciones y por las acciones de quienes estaban bajo su mando.

El gobierno bajo el control de los imperios extranjeros Si el paso a la monarquía fue el cambio más revolucionario en el gobierno de Israel, el colapso de ese sistema marcó la segunda modificación más significativa. Se perdieron el gobierno propio y la independencia. Con toda seguridad, este cambio se sintió más a nivel nacional que local. Los ancianos continuaron en los cargos de líderes locales, pero los nuevos funcionarios militares e imperiales de los poderes conquistadores, primero Asiria y luego sucesivamente Babilonia, Persia, los griegos y los estados romanos, reemplazaron a los oficiales de la realeza. Los impuestos engrosaban el tesoro del estado extranjero y además de la ley hebrea se debía obedecer un nuevo sistema legal. Esto se puede observar especialmente en el juicio a Jesús, que incluyó audiencias ante los tribunales religiosos (en ese tiempo la corte suprema judía) y las autoridades romanas. El liderazgo principal recaía sobre un gobernador local designado por el poder extranjero, como fue el caso de Nehemías, o incluso un gobernador extranjero, como sucedía con los procuradores romanos. Cuando a los reyes locales se les permitía que gobernaran, lo hacían sólo como concesión del poder dominante y bajo el control de un ejército extranjero.

La caída del gobierno judío en manos de los sacerdotes comenzó en el período postexílico. La monarquía había terminado. La reestructuración de la sociedad impidió que el poder estuviera en manos de los políticos. El sacerdocio se fortaleció y gradualmente asumió mayor control de la autoridad judicial. Incluso los ancianos comenzaron a tener un rol especialmente religioso como funcionarios judiciales. La ley se convirtió virtualmente en sinónimo del pacto religioso, por lo tanto, la obediencia a la ley significaba mantener el pacto de Dios. Esto afectaba todas las áreas de la vida. Dicho arreglo no era necesariamente nuevo sino que se relaciona con la idea de que Dios es rey. La manera en que el poder se concentraba por completo en el campo sagrado, en oposición al secular, fue algo nuevo para el período postexílico y los siguientes. Debido a que el poder político no era mayormente posible, este se consolidó donde aún se podía ejercer, es decir, en el área religiosa. La religión simplemente se expandió para abarcar todos los aspectos de la vida.

En el NT encontramos a Judea gobernada por Herodes, designado por el gobierno romano. Posteriormente, un gobernante romano reemplazó al rey. En esa época, la autoridad religiosa aún existía. El sumo sacerdote y el sacerdocio ejercían un poder considerable aunque se mantenía el nombre de autoridad "religiosa". Tanto los ancianos como ciertos sacerdotes formaban parte del Sanedrín. Existían dos estructuras de autoridad que se respaldaban mutuamente, tal como en el caso de la monarquía. En esta época, el gobierno civil básicamente pertenecía al soberano extranjero, pero el poder religioso descansaba en las manos de los sacerdotes y el Sanedrín.

Joel F. Drinkard (h)

GOFER, MADERA DE Material con que Noé debía construir el arca (Gén. 6:14). Se desconoce la etimología de la palabra hebrea y no hay certeza sobre la clase de madera a que se refiere. Ni siquiera los traductores más antiguos lo sabían con certeza. Ver *Arca.*

GOG Y MAGOG 1. En Ezeq. 38–39, Gog de la tierra de Magog es el líder de las fuerzas del mal en un conflicto apocalíptico contra Jehová. En Apoc. 20:8, Gog y Magog levantan juntos los ejércitos que pelean para Satanás luego de su prisión de 1000 años. Se ha especulado muchísimo sobre la identidad de Gog y Magog. Sin embargo, en general los intentos de relacionar a estas figuras con individuos o estados modernos no han sido convincentes. Aparentemente, la profecía de Ezequiel se basa en sermones de Jeremías contra un enemigo que proviene del norte (Jer. 4–6). Es probable que Ezequiel se haya referido a Gigo, rey de Libia, quien en el 676 a.C. pidió ayuda al rey asirio Asurbanipal y luego se adhirió a una rebelión encabezada por los egipcios contra Asiria aprox. en el 665 a.C. Su nombre se convirtió en símbolo del poderoso y temible rey del norte. Aparentemente, Magog es un término hebreo que significa "lugar de Gog". **2.** Gog es un descendiente de la tribu de Rubén (1 Crón. 5:4).

GOIM Nombre de persona que significa "nación", particularmente "naciones gentiles, extranjeras". **1.** Tierra donde el rey Tidal se unió a la coalición del este contra la de Sodoma y Gomorra. Esta acción desencadenó una guerra que abarcó a Abraham (Gén. 14:1). No se sabe con certeza a qué nación se aplica el término general "goim". Algunos sugieren que se refiere a los hititas ya que muchos reyes de este pueblo recibieron entre los años 1750–1200 a.C. el nombre Tudalía o Tidal. Otros apuntan al pueblo de Manda, invasores bárbaros que ingresaron a la Mesopotamia aprox. en el 2000 a.C., que de alguna manera están relacionados con los elamitas. Goim tal vez signifique una coalición de hititas, luvianos y/u otros pueblos. Uno de los mss griegos tradicionales apunta a Panfilia, que significa "rica en pueblos". **2.** Josué 12:23 menciona a un rey de Goim en Gilgal, que había sido conquistado por Josué. La traducción griega más antigua registra "rey de Goim de Galilea", expresión que muchos estudiosos de la Biblia adoptan debido a que el contexto inmediato se refiere a áreas cercanas a Galilea, y argumentan que el copista fácilmente pudo haber escrito Gilgal porque dicho lugar desempeña un papel importante en las narrativas antiguas de Josué. Cualquiera haya sido la escritura correcta, desconocemos la ubicación precisa o los pueblos a los que se alude. **3.** Isaías 9:1 también se refiere a Galilea de los gentiles. Esto puede representar la forma hebrea para referirse al distrito gubernamental asirio denominado Meguido. Asiria tomó control de esta región luego de las guerras con Israel, en los años 733 y 722 a.C. **4.** En Jueces 4:2 (LBLA), la residencia de Sísara se encontraba en Haroset de los gentiles o Haroset-goim. Ver *Haroset.*

GOLÁN Nombre geográfico que significa "círculo" o "cercado". Era una ciudad de refugio para quienes habían matado a alguien sin intención. Estaba en Basán, en la región de la tribu de Manasés que vivía al este del Río Jordán (Deut. 4:43). También era una ciudad de los levitas (Jos. 21:27). Situada en la moderna Sahem el-Jolan sobre la

Monte Gólgota (o de la Calavera).

ribera oriental del Río el-Alláan. Ver *Ciudades de Refugio; Levitas, Ciudades de los.*

GÓLGOTA Nombre geográfico transliterado del arameo y/o hebreo al griego y luego al español que significa "calavera". En Mar. 15:22 aparece como nombre del lugar donde crucificaron a Jesús. El equivalente en latín es *calvaria.* Ambas palabras significan "calavera". Ver *Calvario; Crucifixión.*

GOLIAT Según el relato de 1 Sam. 17:4, paladín filisteo de gran estatura que durante 40 días desafió al ejército israelita bajo el liderazgo de Saúl en el Valle de Ela. El joven David lo mató. Ver *Elhanán.*

G

GOLONDRINA Ave que emigra a Palestina desde marzo hasta el invierno boreal. Hacía nidos en el templo (Sal. 84:3) y frecuentemente se la veía junto con el gorrión. A veces se la confundía con el vencejo. Ver *Aves.*

GOMER Nombre de persona que significa "completo, suficiente" o "carbón encendido". **1.** Hija de Diblaim y esposa del profeta Oseas (Os. 1:3), quien la describe como "mujer fornicaria" (1:2). Se han ofrecido numerosas explicaciones para esa designación. Algunos han sostenido que era una prostituta común. Otros que era una prostituta al servicio de Baal. Algunos han sugerido que simbolizaba la adoración israelita a muchos dioses. Otros, que era una mujer común que le había sido infiel a Oseas luego del matrimonio. Su infidelidad se convirtió en una especie de parábola viviente para reflejar la infidelidad de Israel hacia Jehová. Ver *Oseas.* **2.** Hijo de Jafet y nieto de Noé según la Tabla de las Naciones (Gén. 10:2). Aparentemente se lo considera representante de los cimerios, un pueblo indo-europeo del sur de Rusia que habitó en Capadocia, Asia Menor. Las fuentes asirias muestran que amenazó a Asiria luego del 700 a.C. Fue el padre de Askenaz que aparece en Jer. 51:27, que desplazó de Rusia a los cimerios. Gomer fue también padre de Rifat (o Difat, 1 Crón. 1:6) y de Togarma. **3.** Unidad de medida de áridos equivalente a 1/10 de una efa o un poco mayor de dos litros (Ex. 16:13-36). Ver *Pesos y Medidas.* Primera gavilla (gomer) de la cosecha de cebada que se presentaba como ofrenda (Lev. 23:9-15). Ver *Sacrificios y ofrendas.*

GOMORRA Ver *Sodoma y Gomorra.*

GOSÉN **1.** La frase "tierra de Gosén" aparece en la descripción general del territorio que ocuparon las fuerzas de Josué (Jos. 10:41; 11:16). Aparentemente se refiere a un bosque entre Hebrón y el Neguev. Algunos consideran que se alude a un país. **2.** Posiblemente la "tierra de Gosén" recibió ese nombre por la ciudad de Gosén ubicada en el distrito de Debir (Jos. 15:51). Tal vez en una época haya sido la ciudad principal de la región. La ciudad antigua se encontraba ubicada en Tell el Dhahiriyeh, 19 km (12 millas) al sudoeste de Hebrón o incluso más al este. **3.** Gosén se reconoce principalmente como una región al noreste del delta del

Azeka en el Valle de Ela, donde el joven David mató a Goliat.

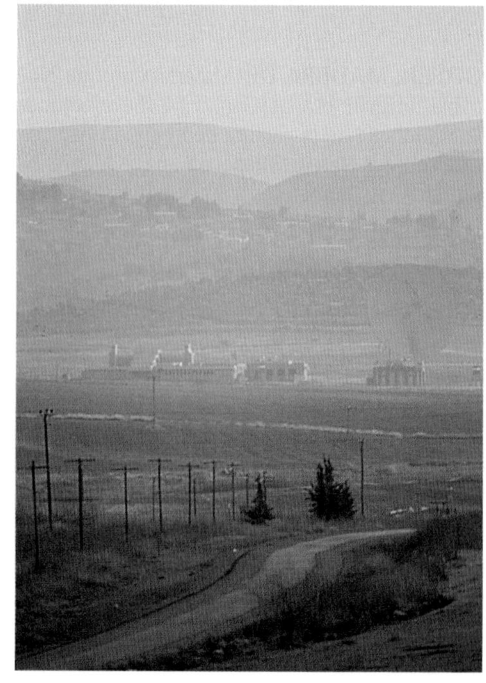

Nilo. Ocupada por los hebreos desde la época de José hasta el éxodo.

Gosén es importante para los estudios bíblicos por cuatro razones. (1) El faraón le asignó Gosén a la familia de José cuando llegaron a Egipto (Gén. 47:6,11). Allí "moraron los hebreos". (2) El territorio se encuentra situado sobre una ruta que va de Palestina a Egipto. (3) Tal vez se podría establecer la fecha de la entrada de José a Egipto con el dominio de los hicsos sobre el delta. (4) Ramesés y Pitón, las dos ciudades que los hebreos construyeron, y Soán, la capital de los hicsos, son datos clave para establecer una fecha para el éxodo.

Gary D. Baldwin

GOZÁN Nombre geográfico de significado incierto, posiblemente corresponda a "cantera". Una ciudad-estado siria donde los asirios exiliaron a numerosos israelitas luego de vencer a Israel en el 732 a.C. (1 Crón. 5:26) y 722 (2 Rey. 17:6; 18:11). Asiria había conquistado previamente Gozán (2 Rey. 19:12). Esta probablemente se encuentra en la moderna Tel Halaf al noroeste de la Mesopotamia sobre la ribera sur del Río Kabur. Según la arqueología, la ciudad fue construida luego del 1000 a.C., aunque se descubrieron algunas habitaciones de la edad de piedra. La ciudad abarcaba 61 ha (150 acres) con templos y edificios gubernamentales. Los excavadores encontraron documentos con nombres aparentemente hebreos que tal vez pertenecieron a personas deportadas por los asirios.

GOZO Estado de deleite y bienestar que resulta de conocer y servir a Dios. Para transmitir las ideas de gozo y regocijo se utilizan una cantidad de palabras griegas y hebreas. En español ocurre lo mismo con los términos casi sinónimos de gozo, felicidad, placer, deleite, alegría y disfrute. Las palabras "gozo" y "regocijo" son las que se utilizan con más frecuencia para traducir los términos griegos y hebreos. Gozo se encuentra aprox. 150 veces en la Biblia. Si se incluyen palabras tales como "gozoso" y "gozar", el número asciende a más de 200. Los verbos "regocijar" y "alegrar" aparecen mucho más de 200 veces. El gozo es el fruto de una relación correcta con Dios. No es algo que la gente pueda crear por esfuerzo propio. La Biblia distingue el gozo del placer. La palabra griega para placer es el término a partir del cual obtenemos la palabra "hedonismo", es decir, la filosofía de procurar placer egoísta. Pablo se refirió a los falsos maestros como "amadores de los placeres en vez de amadores de Dios" (2 Tim. 3:4 LBLA).

La Biblia advierte que la búsqueda del placer autoindulgente no conduce ni a felicidad ni a

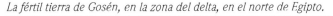

La fértil tierra de Gosén, en la zona del delta, en el norte de Egipto.

satisfacción. Eclesiastés 2:1-11 registra el triste testimonio de alguien que buscó construir su vida en base a la búsqueda del placer, búsqueda que lo dejó vacío y desilusionado. Proverbios 14:13 proporciona una idea de lo que constituye este estilo de vida: "Aun en la risa, el corazón puede tener dolor" (LBLA). Los intereses, las riquezas y los placeres le pueden quitar a la gente la posibilidad de una vida fructífera (Luc. 8:14). A menudo, la búsqueda de placer esclaviza en un círculo vicioso de adicción (Tito 3:3). Según 1 Tim. 5:6, el indulgente está muerto aunque parezca estar vivo.

Mucha gente piensa que Dios se opone al gozo. Nada podría estar más lejos de la verdad. Dios mismo conoce el gozo, y desea que Su pueblo también tenga esa experiencia. El Sal. 104:31 declara que Dios se regocija en Sus obras creadoras. Isaías 65:18 menciona que Dios se regocija en Su pueblo redimido, que es un gozo para Él.

Lucas 15 es la referencia bíblica más famosa sobre el gozo de Dios. Fariseos y escribas habían criticado a Jesús porque recibía a los pecadores y comía con ellos. Jesús entonces les narró tres parábolas: la oveja perdida, la moneda perdida y el hijo perdido. El tema explícito de cada parábola es el gozo por un pecador que se arrepiente.

El gozo de Dios se centró en la historia humana en Jesucristo. La nota de gozo y regocijo está impregnada en todo el relato bíblico sobre la venida de Cristo (Luc. 1:14,44; Mat. 2:10). El pasaje más conocido es el anuncio del ángel sobre las "nuevas de gran gozo, que será para todo el pueblo" (Luc. 2:10). Jesús habló sobre Su propio gozo y el gozo pleno que había venido a traerles a los demás (Juan 15:11; 17:13). Presentó una ilustración sobre el reino de los cielos al narrar el gozo de un hombre que encontró un tesoro (Mat. 13:44). Zaqueo estaba subido a un árbol cuando Jesús lo llamó, pero descendió rápidamente y recibió a Jesús con gozo (Luc. 19:6). Él había hallado en Cristo el tesoro pleno de la vida.

A medida que se acercaba la muerte de Jesús, Él les dijo a Sus seguidores que pronto serían como una mujer a punto de dar a luz, cuya tristeza sería convertida en gozo (Juan 16:20-22). Lo entendieron posteriormente, cuando la profunda tristeza de la cruz dio paso al gozo de la resurrección (Luc. 24:41). Visto desde esta perspectiva, finalmente comprendieron que la cruz era necesaria para que el gozo se hiciera realidad (Heb. 12:2). Debido a Su victoria y a la promesa de Su presencia permanente, los discípulos se podrían regocijar aun después de la ascensión del Señor (Luc. 24:52).

El libro de Hechos relata cómo el gozo continuaba siendo característica de los que seguían a Jesús. Después de la predicación de Felipe en Samaria, la gente creyó y "había gran gozo en aquella ciudad" (Hech. 8:8). Luego de la obra de Pablo y Bernabé en Antioquía de Pisidia, "los discípulos estaban llenos de gozo y del Espíritu Santo" (Hech. 13:52). Pablo y Bernabé informaron a otros creyentes sobre estas conversiones y "causaban gran gozo a todos los hermanos" (Hech. 15:3). Tras la conversión del carcelero de Filipos, este "se regocijó con toda su casa de haber creído a Dios" (Hech. 16:34).

El gozo en la vida cristiana está en proporción directa al andar de los creyentes con el Señor. Se pueden regocijar porque están en el Señor (Fil. 4:4). El gozo es fruto de la vida guiada por el Espíritu (Gál. 5:22). El pecado en la vida del creyente le roba el gozo a la persona (Sal. 51:7-8,12).

Cuando alguien camina con el Señor, puede seguir regocijándose aun cuando aparezcan problemas. Jesús habló sobre los que podían regocijarse aun cuando los perseguían y los mataban (Mat. 5:12). Pablo escribió sobre regocijarse en el sufrimiento debido al fruto final que daría como resultado (Rom. 5:3-5). Tanto Pedro como Santiago también hicieron eco de las enseñanzas del Señor en cuanto a regocijarse en las tribulaciones (1 Ped. 1:6-8; Sant. 1:2).

El gozo en el Señor capacita a las personas para disfrutar de todo lo que Dios ha dado. Se regocijan en la familia (Prov. 5:18), en la comida (1 Tim. 4:3-5), en las celebraciones (Deut. 16:13-15), en la comunión (Fil. 4:1). Comparten con los otros creyentes las alegrías y tristezas de la vida: "Gozaos con los que se gozan; llorad con los que lloran" (Rom. 12:15). *Robert J. Dean*

GRABAR Imprimir en profundidad, tallar. Se grababan muchos materiales, incluyendo las tablas de arcilla para escribir (Isa. 8:1), metal, piedras preciosas, piedras (Zac. 3:9) y madera. El grabado frecuentemente se hacía con una punta de hierro, un estilete y a veces con una punta de diamante (Job 19:24; Jer. 17:1). En el mundo antiguo eran comunes los anillos grabados con el símbolo del propietario (Gén. 38:18; Est. 3:12; Jer. 22:24). La expresión "como grabaduras de sello", en referencia a un anillo o un cilindro, es una frase típica para describir las diversas joyas grabadas de la vestimenta del sumo sacerdote. (Ex. 28:11,21,36; 39:6,14). Las palabras hebreas traducidas "grabar" se usan tanto para el tallado de madera como para el trabajo en piedras preciosas en la construcción del tabernáculo y del templo (Ex. 31:5; 35:33; 1 Rey. 6:18-35; 2 Crón. 2:7). Una imagen grabada (Ex. 20:4) es un ídolo tallado (a diferencia de uno realizado en un molde).

GRACIA Aceptación y amor inmerecido que se recibe de otra persona. Aunque las palabras bíblicas para "gracia" se emplean de diversas maneras, el uso más característico alude a un favor inmerecido que un superior le prodiga a un inferior. Cuando se refiere a la gracia divina hacia la humanidad, refleja un favor de Dios no merecido que provee salvación para los que merecen condenación. En el sentido cristiano más específico se refiere a la actividad salvadora de Dios que se manifestó a través del regalo de Su Hijo para que muriera en lugar de los pecadores.

Antiguo Testamento En el AT, "gracia" es la traducción del sustantivo hebreo *chen* y del verbo *chanan.* El verbo *chanan* aparece 56 veces. Alude a la actitud bondadosa de Dios o de los seres humanos que se manifiesta mediante ayuda en tiempos de necesidad (Prov. 14:31; Sal. 4:1). El sustantivo *chen* aparece 69 veces en gran parte de la literatura del AT y generalmente se traduce con las palabras españolas "gracia" o "favor", que no parecen diferenciarse entre sí. Aparece con mucha frecuencia en la expresión idiomática "hallar gracia o favor ante los ojos de alguien" (comp. Gén. 19:19; 32:5; 33:8; 34:11; 47:25). La persona de la que se procura obtener gracia se encuentra, casi sin excepción, en una posición de superioridad o autoridad sobre la persona que busca el favor. El superior no tiene obligación de mostrar su gracia. Esta depende de su generosidad. En el AT, el uso más frecuente del término alude a personas que buscan u obtienen favor de otra: José de Potifar (Gén. 39:4), los hermanos de José de José (Gén 47:25), Rut de Booz (Rut 2:10), David de Saúl (1 Sam. 20:12,28) y Joab de David (2 Sam. 14:22).

Si bien no es lo más frecuente, el uso más significativo de gracia en el AT expresa una relación divina/humana. Como la palabra hebrea expresa un favor no merecido otorgado por un superior, nunca se implica que Dios busca obtener "favor ante los ojos" de Sus criaturas. Por otro lado, hay ejemplos de personas que procuran o encuentran favor ante los ojos del Señor: Noé (Gén. 6:8), Moisés (Gén. 33:12), Gedeón (Jue. 6:17), Samuel (1 Sam. 2:26) y el remanente del exilio (Esd. 9:8; Jer. 31:2). En estos ejemplos, "gracia" denota mayormente un regalo inmerecido por elección de Dios. Es una expresión de Su amor soberano (Ex. 33:19). Además, la "gracia" constituye la base de toda la relación de Dios con el hombre y de Su obra a favor de él. La gracia liberó a Noé y a su familia del diluvio (Gén. 6:8), y a Lot de la destrucción de Sodoma y Gomorra (Gén. 19:19). La gracia le dio a Moisés un conocimiento personal de Dios y Sus propósitos (Ex. 33:12-13), le aseguró la presencia de Dios con Israel y el perdón de los pecados del pueblo (Ex. 33:17; 34:9) y le permitió ver la gloria de Dios (Ex. 34:18-23). Por medio de la gracia Dios escogió a Israel como Su herencia (Ex. 33:16) y preservó al remanente de la cautividad (Esd. 9:8). La gracia escogió a David como rey (1 Sam. 16:22) y luego de una rebelión exitosa en su contra le restituyó el trono (2 Sam. 15:25). La gracia hará que Israel un día reconozca al Mesías (Zac. 12:10). La gracia trae consigo misericordia (Núm. 11:15; Isa. 60:10), y el retenerla desencadena juicio (Jos. 11:20).

Nuevo Testamento En el NT, la palabra griega *charis* se traduce "gracia" y se utiliza aprox. 150 veces. El término tiene una larga historia en el griego secular antes del NT. Originalmente se refería a una característica encantadora o hermosa de una persona, una cosa o un acto que producía placer a otros. De este contexto proviene la idea de favor o regalo que produce placer a otro. Desde el punto de vista del favorecido adquirió el significado de "gracias" o "gratitud". Finalmente comenzó a utilizarse con un sentido ético para referirse a un favor que se hacía gratuitamente sin reclamo ni expectativa de obtener algo a cambio. Cuando el AT se tradujo al griego se utilizó *charis* para traducir el término hebreo *chen*, y así el término griego de la Biblia comenzó a asociarse con una relación objetiva correspondiente a un favor no merecido de parte de un superior a alguien inferior. Esta relación de parte de Dios para los hombres constituye el trasfondo del significado cristiano en particular del término gracia en el NT.

Charis aparece en raras ocasiones en los Evangelios. No se encuentra en Mateo ni en Marcos. Lucas utiliza el término ocho veces, de las cuales cuatro emplea Jesús, pero sólo con el sentido corriente de "gracias" (Luc. 6:32-34; 17:9). Tres de los cuatro usos restantes denotan "favor" en el sentido del AT (Luc. 1:30; 2:40,52). En una de las referencias, Lucas describe las palabras de Jesús como "palabras de gracia", tal vez con el significado secular de "hermosas" o "atractivas". Sin embargo, también puede aludir al contenido de Su mensaje, lo cual la convertiría en sinónimo de evangelio. En el Evangelio de Juan aparece cuatro veces, todas ellas en el prólogo (1:14,16-17). Se emplea para describir la encarnación de Cristo (v.14) y aquello que reciben los que creen en él en contraste con la ley (vv.16-17). La expresión inusual de Juan "gracia sobre gracia" conlleva la idea de provisión continua e inagotable de la gracia de Dios a los creyentes. No se interrumpe nunca y no tiene límites.

En Hechos, *charis* se emplea en tres sentidos. El uso más frecuente se refiere a un poder que fluye de Dios o del Cristo exaltado. Ayudaba a los apóstoles a tener éxito en su misión (4:33; 11:23; 13:43; 14:26), les daba poder a los incrédulos para que creyeran (18:27) y poder para edificar a los creyentes (20:32). Se utiliza con el sentido de favor humano, por lo tanto, generalmente se traduce "favor" o "placer" (2:47; 7:10,46; 24:27; 25:3,9). El uso teológico más significativo y a su vez el más raro se refiere al método de salvación de Dios en oposición al legalismo de los judaizantes. Tanto los judíos como los gentiles se salvan por la "gracia del Señor Jesucristo" (15:11). La referencia específica a la gracia de Jesús más que la alusión generalizada a la "gracia de Dios" indica que Pedro y los judíos cristianos creían que la gracia salvadora de Dios se había manifestado en la obra redentora de Cristo.

De las 150 veces que aparece *charis* en el NT, la gran mayoría se encuentra en las cartas paulinas con un amplio rango de significado. A veces Pablo emplea el término con el significado más secular para referirse a un regalo o acción que produce placer al que lo recibe. Su visita a Corinto fue *charis* (2 Cor. 1:15). La colecta para los santos de Jerusalén se denomina *charis* y fue motivada por *charis* (1 Cor. 16:3; 2 Cor. 8:1,4,6-7,19). A menudo utilizaba *charis* simplemente para decir gracias (1 Cor. 10:30; Col. 3:16), y con frecuencia se lo empleaba en la expresión habitual "gracias (*charis*) a Dios" (Rom. 6:17; 7:25; 1 Cor. 15:57; 2 Cor. 2:14; 8:16; 9:15; 1 Tim. 1:12; 2 Tim. 1:3).

Pablo empleaba *charis* para referirse a la gracia de Dios, y este era el uso más frecuente y teológicamente más significativo. Utiliza 25 veces las expresiones "gracia de Dios" o "gracia de nuestro Señor Jesucristo". No hay diferencia intencional en las expresiones. En una ocasión combinó los términos con la expresión "la gracia de nuestro Dios y del Señor Jesucristo" (2 Tes. 1:12). Comúnmente se refiere a "su gracia", donde el antecedente de la expresión es Dios o Cristo. Para Pablo, la gracia de Dios no es tanto un atributo eterno como una actividad divina. Es la actividad redentora de Dios que se manifiesta en la obra redentora de Cristo mediante la cual perdona y acepta a los pecadores. En el pensamiento de Pablo, la gracia de Dios es necesaria debido a que el hombre es incapaz de hacer algo para salvarse y es indigno de ser salvo. La experiencia paulina ilustra en forma particular el uso del término gracia para referirse a la naturaleza inmerecida de la salvación de Dios. Debido a su vida pasada como perseguidor de los cristianos, Pablo tenía un profundo sentido de indignidad. Fue por gracia de Dios que Cristo se le apareció, lo transformó y lo designó apóstol (1 Cor. 15:9-10; 1 Tim. 1:12-14).

Pablo tenía un sentido tan intenso de la gracia que se refiere a ella al principio y al final de cada una de sus cartas. Para él, la vida cristiana se resumía en la gracia de Dios. La salvación dependía completamente de la gracia. No se podía mezclar la gracia con las obras pues de lo contrario ya no sería gracia (Rom. 11:6-7). La gracia es sinónimo del evangelio de Cristo, y apartarse de ella significa volverse a un evangelio falso (Gál. 1:6). La gracia de Dios concibió la salvación de los pecadores desde la eternidad pasada antes de la fundación del mundo (Ef. 1:4; 2 Tim. 1:9). La salvación proviene de la gracia manifestada en la muerte histórica de Cristo (Rom. 3:24). La gracia nos capacita para apropiarnos de la salvación, nos llama a la salvación, nos revela a Cristo e incluso nos da la fe que es condición para la salvación (Gal. 1:6,15; Ef. 2:8-9; Fil. 1:29). La gracia de Dios llama y equipa para servicio en la vida cristiana (Rom. 15:15-16; 1 Cor. 3:10). De manera muy similar a Lucas en Hechos, Pablo habla de la gracia de Dios como un poder, casi como si fuera una persona. La gracia de Dios era algo que estaba con él y lo capacitaba para trabajar, ser humilde, piadoso y lo sostenía en tiempos de dificultad (1 Cor. 15:10; 2 Cor. 1:12; 12:7-10). Por lo tanto, todo desde el principio al fin es por gracia.

En las Epístolas Generales y en Apocalipsis, *charis* aparece 24 veces, mayormente en Hebreos y 1 Pedro. Se utiliza con todos los significados que se encuentran en los escritos de Pablo, los Evangelios y Hechos. En Hebreos, la gracia se relaciona con la muerte expiatoria de Cristo (2:9). Es por gracia que podemos acercarnos a Dios confiadamente a buscar ayuda "para el oportuno socorro" (4:16). La gracia fortalece el corazón del creyente y lo capacita de toda cosa buena para hacer la voluntad de Dios (13:5). En Heb. 12:28 se utiliza con el sentido secular de "acción de gracias" o "gratitud". En Santiago, gracia se usa para referirse al poder que recibe el humilde para resistir al maligno y evitar el adulterio espiritual (4:6-7). En las cartas de Pedro, la gracia tiene su origen en Dios (1 Ped. 5:10) y posee naturaleza múltiple (1 Ped. 4:10). Pedro equipara gracia con salvación y, al igual que Pablo, considera que la salvación es por gracia desde el principio al fin. Los profetas la anunciaron, el Cristo sufriente la consumó, el llamado soberano la aplicó a las personas (1 Ped. 1:10-11; 5:10) y ella capacita a los creyentes para el servicio (1 Ped. 4:10-11). Todos los cristianos sostienen una relación con Dios por medio de la gracia (1 Ped. 5:12; 3:7). La manera de evitar que el diablo nos guíe a infidelidad es "crecer en la gracia y el conocimiento de nuestro Señor y Salvador Jesucristo" (2 Ped. 3:18). *Charis* no aparece en 1 y 2 Juan, y sólo se halla en los versículos finales de Apocalipsis. Sin embargo, el NT muy apropiadamente concluye con una bendición de gracia (Apoc. 22:21). Ver *Amor; Justificación; Misericordia.* *Jimmy A. Millikin*

GRACIA, ENCANTAMIENTO Encanto y atractivo humanos; objetos mágicos utilizados para protegerse del mal; método usado para prevenir las mordeduras de serpientes venenosas. **1.** La gracia humana puede ser engañosa (Prov. 31:30); sin embargo, el término hebreo utilizado, *chen*, es una característica del don del Espíritu dado por Dios (Zac. 12:10). Dios le dio a José la capacidad para obtener gracia o ganarse el favor del carcelero egipcio (Gén. 39:21). Dios también le da dicha gracia al afligido (Prov. 3:34). En general, el término significa hallar favor o aceptación de parte de otra persona (Gén. 6:8; 33:8). El término se usa en relación a la ramera de Nah. 3:4. **2.** Los encantadores de serpientes tenían poder dentro de la comunidad debido a que conocían "palabras mágicas" o "acciones mágicas" para impedir que las serpientes venenosas dañaran a la gente. El salmista comparó a los impíos con serpientes sordas inmunes a tales encantamientos (Sal. 58:4,5). A los "encantadores" se los incluía entre los líderes comunitarios condenados por los profetas (Isa. 3:3). Jeremías advirtió que Dios enviaría serpientes a las que nadie podría encantar, a fin de castigar a Su pueblo desobediente (Jer. 8:17). El escritor de Eclesiastés le recordó a su audiencia que los encantadores que fracasaban pagaban un precio muy alto (Ecl. 10:11).

GRANA Color rojo que se obtiene del cuerpo del quermes muerto (*Coccus ilicis*, que se adhiere al roble quermes, *Quercus coccifera*) o de los insectos cochinillas (*Coccus cacti*). La misma palabra hebrea también se traduce "escarlata" ("rojo" proviene de una raíz de donde procede la palabra hebrea para "sangre" y designa un color diferente). En la Biblia se mencionan el hilo (Gén. 38:28,30), la cuerda (Jos. 2:18,21) y la tela (Lev. 14:4; Núm. 4:8; 2 Sam. 1:24; 2 Crón. 2:7, 14; 3:14; Prov. 31:21; Jer. 4:30) grana o escarlata. Esta junto con el púrpura se consideraban colores de la realeza (Mat. 27:28; Apoc. 17:3,4; 18:11,12,16). Isaías utilizó el grana como imagen para describir los pecados (Isa. 1:18). Ver *Colores.*

GRANADA Árbol pequeño cuyo fruto tiene cáscara gruesa, muchas semillas y una pulpa roja. Ver *Plantas.*

La granada es uno de los muchos frutos originarios del Medio Oriente.

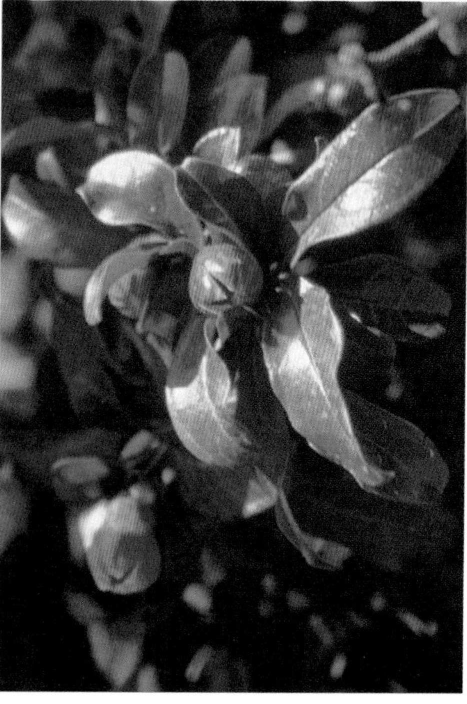

GRANDE Título que decía ostentar Simón, el mago samaritano (Hech. 8:9-10). Aunque el título representa la pretensión de tener honores divinos, el significado preciso no es claro. Justino Mártir sostenía que los samaritanos reverenciaban a Simón como el dios más importante del panteón cananeo. Otros han argumentado que Simón proclamaba ser un dios menor que representaba el poder de dioses superiores tales como Baal-zebul o Atenea.

GRANERO Lugar para almacenar semillas (Hag. 2:19) o grano trillado y aventado (Mat. 13:30). La evidencia arqueológica indica que los graneros variaban en tamaño y forma. Es posible que granero aludiera simplemente a tinajas o sacos para granos (Gén. 42:25), fosos revocados o sin revocar, silos (tal vez a esto se refiere Luc. 12:18), o incluso a estructuras amplias con numerosas habitaciones (los depósitos de Ezequías, 2 Crón. 32:28, o aquellos que utilizó José para almacenar grandes cantidades de granos, Gén. 41:49). Un granero lleno era señal de prosperidad (Deut. 28:8; Prov. 3:10; Luc. 12:18), mientras que uno vacío simbolizaba algún tipo de catástrofe (sequía, guerra, etc.; Joel 1:17) o bien era una señal del desagrado de Dios (Jer. 50:26; Joel 1:17). Almacenar granos en el granero se utilizaba como un cuadro para aludir a Dios al reunir a los justos (Mat. 3:12; Luc. 3:17). Granero equivale a los silos modernos.

GRANIZO Precipitación en forma de pequeñas esferas consistentes en capas de hielo y nieve compacta. Los escritores bíblicos lo consideraban una plaga. Por lo general, las piedras de granizo tienen un diámetro 1 a 2 cm (1/2 a 1 pulgada). El de mayor tamaño puede destruir un sembrado (Ex. 9:25,31; Sal. 78:47; Hag. 2:17; Apoc. 8:7) y matar personas y animales sorprendidos a la intemperie (Ex. 9:19,25; Jos. 10:11; Sal. 78:48). La Biblia habla de granizo para referirse a la presencia, la acción y el castigo divino.

GRANO Término general para referirse a la semilla comestible de hierbas cultivadas. En la época bíblica, los granos comunes incluían: trigo (Gén. 30:14), centeno (Ex. 9:32), cebada (Ex. 9:31) y millo (Ezeq. 4:9). Ver *Plantas*.

GRANO TOSTADO Comida habitual que se preparaba tostando los granos en una olla o sosteniendo las puntas del grano sobre el fuego (Lev. 23:14; Jos. 5:11; Rut 2:14; 1 Sam. 17:17; 25:18; 2 Sam. 17:28). Servía de alimento para los trabajadores de las cosechas, los soldados y los refugiados. La ley mosaica prohibía comer grano tostado antes de que se ofrecieran a Dios las primicias. El término hebreo no indica el tipo exacto de grano; probablemente se refiera a cebada o trigo.

Varios tipos de grano para plantar, a la venta en un mercado árabe en la vieja Jerusalén.

Un gran silo para granos en la antigua Meguido, con una escalera de acceso en espiral.

GRATITUD Ver *Acción de gracias.*

GRECIA Limitada por los mares Adriático y Jónico al oeste y el Mar Egeo al este, Grecia se encuentra ubicada entre la Península Itálica y Asia Menor. A su vez, estos mares son parte del Mar Mediterráneo. El terreno de Grecia es escarpado porque esta nación constituye el extremo sur de la cadena montañosa de Europa central. En las proximidades de Grecia hay numerosas islas que conforman otra característica geográfica del país. El Peloponeso, el área más septentrional, es virtualmente una isla que se conecta con el continente a través de un desfiladero angosto conocido como el Istmo de Corinto.

Su naturaleza montañosa ha desempeñado un papel importante en el desarrollo del país. En primer lugar, está compuesto por una línea costera inusualmente larga para un área tan pequeña, debido a que hay numerosas bahías y ensenadas, y por esa razón cuenta con muchos puertos naturales. En tiempos antiguos sus montañas eran bosques espesos, lo cual permitió incursionar en construcción de barcos y comercio marítimo. En segundo lugar, la característica del terreno no contribuyó a la unidad de sus habitantes debido a que la comunicación entre ellos no era fácil. Finalmente, la tierra apta para la agricultura, aunque fértil, no era abundante; por lo tanto, lo que se producía no alcanzaba para abastecer a una gran población. Los productos agrícolas principales eran granos, uvas y aceitunas, mientras que las montañas proveían pastura para ovejas y cabras.

Desarrollo histórico Las ciudades-estado comenzaron a formarse en Grecia aprox. en el tiempo de los grandes profetas de Israel (luego del 800 a.C.). La provisión limitada de alimento obligó a los griegos a abandonar su tierra natal. Como resultado, se establecieron colonias en islas del Mediterráneo, Asia Menor, Sicilia, Italia y en la región del Mar Negro. Las colonias sustentaban el comercio y, a su vez, este impulsó el crecimiento de las ciudades ya que la economía no dependía de la agricultura.

El período de mayor apogeo de las ciudades-estado fue entre los años 500–404 a.C. Atenas y Esparta fueron las dominantes de ese período. Aprox. entre los años 500–475, Atenas resistió un ataque de los persas. Luego vivió la etapa conocida como el siglo de oro. Bajo el gobierno de Pericles, su gran líder, florecieron el arte, la arquitectura y el teatro. Las ciudades-estado del Peloponeso temían el poder de Atenas, sin embargo, se unieron bajo el liderazgo de Esparta para luchar contra ella. Con la derrota de Atenas en el 404 a.C. comenzó el período de decadencia de las ciudades-estado.

Aprox. en el 350 a.C., Felipe II ascendió al trono de Macedonia, territorio que actualmente corresponde al norte de Grecia. En los años siguientes, controló toda la península griega y murió asesinado en el 336 a.C. Lo sucedió Alejandro, su hijo de 20 años de edad, quien había sido discípulo del gran filósofo Aristóteles.

Alejandro Magno fue uno de los genios militares y estrategas más sobresaliente de la historia de la humanidad. Para el 323 a.C., año en que murió, había conquistado un imperio que abarcaba el Medio Oriente desde Grecia hasta la región oriental de la India, como así también Siria-Palestina y Egipto. En cada lugar que conquistaba establecía colonias donde se podían aprender la cultura y el idioma griegos, fenómeno conocido como helenismo. Cuando dos siglos más tarde los romanos tomaron control de la mayoría de este territorio, impusieron su

Terracota de mujer con vestido y peinado griego, siglo II-I a.C.

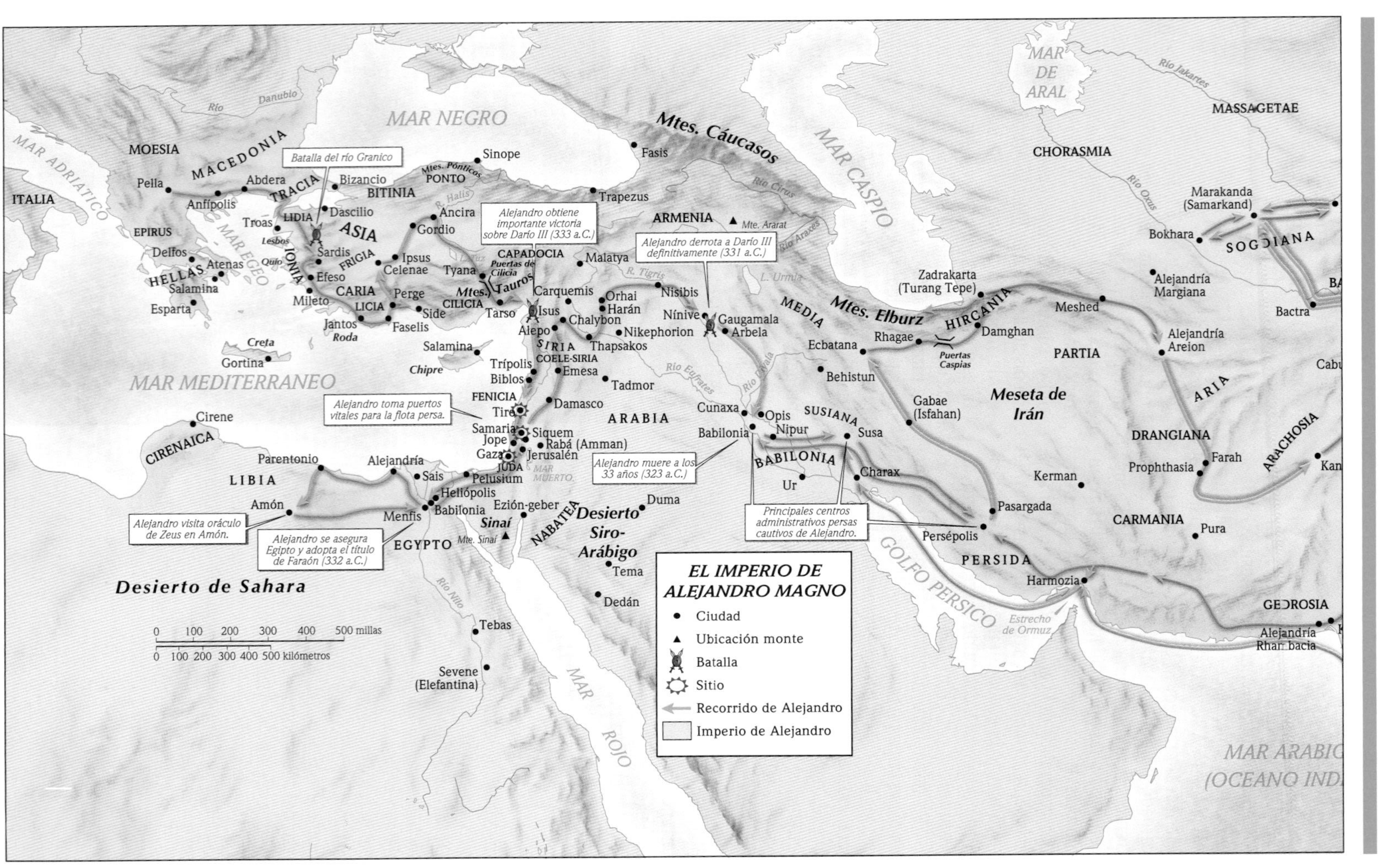
EL IMPERIO DE ALEJANDRO MAGNO
Ciudad
Ubicación monte
Batalla
Sitio
Recorrido de Alejandro
Imperio de Alejandro
Batalla del río Granico
Alejandro obtiene importante victoria sobre Darío III (333 a.C.)
Alejandro derrota a Darío III definitivamente (331 a.C.)
Alejandro muere a los 33 años (323 a.C.)
Principales centros administrativos persas cautivos de Alejandro.
Alejandro toma puertos vitales para la flota persa.
Alejandro se asegura Egipto y adopta el título de Faraón (332 a.C.)
Alejandro visita oráculo de Zeus en Amón.
0 100 200 300 400 500 millas
0 100 200 300 400 500 kilómetros
MAR NEGRO
MAR CASPIO
MAR DE ARAL
MAR MEDITERRANEO
MAR EGEO
MAR ADRIATICO
MAR ROJO
GOLFO PERSICO
MAR ARABIGO (OCEANO INDICO)
Estrecho de Ormuz
Desierto de Sahara
Desierto Siro-Arábigo
Meseta de Irán
Mtes. Cáucasos
Mtes. Elburz
Mtes. Tauros
Mtes. Pónticos
MACEDONIA
TRACIA
MOESIA
EPIRUS
HELLAS
ITALIA
ASIA
BITINIA
PONTO
FRIGIA
LIDIA
IONIA
CARIA
LICIA
CILICIA
CAPADOCIA
ARMENIA
SIRIA
COELE-SIRIA
FENICIA
JUDA
NABATEA
ARABIA
MEDIA
SUSIANA
BABILONIA
PERSIDA
CARMANIA
PARTIA
HIRCANIA
ARIA
DRANGIANA
ARACHOSIA
GEDROSIA
SOGDIANA
CHORASMIA
MASSAGETAE
EGYPTO
LIBIA
CIRENAICA
Pella
Anfípolis
Abdera
Delfos
Atenas
Salamina
Esparta
Troas
Lesbos
Quío
Creta
Gortina
Bizancio
Dascilio
Sardis
Efeso
Mileto
Jantos
Roda
Celenae
Ipsus
Gordio
Ancira
Sinope
Perge
Side
Faselis
Tyana
Tarso
Isus
Puertas de Cilicia
Chipre
Salamina
Trapezus
Fasis
Malatya
Carquemis
Alepo
Chalybon
Orhai
Harán
Nisibis
Nikephorion
Thapsakos
Nínive
Gaugamela
Arbela
Mte. Ararat
Emesa
Tadmor
Trípolis
Biblos
Tiro
Damasco
Samaria
Siquem
Jope
Gaza
Jerusalén
Rabá (Amman)
Ezión-geber
Sinaí
Mte. Sinaí
Duma
Tema
Dedán
Pelusium
Heliópolis
Babilonia
Menfis
Sais
Alejandría
Parentonio
Amón
Cirene
Tebas
Sevene (Elefantina)
Cunaxa
Babilonia
Opis
Nipur
Ur
Susa
Charax
Ecbatana
Behistun
Rhagae
Puertas Caspias
Zadrakarta (Turang Tepe)
Damghan
Gabae (Isfahan)
Persépolis
Pasargada
Kerman
Harmozia
Meshed
Alejandría Margiana
Alejandría Areion
Prophthasia
Farah
Pura
Bokhara
Marakanda (Samarkand)
Bactra
Alejandría Rhambacia
Río Danubio
R. Halis
R. Tigris
Río Eufrates
Río Diyala
Río Araxes
Río Ciros
L. Urmia
Río Oxus
Río Jakartes
Río Nilo
Mar Muerto

sistema legal y militar. A su vez, los romanos adoptaron la cultura griega. De esta manera surgió la cultura greco-romana. Cuando apareció el cristianismo, contó como vehículo para propagar conceptos con el idioma griego que muchos lingüistas consideran el idioma más flexible que se haya concebido. En siglos posteriores, los teólogos cristianos unieron los conceptos cristianos con los métodos e ideas filosóficas griegas para desarrollar la teología cristiana.

Grecia y la Biblia En el AT hay muy pocas referencias a Grecia, y la mayoría aparece en el libro de Daniel (Dan. 8:21; 10:20; 11:2; Zac. 9:13). Sin embargo, el NT tiene muchas alusiones a esta nación, especialmente en relación con el ministerio de Pablo. Parte de su trabajo más fructífero se llevó a cabo en ciudades griegas. La iglesia de Filipos, en Macedonia, fue la primera que fundó Pablo en territorio europeo (Hech. 16). Esta se convertiría en su favorita y sería receptora de su carta más afectuosa y personal, la Epístola a los Filipenses. En el distrito de Tesalia, Pablo fundó dos iglesias, la de Tesalónica y la de Berea (Hech. 17:1-14). También escribió cartas a los tesalonicenses, dos de las cuales se encuentran en el NT (1 y 2 Tesalonicenses). Así como Pablo tuvo problemas en Tesalónica (Hech. 17:1-9), también los tuvo cuando trató de explicarle a la iglesia el retorno del Señor.

Los eruditos de la Biblia han debatido por mucho tiempo sobre el fracaso o el éxito de Pablo en Atenas (Hech. 17:16-33). Aunque la adoración a los dioses griegos había declinado, la experiencia de Pablo en el Areópago demuestra que los cultos paganos no habían desaparecido totalmente. Sin embargo, la sensación de

La Acrópolis de Atenas, Grecia.

G

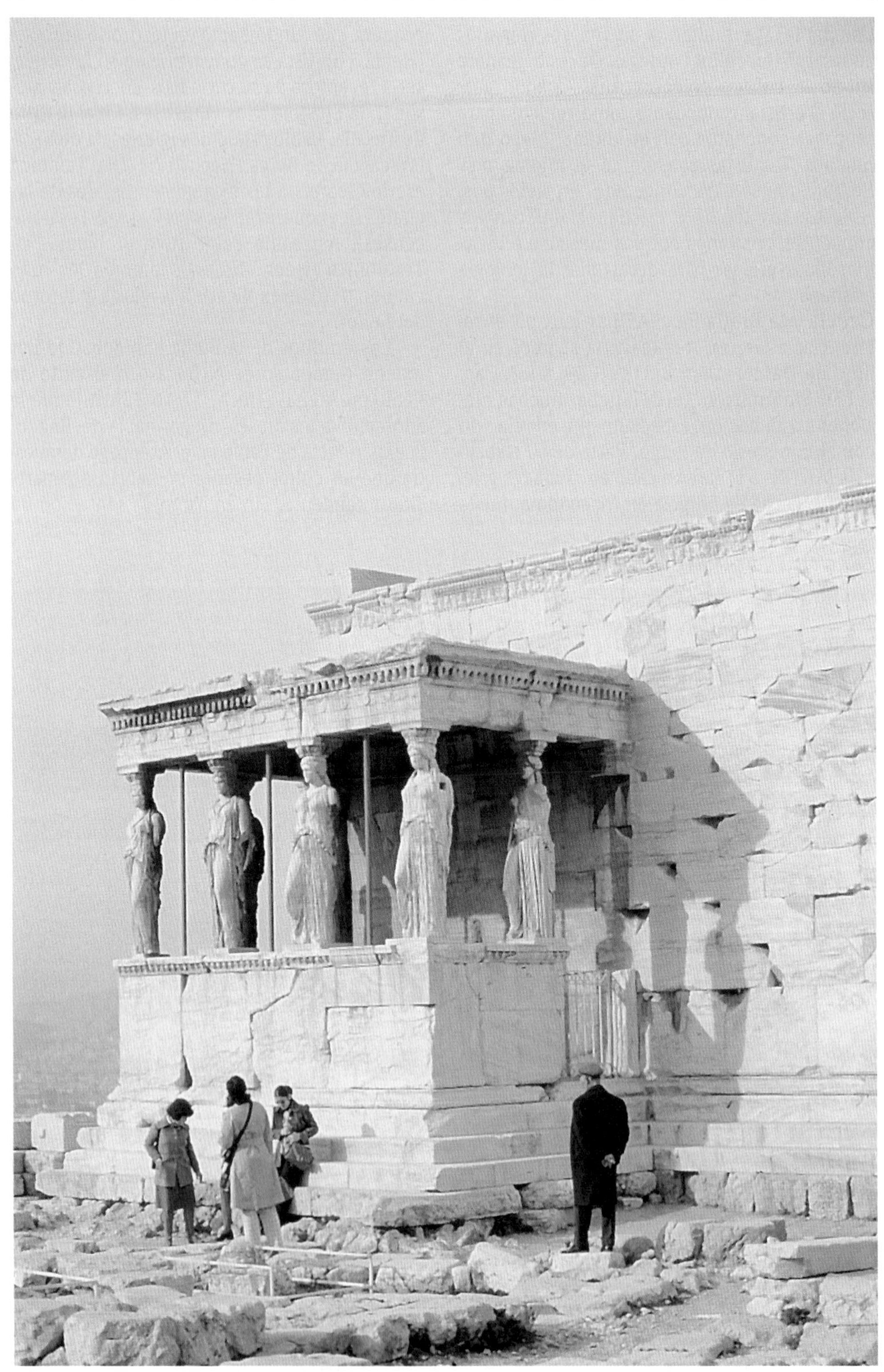

El Erecteión con el Pórtico de las Cariátides, en la Acrópolis de la antigua ciudad de Atenas, en Grecia.

Relieve del mito de Telefo, hijo de Hércules, y su encuentro con Aquiles, quien infligió una herida que no sanaba.

que las antiguas religiones habían fracasado contribuyó a la rápida aceptación de la religión cristiana a lo largo del Imperio Romano. A pesar de esto, Pablo no ganó gran cantidad de convertidos en Atenas.

Ninguna ciudad recibió más atención ni provocó mayor correspondencia de parte de Pablo que Corinto. Era una ciudad portuaria pendenciera y pecaminosa conocida como la ruta del Mediterráneo en el angosto istmo que conecta el Peloponeso con el resto de Grecia (Hech. 18:1-17). En esta ciudad, Pablo conoció a Priscila y Aquila, dos de sus más valiosos ayudantes. Allí también enfrentó un juicio y estableció una de las iglesias más problemáticas y controvertidas a la que posteriormente le escribió por lo menos cuatro cartas, dos de las cuales sobrevivieron y se incluyeron en el NT.

La influencia griega en el NT y en el cristianismo es enorme. El koiné, el idioma griego de la calle, es el lenguaje del NT. Todos los libros del NT se escribieron en idioma griego; por lo menos cinco se escribieron a iglesias de ciudades griegas (Fil., 1 y 2 Tes., 1 y 2 Cor.). A medida que el evangelio cristiano se predicaba en las ciudades del mediterráneo, debía comunicar sus valores a personas formadas en cultura y religión griega. Ambas partes se beneficiaron con la relación, ya que el evangelio transformaba a las personas y el cristianismo ganó un medio para la propagación de las buenas nuevas. *John H. Tullock*

GRIEGO Adjetivo para referirse a cosas o personas que provienen de Grecia. En el NT se refiere a los judíos que adoptaron la cultura y el idioma griego. Constituyeron parte significativa de la iglesia primitiva y causaron problemas en ella debido a prejuicios (Hech. 6:1; 9:29).

GRIEGO (IDIOMA) El griego se hablaba ampliamente a lo largo del Imperio Romano. Alejandro Magno (336–323 a.C.) conquistó el mundo conocido y estimuló la expansión de la cultura griega, incluso el idioma. Esta helenización estableció numerosas características del mundo occidental. Las ciudades-estado griegas independientes de la antigüedad desarrollaron dialectos particulares (ático, jónico y dórico). Sin embargo, como resultado de la conquista de Alejandro, estos se mezclaron para formar una lengua común, el griego helénico que comenzó a llamarse "koiné". Era el idioma

G

común que se hablaba en casi todas partes. Históricamente, la progresión de este idioma condujo al griego bizantino y posteriormente al griego moderno.

Griego helenista es un término que describe mejor que el koiné el lenguaje del siglo I. El helenista describe un espectro múltiple del griego. El nivel básico era el koiné, el idioma de la calle, es decir, el lenguaje coloquial diario.

El segundo nivel era menos formal y más sofisticado que el koiné. Era el griego que se utilizaba para difundir filosofía popular, por ej. los escritos de Epicteto, y también para cuestiones legales y comerciales.

El tercer nivel era aún más formal. Era el griego literario y culto, mucho menos accesible para las personas comunes debido a que sólo el 20% de la población sabía leer y escribir. Las clases sociales altas utilizaban esta clase de griego.

El cuarto nivel se llamaba griego clásico. Existió antes de la época de Alejandro y era el idioma de los escritores antiguos como Homero. Este estilo no se empleaba en los días de Jesús pero se imitaba. Algunos escritores greco-romanos de la época de Jesús intentaron usar griego clásico. Esta imitación se llama griego ático. Muy pocos utilizaban esta forma en conversaciones normales.

El NT se escribió en griego. Esto es indicativo de la influencia helenística mundial en la época en que predicaron Jesús y sus discípulos. El griego del NT en general se parece al de los negocios y la filosofía popular. El griego del NT generalmente es mejor que el simple koiné, pero no es tan refinado como el literario. Sin embargo, algunos documentos como Hebreos, Santiago, 1 Pedro y partes de Lucas-Hechos exhiben talento literario.

Numerosos factores distinguen el griego del NT del helenístico. Uno se relaciona con el tema específicamente religioso que implica ideas y vocabulario especializados. Además, la naturaleza distintiva de la religión judía que constituye el contexto histórico básico de la fe cristiana se opone a la postura sincretista de otras religiones ancestrales. El monoteísmo fundamentalista, el estilo de vida judío y otros elementos religiosos separaron a los judíos del mundo que los rodeaba.

Otro factor que en general distingue el griego del NT es el amplio uso de la Septuaginta (la traducción griega del AT) por parte de los escritores del NT. La LXX era necesaria para que los judíos que hablaban griego pudieran leer las Escrituras. Muchos escritores del NT usaban la LXX para citar las Escrituras. Esta traducción estableció un estilo griego propio para expresar el pensamiento religioso hebreo. El lenguaje y el estilo de la LXX a veces ejercía gran influencia en la forma de expresarse de los escritores del NT.

Un tercer factor es el uso del arameo, una variante del hebreo, la lengua materna de los judíos

Inscripción griega en un sarcófago en Tiatira, que incluye la palabra "Tiatira", y así verifica la identidad del sitio.

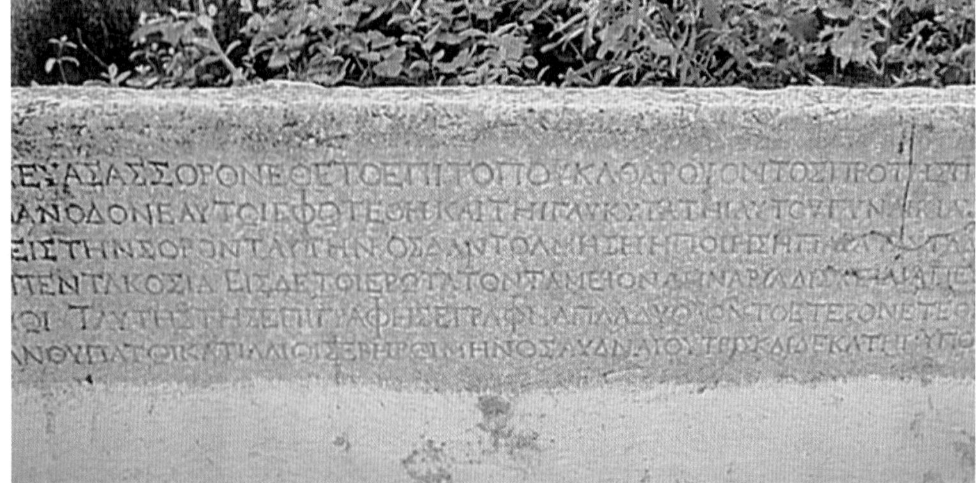

que vivían en Palestina en el siglo I. Contamos con evidencia de que posiblemente los judíos hayan hablado tres idiomas; en mayor o menor grado alguna forma de griego, el hebreo (arameo) y el latín. La inscripción que registraba la acusación contra Jesús se escribió en esos tres idiomas (Juan 19:20).

Durante el dominio extranjero, Siria y Palestina se habían combinado formando una unidad política, y adoptaron el arameo. Probablemente Jesús haya enseñado en arameo. Marcos en especial insinúa esta circunstancia al conservar los dichos de Jesús en arameo y luego traducirlos para sus lectores griegos (Mar. 5:41). Los documentos del NT se escribieron directamente en griego. Sin embargo, algunas peculiaridades del griego del NT pueden explicarse como influencia de un estrato hebreo o arameo subyacente (oral o escrito). Estos efectos en el griego del NT se denominan "semitismos".

De esta manera, aunque el griego del NT en general es el helenístico de la filosofía popular y de los escritos legales y comerciales, también tiene peculiaridades estilísticas según el trasfondo de los escritores. Lamentablemente, las distinciones de estilo griego de los documentos del NT se encuentran ocultas o se perdieron en la traducción.

El griego que utilizó Marcos generalmente se describe como el koiné más puro de los Evangelios. Aun así, Marcos tiene un estilo vívido y directo. En líneas generales, en Marcos se manifiesta de manera más directa un estrato arameo en los dichos de Jesús.

El griego que utiliza Mateo es más fluido y culto que el de Marcos y se parece más a una publicación griega de documentos legales, comerciales o de filosofía popular. Sin embargo, cuando Mateo cita las Escrituras, se puede observar el efecto tanto del semitismo como de la LXX.

De los evangelistas, Lucas utiliza el griego más culto y educado. Emplea técnicas de variedad estilística y una aplicación más inteligente y sofisticada de las estructuras gramaticales complejas. Lucas empleó fuentes de información (Luc. 1:1-4) y fue tan cuidadoso que, en algunos casos, incluso preservó o imitó su estilo griego. Por ejemplo, el prólogo (1:1-4) es un griego excelente con calidad literaria. Por otro lado, los dos primeros capítulos sobre la niñez de Jesús muestran un alto nivel de semitismo, o incluso influencia estilística de la LXX. Probablemente este material represente los datos más antiguos sobre Jesús que provienen directamente de Palestina. Es comprensible que tales fuentes (orales o escritas) fueran más semíticas. Cuando Lucas usa su propio estilo, como en el caso de las porciones del viaje y las narraciones de Hechos, emplea un griego excelente con tendencia a nivel literario.

El griego de Juan es koiné y simple. El vocabulario es limitado. Las oraciones son sencillas. Además es repetitivo, por lo tanto, la traducción de este Evangelio es una de las más fáciles del NT. Al mismo tiempo, el mundo del pensamiento de Juan es profundamente teológico y devocional. El griego de las epístolas de Juan es uniforme y bastante similar al del Evangelio.

El griego de Pablo no se caracteriza por ser culto sino natural y convincente, ya que hablaba el idioma como un nativo. Generalmente, la intensidad emocional de Pablo es obvia, e incluso sus opositores interpretaban sus cartas como proeza retórica (2 Cor. 10:10). Era capaz de hacer juegos de palabras (Onésimo significa "útil", y varias palabras de Filemón las escribió con esto en mente) y de escribir con estilo poético (1 Cor. 13 y muchos otros pasajes líricos).

Las Epístolas Generales contienen documentos que preservan el mejor estilo griego en el NT. Probablemente Hebreos sea la mejor. Aunque el tema del autor requería uso de la LXX, el estilo griego es literario y sorprendente, culto y filosófico. El profuso vocabulario es desafiante, y la estructura de la oración es compleja.

Tanto Santiago como 1 Pedro tienen un estilo griego admirable, con tendencia a nivel literario. Sin embargo, a veces se percibe una influencia semítica, particularmente en Santiago.

Tanto Judas como 2 Pedro manifiestan un efecto del griego ático. El lenguaje es elaborado y en cierto modo forzado; no fluye de forma natural y hermosa como en Hebreos.

El griego de Apocalipsis es koiné. La estructura de la oración es simple, y el vocabulario descriptivo y con algunos términos recurrentes. Se puede observar un efecto semita como así también la influencia de la LXX. Al mismo tiempo, el griego del Apocalipsis tiene diversas irregularidades gramaticales, uso inusual y mezcla de tiempos verbales, y otros elementos confusos. En algunos casos no se siguen reglas gramaticales. Hay diversas teorías que trataron de explicar el griego de Apocalipsis, pero no se logró consenso general.

Gerald L. Stevens

GRILLOS Traducción de varias palabras hebreas y griegas vinculadas con algo que constriñe, especialmente grilletes para los pies. Los grillos se hacían de madera, bronce (Jue. 16:21; 2 Crón. 33:11) o hierro (Sal. 149:8). A menudo, los grillos de los pies se unían con una cuerda o con cadenas para trabar al prisionero (Mar. 5:4). Los grillos causaban gran dolor en los pies (Sal. 105:18). Pablo afirmaba que aunque él tenía grillos, la palabra de Dios no estaba encadenada (2 Tim. 2:9 NVI).

GROSURA Parte del hígado que pareciera un sobrante o que forma un apéndice de este órgano (Ex. 29:13). Otras traducciones dicen "lóbulo" (LBLA) o "grasa" (NVI).

GRULLA Traducción de una palabra hebrea que aparece en Isa. 38:14; Jer. 8:7. Ver *Aves*.

GUARDAESPALDA Persona o grupo de personas cuya obligación es proteger a otra del daño físico. En el AT, los soldados se incluían entre los guardaespaldas del rey debido a sus actos de heroísmo. Algunos guardaespaldas reales en la Biblia son: David (1 Sam. 22:14 NVI; 28:2), Benaía hijo de Joiada (2 Sam. 23:23), Potifar (Gén. 37:36), Nabuzaradán (2 Rey. 25:8; Jer. 39:9-13; 52:12-16) y Arioc (Dan. 2:14).

GUARDIA Individuo o tropa que se asigna para proteger a una persona o cosa. "Guardia" es la traducción de numerosos términos hebreos y griegos. *Tabbach* (literalmente "carnicero" o "matarife") es un término hebreo que se utiliza sólo para referirse a los oficiales de reyes extranjeros (del faraón, Gén. 37:36; 39:1; de Nabucodonosor, 2 Rey. 25:8-20; Jer. 39:9-13). Dos términos referidos a guardia derivan de la raíz *shamar* (cercar, guardar, proteger). La designación más común para aludir a los guardias de los reyes de Israel y Judá era "corredores" (1 Sam. 22:17 LBLA, margen; 1 Rey. 1:5; 14:27-28 LBLA, margen), que deriva del uso de tales guardias para escoltar el carro del rey. Hay dos términos para referirse a "guardia" que se utilizan sólo una vez. El primero se refiere a la guardia numerosa que se reunió para defender a Joás, el niño rey (2 Crón. 23:10). El segundo habla de Dios como guardián de Su pueblo (Zac. 9:8).

Tres sustantivos griegos se traducen "guardia". *Huperetes* alude a los que guardan la casa del sumo sacerdote (Mat. 26:58; Mar. 14:54). *Koustodia* (Mat. 27:66; 28:11), palabra tomada del latín que sugiere que esta guardia era sin duda una guardia romana. *Phulake*, en Hechos 12:10, se utiliza para referirse a los puestos de guardia.

GUARDIA PRETORIANA Cuerpo militar romano asignado a la seguridad personal de la familia imperial y a representar y proteger los intereses del emperador en las provincias imperiales. Un término griego relacionado (*praetorion*) tal vez aludía a la alta corte imperial. En los Evangelios y en Hechos, el "pretorio" se refería a la residencia de un gobernador romano. El término se usa en Fil. 1:13 con respecto a la unidad de la guardia pretoriana. Los saludos de los de "la casa del César" (Fil. 4:22) no prueban que Pablo estuviera en Roma cuando escribió Filipenses. El término "la casa del César" se aplicaba con frecuencia a la guardia pretoriana, y las unidades estaban dispersas por todo el Imperio Romano. Pablo puede haber estado en Cesarea, en Éfeso o en Antioquía, aunque Roma pareciera el lugar más probable. El término pretorio se usa en Marcos 15:16 para hacer referencia al cuartel central al que llevaron a Jesús y donde luego los soldados romanos se burlaron de él antes de la crucifixión. El NT equipara el pretorio de Jerusalén con el palacio del gobernador romano, la torre de Antonia, ubicado junto al templo en la esquina noroeste (Mat. 27:27; Mar. 15:16; Juan 18:28, 33; 19:9) del Monte del Templo.

Charles W. Draper y Steven L. Cox

GUARNICIÓN Tropas apostadas para defensa, con frecuencia en el sentido de fuerzas de ocupación. En el siglo X a.C., los filisteos tenían guarniciones apostadas en el territorio judío en Gibeat-elohim (1 Sam. 10:5), Geba (1 Sam. 13:3) y Belén (2 Sam. 23:14). David, a su vez, emplazó guarniciones en Damasco (2 Sam. 8:6) y en Edom (2 Sam. 8:14), y como resultado, los habitantes de esas ciudades se convirtieron en sus siervos, es decir, los subyugó y obligó a pagar tributo.

GUDGODA Nombre geográfico de significado incierto. Uno de los lugares donde se detuvo el pueblo de Israel durante el peregrinaje en el desierto (Deut. 10:7). Aparentemente, Gudgoda y Gidgad representan el mismo lugar

(Núm. 33:32). Su localización es incierta, aunque algunos eruditos consideran que estaba en la región cercana a Wadi Chadachid.

GUERRA SANTA La palabra hebrea para "guerra" aparece más de 300 veces en el AT. La posición estratégica de Palestina entre la Mesopotamia y Egipto hizo de la guerra una cruda realidad para la mayoría de sus habitantes durante los tiempos bíblicos. Israel pudo afirmar su posición en esa tierra mediante una guerra de conquista, y de allí en más, por medio de frecuentes acciones defensivas contra intrusos o invasores. Lamentablemente, la historia bélica de Israel también incluye diversos conflictos civiles.

La mayoría de los habitantes del antiguo Cercano Oriente consideraba la guerra como empresa sagrada donde estaba en juego el honor y el poder del Dios de la nación. Sin embargo, para Israel, la guerra entrañaba el poder del Dios que había creado los cielos y la tierra. Los escritores bíblicos se refieren a los conflictos que enfrentaba Israel como "batallas de Jehová" (Núm. 21:14; 1 Sam. 18:17; 25:28). A Dios se lo describe como un "guerrero" (Ex. 15:3; Isa. 42:13) "poderoso en batalla" (Sal. 24:8). Él es "Jehová de los ejércitos, el Dios de los escuadrones de Israel" (1 Sam. 17:45). Dios los guía y pelea por ellos (Deut. 20:4; Jos. 10:14,42; Jue. 4:14). Él estableció el código de conducta para la guerra (Deut. 20:10-18), y el botín de guerra le pertenece (Jos. 6:19).

Antes de salir a la batalla, los ejércitos de Israel ofrecían un sacrificio a Dios (1 Sam. 7:9) y buscaban Su consejo (2 Sam. 5:23,24). Los guerreros debían ser puros y consagrados a Dios (Jos. 3:5). La presencia divina en el campo de batalla estaba simbolizada por el arca del pacto (1 Sam. 4:5-7). Después de la victoria se ofrecían alabanzas a Dios en una celebración triunfal (Ex. 15:1-3).

En ocasiones, como acción final de una batalla, se requería que Israel pusiera todo bajo "anatema" (*herem*), lo cual significaba que toda la población y los bienes de la ciudad derrotada serían separados para Dios a fin de ser destruidos (Deut. 7:2; 20:17; Jos. 8:2; 1 Sam. 15:3). Sólo se salvaban los objetos metálicos (Jos. 6:18-24). Quienes se atrevieran a transgredir este mandato sufrían graves consecuencias (Jos. 7).

¿Por qué motivo un Dios bondadoso exigiría la total exterminación de las naciones que vivían en la tierra prometida? No hay respuestas sencillas para esta difícil pregunta. No obstante, hay tres puntos relevantes. Primero, el concepto de anatema existía también en las naciones vecinas de Israel. En una guerra, cada ser vivo y cada objeto debía ser dedicado a la deidad. Segundo, las reglas para poner bajo anatema el botín de guerra aparentemente sólo se aplicaban a las ciudades que estaban dentro de la tierra prometida por Dios como herencia para Israel (Deut. 20:16-18). En este contexto, el AT informa la ley de anatema especialmente en Arad (Núm. 21:2,3), las ciudades de Sehón y Og (Deut. 2:24; 3:6), Jericó (Jos. 6:21), Hai (Jos. 8:26), las ciudades del sur de Canaán (Jos. 10:28-43) y Hazor (Jos. 11:11). Finalmente, debemos recordar que Israel sólo tenía permitido expulsar a las naciones que vivían en la tierra prometida en función de las abominaciones pecaminosas de dichas naciones (Deut. 9:4,5; 18:9-14; 20:16-18). En este sentido, Israel servía como instrumento del juicio divino contra esas naciones pecadoras. De manera similar, más tarde Dios permitiría que otra nación marchara sobre Judá para aplicar juicio divino (Hab. 1:6-11). *Stephen J. Andrews*

GUNI Nombre de persona que significa "perdiz de ala negra". **1.** Hijo de Neftalí y nieto de Jacob (Gén. 46:24) que fue líder de la familia de los gunitas (Núm. 26:48). **2.** Miembro de la tribu de Gad (1 Crón. 5:15).

G

GUNITA Descendiente de Guni y miembro de la familia a que él dio origen. Ver *Guni*.

GUR Nombre geográfico que significa "visitante extranjero" o "animal joven". Camino de montaña no identificado cerca de Ibleam donde los hombres de Jehú alcanzaron e hirieron de muerte a Ocozías, rey de Judá (841 a.C.) (2 Rey. 9:27).

GUR-BAAL Nombre geográfico que significa "visitante extranjero de Baal" o "animal joven de Baal". Ciudad árabe o beduina donde Dios ayudó al rey Uzías de Judá (792–740 a.C.) (2 Crón. 26:7). En mss griegos no hay evidencia de Baal como parte del nombre. Esto implicaría que la ciudad era Gur, que también se menciona en las cartas de Amarna y estaba al este de Beerseba. Otros eruditos la identifican con Jagur (Jos. 15:21).

GUSANO Animal invertebrado de cuerpo blando, pequeño y delgado sin columna vertebral, patas ni ojos. A menudo mejoran el suelo al trabajar degradando la materia para convertirla en tierra mientras la airean con sus movimientos. Hay muchos ejemplos en la Biblia donde a las larvas de insectos se las llama gusanos (Job 25:6; Isa. 14:11). El término se emplea para enfatizar la mortalidad humana. La lombriz de tierra es el gusano más representativo de Palestina. También se utiliza en la Biblia como figura de bajeza o debilidad (Sal. 22:6; Job 17:14; Isa. 41:14). Tanto el AT como el NT hablan del lugar de los impíos y de los incrédulos como el sitio donde siempre vive y trabaja el gusano (Isa. 66:24; Mar. 9:44,48). Ver *Insectos*.

H

El Herodión, uno de los palacios-fortalezas más famosos de Herodes, ubicado a 5 km (3 millas) al sudeste de Belén. Es una de las once fortalezas que Herodes construyó o reconstruyó. Se erige en el sitio donde Herodes venció a Antígono, en el 40 a.C.

HABACUC Profeta de fines del siglo VII a.C., contemporáneo de Jeremías. Un posible significado del nombre proviene de la raíz "abrazar". La forma griega "Hambakoum" del AT sugiere el significado básico de "planta" o "vegetal".

La época Judá acababa de vivir la inigualable experiencia de los gloriosos días de Josías que se caracterizaron por libertad, prosperidad y gran avivamiento religioso. Los asirios, en un tiempo el flagelo del Medio Oriente, eran sólo una sombra de lo que habían sido. Sin embargo, los babilonios habían ocupado su lugar. En el libro de Habacuc se los llama caldeos, nombre relacionado con la región de donde provenían sus gobernantes. El ejército babilónico estaba encabezado por el enérgico Nabucodonosor que pronto sucedería como rey a su padre Nabopolasar.

Nínive, la capital asiria, cayó en el 612 a.C. El impactante poema de Nahum celebra esa caída. En el 609 a.C. sucedió un desastre: el rey Josías, que intentaba bloquear a los egipcios mientras estos se dirigían a la costa palestina para ayudar a Asiria, fue asesinado en Meguido, al norte de Palestina. Los egipcios entonces nombraron rey a Joacim en lugar de su padre. Pero a diferencia de él, Joacim fue un tirano. Durante los diez u once años que siguieron, Joacim trató de que Babilonia se enfrentara con Egipto hasta que finalmente acabó con la paciencia de Nabucodonosor. En el 598, este sitió Jerusalén. En ese mismo año murió Joacim, quien dejó a su hijo Joaquín, y este se convirtió en prisionero de Nabucodonosor cuando cayó Jerusalén en el 597 a.C. La gente de las clases más acomodadas y asimismo los obreros calificados también se convirtieron en cautivos.

El hombre Lo único que se conoce con exactitud sobre Habacuc en el aspecto personal es su obra como profeta. La tradición lo considera sacerdote de la tribu de Leví. El libro apócrifo *Bel y el dragón* (vv.33–39) relata que un ángel llevó a Habacuc a Babilonia para que alimentara a Daniel mientras este estaba en el foso de los leones.

HABACUC, LIBRO DE Uno de los doce profetas menores. Luego de una brevísima declaración para identificar al profeta, el libro tiene tres divisiones muy definidas: (1) Preguntas del profeta y respuestas del Señor (1:2–2:5); (2) cinco ayes contra los tiranos (2:6-20); (3) la oración de Habacuc (3:1-19).

De estas tres partes, sólo los ayes (2:6-20) se ajusta al modelo tradicional de los profetas, quienes se consideraban voceros del Señor al pueblo. En la primera sección (1:2–2:5), en lo que se denomina "el comienzo de la especulación en Israel", Habacuc habló con Dios en nombre del pueblo. Hizo dos preguntas, cuyas respuestas colocaron a Habacuc en una posición singular dentro del canon profético. La primera pregunta, ¿por qué hay violencia donde debe haber justicia? (1:2-5), expresaba el desaliento del profeta, ya sea por las condiciones que provocó Joaquín en su propia tierra o bien por la opresión de las naciones débiles a manos de grandes potencias. Según lo que vemos a continuación, la preocupación parece haber sido la injusticia interna. Como respuesta, Dios le dijo al profeta que Él estaba obrando para enviar a los caldeos como instrumento divino de justicia (1:5-11).

El profeta se acobardó e hizo otra pregunta: Señor, ¿cómo es posible que para castigarnos uses a quienes son más pecadores que nosotros? (1:12-17). Como la respuesta no llegó en forma inmediata, se posicionó en la torre de vigilancia para esperarla. Valió la pena esperar: "He aquí el orgulloso: en él, su alma no es recta, mas el justo por su fe vivirá" (2:4 LBLA). La palabra "fe" se refiere más a la fidelidad o a la convicción que da como resultado acción.

Los ayes (2:6-20), similares a los de otros profetas, denuncian varias clases de tiranía: saqueo (2:6-8); enriquecimiento y fama por medios injustos (2:9-11); edificación de ciudades con sangre (2:12-14); degradación del prójimo (2:15-17), e idolatría (2:18-19). Esta sección termina con una rotunda afirmación de la soberanía de Dios.

La sección final (3:1-19) en realidad es un salmo, similar a los del libro de Salmos. Es un magnífico himno que exalta el triunfo divino sobre Sus enemigos y los de Su pueblo.

Habacuc en la historia Este libro fue uno de los favoritos del pueblo de los Rollos del Mar Muerto. Ellos interpretaron los dos primeros capítulos como profecía del triunfo sobre los romanos, que en ese tiempo dominaban Palestina. Desafortunadamente, los romanos prevalecieron. Sin embargo, para nosotros es más importante la influencia que tuvo este libro en el apóstol Pablo. La declaración de Habacuc de que "el justo por la fe vivirá" (2:4) constituyó el elemento central de la teología paulina. Tal como hizo con otros pasajes del AT, lo empleó con un énfasis apenas diferente. Por medio de Pablo, este pasaje cobró vida para un monje agustino llamado Martín Lutero, y dio comienzo a la gran Reforma Protestante, uno de los movimientos religiosos más importantes de la historia. Por lo tanto, este profeta denominado "menor" tuvo una inmensa influencia en aquellos que lo siguieron.

Bosquejo

I. Un profeta perplejo: ¿Por qué Dios permite la injusticia? (1:1-17)
   A. Primera queja del profeta: un clamor para ser liberados de violencia e iniquidad (1:1-4)
   B. Primera respuesta de Dios: lo peor aún está por venir (1:5-11)
   C. Segunda queja del profeta: ¿cómo puede un Dios santo utilizar como instrumento a un pueblo tan malvado? (1:12-17)

II. Un profeta perceptivo: los justos vivirán por la fe (2:1-20)
   A. Segunda respuesta de Dios (2:1-5)
      1. La revelación llega a quien está preparado para esperar (2:1)
      2. La revelación debe ser fácil de entender (2:2)
      3. La revelación demostrará ser veraz en el tiempo de Dios (2:3)
      4. La fe persistente (no el orgullo, ni las celebraciones ni los saqueos) es señal distintiva de los justos (2:4-5)
   B. Dios se mofa de Su enemigo materialista (2:6-20)
      1. Primera canción de mofa: Ay del orgullo y la ambición (2:6-8)
      2. Segunda canción de mofa: Ay de la arrogancia y la codicia (2:9-11)
      3. Tercera canción de mofa: Ay de la crueldad (2:12-14)
      4. Cuarta canción de mofa: Ay de la borrachera (2:15-17)
      5. Quinta canción de mofa: Ay de la idolatría (2:18-19)
      6. Conclusión: llamado para que todos adoren al Dios santo (2:20)

III. Un profeta que ora y alaba: un salmo de confianza es la respuesta adecuada ante la revelación (3:1-19)
   A. La oración le pide a Dios que repita Sus acciones de liberación (3:1-2)
   B. La oración cobra confianza al volver a hablar de las acciones divinas de redención (3:3-15)
   C. La oración es una respuesta inundada de temor reverente y confianza gozosa frente a la historia de Dios con Su pueblo (3:16-18)
   D. La oración ruega por fortaleza divina en tiempo de crisis (3:19)

John H. Tullock

HABAÍA Nombre de persona que significa "Yahvéh se esconde". Familia de sacerdotes en tiempos de Zorobabel que no tenían registros familiares para demostrar su descendencia de los linajes sacerdotales puros y fueron excluidos del sacerdocio (Esd. 2:61; Neh. 7:63).

HABAS Planta leguminosa (*Faba vulgaris*) cultivada en el mundo antiguo. Las habas que se mencionan en 2 Sam. 17:28 y Ezeq. 4:9 se sembraban en el otoño boreal y a veces se cosechaban a mediados de abril justo antes de la cebada y el trigo. Se las cocía verdes dentro de la vaina o después de haberlas secado. Las habas secas se colocaban en la era y se aventaban como los demás granos.

HABASINÍAS Nombre de persona que significa "Yahvéh ha henchido o causado felicidad". Abuelo de Jaazanías, líder recabita a quien Jeremías puso a prueba con vino (Jer. 35:3). Ver *Jaazanías.*

HABIRU Palabra usada para hablar de cierta clase de mercenarios desarraigados, y aparece en textos desde aprox. el 2300 al 1200 a.C. por todo el Cercano Oriente. Algunos eruditos sugieren que equivalía a hebreos (Israel como etnia), y se basan en la similitud lingüística de los términos. Sin embargo, en primer lugar, los habiru se mencionaron antes de la época de Abraham y, consecuentemente, antes del nacimiento de los hebreos como nación. En segundo lugar, se hace referencia a los habiru como mercenarios nómadas, mientras que los hebreos antes de la esclavitud en Egipto eran pastores pacíficos, y durante la conquista no fueron mercenarios que lucharon por otras naciones sino un ejército que peleaba para su propio beneficio. Por último, además de la aparente similitud, los términos habiru y hebreo en realidad no tienen la misma etimología. Se desconoce la de *habiru/hapiru/apiru*, pero hebreo, de *ibri*, se remonta a Heber, un antepasado de Abraham; o sea que los hebreos son Abraham y sus descendientes (Gén. 10:21; 11:10-26).

Aunque en el aspecto técnico las palabras no estaban conectadas, es probable que a veces haya surgido cierta confusión. Las cartas de Amarna, escritas desde Palestina poco después de la conquista, probablemente combinan por error a los hebreos de Israel con los habiru, ya que ambos pueblos causaban agitación en la región. Es posible que los habiru hayan estado conectados directa o indirectamente con la conquista, aunque gran parte de la actividad mencionada en las cartas de Amarna tuvo lugar fuera de la zona de las campañas de Josué. De las ciudades en Canaán, las cartas hablan sobre todo de Siquem y Jerusalén. Esto está de acuerdo con el relato bíblico, que no menciona aquellas ciudades entre las que se conquistaron durante la primera parte de las campañas militares de Josué.

Después de la conquista, algunos habiru tal vez se hayan convertido en prosélitos de Israel, mientras que otros se trasladaron a fin de poder participar de la actividad mercenaria en otras regiones. Una interpretación sugiere que Saúl contrató mercenarios habiru a quienes denominó "hebreos", en contraposición a sus "hombres de Israel", que eran de su propia etnia (1 Sam. 13:3). Cuando la situación se tornó difícil, los mercenarios desertaron y sólo permanecieron con Saúl los israelitas étnicos (13:6-7; 14:21).

Tal vez haya sido por la mala reputación de los habiru, junto con la confusión ocasional de los términos, que los hijos de Abraham rara vez se referían a sí mismos como hebreos, aunque los extranjeros a veces usaban la palabra como si fuera peyorativa (Gén. 39:14,17; 1 Sam. 4:6,9).

David K. Stabnow

HABOR Nombre acadio de un río. Tributario importante del Río Éufrates. Allí, cerca de Gozán, los asirios reubicaron a muchos exiliados de Israel cuando capturaron el Reino del Norte en el 722 a.C. (2 Rey. 17:6). Ver *Gozán*.

HACALÍAS Nombre de persona que significa "espera confiadamente en Yahvéh". Padre de Nehemías (Neh. 1:1). Ver *Nehemías*.

H

HACATÁN Nombre de persona que significa "el pequeño, el menor". Padre del líder que acompañó a Esdras desde Babilonia a Jerusalén aprox. en el 458 a.C. (Esd. 8:12).

HACHA Traducción española de varios términos hebreos correspondientes a instrumentos cortantes que se utilizaban en la pequeña industria común y en la guerra. **1.** *Barzel* es el término hebreo para hierro y se utiliza para denominar la porción de metal de un hacha (Isa. 10:34; 2 Rey. 6:5). Esta se utilizaba para cortar árboles. Mediante un poder milagroso Eliseo hizo que la cabeza de un hacha flotara. **2.** *Garzen* es un hacha o una herramienta para cortar piedra (Deut. 19:5; 20:19; 1 Rey. 6:7; Isa. 10:15). Estaba hecha de hierro y se podía utilizar para cortar árboles. La cabeza de hierro estaba unida a un mango de madera. No se debía usar para destruir los árboles de una ciudad durante la guerra. **3.** *Chereb* es un arma o una herramienta que se utilizaba para destruir las torres enemigas durante la batalla (Ezeq. 26:9). El término también se utiliza para referirse a los cuchillos de piedra que Josué utilizó en la circuncisión (Jos. 5:2), para las dagas de doble filo (Jue. 3:16), para una herramienta para moldear la piedra (Ex. 20:25) y para las espadas de batalla (Jue. 7:20). **4.** *Magzerah* era una herramienta utilizada en la fabricación de ladrillos. David aparentemente forzó a los amonitas a echar abajo sus ciudades amuralladas y luego producir ladrillos para Israel (2 Sam. 12:31). **5.** *Ma'atsad* es la herramienta de artesano (Jer. 10:3 "buril"; NVI traduce "cincel"; LBLA traduce "azuela") que usa el herrero que trabaja con hierro (Isa. 44:12). Aparentemente se utilizaba para recortar o podar árboles y cortar madera. **6.** *Qardom* era una herramienta de hierro que se tenía que afilar (1 Sam. 13:20) y se usaba para cortar árboles (Jue. 9:48). Una persona podía hacerse famosa por su habilidad en el uso de esta herramienta (Sal. 74:5). **7.** *Keylaph* aparece solamente en el Salmo 74:6 y se traduce de varias maneras: martillo (RVR1960, NVI, LBLA), hacha, mazo o palanca. **8.** *Kashshil* sólo aparece en el Salmo 74:6 en combinación con *keylaph*. Cualquiera sea la naturaleza precisa de estas herramientas, se podían utilizar tanto para destrucción como para construcción. **9.** *Axine* se usaba para talar árboles (Mat. 3:10).

HACMONI Nombre de familia que significa "sabiduría". Antepasado original de una familia de Israel, los hacmonitas. La mayoría de las traducciones transliteran el nombre hebreo de la familia como hacmoni, donde se incluye la terminación hebrea "i", que indica membresía en la familia, similar a "itas" en español. Jasobeam, líder del ejército de David, era hacmonita (1 Crón. 11:11) o tacmonita (2 Sam. 23:8), un error del copista al haber añadido o eliminado una "t" en las referencias al nombre de la familia. Jeiel, otro de los consejeros de David, también pertenecía a la misma familia (1 Crón. 27:32). Ver *Jasobeam; Jeiel*.

HACMONITA Ver *Hacmoni*.

HACUFA Nombre de persona que significa "doblado". Antepasado originario de una familia de sirvientes del templo (Esd. 2:51).

HADAD Nombre de persona que significa "poderoso", **1.** Rey edomita (Gén. 36:35). Varios miembros de la casa real de Edom se llamaban Hadad. **2.** Nombre de la deidad principal en el panteón ugarítico. A esta deidad se la identificaba como dios de la tormenta. Ver *Canaán; Ugarit.*

HADAD-EZER Nombre de la realeza siria que significa "Hadad (dios) ayuda". Rey de la ciudad-estado de Soba en Siria a quien David venció para establecer control en esa región (2 Sam. 8:3-13). Los amonitas consideraron que David era demasiado poderoso para enfrentarse con su ejército y contrataron tropas sirias, entre las que se encontraban las de Hadad-ezer, para que los ayudaran, pero Joab, general del ejército de David, los venció (2 Sam. 10:6-19). Hadad-ezer reorganizó a los sirios pero fue vencido una vez más. Algunos eruditos bíblicos creen que la narración del cap. 8 tal vez sea un resumen que anticipa el relato más completo del cap. 10 para referirse a un mismo evento. Otros creen que se describen dos batallas distintas.

En 1 Reyes (11:23) se ve la complicada situación de Siria. Rezón se levantó contra Hadad-ezer (posiblemente el hijo del que se menciona en 1 Sam. 8 ó 10, o incluso el mismo rey). Rezón, entonces, estableció un reino propio en la ciudad siria de Damasco. Por lo tanto, Siria consistía en un grupo de ciudades-estado que luchaban entre sí para obtener dominio completo.

HADAD-RIMÓN Nombre de dos dioses sirios combinados en uno solo. Zacarías 12:11 describe la tragedia del día del Señor, que incluye lloro y llanto por Jerusalén en el Valle de Meguido. Dicho llanto sólo sería comparable al "llanto de Hadad-rimón", aparentemente una alusión a ceremonias idólatras de los paganos, quizás por un dios que moría o que surgía. Es difícil interpretar exactamente este pasaje ya que es la única vez que se menciona a Hadad-rimón.

HADAR Aparente error de copista en Gén. 36:39 y en algunos mss de Gén. 25:15 para el nombre Hadad, un dios sirio. Las distintas traducciones difieren en la grafía del término. Los textos paralelos de 1 Crónicas optan por Hadad en ambos casos (1 Crón. 1:30,50-51). Tal vez un copista muy reverente no haya querido incluir el nombre de un dios pagano en Génesis. Ver *Hadad.*

HADASA 1. Nombre de ciudad que significa "nuevo". Ciudad en el territorio de la tribu de Judá situada en los alrededores de Laquis (Jos. 15:37). **2.** En Est. 2:7 es otro nombre que tenía Ester. Era su nombre original hebreo o bien un título que se le otorgó. En el primer caso, significaría "mirto"; en el otro, "esposa". Ver *Ester.*

HADATA Nombre geográfico que significa "nuevo". Parte del nombre Hazor-hadata (Jos. 15:25). Las traducciones griegas más antiguas aparentemente entienden que la palabra hebrea significa "sus aldeas", y reaparece en esta sección de Josué en lugar de Hadata. Algunos estudiosos bíblicos creen que la lectura original era griega. Ver *Hazor-hadata.*

HADES En el AT griego (la Septuaginta), el sustantivo griego *hades* se usa 61 veces para traducir la palabra hebrea *she'ol,* que alude a la tumba o al reino de los muertos (Gén. 37:35; 1 Sam. 2:6; Prov. 15:24; comp. Sal. 16:10 y Hech. 2:27,31). Aunque los escritores de la Biblia conocían las ideas paganas de un reino de espíritus difuntos gobernados por una deidad (el significado de *hades* en la literatura pagana griega) y a veces aludían a dichas ideas, este concepto no se enseña en las Escrituras. La idea que por lo general se presenta mediante *seol* es la tumba donde yacen en silencio los cuerpos de los muertos.

Por otra parte, en el NT, Hades puede representar un lugar de tormento para los malvados. Es así como Jesús usa esta palabra al condenar a Capernaum en Mat. 11:23 (pasaje paralelo, Luc. 10:15) y en la parábola del rico y Lázaro en Luc. 16:23, donde se dice que el rico estaba "en tormentos" en el Hades. Cuando el término *hades* se utiliza como sinónimo del término hebreo *she'ol,* tal como aparece en Hech. 2:27,31 donde Pedro cita del Sal. 16:8-11, se refiere simplemente a la tumba. Es probable que así sea también en Apoc. 20:13-14, si la resurrección en este caso incluye sólo a los malvados o también a los justos.

La enseñanza del AT sobre la vida después de la muerte resulta menos clara que en el NT (ver Gén. 5:24, 1 Sam. 2:6; 2 Rey. 2:11; Job 19:25-27; Sal. 16:8-11; 17:15; 49:15; 71:20; Ecl. 12:7; Dan. 12:2; Os. 13:14). Sin embargo, el NT es claro no sólo en que hay resurrección corporal (Juan 11:24-25; Rom. 6:5; 8:11; 1 Cor. 15:20-21) sino también en que el creyente que muere va inmediatamente a la presencia del Señor (Luc.

23:43; 2 Cor. 5:1-8; Fil. 1:21-23). Ver *Gehenna; Infierno; Seol.* *E. Ray Clendenen*

HADID Nombre geográfico que significa "ligero" o "afilado". Morada de personas que regresaron del exilio con Zorobabel (Esd. 2:33). Es la moderna el-Hadite, unos 5 km (3 millas) al este de Lida (comp. Neh. 11:34).

HADLAI Nombre de persona que significa "abandonar" o "bolsa de grasa". Líder en la tribu de Efraín y padre de Amasa (2 Crón. 28:12). Ver *Amasa.*

HADRAC Nombre de una ciudad-estado de significado incierto. Zacarías 9:1 declara que esta ciudad-estado siria será parte del territorio de Dios, aunque es difícil interpretar el significado preciso del versículo. Inscripciones asirias a menudo mencionan a Hatarikka o *Hzrk* como un enemigo al que Tiglat-pileser III terminó por conquistar y hacer parte de su imperio en el 738 a.C. Aparentemente era el gran montículo de Tell Afis, a unos 45 km (28 millas) al sudoeste de Alepo, y funcionaba como capital de Luhuti, aliado de Hamat desde el 854 hasta el 773 a.C.

HAFARAIM Nombre geográfico que significa "dos hoyos" o "dos pozos". Ciudad en el territorio de la tribu de Isacar (Jos. 19:17-19). Es la actual et-Taiyibeh, aprox. 14 km (9 millas) al noroeste de Bet-seán.

HAGAB Nombre de persona que significa "saltamontes" o "chambelán". Familia de siervos del templo que regresaron a Jerusalén desde el exilio de Babilonia con Zorobabel (Esd. 2:46). El nombre también aparece en una ostraca de Laquis.

HAGABA Familia de siervos del templo que regresaron a Jerusalén desde el exilio de Babilonia con Zorobabel aprox. en el 537 a.C. (Esd. 2:45).

HAGADÁ o HALAJÁ En el judaísmo, la enseñanza rabínica se divide en dos categorías: halajá y hagadá. Ambas palabras aluden a la enseñanza oral de los rabinos. Halajá se refiere a enseñanzas autorizadas para regir la vida religiosa. Hagadá habla de las demás enseñanzas que no son legales.

Según los antiguos rabinos, halajá se remonta a la ley oral entregada a Moisés en el Sinaí y a la ley escrita (Torá) que se incorporó en la Biblia y que encontramos principalmente en el Pentateuco. Por lo tanto, la halajá se considera tan obligatoria como la Torá escrita. Los eruditos modernos reconocen que la halajá es el medio por el cual se interpreta la Torá escrita a cada nueva generación, y hace que la Torá de Moisés se extienda a todos los aspectos de la vida judía, incluso personal, social, nacional e internacional. Es esencial para la preservación de la vida judía en las nuevas circunstancias históricas porque permite cierta flexibilidad y desarrollo interpretativo de las normas que gobiernan a la comunidad de los judíos.

La hagadá consiste en una variedad de ampliaciones de textos bíblicos, primeramente en forma de historias ilustrativas, parábolas o alegorías, o a menudo poesías. Muchas porciones de la hagadá pueden remontarse a predicaciones en la sinagoga judía primitiva.

Gran parte de la halajá rabínica primitiva finalmente se escribió en la Mishná (aprox. 220 d.C.) y el Talmud (aprox. 360 d.C.), aunque después de estas codificaciones se la sigue llamando ley oral. Del mismo modo, la hagadá se puso por escrito en varios comentarios bíblicos y en el Talmud.

Estos dos tipos de enseñanza rabínica son especialmente importantes como ayuda para entender el judaísmo en la época de Jesús y durante la formación de la iglesia primitiva, ya que parte de este material tuvo su origen en el primer siglo. Es probable que Jesús se haya referido a la halajá farisea (en parte precursora de la halajá rabínica) en Mar. 7:1-23 y su paralelo en Mat. 15:1-20. Ver *Fariseos; Mishná; Talmud; Torá.*

Stephenson Humphries-Brooks

HAGEO Nombre de un profeta postexílico (siglo VI a.C.) y del libro que contiene sus mensajes. El nombre probablemente signifique que nació en un día de fiesta judía. Tanto él como el profeta Zacarías llamaron al pueblo de Judá a concluir el templo durante el liderazgo de Zorobabel.

HAGEO, LIBRO DE Uno de los llamados Profetas Menores (también llamados "los Doce"). Compuesto por cuatro mensajes del profeta a la comunidad postexílica de Judá y a sus líderes, el gobernador Zorobabel y el sumo sacerdote Josué. La fecha precisa de los mensajes se determina según el año del gobernante persa y el mes y el día del calendario judío.

Cronología de Hageo y Zacarías

29 de agosto del 520 a.C.,	primer mensaje de Hageo (Hag. 1:1-11)
21 de septiembre del 520,	se reanuda la edificación del templo (Hag. 1:12-15)
17 de octubre del 520,	segundo mensaje de Hageo (Hag. 2:1-9)
Octubre-noviembre del 520,	comienzo del ministerio de Zacarías (Zac. 1:1-6)
18 de diciembre del 520,	tercer y cuarto mensaje de Hageo (Hag. 2:10-23)
15 de febrero del 519,	visiones nocturnas de Zacarías (Zac. 1:7–6:8)
12 de marzo del 515,	finaliza la reconstrucción del templo (Esd. 6:15-18)

Trasfondo histórico Después de haber conquistado Babilonia en octubre del 539 a.C., el gobernante persa Ciro había liberado a los judíos para que regresaran del exilio babilónico. También había prometido ayudarlos a reconstruir el templo en Jerusalén que los babilonios habían destruido en el 586 a.C. El primer grupo de aprox. 50.000 exiliados fue dirigido por Sesbasar, a quien se nombró gobernador de la nueva provincia de Judá. A Sanbalat, gobernador de Samaria, no le agradó el nuevo estatus de Judá y aprovechaba constantemente para oponerse a los judíos. Estos además chocaban con los judíos que habían permanecido en Palestina y creían ser el remanente de Dios. Por eso estaban resentidos con los recién llegados que habían ocupado el lugar. La oposición continuó e incluso aumentó durante el reinado de Ciro (539–530 a.C.), Cambises (530–522 a.C.) y Darío (522–486 a.C.; Esd. 4:4-5).

Los cimientos del templo se construyeron razonablemente rápido bajo el liderazgo de Zorobabel, que con el tiempo reemplazó a Sesbasar como gobernador. El éxito inicial no sólo causó celebración sino también tristeza al comparar este templo con el de Salomón (Esd. 1–3; Hag. 2:3; Zac. 4:10). Esta fue la primera señal de que la restauración tal vez no iba a satisfacer por completo los anuncios proféticos de la restauración gloriosa de Israel. Este desánimo, junto con la continua oposición y las preocupaciones personales, los hizo detener la obra hasta que la predicación de Hageo y Zacarías incentivó al pueblo a volver a la tarea con fe (Esd. 4:24–5:2).

Mensaje y propósito Los líderes y el pueblo de Judá habían permitido que la oposición externa, el desánimo y los intereses personales les impidieran completar la tarea de reconstrucción (1:2-4; 2:3). De modo que ellos y sus ofrendas se habían corrompido y ya no eran agradables al Señor (2:14). El mandato divino a través de Hageo era que construyeran la casa para santo placer y gloria de Dios (1:8). El Señor los exhortó a no tener miedo sino a esforzarse y trabajar (2:4-5). Finalmente, mediante una parábola, Hageo los instruyó sobre la necesidad de consagrarse en forma personal y también consagrar su obra al Señor (2:11-16). Dios los llamó a reconocer el castigo divino en las penurias que habían experimentado (1:5-6,9-11; 2:16-17). También informó al pueblo que Dios se iba a complacer y gloriar con la terminación del templo (1:8), y les aseguró que con la presencia divina iban a triunfar (1:13-14; 2:4-5). Prometió recompensarlos por la reanudación del trabajo y la dedicación a Él al glorificar el templo y concederles paz (2:6-9) y bendición (2:18-19). Finalmente, Dios prometió restaurar el trono davídico en la tierra por medio de un descendiente de Zorobabel (2:20-23).

Estructura Los cuatro sermones de Hageo (1:1-15; 2:1-9; 2:10-19; 2:20-23) comienzan con una fórmula introductoria para determinar la fecha. Pero la repetición entre los mensajes uno y tres y entre dos y cuatro muestra que el libro tiene una estructura doble. Los mensajes uno y tres aluden a "este pueblo" (1:2; 2:14) e incluyen dos mandamientos a "meditar" (1:5,7; 2:15,18). Los mensajes dos y cuatro incluyen la promesa divina "haré temblar los cielos y la tierra" (2:6,21), y tienen una triple repetición, "dice Jehová de los ejércitos" (2:4, 23). Más aun, los mensajes uno y tres comienzan con una fórmula ya fechada e incluyen el año, el mes y el día; en el tercer mensaje el orden se revierte. Las fórmulas para las fechas al comienzo de los mensajes dos y cuatro sólo incluyen el mes y el día; en el cuarto el orden otra vez se revierte. Por último, al final de los mensajes uno y tres se repite la fecha (1:15; 2:18).

Los primeros dos mensajes tienen que ver con la reconstrucción del templo. Los dos últimos no mencionan el templo en forma explícita pero tratan temas sobre la profanación y la restauración.

Contenido ***Mensaje uno: instrucciones para edificar el templo (1:1-15) La profecía de Dios aparece en los vv.3-11 y la respuesta recibida en vv.12-15.***

En el contexto del pacto mosaico y la restauración de Israel de acuerdo a la profecía divina, ellos tendrían que haber percibido el desagrado de Dios hacia ellos por las circunstancias difíciles que estaban atravesando.

El primer mensaje concluye como comenzó, con una fecha que demuestra que la reconstrucción se había vuelto a iniciar 23 días después del mensaje de Hageo (en el texto hebreo el orden de 1:15, o sea, día, mes, año, es un calco de 1:1. Esto demuestra que las dos fechas son parte de la misma sección y enfatizan la comparación entre los días). Si los profetas más antiguos hubieran tenido una respuesta tan positiva, ¡el templo jamás habría sido destruido!

Mensaje dos: promesas de la presencia, la gloria y la paz de Dios (2:1-9) El segundo mensaje tuvo lugar durante la fiesta de los tabernáculos (comp. Lev. 23:33-43), tres semanas después del inicio de la obra. El día siguiente era el último día de reposo en que Salomón dedicó su templo recién construido en el 959 a.C. (2 Crón. 7:8-10).

Tras haberlos motivado a trabajar al señalarles realidades pasadas y presentes, el Señor también animó al remanente en los vv.6-9 con promesas para el futuro. Estos versículos describen el día del Señor, cuando los impíos serán quitados y las naciones quedarán bajo el dominio divino y llevarán tributo al templo (comp. Isa. 60:4-14). De modo que la gloria de este iba a exceder la del templo de Salomón, en especial porque el mismo Señor iba a estar allí. Cuando Jesús apareció en el templo de Herodes se ve un claro cumplimiento parcial de esos versículos (comp. Mat. 2:11; 21:12-15; 27:51).

Mensaje tres: limpieza y bendición (2:10-19) Dios anuncia que estaba decidido a transformar la desolación de Judá en bendición porque el pueblo se había consagrado a Él. La fecha es tres meses después de iniciar la obra en el templo, justo antes de la siembra de otoño, lo cual explica por qué no quedaban granos en el granero (v.19). Después de la introducción hay un diálogo con los sacerdotes que funciona como parábola (vv.11b-13). En pocas palabras, significa que a diferencia de la santidad, la profanación se puede transmitir por el tacto. Luego la parábola se aplica en los vv.14-19. Israel había sido apartada para Dios. Sin embargo, el pueblo se había corrompido de tal modo por el pecado y la incredulidad que todo lo que hacían era inaceptable para Dios, incluso las ofrendas y la edificación del templo. Sólo la gracia divina como respuesta a la humilde consagración del pueblo podría volver a limpiarlos, tal como lo había hecho en el pasado. De modo que tenían la seguridad de que Dios transformaría maldición en bendición y tendrían una cosecha abundante.

Mensaje cuatro: derrota de los gentiles y restauración davídica (2:20-23) El Señor promete destruir los reinos de este mundo y establecer un nuevo reino gobernado por un descendiente de David, el Mesías (comp. Ezeq. 39:19-23; Dan. 2:44). El Siervo mesiánico recibe el nombre de David en Ezeq. 34:23-24 y 37:24 porque es la simiente davídica, el cumplimiento del pacto davídico. En este pasaje se lo llama Zorobabel, como promesa divina de que el Mesías también sería descendiente de Zorobabel (comp. Mat. 1:12-13). El "anillo de sellar" es adecuado como metáfora mesiánica porque se guardaba celosamente como símbolo de autoridad y se usaba para firmar documentos oficiales (comp. 8:8). Así como Dios había desechado al rey Joaquín, había colocado a su nieto Zorobabel en Su mano (Jer. 22:24).

Significado teológico Importancia de la reconstrucción. Primero, era una señal de las prioridades del pueblo. Segundo, demostraba que Dios permanecía con el remanente y que Sus promesas de restauración habían comenzado a cumplirse. Tercero, declaraba la gloria de Dios y, como tal, era de Su agrado. Cuarto, servía como vindicación del Señor porque la destrucción había deshonrado Su nombre (Ezeq. 11:23; 37:26-28). Quinto, era una promesa del nuevo pacto y de la era mesiánica (Ezeq. 37:26; Isa. 2:2-4; 44:28; 52:1-7; Miq. 4:1-4; Mal. 3:1). La restauración del templo era señal de que Dios no había revocado Su pacto con Leví ni con David (comp. Jer. 33:17-22; Núm. 25:11-13; Mal. 2:4). Él proporcionaría limpieza y restauración mediante un templo glorioso y un rey mesiánico.

Bosquejo

I. Reconstrucción del templo (1:1–2:9)
   A. Mensaje uno: instrucciones para edificar el templo (1:1-15)
   B. Mensaje dos: promesas de la presencia, la gloria y la paz del Señor (2:1-9)
II. Limpieza del templo y restauración del reino (2:10-23)
   A. Mensaje tres: limpieza y bendición (2:10-19)

B. Mensaje cuatro: derrota de los gentiles y restauración davídica (2:20-23)

E. Ray Clendenen

HAGIÓGRAFA Término griego que significa "escrituras sagradas" y se emplea para designar la tercera y última división importante de la Biblia hebrea. En contraste con las primeras dos divisiones (la Ley y los Profetas), "los escritos" (heb. *Kethuvim*) constituyen una colección variada. La Hagiógrafa en el orden hebreo incluye: Salmos, Proverbios y Job; los "cinco rollos" (*Megilloth*) que se leían en las fiestas principales, o sea, Cantar de los Cantares, Rut, Lamentaciones, Eclesiastés y Ester; Daniel, y Esdras-Nehemías y Crónicas. Estos libros constituían la última parte de la Biblia hebrea reconocida como canónica. Lucas 24:44 usa "salmos" como designación para estos escritos.

HAGRAI Nombre de persona o de tribu que probablemente se refiera a los agarenos (1 Crón. 11:38) o error de copista del término "gadita" de 2 Sam. 23:36. Ver *Agareno*.

HAGUI Nombre de persona que significa "mi fiesta" e indica nacimiento en un día santo. Hijo de Gad y nieto de Jacob; por lo tanto, antepasado originario de la familia de los haguitas (Gén. 46:16; Núm. 26:15).

HAGUÍA Nombre de persona que significa "Yahvéh es mi fiesta". Levita del linaje de Merari (1 Crón. 6:30).

HAGUIT Nombre de persona que significa "fiesta". Esposa de David y madre de Adonías, que nació en Hebrón (2 Sam. 3:4).

HAGUITA Miembro de la familia de Hagui. Ver *Hagui*.

HAI Nombre que en hebreo significa "la ruina". Es probable que la ciudad bíblica de Hai sea una historia de dos ciudades más que de una sola. En 1924, W. F. Albright identificó por primera vez Hai con Et Tell, unos 3 km (2 millas) al sudeste de Beitin (el sitio originalmente identificado por Albright para la Bet-el de la Biblia) y unos 20 km (12 millas) al norte de Jerusalén. John Garstang (década de 1920), Judith Marquet-Krause y Samuel Yeivin (década de 1930) y Joseph Callaway del Southern Seminary (décadas de 1960 y 1970) hicieron excavaciones en este lugar. Esta ciudad amurallada de Hai de 11 hectáreas (27,5 acres) (en Et Tell) floreció desde el 3000 al 2200 a.C. Et Tell era el Hai de Abraham, quien levantó su tienda entre Bet-el y esta ciudad durante su viaje a Egipto (Gén. 12:8) y el mismo lugar donde después edificó el primer altar mientras regresaba (Gén. 13:3). Sin embargo, Callaway no halló evidencias de que el sitio existiera como ciudad en la Edad de Bronce tardía (aprox. 1400 a.C.). Más tarde, entre 1220 y 1050 a.C., Et Tell (Hai) fue reconstruida como una pequeña aldea sin muros de 1 hectárea (2,75 acres). El paréntesis con respecto a la existencia de Et Tell ha sido un problema para los que sostienen la historicidad del relato bíblico de la conquista. El debate acerca de Hai condujo a los eruditos a descartar el relato bíblico por considerarlo una leyenda, a ubicar a Hai en Beitin (Bet-el) o a reubicar a Hai (y Bet-el) en otro sitio. Con el paso del tiempo se propusieron varios lugares cerca de Et Tell para Hai: Deir Dibwan, Haiyan y Khudriya.

El nombre de la ciudad "Hai" de la conquista se pudo haber usado para un sitio distinto en el siglo XV a.C. Albright destacó el fenómeno del traslado de lugares-nombres "sobre un área considerable" (*BASOR*, 74, abril de 1939, 14). Después de la temporada de 1997, Bryant Word y Gary Byers

Ruinas de la antigua ciudad de Hai.

informaron acerca del hallazgo de un lugar fortificado cerca de la Hai (Et Tell) de Callaway. En el momento en que se escribía este artículo, Word y Byers estaban haciendo excavaciones en Khirbet el-Maqatir, que se asienta sobre una serranía a aprox. 1,5 km (0,9 millas) al sudeste de Beitin y aprox. 1 km (0,6 millas) al oeste de Et Tell. Mientras Et Tell se encontraba en ruinas durante el siglo XIV a.C., la fortaleza de Khirbet el-Maqatir que se edificó en esa época cubría 0,80 hectáreas (1,9 acres) con muros de unos 4 m de ancho. Byers propone que este sitio es la Hai de Josué. De la misma manera, Byers coincide con David Livingston al identificar Bet-el con el-Bireh en lugar de Beitin. Livingston propuso el-Bireh, una ciudad en el camino de dirección norte a sur que une Jerusalén con Siquem (Nablus), como la mejor posibilidad de ser Bet-el. El-Bireh está a 3 km (1,8 millas) al oeste de Khirbet el-Maqatir ubicada en el límite geográfico entre Efraín y Benjamín. La ubicación de el-Bireh también concuerda con la distancia correcta desde Jerusalén, según las señales de kilometraje romanas y la correspondiente desde Gabaón tal como se evidencia en el Onomástico de Eusebio y Jerónimo. Livingston identificó Hai con Khirbet Nisya y Beitin con Bet-avén, la cual nunca se ha ubicado de manera convincente. Josué 7:2 describe Hai como adyacente a Bet-avén. Según los relatos de Génesis y Josué, Hai estaba al este de Bet-el (Gén. 12:8; Jos. 7:2), Bet-el estaba muy cerca de Hai (Jos. 12:9), un monte separaba a Bet-el de Hai (Gén. 12:8) y está implícito que Hai era una ciudad pequeña (Jos. 7:3). Khirbet el-Maqatir (Hai) era un objetivo militar importante para Josué y los israelitas ya que protegía el acceso a un cruce de caminos central y estratégico que iba hacia Bet-el, el territorio de la colina central. La topografía del relato de Josué concuerda con este sitio, tal como lo hace una fecha de la conquista al final de la Edad de Bronce (aprox. 1400 a.C.). Israel aprendió en Hai que no podían prevalecer sin Dios. El pecado de un hombre, Acán, afectó el cumplimiento de la comisión de conquistar la tierra que se le había asignado a toda la nación. Hai se hallaba originalmente en territorio de Efraín (1 Crón. 7:28) y con posterioridad fue ocupada por los benjamitas (Neh. 11:31). Isaías menciona el acercamiento de los asirios a Hai (Isa. 10:28). Los residentes de las ciudades gemelas de Bet-el y Hai que regresaron del exilio se mencionan juntos en Esdras 2:28 y Nehemías 7:32. Jeremías también menciona la destrucción de una ciudad moabita con el mismo nombre en su profecía sobre los amonitas (Jer. 49:3). *Eric Alan Mitchell*

HALAC Nombre geográfico que significa "infértil" o "desnudo". Montaña que marca el extremo sur de las conquistas de Josué (Jos. 11:17; 12:7). Se la identifica con Jebel Halak, unos 65 km (40 millas) al sudoeste del Mar Muerto en Edom.

HALAH Ciudad-estado o región del norte de Mesopotamia donde los asirios exiliaron a líderes del Reino del Norte después de apoderarse de Samaria en el 722 a.C. (2 Rey. 17:6). Algunos eruditos bíblicos creen que el texto original de Abd. 20 contenía una promesa para los cautivos en Halah. Según ellos, la palabra hebrea para "ejército" es Halah, que tal vez haya sido Hallahhu al noreste de Nínive.

HAL-EL Canto de alabanza. El nombre deriva del hebreo para "Alabadle". Uno de los deberes de los levitas era cantar salmos de alabanza (2 Crón. 7:6; Esd. 3:11). El hal-el "egipcio" (Sal. 113–118) se recitaba en los hogares como parte de la celebración de la Pascua (comp. Sal. 114:1; Mat. 26:30). El "gran hal-el" o "Hallel" se recitaba en el templo mientras se mataban los corderos para la Pascua, y también en Pentecostés, la fiesta de los tabernáculos y la fiesta de la dedicación. Los eruditos no concuerdan en cuanto al contenido original del "gran hal-el"; algunos lo limitan al Sal. 136, otros incluyen el 135, y otros también incluyen los cánticos graduales (Sal. 120–134).

HALHUL Nombre geográfico que tal vez signifique "círculos". Pueblo en los montes de Judá asignado a la tribu de Judá (Jos. 15:58). Es la moderna Halhul, a unos 6 km (4 millas) al norte de Hebrón.

HALÍ Nombre geográfico que significa "joya". Ciudad limítrofe asignada a la tribu de Aser (Jos. 19:25). Tal vez sea Khirbet Ras Ali, al norte del Monte Carmelo.

HALOHES Nombre de persona que significa "el exorcista". Padre de Salum, que ayudó a Nehemías en la reconstrucción de los muros de Jerusalén. Se lo denomina "gobernador de la mitad de Jerusalén" (Neh. 3:12), lo que aparentemente significa que administró una de las regiones periféricas cercanas a Jerusalén. El mismo hombre, o uno con el mismo nombre, firmó el pacto de Nehemías (Neh. 10:24).

HAMAT Nombre geográfico y de persona que significa "fortaleza", "ciudadela", "lugar caliente" (debido tal vez a las aguas termales), y "caliente". **1.** Ciudad-estado en el valle del Río Orontes, aprox. a 200 km (120 millas) al norte de Damasco. Las excavaciones indican que este montículo ya estaba ocupado en la época neolítica. Las inscripciones jeroglíficas descubiertas originalmente por J. L. Burckhardt en 1810 manifiestan temprana influencia hitita en Hamat. Durante gran parte de su existencia, esta funcionó como capital de un reino independiente.

La frontera sur de Hamat fue a la vez el límite norte de Israel durante los reinados de Salomón (1 Rey. 8:65; 2 Crón. 8:4) y Jeroboam II (2 Rey. 14:25,28). La "entrada de Hamat" se consideraba el límite norte de Israel (Núm. 34:8; Jos. 13:5; Ezeq. 47:15-17,20; 48:1) y servía como expresión geográfica aceptada (Núm. 13:21; Jue. 3:3).

Toi, rey de Hamat, envió a su hijo para felicitar a David luego de que este venciera al rey Hadadezer de Soba, contra el que Toi había peleado a menudo (2 Sam. 8:9-10; 1 Crón. 18:3,9-10). En el 853 a.C., el rey Irhuleni de Hamat se unió a una coalición que incluyó a Ben-adad II de Damasco y Acab de Israel, y frustró el avance de Salmaneser II de Asiria hacia el norte de Siria. Alrededor del 802 a.C., Adad-nirari III de Asiria aplastó Damasco y le impuso un impuesto elevadísimo. Durante las décadas que siguieron, el rey de Hamat, que probablemente se llamaba Zakir, peleó y venció a Damasco. Hamat llegó a la cumbre de su poderío entre el 800 y el 750 a.C.. Ver *Toi*.

En el 738 a.C., Tiglat-pileser III de Asiria impuso tributo a Hamat y a otros estados, entre los cuales estaba Israel. Luego de la caída de Samaria en el 722–721 a.C., Hamat sufrió una devastación en el 720 a.C. a manos de Sargón II de Asiria (Amós 6:2). Los refugiados de Samaria tal vez hayan sido exiliados por los asirios a Hamat, mientras que los refugiados de Hamat fueron llevados a Samaria junto con su dios Ashima (2 Rey. 17:24,30; Isa. 11:11). A partir de ese momento, la historia de Hamat parece fusionarse con la de Damasco (Jer. 49:23).

Durante el helenismo, Antíoco IV le cambió el nombre por Epifanía. Fue así como se la conocía en el período greco-romano, aunque los nativos continuaron llamándola Hamat (actualmente Hamáh). **2.** Ciudad fortificada del territorio de Neftalí (Jos. 19:35); probablemente la ciudad levítica de Hamot-dor (21:32). Puede estar ubicada en Tell Raqqat, al norte de Tiberias. Otros han tratado de ubicarla en las famosas termas de Hammam Tabiriyeh, al sur de Tiberias, pero los arqueólogos no han hallado allí evidencias de ocupación en la Edad de Hierro. En 1 Crón. 6:76 aparece "Hamón", aparentemente el mismo lugar, en la lista de ciudades levíticas. **3.** Antepasado original de los ceneos y los recabitas (1 Crón. 2:55). Podría ser el fundador de la ciudad de Hamat.

HAMAT DE SOBA Nombre geográfico que significa "fortaleza de Soba". Ciudad capturada por Salomón en Siria (2 Crón. 8:3). Tanto Hamat como Soba eran ciudades de Siria controladas por David (2 Sam. 8). Algunos intérpretes consideran que la combinación de nombres es resultado de que el cronista haya contado con un texto dañado. Otros creen que el cronista refleja el sistema administrativo babilónico y persa de ese momento y que incluyó a ambas ciudades en un solo distrito administrativo. Otros consideran que era sólo otro nombre para Soba. Ver *Hamat; Soba*.

HAMATEO Residente de Hamat que originalmente descendía de Canaán, hijo de Cam, hijo de Noé (Gén 10:18). Ver *Hamat*.

HAMBRE Fuerte necesidad o deseo de alimento. En las Escrituras hay inquietantes cuadros de hambre. Isaías 29:8 usa la imagen de una persona hambrienta que sueña con comer sólo para despertarse nuevamente con hambre. En Lam. 4:9 se compadece más a los muertos de hambre que a aquellos muertos a espada. Con frecuencia, el hambre adopta un significado teológico. Éxodo 16:3 relata la queja de los israelitas diciendo que Moisés los había sacado de Egipto para que murieran de hambre en el desierto. Dios usó esta experiencia de hambre para humillar al pueblo rebelde y enseñarle a tener hambre de Su palabra (Deut. 8:3). El hambre era uno de los castigos por no cumplir con las obligaciones del pacto (Deut. 28:48; 32:24).

El cese del hambre generalmente se asocia con la salvación de parte de Dios. Ana anticipó que Dios revertiría la suerte de los hambrientos (1 Sam. 2:5; comp. Luc. 6:21,25). Isaías prometió que los que volvieran del exilio no sufrirían hambre (49:10). Ezequiel describió a Dios e indicó que proveía para las necesidades de Su redil de modo que no pasaran hambre (34:29). Parte de la bendición de los redimidos de Apoc. 7:16 es el fin del hambre.

En Mateo 5:6, Jesús habló de los que tienen hambre y sed de justicia, es decir, aquellos que fervientemente anhelan que la voluntad de Dios se haga realidad. En Juan 6:35, Jesús prometió que cualquiera que fuera a Él no volvería a tener hambre sino que sería satisfecho.

HAMBRE Y SEQUÍA El hambre es una falta extrema de alimentos, y la sequía es una deshidratación excesiva de la tierra. La Biblia informa sobre varios sucesos de hambre y sequía, o los predice.

Causas del hambre La sequía era la causa más común de las hambrunas mencionadas en la Biblia. Provocó hambre en tiempos de Abraham (Gén. 12:10), Isaac (Gén. 26:1), José (Gén. 41:27) y los jueces (Rut 1:1). La sequía y el hambre también afligieron a los israelitas en tiempos de David (2 Sam. 21:1), Elías (1 Rey. 18:2), Eliseo (2 Rey. 4:38), Hageo (Hag. 1:11) y Nehemías (Neh. 5:3). En algunas ocasiones, los profetas predecían la llegada de la sequía y el hambre (2 Rey. 8:1; Isa. 3:1; Jer. 14:12; Hech. 11:28). Otras fuerzas naturales también provocaban hambrunas: langostas, viento, granizo y moho (Joel 1:4; Amós 4:9; Hag. 2:17). Los israelitas también experimentaron hambre provocado por los enemigos. En algunas oportunidades, estos destruían o confiscaban alimentos (Deut. 28:33,51; Isa. 1:7). El sitio de las ciudades también acarreaba hambrunas, como sucedió cuando Ben-adad sitió Samaria (2 Rey. 6:24-25) y Nabucodonosor sitió Jerusalén (2 Rey. 25:2-3).

Con frecuencia, las hambrunas que padeció Israel fueron graves, y algunas duraron varios años (Gén. 12:10; 41:27; Jer. 14:1-6). Durante ellas, las personas hambrientas llegaban a comer hasta plantas agrestes, cabezas de animales, basura, estiércol e incluso carne humana (2 Rey. 4:39; 6:25,28; Lam. 4:4-10).

El hambre y la sequía como juicio de Dios Dios creó el mundo como un medioambiente bueno que normalmente produciría agua y alimentos para la humanidad (Gén. 1). No obstante, la productividad de la tierra está asociada con la obediencia de la gente a Dios. Por ejemplo, los pecados de Adán, Eva y Caín provocaron falta de productividad en la tierra (Gén. 3:17-18; 4:12). La relación de Israel con Dios afectó directamente la fertilidad de la tierra prometida. Cuando el pueblo obedecía a Dios, la tierra era productiva (Deut. 11:11-14). Sin embargo, cuando desobedecía, sobrevenía el juicio sobre la tierra en forma de sequía y hambre (Lev. 26:23-26; Deut. 11:16-17; 1 Rey. 8:35). Además, el NT afirma que el hambre formará parte del juicio venidero de Dios sobre la tierra en los últimos días (Mat. 24:7; Apoc. 6:8).

Si bien la Biblia afirma que algunas hambrunas y sequías son el juicio mismo de Dios (2 Sam. 21:1; 1 Rey. 17:1; 2 Rey. 2:8; Jer. 14:12; Ezeq. 5:12; Amós 4:6), no todos esos desastres están directamente conectados con castigo divino (Gén. 12:10; 26:1; Rut 1:1; Hech. 11:28). Cuando Dios enviaba sequía y hambre sobre su pueblo, el propósito era conducirlo al arrepentimiento (1 Rey. 8:35-36; Os. 2:8-23; Amós 4:6-8). Por otra parte, el AT contiene promesas sobre cómo Dios protegerá a sus fieles en épocas de hambre (Job 5:20,22; Sal. 37:18-19; Prov. 10:3). Ver *Agua; Ben-adad; Jerusalén; Nabucodonosor; Samaria.* *Bob R. Ellis*

HAMEA, TORRE DE (el nombre significa "torre de los cien") Torre situada en el muro septentrional de Jerusalén que fue restaurado por Nehemías (Neh. 3:1; 12:39). Posiblemente el nombre aluda a la altura de la torre (1000 codos), al número de escalones o al número de las tropas en su guarnición. Puede haber sido parte de la fortaleza del templo (Neh. 2:8).

HAMEDATA Nombre de persona que significa "dado por el dios". Padre de Amán, el villano del libro de Ester (Est. 3:1).

HAMMURABI Rey de Babilonia que reinó 43 años durante la primera mitad del segundo milenio a.C. Las fechas precisas son inciertas; su reinado comenzó en 1848, 1792 ó 1736 a.C. Fue hijo de Sinmuballit y padre de Samsu-iluna. Es mayormente célebre por su famoso código legal conocido popularmente como "el código de Hammurabi".

Reino Hammurabi fue el sexto miembro de un linaje de reyes amorreos de la Primera Dinastía de Babilonia (aprox. 2000–1600 a.C.). Al formar coaliciones contra sus enemigos para luego volverse contra sus antiguos aliados, Hammurabi reunificó Mesopotamia y fundó el llamado Antiguo Imperio Babilónico.

Hammurabi pasó los 20 años centrales de su reinado preocupado en asuntos locales, consolidando y organizando su reino. Durante este período edificó santuarios religiosos, edificios cívicos, muros defensivos y canales, pero virtualmente no hay restos de la capital de Hammurabi. Los archivos de Mari revelan unas 140 cartas entre

Babilonia y esa ciudad durante aquella época. Los últimos doce años de su reinado se caracterizaron por guerras constantes. Si bien los primeros años fueron testigos de expansión militar y política, al final su reino se redujo. La mayor parte se perdió poco después de su muerte, y los hititas (heteos) pusieron fin a la dinastía aprox. en el 1600 a.C. Ver *Babilonia*.

Religión Cuando Babilonia se erigió en el poder, también surgió su dios patrono, Marduk. Se lo consideraba hijo de Enki/Ea, dios del agua dulce y la sabiduría. Marduk era dios de las tormentas y los truenos, y en Babilonia se lo adoraba en el gran templo *Esagila* que aparentemente se construyó durante la primera dinastía. La épica babilónica de la creación, *Enuma Elish*, que data del segundo milenio, celebraba la derrota por parte de Marduk sobre la malvada Tiamat, diosa del mar. Por haber logrado esta hazaña, el sumo dios Enlil lo recompensó con las "tablillas del destino" y el título "Señor de las tierras".

Legislador Una excavación francesa de la antigua ciudad persa de Susa en 1901–02 d.C., descubrió una estela diorita de más de 2 metros (7 pies) de alto donde se había inscrito una colección de leyes del reinado de Hammurabi. Es posible que la estela haya estado en el gran templo Esagila y que se hayan enviado copias a otros lugares. Fue llevada a Susa por los elamitas después de una incursión en el 1160 a.C. En la parte superior de la estela hay un relieve que muestra a Hammurabi mientras recibe los símbolos de la justicia y una orden del dios sol Shamash, también dios de la justicia y gran protector de los oprimidos.

La piedra contiene 44 columnas de antigua escritura cuneiforme. Hay un prólogo poético y un epílogo que incluyen 282 leyes. (Comparar con el libro de Job, donde los diálogos poéticos están encerrados entre un prólogo y un epílogo en prosa.)

La colección de leyes de Hammurabi tiene mucho en común con otras colecciones cuneiformes de Ur-Nammu (siglo XXI a.C.), Lipit-Ishtar (siglo XIX a.C.), el reino de Eshnunna (aprox. 1800 a.C.), las leyes hititas (siglo XVI o XV a.C.), las leyes de Asiria Media (siglo XV o XIV a.C.) y las leyes neo-babilónicas (siglo VII a.C.), como así también con la ley de Moisés.

Se ha escrito mucho sobre el propósito y la función de estas diversas colecciones de leyes en el antiguo Cercano Oriente. No funcionaban como códigos legales vinculantes y autorizados en el sentido moderno. Esto se indica mediante varios factores: (1) En la vasta cantidad de registros judiciales no hay un solo ejemplo de que una decisión legal se haya basado explícitamente en una de estas leyes escritas. Dichas decisiones se basaban en precedentes conocidos a través de la tradición legal. Del mismo modo, en el AT las decisiones legales no citan leyes escritas. Esto ha llevado a algunos eruditos a declarar que no se conocía una ley escrita por Moisés. La falsedad de esta afirmación se demuestra comparando cómo operaban los sistemas jurídicos de países vecinos. (2) Otro factor es que ninguna compilación de leyes se ocupaba de cada uno de los aspectos de la vida. La tendencia era ocuparse de casos excepcionales. La ley mosaica también es comparable en este aspecto. Las prácticas legales en el área del matrimonio, por ejemplo, a menudo van más allá de lo que está detallado en la ley de Moisés.

Por lo general se sostiene que el código de Hammurabi contiene los veredictos del rey que servirían como jurisprudencia para guiar a los jueces y así producir uniformidad social y política en todo el reino. De manera que el propósito era reforma, educación o ambas.

La colección también intentaba demostrar al pueblo, a la posteridad y especialmente a los dioses que Hammurabi era un pastor fiel y justo para con su pueblo. La estela comienza describiendo el llamado divino del rey para "hacer que la justicia resplandezca en la tierra, para destruir a los malos y los impíos, para que los fuertes no opriman a los débiles... para llevar luz a la tierra".

En su primer año de reinado, Hammurabi declaró que un patrón legal regiría la vida económica y religiosa de todos los babilonios. Esto puede equipararse con las "reformas" de los reyes hebreos quienes, al reformular en el primer año de su reinado su fidelidad a la Torá, "[Hicieron] lo recto ante los ojos de Jehová" (2 Rey. 18:3).

La colección de leyes de Hammurabi abarca delitos generales tales como acusaciones falsas (comp. Deut. 5:20; 19:16-17), brujería (comp. Deut. 18:10; Ex. 22:18), jueces malvados (Ex. 23:6-9; Lev. 19:15; Deut. 16:18-21) y secuestros (comp. Ex. 21:16). Muchas leyes cubren diversos aspectos maritales; por ej. derechos de ambas partes, acuerdos por la dote, obsequios nupciales, delitos matrimoniales y divorcio. El matrimonio legal exigía un contrato con los padres de la muchacha. Un hombre se podía divorciar de su esposa si devolvía la dote y los obsequios matrimoniales y se hacía cargo del pago por la educación de los hijos (si los había). Una mujer se podía divorciar de su esposo si no había sido haragana o "callejera, descuidando así su casa y humillando a su marido" (comp. Deut. 24:1-4). El adulterio con una mujer casada podía dar lugar a la pena capital (aunque no era requisitorio) si el esposo lo exigía (comp. Deut. 22:22). El castigo por violación era la muerte, tal como en Deut. 22:25. Tanto en el código de Hammurabi como en Deuteronomio estaba prohibido el incesto, aunque el primero sólo lo sancionaba con exilio.

En vista de que las propiedades personales generaban tanta preocupación, había muchas leyes relacionadas con la herencia. Así como sucedía en la ley hebrea (Ex. 13:2; Deut. 21:15-17), el primogénito gozaba de derechos especiales. Un padre podía desheredar a un hijo que le hubiese dañado de alguna manera o podía adoptar uno mediante una simple declaración verbal. Los hijos tenidos con una esclava no tenían derechos hereditarios a menos que fueran adoptados.

Otra categoría de leyes tenía que ver con los daños personales. El castigo por golpear a los padres era perder la mano. En la ley hebrea, este delito era capital (Ex. 21:15). Así como sucedía con la ley de Israel, herir a una mujer embarazada se castigaba con severidad, al margen de que fuera accidental. Además, de acuerdo a Hammurabi, la mujer era la hija de otro hombre más que esposa propia (Ex. 21:22-25). El principio de "ojo por ojo" (*lex talionis*, ley del talión) se respetaba a tal extremo que si alguien causaba la muerte del hijo o la hija de una persona, el castigo era la muerte del hijo o la hija del ofensor.

H

Relaciones con la ley bíblica Los códigos de Hammurabi, de los asirios, de los hititas y de otros pueblos tienen mucho en común con la ley hebrea. Una de las similitudes es la forma. Así como en otros sistemas legales, muchas leyes hebreas adoptan la forma condicional: "Cuando/si pasa esto, el castigo es este" (por ej., Ex. 21:18–23:5). La primera ley de Hammurabi expresa: "Si un ciudadano acusa de asesinato a otro ciudadano pero no puede probarlo, el acusador es pasible de muerte". Por otro lado, hay tres tipos de similitudes de contenido. Hay leyes con idéntico contenido, otras que difieren en los castigos, y otras que son similares pero sólo porque tratan básicamente la misma situación. Esta clase de similitud es la más corriente.

Hay varias diferencias fundamentales entre el código de Hammurabi y la ley mosaica. (1) El primero no trata cuestiones religiosas. (2) Los castigos varían según la condición social del ofensor. Se reconocían tres clases: libertos, pobres y esclavos. (3) El gran valor que se otorgaba a las propiedades en el código de Hammurabi (y otros códigos) contrasta con el alto valor que se le asigna a la vida humana en las leyes mosaicas. Sólo en las leyes bíblicas se hace una clara distinción entre propiedad y vida humana. Por ejemplo, una de las leyes de Moisés requería la muerte del buey que hubiera matado a una persona, y si había negligencia, también la muerte del dueño del animal (Ex. 21:28-32). Por otro lado, en las leyes bíblicas, la compensación monetaria nunca era suficiente como castigo para el homicidio. (4) La ley bíblica incluía leyes en forma absoluta (apodíctica): "No hurtarás, etc.", en lugar de hacer énfasis más pragmáticos en las consecuencias. Este tipo de leyes eran propias de Israel e incluían mandamientos directos para las personas tanto desde el aspecto negativo como positivo. Tal es el caso del Decálogo. (5) Esto puede ser en parte resultado de que el autor de la ley mosaica era Dios, lo que también significaba que ni siquiera el rey podía cambiar una ley ni tampoco disminuir el castigo. El rey tampoco podía hacer agregados a la ley divina, una situación única en el antiguo Cercano Oriente. (6) Por último, la ley bíblica era única en su tipo ya que se interpretaba en el contexto del pacto que Dios había hecho con Israel. Ver *Ley, Diez Mandamientos, Torá.*

Gary D. Baldwin y E. Ray Clendenen

HAMOLEQUET Nombre de persona que significa "reina". Hermana de Galaad en la genealogía de Manasés que sólo aparece en 1 Crón. 7:18.

HAMÓN Nombre geográfico que significa "lugar caliente", probablemente debido a fuentes termales. **1.** Ciudad asignada a la tribu de Aser (Jos. 19:28). Podría ser la moderna Umm el-awamid cerca de la costa mediterránea en el Líbano, a unos 8 km (5 millas) al noreste de Rosh ha-niqra. **2.** Ver *Hamat.*

HAMONA Nombre geográfico que significa "horda". Ciudad en el Valle de Hamón-gog donde Israel enterraría al ejército derrotado de Gog (Ezeq. 39:16). Se desconoce el significado exacto y la ubicación de la ciudad, pero se sabe que Ezequiel estaba decidido a que Israel mantuviera la tierra ritualmente pura en cualquier circunstancia. La NVI traduce Hamona por "ejército"; en consecuencia, aparece como "Valle del Ejército" o "ciudad llamada Ejército". Ver *Ezequiel; Gog y Magog; Hamón-gog.*

HAMÓN-GOG Nombre geográfico que significa "horda de Gog". Lugar donde Ezequiel predijo el entierro del ejército derrotado de Gog (Ezeq. 39:11,15). Se desconoce su ubicación. Ver *Ezequiel; Gog y Magog; Hamona.*

HAMOR Nombre de persona que significa "burro" o "asno". En Gén. 33:19 es el padre de Siquem. Jacob les compró a los hijos de Hamor una parcela de tierra donde construyó un altar. Más tarde, los restos de José, el hijo de Jacob, fueron enterrados allí (Jos. 24:32). Hamor y Siquem fueron asesinados por Simeón y Leví como venganza por el ultraje cometido contra Dina (Gén. 34:25-26). Hamor fue el antepasado originario de una familia de la ciudad de Siquem (Jue. 9:28).

HAMOT-DOR Ver *Hamat.*

HAMUEL Nombre de persona que significa "El es mi suegro" o "Dios está airado". Miembro de la tribu de Simeón (1 Crón. 4:26).

HAMUL Nombre de persona que significa "compadecido o perdonado" o "El es suegro" o "El está furioso, airado". Hijo de Fares y nieto de Judá (Gén. 46:12) y, en consecuencia, líder de familia en Judá (Núm. 26:21).

HAMULITA Miembro de la familia de Hamul (Núm. 26:21). Ver *Hamul.*

HAMUTAL Nombre de persona que significa "suegro o pariente del rocío". Madre de los reyes Joacaz (2 Rey. 23:31) y Sedequías (2 Rey. 24:18) de Judá. Ver *Joacaz; Sedequías.*

HANAMEEL Nombre de persona que significa "Dios es Dios de gracia". Tío de Jeremías a quien el profeta le compró un campo en Anatot (Jer. 32:7-12). La acción de Jeremías simboliza los planes divinos a largo plazo para restaurar al pueblo a la tierra después del exilio.

HANÁN Nombre de persona que significa "con gracia". Nombre de persona que tal vez inicialmente haya estado ligado a un nombre divino como El, Jehová o Baal. **1.** Familia o asociación de profetas o sacerdotes que vivían en el templo. Jeremías utilizó su aposento en el templo para reunirse con los recabitas (Jer. 35:4). **2.** Familia de sirvientes del templo que regresaron a Jerusalén del exilio babilónico con Zorobabel alrededor del 537 a.C. (Esd. 2:46). **3.** Hombre al que Nehemías designó asistente del tesorero del templo para recibir y repartir los diezmos para mantenimiento de los levitas (Neh. 13:13). **4.** Uno de los héroes militares de David (1 Crón. 11:43). **5.** Levita que le explicaba la ley de Dios al pueblo mientras Esdras la leía (Neh. 8:7). **6.** Levita que selló el pacto de Nehemías de obediencia a la ley de Dios (Neh. 10:10). **7.** Uno de los jefes del pueblo que firmó el pacto de Nehemías (Neh. 10:22). **8.** Otro de los jefes que firmaron el pacto de Nehemías (Neh. 10:26). **9.** Miembro de la tribu de Benjamín (1 Crón. 8:23). **10.** Descendiente de Saúl en la tribu de Benjamín (1 Crón. 8:38).

HANANEEL Nombre geográfico que significa "Dios de gracia". Torre que señalaba el muro norte de Jerusalén. Jeremías predijo su reconstrucción en el futuro día del Señor (Jer. 31:38; comp. Zac. 14:10). Nehemías dirigió la reconstrucción de la torre junto con el resto del muro de Jerusalén (Neh. 3:1; 12:39). Puede haber sido parte de la primitiva fortaleza que protegía el templo (Neh. 2:8; 7:2).

HANANI Nombre de persona que significa "mi gracia" o abreviatura de "Yahvéh posee gracia". **1.** Padre del profeta Jehú (1 Rey. 16:1,7; 2 Crón. 19:2). **2.** Hombre que, bajo el liderazgo de Esdras, accedió a divorciarse de su esposa extranjera para proteger a los judíos de la tentación de adorar ídolos (Esd. 10:16-20,44). **3.** Hermano de Nehemías que le informó las malas condiciones en Jerusalén mientras Nehemías todavía estaba en Persia (Neh. 1:2). Este lo puso a cargo de la protección militar de la Jerusalén restaurada (Neh. 7:2). Algunos han tratado de identificarlo con el Hunani que se menciona en los papiros elefantinos, aunque esto no es seguro. **4.** Sacerdote músico en la dedicación de los muros de Jerusalén (Neh. 12:36). **5.** Músico del templo y descendiente de Hemán (1 Crón. 25:4). Algunos lo identifican con el punto 4. **6.** Líder originario de un grupo de músicos del templo (1 Crón. 25:25). **7.** Profeta vidente que condenó al rey Asa de Judá (910–869 a.C.) por pagarle tributo al rey Ben-adad de Damasco en lugar de confiar en Dios (2 Crón. 16:7). Asa lo encarceló (2 Crón. 16:10).

HANANÍAS Nombre de persona con dos grafías en hebreo que significa "Yahvéh posee gracia". **1.** Profeta de Gabaón que se opuso a Jeremías al prometer la liberación inmediata de Babilonia. Jeremías sólo pudo combatir esta falsa profecía diciéndole a la gente que esperara hasta ver el cumplimiento en la historia (Jer. 28:8-9). Ni siquiera pudo oponérsele cuando Hananías trató de humillarlo al romper el yugo simbólico que Jeremías llevaba puesto (vv.10-11). Recién más tarde Jeremías recibió palabra de Dios para rebatir a Hananías (vv.12-17). **2.** Abuelo del capitán de la guardia que arrestó a Jeremías al salir de Jerusalén (Jer. 37:13). **3.** Hijo de Zorobabel en el linaje real de David (1 Crón. 3:19). Ver *Zorobabel.* **4.** Jefe de familia en la tribu de Benjamín que vivía en Jerusalén (1 Crón. 8:24). **5.** Hijo de Hemán, uno de los sacerdotes músicos del templo (1 Crón. 25:4). Podría ser el mismo que era jefe de un grupo de sacerdotes (v.23), aunque el nombre de este último tiene una escritura ligeramente diferente en hebreo. **6.** Líder militar bajo el rey Uzías de Judá (792–740 a.C.) (2 Crón. 26:11). **7.** Hombre que aceptó el liderazgo de Esdras y se divorció de su esposa extranjera para proteger a Judá de la tentación de adorar a dioses falsos (Esd. 10:16-20,44). **8.** Miembro del gremio de los perfumeros que ayudó a Nehemías a reconstruir el muro de Jerusalén (Neh. 3:8). **9.** Otro hombre que ayudó a Nehemías a reconstruir el muro de Jerusalén (Neh. 3:30). **10.** Jefe de la fortaleza del templo bajo el liderazgo de Nehemías (Neh. 7:2). Este lo nombró administrador de Jerusalén porque era confiable y temeroso de Dios más que otros hombres. **11.** Hombre que firmó el pacto de Nehemías de obedecer la ley de Dios; tal vez el mismo que el punto 10 (Neh. 10:23). **12.** Sacerdote que ejerció inmediatamente después del regreso del exilio de Babilonia (Neh. 12:12) cuando Joiacim era sumo sacerdote. **13.** Sacerdote músico que ayudó a Nehemías a celebrar la terminación del muro de Jerusalén (Neh. 12:41).

HANATÓN Nombre geográfico que significa "gracia". Ciudad en el extremo norte del territorio de la tribu de Zabulón (Jos. 19:14) Las tablillas de El-Amarna y los registros asirios de Tiglat-pileser III también la mencionan. Probablemente sea la actual Tell el-Badawiye, a unos 10 km (6 millas) al norte de Nazaret.

HANES Nombre geográfico en Egipto. Ciudad a donde Israel envió embajadores en la época de Isaías para procurar ayuda militar y económica (Isa. 30:4). Isaías condenó esa política de gobierno en lugar de confiar en Jehová. A Hanes con frecuencia se la ha ubicado en Heracleópolis Magna al sur de Egipto, al norte del Delta del Nilo, la actual Ahnas, que sería el paralelo natural de la moderna Zoán o Tanis. Sin embargo, una identificación más acertada sería Heracleópolis Parva, la actual Hanes, ubicada prácticamente al este de Tanis. Es más factible que la meta de los embajadores de Judá haya sido esta última, y no la distante ciudad sureña de Heracleópolis. Asurbanipal también menciona Hanes en el listado de ciudades egipcias. Ver *Zoán.*

HANIEL Nombre de persona que significa "Dios de gracia". **1.** Representante de la tribu de Manasés en el concilio que ayudó a Josué y Eleazar a dividir la tierra entre las tribus (Núm. 34:23). **2.** Miembro de la tribu de Aser (1 Crón. 7:39).

HANOC Nombre de persona que en hebreo se escribe igual que Enoc y significa "dedicado" o "vasallo". Ver *Enoc.* **1.** Hijo de Rubén y nieto de Jacob (Gén. 46:9), y consecuentemente un líder de familia en Israel (Ex. 6:14). **2.** Hijo de Madián y nieto de Abraham, y por ello madianita (Gén. 25:4). Ver *Madián.*

HANÚN Nombre de persona que significa "bendito" o "favorecido". **1.** Rey de Amón a quien David quiso honrar y con quien quiso renovar el pacto de paz. Hanún y sus consejeros malinterpretaron lo que hizo David y trataron en forma vergonzosa a sus mensajeros. La respuesta militar de David dio victoria sobre Amón y Siria (2 Sam. 10). Esto preparó el escenario para la relación pecaminosa entre David y Betsabé. **2.** Hombre que reparó la Puerta del Valle en Jerusalén bajo la dirección de Nehemías (Neh. 3:13). Ver *Jerusalén.* **3.** Otro de los hombres que trabajó bajo las órdenes de Nehemías para reparar el muro de Jerusalén (Neh. 3:30).

HARA Nombre geográfico de significado incierto. Ciudad o región al norte de la Mesopotamia donde, según 1 Crón. 5:26, bajo el reinado de Tiglat-pileser, los asirios instalaron algunos exilados del este del Jordán en el Reino del Norte en el 734 a.C. El nombre no aparece en los pasajes paralelos (1 Rey. 17:6; 18:11). Es posible que el copista de Crónicas haya escrito dos veces parte de la palabra hebrea para Habor o para río de modo

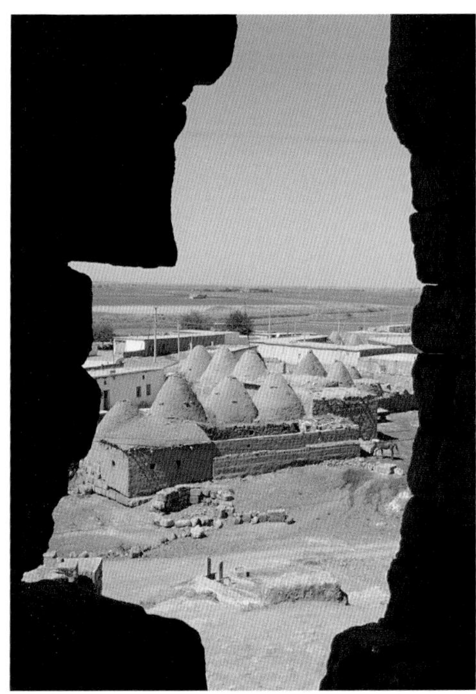

Harán, ciudad de la Mesopotamia, donde vivió Abraham antes de ir a Canaán.

que las generaciones posteriores lo convirtieron en Hara. Los relatos en 1 Reyes ubican el exilio a estas ciudades en el 722 a.C.

HARADA Nombre geográfico que significa "temblor" o "terror". Campamento en el peregrinaje de Israel por el desierto (Núm. 33:24-25). Probablemente la actual el-Harada, a más de 80 km (50 millas) al sur de Aqaba.

HARÁN Nombre de persona y de lugar que significa "montañés" o "ruta de caravana". Tres hombres y una importante ciudad al norte de la Mesopotamia ubicada a orillas del Río Balik llevan ese nombre. **1.** Hijo de Taré y padre de Lot (Gén. 11:26-29,31). **2.** Hijo de la concubina de Caleb (1 Crón. 2:46). **3.** Levita hijo de Simei (1 Crón. 23:9). **4.** La ciudad se convirtió en hogar de Abraham (Gén. 11:31-32; 12:4-5) y siguió siendo morada de sus parientes, como en el caso de Labán (Gén. 27:43). Jacob fue allí y se casó (Gén. 28:10; 29:4). En el siglo VIII, fue conquistada por Asiria (2 Rey. 19:12; Isa. 37:12). Era socio comercial de Tiro (Ezeq. 27:23). Gracias a las excavaciones iniciadas en la década de 1950, se determinó que la ciudad se estableció a mediados del tercer milenio y estuvo ocupada durante el período asirio-babilónico hasta la época islámica. Era también un importante centro del culto al dios de la luna, Sin. En hebreo la grafía de la ciudad se escribe ligeramente distinta de los nombres de persona. *David M. Fleming*

HARBONA Nombre persa de persona que tal vez signifique "estéril". Eunuco del personal del rey Asuero de Persia (Est. 1:10; 7:9).

HAREF Nombre de persona que significa "inteligente" o "reproche". Descendiente de Caleb y, por lo tanto, miembro de la tribu de Judá (1 Crón. 2:51).

HARET Nombre geográfico que significa "bosque". Bosque donde fue David por consejo del profeta Gad cuando huía de Saúl (1 Sam. 22:5). Estaba en la región de Judá, pero todavía no se ha llegado a un consenso sobre su posición exacta. Algunos estudiosos la ubican en Khirbet Khoreisa, unos 3 km (2 millas) al sur de Zif y aprox. 10 km (6 millas) al sudeste de Hebrón. Otros piensan que está cerca de la aldea de Kharas, en las proximidades de Keila.

HARHAÍA Nombre de persona de significado incierto. Miembro del gremio de los plateros cuyo hijo ayudó a Nehemías a reparar el muro de Jerusalén (Neh. 3:8).

HARHAS Nombre de persona de significado incierto. Abuelo del esposo de la profetisa Hulda (2 Rey. 22:14). En otros mss la grafía es Hasrah, Hasdah o Harham.

HARHUR Nombre de persona que significa "resplandecer, arder"; posiblemente describa la fiebre de la madre en el parto. Sirviente del templo que regresó del exilio de Babilonia con Zorobabel alrededor del 537 a.C. (Esd. 2:51).

HARIF Nombre de persona que significa "agudo" o "nuevo". **1.** Familia israelita cuyos miembros acompañaron a Zorobabel en su regreso del exilio de Babilonia alrededor del 537 a.C. (Neh. 7:24). **2.** Líder del pueblo que firmó el pacto de Nehemías de obediencia a la ley de Dios (Neh. 10:19).

HARIM Nombre de persona que significa "dedicado". **1.** Líder de una familia de Belén que regresó del exilio de Babilonia con Zorobabel alrededor del 537 a.C. (Esd. 2:32). **2.** Jefe de un grupo de sacerdotes designados durante el liderazgo de David (1 Crón. 24:8; comp. Esd. 2:39, Neh. 12:15). Algunos miembros de esta familia aceptaron, bajo el liderazgo de Esdras, divorciarse de sus esposas extranjeras para proteger al pueblo de la tentación de adorar dioses falsos (Esd. 10:21). **3.** Otra familia israelita cuyos miembros tuvieron que divorciarse de sus esposas extranjeras en obediencia a Esdras (Esd. 10:31). El nombre de la familia puede provenir de un antepasado originario, pero es más probable que sea de la ciudad de residencia, Charim, ubicada a unos 13 km (8 millas) al noreste de Jope. Uno de los miembros de esta familia ayudó a Nehemías a reconstruir el muro de Jerusalén (Neh. 3:11). **4.** Sacerdote que firmó el pacto de Nehemías de obediencia a la ley de Dios (Neh. 10:5). **5.** Jefe de familia que firmó el pacto de Nehemías (Neh. 10:27).

HARINA Grano finamente molido y cernido para preparar pan (Ex. 29:2; 1 Sam. 28:24), generalmente traducido flor de harina. Por lo general el grano grueso se molía junto con el salvado y se usaba para hacer pan (Lev. 2:16; 1 Rey. 17:12). La ofrenda de las primicias de cereal era de grano grueso, ya que representaba la comida más común. Pero la mayoría de las veces las ofrendas de cereales eran de harina fina (Lev. 2:1-2,4-5,7) que se molía de los granos interiores del trigo, la mejor parte del grano (Deut. 32:14). La harina fina era un artículo de lujo (Ezeq. 16:13; Apoc. 18:13) por ejemplo lo que se horneaba como para un invitado de honor (Gén. 18:6; 1 Sam. 28:24).

Molino de harina del período romano. La harina cae en la caja de madera.

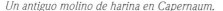

Un antiguo molino de harina en Capernaum.

H

HARNEFER Nombre egipcio de persona que significa "Horus (dios) es bueno". Miembro de la tribu de Aser (1 Crón. 7:36).

HAROD Nombre geográfico que significa "temblor", "terror" o "manantial intermitente". Lugar donde Dios condujo a Gedeón para poner a prueba sus tropas y reducir su número antes de luchar contra Madián (Jue. 7:1). Es la actual Ain Jalud, cerca de Gilboa, a mitad de camino entre Affulah y Bet-seán. Está aprox. a 3 km (2 millas) al este-sudeste de Jezreel. Fue morada de dos de los héroes de David (2 Sam. 23:25). La "fuente" de 1 Sam. 29:1 era probablemente Harod. Algunos eruditos de la Biblia ven en el Sal. 83:10 una referencia a Jue. 7:1 y hacen un ligero cambio en el texto hebreo para que se lea "Harod" en lugar de "Endor".

HARODITA Habitante de Harod. Ver *Harod.*

HAROE Nombre de persona que significa "el vidente". Descendiente de Caleb, de la tribu de Judá (1 Crón. 2:52). Aparentemente, la misma persona se llama Reaía en 1 Crón. 4:2, un cambio sencillo al copiar en hebreo y probablemente el nombre original. Como sucede con otros nombres en la lista, este podría representar el nombre de un lugar al igual que de una persona.

HAROSET Nombre geográfico que significa "tierra boscosa". Primera parte del nombre hebreo compuesto Haroset-goim, que significa Haroset de los gentiles o de las naciones. Hogar de Sísara, capitán del ejército de Jabín de Azor (Jue. 4:2). Reunió allí sus tropas y las condujo hasta el Río Cisón para enfrentar a Barac y Débora (v.13). Barac hizo retroceder el ejército hasta Haroset y allí los mató (v.16). Podría ser el mismo sitio que el Muhrashti de las cartas de Amarna. Aunque no se sabe con certeza, algunos consideran que se trata de Tell el-Ama al pie del Monte Carmelo, aprox. 14 km (9 millas) al sur de Haifa y cerca de la ciudad árabe de Haritiyeh. Otros piensan que Haroset es un nombre común que significa "bosques" y lo ubican en los bosques de Galilea, para lo cual utilizan ciertas evidencias de las primitivas traducciones griegas. Este punto de vista haría que la lectura de Jos. 12:23 fuera la siguiente: "rey de Goim en Galilea", e identificaría al rey con el gobernante de los bosques galileos.

HAROSET-GOIM Nombre hebreo completo de Haroset. Ver *Haroset.*

HARRITAS Ver *Horeos.*

HARSA Nombre de persona que significa "incapaz de hablar, callado" o "mago, hechicero". Familia de sirvientes del templo que regresó con Zorobabel del exilio de Babilonia alrededor del 537 a.C. (Esd. 2:52). Tel-harsa (Esd. 2:59) fue uno de los lugares donde vivían los exilados israelitas en Babilonia, de manera que la familia pudo haber tomado su nombre del hogar babilónico o a la inversa.

HARUFITA Nombre de familia o de lugar que significa "temprano" o "reproche". Lectura de los primeros escribas hebreos en 1 Crón. 12:5. El texto hebreo escrito dice harifitas. Se desconoce otro uso del nombre Haruf. Podría ser familia o ciudad de donde provenía Sefatías. Harifita se referiría a un habitante o descendiente de Harif. Ver *Harif.*

HARUM Nombre de persona que significa "el exaltado". Miembro de la tribu de Judá (1 Crón. 4:8).

HARUMAF Nombre de persona que significa "nariz partida". Padre de un obrero que ayudó a Nehemías a reconstruir el muro de Jerusalén (Neh. 3:10).

HARUZ Nombre de persona que significa "oro" o "industrioso". Abuelo materno de Amón, rey de Judá (642–640 a.C.) Era de Jotba (2 Rey. 21:19). El hogar natal tal vez no haya estado en Judá y por eso representa la influencia extranjera sobre el rey. Ver *Jotba.*

HASABÍAS Nombre de persona que significa "Yahvéh ha reconocido o imputado"; aparece en hebreo escrito en forma más corta o más larga. **1.** Antepasado de Merari entre los líderes levitas (1 Crón. 6:45). **2.** Otro integrante del sacerdocio de Merari (1 Crón. 9:14; Neh. 11:15). **3.** Músico del templo y levita durante el reinado de David (1 Crón. 25:1,3,6,19). **4.** Familia de levitas de Hebrón a quienes se les había dado autoridad para atender la obra de Dios y el servicio al rey al oeste del Jordán (1 Crón. 26:30). Esto muestra la estrecha relación entre el templo y el palacio real, la actividad religiosa y política en Israel.

5. Jefe de la tribu de Leví probablemente vinculado con el infortunado censo durante el reinado de David (1 Crón. 27:17). **6.** Levita durante el reinado de Josías que proveía animales para que los levitas celebraran la Pascua (2 Crón. 35:9) **7.** Líder levita que Esdras reclutó para regresar con él del exilio de Babilonia alrededor del 458 a.C. (Esd. 8:19). Compartió la responsabilidad de transportar los tesoros del templo durante el viaje (vv.24-30; comp. Neh. 12:24). **8.** Según los mss griegos de Esdras 10:25, israelita llamado a divorciarse de su esposa extranjera para proteger al pueblo de la tentación de adorar dioses falsos. **9.** Levita con tareas administrativas en la ciudad de Keila que se unió a Nehemías para reparar el muro de Jerusalén (Neh. 3:17). Probablemente sea el mismo que firmó el pacto de Nehemías de obedecer la ley de Dios (Neh. 10:11), y podría ser el mismo que 7 y 8. **10.** Antepasado de un importante levita de Jerusalén en los días de Nehemías (Neh. 11:22). **11.** Sacerdote de la generación que sucedió a los que regresaron del exilio de Babilonia (Neh. 12:21).

HASABNA Nombre de persona que tal vez significa "reconocimiento". Firmante del pacto de Nehemías para obedecer la ley de Dios (Neh. 10:25).

HASABNÍAS Nombre de persona que significa "Jehová me ha imputado". **1.** Padre de un hombre que ayudó a Nehemías a reparar el muro de Jerusalén (Neh. 3:10). **2.** Levita que dirigió el culto en la ceremonia del pacto de Nehemías donde el pueblo reafirmó su compromiso con la ley de Dios (Neh. 9:5).

HASADÍAS Nombre de persona que significa "Yahvéh de gracia". Hijo de Zorobabel y descendiente de David (1 Crón. 3:20). Ver *Zorobabel.*

HASAR-ADAR Nombre geográfico que significa "era". Campamento en el viaje de Israel por el desierto (Núm. 34:4) cerca de Cades, posiblemente se trate de Ain Qedeh. Ver *Adar; Cades.*

HASBADANA Nombre de persona de significado incierto. Miembro de la comunidad de líderes que acompañaron a Esdras cuando este le leyó la ley al pueblo (Neh. 8:4). Algunas traducciones antiguas muestran evidencias de que el copista unió dos nombres (Hasub y Badana) en uno. No se indica la función precisa de esos líderes.

HASEM Nombre de persona que significa "el nombre". Padre de algunos de los héroes de David (1 Crón. 11:34); se dice que era gizonita. El pasaje paralelo en 2 Sam. 23:32 tal vez haya conservado la escritura original: Jasén. Ver *Gizonita; Jasén.*

HASIDEOS Comunidad religiosa y militante que participó en la revolución macabea (iniciada en el 168 a.C.). El nombre del grupo deriva del concepto veterotestamentario de Hasidim, los "santos" o "leales". Es probable que los fariseos y los esenios provengan de diferentes ramas del movimiento hasideo. Ver *Intertestamentaria, Historia y literatura; Judíos (grupos, partidos) en el NT.*

HASMONA Nombre geográfico de significado incierto. Campamento durante el peregrinaje de Israel por el desierto (Núm. 33:29-30). Algunos estudiosos de la Biblia lo identifican con Asmón (Núm. 34:4). Ver *Asmón.*

HASMONEOS Ver *Asmoneos.*

HASUBA Nombre de persona que significa "uno a quien Él ha imputado o tenido en cuenta". **1.** Hombre que ayudó a Nehemías a reparar el muro de Jerusalén (Neh. 3:23). Al parecer era levita del templo (1 Crón. 9:14; Neh. 11:15). **2.** Hombre que ayudó a reparar los hornos de los panaderos y aparentemente dos partes del muro, ya que Neh. 3:23 describe "otro tramo". Tal vez haya firmado el pacto de Nehemías de obedecer a Dios (Neh. 10:23). **3.** Con escritura hebrea apenas distinta, nombre de persona que significa "muy preciado". Hijo de Zorobabel en el linaje real de David (1 Crón. 3:20).

HASUFA Nombre de persona que significa "rápido". Familia que regresó con Zorobabel del exilio de Babilonia alrededor del 537 a.C. (Esd. 2:43).

HASUM 1. Nombre de persona que significa "de nariz plana". Líder de familia de un grupo que regresó del exilio de Babilonia con Zorobabel alrededor del 537 a.C. Algunos miembros de la familia se divorciaron de sus esposas extranjeras durante el liderazgo de Esdras para liberar a la comunidad de las tentaciones religiosas (Esd. 10:33). **2.** Líder de comunidad que acompañó a Esdras mientras este le leyó la ley al pueblo (Neh. 8:4). También firmó el pacto de Nehemías de obedecer la ley de Dios (Neh. 10:18).

HATAC Nombre de persona posiblemente de origen persa que significa "corredor". Eunuco al servicio del rey Asuero en la corte persa a quien el rey asignó como sirviente de Ester (Est. 4:5-6). Ester le encomendó que averiguara por qué estaba afligido Mardoqueo. Así se iniciaron las presentaciones de Ester ante el rey para salvar a su pueblo.

HATAT Nombre de persona que significa "debilucho". Hijo de Otoniel del linaje familiar de Caleb y la tribu de Judá (1 Crón. 4:13).

HATIFA Nombre arameo de persona que significa "asaltado". Familia que regresó con Zorobabel del exilio en Babilonia alrededor del 537 a.C. (Esd. 2:54).

HATIL Nombre de persona que significa "conversador", "charlatán" u "orejudo". Familia de sirvientes del templo que regresaron del exilio en Babilonia con Zorobabel alrededor del 537 a.C. (Esd. 2:57).

HATITA Nombre arameo de persona que significa "hizo un hueco" o "blando" o "fiesta". Familia de porteros del templo que regresaron del exilio babilónico con Zorobabel alrededor del 537 a.C. (Esd. 2:42).

HATÚS Nombre de persona de significado incierto. **1.** Hombre del linaje real de David después del regreso del exilio (1 Crón. 3:22). Volvió de Babilonia con Esdras alrededor del 458 a.C. (Esd. 8:2). El lugar importante que ocupaba en la lista puede indicar que Esdras y sus seguidores seguían poniendo sus esperanzas en la monarquía davídica. **2.** Sacerdote que firmó el pacto de Nehemías de obedecer la ley de Dios (Neh. 10:4). Probablemente sea el mismo que 1. **3.** Sacerdote que regresó del exilio en Babilonia con Zorobabel alrededor del 537 a.C. (Neh. 12:2) **4.** Hombre que ayudó a Nehemías a reparar el muro de Jerusalén (Neh. 3:10).

HAURÁN Nombre geográfico de significado incierto. Una de las cuatro o cinco provincias por medio de las cuales los asirios y sus sucesores administraban Siria. Su límite norte era Damasco; el este, Jebel Druze; el oeste, las Alturas de Golán, y el sur, el Río Yarmuk. Fue campo de batalla entre Asiria, Siria, Israel, Judá y Egipto. Aparece en registros egipcios y asirios. Ezequiel prometió que sería parte de la tierra prometida restaurada (Ezeq. 47:16,18). Durante un tiempo la controlaron los macabeos. La región era conocida por sus rocas negras de basalto, volcanes y productivas cosechas de trigo.

HAVILA Nombre geográfico que significa "tramo arenoso". Nombre bíblico correspondiente a la región sureña dominada por arena que cubre lo que llamamos Arabia, pero sin designar necesariamente un área política o geográfica en particular. Del río del Edén se dice que "rodea toda la tierra de Havila" (Gén. 2:11), una tierra notoria por el oro y otras piedras preciosas. La Tabla de las Naciones menciona Havila como hijo de Cus o Etiopía, lo que demuestra los lazos políticos del lugar (Gén. 10:7). Algunos eruditos piensan que el nombre se ha preservado en la moderna Haulan al sudoeste de Arabia. Havila también se menciona en la Tabla de las Naciones como hijo de Joctán, nieto de Sem (Gén. 10:29). Los descendientes de Ismael, hijo de Abraham, vivieron en Havila (Gén. 25:18). Saúl derrotó a los amalecitas desde "Havila hasta llegar a Shur, que está al oriente de Egipto" (1 Sam. 15:7), descripción cuyo significado siguen debatiendo los estudiosos de la Biblia. Algunos intentan cambiar ligeramente el texto hebreo. Otros buscan un Havila más al norte y al oeste de lo que generalmente se lo sitúa. Hay quienes hablan de los límites fluidos de la región. De este modo Havila alude a una región o regiones de Arabia, pero se desconoce la ubicación precisa.

HAVOT-JAIR Nombre geográfico que significa "Tiendas de Jair". Aldeas de Galaad que capturó Jair, hijo de Manasés (Núm. 32:41). Deuteronomio 3:14 indica que Jair tomó la región de Argob y le puso su propio nombre a Basán, llamándola Havot-Jair. Este pasaje equipara la tierra de Refaim, Argob, Basán y Havot-Jair (comp. Jos. 13:30; 1 Rey. 4:13). Jueces 10:3-4 habla de Jair el galaadita, que fue juez en Israel durante 22 años. "Tuvo treinta hijos, que cabalgaban sobre treinta asnos, y tenían treinta ciudades, que se llaman las ciudades de Jair hasta el día de hoy, las cuales están en la tierra de Galaad." En 1 Crón. 2:18-23 se describe la genealogía de Caleb y su padre Hezrón. A una edad avanzada, este se casó con la hija de Maquir, el padre de Galaad. Ella fue madre de Segub, padre de Jair, que tenía 23 ciudades en Galaad. "Pero Gesur y Aram tomaron de ellos las ciudades de Jair, con Kenat y sus aldeas, sesenta lugares. Todos estos fueron descendientes de Faquir, padre de Galaad" (1 Crón. 2:23). Aparentemente, un grupo de ciudades al este del Jordán, tal vez una cantidad que fue variando en diferentes épocas, se conocía como Havot-Jair. Israel las reclamaba como propias y relacionó el nombre con los de diversos héroes israelitas de distintos períodos.

HAZAEL Nombre de persona que significa "El (un dios) está observando". Rey poderoso y despiadado de la ciudad-estado siria de Damasco durante la última mitad del siglo VIII a.C. Mientras era oficial de Ben-adad, rey de Siria, Hazael fue enviado al profeta Eliseo para averiguar sobre la salud del rey (2 Rey. 8:7-15). Eliseo profetizó el futuro reinado de Hazael y su trato cruel para con Israel. Hazael regresó a su amo, lo asesinó y se hizo rey de Siria en el 841 a.C. Estos hechos también habían sido pronosticados por el profeta Elías (1 Rey. 19:15-17). Poco después de convertirse en rey de Siria, se unió en batalla contra Ocozías de Judá y Joram de Israel (2 Rey. 8:28-29; 9:14-15). Con el tiempo extendió su dominio hacia el Reino del Norte, Israel (2 Rey. 10:32-33; 13:1-9,22) y el Reino del Sur, Judá (2 Rey. 12:17-18; 2 Crón. 24:23-24). Se evitó que capturara la ciudad santa de Jerusalén sólo a cambio de permitirle que se llevara todo lo que se podría transportar y era valioso en la ciudad y en el templo. El recuerdo del dominio despiadado de Siria durante el reinado de Hazael quedó grabado en la memoria de Israel. Medio siglo más tarde, Amós usó su nombre como símbolo de la opresión de Siria que sería juzgada por Dios (Amós 1:4). Ver *Damasco, Siria.*

Daniel B. McGee

HAZAÍAS Nombre de persona que significa "Yahvéh ve". Miembro de la tribu de Judá y antepasado de los que habitaron en Jerusalén en los días de Nehemías (Neh. 11:5).

HAZAR Término hebreo que significa patio o espacio cerrado. *Hazar* es un elemento común en nombres de lugares: Hazar-enán (Ezeq. 47:17); Hazar-gada (Jos. 15:27); Hazar-sual (Jos. 15:28); Hazar-susa (Jos. 19:5). Los nombres de lugar posiblemente recuerden el armado de carpas o la construcción de una casa dentro de un círculo de protección, lo que resultaba en un espacio cerrado. A su vez, los asentamientos con el nombre Hazar se encerraban con muros u otras defensas (comp. Núm. 13:28; Deut. 1:28). Ver *Ciudades y vida urbana.*

HAZAR-ATICÓN Nombre geográfico que significa "aldea del medio". Ezequiel la señaló como límite de la futura Israel (47:16). Algunos estudiosos de la Biblia piensan que el texto original era Hazar-enán (Ezeq. 47:17; 48:1). Se desconoce la ubicación.

HAZAR-ENÁN Nombre geográfico que significa "campamento de los manantiales". Sitio que señala el límite noreste de la tierra prometida (Núm. 34:9-10; Ezeq. 47:17). Se desconoce su ubicación exacta, pero algunos lo ubican en Qaryatein, aprox. 110 km (70 millas) al este-noreste de Damasco.

HAZAR-GADA Nombre geográfico que significa "aldea de buena suerte". Ciudad en el territorio tribal de Judá, de ubicación desconocida, cerca de Beerseba (Jos. 15:27).

HAZAR-MAVET Nombre geográfico que significa "campamento de muerte". Nombre que aparece en la Tabla de Naciones para el hijo de Joctán en el linaje de Heber y Sem (Gén. 10:26). Es la región de Hadramaut al este de Yemen.

HAZAR-SUAL Nombre geográfico que significa "campamento de los zorros". Pueblo cerca de Beerseba en el territorio de Judá (Jos. 15:28) pero asignado a la tribu de Simeón (Jos. 19:3; 1 Crón. 4:28). Los judíos que volvieron del exilio en Babilonia vivieron allí (Neh. 11:27). Podría ser la moderna Khirbet el-Watan.

HAZAR-SUSA Nombre geográfico que significa "campamento del caballo". Ciudad asignada a la tribu de Simeón (Jos. 19:5). Como ocurre con la mayoría de sus ciudades, también aparece en el territorio asignado a Judá (comp. 19:1). Muchos eruditos creen que es otro nombre para Sansana en Jos.15:31. En lugar de la forma femenina Susa, 1 Crón. 4:31 tiene la forma plural, Susim. Podría estar ubicada en Sabalat Abu Susein.

HAZE-LELPONI Nombre de persona que significa "ensombrece mi rostro". Hija de Etam de la tribu de Judá (1 Crón. 4:3). El texto hebreo dice "estas son las del padre de Etam". Muchos eruditos piensan que la omisión en el hebreo fue un error de copista. Consideran que el texto podría ser "estos fueron los hijos de Haref: el padre de Etam". Como muchos otros nombres de la lista son nombres de ciudades (p. ej. Penuel, Belén) Haze-lelponi también podría representar el nombre de una ciudad. De ser así, se desconoce su ubicación.

HAZEROT Nombre geográfico que significa "aldeas" o "campamentos". Campamento en el desierto durante el viaje de Israel desde Egipto (Núm. 11:35). Aarón y María desafiaron allí la autoridad exclusiva de Moisés y pusieron como excusa la mujer cusita de su hermano (Núm. 12). Dios castigó a María con una aborrecible enfermedad de la piel. Deuteronomio 1:1 usa Hazerot como sitio específico para ubicar el lugar donde Moisés le habló a Israel. Algunos geógrafos lo ubican en la actual Ain Khadra, al sur de Ezión-geber. Algunos estudiosos de la Biblia intentan ubicar todos los sitios de Deut. 1:1 cerca de Moab. Si están en lo cierto, el Hazerot mencionado allí es diferente al campamento en el desierto.

HAZEZON-TAMAR Nombre geográfico que significa "sepulcro cubierto de palmeras". Morada de los amorreos que lucharon contra la coalición del este dirigida por Quedorlaomer (Gén. 14:7). Edom capturó la ciudad y luego atacó a Josafat de Judá (873–848 a.C.); el texto señala que Hazezon-tamar era otro nombre para En-gadi (2 Crón. 20:2). Algunos estudiosos piensan que estaba ubicada a 10 km (6 millas) al norte de En-gadi en Wadi Hasasa, mientras que otros señalan Tamar, al sur de Judá, Kasr Ejuniyeh o Ain Kusb, 32 km (20 millas) al sudoeste del Mar Muerto. Ver *En-gadi*.

HAZIEL Nombre de persona que significa "Dios vio". Líder levita en la época de David (1 Crón. 23:9).

HAZO Forma abreviada del nombre de persona Haziel que significa "Dios vio". Hijo de Nacor, hermano de Abraham (Gén. 22:22). Los doce hijos de Nacor aparentemente representaban un grupo de tribus muy vinculadas entre sí. Algunos eruditos piensan que Hazo representa la ciudad de Hazu conocida a partir de una fuente asiria y ubicada en al-Hasa, cerca de la costa árabe de Bahrein.

HAZOR Nombre geográfico que significa "asentamiento encerrado". **1.** Hazor estaba ubicada en la

Lugares de almacenaje que datan del siglo IX a.C. en la antigua Hazor, en Israel.

Alta Galilea en el lugar que ahora se conoce como Tell el-Qedah, 16 km (10 millas) al norte del Mar de Galilea y 8 km (5 millas) al sudoeste del Lago Huleh. El sitio de Hazor se compone de un tell o montículo de unas 12 ha (30 acres) que se eleva 40 m (unos 130 pies) sobre la planicie que lo rodea y un cercamiento más bajo de alrededor de 70 ha (175 acres) con buena fortificación. Estas dimensiones convierten a Hazor en la ciudad más grande de la antigua Canaán. Se estima que en la época de apogeo su población era de más de 40.000 personas. El tell superior tenía 21 niveles de ocupación que comenzaban entre el 2750 y el 2500 a.C. y seguían hasta el siglo II a.C. Los cananeos ocuparon Hazor hasta que Josué la destruyó. Los israelitas la controlaron hasta el 732 a.C., cuando los asirios capturaron la ciudad. Hazor sirvió luego de fortaleza para las diversas fuerzas de ocupación hasta el tiempo de los macabeos. El cercamiento más bajo tenía cinco niveles de ocupación que comenzaban aprox. en el 1750 a.C. y continuaban hasta que Josué la destruyó. Esos niveles no se reconstruyeron.

La ubicación de Hazor era estratégica tanto en sentido económico como militar. Dominaba sobre la Vía Maris, la mayor ruta comercial terrestre desde Egipto hacia el norte y el este, y por eso se convirtió en un importante centro mercantil. En los registros tanto egipcios como mesopotámicos se menciona con frecuencia junto a otras ciudades comerciales relevantes de la época. Hazor también dominaba el Valle del Huleh, un punto defensivo estratégico frente a los ejércitos que invadían desde el norte. Josué 11:1-15; 12:19 relatan cómo Jabín, rey de Hazor, concentró contra Josué las fuerzas de las ciudades del norte de Canaán. Hazor era entonces "cabeza de todos estos reinos" (Jos. 11:10); es decir, era la ciudad-estado dominante de los reinos cananeos. Josué derrotó a las fuerzas cananeas, mató a sus jefes, incluso a Jabín, y quemó la ciudad de Hazor. La arqueología moderna respalda el relato bíblico. El tamaño y la ubicación de Hazor, al igual que las referencias a ella en otros escritos antiguos, indicarían que Hazor probablemente haya controlado una extensa porción de Canaán. En esta interpretación inicial de las evidencias arqueológicas, Yadin ubica la destrucción alrededor del 1400 a.C. Luego reubicó esta fecha a mediados del siglo XIII a.C., pero Bimson ha sostenido que no hay razón suficiente para dicha modificación, y actualmente se considera correcta la interpretación original.

La siguiente mención de Hazor está en Jue. 4, donde otro Jabín es rey de Canaán que rige desde Hazor (Jabín era un nombre dinástico semejante a como se usaban Faraón o Ben-adad para una sucesión de gobernantes). El relato bíblico indica que Josué destruyó la ciudad, pero no dice que la haya reconstruido ni ocupado. Le fue asignada a Neftalí (Jos. 19:36). La dinastía cananea mantuvo o recuperó el control con uno o más reyes llamados Jabín. En el relato de Jue. 4, las tropas de Jabín comandadas por Sísara y Haroset-goim fueron aplastadas por Débora y Barac. En 1 Rey. 9:15 se menciona que Salomón reconstruyó los muros de Hazor, Meguido y Gezer. Las excavaciones han descubierto pruebas concluyentes en apoyo de esta pequeña porción de las Escrituras. Dos niveles de ocupación israelita de Hazor entre la destrucción de la ciudad cananea a manos de Josué y su reconstrucción por obra de Salomón muestran sólo campamentos israelitas seminómadas, que se evidencian por aros de cimiento de las tiendas o chozas, hoyos para cocinar y hoyos para almacenaje. Aparentemente, no hubo ninguna ciudad ni fortificación propiamente dicha durante el período de los jueces. La ciudad fue claramente reconstruida durante la época de Salomón, evidente en estructuras de característicos portones salomónicos; es decir, muros casamata y casa de guardia de seis cámaras (tres a cada lado) con dos torres cuadradas. Al comparar las puertas de Hazor con las de Gezer y Megido, Yadin descubrió que eran idénticas tanto en diseño como en dimensiones. La ciudad salomónica fue mucho más reducida que la cananea. Sólo cubrió la mitad del tell superior.

En 2 Rey. 15:29 se relata que Tiglat-pileser III, rey de Asiria, capturó Hazor y llevó al pueblo cautivo a Asiria. Hay importantes evidencias de esta destrucción. No menos de un metro (3 pies) de cenizas y escombros cubren las ruinas dejadas por esa destrucción. Antes de la invasión asiria,

Panorama de las excavaciones en Tel el-Qedah (la antigua Hazor), al norte del Mar de Galilea.

el rey Acab de Israel la había ampliado y fortificado en gran manera como preparación para ese ataque. La ciudad había crecido hasta cubrir por completo el tell superior. Las fortificaciones se habían agrandado y reforzado, y se construyó una tubería y se cavó un túnel de 40 m (unos 130 pies) de profundidad hasta el nivel freático para llevar agua hasta el interior de la ciudad. Ver *Conquista de Canaán.*

2. Ciudad de la herencia tribal de Judá (Jos. 15:23) que probablemente se deba leer como aparece en las primeras traducciones griegas, Hazor-Ithnan. Podría ser la actual el-Jebariyeh. **3.** Ciudad de la región sur del territorio de Judá, y probablemente se deba leer Hazor–hadata (Jos. 15:25), como aparece en las traducciones más modernas. Podría ser la actual el-Hudeira cerca del extremo sur del Mar Muerto. **4.** Ciudad identificada con Queriot-hezrón (Jos. 15:25). **5.** Ciudad donde vivió parte de la tribu de Benjamín en tiempos de Nehemías (Neh. 11:33). Podría ser la actual Khirbet Hazzur a 6,5 km (4 millas) al nor-noroeste de Jerusalén. **6.** Nombre de los "reinos" amenazados por Nabucodonosor de Babilonia (Jer. 49:28-33). Aparentemente alude a pequeños asentamientos nómadas de tribus árabes. Es probable que tales asentamientos todavía tuvieran tesoros valiosos que los reyes babilonios codiciaban.

John H. Brangenberg III y David K. Stabnow

HAZOR-HADATA Nombre geográfico que significa "nueva Hazor". Ciudad del territorio tribal de Judá (Jos. 15:25). Se desconoce su ubicación.

HE Quinta letra del alfabeto hebreo; el valor numérico es cinco. En el judaísmo, *he* se usa como abreviatura para el nombre divino Yahvéh (tetragrama). En algunas versiones, *he* aparece como subtítulo en los vv.33-40 del Salmo 119, cada uno de los cuales comienza en hebreo con esa letra. Ver *Escritura; Hebreo (idioma).*

HEBER Nombre de persona que significa "el lado opuesto". **1.** Antepasado de Abraham y del pueblo hebreo, y descendiente de Sem (Gén. 10:21-25; 11:14-17) que se menciona en Luc 3:35. Números 24:24 aparentemente alude a Heber como el antepasado original de un pueblo asociado con los asirios y al que Balaam amenazó con ser destruido desde Quitim. No se sabe con exactitud a quiénes se refería. **2.** Miembro de la tribu de Gad (1 Crón. 5:13). El nombre entró en los registros de Israel aprox. 750 a.C. (v.17). **3.** Jefe de familia de la tribu de Benjamín (1 Crón. 8:12). **4.** Otro jefe de familia de la tribu de Benjamín (1 Crón. 8:22). **5.** Miembro de la tribu de Benjamín (1 Crón. 8:17).

Con una grafía apenas distinta, nombre de persona que significa "compañero". **6.** Nieto de Aser y bisnieto de Jacob (Gén. 46:17). Antepasado original de la familia de los heberitas (Núm. 26:45). **7.** Ceneo vinculado con la familia de la esposa de Moisés (Jue. 4:11). Su esposa Jael mató a Sísara, el general cananeo, y produjo una ruptura de la alianza política entre la familia de Heber y Jabín, el rey de Sísara (Jue. 4:17). Esto completó la gran victoria de Débora y Barac sobre los cananeos. **8.** Miembro de la tribu de Judá en el texto hebreo (1 Crón. 4:18) que aparentemente enumera dos madres de Heber, una de ellas egipcia. Los comentaristas generalmente cambian el texto o consideran que algunas palabras pudieron haberse perdido cuando fue copiado. Heber fue padre de Soco y, por eso, aparentemente se lo reconocía como antepasado fundador de la ciudad que lleva ese nombre. Ver *Soco.*

HEBERITA Ver *Heber.*

HEBREO (IDIOMA) Idioma en que se escribieron los libros canónicos del AT, salvo las secciones arameas en Esd. 4:8–6:18; 7:12-26; Dan. 2:4b–7:28; Jer. 10:11, y unas pocas palabras y frases en arameo y otros idiomas. En el AT, el idioma no se denomina "hebreo". Más bien se lo conoce como "la lengua (lit. 'labio') de Canaán" (Isa. 19:18) o como "judaico", es decir, la lengua de Judá (Neh. 13:24; Isa. 36:11). La palabra

Asa de arcilla de Laquis, con un sello hebreo que contiene una inscripción en ese idioma.

"hebreo" para referirse al idioma aparece por primera vez en el prólogo del libro de Eclesiástico en los apócrifos. En el NT, las referencias al "dialecto hebreo" parecen alusiones al arameo. Ver *Apócrifos*.

El hebreo bíblico o clásico pertenece a la rama semítica nor-occidental de las lenguas semitas que incluyen el ugarítico, el fenicio, el moabita, el edomita y el amonita. Este grupo lingüístico se conoce comúnmente como cananeo, aunque algunos prefieren no llamar cananeo al dialecto ugarítico.

El hebreo tiene un alfabeto de 22 consonantes. Los textos se escriben de derecha a izquierda. La escritura se basaba en la fenicia, circunstancia que no hacía posible representar o distinguir claramente todos los sonidos consonánticos de uso corriente en el hebreo clásico.

Las características distintivas del hebreo son, en general, aquellas que comparte con uno o más de otros idiomas semíticos. Cada raíz de verbo o sustantivo tenía típicamente tres consonantes, incluso en períodos posteriores cuando aumentó el uso de raíces de cuatro consonantes. Los sustantivos son masculinos o femeninos. Adopta forma singular, plural e incluso dual. Este último generalmente se usa con elementos que se hallan en pares como los ojos, las orejas, los labios. Aunque la mayoría de los sustantivos derivaban de una raíz verbal, algunos eran sustantivos originales de los que surgían verbos (denominativos). La relación genitiva (que generalmente se expresa en español con la preposición "de") se expresaba mediante una construcción donde la palabra situada antes del genitivo se alteraba en forma y pronunciación (si era posible).

Las formas verbales hebreas indican persona, número y género. Siete raíces verbales sirven para indicar tipos de acción: acción simple, activa, pasiva o refleja; y acción causativa, activa o pasiva. En el hebreo clásico, el verbo aislado no indicaba tiempo verbal sino más bien una acción completa o incompleta. Por eso se suele hacer referencia a los verbos como perfectos o imperfectos, sin pasado, presente, futuro, pasado perfecto, presente perfecto ni futuro perfecto. El tiempo se puede determinar sólo por el contexto, y a veces ese procedimiento produce resultados inciertos. El hebreo clásico es un idioma orientado hacia el verbo más que una lengua abstracta u orientada al sustantivo. El orden normal de una frase es: verbo, sujeto, modificadores y objeto directo. La lengua es muy concreta en su expresión. No obstante, la estructura y la sintaxis relativamente simples del hebreo clásico no impidieron que los escritores bíblicos produjeran innumerables pasajes de belleza y poder sin precedentes.

Aunque el desarrollo histórico del hebreo clásico tuvo lugar entre el siglo XI y el surgimiento del hebreo de la Mishná, no parece posible escribir la historia de ese desarrollo. Por lo general se acepta que los textos más arcaicos son poéticos, como Gén. 4:23-24; Ex. 15; Jue. 5, aunque a veces es difícil decidir qué es arcaico y qué podría ser resultado de un estilo arcaizante. Los libros escritos hacia fines del período del AT, tales como Esdras, Nehemías, Crónicas y Eclesiastés, muestran que la lengua hebrea estaba sufriendo una serie de cambios significativos debido principalmente a influencia aramea. La mayor parte de la Biblia hebrea muestra ahora un estilo homogéneo que probablemente se deba a la tarea de los escribas del final del período preexílico que copiaron los textos antiguos en el dialecto de Jerusalén. Así, la posibilidad de fechar un texto existente no necesariamente significa que uno pueda ponerle fecha al material que contiene. Hay algunas pruebas de variaciones dialectales en el hebreo que se hablaba en tiempos bíblicos. Por ejemplo, el incidente "Shibolet–Sibolet" de Jue. 12:5-6. Algunos estudiosos creen que muchas dificultades del libro de Oseas se podrían clarificar si se considerara el hebreo de ese libro como ejemplo del idioma del norte o israelita.

El creciente número de inscripciones hebreas fechadas en la época preexílica proveen un complemento importante para el estudio del hebreo clásico. Estas inscripciones estaban talladas en piedra, escritas en óstracas (trozos de alfarería), en forma de sellos o inscriptas en asas de vasijas o en pesas. Algunas de las evidencias más importantes en inscripciones incluyen el calendario de Gezer (siglo X), las óstracas de Hazor (siglo IX), las de Samaria (comienzo del siglo VIII), las inscripciones de Siloé (fines del siglo VIII), las óstracas de Yavneh-yam (fines del siglo VII), las asas de Gabaón (fines del siglo VII), las óstracas de Laquis (comienzos del siglo VI) y la de Arad (fines del siglo VII y comienzos del VI). A estas se les podría agregar la piedra moabita (estela de Mesa, siglo IX) y la piedra (estela) amonita (siglo IX) que contienen inscripciones en lenguas muy similares al hebreo clásico. Estas y otras inscripciones han proporcionado beneficios al estudio del hebreo clásico. Primero, ahora contamos con una visión adecuada del

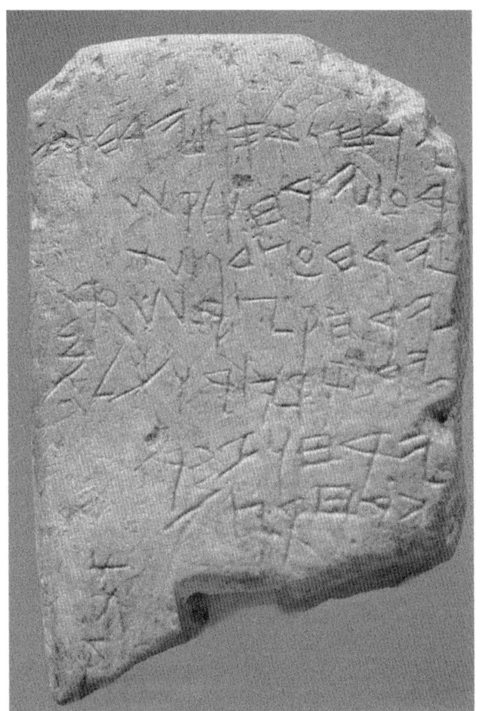

Se cree que el calendario de Gezer es la inscripción hebrea más antigua encontrada hasta la fecha. La inscripción está en una tablilla de piedra caliza, y data del 925 a.C.

desarrollo de la escritura y la ortografía hebrea desde el siglo X a.C. hasta la época del NT. Segundo, ahora se sabe que la alfabetización en Israel fue anterior y más amplia de lo que se creía previamente. Tercero, el agregado de palabras nuevas y de nombres de personas y demás elementos han enriquecido el conocimiento del hebreo clásico. Y cuarto, algunos detalles de los textos agregan nuevos datos en materia de historia, cultura y religión.

Thomas Smothers

HEBREO (PUEBLO) Descendiente de Heber. Diferencia a los primeros israelitas de los extranjeros. Después que David fundó la monarquía, el término parece desvanecerse del idioma hebreo. Aparentemente, la designación comienza con Abraham (Gén. 14:13) para mostrar que pertenecía a un grupo étnico diferente a los amorreos. Distinguía a José de los egipcios y de los esclavos pertenecientes a otra etnia (Gén. 39:14,17; 41:12; 43:32). La tierra de Abraham se convirtió en tierra de los hebreos (Gén. 40:15), y su Dios en el Dios de los hebreos (Ex. 5:3). Debido a su identidad étnica, había leyes especiales para proteger a los esclavos hebreos (Ex. 21:2; Deut. 15:12; comp. Lev. 25:40-41; Jer. 34:8-22). Después de la muerte de Saúl (1 Sam. 29), el término "hebreo" no vuelve a aparecer en los libros históricos, lo que posiblemente indique una diferencia entre hebreo como término étnico, e Israel o Judá como expresión política o religiosa para el pueblo del pacto y la nación de Dios. Ver *Habiru; Heber.*

HEBREOS, EPÍSTOLA A LOS El lenguaje y las imágenes de la carta a los Hebreos parecen alejados de nuestro mundo, pero su mensaje necesita ser escuchado aun hoy.

Contexto histórico Tanto el autor de Hebreos como la situación histórica que motivó su escritura son materia de especulación. Aunque en el título de algunos mss está incluido el nombre de Pablo, el escritor jamás menciona su nombre. Tampoco identifica a sus destinatarios ni la ubicación de estos. La audiencia se enfrentaba a una enorme decisión, pero el escritor nunca identifica explícitamente la situación que forzaba a tomar la decisión.

Debemos reconstruir lo que sea posible en cuanto al contexto histórico a partir de claves incluidas en el texto y debates de líderes de la iglesia primitiva. La autoría se ha debatido desde el siglo II, a fines del cual Clemente de Alejandría y Orígenes, líderes de la iglesia de Alejandría en Egipto, reconocieron que el contenido de la carta está vinculado con Pablo o con alguien asociado a él. Pero el vocabulario y el estilo eran muy diferentes a los de Pablo. Orígenes manifestó que las ideas eran paulinas pero que las había escrito otra persona. Su famosa afirmación acerca de quién escribió Hebreos fue: "Sólo Dios sabe". Aparte de Pablo, las antiguas nominaciones a la autoría incluyen a Lucas, Bernabé y Clemente de Roma. En épocas más recientes, las sugerencias incluyeron, entre otros, a Apolos, Silvano, el diácono Felipe, Judas y Priscila (por lo menos 15).

Más importante que el nombre del autor es su carácter. Tenía un extraordinario conocimiento del AT. La carta contiene entre 31 y 35 citas directas del AT, además de numerosas alusiones y referencias indirectas. El autor se valió de personas, hechos y pasajes del AT que incluyó en un tratado sobre la superioridad de Jesús.

Era muy instruido, hábil en el uso del idioma y los métodos de argumentación. El griego de la carta a los Hebreos está a la altura del mejor griego del NT. Desde el vocabulario hasta la sintaxis, el autor demuestra creatividad y refinamiento. Hay un argumento artísticamente elaborado desde el comienzo hasta el final, con un uso continuo de técnicas retóricas e imágenes.

El autor tenía pasión por la gente. Entretejido en la exposición bíblica hay un ruego a los creyentes para que se mantengan firmes en la fe. Las malas decisiones llevan a consecuencias espirituales desastrosas. El escritor no iba a cejar hasta que sus lectores comprendieran la necesidad de vivir consagrados a la fe en tiempos turbulentos.

Los destinatarios La única clave geográfica en cuanto a la ubicación de la iglesia aparece en 13:24b. No obstante, la frase ambigua da lugar a dos interpretaciones: ¿Estaba el autor en Italia escribiéndole a la iglesia de otro lugar ("Los de Italia os saludan"), o le estaba escribiendo a la iglesia en Italia, especialmente en Roma, desde algún otro lugar ("Los de Italia están aquí conmigo y os saludan")?

Existen por lo menos dos factores a favor de la segunda interpretación. Las primeras citas y referencias a la epístola a los Hebreos se encuentran en la carta de Primera Clemente que se escribió en Roma cerca del final del primer siglo. Además, algunos de los puntos que se tratan en el Pastor de Hermas, escrito desde Roma aprox. en la misma época, parecen responder a temas planteados en Hebreos. Este conocimiento temprano de Hebreos en Roma cobra sentido si ese hubiera sido el destino original de la carta.

A pesar de las dudas de Orígenes, la iglesia oriental con base en Alejandría, Egipto, asoció la carta a los Hebreos al resto de las cartas paulinas mucho antes de que lo hiciera la iglesia occidental en Roma. Si la carta hubiera sido enviada originalmente a Roma, el conocimiento de la identidad del autor podría haber motivado entonces aquella duda.

La fecha de la carta también es incierta. El escritor se caratuló a sí mismo y a su audiencia como una "segunda generación" de cristianos que escucharon la palabra de los que habían conocido a Jesús (Heb. 2:3b). Esta iglesia también tenía su propia historia. Algunos miembros que ya debían ser líderes todavía necesitaban enseñanza (5:12). La historia de la iglesia incluía un período de persecución en los primeros tiempos cuando aceptaron con gozo diversas pruebas (10:32-34, insinuado en 6:10). Esa persecución no parece haber implicado pérdida de vidas (12:4).

Es difícil establecer un marco temporal. La descripción en 2:3b podría aplicarse a la mayor parte de la iglesia después de Pentecostés. La fecha más tardía posible para su composición se establece mediante citas halladas en 1 Clemente, que proporciona un rango entre el 35 y el 100 d.C. La historia de la iglesia en Roma durante este período no es completa, y las conclusiones deben ser tentativas. No obstante, si se encuentran circunstancias que encajen en las evidencias en la carta, podemos tener un sentido de precisión histórica.

Alrededor del 49 d.C., el emperador Claudio expulsó de Roma a líderes judíos por un conflicto religioso que había provocado un disturbio en la ciudad. La expulsión incluyó a judíos cristianos (Priscila y Aquila, Hech. 18:2). Esa expulsión podría estar relacionada con la humillación, el encarcelamiento y la expropiación de bienes sin pérdidas de vida que se describen en la carta (10:32-34).

Es probable que la persecución que llegaría fuera la que Nerón llevó a cabo contra los cristianos de Roma a mediados de la década del 60 d.C. Extremadamente intensa, dicha persecución incluyó muerte dolorosa para muchos cristianos. Si este escenario es correcto, la carta le fue escrita a una iglesia o iglesias que se reunían en una casa de Roma entre el comienzo de la persecución de Nerón después del gran incendio del verano del 64 d.C. y el suicidio del emperador en el 68 d.C.

La expulsión ordenada por Claudio estaba dirigida a judíos que aceptaban a Jesús como Mesías y a otros que no. El propósito de la expulsión parece haber sido restaurar el orden civil. Los creyentes judíos de las iglesias que se reunían en casas de Roma habrían sido potencialmente afectados por la orden por el simple hecho de ser judíos.

La persecución neroniana intentó desviar la crítica popular por la participación de Nerón en el incendio y aplicarla sobre un chivo expiatorio, en este caso los seguidores de Jesús. La persecución se basó en supuestos delitos cometidos por los creyentes. En la primera situación, los cristianos judíos no pudieron escapar de la persecución ni en la iglesia ni en la sinagoga porque la orden se fundamentaba en su condición de judíos. En cambio, en la segunda situación, el abandono de la iglesia y la vuelta a la sinagoga aseguraría la integridad física de los creyentes judíos ya que la persecución estaba dirigida hacia los cristianos y no a los judíos en general.

A lo largo de la carta se perciben ecos de esa preocupación. El llamado a la asistencia regular a las reuniones públicas (10:24-25) puede reflejar titubeo de algunos a que se los asociara con la iglesia. El llamado constante en toda la carta era un recordatorio de que todo lo referente al judaísmo se había cumplido en Jesús. Alejarse de Jesús, no importa en qué dirección, era alejarse de Dios. La única respuesta adecuada a lo que Dios había hecho en Jesús era salir del lugar seguro (la sinagoga) y soportar el oprobio de Jesús junto con Él (13:13).

Resumiendo, la carta la escribió un autor anónimo a un grupo de cristianos que probablemente vivían en Roma o sus alrededores, eran bien versados en las escrituras del AT y estaban familiarizados con la historia judía y el sistema de sacrificios. En el pasado habían soportado fielmente tiempos difíciles, pero en el futuro inmediato enfrentarían nuevos y mayores sufrimientos. El escritor se valió de una diversidad de medios para animar a los cristianos a mantenerse firmes y aferrarse a su fe. La conjetura que vincula a este grupo con la expulsión de Claudio en el pasado y la persecución de Nerón en el futuro inmediato debe mantenerse tentativa, pero si estos dos hechos no proporcionan el contexto histórico de la carta, de todas maneras tienen que haberlo sido otros acontecimientos de naturaleza similar.

Contexto literario El contexto literario es tan problemático como el histórico. Hebreos está incluida entre las cartas del NT. No obstante, carece del comienzo típico de una epístola. Los primeros cuatro versículos se han comparado con la introducción al Evangelio de Juan que sirve de prólogo al Evangelio. En este sentido, Hebreos es también similar a 1 Juan, que también carece de la apertura habitual de una carta. A diferencia de 1 Juan, que tampoco termina como una carta, Hebreos sí concluye con un estilo típicamente epistolar con una serie de exhortaciones (13:1-18) seguidas de una bendición (13:20-21) y alusiones personales y saludos (13:22-24).

La forma epistolar incompleta de Hebreos ilustra su naturaleza dual: es una homilía destinada a ser leída oralmente pero transmitida en forma escrita o epistolar. La naturaleza oral de la obra se reconoce en el uso de armas retóricas para despertar auditivamente las emociones y también para motivar el pensamiento lógico. El libro se inicia con una de esas técnicas, la aliteración: cinco palabras en el texto griego de 1:1 comienzan con la letra griega *pi*. Es probable que se haya intentado que aun las cartas del NT que contienen todos los elementos formales de una epístola fueran leídas oralmente. Los receptores originales de las cartas del NT las escuchaban en público en lugar de leerlas en forma privada.

La estructura de la carta también es problemática. Hebreos está sumamente desarrollada y organizada. No obstante, hay poco consenso en cuanto a cómo bosquejar el libro. Se han seguido dos enfoques principales, a partir de los contenidos y a partir de la forma. Una limitación de los bosquejos basados en el contenido es que tienden a forzar Hebreos para que encaje dentro del molde paulino de exposición doctrinal seguida de exhortación práctica. Sin embargo, aunque Hebreos contiene tanto exposición como exhortación, ambos elementos están entretejidos a lo largo de todo el libro más que presentados en orden secuencial.

Los bosquejos basados en la forma intentan encontrar claves en el texto para determinar unidades constitutivas. Algunas de estas claves son temas repetidos, palabras repetidas y cambios de género. Por ejemplo, el tema de la superioridad de Jesús sobre los ángeles en 1:5-14 está indicado en parte por la frecuente repetición en esos versículos de la palabra "ángeles". Comenzando en 2:1, el autor pasa de la tercera persona (él, ellos) a la primera (yo, nosotros), y la palabra "ángeles" ya no aparece, lo que indica un cambio de género y de contenido, de exposición a exhortación. Luego, en 2:5, se usa nuevamente la palabra "ángeles". Esta técnica separa 2:1-4 como un pasaje de advertencia o exhortación y vincula el material de 2:5-18 con la exposición de la superioridad de Jesús que se inició en el capítulo 1.

La característica más sobresaliente de la estructura de Hebreos es la combinación de material expositivo y exhortativo. El resultado es que el sermón no se desarrolla con un esquema lógico constituido por varios puntos. En su lugar, el autor constantemente dispara luces de advertencias a su audiencia. La doctrina expuesta tenía implicancias prácticas. A los lectores se les recuerda repetidamente que las buenas decisiones requieren fundamentos teológicos sólidos.

Contexto teológico El principal tema teológico aparece al comienzo del capítulo 1. El Dios que les habló a los israelitas es el mismo que habló por medio de Jesús (1:1-2). Y cuando Dios habla, Su pueblo debe escuchar; es un mensaje reiterado en el pasaje culminante de advertencia: "Mirad que no desechéis al que habla" (12:25). En lo que podría ser el clímax de toda la carta (13:10-16), el escritor reintroduce los temas del sumo sacerdocio, el altar y el sacrificio del Día de la Expiación, que fueron imágenes centrales en los caps. 8–10. En esos pasajes, las imágenes se utilizaron para invitar a los oyentes a salir de la zona de seguridad. La sinagoga podía representar seguridad física para los oyentes, pero Jesús estaba afuera sufriendo por Su pueblo, y Su pueblo debía estar afuera con Él.

Otros temas teológicos apoyan el llamado a obedecer. Uno de esos temas es cristológico: Jesús es la revelación máxima y definitiva de Dios. Es superior a los ángeles, a Moisés y a los sacerdotes terrenales, y Su sacrificio es superior a cualquier otro sacrificio ofrecido en el templo. Mediante la cuidadosa exposición de los pasajes del AT, el autor señala la naturaleza temporal del sacerdocio, del sistema sacrificial del templo y del pacto inicial entre Dios y Su pueblo. Jesús, como sumo sacerdote perfecto, ofreció un sacrificio de una vez y para siempre que dio inicio al nuevo pacto predicho por Jeremías.

Otro tema teológico candente es la apostasía, y está presente en todos los pasajes de advertencia, pero el aspecto central suele ser 6:4-8. El pasaje no deja lugar a dudas acerca de que aquellos que caen serán castigados por su desobediencia. No obstante, lo que con frecuencia se pasa por alto es que el texto es muy poco explícito en cuanto a aquello desde dónde caen y en qué consistirá el castigo.

La suposición más común es que han caído de la salvación, y que el fuego de 6:8 se refiere a la destrucción eterna. Sin embargo, también es aceptable la opinión del teólogo Herschel Hobbs de que estos creyentes corrían peligro de caer fuera de la misión de Dios en el mundo, y que el castigo sería la pérdida de oportunidad. El tema de la misión de Dios se puede ver en otros pasajes tales como el fallido intento en Cades-barnea de entrar a la tierra prometida para cumplir con Su llamado (caps. 3 y 4). Otra solución sugerida considera a aquellos que caen como creyentes fenomenológicos; en otras palabras, aparentaban ser creyentes pero no lo eran. Una dificultad con esta posición es el lenguaje fuerte que utiliza el escritor en 6:4-5 para describir a esa gente.

Bosquejo

- I. Prólogo: curso y clímax de la revelación divina (1:1-3)
- II. La preeminencia de Cristo (1:4–4:13)
  - A. La superioridad de Cristo sobre los ángeles (1:4-14)
  - B. Advertencia contra el descuido (2:1-4)
  - C. El motivo de que Cristo se hiciera hombre (2:5-18)
  - D. Superioridad de Cristo sobre Moisés (3:1-6)
  - E. Advertencia contra la incredulidad (3:7-19)
  - F. La entrada al descanso prometido (4:1-13)
- III. El sacerdocio de Jesucristo (4:14–10:18)
  - A. Importancia de Su sacerdocio para la conducta personal (4:14-16)
  - B. Requisitos de un sumo sacerdote (5:1-10)
  - C. El problema de la inmadurez (5:11-14)
  - D. Advertencia contra la regresión (6:1-12)
  - E. Herencia de la promesa (6:13-20)
  - F. La grandeza de Melquisedec (7:1-10)
  - G. Un sacerdocio superior (7:11-28)
  - H. Un sacerdocio celestial (8:1-6)
  - I. Un pacto superior (8:7-13)
  - J. El ministerio del antiguo pacto (9:1-10)
  - K. El ministerio del nuevo pacto (9:11-28)
  - L. El sacrificio perfecto (10:1-18)
- IV. La perseverancia de los cristianos (10:19–13:25)
  - A. Exhortaciones a la fidelidad (10:19-25)
  - B. Advertencia contra el pecado deliberado (10:26-39)
  - C. Los héroes de la fe (11:1-40)
  - D. El llamado a soportar (12:1-2)
  - E. La disciplina del Padre (12:3-13)
  - F. Advertencia contra el rechazo de la gracia de Dios (12:14-29)
  - G. Exhortaciones finales (13:1-19)
  - H. Bendición y despedida (13:20-25)

Charles A. Ray

HEBRÓN Nombre geográfico y de persona que significa "asociación" o "liga". Ciudad importante en los montes de Judá ubicada alrededor de 30 km (19 millas) al sur de Jerusalén y unos 25 km (15 millas) al oeste del Mar Muerto. La región está a más de 900 m (3000 pies) sobre el nivel del mar. La zona circundante tiene abundante provisión de agua y su rico suelo es excelente para la agricultura. Según investigaciones arqueológicas, el sitio ha estado ocupado casi continuamente desde alrededor del 3300 a.C.

Después de separarse de Lot, Abraham se trasladó a Hebrón. En ese tiempo la región se conocía como Mamre y se la asociaba con los amorreos (Gén. 13:18; 14:13; 23:19). Aparentemente, Abraham se quedó allí hasta después de la destrucción de Sodoma y Gomorra. Cuando Sara murió, el lugar se conocía como Quiriat-arba, y su población era predominantemente hetea (Gén. 23:2; Jos. 14:15; 15:54; Jue. 1:10). Abraham les compró un campo con un espacio para sepultura dentro de una cueva cercana. Allí fueron enterrados Abraham y Sara, Isaac y Rebeca, y Jacob y Lea (Gén. 23:19; 25:9; 35:29; 49:31; 50:13).

Cuatro siglos después, cuando Moisés envió a los 12 espías a Canaán, la tribu de Anac vivía en Hebrón. Según Núm. 13:22, Hebrón fue "construida" siete años antes que Zoán, la ciudad egipcia de Tanis. Evidencias arqueológicas sugieren que la referencia aludía al establecimiento de Tanis como capital de los hicsos alrededor del 1725 a.C. y no a su comienzo. En realidad, ambas ciudades estaban habitadas desde mucho antes del 2000 a.C. En consecuencia, la fecha podría indicar que fue reconstruida por los hicsos en esa época o podría señalar el momento en que Hebrón se convirtió en ciudad cananea. Después de la conquista israelita de Canaán, Hebrón le fue entregada a Caleb (Jos. 14:9-13). También se convirtió en ciudad de refugio (Jos. 20:7). Más tarde, Sansón puso las puertas de Gaza sobre una colina en las afueras de Hebrón (Jue. 16:3).

Después de la muerte de Saúl, David se instaló en la ciudad (2 Sam. 2:3) y la hizo su capital durante los siete años que gobernó Judá (1 Rey. 2:11). Su hijo Absalón inició una infructuosa revuelta contra David desde Hebrón (2 Sam. 15:10). Entre el 922 y el 915 a.C., Roboam fortificó la ciudad como parte del sistema de defensa de Judá (2 Crón. 11:5-10). Según inscripciones en fragmentos de alfarería, en la ciudad se fabricó alfarería real entre el 800 y el 700 a.C.

Cuando los babilonios destruyeron Jerusalén en el 587 a.C., los edomitas tomaron Hebrón. No fue recuperada hasta que Judas Macabeo la saqueó en el 164 a.C. Aunque Herodes el Grande levantó allí pomposas estructuras, en el NT no se la menciona. Hebrón fue atacada tanto por judíos revolucionarios como por legiones romanas en el 68 d.C. durante el levantamiento judío.

En el AT hubo dos personas llamadas Hebrón. El primero fue un levita (Ex. 6:18; Núm. 3:19; 1 Crón. 6:2,18; 23:12). El segundo figura en la genealogía de Caleb (1 Crón. 2:42-43). Ver *Ciudades de refugio; Macpela; Mamre.*

LeBron Matthews

HEBRONITA Ciudadano de Hebrón. Ver *Hebrón.*

La mezquita de los patriarcas, en Hebrón, se edificó sobre el sitio tradicional de la cueva de Macpela.

HECHOS, LIBRO DE LOS Ubicado inmediatamente después de los cuatro Evangelios en el NT, el libro de los Hechos es la segunda parte de una obra (la primera es el Evangelio de Lucas) que comienza con la declaración de Lucas acerca de su propósito de escribir, y termina con Pablo en su arresto domiciliario en Roma (62 d.C.). Hechos es una fuente importante para la historia de la iglesia primitiva, porque documenta el cumplimiento de la tarea encomendada a los apóstoles por el Cristo resucitado en Hechos 1:8: "y me seréis testigos en Jerusalén, en toda Judea, en Samaria, y hasta lo último de la tierra". Pedro y Pablo aparecen especialmente en la extensión del evangelio a Roma. Los discursos de los Hechos, alrededor de un tercio del libro, son ricos en sólida teología.

Aunque puede haber indicios de Hechos ya en 1 Clemente (aprox. 95–100 d.C.) y en la Didajé (principios del siglo II), las primeras referencias identificables aparecen con Justino Mártir (aprox. 130–150 d.C.) en su *Primera* y *Segunda Apología.* El título actual del libro se estableció a fines del siglo II.

A fines de dicho siglo, la autoría tanto del Evangelio de Lucas como del libro de los Hechos se le atribuía comúnmente a Lucas, a quien Ireneo describía como médico y compañero de viajes de Pablo. Señalaba que el uso de las frases en la primera persona del plural que aparecía en los últimos capítulos (los denominados pasajes "nosotros") de Hechos indicaba que el autor era compañero de viaje de Pablo. Desde Ireneo en adelante, la opinión patrística es unánime en respaldo de la autoría lucana, y la evidencia interna confirma un autor común. En ambos libros hay un estilo y un vocabulario similares y temas en común. Los prefacios de ambos libros afirman una misma autoría: los dos están dedicados a la misma persona (Teófilo) y la narración de la ascensión al final de Lucas y al comienzo de Hechos los vincula entre sí.

Numerosos eruditos ubican Lucas antes del 64 d.C. porque Hechos concluye abruptamente cuando Pablo ya había estado en Roma durante dos años. La ausencia de un relato sobre el resto de la vida y el ministerio de Pablo se explicaría si el libro hubiera sido escrito alrededor de esa época (aprox. 62–64 d.C.). La teología primitiva de los discursos de Pedro y la ausencia de referencia a las persecuciones de los creyentes que Nerón llevó a cabo en Roma (64–67 d.C.) también respaldan dicha fecha. No obstante, estos argumentos no son excluyentes y es probable que Hechos termine de la manera que lo hace porque Lucas había cumplido con su propósito de describir la extensión del evangelio a Roma. Tres predicciones de la caída de Jerusalén que aparecen en Lucas (19:41-44; 21:20-24; 23:28-31) probablemente evidencien que se tenía conocimiento de este hecho producido por el ejército romano en el 70 d.C. Sin embargo, también podrían reflejar auténticas predicciones de parte de Jesús anteriores al hecho. El uso aparente del Evangelio de Marcos como fuente por parte de Lucas también sugiere una fecha posterior al 62 d.C., y la mayor parte de la tradición antigua indica que Marcos escribió su evangelio basándose en las memorias de Pedro después de la muerte de este último (aprox. 67–68 d.C.). Obviamente, Hechos se escribió posteriormente a Lucas pero es probable que no mucho después. Otros eruditos también sugieren fechas entre el 70 y 90 d.C., ubicándolo en su mayoría alrededor del 80 d.C. Aunque también se han sugerido fechas entre 95–100 d.C. y aun hasta 125–150 d.C., no son sostenibles.

Las opiniones varían ampliamente en cuanto al lugar de escritura y el destino original de Hechos, que con Lucas están dirigidos a Teófilo, posiblemente un ciudadano romano de cierta importancia, pero todos los intentos de ser más específicos son especulaciones. El contenido de Hechos parece estar dirigido a una audiencia que incluía a creyentes tanto gentiles como judíos. Las sugerencias más frecuentes como lugar de origen son Antioquia de Siria y Roma. Sin embargo, Lucas tal vez haya tenido intención de que sus obras alcanzaran a una audiencia sin fronteras, tal como efectivamente sucedió por la amplia distribución y la aceptación que aquellas tuvieron desde un comienzo.

Lucas declaró haber utilizado todos los recursos disponibles al prepararse para escribir su obra (Luc. 1:1-4). Se han hecho muchas sugerencias en cuanto a qué fuentes documentales pudo haber utilizado Lucas para Hechos, pero todas esas hipótesis son subjetivas y especulativas. A. Harnack, quien respalda la autoría lucana, propone como fuentes para Hechos 1–15 ciertos escenarios tales como Antioquía, Cesarea y Jerusalén. Pensaba que Lucas había recurrido a sus propios recuerdos para escribir Hechos 16–28. C. C. Torrey sugiere un lenguaje arameo original detrás de Hechos 1–15 por los muchos "semitismos" que se encuentran en el texto. Otros han observado que los datos se pueden corroborar comparándolos con la Septuaginta, la traducción griega del Antiguo Testamento hebreo, que era la Biblia utilizada por la mayor parte de la iglesia primitiva.

Se han sugerido varias soluciones para los pasajes en primera persona del plural de Hechos 16–28. La posición tradicional, y la más factible, es que manifiestan la presencia de Lucas cuando tuvieron lugar los acontecimientos. Otras sugerencias indican el uso del diario personal de un compañero de Pablo como fuente para un escritor posterior. Algunos sugieren que el uso del 'nosotros' es simplemente un recurso editorial que no implica la presencia de un testigo ocular.

Aunque no fuera posible establecer la existencia de fuentes escritas para Hechos, Lucas tuvo acceso a las tradiciones locales de las comunidades creyentes, a los informes de testigos visuales y a recuerdos preciados que se trasmitían en las iglesias. Estas clases de recursos pueden explicar, por ejemplo, los detalles relacionados con la obra de Felipe el evangelista y las conversiones en la casa de Cornelio. Aunque hay una superposición de contenido entre las cartas de Pablo y Hechos, no existe indicación clara de que Lucas haya tenido acceso a las epístolas. Quizá las cartas de Pablo aún no se habían reunido y

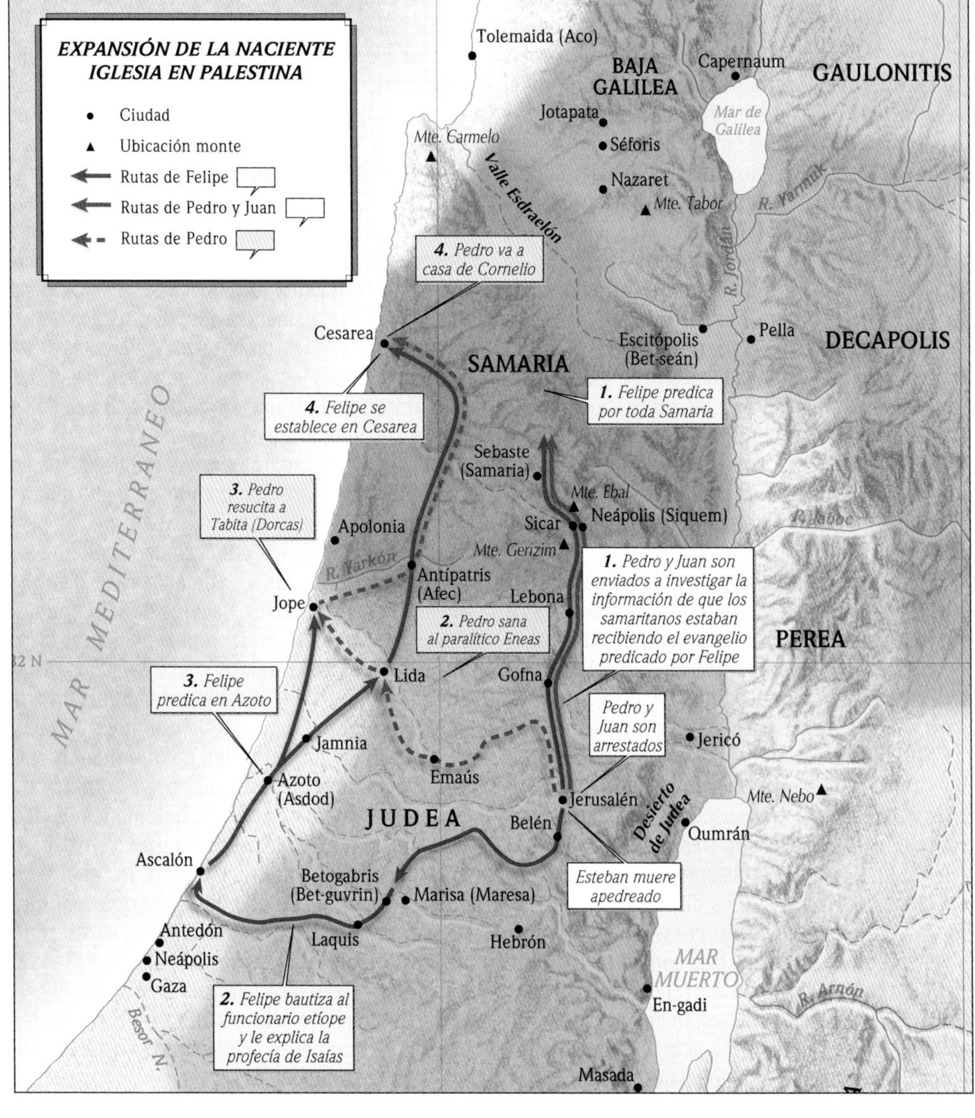

todavía se hallaban en las iglesias a las cuales estaban dirigidas. Es evidente que Lucas no tuvo acceso a ellas o no las consideró relevantes para su propósito al escribir Hechos: describir la extensión del evangelio hasta Roma.

La identidad del texto original de Hechos presenta un problema especial. Los testimonios iniciales del texto divergen entre sí más que los de cualquier otro libro del NT. El texto "occidental" difiere significativamente del "alejandrino", y es casi 10% más extenso. El alejandrino se considera anterior y más confiable, y las traducciones modernas de la Biblia se basan en él en relación a Hechos. Ver *Crítica Textual, Nuevo Testamento.*

Como escritor, Lucas está entre los mejores del NT. Escribió con una clara intencionalidad como historiador y teólogo. Su evangelio seguía el nuevo género cuyo pionero había sido Marcos. Hechos también tiene mucho en común con el género de la monografía histórica helenística. Las narraciones de Hechos también tienen gran similitud con los relatos narrativos del AT de asuntos tales como el llamado de los profetas y las descripciones de tareas encomendadas. La manera de tratar el tema de las trayectorias de Pedro y de Pablo también se compara con las narraciones de la vida de Jesús en los Evangelios.

A Lucas se lo ha descrito como el escritor más "griego" del NT. Irónicamente, este gentil compuso el 27 % del NT. Escribió en un buen griego koiné literario y, a menudo, imitaba a los autores griegos clásicos. Las obras de Lucas también están empapadas en el AT. Un total de 90 % de su vocabulario se encuentra en la Septuaginta. Ver *Griego (Idioma).*

Uno de los rasgos más característicos de Hechos es la presencia de muchos discursos. Estos representan alrededor de un tercio del libro, alrededor de 300 de los aproximadamente 1000 versículos que lo componen. Hay 24 alocuciones en total, 8 de Pedro, 9 de Pablo y 7 de otras personas. Diez se pueden catalogar como discursos importantes: tres sermones misioneros de Pedro (Hech. 2; 3; 10), tres discursos misioneros de Pablo (Hech. 13; 17; 20), tres defensas de Pablo (Hech.22; 24; 26) y el discurso de Esteban ante el Sanedrín (Hech. 7). Los discursos de Hechos probablemente sean resúmenes, ejemplos de lo que se dijo, pero no registros completos. Si cada discurso se registrara en su totalidad, entonces sería mucho más largo. El estilo de Lucas se reconoce de manera uniforme a través de los discursos de los diferentes personajes, lo cual revela su trabajo al seleccionar el material resumido que escribiría en el libro. La absoluta variedad en el contenido y el argumento de los discursos sugiere que éstos constituyen un registro confiable de lo que dijeron quienes los pronunciaron. Están rodeados de un inconfundible marco de autenticidad. Hechos nos permite acceder a las declaraciones de la iglesia primitiva.

Lucas utilizó otras formas de material. Al igual que en los Evangelios, usó relatos de los milagros. La diferencia es que Jesús, en los Evangelios, actuó en función de su propia autoridad, mientras que en los Hechos, los apóstoles proceden basándose en la autoridad de Jesús y jamás en la de ellos. Las narraciones relacionadas con los viajes se utilizan eficazmente y son diferentes de las descripciones de los viajes de Jesús que aparecen en Lucas. Con gran intencionalidad describen la expansión del evangelio de una región a otra en cada uno de los viajes misioneros paulinos. Gran parte del texto consiste en episodios breves que a veces se describen como historias edificantes. Hechos 19 es un buen ejemplo. Este capítulo está dedicado a una serie de encuentros breves con diferentes personas y grupos. Lucas utilizó estas cortas viñetas para ilustrar el éxito de los emprendimientos misioneros de Pablo. Lucas también utiliza de manera eficaz los relatos breves para una variedad de propósitos. A diferencia de los episodios, los relatos generalizan, y dan una impresión amplia de las características principales de las primeras comunidades de creyentes.

La personalidad de Lucas se refleja en sus escritos. Era un narrador dotado que utilizaba el suspenso, la ironía y un talento especial para captar los detalles. Describía cuidadosamente los procedimientos náuticos, detallaba los diversos alojamientos y compartía acerca de las comidas. Lucas se interesaba mucho por los pobres y los necesitados, los oprimidos y los agobiados. Mostró la importancia de la mujer en el ministerio de Jesús y en la vida de la iglesia primitiva.

Aunque algunos opinan de otra manera, las obras de Lucas tienen mucho en común con otras obras de historiografía helenística. Ubicó cuidadosamente dentro del contexto histórico más amplio del Imperio Romano los acontecimientos acerca de los cuales escribió. Comunicó el significado de los sucesos que describió mediante selección, énfasis y análisis. Señaló de manera específica la forma en que los observadores romanos y las autoridades de distintas épocas reconocieron la legitimidad de la iglesia primitiva.

Sería justo denominar teólogo a Lucas. Observó la historia cristiana primitiva a través de los ojos de la fe y vio rasgos constantes de la providencia divina. Mantuvo su confiabilidad como historiador pero escribiendo desde dentro de la iglesia primitiva y no desde un punto de vista de objetividad total. Varios eruditos han hecho sugerencias acerca de las inquietudes teológicas lucanas. Hans Conzelmann observó que el interés principal de Lucas era la historia de la salvación. Ernst Käsemann percibió en Hechos la fuerte influencia de la iglesia institucional primitiva.

Dos observaciones acerca de la teología de Hechos son dignas de considerar. Primero, aunque el Evangelio de Lucas y Hechos están íntimamente relacionados, su teología se debe considerar en forma separada. Cada uno se sostiene sobre su propia base teológica. Segundo, la teología de Hechos se comunica principalmente en el movimiento narrativo mediante la repetición y el énfasis de temas recurrentes en esos relatos. Es una teología narrativa. La cristología de Hechos es mesiánica y altamente desarrollada, y se encuentra de manera principal en los discursos basados en el testimonio del AT dirigidos a oyentes judíos. Esta cristología mesiánica incluye la expiación por medio de la muerte de Cristo y la confirmación de Su condición mesiánica por la resurrección. La soteriología paulina resuena en todo el libro de Hechos, aunque no se presenta de manera sistemática.

Encontramos el propósito de Hechos en el primer volumen (el Evangelio de Lucas), en Lucas 1:4: "para que conozcas bien las verdades de las cosas en las cuales has sido instruido". El autor logró este objetivo mediante una investigación cuidadosa y una presentación cronológica de los acontecimientos. Su audiencia inmediata era Teófilo, pero Lucas indudablemente esperaba que las obras se copiaran y circularan. Algunos han sugerido que Lucas escribió para contrarrestar alguna enseñanza falsa como el gnosticismo, pero es cuestionable.

Hechos se caracteriza por una multiplicidad de temas. Hechos 1:8 declara el tema central de la extensión del evangelio desde Jerusalén a toda la tierra. Quizá el tema particular más poderoso de la teología de Hechos sea la misión de la iglesia bajo el control directo de la providencia de Dios. El papel del Espíritu Santo es parte del énfasis en la providencia divina. Gran parte del libro de los Hechos se ocupa de la tarea de testificarles a los judíos y de la posibilidad de que Israel fuera restaurada cuando la nación recibiera a su Mesías. Si bien Hechos da un cuadro del rechazo judío masivo del evangelio y su consecuente exclusión del pueblo de Dios, también presenta la otra cara: la inclusión de los gentiles en ese pueblo. No es una cuestión de exclusión de uno o de inclusión del otro. Es, más bien, la historia de la forma en que Dios guió a los judíos cristianos primitivos a la visión de un pueblo de Dios más incluyente, una iglesia que trascendía las barreras de la discriminación y el prejuicio humano.

El concepto del testimonio fiel une las dos mitades de Hechos. La última mitad del libro enfatiza la relación de los cristianos con las autoridades políticas romanas mediante dos patrones recurrentes. Primero, la nota constante de que Pablo era inocente de haber quebrantado las leyes romanas, y que los oficiales romanos reconocieron y confirmaron esta verdad. Segundo, los oficiales romanos intervinieron para librar a Pablo de los judíos que amenazaban con quitarle la vida. Pablo ejemplificó la manera en que los creyentes deben relacionarse con las autoridades y utilizó los derechos de su ciudadanía romana para el avance del evangelio hasta llegar finalmente ante el tribunal de César en Roma. Lucas, a través del ejemplo de Pablo, desarrolló una agenda política realista para sus lectores: no dar motivos para acusaciones en su contra, utilizar los derechos legales que uno posea, estar dispuesto a sufrir por la fe, y dar testimonio donde y cuando sea posible. Incluso Roma podía ser ganada para Cristo.

La historia de los Hechos tal vez pueda resumirse en una sola frase, "el triunfo del evangelio". Es una historia triunfante de cómo la comunidad cristiana primitiva, en el poder del Espíritu, saturó al mundo con el mensaje de la salvación de Dios por medio de Jesucristo. No fue un sendero fácil. Hubo obstáculos internos y se desafiaron antiguas suposiciones. Fue necesario revisar opiniones y vencer prejuicios a medida que el Espíritu guiaba hacia un pueblo de Dios cada vez más incluyente.

Un peligro de dicho triunfo es la arrogancia de una desequilibrada "teología de la gloria". Visto de manera correcta, aquí no hay lugar para la arrogancia sino sólo para la humildad y la disposición ante la guía de Dios. No son los testigos los que triunfan, sino la Palabra, y sólo cuando los testigos son siervos fieles del Señor Jesús. El libro de los Hechos es, en un sentido real, un libro de renovación, un llamado a la iglesia a volver a sus raíces, establecer un modelo para el discipulado fiel, testificar siguiendo los pasos del Maestro, y consagrarse de todo corazón al sacrificio y al sufrimiento. Nos habla aun en momentos de profundo desaliento, recordándonos la realidad de la mano soberana de Dios que lleva a cabo Su voluntad y propósito en nuestra vida, confirmándonos la certeza de la presencia de Su Espíritu en nuestro interior. Nos desafía a testificar fielmente sin importar lo que pueda cruzarse en nuestro camino.

Hechos se divide naturalmente en dos partes: la misión de la iglesia de Jerusalén (Hech. 1–12) y la misión de Pablo (Hech. 13–28). Cada una se puede dividir en dos secciones principales. En la porción correspondiente a Jerusalén, Hechos 1–5 trata acerca de la primera iglesia en ese lugar. Hechos 6–12 se refiere a la extensión más allá de Jerusalén. En la mitad referida a Pablo, Hechos 13:1–21:16 relata los tres viajes misioneros más importantes del apóstol. Hechos 21:17–28:31 se ocupa de la defensa que hizo Pablo de su ministerio.

Bosquejo

I. El Espíritu confiere poder a la iglesia para testificar (1:1–2:47)
   A. Prólogo literario (1:1-2)
   B. Instrucciones preparatorias para Pentecostés (1:3-5)
   C. Legado de Cristo: El llamado a testificar (1:6-8)
   D. La ascensión de Cristo (1:9-11)
   E. Preparación del aposento alto (1:12-14)
   F. Restauración del círculo apostólico (1:15-26)
   G. Milagro en Pentecostés (2:1-13)
   H. El sermón de Pedro en Pentecostés (2:14-41)
   I. La vida en comunidad (2:42-47)

II. Los apóstoles testifican a los judíos en Jerusalén (3:1–5:42)
   A. Pedro sana al mendigo paralítico (3:1-11)
   B. Sermón de Pedro desde el Pórtico de Salomón (3:12-26)
   C. Pedro y Juan ante el Sanedrín (4:1-22)
   D. La oración de la comunidad (4:23-31)
   E. La vida en comunidad (4:32-37)
   F. Una grave amenaza a la vida en común (5:1-11)
   G. Los milagros realizados por los apóstoles (5:12-16)
   H. Todos los apóstoles ante el concilio (5:17-42)

III. El avance de los helenistas hacia un testimonio más amplio (6:1–8:40)
   A. Presentación de los siete (6:1-7)
   B. Arresto y juicio de Esteban (6:8–7:1)
   C. Discurso de Esteban ante el Sanedrín (7:2-53)
   D. Martirio de Esteban (7:54–8:1a)
   E. Persecución y dispersión de los helenistas (8:1b-3)
   F. El testimonio de Felipe (8:4-40)

IV. Pedro se une a un testimonio más amplio (9:1–12:25)
   A. Nuevo testimonio de Pablo para Cristo (9:1-31)
   B. Testimonio de Pedro en las ciudades costeras (9:32-43)
   C. Testimonio de Pedro a un gentil piadoso (10:1–11:18)
   D. Testimonio de Antioquía a los gentiles (11:19-30)
   E. Nueva persecución en Jerusalén (12:1-25)

V. Pablo se dirige a los gentiles (13:1–15:35)
   A. Pablo y Bernabé son comisionados (13:1-3)
   B. Conversión de Sergio Paulo en Chipre (13:4-12)
   C. Discurso de Pablo ante la sinagoga en Antioquía de Pisidia (13:13-52)
   D. Aceptación y rechazo en Iconio (14:1-7)
   E. Predicación a los paganos en Listra (14:8-21a)
   F. El regreso de los misioneros a Antioquía (14:21b-28)
   G. Debate en Jerusalén sobre la aceptación de los gentiles (15:1-35)

VI. Testimonio de Pablo al mundo griego (15:36–18:22)
   A. Separación entre Pablo y Bernabé (15:36-41)
   B. Nueva visita a Derbe, Listra e Iconio (16:1-5)
   C. Llamado a Macedonia (16:6-10)
   D. Testimonio en Filipos (16:11-40)
   E. Establecimiento de iglesias en Tesalónica y Berea (17:1-15)
   F. Testimonio a los intelectuales atenienses (17:16-34)
   G. Una iglesia establecida en Corinto (18:1-17)
   H. Regreso a Antioquía (18:18-22)

VII. Pablo enfrenta oposición de gentiles y judíos (18:23–21:16)
   A. Apolos en Éfeso (18:23-28)
   B. Testimonio de Pablo a los discípulos de Juan (19:1-7)
   C. Predicación de Pablo en Éfeso (19:8-12)
   D. Enfrentamiento de Pablo con la religión falsa en Éfeso (19:13-20)
   E. Determinación de Pablo de ir a Jerusalén (19:21-22)
   F. Oposición de los artesanos de Éfeso (19:23-41)
   G. Viaje de Pablo a Jerusalén (20:1–21:16)
VIII. Testimonio de Pablo ante los gentiles, los reyes y el pueblo de Israel (21:17–26:32)
   A. Testimonio de Pablo ante los judíos (21:17–23:35)
   B. Testimonio de Pablo ante los gentiles y el rey judío (24:1–26:32)
IX. Testimonio de Pablo sin obstáculos a judíos y gentiles (27:1–28:31)
   A. Viaje de Pablo a Roma (27:1–28:16)
   B. Testimonio de Pablo en Roma (28:17-31)

John B. Polhill y Charles W. Draper

HEFER Nombre de persona que significa "pozo" o "vergüenza". **1.** Antepasado originario de la familia de Galaad y padre de Zelofehad (Núm. 26:28-37). Pertenecía a la tribu de Manasés (Jos. 17:1-2). **2.** Héroe del ejército de David en el desierto (1 Crón. 11:36). **3.** Miembro de la tribu de Judá (1 Crón. 4:6).

HEFERITA Descendiente de la familia de Hefer. Ver *Hefer.*

HEGAI Nombre persa de significado desconocido. Eunuco a cargo del harén del rey Asuero. Hizo amistad con Ester (Est. 2:8-9,15).

HELA Nombre de persona que significa "joyas para el cuello". Esposa de Asur de la tribu de Judá (1 Crón. 4:5,7).

HELAM Nombre geográfico que significa "su ejército". La traducción griega más antigua de Ezeq. 47:16 aparentemente lo ubica entre Damasco y Hamat en Siria. En 1 Mac. 5:26 parece indicar un lugar en el norte del territorio al este del Jordán. Más que una ciudad, Helam es la región donde David derrotó al ejército de Hadadezer y con ello obtuvo control sobre Siria (2 Sam. 10:15-19).

HELBA Nombre geográfico que significa "bosque". Ciudad en el territorio tribal de Aser a cuyos habitantes este no pudo expulsar (Jue. 1:31). Algunos la consideran error de copista a partir de Ahlab. Pero la mayoría identifica Helba con la Mahalib que se menciona en monumentos asirios. Se halla a 6 km (4 millas) al noreste de Tiro.

HELBÓN Nombre geográfico que significa "bosque". Ciudad conocida por el comercio vinícola que se menciona en el lamento de Ezequiel sobre Tiro (Ezeq. 27:18). Es la moderna Halbun, ubicada aprox. a 18 km (11 millas) al norte de Damasco.

HELCAI Nombre de persona que significa "mi porción". Sacerdote mientras Joiacim fue sumo sacerdote, una generación después del regreso del exilio con Zorobabel (Neh. 12:15).

HELCAT Nombre geográfico que significa "lugar plano". Ciudad fronteriza del territorio asignado a la tribu de Aser (Jos. 19:25) que les fue dada a los levitas (Jos. 21:31). En el pasaje paralelo se la llama Hucoc (1 Crón. 6:75). Es el moderno Tell Qasis al oeste del Río Cisón o Tell tel-Harbaj al sur de Aco.

HELCAT-AZURIM Nombre geográfico que significa "campo de pedernal" o "campo de batalla". Sitio de maniobras (2 Sam. 2:14) entre los jóvenes guerreros de Saúl y los de David que terminó con la derrota del ejército de Is-boset, hijo de Saúl (2 Sam. 2:12-17). El juego de palabras hebreo, un tanto oscuro como nombre del campo cerca de Gabaón, ha llevado a numerosos intentos de traducción, entre los que se incluye "campo de las espadas".

HELDAI Nombre de persona que significa "topo, lunar o espía". **1.** Oficial a cargo del ejército de David durante el último mes del año (1 Crón. 27:15). Aparentemente es Heled, héroe militar (1 Crón. 11:30) llamado Heleb en 2 Sam. 23:29. **2.** Hombre que volvió del exilio de Babilonia aparentemente con un regalo de plata y oro con el que Dios le dijo a Zacarías que hiciera fabricar una corona para Josué, el sumo sacerdote (Zac. 6:10). El v.14 lo llama Helem, lo que probablemente sea error de copista. Algunos estudiosos piensan que Heldai es sobrenombre y Helem el nombre oficial. La traducción griega más antigua tomó los nombres de este pasaje como sustantivos comunes más que como nombres de personas y traduce "Heldai" por "los gobernantes".

HELEB Nombre de persona que significa "gordo" o "el mejor". Uno de los héroes militares de David (2 Sam. 23:29); probablemente resultado de un error de copista en el nombre Heled que aparece en el pasaje paralelo (1 Crón. 11:30). Heled también aparece en muchos mss de 2 Samuel. Ver *Heldai.*

HELEC Nombre de persona que significa "porción". Hijo de Galaad de la tribu de Manasés y antepasado original de la tribu de los helequitas (Núm. 26:30). La familia recibió su parte en la distribución de la tierra prometida (Jos. 17:2).

HELED Nombre de persona que significa "vida". Ver *Heldai; Heleb; Helem.*

HELEF Nombre geográfico que significa "asentamiento de reemplazo" o "asentamiento de los juncos". Ciudad fronteriza de la tierra asignada a la tribu de Neftalí (Jos. 19:33). Con frecuencia se lo identifica con Khirbet Arbathah, al noreste del Monte Tabor, pero algunos estudiosos bíblicos piensan que esa ubicación es demasiado austral. Otros creen que Helef representa la frontera sur de Neftalí.

HELEM Nombre de persona que significa "pegar, golpear". Miembro de la tribu de Aser (1 Crón. 7:35), probablemente Hotam (v.32) con un cambio por error de copista. El nombre aparece también en Zac. 6:14 como variante de Heldai. Ver *Heldai.*

H

HELENISMO Expresión que describe la influencia del pensamiento griego clásico en la herencia occidental. Deriva de *hellas*, palabra griega para Grecia. Con frecuencia se asocia con la filosofía de Sócrates, Platón y Aristóteles, pero también se lo ve en las filosofías griegas pitagórica, estoica y epicúrea. El helenismo no fue meramente académico. Las diversas filosofías griegas fueron ante todo religiosas, proveían explicaciones del universo y ofrecían salvación por medio del razonamiento humano.

Si bien las filosofías griegas diferían entre sí, muchas compartían una visión dualista de la realidad que acarreaba una aguda distinción entre la realidad física y la mental. La "alegoría de la cueva" de Platón ilustra esa dicotomía, ya que describe una cueva imaginaria donde había prisioneros permanentemente encadenados que escuchaban voces de personas y veían sus sombras en la pared de la cueva pero jamás veían el mundo exterior. Pensaban que las sombras eran reales porque no sabían que el mundo real estaba afuera de la cueva. La idea de Platón es que somos como los prisioneros, atrapados en este mundo físico de los cinco sentidos, y que creemos únicamente en aquello que podemos ver. Platón pensaba que el mundo natural era en realidad una sombra; que el mundo real era el mundo sobrenatural del alma. Para muchos pensadores griegos, el mundo físico representaba lo temporal, lo transitorio y lo malo, mientras que el mundo del alma era lo eterno, lo real y lo bueno. Este principio moldeó el pensamiento griego que constituyó el contexto intelectual en que nació el cristianismo. Esta veta del pensamiento griego consideraba que el cuerpo humano era malo y que el alma y la mente eran inmortales y buenas. El alma estaba confinada al cuerpo como los prisioneros en una cárcel.

Historia El helenismo data de la cultura griega primitiva, pero se generalizó durante el reinado de Alejandro Magno (336–323 a.C.). Este, instruido por Aristóteles, creía que los filósofos griegos tenían la clave para iluminar a los bárbaros. A medida que Alejandro iba conquistando, su imagen se iba implantando en el mundo, lo cual se manifiesta en numerosas ciudades que llevan su nombre. Alejandro propició un proceso deliberado de adoctrinamiento en la filosofía helenística a las naciones conquistadas. Cuando el imperio se dividió tras su muerte, la dinastía ptolomea (radicada en Egipto) gobernó la Tierra Santa (301–198 a.C.). Los ptolomeos instauraron una política moderada de helenización, principalmente mediante la educación y el idioma. La cultura helenística de Alejandría tuvo un profundo impacto en las comunidades judías y cristianas. La lengua griega *koiné* se convirtió en *lingua franca*, influencia que se advierte en los términos griegos

El templo de Apolo, en el santuario helénico internacional, en Delfos.

Colosal estatua del dios romano Marte (Ares, para los griegos). Los dioses grecorromanos dobles eran una marca del helenismo.

usados para mencionar la "sinagoga" judía (*sunagoge*) y la iglesia del NT (*ekklesia*). Alrededor del 275 a.C., los estudiosos judíos produjeron la primera traducción de las Escrituras hebreas, la Septuaginta griega (LXX). Filón el Judío (aprox. 30 a.C.–40 d.C.) reinterpretó el judaísmo conforme a la filosofía griega. Como la iglesia surgió del judaísmo alejandrino, los primeros pensadores cristianos como Justino Mártir, Orígenes y Clemente de Alejandría consideraron que el cristianismo era la cristalización de la filosofía griega y no un rival. Mientras los judíos prosperaban en Alejandría bajo los ptolomeos, los judíos palestinos enfrentaban una helenización más severa bajo la dinastía seleúcida, griegos sirios que dominaron Palestina entre el 198–167 a.C. luego de arrebatarles el dominio de la región a los ptolomeos. Esta helenización forzada culminó con el reinado de Antíoco IV (Antíoco Epífanes), que procuró destruir el judaísmo mediante el ataque durante el día sábat y la profanación del templo de Jerusalén. El relato de la resistencia judía dirigida por la familia de los Macabeos aparece en los libros deuterocanónicos de 1 a 4 Macabeos. Ellos recuperaron la libertad religiosa y política para Palestina (167–63 a.C.) hasta que comenzó la dominación romana.

Influencia La iglesia primitiva sufrió la tensión entre creyentes judíos helenizados y judíos palestinos tradicionales, conflicto que llevó al nombramiento de los primeros diáconos (Hech. 6:1-6). Más adelante, los creyentes judíos quisieron que los creyentes gentiles se hicieran judíos como requisito para convertirse en cristianos. Los creyentes gentiles desafiaron algunas tradiciones judías, lo cual dio inicio a un conflicto que dio como resultado el Concilio de Jerusalén (Hech. 14:4-7; 15:1-3), donde se estableció que los gentiles no necesitaban hacerse judíos para ser salvos.

La lengua griega fue fundamental en la difusión del evangelio. Los escritores del NT usaban y citaban la LXX, y el NT fue escrito en griego *koiné*. Algunos pasajes del NT parecen reflejar el pensamiento y la terminología griega. La influencia helénica se manifiesta en el uso de *logos* en Juan 1:1-14, término que usaban los filósofos estoicos para describir el orden creativo del universo. El libro de Hebreos efectúa una marcada diferenciación entre el templo terrenal y el celestial, para lo cual utiliza

Busto de Demóstenes (384–322 a.C.), el más grande orador griego.

el lenguaje de Platón. El tabernáculo terrenal era una sombra (*skia*) y una figura o tipo (*tupos*) del tabernáculo celestial (Heb. 8:2-6; 9:21-24). Pablo utiliza un lenguaje similar al describir nuestra ciudadanía en el cielo (Fil. 3:20). Estas similitudes no sugieren una aplicación sin sentido crítico de la filosofía griega a la teología cristiana sino que la iglesia utilizó conceptos griegos existentes para explicar las insondables riquezas de Cristo a una cultura helenística.

Los griegos consideraban que la doctrina cristiana era escandalosa, en especial la encarnación y la resurrección, pero los autores del NT no transigieron en el mensaje del evangelio (1 Cor. 1:18-25; 15:12). De manera que aunque Juan utilizó el término filosófico *logos*, también afirmó que "el Verbo se hizo carne y habitó entre nosotros" (Juan 1:14; 1 Jn. 1:1-2; 2:22; 4:1-3; 5:1). Que el *logos* eterno tomara un cuerpo humano pecador era inconcebible para los pensadores griegos. La resurrección provocó un problema similar. Durante siglos los griegos habían enseñado la inmortalidad del alma, pero la proclama de Pablo en el areópago acerca de la resurrección del cuerpo para entrar a la vida eterna fue escandalosa para ellos (Hech. 17:30-34).

Lamentablemente, algunos cristianos helenísticos gnósticos sí transigieron en cuanto al evangelio para adaptarlo a la filosofía griega. Los gnósticos cerintianos enseñaban una cristología docética que negaba la plena humanidad de Cristo y aceptaban la dualidad filosófica griega. Era incomprensible que Dios (espiritual, bueno) se hiciera carne (mala). Estos gnósticos del docetismo enseñaban que Cristo era totalmente divino, un espíritu que adoptaba un cuerpo humano o una aparición fantasmal que carecía de cuerpo físico real. Juan confrontó directamente esta herejía al afirmar en términos gráficos la plena humanidad corporal de Cristo (Juan 1:1-14; 1 Jn. 1:1-2; 2:22; 4:1-3; 5:1). El modelo de la iglesia primitiva es un buen ejemplo para la iglesia de cualquier período ya que procura que el evangelio sea relevante para la cultura, sin por ello comprometer la doctrina.

En épocas posteriores, los eruditos propusieron que la iglesia había tomado elementos de la filosofía y las religiones de misterio griegas. En particular, afirmaban una similitud entre la resurrección de Jesús y el culto al sol en esas religiones griegas donde el astro renace y muere repetidamente. Esta especulación es errónea. Los escritores de los Evangelios documentaron cuidadosamente sus relatos históricos para confirmar las drásticas diferencias con la mitología griega sobre la muerte y el resurgimiento de los dioses. Dichos dioses eran mitológicos e imaginarios; Jesús fue un personaje de la historia y Sus milagros fueron tangibles e innegables. De modo que, mientras que el NT se produjo en una cultura helenística, la iglesia sistemáticamente se negó a comprometer el evangelio para satisfacer las expectativas culturales helénicas.

Steve W. Lemke

HELENISTAS Grupo de cristianos de la iglesia primitiva cuya lengua y cultura eran más griegas que hebreas. Uno de los primeros conflictos entre los creyentes de la iglesia primitiva ocurrió entre aquellos que tenían un trasfondo griego y los que habían crecido en la tradición hebrea (Hech. 6:1; 9:29). Ver *Helenismo*.

HELEQUITA Miembro de la familia de Helec. Ver *Helec*.

HELES Nombre de persona que probablemente signifique "preparado para la batalla". **1.** Uno de los héroes militares de David (2 Sam. 23:26) a cargo del ejército durante el séptimo mes (1 Crón. 27:10). **2.** Miembro de la familia de Caleb y Jerameel de la tribu de Judá (1 Crón. 2:39).

HELIÓPOLIS **1.** Nombre griego de una ciudad egipcia que significa "ciudad del sol". Su nombre en egipcio significa "ciudad columna" y fue traducido al acadio por *Ana* y al hebreo por *On* o *Avén* (Gén. 41:45; 46:20; Ezeq. 30:17). La ciudad estaba consagrada al dios sol Ra o Atum y en Jer. 43:13 se la llama Bet-semes, "casa/templo del sol". Los reyes eran coronados allí durante la era del nuevo reino. A las ciudades de Pitón y Ramesés, construidas en Egipto por los esclavos israelitas, la

Vista de las imponentes ruinas arquitectónicas de la antigua ciudad de Baalbek (Heliópolis).

H

Tumbas helénicas fuera de la puerta occidental, en Hierápolis.

LXX agrega, "y On, que es la ciudad del sol". Ha sido identificada como Tell Hisn en Matariyeh, al norte de El Cairo. Ver *On*. **2.** Antigua ciudad de Baal-bec ("Señor del valle"), situada en el Valle de Beqaa del Líbano, alrededor de 80 km (50 millas) al este de Beirut. Aunque era muy antigua, fue rebautizada Heliópolis en el siglo II o III a.C. Baal-bec fue importante en tiempos antiguos pero declinó durante el período helenístico y los comienzos de la era romana. Hacia fines del Imperio Romano, su influencia creció por ser el centro del culto a Júpiter, Mercurio y Venus (que se basaba en el antiguo culto de adoración a los dioses semíticos Hadad, Atargatis y Baal). Se han descubierto notables ruinas en Baal-bec que incluyen un templo a Júpiter, uno a Baco y otro a Venus.

HELÓN Nombre de persona que significa "poderoso". Padre del líder de la tribu de Zabulón bajo el liderazgo de Moisés (Núm. 1:9).

HEMAM Nombre de persona de significado dudoso. Descendiente de Seir (Gén. 36:22). En un pasaje paralelo la grafía es Homam (1 Crón. 1:39).

HEMÁN Nombre de persona que significa "fiel". **1.** En 1 Rey. 4:31, sabio famoso cuya sabiduría se comparó con la de Salomón. **2.** En 1 Crón. 6:33, hijo de Joel, coatita. Uno de los cantores del templo durante los reinados de David y Salomón. En 1 Crón. 25:5 se lo llama vidente. En ese mismo capítulo se dice que profetizaba por medio de instrumentos musicales. Podría ser el mismo que se nombra en 1 Rey. 4:31. El Salmo 88 se le atribuye a Hemán.

HEMDÁN Nombre de persona que significa "belleza, encanto". Descendiente de Seir y, por lo tanto, edomita (Gén. 36:26). El pasaje paralelo registra el nombre Amram (1 Crón. 1:41).

HEMORRAGIA Sangrado abundante o incontrolable. La versión RVR1960 traduce los términos hebreo y griego por "flujo de sangre" (Lev. 12:7; Mat. 9:20) y "fuente de su sangre" (Mar. 5:29). Las versiones modernas usan las palabras hemorragia o pérdida de sangre. La ley mosaica determinaba que cualquier pérdida de sangre, ya fuera asociada con el parto (Lev. 12:7), la menstruación (Lev. 15:19) o un flujo continuo (Lev. 15:25; Mat. 9:20) hacía que la mujer fuera impura. Los que estaban ritualmente impuros debían estar separados de Dios (representado por el tabernáculo, Lev. 15:31) y de la congregación de Israel (Núm. 5:2) La mujer que sufría de hemorragias (Mat. 9:20; Mar. 5:29; Luc. 8:43-44) era una marginada social y religiosa que sólo se atrevió a acercarse a Jesús por detrás. Contrariamente a lo esperado, la mujer no le transmitió su propia impureza a Jesús. Más bien, el poder sanador de Jesús limpió a la mujer.

HEN Palabra hebrea que significa "gracia, favor" que, si el texto hebreo actual es el original, se usa como nombre de persona o título para Josías, hijo de Sofonías (en el sentido de "favorecido"; Zac. 6:14; comp. 6:10). La versión siríaca (que siguen algunas traducciones) tiene el nombre Josías en lugar de Hen en 6:14. La primera versión griega interpretaba el nombre como un título.

HENA Nombre geográfico de significado incierto. Ciudad que Senaquerib, rey de Asiria, capturó antes de amenazar a Ezequías y Jerusalén en el 701 a.C. (2 Rey. 18:34). Senaquerib se valió del ejemplo histórico para jactarse y tratar de persuadir a Ezequías para que no confiara en la protección de Dios. Hena equivale a Ana o Anat, ubicada a mitad de recorrido del Río Éufrates.

HENADAD Nombre de persona que significa "gracia de Hadad (el dios)". Familia de levitas que supervisó la reconstrucción del templo durante el liderazgo de Zorobabel después del 537 a.C. (Esd. 3:9). Los miembros de la familia también ayudaron a Nehemías a reconstruir los muros de Jerusalén (Neh. 3:18,24) y firmaron el pacto de obediencia a la ley (Neh. 10:10).

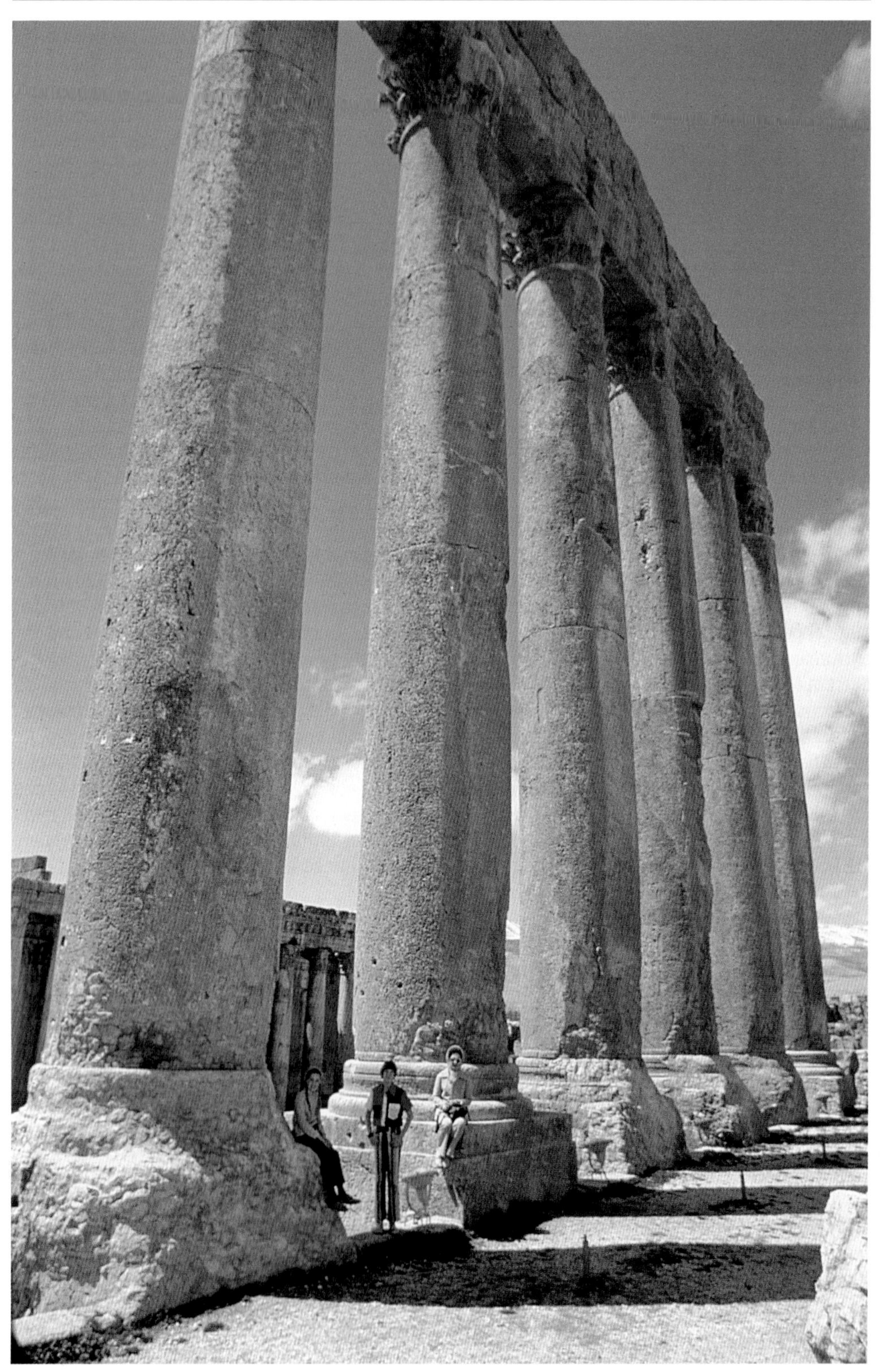

Columnas del templo de Júpiter en Heliópolis (Líbano).

HEPSIBA Nombre de persona que significa "mi deleite está en ella". En 2 Rey. 21:1, la madre de Manasés, rey de Judá.

HEREDAD DEL LAVADOR Sitio fuera de Jerusalén, ubicado cerca del conducto entre el manantial de Gihón y el estanque superior (2 Rey. 18:17; Isa. 7:3; 36:2). El camino a la Heredad del Lavador fue escenario de un encuentro entre Rabsaces, representante del rey de Asiria que se detuvo a una distancia de los que estaban en los muros de la ciudad como para poder oír, y los líderes de Jerusalén. Ver *Rabsaces.*

HEREJÍA Opinión o doctrina que no coincide con la enseñanza aceptada por la iglesia; lo opuesto a ortodoxia. La palabra española deriva de una palabra griega que incluye la idea básica de "elección". En el griego clásico antiguo se usaba predominantemente para referirse a la escuela de filosofía que uno elegía. Más tarde se llegó a asociar con enseñanzas de las escuelas filosóficas.

La palabra se usa de modo similar en los escritos judíos. Josefo, historiador judío del primer siglo de quien aprendimos gran parte de lo que sabemos sobre el judaísmo de la época del NT, usaba el término para referirse a los diversos partidos judíos (o escuelas de pensamiento) como los fariseos, los saduceos y los esenios. Los rabinos judíos empleaban el término en sentido negativo para aplicarlo a los grupos que se habían separado de la corriente principal de enseñanza judía.

La palabra griega tiene varios usos en el NT, pero nunca en el sentido técnico de "herejía" como la entendemos hoy. Se podría clasificar de la siguiente manera:

(1) Con frecuencia, especialmente en Hechos, tiene el mismo sentido que le da Josefo. En Hech. 5:17; 15:5; 26:5, donde se refiere a fariseos y saduceos, sencillamente significa partido o secta.

(2) En Hech. 24:14; 28:22 se usa con sentido ligeramente peyorativo para referirse a los cristianos, a quienes los judíos consideraban separatistas o sectarios. Este uso concuerda con el rabínico.

(3) Pablo usa el término para aludir a los grupos que amenazaban las relaciones armoniosas en la iglesia. En 1 Cor. 11:19, cuando escribe sobre la manera vergonzosa con que los corintios participaban de la Cena del Señor, la palabra se relaciona con las manifestaciones externas de las facciones que se mencionan en el v.18. En Gál. 5:20 se la considera obra de la carne y forma parte de una lista que incluye pleitos, sediciones y envidia. Aparentemente tiene que ver con personas que eligen poner sus propios deseos por encima de la comunión de la iglesia. Tito 3:10 habla de un hombre hereje, y el contexto tiene que ver con discusiones y divisiones, y la idea parece referirse a una persona sectaria.

(4) En 2 Ped. 2:1 se acerca más a nuestra comprensión del término. Se refiere claramente a falsos profetas que negaron la verdadera enseñanza sobre Cristo. Como el resto de 2 Ped. 2 hace alusión a la vida inmoral de los falsos profetas, la palabra también se refiere a la vida decadente de estos. La mención del hereje en Tito 3:10 puede pertenecer a esta categoría, ya que el versículo menciona discusiones genealógicas, una cuestión doctrinal.

Resulta claro que en el NT el concepto de herejía tenía que ver más con la comunión en la iglesia que con las enseñanzas doctrinales. Aunque los escritores del NT se preocupaban por las enseñanzas falsas, aparentemente también estaban preocupados por las actitudes impropias.

En los escritos de Ignacio, líder de la iglesia de comienzos del siglo II, la palabra adopta el sentido técnico de herejía. En los escritos de los primeros padres de la iglesia, la herejía que los preocupaba con mayor frecuencia era el gnosticismo, una enseñanza que negaba la plena humanidad de Jesús. Ver *Cristo, cristología; Gnosticismo.*

W. T. Edwards (h)

HERENCIA Transmisión legal de la propiedad luego de la muerte. La Biblia hebrea no tiene un término exclusivo para "herencia". Las palabras que se traducen "heredar" significan, por lo general, "tomar posesión". Sólo por el contexto pueden interpretarse como "herencia". La palabra griega en el NT se refiere a disposición de las propiedades luego de la muerte, pero su uso en el NT con frecuencia refleja el trasfondo del AT más que el uso normal del griego.

En el antiguo Israel, las posesiones pasaban a los hijos vivos de un padre, pero el hijo mayor recibía una porción doble (Deut. 21:17). Rubén perdió su preeminencia debido al incesto con Bilha (Gén. 35:22; 49:4; 1 Crón. 5:1), y Esaú entregó su primogenitura a Jacob (Gén. 25:29-34). Estos ejemplos muestran que la posesión de esta doble porción no era absoluta. Los hijos de las concubinas no heredaban a menos que fueran adoptados. Los hijos de Jacob con las siervas Bilha y Zilpa (Gén. 30:3-13) heredaron (Gén. 49) porque fueron adoptados por Raquel y Lea. Sarai prometió adoptar al hijo de su sierva Agar cuando la entregó a Abram (Gén. 16:2), pero se retractó de esa promesa cuando nació Isaac (Gén. 21:10).

Las mujeres no heredaban a su padre a menos que no hubiera hijos varones (Núm. 27:1-11). Antes de esta ley de Jehová, si un hombre no tenía hijos, la herencia iba a sus hermanos, a los hermanos de su padre o al pariente que siguiera.

Como los términos hebreos no presuponen necesariamente la muerte, pueden usarse en referencia al otorgamiento divino de la tierra a Israel (Jos. 1:15; Núm. 36:2-4). Los levitas no tenían porción de tierra y Jehová mismo era su "herencia" (Núm. 18:20-24; Deut. 10:9; 18:2; Jos. 13:33). Jeremías usó el concepto de "heredad" para referirse a la restauración de Israel a la tierra "del norte" luego del tiempo de castigo (Jer. 3:18,19).

Israel es "heredad" de Jehová (Jer. 10:16). El Sal. 79:1 habla de Jerusalén y del templo como "heredad" de Dios. En sentido más amplio, puede decirse que Dios heredará todas las naciones (Sal. 82:8).

Cualquier cosa dada por Dios puede considerarse "herencia". En el Sal. 16:5, las condiciones placenteras de la vida del salmista eran su "herencia" porque él había escogido a Jehová como sustentador de su suerte. En el Sal. 119:111, los testimonios de Dios son una "heredad". En Job 27:13, "herencia" se refiere al castigo de Dios a los impíos. Proverbios 3:35 compara el honor que "heredarán" los sabios con la desgracia de los necios.

En el NT, "herencia" puede referirse a la propiedad (Luc. 12:13), pero en la mayoría de los casos alude a retribuciones del discipulado: vida eterna (Mat. 5:5; 19:29; Mar. 10:29,30 y paralelos; Tito 3:7), reino (Mat. 25:34; Sant. 2:5; en forma negativa 1 Cor. 6:9,10; 15:50), en sentido general (Hech. 20:32; Ef. 1:14,18; Apoc. 21:7). Cristo es el heredero por excelencia (Mat. 21:38 y paralelos; Heb. 1:2). Los cristianos pueden ser herederos de Dios por medio de Cristo y "coherederos con Cristo" (Rom. 8:17; comp. Ef. 3:6). Sólo el libro de Hebreos hace uso explícito de la idea de "herencia" con el requisito de la muerte del testador (Cristo). Un "testamento" exige muerte para entrar en efecto, por eso la muerte de Cristo hace que entre en efecto el nuevo "pacto" o "testamento" (Heb. 9:16,17). Ver *Pacto; Promesa.*

Fred L. Horton (h)

HERES Nombre de persona y de lugar que significa "incapaz de hablar". **1.** Levita que vivió cerca de Jerusalén después del regreso del exilio alrededor del 537 a.C. (1 Crón. 9:15). **2.** Lugar que se identifica con Bet-semes ("casa del sol") Jue. 1:35. La RVR1960 traduce 8:13 por "antes que el sol subiese".

HEREZ Nombre geográfico que significa "sol". Paso montañoso por donde cruzó Gedeón al regreso de su batalla con los madianitas (Jue. 8:13 LBLA). Se desconoce la ubicación aunque ahora algunos estudiosos lo sitúan en la cuesta de Horus que conduce a Tell Deir Alla al este del Jordán. Importantes evidencias de algunos mss dicen en Isa 19:18 "ciudad de Herez" o Heliópolis. Ver *Heliópolis.*

HERMANA Homólogo femenino de hermano (Gén. 29:13; 30:1,8). En épocas patriarcales estaba permitido casarse con una hermana (Gén. 20:12). La palabra "hermana" también se utilizaba para designar a personas del sexo femenino especialmente estimadas con afecto fraternal (Cant. 4:9; 8:8). Las mujeres cristianas que demostraban ser útiles y ayudaban a la iglesia a vivir como familia recibían el nombre de "hermana" (Rom. 16:1,2). Marta y María, hermanas de Lázaro, eran muy conocidas por ser amigas y sustentadoras de Jesús. El Señor dijo: "Porque todo aquel que hace la voluntad de Dios, ése es mi hermano, y mi hermana, y mi madre" (Mar. 3:35). Ver *Familia; Mujer.*

HERMANOS En el AT, la palabra "hermano" se refiere comúnmente a la relación de sangre entre hijos de los mismos padres (Ex. 4:14; Jue. 9:5). El libro de Génesis habla de las dificultades que ocasiona la rivalidad entre hermanos, o el "problema del hermano": Caín y Abel (Gén. 4); Jacob y Esaú (Gén. 25–28); José y sus hermanos (Gén. 37–50). En cada uno de los ejemplos, el hermano menor es el favorecido por Dios. (Ver también David entre los hijos de Isaí, 1 Sam. 16:11-13.)

El NT también refleja el uso de la palabra "hermano" para designar una relación física. Lucas menciona que Herodes y Felipe eran hermanos (Luc. 3:1). Entre los discípulos, Simón y Andrés eran hermanos (Mar. 1:16) y así sucedía también con Jacobo y Juan (Mar. 1:19). En Mar. 3:31 se mencionan cuatro hermanos de Jesús, y en Mar. 6:3 se da el nombre de cada uno. Otros ejemplos de hermanos físicos se encuentran en la parábola del rico y Lázaro (Luc. 16:28), la historia de la disputa sobre la herencia (Luc. 12:13) y la parábola del hijo pródigo (Luc. 15:11-32).

El término "hermano" también se utiliza en el AT para referirse a la condición de pariente, aliado o compatriota. En Gén. 13:8 se usa para describir la relación de Abraham con su sobrino Lot ("somos hermanos"). A Salomón e Hiram de Tiro se los llama hermanos después de haber efectuado una alianza política (1 Rey. 9:13). El término "hermano" se encuentra a menudo como aposición de la frase "los hijos de Israel" (Lev. 25:46; Deut. 3:18; 24:7; Jue. 20:13; comp. Núm. 25:6). Un concepto básico de esta idea es la noción de que las tribus y la nación de Israel descendían de un padre en común.

Este cambio de enfoque que va de la sangre al parentesco espiritual se ve en las enseñanzas de Jesús cuando designó como hermanos a "los que oyen la palabra de Dios, y la hacen" (Luc. 8:21). La novel comunidad cristiana continuó con este énfasis en el hermano expresado como una relación espiritual. Pablo constantemente se dirigía a la comunidad cristiana llamándolos hermanos (1 Cor. 1:10; 1 Tes. 1:4). En la mayoría de los pasajes del NT se utiliza la palabra "hermanos" para designar a toda la comunidad cristiana (hombres y mujeres) (Fil. 4:1-9). La doble función del término "hermano" al describir una relación física como así también espiritual constituye un testimonio elocuente de la importancia de las familias de la carne y de la fe dentro de la comunidad cristiana. Ver *Hermana; Pablo.* *Mikeal C. Parsons*

HERMANOS DE JESÚS Jesús creció como parte de una familia normal con padres y hermanos. Los críticos de Jesús de Nazaret los mencionan en Mar. 6:3 como Jacobo, José, Judas y Simón. Sus nombres vuelven a aparecer en el pasaje paralelo de Mat. 13:55. Es probable que sus hermanos hayan estado entre los amigos que se mencionan en Mar. 3:21 que pensaban que Jesús estaba "fuera de sí". Diez versículos más adelante, en 3:31, "sus hermanos y su madre" trataron de captar la atención de Jesús mientras Él enseñaba en una casa. Más aún, Juan 7:5 registra que "ni aun sus hermanos creían en él". No obstante, después de la resurrección cambiaron su manera de pensar y se unieron a los discípulos en momentos de oración (Hech. 1:14). El Cristo resucitado se le apareció a uno de ellos, Jacobo, y éste se convirtió en líder de la iglesia de Jerusalén (Hech. 12:17; 1 Cor. 15:7). Sin embargo, algunos escritos de los primeros siglos hicieron surgir dudas en cuanto a los hermanos a fin de proteger la doctrina de la perpetua virginidad de María. Uno de ellos, denominado frecuentemente el Evangelio de Jacobo, cuenta la historia de María utilizando mucho material imaginario. Declara que los hermanos de Jesús eran hijos de José de un matrimonio anterior. Ésta es la opinión de la Iglesia Ortodoxa Griega. Más tarde, un famoso erudito llamado Jerónimo argumentó que los hermanos de Jesús en realidad eran primos porque sus madres eran María de Cleofas y la hermana de María, la madre de Jesús (Juan 19:25). Este es el punto de vista de la Iglesia Católica Romana, pero los eruditos protestantes prefieren la opinión tradicional de los Evangelios. Jesús nació de la virgen María. Ella y José posteriormente tuvieron cuatro hijos varones de la manera en que los seres humanos lo hacen normalmente. *W. J. Fallis*

HERMANOS, RIVALIDAD ENTRE Ver *Rivalidad entre hermanos.*

HERMAS Cristiano al que Pablo envió saludos (Rom. 16:14). El nombre, una variante del dios griego Hermes, podría indicar que era esclavo, ya que a muchos de estos se les daba el nombre de dioses. Ver *Padres apostólicos.*

HERMENÉUTICA Ver *Biblia, Hermenéutica.*

HERMÉTICA, LITERATURA Escritos griegos compuestos en Egipto entre el 100 y el 300 d.C. asociados con el nombre "Hermes Trimegistos" (Hermes tres veces grande). Es una colección variada de escritos. Algunos textos son mayormente astrológicos, mágicos o alquímicos. Otros son fundamentalmente religiosos o filosóficos. Unos tienen carácter monista (ven toda la realidad como una unidad) y panteístas (ven a Dios presente en todo). Otros son dualistas (ven a Dios y a la creación como cosas separadas).

El más conocido de los escritos herméticos es *Poimandres* (tal vez del copto para "conocimiento del dios sol"). Poimandres se ofrece a revelarle a Hermes la naturaleza secreta de Dios y la creación. Según el mito, Dios creó el *nous* (mente, inteligencia), que a su vez creó la naturaleza (física). Luego Dios creó el *anthropos*, el primer hombre. En la caída, el hombre se unió a la naturaleza para producir las siete personas andróginas, fuente de la raza humana. De esa manera, cada persona consta de un cuerpo (que proviene de la naturaleza) que aprisiona el alma (que proviene de Dios). La salvación respecto del cuerpo y la liberación del destino opresivo de los astros se obtenía al adquirir conocimiento sobre la naturaleza de las cosas, proceso descripto como nuevo nacimiento. Mediante la represión de los sentidos físicos, el hermético fiel esperaba ascender más allá de las siete esferas astrales hasta reunirse con Dios.

La doctrina hermética tiene similitudes con las enseñanzas gnósticas. Los escritos herméticos, a diferencia del gnosticismo, no consideraban que la naturaleza fuera mala en sí misma ni que el agente directo de la creación (*demiurgo*) fuera enemigo de Dios. Algunos eruditos han visto influencia de la doctrina hermética en el Evangelio de Juan (la creación por medio del *logos*, el nuevo nacimiento). Es más probable que tanto Juan como los herméticos de épocas posteriores desarrollaran de manera independiente las ideas griegas y judías más tempranas. Ver *Gnosticismo; Juan.*

HERMÓGENES Nombre de persona que significa "nacido de Hermes". Seguidor que abandonó a Pablo, aparentemente mientras este estaba preso en Éfeso (2 Tim. 1:15). La afirmación paulina indica gran desilusión con Hermógenes, pero no dice que este se haya convertido en apóstata. Se desconoce información adicional.

HERMONITA Los traductores de algunas versiones entendieron el plural hebreo *Hermans* (Sal. 42:6) como alusión a los habitantes de las laderas del Monte Hermón. Las traducciones actuales consideran que ese plural se refiere a las tres cimas del Hermón.

HERODES Nombre dado a una dinastía que gobernó Palestina inmediatamente antes y durante la primera mitad del siglo I d.C. La historia familiar fue compleja, y la información que ha llegado, con frecuencia ha sido escasa, dudosa y difícil de cotejar. Las principales fuentes son las citas del NT, el historiador judío Flavio Josefo y algunas referencias oscuras de historiadores y geógrafos romanos o griegos como Dión Casio, Plutarco y Estrabón.

El miembro y gobernante más destacado de la familia fue Herodes, hijo de Antípater que había sido nombrado gobernador de Idumea por Alejandra Salomé, la reina macabea que gobernó Palestina entre el 78–69 a.C. Con permiso de los romanos, Antípater dejó a su hijo Fasael como prefecto de Jerusalén y a su segundo hijo, Herodes, como gobernador de Galilea. Ver *Intertestamentaria, Historia y literatura.*

Otros Herodes mencionados en el NT son:

Agripa I, hijo de Aristóbulo y nieto de Herodes el Grande. Gobernó con el título de rey desde el 41 al 44 d.C. Agripa I ordenó matar a espada a Jacobo hijo de Zebedeo y encarceló a Pedro (Hech. 12:1-23).

Agripa II, hijo de Agripa I, escuchó la defensa de Pablo (Hech. 25:13-27; comp. Hech. 26:32). Con su muerte, la dinastía herodiana llegó a su fin, tanto en título como en hechos.

Drusila (Hech. 24:24) fue la tercera hija de Agripa I y la menor. Es probable que en el año 52, a los 14 años, haya estado casada por un período breve con Azizus, rey de Emessa. En el 53 ó 54 se casó con Félix, procurador romano. Berenice era hermana de Drusila y de Agripa II y también esposa de este. Pablo se presentó ante ellos en Hech. 25.

Herodes Felipe fue hijo de Herodes el Grande y Cleopatra de Jerusalén (Luc. 3:1). Construyó Cesarea de Filipo y fue gobernador de los distritos de

Panorama de las excavaciones del palacio de Herodes en Jerusalén, tal como se aprecia desde la Torre de David.

Este acueducto construido por Herodes el Grande llevaba agua a Cesarea.

Iturea, Gaulanitis, Traconite y Decápolis al noreste. Se casó con Salomé, hija de Herodías.

En Mar. 6:17 se menciona a un Herodes Felipe como primer esposo de Herodías. En algunos lugares se lo menciona simplemente como Herodes o Herodes II. La mayoría de los eruditos no creen que haya sido la misma persona que gobernó los distritos del noreste.

Herodías (Mat. 14:3) era hija de Aristóbulo (hijo de Herodes y Mariamne I) y Berenice, hija de Salomé, hermana de Herodes. Fue la segunda esposa de Herodes Antipas y pidió la cabeza de Juan el Bautista (Mat. 14:3-12; Mar. 6:17-29; comp. Luc. 3:19-20).

Salomé era hija de Herodías (Mat. 14:6-12; Mar. 6:22-29). Se casó con Felipe. Después de su muerte en el 34, se casó con un pariente llamado Aristóbulo, príncipe de Calcis, y tuvo tres hijos.

Herodes fue una paradoja. Fue uno de los gobernantes más crueles de la historia. Su reputación es infame. Parecía ser leal a ultranza en cuanto a lo que creía. No dudaba en asesinar hasta miembros de su propia familia cuando sospechaba que significaban una amenaza para él. Sin embargo, la infidelidad conyugal y la ebriedad no parecen haber sido sus vicios. Gracias a su administración eficaz, hizo de Palestina lo que esta fue en el primer siglo del cristianismo. Pasó a la historia como "el Grande", pero el apelativo sólo es aplicable a él si su personalidad y sus logros se comparan con otros miembros de su propia familia. *Robert Stagg*

HERODES, PALACIO DE Probable escenario del interrogatorio y la burla aplicados a Jesús (Luc. 23:6-12). Estaba ubicado a lo largo del muro occidental de la ciudad alta al oeste del sitio de reunión del pueblo. Estaba rodeado por una muralla de unos 14 m (45 pies) rematada con torres ornamentales a intervalos regulares. El palacio era famoso por sus pórticos circulares, sus hermosos jardines y el salón de banquetes con capacidad para 100 invitados. Fue destruido en el 70 d.C.

HERODIANO Miembro de un grupo judío aristocrático que favorecía la política de Herodes Antipas y que, por lo tanto, respaldaba el dominio romano. Aparentemente vivían en Galilea, donde regía Antipas, y se unieron a las autoridades religiosas de Jerusalén para oponerse a Jesús. Intentaron hacer caer a Jesús en una trampa procurando que este negara la responsabilidad de pagar impuestos a Roma (Mat. 22:15-22; Mar. 12:13-17). Sus artimañas dieron inicio al sendero de Jesús hacia la crucifixión (Mar. 3:6) Ver *Herodes.*

HERODÍAS Esposa de Herodes Antipas (Mar. 6:17). Hija de Aristóbulo y Berenice. Primero se casó con el hermanastro de su padre, identificado en Mar. 6:17 como Felipe. Con este tuvo una hija llamada Salomé. No obstante, Antipas, que era hermano de Felipe, se divorció de su esposa y cortejó a Herodías hasta alejarla de Felipe. Lo que denunció Juan el Bautista fue esta grave falta conyugal. Ver *Herodes; Juan el Bautista.*

HERODIÓN 1. Cristiano a quien el apóstol Pablo mandó saludos (Rom. 16:11). El apóstol se refiere a él como pariente, lo cual probablemente indique que era judío de nacimiento. Por el nombre, podría haber sido miembro de la familia de Herodes. Esta idea se refuerza porque el nombre que le precede inmediatamente en la lista de saludos es Aristóbulo (Rom. 16:10). Herodión pudo haber sido de la familia de este. **2.** Fortaleza construida por Herodes el Grande aprox. 6,5 km

Vista del Herodión contra el cielo de Israel.

Vista del interior del Herodión, la imponente fortaleza-palacio construida por Herodes el Grande.

(4 millas) al sudeste de Belén. Allí fue enterrado Herodes. La fortaleza, capturada en el 72 d.C., fue uno de los últimos bastiones de la resistencia judía en la guerra con Roma. El Herodión sirvió de depósito de provisiones en el fallido levantamiento del 132–135 d.C.

HERODIUM Ver *Herodión 2.*

HERRAMIENTAS Implementos o instrumentos utilizados con las manos para fines agrícolas, edilicios, comerciales o artesanales. En las épocas más antiguas, las herramientas eran de piedra, especialmente de pedernal. Se obtenía una efectiva superficie cortante cortando láminas delgadas a lo largo del borde de la piedra moldeada. Las primeras herramientas de metal fueron de cobre, que resultaba demasiado blando para la mayoría de los usos. Pronto el hombre descubrió que podía fabricar herramientas mucho más resistentes utilizando bronce, una aleación de cobre y estaño. El bronce, al igual que el cobre, podía fundirse y verterse en moldes antes de que un herrero le diera la forma definitiva. Las herramientas más duras eran de hierro (Deut. 27:5; 1 Rey. 6:5-7), que requería temperaturas mucho más altas para ser fundido. Recién comenzó a usarse en Canaán alrededor del 1200 a.C., cerca de la época en que los israelitas se establecieron allí. Los mangos y otras partes de ciertas herramientas se fabricaban de madera, cuero, hueso o marfil. Ver *Minerales y metales.*

Cuchillos Una de las herramientas más comunes. Los cuchillos de pedernal de los primeros tiempos continuaron en uso aun después de que el metal se difundiera ampliamente. Se ha sugerido que el mandato de utilizar cuchillos de pedernal para la circuncisión (Jos. 5:2 NVI) refleja un tabú contra el uso de nuevas tecnologías para los ritos antiguos. No obstante, la verdadera razón quizás sea más práctica. Los cuchillos de pedernal mantenían el filo más tiempo que los de bronce. Sin embargo, los de bronce se convirtieron en la opción más común para uso general antes de la monarquía israelita. Las hojas se fundían en un molde de piedra y los mangos de madera se fijaban con espigas o remaches. Los cuchillos de hierro, cuyo uso se popularizó durante la monarquía de Israel, se fabricaban de manera similar.

El cuchillo servía para diferentes fines y tenía diversas formas. El cuchillo promedio en Palestina medía entre 15 y 25 cm (6 y 10 pulgadas), pero se ha encontrado un molde para hacer hojas de aprox. 40 cm (16 pulgadas). Estos cuchillos tal vez se hayan empleado para uso general y para desollar animales (Gén. 22:6; Jue. 19:29). Una versión más pequeña como la que utilizó Joacim para cortar el rollo de Jeremías (Jer. 36:23; "estilete de escriba", NVI; "cortaplumas de escriba", RVR1960) corresponde a la palabra hebrea que en otros lugares se usa para referirse a navajas (Núm. 6:5; Ezeq. 5:1). Estas últimas (Jue. 13:5; 16:17; 1 Sam. 1:11) eran evidentemente muy filosas, ya que se utilizan como símbolo del juicio de Dios (Isa. 7:20) y del poder cortante de la lengua (Sal. 52:2).

Herramientas agrícolas Los arados han tenido básicamente el mismo diseño desde los modelos más antiguos conocidos hasta los que se usan actualmente en el Cercano Oriente. Los mangos, travesaños y otras partes estructurales del arado eran de madera, mientras que la punta o reja tenía que ser de un material más duro para poder penetrar en el suelo. Las rejas de arado más antiguas eran de bronce, y poco a poco fueron reemplazadas por el hierro después que los israelitas se establecieron en Canaán. Se han encontrado ejemplos de ambos tipos de rejas en diversos niveles de sitios arqueológicos de Palestina que datan de la Edad de Hierro temprana. Las rejas de arado eran hojas alargadas con un extremo en punta para que penetrara en el suelo y otro enrollado como un caño para que calzara en el travesaño de madera. Los arados eran tirados por animales acicateados con una aguijada, una vara de madera con una punta de metal (Jue. 3:31; 1 Sam. 13:21; Ecl. 12:11). Cuando el terreno era montañoso, rocoso o difícil de arar, el suelo se rompía usando una azada (Isa. 7:25; "azadón" NVI). Una herramienta similar, el azadón (1 Sam. 13:21), también se utilizaba para tareas de excavación. Probablemente esté traducido de manera incorrecta por "reja de arado" en un pasaje profético famoso sobre las herramientas de guerra y de

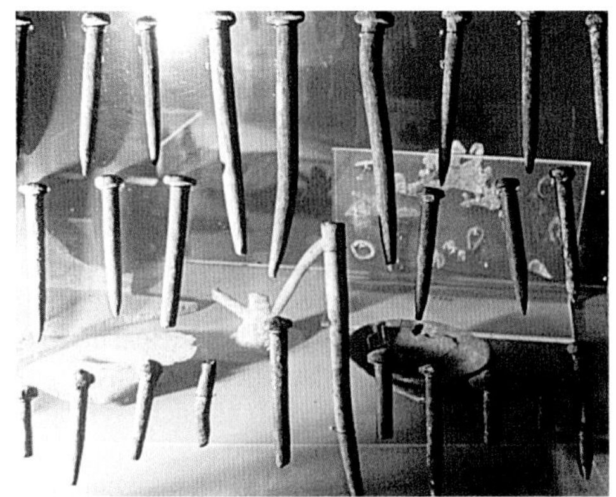
Clavos de la época romana.

tiempos de paz (Isa. 2:4; Miq. 4:3; Joel 3:10). Justo antes de la monarquía, los filisteos, que probablemente tenían el monopolio de la tecnología del hierro, forzaron a los israelitas a acudir a ellos para afilar sus herramientas agrícolas. El costo en plata era de un pim (2/3 de siclo) por afilar rejas de arado y azadones, y 1/3 de siclo para herramientas más pequeñas (1 Sam. 13:19-22). Ver *Pesos y medidas.*

La cosecha de las espigas de grano se hacía con una hoz (Deut. 16:9; 23:25; Jer. 50:16), una pequeña herramienta de hoja curva con mango. Las hoces con varios segmentos de pedernal serrado adosado a un mango de hueso o de madera ahuecada eran típicas de la cultura cananea. En tiempos de los israelitas y del NT, las hoces tenían hojas de metal y mangos cortos de madera. La hoz se utiliza como símbolo del juicio de Dios (Joel 3:13) y la reunión de los santos (Mar.4:29; Apoc. 14:14-19). La "podadera" era una herramienta parecida a la hoz pero tenía una hoja más ancha y corta (Isa.2:4; Miq. 4:3; Joel 3:10). Era una especie de cuchillo para podar y cosechar las vides (Isa. 18:5).

Herramientas de construcción El AT menciona diferentes tipos de hachas que se utilizaban para diversas tareas de talado. La más grande (Isa. 10:15) se utilizaba para talar árboles (Deut. 19:5; 20:19) y labrar piedras (1 Rey. 6:7). Este tipo de hacha se menciona en la inscripción del túnel de Siloé en Jerusalén como una herramienta cortante de piedra. Para tareas más livianas se utilizaba un hacha más pequeña (Jue. 9:48; 1 Sam. 13:20,21; Sal. 74:5; Jer. 46:22). La palabra hebrea para referirse a la cabeza del hacha significa literalmente "hierro", lo cual indica el material con que estaba hecha (Deut.19:5; 2 Rey. 6:5; Isa. 10:34). El tallado se realizaba con una herramienta diferente (Jer.10:3 "buril"; NVI, "cincel"), quizás una azuela con el filo perpendicular al mango. En el NT siempre se utiliza la palabra "hacha" para designar esta herramienta (Mat. 3:10; Luc. 3:9). Ver *Siloé.*

La madera y la piedra también se cortaban utilizando sierras (2 Sam. 12:31; 1 Rey. 7:9; 1 Crón. 20:3; Isa. 10:15). En pinturas de tumbas egipcias aparecen diferentes modelos con uno o dos mangos. En los primeros tiempos se utilizaba bronce para las hojas, pero luego se utilizó hierro. Según una obra apócrifa (La ascensión de Isaías), el profeta fue martirizado aserrándolo (comp. Heb. 11:37).

El trabajo minucioso se marcaba utilizando un "almagre" y un "compás" (Isa. 44:13, NVI "cordel", "estilete" y "compás"). En tumbas egipcias se han encontrado diferentes tipos de herramientas de medición, cordeles y cinceles. Desde los primeros tiempos en Egipto y Palestina se usaron plomadas para determinar la verticalidad y los niveles en las construcciones. La exactitud determinada por la línea de medición y la plomada se comparan con la justicia y la rectitud que Dios exige de Israel y Judá (2 Rey. 21:13; NVI, "plomada"; Isa. 28:17; Amós 7:7,8).

Los martillos (Isa. 44:12; Jer. 10:4) originariamente eran machacadores de piedra, pero en la Edad de Bronce generalmente se les hacía un agujero para insertarles un mango. Pinturas egipcias muestran el uso de mazos de madera anchos parecidos a los que se utilizan actualmente en trabajos de escultura. Los "cepillos" (Isa. 44:13) que se utilizaban para dar forma probablemente hayan sido cinceles (NVI). Estos se usaban para tareas rústicas y de detalle en madera y piedra. Los agujeros se hacían con leznas (Ex. 21:6; Deut. 15:17) o taladros.

La horqueta para aventar era una herramienta de ayuda de los agricultores para separar la paja de los granos de trigo.

Herramientas industriales Para el trabajo en diferentes industrias se utilizaban herramientas especiales. Los primeros alfareros usaban implementos de madera para dar forma a los vasos que hacían a mano. Se logró un avance considerable con la invención del torno de alfarería (Jer. 18:3). Ver *Alfarería.*

Los tejedores realizaban su oficio en artefactos denominados telares. En el proceso de tejido se empleaban diferentes herramientas. En algunos tipos de tejidos, las hebras horizontales del telar eran "batidas" con una vara plana de madera. El tejido con diseños requería púas y peines para manipular y presionar las hebras. Estas herramientas eran de hueso y, con menor frecuencia, de marfil o madera. Ver *Hilar y tejer.*

El trabajo en metal también requería herramientas específicas. Se empleaba un fuelle para que el fuego llegara a las temperaturas altas necesarias para que el metal se fundiera. En pinturas de tumbas egipcias pertenecientes a nómadas semitas de la época de Abraham se muestran fuelles operados manualmente. Estos se usaban en pequeños hornos equipados con boquillas de arcilla que soportaban el calor extremo. Además se utilizaban moldes para darle al metal fundido forma de herramienta, arma u otro elemento. Los herreros también utilizaban una variedad de tenazas, agarraderas y martillos (Isa. 44:12) y otras herramientas similares.

Daniel C. Browning (h)

HERRERO El que trabaja con hierro, ya sea el que funde el mineral como el que trabaja moldeando piezas. Barzilai (2 Sam. 17:27-29; 19:31-39), cuyo nombre significa "hombre de hierro", quizás fue herrero de David. Salomón le solicitó a Hiram, rey de Tiro, un herrero hábil (2 Crón. 2:7). Los herreros colaboraron en la renovación del templo de Joiada (2 Crón. 24:12). Su importancia se evidencia al haber sido incluidos entre las clases elegidas para la deportación luego de la destrucción de Jerusalén (2 Rey. 24:14). Isaías 44:12 y 54:16 brindan explicaciones detalladas del trabajo del herrero. Ver *Hierro; Ocupaciones y profesiones.*

H

HERRUMBRE Capa que se produce en el metal, especialmente el hierro, por los efectos corrosivos del aire y el agua. En Ezeq. 24:6,12,13, la herrumbre en una olla de cobre simbolizaba la persistente maldad de Jerusalén. Jesús enfatizó la insensatez de confiar en tesoros terrenales que se herrumbran (Mat. 6:19,20). Al estilo de un profeta del AT, Santiago dio una idea del futuro juicio de Dios sobre el rico que confía en las riquezas como si ya se hubiese consumado (Sant. 5:1-6 NBLH, RVT). La mención de riquezas, polillas y herrumbre (vv.2,3) sugiere que estaba aplicando las palabras de Jesús. La observación científica de que el oro y la plata no se herrumbran no puede opacar el énfasis principal de Santiago: el que confía en las riquezas es insensato porque estas no sobrevivirán al juicio venidero de Dios. Las riquezas mal habidas servirán como evidencia y testimonio para el juicio divino. Las mismas riquezas consideradas fuente de seguridad generarán la herrumbre corrosiva que lleve a cabo el juicio de Dios.

HESBÓN Nombre geográfico que significa "juicio, opinión". Ciudad de Moab gobernada por Sehón y capturada por Moisés (Núm. 21:21-30). La antigua Hesbón, que se identifica con la actual Tell Hesban, era una de las antiguas ciudades en la ondulada y fértil meseta al este del Mar Muerto y al norte del Río Arnón (actual Wadi Mojib). Otras dos ciudades cercanas mencionadas por los autores bíblicos en relación con Hesbón eran Eleale y Medeba. La productiva región agrícola donde se ubicaban estas ciudades fue un disputado territorio en la época del AT. Generalmente se la consideraba parte de Moab, como se ve en Isa. 15–16 y Jer. 48. Sin embargo, las tribus israelitas de Rubén y Gad pastaban con sus ovejas en esa misma región (Núm. 32:3,37). Los israelitas la reclamaban sobre la base de que Moisés la había tomado de manos de Sehón, un rey amorreo que reinó sobre Hesbón (Núm. 21:21-31), todo el territorio hasta el sur del Arnón. Algunos de los reyes israelitas más fuertes (David, Omri y Acab) pudieron controlar toda la región. Aparentemente, también los amonitas la reclamaban, tal como se deduce por el intercambio de mensajes entre Jefté y el rey amonita en Jue. 11:12-28.

Hesbón fue asignada a la tribu de Gad y se la designó ciudad levítica (Jos. 13:27-28; 21:38-39). Cantares 7:4, al describir la belleza de una doncella, exclama: "tus ojos, como los estanques de Hesbón". Herodes el Grande fortificó el lugar y este se convirtió en una ciudad floreciente (llamada Esbus) a fines del período romano.

Excavaciones en Tell Hesban entre 1968 y 1978 pusieron al descubierto restos de ocupación que se remontan a comienzos de la Edad de Hierro (alrededor del 1200 a.C.) hasta la época medieval. No se encontraron evidencias de ocupación anterior a la Edad de Hierro. Esa es la época en que se supone que Sehón gobernó en la ciudad. Es posible que Sehón reinara desde otra ciudad llamada Hesbón; hay diversos sitios cercanos con evidencias de ocupación en ese período. Ver *Gad; Moab; Rubén; Sehón.*

J. Maxwell Miller

HESED Nombre de persona que significa "gracia" o "pacto de amor". Padre de uno de los gobernadores de distrito del rey Salomón (1 Rey. 4:10). Una vez por mes llevaba provisiones a la corte real desde su distrito en Arubot. Ver *Arubot.*

HESMÓN Nombre geográfico que significa "campo llano". Ciudad en el territorio tribal de Judá (Jos. 15:27). Se desconoce su ubicación.

HET Nombre de persona de significado desconocido. Hijo de Canaán, bisnieto de Noé y antepasado original de los heteos (hititas), algunos de los primeros habitantes de Palestina (Gén. 10:15). Abraham les compró la tierra para sepultura familiar a "los hijos" o los descendientes de Het (Gén. 23). Ver *Heteos, hititas.*

HETEOS Minoría no semítica de la población cananea que frecuentemente participaba en los asuntos de los israelitas. Al igual que los heveos, los hititas (heteos) eran de origen indoeuropeo, identificados con la población de Canaán ("hijos" de Canaán) en la Tabla de las Naciones (Gén. 10:15,17). Aparentemente eran infiltrados que provenían de otros centros políticos y culturales del norte y radicados a lo largo de Palestina. Aunque la historia y la cultura hetea/hitita se está clarificando, existe un problema con los llamados "heveos", nombre de origen desconocido que carece de referencias extrabíblicas. El ser incircuncisos (Gén. 34:2, 14) sugeriría origen indoeuropeo más que semítico. La identificación más aceptable sería entonces con los horeos que aparecen en la Biblia y cuya historia y carácter son conocidos en base a fuentes extrabíblicas y congruentes con el papel que se les atribuye en las Escrituras. En Gén. 34:2, la LXX dice "choraios" (horeos) para referirse a los "heveos" masoréticos, y Jos. 9:7 sugiere esa misma identificación. Ver *Heveos; Horeos.*

Los heteos (hititas) aparecen entre los grupos étnicos que viven en enclaves urbanos o en

Relieve hitita del rey Tudhaliya IV protegido por el dios Sharruma (en la mano del rey).

forma individual en Canaán, e interactúan con los israelitas de la época patriarcal hasta el final de la monarquía (Gén. 15:20; Deut. 7:1; Jue. 3:5). Por ser un segmento significativo de la población cananea, a estos "hijos de Het" se los identificaba permanentemente con los "hijos" de Canaán (Gén. 10:15). En tiempos patriarcales, la referencia al rey Tidal (en heteo Tudhaliya II) en Gén. 14:1 es una posible alusión a la primitiva Hatti imperial. En Canaán, los heteos reclamaban el territorio montañoso del sur, especialmente la zona de Hebrón. Como resultado, Abraham vivió entre esta población nativa como "extranjero y forastero" (Gén. 23:4). Se vio obligado a comprarle al heteo Efrón la cueva de Macpela para sepulcro familiar, concretamente para el entierro inmediato de Sara (Gén. 23). El matrimonio de Esaú con dos mujeres heteas ("hijas de Het"... "hijas de la tierra") desagradó y entristeció mucho a sus padres (Gén. 26:34-35; 27:46).

La referencia geográfica a "toda la tierra de los heteos" (Jos. 1:4) en la frontera norte de la tierra prometida puede indicar un reconocimiento del tratado de frontera heteo-egipcio realizado entre Ramsés II y los hititas bajo el reinado de Hattusilis III alrededor del 1270

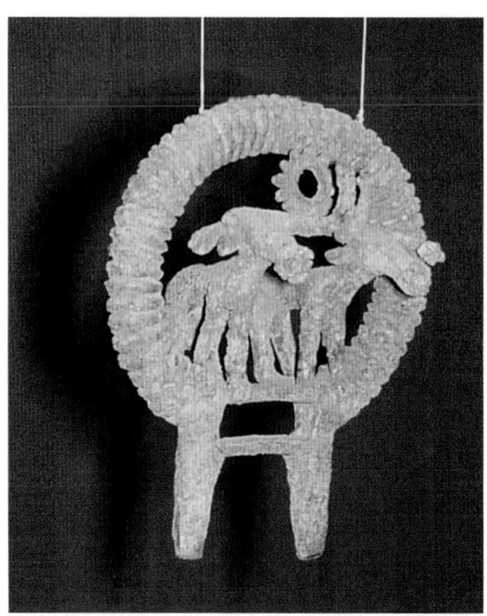

Ornamento hitita de dos venados rodeados por una corona sobre lo que parecería ser un altar.

a.C. La enumeración de Moisés sobre los habitantes de la tierra prometida incluía cananeos, heteos, amorreos, heveos y jebusitas (Ex. 13:5), situación confirmada por los doce espías enviados a explorar la tierra. Ellos informaron que los amalecitas ocupaban el Neguev; los heteos, los jebuseos y los amorreos vivían en los montes, y los cananeos se concentraban en la costa mediterránea y el Valle del Jordán (Núm. 13:29; Jos. 11:3). Por lo tanto, los heteos estaban condenados a ser desplazados por los hebreos invasores (Ex. 3:8,17; 23:23; 33:2).

La devastación y las presiones del oeste por parte de los frigios y los pueblos del mar introdujeron en Canaán otra población hetea alrededor del 1200 a.C. Ezequiel recordó que Jerusalén tenía antepasados amorreos y heteos (Ezeq. 16:3, 45). David le compró una era al rey jebuseo Arauna (2 Sam. 24:16-25), cuyo nombre puede sugerir condición de nobleza entre los hititas (*arawanis* en hitita significa "ciudadano libre, noble"). Más tarde, el relato de la relación amorosa ilícita de David con Betsabé indica que Urías y tal vez otros heteos actuaban como mercenarios en el ejército del rey (2 Sam. 11:3,6; 23:29). La mujer hetea entre las esposas extranjeras de Salomón probablemente haya sido resultado de una alianza extranjera con un rey neo-hitita del norte de Siria (1 Rey. 10:29–11:2; 2 Crón. 1:17). Los heteos, junto con otros elementos extranjeros, parecen haber sido reclutados para trabajos forzados durante el reinado de Salomón (1 Rey. 9:20-21). *George L. Kelm*

Ruinas del gran templo en Boghaskoy, Turquía, el sitio de la antigua capital hitita.

HETLÓN Según la visión de Ezequiel (47:15), nombre geográfico de significado desconocido en la frontera norte de la tierra prometida de Israel. Algunos consideran que es abreviatura de los escribas hebreos para referirse al Monte Líbano. Otros la ven como nombre alternativo o cambio efectuado por escribas en el término Lebó Jamat (Núm. 34:8 NVI). Algunos la identifican con la moderna Heitela, al noreste de Trípoli, 4 km (2,5 millas) al sur de Nahr el-Kebir. Ezequiel señaló un camino cerca del lugar, tal vez la importante vía de transporte conocida como Eleuteros.

HEVEOS Nombre que aparece 25 veces en la Biblia pero no en textos extrabíblicos. Se los encontraba en Gabaón (Jos. 9:7; 11:9), Siquem (Gén. 34:2), al pie del Monte Hermón en la tierra de Mizpa (Jos. 11:3) y en las montañas del Líbano (Jue. 3:3). Con mucha frecuencia, el nombre aparece en la lista de las naciones que Dios expulsaría de la tierra durante la conquista israelita (p. ej., Deut. 7:1).

A Zibeón se lo identifica como heveo (Gén. 36:2) pero se lo enumera entre los horeos en Gén. 36:20,29. Además, en algunos pasajes, la primera traducción griega (LXX) dice "horeo" en lugar de "heveo" (Gén. 34:2; Jos. 9:7). Esto podría indicar una antigua confusión lingüística entre "horeo" y "heveo". Es improbable que sean idénticos, aunque la relación entre ambos no es clara. Ver *Horeos*. *James C. Moyer*

HEXATEUCO Designación moderna de los seis primeros libros del AT tomados como unidad literaria. El término fue acuñado por los críticos de las fuentes al quedar impresionados por la supuesta similitud de fuentes que comparten Josué y el Pentateuco, y también por la necesidad de cumplir mediante la conquista de Canaán con la promesa de tierra hecha a Abraham. Las investigaciones más recientes evidencian un renovado interés por la organización canónica donde Josué inicia los "Profetas Anteriores" o la historia de Israel desde su entrada a la tierra prometida hasta su salida en el exilio. Josué constituye una especie de puente que une las promesas a los patriarcas y la historia de Moisés con la posterior historia de Israel.

HEZEQUIEL Nombre de persona que significa "Dios fortalece". En hebreo se escribe igual que el nombre del profeta Ezequiel. Cabeza de la vigésima división de sacerdotes (1 Crón. 24:16).

La Puerta del Rey en la ciudad hitita de Hattusas, en Asia Menor (actualmente Turquía).

HEZIÓN Nombre de persona que significa "visión". Abuelo del rey Ben-adad de Damasco (1 Rey. 15:18). No es clara su relación con Rezón, fundador de la dinastía de Damasco. Algunos piensan que Hezión es un cambio de copista al nombre Rezón en hebreo. Otros creen que ambos nombres han sido cambiados de un original Hezrón o Hazael. Una opinión más aceptada presenta Hezión como nombre de persona, y Rezón como título o nombre real sirio. Ver *Rezón.*

HEZIR Nombre de persona que significa "jabalí". Los textos ugaríticos probablemente muestren que el nombre proviene del oficio de criar cerdos. **1.** Líder de uno de los 24 grupos de sacerdotes (1 Crón. 24:15). **2.** Levita que firmó el pacto de Nehemías de obedecer la ley de Dios (Neh. 10:20).

HEZRAI Nombre de persona que significa "su tallo". Héroe militar de David (2 Sam. 23:35) que aparece a continuación de una nota de un antiguo escriba en el texto hebreo. El texto escrito y las traducciones modernas dicen Hezro como en 1 Crón. 11:37, donde muchas traducciones antiguas dicen Hezrai.

HEZRÓN Nombre de persona y de lugar que significa "lugar de campamento" o "juncos". **1.** Hijo de Rubén, nieto de Jacob (Gén. 46:9), y antepasado original de la familia de los hezronitas (Núm. 26:6). **2.** Nieto de Judá, bisnieto de Jacob (Gén. 46:12), antepasado original de la familia de los hezronitas (Núm. 26:21) y antepasado de David (Rut 4:19). Padre de Caleb (1 Crón. 2:18) y de Segub (1 Crón. 2:21). El texto hebreo de 1 Crón. 2:24 se puede interpretar y traducir de diversas maneras. La RVR1960 interpreta que Hezrón es padre de Asur. Algunos eruditos siguen traducciones primitivas y modifican el texto hebreo de manera que Caleb resulta ser padre de Asur y Efrata su madre. El primer hijo de Hezrón fue Jerameel, antepasado original de los jerameelitas (1 Crón. 2:25).

HEZRONITA Familia que desciende de Hezrón, tanto en la tribu de Rubén como de Judá. Ver *Hezrón.*

HICSOS Nombre étnico de la forma griega de una palabra egipcia que significa "gobernantes de tierras extranjeras". Así se llamó a los reyes de las dinastías XV y XVI de Egipto. La palabra, que no aparece en la Biblia, luego fue mal interpretada por Josefo como "reyes pastores".

Con la decadencia del Imperio Medio de Egipto (aprox. 2000–1786 a.C.), grandes cantidades de asiáticos, mayormente semíticos como los patriarcas hebreos, migraron desde Canaán al delta del Nilo en el norte de Egipto. Es probable que al comienzo hayan ido por dificultades económicas como la hambruna, como en el caso de Abraham (Gén. 12:10). A diferencia de este, muchos se quedaron en Egipto como pobladores estables. Bajo la débil Dinastía XIII, algunos asiáticos establecieron jefaturas locales independientes en la región del este del delta. Con el tiempo, uno de estos gobernantes logró consolidar el dominio del norte de Egipto en carácter de faraón, con lo que se inició la dinastía XV que consistió en reyes asiáticos de menor importancia. Como estas dinastías de faraones no eran de raza egipcia, quedaron en la memoria popular como "hicsos".

Mientras estos faraones gobernaban el norte de Egipto desde Avaris en el delta del este, la Dinastía XVII de faraones nativos gobernaba el sur de Egipto desde Tebas. Este fue el Segundo Período Intermedio o de los hicsos (aprox. 1786–1540 a.C.). Se mantuvo la situación hasta que surgió la guerra entre los hicsos y los últimos dos faraones de la Dinastía XVII. Alrededor del 1540 a.C., Ahmosis I, invadió Avaris y expulsó a los hicsos. Como primer faraón del Egipto reunificado, Ahmosis estableció la dinastía XVIII e inauguró el Nuevo Reino o Imperio de Egipto.

Algunos han señalado que el ascenso de José al poder como segundo mandatario después del faraón (Gén. 41:39-45) habría sido mucho más probable bajo el gobierno de un rey hicso. Al igual que la familia de José, los hicsos eran semitas, mientras que los egipcios nativos miraban con desprecio a esa raza. Sin embargo, el relato bíblico del ascenso de José al poder no confirma esta hipótesis. También hay indicadores de grandes diferencias culturales entre la familia de José y los gobernantes de Egipto en ese momento (comp. Gén. 41:14; 42:23; 43:32; 46:34). El nuevo faraón "que no conocía a José" (Ex. 1:8) y comenzó a oprimir a los israelitas tal vez haya sido Ahmosis I que expulsó a los hicsos. Pero es más probable que haya sido uno de los nuevos reyes hicsos a quienes el sacerdote egipcio Maneto describió luego diciendo que "queman ciudades, arrasan templos y tratan a los habitantes con terrible crueldad, les cortan la garganta a los hombres y llevan cautivas a las mujeres y a los niños".

Daniel C. Browning, (h) y E. Ray Clendenen

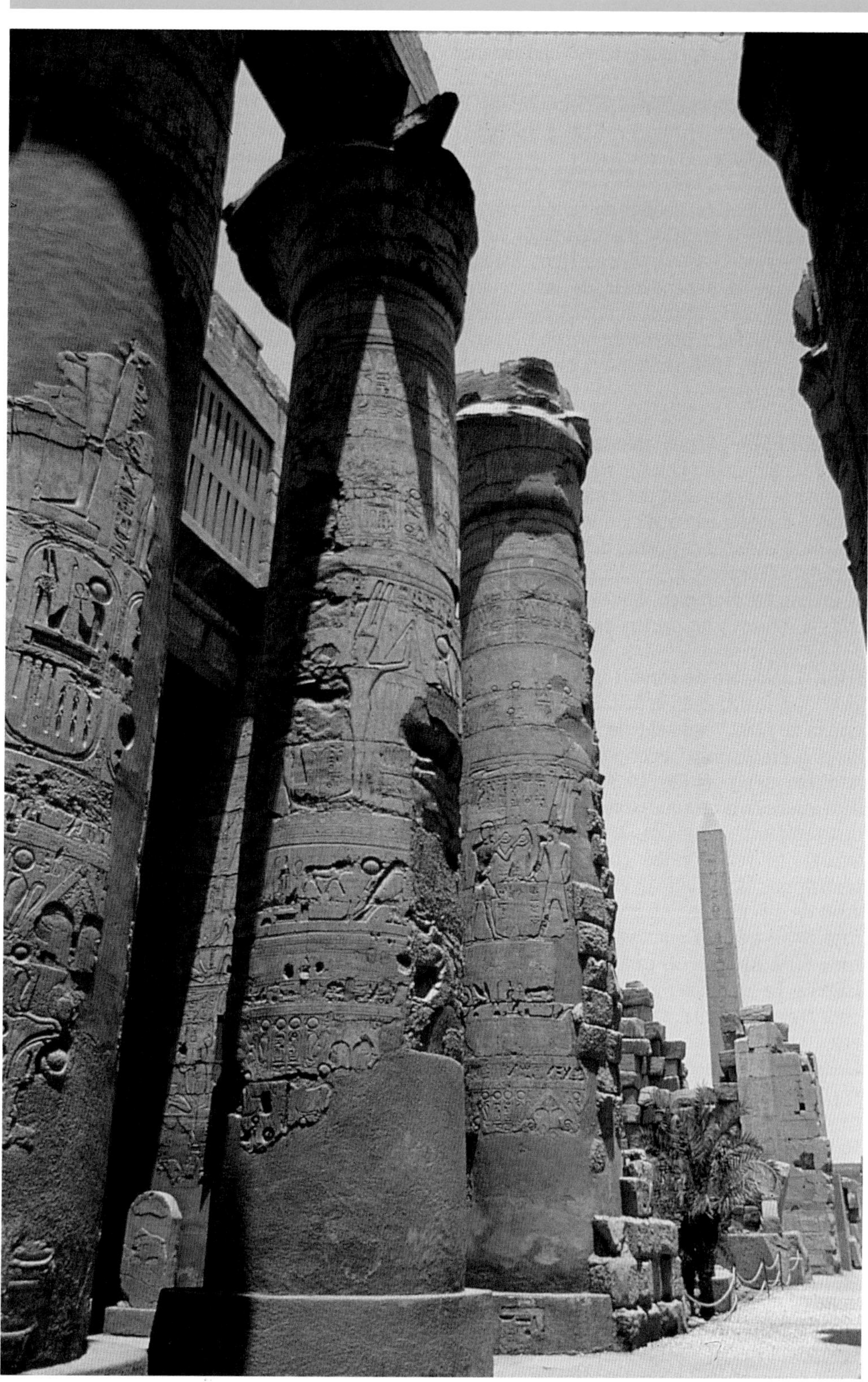

El gran hipóstilo en el templo de Amón-Ra, en Tebas.

HIDAI Nombre de persona, tal vez una variante de Hodai, que significa "mi majestad". Uno de los héroes militares de David (2 Sam. 23:30). El pasaje paralelo de 1 Crón. 11:32 dice Hurai. Era de Gaas. Ver *Gaas.*

HIDEKEL Nombre hebreo del tercer río que fluía del Edén (Gén. 2:14). La mayoría de las traducciones modernas lo traducen Tigris. Esto demuestra que la dependencia de las regiones importantes de la historia mundial posterior le debía su fertilidad al huerto original de Dios en la creación. Dan. 10:4 mantiene la traducción Hidekel. Ver *Tigris.*

HIDROPESÍA Edema; enfermedad con retención de líquidos e hinchazón. La hidropesía es un síntoma de enfermedad del corazón, hígado, riñones o cerebro. La condición implica acumulación de agua en las cavidades del cuerpo o en los miembros. Por lo tanto, cuando Luc. 14:2 habla de un hombre hidrópico, alude a un hombre que tenía los brazos y las piernas hinchados.

HIEL 1. Nombre de persona que significa "Dios vive" o bien, siguiendo la traducción griega, abreviatura de Ahiel, "hermano de Dios". Hombre de Bet-el que reconstruyó Jericó por el valor de la vida de dos de sus hijos (1 Rey. 16:34) en cumplimiento de la maldición divina que pronunció Josué cuando destruyó Jericó (Jos. 6:26). **2.** Hierba venenosa y amarga (tal vez *Citrullus colocynthis*), algunos piensan que la "cicuta" que bebió Sócrates provenía de esta hierba. Con frecuencia se la relacionaba con el ajenjo (Deut. 29:18; Jer. 9:15; 23:15; Lam. 3:19; Amós 6:12) para denotar amargura y tragedia. La infidelidad a Dios a menudo se asociaba al ajenjo y la hiel, ya sea para graficar a los infieles (Deut. 29:18) o para representar su castigo. Las traducciones modernas generalmente interpretan la palabra hebrea para hiel a la luz del contexto del pasaje (raíz venenosa y amarga, Deut. 29:18 NVI; agua envenenada, Jer. 8:14 NVI). El vocablo se utiliza en Lam. 3:19. En la cruz, Jesús rechazó el vino amargo mezclado con hiel, tal vez opio, que le ofrecieron (Mat. 27:34; comp. Sal. 69:21). De Simón el mago se dice que estaba lleno de hiel de amargura (Hech. 8:23) porque quería comprar el don del Espíritu Santo. **3.** La idea se puede expresar con dos palabras hebreas distintas utilizadas en tres sentidos diferentes en conexión con el hígado: (1) como órgano, ya sea el hígado o la vesícula biliar, a través del cual puede pasar una espada cuando atraviesa el cuerpo (Job 20:25); (2) como la bilis, fluido alcalino pegajoso color amarillo verdoso que segrega el hígado y se puede derramar en el suelo cuando se rompen los intestinos (Job 16:13); (3) en sentido figurado alude a la amargura (Job 13:26).

HIELO La poesía de Job hace varias referencias al hielo. Se lo describe duro como piedra (Job 38:30). En lenguaje figurado, el hielo se congela "por el soplo de Dios" (37:10). En una ilustración más llamativa, el Señor exige saber "¿De qué vientre salió el hielo? Y la escarcha del cielo, ¿quién la engendró?" (38:29). Sin el conocimiento de un meteorólogo, el escritor bíblico observó con claridad y con asombro que Dios es la fuente suprema de los fenómenos climáticos. El vocablo hebreo que se traduce "hielo", en ocasiones se cita como "frío", "heladas" o "escarcha" (Gén. 31:40; Jer. 36:30 NVI, LBLA).

HIENA Cualquiera de los mamíferos carnívoros del género *Hyaena*, ubicado en la escala zoológica entre los felinos y los caninos. Es de baja estatura y con rayas, muy parecido al zorro.

Las hienas se alimentan de carroña y se las conoce por su cobardía, crueldad y grito desagradable. Aparecen especialmente de noche. Por su actividad carroñera de excavar en las tumbas, en el mundo antiguo se la consideraba repulsivas. Se domestican fácilmente, y los egipcios las tenían como mascotas. Todas las citas bíblicas que mencionan estos animales incluyen juicios sobre naciones extranjeras (Babilonia o Edom) que quedan desoladas (Isa. 13:22; 34:14; Jer. 50:39, "chacales").

El término hebreo para hiena se usa como nombre de persona (Zibeón, Gén. 36:20), nombre de una ciudad (Seboim, Neh. 11:34) y de un valle (Zeboim, 1 Sam. 13:18) en el territorio de Benjamín.

La puerta romana occidental en Hierápolis con arcos triples entre dos torres defensivas (siglo I d.C.).

H

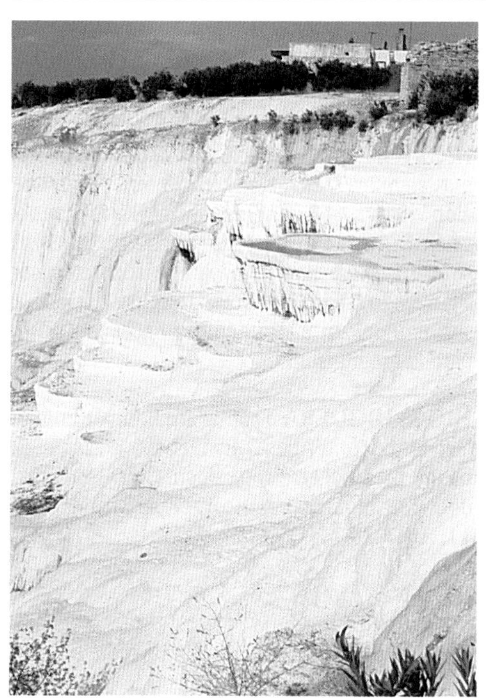

Depósitos minerales de las fuentes termales de Hierápolis, usadas como balnearios medicinales en la época romana.

HIERÁPOLIS Nombre geográfico que significa "ciudad sagrada". Ubicación de la iglesia primitiva donde trabajaba Epafras (Col. 4:13). No existen datos adicionales de esa iglesia. La ciudad estaba a 19 km (12 millas) al noroeste de Colosas y 10 km (6 millas) al norte de Laodicea sobre el Río Lico, cerca de su confluencia con el Meandro. Actualmente es Pambuck Kulasi. Su fama residía en la industria textil y el teñido de géneros. Comenzó como centro de adoración de la diosa madre frigia. Inscripciones en tumbas y otros restos literarios indican existencia de una numerosa comunidad judía.

HIERBA Pasto apto para consumo de los animales (Job 6:5). Las versiones españolas utilizan "hierba" para traducir por lo menos cinco palabras hebreas. **1.** *Deshe'* pareciera un término amplio aplicable a cosas que brotan y se tornan verdes (Gén. 1:11); se traduce hierba o vegetación (NVI). Con la lluvia se convierte en pasto verde (Sal. 23:2; comp. Isa. 66:14; 2 Rey. 19:26). **2.** *Dethe'*, equivalente arameo de *deshe'*, se refiere a la vegetación que crece en el campo (Dan. 4:15,23). **3.** *Yereq* alude a las plantas de color amarillo claro, verde o dorado: las hierbas verdes que comen los animales (Gén. 1:30; 9:3; Núm. 22:4); el brote verde de los árboles (Ex. 10:15); el juicio de Dios que destruye las cosas verdes (Isa. 15:6). *Yereq* puede modificar a *deshe'* para enfatizar el color verde (2 Rey. 19:26; Sal. 37:2). *Yaraq* es un término relacionado que describe las hortalizas de huerto (Deut. 11:10; 1 Rey. 21:2; Prov. 15:17). **4.** *Eseb* se refiere a plantas anuales que reverdecen con las lluvias tempranas (Gén. 1:11,29) en contraste con las plantas perennes; por lo tanto, son las hierbas del campo (Gén 1:30; 2:5; 9:3). Las personas dependen de Dios en cuanto al crecimiento de la hierba (Sal. 104:14; Miq. 5:7; Zac. 10:1). Esta ilustra la brevedad de la vida humana (Sal. 102:4,11) pero también el crecimiento floreciente y fértil (Sal. 72:16; 92:7) y el favor del rey que enriquece (Prov. 19:12). **5.** *Chatsir* es un término general para hierba silvestre que crece en techos (2 Rey. 19:26), montañas (Sal. 147:8) e incluso cerca de fuentes de agua durante las sequías (1 Rey. 18:5). Por su mortalidad, los seres humanos se pueden comparar con la hierba que desaparece en contraste con la palabra de Dios que permanece para siempre (Isa. 40:6-8; comp. 51:12; Sal. 90:5; 103:15). El lirio que aparece en Mat. 6:28 posteriormente recibe la designación de hierba (v.30).

HIERBAS Ver *Plantas.*

HIERBAS AMARGAS Incluidas como parte de la comida de la Pascua (Ex. 12:8; Núm. 9:11), se interpretaba que simbolizaban las experiencias amargas de la esclavitud de los israelitas en Egipto. Algunos han sugerido que consistían en una ensalada que incluía lechuga, endibia, achicoria y diente de león. La palabra que se traduce "amarguras" en Lam. 3:15 es la misma que se traduce "hierbas amargas" en otros pasajes. Ver *Plantas.*

HIERRO Metal que constituía el material básico para armas y herramientas en la época bíblica. En Israel la Edad de Hierro comenzó aprox. en el 1200 a.C., aunque lentamente pasó a formar parte de la vida cotidiana. La Biblia menciona el hierro con relación a Moisés y la conquista de Canaán pero, en esa época, el hierro era escaso y se usaba principalmente para joyas. La abundancia de hierro era una señal de la riqueza de la tierra prometida (Deut. 8:9), y los artículos de hierro eran indicativos de fortuna (Deut. 3:11; Jos. 6:19). Excavaciones de asentamientos israelitas de los siglos XI y XII revelaron anillos, brazaletes y puñales decorativos hechos de hierro.

En las técnicas de herrería primitiva, el hierro no era mucho más duro que otros metales conocidos y, a diferencia del bronce y del cobre, se lo debía trabajar en caliente. Sin embargo, a medida que se conocieron mejores técnicas de metalistería, el hierro gradualmente se convirtió en el metal preferido para herramientas tales como arados, hachas y picos, y también para armas como saetas y dagas. Los carros de hierro eran señal de gran poder en la guerra (Jos. 17:18; Jue. 1:19; 4:3).

Los eruditos del pasado enseñaron que los filisteos ejercieron monopolio del hierro sobre Israel. El aumento en la disponibilidad de hierro corresponde al período de decadencia filistea, y 1 Samuel registra que los filisteos evitaron que en Israel hubiera herreros (1 Sam. 13:19-21). Sin embargo, las excavaciones en Filistea no revelaron más utensilios de hierro que en las ciudades israelitas. Esto sugiere que la prohibición de que hubiera herreros en Israel tal vez aludía a quienes trabajaban el bronce y no el hierro, o que los filisteos en esa época contaban con ventaja económica y quizás tecnológica que les permitió controlar la industria del hierro.

Lo más probable es que el hierro se haya difundido por la región debido a trastornos con las fuentes de otros metales y al aumento del comercio con el norte y por mar. Después del 1000 a.C., el hierro comenzó a usarse en forma amplia. David enfatizó la importancia de contar con hierro como botín de guerra, y más tarde usó reservas de hierro y de bronce como preparación para la construcción del templo (1 Crón. 22:3).

En la Biblia, el hierro se usa con frecuencia en forma simbólica. Haciendo referencia a la dureza de ese metal, se lo emplea como amenaza de juicio (Sal. 2:9; Apoc. 2:27) o como símbolo de fuerza (Isa. 48:4; Dan. 2:40). Las imágenes incluyen otros aspectos de los artefactos de hierro: el horno como símbolo de opresión (1 Rey. 8:51), y Pablo aludió al efecto cauterizante del hierro caliente para describir a los que no tenían conciencia (1 Tim. 4:2). Ver *Armas y armaduras; Filisteos; Minerales y metales.* *Tim Turnham*

HÍGADO Órgano grande que segrega bilis. La grosura que estaba encima del hígado se ofrecía a Dios junto con otras partes escogidas del holocausto (Lev. 3:4,10,15). En LBLA y NVI se hace referencia al lóbulo del hígado. En la antigüedad se examinaba el hígado para discernir el futuro. La única mención escritural sobre esta práctica se relaciona con el rey de Babilonia (Ezeq. 21:21). Es probable que Lam. 2:11 considere al hígado como asiento de las emociones.

HIGAION Transliteración de la palabra hebrea que significa “dichos” (Lam. 3:62) o “meditación” (Sal. 19:14), o sonido musical que produce un instrumento de cuerdas (Sal. 92:3). En el Sal. 9:16 pareciera una nota para la adoración con significado incierto. Podría referirse a ejecutar suavemente un instrumento o hacer una pausa para la meditación.

HIGO, HIGUERA Fruto y árbol importante de la Tierra Santa. Adán y Eva usaron hojas de esa planta para hacerse ropa (Gén. 3:7). Jesús maldijo una higuera por no producir fruto (Mar. 11:13-14,20-21). Ver *Plantas.*

HIJO Ver *Familia.*

HIJO DE DIOS Término utilizado para expresar la deidad de Jesús de Nazaret en Su carácter de Hijo único y singular de Dios. En al AT, a ciertos hombres y ángeles (Gén. 6:1-4; Sal. 29:1; 82:6; 89:6) se los llama “hijos de Dios”. El pueblo de Israel era considerado hijo de Dios en sentido colectivo (Ex. 4:22; Jer. 31:20; Os. 11:1). Este concepto también se utiliza en el AT para referirse al rey como hijo de Dios (Sal. 2:7). Las promesas en el pacto de David (2 Sam. 7:14) son la fuente de esta forma especial de relación filial. Este título aparece ocasionalmente en la literatura intertestamentaria (Sabiduría de Salomón 2:18; 4 Esd. 7:28,29; 13:32, 37,52; 14:9; Libro de Enoc 105:2).

Las propias afirmaciones y exhortaciones de Jesús indican que las referencias a Él como Hijo de Dios tienen origen en Su propia persona. El punto focal de la identidad de Jesús en el cuarto Evangelio es Su filiación divina (Juan 10:36). Jesús consideraba que esta filiación divina era única, tal como indican declaraciones tales como “El Padre y yo somos uno” (Juan 10:30 NVI) y “el Padre está en mí, y yo en el Padre” (Juan 10:38 RVR1960). En otros pasajes Él se suele referir a Dios como “mi Padre” (Juan 5:17; 6:32; 8:54; 10:18; 15:15; Mat.7:21; 10:32,33; 20:23; 26:29, 53; Mar. 8:38; Luc. 2:49; 10:21,22).

En el bautismo y la transfiguración de Jesús, Dios Padre lo reconoció como Hijo; son pasajes que reflejan el Sal. 2:7. Jesús fue reconocido como Hijo de Dios por un ángel antes de Su nacimiento (Luc. 1:32,35); por Satanás en la tentación (Mat. 4:3,6);

H

por Juan el Bautista (Juan 1:34), y por el centurión en la crucifixión (Mat. 27:54). Varios de Sus seguidores le atribuyeron este título en diversos contextos (Mat. 14:33; 16:16; Juan 1:49; 11:27).

El término "Hijo de Dios" revela la filiación divina de Jesús y está estrechamente vinculado con Su posición real de Mesías. Gabriel le dijo a María que a su hijo no sólo lo llamarían Hijo de Dios sino que además reinaría sobre el trono mesiánico (de David) (Luc. 1:32,33). En el Evangelio de Juan también se advierte la conexión entre Hijo de Dios y la función real de Jesús (1:49; 11:27; 20:30), en las cartas de Pablo (Rom. 1:3,4; 1 Cor. 15:28; Col. 1:13) y en los escritos de Lucas (Hech. 9:20-22).

Básicamente, el título "Hijo de Dios" afirma la deidad de Jesús que se manifiesta en Su persona y Su obra. Juan enfatizó la relación personal de Jesús con el Padre. Pablo hizo hincapié en la salvación que proveyó Jesús (Rom. 1:4; 1 Tes. 1:10), y el autor de Hebreos se centró en Su sacerdocio (5:5). Todo esto está vitalmente relacionado con Su posición de Hijo de Dios.

David S. Dockery

HIJO DE HINOM Nombre geográfico también denominado "Ben-hinom" (LBLA, NVI). Valle al sur de Jerusalén que servía como límite norte de la tribu de Judá (Jos. 15:8) y frontera sur de la tribu de Benjamín (Jos. 18:16). En este lugar se practicaba el rito pagano del sacrificio de niños. Incluso algunos reyes de Judá practicaron este rito (Acaz, 2 Crón. 28:3; Manasés, 2 Crón. 33:6). Jeremías anunció el juicio de Dios sobre el valle a causa de tales prácticas (Jer. 19:1-15). Al valle se le iba a cambiar el nombre por el de "Valle de la Matanza" (Jer. 19:6). El pecado del valle motivó que Dios llevara a los babilonios para destruir Jerusalén (Jer. 32:35). El rey Josías profanó los altares de ese lugar y acabó con ellos (2 Rey. 23:10). El valle sirvió como límite norte de las aldeas de Judá donde se establecieron los que regresaron del exilio (Neh. 11:30). Ver *Hinom, Valle de.*

HIJO DE(L) HOMBRE Expresión que aparece tanto en el AT como en el NT. Se utiliza de las siguientes maneras: (1) como sinónimo poético de "hombre" o "ser humano", como por ej. en Sal. 8:4 y 80:17; (2) en Ezequiel, como título que Dios utiliza habitualmente para dirigirse al profeta (2:1,3; 3:1,3), y (3) en Dan. 7, como identidad de la persona gloriosa que el profeta ve llegar en las nubes del cielo para acercarse al Anciano de días. "El Hijo del Hombre" es un modo de llamar a Cristo que aparece frecuentemente en el NT. Era la expresión preferida de Jesús para referirse a Sí mismo porque daba a entender Su misión mesiánica como así también Su perfecta humanidad.

Antiguo Testamento "Hijo del Hombre" aparece con frecuencia en el AT como sinónimo de "hombre" o de "humanidad". En realidad, siempre se usa de este modo (Job 25:6; Isa. 56:2; Jer. 50:40) excepto en Ezequiel.

Ezequiel utiliza más de 90 veces "hijo de hombre" para referirse al profeta. Su significado es tema de debate. Algunos piensan que la expresión simplemente consiste en una convención literaria. Otros sostienen que indica la identificación de Ezequiel con el pueblo, o que es una manera de distinguirlo de otros hombres. Sea como fuere, Ezequiel manifestó una profunda percepción de la santidad y la majestad de Dios, y la frase al menos sirve para señalar la distancia que como ser humano separaba al profeta de Jehová.

La mención más importante del título "hijo del hombre" en el AT es Dan. 7:13. El contexto alude a la matanza de la cuarta bestia terrible de Dan. 7. Esto hace que "uno como un hijo de hombre" aparezca ante el Anciano de días y reciba el dominio eterno y la gloria. Aunque algunos han interpretado que este ser divino es símbolo de los judíos fieles o "santos del Altísimo", conviene considerarlo como una clara referencia al Mesías. Jesús a menudo se designaba a Sí mismo como tal y las nubes del cielo aparecen nuevamente relacionadas con la segunda venida de Cristo (Apoc. 1:7). Aquí el Señor Jesús se distingue de Dios el Padre, el Anciano de días, quien dará a Cristo un reino que nunca será destruido (Dan. 2:44).

Los Evangelios La frase se utiliza 32 veces en Mateo, 14 en Marcos, 26 en Lucas y 12 en Juan, lo que suma un total de 84 menciones en los Evangelios. Si se suman las veces que se menciona en Hechos, Hebreos y Apocalipsis (ver más abajo), el total llega a 88. Es siempre Jesús quien expresa esta frase, salvo cinco excepciones: Juan 12:34; Hech. 7:56; Heb. 2:6; Apoc. 1:13 y 14:14.

En los Evangelios podemos incluir las menciones de la frase "Hijo del Hombre" dentro de tres categorías generales; todas ellas salen de labios de Jesús. Los dichos *escatológicos* o *apocalípticos* son aquellos donde Jesús se refiere a Su futuro regreso sobre las nubes del cielo con gran poder y majestad (Mar. 8:38; 13:26; Mat. 24:27; 25:31). Este es el uso más frecuente. Estas referencias evocan claramente Dan. 7. Las alusiones a la venida futura aportan varios conceptos esclarecedores: (1) el Hijo del Hombre vendrá en gloria con los ángeles y dará lugar a un juicio final (Mat. 16:27; 25:31; 26:64; Juan 5:27). (2) Esta venida gloriosa será un período de renovación y regeneración. Cristo será entronizado y les dará a Sus apóstoles lugares especiales de honor (Mat. 19:28). (3) Esta llegada será súbita e inesperada, como un relámpago (Mat. 24:27; Luc. 12:40; 17:24). (4) Cuando Cristo venga en gloria reunirá a Sus elegidos (Luc. 21:36; Mar. 13:27). (5) Esta llegada repentina e inesperada (Mat. 10:23; 24:44) dará lugar al período cuando Él se sentará en el trono mesiánico prometido (Mat. 25:31).

Los dichos sobre la pasión o el sufrimiento del "Hijo del Hombre" son aquellos donde Jesús se refiere a Su inminente padecimiento, muerte y resurrección. Los dichos sobre la pasión constituyen el segundo grupo más numeroso. Marcos registra tres ocasiones en que Jesús anticipó claramente el rechazo, la crucifixión y la resurrección del Hijo del Hombre (Mar. 8:31; 9:31; 10:33,34). A los judíos de la época de Jesús les resultaba difícil entenderlo porque la expectativa mesiánica no relacionaba al Hijo del Hombre con sufrimiento y muerte. Jesús sabía que estas predicciones se referían a Él.

En último lugar, hay dichos relacionados con el *ministerio presente* de Jesús. Estas referencias generalmente reflejan la actitud humilde de Jesús, el Señor glorioso que se humilló para hacerse hombre. Mateo 8:20 muestra que no tuvo un hogar permanente. Su objetivo era buscar y salvar a los perdidos (Luc. 19:10) y dar Su vida en rescate por muchos (Mat. 20:28). Él es quien siembra la semilla del reino de Dios (Mat. 13:37) y, al hacerlo, es malentendido y rechazado (Luc. 7:34). Jesús advirtió que Sus discípulos también podrían ser llamados a sufrir por Él (Luc. 6:22). No obstante, este humilde Hijo del Hombre no es una persona común y corriente. Él afirma que tiene autoridad para perdonar pecados (Mar. 2:10) y asume el señorío sobre el día de reposo (Mat. 12:8).

Otro aspecto del concepto de "Hijo del Hombre" aparece en Juan. Si bien este utiliza el término con moderación, entremezcla de hermosa manera los elementos de los tres primeros Evangelios. El tema de ascenso y descenso del Hijo del Hombre constituye el énfasis principal de Juan. Presenta una constante interacción entre la humillación y la exaltación del Hijo del Hombre. Este que descendió del cielo es el mismo que está ahora sobre la tierra (Juan 3:13). Tenía que ser levantado en una cruz (la humillación máxima) para poder ser exaltado (3:14). Él es el Pan que bajó del cielo pero ascendió nuevamente allí cuando completó Su obra (6:62). Para encontrar la vida verdadera es necesario aceptar la humanidad del Hijo del Hombre (6:53), pero Él también es el Hijo de Dios que vino de lo alto y une el cielo con la tierra (1:51). Aun la traición de Judas (13:32) sirvió para lograr que Jesucristo fuera glorificado. En los Evangelios, y especialmente en Juan, "Hijo del Hombre" significa humanidad y humillación pero también exaltación y gloria.

Resto del Nuevo Testamento Fuera de los Evangelios, el título "Hijo del Hombre" aparece sólo cuatro veces. En Hech. 7:56, Esteban vio al Hijo del Hombre en el cielo a la diestra de Dios, listo para recibirlo después de que lo apedrearan. Hebreos 2:6 cita el Sal. 8, un pasaje que originariamente se refería a la humanidad en general. No obstante, el escritor de Hebreos lo utilizó para atribuir singularidad a Jesús como representante perfecto de la humanidad. Apocalipsis 1:13 y 14:14 siguen la figura literaria de Dan. 7 que presenta al Hijo del Hombre como un Juez exaltado. Es llamativo que el título no aparezca en los escritos de Pablo, pero muchos estudiosos de la Biblia han sugerido que la idea paulina de Cristo como el hombre celestial o segundo Adán puede relacionarse con el concepto de "Hijo del Hombre". Con toda seguridad, la teología paulina se fundamenta sobre la realidad de la obra expiatoria de Cristo como el Dios/hombre; esto se observa claramente en 1 Cor. 15:3-7.

Conclusión San Agustín escribió: "El Hijo de Dios se convirtió en Hijo del Hombre para que ustedes que eran hijos de los hombres pudieran ser hechos hijos de Dios". Jesús se convirtió en uno de nosotros, aunque no era como nosotros. Sólo Jesús es Hijo del Hombre e Hijo de Dios en una misma persona. En Mat.16:13-17, Jesús les preguntó a los discípulos: "¿Quién dicen los hombres que es el Hijo del Hombre?" Simón Pedro contestó: "Tú eres el Cristo, el Hijo del Dios viviente".

Dale Ellenburg y John B. Polhill

HIJO PRÓDIGO Término usado como título de la parábola de Jesús en Luc. 15:11-32 y como descripción del estilo de vida del hijo menor. Las traducciones españolas no utilizan el término pródigo para describir este estilo de vida sino que se refieren a él diciendo que "desperdició" o "malgastó" sus bienes viviendo "perdidamente" o en forma "desenfrenada". Lamentablemente, como este título se centra en el hijo menor, hace que uno olvide el concepto que tanto Jesús como Lucas quieren destacar. La parábola debería llamarse "parábola del padre bondadoso" porque él es el personaje que aparece en las dos mitades de la historia y es el principal de la parábola. Además, el concepto más importante proviene de la conversación entre el hijo mayor y el padre, mediante lo cual Jesús defiende el ofrecimiento de salvación que Dios les hace a los recaudadores de impuestos y a los pecadores (y a otros pródigos como ellos), y condena a fariseos y escribas por oponerse a este ofrecimiento de misericordia (Luc. 15:1,2). *Donny Mathis*

HIJOS DE DIOS Traducción literal de una frase que se refiere a una clase de seres que tienen cierto tipo de relación con Dios. El significado y la traducción varían según el contexto.

Antiguo Testamento La frase hebrea *beney ha'elohim* aparece en Gén. 6:2,4 y en Job 1:6; 2:1; 38:7. En los pasajes de Job, los "hijos de Dios" son los ángeles (Job 38:7; en paralelismo poético con "las estrellas del alba") o la corte celestial (1:6 y 2:1).

El texto de Génesis (6:1-4) históricamente ha sido uno de los pasajes del AT más difíciles de interpretar. El quid de la pregunta interpretativa es cómo entender la distinción entre los dos grupos mencionados en este texto: "los hijos de Dios" y "las hijas de los hombres". Se han propuesto tres enfoques.

El primero afirma que "los hijos de Dios" eran príncipes o gobernantes y que "las hijas de los hombres" eran plebeyas o mujeres de una clase social inferior. La base principal de este argumento surge de la comparación que se hace con la Epopeya de Gilgamesh de Babilonia donde el rey, Gilgamesh, tiene derecho a ser el primero en tener relaciones sexuales con una novia que se acaba de casar. Recién después el marido puede tomarla como esposa. La objeción principal a esta posición es que el AT no menciona en ningún otro momento a "los hijos de Dios" en referencia con la realeza.

Una segunda posición es que la frase "los hijos de Dios" debería traducirse como "hijos piadosos", por lo cual se refiere a los descendientes piadosos de Set. De acuerdo con este enfoque, "las hijas de los hombres" son "mujeres del mundo", las descendientes impías de Caín. El argumento es que estos matrimonios entre tribus habrían diluido la línea de Set, tanto espiritual como físicamente. Sin embargo, los principios de la buena exégesis requieren que "los hombres/los hombres" tengan el mismo significado en 6:2 que en 6:1; *Ha'adam* (la misma palabra en ambos versículos) se entiende genéricamente como "humanidad/seres humanos" en 6:1, y se refiere a la raza humana entera que incluye tanto a los descendientes de Set como a los de Caín. Si la frase "las hijas de los hombres" se refiere sólo a mujeres impías descendientes de Caín, *ha'adam* debería tener un significado más restringido en 6:2, lo cual violaría los principios de una buena exégesis.

La posición final es que "los hijos de Dios" eran ángeles o seres sobrenaturales, por lo tanto, las "hijas de los hombres" eran mujeres humanas. Se han presentado dos objeciones a esta interpretación. Ambas están basadas en presuposiciones sin apoyo escritural sobre la naturaleza de los ángeles: (1) que los ángeles no tienen género y por lo tanto son incapaces de cohabitar con seres humanos, y (2) que interpretar que los "hijos de Dios" son ángeles requiere que la narrativa se entienda como un acontecimiento mitológico más que histórico.

Se han propuesto varias líneas de apoyo en defensa de esta interpretación. (1) La frase "hijos de Dios" se interpreta en otras partes del AT como "ángeles" (Job 1:6; 2:1; 38:7). (2) La traducción griega del AT del siglo III a.C. (la Septuaginta, el texto alejandrino) dice "los ángeles de Dios" cuando el hebreo dice "los hijos de Dios". (3) Si 6:4 está relacionado con lo que le precede y con lo que sigue, entonces los descendientes de la unión entre los ángeles y las mujeres son los nefilim (gigantes), los renombrados y poderosos hombres de tiempos antiguos. (4) Por último, esta unión sexual lleva a Dios a castigar al mundo con el diluvio. Este pecado era un acto tan terrible de rebelión contra las normas de Dios que la destrucción completa del mundo mediante un diluvio era la única respuesta de un Dios santo. Pareciera poco probable que la cohabitación entre los setitas piadosos y los cainitas impíos o entre reyes y plebeyos justificara la destrucción absoluta de la tierra. La unión sexual impía entre ángeles y mujeres pareciera la mejor explicación del pecado atroz que desencadenó el juicio del diluvio.

Nuevo Testamento Israel era el hijo adoptivo de Dios en el AT por la elección soberana de Dios y por el pacto (Ex. 4:22,23; Os. 11:1; comp. Mat. 2:13-15; Rom. 9:4; 2 Cor. 6:18). Incluso de un modo más íntimo, personal y cercano a Su corazón, Dios adoptó a David y a su simiente real

(2 Sam. 7:14; 1 Crón. 17:13; 28:6; Sal. 2:7,8), en definitiva el Rey divino en Su papel de Salvador de Israel (Luc. 1:32; Hech. 2:29-36; 13:32-37; Rom. 1:3,4; Heb. 1:3-5). Asimismo, los cristianos son llamados hijos de Dios y, por lo tanto, herederos de Dios y del reino (Mat. 5:9) por adopción, escogidos en Cristo, habitados por el Espíritu Santo y destinados a ser conformados a la imagen de Cristo (Luc. 20:36; Rom. 8:14-17, 29; Gál. 3:26; 4:4-7; Ef. 1:5). Ver *Ángeles; Concilio celestial; Nefilim.* *Francis Kimmitt*

HIJOS DE LOS PROFETAS Miembros de una agrupación de profetas. "Hijos de" se refiere a la membresía a un grupo o clase, y no implica relación familiar. "Hijos de los profetas" indica una comunidad o gremio de profetas. El uso más amplio de esta expresión se observa en las historias de Eliseo donde se presenta al profeta como líder de la agrupación profética. Como tal, Eliseo se ocupó de las necesidades de la viuda de un profeta (2 Rey. 4:1-7), aceptó la construcción de una vivienda común (2 Rey. 6:1-7) y organizó una comida para los profetas (2 Rey. 4:38-44). Los hijos de los profetas oficiaban como testigos (2 Rey. 2:3,5,7,15) o agentes del ministerio de Eliseo (2 Rey. 9:1-3).

La única referencia a los hijos de los profetas fuera del ciclo de Eliseo se refiere a alguien identificado como "un varón de los hijos de los profetas" que condenó la acción de Acab de liberar a Benadad (1 Rey. 20:35-42). La "compañía de profetas" (1 Sam. 10:5,10; 19:20) son grupos de profetas cuyo espíritu carismático involucró a Saúl en la profecía (1 Sam. 10:10) y, más tarde, tanto a este como a sus mensajeros (1 Sam. 19:20).

La famosa declaración de Amós: "No soy profeta, ni soy hijo de profeta" (Amós 7:14) probablemente sea una declaración de independencia de las agrupaciones proféticas de su época. Del mismo modo, la declaración de Jeremías de que Dios lo había hecho profeta aun antes de ser concebido (Jer. 1:5) puede representar indirectamente un rechazo a las escuelas proféticas de Judá. Ver *Profeta.* *Fred L. Horton (h)*

HILAR Y TEJER Procesos principales para la fabricación de telas; muy comunes en tiempos bíblicos.

Hilar Los hilos que se tejían hasta formar un paño se elaboraban con fibras naturales que se hilaban (Mat. 6:28; Luc. 12:27). El lino (Lev. 13:47,48; Prov. 31:13; Jer. 13:1; Ezeq. 40:3; 44:17; Os. 2:5) y la lana (Lev. 13:47) eran las fibras más usadas en el mundo bíblico.

Una mujer beduina mientras hila.

En el hilado, las fibras naturales se estiraban hasta formar una hebra floja que se retorcía para formar un hilo continuo. El huso (2 Sam. 3:29; Prov. 31:19) era un palo delgado que se hacía girar para retorcer las fibras estiradas o que quedaban atrapadas en un gancho o ranura en la parte superior. Una voluta del huso actuaba como volante para lograr un retorcido más eficiente. El hilo se enrollaba alrededor del palo. A veces se ovillaba retorciendo dos o tres hebras juntas (Ex. 26:1; 36:8,35). El producto final entonces se podía usar para tejer (Ex. 35:25,26).

Tejer Entrelazar hebras para formar una tela. Se llevaba a cabo en telares, artefactos diseñados para crear aberturas (caladas) entre hilos alternados de la urdimbre vertical por donde se pasaban los de la trama horizontal. Luego de colocar cada hilo de la trama, se apretujaba contra el anterior con un palo plano para afirmar la tela.

En el mundo bíblico existían tres diseños principales de telares. En un telar horizontal, los hilos de la urdimbre se estiraban entre vigas fijadas al suelo. Es probable que sea este tipo al que se alude en la historia de Sansón (Jue. 16:13,14), ya que habría permitido que Dalila tejiera los mechones de cabello de Sansón mientras él dormía. Cuando Sansón se levantó, arrancó la estaca del telar (Jue. 16:14) que aseguraba las vigas. En algunos telares verticales, la urdimbre se estiraba entre dos vigas fijas que formaban un marco rectangular. El trabajo se hacía desde la parte inferior y el tejido se podía enrollar en la viga de abajo (Isa. 38:12). Esto permitía que el tejedor permaneciera sentado y elaborara productos terminados mucho más largos. Otro tipo de telar vertical tenía los hilos de urdimbre sujetos a una viga superior y se mantenían en tensión agrupados mediante una serie de pesas de piedra o arcilla. El tejido se hacía de arriba abajo y la trama se apretujaba hacia arriba. Se ha excavado una gran cantidad de pesas de telar que dan testimonio de la popularidad de los telares de urdimbre de esa clase en la Israel del AT.

Las rayas o franjas de color se lograban mediante hilos teñidos en ciertas partes de la urdimbre o de la trama. Los telares con pesas en la urdimbre permitían separar partes de los hilos al mismo tiempo; esto permitía realizar motivos intricados en la trama cubriendo pequeñas áreas con distintos colores. Sin embargo, estaba prohibido usar ropas de lino y lana tejidos juntos (Deut. 22:11). Los tejedores aparentemente eran profesionales especializados en distintos tipos de trabajo. El AT distingue entre tejedores comunes, diseñadores y bordadores (Ex. 35:35). *Daniel C. Browning (h)*

HILCÍAS Nombre de persona que significa "Yahvéh es mi porción". **1.** Padre de Amasías (1 Crón. 6:45). Levita que vivió antes de la época del rey David. **2.** Levita y sirviente del templo durante los días de David (1 Crón. 26:11). **3.** Padre de Eliaquim que estaba a cargo de la casa de Ezequías (2 Rey. 18:18). **4.** Padre del profeta Jeremías (Jer. 1:1). **5.** Padre de Gemarías, que fue emisario entre Sedequías y Nabucodonosor, rey de Babilonia (Jer. 29:3). **6.** Sumo sacerdote que colaboró con el movimiento reformador de Josías (2 Rey. 22:4) **7.** Persona que estuvo junto al escriba Esdras cuando se leyó la ley (Neh. 8:4). **8.** Sacerdote entre los que regresaron del exilio (Neh. 12:7).

Un tejedor del Medio Oriente, trabajando en su telar.

HILEL Nombre de persona que significa "alabanza". **1.** Padre del juez Abdón (Jue. 12:13). **2.** Rabí y erudito talmúdico influyente que se destacó poco antes del ministerio de Jesús. Él y su colega Shammai presidieron sobre las dos escuelas rabínicas más importantes de su época. Entre ambos, Hilel era el más liberal, y sus observaciones han determinado significativamente la dirección del judaísmo a partir de ese momento.

HILÉN Nombre geográfico que tal vez signifique "poder". Ciudad en el territorio tribal de Judá otorgada a los levitas (1 Crón. 6:58). El pasaje paralelo (Jos. 21:15; comp. 15:51) dice "Holón". El texto hebreo en Crónicas en realidad dice "Hilez". Los cambios en el copiado afectaron las diversas formas de escritura en los mss con relación a esta ciudad poco conocida. Ver *Holón; Levitas, Ciudades de los.*

HIMENEO Nombre de persona correspondiente al dios griego del matrimonio. Nombre de un colaborador de Pablo cuya fe se debilitó y su estilo de vida cambió, lo cual indujo a Pablo a dejarlo librado a Satanás (1 Tim. 1:20). Probablemente esto signifique que el apóstol le indicó a la iglesia que expulsara a Himeneo de la membresía a fin de purificarla, evitar la tentación en la iglesia y conducirlo a él a restauración en la fe, arrepentimiento y renovación de su participación en la iglesia. Junto con Fileto, Himeneo pensaba que la resurrección ya había tenido lugar (1 Tim. 2:17,18; comp. 1 Cor. 5). Ver *Gnosticismo.*

HIMNO Cántico de alabanza a Dios.

Antiguo Testamento El canto religioso ceremonial se menciona en el AT en relación con eventos importantes, por ej. los cánticos con que los hebreos celebraron el cruce del Mar Rojo (Ex. 15:1-21), el canto triunfal de Débora y Barac después de la derrota de las fuerzas de Jabín, rey de Hazor (Jue. 5:1-31), y el canto de las mujeres ante el victorioso regreso de David tras la batalla con los filisteos (1 Sam. 18:6,7). Moisés también les dio a los israelitas sus últimas advertencias en forma de cántico (Deut. 32:1-43). El libro de los Salmos es un himnario, y fueron escritos por diversos autores a lo largo de un extenso período de tiempo; el pueblo de Israel los empleaba en reuniones de adoración. La colección de 150 salmos finalmente se incluyó en las Escrituras hebreas. El canto de himnos en el templo de Jerusalén lo realizaban coros entrenados, y a veces con acompañamiento instrumental (2 Crón. 29:25-28). El pueblo se unía al coro cantando himnos al unísono, en forma de respuesta y de modo antifonal.

Himno es también un término técnico para referirse a un estilo literario específico del material de los Salmos. En este sentido, un himno expresa alabanza de la congregación por la grandeza y la majestad de Dios, y está dirigido generalmente a miembros de la congregación para invitarlos a alabar a Dios. Por lo general, este tipo de himno incluye un llamado a la congregación para unirse a la alabanza (Sal. 33:1-3), una lista de motivos para alabar a Dios (Sal. 33:4-19) y un llamado final a la alabanza o una declaración de confianza (Sal. 33:20-22).

Nuevo Testamento El canto de melodías con contenido espiritual formaba parte de la iglesia cristiana primitiva. Entre los cánticos del NT algunos se destacan y llegaron a ser parte de la adoración cristiana litúrgica: Luc. 1:46-55, el cántico de María, el *Magnificat*; Luc. 1:68-79, el canto profético de Zacarías, el *Benedictus*; y Luc. 2:29-32, la bendición de Simeón al niño Jesús y su despedida, el *Nunc Dimittis*. Sin duda en la adoración comunitaria se utilizaban numerosas doxologías (p. ej., Luc. 2:14; 1 Tim. 1:17; 6:15,16; Apoc. 4:8). Otros pasajes del NT citan himnos o fragmentos de himnos (Rom. 8:31-39; 1 Cor. 13; Ef. 1:3-14; Ef. 5:14; Fil. 2:5-11; 1 Tim. 3:16; 2 Tim. 2:11-13; Tito 3:4-7). El NT afirma que Jesús y sus discípulos cantaron un himno al final de la última cena (Mat. 26:30; Mar. 14:26). La mayoría de los eruditos piensan que cantaron parte de los Salmos 115–118, himnos conocidos como el "Hallel" que se cantaban tradicionalmente después de la cena en la víspera de la Pascua. La división de los cantos cristianos en salmos, himnos y cantos espirituales (Ef. 5:19; Col. 3:16) no se debe tomar como referencia a que en aquellos días había tres estilos o tipos de música vocal. La expresión indica que el canto cristiano se usaba para adoración, para instruir en la fe y para expresar gozo. En otra cita del NT, Hech. 16:25, la mención de que "cantaban himnos a Dios" evidentemente significa que Pablo y Silas cantaban himnos en la cárcel. El escritor de Hebreos destacó en 2:12 (una cita del Salmo mesiánico, 22:22) que Jesús declararía Su nombre a la iglesia, que cantaría "himnos en medio de la congregación". *J. William Thompson*

HIN Unidad de medida líquida equivalente a 1/6 de bato (Ex. 29:40). Sería equivalente a aprox. 4 litros (1 galón). Ver *Pesos y medidas*.

HINOM, VALLE DE Nombre geográfico de significado desconocido. También llamado "valle de los hijos de Hinom". Está próximo a Jerusalén (2 Rey. 23:10), al sur de la ciudad antigua (Jos. 15:8). El valle tuvo una historia poco atractiva en el período del AT. Los seguidores de los dioses paganos Baal y Moloc practicaban allí sacrificio de niños (2 Rey. 23:10). La primera mención específica sobre un sacrificio humano en Israel está en 2 Rey. 16:3, y en Judá en 2 Rey. 17:17. El pasaje paralelo en 2 Crón. 28:3 indica que el escenario de esa abominable práctica era el Valle de Hinom. Ver *Baal; Gehenna; Infierno; Jerusalén; Moloc*.
Hugh Tobias

HIPOCRESÍA Pretensión de ser lo que uno no es, ante todo en el sentido de ser mejor persona de lo que uno realmente es. La palabra proviene del griego *hupokrisis*, que originalmente significa dar una respuesta. En el concepto griego, un hipócrita podría ser un intérprete de sueños, un orador, un recitador de poesía o un actor. Originalmente un término neutral, la palabra "hipócrita" adquirió la connotación negativa de simulación, duplicidad o falsedad.

En la Biblia domina el sentido negativo. Con frecuencia, la palabra se refiere al mal o al pecado en general y no a la simulación en particular. En el AT, las versiones tradicionales usaban "hipócrita" en pasajes donde versiones posteriores dicen "impío" o "falso" (Job 8:13; 15:34-35; 17:8; Isa. 9:17; 33:14, etc.). Esta persona "impía" manifiesta oposición a Dios o no lo tiene en cuenta. La palabra hebrea que a menudo se traduce hipócrita se refería a contaminación o corrupción. Aunque los hebreos se preocupaban por la falsedad o la simulación (Isa. 29:13; Jer. 12:2), no existe una palabra hebrea que equivalga exactamente a "hipocresía".

En el NT (en especial las enseñanzas de Jesús en los Evangelios sinópticos) se destaca la hipocresía en el sentido más limitado de representar un papel. Jesús criticó a los hipócritas por ser piadosos en público (Mat. 6:2,5,16). Estaban más interesados en ser alabados por los hombres cuando daban limosna, oraban o ayunaban que en recibir recompensa de Dios. También eran culpables de juzgar las faltas de otros e ignorar las propias (Mat. 7:1-5). Jesús a menudo llamaba hipócritas a los fariseos por la contradicción que había entre sus acciones externas y las actitudes interiores (Mat. 15:1-9). Sus verdaderas actitudes saldrían a la luz (Luc. 12:1-3). Los hipócritas podían interpretar las condiciones climáticas pero no las señales de los tiempos (Luc. 12:56). Se preocuparon más de las reglas del día de reposo que de la salud de una mujer (Luc. 13:15). Lucas señaló que los líderes religiosos simulaban ser sinceros cuando le preguntaron a Jesús sobre el pago de impuestos a César (Luc. 20:20). Es probable que el debate más famoso sobre la hipocresía sea Mat. 23. Los líderes religiosos no practicaban lo que predicaban (Mat. 23:3), y Jesús los comparó con vasos limpios por fuera pero sucios por dentro, y con sepulcros blanqueados (Mat. 23:25-28).

La preocupación por la hipocresía se advierte a lo largo del NT. Aunque el término en sí no aparece, esta característica formó parte del pecado de Ananías y Safira (Hech. 5:1-11). Pablo acusó a Pedro de hipocresía por negarse a comer con los cristianos gentiles de Antioquía (Gál. 2:12,13), y le advirtió a Timoteo sobre los falsos maestros hipócritas (1 Tim. 4:2). Pedro incluyó la hipocresía entre las actitudes que los cristianos debían evitar (1 Ped. 2:1).

En seis oportunidades, los escritores del NT señalan que la sinceridad (sin hipocresía, *anupokritos*) debía ser característica de los cristianos. En ellos, el amor (Rom. 12:9; 2 Cor. 6:6; 1 Ped. 1:22), la fe (1 Tim. 1:5; 2 Tim. 1:5) y la sabiduría (Sant. 3:17) debían ser sinceros. Ver *Fariseos; Mentira; Pecado; Verdad.* *Warren McWilliams*

HIPOPÓTAMO Mamífero grande, de piel gruesa, anfibio y rumiante de la familia *Hippopotamidae.* El *behemoth* hebreo (Job 40:15-24) a veces se identifica con el hipopótamo. Otros prefieren identificarlo con el cocodrilo, con el elefante o con una criatura mítica (generalmente en notas marginales). En la llanura costera cerca de Tel Aviv se hallaron restos de hipopótamo que datan de entre 1200 y 300 a.C. Es posible que el hipopótamo también haya existido durante ese período en el Río Jordán, aunque falta confirmación arqueológica. Ver *Behemot.*

HIR Nombre de persona que significa "ciudad" o "pollino". Miembro de la tribu de Benjamín (1 Crón. 7:12). Algunos estudiosos de la Biblia aluden a Gén. 46:23 y creen que se trata de un error de copista, que escribió "Hir" en vez del original "Dan", que se parece mucho a Hir en hebreo.

HIRA Nombre de persona de significado desconocido. Amigo de Judá, el hijo de Jacob, a quien visitaba cuando conoció al cananeo Súa y a su hija, Betsúa, con la que tuvo tres hijos (Gén. 38:1-12). Hira era de la ciudad cananea de Adulam, aprox. 14 km (9 millas) al noroeste de Hebrón.

HIRAM Nombre de persona que aparentemente significa "hermano del altivo", **1.** Rey de Tiro, asociado con David y Salomón en la construcción del templo. Se lo llama Hiram (en Samuel y Reyes) y Huram (en Crónicas), pero ambos nombres se refieren al mismo individuo. Información adicional sobre él proviene de Josefo, historiador judío de la antigüedad. Hiram era hijo de Abibaal ("mi padre es Baal") y tenía 19 años cuando sucedió a su padre como rey de Tiro, sobre la costa fenicia, al norte de Israel. Reinó alrededor de 34 años y se afirma que murió a los 54, aunque las citas bíblicas parecen indicar un reinado más largo.

Cuando se convirtió en rey, comenzó a mejorar y expandir su reino. Construyó terraplenes al este de Tiro y agrandó la ciudad. Construyó una carretera elevada para conectar la ciudad con el templo de Júpiter Olimpo en el puerto de la isla y luego modernizó el templo. Cuando David ascendió al trono de Israel, Hiram envió regalos para felicitarlo que incluían hombres y materiales para construir un palacio (2 Sam. 5:11). La amistad entre ambos se acrecentó y se evidenció en el comercio entre ambas naciones. La estrecha relación continuó durante el reinado de Salomón; ambos hombres hicieron un tratado que resultó en la construcción del templo de Jerusalén (1 Rey. 5:1-12).

Esta relación entre Israel y Tiro fue mutuamente beneficiosa. Jerusalén estaba tierra adentro y tenía las ventajas de las rutas comerciales terrestres. Tiro, un importante puerto marítimo, ofrecía las ventajas del comercio marítimo. Hiram controlaba dicho comercio en ese período y era un mercader internacional reconocido. La amistad con David y Salomón explica, al menos en parte, la prosperidad y el éxito de sus reinados. Ver *David; Fenicia; Salomón; Tiro.*

2. Artesano que realizó herrería artística para el templo de Salomón (1 Rey. 7:13-45). Vivía en Tiro, la patria de su padre, pero su madre era judía, viuda de la tribu de Neftalí. *Hugh Tobias*

HIRAM-ABI Nombre de persona que tal vez signifique "mi padre es un hermano enaltecido". Nombre que en algunas versiones se identifica con Huram/Hiram, el artesano experimentado y hábil que Hiram, rey de Tiro, le envió a Salomón para ayudar en la construcción del templo (2 Crón. 2:13).

HISOPO Arbusto pequeño (de aprox. 70 cm [27 pulgadas]), probablemente *Origanum maru*, la mejorana siria. Los tallos del hisopo producen numerosas flores blancas pequeñas que forman ramilletes. Por eso fue adecuado para "pintar" con la sangre de los corderos pascuales los dinteles de las puertas de los hogares israelitas (Ex. 12:22). La asociación del hisopo con los acontecimientos del éxodo tal vez indujo a que se empleara en otros rituales, en la limpieza de leprosos (Lev. 14:4,6,49,51,52) y de los que estaban impuros por haber tenido contacto con un cadáver (Núm. 19:6,18; ver *Becerra, novilla*). El Sal. 51:7 aplica la bien conocida imagen del hisopo a la limpieza espiritual respecto del pecado.

Una rama de hisopo llevaba la esponja que se usó para ofrecerle vinagre a Jesús durante la crucifixión (Juan 19:29; Mat. 27:48 y Mar. 15:36 mencionan una caña). Se han presentado diversas explicaciones para resolver esta diferencia. La mayoría de los exégetas han intentado armonizar los relatos paralelos: (1) sugiriendo que a Cristo se le ofreció vinagre en dos ocasiones, una con un hisopo y otra con una caña; (2) sugiriendo que la caña y el hisopo se utilizaron simultáneamente para sostener la esponja; (3) corrigiendo el texto de Juan con la palabra "espiga" en lugar de hisopo, lo cual armoniza mejor con caña; (4) entendiendo que hisopo alude a otra planta que podría describirse como caña, como es el caso del *Sorghum vulgare*. Un enfoque alternativo es el que se interesa principalmente en el por qué de su uso (el significado teológico) más que en los detalles del elemento en sí. Estos intérpretes señalan que Juan procura relacionar la muerte de Jesús con el acontecimiento del éxodo que significó la liberación del pueblo hebreo de la esclavitud en Egipto y/o con los rituales de purificación del AT donde se empleaba el hisopo. Hebreos 9:19 dice que el pueblo fue rociado con un hisopo cuando se leía la ley. El relato de Ex. 24:6-8 omite este detalle. Ver *Plantas*.

Joseph E. Glaze, Mitchell G. Reddish y Charles R. Wade

HISTORIA La historia bíblica es el registro escrito del tiempo (pasado, presente y futuro) que revela que Dios creó la humanidad y el medio ambiente y que Él los está guiando en una progresión lineal de acontecimientos hacia un final significativo. Hay cuatro aspectos principales para la comprensión bíblica de la historia: la providencia, la cronología lineal, el sentido y la esperanza.

Providencia: Durante el período bíblico, la mayoría de los paganos veían la historia como una esfera inestable de conflictos entre deidades en disputa. En oposición a la visión pagana, y por su encuentro con Yahvéh, los judíos creyeron en un Dios todopoderoso como Creador y Señor de la historia y de todas sus manifestaciones.

Cronología lineal: La comprensión hebrea del tiempo como progresión lineal o cronología no repetitiva que se mueve hacia una meta definida difería de la idea pagana, que lo consideraba una repetición cíclica de acontecimientos.

Sentido: Aunque la Biblia contiene historia en sentido cronológico, su principal propósito es trasmitir el significado de la historia. Esto se evidencia claramente en la diferenciación léxica entre las palabras griegas *chronos* "un período de tiempo", y *kairos* "un punto fatídico y decisivo en el tiempo". El constante uso de la palabra *kairos* en el NT indica la intención de la Biblia de transmitir una historia con sentido.

Esperanza: El antiguo Cercano Oriente por lo general era pesimista en cuanto al mundo material, y quería huir de la historia hacia una realidad inmaterial eterna. En agudo contraste, la Biblia describe a Dios como quien guía la historia hacia un final benéfico para los que se encuentran en un pacto de fe con Él.

Perspectivas alternativas de la historia Con frecuencia los seres humanos han intentado asignarles sentido a los sucesos que experimentan y descubrir la dirección de la historia. Dichos esfuerzos han generado diversas perspectivas que entran en conflicto con la revelación divina de la historia registrada en la Biblia. Las seis alternativas son: la visión cíclica, la del progreso inevitable, la mecanicista, la historicista, la futurista y la caótica.

(1) La perspectiva cíclica es uno de los puntos de vista más antiguos de la historia documentada y lo sostenían de formas diversas religiones y filosofías antiguas de Europa, Asia y África. En la época moderna, la perspectiva cíclica fue defendida por Friederich Nietzche, que la usó en sus ataques contra el cristianismo. Según esa perspectiva, el tiempo es un círculo que se repite de manera inevitable y periódica. Como la historia no va hacia una meta específica, esta perspectiva conlleva un profundo sentido de pesimismo y resignación. Los defensores de la idea cíclica procuran escapar del ciclo histórico hacia una realidad inmaterial e impersonal. Desde la perspectiva cristiana, la falla de la visión cíclica es la falta de progresión lineal y de esperanza.

(2) La perspectiva del progreso inevitable tiene su origen en la Ilustración del siglo XVII. Esta perspectiva destaca la competencia de la razón humana y ansía descartar las ideas religiosas tradicionales. Auguste Comte afirmaba que la humanidad atraviesa inevitablemente tres etapas que la alejan de la teología y la acercan al positivismo científico. La teoría darwiniana de la evolución biológica reforzó esta perspectiva al afirmar el principio de la selección natural. Georg Hegel creía que el "Espíritu", una idea absoluta en que los seres humanos participan por medio del conocimiento, dirige la historia en un esquema dialéctico de una progresión a otra. La historia como concepto dialéctico significa que un acontecimiento particular, la tesis, encuentra su opuesto, la antítesis, y que estos concluyen en una síntesis que se convierte en una nueva tesis destinada a encontrar otra antítesis. Finalmente la historia termina con el triunfo de la ciencia (Comte), la ley del más fuerte (Darwin) o la concreción histórica de la idea absoluta (Hegel). Desde la perspectiva cristiana, la visión del progreso inevitable afecta la providencia trascendente de Dios y pone la esperanza erradamente en algo ajeno a la esperanza bíblica de redención del pecado y de la muerte.

(3) La perspectiva mecanicista está vinculada con la del progreso inevitable. Ludwig Feuerbach consideraba que el hombre hace su propia historia; más aun, pensaba que Dios es una falsa proyección creada por el hombre para explicar el universo, y que el hombre hallará salvación cuando comprenda que él mismo es el único Dios verdadero. Karl Marx desarrolló su perspectiva mecanicista sobre las bases establecidas por Hegel y Feuerbach. Según este y Marx, la única realidad es material. Marx pensaba que la historia está atrapada en una progresión dialéctica de la economía. Las personas son seres esencialmente económicos que han evolucionado en varias etapas que concluirán con la eliminación de las clases económicas y darán lugar a la participación en común de todos los recursos materiales. Las religiones y las filosofías metafísicas fueron creadas por las clases más altas para mantener su opresión sobre las otras clases. Desde la perspectiva cristiana, la visión mecanicista ha reemplazado la providencia de Dios con la providencia de teorías falibles de la economía o del materialismo científico.

(4) La perspectiva historicista no tiene un enfoque mecanicista ni materialista pero no es menos desdeñosa de la providencia de Dios. Según el historicismo, las creencias y costumbres culturales son producto de la experiencia histórica de un grupo. A diferencia de las dos perspectivas anteriores, el historicismo no considera que la historia avance de manera lineal hacia cierta meta; más aun, es la intuición más que la razón lo que permite al historiador hallar sentido a los acontecimientos. Los cristianos se sentirían incómodos con el concepto del historicismo que excluye la libertad divinamente provista al ser humano. Además, el historicismo no cree que Dios esté dirigiendo la historia en una progresión lineal de sucesos hacia una meta final.

(5) La perspectiva futurista tiene origen relativamente reciente pero es un paralelo secular de los esfuerzos de antiguos videntes y falsos profetas. Futurólogos como Alvin Toffler procuran descubrir sucesos futuros por medio de análisis sociológico y antropológico. De esa manera, los seres humanos pueden manipular los resultados futuros para obtener el final deseado. Los cristianos deben ser cautelosos con dichos intentos de reemplazar la providencia divina por la humana.

(6) La perspectiva caótica no ve ningún propósito ni patrón en la existencia humana. Según esta perspectiva, Dios no interfiere con el hombre en la historia y esta no tiene rumbo. En consecuencia, la historia carece de sentido.

La visión de la historia de un individuo o una sociedad determinará la calidad de vida de esa persona o esa sociedad. Hay vestigios de la perspectiva bíblica de la historia en algunas opiniones alternativas de la historia. No obstante, cuando se pierde la visión bíblica en su totalidad, primero se producirá deterioro espiritual seguido más tarde por decadencia de la moral del individuo, la cohesión social y la vitalidad económica.

La esperanza cristiana del cielo tiene consecuencias significativas en el tiempo, tanto para los individuos como para las sociedades de las que forman parte. Juan describe el impacto de esta esperanza: "Sabemos que cuando Él se manifieste, seremos semejantes a Él, porque le veremos tal como Él es. Y todo aquel que tiene esta esperanza en Él, se purifica a sí mismo, así como Él es puro" (1 Jn. 3:2-3). El escritor y teólogo C. S. Lewis dijo: "Apunta al cielo y recibirás la tierra por el mismo precio. Apunta a la tierra y no recibirás ninguno de los dos".

Malcolm B. Yarnell III y Steve Bond

HITITAS Ver *Heteos.*

HIZQUI Nombre de persona que significa "mi fuerza" o abreviatura de "Yahvéh es mi fuerza". Miembro de la tribu de Benjamín (1 Crón. 8:17).

HOBA Nombre geográfico que probablemente signifique "culpa" en hebreo, pero "tierra de cañas" en acadio. Ciudad de Siria hasta donde Abraham persiguió a la coalición de reyes del este que habían raptado a Lot (Gén. 14:15). Recientemente se han cuestionado intentos de identificar Hoba con Apum o Upe en las cartas de Amarna. La ciudad o región debería estar situada al norte de Damasco, pero se desconoce su ubicación precisa. Simboliza la capacidad de Abraham para expulsar por completo a sus enemigos de la tierra prometida.

HOBAB Nombre de persona que significa "amado" o "astuto". Suegro de Moisés (Núm. 10:29; Jue. 4:11). No obstante, hay incertidumbre sobre la identidad de este, a quien también se lo llama Jetro (Ex. 3:1; 18:2) y Reuel (Ex. 2:18). Se han ofrecido diversas explicaciones. Algunos afirman que diferentes grupos dentro de Israel transmitieron el relato de Moisés en forma oral y le dieron diferentes nombres al suegro. Otros dicen que Reuel y Jetro eran nombres diferentes de la misma persona, mientras que Hobab habría sido hijo de Reuel o Ragüel (Núm. 10:29) y, en consecuencia, cuñado de Moisés. Otros afirman que el término hebreo para suegro en realidad tiene un sentido más general de "vinculado por matrimonio". Moisés instó a Hobab a acompañar a los israelitas por el desierto para guiarlos. Ver *Jetro; Moisés; Reuel.*

HOD Nombre de persona que significa "majestad". Miembro de la tribu de Aser (1 Crón. 7:37).

HODAVÍAS Nombre de persona que significa "alabad a Jehová". **1.** Última generación de los hijos de David enumerada por el cronista (1 Crón. 3:24). Parece haber nacido alrededor del 420 a.C. La mención de siete hermanos puede ser una nota de esperanza codificada de la dinastía davídica para la comunidad judía postexílica. **2.** Antepasado original de una familia de la media tribu de Manasés que vivía al este del Jordán (1 Crón. 5:24). La lista conduce a una explicación de la pérdida de la tierra por parte de Israel a causa de pecado e idolatría. **3.** Miembro de la tribu de Benjamín (1 Crón. 9:7). **4.** Familia de levitas que volvieron a Judá bajo el liderazgo de Zorobabel alrededor del 537 a.C. (Esd. 2:40). Pariente del sumo sacerdote Jesúa o del levita del mismo nombre (comp. Esd. 2:2,36). Esdras 3:9 dice Judá en lugar de Hodavías, probablemente un cambio de los copistas de la palabra menos conocida a la más corriente.

HODES Nombre de persona que significa "luna nueva". Esposa de Saharaim de la tribu de Benjamín que tuvo hijos en Moab (1 Crón. 8:9).

HODÍAS Nombre de persona que significa "Yahvéh es majestuoso". **1.** Miembro de la tribu de Judá (1 Crón. 4:19), aunque el texto hebreo ha llevado a traductores a interpretar que Hodías era una esposa, el esposo de la hermana de Naham, o el padre. Otros eruditos consideran que los copistas cambiaron el texto de un original que decía "los hijos de su esposa la judía". **2.** Levita que ayudó a Esdras a explicarle el sentido de la ley al pueblo (Neh. 8:7) y que tuvo una parte importante en la confesión del pecado de Israel y la adoración (Neh. 9:5). Firmó el pacto de Nehemías de obedecer la ley de Dios (Neh. 10:10). Otro levita y líder del pueblo con el mismo nombre también firmó el pacto (Neh. 10:13,18).

HODSI, TIERRA BAJA DE Sitio al norte de Israel que visitaron los censistas de David (2 Sam. 24:6). No existen testimonios adicionales sobre este nombre, por lo que surgieron varias modificaciones: Cades en la tierra de los heteos, y la tierra al sur de Hermón.

HOFRA Nombre divino egipcio que significa "el corazón de Ra resiste". Faraón de Egipto (589–569 a.C.). Al comienzo de su reinado intentó expulsar al ejército de Babilonia que sitiaba Jerusalén (Jer. 37:5). Aparentemente, en esa oportunidad Jeremías se mofó del faraón mediante un juego de palabras con su nombre donde lo llamaba fanfarrón ruidoso ("¡El faraón es puro ruido! ¡El rey de Egipto ya perdió su oportunidad!" Jer. 46:17 NVI). El profeta advirtió que el gobernante sería entregado a sus enemigos; al mismo tiempo les advertía a los judíos que vivían en Egipto que la historia de la salvación se revocaría y serían destruidos (Jer. 44:26-30). La muerte de Hofra sería una señal para los judíos de que las palabras de Jeremías eran ciertas. Hofra finalmente perdió su poder tras un levantamiento de su general Ahmosis en el 569 a.C. La condena de Hofra mostró la coherencia de Jeremías al rechazar cualquier intento de oposición a Babilonia, a quien Dios había elegido para castigar a Su pueblo desobediente. Ver *Egipto.*

HOGLA Nombre de persona que significa "perdiz". Hija de Zelofehad de la tribu de Manasés (Núm. 26:33). Su matrimonio con el hijo de un hermano de su padre posibilitó que la herencia familiar de la tierra permaneciera en la tribu (Núm. 36:11). Ver *Bet-hogla; Zelofehad.*

HOHAM Nombre de persona de significado incierto, tal vez relacionado con "desafortunado". Rey de Hebrón que se unió al rey de Jerusalén para castigar a Gabaón por su alianza con Josué (Jos. 10:3). Uno de los cinco reyes que se encerraron en una cueva y fueron utilizados para mostrar la superioridad de Israel sobre los reyes mediante el simbolismo donde los capitanes de Israel colocaban el pie sobre el cuello de los reyes y luego los ejecutaban colgándolos de un árbol (Jos. 10:15-26). Al destruir Hebrón, Josué obtuvo el control del sur (10:36-37).

HOJA, HOJAS Follaje de plantas y árboles. Adán y Eva se hicieron su primera vestimenta con hojas (Gén. 3:7). Estas se usan con frecuencia para simbolizar bendición o maldición. La renovación de la tierra que Dios produjo después del diluvio se ejemplificó mediante una hoja de olivo (Gén. 8:11). El cuidado providencial de Dios hacia los justos se describe mediante el símbolo de un árbol bien regado cuyas hojas no se marchitan (Sal. 1:3; comp. Jer. 17:8). La visión de Ezequiel de la nueva Jerusalén incluye árboles cuyas hojas nunca se secan y tienen poder para sanar (Ezeq. 47:12; comp. Apoc. 22:2). Las hojas que se secan (Isa. 1:30), son sacudidas (Isa. 33:9), se caen (Isa. 33:4) y se marchitan (Isa. 64:7), sirven como símbolos de juicio. Un árbol sin frutos y con hojas secas (Jer. 8:13) representa a un pueblo que está en falta cuando Dios lo juzga (comp. Mat. 21:19; Mar. 11:13). Jesús utilizó la aparición de las hojas de higuera que anuncian la llegada del verano para ilustrar la necesidad de prestar atención a las señales del fin (Mat. 24:32; Mar. 13:28).

HOLOCAUSTO Ver *Sacrificios y ofrendas.*

HOLÓN Nombre geográfico que significa "sitio arenoso". **1.** Ciudad en los montes de Judá asignada a la tribu de Judá y señalada como ciudad para levitas (Jos 15:51; 21:15). Podría ser la moderna Khirbet Illin, cerca de Bet-sur. El pasaje paralelo (1 Crón. 6:58) dice Hilén o Hilez, según los mss. **2.** Ciudad de Moab que Jeremías condenó (Jer. 48:21). Se desconoce su ubicación.

HOMAM Nombre de persona que tal vez signifique "confusión". Nombre en el texto hebreo para el nieto de Seir (1 Crón. 1:39). El pasaje paralelo dice "Hemam" (Gén. 36:22).

HOMBRE Ver *Humanidad.*

HOMBRE DE A PIE Traducción de dos términos hebreos no relacionados entre sí. El primero se refiere a soldados de infantería para distinguirlos de la caballería (2 Sam. 8:4), a soldados en general (1 Sam. 4:10; 15:4) o a hombres en edad de cumplir servicio militar (Ex. 12:37). El segundo término corresponde a un corredor que servía en la guardia de honor y que corría frente a la carroza del rey (1 Sam. 8:11; 2 Sam. 15:1), a los guardias del rey en general (1 Rey. 14:27-28; 2 Rey. 10:25) o a los mensajeros reales (Est. 3:13,15).

HOMBRE DE PECADO Último contrincante de Cristo (2 Tes. 2:3). Alguna versiones siguen otros

Estatuilla de bronce de la época romana, de dos soldados que llevan a un camarada herido.

H

mss y dicen "hombre de maldad" (NVI). Ver *Anticristo.*

HOMBRE INTERIOR Componente de la personalidad humana que responde a los requisitos de la ley. Según la interpretación de Pablo (Rom. 7:22, 23), la personalidad humana tiene tres componentes: (1) el ser interior donde habita la ley y al que Pablo equipara con la razón (*nous*, v.23); el ser interior se aproxima al *yetser hatov* rabínico (inclinación al bien); (2) los miembros o la carne que responden a los deseos; la carne se aproxima al *yetser hara'* rabínico (inclinación al mal); y (3) el "yo" consciente que tiene en cuenta la razón y el deseo. Según el pensamiento rabínico, la ley servía para inclinar la balanza a favor de la inclinación al bien. Sin embargo, Pablo rechazó esta visión optimista de la ley. Sólo el Espíritu que habita en el ser interior puede liberar al individuo del poder del pecado (Rom. 8:2; Ef. 3:16). La división paulina de la personalidad se ve reflejada en la segmentación de Freud: id (ello), ego (yo) y superego (superyo).

HOMBRERA Traducción de la palabra hebrea que significa "hombro, brazo, costado". Las tiras pasaban por encima del hombro para que el sumo sacerdote pudiera llevar el efod (Ex. 28:7).

HOMER Unidad de medida de áridos (Lev. 27:16). Según Ezeq. 45:11, equivalía a 10 efas. En medida para líquidos equivalía a 10 batos. El volumen que representa ha sido estimado en 220 litros. Era la misma medida que el coro (Ezeq. 45:14). Ver *Pesos y medidas.*

H

HOMOSEXUALIDAD Relaciones sexuales entre personas del mismo sexo. Cuando se trata el tema, el énfasis bíblico está en la conducta, y el veredicto siempre la declara pecaminosa.

La homosexualidad es consecuencia del rechazo al orden creado *Primafacie*, el argumento contra la homosexualidad en las Escrituras se encuentra en el plan creador de Dios para la sexualidad humana. Dios creó a la humanidad como hombres y mujeres que debían procrearse en el contexto del matrimonio (Gén. 1:27,28; 2:18-24). Este orden de la creación para la sexualidad humana recibió la aprobación del Señor Jesucristo (Mar. 10:6-9; Mat. 19:4-6) y del apóstol Pablo (Ef. 5:31). En apariencia, la conducta homosexual se debe reconocer como pecaminosa porque viola el plan original de Dios para la monogamia heterosexual.

Sobre este trasfondo del esquema de Dios para la expresión sexual humana, Pablo presenta un argumento teológico en Rom. 1:18-32, donde dice que la homosexualidad es consecuencia de rechazar a Dios como Creador y rechazar el orden creado. Pablo plantea que tanto la homosexualidad como el lesbianismo son resultado de negar a Dios. Comienza señalando que al rechazar la "creación" (1:20) y al "creador" (1:25) las mujeres "cambiaron las relaciones naturales por las que van contra la naturaleza" (1:26 NVI). Agrega que también los hombres "dejaron la relaciones naturales con la mujer y se encendieron pasiones lujuriosas los unos con los otros. Hombres con hombres cometieron actos indecentes" (1:27 NVI). El argumento paulino es que como esas personas rechazan a Dios, Él las entrega a los deseos pecaminosos de sus corazones. A lo largo de este pasaje, Pablo usa varios términos negativos adicionales para describir la homosexualidad, por ej. "inmundicia", "deshonra", "pasiones vergonzosas", "extravío", "mente depravada", "cosas que no deben". Además, la homosexualidad se incluye aquí en una lista de vicios que merecen la muerte, no sólo para quienes los practican sino también para quienes los aprueban (1:32).

En cuanto a la idea moderna de "orientación homosexual", la perspectiva bíblica considera que cualquier inclinación hacia el mismo sexo es tan dañina como la tendencia hacia cualquier otro pecado, como una de las consecuencias negativas de la naturaleza humana caída con inclinación al mal. A la luz de Rom. 1, la predisposición homosexual también puede ser señal y resultado de otros pecados anteriores.

La homosexualidad es un pecado que da como resultado el juicio La primera mención de homosexualidad en la Biblia describe el juicio de Dios por considerarla pecado. Fue la notoria trasgresión de Sodoma y Gomorra. La severidad del juicio en este caso es indicador de la gravedad de este pecado (Gén. 19:1-11). Ambas ciudades fueron destruidas cuando "Jehová hizo llover desde los cielos azufre y fuego" (19:24). El comentario del NT sobre este hecho es que esas dos ciudades fueron convertidas en cenizas por la ira santa de Dios, específicamente porque sus habitantes se habían entregado a la inmoralidad sexual y a los "vicios contra naturaleza" (2 Ped. 2:6,7; Jud. 7).

Algunos intérpretes que están a favor de la homosexualidad han afirmado que el pecado de Sodoma y Gomorra no era la homosexualidad en sí sino la que estaba asociada con bandas de violadores. Aunque es cierto que los hombres de Sodoma intentaron violar a los huéspedes de Lot, el texto no indica que habría sido aceptable si los visitantes angelicales hubiesen accedido. Además, el juicio de Dios sobre dos ciudades enteras es un argumento a favor en cuanto a que lo que ofendió a Dios no fue un único incidente de violación por parte de un grupo de Sodoma. Por el contrario, Dios había anunciado Su plan de destruir Sodoma y Gomorra antes del incidente de intento de violación. Esto indica que la práctica de conducta homosexual en ambas ciudades era una afrenta a la santidad divina. Cuando los homosexuales pidieron "conocer" carnalmente a los invitados de Lot, sencillamente procuraban hacer lo que ya venían haciendo antes. Lot protestó diciendo: "No hagáis tal maldad" (Gén. 19:7). Pero mucho antes que esto, cuando Lot estableció su campamento cerca de la ciudad de Sodoma, leemos que "los hombres de Sodoma eran malos y pecadores contra Jehová en gran manera" (13:13). Una vez más, antes del intento de violación por parte de ese grupo, Dios ya había dicho que "el pecado de ellos se ha agravado en extremo" (18:20), y Abraham también había expresado que ellos eran "impíos" (18:23,25).

Otra interpretación a favor de la homosexualidad es que el pecado de Sodoma y Gomorra consistió en falta de hospitalidad y no en homosexualismo ni violación homosexual. Según Ezeq. 16:49, el juicio de Sodoma se pronuncia debido a la falta de hospitalidad. A partir de este pasaje se afirma que, en Gén. 19, los hombres querían "conocer" (*yada'*) a las visitas de Lot sólo en el sentido de "familiarizarse con ellos". Sin embargo, la palabra *yada'* se emplea en sentido sexual por lo menos diez veces en el AT, y la mitad aparece en Génesis. Además, el contexto de Gén. 19 argumenta a favor del significado sexual de "conocer". No tiene sentido decir que en el v.8 *yada'* significa "familiarizarse" cuando Lot dice que sus hijas no han "conocido varón". Con toda seguridad ellas estaban familiarizadas con los hombres de la ciudad pero no habían "conocido sexualmente" a ningún hombre.

Los intérpretes de la "falta de hospitalidad" también señalan la ausencia de menciones de homosexualidad en otros pasajes que hablan de Sodoma y Gomorra como ejemplos de juicio, por ej. Isa. 1:10; Jer. 23:14; Mat. 10:14,15 y Luc. 10:10-12. Pero este enfoque también presenta varios problemas. En primer lugar, estos pasajes no excluyen la homosexualidad. En el caso de Ezeq. 16:49, el pecado sexual tendría que ser considerado como una forma de egoísmo, pero en el v.50 se evidencia que el pecado era sexual porque se dice que "hicieron abominación". En Lev. 18:22 se usa la misma palabra para describir pecados homosexuales. Pero el problema principal de este enfoque es que los pasajes de 2 Pedro y Judas vinculan el juicio a las dos ciudades con el pecado de homosexualidad, y esto no contradice ninguno de los demás textos que hablan del juicio. Por esta razón, quienes toman en serio la autoridad de las Escrituras rechazarán el argumento pro-homosexual de la falta de hospitalidad (Jue. 19:16-24).

Violación de la ley del Antiguo Testamento Las leyes de santidad, que transmitían las exigencias de Dios para ordenar la vida de Su pueblo del pacto, incluía dos prohibiciones claras contra la actividad homosexual. En una larga sección sobre moralidad sexual que debería considerarse como extensión del séptimo mandamiento, "Habló Jehová a Moisés, diciendo...No te echarás con varón como con mujer" (Lev. 18:1,22). Más adelante, al repetir junto con 18:22 que la homosexualidad "es abominación", Lev. 20:13 agrega: "Si alguno se ayuntare con varón como con mujer, abominación hicieron; ambos han de ser muertos".

Violación de la ética del Nuevo Testamento En 1 Tim. 1:8-10, Pablo señala el valor de la ley del AT para la era presente si se la emplea con sabiduría. Se debe utilizar para juzgar a los "pecadores". Luego incluye a los homosexuales (*arsenokoitai*) en la lista de vicios con que describe a los "impíos". En 1 Cor. 6: 9-11 también aparece la expresión "homosexuales" en una lista similar de pecados, y Pablo comenta que cualquiera que los practique no heredará el reino de Dios. *Arsenokoites* se refiere a la parte activa en el acto homosexual. Sin embargo, además de los homosexuales que se mencionan en 1 Cor. 6:9, Pablo agrega otra palabra, "afeminados" (*malakoi*). Este término alude a la parte pasiva en la relación homosexual. La cuestión es que ambos tipos de conducta homosexual, la pasiva y la activa, son pecaminosos, impíos e inhabilitan para entrar al reino de Dios a quienes los practican.

La posibilidad de perdón y cambio por medio de Jesucristo Sin importar cuán impío e inmerecedor del reino de Dios pueda ser un homosexual, existe la oportunidad de ser perdonado, cambiado y declarado justo por medio de Jesucristo. En 1 Cor. 6:11, Pablo sigue diciendo: "Y esto erais algunos de vosotros". Es evidente que en la iglesia de Corinto había ex homosexuales que se habían convertido. Es más, Pablo agrega “pero ya habéis sido lavados, ya habéis sido santificados; ya habéis sido justificados en el nombre del Señor Jesucristo y por el Espíritu de nuestro Dios”. El homosexual que se arrepiente y cree recibe la misma limpieza, santificación y justificación que cualquier otro creyente que se vuelve del pecado a Cristo.

Jerry A. Johnson

HONDA Arma consistente en dos correas largas con una pieza en el extremo de ambas para sostener la piedra. Los pastores y los soldados las usaban, y datan al menos del 4500 a.C. Ver *Armas y armaduras.*

HORA Tiempo señalado para una reunión o festividad religiosa, un lapso de tiempo breve, la doceava parte del día o de la noche; en el Evangelio de Juan, período significativo de la misión salvadora de Jesús en la tierra desde Su entrada triunfal hasta Su muerte y resurrección.

El hebreo bíblico carece de palabra para referirse a “hora”; sólo tiene una expresión para aludir al momento de una reunión acordada (1 Sam. 9:24). El término del NT, *hora*, puede referirse a una etapa del día, “hora...pasada” (Mat. 14:15), a un momento breve (Apoc. 18:17; comp. Juan 5:35) o a la ocasión de un gran evento esperado (Mat. 8:13; Mar. 13:11). También designa un período de tiempo flexible en su duración, una doceava parte del horario diurno y una doceava parte del nocturno, ya que el día se divide en dos períodos (o vigilias) de luz y de oscuridad que comienzan con al amanecer; por lo tanto, la hora sexta es el mediodía (Mat. 27:45).

La hora de Jesús es un tema esencial en el Evangelio de Juan; crea incertidumbre y expectativa emocional y una comprensión teológica sobre la importancia central de la muerte y resurrección de Jesús. En ese Evangelio, “hora” generalmente se refiere al período desde la entrada triunfal (12:23) hasta la muerte y la culminante resurrección.

El tema de Juan acerca de “la hora” de Jesús hace una contribución teológica importante al Evangelio. A medida que el lector encuentra este motivo en forma recurrente, se desarrolla una perspectiva de la muerte de Jesús que es muy diferente a la que se obtiene en los demás Evangelios. Sin restar importancia a la realidad del sufrimiento y la muerte de Jesús, Juan presenta ese suceso como la “hora” de la “gloria” de Jesús, el momento de Su exaltación. La muerte de Jesús es el medio que provee vida eterna al mundo (3:14,15; 6:51-53). Desde esa hora en adelante, ya no caben las distinciones humanas (4:21-24; 11:51-53; 12:20-23). La gloria de la muerte de Jesús reside tanto en lo que le permitió darle al mundo (6:51-53; 7:37-39) como en constituir el medio por el cual Jesús volvió al Padre (13:1). Los relatos del sepulcro vacío y de las apariciones del Jesús resucitado en 20:1–21:23 sirven para recalcar la gloria de Su “hora”. Ver *Gloria; Juan, Evangelio de; Tiempo.* *R. Robert Creech*

HORAM Nombre de persona que posiblemente signifique “alto, exaltado”. Rey de Gezer cuyo intento de liberar Laquis del dominio de Josué terminó con su muerte y la aniquilación de su ejército (Jos. 10:33). No obstante, su ciudad siguió siendo un baluarte cananeo (Jos. 16:10, comp. 1 Rey. 9:16).

HORCA El término hebreo que en Ester se traduce “horca” (2:23; 7:9-10; 9:25) es la palabra para “árbol” (LBLA). Generalmente se sugiere que árbol se debe interpretar como “estaca”, y que los persas empalaban en lugar de colgar a los que ejecutaban (ver NVI). La traducción griega más antigua interpreta el pasaje de esta manera.

HOREB Nombre alternativo para el Monte Sinaí (Ex. 3:1-12; 17:6,7; Deut. 1:19; 5:2; 1 Rey. 19:8). Ver *Monte Sinaí.*

HOREM Nombre geográfico que significa “roca hendida” pero que suena como la palabra para “botín de guerra bajo anatema”. Ciudad en el territorio asignado a la tribu de Neftalí (Jos. 19:38). Se desconoce su ubicación.

HOREOS Habitantes del Monte Seir en el sur de Transjordania en épocas anteriores a los edomitas. La palabra hebrea corresponde a los hurritas de fuentes extrabíblicas, un pueblo no semítico que migró hacia la media luna fértil alrededor del 2000 a.C. Los hurritas crearon el imperio mitanio en Mesopotamia aprox. en el 1500 a.C. y más tarde se convirtieron en un elemento importante de la población cananea de Palestina. En los lugares con evidencias extrabíblicas sobre los hurritas, aparece el término hebreo *heveos* (Gén. 34:2; Jos. 9:7; 11:3,19) como designación para ciertos componentes de la población cananea. No obstante, la LXX (traducción griega del AT) sustituye horeos por heveos en Gén. 34:2 y Jos. 9:7. Además, Zibeón, hijo de Seir horeo (Gén. 36:20), es identificado como heveo en Gén. 36:2. Por estos motivos, muchos estudiosos equiparan a horeos y heveos (los nombres son muy similares en hebreo) con los hurritas extrabíblicos.

No obstante, el texto hebreo sólo menciona a los horeos en el Monte Seir, donde no hay ningún registro de los hurritas. Por eso, otra sugerencia es que los horeos bíblicos no fueran los hurritas sino sencillamente habitantes de Edom (Monte Seir) que originariamente moraban en cuevas (heb. *hor* significa "cueva"). Según esta teoría, los heveos deberían identificarse con los hurritas extrabíblicos. Ver *Monte Seir.* *Daniel C. Browning (h)*

HORES Nombre geográfico que significa "bosque". Cuando David se escondió allí al huir de Saúl, Jonatán, el hijo del rey, fue a socorrerlo y celebraron un pacto de ayuda mutua (1 Sam. 23:15-18). La gente de Zif le reveló a Saúl el escondite de David, pero este de todos modos logró escapar. Si es un nombre propio, Hores podría ser la actual Khirbet Khoreisa, a unos 3 km (2 millas) al sur de Zif y 10 km (6 millas) al sur de Hebrón.

HORÍ Nombre de persona con significado similar al de Hori. Padre del jefe de la tribu de Simeón bajo el liderazgo de Moisés en el desierto (Núm. 13:5).

HORI Nombre de persona que significa "blanqueado", "menor" u "horeo". Edomita que desciende de Seir (Gén. 36:22).

HORMA Nombre geográfico que significa "roca hendida" o "maldito para destrucción". Ciudad que marcaba el límite de la ruta cananea de los israelitas después de su fallido intento de invadir Canaán luego del informe de los doce espías (Núm. 14:45). Aunque se desconoce la ubicación exacta, estaba en el territorio asignado a la tribu de Simeón (Jos. 19:4). Algunos la identifican con Tell Masos, alrededor de 11 km (7 millas) al este de Beerseba. Excavaciones han mostrado asentamientos de alrededor del 1800 a.C. y otros de poco antes del 1200 a.C. Este último asentamiento aparentemente se mantuvo hasta la época de David (comp. 1 Sam. 30:30). Poco después del 700 a.C. se construyó una pequeña fortaleza que fue destruida después del 600 a.C.

El sitio controlaba la ruta este-oeste en el Valle de Beerseba y la norte-sur hacia Hebrón. Israel obtuvo allí una victoria breve (Núm. 21:3) después de su anterior derrota (Núm. 14:45; comp. Deut. 1:44). La lista de reyes que Josué derrotó incluye a Horma (Jos. 12:14); la descripción de la batalla indica que Judá y Simeón se pusieron de acuerdo para conquistar Horma después de la muerte de Josué (Jue. 1:1,17). Anteriormente la ciudad se llamaba Sefat. Ver *Sefat.*

HORMIGA Ver *Insectos.*

HORNO 1. Artefacto, generalmente de ladrillo o piedra, usado para calentar materiales a altas temperaturas. En tiempos bíblicos, los hornos no se usaban como calefacción central. Más bien, se utilizaban para fundir minerales, derretir metales para fundición, calentar metales para la fragua, cocinar obras de alfarería o ladrillos, y fabricar cal. El horno de Daniel 3 probablemente fuera un gran horno para fundir minerales o cocer ladrillos. La mayoría de las referencias bíblicas al horno son figurativas y aluden a experiencias de prueba (la esclavitud en Egipto, Deut. 4:20; 1 Rey. 8:51; Jer. 11:4; la adversidad, Isa. 48:10). El pueblo de Dios obstinadamente rebelde se describe como "plata desechada" (Jer. 6:30), y como escoria, el sobrante del proceso de fundición (Ezeq. 22:17-22). Esas figuras podrían constituir el trasfondo del horno de fuego que simboliza el

Gran horno abovedado.

castigo divino (Mat. 13:42,50). **2.** Artefacto empleado para cocinar alimentos, en especial el pan (Lev. 2:4; Ex. 8:3). Los hornos antiguos eran estructuras cilíndricas de arcilla cocida de 60 a 90 cm (2 ó 3 pies) de diámetro. Se encendía fuego sobre las piedras ubicadas en el fondo del horno. La masa para hacer pan se colocaba contra las paredes del horno o sobre piedras calientes para hornearla. La hierba seca (Mat. 6:30; Luc. 12:28), los arbustos espinosos y el excremento de los animales se solían utilizar como combustible. Ver *Cocinar y calentar.*

HORNOS, TORRE DE LOS (Neh. 3:11). Torre adyacente a la "puerta de la esquina" ubicada en el ángulo noroeste del segundo muro o muro intermedio de Jerusalén. Es probable que la "Calle de los Panaderos" (Jer. 37:21) pasara por esta torre.

HORONAIM Nombre geográfico que significa "cuevas gemelas". Ciudad importante en Moab sobre la que Isaías (15:5) y Jeremías (48:3,5,34) pronunciaron lamentos de advertencia sobre la destrucción venidera. Aparentemente estaba en la parte suroeste de Moab, pero estudiosos de la geografía bíblica siguen debatiendo su ubicación exacta. Las sugerencias incluyen Khirbet ad-Dubababout, 5 km (3 millas) al oeste-noroeste de Majra; Khirbet al-Maydan, al oeste de la actual Katrabba, y ed-Dayr, aprox. 3 km (2 millas) al noroeste de Rakin.

HORONITA Ciudadano de Bet-horón o de Horonaim. Descripción de Sanbalat, quien lideró la oposición contra Nehemías (Neh. 2:10) No se sabe a cuál de esos dos lugares pertenecía.

H

HOSA Nombre de persona y de lugar que tal vez signifique "el que busca refugio". **1.** Ciudad costera en el territorio tribal de Aser (Jos. 19:29), probablemente la actual Tell Rashidiyeh cerca de Tiro y conocida en textos antiguos de Egipto y Siria como Usu. Otros geógrafos de la Biblia consideran que Tell Rashidiyeh (Usu) es la ciudad fortificada de Tiro y sitúan Hosa más allá de Tiro y de la costa. **2.** Guardia de la puerta del santuario en el reinado de David (1 Crón. 16:38). Pertenecía a la familia sacerdotal de Merari (1 Crón. 26:10), y estaba a cargo de la puerta occidental (1 Crón. 26:16).

HOSAMA Nombre de persona, abreviatura de Jehosama, "Jehová escuchó". Descendiente de David durante el exilio (1 Crón. 3:18).

HOSANNA Exclamación con que fue recibido Jesús en oportunidad de Su entrada triunfal a Jerusalén (Mar. 11:9). Las palabras con que fue bienvenido por la multitud eran del Salmo 118:25, 26. "Hosanna" es un término hebreo o arameo que se tradujo como una oración: "sálvanos ahora" o "sálvanos, te suplicamos". Cuando los habitantes de Jerusalén recibieron con ramas de palmera a Jesús y lo saludaron como al que venía en nombre del Señor, incluyeron en su aclamación un pedido de salvación. Ver *Entrada triunfal; Salmos, Libro de.*

HOSPITALIDAD Recibir o alojar al extranjero (al viajero) en el hogar como huésped de honor y proveerle alimento, techo y protección. Esto no era simplemente una costumbre oriental ni una expresión de buenos modales sino además un deber sagrado que todos estaban obligados a cumplir. Sólo los malvados violaban esta obligación.

La hospitalidad probablemente surgió de las necesidades de la vida nómada. Dado que los hospedajes públicos eran poco comunes, el viajero dependía de la amabilidad de los demás y tenía derecho a esperar que se la expresaran. Esta práctica abarcaba a todo extranjero, incluso a un esclavo que hubiera huido (Deut. 23:15,16) o al propio enemigo acérrimo.

El Pentateuco contiene mandamientos específicos para los israelitas en cuanto a amar a los extranjeros como a sí mismos (Lev. 19:33,34; Deut. 10:18,19) y proveer para el bienestar de ellos (Deut. 24:17-22). El motivo para practicar la hospitalidad era que los israelitas habían sido extranjeros en la tierra de Egipto.

Algunos actos de hospitalidad recibieron recompensa; el más notable fue el ejemplo de Rahab (Jos. 6:22-25; Heb. 11:31; Sant. 2:25). Las infracciones a la hospitalidad eran condenadas y castigadas, como en el caso de Sodoma (Gén. 19:1-11) y de Gabaa (Jue. 19:10-25). La única excepción fue Jael, a quien se alabó por haber matado a Sísara (Jue. 4:18-24).

La hospitalidad parece haber sido el trasfondo de muchos detalles de la vida de Jesús y de la iglesia primitiva (Mat. 8:20; Luc. 7:36; 9:2-5; 10:4-11). Debía ser una característica de obispos y viudas (1 Tim. 3:2; 5:10; Tito 1:8) y un deber de los cristianos (Rom. 12:13; 1 Ped. 4:9). Era una expresión natural del amor fraternal (Heb. 13:1,2; 1 Pedro 4:8,9) y una herramienta necesaria para la evangelización. Además, sin saberlo, se podía llegar a hospedar ángeles o al mismo Señor (Heb. 13:2; Mat. 25:31-46).

Lai Ling Elisabeth Ngan

HOTAM Nombre de persona que significa "sello" o "cerradura". **1.** Miembro de la tribu de Aser (1 Crón. 7:32). **2.** Padre de dos guerreros del ejército de David (1 Crón. 11:44). Eran nativos de Aroer.

HOTIR Nombre de persona que significa "produjo un remanente". Músico sacerdotal de la familia de Hemán durante el reinado de David (1 Crón. 25:4). Dirigía el vigésimo primer grupo de levitas (1 Crón. 25:28).

HOZ Cuchilla curva de pedernal o metal utilizada para cortar tallos de granos. Variaban en el tamaño y el largo del mango. Por lo general tenían un mango de madera que requería que la persona tuviera que inclinarse cerca del suelo para cosechar. Es una de las herramientas más antiguas conocidas; datan del 8500 a.C. Los textos bíblicos usaban la hoz en sentido figurativo para hablar del juicio venidero. Apocalipsis 14:1 emplea la analogía de Cristo que cosecha la mies madura de la humanidad en el juicio final. Ver *Agricultura*.

HUCOC Nombre geográfico que significa "extraído de". **1.** Ciudad limítrofe del territorio asignado a la tribu de Neftalí entre el Monte Tabor y la frontera de Zabulón. Tradicionalmente se lo ha ubicado en Yakuk, al noroeste del Mar de Cineret, pero eso podría situarlo demasiado al este. Propuestas recientes la ubicarían en Khirbet el-Jemeija, unos 3 km (2 millas) al oeste de Sakhmin (Jos. 19:34). **2.** La misma palabra hebrea nombra una ciudad levítica de la tribu de Aser (1 Crón. 6:75), pero el pasaje paralelo (Jos. 21:31) dice Helcat. Ver *Helcat*.

HUÉRFANO Persona que no tiene padre. Junto con las viudas, los huérfanos con frecuencia se consideran los miembros más desvalidos de la sociedad (Ex. 22:22; Deut. 10:18; Sal. 146:9). En las culturas donde la unidad social básica era el clan liderado por el padre (el pariente masculino de más edad, tal vez un tío o un abuelo), los que carecían de padre o de esposo eran inadaptados sociales sin alguien que proveyera para sus necesidades materiales y representara sus intereses ante los tribunales (Job 31:21). La vida era dura para los huérfanos, y con frecuencia se veían forzados a mendigar comida (Sal. 109:9-10). Perdían la casa (Sal. 109:10), el derecho a la tierra (Prov. 23:10) y al ganado (Job 24:3). Estaban expuestos a actos de violencia (Job 22:9), se los trataba como propiedad sobre la cual echar suertes (6:27, LBLA, NVI), e incluso eran asesinados (Sal. 94:6).

Sin embargo, Dios tiene un interés especial en los huérfanos y las viudas (Deut. 10:18; Sal. 10:14-18; 146:9; Os. 14:3), que se pone en evidencia en el título "padre de huérfanos" (Sal. 68:5). La ley del AT proveía para las necesidades materiales de los huérfanos y las viudas, quienes debían ser alimentados con el diezmo de cada tres años (Deut. 14:28-29; 26:12-13), con las gavillas olvidadas en los campos sembrados (24:19), y con la fruta que Dios ordenaba que se dejara en los árboles y las viñas (24:20-21). Los huérfanos y las viudas debían ser incluidos en las celebraciones y la adoración de la comunidad (Deut. 16:11, 14). Al pueblo de Dios se le advertía constantemente que no se aprovechara de unos ni de otras (Ex. 22:22; Deut. 24:17; 27:19; Sal. 82:3; Isa. 1:17). En el NT, Santiago define que la adoración aceptable a Dios consiste en suplir las necesidades de huérfanos y viudas (1:27).

Al pueblo de Dios en el exilio se lo describía como huérfano sin hogar ni herencia (Lam. 5:2-3). La figura antiguotestamentaria del huérfano que carece de defensor ante el tribunal tal vez sea el trasfondo para la promesa de Jesús de que sus discípulos no serían dejados huérfanos (Juan 14:18). No quedarían indefensos porque el Espíritu Santo actuaría como su abogado (14:16, "Consolador"). Ver *Pobres, huérfanos, viudas*.

Chris Church

H

HUERTO, JARDÍN En tiempos bíblicos, parcela de tierra cercada donde se cultivaban flores, vegetales, hierbas, árboles frutales y nogales (Gén. 2:8; 1 Rey. 21:2; Est. 1:5; Isa. 51:3; Juan 18:1-2).

Características Las palabras principales del AT para referirse a "huerto" (*gan* y *gannah*) derivan de una raíz que significa "rodear". Los huertos eran parcelas cerradas o rodeadas por muros o cercos. Aunque algunos eran grandes (Est. 1:5), los huertos más prominentes eran los reales (2 Rey. 25:4; Neh. 3:15; Jer. 39:4). La mayoría estaban ubicados cerca de la residencia del dueño (1 Rey. 21:2). En ocasiones, la casa podía estar ubicada en el jardín (2 Rey. 9:27). Era particularmente importante que tuvieran abundante provisión de

El Huerto de Getsemaní mirando hacia el oeste, hacia el muro de la vieja Jerusalén.

agua (Gén. 13:10; Núm. 24:6; Isa. 1:30; 58:11; Jer. 31:12). Se empleaban jardineros y hortelanos para que se hicieran cargo de los aspectos más sustanciales, tales como la siembra de semillas y el riego (Deut. 11:10; Juan 20:15). A veces, los pequeños viñedos se denominaban huertos.

Usos Evidentemente, un huerto proveía alimento para su dueño (Jer. 29:5,28; Amós 9:14); sin embargo, también cumplía propósitos estéticos y utilitarios. Era un lugar que desplegaba belleza cuando las plantas se tornaban agradables a los ojos (Gén. 2:9). Debido a que era un lugar protegido y guardado (Cant. 4:12), las personas podían retirarse allí a orar (Mat. 26:36-46), a buscar quietud o soledad (Est. 7:7), o incluso a tomar un baño (Susana 15). Los amigos podían reunirse en los huertos (Juan 18:1-2). Allí también se podían servir banquetes (Est. 1:5). De esta manera, el huerto a menudo se asociaba con gozo y alegría (Isa. 51:3). Por otro lado, en los huertos a veces se ofrecían sacrificios paganos (Isa. 65:3; 66:17), y se utilizaban como sepulcros (2 Rey. 21:18,26; Juan 19:41-42).

Huertos importantes Al huerto del Edén (Gén. 2:8; 3:23-24) lo sembró Dios (2:8) y se lo confió a Adán para que lo cultivara y lo guardase (2:15). Dios expulsó a Adán y Eva del huerto luego que pecaron; sin embargo, "el Edén, el huerto de Dios" (Ezeq. 28:13) continuó como símbolo de gracia y bendición (Ezeq. 36:35; Joel 2:3). El "huerto del rey" en Jerusalén estaba ubicado cerca de una puerta de la ciudad y que proveía salida o escape inadvertidos (2 Rey. 25:4; Neh. 3:15; Jer. 39:4; 52:7). El "huerto" (Juan 18:1) conocido como Getsemaní (Mat. 26:36; Mar. 14:32) era un lugar donde Jesús se reunía con frecuencia con sus discípulos (Juan 18:2) y donde fue traicionado y arrestado. *Michael Fink*

Un patio romano con jardín en la casa de Menánder, en Pompeya.

HUESOS SI bien a menudo "huesos" se refiere a los restos del esqueleto humano (Gén. 50:25; Ex. 13:19: 1 Sam. 31:13), también se hacía referencia a los "huesos" en forma metafórica. "Carcoma en sus huesos" significaba una persona cuya esposa causaba vergüenza y confusión (Prov. 12:4; 14:30) o se podría referir al abatimiento y la anticipación del mal que se avecina (Hab. 3:16). El estremecimiento de los huesos denotaba temor (Job 4:14) o tristeza (Jer. 23:9). Los huesos que se queman hablaban de angustia y depresión (Sal. 102:3; Lam. 1:13) y del sentimiento de Jeremías cuando trató de refrenarse para no proclamar el mensaje de Dios (Jer. 20:9). Sequedad de los huesos significaba mala salud (Prov. 17:22). Otras expresiones diversas que utilizan la palabra "huesos" se referían a angustia mental (Job 30:17; Sal. 6:2; 22:14; 31:10; 38:3; 51:8; Lam. 3:4). "Hueso de mis huesos" podría significar que posee la misma naturaleza o que constituye la relación más cercana (Gén. 2:23; 2 Sam. 5:1).

HUFAM Antepasado originario de la familia de Benjamín en el desierto (Núm. 26:39). Hufam podría ser la escritura original del nombre Hupim en Gén. 46:21 y 1 Crón. 7:12,15. La comparación entre Gén. 46:21, Núm. 26:38; 1 Crón. 7:6; 8:1,2 muestra la dificultad de recuperar con precisión los nombres de los hijos de Benjamín. De manera similar, los nombres de los hijos de Bela, hijo de Benjamín, son difíciles de restablecer (Núm. 26:39,40; 1 Crón. 7:7; 8:3,4). Parte de la explicación podría ser que las genealogías se usaban para reclamar pertenencia a una familia importante más que para reproducir con precisión la estructura familiar.

HUFAMITA Miembro de la familia de Hufam de la tribu de Benjamín.

HUL Nombre de persona que significa "anillo". Hijo de Aram, hijo de Sem y nieto de Noé en la Tabla de las Naciones (Gén. 10:23); por lo tanto, antepasado originario de una tribu siria o aramea. Como ocurre con frecuencia en listas genealógicas, 1 Crón. 1:17 omite al padre, Sem, para destacar el parentesco con Aram.

HULDA Nombre de persona que significa "topo". Profetisa, esposa de Salum (2 Rey. 22:14). Fue consultada después que Josías, rey de Judá, vio una copia del libro de la ley que se encontró cuando se hacían preparativos para restaurar el templo. Ella profetizó juicio contra la nación, pero una muerte pacífica para el rey Josías. Ver *Josías*.

HUMANIDAD Designación colectiva para todas las criaturas que están hechas a imagen de Dios, por lo cual se distinguen de todas las demás criaturas y de Dios mismo.

La humanidad como creación de Dios Génesis 1–2 es fundamental para entender a la humanidad como creación divina. La humanidad fue creada directamente por Dios (Gén. 1:26) y no evolucionó de formas de vida más elementales. Las evidencias empíricas favorecen la aparición repentina de la plena humanidad, lo cual es congruente con las Escrituras.

Además, el hombre fue creado a imagen de Dios. El sentido de esa imagen se ha debatido a lo largo de la historia cristiana. Algunos la han identificado con el raciocinio y otros con la capacidad de relación, pero ninguna es adecuada. Las citas bíblicas se dividen en dos grupos. Primero, hay referencias directas a la creación del hombre a imagen de Dios (Gén. 1:26-31; 9:6; Sant. 3:9). Dios creó a los seres humanos a Su imagen para que el hombre fuera Su representante, y le dio dominio sobre la creación (Sal. 8:3-8). La imagen de Dios es el fundamento de la santidad de la vida humana (Gén. 9:6). Por ser el hombre representante de Dios, el homicidio es un ataque a Dios mismo. La imagen también implica propiedad (Mar. 12:13-17). La humanidad, al tener "estampada" la imagen de Dios, es posesión especial de Él. Segundo, las referencias bíblicas a la imagen la relacionan con la trasformación del carácter que acompaña a la salvación (Rom. 8:29; 1 Cor. 15:49; 2 Cor. 3:18; Ef. 4:24; Col. 3:10), y destacan la conformidad creciente del creyente con el carácter de Jesucristo, especialmente en santidad y rectitud.

Dios también creó a la humanidad como varón y mujer. Ambos son portadores de la imagen divina (Gén. 1:27) y gozan de igual posición frente Él. La creación divina de la humanidad como varón y mujer es base de la enseñanza bíblica en relación al matrimonio, el divorcio, la familia y la homosexualidad (Gén. 2:18-25; Mat. 19:3-6; Rom. 1:26,27).

El hombre también fue creado por Dios como cuerpo y alma (Gén. 2:7). De modo que tiene una parte material adecuada para vivir en la tierra y una parte eterna, inmaterial, que sobrevive a la muerte física (2 Cor. 5:1-8). Algunos sugieren que la parte inmaterial del hombre se divide en alma y espíritu. La Biblia hace énfasis en el hombre como una persona integral más que como composición de partes. Los términos para "alma" y "espíritu" con frecuencia se usan indistintamente en las Escrituras, y es difícil construir un argumento bíblico a favor de una marcada separación entre alma y espíritu.

La humanidad bajo pecado El pecado de la primera pareja humana provocó un profundo cambio en la humanidad y en su relación con Dios (Rom. 5:12). La imagen divina permaneció, pero estropeada y distorsionada. La humanidad continuó procreándose como varón y mujer, aunque las relaciones de unos con otros fueron profunda e inmediatamente afectadas por el pecado (Gén. 4). El hombre siguió siendo cuerpo y alma, pero su ser interior fue particularmente impactado por el pecado. El corazón del hombre, el nudo de su ser, es pecaminoso (Gén. 6:5; Jer. 17:9; Mar. 7:20-23), y su mente está entenebrecida (Ef. 4:17-19). La voluntad del hombre es esclava del pecado (Rom. 3:10,11; 2 Tim. 2:25, 26), su conciencia está corrompida (Tito 1:15) y sus deseos torcidos (Ef. 2:3; Tito 3:3). En pocas palabras, la humanidad está universalmente muerta en pecado (Ef. 2:1), en un estado de hostilidad hacia Dios (Rom. 5:10) y sujeta a muerte física seguida de juicio eterno (Rom. 5:12-21; 8:10; Heb. 9:27; Rom. 14:12).

La humanidad redimida En Su misericordia, Dios no dejó que la humanidad pereciera eternamente sino que proveyó el medio de redención. La participación humana en la salvación comienza a nivel individual, cuando conscientemente se coloca la fe en Jesucristo. La fe salvadora implica reconocimiento de quién es Jesús (el Hijo de Dios plenamente divino y plenamente humano), la confianza en los méritos de Su muerte expiatoria y el sometimiento a Su voluntad. Todo esto es posible gracias a Dios quien, según Su propósito eterno y misericordioso, permite a la humanidad pecadora tener fe en Él (Ef. 2:4-9; 1 Tim. 1:14; Tito 3:5).

Hay diferencias de opinión en cuanto a la naturaleza de la humanidad salvada. Algunos ven dos naturalezas de orientación moral totalmente opuestas, una completamente pecadora, la otra perfecta (identificada por algunos con el Espíritu Santo), que obran en el creyente. Los que proponen una marcada distinción entre alma y espíritu, identifican la naturaleza pecadora con el alma y la perfecta con el espíritu. Pablo describe al cristiano como una nueva criatura (2 Cor. 5:17), aunque imperfecta, en quien habita el Espíritu Santo de Dios (Rom. 8:9-17) y está inmersa en un proceso gradual de transformación (Rom. 8:12,13; 2 Cor. 3:18; Col. 3:10) y en conflicto con la carne (naturaleza pecadora) y la ley del pecado (Rom. 7:14–8:8).

La participación de la humanidad en la salvación se consumará al final de los tiempos con la resurrección y la entrada al estado eterno (1 Cor. 15:50-57). Las Escrituras destacan la perfecta conformidad del creyente con Cristo (1 Jn. 3:2), su eterna relación con Dios (Juan 14:2,3) y la gozosa reunión de adoración de todos los redimidos (Apoc. 7:9,10). Esto, claro está, no incluye a toda la humanidad. Los que no creen en Jesucristo pasarán la eternidad sufriendo la justa ira de Dios (Juan 3:36; 2 Tes. 1:9). Ver *Alma; Antropología; Creación; Cuerpo; Cuerpo de Cristo; Espíritu; Iglesia; Imagen de Dios; Libertad; Pecado.* *T. Preston Pearce*

HUMANIDAD DE CRISTO Ver *Cristo, cristología; Encarnación; Jesús, vida y ministerio.*

HUMILDAD Cualidad de la persona en cuanto a carecer de arrogancia y orgullo y tener una justa estima del valor personal.

Antiguo Testamento El AT relaciona la humildad con la penosa experiencia de los israelitas como esclavos en Egipto; un pueblo pobre, afligido y sufrido (Deut. 26:6). La palabra hebrea que se traduce "humildad" es similar a otra que significa "estar afligido". En el concepto del AT, la humildad estaba íntimamente relacionada con personas pobres y afligidas (2 Sam. 22:28).

Dios no desea sacrificios externos sino un espíritu humilde (Sal. 51:17; Miq. 6:8). Este se muestra de diversas maneras: reconocimiento de la propia pecaminosidad frente a un Dios santo (Isa. 6:5), obediencia a Dios (Deut. 8:2) y sometimiento a Dios (2 Rey. 22:19; 2 Crón. 34:27).

El AT promete bendiciones a los humildes: sabiduría (Prov. 11:2), buenas noticias (Isa. 61:1) y honra (Prov. 15:33).

La experiencia de muchos reyes indica que quienes se humillan ante Dios serán exaltados (1 Rey. 21:29; 2 Rey. 22:19; 2 Crón. 32:26; 33:12-19). Los que no se humillan ante Él serán afligidos (2 Crón. 33:23; 36:12). El sendero hacia el avivamiento es el camino de la humildad (2 Crón. 7:14).

Nuevo Testamento La vida de Jesucristo provee el mejor ejemplo de lo que significa humildad (Mat. 11:29; 1 Cor. 4:21; Fil. 2:1-11).

Jesús a menudo predicó y enseñó sobre la necesidad de ser humilde (Mat. 23:12; Mar. 9:35; Luc. 14:11; 18:14) e instó a practicar humildad a los que deseaban vivir según las pautas de Su reino (Mat. 18:1; 23:12).

La persona humilde no desdeña a los demás (Mat. 18:4; Luc. 14:11). En el NT, la humildad está íntimamente ligada a la mansedumbre (Mat. 5:5). En tanto que Dios resiste a los orgullosos, tiene misericordia con los humildes (Sant. 4:6). En el NT es fundamental la convicción de que los humildes no se preocupan por su prestigio personal (Mat. 18:4; 23:12; Rom. 12:16; 2 Cor. 11:7).

Pablo creía que las buenas relaciones con otras personas, especialmente con las que habían errado espiritualmente, dependían de que hubiera mansedumbre o humildad (1 Cor. 4:21; Gál. 6:1; 2 Tim. 2:25). Tanto el AT como el NT afirman que Dios exaltará a los humildes y humillará a los orgullosos (Luc. 1:52; Sant. 4:10; 1 Ped. 5:6). El mundo griego aborrecía la cualidad de mansedumbre o humildad, pero la comunidad cristiana creía en el valor de estas características (2 Cor. 10:18; Col. 3:12; Ef. 4:2). *Gary Hardin*

HUMTA Nombre geográfico que significa "lagartijas". Ciudad en la región montañosa de Judá en el territorio asignado a la tribu del mismo nombre (Jos. 15:54). Se desconoce su ubicación exacta.

HUPA Nombre de persona que significa "refugio", "techo" o "cámara nupcial". Líder del decimotercer grupo de sacerdotes bajo el reinado de David (1 Crón. 24:13).

HUPIM Nombre de persona de significado desconocido. Hijo de Benjamín y nieto de Jacob (Gén. 46:21). Ver *Hufam.*

HUR Nombre de persona de significado incierto, tal vez "blanco" u "horeo"; o tal vez derivado del dios egipcio "Horus" **1.** Líder israelita que acompañó a Moisés y Aarón a la cima del monte durante la lucha contra los amalecitas. Hur ayudó a Aarón a sostener en alto los brazos de Moisés para que Israel pudiera vencer. De alguna manera no declarada explícitamente, las manos de Moisés eran símbolo e instrumento del poder de Dios para el ejército de Israel (Ex. 17:10-12). Hur y Aarón también representaban a Moisés y resolvían cualquier problema entre la gente cuando él ascendía al monte para recibir instrucciones de Dios (Ex. 24:14). Este mismo Hur probablemente haya sido el abuelo de Bezaleel de la tribu de Judá, el artesano que estuvo a cargo de las obras de metal para el tabernáculo en el desierto (Ex. 31:2). Hur era hijo de Caleb (1 Crón. 2:19). La genealogía de Hur aparece tanto en 1 Crón. 2:50 como en 4:1. Por momentos el texto es difícil de descifrar. Aparentemente, como en el caso de la Tabla de las Naciones en Génesis 10, estos textos muestran relaciones geográficas y políticas de los descendientes de Caleb. **2.** Rey de Madián a quien mató Israel cuando el pueblo avanzaba hacia la tierra prometida (Núm. 31:8). Josué 13:21 identifica a los reyes de Madián como vasallos de Sehón (Núm. 31). **3.** Gobernador de distrito en los montes de Efraín durante el reinado de Salomón, a cargo de abastecer un mes por año las provisiones para la mesa real (1 Rey. 4:8). Su nombre también se podría traducir Ben-hur. **4.** Administrador sobre la mitad del distrito de Jerusalén bajo el liderazgo de Nehemías, o padre del administrador (Neh. 3:9).

HURAI Escritura diferente que aparece en 1 Crón. 11:32 para el nombre del guerrero de David llamado Hidai en el pasaje paralelo (2 Sam. 23:30).

HURI Nombre de persona de significado incierto, tal vez "blanco", "que produce lino", "horeo" o "mi Horus" (dios egipcio). Miembro de la tribu de Gad (1 Crón. 5:14).

HURTO Ver *Delitos y castigos; Robo.*

HUSA Nombre de persona y de lugar que significa "prisa". Miembro de la tribu de Judá (1 Crón. 4:4) enumerado junto con Belén y, por ello, probable antepasado originario de la familia que vivía en la ciudad de Husa, tal vez la actual Husan cerca de Belén. Algunos eruditos creen que en el proceso de copiado se cambió el nombre de un original Súa (1 Crón. 4:11) mediante transposición de letras hebreas. Dos de los soldados de David provenían de Husa: Sibecai (2 Sam. 21:18) y Mebunai (2 Sam. 23:27).

HUSAI Nombre de persona que significa "rápido", "de Husa" o "don de fraternidad". El nombre puede representar un error de copista a partir del original Súa. Esto designaría a su familia como proveniente de Shuhu, estado sirio en la región del Éufrates central o un estado en Edom o Arabia. La familia se integró a Israel como miembro de la tribu de Benjamín que vivía en Archi, al sudoeste de Bet-el (Jos. 16:2). Husai era "amigo de David" (2 Sam. 15:37), probablemente un cargo oficial de gobierno como en Egipto, un consejero personal, algo parecido a un secretario de estado. Cuando David escapó y dejó Jerusalén en manos de su hijo Absalón, Husai se le unió con lloro y lamentos (2 Sam. 15:32). David lo envió de regreso para engañar a Absalón (2 Sam. 15:34; 16:16-19). Su consejo al hijo del rey le dio tiempo a David para establecer nuevos cuarteles y reunir fuerzas para aplicar una nueva estrategia (2 Sam. 17).

El comisionado de Salomón a cargo de reunir las provisiones reales en Aser era hijo de Husai, tal vez el mismo "amigo de David" (1 Rey. 4:16). Ver *Husa*.

HUSAM Nombre de persona que probablemente signifique "de nariz larga" o "con apuro". Uno de los primeros reyes de Edom (Gén. 36:34) proveniente de Temán.

HUSATITA Ciudadano de Husa. Ver *Husa*.

HUSIM Nombre de persona que significa "los apresurados". **1.** Hijo de Dan y nieto de Jacob (Gén. 46:23). **2.** Miembro de la tribu de Benjamín (1 Crón. 7:12), aunque muchos estudiosos de la Biblia piensan que el copiado provocó la omisión de la tribu de Dan en la lista y que este Husim es el mismo de Gén. 46:23. Al hijo de Dan se lo llama Súham en Núm. 26:42, lo que podría ser resultado de un error de copista al trasponer letras hebreas. **3.** Esposa de Saharaim de la tribu de Benjamín (1 Crón. 8:8) y madre de Abitub y Elpaal (1 Crón. 8:11). Aparentemente, antes de ir a Moab, su esposo la dejó por motivos de seguridad o por problemas familiares.

HUSO Se utiliza en Prov. 31:19. La RVR1960 traduce "huso" en la primera línea y "rueca" en la segunda. La LBLA invierte las palabras en la traducción. La rueca era una vara que sostenía las fibras con las que se iba hilando. El huso era un palo redondeado con un disco también redondeado sujetado junto a uno de los extremos. El hilo se enrollaba alrededor del huso. Ver *Ropa*.

H

I

Antiguo puente sobre el Río Tíber en Roma, Italia.

Manija de jarrón con la forma de un hermoso íbice alado.

IBDAS Nombre de persona que significa "dulce como la miel". Hijo de Etam de la tribu de Judá (1 Crón. 4:3) según traducciones modernas y la traducción griega más antigua.

IBHAR Nombre de persona que significa "él eligió". Hijo de David nacido en Jerusalén (2 Sam. 5:15).

ÍBICE Especie de cabra montés con enormes cuernos curvos originario de la alta montaña. El íbice fue identificado como la cabra montés de la Biblia (1 Sam. 24:2; Sal. 104:18). El íbice nubiano se encuentra actualmente en la zona de En-gadi, oasis cercano al Mar Muerto. Es animal de caza limpio (Deut. 14:5).

IBLEAM Nombre geográfico que significa "él tragó a la gente". Ciudad en el territorio de la tribu de Isacar entregada a la tribu de Manasés (Jos. 17:11). Muchos estudiosos de la Biblia consideran que Ibleam era la lectura original de la ciudad levita de Jos. 21:25 donde en el texto hebreo figura "Gat-rimón", al igual que en el v.24. Un escriba quizás copió el nombre del v.24 al 25. En algunos mss griegos figura Iebatha, posible deformación de Ibleam. En 1 Crón. 6:70 dice Bileam, lo que indica que Ibleam es el nombre originario. En otros mss griegos aparece "Bet-seán". Manasés no consiguió conquistar Ibleam (Jue. 1:27). Jehú, en la sublevación contra Joram (rey de Israel), hirió de muerte a Ocozías (rey de Judá) cerca de Ibleam (2 Rey. 9:27). Muchos eruditos bíblicos también interpretan que Ibleam fue el sitio del ataque en 2 Rey. 15:10 (NVI). El texto hebreo emplea un pronombre arameo, del que no hay información adicional en el hebreo, que significa "antes", o se refiere a un sitio Kabal-am que de otro modo no se conocería. En algunos mss griegos figura "Ibleam". En 2 Rey. 9:27, la interpretación normal del texto consideraría Ibleam como el término más sencillo que adoptaría un escriba o traductor que no comprendiera el texto hebreo. Ibleam es la actual bir Belalmeh, aprox. a 1,5 km (1 milla) al sudoeste de Jenin.

IBNEÍAS Nombre de persona que significa "Jah edifica". Benjamita que regresó del exilio y se estableció en Jerusalén (1 Crón. 9:8).

IBRI Nombre de persona que significa "hebreo". Levita durante el reinado de David (1 Crón. 24:27). Ver *Habiru.*

IBZÁN Nombre de persona que tal vez signifique "veloz, ágil". Juez de Israel oriundo de Belén que participó de la costumbre real de casar a sus hijos con extranjeros (Jue. 12:8-10).

ICABOD Nombre de persona que significa "¿dónde está la gloria?". Hijo de Finees, que a su vez era hijo de Elí (1 Sam. 4:21). Su nacimiento pareció adelantarse por la noticia de la muerte de su padre y la captura del arca del pacto en la batalla contra los filisteos. La madre de Icabod falleció después del parto. Ver *Elí.*

ICONIO Ciudad de Asia Menor que visitaron Bernabé y Pablo en el primer viaje misionero (Hech. 13:51). Allí Pablo padeció sufrimiento y persecución (2 Tim. 3:11). Se localiza en Konya, capital provincial de la Turquía moderna. El historiador Jenofonte menciona Iconio por primera vez en el siglo IV a.C. En la época del NT se la consideró parte de la provincia romana de Galacia. Resulta evidente la existencia continua desde su fundación. Ver *Asia Menor, Ciudades de.*

IDALA Nombre geográfico de significado incierto; puede ser "chacal" o "monumento". Ciudad en el territorio de la tribu de Zabulón (Jos. 19:15), tal vez la moderna Khirbet el-Hawarah al sur de Belén en Zabulón (no debe confundirse con la famosa Belén de Judá).

IDDO Escritura en español de cuatro nombres hebreos de persona. **1.** Nombre de significado incierto. Persona con autoridad en la comunidad exiliada durante el período persa a quien Esdras le envió mensajeros para conseguir levitas que se le unieran en el regreso a Jerusalén (Esd. 8:17). Pareciera que envió a los levitas necesarios (vv.19-20). **2.** Nombre de persona que tal vez signifique "su alabanza". Líder de la mitad oriental de la tribu de Manasés durante el reinado de David (1 Crón. 27:21). El texto hebreo emplea este nombre en Esd. 10:43 referido a un hombre con esposa extranjera, pero las traducciones al español son fieles a una nota primitiva de un copista y figura Jadau. **3.** Nombre que tal vez signifique "Yahvéh se engalana". Profeta a cuyos registros alude el cronista en busca de mayor información sobre Salomón y Jeroboam (2 Crón. 9:29), Roboam (2 Crón. 12:15) y Abías (2 Crón. 13:22). Estos indican que él escribió un *midrash*, lo que podría suponer una exposición judía de la Escritura. Y desde la época de Josefo, Iddo fue identificado como el profeta anónimo que habló en contra del altar de Bet-el en 1 Rey. 13. Los textos hebreos escriben este nombre de maneras diferentes en cada mención. **4.** Abuelo del profeta Zacarías (Zac. 1:1,7 con distintas escrituras en hebreo). Esdras 5:1 y 6:14 mencionan a Zacarías como hijo de Iddo, donde "hijo", como es común en hebreo, significa descendiente. Se lo incluye entre las familias sacerdotales de la comunidad postexílica primitiva (Neh. 12:4,16). **5.** Padre del supervisor de distrito de Salomón que suministraba provisiones para la corte real durante un mes del año en la zona de Mahanaim (1 Rey. 4:14). **6.** Levita (1 Crón. 6:21).

IDIOMAS DE LA BIBLIA El AT se escribió primero en hebreo, con excepción de gran parte de Esd. 4–7 y Dan. 2:4–7:28, que aparecen en arameo. El NT se escribió en griego, aunque es probable que Jesús y los primeros creyentes hablaran arameo.

Características del hebreo Es un lenguaje semítico emparentado con el fenicio y los dialectos de la antigua Canaán. Los idiomas semíticos poseen la capacidad de transmitir profundo significado mediante pocas palabras. Lo importante es el verbo que, por lo general, aparece al comienzo de la frase porque la acción es el elemento más importante. Asimismo, los modificadores (por ej. los adjetivos) siguen al sustantivo, lo que le otorga a este mayor peso. El orden típico de las palabras en una frase es: verbo–sujeto–modificadores del sujeto–objeto–modificadores del objeto. Cuando se cambia este orden, se le coloca más énfasis a la palabra que aparece primero.

Características del arameo El arameo es similar al hebreo y ambos comparten gran parte del vocabulario. Comenzó como el idioma de Siria y gradualmente se adoptó como idioma de las comunicaciones internacionales. Después de aprox. el 600 a.C., reemplazó al hebreo como el idioma común de Palestina. El hebreo, pues, continuó como el idioma religioso de los judíos, pero tomó prestado el alfabeto arameo para la escritura.

Características del griego El griego pertenece al grupo de idiomas indo-europeos. Se esparció a lo largo del mundo mediterráneo después de aprox. el 335 a.C. con las conquistas de Alejandro. El NT está escrito en un dialecto llamado *koiné* (que significa "común") y que era el lenguaje de las personas comunes. El griego del NT está sumamente imbuido de la modalidad del pensamiento semítico, y aparecen muchas palabras arameas que se representan con letras griegas (por ej., *talita cumi*, Mar. 5:41; *efata*, Mar. 7:34; *Eloi, Eloi, ¿lama sabactani?*, Mar. 15:34; *maranata*, 1 Cor. 16:22). Así también aparecen palabras latinas tales como *centurión* y *denario.* La precisión de las expresiones griegas y su amplio uso lo convirtieron en el idioma ideal para la comunicación del evangelio en los primeros tiempos. No hay duda de que Pablo conocía los tres idiomas bíblicos como así también el latín. Ver *Arameo; Daniel, Libro de; Esdras, Libro de; Griego (idioma); Hebreo (idioma).*

Larry McKinney

IDIOMAS, CONFUSIÓN DE Ver *Babel; Pentecostés.*

IDOLATRÍA Categoría amplia de acciones y actitudes que incluye adorar, reverenciar o rendir honores religiosos a cualquier objeto, persona o entidad que no sea el único Dios verdadero. También incluye actos impuros, incorrectos o inapropiados para adorar al verdadero Dios.

La adoración ofrecida a un objeto falso es la forma de idolatría más evidente y fácil de reconocer.

I

La adoración de ídolos es sólo una parte de la idolatría en el mundo bíblico. En muchas oportunidades se adoraba a otros dioses, no por el atractivo de los ídolos o las imágenes sino por una percepción equivocada del poder del "dios". El problema constante con la idolatría en el AT corresponde a los dioses de la naturaleza y de la fertilidad: los Baales y Astarot, Anat y Astarté, representantes masculinos y femeninos de la reproducción y el crecimiento. La comprensión de la forma básica y la naturaleza de este tipo de idolatría se hizo clara con los descubrimientos en Ugarit y su consiguiente estudio e interpretación. Era generalizada la creencia de que Baal tenía influencia sobre el crecimiento de los cultivos y la reproducción de todos los rebaños. Muchas formas de dicha idolatría incluían actos sexuales, actividades aborrecibles para las leyes del AT. Pero el atractivo y la práctica de estos rituales probablemente continuaban en razón del afamado poder de Baal en esas áreas tan entretejidas con la vida y el sustento de los antiguos hebreos. Durante el período de poder del gran imperio asirio en el mundo antiguo, pareciera que incluso los hebreos creían que los dioses asirios tenían más poder que su Jehová; de modo que comenzaron a adorarlos. El profeta Sofonías, que vivió y profetizó en ese tiempo, condenó "a los que se postran en las terrazas ante el ejército del cielo" (Sof. 1:5 LBLA). Asociada a este tipo de adoración se encontraba la perspectiva bastante generalizada en el mundo del AT de que un dios poseía su propio territorio y que fuera de dicho territorio era relativamente impotente. Tal vez la afirmación más directa de esta creencia se halle en la historia de Naamán (2 Rey. 5; especialmente el v.17). Después que el comandante sirio fue sanado de su lepra, pidió "la carga de un par de mulas" con tierra de Israel para llevársela a Siria y poder adorar allí al Dios verdadero.

Las numerosas referencias a dioses falsos y obviamente a idolatría en el AT, junto a la casi total ausencia del tema en el NT, podría sugerir que en el mundo neotestamentario no hubo demasiados problemas con otros dioses. Pero eso está lejos de ser verdad. El mundo del primer siglo estaba lleno de religiones ajenas al judaísmo y al cristianismo. La presencia de idolatría dirigida a falsos dioses seguía siendo un problema religioso. Todavía abundaban los dioses nacionales nativos y las diosas de la fertilidad similares a Baal y Astoret del período del AT. Además había una nueva fuerza constituida por las religiones de misterio, las religiones helenísticas que se centraban en la esperanza de vida después de la muerte. Los misterios de Orfeo y Eleusis eran quizá los más comunes. La adoración a los emperadores era un serio desafío en la época de la iglesia primitiva. Probablemente la mayoría de los romanos veía el culto al emperador como una simple expresión de patriotismo y lealtad al estado. No obstante, el patrón cristiano era "dad al César lo que es del César, y a Dios lo que es de Dios" (Luc. 20:25 LBLA). Con frecuencia los cristianos se enfrentaban con órdenes imperiales de participar en ese tipo de idolatría. Negarse podía desencadenar castigos severos, incluso la ejecución. En los últimos tiempos del NT y en los años siguientes, el mitraismo se convirtió en el principal competidor del cristianismo. Este culto pagano a Mitra, representado por el *sol invictus* (el sol invencible), era un poderoso desafío para el cristianismo. Por ser una religión exclusivamente masculina que destacaba poder y fuerza, el mitraismo era particularmente popular en el ejército romano.

La idolatría no se centra necesariamente en la práctica de cultos paganos o idólatras. A menudo es un problema para quienes proclaman adorar al Dios verdadero. La idolatría de este tipo generalmente enfatiza cierta forma de desobediencia deliberada o intencional. Su presencia en la Biblia se extiende desde la desobediencia del ensalzamiento personal en el huerto de Edén hasta un acuerdo acomodaticio con el culto al emperador y otras religiones paganas que aparecen en Apocalipsis.

En el Decálogo se tratan las formas básicas de la idolatría (Ex. 20): "No tendrás dioses ajenos delante [además] de mí" (v.3), un mandamiento de lealtad exclusiva y adoración a Jehová; "No te harás imagen" (v.4a), una clara exigencia de adoración sin imágenes, y "No tomarás el nombre de Jehová tu Dios en vano" (v.7a), un mandamiento para honrar en todas las áreas de la vida al Dios cuyo nombre aclamaban y defendían los hebreos.

Estos eran culpables de realizar prácticas religiosas artificialmente mezcladas o sincréticas. Los templos construidos por Jeroboam, hijo de Nabat, el primer rey de Israel (el Reino del Norte) después de su separación del reino de Judá (que tenía centro en Jerusalén), probablemente estaban dedicados a ese tipo de adoración. Cuando se establecieron esos templos en Dan y Bet-el, el rey Jeroboam "hizo dos becerros de oro, y dijo al pueblo: Bastante habéis subido a Jerusalén; he aquí tus dioses, oh Israel, los cuales te hicieron subir de la tierra de Egipto" (1 Rey. 12:28). Esta mezcla del becerro de oro (un símbolo de Baal) con la adoración del Dios que había librado a los hebreos de la esclavitud en Egipto era idolatría.

En el tiempo de Elías predominaba una práctica similar. En su confrontación con los profetas de Baal en el Monte Carmelo durante el período de Acab y Jezabel (1 Rey. 18:20-46), el profeta del Señor se dirigió al pueblo reunido: "¿Hasta cuándo claudicaréis vosotros entre dos pensamientos? Si Jehová es Dios, seguidle; y si Baal, id en pos de él" (1 Rey. 18:21).

La idolatría incluye confiar en el poder militar (Isa. 31:1); confiar en "la obra de vuestras manos" (Jer. 25:7); servir a Dios para obtener bendiciones físicas y materiales (como los amigos de Job); ofrecer a Dios sacrificios inaceptables, contaminados o defectuosos en lugar de darle lo mejor (Mal. 1:6-8). También hay idolatría cuando uno ora, ayuna o da limosnas delante de los hombres "para ser vistos de ellos" en lugar de hacerlo por una sincera devoción a Dios (Mat. 6:1-18).

El tema de la adoración y la idolatría se presentan claramente en Miq. 6:8: "Qué pide Jehová de ti: solamente hacer justicia, y amar misericordia, y humillarte ante tu Dios"; y en las palabras de Jesús a la mujer samaritana en Juan 4:23-24: "Los verdaderos adoradores adorarán al Padre en espíritu y en verdad, porque también el Padre tales adoradores busca que le adoren. Dios es Espíritu; y los que le adoran, en espíritu y en verdad es necesario que le adoren". Ver *Adoración; Canaán.*

Bruce C. Cresson

ÍDOLO Imagen física o material, figura que representa una realidad o un ser considerado divino y que, por lo tanto, es objeto de culto. En la Biblia se emplean diversos términos para referirse a ídolos o idolatría: "imagen", ya sea tallada o fundida, "escultura", "abominación". Ambos testamentos condenan a los ídolos pero el AT expresa mayor preocupación que el NT quizás debido a que la amenaza de la idolatría era más acentuada para la gente del AT.

Los antiguos hebreos vivían en un mundo plagado de ídolos. Los egipcios representaban a sus deidades con diversas formas de animales combinadas con seres humanos. De igual manera, las distintas culturas mesopotámicas empleaban representaciones idolátricas de sus deidades, tal como lo hicieron los hititas en la antigua Asia Menor. Las imágenes de fertilidad de Asera y del Baal cananeo, que suelen encontrarse en excavaciones, representaron una amenaza aún mayor para la adoración hebrea. El empleo de ídolos en

Alat, la diosa luna de Siria y, posteriormente, del norte de Arabia.

la adoración continuó siendo habitual en la religión griega y romana.

Una de las características prominentes y distintivas de la religión bíblica es su ideal de adoración "sin imágenes". En el Decálogo se expresa con claridad: "No te harás ídolo ... No los adorarás ni los servirás" (Ex. 20:4-5 LBLA). Esto suele interpretarse como declaración negativa en cuanto a los ídolos pero con consecuencias positivas hacia la adoración espiritual que Dios deseaba.

Los ídolos fueron un problema de larga data. Uno de los primeros actos de rebeldía de los hebreos giró en torno a un becerro de oro construido bajo el liderazgo de Aarón en el desierto (Ex. 32). La serpiente de bronce ilustra la tendencia de los hebreos a la adoración de ídolos. Moisés la erigió en el desierto para aplacar una plaga de serpientes (Núm. 21), pero Israel la retuvo y la convirtió en objeto de culto (2 Rey. 18:4). Josué le pidió al pueblo que abandonara los dioses que sus padres habían servido en la Mesopotamia y en Egipto (Jos. 24:14). Un equivocado rey Jeroboam quizás trató de representar a Yahvéh en los becerros de oro que colocó en los templos de Bet-el y Dan cuando guió a las tribus del norte a separarse del reino heredado por Roboam (1 Rey. 12:28-33).

Los escritores bíblicos con frecuencia denunciaron la idolatría. Ninguna es tan gráfica ni devastadora como la de Isa. 44:9-20. El ídolo es fabricado por un obrero pero es incapaz de sustentar al obrero para que este finalice su tarea. Es más, el ídolo comienza siendo un resto de árbol del que una persona hace un dios. Entonces se termina adorando, ni más ni menos, que a un trozo de madera.

Varios eruditos piensan que la amenaza de idolatría fue mucho menor en la comunidad judía luego del exilio en Babilonia y que siguió disminuyendo, aunque se seguía observando en la época del NT. El problema más notorio del NT fue si se debía comer la carne ofrecida a los ídolos o no (1 Cor. 8–10). Pablo pareció ampliar el concepto cristiano de la idolatría al identificar la codicia como forma de idolatría (Col. 3:5). Ver *Comida ofrecida a ídolos; Dioses paganos.*

Bruce C. Cresson

IDUMEA En Isa. 34:5, nación destinada al juicio. "Idumea" es el término usado en la versión griega del AT y en los escritos del historiador judío Josefo para referirse a Edom. Estaba al sudoeste del Mar Muerto. Los herodianos eran originarios de Idumea. Al comienzo del ministerio de Jesús lo seguían multitudes de esa región (Mar. 3:8). Ver *Edom.*

IFDAÍAS Nombre de persona que significa "Jah redime". Miembro de la tribu de Benjamín que vivió en Jerusalén (1 Crón. 8:25).

IGAL Nombre de persona que significa "él redime". **1.** Espía representante de la tribu de Isacar a quien Moisés envió para investigar la tierra de Canaán (Núm. 13:7). Votó con la mayoría que la tierra era demasiado difícil de conquistar para Israel. **2.** Uno de los guerreros heroicos de David, quizás un extranjero de Soba (2 Sam. 23:36); aunque en 1 Crón. 11:38 se escriba Joel y sea el hermano, en vez del hijo, de Natán. **3.** Descendiente de David en la comunidad postexílica (aprox. 470 a.C.) y, por lo tanto, perteneciente a la línea y esperanza mesiánica (1 Crón. 3:22), aunque el cronista aquí no lo describa con términos mesiánicos.

IGDALÍAS Nombre de persona que significa "Yahvéh es grande". Antepasado de los profetas cuyos aposentos del templo usó Jeremías para probar la lealtad de los recabitas a su juramento de no beber vino (Jer. 35:4). Esta es la probable evidencia sobre los profetas "profesionales" pertenecientes al personal del templo. Ver *Jeremías; Recabitas.*

IGLESIA En el NT, la palabra griega *ekklesia* se refiere a cualquier asamblea, cuerpos locales de creyentes o al cuerpo universal de todos los cristianos.

La iglesia como pueblo de Dios La historia de la redención demuestra que los propósitos de Dios no están limitados a la redención de individuos. En su lugar, la intención divina fue formar un pueblo (Gén. 12:1-3).

El AT relata que Dios fundó la nación judía, gobernada por un rey elegido por Él, regida por revelación divina y establecida en la tierra de la promesa. No obstante, el AT preveía un día cuando Dios llamaría a los gentiles para que se acercaran a Él. Después de Pentecostés, los apóstoles creyeron que esta promesa se cumplió cuando Dios creó una iglesia nueva multinacional y multiétnica (Hech. 2:14-42; 15:6-29). Jesús era el hijo de David que dio inicio a la reunión escatológica de las naciones (Hech. 15:15-17).

La identidad de la iglesia como pueblo de Dios se observa en términos de creyentes tanto judíos como gentiles. Pablo señaló que los gentiles habían sido "injertados" al pueblo de Dios junto con los creyentes de Israel (Rom. 11:11-25). Los paganos que en un tiempo habían estado separados de Dios y excluidos de la ciudadanía de Israel, se convirtieron en "conciudadanos" con los judíos en la redención planificada divinamente (Ef. 2:11-22). Ya "no hay judío ni griego" en la iglesia (Gál. 3:28). Utilizando el lenguaje que en una época estaba reservado únicamente para Israel, Pedro escribió acerca de la iglesia diciendo que era un "sacerdocio santo" y una casa de "piedras vivas" (1 Ped. 2:4-10). Pedro estaba haciendo eco de las palabras de Oseas (Os. 1:9) y les recuerda a los creyentes gentiles que "en otro tiempo no erais pueblo, pero que ahora sois pueblo de Dios" (1 Ped. 2:10).

La visión del fin de los tiempos que tuvo Juan fue una vasta multitud de todas "naciones y tribus y pueblos y lenguas", redimidos delante del trono de Dios (Apoc. 7:9,10). Jesús comisionó a sus discípulos para que llevaran el evangelio "hasta lo último de la tierra" (Hech. 1:8). El carácter multinacional y multiétnico de la iglesia neotestamentaria no sólo da testimonio de la

I

universalidad del mensaje del evangelio (Rom. 10:11,12) y de la reconciliación personal concretada en la cruz (Ef. 2:14-16), sino también del alcance global del reino venidero de Cristo (Sal. 2:8). En consecuencia, la obediencia a la Gran Comisión (Mat. 28:16-20) no es simplemente una función de la iglesia sino que es esencial para que se la identifique como pueblo de Dios.

Del mismo modo, la adoración no es un tema secundario. Puesto que Dios ha reunido un pueblo "para alabanza de la gloria de su gracia" (Ef. 1:6), la adoración es necesaria dentro de la vida colectiva de la iglesia. Esto no sólo se observa en la práctica israelita sino también en la de la iglesia primitiva (Juan 4:20-24; Ef. 5:18-20).

La iglesia como cuerpo de Cristo La iglesia no sólo es una sociedad religiosa sectaria. Jesús habla de edificar personalmente esta nueva comunidad sobre la base de la confesión de Su señorío (Mat. 16:18,19). Los apóstoles reconocieron que el nacimiento de la iglesia en Pentecostés era obra de Jesús mismo. En Pentecostés (Hech. 2:14-39), Pedro asoció los eventos que tuvieron lugar en esa ocasión con las promesas de un Mesías davídico (2 Sam. 7; Sal. 16; 110).

En el NT se utilizan varios términos para describir a la iglesia: cuerpo de Cristo (Ef. 5:22,23,30), "nuevo hombre" (Ef. 2:14,15), "su (de Dios) casa" (Heb. 3:6; 1 Ped. 4:17) y otros. Pablo en repetidas ocasiones denomina a la iglesia "cuerpo de Cristo"; creyentes unidos a Cristo en Su muerte y resurrección. Por lo tanto, la persecución a la iglesia es la persecución a Cristo mismo. La metáfora del cuerpo muestra la unidad de los creyentes en Cristo y enfatiza los diferentes roles y dones de los creyentes dentro de la comunidad más amplia (1 Cor. 12:12-31).

La descripción de la iglesia como cuerpo de Cristo indica el gobierno de Jesús sobre la comunidad. En su condición de hijo de David exaltado, Él ejerce soberanía mediante Su Espíritu y por Su Palabra. Por Su resurrección recibe la designación de "cabeza" de la iglesia (Col. 1:18). El liderazgo de Jesús muestra que los creyentes están sujetos a aquel que los amó y los compró con Su sangre (Ef. 5:23-27). Los dones individuales deben desempeñarse conforme a la distribución soberana del Espíritu Santo (Ef. 4:4-16).

El cuerpo de Cristo no sólo se refiere a la iglesia universal sino que también se aplica a cada congregación local de creyentes. Al escribirles a los corintios, Pablo enseña que Dios ha dotado a los miembros de la congregación para que se edifiquen mutuamente para gloria de Dios (1 Cor. 12:1-31). En este sentido, cada iglesia local es autónoma, gobernada por el Cristo resucitado mediante la sumisión a la autoridad de la revelación bíblica (Ef. 5:24).

Que la iglesia es el cuerpo de Cristo implica obligatoriamente que los miembros individuales le pertenecen a Él. Como tal, cada iglesia debe estar compuesta por miembros regenerados, aquellos que dan evidencia de su fe en Jesucristo. El NT inextricablemente asocia la regeneración personal con la membresía a la iglesia local (Heb. 10:19-25). Puesto que el bautismo es tanto un rito inicial dentro de la iglesia como también un testimonio de la conversión, debe ser administrado solamente a aquellos que confiesan a Jesús como Salvador y Señor (Hech. 10:47,48). El bautismo está reservado para aquellos que están unidos a Cristo en Su muerte y resurrección (Rom. 6:3,4). Asimismo, la Cena del Señor da testimonio de una membresía regenerada de la iglesia. Los que participan de la Cena del Señor recuerdan la muerte de Cristo a su favor y dan testimonio de su unión con Él (1 Cor. 11:23-34).

La iglesia como comunidad del pacto El NT se refiere a la iglesia como "columna y baluarte de la verdad" (1 Tim. 3:15). Desde el comienzo, la iglesia tenía que servir como cuerpo confesional, aferrado a la verdad de Cristo tal como revelaron los profetas y los apóstoles que Él había escogido (Ef. 2:20).

Una iglesia local está organizada en torno a una confesión de fe. Los líderes de la iglesia deben proteger la fidelidad doctrinal de la congregación predicando fielmente las Escrituras (Hech. 20:25-30; 1 Tim. 4:1-11; 2 Tim. 3:13-17). Cuando surgen errores doctrinales, la iglesia tiene que enfrentarlos y desarraigarlos, aun cuando esto signifique la expulsión de falsos maestros que no estén arrepentidos (1 Tim. 1:19,20; 6:3-5; 2 Tim. 3:1-9; Sant. 5:19,20).

La naturaleza de pacto de la congregación local también se observa en la responsabilidad mutua de los creyentes. Los miembros de la iglesia son responsables de edificarse unos a otros (Ef. 5:19) y están encargados de restaurar a los que vacilan en la fe (Gál. 6:1-2). Cuando fracasan los intentos personales para lograr la restauración, entonces la iglesia tiene que aplicar disciplina (Mat. 18:15-20). Si un miembro de la iglesia no se arrepiente, el último paso es destituirlo de la membresía (1 Cor. 5:1-13).

La iglesia y el mundo La Biblia presenta a la iglesia como una entidad marcadamente diferente del mundo. La iglesia tiene que estar compuesta por creyentes regenerados apartados de un mundo hostil y llamados al evangelio de Cristo. En esta condición, la iglesia debe enfrentar al mundo con la realidad del juicio venidero y el evangelio de la redención por medio de Cristo.

La Biblia presenta a la iglesia como una sociedad diferente, llamada a una vida en el Espíritu, opuesta a la cultura mundana. La iglesia debe ser una colonia del reino que mantiene lealtad definitiva hacia Cristo. En oposición a un mundo que adora de manera servil el poder político crudo, como es el caso del César, la iglesia proclama que "Jesús es Señor". En oposición a un mundo de mortales luchas de poder, la iglesia se sacrifica y sirve a los demás. No obstante, esto no significa que tenga que apartarse del mundo. Está en el mundo pero no debe conformarse a él (Rom. 12:2). El NT habla continuamente acerca de la iglesia primitiva que confrontaba sinagogas, el culto pagano y la filosofía griega. La iglesia no debe abandonar las relaciones y las responsabilidades terrenales sino transformarlas mediante las vidas regeneradas que la constituyen.

No obstante, la iglesia no puede coaccionar al mundo (Juan 18:11). El mensaje de la iglesia es que Dios regenera a los pecadores y los incorpora al cuerpo de Cristo. Si la conversión genuina es un requisito para la membresía a la iglesia, dicha transformación no se puede forzar. La iglesia da testimonio de la soberanía de Dios mediante el poder persuasivo de la palabra predicada. Los pecadores, pues, son cortados hasta el corazón, regenerados y rescatados "de la potestad de las tinieblas" (Col. 1:13).

Por lo tanto, la iglesia y el estado deben permanecer separados. La primera tiene prerrogativas sobre las cuales el último carece de jurisdicción (1 Cor. 5:1-13). El estado posee responsabilidades que no forman parte de la misión de la iglesia (Rom. 13:1-4).

La misión de la iglesia El NT nunca se equipara a la iglesia con el reino de Dios. El cuerpo de Cristo tiene relación con el reino, pero el uso del lenguaje del reino para la iglesia (Mat. 16:18,19; Col. 1:11-18) sugiere que esta es una manifestación inicial del reino venidero.

Toda iglesia local que confiesa que Jesús es Señor constituye un recordatorio visible frente a los poderes del mundo en cuanto a que vendrá el juicio. El Rey justo y recto un día aplastará los reinos de este mundo y todo el cosmos temblará ante la Cabeza de la Iglesia, el Cristo resucitado y soberano (Dan. 2:44; Fil. 2:5-11). Aunque los creyentes se sometan a las autoridades gubernamentales, la lealtad suprema no les corresponde a las entidades políticas transitorias sino al futuro reino mesiánico.

El gobierno de la iglesia Que Dios haya otorgado dones a cada miembro de la iglesia no significa que esta carezca de liderazgo. Por el contrario, el NT habla de que Dios designa líderes para Su iglesia para la edificación del cuerpo (Ef. 4:11-16). Los líderes de una iglesia neotestamentaria son los pastores (llamados también "sobreveedores" u "obispos" o "ancianos") y los diáconos (1 Tim. 3:1-13). Estos hombres son dotados por Dios y llamados de en medio de la congregación para servir a la iglesia.

El pastor es llamado para liderar a la iglesia enseñando la verdad de las Escrituras, estableciendo un ejemplo piadoso y pastoreando al rebaño (Heb. 13:7). No obstante, la toma definitiva de decisiones de la iglesia corresponde a la congregación bajo el señorío de Cristo. Los escritores del NT se enfrentaron con diversos temas de conflicto dentro de la vida de la iglesia. A menudo no dirigían estos asuntos de política a "juntas" supracongregacionales sino a la congregación en sí (1 Cor. 5). En este sentido, cada miembro de la congregación es responsable delante de Dios por las decisiones del cuerpo local. No obstante, los líderes de la iglesia que han sido llamados asumen una responsabilidad aun mayor delante de Dios (Sant. 3:1) pues darán cuenta del alma de cada miembro de la congregación (Heb. 13:17).

Puesto que cada congregación posee dones y es responsable de la política interna, la iglesia local no se somete a ningún control externo. Las iglesias pueden cooperar conjuntamente para la obra del reino de Dios. Por ejemplo, la iglesia primitiva designó un consejo de líderes eclesiásticos para que abordara preguntas doctrinales apremiantes que estaban echando a perder a las congregaciones (Hech. 15:1-35). De manera similar, Pablo instó y organizó iglesias locales a fin de enviar ayuda a los creyentes empobrecidos de otras congregaciones (2 Cor. 8–9; Fil. 1:15-18). Ver *Anciano; Apóstol; Diácono; Misión, misiones; Obispo.*

Russell D. Moore

IGNORANCIA La ley del AT distinguía entre pecados de ignorancia o no intencionales, inadvertidos (Lev. 4:2,13-14; Núm. 15:24-29), y pecados premeditados, deliberados ("con soberbia" o "con prepotencia", Núm. 15:30-31). Los pecados cometidos por ignorancia acarreaban culpa

(Lev. 4:13,22,27); sin embargo, el sistema sacrificial proveía expiación para ello (Lev. 4; 5:5-6). Por el contrario, el pecado "con soberbia" o "con prepotencia" era una afrenta a Jehová que se castigaba con la exclusión del pueblo de Dios. La ley no proporcionaba un rito de limpieza para tal pecado (Núm. 15:30-31). Ejemplos de pecados de ignorancia incluyen errar (Lev. 5:18), desviarse (Sal. 119:10) y tropezar (Job 4:4). Por extensión, estos ejemplos pueden aplicarse a cualquier pecado. Por eso Prov. 19:27 advierte contra el apartarse en forma deliberada de las palabras de consejo divino.

El NT afirma que Dios perdona la ignorancia pasada. Tal fue la ignorancia de los judíos que participaron de la crucifixión de Jesús (Hech. 3:17; 13:27), de Pablo que persiguió a los cristianos (1 Tim. 1:13) y de los gentiles que no reconocieron al Dios verdadero (Hech. 17:30). Si bien Dios pasa por alto la ignorancia pasada, exige arrepentimiento (Hech. 3:19; 17:30). La obediencia es una característica de la vida de los convertidos así como los deseos ignorantes caracterizan la de aquellos que no tienen a Cristo (1 Ped. 1:14). El NT menciona la ignorancia deliberada así como la "perdonable". La ignorancia deliberada más frecuente incluye la negativa obstinada a reconocer el testimonio de la naturaleza sobre la existencia poderosa de Dios (Rom. 1:18-21; Ef. 4:18; 2 Ped. 3:5).

IGUALDAD DE LOS SEXOS Adán y Eva fueron creados a la imagen de Dios para ser iguales en cuanto a su persona pero distintos en cuanto al sexo (Gén. 1:26-27; 5:1-2). La frase "ayuda idónea" (Gén. 2:18) demuestra por un lado igualdad y compatibilidad, pero también indica diferencia de funciones.

Adán y Eva fueron copartícipes en la caída, pero Adán, como cabeza de la raza, fue considerado el responsable delante de Dios (Gén. 2:16-17; Sal. 90:3; Rom. 3:18; 5:12,15; 1 Cor. 15:22). La caída introdujo distorsiones en la relación hombre-mujer, y esto dio como resultado conflictos matrimoniales (Gén. 3:16b).

El objetivo de la redención de Cristo es revertir los efectos del pecado.

Aunque las diferencias entre los sexos permanecen, tanto el hombre como la mujer son uno en Cristo (Gál. 3:26-28) y participan en la vida de la iglesia de manera singular por medio de la obra del Espíritu Santo (Hech. 2:17-18; 1 Cor. 12:7). El apóstol Pablo apeló al orden de la creación, primero el hombre y luego la mujer, para hablar de la sumisión de la mujer al hombre en ciertas funciones de la iglesia, a saber, enseñanza y predicación (1 Tim. 2:11-12; comp. 1 Cor. 11:8-9). A los esposos se los ha hecho cabeza de sus mujeres de manera análoga a Cristo como cabeza de la iglesia (Ef. 5:23). La motivación en la relación de esposos debe ser el amor *ágape* (Ef. 5:25).

Las mujeres tuvieron importantes cargos de autoridad tanto en el AT (Ex. 15:20; Jue. 4:4-14; 2 Crón. 34:22-28; Prov. 31:29) como en el NT (Hech. 1:14; Rom. 16:1-3; 1 Cor. 1:11; 16:19; Fil. 4:2-3). Tanto hombres como mujeres, al criar a sus hijos, ponen en práctica el liderazgo (Ex. 20:12; Prov. 1:8; Ef. 6:1-4). *Paul H. Wright*

IIM Nombre geográfico que significa "ruinas". Ciudad en el límite sur del territorio de la tribu de Judá (Jos. 15:29). Se desconoce su ubicación y no aparece en las listas paralelas de Jos. 19:3; 1 Crón. 4:29. Muchos estudiosos de la Biblia creen que un escriba transcribió dos veces partes del Esem que aparece a continuación en Jos. 15:29.

IJE-ABARIM Nombre geográfico que significa "ruinas del cruce". Sitio cerca de Moab donde acampó Israel durante el peregrinaje por el desierto (Núm. 21:11; 33:45). Parece estar cerca del Monte Abarim. Algunos geógrafos bíblicos lo ubican en Khirbet Aii, al sudoeste de Kerak o de la actual Mahay, pero no hay certezas al respecto. Ver *Abarim.*

IJÓN Nombre geográfico que significa "ruina". Sitio en el norte de Israel conquistado por el rey Ben-hadad de Damasco como resultado de su acuerdo con el rey Asa de Judá (910–869 a.C.) para romper el trato entre Damasco y Baasa, rey de Israel (1 Rey. 15:20). Esto obligó a Baasa a defender su límite norte y a dejar de incursionar en el territorio de Judá, lo cual le dio a Asa oportunidad de reforzar sus defensas (1 Rey. 15:21-22). Tiglat-pileser conquistó la ciudad y llevó prisioneros a muchos israelitas (aprox. 734 a.C.) (2 Rey. 15:29). Ijón se encuentra cerca de la actual Marj Uyun entre los Ríos Litani y Hesbani en Tell Dibbin.

ILAI Nombre de persona de significado incierto. Uno de los héroes militares de David (1 Crón. 11:29), probablemente Salmón (2 Sam. 23:28). La diferencia de escritura es error de copista.

ILÍRICO Nombre geográfico de significado incierto. Distrito del Imperio Romano entre el Río Danubio y el Mar Adriático. Los romanos lo dividieron en Dalmacia y Pannonia. Abarca la actual Albania, y Serbia y Montenegro. Representaba el límite noreste de la obra misionera de Pablo según él mismo expresó (Rom. 15:19), aunque la Biblia no menciona su trabajo en ese lugar. Su labor en Macedonia estaba a pocos kilómetros de distancia, de modo que bien pudo haber predicado en Ilírico o enviado a sus colegas. Esto no implica que haya abarcado todo Ilírico sino que presentó el evangelio allí, dentro de las peligrosas fronteras del Imperio. De esta manera Pablo terminó su ministerio misionero de predicar el evangelio y de fundar iglesias en el límite oriental del Imperio. Pablo ahora estaba listo para predicar en Roma y en las regiones occidentales del Imperio Romano (Rom. 15:20-24).

ILUSTRACIÓN Ver *Figura literaria; Parábolas; Proverbios, Libro de.*

IMAGEN DE DIOS Denominación bíblica para la naturaleza, el estatus y la valía exclusivos de todos los seres humanos como seres creados por Dios.

Los pensadores cristianos intentaron ubicar la imagen de Dios (*imago Dei*) en diversas dimensiones del ser humano entre las que se incluyen el espíritu, el alma, la racionalidad, la voluntad, la mente, la personalidad, la inmortalidad e incluso el cuerpo. Sin embargo, la Escritura no es específica en cuanto a qué parte del hombre constituye la *imagen de Dios*. Esta no puede reducirse a un atributo ni a una combinación de atributos del hombre. El retrato bíblico es más holístico. La totalidad del hombre, como ser humano, es imagen de Dios.

Creación La descripción bíblica de la imagen de Dios comienza "en el principio" cuando "dijo Dios: Hagamos al hombre a nuestra imagen, conforme a nuestra semejanza" (Gén. 1:26). El término hebreo para "imagen" (*selem*) indica representación, retrato o semejanza; con frecuencia corresponde a cómo un ídolo representa a un dios. "Semejanza" (*demut*) significa "similar en apariencia", por lo general referido a la apariencia visual, pero puede también relacionarse con la similitud en lo audible. Si los tomamos juntos, "semejanza" es complemento de "imagen" para expresar que el hombre es más que una mera imagen; es parecido o similar a Dios. No obstante, más allá de las discusiones en cuanto a la definición o al orden de las palabras, los intentos por realizar una distinción cierta entre "imagen" y "semejanza" son erróneos. Por siglos los teólogos han intentado contrastar "imagen" (como la parte física, natural o racional del hombre) con "semejanza" (como el aspecto espiritual, moral y volitivo del hombre). Si bien los términos *selem* y *demut* se complementan, hay tres referencias posteriores a 1:26 que confirman que estos dos términos son, en esencia, ideas intercambiables en el paralelismo, el estilo literario común en el hebreo. Por un lado, en 1:27 se usa "imagen" sin "semejanza". Por el otro, en 5:1, "semejanza" se emplea sin "imagen". En 5:3, ambos términos aparecen juntos, pero en orden inverso a 1:26. De todas maneras, los tres pasajes apuntan a 1:26 y transmiten la gran idea de la imagen de Dios.

Para comprender este concepto, lo más importante es que el contexto escritural inmediato a la declaración divina original de 1:26 es la creación del reino animal. En contraste con la creación animal, la humanidad fue creada a imagen de Dios en un acto separado de creación. El hombre tiene su origen fuera de toda conexión con la creación animal y, por cierto, no proviene de la evolución. Además, en la narrativa creacional se emplea por primera vez el divino "hagamos" en relación con el acto mismo de la creación. Sumado a esto, el contexto escritural inmediato que sigue a esta introducción de la "imagen de Dios" es el concepto adicional de que el hombre someta a la tierra y domine a todas las demás criaturas (1:26,28). En apariencia, la autoridad del hombre sobre la tierra lo coloca aparte del resto de la creación. Si profundizamos en el tema, esta idea dominante de ser *imago Dei* contrasta con la antigua creencia religiosa pagana de que sólo los reyes gobernantes disfrutaban una posición real delante de los dioses y del hombre, tal como se evidenciaba en la dominación que se atrevían a ejercer en nombre de sus deidades. Por el contrario, la representación bíblica de *imago Dei* significa que todos los seres humanos, y no solo los reyes, poseen un estatus real y especial como administradores designados por Dios sobre la tierra. Debido a esta característica de que la humanidad rige sobre el resto de las criaturas de Dios y sobre la tierra, cada miembro de la raza humana de alguna manera representa y refleja al Señor soberano de la creación.

Procreación Ambos sexos reflejan la imagen de Dios como "varón y hembra" (1:27), y se les ordenó, "fructificad y multiplicaos" (1:28). Este mandato demográfico se inició en Gén. 5:1-3 con la clara consecuencia de que el *imago Dei* pasó de Adán y Eva a su hijo Set. Este texto encuadra la imagen de Dios dentro del tema de filiación. Cuando Lucas cita Gén. 5:1-3, se refiere a Adán como "hijo de Dios" (Luc. 3:38). Estos dos pasajes juntos transmiten una misma idea: Adán recibió la *imago Dei* de parte de Dios y Set la recibió de parte de Adán. El pecado de Adán y sus consecuencias negativas para toda la raza humana sin dudas estropearon la imagen de Dios, ya que ningún aspecto de la humanidad quedó sin ser afectado por la caída. Sin embargo, suponer que la imagen de Dios se perdió por completo debido al pecado es solo presunción. Por el contrario, Set y su progenie recibieron y transmitieron esa imagen.

Esta multifacética imagen de Dios en el hombre, según se representa en los temas de creación-procreación de la mayordomía y la filiación, se halla también presente en el Sal. 8. Aquí vemos que el "hombre" y el "hijo del hombre" son hechos "poco menor que los ángeles" y recibieron honra, gloria y dominio (Sal. 8:3-8). Tanto conserva esa imagen el hombre pecador que Pablo declara que el hombre caído es "imagen y gloria de Dios" (1 Cor. 11:7). Si bien el pecado distorsionó y desfiguró la imagen de Dios en el hombre, no disminuyó su valía. Es más, la vida humana luego de la caída sigue siendo sagrada debido a la *imago Dei*, tan sagrada que no debe ser quitada (Gén. 9:6-7) ni maldecida (Sant. 3:9).

Encarnación Aunque la mayoría de la humanidad sea imagen de Dios mediante la mayordomía y la filiación, sólo un hombre es la verdadera imagen de Dios con la plena autoridad del Padre como unigénito Hijo de Dios. Jesucristo es "la imagen de Dios" (2 Cor. 4:4); "Él es la imagen del Dios invisible" (Col. 1:15). Esta es la gran verdad de la encarnación (Juan 1:14,18; Fil. 2:5-8). Como el único Dios-Hombre, Jesucristo es el único entre los hombres que refleja a Dios como "la imagen misma de su sustancia" (Heb. 1:3). Como tal, es el supremo mayordomo de Dios y el verdadero Hijo de Dios (Heb. 2:6-8).

Redención Así como la imagen de Dios en el hombre fue dañada por el pecado, para aquellos que creen, ese daño queda más que contrarrestado por la obra redentora de Jesucristo. El cristiano debe vestirse del hombre "nuevo, el cual conforme a la imagen de aquel que lo creó se va renovando hasta el conocimiento pleno" (Col. 3:10; comp. Ef. 4:24). Al reflejar "como en un espejo la gloria del Señor", el creyente va siendo progresivamente santificado, transformado "de gloria en gloria en la misma imagen" (2 Cor. 3:18; comp. Rom. 8:28-29).

Glorificación Gracias a la encarnación, la vida, la muerte y la resurrección de Jesucristo, los creyentes reciben la promesa de una transformación final a semejanza de Cristo cuando Él regrese. "Y así como hemos traído la imagen del terrenal, traeremos también la imagen del celestial" (1 Cor. 15:49; comp. 42,45-48). Aunque quizás haya mucho de la imagen de Dios que los cristianos no pueden comprender ni saber en su estado actual, la revelación de Jesucristo cambiará a los creyentes para la eternidad. "Sabemos que cuando él se manifieste, seremos semejantes a él, porque le veremos tal como él es" (1 Jn. 3:2; comp. Fil. 3:21).

Jerry A. Johnson

IMAGEN DE NABUCODONOSOR Imagen colosal del sueño de Nabucodonosor (Dan. 2:31-45) que se erigió en el campo de Dura (Dan. 3:1-18).

La interpretación sobre la estatua del sueño de Nabucodonosor es objeto de debate. Resulta claro que Nabucodonosor es la cabeza de oro (2:38). La identificación de los demás materiales (plata, bronce, hierro mezclado con barro) con las referencias históricas resulta menos clara. Por conveniencia y en líneas generales se podría clasificar a los intérpretes en historicistas y dispensacionalistas.

Los historicistas propusieron diversas soluciones a las enigmáticas referencias históricas. Según una de ellas, los diversos materiales se refieren al linaje de los reyes neobabilónicos que finalizó con la conquista de Ciro, a quien se identifica como la piedra señalada por Dios (Dan. 2:45; comp. Isa. 44:28; 45:1). Otros observan una sucesión de reinos en vez de reyes. Por ejemplo, (1) Babilonia, Media, Persia y Grecia; o (2) Babilonia, Medo-persia, Alejandro Magno y los sucesores helenísticos de Alejandro. Los intérpretes disienten entre identificar al reino que domina la tierra (2:39) con el de Ciro, quien proclamó esto, o con Alejandro, que a decir verdad conquistó gran parte del mundo conocido. El cuarto reino "dividido" (2:41) se identifica con frecuencia con la división que los generales hicieron del imperio de Alejandro. La mezcla de hierro con barro quizás se refiera a los intentos fallidos de unir estos reinos mediante tratados matrimoniales ("alianzas humanas", 2:43). Según estos intérpretes, la piedra indicada por Dios son los macabeos, que aseguraron la independencia de los judíos y restituyeron la adoración en el templo. Muchos historicistas reconocen que los macabeos sólo cumplieron en forma parcial lo esperado por el escritor de Daniel y, por tanto, encuentran el cumplimiento supremo en el reino establecido por Cristo.

Los intérpretes dispensacionalistas identifican esa sucesión de reinos como Babilonia, Medo-persia, Grecia y Roma. Roma es el imperio dividido en dos mitades (oriental y occidental) y finalmente representado por una federación de diez naciones. El período romano se extiende hasta la época de Cristo, que es la piedra señalada por Dios que pone fin al poder de los gentiles (Dan. 7; Luc. 21:24; Apoc. 16:19).

El encargo impuesto a los judíos de no adorar a los dioses de Nabucodonosor (Dan. 3:12,14) sugiere una estatua de Bel-Merodac, la deidad patrona de Babilonia, aunque es posible que la estatua fuera del mismo Nabucodonosor. En este caso, la religión es un arma política para unir a varios pueblos dentro de un imperio. Los lectores de las épocas macabea y romana sin duda interpretaron la estatua según el uso contemporáneo de culto al soberano divino. *Chris Church*

IMÁGENES Ver *Ídolo.*

IMER Nombre de persona que quizás signifique "cordero". **1.** Padre de Pasur, sacerdote y administrador del templo (Jer. 20:1). **2.** Sacerdote cuyo hijo Sadoc ayudó a Nehemías a reparar el muro de Jerusalén (Neh. 3:29). Antepasado de sacerdotes que habitó en Jerusalén al regreso del exilio (1 Crón. 9:12). **3.** Líder de una división sacerdotal en el reinado de David (1 Crón. 24:14). Hijo de Imer en otros casos podría significar "descendiente de Imer" y referirse a este primer antepasado sacerdotal (comp. Esd. 2:37,38; 10:20; Neh. 7:40; 11:13).

IMITAR Copiar; hacer lo que uno ve hacer a otro; a veces se parece a "ser obediente". El uso que hace Pablo puede dividirse en tres grupos: (1) Llamar la atención a una comparación aun cuando no haya intenciones de imitar. Los tesalonicenses experimentaron sufrimiento a manos de sus compatriotas, comparable con el que padecieron los primeros judeocristianos (1 Tes. 2:14). Primera Tesalonicenses 1:6 tal vez encuadre con esto. (2) Seguir un ejemplo (Fil. 3:17; 2 Tes. 3:7, 9 donde se observa el ejemplo de Pablo de autosustentarse). La obediencia puede incluso estar en mente como lo demuestran referencias a la tradición (2 Tes. 3:6) y a las órdenes (3:10). (3) Equivale a "ser obediente". Pablo exhortó a los corintios a que lo siguieran, no en relación a su ejemplo personal sino a su "proceder en Cristo", que enseñaba "en todas partes y en todas las iglesias" (1 Cor. 4:16,17). Los corintios debían seguir el ejemplo de Pablo obedeciendo su consejo de hacer todo para gloria de Dios sin provocar ofensas (1 Cor. 11:1; comp. 10:23-33). En Ef. 5:1, la orden de ser imitadores vuelve a estar relacionada con la serie anterior de mandamientos, en especial perdonar (4:25-32). La imagen de niños obedientes a los padres es común donde es primordial la idea de imitar en el sentido de obediencia (1 Cor. 4:14-16; Ef. 5:1).

Hebreos exhorta a imitar la fortaleza y paciente entereza de aquellos que heredaron las promesas (6:12), y la fidelidad de los líderes de la iglesia (13:7). La orden en 3 Jn. 11 se da en sentido general, aunque hay ejemplos específicos de buenos (Demetrio) y malos (Diótrefes).

IMLA Nombre de persona que significa "él llena". Padre del profeta Miqueas (1 Rey. 22:8). Ver *Miqueas.*

IMNA Nombre de persona que significa "él defiende", "él reparte" o "en la mano derecha, buena fortuna". **1.** Miembro de la tribu de Aser (1 Crón. 7:35). **2.** Hijo de Aser y primer antepasado de los imnitas (Núm. 26:44). **3.** Levita de la época del rey Ezequías (2 Crón. 31:14).

IMNITA Miembro del clan de Imna. Ver *Imna.*

IMPIEDAD Estilo de vida y actitud que excluye a Dios del pensamiento e ignora o viola deliberadamente las leyes divinas. Romanos 1:20-32 es una caracterización clásica de la impiedad: los impíos se niegan a reconocer a Dios a pesar de la evidencia de la creación (1:20-21), participan deliberadamente en la idolatría (1:25) y practican un estilo de vida que no respeta los límites divinos (1:26-31). Los impíos no sólo no temen el juicio de Dios sino que también tratan de involucrar a otros en su maldad (1:32). "Las leyendas profanas y otros mitos semejantes" (NVI) se refiere a la conversación que motiva a tener una actitud y un estilo de vida impíos (1 Tim. 4:7; comp. 6:20; 2 Tim. 2:16). Ver *Piedad.*

IMPORTUNIDAD Urgencia conflictiva; persistencia excesiva. En Luc. 11:8, la importunidad da como resultado una respuesta favorable a un pedido de pan hecho a medianoche. Algunas versiones dicen "impertinencia" (NVI). El significado literal del término es "para no ser avergonzado" (TLA).

IMPOSICIÓN DE MANOS Acto ceremonial simbólico utilizado para invocar bendición divina, para establecer conexión con los sacrificios y la dedicación, o para impartir dones espirituales.

Antiguo Testamento Un uso primordial de la imposición de manos en el AT se relacionaba con los sacrificios. En Lev. 16, el Señor les dio instrucciones a Moisés y Aarón en cuanto al día de Expiación. En un momento en particular se le dijo a Aarón que colocara las manos sobre el macho cabrío vivo y que "confesara sobre él todas las iniquidades de los hijos de Israel, todas sus rebeliones y todos sus pecados, poniéndolos así sobre la cabeza del macho cabrío" (Lev. 16:21) para de esa manera transferirle al animal los pecados de Israel.

La identificación del adorador con el sacrificio se observa en material sobre el holocausto, las ofrendas de paz, por el pecado y de dedicación (Lev. 1:4; 3:2; 4:4; Núm. 8:12).

La imposición de manos se utilizaba a fin de apartar a alguien para una función especial. Moisés le impuso las manos a Josué para identificarlo como su sucesor y demostrar que le estaba impartiendo su autoridad (Núm. 27:18-23).

La imposición de manos se usaba en las bendiciones. Jacob bendijo a sus nietos, los hijos de José, colocándoles las manos sobre la cabeza. En este caso, la imposición de manos significaba bendiciones futuras para Efraín y Manasés (Gén. 48:12-19).

La imposición de manos también significaba castigar, arrestar, capturar o aplicar violencia a alguien (Ex. 22:11; 2 Crón. 23:15, "echar mano").

Nuevo Testamento Hay poca diferencia entre los usos del AT y del NT, excepto que en el NT desaparece el uso relacionado con el sacrificio y se agrega el correspondiente a los dones espirituales. Como en el AT, esta expresión también se usa para arrestar o capturar a una persona (Mat. 26:50; Hech. 4:3, "echar mano").

Jesús bendijo a los niños al imponerles las manos (Mar. 10:16). También imponía las manos sobre los enfermos para sanarlos (Mar. 6:5; Luc. 5:13), al igual que hicieron los apóstoles (Hech. 28:8).

La imposición de manos se utilizó para la dedicación de los "siete" en Hech. 6:6, y cuando Bernabé y Saulo fueron encomendados para su viaje misionero (Hech. 13:3). El acto de imponer las manos como un método para encomendar o reconocer el llamado de una persona al ministerio es una tarea seria. Pablo le advirtió a Timoteo que no se apresurara a imponerle las manos a nadie (1 Tim. 5:22). Al imponer las manos, la iglesia reconoce que Dios comisiona a un individuo e identifica que el Espíritu está capacitando a la persona para la tarea del ministerio.

En Hechos aparecen casos en que la imposición de manos se asocia con recibir el Espíritu Santo (Hech. 8:17-20; 19:6). En estos casos, la acción confirmaba la autenticidad del evangelio. Primera Timoteo 4:14 expresa que Timoteo recibió un don espiritual de parte de los ancianos que le impusieron las manos. En 2 Tim. 1:6, Pablo menciona el don espiritual que recibió Timoteo "por la imposición de mis manos". Estas referencias muestran que este recibió autoridad, espíritu de poder, amor y dominio propio (2 Tim. 1:7). *Brent R. Kelly*

IMPRECACIÓN, SALMOS IMPRECATORIOS Acto de invocar una maldición. En los salmos imprecatorios, el autor le pide a Dios que traiga desgracia y desastre sobre los enemigos (Sal. 5; 11; 17; 35; 55; 59; 69; 109; 137; 140). Estos salmos son bochornosos para muchos cristianos que los consideran conflictivos con la enseñanza de Jesús de amar a los enemigos (Mat. 5:43-48). Es importante recordar los principios teológicos subyacentes en esos salmos: (1) el principio de que la venganza le pertenece a Dios (Deut. 32:35; Sal. 94:1) excluye la represalia personal y exige la apelación a Dios para castigo del malvado (comp. Rom. 12:19); (2) el principio de que la rectitud divina exige el juicio de los malvados (Sal. 5:6; 11:5,6); (3) el principio de que el pacto de amor de Dios para con Su pueblo necesita intervención por parte del pueblo (Sal. 5:7; 59:10, 16,17), y (4) el principio de la oración por medio de la cual los creyentes le confían a Dios todos sus pensamientos y sus deseos. Ver *Bendición y maldición.*

IMPUESTOS Contribuciones habituales a gobernantes. Inicialmente, Israel sólo pagaba tributos para mantenimiento del tabernáculo y los sacerdotes. Los términos del AT referidos a impuestos son: "contribución", "trabajo forzado" y "tributo". Antes de que Israel estableciera la monarquía, los únicos impuestos de la nación eran para adoración. Desde luego, también tenían que pagar tributo a los invasores, como sucedió con los filisteos. Durante el reinado de David, los grupos conquistados debían pagar para sostener al ejército. El valor de los impuestos aumentó durante el gobierno de Salomón. Comerciantes y mercaderes pagaban impuestos; los pueblos subyugados, tributo; los campesinos, especies como aceite y vino, y muchos israelitas, trabajo forzado en el templo. La carga que representaban los impuestos desencadenó la rebelión que se produjo después de la muerte de Salomón (1 Rey. 12). Poco después, Israel se convirtió en estado vasallo y tuvo que pagar tributo, es decir, un impuesto obligatorio, primero a Asiria y finalmente a Roma.

En la era del NT, Herodes aplicaba un impuesto a la producción agrícola y otro a los artículos de comercialización. Otras obligaciones que imponían los gobiernos extranjeros incluían un impuesto a la tierra, a la persona, una especie de impuesto progresivo a las ganancias (sobre este tributo los fariseos probaron a Jesús, Mat. 22:17), y otro a los bienes personales. En Jerusalén se aplicaba un impuesto a la vivienda. Estas contribuciones se abonaban directamente a los funcionarios romanos.

Las tasas aduaneras sobre exportaciones e importaciones que se pagaban en los puertos marítimos y en las puertas de las ciudades, se arrendaban a contratistas privados que entregaban una suma adelantada en contraprestación por el derecho de recaudar impuestos en determinadas regiones. Así sucedió con Zaqueo (Luc. 19) y Mateo (Mat. 9). Aparentemente, Roma imponía pocas restricciones a la ganancia que podía retener el recaudador. Un censo relacionado con los impuestos que ordenó el emperador romano condujo a José y María a Belén, donde nació Jesús (Luc. 2:1-7). Además de los tributos que pagaban a las potencias conquistadoras, los israelitas también tenían impuestos religiosos. Los varones judíos de todo el mundo tenían que contribuir al templo con una *didracma* (medio siclo, Mat. 17:24). El otro impuesto lo recolectaban los levitas y correspondía al diezmo, es decir, el 10% de toda la producción agrícola.

A los israelitas les irritaba pagar tributo a los gobiernos invasores. Muchos judíos celosos consideraban que el pago de tributos a Roma era traición a Dios. Cuando le preguntaron a Jesús sobre el tributo individual, Él dijo que se debía obedecer la ley, y así sorprendió a quienes inquirieron (Mar. 12:13). *Gary K. Halbrook*

IMPUREZA Ver *Limpio, limpieza.*

IMPUTAR, IMPUTACIÓN Colocar algo a la cuenta de alguien o atribuirlo a otra persona. A Abraham, por haber creído, Dios se lo reconoció por justicia (Gén. 15:6). Esto significa que Dios le atribuyó a Abraham aquello que no tenía en sí mismo (Rom. 4:3-5). Esto no significa que Dios aceptó la fe de Abraham en lugar de la justicia como logro merecedor de la justificación. Significa que Dios aceptó a Abraham porque había confiado en Él en vez de confiar en algo que él mismo pudiera haber hecho.

Asimismo, a partir del Sal. 32:1-3, Pablo declaró que sólo Dios puede perdonar pecados. Quienes han sido perdonados no son considerados impíos porque el Señor no les imputa la iniquidad que poseen. En cambio, se los considera o se les atribuye ser hijos de Dios (Rom. 4:7-8,11, 23-24).

La imputación de la justicia descansa en la esencia de la doctrina bíblica de la salvación. Esta justicia se ve en Cristo, quien compró la redención. Dios garantiza justicia a quienes tienen fe en Cristo (Rom. 1:17; 3:21-26; 10:3; 2 Cor. 5:21; Fil. 3:9). Esta justicia imputada o atribuida a los creyentes es, en sentido estricto, una justicia ajena. No es la propia justicia del creyente sino la justicia de Dios imputada al creyente. De manera que, como lo expresó Lutero, los creyentes son simultáneamente justos y pecadores.

En la Escritura no sólo se enseña la imputación de la justicia de Dios al creyente sino que la Biblia, en cierto sentido, implica que el pecado de Adán le fue imputado a la humanidad (Rom. 5:12-21; 1 Cor. 15:21,22). De igual manera se enseña que los pecados de la humanidad le fueron imputados a Jesucristo (2 Cor. 5:21), aunque la naturaleza exacta de dicha imputación divina sea un misterio. El asunto ha sido debatido con intensidad en la historia de la iglesia desde la época de San Agustín (354–440 d.C.). De todas maneras, a fin de mantener un testimonio bíblico consecuente, debe sostenerse que en Adán Dios juzgó culpable a toda la raza humana. Sin embargo, la humanidad no sólo ha sido declarada culpable; cada ser humano llevó a cabo su propia culpa. Lo más importante es que para el pecador es imposible ser justo a los ojos de Dios fuera del don de la justicia garantizado por gracia divina en Cristo por medio de la fe.

David S. Dockery

IMRA Nombre de persona que significa "él es obstinado". Miembro de la tribu de Aser (1 Crón. 7:36).

IMRI Forma abreviada del nombre de persona "Amarías", que significa "Jah ha hablado". **1.** Antepasado de una familia de la tribu de Judá que vivió en Jerusalén al regreso del exilio (1 Crón. 9:4). **2.** Padre de Zacur, quien ayudó a Nehemías en la reconstrucción del muro de Jerusalén (Neh. 3:2).

INCENSARIO Utensilio utilizado para ofrecer incienso delante del Señor (Lev. 10:1). Nadab y Abiú lo utilizaron de manera inapropiada, lo que dio como resultado destrucción enviada por Dios. Es probable que también se utilizara para transportar carbones encendidos que se empleaban en conexión con la adoración en el tabernáculo o en el templo. Cada sacerdote tenía uno (comp. Núm. 16:17,18). El uso del incensario en la adoración en el templo estaba restringido a los miembros del sacerdocio aarónico, tal como el rey Uzías pudo comprobarlo en su desobediencia (2 Crón. 26:16-21). Según la visión de Juan (Apoc. 8:3-5), la adoración celestial también incluye incensarios e incienso. Ver *Tabernáculo; Templo.*

INCESTO Relación sexual entre personas de parentesco demasiado cercano como para casarse. El doble fundamento teológico para la prohibición de las uniones incestuosas es la declaración divina

Altar de incienso del emplazamiento de la antigua Hazor.

Inciensario de la Isla de Malta.

"Yo soy Jehová vuestro Dios" (Lev. 18:2,4,6) y la nota de que dicha conducta fue característica de los egipcios y los cananeos a quienes Dios juzgó (Lev. 18:3,24,25). Levítico 18:6-16 prohibía la unión de un hombre con su madre, madrastra, hermana, media hermana, nuera, nieta, tía (por consanguinidad o por matrimonio) y cuñada. Levítico 18:17 prohibía que un hombre se involucrara con una mujer y su hija o su nieta. Levítico 18:18 prohibía el casamiento con hermanas pues se convertirían en esposas rivales. Entre los castigos para las diversas formas de incesto se menciona no tener hijos (Lev. 20:20,21), expulsión del pueblo del pacto (Lev. 18:29; 20:17,18; comp. 1 Cor. 5:2,5) y muerte (Lev. 20:11,12, 14). En la época patriarcal, se permitía casarse con una media hermana (Gén. 20:12) o con hermanas rivales (Gén. 29:21-30), aunque dichos matrimonios demostraron ser conflictivos para Abraham y Jacob. Los relatos bíblicos de incesto incluyen Gén. 19:31-35; 35:22 y 2 Sam. 13.

INCIENSO Ingrediente que se usaba para preparar el perfume para el lugar santísimo en el tabernáculo (Ex. 30:34). Sustancia resinosa derivada de ciertos árboles de la familia del bálsamo. Fue uno de los regalos que los magos le ofrecieron al niño Jesús (Mat. 2:11). Ver *Sacrificios y ofrendas.*

INCIENSO, ALTAR DEL Ver *Tabernáculo; Templo.*

INCIRCUNCISO Ver *Circuncisión.*

INCLUSIVIDAD Dios escogió a Abraham de entre las familias de la tierra para ser padre de una gran nación que transmitiría luego las bendiciones de Dios a los demás (Gén. 12:3; Gál. 3:6-9). La relación especial de Dios con Israel (Ex.

19:5,6) jamás pretendió ser exclusiva. Gran cantidad de no israelitas (en la época del AT) y no judíos (en la época intertestamentaria y en el NT) participaron de las bendiciones del pacto de Abraham. Se incluye a la multitud mixta que abandonó Egipto con Moisés (Ex. 12:38), a Rahab (Jos. 6:25; Mat. 1:5), a Rut (Rut 1:4; Mat. 1:5), a varias mujeres sirofenicias (1 Rey. 17:8-24; Luc. 4:25,26), a Naamán (2 Rey. 5:1-19; Luc. 4:27), a los ninivitas (Jon. 3:5-10; 4:11), a un centurión romano (Mat. 8:5-13), a la mujer samaritana (Juan 4:1-42), a Simón de Cirene (Mar. 15:21), a Cornelio (Hech. 10:9-48), a Timoteo (Hech. 16:1) y a una gran cantidad de gentiles convertidos a lo largo de la historia de la iglesia. Entre los habitantes del cielo habrá gente "de todas las naciones, tribus, pueblos y lenguas" (Apoc. 7:9 NVI).

Dios no manifiesta parcialidad en cuanto al juicio o a la salvación, con una sola excepción (Hech. 10:34; Rom. 2:9-11; Ef. 2:11-14). Dicha excepción es que la salvación se encuentra sólo en la obra de Jesucristo (Juan 14:6; Hech. 4:12). El lenguaje que Dios usó sobre Israel en el Monte Sinaí ("vosotros me seréis un reino de sacerdotes y gente santa", Ex. 19:6) fue adoptado por Pedro en referencia a los gentiles (1 Ped. 2:9) quienes, por medio de Cristo, pasaron a ser coherederos junto a los creyentes que descendían de Abraham (Gál. 3:29; 4:7). Todas las barreras interpersonales basadas en el sexo, la etnia o el nivel socioeconómico quedan eliminadas en Cristo (Gál. 3:28,29).

INCONTINENCIA Término usado para referirse a la falta de dominio propio (1 Cor. 7:5).

INCORRUPTIBLE Que no se descompone; que dura para siempre. Describe la resurrección del cuerpo espiritual que, a diferencia del cuerpo físico, no está condenado al deterioro asociado con la muerte (1 Cor. 15:42-54). Incorruptible describe la recompensa eterna de los santos (1 Cor. 9:25; 1 Ped. 1:23). Uno de los vocablos griegos que se traduce "incorruptible" también se traduce "inmortalidad" (Rom. 2:7; 2 Tim. 1:10). El mismo término se emplea en Ef. 6:24 en referencia al amor "inalterable".

INDEPENDENCIA DIVINA Doctrina en cuanto a que Dios no depende de otro para existir ni para el libre ejercicio de prerrogativas divinas. Ver *Libertad divina; Soberanía de Dios; Yo soy.*

INDIA Límite oriental del Imperio Persa del rey Asuero (Jerjes) (Est. 1:1; 8:9). Las referencias bíblicas sobre la India aluden al Punjab, la región de Paquistán y noroeste de la India recorrida por el Río Indo y sus afluentes. India pudo haber sido un puerto de escala de la flota de Salomón (1 Rey. 10:22). El comercio entre la India y las tierras bíblicas comenzó antes del 2000 a.C.

INERRANCIA Doctrina que hace alusión a la verdad de la Escritura. La fe en la Biblia como Palabra de Dios infalible, confiable y con autoridad siempre ha sido una doctrina sólida y fundamental de la iglesia, y tiene como base la naturaleza de Dios y el carácter de la Biblia en sí.

El testimonio que da la Biblia sobre sí misma atestigua que es una verdad que viene de Dios y del Espíritu Santo (p. ej. Ex. 20:1; Isa. 1:2; Hech. 1:16; Heb. 1:1-2; 3:7; 2 Ped. 1:21). La palabra "inspirada" (gr. *theopneustos*), que se usa para describir el origen y la naturaleza de la Escritura en 2 Tim. 3:16, significa lit. "inspirada por Dios" o "dada por el aliento de Dios". Aunque Él utilizó a muchas personas para escribir las palabras de la Escritura (p. ej. Ecl. 1:1; Jer. 36:2-4), la Biblia es clara en su afirmación de que dichas palabras escritas se originaron por iniciativa divina: "nunca la profecía fue traída por voluntad humana, sino que los santos hombres de Dios hablaron siendo inspirados por el Espíritu Santo" (2 Ped. 1:21).

En vista de que Dios es verdad (Núm. 23:19; Jer. 10:10; Juan 15:26; 17:3; Tito 1:2), Su revelación en las Escrituras es verdadera y totalmente confiable (Sal. 19:7; Prov. 30:5-6; Juan 10:35; 1 Tim. 1:15; 2 Tim. 3:16). Por esta razón, sólo la Palabra de Dios permanece para siempre (Isa. 40:6-8).

INFIERNO Generalmente considerado morada final de los muertos no justificados donde los impíos sufren el castigo eterno; el término traduce una palabra del AT y varias del NT.

El uso en el Antiguo Testamento La única palabra hebrea traducida "infierno" en algunas versiones es Seol, un término amplio que, según el contexto, puede significar morada de los muertos justos o de los impíos. Ver *Seol.*

El uso en el Nuevo Testamento En el NT hay tres palabras traducidas "infierno": *Gehenna* (Mat. 5:22,29-30; 10:28; 18:19; Mar. 9:43,45,47; Luc. 12:5, Sant. 3:6), *Hades* (Mat. 11:23; 16:18; Hech. 2:27,31; Luc. 10:15; 16:23; Apoc. 1:18; 20:13-14) y *Tartarus* (2 Ped. 2:4). Es significativo que, a diferencia de Seol, ninguno de los términos del NT para infierno o gehenna se usa simplemente para hablar del sepulcro. Ver *Gehenna; Hades.*

En el paganismo, Hades se refería originalmente al dios del mundo de los muertos, pero más tarde llegó a identificarse como lugar de los muertos. En Luc. 16:23, el Hades se describe definitivamente como lugar de tormentos (Luc. 10:15). Apocalipsis 20:13 lo describe como un lugar temporario donde viven los incrédulos hasta el momento del juicio final. Gehenna era el nombre de un valle al sudeste de Jerusalén donde se arrojaban niños pequeños como sacrificio al dios Moloc.

Hay una diferencia fundamental entre Hades y Gehenna que es clave para comprender la justicia punitiva de Dios. En base al uso en el NT, Hades es el lugar que recibe a los impíos durante el período entre la muerte y la resurrección. Gehenna se puede equiparar con el fuego eterno que fue preparado originalmente para el diablo y sus ángeles (Mat. 25:41), y el lago de fuego de Apoc. 20:14 donde son arrojados la muerte y el infierno. Después de la resurrección y el juicio de los impíos, el Gehenna se convierte en el lugar del castigo final y el fuego eterno.

Los antiguos griegos consideraban que *tartarus* era el lugar donde se castigaba a los dioses rebeldes y a otros malvados. El único lugar del NT donde se usa el término griego es 2 Ped. 2:4 donde dice que los ángeles que pecaron fueron arrojados al infierno (tartarus) y que allí fueron reservados para el juicio.

Descripciones adicionales del sufrimiento Después del juicio final, los perdidos experimentan continuos sufrimientos y tormentos inimaginables. Frases como "el lloro y el crujir de dientes", "las tinieblas de afuera" (Mat. 8:12; 22:13; 24:51; 25:30; 13:28) y "donde el gusano de ellos no muere y el fuego nunca se apaga" (Mar. 9:44,46,48) indican sufrimiento emocional, físico y también espiritual. En pasajes como Mat. 10:15; 11:22,24; 18:6; Mar. 6:11; Luc. 10:12,14 también se indican diversos grados de juicio y sufrimiento.

Interpretaciones Hay dos preguntas amplias que requieren respuesta por ser fundamentales para una adecuada comprensión de la enseñanza bíblica sobre el infierno. Primero, el castigo del infierno ¿es eterno o temporal? Segundo, ¿enseña la Biblia que el infierno es literal o figurativo?

¿Eterno o temporal? La Biblia declara que el sufrimiento de los perdidos en el infierno es eterno (Isa. 66:24; Mat. 25:46; Mar. 9:44,46,48; Apoc. 14:11) La afirmación de que Dios sería injusto si castigara eternamente un pecado que es temporal subestima la gravedad del pecado, su naturaleza espiritual y la suprema santidad de Dios.

¿Figurativo o literal? Las Escrituras enseñan con claridad acerca de un infierno literal. La historia del hombre rico y Lázaro más que una parábola, probablemente sea un relato histórico verdadero revelado por Cristo (Luc. 16). Jesús enseña en Mat. 10:28 que tanto el alma como el cuerpo pueden ser arrojados al infierno. Esto requiere que el infierno sea un lugar literal, ya que un cuerpo físico (el único tipo de cuerpo que hay) no se puede arrojar en nada que sea metafórico.

Entre los evangélicos, la diferencia de opinión más común es si el infierno como lugar de sufrimiento se describe con lenguaje figurativo, literal o una combinación de ambos. Algunos creen que la Biblia enseña que el infierno es real pero que el lenguaje usado para describirlo es figurado. Este enfoque concuerda con lo que muchos otros sostienen sobre las descripciones del cielo que Juan hace en Apocalipsis. Así como el cielo es más espléndido que la descripción de Apocalipsis, el infierno es tan terrible que el lenguaje humano no alcanza para describirlo.

No obstante, hay evidencias de peso que indican que la Biblia usa lenguaje literal, y que efectivamente enseña sobre un fuego real y otros sufrimientos. Aquí resulta útil la parábola del trigo y la cizaña en Mat. 13 que trata sobre el juicio final. El Hijo del hombre, el mundo, los hijos del reino, los hijos del malvado, el diablo, el fin del mundo, los ángeles, la cosecha, todos son descripciones literales en la parábola. Entonces es lógico llegar a la conclusión de que la quema de la cizaña también debería tomarse literalmente.

Pocos pondrían en duda que la Biblia revela que el infierno es un lugar de tormento físico y espiritual para quien no se arrepiente. Por ser el hombre un ser físico (cuerpo) además de emocional y espiritual (alma y espíritu), es más consecuente con las Escrituras la conclusión de que el sufrimiento físico también es parte del destino final de los perdidos. No es de extrañar que la carta a los Hebreos diga: "¡Horrenda cosa es caer en manos del Dios vivo!" (Heb. 10:31), y explica el énfasis en la evangelización según la Gran Comisión. Ver *Castigo eterno; Ira, ira de Dios; Juicio, Día de.*

David G. Shackelford y E. Ray Clendenen

INFINITO Ilimitado en extensión de espacio, duración y cantidad. Aunque la Escritura no emplea el término "infinito" para describir a Dios, los teólogos descubrieron que es adecuado para resumir varios atributos divinos. Dios no está limitado por el espacio (Sal. 139:7,8); no está limitado por el tiempo; Dios existe desde antes de la creación (Gén. 1:1); el ordenamiento del tiempo es parte de la actividad creadora de Dios (Gén. 1:5). Como Dios es Espíritu (Juan 4:24) no se lo puede cuantificar como si fuera un objeto material. A Dios se lo considera infinito en muchas otras cualidades: el gran amor divino es eterno (Sal. 100:5); el conocimiento de Dios se extiende a la caída de un gorrión y a la cantidad de cabellos que tenemos en nuestra cabeza (Mat. 10:29,30; comp. Sal. 139:1-6); Dios es "Todopoderoso" (Gén. 17:1; Ex. 6:3).

INFLAMACIÓN Reacción al daño celular que se caracteriza por enrojecimiento, infiltración de glóbulos blancos, calor y con frecuencia dolor. La inflamación era una de las maldiciones sobre aquellos que desobedecieran el pacto (Deut. 28:22; comp. Lev. 13:28).

INIQUIDAD Ver *Pecado.*

INJERTO La unión de un brote (porción viva que se arranca de una planta y que proporciona la parte frondosa de un injerto) con un tronco (parte del injerto que provee raíces). Para multiplicar los olivos, con frecuencia se extraían renuevos de la base de un árbol cultivado (comp. Sal. 128:3) y se los injertaba en los troncos de olivos silvestres. La ilustración de Pablo (Rom. 11:17-24) refleja la incomprensible gracia de Dios que hace lo que ningún agricultor haría, o sea, romper ramas de olivos cultivados (que representan a los descendientes de Israel) para injertarlos en ramas de olivos silvestres (que representan a los creyentes gentiles). La ilustración también sirve como advertencia a los creyentes gentiles para que no sean orgullosos y desprecien la contribución de los israelitas que hicieron posible su fe, sino que se mantengan firmes en ella.

INMORALIDAD Cualquier actividad sexual ilícita fuera del matrimonio. Tanto en el AT como en el NT tiene también un significado figurado referido a la idolatría o a la infidelidad a Dios.

En el AT, *zanah* por lo general se refiere a la relación heterosexual ilícita, en especial en cuanto a las mujeres (Jue. 19:2; Jer. 3:1; Os. 4:13). Los sustantivos "ramera" o "prostituta" derivan de la misma raíz (Gén. 34:31; Jos. 2:1-3; Prov. 23:27; Os. 4:13,14). En sentido figurado, *zanah* alude a la infidelidad de Israel para con Dios (2 Crón. 21:11; Isa. 1:21, Jer. 3:1-5; Ezeq. 16:26-28). Además, la pecaminosidad de Tiro (Isa. 23:17) y de Nínive (Nah. 3:4) se describen también de esta manera.

En las cartas paulinas, *porneia* o palabras asociadas se refieren a una relación incestuosa (1 Cor. 5:1), a relaciones sexuales con una prostituta (1 Cor. 6:12-20), y a diversas conductas no castas tanto homosexuales como heterosexuales (Rom. 1:29; 1 Cor. 5:9-11; 6:9-11; 7:2; 2 Cor. 12:21; Ef. 5:3; 1 Tes. 4:3). La inmoralidad es un pecado contra Dios (1 Cor. 3:16,17; 6:15-20, 1 Tes. 4:3-8). En los Evangelios a veces se relaciona este término con adulterio (Mat. 5:32; 19:9), y en Apocalipsis puede referirse a una ramera o a la prostitución (Apoc. 2:14,20). La palabra "ramera" deriva de la misma raíz (Apoc. 19:2). En Hechos, el concilio apostólico exigió a los gentiles que evitaran la *porneia* (Hech. 15:20, 29). *Porneia* y las palabras asociadas también tienen un sentido figurado de infidelidad para con Dios (Mat. 12:39; Juan 8:41; Apoc. 2:21; 9:21; 14:8; 19:2). Ver *Adulterio; Sexo, Enseñanza bíblica sobre el.* *Donald E. Cook*

INMORTALIDAD Cualidad o estado de quien está eximido de la muerte. En el sentido exacto de la palabra, sólo Dios es inmortal (1 Tim. 6:16; 1:17; 2 Tim. 1:10) pues Él es el único que está vivo según este concepto. Los humanos pueden considerarse inmortales en la medida que la inmortalidad es un don de Dios. Pablo nos orienta en ese sentido. En Rom. 2:7 afirma: "Él dará vida eterna a los que, perseverando en las buenas obras, buscan gloria, honor e inmortalidad" (NVI). Pablo también explicó que la naturaleza corruptible de la vida humana tiene que vestirse de incorruptible y que la naturaleza mortal de la humanidad debe vestirse de inmortalidad. Cuando esto suceda, se cumplirá la victoria sobre la muerte (1 Cor. 15:53-55; Isa. 25:8; Os. 13:14). Tal como están las cosas, los seres humanos en su vida terrenal son mortales; están sometidos a la muerte.

Por lo tanto, la vida eterna no es nuestra porque tengamos un poder inherente de vivir para siempre; la vida eterna y la inmortalidad nos pertenecen sólo porque Dios decidió dárnoslas. Los que escaparon de la muerte (Enoc, Gén 5:24, y Elías, 2 Rey. 2:10,11) lo hicieron sólo por el poder de Dios y no porque conllevaran el poder de vivir para siempre. Ver *Vida; Vida eterna.* *Phil Logan*

INMUTABILIDAD DE DIOS La condición divina de ser inmutable. En la teología bíblica se describe a Dios como inmutable en naturaleza y en carácter. Esto incluye el ser (la esencia), los propósitos y las promesas de Dios.

El Sal. 102:25-27 contrasta la naturaleza inmutable de Dios con la del orden creado. Números 23:19 y 1 Sam. 15:29 indican que Dios no cambia ni sus planes ni sus acciones porque esto se basa en Su naturaleza inmutable. Santiago está convencido de las bendiciones futuras de Dios porque en Él "no hay mudanza ni sombra de variación" (Sant. 1:17). Luego de referirse a Su paciencia constante, a Su prolongado sufrimiento y a Su misericordia, Dios finaliza con una declaración general sobre Su inmutabilidad: "Porque yo, el SEÑOR, no cambio" (Mal. 3:6 LBLA).

No permitir que la Biblia defina con precisión en qué sentido cambia Dios, conduce a una visión distorsionada de Él. Algunos teólogos clásicos, más influidos por la filosofía griega que por la Biblia, interpretaron la inmutabilidad de Dios como que Él es incapaz de actuar y es indiferente e insensible para con el orden creado. Una reacción exagerada respecto de este error de considerar a Dios estático resultará en una visión igualmente distorsionada de Dios. Algunos pensadores de la actualidad rechazaron por completo la enseñanza bíblica sobre la inmutabilidad de Dios. Más influidos por el pensamiento existencial o procesal, creen que Dios es como el orden creado: experimenta cambios, madura en el conocimiento y en el desarrollo personal, y no tiene un conocimiento preciso acerca del futuro. Ni la visión estática de Dios ni un Dios en constante cambio reflejan la imagen bíblica de Dios. La teología bíblica lo describe como inmutable aunque actúa, tiene emociones y reacciona de forma distinta ante diversas situaciones. En todas esas acciones, sentimientos y respuestas Dios es constante y consecuente.

Aparentemente, algunos pasajes bíblicos presentan a Dios como cambiante. Por ejemplo: se arrepiente (Gén. 6:6; 1 Sam. 15:11; Joel 2:13; Amós 7:3,6; Jon. 3:9; 4:2); cambia Sus propósitos (Ex. 32:9-14; Jon. 3:10); se enoja (Núm. 11:1,10; Sal. 106:40; Zac. 10:3) y abandona el enojo (Deut. 13:17; 2 Crón. 12:12; Jer. 18:8; 26:3). Si se analiza en detalle cada versículo, el aparente problema desaparece. Estos versículos describen a Dios que cambia en Sus relaciones y a veces a los seres humanos les parece que alterara Sus propósitos divinos, pero Él nunca vacila ni cambia en cuanto a Su naturaleza, propósitos ni promesas.

La inmutabilidad divina es una gran fuente de consuelo para el creyente. Así como Dios es constante en Su odio hacia el pecado, es también constante al perdonar en respuesta a la fe y al arrepentimiento.

La inmutabilidad de Dios garantiza que "el que comenzó en vosotros la buena obra, la perfeccionará hasta el día de Jesucristo" (Fil. 1:6). En un mundo en constante cambio, el creyente halla paz en un Dios que no cambia, y sabe que la verdad y los valores están cimentados en la naturaleza y el carácter de un Dios inmutable.

Walter Johnson

INOCENCIA Condición de no ofender a Dios; libertad de pecado y de culpa. En el AT, el adjetivo que alude a "inocencia" es más común que el sustantivo. Hay dos raíces que se traducen "inocente". La idea básica de la primera es limpio o libre de algo (Ex. 23:7; 2 Rey. 24:4), y de la segunda es justicia (Gén. 20:4; Deut. 25:1; Job 9:15). Aunque con frecuencia se menciona a los inocentes, los escritores bíblicos eran conscientes de que sólo Dios puede crear un corazón recto y eliminar el pecado (Sal. 51:10; Jer. 24:7; 31:33-34).

En el NT se emplean cuatro términos para referirse al inocente. El primero significa sin mezcla o puro (Mat. 10:16; Fil. 2:15); el segundo, libre de (Mat. 27:4,24); el tercero, justo, recto u honrado (Mat. 23:35; Luc. 23:47); y el cuarto, limpio o puro (Hech. 18:6; 20:26). La inocencia siempre es relativa a cierta norma. Pablo declaró su inocencia respecto de las demandas de la ley (Fil. 3:6). Sin embargo, sólo Cristo es absolutamente puro (Rom. 3:9-18; 2 Cor. 5:21) y presenta a los creyentes santos y sin mancha delante de Dios (Col. 1:22; Ef. 5:27; 1 Cor. 1:8; 1 Tes. 5:23).

INOCENTES, MATANZA DE LOS El asesinato llevado a cabo por Herodes de todos los varones menores de dos años en su intento de eliminar al niño Jesús (Mat. 2:16-18). Los magos o sabios de Oriente buscaban al rey de los judíos que había nacido. Herodes el Grande creyó que ese "rey"aspiraba a su trono. Cuando los magos no le informaron que habían hallado al niño Jesús, Herodes ordenó la matanza de todos los hijos varones de dos años o menores en Belén. El escritor del Evangelio cita esto como cumplimiento de la profecía de Jer. 31:15. Este incidente no se vuelve a mencionar en el NT. Sin embargo, puede hallarse en antiguos documentos extrabíblicos, tales como el *Protoevangelio de Santiago*, el *Evangelio de la primera infancia según Tomás* y el *Evangelio del Pseudo Mateo.* No hay duda de que estas fuentes se basaron en el registro del Evangelio bíblico.

Resulta sorprendente que el historiador Flavio Josefo, principal fuente de la antigüedad sobre Herodes, mantenga silencio en cuanto a este episodio. De todas maneras, según los registros de Josefo, un acto de semejante crueldad por parte de Herodes guarda estrecha relación con su carácter. Por ejemplo, al aproximarse su muerte, Herodes ordenó que todos los líderes judíos fueran capturados y asesinados cuando él falleciera para asegurarse de que hubiera dolor con motivo de su propia desaparición. Por fortuna, esa orden no se cumplió. Ver *Apócrifos, Nuevo Testamento; Herodes; Josefo, Flavio; Magos.*

Larry McKinney

INSECTOS Artrópodos de respiración traqueal que conforman la clase de los *hexópodos.* Existen ejemplares terrestres y acuáticos. Tienen el cuerpo dividido en tres partes (cabeza, tórax y abdomen), presentan tres pares de extremidades, un par de antenas y por lo general uno o dos pares de alas. Los estudios de fósiles probaron que los insectos se hallan entre los animales más antiguos. Su persistencia demuestra capacidad para sobrevivir bajo las condiciones más difíciles. En la actualidad son los animales de más amplia difusión. Aunque el número sea limitado en las regiones polares, abundan en los trópicos y las regiones templadas. Su comida principal son los vegetales verdes, y se los encuentra en todas partes donde haya alimento disponible.

Los insectos se caracterizan por su capacidad de desplazamiento, que puede iniciarlo un estímulo como la comida, la temperatura, la humedad y el cambio de estación. Además no sólo se desplazan sino que son migratorios. La migración suele ser un fenómeno estacional. Muchos insectos, como la mariposa monarca, realizan una migración anual similar a la de algunas aves.

Los insectos constituyen el mayor número de especies en el reino animal ya que se cuentan por millones. Además de la abundancia de especies, abundan en cantidad. Esto se debe, en parte, a que ponen una enorme cantidad de huevos. La cantidad promedio de huevos que pone un insecto oscila entre 100 y 150, aunque la termita reina es capaz de poner 60 huevos por segundo hasta sumar millones. El breve ciclo de vida de los insectos también contribuye a su cantidad. La mayoría madura en un año. Otros, como el ácaro rojo, pueden tener varias generaciones en una misma estación.

Algunos insectos se caracterizan por métodos especializados de reproducción. El proceso poliembrionario permite el nacimiento de cientos de ejemplares a partir de un solo huevo. Algunas especies pueden reproducirse sin pareja, característica conocida como partenogénesis.

Los insectos se hallan entre los animales más dañinos. Casi todo lo que el hombre crea o construye es susceptible al saqueo de los insectos. La mayoría se alimenta de plantas, lo que ocasiona grandes daños a la agricultura. Muchos atacan al hombre y a otros animales, como así también a artículos de madera, lana y ropa. Los insectos también transmiten enfermedades como malaria, distintas pestes y fiebre tifoidea. No obstante, algunos insectos son beneficiosos ya que producen miel, cera, seda, pigmentos y taninos. Constituyen también una importante fuente alimenticia para otros animales, incluso para el hombre. Otros insectos son carroñeros y ayudan a eliminar la carne en descomposición. También son beneficiosos en la polinización de las plantas.

Los insectos ocupan un lugar importante entre los animales mencionados en la Biblia. Se mencionan, al menos, seis órdenes de insectos:

Himenópteros Estas criaturas por lo general tienen cuatro alas. Las hembras suelen tener un aguijón y un oviscapto, u órgano para depositar huevos, en la punta superior del abdomen. Muchas especies son gregarias.

Abejas Han sido domesticadas durante siglos. El historiador griego Herodoto escribió sobre cómo los apicultores egipcios trasladaban sus colmenas con el cambio estacional. Una colmena puede tener 50.000 abejas o más. Estas se alimentan de polen y producen cera que emplean para construir panales y nidos. Una característica peculiar de las abejas, compartida por muchos de sus parientes, es su capacidad para determinar el sexo de su prole. Para lograrlo, la abeja reina guarda en su cuerpo el esperma recibido inmediatamente después de incubar. Cuando deposita los huevos, libera una célula espermática por cada huevo que pone si se necesitan hembras. Los machos se desarrollan de huevos no fertilizados.

Las abejas (*devorah*) se mencionan varias veces en el AT. Se las conoce por su antagonismo y a los ejércitos se los compara con enjambres de abejas (Deut. 1:44 NVI). La abeja cobró fama en

I

la historia de Sansón, que comió de la miel que halló en el cuerpo de un león muerto y más tarde puso a prueba a los filisteos con un acertijo sobre el incidente (Jue. 14:5-18). También se la menciona en Sal. 118:12 e Isa. 7:18.

Avispas y avispones (*tsir'ah*) Son criaturas gregarias pero no tanto como las abejas y las hormigas. Construyen sus nidos raspando madera seca y haciendo una pulpa que se emplea para fabricar papel. Al igual que las abejas, diseñan celdas individuales de forma hexagonal. En el AT se las menciona. El término hebreo puede referirse a avispones o la avispa europea (*vespula maculifrons*), pero el significado exacto del término no se conoce. "Avispón" proviene de la traducción al griego más antigua. Algunos creen que el término hebreo es una generalidad para indicar "terror" o "destrucción". Estos insectos se hallan en Ex. 23:28; Deut. 7:20 y Jos. 24:12 ("tábanos"). Se los reconocía por el aguijón ponzoñoso, y fueron instrumento divino para alejar de Canaán a los enemigos de Israel. La referencia al avispón podría ser como emblema tradicional de Egipto o como símbolo de Dios al aterrorizar a los enemigos de Israel. El énfasis está en el accionar poderoso de Dios para darle la tierra a Israel.

Hormigas Viven en comunidades, a veces hasta de medio millón de insectos. El hormiguero es un laberinto de túneles de menor planificación que los nidos de avispas o abejas. Las hormigas jóvenes no desarrollan células individuales internas sino que son llevadas de un lugar al otro del nido. Las obreras son hembras, carecen de alas y de capacidad reproductiva. La reina y los machos poseen alas. Las hembras son producto de los huevos fertilizados en tanto que los machos nacen de los huevos no fertilizados. Se sabe que las hormigas domestican y esclavizan a otros insectos, como los afidios y otras hormigas. Incluso practican la agricultura y realizan guerras contra otras hormigas.

La hormiga (heb. *nemalah*) aparece sólo en el libro de Proverbios. En 6:6-8 se la alaba como ejemplo supremo de laboriosidad. En 30:25 se destaca su sabiduría y su capacidad para proveer alimento aunque sea "pueblo no fuerte".

Lepidópteros: *Mariposas y polillas* Se los divide en dos grupos: las polillas, que por lo general vuelan de noche y las mariposas, que lo hacen de día. Las polillas suelen tener antenas plumosas mientras que las de las mariposas son similares a un cabello o con forma de "garrote". Los ejemplares adultos se alimentan con esencia de néctar. Las larvas se denominan orugas y se alimentan de plantas. Tanto las polillas como las mariposas se caracterizan por tener alas cubiertas de escamas superpuestas que parecen polvo. Tienen una probóscide o lengua que puede llegar a medir más del doble de la longitud del cuerpo. Algunas polillas cuentan con partes especiales en la boca para perforar frutos e incluso otros animales. La crisálida de las mariposas no tiene cobertura, pero la polilla "teje" un capullo.

Las polillas y sus larvas (heb. *ash*, *ses*; gr. *ses*) eran conocidas por su capacidad destructora (Job 4:19; 13:28; 27:18; Sal. 39:11; Isa. 50:9; 51:8; Os. 5:12; Mat. 6:19-20; Luc. 12:33, Sant. 5:2). Para las personas con pocas posesiones que carecían de un lugar seguro para almacenarlas, una plaga de polillas podía resultar devastadora.

Dípteros La mayoría de estos insectos posee un par de alas. Los ejemplares adultos se alimentan de jugos de plantas y animales. Algunas de estas criaturas succionan sangre y, en el proceso, transmiten diversas enfermedades. Sin embargo, muchas especies son beneficiosas.

Moscas Son insectos domésticos pero se las asocia en especial con establos de ganado. Se reproducen en el estiércol y las hembras pueden poner de 75 a 100 huevos por vez. Este proceso se repite varias veces durante el período productivo de 20 días. Una mosca puede poner unos 2000 huevos. Los huevos maduran en 24 horas y producen larvas conocidas como gusanos que tienen actividad durante dos o tres semanas y se alimentan de sustancias en descomposición. Luego sigue una etapa de reposo durante la que se transforma en insecto adulto. El ciclo de vida de la mosca es relativamente corto. Para transformarse en insecto adulto un huevo necesita entre 12 y 14 días. Los adultos pueden vivir dos o tres meses en el verano, y más tiempo en el invierno.

El término hebreo para mosca, *zebub*, incluye la mosca doméstica y otras especies. Al igual que en nuestros días, las moscas fueron una gran plaga en la antigüedad. Cuando se las combina con malas condiciones higiénicas y escaso conocimiento médico, las moscas pueden constituir una seria amenaza para la salud. Las únicas referencias claras a esta plaga se hallan en Ecl. 10:1 e Isa. 7:18. En Ex. 8:21-31, el texto original no es claro ya que se emplea otra palabra. Lo mismo sucede con Sal.78:45; 105:31. En 2 Reyes 1, al dios de Ecrón se lo denomina Baal-zebub. Algunos interpretan que este nombre significa "señor de las moscas". Si esta interpretación es correcta, es probable que les temieran tanto a estos insectos que adoraban a un "dios mosca" con la esperanza de prevenir la infestación.

En Jer. 46:20 nos encontramos con una mosca que ataca ganado, un tábano (LBLA, NVI). Debido a lo incierto de la traducción, también se lo ha denominado mosquito o "destrucción".

Mosquitos Son otro azote que viene por aire. Estos insectos apenas perceptibles al ojo humano dejan picaduras que producen escozor y ardor. Algunas especies vuelan de noche, mientras que otras lo hacen de día, en especial en los bosques sombríos. Otros atacan a pleno rayo de sol. Algunos mosquitos no pican pero se agrupan en densas nubes donde llega a haber un millón de insectos. Las larvas de algunas especies viven en el agua y son fuente de alimento para la vida acuática. Los escritores del AT conocían al mosquito como *kinnam* o *kinnim.* Así como son una plaga, también se los conoce como criaturas frágiles, según se desprende de Isa. 51:6 (LBLA). Jesús usó la imagen del mosquito (*konops*) para enseñarles una lección a escribas y fariseos (Mat. 23:24). Esta mención sólo destaca el tamaño pequeño del insecto. Las personas de la antigüedad debían colar los líquidos para eliminar los mosquitos que hubieran caído en los recipientes sin tapa. Jesús recriminó a los "hipócritas" que prestaban atención a detalles como diezmar las especias mientras negaban asuntos de mayor importancia.

La plaga egipcia de Ex. 8:16-18 quizás deba interpretarse como plaga de mosquitos (NVI) o jejenes en vez de piojos (RVR1960, LBLA). Según varios eruditos, la palabra hebrea que describe a la plaga indica mosquitos. Lo mismo sucede con el uso de esa palabra en el Sal. 105:31. Más allá de la incertidumbre para la identificación exacta del insecto, la idea que transmiten los pasajes permanece inalterable.

Afanípteros: *Pulgas* Son parásitos que prefieren como huéspedes a mamíferos y aves. Estos insectos son pequeños y sin alas, con un cuerpo largo y delgado que les permite deslizarse con facilidad entre pelos y plumas. La hembra adulta pone los huevos en el huésped o en el nido o lecho. Los adultos succionan sangre mientras que las larvas viven de animales en descomposición y sustancias vegetales. Los adultos suelen alimentarse una vez al día si hay alimento disponible, aunque pueden llegar a vivir más de cuatro meses sin alimento.

Las pulgas (*par'osh*) fueron una plaga para personas y animales durante los primeros años de Israel. Se las reconocía tanto por su picadura como por su tamaño. El tamaño pequeño e insignificante incluso llevó al enunciado de proverbios graciosos. Hallamos dos comparaciones de ese tipo en 1 Sam. 24:14 y 26:20. En ambos ejemplos, David destacó la diferencia de estatura entre Saúl y él a fin de evitar una confrontación con el rey. Algunos eruditos interpretan que la plaga que cayó sobre los asirios fue causada por pulgas, algo parecido a la peste bubónica (Isa. 37:36,37).

Anopluros: *Piojos* Se conocen al menos dos variedades: el piojo que mastica y el que succiona. Los piojos de la Biblia son, casi con certeza, piojos succionadores. Son insectos pequeños y sin alas, con la particularidad de patas cortas y antenas, y un cuerpo aplanado a los lados, además de partes bucales especializadas. Tienen pinzas y son parásitos de los mamíferos. Tanto los adultos como las liendres se alimentan de sangre. Se adhieren a la ropa, al cabello y a la ropa de cama, por eso pasan con facilidad de una persona a otra. Suelen transmitir enfermedades graves como el tifus y la fiebre de trincheras.

Se menciona a los piojos (*kinnim*) en dos lugares. La plaga egipcia en Ex. 8:16-18 es de polvo que se convirtió en piojos. El Sal. 105:31 le recuerda al lector las plagas de Egipto. Como ya mencionáramos, ambas citas de piojos pueden interpretarse como mosquitos u otro insecto que pica.

Ortópteros: *Saltamontes y langostas* Los miembros voladores de este orden tienen dos pares de alas. Este grupo incluye: saltamontes, langostas, grillos, cucarachas y mantis. Los saltamontes son grandes insectos voladores de alas estrechas y cuerpo delgado. Se sabe que vuelan a 25 km/h (15 m/h) y se hallaron algunos a unos 2000 km (1200 millas) mar adentro. Las langostas y los saltamontes quizás sean los insectos más conocidos de la Biblia. Este grupo era tan prolífico que la Biblia tiene alrededor de una docena de palabras para describirlos. Las diversas expresiones pueden indicar distintas especies o incluso diversos estados de desarrollo. Existe desacuerdo en la traducción de algunos términos. Además, las distintas especies no pueden identificarse con certeza a partir de las palabras hebreas.

Un tipo de langosta (heb. *arbeth*) se conoce como langosta migratoria o del desierto. Es la langosta de la plaga (Ex. 10:4,5). Este tipo de langosta invadía zonas agrícolas y lo hacía en tal cantidad que se decía que "cubrirá la faz de la tierra, de modo que no pueda verse la tierra" (Ex. 10:5). Los egipcios venían de padecer una tormenta de granizo sólo para tener una invasión de insectos que "se comerán lo poco que haya quedado después del granizo" (Ex. 10:5 NVI). La naturaleza destructora de este insecto se vuelve a mencionar en Deut. 28:38; 1 Rey. 8:37; 2 Crón. 6:28; Sal. 78:46; 105:34; Joel 1:4; 2:25. Muchas referencias indican que aparecían en grandes mangas (Jue. 6:5; 7:12; Jer. 46:23; Nah. 3:15). Aunque era un enemigo formidable, no tenía demasiada fuerza. Esto se observa en Job 39:20; Sal. 109:23; Nah. 3:17. En Prov. 30:27 se la elogia por su capacidad para trabajar de manera ordenada aunque lo haga sin líder. La *arbeh* no era sólo destructiva sino también comestible. En Lev. 11:22 figura el permiso para poder consumirla.

El *gazam* se conoce como revoltón, y era la etapa como oruga de una especie de langosta (Joel 1:4; 2:25; Amós 4:9). Todas las citas resaltan la naturaleza destructiva del insecto.

El *chagab* se traduce "saltamonte" pero en 2 Crón. 7:13 se lo llama langosta. Este tipo también era comestible, como se puede apreciar en Lev. 11:22. En Ecl. 12:5 se la menciona como una "carga". Dos versículos del AT mencionan el escaso tamaño del insecto (Núm. 13:33; Isa. 40:22).

El *chasil* se suele llamar oruga y se lo menciona junto con "la langosta". Algunos indican que el *chasil* es la segunda etapa luego de la maduración del huevo de langosta. Otros sugieren que se trata de la cucaracha. Se lo menciona en la Biblia en relación a su apetito voraz (1 Rey. 8:37; 2 Crón. 6:28; Sal. 78:46; Isa. 33:4; Joel 1:4; 2:25).

El *chargol* sólo se menciona en Lev. 11:22 y se lo llama argol. Se trataba también de una variedad comestible. La mayoría de los eruditos proponen que se lo considere una especie de langosta, tal vez un saltamontes.

Al *sol'am* se lo llama langostín en Lev. 11:22 y también estaba permitido como alimento.

El *tselatsal* ha sido denominado saltamontes, grillo, grillo topo e incluso chicharra o cigarra. En Deut. 28:42 se traduce "langosta", donde se lo menciona como maldición por la desobediencia. En Isa. 18:1 vemos una gran plaga de estos insectos donde sobre la tierra se ve "sombra de alas"; esto alude al grupo de embajadores etíopes que llegaron a Jerusalén para conseguir apoyo de Judá para una alianza antiasiria.

El *yeleq* se denomina "saltón" o "pulgón" en Joel 1:4; 2:25; Nah. 3:15,16. También se lo llama saltamontes (Sal. 105:34 NVI) y langosta erizada (Jer. 51:27). Resulta evidente que era un tipo de larva de langosta que constituía una plaga para los sembrados.

Akris es el término para langosta en el NT. Este insecto fue el alimento para Juan el Bautista (Mat. 3:4; Mar. 1:6). En Apoc. 9:3 se menciona a la langosta como instrumento de juicio. Ver *Langosta.*

Insectos varios *Gusanos* Los escritores bíblicos emplean tres términos hebreos y uno griego para describir al gusano. Los vocablos son poco precisos como para permitir la correcta identificación. *Tola'im* describe un gusano en Ex. 16:20 e Isa. 14:11. Sin embargo, la misma palabra se emplea para aludir a larvas de polillas (Deut. 28:39; Jon. 4:7). Del insecto o de los huevos se obtenía una tintura carmesí (Ex. 25:4; Lev. 14:4). Este término aparece también en Job 25:6; Sal. 22:6; Isa. 41:14; 66:24. *Rimmah* describe gusanos en Ex. 16:24; Job. 7:5; 17:14; 21:26; 24:20; Isa. 14:11. Se la emplea con un sentido más general en Job 25:6. Estas dos palabras hebreas se usan juntas en Ex. 16; Job 25:6; Isa. 14:11. Esto demuestra que el significado de ambas se superpone, algo comprensible dado que la intención de los escritores bíblicos no era la exacta identificación de especies. *Zochel* se traduce serpiente en Miq. 7:17 y en Deut. 32:24. En el NT sólo *skolex* se usa para gusano. En Mar. 9:44,46,48 se hace referencia a Isa. 66:24. Un derivado de *skolex* describe en forma vívida el destino de Herodes (Hech. 12:23).

Insectos escama Aparecen sólo relacionados con el color carmesí que se extrae de ellos o de los huevos. Además del color escarlata conseguido a partir del gusano antes mencionado, se obtenía también un colorante a partir de las escamas rojas de un miembro del orden de los *rhynchota.* Estos insectos del género *kermes* tienen el tamaño de una arveja y son de varios colores. Por lo general se los encuentra en robles. Cuando la hembra muere, se le extraen los huevos para obtener tintura. La referencia bíblica a estos insectos se halla en 2 Crón. 2:7,14; 3:14. Algunos eruditos identifican el maná de Ex. 16 y Núm. 11 como la secreción de este tipo de insectos que Dios proporcionó de manera milagrosa.

Los insectos aparecen con frecuencia en los relatos de la relación de Dios con Su pueblo. Estas menciones ayudan a que el lector comprenda cómo era la vida de los antiguos. Los insectos forman parte de la Biblia porque son parte de la vida. Sin embargo, la referencia a estas criaturas pequeñas hace más que brindar información. De ellas el lector puede aprender mucho acerca de Dios.

La soberanía de Dios se refleja en cómo usó avispas para conseguir su divino propósito de expulsar de Canaán a los enemigos de Israel. Si el pueblo escogido desobedecía, también lo podía castigar con langostas. La ausencia de métodos avanzados para controlar insectos nos recuerda la total dependencia de Dios por parte de Israel. Jehová inspiraba a sus siervos para que utilizaran la imagen de hormigas y langostas como ejemplos que debía seguir la humanidad. Los escritores de literatura sapiencial incluso usaron las repugnantes larvas de moscas para recordarle a las personas su naturaleza mortal.

Ronald E. Bishop

INSPIRACIÓN DE LA BIBLIA "Toda la Escritura es inspirada por Dios" (2 Tim. 3:16). B.B.Warfield argumenta que la palabra compuesta (*theopneustos*), traducida "inspirada por Dios", se toma de manera equívoca de la Vulgata (lat. *divinitus inspirata*). En vez de una inspiración (p. ej. una inhalación hecha por Dios), el griego de Pablo sugiere que la escritura es una "exhalación" divina (lo que Dios espiró, el producto de Su aliento creador). Lo que Pablo quiere decir no es que la Escritura inspira a la lectura (aunque lo hace) ni que los autores fueron inspirados (aunque lo fueron) sino que el origen de la Escritura significa que es la propia Palabra de Dios.

Es más, a veces ese versículo se traduce de manera incorrecta por "toda Escritura que es inspirada", como si Pablo no creyera que toda la Escritura es inspirada. Sin embargo, en el versículo anterior alude como "sagradas Escrituras" no sólo a una porción sino a todo el AT.

Para Pablo y los demás escritores de la Biblia, las Escrituras son "las palabras mismas de Dios" (Rom. 3:2 NVI). Cuando la Escritura habla, Dios habla (1 Cor. 6:16; Heb. 3:7; 10:15).

Teorías de la inspiración Desde el punto de vista histórico se consideró la inspiración bíblica de cuatro maneras. (1) La Biblia ha sido inspirada como cualquier otro buen libro con autores humanos. Esto no es lo que declara la Escritura ni tampoco lo que siempre ha creído la iglesia. (2) La Biblia ha sido inspirada por Dios sólo en forma parcial. Los defensores de esta teoría sostienen que sólo las partes teológicas (no las científicas ni las históricas) de la Escritura son inspiradas, o que la Escritura es sólo un registro de los actos históricos de salvación de parte de Dios, o que la Biblia *contiene* la Palabra de Dios en vez de *ser* la Palabra de Dios. Sin embargo, la inspiración asegura que la Escritura en sí es la palabra revelada de Dios que no sólo da testimonio de la obra redentora de Dios sino que además la interpreta. (3) La Biblia es divinamente inspirada sin participación plena de autores humanos. La teoría del dictado mecánico hace que la Escritura sea análoga a los mitos en cuanto a los orígenes del Corán o el Libro del Mormón, y es contraria a lo que la Biblia afirma acerca de sus orígenes. (4) La Biblia es divinamente inspirada porque Dios obró en forma simultánea con los autores humanos en la producción del mensaje escrito que Él deseaba transmitir. Esta postura clásica enseña que el Espíritu Santo supervisó a más de 40 autores provenientes de una gran diversidad de trasfondos (pastores, reyes, profetas, pescadores, etc.) durante un período cercano a un milenio y medio, a fin de producir con coherencia sobrenatural no simplemente sus pensamientos sino las propias palabras de Dios para la humanidad.

Modo de inspiración La Declaración de Chicago sobre Inerrancia Bíblica (1978) declara que el "modo divino de inspiración continúa siendo un misterio". Sin embargo, pueden extraerse ciertas inferencias. Por ejemplo, los autores estaban divinamente preparados para escribir la Palabra de Dios de manera muy similar a cómo los profetas estaban listos para transmitirla en forma oral. "Vino, pues, palabra de Jehová a mí, diciendo: 'Antes que te formase en el vientre te conocí, y antes que nacieses te santifiqué ... y dirás todo lo que te mande. ... He aquí he puesto mis palabras en tu boca'" (Jer. 1:4-9; comp. Ex. 4:11-16; 1 Sam. 3; Isa. 6:1-9; Ezeq. 2:3–3:11; Amós 7:14,15; Gál. 1:15; Apoc. 1:10,11,19). Los apóstoles del NT fueron recibidos por la iglesia primitiva con la misma autoridad que los profetas inspirados del AT (1 Cor. 2:9-13; 14:37; Col. 4:16; 1 Tes. 2:13; 5:27; 2 Tes. 3:6; 2 Ped. 3:2). Pedro se refirió a los escritos de Pablo como Escritura (2 Ped. 3:15,16; se infiere también en Jud. 17–18).

Dios mismo escribió el Decálogo (Ex. 24:12; 31:18; 32:16), y los escritores de la Biblia en forma ocasional escribieron lo que Dios les dictaba (Ex. 34:27,28; Apoc. 1:10,11). Sin embargo, por lo general Dios usaba la personalidad, las meditaciones teológicas y el estilo literario de sus escritores escogidos. La inspiración no era algo continuo en la mente de los escritores (Jer. 1:2; 14:1; 25:1; 26:1). El mensaje divino con frecuencia sobrepasaba el entendimiento del autor (Dan. 12:8,9; Luc. 10:23, 24; 1 Ped. 1:10-12). Los escritores de la Biblia no siempre eran conscientes de que la inspiración divina estaba obrando en ellos (Luc. 1:3; la investigación histórica de Lucas). Los apóstoles pudieron escribir cartas de inspiración divina para responder preguntas y exponer sus opiniones (1 Cor. 7:1,25). El Espíritu Santo se ocupó de que cada libro de la Biblia contara con dos autores: uno humano y otro divino. Por lo tanto, la supervisión divina de la Escritura garantiza su inerrancia.

Inerrancia P. D. Feinberg definió la inerrancia como "la postura de que cuando todos los hechos sean conocidos, demostrarán que la Biblia en sus mss originales y correctamente interpretada es completamente cierta y nunca falsa en lo que asevera, sea en lo relativo a la doctrina, a la ética o a las ciencias sociales, físicas o de la vida" (*Diccionario Evangélico de Teología*).

La inerrancia se limita sólo a los escritos bíblicos originales: los *autógrafos* (Declaración de Chicago: "Las copias y las traducciones de la Escritura son la Palabra de Dios en la medida en que representen fielmente el original"). Aunque este énfasis de los conservadores acerca de los *autógrafos* es con frecuencia ridiculizado, el énfasis es esencial y sensato. Si comparamos al autor del texto original con un escriba o traductor posterior, el primero llevó a cabo una tarea sobrenatural para la que era necesaria la total supervisión del Espíritu Santo. El texto se escribió una sola vez y para siempre. Si el escrito original hubiera tenido errores, las copias y las traducciones siguientes jamás podrían haber llegado como verdad revelada de Dios. Por lo tanto, el cristiano evangélico que enfatiza la inerrancia de los mss originales no desautoriza las copias ni las traducciones, sino que quienes las socavan son los que niegan la inerrancia de los *autógrafos*. El orden de transmisión evidente es del original a la copia y a la traducción. La fe bíblica, entonces, no debe reconocer error en los *autógrafos* pero debe ser consciente de la posibilidad de error en la copia o la traducción. Ser conscientes de esto ha llevado al estudio cuidadoso del proceso de transmisión textual y de los idiomas originales.

Gracias a Dios, la providencia divina ha velado por la transmisión de las copias escriturales durante 3000 años. La destacada labor de conservación del AT realizada por escribas masoréticos está bien documentada, y las copias del NT son más numerosas que cualquier otra obra antigua, lo cual otorga absoluta confianza de que contamos con lo escrito por los apóstoles. (No es cierto que el uso de textos críticos modernos en contraposición al *Textus Receptus* podría opacar o corromper la doctrina bíblica. El amplio consenso entre los eruditos textuales conservadores es que las variaciones en las copias son insignificantes en cuanto a doctrina.)

La inerrancia es una cuestión de fe, y los eruditos no la pueden demostrar. Sin embargo, muchos ataques contra la veracidad de la Escritura son desde un principio obstinados por parte de aquellos que insisten con un criterio arbitrario para la inerrancia. Como manifiesta la Declaración de Chicago, la inerrancia no queda "invalidada por fenómenos bíblicos tales como falta de precisión técnica moderna, irregularidades en gramática o en ortografía, descripciones de la naturaleza basadas en la observación, lista de falsedades, uso de hipérbole y de cifras redondeadas, disposición temática del material, diversas selecciones de material en los registros paralelos, ni uso de citas libres". Las acusaciones con respecto a otros tipos de presuntos errores son con frecuencia sumamente exageradas. En efecto, la mayoría de las dificultades bíblicas han cedido ante la paciente labor de los eruditos a la que se puede acceder gracias a los calificados comentarios conservadores.

De modo que, la primera respuesta apropiada es intentar armonizar las aparentes discrepancias de textos en vez de presuponer un error. Tal vez algunas dificultades no cedan a la investigación a menos que salgan a la luz más hechos históricos o arqueológicos. Y si no se dilucidan algunos problemas textuales, la confianza evangélica reconoce que si se conocieran todos los hechos pertinentes, no se hallarían errores en la Biblia. En el análisis final, el seguidor de Jesús pone en práctica esta clase de confianza en la Palabra de Dios porque ha sido exigida mediante el ejemplo del Señor mismo.

La actitud de Jesús hacia la Escritura En la actualidad, algunos intentan señalar a Cristo como la revelación suprema de Dios en contra de la revelación escritural. Jesús reprendió a aquellos que en su época escudriñaban las Escrituras pero no reconocían que estas daban testimonio de Él (Juan 5:39). Pero no los amonestó por escudriñar las Escrituras; después de todo, estas dan testimonio de Cristo por sí solas. No existe otra manera de conocerlo. Cristo es el centro de la fe cristiana, y el camino a Él es por el medio que el Espíritu de Dios usa para este fin: la Biblia inspirada por Dios.

La actitud del discípulo hacia la Escritura no debería ser otra que la que el Maestro tiene: la Escritura es suprema y fidedigna (Mat. 4:4,7,10; Juan 10:35) porque es la Palabra de Dios inspirada. Su reverencia y Su confianza hacia el AT fue contundente (Mat. 5:17-19; 26:54; Luc. 16:17; 18:31). Ver *Revelación de Dios*. *Ted Cabal*

INSTRUCCIÓN Enseñanza o exhortación sobre aspectos de la vida y pensamientos cristianos dirigida a personas que han asumido un compromiso de fe. La instrucción (*didajé*) a menudo se diferencia de la predicación misionera (*kerygma*). El Evangelio de Mateo dice acerca de Jesús: "Les enseñaba como quien tiene autoridad" (Mat. 7:29). El Sermón del Monte (Mat. 5–7) constituye la roca sólida que sirve de base a la enseñanza para la vida cristiana (Mat. 7:24-27). Jesús mismo instó a los discípulos a que hicieran discípulos, bautizándolos en el nombre del Padre, del Hijo y del Espíritu Santo, y agregó, "enseñándoles que guarden todas las cosas que os he mandado" (Mat. 28:20).

Ministerio de enseñanza La iglesia de Jesucristo es, por lo tanto, una maestra que instruye tanto a hombres como a mujeres en la fe cristiana y en el discipulado. La fe que proclama la iglesia debe ser fortalecida por la enseñanza del evangelio. Pablo les recordó a los primeros cristianos que uno de los oficios de la iglesia era el de pastor/maestro que trabaja para "capacitar al pueblo de Dios para la obra de servicio, para edificar el cuerpo de Cristo" (Ef. 4:12 NVI). El ministerio de enseñanza de la iglesia tiene múltiples dimensiones.

La iglesia enseña sobre Jesús La iglesia presenta los detalles básicos de la vida y del ministerio de Jesús: Su muerte, sepultura y resurrección. Ayuda a que los miembros comprendan el significado que estos eventos tienen para todas las épocas. En la iglesia primitiva, los catecúmenos o principiantes eran instruidos en la fe cristiana antes de recibir el bautismo y la plena membresía dentro de la comunidad de fe. Los líderes posteriores de la iglesia como Martín Lutero y Juan Calvino escribieron catecismos, libros para instruir a las personas en la fe y la doctrina. La iglesia es llamada a volver a contar en cada generación la historia de Jesús. Ver *Evangelio; Kerygma; Jesús, Vida y ministerio.*

La iglesia enseña espiritualidad cristiana Los nuevos cristianos no deben permanecer como "niños en Cristo" sino crecer "en la gracia y en el conocimiento de nuestro Salvador y Señor Jesucristo" (1 Cor. 3:1-3; Heb. 5:13; 2 Ped. 3:18). La espiritualidad cristiana es el proceso de crecer en la fe. En su ministerio de enseñanza, la iglesia guía a los creyentes en la vida de fe por medio de oración, estudio de la Biblia, meditación y reflexión espiritual.

La iglesia enseña ética cristiana Los que siguen a Cristo deben ser conformados a Su imagen. La iglesia instruye a sus miembros en fidelidad, moralidad, honestidad e integridad. La instrucción ética no es una ley nueva sino una forma de vida acorde al nuevo mandamiento de Cristo de amarnos unos a otros (Juan 13:34,35). Jesús es el maestro y el ejemplo moral supremo para el pueblo de Dios. Ver *Ética.*

La iglesia enseña doctrina cristiana La iglesia enseña las verdades básicas de la fe cristiana. Guía a los creyentes en la comprensión de creencias importantes. Abre las Escrituras para determinar los ideales doctrinales sobre los que se sustenta la iglesia. Guía a los cristianos a la madurez para que no sean "llevados por doquiera de todo viento de doctrina, por estratagema de hombres que para engañar emplean con astucia las artimañas del error" (Ef. 4:14). Toda instrucción doctrinal conduce a Cristo, que es la fuente definitiva de la fe cristiana. Ver *Doctrina; Teología bíblica.*

Enseñanza del evangelio Cuando la iglesia enseña, también evangeliza. El ministerio de enseñanza de la iglesia es otra manera en que el pueblo de Dios declara su fe para que otros puedan conocer a Cristo y crecer en Él. Ver *Evangelismo.* *Bill J. Leonard*

INTERCESIÓN Acción de intervenir o mediar entre dos partes que tienen discrepancias; en especial el acto de orar a Dios a favor de otra persona. En el AT, para dicho ruego o intercesión se emplea el verbo hebreo *paga'* (Gén. 23:8; Isa. 53:12; 59:16; Jer. 7:16; 15:11; 27:18; 36:25). Términos más generales como *palal* (orar) o *chalah* (mitigar) en ocasiones se suelen traducir "orar por" (1 Sam. 7:5; 1 Rey. 13:6). En el NT, el término griego es *entungkano* y sus derivados (Rom. 8:26,27,34; 1 Tim. 2:1; Heb. 7:25).

Antiguo Testamento Muchos personajes del AT destacados por su fe también sobresalen por su oración intercesora. Abraham le pidió a Dios que no destruyera Sodoma para así salvar a su sobrino Lot. Apeló al carácter justo de Dios al preguntarle si haría "morir al justo con el impío" (Gén. 18:25). Al hacerlo, Abraham reconoció que no era digno de reclamarle tal cosa al Dios santo (v.27). Abraham también intercedió por Abimelec, cumpliendo así una función profética y trayendo sanidad (Gén. 20:7,17).

Moisés intervino entre Dios y el faraón al procurar permiso para que el pueblo abandonara Egipto (p. ej. Ex. 8:8). En el Sinaí, el pueblo le pidió a Moisés que los representara ante Dios porque temían aproximarse al Señor majestuoso (Ex. 20:19). Cuando el pueblo construyó el becerro de oro, Moisés imploró misericordia de Dios pidiéndole que tuviera en cuenta la reputación divina entre las naciones y las promesas que les había hecho a los patriarcas. En consecuencia, Dios escuchó (Ex. 32:11-14). Por medio de la oración intercesora, Moisés quiso hacer expiación por el pecado. Se identificó de tal manera con el pueblo que solicitó ser quitado del libro de Dios si Él no perdonaba el pecado del pueblo (Ex. 32:30-34; comp. Deut. 9:25).

Para los sacerdotes la intercesión era parte de sus funciones (Joel 2:17; comp. 1 Sam. 2:25). La tarea del sumo sacerdote era hacer expiación por el pueblo (Lev. 16). En vista de la idolatría de Israel, Samuel le pidió a Dios que los perdonara (1 Sam. 7:5). Aunque él no coincidía con el pueblo, Samuel presentó ante el Señor el pedido de un rey (1 Sam. 8; comp. cap. 12). Cuando Dios rechazó a Saúl, Samuel oró con profundo pesar (1 Sam. 15:11). David intercedió toda la noche a favor de su hijo recién nacido, incluso a sabiendas de que Dios había declarado la muerte del niño por el pecado de David (2 Sam. 12:14-18). Luego de hacer un censo sin que el Señor lo ordenara, David le pidió a Dios que lo castigara a él en vez de hacerlo a personas inocentes (2 Sam. 24:17).

En la dedicación del templo, Salomón le pidió a Dios que escuchara las oraciones de los pecadores y los perdonara (1 Rey. 8; comp. 3:3-14). Elías se quejó a Dios por haber ocasionado "mal a la viuda con quien estoy hospedado haciendo morir a su hijo" (1 Rey. 17:20), y oró con excelente resultado para que el muchachito volviera a la vida (comp. 2 Rey. 4:32-34). Ezequías llevó la carta de Senaquerib al templo y la abrió ante Dios mientras oraba pidiendo liberación de manos de los asirios (Isa. 37:14-20).

La intercesión constituía una parte importante de la tarea del profeta. Amós oró para que Jehová perdonara (Amós 7:2). Jeremías respondió ante la palabra divina de juicio sobre la nación con un ruego en el cual le pedía a Él que no fuera un extraño entre quienes no podían salvarse a sí mismos (Jer. 14:7-9). Lamentaciones está plagada de oraciones a favor de la nación.

El profeta Isaías ansiaba ver el día en que gente de toda nación acudiera al templo para interceder (Isa. 56:7). La esperanza profética se centra en el Siervo Sufriente que cargaría con el pecado de todos los seres humanos e intercedería por los transgresores (Isa. 53:6,12).

La intercesión no siempre fue efectiva. Dios le ordenó a Jeremías que renunciara a la obligación profética de interceder: "Tú, pues, no ores por este pueblo, ni levantes por ellos clamor ni oración, ni me ruegues; porque no te oiré" (Jer. 7:16). Incluso los grandes héroes de la intercesión no habrían de tener éxito en tales situaciones (Jer. 15:1; comp. Ezeq. 14:14). En el análisis final, incluso las personas más justas necesitan un intercesor ante Dios (Job 9:32-35; 19:25; 23:1-17).

Nuevo Testamento El NT enseña que se espera intercesión de todos los creyentes (1 Tim. 2:1-3). En particular, es importante la intercesión por los enfermos (Sant. 5:14). Pablo en sus cartas hace continuas alusiones a los lectores, y Jesús estableció el ejemplo supremo de intercesión (Luc. 22:32; 23:34; Juan 17).

La Biblia revela que el Espíritu Santo, Cristo y los creyentes interceden por la humanidad. Romanos 8:26,27 muestra que el Espíritu Santo obra para sustentar al creyente agobiado, para interceder, para presentar ante Dios aun las oraciones no expresadas. Romanos 8:34 expresa la verdad de que el Cristo resucitado mantendrá Su intercesión por el creyente siendo el mediador entre Dios y el hombre. Dios acepta las oraciones y las alabanzas del creyente a través de la intercesión de Cristo. Su muerte asegura la remoción del pecado; Su resurrección ofrece vida a los que creen en Él; Su ascensión trajo la exaltación al poder en el cielo y en la tierra. Ahora Él intercede por nosotros ante el trono de la gracia de Dios. Hebreos 7:25 proclama la completa liberación que ocurre mediante la salvación conseguida por medio de Cristo, y destaca que Él está siempre presente en el cielo para interceder por aquellos que acuden a Él. Ver *Oración.*

J. William Thompson y Trent C. Butler

INTERÉS Suma de dinero que un prestatario paga por el uso de un capital otorgado a préstamo. La ley mosaica permitía el cobro de intereses a los extranjeros (Deut. 23:20) pero prohibía el cobro de intereses a los hermanos israelitas (Ex. 22:25; Lev. 25:36,37; Deut. 23:19) para evitar que se formara una clase marginada en Israel. Ezequiel consideraba el cobrar intereses como una acción crítica que separaba a los justos de aquellos que practicaban abominación (Ezeq. 18:8,13,17; 22:12). Nehemías cuestionó la negligencia a la prohibición mosaica, y esto había ocasionado una pobreza nefasta a los exiliados que regresaban (Neh. 5:6-13).

El amo "duro" que espera recibir intereses y recoger lo que no sembró (Mat. 25:24,26,27; Luc. 19:21-23), no debería ser tomado como ejemplo para el creyente en su actividad comercial. La parábola de Lucas en particular tiene reminiscencias del odiado Arquelao (Luc. 19:12, 14; comp. Mat. 2:22). Jesús permaneció firme en la tradición del AT cuando les mandó a sus discípulos dar generosamente a los necesitados que pedían (Mat. 5:42; 10:8).

Muchos comentaristas se sienten obligados a defender la práctica contemporánea común de cobrar intereses. Cualquier decisión moral sobre el tema debe sopesar con cuidado ambas posturas: que el capital prestado con intereses brinda a la persona una oportunidad de escapar de la pobreza, y que la incapacidad tanto de personas como de países de pagar los intereses del capital solicitado contribuye a la continuidad de la pobreza. Ver *Arquelao; Bancario, Sistema; Préstamo.*

INTERPRETACIÓN Ver *Biblia, Hermenéutica.*

INTERTESTAMENTARIO, PERÍODO Eventos y escritos que se originaron entre la época del último profeta mencionado en el AT (Malaquías, aprox. 450 a.C.) y el nacimiento de Cristo (aprox. 4 a.C.).

Poco después del 600 a.C., los babilonios tomaron Jerusalén, destruyeron el templo y llevaron cautivo a gran parte del pueblo. Después que Ciro venció al imperio babilónico, los judíos que quisieron pudieron regresar a su tierra. Se reconstruyó el templo. Bajo el liderazgo de Nehemías y Esdras se estableció la comunidad religiosa judía y así continuó la vida y la adoración del pueblo. Aquí finaliza la historia del AT y comienza el período intertestamentario.

La historia de dicho período puede dividirse en tres partes: el período griego (323 al 167 a.C.), el período de la independencia (167 al 63 a.C.) y el período romano (63 a.C. hasta el NT).

El período griego, 323–167 a.C. Felipe de Macedonia trató de consolidar Grecia a fin de resistir el ataque del Imperio Persa. Cuando fue asesinado en el 336 a.C., su joven hijo Alejandro asumió la tarea. Tenía sólo 19 años pero era talentoso y educado. A los dos años intentó destruir Persia. Por medio de una serie de batallas durante los dos años siguientes consiguió controlar el territorio que va de Asia Menor a Egipto, incluso Palestina y la tierra de los judíos. El historiador judío Josefo (aprox. 37–100 d.C.) relata que Alejandro fue a Jerusalén a ofrecer sacrificio en el templo. Muchos elementos de esta historia sin duda son falsos, pero Alejandro trató bien a los judíos. Cuando fundó la nueva ciudad de Alejandría en Egipto, llevó a varios judíos de Palestina para que habitaran parte de esa ciudad. En el 331 a.C., Alejandro consiguió el control total del Imperio Persa.

La conquista alejandrina tuvo tres resultados principales: Primero, procuró introducir las ideas y la cultura griega en el territorio conquistado. Eso se denomina helenización. Alejandro creía que la manera de consolidar su imperio era que la gente tuviera una forma de vida en común. Sin embargo, no buscaba cambiar las prácticas religiosas de los judíos. Segundo, fundó ciudades y colonias griegas en todo el territorio conquistado. Tercero, difundió el idioma griego en toda la región de manera que se convirtió en idioma universal durante los siglos siguientes.

Cuando murió Alejandro en el 323 a.C., el resultado fue un caos en su imperio. Cinco de sus generales más prominentes se hicieron cargo de distintas partes del imperio. Ptolomeo escogió la tierra de Egipto. Seleuco tomó el control de Babilonia. Antígono pasó a gobernar en Asia Menor y en el norte de Siria. Los otros dos gobernaron en Europa y no tuvieron influencia sobre los eventos en Palestina.

Desde el principio, Ptolomeo y Antígono lucharon por el control de Palestina. La batalla de Ipso en el 301 a.C. solucionó el problema durante un siglo. En esta batalla, los otros cuatro generales pelearon contra Antígono y lo mataron. Seleuco recibió el territorio de Antígono, incluyendo Palestina. Sin embargo, Ptolomeo no participó de la batalla, pero consiguió el control sobre Palestina. El resultado fue que Palestina siguió siendo un punto de disputa entre ptolomeos y seléucidas.

Los judíos disfrutaron de una buena relación con los ptolomeos. Tuvieron un gobierno propio. Sus prácticas religiosas no encontraron obstáculos. Las costumbres griegas se fueron haciendo cada vez más comunes entre el pueblo. Durante el reinado de Ptolomeo Filadelfo (285–246 a.C.) comenzó la traducción del AT al griego. Esta traducción se conoce con el nombre de Septuaginta (o Versión de los 70) y se abrevia LXX. Los primeros cristianos usaron la LXX y los escritores del NT la citaron con frecuencia.

Sin embargo, Antíoco III (el Grande), 223–187 a.C., trató sin éxito de tomar Palestina de manos de los ptolomeos en el 217 a.C., pero venció a Ptolomeo IV en la batalla de Panium en el 198 a.C. Él y sus sucesores gobernaron Palestina hasta el 167 a.C. La situación de los judíos cambió después que los romanos vencieron a Antíoco en la batalla de Magnesia (190 a.C.). Este había apoyado a Aníbal del norte de África, el odiado enemigo de Roma. En consecuencia, Antíoco debió entregar todo su territorio excepto la provincia de Cilicia. Tuvo que pagarles una gran suma de dinero a los romanos durante muchos años, además de rendir su armada y sus elefantes. Para asegurarse de que lo hiciera, mantuvieron a uno de sus hijos como rehén en Roma. Por lo tanto, la carga impositiva de los judíos aumentó así como la presión para helenizarse, es decir, adoptar prácticas griegas.

A Antíoco lo sucedió su hijo Seleuco IV (187–175 a.C.). Cuando fue asesinado, el gobierno pasó a manos de su hermano menor. Antíoco IV (175–163 a.C.) recibió el nombre de Epífanes ("manifiesto" o "espléndido") aunque algunos lo llamaron Epímenes ("loco"). Se trataba del hijo que había sido rehén en Roma. Durante los primeros años de su reinado, la situación de los judíos empeoró. Esto se debió en parte a que estaban divididos. Algunos de sus líderes, en especial los sacerdotes, estaban a favor de la helenización.

Hasta la época de Antíoco IV, el puesto de sumo sacerdote había sido hereditario y vitalicio. Sin embargo, Jasón, el hermano del sumo sacerdote, le ofreció al rey una gran suma de dinero para ser designado en esa función. Antíoco necesitaba el dinero y aceptó el trato. Jasón incluso ofreció una suma adicional para obtener permiso para construir un gimnasio cerca del templo. Esto muestra la presión hacia el helenismo. A los pocos años, Menelao, un sacerdote que no pertenecía al linaje del sumo sacerdocio, le ofreció al rey más dinero para ser nombrado sumo sacerdote en lugar de Jasón. Hurtó utensilios del templo para pagar lo que había prometido.

Antíoco intentó anexar Egipto a su territorio. Fue proclamado rey de Egipto pero, cuando regresó al año siguiente a fin de tomar control sobre la tierra, los romanos lo confrontaron y lo intimaron para que abandonara la región. Conociendo el poderío de Roma, regresó a su hogar. Al llegar a Jerusalén, descubrió que Jasón había echado a Menelao de la ciudad. Consideró que esto era una rebelión. Permitió que sus tropas mataran a muchos judíos y decidió poner fin a la religión judía. Sacrificó un cerdo en el altar del templo. A los padres se les prohibió circuncidar a sus hijos, no se podía guardar el día de reposo y debían quemarse todas las copias de la ley. Ser hallado con una copia de la ley se consideró un delito capital. El celo de Antíoco por destruir el judaísmo fue un factor importante para no conseguir el logro de su objetivo.

La independencia judía, 167–63 a.C. Al comienzo, la resistencia fue pasiva pero, cuando los seléucidas enviaron oficiales por toda la tierra para obligar a los ciudadanos principales a ofrecer sacrificio a Zeus, se desencadenó un conflicto abierto. Estalló primero en la aldea de Modein, a mitad de camino entre Jerusalén y Jope. Se escogió al anciano sacerdote Matatías para ofrecer sacrificio. Él se negó, pero un joven judío se ofreció a hacerlo. Esto irritó a Matatías, quien mató tanto al judío como al oficial. Luego huyó a las montañas con sus cinco hijos y algunos que apoyaron su accionar. Había comenzado la rebelión.

El liderazgo pasó a Judas, tercer hijo de Matatías, que recibió el sobrenombre de Macabeo, el martillador. Es probable que recibiera este título por su éxito en la batalla. Era el líder guerrillero ideal. Libró batallas exitosas contra fuerzas que los superaban en número. La mayor parte de su ejército la conformaba un grupo llamado hasidim. Estos hombres se hallaban intensamente comprometidos con la libertad religiosa, con la obediencia a la ley y la adoración a Dios.

Antíoco IV se preocupaba más por los asuntos en la región oriental de su imperio que por las cuestiones en Palestina. De modo que, al principio, no dedicó muchas tropas a la revuelta. Judas pudo lograr el control de Jerusalén en el término de tres años. El templo fue purificado y rededicado exactamente tres años después de haber sido profanado por el rey (164 a.C.). (Las fechas en este período son inciertas y puede ser un año antes de lo indicado.) Esto aún se conmemora en la fiesta judía de Januká. Los hasidim habían obtenido lo que buscaban y dejaron el ejército, pero Judas tenía en mente objetivos mayores. Deseaba la libertad política. Él rescató a los judíos maltratados de Galilea y Galaad e hizo una alianza de amistad y apoyo mutuo con Roma. En el 160 a.C., con una fuerza de 800 hombres, peleó en Elasa con un ejército sumamente superior y lo asesinaron.

Jonatán, otro hijo de Matatías, asumió el liderazgo en la búsqueda de la independencia. En el aspecto militar era débil. Fue expulsado de las ciudades y poco a poco se estableció en las afueras. Los que trataban de apoderarse del trono seléucida luchaban constantemente. Los rivales le ofrecieron presentes para obtener su apoyo. En el 152 a.C., decidió apoyar a Alejandro Balas, que declaraba ser hijo de Antíoco IV. A su vez, Jonatán fue nombrado sumo sacerdote. Por primera vez, el gobierno religioso y civil judío estaba centrado en una persona. Jonatán fue tomado prisionero y asesinado en el 143 a.C.

Simón, el último hijo sobreviviente de Matatías, gobernó hasta que fue asesinado por su yerno en el 134 a.C. Hacia el 141 a.C., consiguió liberar de los impuestos a los judíos. Por fin conseguían la libertad política. Simón fue aclamado por el pueblo como líder y sumo sacerdote para siempre. El sumo sacerdocio se hizo hereditario con él y sus descendientes. Así nació la dinastía asmonea que recibió ese nombre en honor a un antepasado de Matatías.

Cuando Simón fue asesinado, su hijo Juan Hircano se convirtió en sumo sacerdote y gobernante civil (134–104 a.C.). Durante un breve tiempo, los seléucidas tuvieron cierto poder sobre el pueblo judío, pero Hircano consiguió la libertad y comenzó a expandir el territorio de los judíos. Destruyó el templo de los samaritanos en el Monte Gerizim en el norte. Se dirigió al sudeste y conquistó la tierra de los idumeos, el antiguo reino de Edom. Los residentes fueron obligados a emigrar o a convertirse al judaísmo. Esto tuvo una importancia fundamental para los judíos porque de este pueblo provendría Herodes el Grande.

El hijo mayor de Hircano, Aristóbulo I (104–103 a.C.), fue el sucesor. Encarceló a su propia madre y a tres hermanos. A uno de los hermanos se

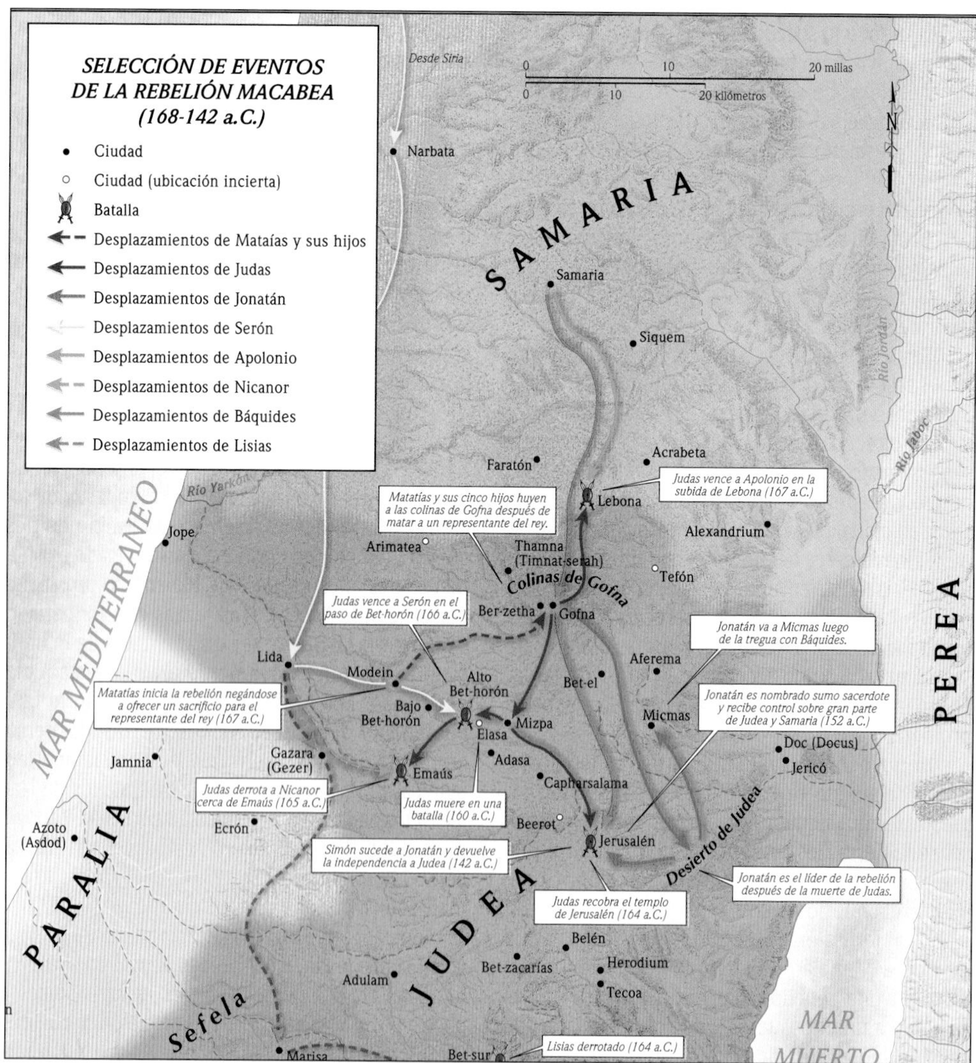

le permitió permanecer en libertad pero más tarde fue asesinado. Permitió que su madre muriera de hambre en la cárcel. Extendió sus dominios hasta incluir parte del territorio de Iturea, al norte de Galilea. Fue el primero en adoptar el título de rey.

La esposa de Aristóbulo I fue Salomé Alejandra. Cuando él murió, ella liberó a los hermanos de su esposo y se casó con el mayor, Alejandro Janeo. Este se convirtió en sumo sacerdote y rey (103–76 a.C.). Se ganó muchos enemigos por casarse con la viuda de su hermano, ya que el AT establecía que el sumo sacerdote debía casarse con una virgen (Lev. 21:14). Era un guerrero ambicioso y dirigió campañas con las que aumentó su reino hasta casi el tamaño del reino de David. Usó soldados extranjeros porque no confiaba en que hubiera judíos en su ejército. Como sumo sacerdote no siempre siguió los ritos especificados. En cierta oportunidad, la gente reaccionó a su inadecuado accionar lanzándole frutas. Él permitió que sus soldados asesinaran a 6000 personas. En otra ocasión, cuando hizo crucificar a 800 enemigos, mandó que trajeran a las esposas e hijos de estos y los asesinó ante la vista de ellos.

Salomé Alejandra sucedió a su esposo como gobernante (76–67 a.C.). Como ella no podía ser sumo sacerdote, las funciones se separaron y su hijo mayor Hircano II ocupó ese puesto. Él no era ambicioso, pero el hijo menor de Salomé, Aristóbulo II, era todo lo contrario. Esperaba que muriera su madre para poder ser rey y sumo sacerdote.

Cuando Salomé Alejandra murió se declaró una guerra civil que duró hasta el 63 a.C. Aristóbulo II venció con facilidad a Hircano II, que no tuvo problemas en retirarse. Este podría ser el final de la historia a no ser por el idumeo Antípater. Él persuadió a Hircano II para que buscara la ayuda del rey de Nabatea a fin de recuperar su cargo. Aristóbulo debió regresar a Jerusalén. En ese momento, aparece en escena Roma. Tanto Aristóbulo como Hircano apelaron ante Escauro, el general romano que tenía a su cargo la administración de Palestina. Este apoyó a Aristóbulo. Cuando más tarde apareció el comandante romano Pompeyo, ambos apelaron ante él. Aristóbulo terminó tratando de luchar contra los romanos. Fue derrotado y llevado prisionero a Roma. Los romanos entonces asumieron el control de Palestina.

El período romano, 63 a.C.–70 d.C. Bajo el control de los romanos, los judíos debieron pagar impuestos altos pero no modificaron sus prácticas religiosas. El poder romano era ejercido por medio de Antípater, quien fue nombrado gobernador de Palestina. Hircano fue designado sumo sacerdote. La situación en Palestina era confusa debido a los esfuerzos de Aristóbulo y sus hijos por liderar revueltas contra Roma. Mientras Palestina estuvo bajo el dominio de diversos oficiales romanos, Antípater constituyó la fuerza estabilizadora. Tenía un hijo, Fasael, que había sido nombrado gobernador de Judea, y otro, Herodes, que gobernaba Galilea. Herodes procuró instaurar el orden en la región a su cargo. Arrestó a Ezequías, un ladrón o rebelde judío, y lo ejecutó. El Sanedrín en Jerusalén convocó a Herodes para que diera explicaciones por su accionar. Se presentó vestido de púrpura real y acompañado de un guardaespaldas. El Sanedrín no pudo hacer nada.

Antípater fue asesinado en el 43 a.C. En el 42 a.C., Antonio se convirtió en comandante romano en el Oriente. En el 40, los partos invadieron Palestina e hicieron rey a Antígono, el último hijo de Aristóbulo, que aún vivía. A Hircano lo mutilaron cortándole o mordiéndole las orejas de modo que no pudiera volver a ser sumo sacerdote. Fasael fue capturado y se suicidó en prisión. Herodes apenas pudo escapar con su familia. Se dirigió a Roma para conseguir que su futuro cuñado Aristóbulo fuese nombrado rey, con la esperanza de regir por su intermedio de la misma manera que lo había hecho su padre por medio de Antípater. A instancias de Antonio y de Octavio (Augusto), el senado romano hizo rey a Herodes (40 a.C.). A este le llevó tres años expulsar a los partos del país y establecer su gobierno. Fue rey hasta un par de años después del nacimiento de Jesús.

El gobierno de Herodes fue una época tumultuosa para el pueblo judío. Él era idumeo. Por supuesto, sus antepasados habían sido obligados a convertirse al judaísmo, pero el pueblo jamás lo aceptó. Era el representante de un poder extranjero. Sin importar lo bien que sirviera a Roma, jamás pudo satisfacer a los judíos. Ni siquiera su matrimonio con Mariamne, la nieta de Aristóbulo II, hizo que su gobierno fuera legítimo. El logro edilicio más importante, la reconstrucción del templo de Jerusalén, tampoco le valió la lealtad de los judíos.

Herodes tuvo muchos problemas surgidos de sus celos y temores. Hizo ejecutar a su cuñado Aristóbulo. Luego hizo lo mismo con su madre, con Mariamne y con sus dos hijos. Cinco días antes de su muerte, hizo matar a su hijo mayor Antípater. Sus relaciones con Roma a veces fueron problemáticas debido a las condiciones inestables en el Imperio. Herodes le prestó su apoyo inequívoco a Antonio, aunque no toleraba a Cleopatra, de la que Antonio se había enamorado. Cuando Octavio venció a Antonio en el 31 a.C., Herodes acudió a él para prometerle su apoyo total. Octavio aceptó la oferta. Herodes demostró ser un eficaz administrador en nombre de Roma que mantuvo la paz en un pueblo difícil de gobernar. Era un hombre cruel e inmisericorde pero al mismo tiempo generoso, ya que usó sus propios fondos para dar alimento al pueblo durante una hambruna. Nunca se recuperó de la ejecución de Mariamne, la esposa a la que amó por sobre todas las otras. Su dolor lo llevó a tener problemas mentales y emocionales. Jesús nació durante el reinado de Herodes (Mat. 2:1-18; Luc. 1:5), el rey que ordenó la ejecución de los bebés varones en Belén (Mat. 2:16-18).

A su muerte, Herodes el Grande le dejó el reino a tres de sus hijos. Antipas debía ser el tetrarca ("gobernante de un cuarto") de Galilea y de Perea (4 a.C.-39 d.C.). Felipe sería el tetrarca de las regiones gentiles al noreste del Mar de Galilea (4 a.C.-34 d.C.). Arquelao iba a ser rey de Judea y de Samaria. Roma aceptó los deseos de Herodes, pero Arquelao no recibió el título de rey sino que fue etnarca ("gobernante del pueblo") de esos dos territorios. Demostró ser un mal gobernante y fue depuesto en el 6 d.C. Sus territorios fueron colocados bajo el gobierno directo de procuradores romanos controlados por el gobernador de Siria.

Literatura Los judíos produjeron muchas obras literarias durante la época intertestamentaria. Se las puede clasificar en tres grupos. Los libros apócrifos son escritos que, en su mayoría, se incluyeron en la LXX, la traducción del AT al griego. Fueron traducidos al latín y pasaron a formar parte de la Vulgata Latina, la Biblia latina autorizada. Algunos son libros históricos. El Primer Libro de Macabeos es nuestra principal fuente de información sobre la historia del período entre Antíoco Epífanes y Juan Hircano. Otros libros son literatura sapiencial. Otros pueden clasificarse como románticos históricos; uno es apocalíptico, y se presta atención al fin de los tiempos y a la intervención divina en la historia; y otro es de naturaleza devocional. Un segundo grupo de escritos son los libros pseudoepigráficos, una colección más grande que los apócrifos, pero no hay acuerdo acerca de qué obras se deben incluir. Hay 52 escritos en 2 volúmenes: *Los Escritos Pseudoepigráficos del Antiguo Testamento*, editados por James H. Charlesworth. Estos cubren un amplio espectro del pensamiento judío, desde lo apocalíptico a la sabiduría y las meditaciones. El título indica que son atribuidos a personas conocidas de la antigüedad, tales como Adán, Abraham, Enoc, Esdras y Baruc. En su mayoría fueron escritos en los últimos siglos antes del nacimiento de Jesús, aunque algunos son del siglo I de la era cristiana.

El último grupo de escritos de este período son los rollos de Qumrán conocidos con el nombre de "Rollos del Mar Muerto". La primera noticia de su existencia tuvo lugar con el descubrimiento de mss en una cueva a orillas del Mar Muerto en 1947. Durante los años que siguieron se hallaron fragmentos de mss en, al menos, once cuevas de la zona. Estas obras incluyen mss del AT, escritos de la secta de Qumrán y escritos copiados de otras fuentes que también usaba este grupo. Estos documentos nos muestran parte de la vida y las creencias de un grupo de judíos en los dos últimos siglos previos a Jesús. Ver *Apócrifos, NT y AT; Arquelao; Asmoneos; Herodes; Pseudoepigráficos, Libros; Ptolomeos; Rollos del Mar Muerto; Seléucidas; Septuaginta; Templo de Jerusalén.* *Clayton Harrop*

INVIERNO Estación que se extiende entre el otoño y la primavera y que en Palestina generalmente es corta y templada. El invierno también es la estación lluviosa para esa tierra (Cant. 2:11). Ver *Clima.*

IQUES Nombre de persona que significa "pervertido, falso". Padre de uno de los 30 héroes de David proveniente de Tecoa (2 Sam. 23:26).

IRA Nombre de persona que significa "ciudad" o "burro joven". **1.** Sacerdote durante el reinado de David (2 Sam. 20:26). Algunos eruditos consideran que, en este caso, "sacerdote" se refiere a un funcionario civil en vez de religioso. Ira parece ser de Havot-jair en Galaad (Núm. 32:41), aunque algunos estudiosos de la Biblia consideran que era de Quiriat-jearim (1 Sam. 7:1). No se lo identifica como levita y su función no se relaciona con la de Abiatar y Sadoc, los sacerdotes oficiales. Por consiguiente, algunos llegaron a la conclusión de que oficiaba en el núcleo cercano de David como sacerdote personal del rey. Del mismo modo, los hijos de David hacían las veces de sacerdotes (2 Sam. 8:18 TLA, DHH, NVI, LBLA). **2.** Dos de los héroes militares de David (2 Sam. 23:26,38). Ira de Tecoa además era oficial a cargo del ejército de la "guardia nacional" en el sexto mes (1 Crón. 27:9).

IRA, IRA DE DIOS Utilizada para expresar diversas emociones que incluyen enojo, indignación, vejación, dolor, amargura y furia. Es la respuesta emocional frente a la percepción de lo incorrecto y lo injusto. Tanto los seres humanos como también Dios expresan ira. Cuando se emplea en relación a Dios, la ira se refiere a Su oposición absoluta al pecado y el mal. No obstante, cuando se utiliza con respecto a los seres humanos, la ira es un mal que se debe evitar.

Antiguo Testamento El AT habla con mucha frecuencia sobre la ira de Dios y la ira humana, pero la ira de Dios se menciona tres veces más que la humana. Hay alrededor de 20 palabras hebreas diferentes que se utilizan aprox. 580 veces en el AT para aludir a la ira divina. La mayoría de estos términos se toman de expresiones fisiológicas concretas. El más frecuente es *'aph*, que aparece 210 veces. Es la palabra que corresponde a "nariz" o "rostro". La manera en que dicha palabra comenzó a utilizarse para expresar ira se ha explicado tradicionalmente mediante la idea común de que "resoplar" y "resollar" por la nariz son una señal de enojo. El segundo término que se utiliza con más frecuencia es *chemah* (aprox. 115 veces), con el significado principal de "calor" (comp. Ezeq. 3:14), pero la mayoría de las veces se traduce "furia" o "indignación". Los términos menos usados son: *charah* (33 veces), que se emplea comúnmente en combinación con *aph* en el sentido de "ira intensa"; *qetseph* (28 veces), refiriéndose a "indignación"; *ebrah* (24 veces), que se traduce "ira", "furia" y "ardiente ira".

Estos términos antropomórficos no se deben interpretar como si a Dios se le atribuyera la pasión irracional que con tanta frecuencia se halla en el hombre y que se atribuye a deidades paganas. Por otra parte, ciertamente señalan la realidad y la severidad de la ira de Dios en el AT (Isa. 63:1-6). La ira divina no es un capricho sino que siempre se presenta como la reacción moral y ética ante el pecado. Es probable que a veces se hable de ese pecado en términos generales (Job 21:20; Jer. 21:12; Ezeq. 24:13), y en otras ocasiones se especifique como es el caso de derramamiento de sangre (Ezeq. 24:8), adulterio (Ezeq. 23:25), violencia (Ezeq. 8:18), codicia (Jer. 6:11), venganza (Ezeq. 25:17), aflicción de las viudas y de los huérfanos (Ex. 22:22), llevar cautivos a los hermanos (2 Crón. 28:11-27), y especialmente idolatría (Sal. 78:56-66). Dios siempre expresaba su ira por medio de un agente creado: Sus ángeles; Su pueblo, los israelitas; las naciones gentiles, y las fuerzas de la naturaleza.

En los libros proféticos, la ira de Dios comúnmente se presenta como un juicio futuro. Por lo general, se asocia con el concepto de "el día de Jehová" (Sof. 1:14) o simplemente "aquel día". Dicho día será un día grande y terrible, un día de oscuridad y penumbras, día de la venganza de Dios (Joel 2:2,11; Isa. 63:4). En tanto que algunas de estas declaraciones proféticas tal vez se hayan referido al juicio de Dios durante el transcurso de la historia, su cumplimiento definitivo ocurrirá en un acto final mediante el cual el mundo y sus habitantes le rendirán cuentas a Dios (comp. el uso del NT de "el día del Señor", 1 Tes. 5:1-9; 2 Ped. 3:10).

Nuevo Testamento La ira de Dios no se menciona con tanta frecuencia en el NT, ni existe una riqueza de vocabulario tan amplia como la del AT. Hay sólo dos términos principales para ira en el NT: *thumos* y *orge*. Ambos se utilizan para expresar pasión humana y un atributo o acción divinos. Cuando se emplea como pasión humana, se la menciona en forma repetida en las listas de pecados que se deben evitar, y que si no se evitan, pueden incitar la ira de Dios (Ef. 4:31; 5:6; Col. 3:8; Tito 1:7).

Algunos han observado una diferencia de significado en estos sinónimos en la que *thumos* expresa un arrebato repentino de enojo, en tanto que *orge* enfatiza una actitud más deliberada. Es probable que haya una diferencia intencional en los usos ocasionales de los términos, pero esto no impide que ambas expresiones se condenen como vicios cuando se aplican a la pasión humana. Además, ambas palabras se utilizan para describir el carácter de Dios, particularmente en el libro de Apocalipsis. A veces se emplean juntas y, en dichos casos, *orge* se traduce "ira" y *thumos* "indignación" o "ferocidad" (Rom. 2:8; Apoc. 14:10).

En el NT hay gran énfasis en la ira de Dios como un juicio venidero. Juan el Bautista comenzó su ministerio anunciando la ira de Dios que estaba por llegar y de la cual los hombres debían huir (Mat. 3:7). Asimismo, Jesús pronunció que vendría ira sobre Israel y produciría gran angustia (Luc. 21:23). Pablo habla de un día de ira que les aguarda a muchos, pero del que los creyentes serán liberados (Rom. 2:5; Ef. 2:3). La idea de la ira futura de Dios se revela en gran escala en Apocalipsis. Se describe en términos muy gráficos como cataclismos universales (Apoc. 6:12-17), "el lagar del vino del furor y de la ira del Dios Todopoderoso" (Apoc. 19:15), y "el cáliz de su ira" (Apoc. 14:10).

En el NT, la ira divina no es solamente un juicio futuro; es una realidad presente que por lo tanto no sólo aguarda a las personas en el futuro. Jesús declaró que la ira divina mora en los incrédulos y que, en consecuencia, están condenados (Juan 3:18,36). Para Pablo, la ira de Dios se revela contra toda impiedad e injusticia de los hombres (Rom. 1:18); todas las personas en su estado natural son “hijos de ira” (Ef. 2:3).

Consideraciones teológicas La doctrina de la ira divina carece de popularidad en gran parte del debate teológico moderno. Algunos niegan que exista siquiera ira en Dios. Otros piensan que la ira divina es un proceso impersonal y moral de causa-efecto que da como resultado consecuencias desagradables por las malas acciones. Otros incluso consideran que la ira divina es Su enojo contra el pecado pero no contra el pecador.

La ira de Dios es real, severa y personal. La idea de que Dios no está airado con los pecadores no pertenece ni al AT ni al NT. Dios es un ser moral y personal que se opone de manera inalterable al mal y que asume acciones personales en su contra. La ira es el castigo que deriva de la rectitud de Dios mediante la cual mantiene Su orden moral, que exige justicia y retribución por la injusticia.

Más aún, la ira de Dios se relaciona confusamente con la doctrina de la salvación. Si no hay ira, no hay salvación. Si Dios no actúa en contra de los pecadores, entonces no hay peligro del cual los pecadores tengan que ser salvados. Las buenas noticias del evangelio son que los pecadores justamente merecen la ira de Dios y pueden ser librados de ella. Mediante la muerte expiatoria de Cristo, Dios es propiciado y Su enojo se aparta de todos aquellos que reciben a Cristo (Rom. 3:24,25). Por lo tanto, los que tienen fe en la sangre de Cristo ya no están designados para enfrentar la ira sino que son librados de ella y designados “para alcanzar salvación” (1 Tes. 1:10; 5:9). *Jimmy A. Millikin*

IRAD Nombre de persona de significado incierto. Hijo de Enoc (Gén. 4:18).

IRAM Nombre de persona de significado incierto. Líder de una tribu de Edom (Gén. 36:43).

IRI Nombre de persona que significa “mi ciudad” o “mi burro joven”. Líder de la tribu de Benjamín (1 Crón. 7:7).

IRÍAS Nombre de persona que significa “Jah ve”. Capitán del ejército que acusó a Jeremías de traición y lo llevó ante las autoridades para castigarlo (Jer. 37:13) aprox. en el 586 a.C. Pareciera que Jeremías iba a inspeccionar el campo que había adquirido en Anatot (Jer. 32:9). Como él había estado predicando acerca de la victoria definitiva de Babilonia sobre Jerusalén, Irías pensó que Jeremías intentaba abandonar Jerusalén para unirse al ejército babilónico. La misión del profeta incluía el sufrimiento. La lealtad a Dios no siempre significa lealtad al gobierno ni protección del gobierno. Tanto Irías como Jeremías pensaban que estaban sirviendo a Dios. La historia probó que Jeremías estuvo en lo cierto.

IRÓN Nombre geográfico que significa “temeroso”. Ciudad en el territorio de la tribu de Neftalí (Jos. 19:38). Es la actual Yarun en el Líbano, a 9 km (5,5 millas) al nor noreste de Baram, a 14 km (9 millas) al sudoeste del Lago Huleh en el actual límite entre Israel y el Líbano.

IRONÍA Esta palabra tiene dos significados básicos. En primer lugar, es el uso de palabras para transmitir algo distinto y, con frecuencia, opuesto al significado literal de los términos. Un ejemplo famoso en este sentido es cuando Job le dijo a sus compañeros engreídos y sabelotodos: “En verdad que sois el pueblo, y con vosotros morirá la sabiduría” (Job 12:2). Por supuesto, Job quería decir exactamente lo contrario a lo que expresó, y esto se aclara en el contexto. La referencia a los compañeros de Job como “sabelotodos” es un claro ejemplo de ironía. En el discurso, la ironía se identifica por la expresión de quien habla y por el tono de voz. En la Escritura sólo puede discernirse por el contexto. Por ejemplo, en Juan 5:31 Jesús dice: “Si yo doy testimonio acerca de mí mismo, mi testimonio no es verdadero”. Más adelante, en Juan 8:14, expresa lo opuesto: “Aunque yo doy testimonio acerca de mí mismo, mi testimonio es verdadero”. ¿Cómo podríamos conciliar estas dos frases en apariencia contradictorias? Lo más probable es que, en el primer caso (Juan 5:31), Jesús haya usado la ironía y lo que quiso expresar fuera: “Aunque yo soy la Verdad y no puedo decir otra cosa que no sea la verdad, la mente de ustedes está tan llena de prejuicios en mi contra que no me creerán si doy testimonio acerca de mí”. El significado irónico de sus palabras habrá sido fácilmente transmitido a sus oyentes por el tono de voz y por los gestos. Otro ejemplo de lenguaje irónico es la reprimenda de Pablo a los corintios por su arrogancia y complacencia al decirles: “Ya estáis saciados, ya estáis ricos, sin nosotros reináis” (1 Cor. 4:8).

En segundo lugar, la ironía se refiere a un giro en los acontecimientos que es distinto, y con frecuencia opuesto, a lo esperado. Por ejemplo, cuando los hermanos de José lo vendieron a Egipto, pensaron que se estaban sacando de encima al presumido hermano. José les había relatado sus sueños de que un día gobernaría sobre ellos, y por eso lo odiaban. Resulta "irónico" que un día se inclinaron voluntariamente ante José cuando este fue designado gobernador de Egipto. El libro de Ester también registra la manera en que el malvado Amán construyó una horca con la intención de colgar en ella al piadoso Mardoqueo. Resultó "irónico" que Amán terminara colgado en su propia horca. También es "irónico" que, cuando Saulo de Tarso iba camino a Damasco para perseguir a los cristianos, él mismo se convirtió en cristiano. En cada uno de estos ejemplos se manifiesta una incongruencia entre lo que se esperaba que sucediera y lo que en realidad pasó, y esas son todas "ironías" en el segundo sentido de la palabra. *Jim Scott Orrick*

IRPEEL Nombre geográfico que significa "Dios sana". Ciudad del territorio de la tribu de Benjamín (Jos. 18:27). Se desconoce la ubicación.

IRRIGACIÓN Traslado de agua por medios construidos por el hombre tales como canales, embalses, acueductos y cisternas.

Antiguo Testamento El clima seco del antiguo Cercano Oriente hizo que el transporte de agua, a menudo a largas distancias, fuera una necesidad. Grandes sistemas de canales cruzaban las tierras de Egipto y de la Mesopotamia para proveer las enormes cantidades de agua necesarias para mantener los cultivos durante los meses secos que iban de marzo a octubre. En Egipto, el segundo funcionario principal, el visir, supervisaba el mantenimiento de los canales y la provisión de agua a las provincias. Quizás José haya cumplido esta función durante su servicio al faraón. El agua se extraía del Río Nilo y de los canales de irrigación derivados mediante una barra giratoria con un balde en el extremo. El sistema de canales de Egipto permitía agricultura en tierras desérticas altamente fértiles que el desborde anual del Nilo no llegaba a cubrir. Durante el exilio de Judá en Babilonia, los grandes canales de unos 23 m (25 yardas) de ancho y varios kilómetros de largo llevaban las aguas del Tigris y del Éufrates al campo y a la ciudad. Los barcos comerciales usaban estas rutas acuáticas para transportar los productos entre los campos alejados y las principales ciudades.

A la altura de la segunda catarata del Río Nilo, una escena de irrigación rudimentaria con el sólo uso de recursos humanos.

La irrigación no estaba muy difundida en la antigua Israel. Los agricultores confiaban en que las lluvias de invierno fueran capaces de proveer toda el agua necesaria para los cultivos durante el año siguiente. Los campos y los huertos cerrados a las fuentes de agua quizás usaban pequeños canales de irrigación, y algunos campos tal vez se regaban a mano en años particularmente secos. La escorrentía se recolectaba y se distribuía por medio de conductos hacia cisternas comunales y privadas de agua potable. En ciudades más grandes como Gezer, Meguido, Hazor y Jerusalén, ingenieros y obreros construyeron un inmenso sistema de túneles subterráneos para proveer el agua necesaria a los ciudadanos. Estos túneles cubrían las necesidades de las ciudades cuando eran sitiadas.

Nuevo Testamento Durante la época intertestamentaria y del NT se construyeron acueductos romanos masivos que brindaron agua a ciudades en desarrollo. Un canal de dos vías corría a lo largo de 24 km (15 millas) desde su fuente hasta la ciudad costera de Cesarea. El agua para Jerusalén se llevaba desde la zona de Belén a través de una compleja serie de canales y pozos. A lo largo del Mar Muerto, donde casi no llueve, las comunidades sobrevivían gracias a una elaborada red de canales y estanques que recogían la escorrentía de las precipitaciones en los montes y la escurrían hacia el Valle del Jordán. Las ciudades del Neguev desarrollaron una extensa red de diques para recolectar las escasas precipitaciones, lo que permitió convertir el desierto en huertos florecientes y trigales.

David Maltsberger

IR-SEMES Nombre geográfico que significa "ciudad del sol". Ciudad del territorio de la tribu de Dan (Jos. 19:41) en el límite con la tribu de Judá (Jos. 15:10, llamada Bet-semes o casa del sol). Ver

Bet-semes.

IRU Nombre de persona que significa "burro joven" o "ellos protegen". Hijo de Caleb (1 Crón. 4:15). Muchos estudiosos de la Biblia creen que el texto original decía Hir y que un copista agregó la *u* final al nombre cuando tendría que haber sido la primera letra de la palabra siguiente y que significa "y".

ISAAC Nombre de persona que significa "risa". Único hijo de Abraham y Sara, y patriarca de la nación de Israel.

Antiguo Testamento Isaac fue el hijo de la promesa divina que nació cuando Abraham tenía 100 años y Sara 90 (Gén. 17:17; 21:5). Isaac significa "él se ríe" y refleja la risa incrédula de sus padres ante la promesa (Gén. 17:17-19; 18:11-15), así como el gozo de ellos frente al cumplimiento (Gén. 21:1-7). Sara quiso que Agar e Ismael fueran expulsados. Dios guió a Abraham para que lo hiciera diciéndole que a sus descendientes se los reconocería como tales a través de Isaac (Gén. 21:8-13; comp. Rom. 9:7). La prueba de fe por la que tuvo que pasar Abraham fue la orden divina de sacrificar a Isaac (Gén. 22:1-19).

Isaac se casó con Rebeca (Gén. 24), quien le dio hijos gemelos: Jacob y Esaú (Gén. 25:21-28). En Gerar, la hizo pasar por su hermana (como había hecho Abraham con Sara). Isaac prosperó en lo material y se trasladó a Beerseba (Gén. 26). Fue engañado para que le diera la bendición a Jacob en vez de a Esaú (Gén. 27). Isaac murió en Mamre cerca de Hebrón a la edad de 180 años y sus hijos lo sepultaron (Gén. 35:27-29).

Aunque menos importante que Abraham y Jacob, Isaac fue venerado como patriarca israelita (Ex. 3:6; 1 Rey. 18:36; Jer. 33:26). Amós usó el nombre Isaac como expresión poética para referirse a la nación de Israel (Amós 7:9,16).

Nuevo Testamento En el NT, Isaac aparece en las genealogías de Jesús (Mat. 1:2; Luc. 3:34) como uno de los tres grandes patriarcas (Mat. 8:11; Luc. 13:28; Hech. 3:13), y un ejemplo de fe (Heb. 11:20). El sacrificio de Isaac por parte de Abraham (Heb. 11:17,18; Sant. 2:21), donde este fue obediente hasta el punto de estar dispuesto matarlo, sirve como un tipo que señala hacia Cristo y como un ejemplo para los cristianos. Pablo le recordó a los creyentes que "nosotros, como Isaac, somos hijos de la promesa" (Gál. 4:28).

Daniel C. Browning (h)

ISACAR Nombre de persona que significa "hombre para contratar" o "asalariado". Noveno hijo de Jacob y el quinto de Lea (Gén. 30:18). Se convirtió en el progenitor de la tribu de Isacar. No se sabe casi nada de su historia personal. Esta tribu ocupó un territorio en el norte de Palestina, al sudoeste del Mar de Galilea (Jos. 19:17-23). La tribu no fue prominente en la historia de Israel. Tola, uno de los denominados jueces "menores", era de la tribu de Isacar (Jue. 10:1-2). También lo era Baasa, el rey de Israel sucesor de Nadab (1 Rey. 15:27). La ciudad de Jezreel, que fuera residencia real israelita, estaba localizada en el territorio de Isacar. Ver *Cronología de la época bíblica; Tribus de Israel.*

ISAÍ Nombre de persona que significa "hombre" o "masculino". Padre del rey David (1 Sam. 16:1). Era un judaíta de Belén, hijo de Obed y nieto de Booz y Rut (1 Sam. 16:1; Rut 4:17). Tuvo ocho hijos (David fue el menor) y dos hijas. Se lo menciona en las genealogías de Jesús en los Evangelios de Mateo y Lucas. Ver *David.*

ISAÍAS Nombre de persona que significa "Yahvéh salva". El ministerio principal del profeta estuvo relacionado con el reino de Judá en el sur, aunque se interesó en los asuntos del Reino del Norte, Israel, durante la desaparición y la caída final en el 722/21 a.C. Según Isa. 1:1, ministró durante el reinado de los reyes judaicos Uzías, Jotam, Acaz y Ezequías. No se puede determinar con precisión la fecha de inicio ni de finalización de las profecías de Isaías.

Según Isa. 6, la fecha de la visión del templo fue en el año de la muerte de Uzías en el 740 a.C. Con frecuencia se considera que la visión del templo es el "llamado" de Isaías, sin embargo, dicha experiencia jamás se definió específicamente en esos términos. La afirmación de 1:1 en cuanto a que el profeta prestó servicios en la época de Uzías es señal de que profetizó antes de que este muriera. Es posible que Isaías haya ministrado con anterioridad, y que en el cap. 6 se relate un momento trascendental en la vida del profeta pero no la experiencia de su llamado. De igual manera, tampoco es posible establecer con certeza la finalización del ministerio de Isaías. La última profecía con fecha registra la crisis de Senaquerib en el 701 a.C. (caps. 36–37), si bien el profeta pudo haber continuado con su ministerio luego de este acontecimiento. La Asunción de Isaías, un libro apócrifo, mantiene la tradición de que el profeta fue aserrado por orden de Manasés, quien comenzó a reinar alrededor del 689 a.C.

A pesar del extenso libro que se le adjudica, es relativamente poco lo que se sabe de él. Era hijo de

Amoz (1:1), a quien la tradición judía menciona como hermano del rey Amasías de Judá. Si esta suposición es correcta, entonces Isaías y Uzías eran primos, lo que convierte al profeta en un miembro de la nobleza. La relación familiar explicaría el impacto que produjo la muerte de Uzías (cap. 6) en el profeta, como así también el aparente acceso inmediato que este gozaba ante los reyes a quienes ministraba.

Isaías estaba casado con "la profetisa" (8:3) y tuvo al menos dos hijos: Sear-jasub ("Un remanente volverá", 7:3) y Maher-salal-asbaz ("Apresura el despojo; precipita la presa", 8:3). Los nombres de los hijos fueron simbólicos y actuaron como advertencia para la generación de Isaías en cuanto al juicio divino venidero contra la rebelión de Judá.

Harold Mosley

ISAÍAS, EL MARTIRIO DE Narración judía que amplía detalles de los pecados de Manasés (2 Rey. 21:16). Es probable que el original haya sido escrito en hebreo o arameo y luego traducido al griego en la era precristiana o quizás en el siglo I o inicios del II d.C. La narración se refiere a las predicciones de Isaías en cuanto a las obras malvadas de Manasés. Un sacerdote malvado le ofrece libertad a Isaías si este se retracta de sus profecías de juicio. Fortalecido por el Espíritu de Dios, Isaías resiste y padece el martirio de ser cortado en dos. Hebreos 11:37 es una probable alusión a dicha tradición de la fidelidad y del martirio de Isaías. Justino Mártir, Tertuliano y el Talmud dan cuenta en forma similar de dicha tradición. La familiaridad de Orígenes (aprox. 225 d.C.) y de 4 Baruc (aprox. 200 d.C.) con detalles de la tradición sugiere la dependencia de ellos de ese martirio. Ver *Pseudoepigráficos, Libros.*

ISAÍAS, LIBRO DE El libro de Isaías encabeza los libros proféticos clásicos tanto en el canon español como en el hebreo. La división en español de la Escritura en "Profetas Mayores" y "Profetas Menores" posiciona a Isaías primero entre los Mayores. En el canon hebreo, Isaías aparece primero entre los "Profetas Posteriores", la división que incluye además los libros de Jeremías, Ezequiel y "Los Doce" (los "Profetas Menores").

División del libro La división del libro y los temas relativos a la autoría son de particular interés para los eruditos. A fines del siglo XVIII comenzaron a surgir teorías sobre la autoría de Isaías, la cual se relaciona en forma directa con la división del libro en secciones. Cada parte de Isaías tiene énfasis, tema, vocabulario, estilo e incluso perspectivas históricas diferentes. No obstante, continúa siendo tema de debate si estas diferencias exigen la existencia de varios autores.

Isaías 1–39 Los temas y los acontecimientos en Isaías 1–39 se relacionan claramente con la época de Isaías como profeta del siglo VIII a.C. Es más, en algunos oráculos Isaías relata la historia en primera persona (caps. 6 y 8). Otros discursos, aunque relatados en tercera persona, se refieren a incidentes durante la vida del profeta (caps. 20; 36–39). El trasfondo histórico de Isaías 1–39 incluye la agresión asiria y sus intentos de ampliar el control en las regiones de Israel y Judá. Isaías 7 y 8 presentan claramente como base histórica la interferencia asiria en la región. Se menciona a Asiria de manera específica en el cap. 10, así como en los caps. 20 y 36–37. Asiria representa la mayor potencia internacional de la región en los capítulos 1–39.

Otro indicio de que Isaías 1–39 corresponde a la época del profeta Isaías es la repetida mención del nombre del profeta (aparece 17 veces en 1–39). Isaías interactúa varias veces con diversas personas en estos capítulos. La clara intención del texto es mostrar la interacción y la profecía de Isaías durante los primeros 39 capítulos.

El mayor énfasis en esta parte del libro es la predicción del exilio debido a la rebelión de la nación contra Dios. La declaración más evidente en cuanto a esto se halla en Isa. 39:5-7. En los primeros capítulos de Isaías no se ha desencadenado el juicio contra el pueblo, aunque se predice.

Isaías 40–66 En estos capítulos la situación cambia. El nombre del profeta no aparece ni tampoco existe indicación alguna de que él esté actuando ni hablando. Lo más destacado es el cambio en la potencia mundial más importante. Ya no es Asiria sino Babilonia. Se le brinda atención a ella y a sus dioses (Isa. 46–48). La mención de Ciro (45:1), el rey persa que conquistó Babilonia, hace suponer un trasfondo babilónico.

En Isaías 40–66, el juicio sobre el pueblo de Dios por su pecado profetizado en Isa. 1–39 se describe como que ya aconteció. Jerusalén había recibido el juicio divino (40:2) y estaba en ruinas (44:26,28). Dios había entregado a Judá en manos de Babilonia (47:5,6). Jerusalén había bebido la copa de la ira de Dios (51:17). El templo había sido destruido (63:18; 64:10,11). La perspectiva histórica de los caps. 40–66 pareciera completamente diferente a la de 1–39. Algunos aducen que esto se explica con que Isaías profetizó de manera extensiva acerca de estos eventos futuros; otros alegan que alguien agregó posteriormente lo que le sucedió a Judá como consumación de lo que el profeta había predicho. Resulta claro que los últimos capítulos necesitan interpretarse a la luz de los eventos del exilio babilónico en el siglo VI y del regreso, en tanto que los capítulos previos deben interpretarse sobre la base de los acontecimientos del siglo VIII.

Temas con respecto a la autoría: *Postura de autoría múltiple* Los eruditos no concuerdan en si las diferencias en las perspectivas históricas de ambas partes exigen la presencia de distintos autores. Muchos estudiosos modernos adhieren a la idea de autoría múltiple. Es decir, se le adjudican a Isaías los primeros 39 capítulos, mientras que "Deutero-Isaías" (Segundo Isaías), un profeta que vivió durante el exilio, fue el responsable de los capítulos siguientes. Más aún, otros eruditos dividen todavía más los últimos capítulos en "Deutero-Isaías" (caps. 40–55) y "Trito-Isaías" o "Tercer Isaías" (caps. 56–66). La perspectiva de 56–66 se centra más en cuestiones de la adoración, razón por la cual algunos hablan de otro autor y de otro entorno para ese material. Incluso algunos entendidos alegan más divisiones sobre la base de los diversos géneros y/o de las repeticiones en el texto; p. ej., material apocalíptico (24–27), historia (36–39), declaraciones de "ayes" (28–33), pasajes del Siervo Sufriente y demás.

La discusión sobre la autoría de Isaías surgió a fines del s. XVIII con J.C. Döderlein (1775) quien separó 40–66 de 1–39. En el s. XIX, Bernard Duhm (1892) dividió aún más el libro al atribuirle los caps. 56–66 a "Trito-Isaías". Entre los motivos para dicha división estaban las evidencias internas, los asuntos estilísticos y los distintos énfasis teológicos, si bien estudios recientes han demostrado que ninguno de estos exige una autoría o entorno múltiple. Aun así, una gran preocupación constante para muchos eruditos es la cuestión de la función profética básica, o sea, que el profeta principalmente se dirige a su audiencia contemporánea. Sin embargo, en la última parte del libro, el enfoque no apunta al ámbito del siglo VIII sino a la situación del exilio, un acontecimiento que ocurrió más de 100 años después. No era extraño que los profetas aludieran a temas que excedieran su marco temporal, aunque ciertamente es inusual que un profeta le dedique tanto material a una generación que todavía no nació pero que no excede al alcance de la soberanía divina. Asimismo, numerosos eruditos ven un conflicto en la mención específica de Ciro ya que tuvo que haber sido desconocido para Isaías (a no ser por revelación divina). Esto también hace que algunos eruditos le atribuyan los últimos capítulos de Isaías a un profeta posterior que supo del surgimiento del rey persa.

Postura de un solo autor Aunque muchos eruditos dividen el libro de Isaías entre dos o más autores, otros defienden la postura de un solo autor. La designación de "un solo autor" puede resultar engañosa. Pocos son los que afirmarían que Isaías escribió de puño y letra cada palabra. En cambio, esta postura sostiene que los mensajes derivaron del profeta Isaías, y deja abierta la posibilidad de que sus discípulos posteriormente organizaran o pusieran por escrito los oráculos del profeta. Existen varias razones para pensar en un solo autor.

Una de las razones para dividir el libro tiene que ver con la cuestión estilística. Los defensores de la división argumentan que el estilo y el vocabulario difieren entre una parte y otra. Las diferencias existen; sin embargo, se ha exagerado su importancia. Al considerar las diferencias en la perspectiva histórica, en el tema principal y en los temas entre las secciones, es de esperar que haya alteraciones de estilo, especialmente si las partes corresponden a diferentes períodos de la vida de Isaías. A lo largo de los más de 40 años de ministerio, eventos y percepciones bien pudieron crear cambios en el estilo literario.

Aunque las diferencias son indudables, también hay similitudes entre las secciones del libro. A lo largo de este se emplean de manera continua varias imágenes: luz y tinieblas (5:20,30; 9:2; 42:16; 50:10; 59:9; 60:1-3); ceguera y sordera (6:10; 29:10,18; 32:3; 42:7,16-19; 43:8; 44:18; 56:10); ser humano como flor que se marchita (1:30; 40:6, 7; 64:6); Dios como el alfarero y el ser humano como vasija (29:16; 45:9; 64:8). Además, el nombre distintivo de Dios en Isaías es "el Santo de Israel". Este apelativo aparece 31 veces en la Escritura y 25 aparecen en el libro de Isaías. (La mención en 2 Rey. 19:22 fue pronunciada por Isaías.) El nombre aparece 12 veces en los capítulos 1–39 y 13 veces del 40–66, lo cual indica continuidad de pensamiento en todo el libro.

El NT incluye citas y alusiones de Isaías en varias ocasiones. En ningún caso hay indicación de que el libro deba dividirse. Por ejemplo, Juan 12:38-40 alude tanto a Isa. 53:1 como a Isa. 6:10, lo cual indica que Isaías expresó ambas cosas. Del mismo modo, los Rollos del Mar Muerto arrojan luz en cuanto a la unidad del libro. Entre los descubrimientos en Qumrán se encontró una copia completa de Isaías. Resulta interesante la ubicación particular de Isa. 40. El capítulo 39 finaliza en la anteúltima línea de la página. El cap. 40 comienza en la última línea. Si alguna vez existió una división entre los caps. 39 y 40, los escribas de Qumrán no la indicaron. Sin embargo, hay un espacio de tres líneas en blanco en el cap. 33, en tanto que el cap. 34 comienza en la página siguiente. Por lo tanto, los Rollos del Mar Muerto no resuelven el problema de la división de Isaías sino que, más bien, lo complican.

Teología de Isaías: ***Santidad de Dios*** En la visión del templo, Isaías vio a Dios como ser santo. La exclamación de los serafines aludía a Dios como "Santo, santo, santo". La santidad divina indica la separación de Dios de otras entidades. Dios es trascendente, moralmente puro y apartado del pecado. Este atributo contrasta con la actitud de la nación de Judá en la época de Isaías. El nombre "Santo de Israel" contrasta la santidad de Dios con la pecaminosidad de Su pueblo. El Dios santo procura tener una relación con los seres humanos, y en esa relación Dios exige santidad de Su pueblo.

El pecado y el juicio resultante Dios exige obediencia y santidad de parte de su pueblo. Sin embargo, las naciones de Israel y de Judá se rebelaron de manera constante. En 1:2-4 se define al pueblo como hijos rebeldes que se rehusaron a escuchar y a obedecer. Estas acciones provocaron juicio de Dios en 1:24,25. Dios no pasa por alto el pecado ni lo justifica. En cambio, procura el arrepentimiento por parte de los seres humanos (1:16-20). Si la oferta de arrepentimiento es rechazada, se aplica el juicio por el pecado. No obstante, incluso el juicio tiene un propósito redentor ya que Dios procura restaurar al pueblo mediante la disciplina del juicio (1:24,25). Los temas de pecado y juicio se reiteran en todo el libro. El juicio del exilio que se presupone en caps. 40–66 es el que se profetizó en caps. 1–39 como consecuencia del pecado. Sin embargo, el juicio del exilio no tenía intención de destruir a las personas sino de purificarlas.

El tema repetido del "remanente" se asocia con la teología del pecado y del juicio. La idea del remanente aparece con frecuencia, incluso en el nombre del hijo de Isaías, Sear-jasub, "un remanente volverá". Luego de que el juicio prometido bajo la forma de exilio recayera sobre el pueblo de Dios, un remanente regresaría a poseer nuevamente la tierra. El remanente era tanto un recordatorio positivo como también negativo para la nación. Aunque Dios fuera a preservar un remanente y hacer que regresara del exilio, muchos de los que pasaron por el juicio no regresarían. Las graves consecuencias del pecado conllevaron juicio, pero la gracia de Dios prometió un remanente.

Dios como el Señor soberano de la historia Si bien Asiria, y posteriormente Babilonia y Persia, fueron las potencias internacionales que parecieron obrar a voluntad, Isaías muestra al Dios de Israel como la mano que controla todos los poderes. En Isa. 10:5-19, Asiria no era más que una vara en las manos de Dios usada para disciplinar a Israel y a Judá. De forma similar, Dios controló y usó a Babilonia en Isa. 47. La arrogancia y la vanidad de Babilonia fueron derribadas por Dios. Asiria y Babilonia se creían fuertes. Para cumplir con Su plan divino para la historia, Dios controló la historia y a veces usó a Asiria, otras a Babilonia y en ocasiones a Persia.

La fe en Dios es verdadera seguridad Judá e Israel solían depender de sí mismas para la seguridad. Las palabras de Isaías clamaban por algo mucho más seguro. El cap. 7 muestra la necesidad de confiar en Dios. Acaz, el rey que acababa de asumir en Judá, fue amenazado por los ejércitos combinados de Siria e Israel. Dios, por medio de Isaías, le aconsejó que tuviera fe. Sin embargo, Acaz se negó a confiar en Dios y prefirió confiar en el poder de Asiria. Como consecuencia de su falta de fe, la influencia asiria entró en Jerusalén. En vez de disfrutar de las bendiciones de la obediencia a Dios, la nación sufrió las consecuencias de negarse a confiar en Él. Las elecciones opuestas de confiar en Dios o en otras naciones aparecen a lo largo de Isaías. La verdadera seguridad no radica en las armas ni en las alianzas con otros pueblos. La fe en el Señor soberano de la historia brinda la única y verdadera seguridad (7:9; 28:16; 30:15).

El Mesías y el Siervo Sufriente La palabra "mesías" significa simplemente "ungido". Ciro es el "mesías" o "ungido" en 45:1. La unción de una persona indicaba que Dios la había capacitado para una tarea específica. De ahí que, incluso el rey pagano Ciro podía ser "mesías" porque Dios le dio poder para ayudar a que los exiliados regresaran a su tierra. El concepto de mesías se convirtió luego en una designación para el rey prometido de la dinastía davídica.

El mesías de Isaías es una figura enigmática. A veces es una vara (11:1); otras, una figura real y majestuosa (9:6,7) y otras veces, un siervo sufriente (50:6; 53:3-6). No obstante, Isaías jamás estableció una conexión clara entre los pasajes mesiánicos relativos a la realeza y aquellos correspondientes al siervo sufriente. Ambos temas parecieran contradictorios, al menos al principio. El mesías gobernaría, mientras que el siervo sufriría y moriría por la nación. Desde la perspectiva del NT, se puede ver con facilidad cómo en Su ministerio Jesús cumplió ambas imágenes. La iglesia, conocedora del sufrimiento de Jesús y sin embargo creyendo en Su regreso para gobernar, combinó los conceptos en el ministerio del supremo Mesías: el Cristo.

Bosquejo

I. Profecías contra Judá (1:1–12:6)
  A. Restauración por medio del arrepentimiento (1:1-31)
  B. Día de pago en camino (2:1–4:6)
  C. Juicio contra la viña (5:1-30)
  D. Llamado, limpiado y enviado (6:1-13)
  E. La amenaza asiria (7:1–10:4)
  F. El juicio divino sobre Asiria (10:5–12:6)
II. Profecías contra las naciones (13:1–23:18)
  A. Babilonia (13:1–14:23)
  B. Asiria (14:24-27)
  C. Filistea (14:28-32)
  D. Moab (15:1–16:14)
  E. Damasco y Siria (17:1-14)
  F. Etiopía (18:1-7)
  G. Egipto (19:1–20:6)
  H. Babilonia (21:1-10)
  I. Edom (21:11,12)
  J. Arabia (21:13-17)
  K. Jerusalén (22:1-25)
  L. Tiro (23:1-18)
III. Anuncios apocalípticos (24:1–27:13)
  A. Dios juzga a la tierra por su rebelión (24:1-23)
  B. El pueblo de Dios celebra Su reinado (25:1–26:6)
  C. El pueblo de Dios anticipa la intervención divina (26:7-19)
  D. Restauración del pueblo de Dios (26:20–27:13)
IV. Juicio y esperanza para Judá (28:1–35:10)
  A. Advertencia contra Samaria (28:1-29)
  B. Advertencia contra Ariel (29:1-24)
  C. Advertencia contra alianzas extranjeras (30:1–35:10)
  D. La justicia y la paz restauradas en Judá (32:1–33:24)
  E. El juicio sobre las naciones (34:1–35:10)
V. El reinado de Ezequías (36:1–39:8)
  A. Liberación de Asiria (36:1–37:38)
  B. Liberación de Ezequías de la muerte (38:1-22)
  C. Ezequías recibe a los babilonios (39:1-8)
VI. Liberación de los exiliados de Babilonia (40:1–48:22)
  A. Consuelo para Jerusalén y los exiliados (40:1–42:12)
  B. El ciego y sordo Israel convocado como testigo (42:13–44:20)
  C. Ciro, el siervo de Dios (44:24–45:25)
  D. Exhortación a Israel a la luz de la caída de Babilonia (46:1–48:22)
VII. Restauración de Jerusalén (49:1–55:13)
  A. El Siervo de Jehová es enviado (49:1-13)
  B. Jehová responde al reclamo de Jerusalén (49:14–50:3)
  C. El siervo de Jehová persevera (50:4-11)
  D. Un nuevo éxodo (51:1–52:12)
  E. Reivindicación del Siervo de Jehová (52:13–53:12)
  F. Futuro glorioso de Jerusalén (54:1-17)
  G. Llamado a la renovación del pacto (55:1-13)
VIII. La purificación final del pueblo de Dios (56:1–66:24)
  A. Extranjeros y eunucos reciben un nuevo estatus (56:1-8)
  B. Pecadores denunciados (56:9–57:21)
  C. Demandas justas de Dios (58:1-14)
  D. Acusación y confesión (59:1-15a)
  E. Restauración de Jerusalén (59:15b–63:6)
  F. Una oración por liberación (63:7–64:12)
  G. Separación de los justos y los impíos (65:1–66:24)

Harold Mosley y Steve Bond

ISBA Nombre de persona que significa “él alivia”. Miembro de la tribu de Judá conocido como padre de la ciudad de Estemoa (1 Crón. 4:17).

ISBAC Nombre de persona que significa “comparecer ante, sobresalir”. Hijo de Abraham y Cetura (Gén. 25:2). Quizás sea Yasbuq de las fuentes asirias y que se refiere a un antepasado de la tribu del norte de Siria.

ISBI-BENOB Nombre de persona que significa “habitante de Nob”. Filisteo que intentó asesinar a David en batalla (2 Sam. 21:16,17). Se lo describe literalmente como “uno de los descendientes de Refa”. Según la tradición se relaciona con los refaítas y se traduce “gigantes” (RVR60, LBLA, NVI). En la nota al pie de la NVI se aclara “uno de los descendientes de Refa”. Algunos estudiosos de la Biblia lo interpretan como un grupo elitista de guerreros que hicieron un voto al dios Refa, o puede significar "el hombre de la cimitarra" o espada. Otros eruditos usan la evidencia del ms griego para reemplazar el poco común nombre Isbi-benob por otro (Dodo, hijo de Joás), pero se trata de una solución drástica. Otra recurso cambia el texto para que el nombre se lea como verbo y diga: "acamparon en Nob" y dejan al soldado sin nombre. El soldado Isbi-benob fue asesinado por Abisai, fiel soldado de David. Ver *Nob.*

IS-BOSET Nombre de persona que significa "hombre de vergüenza". Hijo de Saúl y su sucesor como rey de Israel (2 Sam. 2:8). Luego de la muerte de Saúl, Abner, el comandante de su ejército, proclamó rey a Is-boset. Este reinó durante dos años. Sus propios capitanes terminaron asesinándolo (2 Sam. 4:1-7). Al principio, su nombre fue Es-baal (1 Crón. 8:33), que significa "hombre de Baal". La repugnancia que generaba la adoración a Baal por parte de los israelitas fieles con frecuencia llevaba a reemplazar el nombre de la deidad cananea con la palabra correspondiente a vergüenza. Ver *Saúl.*

ISCA Nombre de persona que quizás signifique "ellos miran". Hija de Harán y hermana de Milca (esposa de Nacor) y de Lot. Por lo tanto, formó parte del núcleo familiar de la familia ancestral de Abraham (Gén. 11:29). La tradición ha sugerido que Isca era otro nombre de Sara o que era esposa de Lot. No existe información bíblica que sustente tales interpretaciones tardías.

ISCARIOTE Nombre de persona transliterado del hebreo al griego que significa "hombre de Queriot", o quizás un nombre derivado del latín que significa "asesino" o "bandido". Apellido de Judas, el discípulo que traicionó a Jesús (Mar. 3.19); fue hijo de Simón (Juan 6:71). Si el significado del nombre fuera "bandido", entonces Judas y su padre quizás fueron integrantes del grupo patriótico de los zelotes. Sin embargo, el probable significado del apellido es "hombre de Queriot" y se refiere a la ciudad de Queriot. Ver *Judas; Queriot.*

ISHI Transliteración del juego de palabras de Oseas entre "mi hombre" o "mi esposo" (heb. *ishi*) y "mi amo" o "mi señor" (heb. *ba'ali*) (Os. 2:16). Oseas ansiaba la llegada del día cuando Israel abandonara la adoración e incluso dejara de pronunciar el nombre de Baal y fuera plenamente fiel a Yahvéh como "su hombre" y "su amo".

ISHTAR Diosa mesopotámica de la fertilidad y la guerra. En su función como diosa de la fertilidad, se la vincula con Tamuz, dios de la vegetación. En ocasiones, se la supo identificar con el planeta Venus y en las tablillas de Amarna se la designó "Dueña del cielo". La diosa quizás sea la "reina del cielo" de Jer. 7:18; 44:17-19,25; Ezeq. 8:14. Ver *Astarot; Babilonia; Fertilidad, Cultos a la; Tamuz.*

ISI Nombre de persona que significa "mi libertador o salvación". **1.** Descendiente de Jerameel de la tribu de Judá (1 Crón. 2:31). **2.** Miembro de la tribu de Judá (1 Crón. 4:20). **3.** Padre de los líderes militares de la tribu de Simeón que abatió a los amalecitas (1 Crón. 4:42). **4.** Líder de una familia de la tribu de Manasés al este del Jordán (1 Crón. 5:24).

ISÍAS Nombre de persona que significa "que Yahvéh olvide". En hebreo, el nombre aparece en forma más extensa en 1 Crón. 12:6. **1.** Líder de la tribu de Isacar (1 Crón. 7:3). **2.** Soldado de la tribu de Saúl (la de Benjamín) que se unió a David en Siclag mientras este se escondía de Saúl (1 Crón. 12:6). **3.** Miembro de la rama de Coat de los levitas (1 Crón. 23:20; 24:24,25). **4.** Descendiente de Moisés entre los levitas (1 Crón. 24:21; comp. 23:13-17). **5.** Israelita que se casó con una mujer extranjera, lo cual amenazó la completa lealtad de Israel hacia Yahvéh en tiempos de Esdras (Esd. 10:31).

ISLA, COSTA Porción de tierra rodeada por agua. Las traducciones modernas muchas veces alternan los términos costas e islas (comp. Gén 10:5; Est. 10:1; Sal. 97:1; Isa. 11:11; Jer. 2:10 RVR1960, NVI, LBLA). Con frecuencia, la idea de pueblos y lugares lejanos se enfatiza mediante el paralelismo (Isa. 41:5; 49:1). Los hebreos no eran un pueblo del mar, por eso equiparaban fácilmente a las islas o costas del Mediterráneo con los confines de la tierra.

La Escritura menciona varias islas por su nombre: Arvad (Ezeq. 27:8,11) está a 3 km (2 millas) mar adentro del norte de Fenicia. La pequeña Clauda o Cauda (NVI) está cerca de Creta (Hech. 27:16). Quío (Hech. 20:15), cerca de la costa de Jonia. Cos (Hech. 21:1) está ubicada a 80 km (50 millas) al noroeste de Rodas. Creta (la Caftor del AT, Jer. 47:4; Amós 9:7) es una isla de 243 km (152 millas) de largo ubicada al sureste de Grecia (Tito 1:5,12). Chipre (lugar de la Quitim del AT, Jer. 2:10; Ezeq. 27:6) tiene 120 km (75 millas) de longitud y está hacia el extremo este del Mediterráneo (Hech. 4:36; 11:19,20 entre otras). Malta es una isla ubicada a 80 km (50 millas) al sudoeste de Sicilia (Hech. 27:39–28:10). Patmos está ubicada cerca de la costa de Jonia al oeste de Samos (Apoc. 1:9). Rodas se ubica al sudoeste de Asia Menor (Hech. 21:1). Samos está ubicada cerca de la costa Jonia a 19 km (12 millas) al sudoeste de Éfeso (Hech. 20:15). Sardinia es una isla mediterránea occidental al sur de Córcega. Tiro (Ezeq. 26:2) era una famosa ciudad insular fenicia.

ISMA Forma abreviada de Ismael que significa "Dios oye". Miembro de la tribu de Judá (1 Crón. 4:3).

ISMAEL Nombre de persona que significa "Dios oye". Hijo de Abraham con la concubina egipcia Agar (Gén. 16:11). Se convirtió en progenitor de los ismaelitas. La descripción de Gén. 16:12 indica una disposición rebelde y misantrópica. Ismael y su madre fueron echados del campamento de Abraham ante la insistencia de Sara cuando nació su hijo Isaac. El muchacho estuvo al borde de la muerte en el desierto cuando el ángel de Dios guió a Agar a un pozo de agua. Génesis 21:20 explica que Dios estuvo con Ismael y que este se convirtió en arquero. Ver *Abraham; Madián, madianitas; Patriarcas.*

ISMAELITA Nombre tribal de los descendientes de Ismael. Según Gén. 25:12-16, Ismael fue padre de 12 hijos. Los ismaelitas fueron considerados un grupo étnico, por lo general referido a las tribus nómadas del norte de Arabia. Sin embargo, no fueron asociados de manera exclusiva con una región geográfica. Las menciones en el AT son pocas. Las personas a quienes fue vendido José por sus hermanos se mencionan como ismaelitas en Gén. 37:25. Ver *Abraham; Ismael.*

ISMAÍAS Forma completa y abreviada del nombre de persona que significa "Yah (véh) oye". **1.** Héroe militar de Gabaón a cargo de los "30" guerreros especiales de David (1 Crón. 12:4), aunque no se lo menciona entre los "30" en 2 Sam. 23 ni en 1 Crón. 11. Es un ejemplo del temprano apoyo a David por parte de la tribu de Saúl (la de Benjamín). **2.** Jefe de la tribu de Zabulón en el reinado de David (1 Crón. 27:19).

ISMAQUÍAS Nombre de persona que significa "Yahvéh sostiene". Sacerdote y administrador en el templo al servicio de Conanías y Simei cuando Ezequías fue rey de Judá (2 Crón. 31:13).

ISMERAI Forma abreviada del nombre de persona que significa "Jah protege". Miembro de la tribu de Benjamín (1 Crón. 8:18).

ISOD Nombre de persona que significa "hombre de vigor y vitalidad". Miembro de la tribu de Manasés, al este del Jordán (1 Crón. 7:18).

ISPA Nombre de persona que tal vez signifique "calva". Miembro de la tribu de Benjamín (1 Crón. 8:16).

ISPÁN Nombre de persona de significado incierto. Miembro de la tribu de Benjamín (1 Crón. 8:22).

ISRAEL **1.** Nombre que recibió el Reino del Norte cuando Jeroboam permitió que las tribus de esa región se separaran de las tribus del sur para formar un reino independiente (1 Rey. 12). **2.** Nombre de persona que significa "Dios lucha", "Dios gobierna", "Dios sana" o "él lucha contra Dios". Nombre que Dios le puso a Jacob luego de que luchara contra el mensajero divino (Gén. 32:28). Luego Jacob fue una persona transformada que cojeaba de su cadera, con nuevas reglas sobre los alimentos y una nueva experiencia con Dios que influyó en su estilo de vida. Sus doce hijos fueron conocidos como los "hijos de Israel", y la nación resultante fue Israel. De ahí que la experiencia en el Jaboc se convirtió en la base para la nación del pueblo escogido de Dios. Ver *Jacob.*

ISRAEL ESPIRITUAL La frase "Israel espiritual" se emplea con frecuencia como descripción de la iglesia en contraste con el Israel nacional o étnico. Se refiere a todos los creyentes de todas las épocas sin distinción de etnias. Algunos intérpretes ven el lenguaje de Pablo de "Israel según la carne" (1 Cor. 10:18) como que necesariamente implica la existencia de su antítesis, "Israel según el espíritu" o "Israel espiritual". Si bien la frase de Pablo podría ser sugestiva, no es concluyente. La idea de un "Israel espiritual" debe apoyarse en evidencia extraída de textos analizados en forma conjunta.

En el NT, la referencia a los creyentes se hace con lenguaje tomado de citas y conceptos del AT que en el contexto original aluden explícitamente a Israel. Por ejemplo, Pedro menciona a sus lectores como "linaje escogido, real sacerdocio, nación santa, pueblo adquirido por Dios" (1 Ped. 2:9) en clara referencia a Ex. 19:5,6. Otras expresiones como "escogido" (1 Tes. 1:4 NVI), "hijos de Dios" (Rom. 8:14) y "herederos" (Gál. 3:29) son todas descripciones de los creyentes, tanto judíos como gentiles, en términos que los escritores del AT usaron con referencia a Israel.

Otros textos dejan claro que los límites étnicos no afectan la salvación. Pablo está particularmente interesado en demostrar que no existe diferencia entre judíos y gentiles en lo que respecta a la gracia salvadora de Dios en Cristo (Rom. 1:16; 3:29,30; 10:12; Gál. 3:28). En Efesios, el apóstol afirma que los gentiles, que estaban "sin Cristo, alejados de la ciudadanía de Israel y ajenos a los pactos de la promesa" (Ef. 2:12), ahora son "conciudadanos de los santos, y miembros de la familia de Dios" (Ef. 2:19).

Quizás el texto más importante y, con seguridad, el más debatido es Gál. 6:16. Allí, Pablo emplea la expresión, "[e]l Israel de Dios". Por un lado, Pablo podría estar dirigiéndose a judíos cristianos que simpatizaban con su ministerio a diferencia de los opositores judaizantes. Por lo tanto, la bendición "paz y misericordia sea a ellos y al Israel de Dios", es extensiva a todos los creyentes, pero Pablo hizo la distinción para reconocer a los de etnia judía que eran fieles al evangelio. Por el otro lado, en Gálatas, el apóstol se desvivió por quitar el énfasis en la importancia de los límites étnicos ya que sus oponentes añadían costumbres judías y prácticas legales como requisito para los creyentes gentiles. Por lo tanto, finalizar su carta haciendo una distinción entre creyentes según su etnia parecía ir en contra del argumento general de la epístola. En Gál. 3:26, Pablo estableció que "todos sois hijos de Dios por la fe en Cristo Jesús", y luego prosiguió diciendo "Ya no hay judío ni griego ... porque todos vosotros sois uno en Cristo Jesús. Y si vosotros sois de Cristo, ciertamente linaje de Abraham sois, y herederos según la promesa". El apóstol vuelve a referirse a sus lectores como "hijos" de Dios y "heredero(s)" (Gál. 4:5-7) lo cual enfatiza la unidad que judíos y gentiles tienen en Cristo. Más adelante, hace un contraste entre Agar y Sara como metáforas de dos pactos (Gál. 4:21-31). La primera, Agar, en referencia al pacto dado en el Monte Sinaí que "corresponde a la Jerusalén actual, pues ésta, junto con sus hijos, está en esclavitud" (Gál. 4:25). La segunda, Sara, "la libre" (Gál. 4:23), representa el pacto de la promesa y no corresponde a la Jerusalén terrenal sino a la celestial, "la cual es madre de todos" y "es libre" (Gál. 4:26). Los lectores de Pablo son "como Isaac ... hijos de la promesa". Las alusiones a los lectores como "herederos", "descendientes de Abraham" e "hijos de la promesa" defienden con fuerza la postura paulina de un "Israel espiritual". El resumen de Pablo no podría ser más claro: "Porque en Cristo Jesús ni la circuncisión vale nada, ni la incircuncisión, sino una nueva creación" (Gál. 6:15; comp. 5:6). En vista del contexto de Gálatas, Pablo emplea la expresión "Israel de Dios" en 6:16 para referirse a todos los creyentes, al pueblo de Dios en general, sin hacer distinción de etnias. Esto no niega que en otros lugares Pablo aluda a Israel y a los judíos en términos étnicos explícitos, y Rom. 9–11 es el ejemplo más claro. Sin embargo, una palabra no necesariamente quiere decir lo mismo cada vez que se emplea. "Israel espiritual" es una interpretación justa de lo que Pablo quiere decir en Gál. 6:16, en especial como síntesis que incluye otros textos del NT citados más arriba.

Por último, la expresión "Israel espiritual" no tiene por qué ser equivalente a "nueva Israel" ni tampoco una afirmación a favor de la "teología del reemplazo" que sostiene (desde la época de Tertuliano y Justino Mártir) que la iglesia ha ocupado el lugar del Israel étnico al punto que todas las promesas dadas a Israel ahora están dirigidas a la iglesia de manera exclusiva. Y tampoco significa que el lenguaje acerca del Israel étnico deba "espiritualizarse" como para que siempre aluda a la iglesia. *Bryan J. Vickers*

ISRAEL, TIERRA DE El nombre más común en el AT para la tierra donde transcurrió la historia de Israel es Canaán. Cubre una superficie aprox. de 24.600 km² (9500 millas cuadradas), similar a la superficie de Bélgica. Canaán o Palestina se extiende desde el Mar Mediterráneo al oeste hasta el gran Desierto de Arabia al este y desde los Montes Líbano y Antilíbano en el norte hasta el Desierto del Sinaí en el sur. Tiene una extensión de aprox. 240 km (150 millas) de norte a sur y 120 km (75 millas) de este a oeste. La ubicación de Israel afectó en gran manera lo que le sucedería a través de los siglos ya que se asienta de manera incómoda en medio de la "Medialuna Fértil" (que incluye Egipto, Palestina, Mesopotamia, Anatolia y Armenia, o según los nombres actuales: Egipto, Líbano, Siria, Turquía, Jordania, Iraq e Irán). Esta región fue la auténtica matriz de la humanidad, la cuna de la civilización.

Por su localización estratégica, fue un puente de tierra entre Asia y África, un lugar de encuentro y un campo de batalla para muchas potencias de la antigüedad (Egipto, Asiria, Babilonia, Medo-persia,

Grecia y Roma). Hoy en día continúa siendo una de las regiones del mundo geopolíticamente más importantes y más sensibles.

De oeste a este las características topográficas son la llanura costera; Galilea y las colinas centrales que corren en sentido norte-sur desde la cadena del Líbano; el Valle de la Gran Falla que se continúa en el Valle de Bekaa y sigue hacia el sur hasta el Mar Muerto en el Arabá, y las tierras altas de Transjordania que son la continuación al sur de los montes Antilíbano en Fenicia/Líbano hasta la planicie de Moab-Edom. Es una región árida y exótica de grandes variedades. Las montañas del norte presentan un enorme contraste con el Arabá y el punto más bajo de la superficie terrestre: el Mar Muerto (395 m [1300 pies] bajo el nivel del mar).

Período preexílico: ***Período patriarcal*** El interés bíblico en Canaán comienza con el llamado de Abraham (Gén. 12). Su viaje a Canaán se produjo aprox. en el 2092 a.C. Él había partido con anterioridad junto con su familia de su hogar en Ur de los caldeos en la Mesopotamia, pero permaneció en Harán, donde falleció su padre Taré. Con su esposa Sarai y su sobrino Lot llegó finalmente a Canaán. Abraham no era un pastor nómada que cuidaba ovejas y cabras sino un príncipe mercader que comerciaba con monarcas y dirigía una fuerza de seguridad de 318 hombres para que protegieran su familia y sus posesiones. Los nombres de personas y de lugares que se describen son verosímiles y podemos confiar en que el ciclo de Abraham constituye un registro confiable de la historia. Abraham recibió una promesa de parte de Dios de que la tierra de Canaán les sería dada a sus descendientes para siempre, pero el único terreno que en realidad él poseyó en la tierra prometida fue una parcela donde lo enterraron junto a Sara. A manera de inicio de una constante, Isaac, el hijo menor de Abraham, fue el hijo de la promesa. Isaac tuvo mellizos: Jacob y Esaú. Siguiendo con el modelo, el menor de los mellizos, Jacob, se convirtió en hijo de la promesa. Sus doce hijos dieron nombre a las doce tribus de Israel, pero el hijo de la promesa, Judá, no fue el héroe de su generación sino que José se convirtió en el salvador de la familia.

No hay motivos para dudar de la existencia de José. Su historia (Gén 37–50) refleja con exactitud la historia de Egipto en el s. XIX a.C. La historia de José se divide en tres partes: José y sus hermanos en Canaán; José solo en Egipto; y José en Egipto con su padre Jacob (que para ese entonces se llamaba Israel) y sus hermanos con sus familias.

José era uno de los hijos menores y gozaba del favor su padre, lo que resintió profundamente a sus hermanos, que lo vendieron como esclavo y le dijeron al padre que había muerto. En Egipto superó varias veces grandes obstáculos hasta que llegó a ser la mano derecha de Faraón. La hambruna hizo que sus hermanos acudieran a Egipto en busca de alimentos, y allí terminaron frente al mismo José quien, luego de ponerlos a prueba, hizo que la familia de su padre se asentara en esa nación alrededor del 1875 a.C. El relato sobre José expone un asombroso contexto egipcio que encaja a la perfección con lo que se conoce de ese período. La historia de José explica por qué la familia de Jacob y las tribus de Israel estuvieron en Egipto durante los 430 años siguientes.

El período egipcio Varios cientos de años de silencio relativo separan el final de la historia de José (Gén. 37–50) del inicio de la historia narrada en el libro de Éxodo. El relato sobre José indica que Israel probablemente haya ingresado en Egipto justo en medio de la ilustre Dinastía XII (aprox. 1875–1850 a.C.). Los hicsos ("gobernantes de tierras extranjeras") eran un pueblo asiático que tuvo el control de Egipto durante una época de inestabilidad política que permitió que derrocaran alrededor del 1730–1710 a.C. a las dinastías de egipcios nativos. Los hicsos establecieron la capital en el delta del Río Nilo en Avaris y mantuvieron el control del norte de Egipto por aprox. 250–260 años. Los hicsos eran el pueblo de aquel rey que "no conocía a José". No tuvieron control total de Egipto durante la mayor parte de su permanencia allí, pero fueron líderes de una federación de gobernantes sobre varias zonas de ese país. Cuando asumieron el poder, la suerte de los israelitas empeoró. Sin el favor de los faraones, fueron reducidos a servidumbre. Los hicsos fueron expulsados de Egipto alrededor del 1570 a.C.

Moisés aparece al principio de la era del nuevo reino ya que nació aprox. en el 1526 a.C. Sus padres, Amram y Jocabed, procuraron salvarle la vida (debido al decreto de Faraón de que todos los bebés varones hebreos debían morir) colocándolo en una cesta a la deriva en el Río Nilo. La canasta se detuvo justo donde se bañaba una hija de Faraón. Ella lo tomó y lo crió como si fuera nieto de Faraón. Educado en el palacio de Egipto, Moisés recibió una de las educaciones más exquisitas del mundo. Aprendió una amplia variedad de idiomas y una extensa gama de temas que lo prepararon de manera adecuada para liderar y gobernar a los israelitas cuando estos abandonaron Egipto. Es probable que el Faraón durante la infancia de Moisés fuera Amenofis I, y que el sucesor que oprimió a los israelitas en particular fuera Tutmosis I quien reinó del 1526–1512 a.C. Tutmosis II reinó del 1512–1504 a.C., y Tutmosis III del 1504–1450 a.C. Es probable que la madre adoptiva de Moisés fuera una mujer poderosa llamada Hatshepsut, que con eficiencia estuvo al mando en Egipto mientras Tutmosis III, quien había ascendido al trono, aún era menor de edad. Tutmosis III encaja a la perfección en el rol del faraón que buscó quitarle la vida a Moisés cuando este asesinó (aprox. a los 40 años) a un egipcio prominente, y su sucesor Amenofis II (que reinó del 1450–1425 a.C.) quizás haya sido el faraón durante el éxodo, que probablemente ocurrió en 1447 ó 1446 a.C.

El éxodo de Egipto (aprox. 1447 a.C.) El éxodo de Egipto es para Israel lo que la Odisea fue para los griegos, los padres peregrinos para los norteamericanos, y los inmigrantes españoles e italianos para Argentina. La identidad nacional de Israel estaba íntimamente ligada a su liberación de Egipto en el grandioso éxodo. Esto se confirma de manera gráfica en que la frase (con ciertas variaciones) que expresa que Yahvéh sacó a Israel de Egipto ("habéis salido de Egipto de la casa de servidumbre") aparece 125 veces en el AT.

Israel llegó al Monte Sinaí alrededor del 1447 a.C. Aunque se sugirieron diversas ubicaciones para este monte, la mejor opción es el sitio tradicional de Jebel Musa, en el extremo sur de la Península de Sinaí. En ese lugar, Israel hizo un pacto con Yahvéh, recibió los Diez Mandamientos y comenzó su primera experiencia de gobierno propio.

El período del desierto (aprox. 1447–1407 a.C.) Alrededor de un año después se encaminaron a la tierra prometida pero se les impidió ingresar, primero por la desobediencia y luego por decisión de Dios, y no llegaron a Canaán sino hasta pasados 40 años. Durante los años en el Desierto de Sinaí surgió un destacado sentimiento de identidad y de misión. Además, durante dichos años Israel recibió toda la legislación necesaria para ser una sociedad ordenada. La experiencia de Israel en el desierto se caracterizó por tiempos buenos y malos. Dios protegió y preservó de manera sobrenatural a Israel, pero la generación que se negó a entrar a la tierra tras la orden de Dios pereció, a excepción de los dos espías fieles, Josué y Caleb.

La conquista de Canaán (aprox. 1407–1400 a.C.) Una de las historias más asombrosas jamás contada acerca del origen de una nación se desplegó cuando Israel se trasladó a la tierra prometida. Un viaje de sólo 11 días se extendió por 40 años. Hacia el final de este período muere Moisés y es enterrado por el Señor mismo. Josué, un efraimita, asume el liderazgo de la nación. En comparación, Josué ocupa escaso espacio en el relato. Se lo presenta como sucesor de Moisés y conquistador de Canaán (Deut. 1:38; 3:21,28; Jos. 1). Fuera del libro que lleva su nombre, se lo menciona en Ex. 17:8-16; Jue. 1:1; 2:6-9; 1 Rey. 16:34; 1 Crón. 7:27 y Neh. 8:17.

Josué realizó una tarea destacada de organización y ejecución del plan para la conquista de la tierra. El pueblo cruzó el Jordán en seco de manera milagrosa durante la estación de la creciente. Israel renovó el pacto en Gilgal, donde fueron circuncidados todos aquellos varones que no se habían circuncidado en el desierto. La conquista fue impactante, comenzando por la caída milagrosa de los muros de Jericó. Sin embargo, algunos pueblos de la tierra no fueron expulsados por completo y quedaron como una fuente permanente de conflicto para Israel.

Josué repartió la tierra entre las doce tribus según las instrucciones que Dios le había dado a Moisés, y así comenzó la ocupación de Canaán. Las cosas marcharon bien mientras vivieron los que habían servido junto a Josué, pero luego comenzó un oscuro período de grave decadencia espiritual.

Período de los jueces (aprox. 1360–1084 a.C.) Jueces 1:1-29 conforma una transición literaria entre la vida de Josué y el período de los jueces. La espiral descendente duró alrededor de 280 años. Los jueces (*sophetim*) eran más bien líderes o gobernantes y no tanto funcionarios judiciales. El período se caracterizó por un ciclo recurrente de decadencia, opresión, arrepentimiento y liberación. Las reformas jamás perduraron y la opresión se reiteraba una y otra vez. Los informes del obrar de los distintos jueces no son estrictamente cronológicos y con frecuencia se superponen, lo que explica por qué el tiempo transcurrido de 280 años es mucho menor que el total global de 410 años correspondientes a los 15 jueces mencionados. La decadencia espiritual progresiva se ve en el carácter de los jueces sucesivos que declina en forma progresiva hasta que ellos y su pueblo se parecieron más a los pueblos que los rodeaban que al pueblo del único Dios vivo y verdadero.

Hacia fines de este período resurge la esperanza con la saga heroica de Noemí, Rut y Booz, quienes demostraron que los israelitas fieles se mantenían leales al Señor del pacto. De esta familia descendería el gran rey David.

El último juez fue el más notable: Samuel, un benjamita cuya madre lo dedicó al servicio de Jehová. Criado por el sacerdote Elí, se convirtió en sacerdote y juez cuando Dios eliminó a la familia de aquel por su infidelidad. Samuel administró a la nación con sabiduría y justicia, y durante su servicio prevaleció la estabilidad. Sin embargo, el pueblo quiso ser como otras naciones y pidió un rey.

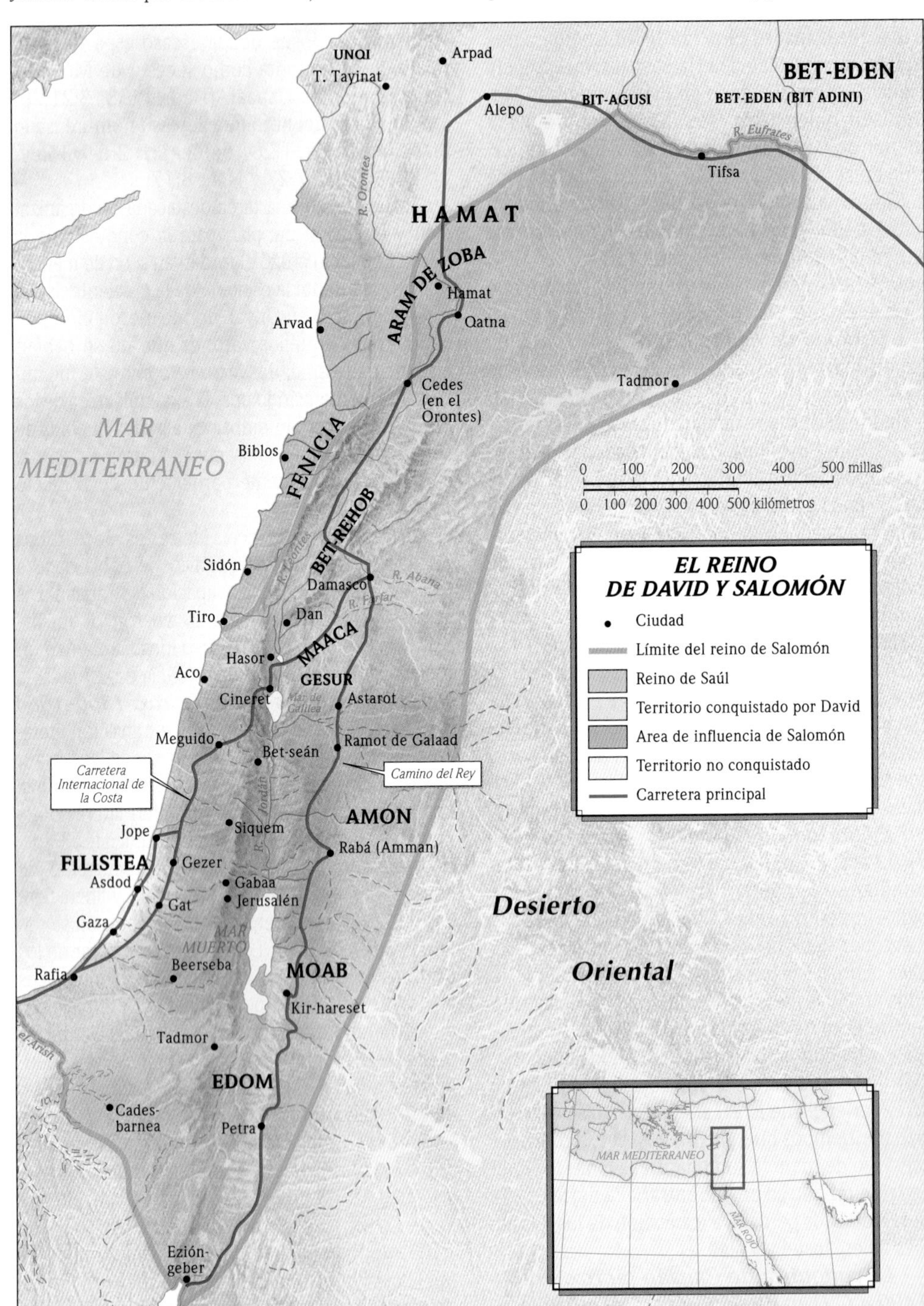

I

La monarquía unida (aprox. 1051–931 a.C.) Samuel se irritó, pero Dios le ordenó que le diera al pueblo lo que había pedido, el rey que deseaban: Saúl, hijo de Cis, un rico benjamita. Un alto, bien parecido y humilde Saúl que no buscaba el poder, lo aceptó con recelo pero, una vez al mando, demostró poco juicio y una falta total y catastrófica de discernimiento espiritual.

Saúl tuvo un buen comienzo al vencer a los filisteos con la intervención del joven David que mató al campeón filisteo Goliat a manera de símbolo de lo que habría de venir. Casi de inmediato, Saúl sintió desconfianza y resentimiento hacia David y lo mantuvo cerca al darle por esposa a su hija Mical y designarlo comandante de sus tropas, acerca de las cuales David tenía que

informar al rey (1 Sam. 18). Saúl estaba decidido a dejarle el trono a su hijo Jonatán pero descuidó el reino para perseguir a David. Su reinado duró alrededor de 40 años.

David era el hijo menor de Isaí de Belén. Trabajaba para su padre como pastor. Samuel ungió a David años antes de que subiera al trono, y este siempre honró al rey Saúl y en varias ocasiones dejó pasar oportunidades de asesinarlo. En vez de atacarlo, huyó de él durante años. A medida que se desintegraba el reino de Saúl, David se fortalecía y obtenía numerosos seguidores.

Finalmente, Saúl y Jonatán fueron asesinados en batalla y David reinó en Hebrón sobre su tribu de Judá durante siete años, en tanto que las tribus restantes eran lideradas por Is-boset, hijo de Saúl. Luego del brutal asesinato de Is-boset, David accedió al trono de todo Israel durante 33 años más y estableció su capital en Jerusalén. Venció a los enemigos de Israel y consiguió paz para su pueblo. Fue el más grandioso rey de Israel a quien Dios describió como "varón conforme a mi corazón" (Hech. 13:22; 1 Sam. 13:14), pero falló en el aspecto moral y, como resultado, pasó años en medio de conflictos familiares y personales. David no sólo tuvo una aventura amorosa con la esposa de uno de sus subordinados más fieles sino que, ante el riesgo de ser descubierto, ideó un plan para asesinar a Urías. Su casa jamás volvió a tener paz y hasta le costó la vida de algunos de sus hijos. David elaboró planes para el templo y reunió los materiales pero, a causa de su pecado, Dios no le permitió que concretara el proyecto.

Al final de su vida, el ascenso de su hijo Salomón al trono fue una encarnizada lucha familiar. Salomón tuvo un maravilloso comienzo al edificar y dedicar un templo magnífico. Genuinamente humilde de corazón, Dios lo prosperó más allá de sus profundas aspiraciones. Salomón fue venerado por su sabiduría y conservó un reino que excedió cinco veces el tamaño de la tierra que Dios le había prometido a Abraham, y llegó al sur hasta el Sinaí y al norte hasta el Río Éufrates. Se convirtió en uno de los monarcas más importantes de su época. Hacia el final de su reinado de 40 años, el reino era sólido, pero su compromiso con Jehová había menguado y sus últimos años fueron entorpecidos por problemas internos. Poco después de su muerte finalizó la monarquía unida.

La monarquía dividida (aprox. 931–586 a.C.) El reino unido de las doce tribus de repente se dividió en el 931/930 a.C. De ahí en adelante, a las diez tribus del norte se las conocería como Israel o Efraín (la tribu de mayor influencia). Las dos tribus del sur, Judá y Benjamín, permanecieron fieles a la casa de David y se las conoció como Judá. Incluso antes de la creación del reino unido, la unidad de Israel ya era frágil. Las rivalidades y los celos por cuestiones nimias eran comunes durante el período de los jueces. La división entre Judá e Israel era evidente aun en la época de Samuel, pero David consiguió un alto grado de unidad nacional. Los elevados impuestos de Salomón y los períodos forzosos de trabajo que se le impusieron al pueblo durante el reinado de este y el de Roboam hicieron estallar el conflicto.

La sedición ya estaba latente durante la última parte del reinado de Salomón. Jeroboam, hijo de Nabat, era un supervisor exitoso de la labor civil en Efraín bajo el mando de Salomón (1 Rey. 11:27,28). El profeta Ahías de Silo se encontró un día con Jeroboam y, rasgando sus ropas en doce partes, le entregó a Jeroboam diez de estas porciones. Entonces proclamó que este reinaría sobre Israel (1 Rey. 11:31). El rumor de esta profecía se difundió con rapidez y Jeroboam huyó a Egipto donde halló refugio con el faraón Sisac, un político oportunista. La paz se mantuvo hasta la muerte de Salomón, pero luego el conflicto surgió con rapidez y Roboam no fue lo suficientemente sabio como para salvar la endeble situación.

En vez de aliviar las costosas cargas gubernamentales aplicadas al pueblo por su padre, Roboam amenazó con incrementarlas, por lo que diez tribus se rebelaron y abandonaron el Reino del Sur de Roboam; sólo quedaron las tribus de Judá y Benjamín. Jeroboam se convirtió en el primer rey del Reino del Norte y de inmediato impulsó al pueblo a la idolatría. Para recuperarse de la pérdida de los lazos religiosos con Jerusalén, Jeroboam hizo dos becerros de oro para las ciudades de Dan y Bet-el. Debido a la apostasía, la familia de Jeroboam perdió el derecho al reino. Su nombre se convirtió en estereotipo del mal de los gobernantes del Reino del Norte.

Roboam fue atacado por el aliado de Jeroboam, el faraón Sisac (Sheshonq I, aprox. 945–924 a.C.), quien saqueó el templo y luego avanzó al territorio de Israel, de Galaad y de Edom. Una inscripción que dejó Sisac en Karnak declara que venció a 150 ciudades de la región. Resulta curioso que Sisac no consolidara los territorios ganados sino que regresara a Egipto donde al poco tiempo murió. Roboam aseguró su reino y le entregó una nación estable a su hijo Abías, quien reinó sólo dos años. Fracasó en su intento de unir a las tribus. Su hijo Asa reinó 41 años sobre Judá y revirtió en parte el deterioro religioso.

En la historia subsiguiente de las dos naciones hubo nueve reinados o corregencias con superposiciones que dificultan la determinación de la cronología de Reyes y Crónicas. Además, el norte se dividió ideológicamente en dos (1 Rey. 16:21), lo que ocasiona mayor confusión. Durante la época del reino dividido, cada nación

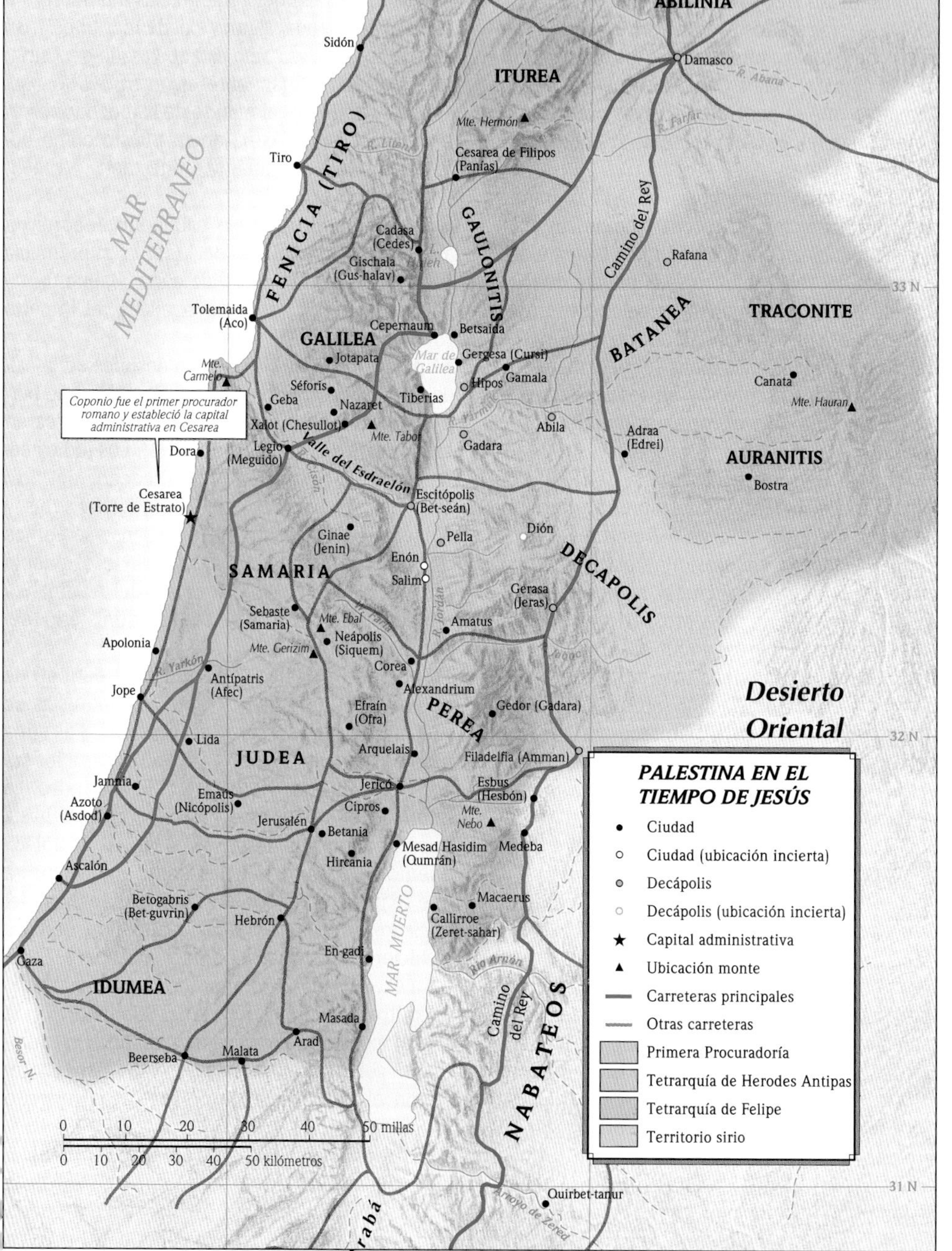

tuvo 19 reyes. Los reyes del norte provinieron de nueve dinastías o familias, mientras que todos los reyes de Judá fueron descendientes de David. Los 19 reyes del Reino del Norte gobernaron desde el 930 al 722 a.C., y el tiempo promedio de cada reinado fue relativamente breve. Los reyes del Reino del Sur rigieron desde el 930 al 586 a.C., lo cual demuestra la mayor estabilidad y continuidad de la vida en Judá. A todos los reyes de Israel se los evalúa en Reyes y en Crónicas como malos, mientras que los reyes de Judá fueron en parte malos y en parte buenos. Resulta llamativo que el peor de los reyes era de Judá: Manasés, quien entregó a uno de sus hijos en un sacrificio pagano.

Durante las monarquías israelitas, grandes naciones aparecían en escena cuando sus asuntos se vinculaban con los de Judá e Israel. Como el centro del relato bíblico es el pueblo de Dios, sólo se brindan algunas descripciones y breves esbozos de la historia más amplia de la época. Los detalles brindados en la Biblia se confirman una y otra vez en los archivos y en los artefactos de toda clase que dejaron otros reinos de la antigüedad.

Con el transcurrir de la vida del Reino del Norte, la relación entre Israel y Judá fue variando de hostil a cortés, y luego a fraternal. A veces fueron aliados y en ocasiones participaron de alianzas opositoras. En general, ambos reinos disfrutaron períodos de paz y prosperidad. Un acontecimiento de mal presagio fue el surgimiento de Siria, una potencia importante en la época de la división del reino israelita (aprox. 930 a.C.). Alrededor del 850 a.C., Damasco era la capital del estado más poderoso de la región. Asiria atravesaba un período de agitación política interna, lo que otorgó mayor autonomía a otras naciones. No obstante, luego de alrededor de un siglo de debilidad, el resurgimiento de Asiria (aprox. 745 a.C.) cambió el equilibrio geopolítico y anticipó futuros conflictos en los reinos israelitas.

Siria quedó aislada y rodeada por territorios bajo control asirio. Como aquella tenía sus propios problemas, Judá prosperó de manera notable durante el prolongado reinado del buen rey Ezequías. Sin embargo, el final de Israel era inminente.

El último siglo del Reino del Norte (VIII a.C.) se caracterizó por el ministerio de cuatro grandes profetas: Amós, Oseas, Miqueas e Isaías, además de Jonás. Ellos vieron con absoluta claridad la desaparición de Israel y posteriormente la de Judá. Sin embargo, ambas naciones creían ser invencibles por su relación con Yahvéh. La mayor parte del pueblo no tenía en cuenta a los profetas y seguía aferrado a la vana ilusión de grandeza y seguridad.

De manera trágica, Asiria eliminó a Israel luego de la caída de Samaria en el 722 a.C. y atacó un par de veces a Judá (701 y 688 a.C.) pero no pudo conquistarla gracias a la intervención divina. Judá siguió existiendo unos 135 años más, a veces como estado vasallo de Asiria. Jerusalén cayó finalmente en el 587–586 a.C. ante los babilonios al mando de Nabucodonosor, quien desplazó a Asiria de su puesto como potencia mundial dominante a fines del s. VII a.C. (aprox. 612–609).

El exilio babilónico Los babilonios deportaron a la mayoría del pueblo de Judá. La supremacía neobabilónica tuvo una vida corta. Babilonia cayó en el 539 a.C. ante su ex aliado, el Imperio Medo-persa.

El período postexílico Poco después de la caída de Babilonia, el rey persa Ciro el Grande permitió que los pueblos conquistados se reubicaran en su tierra de origen (Esd. 1:2-4). Los judíos comenzaron a regresar a Judá alrededor del 537 a.C. Bajo el liderazgo de Zorobabel, Esdras y Nehemías se reconstruyó Jerusalén y se edificó un segundo templo. En este período el pueblo gozó de cierta autonomía. La era del AT finalizó alrededor del 400 a.C. con el ministerio del profeta Malaquías.

El período intertestamentario El período de dominación persa finalizó con las conquistas de Alejandro Magno a partir del 332 a.C. Palestina pasó de mano en mano varias veces entre los sucesores seléucidas y ptolemeos de Alejandro. La dominación griega en Palestina continuó hasta que los judíos tuvieron éxito en el establecimiento de un reino independiente en una guerra que se inició en el 167 a.C. bajo el liderazgo del anciano sacerdote Matatías y sus hijos, quienes se hicieron conocidos como los macabeos. En el 63 a.C., el general romano Pompeyo estableció el control romano en Palestina. Subdividieron la región por motivos de gobernabilidad y nombraron gobernantes locales, pero también mantuvieron el control con la presencia del ejército romano.

Del período del NT en adelante La dominación romana en Palestina continuó más allá de la época del NT y finalizó con la primera guerra judía contra Roma alrededor del 66–72 d.C. en la que tanto el templo como Jerusalén resultaron diezmados (70 d.C.). Finalmente, luego de otra guerra en el siglo II d.C. (aprox. 135), los judíos fueron esparcidos por todo el Imperio Romano. Palestina permaneció bajo dominación romana hasta el 400 d.C. aprox. Ver *Cronología de la época bíblica.*

Walter C. Kaiser (h) y Charles W. Draper

ISRAELITA Ciudadano de la nación Israel.

ISRAHÍAS Nombre de persona que significa "Yahvéh ilumina para siempre". Miembro de la tribu de Isacar (1 Crón. 7:3). Este mismo nombre hebreo aparece en Neh. 12:42 transliterado Izrahías.

IS-TOB Nombre de persona que significa "hombre de bien" u "hombre de Tob". La RVR1960 sigue las primeras traducciones al interpretarlo como un nombre propio (2 Sam. 10:6,8). El ms hebreo clásico aparentemente tiene dos palabras que indican un sintagma nominal en común. De ahí que las traducciones más modernas digan "hombres de Tob". Un ms de los Rollos del Mar Muerto presenta Is-tob como una sola palabra, un nombre propio; pero los estudiosos modernos de la Biblia por lo general siguen el ms clásico en vez del Rollo del Mar Muerto más antiguo. "Hombre de Tob" también puede hacer referencia al gobernante de Tob. Ver *Tob.*

ISÚA Nombre de persona que significa "él es igual" o "él satisface". Hijo de Aser (Gén. 46:17). No se lo menciona en Núm. 26:44, lo cual llevó a que algunos eruditos pensaran que un escriba duplicó el nombre que sigue, Isúi, con una modificación mínima.

ISÚI Nombre de persona que significa "él es igual", "él satisface" o "él gobierna". Hijo de Aser (Gén. 46:17) y antepasado de los isuitas (Núm. 26:44).

ISUITA Miembro del clan fundado por Isúi (Núm. 26:44). Ver *Isúi.*

ITA-CAZÍN Nombre geográfico que probablemente significa "tiempo del caudillo". Ciudad en el territorio tribal de Zabulón (Jos. 19:13). Se desconoce su emplazamiento.

ITAI Nombre de persona que quizás signifique "conmigo". **1.** Soldado geteo que demostró lealtad a David al acompañarlo en su huída de Jerusalén luego de que se declarara la rebelión impulsada por Absalón (2 Sam. 15:19-22). Geteo significa habitante de Gat. Por lo tanto, este hombre era un filisteo que se había unido al israelita David. Más adelante, compartió el mando del ejército de David con Joab y Abisai (2 Sam. 18:2). **2.** Uno de "los 30" del ejército de David (2 Sam. 23:29) e hijo de Ribai de Gabaa de la tribu de Benjamín. Ver *David.*

ITALIA Península con forma de bota localizada entre Grecia y España que se extiende desde los Alpes en el norte hasta el Mar Mediterráneo en el sur. Su forma larga y delgada contribuyó a la diversidad de etnias y a la abundancia de griegos en la porción sur, lo que le valió el nombre de "Gran Grecia" que le pusieron los habitantes de Roma. En las Guerras Púnicas contra Cartago (264–146 a.C.), la ciudad de Roma extendió su dominio a todo el país y llegó a conquistar todo el Mediterráneo. El Imperio Romano surgió cuando Octavio se convirtió en Augusto César (27 a.C.) luego del asesinato de Julio César y de la desaparición de la República (44 a.C.). Italia se menciona en el NT en Hech. 18:2; 27:1,6 y Hebreos 13:24. *John McRay*

ITAMAR Nombre de persona de significado incierto, tal vez "isla de palmeras" o "donde está Tamar", o forma abreviada de "padre de Tamar (palmeras)". Cuarto hijo del sacerdote Aarón (Ex. 6:23). Después de la muerte de Nadab y Abiú, Itamar y su hermano sobreviviente Eleazar llegaron a tener prominencia. Al parecer Itamar estuvo a cargo de todos los levitas durante los años en el desierto (Ex. 38:21). Moisés se enojó cuando Itamar y su hermano no comieron parte de una ofrenda según había sido ordenado (Lev.

Templo de Serapis en el antiguo puerto de Puteoli, donde desembarcó Pablo en su viaje a Roma.

10:16,17). Además, resulta evidente que la casa de Elí descendía de Itamar. Ver *Aarón; Levitas; Sacerdotes.*

ITIEL Nombre de persona que significa "conmigo está Dios". **1.** Miembro de la tribu de Benjamín en la época de Nehemías luego del retorno del exilio (Neh. 11:7). **2.** Persona a quien está dirigido Prov. 30 según el texto normal en hebreo. Muchos estudiosos de la Biblia colocan espacios entre distintas letras del texto hebreo ya que suponen que hubo un cambio realizado antiguamente por los escribas. De modo que el texto debiera decir: "Cansado estoy, oh Dios; cansado estoy, oh Dios, y débil" (NVI).

ITMA Nombre de persona que significa "huérfano". Soldado moabita del ejército de David (1 Crón. 11:46).

ITNÁN Nombre geográfico que significa "flujo constante". Ciudad en la frontera sur del territorio de la tribu de Judá (Jos. 15:23). Su emplazamiento es desconocido a menos que algunos geógrafos de tierras bíblicas estén en lo cierto al combinar Hazor-itnán en una sola ciudad que pudo haber estado en la actual el-Jebariyeh en el wadi Umm Ethnan.

ITRA Nombre de persona que significa "remanente" o "abundancia". Padre de Amasa, el general que nombró Absalón para reemplazar a Joab, general de David, cuando aquel se sublevó contra su padre (2 Sam. 17:25). La esposa de Itra, Abigail, era tía de Joab. A Itra se lo llama Jeter en algunos antiguos mss en griego y latín, al igual que en 1 Rey. 2:5,32; 1 Crón. 2:17. Un antiguo ms en griego y 1 Crón. 2:17 identifican a Itra (Jeter) como ismaelita en vez de israelita, tal como figura en el texto hebreo de 2 Sam. 17:25. Numerosos eruditos bíblicos piensan que en 2 Samuel debió decir ismaelita ya que sería poco frecuente e innecesario identificar a un israelita.

ITRÁN Nombre de persona que significa "remanente" o "abundancia". **1.** Líder de los horeos que vivió en Edom (Gén. 36:26). **2.** Líder de la tribu de Aser (1 Crón. 7:37). Puede tratarse del mismo que figura como Jeter (1 Crón. 7:38).

ITREAM Nombre de persona que significa "remanente del pueblo". Hijo de David que nació de su esposa Egla, en Hebrón (2 Sam. 3:5).

ITRITA Nombre de familia que significa "de Jeter". Descendientes de Jeter o Jetro (Ex. 4:18) o familia oriunda de Quiriat-jearim (1 Crón. 2:53). Pueden haber sido los heveos (comp. Jos. 9:7, 17). Dos de "los 30" guerreros valientes de David fueron itritas (2 Sam. 23:38).

ITUREA Nombre geográfico que significa "emparentado con Jetur". Región de la que era gobernador Herodes Felipe cuando Juan el Bautista inició su ministerio público (Luc. 3:1). Estaba al noreste de Galilea entre los Montes Líbano y Antilíbano, aunque es imposible determinar los límites precisos. Los itureanos eran de linaje ismaelita y su origen podría remontarse a Jetur, el hijo de Ismael (Gén. 25:15). La primera referencia conocida de los itureanos como pueblo es del siglo II a.C. Pompeyo conquistó el territorio para Roma alrededor del 50 a.C. Finalmente Iturea fue absorbida por otros distritos políticos, y perdió así su identidad hacia fines del siglo I d.C. Ver *Herodes.*

IZHAR Nombre de persona que significa "aceite de oliva" o "él brilla". **1.** Hijo de Coat y nieto de Leví, y por lo tanto antepasado de una familia sacerdotal (Ex. 6:18). Padre de Coré (Núm. 16:1; comp. 1 Crón. 23:18). **2.** El texto en hebreo de 1 Crón. 4:7 (LBLA) menciona a Izhar como miembro de la tribu de Judá. Una nota de un antiguo copista hebreo copiada por traducciones arameas y latinas tradujo Jezoar (RVR1960) y Yezojar (NVI). Ver *Coré.*

IZHARITA Familia de los levitas que descienden de Izhar. Ver *Izhar.*

IZRAÍTA Nombre de una familia en 1 Crón. 27:8 para el que la tradición textual brinda otras variantes por ej. "harodita" (1 Crón. 11:27; 2 Sam. 23:25) y "zeraíta" (mss hebreos). Ver *Harodita.*

IZRI Líder de la familia correspondiente al cuarto turno de músicos del templo (1 Crón. 25:11). Es un probable error de copista al mencionar a Zeri (25:3).

J

Atrio de la Iglesia del Santo Sepulcro en Jerusalén.

J Símbolo de una de las principales fuentes que los eruditos proponen para el Pentateuco. La denominación deriva del nombre personal de Dios: Yahvéh (del alemán, *Jahweh*), que caracteriza a esta fuente. Se cree que se originó en Judá antes que la fuente E (aprox. 900 a.C.). Investigaciones recientes han producido cuestionamientos radicales de esta fuente y teoría, incluso entre los eruditos. Ver *Biblia, Hermenéutica; Pentateuco.*

JAACÁN Nombre de persona que significa "ser veloz". Descendiente de Esaú y por lo tanto antepasado de los edomitas (1 Crón. 1:42; comp. Gén. 36:27; Núm. 33:31,32; Deut. 10:6). Las distintas traducciones transliteran el nombre de manera diferente: Acán, Yacán. El texto hebreo de Gén. 36:27 omite la primera letra del nombre. Ver *Benejaacán.*

JAACOBA Nombre de persona que significa "que Él proteja". Líder de la tribu de Simeón (1 Crón. 4:36).

JAALA Nombre de persona que significa "íbice hembra". Miembro del personal de Salomón cuyos descendientes se unieron a Zorobabel en el retorno del exilio babilónico alrededor del 537 a.C. (Esd. 2:56; Neh. 7:58, que tiene una terminación aramea en lugar de la hebrea del pasaje de Esdras).

JAANI Nombre de persona que significa "que Él me responda". Miembro de la tribu de Gad (1 Crón. 5:12).

JAARE-OREGIM Ver *Jair.*

JAASAÍ Nombre de persona que significa "su producto", una variante en la escritura de Jaasiel, que los primeros escribas hebreos observaron que debía pronunciarse de manera distinta al texto hebreo impreso. Israelita que, bajo el liderazgo de Esdras, accedió a divorciarse de su esposa extranjera para asegurar la pureza religiosa de la nación (Esd. 10:37).

JAASIEL Nombre de persona que significa "Dios hace o actúa". **1.** Líder de la tribu de Benjamín durante el reinado de David, se supone que a cargo del censo de su tribu cuando David ordenó censar al pueblo (1 Crón. 27:21). Su padre Abner puede haber sido el general de Saúl que se convirtió en general de David. **2.** Héroe del ejército durante el reinado de David, oriundo de Soba (1 Crón. 11:47). La NVI translitera el nombre "Jasiel". Ver *Mesobaíta.*

JAAZANÍAS Nombre de persona que significa "Yahvéh escucha". **1.** Integrante del partido liderado por Ismael que se opuso a Gedalías después que los babilonios lo convirtieron en gobernador de Judá en el 587 a.C. Pudo haber integrado el grupo de Ismael que asesinó a Gedalías (2 Rey. 25:23-25). Un anillo de sellar hallado en Tell en-Nasbeh y fechado en la misma época tiene una imagen de un gallo de riña. La inscripción del sello muestra que perteneció a Jaazanías, sirviente del rey. Es probable que se trate de la misma persona y esto indica que era parte del personal del rey, quizás como capitán del ejército. En Jer. 40:8 este nombre se escribe con una ligera diferencia. Ver *Jezanías.* **2.** Uno de los ancianos de Israel a quien Ezequiel encontró mientras adoraba ídolos en el templo (Ezeq. 8:11). Su padre Safán pudo haber sido consejero de Josías (2 Rey. 22). Si lo fue, el hijo no imitó la fidelidad de su padre. **3.** Oficial de gobierno a quien Ezequiel acusó junto a sus compañeros de dar consejo malvado. Su nombre en hebreo es una forma abreviada de Jaazanías. **4.** El mismo nombre hebreo abreviado perteneció a un recabita a quien Jeremías usó como ejemplo de fiel obediencia a Dios (Jer. 35:3). Ver *Recabitas.*

JAAZÍAS Sacerdote levita de la época de David (1 Crón. 24:26). Su nombre significa "Yahvéh nutre".

JAAZIEL Variante de Jaazías que significa "Dios nutre". Levita y músico del templo (1 Crón. 15:18) que se menciona con una variante en la escritura hebrea en 15:20 como uno que tocaba el salterio (RVR1960) o el arpa (NVI, LBLA). Ver *Aziel.*

JABAL Nombre de persona que significa "arroyo". Hijo de Lamec y Ada (Gén. 4:20). Este descendiente de Caín fue el primer nómada y el progenitor de quienes vivían en tiendas y eran pastores.

JABALINA Lanza liviana. Ver *Armas y armaduras; Caballos; Carros.*

JABES Nombre de persona y de lugar con connotación de dolor, sufrimiento y tristeza. **1.** Hogar de escribas; se desconoce su ubicación (1 Crón. 2:55). **2.** Israelita que pidió bendición a Dios y la recibió (1 Crón. 4:9,10). Ejemplifica el poder de la oración.

JABES-GALAAD, JABES DE GALAAD Nombre geográfico que significa "seco, escarpado" o "lugar seco de Galaad". Ciudad cuyos habitantes, con excepción de 400 vírgenes, fueron asesinados por un ejército israelita (Jue. 21:8-12). Las 400 mujeres que no fueron eliminadas se convirtieron en esposas de los benjamitas. Aunque no se sabe con certeza, Jabes de Galaad pudo estar ubicada al este del Río Jordán a unos 32 km (20 millas) al sur del Mar de Galilea. La historia ilustra las medidas drásticas que se tomaron para mantener la unidad de las 12 tribus de Israel.

Jabes de Galaad ocupa un lugar prominente en la historia de Saúl. Cuando él rescató a los habitantes de Jabes de Galaad de manos del amonita Nahas, se inició eficazmente la monarquía en Israel (1 Sam. 11:1-11). Más tarde, los hombres de Jabes de Galaad demostraron gran consideración hacia Saúl al retirar el cuerpo del rey y de sus hijos de los muros de Bet-seán (1 Sam. 31:11-13). David expresó su agradecimiento por la valiente acción (2 Sam. 2:4-7) y con el tiempo llevó de Jabes de Galaad los huesos de Saúl (2 Sam. 21:12).

JABÍN Nombre de persona que significa "él comprende". **1.** Líder de la coalición norte de reyes que atacaron a Josué en las aguas de Merom y murieron (Jos. 11:1-11). El rey de Hazor que dominó a los israelitas cuando se alejaron de Dios luego de la muerte de Aod (Jue. 4:1,2). El escritor bíblico lo llama "rey de Canaán", título que representaba su gran poder en la parte norte del país, pero que los reyes cananeos de las demás ciudades-estado habrán refutado ya que en aquella época Canaán carecía de unidad política. Jabín no participó en la historia de Jueces 4. Lo representa su general Sísara y es asesinado, lo cual provoca pérdida de poder para Jabín. **2.** Muchos eruditos sostienen que una dinastía de reyes en Hazor tuvieron el nombre Jabín. Algunos llegan a identificarlo con Ibni-Adad, que aparece en documentos de Mari en el Cercano Oriente.

JABNEEL Nombre geográfico que significa "Dios construye". **1.** Ciudad que demarca la frontera noroeste del territorio tribal de Judá en tierra de los filisteos (Jos. 15:11); la actual Yibna. Uzías tomó la ciudad de mano de los filisteos (2 Crón. 26:6). Más tarde se la denominó Jabnia y se convirtió en centro judío de escribas/copistas. Ver *Biblia, Formación y canon.* **2.** Ciudad del territorio tribal de Neftalí (Jos. 19:33); la actual Tell em-Naam o Khirbet Yemma, al oeste-suroeste del Mar de Galilea y al noreste del Monte Tabor.

JABOC Nombre geográfico que significa "que fluye". Río cerca del cual Jacob luchó toda la noche con Dios (Gén. 32:22). El nombre actual es Nahr ez-Zerqa. Es afluente del Jordán por la margen este, aprox. 25 km (15 millas) al norte del Mar Muerto. En los tiempos bíblicos varios tramos de su recorrido de casi 80 km (50 millas) fueron el límite oeste de Amón, la frontera entre los reinos de Sehón y Og, y la división dentro del territorio de Galaad. La existencia de numerosos tells indica que en la antigüedad habitó una densa población en el Valle de Jaboc. Ver *Jacob.*

JABÓN Limpiador que se hacía mezclando aceite de oliva y álcali; este último se obtenía al quemar ciertas plantas productoras de sal. Se empleaba para lavar el cuerpo (Jer. 2:22) y la ropa (Mal. 3:2). Las escasas referencias al jabón tal vez se deban a que la gente del Cercano Oriente utiliza aceite para

Vista panorámica del Río Jaboc.

limpiar el cuerpo y golpean la ropa mojada sobre rocas para limpiarla. Ver *Lavador*.

JACÁN Nombre de persona de significado desconocido. Miembro de la tribu de Gad (1 Crón. 5:13).

JACINTO En la antigüedad, piedra semipreciosa de color anaranjado. A veces se lo identifica con el zafiro (Apoc. 9:17), otras con el zircón (una gema entre marrón y gris), y otras con la esonita (granate entre amarillo y marrón). Una de las piedras en el pectoral del sumo sacerdote (Ex. 28:19), y la piedra del undécimo cimiento de la Nueva Jerusalén (Apoc. 21:20). Ver *Minerales y metales*.

JACOB Nombre de persona que surge del sustantivo hebreo correspondiente a "talón" y significa "él toma el talón" o "él engaña, suplanta" (Gén. 25:26; 27:36). Antepasado inicial de la nación de Israel y padre de los doce patriarcas de las doce tribus (Gén. 25:1–Ex. 1:5). Hijo de Isaac y de Rebeca, hermano menor mellizo de Esaú y esposo de Lea y de Raquel (Gén. 25:21-26; 29:21-30). Dios le cambió el nombre por "Israel" (Gén. 32:28; 49:2).

Hay textos de Ugarit y Asiria que mencionan a personas no israelitas de nombre Jacob. Con frecuencia el nombre está asociado a uno de sus dioses, y se convierte en Jacob-el o Jacob-baal. De esa manera es probable que signifique "que Él proteja". El AT reconoce a un solo Jacob. A nadie más se le puso el nombre del patriarca.

En el período entre el AT y el NT, otros judíos recibieron el nombre Jacob; el único ejemplo en el NT es el padre de José y, por consiguiente, abuelo terrenal de Jesús (Mat. 1:16). Jacob permanece como firme testigo de que el Dios creador de toda la raza humana también obró en la historia de Israel, y llamó a los patriarcas a un destino que Él cumpliría aun cuando ellos no lo merecían.

Jacob en Génesis La historia de Jacob ocupa la mitad del libro de Génesis. Fiel a su nombre, negoció para obtener la primogenitura de Esaú. El favoritismo paterno fomentó hostilidad continua entre Esaú, cazador bienamado del padre, y Jacob, el hijo tranquilo, estable y equilibrado a quien favorecía la madre. Las tensiones parecían amenazar el cumplimiento de la promesa divina.

La indolencia de Esaú hizo que este perdiera la primogenitura y permitió que Jacob tuviera supremacía material. Sin embargo, Isaac deseaba ofrecer la bendición de la primogenitura a Esaú. El oráculo que Rebeca había recibido (Gén. 25:23) quizás la animó a contradecir la voluntad de Isaac y conseguir de manera fraudulenta la bendición para su hijo preferido. Además de convertirlo en heredero, esa bendición parece haberle otorgado la categoría de ser cabeza de la familia. A burdas mentiras y engaño, Jacob añadió blasfemia porque usó el nombre de Dios para reforzar su argumento: "Porque Jehová tu Dios hizo que la encontrase delante de mí" (27:20). La ceguera del padre hizo más patética la situación. Así fue que el padre ciego pronunció la bendición que ya no podría retirar. Jacob se convirtió en portador de la promesa divina y heredero de Canaán. Esaú también recibió una bendición, pero menor. Debía servir a Jacob y habitar en la tierra menos fértil de Edom, pero le llegaría su hora (27:40). La separación entre los hermanos se hizo permanente. Rebeca tuvo que hacer arreglos para que Jacob huyera a la tierra de su familia en Padan-aram y escapara de la ira de Esaú (27:41–28:5). Ver *Primogenitura*.

A los 40 años, huyó de su hogar para comenzar una vida solo. De pronto, una noche solitaria en Bet-el interrumpida por una visión de Dios, lo llevó a la realidad. La vida le depararía lucha con Dios y responsabilidad como heredero de las promesas divinas a Abraham (28:10-22). Jacob hizo un juramento consagrándose a Dios. Y esto es el centro de la historia de Jacob; todo lo demás debe interpretarse a la luz de la experiencia en Bet-el.

En Harán, con la familia de su madre, Jacob el engañador, probó lo que es ser engañado. Labán le hizo trampas para que se casara con la pobre Lea, la hermana mayor, antes de obtener a su amada Raquel, la menor. Trabajó 14 años por sus esposas (29:1-30). Seis años más de trabajo le permitió a Jacob devolver el engaño y obtener riqueza a expensas de su suegro, quien continuó engañándolo pues le cambió 10 veces el salario (31:7,41). En medio de la pelea familiar, ambos hombres prosperaron económicamente y la familia de Jacob creció. Llegó a tener doce hijos de cuatro mujeres (29:31–30:24).

Cuando Jacob le dijo a Labán que deseaba seguir el llamado de Dios y regresar a su tierra natal comenzó una intensa negociación. Con el respaldo de sus esposas, que reclamaban a su padre que las había engañado con la dote (31:15), Jacob partió mientras Labán y sus hijos estaban en las sierras trasquilando las ovejas. Como partieron con dos días de diferencia, Labán y sus hijos recién alcanzaron a Jacob en Galaad, a 650 km (400 millas) de Harán.

Labán se quejó de no haber tenido oportunidad de despedir a sus hijas con la fiesta acostumbrada,

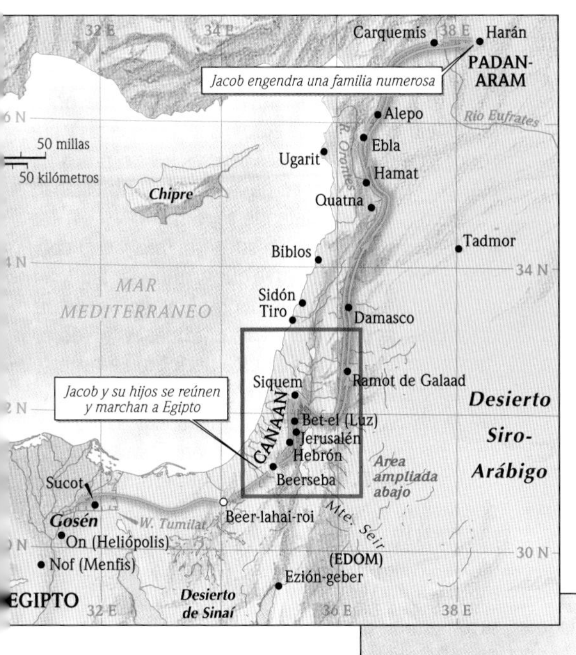

VIAJES DE JACOB

- Ciudad
- Ciudad (ubicación incierta)
- Viajes de Jacob
- Los hijos de Jacob buscan pastos
- Viaje de Esaú

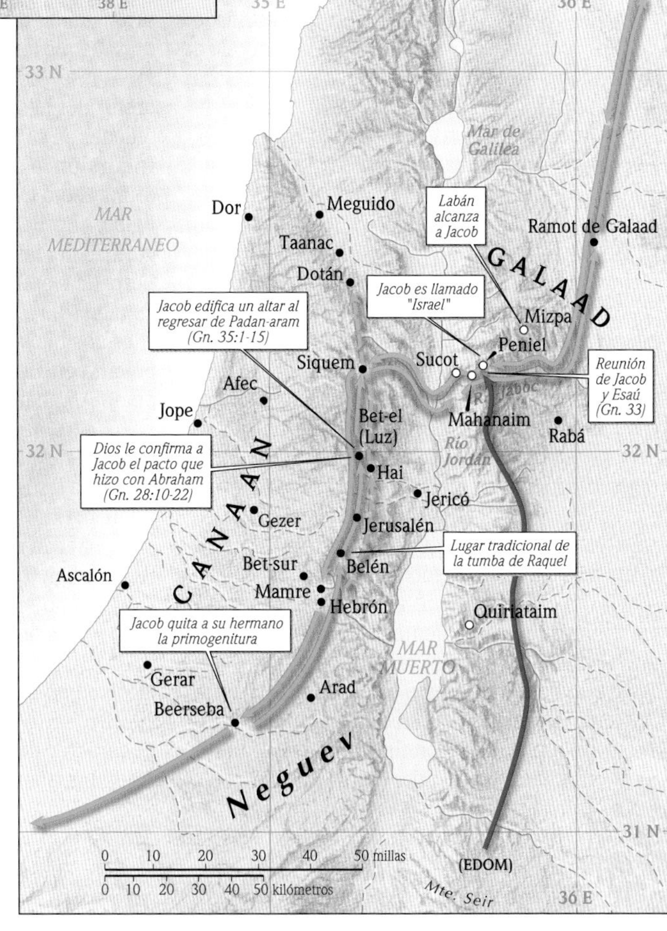

pero lo que más le importaba era recuperar los ídolos que le habían sido robados (31:30,32). Eran pequeñas imágenes de dioses, de metal o terracota (ver *Terafines*). Según él creía, sin esas imágenes la familia perdería la protección mágica que le daban los dioses contra demonios y desastres. Como no se pudo hallar falta alguna en la conducta de Jacob en Harán, lo único que Labán pudo hacer fue sugerir un pacto de amistad, y dispuso las condiciones: 1) no maltratar nunca a sus hijas, 2) no casarse con ninguna otra mujer, 3) establecer el sitio del pacto como límite que ninguno cruzaría con malas intenciones. Ahora Jacob era cabeza de su propia casa. Ya estaba listo para escalar a un plano superior de experiencia espiritual.

Cuando el patriarca se iba acercando a la tierra prometida, un grupo de ángeles le salieron al encuentro en Mahanaim (32:1,2). Quizás simbolizaban la protección y el aliento divino al dirigirse hacia el sur y encontrarse con Esaú luego de 20 años. El avance de este, en apariencia hostil, provocó que Jacob pidiera clara evidencia del cuidado de Dios. Con astucia, Jacob envió un gran regalo a su hermano y dividió a su comitiva en dos. Cada grupo era bastante numeroso como para defenderse o escapar mientras el otro grupo era atacado. Al plan, Jacob sumó la oración. Se dio cuenta de que en última instancia la cuestión debía resolverla con Dios mismo. Cuando todos hubieron cruzado el Río Jaboc, Jacob se encontró con un Ser que luchó con él hasta el amanecer (cap. 32). Ambos lucharon sin que ninguno prevaleciera, hasta que el oponente le dislocó la cadera a Jacob y este se negó a dejarlo ir, y colgándose de él, le exigió que lo bendijera. Esto no sucedería hasta que Jacob pronunciara su propio nombre. Al decirlo, reconoció su derrota y su carácter. El oponente enfatizó Su superioridad dándole un nuevo nombre, Israel, aquel por quien Dios lucha. Jacob llamó aquel lugar Peniel (rostro de Dios) porque había visto a Dios cara a cara y este le había perdonado la vida (32:30).

El temor de Jacob de encontrarse con Esaú era infundado. Aparentemente, Esaú estaba dispuesto a olvidar los errores del pasado y acercarse a su hermano. Como es poco probable que dos temperamentos opuestos vivan mucho tiempo en armonía, Jacob prefirió dirigirse al oeste rumbo a la tierra prometida. Esaú se dirigió a Seir y se convirtió en padre de los edomitas. Los mellizos no volvieron a verse hasta la muerte de su padre (35:27-29).

Jacob viajó desde Sucot a Siquem, donde edificó un altar a Dios. El hijo del gobernante violó a Dina, la hija de Jacob. Los hijos de Jacob entonces exigieron que los siquemitas se circuncidaran antes de permitirles casarse con las mujeres del clan familiar. Los residentes más importantes obedecieron al rey con la esperanza de apropiarse de riquezas y posesiones de los hebreos. Mientras los hombres de Siquem se recuperaban de la cirugía y no estaban en condiciones de defenderse, Simeón y Leví los asesinaron para vengar a su hermana. Jacob condenó su accionar pero tuvo que abandonar Siquem.

De allí regresó a Bet-el, donde volvió a recibir promesas patriarcales. Las pérdidas y el dolor fueron características de este período. La muerte de la nodriza de su madre (35:8; 24:59) fue seguida por la muerte de su amada esposa Raquel cuando dio a luz a Benjamín en Efrata (35:19; 48:7). Al mismo tiempo, Rubén perdió el honor de la primogenitura por su inmoralidad sexual (35:22). Por último, la muerte de Isaac, quien se había visto privado de la compañía de sus dos hijos, reunió a Jacob y a Esaú en el sitio de sepultura familiar en Hebrón.

Aunque los capítulos 37–50 de Génesis traten sobre José, Jacob sigue dominando la escena. Los obstinados hijos mayores van y vienen cumpliendo órdenes de su padre.

Incursión a Egipto Cuando una severa hambruna azotó Canaán, Jacob y sus hijos partieron a Egipto. En Beerseba, Jacob recibió renovada seguridad del favor de Dios (46:1-4), y habitó en la tierra de Gosén hasta su muerte. Le dio su bendición no solo a José, su hijo favorito, sino también a los dos hijos de este: Efraín y Manasés. Fue sepultado en Hebrón, en la cueva que había comprado Abraham (50:12-14).

Cuatro pasajes del NT mencionan acontecimientos de su vida. La mujer del pozo de Sicar declaró a Jesús que Jacob les había dado ese pozo (Juan 4:12). Durante su defensa ante el Sanedrín, Esteban mencionó la hambruna y el viaje de Jacob a Egipto (Hech. 7:8-16). Pablo presentó a Jacob como ejemplo de la elección soberana de Dios y de la predestinación de los elegidos (Rom. 9:10-13). El escritor de Hebreos mencionó a Jacob como ejemplo de fe en acción (Heb. 11:9, 20-22).

El carácter de Jacob A lo largo de la narración se vislumbra una fe persistente en el Dios de sus padres. Su vida es una historia llena de conflictos. Él siempre parecía estar huyendo de alguien o de algo: de Esaú, de Labán o del hambre en Canaán. Su vida, como la de todos los israelitas, fue una historia accidentada de rebelión y lucha.

Jacob no es un modelo ideal. Él luchaba contra su naturaleza pecadora. Lo que elevó a Jacob fue su ansia reverente e indestructible por obtener salvación de su Dios.

La religión de Jacob Como la religión de Israel y, por lo tanto, las raíces del cristianismo declaran provenir de los patriarcas, es necesario comprender la vida espiritual de Jacob. Ver *Dios de los padres*.

La religión de Jacob era coherente con las creencias y prácticas de sus padres. Él había sido instruido por Isaac acerca de la historia de Abraham, del pacto y las grandes promesas. En el momento de mayor necesidad en su vida, Jacob tuvo un encuentro con Dios en Bet-el. Él huía de su hogar hacia la tierra de lejanos parientes desconocidos. Una religión de segunda mano no le hubiera servido. El sueño que tuvo Jacob fue su encuentro de primera mano con Dios. Recibió en forma personal la triple promesa de tierra, descendientes y bendición a todas las naciones. En la visión, Jacob vio la majestad y la gloria divina. En Bet-el, Jacob adoró a Dios e hizo votos de que Yahvéh sería su Dios.

En Peniel, Jacob luchó cara a cara con Dios y comprobó lo débil que era ante Él. Allí aprendió el valor de orar en todo tiempo cuando uno se siente indefenso. Partió de Peniel con el deseo de que su vida estuviera bajo el control de Dios. Se fue herido pero victorioso. Dios le dio un cuerpo lisiado pero una fe fortalecida. El que se marchó cojeando para encontrarse con Esaú era un nuevo Jacob (Israel). Había aprendido obediencia por medio de sufrimiento.

Importancia teológica Dios no escogió a Jacob por lo que era sino por lo que podía llegar a ser. Su vida es una larga historia de disciplina, castigo y purificación por medio del sufrimiento. Ni uno solo de sus delitos quedó impune. Sembró engaño y cosechó eso mismo, primero por parte de Labán y luego de sus propios hijos.

La historia de Jacob es una historia de conflictos que comienzan incluso antes de su nacimiento (Gén. 25:22,23). Sin embargo, en medio de las luchas humanas por cuestiones de parentesco y de fortuna, Dios obraba protegiendo y prosperando a Su bendecido.

Con los demás patriarcas Dios actuó de manera directa, pero con Jacob a veces parecía alejarse. Sin embargo, eso no significa que no estuviera obrando. Lo hacía por medio de situaciones desagradables y de personas indignas. Aunque parecía oculta, la mano de Dios guiaba a Jacob aun en medio de la maraña de conflictos y tragedias. *Gary D. Baldwin*

Sitio tradicional del Pozo de Jacob en la ciudad de Sicar.

JACOB, POZO DE Lugar en Samaria donde Jesús se detuvo a descansar en Su viaje de Judea a Galilea (Juan 4:6). Allí se encontró y conversó con una mujer samaritana sobre el tema del agua viva. El AT no menciona el pozo. Estaba cerca de la ciudad samaritana de Sicar, y el sitio que hoy se considera lugar del encuentro de Jesús y la samaritana es por cierto un antiguo pozo, y en general, se acepta como lugar al que se alude en Juan. Ver *Jacob; Sicar.*

JACOBO Forma de Jacob y nombre de cuatro hombres del NT. Ver *Jacob.* **1.** Jacobo, hijo de Zebedeo y hermano de Juan (Mat. 4:21; 10:2; Mar. 1:19; 3:17; Luc. 5:10). Como uno de los doce discípulos (Hech. 1:13), junto con Pedro y Juan formaron el círculo más íntimo de amigos de Jesús. Los tres estuvieron presentes cuando Jesús resucitó a la hija de Jairo (Mar. 5:37; Luc. 8:51), presenciaron la transfiguración (Mat. 17:1; Mar. 9:2; Luc. 9:28) y fueron a quienes Cristo pidió que lo acompañaran durante Su agonía en Getsemaní (Mat. 26:36,37; Mar. 14:32-34).

Tal vez debido al ardiente fanatismo de Jacobo y de Juan, que se puso en evidencia cuando quisieron pedir fuego del cielo para la aldea samaritana que se negó a recibir a Jesús y a los discípulos (Luc. 9:52-54), Jesús llamó a estos hermanos "Boanerges" o "hijos del trueno" (Mar. 3:17). El celo de Jacobo se reveló de manera egoísta cuando él y Juan (su madre intercedió por ellos, Mat. 20:20,21) buscaron obtener lugares especiales cuando Cristo viniera en gloria (Mar. 10:35-40). Sin embargo, solo recibieron la promesa de participar en los sufrimientos de Cristo. Jacobo fue el primero de los doce que murió como mártir (Hech. 12:2). Su ejecución (alrededor del 44 d.C.) por órdenes del rey Herodes Agripa I de Judea, fue parte de una gran persecución en la que Pedro fue arrestado (Hech. 12:1-3).
2. Jacobo, hijo de Alfeo, uno de los doce discípulos (Mat. 10:3; Mar. 3:18; Luc. 6:15; Hech. 1:13). No se lo identifica por nombre en ninguna ocasión en los Evangelios ni en los Hechos. Quizás fuera "Jacobo el menor", cuya madre María estaba entre las mujeres junto a la cruz de Jesús y con las que fue a la tumba (Mat. 27:56; Mar. 15:40; 16:1; Luc. 24:10). En Juan 19:25 se dice que esta María era esposa de Cleofas, quien quizás se pueda identificar con Alfeo. Ver *María.*
3. Jacobo, el hermano de Jesús. Los eruditos bíblicos debaten sobre el significado preciso de "hermano del Señor" (Gál. 1:19). Las posibilidades son que sea un hermano en el sentido literal o hermanastro, un primo o un amigo o compañero cercano. Se prefiere el sentido literal.

Durante el ministerio del Señor, los hermanos de Jesús (Mat. 13:55; Mar. 6:3; 1 Cor. 9:5) no eran creyentes (Juan 7:3-5; comp. Mat. 12:46-50; Mar. 3:31-35; Luc. 8:19-21). Pablo menciona de manera específica una aparición de Jesús resucitado a Jacobo (1 Cor. 15:7). Luego de la resurrección y la ascensión, se dice que los hermanos estaban con los doce y los demás creyentes en Jerusalén (Hech. 1:14).

Pablo, que buscó a Pedro en Jerusalén luego de su conversión, informó: "No vi a ningún otro de los apóstoles, sino a Jacobo el hermano del Señor" (Gál. 1:19). A su tiempo, Jacobo asumió el liderazgo de la iglesia de Jerusalén, después de Pedro. Es evidente que esto no se logró por la fuerza sino por la constancia de Jacobo para con la iglesia mientras Pedro y los demás apóstoles viajaban. Como vocero de la iglesia de Jerusalén, presidió el concilio apostólico sobre la misión de Pablo a los gentiles (Hech. 15). Ver *Concilio apostólico.*

Además entendió que su llamado fue a los "circuncisos", es decir a los judíos (Gál. 2:9), y se lo describe como leal a la tradición judía. Sin embargo, no estaba dispuesto a que la ley fuera normativa para todos los que respondieran a la nueva acción de Dios en Cristo. Se dice que la muerte de Jacobo fue por orden del sumo sacerdote Ananus, y que fue por lapidación (según Flavio-Josefo, historiador judío del siglo I) o que fue arrojado desde la torre del templo (según Hegesippus, escritor cristiano primitivo, citado por el historiador cristiano Eusebio en el siglo III). Estos relatos de la muerte de Jacobo (alrededor del 66 d.C.) no se confirman en el NT. Ver *Santiago, Epístola de.*
4. Jacobo el hermano del apóstol Judas (Luc. 6:16; Hech. 1:13, donde los nombres de Judas y Jacobo en el original griego están unidos por el genitivo, que expresa "Judas de Jacobo", y se puede traducir "hijo" o "hermano" de Jacobo.

Joseph E. Glaze

JADA Nombre de persona que significa "él conoció". Nieto de Jerameel (1 Crón. 2:28,32).

JADAU Nombre de un exiliado que regresó con una esposa extranjera (Esd. 10:43).

JADE Ver *Joyas, alhajas; Minerales y metales.*

JADÓN Nombre de persona abreviado que significa "Jah gobierna" o "ser débil". Hombre de Meronot, cerca de Gabaón, que ayudó a Nehemías a reparar la muralla de Jerusalén (Neh. 3:7).

JADÚA Nombre de persona que significa "bien conocido". **1.** Levita que colocó su sello en el pacto de Nehemías (Neh. 10:21). **2.** Sumo sacerdote, quizás a fines del período persa, cuando Alejandro Magno atacó Jerusalén alrededor del 333 a.C. (Neh. 12:11,22).

JAEL Nombre de persona que significa "cabra montés". Esposa de un ceneo (Jue. 4:17). Recibió al líder cananeo Sísara cuando este huía luego de ser derrotado por los israelitas que estaban al mando de Débora y Barac. Jael asesinó a Sísara, acción que se celebra en el cántico de Débora (Jue. 5:24-27). Ver *Débora.*

JAFET Nombre de persona que significa "que él tenga espacio". Uno de los tres hijos de Noé, el menor o el penúltimo (Gén. 5:32). Génesis 10:2 menciona a los hijos de Jafet: Gomer, Magog, Madai, Javán, Tubal, Mesec y Tiras. Uno de los titanes de la mitología griega tenía un nombre parecido. Estos nombres indican que Jafet fue progenitor de los indoeuropeos que vivieron más alejados de Israel hacia el norte y el oeste. En Gén. 9:27 Dios pronuncia una bendición sobre él y sus descendientes que incluye vivir con Sem, habitar en la tierra prometida, ser servido por los cananeos, y por consiguiente ocupar su puesto como pueblo de Dios. Es una indicación temprana de que los no israelitas disfrutarían de las bendiciones del pueblo de Dios. Ver *Noé; Tabla de las Naciones.*

JAFÍA Nombre geográfico y de persona que significa "lugar situado en lo alto" o "que Él provea luz brillante". **1.** Pueblo fronterizo del territorio tribal de Zabulón (Jos. 19:12). En las cartas de Amarna, el faraón egipcio exigió que la ciudad proveyera obreros luego de que Labayu de Siquem destruyera Sunem. Es la actual Yafa al suroeste de Nazaret. **2.** Rey de Laquis que se unió a la coalición del sur contra Josué y murió en la cueva de Maceda (Jos. 10:1-27, 31,32). **3.** Hijo de David nacido en Jerusalén de una esposa cuyo nombre no se menciona (2 Sam. 5:15).

JAFLET Nombre de persona que significa "Él rescata". Miembro de la tribu de Aser (1 Crón. 7:32,33).

JAFLETITA Nombre geográfico según versiones antiguas y también nombre de una tribu en traducciones modernas (Jos. 16:3). El territorio de su clan estaba en el límite entre Efraín y Benjamín, aunque el clan al parecer perteneció a Aser. Ver *Jaflet.*

JAGUR Nombre geográfico que significa "columna de piedras". Poblado en el límite sureste del territorio tribal de Judá (Jos. 15:21). Se desconoce la ubicación exacta.

JAH Forma abreviada de *Yahvéh*, el nombre hebreo para el Dios del pacto. Ver *Dios; Jehová; Señor; YHWH; Yo Soy.*

JAHAT Nombre de persona de significado desconocido, tal vez "Dios sostendrá". **1.** Miembro del clan de los zoratitas en la tribu de Judá (1 Crón. 4:2). **2.** Bisnieto de Leví (1 Crón. 6:20; comp. v.43). **3.** Líder de los levitas en la época de David (1 Crón. 23:10-11). **4.** Levita descendiente de Eliezer, del clan de Izhar (1 Crón. 24:22). **5.** Levita que supervisó la reparación del templo durante el reinado de Josías (2 Crón. 34:12).

JAHAZA (Jos. 21:36; Jer. 48:21) Nombre geográfico moabita que tal vez signifique "terreno". Lugar donde Israel venció al rey Sehón durante la travesía del desierto a la tierra prometida (Núm. 21:23,24; Deut. 2:32,33; Jue. 11:20,21). La profecía de Isaías contra Moab describió que la aislada ciudad de Jahaza escuchaba gritos y lamentos de Hesbón y Eleale (Isa. 15:4). Jeremías pronunció una advertencia parecida (48:34; comp. v.21). Pasó a ser parte del territorio tribal de Rubén (Jos. 13:18) y ciudad de los levitas (Jos. 21:36, comp. 1 Crón. 6:78). En la Piedra Moabita, el rey Mesa de Moab declara que un rey israelita (quizás Jehú) edificó Jahaza y la usó como base de operaciones en la infructuosa lucha contra Mesa y Quemos, el dios moabita que estaba expulsando a los israelitas. Luego Mesa anexó la ciudad a Dibón. Se han sugerido diversas ubicaciones; las más conocidas son: Libb, 10 km (6 millas) al norte de Dibón; Aleiyán; Khirbet el-Medeiyineh y Khirbet Iskander, 6 km (4 millas) al norte de Dibón.

JAHAZÍAS Nombre de persona que significa "Yahvéh miró". Persona que se opuso al plan de Esdras de solicitar el divorcio de los matrimonios mixtos (Esd. 10:15).

JAHAZIEL Nombre de persona que significa "Yahvéh mira". **1.** Héroe militar benjamita que apoyó a David contra Saúl, también de la tribu de Benjamín (1 Crón. 12:4). **2.** Sacerdote designado por David para tocar la trompeta delante del arca (1 Crón. 16:6). **3.** Levita del clan de Hebrón (1 Crón. 23:19; 24:23). **4.** Levita e hijo de Asaf que recibió el Espíritu del Señor y profetizó victoria para Josafat y su pueblo (2 Crón. 20:14-19). **5.** Líder de clan que con Esdras condujo a 300 hombres exiliados de regreso a Jerusalén (Esd. 8:5).

JAHDAI Nombre de persona que significa "Jah lidera". Descendiente de Caleb (1 Crón. 2:47).

JAHDIEL Nombre de persona que significa "Dios se regocija". Héroe militar y líder de la tribu oriental de Manasés (1 Crón. 5:24).

JAHDO Nombre de persona que significa "su regocijo". Miembro de la tribu de Gad (1 Crón. 5:14).

JAHLEEL Nombre de persona que significa "Dios se manifiesta amistoso" o "él espera en Dios". Hijo de Zabulón y nieto de Jacob (Gén. 46:14) que se convirtió en líder de clan de la tribu de Zabulón (Núm. 26:26).

JAHLEELITA Clan de la tribu de Zabulón (Núm. 26:26).

JAHMAI Nombre de persona que significa "Él me protege". Nieto de Isacar, bisnieto de Jacob y líder de clan de la tribu de Isacar (1 Crón. 7:2).

JAHZEEL Nombre de persona que significa "Dios reparte". Hijo de Neftalí, nieto de Jacob y líder de clan de la tribu de Neftalí (Gén. 46:24; Núm. 26:48).

JAHZEELITA Clan de la tribu de Neftalí (Núm. 26:48).

JAIR Nombre geográfico abreviado que significa "Jah resplandece". **1.** Hijo de Manasés que tomó posesión de varias aldeas de Galaad (Núm. 32:41). Ver *Manasés.* **2.** Galaadita que juzgó a Israel durante 22 años (Jue. 10:3-5). Fue uno de los llamados jueces menores. Probablemente su función fue más judicial que militar. Se lo describe como padre de 30 hijos y gobernante de 30 ciudades. A su muerte fue sepultado en Camón. Ver *Jueces.* **3.** Benjamita antepasado de Mardoqueo, tutor de Ester (Est. 2:5). **4.** Nombre que proviene de una palabra hebrea diferente, que probablemente signifique "Jah protege". Su nombre es Jaare-oregim en 2 Sam. 21:19. Padre de Elhanán de Belén (1 Crón. 20:5) que asesinó al hermano de Goliat. Se lo identifica como tejedor (nota en NVI). Esto se basa en parte en 2 Sam. 23:24, donde se identifica a un Elhanán de Belén como hijo de Dodo. Jair puede ser una forma abreviada de Quiriat-jearim. Ver *Elhanán; Quiriat-jearim.*

JAIREO Miembro del clan de Jair, quizás de Havot-jair, aunque también puede ser de Quiriat-jearim (2 Sam. 20:26). Ver *Jair.*

JAIRO Forma griega del nombre de persona hebreo "Jair" que significa "Jah iluminará". Funcionario de la sinagoga que acudió a Jesús para pedirle que sanara a su hija de doce años (Mar. 5:22). Antes de que Jesús llegara a la casa de Jairo, la niña murió. Jesús lo tranquilizó e ingresó a la casa con Pedro, Jacobo y Juan. Tomó a la niña de la mano y le devolvió la vida, y así mostró Su poder sobre la muerte.

JALAM Nombre de persona que significa "su íbice o cabra montés" o "él está oculto u oscuro", hijo de Esaú y nieto de Isaac (Gén. 36:5), líder de clan entre los edomitas (Gén. 36:18).

JALÓN Nombre de persona de significado incierto. Miembro de la tribu de Judá e hijo de Esdras (1 Crón. 4:17). Se desconoce información adicional.

JAMBRES Ver *Janes y Jambres.*

JAMÍN Nombre de persona que significa "a la derecha" o "buena suerte". **1.** Hijo de Simeón y nieto de Jacob, líder de clan de la tribu de Simeón (Ex. 6:15; Núm. 26:12). **2.** Nieto de Jerameel (1 Crón. 2:27). **3.** Levita que interpretaba la ley para el pueblo mientras Esdras la leía (Neh. 8:7). **4.** Parte del nombre "Benjamín", que significa "mano derecha".

JAMINITA Miembro de clan cuya cabeza era Jamín. Ver *Jamín.*

JAMLEC Nombre de persona que significa "que Él lo haga rey". Miembro de la tribu de Simeón (1 Crón. 4:34).

JANA Nombre de persona de significado incierto. Antepasado de Jesús y cabeza de la lista final de siete nombres anteriores a Jesús (Luc. 3:24).

JANES Y JAMBRES Dos opositores de Moisés y Aarón (2 Tim. 3:8). Aunque los nombres no aparecen en el AT, la tradición rabínica los identificó como dos magos egipcios que pretendieron repetir para Faraón los milagros realizados por Moisés (Ex. 7:11). El Documento de Damasco de la secta Qumrán los describe como hermanos criados por Belial, el maligno. Eusebio de Cesarea los describió como escribas sagrados de Egipto. La tradición judía los menciona varias veces, pero ellos no lograron igualar el poder de Dios manifestado por medio de Moisés.

JANOA Nombre geográfico que significa "él reposa". **1.** Ciudad en el territorio tribal de Efraín (Jos. 16:6,7). Es probable que sea la actual Khirbet Janun, aprox. 11 km (7 millas) al sur de Nablus. **2.** Ciudad en el norte de Israel a la que Tiglat-pileser, rey de Asiria (744–727 a.C.), tomó de manos de Peka, rey de Israel (752–732 a.C.), alrededor del 733 a.C. Su ubicación es incierta y las posibilidades son: Khirbet Janun; Janua (a 9,5 km [6 millas] al sur de Meguido) y Janoa (a 14 km [9 millas] al este de Aco). Recientemente estudiosos procuraron establecer un patrón militar en su informe y ubicaron a Janoa en Khirbet Niha, al sur de Kefar Giladi en el camino sur desde Abel-bet-maaca.

JANUKÁ Festividad de ocho días de duración que conmemoraba la limpieza y la rededicación del templo después de las victorias de Judas Macabeo en 167–165 a.C. Es la única festividad judía que no se especifica en la Biblia hebrea. Januká, también llamada fiesta de la dedicación, comienza el 25 de Quisleu (diciembre). Se enciende una vela cada día hasta completar ocho. En una ocasión, Jesús estuvo en Jerusalén durante esta fiesta (Juan 10:22).

La palabra *hanukkah* significa "consagración", "dedicación". Después que Antíoco Epífanes impuso el culto pagano en el templo de Jerusalén, Judas Macabeo lo purificó de esa contaminación. Hizo un nuevo altar para sacrificios y utensilios sagrados, quemó incienso en el altar, encendió los candelabros para iluminar el templo, puso pan sobre la mesa y colgó nuevas cortinas. Dedicó el nuevo altar con sacrificios, cantos y adoración gozosa durante ocho días.

El valor permanente de Januká reside en la conmemoración de la victoria de los pocos cuyo deseo de practicar con libertad su religión los impulsó a luchar contra grandes adversidades. Después de la destrucción del templo en el 70 d.C., la fiesta se celebraba con el encendido de lámparas en los hogares; de allí que se la conozca como "fiesta de las luces". Ver *Fiestas.*

Gary Hardin

JANUM Nombre geográfico de significado incierto, tal vez "durmiendo". Pueblo en el territorio tribal de Judá (Jos. 15:53) cerca de Hebrón. Se desconoce su ubicación.

JAQUÉ Nombre de persona que significa "prudente". Fue padre o antepasado de Agur (Prov. 30:1).

JAQUIM Nombre de persona que significa "él lo hace permanecer". **1.** Miembro de la tribu de Benjamín que vivió en Ajalón (1 Crón. 8:19). **2.** Cabeza de la duodécima división sacerdotal (1 Crón. 24:12).

JAQUÍN Nombre de persona que significa "Jah estableció". Hijo de Simeón y primer antepasado de un clan en la tribu (Gén. 46:10; escrito "Jarib" en 1 Crón. 4:24). Sacerdote que vivió en Jerusalén en la época de Nehemías (Neh. 11:10; comp. 1 Crón. 9:10). Representaba a una familia sacerdotal relacionada con la organización davídica del sacerdocio (1 Crón. 24:17).

JAQUÍN Y BOAZ Nombres propios que significan "él establece" y "ágil". En 1 Rey. 7:21, nombres de las dos columnas de bronce que estaban a ambos lados de la entrada del templo de Salomón. Pudieron haber medido unos 9 m (27 pies) de alto y aprox. 2 m (6 pies) de diámetro con un capitel de 3 m (10 pies) en la parte superior. Quizás cada palabra era el comienzo de una inscripción grabada en cada columna. Se han hallado pilares similares frente a los templos de Khorsabad, Tiro, Pafos y otros lugares. Aparentemente, eran ante todo ornamentales, aunque algunos sugieren que podrían haber sido sitios gigantes para el incienso. Es probable que con el paso del tiempo hayan cobrado cierta importancia simbólica y religiosa. Ver *Templo.*

JAQUINITA Familia de la tribu de Simeón, descendientes de Jaquín (Núm. 26:12). Ver *Jaquín.*

JARA Nombre de persona que significa "cabra". Descendiente del rey Saúl (1 Crón. 9:42), al parecer el Joada en 8:36. Ambas palabras se escriben igual excepto por una letra que en hebreo se escribe parecido (comp. 1 Crón. 10:6).

JAREB Nombre de persona que significa "el grande" o "él litiga" (en la corte). Las traducciones modernas consideran ese término parte de una expresión del cercano oriente, "el gran rey", con frecuencia referida al rey de Asiria, como en las inscripciones del tratado arameo de Sefire y en el equivalente asirio en 2 Rey. 18:19. Oseas acusó a Israel y a Judá de haberse vuelto hacia el "gran rey" de Asiria, tal vez Tiglat-pileser III (al menos Judá), para que sanara sus heridas en vez de acudir a Yahvéh, el gran Rey del universo y el Gran Médico (Os. 5:13). Oseas pronunció un justo castigo para Israel, "el becerro" que sería llevado a Asiria como tributo para "el gran rey" (10:5,6 NVI).

JARESÍAS Nombre de persona que significa "Yahvéh siembra". Miembro de la tribu de Benjamín (1 Crón. 8:27).

JARHA Nombre de persona de significado incierto. Esclavo egipcio usado por su maestro Sesán para conservar la dinastía en el clan de Jerameel en la tribu de Judá (1 Crón. 2:34,35).

JARIB Nombre de persona que significa "Él lucha contra" o "Él es el oponente legal de" (comp. Sal. 35:1; Isa. 49:25). **1.** Miembro de la tribu de Simeón (1 Crón. 4:24) llamado Jaquín en Núm. 26:12. Ver *Jaquín.* **2.** Levita mensajero de Esdras en su búsqueda de levitas que lo acompañaran de regreso a Jerusalén (Esd. 8:16). **3.** Sacerdote que dio su palabra durante el liderazgo de Esdras de divorciarse de su esposa extranjera para evitar la tentación de adorar a dioses extraños (Esd. 10:18).

JARMUT Nombre geográfico que significa "altura" o "hinchazón en el suelo". **1.** Ciudad cuyo rey se unió a la coalición del sur contra Josué y Gabaón (Jos. 10). Josué retuvo al rey en la cueva de Maceda antes de avergonzarlo y matarlo (comp. 12:11). Está ubicada en las "llanuras" (RVR1960) o "tierras bajas" (NVI) occidentales de la tribu de Judá (Jos. 15:33,35). Se la identifica con la actual Tell Jarmut, a 5 km (3 millas) al suroeste de Betsemes y a 24 km (15 millas) al suroeste de Jerusalén. Una carta de Amarna de Tell el-Hesi la menciona. Algunas excavaciones expusieron restos de la Edad de Piedra y principios de la Edad de Bronce pero nada de las postrimerías de la Edad de Bronce, ni de los inicios de la Edad de Hierro. En la época de Nehemías vivían allí colonizadores judíos (Neh. 11:29). **2.** Ciudad de los levitas en el territorio tribal de Isacar (Jos. 21:29; comp. 19:21; 1 Crón. 6:73; ambos se escriben distinto que la referencia 1 arriba; Remet y Ramot respectivamente). Esta ciudad puede estar ubicada en la actual Kaukab el-Hawa.

JAROA Nombre de persona que significa "liso, suave" o "misericordia manifiesta". Miembro de la tribu de Gad (1 Crón. 5:14).

JASÉN Nombre de persona que significa "somnoliento". Miembro del cuerpo militar de élite de David, los "treinta" o quizás grupos de tres (2 Sam. 23:32). En 1 Crón. 11:34 (RVR1960) parece mencionarse a la misma persona, pero dice Hasem y se lo llama gizonita. Ver *Gizonita.*

JASER, LIBRO DE Antigua colección de poemas citada por escritores de la Biblia. Ver *Libros.*

JASOBEAM Nombre de persona que significa "el tío (o el pueblo) regresará". Guerrero de la tribu de Saúl, la de Benjamín, que apoyó a David en Siclag cuando este huía de Saúl (1 Crón. 12:6). Se lo menciona primero en la lista como "jefe de los treinta" (1 Crón. 11:11 LBLA). Algunos intérpretes dirán que el texto lo menciona como hacmonita, mientras otros consideran "hacmonita" como alusión a otra persona. En 2 Sam. 23:8 el nombre se escribe Joseb-basebet, cuya última parte representa la palabra hebrea para "vergüenza", usada a veces por los escribas en vez de un nombre original que contiene el nombre del dios cananeo Baal. Esto llevó a algunos intérpretes a considerar que el nombre original era Yishbaal. Algunos mss griegos en realidad dicen Ishbaal. Jasobeam comandó la primera división de David, administrando el reino durante el primer mes de cada año (1 Crón. 27:2). En este caso, Jasobeam es hijo de Zabdiel, descendiente de Fares, que perteneció a la tribu de Judá. En otros lugares del texto se lo presenta como miembro del clan de Hacmoni. Ver *Hacmonita.*

JASÓN Nombre de persona con frecuencia usado por los judíos para sustituir el hebreo Josué o José, que también usaban los gentiles. **1.** En Hech. 17:5, el anfitrión de Pablo en Tesalónica. Fue acusado ante las autoridades de la ciudad por la multitud enfurecida, cuando no pudieron encontrar a Pablo (Hech. 17:6,7). El Jasón de Rom. 16:21 puede haber sido la misma persona. Se lo identifica como judío que se unió a Pablo con otros en los saludos a los romanos. **2.** Sumo sacerdote judío durante los últimos años del control seléucida sobre Palestina. Su nombre griego refleja la influencia helenística que cada vez tenía más peso en la vida judía durante la etapa previa a la revolución macabea. Ver *Intertestamentaria, Historia y literatura.*

JASPE Calcedonia verde. Por lo general dos términos hebreos y un término griego se traducen por jaspe. El primero se usa para la sexta piedra del tocado del rey de Tiro (Ezeq. 28:13). El segundo, al mencionar una piedra del pectoral del sumo sacerdote (Ex. 28:20; 39:13). Este segundo término se traduce ónice en Ezeq. 28:13. El tercer término describe el rostro de Aquel que está sentado en el trono (Apoc. 4:3) y la gloria de la Nueva Jerusalén (Apoc. 21:11,18,19). La NVI empleó "jaspe" para traducir un término hebreo oscuro en Job 28:18. Otras opciones de traducción incluyen "perlas" (RVR1960) y "cristal" (LBLA). Ver *Minerales y metales.*

JASUB Nombre de persona que significa "Él vuelve" o "Él regresa". Aparece en varias culturas del Cercano Oriente. **1.** Líder de clan de la tribu de Isacar (Núm. 26:24). En Gén. 46:13 se lo llama Job. **2.** Hombre con esposa extranjera a quien Esdras condenó por provocar la tentación de adorar a dioses extranjeros dentro de la comunidad (Esd. 10:29). **3.** Parte del nombre del hijo de Isaías (Isa. 7:3). Ver *Sear-jasub.* **4.** En Jos. 17:7 algunos intérpretes ven una ciudad llamada Jasub, pueblo fronterizo de la tribu de Manasés. Sería la actual Jasuf a unos 13 km (8 millas) al sur de Siquem.

JASUBITA Miembro del clan fundado por Jasub. Ver *Jasub.*

JATIR Nombre geográfico que significa "el remanente". Pueblo en los montes de la tribu de Judá (Jos. 15:48). David le dio parte de su botín de guerra luego de la victoria sobre los amalecitas (1 Sam. 30:27). Josué lo reservó para los levitas (Jos. 21:14). Estaba ubicado cerca del actual Khirbet Attir, aprox. 21 km (13 millas) al sur-suroeste de Hebrón y 22 km (14 millas) al noreste de Beerseba.

JATNIEL Nombre de persona que significa "Dios da". Un portero levita (1 Crón. 26:2).

JAVÁN Nombre de persona que significa "Grecia". Hijo de Jafet (Gén. 10:2) y padre de Elisa, Tarsis, Quitim y Dodanim (Gén. 10:4), y por lo tanto, primer antepasado de los griegos. En otros lugares del AT, se emplea Javán para mencionar a Grecia. Ver *Grecia; Tabla de las Naciones.*

JAZER Nombre geográfico que significa "que Él ayude". Ciudad-estado amorrea que conquistó Israel al marchar por las tierras al este del Jordán hacia la tierra prometida (Núm. 21:32). La tribu de Gad reconstruyó Jazer y se asentó allí (Núm. 32:35; comp. Jos. 13:25). Josué la asignó a los levitas (Jos. 21:39). Isaías pronunció juicio contra Jazer mientras predicaba contra Moab (Isa. 16:8,9). Jeremías hizo lo mismo (Jer. 48:32). David encontró allí líderes excepcionales (1 Crón. 26:31,32). Fue una ciudad importante en el período intertestamentario (1 Mac. 5:8). Los intérpretes no concuerdan en cuanto a su ubicación exacta. Arqueólogos alemanes están a favor de Tell el-Areme, mientras que los israelitas señalan Khirbet es-Sar a casi 12 km (8 millas) al oeste de Amán. Otros apuntan a Khirbet Jazzir, aprox. 3 km (2 millas) al sur de Es-Salt.

JAZERA Nombre de persona de significado incierto, tal vez "cuidadoso", "astuto" o "permítele volver". Sacerdote (1 Crón. 9:12). Una lista similar en Neh. 11:13 indica Azai en vez de Jazera.

JAZIZ Nombre de persona que significa "él acosa". Pastor en jefe durante el reinado de David. Probablemente fuera extranjero (1 Crón. 27:31).

JEARIM Nombre geográfico que significa "bosques" o "jardines". Componente de varios nombres de lugares del AT: Quiriat-jearim, Monte Jearim, campos de Jearim y el bosque mencionado en 1 Sam. 14:26. Ver *Quesalón; Quiriat-jearim.*

JEATRAI Nombre geográfico de significado incierto. Levita (1 Crón. 6:21) que quizás se identifique con Etni (1 Crón. 6:41).

JEBEREQUÍAS Nombre de persona que significa "Yahvéh bendice". Padre de Zacarías, que fue testigo de Isaías (Isa. 8:2; comp. 2 Rey. 18:2).

JEBÚS Nombre geográfico que significa "hollado con el pie". Nombre de la tribu que ocupó inicialmente Jerusalén (Jue. 19:10; comp. Jos. 18:28; 1 Crón. 11:4). El nombre "Jebús" no aparece en literatura extrabíblica. Ver *Jebuseos; Jerusalén.*

JEBUSEOS Clan que controlaba Jerusalén antes de que David conquistara la ciudad. En la lista de descendientes de Noé (Gén. 10), los jebuseos están en la línea de Cam y Canaán, y se los menciona junto a otros clanes como los amorreos y los gergeseos. En Jos. 10, Adonisedec, rey de Jerusalén, es considerado uno de los cinco reyes amorreos que pelearon contra Josué. En la época de los jueces, Jerusalén fue atacada e incendiada por los hombres de Judá (Jue. 1:8), pero los jebusitas no fueron expulsados. Siglos más tarde, David capturó la ciudad y la convirtió en su capital. Posteriormente compró una era de un jebuseo llamado Arauna (2 Sam. 24:16-24) donde más tarde se construyó el templo de Salomón. Los jebuseos que quedaron fueron siervos durante el reinado de Salomón (1 Rey. 9:20,21). Los nombres jebuseos no parecen ser semitas sino hurritas. Ver *Jerusalén.* *M. Stephen Davis*

JECABSEEL Nombre geográfico que significa "Dios reunió". Ciudad al sur de Judá habitada por miembros de la tribu de Judá luego del exilio (Neh. 11:25). Aparentemente estaba al sur del límite de la provincia persa de Judá, tal vez en la actual Khirbet Gharreh o Tell Ira. Es probable que se encuentre a mitad de camino entre Tell Beersheba y Tell Arad (Jos. 15:21).

JECAMÁN Nombre de persona que significa "el pueblo libera" o "el pariente salva". Sacerdote separado para trabajar en la casa de Dios (1 Crón. 23:19; 24:23).

JECAMÍAS Nombre de persona que significa "Jah libera". **1.** Miembro del clan de Jerameel de la tribu de Judá (1 Crón. 2:41). **2.** Hijo del rey Jeconías de Judá alrededor del 597 a.C. También llamado Joaquín (1 Crón. 3.18).

JECOLÍAS Madre de Uzías, rey de Judá (2 Rey. 15:2; 2 Crón. 26:3).

JECONÍAS Nombre de persona que significa "Jah establece". Abreviatura de Joaquín. Ver *Joaquín.*

JECUTIEL Nombre de persona que significa "Dios nutre". Miembro de la tribu de Judá (1 Crón. 4:18).

JEDAÍAS 1. Nombre de persona que significa "alaben a Jah" o "Jah ha mostrado una acción misericordiosa". Hombre que ayudó a Nehemías a reparar la muralla de Jerusalén (Neh. 3:10), descendiente de la tribu de Simeón (1 Crón. 4:37). **2.** Nombre de persona que significa "Jah conoce". Sacerdote o sacerdotes que encabezaban la segunda división de sacerdotes (1 Crón. 24:7) que regresaron del exilio babilónico (1 Crón. 9:10; comp. Esd. 2:36; Neh. 7:39; 11:10; 12:6, 7,19,21). El exilio del que regresaban puede ser el mismo del cual el profeta Zacarías recibió oro y plata (Zac. 6:10,14).

JEDIAEL Nombre de persona que significa "aquel a quien Dios conoce". **1.** Miembro de la tribu de Benjamín (1 Crón. 7:6,10,11). **2.** Líder militar al mando de David (1 Crón. 11:45). El mismo u otro guerrero de la tribu de Manasés se unió a David cuando este se trasladó a Siclag (1 Crón. 12:20). **3.** Portero levita (1 Crón. 26:2).

JEDIDA Nombre de persona que significa "querida" o "amada". Madre de Josías, rey de Judá (2 Rey. 22:1).

JEDIDÍAS Nombre de persona o apodo que significa "amado de Jah". En material ugarítico aparece un nombre parecido que significa "amado de Él". Nombre que Dios le dijo a David que le diera a su hijo Salomón (2 Sam. 12:25). A pesar del pecado de David con Betsabé y la muerte del niño fruto de la relación pecaminosa, Dios mostró Su amor para con Salomón, hijo de ambos, y de esa manera destacó la naturaleza perdonadora de Dios y Su compromiso continuo con David y la casa real.

JEDUTÚN Nombre de persona que significa "alabanza". Músico y profeta levita al servicio del rey David (1 Crón. 25:1). Los nombres de Asaf y Hemán aparecen junto a Jedutún como los primeros antepasados de los músicos del templo. Sin embargo, en 1 Crón. 15:17 Asaf y Hemán se asocian con Etán, lo que sugiere que Etán y Jedutún pueden ser nombres distintos para la misma persona. De ser así, Jedutún habría sido hijo de Cusaías y miembro del clan de Merari. Salvo estos datos, se desconoce otra información sobre los antepasados de Jedutún. En 1 Crón. 25:1,3 se dice que profetizó por medio de instrumentos musicales y en 2 Crón. 35:15 se lo menciona como profeta del rey que, al parecer, trabajó con Sadoc en Gabaón (1 Crón. 16:37-42). Tres salmos (39; 62; 77) incluyen su nombre en el título. La naturaleza exacta de la relación de Jedutún con estos salmos es incierta. Ver *Levitas; Música, instrumentos musicales, danza; Sacerdotes; Salmos, Libro de.*

JEFE DE LA GUARDIA DEL TEMPLO Oficial que ocupaba el segundo lugar en autoridad después del sumo sacerdote. Pasur ("príncipe en la casa de Jehová", Jer. 20:1) y Seraías ("príncipe de la casa de Dios", Neh. 11:11) ocupaban esta posición en épocas del AT. En Hechos pareciera que una de las funciones esenciales de este oficial era mantener el templo en orden (Hech. 4:1; 5:24, 26). Es probable que el plural (Luc. 22:4,52) se refiera a los oficiales que estaban bajo las órdenes del jefe de la guardia.

JEFONE Nombre de persona que significa "él será transformado" o "apaciguado". **1.** Padre de Caleb (Núm. 13:6). Ver *Caleb.* **2.** En 1 Crón. 7:38, uno de los hijos de Jeter de la tribu de Aser.

JEFTÉ Nombre de persona que significa "él abrirá". Uno de los jueces de Israel aprox. 1100 a.C. (Jue. 11:1–12:7). Galaadita expulsado de su casa porque era "hijo de una mujer ramera" (Jue. 11:1). Vivía y robaba en la tierra de Tob con una banda de forajidos, por lo cual se lo conocía como "guerrero valiente" (NVI, LBLA). Cuando los amonitas atacaron Israel, el pueblo le pidió a Jefté que regresara y fuera su líder. Su victoria se hizo realidad luego de que hiciera un voto de que ofrecería en holocausto al primer ser viviente que viera al regresar de batalla. La primera en aparecer fue su hija, y aun así, Jefté cumplió su voto. Considerado como uno de los líderes que liberó al pueblo de Yahvéh (1 Sam. 12:11), Jefté se encuentra entre los héroes de la fe que menciona Hebreos (11:32). Ver *Amón, amonitas; Jueces, Libro de; Sacrificio humano.* *Darlene R. Gautsch*

JEFTE-EL Nombre geográfico que significa "Dios abrió". Valle que define el límite de los territorios tribales de Aser y Zabulón (Jos. 19:14,27). El nombre actual es Wadi el-Melek.

JEGAR-SAHADUTHA Nombre geográfico arameo que significa "marca de piedra". Equivalente arameo de Galaad. Ver *Galaad.*

JEHALELEL Nombre de persona que significa "él alaba a Dios" o "Dios ilumina". **1.** Miembro de la tribu de Judá (1 Crón. 4:16). **2.** Levita cuyo hijo ayudó al rey Ezequías a purificar el templo (2 Crón. 29:12).

JEHEDÍAS Nombre de persona que significa "Yahvéh se regocija". **1.** Levita nombrado fuera de las 24 divisiones de levitas (1 Crón. 24:20). **2.** Cuidador de las asnas del rey David (1 Crón. 27:30). Vivía en Meronot.

JEHÍAS Nombre de persona que significa "que él viva, oh Jah". Guardián del arca cuando David la trasladó del territorio filisteo (1 Crón. 15:24).

JEHIEL Nombre de persona que significa "permítele vivir, oh Jah". **1.** Al parecer es una variante de Jehías (1 Crón. 15:18; comp. v.24). Ver *Jehías.* **2.** Músico levita que tocó el salterio delante del arca (1 Crón. 15:20; 16:5). **3.** Levita destacado (1 Crón. 23:8). **4.** Levita a cargo del tesoro de la casa de Dios durante el reinado de David (1 Crón. 29:8; comp. 26:20-22). **5.** Guardia real de los hijos de David (1 Crón. 27:32). **6.** Hijo del rey Josafat asesinado por su hermano, el rey Joram, cuando este ascendió al trono (2 Crón. 21:1-4). **7.** Levita que ayudó en la purificación del templo durante el reinado de Ezequías (2 Crón. 29:14) según traducciones antiguas de la Biblia y anotaciones de los escribas; en el texto hebreo escrito figura "Jehuel". Más tarde, es posible que en épocas de Ezequías, el mismo Jehiel sirvió como supervisor en el templo (2 Crón. 31:13). **8.** Sacerdote destacado del reinado de Josías que distribuía grandes ofrendas entre los sacerdotes para las ofrendas de la Pascua (2 Crón. 35:8). **9.** Padre de un hombre que regresó a Jerusalén con Esdras desde Babilonia (Esd. 8:9).

10. Durante el liderazgo de Esdras, padre del que propuso que los hombres con esposa extranjera se divorciaran para no tentar a los demás de adorar a dioses extraños (Esd. 10:1-4). **11.** Sacerdote que accedió a divorciarse de su esposa extranjera en época de Esdras (Esd. 10:21). **12.** Laico que accedió a divorciarse de su esposa extranjera en época de Esdras (Esd. 10:26).

JEHIELITA Miembro del clan fundado por Jehiel (1 Crón. 26:21,22). Ver *Jehiel.*

JEHOVÁ Transliteración al español de la forma hebrea en que se escribe el nombre divino Yahvéh. El texto hebreo representa los esfuerzos de los escribas por evitar que la gente pronunciara el nombre de Dios, y se combinaban las consonantes de Yahvéh con las vocales de la palabra hebrea *´adonai* ("Señor"), de manera que los lectores pronunciaran *´adonai.* De esa forma no se corría el riesgo de blasfemia al pronunciar de manera impropia el nombre divino. Ver *Dios; Dios, Nombres de; Señor; YHWH, YHVH.*

JEHOVÁ DE LOS EJÉRCITOS Ver *Dios, Nombres de.*

JEHOVÁ-JIREH Nombre geográfico que significa "Yahvéh proveerá" (Gén. 22:14). Nombre que Abraham le dio al sitio donde Jehová proveyó de un sacrificio en lugar de Isaac. La mayoría de las versiones bíblicas traducen el término; la RVR1960 lo translitera en una nota al pie. Ver *Jehová.*

JEHOVÁ-NISI Transliteración de nombre geográfico que significa "Yahvéh es mi estandarte". Nombre que Moisés le dio al altar que construyó luego de vencer a los amalecitas (Ex. 17:15). Las versiones modernas lo traducen, en cambio la RVR1960 translitera el término. Ver *Jehová.*

JEHOVÁ-SALOM Nombre geográfico que significa "Yahvéh es paz". Nombre que Gedeón le dio al altar que construyó en Ofra (Jue. 6:24). Las versiones modernas traducen el término, mientras que la RVR1960 lo translitera. Ver *Jehová.*

JEHOVÁ-SAMA Transliteración de un nombre hebreo (Ezeq. 48:35) que significa "el Señor está allí" (LBLA). Es el nombre de la Jerusalén de la visión de Ezequiel (comp. Isa. 60:19,20; Apoc. 21:3). Ver *YHWH, YHVH.*

JEHOVÁ-TSIDKENU Nombre hebreo que significa "El Señor [es] justicia nuestra" (Jer. 23:6; 33:16 LBLA). El nombre se aplica a un futuro rey davídico que conduciría a su pueblo a hacer lo correcto y traería paz (23:6), y los llevaría a la ciudad restaurada de Jerusalén (33:16). Tal vez sea un juego de palabras con el nombre Sedequías ("Justo [es] el Señor"), que reinó desde el 597 al 587 a.C. Ver *YHWH, YHVH.*

JEHÚ Nombre de persona que significa "Jah es Él". **1.** Hijo de Josafat y rey de Israel (841–814 a.C.). Comandante del ejército cuando el profeta Eliseo envió a uno de los hijos de los profetas a Ramot de Galaad para ungirlo rey (2 Rey. 9:1-10). Emprendió un camino de violencia y muerte que al final lo condujo al trono. En ese curso, fue responsable de la muerte de Joram, rey de Israel; de Ocozías, rey de Judá; de Jezabel, una ex reina que todavía tenía poder en Israel, y de unos 70 sobrevivientes de la familia del fallecido rey Acab en Israel. Se valió de trucos para reunir y destruir a los adoradores de Baal (2 Rey. 10:28). Estableció una dinastía fuerte en Israel. Él y sus descendientes conservaron el trono durante aprox. un siglo. Ver *Cronología de la época bíblica; Elías; Israel, Tierra de.* **2.** Profeta que proclamó el juicio divino sobre el rey Baasa de Israel (1 Rey. 16:1-12). Hizo advertencias al rey Josafat de Judá (2 Crón. 19:2) y registró las acciones de ese monarca en un documento al cual el cronista remite a sus electores (2 Crón. 20:34). **3.** Miembro del ejército de David en Siclag (1 Crón. 12:3). Vivía en Anatot, en el territorio de la tribu de Saúl, rival de David. **4.** Líder de la tribu de Simeón (1 Crón. 4:35).

JEHÚBA Nombre de persona que tal vez signifique "Él ha escondido". Miembro de la tribu de Aser (1 Crón. 7:34).

JEHÚD Nombre geográfico que significa "alabanza". Pueblo del territorio de la tribu de Dan (Jos. 19:45). Estaba en la actual Yehud, aprox. 5 km (3 millas) al sur de Petah Tikvah y 13 km (8 millas) al norte de Jope.

JEHUDAÍA Nombre de persona o adjetivo propio que significa "judía o mujer judía". En las traducciones modernas aparece como adjetivo. En la NVI dice "de la tribu de Judá" (1 Crón. 4:18).

J

JEHUDÍ Nombre de persona que significa "de Judea o judío". Mensajero de líderes judíos que pidió a Baruc que les leyera la predicación de Jeremías, y luego fue mensajero del rey para obtener el rollo de manera que el rey pudiera leerlo. Jehudí leyó el rollo al rey Joacim, luego este cortó el rollo en pedazos y lo arrojó al fuego alrededor del 604 a.C. Aun así Dios preservó Su palabra profética (Jer. 36:11-32).

JEIEL Nombre de persona que tal vez signifique "Dios es fuerte" o "Dios sana". Los primeros escribas hebreos con frecuencia usaban puntos para las vocales en el texto a fin de indicar que debía leerse Jeiel donde el texto escrito indicaba Jeuel (1 Crón. 9:35; 11:44; 2 Crón. 26:11; 29:13). Las primeras traducciones apuntaban a una confusión parecida en 1 Crón. 9:6. En este artículo se mencionará tanto a Jeiel como a Jeuel, dado que siempre que aparece este último, hay evidencia textual antigua de que se leía Jeiel. **1.** Líder de la tribu de Rubén (1 Crón. 5:7). **2.** Uno de los primeros miembros de la tribu de Judá que regresó del exilio babilónico (1 Crón. 9:6). **3.** Líder de la tribu de Benjamín cuando se establecieron en Gabaón. Tal vez se haya casado con una mujer extranjera (1 Crón. 9:35; comp. 8:29). **4.** Líder del ejército de David (1 Crón. 11:44). **5.** Levita y portero o guardia de David (1 Crón. 15:18). **6.** Levita que tocaba el arpa para David (1 Crón. 15:21). **7.** Levita que servía como líder de adoración frente al arca del pacto a las órdenes de David (1 Crón. 16:5). El texto hebreo incluye a dos Jeiel en este versículo, y desde las primeras traducciones los intérpretes han modificado uno u otro para que presenten una leve diferencia en la escritura. **8.** Antepasado de un levita que profetizó con Josafat (2 Crón. 20:14). **9.** Escriba real o secretario del rey Uzías (792–740 a.C.). Se ocupó de los registros del personal militar (2 Crón. 26:11). **10.** Levita que ayudó a Ezequías a

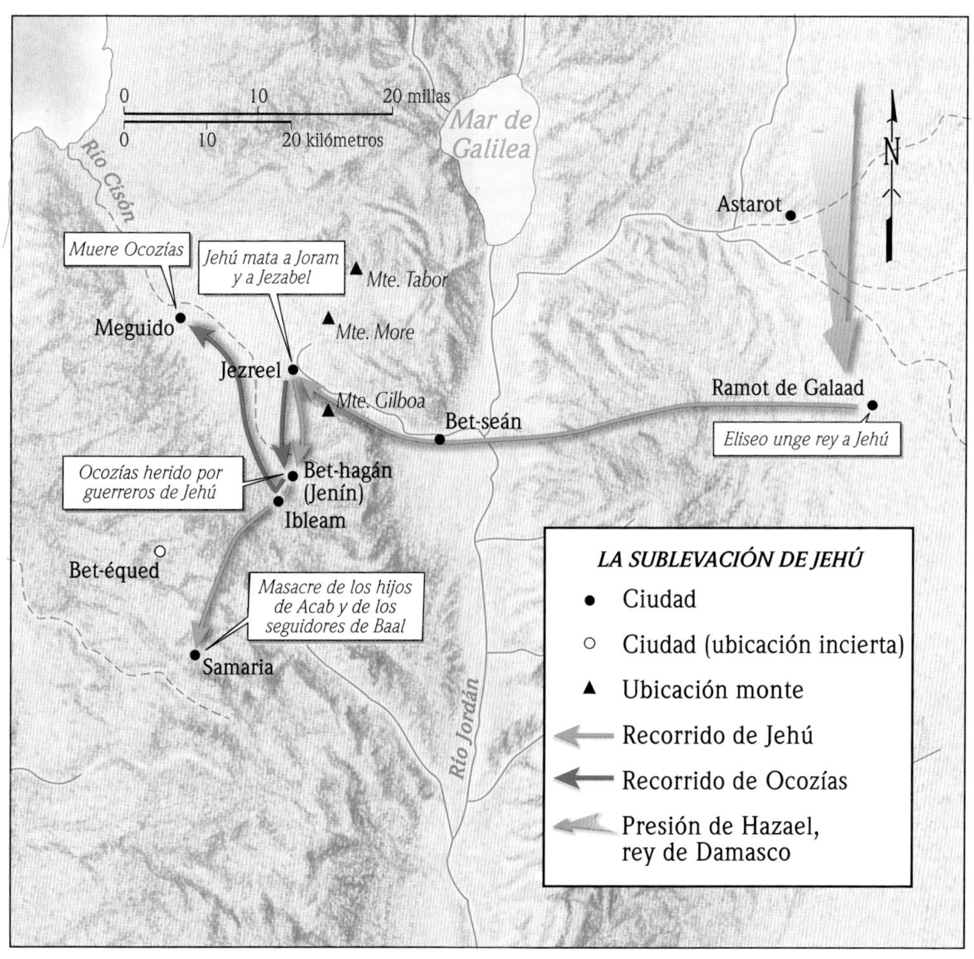

J

purificar el templo (2 Crón. 29:13). **11.** Funcionario entre los levitas que les proveía de ofrendas para sacrificar en la Pascua durante el reinado de Josías, aprox. 622 a.C. (2 Crón. 35:9). **12.** Hombre que acompañó a Esdras de Babilonia a Judá alrededor del 458 a.C. (Esd. 8:13). **13.** En la época de Esdras, hombre condenado por tener una esposa extranjera y de esa manera ser de tentación para que Israel adorara a dioses extraños (Esd. 10:43).

JEMIMA Nombre de persona que significa "tórtola". Primera hija de Job cuando Dios restauró sus riquezas (Job 42:14).

JEMUEL Nombre de persona que significa "día de Dios" o "mar de Dios". Hijo de Simeón, nieto de Jacob y cabeza de clan en Israel (Gén. 46:10; Ex. 6:15). También llamado Nemuel (Núm. 26:12; 1 Crón. 4:24).

JERA Nombre de persona que significa "luna" o "mes". Descendiente de Sem, hijo de Noé, en la Tabla de las Naciones (Gén. 10:26). La luna era el dios principal en el sur de Arabia. Como los nombres cercanos en la lista representan tribus árabes, esto tal vez indique la relación de las tribus semíticas de Arabia con los hebreos.

JERAMEEL Nombre de persona que significa "Dios muestra compasión". **1.** Hijo de Hezrón (1 Crón. 2:9), hermano de Caleb (1 Crón. 2:42) y antepasado inicial del clan de los jerameelitas (1 Sam. 27:10). Ver *Jerameelita.* **2.** Hijo de Hamelec (en hebreo, "el rey" y así traducido por versiones modernas), uno del grupo a quien el rey Joacim envió para arrestar a Baruc y a Jeremías (Jer. 36:26). Sin embargo, el Señor demostró tener más poder que los gobernantes humanos al ocultar del rey a Sus fieles siervos. **3.** Levita de la época de David (1 Crón. 24:29).

JERAMEELITA Miembro del clan de Jerameel que al parecer vivió al sur de Beerseba en el Neguev. Mientras habitaba con los filisteos, David les dijo que estaba peleando en el territorio de los jerameelitas (1 Sam. 27:10) y le hizo creer a Aquis, el rey filisteo, que peleaba contra parte de Judá cuando en realidad lo hacía contra otros grupos del sur que se oponían a Judá (gesureos, gezritas, amalecitas) (1 Sam. 27:8). Repartió el botín de guerra con los jerameelitas (1 Sam. 30:29).

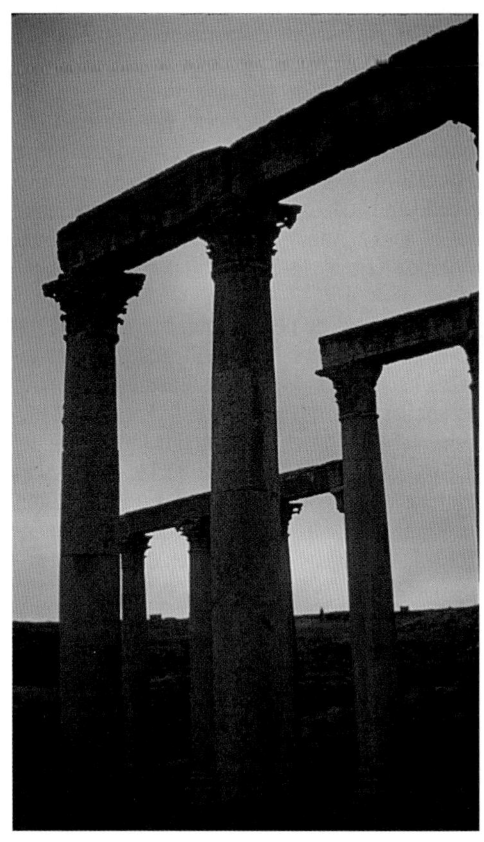

Atardecer en Jeras (la antigua Gerasa).

JERAS Nombre árabe moderno para Gerasa. Ver *Gerasa.*

JEREBAI Nombre de persona que significa "él defendió mi caso". Líder militar de David (1 Crón. 11:46).

JERED Nombre de persona que significa "esclavo". **1.** Padre de Enoc (Gén. 5:15-20). **2.** Miembro de la tribu de Judá (1 Crón. 4:18).

JEREMAI Nombre de persona abreviado de Jeremot o Jeremías. Israelita condenado por tener una esposa extranjera de quien Esdras dijo que incitaría a Israel para adorar dioses extraños (Esd. 10:33).

JEREMÍAS Nombre de persona que podría significar "que Yahvéh levante", "arroje" o "establezca". **1.** Cabeza de clan de la tribu de Manasés al este del Jordán (1 Crón. 5:24). **2.** Tres soldados del ejército de David en Siclag (1 Crón. 12:4,10,13). **3.** Suegro del rey Josías de Judá (640–609 a.C.) y abuelo de los reyes Joacaz (609 a.C.) (2 Rey. 23:31) y Sedequías (597–586 a.C.) (2 Rey. 24:18; Jer. 52:1). **4.** Representante de los recabitas (Jer. 35:3). **5.** Tres sacerdotes o cabezas de familias sacerdotales en tiempos de Zorobabel aprox. 537 a.C. (Neh. 12:1,12) y de Nehemías aprox. 455 a.C. (Neh. 10:2; 12:34).

Hay referencias a otros Jeremías en inscripciones hebreas de Laquis y Arad de aprox. 700 a.C. y en varios sellos judíos antiguos. La Biblia menciona una forma abreviada del nombre 17 veces y 121 veces en la forma completa. Ambas se aplican al profeta. En las inscripciones aparece la forma no abreviada.

JEREMÍAS, EL PROFETA La Biblia relata más experiencias personales de Jeremías que de cualquier otro profeta. Sabemos que su padre fue Hilcías, sacerdote de Anatot (Jer. 1:1). Fue llamado a ser profeta en el año 13 del rey Josías (627/6 a.C.) (Jer. 1:2). Actuó durante los reinados de Joacaz/Salum (609 a.C.) (22:11), Joacim (609–597 a.C.) (Jer. 1:3; 22:18; 26:1; 35:1; 36:1,9), Joaquín/Jeconías/Conías (597 a.C.) (22:24; 24:1; 27:20; 28:4; 29:2; 37:1) y Sedequías (597–586 a.C.) (1:3; 21:1; 27:1-12; 28:1; 32:1; 34:2; 37–38; 39:4; 52:8). Cuando Jerusalén fue destruida por los babilonios en el 587 a.C., Jeremías se trasladó a Mizpa, la capital de Gedalías, el recién designado gobernador judío de la provincia babilónica de Judá (40:5). Cuando este fue asesinado (41:1,2), Jeremías fue deportado a Egipto contra su voluntad por oficiales judíos que habían sobrevivido a las catástrofes (42:1–43:7). En Egipto siguió predicando oráculos contra los egipcios (43:8-13) y sus propios compatriotas (44:1-30).

Vivió en constante fricción con las autoridades de su pueblo, tanto religiosas (sacerdotes, 20:1-6; profetas, 28:1 o ambos, 26:8), como políticas (reyes, caps. 21–22; 36–38) o combinadas (1:18,19; 2:26; 8:1), incluso con los líderes judíos luego de la invasión babilónica (42:1–43:13). Sin embargo, su predicación enfatizaba gran respeto por los profetas cuyas palabras de advertencia podrían haber salvado al pueblo si este hubiera prestado atención (7:25; 26:4; 29:17-19; 35:13). Él confiaba en la promesa de reyes futuros grandiosos (23:5; 33:14-17). Recomendó la rendición nacional al gobierno del imperio babilónico y llamó a Nabucodonosor, emperador de Babilonia, "siervo del Señor", aunque era un acérrimo enemigo de Judá (25:9; 27:6). Incluso incitó a sus compatriotas a desertar y pasarse al bando enemigo (21:8,9). Fue acusado de traición y sentenciado (37:12,13; 38:1-6), y aun así se le atribuyen las profecías más severas contra Babilonia (50–51). Los enemigos cuestionaron su autenticidad profética y la inspiración de su mensaje (43:1-3; 29:24); sin embargo, reyes y nobles buscaron su consejo (21:1,2; 37:3; 38:14; 42:1,2).

En forma constante Jeremías proclamó juicio divino sobre Judá y Jerusalén; no obstante, también fue un profeta de esperanza e hizo profecías de salvación, condicionales (3:22–4:2) o incondicionales (30–31; 32:36-38; 33:6; 34:4). Dios le prohibió que intercediera por Su pueblo (7:16; 11:14; 14:11; comp. 15:1), pero él lo hizo de todos modos (14:7-9,19-22). El Señor le ordenó vivir sin casarse ni tener familia (16:2). Tuvo que mantenerse alejado de la compañía de alborotadores (15:17) y de las casas de banquete (16:8). Se quejó a Dios y discutió con Él (12:1-17) en cuanto a lo penoso de su tarea profética (20:7-18). Al mismo tiempo, cantó himnos de alabanza a Dios (20:13).

Aunque el llamado de Jeremías tuvo lugar en el año 13 del rey Josías, este es el único rey contemporáneo de Jeremías de quien y a quien no se le dice ni una sola palabra en todo el libro (pero comp. 25:3). No hay ninguna referencia concreta a ninguno de los espectaculares cambios producidos por la liberación nacional ni por la reforma religiosa durante los últimos 18 años del reinado de Josías (2 Rey. 22:1–23:30). Las palabras del relato de su llamado "Antes que te formase en el vientre te conocí, ... te di por profeta a las naciones" (Jer. 1:5), lleva a algunos a pensar que la fecha del llamado de Jeremías coincide con la de su nacimiento. Sin embargo, es improbable.

JEREMÍAS, LIBRO DE Luego de Salmos, es el libro más largo de la Biblia y el único del AT que ofrece detalles sobre su origen. Según Jer. 36:1-26, Baruc había escrito una primera versión dictada por Jeremías. El rollo fue leído primero en público y luego para los funcionarios de estado y para el rey Joacim, que lo cortó en pedazos y lo quemó. Jeremías entonces dictó a Baruc una segunda edición ampliada (Jer. 36:32). Las referencias adicionales a la actividad de Jeremías como escritor (Jer. 30:2; 51:60; comp. 25:13) sugiere que el rollo de Jer. 36:32 no es idéntico al actual libro de la Biblia. Las referencias en tercera persona hacia Jeremías luego del cap. 25 sugieren que tal vez el rollo donde aparece 36:32 quizás podría abarcar los caps. 1–25.

Estructura y contenido Los eruditos bíblicos se han esforzado por explicar la organización de las profecías de Jeremías. La complejidad de la estructura aumenta con la evidencia de la traducción griega más antigua. Allí los oráculos contra las naciones extranjeras están en un orden diferente y aparecen a continuación de 25:13 en lugar de a continuación de 46:1. Esta evidencia, entre otras, sugiere que el proceso de compilación fue complicado. Las teorías tradicionales de los eruditos han procurado atribuir los oráculos poéticos a Jeremías, las historias sobre el profeta a Baruc, y los sermones en prosa a un editor posterior que usó el libro para enseñar y ejemplificar la teología de Deuteronomio. Dichas teorías son demasiado imaginativas y deben descartarse. Al margen de la historia de la destrucción del rollo, la ampliación y la nueva copia (cap. 36), no conocemos el proceso por medio del cual se produjo todo el libro, pero la visión de que el producto total provino de la madura reflexión del profeta Jeremías es lo que otorga más sentido al texto.

El libro no es cronológico aunque en alguna medida lo parece. Ninguna teoría alcanzó consenso, pero se invocan diversos recursos (tales como tema, estilo, audiencia y retórica) para explicar ciertas conexiones. Con frecuencia se lo considera una antología de unidades proféticas recopiladas y combinadas en distintos momentos y con escasa intencionalidad.

Una buena propuesta reciente de Richard Patterson sugiere que las profecías fueron acomodadas según el llamado divino a ser profeta para las naciones (1:4-19) y para Judá en particular (1:13-19). Patterson identifica una estructura doble que revierte aquellos énfasis: los caps. 2–24 concentran la atención en Jeremías y su pueblo, y los caps. 25–51 se concentran en Jeremías y las naciones. En ambos extremos está la descripción del llamado profético y de la comisión en el cap. 1 y el apéndice histórico en el cap. 52. Las dos secciones principales comienzan con una subsección que establece el tema (2:1–3:5 y 25:1-38), seguida de otra que lo desarrolla (3:6–23:40 y 26:1–51:58), y finaliza con una señal (24:1-10 y 51:59-64).

Las denominadas confesiones de Jeremías (11:18-23; 12:1-4; 15:10-21; 17:14-18; 18:19-23; 20:7-18) están dispersas a lo largo de los capítulos 11–20. Los oráculos de esperanza (caps. 30–31) interrumpen las historias sobre Jeremías (caps. 26–45). Las palabras contra los reyes (21:11–22:30) y contra los profetas (23:9-40) se presentan como colecciones independientes.

Texto del libro La versión original griega de Jeremías, en los siglos precristianos, es más de un 12,5% más breve que el texto hebreo (aunque agrega alrededor de 100 versículos que no están en el hebreo). Solo faltan unos pocos párrafos más largos (33:14-26; 39:4-13). El texto griego emplea menos títulos y epítetos, y faltan algunas palabras aisladas y ciertos versículos. Más de 2700 palabras del texto hebreo no tienen equivalente en griego. Fragmentos de mss hebreos de Qumrán muestran que en la época de Jesús existían dos textos hebreos: uno más largo que el otro.

El mensaje En el aspecto teológico, el libro de Jeremías anima a buscar la voluntad de Dios en momentos cuando existe descrédito de todas las instituciones y los representantes religiosos que por lo general están a cargo de administrar la voluntad divina. Ni la monarquía davídica (Jer. 21:1–22:30) ni profetas ni sacerdotes (Jer. 23:9-40), ni las instituciones cúlticas del templo (Jer. 7:1-34; 26:1-9) podían ayudar al pueblo ni evitar calamidades inminentes; tampoco podían detectar la apostasía casi oculta que mezclaba pequeños objetivos de egoísmo individual (2:29-37; 7:21-26; 28:1-17) con la comisión de Dios (Jer. 4:3). La justicia y la rectitud divina no pueden ser usurpadas por el pueblo. Él puede ser piedra de tropiezo incluso para Su profeta (Jer. 12:1-6; 20:7-12). Dios no se deleita en ejecutar juicio y destrucción, sino que sufre el dolor de la separación entre sí y Su pueblo (2:1-37). Los miembros apóstatas del pueblo de Dios recordaron una noción correcta de la naturaleza divina. Él siguió siendo padre de ellos, y Su ira no duraría para siempre (3:4,12,13). La conversión es posible (3:14,22; 4:1,2) pero esto no es consolación para la generación apóstata. Al contrario de las expectativas de las autoridades religiosas y políticas, Judá y Jerusalén se enfrentarían a una cruel catástrofe. Esta no es la última palabra de Dios. Cuando se ha perdido toda esperanza, la fidelidad de Dios prevalece y crea nueva esperanza (caps. 30–33).

Bosquejo

- I. Llamado profético (1:1-19)
- II. Jeremías y su pueblo (2:1–24:10)
    - A. Tema: Castigo divino sobre Israel (2:1–3:5)
    - B. Ruego preliminar a arrepentirse (3:6–4:4)
    - C. Desarrollo: Llegada y causas del juicio (4:5–23:40)

1. Invasión futura de Jerusalén (4:5–6:30)
2. Pecados del pueblo (7:1–10:25)
3. Juicio declarado y complot revelado (11:1–12:17)
4. El cinto podrido y el pueblo inútil (13:1-27)
5. Pecado imborrable y catástrofes inevitables (14:1–17:18)
6. Advertencias del día de reposo (17:19-27)
7. Lección del alfarero (18:1-23)
8. La vasija rota y el profeta azotado (19:1–20:18)
9. El pedido de Sedequías (21:1-14)
10. Los reyes injustos y el rey justo (22:1–23:8)
11. Falsos profetas condenados (23:9-40)

D. Señal final: Higos (24:1-10)

III. Jeremías y las naciones (25:1–51:64)

A. Tema: Pronunciamiento contra Judá y las naciones (25:1-38)

B. Ruego preliminar a arrepentirse (26:1-6)

C. Desarrollo: (26:7–51:58)

1. Jeremías y la crisis babilónica (26:7–36:32)
   a. Sermón del templo y resultados (26:7-24)
   b. El yugo de Babilonia (27:1-22)
   c. La falsa profecía de Ananías (28:1-17)
   d. Carta de Jeremías a los exiliados (29:1-32)
   e. Promesa de un nuevo pacto (30:1–31:40)
   f. Jeremías compra tierras (32:1–44)
   g. Recordatorio de los pactos divinos con David y Leví (33:1-26)
   h. Palabra para el rey Sedequías (34:1-7)
   i. El pueblo y sus esclavos (34:8-22)
   j. Analogía de los recabitas (35:1-13)
   k. Quema del rollo (36:1-32)
2. Jeremías y la caída de Jerusalén (37:1–45:5)
   a. Encarcelamiento de Jeremías y caída de Jerusalén (37:1–39:18)
   b. Liberación de Jeremías y huida a Egipto (40:1–43:13)
   c. Profecía de castigo en Egipto (44:1-30)
   d. Mensaje de Dios a Baruc (45:1-5)
3. Plan de Dios para las naciones (46:1–51:58)
   a. Egipto en el sur (46:1-28)
   b. Filistea en el oeste (47:1-7)
   c. Moab, Amón y Edom en el este (48:1–49:22)
   d. Damasco en el norte (49:23-27)
   e. Los vecinos de Babilonia (49:28-39)
   f. Babilonia (50:1–51:58)

D. Señal final: El rollo hundido (51:59-64)

IV. Apéndice histórico (52:1-34)

Hans Mallau y E. Ray Clendenen

JEREMOT Nombre de persona que significa "hinchazón". **1.** Miembro de la tribu de Benjamín (1 Crón. 8:14), tal vez identificado con Joram (8:27). **2.** Dos israelitas con esposas extranjeras que fueron condenados por Esdras (Esd. 10:26, 27). **3.** Nombre que aparece en el texto hebreo de un israelita con esposa extranjera en época de Esdras (Esd. 10:29). Los primeros escribas hebreos y los traductores anteriores escribieron "y Ramot". **4.** Descendiente de Benjamín y líder en esa tribu (1 Crón. 7:8). **5.** Sacerdote en la época de David y Salomón (1 Crón. 23:23; aparece como Jerimot en 24:30). **6.** Músico del templo (1 Crón. 25:4), tal vez la misma persona que era cabeza de la 15º división de sacerdotes (25:22). Ver *Jerimot.*

JERÍAS Nombre de persona que significa "Jah ve" o Yahvéh vio". **1.** Sacerdote durante el reinado de David y Salomón (1 Crón. 23:19; 24:23). **2.** Héroe militar del clan hebronita (1 Crón. 26:31).

JERICÓ Nombre geográfico que significa "luna". Al parecer, la ciudad más antigua del mundo y la

El tell de la Jericó del NT en primer plano, y el tell de la Jericó del AT más a la distancia.

Corte tipo barranco o trinchera de la Jericó del AT, para revelar los distintos niveles de destrucción.

primera que conquistó Israel bajo el liderazgo de Josué. Se halla en el valle inferior del Jordán que, según Gén. 13:10, "cual estaba bien regado por todas partes ... como el huerto del SEÑOR" (LBLA). La Jericó del AT está bajo tell es-Sultan, cerca de uno de los manantiales más importantes de Palestina.

La Jericó del NT, fundada por Herodes el Grande, estaba ubicada a 2,5 km (1,5 millas) hacia el sur en el magnífico wadi Qelt. El manantial Ain es-Sultan arroja unos 850 m^3 (30.000 pies cúbicos) de agua por día que cae alrededor

Capitel invertido de columna corintia, tal como se encontró in situ en la Jericó del NT.

de 50 m (160 pies) en el primer 1,5 km (1 milla) de su curso descendente por varios canales hasta el Río Jordán, que está a 10 km (6 millas) e irriga unas 1000 ha (2500 acres).

La combinación de rico suelo aluvional, manantial perenne y fuerte sol convirtieron a Jericó en un lugar atractivo para establecerse. Se podría haber llamado "ciudad de las palmeras" (Deut. 34:3; Jue. 1:16; 3:13; 2 Crón. 28:15) e incluso en la actualidad conserva muchas. Solo caen 160 mm (6,4 pulgadas) de lluvia al año (la mayor parte entre noviembre y febrero) y la temperatura promedio de enero es 15°C (59° F), y 31°C (88°F) en agosto. Jericó está aprox. 240 m (740 pies) bajo el nivel del mar (lo que explica su clima cálido), pero por encima del Mar Muerto, 13 km (8 millas) al sur, que es el punto más bajo de la tierra con 425 m (1300 pies) bajo el nivel del mar.

Jericó era un oasis situado en una planicie cálida que vivía en su propio mundo sin colonizaciones a la vista y ubicado entre los dos puntos focales de Jerusalén y Amán en las montañas al

Vendedores árabes modernos de cítricos y vegetales en la ciudad de Jericó.

oeste y al este. En la Biblia por lo general se menciona asociada con algún movimiento de un lado a otro del Jordán: la invasión israelita cuando Aod lleva tributo al rey de Moab, cuando David manda mensajeros al rey de Amón, cuando Elías y Eliseo cruzan el Jordán o cuando Sedequías trata de escapar de los babilonios.

En la época del NT Jericó era famosa por su bálsamo (resina aromática conocida por sus propiedades medicinales). Esto, sumado a que era la capital durante el invierno, la convirtió en una ciudad rica. Cuando Jesús fue recibido por Zaqueo (Luc. 19:1-10) es probable que lo haya hospedado en una de las mejores casas de Jericó. Los

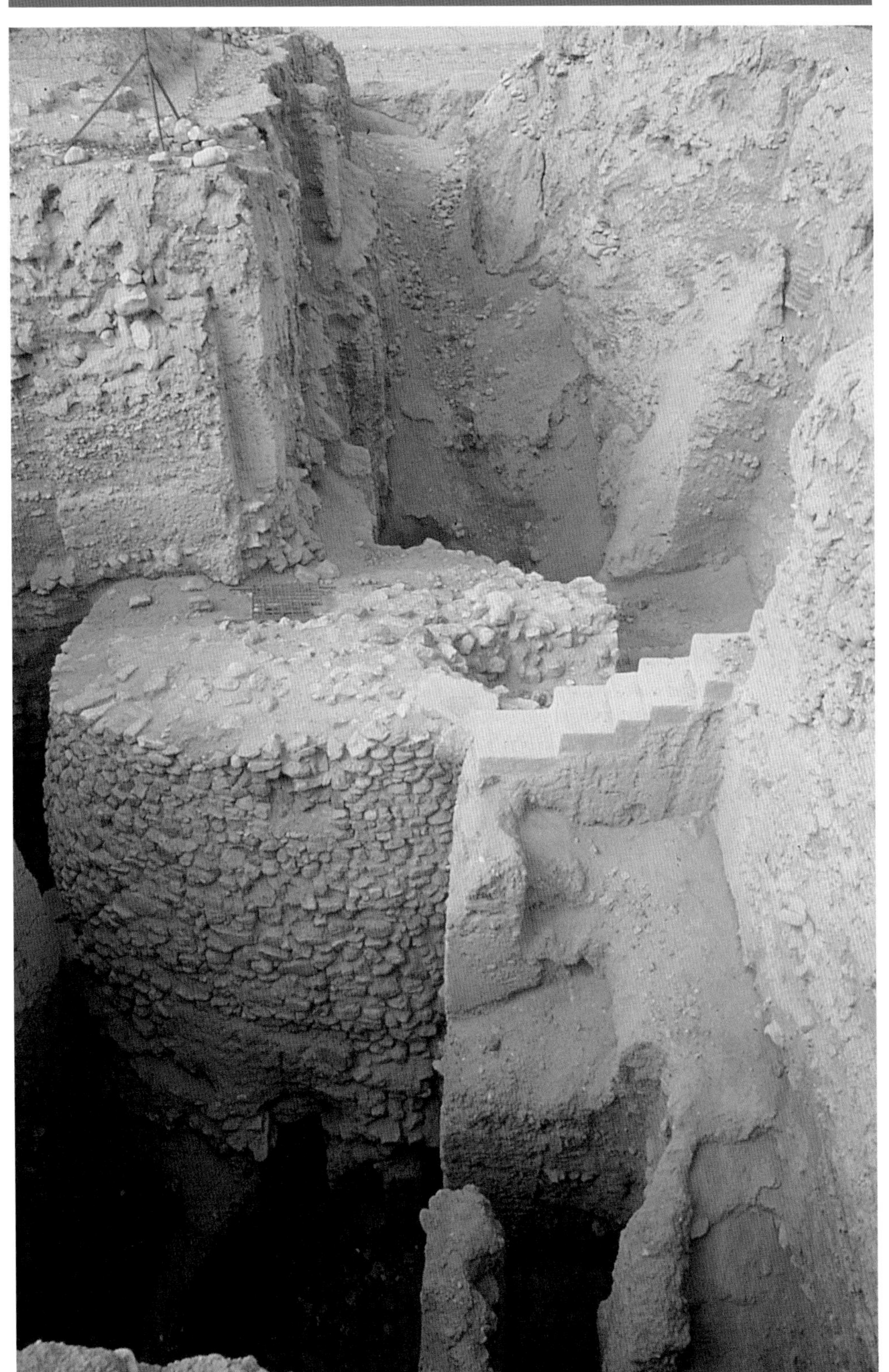

Torre defensiva neolítica (nueva Edad de Piedra) en la Jericó del AT.

Reconstrucción del palacio de invierno de Herodes el Grande en Jericó. Ubicado en la desembocadura del Wadi Kelt, a lo largo de la pendiente inferior de la cadena occidental del Valle del Jordán. El palacio tenía una imponente vista de la Jericó del NT y de la zona árida y fértil del Río Jordán.

árboles sicómoros eran valiosos. Es lógico que una ciudad como esta tuviera su grupo de mendigos, según relatan los Evangelios (Mat. 20:29-34; Mar. 10:46-52; Luc. 18:35-43).

La arqueología de Jericó está estrechamente relacionada con nombres como John Garstang (1876–1956), que excavó allí entre 1930 y 1936, y en especial Kathleen Kenyon, erudita de la

Vista desde la parte superior del tell de la Jericó del NT, donde se observa la exuberante vegetación del oasis.

universidad de Oxford que realizó excavaciones entre 1952 y 1959. El edificio reconocible más antiguo del lugar data al parecer (según el sistema de carbono 14) del 9250 a.C. aprox., época entre los períodos paleolítico y el mesolítico en Palestina. En el 8000 a.C. aprox. se construyó una ciudad amurallada (la primera en el mundo) de aprox. 4 has (10 acres). Alrededor del 6000 a.C. aparecieron vasijas. Aprox. en el 4000 a.C., comenzó un período de abandono, pero en el 3300 a.C. Jericó volvió a ser de nuevo lo que Kenyon denomina era "protourbana". Llegó a tener una sólida defensa con murallas y rampas. Desde el 2200 al 2000 a.C. el montículo de Jericó era más un campamento que una ciudad, y algunas de las 346 tumbas excavadas mostraron que sus ocupantes eran de diversas unidades tribales.

La excavación inicial de John Garstang determinó que Jericó fue destruida por fuego alrededor del 1400 a.C. (que coincide con la fecha bíblica de la conquista). Sin embargo, los descubrimientos de Kenyon difieren de los de Garstang y ella fecha la destrucción de la ciudad y la muralla en una época muy anterior. La investigación que Bryant Wood, un arqueólogo más reciente, hizo sobre el trabajo de Garstang y de Kenyon reveló que esta estaba equivocada y que el análisis de Garstang sobre la ciudad baja había sido correcto. Aunque niegan que la evidencia confirme el relato bíblico, las recientes excavaciones en Jericó de Lorenzo Nigro y Nicolo Marchetti descubrieron que la muralla de contención de piedra de la base del tell, con parte de la pared en ladrillos de barro construida encima, permanece intacta como evidencia de las murallas que cayeron. Una vez más la evidencia confirma el relato bíblico. Sin embargo, aun hoy, sigue predominando la visión de Kenyon. Aunque los eruditos subrayan el conflicto entre los datos arqueológicos y la narración bíblica de la conquista, en realidad tal conflicto no existe. Ver *Arqueología y estudios bíblicos; Conquista de Canaán; Josué.*

Karen Joines y Eric Mitchell

JERIEL Nombre de persona que significa "Dios ve". Miembro de la tribu de Isacar (1 Crón. 7:2).

JERIMOT Nombre de persona que tal vez signifique "vientre abultado". El nombre se parece bastante a Jeremot, por eso las traducciones no son consecuentes al copiar la escritura hebrea. Lo que sigue representa la ortografía del texto hebreo. Ver *Jeremot.* **1.** Miembro de la tribu de Benjamín (1 Crón. 7:7). **2.** Guerrero de la tribu de Saúl (Benjamín) que se unió a David cuando este huyó de aquel en Siclag (1 Crón. 12:5). **3.** Levita de la casa de Musi (1 Crón. 24:30; comp. 23:23). **4.** Músico del templo en tiempos de David y Salomón (1 Crón. 25:4; comp. v.22). **5.** Líder de la tribu de Neftalí en la época de David (1 Crón. 27:19). **6.** Hijo de David cuya hija se casó con el rey Roboam (931–913 a.C.), según 2 Crón. 11:18. Jerimot no aparece en ninguna otra lista de los hijos de David. **7.** Cuidador del tesoro del templo en tiempos de Ezequías (2 Crón. 31:13).

JERIOT Nombre de persona que significa "aterrador". Persona relacionada con Caleb, pero la construcción gramatical del hebreo hace difícil determinar la relación exacta (1 Crón. 2:18): una segunda esposa (LBLA); una hija (RVR1960).

JERJES Rey persa que reinó desde 486 a.C. hasta 464 a.C., mencionado en el libro de Ester como Asuero. Hijo de Darío el Grande y nieto de Ciro el Grande. Realizó campañas militares contra los

Las ruinas de la puerta de Jerjes, en Persépolis, que conducían a una gigantesca terraza construida por Darío el Grande.

Pared de intrincado diseño esculpido del palacio de Jerjes de Persia, en Persépolis (actualmente Irán).

griegos para vengar la derrota sufrida en Maratón en 490. No obstante, su ejército sufrió una derrota catastrófica en la Bahía de Salamina en 480 y pronto perdió interés en derrotar a los griegos. Ver *Ester, Libro de; Persia.*

JEROBAAL Nombre de persona que significa "Baal juzga". Otro nombre de Gedeón (Jue. 6:32). Ver *Gedeón.*

JEROBOAM Nombre de persona que tal vez signifique "el que contiende para la justicia del pueblo" o "que el pueblo se multiplique". **1.** Primer rey del Reino del Norte, Israel, aprox. 926–909 a.C. Tuvo un notable ascenso al poder. Dirigió a los obreros que había reclutado Salomón para los enormes proyectos edilicios (1 Rey. 11:28). Durante el reinado de Salomón, Ahías, un profeta de Silo, confrontó a Jeroboam, partió su capa en doce pedazos y le entregó diez a Jeroboam (1 Rey. 11:29-39) e interpretó esto como promesa divina de que Jeroboam se convertiría en rey sobre 10 de las 12 tribus. A la muerte de Salomón, Jeroboam se enteró de que las tribus se reunirían en Siquem para ungir como rey a Roboam, el hijo de Salomón. Aprovechando el resentimiento del pueblo hacia las políticas arbitrarias de Salomón, Jeroboam lideró a las 10 tribus en una sublevación contra la casa de David, y el pueblo lo coronó rey.

Los escritores bíblicos inspirados no consideraron buen rey a Jeroboam ya que se convirtió en ejemplo de los reyes malvados de Israel por haber construido templos en Dan y en Bet-el con becerros de oro que representaban la presencia de Dios. Lo que pareció ser un acto de diplomacia hizo que el pueblo se desviara de la adoración en Jerusalén, el lugar escogido por Dios. Todos los reyes del norte que siguieron fueron condenados

La tumba de Jerjes, ubicada en el actual Irán.

por los escritores bíblicos por haber seguido los pasos de Jeroboam al alentar la adoración en Dan y Bet-el (1 Rey. 15:25,26,33-34; 16:18,19,30, 31). Jeroboam además instituyó nuevas costumbres para la adoración (1 Rey. 12:25-33), haciendo que esta fuera de manera intencional distinta de la adoración en Jerusalén, si bien proclamaba adorar al mismo Dios con las mismas tradiciones en el culto. Las advertencias proféticas no lograron que Jeroboam cambiara de actitud (1 Rey. 13:1–14:20).
2. Poderoso rey de Israel en la dinastía de Jehú, aprox. 793–753 a.C. (2 Rey. 14:23-29), que restauró prosperidad y territorio a una nación débil, pero que continuó con las prácticas religiosas de Jeroboam I. Eso condujo a que los escritores bíblicos lo condenaran. Jonás, Amós y Oseas profetizaron durante su reinado. Jeroboam restableció los límites del imperio davídico, e incluso llegó a Siria. *M. Stephen Davis*

Jeroglíficos en el muro de un templo parcialmente restaurado en Saqqara, Egipto.

JEROGLÍFICOS Término griego que significa "grabados sagrados" y alude a los símbolos pictográficos de la antigua escritura egipcia. Por lo general, los jeroglíficos se tallaban en piedra pero a veces se grababan en papiros. Estos símbolos/figuras consistían tanto en ideogramas (representaban toda una frase o palabra) como en fonogramas (representaban una consonante). Desde temprano se desarrolló una escritura cursiva simplificada (hierática). Esta a su vez, fue simplificada y se convirtió en la escritura demótica alrededor del 700 a.C.

JEROHAM Nombre de persona que significa "él halló misericordia". **1.** Padre de Elcana y abuelo de Samuel (1 Sam. 1:1; comp. 1 Crón. 6:27,34). **2.** Sacerdote luego del exilio (Neh. 11:12). **3.** Miembro de la tribu de Benjamín

Inscripciones jeroglíficas en el muro de un templo en Karnak, Egipto.

(1 Crón. 8:27 si la lectura apropiada no es Jeremot como en el v.14; ver *Jeremot*). **4.** Padre de uno de los primeros hombres en regresar a Jerusalén del exilio en Babilonia (1 Crón. 9:8). **5.** Sacerdote cuyo hijo fue uno de los primeros en regresar a Jerusalén luego del exilio babilónico (1 Crón. 9:12). **6.** Padre de dos líderes militares de David de la tribu de Benjamín, a la que pertenecía Saúl (1 Crón. 12:7). **7.** Padre de un líder de la tribu de Dan durante el reinado de David (1 Crón. 27:22). **8.** Padre de un comandante que ayudó al sumo sacerdote Joiada a derrocar a la reina Atalía y a designar como rey a Joás aprox. en el 835 a.C. (2 Crón. 23:1).

JERUEL Nombre geográfico que significa "fundamentos de Dios". Sitio donde el profeta Jahaziel predijo que el rey Josafat y su ejército hallarían al ejército amonita y moabita. Se desconoce la ubicación exacta. Se hallaba en la ladera escarpada hacia el sureste de Tecoa camino a En-gadi.

JERUSA Nombre de persona que significa "tomado en posesión". Madre de Jotam, rey de Judá (2 Rey. 15:33). Fue hija de Sadoc, posiblemente de la línea sacerdotal. El nombre de su padre sugiere que quizás perteneciera a una familia levítica.

JERUSALÉN Ciudad construida sobre una altiplanicie en los montes de Judá, considerada sagrada por el judaísmo, el cristianismo y el islam. La importancia bíblico teológica radica en su condición de lugar escogido por Yahvéh para Su divino reino y para el reino de David y sus descendientes, los vicerregentes de Yahvéh. Además de llamarse Jerusalén, también se la conoce como "la ciudad de David" y "Sion" (que en un principio se refería a una zona de la ciudad, la "fortaleza de Sion" que David conquistó de manos de los jebuseos; ver 2 Sam. 5:6-10).

En el Pentateuco no se menciona de manera directa. Moriah (Gén. 22:2; relacionada con el lugar donde se levantaba el templo de Salomón en 2 Crón. 3:1) y Salem (Gén. 14:18; relacionada con Sion en el Sal. 76:2) al parecer se refieren al mismo lugar y establecen conexión entre la ciudad y el patriarca Abraham. La ciudad (conocida previamente como Jebús; ver Jue. 19:10,11) fue conquistada en la época de Josué (Jue. 1:8), pero los jebuseos no fueron expulsados (Jos. 15:63; Jue. 1:21). Cuando David tomó la ciudad y la convirtió en capital de Israel (2 Sam. 5:6-10; 1 Crón. 11:4-9), trasladó a Jerusalén el arca del pacto (2 Sam. 6:17) y la convirtió en sede no solo de su reino sino también de la monarquía de Dios (comp. 1 Rey. 11:36; 14:21 y

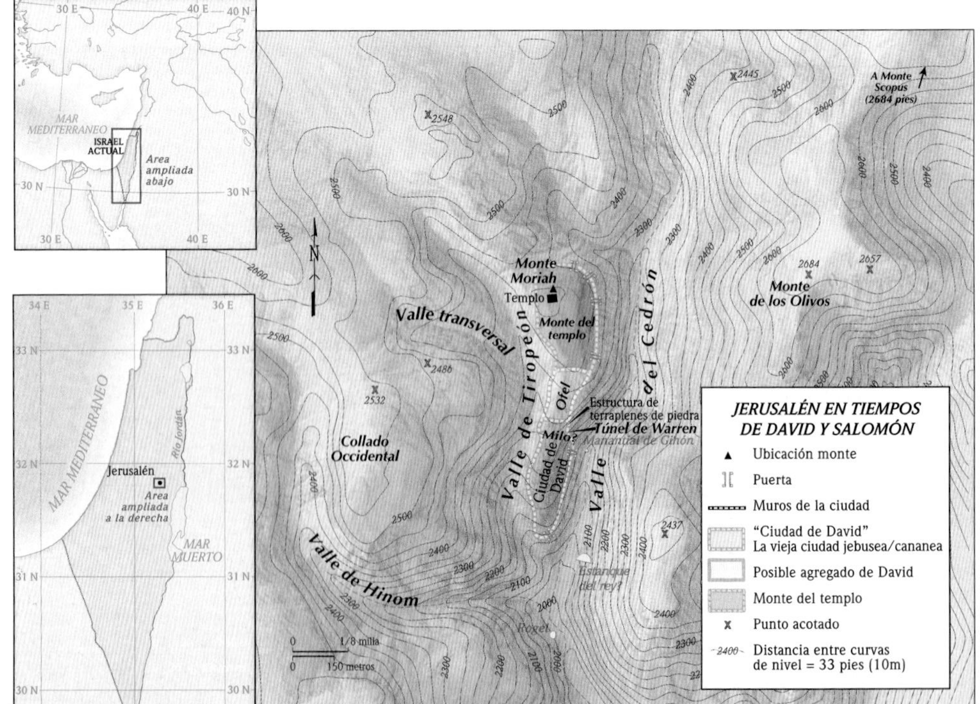

J

Maqueta de la Jerusalén del siglo I, que muestra las tres torres construidas por Herodes el Grande para proteger su palacio.

Sal. 132, que enfatiza que es la morada escogida y deseada por Yahvéh). Jerusalén pasó a ser "la ciudad de nuestro Dios", "la ciudad del gran Rey" y "la ciudad de Jehová de los ejércitos" (Sal. 48). Durante el reinado de Salomón se construyó el templo (2 Crón. 3–7) y la nación alcanzó la cima política y económica con Jerusalén como centro (2 Crón. 9).

En los libros proféticos, además de las referencias literales a la ciudad, "Jerusalén" aparece como representante colectiva de toda la comunidad en los discursos de juicio y salvación futura. La centralidad teológica de Jerusalén y sucesos como la liberación histórica divina de manos de Senaquerib (2 Rey. 19) hizo que la gente creyera erróneamente en la invencibilidad de la ciudad. Esta postura la denuncian profetas como Jeremías (Jer. 7:1-15) y Miqueas (Miq. 3:11,12) ya que indujo al pueblo a la apostasía. Como el pueblo abandonó a Yahvéh, Él abandonó a Su ciudad escogida a manos de los babilonios en el 586 a.C. (2 Rey. 23:26,27).

Sin embargo, el juicio no fue definitivo. El rey Ciro de Persia (por decreto en el 538 a.C.) fue un siervo de Yahvéh al facilitar el regreso de muchos exiliados y la reconstrucción de la ciudad y del templo (Isa. 44:26-28; 45:13; Esd. 6; Neh. 1–6). Por otra parte, la salvación futura de Jerusalén superaría la restauración temporal de la comunidad luego del exilio. Todos los pueblos irían a ella (Isa. 2:2-4; Jer. 3:17). La nueva obra de Dios a favor de Jerusalén marcaría el comienzo de una nueva era (Isa. 65:18-25; Zac. 14:8-21).

El NT presenta diversas profecías sobre Jerusalén que se cumplieron en y a través de Jesús, el

Una tumba que data del siglo I d.C., en la ciudad de Jerusalén.

Jerusalén en el tiempo de Jesús

1. *El templo (de Herodes)*
2. *Atrio de las mujeres*
3. *El Soreg*
4. *El atrio de los gentiles*
5. *El porche real*
6. *Puerta Oriental (actualmente Puerta Dorada)*
7. *Fortaleza Antonia*
8. *Puerta Doble (Puerta Hulda occidental)*
9. *Puerta Triple (Puerta Hulda oriental)*
10. *La monumental escalera herodiana (actualmente se conservan secciones)*
11. *La Ciudad de David (establecida por David, la parte más vieja de la ciudad)*
12. *Muro defensivo más antiguo (destruido y reconstruido muchas veces)*
13. *Muro defensivo exterior herodiano alrededor de la ciudad agrandada*
14. *Muro herodiano que separaba la Ciudad Alta (distrito más próspero) de la Ciudad Baja (distr menos próspero)*
15. *El segundo muro norte (posible ubicación)*
16. *Huerto de Getsemaní (ladera occidental del Monte de los Olivos)*
17. *Monte de los Olivos*
18. *Valle de Cedrón*
19. *Fuente de Gihón*
20. *Estanque de Siloé*
21. *Valle de Tiropeón (Ciudad Baja)*
22. *Acueducto de Herodes (posible ubicación)*
23. *Tiendas y mercado en la época de Jesús*
24. *Tiendas y mercado adicionales (probablemen agregados tiempo después)*
25. *Escalera (Arco de Robinson) que conducía des la Ciudad Baja*

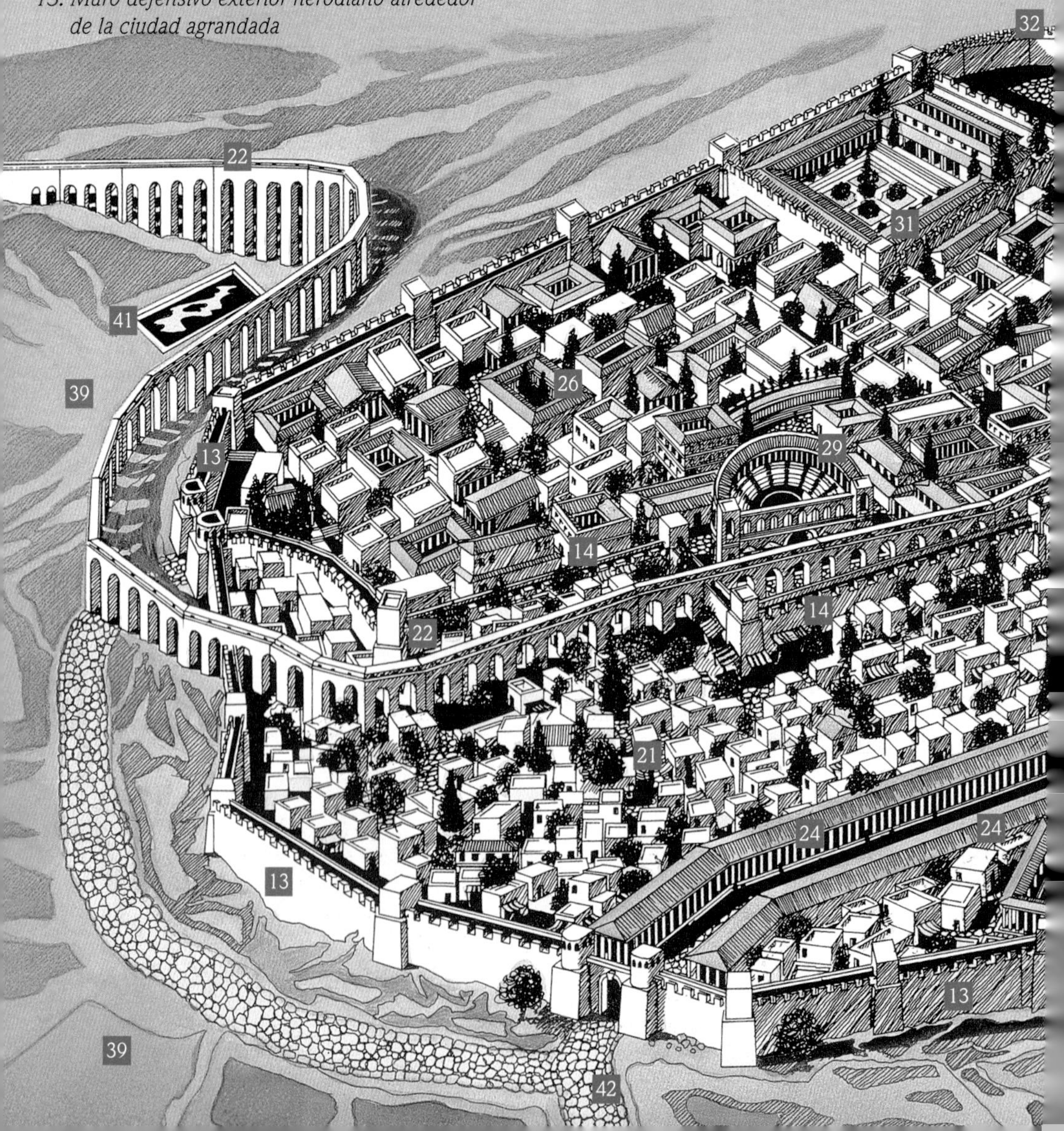

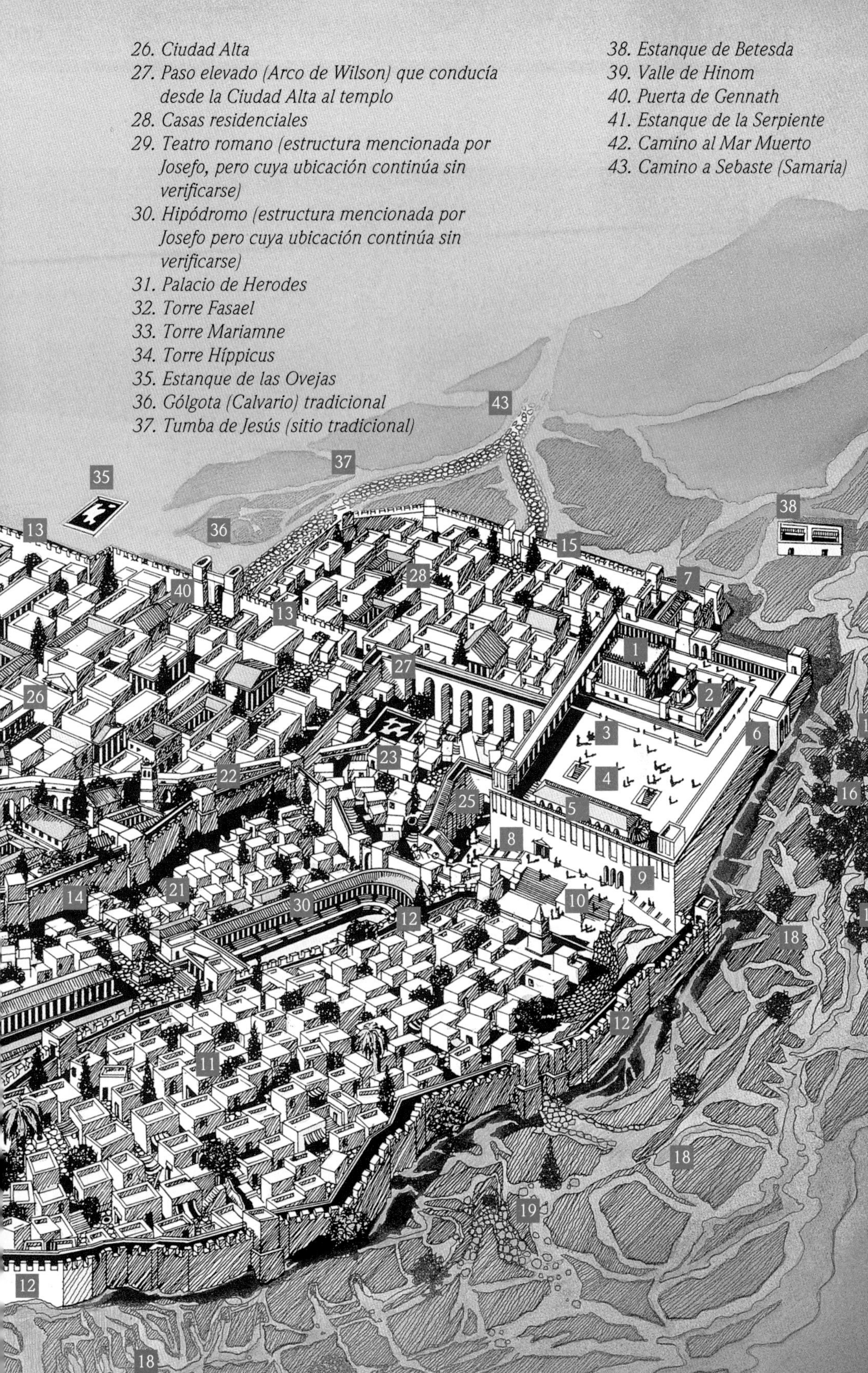
26. Ciudad Alta
27. Paso elevado (Arco de Wilson) que conducía desde la Ciudad Alta al templo
28. Casas residenciales
29. Teatro romano (estructura mencionada por Josefo, pero cuya ubicación continúa sin verificarse)
30. Hipódromo (estructura mencionada por Josefo pero cuya ubicación continúa sin verificarse)
31. Palacio de Herodes
32. Torre Fasael
33. Torre Mariamne
34. Torre Híppicus
35. Estanque de las Ovejas
36. Gólgota (Calvario) tradicional
37. Tumba de Jesús (sitio tradicional)
38. Estanque de Betesda
39. Valle de Hinom
40. Puerta de Gennath
41. Estanque de la Serpiente
42. Camino al Mar Muerto
43. Camino a Sebaste (Samaria)

El Muro de los Lamentos, reverenciado por los judíos durante siglos como el único muro que perdu zona del antiguo templo.

La moderna ciudad de Jerusalén mirando hacia el sur, a través del Valle de Cedrón, desde el Monte Scopus.

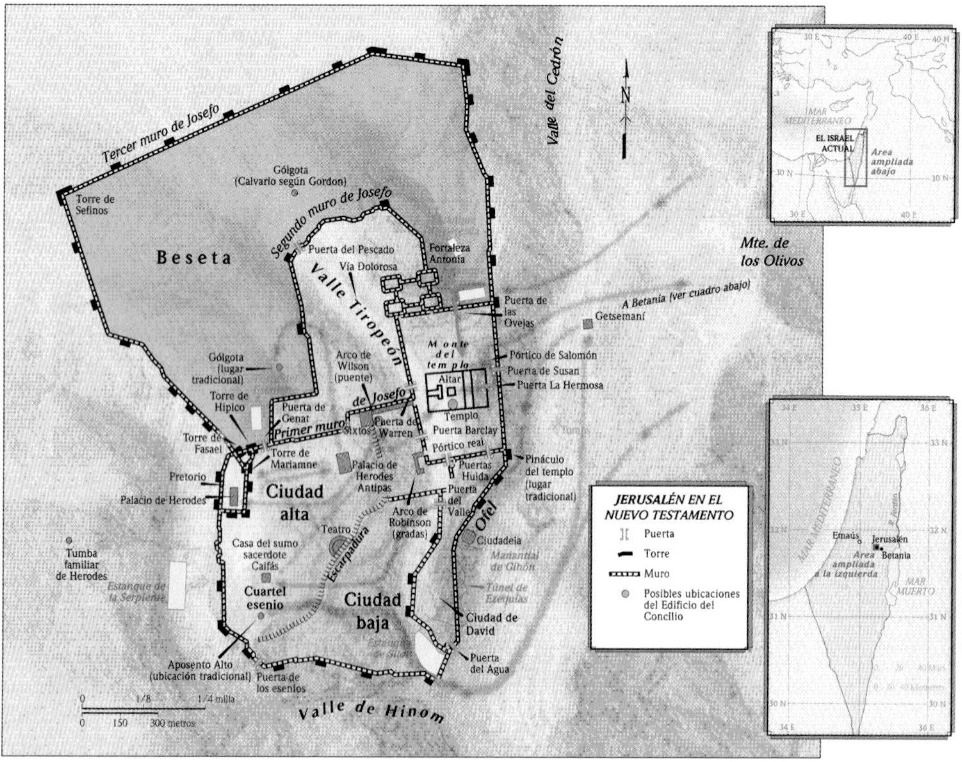

Mesías de Israel. En los Evangelios, Jerusalén cumple roles irónicos y contrastantes. Por un lado, es "la ciudad del gran Rey" (Mat. 5:35) y "la ciudad santa" (Mat. 4:5; 27:53). Por el otro, es la ciudad que mata a los profetas y apedrea a los que son enviados (Luc. 13:34). Si bien algunos ansiaban "la redención [de] Jerusalén" (Luc. 2:38), la ciudad y sus habitantes enfrentarían un juicio espantoso por no haber reconocido el tiempo de la divina visitación de Jesús (Luc. 19:41-44). En efecto, la misión de Jesucristo finalizó con el rechazo de los gobernantes de Jerusalén y Su muerte fuera de los muros de la ciudad (Mar. 8:31; 10:32-34; caps. 14–15).

Aunque el arrepentimiento de los pecados debe predicarse a todas las naciones "comenzando desde Jerusalén" (Luc. 24:47), en el período siguiente a la muerte y resurrección de Jesús, la esperanza bíblica se centra en "la Jerusalén celestial" (Heb. 12:22 NVI; comp. 11:10, 16; 13:13,14). Los verdaderos adoradores no debían adorar al Padre "ni en este monte ni en Jerusalén ... [sino que] rendirán culto al Padre en espíritu y en verdad" (Juan 4:21,23 NVI). La "Jerusalén de arriba" (la madre de los libres, de los hijos de la promesa) contrasta con la "Jerusalén actual", que es la madre de los esclavos incrédulos (Gál. 4:25,26). La ciudad donde el Señor Jesús fue crucificado "simbólicamente se llama Sodoma y Egipto" (Apoc. 11:8 LBLA), pero la "nueva Jerusalén" descenderá del cielo con la llegada de un nuevo cielo y una nueva tierra (Apoc. 3:12; 21:1,2).

La promesa del reinado de Yahvéh ("el reino de Dios") y de la salvación de Su pueblo, tanto judíos como gentiles, halla cumplimiento en la muerte y la resurrección de Jesús y en la llegada de un nuevo cielo y una nueva tierra. La esperanza bíblica ahora apunta a "la ciudad del Dios vivo, la Jerusalén celestial" (Heb. 12:22 LBLA).

Randall K. J. Tan

JERUSALÉN, CONCILIO DE Ver *Concilio apostólico.*

JESAÍAS Variante para Isaías que significa "Jah ha salvado". Descendiente de David en el período postexílico (1 Crón. 3:21), y por lo tanto encargado de mantener viva la esperanza mesiánica en Israel. **1.** Sacerdote que usó la música para profetizar durante el reinado de David (1 Crón. 25:3). Al parecer, él y otros proclamaron la voluntad de Dios a la congregación de adoradores. Líder de la octava clase o turno de sacerdotes (25:15). **2.** Miembro de la familia de los levitas, responsable del tesoro de la

La mezquita musulmana de la Cúpula de la Roca, construida en el sitio del templo de Salomón.

casa de Dios durante el reinado de David (1 Crón. 26:25).

JESANA Nombre geográfico que significa "ciudad antigua". Ciudad que el rey Abías de Judá conquistó de manos de Jeroboam de Israel aprox. en 910 a.C. (2 Crón. 13:19). Estaba en la actual Burj el-Isane, a 6,5 km [4 millas] al sur de Silo y 13 km [8 millas] al noreste de Mizpa.

JESARELA Transliteración del nombre hebreo del líder de la séptima división de los levitas (1 Crón. 25:14). Variante de Asarela (1 Crón. 25:2). Jesarela en hebreo se escribe como Israel pero con una letra final adicional. Ver *Asarela*.

JESEBEAB Nombre de persona que significa "el padre permanece vivo" o "Él trae al padre de regreso". Líder de la 14° división sacerdotal (1 Crón. 24:13).

JESER Nombre de persona que significa "él declara derecho, establece justicia". Hijo de Caleb (1 Crón. 2:18).

JESIMIEL Nombre de persona que significa "Yahvéh coloca". Miembro de la tribu de Simeón (1 Crón. 4:36).

JESISAI Nombre de persona que significa "entrado en años". Miembro de la tribu de Gad (1 Crón. 5:14).

JESOHAÍA Nombre de persona de significado desconocido. Miembro de la tribu de Simeón (1 Crón. 4:36).

JESÚA Nombre de persona que en hebreo se escribe igual que Josué y significa "Yahvéh es salvación". **1.** Líder de la 9° corte de sacerdotes durante el reinado de David (1 Crón. 24:11). **2.** Sacerdote durante la época de Ezequías (715–686 a.C.) que ayudaba en la distribución de los alimentos recogidos con los diezmos y las ofrendas a los sacerdotes que habitaban en las ciudades levíticas fuera de Jerusalén (2 Crón. 31:15). **3.** Sumo sacerdote llevado al exilio por el rey Nabucodonosor de Babilonia en el 586 a.C. Regresó a Jerusalén con Zorobabel alrededor del 537 a.C. (Esd. 2:2). Los descendientes de su familia o la de 1. (ver arriba) también regresaron (Esd. 2:36; comp. 2:40). Dirigió la reconstrucción del altar y la restitución de sacrificios en Jerusalén (Esd. 3:2-6). Se comenzó la reconstrucción del templo pero se abandonó cuando apareció una fuerte oposición que apeló ante el rey Artajerjes (Esd. 3:8–4:24). Correspondencia posterior permitió que el rey Darío recobrara la proclamación de Ciro que autorizaba la reconstrucción del templo. Esto sucedió luego de que Jesúa, a veces llamado Josué, continuara la predicación profética de Zacarías y Hageo, y renovara los esfuerzos para reconstruir el templo (Esd. 5:2–6:15; Hag. 1:1,12-14; 2:4), que finalmente se terminó en el 515 a.C. Aun así, algunos de sus hijos se casaron con mujeres extranjeras y, siguiendo las enseñanzas de Esdras, debieron divorciarse (Esd. 10:18, 19). Zacarías tuvo una visión de Jesúa/Josué en la que Dios anunciaba la plena purificación del sumo sacerdote, y lo preparaba para cumplir los rituales de expiación por el pueblo, además de señalar el día cuando el Mesías llegaría para ofrecer una expiación completa y eterna por el pueblo de Dios (Zac. 3). Jesúa fue al parecer uno de los dos ungidos de la visión de Zacarías (4:14; comp. 6:11-13). **4.** Clan vinculado con el Pahat-moab o gobernador de Moab, algunos de cuyos miembros regresaron del exilio con Zorobabel (Esd. 2:6). **5.** Padre de Ezer, gobernador judío del distrito de Mizpa bajo el dominio persa (Neh. 3:19). **6.** Levita que firmó el pacto de Nehemías de obedecer la ley de Dios (Neh. 10:9). **7.** Clan de levitas en la comunidad postexílica que tal vez tuviera relación con el clan de 1. **8.** Otra manera de escribir el nombre del héroe conquistador Josué, hijo de Nun (Neh. 8:17). Ver *Josué*. **9.** Pueblo de Judá donde vivieron algunos judíos al regresar del exilio (Neh. 11:26). Quizás sea la actual Tell es-Sawi, al noreste de Beerseba.

JESUCRISTO El fundamento absoluto de la fe cristiana. La persona de Buda no resulta esencial para la enseñanza del budismo, ni tampoco lo es la persona de Mahoma para la fe islámica. Sin embargo, todo lo relacionado con el cristianismo se inicia y termina en la persona de Jesucristo. Los teólogos liberales creyeron que sería posible separar a Cristo del cristianismo al sugerir que el fundamento de la fe cristiana son las enseñanzas de Jesús. Ellos pretenden imponer que uno puede aceptar las enseñanzas de Cristo sin tomar una decisión personal acerca de Cristo mismo.

Por el contrario, la enseñanza bíblica afirma que un cristianismo sin Cristo es una contradicción. El presente artículo, junto a *"Jesús, vida y ministerio"*, procura resumir la información bíblica sobre la singularidad de Jesús. Los nombres y títulos que se le adjudicaron, Su humanidad, deidad, enseñanza y obrar poderoso brindan el marco adecuado para este debate.

Nombres y títulos El nombre propio de Jesús deriva del hebreo "Josué", que significa "Yahvéh salva" o "la salvación es por Yahvéh" (Mat. 1:21). *Cristo* es el término griego para "ungido", equivalente al hebreo *Mesías*. Este Salvador ungido es también Emanuel, "Dios con nosotros" (Mat. 1:23; Isa. 7:14). La expresión preferida de Pablo para referirse a Jesús era *kurios*, "Señor", y la primera confesión cristiana fue que "Jesús es el Señor". La sublime introducción sobre Jesús en el prólogo al Evangelio de Juan lo presenta como el *logos*, el "Verbo" creador de todas las cosas (1:3), que se hizo carne y habitó entre nosotros (1:14). Él es la vida (1:4) y la luz de los hombres (1:4); la gloria de Dios (1:14); el unigénito que ha dado a conocer al Padre (1:18). Los Evangelios registran la afirmación de Jesús de ser el Hijo del Hombre, título que con frecuencia empleaba para referirse a Su humillación, Su identificación con la humanidad pecadora, Su muerte a favor de los pecadores y Su regreso glorioso. Si bien Jesús era el Hijo del Hombre respecto de Su ministerio y Su pasión, es también el Hijo de Dios, el exclusivamente engendrado y enviado por Dios mismo (Mar. 1:1; Juan 3:16). El libro de Hebreos muestra a Jesús como el gran sumo sacerdote de Dios (3:1; 4:14) que hace sacrificios por Su pueblo, y muestra que Él mismo es un sacrificio (10:10-14). Hebreos también presenta a Jesús como creador de todas las cosas (1:2), fiel imagen de Dios (1:3 NVI) y apóstol de nuestra confesión (3:1). Las metáforas usadas acerca de Jesús, en especial en el Evangelio de Juan, hablan de manera conmovedora de la indispensable necesidad de que las personas conozcan a Jesús. Él es el agua de vida (Juan 4:14), el pan de vida (6:41), la luz (8:12), la puerta (10:7), el camino, la verdad y la vida (14:6).

Humanidad Jesús era plenamente humano. Él no era ser humano en forma parcial, ni actuaba a veces como humano y a veces como Dios, ni tampoco aparentaba ser humano. Era al mismo tiempo ambas cosas: Dios y hombre. *The Baptist Faith and Message* [Fe y mensaje bautista] enfatiza esta verdad cuando afirma: "Cristo asumió las exigencias y las necesidades de la naturaleza humana, y se identificó plenamente con el hombre" (Art. II, B). La evidencia de la humanidad de Jesús en la Escritura es abundante. Él manifestó los síntomas físicos que experimenta el ser humano: cansancio (Juan 4:6), sueño (Mat. 8:24), hambre (Mat. 21:18) y angustia (Luc. 22:43,44 NVI). Jesús también experimentó las reacciones emocionales humanas: compasión (Luc. 7:13), llanto (Luc. 19:41), enojo y tristeza (Mar. 3:5), angustia (Mat. 26:37) y gozo (Juan 15:11). Estos rasgos físicos y emocionales, junto con otros que se mencionan en los Evangelios, demuestran que el NT reconoce en forma completa y total la humanidad de Jesús. Sin embargo, Él no era solo un hombre verdadero; también era una persona única, especial y extraordinaria. Aunque era humano, Jesús se diferenciaba de las demás personas en dos sentidos. Primero, nació de una virgen; no tuvo padre humano. Fue concebido por el Espíritu Santo en la matriz de María (Mat. 1:18-25). Segundo, a diferencia de cualquier otro, Jesús no tenía pecado. Él declaró no tener pecado (Juan 8:46) y no hay un solo registro de que haya confesado sus pecados, aunque nos ordenó que confesáramos los nuestros (Mat. 6:12). Pablo manifestó que Jesús se hizo pecado por nosotros pero que no conoció pecado (2 Cor. 5:21). El escritor de Hebreos declara que Jesús fue sin pecado (Heb. 4:15) y Pedro afirmó que Jesús el justo, murió por los injustos (1 Ped. 3:18).

Deidad Con el paso de los siglos, fueron pocos los que negaron la existencia humana de Jesús. Sin embargo, siempre se presentó una encarnizada batalla en cuanto a Su naturaleza sobrenatural. Si Jesús nació de una virgen y no tuvo pecado, como ya mencionáramos, entonces en Él hubo un elemento sobrenatural que lo diferencia del resto de las personas. Es más, Su resurrección demuestra que Él trasciende tiempo y espacio. Los relatos del evangelio registran muchos testigos oculares del Cristo resucitado (Mat. 28:1-10; Luc. 24:13-35; Juan 20:19-31), y todos los intentos por refutar tales relatos carecen de credibilidad. No obstante, el NT va más allá de estas referencias implícitas a la deidad y declara abiertamente que Cristo es divino. Las exigencias de lealtad total por parte de Sus seguidores (Luc. 9:57-62) y las afirmaciones de que juzgará al mundo (Juan 5:27) parecen extrañas si provienen de un simple hombre. También aseguró que podía perdonar pecados (Mar. 2:5) y afirmó que en el juicio la gente sería condenada o aprobada según fuera la actitud de ellos hacia quienes representan a Jesucristo (Mat. 25:31-46). La Escritura declara que Jesús creó todas las cosas (Juan 1:3) y que estas subsisten en Él (Col. 1:17). Incluso tiene poder para resucitar a los muertos (Juan 5:25). Los ángeles y los seres humanos lo adoran (Heb. 1:6; Mat. 2:2). Él está en igualdad con las personas de la Trinidad (Juan 14:23; 2 Cor. 13:14). Más allá de estas afirmaciones, el NT brinda evidencias aun más claras en cuanto a la deidad de Cristo. En Heb. 1:8 se lo llama Dios. El prólogo de Juan (1:1-18) afirma que Jesús existe desde el principio y que está "con" Dios (lit. "cara a cara"), y que Él es Dios. El complicado griego de Juan declara que Jesús es igual a Dios el Padre en cuanto a Su naturaleza, pero que es una persona distinta. Otro pasaje importante es Juan 5:16-29. Durante una controversia con los judíos sobre la sanidad de un hombre en el día de reposo, los líderes religiosos procuraron matarlo porque había "blasfemado" haciéndose semejante a Dios. En vez de corregirlos por haberse equivocado respecto de Su identidad, Jesús continuó haciendo más afirmaciones sobre Su deidad: tiene poder para dar vida (v.21), le fue dado todo juicio (v.22) y todos deben honrar al Hijo con el mismo honor que demuestran al Padre (v.23). La preexistencia de Jesús como Dios queda demostrada en Juan 8:58, donde afirma que trasciende los tiempos. Romanos 9:5 revela que Pablo llamó Dios a Jesús y no hay dudas de que en Fil. 2:5-11 el apóstol comprendía que Jesús existió eternamente en forma de Dios y con la misma naturaleza de Dios. El excepcional pasaje cristológico de Col. 1:15-23 afirma que Cristo es la imagen del Dios invisible; es decir, una reproducción o similitud tan exacta del Dios invisible al hombre mortal, que mirar a Cristo era ver a Dios. De modo que el Cristo del NT no es un hombre deificado por sus discípulos (según la visión del liberalismo clásico), sino que es el eterno Hijo de Dios que se hizo hombre de manera voluntaria para redimir a la humanidad perdida.

Enseñanza y obrar poderoso Jesús era un maestro formidable. Multitudes que no lo seguían se vieron forzadas a reconocer: "¡Jamás hombre alguno ha hablado como este hombre!" (Juan 7:46). Cuando finalizó el persuasivo Sermón del Monte, la gente estaba asombrada de Su mensaje (Mat. 7:29). Enseñó principalmente acerca de Su Padre y del reino que había llegado. Explicó cómo era aquel reino, y la obediencia y amor absolutos que deben tener sus seguidores como ciudadanos del reino. Lo que decía con frecuencia encolerizaba a los líderes religiosos de la época porque no comprendían que se trataba del Mesías prometido que con Su muerte, resurrección y segunda venida daba lugar al reino de Dios. Además señaló que dicho reino, aunque había sido inaugurado con Su primera venida, se iba a consumar con Su segunda venida (Mat. 24–25). Hasta entonces, Sus discípulos debían comportarse como sal y luz en un mundo oscuro y pecador (Mat. 5–7). Frecuentemente habló con parábolas que por medio del uso de elementos comunes ayudaban a ilustrar verdades espirituales.

El obrar poderoso de Jesús convalidó Su naturaleza única y divina. Él respaldó Sus afirmaciones de deidad al demostrar Su poder sobre enfermedades y dolencias, sobre la naturaleza, y sobre la vida y la muerte. Un gran milagro que demuestra de manera concluyente Su declaración de deidad es Su resurrección de entre los muertos. La muerte no pudo retenerlo. Él resucitó y mostró que estaba vivo por medio de muchas "pruebas indubitables" (Hech. 1:3). A pesar de los rigurosos intentos del liberalismo por suprimir los milagros de los Evangelios, resulta imposible eliminar estos elementos sobrenaturales de la vida de Jesús sin dañar la credibilidad de lo que los Evangelios dicen de Él.

El cristianismo afirma que Jesús es el único camino a Dios (Juan 14:6; Hech. 4:12). Para esta época pluralista y relativista, al parecer es una postura intolerante. No obstante, si tomamos en cuenta la evidencia provista, debemos creer que Jesucristo fue el Señor Dios que decía ser, o de lo contrario que fue un impostor que creía ser lo que no era. *Dale Ellenburg*

JESURÚN Nombre de persona que significa "derecho" o "recto". Nombre poético de Israel (Deut. 32:15; 33:5,26; Isa. 44:2). Puede tratarse de un juego de palabras con Jacob, que recibió el nombre Israel y fue conocido por su engaño. Jesurún tal vez demuestra que Israel dejó el engaño para ser derecho o recto en sus acciones.

JESÚS, VIDA Y MINISTERIO En el Evangelio de Marcos la historia de Jesús comienza de manera repentina cuando se presenta ante el profeta del desierto, Juan el Bautista, en el Río Jordán para ser bautizado. Lo único que se menciona acerca de Su origen es que fue al río "[desde] Nazaret" (Mar. 1:9). "Jesús de Nazaret" fue un título que lo acompañó hasta el día de Su muerte (Juan 19:19 NVI).

Sus orígenes El Evangelio de Mateo demuestra que aunque Nazaret era el hogar de Jesús cuando acudió ante Juan para que lo bautizara, no había nacido allí sino en Belén, la "ciudad de David" (como correspondía al Mesías judío), como descendiente de la familia real davídica (Mat. 1:1-17; 2:1-6). Este niño nacido en Belén, que vivió como adulto en Nazaret, fue descrito en forma sarcástica por sus enemigos como "nazareno" (2:23). El juego de palabras tenía la intención de mofarse, por un lado, del origen poco conocido de Jesús, y por el otro, de destacar el marcado contraste (a los ojos de muchos) entre Su supuesta santidad (como la de los nazareos del AT) y Su costumbre de estar en compañía de pecadores, prostitutas y cobradores de impuestos (Mar. 2:17). El Evangelio de Lucas brinda información sobre el trasfondo de Juan el Bautista, que muestra cómo la familia de Juan y la de Jesús estaban unidas tanto por parentesco como por las circunstancias (Luc. 1:5-80). Lucas añade que Nazaret era el hogar de los padres de Jesús (Luc. 1:26, 27). También confirma el testimonio de Mateo de que la familia pertenecía al linaje de David. Lucas presentó el censo romano como motivo del regreso a la ciudad ancestral de Belén justo antes del nacimiento de Jesús (Luc. 2:1-7). Más biógrafo que Marcos y Mateo, Lucas brinda atisbos de Jesús cuando era un bebé de 8 días (2:21-39), un muchachito de 12 años (2:40-52) y un hombre de 30 que iniciaba Su ministerio (3:21-23). Recién cuando completó esta breve biografía, Lucas agregó la genealogía (Luc. 3:23-38), que confirma como al pasar la ascendencia davídica de Jesús (Luc. 3:31; comp. 1:32,33), mientras enfatiza por sobre todo Su solidaridad con la raza humana al ser descendiente "de Adán, hijo de Dios" (Luc. 3:38). La reflexión sobre el bautismo de Jesús en el Evangelio de Juan se centra en el reconocimiento de Juan el Bautista de que Jesús "es antes de mí; porque era primero que yo" (Juan 1:30; comp. v.15). Esta declaración permitió que el evangelista transformara el relato del origen de Jesús en una confesión teológica al ubicar la existencia de Jesús en la creación del mundo e incluso antes (Juan 1:1-5). A pesar de Su ascendencia real y de Su preexistencia celestial como Verbo eterno e Hijo de Dios, en términos humanos, Jesús fue de origen humilde y así lo veía la gente de Su época. Cuando enseñaba en Nazaret, los pobladores preguntaban: "¿No es éste el carpintero, hijo de María, hermano de Jacobo, de José, de Judas y de Simón? ¿No están también aquí con nosotros sus hermanas?" (Mar. 6:3; comp. Luc. 4:22). Cuando enseñaba en Capernaum, preguntaban: "¿No es éste Jesús, el hijo de José, cuyo padre y madre nosotros conocemos? ¿Cómo, pues, dice éste: 'Del cielo he descendido'?" (Juan 6:42). Aunque los Evangelios de Mateo y Lucas mencionan la concepción milagrosa de María y el nacimiento virginal de Jesús, esto no era de conocimiento público cuando Él estaba en la tierra, "pero María guardaba todas estas cosas, meditándolas en su corazón" (Luc. 2:19; comp. v.51).

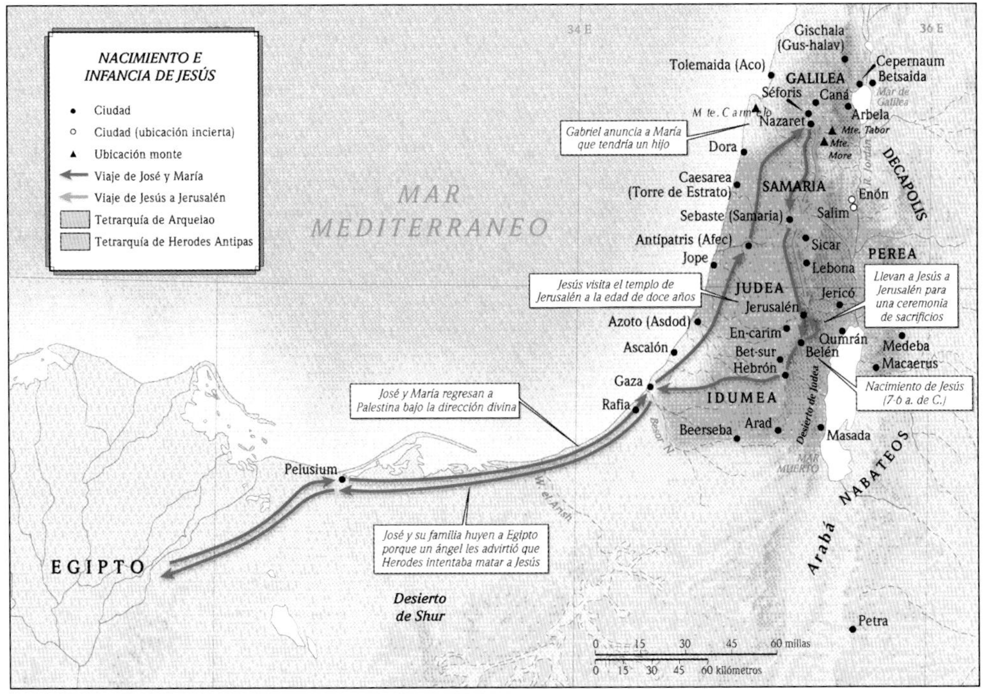

Parábolas de Jesús

	PARÁBOLA	OCASIÓN	LECCIÓN	REFERENCIAS
1.	La paja y la viga	Cuando reprendía a fariseos	No atreverse a juzgar a otros	Mat. 7:1-6; Luc. 6:37-43
2.	Las dos casas	Sermón del Monte, al final	La fortaleza que confiere el deber	Mat. 7:24-27; Luc. 6:47-49
3.	Los muchachos en las plazas	Fariseos rechazan bautismo de Juan	Lo malo de criticar	Mat. 11:16-19; Luc. 7:32
4.	Los dos deudores	Observaciones de superioridad de los fariseos	Amor por Cristo en proporción a la gracia recibida	Luc. 7:41
5.	El espíritu inmundo	Escribas exigen milagro en el cielo	La gran dureza de la incredulidad	Mat. 12:43-45; Luc. 11:24-26
6.	Meditaciones del hombre rico	Pelea entre dos hermanos	La necedad de confiar en riquezas	Luc. 12:16-21
7.	La higuera sin fruto	Noticias de la ejecución de algunos galileos	Peligro de la incredulidad de los judíos	Luc. 13:6-9
8.	El sembrador	Sermón a la orilla del mar	Resultados de predicar la verdad religiosa	Mat. 13:3-8; Mar. 4:3-8; Luc. 8:5-8
9.	La cizaña	La misma	Separación de buenos e impíos	Mat. 13:24-30
10.	La semilla	La misma	El poder de la verdad	Mar. 4:20
11.	El grano de mostaza	La misma	Pequeño comienzo y crecimiento del reino de Cristo	Mat. 13:31-32; Mar. 4:31-32; Luc. 13:19
12.	La levadura	La misma	La difusión del conocimiento de Cristo	Mat. 13:33; Luc. 13:21
13.	La lámpara	Sólo a los discípulos	Resultado de un buen ejemplo	Mat. 5:15; Mar. 4:21; Luc. 8:16; 11:33
14.	La red	La misma	El carácter variado de la iglesia	Mat. 13:47-48
15.	El tesoro escondido	La misma	El valor de la religión	Mat. 13:44
16.	La perla de gran precio	La misma	La misma	Mat. 13:45-46
17.	El dueño de casa	La misma	Distintos métodos para enseñar la verdad	Mat. 13:52
18.	El casamiento	A los fariseos que criticaban a los discípulos	El gozo del compañerismo con Cristo	Mat. 9:15; Mar. 2:19-20; Luc. 5:34-35
19.	La prenda remendada	La misma	Lo correcto de adaptarse a las circunstancias	Mat. 9:16; Mar. 2:21; Luc. 5:36
20.	Las botellas de vino	La misma	La misma	Mat. 9:17; Mar. 2:22; Luc. 5:37
21.	La cosecha	Necesidad espiritual del pueblo judío	Necesidad de trabajar y orar	Mat. 9:37; Luc. 10:2
22.	El adversario	Lentitud de la gente para creer	Necesidad de un rápido arrepentimiento	Mat. 5:25; Luc. 12:58
23.	Dos deudores insolventes	Pregunta de Pedro	El deber de perdonar	Mat. 18:23-35

Parábolas de Jesús

	PARÁBOLA	OCASIÓN	LECCIÓN	REFERENCIAS
24.	El buen samaritano	La pregunta del intérprete de la ley	La regla de oro es para todos	Luc. 10:30-37
25.	Los tres panes	Discípulos y la lección sobre la oración	Resultado de la importunidad en la oración	Luc. 11:5-8
26.	El buen pastor	Fariseos rechazan testimonio de milagro	Cristo, el único camino a Dios	Juan 10:1-16
27.	La puerta angosta	La pregunta de si hay pocos que podrán ser salvos	El arrepentimiento es difícil	Mat. 7:14; Luc. 13:24
28.	Los invitados	Ansiedad por tener los primeros lugares	Los primeros lugares no se deben usurpar	Luc. 14:7-11
29.	La cena de bodas	El comentario farisaico de un huésped	Rechazo a incrédulos	Mat. 22:2-9; Luc. 14:16-23
30.	Las ropas de bodas	Continuación del mismo discurso	Necesidad de pureza	Mat. 22:10-14
31.	La torre	Multitudes alrededor de Cristo	Necesidad de la deliberación	Luc. 14:28-30
32.	El rey que va a la guerra	La misma	La misma	Luc. 14:31
33.	La oveja perdida	Fariseos objetan que Jesús reciba a los impíos	El amor de Cristo por los pecadores	Mat. 18:12-13; Luc. 15:4-7
34.	La moneda perdida	La misma	La misma	Luc. 15:8-9
35.	El hijo pródigo	La misma	La misma	Luc. 15:11-32
36.	El mayordomo injusto	A los discípulos	La prudencia al usar las posesiones	Luc. 16:1-9
37.	El hombre rico y Lázaro	El desdén de los fariseos	La salvación no está relacionada con la pureza	Luc. 16:19-31
38.	El deber del siervo	La misma	La misma	Luc. 17:7-10
39.	Los obreros en la viña	La misma	La misma con ilustración adicional	Mat. 20:1-16
40.	Los talentos	En la casa de Zaqueo	Condenación de seguidores infieles	Mat. 25:14-30; Luc. 19:11-27
41.	La viuda inoportuna	Enseñanza a los discípulos	Perseverancia en la oración	Luc. 18:2-5
42.	El fariseo y el cobrador de impuestos	Enseñanza a los presumidos	Humildad en la oración	Luc. 18:10-14
43.	Los dos hijos	Los sumos sacerdotes cuestionan su autoridad	La obediencia es mejor que las palabras	Mat. 21:28
44.	Los viñadores malvados	La misma	Rechazo por parte de los judíos	Mat. 21:33-43; Mar. 12:1-9; Luc. 20:9-15
45.	La higuera	Al profetizar la destrucción de Jerusalén	El deber de esperar el regreso de Cristo	Mat. 24:32; Mar. 13:28; Luc. 21:29-30
46.	El siervo que vela	La misma	La misma	Mat. 24:43; Luc. 12:39
47.	El hombre que va de viaje	La misma	La misma	Mar. 13:34
48.	Diferencia entre los dos siervos	La misma	Peligro de la infidelidad	Mat. 24:45-51; Luc. 12:42-46
49.	Las diez vírgenes	La misma	Necesidad de velar	Mat. 25:1-12
50.	Los siervos que velan	La misma	La misma	Luc. 12:36-38
51.	La vid y los pámpanos	En la última cena	Perder y ganar	Juan 15:1-6

Milagros de Jesús

MILAGRO	PASAJE BÍBLICO			
Agua se convierte en vino				Juan 2:1
Muchos son sanados	Mat. 4:23	Mar. 1:32		
Sanidad de un leproso	Mat. 8:1	Mar. 1:40	Luc. 5:12	
Sanidad del siervo de un centurión	Mat. 8:5		Luc. 7:1	
Sanidad de la suegra de Pedro	Mat. 8:14	Mar. 1:29	Luc. 4:38	
Calma de la tempestad	Mat. 8:23	Mar. 4:35	Luc. 8:22	
Sanidad de endemoniados en Gadara	Mat. 8:28	Mar. 5:1	Luc. 8:26	
Sanidad de un cojo	Mat. 9:1	Mar. 2:1	Luc. 5:18	
Sanidad de una mujer con hemorragia	Mat. 9:20	Mar. 5:25	Luc. 8:43	
Resurrección de la hija de Jairo	Mat. 9:23	Mar. 5:22	Luc. 8:41	
Sanidad de dos ciegos	Mat. 9:27			
Sanidad de un hombre endemoniado	Mat. 9:32			
Sanidad de un hombre con la mano atrofiada	Mat. 12:10	Mar. 3:1	Luc. 6:6	
Alimentación de los 5000	Mat. 14:15	Mar. 6:35	Luc. 9:12	Juan 6:1
Caminar sobre el agua	Mat. 14:22	Mar. 6:47		Juan 6:16
Sanidad de una mujer sirofenicia	Mat. 15:21	Mar. 7:24		
Alimentación de los 4000	Mat. 15:32	Mar. 8:1		
Sanidad de un muchacho epiléptico	Mat. 17:14	Mar. 9:14	Luc. 9:37	
Sanidad de dos ciegos en Jericó	Mat. 20:30			
Sanidad de un hombre con espíritu impuro		Mar. 1:23	Luc. 4:33	
Sanidad de un sordomudo		Mar. 7:31		
Sanidad de un hombre en Betesda		Mar. 8:22		
Sanidad del ciego Bartimeo		Mar. 10:46	Luc. 18:35	
La pesca milagrosa			Luc. 5:4	Juan 21:1
Resurrección del hijo de una viuda			Luc. 7:11	
Sanidad de una mujer encorvada			Luc. 13:11	
Sanidad de un hombre con hidropesía			Luc. 14:1	
Sanidad de diez leprosos			Luc. 17:11	
Sanidad de la oreja de Malco			Luc. 22:50	
Sanidad del hijo de un oficial				Juan 4:46
Sanidad de un cojo en Betesda				Juan 5:1
Sanidad de un ciego				Juan 9:1
Resurrección de Lázaro				Juan 11:38

Sermones de Jesús

	LUGAR	ESTILO	DIRIGIDO A	LECCIONES QUE APRENDER	REFERENCIAS
1.	Jerusalén	Conversación	Nicodemo	Para entrar en el reino, debemos nacer "del agua y del espíritu"	Juan 3:1-21
2.	El pozo de Jacob	Conversación	Mujer samaritana	"Dios es espíritu", y nuestra adoración debe ser en espíritu y verdad	Juan 4:1-30
3.	El pozo de Jacob	Conversación	Los discípulos	Nuestra comida es hacer Su voluntad	Juan 4:31-38
4.	Nazaret	Sermón	Adoradores	Ninguno es profeta en su tierra	Lucas 4:16-31
5.	Un monte en Galilea	Sermón	Discípulos y la multitud	Las Bieaventuranzas; que nuestra luz brille delante de los hombres; cristianos, la luz del mundo; cómo orar; benevolencia y humildad; contraste entre tesoros celestiales y terrenales; la regla de oro	Mat. 5-7; Luc. 6:17-49
6.	Betesda, un estanque	Conversación	Los judíos	Oírlo y creer en Él es tener vida eterna	Juan 5:1-47
7.	Cerca de Jerusalén	Conversación	Los fariseos	Las obras que son necesarias no están mal en el Sabat	Mat. 12:1-14; Luc. 6:1-11
8.	Naín	Panegírico elogio y denuncia	El pueblo	En el cielo, grandeza del más pequeño; juzgados según la luz que tenemos	Mat. 11:2-29; Luc. 7:18-35
9.	Capernaum	Conversación	Los fariseos	El pecado imperdonable es blasfemia contra el Espíritu Santo	Mar. 3:19-30; Mat. 12:22-45
10.	Capernaum	Conversación	Los discípulos	La providencia de Dios; Cristo, cerca de quienes lo sirven	Mar. 6:6-13; Mat. 10:1-42
11.	Capernaum	Conversación	Un mensajero	Relación con quienes hacen su voluntad	Mat. 12:46-50; Mar. 3:31-35
12.	Capernaum	Sermón	La multitud	Cristo como pan de vida	Juan 6:22-71
13.	Capernaum	Crítica y reprobación	Escribas y fariseos	Las condiciones externas no contaminan el corazón, sino lo que procede de él	Mat. 15:1-20; Mar. 7:1-23
14.	Capernaum	Ejemplo	Los discípulos	Humildad, marca de grandeza; no ser piedra de tropiezo	Mat. 18:1-14; Mar. 9:35-50
15.	Templo, Jerusalén	Instrucción	Los judíos	No juzgar según apariencias externas	Juan 7:11-40
16.	Templo, Jerusalén	Instrucción	Los judíos	Seguir a Cristo es caminar en la luz	Juan 8:12-59
17.	Templo, Jerusalén	Instrucción	Los fariseos	Cristo, la puerta; Él conoce a sus ovejas; da Su vida por ellas	Juan 10:1-21
18.	Capernaum	Precepto	Los setenta	Necesidad de servicio cristiano; no despreciar a siervos de Cristo	Luc. 10:1-24
19.	Betania	Instrucción	Los discípulos	Eficacia de la oración ferviente	Luc. 11:1-13
20.	Betania	Conversación	El pueblo	Oír y hacer la voluntad de Dios; la condición de quien se aleja de la fe	Luc. 11:14-36
21.	Casa de un fariseo	Reprobación	Los fariseos	Significado de la pureza interior	Luc. 11:37-54
22.	Más allá del Jordán	Exhortación	La multitud	Cuidado con la hipocresía; codicia; blasfemia; velar	Luc. 12:1-21
23.	Perea	Lección objetiva	Los discípulos	Estar atentos; el reino de Dios es lo primero	Luc. 12:22-34
24.	Jerusalén	Exhortación	El pueblo	Muerte para que haya vida; camino de la vida eterna	Juan 12:20-50
25.	Jerusalén	Denuncia	Los fariseos	Evitar hipocresía y dejar de fingir	Mat. 23:1-39
26.	Mte. de los Olivos	Profecía	Los discípulos	Señales de la venida del Hijo del hombre, cuidado con los falsos profetas	Mat. 24:1-51; Mar. 13:1-37; Luc. 21:5-36
27.	Jerusalén	Exhortación	Los discípulos	Lección de humildad y servicio	Juan 13:1-20
28.	Jerusalén	Exhortación	Los discípulos	Prueba del discipulado; Él vendrá otra vez	Juan 14-16

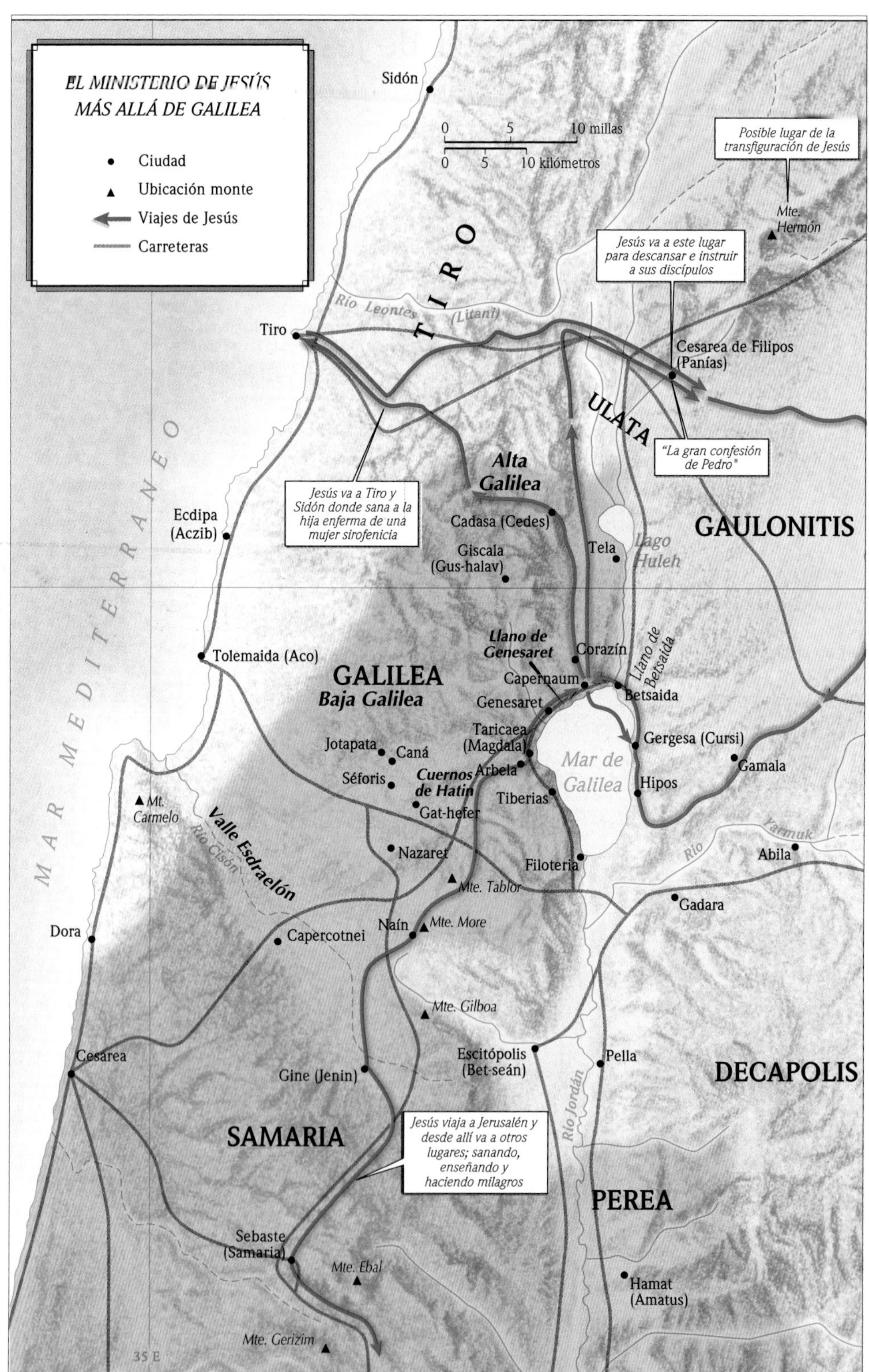
EL MINISTERIO DE JESÚS MÁS ALLÁ DE GALILEA
Ciudad
Ubicación monte
Viajes de Jesús
Carreteras
0 5 10 millas
0 5 10 kilómetros
Posible lugar de la transfiguración de Jesús
Jesús va a este lugar para descansar e instruir a sus discípulos
Jesús va a Tiro y Sidón donde sana a la hija enferma de una mujer sirofenicia
"La gran confesión de Pedro"
Jesús viaja a Jerusalén y desde allí va a otros lugares; sanando, enseñando y haciendo milagros
Sidón
Tiro
TIRO
Río Leontes (Litani)
Mte. Hermón
Cesarea de Filipos (Panías)
ULATA
GAULONITIS
MAR MEDITERRANEO
Alta Galilea
Cadasa (Cedes)
Ecdipa (Aczib)
Giscala (Gus-halav)
Tela
Lago Huleh
Llano de Genesaret
Corazín
Llano de Betsaida
Tolemaida (Aco)
GALILEA
Baja Galilea
Capernaum
Betsaida
Genesaret
Taricaea (Magdala)
Gergesa (Cursi)
Jotapata
Caná
Arbela
Mar de Galilea
Gamala
Séforis
Cuernos de Hatin
Hipos
Tiberias
Mt. Carmelo
Valle Esdraelón
Río Cisón
Gat-hefer
Río Yarmuk
Abila
Nazaret
Filoteria
Mte. Tabor
Gadara
Naín
Mte. More
Dora
Capercotnei
Mte. Gilboa
Cesarea
Escitópolis (Bet-seán)
Pella
Gine (Jenin)
DECAPOLIS
SAMARIA
Río Jordán
PEREA
Sebaste (Samaria)
Mte. Ebal
Hamat (Amatus)
Mte. Gerizim
35 E

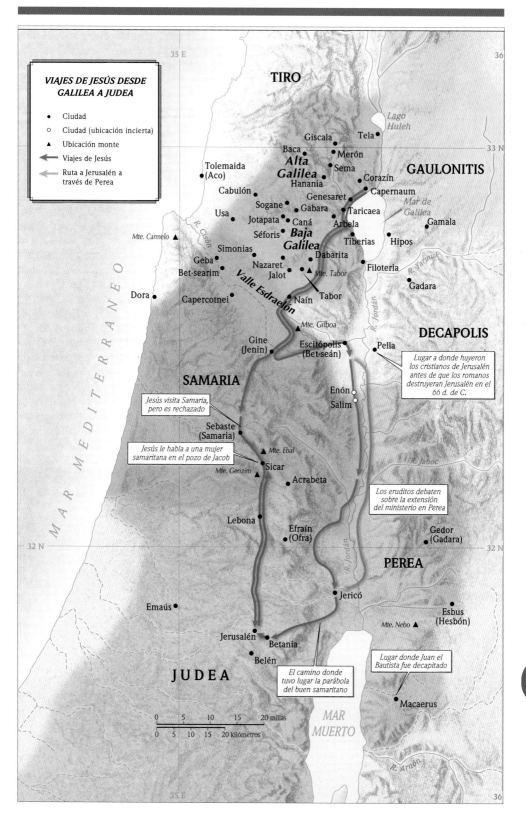

VIAJES DE JESÚS DESDE GALILEA A JUDEA

- ● Ciudad
- ○ Ciudad (ubicación incierta)
- ▲ Ubicación monte
- Viajes de Jesús
- Ruta a Jerusalén a través de Perea

35 E
36
33 N
32 N

TIRO

Lago Huleh

Giscala
Tela
Baca
Merón
Alta Galilea
Sema
Tolemaida (Aco)
Hanania
Corazín
GAULONITIS
Capernaum
Cabulón
Genesaret
Mar de Galilea
Sogane
Gabara
Taricaea
Usa
Jotapata
Caná
Arbela
Gamala
R. Cisón
Séforis
Baja Galilea
Tiberias
Hipos
Mte. Carmelo
Simonias
Dabarita
Geba
Nazaret
Filoteria
R. Yarmuk
Bet-searim
Jalot
Mte. Tabor
Valle Esdraelón
Gadara
Dora
Tabor
Capercotnei
Naín
R. Jordán
MAR MEDITERRANEO
Mte. Gilboa
DECAPOLIS
Gine (Jenin)
Escitópolis (Bet-seán)
Pella

Lugar a donde huyeron los cristianos de Jerusalén antes de que los romanos destruyeran Jerusalén en el 66 d. de C.

SAMARIA
Enón
Salim

Jesús visita Samaria, pero es rechazado

Sebaste (Samaria)

Jesús le habla a una mujer samaritana en el pozo de Jacob

Mte. Ebal
Sicar
Mte. Gerizim
R. Jaboc
Acrabeta

Los eruditos debaten sobre la extensión del ministerio en Perea

Lebona
Efraín (Ofra)
Gedor (Gadara)
R. Jordán
PEREA
Jericó
Emaús
Esbus (Hesbón)
Mte. Nebo
Jerusalén
Betania
Belén

Lugar donde Juan el Bautista fue decapitado

JUDEA

El camino donde tuvo lugar la parábola del buen samaritano

Macaerus
0 5 10 15 20 millas
0 5 10 15 20 kilómetros
MAR MUERTO
R. Arnón
35 E
36

Jesús y el Dios de Israel Aun luego de los trascendentales sucesos en torno al bautismo de Jesús en el Río Jordán, que descendiera sobre Él el Espíritu de Dios en forma de paloma y la voz anunciara desde el cielo: "Tú eres mi Hijo amado; en ti tengo complacencia" (Mar. 1:10,11), Su identidad como Hijo de Dios permaneció oculta para quienes lo rodeaban. No contamos con evidencia de que alguien más aparte de Jesús y tal vez Juan el Bautista escuchara la voz o viera la paloma. Resulta irónico que el primer indicio luego del bautismo de que Él era más que tan solo "Jesús de Nazaret" no provino de Su familia ni de Sus amigos ni de los líderes religiosos de Israel ¡sino del diablo!

Dos veces el diablo lo desafió: "Si eres Hijo de Dios, di a esta piedra que se convierta en pan" (Luc. 4:3) y (en el pináculo del templo en Jerusalén): "Si eres Hijo de Dios, échate de aquí abajo" (Luc. 4:9). Jesús no intentó defender ni hacer uso de Su calidad de Hijo de Dios sino que apeló a una autoridad a la que cualquier judío devoto habría apelado: las Santas Escrituras, y por medio de ellas, al Dios de Israel. Al citar tres pasajes de Deuteronomio, Jesús centró la atención no sobre sí sino sobre el "Señor tu Dios" (Luc. 4:8; comp. Mar. 10:18; 12:29,30). Aparentemente Jesús usó este relato de Su propia experiencia para enseñar a Sus discípulos que ellos también debían vivir "de toda palabra que sale de la boca de Dios" (Mat. 4:4), que no debían tentar "al Señor tu Dios" (Luc. 4:12) y debían obedecer la consigna "Al Señor tu Dios adorarás, y a él solo servirás" (Luc. 4:8).

Dos aspectos de este relato de la tentación inciden de modo especial sobre la totalidad del ministerio de Jesús. Primero, el carácter teocrático de Su mensaje continuó en la proclamación que Él comenzó en Galilea al regresar a Su hogar luego de estar en el desierto: "El tiempo se ha cumplido, y el reino de Dios se ha acercado; arrepentíos, y creed en el evangelio" (Mar. 1:15; comp. Mat. 4:17). Marcos llamó a esta declaración "las buenas nuevas de Dios" (Mar. 1:14 NVI). El Evangelio de Juan presenta a Jesús recordándoles vez tras vez a quienes lo escuchaban que Él no había venido para glorificarse ni autoproclamarse sino para dar a conocer "al Padre", "al que me envió" (Juan 4:34; 5:19,30; 6:38; 7:16-18,28; 8:28,42,50; 14:10,28). Segundo, el tema de la propia identidad de Jesús siguió siendo mencionado ante todo por los poderes de maldad. Así como el diablo desafió a Jesús en el desierto como "Hijo de Dios", también durante el transcurso de Su ministerio los demonios (o los poseídos por demonios) lo confrontaron con palabras como: "¿Qué tienes con nosotros, Jesús

El sitio tradicional en el Río Jordán, donde Jesús fue bautizado.

J

nazareno? ... Sé quién eres, el Santo de Dios" (Mar. 1:24) o "¿Qué tienes conmigo, Jesús, Hijo del Dios Altísimo?" (Mar. 5:7).

El misterio de la persona de Jesús surgió de declaraciones de este tipo, pero Jesús no parecía desear que el interrogante sobre Su identidad se revelara de manera prematura. Él acalló a los demonios (Mar. 1:25,34; 3:12); y cuando sanó a los enfermos, con frecuencia dijo a la gente que no lo comentara con nadie (Mar. 1:43,44; 7:36a). Cuanto más pedía silencio, más rápido se diseminaba la noticia de Su poder sanador (Mar. 1:45; 7:36b). Las multitudes parecían haber decidido que tenía que ser el Mesías, el ungido descendiente del rey David que esperaban para que los liberara del dominio romano. Si Jesús en verdad quería aparecer como Mesías, los Evangelios lo presentan como un Mesías extrañamente reacio. En cierto momento, cuando la multitud trató de "llevárselo a la fuerza y declararlo rey, se retiró de nuevo a la montaña él solo" (Juan 6:15 NVI). Rara vez, si lo hizo, se refirió a sí mismo con la designación de Mesías o Hijo de Dios. Sin embargo, tenía una manera de usar el "Yo" enfático cuando era gramaticalmente innecesario y un hábito de referirse a sí mismo de forma indirecta y misteriosa como el "Hijo del Hombre". En el idioma arameo que hablaba Jesús, "Hijo del hombre" significaba tan solo "un cierto hombre" o "alguien". Si bien no hizo afirmaciones mesiánicas explícitas y evitó los títulos honoríficos que prontamente aplicaban los judíos al Mesías, Jesús habló y actuó con la autoridad de Dios mismo. Él dio vista a los ciegos y capacidad de oír a los sordos; hizo caminar a los paralíticos. Cuando tocaba a los impuros, los dejaba limpios. Incluso resucitó muertos. Al enseñar a las multitudes que lo rodeaban, no dudó en decir con audacia: "Oísteis que fue dicho ... Pero yo os digo" (Mat. 5:21,22,27,28,31-34, 38,39,43,44). Fue tan innovador con las tradiciones aceptadas que creyó necesario aclarar desde un principio: "No penséis que he venido para abrogar la ley o los profetas; no he venido para abrogar, sino para cumplir" (Mat. 5:17).

Fue inevitable que semejante discurso y conducta generaran interrogantes sobre Su identidad. La multitud que lo escuchaba "se admiraba de su doctrina; porque les enseñaba como quien tiene autoridad, y no como los escribas" (Mat. 7:28,29). A pesar de Su reticencia (o tal vez debido a ella), tuvo muchos seguidores al inicio de Su ministerio. Debía levantarse antes de que amaneciera para encontrar tiempo y espacio para la oración personal (Mar. 1:35). Tanto lo oprimían las multitudes que en cierta oportunidad les enseñó desde un bote alejado de la orilla del Mar de Galilea (Mar. 4:1). Cuando un grupo de personas quiso que Él sanara a un paralítico, la apretada concurrencia en la casa donde estaba Jesús los obligó a descender al hombre a través de un hueco abierto en el techo (Mar. 2:4). Todos necesitaban lo que sabían que Jesús podía darles. No había forma de que Él pudiera satisfacer todas esas necesidades al mismo tiempo.

La misión de Jesús La principal misión de Jesús era alcanzar a las ovejas descarriadas de Israel. Debido a su negligencia en cuanto a la ley, los líderes religiosos se habían convertido en enemigos de Dios; pero Dios amó a Sus enemigos. La convicción de Jesús era que tanto Él como Sus discípulos debían amarlos (Mat. 5:38-48). Cierta vez desafiaron a Jesús por compartir la mesa con marginados de la sociedad (conocidos por parte de los judíos religiosos como "pecadores") en casa de Leví, el recaudador de impuestos de Capernaum. Jesús respondió a las críticas diciendo: "Los sanos no tienen necesidad de médico, sino los enfermos. No he venido a llamar a justos, sino a pecadores" (Mar. 2:17). En otra oportunidad, cuando las autoridades religiosas murmuraban que "este a los pecadores recibe, y con ellos come" (Luc. 15:2), Jesús narró tres parábolas sobre el inagotable amor de Dios por los "perdidos" y sobre el sin igual gozo de Dios cuando esos perdidos son hallados (parábolas de la oveja perdida, la moneda perdida y el hijo pródigo; Luc. 15:3-32). Declaró que Dios se regocijaba al recuperar a uno de esos pecadores (recaudadores de impuestos, prostitutas, pastores, soldados y otros despreciados por los santurrones de Israel) más que con el gozo "por noventa y nueve justos que no necesitan de arrepentimiento" (Luc. 15:7; comp. vv.25-32). Esa exuberante celebración de la misericordia divina, expresada en las acciones de Jesús o en las historias que narró, a los líderes religiosos de Galilea y de Jerusalén seguramente les pareció un marcado descenso de los antiguos niveles éticos y una riesgosa transigencia hacia la santidad de Dios.

Contamos con escasa evidencia de que Jesús haya incluido a los no judíos entre los "pecadores" a quienes había sido enviado. Más allá de la referencia en Luc. 4:25-27 a Elías y Eliseo, y a Su ministerio entre los extranjeros, Jesús negó de manera explícita haber sido enviado a gentiles o a samaritanos (Mat. 15:24; 10:5-6). Sin embargo, el principio "no ... a justos, sino a pecadores" hizo extensiva las buenas nuevas del reino de Dios a los gentiles luego de la resurrección de Jesús. Incluso durante Su tiempo en este mundo, Jesús respondió a la iniciativa de los gentiles que buscaban Su ayuda (Mat. 8:5-13; Luc. 7:1-10; Mar. 7:24-30; Mat. 15:21-28), y en ocasiones de una manera que avergonzó a Israel (Mat. 8:10). Dos veces recorrió Samaria (Luc. 9:51-56; Juan 4:4): una vez permaneció en un pueblo samaritano por dos días, llamando a la fe a una mujer samaritana y a otros habitantes del pueblo (Juan 4:5-42), y otra vez convirtió a un samaritano en el héroe de una de Sus parábolas (Luc. 10:29-37).

Nada de esto estaba pensado para hacerle ganar amigos entre los sacerdotes de Jerusalén o entre los fariseos de Israel. Describió visiones de que "vendrán muchos del oriente y del occidente, y se sentarán con Abraham e Isaac y Jacob en el reino de los cielos; mas los hijos del reino serán echados a las tinieblas de afuera" (Mat. 8:11,12). Predijo también que doce galileos sin demasiada educación un día se sentarían "en doce tronos para gobernar a las doce tribus de Israel" (Mat. 19:28 NVI; comp. Luc. 22:28,29). Advirtió con severidad a los líderes religiosos que estaban en peligro de blasfemar contra el Espíritu al atribuir al poder del diablo el ministerio que el Espíritu hacía a través de Él (Mat. 12:31). La cuestión se complicó debido a la preocupación de Su familia sobre Su seguridad y Su cordura (Mar. 3:21), y Su consiguiente declaración de que los discípulos eran Su nueva familia, basada en la obediencia a la voluntad de Dios (Mar. 3:31-35).

La denominada "controversia de Beelzebú" desencadenada por Su actividad sanadora y salvadora, sentó un precedente nefasto para la relación de Jesús con las autoridades de Jerusalén, e hizo que el arresto, el juicio y la ejecución fueran prácticamente inevitables (Mar. 3:20-30). Desde entonces, Jesús comenzó a hablar en parábolas a fin de que la verdad sobre el reino de Dios resultara clara para Sus seguidores pero oculta para aquellos que estaban ciegos a la belleza de esa verdad y sordos a Su llamado (Mar. 4:10-12; nótese que se dice que Jesús habló por parábolas por primera vez en Mar. 3:23, en respuesta inmediata a la acusación de que estaba poseído por demonios). Además comenzó a dar a entender, a veces por medio de analogías o parábolas (Mar. 10:38; Luc. 12:49,50; Juan 3:14; 12:24,32) y a veces con lenguaje explícito (Mar. 8:31; 9:31; 10:33-34), que sería arrestado y enviado a juicio por los líderes religiosos de Jerusalén, que moriría en una cruz y resucitaría de entre los muertos luego de tres días. Desde un comienzo, Él había definido Su misión, al menos en parte, como la del "siervo del Señor" (ver, p. ej., la mención de Isa. 61:1,2 en Luc. 4:18,19). A medida que Su ministerio avanzaba hacia la culminación, Jesús (Mar. 10:45; 12:1-11) enfocó Su atención más y más en el sufrimiento vicario del Siervo (Isa. 52:13–53:12). También se vio a sí mismo como el Pastor afligido de Zac. 13:7 (Mar. 14:27) y, al final, en el rol del Dios justo sufriente de los salmos (p. ej. Mar. 15:34; Luc. 23:46; Juan 19:28). Antes de ser arrestado, representó Su muerte inminente a los discípulos al compartir con ellos el pan y la copa de la Pascua, explicando que el pan era Su cuerpo que sería partido y que la copa de vino era Su sangre que sería derramada para que fueran salvos. Solo Su muerte podría garantizar la venida del reino que había proclamado (Mat. 26:26-29; Mar. 14:22-25; Luc. 22:14-20; comp. 1 Cor. 11:23-26).

Su muerte y resurrección Los relatos de los Evangelios sobre los últimos días de Jesús en Jerusalén corresponden a grandes rasgos a las predicciones que le fueron atribuidas. Aparentemente, Jesús fue a Jerusalén por última vez sabiendo que moriría allí. Aunque la multitud le brindó una bienvenida propia de la realeza, y lo consideraban el tan esperado Mesías (Mat. 21:9-11; Mar. 11:9-10; Juan 12:13), ninguna evidencia señala que esto fuera el motivo por el cual lo arrestaron. En realidad, lo que provocó que las autoridades actuaran decididamente contra Él fueron su reacción al echar a los cambistas del templo de Jerusalén (Mat. 21:12-16; Mar. 11:15-17; comp. Juan 2:13-22), así como algunas de Sus declaraciones acerca del templo.

Durante Su última semana en Jerusalén, Jesús predijo la destrucción del templo (Mat. 24:1,2; Mar. 13:1,2; Luc. 21:5,6) y declaró: "Yo derribaré este templo hecho a mano, y en tres días edificaré otro hecho sin mano" (Mar. 14:58; comp. Mat. 26:61). La intención de Jesús de establecer una nueva comunidad como "templo" o lugar donde habite Dios (ver Mat. 16:18; Juan 2:19; 1 Cor. 3:16,17) fue percibida como una verdadera amenaza hacia la antigua comunidad del judaísmo y hacia el templo que lo personificaba. Sobre esta base, fue arrestado y acusado de traidor.

En una audiencia ante el Sanedrín, el concilio judío, Jesús se refirió a sí mismo como el "Hijo del Hombre sentado a la diestra del poder de Dios, y viniendo en las nubes del cielo" (Mar. 14:62; comp. Mat. 26:64; Luc. 22:69). Aunque el sumo sacerdote lo llamó blasfemo y el Sanedrín coincidió en que semejante conducta merecía la muerte, los resultados de la audiencia parecieron haber quedado inconclusos. Si Jesús hubiera sido formalmente juzgado y condenado por el Sanedrín, lo habrían apedreado como a Esteban en Hech. 7, o como la casi lapidación de aquella mujer descubierta en adulterio en el relato registrado en algunos mss de Juan 8:1-11. Cualquiera haya sido la razón, al parecer el sumo sacerdote y sus seguidores no hallaron acusaciones formales de peso. Si hubieran lapidado a Jesús sin condenarlo de modo apropiado, hubiera sido asesinato, un pecado prohibido por los Diez Mandamientos. (Juan 18:31 se refiere a lo que estaba prohibido a los judíos por su propia ley y no a lo que prohibían los romanos.) El Sanedrín entonces decidió enviar a Jesús a Poncio Pilato, el gobernador romano, con acusaciones que los romanos tomarían con seriedad: "A éste hemos hallado que pervierte a la nación, y que prohíbe dar tributo a César, diciendo que él mismo es el Cristo, un rey" (Luc. 23:2). De manera que la ejecución de Jesús no se atribuye ni al pueblo judío como un todo ni al Sanedrín, sino a un pequeño grupo de sacerdotes que manipularon a los romanos para que hicieran algo que ellos no podían cumplir dentro del marco de su propia ley. Aunque Pilato declaró inocente a Jesús en tres oportunidades (Luc. 23:4,14,22; comp. Juan 18:38; 19:4,6), con una amenaza apenas velada se las ingeniaron para que sentenciara a Jesús: "Si a éste sueltas, no eres amigo de César; todo el que se hace rey, a César se opone" (Juan 19:12). En consecuencia, crucificaron a Jesús entre dos ladrones, lo cual cumplió Su propia predicción de que "como Moisés levantó la serpiente en el desierto, así es necesario que el Hijo del Hombre sea levantado" (Juan 3:14). La mayoría de los discípulos huyeron cuando arrestaron a Jesús; solo un grupo de mujeres y un discípulo, el "discípulo amado", estuvieron presentes junto a la cruz cuando murió (Juan 19:25-27; comp. Mat. 27:55, 56; Mar. 15:40; Luc. 23:49).

La historia no finaliza con la muerte de Jesús. Su cuerpo fue colocado en una tumba nueva que pertenecía a un discípulo secreto llamado José de Arimatea (Luc. 23:50-56; Juan 19:38-42). Los Evangelios concuerdan en que dos días después, la mañana siguiente al día de reposo, algunas mujeres que permanecían fieles a Jesús se acercaron a la tumba. Descubrieron que la piedra de la entrada estaba corrida y que el cuerpo de Jesús había desaparecido. Según Marcos, un joven que estaba allí (16:5; tradicionalmente un ángel), dijo a las mujeres que dieran al resto de los discípulos el mensaje de que fueran a encontrarse con Jesús en Galilea, tal como Él se los había prometido

Pintura del siglo XV o XVI con la sepultura de Jesús, tal como aparece en la Iglesia del Santo Sepulcro, en Jerusalén.

(Mar. 16:7; 14:28). Los mss más fidedignos del Evangelio de Marcos culminan el relato allí, y dejan el resto librado a la imaginación del lector. Según Mateo, lo dicho por el joven fue confirmado a las mujeres por el mismo Jesús resucitado. Cuando le llevaron el mensaje a los once discípulos (los doce menos Judas, el traidor), estos fueron a una montaña en Galilea donde Jesús resucitado se apareció a ellos como grupo. Les encomendó que hicieran más discípulos, enseñando y bautizando entre los gentiles (Mat. 28:16-20). Según Lucas, el mismo día en que Jesús fue resucitado se apareció a los discípulos que todavía estaban reunidos en Jerusalén, y antes a dos discípulos que caminaban hacia la vecina ciudad de Emaús. Según Juan, en el día de la Pascua se apareció en Jerusalén a una de las mujeres, María Magdalena, luego en el mismo día a los discípulos reunidos, de nuevo una semana más tarde (siempre en Jerusalén) al mismo grupo más Tomás, y una cuarta aparición, en un momento no determinado, junto al Mar de Galilea, donde Jesús representó el llamado inicial a los discípulos dándoles de manera milagrosa una gran jornada de pesca. En Hechos, Lucas añade que las apariciones del Jesús resucitado sucedieron durante 40 días en los cuales Él continuó instruyendo a los discípulos acerca del reino de Dios. Cualquiera haya sido el orden exacto de los hechos, la experiencia de los discípulos al ver a Jesús vivo, transformó a este grupo cobarde y disperso de visionarios desilusionados en el núcleo de un movimiento coherente que pudo desafiar y transformar para siempre al Imperio Romano en unas cuantas décadas.

Si bien la resurrección física de Jesús no puede ser probada, las explicaciones alternativas y "naturalistas" de la experiencia de los discípulos y de la tumba vacía exige sin excepción más credulidad que la confesión tradicional de la iglesia cristiana de que al tercer día Él se levantó de entre los muertos. El testimonio unánime de los Evangelios es que la historia continúa. Marcos lo hace con la promesa de que Jesús reunirá a Su disperso rebaño y los conducirá a Galilea (Mar. 16:7). Mateo lo hace más explícito con las palabras finales de Jesús: "Y les aseguro que estaré con ustedes siempre, hasta el fin del mundo" (Mat. 28:20 NVI). Lucas lo hace en todo el libro de los Hechos, que describe la difusión del mensaje del reino de Dios y de Jesús resucitado desde Jerusalén hasta Roma. Juan lo hace con su imagen vívida del Espíritu Santo dado a los discípulos directamente de la boca de Jesús (Juan 20:21, 22). Cada Evangelio encara el tema de manera diferente, pero el mensaje es siempre el mismo. La historia de Jesús no ha terminado; Él continúa cumpliendo Su misión dondequiera que se confiesa Su nombre y donde se obedecen Sus enseñanzas, y la fe de los cristianos es que Él lo hará hasta que regrese. *J. Ramsey Michaels*

JETER Nombre de persona que significa "remanente". **1.** Hijo del juez Gedeón que se negó a obedecer la orden de su padre de matar a los líderes militares enemigos (Jue. 8:20). **2.** Padre de Amasa, líder militar de Judá (1 Rey. 2:5,32) y descendiente de Ismael (1 Crón. 2:17; comp. 2 Sam. 17:25). Ver *Itra.* **3.** Miembro del clan de Jerameel de la tribu de Judá (1 Crón. 2:32). **4.** Miembro de la tribu de Judá (1 Crón. 4:17). **5.** Miembro de la tribu de Aser (1 Crón. 7:38, llamado Itrán en 1 Crón. 7:37). Ver *Itrán.*

JETET Nombre de clan de Edom de significado desconocido (Gén. 36:40).

JETLA Nombre geográfico que tal vez signifique "él cuelga". Ciudad dentro del territorio de la tribu de Dan (Jos. 19:42). De ubicación desconocida, pero algunos estudiosos de la geografía de tierras bíblicas fieles a algunos mss griegos identifican a Jetla con Shithlah o Shilta, alrededor de 6 km (4 millas) al noroeste de Bethorón.

JETRO Nombre de persona que significa "exceso" o "superioridad". En Ex. 3:1, sacerdote de Madián y suegro de Moisés. Existen variaciones del nombre del padre de la esposa de Moisés. En Ex. 2:18 su nombre es Reuel y en Núm. 10:29, Hobab. La forma en que estos nombres están relacionados es incierta. Resulta de particular interés que Jetro fuera un sacerdote madianita. La deidad a la que servía no se identifica de manera explícita; sin embargo, en Ex. 18:11 él declara que Yahvéh es mayor a todos los dioses. Una escuela de pensamiento descubrió el origen del yahvismo de Israel en la antigua religión madianita representada por Jetro, aunque dicho origen es poco probable. La fe en Yahvéh puede remontarse al menos hasta Abraham. Ver *Moisés; YHWH, YHVH.*

JETUR Nombre de persona que quizás signifique "colocó en hileras o capas". Hijo de Ismael y por lo tanto antepasado de la tribu o clan árabe (Gén. 25:15). El clan era parte de los agarenos, probables descendientes de Agar (1 Crón. 5:19), que luchó contra las tribus del este del Jordán. La victoria de Israel representó la seguridad de que la confianza en Dios dio como resultado victoria en la guerra. Ver *Agareno*; *Iturea*.

JEUEL Nombre de persona que significa "Dios es fuerte" o "Dios sana". Ver *Jeiel*.

JEÚS Nombre de persona que significa "Él ayuda". **1.** Hijo de Esaú y, por lo tanto, cabeza de tribu en Edom (Gén. 36:5,18). **2.** Miembro de la tribu de Benjamín (1 Crón. 7:10; comp. 8:39). **3.** Levita durante la época de David (1 Crón. 23:10,11). **4.** Hijo del rey Roboam y nieto de Salomón (2 Crón. 11:19).

JEÚZ Nombre de persona que significa "Él trajo a lugar seguro". Miembro de la tribu de Benjamín (1 Crón. 8:10).

JEZABEL Nombre de persona que significa "¿Dónde está el príncipe?" que quizás proviene del nombre fenicio que significa "Baal es el príncipe". Esposa del rey Acab de Israel (874–853 a.C.) que llevó a Israel el culto a Baal desde Sidón donde su padre Et-baal era rey (1 Rey. 16:31). Intentó destruir a todos los profetas de Dios en Israel (1 Rey. 18:4) y quiso introducir profetas de Baal y Asera (1 Rey. 18:19, traducciones modernas) en la casa real. En el Monte Carmelo Elías demostró que estos profetas eran falsos (1 Rey. 18), lo cual provocó que Jezabel quisiera dar muerte a Elías (1 Rey. 19:2), y este huyó a Beerseba.

Cuando Acab quiso la viña de Nabot, Jezabel confabuló con los líderes de la ciudad que falsamente acusaron y condenaron a Nabot, y lo apedrearon hasta matarlo. Elías entonces profetizó la muerte de Jezabel, ya que ella había incitado a Acab a la maldad (1 Rey. 21). Ella continuó con su malvada influencia durante el reinado de su hijo Joram (2 Rey. 9:22). Eliseo ungió a Jehú en reemplazo de Joram. Jehú entonces asesinó a Joram y luego fue a Jezreel en busca de Jezabel. Ella trató de arreglarse y adornarse para seducirlo, pero los siervos de ella obedecieron a Jehú y la arrojaron por la ventana, y fue pisoteada por caballos (2 Rey. 9:30-37).

El nombre Jezabel estaba tan asociado con la maldad que a la falsa profetisa de la iglesia de Tiatira se la llamó "Jezabel" (Apoc. 2:20).

JEZANÍAS Nombre de persona que significa "Yahvéh prestó oído". Capitán del ejército leal a Gedalías, gobernador de Judá designado por Babilonia después que esta destruyera Jerusalén y enviara a los líderes judíos al exilio alrededor del 586 a.C. (Jer. 40:8). Fue uno de los capitanes que se negó a creer en la profecía de Jeremías que pedía al pueblo permanecer en Judá. En cambio, ayudó a llevar a Jeremías a Egipto (Jer. 42–43). En 43:2 su nombre es Azarías, que puede ser la opción correcta en vez de Jezanías en 42:1. Ver *Azarías*.

JEZER Nombre de persona que significa "¿dónde hay ayuda?" o forma abreviada de "mi hermano ayuda" o "mi padre ayuda". **1.** Cabeza inicial de un clan de la tribu de Manasés y antepasado original de la familia de los jezeritas (Núm. 26:30). Al parecer, Abiezer es el nombre original de Jezer (Jos. 17:2). Ver *Abiezer*. **2.** Hijo de Neftalí (Gén. 46:24) y antepasado fundador de un clan de esa tribu (Núm. 26:49). El nombre "Izri" (1 Crón. 25:11) significa miembro del clan de Jezer, y Zeri (1 Crón. 25:3) tal vez sea una forma abreviada de Izri.

JEZERITA Miembro del clan de Jezer. Ver *Jezer*.

JEZÍAS Nombre de persona que significa "Jah esparció". Israelita con esposa extranjera condenada por Esdras (Esd. 10:25). Las traducciones modernas transliteran el hebreo por Izías.

JEZIEL Nombre de persona que significa "Dios esparció". Líder militar de la tribu de Benjamín, la tribu de Saúl, que se unió a David en Siclag cuando este huía del rey (1 Crón. 12:3). El texto hebreo escrito menciona el nombre Jezuel, mientras que los primeros escribas usaron Jeziel.

JEZLÍAS Nombre de persona que significa "de larga vida". Miembro de la tribu de Benjamín (1 Crón. 8:18). Las traducciones modernas transliteran el nombre Izlías.

JEZOAR Nombre de persona que quizás signifique "él fue de color claro". Miembro de la tribu de Judá (1 Crón. 4:7). El nombre en el texto hebreo es Yezojar o Izhar según traducciones modernas.

JEZREEL Nombre que significa "Dios siembra" y se refiere a un gran valle, una ciudad del norte, una ciudad del sur y al hijo de Oseas. **1.** El AT usa el nombre para referirse a todo el Valle de Jezreel que separa Galilea de Samaria, e incluye el Valle de Esdraelón. Fue importante militarmente por ser sitio de batalla para Débora (Jue. 4–5), Gedeón (Jue. 6–7), Saúl (2 Sam. 4), Jehú (2 Rey. 9–10) y Josías (2 Rey. 22). La geografía de Palestina convierte Jezreel en una importante vía de comunicación de norte a sur y de este a oeste. Ver *Esdraelón.* **2.** Ciudad del norte que controlaba el corredor hacia Bet-seán. Lugar de residencia real de Omri y Acab donde aconteció el incidente de la viña de Nabot (1 Rey. 21). **3.** Ahinoam, esposa de David, era de la ciudad de Jezreel del sur, cerca de Zif (1 Sam. 25:43). **4.** El profeta Oseas llamó a su hijo Jezreel como símbolo para indicar la naturaleza malvada de la dinastía de Jehú, que comenzó con un gran derramamiento de sangre en Jezreel. El nombre también simbolizaba que Dios sembraría semillas de prosperidad luego de la destrucción (Os. 1:4,5; 1:10–2:1).

Robert Anderson Street (h)

JEZREELITA Ciudadano u oriundo de Jezreel. Ver *Jezreel.*

JIBSAM Nombre de persona que significa "él huele dulce". Líder de la tribu de Isacar (1 Crón. 7:2).

JIDLAF Nombre de persona que significa "él llora o no duerme". Hijo de Nacor, hermano de Abraham (Gén. 22:20).

JIFTA Nombre geográfico que significa "él abrió o quebró". Ciudad en el territorio de la tribu de Judá (Jos. 15:43). Podría haber estado en la actual Terqumiyeh, a mitad de camino entre Hebrón y Beit Jibrin. En hebreo el nombre de persona Jefté se escribe igual. Ver *Jefté.*

JOA Nombre de persona que significa "Jah es hermano". **1.** Escriba en tiempos del rey Ezequías aprox. 715–686 a.C. (2 Rey. 18:18). Uno de los mensajeros del rey que prestó oídos al asirio Rabsaces y llevó el mensaje al monarca vistiendo ropas rasgadas en señal de duelo (2 Rey. 18:37). **2.** Hijo del escriba real en tiempos del rey Josías (640–609 a.C.). Ayudó en la reparación del templo (2 Crón. 34:8). **3.** Levita (1 Crón. 6:21). **4.** Miembro de la familia de los levitas que eran porteros o guardias (1 Crón. 26:4). **5.** Levita que ayudó a purificar el templo en tiempos del rey Ezequías aprox. en 715 a.C. (2 Crón. 29:12).

El Valle de Jezreel (Esdraelón o Meguido), como se ve desde lo alto del tell de Meguido.

JOAB Nombre de persona que significa "Yahvéh es padre". Comandante militar durante la mayor parte del reinado de David. Hijo mayor de Sarvia, hermana de David (2 Sam. 2:13; 1 Crón. 2:16). Era leal a David y despiadado para conseguir sus objetivos. Después de la muerte de Saúl, David negoció con Abner, el capitán del ejército de Saúl. Joab, a cuyo hermano Abner había matado en la batalla, engañó a Abner y lo asesinó. David lamentó ese asesinato públicamente (2 Sam. 2–3).

Las hazañas de Joab en la toma de Jerusalén hicieron que David lo nombrara capitán del ejército (1 Crón. 11:4-8). Victoriosamente dirigió las huestes de David contra los amonitas. Durante dicha campaña David envió la orden de matar a Urías, esposo de Betsabé (2 Sam. 10–11).

Fue un instrumento clave en la reconciliación entre David y Absalón (2 Sam. 14). Cuando este inició una rebelión, Joab permaneció leal a David y posteriormente mató a Absalón contra expresas órdenes de David (2 Sam. 18:14). También convenció al rey de terminar su obsesivo duelo por Absalón (2 Sam. 19:4-8). Joab asesinó a Amasa, a quien David había nombrado general (2 Sam. 20:10). Se opuso al plan del rey de llevar a cabo un censo, pero cuando recibió la orden lo hizo (2 Sam. 24:1-9).

Cuando David estaba por morir, Joab apoyó a Adonías en su plan de llegar al trono (1 Rey. 1). David nombró rey a Salomón y le ordenó hacer justicia por la muerte de Abner y Amasa condenando a muerte a Joab. A pesar de que Joab huyó al santuario del tabernáculo, Salomón ordenó a Benaías que lo matara (1 Rey. 2).

Robert J. Dean

JOACAZ Nombre de persona que significa "las manos de Yahvéh sostienen". Dos reyes de Judá y un rey de Israel llevaron este nombre. **1.** En 2 Crón. 21:17 es el hijo y sucesor de Joram como rey de Judá (841 a.C.). Se lo menciona con mayor frecuencia como Ocozías. **2.** En 2 Rey. 10:35, hijo y sucesor de Jehú como rey de Israel (814–798 a.C.). Su reinado se resume en 2 Rey. 13. Aunque 2 Rey. 13:1 estableció que reinó 17 años, una comparación entre el v.1 y el v.10 pareciera señalar un reinado de 14 años o bien una corregencia con su hijo durante aprox. 3 años. **3.** En 2 Rey. 23:30, hijo y sucesor de Josías como rey de Judá (609 a.C.). También se lo conoce como Salum. Ver *Cronología de la época bíblica; Israel, Tierra de.* **4.** Padre de Joa (2 Crón. 34:8). Ver *Joa 2.*

JOACIM Nombre de persona que significa "Yahvéh ha hecho levantar". Hijo de Josías que sucedió a Joacaz como rey de Judá (609–597 a.C.). El faraón Necao de Egipto depuso a Joacaz, y colocó en el trono a su hermano, a quien llamó Joacim. Su nombre original era Eliaquim (2 Rey. 23:34). Él y su predecesor al trono eran hermanos, hijos de Josías. Reinó durante 11 años. Al comienzo de su reinado, Judá estaba sometida a Egipto. Sin embargo, probablemente en el 605 a.C., Babilonia venció a Egipto. Joacim, que al parecer se había conformado con ser vasallo de Egipto, transfirió su lealtad a Babilonia, pero 3 años después se rebeló. A su muerte lo sucedió su hijo Joaquín. Ver *Cronología de la época bíblica; Israel, Tierra de.*

JOADA Nombre de persona que tal vez signifique "Yahvéh es adorno". Descendiente de Saúl de la tribu de Benjamín (1 Crón. 8:36), lista que muestra interés continuo en el linaje de Saúl largo tiempo después de su muerte.

JOADÁN Nombre de persona que significa "Yahvéh es dicha absoluta". Madre del rey Amasías de Judá (2 Rey. 14:2).

JOANA Transliteración griega del nombre hebreo "Joanán". Antepasado de Jesús (Luc. 3:27). Algunos intérpretes piensan que su padre Resa no representa un nombre de persona sino una transliteración de la palabra aramea para príncipe, título para Zorobabel. Joana es el Hananías de 1 Crón. 3:19.

JOANÁN Nombre de persona que significa "Yahvéh es lleno de gracia". **1.** Sacerdote en cuya cámara del templo Esdras se fue a refrescar y a hacer lamento por el pecado del pueblo de casarse con mujeres extranjeras (Esd. 10:6). Se lo suele identificar con el sumo sacerdote de Neh. 12:22,23, a quien se considera nieto del sumo sacerdote Eliasib, y que además es el sumo sacerdote mencionado en el Papiro Elefantino, y prestó servicio alrededor del 411 a.C. Dicha evidencia se usa para fechar el ministerio de Esdras en el 398 a.C. en lugar de la época de Nehemías. Las Escrituras no son claras en cuanto a las relaciones entre los sacerdocios de Eliasib y Joanán como para determinar fechas. Este Joanán pudo haber estado relacionado con el Eliasib de Neh. 13:4, que no era un sumo sacerdote pero estaba estrechamente relacionado con las cámaras del templo. Ver

Esdras. **2.** Laico de la época de Esdras que tenía esposa extranjera (Esd. 10:28). **3.** Hijo de Tobías, opositor del trabajo de Nehemías en Jerusalén (Neh. 6:18). El casamiento de Joanán con una mujer de una familia prominente de Jerusalén le brindaba a Tobías un sistema de información sobre lo que acontecía en Jerusalén. Ver *Mesulam; Tobías.* **4.** Cabeza de una familia sacerdotal alrededor del 450 a.C. (Neh. 12:13). **5.** Sacerdote que ayudó a Nehemías a festejar la terminación de la muralla de Jerusalén (Neh. 12:42). **6.** Levita y portero (1 Crón. 26:3). **7.** Comandante militar a las órdenes del rey Josafat de Judá (2 Crón. 17:15). **8.** Padre de un comandante militar a las órdenes de Joiada, el sumo sacerdote, en el tiempo que asesinaron a la reina Atalía y se coronó a Joás como rey de Judá (aprox. 835 a.C.). **9.** Padre de un capitán militar durante el reinado de Peka de Israel (2 Crón. 28:12).

JOAQUÍN Nombre de persona que significa "Yahvéh establece". En 2 Rey. 24:6, hijo y sucesor de Joacim como rey de Judá. Tenía 18 años cuando ascendió al trono a fines del 598 a.C. y reinó 3 meses en Jerusalén antes de ser llevado en cautiverio por Nabucodonosor de Babilonia. La prominencia de su madre Nehusta en el relato de su reinado sugiere que ella puede haber ejercido considerable influencia mientras su hijo ocupó el cargo. Joaquín fue un nombre elegido en el momento de la asunción al trono. El nombre original de Joaquín parece haber sido Jeconías o Conías. Conservó el título de "rey de Judá" aun en el exilio, pero jamás regresó a Judá para reinar. Al final fue liberado de prisión por Evil-merodac de Babilonia y se le otorgó cierta honra en la tierra de su cautiverio (2 Rey. 25:27-30). Ver *Cronología de la época bíblica; Israel, Tierra de.*

JOÁS Nombre de persona que significa "Yahvéh da". **1.** En Jue. 6:11 es el padre de Gedeón. Miembro de la tribu de Manasés que vivía en Ofra. **2.** En 1 Crón. 4:21,22 es hijo de Sela. **3.** En 1 Crón. 7:8 es hijo de Bequer. **4.** En 1 Crón. 12:3 es uno de los guerreros de David, hijo de Semaa el gabaatita. **5.** En 1 Crón. 27:28 es uno de los funcionarios de David a cargo de almacenamiento de aceite. **6.** En 1 Rey. 22:26 es un hijo de Acab, rey de Israel, y a quien fue entregado el profeta Micaías. **7.** En 2 Rey. 11:2 es el niño hijo del rey Ocozías de Judá, sobreviviente de la masacre de Atalía, la reina madre, luego del asesinato de Ocozías. Josaba, tía de Joás, lo mantuvo oculto seis años. Cumplido ese tiempo, fue proclamado legítimo gobernante de Judá en un levantamiento instigado por Joiada. Atalía fue ejecutada y Joás ascendió al trono a la edad de siete años. Mientras Joás fue menor, el sacerdote Joiada ejerció una influencia positiva en la vida civil y religiosa de la nación. Sin embargo, la muerte de Joiada marcó una notable decadencia en el gobierno de Joás. Por último, el rey fue asesinado como resultado de una conspiración palaciega. Ver *Atalía; Cronología de la época bíblica; Israel, Tierra de; Joiada.* **8.** En 2 Rey. 13:10 es hijo y sucesor de Joacaz como rey de Israel. Gobernó 16 años durante la primera parte del siglo VIII a.C. En 2 Rey. 13:14-19 se describe su visita al profeta Eliseo cuando este agonizaba. Durante esa visita, el profeta prometió al rey tres victorias sobre Siria. Posteriormente, Joás disfrutó de éxitos militares no solo contra Siria sino también contra su vecino Judá. Venció a Amasías de Judá en una batalla en Betsemes e ingresó a Jerusalén y saqueó el templo. A su muerte, lo sucedió su hijo Jeroboam II. Ver *Cronología de la época bíblica; Israel, Tierra de.*

Gene Henderson

JOB Nombre de persona. **1.** Líder de clan de la tribu de Isacar (Gén. 46:13). Ver *Jasub 1.* **2.** Personaje del libro de la Biblia que lleva su nombre. Ver *Job, Libro de.*

JOB, LIBRO DE Aparentemente, Job vivió en la época patriarcal o prepatriarcal, ya que el libro no menciona la ley ni el éxodo sino que lo describe como un nómada acaudalado (Job 1:3; 42:12) que seguía ofreciendo sacrificios él mismo (Job 1:5; 42:8). Sin duda, Job era un hombre altamente respetado ya que no solo el profeta Ezequiel se refiere a él como uno de los grandes antepasados de Israel (Ezeq. 14:14), sino que además Santiago lo menciona como ejemplo de paciencia y perseverancia en la fe (Sant. 5:11).

El libro de Job presenta dificultades en cuanto a la persona, la época y la naturaleza de su composición. En primer lugar, no indica quién es el autor. El texto jamás menciona a Job como autor, aparte del tema en sí. De ahí que muchos deduzcan que fue escrito por Eliú, uno de los tres amigos, o por cualquier otra persona de esa época o de otra. Segundo, aunque muchos coinciden en que Job vivió en la época patriarcal, creen que el libro fue escrito muchos años después. Las fechas de tal composición pueden remontarse de la época de Abraham hasta el imperio griego. Tercero, para complicar aún más el tema, muchos creen que Job es una compilación de varias historias provenientes de diversas épocas. Por consiguiente, la cuestión de la fecha y la autoría es un tema sumamente complejo que no puede definirse con certeza. Sin embargo, el que uno no pueda identificar al autor humano, de ninguna manera significa que el libro no haya sido inspirado, porque es Palabra de Dios y constituye una unidad tal como lo conocemos ahora.

Job es la ilustración perfecta de la verdadera fe A través de los años se han sugerido diversos propósitos para el libro. Quizás el mencionado con mayor frecuencia responde al interrogante de por qué sufren los justos. Con seguridad, era una pregunta en auge en la época de Job ya que la sociedad antigua creía que el sufrimiento humano era resultado del pecado o al menos de la desaprobación de un dios. Incluso el significado del nombre Job (el perseguido) pareciera apoyar esta idea, pero esto no es lo único que involucra este libro. Otra sugerencia difundida es que el material ha sido preservado para ilustrar la naturaleza de la verdadera fe, tanto desde el punto de vista de la gente como de Dios. Para los seres humanos, es confiar en Dios como Creador y Sustentador de la vida incluso cuando no todo sale bien y Él no está visiblemente presente para ayudarnos. Desde el punto de vista de Dios, la historia demuestra la fidelidad divina hacia Sus criaturas a pesar de la debilidad e incapacidad de estas para comprender lo que sucede. Otro propósito, aunque menos popular, es que se trata de una parábola del pueblo de Israel. En ese caso, Job personificaría a Israel. Si bien este enfoque sería posible, no es probable dado que la mayoría de las parábolas tienen alguna clase de cierre con una interpretación que ayuda a explicarlas. De modo que quizás sea mejor considerar el libro como ilustración de la naturaleza de Dios y Su justicia al tratar con la humanidad, justicia que con frecuencia la gente no puede reconocer y jamás comprende en plenitud.

Job es único dentro de la literatura mundial Aunque Job manifiesta muchas similitudes con otro textos del Cercano Oriente, ninguno se asemeja a la belleza y al mensaje de Job. Como los tres amigos tienen un trasfondo edomita, algunos especulan diciendo que Job pudo haber sido edomita y que la ubicación del libro podría ser Edom. Sin embargo, hasta el presente no hay suficiente material edomita disponible como para sacar conclusiones definitivas. Otros observan similitud entre Job y los poemas egipcios "La protesta del campesino elocuente" y "Disputa acerca del suicidio", o los poemas babilónicos "La teodicea babilónica" y "Alabaré al Señor de la sabiduría". En cada caso, las similitudes parecen mínimas y aluden más al tema en sí que al contenido o a la forma. Incluso hay otros que afirman que Job está escrito con el formato de un juicio. Es indudable que en el libro aparecen varios términos legales, aunque todavía sabemos muy poco sobre los procedimientos legales antiguos como para llegar a tal conclusión. Es mejor considerar el libro una obra única que describe la vida de un hombre y sus esfuerzos por comprender a su Dios y su propia situación en la vida.

El encuentro de Job con la vida lo puso cara a cara con Dios El libro de Job se describe como un drama con un prólogo (caps. 1–2) y un epílogo (42:7-17) que engloba tres ciclos de discursos poéticos entre Job y sus tres amigos (3–27), un bello y sabio poema de Job (28), las conclusiones de Job (29–31), los misteriosos discursos de Eliú (32–37), los discursos de Dios desde un torbellino (38:1–41:34) y la respuesta de Job (42:1-6).

El prólogo describe el escenario del drama que se desarrollaría. Job era un hombre sumamente rico y religioso que parecía tener su vida bajo control (1:1-5). No obstante, sin que él lo supiera, Satanás puso a prueba la rectitud del hombre. Dios permitió el desafío pero limitó el poder de Satanás a las posesiones de Job (1:6-12). Seguidamente, el diablo destruyó todas las posesiones de Job incluso sus hijos. Sin embargo, Job no maldijo a Dios ni cuestionó la integridad divina (1:13-22). Satanás entonces desafió a Dios a que le permitiera atacar la salud de Job. Dios accedió pero le advirtió que no lo matara (2:1-6). Sin advertencia, una terrible enfermedad aquejó a Job, pero él se negó a maldecir a Dios (2:7-10). Sus amigos estaban impactados y consternados pero jamás se acercaron a animarlo ni a ofrecer su ayuda (2:11-13). A esta altura Job manifestaba una fe tradicional, aceptaba el sufrimiento como inevitable, y lo soportaba con paciencia.

Luego del tiempo tradicional de duelo, Job clamó cuestionando por qué había nacido y alcanzado la madurez (3:1-26). Su fe se convirtió en fe cuestionadora y anhelante que confrontaba a Dios y exigía una salida y una explicación. Durante todo el amargo cuestionamiento, la fe se mantenía viva porque siempre Job acudía sólo a Dios en busca de respuestas. Llegado a este punto, los amigos de Job no pudieron permanecer en silencio y comenzaron a hablar. El primero fue Elifaz, que le dijo a Job que seguramente había pecado y que Dios lo estaba castigando. No obstante, todavía había esperanza para Job si él confesaba su pecado y se volvía a Dios (4:1–5:27). El sufrimiento no tenía por qué durar para siempre. Job estaba asombrado y aseguraba a sus amigos que estaba listo para encontrarse con Dios y saldar cualquier cuenta pendiente (6:1–7:21). Bildad agregó que si Job no había pecado, quizás hubieran pecado sus hijos ya que resultaba evidente que Dios lo estaba castigando por algo malo. Sin embargo, él también albergaba esperanzas si Job confesaba su maldad (8:1-22). Job estaba profundamente herido y cuestionaba en voz alta si podría o no ser escuchado por Dios (9:1–10:22). Zofar, el amigo con más desparpajo, clamó a Dios y le pidió que se reuniera con Job porque estaba seguro de que cuando se encontraran, Job vería el error y se arrepentiría (11:1-20). Job insistía en su integridad y siguió buscando un encuentro con Dios para comprender qué sucedía y por qué (12:1–14:22).

Los amigos de Job no estaban satisfechos, y Elifaz volvió a hablar para recordarle que toda la gente (incluso Job) había pecado y necesitaba arrepentirse. Si él se arrepentía, Dios lo perdonaría (15:1-35). Ante la frustración con sus amigos, Job apeló a la creación entera como testigo de su integridad (16:1–17:16). Bildad le recordó a Job los muchos proverbios sobre el destino de los malvados, con lo cual implicaba que lo que le había sucedido a Job era consecuencia de su pecado (18:1-21). Job se frustraba cada vez más ya que sentía que su familia y amigos lo habían abandonado. No obstante, no estaba dispuesto a darse por vencido respecto de Dios. De manera maravillosa, afirmó que sería reivindicado, si no en esta vida, en la venidera (19:1-29). Zofar se sintió herido al ver que Job lo ignoraba a él y a sus amigos, o bien, discrepaba totalmente con ellos. Así declaró que los malvados sufrirían gran dolor y angustia y que todas las fuerzas de la naturaleza se volverían contra ellos. Sin dudas, Zofar incluía a Job en dicho grupo (20:1-29). Job se dirigió a él y con dureza le contestó que no, porque según sus observaciones, a veces los malvados prosperaban. Sin embargo, eso no quería decir que Dios no mantuviera el control ni que algún día no traería verdadera justicia (21:1-34).

Aunque lo escuchaban con paciencia, en los amigos de Job había cada vez más frustración. Fue entonces cuando Elifaz volvió a insistir en que el sufrimiento de Job era resultado de su propia pecaminosidad e hizo una lista de diversos pecados de los que pensaba que Job era culpable. Luego le pidió a Job que se arrepintiera (22:1-30). En ese momento Job sentía tanto dolor que no prestó atención a los comentarios de Elifaz y clamó por alivio (23:1–24:25). Para no ser menos, Bildad le recordó una vez más a Job que considerara la naturaleza y el carácter de Dios, porque como Él no era injusto, Job debía de haber pecado (25:1-6). Con tono sarcástico, Job preguntó a sus amigos de dónde habían obtenido tanta sabiduría, y les suplicó que alzaran los ojos a Dios en busca de entendimiento y fe (26:1–27:23). Aparentemente los tres amigos, habiendo agotado los argumentos, quedaron en silencio.

Job entonces reflexiona sobre la verdadera naturaleza de la sabiduría y sobre su lugar en el mundo. En una de las más bellas descripciones de la sabiduría que hallamos en la Biblia, Job llegó a la conclusión de que la verdadera sabiduría (o sentido de la vida) solo puede hallarse en una adecuada relación de fe con Dios ("el temor del Señor") (28:1-28). Como sabía que esa era la realidad, y que él procuraba vivir una vida recta, seguía sufriendo sin comprender el porqué. Entonces, en un magnífico soliloquio clama a Dios y le recuerda cómo ha vivido con fidelidad en el pasado y ha sido respetado por ello (29:1-25), pero ahora que sufría, todos se ponían en su contra y la muerte parecía cercana (30:1-31). Job hace un ruego final a Dios: solicita ser reivindicado (31:1-40). Con esto, las cartas estaban echadas, y hace una pausa para esperar la respuesta de Dios.

Fue ahí cuando empezó a hablar un joven llamado Eliú. Aunque la mayor parte de lo que tenía para decir ya había sido dicho, dio cuatro discursos y en todos procuró justificar el accionar de Dios. Primero, Eliú argumentó que Dios hablaba a todas las personas y que entonces, aunque él era un joven, tenía el derecho de hablar e incluso tenía el entendimiento para hacerlo (32:1–33:33). Segundo, reiteró la postura de que Dios era justo y lo que le sucedía a Job era merecido (34:1-37). Tercero, procuró demostrar que Dios honraba a los rectos y condenaba a los orgullosos, como lo había hecho con Job (35:1-16). Cuarto, le rogó a Job que aceptara lo que le había sucedido como una manifestación de disciplina divina y que se arrepintiera con humildad y procurara el perdón de Dios (36:1–37:24). Por último, Eliú se dio cuenta de que Job no escuchaba, por eso dejó de hablar.

De pronto, Dios comenzó a hablar desde un torbellino. En esencia, dijo dos cosas. Primero, describió las maravillas de la creación y preguntó a Job si él podría haber hecho algo mejor (38:1–40:2). Job respondió con rapidez que no porque él mismo era un ser creado (40:3-5). Segundo, Dios describió cómo Él controlaba el mundo y todo lo que ocurría, y preguntó a Job si él podría hacerlo mejor (40:6–41:34). Job reconoció que no, ni tampoco necesitaba hacerlo porque ahora había visto a Dios y se había dado perfecta cuenta de que Él tiene todo bajo Su control (42:1-6).

Al parecer Dios se agradó de Job y sus respuestas. No obstante, reprendió a los tres amigos ordenándoles que pidieran a Job que intercediera por ellos (42:7-9). Dios entonces restituyó a Job toda su fortuna e incluso le dio más hijos (42:10-17). Al final, Job halló significado a su vida, no en la búsqueda intelectual ni en sí mismo sino en su experiencia con Dios y su relación de fe con Él.

El mensaje de Job sigue teniendo vigencia para nosotros El libro de Job aborda temas que todos enfrentamos alguna vez. Son cuestiones difíciles de encarar. Diversos oradores lo hacen desde perspectivas distintas, y eso nos obliga a reconocer la complejidad del tema antes de aceptar respuestas simplistas. Dos temas importantes son la causa y el efecto del sufrimiento, y la justicia y el cuidado de Dios. Job comienza por aceptar el sufrimiento como parte de la vida humana que se puede soportar con confianza en Dios tanto en buenos tiempos como en malos. Comienza su cuestionamiento y encara de inmediato los temas teológicos. Ejemplifica la frustración humana con problemas para los que no podemos hallar respuestas. Se niega a aceptar la perspectiva de su esposa de dejar de lado a Dios y a la vida. En cambio, de continuo confronta a Dios con pedidos de ayuda y respuestas. Demuestra que la fe puede ser más que simple aceptación. La fe puede ser luchar en la oscuridad en busca de respuestas, pero es luchar con Dios, no con los demás. Elifaz destaca que el sufrimiento no durará para siempre, en especial para los inocentes. Bildad señala que el castigo de Job no es tan malo como podría haber sido; después de todo, los que murieron fueron sus hijos. Estar vivo significaba que el pecado de Job no era imperdonable y que su sufrimiento se podía soportar.

Zofar enfatiza el pecado de Job pero señala que podría sufrir más aún. Él debía darle a Dios crédito por la misericordia de no hacerle padecer todo el dolor que su pecado merecía. Eliú le ruega a Job que preste atención a la palabra del Señor en esa experiencia, porque su sufrimiento podía ser un medio para descubrir la voluntad divina y el camino de Dios en la situación. Eso debía llevar a Job a confesar su pecado y alabar a Dios. El reclamo de Job es que no podía hallar a Dios. Deseaba presentar su caso ante el Señor pero no podía hacerlo, por no estar a la altura de Dios. No podía presentar su inocencia, de modo de salvaguardar su nombre y recuperar su salud.

Que Dios haya aparecido demuestra el interés divino por sus criaturas, el control sobre todas las cosas, incluso en un mundo con sufrimientos inexplicables, y Sus acciones en la creación y las criaturas misteriosas que hizo prueban que los seres humanos deben vivir bajo control divino. La mentalidad del hombre no puede controlar todo el conocimiento ni comprender todas las situaciones. La gente debe contentarse con un Dios que les habla. No pueden exigir que Dios les dé todas las respuestas que desean. Se puede confiar en Dios en la peor circunstancia así como en la mejor. Ver *Fe; Sabiduría; Sufrimiento.*

Bosquejo

I. Prólogo: Un hombre justo puede padecer injusticia sin haber pecado (1:1–2:10)

II. Primera ronda: ¿Responderá un Dios justo las preguntas de un justo que sufre? (2:11–14:22)
   - A. Job: ¿Por qué una persona debe nacer a una vida de sufrimiento? (2:11–3:26)
   - B. Elifaz: No declares ser justo sino busca la disciplina de Dios, que es justo (4:1–5:27)
   - C. Job: La muerte es el único alivio para un justo perseguido por Dios (6:1–7:21)
   - D. Bildad: Un Dios justo no castiga al inocente (8:1-22)
   - E. Job: Los humanos no pueden ganar una discusión en la corte en contra del Creador (9:1–10:22)
   - F. Zofar: Los seres humanos, débiles e ignorantes, deben confesar los pecados (11:1-20)
   - G. Job: Una persona inteligente exige una respuesta por parte de un Dios todopoderoso y omnisciente, no de parte de otros seres humanos (12:1–14:22)

III. Segunda ronda: ¿Acaso el destino de los malvados prueba la misericordia y la justicia de Dios? (15:1–21:34)
   - A. Elifaz: Cálmate, reconoce tu culpa y acepta tu castigo (15:1-35)

B. Job: Que algún inocente presente mi caso ante Dios, que es inmisericorde (16:1–17:16)

C. Bildad: Reacciona y reconoce que padeces el castigo justo para los malvados (18:1-21)

D. Job: En un mundo sin justicia ni amigos, el justo debe esperar la acción del Redentor (19:1-29)

E. Zofar: Tu breve prosperidad muestra que eres un malvado opresor (20:1-29)

F. Job: Los consoladores mentirosos no me ayudan en mi lucha contra la injusticia de Dios (21:1-34)

IV. Tercera ronda: ¿Puede acaso el inocente que sufre conocer los caminos y la voluntad de Dios? (22:1–28:28)

A. Elifaz: Tú, pecador malvado, regresa al Dios todopoderoso y sé restaurado (22:1-30)

B. Job: No puedo hallar a Dios, pero la evidencia indica que Él se ocupa de mí mientras que no atiende a los malvados (23:1–24:25)

C. Bildad: Nadie puede ser justo delante del Dios admirable (25:1-6)

D. Job: Ni tu consuelo sin sentido ni la casi imperceptible voz de Dios son de ayuda al inocente que sufre (26:1–27:23)

E. Job: Los seres humanos no pueden conocer la sabiduría; solo Dios la revela: Teman a Jehová (28:1-28)

V. Resumen de Job: Que Dios restaure los viejos tiempos, que eran buenos, o responda a mi reclamo (29:1–31:40)

A. En mi pasado, que fue bueno, tuve respeto e integridad (29:1-25)

B. Ahora los hombres y Dios son crueles conmigo (30:1-31)

C. En mi inocencia, clamo para que Dios me escuche (31:1-40)

1. No miré con lujuria a las vírgenes (31:1-4)
2. No soy culpable de mentira ni de engaño (31:5-8)
3. No cometí adulterio (31:9-12)
4. Traté a mis siervos con equidad (31:13-15)
5. Fui generoso y amable con los pobres y los menesterosos (31:16-23)
6. No adoré las riquezas ni los cuerpos celestes (31:24-28)
7. No me regocijé en el fracaso de los demás (31:29-30)
8. No le negué a nadie hospitalidad (31:31-32)
9. No tengo nada que ocultar pero quisiera que Dios presentara las acusaciones (31:33-37)
10. No retuve el pago de los obreros en mi tierra (31:38-40)

VI. Eliú: Un joven enojado defiende a Dios (32:1–37:24)

A. Eliú está enojado con Job y con los amigos (32:1-22)

B. Eliú le habla a Job como hombre; Dios habla por medio de sueños, de visiones, del sufrimiento y de la liberación (33:1-33)

C. Dios es justo; Job habla sin conocimiento (34:1-37)

D. ¿Hay algún beneficio en servir a Dios? El pecado del hombre no es amenaza para Dios; la rectitud del hombre no beneficia a Dios (35:1-16)

E. Dios es justo, omnisciente, misterioso y soberano sobre el hombre y la naturaleza (36:1–37:24)

VII. Diálogo: Probar tu sabiduría es suficiente para argüir con el Creador eterno (38:1–42:6)

A. Dios: ¿Puedes controlar la creación animada e inanimada? (38:1–39:30)

B. Job: Estoy agobiado y sin fuerzas para responder (40:1-5)

C. Dios: ¿Condenarás a Dios para justificarte? (40:6-9)

D. Dios: Ocúpate del universo (40:10-14)

E. Dos criaturas inexplicables demuestran los insondables caminos de Dios (40:15–41:34)

F. Job: Al ver a Dios, confieso Su poder y me arrepiento del pecado (42:1-6)

VIII. Epílogo: La oración produce reconciliación, perdón y restauración (42:7-17)

Harry Hunt

JOBAB Nombre de persona que quizás signifique "páramo" o "armarse para la batalla". **1.** Hijo de Joctán del linaje de Sem, hijo de Noé, en la Tabla de las Naciones (Gén. 10:29). Fue además antepasado original de una tribu semita, tal vez del sur de Arabia. **2.** Uno de los primeros reyes de Edom con sede en Bosra (Gén. 36:33). **3.** Rey de la ciudad-estado de Madón, aliado de Jabín de

Hazor en la coalición del norte contra Josué (Jos. 11:1). **4.** Dos miembros de la tribu de Benjamín (1 Crón. 8:9,18).

JOCABED Nombre de persona que significa "la gloria de Yahvéh". Esposa de Amram y madre de María, Aarón y Moisés en Ex. 6:20. Perteneció a la tribu de Leví. Su nombre incluye el nombre divino Yahvéh, lo cual evidencia que dicho nombre ya era conocido antes de la época de Moisés. Ver *Moisés.*

JOCDEAM Nombre geográfico que significa "el pueblo ardió". Ciudad en el territorio tribal de Judá, quizás la actual Khirbet Raqqa cerca de Zif (Jos. 15:56).

JOCMEAM Nombre geográfico que significa "Él establece al pueblo" o "el pariente establece o entrega". **1.** Ciudad fronteriza del quinto distrito del reino de Salomón (1 Rey. 4:12). Es probable que haya estado en Tell Qaimun aprox. 29 km (18 millas) al sur de Haifa en el borde noroeste del Valle de Jezreel. Era una ciudad, fortaleza que protegía el paso hacia la Llanura de Sarón. Emplazada en el límite, quizás fuera del territorio tribal de Zabulón (Jos. 19:11) pero asignada a los levitas (Jos. 21:34). Josué venció a su rey cuyo reino estaba cerca del Monte Carmelo (Jos. 12:22). Existen registros egipcios del faraón Tutmosis III, del 1504–1450 a.C., que mencionan Jocmeam. **2.** Ciudad de los levitas de la tribu de Efraín (1 Crón. 6:68) omitida en la lista de Jos. 21:22 o quizás mencionada como Kibsaim. Tal vez estaba en el Tell es-Simadi o en Qusen al oeste de Siquem. Ver *Kibsaim.*

JOCSÁN Nombre de persona que significa "trampa, cepo". Hijo de Abraham y Cetura, y antepasado de las tribus árabes en el desierto al este del Jordán (Gén. 25:2,3). Él relaciona a los judíos y a los árabes con un mismo antepasado: Abraham.

JOCTÁN Nombre de persona que significa "vigilante" o "él es pequeño". Hijo de Heber del linaje de Sem en la Tabla de las Naciones (Gén. 10:25,26). Antepasado original de varias tribus del Desierto Arábigo, particularmente en Jemín. Ver *Mesa; Sefar.*

JOCTEEL Nombre geográfico que significa "Dios alimenta" o "destruye". **1.** Ciudad de la Sefela o valle perteneciente a la tribu de Judá (Jos. 15:38). **2.** El rey Amasías capturó Sela de Edom y le cambió el nombre por Jocteel (2 Rey. 14:7). Quizás sea la actual es-Sela al noroeste de Bosra. Ver *Sela.*

JOED Nombre de persona que significa "Jah es testigo". Miembro de la tribu de Benjamín (Neh. 11:7).

JOEL Nombre de persona que significa "Jah es Dios". **1.** Hijo de Samuel que se convirtió en juez malvado y llevó a los líderes de Israel a pedirle a Samuel que les diera un rey. Así se inició la monarquía como forma de gobierno para Israel. Samuel se opuso de manera fehaciente pero fue en vano (1 Sam. 8; comp. 1 Crón. 6:33). **2.** Levita (1 Crón. 6:36). **3.** Miembro o miembros de la tribu de Rubén (1 Crón. 5:4,8). **4.** Líder de los levitas a las órdenes de David (1 Crón. 15:7,11,17) que llevó el arca del pacto a Jerusalén (comp. 1 Crón. 23:8; 26:22 para levitas llamados Joel). **5.** Miembro de la tribu de Simeón (1 Crón. 4:35). **6.** Líder de la tribu de Gad (1 Crón. 5:12). **7.** Líder de la tribu de Isacar (1 Crón. 7:3). **8.** Héroe militar a las órdenes de David (1 Crón. 11:38; comp. Igal en 2 Sam. 23:36). **9.** Líder del ala oeste de la tribu de Manasés en tiempos de David (1 Crón. 27:20). **10.** Levita que ayudó al rey Ezequías en la limpieza del templo alrededor del 715 a.C. (2 Crón. 29:12). **11.** Israelita condenado por Esdras por tener una esposa extranjera que podría hacer que la nación adorara a otros dioses (Esd. 10:43). **12.** Líder del pueblo de la tribu de Benjamín que habitaba en Jerusalén en la época de Nehemías (Neh. 11:9). **13.** Profeta cuyo ministerio como predicador dio origen al libro que lleva su nombre. Es mínima la información personal. Solo sabemos que era hijo de Petuel, del que se desconoce información adicional. Que habitaba en Jerusalén se deduce por su ávido interés en la ciudad, sus reiteradas referencias a Sión, su llamado a que el pueblo se reuniera para adorar y su marcado interés en los rituales y sacrificios del templo.

El uso de la conocida frase: "Palabra de Jehová que vino", manifiesta su devoción como profeta de Dios. Se diferenció de los sacerdotes, y los instó con respeto a que guiaran al pueblo al arrepentimiento. Alrededor de 20 referencias y citas de otros profetas dan fe de su posición en el ministerio profético.

JOEL, LIBRO DE Con apenas 73 versículos agrupados en 3 capítulos, Joel es uno de los libros más breves del AT. Se divide naturalmente en dos partes; la primera (1:1–2:17) describe una terrible plaga de langostas que concluye con una súplica por la confesión de pecados. La segunda parte (2:18–3:21), escrita como respuesta en primera persona de parte de Dios, proclama esperanza para el pueblo arrepentido junto con juicio contra sus enemigos.

La plaga de langostas sin precedentes simbolizaba el día del Señor que se acercaba. Los insectos, representados en sus cuatro etapas de desarrollo, se trasladaron por la tierra en enjambres sucesivos que terminaron destruyendo todo a su paso. Los agricultores no tuvieron cosecha. Los animales recorrieron con desesperación la devastada tierra gimiendo y finalmente, perecieron de hambre. Los borrachos clamaban por un trago de vino. Como los sacerdotes no hallaban ofrenda para el sacrificio, los altares estaban vacíos. Tras la plaga de langostas llegaron la sequía y el hambre. La vegetación desapareció, hacía mucho calor y el agua escaseaba. Toda la creación de Dios sufría a causa de la pecaminosidad de Su pueblo.

A los sacerdotes se les encomendó que ayunaran y oraran (2:15-17). Solo la gracia de Dios pudo evitar la destrucción total. Luego, cuando el pueblo se arrepintió, Dios respondió que mostraría compasión y eliminaría la plaga (2:18-27).

Como resultado de volver a Dios, el pueblo recibió la promesa de que el Espíritu de Dios habitaría en medio de ellos. Las langostas sirvieron para anunciar un Día del Señor aun mayor en el futuro. Se pronunció juicio contra Fenicia y Filistea (3:4) y al final contra todas las naciones, que sería juzgadas por Dios en el Valle de Josafat, que literalmente significa "El Señor juzga" (3:2, 12). Judá experimentaría incomparable prosperidad, pero Egipto y Edom (enemigos tradicionales) enfrentarían un castigo terrible (3:18,19). El Señor triunfó sobre Sus enemigos de manera que todos supieran "que yo soy el SEÑOR vuestro Dios" (3:17 LBLA; comp. 2:27).

Las opiniones difieren en cuanto a la fecha del libro. La evidencia interna deja en claro que los sacerdotes estaban en posición de gran autoridad; el templo estaba en pie; los sacrificios se consideraban importantes y ciertas naciones extranjeras estaban condenadas. No se menciona a los imperios mundiales de Asiria ni de Babilonia. No hay referencia al reino del norte de Israel; ni tampoco se menciona el nombre de un rey.

Por lo general se sugieren dos fechas aproximadas de autoría del libro, antes del exilio en la época del niño rey Joás (836–796 a.C. aprox.) o al regreso del exilio (500–400 a.C. aprox.). La ubicación del libro entre los primeros profetas en el canon hebreo se considera evidencia de fecha temprana. Incluso la omisión del nombre de un rey se consideraría apropiada siendo que un muchacho como Joás no había alcanzado la madurez.

A favor de la fecha tardía se presentan argumentos de peso. Los exiliados a su regreso, reunidos en un pequeño grupo en Jerusalén, centraron su adoración en el templo. Los sacrificios eran importantes. Estaba ausente el énfasis característico de profetas preexílicos (como Amós y Miqueas) sobre llevar una vida ética. No se menciona ni la idolatría ni los lugares altos, lo cual sugiere que estas cosas ya no constituían un problema grave. Luego del exilio no habría necesidad de anunciar la destrucción venidera de Asiria y Babilonia. Tampoco habría necesidad de mencionar a un rey. La alusión al tráfico de esclavos de los griegos (3:4-6) se ajusta a un período tardío. Las referencias a la dispersión de los israelitas (3:2-6) se aplicarían a un período exílico, y el uso del término "Israel" para referirse a Judá (2:27; 3:2) resultaría apropiado en la época postexílica. Además, el estilo y el idioma reflejan el período postexílico, cuando el énfasis profético comenzaba a dar paso al apocalíptico.

Algunos teólogos de la antigüedad consideraron que todo el libro era una alegoría donde las langostas representan a cuatro naciones paganas que se opusieron al pueblo de Dios. Pocos son los eruditos que actualmente adhieren a esa teoría. Otros estudiosos de la Biblia consideraron el libro una predicción de eventos futuros y los relacionaron con cierta literatura apocalíptica del NT (Apoc. 9:3-11). Sin embargo, la mayoría de los eruditos aceptan la descripción de la plaga de langostas como una invasión literal que el profeta empleó como punto de referencia para hablarle a sus contemporáneos acerca del día del Señor que se aproximaba, y al mismo tiempo incorporó elementos predictivos relacionados con la era mesiánica.

Principales enseñanzas del libro de Joel: (1) El Dios Creador y Redentor de todo el universo tiene pleno control de la naturaleza y puede usar las calamidades para llevar a Su pueblo al arrepentimiento. (2) Toda la creación de Dios es interdependiente. Las personas, los animales y la vegetación sufren cuando la gente peca. (3) Aunque los judíos consideraban que el Día del Señor sería un tiempo de castigo para sus enemigos, Joel deja en claro que si bien Dios tiene bajo Su control los destinos de otras naciones, Su pueblo, que tiene la responsabilidad de vivir de acuerdo a la relación que tiene con Él, no está exento de Su venganza. (4) El Dios de juicio es también un Dios de misericordia que está listo para redimir y restaurar cuando Su pueblo acude a Él arrepentido. (5) Tiene especial importancia la mirada hacia el futuro, hacia el momento cuando el Espíritu de Dios estará presente en todas las personas. Todos podrán ser profetas, sin exclusiones, sin mediadores y todos podrán conocer Su salvación. En el día de Pentecostés, Pedro proclamó que había llegado el nuevo día de la llenura del Espíritu, como había sido anunciado por el profeta Joel (Hech. 2:17-21).

Bosquejo

I. El Día del Señor reclama que el pueblo de Dios responda (1:1–2:17)
   A. Da testimonio a generaciones futuras (1:1-4)
   B. Laméntate y llora por la destrucción (1:5-20)
   C. Haz sonar la alarma porque el Día del Señor es terrible (2:1-11)
   D. Arrepiéntete de corazón porque tu paciente y misericordioso Dios puede compadecerse (2:12-14)
   E. Reúne a la congregación para lamentarse y arrepentirse (2:15-17)
II. Dios responderá al lamento y arrepentimiento de Su pueblo (2:18-27)
   A. Dios tendrá compasión (2:18)
   B. Dios proveerá alimento y quitará la vergüenza de Su pueblo (2:19)
   C. Dios vencerá al enemigo (2:20)
   D. Dios reemplazará el temor y la vergüenza por gozo y alabanza (2:21-26)
   E. Dios hará que Su pueblo lo conozca y lo adore a Él y solo a Él (2:27)
III. Dios prepara un gran día de salvación (2:28–3:21)
   A. Dios derramará Su Espíritu para dar salvación al remanente (2:28-32)
   B. Dios juzgará a todas las naciones (3:1-17)
   C. Dios bendecirá a Su pueblo (3:18-21)

Alvin O. Collins

JOELA Nombre de persona que significa "cabra montés". Guerrero de la tribu de Saúl, es decir la de Benjamín, que se unió a David en Siclag cuando este huía del rey (1 Crón. 12:7). Los primeros mss y traducciones ofrecieron diversas alternativas a la escritura del nombre, como Jaala o Azriel.

JOEZER Nombre de persona que significa "Jah es mi ayuda". Guerrero benjamita de la tribu de Saúl, que se unió a David en Siclag cuando este huía de Saúl (1 Crón. 12:6).

JOGBEHA Nombre geográfico que significa "pequeña colina elevada". Ciudad al este del Jordán donde Gedeón venció a Zeba y a Zalmuna, reyes de Madián (Jue. 8:11). Está ubicada en la actual Khirbet el-Jubeihat, a unos 30 km (20 millas) al sureste del Jordán y a 11 km (7 millas) al noroeste de Amán. La tribu de Gad la reconstruyó y la pobló (Núm. 32:35).

JOGLI Nombre de persona que significa "Él revela". Padre de Buqui, que representó a la tribu de Dan en la repartición de la tierra prometida (Núm. 34:22).

JOHA Aparentemente forma abreviada del nombre Johanán que significa "Yahvéh es misericordioso". **1.** Miembro de la tribu de Benjamín (1 Crón. 8:16). **2.** Héroe militar del ejército de David (1 Crón. 11:45).

JOIADA Nombre de persona que significa "Yahvéh conoce" o "Yahvéh se ocupa de". **1.** Sacerdote que lideró el golpe de estado cuando la reina Atalía, que había usurpado el trono de Judá, fue asesinada, y Joás, legítimo heredero de la monarquía, ocupó su lugar en el trono (2 Rey. 11:4). En aquel momento, Joás tenía 8 años y Joiada actuó como regente durante varios años. La intervención de Joiada fue positiva y beneficiosa; influyó en el joven rey para que restaurara el templo. La muerte del sacerdote marcó una rápida decadencia en las virtudes del rey y en su fidelidad a Jehová (2 Crón. 22–24). Ver *Atalía; Joás; Levitas; Sacerdotes.* **2.** Padre de Benaías, líder militar de David (2 Sam. 8:18) al parecer de Jecabzeel (2 Sam. 23:20). Aparentemente este Joiada fue levita y líder militar de David en Hebrón (1 Crón. 12:27). **3.** Sacerdote destacado en la época de Jeremías, antecesor de Sofonías (Jer. 29:25,26). **4.** Hombre que ayudó a reparar la antigua puerta de Jerusalén en tiempos de Nehemías (Neh. 3:6). **5.** Sumo sacerdote del 425 a.C. aprox. (Neh. 12:10,11,22). Esdras sospechaba que uno de sus hijos, casado con la hija de Sanbalat, era un traidor (Neh. 13:28). Ese matrimonio de un integrante de la familia del sumo sacerdote con un extranjero violaba la ley judía (Lev. 21:14). Ver *Sanbalat.*

JOIARIB Nombre de persona que significa "Jah establece justicia". **1.** Miembro del grupo que Esdras envió para que los levitas lo acompañaran en el regreso de Babilonia a Jerusalén (Esd. 8:16). Muchos intérpretes piensan que Joiarib fue una repetición del copista del nombre Jarib que aparece primero en el versículo. Ver *Jarib*. **2.** Antepasado de un miembro de la tribu de Judá que vivió en Jerusalén luego del exilio (Neh. 11:5). **3.** Padre de un sacerdote que vivió en Jerusalén luego del exilio (Neh. 11:10). **4.** Sacerdote que regresó a Jerusalén del exilio en Babilonia con Zorobabel alrededor del 537 a.C. (Neh. 12:6). **5.** Importante familia sacerdotal postexílica (Neh. 12:19).

JONADAB Nombre de persona que significa "Yahvéh incita" o "Yahvéh se ofrece en forma gratuita". **1.** Hijo de Recab que apoyó a Jehú cuando este purificó con sangre la casa de Acaz (2 Rey. 10:15). Fue representante de los recabitas, un grupo de austeros ultraconservadores. Jeremías 35 relata un encuentro entre el profeta y los recabitas, quienes citaron la enseñanza de su antepasado Jonadab. En el contexto de aquel encuentro, se expresaron algunos preceptos de los recabitas. Estos traen a la memoria reglamentaciones de los nazareos. La palabra hebrea *rechav* significa "carro", por eso algunos eruditos creen que Jonadab perteneció al ejército de carros de guerra de Israel. Ver *Jehú; Recabitas*. **2.** Sobrino de David que aconsejó a Amnón sobre cómo aprovecharse de Tamar (2 Sam. 13). Fue también el que informó al apenado David que de sus hijos sólo había fallecido Amnón (vv.32,33).

JONÁS Nombre de persona que significa "paloma". **1.** Padre de Simón Pedro (Juan 1:42; comp. 21:15-17). **2.** Profeta de Israel de Gathefer, un pueblo cerca de Nazaret. Profetizó en la época de Jeroboam II (793–753 a.C.). Dios le había dado el privilegio de dar las buenas nuevas de que Israel experimentaría un tiempo de seguridad y prosperidad (2 Rey. 14:25). Según el libro de Jonás, Dios también lo usó contra su voluntad para dar un mensaje de advertencia a los paganos de Nínive. *E. Ray Clendenen*

JONÁS, LIBRO DE Este libro se diferencia de los otros profetas por ser mayormente narrativo. Relata cómo Jonás comprendió que Dios era mucho más grande de lo que él había pensado, en especial en lo referido a Su poder y Su compasión.

Asiria era la mayor potencia de Medio Oriente en tiempos de Jonás, a principios del siglo VIII a.C. y Nínive era su ciudad principal. Desde el siglo IX los asirios habían enviado violentas expediciones militares hacia el oeste, rumbo a Siria y Palestina. Sin embargo, en la época en que Jonás profetizaba, Asiria se había debilitado, y esto hizo posible la expansión de Jeroboam II de Samaria y la de Uzías de Judá. Jonás y todo Israel se habrían alegrado si Asiria se hubiera seguido desintegrando. Sin embargo, Asiria recuperó su poder a fines del siglo VIII, conquistó nuevamente Siria y Palestina, y en el 722 a.C. destruyó Samaria y deportó a sus habitantes.

A Jonás le molestó que Dios le ordenara ir a Nínive a predicar arrepentimiento. Los asirios adoraban al despiadado dios Asur y a una multitud de dioses y diosas. La brutalidad y crueldad de Asiria eran legendarias. Se los conocía por empalar a sus enemigos en estacas frente a las ciudades y colgar la cabeza de los enemigos en los jardines del rey. Solían también torturar a sus prisioneros (tanto a hombres como a mujeres y niños) cortándoles la nariz, las orejas o los dedos, sacándoles los ojos o arrancándoles los labios y las manos. Se dice que cubrían las murallas de la ciudad con la piel de sus víctimas. Los rebeldes eran masacrados en masa, a veces quemados en una estaca. Luego colocaban los cráneos en grandes montones junto al camino como advertencia a los demás. Jonás decidió que era mejor abandonar el ministerio profético que predicar a tales personas. Nínive estaba a unos 800 km (500 millas) hacia el este, de modo que él se dirigió a Tarsis (probablemente la actual España), el punto occidental más alejado que él conocía (alrededor de 3200 km [2000 millas] de allí).

Desde el siglo XIX d.C. muchos consideraron a Jonás como parábola o ficción didáctica, como si la historia de los hechos quedara desplazada por arte literario o relatos de eventos milagrosos. No obstante, si esta narración que desde todo punto de vista es un relato histórico, se considerara no histórica sobre cualquiera de estas bases, entonces pasaría lo mismo con la mayor parte de la Biblia. No tiene sentido cuestionar si Jonás pudo en verdad haber sido tragado por un gran pez sin también preguntarse si Dios podía realmente comunicarse con un profeta. Cada aspecto del encuentro del hombre con Dios es milagroso. Jonás es didáctico, sin dudas, pero no se lo presenta como ficción ni tampoco lo interpreta así Jesús (comp. Mat. 12:40,41). Además, según lo señala el teólogo F. Page: "Si una de las enseñanzas de Jonás, según reconoce la mayoría, es que Dios es soberano y sensible al accionar humano, ¿cómo podemos explicarlo con un método que niega ese mensaje al dejar de lado la posibilidad de milagros?" Incluso entonces podemos cuestionar la probabilidad de que el antiguo Israel produjo y aceptó como Escritura un relato de ficción donde los personajes principales fueron un profeta histórico y el mismo Yahvéh.

Al libro se lo ha denominado "una obra de arte de la retórica" y un "modelo de arte literario, signado por simetría y equilibrio". Sus cuatro capítulos se dividen en dos mitades, como se indica por las órdenes de Jehová en 1:1-2 y 3:1-2 de que fuera a predicar a Nínive. La primera vez Jonás huyó (1:3) y la segunda vez obedeció (3:3). Cada mitad comienza con una introducción (1:1-3; 3:1-4) y tiene dos episodios. En el primer episodio de cada mitad, Jonás se encuentra con un grupo de paganos, los marineros (1:4-16) y los ninivitas (3:5-10). Ambos grupos superan a Jonás en su sensibilidad a la voluntad de Dios. El segundo episodio culminante de cada mitad encuentra a Jonás conversando con Dios (2:1-11; 4:1-11).

No se brinda indicación sobre el autor del libro; solo se expone un relato de un incidente en la vida de un profeta de Yahvéh. Por otra parte, nada indica que Jonás no fue o no haya podido ser autor del libro. Muchos eruditos creen que Jonás no se escribió antes del siglo VI, lo que descartaría la autoría del profeta. No obstante, la evidencia para una fecha tan tardía no es convincente para muchos. Algunos apuntan a las supuestas imprecisiones históricas del libro como evidencia de una fecha de origen tardía y carente de objetividad. Un ejemplo es 3:3 (LBLA), que describe a Nínive más grande de lo que sabemos que fue. Se la describe literalmente como "de un recorrido de tres días". Aunque con frecuencia se afirma que esto indica que haría falta un viaje de tres días para circunvalarla, la cuestión es que tal vez ese fue el tiempo que le llevó a Jonás difundir el mensaje que Dios le dio. Este sería el caso en particular si al hablar del tamaño de Nínive como "aquella gran ciudad" se refería también a los pueblos circundantes. Un segundo ejemplo es que la designación "rey de Nínive" (3:6) no era la manera en que habitualmente los asirios se referían a su rey. Esto es cierto pero irrelevante ya que no hay razones para suponer que el libro de Jonás fue escrito por asirios sino por judíos, que con frecuencia se referían a sus reyes de esta manera (1 Rey. 21:1; 2 Rey. 1:3). Además, Asiria era un estado tan debilitado en aquel momento que abarcaba poco más que Nínive.

Jonás es la historia de cómo Dios le da una enseñanza a un profeta pecador de razonamiento estrecho, que representa a todo el pueblo de Dios que cree tener el monopolio de la gracia de Dios. Cuando Jonás se niega a ir a predicar a Nínive y Dios lo libera y lo rescata en Su misericordia, Jonás se siente agradecido. Sin embargo, cuando predica en Nínive y la gente se arrepiente y son perdonados por la gracia divina, Jonás se enoja. El libro termina con una pregunta divina sin respuesta en cuanto a la compasión, lo que sugiere al lector que Jonás se arrepintió e invita al lector a hacer lo mismo. Esta es la clave del propósito general de Jonás: despertar compasión en el pueblo de Dios. El mensaje del libro es que Dios desea que todas las naciones lo adoren, le guste o no a Su pueblo. Dios ha manifestado misericordia a Su pueblo, quien no la merecía; este debe desear que la misericordia se extienda a todos los que se arrepienten, y deben regocijarse cuando Dios manifiesta Su gracia (comp. Hech. 10:34,35). A Dios le preocupan todos los seres humanos (Juan 1:7; 1 Tim. 2:1-6; 2 Ped. 3:9) y tiene el derecho de mostrar misericordia a quien lo desee (Ex. 33:19; Rom. 9:15).

Bosquejo

I. Jonás rechaza el llamado de Dios (1:1–2:10)
   A. Introducción: La orden de Yahvéh y la desobediencia de Jonás (1:1-3)
   B. Episodio uno: Jonás y los marineros (1:4-16)
   C. Episodio dos: Jonás y Yahvéh dentro del gran pez (2:1-11)

II. Jonás cumple con el llamado de Dios (3:1–4:11)
   A. Introducción: La orden de Yahvéh y la obediencia de Jonás (3:1-4)
   B. Episodio uno: Jonás y los ninivitas (3:5-10)
   C. Episodio dos: Jonás y Yahvéh en Nínive (4:1-11)

E. Ray Clendenen

JONATÁN Nombre de persona que significa "Yahvéh dio". **1.** Levita que fue sacerdote de Micaía en Efraín y luego con la tribu de Dan (Jue. 17–18). **2.** Hijo mayor del rey Saúl; su madre fue Ahinoam; sus hermanos: Abinadab, Malquisúa e Is-baal; sus hermanas: Merab y Mical, y su hijo: Mefiboset (Merib-baal).

Jonatán fue valiente, fiel y un gran amigo. Lideró a 1000 soldados que vencieron a los filisteos

J

en Geba (Gabaa) (1 Sam. 13:2,3). Luego llevó sólo a su escudero al peñasco rocoso de Micmas y causó terror entre los filisteos al asesinar a 20 (1 Sam. 14:1-16). Saúl descubrió que faltaba Jonatán, pidió el arca de Dios, salió a la batalla y venció a los filisteos. Jonatán comió miel sin saber que Saúl había prohibido que el pueblo comiera aquel día. Saúl hubiera hecho matar a Jonatán si no fuera porque la gente comenzó a elogiarlo y lo salvó de la muerte (1 Sam. 14:27-46).

Los siguientes cuatro relatos sobre Jonatán se centran en su amistad con David. Primero, se hizo muy amigo de David y le dio su ropa, su armadura, su espada, su arco y su cinturón (18:1-4). Segundo, rogó a Saúl que restituyera a David y tuvo éxito (19:1-7). Tercero, abandonó la mesa real enfadado para ir a avisarle a David que el rey no lo volvería a recibir (20:1-42). Cuarto, tuvo un último encuentro con David en Hores. Hicieron un pacto entre sí y Jonatán lo reconoció como próximo rey (23:16-18).

El primer libro de Samuel termina con el informe de la muerte de Saúl y tres de sus hijos: Jonatán, Abinadab y Malquisúa, en el Monte Gilboa (1 Sam. 31:1-13). Sus cuerpos fueron colgados del muro de Bet-seán y más tarde llevados a Jabes. Finalmente David enterró los huesos en la tierra de Benjamín, en Zela, en la tumba de Cis, abuelo de Jonatán (2 Sam. 21:12-14). Ver *David; Mefi-boset; Saúl.*

3. Hijo de Abiatar, sacerdote al servicio de David (2 Sam. 15:24; 17:17,20; 1 Rey. 1:42,43). **4.** Tío de David que fue consejero y escriba en la corte real (1 Crón. 27:32). **5.** Hijo de Simea, hermano de David; asesinó a un gigante filisteo (2 Sam. 21:21; 1 Crón. 20:7). **6.** Hijo de Sama; uno de los 30 valientes de David (2 Sam. 23:32,33; 1 Crón. 11:34). **7.** Hijo de Uzías, tesorero real durante el reinado de David (1 Crón. 27:25). **8.** Casa del escriba o secretario donde fue encarcelado Jeremías (Jer. 37:15,20; 38:26). **9.** Hijo de Carea, "Johanán"; tal vez el mismo de 8. (Jer. 40:8.) **10.** Padre de Ebed, un ex exiliado (Esd. 8:6; 1 Esd. 8:32). **11.** Sacerdote cuando Joiacim era sumo sacerdote (Neh. 12:14). **12.** Sacerdote, hijo de Joiada (Neh. 12:11). **13.** Sacerdote, hijo de Semaías y padre de Zacarías, en un grupo que ejecutaba instrumentos musicales (Neh. 12:35). **14.** Hijo de Asael que admitió los casamientos con extranjeros en tiempos de Esdras (Esd. 10:15; 1 Esd. 9:14). **15.** Descendiente de Jerameel (1 Crón. 2:32,33). *Omer J. Hancock (h)*

El antiguo puerto marítimo de Jope (Jaffa).

JOPE Nombre geográfico que significa "hermoso". En la costa Mediterránea, ubicado a 56 km (35 millas) al noroeste de Jerusalén. Las excavaciones revelan que la ciudad data de aprox. 1650 a.C. Originalmente la ciudad estaba emplazada en un monte rocoso por encima de los 30 m (100 pies), cerro que apenas sobrepasaba la línea de la costa formando un pequeño cabo. Al norte se extiende la Llanura de Sarón y al sur, la de Filistea.

La forma fenicia del término proviene del nombre Jafe, hija de Aeolus, dios de los vientos.

Jope es el único puerto natural del Mediterráneo entre la antigua Ptolemaida y Egipto, y las instalaciones en los tiempos bíblicos eran rudimentarias. Los arrecifes que formaban un rompeolas semicircular a casi 100 m (300 pies) mar adentro imposibilitaban el ingreso desde el sur. El ingreso por el norte era peligroso y poco profundo, pero las pequeñas embarcaciones podían navegarlo.

La referencia histórica más antigua a Jope está en inscripciones en las paredes del templo de Karnak en Tebas (Luxor). Tutmosis III, que gobernó Egipto desde 1490 a 1436 a.C., hacía alarde de sus conquistas de varias ciudades palestinas incluyendo a Jope. Las cartas de Amarna mencionan Jope dos veces en alusión a la belleza de sus jardines y a la habilidad de artesanos del cuero, la madera y el metal.

En la conquista de Canaán, la tribu de Dan recibió Jope pero jamás estuvo por completo en manos hebreas. Los filisteos tomaron la ciudad pero David la reconquistó. Salomón fomentó su desarrollo hasta convertirla en el principal puerto que abastecía a Jerusalén. En Jope se reflotaron balsas de troncos de cedro a fin de ser enviados a Jerusalén para el espléndido templo de Salomón (2 Crón. 2:16).

Fenicia obtuvo el control de Jope durante la época de Jonás. Cuando el profeta huyó del llamado de Dios, se embarcó en Jope para su recordado viaje rumbo a Tarsis (Jon. 1:3). En el 701 a.C. Senaquerib ocupó la ciudad y luego, sucesivamente, los babilonios y los persas. Tal como había ocurrido en la época de Salomón, Jope se convirtió en el puerto que recibía troncos de cedro del Líbano, esta vez para la reconstrucción del templo bajo el liderazgo de Zorobabel.

En el 164 a.C. más de 200 judíos de Jope fueron ahogados a traición por un grupo de no judíos enfurecidos. Como represalia, Judas Macabeo tomó la ciudad por asalto, incendió las instalaciones del puerto y quemó también los barcos anclados (2 Mac. 12:3-9). La historia de Jope está conectada con varios nombres notables durante los años de dominación romana. Pompeyo la conquistó en el 63 a.C. y la adosó a la provincia de Siria. Más tarde, Antonio le entregó la ciudad a Cleopatra de Egipto. Augusto César la incorporó al reino de Herodes el Grande.

El NT indica que Jope fue el hogar de Dorcas, una cristiana conocida por sus obras de amor y misericordia. Cuando falleció, los cristianos del lugar llamaron a Simón Pedro quien con la orden "Tabita, levántate" la devolvió a la vida (Hech. 9:36-41).

Pedro permaneció en Jope en casa de Simón el curtidor. Al mediodía, mientras aguardaba la comida, Simón Pedro se puso a orar en la azotea. En una visión, "vio el cielo abierto, y que descendía

Casa tradicional de Simón el curtidor en Jope, donde el apóstol Pedro recibió una visión de Dios.

Comerciantes modernos de frutas y verduras en un concurrido mercado en Tel-aviv (adyacente a la antigua Jope).

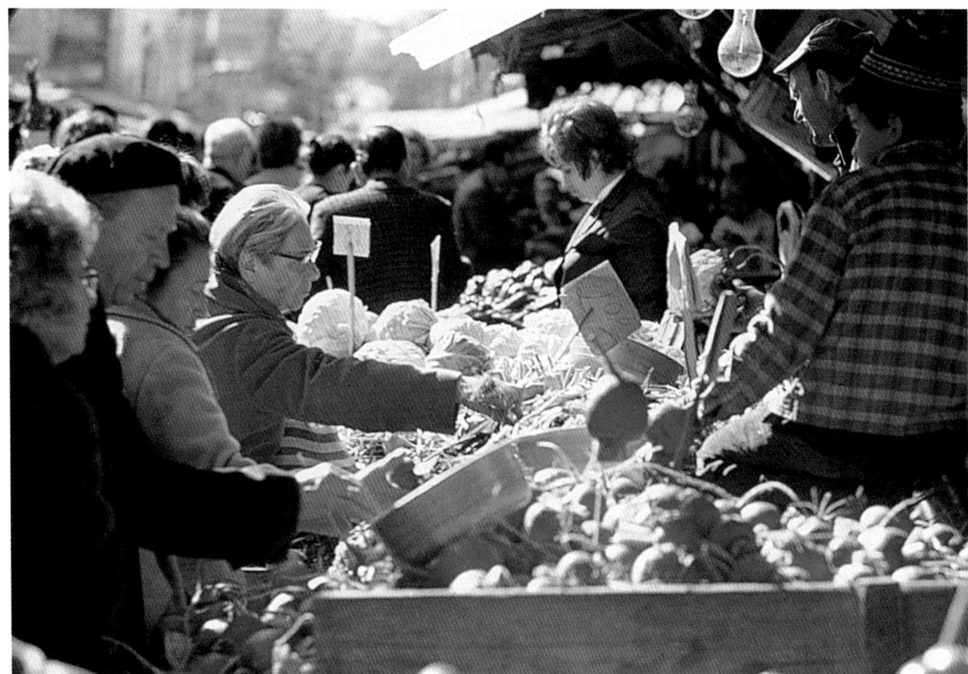

J

algo semejante a un gran lienzo, que atado de las cuatro puntas era bajado a la tierra" y comprendió que el mundo gentil también debía escuchar el evangelio (Hech. 10:9-16).

En la actualidad, Jope está unida a Tel Aviv, e integra la porción sur de la más grande ciudad de Israel. En esta antigua ciudad se desarrollaron complejos industriales, navieros y residenciales.

Timothy Trammell

JORA Nombre de persona que significa "lluvia temprana u otoñal". Líder de grupo de exiliados babilónicos que regresaron a Jerusalén con Zorobabel alrededor del 537 a.C. (Esd. 2:18). La lista paralela (Neh. 7:24) la llama Harif (comp. Neh. 10:19). Muchos intérpretes consideran que Harif es el nombre original, aunque es difícil explicar el cambio. Ver *Harif.*

JORAI Nombre de persona que quizás signifique "Jah vio" o una forma abreviada de Joiarim, "Jah ha exaltado". Miembro de la tribu de Gad (1 Crón. 5:13).

JORAM Nombre de persona que significa "Yahvéh es exaltado". Nombre de un rey de Israel (849–843 a.C.) y uno de Judá (850–843 a.C.). La posibilidad de confusión entre ambos se ve agravada por varios factores. Eran contemporáneos entre sí, y ambos reinaron próximos a una persona llamada Ocozías: a Joram de Judá lo sucedió su hijo Ocozías, y Joram de Israel ascendió al trono luego de la muerte de su hermano Ocozías. El relato del reinado de Joram de Israel se registra en 2 Rey. 3. Él dirigió una coalición con Judá y Edom según consejo de Eliseo, para derrotar a Moab. El reinado de Joram de Judá se relata en 2 Rey. 8. Se casó con la hija de Acab de Israel y llevó a Judá al culto a Baal. Edom y Libna obtuvieron independencia de Judá durante su reinado. Ver *Cronología de la época bíblica; Israel, Tierra de.*

JORCOAM Nombre de persona que significa "el pueblo es de oro". Descendiente de Caleb (1 Crón. 2:44). Este nombre, al igual que otros en la lista, podía representar tanto una ciudad como una persona. Muchos intérpretes afirman que se trata de Jocdeam, e igualan a esta ciudad con la ciudad tribal de Judá. Se desconoce su ubicación. Ver *Jocdeam.*

JORDÁN, AL OTRO LADO DEL Utilizado a menudo para describir el territorio sobre el lado oriental del Río Jordán (también se hace referencia al lugar como Transjordania). La frase describe en cinco ocasiones el territorio sobre la ribera occidental del Río Jordán (Gén. 50:10,11; Deut. 3:20,25; 11:30).

JORIM Nombre de persona de significado desconocido. Antepasado de Jesús (Luc. 3:29).

JORNALERO Obrero asalariado, mano de obra contratada. Ese trabajo generalmente era pesado (Job 7:1-2). La ley mosaica exigía que se les pagara al final de cada día a fin de que pudieran proveer para las necesidades de sus familias (Deut. 24:14-15), pero con frecuencia se explotaba a los trabajadores (Mal. 3:5; Sant. 5:4). Juan 10:12-13 contrasta la cobardía de un pastor contratado con la sacrificada solicitud del propio dueño hacia sus ovejas.

JOROBA Protuberancia carnosa en el lomo de un camello donde se almacena alimento en forma de grasa. Isaías 30:6 menciona las cargas que se transportaban sobre la joroba de los camellos. Ver *Camello.*

JOROBADO Alguien que tiene la espalda encorvada (curvada o torcida). Según el Código de santidad, un jorobado estaba excluido del servicio sacerdotal, aunque se le permitía participar de la comida sagrada de los sacerdotes (Lev. 21:20).

JOSABÁ Nombre de persona que significa "Yahvéh es completo o fortuna". Hermana del rey Ocozías quien a la muerte del rey tomó al joven Joás y lo protegió de la reina Atalía para que esta no lo matara como hizo con los demás niños de la realeza (2 Rey. 11:2). En 2 Crón. 22:11 se escribe Josabet.

JOSABAD Supervisor del tesoro del templo que dio animales a los levitas para sacrificar en la Pascua (2 Crón. 35:9).

JOSABET Ver *Josabá.*

JOSACAR Nombre de persona que significa "Jah pensó en". Uno de los conspiradores que ayudaron a asesinar al rey Joás (aprox. 782 a.C.) (2 Rey. 12:21). Ver *Jozabad 1.*

JOSADAC Nombre de persona que significa "Yahvéh reparte con justicia". Sumo sacerdote de la época en que Nabucodonosor llevó a Judá al exilio babilónico aprox. 587 a.C. (1 Crón. 6:14,15). Fue padre de Josué, sumo sacerdote que regresó del exilio con Zorobabel alrededor del 537 a.C. (Hag. 1:1; Zac. 6:11).

JOSAFAT Nombre de persona que significa "Yahvéh juzgó" o "Yahvéh estableció lo recto". **1.** Hijo y sucesor de Asa como rey de Judá (1 Rey. 15:24). Ocupó el trono durante 25 años (873–848 a.C.). El registro bíblico de su reinado aparece en los capítulos finales de 1 Rey. y en 2 Crón. 17–20. Fue un gobernante capaz y un fiel adorador de Yahvéh (1 Rey. 22:42,43). Sin embargo, hizo algo que terminó siendo desastroso: se alió con Acab, rey de Israel. El resultado inmediato fue beneficioso para ambos. Años de conflictos llegaron a su fin y ambos reinos se vieron fortalecidos. Sin embargo, la alianza incluyó el casamiento de Joram, hijo de Josafat, con Atalía, hija de Acab. La influencia de Atalía en Judá resultó espantosa. Ver *Atalía; Cronología de la época bíblica; Israel, Tierra de; Micaías.* **2.** Padre de Jehú (2 Rey. 9:2,14). **3.** Funcionario de la corte de David (2 Sam. 8:16), llamado "cronista" (RVR1960, LBLA) o "secretario" (NVI). La raíz del término hebreo significa "recuerda". Algunos eruditos comparan esa función con la del heraldo de la corte egipcia que informaba de los sucesos al rey y hacía anuncios públicos. Otros piensan que estaba a cargo de documentos y registros públicos, mientras otros lo consideran ministro de relaciones exteriores. Al igual que con muchos otros cargos hebreos, es difícil identificarlo con seguridad. Josafat continuó en su cargo durante el reinado de Salomón (1 Rey. 4:3). **4.** Funcionario de Salomón en el territorio de la tribu de Isacar a cargo de las provisiones de la corte real un mes al año (1 Rey. 4:17). **5.** Héroe militar durante el reinado de David (1 Crón. 11:43). **6.** Sacerdote que tocaba la trompeta delante del arca del pacto cuando David la llevó de regreso a Jerusalén (1 Crón. 15:24).

JOSAFAT, VALLE DE Nombre geográfico que significa "valle donde Yahvéh juzgó". Lugar al cual el Señor convoca para juicio a las naciones (Joel 3:2). No existen evidencias de que hubiera un valle con ese nombre en la época de Joel. Desde el siglo 4 d.C. al Torrente de Cedrón se lo conoce como Valle de Josafat; pero no existen razones para creer que Joel se refería al Valle de Cedrón. Es probable que la referencia de Joel sea simbólica. Por medio de este, Dios prometió a todas las naciones que finalmente serían convocadas al lugar de juicio divino. Ver *Joel.*

JOSAVÍA Nombre de persona que significa "Jah permite habitar". Héroe militar durante el reinado de David (1 Crón. 11:46). Ver *Josibías*

JOSBECASA Nombre de persona que significa "vivir en desgracia". Músico levita de la familia del vidente Hemán durante el gobierno de David (1 Crón. 25:4). Lideraba el turno 17 de músicos del templo (1 Crón. 25:24).

JOSÉ Nombre de persona que significa "agregar". Nombre de varios hombres de la Biblia; los más importantes corresponden a un patriarca de la nación de Israel y al padre adoptivo de Jesús. **Antiguo Testamento** En el AT, José alude principalmente al patriarca, uno de los hijos de Israel. Fue el undécimo de los doce hijos, el primero de Raquel, la esposa favorita de Jacob. Su nombre, "añádame Jehová", formó parte de la oración de Raquel cuando nació el niño (Gén. 30:24).

Por ser hijo de Raquel y haber nacido cuando Jacob era anciano, José se convirtió en el favorito de su padre, y este le dio la famosa "túnica de diversos colores" (Gén. 37:3; "túnica especial de mangas largas" NVI). Este hecho y los sueños que mostraban su predominio sobre la familia desencadenaron la envidia de sus hermanos, quienes lo vendieron a una caravana de ismaelitas (Gén. 37).

José fue llevado a Egipto donde se convirtió en un esclavo confiable de la casa de Potifar, un oficial del faraón. Como resultado de acusaciones falsas por parte de la esposa de Potifar, José fue llevado a la cárcel real, donde interpretó el sueño de dos oficiales que habían cometido un delito contra el faraón (Gén. 39–40). Finalmente, José fue llevado para que le interpretara al faraón ciertos sueños inquietantes. José predijo siete años de abundancia seguidos de siete de hambruna, y como medida de prevención recomendó llevar a cabo un programa de almacenaje de granos. El faraón respondió colocando a José como segundo en autoridad después de él (Gén. 41:39-45).

Debido a la hambruna, la gente, incluso los hermanos de José, llegaba de otros países a Egipto para comprar alimentos. Sus hermanos no lo reconocieron, pero José observó el cumplimiento de sus sueños pasados en los cuales sus hermanos se inclinaban ante él. Después de poner a prueba el carácter de ellos de diversas maneras, durante la segunda visita que hicieron José les reveló quién era (Gén. 42–45). Por influencia de este, Jacob se trasladó a Egipto (Gén. 46:1–47:12). José murió en

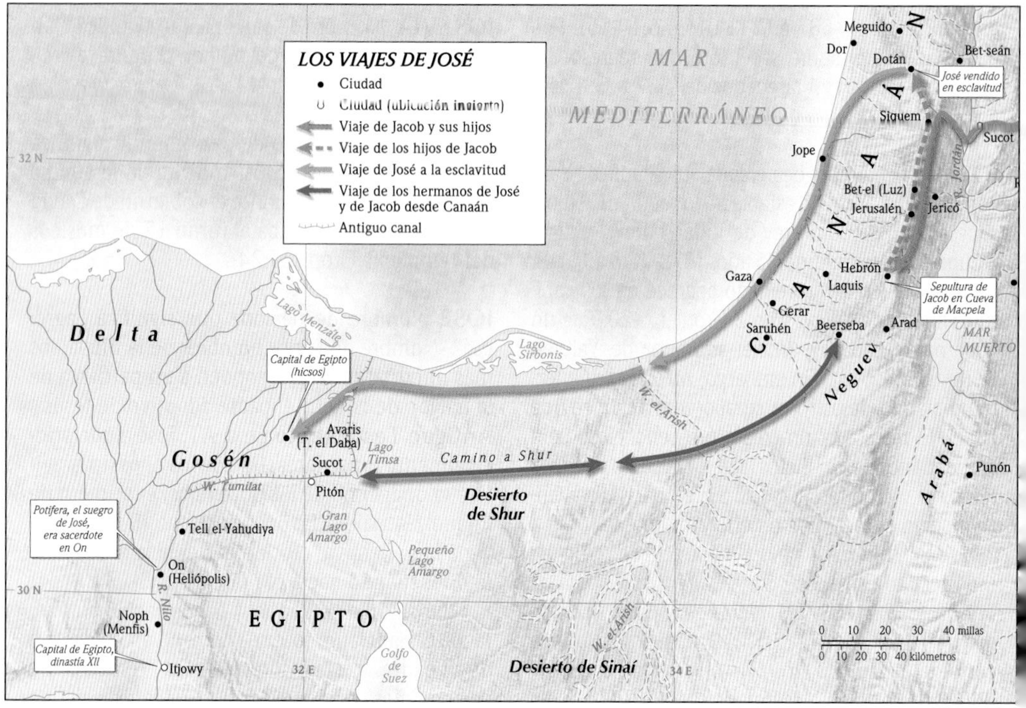

Egipto, pero fue embalsamado y sepultado posteriormente en Siquem (Gén. 50:26; Ex. 13:19; Jos. 24:32).

Mientras estaba en Egipto, José fue padre de dos hijos, Manasés y Efraín (Gén. 41:50-52), que fueron considerados como hijos de Jacob (48:5, 6) y cuyas tribus dominaron la región norte de la nación de Israel. Posteriormente en el AT, el nombre José se utiliza para aludir a las tribus de Efraín y de Manasés (Núm. 1:32; 36:1,5; 1 Rey. 11:28) o para designar a todo el Reino del Norte (Sal. 78:67; Ezeq. 37:16,19; Amós 5:6,15; 6:6; Abd. 18; Zac. 10:6). Ver *Hicsos*.

En el AT se mencionan otros cuatro hombres llamados José: El espía de la tribu de Isacar (Núm. 13:7); un levita de los hijos de Asaf (1 Crón. 25:2); un contemporáneo de Esdras con esposa extranjera (Esdras 10:42) y un sacerdote de la época del sumo sacerdote Joiacim (Neh. 12:14).

Nuevo Testamento En el NT se mencionan varias personas de nombre José. El más importante es el esposo de María, la madre de Jesús. Era descendiente de David, carpintero (Mat. 13:55), y considerado como padre legal o adoptivo de Jesús (Mat. 1:16,20; Luc. 2:4; 3:23; 4:22; Juan 1:45; 6:42). Al enterarse del embarazo de María, José, que era un hombre justo, pensó en dejarla para no avergonzarla públicamente. La reacción que tuvo ante la confirmación que Dios le hizo en un sueño demuestra aun más la piedad y el carácter que poseía (Mat. 1:18-25). José llevó a María a su hogar ancestral, Belén, estuvo con ella durante el nacimiento de Jesús, y participó en ocasión de ponerle nombre al niño, circuncidarlo y dedicarlo (Luc. 2:8-33). Dirigido mediante sueños, José llevó a su familia a Egipto hasta que estuvieron a salvo para regresar a Nazaret (Mat. 2:13-23). Como padre dedicado, se angustió con María cuando el niño desapareció (Luc. 2:41-48). José no aparece posteriormente en los Evangelios, y es probable que haya muerto antes del ministerio público de Jesús.

José de Arimatea también es importante en el NT. Era miembro acaudalado del Sanedrín y un hombre justo que buscaba el reino de Dios (Mat. 27:57; Mar. 15:43; Luc. 23:50). Después de la crucifixión, este discípulo secreto le pidió el cuerpo a Pilato y lo colocó en una tumba nueva que le pertenecía (Mat. 27:57-60; Mar. 15:43-46; Luc. 23:50-53; Juan 19:38-42). Es probable que Arimatea equivalga a Ramataim-Sofim (1 Sam. 1:1), al noroeste de Jerusalén.

Hay otras dos personas de nombre José en la genealogía de Jesús (Luc. 3:24,30). Además estaba un hermano de Jesús, al que aparentemente lo habían llamado como su padre (Mat. 13:55; Mar. 6:3). Es probable, pero no seguro, que el hermano de Jacobo (Mat. 27:56; Mar. 15:40,47) sea una persona distinta. José era otro nombre tanto de Barsabás (Hech. 1:23) como de Bernabé (Hech. 4:36). *Daniel C. Browning (h)*

JOSEB-BASEBET Nombre de persona que significa "morador de vergüenza" (2 Sam. 23:8). Ver *Jasobeam*.

JOSEFO, FLAVIO Historiador de la antigüedad dedicado a la vida de los judíos y nuestra fuente más importante de historia judía durante el período romano. Las cuatro obras que permanecen son *La guerra de los judíos* (escrita aprox. 73 d.C.), *Antigüedades de los judíos* (aprox. 93 d.C.), *Vida* (un anexo autobiográfico de *Antigüedades*), y *Contra Apión*, escrita poco después de *Antigüedades*. Se desconoce la fecha de la muerte de Josefo, pero es probable que haya sido después del 100 d.C.

Después del conflicto entre Roma y los judíos de Palestina (66–73 d.C.), Flavio Josefo proporcionó un relato de la lucha en sus siete volúmenes de *La guerra de los judíos*, que incluyen una historia previa que se remonta al siglo II a.C. Josefo fue a Roma en el 73 y vivió en una casa que le proveyó Vespasiano, quien también le otorgó una pensión anual. *Antigüedades*, *Vida* y *Contra Apión* fueron escritas en Roma. En *Antigüedades*, Josefo parafraseó la LXX (la traducción griega más antigua de la Biblia) para relatar la historia de los hebreos durante la época de Ciro, y luego empleó otras fuentes para completar la narración hasta el siglo I. El relato sobre la rebelión contra Roma es, en muchos aspectos, bastante diferente en *Antigüedades* de lo que aparece en *La guerra de los judíos*, esta última escrita con anterioridad. *Contra Apión* defiende a los judíos frente a las acusaciones del gramático Apión, como así también ante otros ataques comunes sobre la antigüedad y la virtud moral de los judíos. La obra *Vida* se centra principalmente en los seis meses en que fue comandante de las fuerzas judías en Galilea y rechaza la acusación efectuada por Justo de Tiberias en cuanto a que Josefo había organizado la rebelión en esa zona. *Fred L. Horton (h)*

JOSÍAS Nombre de persona que significa "Yahvéh sana". **1.** Miembro de la tribu de Simeón (1 Crón. 4:34). **2.** Rey de Judá desde aprox. el 640 al 609 a.C. Sucedió a su padre Amón, un rey idólatra, que gobernó sólo durante dos años antes de ser asesinado por sus siervos (2 Rey. 21:19-23; 2 Crón. 33:21-24). Josías se convirtió en rey a los ocho años de edad a causa del deseo del "pueblo de la tierra" que mató a los asesinos de su padre (2 Rey. 21:24). El reinado de Josías duró 31 años (2 Rey. 22:1; 2 Crón. 34:1).

En 2 Crónicas se revela gran información sobre los primeros años de Josías. En el año 8 de su reinado comenzó a buscar al Dios de David (34:3). En el año 12 de su gobierno, inició una purificación religiosa en Jerusalén, en Judá y en las regiones circundantes (34:3-7). Dicha purificación incluyó la destrucción de lugares altos, de imágenes de Asera y altares de Baal. Los lugares altos eran fundamentalmente centros de adoración cananea que había adoptado Israel. Las imágenes de Asera eran objetos de culto asociados con la adoración a Baal, el dios cananeo de la fertilidad. Ver *Asera*.

En el año 18 de su reinado, un suceso inesperado lo llevó en otra dirección. Se descubrió un "libro de la ley" mientras se realizaban reparaciones en el templo. El sumo sacerdote Hilcías encontró el libro y se lo entregó al escriba Safán quien, a su vez, se lo leyó al rey Josías. Al escuchar el mensaje del libro, Josías rasgó sus vestiduras, una señal de arrepentimiento, y se humilló delante de Dios. El rey entonces recibió la promesa de que la destrucción no llegaría durante su vida (2 Rey. 22:8-20; 2 Crón. 34:15-28). La lectura de este libro instó a Josías a impulsar la mayor reforma religiosa de la historia de Israel.

¿En qué consistía este "libro de la ley" y cuándo se escribió? La mayoría de los eruditos creen que incluía, por lo menos, la parte fundamental del libro de Deuteronomio que tenemos en la actualidad, ya sea los capítulos 5–26 ó 12–26. Una idea clave de Deuteronomio era instar a la nación de Israel a dedicarle lealtad exclusiva a Yahvéh. Es probable que un concepto esencial de esta naturaleza haya provocado el reavivamiento impulsado por Josías.

La Biblia omite información sobre el resto de su reinado hasta su muerte. En la escena internacional, el poder asirio estaba menguando, y el de Babilonia se hallaba en ascenso. Asiria se había aliado a Egipto contra Babilonia. Las tropas del faraón Necao atravesaron el territorio al norte de Judá para enfrentar a las fuerzas asirias. El ejército de Josías bloqueó el traslado de las tropas egipcias en Meguido. Josías fue herido mortalmente en la batalla que siguió (2 Rey. 23:29). Su

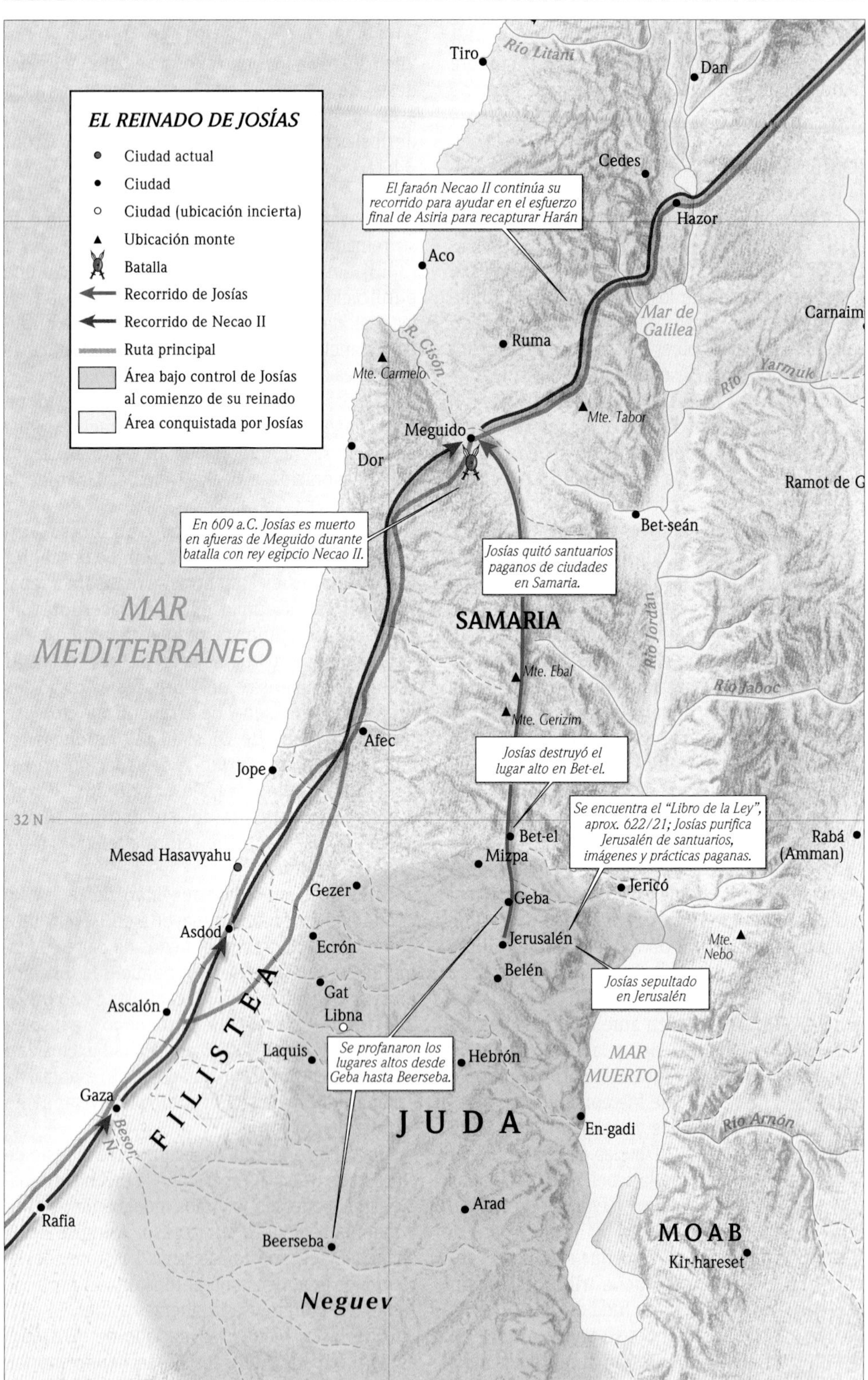
EL REINADO DE JOSÍAS
Ciudad actual
Ciudad
Ciudad (ubicación incierta)
Ubicación monte
Batalla
Recorrido de Josías
Recorrido de Necao II
Ruta principal
Área bajo control de Josías al comienzo de su reinado
Área conquistada por Josías
El faraón Necao II continúa su recorrido para ayudar en el esfuerzo final de Asiria para recapturar Harán
En 609 a.C. Josías es muerto en afueras de Meguido durante batalla con rey egipcio Necao II.
Josías quitó santuarios paganos de ciudades en Samaria.
Josías destruyó el lugar alto en Bet-el.
Se encuentra el "Libro de la Ley", aprox. 622/21; Josías purifica Jerusalén de santuarios, imágenes y prácticas paganas.
Josías sepultado en Jerusalén
Se profanaron los lugares altos desde Geba hasta Beerseba.
MAR MEDITERRANEO
SAMARIA
FILISTEA
JUDA
MOAB
Neguev
MAR MUERTO
Mar de Galilea
Tiro
Río Litani
Dan
Cedes
Hazor
Aco
Carnaim
Ruma
R. Cisón
Mte. Carmelo
Río Yarmuk
Mte. Tabor
Meguido
Dor
Ramot de G
Bet-seán
Río Jordán
Mte. Ebal
Río Jaboc
Mte. Gerizim
Afec
Jope
32 N
Bet-el
Rabá (Amman)
Mesad Hasavyahu
Mizpa
Gezer
Jericó
Geba
Asdod
Ecrón
Jerusalén
Mte. Nebo
Belén
Gat
Ascalón
Libna
Laquis
Hebrón
Gaza
Besor N.
En-gadi
Río Arnón
Rafia
Arad
Beerseba
Kir-hareset

cuerpo fue llevado a Jerusalén donde lo sepultaron. Hubo gran duelo por él en toda la tierra (2 Crón. 35:24,25). Aunque sólo tenía 39 años a su muerte, a Josías se lo recuerda como el rey más grandioso de Judá (2 Rey. 23:25): "No hubo otro rey antes de él, que se convirtiese a Jehová de todo su corazón, de toda su alma y de todas sus fuerzas, conforme a toda la ley de Moisés". Ver *Deuteronomio, Libro de; Jeremías.*

M. Stephen Davis

JOSIBÍAS Nombre de persona que significa "Jah permite habitar". Miembro de la tribu de Simeón (1 Crón. 4:35).

JOSIFÍAS Nombre de persona que significa "Jah agrega a". Una forma extendida de la forma José. Líder del grupo de exiliados babilónicos que regresaron a Jerusalén con Esdras (Esd. 8:10).

JOSUÉ Nombre de persona que significa "Yahvéh libró". **1.** Líder de los israelitas que fue el primero en asumir el control de Canaán, la tierra prometida. Josué es uno de los héroes inadvertidos del AT. Fue él, no Moisés, quien hizo que el pueblo entrara a la tierra prometida. Fue una persona tan sobresaliente que pudo suceder a Moisés y recopilar un registro de acontecimientos notorios (Jos. 24:31). La variante hebrea de Josué es Oseas (Núm. 13:16; Os. 1:1). El equivalente del NT es Jesús.

Josué nació en Egipto durante el período de esclavitud. Era de la tribu de Efraín, que posteriormente constituyó la esencia del Reino del Norte de Israel. Aparece por primera vez en la batalla contra los amalecitas durante la peregrinación por el desierto. Fue el general designado por Moisés que lideraba a las tropas en la lucha mientras Aarón y Hur sostenían en alto las manos de aquel (Ex. 17:8-13).

Josué era siervo de Moisés (Ex. 24:13). Lo acompañó en el monte cuando este recibió la ley (Ex. 32:17). También fue uno de los doce espías enviados a investigar Canaán (Núm. 13:8). Él y Caleb regresaron con un informe positivo y minoritario. De todos los adultos con vida en ese momento, sólo a estos dos se les permitió vivir lo suficiente como para entrar en la tierra de Canaán (Núm. 14:28-30,38).

El Señor escogió a Josué mucho antes de la muerte de Moisés para que fuera su sucesor (Núm. 27:15-23; Deut. 31:14,15,23; 34:9). Fue líder militar, político y espiritual. Era tranquilo y modesto, pero no se sentía intimidado por las responsabilidades ni por la tarea encomendada. Fue un gran estratega en el campo de batalla y un administrador apto para la nación, eficiente para mantener armonía entre el pueblo. Además fue vocero del Señor ante Israel. Aunque no recibió la ley como sucedió con Moisés, comunicó la voluntad y el mensaje de Dios de manera similar a su antecesor.

Josué gobernó la nación durante la conquista, la distribución de tierras y el asentamiento en Canaán. Lideró la renovación del pacto en el Monte Ebal y en Siquem (Jos. 8:30-35; 24:1-28). Fue capaz de desafiar a su pueblo mediante la palabra como así también con el ejemplo. Su modelo es prácticamente insuperable. Ver *Josué, Libro de; Moisés.*

2. Sumo sacerdote de la comunidad que regresó del exilio babilónico en el 538 a.C. Ver *Jesúa 3.*

Dan Gentry Kent

JOSUÉ, LIBRO DE Como sexto libro del AT, Josué ocupa una posición de transición entre el Pentateuco y los Libros Históricos. Señala el éxodo del pasado como así también el futuro con la época de los jueces y de la monarquía. El libro recibe el nombre del sucesor de Moisés y unos de los líderes militares más grandiosos del AT, Josué, hijo de Nun.

No obstante, el personaje central del libro no es Josué sino Dios. Él lucha por Israel y quita a los enemigos de delante de la nación. Él es un Dios fiel que desea mantener una verdadera relación de pacto con Su pueblo escogido. Le prometió a Israel que le iba a dar la tierra que había sido prometida a sus antepasados (Ex. 3:8; Gén. 12:1-3; 15:18-21). El libro documenta cómo Dios cumplió esta promesa.

El libro de Josué también trata sobre la respuesta de Israel ante la promesa del pacto de Dios. La falta de fe y la rebelión del pueblo impidieron que recibiera realmente el reposo prometido por Dios (Heb. 3:11). Josué nos desafía a considerar lo que puede hacer un Dios fiel que cumple Su promesa, y lo que hará en y a través de personas que estén completamente entregadas a Él.

Autoría y fecha La tradición judía en el Talmud declara que Josué escribió su propio libro, y el libro en sí indica que Josué se hizo cargo de algunas partes del escrito (8:32; 24:26) pero no se le atribuye que lo haya hecho en su totalidad. Es

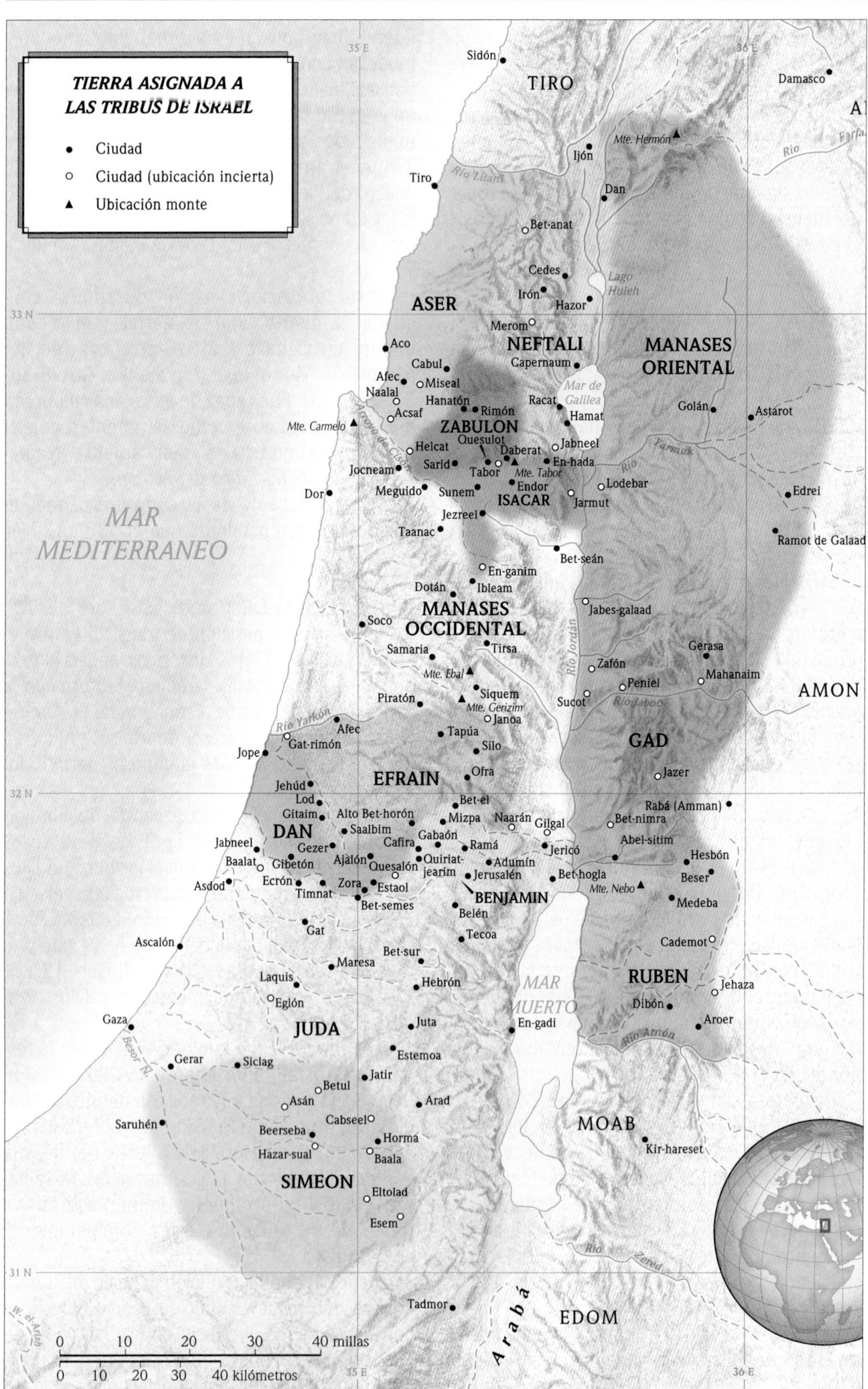
TIERRA ASIGNADA A LAS TRIBUS DE ISRAEL
Ciudad
Ciudad (ubicación incierta)
Ubicación monte
MAR MEDITERRANEO
TIRO
ASER
NEFTALI
MANASES ORIENTAL
ZABULON
ISACAR
MANASES OCCIDENTAL
EFRAIN
DAN
BENJAMIN
GAD
AMON
RUBEN
JUDA
SIMEON
MOAB
EDOM
MAR MUERTO
Mar de Galilea
Lago Huleh
Sidón
Damasco
Mte. Hermón
Ijón
Dan
Tiro
Bet-anat
Cedes
Irón
Hazor
Merom
Aco
Cabul
Capernaum
Afec
Miseal
Naalal
Hanatón
Rimón
Racat
Hamat
Golán
Astarot
Acsaf
Mte. Carmelo
Helcat
Quesulot
Daberat
Jabneel
Sarid
Tabor
Mte. Tabor
En-hada
Jocneam
Dor
Meguido
Sunem
Endor
Lodebar
Jarmut
Edrei
Jezreel
Taanac
Ramot de Galaad
Bet-seán
En-ganim
Dotán
Ibleam
Jabes-galaad
Soco
Samaria
Tirsa
Gerasa
Zafón
Mte. Ebal
Peniel
Mahanaim
Piratón
Siquem
Sucot
Mte. Gerizim
Janoa
Afec
Tapúa
Gat-rimón
Silo
Jope
Ofra
Jazer
Jehúd
Lod
Bet-el
Rabá (Amman)
Gitaim
Alto Bet-horón
Mizpa
Naarán
Gilgal
Bet-nimra
Saalbim
Gabaón
Abel-sitim
Jabneel
Gezer
Cafira
Ramá
Jericó
Hesbón
Baalat
Gibetón
Ajalón
Quiriat-jearim
Adumín
Quesalón
Jerusalén
Bet-hogla
Beser
Asdod
Ecrón
Zora
Estaol
Mte. Nebo
Timnat
Bet-semes
Medeba
Belén
Gat
Tecoa
Ascalón
Cademot
Bet-sur
Maresa
Laquis
Hebrón
Jehaza
Eglón
Dibón
Gaza
Juta
En-gadi
Aroer
Río Arnón
Estemoa
Gerar
Siclag
Jatir
Besor N.
Betul
Asán
Arad
Cabseel
Saruhén
Beerseba
Horma
Kir-hareset
Hazar-sual
Baala
Eltolad
Esem
Río Zered
Tadmor
Arabá
W. el-Arish
Río Litani
Río Jordán
Arroyo de Cisón
Río Yarkón
Río Jaboc
Yarmuk
35 E
36 E
33 N
32 N
31 N
0 10 20 30 40 millas
0 10 20 30 40 kilómetros

probable que otra persona haya escrito el relato de la muerte de Josué (24:29-31). Además, parte del material aparece con una fecha posterior a su muerte (15:13-19,63; 19:47).

El autor de Josué tal vez haya formado parte del círculo de oficiales mencionado en Jos. 1:10; 3:2; 8:33; 23:2 y 24:1. La palabra hebrea para "oficial" está relacionada con un verbo acadio que significa "escribir" o "registrar". Estos "oficiales" fueron contemporáneos de Josué y testigos presenciales de muchos acontecimientos que se registran en el libro. Es probable que uno de ellos haya tenido la responsabilidad de asentar el registro oficial del ministerio de Josué. Sea como fuere, el autor del libro fue guiado por el Espíritu Santo para transmitir un relato fiel y digno de confianza sobre la conquista de Canaán y el establecimiento en la tierra.

Aparentemente el libro de Josué se completó después de la muerte de este (24:29) y la de Eleazar, el hijo de Aarón (24:33). La frase "hasta hoy" (4:9; 5:9; 6:25; 7:26; 8:28,29; 9:27; 10:27; 13:13; 15:63; 16:10; 23:9; comp. 22:3,17) también sugiere un tiempo de escritura posterior al de los eventos registrados, aunque tal vez no haya sido demasiado. Josué 6:25 declara que Rahab "habitó...entre los israelitas hasta hoy". Es probable que esto signifique que Rahab aún estuviera viva cuando se escribió el libro.

La fecha de los acontecimientos registrados depende de la fecha del éxodo. Muchos eruditos evangélicos datan el éxodo en el 1446 a.C. Esta fecha colocaría a Josué y a los israelitas en Canaán aprox. en el 1400 a.C. Otros eruditos sugieren una fecha posterior para el éxodo, entre el 1250 y el 1200 a.C.

Contenido El libro de Josué documenta la conquista de Canaán y el establecimiento de las tribus. El libro se divide naturalmente en cuatro secciones principales, donde cada una se desarrolla en función de un concepto hebreo en particular: "pasar" (1:1–5:15); "llevar" (6:1–12:24); "repartir" (13:1–21:45); "adorar" (22:1–24:33). Los cinco primeros capítulos se centran en los preparativos de Josué e Israel para cruzar el Jordán e invadir la tierra. Los hechos sobresalientes incluyen el encargo de Dios a Josué (cap. 1), el encuentro de los espías con Rahab (cap. 2), el cruce milagroso del Río Jordán en época de inundación (caps. 3–4), y la celebración de la Pascua (cap. 5).

Los caps. 6–12 registran la campaña en tres etapas para reclamar como herencia la tierra prometida. La estrategia militar es bastante simple, y refleja las circunstancias políticas de la región durante el período de Amarna al final de la Edad de Bronce tardía (1400 a.C.). En ese momento, en Canaán había una serie de ciudades-estado poderosamente fortificadas y alianzas de otras más pequeñas. Nominalmente Egipto mantenía el control, pero no existía ningún poder político unificado.

En primer lugar, las victorias en Jericó, Hai y Bet-el aseguraron el control del corredor central de Canaán (caps. 6–8). Luego, una alianza de amorreos en el sur liderados por Adonisedec de Jerusalén fue derrotada en Gabaón y perseguida a través de Bet-horón y el Valle de Ajalón (caps. 9–10). Finalmente, una alianza poderosa en el norte encabezada por Jabín, el rey de Hazor, acampó junto a las aguas de Merom para luchar contra Israel (cap. 11). El relato de la ocupación se completa con una lista de reyes conquistados (cap. 12).

Cuando Josué y los israelitas derrotaron a la coalición del norte, en Canaán no quedó ningún poder lo suficientemente fuerte como para constituir una amenaza en gran escala para Israel. El libro de Josué indica que sólo Jericó, Hai y Hazor fueron destruidas por el fuego. Muchas ciudades fortificadas quedaron en pie, y la tarea de completar la conquista recayó sobre las tribus en forma individual que heredarían porciones escogidas de la tierra. Tal como se observa en el libro de Jueces, muchas tribus no pudieron conseguir su territorio.

Los caps. 13–21 documentan la herencia y la distribución de la tierra prometida a Israel. Dios es el gran "dador de la tierra". Las descripciones detalladas de los límites y las listas enfatizan la verdad de que Dios es el dueño de esta tierra y tiene autoridad para distribuirla como desea. Se pone énfasis en la herencia de Judá (caps. 14–15) y en la de José (caps. 16–17). También se estipula lo referente a ciudades de refugio (cap. 20) y a las de los levitas (cap. 21).

La última sección del libro se centra en los discursos de despedida de Josué y en la consagración de la tierra mediante la gran ceremonia de renovación del pacto en Siquem (cap. 24). Josué bendice al pueblo, lo invita a seguir al Señor, le advierte sobre las consecuencias de la desobediencia y lo desafía para que reafirme el pacto con Dios. Josué expresa aquí su compromiso personal con el Señor del pacto (24:15). Después de la muerte del líder, se le otorga el título de "siervo de Jehová", tal como había sucedido con Moisés (24:29).

Temas teológicos A lo largo del libro se desarrollan seis temas teológicos fundamentales.

El guerrero divino En el libro de Josué, Dios entabla un combate como guerrero divino a favor de Israel. Tal como había peleado contra los egipcios en el Mar Rojo (Ex. 14:14), ahora luchaba por los israelitas en Canaán (Jos. 10:14).

Guerra santa En las batallas, todo ser viviente y todo elemento se debía dedicar a la deidad. ¿Por qué un Dios amoroso ordenaba el exterminio total de naciones que vivían en la tierra prometida? No hay una respuesta simple para esta difícil pregunta. Pero es necesario recordar que a Israel se le permitió expulsar a las naciones que vivían en la tierra prometida debido a las abominaciones pecaminosas de ellas (Deut. 9:4,5; 18:9-14; 20:16-18).

La tierra prometida Dios había prometido darle a Israel una "tierra que fluye leche y miel" (Ex. 3:8; comp. Deut. 8:7-9; 11:8-12). La promesa de la tierra era condicional. Dios se la daba a Israel en su totalidad, pero para ocupar ese regalo de la tierra, Israel tenía que confiar en Dios y seguirlo. La ocupación de la tierra también estaba basada en la fiel adoración a Dios (Deut. 7:12-15). El castigo por adorar a otros dioses era ser expulsado de la tierra (Deut. 6:14,15; 8:19, 20; 11:8,9,17; 28:63).

El pacto La ceremonia de renovación del pacto en Jos. 24 comparte similitudes con los tratados vasallos que formulaban los antiguos heteos. Ambos tipos de documentos contienen una introducción, un prólogo histórico, una serie de estipulaciones, disposiciones para el cumplimiento de los documentos y para la lectura pública, una lista de testigos divinos y, finalmente, maldiciones por la desobediencia y bendiciones por la obediencia. Israel tenía que ser fiel en el cumplimiento del pacto. A la larga, la desobediencia dio como resultado el exilio.

El Dios santo y redentor En el libro de Josué, un Dios santo y redentor obra por gracia a favor de Josué e Israel. La misericordia divina se ofrece también a los no israelitas. Tanto Rahab (6:17-25) como los gabaonitas (9:1-27) son incluidos en la comunidad del pacto.

Un reposo para el pueblo de Dios Josué tuvo que guiar a Israel para que entrara en su herencia, en su "reposo" (1:13,15; 11:23; 14:15; 21:44; 22:4; 23:1). Una relación fiel al pacto con Dios aseguraría una posesión pacífica de la tierra. Sin embargo, el reposo provisto por Josué fue temporal (Heb. 3:7–4:11). Poco después de su muerte, Israel comenzó a servir a los dioses cananeos y a quebrantar la relación de pacto. Ver *Conquista; Guerra santa; Josué.*

Bosquejo

- I. La demanda de la tierra (1:1–5:15)
  - A. Después de la muerte de Moisés (1:1a)
  - B. El llamado de Josué (1:1b-18)
  - C. Rahab y los espías (2:1-24)
  - D. El cruce del Jordán (3:1–4:24)
  - E. Consagración del pacto en Gilgal (5:1-15)
- II. La conquista de la tierra (6:1–12:24)
  - A. La conquista de Jericó (6:1-27)
  - B. La campaña en Hai (7:1–8:35)
  - C. Victoria sobre la alianza del sur (9:1–10:43)
  - D. Victoria sobre la alianza del norte (11:1–12:24)
- III. La colonización de la tierra (13:1–21:45)
  - A. Al este del Jordán (13:1-33)
  - B. Al oeste del Jordán, Parte 1 (14:1–17:18)
  - C. Al oeste del Jordán, Parte 2 (18:1–19:51)
  - D. Las ciudades de refugio (20:1-9)
  - E. Las ciudades de los levitas (21:1-45)
- IV. La consagración de la tierra (22:1–24:33)
  - A. El altar en disputa (22:1-34)
  - B. Las exhortaciones del pacto (23:1-16)
  - C. La renovación del pacto en Siquem (24:1-33)

Stephen J. Andrews

JOTA Ver *Tilde.*

JOTAM Nombre de persona que significa "Yahvéh ha demostrado ser perfecto". **1.** En Jue. 9:5, el menor de los 70 hijos de Gedeón. Sobrevivió al asesinato masivo en manos de Abimelec, su hermanastro, porque se escondió. Posteriormente, cuando Abimelec fue proclamado rey en Siquem, Jotam relató una fábula a la gente de esa ciudad con el propósito de burlarse de la idea de Abimelec como rey. Después de haber narrado la fábula y ofrecer su interpretación, Jotam huyó para salvar su vida. Ver *Jueces, Libro de.* **2.** En 2 Rey. 15:32, hijo y sucesor de Uzías como rey de Judá (750–732 a.C.). Tenía 25 años de edad cuando comenzó a reinar, y gobernó durante 16 años. Su madre se llamaba Jerusa. Su reinado de 16 años tal vez incluya la época en que actuó como regente de su padre Uzías. Este contrajo lepra durante los últimos años de su reinado y, en consecuencia, no podía llevar a cabo las funciones correspondientes a la realeza. Evidentemente, Jotam fue un gobernante eficiente. Su reinado se destacó por proyectos edilicios, prosperidad material y victorias militares. Ver *Cronología de la época bíblica.*

JOTBA Nombre geográfico que significa "es bueno". Hogar de Mesulemet, la reina madre del rey Amón de Judá, aprox. 642–640 a.C. (2 Rey. 21:19). Estaba ubicada en Khirbet Gefat a unos 14 km (9 millas) al norte de Nazaret. Otros la identifican con el nombre hebreo Jotbata (Núm. 33:34) y la ubican en et-Taba, unos 32 km (20 millas) al norte de Aqaba. Ver *Jotbata; Mesulemet.*

JOTBATA Nombre geográfico que significa "bueno". Lugar de campamento en el desierto; segunda parada de Israel en el desierto antes de Ezión-geber (Núm. 33:33). El contexto de Deut. 10:7 indica que en Jotbata Dios apartó a los levitas para que transportaran el arca del pacto y realizaran el servicio sacerdotal, aunque muchos intérpretes relacionan las indicaciones de los vv.8,9 con 10:1, y consideran que el informe del viaje de los vv.6,7 constituyen un paréntesis histórico y no el trasfondo exacto de los vv.8-11. Ver *Ezión-geber; Jotba.*

JOYAS, ALHAJAS Las joyas son piedras valiosas por su belleza o su escasez. Con frecuencia se las talla o pule para mejorar su apariencia. En los descubrimientos arqueológicos en Palestina ha sido menos frecuente hallar joyas que en los de Egipto, Grecia o Fenicia. Existen dos razones. En primer lugar, la tierra de Israel no cuenta con depósitos naturales de piedras preciosas. Las joyas (a veces en forma de alhajas) se obtenían como botín de guerra (Núm. 31:50), se llevaban como regalo a los reyes (2 Crón. 9:1,9) o se compraban a mercaderes (1 Rey. 10:11; comp. Apoc. 18:11, 12). En segundo lugar, Israel y Judá siempre fueron manipulados en las luchas por el poder entre vecinos. La riqueza acumulada por el rey y el templo la llevaban los conquistadores (1 Rey. 14:25-28). Antes de que se inventara el dinero, las joyas eran medios de intercambio y trueque en el antiguo Cercano Oriente. En Israel las joyas se usaron principalmente en relación con la adoración y la monarquía.

Un ejemplo de alhajas frigias: brazalete con cabezas de leonas encontradas (1200–650 a.C.).

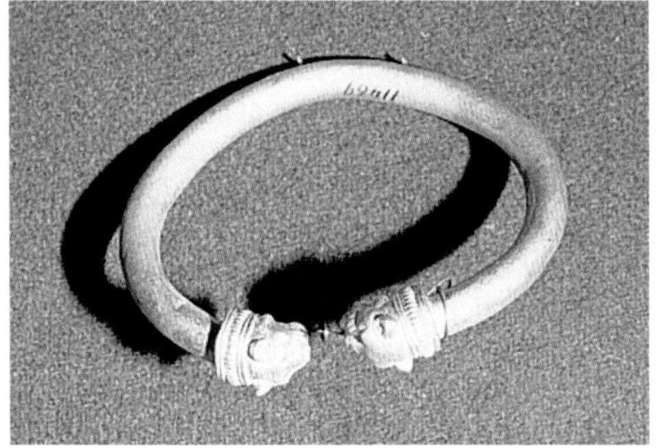

Adoración En primer lugar, las joyas eran contribución apropiada como ofrenda (Ex. 35:22). Segundo, el sumo sacerdote se vestía con ropas finas decoradas con joyas (Ex. 28; 39). El efod que usaba tenía sobre los hombros un par de piedras de ónice engarzadas con filigrana de oro y grabadas con los nombres de las tribus de Israel. El pectoral del sumo sacerdote (también llamado "pectoral del juicio", Ex. 28:15,29) estaba confeccionado con la más fina tela entretejido con oro, y se colocaban doce piedras preciosas en cuatro filas de tres. Cada piedra tenía grabado el nombre de una de las doce tribus, de modo que las doce estaban presentes simbólicamente cada vez que el sumo sacerdote ministraba ante Jehová. Los términos hebreos para algunas de estas joyas pueden traducirse con cierto grado de exactitud; en otros casos, los traductores deben interpretar a qué piedra se refiere. Como en la antigüedad no había forma de cortar el diamante, este todavía no se consideraba una piedra preciosa. La palabra traducida "diamante" en Ex. 28:18; 39:11 probablemente se refiera a una piedra de gran dureza porque deriva de una palabra que significa "martillo, golpear". Por lo tanto quizás no sea lo que hoy llamamos diamante (NVI, "jade"). La elegancia del sumo sacerdote cuando presidía la adoración seguramente era notable.

La monarquía Las joyas se consideraban regalo apropiado para reyes. La reina de Sabá llevó joyas a Salomón (1 Rey. 10:2,10). Se empleaban en las coronas reales (2 Sam. 12:30) y tal vez en la vestimenta real (Ezeq. 28:13). Eran la clase de riqueza que podía acumularse y guardarse con facilidad en el tesoro real. El escritor de Eclesiastés consideraba que dicha acumulación de riqueza constituía vanidad (Ecl. 2:4-11).

A diferencia de las piedras preciosas, en el antiguo Cercano Oriente la persona promedio usaba alhajas con regularidad. Los arqueólogos han demostrado que desde tiempos remotos tanto

Joyas de oro romanas del siglo I d.C.

hombres como mujeres se adornaban con diversos tipos de alhajas. Estas ya eran conocidas en la época patriarcal. Cuando el siervo de Abraham fue enviado a buscar esposa para Isaac, colocó a Rebeca un anillo en la nariz y brazaletes (Gén. 24:47) y le entregó otras alhajas de oro y plata. Se dice que los israelitas prácticamente saquearon a los egipcios rogándoles que les dieran alhajas de oro y plata como preparación para el éxodo de Egipto (Ex. 3:22; 11:2,3). No hay dudas de que en Israel ingresaron más alhajas egipcias por medio del comercio y también por la hija de Faraón que se casó con Salomón (1 Rey. 3:1). En el antiguo Egipto se extraían al menos 15 tipos de piedras preciosas. Los artesanos del lugar eran especialmente hábiles para confeccionar alhajas de oro. La opulencia de las joyas reales egipcias ha quedado demostrada con hallazgos arqueológicos, en especial la tumba de Tutankamón.

Durante el período monárquico, la persona corriente podía tener varias alhajas, algo confeccionado en bronce o, si podían costearlo, en oro. Este se usaba como medio de intercambio, era relativamente abundante y podía usarse en collares, pulseras o anillos fabricados por un artesano local. La realeza, por supuesto, usaba alhajas más costosas engarzadas con piedras preciosas.

Anillo con incrustaciones de piedras preciosas, del siglo I d.C.

En el AT se mencionan muchas clases de alhajas. No solo las mujeres lucían brazaletes (Gén. 24:47); el rey Saúl tenía puesto uno cuando murió en batalla (2 Sam. 1:10). También se usaban tobilleras o pulseras en los pies (Isa. 3:16,18). Se hallaron este tipo de alhajas en los huesos de piernas de mujeres sepultadas en el antiguo Israel.

Los collares y pendientes eran bastante comunes (Cant. 1:10). Cierto tipo de collar de oro tal vez fuera símbolo de autoridad. Cuando el faraón designó a José como alto funcionario, colocó una cadena de oro en su cuello (Gén. 41:42). Del mismo modo, en el libro de Daniel, el rey Belsasar proclamó que quien interpretara la misteriosa escritura en la pared recibiría una cadena de oro para su cuello y se convertiría en "el tercer señor en el reino" (Dan. 5:7,29). Las lunetas mencionadas en Isa. 3:18 y las de Jue. 8:21,26, que llevaban los reyes de Madián, quizás fueran pendientes con forma de luna engarzados en cadenas. Los arqueólogos han encontrado alhajas con lunetas de oro. Estas podrían haber actuado como insignia real. Es probable que cadenas, collares y pendientes (Isa. 3:19; Jue. 8:26) se lucieran alrededor del cuello, tal vez sujetas con cordones.

Los zarcillos ya se conocían en el período patriarcal. También podrían haber tenido importancia religiosa (Gén. 35:4). En Gén. 24:22,30,47 y en Isa. 3:21 se mencionan las argollas para la nariz. El mismo término, *nezem*, se emplea en ambos casos por lo cual las referencias con frecuencia son ambiguas (Núm. 31:50; Prov. 25:12).

Los pendientes de la suerte llamados "amuletos" no se mencionan con frecuencia en la Biblia pero se han hallado en sitios arqueológicos palestinos de distintas épocas. Algunos representaban a dioses y diosas. Isaías 3:20 podría aludir a amuletos, aunque la traducción es incierta. Los zarcillos que enterró Jacob debajo de una encima en Siquem pudieron haber sido amuletos (Gén. 35:4). Estos eran violaciones al mandamiento de no hacerse imágenes talladas (Ex. 20:4).

La alhaja de mayor importancia mencionada en el AT es el anillo de sello, que se empleaba para dejar una impresión en arcilla o cera y así sellar y autenticar documentos. Por lo general el sello era una piedra semipreciosa finamente tallada, con un agujero por el que se pasaba un cordón para así colgarlo del cuello (Gén. 38:18),

J

o podía usarse en un anillo o en un collar más elaborado. El faraón le dio a José su propio anillo de sello como símbolo de autoridad (Gén. 41:42). El rey Asuero le dio su anillo de sello primero a Amán (Est. 3:10) y luego a Mardoqueo (Est. 8:2).

Las alhajas también se usaban para decorar animales, al menos los de personas acaudaladas. Los camellos de los reyes madianitas que asesinó Gedeón llevaban lunetas y collares decorados en el cuello (Jue. 8:21,26). En Prov. 11:22 la alusión a un zarcillo de oro en el hocico de un cerdo es metafórica; no se pueden sacar conclusiones precisas sobre el uso de anillos decorativos en las narices de animales. A veces estos llevaban amuletos para asegurar buena suerte en el viaje.

Isaías 3:18-23 a veces se interpreta como ataque a la moda femenina y denuncia el uso de alhajas. Los términos hebreos usados en el pasaje parecen referirse a insignias oficiales. De modo que el pasaje es una condena al mal uso de riqueza y poder a expensas de los pobres. En Ezeq. 16:8-13 se menciona a Jehová como novio que adorna a su esposa, Jerusalén, con ropas finas y alhajas que incluyen un anillo en la nariz, zarcillos y una corona.

Collar de oro frigio que data del 1200–650 a.C., en Gordion.

El NT no menciona joyas y alhajas con frecuencia. Las perlas eran muy valiosas en la época del NT por eso eran una adecuada metáfora del reino de Dios (Mat. 13:45,46). Santiago advirtió a sus lectores que no discriminaran según la riqueza exhibida por llevar anillo de oro o ropas finas (Sant. 2:1-7). En 1 Tim. 2:9,10 se recuerda a las mujeres que no se atavíen con peinados ostentosos, oro o perlas sino con buenas obras.

En Apoc. 21:2, que reitera las imágenes de Ezeq. 16:8-13, a Dios se lo representa como a un esposo cuya esposa, la nueva Jerusalén, está adornada con joyas. Se dice que las paredes de la nueva Jerusalén están construidas de jaspe y adornadas con doce clases de joyas. Cada una de las doce puertas es una perla. Las gemas de la ciudad santa, como gran parte de las alhajas, estarán engarzadas en oro. La idea de reconstruir Jerusalén con joyas como materiales de construcción refleja lo que dice Isa. 54:11,12. A diferencia de la antigua, la nueva Jerusalén (asociada con la consumación del reino de Dios) no será infiel. Ver *Minerales y metales.* *Wilda W. Morris*

JOZABAD Nombre de persona que significa "Jah dio". **1.** Persona que participó del asesinato del rey Joás (aprox. 782 a.C.) (2 Rey. 12:21, donde el texto hebreo dice Jozabad, hijo de Simeat y Jozabad, hijo de Amarías, pero muchos mss hebreos registran Jozacar como primer nombre). Por otro lado, 2 Crón. 24:26 dice "Zabad hijo de Simeat" y "Jozabad hijo de Simrit". Los errores de copiado han hecho imposible determinar con precisión los nombres originales. Crónicas muestra que, debido a que Joás había matado a los hijos del sacerdote Joiada, sus propios siervos se vengaron. Incluso se negaron a darle sepultura en las tumbas de los reyes. Ver *Joás.* **2.** Hombre de Gedera de la tribu de Benjamín que se unió a David cuando este huía del rey Saúl (1 Crón. 12:4). **3.** Dos hombres de la tribu de Manasés que se unieron a David en Siclag cuando huía de Saúl (1 Crón. 12:20). **4.** Sacerdote que le prometió a Esdras que se divorciaría de su esposa extranjera para impedir en Israel la tentación de adorar a dioses paganos (Esd. 10:22). **5.** Sacerdote que fue testigo del traslado del oro que el grupo de Esdras llevó de Babilonia al templo en Jerusalén (Esd. 8:33). **6.** Levita con esposa extranjera al que Esdras condenó (Esd. 10:23). **7.** Levita que ayudaba al pueblo a entender la ley de Dios mientras Esdras la leía (Neh. 8:7). **8.** Levita encargado de la obra exterior del templo

(Neh. 11:16). **9.** Supervisor del tesoro del templo durante el reinado de Ezequías alrededor del 715 a.C. (2 Crón. 31:13).

JUAN Forma griega para el nombre hebreo Yohanan.

El apóstol Juan Hijo de Zebedeo y hermano de Jacobo. Al comparar Mat. 27:56 con Mar. 15:40 vemos que la madre de Juan fue Salomé. Si ella era a la vez hermana de la madre de Jesús (Juan 19:25), entonces Juan era primo hermano de Jesús. No obstante, se trata de una cadena de asociaciones que no abandona el ámbito de las conjeturas. Como en las ocasiones en que se menciona a los dos hermanos, Jacobo se nombra en primer lugar, algunos suponen que Juan era el menor.

Los hijos de Zebedeo fueron unos de los primeros discípulos (Mat. 4:21,22; Mar. 1:19,20). Eran pescadores del Mar de Galilea que quizás vivieran en Capernaum. Su padre era lo suficientemente acaudalado como para tener "jornaleros" (Mar. 1:20) y Luc. 5:10 afirma que Jacobo y Juan eran "compañeros de Simón".

En las listas de los Doce, siempre se menciona a Juan entre los cuatro primeros (Mat. 10:2; Mar. 3:17; Luc. 6:14; Hech. 1:13). Además estaba entre los tres del grupo más íntimo de Jesús que lo acompañaba en ocasiones especiales en los Evangelios sinópticos: cuando resucitó a la hija de Jairo (Mar. 5:37), en la transfiguración (Mar. 9:2) y en el huerto de Getsemaní (Mar. 14:32,33). Andrés se sumó a estos tres cuando le preguntaron a Jesús sobre las señales de la inminente destrucción de Jerusalén (Mar. 13:3).

Los hijos de Zebedeo reciben el sobrenombre *Boanerges*, "hijos del trueno" (Mar. 3:17). Cuando un pueblo samaritano se negó a recibir a Jesús, ellos preguntaron: "Señor, ¿quieres que hagamos caer fuego del cielo para que los destruya?" (Luc. 9:54 NVI). Las únicas palabras que se le atribuyen en forma específica a Juan en los Evangelios sinópticos son: "Maestro, hemos visto a uno que en tu nombre echaba fuera demonios, pero él no nos sigue; y se lo prohibimos, porque no nos seguía" (Mar. 9:38; Luc. 9:49). En otra oportunidad, los dos hermanos solicitaron sentarse en sitios de honor, a la derecha y a la izquierda de Jesús, cuando Él estuviera en Su gloria (Mar. 10:35-41; comp. Mat. 20:20-24). En ambas ocasiones, Jesús reprendió a Juan. Lucas 22:8 menciona a Pedro y a Juan como los dos discípulos enviados a preparar la Pascua para Jesús y los discípulos.

En el libro de los Hechos el apóstol Juan aparece cuatro veces junto a Pedro (1:13; 3:1-11; 4:13-20; 8:14). Cuando Pedro sanó a un hombre, fueron arrestados, encarcelados y luego liberados. Eran "hombres sin letras y del vulgo" (Hech. 4:13), pero respondieron a sus acusadores con osadía: "No podemos dejar de decir lo que hemos visto y oído" (Hech. 4:20). Posteriormente, Juan y Pedro fueron enviados a Samaria para confirmar la conversión de los samaritanos (8:14).

Pablo menciona a Juan solo una vez: "... Jacobo, Cefas y Juan, que eran considerados como columnas" de la iglesia, coincidieron en que Pablo y Bernabé fueran a los gentiles, mientras ellos trabajaban entre los judíos (Gál. 2:9).

El Evangelio de Juan no menciona a Jacobo ni a Juan por nombre y contiene una sola referencia a los hijos de Zebedeo (21:2). En Juan 1:35 se menciona a un discípulo sin dar su nombre, que con Andrés fue uno de los discípulos de Juan el Bautista, y en Juan 18:15,16 se menciona a otro discípulo que ayudó a Pedro a ingresar a la casa del sumo sacerdote. Dicho discípulo bien podría haber sido el discípulo amado, que se reclinó sobre Jesús en la última cena (13:23-26), estuvo junto a la cruz con la madre de Jesús (19:25-27), corrió junto con Pedro hacia la tumba vacía (20:2-10) y reconoció al Señor resucitado luego de la pesca milagrosa (21:7). La necesidad de aclarar lo dicho por Jesús en cuanto a la muerte del discípulo amado (21:20-23) quizás sea indicativo de que dicho discípulo ya había muerto en la época en que el Evangelio de Juan fue terminado por quien habla en Juan 21:24,25, que atribuye el Evangelio al discípulo amado.

Al apóstol Juan se le atribuyen cinco libros del NT: el Evangelio, las tres epístolas y Apocalipsis. En cada caso, la postura tradicional de que el apóstol fue el autor puede remontarse hasta escritores del siglo II. Ni el Evangelio ni las cartas identifican al autor por su nombre. El autor del Apocalipsis se identifica como "Juan" (1:1,4,9; 22:8), pero no más que eso. Gran parte del peso de la postura tradicional de que Juan fue autor del Evangelio radica en el testimonio de Ireneo, obispo de Lyon en Galia (130–200 d.C.). Sin embargo, esta tradición concuerda con los detalles del Evangelio. Tiene también credibilidad histórica en que Ireneo era de Asia Menor cuando se dice que se encontró con Policarpo de Esmirna, quien afirmaba haber sido instruido por el apóstol Juan.

Las leyendas sobre el apóstol siguieron mucho después de su muerte. Según la tradición, Juan vivió hasta edad muy avanzada en Éfeso, donde predicó sobre el amor y luchó contra la herejía, en especial las enseñanzas de Cerinto. La tumba de Juan fue el lugar sobre el cual estaba una iglesia del siglo IV sobre la que Justiniano edificó la espléndida basílica de San Juan. Las ruinas de dicha basílica aún pueden verse en Éfeso.

El evangelio apócrifo de Juan es una antigua obra gnóstica que alega contener una visión del apóstol Juan. Se hallaron copias entre los códices de Nag Hammadi. Esta obra tuvo que haber sido al menos del siglo II porque Ireneo la cita.

Los hechos de Juan es un escrito apócrifo del siglo III que registra eventos milagrosos, como el viaje de Juan a Roma, su exilio en Patmos, relatos de varios viajes y un relato detallado de su muerte. Teológicamente, esta obra pertenece al docetismo y finalmente fue condenada por el Segundo Concilio de Nicea en el 787.

El apóstol Juan también tiene un lugar en la martiología de la iglesia medieval. Un escritor del siglo V, Felipe de Side, y Jorge el pecador, del siglo IX, informan que Papías (siglo II) escribió que Jacobo y Juan fueron asesinados por los judíos (Hech. 12:2). Sin embargo, estos informes por lo general se descartan por considerarse inventos basados en interpretaciones de Mar. 10:39. Ver *Apocalipsis, Libro de; Juan, Epístolas de; Juan, Evangelio de.*

Juan el Bautista Profeta descendiente de una familia sacerdotal, que predicó un mensaje de arrepentimiento, anunció la venida del Mesías, bautizó a Jesús y fue decapitado por Herodes Antipas.

Lucas 1:5-80 registra su nacimiento en términos similares al nacimiento de Isaac. Zacarías, padre de Juan, era un sacerdote de la división de Abías. Su madre, Elizabet, era descendiente de Aarón. El ángel Gabriel anunció el nacimiento de Juan mientras Zacarías encendía incienso en el templo. Juan no debía beber vino ni bebidas fuertes. Sería lleno del Espíritu Santo y como profeta tendría el espíritu y el poder de Elías. Su función sería preparar al pueblo de Dios para la llegada del Mesías.

Marcos 1:3-4 indica que Juan estuvo en el desierto hasta el momento de su ministerio público. Allí se alimentaba de langostas y miel silvestre. Vestía como un profeta, con pelo de camello y cinturón de cuero (Mat. 3:4; Mar. 1:6; comp. 2 Rey. 1:8). Debido a su vida en el desierto, su trasfondo sacerdotal, su predicación sobre el arrepentimiento de Israel y la práctica del bautismo se sugiere con

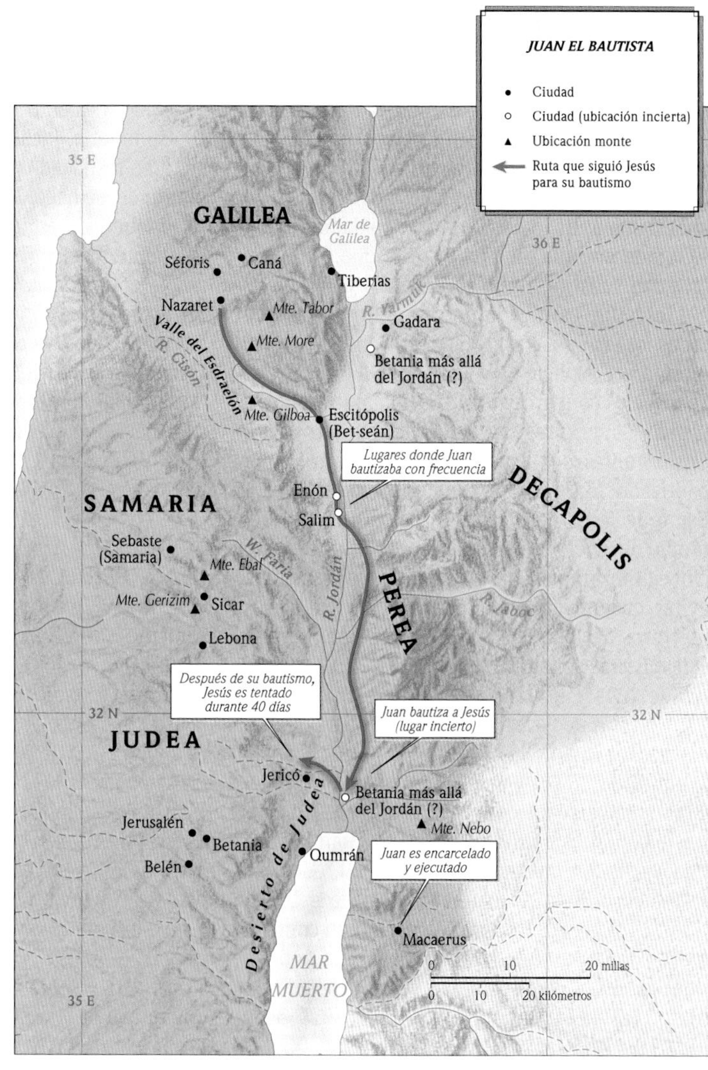

frecuencia que Juan creció entre los esenios en Qumrán. Es una teoría que resulta atractiva pero no puede confirmarse. Tampoco se puede entender con certeza el origen de la costumbre de bautizar de Juan. Los lavamientos formaban parte de la devoción judía y en la época de Juan, los gentiles convertidos al judaísmo realizaban lavamientos a manera de limpieza ceremonial. Los esenios en Qumrán practicaban el lavamiento ritual y tenían un complejo procedimiento de admisión a la comunidad. El bautismo de Juan puede tener reminiscencias de prácticas esenias, pero no es posible determinar el alcance de dicha influencia.

Según Lucas, Juan inició su ministerio en la zona del Jordán en el 15° año del reinado de Tiberio César (Luc. 3:1-3), aprox. 26 o 27 d.C. (según la cronología del NT más difundida). La predicación de Juan enfatizó el juicio venidero, la necesidad de arrepentirse y la llegada del Mesías. Lucas también hace énfasis en las enseñanzas éticas de Juan: llamó a las multitudes "generación de víboras" (Luc. 3:7); el que tuviera dos abrigos debía dar uno a alguien que no tuviera; a los cobradores de impuestos les advirtió que no cobraran más de lo debido y a los soldados les enseñó que no robaran a nadie y les dijo: "contentaos con vuestro salario" (Luc. 3:10-14).

Jesús fue bautizado por Juan, un hecho que todos los evangelistas, con excepción de Marcos, intentaron explicar. Mateo 3:15 (LBLA) explica "porque es conveniente que cumplamos así toda justicia". Lucas registra que Juan fue arrojado a prisión antes de narrar que Jesús también fue bautizado (3:20,21) y Juan menciona el bautismo de Jesús pero a través del testimonio del propio Juan el Bautista. De manera que se incluye el testimonio del Bautista sobre Jesús para evitar cualquier posibilidad de que seguidores postreros del Bautista pudieran argumentar que este fue superior a Jesús (Mat. 3:11,12; Mar. 1:7, 8; Luc. 3:15-17; Juan 1:15,19-36).

Diversas declaraciones brindan datos del ministerio de Juan. Sus discípulos practicaban el ayuno (Mar. 2:18) y él les enseñaba a orar (Luc. 11:1). Juan atacaba con rigor a Herodes. En contraste con el estilo de vida de este, Juan llevaba una existencia austera (Mat. 11:7-9). Algunos criticaban a Juan por su estilo de vida ascético (Mat. 11:16-19) pero Jesús elogió a Juan como el mayor de los profetas (Mat. 11:11). La popularidad de Juan con el pueblo se ve reflejada en Mat. 21:31,32; Mar. 11:27-32; Luc. 7:29,30 y Juan 10:41.

En un relato que se asemeja bastante al NT, Josefo declaró que Herodes Antipas arrestó a Juan para luego ejecutarlo en Macaerus porque temía que la gran influencia de Juan sobre el pueblo produjera un alzamiento. Muchos creyeron que la derrota del ejército de Herodes a manos de los nabateos fue parte del juicio de Dios sobre Herodes por haber matado a Juan el Bautista. Mientras Juan estaba en la cárcel, envió a dos de sus discípulos para que averiguaran si Jesús era el que habría de venir (Mat. 11:2,3; Luc. 7:18-23). La muerte de Juan se detalla en Mar. 6:14-29.

Según el Evangelio de Juan, el ministerio de Jesús se superpone con el del Bautista (3:22-24; comp. Mar. 1:14), y algunos de los primeros discípulos de Jesús antes habían sido discípulos de Juan el Bautista (Juan 1:35-37). Jesús incluso identificó a Juan con el rol escatológico de Elías (Mat. 17:12,13; Mar. 9:12,13).

El movimiento iniciado por Juan no terminó con su muerte. Incluso algunos creyeron que Jesús era Juan resucitado (Mar. 6:14-16; 8:27,28). Años más tarde, se halló un grupo de seguidores de Juan en los alrededores de Éfeso, entre los que estaba el elocuente Apolos (Hech. 18:24–19:7), y durante siglos la influencia de Juan sobrevivió entre los mandeanos que proclamaron y perpetuaron sus enseñanzas. Ver *Bautismo*.

Otros Un pariente de Anás, el sumo sacerdote, también se llamaba Juan (a menos que los mss que dicen Jonatán sean correctos) así como también Juan Marcos, que escribió el segundo Evangelio. Ver *Anás; Marcos, Juan.*

R. Alan Culpepper

JUAN, EPÍSTOLAS DE Tres cartas en la sección de las "Epístolas generales" que, aunque técnicamente son anónimas, se atribuyen al apóstol Juan.

Autoría La tradición adjudicó estas tres cartas al apóstol Juan, hijo de Zebedeo y hermano de Jacobo (comp. Mar. 1:19,20). Muchos lo consideran autor de cinco libros del NT (entre ellos el Evangelio de Juan y Apocalipsis), si bien surgieron dudas en la iglesia primitiva en cuanto a si Juan había escrito la segunda y la tercera epístola y Apocalipsis. Las grandes similitudes entre 1 Juan y el Evangelio de Juan hablan de un mismo autor para estos libros. Se llega a la misma conclusión cuando se compara 1 Juan y las dos cartas que siguen. Es de destacar que la iglesia primitiva siempre le adjudicó la autoría de la primera epístola al apóstol Juan. No sucedió así con 2 y 3 Juan aunque él sigue siendo la opción preferida por la mayoría.

Evidencia interna El autor de 1 Juan declara ser testigo presencial de Cristo (1 Jn. 1:1-3). A lo largo de todo el libro, escribe con tono de autoridad apostólica. En 2 y 3 Juan el autor se identifica como "el anciano", título que conlleva una nota de autoridad.

La comparación entre 1 Juan y el cuarto Evangelio revela numerosas similitudes en teología, sintaxis y vocabulario. Hay contrastes como: vida y muerte; verdad y falsedad; luz y oscuridad; hijos de Dios e hijos del diablo; amor y odio.

El término *parakletos* aparece solo cinco veces en la Escritura, y todas ocurren en material juanino (Juan 14:16,26; 15:26; 16:7; 1 Jn. 2:1). La palabra *monogenes* como expresión de la exclusiva relación del Hijo con el Padre aparece en Juan 1:14,18; 3:16,18 y 1 Jn. 4:9.

Evidencia externa La iglesia primitiva fue congruente al adjudicar la autoría del cuarto Evangelio y de 1 Juan al apóstol Juan. Papías, que conoció a Juan (y nació alrededor del 60 d.C.), fue el primero en hacer referencia específica a una carta juanina como obra del apóstol Juan. Ireneo (aprox. 180 d.C.) alude específicamente a 1 y 2 Juan, y con claridad le atribuye ambas, como también el cuarto Evangelio, al apóstol Juan. Además, la tradición cristiana de los primeros tiempos adjudica de manera unánime 1 Juan a Juan, el discípulo y apóstol del Señor.

La evidencia externa para 2 y 3 Juan no es tan antigua ni tan sólida. Quizás se deba a que son cartas breves con escasa difusión. Una declaración de Papías parece sugerir que hubo dos Juanes en Éfeso, el apóstol Juan y el anciano Juan. Sin embargo, la declaración de Papías no necesita interpretarse como que existían dos Juanes, y pareciera que lo mejor es considerarlos una misma persona. El apóstol Juan es el anciano Juan. Ambas son designaciones apropiadas para el último sobreviviente de los discípulos de Jesús.

Fuera de la hipótesis del anciano Juan, nadie jamás atribuyó 2 y 3 Juan a otra persona que no fuera el apóstol Juan. A pesar de los interrogantes que ocasionalmente se formularon en la iglesia primitiva, las evidentes similitudes en vocabulario, tema y lenguaje son argumentos a favor de un mismo autor para las tres cartas.

La evidencia tanto interna como externa favorece la postura de que el apóstol Juan es el autor de las tres cartas que la tradición cristiana le atribuye.

Fecha y lugar de escritura La tradición indica con certeza que Juan pasó sus últimos años en la ciudad de Éfeso ministrando a las iglesias de Asia Menor. Sería razonable que ese fuera el sitio desde donde se escribieron las tres cartas. La evidencia interna indicaría que Juan era un hombre de edad avanzada al momento de escribir las cartas. La tradición de la iglesia manifiesta que Juan estaba en Éfeso "y permaneció entre ellos hasta la época de Trajano". Trajano fue emperador romano del 98–117 d.C. Esto indicaría que Juan murió hacia fines del siglo I, lo que fija una fecha límite para sus escritos. Resulta razonable adjudicarles una fecha entre 85–100 d.C.

Ocasión de 1 Juan Primera Juan fue escrita a una iglesia o grupo de iglesias en crisis que estaban sufriendo el ataque de falsas enseñanzas (comp. 2:18-28; 4:1-6; 5:6,7). Algunos que habían estado relacionados con la comunidad cristiana habían adoptado doctrinas heréticas, en particular en la cristología, y habían abandonado la iglesia (2:19). Luego siguieron propagando sus enseñanzas entre aquellos que permanecían en las iglesias juaninas. Llegaron tan lejos como para organizar y enviar a maestros itinerantes o misioneros que trabajaban dentro de las iglesias con el objetivo de convertir a esos cristianos a sus creencias (comp. 2:26; 4:1-3; 2 Jn. 7). Este ataque teológico creó confusión y crisis dentro de la comunidad de la fe. Como respuesta, el autor escribió 1 Juan con dos objetivos principales:

Atacar la propaganda de los falsos maestros y reafirmar a los creyentes. Para conseguir el primer objetivo Juan argumenta que estas personas no son creyentes verdaderos pues carecen de las marcas del cristianismo auténtico al menos en tres áreas.

(1) Doctrinalmente, transigieron en cuanto a la persona y la obra de Jesucristo. No confesaban a Jesús de Nazaret como el Cristo (2:22) y negaban que Jesús hubiera venido en la carne (4:2, 3). Lo más probable es que estos falsos maestros hayan estado influenciados por las primeras ideas gnósticas, una herejía que enfatizaba la bondad esencial del espíritu y la consiguiente maldad o inferioridad de la materia. Estos falsos maestros seguramente veían a Cristo como una especie de espíritu, quizás un espíritu que descendió sobre Jesús hombre durante parte de Su ministerio (desde el bautismo hasta la crucifixión, comp. 5:6-8). Sin embargo, se negaban a asociar en forma directa "al Cristo" con el Jesús humano; esta negativa los condujo a rechazar a Jesús de Nazaret como el Mesías, el único Dios-hombre.

Junto con esta errónea perspectiva de la persona de Cristo tenían una visión deficiente de Su muerte. Primera Juan incluye declaraciones específicas que enfatizan los resultados expiatorios de la muerte de Jesús (2:2; 4:10). Juan destaca la importancia de la encarnación y hace énfasis en la naturaleza distintiva de la obra expiatoria de Cristo.

(2) Moralmente, los falsos maestros minimizaron la gravedad del pecado (1:6-10). Proclamaban que era posible tener comunión con Dios a pesar de la conducta que uno tuviera (1:6). En contraste, Juan insiste en que la relación personal con Dios tiene serias implicancias éticas (comp. 2:3,4). Un genuino conocimiento de Dios y amor hacia Él exigen obediencia (2:3-6; 5:3).

(3) Socialmente, estos herejes fallaron porque su orgullo espiritual resultó en falta de amor fraternal (2:9,11). Juan argumentará que el amor por los otros creyentes es una manifestación de cristianismo auténtico (3:14; 4:7-21).

El segundo objetivo de Juan era fortalecer a los creyentes en la seguridad de su salvación. Debido al ataque de estas falsas enseñanzas, habían surgido dudas y confusión. ¿A qué o a quién debían creerle? ¿A las enseñanzas tradicionales del apóstol o a las doctrinas de estos líderes falsos? Juan les recuerda a las iglesias la verdad del cristianismo que habían recibido en forma inicial. Él quería que ellos comprendieran la realidad de su fe para entonces saber que tenían vida eterna (5:13). Juan brinda a sus lectores criterios por los cuales evaluar las afirmaciones de aquellos que habían abandonado la comunión y con los que podían reasegurarse de que estaban en la verdad (1:5–2:2; 2:3-11; 3:7-10,14,15; 4:4-6,7,8,13-15; 5:13,18-20).

Aunque 1 Juan trata problemas específicos causados por los separatistas que ahora evangelizaban para su propia causa, no indica un destinatario específico (como sí sucede en 2 y 3 Juan). Es probable que fuera una carta circular a las iglesias vecinas de Éfeso, provincia de Asia Menor.

El propósito de 1 Juan Primera Juan nos brinda varias claves para descubrir el o los propósitos específicos de la epístola. En cuatro oportunidades Juan explica por qué escribe:

(1) "Les escribimos estas cosas para que nuestra alegría sea completa" (1:4 NVI). (Para promover el verdadero gozo en el hijo de Dios.)

(2) "Les escribo estas cosas para que no pequen" (2:1 NVI). (Para evitar que el hijo de Dios cometa pecado.)

(3) "Estas cosas les escribo acerca de los que procuran engañarlos" (2:26 NVI). (Para proteger al hijo de Dios de los falsos maestros.)

(4) "Les escribo estas cosas a ustedes que creen en el nombre del Hijo de Dios, para que sepan que tienen vida eterna" (5:13 NVI). (Para darle seguridad de salvación al hijo de Dios.)

Teología de las Epístolas ***La doctrina de Dios*** Juan destaca dos características importantes de Dios. Primero: Dios es luz (1:5). Segundo: Dios es amor (4:8). Ambas cualidades son atributos divinos esenciales. Caminar en la luz es caminar en la vida de Dios. Poner en práctica el amor es demostrar el carácter de Dios.

La doctrina del pecado Primera Juan 3:8 declara que el diablo es la fuente del pecado, porque "el diablo peca desde el principio". El pecado en el individuo es resultado del obrar del diablo en esa persona, y la victoria sobre el pecado es en realidad victoria sobre Satanás. Juan describe el pecado como oscuridad (1:5-7), anarquía o rebelión (3:4) e injusticia (5:17). El pecado es universal e integral, de modo que toda persona es pecadora y comete pecado (1:8,10).

La doctrina de la cristología Se presenta a Jesús como Hijo de Dios y se resalta la realidad de la encarnación del Verbo preexistente. A Jesús se lo menciona como Hijo 21 veces en 1 Juan y 2 veces en 2 Juan. El apóstol declara que el Hijo "estaba con el Padre" y Él mismo es "vida" de Dios (1 Jn. 1:1-3; comp. Juan 1:1-5). Jesús es "el verdadero Dios, y la vida eterna" (5:20), una directa afirmación de la deidad del Hijo. Él era sin pecado (3:5), y Él expió los pecados de todo el mundo (2:2; 4:10). Él destruyó la obra del diablo (3:8), y lo consiguió por medio de Su muerte (5:6). Esta fue una manifestación del amor del Padre (4:9-11) por una humanidad pecadora. Pudo hacerlo porque tenía en sí sangre humana, real y tangible (1 Jn. 1:1-3). La encarnación fue una verdadera y genuina unión de perfecta deidad y humanidad sin pecado.

La doctrina del Espíritu Santo El Espíritu da testimonio al creyente sobre la verdad de Jesús el Cristo (2:27; 5:7,8), y es un don de unción. Ha sido dado al creyente (3:24) y le permite vencer al mundo (4:4). Como Espíritu de verdad (4:6), Él ayuda al creyente a reconocer a los falsos profetas que hablan y enseñan erróneamente sobre Jesús.

La doctrina de la salvación La obra redentora de Jesucristo ha hecho posible nuestra salvación (2:2, 3:16; 4:10). Al creer y recibir al Hijo

(5:10-13), la persona nace de nuevo (5:1), se convierte en hijo de Dios (3:1,2) y recibe el regalo de la vida eterna. A través del nuevo nacimiento somos capaces de practicar "la justicia" (2:29). Podemos cometer pecado (1:8,10; 2:1), pero no viviremos *en* el pecado (3:6-9). En la salvación, Dios ha venido a vivir en nosotros y nosotros en Dios (4:15,16).

La doctrina de la escatología Juan vivía con la expectativa de que la *parousia* era inminente. Él dijo: "Esta es la hora final" (2:18 NVI). La evidencia incluía la presencia de "muchos anticristos" (RVR1960). Juan también consideró la venida escatológica del anticristo (2:18; 4:3). Juan ve al mundo como acabado (2:17), e indica que la victoria de Cristo en la cruz está en camino aunque aguarda un clímax de consumación final. El día del juicio se acerca (4:17). Los que habitan en Dios y Él en ellos tendrán confianza en aquel día y no tendrán temor (4:18). Cuando Él venga, nuestra transformación será completa porque "sabemos que cuando él se manifieste, seremos semejantes a él, porque le veremos tal como él es" (3:2 RVR1960). Seguros de estar firmes ante Dios por medio de la fe en Su Hijo que nos proveyó expiación de los pecados, amamos a Dios y a los demás, y con esta esperanza en nosotros nos purificamos así como Él es puro (3:3).

Canonicidad La canonicidad de 1 de Juan jamás fue cuestionada. Por otra parte, 2 y 3 Juan fueron vistas como *antilegomena* o controversiales. Pareciera que los libros no se hubieran difundido ampliamente debido a su naturaleza privada y a su brevedad y, en consecuencia, no eran muy conocidos en las iglesias. Atanasio los incluyó en su Carta Pascual N° 39 (367 d.C.) y el Concilio de Cartago (397 d.C.) los aceptó como canónicos.

Estructura y estilo de 1 Juan El género literario de 1 Juan resulta un enigma. Es la epístola que menos parece una carta en ausencia de la identificación del remitente y del destinatario excepto por el inespecífico "hermanos, hijitos, padres". Se parece más a un tratado que procura referirse a una situación en particular. Los temas dominantes se reiteran y no contamos con un análisis definido de su estructura ni de su forma. Los temas de la "luz" y el "amor" son centrales. El libro en sí es una exhortación ya que Juan desafía a los lectores a seguir sus enseñanzas.

Bosquejo de 1 de Juan

- I. Prólogo: La Palabra de Vida (1:1-4)
- II. Dios es Luz (1:5–3:10)
  - A. Camina en la luz (1:5–2:2)
    - 1. Dios es Luz (1:5-7)
    - 2. Resiste el pecado (1:8–2:2)
  - B. Obedece la orden de amar (2:3-11)
    - 1. Conoce a Dios y guarda Sus mandamientos (2:3-6)
    - 2. Aprende el nuevo mandamiento y ama a los demás (2:7-11)
  - C. Conoce tu propia situación espiritual (2:12-14)
  - D. Sé conciente de los enemigos de la fe (2:15-27)
    - 1. Cuídate del mundo (2:15-17)
    - 2. Cuídate de los anticristos (2:18-27)
  - E. Vive como hijo de Dios (2:28–3:10)
    - 1. Está seguro y listo para Su venida (2:28–3:3)
    - 2. Sé justo y no peques (3:4-10)
- III. Dios es amor (3:11–5:12)
  - A. Amarse unos a otros: parte uno (3:11-24)
    - 1. Amor en acción (3:11-18)
    - 2. Vivir con seguridad (3:19-24)
  - B. Probar los espíritus (4:1-6)
  - C. Amarse unos a otros: parte dos (4:7-21)
    - 1. Ama a los demás porque Dios te ama (4:7-10)
    - 2. Ama a los demás porque Dios vive en ti (4:11-21)
  - D. Obedece a Dios y experimenta la victoria de la fe (5:1-5)
  - E. Cree en el Hijo y disfruta de la vida eterna (5:6-12)
- IV. Conclusión: Seguridad y características del hijo de Dios (5:13-21)
  - A. Sabe que tienes vida eterna (5:13)
  - B. Confía en la oración (5:14-17)
  - C. No perseveres en el pecado (5:18-20)
  - D. Guárdate de los ídolos (5:21)

Segunda Juan Segunda Juan es el segundo libro más breve del NT. Solo tiene 245 palabras en el texto griego y cabía con facilidad en una sola pieza de papiro. Hoy lo llamaríamos (al igual que a 3 Juan) "epístola tarjeta postal". Es un excelente ejemplo de discurso de exhortación. La señora elegida, probablemente en referencia a una iglesia local, debe continuar en la verdad, amándose unos a otros, y estar alerta contra los falsos maestros (el engañador y el anticristo del v.7). No deben ser hospitalarios con aquellos que "no confiesan que Jesucristo ha venido en carne" (v.7).

La carta sigue el modelo epistolar común de la época del NT con introducción (la salutación), cuerpo de la carta y final. Hay solo dos imperativos en esta epístola: "mirad" (*blepete*) en el v.8 y "no lo recibáis" (*lambanete*) en el v.10. Sin embargo, "que nos amemos unos a otros" (v.5) tiene la fuerza de un imperativo.

Juan construye esta epístola basándose en palabras clave que hacen que la carta tenga cohesión. En los 13 versículos, Juan usa en varias ocasiones "verdad" (5 veces), "amor" (4 veces), "mandamiento" (4 veces), "caminar" (3 veces), "enseñanza" (3 veces) e "hijos" (3 veces). Incluso emplea una palabra extraña, "anticristo", que aparece en la Escritura solo en 1 y 2 Juan (1 Jn. 2:18,22; 4:3; 2 Jn. 7), como término que describe a los falsos maestros.

Juan le dice a sus hijos que (1) vivan en la verdad, (2) obedezcan los mandamientos, (3) se amen unos a otros y (4) guarden las enseñanzas de Cristo para no ser engañados por el anticristo (v.7). Se afirma con confianza la seguridad espiritual de la comunidad de la fe, ya que Juan inicia y termina su carta con una referencia a la posición escogida de los destinatarios (vv.1,13).

Bosquejo de 2 Juan

- I. Amen la verdad (1-3)
  - A. Abracen la verdad (1,2)
  - B. Disfruten la verdad (3)
- II. Vivan la verdad (4-6)
  - A. Preocúpense de lo que creen (el credo) (4)
  - B. Preocúpense de cómo actúan (la conducta) (5,6)
- III. Busquen la verdad (7-11)
  - A. Reconozcan al engañador (7)
  - B. Resistan al destructor (8)
  - C. Reprueben a los inconstantes (9)
  - D. Rechacen al peligroso (10,11)
- IV. Ansíen la verdad (12,13)
  - A. Experimenten la plenitud de gozo (12)
  - B. Experimenten la comunión de la familia (13)

Tercera Juan Es el libro más breve del NT y de toda la Biblia. Cuenta con sólo 219 palabras en el texto griego. Tanto 2 como 3 Juan son "las epístolas mellizas" porque se las ve similares aunque no idénticas. Vale la pena destacar las similitudes:

(1) El autor se describe a sí mismo como "el anciano" (2 Jn. 1; 3 Jn. 1)

(2) Los destinatarios son aquellos que él ama "en verdad" (2 Jn. 1; 3 Jn. 1)

(3) Los destinatarios son causa de gran gozo: "mucho me regocijé" (2 Jn. 4; 3 Jn. 3)

(4) Los destinatarios están "andando en la verdad" (2 Jn. 4; 3 Jn. 3)

(5) El anciano ha recibido buenos informes de ambos (2 Jn. 4; 3 Jn. 3,5)

(6) Ambas cartas contienen una advertencia (2 Jn. 8; 3 Jn. 9-11)

(7) El anciano desea verlos a ambos cara a cara (2 Jn. 12; 3 Jn. 14)

(8) Otros envían sus saludos (2 Jn. 13; 3 Jn. 14)

Tercera Juan es una carta personal que gira en torno a tres personas: Gayo (el destinatario), Diótrefes (el conflictivo) y Demetrio (quien tal vez entregó la carta). Así como 2 Juan, sigue de cerca el antiguo modelo epistolar. Contiene una palabra de exhortación a Gayo para animarlo a no imitar el mal ejemplo de Diótrefes sino a continuar la buena obra que está haciendo de recibir y apoyar a los maestros-misioneros itinerantes. La carta sigue el modelo epistolar básico con una introducción (vv.1-4), el cuerpo principal (vv.5-12) y una conclusión (vv.13,14).

Aunque los vv.1-4 son una clara salutación, para propósitos de enseñanza es posible bosquejar la carta en torno a los cuatro (si contamos al anciano) personajes del libro. Los vv.1-8 contienen una mención de honor múltiple para Gayo. Los vv.9,10 condenan la arbitraria y maliciosa autocracia de Diótrefes. Los vv.11,12, tomados como unidad, elogian al piadoso Demetrio. Los vv.13,14 culminan con una breve mirada al corazón del anciano. Cuatro hombres y su reputación (manifestada en la conducta) son el resumen y la sustancia de 3 Juan. Una vez más Juan construye esta carta con palabras clave que se repiten: "amado" (4 veces; vv.1,2,5,11; "querido" NVI); "verdad" o "verdadero" (7 veces; vv.1,3 [2 veces]; 4,8,12 [2 veces]). Es comprensible que el anciano se preocupe porque su autoridad esté siendo cuestionada. Teme que la lucha de poderes de Diótrefes pueda tener éxito y que otros puedan ser influenciados por él. De ser necesario, está dispuesto a acudir a un encuentro cara a cara en el que personalmente se haría cargo de la situación. Mientras tanto, Juan procura conseguir el apoyo de Gayo. Lo elogia por su actividad y lo anima a seguir adelante. Demetrio visita a Gayo como portador de la carta y para apoyarlo en medio de la crisis. Tercera Juan ahonda en un conflicto de personalidad que surge a fines del siglo I y la estrategia que adoptó el anciano para resolverlo.

Bosquejo de 3 Juan

I. Gayo es un cristiano digno de elogio (1-8)
   A. Vive espiritualmente (1,2)
   B. Anda confiadamente (3,4)
   C. Sirve fielmente (5,6)
   D. Ministra generosamente (7,8)

II. Diótrefes es un cristiano presuntuoso (9, 10)
   A. No sean llevados por ambición y orgullo (9a)
   B. No manifiesten arrogancia (9b)
   C. No difundan acusaciones perversas (10a)
   D. No dominen con actividades profanas (10b)

III. Demetrio es un cristiano consecuente (11, 12)
   A. Procuren un ejemplo piadoso (11)
   B. Tengan buen testimonio (12)

IV. Juan es un cristiano bondadoso (13,14)
   A. Deseen la presencia de otros creyentes (13)
   B. Deseen paz para los otros creyentes (14)

Daniel Akin

JUAN, EVANGELIO DE Cuarto Evangelio del NT, diferente de los Evangelios Sinópticos (Mateo, Marcos y Lucas).

Autor La antigua tradición cristiana indica que fue escrito por Juan, el discípulo hijo de Zebedeo. El Evangelio declara haber sido escrito por el discípulo amado, personaje del cual no se da el nombre y solo se menciona en este Evangelio (21:20-24). El discípulo amado y autor de este Evangelio es casi con seguridad Juan, el hijo de Zebedeo, pero existen dudas ya que no se lo menciona específicamente.

Diferencia con los sinópticos El Evangelio de Juan es distinto de los otros tres Evangelios, los Sinópticos. En primer lugar, Juan omite eventos y referencias que son de extrema importancia en los otros. No describe el bautismo de Jesús ni el partimiento del pan ni el compartir de la copa en la última cena. En Juan, Jesús se refiere al reino de Dios en una sola conversación (3:3-6), mientras que el reino es un tema central de la predicación de Jesús en los Sinópticos. En Juan, Jesús no realiza exorcismos ni sana leprosos. Si bien Jesús realiza varios milagros, por lo general frente a multitudes en los Sinópticos, Juan registra siete "señales" que apuntan a la identidad de Jesús. Juan no registra ni una sola parábola, que son los pilares en la predicación de Jesús en los Sinópticos. En segundo lugar, el ministerio de Jesús en Juan registra conversaciones con ciertas personas como Nicodemo (Juan 3), la mujer samaritana (Juan 4) y los discípulos en el aposento alto (Juan 13–17); pero no registra mucho más de la predicación pública de Jesús.

Juan brinda mucha información que los sinópticos omiten. Más del 90% de Juan es material exclusivo. Jesús realiza al menos cuatro visitas a Jerusalén (2:13; 5:1; 7:10; 12:12). Los Sinópticos registran solo una. La resurrección de Lázaro solo figura en Juan. Aunque este omite referencias al pan y a la copa en la última cena, registra el lavamiento de los pies de los discípulos. A Jesús se lo menciona como "el Cordero de Dios" solo en Juan, referencia que únicamente se repite en Apocalipsis.

Los agregados más importantes que hace Juan se refieren a la identidad de Jesús y a la naturaleza de la adecuada respuesta a Él. Primero, Juan enfatiza la deidad de Jesús desde el principio del Evangelio. El prólogo afirma que Él es el Verbo (*logos*) eterno que estaba con Dios y era Dios. Jesús es el Verbo encarnado (1:14). En el Evangelio de Juan, Jesús emplea la tan significativa frase "Yo soy" en siete oportunidades, con lo cual se arroga el nombre personal de Dios como suyo propio. En Juan, Jesús siempre está al tanto de todo y conoce de antemano lo que pasará. Por ejemplo, declara que Jesús sabía lo que iba a hacer Judas (6:71). Le informa a Pilato que él no tendría poder sobre Su persona "si no te hubiera sido dado de arriba" (19:11 LBLA).

Segundo, la enseñanza de Jesús se concentra en la vida, eterna y abundante, que es la posesión presente de aquellos que creen (3:16; 10:10). La vida eterna es conocer a Dios y a Jesucristo (17:3). Un mayor conocimiento de Dios es resultado de creer en Jesús y de conocerlo. Creer y conocer son dos términos clave para Juan. Ambos aparecen más de 90 veces en este Evangelio. La enseñanza de Jesús en Juan nos recuerda que conocer a Dios y creer en Jesús se expresa con acciones. Es más, mientras creer en Jesús puede estar basado en las señales, los seguidores de Jesús deben procurar una fe más profunda. Él quiere que confíen en Su Palabra (8:31; comp. 2:23-25).

Contexto Muchos estudiosos creen que una comunidad que seguía las enseñanzas del discípulo amado experimentó dos movimientos significativos para la época en que se escribió Juan. En primer lugar, hubo un destacado interés en las personas expulsadas de las sinagogas por haber creído en Jesús mientras Él ministró en este mundo (9:22; comp. 12:42, 16:2). La mayoría de los eruditos afirma que dicho interés indica que estos creyentes tardíos había tenido experiencias similares; quizás mientras vivían en Judea o zonas aledañas. Estos creyentes judíos hallaron consuelo al saber que no fueron los primeros en ser expulsados por haber confiado en Jesús. Segundo, el trasfondo filosófico de ciertas partes de Juan indica que algunos desafíos recientes a la comunidad provinieron de aquellos que, por motivos filosóficos, o rechazaban la encarnación o la importancia de la encarnación. Esta amenaza, que a veces se menciona como "docetismo", parecía haberse convertido en un problema para la época que se escribió 1 Juan. El apóstol afirma que Jesús era el Verbo eterno, que había existido desde el principio, y que vino en carne. El Evangelio de Juan apoya la doctrina en cuanto a que Jesús era plenamente humano y plenamente divino.

Contenido Juan se divide en dos partes principales. En la primera (2–11) el enfoque está dado en el ministerio de Jesús al mundo y las señales que realizó. Fueron siete que recibieron respuestas diferentes. Los discípulos vieron las señales y creyeron (2:11). Algunos veían las señales y aun así rechazaban a Jesús, como lo muestran aquellos que supieron de la resurrección de Lázaro y ni siquiera así creyeron (11:47). Además, había algunos como Nicodemo que eran creyentes secretos (3:1,2; 7:50, 51).

La segunda gran parte del Evangelio (12–21) revela la enseñanza de Jesús a Sus discípulos y la hora triunfante de Su pasión. Jesús anticipa a Sus seguidores que experimentarían la presencia de otro Consolador (o "Paracleto"), el Espíritu Santo. Los discípulos deben manifestar su amor a Él obedeciéndolo. Deben vivir como Él vivió. Él es el buen pastor y ellos Sus ovejas que cuando escuchan Su voz lo siguen. Los verdaderos creyentes obedecen a Jesús. Él es la vid y ellos los pámpanos (ramas). La vida y la unidad de los cristianos están en Cristo. Más aún, ellos deben ser conocidos por su amor los unos por los otros, por el amor sacrificial que incluso llega a dar la vida por el prójimo.

El registro que hace Juan sobre la pasión se concentra en el control que Jesús tiene de todos los eventos. Él debe instruir a Sus adversarios sobre cómo arrestarlo (18:4-8). A Pilato le cuesta decidir, pero Jesús sabe lo que sucederá. El Señor muere como el Cordero y es sacrificado en el mismo momento en que se sacrificaban los corderos para la Pascua (19:14)

Originalmente Juan pudo haber finalizado en el 20:30,31. En el "epílogo" (cap. 21) se nos habla de la restauración de Pedro y la predicción de su muerte. También se refuta el rumor de que Juan no moriría antes de la segunda venida.

Propósito Juan escribió para asegurarles a los creyentes temerosos que debían creer en Jesús y en Sus palabras. Es más, él llama a otros que sienten sed espiritual a que vayan a Aquel que tiene agua de vida. En Él uno encuentra luz, vida y amor. Ver *Juan; Juan, Epístolas de; Logos.*

Bosquejo

- I. Introducción (1:1-51)
  - A. Prólogo (1:1-18)
  - B. El llamado de los doce (1:19-51)
- II. Ministerio de Jesús al mundo (2:1–11:57)
  - A. Ministerio de Jesús en el "Ciclo Caná" (2:1–4:54)
    1. Primera señal de Jesús en la boda de Caná (2:1-12)
    2. Purificación del templo (2:13-25)
    3. Jesús conversa con Nicodemo (3:1-21)
    4. Juan es testigo de Jesús (3:22-36)
    5. Jesús habla con la mujer samaritana y el noble (4:1-45)
    6. Jesús regresa a Caná (4:46-54)
  - B. Ministerio de Jesús en Jerusalén (5:1–11:57)
    1. El cojo es sanado en una festividad no identificada (5:1-47)
    2. La Pascua (6:1-71)
       - a. Alimentación de la multitud (6:1-15)
       - b. Caminar sobre el agua (6:16-24)
       - c. Discurso sobre el verdadero pan (6:25-51)
       - d. Pelea entre los seguidores (6:52-71)
    3. La confrontación en la fiesta de los tabernáculos (7:1–8:59)
    4. La sanidad del hombre que nació ciego (9:1-41)
    5. La fiesta de la dedicación (10:1-42)
    6. La resurrección de Lázaro (11:1-57)
- III. Jesús ministra a los suyos (12:1–20:31)
  - A. Jesús vuelve a Jerusalén para la Pascua (12:1-50)
  - B. Discurso de despedida y última oración (13:1–17:26)
    1. Lavamiento de pies a los discípulos (13:1-30)

2. Jesús enseña en cuanto a Su partida (13:31–16:33)
3. Jesús hace Su oración final (17:1-26)

C. La Pasión de Jesús (18:1–20:29)
1. Arresto y juicio de Jesús (18:1–19:16a)
2. Muerte de Jesús (19:16b-42)
3. Resurrección de Jesús (20:1-29)

D. El propósito del Evangelio (20:30,31)

IV. Epílogo (21:1-25) *C. Hal Freeman (h)*

JUANA Nombre de persona que significa "don de Yahvéh". En Luc. 8:3 es una de las mujeres a quien había sanado Jesús y quien le ministraba con sus propios bienes. Era esposa de Chuza, administrador de Herodes. El Evangelio de Lucas, que da prominencia a las mujeres, también la menciona en 24:10. Fue una de las mujeres que acudió a la tumba de Jesús el domingo de resurrección e informó a los once que Él había resucitado.

JUBAL Nombre de persona que significa "un carnero", semejante a un "cuerno de carnero" utilizado como instrumento musical. En Gén. 4:19-21, hijo de Lamec y hermano de Jabal. Se lo asocia con la invención de instrumentos musicales.

JUBILEO Ver *Año de Jubileo.*

JUCAL Nombre de persona que significa "Yahvéh demuestra ser poderoso". Mensajero que envió el rey Sedequías para pedirle a Jeremías que orara por él cuando comenzó a gobernar. Al parecer, Sedequías deseaba ser bendecido en sus esfuerzos por cooperar con Egipto contra Babilonia alrededor del 587 a.C. (Jer. 37:3).

JUDÁ Nombre de persona, de tribu y de territorio que significa "Alabanza a Yahvéh", pero que tal vez originariamente haya estado relacionado con el Monte de Jehúd. **1.** En Gén. 29:35, cuarto hijo de Jacob y progenitor de la tribu de Judá. Su madre fue Lea. Aunque Judá se destaca en las narraciones de Génesis, raras veces ocupa el centro de la escena. Génesis 38 es una excepción que relata cómo lo sedujo su nuera Tamar. Esta unión trajo como resultado el nacimiento de Fares y Zara. Génesis 49:8-12 relata la bendición de Jacob a Judá. La genealogía de Jesús incluye a Judá. **2.** La tribu de Judá ocupaba el territorio estratégicamente importante al oeste del Mar Muerto. La ciudad de Jerusalén se hallaba en la frontera entre Judá y Benjamín. David era de la tribu de Judá. **3.** Cuando el reino se dividió, después de la muerte de Salomón, el Reino del Sur adoptó el nombre de Judá. Ver *Israel; Israel, Tierra de; Judas; Patriarcas; Tribus de Israel.* **4.** Provincia constituida por el gobierno persa para controlar el conquistado reino de Judá (Neh. 5:14; Hag. 1:1). Conformaba una pequeña provincia a lo largo de Samaria, Galilea e Idumea. Todas estas respondían al sátrapa de la satrapía persa de Abarnaharah, que abarcaba la tierra al oeste del Río Éufrates, con centro en Damasco (Esd. 5:3,6; 6:6,13). El sátrapa dependía de un oficial mayor que gobernaba sobre Babilonia y Abarnaharah, con sede en Babilonia. Cuando los exiliados de Judá regresaron de allí, Zorobabel era gobernador de Judá; Tatnai era sátrapa de Abarnaharah o "del otro lado del río", y Ushtanu era sátrapa de Babilonia y Abarnaharah. **5.** Sacerdote cuyos hijos ayudaron a Zorobabel y a Jesúa a comenzar la obra de restauración del templo después del 537 a.C. (Esd. 3:9; comp. Neh. 12:8). **6.** Levita al que Esdras condenó por tener una esposa extranjera que podría tentar a Israel a adorar a otros dioses (Esd. 10:23). **7.** Miembro de la tribu de Benjamín que vivió en Jerusalén después del regreso del exilio y ocupaba el segundo lugar como autoridad de la ciudad (Neh. 11:9). Tal vez haya sido el oficial que se unió a Nehemías para encabezar la celebración de la terminación del muro de Jerusalén (Neh. 12:34). **8.** Sacerdote músico que colaboró con Nehemías en la celebración (Neh. 12:36). **9.** Vaga referencia geográfica en la descripción de los límites de la tribu de Neftalí (Jos. 19:34). Los traductores griegos más antiguos no pudieron entender la referencia y, en consecuencia, no la tradujeron (NVI). El territorio de Neftalí no es contiguo al de la tribu de Judá. Algunos intentan definir aquí a Judá como las 60 poblaciones de Jair al este del Jordán (Jos. 13:30). Algunos eruditos tratan de que la referencia corresponda a Jehúda, el nombre de otro lugar. Podría ser un error de copista a partir de Jordán, que se asemeja en su escritura hebrea. No existe solución certera que explique la mención de Judá en el texto. **10.** La ciudad de Judá (2 Crón. 25:28) es Jerusalén.

JUDAÍSMO Religión y estilo de vida del pueblo de Judá, los judíos. Pablo hizo un contraste entre su llamado cristiano y la vida previa en el judaísmo (Gál. 1:13,14). Los extranjeros podían convertirse al judaísmo. Ver *Judíos (grupos, partidos) en el Nuevo Testamento; Prosélitos.*

JUDAIZANTE Nombre para distinguir a cristianos judíos que intentaban imponer a sus contrapartes gentiles la observancia de la ley como medio de salvación (Hech. 15:15).

JUDAS Transliteración griega de Judá que significa "Alabanza a Yahvéh". El nombre Judas era común en la época de Cristo ya que fue uno de los doce patriarcas, y se había tornado popular por el héroe judío Judas Macabeo que lideró a la nación en su lucha por la independencia de Siria en el 166 a.C. El NT menciona a seis Judas. La mayoría sólo se mencionan al pasar. **1.** Hermano del Señor (Mat. 13:55; Mar. 6:3). **2.** Judas de Galilea encabezó una rebelión contra los romanos y como resultado murió. El año exacto de esta revolución se desconoce, quizá el 6 d.C. (Hech. 5:37). **3.** Después de la experiencia en el camino a Damasco, Pablo fue a la casa de un Judas que vivía en la calle Derecha. Tres días después, Ananías lo encontró en ese lugar (Hech. 9:7-12). **4.** Judas, de sobrenombre Barsabás, fue escogido por la iglesia de Jerusalén para ir con Pablo y Bernabé a entregarle a la iglesia de Antioquía la carta de Jacobo sobre la salvación de los gentiles (Hech. 15:22). **5.** Los doce discípulos de Jesús incluían a dos Judas. Al primero se lo menciona siempre después de Jacobo el hijo de Alfeo, y se lo denomina hermano de Jacobo (Luc. 6:16; Hech. 1:13). Aparentemente también se lo conocía con el nombre de Lebeo Tadeo (Mat. 10:3; Mar. 3:18). Las únicas palabras registradas de él se encuentran en Juan 14:22. **6.** El otro discípulo era Judas Iscariote. Todos los Evangelios lo ubican al final de la lista de discípulos debido a su papel de traidor. *Iscariote* es una palabra aramea que significa "hombre de Queriot", un pueblo cercano a Hebrón. Era el único discípulo proveniente de Judea. Era tesorero de los discípulos, pero se sabía que era avaro y ladrón (Juan 12:4-6). Estuvo presente en la última cena cuando Jesús predijo que sería traicionado (Luc. 22:21; Mat. 26:20,21). El precio de la traición fue 30 piezas de plata que devolvió a los líderes judíos, tras lo cual se ahorcó. Murió entristecido pero sin arrepentirse. El dinero, que no podía regresar al tesoro porque era precio de sangre, se usó para comprar el campo del alfarero en nombre de Judas (Mat. 27:3-10; comp. Hech. 1:18,19). *Gerald Cowen*

Puesta de sol sobre los montes de Judea.

JUDAS ISCARIOTE Nombre de persona que significa "Judá de Queriot". Discípulo que traicionó a Jesús. Ver *Judas 6.*

JUDAS, EPÍSTOLA DE A menudo, la epístola de Judas se pasa por alto debido a su brevedad. Algunos muestran preocupación porque Judas cita 1 Enoc y hace alusión a la *Asunción de Moisés*, pero en el primer caso no es un problema porque las citas de una fuente no indican necesariamente que el documento citado sea canónico. El mensaje de Judas les resulta extraño a muchas personas del mundo actual porque enfatiza que el Señor indudablemente juzgará a los intrusos impíos que intentaban corromper a las iglesias a las cuales se dirige la epístola. Muchos hoy catalogan el mensaje de juicio como intolerante, desamorado y contrario al mensaje de amor que se proclama en el resto del NT. Sin embargo, esta breve carta no debe ser ignorada. Algunas de las más hermosas declaraciones de la gracia sustentadora de Dios se hallan en Judas (vv.1,24,25), y destellan con un brillo mayor cuando se las contrasta con los falsos maestros que se alejaron de la fe cristiana verdadera.

Además, el mensaje de juicio tiene especial importancia para la actualidad, ya que las iglesias del presente tienen tendencia al sentimentalismo, sufren de crisis moral y, con demasiada frecuencia, no llegan a pronunciar palabras de juicio definitivas porque cuentan con una definición inadecuada del amor. La epístola de Judas nos recuerda que la enseñanza errante y la vida disoluta conllevan consecuencias atroces. Por lo tanto, es importante no desmerecer las palabras de Judas atribuyéndoselas a un temperamento irritable que amenaza con juicio a aquellos que le desagradan, sino como una advertencia a amados creyentes (vv.3,17) para que escapen de un peligro mortal. Judas se escribió para que los creyentes contendieran por la fe que se les había transmitido (v.3) y para que no abandonaran el amor de Dios en un momento crucial de la vida de la iglesia. Un mensaje de esta clase se debe proclamar aun hoy porque la degradación moral es el sendero hacia la destrucción.

Autor El autor se identifica en el v.1 como "Judas, siervo de Jesucristo, y hermano de Jacobo". El Jacobo que se menciona es, casi con seguridad, el hermano del Señor Jesucristo y autor de la epístola de Santiago (Sant + Yacob) (comp. también Hech. 15:13-21; 1 Cor. 15:7; Gál. 2:9). A partir de esto, podemos decir que a Judas lo conocían bien por la asociación con su famoso hermano que desempeñó un papel significativo en la iglesia apostólica. Por lo tanto, Judas también era medio hermano de Jesucristo (Mat. 13:55; Mar. 6:3). Las evidencias externas de la iglesia primitiva también respaldan la opinión de que Judas, el hermano de Jesús, escribió la carta.

Algunos eruditos han argumentado que fue otro Judas. Calvino identificó al autor como el apóstol "Judas ... de Jacobo" (Luc. 6:16; Hech. 1:13). Pero si esto fuera correcto, el autor se autodenominaría apóstol. Otros han especulado que el escritor es "Judas ... Barsabás" (Hech. 15:22 comp. 15:27,32), pero no existen evidencias de que este fuera hermano de Jacobo. Más improbable aun es la teoría de que el autor fue el apóstol Tomás. Incluso otros sostienen que la carta es seudónima, pero los escritos canónicos no respaldan este concepto. Para resumir, existen razones de peso para aceptar la opinión de que el autor de la epístola es Judas, el hermano de Jesús.

Receptores y fecha Es extremadamente difícil identificar a los receptores y determinar la fecha de la carta. La mayoría de los eruditos de la actualidad argumentan que 2 Pedro incluye material de Judas y, si este es el caso, Judas precedió a 2 Pedro, epístola que se escribió en la década del 60. Se presume que Judas fue escrita en el mismo marco general de tiempo, pero es imposible tener seguridad. Las sugerencias en cuanto a destinatarios incluyen Palestina, Siria, Asia Menor y Egipto. Debemos admitir que no tenemos manera de saber con seguridad quiénes fueron los receptores de la carta. Muchos piensan que fueron judíos, ya que Judas cita 1 Enoc y hace alusión a *La asunción de Moisés.*

Opositores Los opositores de Judas se han identificado con frecuencia como gnósticos, pero esta teoría no es tan común en el presente ya que los eruditos del NT están reconociendo que el fenómeno del gnosticismo del siglo II no puede aparecer en un escrito del primer siglo. Los opositores tampoco revelan muchas características propias del gnosticismo. No podemos catalogarlos con exactitud. El v.4 sugiere que provenían de fuera de la iglesia. La epístola deja en claro que eran libertinos, que quizá abusaban de la doctrina paulina de la gracia. Es probable que también hayan apelado a revelaciones personales a fin de respaldar su libertinaje (v.8).

Estructura La carta es enérgica, definida y bien estructurada. Judas es particularmente afecto al uso de tríadas en su escrito.

Bosquejo

I. Saludo: 1,2
II. El propósito de la epístola: 3,4
III. Juicio para los intrusos: 5-16
  A. El juicio de Dios: 5-10
    1. Tres ejemplos históricos del juicio de Dios: 5-7
    2. Aplicaciones para los adversarios: Tres pecados que garantizan juicio: 8-10
  B. Oráculo de juicio: 11-13
    1. Tres tipos: 11
    2. Aplicaciones para los adversarios: 12,13
  C. La profecía de Enoc: 14-16
    1. La profecía: juicio sobre los impíos: 14,15
    2. Aplicación a los adversarios: 16
IV. Exhortaciones a los creyentes: 17-23
  A. Recordar las predicciones apostólicas: 17-19
    1. La palabra apostólica: 17,18
    2. Aplicación a los adversarios: 19
  B. Permanecer en el amor de Dios: 20,21
  C. Mostrar misericordia hacia los afligidos por opositores: 22,23
V. Doxología: 24,25 *Thomas R. Schreiner*

JUDEA Nombre geográfico que significa "judío". En Esd. 5:8 corresponde a la designación aramea de una provincia que variaba de tamaño en función de las circunstancias políticas cambiantes, pero siempre incluía la ciudad de Jerusalén y el territorio inmediatamente circundante. La región, antiguamente llamada Judá, recibió por primera vez el nombre Judea después del exilio babilónico. Durante el período persa, Judea ocupaba un área muy pequeña. No obstante, bajo el dominio de los macabeos, el territorio se extendió y disfrutó de una época de independencia política. Herodes el Grande, designado por Roma para gobernar aprox. en el mismo territorio, poseía el título de rey de Judea. En tiempos romanos, Judea, Samaria y Galilea se consideraban, por lo general, las tres divisiones geográficas principales de Palestina. Ver *Roma y el Imperio Romano*.

JUDÍOS (grupos, partidos) EN EL NUEVO TESTAMENTO El judaísmo en el NT presentaba gran diversidad. Se menciona a fariseos, saduceos y herodianos. A un hombre se lo llama "zelote". Por otras fuentes sabemos que también existían los esenios y los sicarios.

Fariseos Constituían el grupo más numeroso y de mayor importancia. El historiador Josefo menciona que ascendían a 6000. En los Evangelios aparecen como opositores de Jesús. Pablo era fariseo (Fil. 3:5). Controlaban las sinagogas y ejercían un estricto control sobre el pueblo en general.

No hay registro escrito con información sobre el origen de este grupo. La primera referencia es de la época de Jonatán Macabeo (160–143 a.C.), cuando Josefo habla de fariseos, saduceos y esenios. Sus buenas relaciones con los gobernantes finalizaron en la época de Juan Hircano (134–104 a.C.). Recuperaron el poder cuando Salomé Alejandra se convirtió en reina (76 a.C.).

"Fariseos" significa "los separados". Quizás quiera decir que ellos se separaban de las masas o que se separaban para el estudio y la interpretación de la ley. Se cree que descendían de los hasideos, que lucharon legalmente por la libertad religiosa en tiempos de Judas Macabeo. Parecieran ser los responsables de transformar el judaísmo de una religión de sacrificios a una religión de leyes. Ellos desarrollaron la tradición oral y fueron maestros tanto de la ley escrita como oral. Consideraban que el camino para llegar a Dios era obediencia a la ley. Eran los liberales de su época; dispuestos a adoptar nuevas ideas y adaptar la ley a nuevas situaciones.

Los fariseos eran profundamente monoteístas. Aceptaban la autoridad de todo el AT. Afirmaban la existencia de ángeles y demonios. Creían en la vida después de la muerte y la resurrección del cuerpo. Eran misioneros que procuraban la conversión de los gentiles (Mat. 23:15). Consideraban que Dios se preocupaba por el individuo, sin negar con ello que cada uno era responsable de la manera en que vivía. Tenían escaso interés en política. Se opusieron a Jesús porque se negaba a aceptar la interpretación que estos hacían de la ley oral.

Saduceos Eran aristócratas, el partido de los ricos y de las familias de los sumos sacerdotes. Estaban a cargo del templo, del servicio del templo y de las concesiones. Afirmaban ser descendientes de Sadoc, sumo sacerdote de Salomón. En toda nuestra literatura se manifiestan como opositores de los fariseos. Eran conservadores que procuraban mantener costumbres del pasado. Se oponían a la ley oral y sólo aceptaban el Pentateuco como autoridad definitiva. Eran materialistas. No creían en la vida después de la muerte ni en recompensas ni castigos luego de esta vida. Negaban la existencia de ángeles y demonios. No creían que Dios se interesara

Fechas de existencia	Nombre	Origen	Segmentos de sociedad	Creencias	Referencias bíblicas seleccionadas	Actividades
			FARISEOS			
Con Jonatán (160–143 a.C.) Decadencia de poder bajo Juan Hircano (134–104 a.C.) Comienzan a resurgir bajo Salomé Alejandra (76 a.C.)	Fariseos = ("los separados"), y tres posibles significados: (1) ellos se separaban de la gente (2) se separaban para estudiar la ley ("dividir" o "separar" la verdad) (3) se separaban de prácticas paganas	Probablemente descendientes de los Hassidim (luchadores por libertad religiosa en tiempos de Judas Macabeo)	Grupo (o secta) más numeroso de los partidos judíos Probablemente descendientes de los Hasidim, escribas y abogados Miembros de la clase media, y mayormente hombres de negocios (mercaderes y comerciantes)	Monoteístas Creían que todo el AT (Torá, Profetas y Escritos) tenía autoridad Creían que el estudio de la ley era verdadera adoración Aceptaban tanto ley escrita como ley oral Más liberales que los saduceos para interpretar la ley Preocupados con el cumplimiento del Sábat, el diezmo y los ritos de purificación Creían en la vida después de la muerte y en la resurrección del cuerpo (con retribución y recompensa divina) Veneraban la humanidad y la igualdad entre seres humanos Espíritu misionero para con la conversión de los gentiles Creían que cada persona era responsable por cómo vivía	Mateo 3:7-10; 5:20; 9:14; 16:1,6-12; 22:15-22,34-46; 23:2-36 Marcos 3:6; 7:3-5; 8:15; 12:13-17 Lucas 6:7; 7:36-39; 11:37-44; 18:9-14 Juan 3:1; 9:13-16; 11:46-47; 12:19 Hechos 23:6-10 Filipenses 3:4b-6	Iniciaron la tradición oral Enseñaban que el camino a Dios era el cumplimento de la ley Cambiaron el judaísmo de una religión de sacrificios a una religión de leyes Pensadores progresistas para adaptar la ley a situaciones nuevas Se opusieron a Jesús porque Él no aceptaba como vinculantes las enseñanzas de la ley oral Establecieron y controlaron sinagogas Tenían control sobre la población promedio Eran la autoridad religiosa para la mayoría de los judíos Llevaron al hogar varias ceremonias del templo Enfatizaban la ética en contraposición con la teología práctica Legalistas y socialmente exclusivos, rechazaban por impuros a los no fariseos Tendencia a una actitud autosuficiente y arrogante
			SADUCEOS			
Probablemente comenzaron aprox. en el 200 a.C. Desaparecieron en el 70 d.C. (con la destrucción del templo)	Saduceos = tres posibles traducciones: (1) "los justos", con base en las consonantes hebreas de la palabra para *justo* (2) "quienes simpatizan con Sadoc o seguidores de Sadoc, con base en el posible vínculo con el sumo sacerdote Sadoc (3) "síndicos", "jueces", "jefes fiscales", con base en la palabra griega *syndikoi*	Origen desconocido Afirmaban ser descendientes de Sadoc, el sumo sacerdote bajo David (ver 2 Sam. 8:17; 15:24) y Salomón (ver 1 Rey. 1:34-35; 1 Crón. 12:28) Tenían posible vínculo con Aarón Probablemente se formaron en un grupo aprox. en el 200 a.C. como el partido del sumo sacerdote	Aristocracia, los ricos descendientes de la línea sumo sacerdotal (Sin embargo, no todos los sacerdotes eran saduceos) Quizá descendientes del sacerdocio asmoneo Tal vez no tan refinados como sugeriría su posición económica en la sociedad	Aceptaban sólo la Torá (Génesis a Deuteronomio, la ley mosaica) Interpretaban la ley literalmente Conservadores estrictos de la ley Enfatizaban estricta observancia de la ley Observaban creencias y tradiciones del pasado No aceptaban ley oral como obligatoria y vinculante Creían en la absoluta libertad de la voluntad humana: que todos pueden hacer lo que deseen sin que Dios les preste atención Negaban la providencia divina Negaban el concepto de vida después de la muerte y la resurrección del cuerpo Negaban el concepto de recompensa y castigo después de la muerte Negaban la existencia de ángeles y demonios Materialistas	2 Samuel 8:17; 15:24 1 Reyes 1:34 1 Crónicas 12:26-28 Ezequiel 40:45-46; 43:19; 44:15-16 Mateo 3:7-10; 16:1,6-12; 22:23-34 Marcos 12:18-27 Lucas 20:27-40 Juan 11:47 Hechos 4:1-2; 5:17-18; 23:6-10	A cargo del templo y el servicio del templo Activos en la política Ejercían gran control político a través del Sanedrín, del que eran miembros Aceptaban el gobierno en el poder y el statu quo Inclinación hacia el helenismo (la difusión de la influencia griega), y por lo tanto el pueblo los despreciaba Se oponían a los fariseos y a Jesús pues estos aceptaban un canon escritural más amplio (Tanto fariseos como Jesús creían que la Escritura era más que Génesis a Deuteronomio) Oposición a Jesús en especial por temor a que su riqueza y posición peligraran si lo apoyaban

Fechas de existencia	Nombre	Origen	Segmentos de sociedad	Creencias	Referencias bíblicas seleccionadas	Actividades
				ZELOTES		
Tres posibilidades de su comienzo: (1) durante reinado de Herodes el Grande (aprox. 37 a.C.); (2) durante revuelta contra Roma (6 d.C.); (3) remontándose a los Hassidim o a los Macabeos (168 a.C.) Su desaparición total ocurrió aprox. en el 70–73 d.C., cuando los romanos conquistaron Jerusalén	Alusión a su celo religioso Josefo usó el término para aludir a los que participaron en la revuelta judía contra Roma en el 6 d.C. liderada por Judas el Galileo	(De acuerdo a Josefo) Los zelotes comenzaron con Judas (el Galileo), hijo de Ezequías, que lideró una revuelta en el 6 d.C. en razón de un censo para propósitos impositivos	El ala extrema de los fariseos	Similar a los fariseos con la siguiente excepción: creían firmemente que sólo Dios tenía derecho a gobernar a los judíos; patriotismo y religión se volvieron inseparables Creían que la obediencia total (apoyada por drásticas medidas físicas) debía ser evidente para que Dios hiciera realidad la Era Mesiánica Eran fanáticos de la fe judía y de la devoción a la ley, hasta el punto del martirio	Mateo 10:4 Marcos 3:18 Lucas 6:15 Hechos 1:13	Extrema oposición a que romanos gobernaran Palestina Oposición extrema a la paz con Roma Se negaban a pagar impuestos Oposición al uso del idioma griego en Palestina Fueron parte activa del terrorismo contra Roma y contra otros con quienes disintieran políticamente [Los sicarios (o asesinos) eran un grupo zelote extremista con acciones terroristas contra Roma.]
				HERODIANOS		
Existieron durante la época de la dinastía de Herodes (que comenzó en el 37 a.C. con Herodes el Grande)	Se basa en su apoyo a los gobernantes herodianos (Herodes el Grande o su dinastía)	Origen exacto es incierto	Judíos acaudalados y con influencia política que apoyaron a Herodes Antipas (o a cualquiera de los desciendes de Herodes el Grande) como gobernante de Palestina (Judea y Samaria en este tiempo tenían gobernantes romanos)	No era un grupo religioso sino político Los miembros probablemente eran representantes de perspectivas religiosas variadas	Mateo 22:5-22 Marcos 3:6; 8:15; 12:13-17	Apoyaban a Herodes y a la dinastía herodiana Aceptaban la helenización Aceptaban el gobierno por extranjeros
				ESENIOS		
Probablemente comenzaron durante la época macabea (aprox. 168 a.C.), alrededor de la misma fecha que comenzaron los fariseos y los saduceos Desaparición del grupo es incierta, aprox. en 68-70 d.C., con la caída de Jerusalén	Origen desconocido	Posiblemente comenzaron como reacción al sacerdocio corrupto de los saduceos Se los ha identificado con varios grupos: Hassidim, zelotes, influencia griega o influencia iraní	Se dispersaron por los pueblos de Judea (quizás incluyendo a la comunidad de Qumrán) (De acuerdo a Filón y a Josefo), alrededor de 4000 en la Siria Palestina	Ascetas muy estrictos Monásticos: la mayoría hizo voto de celibato (adoptando a niños varones para perpetuar el grupo), pero algunos se casaron (con el propósito de procrear) Adherentes rigurosos de la ley (incluyendo rigurosa interpretación de la ética) Consideraban que además de la Escritura hebrea, otra literatura tenía autoridad Creían en el pacifismo y lo practicaban Consideraban que la adoración en el templo y las ofrendas eran corruptas Creían en la inmortalidad del alma pero sin resurrección corporal Orientación apocalíptica	Ninguna	Dedicados a copiar y estudiar los manuscritos de la ley Vivían en comunidad con propiedades comunales Requerían extenso período de prueba y bautismos rituales a quienes querían unirse a ellos Eran altamente virtuosos y rectos Eran sumamente autodisciplinados Eran diligentes trabajadores manuales Le daban gran importancia a la adoración diaria Mantenían rígidas leyes sabáticas Sostenían un sacerdocio no levítico Rechazaban como diabólicos los placeres del mundo Rechazaban el matrimonio, pero no prohibían que otros se casaran

por lo que hacía la gente; más bien, según ellos las personas tenían total libertad de acción. Gravitaban hacia la política y apoyaban a los poderes de gobierno, fueran seléucidas o romanos. No aceptaban nada que amenazara su posición y su riqueza, de modo que con todas sus fuerzas se opusieron a Jesús.

Herodianos Se mencionan solo tres veces en el NT (Mat. 22:16; Mar. 3:6; 12:13). En Marcos se unieron al complot de los fariseos para matar a Jesús. Las demás referencias son de cuando fariseos y herodianos le preguntaron a Jesús acerca de pagarle tributo al César. Eran judíos que apoyaron a Herodes Antipas o que procuraron que la autoridad sobre Palestina le fuera conferida a un descendiente de Herodes el Grande. En esa época Judea y Samaria estaban bajo dominio romano.

Zelotes En el NT solo se mencionan en contadas ocasiones. A Simón, uno de los discípulos, se lo llama zelote (Luc. 6:15). Para describir a Barrabás, Juan 18:40 utiliza una palabra que Josefo usa para "zelote". Este historiador judío declara que se iniciaron con Judas el galileo, que quería liderar una revuelta judía contra un censo para cobrar más impuestos (6 d.C.), pero no usó el término zelote hasta que se refirió a los eventos del 66 d.C., el inicio de la primera revuelta judía contra Roma. Los zelotes eran el ala extrema de los fariseos, y en contraste con ellos, creían que solo Dios tenía derecho de gobernar a los judíos. Estaban dispuestos a luchar y a morir por lo que creían. Para ellos, el patriotismo y la religión eran inseparables.

Sicarios Literalmente significa "hombres con puñal" y fueron los revolucionarios más radicales entre los judíos del siglo I. Comprometidos con el derrocamiento del poder romano sobre Palestina, usaban pequeñas dagas ocultas para asesinar a sus enemigos, en especial oficiales romanos. Estaban dispuestos a morir en el intento e hicieron todo lo posible por desbaratar la política militar de Roma.

Esenios Sabemos de este grupo gracias a los escritos de Josefo y de Filón, un filósofo judío de Alejandría, Egipto. No se los menciona en el NT. Se obtuvo mayor información de los esenios recién a partir de 1947, con el descubrimiento de los mss en las cuevas del Mar Muerto, conocidos como los Rollos del Mar Muerto. Se cree que los rollos pertenecían a los esenios o tenían relación con ellos. Quizás comenzaron a existir en la misma época que fariseos y saduceos. Eran ascetas y muchos vivían en la región desértica de Qumrán, cerca del Mar Muerto. En la actualidad se sabe que en Jerusalén también había una comunidad esenia activa. Hacían votos de celibato y perpetuaban su comunidad adoptando a niños varones. Sin embargo, algunos esenios se casaban. Cuando alguien se unía a ellos, entregaba todas sus posesiones a la comunidad. Había un período de prueba de tres años antes de que se otorgara la membresía plena. Los esenios se dedicaban al estudio de la ley. Fueron más rígidos que los fariseos en su manera de interpretarla. No hay evidencia de que Jesús ni Juan el Bautista hayan tenido relación con Qumrán. Jesús se hubiera opuesto terminantemente a la forma en que ellos entendían la ley.

La gran mayoría del pueblo judío no era miembro de estos partidos o grupos, aunque la mayor influencia quizás provenía de los fariseos. Ver *Intertestamentaria, Historia y literatura; Rollos del Mar Muerto; Sinagoga; Templo.*

Clayton Harrop y Charles W. Draper

JUDÍOS (personas) EN EL NUEVO TESTAMENTO "Judío" en realidad deriva de la tribu de Judá, pasando por *Iewe* (lengua inglesa entre 1100 y 1450), *Ieu* (francés antiguo), *Iudaeus* (latín) y *Ioudaios* (griego). (Comp. el nombre de mujer Judit que en su origen significó "judía".)

Trasfondo del AT Originalmente el *yehudim* hebreo aludía a los descendientes de la tribu de Judá y luego a aquellos que habitaban los territorios asignados a estos (2 Rey. 16:6; 25:25; Jer. 32:12). Con la deportación y la consiguiente asimilación de las "diez tribus perdidas" del Reino del Norte por parte de los asirios después del 722 a.C., los únicos israelitas que sobrevivieron al período exílico (junto a unos pocos de la tribu de Benjamín, como Mardoqueo, a quien se llama "judío" en Est. 2:5) fueron los de Judá, de ahí el nombre judíos (Neh. 1:2). El término arameo correspondiente se usa en Dan. 3:8,12.

Período intertestamentario En el mundo griego y en el romano, los israelitas usaron el nombre griego *Ioudaios* (plural *Ioudaioi*). Es el término que usaron en el tratado entre Judas Macabeo y los romanos, según se describe en 1 Mac. 8:23-32: "Felicidad a los romanos y a la nación de los judíos" (v.23).

Mateo, Marcos, Lucas El término *Ioudaios* rara vez aparece en los Evangelios sinópticos, los primeros tres Evangelios que son casi paralelos entre sí. La palabra aparece solo cinco veces en Mateo, siete veces en Marcos y cinco en Lucas,

Desde la época del AT, al orar, los judíos han usado filacterias en la frente y en el brazo.

por lo general en la expresión "rey de los judíos" (12 de un total de 17). Del resto de las menciones solo Mat. 28:15 designa a los judíos en contraste con los creyentes cristianos.

Juan En contraste, la palabra *Ioudaios* aparece 70 veces en el Evangelio de Juan. Algunas de estas referencias son positivas, en especial en el diálogo entre Jesús y la mujer samaritana (cap. 4). En el v.9 la mujer le dice a Jesús: "Tú, siendo judío" y en el v.22 Jesús dice: "La salvación viene de los judíos". Muchos judíos creyeron en Jesús (8:31; 11:45; 12:11). Otras referencias son neutrales, como en Juan 3:1 (NVI) donde se describe a Nicodemo como dirigente de los judíos.

La descripción de los opositores a Jesús revela una diferencia significativa entre los Evangelios sinópticos y Juan. Mientras que los primeros identifican a los enemigos de Jesús como escribas y fariseos, sumos sacerdotes y saduceos, el Evangelio de Juan sencillamente usa el término genérico "judíos". La palabra con frecuencia alude a autoridades judías, como en 7:13; 9:22; 19:38; 20:19.

Los judíos pusieron en duda el nacimiento de Jesús y cuestionaron Su cordura (8:48), y llegaron a argumentar que estaba endemoniado (8:52). Cuestionaron Sus declaraciones acerca del templo (2:20) y se escandalizaron por Su declaración de que era el pan del cielo (6:41). Consideraron blasfemas Sus afirmaciones de ser igual al Padre y trataron de apedrearlo (5:18; 7:1; 10:31,33; 11:8).

El mayor uso del término "judíos" en Juan como designación general de quienes negaron que Jesús fuera el Cristo, se puede explicar con que el Evangelio de Juan fue escrito con posterioridad a los sinópticos, luego de eventos como la destrucción de Jerusalén (70 d.C.) y la inserción de una maldición sobre los "herejes" (principalmente cristianos) en la oración diaria en la sinagoga (80 d.C.), lo cual incrementó las mutuas hostilidades entre judíos y cristianos.

Hechos Pablo era un judío de Tarso (Hech. 21:39; 22:3). Luego de su dramática conversión en el camino a Damasco, sus compatriotas intentaron matarlo (9:23). El rey Herodes Agripa I arrestó a Pedro y asesinó al apóstol Jacobo, creyendo que eso complacería a los judíos (12:1-3).

Según su convicción de que el evangelio debía predicarse primero a los judíos (Rom. 1:16), en sus viajes misioneros Pablo empezaba su predicación en las sinagogas judías: Salamina en Chipre (Hech. 13:5), Iconio (14:1), Tesalónica (17:1), Atenas (17:15-17) y Corinto (18:1). Aunque hubo convertidos entre los judíos, incluso el principal de la sinagoga de Corinto (18:8), y aunque sin dudas tuvo éxito entre los que temían a Dios, o prosélitos que estaban interesados en convertirse al judaísmo (13:43; 17:4), la mayoría de los judíos reaccionó con violencia hacia el mensaje de Pablo (13:50; 14:2; 17:5; 18:12). Por lo tanto, el apóstol concentró sus esfuerzos cada vez más en los gentiles, los no judíos.

Cartas paulinas Como apóstol a los gentiles, Pablo debatió con los "judaizantes" diciendo que los gentiles convertidos no debían ser circuncidados; es decir que para ser cristianos, primero no debían convertirse en judíos (Hech. 15:1-5). Sus argumentos fueron aceptados por Jacobo y el concilio apostólico en Jerusalén aprox. en el 49 d.C. Pablo, que era "hebreo de pura cepa; en cuanto a la interpretación de la ley, fariseo" (Fil. 3:5 NVI) y había sido más celoso que sus pares en la persecución del judaísmo (Gál. 1:13,14), llegó a la conclusión radical de que un verdadero judío no es el que desciende físicamente de Abraham (comp. Juan 8:31-41), que cumple la Torá o la ley de Moisés (Rom. 2:17,28) y es circuncidado. Para Pablo, un verdadero judío es aquel que cree que Jesús es el Mesías, el Cristo (Gál. 3:26-29), que depende de la gracia de Dios y no de las obras de la ley (Ef. 2:8,9), y que ha sido circuncidado en su corazón por el Espíritu Santo (Gál. 2:2-9; 5:6). A pesar del dolor de ver que la mayoría de sus compatriotas no aceptaban su mensaje, Pablo no enseñaba que Dios había abandonado a los judíos sino que creía que Dios aún tenía un plan para ellos (Rom. 9–11). (Nota: la palabra *Ioudaios* no se encuentra en ninguna de las cartas del NT fuera de las de Pablo.)

Apocalipsis Las dos referencias en el libro de Apocalipsis son a la iglesia de Esmirna (2:9) y la de Filadelfia (3:9), donde estaban quienes decían ser judíos pero habían sido denunciados como "sinagoga de Satán", por oponerse a los cristianos. Ver *Fariseos; Hebreos; Israel, Tierra de; Saduceos.* *Edwin Yamauchi*

JUDIT Nombre de persona que significa "judía". **1.** Una de las esposas heteas de Esaú que entristeció a los padres de este porque temían que ellas lo alejaran de su cultura y de su Dios (Gén. 26:34-35). **2.** Heroína del libro apócrifo de Judit. Siendo una viuda piadosa, sedujo a Holfernes, general de Nabucodonosor, y liberó a su pueblo de manos de él al cortarle la cabeza. Ver *Apócrifos.*

JUECES, LIBRO DE En las Biblias en español, el libro de Jueces es el segundo de los libros históricos del AT (Josué–Ester). Algunos eruditos aluden a Josué–2 Reyes como historia deuteronómica, denominada así porque la teología y el estilo de estos escritos están profundamente influenciados por Deuteronomio. No obstante, es mejor seguir la Biblia hebrea e interpretar estos libros como Profetas Anteriores. En todos ellos, los intereses teológicos y espirituales, comunes para Moisés y los profetas, toman precedencia sobre el registro de sucesos históricos y actividades políticas.

El libro obtiene su nombre a partir de la designación de los personajes principales, *shophetim* (2:18), "jueces". Pero estos se desempeñaron como libertadores de Israel (*moshi'im*) frente a poderes enemigos externos. En la mayoría de los casos en el AT, el término *shophet* se refiere a un oficial que resuelve causas legales en una corte de justicia. No obstante, la raíz tiene un significado más amplio, "gobernar", que puede incluir asuntos internos tales como disputas entre ciudadanos, pero que también abarca problemas externos, resolución de controversias nacionales y tribales con extranjeros. Este significado se refleja tanto en el nombre del libro como en las funciones desempeñadas por los personajes más importantes.

Eruditos y laicos tienden a leer Jueces de manera diferente. Muchos estudiosos interpretan el libro como documento político donde se demuestra la necesidad de un rey que resuelva los problemas de Israel durante el período de transición entre la conquista de Canaán y el establecimiento de la monarquía, y en especial para respaldar la causa de David frente a la casa de Saúl. Tomando como base Heb. 11:32, la mayoría de los laicos leen Jueces como un libro sobre héroes que demostraron fortaleza de carácter al llevar a cabo hazañas grandiosas para Dios.

No obstante, una lectura detallada del libro sugiere que ambas interpretaciones no llegan a captar la idea del autor. Si leemos Jueces como un libro profético, descubrimos que el énfasis no está en los jueces sino en Dios, en nombre del cual aquellos actuaron como libertadores de la nación. El libro describe de manera específica la reacción del Señor frente a la canaanización de la sociedad israelita durante el período de establecimiento en la tierra. Como declara 2:6-10, los problemas espirituales de Israel surgieron luego de transcurrida una generación después de la muerte de Josué y de aquellos que habían participado en la conquista. La nación había entrado triunfante en la tierra de la promesa como pueblo redimido del Señor, pero cada vez se fue pareciendo más a la gente que se le había ordenado expulsar.

De manera más precisa que en la mayoría de los libros históricos, Jueces presenta una trama cuidadosamente elaborada. El autor muestra su conocimiento sobre otros jueces (Samgar [3:31], Tola y Jair [10:1-5], Ibzán, Elón y Abdón [12:8-15]), pero los acontecimientos descritos en detalle fueron escrupulosamente seleccionados y deliberadamente diseñados conforme a un esquema literario intencional. Al hacerlo, el autor presentaba una causa convincente sobre la degeneración básica de Israel durante el período de los jueces. Cada parte del libro proporciona una contribución esencial para el desarrollo de este tema.

El autor presenta el escenario haciendo un resumen del destino de las respectivas tribus a medida que reclamaban la tierra que el Señor les había asignado (1:1-36). Presentó un informe de los resultados siguiendo un orden deliberado, comenzando con los acontecimientos de Judá y concluyendo con el terrible fracaso de Dan. Este modelo anticipaba la estructura de las narraciones que seguirían, como sucede con la descripción de la nación que comienza de manera bastante positiva con Otoniel (3:7-11), pero con el desarrollo de cada ciclo, el cuadro se torna más desolador.

Esta introducción histórica va seguida de un preámbulo profundamente teológico (2:1–3:6). El problema fundamental es la falta de memoria de Israel en cuanto a la obra redentora de Dios a su favor (2:1-10). Esto dio como resultado la verdad lamentable que se expresa en un refrán repetido siete veces en el libro: Los israelitas hicieron lo malo (lit. "el mal") ante los ojos de Jehová; sirvieron a los baales y abandonaron a Dios su redentor (2:11,12; comp. 3:7,12; 4:1; 6:1; 10:6; 13:1). Las siguientes narraciones sobre los jueces en forma individual, que ocupan la mayor parte del libro (3:7–16:31), describen las consecuencias de dicha apostasía. Este preámbulo (2:1–3:6) invita al lector a interpretar estos relatos no como simples recurrencias cíclicas del mismo problema sino como una ilustración del incremento del mal en Israel (2:17-19). Esto ofrece al lector la clave para entender tanto al pueblo de Israel como a los jueces que lo lideraron.

Debido a la naturaleza teológica de la narrativa y al uso selectivo de información por parte del autor, es difícil reconstruir la historia de Israel durante el período de los jueces tomando como base los relatos de la parte central del libro (3:7–16:31). Los acontecimientos están dispuestos de manera deliberada a fin de que cada juez sea presentado en medio de una situación peor que la anterior, comenzando con Otoniel, un personaje ejemplar (3:7-11), y terminando con Sansón, quien corporiza todo lo malo de Israel. Cada ciclo se desarrolla siguiendo un patrón literario signado por una serie de fórmulas recurrentes:

(1) "Los hijos de Israel hicieron lo malo ante los ojos de Jehová" (2:11; 3:7,12; 4:1; 6:1; 10:6; 13:1).

(2) "Jehová...los entregó/vendió en mano de sus enemigos" (2:14; 6:1; 13:1).

(3) "Clamaron los hijos de Israel a Jehová" (3:9,15; 4:3; 6:6; 10:10).

(4) "Jehová levantó un libertador a los hijos de Israel y los libró" (3:9,15 comp. 2:16,18).

(5) "Así fue subyugado [la nación opositora] delante de los hijos de Israel" (8:28; comp. 3:30; 4:23).

(6) "Y reposó la tierra...años" (3:11,30; 5:31; 8:28).

(7) "Y murió [el juez]" (12:7 comp. 2:19; 3:11; 4:1; 8:32).

En función de estas fórmulas, es evidente que Dios es el personaje más importante del libro, y que la atención del autor estaba centrada en la reacción divina ante la canaanización de Su pueblo. A manera de juicio, Él envía enemigos extranjeros (tal como se predijo en Lev. 26 y Deut. 28); luego, en su misericordia, escucha el clamor del pueblo, levanta un libertador y proporciona victoria sobre el enemigo. Pero los israelitas no aprenden la lección; por el contrario, la corrupción espiritual se profundiza cada vez más en lo íntimo del alma de la nación de manera que, al final, Gedeón actúa como un déspota oriental (8:18-32). A semejanza de los paganos que lo rodeaban, Jefté intentó ganarse la buena voluntad de Dios al sacrificar a su hija (11:30-40); y la vida y la muerte de Sansón se parecieron más a la de un filisteo que a la de un integrante del pueblo de Jehová (caps. 14–16).

Muchos interpretan Jueces 17–21 como anexos más o menos independientes. No obstante, una vez que comprendemos que el interés general del libro es la decadencia espiritual de Israel y la consecuente respuesta de Dios, descubrimos que, lejos de ser un agregado incoherente, estos capítulos presentan el clímax de la composición. El tono lo establecen las variaciones del cuádruple refrán: "En aquellos días no había rey en Israel; cada uno hacía lo que bien le parecía" (17:6; 18:1; 19:1; 21:25). Esto tradicionalmente se ha interpretado como señal de que el autor miraba hacia el futuro a la institución de la monarquía como solución para los problemas de Israel en este período de oscuridad. Pero esta interpretación falla en cuatro aspectos. Primero, supone incorrectamente que el problema principal del libro es político, cuando es espiritual. Segundo, pasa por alto la verdad de que la monarquía, lejos de solucionar el problema de apostasía en Israel, en realidad impulsa las clases de males que se describen en el libro. Tercero, no considera la opinión negativa de la monarquía que se presenta en el propio libro de Jueces. Gedeón rechaza verbalmente el oficio de rey heredero (8:22, 23), pero sus acciones (8:18-27), y en especial el llamar Abimelec a su hijo (que significa "mi padre es rey"), contradicen su respuesta piadosa. Abimelec, el único calificado como rey, constituyó la encarnación de los males de la monarquía cananea (ver la fábula de Jotam, 9:7-15) y no se puede considerar como un ideal. Cuarto, si el autor tiene sus ojos hacia el futuro, a la monarquía como solución para las crisis de Israel en ese momento y tomando como modelo a David, es curioso que los relatos acerca de este (1 y 2 Samuel), a diferencia de lo sucedido siglos después con Ezequías y Josías, nunca lo describen aboliendo prácticas idólatras ni centros de culto en la tierra. Por lo tanto, es preferible considerar estos refranes como una declaración sobre que nadie, ni siquiera Dios, es rey en esta nación. Todos desarrollan sus actividades como les parece.

Los caps. 17–21 ilustran esto al tratar en primer lugar los síntomas religiosos del problema (caps. 17–18) y luego las consecuencias sociales de la canaanización de Israel (caps. 19–21). Micaía, un efraimita, levantó un altar de adoración pagana en su casa e instituyó su propio sacerdocio (17:1-13). Luego los danitas, que no pudieron echar a los cananeos de la tierra que Dios les había asignado, pasaron por allí. Durante su migración hacia el norte para reclamar una tierra que no se les había asignado en la parte septentrional del Mar de Galilea, tomaron al sacerdote de Micaía y sus imágenes idolátricas y, cuando llegaron a destino, levantaron un altar de adoración oficial en Dan. Mientras tanto, el comportamiento del levita del que inicialmente no se da el nombre (18:30 lo identifica como descendiente de Moisés) ilustra la corrupción que infectaba incluso a los encargados del bienestar espiritual de la nación. Los caps. 19–21 ilustran la corrupción social asociada con la degeneración espiritual de Israel. En realidad, en el relato del escándalo en Gabaa (19:16-26) se hallan ecos deliberados de la maldad de Sodoma (Gén. 19:1-14). Lejos de ser una comunidad ética de fe, los israelitas se convirtieron en los peores cananeos. Y los benjamitas, en lugar de exponer a los delincuentes inmorales que había en su medio, los defendieron. El libro concluye con Israel en un caos político, espiritual y moral, con una de las tribus prácticamente eliminada, y deja al lector con incertidumbre en cuanto a lo que le iba a suceder al pueblo de Dios.

¿Cuál es, pues, la importancia trascendente de este libro? Primero, Israel como nación sobrevivió el oscurantismo de los jueces únicamente por la gracia de Dios. En Su misericordia, Él envió opresores para hacerles recordar su rebeldía. En Su misericordia, respondió al clamor y envió libertadores. Segundo, el libro ilustra el problema fundamental del corazón humano, la depravación. Cuando el pueblo de Dios se olvida de los actos divinos de salvación, va tras otros dioses. Tercero, el libro ilustra la relación inevitable entre los compromisos espirituales y el comportamiento ético. Hay pocos héroes humanos en el libro. Al comienzo, el autor presenta a Otoniel como un buen juez, pero sus sucesores van empeorando progresivamente. Débora es la excepción. Pero entonces, contrariamente a las percepciones populares, su función primaria no es la de líder militar; ella es la profetisa mediante la cual el Señor levanta a Barac. Finalmente, tal como declara Heb. 11:32-36, a pesar de la moralidad cuestionable de los jueces, cuando ellos claman a Dios con fe, Él les permite grandes victorias. Esto se le atribuye más a Dios que a ellos. La declaración de Hebreos no se debe tomar como un cheque en blanco a favor de sus personajes. Al final, el libro de Jueces ilustra la verdad eterna: el Señor edificará Su reino/iglesia, y las puertas del Hades no prevalecerán contra ello. Puesto que el plan de Dios para la salvación dependía de la supervivencia de Israel, no permitió que desapareciera. Por el contrario, por Su gracia sobrevivió y, más tarde, bajo el liderazgo de David, el rey ungido por Dios, la gloria divina fue proclamada a lo largo y a lo ancho de la tierra.

Tema La respuesta del Señor a la canaanización de Israel durante los días oscuros que sucedieron a la muerte de Josué.

Bosquejo

I. Trasfondo de la canaanización de Israel: el fracaso de Israel en la guerra santa (1:1–3:6)
   A. Informe sobre el desempeño de Israel (1:1-36)
   B. Significado teológico del desempeño de Israel (2:1-23)
   C. Consecuencias locales del desempeño de Israel: Israel puesta a prueba (3:1-6)
II. Respuesta del Señor ante la canaanización de Israel: los ciclos de apostasía y liberación (3:7–5:31)
   A. Ciclo de Aram-naharaim y Otoniel (3:7-11)
   B. Ciclo de Moab y Aod (3:12-30)
   C. Paréntesis N° 1: el gobierno de Samgar (3:31)
   D. Ciclo de Canaán y Barac (4:1–5:31)
III. Ciclo de Madián y Gedeón (6:1–9:57)
   A. Castigo de Dios y liberación de Israel (6:1–8:3)
   B. Castigo de Gedeón y subyugación de Israel (8:4-27)
   C. Legado de Gedeón (8:28–9:57)
IV. Paréntesis N° 2: Los gobiernos de Tola y de Jair (10:1-5)
V. Ciclo de Amón y Jefté (10:6–12:7)
VI. Paréntesis N° 3: Los gobiernos de Ibzán, Elón y Abdón (12:8-15)
VII. Ciclo de los filisteos y Sansón (13:1–16:31)
VIII. Clímax: Profundidad de la canaanización de Israel (17:1–21:25)
   A. Degeneración religiosa de Israel (17:1–18:31)
   B. Degeneración moral de Israel (19:1–21:25)

1. Trasfondo del ultraje en Gabaa (19:1-10a)
2. Naturaleza del ultraje en Gabaa (19:10b-30)
3. Respuesta israelita ante el ultraje (20:1-48)
4. Crisis nacional creada por el ultraje (21:1-24)
5. Epílogo (21:25) *Daniel I. Block*

JUEGOS Los descubrimientos arqueológicos del antiguo Cercano Oriente proveen amplia evidencia sobre la existencia de diversas clases de juegos en la antigüedad, que incluyen formas primitivas de damas y ajedrez. Asimismo, el descubrimiento de numerosos juguetes en Palestina confirma que los niños hebreos jugaban juegos de inteligencia al igual que sus pares de casi todas las otras culturas y épocas. Sin embargo, en el AT no se mencionan específicamente juegos organizados de ninguna clase. Las habilidades que con frecuencia se mencionan en el AT, tales como maratón (1 Sam. 8:11), arquería (1 Sam. 20:20), tiro con honda (1 Sam. 17:49) o lucha (Gén. 32:24), implican entrenamiento y práctica; sin embargo, no hay referencias específicas a eventos competitivos. O los israelitas evitaban la competencia atlética o bien se abstenían de escribir acerca de esto.

En contraste con la cultura hebrea, para la cultura helenista los juegos y los eventos competitivos ocupaban una parte central en la vida. Para convertirse en buenos ciudadanos, los jóvenes griegos recibían entrenamiento intelectual y físico. Una educación bien programada en el gimnasio incluía habilidades tales como boxear y correr. El gimnasio, parte central de ciudades y pueblos helenistas, era asimismo el sitio donde funcionaba el mercado y el lugar de entrenamiento para los atletas maduros. Eventos competitivos como carrera de carros, combates, carreras pedestres, boxeo y arquería ocupaban un lugar preponderante en la cultura helénica. Los juegos olímpicos representan un ejemplo claro del relevante rol que desempeñaban las competencias atléticas en la cultura helenista. En la era romana, los eventos competitivos continuaron pero con un énfasis adicional en eventos de combate como lucha entre gladiadores y con animales salvajes. Tanto para los griegos como para los romanos, estos eventos tenían conexión con la idolatría.

Mosaico de gladiadores de la época romana, con el vencedor parado triunfalmente sobre el vencido.

Cuando Alejandro Magno conquistó Palestina en el 332 a.C., la cultura helenista se introdujo en Israel incorporando juegos y competencias. Como resultado, en Israel comenzaron a aparecer estadios y gimnasios. Antíoco IV Epífanes, descendiente de uno de los generales de Alejandro que reinó sobre Palestina (175–164 a.C.), incluso hizo construir un gimnasio en Jerusalén. Aparentemente, muchos judíos y aun algunos sacerdotes participaban de los eventos en el lugar (ver 1 Mac. 1:14; 2 Mac. 4:9). Para muchos otros judíos, la presencia de un gimnasio en Jerusalén era repulsiva (particularmente porque los atletas competían desnudos). Aunque los juegos helenistas tuvieron menos importancia en Israel luego de la revuelta de los macabeos (167 a.C.), la presencia del helenismo y la competencia atlética permanecieron. Herodes el Grande (47 a.C.–4 d.C.) construyó entre otras cosas un estadio y un hipódromo en Cesarea, un teatro en Jerusalén y posiblemente un hipódromo en Jericó. Para el siglo I, los judíos de Palestina y en la diáspora, y por supuesto los gentiles a lo largo del Mediterráneo, estaban familiarizados con los juegos de competición.

En el NT hay referencias directas a juegos y competencias, particularmente en las epístolas de Pablo. Para los que vivían en Corinto en el siglo I, las ilustraciones de los juegos deportivos eran fáciles de interpretar, no sólo a través de la vida cotidiana sino además porque en Corinto se celebraban los Juegos Ístmicos (51 d.C.), un evento que seguía en prestigio a las Olimpíadas. Pablo utilizó la carrera como ilustración de la resistencia cristiana, y les recordó a los corintios que aunque todos los competidores corren la carrera, sólo el que gana recibe el premio (1 Cor. 9:24). Utilizó el entrenamiento estricto y severo de los atletas como analogía de la disciplina que se requiere en la vida cristiana, y les recordó a sus lectores que los atletas entrenan para ganar una "corona corruptible". Es posible que haya evocado la corona de hojas de apio que recibían los ganadores en los Juegos Ístmicos. El mensaje de Pablo era claro: si los atletas se entrenaban de esta manera para ganar una corona corruptible, cuánto más debían los cristianos soportar y someterse a disciplina para recibir una "corona incorruptible" (1 Cor. 9:25). Pablo utilizó su propia vida como ejemplo de alguien que no corre "como a la ventura". Los corredores en los juegos corrían hacia una marca fija, tal vez una piedra (lo que llamaríamos "la meta"). No corrían descuidadamente sino con propósito: terminar la carrera (Pablo utilizó una analogía similar en Fil. 3:12-14). Además dice: "de esta manera peleo, no como quien golpea el aire, sino que golpeo mi cuerpo, y lo pongo en servidumbre" (1 Cor. 9:26-27). Pablo combatió sus deseos pecaminosos con implacable intensidad, lo mismo que los boxeadores en el cuadrilátero. De esta manera, Pablo

Niños en la Jerusalén actual, mientras juegan en la Vía Dolorosa.

utiliza dos de los eventos más famosos para ilustrar claramente la vida cristiana.

El apóstol utilizó los juegos atléticos como analogía de toda su vida. Concluyó declarando que había "terminado la carrera" y que por lo tanto recibiría la "corona de justicia" (2 Tim. 4:7).

El escritor a los Hebreos también utilizó los juegos de competición para ilustrar la perseverancia, diciendo: "Por tanto, nosotros también,

Pista de atletismo para carreras pedestres en Olimpia.

teniendo en derredor nuestro tan grande nube de testigos". Aquí compara a los santos que habían partido con las multitudes reunidas en los estadios, por lo tanto se debería hacer todo el esfuerzo necesario "para correr con paciencia la carrera que tenemos por delante". Además, el objetivo, la meta es Jesús, "el autor y consumador de la fe" (Heb. 12:1-4).

Bryan J. Vickers

JUEZ 1. Oficial con autoridad para administrar justicia mediante la resolución de causas. **2.** Libertador militar durante el período comprendido entre Josué y David (para este significado, ver *Jueces, Libro de*).

Moisés ofició como juez de Israel, tanto al tomar decisiones entre las personas como al enseñarle al pueblo los estatutos de Dios (Ex. 18:15,16). Por sugerencia de Jetro, Moisés se desempeñó personalmente como abogado del pueblo delante de Dios e instructor de la ley (18:19,20) y designó jueces subordinados para que decidieran en las causas menores (18:21-23; Núm. 11:16,17; Deut. 1:12-17; 16:18-20). Con frecuencia, los ancianos de una comunidad llevaban a cabo su función de jueces en la puerta de la ciudad (Deut. 22:15; 25:7; Rut 4:1-9; Job 29:7,8). Los casos difíciles se enviaban a los sacerdotes o a los jueces supremos (Deut. 17:8-13; comp. Núm. 5:12-31, un caso donde no había testigos). Durante la monarquía, el rey servía como juez supremo (2 Sam. 15:2,3) y designaba jueces locales (1 Crón. 23:4; 2 Crón. 19:5), junto con un proceso de apelaciones (2 Crón. 19:8-11). Luego del exilio, Artajerjes le otorgó autoridad a Esdras para designar jueces en Judea (Esd. 7:25).

En la literatura del AT con frecuencia hay quejas contra los jueces. Absalón aprovechó el descontento por el sistema legal para instigar una revolución (2 Sam. 15:4). A los jueces se los acusa de mostrar parcialidad (Prov. 24:23), de aceptar sobornos (Isa. 61:8; Miq. 7:3; comp. Ex. 23:2-9), y de no defender los intereses de los débiles (Isa. 10:2; Jer. 5:28). Sofonías describió a los jueces de Jerusalén como lobos merodeadores (3:3).

Dios es el juez final de toda la tierra (Gén. 18:25; Isa. 33:22; Sant. 4:12). Como representante de Dios, Cristo también oficia como juez (Juan 8:16; Sant. 5:9; 1 Ped. 4:5). Ver *Juzgar.*

Chris Church

JUICIO CABAL Mente sana; mentalmente saludable. (Mar. 5:15; Luc. 8:35). En otras partes, el término griego subyacente se traduce "buen juicio" (Rom. 12:3 LBLA) o "prudente" (Tito 2:6 LBLA).

JUICIO DE DIOS Ver *Escatología; Juicio, Día del; Retribución divina.*

JUICIO DE JESÚS Para condenar a muerte a Jesús se utilizaron dos sistemas judiciales combinados. Los líderes religiosos judíos lo acusaban de blasfemia, una ofensa capital según la ley judía (ver Lev. 24:16). Dichos líderes manipularon los procedimientos para forzar a Jesús a admitir que era Hijo de Dios (ver Luc. 22:66-71). Para ellos, esto constituía una blasfemia.

Los líderes romanos otorgaban a los pueblos conquistados (en este caso, los judíos) el derecho a seguir su propio sistema legal siempre y cuando no abusaran de sus privilegios. Los romanos no les dieron a los judíos el derecho a la pena capital para la acusación de blasfemia, razón por la cual estos tenían que convencer a un juez romano de que su exigencia para aplicar la pena capital era justificada.

El juicio judío Los líderes judíos estaban decididos a procurar la muerte de Jesús cuando lo llevaron a juicio (ver Luc. 22:2; Mar. 14:1). Realizaron el juicio judío durante la noche con la esperanza de que los que apoyaban a Jesús estuvieran durmiendo y no pudieran protestar por el arresto. La parte judía del juicio tuvo tres etapas: (1) presentación ante Anás; (2) investigación informal hecha por Caifás, y (3) condena de parte del Sanedrín. Anás era suegro del sumo sacerdote Caifás. Había desempeñado esta función desde el 7 al 15 d.C. y era el miembro más influyente del Sanedrín. Los detalles sobre la entrevista con Anás son pocos (Juan 18:12-14,19-24). El sumo sacerdote mencionado en Juan 18:19 tal vez haya sido Anás. Si fue así, sometió a Jesús a un breve interrogatorio y se lo envió a su yerno Caifás (Juan 18:24).

La reunión con Caifás tuvo lugar en la casa de este (Luc. 22:54). Algunos miembros del Sanedrín trabajaron denodadamente para localizar y preparar testigos contra Jesús (Mat. 26:59-60). Estos testigos cuidadosamente adiestrados no pudieron concordar en sus testimonios (ver Mar. 14:56; comp. Deut. 19:15).

Durante esta actividad casi circense, Caifás habló con Jesús y lo puso bajo juramento (Mat. 26:63-64). Demandó que le dijera si era el Hijo de Dios. Jesús quizás sintió que el silencio bajo juramento sería una negación de Su origen divino, y declaró que era Hijo de Dios (Mar. 14:62) aunque sabía que eso lo conduciría a la muerte. El Sanedrín condenó a Jesús pero no pronunció sentencia (Mar. 14:64). Después de que lo condenaron, el grupo comenzó a provocar disturbios. Algunos empezaron a abofetear y escupir a Jesús (Mar. 14:65).

Poco después del amanecer, el Sanedrín se reunió nuevamente para condenar formalmente a Jesús (Luc. 22:66). La ley judía estipulaba que un veredicto de culpabilidad por un delito capital debía posponerse hasta el día siguiente. La votación para condenarlo se llevó a cabo después del alba, lo cual parecía cumplir dicho requisito.

El procedimiento en esta sesión fue similar al juicio durante la noche. No se presentaron testigos para acusar a Cristo. Jesús nuevamente declaró que era el Hijo de Dios (Luc. 22:66-71). El Sanedrín una vez más aprobó la sentencia de muerte y lo llevó ante Pilato para que este lo sentenciara (Luc. 23:1).

Los procedimientos de los judíos durante el juicio de Jesús fueron ilegales. La ley judía establecía que un juicio por un delito capital debía realizarse en horario diurno y posponerse hasta el día siguiente si no había finalizado antes del anochecer. Se suponía que los miembros del Sanedrín debían ser jueces imparciales. Las leyes judías prohibían condenar a un acusado en base a su propio testimonio.

El juicio romano Este juicio tuvo tres etapas: (1) primera comparecencia ante Pilato; (2) comparecencia ante Herodes Antipas, y (3) segunda comparecencia ante Pilato. Los judíos le pidieron a este que aceptara el veredicto contra Jesús sin investigar (Juan 18:29-31). El gobernador se rehusó, pero les permitió aplicar el castigo máximo según la ley de ellos, que probablemente consistía en golpearlo con varas o encarcelarlo. Ellos insistieron en la pena capital.

Los judíos sabían que Pilato no tomaría con seriedad la acusación de blasfemia, de modo que inventaron tres acusaciones adicionales contra Jesús que sí le interesarían a un gobernador romano (Luc. 23:2). Pilato se interesó sólo en la que decía que Jesús declaraba ser rey ya que parecía traición. Y para los romanos no existía mayor delito.

Pilato interrogó a Jesús lo suficiente como para convencerse de que no representaba un rival político para César (Juan 18:33-37). Regresó ante los judíos y anunció que no creía que Jesús fuera una amenaza para Roma y que por lo tanto no merecía la muerte (Juan 18:38). Los judíos respondieron con acusaciones vehementes contra las acciones de Jesús en Judea y Galilea (Luc. 23:5). Cuando Pilato supo que Jesús era de Galilea, lo envió ante Herodes Antipas, que gobernaba en esa región y que en ese momento se encontraba en Jerusalén (Luc. 23:6-12). Este quiso que Jesús lo entretuviese con un milagro. Jesús no pronunció una sola palabra ante él. El rey y sus soldados se mofaron de Jesús y lo ridiculizaron hasta que finalmente lo enviaron de nuevo a Pilato.

Cuando Herodes lo envió de regreso ante el gobernador romano, este anunció que seguía considerando que Jesús era inocente de las acusaciones de traición. Intentó liberarlo en tres ocasiones. En primer lugar ofreció castigar o golpear a Jesús y luego dejarlo libre (Luc. 23:16). Luego propuso liberar a Jesús o a un revolucionario radical llamado Barrabás. Para sorpresa de Pilato, la multitud reclamó la liberación de este último (Luc. 23:17-19). En tercer lugar ofreció azotar a Jesús. Los soldados flagelaron la espalda desnuda de Jesús con un látigo de cuero. Este látigo tenía trozos de hierro o huesos sujetos a los extremos de las correas. Luego, a modo de burla, Pilato le presentó como rey a la multitud a un Jesús sangrante con una corona de espinas y un manto púrpura. Esperaba que este espectáculo los llevara a tener piedad de Jesús y liberarlo. La multitud volvió a pedir a gritos la crucifixión (Juan 19:4-6).

Cuando Pilato pareció dudar nuevamente en cuanto a crucificar a Jesús, los judíos amenazaron con informar de su conducta al César (Juan 19:12). Esto hizo que Pilato reaccionara. Después de lavarse las manos simbólicamente respecto de todo ese asunto (Mat. 27:24), entregó a Jesús para que fuera crucificado (Juan 19:16). Ver *Anás; Caifás; Ley romana; Poncio Pilato; Sanedrín.* *Thomas D. Lea*

JUICIO FINAL Ver *Juicio, Día del.*

JUICIO, DÍA DEL Momento señalado del futuro cuando Dios intervendrá en la historia con el propósito de juzgar a los impíos y defender a los justos. En el texto del AT se describe que las naciones serán juzgadas en esa ocasión. Sin embargo, en el NT, el juicio aparentemente se aplica más a las personas en forma individual. En ambos Testamentos, el uso de "el día", "aquel día" o "el gran día" se halla a menudo en conjunción con el día del juicio o en lugar de esta expresión. En el AT, a Yahvéh se lo describe como Juez, en tanto que en el NT, el Juez es Cristo.

Enseñanza del AT "El día de Jehová" (día de Yahvéh) es la frase indicadora de juicio en el AT, y se utiliza 16 veces en los profetas. No obstante, otras frases también se refieren a este día. Al día de Jehová también se lo llama: "grande" (Sof. 1:14; Joel 2:11,31; Mal. 4:5); "día de angustia" (Sof. 1:15); "día de alboroto y de asolamiento" (Sof. 1:15); "de tinieblas, y no de luz" (Amós 5:18); "día del furor de Jehová" (Ezeq. 7:19); "el día de la batalla" (Zac. 14:3); "día de retribución" (Jer. 46:10), y "día de la venganza" (Isa. 63:4).

En el día del juicio, Dios juzgará a las naciones y a los pueblos. Juzgará a Judá y a Israel (Amós 2:5-16; 3:1-15; Os. 13:9-11; 1 Crón. 27:24; 2 Crón. 24:18). También serán juzgadas otras naciones, como Babilonia (Isa. 13; Jer. 51:9,52); Egipto (Isa. 7:18; 11:11,16; Ezeq. 30:9-19; Miq. 7:12); Amón (Ezeq. 21:28-30); Edom (Isa. 34:5; Ezeq. 35:11) y Moab (Jer. 48:21-47). Joel 3 se refiere al juicio de Yahvéh contra todas las naciones. El día del juicio también será un día de recompensa personal. Jeremías, Ezequiel e Isaías se hallan entre los primeros en proponer la idea de la responsabilidad personal en el día del juicio (Jer. 17:5-11; 31:29,30; Ezeq. 18:1-32; 33:17-20; Isa. 1:28; 3:10,11; 10:1-4).

La ira divina en ese día será como fuego consumidor (Isa. 10:16; Ezeq. 15:6; 22:31; 36:5-7) y, al mismo tiempo, fuego purificador (Mal. 3:2, 3). El día del juicio será llevado a cabo por Yahvéh (Sal. 58:11; 96:10), el Hijo del Hombre (Ezeq. 20:4; 22:2), o el nuevo mesías davídico (Isa. 11:1-4). El día del juicio es de naturaleza temporal, tal como se observa por el uso de frases como "en aquel día", "en el día venidero", "he aquí vienen días" y "el fin de los días". Ese día tiene implicancias tanto pasadas como futuras. Profetas como Amós e Isaías señalan un momento futuro de juicio sobre todos los que rechazan la ley de Dios. Sin embargo, escritores como Jeremías y Ezequiel aluden a una ocasión en el pasado cuando Jehová aplicó un día de juicio. La caída de Jerusalén se entiende como un día de juicio para aquellos que fueron llevados cautivos (Lam. 1:12; 2:1,20-22; Ezeq. 20:36; 23:11; 36:19).

Enseñanza del NT La enseñanza del NT se desarrolla en base a los escritos tanto del AT como los intertestamentarios. Por lo general, el NT entiende que el día del juicio está íntimamente relacionado con la *parousía*, la resurrección de los muertos y la venida del reino de Dios. A menudo se alude al día del juicio como el "día de Cristo" (Fil. 1:10; 2:16) o el "día del Señor" (1 Cor. 5:5; 1 Tes. 5:2; 2 Tes. 2:2; 2 Ped. 3:10). Los Evangelios señalan a Cristo como agente que juzgará a la humanidad (Mat. 16:27; 19:28; 25:31; Luc. 9:26; 17:24; 22:69). No obstante, cuando hablaba de juicio en los Evangelios, a menudo Jesús se dirigía a los judíos como receptores del juicio venidero. En ese momento, Cristo les advirtió del juicio futuro a los individuos (Mat. 5:22) y a los pueblos (Mat. 10:15; Luc. 10:14). Cuando el cristianismo se separó del judaísmo, a los cristianos se les advirtió sobre el juicio venidero (2 Tim. 4:8; Heb. 4:1-13; Sant. 5:7-11; 1 Ped. 1:13-17). Ciertos textos apocalípticos advierten que todas las personas serán juzgadas en el día postrero (Rom. 2:1-16; Heb. 4:13; Jud. 14,15; Apoc. 20:10-15). En el día del juicio también serán juzgados los seres angelicales (1 Cor. 6:3; Jud. 6).

Este día será un momento en que toda la humanidad de todos los tiempos será juzgada. Por lo tanto, los vivos y los muertos de todo el género humano estarán presentes y darán cuenta a Dios (Hech. 10:42; 2 Tim. 4:1; 1 Ped. 4:5). Mientras que la base para la salvación está solo en Cristo (Juan 3:36), la persona que está consagrada a Cristo habrá realizado obras de servicio (Mat. 25:31-46; Sant. 2:14-26; 1 Jn. 2:3-6). En el día del juicio se manifestará lo que constituyen dichas obras (1 Cor. 3:11-15). Ver *Cielo; Día del Señor; Escatología; Esperanza; Infierno; Resurrección; Segunda Venida.* *Joe Cathey*

JULIA Nombre romano corriente. En Rom. 16:15, mujer cristiana a quien el apóstol Pablo envió saludos. Su nombre sugiere que puede haber estado relacionada con la casa imperial. Tal vez haya sido hermana o esposa de Filólogo y esclava del emperador.

JULIO Nombre romano corriente de persona. En Hech. 27:1, centurión de la compañía Augusta a la cual se le asignó la responsabilidad de escoltar a Pablo a Roma. Aunque el apóstol era prisionero de Julio, este lo trató bien. Permitió que Pablo descendiera en Sidón para visitar a sus amigos. Más tarde, le salvó la vida al apóstol al impedir que los soldados lo mataran para evitar que Pablo se escapara. Ver *Centurión; Pablo.*

JULIO CÉSAR Ver *Roma y el Imperio Romano.*

JUNCO En Ex. 2:3, el material que se utilizó para hacer el arca (canasto) donde fue colocado Moisés, cuando era bebé, para protegerlo del edicto de Faraón que requería que todo niño varón hebreo fuese ahogado. Era una especie de planta de caña que crece en lugares pantanosos. (Ex. 2:3,5; Job 8:11). Ver *Plantas.*

JUNCOS Ver *Plantas.*

JUNIAS Nombre romano de persona, probablemente abreviatura de Juniano. En Rom. 16:7, Pablo le envió saludos a un cierto Junias, al que se refirió como su pariente, compañero de prisiones y apóstol. El género del nombre es femenino. Se desconoce información adicional de este individuo. Algunos comentaristas recientes consideran que fue una mujer, y posiblemente la esposa de Andrónico. Ver *Andrónico; Discípulo.*

JÚPITER Nombre latino de Zeus, el rey de los dioses griegos (Hech. 14:12,13). Dios obró a través de Pablo para curar en Listra a un hombre que no podía caminar. La gente reaccionó declarando que los dioses habían descendido a la tierra. A Bernabé lo llamaron Júpiter, o Zeus. El sacerdote de Júpiter trató de ofrecerles sacrificios. Pablo utilizó la oportunidad para predicar el evangelio. Júpiter también aparece en Hech. 19:35 en alusión a la imagen de Diana o Artemisa, la diosa por cuya adoración era famosa la ciudad de Éfeso. El griego dice que la imagen había venido del cielo ("descendió" LBLA; "bajada" NVI). Ver *Grecia.*

JURAMENTOS Declaraciones efectuadas por una persona a fin de prometer o garantizar que se cumplirá un voto o que una afirmación es realmente cierta. En el AT, el nombre de Dios se invocaba para garantizar los resultados o la veracidad de una declaración. Los juramentos se solían acompañar o poner en evidencia mediante la elevación de una o ambas manos hacia el cielo o colocándola bajo el muslo (Gén. 14:22; 24:2,3; Dan. 12:7).

Juncos en el llamado "Pozo de Moisés", en el desierto de Sinaí.

El templo de Júpiter en Baalbek (Heliópolis).

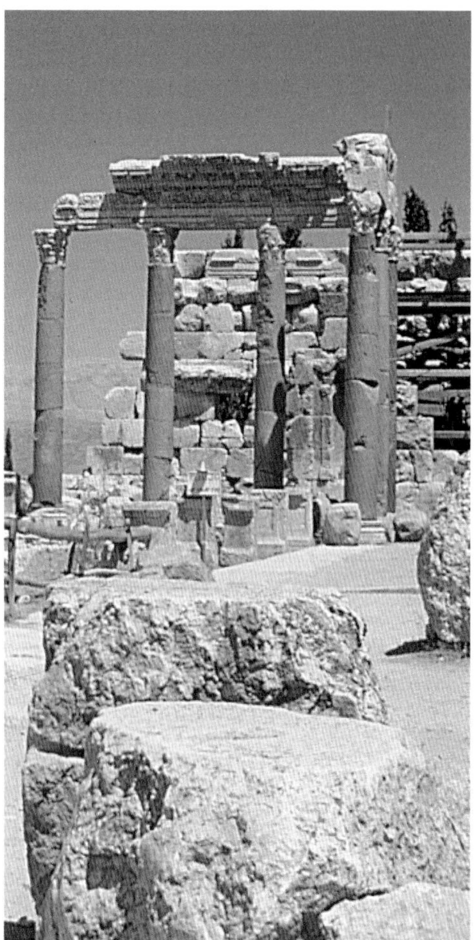

Antiguo Testamento Los juramentos en Israel a menudo se pronunciaban en un lugar sagrado donde un sacerdote o un profeta presidía la ceremonia. La violación de un juramento se consideraba una grave situación. Invocar el nombre de Dios en un juramento apelaba directamente a Su participación en ello. De esta manera Él era considerado Juez y ante quien se debería responder por no cumplir el juramento. Dicha violación era sinónimo de haber profanado el nombre del Señor (Lev. 19:12; Ezeq. 17:13-18). Los juramentos a menudo incluían una maldición cuyo propósito era asegurar que quien efectuaba el voto estaba diciendo la verdad. Cuanto más serio era el juramento, más tremenda era la maldición que se imponía para hacerlo cumplir.

Una fórmula común de juramento era, por ejemplo: "Así me haga Dios, y aun me añada, que..." (Rut 1:17; 1 Sam. 14:44). En ciertas ocasiones, un gobernante podía emplear su nombre junto a un juramento a fin de reforzar su veracidad (1 Sam. 20:13; 2 Sam. 3:8-10). Por esta razón, los juramentos incluían una maldición que respaldaba la veracidad de la declaración e invocaba a Dios como testigo y juez de su cumplimiento.

Un juramento reforzó las promesas de Dios a Su pueblo (Gén. 26:3). En la ley había cláusulas claramente establecidas con relación a los juramentos y la forma de realizarlos (Núm. 30). Existen numerosas advertencias contra los juramentos debido al riesgo que implicaba jurar en falso o quebrantar un voto (Ex. 20:7; Lev. 19:12; Jer. 34:18-20). También se proporcionan ejemplos de las consecuencias de efectuar un voto apresurado (Jue. 11:30-36).

Nuevo Testamento Pareciera que hubiera existido una sutil diferencia en el NT en lo que respecta al tema de jurar. Jesús no empleó juramentos para confirmar la autoridad de Sus enseñanzas. Él apuntó hacia una ética más elevada que radica en la integridad del hijo de Dios que no necesita demostrar su veracidad mediante la expresión de un juramento. Así pues, en el Sermón del Monte, Jesús exhortó a Sus seguidores a abstenerse de efectuar votos: "pero sea vuestro hablar: Sí, sí; no, no; porque lo que es más de esto, de mal procede" (Mat. 5:33-37).

La advertencia de Jesús a Sus seguidores en relación a ser sinceros en sus palabras no descarta el uso de juramentos en el NT. Si bien Jesús no empleó ningún juramento ante el requerimiento de Caifás, sí aceptó el desafío y declaró ser el Mesías prometido de Israel (Mat. 26:63, 64).

Pablo, al igual que Jesús, condenaba la mentira y el falso testimonio (1 Tim. 1:10), y efectivamente empleó una especie de juramento cuando invocó a Dios como testigo de su comportamiento santo, justo e irreprensible (1 Tes. 2:10), su bondad hacia los creyentes (2 Cor. 1:23) y su servicio y amor hacia ellos (Rom. 1:9; Fil. 1:8).

Jesús puso énfasis en la integridad y sinceridad que debía existir entre la gente. Los juramentos debían emplearse en contadas ocasiones, y sólo debían aplicarse a causas importantes. Ejemplo de ello es cuando un testigo jura ante Dios decir la verdad frente a un tribunal de justicia. *Brent R. Kelly*

JUSAB-HESED Nombre de persona que significa "la misericordia es devuelta". Hijo real de Zorobabel y descendiente de David; por lo tanto, pieza para mantener viva la esperanza mesiánica (1 Crón. 3:20). Ver *Zorobabel.*

JUSTICIA Orden que Dios procura reestablecer en Su creación donde todas las personas reciben el beneficio de la vida con Él. Tal como el amor es en el NT, así la justicia constituye el tema ético central del AT. El lector a veces no capta la importancia del concepto por no darse cuenta del amplio espectro de significado de la palabra hebrea *mishpat*, particularmente en pasajes que tratan sobre las necesidades materiales y sociales de la vida, y de la palabra hebrea *tsadiq*, traducida por la palabra griega *dikaiosune* y sus varias formas tanto en la LXX como en el NT.

Justicia según el hebreo *mishpat*

Naturaleza de la justicia La justicia tiene dos aspectos principales. Primero, es el parámetro en función del cual se determinan penas por quebrantar las obligaciones correspondientes a la sociedad. Segundo es la medida por la cual se aplican las ventajas de la vida social, incluyendo bienes materiales, derechos de participación, oportunidades y libertades. Es el parámetro tanto para el castigo como para los beneficios y, en consecuencia, se lo puede considerar como una plomada. "Y ajustaré el juicio a cordel, y a nivel la justicia" (Isa. 28:17).

Muchas veces, la gente piensa en la justicia en la Biblia sólo en el sentido primario de la ira de Dios sobre el mal. Este aspecto sin duda está presente, tal como el juicio mencionado en Juan 3:19. Para describir la justicia punitiva, con frecuencia se utilizan palabras más vívidas como "ira" (Rom. 1:18).

Muy a menudo, la justicia de la Biblia también trata sobre los beneficios. Las culturas difieren ampliamente en cuanto a la determinación de la base sobre la cual se deben distribuir con justicia los beneficios. Para algunas, es por nacimiento y nobleza. Para otras, la base es poder, capacidad o méritos. Por otra parte, podría simplemente referirse a lo que es la ley y lo que se ha establecido mediante contratos. La Biblia asume otra posibilidad. Los beneficios se distribuyen conforme a las necesidades. La justicia, pues, está muy cerca del amor y de la gracia. Dios "hace justicia al huérfano y a la viuda; que ama también al extranjero dándole pan y vestido" (Deut. 10:18; comp. Os. 10:12; Isa. 30:18).

Los receptores de justicia son diversos grupos de necesitados. Estos grupos incluyen a viudas, huérfanos, extranjeros, asalariados, pobres, prisioneros, esclavos y enfermos (Job 29:12-17; Sal. 146:7-9; Mal. 3:5). Cada uno de estos grupos tiene necesidades específicas que impiden que sus miembros puedan participar en algunos aspectos de la vida comunitaria. Incluso la vida misma podría verse amenazada. La justicia incluye suplir dichas necesidades. Las fuerzas que impiden que las personas gocen de las cosas básicas de la vida comunitaria son condenadas como formas de opresión (Miq. 2:2; Ecl. 4:1). Oprimir es usar el poder para beneficio propio, privando a los demás de sus derechos básicos dentro de la comunidad (Mar. 12:40). Hacer justicia es corregir ese abuso y suplir esas necesidades (Isa. 1:17). Injusticia es privar a los demás de necesidades básicas o no corregir la situación cuando esos derechos no se suplen (Jer. 5:28; Job 29:12-17). La injusticia es un pecado tanto de comisión como de omisión.

Se puede identificar el contenido de la justicia, los beneficios que se deben distribuir como derechos básicos de la comunidad, al observar lo que está en juego en pasajes donde aparecen los términos "justicia", "rectitud" y "juicio". Las necesidades que se deben suplir incluyen tierra (Ezeq. 45:6-9; comp. Miq. 2:2; 4:4) y medios para la producción, tales como animales de tiro y molinos (Deut. 22:1-4; 24:6). El interés en la producción es fundamental para obtener otras necesidades esenciales y, en consecuencia, evitar la dependencia. Por lo tanto, al molino se lo denomina la "vida" de la persona (Deut. 24:6). Otras necesidades son las esenciales para la mera existencia y el bienestar físico: comida (Deut. 10:18; Sal. 146:7), ropa (Deut. 24:13) y morada (Sal. 68:6; Job 8:6). Job 22:5-9,23; 24:1-12 censura la injusticia de privar a la gente de dichas necesidades, que son materiales y económicas. La protección equitativa de cada persona en los procedimientos civiles y judiciales está representada en la exigencia de un proceso apropiado (Deut. 16:18-20). La libertad de la esclavitud es comparable a no estar "con hambre y con sed y con desnudez, y con falta de todas las cosas" (Deut. 28:48).

La justicia presupone que la intención de Dios es que las personas vivan en comunidad. Cuando se empobrecían o se debilitaban en comparación al resto de la comunidad, tenían que ser fortalecidas a fin de poder continuar siendo miembros eficientes del grupo, viviendo con ellos y junto a ellos (Lev. 25:35,36). Por lo tanto, la justicia bíblica restaura a las personas a la comunidad. Los que carecían de poder y de recursos para participar en los aspectos significativos de la comunidad tenían que ser fortalecidos mediante la justicia a fin de que pudieran ejercer dicha participación. Este interés que se expresa en Lev. 25 se ilustra con la provisión del año de jubileo en el que, después de transcurrido un período de 50 años, se debía devolver la tierra a aquellos que la habían perdido a través de una venta o la ejecución de una deuda (v.28). En consecuencia, recuperaban el poder económico y eran restituidos a la comunidad mercantil. De manera similar, los intereses sobre préstamos estaban prohibidos (v.36) por considerarse opresión, y ponía en peligro su posición dentro de la comunidad.

Estas disposiciones legales expresaban una característica adicional de la justicia: libera; no sólo alivia necesidades inmediatas de los que se hallan en un gran aprieto (Sal. 76:9; Isa. 45:8; 58:11; 62:1,2) sino que además libera. Ayudar a los necesitados significa volver a colocarlos de pie, darles un hogar, guiarlos hacia prosperidad, restauración, y al fin de la opresión (Sal. 68:5-10; 10:15,16; comp. 107; 113:7-9). Una justicia de esta clase puede ser problemática en el aspecto social. En el año de jubileo, cuando a algunos se les devolvía la tierra, otros perdían propiedad adicional adquirida recientemente. La ventaja para algunos es desventaja para otros. En ciertos casos, ambos aspectos de la justicia van unidos.

En el acto de restauración, los que eran víctimas de la justicia recibían beneficios, en tanto que los explotadores eran castigados (1 Sam. 2:7-10; comp. Luc. 1:51-53; 6:20-26).

La fuente de justicia Como Creador soberano del universo, Dios es justo (Sal. 99:1-4; Gén. 18:25; Deut. 32:4; Jer. 9:24), en particular como defensor de todos los oprimidos de la tierra (Sal. 76:9; 103:6; Jer. 49:11). La justicia, por lo tanto, es universal (Sal. 9:7-9) y se aplica a cada pacto o dispensación. Jesús reafirmó en Su época el carácter central de la exigencia de justicia del AT (Mat. 23:23). La justicia es la obra del pueblo de Dios en el NT (Sant. 1:27).

La justicia de Dios no es un parámetro externo y distante. Es la fuente de toda justicia humana (Prov. 29:26; 2 Crón. 19:6,9). Es gracia recibida y gracia compartida (2 Cor. 9:8-10).

El más destacado agente humano de justicia es el gobernante. El rey recibe la justicia de parte de Dios y es un canal de justicia (Sal. 72:1; comp. Rom. 13:1,2,4). No existe distinción entre justicia personal y voluntaria, y justicia legal y pública. Al gobernante se le exige el mismo grado de interés por los grupos necesitados de la sociedad (Sal. 72:4; Ezeq. 34:4; Jer. 22:15,16). Dicha justicia también se les requería a gobernantes paganos (Dan. 4:27; Prov. 31:8,9).

La justicia es también una exigencia esencial para todos los que confiesan a Dios. La exigencia de justicia es tan básica que sin ella, otras exigencias y provisiones de Dios no son aceptables a Él. La justicia debe estar presente en el sistema de sacrificios (Amós 5:21-24; Miq. 6:6-8; Isa. 1:11-17; Mat. 5:23,24), en el ayuno (Isa. 58:1-10), en el diezmo (Mat. 23:23), en la obediencia a otros mandamientos (Mat. 19:16-21) y para morar en el templo de Dios (Jer. 7:1-7).

La justicia en la salvación Aparte de describir la condenación del pecado por parte de Dios, Pablo utilizó el lenguaje y el significado de la justicia para hablar de la salvación personal. La "justicia de Dios" representa a Dios, en Su gracia, haciendo entrar en la comunidad divina por medio de la fe en Cristo a los que habían estado fuera del pueblo de Dios (particularmente en Rom., pero también comp. Ef. 2:12,13). Ver *Asistencia social, Bienestar Social; Gobierno; Ley; Pobreza.* *Stephen Charles Mott*

Justicia según el hebreo *tsadiq*

Antiguo Testamento En la Torá, a los objetos se los considera justos. Levítico 19:36 y Deut. 25:15 hablan de "pesas justas y medidas justas" y "pesa exacta y justa". De igual modo, Deut. 4:8 y 33:19 hablan de estatutos y juicios justos y de sacrificios justos respectivamente. A menudo se hace referencia a personas justas. Noé (6:9), Jezreel (1 Rey. 10:9) y en cierto modo Is-boset (2 Sam. 4:11-12) son considerados justos. A Abraham (Gén. 15:6) y Finees (Sal. 106:31) Dios los consideró justos. En el AT, la justicia se utilizaba en un sentido moral comparativo (Gén. 38:26; 1 Sam. 24:17). Los individuos (Tamar y David) no son justos debido a su inocencia si no en virtud de la comparación con Judá y Saúl.

En el AT el atributo de ser justo aparece como cualidad forense. Al transformarse en un juez sedicioso Absalón pretende usurpar la autoridad de su padre (2 Sam. 15:4), mientras este aparentemente lleva a cabo las obligaciones de un rey justo (2 Sam. 8:5). Las palabras juicio y justicia, y derecho y justicia, que se asocian a las acciones de David en 2 Sam. 8:5, también aparecen en otros pasajes (Isa. 9:7; 32:16; Jer. 4:2; 9:24; 33:15; Ezeq. 18:5,19,21,27; 45:9; Amós 5:7,24).

En los profetas, la justicia a menudo representa la idea de justicia social y con relación al pacto. Amós 5:24 presenta el día del Señor, que traerá "justicia" y "juicio". En Isaías, la presencia de la justicia da como resultado paz (Isa. 9:2-7; 32:16-17; 60:17). Isaías también describe la justicia en sentido escatológico y salvífico (56:1; 59:4; 62:1-2; 64:5). Oseas la ve en el contexto de falta de fidelidad de Israel hacia Dios (2:19, 10:12; comp. 14:9). Jeremías, Habacuc y Ezequiel hablan de la justicia como una obligación propia del pacto, ya sea en el caso del rey (Jer. 22:15; 23:5) o de cualquier israelita (Ezeq. 3:20-21; 14:12-20; 18:5-32; 33:12-20). Habacuc 2:4 afirma que el justo vivirá por su fe (comp. Rom. 1:16-17). Malaquías y Zacarías ven la justicia como tema escatológico (Mal. 3:17-18; Zac. 3:7-8).

La literatura sapiencial presenta una imagen multifacética de la sabiduría. La pregunta que se deja entrever en Job 3–41 es: "¿Puede un simple mortal ser más justo que Dios?" (Job 4:17 NVI). Esta pregunta brinda el contexto para el debate que sigue. En Proverbios, la persona justa se caracteriza por ser honesta (10:20; 13:5), generosa (21:26), constante y valiente (11:8-10; 12:7; 18:10), misericordiosa y justa (12:10; 29:7; comp. 31:9), y porque sus caminos conducen a la vida (10:16; 11:19; 12:28; 21:21). Si bien ni

Proverbios ni Job expresan un estándar específico de justicia, justo es aquel que guarda el pacto por excelencia; una persona comprometida con Dios y que vive de manera recta entre Su pueblo.

En Salmos, la justicia a veces denota lo que es correcto (4:5; 23:3). El justo puede experimentar bendición de Dios (Sal. 18:20,24) o aflicciones, algunas de las cuales son de origen divino (34:19; 69:26; 119:75; 146:8). Salmos 111–112 brinda una imagen holística de la justicia de Dios y del hombre justo. La justicia está arraigada en el carácter de Dios (Ex. 9:27; Deut. 32:4; Jue. 5:11; 1 Sam. 12:7; Miq. 6:4; comp. Sal. 103:6; Dan. 9:16; 2 Crón. 12:6; Esd. 9:15; Neh. 9:8; Sal. 119:137; 129:4). Él es justo, Su ley es justa y sólo Él puede hacer justos a los hombres.

Nuevo Testamento En el NT, al igual que en el AT, Dios y todo lo que viene de Él es justo. Sus juicios son justos (2 Tes. 1:5-6; Apoc. 16:7; 19:2; 2 Tim. 4:8), ya que Él es el juez (Juan 17:23). Toda la voluntad divina revelada en las enseñanzas de Jesús es justicia (Mat. 6:23; Juan 16:8-10).

En los Evangelios y en Hechos, la idea de justicia se aplica a Cristo (Mat. 27:19,24; Luc. 23:47; Hech. 3:14; 7:52; 22:14). Marcos describe a Juan el Bautista como justo (6:20). En Juan 16:8, al Espíritu Santo se lo describe como justo.

Pablo emplea la idea de justicia más que el resto de los escritores del NT. Dios demuestra Su justicia de manera perfecta en la muerte propiciatoria de Su Hijo (Rom. 3:21; 25-26), cuya muerte en la cruz fue ordenada por Dios, está en conformidad con Su carácter y logra los propósitos justos de Él para con los pecadores (Rom. 5:16, 18). En el evangelio, la justicia se revela claramente (Rom. 1:16-17). Por ello, tanto la indignación de Dios hacia el pecado como Su pacto de amor al justificar a los pecadores se hacen realidad en la muerte de Jesús. Romanos 3:6 compara la justicia de Dios con Su amor y fidelidad (comp. Sal. 116:5; 145:17). La resurrección de Cristo lo reivindica (Hech. 3:14-15; 1 Ped. 2:23; 3:18; 1 Tim. 3:16) y completa la transacción de Dios entre la humanidad caída y Jesús. "Al que no conoció pecado, por nosotros lo hizo pecado, para que nosotros fuésemos hechos justicia de Dios en él" (2 Cor. 5:21). Dios aparece al mismo tiempo como justo y justificador de aquellos que creen en Cristo (Rom. 3:26). De este modo, los justos pueden vivir sólo por fe (Hab. 2:4; comp. Rom. 1:16-17), pues a través de ella alcanzan la justicia de Dios.

El hombre no es justo por naturaleza (Sal. 14:1; 53:1, comp. Rom. 3:10-18). La justicia no es innata del ser humano; sólo de Dios. En la enseñanza de Jesús, la justicia de los fariseos no es suficiente para entrar al reino de Dios (Mat. 5:20; comp. 23:13-36). Pablo argumenta en Rom. 3 que ningún hombre es naturalmente justo. Aun después de su conversión, Pablo habla de la lucha para seguir la ley de justicia y no la que descubre en su "cuerpo de muerte" (Rom. 7:14-8:1). Dios les concede justicia a aquellos que colocan la fe en Él (Rom. 4:15). En Cristo uno se transforma en lo que Dios requiere (2 Cor. 5:21; comp. Rom. 4:6,14). El resultado de transformarse en la justicia de Dios es una vida de justicia ante Él. Pablo insta a los creyentes a continuar ofreciendo a Dios sus miembros como instrumentos de justicia (Rom. 6:13). Al cristiano se lo anima a vestirse con la coraza de justicia (Ef. 6:14). A Timoteo se lo exhorta a huir de las pasiones juveniles, buscar a Dios con corazón puro y seguir la justicia (2 Tim. 4:8). Quienes han sido ejercitados en la disciplina producen el fruto apacible de justicia (Heb. 12:9-11).

En Santiago, la ira del hombre no obra la justicia de Dios (1:20), pero la oración del justo puede mucho (5:16). En Apocalipsis, Jesús regresa a juzgar con justicia (Apoc. 16:7; 19:2). Ver *Ética; Gracia; Ley; Misericordia; Salvación.*

Jeff Mooney

JUSTIFICACIÓN Acto forense de Dios basado en la obra de Cristo en la cruz a través de la cual un pecador es declarado justo mediante la imputación de la justicia de Cristo. La doctrina de la justificación la desarrolla ampliamente el apóstol Pablo como verdad esencial que explica cómo judíos y gentiles pueden ser hechos justos delante de Dios sobre la misma base, o sea, la fe en Jesucristo. Sin esta verdad divina, no puede haber unidad en el cuerpo de Cristo; de aquí su carácter esencial en la teología paulina sobre la iglesia y la salvación.

Antiguo Testamento El AT actuaba como Palabra de Dios de la iglesia primitiva del NT, de modo que es necesario identificar las fuentes del AT que permitieron comprender el término "justificación" (y los términos relacionados "justo" y "justificar"). En el AT se puede observar un rango amplio y evidente de los usos de "justo" o "justicia" (ambas traducciones plenamente válidas del hebreo *tsadiq* y del griego *dikaios*), incluyendo la descripción de personas que son "justas" o "rectas" ante los ojos de Dios (Job 1:1). No obstante, una serie específica de pasajes proporciona el trasfondo más claro sobre cómo entendían los apóstoles este concepto. Los pasajes incluyen Ex. 23:7, "De palabra de mentira te alejarás, y no matarás al inocente y justo; porque yo no justificaré al impío", donde se tiene en vista la posición legal de la persona que se describe como "justa". Aquí hay absolución, es decir, justificación. Este es un contexto claramente forense, legal. Deuteronomio 25:1 también utiliza el mismo lenguaje: "Si hubiere pleito entre algunos, y acudieren al tribunal para que los jueces los juzguen, éstos absolverán al justo, y condenarán al culpable", donde la corte de justicia vuelve a ser el contexto, y "juzguen" corresponde claramente al pronunciamiento de un veredicto. Asimismo, Prov. 17:15 e Isa. 5:23 usan estos mismos términos en un contexto forense, judicial. Estos usos demuestran que la terminología usada por los apóstoles en el NT no constituía algo ajeno al trasfondo escritural del AT.

Los apóstoles estaban convencidos de que la verdad de la justificación por fe como un acto gratuito de Dios basado únicamente en el ejercicio de la fe, no sólo era congruente con la revelación divina del AT sino que además se tomaban específicamente porciones de aquellas escrituras como testigos concluyentes de sus enseñanzas. Pablo centró su atención especial en el pasaje clave sobre Abraham: "Y *Abram* creyó en el SEÑOR, y Él se lo reconoció por justicia" (Gén. 15:6 LBLA). Este pasaje constituye la esencia de la defensa paulina de la doctrina de la justificación en Rom. 4.

Nuevo Testamento El carácter esencial de la doctrina de la justificación surge naturalmente en los escritos de Pablo cuando decide explicar el fundamento de la relación del creyente con Dios a la luz de la relación de judíos y gentiles en un único cuerpo de Cristo. El conflicto desencadenado por la insistencia de los judaizantes en cuanto a cumplir con la ley y la circuncisión, forzó al apóstol a definir con precisión el fundamento del perdón y cómo cualquier persona, judía o gentil, podía tener paz con Dios. Esto explica que la doctrina aparezca ante todo en aquellas obras directamente relacionadas con la definición y la defensa del evangelio (Romanos y Gálatas).

El significado de la familia de términos griegos que se traducen "justificar" o "declarar justo", se establece claramente por el uso en los pasajes clave del NT. El término no quiere decir "cambiar subjetivamente en una persona justa" sino, más bien, significa "declarar justo"; específicamente, declarar justo en función del acto de fe basado en la obra de otro, el sustituto divino, Jesucristo. La justificación, pues, abarca tanto la declaración forense y legal de la justicia del creyente, como así también la imputación de la justicia de Cristo sobre la base de la aceptación del que cree. Al creyente se le imputa la justicia de Cristo, y esto determina el grado de perfección resultante de la relación entre aquel y Dios: "Justificados, pues, por la fe, tenemos paz para con Dios por medio de nuestro Señor Jesucristo" (Rom. 5:1).

La epístola de Pablo a la iglesia de Galacia presenta la justificación por fe como punto focal de ataque por parte de aquellos a los que describe como "falsos hermanos" (Gál. 2:4). La proclamación de una maldición al comienzo de la carta (1:6-8) coloca todo el argumento en un elevado nivel de importancia, y la insistencia de Pablo en cuanto a que está hablando de lo que es la "verdad del evangelio" (2:5) en contraste con un falso evangelio, también enfoca la atención en el argumento que presenta. La esencia de este se encuentra en el contexto de su enfrentamiento con Pedro y los judaizantes en Antioquía. Cuando Pedro, e incluso Bernabé, se abstenían de sentarse a la mesa con los gentiles para participar de la comunión, Pablo reconoció que esta acción reflejaba una idea de que se podía ser "más" cristiano que los demás como resultado de algo que uno hacía, en este caso, estar circuncidado. Esto iba a crear una comunión de creyentes por niveles de mayor o menor importancia. En este contexto Pablo insiste en la justificación por fe en oposición a la justificación por cualquier obra de justicia, porque la fe, por naturaleza, coloca a todos los hombres en el mismo nivel y no permite diferenciaciones. Por lo tanto, la justificación por las "obras de la ley" se niega de manera específica y, en cambio, se la diferencia de la justificación por fe (2:16). La propia gracia de Dios se anularía si existiera algún medio de justicia fuera de la fe en Cristo, y específicamente, mediante las obras de la ley (2:21). En cambio, al citar el gran alcance de la ley, el apóstol demuestra que la intención jamás fue que la justicia llegara mediante el cumplimiento de dicha ley (3:10,12). Más bien, a partir del testimonio de Hab. 2:4, "el justo por su fe vivirá", Pablo llega a la conclusión de que nadie es justificado ante Dios por cumplir la ley (3:11). Cristo redime de la maldición de la ley mediante Su muerte, y esa bendición no se transmite por el camino de la ley sino de la fe (3:13-17). Tan definitiva es la condenación que hace Pablo de la posición opuesta, que la describe como "esclavitud" (5:1) y como ser cortados de la gracia y de Cristo (5:4). El lenguaje más fuerte de todo el NT lo expresa el apóstol contra aquellos que le agregaban al evangelio de la gracia un simple requisito de "buenas obras" y de "cumplimiento de la ley".

La carta de Romanos contiene la presentación más extensa y profunda del evangelio en las Escrituras. La justificación constituye un tema central de los caps. 3–5. Mientras que la discusión de Gálatas está signada por la pasión del debate, Romanos presenta un argumento inexorable y lógico tomado de bases escriturales. Después de establecer en Rom. 1:18–3:19 la pecaminosidad universal del hombre, en 3:20-31 Pablo proporciona un resumen global de la verdad de la justificación, seguido en el cap. 4 por su defensa escritural tomada principalmente de la vida de Abraham. Insiste en que nadie será justificado jamás delante de Dios por las obras de la ley (3:19,20). En cambio, la justicia de Dios viene por medio de la "fe en Jesucristo, para todos los que creen" (3:22), sean judíos o gentiles. Dios no justifica como resultado de las acciones del hombre sino, más bien, "gratuitamente", como un regalo "por su gracia" (3:24). El Padre puede justificar a los creyentes por la redención que fluye de la obra de Cristo (3:25,26), de manera que Pablo puede llegar a la conclusión de que la justificación es plenamente la obra de Dios que sólo se obtiene por la fe (3:28).

Estas amplias afirmaciones se comprueban mediante el ejemplo de Abraham en Gén. 15:6, quien fue justificado por fe sin las obras de la ley. El contraste se realiza entre el "que obra", que recibe un salario (4:4), y el que "no obra" y que, a cambio, cree en Dios que justifica (4:5). Pablo cita el Sal. 32 e interpreta que estas palabras significan que Dios confiere justicia independientemente de las obras, y luego lo comprueba al preguntar retóricamente si esta misericordia se le mostró a Abraham antes o después de recibir la circuncisión. Puesto que fue justificado antes de ser circuncidado, Pablo entonces determina que la promesa de Gén. 15 no se puede anular mediante la entrega posterior de la ley. Asimismo, nosotros somos justificados por la fe y no mediante el cumplimiento de la ley.

Al llegar al final de su defensa bíblica, Pablo puede declarar que la relación descrita mediante la palabra "justificado" produce una paz real y duradera entre Dios y el ser humano (Rom. 5:1). Esta es la esencia de la justificación bíblica: una relación correcta entre Dios y el hombre. Pero la maravilla de la justificación por fe se observa en que Dios establece esta relación por medio de Cristo, de modo que no es una condición temporal que se pueda malograr por las acciones del hombre sino que, en cambio, es un estado que da como resultado paz eterna entre el redimido y el Redentor. *James White*

JUSTO Nombre judío de persona de uso corriente. **1.** En Hech. 1:23, sobrenombre de José Barsabás, uno de los dos hombres propuestos para reemplazar a Judas Iscariote entre los doce. **2.** Hombre piadoso, probablemente ciudadano romano, cuya casa estaba junto a la sinagoga de Corinto (Hech. 18:7). Pablo salió de la sinagoga y se trasladó a la casa de Ticio Justo (RVR1960 omite Ticio siguiendo ciertos mss griegos). Algunos eruditos lo equiparan con Tito (en base a algunos mss griegos), en tanto que muchos otros lo identifican con Gayo de Rom. 16:23. Son sólo conjeturas en función de la similitud del nombre. **3.** Sobrenombre de un colaborador de Pablo en el ministerio (Col. 4:11).

JUTA Nombre geográfico que significa "esparcido". Pueblo en los montes del territorio de la tribu de Judá (Jos. 15:55) que fue entregado a los levitas (Jos. 21:16). Tal vez se encuentre en la moderna Yatta, 10 km (6 millas) al sudoeste de Hebrón.

JUZGAR La interpretación de Mat. 7:1 de que los creyentes no deben efectuar juicios evaluativos del comportamiento de los demás demuestra ser errónea frente a los múltiples mandatos de las Escrituras en cuanto a hacer exactamente eso (p. ej., Mat. 7:15-20; Juan 7:24; 1 Cor. 5:12; 1 Tim. 3:10). Tal como sucede frecuentemente con las verdades bíblicas, el papel de los creyentes al aplicar juicio sobre los demás se encuentra en un estado de tensión entre las advertencias para evitar el juicio a los demás y las amonestaciones sobre cómo juzgarlos de la mejor manera. Los creyentes deben juzgar a los demás de manera constructiva, con humildad y bondad (Gál. 6:1). Se nos prohíbe juzgar con hipocresía, es decir, cuando dicho juicio implica intolerancia ante el pecado de otro unida a ceguera de nuestra parte (Mat. 7:1-5; Luc. 6:37; Juan 8:7; Rom. 2:1-4), o cuando el juicio humano vulnera las prerrogativas de Dios como juez (Rom. 14:4; 1 Cor. 4:5; Sant. 4:11,12). Las instrucciones acerca del ejercicio apropiado del juicio incluyen: (1) llamado a juzgar a los profetas por sus frutos (Mat. 7:15-17); (2) estímulo a los creyentes para oficiar como árbitros entre otros creyentes que tienen una disputa en vez de acudir a las cortes paganas (1 Cor. 6:1-6), y (3) instrucciones en relación a casos de la iglesia (Mat. 18:15-20). En 1 Cor. 5:3-5 se ilustra la función de una corte eclesiástica.

E. Ray Clendenen

El León de Anfípolis custodia el viejo puente sobre el Río Strymon. Pablo pasó por Anfípolis al ir desde Filipos a Tesalónica.

KARNAIM Nombre geográfico que significa "cuernos". Ciudad ubicada al norte de Transjordania. La misma ciudad aparece como Astarot Karnaim y Astarot. Amós utilizó ese nombre y el nombre de Lodebar para realizar un juego de palabras (Amós 6:13). Ver *Astarot; Lodebar* (para detalles del juego de palabras).

KEILA Nombre de persona y de lugar que quizá signifique "fortaleza". **1.** Descendiente de Caleb (1 Crón. 4:19). **2.** Ciudad fortificada de la llanura baja (Sefela) en el territorio de Judá identificada con la moderna Khirbet Qila, aprox. 13 km (8 millas) al noroeste de Hebrón y 29 km (18 millas) al sudoeste de Jerusalén. David rescató la ciudad cuando fue atacada por los filisteos, pero más tarde se retiró por temor a que el pueblo lo entregara en manos de Saúl (1 Sam. 23:1-13). La ciudad fue reedificada por los que regresaron del exilio (Neh. 3:17,18). Uno de los sitios que la tradición le atribuye al lugar de sepultura de Habacuc.

KELAÍA Nombre de persona que probablemente signifique "Yahvéh ha deshonrado". Uno de los levitas que se divorció de su esposa extranjera durante la época de Esdras. También se lo identifica como Kelita (Esd. 10:23). Ver *Kelita.*

KELITA Nombre de persona que probablemente signifique "discapacitado, enano", pero que quizá también quiera decir "adoptado". Levita que colaboró en la interpretación de la ley cuando se le leyó al pueblo durante la época de Esdras (Neh. 8:7) y participó de la firma del pacto (Neh. 10:10). Es probable que sea un sobrenombre del Kelaía mencionado en Esd. 10:23. Allí, Kelaía (es decir, el enano) dejó a su esposa según las instrucciones de Esdras.

KEMUEL Nombre de persona de significado incierto; quizás signifique "ayudante de Dios" o "asamblea de Dios". **1.** Padre de Aram e hijo de Nacor, hermano de Abraham (Gén. 22:21). **2.** Hijo de Siftán y representante de Efraín en la división de Canaán entre las tribus de Israel (Núm. 34:24). **3.** Padre de Hasabías, levita que ofició durante la época de David (1 Crón. 27:17).

KENAT Nombre geográfico de significado incierto. Ciudad del este de Galaad tomada por Noba y a la que le puso su nombre (Núm. 32:42). En una época posterior cuando cayó en manos de Aram y de Gesur, la ciudad se conocía como Kenat (1 Crón. 2:23). Por lo general, se la identifica con la moderna Qanawat en el-Hauran. Kenat estaba ubicada en el extremo oriental de Decápolis. Ver *Decápolis.*

KENOSIS Perspectiva que afirma que el eterno Hijo de Dios, en su encarnación, dejó algunos o todos los atributos divinos que no guardaban relación con una existencia humana plena. Este punto de vista se basa fundamentalmente en Fil. 2:5-11, en especial en el v.7, que declara que Cristo "se despojó a sí mismo". La idea del autodespojo se toma del verbo griego *kenoo* que significa "vaciar".

Otros pasajes escriturales que se citan para respaldar esta teoría son Mar. 13:32, que muestra la falta de conocimiento de Cristo en cuanto al tiempo del fin, y Juan 11:34, donde aparentemente se demuestra la falta de omnisciencia de Jesús al no saber dónde yacía Lázaro.

Aunque el enunciado inicial de la kenosis de Cristo procuraba justificar plenamente la real humanidad de Jesús, en realidad constituye una seria agresión a la auténtica deidad de Jesucristo. La mayoría de los evangélicos han rechazado el concepto de la kenosis y lo han reemplazado con lo que se podría llamar opinión subkenósica, que declara que lo que Cristo dejó de lado en la encarnación no fueron algunos o todos sus atributos divinos tales como omnisciencia, omnipotencia y omnipresencia. Más bien, Cristo "se despojó a sí mismo" del uso independiente de estos atributos a fin de vivir una vida humana normal. Su dependencia del Padre en cuanto a fortaleza y sabiduría aparecen en pasajes como Juan 5:19,30 y 6:57. Así también, en Mat. 12:22-30 se ve que Jesús echa fuera demonios por el Espíritu Santo (Mat. 4:1; Mar. 1:12; Luc. 4:1). No hay duda de que esto es un valeroso intento por salvaguardar la plena humanidad de Jesucristo en tanto que también mantiene Su plena deidad como lo afirma claramente la Escritura (Juan 1:1-14; 8:58; 1 Jn. 5:20; Rom. 9:5). No obstante, el problema sigue siendo si esta posición tiene éxito. A la luz de la clara afirmación paulina de que en Cristo habita corporalmente toda la plenitud de la deidad (Col. 2:9), es necesario tratar de reconciliar esta cristología elevada y temprana con la comprensión teológica subkenósica de Fil. 2:5-11. Esto pareciera imposible.

Una lectura alternativa del pasaje de Fil. 2:5-11 proporciona una solución que descarta todo tipo de doctrina kenósica referente a Cristo. El verdadero interés de Pablo en Fil. 2 no consiste en un Cristo preencarnado que se despoja a sí mismo en la encarnación, lo que igualaría la kenosis con Su encarnación. Más bien, con la expresión "se despojó a sí mismo" (*heauton ekenosen*) se alude a que el Cristo ya encarnado (ver Fil. 2:5) está realizando una acción. Pablo está pensando en categorías escriturales y tiene en mente las profecías de Isaías sobre el siervo de Yahvéh (Fil. 2:10,11 con Isa. 45:23). Las palabras "se despojó a sí mismo" sugieren que el Cristo encarnado iba a derramar Su vida al tomar la posición de siervo y la semejanza humana (ya producida) como cumplimiento del paralelo conceptual de Isa. 53:12: "derramó su vida hasta la muerte". A esto, Pablo le agrega "y muerte de cruz" (Fil. 2:8).

En este pasaje, la encarnación es la presunción de la kenosis. Una comparación adicional de Fil. 2:9 con Isa. 52:13 demuestra que esta sección del "siervo" es el material utilizado por Pablo como fuente en todo este maravilloso pasaje cristológico. Por lo tanto, en este pasaje se puede defender una cristología elevada. Para Pablo, la encarnación era una suma, no una resta. La naturaleza humana fue agregada a la persona del Hijo de Dios. Jesucristo no era menos que Dios; Él era (y es) Dios. Como el Dios-hombre, Jesucristo dio Su vida en obediencia al Padre como rescate por muchos (Mar. 10:45). Ver *Cristo, cristología; Encarnación.*

Doros Zachariades

KERE-KETHIB Transliteración de términos hebreos que significan "leído" y "escrito". Los términos representan anotaciones que los primeros escribas, denominados masoretas, colocaron en el margen del texto hebreo. En dichos casos, el texto posee las consonantes escritas del texto tradicional, pero los escribas habían colocado marcas de vocales que indicaban cómo se debía leer la palabra. Al margen del texto se encuentran las consonantes que indican cómo leer las palabras. Un ejemplo es el *kere* perpetuo que abarca el nombre de Dios, donde el texto hebreo contiene las consonantes *yhwh* con las vocales *a, o, a* de *adonai*, la palabra hebrea para Señor, donde la *i* es, en realidad, una consonante hebrea. El margen del texto dice *'dni*, las consonantes de *adonai*. No se sabe cómo se desarrollaron dichas lecturas a lo largo de la historia del texto. Tal vez haya sido un intento primitivo de corregir un texto que se sabía estaba copiado de manera incorrecta. Es probable que hayan procurado hacer que el texto se leyera durante la adoración colectiva conforme a un modelo de texto escrito. Puede haber sido un intento de registrar diferencias conocidas entre los textos hebreos de la época del copista. Algunos ejemplos quizá hayan tenido motivación teológica, ya que el cambio del nombre divino le advertía al lector que no pronunciara el nombre sagrado sino que lo reemplazara con *adonai* o Señor.

KEREN-HAPUC Nombre de persona que significa "cuerno para pintar", es decir, "caja de cosméticos". Hija menor de Job que nació después de que este fuera restaurado a la prosperidad (Job 42:14).

KERYGMA Transliteración del griego *kerugma*, "el contenido de lo que se predica"; "el mensaje"; íntimamente ligado a la acción de predicar. La palabra aparece ocho veces en el NT (Mat. 12:41; Luc. 11:32; Rom. 16:25; 1 Cor. 1:21; 2:4; 15:14; 2 Tim. 4:17; Tito 1:3). La forma verbal es *kerusso*. El que proclama, anuncia, o predica es un *kerux*, heraldo o predicador (1 Tim. 2:7; 2 Tim. 1:11).

Llega el arrepentimiento, Dios salva a los que creen (1 Cor. 1:21), los creyentes son fortalecidos y confirmados (Rom. 16:25) a través del mensaje que se predica (Mat. 12:41; Luc. 11:32). Un tema fundamental para la predicación en el NT es la plena dependencia del Espíritu de Dios para llevar a cabo Sus objetivos (1 Cor. 2:4,5).

El mensaje que Dios utiliza es acerca de Jesús. La predicación en Hechos es clara. La profecía y la promesa hallan su cumplimiento en Él (2:25-28, 30,31,34,35; 13:32,33), la era mesiánica ha alboreado, y el reino de Dios ha venido (2:16). Aunque autenticado por Dios (2:22), Jesús fue condenado injustamente (2:23,26; 13:28); aunque "Santo y...Justo" (3:14), y "Autor de la vida" (3:15), y sin merecer en absoluto dicho trato, fue colgado en una cruz (5:30) y murió crucificado (10:39). Dios lo resucitó de entre los muertos (3:15; 4:10; 5:30; 10:40; 17:18,31). La ejecución se ha revertido. Dios exaltó a Jesús a Su diestra celestial, el lugar de honor y autoridad (2:33). Aunque fue despreciado por los hombres, Él es ahora Príncipe y Salvador (5:31), y ha enviado al Espíritu Santo (2:33; 5:32). La fe en Su nombre salva (3:16; 4:10). No hay salvación en ningún otro (4:12); sólo Él puede conceder arrepentimiento y perdón de pecados (5:31; 10:43; 13:38,39). Los que escuchan "todas las palabras de esta vida" (5:20), "la palabra de esta salvación" (13:26), son llamados a oír las palabras (2:14, 22) y a saber ciertísimamente (2:36) la verdad. La única opción es arrepentirse (2:38; 3:19), bautizarse (2:38) y convertirse (3:19). El llamado del kerygma es: "oíd" (13:16) y "mirad" (13:40), porque rechazar a Jesús es perecer (13:41).

El kerygma no está limitado a algunos elementos comunes de los pasajes donde aparece la palabra. No es un escuálido bosquejo para seguir como método de evangelización sino, más bien, es la proclamación valiosa, poderosa y completa de lo que Dios ha hecho en Cristo. Ver *Evangelio.* *Spencer Haygood*

KESITA Transliteración del hebreo que significa "parte, medida, pieza de dinero". Jacob pagó cien kesitas por la tierra en las cercanías de Siquem (Gén. 33:19, nota al pie y LBLA; comp. Jos. 24:32, nota y LBLA). En los textos griegos más antiguos, kesita se traduce "cordero". Job recibió una kesita por parte de cada uno de sus amigos luego que Dios restauró su fortuna (Job 42:11 LBLA).

KIBROT-HATAAVA Nombre geográfico que significa "tumbas de ansias, lujuria, glotonería". Primer lugar donde se detuvieron los israelitas después de partir de Sinaí (Núm. 33:16). Ellos ansiaban comer carne, y Dios se las proporcionó (Núm. 11:31), pero cuando se excedieron, se desató una epidemia y muchos murieron. Los muertos fueron sepultados en ese sitio, lo que entonces le dio el nombre al lugar (Núm. 11:34; Deut. 9:22).

KIBSAIM Nombre geográfico que significa "reunión doble" o "doble montón". Una de las ciudades de los levitas en el territorio de la tribu de Efraín, también designada como ciudad de refugio (Jos. 21:22). En una lista paralela de las ciudades, aparece el nombre Jocmeam (1 Crón. 6:68). A esta no se la debe confundir con la Jocmeam de 1 Rey. 4:12. Sin embargo, no resulta posible explicar por qué en 1 Crón. aparece Jocmeam. Ver *Ciudades de refugio; Jocmeam; Levitas, Ciudades de los.*

KIR Nombre geográfico que significa "muro". **1.** Ciudad moabita mencionada en relación con Ar en la profecía de Isaías contra Moab (15:1). Muchos creen que equivale a Kir-hareset, una antigua capital de Moab junto con Ar. Ubicada en Keraq, aprox. 27 km (17 millas) al sur del Río Arnón y unos 18 km (11 millas) al este del Mar Muerto. Ver *Kir-hareset.* **2.** Traducción hebrea de la ciudad de Der (palabra acadia que también significa "muro"). Era una ciudad mesopotámica al este de la sección baja del Río Tigris (que ahora se identifica con la moderna Badrah) en el camino principal desde Elam (Persia) a Babilonia. Durante el período neobabilónico (605–539 a.C.), Kir fue capital de la provincia de Gutium. El gobernador de esta provincia se unió a Ciro de Persia para derrocar al Imperio Babilónico en el 539 a.C. Ver *Babilonia.*

Kir fue la ciudad desde donde los arameos emigraron hacia Siria (Isa. 22:6). Esta migración, al igual que la de los filisteos de Caftor, se relata con términos similares a los del éxodo de Israel de Egipto (Amós 9:7; comp. Amós 1:5). Cuando Tiglat-pileser III conquistó la región durante el reinado de Acaz (2 Rey. 16:9), los descendientes de los inmigrantes originarios que se dirigieron a Siria fueron enviados de regreso a Kir (comp. la hostilidad de los antiguos hebreos a ser enviados de regreso a Egipto en Deut. 17:16; 28:68). *Phil Logan*

KIR-HARES Se considera una forma alternativa de escritura de Kir-hareset según Jer. 48:31,36. La traducción griega del nombre sugiere que los traductores de la LXX contaban con un texto hebreo que decía Kir-hadeset, nombre que significa "ciudad nueva" y que se confundió con Kir-hareset o Kir-hares. Es probable que, en el contexto, Kir-hares sea la mejor lectura. Tal vez, la confusión entre Kir-hadeset y Kir-hareset resulte de la similitud entre la "r" y la "d" hebreas. El nombre Kir-hares tal vez se explique mediante la sustracción de la letra hebrea final "t" que aparece en Kir-hareset. Ver *Kir-hareset.*

KIR-HARESET Nombre geográfico que significa "ciudad de alfarería". Conocido por diversos nombres en los distintos textos y diferentes versiones del AT: Kir-hareset (2 Rey. 3:25; Isa. 16:7); Kir-hares (Jer. 48:31,36). Quizá sea Kir de Moab en Isa. 15:1. Ver *Kir 1.*

Durante el reinado de Joram de Israel, Mesa, el rey de Moab, se rebeló contra los israelitas (2 Rey. 3:4-27). Los reyes de Judá (Josafat) y de Edom se unieron a Israel en la guerra que se desencadenó. Las fuerzas aliadas en contra de Mesa acabaron con la rebelión, pero no pudieron capturar al rey. Mesa se refugió en Kir-hareset, una ciudad fortificada e impenetrable. Luego de que Mesa intentara sin éxito abrirse paso entre los que lo asediaban, ofreció a su hijo en holocausto sobre los muros de la ciudad. Como resultado, "hubo grande enojo contra Israel" (2 Rey. 3:27) y las fuerzas aliadas se retiraron y dejaron a Mesa vivo en Kir-hareset (2 Rey. 3:4-27). Aparentemente, las fuerzas de Israel y de Judá tuvieron temor del poder del dios moabita Quemos y desperdiciaron la victoria que tenían a su alcance. Joram y Josafat no tuvieron fe en que Yahvéh les daría la victoria sobre el pueblo de Quemos.

Posteriormente, los profetas corrigieron este concepto. Isaías (15:1; 16:7,11) y Jeremías (48:31, 36) profetizaron que Kir-hareset no se comparaba con el poder de Dios. Todos los reinos humanos están definitivamente sujetos a Dios. Los babilonios, a quienes los profetas describieron como instrumento de castigo divino, destruyeron Kir-hareset (Jer. 4:5-31; 6:1-8,22-26; 25:1-14).

Kir-hareset se identifica con la moderna Khirbet Karnak, unos 80 km (50 millas) al sudeste de Jerusalén y 18 km (11 millas) al este del Mar Muerto. *Phil Logan*

KOHELET Transliteración del título hebreo de Eclesiastés (que también se escribe Qohelet). Es una palabra hebrea que en Ecl. 1:1 se traduce predicador (RVR1960, LBLA), maestro (NVI), orador o filósofo.

LAADA Nombre de persona que significa "garganta" o "papada". Miembro de la tribu de Judá (1 Crón. 4:21).

LAADÁN Nombre de persona que significa "garganta" o "papada". **1.** Miembro de la tribu de Efraín (1 Crón. 7:26) y antepasado de Josué. **2.** Antepasado originario de la familia de los levitas e hijo de Gersón (1 Crón. 23:7-9; 26:21), aunque en todos los demás lugares el hijo de Gersón se llama Libni. Algunos sugieren que Laadán inicialmente pertenecía a la familia de Libni, y que posteriormente su casa alcanzó más notoriedad y opacó a esta última. Ver *Libni.*

LABÁN Nombre de persona y de lugar que significa "blanco". **1.** Hermano de Rebeca (Gén. 24:29) y padre de Lea y Raquel (Gén. 29:16). Vivía en la ciudad de Nacor, que probablemente se encontraba cerca de la metrópolis de Harán. A Labán se lo conoce principalmente por las dos historias que aparecen en Gén. 24 y 29–31. Fue responsable directo del enlace de Rebeca con Isaac. Después de que el mayordomo de Abraham relató que había ido a buscar una esposa para Isaac, Labán y su padre dieron permiso para el matrimonio (Gén. 24:50-51). Más tarde, Jacob huyó a la casa de su tío Labán después de robarle la primogenitura a Esaú. Labán accedió a entregarle a su hija Raquel como retribución por siete años de trabajo. No obstante, Labán engañó a Jacob e hizo que se casara con Lea, la hija mayor. Luego de que Jacob trabajara siete años más, Labán le permitió casarse con Raquel (Gén. 29:15-30). Ver *Jacob; Lea; Raquel; Rebeca.* **2.** Pueblo mencionado para ubicar los discursos de Moisés en Deuteronomio (1:1). A veces se la identifica con Libna (Núm. 33:20). Textos asirios y egipcios mencionan su ubicación en el límite sur de Canaán, quizás cerca del Torrente de Egipto en Sheik ez-Zuweis o el cercano Tell Abu Seleimeh. Ver *Libna.* *Kenneth Craig*

LABIOS Pliegue muscular y carnoso que rodea la boca. En el AT, con frecuencia representan el carácter de la persona en su totalidad. Hay labios lisonjeros y mentirosos (Sal. 12:2; 31:18); labios gozosos (Sal. 63:5); labios justos (Prov. 16:13); labios temerosos (Hab. 3:16). Lo más probable es que los labios incircuncisos (Ex. 6:12) se refieran a la tartamudez o la falta de fluidez en el habla (Ex. 4:10).

LABRADOR Ver *Agricultura; Ocupaciones y profesiones.*

LABRANZA Ver *Agricultura.*

LACUM Nombre geográfico que tal vez signifique "elevación" o "fortaleza". Ciudad limítrofe del territorio asignado a la tribu de Neftalí (Jos. 19:33). Tal vez sea la moderna Khirbet el-Mansurah, cerca del extremo sur del Mar de Galilea.

LADRILLO Material de construcción hecho de barro que se moldea, mientras está húmedo, en bloques de forma rectangular y luego se endurece

Ladrillos de barro en las ruinas de la ciudad de Ur.

por medio del sol o el fuego. Se utilizaba para construir paredes o calzadas.

La tarea de fabricar ladrillos era ardua. Incluía cavar y mover barro pesado, que debía ser ablandado con agua, lo que se lograba tras pisarlo dentro de unos pozos. Después de moldear los ladrillos con una medida aproximada de 5 por 10 por 20 cm (2 por 4 por 8 pulgadas), se secaban al sol o en hornos para obtener ladrillos endurecidos a fuego. En la torre de Babel (Gén. 11:3), hecha de ladrillos, se usó brea en vez de mezcla.

Posteriormente, debido a la hambruna, José trasladó a su padre Jacob y a su familia a Egipto (Gén. 46:6). Las doce familias se multiplicaron en gran manera durante 430 años. Un faraón nuevo que "no conocía a José" (Ex. 1:6-8) esclavizó a los judíos. Ellos construyeron con ladrillos ciudades de almacenaje en Pitón y Ramesés. Los ladrillos egipcios a veces se mezclaban con paja. Cuando Moisés se presentó ante Faraón para lograr la libertad de Israel, el gobernante enojado incrementó las exigencias sobre los esclavos. Se les exigió que produjeran la misma cantidad de ladrillo y que ellos mismos recogieran la paja necesaria. En Pitón y Ramesés se han encontrado ladrillos de paja y de barro puro. Cuando David conquistó a los amonitas, les requirió que fabricaran ladrillos (2 Sam. 12:31). Isaías (65:3) condenó a Israel por la práctica pagana de ofrecer incienso en altares de ladrillo.

Lawson G. Hatfield

LADRILLOS, HORNO DE Estufa o recinto caliente utilizado para procesar ladrillos quemándolos o secándolos. Algunos eruditos bíblicos creen que en Palestina se utilizaban ladrillos secados al sol. Ellos traducen la palabra "molde de ladrillos" (Nah. 3:14 LBLA). Otros dan la traducción natural de "moldea los ladrillos" (NVI). De la misma manera que los egipcios pusieron a los israelitas a hacer ladrillos, así hizo David con los amonitas (2 Sam. 12:31).

LADRÓN Ver *Delitos y castigos; Ley, Diez Mandamientos, Torá.*

LAEL Nombre de persona que significa "perteneciente a Dios". Líder levita de la familia de Gersón (Núm. 3:24).

LAGAR Máquina utilizada para hacer vino a partir de las uvas. La elaboración de vino siempre ha sido una industria importante en Siria y Palestina. La antigua historia egipcia de Sinuhé, que data de la época de la Edad de Bronce media (aprox. 2200–1550 a.C.), describe esta tierra diciendo que tenía "más vino que agua".

En los tiempos del AT, los lagares generalmente se cortaban o cavaban en la roca (Isa. 5:2) y estaban conectados por canales hacia cubas más bajas donde se almacenaba el jugo para que fermentara. El jugo se exprimía de las uvas apisonándolas con los pies (Job 24:11; Amós 9:13). Excavaciones realizadas recientemente en Tel Aphek han descubierto dos lagares revocados inusualmente grandes que datan de la Edad de Bronce tardía (1550–1200 a.C.). Las prensas estaban conectadas a pozos grandes para recolección que aún contenían tinajas cananeas para almacenar el vino.

Una vez que el jugo había fermentado, se colocaba en tinajas o cantimploras (Mat. 9:17 y pasajes paralelos). Los arqueólogos descubrieron en la antigua Gabaón una importante instalación para la producción de vino que data de aprox. el año 700 a.C. Además de las prensas y los tanques de fermentación, también se encontraron 63 bodegas cavadas en la roca con una capacidad de almacenamiento de 114.000 litros (25.000 galones) de vino. El vino se mantenía en estas bodegas a una temperatura fresca constante de 18° C (65° F). En 1 Crón. 27:27 y Zac. 14:10 se mencionan tanto prensas como bodegas reales. En un lagar se podían realizar otras actividades además de elaborar vino (Jue. 6:11; 7:25). Para la época del NT se hallaban en uso tanto las prensas de madera como las recubiertas con mosaicos.

La cosecha y el pisado de las uvas era una ocasión de gozo y celebración (Isa. 16:10; Jer. 48:33; Deut. 16:13-15), y la imagen de la abundancia de vino se utilizaba para hablar de la salvación y la bendición de Dios (Prov. 3:10; Joel 3:18; Amós 9:13). Sin embargo, el juicio de Dios también se representa de manera vívida como apisonamiento en el lagar (Isa. 63:2,3; Apoc. 14:19,20). Ver *Agricultura; Vid, viña; Vino.*

John C. H. Laughlin

LAGARTO, LAGARTIJA Ver *Reptiles.*

LAGO DE FUEGO Ver *Escatología; Fuego; Infierno.*

LAGO DE GENESARET Ver *Mar de Galilea.*

LÁGRIMAS Ver *Duelo.*

LAHAD Nombre de persona que significa "lento, perezoso". Miembro de la tribu de Judá (1 Crón. 4:2).

LAHMAM Nombre geográfico que significa "comida" o "pan". Ciudad dentro del territorio de la tribu de Judá cerca de Laquis (Jos. 15:40). Posiblemente, la moderna Khirbet el-Lanm, a unos 4 km (2,5 millas) al sur de Beth-gibrin.

LAHMI Nombre de persona que significa "mi pan", o quizá una forma abreviada de betlemita. Hermano del gigante Goliat. Lo mató Elhanán, hijo de Jair (1 Crón. 20:5). El pasaje paralelo (2 Sam. 21:19) dice que Elhanán, de Belén, mató a Goliat geteo (comp. 1 Sam. 17). Tal vez el escritor de Crónicas haya estado utilizando un texto de Samuel cuya lectura los copistas habían dificultado, y lo interpretó de la mejor manera que pudo. Algunos intérpretes creen que este texto de Samuel representa una confusión de los copistas en relación al texto exacto del escritor de Crónicas. Ver *Elhanán; Goliat.*

LAIS Nombre de persona y de lugar que significa "fuerte" o "león". **1.** Lais era de Galim en Benjamín. Fue padre de Paltiel y suegro de Mical, la hija del rey Saúl (1 Sam. 19:11,12; 25:44). Ver *Mical.* **2.** Originariamente fue una ciudad cananea del norte de Palestina conocida por su estilo de vida tranquilo, seguro y aislado (Jue. 18:7). Los danitas exploraron el lugar como posible sitio para establecerse después de que los filisteos los desplazaron de la región costera. Tras considerarlo apropiado, los danitas invadieron Lais y le cambiaron el nombre a la ciudad y a la región denominándola Dan. Ver *Dan.* **3.** Ciudad que aparentemente se hallaba en el territorio de Benjamín. Ubicada sobre la ruta militar entre Bet-el y Jerusalén, Isaías le advirtió del acercamiento del ejército asirio (Isa. 10:30). Tal vez sea la moderna el-Esawijeh al sudoeste de Anatot, o Ras et-Tawil al sur de Geba.

LAMA Ver *Elí, Elí, lama sabactani.*

LAMEC Nombre de persona que significa "poderoso". **1.** Hijo de Metusael (o Matusalén), descendiente de Caín. (Gén. 4:18) Tuvo dos esposas, Ada y Zila, a cuyos hijos se les atribuye el inicio del estilo de vida nómada, la música y el trabajo en metales. Se lo culpa de haber iniciado la poligamia (o bigamia) y del incremento del orgullo pecaminoso en la tierra. El cántico de Lamec (Gén. 4:23,24) es una antigua poesía que respalda la venganza ilimitada. Es probable que Jesús haya tenido esto en mente cuando enseñó acerca del perdón ilimitado (Mat. 18:22). **2.** Descendiente de Set y padre de Noé (Gén. 5:25,29). *Mike Mitchell*

LÁMED Duodécima letra del alfabeto hebreo utilizada como encabezamiento del Sal. 119:89-96. Cada versículo de esta sección del salmo comienza con dicha letra.

LAMENTACIONES, LIBRO DE Compuesto por cinco lamentos poéticos por la destrucción de Jerusalén y del templo en el 587 a.C. (Lam. 2:7), y la resultante condición lamentable del pueblo de Judá (2:11). La desgracia posterior a la destrucción es mucho más deplorable cuando se la compara con la gloria perdida (1:1). El autor invita al pueblo a reconocer que, a causa del pecado de ellos, Dios es justo en lo que hizo (1:5), y lo insta a volverse a Él, arrepentirse y rogar por misericordia (2:18; 3:25-26,40-41). Ver *Exilio; Israel, Tierra de.*

El tono sombrío de Lamentaciones es apropiado para las reuniones solemnes. Los judíos leían el libro el noveno día del mes de Ab todos los años para conmemorar, entre otras cosas, la destrucción del primero y el segundo templo. En algunas tradiciones cristianas se lee en las reuniones durante los últimos tres días de Semana Santa.

El libro no declara quién fue el autor pero, desde épocas remotas, la tradición se lo ha atribuido a Jeremías: (1) Existen similitudes entre Lamentaciones y Jeremías en cuanto a tenor, teología, temas, lenguaje y símbolos (comp. Lam. 1:15 y Jer. 8:21; Lam. 1:2 y Jer. 30:14). (2) Al igual que Jeremías, Lamentaciones afirma que Judá debe someterse al exilio porque lo merece (Lam. 1:5; 3:27,28; Jer. 29:4-10); sin embargo, hay esperanza de restauración (Lam. 3.21-33; 4:22; 5:19-22; Jer. 29:11-14). (3) Ambos libros sugieren que los profetas y los sacerdotes comparten con el pueblo la culpa por el pecado de la nación (Lam. 2:14; 4:13; Jer. 14:14; 23:16).

Aparentemente, un testigo ocular de la destrucción de Jerusalén escribió Lamentaciones, y el profeta Jeremías cumplía con esa característica (Lam. 2:6-12; Jer. 39:1-14). Sabemos que Jeremías escribió una endecha por Josías (2 Crón. 35:25); por lo tanto, es probable que también haya escrito estos lamentos.

La canonicidad de Lamentaciones nunca se cuestionó seriamente. La Biblia en español, al igual que la griega y la latina, coloca Lamentaciones después de Jeremías, probablemente por razones de autoría y contenido histórico. En la Biblia hebrea, Lamentaciones está incluida en los "Escritos", específicamente entre los cinco *Megillot*, o "Rollos", que se leen durante las fiestas.

Lamentaciones presenta la forma de una endecha, un canto fúnebre. Comparte atributos literarios con los lamentos de los Salmos (por ej., 44; 60; 74; 79; 80; 83; 89). Algunos eruditos proponen que existe un patrón métrico en la poesía hebrea de los caps. 1–4 que se encuentra también en otros cantos fúnebres de la Biblia.

Los caps. 1–4 son acrósticos alfabéticos. Debido a que hay 22 letras en el alfabeto hebreo, los caps. 1, 2 y 4 tienen 22 versículos: cada uno comienza con una letra sucesiva del alfabeto. El cap. 3 tiene 66 versículos porque se le asignan tres versos sucesivos a cada letra del alfabeto. (El cap. 5 también tiene 22 versículos, pero no forma un acróstico.) El autor utilizó el acróstico alfabético tal vez para contener y refrenar la angustia que, de lo contrario, habría sido incontrolable, o para expresar por completo su tristeza: de la A hasta la Z, tal como diríamos nosotros. Ver *Acróstico.*

Los sucesos de la caída de Jerusalén aparecen en 2 Rey. 25 y Jer. 52; Lamentaciones expresa la emoción de los sucesos. Al igual que Job, Lamentaciones lucha con el problema del mal. Como en el caso de Ezequiel, expresa lo que sucede cuando Dios deja Su templo, Su ciudad y Su pueblo. A lo largo de todo el libro se reconoce que Judá merecía el castigo; este es congruente con la maldición de Deut. 28:15-68. Pero junto con este reconocimiento de culpa se incluye un llamado para que concluya el castigo, como en los salmos de lamento, y una invocación para que, a su vez, sean castigados los enemigos que lo llevaron a cabo (Lam. 4:22), como en los salmos imprecatorios y en Hab. 1:12-17.

Bosquejo

I. Angustia de Jerusalén (1:1-22)
   A. Descripción de la desolación (1:1-11)
   B. Jerusalén ruega por misericordia y venganza (1:12-22)
II. La ira de Dios sobre Jerusalén (2:1-22)
   A. La ira de Dios (2:1-10)
   B. Descripción de la destrucción (2:11-19)

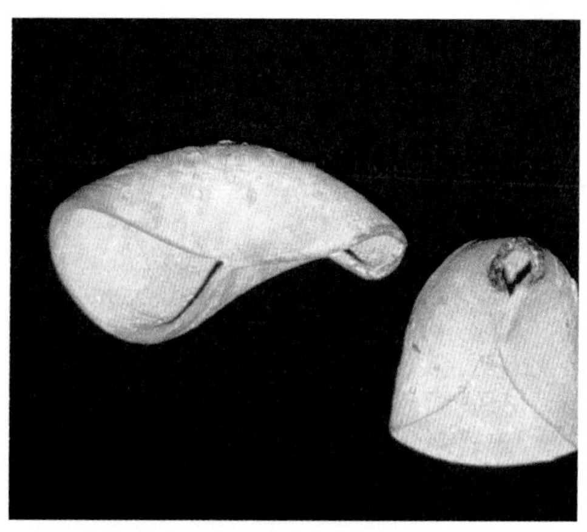

Lámparas de Israel de la época macabea.

   C. Ruego de Jerusalén (2:20-22)
III. Sufrimiento y esperanza (3:1-66)
   A. Descripción del sufrimiento (3:1-18)
   B. Confianza en el Señor (3:19-39)
   C. Oración pidiendo alivio y venganza (3:40-66)
IV. Tristeza y horror (4:1-22)
   A. La gloria de Jerusalén reemplazada por el horror (4:1-10)
   B. Causas y clímax del horror (4:11-20)
   C. Castigo de Edom (4:21-22)
V. Oración (5:1-22)
   A. Oración para recordación (5:1-18)
   B. Oración pidiendo restauración (5:19-22)

David K. Stabnow

LAMENTO Ver *Duelo; Lamentaciones, Libro de; Salmos, Libro de.*

LÁMPARAS, CANDELERO Sistema y elementos utilizados para iluminar las casas en los tiempos bíblicos. Las lámparas se mencionan con frecuencia en la Biblia, pero en pocas ocasiones se las describe. Las excavaciones arqueológicas

Lámparas de aceite de alfarería, del siglo I d.C.

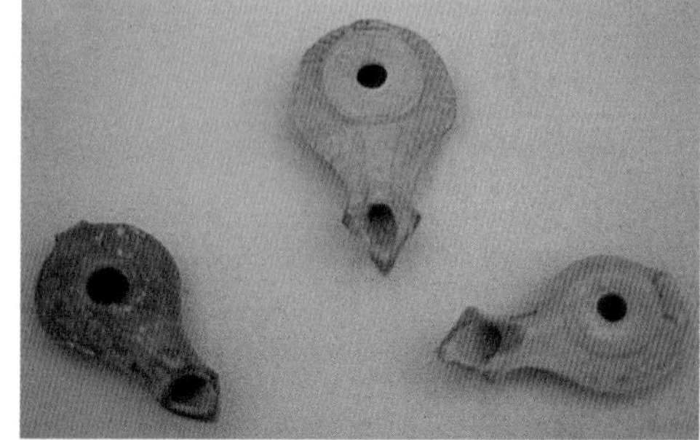

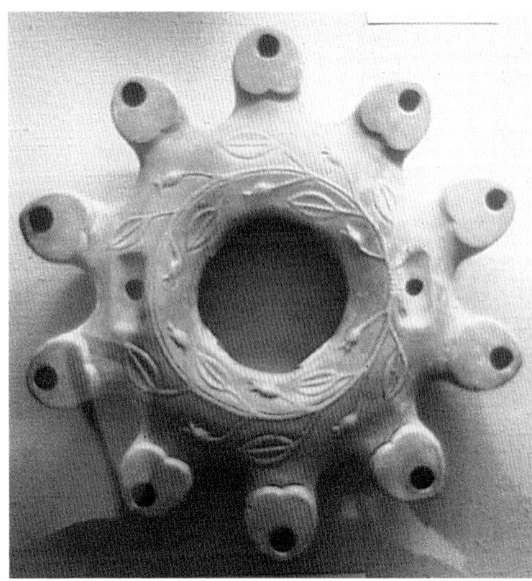

Lámpara romana de picos múltiples, con adminículos de aceite en forma de anillo. Hecha en Italia en el siglo I d.C.

han proporcionado numerosos ejemplos de estos implementos de iluminación que se usaban en épocas antiguas y que datan de la época previa a Abraham y se extiende hasta después de Cristo. Las lámparas de la época del AT se hacían exclusivamente de alfarería. El diseño consistía en un recipiente abierto con un pico estrecho para sostener la mecha. Por lo general, esta era de lino retorcido (Isa. 42:3). Como combustible se utilizaba casi exclusivamente aceite de oliva (Ex. 25:6), aunque en épocas posteriores se usó aceite de frutos secos, pescado y otros elementos. Las lámparas correspondientes al período entre la Edad de Bronce y la época helenística se hacían en la rueda del alfarero, tras lo cual se elaboraron moldes con formas cerradas semejantes a las de los tiempos griegos y romanos (desde aprox. el 500 a.C. en adelante). Para la iluminación en el exterior se usaban antorchas (Jue. 7:16; Juan 18:3).

En el tabernáculo había un candelero de oro con tres brazos que se extendían a cada lado del soporte central (Ex. 25:31-40). Es probable que cada brazo tuviera una lámpara con siete picos (Zac. 4:2), como es el caso de algunas halladas en Palestina. Este candelabro de siete brazos (menora) y que sostiene siete lámparas continuó teniendo notoriedad durante los períodos del primer y segundo templo, y posteriormente se convirtió en símbolo de la nación de Israel. Las naciones circundantes también empleaban lámparas y candeleros con varios niveles y soportes.

En el AT y el NT las lámparas (luces) se utilizaron simbólicamente. La luz describía una vida abundante, la presencia divina o la dirección de la vida ante la oscuridad de la muerte (comp. Sal. 119:105; 1 Jn. 1:5 con Job 18:5; Prov. 13:9). En Juan, con frecuencia se describe a Jesús como la luz del mundo (Juan 1:4-5,7-9; 3:19; 8:12; 9:5; 11:9-10; 12:35-36,46). A los discípulos de Jesús también se los describe como luz del mundo (Mat. 5:14-16). Ver *Luz, Luz del mundo.*

R. Dennis Cole

LANA Pelo grueso de las ovejas y de algunos otros animales. Se lo hilaba y se utilizaba para hacer ropa, mantas y otros artículos. Era uno de

Esta serie de lámparas muestra el avance desde la Edad de Bronce media hasta los períodos persa y helenista.

K L

los factores económicos más importantes de Israel y de los países circundantes. Gedeón usó un trozo de lana para determinar la voluntad de Dios para su vida (Jue. 6:35-40). La lana también se utilizaba como símbolo de blancura y pureza (Isa. 1:18). Ver *Ovejas; Ropa.*

LANGOSTA Especie de insecto del orden de los *Orthoptera*, de la familia de los *Acrididae*. En Medio Oriente, las langostas periódicamente se multiplican hasta alcanzar cantidades astronómicas. A medida que el enjambre recorre la tierra, devora la vegetación por todas partes. El hebreo del AT utiliza palabras diferentes para describir al insecto en sus diversas etapas de vida, desde el huevo, pasando por la larva, hasta llegar al insecto adulto. Ingerida de diversas maneras (cruda, hervida, asada), la langosta era una excelente fuente de proteínas (Lev. 11:21,22; Mar. 1:6).

La plaga de langostas es símbolo de cómo será el juicio de Dios (Joel 2:1,11,25; Apoc. 9:3, 7; comp. Ex. 10:3-20; Deut. 28:38), y también se usaba para representar el asombro que produce un ejército grande y poderoso (Jue. 6:5; Isa. 33:4; Jer. 46:23; 51:27; Joel 2:20; Nah. 3:15). Otras literaturas del antiguo Cercano Oriente utilizan simbología similar. Ver *Insectos.*

LAODICEA Ciudad del sudoeste de Asia Menor situada sobre una antigua carretera que se dirigía desde Éfeso hasta Siria; 16 km (10 millas) al oeste de Colosas y 10 km (6 millas) al sur de Hierápolis. En las tres ciudades había comunidades cristianas (Col. 2:1; 4:13-16), aunque la más conocida es Colosas. Pablo escribió una carta a los laodicenses (Col. 4:16), pero no sobrevivió, aunque algunos eruditos han intentado identificar esta epístola perdida con la carta a los Efesios o con Filemón.

Vista externa de los arcos de entrada en la capa superior de uno de los grandes teatros en la antigua Laodicea.

Un teatro romano sin excavar, el de menor tamaño de los dos que había en la antigua Laodicea.

En el mundo antiguo Laodicea era famosa por su riqueza. El grado de prosperidad se ilustra en que fue reconstruida sin ayuda financiera de Roma después del desastroso terremoto del 60 d.C. Laodicea adquirió su riqueza mediante la industria textil en la producción de lana negra, y la actividad bancaria. También se la conocía por la escuela de medicina que había elaborado un nardo con especias para el tratamiento de los oídos y un ungüento para ojos. El aspecto más débil de Laodicea era la falta de agua, necesidad que se suplía llevando agua desde Denizli, situada a 10 km (6 millas) al norte, mediante un sistema de cañerías de piedra (otra señal de la riqueza de Laodicea).

En la actualidad se la conoce mejor por la crítica que le hace Jesús en Apocalipsis, donde utiliza una imagen de la vida diaria (Apoc. 3:14-22). Primero, Jesús dijo que Laodicea no es ni fría (como las aguas frescas y puras de Colosas) ni caliente (como las aguas medicinales cálidas de Hierápolis). Laodicea es tibia y no proporciona refresco para el espiritualmente cansado ni sanidad para el espiritualmente enfermo (Apoc. 3:15,16). A pesar de su aparente inutilidad espiritual, los laodicenses declaraban tener una riqueza espiritual igual a la material; y además, afirmaban haber obtenido ambas cosas por sus propios esfuerzos. No obstante, la realidad era que, aunque tal vez tuvieran riqueza material, estaban espiritualmente empobrecidos, ciegos y desnudos (Apoc. 3:17). Esto es una referencia evidente a la industria textil y bancaria y a la escuela de medicina de Laodicea. Según Jesús, lo que más necesitaban los laodicenses era el oro verdadero, vestiduras blancas (no negras) y el

Restos arqueológicos de una iglesia primitiva ubicada en Laodicea, Turquía.

colirio que sólo Él podía dar (Apoc. 3:18). Un cimiento espiritual verdadero sólo se asienta en Cristo, no en el esfuerzo humano.

La carta del Cristo resucitado a la iglesia de este lugar (Apoc. 3:14-22) contiene varias alusiones a las condiciones de la ciudad. Un acueducto de 8 km (5 millas) la suplía de agua tibia que sirvió como símbolo del cristianismo que no era ni frío ni caliente (3:15,16). La declaración laodicense de ser rica y próspera refleja la negativa autosuficiente de la ciudad para aceptar la ayuda de Roma en la reconstrucción después de un terremoto aprox. en el 60 d.C. (3:17). La acusación de que los cristianos laodicenses estaban desnudos, ciegos y necesitados de ropa y colirio (3:17,18) refleja la famosa escuela de oftalmología de la ciudad y las vestiduras finas de lana negra proveniente de las ovejas del lugar.

Phil Logan

LAODICENSE Habitante de Laodicea. Ver *Laodicea.*

LAODICENSES, EPÍSTOLA A LOS Breve carta que declara a Pablo como su autor. Es indudable que la carta se compuso para llenar el vacío que se sugiere en Col. 4:16. La fecha de escritura se desconoce. Jerónimo (340?–420) advirtió en contra de esta obra espuria. A pesar de las protestas de Jerónimo, el papa Gregorio El grande (590–604) la aceptó como genuina epístola paulina. Alrededor de la mitad de los mss latinos de las epístolas paulinas producidos entre el 500 y el 1600 incluyen la Epístola a los Laodicenses. Esta cayó inmediatamente en desuso con la Reforma. Quizá se haya escrito en griego, aunque sólo se conserva en latín. Sus 247 palabras son una mezcla de pasajes tomados de auténticas cartas paulinas, principalmente Filipenses, pero también Gálatas, 1 y 2 Corintios, y 1 y 2 Timoteo. También hay ecos de Mateo y 2 Pedro.

LAQUIS Importante ciudad del AT ubicada en la Sefela ("tierras bajas") al sudoeste de Jerusalén. En tiempos modernos se la identifica comúnmente con el sitio arqueológico Tell ed-Duweir. En épocas más recientes, ese mismo lugar recibió el nombre de Tel Laquis. Laquis también se menciona en los registros antiguos de Egipto, Asiria y Babilonia.

La primera referencia a Laquis se halla en las cartas de Amarna (aprox. 1400 a.C.). Evidentemente, era una de las ciudades cananeas importantes de la época. El ejército hebreo bajo las órdenes de Josué derrotó al rey de Laquis, lo mató y conquistó la ciudad (Jos. 10:5,23,32,33). Posteriormente, Laquis se le asignó a la tribu de Judá (Jos. 15:39). La siguiente referencia a Laquis aparece en 2 Crón. 11:9 y se relaciona con el reinado de Roboam, quien "edificó" la ciudad para "fortificar" a Judá (11:5,6). Laquis fue también la ciudad donde se refugió Amasías luego de huir de Jerusalén para escapar de una conspiración en su contra (2 Rey. 14:19; 2 Crón. 25:27).

Quizá Laquis se conozca más por la historia de su sitio y conquista a manos del rey asirio Senaquerib en el 701 a.C. (2 Rey. 18; 2 Crón. 32; Isa. 36). Más tarde aparecen otras dos referencias breves (Jer. 34:7; Neh. 11:30).

Las excavaciones arqueológicas en Laquis han sido extensas y beneficiosas. Demostraron que la ciudad estuvo habitada desde aprox. el 4000 a.C. hasta la época en que fue conquistada por el Imperio Persa (539–533 a.C.). Los hallazgos abundantes y diversos representan casi todos los períodos, pero el interés principal de los estudiosos de la Biblia se centra en la época de la invasión hebrea de Canaán. Según las excavaciones de David Ussishkin, las evidencias arqueológicas demuestran que el sitio presentaba dos niveles diferentes de ocupación cananea, en ambos casos destruidos por fuego. Uno correspondía a fines del 1200 a.C. y el otro aprox. al 1150 a.C. (esta última fecha se basa, entre otras cosas, en el hallazgo de un cilindro con el jeroglífico del nombre de Ramsés III de Egipto). El renombrado erudito del AT, W. F. Albright, había atribuido el primer nivel de destrucción a los israelitas, pero Ussishkin prefiere atribuirles el último (aunque reconoce la posibilidad de que los culpables pueden haber sido los filisteos). Tal como se demuestra aquí, a menudo se supone que las evidencias arqueológicas indican una fecha posterior a la conquista israelita. No obstante, según Jos. 10, Josué no quemó Laquis. En Jos. 11:13 se menciona como algo excepcional que, entre un grupo de ciudades conquistadas, los israelitas habían incendiado

Indicios indiscutibles de un muro en Laquis, que iba desde el sur hacia el nordeste hasta los lugares altos.

únicamente Hazor. Los relatos de la conquista de Josué sólo mencionan tres ciudades incendiadas: Jericó, Hai y Hazor (Jos. 6:25; 8:8,19; 11:11). Según las narraciones en Josué, los israelitas conquistaron Laquis pero simplemente mataron a sus habitantes; por lo tanto, quizá no sea aconsejable esforzarse por relacionar un nivel donde aparecen los efectos del fuego, con la conquista. Es probable que Israel haya arrasado con los habitantes en una época correlativa a la fecha bíblica de la conquista (1406 a.C.), y haya dejado el lugar intacto como sitio factible para el asentamiento de los israelitas (Deut. 6:10,11), lo cual dio como resultado que los cananeos regresaran posteriormente al lugar.

Los registros asirios de la campaña del rey Senaquerib (2 Rey. 18; 2 Crón. 32; Isa. 36) respaldan y amplían el relato bíblico de la conquista de Laquis en el 701 a.C. a manos del monarca. Esto se registró gráficamente en un extenso y elaborado bajorrelieve en las paredes del palacio real en Nínive. Actualmente, en el Museo Británico de Londres, estos tallados muestran a soldados asirios que atacaban la ciudad amurallada, los habitantes de la ciudad que la defendían, los soldados que mataban a algunos que la defendían, las familias que eran llevadas cautivas junto con sus posesiones y el rey en el trono que observaba el botín tomado en la ciudad.

Entre los hallazgos más significativos de esta ciudad se encuentran las "cartas de Laquis", una serie de mensajes en hebreo antiguo escritas con tinta en obras de alfarería coloreadas que se remontan a aprox. el 590 a.C. y proporcionan información lingüística e histórica importante de aquella época.

Bruce C. Cresson y Eric Mitchell

LASA Nombre geográfico de significado incierto. Sitio del límite original de Canaán (Gén. 10:19). La ubicación tradicional corresponde a Kallirhoe, al este del Mar Muerto. Otros la identifican con Nuhashe o Laash en el norte de Siria, cerca de Hamat. El significado exacto de las preposiciones y dirección de las fronteras no es claro.

LASCIVIA Término correspondiente a una expresión desenfrenada de los deseos sexuales (Mar. 7:22; 2 Cor. 12:21; Gál. 5:19; Ef. 4:19; 1 Ped. 4:3; Jud. 4). Otras traducciones del término griego son indecencia, libertinaje, pecado sexual.

LASEA Nombre geográfico de significado incierto. Ciudad de la costa sur de Creta (Hech. 27:8).

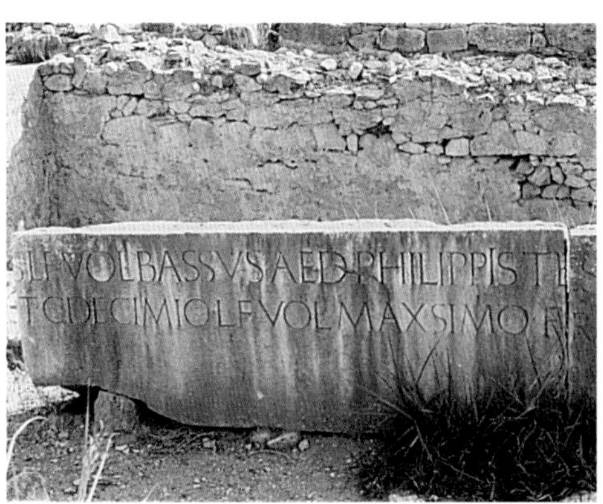

Losa encontrada en Filipos, con inscripciones en latín.

LATÍN Idioma de la antigua Italia y del Imperio Romano; en consecuencia, uno de los tres idiomas de la inscripción en la cruz de Cristo (Juan 19:20). Ver *Biblia, Textos y versiones.*

Una piedra mojón romana con inscripciones en latín, en Cesarea.

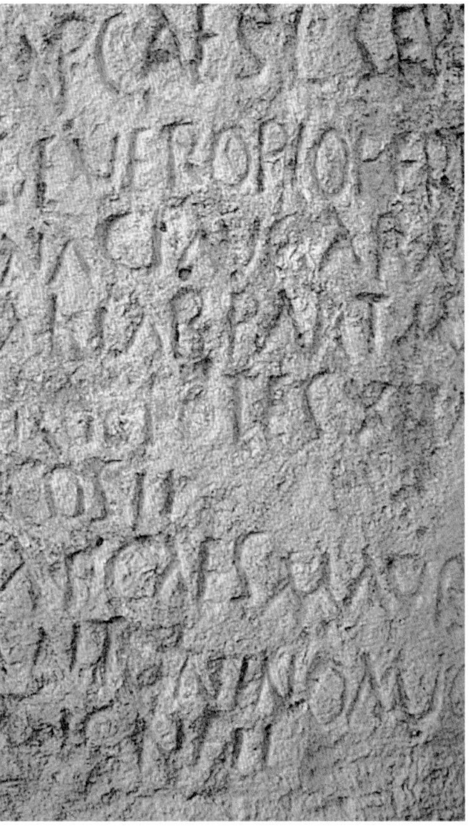

LAUREL Los griegos utilizaban las guirnaldas de hojas de laurel (*Laurus nobilis*) para honrar a los ganadores de los juegos píticos. Las hojas de dicho árbol también se usaban como medicamento y condimento. En Sal. 37:35 se compara al impío con un "laurel". LBLA hace referencia a un árbol "en su propio suelo". NVI lo relaciona con los frondosos cedros del Líbano.

LAVADO DE PIES Un acto necesario para comodidad y limpieza de quienes viajaban por los polvorientos caminos de Palestina calzando sandalias. Habitualmente, un anfitrión proveía agua a los invitados para que se lavaran los pies (Jue. 19:21; Luc. 7:44, donde la queja era justamente que Simón no había provisto agua para ello). Lavar los pies se consideraba una tarea tan baja que no se le podía exigir a un esclavo hebreo. En este contexto, la afirmación de Juan el Bautista de que era indigno de desatar el calzado (para lavar los pies) del que venía después de él (Mar. 1:7), indica gran humildad. Como señal de un amor excepcional, un discípulo puede lavar los pies del maestro (comp. con Juan 13:13-14). La iniciativa de la mujer "pecadora" de lavar los pies de Jesús (Luc. 7:37-50) fue más que la esperada hospitalidad. Fue un acto de gran amor que evidenciaba el perdón de sus pecados (7:47).

El lavamiento de los pies de los discípulos por parte de Jesús (Juan 13:4-5) tiene a la vez un sentido ético y simbólico. El sentido ético se destaca en Juan 13:14-15, donde Jesús se presenta a sí mismo como ejemplo de humilde servicio de amor (comp. Luc. 22:27). El mandamiento de hacer unos por otros lo que Cristo había hecho por ellos no debe restringirse al lavamiento de pies. Lo que Jesús hizo por los discípulos fue dar Su vida por ellos (Juan 15:13). Por lo tanto, el imperativo ético nos llama a dar nuestra vida en acciones extraordinarias de servicio desinteresado. El lavamiento de pies es una expresión de este concepto. Al igual que la Cena del Señor, es la representación de un sermón sobre la muerte de Cristo. Este sentido simbólico se enfatiza mediante el cuadro de Jesús que deja a un lado Su manto y luego lo recoge (figura de Jesús que da Su vida y luego la vuelve a tomar, Juan 10:17-18), el comentario de que el lavado de pies es necesario para que los discípulos reciban su herencia ("parte" 13:8), y la afirmación de que afecta la limpieza (13:10). Algunos intérpretes ven una relación con el bautismo (y la eucaristía) como sacramentos de limpieza. Sin embargo, el lavamiento, así como el bautismo y la Cena del Señor, es un testimonio del mismo evento de salvación, la entrega desinteresada de Cristo en la humillante muerte de la cruz.

En la iglesia primitiva, lavar los pies a otros cristianos era un requisito para el servicio de las "viudas" (1 Tim. 5:10). En este caso, el lavamiento de pies es una representación de humildes acciones de servicio.

El lavamiento ceremonial de pies lo avaló por primera vez Agustín en relación con el bautismo pascual. La asociación del rito con el jueves santo fue establecida por el Concilio de Toledo (694). La práctica católica que se desarrolló incluye a un sacerdote que lava los pies de doce hombres pobres. Martín Lutero criticó a las autoridades eclesiásticas que lavaban los pies como acto de humildad y luego exigían mayor humildad como retribución. Los anabaptistas practicaban el lavamiento de pies como símbolo del lavamiento en la sangre de Cristo y para destacar el ejemplo de la profunda humillación del Señor. En los primeros tiempos de la colonia norteamericana los bautistas practicaban normalmente el lavamiento de pies. Hoy en día, la práctica se limita a reducidos grupos de bautistas, menonitas y algunos otros. *Chris Church*

LAVADOR Persona que estira y encoge la lana recién esquilada o la tela recién tejida; también quien lava o blanquea ropa. El término hebreo viene de la raíz "pisotear" y se refiere al método común de limpiar la ropa aplastándola con los pies. La ropa también se lavaba golpeándola con varas. Los antiguos hebreos no conocían el jabón en barra. La ropa se lavaba en una solución alcalina obtenida de las cenizas de la madera quemada. A veces en el proceso se usaba orina pútrida. Debido al olor fétido, los lavadores trabajaban fuera de las puertas de la ciudad. Todas las citas bíblicas son metafóricas (Sal. 51:7; Jer. 2:22; 4:14; Mal. 3:2) y se refieren a limpieza del pecado.

LAVAR Ver *Abluciones; Bañarse.*

LAZADAS Las cubiertas internas y externas del tabernáculo estaban hechas de dos cortinas largas unidas por 50 broches que atravesaban los dobleces con lazadas azules para la tienda interior o de cuero para la exterior (Ex. 26:4-5,10-11; 36:11-12,17).

LÁZARO Nombre de persona que significa "uno a quien Dios ayuda". **1.** Uno de los personajes principales de una parábola que narró Jesús para advertirles a los ricos egoístas que finalmente se hará justicia. Lázaro, un hombre pobre, se sentaba junto a la mansión del rico anónimo para recibir la comida que cayera de la mesa del banquete (Luc. 16:19-31). Debido a su pobreza, también tenía mala salud. El papel de los dos se revirtió al morir, y Lázaro residía cómodamente en el cielo, mientras el rico era atormentado en el infierno. El rico le pidió a Lázaro que lo dejara saciar su sed. Este pedido se le niega a causa del abismo que existe entre el cielo y el infierno. Además pidió que Lázaro fuera y advirtiera a los miembros de la familia del rico a fin de que no se unieran a él en el infierno. Esto también se le negó porque ya habían sido advertidos de manera apropiada. **2.** Lázaro (una forma abreviada de Eleazar) de Betania era amigo personal de Jesús y hermano de María y Marta (Juan 11:1-3). Para mostrar la gloria de Dios, Jesús resucitó a Lázaro de entre los muertos después de que este hubo estado cuatro días en la tumba. Seis días después, Lázaro estuvo en Betania para la celebración de la Pascua. Debido a su notoriedad se convirtió en blanco de los principales sacerdotes que deseaban su muerte. Si se toma como base Juan 11:3 y 21:20-22, algunos creen que Lázaro es "el discípulo a quien amaba Jesús". No se menciona en los otros Evangelios, aunque Luc. 10:38-42 nombra a las hermanas, María y Marta. Ver *Discípulo amado.* *Mike Mitchell*

Lugar tradicional de la tumba de Lázaro, en Betania.

LEA Nombre de persona que significa "vaca salvaje" o "gacela". Hija mayor de Labán (Gén. 29:16) y primera esposa de Jacob. Este había pedido la mano de la hija menor, Raquel, pero fue engañado para que se casara con Lea. De este modo se preservaba la antigua tradición del Cercano Oriente de que la hija mayor se casara primero. Lea le dio a Jacob seis hijos (Rubén, Simeón, Leví, Judá, Isacar, Zabulón) y una hija (Dina). Su sierva Zilpa le dio dos hijos (Gad, Aser), que por la ley de aquella época eran oficialmente de Lea. Cuando Jacob regresó de Padan-aram a Palestina, Lea y sus hijos fueron colocados delante de Raquel y José, evidentemente para recibir un virtual ataque por parte de Esaú, el hermano de Jacob. Esto es una muestra de la posición secundaria de Lea en comparación con Raquel. Murió en Palestina y fue sepultada en la cueva de Macpela donde yacían los restos de Abraham, Isaac y sus esposas.

LEBANA Nombre de persona que significa "blanco" o "luna llena". Antepasado originario de una familia de sirvientes del templo (Esd. 2:45; Neh. 7:48). Ver *Netineos, sirvientes del templo.*

LEBAOT Ver *Bet-lebaot.*

LEBEO Forma que aparece en Mat. 10:3 correspondiente a algunos mss griegos antiguos donde se hace referencia a Tadeo. Las traducciones e intérpretes modernos se basan en los primeros mss griegos y colocan simplemente "Tadeo". Ver *Discípulo; Tadeo.*

LEBONA Nombre geográfico que significa "el blanco". Ciudad utilizada como sitio para la fiesta anual realizada por los ancianos de Israel a fin de buscar esposas para la diezmada tribu de Benjamín (Jue. 21:19). Probablemente sea la moderna el-Lubban, 5 km (3 millas) al noroeste de Silo, y fue conocida por sus excelentes viñas.

LEBRILLO, TAZÓN Utilizado de manera intercambiable con "plato" para referirse a distintos tamaños de recipientes anchos y profundos; tazas y fuentes utilizadas con fines domésticos o más formales (Juan 13:5). El material más común que se usaba para hacer dichos elementos era el barro. No obstante, los lebrillos también se hacían de bronce (Ex. 27:3), plata (Núm. 7:13 [plato]) y oro (2 Crón. 4:8). Los más grandes eran generalmente recipientes para banquetes o para mezclar vino, aunque uno de gran tamaño se utilizaba en los ritos de los sacrificios en el gran altar del templo (Zac. 9:15). En general, los lebrillos más grandes también se usaban como tapas de otros recipientes. El lebrillo que Jesús utilizó para lavarles los pies a los discípulos (Juan 13:5) era de una clase especial. La palabra griega no se encuentra en ningún otro lugar de la Escritura pero, en relación con el contexto, se entiende que se refiere a un recipiente específicamente adaptado para lavar una parte del cuerpo en particular como las manos o los pies y, en consecuencia, se utilizaba con el artículo definido, "el lebrillo". Ver *Fuente; Sacrificios y ofrendas.*

C. Dale Hill

LECA Nombre de persona que significa "¡anda!". Aparentemente fue el antepasado originario por el cual se le dio nombre a una ciudad de Judá (1 Crón. 4:21). Se desconoce su ubicación.

LECHE Sustancia líquida nutritiva y sus derivados; alimento básico de la dieta de los hebreos. El AT emplea el término de diversas maneras para referirse a leche natural, leche cortada, queso, manteca y, simbólicamente, a la bendición y la abundancia. El NT sólo presenta un uso simbólico del término para aludir a lo primordial y básico en la vida cristiana. La palabra se emplea 43 veces en el AT, 20 de las cuales son simbólicas; en el NT sólo aparece en 5 ocasiones.

La leche se obtenía mayormente de ovejas y cabras (Prov. 27:27; Deut. 32:14). También se conocía la leche de vaca (Isa. 7:21,22) y la humana (Isa. 28:9). Los antiguos conocían la manteca y el queso (1 Sam. 17:18), y también la leche cuajada o cortada que aún hoy constituye, luego del pan, el principal alimento de las clases más pobres en Arabia y Siria. Los viajeros solían llevar esta leche cortada, mezclada con carne y disecada, que luego disolvían en agua para elaborar una bebida refrescante semejante a la que Abraham les ofreció a los mensajeros (Gén. 18:8). Luego de dejarla reposar durante un tiempo, la bebida adquiría un efecto tóxico, razón por la cual algunos creen que esta variedad fermentada es la bebida que Jael le dio a Sísara (Jue. 4:19).

En el AT, el uso más frecuente de la leche se presenta en conjunto con la miel como símbolo de abundancia y bendición (Ex. 3:17; 13:5; 33:3; Lev. 20:24; Núm. 13:27; Deut. 6:3; Jos. 5:6). También se emplea para simbolizar blancura (Lam. 4:7), y en Cantar de los Cantares como figura de bendición matrimonial (5:1).

La leche se utiliza sólo cinco veces en el NT y fundamentalmente en forma simbólica (1 Cor. 3:2; 9:7; Heb. 5:12,13; 1 Ped. 2:2). En todos los casos alude a lo que es básico para la vida cristiana, pero no constituye lo único que se necesita. Los antiguos beduinos podían vivir durante algunos días bebiendo sólo leche pero, finalmente, tenían que comer carne; lo mismo sucede en el caso de los creyentes.

Uno de los dichos más confusos de las Escrituras es la regla que se repite en varias ocasiones (Ex. 23:19; 34:26; Deut. 14:21) acerca de no guisar el cabrito en la leche de la madre. Los rabinos interpretaron este mandato diciendo que la leche y la carne no se deben cocinar ni comer juntas. Algunos eruditos consideran que la orden se refería a una prohibición relacionada con costumbres cananeas en los sacrificios, pero las investigaciones arqueológicas recientes no respaldan mucho este punto de vista. *G. Al Wright (h)*

LECHO Colchón pequeño, generalmente relleno de paja, lo suficientemente liviano como para poder transportarlo. Todas las referencias bíblicas aparecen en relatos o resúmenes de la sanidad de inválidos (Mar. 2:4-12; Juan 5:8-12; Hech. 5:15). El hombre que "estaba en cama" en Hechos 9:33 había estado postrado sobre un lecho durante 38 años.

LEGIÓN En el NT se refiere a un grupo de demonios (Mar. 5:9,15; Luc. 8:30) y a una hueste de ángeles (Mat. 26:53). Detrás de este uso se hallaba la designación militar romana. Las legiones eran los mejores soldados del ejército. En diferentes épocas de la historia romana, la legión incluía entre 4500 y 6000 soldados. Se dividía en 10 cohortes, cada una de las cuales tenía 6 centurias. Estaba compuesta por hombres con capacidades diferentes: lanzadores de jabalinas, especialistas en comandos y escaramuzas, caballería y reservistas. Originariamente, para pertenecer a una legión era necesario tener una propiedad y ciudadanía romana, pero estos requisitos se dejaban de aplicar conforme a la necesidad de reunir tropas. Ver *Cohorte; Compañía.* *Mike Mitchell*

LEGISLADOR Persona que otorga un código legal (Isa. 33:22; Sant. 4:12). El término "legislador" aparece seis veces. Algunas versiones modernas reemplazan legislador por gobernante (LBLA), líder (NVI) o algún equivalente. Los dos pasajes mencionados identifican a Dios como legislador. En contraposición a la opinión popular, las Escrituras nunca identifican expresamente a Moisés como "legislador". La traducción griega más antigua, en dos oportunidades identifica a Dios como legislador (Sal. 9:21; 2 Esd. 7:89) y muchas veces usa el verbo *nomotetheo* (dar la ley) presentando a Dios como sujeto de la acción (Ex. 24:12; Sal. 24:8,12; 26:11; 119:33,102). En una ocasión, el sujeto lo conforman los sacerdotes (Deut. 17:10; comp. Heb. 7:11). La pregunta que aparece en Juan 7:19 es el pasaje escritural que más se acerca a identificar a Moisés como legislador ("¿No os dio Moisés la ley?"). El NT identifica con más frecuencia a Moisés como intermediario a través del cual fue dada la ley (Juan 1:17; Gál. 3:19). La Epístola de Aristeo es la única obra de la literatura helenística judía que identifica expresamente a Moisés como legislador (131,148,312).

A veces se considera a Cristo como "segundo Moisés" o "segundo legislador", aunque el NT no lo identifica expresamente como tal. Más bien, el NT designa a Cristo como aquel que cumple la ley (Mat. 5:17) o que es el fin de la ley (Rom. 10:4; comp. 7:4-6; 8:3,4). No obstante, Cristo establece un nuevo patrón para juicio (Mat. 5:21) y da un nuevo mandamiento (Juan 13:34; 14:15,21; 15:10,12; 1 Jn. 2:3-4,7-8).

LEGUMBRES Término general para arvejas, porotos y lentejas (Dan. 1:12,16). Las traducciones modernas dicen "vegetales". En hebreo es literalmente "cosas que se han sembrado", designación que incluye granos además de vegetales.

LEHAB Nombre de nación que significa "llama". Forma singular de Lehabim. Ver *Lehabim.*

LEHABIM "Hijos" de Egipto en la Tabla de las Naciones (Gén. 10:13). Es probable que represente una forma de escritura alternativa de Lubim, el pueblo de Libia. Ver *Lehab; Libia.*

LEHEM Nombre geográfico que significa "pan" o "comida". El nombre aparece en una lista de miembros de la tribu de Judá (1 Crón. 4:22). El hebreo dice "Jasubi-lehem" (LBLA).

LEHI Nombre geográfico que significa "barbilla" o "quijada". Ciudad donde Sansón mató a 1000 filisteos con la quijada de un asno y donde luego Dios le proveyó agua (Jue. 15). Allí Dios le dio una gran victoria (2 Sam. 23:11). Aparentemente, el sitio estaba en Judá, cerca de Bet-semes.

LEJÍA Sustancia utilizada con propósitos de limpieza desde tiempos antiguos. Dos palabras hebreas se emplean en el AT para lejía. *Neter* probablemente se refiera al bicarbonato de sodio. Este material se produce en forma natural y los antiguos escritores indican que apareció en Egipto y Armenia.

Es posible que *bor* se refiera al carbonato de potasio, y a veces se denomina lejía vegetal. Es una solución altamente alcalina hecha mediante la incineración de ciertas plantas como la hierba jabonera y filtrando la lejía de las cenizas. Este era el tipo de lejía que se usaba normalmente en Palestina, ya que no se conocen depósitos de bicarbonato de sodio en esa zona.

LEMUEL Nombre de persona que significa "consagrado a Dios". Rey que recibió palabras de sabiduría de parte de su madre en cuanto al vino, las mujeres y los derechos legales de los débiles y los pobres (Prov. 31:1-9). Se desconoce con exactitud dónde estaba su reino, aunque ciertos aspectos lingüísticos del texto llevaron a los eruditos a ubicarlo en el norte de Arabia, posiblemente cerca de Edom. Aparentemente, esta sección de Proverbios proviene de una mujer que no era israelita. Ver *Proverbios.*

LENGUA Órgano del habla (heb. *lashon*; gr. *glossa*). Tanto en el AT como en el NT la palabra también se utiliza para referirse a los idiomas hablados (Isa. 28:11,12; Hech. 2:4,11) y a las personas representadas por esos idiomas (Isa. 66:18; Apoc. 5:9). También se utiliza para aludir a la lengua de los animales, en especial cuando los seres humanos adoptan la característica de un animal relacionada con la lengua, como por ejemplo tener una lengua venenosa como el áspid (Job 20:16).

Dado que la lengua es el instrumento del habla, muchos pasajes utilizan la palabra en forma metafórica (o metonímica) para elogiar o criticar el tipo de vocabulario que utilizan las personas. El vocabulario que proviene de la lengua puede ser bueno o malo (Sal. 120:2; Prov. 6:17; 10:20; Sant. 3:7-12).

Proverbios habla de estas cuestiones con lenguaje pintoresco. “Plata refinada es la lengua del justo” (Prov. 10:20 NVI). “La lengua del sabio brinda alivio...pero la lengua mentirosa dura sólo un instante” (Prov. 12:18,19). “La lengua apacible es árbol de vida” (Prov. 15:4). “Con larga paciencia se aplaca el príncipe, y la lengua blanda quebranta los huesos” (Prov. 25:15). Finalmente, la “mujer virtuosa...abre su boca con sabiduría, y la ley de clemencia está en su lengua” (Prov. 31:26). La lengua puede ser una ventana al corazón. Verbaliza los pensamientos e intenciones del corazón, algo que puede ser bueno (Sal. 34:1) o malo (Sal. 34:13; 52:2; 109:2; 120:2,3; Isa. 59:3). La lengua es importante para demostrar la verdadera relación que una persona tiene con Dios. Para el incrédulo, es un instrumento de engaño que demuestra la verdadera naturaleza del hombre (Rom. 3:13). Jesús dijo que por nuestras palabras seríamos justificados o condenados (Mat. 12:37).

Controlar la lengua es una de las claves para una vida exitosa (Prov. 21:23; Sant. 3:2; 1 Ped. 3:10). La lengua es tan poderosa que la vida y la muerte están en su poder (Prov. 18:21). Es aguda, en ocasiones tanto como una espada (Sal. 64:3) o una flecha (Jer. 9:3,8).

Génesis 11 menciona la confusión de las “lenguas” que envió Dios como castigo por el orgullo de los seres humanos al construir la torre. Dicho juicio dividió a la humanidad, demostrado en la diversidad de idiomas. Tal diversidad fue eliminada simbólicamente en Pentecostés (Hech. 2:4-12), aunque esto no se concretará hasta que se cumplan las promesas del reino (Apoc. 5:9). Además, aunque no todas las personas serán salvas, un día todas las lenguas confesarán que Jesucristo es el Señor (Fil. 2:11). Ver *Dones espirituales; Lenguas, Don de.*

Chad Brand

LENGUAS, DON DE El NT, en Hechos y 1 Corintios, trata sobre la práctica de hablar en lenguas, y la presenta de manera ejemplificadora e instructiva. También se hace una breve mención de este don en el prolongado final del libro de Marcos. No existe una presentación específica de la práctica en el AT, si bien algunos intérpretes consideran que las actividades proféticas de Saúl y de los ancianos son antecedentes del don de lenguas (1 Sam. 10:9-13; 19:18-24). Sin embargo, no existe evidencia clara textual de que dicha acción de profetizar incluyera hablar en lenguas.

Tres pasajes del libro de los Hechos hablan sobre este fenómeno. En Hech. 2, los discípulos son bautizados por el Espíritu en el día de Pentecostés y, como testimonio de ese acontecimiento, comienzan a hablar en otras lenguas (*heterais glossais*, Hech 2:4). Esas lenguas eran idiomas conocidos, tal como se demuestra en los versículos siguientes donde los peregrinos de Capadocia, Frigia, Egipto, etc., escuchan hablar en sus propios idiomas (*dialektoi*, Hech. 2:8) o lenguas (*glossais*, Hech. 2:11) sobre las maravillas de Dios. Aquí Lucas utiliza de manera indistinta dos palabras, *dialektos* (lenguaje) y *glossa* (lengua, lenguaje). En otros pasajes del NT ambos términos también se usan para referirse a un “idioma conocido” (comp. Hech. 1:19; 22:2; 26:14 para obtener ejemplos de *dialectos*; y Apoc. 7:9; 10:11; 11:9; 13:7; 14:6; 17:15 para ejemplos de *glossa*), a pesar de que la palabra *glossa* también alude a la lengua como parte de la anatomía humana (Hech. 2:26; Sant. 3:5; Apoc. 16:10). *Glossa* se emplea además para identificar la lengua con una persona que está hablando (*metonimia*): “Toda lengua confiese” (Fil. 2:11 NVI; Rom. 14:11, “confesará”). *Glossa* tiene la misma variedad de significados en otros tipos de literatura griega.

El don de lenguas descrito en Hech. 2 es de carácter probatorio. El hablar en otras lenguas es prueba fehaciente de que algo sobrenatural les había sucedido a los 120 discípulos de Jesús. Las lenguas eran señal de que estas personas habían recibido la promesa hecha por Jesús en Hech. 1:5: “vosotros seréis bautizados con el Espíritu Santo dentro de no muchos días”. Esta señal era lo suficientemente clara como para que todos los presentes en la fiesta de las semanas presenciaran un acontecimiento milagroso. El hablar en lenguas que aparece en este capítulo tiene un propósito adicional, aunque secundario: la comunicación del evangelio a personas que hablaban idiomas extranjeros. Es probable que los peregrinos presentes hablaran griego pero, aun así, el texto indica que la comunicación del evangelio en sus propios idiomas también fue importante.

En Hech. 10, Dios envió a Pedro a predicarle a Cornelio, un centurión de la guardia romana, y a su familia y colaboradores. Mientras el apóstol predicaba, el Espíritu cayó sobre las personas allí reunidas (v.44) y los gentiles hablaron en lenguas, lo cual demostró a los judíos que estos habían “recibido el Espíritu Santo lo mismo que nosotros [los judíos]" (v.47). Pedro volvió inmediatamente a Jerusalén para informarles a los creyentes sobre la salvación de los gentiles. Cuando los cristianos de Jerusalén se enteraron del don del Espíritu evidenciado por las lenguas, respondieron: "De manera que también a los gentiles ha dado Dios arrepentimiento para vida" (Hech. 11:18). En el cap.19, Pablo se encontró con un grupo de doce discípulos de Juan el Bautista. Les mostró que Juan había instruido al pueblo para que "creyera en el que venía después de él, es decir, en Jesús" (19:4 NVI). Cuando creyeron en Cristo, el Espíritu descendió sobre ellos y "empezaron a hablar en lenguas y a profetizar" (v.6). Esto era importante ya que Juan aún tenía muchos discípulos en el mundo en esa época, y él mismo había sido el primero en predecir que Jesús bautizaría con el Espíritu (Mat. 3:11).

El libro de los Hechos contiene estos tres textos que presentan lo que los eruditos denominan "glosolalia". Si bien el texto no menciona específicamente las lenguas, es posible que la evangelización de los samaritanos en Hech. 8 también haya incluido el ejercicio de este don, ya que Simón el mago presenció un fenómeno inusual cuando se otorgó el Espíritu (Hech. 8:17, 18). En todos los casos, la experiencia se vincula con la acción de recibir el Espíritu. Sin embargo, es importante notar que cada ocasión representa el traslado del evangelio para incluir a un nuevo grupo: judíos, samaritanos (posiblemente), gentiles, discípulos de Juan. No existen otros ejemplos de glosolalia en Hechos.

La otra exposición extendida sobre este don se encuentra en 1 Corintios. Allí Pablo lo menciona como un don espiritual (1 Cor. 12:7-10), da instrucciones sobre su naturaleza, sugiere cómo utilizarlo y lo diferencia del don de profecía (14:1-40). El que habla en lenguas habla misterios (*musteria*–14:2). Pablo, Juan y Jesús emplean esta palabra para referirse al otorgamiento de nuevas revelaciones a la nueva comunidad del pacto (Mat. 13:11; Rom. 11:25; 16:25; 1 Cor. 2:1,7; 4:1; 15:51; Ef. 1:9; 3:3,4,9; 6:19,20; Col. 1:25-27; 2:2; 4:3; 1 Tim. 3:9,16; Apoc. 10:7; 17:5-7). De modo que, entre otras cosas, las lenguas constituyeron una de las maneras en que Dios transmitía el contenido de la revelación del NT a la iglesia primitiva. El apóstol observó además que, a menos que el mensaje en lenguas fuera interpretado, no debía emplearse en la adoración colectiva ya que el propósito de los dones espirituales es la edificación del cuerpo (1 Cor. 14:3-6). No obstante, el mensaje en lenguas interpretado podía cumplir la misma función que la profecía. Además, al igual que todas las expresiones públicas de adoración, debía realizarse de manera ordenada (Hech. 14:26-33). Algunos intérpretes han postulado que el don de lenguas que había en Corinto era diferente del descrito en Hechos. Para ellos no se trataba de idiomas sino de un "discurso extático". Esta afirmación no puede comprobarse con evidencia lingüística ya que Lucas y Pablo utilizaron sobre todo la palabra *glossa*. Tampoco puede demostrarse por el contexto dado que no hay evidencias textuales de que se trate de un tipo de discurso diferente al descrito en Hechos. Es difícil que una persona llegue a esa conclusión con una simple lectura del texto de Corintios. Esta interpretación probablemente provenga de la experiencia de comunidades que practican la glosolalia, ya que muy pocas veces se hablan verdaderos idiomas.

Han surgido varias preguntas cruciales sobre esta práctica. Primero: ¿se trata sólo de un don del NT o de la iglesia a lo largo de toda la historia? Como se mencionó anteriormente, las lenguas en el NT tienen tres funciones: mostrar la progresión del don del Espíritu a los diversos grupos de personas en el libro de los Hechos en cuanto a la historia de la salvación; dar a conocer el contenido de la revelación del NT, y actuar como medio de comunicación entre personas con distintos idiomas. Los dos primeros objetivos ya no serían aplicables dado que el evangelio ha sido difundido por el mundo entero y la revelación del NT ya se completó. De modo que nos referiremos brevemente a la tercera posibilidad. Segundo: ¿el don de lenguas es una señal del bautismo del Espíritu? Así fue en Hechos, pero sólo entre los grupos de personas que conformaron el proceso de la historia de la salvación: judíos, samaritanos, gentiles y finalmente los discípulos de Juan, quienes fueron los primeros en predecir el don del Espíritu. El bautismo del Espíritu se produce en el momento de la conversión y su evidencia es el fruto del Espíritu, no las lenguas (Gál. 5:22,23). Tercero: ¿todas las personas deben hablar en lenguas? Pablo responde claramente que no (1 Cor. 12:30). Cuarto: las lenguas que se practican en la actualidad ¿son idiomas o expresiones extáticas? Este artículo ha expresado que no existe motivo para creer que la "expresión extática" equivalga al don bíblico de lenguas. Quinto: ¿existe un lenguaje privado de oración? Las personas oran en diferentes idiomas, pero nada en el texto indica que exista un lenguaje privado de oración. Si bien en

1 Cor. 14:2,14,15, Pablo menciona la oración con referencia a las lenguas, todo el contexto remite a la adoración pública y no a la oración privada. Tal acción de hablar en lenguas debe someterse a la instrucción de todo el capítulo en cuanto a cómo manejarse con las lenguas en público. Sexto: ¿es posible que hablar en lenguas sea algo demoníaco? Es posible. El enemigo puede imitar los dones otorgados por Dios. Pero aun en casos donde las "lenguas" de una persona no coincidan con el criterio bíblico, es posible que la experiencia no sea demoníaca sino que esa persona tenga la capacidad básica de producir dicho discurso libre de reglas lingüísticas. No sería lo mismo que el don de lenguas bíblico ni tampoco un milagro pero, aun así, podría practicarse de manera reverente. Séptimo: ¿es posible que una persona reciba un don de lenguas con el fin de evangelizar? Nadie desearía limitar la capacidad de Dios para otorgar tal don. Existen relatos de eventos de esta clase en la actividad misionera, aunque indudablemente algunos han sido exagerados. También es cierto que todos los grupos pentecostales que envían misioneros, previamente los capacitan en idiomas. Ver *Bautismo en el Espíritu Santo; Dones espirituales; Espíritu Santo; Pentecostés.* *Chad Brand*

LENTEJAS Ver *Plantas.*

LEÓN Felino grande de movimientos rápidos. El macho tiene una melena pesada. Mencionado aprox. 135 veces en el AT, es símbolo de fuerza (Jue. 14:18). En Palestina, daba la impresión de que los leones preferían la vegetación del Valle del Jordán (Jer. 49:19). La Biblia describe al león como poderoso y osado (Prov. 30:30), y se lo distingue por un rugir aterrador (Isa. 5:29). Era un símbolo de la tribu de Judá (Gén. 49:9; Apoc. 5:5). David defendía los rebaños paternos de los leones y los osos (1 Sam. 17:34-35). Una de las historias más conocidas de la Biblia es la de Daniel cuando fue arrojado a un foso de leones (Dan. 6:16-23). Debido a que los leones no domados se colocaban en pozos, es posible que Daniel haya sido arrojado a uno de ellos. Los faraones tenían leones como mascotas. Pareciera que los hebreos hacían una diferenciación más detallada que el idioma español en cuanto a la familia de los leones, ya que cinco palabras hebreas que no tienen relación entre sí se traducen "león". Los leones desaparecieron de Palestina; el último fue matado cerca de Meguido en el siglo XIII.

Estatua de un león parado sobre la cabeza de un toro.

LEOPARDO Felino grande de piel amarilla con manchas negras. Este animal era uno de los más peligrosos, tanto para otros animales como para los seres humanos. Conocido por su elegancia y velocidad, era común verlo en la Palestina del AT, en especial en los bosques del Líbano, pero actualmente es raro encontrarlo allí. Justo antes de la Segunda Guerra Mundial se mataron cinco leopardos en los alrededores de Jerusalén, y poco después de la guerra otro en Palestina del sur cerca de Beerseba. El leopardo todavía sobrevive en Israel y el gobierno los protege. Dos sitios se sugieren como hábitat de los leopardos: Bet-nimra ("casa de los leopardos", Núm. 32:36) y "las aguas de Nimrim" (Isa. 15:6; Jer. 48:34). En Os. 13:7, el movimiento silencioso y al acecho del leopardo simboliza la ira de Dios. Isaías ilustró la serena paz del reino de Dios comparándola con una escena aparentemente imposible en la que un leopardo yace junto al cabrito (Isa. 11:6).

LEPRA Término genérico en la Biblia que se aplica a una variedad de enfermedades de la piel que van desde la soriasis hasta la verdadera lepra. Sus síntomas abarcan desde manchas blancas en la piel, pasando por ampollas que supuran, hasta llegar a perder dedos de las extremidades.

Para los hebreos era una enfermedad temida que tornaba a sus víctimas ceremonialmente impuras; es decir, ineptas para adorar a Dios (Lev. 13:3). A todo el que entraba en contacto con un leproso también se lo consideraba inmundo. Por lo tanto, se los aislaba del resto de la comunidad a fin de que los miembros de esta pudieran conservar su condición de adoradores. Otras enfermedades físicas y la emisión de ciertos flujos corporales también convertían en inmunda a la persona (Lev. 12:1–14:32; 15:1-33). Incluso las casas y la ropa podían tener "lepra" y, en consecuencia, ser inmundas (Lev. 14:33-57).

Jesús no consideraba válida esta distinción entre limpio e inmundo. La condición exterior de la persona no la hacía inmunda; más bien, lo que procede del corazón es lo que determina la posición de la persona delante de Dios (Mar. 7:1-23; comp. Hech. 10:9-16). Por lo tanto, Jesús no vaciló en tocar a los leprosos (Mar. 1:40-45), e incluso les ordenó a Sus discípulos que los limpiaran (Mat. 10:8). Jesús aun convirtió a un leproso en héroe de una de Sus parábolas (Luc. 16:19-31). Ver *Enfermedades.*

LESEM Nombre geográfico que significa "león". Ciudad que ocupó la tribu de Dan (Jos. 19:47). Forma alternativa de escritura hebrea para Lais. Ver *Lais.*

LESNA Instrumento o herramienta hecha de hueso, piedra o metal utilizada para hacer agujeros. Las referencias bíblicas se relacionan con el uso de la lesna para perforar la oreja de un siervo (Ex. 21:6; Deut. 15:17). Tal vez se colocaba un anillo o etiqueta de identificación en el agujero. Esto señalaba que el esclavo continuaba permanentemente en esta condición por el resto de su vida. En Palestina, los excavadores han desenterrado muchas herramientas perforadoras.

Letrina pública en la antigua ciudad de Éfeso.

LETRINA Receptáculo, por lo general un pozo, que se usaba como lugar de excrementos (2 Rey. 10:27). Jehú demostró el terrible desprecio que tenía hacia Baal al ordenar que se destruyera su templo y fuera convertido en una letrina.

LETUSIM Nombre de una tribu que significa "herreros". Descendientes de Abraham y Cetura (Gén. 25:3). No se cuenta con información adicional sobre esta tribu. No aparece en el pasaje paralelo (1 Crón. 1:32). Ver *Cetura.*

LEUMIM Nombre de tribu que significa "pueblos". Descendientes de Abraham y Cetura (Gén. 25:3). Probablemente sea una tribu árabe de la que no contamos con información. No aparece en el pasaje paralelo (1 Crón. 1:32). Ver *Cetura.*

LEVADURA Porción pequeña de masa fermentada utilizada para fermentar otra masa y que a menudo simbolizaba influencia corrupta. El pan común del AT se hacía con levadura. Dicho pan era aceptable como oblación para los sacerdotes y como hogazas para acompañar las ofrendas de paz (Lev. 7:11-13; 23:17). No obstante, el pan hecho con levadura o miel, ambas asociadas con el proceso de fermentación y, por lo tanto, una fuente de corrupción, nunca se tenían que utilizar como ofrendas para quemar en el altar (Lev. 2:11,12). El pan sin levadura también se preparaba en momentos de mucha prisa (1 Sam. 28:24) y se requería para la fiesta de los panes sin levadura que se celebraba junto con la Pascua (Lev. 23:4-8). Este pan sin levadura, o pan de aflicción, les recordaba a los israelitas la partida apresurada de Egipto y les advertía contra las influencias corruptas (Ex. 12:14-20).

En el NT, la "levadura" es símbolo de cualquier influencia mala que, si se permite que permanezca, puede corromper a los creyentes. Jesús les advirtió a Sus discípulos sobre la levadura de los fariseos, su enseñanza e hipocresía (Mat. 16:5-12; Luc. 12:1). Pablo instó a los corintios a quitar la maldad de en medio de ellos y convertirse en masa fresca, panes sin levadura de sinceridad y verdad (1 Cor. 5:6-13). Jesús también utilizó la levadura para ilustrar el gran crecimiento del reino de Dios (Mat. 13:33).

Barbara J. Bruce

LEVÍ Nombre de persona que significa "una unión". **1.** Tercer hijo de Jacob y Lea (Gén. 29:34) y antepasado originario de los sacerdotes de Israel. Las Escrituras lo describen como salvaje e inmisericorde por haber aniquilado a la población masculina de una ciudad entera como venganza por la violación de su hermana Dina (Gén. 34:25-31). Posteriormente, Jacob habló duramente de Leví en lugar de bendecirlo (Gén. 49:5-7). La tribu que lleva su nombre también se describe como instrumento de ira. Después que el pueblo de Israel pecó en el desierto al hacer un becerro de fundición, Moisés le ordenó a la gente de Leví que matara a los que habían participado en la debacle (Ex. 32:28). Los descendientes de Leví se convirtieron en tribu de sacerdotes. Ver *Levitas.* **2.** Nombre de dos antecesores de Jesús (Luc. 3:24,30). **3.** Cobrador de impuestos de Capernaum que se convirtió en seguidor de Jesús (Mar. 2:14). En el relato paralelo del Evangelio de Mateo, el nombre que se le da a este hombre es "Mateo" en lugar de "Leví" (9:9). El nombre Leví no aparece en las listas de apóstoles.

LEVIATÁN Nombre de una antigua criatura marina que significa "el enrollado" y a quien Dios contuvo. Aparece tanto en literatura bíblica como extrabíblica. Isaías 27:1 le atribuye una forma serpenteada ("al leviatán serpiente tortuosa"). La alusión a criatura del mar se usa de manera indistinta con otras misteriosas creaciones de la divinidad. Así también, Isa. 27:1 se refiere al leviatán como el "dragón que está en el mar". El salmista en 74:14 presenta un leviatán de muchas cabezas que forma parte de los enemigos sobrenaturales de Dios que habitan en el mar. Job 3:8; 41:1-9 presenta a la criatura del mar como un enemigo demasiado formidable como para que una persona piense en despertarla. Sin embargo, Dios creó al leviatán y este está sujeto a Él (Sal. 104:24-30).

La literatura apocalíptica describe al leviatán que se quita las cadenas al final de la edad presente, sólo para ser derrotado en un conflicto definitivo con la Deidad. Durante el siglo XII a.C., la literatura ugarítica de Ras Shamra describe al mítico Baal que derrota a la criatura del mar llamada *Lotan* (otra forma lingüística para leviatán). Los hititas escribieron acerca de una lucha entre el dragón *Illuyankas* y el mortal *Hupasiyos.* Un sello cilíndrico hallado en Tel Asmar que se remonta aprox. al 2350 a.C. muestra a dos hombres que luchan contra una serpiente de siete cabezas.

La antigua leyenda consideraba al leviatán como monstruo marino que tomaba parte en una guerra primigenia con los dioses. Esta criatura personificaba el caos que toda deidad creadora tenía que vencer a fin de poder realizar la creación. Al leviatán se lo ve también como amenaza para el orden del universo que finalmente será subyugado al final de las edades.

Los hebreos del AT estaban familiarizados con los antiguos mitos paganos del leviatán. Tal vez nunca se sepa hasta qué punto estos mitos sobre el leviatán influyeron sobre los hebreos, si en verdad lo hicieron. Las Escrituras utilizaron un nombre que les resultaba conocido a muchas personas, y así le quitaron el temor asociado al demostrar que Dios podía controlar fácilmente al leviatán que, de este modo, no constituía ninguna amenaza para el pueblo de Dios. Ver *Apocalíptico; Creación; Rahab.* *Steve Wyrick*

LEVIRATO (ley), MATRIMONIO POR Disposición legal que requería que el hermano (levirato) de un hombre muerto se casara con la viuda sin hijos de este último y tuviera un hijo varón que tomara el nombre del difunto y heredara la porción que le correspondía de la tierra prometida (Deut. 25:5-10). Dicha práctica constituye un elemento importante de la historia de Rut (Rut 2:20; 3:2,9-13; 4:1-11). Los saduceos apelaron a la ley del levirato para hacerle una pregunta a Jesús con respecto a la resurrección (Mat. 22:23-33).

LEVITAS El más bajo de los tres niveles del sacerdocio de Israel. En los registros bíblicos más antiguos, los sacrificios eran ofrecidos por el jefe de una tribu, el cabeza de una familia (Gén. 12:7-8; 31:54) o tal vez un sacerdote en un templo (Gén. 14:18). Originariamente, todos los primogénitos pertenecían a Jehová y debían ser dedicados a Él (Ex. 13:11-15). Posteriormente, Dios escogió a la tribu de Leví para el sacerdocio de Israel (Núm. 3:11-13). Se designó a esta tribu porque fue la única que permaneció junto a Moisés en oposición al pueblo que adoraba el becerro de oro (Ex. 32:25-29; Deut. 10:6-9). A los levitas no se les otorgó una herencia tribal en la tierra prometida (Dios era su herencia) sino que fueron ubicados en 48 ciudades levitas a través de todo el territorio (Núm. 18:20; 35:1-8; Jos. 13:14,33). El diezmo del resto de la nación se utilizaba para suplir las necesidades de los levitas (Núm. 18:24-32). Debido a que estos dependían de la generosidad de los demás, se instaba a las familias para que los invitaran (como así también a las viudas, los extranjeros y los huérfanos) a unirse a ellos para comer y celebrar la gozosa fiesta nacional (Deut. 12:12,18; 16:11,14). Estos factores indican la consagración plena de los levitas a la obra de Dios en lugar de estar dedicados a intereses terrenales para disfrutar de un buen vivir.

La tribu de Leví incluyó, por lo menos, tres familias distintas: Gersón, Coat y Merari (las familias de Moisés y de Aarón eran en cierto modo tratadas de manera diferente al resto de la tribu de Gersón). Durante el viaje por el desierto eran los encargados de desarmar, transportar, armar y encabezar la adoración en el tabernáculo donde moraba Dios (Núm. 1:47-54; 3:14-39). En algunos pasajes (Deut. 17:9, 18; 18:1; 24:8), los términos "sacerdote" y "levita" (o sacerdotes levíticos) parecen idénticos, pero en Ex. 28 y Lev. 8–10 resulta claro que sólo la familia de Aarón cumplía con las obligaciones sacerdotales de ofrecer sacrificios en el tabernáculo. Como en estos textos parece existir una manera diferente de manejar la relación entre los sacerdotes y los levitas, los intérpretes difieren en cómo considerar a estos últimos. Aunque es posible que el papel de los levitas cambiara o que la distinción entre los sacerdotes y ellos no se mantuviera con la misma rigidez en cada período, la interpretación que sostiene una diferencia general entre ambos parece adecuarse a la mayoría de los textos.

Los levitas fueron consagrados por Dios y entregados por Él como regalo a Israel a fin de que cumplieran con las obligaciones en el tabernáculo (Ex. 29; Lev. 8). La labor de ellos hacía posible que el pueblo se dirigiera al tabernáculo y ofreciera sacrificios para expiación de los pecados. Los levitas ayudaban a los sacerdotes (Núm. 3:5-9; 16:9) preparando oblaciones y el pan de la proposición, purificando todos los instrumentos santos que se usaban en el templo, cantando alabanza al Señor durante las ofrendas de la mañana y de la tarde, asistiendo a los sacerdotes con los holocaustos en el día de reposo y los días de fiesta, y encargándose del recinto del templo y de las habitaciones de los sacerdotes (1 Crón. 6:31-48; 23:1-13,24-32; 25:1-6; 2 Crón. 29:12-19). Debido a la tarea que desempeñaban, la santidad del templo se mantenía y la gloria del Señor moraba en medio de Israel. Durante el reinado de David, los levitas fueron incorporados a la administración gubernamental, donde se incluyeron cuidadores de puertas, jueces, artesanos, músicos y supervisores del tesoro real (1 Crón. 9:22-28; 23–26). En la época de Josafat, los levitas participaron en la enseñanza de la palabra de Dios al pueblo (2 Crón. 17:7-9). Es probable que esta responsabilidad haya continuado en el período postexílico de Esdras (Neh. 8:9-12). Ver *Levitas, Ciudades de los.*

Gary Smith

LEVITAS, CIUDADES DE LOS Residencia y tierras de pastoreo otorgadas a la tribu sacerdotal de Leví en lugar de una herencia tribal. Debido a sus obligaciones sacerdotales, la tribu de Leví no recibió como herencia ninguna porción de la tierra de Canaán (Núm. 18:20-24; 26:62; Deut. 10:9; 18:1-2; Jos. 18:7). A fin de compensarlos por esto, recibían para su sostén el diezmo de los israelitas (Núm. 18:21), y se les asignaron 48 ciudades dentro de la herencia de las otras tribus. En promedio, cuatro ciudades de cada tribu eran ciudades levitas. Apartar ciudades de esta manera era una práctica común en el antiguo Cercano Oriente.

Los levitas no eran poseedores ni ocupantes exclusivos de estas ciudades. Simplemente se les permitía vivir en ellas y tener campos para pastorear sus rebaños. Dichas ciudades no dejaron de pertenecer a las tribus donde estaban ubicadas. Aunque 6 de estas 48 ciudades eran refugios para culpables de homicidio (Cedes, Siquem, Hebrón en Canaán, Beser, Ramot de Galaad, Golán), ciudades de los levitas y ciudades de refugio no son sinónimos. El privilegio del refugio no se extendía a las 48 ciudades de los levitas. El objetivo de las ciudades de refugio era controlar la venganza de sangre a fin de posibilitar que interviniera la justicia pública entre el asesino y el vengador de sangre de la víctima. Probablemente las ciudades de refugio fueran lugares sacerdotales con altares importantes. Las ciudades de refugio también servían como centros de detención punitiva. Al asesino no se le permitía salir hasta que muriera el sumo sacerdote. Es posible que esto se interprete como una expiación vicaria de una vida por otra.

Las ciudades de los levitas conformaban una serie de ciudades amuralladas y separadas de las tierras circundantes. Los suburbios fuera de los muros y los campos en el exterior de las ciudades permanecían como propiedad de las tribus. Los levitas no podían vender ninguna porción de tierra abierta. La condición legal de las casas levíticas dentro de estas ciudades difería de las propiedades ordinarias. Para impedir que los levitas fueran desposeídos, se ordenó que podían redimir en cualquier momento las casas dentro de sus ciudades que se habían visto obligados a vender. Más aún, si esa casa no se redimía, durante el año de jubileo se le devolvía al dueño levita originario. Las tierras levitas de pastoreo no se podían vender (Lev. 25:32-34).

Razones teológicas, políticas y económicas condujeron al establecimiento de estas ciudades, que constituían bases operativas para que los levitas se pudieran infiltrar mejor en las tribus a fin de instruirlas en el pacto de Dios. Dichas bases eran sumamente necesarias donde se encontraban: en aquellas regiones menos accesibles al santuario central. Evidentemente, también existía una dimensión política. Sin duda, el deseo levítico de asegurar la lealtad de Israel al Señor del pacto también implicaba dedicación a asegurar la lealtad al ungido del Señor, el rey. Había una combinación de enseñanza del pacto y participación política. Tal vez el factor económico haya sido el más significativo. La lista de ciudades describe la dispersión de los levitas que no estaban empleados en los grandes santuarios, que no tenían un ingreso constante y que, por lo tanto, pertenecían también a la categoría de viudas y huérfanos. Las ciudades se establecieron para los hombres que necesitaban alivio económico. Ver *Año de jubileo; Ciudades de refugio.*

Gary D. Baldwin

LEVÍTICO, LIBRO DE Tercer libro del AT donde se incluyen instrucciones para los sacerdotes y la adoración. El nombre hebreo de Levítico viene de la primera palabra del libro, *wayyiqra'*, "llamó". En las obras rabínicas posteriores y también en la traducción siríaca, la Peshitta, el libro se denominó *torat hohanim*, "libro de los sacerdotes". El título en español proviene de la traducción en la Vulgata latina del término griego *Leuitikon.* Esta es una forma adjetiva, "levítico", que en consecuencia significa "lo que concierne a los sacerdotes". Debido a que los judíos helenistas llamaban "levitas" a los sacerdotes (una relación ya evidente en Deut. 17:9, 18; 18:1), el significado del título griego en realidad no difiere del título tradicional de los judíos, el "libro de los sacerdotes".

Autoría Los intérpretes cristianos y judíos anteriores a los siglos XVIII y XIX daban por sentado la autoría mosaica de Levítico, como así también del resto del Pentateuco. No obstante, para fines del siglo XIX comúnmente se aceptaba que el Pentateuco estaba compuesto por cuatro fuentes básicas pero diferentes: J, E, D y P. Esta reconstrucción se llegó a conocer como "la hipótesis documentaria". Ver *Pentateuco.*

La fuente P se refería al Código Sacerdotal (***Priestly***) y contenía la mayor parte del material del Pentateuco relacionada con el sacerdocio y los sacrificios e incluía Levítico (aunque algunos han propuesto una fuente adicional para Lev. 17–26, la fuente de la Santidad [***H(oliness)***], que se compuso alrededor de la época de Ezequiel). Esta fuente P se consideraba la última de las cuatro y reflejaba una deidad trascendente a la que sólo se podía acceder mediante los detallados procesos delineados en el sistema israelita de sacrificios. Se pensaba que había sido compuesta en el período postexílico del siglo V a.C. A fin de darle un toque de autoridad al contenido de Levítico, se dice que el texto presenta el material de manera ficticia como si Dios se lo hubiera revelado a Moisés. Por lo tanto, según esta fuente, el antiguo sistema de sacrificios, el sacerdocio aarónico y el tabernáculo no son sino una invención que describe las prácticas del período postexílico como si hubiesen ocurrido en el segundo milenio a.C., durante la época de Moisés.

En el aspecto negativo, un área de investigación reciente que demostró la falsedad de esta reconstrucción es la historia del idioma hebreo. Sobre la base de una metodología sólida y comprobable, se demostró que la premisa principal que afirmaba que Ezequiel precedía a Levítico se destruyó debido a que el lenguaje de Ezequiel corresponde a un estrato lingüístico posterior al de Levítico.

En el aspecto positivo, la autoría mosaica de Levítico y virtualmente de todo el Pentateuco se afirma con claridad mediante una lectura directa del texto bíblico. En repetidas ocasiones se dice que Levítico contiene lo que Dios quería que Moisés le transmitiera al pueblo de Israel. Ningún otro libro declara ser inspiración divina más de lo que lo hace el tercer libro del Pentateuco. No menos de 38 veces se encuentra la expresión, "Habló Jehová a Moisés [o Aarón]" (1:1; 4:1; 6:1). Posteriormente, la comunidad judía postexílica (1 Crón. 15:15; 2 Crón. 23:18; Esd. 3:2; Neh. 1:7) y los escritores del NT (Mat. 8:4; Mar. 12:26; Luc. 16:31; Juan 1:17; 1:45; Hech. 3:22) aceptaron la autoría mosaica del Pentateuco. En Rom. 10:5, Pablo declara que la afirmación de Lev. 18:5 "El hombre que haga estas cosas, vivirá por ellas", fue escrita por Moisés. Y cuando le habló al leproso que acababa de curar, Jesús citó Lev. 14 y dijo "Mira, no lo digas a nadie; sino ve, muéstrate al sacerdote, y presenta la ofrenda que ordenó Moisés, para testimonio a ellos" (Mat.

8:4). Hablando en términos más generales, Jesús dijo: "Porque si creyeseis a Moisés, me creeríais a mí, porque de mí escribió él" (Juan 5:46,47) y "¿No os dio Moisés la ley?" (Juan 7:19). Por lo tanto, en base a las declaraciones de las Escrituras, el testimonio de Jesús, la tradición unilateral virtualmente inquebrantable tanto entre judíos como entre cristianos, y la evidencia proporcionada por la erudición, podemos adoptar con confianza la perspectiva de que Moisés es el autor de Levítico. *Mark F. Rooker*

Contenido La primera parte del libro de Levítico se relaciona con la última de Éxodo, donde los caps. 26–27 detallan la instrucción divina para la construcción del tabernáculo, el lugar de adoración durante la peregrinación de la antigua Israel por el desierto. Estas instrucciones se llevan a cabo y el tabernáculo es aceptado como lugar de adoración apropiado (Ex. 35–40). Éxodo 28–29 relata las instrucciones de Dios para ordenar como sacerdotes a Aarón y a sus hijos. Esta dedicación tiene lugar en Lev. 8–9. Una de las tareas principales de los sacerdotes era ofrecer sacrificios en el tabernáculo. Antes de comenzar con esta práctica, la antigua Israel necesitaba recibir instrucciones sobre la ofrenda de sacrificios. El libro de Levítico comienza en ese punto. Antes de enumerar las principales clases de sacrificios, debemos considerar su significado fundamental. Un sacrificio es, en parte, un regalo para Dios; no es una manera de ganarse el favor de Él sino de agradecerle por el regalo de vida que Él da. El sacrificio es también un medio para facilitar la comunión entre Dios y los adoradores. Otro propósito relevante es la expiación, donde se restaura la relación entre Dios y el adorador. Al ofrecer el sacrificio, los adoradores se entregan a sí mismos a Dios. En el derramamiento de la sangre de la víctima del sacrificio se libera el poder trascendental de la vida (Lev. 17:11). Dios honra este acto y, como retribución, le da vida al adorador. Por lo tanto, el sacrificio era importante en la relación entre la antigua Israel y Dios.

Levítico enumera cinco tipos principales de sacrificios: (1) El holocausto: medio de expiación que simboliza la dedicación de toda la vida a Dios. El animal se quemaba por completo sobre el altar (Lev. 1:3-17). (2) La oblación: muestra de que la vida diaria era un don de Dios, ya que el grano constituía la dieta diaria de la antigua Israel (Lev. 2:1-16). (3) La ofrenda de paz, o compartida: sacrificio de una parte del animal y comida comunitaria de lo que quedaba de la carne (Lev. 3:1-17). (4) La ofrenda por el pecado, o purificación: sacrificio de arrepentimiento por el pecado que quebrantaba la relación entre los seres humanos y Dios y ponía en peligro el bienestar de la comunidad (Lev. 4:1–5:13). Este sacrificio es por el pecado involuntario (Lev. 4:2,13,22,27). (5) La ofrenda expiatoria: también llamada compensatoria o reparadora; requiere un sacrificio y una compensación para la persona que ha sido dañada. El culpable devuelve lo que tomó más el 20% (Lev. 5:14–6:7).

Levítico 6–7 proporciona instrucciones adicionales sobre los sacrificios para los sacerdotes, y Lev. 8–10 describe el comienzo de los sacrificios en el tabernáculo.

Levítico 11–15 da instrucciones en cuanto a lo limpio y lo inmundo. Una persona que entra en contacto con un objeto inmundo se torna impura y no se le permite participar en la adoración. Por lo tanto, es importante evitar el contacto con lo inmundo ya que la adoración constituye un acontecimiento vivificador esencial en la vida de la comunidad del pueblo de Dios. Estos capítulos describen diversas causas de impureza entre las que se incluyen una dieta inadecuada, el alumbramiento y distintas clases de enfermedades de la piel. Levítico 11 presenta las famosas reglas alimenticias, y Lev. 12 describe la impureza que va ligada al alumbramiento. Levítico 13 da instrucciones para determinar la impureza relacionada con la lepra, y Lev. 14 describe cómo limpiar esta enfermedad. Levítico 15 enumera los fluidos corporales que hacen que la persona sea impura.

Levítico 16 describe el ritual del día de la expiación, una forma de quitar el efecto del pecado y la inmundicia. Primero, el sacerdote hacía un sacrificio por sí mismo a fin de estar preparado para hacer lo mismo por la comunidad. Luego se llevaban dos machos cabríos, y se escogía uno para el sacrificio, que se ofrecía como ofrenda de purificación, y la sangre se utilizaba para limpiar el santuario de cualquier pecado e impureza. Luego, el sacerdote tomaba el otro macho cabrío, Azazel (el animal expiatorio), y confesaba el pecado del pueblo con las manos colocadas sobre la cabeza del animal, lo que simbolizaba el traspaso del pecado del pueblo al macho cabrío. Después se llevaba el animal al desierto, un símbolo importante de la remoción del pecado del pueblo. Este rito fundamental daba por sentado que la antigua Israel se enfrentaría con pecado e impureza. Puesto que Dios es perfectamente santo, no podía morar en medio del pecado y lo inmundo. Este ritual, pues, proveía un medio para cubrir el pecado y la inmundicia a fin de que Dios pudiera continuar morando entre el pueblo y estuviera presente en el santuario para darle vida.

Levítico 17–27 es el Código de Santidad. Esta sección obtiene su nombre a partir del uso frecuente de la frase "Santos seréis, porque santo soy yo Jehová vuestro Dios". En el AT, santidad significa ser colocado aparte; sin embargo, no se refiere a estar separado del mundo en sentido separatista. El término se utiliza en relación a la antigua Israel, que fue apartada para Dios. Como Dios es santo (apartado, único, diferente, distinto, "No hay otro como [Dios]" Deut. 4:35), asimismo el pueblo de Dios tenía que ser santo, diferente a los otros pueblos porque era el pueblo de Dios. Estos capítulos luego dan instrucciones sobre cómo la antigua Israel tenía que vivir una vida santa. Levítico 18 lo ilustra, y comienza con un ruego para que no vivieran como los egipcios, a quienes la antigua Israel acababa de dejar, ni como los cananeos, con quienes la antigua Israel se enfrentaría, sino como el pueblo de Jehová Dios. Después se dan instrucciones sobre la conducta sexual, en particular sobre las relaciones sexuales prohibidas. Vivir conforme a dichas instrucciones distinguiría a la antigua Israel de los otros pueblos de la tierra como el pueblo del Dios santo. La conclusión del cap. 18 vuelve a enfatizar esto al instar al pueblo a ser leal a Dios. La santidad no es un medio para quitar a la gente del mundo sino para proporcionarle una manera de relacionarse con este como pueblo de Dios.

Varias instrucciones del Código de Santidad se relacionan con la ética y la fidelidad al Señor. Observar el famoso versículo de Lev. 19:18: "Amarás a tu prójimo como a ti mismo". También aparecen instrucciones para la celebración del Sábat como día de reposo y adoración. Cada siete años tenía que haber un año sabático para la tierra a fin de que se renovara y también como señal de que no era propiedad de la antigua Israel sino un regalo de parte de Dios. Cada 50 años (7 x 7 + 1) se celebraba el año de jubileo, se dejaba en libertad a todos los esclavos y las propiedades se devolvían a los dueños originales. Esto vuelve a demostrar que las personas no eran dueñas de otras personas ni de las propiedades; más bien, eran administradores de esos dones otorgados por Dios. Esta práctica muestra que la vida se debe estructurar para el bien de la comunidad más que para los individuos aislados.

Estos capítulos también incluyen instrucciones sobre la adoración. El culto normal en el tabernáculo debía incluir lámparas que ardieran constantemente. Esto simbolizaba la presencia del Señor con el pueblo, como así también que la luz había sido lo primero que Dios creó. En el tabernáculo también era importante la presencia del pan que simbolizaba la relación entre Dios y la antigua Israel y que le recordaba al pueblo que Dios es quien otorga el don de los alimentos. El Código de Santidad también proporciona instrucciones sobre las fiestas especiales. En la primavera se celebraban la Pascua y los panes sin levadura, recordatorios del éxodo de Egipto. Las fiestas estivales (de las semanas y Pentecostés) se relacionaban con la cosecha y celebraban la entrega de la ley. Las fiestas de otoño incluían el día de la expiación y el comienzo del año nuevo. Aquí también se celebraba la fiesta de los tabernáculos, una festividad de la cosecha que conmemoraba la época en el desierto.

El mensaje de Levítico se inicia con la verdad de que Dios está presente con el pueblo, y continúa con la noción de que Él es perfectamente santo. Por esta razón el libro da tantas instrucciones sobre la santidad e incluye los sacrificios como medio para quitar los efectos del pecado y la impureza, a fin de que este Dios perfectamente santo pueda continuar morando en medio del pueblo y concederle vida. Todas estas instrucciones son un don de Dios y ayudan al pueblo a entender cómo vivir en función de su condición de pueblo del pacto divino. En consecuencia, el libro proporciona una parte importante de la historia de Dios con el pueblo, ya que lo instruye sobre cómo mantener esa relación y, cuando fuera necesario, cómo restaurarla. El libro procura explorar más profundamente la ordenanza de Ex. 19:6: "Y vosotros me seréis un reino de sacerdotes, y gente santa".

El NT utiliza Levítico para hablar del sacrificio expiatorio de Cristo. Ver *Expiación; Pacto; Pureza, purificación; Sacrificios y ofrendas; Santo.*

Bosquejo

I. Ofrecerse en alabanza y adoración a Dios (1:1–7:38)
   A. Ofrecer sacrificios agradables (1:1–6:7)
      1. Holocaustos (1:1-17)
      2. Oblaciones (2:1-16)
      3. Ofrendas de paz (3:1-17)
      4. Ofrendas por el pecado (4:1-35)
      5. Ofrendas expiatorias (5:1–6:7)

B. Dar instrucciones a los sacerdotes que ofrecen sacrificios agradables (6:8–7:38)
1. Holocaustos (6:8-13)
2. Oblaciones (6:14-23)
3. Ofrendas por el pecado (6:24-30)
4. Ofrendas expiatorias (7:1-10)
5. Ofrendas de paz (7:11-38)

II. Consagrar a los sacerdotes para que medien entre Dios y el pueblo (8:1–10:20)
A. Apartar sacerdotes que medien (8:1-36)
B. Sacrificio por los sacerdotes que median (9:1-24)
C. Advertir a los sacerdotes que medien (10:1-20)

III. Purificarse delante de Dios (11:1–16:34)
A. Comer animales limpios; rechazar animales inmundos (11:1-47)
B. Purificar a la madre y al niño después del alumbramiento (12:1-8)
C. Verificar una enfermedad infecciosa de la piel y apartar del campamento al infectado (13:1-59)
D. Restaurar dentro de la comunidad al habitante purificado (14:1-32)
E. Quitar de la casa la amenaza de infección (moho) (14:33-57)
F. Limpiar de la comunidad lo insalubre (15:1-33)
G. Hacer expiación por la comunidad (16:1-34)

IV. Presentarse en santidad delante de Dios (17:1–26:46)
A. Prestar atención a la matanza aceptable de animales (17:1-16)
1. Efectuar los sacrificios apropiados delante del Señor (17:1-9)
2. Santificar la vida negándose a comer sangre (17:10-16)
B. Seguir los mandamientos del Señor (18:1–20:27)
1. Rechazar las prácticas sexuales abominables (18:1-23; 20:10-21)
2. Advertir sobre el peligro de las prácticas abominables (18:24-30)
3. Reverenciar a Dios en la adoración (19:1-8)
4. Mostrar amor al prójimo mediante una vida recta (19:9-18)
5. Cumplir con las prácticas adecuadas en agricultura, esclavitud, sacrificios y cuerpo (19:19-29)
6. Honrar a Dios por medio de la adoración (19:30-31)
7. Honrar a Dios por medio de la vida (19:32-37)
8. Adorar sólo a Dios; abandonar a otros dioses (20:1-8)
9. Honrar al padre y a la madre (20:9)
10. Ser diligente en la obediencia a Dios (20:22-27)
C. Encargar a los mediadores que sigan las instrucciones para entrar en la presencia de Dios (21:1–24:23)
1. Presentarse santos delante de Dios (21:1-24)
2. Presentar ofrendas santas a Dios (22:1-33)
3. Encabezar la adoración en ocasiones santas (23:1-44)
4. Preparar el lugar santo (24:1-9)
5. Mantener a la congregación santa ante Dios (24:10-23)
D. Presentar santos delante de Dios tanto a la tierra como al pueblo (25:1-55)
1. Cumplir con el día de reposo (25:1-7)
2. Cumplir con el año de jubileo (25:8-22)
3. Ocuparse del hermano pobre y de su tierra (25:23-55)
E. Recordar bendiciones y maldiciones para el pueblo del pacto (26:1-46)

V. Ofrecer votos apropiados delante de Dios (27:1-34)
A. Votos relacionados con la gente (27:1-13)
B. Votos relacionados con una casa (27:14-15)
C. Votos relacionados con los campos (27:16-25)
D. Votos relacionados con animales primogénitos (27:26-27)
E. Cumplir con los votos (27:28-34)

W. H. Bellinger (h)

LEY CEREMONIAL Leyes que reglamentaban festividades y actividades del culto de los israelitas. Ver *Adoración; Fiestas; Sacerdotes y levitas; Sacrificios y ofrendas.*

LEY ROMANA, DERECHO ROMANO En el siglo I d.C., el Imperio Romano dominaba el mundo mediterráneo, incluso Palestina. El derecho romano se desarrolló durante un período de 1000 años, desde la publicación de las Doce Tablas entre el 451 y el 450 a.C. hasta la compilación del Código Justiniano entre el 529 y el 534 d.C. El derecho romano fue importante para la interpretación de las porciones del NT centradas en la jurisprudencia penal de Roma, la adopción y la ciudadanía romana. Las fuentes donde se basaba el derecho romano eran las leyes aprobadas por los ciudadanos de Roma en las asambleas legislativas, las resoluciones del Senado, los edictos de los magistrados y los gobernadores, las interpretaciones legales de los juristas, los decretos, las decisiones judiciales de los emperadores y la consulta de juristas. Las normas y costumbres provinciales también contribuyeron a la codificación de las leyes durante la era romana. Las decisiones imperiales podían ser revocadas (por leyes sancionadas por gobernantes insanos como Calígula y Nerón), salvo en los casos en que dichas leyes fueran convalidadas por el sucesor del emperador. En el siglo II, los juristas comenzaron a recolectar y organizar leyes, decisiones judiciales y otros elementos del sistema legal de varias jurisdicciones que servirían de guía para la jurisprudencia futura. Este proceso de recolección y organización de las leyes alcanzó su clímax en los códigos de Teodosio y de Justiniano en los siglos IV y VI respectivamente.

En los comienzos del siglo I d.C., ya se había desarrollado gran parte del sistema legal conocido como *ordo*, que contemplaba delitos cometidos contra las personas, la sociedad y el gobierno, y se aplicaba a todos los ciudadanos. El *ordo* contenía una lista de delitos y penas donde se detallaban las penas máxima y mínima que se podían exigir a ciudadanos romanos. El *ordo* se refería a los procedimientos prescriptos y a las penas por violar determinadas leyes; se aplicaba en Roma. Los delitos que no figuraban en el *ordo* pasaban a la jurisdicción de los gobernadores y magistrados. Las leyes públicas de Roma e Italia no se aplicaban automáticamente en las provincias. Los delitos cometidos por quienes no eran ciudadanos se remitían al magistrado local (el funcionario principal del juzgado de la ciudad) para que determinara si se debían seguir las leyes locales o las romanas, o si había que delegar el juicio a otros. El magistrado era libre de adoptar las pautas del *ordo*, si era lo apropiado, pero también gozaba de libertad para ser tan severo y arbitrario como deseara. En la mayoría de los casos, los gobernadores solían dejar los asuntos bajo jurisdicción y leyes locales. Las excepciones solían ser delitos que involucraban a ciudadanos romanos y los que supusieran una amenaza para Roma.

El gobernador no era experto en leyes, por lo que quienes sí lo eran tenían gran importancia y eran consultados. Los retóricos exponían los casos. Por lo general, los casos de menor importancia se delegaban a los tribunales locales, mientras que los gobernadores se ocupaban principalmente de asuntos relacionados con el orden público (p. ej., Hech. 18:12-16; 19:40; 21:31-40). Un gobernador romano podía velar por el orden público siguiendo su propio criterio y sin tener que ajustarse a determinada legislación. En distintos niveles, tanto gobernadores como magistrados actuaban como consideraban justo y apropiado. A pesar de que los ciudadanos romanos poseían el derecho de apelar al César, los súbditos de las provincias no tenían casi elementos para protegerse de los abusos del poder que se ejercía sobre la vida y la muerte.

El proceso judicial se iniciaba con la presentación de acusaciones, la aplicación de penas y la denuncia formal efectuada por la parte interesada. La aplicación de la ley dependía de la iniciativa privada, ya que el sistema romano no contaba con fiscales públicos. Los magistrados hacían las veces de fiscal, juez y jurado. Un caso atendido por un magistrado debía ser escuchado personalmente por él (Juan 19:13; Hech. 18:12), quizás asistido por un consejo de amigos y/o funcionarios. Se establecía que el acusado debía enfrentarse cara a cara con los que lo imputaban (Hech. 25:16) para evitar así falsas acusaciones. Conforme a la ley romana, quienes presentaban cargos y luego se retractaban (acusaciones falsas), debían pagar la pena que hubiera tenido que afrontar el acusado.

Los gobernadores eran "caballeros" romanos que no formaban parte del senado y eran investidos de los mismos poderes que los oficiales de alto rango. Los gobernadores romanos provinciales tenían poderes casi ilimitados sobre la vida y la muerte de sus súbditos, restringidos sólo en casos de extorsión o traición. El gobernador no podía delegar este poder sobre la vida o la muerte, y era responsable de sus actos sólo ante el emperador o el senado. La forma de administrar justicia era altamente personal y los casos más importantes eran escuchados dondequiera que estuviera el gobernador.

El gobernador provincial tenía poder absoluto en su provincia en lo relativo a administración, jurisdicción, defensa y mantenimiento de la ley y el orden romanos. Su función principal era mantener el orden público, mientras que la aplicación de la justicia era una tarea secundaria. La autoridad del gobernador se extendía tanto sobre los ciudadanos romanos como sobre los que no lo eran pero vivían en una provincia bajo su control.

El sistema penal romano hacía distinción entre penas públicas y privadas. Estas últimas consistían en una suma de dinero que una persona le pagaba a la víctima o en golpizas públicas por delitos menores. En el Imperio aparece más tarde el destierro con trabajos forzados como castigo por quebrantar la ley; por lo general, esta pena estaba unida a la confiscación de bienes. Debido a su fe cristiana, el apóstol Juan fue sentenciado con el exilio a la isla de Patmos para trabajar en las minas (Apoc. 1:9). La pena de muerte raramente se le aplicaba a un ciudadano, excepto si era culpable de alta traición. La forma de ejecución utilizada habitualmente con los ciudadanos era la decapitación. No obstante, algunos preferían suicidarse. La ley romana prescribía métodos aún más crueles para quienes no eran ciudadanos romanos, tales como morir quemados o ahogados, ser arrojados a las bestias o ser crucificados. Durante la era romana no era común la encarcelación prolongada de un prisionero que hubiera cometido un delito.

El NT describe los juicios tanto de Jesús como de Pablo ante gobernadores y magistrados romanos. Por lo general, el juicio romano era público y ante un tribuno. Como se observó anteriormente, las partes interesadas presentaban las acusaciones, que debían ser específicas (Mat. 27:12). El Sanedrín judío no tenía autoridad para condenar a muerte a una persona, como se advierte en Juan 18:31. Jesús fue condenado ante Pilato por un delito político (Mat. 27:12); los romanos nunca hubieran ejecutado a Jesús ni a ninguna otra persona sólo por motivos religiosos.

Era común que los gobernadores transfirieran los casos a las autoridades locales, tal como lo hizo Pilato al enviar a Jesús ante Herodes (Luc. 23:6,7). El juicio de Jesús tuvo lugar a primera hora del día, momento en que por lo general los funcionarios romanos estaban extremadamente ocupados (Juan 18:28). Los juicios penales romanos incluían interrogatorio al acusado. A partir del 50 d.C., el acusado solía tener tres oportunidades para responder a las acusaciones en su contra. Pilato aparentemente procedió de este modo en el juicio de Jesús (Juan 18:33-37) siguiendo las normas judiciales de la época. Si el acusado no respondía a las acusaciones, la condena era automática. Cuando Jesús permaneció en silencio y sin defenderse, Pilato no tuvo otra opción que condenarlo. Luego del interrogatorio, el gobernador debía dar su veredicto y dictar sentencia para imponer un castigo en particular. Según Mat. 27:19, Pilato recibió un mensaje de su esposa relacionado con el juicio de Jesús. Era común que las mujeres romanas asistieran a sus maridos como consejeras o con funciones diplomáticas.

Los capítulos 24–26 de Hechos muestran ciertos aspectos de la ley y los juicios romanos. Pablo era ciudadano romano, por lo tanto, según los procedimientos y costumbres, sólo podía ser enjuiciado por un tribunal romano. En Hech. 24:18,19 un grupo de judíos presentó cargos contra Pablo pero enseguida desaparecieron de la escena del juicio. La ley romana exigía una acusación formal, tal como lo requirió Tértulo (Hech. 24:5-8); sin embargo, Pablo luego objetó a Félix diciendo que los que lo acusaban debían hacerse presentes para presentar sus cargos personalmente ante el acusado (Hech. 25:16-19). La apelación de Pablo al César sirvió para demostrar el derecho que poseía todo ciudadano romano al respecto. Este derecho de apelación se remontaba a las leyes de la República Romana donde a los ciudadanos se les garantizaba juicio con un jurado formado por pares. En la época imperial, el emperador sustituyó al jurado como tribunal de apelaciones. No obstante, los emperadores probablemente no atendían todos los casos en forma personal sino que, a menudo, delegaban la responsabilidad. El libro de los Hechos concluye (28:30) con el "arresto domiciliario" de Pablo en Roma y algunas consideraciones sobre una demora en el caso. Esta aparente demora en un juicio podría explicarse por varios motivos: una abultada lista de casos pendientes en los tribunales, la ausencia de acusadores que debían presentar los cargos, o el caos político típico del reinado de Nerón.

El libro de los Hechos afirma que Pablo era ciudadano romano por nacimiento (Hech.16:39; 22:28), lo cual resultó beneficioso durante sus viajes misioneros. El NT no revela cómo la familia de Pablo había adquirido la ciudadanía. De hecho, podía obtenerse por distintos medios: se podía heredar por nacer de padres que eran ciudadanos, se podía comprar (Hech. 22:28), se podía adquirir mediante algún servicio prestado al imperio, fuera civil o militar, o se podía obtener por ser ciudadano de una ciudad conquistada y declarada imperial por el emperador.

No resulta claro cómo los ciudadanos demostraban su condición de tales, pero es probable que llevaran una credencial que lo certificara hecha en forma de pequeños dípticos de madera o metal que normalmente se guardaban en los archivos familiares. Una falsa declaración de ciudadanía merecía la pena capital. La afirmación de Pablo sobre su ciudadanía pareció ser suficiente sin tener que demostrarlo con documentos oficiales (Hech. 22:27).

La ciudadanía otorgaba, entre otros, los siguientes derechos: votar para elegir magistrados y ser electo como tal, contraer matrimonio legal, poseer bienes y apelar al emperador en un caso determinado (Hech. 25:10-12) con el fin de revertir el veredicto dictado por funcionarios de rango inferior. Asimismo, los ciudadanos no podían ser encadenados ni azotados (comp. Hech. 22:24-29).

El derecho romano reconocía la adopción y constituía una práctica común en la sociedad romana (comp. la ley de la adopción en Rom. 8:15, 23; 9:4; Gál. 4:5; Ef. 1:5), donde era más común que en la actualidad. La persona adoptada era sacada de su condición anterior para empezar una nueva vida; se suprimían sus relaciones anteriores y se cancelaban las deudas. El adoptado pasaba a formar parte de la familia de su nuevo padre y recibía su apellido y su herencia. El padre adoptivo tomaba posesión de los bienes del adoptado y controlaba sus relaciones personales. Además tenía derecho de disciplinar al hijo adoptado y asumía la responsabilidad de mantenerlo, además de responder por sus acciones. Ver *Adopción; Ciudadano, ciudadanía; Familia; Gobernador; Magistrado.* *Steven L. Cox*

LEY, ADMINISTRACIÓN DE Ver *Jueces; Sanedrín; Sistema judicial.*

LEY, DIEZ MANDAMIENTOS, TORÁ Pocas expresiones son al mismo tiempo tan significativas y tan malinterpretadas como el término "ley". Los intérpretes bíblicos aplican la palabra a mandamientos específicos, costumbres, juicios legales, colecciones de reglamentos/ordenanzas, el libro de Deuteronomio (que significa "segunda ley"), el sistema completo de reglas reveladas en Sinaí, el Pentateuco (para diferenciarlo de los Profetas), y el AT en su totalidad y en oposición al NT. Este también reconoce otras leyes, incluyendo las naturales (Rom. 1:26; 2:14) y "la ley del pecado", que trae como resultado muerte inevitable (Rom. 7:23,25; 8:2).

La convicción en cuanto al contraste entre el AT, donde el pueblo de Dios se hallaba bajo la ley, y el NT, donde está bajo la gracia, es determinante para entender las Escrituras. A veces se apela a Juan 1:17: "Pues la ley por medio de Moisés fue dada, pero la gracia y la verdad vinieron por medio de Jesucristo". Hay dos factores que han sido esenciales para entender la diferencia radical que existe entre ambos testamentos. Primero, la LXX es consecuente al traducir *torá* por *nomos*, "ley" (202 de los 220 casos). Segundo, Pablo efectúa firmes declaraciones en cuanto a que, si bien la ley nos mantiene confinados y la letra [de la ley] mata, por medio de la fe en Cristo somos librados de la ley y vivificados por el Espíritu (2 Cor. 3:6,7; Gál. 3:19-29; comp. Rom. 4:14). En conformidad con esto, muchos ven un contraste radical entre el viejo pacto, bajo el cual las personas estaban gobernadas por las reglas de la ley, y el nuevo pacto, donde se hallan bajo el gobierno del Espíritu.

No obstante, una observación más detallada de las evidencias bíblicas hace surgir preguntas sobre la validez de la traducción del término *torá* en la LXX, como así también de la interpretación de Lutero acerca de que el antiguo pacto era un sistema orientado hacia las obras.

Lo que sigue es un estudio sobre la perspectiva del AT de la "ley" bajo el antiguo pacto.

Términos del AT para "ley" El AT posee un vocabulario legal rico y variado: *mitswot*, "mandamientos"; *huqqim/huqqot*, "ordenanzas, estatutos, decretos"; *mishpatim*, "juicios, reglas legales"; *edot*, "obligaciones del pacto, estipulaciones" (el término español "testimonio" deriva del griego de la LXX, *marturion*); *piqqudim*, "obligaciones, reglamentos"; *debarim*, "palabras, expresiones verbales"; *torot*, "instrucciones autoritativas, enseñanzas".

Las primeras cinco palabras aluden a leyes y reglamentos específicos que Dios prescribió en Sinaí y otras partes. La aparición más notoria de la sexta, *debarim*, se halla en la expresión, *aseret haddebarim*, "Diez Palabras", que por lo general se traduce "Diez Mandamientos" o "Decálogo". Es probable que *torá* en algunos casos se haya traducido de manera correcta por "ley". Sin embargo, su significado corriente se ilustra en el libro de Proverbios, donde el término se aplica a la "instrucción" que los sabios proporcionan a la comunidad (13:14), los padres a los hijos (1:8; 4:1-11), y las mujeres de la casa a aquellos que se encuentran bajo su influencia (31:26). El significado teológico se expresa con más claridad en el libro de Deuteronomio que, en contraposición al nombre griego (y español) del libro ("segunda ley"), no se presenta como "ley" sino como una serie de discursos pastorales (Deut. 1:1-5; 4:40). Incluso el denominado "Código Deuteronómico" (caps. 16–26) tiene un intenso tinte pastoral y didáctico (más que legal).

Esta conclusión en cuanto al significado de *torá* se confirma al observar la facilidad con que su alcance se extiende al resto del Pentateuco, a pesar de que por lo menos dos tercios de Génesis–Números es narrativo; es decir, relata la historia de la gracia de Yahvéh manifestada en la elección, salvación y cuidado providencial de Israel, y el establecimiento de Su pacto, en primer lugar con Abraham y luego en Sinaí con los descendientes del patriarca.

Estas observaciones no enturbian la realidad de que el Pentateuco contiene gran cantidad de material instructivo con que Dios procuraba gobernar todos los aspectos de la vida de los israelitas. Los eruditos han identificado varios documentos específicos que se podrían calificar ley: las "ordenanzas de la Pascua" (Ex. 12–13), el decálogo (Ex. 20:2-17; Deut. 5:6-21), el "documento del pacto" (*seper habberit*, Ex. 21–23, comp. 24:7), las "ordenanzas del tabernáculo" (Ex. 25–31), las "instrucciones concernientes a los sacrificios" (Lev. 1–7), el "código de santidad" (Lev. 17–25), y el "código deuteronómico" (Deut. 12–26). Maimónides, un rabino judío, estableció que a lo largo del Pentateuco aparecían 613 mandamientos.

Antiguo Testamento Extensas porciones del Pentateuco, específicamente las ordenanzas y las obligaciones del pacto, representan desarrollos teológicos basados en los Diez Mandamientos; son siete.

Primero, Dios y Moisés entendían que la obediencia a las leyes no era una manera ni una precondición para la salvación sino la respuesta agradecida de aquellos que ya habían sido salvos. Dios no les reveló la ley a los israelitas en Egipto y luego les dijo que los rescataría ni bien estuvieran a la altura de esos patrones. Por el contrario, sólo por gracia, por medio de la fe cruzaron el Mar Rojo para obtener la libertad. Lo único que se requirió fue que creyeran en la promesa de Dios de que detendría las murallas de agua a ambos lados y los haría cruzar a salvo hasta la otra ribera.

El decálogo no comienza con el primer mandamiento sino con una preámbulo: "Yo soy Jehová tu Dios, que te saqué de la tierra de Egipto, de casa de servidumbre" (Ex. 20:2; Deut. 5:6). La obediencia al decálogo nunca tuvo intención de ser el camino para la salvación sino la respuesta apropiada ante la salvación que ya se había recibido.

Segundo, la obediencia a la ley era una expresión de la relación del pacto. El compromiso principal de Israel no se relacionaba con un código de leyes sino con el Dios que en Su gracia había llamado al pueblo para sí; ellos tenían que obedecer "Su voz". De hecho, no le reveló Su voluntad al pueblo hasta que escuchó la declaración de dedicación completa e incondicional a Él como Señor del pacto (Ex. 19:8).

Tercero, la obediencia a la ley era la precondición para que Israel cumpliera con la misión para la que había sido llamada y para recibir bendición. El primer punto se enfatiza en Ex. 19:5-6: si Israel guardaba el pacto del Señor y obedecía Su ley, sería el tesoro especial de Dios, Su reino de sacerdotes, Su nación santa (comp. Deut. 26:16-19). El segundo punto se expresa en detalle en Lev. 26:1-13 y Deut. 28:1-4.

Cuarto, la revelación de la ley de parte de Dios a Israel fue un acto supremo de gracia y una señal singular de privilegio (Deut. 4:6-8). En contraste con las naciones que adoraban dioses de madera y piedras que jamás hablaban (4:28; Sal. 115:4-8), el Dios de Israel habló y le reveló claramente a Su pueblo lo que Él consideraba una respuesta aceptable. En consecuencia, para la fe genuina en Israel, la obediencia a la ley no era una carga sino un deleite debido a la profunda gratitud por la gracia salvadora de Dios y la relación del pacto, y también porque sabían que Dios los bendeciría como respuesta a esa obediencia (Deut. 6:20-25; Sal. 24:3-6).

Quinto, la obediencia verdadera a la ley iba a ser la expresión externa de una disposición interior de reverencia y fe ante Dios y de amor a Él por causa del pacto. La religión bíblica verdadera siempre ha sido una cuestión del corazón. Metafóricamente se alude a esta transformación interna llamándola corazón circuncidado (Lev. 26:41; Deut. 10:16; 30:6-10; Jer. 4:4), un trasplante de corazón (Jer. 24:7; 32:39; Ezeq. 11:19; 36:26), el Espíritu de Dios dentro de la persona (Ezeq. 11:19; 36:26), y la escritura de la *Torá* de Dios en el corazón (Jer. 31:32).

Sexto, las leyes consideraban la vida de manera holística, como si estuviera bajo la autoridad del dominio divino. Esto se ilustra en forma más notoria en Lev. 19 donde, aunque se presentan unos 50 mandamientos, no se efectúa una clasificación, y mucho menos un orden de importancia respecto a las leyes civiles, ceremoniales y morales.

Séptimo, las leyes se consideran amplias y factibles de ser cumplidas (Deut. 30:11-20) por aquellos cuyo corazón estaba en buena relación con Dios. Él no le impuso a Su pueblo un patrón elevado imposible de cumplir sino que le reveló con sumo detalle un sistema de comportamiento que era singularmente recto y que además manifestaba Su gracia (Deut. 4:6-8). Al mismo tiempo, hay reconocimiento de la depravación humana y la necesidad de capacitación divina para ser fiel al pacto. Jeremías anticipó un nuevo pacto futuro cuando Israel amará a Dios y demostrará con la vida de los israelitas que la *Torá* de Dios ha sido escrita en el corazón de ellos (Jer. 31:31-34). Dios tiene una visión realista de Su pueblo. Al reconocer la inclinación de ellos al pecado, dentro de la ley les proveyó por gracia una forma de perdón y comunión mediante los rituales de sacrificios y ceremonias.

Desde luego, estos siete hechos no impidieron que los israelitas tergiversaran la obediencia a la ley y la convirtieran en condición para recibir bendición y salvación. Los profetas constantemente le recriminaban al pueblo haber reemplazado con rituales legalistas externos la piedad verdadera que se demuestra primeramente en la obediencia moral (Isa. 1:10-17; Os. 6:6; Amós 5:21-24; Miq. 6:6-8). En todas las épocas, los israelitas hicieron mal uso de la ley al pensar que el cumplimiento de rituales obligaría a Dios a aceptarlos más favorablemente. Esto no impidió que tergiversaran el privilegio de poseer la ley para convertirla en un derecho divino y una garantía incondicional de la protección de Dios (Jer. 7:1-10,21-26; 8:8-12). Constantemente Israel pervertía la ley al darle más importancia a los rituales y dejar de lado las exigencias éticas y colectivas de Dios. Creían que Dios les miraba el corazón a través de la lente de los sacrificios. Continuaban violando leyes morales aun cuando seguían cumpliendo con reglamentos ceremoniales (Isa. 1; Jer. 7). Finalmente, las predicciones de Moisés en Deut. 4 y 29–30 en cuanto a un desastre demostraron ser ciertas en el exilio de Judá en el 586 a.C. La historia de Israel como nación no es más que una sucesión de fracasos; no de parte de Dios sino de aquellos a quienes había llamado para que fueran Su pueblo.

Nuevo Testamento El vocabulario legal del NT es más limitado. El término más común, *nomos*, "ley", abarca un espectro de significados que incluye tanto una obligación específica que Dios requiere de una persona, como la ley mosaica, el Pentateuco en su totalidad, y ciertamente el AT como un todo (Juan 10:34; 12:34; 15:25; 1 Cor. 14:21). Además, el NT utiliza *entole*, "mandamiento" (por ej., Luc. 23:56), y *dikaioma*, "ordenanzas" (Luc. 1:6; Rom. 2:26).

Al igual que Moisés y los salmistas, el NT considera la revelación original de la ley por parte de Dios a Israel como expresión suprema de gracia divina. La disposición básica hacia la ley se expresa de manera sumamente elocuente en Juan 1:16,17: "Porque de su plenitud tomamos todos, y gracia sobre gracia. Pues la *nomos* (= *torah*) por medio de Moisés fue dada (*edothe dia*), pero la gracia y la verdad vinieron por medio de (*egeneto dia*) Jesucristo". El contraste aquí no es entre la ley y la gracia como abstracciones, sino entre la gracia mediatoria en forma de *torá* y la gracia personificada en Jesucristo.

Por lo tanto, cuando en apariencia Jesús y Pablo critican la ley, siempre debemos preguntarnos si la lucha era con la ley en sí o con el mal uso que se hacía de ella. Desde el comienzo, los israelitas habían tergiversado la ley al considerarla condición indispensable para entrar en el reino de Dios en lugar de verla como respuesta a la gracia divina; al cumplir con los requisitos legales de la ley como cuestión obligatoria en lugar de como expresión de amor y gratitud de corazón a Dios y al prójimo; y al considerar la descendencia física de Abraham y la membresía a la nación judía como garantía del favor divino, en vez de creer que la condición para la bendición era la descendencia espiritual por la fe. Muchas de las expresiones críticas a la ley que aparecen en el NT se deben a estos abusos.

Jesús y la ley La actitud de Jesús hacia la ley se expresa fundamentalmente en dos textos, Mat. 5:17-20 y 22:34-40 (comp. Mar. 10:17-27; 12:28-31; Luc. 10:25-37). En el primero, Él declara que no vino para abolir (*kataluein*) la ley o los profetas sino para cumplirlos (*plerosai*). Aquí la palabra "ley" no sólo alude a las obligaciones del pacto que se revelaron en Sinaí sino a todo el Pentateuco. "Cumplir" se refiere en este caso a alcanzar la meta que se tenía en mente en la revelación del AT. Jesús continúa declarando la validez y autoridad perdurable de cada detalle de la ley hasta el momento que se cumple. Muchos aspectos se llevan a cabo plenamente con la primera venida de Cristo. Como cumplimiento escatológico del antiguo pacto, la persona de Jesús pone fin a las sombras ceremoniales (sacrificios y fiestas) y transforma las costumbres antiguas en las realidades del nuevo pacto (el bautismo, señal del pacto con la iglesia, aparece para reemplazar a la circuncisión, señal del pacto realizada con la Israel física); la Cena del Señor sustituye la comida de la Pascua (Mat. 26:17-29; Mar. 14:12-26; Luc. 22:13-20) y anticipa la cena del pacto escatológico (Apoc. 19:6-10), de la cual la comida en Sinaí (Ex. 24:9-11; comp. Luc. 22:20; 1 Cor. 11:25) era sólo un anticipo. No obstante, otros aspectos de la ley debían permanecer vigentes hasta el retorno de Cristo. Cuando leemos la ley del AT, siempre debemos tener presente tanto la continuidad como la discontinuidad en relación con las demandas del NT.

Jesús aclara en Mat. 5:21–6:18 lo que quiere expresar al hablar de una justicia superior a la de los escribas y fariseos. Por ser el Hijo de Dios que cumple con la ley y el Señor del pacto que originariamente se efectuó con Israel en Sinaí, Jesús posee la perspectiva perfecta de la ley y la plena autoridad para declarar lo que ella pretende. Él afirmó que las exigencias de Dios no se pueden reducir a una lista de reglamentos, sino que implican la consagración de todo el ser a Él y un interés genuino por el bienestar de los demás. Jesús reiteró esta perspectiva en Mat. 22:34-40 (comp. Mar. 12:28-31; Luc. 10:25-37) cuando sintetizó todas las obligaciones del pacto que le corresponden a la parte humana respecto a amar a Dios y al prójimo, un tema que ilustró de manera vívida con la historia del buen samaritano (Luc. 10:25-37). El cambio de objetivo que presentó Jesús al pasar de un compromiso a una serie de reglas, y del cumplimiento externo de la ley a una motivación e intención interna, era algo novedoso para Su audiencia inmediata. No obstante, es la misma perspectiva que Moisés desarrolló plenamente en Deuteronomio.

Pablo y la ley Los escritos de Pablo son la fuente de mayor mal interpretación en cuanto a la perspectiva neotestamentaria de la ley. Él habló de esta como un camino de muerte, en contraposición al Espíritu que da vida (Rom. 7:10), y como una maldición de la que Cristo nos redimió (Gál. 3:13). Hizo un contraste entre la letra (del antiguo pacto) que mata y el Espíritu (del nuevo pacto) que otorga vida (2 Cor. 3:6). Tales declaraciones son difíciles de reconciliar con la exaltación de la ley que expresan Moisés y los salmistas al considerarla el don supremo de gracia y la forma de vida para el pueblo de Dios.

Para resolver esta aparente discrepancia, es necesario reconocer en primer lugar que la unidad de la revelación divina impide que una expresión inspirada posterior contradiga una revelación previa. Cuando entendamos correctamente a Pablo, descubriremos que su perspectiva está de acuerdo con la de Moisés.

Segundo, reconocemos que Pablo concuerda con Moisés en la confirmación de la ley al declarar que sin ella no sabríamos qué es el pecado (Rom. 7:7; comp. Deut. 4:6-8); al evaluarla como santa, justa y buena (Rom. 7:12-14; 1 Tim. 1:8; comp. Sal. 119), y al fundamentar estrictamente en la Torá la comprensión de las implicancias éticas del cristianismo (Rom. 13:8-10; 2 Cor. 6:14-18; comp. Ex. 20:1-17). Más aún, Pablo, al igual que Jesús, capta el espíritu de la ley del AT al reducir las exigencias al concepto de amar a Dios y al prójimo (Rom. 13:8-10; Gál. 5:13).

Tercero, reconocemos que muchas de las declaraciones negativas de Pablo sobre la ley aparecen en contextos donde está debatiendo con los judaizantes la forma de salvación para los gentiles. Sus frustraciones no se relacionan tanto con la ley de Moisés en sí como con él mismo (Rom. 7:7-25) y con aquellos que argumentan que para que los gentiles se conviertan en cristianos deben someterse primero al ritual de la circuncisión. Si uno considera la ley como forma de salvación, esto también conduce a la muerte, porque la salvación sólo viene por gracia por medio de la fe, precisamente la forma en que la Torá presenta la experiencia de Israel. Además, el comentario paulino de que fuera del Espíritu es imposible satisfacer las demandas de la ley, no se contrapone a Moisés sino que es una aclaración de lo que este quiso expresar mediante la circuncisión del corazón.

En resumen, el problema no radica en la ley sino en nosotros, porque la ley del pecado en nuestro ser batalla constantemente contra la ley de Dios. La gloriosa noticia del evangelio es que, en Cristo, Dios quitó la maldición del pecado que la ley demuestra que merecemos. Pero esto no significa que la ley se suspendió y dejó de ser la declaración fundamental de la voluntad moral de Dios. La ley oficiaba como reflejo de la propia naturaleza de Dios. Puesto que Su naturaleza no cambia, tampoco lo hace Su voluntad moral. Consecuentemente, aquellos que cumplen la "ley de Cristo" y aquellos que aman a Dios de todo corazón y a su prójimo como a ellos mismos, cumplirán con la esencia de la ley.

Debido a que el contraste que hace Pablo en Gál. 4:21-31 entre Sinaí y Jerusalén es alegórico (*allegoroumena*, v.24), no debemos interpretar que rechaza categóricamente el pacto con Israel ni que afirma una ruptura esencial entre el pacto davídico (Jerusalén) y el israelita. Ismael, el hijo de Agar, la sierva de Sara, fue rechazado como hijo de la promesa. Ismael le proporcionó a Pablo un eslabón apropiado para el pacto sinaítico con Israel. Pero al asociar a Sinaí con la esclavitud, Pablo adapta el material a sus necesidades retóricas. El testimonio congruente del AT declara que el pacto que Dios estableció con Israel en Sinaí fue un símbolo de libertad que llevó a cabo con un pueblo privilegiado al que había rescatado de la esclavitud en Egipto (ver Ex. 19:4-6; Deut. 4:1-40). En Gálatas, Pablo argumentó que sus detractores habían empezado la casa por el tejado y que, al hacerlo, habían revertido el verdadero curso de la historia. Al exigir que los gentiles cristianos se adhirieran a la ley judía, en especial a la circuncisión, estaban colocando el Sinaí antes del éxodo.

La ley en las Epístolas Generales Con su énfasis en las obras como requisito ineludible de la fe, ningún documento del NT sigue de manera tan evidente el hilo de la Torá como lo hace Santiago (comp. 2:14-26). Primera Pedro no se queda muy atrás pues tiene una buena dosis de Pentateuco desde principio a fin. Son especialmente notorios los llamados de Pedro a la santidad en 1:15-16 que derivan directamente de Levítico (Lev. 11:44,45; 19:2; 20:7,26) y la aplicación de Ex. 19:5,6 a la iglesia en 1 Ped. 2:9-12. El libro de Hebreos aplica el nuevo pacto de Jer. 31:27-37 a los cristianos (Heb. 8:7-12) y declara en forma explícita que el antiguo pacto se torna obsoleto en Cristo. El contexto pone en evidencia que el autor tiene en mente principalmente el sistema de sacrificios como medio para mantener la relación de pacto. Ahora en Cristo, el sacerdocio aarónico, los sacrificios y el tabernáculo/templo en sí han sido superados, y por medio de Él tenemos acceso directo a Dios. No obstante, esto no significa que no haya quedado nada del antiguo pacto. Lo que hace el autor desde Heb. 10:26 hasta el final del libro es tomar una serie de textos del AT para enfatizar que sus lectores deben responder a la gracia de Dios con fe, perseverancia, disciplina, reverencia y una conducta moral elevada.

Conclusión En Deut. 10:21 Moisés declaró que el Dios que redimió a Israel de Egipto y que les reveló Su voluntad es la alabanza de Israel (*tehilla*). Yahvéh no es un capataz cruel que reemplazó las cargas de Egipto por las de la ley. A lo largo de Deuteronomio, Moisés presenta la ley como un don glorioso, y para uno que la cumple dentro del contexto del pacto, es el camino hacia la vida y la bendición. En medio de la oscuridad del pecado y la alienación del ser humano, la Torá de Moisés brillaba como un estandarte de gloria y gracia. El Dios de Israel se reveló en la Torá, declaró los límites de conducta aceptables e inaceptables, y proveyó una forma de perdón. No debe sorprendernos que el salmista podía celebrar con tanto entusiasmo la vida que había en la Torá (Sal. 119).

En el NT, esta Torá se cumplió en Jesucristo, y los apóstoles continúan con esta tradición. No hay división entre la ley del AT y la gracia del NT. El antiguo pacto y sus leyes eran gracia divina. Al redimir a Su pueblo e invitarlo a entrar en una relación de pacto, Dios podría haber dejado que ellos idearan respuestas ceremoniales y éticas para agradarle, como hacían las naciones cuyos dioses no escuchaban, ni veían ni hablaban. Al mismo tiempo, la gracia gloriosa que se proclama en el NT requiere una respuesta. Jesús, el Señor divino tanto del pacto antiguo como del nuevo, declaró que la obediencia a Sus mandamientos sería la prueba inevitable e imprescindible del amor a Él (Juan 14:15,21,23-24).

Es evidente que no todas las leyes asociadas al antiguo pacto continúan bajo el nuevo. Al pasar de la Israel étnica a la comunidad transnacional del pacto como objeto de la bendición divina, se suspendieron las exigencias externas que procuraban identificar a la nación de Israel como el pueblo del pacto. Pero, ¿qué sucede con el resto? Los teólogos que dividen la ley del antiguo pacto en requisitos civiles, ceremoniales y morales responden la pregunta declarando que las leyes morales, en especial las enmarcadas en el Decálogo, siguen vigentes. Sin embargo, el AT se niega a efectuar tales distinciones entre las tres clases de leyes (toda la vida es igualmente santa) o entre el Decálogo y el resto de las leyes que conforman el pacto de Dios con Israel; por lo tanto, se requiere un enfoque más cuidadoso donde se consideren todos los aspectos del antiguo pacto a la luz de su cumplimiento en Cristo. Al margen de toda otra cosa que se pueda decir sobre la relación entre la ley y el antiguo pacto y la ley y el nuevo, como herederos injertados en el pacto que Dios hizo con Abraham e Israel, los cristianos deben dar evidencia de su fe y posición privilegiada mediante una vida santa. Las Escrituras expresan al unísono el llamado a todos los redimidos para que respondan a la gracia de Dios con un amor sin reservas hacia Él y un amor con sacrificio personal hacia los demás. Ver *Diez Mandamientos; Pentateuco; Torá.* *Daniel I. Block*

LEY, INTÉRPRETE DE LA Intérprete autorizado de la ley mosaica. El Evangelio de Lucas describe de manera especialmente dura a los intérpretes de la ley al rechazar el bautismo de Juan (7:30): rechazaban el propósito de Dios para ellos; colocaban cargas sobre los demás sin ofrecer ningún alivio (11:45,46); no sólo rechazaban el ofrecimiento de salvación de Dios sino que además obstaculizaban a otros para que no la aceptaran (11:52,53); se negaron a responder la pregunta de Jesús en cuanto a la legalidad de sanar en día de reposo (14:3). En Tit. 3:13, intérprete de la ley se utiliza en el sentido general de jurista.

LIBACIÓN Acción de derramar líquido como sacrificio para un dios. Ver *Sacrificios y ofrendas.*

LÍBANO Nombre geográfico que significa "blanco" o quizá "monte blanco". Pequeño país en el extremo oriental del Mar Mediterráneo y occidental de Asia. Durante mucho tiempo fue centro mundial de transporte y comercio. El nombre propio significa literalmente "Blanco" (monte), que probablemente derive del Monte Hermón que está cubierto de nieve, también conocido como Sirión (Sal. 29:6). El Hermón con frecuencia está cubierto de nieve y su cima blanca ofrece una vista majestuosa. Las nieves eternas de este cerro contrastan con la inconstancia y la apostasía de Israel (Jer. 18).

A lo largo de su costa mediterránea se extienden playas de arena. En el interior se elevan montañas escarpadas. El país está dominado por dos crestas de montañas, los Montes Líbano y Antilíbano. Ambas cadenas corren paralelas a la costa. La del Líbano se extiende unos 170 km (105 millas) a lo largo de la costa, desde la moderna Trípoli al norte hasta Tiro al sur.

Las cadenas montañosas tienen unos 1550 m (6230 pies) de altura. Algunos picos alcanzan una altura de más de 3300 m (11.000 pies); el más elevado es el-Qurnat el-Sawda. Entre las partes más elevadas de la cadena aparecen valles y barrancos.

El Valle Santo, que recoge agua del Monte de los Cedros, es uno de los más importantes. En esta región los maronitas hallaron refugio al comienzo de su historia. Este valle ha continuado siendo importante a través de las épocas. Ain Qadisha (Manantial del Valle Santo) es muy venerado. Desemboca en el centro de un bosque de cedros y al costado de una montaña cerca de Bsherrih. Otro valle famoso es el de Adonis, a través del cual fluye el río del mismo nombre y donde tiene lugar el peregrinaje de Adonis durante la primavera. Ver *Dioses paganos.*

En la Biblia, al Líbano se lo menciona en diversos aspectos. En el AT se lo presenta con frecuencia y en sentido general como límite norte de Palestina (Jos. 1:4), que la divide de Fenicia y Siria. Su imponente rugir era emblema de fuerza y solidaridad natural, por lo tanto, un contraste poético perfecto de la majestad de Dios revelada en un trueno tan poderoso que "hizo saltar como becerros; al Líbano..." (Sal. 29:6). Era una tierra famosa por su exuberancia, y notoria por sus bosques magníficos (Isa. 60:13), en especial "los cedros del Líbano" (Jue. 9:15; Isa. 2:13). Para los palestinos, que carecían de árboles, dichos cedros simbolizaban lo máximo en riqueza y belleza natural. El salmista denomina a estos antiguos y hermosos cedros "los árboles de Jehová...que él plantó" (Sal. 104:16). Se dice que algunos de los cedros que aún quedan en el Líbano tienen, por lo menos, 2500 años. Comparten con las famosas secuoyas de California la particularidad de ser las cosas vivientes más antiguas de la tierra.

Los cedros, al igual que otras maderas del Líbano, se utilizaron mucho en la construcción del palacio de David y en el templo y edificios del palacio de Salomón (1 Rey. 5:10-18; 7:2). También se utilizó cedro para la construcción del segundo templo, el templo de Zorobabel (Esd. 3:7).

Los bosques del Líbano han sido víctimas de la codicia e irresponsabilidad del hombre. Egipto y Mesopotamia los explotaban mucho antes de los tiempos bíblicos, y estos bosques continuaron proveyendo madera preciosa hasta bien entrada la era romana. Bajo el imperio otomano (1516 d.C.), el bosque desapareció casi por completo. En la actualidad han desaparecido casi todos. Los olivos también desempeñaron un papel importante en épocas antiguas y aún se cultivan.

Tiro, a la que están dedicados Ezeq. 27–28, fue una de las ciudades más famosas del mundo antiguo. Junto con el viejo puerto de Sidón, constituyó uno de los centros de la civilización fenicia. Ver *Fenicia.*

Muchas potencias controlaron las ciudades-estado fenicias. En orden de gobierno se incluyen los egipcios, los hititas, los asirios, los babilonios y los persas. En el 332 a.C., Alejando Magno conquistó el Líbano. La región estuvo bajo el control del Imperio Romano hasta el 64 a.C.

Philip Lee

LIBERACIÓN, LIBERTADOR Rescate del peligro. En la Escritura, Dios es quien libera (Sal. 18:50; 32:7; 44:4), a menudo mediante un agente humano. En el AT, la liberación se refiere mayormente a la victoria en la batalla (Jue. 15:18; 2 Rey. 5:1; 13:17; 1 Crón. 11:14; 2 Crón. 12:7). José fue un agente de Dios para liberar a Su pueblo del hambre (Gén. 45:7). El AT constantemente enfatiza que es Dios el dador de la libertad más que el agente humano. Por eso, Mardoqueo le advirtió a Ester que si ella no cumplía con su papel como libertadora, Dios utilizaría otro medio (Est. 4:14). Algunas versiones también utilizan la palabra "liberación" para describir al remanente que sobrevive a una batalla o al exilio (Esd. 9:13). Las dos menciones de liberación en el NT se refieren a la liberación de prisioneros (Luc. 4:18; Heb. 11:35 habla de rescate y no de liberación).

Las traducciones modernas usan "liberación" para referirse al rescate del peligro en Hech. 7:25; Fil. 1:19.

Libertador es quien rescata del peligro. Dos de los jueces, Otoniel y Aod (Jue. 3:9,15), son reconocidos como libertadores en el sentido de héroes militares. Con más frecuencia se habla de Dios como Libertador de Su pueblo (2 Sam. 22:2; Sal. 18:2; 40:17; 144:2). La figura de Dios como libertador se compara con las imágenes de una roca, de una fortaleza, de alguien que pueda prestar ayuda y de una torre fuerte. Hechos 7:35 alude a Moisés como libertador. Romanos 11:26, 27 se refiere al Rey mesiánico como el Libertador que quitará los pecados de Israel.

El verbo "libertar" se utiliza en una amplia gama de contextos. Según Job 5:19-26, Dios liberta de siete maneras: del hambre, de la guerra, de la calumnia, de los animales salvajes, para proveer seguridad, una descendencia abundante y larga vida. La Escritura también habla de la liberación del pecado (Sal. 39:8; 79:9); del camino de maldad (Prov. 2:12); del poder del mal (Mat. 6:13; Gál. 1:4; Col. 1:13); de la ley (Rom. 7:6); del cuerpo de muerte (Rom. 7:24), y de la ira venidera de Dios (1 Tes. 1:10). Dios es el agente de liberación en Col. 1:13 y Rom. 7:24,25. Cristo es el agente en 1 Tes. 1:10 y Gál. 1:4, donde se declara que Él brinda liberación al entregarse a sí mismo por el pecado.

LIBERALIDAD Término utilizado para generosidad o largueza (Rom. 12:8; 2 Cor. 9:11). El significado preciso del vocablo griego es cuestión de interpretación. "Liberalidad" también puede significar "con pureza", sin mezcla de motivaciones ni deseos de ganancia personal. Ver *Mayordomía.*

LIBERTAD Tema bíblico clave que se expresa tanto en el aspecto espiritual como social de la salvación en Cristo. La Biblia describe la libertad de manera multifacética y compleja. Trata temas relacionados con libertad política, libertad de la esclavitud, libertad de los juramentos y las obligaciones, libertad de la culpa y el castigo, y libertad de los hábitos pecaminosos y destructivos. Naturalmente, estas categorías no son herméticas; hay bastante superposición, pero constituyen las categorías básicas para entender el concepto bíblico de libertad.

Libertad política El acontecimiento redentor central del AT, el éxodo, produjo la libertad de los israelitas de la dominación egipcia. Aunque es cierto que el éxodo incluyó libertad de la esclavitud, el resultado más significativo fue el cumplimiento de la promesa divina que aseguraba el establecimiento de la descendencia de Abraham como entidad política independiente con tierra propia (Gén. 12:1-3; 15:18). No obstante, la libertad política de Israel no se convirtió en democracia. Dios hizo un pacto con Su pueblo en el cual Él gobernaría la nación como rey, y la nación lo adoraría y serviría como súbdito devoto; una forma de gobierno que se conoce como "teocracia" (Ex. 19:5-6) La libertad de Israel consistía en independencia de otros reinos humanos, no en independencia de su rey divino.

Libertad de la esclavitud En muchos contextos bíblicos, la libertad es una categoría social que se presenta en contraste con la categoría social de esclavitud. Aunque en la estructura social de la antigua Israel existía la institución de la esclavitud, estaba regulada por estrictas leyes que aseguraban el trato benigno hacia los esclavos. La Torá, por ejemplo, le prohibía a cualquier hebreo tener un esclavo por más de seis años, a menos que este accediera voluntariamente a permanecer al servicio de su señor (Ex. 21:2-5; Deut. 15:12-18). En realidad, la ley mandaba que cualquier hebreo que se empobreciera y tuviera que venderse como esclavo no debía ser tratado como tal sino como obrero contratado. Además, debía ser liberado en el año del jubileo (Lev. 25:39-43). Todo esclavo que sufriera daño físico a manos de su amo debía ser liberado (Ex. 21:26). Como se observa, la intención de Dios era que Su pueblo elegido disfrutara de libertad social dentro de la economía de la antigua Israel. No debían vivir en la tierra prometida como lo habían hecho en Egipto antes de su liberación.

En el NT, Pablo aconsejó a los esclavos que, si era posible, obtuvieran la libertad, pero de lo contrario, que sirvieran fielmente a Cristo como esclavos. La posición social era irrelevante para la condición en el reino de Cristo y el llamado al ministerio (1 Cor. 7:21-22). Aunque un creyente pueda ser esclavo en la sociedad, es libre en Cristo y, en consecuencia, puede vivir con libertad espiritual mientras soporta esclavitud social. En su carta a Filemón, Pablo parece particularmente interesado en la liberación de Onésimo, un esclavo de Filemón que había huido. Por lo tanto, la Biblia reconoce que, en términos sociales, la libertad es preferible a la esclavitud, pero que no es esencial para disfrutar la libertad espiritual que ofrece el evangelio.

Libertad de la obligación y la culpa La Biblia también relaciona el concepto de libertad con conceptos de obligación, juramento y culpa. En el AT, las personas normalmente estaban sujetas a juramentos o eran liberadas de ellos (por ej., Gén. 24:8,41). Las dos tribus y media que vivían del lado este del Jordán tenían obligación de ayudar a los demás israelitas a conquistar la tierra de Canaán. Dios había dicho que una vez que el territorio estuviera sometido, quedarían libres de esa obligación (Núm. 32:22). Del mismo modo, Pablo habla de la libertad de los cónyuges en el matrimonio en caso de la muerte de uno de ellos o que el incrédulo abandone el vínculo (1 Cor. 7:15,39).

Este concepto luego se amplía para incluir la libertad del castigo que acarrea la culpa. Por ejemplo, una mujer sospechada de infidelidad conyugal era sometida a un ritual de aguas amargas para determinar su inocencia o culpabilidad. Antes de administrar la prueba, el sacerdote debía decir: "Si ninguno ha dormido contigo, y si no te has apartado de tu marido a inmundicia, libre seas de estas aguas amargas que traen maldición" (Núm. 5:19-22). Pablo usa la palabra libertad de modo similar en Rom. 8:1-2 cuando dice: "Ahora, pues, ninguna condenación hay para los que están en Cristo Jesús, los que no andan conforme a la carne, sino conforme al Espíritu. Porque la ley del Espíritu de vida en Cristo Jesús me ha librado de la ley del pecado y de la muerte".

Libertad del confinamiento y la angustia Frecuentemente la Biblia describe a Dios como quien "da libertad a los cautivos" (Sal. 102:20; 146:7; Isa. 45:13; 58:6; 61:1; Luc. 4:18). En esos contextos, Dios libera del confinamiento tanto en sentido literal como metafórico. El concepto se amplía con frecuencia para incluir la angustia o las circunstancias funestas (Sal. 118:5; Zac. 9:11; 1 Cor. 7:32).

Libertad del pecado La obra de Cristo imprimió nueva profundidad y relevancia al concepto bíblico de libertad. Pablo en particular proclama una nueva libertad en Cristo, la libertad del pecado. Más allá de la libertad del castigo por el pecado, el apóstol habla de la libertad del poder del pecado, la capacidad otorgada por el Espíritu para resistir la desobediencia habitual (Rom. 6:7-22; Gál. 4:1-7). Estrechamente relacionada está la declaración de Pablo sobre la libertad respecto a la ley; no una libertad respecto al modelo de justicia de Dios sino de la frustración por la incapacidad de guardar la ley de Dios en vista de nuestra naturaleza caída (Rom. 7:7-20). Jesús no sólo cumplió las exigencias de la ley en Su propia vida y muerte sacrificial, sino que continúa cumpliéndola, por medio del Espíritu Santo, en la vida de los creyentes transformados.

Así que, en oposición a la opinión popular, la libertad no consiste en la capacidad de hacer cualquier cosa que uno desea. Esto conduce inevitablemente a ser esclavos de nuestras propias pasiones. Más bien, la Biblia define la libertad como la capacidad para negarse a uno mismo, negar los deseos personales a fin de agradar y glorificar a Dios. Ver *Elección; Esclavo, siervo.* *Kevin J. Youngblood*

LIBERTAD DIVINA Uno de los atributos de Dios es la libertad. La Escritura declara: "Nuestro Dios está en los cielos; todo lo que quiso ha hecho" (Sal. 115:3), y "Todo lo que Jehová quiere, lo hace, en los cielos y en la tierra, en los mares y en todos los abismos" (Sal. 135:6). Por Su naturaleza, Dios es autosuficiente. Actúa siempre de acuerdo a Su naturaleza y elección. Las acciones divinas son siempre voluntarias. Ninguna persona ni ninguna fuerza exterior pueden obligar a Dios a actuar. Solamente Su naturaleza y Su voluntad determinan Sus acciones (Isa. 42:21; Ef. 1:11). Debido a que Dios es absolutamente verdadero y fiel, Sus acciones son siempre coherentes con Su naturaleza, propósitos y promesas.

La grandeza de Dios asegura que Él logra todo lo que se propone. Ninguna tarea está más allá del poder de Dios ni es demasiado difícil para que la realice (Jer. 32:17). Sin embargo, ciertas acciones son contrarias a Su carácter. La bondad de Dios lo hace incapaz de realizar ciertas acciones. Él no puede mentir (Heb. 6:18). Tampoco puede ser tentado por el mal ni tienta a nadie (Sant. 1:13). Tales restricciones no son limitaciones de Su libertad porque Él mismo las causa, derivan de Su naturaleza libre y dichas acciones no constituyen verdaderos objetos de poder. El poder para mentir o ser causa de maldad no contribuye a la grandeza. De hecho, ocurre lo contrario. Tales capacidades disminuyen la grandeza. Debido a que Dios no miente, Sus propósitos finales son eternos e inmutables (Núm. 23:19).

La libertad de Dios es tal, que Él está libre *de* limitaciones que afecten Su bondad o Su grandeza. Además está libre de limitaciones espaciales o temporales. Él es supratemporal y supraespacial (eterno y omnipresente). La grandeza de Dios asegura que Sus decisiones sean perfectamente sabias y coherentes. Por lo tanto, es un Dios que nunca actúa de manera ilógica ni absurda, ni tampoco se frustra. Dios tampoco actúa arbitraria ni caprichosamente. De modo que, aunque es completamente libre, Su libertad es *libertad perfecta*. Dios siempre actúa para bien y no para mal (Sant. 1:17), y lo hace de maneras que revelan Su gloria y Su grandeza. *Robert B. Stewart*

LIBERTADES CIUDADANAS La libertad ciudadana está fundamentada en la enseñanza bíblica de que todas las personas tienen valor y estima ante Dios (Gén. 1:26-28; Sal. 8:5-8; Rom. 5:6-8) y en que los gobiernos han sido establecidos para mantener el orden en la sociedad (Rom. 13:4). El mismo Espíritu de Dios que da libertad del pecado y de la esclavitud a la ley de Moisés (2 Cor. 3:17; Gál. 5:1), también proporciona el poder y la sabiduría para que los cristianos vivan bajo la autoridad civil (Rom. 13:1-5; 1 Tim. 2:1,2; 1 Ped. 2:13-17).

A los cristianos se los exhorta a vivir vidas tranquilas (1 Tes. 4:11; 2 Tes. 3:12; 1 Tim. 2:2) y a ser buenos ciudadanos (Rom. 13:6,7; 1 Ped. 2:17). Tanto Jesús como Pablo hicieron un llamado a la subordinación voluntaria de la libertad personal por amor a otros (Luc. 22:26; 1 Cor. 8:9-13; 9:12,15; Ef. 5:21; Fil. 2:4). Al hacerlo, los cristianos pueden vivir libre y responsablemente en una sociedad pluralista (Gál. 5:13-15; 1 Ped. 2:16).

LIBERTO Transliteración de la palabra griega correspondiente a "hombre liberado" (Hech. 6:9). Ver *Libertos, Sinagoga de los.*

LIBERTOS, SINAGOGA DE LOS Sinagoga de habla griega de Jerusalén que participó en la polémica con Esteban (Hech. 6:9). La sintaxis griega sugiere dos grupos de disputadores. El primero era la sinagoga de los libertos, integrada por cireneos y alejandrinos. Es posible que este primer grupo tuviera tres partidos, libertos (esclavos liberados), cireneos y alejandrinos. Algunas versiones primitivas dicen "libios" en lugar de libertos, y mencionan tres grupos de judíos del norte de África. El segundo grupo en la disputa estaba compuesto por judíos de habla griega de Asia y Cilicia. Estos tal vez también hayan pertenecido a la sinagoga de los libertos. Algunos han identificado a estos últimos como descendientes de prisioneros de guerra de Pompeyo (63 a.C.).

LIBIA Extensa región entre Egipto y Túnez. El límite norte es el Mar Mediterráneo. Durante los tiempos bíblicos, al territorio también se lo denominaba Fut (Ezeq. 30:5; 1 Crón. 1:8; Nah. 3:9; Gén. 10:6). La mayoría de lo que sabemos sobre Libia proviene de registros egipcios que mencionan guerras e invasiones limítrofes. Se cree que el faraón Sisac I (aprox. 950 a.C.) era libio. Él comenzó una dinastía en Egipto que reinó durante más de 200 años. Respaldó a Jeroboam I para que estableciera el reino de Israel en el 922 a.C. (1 Rey. 11:40; 14:25-28; 2 Crón. 12:1-12). *Mike Mitchell*

LIBIO Persona que proviene de Libia. Ver *Libia.*

LIBNA Nombre geográfico que significa "blanco" o "estoraque" (un árbol). **1.** Parada en el desierto al este del Jordán (Núm. 33:20). Se desconoce su ubicación. Se ha sugerido Umm Leben, 105 km (66 millas) al sur de Harada. Ver *Harada.* **2.** Pueblo de la Sefela de Judá que derrotó Josué (Jos. 10:29-30); se lo asignó a la tribu de Judá (Jos. 15:42) y lo apartó como ciudad para los levitas (Jos. 21:13). Ilustraba la rebelión de la frontera occidental contra el rey Joram de Judá (853–841 a.C.), así como Edom representaba la rebelión en el oriente (2 Rey. 8:22). Se encuentra en la ruta que siguió Senaquerib aprox. en el 701 a.C. para invadir Jerusalén (2 Rey. 19:8). La madre de los reyes Joacaz (609 a.C.) y Sedequías (597–586 a.C.) era de Libna

(2 Rey. 23:31; 24:18). El debate sobre la ubicación de Libna continúa: Tell es-Safi, donde comienza el Valle de Ela, parece ser demasiado al norte; Tell Bornat al oeste de Laquis; Tell el-Judeideh, identificada comúnmente como Moreset-gat. Tell Bornat es la opción más aceptada, pero está lejos de ser el lugar preciso.

LIBNI Nombre de persona que significa "blanco". **1.** Antepasado originario de una familia de levitas (Ex. 6:17; Núm. 3:21). Ver *Laadán.* **2.** Levita de la familia de Merari (1 Crón. 6:29).

LIBNITA Miembro de la familia de Libni. Ver *Libni.*

LIBRO DE LA VIDA Registro celestial (Luc. 10:20; Heb. 12:23) escrito por Dios antes de la fundación del mundo (Apoc. 13:8; 17:8) que contiene los nombres de aquellos que por la gracia de Dios y la fidelidad que demostraron están destinados a participar del reino divino celestial. Aquellos cuyos nombres están en el libro han nacido en la familia de Dios por medio de Jesucristo (Heb. 12:23; Apoc. 13:8); permanecen fieles en la adoración a Dios (Apoc. 13:8; 17:8); no han sido alcanzados por la práctica de la abominación y la falsedad (Apoc. 21:27); son fieles al atravesar la tribulación (Apoc. 3:5), y son colaboradores en la obra de Jesucristo (Fil. 4:3). El libro de la vida se utilizará junto con los libros de juicio en el juicio final para separar a los justos de los impíos y determinar sus respectivos destinos eternos (Apoc. 20:12,15; 21:27).

Cristo mismo determina si los nombres que están registrados en el libro de la vida se mantienen en ese registro y están respaldados por la confesión que Él hace en el día del juicio en cuanto a que le pertenecen, o si son echados fuera (Apoc. 3:5).

El AT hace referencia a un registro que Dios guarda de aquellos que forman parte de Su pueblo (Ex. 32:32; Isa. 4:3; Dan. 12:1; Mal. 3:16). Tal como en Apocalipsis, Dios puede borrar los nombres de los que están en el libro (Ex. 32:32; Sal. 69:28). En el AT, es probable que esto simplemente signifique que las personas que no están en el libro se mueren, y dejan de formar parte de la lista de los vivos. Aquellos cuyos nombres están escritos en el libro están destinados para la vida en una Jerusalén restaurada (Isa. 4:3) y para la liberación mediante un juicio futuro (Dan. 12:1). Ver *Apocalíptico; Escatología; Libro(s).*

Jeff Cranford

LIBRO(S) Término que a menudo se refiere a un rollo. Documento escrito sobre un pergamino o papiro y que luego se enrolla. El "libro" puede ser una carta (1 Rey. 21:8) o una obra literaria más prolongada (Dan. 9:2). Ver *Carta; Biblioteca; Escritura.*

En la Biblia se mencionan varios libros:

El Libro del Pacto Moisés leyó de este libro durante la elaboración del pacto entre Dios e Israel en el Monte Sinaí (Ex. 24:7). Dicho libro incluía por lo menos el material que ahora se encuentra en Ex. 20:23–23:33. En una época posterior se hace referencia a *El Libro del Pacto* (2 Rey. 23:2, 21; 2 Crón. 34:30). Probablemente incluía el pasaje de Éxodo además de otro material.

El Libro de la Ley Durante el reinado de Josías, el sumo sacerdote Hilcías halló en el templo una copia de *El Libro de la Ley* (2 Rey. 22:8). Josías basó en las leyes de este libro sus reformas de la religión de Israel (2 Rey. 23). El libro no se identifica de manera explícita en 2 Reyes pero, comparando las medidas adoptadas por Josías con las leyes de Deuteronomio, es muy probable que *El Libro de la Ley* fuera una copia de Deuteronomio.

El Libro de las Batallas de Jehová Este libro se cita en Núm. 21:14,15 (21:17-18 y 27-30 tal vez representen también citas de este libro). La parte del libro que se cita describe el territorio conquistado por Dios a favor de los israelitas. Es probable que el libro haya sido una colección de poemas que relatan la conquista de la tierra durante la época de Moisés y Josué. Tal como lo sugiere el título del libro, el Señor (actuando como comandante en jefe) fue el responsable del éxito de la conquista.

Los Libros de Josué Josué escribió un libro en el que detallaba la distribución de Canaán a las tribus israelitas (Jos. 18:9) y otro similar a *El Libro del Pacto* que se mencionó anteriormente (Jos. 24:25,26).

El Libro de Jaser (o Justo) Libro citado dos veces en el AT: en el discurso poético de Josué dirigido al sol y a la luna (Jos. 10:12,13) y en el lamento de David por Saúl y Jonatán (2 Sam. 1:17-27). Otros incluyen las palabras de dedicación del templo expresadas por Salomón (1 Rey. 8:12, 13) que las traducciones griegas más antiguas atribuyen al libro del cántico (heb. *shir*), una transposición de letras del hebreo *jshr* o *ishr* para Jaser. El canto de Débora (Jue. 5) y el de María (Ex. 15:20,21) a veces se consideran parte del Libro de Jaser. Es probable que este constara de poemas sobre acontecimientos importantes de la historia de Israel recopilados durante la época de David o Salomón. *El Libro de Jaser* a menudo se compara o identifica con *El Libro de las Batallas de Jehová* mencionado anteriormente.

El Libro de los Hechos de Salomón Probablemente un documento biográfico que incluía historias como el juicio de Salomón entre las dos rameras (1 Rey. 3:16-28), sus planes administrativos (1 Rey. 4:1-19) y la visita de la reina de Sabá (1 Rey. 10:1-13).

El Libro de las Crónicas de los Reyes de Israel Quizá sea un diario continuado recopilado por escribas a partir de diversas fuentes, pero que no se debe confundir con los libros de 1 y 2 Crónicas de la Biblia. El escritor de 1 y 2 Reyes menciona este libro en 18 oportunidades diciendo que contiene información más completa de los reinados de los reyes de Israel (1 Rey. 14:19; 15:31; 16;5,14,20,27; 22:39; 2 Rey. 1:18; 10:34; 13:8,12; 14:15,28; 15:11, 15,21,26,31).

El Libro de las Crónicas de los Reyes de Judá Fuente similar al *Libro de las Crónicas de los Reyes de Israel*; no se debe confundir con los libros de 1 y 2 Crónicas de la Biblia. El escritor de 1 y 2 Reyes menciona este libro en 15 ocasiones, diciendo que contiene información más completa sobre los reinados de los reyes de Judá (1 Rey. 14:29; 15:7,23; 22:45; 2 Rey. 8:23; 12:19; 14:18; 15:6,36; 16:19; 20:20; 21:17,25; 23:28; 24:5).

Libros mencionados en 1 y 2 Crónicas Están incluidos el *Libro de los Reyes de Israel* (1 Crón. 9:1; 2 Crón. 20:34), el *Libro de los Reyes de Israel y Judá* (2 Crón. 27:7; 35:27; 36:8), *el Libro de los Reyes de Judá e Israel* (2 Crón. 16:11; 25:26; 28:26; 32:32), las *Actas de los Reyes de Israel* (2 Crón. 33:18) y la *Historia del Libro de los Reyes* (2 Crón. 24:27). Muchos piensan que estos títulos son referencias a la misma obra y se refieren a él como el *Midrásh de los Reyes*. Estas obras tal vez contengan los libros de las crónicas de los reyes de Israel y Judá que se mencionan más arriba o, por lo menos, ser muy similares a ellos en contenido.

En 1 y 2 Crónicas también se mencionan libros de diversos profetas: el *Libro de Samuel el Vidente* (1 Crón. 29:29), el *Libro de Natán el profeta* (1 Crón. 29:29; 2 Crón. 9:29), el *Libro de Gad el vidente* (1 Crón. 29:29), la *Profecía de Ahías silonita* (2 Crón. 9:29), las *Visiones de Iddo el vidente contra Jeroboam el hijo de Nabat* (2 Crón. 9:29), el *Libro del profeta Semaías y del vidente Iddo* (2 Crón. 12:15), la *Historia del profeta Iddo* (2 Crón. 13:22), el *Libro de Jehú hijo de Hanani* (2 Crón. 20:34), los *Hechos de Uzías* (2 Crón. 26:22; escrito por Isaías), la *Visión del profeta Isaías* (2 Crón. 32:32) y las *Palabras de los videntes* (2 Crón. 33:19). Todos éstos, excepto el último, tal vez hayan formado parte del *Midrásh de los Reyes*.

En 1 y 2 Crónicas se mencionan otras obras diversas: genealogías de la tribu de Gad (1 Crón. 5:17), las *Crónicas del rey David* (1 Crón. 27:24), una obra sin título que contenía los planos del templo (1 Crón. 28:19), obras sobre la organización de los levitas escritas por David y Salomón (2 Crón. 35:4) y lamentaciones por la muerte de Josías escritas por Jeremías y otros (2 Crón. 35:25).

El Libro de las Crónicas Esta es una obra que contenía genealogías y posiblemente otro material histórico (Neh. 7:5; 12:23) pero diferente de 1 y 2 Crónicas.

Libros de los Profetas Se dice que Isaías (Isa. 30:8; comp. 8:16) y Jeremías (Jer. 25:13; 30:2; 36; 45:1; 51:60,63) escribieron otros libros. Es probable que estos representen las primeras etapas de las colecciones de sus profecías que tenemos actualmente.

Libro (de Registros) de las Crónicas o **Libro de las Acciones Memorables** Los archivos reales persas contenían entre otras cosas los libros que registraban la forma en que Mardoqueo había salvado la vida del rey Asuero (Est. 2:20-23; 6:1; 10:2; comp. Esd. 4:15).

El Libro de Memoria Este libro se menciona en Mal. 3:16. Probablemente equivalga al Libro de la Vida. Ver *Libro de la Vida*.

El Libro (Escritura) de la Verdad Este libro se menciona en Dan. 10:21. Probablemente equivalga al Libro de la Vida. *Phil Logan*

LICAONIA Provincia romana del interior de Asia Menor que incluía las ciudades de Listra, Iconio y Derbe (Hech. 14:1-23).

LICAÓNICO Ciudadano de Licaonia o idioma de ese lugar. Ver *Licaonia*.

LICIA Nombre geográfico que indica la saliente de la costa sur de Asia Menor entre Cilicia y Panfilia (Hech. 27:5).

LIDA Nombre geográfico de significado incierto. Llamado Lod en el AT (1 Crón. 8:12), era un pueblo benjamita cerca de la Llanura de Sarón. Estaba ubicado en la intersección de las rutas para caravanas que iban desde Egipto hacia Babilonia y el camino de Jope a Jerusalén. Según Esd. 2:33 se volvió a habitar después del exilio (Neh. 7:37; 11:35). Posteriormente se convirtió en capital de un distrito de Samaria. La iglesia se extendió a Lida desde un comienzo (Hech. 9:32) como resultado del ministerio de Pedro. Para el siglo II, el cristianismo allí se había convertido en una poderosa influencia.

LIDIA Nombre geográfico y de persona de significado incierto. **1.** País de Asia Menor cuya capital era Sardis. La región estuvo habitada desde la prehistoria. Los hititas dejaron su señal en la tierra con sus monumentos. El gobernante más famoso de Lidia fue Creso (560–546 a.C.), cuyo nombre es sinónimo de riqueza. Su reino fue conquistado por Ciro, quien siete años después tomó Babilonia y dejó en libertad a los exiliados. Ezequiel denominó a los lidios "hombres de guerra" o mercenarios que luchaban para defender Tiro (27:10 NVI) y se aliaron con Egipto (30:5 NVI). **2.** La primera persona que se convirtió a Cristo en Europa por la predicación de Pablo en Filipos (Hech. 16:14). Es probable que su nombre haya sido la designación de su casa, ya que Tiatira estaba en la provincia de Lidia. Al decir que Lidia "adoraba a Dios", tal vez signifique que se había convertido al judaísmo, aunque no hay certeza. Sabía lo suficiente sobre el judaísmo como para conversar con Pablo sobre religión. Después de su conversión, hospedó a Pablo y su comitiva en Filipos. Su profesión era "vendedora de púrpura", lo que probablemente signifique que era bastante acaudalada (Hech. 16:12-15, 50). *Mike Mitchell*

LIEBRE Miembro de la familia del conejo (*Leporhydae*) de orejas largas, especialmente las nacidas con ojos abiertos y pelo. Se consideraban impuras y los israelitas tenían prohibido comerlas (Lev. 11:6; Deut. 14:7).

LIKHI Nombre de persona que significa "tomado". Miembro de la tribu de Manasés (1 Crón. 7:19).

LIMOSNA Ofrendas para los pobres.

Antiguo Testamento Aunque el idioma hebreo aparentemente no contaba con ningún término técnico para referirse a las "limosnas" o a "dar limosnas", la práctica de dar de manera caritativa, en especial a los pobres, se convirtió en una creencia y una práctica muy importantes dentro del judaísmo. El AT enseñaba la práctica del cuidado compasivo hacia los que padecían necesidad. El ideal de Israel era un tiempo en que nadie fuera pobre (Deut. 15:4). Por ejemplo, cada tres años se tenía que entregar el diezmo de la producción del año a las ciudades para darles a los levitas, a los extranjeros en la tierra, a los huérfanos y a las viudas (Deut. 14:28-29). Todas las deudas se tenían que cancelar entre los israelitas cada siete años (Deut. 15:1-3) y los campos tenían que estar en barbecho para que los necesitados pudieran comer (Ex. 23:10-11). Además, la ley instruía a Israel para que ofrendara generosamente a fin de suplir las necesidades de sus hermanos hebreos (Deut. 15:7-11). Dicha dádiva caritativa no era una tarea hecha a regañadientes ni un préstamo que había que devolver. No cumplir con esto era pecado (Deut. 15:9-10). Israel demostraba su interés hacia los necesitados al no cosechar los rincones de los campos y dejar espigas para que los necesitados y los extranjeros pudieran recoger lo que quedaba (Lev. 19:9-10; 23:22; Deut. 24:19-22).

Nuevo Testamento El NT considera que las limosnas son una expresión de una vida justa. El término técnico para limosnas (gr. *eleemosune*) aparece trece veces en el NT. Esto no incluye Mateo 6:1-2, donde la traducción preferible es "justicia" (NVI, LBLA). Para el judaísmo en el siglo I d.C., justicia y limosnas eran equivalentes. Aunque Jesús criticó los actos de caridad que se hacían para que los demás hombres los vieran (Mat. 6:2-3), Él esperaba que Sus discípulos llevaran a cabo acciones caritativas (Mat. 6:4) e inclusive ordenó que las realizaran (Luc. 11:41; 12:33). Las limosnas se pueden referir a un regalo donado a los necesitados (Hech. 3:2-3,10) o bien a actos de caridad en general (Hech. 9:36; 10:2,4,31; 24:17).

El NT le da un énfasis significativo al principio de los actos de misericordia debido a que estas acciones, en definitiva, se llevan a cabo para el Señor (Mat. 25:34-45). Los cristianos de la iglesia primitiva vendían sus posesiones y

compartían todas las cosas para aliviar a quienes sufrían y tenían necesidades dentro de la iglesia (Hech. 2:44-46; 4:32-35). Gran parte de la última etapa del ministerio de Pablo incluyó la supervisión y la colecta de una contribución para los creyentes necesitados de Jerusalén (Rom. 15:25-28; 1 Cor. 16:1-4; 2 Cor. 8–9). Según Santiago 1:27, la religión pura y sin mancha consiste, por lo menos parcialmente, en ayudar en sus necesidades a los huérfanos y a las viudas. Juan también presentó las ofrendas caritativas como una evidencia de la relación que una persona tiene con Dios (1 Jn. 3:17-18). Ver *Extranjero; Hospitalidad; Mayordomía; Misericordia.*

Barry Morgan

LIMPIO, LIMPIEZA La idea de la limpieza abarca un rango amplio y sorprendente del comportamiento humano. En el aspecto puramente físico, se considera limpia a una persona cuando se ha quitado las muestras obvias de suciedad o contaminación. Una persona limpia también es aquella que mantiene habitualmente un patrón de limpieza e higiene personal y que al mismo tiempo se ocupa de asegurarse de que el medio ambiente esté limpio a fin de prevenir accidentes, infecciones o enfermedades.

Puesto que la mente es un aspecto integral de la personalidad humana, la limpieza también se debe aplicar a las actitudes y las motivaciones que gobiernan formas particulares de comportamiento. Los pensamientos impuros como expresión de la mente, a menos que se los verifique con firmeza, pueden dar como resultado actividades vergonzosas (Mar. 7:15) y producir deshonra al individuo en cuestión y además pueden dañar a otros. Una persona de "vida limpia" generalmente se entiende como aquella que no da evidencia de ser criminal, que no es víctima de vicios tales como el alcoholismo o la drogadicción, o un individuo que habitualmente exhibe el código moral de Dios.

No obstante, cuando se considera la condición humana, la limpieza es un término relativo. Cuando por la caída la humanidad queda separada de la gracia divina como resultado de desobedecer los mandamientos de Dios y ceder a la tentación, hizo del pecado una cuestión genética (Gén. 3:1-19). Esto significa que la tendencia al pecado es innata, con el resultado inevitable de que, tal como dijo el antiguo salmista, no hay justo ni aun uno (Sal. 14:3; Rom. 3:10). Pablo habló de la situación con el mismo énfasis al proclamar que todos pecaron y están destituidos de la gloria de Dios (Rom. 3:23). El pecado del hombre coloca una barrera entre los pecadores y un Dios justo y santo. A los ojos de Dios los pecadores no están limpios.

Los ritos religiosos de Levítico hablaban mucho de la manera en que el pecador podía limpiarse de la iniquidad y acerca de cómo reconciliarse con Dios. Este era un tema de gran importancia para los israelitas porque Dios requería que fueran un reino de sacerdotes y una nación santa (Ex. 19:6). En las religiones del antiguo Cercano Oriente, la idea de la santidad se aplicaba a una persona en un estado de consagración al servicio de una deidad cuyo culto de adoración podía involucrar, y con frecuencia lo hacía, actos de naturaleza sexual groseros. Para los hebreos, la santidad exigía que reflejaran en su forma de vivir y en su pensamiento las elevadas cualidades morales y espirituales de Dios tal como estaban reveladas en Sus leyes.

Dentro de la comunidad israelita la limpieza era fundamental para el establecimiento y la preservación de la santidad. A diferencia de otras naciones, los hebreos recibieron instrucciones específicas en cuanto a la limpieza y la manera de recuperarla cuando se había perdido a causa del descuido o la desobediencia. Los principios de la limpieza abarcaban todos los aspectos de la vida individual y comunitaria. En definitiva, a estos principios se les podía dar una interpretación moral ya que en la nación santa las cuestiones seculares y espirituales estaban íntimamente asociadas.

Dios estableció para los israelitas un grupo especial de leyes sobre los animales limpios e inmundos (Lev. 11:1-47; Deut. 14:1-21) a fin de proporcionarles pautas para la dieta y otras circunstancias. Mientras que las naciones del antiguo Cercano Oriente poseían una distinción general entre las especies limpias e inmundas, los principios de diferenciación no eran de ninguna manera tan explícitos como aquellos que recibieron los hebreos. Se permitía comer animales limpios, pero los inmundos estaban estrictamente prohibidos. Los términos "limpio" e "inmundo" se definieron mediante ilustraciones y se enunciaron principios claros para permitir que cualquier persona los diferenciara correctamente.

Todo animal que tuviera pezuña hendida y que rumiara era limpio y, por lo tanto, apto para la alimentación. Todo animal que no cumpliera con estas especificaciones era inmundo y, en consecuencia, no había que comerlo. Si un animal como el camello cumplía con sólo uno de estos dos requisitos, aún se lo consideraba inmundo. Puesto que las aves formaban parte de la dieta de los israelitas, la lista que enumeraba las especies aptas para la alimentación excluía aquellas que podían transmitir enfermedades contagiosas.

Ha existido mucho debate en cuanto al propósito de estos reglamentos. Algunos escritores declaran que fueron establecidos a fin de evitar las prácticas paganas idolátricas. Otros se han centrado en la idea de preservar la naturaleza de separación de los israelitas en cuestiones alimenticias al igual que en los temas éticos y religiosos. Incluso otra opinión enfatiza los aspectos higiénicos de las leyes como un medio de prevención para evitar epidemias de enfermedades infecciosas. Lo más probable es que estos tres aspectos constituyeran el fundamento de la legislación, por lo cual se le debe conceder a cada uno la importancia que le corresponde. Los animales asociados con los cultos paganos estaban prohibidos, como también sucedía con criaturas desconocidas o repulsivas, y las especies que se alimentaban de carroña. Si los israelitas cumplían con las reglas para los alimentos, podían esperar buena salud física. Es evidente que el objetivo general de las leyes alimenticias era la prevención de impureza y el fomento de santidad dentro de la comunidad (Lev. 11:43,44).

La inmundicia también se aplicaba a ciertos objetos y situaciones de la vida que hicieran impuras a las personas. Por lo tanto, el contacto con una persona muerta (Lev. 5:2; 21:1), con un insecto o animal que se arrastrara (Lev. 22:4,5) o con el cadáver de un animal (Lev. 11:28; Deut. 14:8) requería de una purificación ritual a fin de quitar la impureza. Las mujeres, después de dar a luz, eran ritualmente inmundas y tenían que atravesar un rito de purificación (Lev. 12:4,5; Luc. 2:22). La lepra era particularmente peligrosa y requería rituales de limpieza especiales (Lev. 14) cuando se declaraba limpio al que la padecía. Las personas inmundas les transmitían su condición a cualquier cosa que tocaran, y en consecuencia las otras personas que manipularan dichas cosas también se convertían en inmundas. Aun el santuario de Dios necesitaba ser purificado periódicamente (Lev. 4:6; 16:15-20).

Tal como se señaló, la limpieza tenía una dimensión moral específica. Puesto que los sacerdotes de Dios tenían que estar revestidos de justicia (Sal. 132:9), toda la nación participaba de la manifestación del sacerdocio de todos aquellos que creían sinceramente en la relación con Dios mediante el pacto celebrado en el Monte Sinaí. Por lo tanto, ser limpio no sólo se refería a los aspectos negativos de ser liberados de las enfermedades o la contaminación, sino también a la demostración positiva en la vida diaria de las elevadas cualidades éticas y morales de Dios. Estas se manifestaban en absoluta pureza, misericordia, justicia y gracia.

La limpieza formaba parte de los requisitos morales de la ley. En consecuencia, el asesinato era tanto una contaminación de la tierra como también una violación de los mandamientos expresos del decálogo. La muerte de un inocente requería un acto de justicia de parte de toda la comunidad israelita sobre la base de un principio de retribución de sangre (Núm. 35:33; Deut. 19:10). Las ofensas morales graves que violaban la ley de Dios y contaminaban la nación incluían el adulterio (Lev. 18:20), considerado una ofensa pasible de muerte (Lev. 20:10), y la actividad sexual pervertida, que incluía el bestialismo. En estos casos, el castigo prescrito era la muerte (Lev. 20:13).

La santidad ceremonial, pues, incluía la distinción entre lo limpio y lo inmundo. La santidad moral requería que los israelitas se comportaran como una nación separada de la contaminación de la sociedad contemporánea, y requería también que vivieran vidas rectas y justas en obediencia a las leyes de Dios (Lev. 20:25,26). En el caso del transgresor penitente, la limpieza de la contaminación tanto física como moral se realizaba mediante un complejo sistema de ritos de purificación. Estos ritos incluían diferentes clases de abluciones como proceso de limpieza natural (Lev. 6:28; 8:6; 14:8,9; Núm. 8:7; 19:9); el uso de cenizas (Núm. 19:17) y el hisopado (Núm. 19:18) en el caso de contaminación ritual y accidental; y el sacrificio de sangre que hacía expiación por el pecado y reconciliaba con Dios a la persona. La ley establecía el principio de que la sangre hacía expiación por la vida humana (Lev. 17:11) y, en consecuencia, un sacrificio de sangre incluía la forma más elevada de purificación

(Lev. 14:6,19,20) o de dedicación a Dios (Lev. 8:23,24). Incluso, esta forma de sacrificio carecía de poder en el caso de pecados cometidos deliberadamente en contra del aspecto espiritual del pacto (Núm. 15:30).

En el NT, la limpieza sólo estaba asociada con las costumbres rituales del judaísmo de aquella época. Por lo tanto, al niño Jesús lo presentaron en el templo para cumplir con el rito tradicional de purificación (Lev. 12:2-8; Luc. 2:22). La limpieza (*katharismos*) fue un tema de discusión entre los fariseos y los discípulos de Juan el Bautista (Juan 3:25), pero Cristo obedeció la ley al enviar al leproso sanado ante el sacerdote para ser limpiado (Lev. 14:2-32; Mat. 8:4). En otras ocasiones, Él reafirmó su superioridad frente a las ordenanzas que posteriormente iba a enriquecer y cumplir (Mat. 12:8; Mar. 2:28; Luc. 6:5).

En sus enseñanzas, Cristo hizo más rigurosos los requisitos del culto del AT en cuanto a la limpieza, y enfatizó la motivación de la persona en lugar del cumplimiento externo y mecánico de reglas y reglamentos. Enseñó que el adulterio había sido cometido en plenitud tanto por un varón que deseara a una mujer (Mat. 5:27,28) como si el acto físico hubiese ocurrido. En Juan 15:3, la palabra que Cristo había proclamado los limpiaría regenerándoles el carácter e inculcando la santidad de vida.

Jesús no fue sólo un Maestro de moral. Él vino a la tierra para dar Su vida en rescate por los pecados de la humanidad (Mar. 10:45). En este sentido se convirtió en el Cordero de Dios que quita el pecado del mundo (Juan 1:29). Su muerte expiatoria como nuestro gran Sumo Sacerdote ofreciéndose a sí mismo una sola vez por nosotros en el Calvario, trascendió todo lo que se podía esperar de los rituales de purificación de la ley (Heb. 7:27). Allí instituyó en Su sangre un nuevo pacto de gracia divina (Heb. 8:6), y así consiguió la redención de los seres humanos e hizo posible la vida eterna para el individuo arrepentido que tiene fe en Su obra expiatoria.

Una de las más grandes declaraciones de la gracia de Dios y de Su nuevo pacto es que la sangre de Jesús nos limpia de todo pecado (1 Jn. 1:7). Ahora los sacrificios y las ofrendas son innecesarios ya que Jesús sólo requiere un espíritu arrepentido que confiese los méritos de la expiación que Él efectuó. En el caso de los cristianos, las provisiones del culto del AT han sido anuladas. Todas las comidas han sido declaradas limpias (Mar. 7:19; Hech. 10:9-16), y los únicos sacrificios que requiere Dios son los que emergen de un corazón contrito y humillado (Sal. 51:17). *R. K. Harrison*

LINDERO Pilar de piedras que sirve como señal limítrofe (Gén. 31:51,52). Algunas muestras babilónicas y egipcias están talladas en detalle. Muchos códigos legales antiguos (babilónico, egipcio, griego, romano) prohibían que se quitara un lindero (Deut. 19:14; comp. 27:17; Prov. 22:28). En Job 24:2, quitar un lindero era sinónimo de robar. Proverbios 23:10 advierte no quitar los linderos para robarles a los huérfanos. Oseas 5:10 condena a los gobernantes crueles de Judá comparándolos con aquellos que quitan los linderos; es decir, los que desprecian la justicia o la ley tradicional. Mover el lindero significaba cambiar las asignaciones tradicionales de la tierra (comp. Jos. 13–19) y engañar a un propietario pobre en lo poco que poseía.

LINO 1. Compañero de Pablo que le envió saludos a Timoteo (2 Tim. 4:21). La tradición de la iglesia primitiva lo identifica como el primer obispo de la iglesia de Roma, pero es dudoso que esta ciudad haya tenido sólo un obispo o pastor en esa época tan temprana de la historia. **2.** Planta (*Linum usitatissimumro*) utilizada para fabricar género. Las fibras del tallo son las fibras flexibles más antiguas. Los egipcios cultivaron lino antes del éxodo (Ex. 9:31), y los cananeos antes de la conquista (Jos. 2:6). El hilado del lino era una tarea doméstica común en épocas bíblicas. Proverbios 31:13 describe a la mujer virtuosa diciendo que busca lana y lino para trabajarlos. El proceso de preparar lino implicaba cortar y secar los tallos de la planta (generalmente sobre los techos de las casas, Jos. 2:6). Luego de quitarles las semillas, se sumergían los tallos en agua hasta que las fibras se desprendían, y se volvía a secar. Las fibras exteriores se separaban de la parte central con un peine o madera dentada. Se peinaba o cardaba nuevamente para limpiar y ordenar las fibras a fin de poder convertirlo en hilo para tejer (Isa. 19:9). Las fibras restantes, cortas y enredadas, se usaban para fabricar cuerdas o estopa (Jue. 16:9; Isa. 1:31).

Las fibras de lino también se usaban para preparar antorchas y mechas para lámparas. Isaías

43:17 describe a los ejércitos como una mecha que el Señor iba a extinguir. En Isa. 42:3, el Siervo del Señor es aquel que no apagará una mecha que arde débilmente. La figura sugiere a alguien que ayuda y consuela al débil en lugar de someterlo a duro juicio. Mateo consideró que el ministerio de Jesús era cumplimiento de ese pasaje escritural (Mat. 12:20).

LINTERNA Receptáculo portátil con aberturas transparentes utilizado para exhibir y proteger una luz. El término griego de Juan 18:3 es de significado incierto, aunque es evidente que se refería a alguna clase de luz. En una escena irónica de Juan, la multitud se acercaba con luces "artificiales" para arrestar a Jesús, "la luz del mundo" (Juan 8:12; 9:5; 11:9; 12:35,36,40).

LIRIO En el uso bíblico, nombre dado a una variedad de flores que van desde el loto del Nilo (1 Rey. 7:19) hasta las flores silvestres en Palestina (Mat. 6:28). El lirio fue la inspiración para realizar el reborde del mar de fundición del templo de Jerusalén (1 Rey. 7:26; comp. 1 Rey. 7:19, 22). El Cantar de los Cantares lo utiliza para embellecer la descripción que hace el autor acerca del amor (2:1; 4:5). Ver *Flores*.

LIRIOS Traducción de la palabra hebrea correspondiente a "lotos". Término técnico que se utiliza en el título de algunos salmos: 45; 60; 69; 80. Puede referirse al título de una melodía, una flor utilizada en una ceremonia donde se busca recibir una palabra de Dios, la designación de una canción de amor cuyo significado luego se amplía, o la indicación de un instrumento de seis cuerdas.

LIRIOS, FORMA DE Obra decorativa ubicada en la parte superior de las dos columnas que flanqueaban la entrada al templo de Salomón (1 Rey. 7:19,22). Es probable que estas columnas se hayan realizado tomando como inspiración las columnas egipcias con motivos de lotos. La elaboración del borde del mar de fundición quizá también se inspiró en la forma del lirio en flor (1 Rey. 7:26). Ver *Templo*.

LISANIAS Nombre de persona de significado desconocido. Tetrarca romano de Abilinia aprox. en el 25–30 d.C. y que por lo tanto corresponde al comienzo del ministerio de Juan el Bautista (Luc. 3:1). Ver *Abilinia*.

LISIADO Mutilado, desfigurado y gravemente herido, en especial por la pérdida de una extremidad (Mat. 18:8; Mar. 9:43). En el mundo antiguo, los lisiados tenían dificultad para encontrar trabajo y dependían de la generosidad de los demás (Luc. 14:13). Un pastor (líder) indigno no se ocupa de la oveja lisiada (Zac. 11:16 "perniquebrada"). Durante Su ministerio de sanidad, Cristo, el buen pastor, se interesó en los lisiados (Mat. 15:30,31). Esperaba que Sus discípulos invitaran a comer a los discapacitados (Luc. 14:13 "cojos") que no podrían retribuirles nunca. A fin de advertir a Sus discípulos que evitaran lo que los inducía a pecar, Jesús enseñó que es preferible entrar a la vida (eterna) lisiado (o cojo) que ser echado al fuego eterno con algo que impulse a la persona a pecar (Mat. 18:8).

LISIAS Segundo nombre o nombre de nacimiento del tribuno romano o capitán del ejército que ayudó a Pablo a escapar de los judíos y a presentarse ante el gobernador Félix (Hech. 23:26). Su nombre también aparece en algunos mss griegos en Hech. 24:7, pero no así en los más antiguos en que se basan muchas traducciones modernas (comp. 24:22). Ver *Claudio*.

LISTRA Ciudad del centro y sur de Asia Menor e importante centro de Licaonia. Según Hech. 16:1, probablemente haya sido el hogar del joven Timoteo, uno de los compañeros de ministerio de Pablo. La curación de un paralítico que Pablo llevó a cabo en Listra (Hech. 14:8-10) hizo que los habitantes del lugar lo reverenciaran como a un dios. Muchos creyeron lo que predicaba, pero los judaizantes de Antioquía e Iconio los indujeron a ponerse en su contra. Pablo fue arrastrado fuera de Listra, apedreado y abandonado por muerto. El apóstol se repuso y luego regresó a la ciudad para fortalecer a los nuevos cristianos.

LITERA Sillón cubierto y con cortinas del que sobresalen varas a fin de ser acarreado por personas (Cant. 3:7; Isa. 66:20). El término que se usa en Isa. 66:20 quizá se refiera a carruajes cubiertos.

LITERATURA SAPIENCIAL Género literario que presenta dichos sabios y observaciones perspicaces. Estos escritos enseñan cómo vivir en función de principios tales como inteligencia, entendimiento, sentido común, política y habilidades prácticas. Con respecto a la Biblia, el término se refiere a los libros de Job, Proverbios y Eclesiastés. Algunas porciones de otros libros bíblicos, como Ester, Salmos, Cantar de los Cantares y Daniel, también se pueden clasificar como literatura sapiencial, así como sucede con los libros apócrifos de Sirac y la Sabiduría de Salomón. En la antigüedad, Egipto y Babilonia también produjeron literatura sapiencial, pero la bíblica es única ya que enseña que el temor de Dios es el fundamento de la verdadera sabiduría (Prov. 9:10) y del éxito definitivo (Sal. 25:12,13; Ecl. 8:12,13). *David K. Stabnow*

LLAGAS Término general utilizado en la Biblia para describir inflamaciones de la piel. Las llagas o sarpullido se mencionan en conexión con las úlceras de la sexta plaga de Egipto (Ex. 9:9,10). Debido a que esta plaga afectó tanto a animales como a hombres, muchos sugieren que es la pústula maligna del carbunclo cutáneo. La llaga de Ezequías (2 Rey. 20:7; Isa. 38:21) se identifica como un divieso, inflamación localizada de la piel provocada por una infección del folículo piloso que supura y posee tejido muerto en el centro. Las llagas que padecía Job (Job 2:7) se han identificado con viruela o treponema (una infección parasitaria).

LLAMADO Término utilizado con frecuencia para referirse a alguien a quien Dios llama para salvación y servicio.

Antiguo Testamento En el AT, "llamado" abarca varias connotaciones importantes. Entre estas se incluyen nombrar, convocar, proclamar, clamar a Dios por ayuda y escoger.

En el AT, la palabra hebrea *qara'* se traduce "llamar" en el sentido de ponerle nombre a cosas, animales, lugares y personas (Gén. 1:5; 2:19; 16:14; 25:30). En otras porciones del AT, se destaca más el concepto de "convocar". Los ejemplos incluyen a las parteras hebreas (Ex. 1:18), a Moisés y Aarón (Ex. 8:8) y a la desastrosa negativa de Datán y Abiram a responder los llamados divinos (Núm. 16:12,31-33). En Joel 2:15, la palabra se traduce "convocad", y da la idea de anunciar un evento venidero donde se espera que participe la gente. Al pueblo de Dios se le instruye que lo "invoque" a Él para salvación y liberación en tiempos de necesidad (Isa. 55:6), y los falsos profetas de Baal invocaron a su dios en el enfrentamiento con Elías en el Monte Carmelo (1 Rey. 18:26), mientras que este último invocó el nombre del Señor. En Isa. 45:3 se dice que Dios le "puso nombre" a Ciro, lo cual indica que fue escogido para desempeñar un papel específico en la historia de la salvación del pueblo de Dios. Ver *Elección; Predestinación.*

Nuevo Testamento El NT utiliza el concepto de "llamar" en relación con la condición de la persona y su llamado al servicio cristiano. Aparentemente, Jesús y los discípulos distinguían entre dos clases de llamados: uno externo (evangelio) y otro interno.

En Hech. 4:18, a Pedro y a Juan los llaman a presentarse ante el Sanedrín después de que el grupo finalizó con sus deliberaciones. En la parábola del mayordomo injusto (Luc. 16:2), a este se lo "llama" o convoca para que dé cuenta de la responsabilidad que tuvo. La parábola de los talentos (Mat. 25:14-30) vuelve a indicar que un llamado respaldado por una autoridad divina es una cuestión crucial.

En el NT, el concepto de invocar el nombre de Dios para obtener liberación se toma directamente de pasajes claves del AT (Joel 2:32; comp. Hech. 2:21; Rom. 10:13) y se extiende hasta su máximo significado de salvación espiritual completa, del pecado y el juicio. En Hech. 7:59, Esteban invocó al Señor en oración cuando estaba a punto de morir martirizado.

También existe un llamado al servicio cristiano. Pablo se refiere directamente a esto cuando dice que Dios lo llamó para ser apóstol (Gál. 1:1; comp. Rom. 1:1).

Con respecto a la salvación de los individuos, la palabra "llamar" se utiliza de dos maneras. En Mat. 22:14, Jesús dijo: "Porque muchos son llamados, y pocos escogidos." El Señor indica aquí que el llamado del evangelio tiene la intención de extenderse ampliamente para llamar a hombres y mujeres de todas partes para que se arrepientan del pecado y confíen en Cristo para salvación.

No todos oirán ese llamado "externo" o "del evangelio". La Biblia le atribuye la conversión del pecador a un llamado interno efectuado por Dios. El apóstol Pablo enseñó que se les hará este tipo de llamado a todos aquellos que Dios haya predestinado para salvación (Rom. 8:28-30), y el apóstol habla de esto con tanta certidumbre en este pasaje que da la impresión de que dicho llamado interno no puede sino lograr su propósito (comp. Joel 2:32; Hech. 2:39). Jesús habló de lo mismo en cuanto al concepto del poder de Dios que atrae (Juan 6:44). Este llamado siempre se atribuye al propósito amoroso y eterno del Padre, y tiene como objetivo provocar la alabanza de Su gracia (Ef. 1:4-6).

El llamado de Dios en Su gracia no conduce a la pereza. Pablo amonesta a sus lectores para que luchen con toda la fuerza que Dios les da a fin de mostrar vidas dignas del llamado que recibieron (Ef. 4:1), y los insta a que sigan hacia adelante y arriba "al premio del supremo llamamiento de Dios en Cristo Jesús" (Fil. 3:14). En este contexto entendemos el equilibrio de Pablo entre la responsabilidad y la soberanía. En Rom. 10:9-15, Pablo establece la relación entre este llamado interno y la obligación evangelizadora de la iglesia: sin la predicación del evangelio una persona no puede oír ni acerca de Cristo ni de parte de Él, y en consecuencia no puede invocar el nombre del Señor y ser salvo. Ver *Elección; Justificación; Predestinación; Salvación.* *A. J. Smith*

LLAVES Instrumento para conseguir acceso (Jue. 3:25).

Antiguo Testamento Quien tenía las llaves poseía el poder de admitir o negar la entrada a la casa de Dios (1 Crón. 9:22-27; Isa. 22:22). En el judaísmo tardío, esta imagen de la llave se extendió a los seres angelicales y a Dios como guardianes de las llaves del cielo y del infierno.

Nuevo Testamento En el NT, las llaves se usan sólo en sentido figurado como símbolo de acceso (Luc. 11:52) o autoridad, en particular la autoridad de Cristo sobre el destino final de las personas. El Cristo resucitado posee las llaves de David y controla el acceso a la Nueva Jerusalén (Apoc. 3:7). Al vencer la muerte, Él tiene las llaves de la muerte y del Hades (Apoc. 1:18). Ver *Llaves del reino.* *Barbara J. Bruce*

LLAVES DEL REINO Lo que Jesús le confió a Pedro en Mat. 16:19, y cuya interpretación ha sido tema de acalorados debates entre católicos y no católicos. Cualquier solución debe considerar lo siguiente: (1) el papel de Pedro como apóstol principal; (2) la confesión que hizo Pedro en cuanto a Jesús como el Cristo; (3) el juego de palabras que utilizó Jesús en relación a la "roca" (*petra*) sobre la que Él edificaría Su iglesia; (4) el significado de "atar" y "desatar" y (5) las referencias paralelas sobre ambas "llaves" y los otros términos mencionados anteriormente en la literatura bíblica (comp. Mat. 18:18; Juan 20:23; Rom. 9:32,33; Ef. 2:19-22; 1 Ped. 2:4-10; Apoc. 1:18; 3:7-13).

La frase "llaves del reino" se relaciona con la autoridad conferida a Pedro para "atar" y "desatar". Esta autoridad se le delegó a Simón Pedro, pero no se debe entender como una autoridad arbitraria o incluso individual de él para salvar o condenar. Pedro es un representante de los apóstoles, hecho que se observa en su frecuente papel como líder y vocero. En Ef. 2:20, no es Pedro sino "los apóstoles y profetas" quienes constituyen el fundamento y tienen a Cristo Jesús como piedra angular. Más aún, en 1 Ped. 2:4,5 (que probablemente refleje la interpretación de Pedro sobre las palabras que Cristo le expresó) los mismos creyentes son "piedras" edificadas sobre Cristo, la "piedra viva".

Además, la autoridad otorgada a Pedro y a los apóstoles no se puede separar de la perspectiva celestial y la confesión de que Jesús es el Cristo, el Hijo de Dios. Es la revelación conferida a Pedro (y confesada por él) la que pone de manifiesto la bendición del Señor. Por lo tanto, no podemos pasar por alto el componente confesional/teológico de la autoridad apostólica de Pedro. Su autoridad como apóstol estaba basada en la confesión que hizo, y se le había otorgado de manera divina. Pablo (al igual que Jesús, Mat. 16:23) indudablemente sintió libertad para criticar a Pedro cuando la teología/comportamiento de este requirió corrección (Gál. 2:6-14). Más aún, la autoridad para "atar" y "desatar", el resultado de recibir "las llaves del reino", es una mayordomía, una autoridad delegada por Cristo (comp. Mat. 16:19; Juan 20:21-23; Apoc. 1:18; 3:7,8).

Finalmente, los pasajes bíblicos sobre la "llave" sugieren que lo que se les confió/delegó a los apóstoles es la predicación del evangelio. Aunque el evangelio en sí indudablemente debe ser entregado (1 Tim. 6:20; 2 Tim. 2:2; 2 Ped. 1:12-16), las Escrituras nunca sugieren que el "poder de las llaves" haya sido un privilegio personal ni un oficio eclesiástico que Pedro ni ninguna otra persona pudieran entregar. Más bien, se refiere a la mayordomía del evangelio (1 Cor. 3:10–4:1) confiada a aquellos testigos oculares históricamente únicos quienes, como apóstoles de Cristo, podían proporcionar un testimonio autorizado de la salvación que sólo se halla en Él, una esperanza que se podía ofrecer y prometer con confianza ("en la tierra") como un regalo ya presente ("en el cielo") para los que confiesan Su nombre. Ver *Atar y desatar; Discípulo; Llaves.*

Robert B. Sloan

LLUVIA Agua del cielo que alimenta la vida de plantas y animales. Palestina dependía de las lluvias anuales para asegurar una cosecha abundante y una provisión generosa de comida para el año siguiente. Por lo tanto, la presencia o ausencia de lluvia se transformó en símbolo de la continua bendición de Dios o de su desagrado con la tierra y sus habitantes. Llovía en dos estaciones: la lluvia temprana en octubre y noviembre, y la tardía en febrero y marzo (Sant. 5:7). Fuera de estos dos períodos, las precipitaciones eran pocas. Vientos del oeste provenientes del Mar Mediterráneo acarreaban tormentas con agua en invierno, y la mayor parte de la lluvia caía a lo largo de la llanura costera, en el norte y en las montañas centrales. Elevaciones menores, el Valle del Jordán y el sur, recibían menos lluvia durante el año. Con frecuencia, las largas sequías eran seguidas por riadas que rápidamente llenaban los riachuelos y los lechos de los ríos de estación. El agua sobrante se capturaba en cisternas y se bebía. En el Neguev, los labradores araban durante las lluvias para permitir que el polvo fino del desierto absorbiera la poca lluvia disponible. La llegada de la lluvia se consideraba muestra de que Dios seguía satisfecho con Su pueblo. La falta de lluvia en primavera proclamaba juicio divino sobre el pecado y la desobediencia. Los cananeos adoraban a Baal como dios de la lluvia y el trueno, y atraían su presencia a la tierra con orgías sexuales.

LLUVIA TEMPRANA Término que se usa en Deut. 11:14 para las primeras lluvias. Ver *Lluvia.*

LO-AMMI Nombre de persona simbólico que significa "no mi pueblo". Hijo del profeta Oseas cuyo nombre le dio Dios para simbolizar la relación perdida entre Israel y Él debido al pecado de la nación y el quebrantamiento del pacto (Os. 1:9).

LOBO El más grande de los carnívoros caninos salvajes (*Canis lupus, Canis pallipes*), que incluyen a los perros, los zorros y los chacales. Se cree que es el antepasado original de los perros domésticos. Se lo conoce por la audacia y fiereza de su ataque (Luc. 10:3). A menudo mataba más de lo que podía comer debido a que el sabor de la sangre lo ponía en estado frenético. Para los pastores, el lobo era el mayor enemigo de las ovejas. Se lo conocía bien en los tiempos bíblicos (Juan 10:12); no obstante, casi todas las referencias a este animal se encuentran en sentido figurativo. Su nombre se utiliza simbólicamente para describir a gente engañosa y codiciosa (Gén. 49:27; Jer. 5:6; Ezeq. 22:27; Sof. 3:3; Hech. 20:29). Jesús utilizó la figura del profeta falso como si fuera un lobo vestido con piel de oveja (Mat. 7:15). Una de las señales de la era mesiánica es que "el lobo y el cordero serán apacentados juntos" (Isa. 65:25).

LOD Nombre geográfico de significado desconocido, posteriormente denominado Lida, 18 km (11 millas) al sudeste de Jope. Su edificación se le atribuye a Semed o quizá a Elpaal, de la tribu de Benjamín (1 Crón. 8:12). Los exiliados que regresaron se establecieron allí aprox. en el 537 a.C. (Esd. 2:33; Neh. 7:37; 11:35), en lo que parece ser el asentamiento postexílico más occidental, aunque probablemente haya estado fuera del ámbito de autoridad del gobierno de Sanbalat de Samaria y de Judá (Neh. 6:2). Ver *Lida.*

LODEBAR Nombre geográfico que se escribe de diversas maneras en hebreo y significa "ninguna palabra", "a él una palabra" o "hablar". Después que Saúl y Jonatán fueron derrotados en el Monte Gilboa (1 Sam. 31:1-13), Mefi-boset, el hijo lisiado de Jonatán, se refugió en casa de Maquir en Lodebar (2 Sam. 9:3-4), una ciudad de Dan ubicada en la parte oriental de Galaad justo al sur del Mar de Cineret (Galilea). Después de que David se convirtiera en rey, mandó llamar a Mefi-boset para poder demostrarle su bondad al único descendiente de Jonatán (2 Sam. 9:1-5). Más tarde, el rey necesitó ayuda de Maquir de Lodebar durante la rebelión de Absalón (2 Sam. 17:27-29).

Algunos consideran que Debir es una forma alternativa de escritura de Lodebar (Jos. 13:26). Ver *Debir.*

En Amós 6:13 hay una alusión críptica a Lodebar (LBLA, NVI). Antes de pronunciar esta profecía, Lodebar y Karnaim habían sido tomadas nuevamente de manos arameas, en una campaña dirigida por Jeroboam II y bendecida por Dios (2 Rey. 14:25-28). Israel consideró la victoria como indicación de su propio poder y grandeza, y olvidó que Dios los había hecho triunfar. Amós tomó las consonantes del nombre Lodebar y le agregó otras vocales para que el vocablo signifique "una cosa de cero". El profeta le estaba recordando a Israel que su verdadero poder y grandeza no radicaba en logros militares sino en el Dios que había bendecido sus esfuerzos. Amós estaba instando a los israelitas a volver a tener fe en Dios. *Phil Logan*

LOGIA Término griego que se aplica a una colección de dichos. Viene de la misma raíz que *logos*, palabra griega que por lo general se traduce "verbo" o "palabra" (Juan 1:1,14). Los padres de la iglesia utilizaron "logia" para aludir a una colección de dichos de Jesús. En su *Historia de la Iglesia*, Eusebio (aprox. 260–340 d.C.) citó a Papías (siglo II d.C.), quien dijo que Mateo recopiló la logia en hebreo. Aparentemente, esta logia no es el Evangelio de Mateo. Más bien, es probable que fueran los dichos de Jesús que están contenidos en Mateo y Lucas pero no en Marcos.

Es tema de debate el momento exacto en que la logia adquirió forma escrita. Además de las evidencias del NT, dos descubrimientos modernos demuestran que la logia existía en las comunidades cristianas primitivas. Aprox. en el 1900 se desenterraron restos de una verdadera logia cerca de Oxirinco, Egipto. Se encontraron tres fragmentos de papiros que contienen dichos atribuidos a Jesús. Datan del siglo III, pero es probable que sean copias de una colección más antigua. Cada dicho comienza con "Jesús dice". Algunos aparecen en los Evangelios, en tanto que otros se conocen gracias a los padres de la iglesia. Además, en 1946 cerca de Naghammadi, Egipto, se encontraron dos logias de una comunidad con tendencias agnósticas. Datan de entre el 300 y 400 d.C., y contienen más de 200 dichos atribuidos a Jesús.

Los Evangelios, al igual que aquellos dichos de Jesús que aparecen en otras partes del NT (por ej. Hech. 20:35), y los descubrimientos modernos demuestran el interés de la iglesia primitiva en preservar los dichos de Jesús. El mismo interés se puede observar en la actualidad en las ediciones con letra roja de la Biblia. Ver *Gnosticismo; Logos; Lucas; Marcos; Mateo; Naghammadi.* *Larry McKinney*

LOGOS Juan utilizó deliberadamente el término *logos* (traducido "Verbo" o bien "Palabra") para describir a Jesús (Juan 1:1). *Logos* tenía un profundo significado cultural en el trasfondo de los cristianos primitivos, tanto judíos como griegos.

La palabra griega *logos* ("verbo", "palabra") comúnmente se refería a una explicación o razón de algo que de otro modo carecería de significado. *Logos* posee una variedad de usos según el contexto. En relación con el lenguaje o la gramática, puede significar "oración" o "declaración", mientras que ligado a la lógica y el conocimiento puede referirse a "razón", "explicación", "ciencia" o "fórmula". Una forma de *logos* se utiliza en palabras españolas para describir una disciplina o ciencia en particular, por ej. teología, antropología, etc.

Los filósofos griegos, comenzando con Heráclito, le otorgaron a *logos* un importante significado. Los estoicos enfatizaban en profundidad el *logos spermatikos* ("palabra seminal"), el principio racional que impregna toda la realidad y provee significado y orden a las personas y al universo. El *logos* crea coherencia y unidad, proporciona un modelo ordenado de existencia y mantiene las cosas unidas.

No obstante, para el uso bíblico de *logos* es fundamental el concepto del AT de la "palabra" (*dabar*) de Dios. Los hebreos no consideraban la palabra de Dios como meras expresiones sino como un medio poderoso y efectivo para llevar a cabo los propósitos divinos (Isa. 40:8; 55:11; Jer. 23:29). Por Su palabra, Dios hizo que el mundo existiera (Gén. 1:3-31; Sal. 33:6; 2 Ped. 3:5). Dios le comunicó Su palabra a la gente en forma directa, especialmente en el caso de la ley (Ex. 20:1-17; 34:28; Deut. 5:4-5) y los profetas (1 Sam. 15:10; 2 Sam. 7:4; 23:2; 2 Rey. 7:1; Isa. 38:4; Jer. 1:4,11; Ezeq. 7:1; 11:14; Os. 1:1; Joel 1:1; Jon. 1:1; Miq. 1:1; Hag. 1:1; Mal. 1:1). La persona sabia vive conforme a la palabra de Dios (Gén. 15.1; Ex. 9:20-25; Núm. 3:16; 1 Rey. 6:11,12; Sal. 106:24; 119).

A medida que la cultura griega y hebrea se iban superponiendo, estos conceptos de "palabra" interactuaban. Cuando los eruditos judíos de Alejandría, Egipto, tradujeron el AT hebreo al griego (la Septuaginta, LXX. 275 a.C.), utilizaron *logos* para traducir *dabar*. Filón, un judío alejandrino (30 a.C.–40 d.C.), describía el judaísmo en términos neoplatónicos al creer que los pensadores griegos habían tomado prestadas expresiones de Moisés. Filón creía que conceptos griegos tales como *logos* no se contradecían con la opinión del AT sobre la palabra y la sabiduría de Dios tal como se personifican en Prov. 8 y en los libros apócrifos La Sabiduría de Salomón y Sirac. Así como el logos de los estoicos proporcionaba un orden racional para todo lo creado, Filón reinterpretó que la creación en Génesis se produjo mediante el *Logos*, el primogénito de la creación.

En esta situación cultural, Juan describió a Jesús como *Logos* (Juan 1:1-14), pero no se remitió a copiar conceptos culturales comunes. Al escribir bajo la inspiración del Espíritu Santo, imbuyó un nuevo significado al concepto de *Logos*. En relación con Dios, Jesús como *Logos* no era simplemente un ángel ni un ser creado constituido agente de la creación, ni era otra palabra para referirse a Dios o a Su sabiduría sino que Él era Dios mismo (Juan 1:1-4). Con respecto a la humanidad, Jesús el *Logos* no era el principio impersonal de los estoicos sino un Salvador personal que tomó forma humana en la encarnación (Juan 1:4-14). La Palabra que se hace carne y habita entre nosotros (Juan 1:14) está en completo contraste con las ideas griegas. Al describir a Jesús como *Logos*, Juan lo presenta como Creador preexistente del universo, como Dios e idéntico a Dios. En base a esta perspectiva de la divinidad y eternidad de Jesús, es imposible sostener que Él era un simple profeta o maestro (Fil. 2:5-11; Col. 1:13-20; 2:9-10; Heb. 1:1-4; 1 Jn. 1:1-3; Apoc. 19:13).

En otros textos del NT, *logos* se utiliza para referirse a las Escrituras, en particular en cuanto a la manera en que estas se proclaman al predicar el evangelio (Luc. 5:1; 8:11-15; Hech. 4:31; 8:14; 12:24; Rom. 10:8; 1 Tes. 2:13; 1 Ped. 1:23-25; Heb. 4:12). Dicha predicación concede orden y significado a las vidas destruidas por el pecado. Quienes colocan la fe en Jesús, el *Logos*, serán bienvenidos a la familia de Dios (Juan 1:11,12). *Steve W. Lemke*

LOIDA Nombre de persona que tal vez signifique "más deseable" o "mejor". Madre de Eunice y abuela de Timoteo (2 Tim. 1:5). Pablo la exaltó como modelo de la fe cristiana y consideró que ella tuvo un papel decisivo en el crecimiento en la fe de su nieto.

LOMOS Términos hebreos y griegos que se refieren a las caderas y la parte inferior de la espalda. "Lomos" se usa en sentido literal en cuanto a cortar la sección central de un cuerpo (Ex. 28:42; 2 Rey. 1:8; Isa. 11:5; Jer. 13:1; Mat. 3:4). Ceñirse las vestiduras largas y más bajas a la altura de la cintura o de los lomos indicaba estar listo para viajar (Ex. 12:11; 1 Rey. 18:46; 2 Rey. 9:1). En el NT, ceñirse los lomos se utiliza en el sentido figurativo de disposición (Luc. 12:35; Ef. 6:14; 1 Ped. 1:13). A veces el AT alude a los lomos como el asiento de la fortaleza física (Nah. 2:1). Por lo tanto, hacer que los lomos de alguien tiemblen o se aflojen es sinónimo de tornarlo inútil (Sal. 69:23; Isa. 45:1). Las Escrituras también utilizan los lomos como símbolo de los poderes de procreación (Gén. 35:11; 1 Rey. 8:19; Heb. 7:5,10). Las traducciones modernas con frecuencia esconden la expresión hebrea "de los lomos" con la traducción "descendencia". Ver *Muslo*.

LO-RUHAMA Nombre simbólico de persona que significa "sin amor". Nombre que Dios le indicó a Oseas para su hija para simbolizar que Israel, que se rebeló contra Dios y sirvió a otros dioses, había perdido el derecho al amor de Dios (Os. 1:6).

LOT Nombre de persona que significa "escondido". Hijo de Harán y sobrino de Abraham (Gén. 11:27). Lot, cuyo padre murió en Ur (Gén. 11:28), viajó con su abuelo a Harán (Gén. 11:31). Este tuvo intenciones de dirigirse a Canaán pero se quedó en Harán (Gén. 11:31). Cuando Abraham partió de ese lugar para ir a Canaán, Lot y su familia lo acompañaron (Gén. 12:5).

Después de atravesar Canaán y entrar en Egipto, Abraham y Lot finalmente se establecieron entre Bet-el y Hai, aprox. 16 km (10 millas) al norte de Jerusalén (Gén. 13:3). Ambos llegaron a tener ganado y rebaños tan grandes que la tierra no era suficiente para albergar a los dos (Gén. 13:2,5,6). Además, los pastores del ganado de Abraham y de Lot no se llevaban bien (Gén. 13:7). Por lo tanto, a fin de asegurarse de que sus rebaños tuvieran suficiente lugar para pastar y a fin de evitar mayores problemas, Abraham sugirió que se separaran. Le permitió a Lot que escogiera la tierra, y este se aprovechó de la generosidad de su tío y eligió el Valle del Jordán, bien provisto de agua, donde estaba la ciudad de Sodoma (Gén. 13:8-12).

Algunos detalles interesantes de la separación de Abraham y Lot traen a la memoria del lector acontecimientos previos de Génesis. Por ejemplo, al Valle del Jordán se lo describe provisto de mucha agua "como el huerto de Jehová" (Gén. 13:10), lo cual trae el recuerdo de la historia de Adán y Eva en el jardín del Edén. Uno se pregunta si Lot en este huerto iba a tener más éxito del que habían tenido Adán y Eva. Las perspectivas de éxito se ponen en duda por la forma en que se describe el viaje de Lot; su viaje fue hacia el oriente, una descripción que recuerda el traslado de Adán y Eva después de ser expulsados del huerto (Gén. 3:24).

Al Valle del Jordán también se lo describe como fértil, al igual que Egipto (Gén. 13.10). Este detalle trae a la memoria el viaje casi desastroso de Abraham a Egipto para evitar la hambruna en Canaán (Gén. 12:10-20), sino que también anticipa el que Jacob y su familia harían más tarde (Gén. 42–50); un viaje que sí produjo consecuencias desastrosas (Ex. 1:8-14).

La mención de las ciudades del Valle del Jordán también presenta connotaciones negativas: la torre de Babel donde los pueblos se reunieron en un lugar (habían emigrado desde el este) para edificarse una ciudad y hacerse de un nombre a fin de que no fueran esparcidos sobre la faz de la tierra y vivieran como peregrinos (Gén. 11:1-4). También hace pensar que Taré abandonó su viaje a Canaán para establecerse en la ciudad de Harán (Gén. 11:31). Para aumentar las connotaciones negativas de estas ciudades en los relatos de Génesis, también se nos dice que los habitantes de Sodoma pecaban tremendamente en contra de Dios (Gén. 13:13).

En resumen, las cosas no pintaban tan buenas para Lot como pudieron parecer a primera vista cuando escogió vivir en el bien irrigado Valle del Jordán. Esto comienza a percibirse en Gén. 14. Dicho valle no sólo era atractivo para pastores de rebaños como Lot, sino que las riquezas de ese lugar también atraían a reyes de otras naciones. Uno de esos reyes fue Quedorlaomer quien, junto con otros tres reyes, capturó y saqueó Sodoma y se llevó prisionero a Lot (Gén. 14:1-12). Cuando Abraham escuchó lo que le había sucedido a su sobrino, reunió un ejército y lo rescató (Gén. 14:13-16).

A Lot no se lo vuelve a mencionar hasta Gén. 19 cuando lo visitaron dos ángeles. Dios ya le había dicho a Abraham que tenía intenciones de destruir Sodoma y Gomorra (Gén. 18:20). Abraham intercedió a favor de la primera pidiendo que si en esa ciudad se hallaban diez hombres justos, Dios no la destruyera (Gén. 18:32-33). Aparentemente, dos ángeles iban a Sodoma para inspeccionarla. Cuando llegaron, Lot los recibió con hospitalidad. Cuando los hombres de la ciudad se enteraron de que dos extraños estaban alojados con Lot, quisieron tener relaciones sexuales con ellos. Lot protegió a sus huéspedes de los sodomitas y les ofreció a sus hijas a cambio. Los hombres de la ciudad rechazaron este ofrecimiento e intentaron sin éxito tomar a los dos extraños. A fin de ayudar a Lot, los ángeles revelaron el deseo de Dios de destruir Sodoma, y lo instaron para que llevara a su familia a los montes para protegerse. Les advirtieron que no miraran hacia Sodoma. Lot, en lugar de dirigirse a los montes para estar a salvo, decidió vivir en otra ciudad (Zoar). Mientras escapaban de Sodoma, la esposa de Lot (de quien no se menciona el nombre) miró la destrucción y se convirtió en estatua de sal (Gén. 19:1-29). Abraham había vuelto a rescatar a Lot (Gén. 19:29; comp. 12:4).

Como Lot tenía miedo de vivir en Zoar, decidió habitar en las cuevas de los alrededores. Sus hijas, quienes temían no poder tener nunca descendencia, decidieron engañar al padre para que tuviera relaciones sexuales con ellas. Lo emborracharon y ambas concibieron un hijo de él. El hijo de la mayor fue llamado Moab y se convirtió en padre de los moabitas. El hijo de la menor se llamó Ben-ammi y fue padre de los amonitas (Gén. 19:30-38). Más tarde en la historia de Israel, Dios quiso asegurar un lugar en Palestina a moabitas y amonitas (Deut. 2:9). No obstante, ambos pueblos traicionaron esta relación al unirse posteriormente a Asiria (Sal. 83:5-8).

En el NT, el día del Hijo del Hombre se compara con la destrucción de Sodoma y Gomorra (Luc. 17:28,29). A los seguidores de Jesús se les advierte que no deseen las cosas pertenecientes a su vida anterior, como sucedió con la esposa de Lot, sino que en cambio, estén dispuestos a perder la vida. Esta es la única manera de ganarla (Luc. 17:32). La historia de Lot también se utiliza para mostrar la fidelidad de Dios al rescatar a su pueblo (2 Ped. 2:7-9). *Phil Logan*

LOTÁN Nombre de persona y de tribu de significado incierto. Hijo de Seir horeo y aparentemente antepasado originario de la familia en Edom (Gén. 36:20-29). Ver *Edom; Seir.*

LUCAS Autor del tercer Evangelio y del libro de Hechos del NT, como así también íntimo amigo y compañero de viaje de Pablo. El apóstol lo llamó "amado" (Col. 4:4). Lucas hizo referencia a sus viajes con Pablo y a su compañía en Hech. 16:10-17; 20:5-15; 21:1-18; 27:1–28:16. Muchos eruditos creen que Lucas escribió el Evangelio y el libro de Hechos desde Roma durante el primer encarcelamiento del apóstol en esa ciudad. Aparentemente, Lucas también permaneció cerca de o junto a Pablo durante el segundo encarcelamiento romano del apóstol. Poco antes de su martirio, Pablo declaró: "Sólo Lucas está conmigo" (2 Tim. 4:11).

Los primeros padres de la iglesia Jerónimo (aprox. 400 d.C.) y Eusebio (aprox. 300 d.C.) entendían que Lucas provenía de Antioquía. Su interés en ella se observa claramente en las numerosas alusiones a esa ciudad (Hech. 11:19-27; 13:1-3; 14:26; 15:22,35; 18:22). Filipos fue el hogar adoptivo de Lucas, y permaneció allí para supervisar a la joven iglesia mientras Pablo fue a Corinto en el segundo viaje misionero (Hech. 16:40).

Pablo señaló que Lucas era médico (Col. 4:14) y lo diferenció de los "de la circuncisión" (Col. 4:11). Fuentes antiguas indican que era gentil. La tradición sostiene que era griego. Las circunstancias sobre la conversión de Lucas no se revelan. Una fuente antigua proporcionó un epitafio apropiado: "Sirvió al Señor sin distracciones, no tenía ni esposa ni hijos, y a la edad de 84 años se quedó dormido en Boecia, lleno del Espíritu Santo". Ver *Lucas, Evangelio de.*

T. R. McNeal

LUCAS, EVANGELIO DE Tercer libro del NT y el más extenso. Es la primera parte de una obra de dos volúmenes dedicada al "excelentísimo Teófilo" (Luc. 1:3; Hech. 1:1). El libro de los Hechos es la continuación de Lucas donde el autor explica "todas las cosas que Jesús comenzó a hacer y a enseñar, hasta el día en que fue recibido arriba" (Hech. 1:1,2).

Autoría Aunque el autor de Lucas-Hechos nunca mencionó su nombre, evidentemente era amigo y compañero de viaje de Pablo. En las secciones de Hechos donde utiliza los verbos en primera persona del plural (16:10-17; 20:5-15; 21:1-18; 27:1–28:16), el autor de la narración aparentemente se unió a Pablo para hacer los viajes. Mediante un proceso de eliminación, la persona con más probabilidades de reunir estas características es "Lucas, el médico amado" (Col. 4:14).

La tradición en cuanto a la autoría lucana es impactante, y se remonta a la iglesia primitiva. Las listas y descripciones antiguas de los libros del NT que datan de entre el 160 y 190 d.C. concuerdan en que Lucas, médico y compañero de Pablo, escribió el Evangelio que lleva su nombre. Ya desde el 185 d.C., muchos de los primeros padres de la iglesia aceptaron inmediatamente a Lucas como autor del tercer Evangelio.

En vista de que la tradición de la iglesia primitiva aceptó unánimemente atribuirle el tercer Evangelio a Lucas, el peso de la prueba cae sobre aquellos que argumentan contra la autoría lucana. Ver *Hechos, Libro de; Lucas.*

Fecha y lugar de escritura El libro de Hechos termina abruptamente cuando Pablo está cumpliendo el segundo año de arresto domiciliario en Roma. Por lo general, los eruditos concuerdan en que arribó a Roma aprox. en el 60 d.C. Esto hace que el libro de los Hechos se haya escrito como mínimo alrededor del 61 ó 62 d.C., y que el Evangelio se escribiera poco antes de eso. Lucas 19:41-44 y 21:20-24 registran la profecía de Jesús sobre la destrucción de Jerusalén. Este evento catastrófico del judaísmo antiguo tuvo lugar en el 70 d.C. a manos de los romanos. Es poco probable que Lucas haya dejado sin registrar este acontecimiento significativo. Asignarle al Evangelio una fecha posterior al 70 d.C. haría que se ignorara este concepto. No obstante, muchos eruditos continúan apoyando una fecha posterior al 80 d.C.

Una segunda consideración histórica traslada la fecha a una época todavía más temprana. Muchos eruditos creen que Pablo fue liberado del encarcelamiento romano que atravesaba cuando concluye Hechos. El apóstol volvió a ser apresado más tarde y sufrió el martirio bajo la persecución llevada a cabo por Nerón que se desencadenó en el 64 d.C. Aunque estaba preso, Pablo gozaba de libertades personales considerables y de oportunidades para predicar el evangelio (Hech. 28:30,31). El optimismo que aparece al final del libro de los Hechos sugiere que la persecución llevada a cabo por Nerón era un acontecimiento todavía futuro. Es casi imposible imaginar que si la liberación de Pablo ya se había producido, no se mencione en la narración de Hechos.

Pareciera mejor, pues, asignarle a Lucas una fecha de escritura entre el 61 y 63 d.C. Los que argumentan que esto no le da tiempo a Lucas para revisar el Evangelio de Marcos (suponiendo que se escribió primero) no tienen en cuenta la estrecha relación entre aquellos que participaban del ministerio de Pablo. Ver *Marcos*.

En cuanto al lugar donde se escribió el Evangelio, lo más probable es que haya sido Roma. Lucas llegó a esa ciudad en compañía de Pablo, quien escribió Colosenses (4:14) y Filemón (23,24) durante el primer encarcelamiento. La circunstancia habría dado tiempo para la composición de Lucas-Hechos. Una fuente antigua sugiere Acaya, una provincia griega, como lugar de escritura. Pareciera razonable que el Evangelio, escrito en Roma, quizá haya aparecido por primera vez en Acaya o fuera terminado allí.

Propósito y lectores El mismo Lucas identificó el propósito del Evangelio (Luc. 1:1-4). Quería confirmarle a Teófilo la certeza de las cosas que le habían enseñado. También deseaba que esta información estuviera a disposición de un grupo más amplio de lectores. La mayoría de los eruditos creen que el blanco de Lucas eran los gentiles que deseaban información y los cristianos que necesitaban ser fortalecidos en la fe.

El propósito de Lucas fue presentar una obra histórica "por orden" (1:3). La mayoría de sus narraciones siguen una secuencia cronológica. A menudo proporciona datos sobre el tiempo (1:5, 26,36,56,59; 2:42; 3:23; 9:28). Más marcadamente que los otros evangelistas, Lucas relacionaba su historia con el mundo judío y romano más amplio (2:1; 3:1,2).

Como segundo propósito se puede presentar un poderoso argumento aunque esté claramente subordinado al primero. Algunos consideran Lucas-Hechos como una apología de la fe cristiana, una defensa para mostrarles a las autoridades romanas que el cristianismo no constituía ninguna amenaza política. Pilato declaró inocente a Jesús en tres oportunidades (Luc. 23:4, 14,22). Hechos no presenta a los oficiales romanos como hostiles (Hech. 13:4-12; 16:35-40; 18:12-17; 19:31). Agripa le hizo notar a Festo que Pablo podría haber sido liberado si no hubiese apelado a César (Hech. 26:32). A Pablo se lo describe como orgulloso de su ciudadanía romana (Hech. 22:28). A medida que Hechos concluye, vemos al apóstol predicando y enseñando abiertamente en Roma sin obstáculos. En esto se puede observar un intento de Lucas de calmar los temores de las autoridades romanas en cuanto a cualquier cualidad supuestamente subversiva de la cristiandad.

Más allá de los propósitos inmediatos del autor, el Espíritu Santo escogió el Evangelio de Lucas para alcanzar a todas las naciones con la maravillosa historia del amor de Dios en Cristo. Muchos declaran que la narración de Lucas sobre el nacimiento (2:1-20) es la favorita. Los cánticos o canciones que aparecen en Lucas (1:46-55,67-79; 2:13-14,29-32) han sido inspiración de incontables melodías. El Evangelio de Lucas fue una fuente para muchos artistas plásticos, entre ellos Van Eyck, Van der Weyden, Rossetti, Plockhorst, Rubens y Rembrandt.

Fuentes de Lucas Aunque Lucas no fue testigo ocular de la vida y ministerio terrenal de Cristo, estuvo en estrecho contacto con muchos que sí lo fueron. Lucas estuvo con Pablo en Palestina a fines de la década del 50, especialmente en Cesarea y Jerusalén (Hech. 21:1–27:2). Probablemente muchos miembros de la iglesia de Jerusalén (incluso Jacobo, el hermano de Jesús) le hayan proporcionado al médico información oral ante su intención de escribir un relato de la vida de Jesús. La conexión de Lucas con Pablo lo puso en contacto con testigos apostólicos importantes entre los que se encontraban Jacobo y Pedro.

La mayoría de los eruditos creen que Lucas (al igual que Mateo) dependió del Evangelio escrito por Marcos. Es probable que este haya sido testigo presencial de algunos sucesos de la vida de Jesús. Por lo general se cree que el Evangelio de Marcos refleja la predicación de Pedro sobre Cristo. Marcos estuvo en Roma con Lucas y Pablo durante el cautiverio de este último (Col. 4:10,14; Filem. 24). Es natural suponer que Lucas tuviera acceso a los escritos de Marcos. Los estudiosos bíblicos han identificado una fuente, "Q" (abreviatura de la palabra alemana *Quelle*, que significa "fuente"), que se refiere a pasajes y secciones de material aparentemente a disposición de Mateo y de Lucas, pero que Marcos no tenía o no había utilizado (por ej., Mat. 3:7-10/Luc. 3:7-9; Mat. 24:45-51/Luc. 12:42-46). Tal vez esta fuente haya sido una colección de los dichos de Jesús que escribieron Sus seguidores.

Es indudable que Lucas no disponía del Evangelio de Juan (la mayoría de los eruditos ubican a este a fines del siglo I). Cualquier similitud entre el Evangelio de Lucas y el de Juan probablemente se deba a que una rica tradición, especialmente oral, haya provisto una fuente común para todos los escritores de los Evangelios.

Algunos eruditos han propuesto una fuente "L" (abreviatura de Lucas) donde se identifican unos 500 versículos exclusivos de Lucas y que incluye los 132 correspondientes a Lucas 1 y 2. No es convincente el argumento de que existió un documento separado al que sólo Lucas tuvo acceso. El material nuevo incorporado por este se debe considerar resultado de su propia investigación y genio literario. Un ejemplo evidente son las narraciones del nacimiento de Juan el Bautista y de Cristo. El material que Lucas presenta de manera exclusiva le atribuye mucha particularidad al tercer Evangelio. Ver *Logia*.

Énfasis y características especiales Tal como se señaló, Lucas se esforzó para relacionar sus narraciones con acontecimientos históricos de la época. Tras comenzar con los relatos del nacimiento de Juan el Bautista y de Jesús, continuó escribiendo con la actitud detallista propia de un historiador (1:5,36,56,59; 2:1,2,7,42; 3:23; 9:20,37,57; 22:1, 7,66; 23:44,54; 24:1,13,29,33).

Puso énfasis en la redención universal disponible para todos por medio de Cristo. Los samaritanos entran al reino (9:51-56; 10:30-37; 17:11-19) como también los gentiles (2:32; 3:6,38; 4:25-27; 7:9; 10:1; 23:47). Los publicanos, los pecadores y los marginados (3:12; 5:27-32; 7:37-50; 19:2-10; 23:43) son bienvenidos junto con los judíos (1:33; 2:10) y las personas respetables (7:36; 11:37; 14:1). Tanto los pobres (1:53; 2:7; 6:20; 7:22) como los ricos (19:2; 23:50) pueden tener redención.

Lucas señala de manera especial el alto concepto que Cristo tiene hacia las mujeres. María y Elisabet son figuras centrales de los caps. 1 y 2. La profetisa Ana y la discípula Juana sólo se mencionan en Lucas (2:36-38; 8:3; 24:10). Este incluyó la historia del trato bondadoso que Cristo manifestó hacia la viuda de Naín (7:11-18) y la mujer pecadora que lo ungió (7:36-50). También relató la parábola de Jesús acerca de la viuda que perseveró (18:1-8).

Bosquejo

I. Propósito de Lucas: Certeza en la enseñanza cristiana (1:1-4)
II. Jesús cumplió con las expectativas del judaísmo (1:5–2:52)
III. Jesús aceptó la misión mesiánica y enfrentó el rechazo (3:1–4:44)
IV. Jesús cumplió Su misión a la manera de Dios con fe, amor y perdón (5:1–7:50)
V. El reino de Dios incluye poder pero también exige fidelidad hasta la muerte (8:1–9:50)
VI. El reino se caracteriza por ministerio y testimonio fieles (9:51–13:21)
VII. Requisitos para entrar en el reino (13:22–19:27)
VIII. El poder del reino de Jesús despierta oposición (19:28–22:6)
IX. Jesús murió como el verdadero Cordero de la Pascua (22:7–23:56)
X. La resurrección de Jesús es la puerta de entrada a la fe y la misión (24:1-53)

T. R. McNeal

LUCERO Traducción del término hebreo que otras versiones llaman "hijo de la aurora" o "lucero de la mañana". El planeta Venus aparece al alba como una "estrella" de la mañana. Isaías 14:12 compara el esplendor del rey de Babilonia con el lucero. Segunda Pedro 1:19 describe a Cristo como la estrella de la mañana que destella la luz del testimonio profético previo. El término hebreo aparece solamente en Isaías 14:12. La traducción "Lucifer" proviene de la traducción latina llamada Vulgata. Ver *Lucifer*.

LUCES, FIESTA DE LAS Conocida también como Januká. Ver *Fiestas*.

LUCIFER Ver *Lucero*.

LUCIO Nombre de persona de significado incierto. **1.** Profeta y/o maestro cristiano de Cirene que colaboró al guiar a la iglesia de Antioquía para que separaran a Saulo y Bernabé para la obra misionera (Hech. 13:1). La tradición de la iglesia primitiva intentó, tal vez incorrectamente, identificarlo con Lucas o con 2. a continuación. Por lo tanto, un africano fue uno de los primeros evangelistas cristianos y desempeñó un papel importante en los días iniciales de la iglesia de Antioquía y en el comienzo del movimiento cristiano de evangelización mundial. **2.** Pariente de Pablo que envió saludos a la iglesia de Roma (Rom. 16:21). Aparentemente fue uno de los numerosos judíos que adoptaron nombres griegos.

LUD Nombre racial correspondiente a una persona de Lidia. El plural es Ludim. **1.** Hijo de Egipto en la Tabla de las Naciones (Gén. 10:13 "Ludim") y en consecuencia, probablemente un pueblo que vivía cerca de Egipto o bajo su

influencia política. **2.** Hijo de Sem y nieto de Noé en la Tabla de las Naciones (Gén. 10:22). Los intentos por identificarlos con pueblos mencionados en otras fuentes del Cercano Oriente han producido diversos resultados: lidios de Asia Menor denominados luddu en registros asirios, o los lubdu que vivían en la región superior del Río Tigris. Eran famosos por su destreza con el arco (Jer. 46:9; Ezeq. 30:5 los coloca bajo la influencia de Egipto y tal vez se refiera a 1. arriba, si se puede efectuar diferenciación; de lo contrario, la referencia corresponde a soldados mercenarios de Lidia en Asia Menor que servían al ejército egipcio, aparente práctica durante el gobierno del faraón Psamético antes del 600 a.C.). Los soldados de Lidia aparentemente servían en el ejército de Tiro (Ezeq. 27:10). Dios prometió que aun el pueblo aislado de Lidia que jamás había escuchado acerca de Su gloria sería invitado a compartir en ella (Isa. 66:19). Ver *Lidia*.

LUDIM Plural hebreo de Lud. Ver *Lud*.

LUGAR ALTO Sitio elevado, generalmente en la cumbre de un monte. La mayoría de los lugares altos eran sitios cananeos de cultos paganos.

Cultos paganos en los lugares altos El lugar alto típico tenía un altar (2 Rey. 21:3; 2 Crón. 14:3), una imagen de madera labrada que representaba a la diosa de la fertilidad (Asera), una estatua de piedra que representaba a la deidad masculina (2 Rey. 3:2), otros ídolos (2 Rey. 17:29; 2 Crón. 33:19) y cierto tipo de construcción (1 Rey. 12:31; 13:32; 16:32-33). En estos lugares de culto, la gente sacrificaba animales (según Jer. 7:31, en algunos lugares altos se sacrificaban niños), quemaba incienso para sus dioses, oraba, comía las comidas sacrificadas y participaba de la prostitución masculina o femenina para el culto (2 Rey. 17:8-12; 21:3-7; Os. 4:11-14). Aunque la mayoría de los lugares altos eran parte del culto a Baal, el dios amonita Moloc y la deidad moabita Quemos, también se adoraban en lugares altos similares (1 Rey. 11:5-8; 2 Rey. 23:10). Las Escrituras se declaran en contra de dichos lugares de cultos paganos; no obstante, jugaron un papel fundamental en la vida de la mayoría de los pueblos de Palestina antes de la conquista por Josué. Los arqueólogos han descubierto ruinas de lugares altos en Meguido, Gezer y muchos sitios más.

Fragmentos de piedra de lo que probablemente es la base de un altar en el lugar alto de Laquis.

El rechazo de Dios hacia los "lugares altos" Cuando los israelitas entraron a la tierra de Canaán se les ordenó destruir los lugares altos de los pueblos de esa región (Ex. 23:24; 34:13; Núm. 33:52; Deut. 7:5; 12:3) para evitar que fueran tentados a adorar a los falsos dioses cananeos y aceptar su conducta inmoral. Los israelitas debían adorar a Dios en el tabernáculo de Silo (Jos. 18:1; 1 Sam. 1:3).

Hubo una excepción a esta práctica durante el tiempo entre la destrucción de Silo a manos de los filisteos y la construcción del templo en Jerusalén que llevó a cabo Salomón. Durante este breve período, Samuel adoró en una ciudad (posiblemente Ramá) en un lugar alto dedicado a la adoración del Dios de Israel (1 Sam. 9:12-25), y un grupo de profetas de Dios adoró en "el collado de Dios" (1 Sam. 10:5, posiblemente Gabaa o Gabaón). David y Salomón adoraron al Dios de

Altares de roca tallada del lugar alto en Petra, en el sur de Jordania.

Israel en el lugar alto en Gabaón, donde estaban el tabernáculo y el altar del holocausto (1 Crón. 16:1-4,37-40; 21:29; 2 Crón. 1:3-4,13).

Adoración falsa en los lugares altos de Judá Después que fue construido el templo, la gente debía adorar a Dios en ese lugar que Él había escogido (Deut. 12:1-14), pero Salomón construyó lugares altos para los dioses de sus mujeres extranjeras e incluso él llegó a adorar allí (1 Rey. 11:1-8). Por la gravedad de este pecado, Dios dividió la nación quitándole diez tribus al reino de su hijo Roboam (1 Rey. 11:9-13,29-38). Después de esto, cada nuevo rey en el reino de Judá al sur y en el reino de Israel al norte, fue evaluado en Reyes y Crónicas según lo que hizo con los lugares altos donde se adoraban dioses falsos.

Adoración falsa en los lugares altos de Israel Cuando Jeroboam creó el nuevo reino de Israel después de la muerte de Salomón, erigió dos becerros de oro en lugares altos en Dan y Bet-el (1 Rey. 12:28-32). Un hombre de Dios cuyo nombre se desconoce fue a Bet-el y pronunció una maldición divina sobre ese lugar alto (1 Rey. 13:1-3), pero los reyes subsiguientes del reino de Israel continuaron en los caminos de Jeroboam y no destruyeron los lugares altos donde se adoraban dioses falsos.

Los profetas israelitas también condenaron los lugares altos de Moab (Isa. 15:2; 16:12), Judá (Jer. 7:30-31; 17:1-3; 19:3-5; 32:35) e Israel (Ezeq. 6:3,6; 20:29-31; Os. 10:8; Amós 7:9) por que eran sitios de pecado donde se adoraban dioses falsos. Ver *Asera; Becerros de oro; Prostitución.* *Gary V. Smith*

LUGAR ESPACIOSO Ser apartado a un lugar espacioso (Job 36:16) es ser liberado del peligro, la ansiedad, la necesidad o la desesperación. La frase aparece traducida de este modo en 2 Sam. 22:20; Sal. 18:19; 31:8; 118:5; y Os. 4:16. La frase aplicada a Canaán, "tierra muy espaciosa", se relaciona con esta expresión y parecería indicar que Canaán, la tierra prometida, es un lugar de liberación (Jue. 18:10; pero ver Isa. 22:18).

LUGAR SANTÍSIMO Santuario interior del templo. Separado de otras partes mediante una cortina pesada, el lugar santísimo se asociaba especialmente con la presencia de Yahvéh. En los primeros años de existencia del templo, el lugar santísimo contenía el arca del pacto. Ver *Templo.*

LUGAR SANTO Atrios, compartimiento anterior y compartimento posterior del tabernáculo (Ex. 26:33). Más tarde la expresión se usó en relación con el templo y sus alrededores. Era un lugar santo en el sentido de ser apartado para Jehová. Ver *Templo.*

LUHIT Nombre geográfico que significa "mesetas". Aparentemente identificaba un asentamiento en Moab en el camino entre Areópolis y Zoar, quizá la actual Khirbet Medinet er-rash. Isaías se lamentaba por los refugiados moabitas que tendrían que escalar las alturas de Luhit para escapar del enemigo que conquistaba su nación (Isa. 15:5; comp. Jer. 48:5).

LUNA Lumbrera creada por Dios que se ve en el cielo nocturno y determina el calendario (Gén. 1:14-19). El hebreo emplea varias palabras para referirse a luna, luna nueva, luna llena o luna blanca y brillante. Dos de las fiestas más importantes de Israel se celebraban al comienzo de la luna llena: la Pascua en primavera y la fiesta de los tabernáculos en otoño. Todos los meses se celebraba la "luna nueva" con una fiesta un poco más importante que el día de reposo semanal (Núm. 28:11-15 NVI).

Aun así, el AT resalta mucho la enseñanza en contra de la adoración a la luna (Deut. 4:19; Job 31:26-28) como hacían los vecinos de Israel. Los israelitas debían recordar que la luna era solamente un objeto creado por Jehová que no ejercía poder sobre la gente. Joel dijo que en los últimos días la luna se oscurecería (Joel 2:10; 3:15) y se convertiría en sangre (Joel 2:31). En el "día de Jehová" la luna no dará su luz y el resplandor del sol y de las estrellas será reemplazado por la luz eterna del Señor (Isa. 13:9,10; 60:19,20). *James Newell*

LUNA NUEVA Ver *Calendarios; Fiestas; Tiempo.*

LUNÁTICO Término para epilepsia o demencia (Mat. 4:24; 17:15); deriva del latín *luna* y refleja la creencia popular de que el estado mental del "lunático" fluctuaba con los cambios de fases de la luna. El término griego subyacente de Mat. 4:24 y 17:15 también está relacionado con la palabra para luna. Al lunático no se lo distinguía claramente del que estaba bajo posesión demoníaca (Mat. 17:18; comp. Mar. 9:17; Luc. 9:39).

LUNETAS Traducción utilizada en algunas versiones modernas para referirse a joyas ornamentales que se usaban en los collares y tenían forma de luna en cuarto creciente. Es probable que tuviera connotaciones mágicas. Los madianitas (Jue. 8:21,26) y los israelitas infieles (Isa. 3:18) las usaban.

LUZ Nombre geográfico que significa "almendro". **1.** Nombre originario de Bet-el (Gén. 28:19). Josué 16:2 parece diferenciar ambos lugares, donde Bet-el quizá haya sido el lugar de adoración y Luz, la ciudad. Por lo tanto, Bet-el sería Burj Beitin, y Luz, Beitin. Ver *Bet-el.* **2.** Ciudad en la tierra de los heteos que un hombre fundó después de mostrarle a la tribu de José cómo conquistar Bet-el (Jue. 1:26). Se desconoce su ubicación. Ver *Heteos.*

LUZ, LUZ DEL MUNDO La luz es uno de los símbolos más complejos de la Biblia. El término principal para luz en el AT es *'or*, y en el NT es *phōs*. Luz puede indicar luz del día en contraste con oscuridad (Gén. 1:5,18; Isa. 5:30). Se puede referir a las lumbreras (el sol, la luna o las estrellas, Isa. 60:19; Sal. 136:7-9) o a la luz que dan estas (Isa. 13:10; Jer. 31:35) o bien a otras fuentes (lámparas, Jer. 25:10; fuego, Sal. 78:14). La expresión *'or habboqer*, "luz de la mañana" significa "amanecer" (Jue. 16:2; 1 Sam. 14:36). En muchos de sus usos figurativos, el significado exacto de luz es incierto, aunque siempre está presente cierta relación con la noción de la luz física como base para la vida en la tierra. La luz tiene conexión con la instrucción (Isa. 2:5; Sal. 119:105,130), la verdad (Sal. 43:3), el bien (Isa. 5:20), la salvación (Sal. 27:1; Isa. 49:6), la vida (Sal. 36:9; Job 33:28,30), la paz (Isa. 45:7), el regocijo (Sal. 97:11), el pacto (Isa. 42:6), la justicia y la rectitud (Isa. 59:9), la presencia y el favor de Dios (Sal. 44:3; 89:15) o la gloria de Yahvéh (Isa. 60:1-3). Las visiones apocalípticas acerca del fin se asocian con la extinción de la luz (Isa. 13:10; Jer. 4:23; Mat. 24:29). En la nueva era, la nueva Jerusalén "no tiene necesidad de sol ni de luna que brillen en ella; porque la gloria de Dios la ilumina, y el Cordero es su lumbrera" (Apoc. 21:23; comp. Isa. 60:19; Zac. 14:6,7; Apoc. 22:5).

El primer día Dios creó la luz (Gén. 1:3), lo que implica que existió antes que el sol y las demás lumbreras (Gén. 1:14-18). Dios mismo es fuente de esa luz (comp. Sal. 104:2; quizá Sant. 1:17). Es probable entonces que esta luz significara la presencia divina así como la nube luminosa de la gloria shekiná (comp. Ex. 24:15-18; 40:38; 2 Crón. 5:13,14; 7:2).

Dicha identificación de la luz aclara el significado de luz en el Evangelio de Juan y en 1 Juan. En la persona de Jesús, "aquella luz verdadera, que alumbra a todo hombre, venía a este mundo" (Juan 1:9). El unigénito de Dios, que está en el seno del Padre, dio a conocer al Padre (1:18) porque "fue hecho carne, y habitó entre nosotros (y vimos su gloria, gloria como del unigénito del Padre), lleno de gracia y de verdad" (1:14; comp. Ex. 34:6). En otras palabras, Dios fue manifestado en Jesús porque en Él la gloria shekiná había vuelto a morar entre nosotros, y esta gloria consistía en plenitud de gracia y de verdad (comp. Juan 1:16,17). Por lo tanto, la luz indica la gloria de Jesús, plenitud de gracia y verdad. Jesús es "la luz del mundo" y Sus seguidores tendrán "la luz de la vida" (es decir, la verdad que trae vida; Juan 8:12). Jesús, que es luz, encarnación de gracia y verdad, también trae salvación (Juan 12:35-36, 46-47) y la realización de las obras de Dios (Juan 9:4,5). Tal salvación y realización provienen de la guía e instrucción por parte de la luz (Juan 12:35,47). También están presentes las nociones de iluminación, tanto manifestación positiva de la previa obra de gracia de parte de Dios (Juan 1:13; 3:21) como también reprobación de la maldad humana (Juan 3:20). En consecuencia, los seres humanos que rechazan la luz están rechazando a Jesús, la encarnación de la gracia y la verdad (Juan 3:14-21; comp. Juan 18:37,38, donde Pilato aparentemente ejemplifica a aquel que rechaza a Jesús como encarnación de la verdad).

En 1 Jn. 1:5, atribuirle a Dios (y no al Verbo) ser la luz entra dentro de esta línea de interpretación. El unigénito de Dios no sólo se caracteriza por plenitud de gracia y verdad sino que también Su Padre, a quien Jesús dio a conocer, posee las mismas características (Juan 1:17,18). Por lo tanto, Juan puede declarar que los que no practican la verdad no tienen comunión con Dios, que es luz (1 Jn. 1:6). Primera Juan 2:8-10 está vinculado con la verdad: odiar al hermano es incompatible con el carácter del Padre y del Hijo (observar "la luz verdadera ya alumbra" en el v.8). Más aún, 1 Jn. 1:7-10 indica que andar en la luz (es decir, en la verdad) incluye confesión de nuestros pecados, los cuales

impiden que tengamos comunión unos con otros y afectan la limpieza de todo pecado por medio de la sangre de Jesús.

El uso paulino de la luz en 2 Cor. 4:4-6 corre paralelamente al de Juan (comp. Luc. 2:32). "Luz" (aquí *phostimos*) se define como el "evangelio de la gloria de Cristo, el cual es la imagen de Dios" (2 Cor. 4:4). "Porque Dios, que mandó que de las tinieblas resplandeciese la luz, es el que resplandeció en nuestros corazones, para iluminación (*phostimos*) del conocimiento de la gloria de Dios en la faz de Jesucristo" (2 Cor. 4:6). Contemplar la gloria del Señor trae como resultado que seamos "transformados de gloria en gloria en la misma imagen, como por el Espíritu del Señor" (2 Cor. 3:18). Como los discípulos de Cristo son conformados a la imagen gloriosa de Jesús, que es encarnación de la gracia y la verdad, es apropiado que se los llame "luz del mundo" (Mat. 5:14,16). Ellos se acercaron a Cristo para recibir vida (comp. Ef. 5:13,14) y, en consecuencia, son poseedores y dadores de luz (1 Tes. 5:5; Rom. 13:12; Ef. 5:8; Fil. 2:15; comp. Juan 5:35). Tal como sucedió con Pablo (el prototipo del discípulo), al creyente se le dicen estas palabras: "para que abras sus ojos [del pueblo judío y del resto de las naciones], para que se conviertan de las tinieblas a la luz, y de la potestad de Satanás a Dios, para que reciban, por la fe que es en mí [Jesús], perdón de pecados y herencia entre los santificados" (Hech. 26:18). Como hijos de luz, los creyentes llevan fruto en toda bondad, justicia y verdad (Ef. 5:9) y glorifican al Padre (Mat. 5:16). *Randall K. J. Tan*

LXX Número romano (70) que sirve como símbolo de la Septuaginta, la traducción griega más antigua del AT. Según la tradición, la Septuaginta fue obra de 70 eruditos. Ver *Biblia, Textos y versiones; Septuaginta.*

M

Meguido, mirando hacia el Valle de Jezreel.

M

M Símbolo que designa una de las presuntas fuentes del Evangelio de Mateo según la hipótesis de los cuatro documentos. Supuestamente, la fuente constituye la porción de Mateo que no presenta paralelos en los Evangelios de Marcos y Lucas.

MAACA Nombre de persona de significado incierto, posiblemente "aburrido" o "estúpido". **1.** Hijo de Nacor, el hermano de Abraham (Gén. 22:24). Este Maaca quizá le haya dado su nombre al reino arameo ubicado al oeste de Basán y el sudoeste del Monte Hermón. Los habitantes de este reino, los maacateos, no fueron expulsados de Canaán durante la conquista israelita (Jos. 13:13). Posteriormente, este pueblo se unió a los amonitas para luchar contra David (2 Sam. 10:6-8). Es probable que esta nación esté personificada como la esposa (aliada) de Maquir en 1 Crón. 7:16. **2.** Concubina de Caleb (1 Crón. 2:48). **3.** Esposa de Jehiel de Gabaón (1 Crón. 8:29; 9:35). **4.** Esposa de David y madre de Absalón (2 Sam. 3:3; 1 Crón. 3:2). **5.** Padre/antepasado de uno de los valientes de David (1 Crón. 11:43). **6.** Padre/antepasado de Sefatías que fue jefe de la tribu de Simeón durante el reinado de David (1 Crón. 27:16). **7.** Padre/antepasado de Aquis, rey de Gat (1 Rey. 2:39). **8.** Madre del rey Abiam (1 Rey. 15:2) y ascendiente del rey Asa (1 Rey. 15:10,13).

MAACATEOS Ver *Maaca 1*.

MAADÍAS Nombre de persona de significado incierto, quizá "Jah congrega", "Jah promete" o "Jah adorna". Sacerdote que regresó del exilio con Zorobabel (Neh. 12:5). Tal vez equivalga a Moadías (Neh. 12:17) o Maazías (Neh. 10:8).

MAAI Nombre de persona de significado incierto. Músico que participó con Nehemías en la dedicación de los muros reconstruidos de Jerusalén (Neh. 12:36).

MAALA Nombre de persona que quizá signifique "débil". **1.** Hija de Zelofehad que, junto con sus hermanas, le pidió a Moisés que se les otorgara la herencia paterna en la tierra prometida ya que el padre no había tenido hijos varones (Núm. 26:33; 27:1-11). Dios les concedió el pedido (Núm. 27:6,7). Más tarde, la tribu de Manasés solicitó que las herederas se casaran con hombres de la tribu de su padre (Núm. 36:1-12). Josué 17:3 muestra la insistencia de las hijas para conseguir lo que reclamaban. **2.** Descendiente de Manasés (1 Crón. 7:18).

MAARAT Nombre geográfico que significa "campo estéril". Nombre de una aldea de los montes de Judá (Jos. 15:59); tal vez equivalga a Marot (Miq. 1:12). Probablemente la actual Khirbet Qufin, 3 km (2 millas) al norte de Bet-sur.

MAASÍAS Nombre de persona que significa "obra de Yahvéh" o "Jah es refugio" y que se presenta en formas hebreas más extensas y más breves. Quizá muchas de las referencias se refieran a la misma persona, aunque ya no es posible asegurar a quién corresponden. **1.** Músico levita durante el reinado de David (1 Crón. 15:18,20). **2.** Participante de la rebelión encabezada por el sumo sacerdote Joiada que puso a Joás en el trono (2 Crón. 23:1). **3.** Uno de los jefes militares de Uzías (2 Crón. 26:11). **4.** Hijo del rey Acaz de Judá (2 Crón. 28:7). **5.** Gobernador de Jerusalén durante el reinado de Josías (2 Crón. 34:8). **6.** Padre del falso profeta Sedequías (Jer. 29:21). **7.** Padre del sacerdote Sofonías (Jer. 21:1; 29:25; 37:3). **8.** Portero del templo (Jer. 35:4). **9.** Residente postexílico de Jerusalén de la tribu de Judá (Neh. 11:5), probablemente equivalente a Asaías (1 Crón. 9:5). **10.** Miembro de la tribu de Benjamín y antepasado de algunos que regresaron del exilio (Neh. 11:7). **11.–14.** Nombre de tres sacerdotes y un laico de la época de Esdras que habían tomado esposas extranjeras (Esd. 10:18,21,22,30). **15.** Padre/antepasado de Azarías que participó en la reconstrucción de los muros encabezada por Nehemías (Neh. 3:23). **16.** Jefe del pueblo que firmó el pacto de Esdras (Neh. 10:25); posiblemente equivalente a 14. y/o 18. **17.** Uno de los que acompañaron a Esdras durante la lectura de la ley (Neh. 8:4), posiblemente 14. y/o 16. **18.** Uno de los levitas que interpretaba la ley que leía Esdras (Neh. 8:7), posiblemente equivalente a 17. **19.** Sacerdote que participó en la dedicación de los muros reconstruidos de Jerusalén (Neh. 12:42), quizá equivalente a 11., 12. o 13. **20.** Otro sacerdote que participó en la dedicación tal vez se relacione con 11., 12., o 13. **21.** Abuelo del escriba Baruc (Jer. 32:12; 51:59).

MAAT Antepasado de Jesús (Luc. 3:26).

MAAZ Nombre de persona de significado incierto (posiblemente "enojado"). Ver 1 Crón. 2:27.

M

MAAZÍAS Nombre de persona que significa “Yahvéh es refugio”. **1.** Antepasado de una de las divisiones sacerdotales que ministró durante la época de David (1 Crón. 24:18). **2.** Sacerdote que firmó el pacto de Esdras (Neh. 10:8).

MACABEOS Nombre dado a la familia de Matatías, sacerdote fiel que encabezó una revolución (Guerra Macabea) contra las influencias seléucidas del rey Antíoco Epífanes aprox. en el 168 a.C. Ver *Apócrifos; Intertestamentaria, Historia y literatura.*

MACABEOS, LIBRO DE Ver *Apócrifos.*

MACAERUS Fortaleza-palacio aprox. 24 km (15 millas) al sudeste de la desembocadura del Jordán en un sitio que se eleva unos 1100 m (3600 pies) sobre el nivel del mar. Herodes el Grande reconstruyó el fuerte. Josefo presenta Macaerus como el lugar de encarcelamiento y ejecución de Juan el Bautista. La referencia de Marcos a los nobles galileos presentes entre los invitados de Herodes indujo a algunos intérpretes a sugerir un sitio más al norte. No obstante, los Evangelios vinculan el ministerio de Juan con el Desierto de Judea (Mar. 1:5; Mat. 3:1; Juan 3:22,23). La acción de los discípulos de Juan al reclamar el cuerpo (Mar. 6:29) sugiere que se llevó a cabo en un lugar cerca de la zona principal del ministerio de Juan, lo que podría ser Macaerus. También llamado Maqueronte.

MACAZ Nombre geográfico que significa “corte” o “fin”. Centro del segundo distrito administrativo de Salomón (1 Rey. 4:9). Su ubicación quizá corresponda a Khirbet-el-Muskheizin al sur de Ecrón.

MACBANAI Jefe militar de la tribu de Gad que sirvió bajo el mando de David (1 Crón. 12:13).

MACBENA Descendiente de Caleb o aldea de Judá, posiblemente equivalente a Mecona, habitada por los familiares de Caleb (1 Crón. 2:49).

MACEDA Nombre de una ciudad cananea que significa “lugar de los pastores”. Sitio donde Josué derrotó la alianza militar de los cinco reyes cananeos (Jos. 10:10). Estos trataron de refugiarse en cuevas cercanas pero fueron atrapados (10:16). Josué capturó la ciudad y mató a todos sus pobladores (10:28). Posteriormente, Maceda fue asignada al distrito de la Sefela (tierras bajas) correspondiente a Judá (Jos. 15:41). Las ubicaciones sugeridas

Macaerus, el palacio-fortaleza de Herodes donde Juan el Bautista fue encarcelado y ejecutado.

incluyen: un sitio sugerido por Eusebio a 14 km (8, 5 millas) de Eleuterópolis (Beit Jibrin); Tell es-Safi al sur de Hulda (Libna); el-Muqhar ("las cuevas") al sudoeste de Ecrón, y un lugar entre Laquis y Hebrón.

MACEDONIA La provincia más septentrional de Grecia; en la antigüedad, la llanura fértil al norte y oeste del Golfo Termaico que se extendía desde el Río Haliacmón al sudoeste hasta el Axios al este ("Baja Macedonia") y las regiones montañosas del oeste y norte ("Alta Macedonia", dividida entre el norte y centro de Grecia, el sudeste de Albania y la provincia yugoslava de Macedonia). Constituye la unión entre la Península Balcánica al norte y el territorio continental griego y el Mar Mediterráneo al sur. La atraviesa la importante carretera terrestre desde Bizancio (Estambul) al este hasta el Mar Adriático al oeste (en épocas romanas denominada "Vía Ignacia"), así como lo hace el camino en dirección norte-sur que va desde la región central de los Balcanes (zona de los Ríos Danubio y Save) al Mar Egeo a la altura del Golfo Termaico, y continúa después del Monte Olimpo a través del estrecho Valle del Tempe para terminar en Tesalia y Grecia central.

Historia Filipo II (359–336 a.C.) consolidó el dominio en toda la región macedónica y lo extendió hacia el oriente más allá del Estrimón hasta llegar a Tracia. Allí fundó la ciudad de Filipos donde estaba situada la colonia traciana de Crenides. Se convirtió en el mayor centro minero de oro y plata de los Montes Pangeón. Filipo II también subyugó Tesalia e incorporó a su imperio la Península Calcídica. Cuando lo asesinaron en el 336 a.C., Macedonia era la potencia militar más destacada de Grecia. La fortaleza militar y la riqueza desarrolladas por Filipo II permitieron que su hijo Alejandro derrotara al Imperio Persa y conquistara toda la región que se extendía desde la zona oriental del Mediterráneo hasta el Río Indo (incluyendo las actuales Turquía, Egipto, Siria, Palestina, Irak, Irán y partes de Afganistán y Pakistán).

El famoso escritor griego Eurípides pasó un tiempo en la corte de los reyes de Macedonia, y Aristóteles ofició como maestro del príncipe macedónico Alejandro antes de fundar su escuela filosófica en Atenas.

En la época helenística, la capital fue trasladada a Tesalónica, ciudad fundada sobre el Golfo Termaico por Casandro en el 315 a.C. y que recibió ese nombre en honor a su esposa Tesalia. Durante el período helénico, Macedonia estuvo gobernada por los antigónides, descendientes de uno de los generales de Alejandro llamado Antígono Monoftalmos. En el 168 a.C., Perseo, el último rey macedonio, fue derrotado por los romanos. En un primer momento, Roma dividió Macedonia en cuatro distritos independientes "libres", y luego la constituyó en provincia romana (148 a.C.) con Tesalónica como capital y Berea como asiento de la asamblea provincial. Durante la época de Augusto, algunas ciudades macedónicas fueron fundadas nuevamente como colonias romanas: Dion, ubicada al pie del Monte Olimpo, se convirtió en Colonia Julia Augusta Diensis; Filipos, lugar donde Marco Antonio había derrotado a los asesinos de César (Brutus y Casio), fue repoblada con veteranos romanos y llamada Colonia Augusta Julia Filipensium. Si bien el idioma general de Macedonia continuó siendo el griego, el lenguaje oficial de las colonias romanas era el latín (hasta después del 300 d.C., casi todas las inscripciones halladas en estas ciudades están en latín). Durante la época de la gran persecución de los cristianos (303–311), Tesalónica fue una de las cuatro capitales del Imperio Romano y sirvió como residencia del emperador Galerio, uno de los peores perseguidores del cristianismo.

El cristianismo en Macedonia Hay escasas evidencias del judaísmo antiguo en Macedonia. Una inscripción (aún sin publicar) hallada recientemente en Filipos menciona una sinagoga. La única prueba de presencia israelita en Tesalónica proviene de una inscripción samaritana que data de una fecha posterior al 400 d.C. Hace poco se excavó una sinagoga judía en la ciudad macedónica de Stobi en el valle del Río Axios (Vardar; en la Macedonia yugoslava).

El mensaje cristiano llegó a Macedonia a través de la predicación del apóstol Pablo. Hechos 16:9, 10 describe la visión del apóstol en Troas: se le apareció un macedonio y lo invitó a ir a Macedonia. Pablo y sus colaboradores viajaron desde Troas, pasaron por Samotracia y llegaron a Neápolis (la actual Caballa), el puerto más importante del este de Macedonia. Luego se dirigieron hacia el interior de la región hasta llegar a Filipos, lugar donde, según el relato de Hech. 16:14,15, fueron recibidos por Lidia, una mujer de Tiatira temerosa de Dios. Allí fundaron la primera comunidad cristiana en Europa, probablemente en el 50 d.C. La correspondencia que Pablo mantuvo con esta iglesia, que actualmente se preserva en la carta a los Filipenses, da testimonio del temprano comienzo, la organización y la generosidad de esta iglesia. Obligado a irse de Filipos después de una estada aparentemente breve (Hech. 16:16-40 registra el incidente de la curación de la muchacha esclava endemoniada y el encarcelamiento subsiguiente del apóstol), Pablo fue por la Vía Ignacia a Tesalónica, la capital, luego de haber pasado por Anfípolis (Hech. 17:1). La iglesia que fundó en Tesalónica (comp. Hech. 17:2-12) fue receptora del escrito cristiano más antiguo, 1 Tesalonicenses, que Pablo envió desde Corinto después de haber predicado en Berea y Atenas (Hech. 17:13-15).

Fuera de esta correspondencia paulina, la información sobre las iglesias de Macedonia durante los tres primeros siglos de la era cristiana es extremadamente reducida. Poco después del 100 d.C., el obispo Policarpo de Esmirna les escribió a los filipenses, quienes le habían pedido copias de las cartas del famoso mártir Ignacio de Antioquía. Policarpo también escribió para advertirles a los filipenses sobre un presbítero implicado en malversación de fondos. De no ser por esto, prácticamente no hay información detallada de la época previa a Constantino.

Helmut Koester

MACEDONIOS Nativos y residentes de Macedonia (Hech. 19:29; 27:2; 2 Cor. 9:2). Ver *Macedonia.*

MACELOT Parada durante el peregrinaje en el desierto. Macelot (Núm. 33:25,26), al igual que Ceelata (Núm. 33:22,23), significa "congregar".

MACHO CABRÍO Animal que llevaba al desierto los pecados de las personas en el Día de la Expiación (Lev. 16:8,10,26). Este era el único día del año en que el sacerdote entraba al lugar santísimo con dos machos cabríos para ofrecer sacrificios por los pecados de su familia y los de todo el pueblo. Por suertes se escogía uno "por Jehová", se sacrificaba como ofrenda por el pecado y la sangre se rociaba sobre los objetos sagrados para ayudar a purificar el altar, el santuario y el tabernáculo de reunión de las profanaciones durante el año previo.

El segundo se escogía "por Azazel". Esta palabra generalmente se entiende como "chivo expiatorio" o "macho cabrío." Sin embargo, es posible que el término se refiera también a un lugar rocoso en el desierto o a un demonio del desierto. Al poner sus manos sobre la cabeza de la cabra, el sacerdote le transfería los pecados del pueblo, después la hacía ir al desierto como símbolo de la quita de los pecados.

El libro de Enoc identifica a Azazel como líder de los ángeles caídos que yace atado debajo de las rocas del desierto esperando el juicio. Se lleva el macho cabrío a esa zona y se lo arroja desde un acantilado para que muera. Ver *Intertestamentaria, Historia y literatura; Pseudoepigráficos, Libros; Sacrificios y ofrendas.*

Aunque el macho cabrío no se menciona literalmente en el NT, Heb. 10:3-17 hace diferencias entre la santificación por el sacrificio de Cristo y la sangre de los toros y los machos cabríos que nunca pueden quitar los pecados. Ver *Santificación.*

MACNADEBAI Nombre que posiblemente signifique "posesión de Nebo; designaba a un laico que fue obligado a dejar a su esposa extranjera durante la reforma de Esdras (Esd. 10:40).

MACPELA Nombre geográfico que significa "la cueva doble". Lugar cercano a Hebrón donde fueron sepultados Sara (Gén. 23:19), Abraham (25:9), Isaac, Rebeca, Jacob, Lea y probablemente otros miembros de la familia. Después de la muerte de Sara, Abraham compró el campo con la cueva de Macpela para usar como sepulcro. El dueño, el heteo Efrón, ofreció dársela a Abraham gratuitamente, pero el patriarca se negó a recibir el regalo y le pagó el justo precio de 400 siclos de plata. Dicha conversación era típica de aquella época en las negociaciones para adquisición de tierras. Tanto Efrón como Abraham esperaban que se efectuara la compra. La cueva se convirtió en lugar de sepultura de las generaciones subsiguientes. Cuando Jacob estaba en Egipto, antes de morir pidió que lo sepultaran en esa cueva y sus hijos lo llevaron de regreso a Macpela para cumplir su deseo (Gén. 49:29,30; 50:13).

MACTES Transliteración del nombre hebreo de un lugar que significa "mortero" (LBLA). Distrito de Jerusalén o cercano a esta ciudad (Zac. 1:11). Los primeros comentaristas ubicaban el sitio en el Torrente de Cedrón. Actualmente se lo ha vinculado con una región del Valle de Tiropeón dentro de los muros de la ciudad (por eso se lo denomina "Barrio del Mercado", NVI).

MADAI 1. Nombre de un hijo de Jafet (Gén. 10:2; 1 Crón. 1:5). Significa "tierra del medio", lo que sugiere que Madai debe ser considerado antepasado de los medos. **2.** Israelita que fue obligado a dejar a su esposa extranjera como parte de las reformas implementadas por Esdras (Esd. 10:34).

M

MADIÁN, MADIANITAS Nombre de persona y de familia que significa "lucha". Madián fue uno de los hijos que tuvo Abraham con su concubina Cetura (Gén. 25:2). Abraham lo envió junto con sus hermanos hacia el oriente, lo cual provocó que los madianitas se asociaran con "los hijos del oriente" (Jue. 6:3). Los madianitas llevaron a José a Egipto (Gén. 37:28,36). Dado que la compañía que se menciona en el pasaje también se describe constituida por ismaelitas (37:25; 39:1), es posible que ambos grupos de descendientes de Abraham hayan estado relacionados. Otra posibilidad es que la palabra ismaelita en estos versículos sea un término genérico referente a viajantes nómadas. El AT menciona a los madianitas en relación con diversos sitios geográficos, pero la tierra donde mayormente habitaban se encontraba al este del Jordán y el sur de Edom. Historiadores de épocas posteriores situaban la tierra de Madián en el noroeste de Arabia, al este del Golfo de Aqaba. El pueblo de Israel mantuvo buenas y malas relaciones con los madianitas. Moisés se dirigió hacia Madián al oriente cuando huyó de Faraón (Ex. 2:15). Allí conoció a Jetro (también llamado Ragüel), el sacerdote de Madián, y se casó con su hija. Hobab, el hijo de Ragüel, se desempeñó como guía de los israelitas durante el peregrinaje en el desierto (Núm. 10:29-32). Los madianitas se asociaron con los moabitas en Baal-peor para seducir a Israel a fin de que cayera en la inmoralidad y la adoración pagana (Núm. 25:1-18). Por esta razón, Dios le ordenó a Moisés que llevara a cabo una guerra contra ellos para vengarse (Núm. 31:3; comp. Jos. 13:21). En la época de los jueces, los madianitas junto con los amalecitas comenzaron a atacar Israel montados en camellos a fin de recorrer rápidamente grandes distancias. Gedeón los expulsó y mató a sus líderes (Jue. 6–8). Jamás volvieron a amenazar a Israel, pero Madián encubrió al enemigo de Salomón llamado Hadad (1 Rey. 11:18). Ver *Amalecita; Baal-peor; Ceneos; Gedeón; Ismaelita; Jetro.* *Ricky L. Johnson*

MADMANA Nombre geográfico que significa "pila de estiércol". Ciudad del Neguev asignada a Judá (Jos. 15:31), posiblemente equivalga a Bet-marcabot (Jos. 19:5). Los sitios sugeridos incluyen la moderna Khirbet umm Denme y Khirbet Tatrit, ambas en las cercanías de Dharhiriyah. La referencia a Saaf como padre de Madmana (1 Crón. 2:49) da lugar a diversas interpretaciones: (1) Saaf fundó (o volvió a fundar) la ciudad, (2) los descendientes de Saaf se establecieron en la ciudad; o (3) Saaf tuvo un hijo llamado Madmana.

MADMENA Nombre que significa "pozo del estiércol" o "colina del estiércol". **1.** Nombre de una ciudad de Moab (Jer. 48:2) La referencia quizá corresponda a Dimón (Dibón), la ciudad capital. Es probable que el lamento de Jeremías aluda a la represión de Asurbanipal a la revolución moabita en el 650 a.C. Ver *Dimón.* **2.** Uno de los sitios sobre la ruta utilizada para invadir Jerusalén desde el norte (Isa. 10:31). El lugar probablemente corresponda a Shu'fat. Isaías tal vez aluda a la invasión de Senaquerib en el 701 a.C.

MADÓN Nombre geográfico que significa "sitio de justicia". Ciudad de Galilea cuyo rey se unió a una frustrada coalición contra Israel (Jos. 11:1; 12:19). El lugar se ha identificado como la cumbre de Qarn Hattim al noroeste de Tiberias.

MADRE Mujer que se embaraza, da a luz y cría un hijo. Por lo general se refiere a seres humanos pero también puede aludir a animales o incluso usarse como metáfora para una deidad. Una esposa posee dos funciones igualmente importantes en la Biblia: (1) amar, respaldar, acompañar y proporcionar satisfacción sexual al esposo; (2) tener hijos y criarlos. Esta última función era tan importante que la esterilidad constituía un estigma (Gén. 16:1,2; 18:9-15; 30:1; 1 Sam. 1:1-20; Luc. 1:5-25; esp. v.25).

La Biblia hace referencia a todos los aspectos de la maternidad: la concepción (Gén. 4:1; Luc. 1:24), el embarazo (2 Sam. 11:5; Luc. 1:24), los dolores de parto (Gén. 3:16; Juan 16:21) y la crianza (1 Sam. 1:23; Mat. 24:19). La madre que recién daba a luz se consideraba ritualmente impura y se indicaba una ofrenda para purificarla (Lev. 12; comp. Luc. 2:22-24). El libro de Proverbios (1:8; 31:1) señala que aun en épocas antiguas la madre compartía con el padre la responsabilidad de instruir y disciplinar a los hijos. Las madres poseen el mismo derecho que los padres de ser respetadas y obedecidas (Ex. 20:12; Lev. 19:3), y en los tiempos del AT los que maldecían o atacaban a los padres podían recibir la pena de muerte (Ex. 21:15,17; Deut. 21:18-21). Jesús reforzó el quinto mandamiento y lo protegió de la evasión de los escribas (Mat. 15:3-6).

A menudo se elogian las virtudes maternales: compasión (Isa. 49:15), consuelo (Isa. 66:13) y dolor por los hijos (Jer. 31:15; se cita en Mat. 2:18).

El que Dios utilizara a una madre humana para enviar a Su Hijo al mundo le otorgó a la maternidad el honor más grandioso. Jesús nos dejó un ejemplo a seguir cuando suplió lo que Su madre necesitaba (Juan 19:25-27). No obstante, también dejó en claro que la devoción a Dios debe estar por encima de la que se ofrece a una madre (Mat. 12:46-50). Incluso el AT (Gén. 2:24) señalaba que la devoción del hombre hacia la esposa debe superar a la que se otorga a la madre.

Además del uso literal, incluso la referencia a animales como madres (Ex. 34:26; Lev. 22:27), la palabra se emplea con frecuencia en forma metafórica. A Israel se la compara con una madre infiel (Os. 2:2-5; Isa. 50:1). Apocalipsis 17:5 se refiere a Babilonia (Roma) como la madre de las rameras (los que son infieles a Dios). Una ciudad es la "madre" de su pueblo (2 Sam. 20:19). Débora fue la "madre" o libertadora de Israel. En un aspecto más positivo, la Jerusalén celestial es la "madre" de los creyentes (Gál. 4:26). Jesús habló de Su compasión para con Jerusalén comparándola con la de una gallina hacia sus polluelos (Mat. 23:37). Pablo comparó su ministerio con el trabajo de parto de una madre (Gál. 4:19) y con la crianza (1 Tes. 2:7). *James A. Brooks*

MAESTRO En los Evangelios, el término griego *didaskalos* generalmente se traduce "maestro" (Mat. 8:19; 9:11). Otras referencias traducen de igual manera los términos *kathegetes* (Mat. 23:8, 10), *rabbi* y *rabboni* (Mat. 26:25; Mar. 9:5; Juan 4:31). La palabra original que emplea Lucas y que se traduce maestro es *epistates* (p. ej. Luc. 5:5; 8:24,45; 9:33,49; 17:13).

MAGBIS Nombre geográfico que significa "pila". Ciudad del territorio de Judá, posiblemente equivalga a la actual Khirbet el-Mahbiyeh, 5 km (3 millas) al sudoeste de Adulam donde los exiliados regresaron para reclamar su herencia (Esd. 2:30).

MAGDALA Nombre geográfico que quizá signifique "torre". Ciudad de la ribera occidental del Mar de Galilea y centro de intensa actividad pesquera. La ciudad estaba ubicada sobre una carretera principal proveniente de Tiberias. Una cierta María, a la que Jesús había liberado de posesión demoníaca, era originaria de Magdala. Ver *María.*

MAGDALENA Ver *Magdala; María.*

MAGDIEL Nombre de persona (y de tribu) que significa "don escogido de Dios". Jefe edomita o la región que ocupaban sus descendientes (Gén. 36:43; 1 Crón. 1:54).

MAGISTRADO Oficial de gobierno con responsabilidades administrativas y judiciales. En Esd. 7:25, el cargo quizá sea paralelo al de juez. Es posible que jueces y magistrados se ocuparan de temas diferentes; por ejemplo, causas relacionadas con la ley tradicional y causas reales donde el estado poseía un interés especial. El término para magistrado que aparece en Dan. 3:2,3 es una palabra persa antigua de significado incierto. Debido a que los magistrados eran similares a los jueces, tal vez se tenga en vista a funcionarios con responsabilidades judiciales. La palabra traducida magistrado en Luc. 12:11 y 12:58 es *archon*, término general correspondiente a gobernante. El término que se traduce magistrados en Hech. 16:20,22,35,36,38, *strategoi*, se emplea tanto para comandantes militares como para oficiales civiles de una ciudad griega encargados de administrar las finanzas de la comunidad, hacer cumplir leyes promulgadas por el concejo o cuerpo de ciudadanos y, en algunos casos, dictar sentencia en causas judiciales. En el caso de Filipos, *strategoi* hace las veces de equivalente griego del término latino *duumviri*, los dos magistrados que oficiaban como jefes de justicia de una ciudad o colonia romana.

MAGNÍFICAT Palabra latina que significa "engrandecer". Primera palabra en latín del salmo

La aldea de Magdala, sobre la costa oeste del Mar de Galilea.

de alabanza de María (Luc. 1:46-55) y, por ese motivo, título del salmo. Similar al cántico de Ana (1 Sam. 2.1-10). Ver *Benedictus; Nunc Dimittis.*

MAGOG Ver *Gog y Magog.*

MAGOR-MISABIB Nombre que significa "terror de todas partes" y que Jeremías le otorgó al sacerdote Pasur después de que este azotara al profeta y lo colocara en el cepo (Jer. 20:3). La traducción griega más antigua no posee las palabras "por todas partes", lo cual indujo a algunos intérpretes a afirmar que las palabras se agregaron para imitar toda la frase que aparece en Jer. 6:25; 20:10.

MAGOS Sabios, sacerdotes y astrólogos de Oriente expertos en la interpretación de sueños y otras "artes mágicas". **1.** Hombres cuya interpretación de las estrellas los guió a Palestina para buscar y honrar a Jesús, el Rey que acababa de nacer (Mat. 2). El término posee un trasfondo persa. La versión griega más antigua de Dan. 2:2, 10 emplea "magos" para traducir la palabra hebrea correspondiente a astrólogo (comp. 4:7; 5:7). Es probable que los magos que dieron la bienvenida al nacimiento de Jesús hayan sido de Babilonia, Persia o el Desierto Arábigo. Mateo no menciona la cantidad, los nombres ni la posición dentro de la realeza en cuanto a los magos. Antes del 225 d.C., Tertuliano los denominó reyes. La cantidad se deduce de los tres regalos que ofrecieron. Poco después del 600 d.C., el Evangelio de la Infancia Armenia les asignó nombres: Melkon (posteriormente Melchor), Baltasar y Gaspar. La visita de los magos confirma el reconocimiento internacional por parte de líderes de otras religiones de que Jesús era el Rey esperado. **2.** En Hech. 8:9, la expresión que aparece para indicar que Simón practicaba magia posee connotación negativa. Dicho sentir se había vinculado durante mucho tiempo con algunos usos del término. **3.** En Hech. 13:6,8, a Barjesús o Elimas se lo designa mago y también falso profeta. Como resultado de las palabras de Pablo, Dios dejó ciego a Simón; esto demuestra el poder divino sobre las artes mágicas.

MAGPÍAS Nombre de persona que quizá signifique "exterminador de polillas". Uno de los jefes del pueblo que firmó el pacto de Esdras (Neh. 10:20).

MAHALALEEL Nombre de persona que significa "Dios brilla" o "alabar a Dios". **1.** Hijo de Cainán, padre de Jared y antepasado de Cristo (Gén. 5:12-17; 1 Crón. 1:2; Luc. 3:37). **2.** Antepasado de un miembro de la tribu de Judá en la época postexílica (Neh. 11:4).

MAHALAT Nombre de persona que significa "danza" o "enfermedad", y término que se emplea en el título de Sal. 53; 88. **1.** Nieta de Abraham e hija de Ismael que se casó con Esaú (Gén. 28:9). **2.** Nieta de David y esposa del rey Roboam (2 Crón. 11:18). **3.** En los Salmos quizá sea una indicación coreográfica; el segundo elemento del término compuesto *mahalat-le annot* tal vez aluda a una interpretación antifonal realizada por dos grupos que se preguntan y se responden entre sí (Sal. 88).

MAHANAIM Nombre geográfico que significa "dos campamentos". Ciudad ubicada en los Montes de Galaad sobre la frontera de las tribus de Gad y Manasés al oriente (Jos. 13:26,30). Era ciudad levítica (Jos. 21:38). En dos ocasiones sirvió de refugio: para Is-boset después de la muerte de Saúl (2 Sam. 2:8,9), y para David cuando Absalón le usurpó el trono (2 Sam. 17:24-27). La ciudad sirvió de distrito capital durante el reinado de Salomón (1 Rey. 4:14). Arqueólogos alemanes la ubican en Tell Heggog, aprox. 1 km (1/2 milla) al sur de Peniel, en tanto que los israelitas indican Tell edh-Dhabab el Gharbi.

MAHARAI Nombre de persona que significa "apresurado". Uno de los 30 guerreros destacados de David proveniente de la familia de los zeraítas y de la ciudad de Netofa en Judá. Comandaba las tropas durante el décimo mes (2 Sam. 23:28; 1 Crón. 11:30; 27:13).

MAHAT Nombre de persona que significa "tosco". **1.** Levita de la familia de los coatitas (1 Crón. 6:35). **2.** Levita que colaboró en las reformas de Ezequías (2 Crón. 29:12; 31:13). Es probable que ambos Mahat sean la misma persona. El segundo tal vez equivalga al Ahimot de 1 Crón. 6:25.

MAHAVITA Nombre de la familia de Eliel, uno de los 30 guerreros escogidos de David (1 Crón. 11:46). Ver *Eliel 5.*

MAHAZIOT Nombre de persona que significa "visiones". Hijo de Hemán que oficiaba como músico del templo (1 Crón. 25:4,6,7,30).

MAHER-SALAL-HASBAZ Nombre de persona que significa "el despojo se apresura, la presa se precipita" (Isa. 8:1). Nombre simbólico que Isaías le dio a su hijo para advertir sobre la destrucción inminente de Siria e Israel por haber amenazado a Judá y a su rey Acaz. El nombre aparecía para demostrar que Dios iba a librar a Judá de sus enemigos. La señal también invitaba a Acaz a tener fe, sin la cual Judá se convertiría en parte del despojo. La profecía decía que los dos enemigos de Judá iban a ser destruidos antes que pudieran atacar el Reino del Sur. Asiria derrotó a Siria en el 732 a.C. y a Israel en el 722 a.C. Judá sobrevivió hasta el 586 a.C.

MAHLI Nombre de persona que quizá signifique "astuto" o "sagaz". **1.** Hijo de Merari, levita cuyo nombre designa a una familia sacerdotal (Ex. 6:19; Núm. 3:20; 1 Crón. 6:19,29; 23:21; 24:26,28; Esd. 8:18). **2.** Hijo de Musi, sobrino del anterior (1 Crón. 6:47; 23:23; 24:30).

MAHLITAS Descendientes de Mahli. Eran levitas encargados de armar y mantener el tabernáculo (Núm. 3:33-36; 26:58).

MAHLÓN Nombre de persona que significa "enfermizo". Uno de los dos hijos de Elimelec y Noemí (Rut 1:2,5) y esposo de la moabita Rut (4:9,10). Murió mientras la familia habitaba en Moab, lugar al que se habían trasladado debido a la hambruna en su tierra de origen, Israel. La causa de la muerte de Mahlón no se menciona. Booz, un pariente lejano, se casó con la viuda de Mahlón.

MAHOL Nombre de persona que significa "lugar para la danza". Padre de tres sabios renombrados (1 Rey. 4:31). Una interpretación alternativa toma la frase "hijos del lugar para la danza" como título para aquellos que danzaban en el ritual del templo (comp. Sal. 149:3; 150:4). El saber de los danzarines del templo tal vez se asemeje a la sabiduría profética vinculada con los músicos (1 Sam. 10:5; 2 Rey. 3:15; esp. 1 Crón. 25:3).

MAINÁN Antepasado de Jesucristo (Luc. 3:31).

MALAQUÍAS, LIBRO DE Nombre de persona que significa "mi mensajero". Autor del último libro profético del AT del que no se tiene más información. La persona acerca de la cual Mal. 3:1 profetiza que "preparará" el camino del Señor para llegar a Su templo también es identificado como *mal'aki*, "mi mensajero". Algunos creen que el libro es en realidad anónimo y que toma su nombre de este versículo. Es evidente que el énfasis del libro está en el mensaje más que en el mensajero, dado que 47 de los 55 versículos del libro son declaraciones directas del Señor.

Trasfondo histórico Aunque no se le otorga una fecha determinada en función de la mención de algún gobernante o acontecimiento específico, la evidencia interna, al igual que su posición en el canon, indica una época posterior al exilio. La mención de un príncipe en 1:8 lo inclina hacia el período persa cuando Judá era una provincia o subprovincia de la satrapía persa Abar Nahara que incluía Palestina, Siria, Fenicia, Chipre y, hasta el 485 a.C., Babilonia. El templo se había reedificado (515 a.C.) y la adoración se había restablecido (1:6-11; 2:1-3; 3:1,10). No obstante, habían disminuido la emoción y el entusiasmo incentivados por los profetas Hageo y Zacarías. Los problemas religiosos y sociales que expone Malaquías reflejan la situación descrita en Esd. 9 y 10 y Neh. 5 y 13, lo cual sugiere fechas inmediatamente previas al regreso de Esdras (aprox. 460 a.C.) o poco después del segundo período de Nehemías como gobernador (Neh. 13:6,7; aprox. 435 a.C.).

Mensaje y propósito ***Acusación*** Malaquías presenta el pecado de Judá al citar fundamentalmente palabras, pensamientos y actitudes expresadas por el pueblo (1:2,6,7,12,13; 2:14,17; 3:7, 8,13-15). A Malaquías se le planteó el fracaso de los sacerdotes, que no temían al Señor ni servían al pueblo a conciencia en momentos de dificultad. Esto había contribuido a que Judá se mostrara indiferente a la voluntad de Dios. El pueblo culpaba al Señor y Su supuesta infidelidad hacia ellos en cuanto a los problemas económicos y sociales que enfrentaba. Esto conducía a infidelidad (especialmente a las esposas) y a la profanación del templo al casarse con mujeres paganas. También habían dejado de dar el diezmo para el templo.

Instrucción Malaquías invita al pueblo a dejar la apatía espiritual y corregir las actitudes equivocadas en la adoración. Para esto debían colocar su confianza en Dios mediante una fe genuina en Él como el Señor viviente. Esto incluía honrar el nombre del Señor con ofrendas limpias, ser fieles a los pactos efectuados con otros creyentes, en especial los pactos matrimoniales, y demostrar arrepentimiento mediante la entrega del diezmo.

M

Juicio Si los sacerdotes no modificaban su comportamiento, el Señor los maldeciría y los destituiría vergonzosamente del servicio. Malaquías también anuncia la llegada de un día en que el Señor de justicia llegaría a purificar y pulir a Su pueblo. En ese momento pondría en evidencia la diferencia entre obedientes y malvados, y juzgaría a estos últimos.

Esperanza Malaquías fundamenta su instrucción en (1) la demostración de amor del Señor para con Israel (1:2); (2) la unidad espiritual establecida por el pacto tanto con Dios como los unos con los otros (2:10), y (3) ese día futuro cuando el Señor también bendeciría abundantemente a los que le temen (3:1-6; 3:16–4:3).

El mensajero del pacto En 3:1-6, Dios promete enviar un "ángel del pacto" que limpiará y purificará al pueblo de Dios, incluso a los sacerdotes. La naturaleza divina-humana de este mensajero se manifiesta al diferenciarse de Dios, que es quien está hablando, pero también al identificarse con Él (3:1; Zac. 12:10–13:9). "Mi mensajero" no es la misma persona sino alguien que iba a anunciar la venida del "ángel ["mensajero"] del pacto" (comp. Heb. 9:15). El NT identifica a "mi mensajero", al Elías de 4:5 y también a la "voz" de Isa. 40:3 con Juan el Bautista (Mat. 3:3; 11:10; Mar. 1:2,3; Luc. 3:3-6; Juan 1:23).

El papel de Elías como vocero preparatorio del momento de la intervención divina surge por considerárselo el profeta fundamental del arrepentimiento. Así como aparece con Moisés en estos últimos versículos del AT, del mismo modo aparecieron ambos durante la transfiguración de Jesús como representantes de los profetas a fin de dar testimonio de que este era el Mesías (Mat. 17:3; Luc. 9:29-31). La profecía de 4:5 también fue parcialmente cumplida por Juan el Bautista (Mat. 11:14; 17:10-13; Luc. 1:15-17). Pero Jesús señaló que otra parte de su cumplimiento aguarda el momento de Su venida (Mat. 11:14; 17:11), quizá como se refleja en la profecía de los dos testigos en Apoc. 11:3 (Deut. 19:15).

Estilo y estructura Si bien las versiones españolas de la profecía de Malaquías lo dividen en cuatro capítulos, el texto hebreo sólo presenta tres (4:1-6 se considera como 3:19-24). Malaquías presenta un estilo único entre los libros proféticos del AT. En general se lo puede describir como sermón u oráculo, pero el uso frecuente de la técnica retórica con citas propias de su audiencia, una especie de interacción que se denomina seudo-diálogo, le otorga un carácter distintivo. Se suele decir que consta de una serie de "discursos argumentativos" u oráculos donde se presentan acusaciones y pruebas a manera de careos. Los seis oráculos corresponden a 1:2-5; 1:6–2:9; 2:10-16; 2:17–3:5; 3:6-12, y 3:13–4:3 (en el texto hebreo 3:21), seguidos de dos anexos, 4:4 (en el texto hebreo 3:22) y 4:5,6 (en el texto hebreo 3:23,24), que a menudo se consideran agregados posteriores.

Una estructura alternativa consiste en considerar la organización del libro como tres discursos interrelacionados con cinco secciones cada uno, que siguen un patrón de alternancia entre acusación, instrucción, juicio y esperanza.

Bosquejo

I. Se exhorta a los sacerdotes a honrar a Yahvéh (1:2–2:9)
   A. Esperanza: El amor del Señor hacia Judá (1:2-5)
   B. Acusación: Dejar de honrar al Señor (1:6-9)
   C. Instrucción: Detener la adoración que deshonra al Señor (1:10)
   D. Acusación: Profanar el nombre del Señor (1:11-14)
   E. Juicio: El sacerdocio maldecido por el Señor (2:1-9)

II. Exhortación a Judá para que sea fiel (2:10–3:6)
   A. Esperanza: Reinado espiritual (2:10a)
   B. Acusación: Infidelidad matrimonial (2:10b-15a)
   C. Instrucción: Cuidarse de la infidelidad (2:15b-16)
   D. Acusación: Quejas de Judá por la injusticia (2:17)
   E. Juicio: Justicia que proviene del Señor (3:1-6)

III. Exhortación a Judá para que vuelva al Señor y recuerde la ley (3:7–4:6)
   A. Instrucción: Dar el diezmo como prueba del arrepentimiento (3:7-10a)
   B. Esperanza: Promesa de bendición (3:10b-12)
   C. Acusación: Arrogancia en cuanto al servicio al Señor (3:13-15)
   D. Esperanza y juicio: La venida del día de Jehová (3:16–4:3)
   E. Instrucción: Recordar la ley (4:4-6)

E. Ray Clendenen

MALCAM Nombre de persona que significa "rey de ellos". Miembro de la tribu de Benjamín

(1 Crón. 8:9). La palabra hebrea *malcam* a veces se considera cambio deliberado por parte de copistas al referirse a Milcom (comp. Jer. 49:1,3; Sof. 1:5).

MALCO Nombre de persona que significa "rey", común entre idumeos y palmirenses, empleado especialmente para los reyes o jefes de tribus. Siervo del sumo sacerdote al que Pedro le cortó la oreja (Juan 18:10). El nombre no es habitual para un esclavo, quienes comúnmente tenían nombres tales como Onésimo ("Útil", Filem. 10,11). Quizá este esclavo fuera jefe de la guardia del templo. Sólo Lucas registró la reposición de la oreja (Luc. 22:51). Tal vez Lucas haya deseado enfatizar la compasión de Jesús aun en medio de Su pasión (comp. Luc. 23:28,34,43) o el respeto hacia el sumo sacerdote y su representante (comp. Hech. 23:4).

MALDAD Desde tiempos precristianos, los filósofos se han preguntado acerca de la coexistencia de un Dios soberano totalmente bueno, y la maldad y el sufrimiento. Los teólogos cristianos han luchado tratando de vincular la providencia de Dios y la maldad. Muchos creyentes se han preguntado, "¿por qué yo?", cuando se enfrentaron personalmente con el sufrimiento. Sin embargo, en contraste con otras religiones y filosofías, la Biblia proporciona respuestas adecuadas.

Si bien muchos filósofos y teólogos han descartado la creencia en la omnipotencia y la bondad divinas, o incluso la existencia de Dios y del mal, según la Biblia no existe un verdadero problema filosófico acerca del mal. En cambio, la Biblia simplemente enseña que Dios tiene Sus razones para permitir el mal. Los pensadores cristianos tradicionalmente han clasificado las razones divinas en dos categorías: (1) La voluntad de las criaturas (al menos en el caso de Satanás y de Adán) no sería libre si no tuviera la posibilidad de desobedecer la voluntad de Dios. Por lo tanto, el mal es el resultado del abuso de libertad. (2) El sufrimiento puede ser providencialmente utilizado para desarrollar el carácter cristiano. Sin embargo, las Escrituras proporcionan más de dos razones y, al hacerlo, nunca comprometen la realidad ni del Dios viviente ni del mal.

Razones bíblicas para el mal Isaías 45:7 dice: "[Yo] hago la paz y creo la adversidad. Yo Jehová soy el que hago todo esto". Esta traducción ha producido confusión en algunos al hacerlos pensar que la simple explicación del mal es que Dios es su fuente. No obstante, hace tiempo que los exégetas notaron que el versículo no habla del origen del mal sino, más bien, de la providencia divina que hace "la paz y [crea] la adversidad". La enseñanza bíblica evita claramente atribuir el mal al Santísimo: "Dios no puede ser tentado por el mal, ni él tienta a nadie" (Sant. 1:13). Las siguientes razones escriturales para explicar el mal a menudo se superponen y se correlacionan.

Libre albedrío Como mínimo, Dios creó a Adán y a Eva (y por extensión, a Satanás) con libertad para elegir a favor o en contra de Dios (Gén. 1–3). El ejercicio del libre albedrío, aplicado al rebelarse y causar males catastróficos, no habría sido verdaderamente libre sin la capacidad de desobedecer. De modo que la providencia divina no queda comprometida. Él sigue siendo soberano sobre la historia, y Su justicia y bondad no son impugnadas por la caída.

Retribución Dios debe castigar el mal por ser el garante justo del orden moral. Por esa razón, algunos presentan el sufrimiento como un resultado del juicio de Dios sobre el pecado (Deut. 30; Isa. 3:11; Rom. 1:18), y no incluyen el juicio en la era venidera (Rom. 14:10-12; 2 Cor. 5:10; Apoc. 20:11-15).

Disciplina Dios usa el sufrimiento para hacer que los suyos se parezcan más a Cristo. La voluntad de Dios nos asegura que Él entrena y da madurez a Sus hijos a través de las pruebas (Prov. 3:11-12; Jer. 18:1-6; Rom. 5:3-5; Heb. 12:5-11).

Prueba Los piadosos esperan que finalmente el mal sea vencido. En tanto, su fe es probada mediante el mal, que pareciera llevar las de ganar, lo que así empaña el gobierno presente de Dios (Sal. 37:37). Pero al soportar la prueba, la fe salvadora verdadera finalmente se revela y se confirma (Heb. 10:32-39; Sant. 1:2-4; 1 Ped. 4:12-19; 5:8-10).

Revelación El sufrimiento puede contribuir a un mayor conocimiento de Dios. Él utilizó las tribulaciones matrimoniales de Oseas para revelarle verdades a Israel (Os. 1–3). Aunque el sufrimiento puede producir mayor blasfemia en los impíos (Apoc. 16:9-11,21), los justos salen victoriosos al saber que, en las tribulaciones, el amor de Dios está obrando a favor de ellos (Rom. 8:28-38).

Redención A veces el sufrimiento se puede soportar vicariamente a favor de otros. El ejemplo supremo es el sacrificio vicario de Cristo por los pecadores (Isa. 53:4-12; 1 Ped. 2:21-24; 3:18), pero los creyentes pueden sufrir a favor de los demás (Col. 1:24).

M

Misterio El libro de Job nos enseña que el que sufre tal vez no vea y los observadores quizás malentiendan las razones del sufrimiento. Job finalmente aprende a descansar en Dios, aun sin una explicación completa (Job 42:1-6). Hasta el mismo Jesús exclamó desde la cruz: "Dios mío, Dios mío, ¿por qué me has desamparado?" (Mat. 27:46; comp. Sal. 22:1).

Victoria final La solución plena del mal aguarda la era venidera. En el momento más oscuro de la historia, Cristo regresará para conquistar el mal (2 Tes. 1:5-10; Apoc. 19:1-21). Dios reivindicará a Sus hijos y les secará las lágrimas (Isa. 25:8; Apoc. 7:16-17; 21:4).

Ted Cabal

MALDICIÓN Ver *Bendición y maldición.*

MALHECHOR Término empleado para referirse a los dos criminales que fueron crucificados junto a Jesús (Luc. 23:32,33,39). Este término es la traducción al latín de la palabra griega *kakourgos* que significa "ladrón", "delincuente" o "criminal".

MALICIA Mala intención; deseos de dañar a alguien. Es una característica de la vida en oposición a Dios previa a la conversión (Rom. 1:29; Tito 3:3). A los creyentes se los suele instar a despojarse de la malicia (Ef. 4:31,32; Col. 3:8; 1 Ped. 2:1).

MALLA, COTA DE Ver *Armas y armaduras.*

MALOTI Nombre de persona que significa "yo hablé". Uno de los músicos del tabernáculo durante el reinado de David (1 Crón. 25:4,26). Al igual que su padre Hemán (25:5), tal vez haya desempeñado una función profética (vidente del rey). Los nombres de los hijos tal vez conformaban una oración.

MALQUÍAS Nombre de persona con forma larga y corta en hebreo que significa "mi Rey es Jehová". **1.** Antepasado del músico Asaf (1 Crón. 6:40). **2.** Sacerdote de la época de David (1 Crón. 24:9; comp. 9:12; Neh. 11:12). **3.** Príncipe de Judá durante la época de Jeremías, probablemente el padre de Pasur (Jer. 21:1; 38:1,6). **4.–6.** Tres contemporáneos de Esdras que tenían esposas extranjeras (Esd. 10:25,31). Algunas traducciones modernas reemplazan al segundo Malquías del texto hebreo de Esd. 10:25 por Hasabías, la forma antigua en griego. **7.** Uno de los que estuvo junto a Esdras durante la lectura de la ley (Neh. 8:4). **8.** Sacerdote que firmó el pacto de Esdras (Neh. 10:3). **9.–12.** Cuatro contemporáneos de Nehemías que participaron en la reconstrucción (Neh. 3:11,14,31) o dedicación de los muros (Neh. 12:42). Varias de las referencias de Esdras y Nehemías tal vez aludan a las mismas personas.

MALQUIEL Nombre de un descendiente de Aser que significa "mi Dios es rey" (Gén. 46:17; Núm. 26:45; 1 Crón. 7:31).

MALQUIELITAS Descendientes de Malquiel (Núm. 26:45).

MALQUIRAM Nombre de persona que significa "mi rey es exaltado". Hijo del rey Jeconías de Judá (1 Crón. 3:18).

MALQUISÚA Nombre de persona que significa "mi rey es salvación". Hijo del rey Saúl y Ahinoam (1 Crón. 8:33; 9:39) que fue asesinado en la batalla contra los filisteos en el Monte Gilboa (1 Sam. 14:49; 31:2; 1 Crón. 10:2).

MALTA Nombre moderno de Melita. Ver *Isla, costa.*

MALTRATO CONYUGAL Maltrato físico, emocional y sexual de un cónyuge. El abuso conyugal es una cuestión particularmente seria a los ojos de Dios, porque fractura la relación de matrimonio establecida como fundamento de la sociedad (Gén. 2:24). Relatos bíblicos tales como el de Abraham haciendo pasar a su esposa como su hermana en Egipto (Gén. 12:10-20; comp. Gén. 20:2-14; 26:6-11) ilustran las consecuencias del abuso conyugal.

La Biblia describe rasgos que aparecen de manera característica en personas que abusan de sus cónyuges. Hombres celosos actúan fuera de control (Prov. 6:34). A veces, los discursos bondadosos y gentiles "más blandos que mantequilla," enmascaran violencia (Sal. 55:20-21). Los efectos de pecados cometidos por una persona se hacen sentir en generaciones posteriores (Ex. 34:7), un patrón bien conocido de familias que han sufrido abuso.

Si bien el esposo es la cabeza de su esposa, sus acciones hacia ella deben ser como las de Cristo para con la iglesia (1 Cor. 11:3; Ef. 5:23-24). Todo esposo debe amar a su esposa así como se ama a sí mismo (Ef. 5:25-33), mostrándole gran consideración (1 Ped. 3:7), honor (1 Tes. 4:4) y gentileza (Col. 3:19). Un esposo debe proveer para su familia, porque no hacerlo lo haría peor que un incrédulo (1 Tim. 5:8).

Dios escogió la relación matrimonial como un cuadro de su relación tanto con Israel como con la iglesia. Cualquier acción que empaña la relación matrimonial, por ejemplo el abuso conyugal, debilita la relación del creyente con Dios.

MALUC Nombre de persona que significa "ser rey". **1.** Antepasado de un levita cantor del templo de Salomón (1 Crón. 6:44). **2.** Sacerdote que regresó del exilio con Zorobabel (Neh. 12:2, quizá sea el Melicú en v.14). **3.–6.** Cuatro contemporáneos de Esdras, dos de los cuales tenían esposas extranjeras (Esd. 10:29,32), otro era sacerdote (Neh. 10:4) y otro laico (Neh. 10:27). Todos fueron testigos de la renovación del pacto. Es probable que algunos de los anteriores se refieran a la misma persona.

MALVA Nombre empleado en las Escrituras para referirse a una planta, *Atriplex halimus L.*, arbusto orzaga que crece en los pantanos y es desagradable para comer (Job 30:4; "plantas de los pantanos salados", nota en LBLA). Se la asocia con regiones pantanosas salinas que rodean el Mar Muerto.

MAMÓN Forma griega de una palabra siríaca o aramea correspondiente a "dinero", "riquezas", "propiedad", "bienes materiales" o "beneficio". Se empleaba generalmente para referirse a un espíritu malo o deidad que personificaba las riquezas. El término no se utiliza en el AT, y en el NT se traduce "riquezas". Jesús la utilizó en el Sermón del Monte: "No podréis servir a Dios y a las riquezas" (Mat. 6:24; Luc. 16:9,11,13). Quiso decir que nadie puede ser siervo de Dios y de las riquezas mundanas al mismo tiempo. Una concentración mental plena dedicada a la obtención de dinero no es compatible con una consagración de todo corazón a Dios y Su servicio (Col. 3:5). En la parábola del mayordomo injusto (Luc. 15:1-13), Jesús elogió su previsión pero no su método. El propósito era señalar cómo se pueden utilizar mejor las riquezas, mancilladas o no, en vista del futuro. Ver *Mayordomía.* *Ray Robbins*

MAMRE Nombre geográfico que significa "tierra de pastoreo". Zona principal donde vivió Abraham y su familia. Aparentemente recibió el nombre en honor a un amorreo (Mamre) que ayudó a Abraham a derrotar al malvado rey Quedorlaomer (Gén. 14:1-24). Era famosa por las encinas. Abraham compró una cueva (Macpela) inmediatamente al oriente de Mamre, para usar como lugar de sepultura de la familia. Está ubicada en Ramet et-Chalil, unos 3 km (2 millas) al norte de Hebrón. Ver *Abraham; Macpela.*

MANÁ Sustancia con aspecto de grano considerada alimento enviado del cielo; sustentó a los israelitas en el desierto y fue una figura de Cristo, el verdadero Pan del cielo.

Antiguo Testamento Los granos pequeños y redondos o copos que aparecían junto con el rocío todas las mañanas alrededor del campamento de los israelitas, se molían y se cocinaban para hacer tortas o se hervían (Ex. 16:13-36). Es probable que el nombre haya surgido de la pregunta que formularon los israelitas cuando lo vieron por primera vez: "¿Qué es esto (*man hu*)?" En la actualidad, las secreciones que dejan los insectos en los arbustos tamariscos cuando absorben la savia se identifican como una especie de maná. La Biblia enfatiza que Dios hizo que el maná apareciera en el momento y el lugar propicios para suplir las necesidades de Su pueblo.

Nuevo Testamento Jesús les aseguró a los judíos que el verdadero Pan del cielo que otorgaba vida eterna a quienes lo comían era Él y no el alimento del desierto (Juan 6:30-58).

Barbara J. Bruce

MANAÉN Forma griega de Menahem ("Consolador"). Nombre de un profeta y maestro de la iglesia primitiva en Antioquía (Hech. 13:1). A Manaén se lo describe como el *suntrophos* del tetrarca Herodes (Herodes Antipas, que reinó entre el 4 a.C. y el 37 d.C.). El término significa literalmente "uno que come con". En el AT, los que compartían la mesa del rey eran personas reconocidas como miembros valiosos de la corte (2 Sam. 9:10-13; 19:28; 1 Rey. 2:7; 2 Rey. 25:29; Neh. 5:17). La traducción griega más antigua emplea *suntrophoi* (plural) para referirse a los generales que se criaron con Alejandro Magno (1 Mac. 1:6) y también a los miembros de la corte (2 Mac. 9:29). El significado de ambas expresiones, "miembro de la corte" y "compañero de la niñez", es factible en el caso de Hech. 13:1. Una alternativa menos probable es el uso que hace la traducción griega más actual del término *suntrophoi* donde se refiere a los hijos de Israel como "hermanos" (1 Rey. 12:24).

MANAHAT Nombre geográfico y de persona que significa "lugar de reposo" o "asentamiento".

M

1. Antepasado de una familia edomita, los horeos (Gén. 36:23; 1 Crón. 1:40). 2. Sitio probablemente ubicado fuera de Palestina donde fueron exiliados algunos benjamitas residentes en Geba (1 Crón. 8:6). 3. Según el texto griego más antiguo de Jos. 15:59, donde se la denomina Manocho, esta ciudad estaba incluida en el territorio asignado a la tribu de Judá. Posiblemente corresponda a el-Malcha, ubicada en los montes de Judá 5 km (3 millas) al sudoeste de Jerusalén. El lugar tal vez coincida con Noha ("lugar de reposo"), que en Jue. 20:43 se vincula con los benjamitas (1 Crón. 2:54).

MANAHEM Nombre de persona que significa "consolador". Rey de Israel durante 752–742 a.C. Se convirtió en rey tras asesinar a Salum, el cual un mes antes había asesinado al rey Zacarías (2 Rey. 15:10-14). El período posterior a la muerte de Jeroboam II en el 753 a.C. fue sumamente confuso. Varios partidos políticos luchaban para obtener el poder. Tanto Salum como Manahem encabezaban grupos extremistas que procuraban acceder al trono. Gobernaron por la fuerza. Luego de convertirse en rey, Manahem atacó y destruyó una de las ciudades israelitas porque esta se resistió a su gobierno (2 Rey. 15:16). Su reinado se mantuvo por lo menos durante diez años con sede en Samaria. Uno de los sucesos significativos de su gobierno es que le pagaba tributo al rey asirio Tiglat-pileser III. Esta es la primera vez que se menciona al monarca asirio en el relato bíblico. Es posible que Manahem haya obtenido el trono de Israel con la ayuda de Tiglat-pileser. De cualquier manera, Manahem no fue nada más que un títere controlado por los asirios. Lo sucedió su hijo Pekaía. Ver *Tiglat-pileser.*

MANAHETITAS Habitantes de Manahat (1 Crón. 2:54).

MANANTIAL Ver *Fuente.*

MANASÉS Nombre de persona que significa "Dios me ha hecho olvidar" (la angustia). 1. Uno de los dos hijos que José tuvo con Asenat (Gén. 41:50,51). Jacob adoptó a Manasés para que recibiera su bendición. Junto con Efraín, se convirtió en una de las doce tribus de Israel y recibió una porción de la tierra. De conformidad con una modalidad casi típica del AT, Manasés, el hermano mayor, no recibió la bendición correspondiente al primogénito (Gén. 48:13-20). Jacob cruzó los brazos y le otorgó la bendición a Efraín. Cuando se dividió la tierra prometida, media tribu de Manasés se estableció sobre la ribera oriental del Jordán y la otra mitad al occidente. Ver *Tribus de Israel.* 2. Rey de Judá (696–642 a.C.) que fue hijo de Ezequías (2 Rey. 20:21). Su reinado fue el más prolongado del Reino del Sur. Se lo reconoce como infiel a Jehová. En 2 Reyes se lo culpa por la destrucción final de Judá y por el exilio (2 Rey. 21:10-16).

MANASÉS, ORACIÓN DE Ver *Apócrifos.*

MANDAMIENTOS, DIEZ Ver *Diez Mandamientos.*

MANDRÁGORAS Planta pequeña y perenne (*Mandragora officinarum*) originaria de Medio Oriente. Aunque no se cultiva con fines alimenticios, la raíz y los frutos son comestibles. En el antiguo Cercano Oriente se la consideraba afrodisíaca y productora de fertilidad. Se la solía llamar manzana del amor o manzana diabólica. Según Gén. 30:14-16, Raquel, que era estéril, negoció por las mandrágoras que Rubén (el hijo mayor de Lea) había hallado en el campo. No obstante, Lea engendraba los hijos (Gén. 30:17-21). Sólo cuando "se acordó Dios de Raquel", esta concibió a José (30:24).

MANECILLAS Literalmente "manos". Manija del pistillo o picaporte de una puerta (Cant. 5:5).

MANO Parte del cuerpo humano; concretamente, la parte distal del brazo que le permite a la persona hacer y utilizar herramientas y también desempeñar funciones. Las palabras griegas y hebreas que se traducen con la palabra española "mano" aparecen aprox. 1800 veces. De estos casos donde se alude a "mano", unas 500 veces se intenta trasmitir el sentido literal, y el figurado alrededor de 1300 veces.

Las referencias a "mano" con frecuencia se aplicaban para referirse a una de sus partes. Por eso, en Gén. 41:42, el faraón se quitó el anillo del sello "de su mano" y lo puso "en la mano de José"; "mano" se usa en lugar de "dedo". De igual manera en Ezeq. 23:42, "manos" se usa para referirse a las muñecas: "y pusieron pulseras en sus manos". El contexto en que aparece la palabra determina el significado y el uso correcto.

El mayor número de usos figurativos en relación a "mano" se refieren a Dios. La "mano de Dios" o "en tu mano" es una expresión idiomática que alude al poder supremo y absoluto y a la autoridad de Dios (1 Crón. 29:12). En Isa. 59:1 se dice que la mano de Dios es poderosa. En Ex. 13:3-16 se describe la liberación de Israel de Egipto por la "mano fuerte" de Dios. La obra creadora de Dios implicó el uso de Sus manos para crear los cielos y la tierra (Sal. 8:6; 95:5). Dios usa Su mano para sostener y guiar a los justos (Sal. 37:24; 139:10). El castigo y la aflicción vienen de la mano de Dios (Ex. 9:3; Deut. 2:15; Jue. 2:15; 1 Sam. 7:13; 12:15; Rut 1:13). La mano de Dios puede estar sobre alguien en sentido positivo o negativo. En el buen sentido implicaba ayudar, mientras que la connotación negativa significaba limitar o afligir (Amós 1:8).

La expresión "en las manos de" alguien se usaba figurativamente para transmitir la idea de autoridad unida a responsabilidad, cuidado o dominio sobre alguien o algo (Gén. 9:2). Ejemplos de este concepto incluyen: la autoridad de Sara sobre Agar (Gén. 16:6,9); la administración de José en la casa de Potifar (Gén. 39:3-8), y el papel de Moisés y Aarón como líderes de Israel (Núm. 33:1). Con esa frase también se representaban victoria y liberación. La victoria sobre alguien se expresaba con la frase "entregar en manos de" (Jos. 6:2; comp. Gén. 49:8), mientras que la liberación se enunciaba como "librar de las manos de" (Ex. 3:8).

Los escritores bíblicos con frecuencia usaban las funciones de la mano para identificar ciertos usos de la palabra. Como la persona toma posesión de los objetos con las manos, los autores bíblicos adaptaron la palabra "mano" a la idea de posesión. Una traducción literal de Gén. 39:1 incluiría la afirmación de que Potifar compró a José "de manos de los ismaelitas". En 1 Rey. 11:31, a Jeroboam se le dijo que el Señor estaba a punto de arrancar el reino "de manos de Salomón".

"Dar la mano" significaba que uno se había comprometido con alguien o sometido a esa persona, como en el caso de 2 Rey. 10:15 y Esd. 10:19.

"Extender la mano" o "alzar la mano" se usaba para transmitir dos ideas: atacar al enemigo en una batalla (Jos. 8:19,26) y tener un intenso deseo de comunión con Dios (Sal. 143:6).

El trabajo o la acción en que uno participa se expresa con las palabras "obra de tus manos" (Deut. 2:7; 30:9). En 1 Sam. 23:16, la ayuda de Jonatán a David literalmente se expresaría diciendo "fortaleció su mano en Dios"; es decir, aumentó su confianza y su fe en la ayuda de Dios.

La frase hebrea "mano en alto" indicaba rebelión deliberada contra Dios (Núm. 15:30; Deut. 32:27), pero también significaba poder militar (Ex. 14:8, Miq. 5:9) Una imagen similar se expresa con la frase "alzará su mano" o "levantará su mano" (Isa. 10:32; 11:15). El movimiento de la mano se interpretaba como señal de desprecio, desagrado o falta de respeto. Cuando se usaba en relación con Dios, simbolizaba advertencia y castigo de parte de Él.

La frase hebrea "llenar la mano" expresaba la consagración de un sacerdote o la dedicación de una congregación (2 Crón. 29:31; Jue. 17:5).

"Mano" se usaba en diversidad de formas. Llegó a significar "lado", tal vez por la ubicación de las manos y los brazos a los lados del cuerpo. Extender las manos denotaba un "espacio" grande (Gén. 34:21). Ver *Adoración; Imposición de manos; Trabajo.* *James Newell*

MANOA Nombre de persona que significa "reposo". Miembro de la tribu de Dan y padre de Sansón (Jue. 13). Le pidió un hijo a Dios pues su esposa no podía darle un heredero. Dios le prometió dárselo con la condición de que fuera criado según el voto del nazareato. Manoa agasajó con una comida al varón de Dios que le había dado la noticia, pero se le dijo que la ofreciera en holocausto. El varón ascendió en medio del humo del fuego, lo cual reveló su identidad como ángel de Jehová. Manoa está sepultado entre Zora y Estaol.

MANOS, IMPOSICIÓN DE Ver *Imposición de manos.*

MANSEDUMBRE Cualidad moral caracterizada por humildad y benignidad que se exhibe generalmente en momentos de sufrimiento y dificultad, y que va acompañada de confianza en Dios. La palabra "manso" o "mansedumbre" se suele emplear en las versiones más antiguas de la Biblia para traducir el término hebreo *anav*, el griego *praus* y otros derivados. Lo opuesto a mansedumbre es una maldad descortés y soberbia que insiste en conseguir una reivindicación personal inmediata (Prov. 3:33,34; 16:19; Isa. 32:7).

La NVI emplea el término "humildes" o "humildad" en lugar de "mansos" o "mansedumbre". Por lo general, la mansedumbre bíblica no alude simplemente a humildad y cortesía sino también a aquellas cualidades que se exhiben con integridad durante tiempos de prueba.

Mientras que a Dios se lo puede describir como "manso" o "benigno" en Su trato con la humanidad (2 Sam. 22:36; Sal. 18:35), la mansedumbre consiste fundamentalmente en un rasgo del carácter vinculado con la condición humana (Sal. 9:12; Prov. 15:33; 22:4; Sof. 2:3). En el AT, Dios suele prometer liberación o salvación para los "mansos", las personas justas que padecen injusticia, pobreza u opresión (Sal. 9:18; 10:12,17; 22:26; 25:9; 34:2; 37:11; 69:32; 76:9; 147:6; 149:4; Isa. 11:4; 29:19; 61:1). El NT presenta a Jesús como el ejemplo máximo de mansedumbre (Mat. 11:29; 21:5; 2 Cor. 10:1). Asimismo, los discípulos pacientes, humildes y fieles ("mansos"), aun cuando en el presente estén padeciendo el mismo rechazo que enfrentó su Mesías, un día serán reivindicados por Dios (Mat. 5:5,11,12).

Pablo y otros escritores del NT enseñan que la mansedumbre debe caracterizar las relaciones familiares, congregacionales y sociales (Gál. 6:1; Ef. 4:2; Col. 3:12; 1 Tim. 6:11; 2 Tim. 2:25; Tito 3:2; Sant. 1:21; 3:13; 1 Ped. 3:4,15). Dicha cualidad forma parte del "fruto del Espíritu" que el Espíritu Santo produce al morar en el creyente (Gál. 5:22). Ver *Humildad; Paciencia; Pobres en espíritu.* *Robert L. Plummer*

MANTO Capa, velo o túnica amplia que se llevaba como vestidura exterior. Lo usaban muchos profetas (1 Sam. 15:27; 1 Rey. 19:13), al igual que las mujeres de Israel (Isa. 3:22 "velos") y Job (Job 1:20). El traspaso del manto de Elías a Eliseo significó la transferencia de parte de Dios de la responsabilidad profética y el poder concomitante. Estas vestimentas se han llevado desde, por lo menos, la época del éxodo hasta el presente. Ver *Ropa; Velo.*

MANUSCRITO Copia de un texto escrita a mano. Antes de la invención de la imprenta en el siglo XV, todos los libros eran mss. Aún sobreviven gran cantidad de mss del NT y algunos del AT correspondientes a un período que se extiende desde los primeros siglos a.C. hasta el XVI d.C. Ver *Biblia, Textos y versiones; Escritura; Papel, papiro.*

MANZANO Conocido en el AT por su fruto, sombra, belleza y fragancia (Joel 1:12; Prov. 25:11; Cant. 2:3,5; 7:8; 8:5). Algunos eruditos dudan que el texto hebreo se refiera al manzano. Creen que el manzano común sólo se introdujo en Palestina recientemente y que la variedad silvestre apenas concuerda con la descripción bíblica del árbol y su fruto. Se ha propuesto que los tres árboles de los cuales se habla en la Biblia son el cidro, el membrillo y el damasco. Pareciera que el damasco es el que más se respalda. Se difundió en Palestina luego de haber sido introducido desde la China antes de la época de Abraham. Cuando las condiciones son propicias, puede llegar a una altura de 9 m (30 pies) con ramas desplegadas que lo convierten en un árbol con buena sombra. La palabra hebrea *tappuach*, que corresponde a "manzano", aparece como nombre geográfico traducida "Tapúa" en Josué 15:34 y "Bet-tapúa" en Josué 15:53. Es probable que indique que los manzanos se conocían como algo poco común en algunos lugares de Palestina.

MAÑANA Considerada en la actualidad como la primera parte del día. La mañana se puede referir al momento previo al amanecer (Mar. 1:35; comp. Gén. 44:3), al amanecer mismo (Gén. 19:15; 29:25; Jue. 16:2) o a un período posterior a este. La mañana se suele mencionar junto con la tarde (Gén. 1:5,8) para indicar un día completo. La llegada de la mañana se emplea como figura del gozo (Sal. 30:5) o la reivindicación (Sal. 49:14) que ocurren repentinamente.

MAOC Nombre de persona que significa "tonto, necio". Padre del rey Aquis de Gat (1 Sam. 27:2). Quizá Maoc sea equivalente a Maaca (1 Rey. 2:39) o tal vez un antepasado de este último.

MAÓN Nombre que significa "morada". **1.** Descendiente de Caleb que fundó Bet-sur (1 Crón. 2:45). **2.** Aldea de los montes de Judá (Jos. 15:55). Su ubicación se identificó con Tell Ma'in, aprox. 13 km (8 millas) al sur de Hebrón en las cercanías de Carmel de Judá (comp. 1 Sam. 25:2), y con Khirbet el-Ma'in, 40 km (25 millas) al noroeste de Beerseba. Los artículos de alfarería hallados en el lugar demuestran que estuvo habitada desde la época de David. Este se refugió en el desierto al este de Maón cuando Saúl lo perseguía (1 Sam. 23:24,25). Nabal, que neciamente se negó a recibir a David, era habitante de Maón (1 Sam. 25:2).

MAONITAS Uno de los pueblos que oprimió a Israel durante el período de los jueces (Jue. 10:12 NVI, LBLA). Quizá sean los meunitas que atacaron Ezequías (1 Crón. 4:41) y Uzías (2 Crón. 26:7), una banda de árabes merodeadores del sur del Mar Muerto en las cercanías de Ma'an. La traducción griega más antigua dice "madianitas".

MAQUERONTE Ver *Macaerus.*

MAQUI Nombre de persona que probablemente signifique "reducido" o "comprado" (Núm. 13:15). Padre del espía de la tribu de Gad que exploró la tierra prometida.

MAQUIR Nombre de persona que significa "vendido". **1.** Hijo mayor de Manasés y nieto de José (Jos. 17:1). Padre de Galaad (Jos. 17:1), Peres y Seres (1 Crón. 7:16). Tuvo una hija cuyo nombre no se indica (1 Crón. 2:21). Tenía un hermano llamado Asriel (1 Crón. 7:14) y una esposa llamada Maaca (1 Crón. 7:16). Era jefe de la familia de los maquiritas (Núm. 26:29). Aparentemente, él y su familia tenían reputación de ser buenos guerreros. Dado que "fue hombre de guerra", se le otorgó el territorio de Basán y Galaad al oriente del Jordán (Jos. 17:1). Pareciera que el territorio de los maquiritas comenzaba en Mahanaim, sobre el Río Jaboc, y se extendía hacia el norte incluyendo la región cercana al Río Jarmuk (Jos. 13:29-31) **2.** Hijo de Amiel y miembro de la tribu de Manasés. Provenía de Lodebar, quizá una aldea cercana a Mahanaim. Se lo reconoce en el AT por la ayuda que le proporcionó a Mefi-boset, el hijo de Jonatán (2 Sam. 9, especialmente vv.4,5), y a David durante el período de la rebelión de Absalón (2 Sam. 17:27-29). Ver *Manasés.* *LaMoine DeVries*

MAQUIRITAS Ver *Maquir 1.*

MAR ADRIÁTICO Durante la época de Pablo, la masa de agua ubicada entre Creta y Sicilia donde el barco de Pablo fue sacudido por vientos huracanados y las olas resultantes durante un lapso de 14 días, mientras navegaba hacia Roma para apelar su causa ante César (Hech. 27:27). El Mar Adriático posteriormente llegó a designar una extensión amplia, y abarcaba las aguas ubicadas entre Grecia e Italia.

MAR DE CRISTAL Ver *Vidrio.*

MAR DE FUNDICIÓN Lavatorio grande de bronce fundido ubicado en la parte sudeste del atrio del templo de Salomón (1 Rey. 7:23-26; 2 Crón. 4:2-5). Este lavatorio lo fabricó Hiram de Tiro, quien se encargó de todas las obras de bronce del templo (1 Rey. 7:13,14). El bronce para el mar de fundición se obtuvo de los despojos de las campañas de David (1 Crón. 18:8). El recipiente tenía aprox. 4 m (14 pies) de diámetro, más de 2 m (7 pies) de alto y superaba los 13 m (43 pies) de circunferencia. Era de aprox. 8 cm (3 pulgadas) de espesor. Pesaba aprox. 30 toneladas con un contenido de alrededor de 54.500 litros (12.000 galones). Tenía un borde contorneado hacia fuera semejante a un lirio y por debajo había dos hileras de calabazas (comp. 1 Rey. 7:24; 2 Crón. 4:3). El mar descansaba sobre los lomos de doce bueyes. Estos estaban agrupados de a tres y cada grupo miraba hacia uno de los cuatro puntos cardinales (1 Rey. 7:25; 2 Crón. 4:4). Acaz posteriormente quitó los bueyes y los reemplazó por una base de piedra (2 Rey. 16:17; comp. Jer. 52:20). Después de la caída de Jerusalén en el 587 a.C., este mar fue despedazado y llevado a Babilonia (2 Rey. 25:13; Jer. 52:17). El lavatorio se utilizaba para la purificación de los sacerdotes (2 Crón. 4:6). *Phil Logan*

MAR DE GALILEA Nombre geográfico que significa "círculo". Lago de agua dulce enclavado en los montes del norte de Palestina. Su

El Mar de Galilea en calma, durante un crepúsculo. A lo lejos, el pico nevado del Monte Hermón.

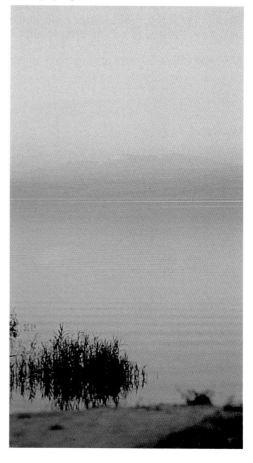

superficie se encuentra a aprox. 210 m (700 pies) por debajo del nivel del Mar Mediterráneo, ubicado a unos 50 km (30 millas) al oeste. Los cerros de Galilea de los alrededores alcanzan una altura de 450 m (1500 pies) sobre el nivel de mar. Hacia el este se encuentran las montañas de Galaad, cuyos picos alcanzan una altura superior a los 1000 m (3300 pies). Hacia el norte se encuentran las montañas nevadas del Líbano. El Río Jordán, que nace al pie de dichas montañas, es la mayor fuente de alimentación del lago. El Mar de Galilea tiene una longitud de 21 km (13 millas) de norte a sur y 13 km (8 millas) de este a oeste en la parte más ancha. Debido a su ubicación, está sujeto a tormentas violentas y repentinas que generalmente duran poco tiempo.

En el AT se lo llama Cineret. Sin embargo, sólo se lo nombra en raras ocasiones y todas las referencias, excepto una, se relacionan con la conquista hebrea de Palestina al mando de Josué. En la época del NT recibe el nombre "Lago de Genesaret". Lucas utilizó este nombre una vez (5:1); el historiador judío Josefo siempre lo llamaba de esta manera, lo mismo

Vista hacia el este a través del Mar de Galilea.

que el autor de 1 Macabeos. Una vez Juan lo llamó "Mar de Tiberias".

En el siglo I, el Mar de Galilea tenía una importancia comercial significativa. La mayoría de las rutas de Galilea pasaban cerca del lago, y para viajar desde y hacia el este se debía cruzar la quebrada del Jordán ubicada cerca del mar. El alimento que más se consumía en la zona era el pescado, y la industria pesquera floreció debido a que no había otro lago importante de agua dulce

El Mar de Galilea, tal como se ve desde el noroeste.

en la región. Capernaum, que jugó un papel importante en el ministerio de Jesús, también era centro de industria pesquera. Otros pueblos importantes cerca del mar (o lago) fueron Betsaida, que significa "lugar de pesca", y Tiberias, una ciudad gentil que construyó Herodes Antipas cuando Jesús era joven. Ver *Cineret; Palestina.*

Roger Crook

MAR DE JAZER Masa de agua vinculada con la ciudad de Jazer (Jer. 48:32) pero desconocida para los estudiosos modernos de la Biblia. Algunos comentaristas utilizan la evidencia de algunos mss e Isa. 16:8 para eliminar del texto la frase "mar de". Ver *Jazer.*

MAR GRANDE (Núm. 34:6-7; Jos. 15:12). Ver *Mar Mediterráneo.*

MAR MEDITERRÁNEO Denominado simplemente "mar" en el AT y el NT (Jos. 16:8; Hech. 10:6), también se lo llama "mar occidental" (Deut. 11:24) y "mar de los filisteos" (Ex. 23:31). El Mar Mediterráneo es un océano interior que se extiende aprox. 3500 km (2200 millas) desde

El Mar Mediterráneo a lo largo de la costa, cerca de Cesarea.

Gibraltar hasta la costa del Líbano y su ancho oscila entre 160 y 950 km (100 y 600 millas). La mayoría de las naciones destacadas de los tiempos antiguos estaban ubicadas sobre las riberas mediterráneas u operaban en sus 3500 km de extensión de agua: Israel, Siria, Grecia, Roma, Egipto, Filistea y Fenicia. Es extraño, pero la naturaleza ha provisto a Israel de pocos puertos naturales

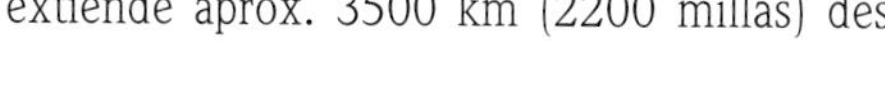

Vista del Mar de Galilea desde el Monte Arbel.

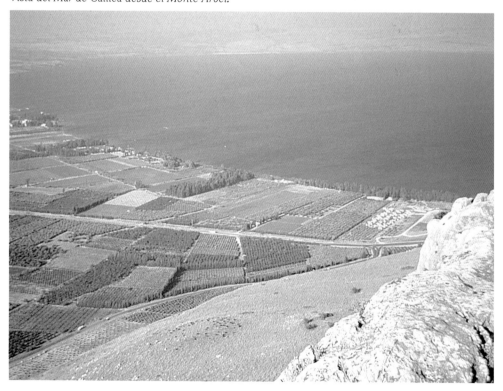

M

(Dor, Jope y Aco). La costa es prácticamente una línea recta. En la mayor parte de su recorrido se elevan crestas empinadas luego de playas estrechas.

Los hebreos no conformaban un pueblo marino. Se podría decir que le temían al mar, en gran medida debido a su origen desértico; por lo tanto, su cultura se desarrolló principalmente en función de la agricultura. La historia de Jonás demuestra el miedo que los hebreos le tenían al mar.

Dios ejerce Su liderazgo sobre toda la creación. Como parte de esta creación, el mar está a disposición divina. Dios gobierna sobre el mar rugiente (Sal. 89:9) y provoca las tormentas (Jon. 1:4).

En el caso de los hebreos, el gran mar constituía el límite occidental de la tierra de Canaán (Núm. 34:6) y del territorio de Judá (Jos. 15:12). La única manera en que Salomón pudo establecer y operar una flota de barcos en Ezióngeber sobre el Mar Rojo fue con la ayuda de los fenicios. La madera se trasladaba en balsas desde el Líbano hasta Jope (2 Crón. 2:16). Las incursiones de Josafat en la actividad marítima terminaron en forma desastrosa (1 Rey. 22:47-50). Los barcos naufragaron en el propio puerto. El comercio marítimo fue limitado durante la mayor parte de la historia de Israel. Por otra parte, los fenicios fueron famosos en el mundo antiguo por su capacidad como marineros y capitanes.

Con el paso del tiempo, Tiro se convirtió en el principal poder marítimo del Mediterráneo. El uso extensivo que los fenicios hicieron de este mar lo continuaron los romanos, quienes lo denominaban "nuestro mar". Después de la conquista de Palestina a manos de Pompeyo en el 63 d.C. se incrementó la navegación en el Mediterráneo. Este desarrollo continuó haciendo posible la actividad misionera de Pablo, Silas, Bernabé y otros. Pablo realizó tres viajes misioneros por el Mediterráneo. Cuando los romanos lo pusieron bajo arresto, el apóstol hizo su último viaje por el Mar Mediterráneo y naufragó (Hech. 27). La labor de Pablo abarcó ciudades del Mediterráneo como Cesarea, Antioquía, Troas, Corinto, Tiro, Sidón, Siracusa, Roma y Éfeso. Ver *Fenicia; Tiro; Transporte y viajes.* *Philip Lee*

Puesta de sol sobre el Mar Mediterráneo.

MAR MUERTO Lago interno ubicado al final del Valle del Jordán en el límite sudeste de Canaán y sin salida para el agua que recibe. Se lo conoce como Mar Salado, Mar de la Llanura o Mar Oriental. El nombre actual en español se le atribuyó en escritos posteriores al 100 d.C. Mide aprox. 80 km (50 millas) de largo y unos16 km (10 millas) de ancho en su punto más extendido. La superficie del mar está a 394 m (1292 pies) bajo el nivel del Mar Mediterráneo. En su punto más hondo tiene una profundidad de 396 m (1300 pies) y en el más superficial tiene solamente entre 3 y 5 m (10 a 15 pies).

El Río Jordán es el principal afluente del Mar Muerto, pero otros ríos pequeños también desembocan allí. Descarga un promedio de seis

El Mar Muerto

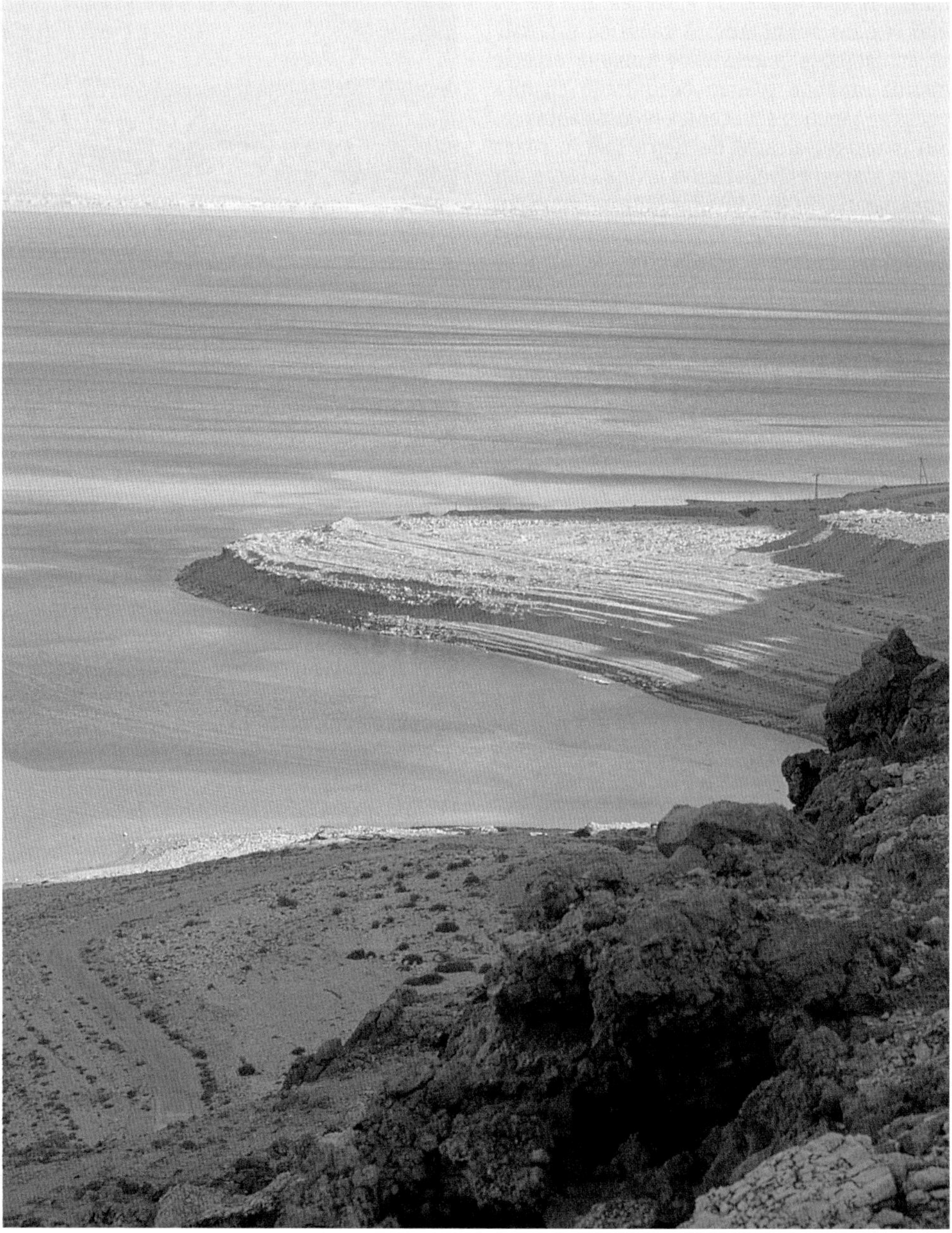

M

millones de toneladas de agua cada 24 horas. A pesar de esto y del hecho de que el mar no tiene salida, el nivel no se eleva más de 3 a 5 m (10 a 15 pies). Debido a que se encuentra por debajo del nivel del mar, el calor y la aridez del lugar causan una rápida evaporación del agua.

Este y otros factores geográficos determinan que la concentración salina sea aprox. cinco veces superior a la del océano, lo que hace que este espejo de agua sea uno de los más salados del mundo. A causa de esta salinidad tampoco puede vivir ninguna especie marina, aunque se han encontrado algunos peces en lagunas adyacentes menos salitrosas. Sin embargo, el área de tierra que lo rodea puede mantener vegetación y vida. Tanto por estas características del Mar Muerto como por su ubicación en una zona árida y calurosa, los escritores bíblicos lo usaron como figura de la vida alejada de la ley de Dios. *Bob Sheffield*

Foto aérea de la región centro de Israel, donde se observa la topografía de la zona del Mar Muerto. Cortesía de la NASA.

El alto contenido salino del Mar Muerto hace virtualmente imposible que una persona se hunda en sus aguas.

MAR O ARROYO DE ARABÁ Literalmente "arroyo del desierto". Lecho de arroyo que se encuentra seco durante la mayor parte del año y que señalaba la frontera sur de Israel, el Reino del Norte (2 Rey. 14:25; Amós 6:14). A veces se lo ha ubicado en el arroyo de Zered, que desde el este se une al Mar Muerto en el extremo sudeste. Lo más probable es que sea Wadi el-Qelt, que corre desde Jericó hacia el oeste, o Wadi el-Kefren, que fluye hacia el oeste desde el extremo norte del Mar Muerto.

MAR ORIENTAL Expresión de Ezequiel en referencia al Mar Muerto (Ezeq. 47:18). Ver *Mar Muerto.*

MAR ROJO Masa de agua que Dios dividió en el éxodo. Es la traducción habitual de dos palabras hebreas: yam suph. *Yam* significa "mar", pero el significado de *suph* no suele ser "rojo", ya que frecuentemente significa "juncos" (Ex. 2:3,5; Isa. 19:6) o "fin", "parte trasera" (Joel 2:20; 2 Crón. 20:16; Ecl. 3:11). *Yam suph* podría traducirse

"Mar de los Juncos" o "mar al final del mundo". La primera traducción que se conoce de la Biblia hebrea (la Septuaginta griega, aprox. 200 a.C.) utiliza sistemáticamente *Erthra Thalassa*, "Mar Rojo", para *yam suph*. Jerónimo continúa el proceso en la Vulgata latina (400 d.C.) al utilizar *Mare Rubrum*, "Mar Rojo", para *yam suph*. La mayoría de las traducciones al español han seguido la Vulgata utilizando "Mar Rojo" en el texto con una nota a pie de página para indicar que la traducción literal es "Mar de los Juncos".

No se conoce el origen de tal traducción. En el siglo XI, el erudito judío francés Rashi se refirió a *yam suph* como un pantano cubierto de malezas. En el siglo XII, Ibn Ezra, judío español, comentó que *yam suph* en Ex. 13:18 tal vez se llamó así debido a que está rodeado de juncos. Martín Lutero tradujo *yam suph* por *Schilfmeer*: "Mar de los Juncos". Aunque este nombre ha sido ampliamente aceptado por los eruditos, muchos intentos recientes tratan de probar que este término no es una traducción legítima de *yam suph*.

El AT utiliza *yam suph* para referirse a más de un lugar. En Ex. 10:19 alude al Golfo de Suez, lugar donde las langostas fueron llevadas y destruidas. En 1 Rey. 9:26 se refiere al Golfo de Aqaba donde se emplazaron las naves de la flota del rey Salomón. Quizá esta sea la ubicación que aparece en Jer. 49:21, donde puede escucharse el grito de Edom. El "camino del (*yam suph*) Mar Rojo" es parte del nombre de una carretera que salía de Egipto (Ex. 13:18; Núm. 14:45; Núm. 21:4; Deut. 1:40; 2:1; Jue. 11:16). "Mar Rojo" era el nombre de un campamento junto al camino de Egipto (Núm. 33:10,11). *Yam suph* marcaba la frontera sur ideal de Israel (Ex. 23:31), pero la referencia más importante al "Mar Rojo" en el AT es la alusión al lugar donde Dios liberó a Israel del ejército de Faraón (Ex. 15:4,22; Núm. 21:14; Deut. 11:4; Jos. 2:10; 4:23; 24:6; Neh. 9:9; Sal. 106:7,9-11,22; 136:13-15).

Se desconoce la ubicación exacta donde Israel cruzó el "Mar Rojo" al salir de Egipto. Se han sugerido cuatro teorías básicas con respecto al lugar donde cruzaron el Istmo de Suez: (1) el extremo norte del Golfo de Suez; (2) un lugar en el centro del istmo cerca del Lago Timsa; (3) un sitio en el extremo norte del istmo y en la orilla sur del Lago Menzale; (4) la franja estrecha de tierra arenosa que separa el Lago Sirbonis (actualmente Bardawil) del Mar Mediterráneo. El peso de la evidencia bíblica puede favorecer la teoría de que el lugar del cruce sea el indicado en 2. Ver *Éxodo*. *Ralph L. Smith*

MAR SALADO Ver *Mar Muerto*.

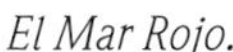

El Mar Rojo.

MARA Nombre de persona y de lugar que significa "amargo". **1.** Nombre que escogió Noemí para reflejar la amargura por cómo Dios la trató con la muerte de su esposo e hijos (Rut 1:20,21). **2.** Lugar situado en el Desierto de Shur al que los israelitas le colocaron ese nombre por el agua amarga que hallaron en ese sitio (Ex. 15:23). Esto es típico de las fuentes de la Península de Sinaí porque poseen agua imbebible. El pueblo se quejó contra Moisés por la incomodidad que padecían. Dios respondió la oración del líder diciéndole que arrojara un árbol en el agua para que se tornara dulce y apta para beber. No se puede establecer de manera exacta la ubicación de Mara.

MARALA Nombre geográfico que significa "sitio en la saliente del monte". Ciudad limítrofe de Zabulón (Jos. 19:11). El lugar quizá corresponda a Tell Ghalta, en el Valle de Jezreel al norte de Meguido, o a Tell Thorah.

MARANATA Expresión aramea que significa "El Señor viene", empleada por Pablo para cerrar una carta enviada a la iglesia de Corinto (1 Cor. 16:22). Luego de haber orado pidiendo que los que no aman a Cristo (comp. 1 Cor. 13) fueran *anatema*, Pablo empleó una fórmula que tal vez se utilizaba en la celebración de la Cena del Señor para invocar la venida de Cristo. Esto ponía énfasis en lo imperioso que era demostrar amor a Cristo. Una manera de demostrar dicho amor era obedecer las instrucciones de Pablo en 1 Cor. En realidad, Maranata son dos palabras arameas: *Marana tha*, "El Señor viene". *Maran atha* significa "nuestro Señor ha venido". Revela la expectativa de los cristianos primitivos que velaban por el retorno inminente de Cristo. Los eruditos discuten la división de la frase. Cualquiera sea la división correcta, la fórmula aramea demuestra que ya desde el comienzo la iglesia aplicaba la palabra Señor para referirse a Jesús; este término sólo le pertenecía a Dios. Ver *Anatema.*

MARCOS, EVANGELIO DE Segundo libro del NT y el relato más breve del ministerio de Jesús.

Autor El título "según Marcos" fue agregado a este Evangelio por los escribas que produjeron las primeras copias del texto. Según la tradición de la iglesia primitiva, Marcos registró y organizó las "memorias" de Pedro; por lo tanto, elaboró un Evangelio basado en testimonio apostólico. Si bien Marcos es un nombre romano común, es probable que el escritor del Evangelio sea Juan Marcos. Este se convirtió en colaborador importante tanto de Pablo como de Pedro al predicar las buenas nuevas a los gentiles y preservar el mensaje evangélico para los creyentes de épocas posteriores. Ver *Marcos, Juan.*

Lectores Marcos dirigió su Evangelio a cristianos gentiles. Explica detalladamente las costumbres judías para ayudar a los lectores no familiarizados con el judaísmo (7:3-4; 12:18). Tradujo varias expresiones arameas para una audiencia greco parlante (5:41; 7:11,34; 15:22). Los gentiles habrán apreciado de manera especial la interpretación de Marcos de las palabras de Jesús cuando declaró que todos los alimentos eran limpios (7:19; comp. Mat. 15:17-20). La audiencia gentil de Marcos tal vez explique la ausencia de la genealogía de Jesús. Dichos lectores gentiles quizá eran cristianos romanos. El Evangelio de Marcos contiene muchos términos tomados del latín y escritos en griego; considerar "tomaron consejo" (3:6), "Legión" (5:9), "tributo" (12:14), "azotarle" (15:15).

La tradición cristiana primitiva ubicaba a Marcos en Roma poco después de la muerte de Pedro y preserva las palabras del apóstol para los cristianos romanos (1 Ped. 5:13). Según la tradición, Pedro sufrió el martirio en Roma durante la persecución de Nerón, lo que colocaría el Evangelio de Marcos aprox. en 64–68 d.C. Un medio ambiente tan hostil indujo a Marcos a expresar su relato de la vida de Jesús con términos que darían consuelo a los cristianos que sufrían por su fe. El tema de la persecución domina este Evangelio (Mar. 10:30; comp. Mat. 19:29; Luc. 18:29). Se enfatiza el sufrimiento mesiánico de Jesús a fin de alentar a los cristianos a seguir el mismo ejemplo de servicio (10:42-45). Los cristianos romanos se sentirían animados al saber que Jesús anticipó que "todos serán salados con fuego" (9:49; 13:9-13). Morir por el evangelio sería equivalente a morir por Jesús (8:35; Mat. 16:25; Luc. 9:24).

Estilo Marcos ha sido llamado el "Evangelio de la acción". Jesús está constantemente en acción. Según Marcos, un día el Señor enseñó a las multitudes junto al mar, atravesó el Mar de Galilea y calmó la tormenta, sanó al endemoniado gadareno, volvió a cruzar el mar, sanó a la mujer que padecía de hemorragias y resucitó a una niña (4:1–6:1). Aparentemente, Marcos estaba más interesado en la obra de Jesús que en Sus palabras. Por esta razón, omitió el Sermón del Monte. Jesús iba enseñando a medida que se trasladaba de una región a otra, y utilizaba las circunstancias del viaje como lecciones valiosas para Sus discípulos (8:14-21). Las referencias geográficas sólo sirven para determinar la amplitud de Su ministerio. Según la proyección fílmica de Marcos, Jesús se movía rápidamente, como si fuera un hombre con los días contados.

Los buenos cuentistas cautivan al auditorio mediante el uso de lenguaje diario que estimule un profundo simbolismo. El lenguaje de Marcos es simple, directo y común. El uso tosco y poco refinado que a veces hace de la gramática griega incrementa su capacidad para comunicar el mensaje del evangelio mediante el empleo de patrones idiomáticos conocidos. Cuando Marcos narraba una historia, tenía talento para destacar lo dramático y capacidad para transmitir detalles. La descripción de acontecimientos estaba repleta de imágenes vívidas que evocaban variedad de emociones en tan sólo una historia (5:1-20; comp. Mat. 8:28-34). En el relato gráfico del encuentro de Jesús con el muchacho endemoniado, sólo Marcos registró la convulsión que provocó que el joven cayera al suelo y se revolcara "echando espumarajos" (9:20,26). Además, Marcos preservó el interrogatorio que Jesús le hizo al padre sobre la gravedad de la condición del muchacho y el grado de fe que él poseía (9:21-24). Finalmente, Marcos fue el único que registró las palabras de reprensión expresadas por Jesús como así también la reacción de la multitud ante el cuerpo sin vida del joven: "Está muerto" (9:25,26).

El interés de Marcos en los detalles, a veces hasta ser redundante (Mar. 6:49,50, "Viéndole ellos andar...porque todos le veían...habló con ellos, y les dijo"), demuestran cómo se apoyaba en testimonios de testigos oculares. Marcos no sólo se preocupaba de relatar las palabras de Jesús sino también de Sus gestos, actitudes y emociones (3:5; 6:34; 7:34; 8:12; 11:16). Siguiendo la misma modalidad, Marcos registró la reacción de las multitudes, las expresiones faciales de los que participaban en las conversaciones, las conclusiones a las que arribaban los discípulos y las declaraciones privadas que efectuaban los opositores (5:40; 10:22,32,41; 11:31; 14:40). Sólo una persona observadora con conocimiento de lo sucedido relataría historias con información tan pertinente. Más aún, el papel destacado de Pedro en la narración (Pedro recuerda, 11:21; también 1:36; 14:37; 16:7) confirma la tradición de los cristianos primitivos en cuanto a que Marcos se basó en los recuerdos del apóstol cuando produjo el "evangelio de Jesucristo" (1:1).

Una calle con columnata en el ágora de Perge, una importante ciudad en la vida del evangelista Marcos.

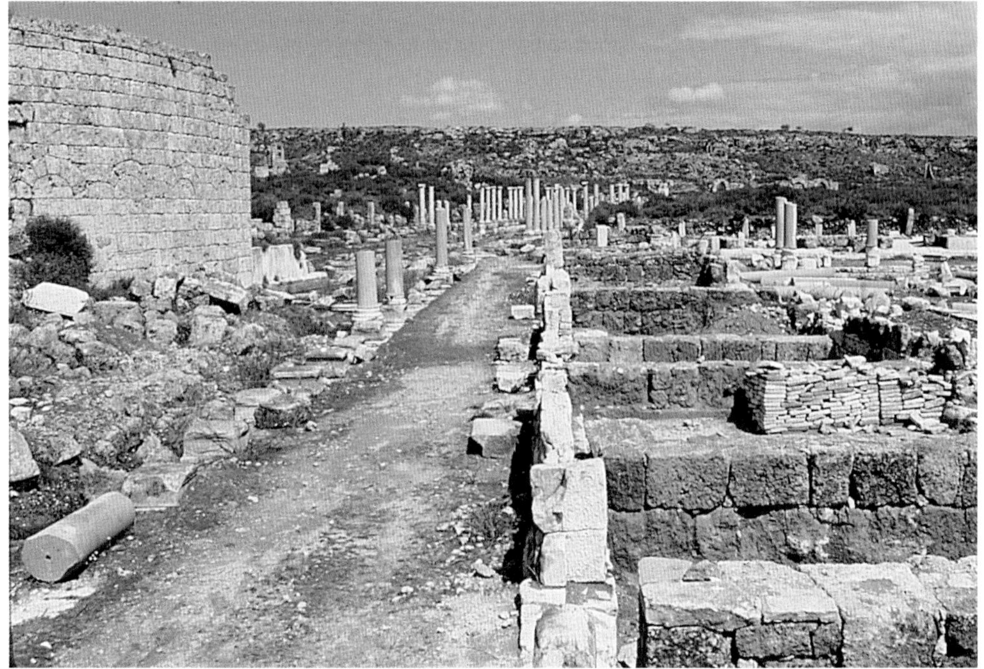

M

Estructura Una primera lectura del Evangelio da la impresión de que fuera una colección arbitraria de historias acerca de Jesús. Una vez que Juan el Bautista cumplió con su misión de predecesor del Mesías (en una aparición muy breve), Jesús comenzó Su ministerio público en Galilea predicando el "evangelio del reino de Dios" y reuniendo unos pocos discípulos (1:14-20). Luego de completar estas introducciones necesarias, Marcos presentó la vida de Jesús siguiendo un sencillo esquema geográfico: de Galilea a Judea. El ministerio popular de Jesús en Galilea se registra en los caps.1–9. El breve ministerio en Judea (10:1-31) sirve principalmente como preludio a la inminente pasión de Jesús. Más de una tercera parte de Marcos está dedicada a los acontecimientos de la última semana de la vida de Jesús (10:32–15:47). La historia termina tan abruptamente como comenzó. Marcos concluyó su Evangelio con el anuncio que efectuó el ángel sobre la resurrección de Jesús nazareno (los mss griegos más antiguos del NT terminan el Evangelio de Marcos en 16:8). La cronología de Marcos con respecto a Jesús deja al lector con la impresión de que su único propósito al escribir fue preservar la tradición oral en forma escrita. No obstante, tras un estudio más detallado, el lector más perspicaz percibe que Marcos organizó el material de manera más sofisticada a fin de transmitir la verdad en un nivel más elevado.

Las historias de la purificación del templo y la maldición de la higuera parecen incidentes aislados en el Evangelio de Mateo, relacionados mediante una secuencia cronológica (Mat. 21:12-22). Por el contrario, en el Evangelio de Marcos estas dos historias se intercalan a fin de ayudar al lector a interpretar la actividad de Jesús expresada en parábolas. Mientras iba camino a Jerusalén, Jesús les dijo a Sus discípulos que tenía hambre y se acercó a una higuera para tomar un fruto. El árbol estaba lleno de hojas, lo que daba la impresión de que estaba viva pero sin frutos. Marcos registra que Jesús le habló al árbol y dijo: "Nunca jamás coma nadie fruto de ti" (11:14 LBLA). Los discípulos lo "oyeron" y probablemente quedaron asombrados de lo que Jesús había hecho, ya que Marcos registró que "no era tiempo de higos" (11:13). Sin dar ninguna explicación, Jesús llevó a Sus discípulos a Jerusalén donde purificó el templo. Visto desde lejos, la actividad diaria del templo aparentaba que el lugar gozaba de vida espiritual, pero tras una inspección más detenida, Jesús no halló ningún fruto de esa clase. Se suponía que Israel, la higuera, tenía que ser una "casa de oración para todas las naciones" (11:17). En cambio, los líderes religiosos convirtieron la devoción de los adoradores en un beneficio financiero (11:15,17). En esencia, cuando Jesús le habló a la higuera, estaba pronunciando una maldición sobre líderes religiosos judíos y demostró Su desagrado divino al purificar el templo. Por esta razón, Pedro y los discípulos no se sorprendieron cuando, durante el viaje de regreso, hallaron que la higuera maldecida estaba seca (11:21).

El Evangelio de Marcos no es una simple colección de relatos sobre Jesús; su libro relata la historia de Jesús a pleno. Marcos desarrolló la "trama" unificadora de la historia evangélica mediante una revelación de la identidad encubierta de Jesús. El secreto mesiánico forma parte del misterio del reino de Dios y sólo lo entienden los que están adentro; "a los que están fuera" les es dado saber "por parábolas todas las cosas" (4:11, 33,34). A lo largo de todo este Evangelio, Jesús procuró esconder Su verdadera identidad. Jesús hizo callar a los demonios porque lo conocían (1:34). Les ordenó a los que eran testigos de Sus milagros que no le contaran a nadie lo que habían visto, aunque el silencio era sólo una posibilidad remota (7:36). Aun después de la máxima profesión de fe, ocasión en que los discípulos revelaron que habían entendido el secreto ("Tú eres el Cristo"), Jesús les advirtió que no se lo dijeran a nadie (8:30). Marcos utilizó el secreto mesiánico para organizar su historia en torno a la revelación progresiva de Cristo y el peregrinaje de fe de Sus discípulos. Incluso los gentiles demostraban que pertenecían a la comunidad de la fe cuando entendían las parábolas de Jesús y lo reconocían como el Cristo.

La estructura literaria de Marcos no es accidental. La organización del material indica claramente la acción de un artesano literario calificado. Por ejemplo, Marcos demostró ironía al unir la historia de los discípulos que cuestionaron la identidad de Jesús diciendo, "¿Quién es éste?", después de que calmara la tormenta (4:41), con el relato sobre los demonios que fueron prontos para exclamar "Jesús, Hijo del Dios Altísimo" (5:7). Cuando los discípulos finalmente expresaron la gran confesión de fe en Cesarea de Filipo (8:27-30), no comprendían todo lo que implicaba el carácter mesiánico de Jesús (8:31-38).

Marcos describió la visión espiritual parcializada de ellos, cuando registró el singular milagro de Jesús de la curación del ciego llevada a cabo en dos etapas (8:22-25). Si bien los discípulos percibían el secreto mesiánico, su visión no se centraría en esta verdad hasta la resurrección. Más allá de toda duda, el retrato de Jesús que presenta Marcos es una "pintura" que se puede apreciar tanto de cerca (estilo) como de lejos (estructura).

Mensaje La forma preferida de Jesús para designarse a sí mismo, especialmente en Marcos, fue "Hijo del Hombre". En este Evangelio, Jesús se identifica con la humanidad tanto en el título como en las características. Marcos describía a Jesús como un hombre que poseía todas las emociones humanas. Movido por la compasión, el enojo, la frustración, la misericordia y la tristeza (1:41; 3:5; 8:17; 14:6,33), Jesús ministró entre los seres humanos. Marcos presentó sin reservas la humanidad plena de Jesús (3:21; 4:38; 6:3-6; 13:32). Desde el comienzo de Su ministerio terrenal (2:20), Jesús vivió bajo la sombra amenazante de la cruz hasta que la agonía de Getsemaní casi lo abruma (14:34). No obstante, Marcos escribió un Evangelio que también fue diseñado para evocar la fe en la deidad de Jesús: la voz divina la anunció desde el cielo, los demonios la expresaron en agonía, Pedro la profesó con denuedo, incluso el soldado romano reconoció: "Verdaderamente este hombre era Hijo de Dios" (15:39).

Bosquejo

I. Dios actuó a favor de Su pueblo al enviar a Su Hijo como Su representante (1:1-13)
II. La aparición del Hijo de Dios como Su representante indicaba la presencia del reino (1:14-45)
III. El orden antiguo no reconoció al representante de Dios ni la presencia del reino (2:1–3:6)
IV. La presencia del representante de Dios provocó una reacción de parte de los demás (3:7–6:6)
V. El representante de Dios extendió las bendiciones del reino a pesar de los adversarios (6:7–8:30)
VI. El representante de Dios exhibió la paradoja del reino: el sufrimiento precede a la vindicación (8:31–10:52)
VII. La presencia del representante de Dios en Jerusalén intensificó el conflicto entre el antiguo orden y el reino (11:1–12:44)
VIII. El representante de Dios predijo la aflicción inminente de Jerusalén y del antiguo orden (13:1-37)
IX. El antiguo orden se unió en su accionar contra el representante de Dios (14:1–15:47)
X. La resurrección del representante de Dios convalidó la presencia del reino (16:1-8)
XI. Un anexo posterior: Prueba de la vindicación del representante de Dios (16:9-20)

Rodney Reeves

MARCOS, JUAN Autor del segundo Evangelio y líder misionero durante los primeros tiempos de la iglesia. Juan Marcos, como lo llama Lucas en el libro de Hechos, era hijo de María, en cuya casa estaba reunida la iglesia cuando Pedro fue liberado milagrosamente de prisión (Hech.12). Marcos es el nombre griego con que se lo llama comúnmente en el NT; Juan probablemente haya sido su nombre judío. Marcos era judío, sobrino de Bernabé (Col. 4:10) y compañero de este y de Pablo en el primer viaje misionero. Durante este viaje, Marcos desarrolló su ministerio con el grupo que se encontraba en Chipre, la tierra natal de Bernabé y también un sitio donde tenía parientes. No obstante, cuando partieron para Panfilia, Marcos regresó a Jerusalén.

Él fue la causa de la separación de Pablo y Bernabé cuando debatieron su participación en el segundo viaje misionero (Hech. 15:39). Este último se colocó del lado de su sobrino, en tanto que Pablo se negó a llevar a Marcos porque en el primer viaje los había abandonado. No obstante, Pablo posteriormente señaló que Marcos se encontraba con él (probablemente en Roma) cuando les envió la carta a los colosenses (Col. 4:10) y a Filemón (Filem. 24). Marcos también fue convocado en 2 Tim. 4:11 para estar con Pablo. Cualquier ruptura que hubiera existido anteriormente se superó y la amistad fue restaurada.

Marcos está estrechamente vinculado con Pedro, quien en 1 Ped. 5:13 alude a él, su "hijo", diciendo que estaba con él en Roma (Babilonia). La tradición de la iglesia primitiva respalda la estrecha relación entre Pedro y Marcos. A principios del siglo II, Papías mencionó que Marcos fue intérprete de Pedro. Otras figuras de la iglesia primitiva también asocian a Marcos con Pedro y señalan que el Evangelio del primero se basó en la predicación de este último. *Bill Warren*

M

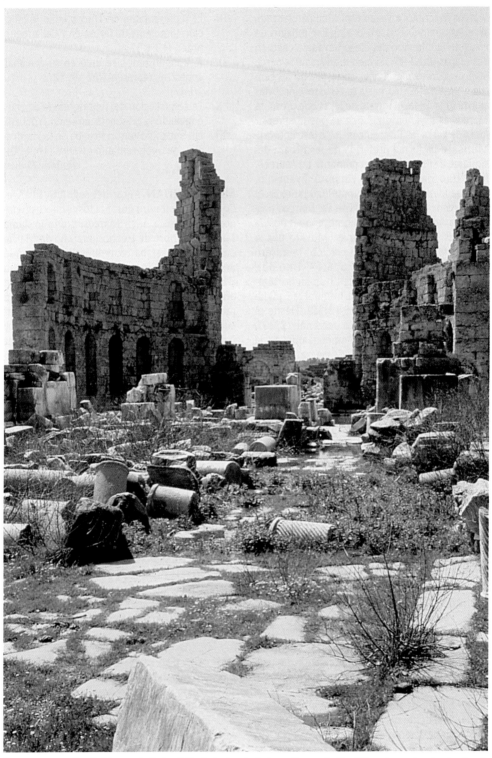

La puerta sur (probablemente helenística) de la ciudad en Perge de Panfilia, el puerto desde donde Marcos regresó a su hogar.

M

MARDOQUEO Nombre de persona que significa "hombre pequeño". **1.** Primo (algunos mss hablan de tío) de Ester y cerebro del plan que la condujo al poder y a la victoria subsiguiente sobre el malvado Amán. Este, descendiente del rey amalecita Agag, procuraba destruir la raza judía. Mardoqueo, descendiente de la familia del rey Saúl, guió a Ester para que detuviera el intento. Amán fue ahorcado en la misma horca que había erigido para ejecutar a Mardoqueo. Ver *Ester, Libro de.* **2.** Hombre que regresó con Zorobabel de Babilonia a Jerusalén (Esd. 2:2; Neh. 7:7).

MARDUK Deidad principal de Babilonia, a veces denominada Merodac o Bel; equivalente babilónico de Baal que significa "señor". Se le atribuía la creación, hazaña que se revivía cada año nuevo con la celebración de una fiesta. Según la costumbre típica del antiguo Cercano Oriente, Marduk era proclamado rey. Al monarca reinante se lo consideraba hijo de la deidad. A medida que el reino fue creciendo, a Marduk se le atribuyeron más poderes hasta que fue reconocido como señor de los cielos. Los profetas se burlaban de Marduk y sus adoradores diciendo que era producto humano que conduciría a la derrota de Babilonia y al exilio (Isa. 46:1; Jer. 50:2,38; 51:47). Ver *Babilonia; Bel; Dioses paganos.*

MARESA Nombre geográfico y de persona que significa "lugar en la cima". En hebreo se puede escribir de dos maneras. **1.** Hijo de Caleb y fundador de Hebrón (1 Crón. 2:42). El texto hebreo aparentemente primero se refiere a este hijo como Mesa y luego Maresa. **2.** Miembro de la tribu de Judá (1 Crón. 4:21). **3.** Ciudad cananea incorporada al distrito de la Sefela de Judá (Jos. 15:44). Jeroboam la convirtió en fortaleza (2 Crón. 11:8). Se encontraba cerca del lugar donde se enfrentaron las fuerzas del rey Asa y el general etíope Zera (2 Crón. 14:9-14). El profeta Eliezer habitaba en Maresa (2 Crón. 20:37). Miqueas predijo la destrucción de la ciudad (Miq. 1:15). El sitio se ha identificado como Tell Sandahannah, 1,5 km (1 milla) al sudeste de Beit Jibrin.

MARFIL Traducción al español del vocablo hebreo que significa "diente". El marfil se usaba para decorar tronos, camas, casas y cubierta de barcos (1 Rey. 10:18; 22:39; 2 Crón. 9:17; Sal. 45:8; Ezeq. 27:6,15; Amós 3:15; 6:4). Arqueólogos en Palestina han desenterrado numerosos artículos de marfil: cajas, tableros de juegos, estatuillas, cucharas y peines.

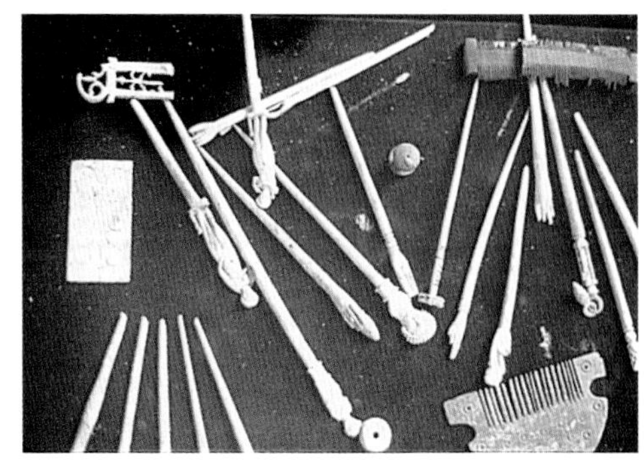
Artículos de arreglo personal y adornos de marfil para el pelo.

Según los eruditos, en 1 Rey. 10:22 se encuentra la posible explicación del origen del marfil en Palestina. Al parecer, los barcos de Salomón regresaban con marfil como parte de su carga. Fuentes externas al AT indican que en el norte de Siria existieron elefantes durante el segundo milenio a.C. que fueron cazados en forma indiscriminada hasta su extinción hacia el 800 a.C.

El profeta Amós mencionó el marfil como símbolo de lujo y riqueza (Amós 3:15; 6:4). En listas del botín tomado por ejércitos vencedores se incluían objetos de marfil. Ezequías entregó tributo a Senaquerib en el 701 a.C. y en el detalle se incluían divanes y sillas con incrustaciones de marfil. Artículos de marfil encontrados en Samaria parecen provenir de la época de Acab, que reinó en Israel desde aprox. el 869 al 850 a.C.

James Newell

MARI Ciudad de la antigüedad descubierta accidentalmente por una tribu árabe y posteriormente excavada por arqueólogos franceses bajo la supervisión de Andre Parrot. Conocida actualmente como Tell el-Hariri, el sitio consta de aprox. 54 ha (135 acres) luego de la erosión que afectó el sector noreste, y está sobre la ribera derecha (occidental) del Río Éufrates, unos 25 km (15 millas) al norte de la actual frontera Sirio-iraquí. Alrededor de 30 campañas arqueológicas desenterraron los muros de la ciudad y diversos templos y palacios que datan de aprox. el 3100 al 1760 a.C., ocasión en que la ciudad fue demolida por Hammurabi de Babilonia. Jamás recuperó una posición destacada.

Situada aprox. a mitad de camino entre los grandes poderes sumerios (Cis, Ur, Acad) y siriomesopotámicos (Ebla, Alepo), ya desde el tercer milenio Mari desempeñó un papel significativo en el comercio, si bien, a juzgar por documentos ya publicados de aquella época, la ciudad actuaba sujeta a sus vecinos más poderosos. Alrededor del 1800 a.C., no menos de cuatro carreteras comerciales convergían en la ciudad. El límite geográfico y mercantil se extendía desde Irán al este hasta el Mediterráneo y el Egeo al oeste, e incluían Turquía, Líbano, Siria, Israel y el Desierto de Arabia. Ubicada en una posición envidiable, Mari desempeñaba un papel crucial en el comercio internacional de madera, piedra, lana, resina, vestimenta, muebles, caballos reales, vino, aceite de oliva y de sésamo, mirto, cobre, lapislázuli y, tal vez lo más importante, estaño, componente esencial para el fraguado o fundición del bronce.

Durante aprox. los 25 años previos a su destrucción a manos de Hammurabi, Mari experimentó una "edad de oro" bajo el reinado de Zimri-Lim. Un destacado historiador comparó esta era de la historia mesopotámica con la época de Pericles en Grecia y de Augusto César en Roma. En el caso de Mari se convirtió en un período de grandeza insuperable en cuanto a prosperidad material, y los restos de su patrimonio cultural sólo han hallado paralelo en pocos sitios de las regiones circundantes del antiguo Cercano Oriente.

La opulenta prosperidad de Mari ha quedado grabada de manera inconfundible en las ruinas del magnífico palacio de Zimri-Lim. Con una superficie rectangular de 3,5 ha (9 acres) y más de 300 habitaciones, esta propiedad palaciega es uno de los edificios más grandes y mejor conservados de la historia mesopotámica. Los excavadores desenterraron paredes interiores que alcanzaban un espesor de 4 m (13 pies) y se elevaban hasta casi 5 m (16 pies) de altura. Los dinteles de algunas puertas aún permanecen intactos. Aparentemente, el palacio era un edificio de dos pisos construido para incluir muchos patios amplios y abiertos rodeados por una constelación de habitaciones que se interconectaban mediante elevados pórticos, lo cual permitía que el aire y la luz entraran a lo largo de todo el piso inferior donde no había ventanas. Por lo general, los pisos estaban revocados o azulejados; las paredes también estaban revocadas y a menudo adornadas con esculturas o pinturas. La madera se utilizaba en forma decorativa para agregar un lustre estético.

En este palacio se desenterró el legado más grandioso de Mari: los archivos reales. Estos documentos constan de más de 25.000 textos y fragmentos y aluden a casi todos los aspectos que conforman una cultura: política interna, relaciones internacionales, diplomacia y tratados, reglamentos internos, comercio y negocios, agricultura, irrigación, ley y jurisprudencia, metodología política y religión. En honor a la verdad, el reinado de Zimri-Lim es actualmente el más documentado de todos los referentes a reyes de la antigüedad, e incluye correspondencia personal entre él y su esposa, sus hijas, los administradores locales y los funcionarios territoriales. Sus archivos contienen cientos de registros burocráticos que detallan de manera sumamente gráfica ciertos aspectos de la vida diaria en una corte mesopotámica: dónde y cómo adoraba el rey; dónde y cómo se ministraba en los templos; dónde, qué y con qué frecuencia se alimentaba el rey y se gozaba; cómo se seleccionaban los cortesanos o las atractivas bailarinas para el harén real; cuáles eran las diversas formas de entretenimiento para la corte y/o los dignatarios que estaban de visita; a dónde, a qué distancia y con qué frecuencia viajaba el rey; cómo se vestía la realeza.

La importancia de Mari para los estudios bíblicos es significativa, si bien indirecta. Los documentos hallados en ese sitio han abierto una dimensión histórica, geográfica y social a la Mesopotamia septentrional, tierra de origen de los patriarcas bíblicos. Cierto comportamiento patriarcal expresado en los escritos de Moisés se puede ver reflejado en la literatura de Mari. Esto incluye la preponderancia del primogénito dentro de la estructura familiar, los procedimientos legales para la adopción y la herencia, la centralización e interdependencia de la familia como modelo de estructura social, la noción de traslado tribal y étnico de la gente y el reasentamiento en una región nueva, la importancia de los registros genealógicos similares a los que aparecen en Gén. 5 y 11 como medio para determinar la autoridad personal o familiar, el papel destacado y las modalidades rituales en las prácticas religiosas, los procedimientos para realizar censos y la naturaleza de los profetas y la profecía. Las fuentes literarias de Mari contribuyen a efectuar una reconstrucción ricamente detallada de la historia mesopotámica durante el inicio del período patriarcal, del mismo modo que suelen proporcionar aclaraciones lingüísticas de ciertos conceptos bíblicos (puntos cardinales, cláusulas tribales y liderazgo, flora y fauna, términos militares). Ver *Hammurabi*.

Barry J. Beitzel

La casa de María, en Éfeso, donde según la tradición vivió sus últimos días la madre de Jesús.

MARÍA Nombre griego de persona equivalente al hebreo Miriam. **1.** Hermana de Moisés y Aarón e hija de Jocabed y Amram. Desempeñó un papel fundamental en el rescate de Moisés (Ex. 2:4-8), en la experiencia subsiguiente del éxodo y con la comunidad en el desierto. Después de cruzar el Mar Rojo, asumió la función de profetisa y lideró a las mujeres en un canto de victoria impregnado de fe y gratitud (Ex. 15:20,21). En Hazerot, ella se unió a Aarón en un acto de rebelión contra Moisés cuando este se casó con una mujer etíope (Núm. 12:1-15). Detrás de esa acción de repudio hacia Moisés por la esposa que había tomado había un problema más profundo de ambición e insubordinación. Por esta razón, Dios le recordó que Moisés había sido divinamente designado líder y la castigó con lepra. Fue sanada luego de la oración intercesora de Moisés y un aislamiento de siete días (Núm. 12:15). Murió en Cades (Núm. 20:1). Posteriormente los escritores bíblicos la recordaron como ejemplo para Israel en ciertos casos de lepra (Deut. 24:9) y como una líder enviada por Dios (Miq. 6:4). Ver *Intercesión; Lepra; Poesía.*

R. Dean Register

2. María, la madre de Jesús. Era una joven virgen que vivía en Nazaret; parienta de Elisabet, la madre de Juan el Bautista (Luc. 1:5; 2:26). Estaba comprometida para casarse con un carpintero llamado José cuando el ángel Gabriel se le apareció para anunciarle que iba a dar a luz al "Hijo del Altísimo" que se sentaría en "el trono de David su padre" (Luc. 1:32). Cuando María expuso el tema de su virginidad, el ángel le indicó que la concepción sería sobrenatural (Luc. 1:34,35). Mateo declaró que esa concepción virginal era el cumplimiento de Isa. 7:14. Más tarde, María visitó a Elisabet (Luc. 1:39-45). Posteriormente, después de viajar a Belén y dar a luz a Jesús (Luc. 2:1-20), María y José le presentaron el bebé al Señor en el templo (Luc. 2:22-38). Mateo señala que María, José y Jesús vivieron en Belén hasta la visita de los magos, ocasión en que la amenaza impuesta por Herodes los obligó a refugiarse en Egipto (Mat. 2:1-18). Después la familia se trasladó a Nazaret de Galilea (Mat. 2:19-23; Luc. 2:39).

En épocas posteriores, la tradición le otorgó dimensiones adicionales e indebidas a la tendencia natural de apreciar a María. Era venerada y se comenzaron a efectuar declaraciones sobre su singularidad, entre lo que se incluyó "la inmaculada concepción", "la virginidad perpetua", "la ascensión corporal" y la función continua como "co-mediadora" de la salvación. Las Escrituras no respaldan estas ideas. Cada vez que María aparece en los Evangelios, se la presenta como una mujer normal. Mateo 1:25 indica que, después del nacimiento de Jesús, José y María comenzaron a tener relaciones sexuales normales y engendraron varios hijos (Mat. 13:54-56; Mar. 6:3). Cuando Jesús tenía doce años, reprendió amablemente a su madre por no darse cuenta del profundo interés que Él tenía en las cosas de Dios. Durante una boda en Caná, Jesús llevó a cabo el milagro que le pidió María, pero la reprendió (Juan 2:1-11).

María estaba presente ante la cruz cuando Jesús le encomendó a Juan que la cuidara y la recibiera en su casa (Juan 19:26,27). Después de la ascensión de Jesús, María y sus hijos estaban en Jerusalén con los discípulos mientras aguardaban que llegara el Espíritu Santo que había sido prometido (Hech. 1:14).

3. María Magdalena, una de las mujeres que siguió y sustentó a Jesús (Mar. 15:41). Era de Magdala en Galilea. Experimentó una dramática sanidad cuando siete demonios salieron de ella (Mar. 16:9; Luc. 8:2). Fue testigo clave de la muerte de Jesús (Mat. 27:56; Mar. 15:40), de Su sepultura (Mat. 27:61; Mar. 15:47), de la tumba vacía (Mat. 28:1; Mar. 16:1; Luc. 24:1-10), y también la primera que se encontró con el Cristo resucitado (Juan 20:1-18). Su nombre aparece en primer lugar en la lista, lo que tal vez indique que desempeñaba una función de liderazgo entre las mujeres. Se la ha identificado como una mujer pecadora, quizá prostituta, quizá incluso la "mujer...pecadora" de Luc. 7:36-50. Sin embargo, no existe ninguna prueba en las referencias que la mencionan. **4.** María de Betania, hermana de Marta y Lázaro. Jesús se quedó en casa de ellos en más de una ocasión, y elogió a María por el

interés que tenía en Sus enseñanzas (Luc. 10:38-42) María y Marta mandaron a buscar a Jesús cuando Lázaro se enfermó y murió (Juan 11:1-45). Tiempo después, María ungió los pies de Jesús con perfume (Juan 12:1-8; Mar. 14:3-9). Existía una profunda relación entre Jesús y esta familia. **5.** María, la madre de Jacobo el menor, José y Salomé. Junto con María Magdalena, a esta María se la identifica como testigo ocular de la muerte, sepultura y resurrección de Jesús (Mat. 27:56–28:1; Mar. 15:40–16:1; Luc. 24:10). Era de Galilea y seguía y apoyaba el ministerio de Jesús (Mar. 15:40, 41). **6.** María, la mujer de Cleofas. Esta María también fue testigo de la muerte de Jesús, y tal vez sea la misma persona que se menciona como madre de Jacobo, José y Salomé (Juan 19:25), pero esta opinión presenta ciertos inconvenientes. **7.** María, la madre de Juan Marcos. En Hech. 12, cuando Pedro fue liberado de la prisión, se dirigió a la casa de María, la madre de Juan Marcos, donde estaban reunidos los discípulos. Aparentemente, esta casa era un sitio donde se reunían los creyentes. A Juan Marcos se lo asoció posteriormente con la labor misionera de Pablo, Bernabé y Pedro. **8.** María, de Roma. Creyente romana que saludó a Pablo (Rom. 16:6), destacada por su ardua labor para bien de los creyentes. **9.** Integrante de la familia de Caleb (1 Crón. 4:17). *Clark Palmer*

MARINERO Ver *Barcos, marineros y navegación.*

MÁRMOL Ver *Minerales y metales.*

MAROT Nombre geográfico que significa "amargo" o "fuente amarga". Ciudad de las tierras bajas de Judá que sería atacada cuando los ejércitos invasores se acercaran a Jerusalén (Miq. 1:12). La ciudad quizá sea Maarat (Jos. 15:59).

MARSENA Nombre de persona de origen arameo o persa de significado incierto. Uno de los siete sabios o príncipes que tenían acceso al rey persa Asuero (Est. 1:13,14; comp. Esd. 7:14).

MARTA Nombre de persona que significa "señora [de la casa]" o "ama, dueña". Hermana de María y de Lázaro de Betania, y una de las discípulas más amadas de Jesús. Haciendo honor a su nombre, a Marta se la describe como persona a cargo de ciertas actividades: ella le dio la bienvenida a Jesús cuando visitó su casa (Luc. 10:38); se ocupó de cumplir con los deberes de un anfitrión, por ej. preparar la comida (Luc. 10:40; Juan 12:2) o saludar a los invitados (Juan 11:20). Junto con María, mandó a llamar a Jesús cuando Lázaro se enfermó (Juan 11:3). Lucas 10:38-42 señala la diferencia entre la característica de Marta como discípula activa y la de María como contemplativa. La iglesia no puede ministrar sin "Martas" que estén dispuestas únicamente a servir. La reprensión amable de Jesús sirve como recordatorio perpetuo de no dar mayor importancia a lo que tiene menor relevancia. No se debe descuidar a Jesús dándole preponderancia al servicio. En Juan 11:21-27, Jesús guió a Marta para que efectuara una noble confesión de fe en reemplazo de una inapropiada. Sin embargo, cuando más tarde se enfrentó con las realidades de la muerte, Marta dudó (Juan 11:39).

MARTILLO Herramienta para golpear. Los más antiguos eran simplemente piedras pulidas. Desde la Edad de Bronce, las piedras se ahuecaban para poder agarrarlas mejor o para ponerles un mango. También se usaban mazas de hueso y madera (Jue. 5:26), aunque estas normalmente no se han conservado. En Palestina, los martillos con cabeza de metal eran raros, tal vez porque este metal se reservaba para herramientas que requerían borde cortante.

Se usaban martillos para cortar piedras (1 Rey. 6:7), trabajar sobre metales comunes y preciosos (Isa. 41:7; 44:12) y en madera (Jer. 10:4). También se usaban como armas bélicas (Jer. 51:20; Ezeq. 9:2). Ver *Armas y armaduras.*

El martillo era símbolo de poder. A la palabra de Dios se la describe como un martillo (Jer. 23:29). El profeta se burla de Babilonia diciendo que es como un martillo que ha perdido la fuerza (Jer. 50:23). Ver *Herramientas.*

MÁRTIR Transliteración de la palabra griega *martus*, que significa "testigo". La LXX emplea en pocas ocasiones este término para referirse a alguien que es asesinado a causa de su testimonio, si bien es posible dicho uso temático cuando alude a la proclamación profética. Los mensajes y los oráculos de Dios se solían rechazar, lo cual daba como resultado maltrato o muerte del mensajero (el Siervo sufriente de Isa. 42; 49; 50; 52; 53; otros ejemplos de sufrimiento por persecución en Jer. 20:2; 1 Rey. 19:2; 2 Crón. 18:7-27; 1 Rey. 19:10; Jer. 20:1-6).

Los testigos también manifiestan certeza de las verdades morales, religiosas y espirituales de las que están convencidos mediante la fe. Dichas verdades pueden ser realidades externas o convicciones internas, y es comprensible que la persona finalmente esté dispuesta a dar su vida por ellas. El NT sólo alude a un mártir en tres oportunidades en lo que respecta a este último sentido (Hech. 22:20; Apoc. 2:13; 17:6), pero la iglesia primitiva amplió en gran medida este significado y desarrolló una teología del martirio durante los siglos de persecución que padeció. Ver *Persecución; Testimonio, testigo, mártir.*

Stefana Dan Laing

MAS Hijo de Aram (Gén. 10:23) en la Tabla de las Naciones y, en consecuencia, antepasado originario de una tribu siria que posiblemente proviniera del Monte Masius (Tur Abdón) de la Mesopotamia septentrional, o de los montes Mashu que se mencionan en la Epopeya de Gilgamesh y tal vez se correspondan con las montañas Líbano y Antilíbano. En 1 Crón. 1:17 aparece como Mesec.

MASA Harina o alimento mezclado con líquido, generalmente agua, pero a veces también con

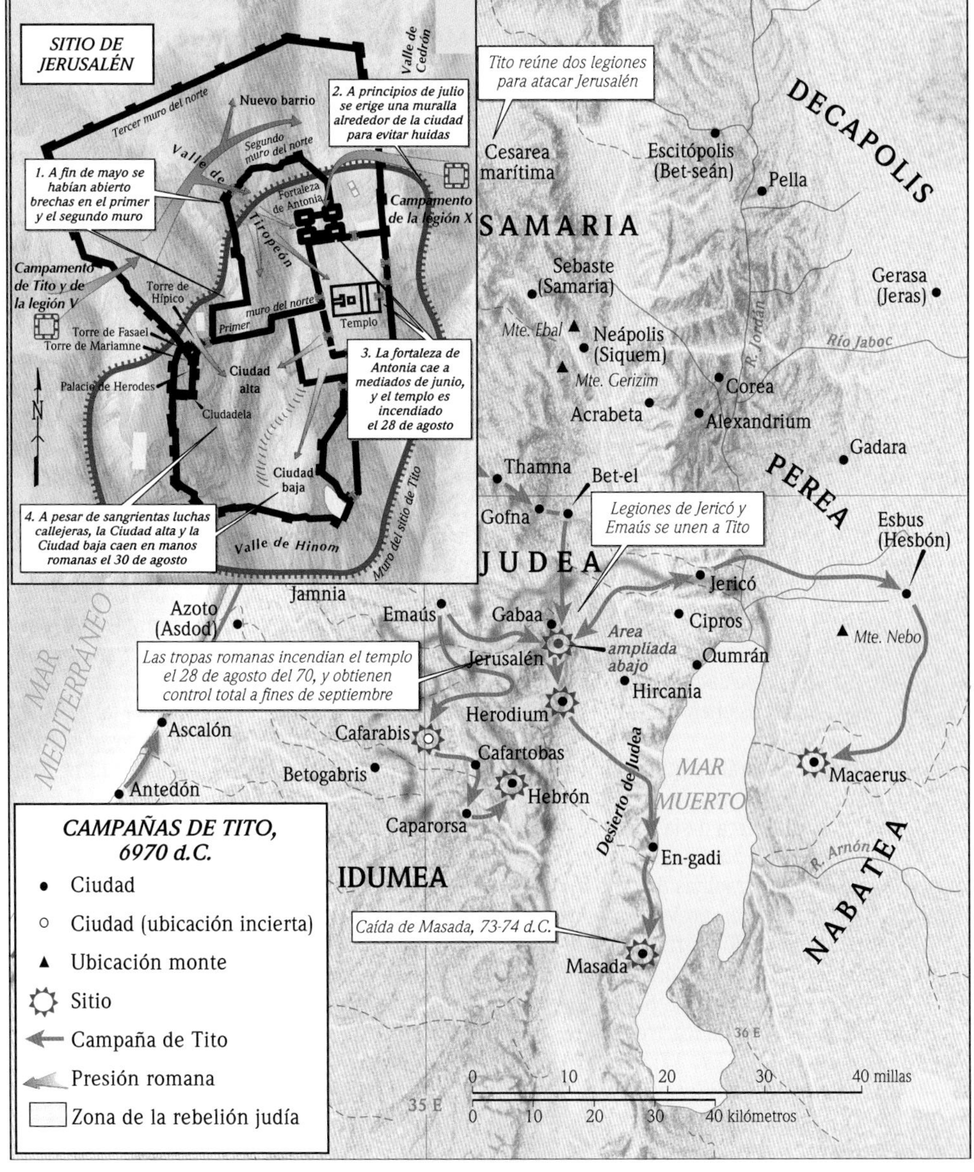

M

Mosaico de los pisos que decoran el área del Palacio del Oeste, en Masada.

aceite de oliva, y horneada como pan. La masa normalmente se leudaba, se le daba tiempo para que creciera y se amasaba antes de hornearse (Jer. 7:18; Os. 7:4). La necesidad de los hebreos de apurarse cuando salieron de Egipto los obligó a llevar la masa antes de que leudara (Ex. 12:34). Ver *Pan*.

MASADA Meseta sobre la ribera occidental del Mar Muerto. Se eleva aprox. 250 m (820 pies) por encima de los valles que la rodean y se utilizó como fortaleza entre el 142 a.C. y el 73 d.C. Jonatán Macabeo fue el primero en fortificar el lugar. Herodes el Grande lo convirtió en un monumento a su actividad edilicia. Una banda de judíos rebeldes tomó posesión del sitio por un corto tiempo durante la primera revolución contra Roma (66–73 d.C.). Después de una prolongada lucha para recuperar la fortaleza, la Décima Legión construyó una enorme rampa y atravesó los muros. Se hallaron los cadáveres de más de 900 hombres, mujeres y niños, víctimas de un pacto suicida para impedir que los romanos los tomaran prisioneros.

MASAH Nombre geográfico que significa "examinar, probar". Sitio de parada durante el peregrinaje en el desierto cerca de la base del Monte Horeb (Sinaí). Moisés le puso este nombre en respuesta al deseo de los israelitas de probar a Dios cuando exigieron que les proveyera agua (Ex. 17:7). Masah se convirtió en recordatorio de la desobediencia o dureza de corazón de Israel (Deut. 6:16; 9:22; Sal. 95:8). Suele aparecer junto con Meriba (que significa "rencilla, luchar con, contender, culpar"; Ex. 17:7; Deut. 33:8; Sal. 95:8). Deuteronomio 33:7 presenta una narración poética sobre el origen del sacerdocio levítico en Masah.

MASAI Posiblemente abreviatura de Maasías que significa "obra de Jah". Uno de los sacerdotes que regresó del exilio (1 Crón. 9:12). Es probable que Masai equivalga a Amasai (Neh. 11:13).

MASAL 1. Ciudad del territorio correspondiente a la tribu de Aser que posteriormente se asignó a los levitas (1 Crón. 6:74). En Jos. 19:26 y 21:30 aparece como Miseal. **2.** Término técnico hebreo para designar proverbios, parábolas o símiles. Ver *Proverbios, Libro de; Sabiduría y sabios.*

MASORA Término hebreo que significa "tradición" empleado para designar las notas agregadas en los márgenes de los mss del texto masorético del AT a fin de salvaguardar la transmisión de su contenido. Ver *Biblia, Textos y versiones.*

MASQUIL El término *maskil* aparece en el título de Sal. 32; 42; 44; 45; 52–55; 74; 78; 88; 89; 142 y también como la última parte de 47:7. La LXX lo traduce "capacidad para comprender", "inteligencia"; y la Vulgata, "entendimiento", "inteligencia". El origen y significado del término son inciertos. Los significados sugeridos son: (1) un salmo didáctico (un salmo de sabiduría, entendimiento o instrucción); (2) una composición o canto artístico talentoso. En 2 Crón. 30:22 se mencionan ciertos levitas que tenían buena inteligencia (*maskillim*) para el canto y la alabanza en la adoración a Dios. Los masquiles eran grupos de salmos recopilados que se habían compuesto para emplearlos en la adoración. *Kyoungwon Choi*

MASRECA Nombre geográfico que tal vez signifique "viña". Ciudad de Edom cuyo rey gobernó la región en el período previo a la monarquía en Israel (Gén. 36:36; 1 Crón. 1:47). El sitio quizá corresponda a Jebek el-Mushraq aprox. 32 km (20 millas) al sud-sudoeste de Ma'an. Eusebio (aprox. 330 d.C.) ubicó Masreca en Gabalene en el norte de Edom.

MASSA Término hebreo con varios significados. **1.** Séptimo hijo de Ismael (Gén. 25:14; 1 Crón. 1:30). **2.** Tribu árabe que probablemente proviene de *1.* Massa se encuentra registrado como pueblo que le pagó tributo a Tiglat-Pileser III, rey de Asiria, (745-727 a.C.).

E. Ray Clendenen

M

MÁSTIL 1. Palo largo que se eleva desde la quilla del barco y sostiene una vela (Prov. 23:34, "mastelero"; Isa. 33:23; Ezeq. 27:5). Ver *Barcos, marineros y navegación.* **2.** Poste sobre el que se sujeta una bandera (Isa. 30:17; 33:23; Ezeq. 27:5).

MATÁN Nombre de persona que significa "regalo de Dios". **1.** Sacerdote de Baal que se desempeñó en Jerusalén durante el reinado de Atalía y fue asesinado como parte de la purificación efectuada por Joiada (2 Rey. 11:18). **2.** Padre de Sefatías, contemporáneo de Jeremías (Jer. 38:1). **3.** Antepasado de Cristo (Mat. 1:15).

MATANA Nombre geográfico que significa "regalo". Lugar de parada en el desierto (Núm. 21:18,19). El sitio quizá corresponda a Khirbet el-Medeiyineh, aprox. 19 km (12 millas) al sudeste de Medeba. Piezas de alfarería halladas en el lugar indican que estuvo habitado desde antes del 1200 hasta aprox. el 800 a.C.

MATANÍAS Nombre de persona que significa "regalo de Jah". **1.** Músico-profeta del tabernáculo durante la época de David (1 Crón. 25:4). **2.** Antepasado de Jahaziel (2 Crón. 20:14). **3.** Miembro de la familia levita de Asaf que participó en las reformas de Ezequías (2 Crón. 29:13). **4.** Nombre original del rey Sedequías de Judá (2 Rey. 24:17). **5.** Miembro de la familia de Asaf que estuvo entre los primeros en regresar del exilio (1 Crón. 9:15). **6.** Levita líder del coro del templo en la época de Zorobabel (Neh. 11:17,22). **7.** Levita portero del templo (Neh. 12:25). **8.** Padre del levita Semaías (Neh. 12:35). **9.** Abuelo de Hanán (Neh. 13:13). **10.–13.** Cuatro hombres que regresaron del exilio con esposas extranjeras (Esd. 10:26,27,30,37). Algunos de los correspondientes a los puntos 5.–13. quizá sean la misma persona.

MATAT Dos antepasados de Cristo (Luc. 3:24, 29).

MATATA Nombre de persona que significa "regalo". **1.** Nieto del rey David y antepasado de Cristo (Luc. 3:31). **2.** Laico que tenía una esposa extranjera (Esd. 10:33).

MATATÍAS Nombre de persona que significa "regalo de Jah". **1.** Levita que David asignó como músico del templo y cuya responsabilidad específica era liderar la música ejecutada con liras (1 Crón. 15:18,21; 25:3,21). Matatías también ministró delante del arca (1 Crón. 16:5). **2.** Levita cocinero (1 Crón. 9:31). **3.** Laico que tenía una esposa extranjera (Esd. 10:43). **4.** Hombre que acompañó a Esdras durante la lectura pública de la ley (Neh. 8:4). **5.** Antepasado de Cristo (Luc. 3:25,26). **6.** Sacerdote cuya negativa a obedecer el decreto de Antíoco de ofrecer sacrificio desencadenó la revolución macabea (1 Mac. 2). **7.** Cuatro sumos sacerdotes que ministraron desde el 5 a.C. hasta el 65 d.C. Ver *Intertestamentaria, Historia y literatura; Sumo sacerdote.*

MATENAI Nombre de persona que significa "mi regalo". **1.** Sacerdote contemporáneo del sumo sacerdote Joiacim (Neh. 12:14,19). **2. y 3.** Dos laicos que tenían esposas extranjeras (Esd. 10:33,37).

MATEO Nombre de persona que significa "el regalo de Yahvéh". Recaudador de impuestos al que Jesús llamó para ser apóstol (Mat. 9:9; 10:3). La oficina de Mateo se encontraba sobre la carretera principal que descendía de Damasco por el Valle del Jordán hasta Capernaum y que luego giraba al oeste hacia Acre, donde se unía a la ruta costera que se dirigía a Egipto o al sur para llegar a Jerusalén. Su deber era recaudar impuestos de "peaje" o "transporte", tanto de mercaderes locales y labradores que llevaban sus mercancías al mercado como así también de caravanas provenientes de tierras lejanas que atravesaban Galilea. Era empleado de Herodes Antipas. Mateo sabía el valor de todo tipo de mercancías: lana, lino, vasijas, bronce, plata, oro, cebada, maíz, olivas, higos, trigo. Además conocía la valuación de los sistemas monetarios locales y extranjeros. Hablaba el idioma arameo local y también el griego. Dado que Mateo se había apoderado de parte de los beneficios correspondientes al "peaje" tras pagar anticipadamente la cuota anual, la gente lo criticaba diciendo que recaudaba más de lo que debía y que, por esa razón, se había hecho rico. En consecuencia, los demás judíos lo odiaban.

Mateo es la misma persona llamada Leví, un recaudador de impuestos (Mar. 2:14; Luc. 5:27) y, por lo tanto, hijo de Alfeo. A Jacobo, el hijo de Alfeo, también se lo incluye en la lista de apóstoles (Mar. 3:18; Mat. 10:3; Luc. 6:15; Hech. 1:13). Esto indica que tanto Mateo como su hermanastro estaban estrechamente vinculados con

M

Jesús. María, la madre de Jacobo, estuvo al pie de la cruz con María, la madre de Jesús (Mat. 27:55, 56; Mar. 15:40). Si el Jacobo que se menciona aquí es el mismo que el hijo de Alfeo, contamos con un grupo familiar amplio íntimamente relacionado con la familia de Jesús.

Relatos legendarios posteriores cuentan que Mateo viajó a Etiopía, donde se relacionó con Candace, quien estaba vinculada con el eunuco de Hech. 8:27. Las leyendas relatan que padeció el martirio en ese país.

Mateo tenía los talentos necesarios para ser entrenado como discípulo, guardar registros detallados y ser un potencial cronista/autor del Evangelio. Desde las épocas más tempranas, los cristianos afirmaron que Mateo escribió el Evangelio que lleva su nombre. Ver *Discípulo; Mateo, Evangelio de; Publicano.* *Oscar S. Brooks*

MATEO, EVANGELIO DE Libro inicial del NT que acertadamente comienza con la declaración: "Libro de la genealogía de Jesucristo". No obstante en la actualidad, cuando empezamos a leer este libro debemos tener en mente cómo termina (28:18-20). El propósito de Mateo fue demostrar que Jesús tenía el poder para ordenarles a Sus discípulos que esparcieran el evangelio por todo el mundo.

Mateo 28:16-20 presenta la escena donde el Jesús resucitado se reúne con Sus discípulos en un monte de Galilea. El Señor inmediatamente declaró Su autoridad absoluta: "Toda potestad me es dada en el cielo y en la tierra". Los discípulos iban a recordar muchas experiencias del ministerio de Jesús que darían prueba de dicha autoridad. En esa ocasión, al tener conocimiento de la resurrección, les resultaba evidente que Él había recibido la autoridad de parte de Dios. Jesús entonces encomendó a Sus discípulos que hicieran "discípulos a todas las naciones". Un discípulo es: (1) alguien que voluntariamente se convierte en aprendiz de las enseñanzas del Maestro y procura seguir Su ejemplo al poner en práctica dichas enseñanzas, y (2) alguien que les transmite a los demás lo que aprendió. Al escuchar el mandato de Jesús, los discípulos recordaron Su enseñanza y comunión. Ahora los invitaba a llevar adelante Su misión. Jesús dijo que harían discípulos una vez que Él se fuera. Las actividades de ellos incluirían bautizar a nuevos discípulos para que se sometieran al señorío de Jesús. Este era el compromiso original. Los discípulos les transmitirían a los demás todo lo que Jesús había enseñado. Cuando Mateo narra esta historia, enfatiza en que Jesús posee plena autoridad, que Sus enseñanzas deben ser transmitidas y que Su mensaje es para toda la humanidad. Si nosotros, los lectores actuales, desde el principio tenemos en mente estos tres aspectos al leer el Evangelio, descubriremos que el autor nos muestra cómo Jesús demostró Su autoridad, cuáles fueron las enseñanzas que empleó y cómo se interesaba en todas las naciones.

El Evangelio se divide fácilmente en siete secciones: un principio y un fin con cinco secciones intermedias. En consecuencia, Mateo ha sido reconocido por el énfasis en las enseñanzas de Jesús.

Mateo 1:1–4:25 inicia el Evangelio con la genealogía real y va desarrollando el tema sobre la base de la declaración de Dios en 3:17: "Este es mi hijo amado". La genealogía confirma el linaje real que acredita a Jesús y les recuerda a los lectores la relación de este con todas las naciones al mencionar a Tamar, Rahab, Rut y la esposa de un heteo. Los magos de oriente (gentiles) se acercaron para buscar al rey de los judíos (2:2). El ángel le confirmó a José la naturaleza divina de Jesús. El niño recibió un nombre mesiánico (1:18-23). José llevó a toda la familia a territorio gentil (Egipto) para huir de las amenazas de Herodes. Cuando Jesús se acercó a Juan para que lo bautizara, la voz del cielo lo proclamó Hijo de Dios. En Su condición de tal, Jesús tenía autoridad y poder para enfrentarse a Satanás y vencerlo. Luego Jesús se dirigió a Galilea de los gentiles (4:15) para comenzar Su ministerio público. Esta sección inicial deja en claro que Dios designó a Jesús para que fuera el Mesías poseedor de toda autoridad sobre todas las naciones.

Mateo 5:1–7:29 se denomina comúnmente el Sermón del Monte. Debería llamarse la Enseñanza del Monte, dado que el texto así lo denomina (5:2). Mientras que la enseñanza y la predicación se superponen, las verdades enseñadas enfatizan los principios esenciales que se deben transmitir a fin de mantener la disciplina y la acción. En estas enseñanzas Jesús entregó Su doctrina fundamental. En 5:19, enfatizó la importancia de Sus mandamientos; cuando declaró "pero yo os digo" (5:22,28,32, 39,44), resaltó la naturaleza absoluta de Sus enseñanzas, y en 7:28,29 las multitudes lo reconocieron como maestro que enseñaba con autoridad. Cuando los discípulos salieron a enseñar, sabían lo que estaban enseñando.

Mateo 8:1–10:42 comienza con una serie de diez milagros que demuestran la autoridad de Jesús sobre enfermedades, catástrofes naturales, demonios y sobre la muerte. Mediante manifestaciones de poder Jesús puso en práctica lo demostrado verbalmente en las enseñanzas dadas en el monte. Sus discípulos se maravillaban de que "aun los vientos y el mar le obedecen" (8:27), y las multitudes se asombraban de que tuviese autoridad para perdonar pecados (9:8). En esta sección también se encuentra Su ministerio a favor del centurión gentil. Después de demostrar Su poder, Jesús les dio autoridad a Sus discípulos para que salieran, sanaran y enseñaran como lo había hecho Él (10:1); así los estaba preparando para la comisión final de 28:18-20. Mientras continuaba haciendo énfasis en Su autoridad, Su enseñanza y en los gentiles, Jesús preparaba a Sus discípulos más cercanos para la tarea que iban a realizar después de Su muerte. Mateo continúa enseñándoles a las generaciones posteriores de creyentes acerca del poder de Jesús y Su amor por la humanidad.

Mateo 11:1–13:52 presenta la reacción de diversas personas frente a la autoridad de Jesús. En el cap. 11 se señalan diferentes respuestas, entre lo cual se incluye la gratitud de Jesús porque los "niños" podían entender (vv.25-30). Cuando los líderes rechazaron la autoridad de Jesús en el cap. 12, Mateo citó al profeta Isaías donde se infiere que Dios se estaba dirigiendo a los gentiles (12:18-21). Jesús continuó enseñándoles por medio de parábolas a aquellos que estuvieran dispuestos a escuchar (13:10-13). Por lo tanto, cuando les encomendó a Sus discípulos que fueran por todo el mundo a enseñar, estos eran conscientes de que Él ya había comenzado la tarea mediante el ejemplo que había dado durante Su ministerio terrenal.

Mateo 13:53–18:35 comienza con la historia de la enseñanza de Jesús en la sinagoga de Nazaret. La gente reaccionó ante esa enseñanza de la misma manera que lo habían hecho las multitudes al finalizar el Sermón del Monte. Se maravillaron (comp. 13:54; 7:28). Si bien Jesús presentaba Sus enseñanzas con autoridad, la gente de Su propia tierra lo rechazó (13:57). Sus discípulos lo aceptaron (14:33), y lo mismo hizo una mujer gentil (15:22). Una vez más, Jesús enseñó con autoridad y relacionó Su ministerio con los gentiles.

Mateo 19:1–25:46 presenta la transición desde Galilea a Jerusalén. Jesús presentó Su autoridad real de manera dramática mediante la entrada triunfal a Jerusalén (21:1-9) y la purificación del templo (21:10-17). Más tarde, mientras enseñaba, los principales sacerdotes y los ancianos lo desafiaron diciendo: "¿Con qué autoridad haces estas cosas?" (21:23). Jesús les respondió con parábolas y otras enseñanzas (21:28–22:46). Además advirtió al pueblo sobre el ejemplo de los fariseos y saduceos (23:1-38). Luego centró Su enseñanza exclusivamente en los discípulos (24:1–25:46). Cuando los mandó a enseñar lo que Él había enseñado, ellos pudieron recordarla. En la actualidad, el creyente también debe escuchar lo que Jesús enseñó y enseñarles a otros.

Mateo 26:1–28:20 no presenta ninguna situación relacionada con la enseñanza sino que relata la conspiración que concluyó con la ejecución de Jesús. En medio de la escena del juicio, le preguntaron si era el Mesías. Jesús respondió confirmando Su autoridad: "Tú lo has dicho" (26:64). Pilato, un gentil, reconoció la autoridad real de Jesús cuando colocó una inscripción sobre la cruz que decía: "ESTE ES JESÚS, EL REY DE LOS JUDÍOS" (27:37). El centurión romano proclamó "verdaderamente este era Hijo de Dios" (27:54).

Tal como había sucedido con la historia del nacimiento, así sucedió con la del final; el autor enfatizó la autoridad divina y real de Jesús y destacó la incorporación de los gentiles.

En 28:18, cuando el Señor resucitado les declaró Su autoridad a los discípulos, estos entendieron porque la habían visto desplegada mientras vivieron con Él. En la actualidad, cuando los lectores arriban a 28:18, entienden por qué Mateo nos mostró desde el comienzo la autoridad de Jesús.

El evangelista presentó a Jesús como el "Hijo de Dios", expresión que aparece 23 veces en este Evangelio. En tanto que la historia del nacimiento virginal afirma la condición de Jesús como Hijo, la cita de Os. 11:1 (Mat. 2:15) la confirma. Dios proclamó a Jesús como Hijo en dos ocasiones: en el bautismo (3:17) y en la transfiguración (17:5). Pedro lo confesó (16:16). Jesús dio testimonio de esa condición en la oración intercesora (6:9), en Su gratitud a Dios (11:25,26) y en el huerto de Getsemaní (26:39). El autor quería que el lector fuera consciente de que Jesús, el Hijo de Dios, es aquel que fue crucificado. Por esta razón, Jesús clamó desde la cruz diciendo, "Dios mío" (27:46), y un centurión gentil confesó que el que estaba muriendo "verdaderamente...era Hijo de Dios" (27:54).

Mateo deseaba que el lector supiera que el perdón de pecados se produce por medio de la muerte del Hijo de Dios. El ángel le había dicho a José que Jesús "salvará a su pueblo de sus pecados" (1:21). Jesús mismo les había asegurado a Sus discípulos que Su propósito era "dar su vida en rescate

M

por muchos" (20:28). Cuando instituyó la Cena del Señor, Jesús dejó un recordatorio continuo de Su función en relación al perdón de los pecados: "porque esto es mi sangre del nuevo pacto, que por muchos es derramada para remisión de los pecados" (26:28).

Es imposible saber la fecha exacta en que se escribió el Evangelio de Mateo. Algunos escritores contemporáneos lo ubican ya en el 60 d.C., otros argumentan una fecha de aprox. el 95 d.C. El lugar probablemente haya sido algún sitio sobre la costa fenicia o siria, como podría ser Antioquía. Esto se debe a las numerosas referencias que Mateo hizo a los gentiles, una a Fenicia y Siria, y los términos (en el texto griego) empleados para las monedas (17:24, 27). Aun cuando el Evangelio no identifica al autor y muchos estudiosos bíblicos contemporáneos indican una compleja historia de edición y recolección de fuentes de información, Mateo, el recaudador de impuestos, hijo de Alfeo, ha sido identificado como autor desde el siglo II. Ver *Mateo.*

Bosquejo

I. El nacimiento de Jesús cumplió la profecía (1:1–2:23)
II. El Jesús obediente invita a la gente al servicio del reino (3:1–4:25)
III. Jesús enseña cómo desea Dios que vivamos (5:1–7:29)
IV. El poder y el llamado de Jesús revelan Su autoridad (8:1–10:42)
V. La obra de Jesús produce controversia (11:1–12:50)
VI. Jesús enseña sobre el reino (13:1-52)
VII. Jesús enfrenta acontecimientos conflictivos y críticas (13:53–17:27)
VIII. Jesús enseña aspectos de la vida en Su reino (18:1–20:34)
IX. Las autoridades religiosas rechazan a Jesús como Mesías (21:1–23:36)
X. Jesús tiene la palabra autorizada acerca del futuro (23:37–25:46)
XI. Jesús se prepara para la muerte, la obediencia a Dios y el cumplimiento de las Escrituras (26:1-56)
XII. Jesús conquista la muerte (26:57–28:20)

Oscar Brooks

MATÍAS Forma abreviada de Matatías ("regalo de Jah"). Discípulo que siguió a Jesús desde el momento del ministerio bautismal de Juan hasta la ascensión de Jesús, y que fue escogido mediante suertes y oración para suceder a Judas en la función de apóstol y testigo oficial de la resurrección (Hech. 1:20-26). Esta selección se consideró necesaria para cumplir las Escrituras en lo que respecta al grupo de apóstoles (Sal. 69:25; Hech. 1:20). Las Escrituras no mencionan nada más sobre Matías. Ver *Discípulo; Hechos, Libro de los.*

MATRED Nombre de persona que posiblemente signifique "lanza". El texto hebreo dice que Matred era la madre de Mehetabel (Gén. 36:39; 1 Crón. 1:50). La traducción griega más antigua y las latinas comunes suponen que Matred era el padre de Mehetabel.

MATRI Familia de la tribu de Benjamín de la que provino Saúl (1 Sam. 10:21).

MATRIMONIO Pacto de unión sagrada entre un hombre y una mujer que se concreta cuando realizan un juramento ante Dios de lealtad y amor mutuo para toda la vida y cuya señal y sello lo constituye la relación sexual.

Naturaleza del matrimonio Dios instituyó el primer matrimonio en el huerto del Edén cuando le entregó a Adán a Eva como esposa (Gén. 2:18-25). La idea de que los matrimonios posteriores debían seguir el modelo del primero se indica en la conclusión de la instrucción divina (ver Mat. 19:4-6): "Por tanto, dejará el hombre a su padre y a su madre, y se unirá a su mujer, y serán una sola carne" (Gén. 2:24). La unidad singular entre Adán y Eva se observa en que ambos se convirtieron en "una carne". La unidad del matrimonio separaba a la pareja de los demás a fin de formar una unidad familiar aparte.

Dado que Dios lo instituyó, el matrimonio es más que una simple ceremonia. Los pasajes bíblicos que muestran que la relación matrimonial se basa en un pacto o voto efectuado ante Dios son Prov. 2:17; Ezeq. 16:8,59-62; Os. 2:16-20; Mal. 2:14; Mat. 19:6. Cualquier violación de ese pacto provoca el juicio divino.

Propósitos del matrimonio ***La gloria de Dios*** Si el objetivo principal del hombre como imagen de Dios es glorificarlo y disfrutar para siempre de una relación con Él (Sal. 73:28; 1 Cor. 10:31), evidentemente este es el propósito del matrimonio. Pablo explica en Ef. 5:21-33 que esta institución tiene que seguir el modelo de la relación entre Cristo y la iglesia. De esto se deduce que el esposo y la esposa deben exhibir en su unión las características de la relación que gozamos con Cristo, nuestro Esposo divino, y en la que ambos forman parte de Su esposa, la iglesia. Este mismo principio también se puede deducir del AT, donde la relación matrimonial era una de las analogías para describir la relación de Jehová con Israel (p. ej., Jer. 2:1; 3:6; 31:32; Os. 1–3).

El matrimonio también constituye el don exclusivo de Dios a fin de proporcionar el contexto para un relación íntima que compone el medio para la procreación y el canal de expresión sexual conforme a los parámetros bíblicos.

Compañerismo Si bien el resultado de la creación de la humanidad conformada por el hombre y la mujer era "bueno en gran manera" (Gén. 1:31), la creación del varón solo no alcanzó a concretar el propósito de Dios para el hombre que llevaba Su imagen (Gén. 2:18). Esto no expresa ningún fracaso divino; más bien, enseña que una criatura masculina sola no es la creación perfecta que Dios tenía en mente. Adán necesitaba una esposa para ser todo lo que Dios tenía en mente para él, tal como sucede normalmente con todos los hombres, a menos que Dios lo disponga de otro modo (ver Mat. 19:10-12; 1 Cor. 7:6,7). Desde luego, lo mismo sucede con la mujer ya que Dios la hizo para el hombre (ver 1 Cor. 11:9).

Adán necesitaba una "ayuda idónea", es decir, alguien que lo complementara o completara y cuya naturaleza se correspondiera con la suya (Gén. 2:21-23). Él necesitaba más que un sistema para producir hijos; precisaba una "ayuda", término que no es degradante ya que Dios también lo emplea (Gén. 49:25; Ex. 18:4; Deut. 33:7,26; 1 Sam. 7:12; Isa. 41:10; Sal. 10:14; 33:20). Juntos, bajo la guía de Dios y el liderazgo del esposo, podrían hallar satisfacción al cumplir el propósito para el cual Dios los había creado. El compañerismo que se comparte en el matrimonio entre el esposo y la esposa permite gozar de salud física, sicológica, mental, emocional y espiritual.

El compañerismo dentro del matrimonio se expresa en actos de amor. Este modelo de amor se indica en 1 Cor. 13:1-7. Por esta razón, el matrimonio debe ser un sitio de paciencia, humildad, gozo, verdad, paz, apoyo y esperanza. Por el contrario, el matrimonio no es un lugar para el abuso. En ningún lugar de las Escrituras se le otorga autoridad al esposo o la esposa para golpear o despreciar al compañero.

Procreación El matrimonio también tiene como propósito la producción y la crianza de hijos piadosos (Gén. 1:28; Sal. 127). Los hijos son bendición y herencia de parte del Señor desde el momento de la concepción. Son una fuente de gozo dentro del matrimonio (Prov. 17:6). Los padres son responsables de la educación moral y espiritual de los hijos (Ef. 6:4), y tienen que guiarlos mediante un estilo de vida piadoso y una disciplina amorosa de manera que aprendan a tomar decisiones basadas en verdades bíblicas. Los hijos también son responsables de cuidar a sus padres cuando son ancianos. Si bien el AT valora mucho al primogénito, todos los hijos son valiosos para Dios desde la concepción hasta la madurez (Sal. 139:14-16; Prov. 17:6).

Intimidad sexual El matrimonio también existe para la intimidad sexual. La intención de Dios al respecto es que se produzca exclusivamente dentro del matrimonio monógamo particular como recordatorio de que son "una carne", unidos mediante un pacto. La intimidad sexual formaba parte de la buena creación de Dios (Gén. 1:27,28; 2:24,25). Las relaciones sexuales constituyen parte de la expresión natural de amor dentro del matrimonio y proporcionan intimidad emocional, profundizan la amistad de la pareja y ayudan a desarrollar una actitud de servicio dentro de la unidad matrimonial (Gén. 2:24; Prov. 5:15-19; 1 Cor. 7:2-5). La intimidad sexual debe ser un momento de gozo y satisfacción mutua tanto del esposo como de la esposa (Cant. 6–7). Dios ha otorgado derechos conyugales a ambos miembros del matrimonio (1 Cor. 7:2-5).

Problemas en el matrimonio ***Pecados sexuales*** El adulterio es una violación del voto matrimonial efectuado ante Dios. La condenación bíblica del adulterio abarca conductas como matrimonio comunitario, intercambio de parejas, "matrimonios abiertos", homosexualidad, incesto y voyerismo, como es el caso de la pornografía (Ex. 20:14; Lev. 18:22; Rom. 1:26,27; 1 Tes. 4:3; Heb. 13:4).

Los pecados sexuales son graves porque minan el cimiento de la vida familiar, la unidad de la relación matrimonial y el compromiso de unión pactado delante de Dios. En Israel el énfasis en la pureza moral tanto del esposo como de la esposa se manifestaba en las penas severas que se aplicaban a cualquiera de las partes cuando se producía el pecado (Lev. 18; Prov. 5). Dios compara la idolatría con el adulterio debido a la similitud entre la relación divina-humana y de esposo-esposa.

Yugo desigual El matrimonio bíblico tiene lugar entre cristianos. La expectativa de que un

M

creyente se case con otro creyente se refleja en la enseñanza de Pablo de casarse con quien uno quiera, "con tal que sea en el Señor" (1 Cor. 7:39). Su expectativa también se observa en los comentarios que efectúa acerca de no unirse "en yugo desigual con los incrédulos" (2 Cor. 6:14). Los que deciden casarse con incrédulos violan mandamientos de las Escrituras.

Un creyente que ya está casado con un incrédulo no tiene permiso para dejarlo sino que debe conservar la relación a fin de criar a los hijos en la fe y ganar a la pareja incrédula (1 Cor. 7:12-16; 1 Ped. 3:1). Un ejemplo del impacto que el integrante cristiano de la pareja puede producir sobre los hijos se observa en la vida de Timoteo. Existen pruebas de que el padre de Timoteo no era cristiano (Hech. 16:1), pero la madre le transmitió la fe a su hijo (2 Tim. 1:5; 3:14,15).

Divorcio Hay cierto desacuerdo entre los creyentes en cuanto a la enseñanza bíblica sobre el divorcio. No obstante, casi todos concuerdan en que el divorcio va en contra de la enseñanza bíblica que dice que el matrimonio debe durar toda la vida porque está basado en un pacto mediante el cual un hombre y una mujer se convierten en "una carne". En Mat. 19:6, Jesús declaró: "Así que no son ya más dos, sino una sola carne; por tanto, lo que Dios juntó, no lo separe el hombre". En respuesta a la pregunta de los fariseos sobre Deut. 24:1-4 donde se permite el divorcio, Jesús añadió: "Por la dureza de vuestro corazón Moisés os permitió repudiar a vuestras mujeres; mas al principio no fue así" (Mat. 19:8). Sin embargo, bajo ciertas circunstancias, Dios parece permitir el divorcio y el nuevo casamiento. En el mismo pasaje, Jesús además declara que "cualquiera que repudia a su mujer, salvo por causa de fornicación, y se casa con otra, adultera" (Mat. 19:9; ver también 5:32). De aquí se deduce que divorciarse de la pareja porque él o ella cometieron inmoralidad sexual (es decir, adulterio) y luego casarse con otra persona no es adulterio sino que Dios lo acepta. (Algunos cuestionan esta inferencia debido, en parte, a que los pasajes paralelos de Mar. 10:11,12 y Luc. 16:18 no presentan la excepción.) Tomando como base 1 Cor. 7:10,11, algunos argumentan que la legitimidad del divorcio no implica que sea legítimo volver a casarse. Pero da la impresión de que, en el pasaje de Corintios, Pablo está tratando una situación (como podría ser el abuso) que no incluía adulterio. Pareciera también que el creyente puede divorciarse de su pareja incrédula si esta lo ha abandonado (1 Cor. 7:15,16), pero dicha interpretación no es tan clara.

El divorcio, justificado o no, es una tragedia que quebranta la vida de los hombres, las mujeres, los hijos y el testimonio de Cristo que los creyentes le dan al mundo perdido. No obstante, los Evangelios están repletos de ejemplos sobre cómo Jesús trató con personas que luchaban con el sentimiento de culpa y fracaso, incluso el caso de una mujer que se había casado cinco veces y que en ese momento vivía con un hombre que no era su marido (Juan 4:1-42). Allí donde el pecado y la culpa estaban presentes, Jesús no lo minimizó sino que en todos los casos actúo otorgando redención. Su meta era ayudarlos a comenzar otra vez mediante la gracia y el poder de Dios.

Sumisión bíblica El matrimonio cristiano debe ser un refugio para el esposo y la esposa, un ambiente seguro y saludable donde ambos sean alentados y renovados. La Escritura expone funciones específicas para el marido y su mujer. Estas funciones de ninguna manera disminuyen el valor de la otra parte. Ambos están creados a la imagen de Dios y tienen el mismo valor ante los ojos divinos (Gén. 1:27). La relación matrimonial es un modelo de cómo Dios se relaciona con Su pueblo.

La Biblia describe el matrimonio que agrada a Dios en términos de sumisión mutua producida por el Espíritu Santo (Ef. 5:18-21; ver también Fil. 2:1-4). Dicho matrimonio también proporciona la satisfacción sexual y el compañerismo que Dios desea que produzca. No obstante, el esposo y la esposa deben expresar esa sumisión mutua de manera diferente. El marido debe poner en práctica la negación personal y alimentar el amor tal como Cristo lo hizo (Ef. 5:25-33). Él es quien posee la iniciativa y la responsabilidad de guiar con sabiduría y entendimiento a su esposa. También debe protegerla, proveer para ella y honrarla (1 Ped. 3:7; Col. 3:19). Por otro lado, la mujer tiene que expresar su sumisión siguiendo el liderazgo del esposo con respeto (Ef. 5:22-24,33; Col. 3:18), manteniendo una vida pura y reverente con "un espíritu afable y apacible" (1 Ped. 3:1-6). Ver *Adulterio; Divorcio; Familia.*

Brent R. Kelly y E. Ray Clendenen

MATUSALÉN Nombre de persona que significa "hombre de la jabalina". Hijo de Enoc (que caminó con Dios) y abuelo de Noé (Gén. 5:21, 26-29). Según el relato bíblico, Matusalén fue el hombre más viejo que existió; murió a los 969 años de edad (Gén. 5:27).

M

MAYORDOMÍA Responsabilidad de administrar todos los recursos de la vida para la gloria de Dios, reconociéndolo a Él como proveedor de todas las cosas.

Antiguo Testamento *Asher al bayit* se traduce "mayordomo" o "mayordomo de la casa" (Gén. 43:19; 44:1,4; 1 Rey. 16:9). Los versículos de Génesis se refieren a José, y los de 1 Reyes a Arza como mayordomo de Ela, hijo de Baasa, quien reinó sobre Israel durante dos años. La expresión es literalmente "uno que controla la casa", responsable de supervisar las actividades del hogar. En Gén 43:19 aparece un término adicional, *ha-'ish* (el hombre). En consecuencia, la traducción literal es "el hombre que tiene el control de una casa".

Ben mesheq (Gén. 15:2) se traduce "mayordomo", "el heredero de mis bienes" (NVI), y "el heredero de mi casa" (LBLA). La expresión significa literalmente "hijo de adquisición". Eliezer era un siervo/esclavo de la casa de Abram. Como Abraham no tenía hijos, él quedaba como heredero de sus propiedades.

El uso de *sar* es poco frecuente en este sentido, y también puede significar "príncipe", "cabeza", "jefe", "capitán" o "gobernante". En 1 Crón. 28:1 el término se traduce "oficiales" a cargo de propiedades y "administradores".

Nuevo Testamento *Epitropos* es el primero de dos importantes términos griegos que se traducen "mayordomo", "intendente" o "administrador" en el NT (Mat. 20:8, Luc. 8:3). En Mateo se refiere a un "señor" que habla a su "mayordomo". En Lucas, a Chuza se lo describe como intendente de Herodes.

Oikonomos, el segundo término griego, alude a la persona, la tarea o el lugar correspondiente a la "mayordomía". La palabra aparece por primera vez en Luc. 12:42, un "mayordomo fiel y prudente". Este sustantivo masculino pone énfasis en la persona y no en la tarea. La forma femenina del sustantivo se traduce a continuación "pondrá sobre su casa", y enfatiza la tarea, la responsabilidad otorgada a dicha persona.

Este término se utiliza principalmente en el NT. También aparece en Luc. 16:1,3,8; 1 Cor. 4:1, 2; Tito 1:7, y 1 Ped. 4:10. Cada texto aclara un poco más el significado de la mayordomía y describe la imagen del NT del creyente como "administrador de la casa" de Dios en este mundo.

El concepto bíblico de mayordomía, iniciado con Adán y Eva y desarrollado en forma más completa en el NT, es que Dios es el dueño y proveedor de todo lo que poseemos. Dado que todas las cosas le pertenecen, corresponde que todo se utilice para Sus propósitos y Su gloria. Él le dio a la humanidad la responsabilidad colectiva de tener dominio de la tierra, cuidarla y administrarla para Su gloria. En el aspecto individual, el creyente debe buscar el conocimiento y la voluntad de Dios para cada decisión sobre recursos financieros, bienes raíces, otros artículos de valor, tiempo, influencia u oportunidad. Dios no sólo espera que le devolvamos en forma de diezmos y ofrendas una porción de lo que nos da. Él además espera que usemos todo lo que tenemos de manera que le agrade y lo honre. Espera que nosotros, independientemente de nuestra vocación, ejerzamos cada día de nuestra vida una mayordomía responsable y en Su nombre. Un día vendrá Su reino. Mientras tanto, debemos vivir como si ya hubiera venido. Ver *Diezmo*.

Don H. Stewart y Charles W. Draper

MAZZAROT Término correspondiente a una palabra hebrea que se traduce "constelaciones" en Job 38:32. Podría ser el nombre propio de una constelación en particular, un término colectivo que hace referencia a los doce signos del zodíaco, o una expresión general que significa constelación o estrellas (comp. 2 Rey. 23:5).

MEBUNAI Nombre de persona que significa "edificio de Jah". Uno de los 30 guerreros notables de David (2 Sam. 23:27). Es posible que el nombre sea resultado de un error de copista en la primera y la tercera letra del nombre hebreo Sibecai que reemplaza a Mebunai en las listas paralelas (1 Crón. 11:29; 27:11).

MECONA Nombre de persona que significa "parado". Ciudad de la región sur de Judá ubicada entre Siclag y En-rimón (Neh. 11:28). El lugar quizá corresponda a Madmana o Macbena (1 Crón. 2:49).

MEDAD Nombre de persona que significa "amado". Israelita laico que profetizó en el campamento en el desierto (Núm. 11:26,27). Ver *Eldad*.

MEDÁN Nombre de persona que significa "juicio". Tercer hijo de Abraham y Cetura (Gén. 25:2; 1 Crón. 1:32), y antepasado de una tribu árabe poco conocida. Quizá sea equivalente a Badán, un pueblo conquistado por Tiglat-pileser III de Asiria (732 a.C.). Otros sostienen que es error de copista en el término Media.

M

MEDEBA Nombre geográfico que significa "agua de tranquilidad". Ciudad de Transjordania situada sobre la carretera principal que corre en dirección norte-sur (la carretera del rey), ubicada aprox. 40 km (25 millas) al sur de Amán. La importancia estratégica del lugar se observa en las referencias frecuentes a los diversos poderes bajo los cuales se encontró. El rey Sehón de los amorreos tomó Medeba de manos de Moab sólo para traspasarle el dominio de la región a Israel (Núm. 21:24,26,30). Medeba estaba incluida en el territorio asignado a la tribu de Rubén (Jos. 13:9,16). Según la Piedra Moabita, el rey Omri de Israel (885–874 a.C.) recapturó Medeba. El rey Mesa de Moab recuperó la ciudad durante el reinado del hijo de Omri. Una alianza entre Israel, Judá y Edom recuperó la ciudad pero los israelitas se retiraron inmediatamente (2 Rey. 3:25,27). Jeroboam II se volvió a asegurar del control de la ciudad de Israel (2 Rey. 14:25). Isaías 15:2 refleja el regreso de la ciudad al dominio moabita. Su ubicación corresponde a la actual ciudad de Madeba.

MEDIALUNA FÉRTIL Arco de tierra aluvial con forma de media luna en el Cercano Oriente que se extiende desde la punta del Golfo Pérsico hasta el extremo sudeste del Mar Mediterráneo. El término fue acuñado por James Henry Breasted en 1916 y no aparece en la Biblia.

En la antigüedad, las condiciones en la Medialuna Fértil eran favorables para el desarrollo de la vida, y el surgimiento de la civilización se produjo a lo largo de los valles de sus ríos. Esta franja de tierra entre el desierto y las montañas era adecuada para agricultura y pastoreo, y en cierto modo estaba geográficamente aislada por todos lados. El noreste está delimitado por los Montes Zagros, el norte por las cadenas de Tauros y Amanus. Al oeste se encuentra el Mar Mediterráneo, y el límite sur cóncavo está determinado por el vasto Desierto Siro-arábigo.

Egipto estaba separado de Palestina por el Sinaí, por lo tanto, no forma parte de la Medialuna Fértil. Sin embargo, el Río Nilo proveyó una situación ideal para el surgimiento de una temprana civilización paralela a la de Mesopotamia. Ver *Mesopotamia; Palestina.*

Daniel C. Browning (h)

MEDIA TRIBU Se usa para designar a parte de la tribu de Manasés que recibió territorio a ambos lados del Río Jordán. Por lo general alude a la porción de Manasés que habitaba al este del Jordán juntamente con Rubén y Gad (Núm. 32:33; Deut. 3:13; Jos. 1:12; 4:12; 22:1). A los que vivían al oeste del Jordán a veces se los denominaba "los otros hijos de Manasés" (Jos. 17:2) o "la otra mitad" (22:7). Ver *Tribus de Israel.*

MEDIA, MEDOS Región al sur y sudoeste del Mar Caspio y los Montes Zagros habitada por los medos, pueblo ario del norte y oeste de este mar. Se encuentra al norte de Elam y al oeste de Asiria. La capital tradicional de la región era Ecbatana.

Antes del 1500 a.C., la zona formaba parte del reino de Mitanni. Los elamitas posteriormente controlaron la región y sus habitantes que eran nómadas. El pueblo conocido como medos fue introduciéndose en la zona durante un período prolongado que se extendió entre el 1400 y el 1000 a.C.

El asirio Salmanasar III se refirió a los medos por primera vez en la historia aprox. en el 850 a.C. Conformaban un grupo de tribus nómadas más que un estado o reino. Los asirios los controlaron o procuraron hacerlo durante más de 200 años, si bien los medos disfrutaron de algunos períodos de libertad antes de que los escitas los conquistaran en el 653 a.C. Poco tiempo antes, Deioces había unido y organizado a los medos. A pesar de la invasión escita, los medos continuaron desarrollándose hasta constituir un reino.

El rey medo más grandioso fue Ciaxares (625–585 a.C.). Fue el tercer gobernante de los medos unificados y pudo derrotar a los escitas. Posteriormente, Ciaxares dirigió su atención hacia los asirios y atacó Nínive, la capital del imperio. Antes de que Nínive cayera en el 612 a.C., Ciaxares conquistó Asur, el antiguo centro del Imperio Asirio. Luego capturó Nínive con la ayuda de los escitas, los babilonios y otros pueblos. El final del Imperio Asirio era inminente.

Babilonia y Media se dividieron el Imperio Asirio; Media tomó las tierras al oriente y norte del Río Tigris. Nabucodonosor II y la nieta de Ciaxares se casaron para sellar el pacto. Los medos dirigieron su atención hacia el norte y Asia Menor. Después de luchar cinco años contra Lidia, Ciaxares hizo la paz en el 585 a.C., acuerdo que volvió a sellar mediante un matrimonio. Su hijo Astiages se casó con la hija del rey lidio y se convirtió en rey de los medos cuando murió Ciaxares.

El final del reino medo se produjo con el surgimiento de Ciro II, fundador del Imperio Persa. Ciro era rey de Ansán y vasallo de Astiages. En

realidad, la madre de Ciro era hija de Astiages. Aproximadamente en el 550 a.C., alentado por Babilonia, Ciro se rebeló contra los medos. Su rebelión condujo a la derrota de Astiages. El reino de los medos fue entonces reemplazado por el de los persas.

Si bien aquellos habían sido conquistados por estos, continuaron manteniendo un lugar de honor dentro del nuevo imperio. Media ocupaba el segundo lugar en importancia dentro del Imperio Persa. Las referencias bíblicas suelen combinar "a los medos y a los persas" (Dan. 5:28; comp. Est. 1:19; 10:2). Los reyes del Imperio Persa son llamados "los reyes de Media y de Persia" (Dan. 8:20). El rey medo más famoso de las Escrituras es Darío (Dan. 5:31; 9:1). A veces se alude a Media como instrumento de Dios, en especial contra Babilonia (Isa. 13:17; 21:2; Jer. 51:11,28), pero los medos también tendrían que beber la copa del juicio divino (Jer. 25:25). La última vez que aparecen en las Escrituras es en Pentecostés, donde se hallaban presentes algunos judíos o convertidos al judaísmo pertenecientes a ese pueblo (Hech. 2:9). Ver *Asiria; Babilonia; Ciro; Darío; Elam; Persia.*

Albert F. Bean

MEDIADOR El término "mediador" aparece muchas veces en la Biblia, si bien en el NT se observa con más frecuencia que en el AT. No obstante, la idea de mediación se extiende a lo largo de la Escritura; la mediación humana es común en el AT, en tanto que la mediación de Cristo constituye uno de los temas clave del nuevo pacto.

Antiguo Testamento En las Escrituras hebreas, los sacerdotes y los profetas eran mediadores, y en menor medida sucedía lo mismo con los reyes. En textos más antiguos, previos a la iniciación del sistema de sacrificios, los padres desempeñaban el papel de mediador de la familia (Gén. 8:20; 12:7,8; 15:9-11). El profeta se ubica entre el hombre y Dios para comunicar la voluntad y la palabra divina. Moisés fue la persona mediante la cual Dios reveló Su plan para la nación del pacto (Deut. 18:18-22). Dios levantó al profeta Samuel, a quien le habló en forma directa (1 Sam. 3:1-21). Los profetas de épocas posteriores por lo general actuaban como instrumentos para revelar la obra redentora y correctiva de Dios (Isa. 1:2-20; Amós 1–2), y se los consideraba "atalayas" de la destrucción inminente que intercedían a favor de Israel (Ezeq. 33:1-9; comp. Núm. 24:11-19).

Los sacerdotes también eran mediadores de la Palabra de Dios e interpretaban Su voluntad; por lo tanto, enseñaban las Escrituras (Neh. 8:1-8) y recurrían al Urim y Tumim (Ex. 28:30; Lev. 8:8). Pero más aún, estaban ubicados entre Dios y la pecaminosidad de Israel. Los levitas eran santificados para realizar las tareas de servicio en el tabernáculo/templo y tenían acceso directo a Dios en las actividades del santuario. Entre Dios y Su pueblo había un precipicio manchado por el pecado, y sólo se podía atravesar mediante el sacrificio de un miembro sin mancha del rebaño. Estos sacrificios los podía ofrecer únicamente una persona autorizada, un sacerdote ordenado por derecho de nacimiento y ungido para la tarea (Ex. 28–29). El sacerdote obtenía su autoridad en base al régimen que Moisés había instituido por mandato divino; la autoridad del régimen no derivaba del sacerdote. Este diariamente llevaba a cabo los diversos sacrificios (Lev. 1–7), aunque existían casos especiales en determinadas ocasiones, particularmente el sacrificio del Día de la Expiación que sólo lo realizaba el sumo sacerdote una vez al año (Lev. 16).

En menor grado, el rey oficiaba como mediador dado que era "el ungido de Jehová" (comp. 1 Sam. 16:6). En este aspecto, era una forma de anticipo del verdadero Mesías, mediador perteneciente al linaje de David que sería profeta, sacerdote y rey (Isa. 61:1-3).

Nuevo Testamento Dios el Hijo tomó forma humana y cumplió (y continúa cumpliendo) la función de mediador perfecto entre Dios y el hombre. Pablo declaró que el hombre es incapaz de tener comunión con Dios a menos que se acerque a Él por medio de Jesús, porque hay un solo mediador "entre Dios y los hombres, Jesucristo hombre" (1 Tim. 2:5). Cristo, que es superior a Moisés (Heb. 3:1-6), obra como mediador de un nuevo pacto (8:6; 9:15; 12:24) basado en Su muerte sustitutoria en la cruz realizada "una vez para siempre" (7:27) y que garantiza que ese pacto es mejor (7:22). Jesús asume el triple oficio como profeta, sacerdote y rey a fin de actuar como mediador de Su pueblo. Como Sumo sacerdote del pueblo de Dios, Jesús se ofreció a sí mismo como propiciación por nuestros pecados, lo que dio como resultado que la ira de Dios se apartara de nosotros (Rom. 3:25; 1 Jn. 2:2) y gozáramos de paz al reconciliarnos con Él (Ef. 2:12-17; Rom. 5:1). El ministerio de Cristo como mediador continúa mientras está sentado en el trono

M

celestial. Dado que Jesús resucitó y vive para siempre, Su sacerdocio continúa, y esto les asegura a los creyentes que los salvará e intercederá por ellos siempre (Heb. 7:24,25; Rom. 8:34). Por la obra mediadora de la cruz, los creyentes pueden entrar con confianza al santuario (lugar santísimo) y acercarse al trono de la gracia para obtener ayuda (Heb. 4:14; 9:12; 10:19-23). Cristo, al ser plenamente Dios y plenamente hombre, es un mediador y un sumo sacerdote que se puede compadecer de nuestras debilidades y, por esa razón, asegurarnos que recibiremos gracia y misericordia (Heb. 4:15,16). *Chad Brand*

MEDICINA Ver *Enfermedades.*

MÉDICO Ver *Enfermedades.*

MEDIO AMBIENTE, PROTECCIÓN DEL La tierra y sus recursos le pertenecen a Dios (Lev. 25:23; Job 41:11; Sal. 24:1; 89:11) pero han sido encomendados a los seres humanos (Gén. 1:28-30;2:15; 9:1-4; comp. Deut. 8:7-10). Por esa razón, tenemos la responsabilidad sagrada de cuidar la tierra (comp. Luc. 12:41-48) con la misma diligencia que lo hace Dios (Deut. 11:12; Sal. 65:5-13; 104:10-22). La actividad inicial de Adán en el huerto del Edén consistió en labrar la tierra (Gén. 2:15) y ponerles nombre a los animales (Gén. 2:19-20), una señal de su mayordomía activa en la creación.

La ley de Moisés incluía estatutos que parecen haber tenido el objetivo específico de proteger el ambiente. Entre estos estatutos estaban los mandatos referentes a que la tierra descansara cada siete años (Ex. 23:10-11; Lev. 25:3-7) y que no se recogiera fruto de los árboles que tuvieran menos de cuatro años de vida (Lev. 19:23-25).

Sin embargo, la conexión entre el pacto divino y la tierra iba mucho más allá de los estatutos individuales. Los israelitas entendieron que su obediencia a las estipulaciones del pacto divino en su totalidad tenía consecuencias directas sobre la tierra. La obediencia a los mandamientos de Dios daba como resultado una tierra bendecida; es decir, productiva y fértil (Deut. 28:1-6); mientras que la desobediencia afectaba de manera adversa la fertilidad del suelo (Gén. 3:17-19; Deut. 11:13-17; 28:1-4, 15-18), lo que creaba un desequilibrio ecológico (Deut. 29:22-28; Jer. 4:23-28; Os. 4:2-3). *Paul H. Wright*

MEDIO SICLO DE IMPUESTO Tributo para el templo que se exigía anualmente a todos los israelitas de 20 años de edad o mayores (Ex. 30:13,15; 38:26). Dicho pago hacía expiación, pero el precio de esta era igual para todos (30.15). En Mat. 17:24, a este impuesto se lo llamaba *didrachma* ("las dos dracmas"). La moneda en la boca del pez era un estatero, y equivalía a cuatro dracmas, o bien, el impuesto del templo para dos personas (17:27). Ver *Expiación.*

MEDIODÍA Mitad del día, específicamente la hora 12. El mediodía se suele asociar con muerte y destrucción (1 Rey. 20:16; 2 Rey. 4:20; Sal. 91:6; Jer. 6:4; 15:8; 20:16; Sof. 2:4). También se lo vincula con bendiciones y vindicación (Job 11:17; Sal. 37:6; Isa. 58:10).

MEDITACIÓN Acción de traer a la mente suposiciones y reflexiones a fin de relacionarlas con la vida personal. La persona impía medita en la violencia (Prov. 24:2). La meditación del justo contempla a Dios y Sus grandes verdades espirituales (Sal. 63:6; 77:12; 119:15,23,27,48,78, 79,97,148; 143:5), y anhela agradar a Dios con la meditación (Sal. 19:14). Por lo tanto, la meditación del pueblo de Dios es un acto de adoración reverente. Por ese medio, los creyentes tienen comunión con Dios y, en consecuencia, son renovados espiritualmente.

La mayoría de las referencias a la meditación aparecen en el AT, especialmente en los Salmos. Las palabras hebreas correspondientes a meditación derivaban principalmente de dos raíces. La primera (*hagah*) significa literalmente "expresar con sonido suave". La palabra se emplea para referirse al gruñido de un león (Isa. 31:4) o el arrullo de una paloma (Isa. 38:14). Por lo tanto, se ha sugerido que como parte de la meditación hebrea antigua, las Escrituras se solían recitar con un suave murmullo. El segundo término básico (*siach*) posee el significado esencial de "estar ocupado en" o "interesado en". En consecuencia, la meditación es la recurrencia de un tema en la mente de una persona debido a que constituye el principal interés de su vida. El recuerdo constante de las obras de Dios en el pasado que se produce al escuchar las Escrituras y su repetición en la mente generan confianza en Dios (Sal. 63:6-8; 104:34; 119:15,23,48,78,97,99,148; 143:5).

La meditación se menciona sólo dos veces en el NT. Jesús instruyó a los creyentes a meditar de antemano en la actitud que tendrían frente a la persecución (Luc. 21:14). Pablo le aconsejó a Timoteo que meditara en las cosas que le había escrito (1 Tim. 4:15). La meditación constituye una parte importante de la relación del creyente con Cristo. Ver *Oración.* *LeBron Matthews*

MÉDIUM Persona que consulta o está poseída (Lev. 20:6) por un fantasma o por el espíritu de un muerto (Deut. 18:11), en especial para obtener información sobre el futuro. El castigo para quien actuara como médium era la lapidación (Lev. 20:27); quien consultaba a un médium era excomulgado de la congregación de Israel (Lev. 20:6). El cambio que se produjo en Saúl desde el momento en que excomulgó a los médium (1 Sam. 28:3) hasta que consultó a uno de ellos en Endor (28:8-19) ilustra gráficamente su caída.

La palabra hebrea que se traduce médium (*'ov*) puede aludir al espíritu de una persona muerta, a la persona que está poseída por el espíritu o a las imágenes empleadas para invocarlos. Manasés hizo imágenes de este tipo (2 Rey. 21:6; 2 Crón. 33:6). Josías las destruyó como parte de las reformas que implementó (2 Rey. 23:24). El éxito de Saúl para ubicar inmediatamente a un médium (1 Sam. 28:8) no sólo señala la popularidad de la práctica de consultar a los muertos sino también la dificultad para erradicarla.

Isaías 8:19 sugiere una posible relación entre la consulta a los médium y el culto a los antepasados. Las personas a quienes se consultaba se denominaban "padres" o "dioses" (comp. 1 Sam. 28:13 donde se describe a Samuel como Elohim o "dios"). El chirrido y el hablar por lo bajo de los espíritus quizá aludan a los sonidos inarticulados que deben interpretar los médium. La actividad de los médium profanaba la tierra y se describía como prostitución. El pueblo de Dios tenía que confiar en Él en tiempos de angustia y no recurrir a otros "dioses" para tratar de conocer el futuro.

MEFAAT Nombre geográfico que significa "altura". Ciudad incluida en el territorio de la tribu de Rubén (Jos. 13:18) y asignada a los levitas (Jos. 21:37; 1 Crón. 6:79). La ciudad estuvo bajo dominio moabita durante la época de Jeremías (Jer. 48:21). El sitio tal vez corresponda a la actual Jawah situada aprox. 10 km (6 millas) al sur de Amán.

MEFI-BOSET Nombre de persona que significa "destructor de la vergüenza" o "destructor de la imagen". **1.** Hijo de Jonatán al que se le otorgó posición y privilegio especiales en la corte de David (2 Sam. 9). Jonatán fue asesinado en una batalla cuando Mefi-boset tenía cinco años de edad. La nodriza que lo cuidaba tuvo temor de que los filisteos procuraran matar al niño y huyó, pero en el apuro se le cayó el muchachito y este quedó lisiado (2 Sam. 4:4). Es probable que Mefi-boset haya sido una modificación intencional realizada por los copistas para evitar escribir el nombre del dios pagano "baal". El nombre original sería Merib-baal (1 Crón. 8:34). Cuando David invitó a Mefi-boset a formar parte de la corte real, le entregó la propiedad de la familia a un mayordomo llamado Siba. Durante la rebelión de Absalón, infructuosamente Siba intentó poner a David en contra de Mefi-boset. Cuando el rey regresó a Jerusalén, Mefi-boset fue reivindicado y se le permitió permanecer en el palacio (2 Sam. 16; 19). Ver *Merib-baal.* **2.** Hijo de Saúl que, junto con otros seis miembros de su familia, David le entregó a los gabaonitas para que lo ahorcaran. Esta fue la venganza por la matanza que Saúl había hecho anteriormente de una banda de gabaonitas (2 Sam. 21:1-9). La madre de Mefi-boset protegió los cuerpos hasta que fueron sepultados.

MEGUIDO Nombre geográfico que tal vez signifique "sitio de las tropas". Una de las ciudades más estratégicas de Canaán dado que vigilaba el paso principal que atraviesa la cadena montañosa del Carmelo. Esta cadena constituía un obstáculo para

Piedras de un pesebre y zona de almacenaje que probablemente datan del siglo IX a.C., en Meguido.

Maqueta de la antigua Meguido.

la carretera costera internacional que unía Egipto con la Mesopotamia e incluso otros destinos. Identificada con la actual Tell el-Mutesellim, Meguido estuvo ocupada aprox. en 25 períodos diferentes entre el cuarto milenio y la época del Imperio Persa. La ciudad disfrutó de mucha actividad mientras se halló bajo dominio egipcio, desde la época de los patriarcas hasta los jueces (2000–1100 a.C.), pero esta edad de oro llegó a su fin alrededor del 1125 a.C. cuando fue destruida.

La ciudad se le asignó a Manasés (Jos. 17:11; 1 Crón. 7:29) después de la conquista parcial de la tierra encabezada por Josué (Jos. 12:21), pero ni esta ciudad ni las aldeas circundantes llegaron a pertenecerle a la tribu. Debido a su evidente fortaleza, fue una de las ciudades cuya posesión se llevó a cabo en épocas posteriores (Jue. 1:27). Débora y Barac lucharon contra los cananeos y sus líderes, el rey Jabín y Sísara, cerca de "las aguas de Meguido", posiblemente equivalente al vado de Qina que corre a lo largo de las colinas circundantes (Jue. 5:19).

No se sabe con exactitud cuándo Meguido pasó finalmente a formar parte de la nación de Israel. Es probable que para la época de David la ciudad ya haya estado cumpliendo funciones defensivas y protectoras para los israelitas. No hay dudas de que la ciudad pertenecía plenamente a Israel en la época de Salomón, dado que este la fortificó (1 Rey. 9:15) y le colocó poderosas puertas de acceso con seis cámaras que seguían el modelo de las otras dos ciudades fortalezas principales que poseía el rey: Hazor y Gezer.

Meguido se hallaba en la jurisdicción de Baana, uno de los jefes asignados por Salomón (1 Rey. 4:12). Se han excavado edificios que actualmente generan controversia dado que algunos consideran que eran establos de Salomón y otros de Acab, o que constituían cobertizos donde las cargas se colocaban o se quitaban de los animales.

Durante la época de la división de la monarquía, Meguido pasó de manos de Egipto a Israel y

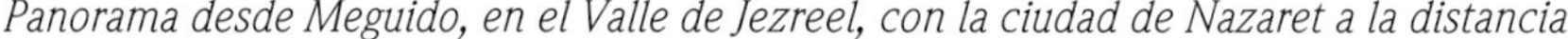

Panorama desde Meguido, en el Valle de Jezreel, con la ciudad de Nazaret a la distancia.

luego a Asiria. Cuando ya habían transcurrido cinco años del reinado de Jeroboam I (aprox. 920 a.C.), el faraón Sisac irrumpió en Israel y Judá y se apoderó de la carretera costera que incluía Meguido. No obstante, el dominio egipcio no duró mucho tiempo. Más tarde, la ciudad fue escenario de la muerte del rey Ocozías de Judá, quien murió por mandato de Jehú mientras huía del sitio donde Joram había sido asesinado (843 a.C., 2 Rey. 9:27). Poco más de un siglo después, el conquistador Tiglat-pileser III escogió Meguido como asiento del distrito administrativo de Magidu durante el Imperio Asirio (733 a.C.).

Después de aprox. el 650 a.C., la ciudad ya no estuvo fuertemente fortificada; no obstante, continuaba siendo estratégicamente importante. Josías intentó desviar al faraón Necao II mientras avanzaba por la llanura costera camino a Carquemis (609 a.C.), pero su ataque acabó cuando los arqueros del monarca egipcio lo hirieron de muerte (2 Rey. 23:29,30; 2 Crón. 35:22-24).

Después de regresar del exilio, Zacarías profetizó que el lamento de los dioses falsos Hadad-rimón en el Valle de Meguido se compararía con el gemir de Israel por su Señor traspasado (Zac. 12:11).

Finalmente, en el NT, el Monte Meguido (har-Megiddon, de aquí "Armagedón") será el sitio donde se reunirán los reyes de las naciones para esa última batalla en el día postrero de Yahvéh. Allí donde Israel inicialmente se frustró durante la conquista de Canaán es exactamente el lugar donde con Cristo obtendrá finalmente la victoria (Apoc. 16:16). *Daniel C. Fredericks*

La zona de una entrada salomónica en la antigua Meguido.

MEGUIDO, VALLE DE Esta expresión alude a la extensa porción del Valle de Jezreel en las inmediaciones de Meguido (Zac. 12:11). Quizá el pasaje sea una alusión a la muerte de Josías en este valle (2 Crón. 35:22). Ver *Meguido.*

MEHARA Nombre geográfico que significa "cueva". Parte del territorio que quedó sin tomar después de la conquista encabezada por Josué. El sitio tal vez corresponda a las cuevas denominadas Mughar Jezzin ubicadas al este de Sidón (Jos. 13:4).

MEHETABEL Nombre de persona que significa "Dios hace bien". **1.** Esposa del rey Hadar de Edom (Gén. 36:39; 1 Crón. 1:50). **2.** Antepasado de Semaías, contemporáneo de Nehemías (Neh. 6:10).

MEHÍDA Nombre de persona que significa "comprado". Familia de sirvientes del templo (Esd. 2:52; Neh. 7:54).

MEHIR Nombre de persona que significa "adquirido". Descendiente de Judá (1 Crón. 4:11).

MEHOLATITA Título que significa habitante de Abel-mehola y se le atribuyó a Adriel, el yerno de Saúl (1 Sam. 18:19; 2 Sam. 21:8). Abel-mehola está ubicada en Galaad, aprox. 22 km (14 millas) al sudeste de Bet-seán.

MEHUJAEL Nombre de persona que significa "herido por Dios" o "sacerdote de Dios". Hijo de Irad (Gén. 4:18). Algunos intérpretes consideran que el nombre es una variante de Mahalaleel (Gén. 5:12-17).

MEHUMÁN Nombre de persona que significa "confiable". Eunuco que servía en la corte del rey persa Asuero (Est. 1:10).

MEHUNIM Nombre de una tribu árabe, también llamada meunitas, que probablemente derive de la ciudad de Ma'an ubicada aprox. 19 km (12 millas) al sudeste de Petra. Según 2 Crón. 20:1 (NVI y LBLA siguen la traducción griega; el texto hebreo dice "amonitas"), los meunitas atacaron Judá durante el reinado de Josafat (873–849 a.C.). Uzías los subyugó (2 Crón. 26:7). Durante el reinado de Ezequías (727–698 a.C.), los israelitas los desplazaron de los alrededores de Gedor al este del Jordán, unos 29 km (18 millas) al nor-noroeste de Hesbón. Los meunitas se mencionan entre los sirvientes del templo durante el período postexílico (Esd. 2:50; Neh. 7:52). Quizá hayan sido descendientes de prisioneros de guerra.

M

MEJARCÓN Nombre que significa "aguas de Jarcón" o "aguas verde pálido". Corriente de agua en el territorio de Dan (Jos. 19:46), probablemente el Nahr el-'Auja ("río sinuoso") que, alimentado por manantiales en Ras el-'Ain aprox. a 16 km (10 millas) de la costa, fluye durante todo el año hacia el Mediterráneo, donde desemboca a unos 6 km (4 millas) al norte de Jope.

MELATÍAS Nombre de persona que significa "Jah ha liberado". Hombre que colaboró con Nehemías en la edificación del muro (Neh. 3:7).

MELEA Antepasado de Jesús (Luc. 3:31).

MELEC Nombre de persona que significa "rey". Descendiente del rey Saúl (1 Crón. 8:35; 9:41).

MELICÚ Familia de sacerdotes de la época de Joiacim (Neh. 12:14). Algunos sugieren que Melicú es un error de copista a partir de Maluc (comp. 12:2).

MELITA Ver *Isla, costa.*

MELONES Ver *Plantas.*

MELQUI Nombre de persona que significa "mi rey". Dos antepasados de Cristo (Luc. 3:24,28).

MELQUISEDEC Nombre de persona que significa "Sedec es mi rey" o "mi rey es justicia". Sacerdote y rey de Salem, una ciudad identificada con Jerusalén.

Antiguo Testamento Cuando Abraham regresó del Valle de Sidim donde había derrotado al rey elamita Quedorlaomer y a los reyes que se aliaron a este último, Melquisedec recibió al patriarca con pan y vino y lo bendijo en nombre del "Dios Altísimo". Para retribuirlo, Abraham le dio el diezmo de todo (Gén. 14:20).

Tanto Melquisedec como Abraham adoraban al único Dios verdadero. Da la impresión de que Abraham también reconoció la función de Melquisedec como sacerdote. Salmo 110:4 se refiere a alguien que sería sacerdote para siempre según el "orden de Melquisedec". Este salmo mesiánico enseña que el líder o gobernante de la nación hebrea sería capaz de reflejar en su persona el papel de sacerdote como así también el de rey.

Nuevo Testamento El escritor de Hebreos, en los caps. 5–7 se refirió varias veces a que el sacerdocio de Jesús era según el "orden de Melquisedec", característica que lo diferenciaba del sacerdocio levítico. El autor de Hebreos citó el Sal. 110:4. Para él, Jesús es el único cuya vida no se puede destruir con la muerte, lo que se adecua a la descripción del salmista en cuanto a un sacerdote según "el orden de Melquisedec". *Judith Wooldridge*

MELSAR Transliteración de lo que probablemente sea un término asirio que significa "guardia" (NVI) o "mayordomo" (LBLA) en Dan. 1:11, 16. La RVR1960 sigue algunas versiones primitivas (Teodocio, Luciano, Siríaca, Vulgata) y da por sentado que Melsar es un nombre propio. Las traducciones modernas destacan el uso del artículo para demostrar que es un título.

MEM Decimotercera letra del alfabeto hebreo que se emplea como título del Sal. 119:97-104. Cada uno de los versículos comienza con esta letra.

MEMUCÁN Uno de los siete príncipes que oficiaban de consejeros del rey persa Asuero (Est. 1:14,16,21). Ver *Marsena.*

MENE, MENE, TEKEL UPARSÍN Inscripción que vio el rey babilónico Belsasar cuando los dedos de una mano escribían en la pared de su palacio mientras él y sus invitados bebían de los vasos oro que se habían tomado del templo de Jerusalén (Dan. 5:1-29). Después que los sabios del reino no fueron capaces de descifrar la escritura, Daniel fue llevado para interpretarla.

Los eruditos han propuesto varias traducciones; es probable que la mejor sea "mina, siclos y mitades". Daniel interpretó la inscripción haciendo un juego de palabras basado en términos hebreos de sonido similar a los de la inscripción. Su significado era "numerado, pesado y dividido".

La interpretación de Daniel fue que Nabucodonosor y su reino habían sido pesados en una balanza y que eran insuficientes. El reino sería dividido y entregado a sus enemigos, los medos y los persas. Daniel 5:30 registra que la derrota se produjo esa misma noche. Por lo tanto, Dios obró a través de Daniel para demostrar que Su sabiduría era mayor que la de todos los consejeros y magos persas, y que sólo el Dios de Israel controlaba la historia y el destino de los hombres.

Una de varias pequeñas esfinges en Menfis, sobre el Río Nilo en Egipto.

MENFIS Nombre geográfico que significa "la morada del bueno". Antigua capital de Egipto situada justo al sur de la actual El Cairo sobre la ribera occidental del Río Nilo. Fue fundada por Menes, un faraón de la Dinastía I (aprox. 2800 a.C.), y se convirtió en capital egipcia cuando asumió el poder la Dinastía III (aprox. 2686 a.C.). Menfis fue la principal ciudad de Egipto durante más de 300 años. Otras ciudades fueron creciendo en importancia hasta que Menfis dejó de ser el asiento del poder. Tebas y Avaris-tanis fueron las capitales durante las dinastías subsiguientes. Menfis recuperó su condición de capital durante el reinado de los hicsos (1750–1570), pero fue reemplazada cuando terminó la ocupación extranjera.

Quedan allí pocos restos arquitectónicos que atestigüen de la gloria y grandeza que disfrutó la ciudad en alguna época. Cuando los musulmanes comenzaron a construir El Cairo, asaltaron los edificios de Menfis para conseguir materiales e incluso desmantelaron el templo de Ptah, que tal vez constituía la estructura más grande y lujosa de la ciudad.

MENORA Candelabro empleado en la adoración judía; se refiere específicamente al del tabernáculo (Ex. 25:31-35; 37:17-20; comp. Zac. 4:2, 11). Ver *Lámparas, candelero.*

MENSAJERO Persona enviada para entregar un mensaje. El término se suele emplear en sentido literal (Gén. 32:3,6; Núm. 20:14; 24:12; Deut. 2:26). Dentro de un concepto más amplio, los profetas (2 Crón. 36:15,16; Isa. 44:26; Hag. 1:13) y los sacerdotes (Mal. 2:7) se consideran mensajeros dado que desempeñan la función de transmisores del mensaje de Dios para la humanidad. Los términos hebreo y griego correspondientes a "mensajero" a menudo se traducen "ángel", mensajero celestial de Dios. En ocasiones, los mensajeros realizaban viajes anticipados para preparar la llegada de su maestro (Luc. 9:52). En este sentido, el mensajero profético de Mal. 3:1 prepara la venida del Señor. Los escritores de los Evangelios le atribuyen esta función preparatoria a Juan el Bautista (Mat. 11:10; Mar. 1:2; Luc. 7:27). Ver *Ángeles; Pregonero.*

MENTA, ENELDO Y COMINO La menta es una hierba de aroma dulce empleada para sazonar alimentos. El comino es semejante a la alcaravea que los judíos también utilizaban como condimento y medicina. Jesús mencionó la menta, el eneldo y el comino cuando criticó a los fariseos por requerir el diezmo de estas hierbas en tanto que ignoraban los temas más importantes de la ley (Mat. 23:23). Ver *Comino; Plantas.*

MENTE Centro de la actividad intelectual. El término español traduce varias palabras hebreas y griegas diferentes. Los idiomas bíblicos no poseen ninguna palabra equivalente al término español "mente". Existen por lo menos seis palabras hebreas relacionadas con la mente y se traducen de diversas maneras. La palabra principal es *leb*, que significa "corazón". Por ejemplo, "dijo Moisés: En esto conoceréis que Jehová me ha enviado para que hiciese todas estas cosas, y que no las hice de mi propia voluntad (mente)" (Núm. 16:28; comp. 1 Sam. 9:20; Neh. 4:6). Además, la palabra *nephesh* (alma) aparece en Deut. 18:6 haciendo referencia al deseo de la mente de un hombre, y en Gén. 23:8 (voluntad) donde alude a una decisión o determinación. La palabra *ruach* (espíritu) que aparece en Gén. 26:35 también se refiere a la mente. El texto habla sobre la "amargura de espíritu" (mente) que experimentaron Isaac y Rebeca porque su hijo se casó con mujeres paganas. También se emplean las palabras *lebbab* (corazón) en Ezeq. 38:10; *yetser* (pensamiento) en Isa. 26:3, y *peh* (palabra) en Lev. 24:12.

El NT presenta una situación similar debido a la gran cantidad de términos que se usan para describir la facultad cognitiva de la humanidad. Tal como sucede en el AT, "corazón" (*kardia*) a veces se utiliza para representar el concepto de "mente". Mateo 13:15 habla de entender con el "corazón". Otra palabra es *ennoia*, que significa "mente" en el sentido de "intención"; "armaos del mismo pensamiento" (1 Ped. 4:1). *Gnome* se refiere a la mente en cuanto a "propósito" (Apoc. 17:13) u "opinión" (Filem. 14). *Noema* también

M

se emplea para indicar la mente, en especial el "proceso del pensamiento". Pablo dijo que Israel tenía cegado el entendimiento para que no pudiera entender el AT (2 Cor. 3:14; 4:4; 11:3). La palabra *phronema* se refiere a lo que uno tiene en la mente, el "pensamiento": "La mente puesta en la carne es muerte" (Rom. 8:6 LBLA).

No obstante, los términos más comunes relativos a la mente son *nous* y *dianoia*. *Dianoia* aparece doce veces en el NT. Se refiere a "meditar" o "recapacitar" sobre algo o a la "comprensión" o "sentimiento" que surge como resultado de ese proceso de reflexión. Pablo dijo que en otro tiempo todos vivimos según la carne, "haciendo la voluntad de la carne y de los pensamientos" (aquellas cosas que ya habíamos considerado, Ef. 2:3). *Nous* es el término más destacado que para aludir a la mente; aparece 24 veces. *Nous* representa el "asiento del entendimiento", el sitio del "conocimiento y razonamiento". También abarca los sentimientos y la voluntad. Por lo tanto, a veces incluye los consejos o los propósitos de la mente. Un ejemplo se observa en la declaración de Pablo: "Cada uno esté plenamente convencido en su propia mente" (Rom. 14:5). El significado de propósito se halla en Rom. 11:34 que dice: "Porque ¿quién entendió la mente del Señor? ¿O quién fue su consejero?"

A veces la mente se vincula con el alma humana. La palabra *psuche* (alma, vida) se traduce con términos relacionados a la mente. Filipenses 1:27 dice que los creyentes deben estar firmes en un mismo espíritu (mente o alma). Hebreos 12:3 insta a los creyentes para que su ánimo (mente o alma) no se canse (Hech. 14:2 hace lo mismo). Estos pasajes ilustran que la mente se considera la esencia de la persona. No obstante, las Escrituras suelen declarar que el centro de la personalidad humana es el corazón. Esto es especialmente cierto en el AT ya que no existe un equivalente exacto para la palabra mente. El vocablo "corazón" llena este vacío, y el NT sigue muy de cerca la metodología del AT. Tanto la mente como el corazón se pueden considerar el centro de la persona porque, en el pensamiento hebreo, el ser humano es considerado una entidad única que no se procura dividir en partes que actúen en forma independiente unas de otras. Por lo tanto, el corazón, la mente y el alma, si bien son diferentes, se consideran una sola cosa.

En especial en el NT, la mente se describe muchas veces como centro de la naturaleza ética de la persona. La mente puede ser mala. Se la describe como reprobada (Rom. 1:28), carnal (Col. 2:18), vana (Ef. 4:17), corrupta (1 Tim. 6:5; 2 Tim. 3:8) y corrompida (Tito 1:15). Por otra parte, los Evangelios sinópticos nos ordenan amar a Dios con "toda" la mente (Mat. 22:37; Mar. 12:30; Luc. 10:27). Esto es factible porque la mente puede ser renovada y capacitada por el Espíritu Santo (Rom. 12:2) y porque las leyes de Dios conforme al nuevo pacto son colocadas en ella (Heb. 8:10; 10:16). Ver *Alma; Antropología; Corazón; Humanidad.* *Gerald Cowen*

MENTIRA Ver *Hipocresía; Verdad.*

MEONOTAI Nombre de persona que significa "habitaciones del Señor". Descendiente de Judá (1 Crón. 4:14).

MEQUERATITA Título de Hefer, uno de los valientes de David (1 Crón. 11:36). El término significa habitante de Mequer. El sitio es desconocido, a menos que corresponda a Maaca (2 Sam. 23:34).

MERAB Nombre de persona derivado de la raíz "convertirse en muchos". Hija mayor del rey Saúl (1 Sam. 14:49) que en dos ocasiones prometió entregársela a David a cambio de matar a Goliat (1 Sam. 17:25) y pelear las batallas del Señor contra los filisteos (1 Sam. 18:17-19). Saúl quebrantó su promesa y se la dio a Adriel. Tomando como base el contexto y algunos textos antiguos, los traductores modernos suelen colocar en 2 Sam. 21:8 "Merab" (NVI, LBLA) en lugar del nombre "Mical" como aparece en el texto hebreo (RVR1960).

MERAÍAS Nombre de persona que significa "Jah ha prometido" o "testarudo". Jefe de una familia sacerdotal en la época del sumo sacerdote Joiacim (Neh. 12:12).

MERAIOT Nombre de persona que significa "obstinado" o "rebelde". **1.** Antepasado de los sumos sacerdotes descendientes de Sadoc (1 Crón. 6:6,7,52). **2.** Antepasado de Esdras, quizá equivalente a 1. (Esd. 7:3; 1 Crón. 9:11; Neh. 11:11). **3.** Familia sacerdotal del período postexílico (Neh. 12:15), tal vez una modificación de Meremot efectuada por el copista (Neh. 12:3).

MERARI Nombre de persona que significa "amargura" o "irritar". Tercer hijo de Leví (Gén. 46:11; Ex. 6:16; Núm. 3:17; 1 Crón. 6:1,16; 23:6). Fue antepasado de una de las divisiones de sacerdotes, los meraritas.

MERARITAS Grupo importante de sacerdotes descendientes de Merari, tercer hijo de Leví. Los meraritas y los gersonitas estaban encargados de armar, desarmar y transportar el tabernáculo (Núm. 10:17; comp. 3:36,37; 4:29-33; 7:8). A los meraritas se les otorgaron doce ciudades pertenecientes a las tribus de Rubén, Gad y Zabulón, entre ellas Ramot de Galaad, que era una ciudad de refugio (Jos. 21:7,34-40; 1 Crón. 6:63,77-81). Unos representantes de Merari participaron en el traslado del arca a Jerusalén que llevó a cabo David (1 Crón. 15:6), oficiaron como músicos (1 Crón. 15:17,19) y porteros (1 Crón. 26:10,19) del tabernáculo, participaron en las reformas implementadas por Ezequías (2 Crón. 29:12) y Josías (2 Crón. 34:12), y regresaron del exilio para colaborar en el templo nuevo (Esd. 8:19).

MERATAIM Nombre geográfico que significa "amargura doble" o "rebelión doble", posiblemente un juego de palabras con la frase acadia *mat marrati* ("Tierra del Río Amargo") o *nar marratu*, designación que aparece en inscripciones babilónicas correspondientes a la región lindante al Golfo Pérsico. Jeremías (50:21) anunció el juicio de Dios sobre la tierra.

MERCADER Comprador y vendedor de artículos a fin de obtener ganancias. Excepto en la época de Salomón (1 Rey. 9:26-28; 10:15,22), Israel no era conocida en tiempos bíblicos como una nación de mercaderes. Las referencias a israelitas que participaban en el comercio son sorprendentemente pocas. Tenían prohibido venderles alimentos a los otros israelitas para obtener ganancias mediante usura (Lev. 25:37), pero a los extranjeros les podían vender incluso carroña (Deut. 14:21). Los mercaderes les compraban telas a las amas de casa (Prov. 31:24) y vendían aceite de oliva (2 Rey. 4:7). A menudo se condenaba el abuso de los mercaderes en los siguientes casos: retener el grano para elevar los precios (Prov. 11:26); impacientarse para que concluyeran el día de reposo y las festividades a fin de retornar a la actividad comercial; emplear pesas deshonestas (Amós 8:5); esclavizar a otros israelitas para que compraran alimentos (Neh. 5:1-8); violar el día de reposo (Neh. 13:15-21). Los mercaderes de Jerusalén colaboraron en la reedificación de los muros que llevó a cabo Nehemías, quizá financiándola (Neh. 3:32).

La mayoría de las referencias a mercaderes en el AT corresponde a naciones que no incluyen Israel. El término que se traduce mercader en Prov. 31:24 y Os. 12:7 es la palabra correspondiente a

Mercado de Trajano, en Roma. Un gran centro comercial del siglo II d.C. donde se vendían mercancías.

cananeo. Luego del exilio, los hombres de Tiro vendían pescado y toda clase de mercancías en Jerusalén (Neh. 13:16). Ezequiel 27:12-25 relata todas las actividades de los mercaderes de Tiro. Comercializaban metales comunes y preciosos, esclavos, ganado, piedras preciosas, marfil, lana, tela, ropa, productos agrícolas, vino, especias y alfombras (comp. Apoc. 18:11-13). Los mercados asociados con Tiro incluían 22 naciones o pueblos que incluían Asia Menor, Palestina, Siria, Arabia y la Mesopotamia. Los mercaderes generaban grandes riquezas. Los profetas recriminaban el orgullo que acompañaba el éxito material de los mercaderes (Isa. 23; Ezeq. 27).

En el NT, Jesús utilizó a un mercader para ilustrar la necesidad de arriesgar todo a fin de ganar el reino de los cielos (Mat. 13:45,46). Otras referencias continúan el ataque profético a los mercaderes arrogantes. Santiago 4:13 advierte a los grandes empresarios que se lanzan a realizar emprendimientos a largo plazo en el extranjero que no dejen de lado a Dios cuando planifican las cosas. Apocalipsis condena a los mercaderes romanos que se enriquecieron en base a los pecados de Roma (Apoc. 18:3). Ver *Comercio; Economía.* *Chris Church*

Cabeza de mármol de Mercurio que data del siglo I a.C. (siglo I d.C. en Dalmacia).

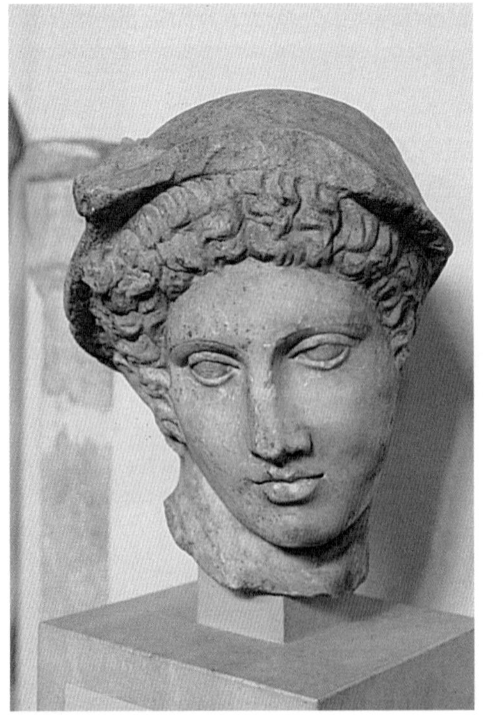

MERCURIO En Hech. 14:12, nombre latino del dios griego *Hermes*, con el cual los supersticiosos de Listra confundieron a Pablo. Se lo conocía como mensajero de los dioses y se lo asociaba con la elocuencia. El papel de Pablo como orador principal hizo que el público pensara que era Mercurio. Ver *Dioses paganos.*

MERED Nombre de persona que significa "rebelde". Descendiente del rey David que se casó con Bitia, una hija del faraón (1 Crón. 4:17,18), quizá como parte de una alianza política.

MEREMOT Nombre de persona que significa "alturas". **1.** Sacerdote que regresó del exilio con Zorobabel (Neh. 12:3). **2.** Sacerdote de la época de Esdras y Nehemías que colaboró con el tesoro del templo (Esd. 8:33), la reparación de los muros (Neh. 3:4,21) y fue testigo de la renovación del pacto (Neh. 10:5). **3.** Laico que tenía una esposa extranjera (Esd. 10:36).

MERES Uno de los siete príncipes que oficiaban como consejeros del rey persa Asuero (Est. 1:14). Ver *Marsena.*

MERIBA Ver *Masah.*

MERIB-BAAL Nombre de persona cuyo significado se discute: "contrincante de Baal", "obstinación de Baal", "amado o héroe de Baal" o "Baal defiende". Nombre original de Mefi-boset. Aparentemente, copistas de épocas posteriores cambiaron el texto para evitar el uso del nombre del dios pagano Baal (1 Crón. 8:34; 9:40; en la última cita el término hebreo corresponde a "héroe", mientras que en la primera se refiere a "contrincante"). Ver *Mefi-boset.*

MERNEPTA Nombre de persona que significa "amado de Ptah" (dios venerado en Menfis, Egipto). Gobernante de la Dinastía XIX de Egipto (1236–1223 ó 1224–1216 a.C.). Una estela que se elaboró durante su reinado constituye la referencia no bíblica más antigua que se conoce acerca de los israelitas. La estela elogia la conquista de Mernepta de las tierras de Canaán, Ascalón, Gezer, Yanoam e Israel; en el caso de Israel se lo señala como un pueblo más que como un lugar geográfico. Mernepta declaró haber "arrasado" Israel. Si el relato es veraz, la estela muestra que un pueblo denominado Israel ya existía en Canaán para el 1220 a.C., y era lo suficientemente fuerte como para luchar contra Mernepta aunque haya perdido la batalla. Israel tal vez fue un aliado de las tres ciudades-estado que se opusieron a Mernepta.

MERODAC Forma hebrea de Marduk, el dios principal de Babilonia también denominado Bel, y que equivale al semítico Baal o "Señor" (Jer. 50:2). Merodac es un componente de los nombres de los reyes babilónicos Merodac-baladán (2 Rey. 20:12; Isa. 39:1) y Evil-merodac (2 Rey. 25:27; Jer. 52:31). Si Merodac se pronuncia de manera diferente, suena como el nombre Mardoqueo (Est. 2:5). Ver *Dioses paganos.*

MERODAC-BALADÁN Nombre de persona que significa "el dios Marduk dio un heredero". Gobernante de la tribu Bit-Yakin del sur de Babilonia y rey de esa ciudad entre el 721–711 a.C., y durante un breve tiempo en el 704 a.C. Fue tan sólo una marioneta bajo el dominio del rey asirio Sargón. Merodac-baladán envió mensajeros al rey Ezequías de Judá (Isa. 39:1; 2 Rey. 20:12,13) para que hicieran alarde de la casa de sus tesoros y su contenido. Dos años más tarde, Senaquerib asoló la ciudad santa con resultados tremendos. Merodac-baladán continuó rebelándose contra los asirios; tras salir del exilio en más de una ocasión continuaba luchando contra los reyes de Nínive. Finalmente fue derrotado y confinado a las tierras costeras originarias de la tribu. Ver *Babilonia; Ezequías; Sargón; Senaquerib.*

MEROM Nombre geográfico que significa "lugar alto". Sitio de Galilea donde Josué lideró a Israel para derrotar mediante un ataque sorpresivo a la coalición de tribus cananeas encabezadas por el rey Jabín de Hazor (Jue. 11:1-7). Se ha debatido la ubicación del lugar, pero en el presente parece corresponder a la moderna Merion. La ciudad está cerca de un vado que durante la estación húmeda se alimenta anualmente de una vertiente. Tutmosis III y Ramsés II de Egipto declararon haber conquistado la región durante sus respectivos reinados.

MERONOT, MERONOTITA Habitantes de Meronot (1 Crón. 27:30; Neh. 3:7). El lugar quizá corresponda a Beituniyeh, al noroeste de Gabaón.

MEROZ Nombre geográfico de significado incierto. Ciudad condenada en el cántico de Débora por no haberse unido al Señor en la batalla contra las fuerzas opositoras de Sísara (Jue. 5:23). Se desconoce la ubicación. Se han sugerido los siguientes lugares: Khirbet Marus, 5 km (3 millas) al noroeste de Hazor; Madón (Jos. 12:19), y (Shimron-) Merom (Jos. 11:5; 12:20), equivalente a Semuniyeh al norte de Meguido en el extremo del Valle de Jezreel. Marus se encuentra demasiado lejos del sitio de batalla como para pensar que haya participado. Madón está más cerca, pero aún se halla separada de Jezreel por terrenos montañosos.

M

MES Ver *Calendarios; Tiempo.*

MESA Nombre de persona y de lugar que significa "seguridad" o "deuda". **1.** Rey de Moab que encabezó una rebelión contra Israel (2 Rey. 3:4-27). La designación de Mesa como propietario de ganado (2 Rey. 3:4) quizá sea un título honorífico para la función de jefe. Se desconoce la fecha de la revolución. En 2 Rey. 1:1 se sugiere que se produjo inmediatamente después de la muerte de Acab (850 a.C.). En 2 Rey. 3:4 se la ubica durante el reinado de Joram (849–842 a.C.). La Piedra Moabita que erigió Mesa para celebrar sus hazañas contiene dos referencias aparentemente irreconciliables en cuanto al tiempo: a mitad del reinado del hijo de Omri y 40 años después que este comenzara a aplicar tributos sobre Moab. Si la referencia al hijo de Omri se toma en forma literal, la Piedra Moabita ubica la revolución durante el reinado de Acab (869–850 a.C.). No obstante, "hijo de Omri" se empleó como título de varios de los reyes que sucedieron a Omri en Samaria, incluso para referirse a Jehú, quien derrocó esa dinastía. Por lo tanto, Joram, el nieto de Omri, podría ser el "hijo" de Omri mencionado en la Piedra Moabita. Sin embargo, el reinado de Joram concluyó cinco años antes del 40° aniversario de la fecha más temprana que se le adjudica a la opresión moabita a manos de Omri. Al comienzo de la revuelta, Mesa se apoderó de algunas ciudades israelitas limítrofes y fortificó otras de las suyas. No obstante, una alianza entre Israel, Judá y Edom atravesó las defensas y atacó a Mesa por la retaguardia. Mesa huyó hacia Kirhareset, desde donde infructuosamente intentó escapar para refugiarse con sus aliados arameos. Sin ninguna posibilidad de salida, Mesa sacrificó a su hijo primogénito ante el dios Quemos sobre los muros de la ciudad. Los israelitas reaccionaron ante esta acción y levantaron el sitio para regresar a su tierra. La Piedra Moabita describe a Mesa como constructor de ciudades y carreteras.

Sin embargo, las evidencias arqueológicas sugieren que luego de la rebelión empezó la decadencia en la civilización moabita. Ver *Moab y la Piedra Moabita.* **2.** Descendiente de Benjamín que vivía en Moab (1 Crón. 8:9). **3.** Descendiente de Caleb (1 Crón. 2:42). **4.** Ciudad del territorio de los hijos de Joctán (Gén. 10:30) que muy probablemente corresponda a Massa (Gén. 25:14; 1 Crón. 1:30) y está situada entre el extremo del Golfo de Aqaba y el Golfo Pérsico. Esta Massa equivale a la asiria *Mash* y a la persa *Maciya.* *Chris Church*

MESAS Superficie plana sostenida por patas. **1.** Mesas para comer. Las primeras "mesas" eran simplemente pieles extendidas sobre el piso. Las representaciones de mesas son poco frecuentes en el arte egipcio antes del nuevo reino (1300–1100 a.C.). La mención más antigua de las Escrituras (Jue. 1:7) corresponde a ese período. La mayoría de las referencias tienen que ver con una mesa real (Jue. 1:7; 2 Sam. 9:7; 1 Rey. 2:7; 4:27; 10:5; 18:19; comp. 1 Rey. 13:20). Por lo general, las mesas se apoyaban sobre patas cortas, lo cual permitía que las personas comieran sentadas o reclinadas sobre una alfombra (Isa. 21:5). Sin embargo, Jue. 1:7 menciona una mesa lo suficientemente alta como para que reyes hurgaran por debajo (comp. Mar. 7:28). En tiempos del NT, los convidados comían reclinados sobre divanes, se sostenían la cabeza con la mano izquierda y comían de un tazón común con la derecha. Esta práctica explica la ubicación de la mujer a los pies de Jesús (Luc. 7:38) y la posición del discípulo que Jesús amaba recostado a Su lado (Juan 13:23) durante la comida. Ver *Muebles, mobiliario.* **2.** Mesas rituales. Una mesa para el pan de la proposición formaba parte del mobiliario tanto del tabernáculo (Ex. 25:23-30; 26:35; Lev. 24:5-7) como del templo (1 Rey. 7:48). En el culto de sacrificios se utilizaban otras mesas (1 Crón. 28:14-16; 2 Crón. 4:7-8; Ezeq. 40:38-43). Malaquías 1:7,12 describe el altar como una mesa. Compartir la mesa de un dios se consideraba un acto de adoración. Isaías 65:11 y 1 Cor. 10:21 se refieren a culto idólatra. La "mesa del Señor" (1 Cor. 10:21) alude a la observancia de la Cena del Señor. **3.** Mesas de dinero. Probablemente las mesas de los cambistas hayan sido pequeñas bandejas colocadas sobre soportes (Mat. 21:12; Mar. 11:15; Juan 2:15). *Chris Church*

MESAC Nombre de persona de significado desconocido; aparentemente una modificación al transcribirlo del idioma babilónico al hebreo, tal vez para evitar pronunciar o reconocer el nombre del dios pagano. Uno de los amigos de Daniel exiliado a Babilonia después de la caída de Joacim en el 597 a.C. (Dan. 1:6,7). El nombre hebreo era Misael ("quien es lo que Dios es") pero se lo cambiaron por Mesac (quizá "quien es lo que Aku es") para burlarse del Dios de Israel. Al rechazar la suntuosa comida del rey, él y sus amigos demostraron que para ser sabio y fuerte era preferible sujetarse a una dieta sencilla de vegetales y agua. Luego de la negativa a inclinarse ante la imagen de oro del rey, Mesac, Sadrac y Abed-nego fueron arrojados a un horno, pero Dios los libró (Dan. 3). Posteriormente se le otorgaron funciones en la corte real. Ver *Abed-nego; Daniel; Sadrac.*

MESEC Nombre de persona que significa "siembra" o "posesión". **1.** Pueblo de Asia Menor (Gén. 10:2; 1 Crón. 1:5) conocido por la comercialización de utensilios de bronce (Ezeq. 27:13) y frecuentemente asociado con Tubal (Ezeq. 32:26; 38:2,3; 39:1). Este Mesec equivale al asirio *Mushki* y al griego *Moschoi.* **2.** Tribu aramea de la que no se tienen más datos (1 Crón. 1:17), quizá equivalga a Mas (Gén. 10:23).

MESELEMÍAS Nombre de persona que significa "Jehová es recompensa". Portero del tabernáculo en la época de David (1 Crón. 9:21; 26:1,2,9). Selemías es una forma abreviada de este nombre (1 Crón. 26:14). Otras formas abreviadas son Salum (1 Crón. 9:17,19,31; Esd. 2:42) y Mesulam (Neh. 12:25). Se pueden referir al mismo levita o a diferentes personas.

MESEZABEEL Nombre de persona que significa "Dios libera". **1.** Antepasado de uno de los obreros del muro (Neh. 3:4). **2.** Uno de los jefes del pueblo que fue testigo de la renovación del pacto efectuada por Esdras (Neh. 10:21). **3.** Miembro de la tribu de Judá (Neh. 11:24). Es probable que los tres sean la misma persona.

MESIÁNICO, SECRETO Término que emplean los estudiosos de la Biblia para describir las indicaciones que, luego de llevar a cabo milagros mesiánicos, Jesús les dio a Su audiencia y a Sus discípulos de no revelar quién era Él. Tal como se relata en el Evangelio de Marcos, Jesús intentó por todos los medios esconder Su verdadera identidad como el Cristo. Si bien el secreto mesiánico se puede observar en los Evangelios de Mateo (8:3,4; 9:29-31; 12:15,16; 17:9) y de Lucas (4:41; 8:56; 9:21), Marcos utilizó la manifestación del carácter mesiánico de Jesús como tema unificador de su Evangelio. Mateo se caracteriza por considerar que el secreto mesiánico es el cumplimiento de la profecía (Mat. 12:17-21); Lucas no proporciona ninguna explicación. No obstante, Marcos empleó el secreto mesiánico para organizar su historia en torno a la revelación progresiva de la persona de Cristo y la conciencia mesiánica que se fue desarrollando en los discípulos. Los demonios demostraron reconocer a Jesús inmediatamente: "Sé quién eres, el Santo de Dios" (1:24,25,34; 3:11,12; 5:6-8; 9:20); no obstante, Jesús hizo callar la confesión. Les prohibió confesar públicamente lo sucedido a aquellos que habían experimentado sanidades milagrosas (1:43,44; 5:43; 7:36; 8:26). Las parábolas se ofrecieron para impedir que "los que están fuera" se enteraran del secreto (4:11,12). Incluso cuando los discípulos declararon "saber el misterio del reino de Dios" (4:11) se les requirió que guardaran silencio (8:30; 9:9).

Los intérpretes bíblicos han presentado una cantidad de razones que hicieron que Jesús prefiriera esconder Su identidad durante un tiempo. Quizá evitó poner de manifiesto el título dado las expectativas mesiánicas comunes entre la gente; el pueblo esperaba un libertador político. Algunos creen que Jesús impidió que lo proclamaran Mesías a fin de poder continuar moviéndose libremente en público. La única parábola de Jesús que Marcos registró en forma exclusiva quizá proporcione la clave del propósito del secreto mesiánico. Jesús utilizó el siguiente proverbio (4:26-29) para presentar la parábola de la semilla que crece en secreto: "Porque no hay nada oculto que no haya de ser manifestado; ni escondido, que no haya de salir a luz" (4:22). Jesús tenía la intención de que las personas que tenían fe se enteraran del secreto de Su condición mesiánica (4:11,34). Él compara el misterio del reino de Dios con un hombre que siembra una semilla y descubre, para su asombro, que el terreno sembrado produce plantas que crecen secretamente durante la noche "sin que él sepa cómo" (4:27). Así como la semilla se cubre con tierra, lo mismo iba a suceder con el secreto de la identidad de Jesús que estaría escondido durante cierto período; llevaría algún tiempo descubrirlo. Jesús no obligaba a la gente a aceptarlo como Mesías; "El que tiene oídos para oír" debía enterarse del secreto por sí solo. Los discípulos no sólo necesitaban tiempo para reconocer a Jesús como Mesías (4:41; 6:52; 8:17-21), sino que también lo precisaban para comprender Su agenda mesiánica: el sufrimiento mesiánico precede a la gloria mesiánica (9:31,32). Un entendimiento pleno del secreto mesiánico sólo sería posible después de la resurrección (9:9,10). Por lo tanto, ninguna profesión mesiánica inmediata implicaría una profunda comprensión del tema (en especial la confesión de los demonios). Jesús quería que los discípulos pensaran en el secreto hasta que pudieran asimilarlo. Ver *Cristo, cristología; Jesucristo; Mesías.* *Rodney Reeves*

MESÍAS Transliteración de la palabra hebrea que significa "ungido" y se traduce al griego por *Christos*. Por lo tanto, "Cristo" o Mesías es un nombre admirablemente apropiado para expresar el vínculo de la iglesia con el Israel del AT y también la fe que reconoce a Jesucristo como el salvador del mundo.

El Antiguo Testamento y el trasfondo judío primitivo El término "ungido" posee varios significados en el AT. Todos tienen que ver con la acción de instalar a una persona en un cargo de modo que se la considere acreditada por Jehová, el Dios de Israel. Aun a un rey pagano como Ciro se lo calificó ungido de Jehová (Isa. 45:1) para llevar a cabo una tarea divinamente asignada. La aplicación común del término "ungido" les correspondía a los representantes de Dios dentro del pueblo del pacto. Profetas como Eliseo fueron apartados de esta manera (1 Rey. 19:16). Es probable que los israelitas consideraran que existía una estrecha vinculación entre las personas ungidas y el espíritu de Dios, si bien la relación sólo se menciona de manera específica en pocas ocasiones (2 Rey. 2:9). Los reyes israelitas fueron particularmente aclamados como ungidos de Yahvéh (comp. Jue. 9:8), comenzando con Saúl (1 Sam. 9–10) y especialmente refiriéndose a David (1 Sam. 16:6,13; 2 Sam. 2:4; 5:3) y Salomón (1 Rey. 1:39). La familia real davídica pertenecía al linaje de los reyes israelitas, razón por la cual a sus integrantes se les da el título de "ungidos" (2 Sam. 22:51; comp. 2 Rey. 11:12; 23:30; Sal. 2:2; 20:6; 28:8; 84:9). Por esta razón, el rey de Israel se convirtió en una persona sagrada a quien se debía tributar lealtad y respeto (1 Sam. 24:6,10; 26:9,11, 16,23; 2 Sam. 1:14,16). El oráculo de Natán (2 Sam. 7:12-16) es importante dado que centra la esperanza de Israel en la dinastía de David para las generaciones subsiguientes.

M

Profecías mesiánicas del Antiguo Testamento

PROFECÍA	REFERENCIAS DEL AT	CUMPLIMIENTO EN EL NT
Simiente de la mujer	Gén. 3:15	Gál. 4:4; Heb. 2:14
A través de los hijos de Noé	Gén. 9:27	Luc. 6:36
Simiente de Abraham	Gén. 12:3	Mat. 1:1; Gál. 3:8,16
Simiente de Isaac	Gén. 17:19	Rom. 9:7; Heb. 11:18
Bendición a las naciones	Gén. 18:18	Gál. 3:8
Simiente de Isaac	Gén. 21:12	Rom. 9:7; Heb. 11:18
Bendición a los gentiles	Gén. 22:18	Gál. 3:8,16; Heb. 6:14
Bendición a los gentiles	Gén. 26:4	Gál. 3:8,16; Heb. 6:14
Bendición a través de Abraham	Gén. 28:14	Gál. 3:8,16; Heb. 6:14
De la tribu de Judá	Gén. 49:10	Apoc. 5:5
Ningún hueso fracturado	Ex. 12:46	Juan 19:36
Bendición al hijo primogénito	Ex. 13:2	Luc. 2:23
Ningún hueso fracturado	Núm. 9:12	Juan 19:36
Serpiente en el desierto	Núm. 21:8-9	Juan 3:14-15
Una estrella de Jacob	Núm. 24:17-19	Mat. 2:2; Luc. 1:33,78; Apoc. 22:16
Como profeta	Deut. 18:15,18-19	Juan 6:14; 7:40; Hech. 3:22-23
Maldecido sobre el madero	Deut. 21:23	Gál.3:13
El trono de David establecido eternamente	2 Sam. 7:12,13,16,25,26 1 Crón. 17:11-14,23-27 2 Crón. 21:7	Mat. 19:28; 21:4; 25:31; Mar. 12:37; Luc. 1:32; Juan 7:4; Hech. 2:30; 13:23; Rom. 1:3; 2 Tim. 2:8; Heb. 1:5-8; 8:1; 12:2; Apoc. 22:1
Promesa de un Redentor	Job 19:25-27	Juan 5:28-29; Gál. 4:4; Ef. 1:7,11,14
Declarado Hijo de Dios	Sal. 2:1-12	Mat. 3:17; Mar. 1:11; Hech. 4:25-26; 13:33; Heb. 1:5; 5:5; Apoc. 2:26-27; 19:15-16
Su resurrección	Sal. 16:8-10	Hech. 2:27; 13:35; 26:23
Manos y pies perforados	Sal. 22:1-31	Mat. 27:31,35-36
Burlado e insultado	Sal. 22:7-8	Mat. 27:39-43,45-49
Soldados tiran suertes para su manto	Sal. 22.18	Mar.15:20,24-25,34; Luc. 19:24; 23:35; Juan 19:15-18,23-24,34; Hech. 2:23-24
Acusado por testigos falsos	Sal. 27:12	Mat. 26:60-61
Encomienda Su espíritu	Sal. 31:5	Luc. 23:46
Ningún hueso fracturado	Sal. 34:20	Juan 19:36
Acusado por testigos falsos	Sal. 35:11	Mat. 26:59-61; Mar. 14:57-58
Odiado sin razón	Sal. 35:19	Juan 15:24-25
Amigos se quedan lejos	Sal. 38:11	Mat. 27:55; Mar. 15:40; Luc. 23:49
Vino a hacer la voluntad del Padre	Sal. 40:6-8	Heb. 10:5-9
Traicionado por un amigo	Sal. 41:9	Mat. 26:14-16,47,50; Mar. 14:17-21; Luc. 22:19-23; Juan 13:18-19
Conocido por Su justicia	Sal. 45:2,6-7	Heb. 1:8-9
Su resurrección	Sal. 49:15	Mar. 16:6
Traicionado por un amigo	Sal. 55:12-14	Juan 13:18
Su ascensión	Sal. 68:18	Ef. 4:8
Odiado sin razón	Sal. 69:4	Juan 15:25
Herido por el oprobio	Sal. 69:9	Juan 2:17; Rom. 15:3
Le dieron hiel y vinagre	Sal. 69:21	Mat. 27:34,48; Mar. 15:23; Luc. 23:36; Juan 19:29
Exaltado por Dios	Sal. 72:1-19	Mat. 2:2; Fil. 2:9-11; Heb. 1:8
Habló en parábolas	Sal. 78:2	Mat. 13:34-53

Profecías mesiánicas del Antiguo Testamento

PROFECÍA	REFERENCIAS DEL AT	CUMPLIMIENTO EN EL NT
Simiente de David exaltada	Sal. 89:3-4,19,27-29,35-37	Luc. 1:32; Hech. 2:30; 13:23; Rom. 1:3; 2 Tim. 2:8
El Hijo del Hombre viene con gloria	Sal. 102:16	Luc. 21:24,27; Apoc. 12:5-10
"Tú permanecerás"	Sal. 102:24-27	Heb. 1:10-12
Ora por sus enemigos	Sal. 109:4	Luc. 23:34
Alguien para suceder a Judas	Sal. 109:7-8	Hech. 1: 16-20
Sacerdote como Melquisedec	Sal. 110:1-7	Mat. 22:41-45; 26:64; Mar. 12:35-37; 16:19; Hech. 7:56; Ef. 1:20; Col. 1:20; Heb. 1:13; 2:8; 5:6; 6:20; 7:21; 8:1; 10:11-13; 12:2
Principal piedra del ángulo	Sal. 118: 22:23	Mat. 21:42; Mar. 12:10,11; Luc 20:17; Juan 1:11; Hech. 4:11; Ef. 2:20; 1 Ped. 2:4
El Rey viene en el nombre del Señor	Sal. 118:26	Mat. 21:9; 23:39; Mar. 11:9; Luc. 13:35; 19:38; Juan 12:13
La simiente de David reinará	Sal. 132:11 comp. 2 Sam. 7:12-13, 16,25-26,29	Mat. 1:1
Declarado Hijo de Dios	Prov. 30:4	Mat. 3:17; Mar. 14:61-62; Luc. 1:35; Juan 3:13; 9:35-38; 11:21; Rom. 1:2-4; 10:6-9; 2 Ped. 1:17
Arrepentimiento para las naciones	Isa. 2:2-4	Luc. 24:47
Corazones son endurecidos	Isa. 6:9-10	Mat. 13:14,15; Juan 12:39,40; Hech. 28:25-27
Nacido de una virgen	Isa. 7:14	Mat. 1:22,23
Piedra de tropiezo	Isa. 8:14,15	Rom. 9:33; 1 Ped. 2:8
Luz de entre las tinieblas	Isa. 9:1,2	Mat. 4:14-16; Luc. 2:32
Dios con nosotros	Isa. 9:6,7	Mat. 1:21,23; Luc. 1:32-33; Juan 8:58; 10:30; 14:19; 2 Cor. 5:19; Col. 2:9
Lleno de sabiduría y poder	Isa. 11:1-10	Mat. 3:16; Juan 3:34; Rom. 15:12; Heb. 1:9
Reinado en misericordia	Isa. 16:4-5	Luc. 1: 31-33
Clavo en lugar firme	Isa. 22:21-25	Apoc. 3:7
Tragada es la muerte en victoria	Isa. 25:6-12	1 Cor. 15:54
Una piedra en Sion	Isa. 28:16	Rom. 9:33; 1 Ped. 2:6
Los sordos oyen, los ciegos ven	Isa. 29:18-19	Mat. 5:3; 11:5; Juan 9:39
Rey de reyes, Señor de señores	Isa. 32:1-4	Apoc. 19:16; 20:6
Hijo del Altísimo	Isa. 33:22	Luc. 1:32; 1 Tim. 1:17; 6:15
Sanidad a los necesitados	Isa. 35:4-10	Mat. 9:30; 11:5; 12:22; 20:34; 21:14; Mar. 7:30; Juan 5:9
Preparar el camino para el Señor	Isa. 40. 3-5	Mat. 3:3; Mar. 1:3; Luc. 3:4-5; Juan 1:23
El Pastor muere por sus ovejas	Isa. 40:10-11	Juan 10:11; Heb. 13:20; 1 Ped. 2:24-25
El Siervo manso	Isa. 42:1-16	Mat. 12:17-21; Luc. 2:32
Una luz a los gentiles	Isa. 49:6-12	Hech. 13:47; 2 Cor. 6:2
Azotado y escupido	Isa. 50:6	Mat. 26:67; 27:26,30; Mar. 14:65; 15:15,19; Luc. 22:63-65; Juan 19:1
Rechazado por su pueblo	Isa. 52:13-53:12	Mat. 8:17; 27:1-2,12-14,38
Sufrió vicariamente	Isa. 53:4-5	Mar.15:3-4,27-28; Luc. 23:1-25,32-34
Silencio ante acusaciones	Isa. 53:7	Juan 1:29; 11:49-52
Crucificado con transgresores	Isa. 53:12	Juan 12:37-38; Hech. 8:28-35
Sepultado con los ricos	Isa. 53:9	Hehc. 10:43; 13:38-39; 1 Cor. 15:3; Ef. 7; 1 Ped. 2:21-25; 1 Jn. 1:7,9
Llamado de quienes no eran su pueblo	Isa. 55:4,5	Juan 18:37; Rom. 9:25-26; Apoc. 1:5
Liberación desde Sion	Isa. 59:16-20	Rom. 11:26-27

M

Profecías mesiánicas del Antiguo Testamento

PROFECÍA	REFERENCIAS DEL AT	CUMPLIMIENTO EN EL NT
Naciones andan en la luz	Isa. 60:1-3	Luc. 2:32
Ungido para predicar libertad	Isa. 60:1-2	Luc. 4:17-19; Hech. 10:38
Llamado con nuevo nombre	Isa. 62:11	Luc. 2:32; Apoc. 3:12
El Rey viene	Isa. 62:11	Mat. 21:5
Vestiduras mojadas en sangre	Isa. 63:1-3	Apoc. 19:13
Afligido con los afligidos	Isa. 63:8-9	Mat. 25:34-40
Los escogidos heredarán	Isa. 65:9	Rom. 11:5,7; Heb. 7:14; Apoc. 5:5
Nuevos cielos y nueva tierra	Isa. 65:17-25	2 Ped. 3:13; Apoc. 21:1
El Señor nuestra justicia	Jer. 23:5,6	Juan 2:19-21; Rom. 1:3-4; Ef. 2:20-21; 1 Ped. 2:5
Nace un Rey	Jer. 30:9	Juan 18:37; Apoc. 1:5
Matanza de los inocentes	Jer. 31:15	Mat. 2:17-18
Concebido por el Espíritu Santo	Jer. 31:22	Mat. 1:20; Luc. 1:35
Un nuevo pacto	Jer. 31:31-34	Mat. 26:27-29; Mar. 14:22-24; Luc. 22:15-20; 1 Cor. 11:25; Heb. 8:8-12; 10:15-17; 12:24; 13:20
Una casa espiritual	Jer. 33:15-17	Juan 2:19-21; Ef. 2:20-21; 1 Ped. 2:5
Un árbol plantado por Dios	Ezeq. 17:22-24	Mat. 13:31-32
Exaltó a los humildes	Ezeq. 21:26-27	Luc. 1:52
El buen Pastor	Ezeq. 34:23-24	Juan 10:11
Piedra cortada no con mano	Dan. 2:34-35	Hech. 4:10-11
Su reino triunfante	Dan. 2:44-45	Luc. 1:33; 1 Cor. 15:24; Apoc. 11:15
Dominio eterno	Dan. 7:13-14	Mat. 24:30; 25:31; 26:64; Mar. 14:61-62; Hech. 1:9-11; Apoc. 1:7
Reino para los santos	Dan. 7:27	Luc. 1:33; 1 Cor. 15:24; Apoc. 11:15
Tiempo de Su nacimiento	Dan. 9:24-27	Mat. 24:15-21; Luc. 3:1
Israel restaurada	Os. 3:5	Juan 18:37; Rom. 11:25-27
Huida a Egipto	Os. 11:1	Mat. 2:15
Promesa del Espíritu	Joel 2:28-32	Hech. 2:17-21; Rom. 15:13
El sol oscurecido	Amós 8:9	Mat. 24:29; Hech. 2:20; Apoc. 6:12
Restauración del tabernáculo	Amós 9:11-12	Hech. 15:16-18
Recogimiento de Israel	Miq. 2:12-13	Juan 10:14,26
El reino establecido	Miq. 4:1-8	Luc. 1:33
Nacimiento en Belén	Miq. 5:1-5	Mat. 2:1; Luc. 2:4,10-11
La tierra llena del conocimiento de la gloria de Dios	Hab. 2:14	Rom. 11:26; Apoc. 21:23-26
El Cordero en el trono	Zac. 2:10-13	Apoc. 5:13; 6:9; 21:24; 22:15
Un sacerdocio santo	Zac. 3:8	Juan 2:.19-21; Ef. 2:20-21; 1 Ped. 2:5
Un Sumo Sacerdote celestial	Zac. 6:12-13	Heb. 4:4; 8:1-2
Entrada triunfal	Zac. 9:9-10	Mat. 21:4-5; Mar. 11:9-10; Luc. 20:38; Juan 12:13-15
Vendido por piezas de plata	Zac. 11:12-13	Mat. 26:14-15
El dinero compra el campo del alfarero	Zac. 11:12-13	Mat. 27:9
Su cuerpo traspasado	Zac. 12:10	Juan 19:34,37
El Pastor herido, las ovejas dispersadas	Zac. 13:1,6-7	Mat. 26:31; Juan 16:32
Precedido por un precursor	Mal. 3:1	Mat. 11:10; Mar. 1:2; Luc. 7:27
Nuestros pecados, purgados	Mal. 3:3	Heb. 1:3
La luz del mundo	Mal. 4:2-3	Luc. 1:78; Juan 1:9; 12:46; 2 Ped. 1:19; Apoc. 2:28; 19:11-16; 22:16
La venida de Elías	Mal. 4:5-6	Mat. 11:14; 17:10-12

El rey, especialmente en los Salmos, era idealizado como un hijo divino (Sal. 2:2,7; comp. 2 Sam. 7:14) y gozaba de la protección de Dios (Sal. 18:50; 20:6; 28:8). Su dinastía no fracasaría (Sal. 132:17) y se instaba al pueblo a orar a Dios a su favor (Sal. 72:11-15; 84:9). La caída de Jerusalén en el 586 a.C. provocó gran confusión, en especial cuando el ungido de Yahvéh fue llevado prisionero al exilio (Lam. 4:20) y las naciones rechazaron su autoridad como rey (Sal. 89:38,51). Esta humillación de la dinastía davídica desencadenó una serie de problemas para la fe de Israel, aun cuando se permitió que el pueblo regresara a la tierra. No se produjo ningún reavivamiento del linaje real davídico; sin embargo, esa restauración se convirtió en el anhelo piadoso de los judíos tanto en el exilio babilónico (Jer. 33:14-18) como en los siglos subsiguientes. Una de las expresiones más claras de la esperanza perdurable se encuentra en los *Salmos de Salomón* (17–18) (70–40 a.C.), un escrito judío acerca del Mesías como el hijo de David. Se lo describe como un príncipe-guerrero que expulsaría de Israel a los odiados romanos e instauraría un reino donde los judíos adquirían dominio mundial.

Después del exilio el sacerdocio israelita adquirió prominencia. Ante la ausencia de un rey, el sumo sacerdote asumió un papel preponderante dentro de la comunidad. El rito de la unción constituía la señal externa de su autoridad para actuar como representante de Dios. Esta autoridad se remonta a la época de Aarón y sus hijos (Ex. 29:7-9; 30:22-33; comp. Sal. 133:2). El sumo sacerdote era el sacerdote-ungido (Lev. 4:3,5,16) e, incluso en cierto aspecto, un mesías (Zac. 4:14; comp. 6:13; Dan. 9:25).

En los períodos exílico y postexílico, las expectativas sobre la venida de un Mesías adquirieron importancia fundamental. Esto se observa en las visiones de Jeremías y Ezequiel referentes a un Mesías en quien se combinarían los rasgos de lealtad y dignidad sacerdotal (Jer. 33:14-18; Ezeq. 46:1-8; Zac. 4:1-14; 6:13). Es evidente que las personas vinculadas con los Rollos del Mar Muerto podían combinar una esperanza dualista de dos Mesías, una primera figura sacerdotal y otra perteneciente a la realeza. La alternancia entre un Mesías reinante y un representante sacerdotal caracteriza los dos siglos de judaísmo antiguo previos a la venida de Jesús.

El Mesías y el ministerio de Jesús Una pregunta formulada en Juan 4:29 (comp. 7:40-43) es la siguiente: "¿No será este el Cristo [Mesías]?" Es evidente que el tema de la identidad y la función del Mesías era algo sumamente debatido entre los judíos del primer siglo. En los Evangelios Sinópticos se observa que la manera en que actuaba y hablaba Jesús condujo naturalmente al diálogo que tuvo lugar en Cesarea de Filipo. Jesús les preguntó a los discípulos: "¿Quién decís que soy?" (Mar. 8:29). Marcos dejó en claro que Jesús asumió una actitud especial de reserva y precaución en cuanto a este título dado que acarreaba connotaciones políticas, particularmente en el aspecto de la esperanza judía que se describía en los *Salmos de Salomón*. Por esta razón, Jesús aceptó con mucha renuencia la confesión de Pedro ya que este discípulo inmediatamente objetó que el Mesías [Cristo] no podía sufrir (Mar. 9:32). Para Pedro, Cristo constituía un título correspondiente a un personaje glorioso en el aspecto nacionalista y a un triunfador en la batalla. Por el contrario, Jesús veía su destino como Hijo del hombre y Siervo de Dios sufriente (Mar. 8:31-38; 9:31; 10:33,34). Por este motivo, no permitió que los demonios se dirigieran a Él como el Cristo (Luc. 4:41) y rechazó todos los privilegios y la majestad vinculados con el título judío.

Jesús desarrolló Su ministerio intentando alejar a los discípulos de la noción tradicional del Mesías guerrero. Más bien, procuró impregnar la mente de Sus seguidores con la perspectiva de que el sendero hacia Su gloria futura incluía atravesar la cruz acompañada del rechazo, el sufrimiento y la humillación. En el juicio ante la corte judía (Mat. 26:63-66) volvió a interpretar el concepto del título Mesías [Cristo], y en esa ocasión lo hizo empleando la figura del Hijo del hombre según se presenta en Dan. 7:13,14. Esa confesión confirmó Su condenación y fue a la cruz como un Mesías crucificado porque los líderes judíos no pudieron percibir la naturaleza mesiánica de la manera que Jesús lo hacía. Pilato lo sentenció tras acusarlo de ser un supuesto mesías que declaraba (según las acusaciones falsas que se presentaron contra Él) ser rival del César (Mar. 15:9; Luc. 23:2; Juan 19:14,15). Sólo después de la resurrección los discípulos pudieron entender en qué aspecto Jesús era verdaderamente un Mesías rey y cómo los había preparado mentalmente para que comprendieran lo que en verdad significaba ese concepto (Luc. 24:45,46). Así pues, el título nacional de "Mesías" adoptó una connotación más amplia al incluir la función de rey sobre todas las naciones (Luc. 24:46,47).

El título Mesías en la iglesia primitiva A partir de la resurrección, los primeros predicadores anunciaron que Jesús era el Mesías por designación divina (Hech. 2:36; Rom. 1:3,4). Razones apologéticas

M

hacen necesario determinar parte de la razón de esta declaración directa. En la misión que la iglesia desempeñaba para con Israel debía demostrar que Jesús había cumplido las profecías del AT y que había venido al mundo como el "Hijo de David", título que vinculaba estrechamente al Mesías como una persona de la realeza. El Evangelio de Mateo se ocupa especialmente de establecer esta identidad (Mat. 1:1), pero también es un tema común en Lucas (Luc. 1:32,69; 2:4,11; Hech. 2:29-36; 13:22, 23). Pablo asimismo señaló que en Jesús se habían cumplido las esperanzas mesiánicas del antiguo pacto (1 Cor. 5:7,8). Además, Pedro procuró demostrar que los sufrimientos del Mesías habían sido predichos (1 Ped. 1:11,20; 2:21; 3:18; 4:1,13; 5:1). Lucas destacó la relación entre Jesús como el ungido por el Espíritu Santo (Luc. 4:16-22) según lo anticipado en Isa. 61:1, y registró la declaración de Pedro (Hech. 10:38) cuando dijo, "Dios ungió con el Espíritu Santo y con poder a Jesús de Nazaret", lo que constituía el cumplimiento de la profecía del AT. La carta a los Hebreos abunda en este tema (Heb. 1:9; 2:2-4; 9:14,15).

La etapa final de desarrollo respecto al título "Mesías" se produce cuando Pablo emplea la palabra como un nombre de persona más que como designación oficial (Rom. 9:5, "Cristo"). La razón de este cambio radica en la naturaleza intensamente personal de la fe de Pablo que se centra en Jesucristo como el Señor divino (Fil. 1:21; Col. 3:4). Pablo también les enseñó a quienes se habían convertido como resultado de su predicación, personas que en su mayoría habían dejado el paganismo para creer en Cristo, que Jesús era el Señor del universo cuya misión iba más allá de lo que pudiera abarcar la esperanza judía. En la enseñanza paulina, "Cristo" es un término mucho más rico de lo que se podría expresar con la palabra "Mesías", indicación de lo cual se observa en que los primeros seguidores del Mesías no se denominaron judíos convertidos sino "cristianos", personas de Cristo (Hech. 11:26; 1 Ped. 4:16); señal de su fe universal en un Señor soberano. Ver *Cristo, cristología; Jesucristo.* *Ralph P. Martin*

MESILEMIT, MESILEMOT Nombre de persona que significa "reconciliación". **1.** Sacerdote (1 Crón. 9:12; Neh. 11:13). **2.** Miembro de la tribu de Efraín (2 Crón. 28:12).

MESOBAB Nombre de persona derivado de una raíz que significa "regreso". Jefe de la tribu de Simeón (1 Crón. 4:34).

MESOBAÍTA Título de uno de los 30 guerreros valientes de David (1 Crón. 11:47).

MESONERO El que oficia de anfitrión en una posada. El mesonero de Luc. 10:35 tenía la responsabilidad de brindar alimentos y atención médica. El Tárgum (traducción antigua y libre de la Biblia al arameo) en Jos. 2:1 identifica a Rahab como mesonera.

MESOPOTAMIA Estrictamente hablando, Mesopotamia (del griego "entre los ríos") es la designación a la región entre los ríos Tigris y Éufrates. El nombre se aplica en sentido más general a todo el valle del Tigris-Éufrates. En la antigüedad hubo ocasiones en que la cultura mesopotámica dominó áreas aun más amplias que se extendieron al oriente hasta Elam y Media, al norte hacia Asia Menor y siguiendo la Medialuna Fértil hasta Canaán y Egipto.

Las Escrituras dan testimonio de una extensa historia de contactos entre el pueblo hebreo y el mesopotámico. La Mesopotamia fue la tierra de origen de los patriarcas (Gén. 11:31–12:4; 24:10; 28:6). Un rey del lugar subyugó a Israel durante cierto tiempo en la época de los jueces (Jue. 3:8). La Mesopotamia les proporcionó a los amonitas carros mercenarios y caballería para luchar con David (1 Crón. 19:6; título del Sal. 60). Tanto el reino de Israel en el norte (2 Rey. 15:29; 1 Crón. 5:26) como el de Judá en el sur (2 Rey. 24:14-16; 2 Crón. 36:20; Esd. 2:1) fueron exiliados a la Mesopotamia.

MESULAM Nombre de persona que significa "aliado" o "entregado en reemplazo". **1.** Abuelo de Safán, secretario del rey Josías (2 Rey. 22:3). Ver *Josías.* **2.** Hijo de Zorobabel (1 Crón. 3:19). Ver *Zorobabel.* **3.** Miembro de la tribu de Gad que vivía en Basán (1 Crón. 5:13). **4.** Hijo de Elpaal (1 Crón. 8:17). **5.** Hijo de Hodavías y padre de Salú (1 Crón. 9:7). **6.** Hijo de Sefatías (1 Crón. 9:8). **7.** Miembro de una familia sacerdotal, hijo de Sadoc y padre de Hilcías (1 Crón. 9:11). Ver *Sadoc.* **8.** Hijo de Mesilemit de la familia sacerdotal de Sadoc (1 Crón. 9:12). Ver *Sadoc.* **9.** Descendiente de Coat, uno de los capataces durante las reparaciones del templo luego del hallazgo del libro de Deuteronomio durante el reinado de Josías (2 Crón. 34:12). **10.** Persona enviada por Esdras para conseguir un levita que ministrara a un grupo luego de regresar del exilio (Esd. 8:15-18). Más tarde se opuso a los planes de Esdras de poner fin a los matrimonios con extranjeros porque su propia esposa no pertenecía a Israel (10:29). **11.** Hijo de Berequías que ayudó a Nehemías a reparar los muros de Jerusalén después de regresar de Babilonia (Neh. 3:4). **12.** Hijo de Besodías que ayudó a reparar la puerta Vieja (puerta de Jesaná, NVI) cuando Nehemías reconstruyó los muros de Jerusalén (Neh. 3:6). Ver *Nehemías.* **13.** Hombre que estuvo junto a Esdras mientras el escriba le leía la ley al pueblo de Jerusalén (Neh. 8:2-4). **14.** Uno de los sacerdotes que se unió a Nehemías y a otras personas para firmar el pacto entre el pueblo y Dios (Neh. 10:7). **15.** Uno de los líderes del pueblo que colocó su firma en el pacto entre Israel y Dios (Neh. 10:20). **16.** Hijo de Esdras, jefe de una familia sacerdotal en la época en que Joiacim era sumo sacerdote (Neh. 12:13). **17.** Otro jefe de una familia sacerdotal en la época en que Joiacim era sumo sacerdote; hijo de Ginetón (Neh. 12:16). **18.** Guardia de los almacenes que había en las puertas (Neh. 12:25 NVI). **19.** Príncipe de Judá que participó en la procesión para la dedicación de los muros de Jerusalén reconstruidos (Neh. 12:33).

MESULEMET Nombre de persona que significa "restitución". Esposa del rey Manasés y madre de Amón (2 Rey. 21:19).

METEG-AMA Frase con significado incierto que se emplea en 2 Sam. 8:1. Algunas versiones consideran que es el nombre de un lugar. La versión LBLA traduce el pasaje "la ciudad principal". El pasaje paralelo de 1 Crón. 18:1 dice "Gat y sus villas". Otras traducciones sugeridas incluyen: "brida del canal de agua", "riendas del antebrazo", "control de la ciudad madre", "tomar la tierra común" o "luchar para quitar la supremacía de".

METUSAEL Nombre de persona de significado incierto. Posiblemente sea "hombre de Dios". Patriarca cananeo (Gén. 4:18). Algunos eruditos consideran que el nombre es una variante de Matusalén (Gén. 5:21).

MEZAAB Nombre de persona o de lugar que significa "aguas de oro" (Gén. 36:39; 1 Crón. 1:50). Si se refiere a una persona, Mezaab era abuelo de Mehetabel, la esposa del rey edomita Hadar. Si corresponde a un lugar, Mezaab era la ciudad natal de Matred que quizá equivalga a Dizahab (Deut. 1:1).

MEZCLA DE NACIONES Término empleado para referirse a extranjeros quizá pertenecientes a distintas razas que están vinculados con un pueblo reinante (Jer. 25:20,24; 50:37; Ezeq. 30:5). Por lo general, las traducciones modernas reemplazan esa expresión con la palabra extranjeros o con esta acompañada de un sustantivo apropiado al contexto (gente, tribus, tropas). La expresión hebrea de donde deriva consta de las tres consonantes que también corresponden al término que se emplea para Arabia. En Ezeq. 30:5, las traducciones modernas adoptan el uso alternativo de las vocales y dicen Arabia o árabes.

MEZUZAH Término hebreo correspondiente a "bisagras de la puerta". Las puertas antiguas giraban en goznes sobre quiciales. La sangre del cordero pascual se tenía que colocar sobre los postes de la puerta (Ex. 12:7,22,23). Cuando comenzaba el año nuevo se colocaba sangre en los postes de la puerta del templo para purificar el santuario (Ezeq. 45:19). El mandato de escribir las palabras de la Shemá (Deut. 6:4-9; 11:13-21) en los postes de la puerta de la casa de una persona, al igual que la orden de escribirlas en el corazón (Deut. 6:6), es un desafío a recordar siempre que el amor de Dios es esencial para la fe. Tiempo más tarde, estos mandatos se entendieron literalmente. En la actualidad, el mezuzah consiste en pequeños rollos con las palabras de Deut. 6:4-9; 11:13-21 ubicados en un receptáculo que se coloca en el marco de la puerta de algunos hogares judíos.

MIBHAR Nombre de persona que significa "mejor" o "escogido". Uno de los mejores 30 guerreros de David (1 Crón. 11:38). El pasaje paralelo de 2 Sam. 23:36 presenta un error de copista en la transmisión del texto, por lo que dice "de Soba, Bani gadita".

MIBSAM Nombre de persona que significa "fragante". **1.** Tribu árabe descendiente de un hijo de Ismael (Gén. 25:13; 1 Crón. 1:29). **2.** Descendiente de Simeón (1 Crón. 4:25).

MIBZAR Nombre de persona que significa "fortificación". Jefe de una familia edomita y de su tribu (Gén. 36:42; 1 Crón. 1:53). Es posible que Mibzar corresponda a Mabsara en el norte de Edom o a Bosra (Gén. 36:33; Amós 1:12).

MICAEL Nombre de persona que significa "¿Quién es como Dios?" **1.** Padre de uno de los doce espías israelitas (Núm. 13:13). **2.–3.** Dos gaditas (1 Crón. 5:13,14). **4.** Antepasado de

M

Asaf (1 Crón. 6:40). **5.** Jefe de la tribu de Isacar (1 Crón. 7:3), quizá equivalente al padre de Omri (1 Crón. 27:18). **6.** Jefe de la tribu de Benjamín (1 Crón. 8:16). **7.** Miembro de la tribu de Manasés que desertó del ejército de David (1 Crón. 12:20). **8.** Hijo del rey Josafat (2 Crón. 21:2). **9.** Antepasado de una persona que regresó del exilio con Esdras (Esd. 8:8).

MICAÍA Nombre de persona que significa "¿Quién es como Jehová"/Yahvéh? **1.** Miembro de la tribu de Efraín que tenía un santuario en su casa que condujo a Dan a la idolatría (Jue. 17–18). **2.** Descendiente de Rubén (1 Crón. 5:5). **3.** Descendiente del rey Saúl (1 Crón. 8:34,35; 9:40-44; 2 Sam. 9:12). **4.** Jefe de una familia de levitas de la época de David (1 Crón. 23:20; 24:24,25). **5.** Padre de Abdón, contemporáneo de Josías (2 Crón. 34:20; 2 Rey. 22:12 "Micaías"). **6.** Miembro de una familia de músicos del templo (Neh. 11:17,22).

MICAÍAS Nombre de persona que significa "¿Quién es como Yahvéh?" **1.** Hijo de Imla y profeta de Yahvéh que predijo la muerte de Acab y la dispersión de las fuerzas de Israel en Ramot de Galaad (1 Rey. 22:7-28). Luego de haber sido testigo del concilio celestial de Yahvéh, Micaías estaba seguro de que los 400 profetas de Acab estaban poseídos por un espíritu mentiroso. Cuando lo acusaron de profetizar falsedades y lo encarcelaron, Micaías dijo: "Si llegas a volver en paz, Jehová no ha hablado por mí" (22:28). **2.** Padre de un oficial del rey Josías (2 Rey. 22:12). **3.** Esposa del rey Roboam y madre de Abías (2 Crón. 13:1,2). **4.** Miembro de una familia destacada de la época de Jeremías (Jer. 36:11,13). **5.** Participante en las reformas de Josafat (2 Crón. 17:7). **6.** Sacerdote que participó con Nehemías en la dedicación de los muros (Neh. 12:41) y antepasado de otro sacerdote que estuvo en la misma ocasión (Neh. 12:35).

MICAL Nombre de persona que significa "¿Quién es como El (Dios)?"; variante de Micael y abreviatura de Miguel. Hija menor del rey Saúl (1 Sam. 14:49), que le fue entregada por esposa a David a cambio de 100 filisteos muertos (1 Sam. 18:20-29). Es probable que Saúl haya pensado que David moriría en el intento. Saúl continuó colocándole trampas a David, pero en una ocasión Mical ayudó a su esposo a escapar (1 Sam. 19:11-17). Como venganza, Saúl se la entregó a Paltiel (1 Sam. 25:44). Luego de la muerte del rey Saúl en Gilboa, David hizo un trato con Abner, uno de los generales del monarca. Para pesar de Paltiel, una de las cláusulas

Panorama del desfiladero de Micmas.

del convenio era que Mical le fuera devuelta a David (2 Sam. 3:14-16). Mical lo menospreció y lo criticó cuando lo vio danzar delante del arca mientras llevaba este receptáculo sagrado de regreso a Jerusalén. El castigo fue que Mical nunca pudo tener hijos con David (2 Sam. 6:16-23; comp. 2 Sam. 21:8).

MICLOT Nombre de persona que significa "palos". **1.** Descendiente de Jehiel y habitante de Gabaón (1 Crón. 8:32; 9:37,38). **2.** Capitán del ejército de David (1 Crón. 27:4).

MICMAS Nombre geográfico que significa "lugar escondido". Ciudad de Benjamín ubicada aprox. 11 km (7 millas) al noreste de Jerusalén y 7 km (4,5 millas) al noreste de Gabaa a una altura de 600 m (1980 pies) sobre el nivel del mar frente a un sendero que va desde el Río Jordán hasta Efraín. Se encuentra 7 km (4,5 millas) al sudeste de Bet-el, que se halla a una altura de 870 m (2890 pies) sobre el nivel del mar. Es la actual Mukhmas. Sirvió como lugar donde el ejército se reunía, primeramente para Saúl (1 Sam. 13:2) y luego para los filisteos cuando se preparaban para la batalla. Estaba ubicada sobre la ruta por donde normalmente se producían las invasiones desde el norte (Isa. 10:28). Los filisteos reunieron allí 30.000 carros y 6000 jinetes (1 Sam. 13:5,6). Antes de que comenzara la batalla, Jonatán y su escudero se infiltraron en el campamento filisteo y mataron a 20 centinelas. Esto desencadenó una gran confusión que hizo que los filisteos se pelearan entre sí (14:20). Algunos exiliados que regresaron de Babilonia repoblaron la ciudad (Neh. 11:31; comp. 7:31). Constituyó la residencia de Jonatán Macabeo y el sitio de asiento de su gobierno (1 Mac. 9:73). Ver *Intertestamentaria, Historia y literatura; Jonatán.*

MICMETAT Nombre geográfico que significa "sitio para esconderse" u "ocultamiento". Estaba ubicado cerca de Siquem (Jos. 16:6; 17:7). Se la ha identificado como Khirbet Makhneh el-Foqa, situada aprox. 8 km (5 millas) al sudeste de Siquem, o como Khirbet Juleijil, al este de la misma ciudad.

MICNÍAS Nombre de persona que significa "Yahvéh adquiere" o "Yahvéh crea". Músico levita de la época de David (1 Crón. 15:18,21).

MICRI Nombre de persona que significa "precio de compra". Miembro de la tribu de Benjamín (1 Crón. 9:8).

MICTAM Título de los Sal. 16; 56–60. El significado del término es tema de discusión. Entre las sugerencias se incluyen una indicación musical o un título para los salmos relacionados con la expiación del pecado. En Isa. 38:9, la "escritura" (heb. *miktav*) de Ezequías quizá sea un mictam.

MIDÍN Nombre geográfico que significa "juicio". Aldea de la región desértica de Judá (Jos. 15:61). La LXX identifica Midín con Madón. Se ha sugerido como posible ubicación Khirbet Abu Tabaq en el Valle de Acor.

MIDRÁS Las interpretaciones judías del AT incluían una modalidad denominada Midrás. El sustantivo hebreo *midrash* se relaciona con el verbo *darash*, que significa "escudriñar" y que, por lo tanto, alude a una "investigación" o "examen". La palabra se empleaba comúnmente para indicar el proceso de interpretación bíblica o la expresión escrita de dicha interpretación.

El término *midrash* aparece dos veces en la Biblia. En ambos contextos describe un "estudio", "exposición", "interpretación" o "discusión". En 2 Crón. 13:22 se refiere a la obra literaria del profeta Iddo donde relata los hechos de Abías. En 2 Crón. 24:27 parece aludir a un comentario sobre el *Libro de los Reyes*. En los Rollos del Mar Muerto se refiere a la interpretación bíblica y actúa como sinónimo de *pesher* ("interpretación"). En la comunidad de Qumrán, *midrash* se refería a una interpretación bíblica que citaba o hacía alusión a un texto bíblico para luego tratar de mostrar la importancia que tenía para los lectores contemporáneos.

Según la tradición rabínica primitiva, el anciano Hillel enunció siete reglas que guiaban la interpretación bíblica judía. Estas reglas consistían en instrucciones detalladas para entender la Biblia, y en el NT aparecen ejemplos de cómo aplicar cada una de ellas. Rabinos de épocas posteriores enunciaron muchas otras reglas que dieron como resultado interpretaciones disparatadas y rebuscadas que no tenían relación con el contexto literario e histórico del pasaje en cuestión.

El Midrás rabínico se puede dividir en dos categorías básicas: halajá y hagadá. "Halajá" (que deriva del verbo hebreo que significa "caminar" y se suele utilizar para hablar de la conducta legal o ética de una persona) investigaba las porciones legales del AT a fin de establecer reglas de conducta. "Hagadá" consistía en la interpretación de

M

las porciones no legales del AT que procuraban informar, desafiar o inspirar sin establecer ni determinar patrones legales.

La antigua midrás se presentó de varias maneras básicas. Los "Tárgumim" eran paráfrasis arameas del AT hebreo. Otra forma de midrás volvía a escribir completamente las narraciones del AT mediante una edición, ampliación y parafraseo relativamente libres. Otra forma de midrás citaba palabras de un texto bíblico y luego las interpretaba. La forma literaria a menudo se parecía a un comentario moderno, si bien las reglas que guiaban la interpretación eran en ocasiones sumamente diferentes a las que emplean los comentaristas actuales. A veces el intérprete proporcionaba una explicación del texto versículo por versículo, pero en otros casos los comentarios de las Escrituras se organizaban según el tema.

El NT contiene midrás y es midrásico en el sentido de que muchos pasajes ofrecen interpretaciones de textos del AT específicos que siguen patrones normales de exégesis sugeridos por los antiguos rabinos. No obstante, algunos críticos recientes que declaran que los Evangelios son midrás o contienen comentarios de esta clase quieren expresar que sus escritores emplearon porciones narrativas del AT para inventar historias sobre la vida de Cristo que no tienen base histórica alguna. La investigación de estas porciones narrativas y la forma en que se emplearon para crear los relatos de los Evangelios se conoce como Crítica de la Midrás. Los críticos de la midrás declaran que los cristianos de la antigüedad no tenían reservas en cuanto a las narraciones acerca de Jesús que carecían de fundamento histórico en tanto expresaran alguna verdad espiritual. Sin embargo, estas declaraciones no son convincentes. El término "midrás", tal como lo emplean estos críticos, se refiere a un "relato teológico" o mito judío. No obstante, 1 Tim. 1:4; 4:6,7 y Tito 1:14 muestran que Pablo, quien indudablemente expresaba la convicción predominante de la iglesia primitiva, despreciaba los "mitos judíos" e instaba a los creyentes a rechazarlos. Segunda Pedro 1:16 niega terminantemente que el relato apostólico sobre "el poder y la venida de nuestro Señor Jesucristo" hubiera sido dado "siguiendo fábulas artificiosas". El NT se puede considerar midrásico dado que contiene citas e interpretaciones de textos del AT. Pero el NT no es midrás si con esto se entiende que sus escritores presentaron sus propias creaciones imaginarias como si fueran historias reales.

El estudio de la midrás tal vez proporcione al intérprete actual de las Escrituras un mayor discernimiento en cuanto a métodos de interpretación empleados a lo largo de la historia judía. A medida que el estudioso examine los puntos fuertes y débiles de estos enfoques para la interpretación, es posible que aprenda cómo la cultura y el punto de vista del mundo en que se desarrolla la persona, afecta su comprensión de la Biblia y cómo puede "interpretar más fielmente la palabra de verdad".

Charles L. Quarles

MIEL, NÉCTAR Producto de las abejas que consiste en una sustancia comestible dulce.

Antiguo Testamento Se mencionan tres tipos de miel: la depositada por abejas silvestres (Deut. 32:13); la de abejas domesticadas (uno de los "frutos de la tierra" 2 Crón. 31:5), y un almíbar preparado con jugo de dátiles y uvas (2 Rey. 18:32). La miel servía de alimento (Gén. 43:11) y como objeto de intercambio comercial (Ezeq. 27:17).

Casi todas las referencias en el AT corresponden a miel silvestre. Las abejas construían sus panales y depositaban la miel en huecos en la tierra (1 Sam. 14:25), bajo las rocas o sus grietas (Deut. 32:13) y en la carcasa de animales (Jue. 14:8). Estaba prohibido usar miel en el holocausto porque fermentaba fácilmente (Lev. 2:11). Era lo suficientemente rara como para considerarla artículo de lujo (Gén. 43:11; 1 Rey. 14:3). Pero en Canaán abundaba, al punto de describir esa tierra como un lugar que "fluye leche y miel" (Ex. 3:8).

La apicultura no se menciona específicamente en el AT; pero más adelante los judíos la practicaron. Las colmenas eran de paja y mimbre. Antes de quitar los panales, el apicultor aturdía a las abejas con humo de carbón y estiércol de vaca quemados frente a las colmenas.

Los mandamientos del Señor son "más dulces que la miel" (Sal. 19:10). La bondad de Dios para con Jerusalén se expresa con la frase "comiste…miel" (Ezeq. 16:13).

Nuevo Testamento La miel se menciona en tres pasajes del NT (Mat. 3:4; Mar. 1:6; Apoc. 10:9,10). En esa época se consideraba alimento de los que vivían en el desierto (Mat. 3:4; Mar. 1:6).

Gary Hardin

MIEMBROS Término empleado para describir partes del cuerpo o individuos que componen un grupo. Jesús advirtió sobre las partes del cuerpo que inducen a la persona a pecar (Mat. 5:29). Pablo, como creyente, luchaba ante la realidad de que las partes del cuerpo continuaban cediendo al pecado (Rom. 6:13). Los miembros corporales constituyen la esfera donde opera la ley del pecado (Rom. 7:23) y las pasiones (Sant. 4:1). La figura de las diversas partes del cuerpo que cooperan en la vida de un organismo suele servir para ilustrar la unidad de la iglesia, que está compuesta por distintos individuos que desempeñan diversas funciones necesarias (Rom. 12:4,5; 1 Cor. 12:12,27; comp. Ef. 4:25; 5:30). Ver *Cuerpo; Iglesia.*

MIGDAL-EDAR Ver *Edar.*

MIGDAL-EL Nombre geográfico que significa "fuerte de Dios". Ciudad fortificada de Neftalí (Jos. 19:38). Estaba situada en el norte de Galilea cerca de Irón.

MIGDAL-GAD Nombre geográfico que significa "Torre de Gad". Aldea cercana a Laquis situada en el distrito de la Sefela en el territorio de Judá (Jos. 15:37). El sitio quizá corresponda a Khirbet el-Mejdeleh ubicado 8 km (5 millas) al sur de Beit Jibrin.

MIGDOL Transliteración de una palabra hebrea que significa "torre, atalaya, fortaleza". Ciudad o fuerte fronterizo en el extremo noroeste de Egipto. El sitio se menciona en relación con dos acontecimientos de la historia bíblica: el éxodo y el exilio. Migdol fue uno de los lugares ubicados sobre o cerca de la ruta del éxodo que se encontraba en las inmediaciones de Pi-hahirot y Baal-zefrón, ambas cercanas al mar (Ex. 14:2). Los refugiados judíos huyeron a Migdol durante el exilio (Jer. 44:1). Allí se proclamaría el juicio futuro de Egipto a manos de Nabucodonosor (Jer. 46:13,14). Ezequiel profetizó que la tierra de Egipto sería devastada "desde Migdol hasta Sevene" (Ezeq. 29:10; 30:6), es decir, desde el extremo norte de la tierra, Migdol, hasta el extremo sur, Sevene.

Dado que "migdol" se podía utilizar como nombre propio, "Migdol", o como sustantivo común, "torre", quedan dos preguntas sin responder. ¿Cuál es la ubicación exacta de Migdol? ¿Todas las referencias a Migdol corresponden al mismo sitio o había más de un lugar con ese nombre en Egipto? Tal vez hubo más de un lugar llamado Migdol, aunque las pruebas no son concluyentes. Las cartas de Amarna de Egipto hacen referencia a una ciudad egipcia llamada Maagdali, pero no se proporciona información sobre su ubicación. Por ejemplo, un manuscrito sobre papiro menciona la Migdol del faraón Seti I. Esta Migdol estaba ubicada cerca de Tjeku, pero todavía se discute la ubicación de esta última. Algunos prefieren identificar Tjeku con Sucot, la actual Tell el-Maskhutah, en tanto que otros la equiparan con Tell el-Her que se encuentra un poco más al norte, cerca de Pelusium. Por este motivo podemos suponer que existían por lo menos dos lugares llamados Migdol: la Migdol que mencionan Jeremías y Ezequiel, ubicada cerca de Pelusium, y otra que se hallaba en la ruta del éxodo, cerca de Sucot. Es probable que ambas hayan formado parte de una línea de fuertes fronterizos o migdols diseñados para proteger Egipto contra la invasión proveniente del Sinaí. Ver *Amarna, Tell el; Egipto; Torre de vigilancia.*

LaMoine DeVries

MIGRÓN Nombre geográfico que significa "precipicio". Ciudad (o ciudades) de Benjamín (1 Sam. 14:2; Isa. 10:28). Por lo general, la que aparece en 1 Sam. está cerca de Gabaa al sur de Micmas. La que aparece en Isa. 10 generalmente se sitúa entre Hai y Micmas, es decir, al norte de esta última. Los lugares sugeridos incluyen Makrun, Tell Miryam y Tell el 'Askar.

MIGUEL Nombre de persona que significa "¿Quién es como Dios?" Arcángel que oficiaba como guardián de la nación de Israel (Dan. 10:13,21; 12:1). Miguel luchó junto con Gabriel a favor de Israel contra el príncipe (ángel patrono satánico) de Persia. Este Miguel angelical aparece en gran parte de la literatura extrabíblica durante el período intertestamentario. En Apoc. 12:7, Miguel comanda los ejércitos de Dios contra las fuerzas del dragón en una guerra celestial. Judas 9 hace referencia a una disputa por el cuerpo de Moisés que se llevó a cabo entre el diablo y Miguel. Según Orígenes (185–254 d.C.), este relato formaba parte de la obra extrabíblica denominada *La Asunción de Moisés.* El incidente no se menciona en los fragmentos existentes de esta obra. Ver *Ángel.*

MIJAMÍN Forma abreviada del nombre de persona Miniamin que significa "afortunado" (lit. "de la diestra"). Documentos comerciales neobabilónicos y persas atestiguan de este nombre. **1.** Sacerdote de la época de David (1 Crón. 24:9). **2.** Sacerdote que regresó del exilio con

M

Zorobabel (Neh. 12:5). **3.** Sacerdote que fue testigo de la renovación del pacto que efectuó Esdras (Neh. 10:7). **4.** Laico que tenía una esposa extranjera (Esd. 10:25).

MILAGROS, SEÑALES, PRODIGIOS Acontecimientos que indudablemente implicaban una acción inmediata y poderosa de parte de Dios cuyo objetivo era revelar Su carácter y propósitos. Las palabras que se emplean en las Escrituras para describir algo milagroso son señal, maravilla, prodigio, obra, hecho poderoso, portento, poder. Estos términos indican la inspiración de los autores de la Escritura que percibieron el dominio divino sobre la naturaleza, la historia y los seres humanos.

Antiguo Testamento Las dos palabras hebreas que se emplean con más frecuencia para referirse a un "milagro" se traducen "señal" (*ot*) y "maravilla" o "prodigio" (*mophet*). Son términos sinónimos y suelen aparecer juntos en el mismo texto (Ex. 7:3; Deut. 4:34; 6:22; 7:19; 13:1; 26:8; 28:46; 34:11; Neh. 9:10; Sal. 105:27; Isa. 8:18; Jer. 32:20; Dan. 6:27). Una "señal" puede aludir a un objeto o actividad diaria, como así también a una acción divina inesperada (Gén. 1:14; Ex. 12:13; Jos. 4:6; Ezeq. 24:24). La naturaleza básica de una señal es que induce a la gente a acercarse a Dios. "Milagros, maravillas, prodigios" describen la actividad sobrenatural de Dios, una manifestación especial de Su poder (Ex. 7:3), pero los profetas falsos también pueden realizar acciones que la gente considera señales y prodigios (Deut. 13:1-3). Los milagros pueden servir como señal de un suceso futuro. Las señales buscan producir fe (Ex. 4:5; comp. 10:2) pero no obligan a la persona a creer (Ex. 4:9). Dios a veces insta a la gente a pedir señales (Isa. 7:11). Las señales que Él llevó a cabo deberían hacer que todos los pueblos de la tierra se llenen de asombro (Sal. 65:8). Todos deberían unirse al salmista para confesar que el Dios de Israel es "el único que hace maravillas" (Sal. 72:18).

Nuevo Testamento La frase "señales y prodigios" se suele utilizar en el NT del mismo modo que en el AT y también en la literatura helenista (Mat. 24:24; Mar. 13:22; Juan 4:48; Hech. 2:43; 4:30; 5:12; 6:8; 7:36; 14:3; 15:12; Rom. 15:19; 2 Cor. 12:12; 2 Tes. 2:9; Heb. 2:4).

La palabra "señal" (*semeion*) en el NT se utiliza para referirse a milagros como evidencias de autoridad divina. A veces se traduce "milagro" (Luc. 23:8 NVI; Hech. 4:16,22 LBLA, NVI). Juan era particularmente adepto a utilizar la palabra "señal" para indicar una actividad milagrosa (2:11,18,23; 3:2; 4:54; 6:2,14,26; 7:31; 9:16; 10:41; 11:47; 12:18; 20:30; Apoc. 12:1,3; 13:13,14; 15:1; 16:14; 19:20).

"Prodigios" (*teras*) es la traducción de una palabra griega de donde proviene el término "terror". Denota algo inusual que provoca que el observador se maraville. Si bien generalmente aparece luego del término "señales", a veces lo precede (Hech. 2:22,43; 6:8) o se menciona por sí solo (como en Hech. 2:19). Mientras que una señal apela al entendimiento, un prodigio despierta la imaginación. Los "prodigios" por lo general se presentan como acción divina (Hech. 2:19; 4:30; 5:12; 6:8; 7:36; 14:3; 15:12), aunque en ocasiones se refieren a la obra de Satanás a través de instrumentos humanos (Mat. 24:24; Mar. 13:22; 2 Tes. 2:9; Apoc. 13:11-13).

Los escritores del NT también emplearon *dunamis*, poder o capacidad inherente, para aludir a la actividad de origen o carácter sobrenatural (Mar. 6:2; Hech. 8:13; 19:11; Rom. 15:19; 1 Cor. 12:10, 28,29; Gál. 3:5; 2 Tes. 2:9; Heb. 2:4).

"Obra" o "hecho" (*ergon*) también se utilizan en el NT para referirse a un "milagro". Cuando Juan el Bautista estaba en prisión escuchó de los "hechos" de Jesús (Mat. 11:2). El apóstol Juan empleaba el término con frecuencia (5:20,36; 7:3; 10:38; 14:11,12; 15:24).

Consideraciones desde el punto de vista del mundo Los argumentos filosóficos y teológicos contemporáneos sobre la posibilidad de "milagros" y su definición reflejan los cambios que ha experimentado el punto de vista del mundo en los últimos siglos: de un concepto teísta del universo a uno ateo. La tensión que se percibe entre lo natural y lo milagroso es resultado de un naturalismo que se esfuerza por erradicar lo sobrenatural de la esfera de lo real.

La gente de los tiempos bíblicos no se enfrentaba con este problema. La perspectiva bíblica del universo consiste en que es creado, sustentado y providencialmente gobernado por Dios. La Biblia no hace distinción particular entre lo natural y lo sobrenatural. En el suceso "natural", la Biblia considera que Dios obra de manera providencial; en lo milagroso, actúa de maneras asombrosas para que la gente dirija la atención hacia Él o Sus propósitos.

A lo largo de los siglos, los pensadores cristianos han expresado de diversas maneras la relación entre los milagros y el orden natural. Algunos sostienen que los milagros no van en contra de lo natural (por ej., Agustín y C. S. Lewis). Este punto de vista armónico sostiene que el conocimiento humano con su perspectiva limitada no entiende ni comprende plenamente las leyes elevadas que Dios utiliza para llevar a cabo obras milagrosas. Otros (como Tomás de Aquino) sostienen que los milagros están al margen de las leyes naturales. Este enfoque se denomina intervencionista; se basa en creer que Dios interviene en el orden natural para obrar lo milagroso.

El punto de vista que uno posee en cuanto a lo milagroso se relaciona con la opinión que se tenga sobre el universo. Una perspectiva mecanicista cree que el mundo está controlado por leyes naturales inalterables y no puede aceptar la posibilidad de milagros. Los cristianos de todas las edades se han negado a aceptar que el universo sea tan limitado. Ellos respaldan la constante actividad milagrosa de Dios en el universo que Él creó; universo en el que sigue interesado, utiliza para revelarse a sí mismo y ha prometido redimir. Ver *Señal.* *T. R. McNeal*

MILALAI Nombre de persona que significa "elocuente". Músico que participó en la dedicación del muro junto a Nehemías (Neh. 12:36). El nombre no aparece en la traducción griega más antigua, lo que indujo a algunos a sugerir que existió un error de copista al repetir el nombre que aparece a continuación (Gilalai). No obstante, el texto griego más breve tal vez se deba a una omisión porque el escriba pasó por alto una palabra con la misma terminación.

MILANO Ave de presa, descrita mejor como carroñera de la familia *Accipitridae* (halcón), la subfamilia de *Milvinae* del género *Milvus.* Es de tamaño mediano y color rojo (Lev. 11:14; Deut. 14:13). Se consideraba inmunda y no apta para consumo humano.

MILCA Nombre de persona que significa "reina". **1.** Sobrina de Abraham y esposa de Nacor, el hermano del patriarca. Tuvo siete hijos, entre ellos Betuel, el padre de Rebeca (Gén. 11:29; 24:15). **2.** Una de las cinco hijas de Zelofehad (Núm. 26:33) que quedaron sin sustento después de la muerte del padre. Presentaron su causa ante Moisés para que se les otorgara una herencia tal como habría sucedido en el caso de un hijo varón. Dios le ordenó a Moisés que le entregara a cada una de las hijas una parte de la herencia de las posesiones del padre (Núm. 27:1-8; 36:11; Jos. 17:3), lo que estableció un hito dentro de las reglamentaciones de Israel.

MILCOM Nombre de deidad que significa "rey" o "su (de ellos) rey". Aparentemente, una forma creada por escribas hebreos para calumniar y evitar pronunciar el nombre del dios nacional de los amonitas (1 Rey. 11:5,7) que tal vez haya sido identificado con Quemos, el dios de Moab. En la inscripción hallada en Mesa, Pareciera que hubo un dios llamado Atar cuyos títulos locales eran Quemos y Milcom. Es probable que este culto se haya practicado en Jerusalén antes de la conquista israelita. El nombre del dios quizá haya sido "Rey" o el título que se le asignaba como rey de los dioses. David derrotó a Amón y confiscó la corona (2 Sam. 12:30) de su rey. Otras versiones dicen que tomó la corona de la estatua del dios Milcom. Salomón edificó santuarios para Milcom en el Monte de los Olivos a pedido de sus esposas extranjeras, lo que revivió el antiguo culto (1 Rey. 11:5,33). Los lugares donde estaban los santuarios de Salomón fueron destruidos y profanados durante las reformas de Josías en el 621 a.C. (2 Rey. 23:13). Jeremías describió los logros atribuidos a Milcom en el pasado pero, haciendo un juego de palabras relacionado con Jue. 11:24, anunció su destrucción y cautiverio (Jer. 49:1,3). La adoración a Milcom implicaba dejar de lado a Yahvéh (Sof. 1:5,6). En Amós 1:15, la palabra hebrea *malcam* se traduce simplemente "su rey", aunque la expresión sugiere que el dios de los amonitas iría con ellos al exilio. Ver *Amón; Dioses paganos; Moab; Moloc; Quemos.*

MILENIALES, PERSPECTIVAS Ver *Apocalipsis, Libro de.*

MILENIO El pasaje bíblico que menciona los "mil años" es Apoc. 20:1-7, donde aparece seis veces. La Vulgata latina emplea *mille anni* y otras formas relacionadas con esta expresión para traducir la frase griega *chilia ete.*

Se han propuesto varias explicaciones teológicas para esclarecer la idea de Apoc. 20 y también de otros pasajes de las Escrituras que podrían estar relacionados con el mismo tema. La opinión que uno tenga de este texto estará determinada por la manera de interpretar la profecía predictiva y el concepto que se tenga del lenguaje simbólico y apocalíptico.

En sentido amplio se puede hablar de tres escuelas de pensamiento: amilenialista, premilenialista y

M

postmilenialista. Los prefijos "a", "pre" y "post" tienen en cuenta el momento en que se produce la segunda venida del Señor Jesucristo respecto a los "mil años". Por lo tanto, los postmilenialistas aducen que Cristo regresará después de los "mil años". Los premilenialistas argumentan que Cristo viene antes de ese período. Los amilenialistas también declaran que el Señor regresa después de los mil años, tal como dicen los postmilenialistas, pero interpretan ese período de manera diferente. En el caso de los amilenialistas, tal como lo sugiere el prefijo, en realidad no existen mil años literales. Más bien, consideran que todo el período entre la primera y segunda venida de Cristo constituye el "milenio". Algunos postmilenialistas concuerdan con los amilenialistas en declarar que el milenio tal vez no corresponda a mil años literales, aunque generalmente coinciden con los premilenialistas en que este período pertenece al futuro. Existen muchos conceptos diferentes aun entre los que respaldan el mismo concepto sobre el milenio.

Los amilenialistas consideran que el comienzo de los mil años se produce cuando el diablo es atado (Apoc. 20:2,3), lo que se interpreta como que ha sucedido en la primera venida de Cristo. En Mar. 3:27, Jesús menciona que un "hombre fuerte" es atado. Los amilenialistas también creen que el final llegará con un único cataclismo que no deja lugar para un reino milenial de Cristo sobre la tierra. Efesios 1:10 y Rom. 8:18-23 sugieren que habrá un único acontecimiento. Jesús mismo habló de "aquel día" en que tendrá lugar la resurrección. En un pasaje clásico, la resurrección de los justos y los injustos parece ocurrir el mismo día (Juan 5:24-29).

El argumento principal de los postmilenialistas es que el evangelio avanzará victoriosamente en el mundo, cristianizará a las naciones y conducirá a una edad de oro (los mil años: expresión literal o simbólica para referirse a un extenso período de tiempo). En Mat. 16, Jesús le prometió a la iglesia que iba a triunfar en el mundo. Los postmilenialistas nos recuerdan que Jesús aseguró que "las puertas del Hades" no prevalecerían contra la iglesia. Las puertas no se emplean para atacar sino para defender. La iglesia triunfará a medida que vaya avanzando. Las defensas de Satanás caerán bajo el poder tremendo de la Palabra de Dios. Jesús prometió lo mismo en la parábola de la semilla de mostaza (Mat. 13:31,32; Mar. 4:30-32; Luc. 13:18,19). En Apoc. 7:9,10 se ve una multitud de redimidos. Los postmilenialistas consideran que esto se refiere al gran avance y victoria del evangelio en el mundo.

Los premilenialistas afirman que el milenio comenzará con la llegada imprevista de Jesús en Su segunda venida tal como indica Apoc. 19:11-21. Sólo entonces veremos el reinado de Cristo en la tierra. Cuando el libro de Apocalipsis se lee siguiendo una progresión cronológica, el escenario premilenial se revela de manera natural. Los premilenialistas apelan a numerosas profecías del AT que Dios dio en relación a la nación de Israel y la tierra de Canaán, tales como Jer. 30–33; Ezeq. 36–37; 40–48; Isa. 2; 11–12; Joel 2; etc. Muchos premilenialistas sostienen que estos textos aguardan un cumplimiento futuro. Algunos premilenialistas afirman además que las profecías del AT no se deben espiritualizar ni alegorizar sino que deben ser entendidas como predicciones a Israel. Así como las profecías sobre la primera venida de Cristo se cumplieron literalmente, lo mismo sucederá con las relacionadas a Su segundo advenimiento. En el Sermón del Monte, Jesús habló de heredar la tierra (Mat. 5:5; comp. Sal. 37). En Rom. 11:11-36, el apóstol Pablo aguardaba un futuro para Israel y es muy probable que pensara en una fase intermedia de ese reino entre la venida de Cristo y el fin (1 Cor. 15:20-28).

Dejando de lado las diferencias en cuanto a los detalles, todos los evangélicos creen firmemente en la segunda venida literal de Jesucristo. Ver *Arrebatamiento; Escatología; Esperanza; Setenta semanas; Tribulación.* *Doros Zachariades*

MILETO Antigua ciudad ubicada sobre la costa occidental de Asia Menor. Mileto tenía cuatro dársenas naturales y constituía un puerto importante en las culturas de Minoa y Micene. Después del 700 a.C., los jonios la convirtieron en un centro mercantil aun más destacado. Se

El teatro en Mileto.

Vista de una pasarela por debajo de donde se sentaban los espectadores en el teatro de Mileto.

Reconstrucción de la ciudad de Mileto, en Asia, tal como era en el siglo I d.C.

utilizaba como puerto de Éfeso. Poseía una importante escuela de filosofía, muchos artesanos se desempeñaban en ese sitio y fue una de las primeras ciudades en acuñar monedas. Esta cultura floreció hasta el 494 a.C. cuando los persas saquearon la ciudad para sofocar la revolución encabezada por los jonios. Alejandro Magno se apoderó de Mileto en el 334 a.C. mientras se dirigía hacia oriente; la ciudad experimentó un reavivamiento de las artes durante el régimen helenista. Su belleza arquitectónica fue lo que más se incrementó y la influencia romana aceleró el desarrollo económico.

Cuando Pablo viajó a Mileto se encontró con una ciudad poderosa. Es probable que la gente haya recibido bien el evangelio que él predicaba. Decidió reunirse en Mileto con los ancianos de la iglesia de Éfeso (Hech. 20:15-17). El apóstol tal vez realizó una segunda visita a la ciudad algunos años más tarde (2 Tim. 4:20). Para el 100 d.C. el puerto comenzó a encenagarse, lo que dio como resultado que la ciudad perdiera gradualmente su utilidad e importancia. En la actualidad, las ruinas se encuentran a más de 8 km (5 millas) de la costa. Ver *Asia Menor, Ciudades de; Éfeso.*

Mike Mitchell

MILLA La milla romana de Mat. 5:41 mide aprox. 1478 m (4848 pies; unos 130 m [432 pies] menos que la medida actual de la milla).

MILLO [*panicum miliacum*] El grano de cereal más pequeño que existe. El pan que se obtiene del millo es de baja calidad y normalmente se mezcla con otros granos (Ezeq. 4:9). Algunos identifican el término hebreo con el "sorgo" (*Sorghum vulgare*).

MILO Palabra hebrea que significa "relleno" y describe un sistema de terrazas de piedra que se empleaba en las construcciones antiguas. **1.** La historia de Abimelec en el libro de Jueces menciona "la casa de Milo". Probablemente haya sido un suburbio de Siquem donde había un santuario cananeo. El altar estaba edificado sobre una plataforma o relleno artificial y, por esta razón, recibió el nombre de "casa de Milo (relleno)". **2.** Más allá del sitio jebuseo original que conquistó David, Jerusalén se extendía hacia el norte e incluía el Monte Moriah, el lugar del templo futuro. Un amplio espacio abierto entre el monte y la ciudad principal abajo dejaba una gran superficie para agregar edificios. A lo largo de la ladera del monte se levantaron una serie de paredes de contención a fin de proporcionar una plataforma nivelada para poder construir sobre ella. Se descargaron grandes cantidades de tierra y roca detrás de las paredes para formar terrazas amplias que sostuvieran los salones y residencias reales que Salomón tenía planeado edificar. La zona recibió el nombre de Ofel, que significa "alto" o "elevado". Es probable que se hayan construido terrazas de contención suplementarias sobre las laderas meridionales de la ciudad a fin de extender el área disponible para la construcción de otros edificios de uso general. El asesinato de Joás llevado a cabo por sus propios hombres cerca de "la casa de Milo, cuando descendía él a Sila" quizá se refiera a las terrazas que había en esa parte de la ciudad.

MINAS Y MINERÍA Extracción de minerales de la tierra.

Las minas más antiguas Las primeras actividades mineras en la Medialuna Fértil procuraban proporcionarle a la gente los materiales necesarios para fabricar armas y herramientas. Si bien los asentamientos amurallados más antiguos de la región datan de épocas previas al 6000 a.C., mucho tiempo antes ya se extraían materiales de

Un mojón para señalar una milla romana. Las inscripciones están en dos idiomas: palmireño y griego.

las minas para fabricar herramientas. En fechas anteriores al 10.000 a.C., los pueblos empleaban utensilios y armas hechas del pedernal que se hallaba en la superficie de la tierra. Los pueblos de la antigüedad indudablemente extraían de las capas expuestas de obsidiana (una roca volcánica negra) y sílex (horsteno) el material necesario para fabricar hachas, cuchillos para matar animales y rascaderas para limpiar alimentos. Los utensilios de piedra se comenzaron a usar más cuando surgieron la domesticación de animales y el cultivo de trigo y cebada. Las hojas con bordes dentados de las hoces se obtenía del pedernal; varios trozos cortados de este material se sujetaban a un mango de hueso o madera. Las herramientas de piedra más grandes, como el hacha manual, eran apropiadas para cortar y moldear vigas de madera para las construcciones. Las piedras extraídas de la superficie se empleaban para fabricar armas para cazar. Hojas laminadas de todos los tamaños se empleaban como cuchillos. La gran cantidad de puntas de lanza detalladamente trabajadas que se hallaron junto a huesos de animales demuestra que los hombres de la edad neolítica que habitaban en Palestina dependían de la caza. Para teñir y coser cueros se empleaban rascaderas y punzones de pedernal.

Bronce Las herramientas de cobre fueron inmediatamente reemplazadas. Alrededor del 3200 a.C., los que trabajaban metales descubrieron que la combinación de nueve partes de cobre con una de estaño formaba un metal mucho más resistente: el bronce. Este se convirtió en el material más utilizado de la época debido a su mayor maleabilidad. El cobre para fabricar bronce se continuó extrayendo del mismo modo, aunque las herramientas de piedra para cavar fueron reemplazadas por otras más resistentes fabricadas con bronce. Los depósitos de estaño en la Mesopotamia hicieron que el desarrollo de esta nueva tecnología fuera más sencillo en el extremo norte de la Medialuna Fértil, en tanto que Palestina y Egipto, debido a la falta de depósitos naturales y minas de estaño, se veían forzadas a importarlo. Las regiones correspondientes a la actual Afganistán exportaban estaño para todo el antiguo Cercano Oriente.

Aproximadamente en el 2500 a.C., los fenicios establecieron colonias en España y Portugal para explotar los vastos suministros locales de cobre y estaño. Las provisiones de este último procedentes de estos países y de otros lugares de Europa se continuaron transportando por barco a todo el antiguo Cercano Oriente hasta la época romana. En las minas de estaño romanas en Bretaña trabajaban esclavos y había pozos de aprox. 100 m (350 pies) de profundidad. Las minas de cobre de Timna, en Palestina, estuvieron bajo el dominio egipcio durante la Edad de Bronce tardía. Se han descubierto ruinas de un pequeño templo abierto dedicado a Hathor, la diosa patrona de los mineros. El recinto posee una pequeña área sagrada delimitada con *matsevot*, columnas dedicadas a la deidad. El sitio más importante del santuario, su "lugar santísimo", lo constituía un altar central con nichos diminutos cavados en la parte saliente del precipicio donde estaba ubicado. El altar se hallaba totalmente oculto con una cubierta de lana. El diseño del templo del desierto es similar al tabernáculo israelita o a la tienda de reunión. Los ceneos y los madianitas ocuparon Timna antes del 1100 a.C., pero no se han identificado ruinas correspondientes al período comprendido entre el 1000 y el 900. No obstante, resulta difícil imaginar que Israel no haya explotado en el período de la monarquía unida estos valiosos depósitos que se encontraban dentro de su territorio, en especial durante el reinado de Salomón.

Cobre El uso de minerales extraídos de la tierra comenzó cerca de Catal Huyuk en Asia Menor aprox. en el 6500 a.C. Es probable que los seres humanos hayan descubierto las propiedades de la fundición mientras fabricaban pigmentos a partir de malaquita triturada, un carbonato de cobre color verdoso. Esto dio comienzo a la era calcolítica que se extendió aprox. entre el 4500 y el 3200 a.C.

La Biblia hace referencia a Tubal-caín, un descendiente de Caín, como padre de las artesanías de cobre (bronce) y de hierro (Gén. 4:22). Inicialmente, el primero se obtenía de depósitos ubicados en la superficie de la tierra. No obstante, poco tiempo después se comenzaron a cavar pozos y túneles en las zonas donde los depósitos superficiales indicaban que debajo había más cantidad de ese mineral. En el Arabá y el Sinaí se descubrieron asentamientos mineros. En las montañas y colinas del Valle de Timna se cavó una serie de pozos para llegar hasta los valiosos depósitos de cobre que se hallaban debajo de la superficie. Cerca de las minas se construyeron chozas, muros para detener el viento y áreas de fundición para llevar a cabo las actividades mineras. Es probable que las ruinas del centro minero de Khirbet en-Nahas, situado unos 27 km

(17 millas) al sur del Mar Muerto, indiquen la ubicación de la Nahas bíblica, la "ciudad del cobre". No obstante, en Palestina no había demasiado cobre. Gran parte de lo que se utilizaba se importaba de regiones donde había más concentración de este mineral. Se mantenían relaciones comerciales con asentamientos de Asia Menor, Armenia y la isla de Chipre. Las láminas y lingotes de cobre se trasladaban miles de kilómetros por mar y tierra para suplir el creciente requerimiento de herramientas, armas y joyas fabricadas con este material. Años más tarde, estos lingotes se emplearon como una especie de moneda rudimentaria. Antes del 3000 a.C., se descubrió que el cobre se podía mezclar con arsénico para obtener una aleación más resistente. Las herramientas de cobre duraban más que las de piedra y podían resistir un uso más intenso. Los hombres continuaron excavando vetas de minerales siguiendo el rastro de los depósitos y haciendo túneles de aprox. 45 m (50 yardas) de largo en la ladera de un monte. El amplio uso del cobre en el antiguo Cercano Oriente se puso de manifiesto con el descubrimiento de la magnífica reserva de este metal en Nahal Mishmar cerca del Mar Muerto. Entre los más de 400 artefactos de cobre había numerosas cabezas de mazas, cinceles, azuelas, cetros y "coronas" pequeñas y pesadas. Lo más probable es que el cobre de Nahal Mishmar se importara de Armenia o Azerbaiyán, sitios ubicados a cientos de kilómetros de distancia.

Hierro El caos político posterior al 1300 a.C. interrumpió las rutas mercantiles y las prácticas comerciales del antiguo Cercano Oriente. El suministro de cobre se redujo y Egipto y Palestina interrumpieron la importación de estaño y cobre, lo que forzó a los trabajadores del metal a desarrollar un método nuevo para fabricar herramientas. La atención se volcó hacia el hierro. Si bien el descubrimiento en Egipto de pequeños glóbulos minerales demuestra que ya alrededor del 4000 a.C. se empleaban rocas meteóricas para fundir el hierro, el punto de fundición mucho más elevado de este material (200° C [400° F] más que para el cobre) demandó el desarrollo de nuevas técnicas. El calor necesario era tan intenso que la Biblia compara la esclavitud de Israel en Egipto con el horno de un herrero (Deut. 4:20). Se crearon aventadores más eficientes para producir las altas temperaturas necesarias para derretir el mineral de hierro. Dado que los depósitos de este metal yacían cerca de la superficie, resultaba mucho más fácil extraerlo que al cobre.

Los heteos (hititas) estuvieron entre los primeros pueblos antiguos en utilizar el hierro en gran escala. Comercializaban herramientas y armas con Egipto. No obstante, durante la mayor parte del tiempo mantuvieron el monopolio de este metal, que recién comenzó a usarse de manera más amplia después de la caída del reino hitita aprox. en el 1200 a.C. Aun así, Israel lo utilizó muy poco. La Biblia describe Canaán como una tierra "cuyas piedras son hierro, y de cuyos montes sacarás cobre" (Deut. 8:9). El suministro de estos materiales era bastante escaso. Es probable que las minas situadas en Galaad cerca de 'Ajlun en Magharat Warda hayan constituido uno de los yacimientos de hierro más antiguos de Palestina. Tal vez la cama de hierro del rey Og de Basán se haya hecho con material proveniente de ese lugar.

La Biblia señala que en Palestina, los filisteos ejercían el control de las tareas realizadas con hierro (1 Sam. 13:19-22), razón por la cual los israelitas no podían conquistar los asentamientos filisteos en la llanura costera y la Sefela. El dominio que estos "pueblos del mar" ejercían sobre la tecnología del hierro da muestras del desarrollo y uso temprano de este metal en la región del Egeo, lugar de morada de los filisteos. En Bet-semes, fortaleza filistea ubicada en el Valle del Jordán, se descubrió una extensa zona industrial con instalaciones para trabajar bronce y hierro. Los hornos de fundición y los conductos para circulación del calor son prueba del trabajo que se realizaba con los metales. También se hallaron grandes cantidades de armas y joyas de hierro. Sin embargo, las excavaciones realizadas en otras ciudades filisteas como Asdod y Tel Qasile (cerca de la actual Tel Aviv) no reflejan que el hierro se usara en gran escala. Si bien es probable que los filisteos hayan controlado en cierta medida el uso del hierro, no ejercían el monopolio pleno. La mayor parte de las herramientas palestinas continuaron siendo de bronce. Herramientas comunes como las hoces se siguieron fabricando de pedernal, incluso después del 1000 a.C. Carros, puntas de lanza, cuchillos, espadas y otras herramientas de uso común como hoces y arados, todos de hierro, se popularizaron después del 900 a.C., momento en que reemplazaron a sus antecesores de bronce. Durante la época de la monarquía unida, Israel fue incrementando el control de las exportaciones de bronce y metales en todo el antiguo Cercano Oriente, lo cual proporcionó inmensas riquezas en los reinados de

David y Salomón. Este desencadenó una virtual guerra comercial entre Israel y los arameos que habitaban al norte.

Otros minerales En el antiguo Cercano Oriente también se extraían otros minerales, pero estos eran más difíciles de obtener y manipular. El lapislázuli, piedra color azul oscuro, se extraía debido a su belleza y se empleaba para fabricar joyas. La loza fina egipcia constituyó un intento de producir lapislázuli sintético. El plomo ya se extraía en el 3000 a.C., pero su poca resistencia lo hacía inadecuado para fabricar herramientas o joyas. Más tarde se lo adicionó al bronce y, durante el período romano, se utilizó para elaborar vidrio. La plata se extrajo por primera vez en el noreste de Asia Menor de una aleación con plomo. También se extraía electro, plata mezclada con pequeñas cantidades de oro. El oro puro se encuentra en vetas de granito. No obstante, en los períodos más antiguos no se explotaba. Más bien, el desgaste de las rocas que contenían oro hacía que trozos de este material del tamaño de una arveja o un poco más grande aparecieran en arroyos y ríos mezclados con grava aluvial. El oro comenzó a extraerse mucho después debido a que se hallaba en zonas más aisladas correspondientes en su mayoría a las porciones superiores de los ríos en regiones como Egipto, el Desierto de Nubia y el Cáucaso. Las minas de oro recién comenzaron a explotarse aprox. en el 2500 a.C. dado que el nacimiento de los ríos y las corrientes solían encontrarse en lugares menos accesibles o inapropiados para el pastoreo de rebaños. En pinturas egipcias se observa cómo se lavaba la arena de los ríos para extraer pepitas, y autores como Strabo y Plinio el Viejo (60 d.C.) en épocas posteriores hablaron sobre los ricos depósitos de oro en España. La rareza del oro lo convirtió en sinónimo de riqueza y lujo extravagante. La descripción que el apóstol Juan hace del cielo como ciudad con paredes y calles de oro le proporciona al creyente un atisbo de la grandeza y gloria de la eternidad junto a Dios. Ver *Minerales y metales.*

David C. Maltsberger

MINERALES Y METALES Elementos o compuestos inorgánicos que se encuentran en forma original en la naturaleza. El registro bíblico menciona una gran cantidad de minerales y metales.

Piedras preciosas Las piedras son preciosas debido a su rareza, dureza y belleza, esta última reflejada en el color, la transparencia, el lustre y la brillantez. La Biblia posee tres listas principales de piedras preciosas: las doce piedras del pectoral de Aarón (Ex. 28:17-20; 39:10-13), los tesoros del rey de Tiro (Ezeq. 28:13) y las piedras de los cimientos del muro de la nueva Jerusalén (Apoc. 21:18-21). En Job 28:15-19; Isa. 54:11,12 y Ezeq. 27:16 se encuentran otras listas. Desafortunadamente, la identificación de algunos términos es imprecisa, tal como se observa al comparar las listas de las diversas traducciones.

Ágata Especie de calcedonia multicolor con franjas. Se hallaba en el pectoral de Aarón (Ex. 28:19) y algunas traducciones la consideran la tercera piedra del cimiento de la nueva Jerusalén (Apoc. 21:19).

Amatista (Ex. 28:19; 39:12; Apoc. 21:20) Especie de cuarzo color azul violáceo equivalente a la amatista actual.

Berilo (silicato de aluminio y berilio) En la mayoría de las traducciones, el berilo es la primera piedra de la cuarta fila del pectoral (Ex. 28:20; 39:13; "topacio" NVI). Hay más certeza en cuanto al uso del término berilo en Apoc. 21:20.

Calcedonia Traducción alternativa de ágata en algunas versiones; tercera piedra que decoraba el cimiento de la nueva Jerusalén (Apoc. 21:19). Esta especie de cuarzo no cristalino, o dióxido de silicona, presenta muchas variedades entre las que se encuentran el ágata, la cornalina, el crisopraso, el sílex, el jaspe y el ónice.

Carbunclo Tercera piedra del pectoral de Aarón (Ex. 28:17; 39:10; "esmeralda" LBLA, NVI) y material de las puertas de la Jerusalén restaurada (Isa. 54:12; "cristal" LBLA; "joyas brillantes" NVI).

Coral (Job 28:18; Ezeq. 27:16; Lam. 4:7) Carbonato de calcio formado por la acción de animales marinos.

Cornerina o cornalina Especie de calcedonia de color rojo que va desde una tonalidad clara hasta el marrón. Una de las piedras del rey de Tiro (Ezeq. 28:13; "rubí" LBLA, NVI) y sexta piedra del cimiento del muro de la nueva Jerusalén (Apoc. 21:20; comp. 4:3).

Crisólito (Apoc. 21:20; Ezeq. 1:16; 10:9; 28:13; "topacio" LBLA) Representa diversos materiales amarillentos.

Crisopraso Especie de calcedonia de color verde manzana; décima piedra del cimiento del muro de la nueva Jerusalén (Apoc. 21:20).

Cristal Las dos palabras hebreas que se traducen cristal se relacionan con el "hielo" y se refieren al cuarzo. El mar de Apoc. 4:6 es de cristal; el río de la vida (Apoc. 22:1) se compara con este mineral.

Diamante La palabra hebrea aparece en Jer. 17:1; Ezeq. 3:9; Zac. 7:12. Se lo describe como "más fuerte que pedernal" (Ezeq. 3:9). Podría referirse al esmeril (Ezeq. 3:9 LBLA) o a una piedra imaginaria poseedora de una dureza impenetrable. Tercera piedra de la segunda fila del pectoral del sumo sacerdote (Ex. 28:18; 39:11; "jade" NVI) y una de las joyas del rey de Tiro (Ezeq. 28:13 LBLA). Sin embargo, no se sabe con certeza si los diamantes eran conocidos en el antiguo Cercano Oriente, y además la traducción es imprecisa.

Esmeralda Especie de berilo color verde brillante que los israelitas obtenían fácilmente. Por lo general se considera la cuarta piedra del pectoral del sumo sacerdote y una de las que tenía el rey de Tiro (Ex. 28:18; 39:11; Ezeq. 28:13). El arco iris que rodeaba el trono se compara con una esmeralda (Apoc. 4:3); también constituía la cuarta piedra del cimiento del muro de la nueva Jerusalén (Apoc. 21:19).

Jacinto Especie de silicato de circonio transparente con tonalidades entre rojo y marrón. Se encuentra en el pectoral de Aarón (Ex. 28:19; 39:12) y en el cimiento del muro de la nueva Jerusalén (Apoc. 21:20).

Extremo de un bastón de oro decorado con cabezas de león en lapislázuli.

Jaspe (Ex. 28:20; 39:13; Apoc. 21:11,18, 19). Especie de calcedonia de color rojo, amarillo, marrón o verde opaco.

Ónice Especie de calcedonia con aspecto listado; el sardónice incluye capas de cornalina. Había ónice en el efod (Ex. 25:7; 28:9; 35:27; 39:6) y en el pectoral del sumo sacerdote (Ex. 28:20; 39:13). Fue provisto para adornar el templo (1 Crón. 29:2) y era una de las piedras preciosas del rey de Tiro (Ezeq. 28:13).

Perla (Job 28:18; "rubíes" NVI). Formación alrededor de un cuerpo extraño producida dentro de ciertos moluscos. En el NT, la "perla" se compara con el reino de Dios (Mat. 13:46), se emplea como metáfora para referirse a la verdad (Mat. 7:6) y como símbolo de la falta de modestia (1 Tim. 2:9; Apoc. 17:4; 18:16). La perla también constituye uno de los materiales de las puertas de la nueva Jerusalén (Apoc. 21:21).

Rubí Especie rojiza del corindón u óxido de aluminio. Primera piedra del pectoral de Aarón que a veces se traduce "rubí" (Ex. 28:17; 39:10 NVI). También se lo menciona como una de las piedras preciosas del rey de Tiro (Ezeq. 28:13 NVI, LBLA). En estos tres pasajes, la RVR1960 traduce el término "piedra sárdica", "sardio" y "cornerina".

Topacio Segunda piedra del pectoral de Aarón (Ex. 28:17; 39:10) que también se menciona en la lista sobre la sabiduría (Job 28:19) y entre las piedras preciosas del rey de Tiro (Ezeq. 28:13). El topacio verdadero es un silicato de flúor y aluminio bastante duro, pero el que se menciona en el AT tal vez corresponda al peridoto, un olivino de magnesio. La novena piedra decorativa del cimiento del muro de la nueva Jerusalén es el topacio (Apoc. 21:20). Ver *Berilo, Crisólito* más arriba.

Turquesa (Ex. 28:18; 39:11 LBLA) Fosfato de cobre y aluminio de colores que van desde el celeste al verde azulado. Los egipcios la extraían de minas del Sinaí y en la antigüedad se consideraba sumamente valiosa.

Zafiro (Ex. 24:10; 28:18; 39:11; Job 28:6,16; Isa. 54:11; Lam. 4:7; Ezeq. 1:26; 10:1; 28:13; Apoc. 21:19). El *sappir* hebreo es una especie de corindón. No obstante el nombre, es posible que *sappir* se refiera al lapislázuli en lugar del verdadero zafiro.

Minerales comunes ***Alabastro*** En términos modernos, el alabastro de un yeso de grano fino, pero el que se conocía en Egipto era un carbonato de calcio cristalino de aspecto similar. El alabastro se menciona una vez en Cantar de los Cantares (5:15 LBLA), (mármol NVI, RVR1960). En el NT (Mat. 26:7; Mar. 14:3; Luc. 7:37) se refiere a recipientes para guardar perfumes preciosos.

Azufre Los depósitos de azufre ardiente creaban calor extremo, derrames de líquidos derretidos y gases tóxicos que proporcionaban una descripción gráfica de la destrucción y el sufrimiento que producía el juicio divino (Deut. 29:23; Job 18:15; Sal. 11:6; Isa. 30:33; Ezeq. 38:22; Luc. 17:29).

Sal El cloruro de sodio es un mineral que abundaba y se empleaba para sazonar alimentos (Job 6:6) y ofrendas (Lev. 2:13; Ezeq. 43:24). Su cualidad de conservante hacía que la sal fuera un símbolo de los pactos (Núm. 18:19; 2 Crón. 13:5). Ambos significados se hallan presentes cuando Jesús compara a los discípulos con la sal (Mat. 5:13). Esta también representaba desolación y esterilidad, quizá por la inutilidad del Mar Muerto, el Mar Salado de la Biblia. Es probable que las "minas de sal" que se mencionan en Sof. 2:9 hayan estado inmediatamente al sur del Mar Muerto. El cloruro de sodio se podía extraer de la sal comúnmente impura de esa región, lo que producía una sustancia insípida (Luc. 14:34,35).

Metales Muchos metales aparecen en forma natural combinados con otros elementos, y forman un mineral que se puede fundir para obtener productos utilizables. Las listas bíblicas de metales (Núm. 31:22; Ezeq. 22:18,20) mencionan oro, plata, bronce, hierro, estaño y plomo.

Bronce Término que se emplea generalmente para traducir una palabra hebrea que puede referirse tanto al cobre como al bronce. Consiste en una aleación de cobre y estaño que lo hace más consistente que sus componentes. Era el metal más usado en el antiguo Cercano Oriente para fabricar utensilios. La Biblia menciona "cota de malla" (1 Sam. 17:5,6), "cadenas" (2 Rey. 25:7), "címbalos" (1 Crón. 15:19), "puertas" (Sal. 107:16; Isa. 45:2) e "imágenes" (Apoc. 9:20), todos de bronce al igual que otros objetos.

Cobre Por lo general se lo utilizaba en una aleación con el estaño para fabricar bronce que poseía mayor consistencia. Ver *Ezión-geber.*

Estaño (Núm. 31:22; Ezeq. 22:18,20) Los artículos de estaño puro son raros y a veces este metal se confunde con el plomo. Se utilizaba principalmente para fabricar bronce, una aleación de estaño y cobre. Ver *Bedelio; Minas y minería.*

Hierro Metal más difícil de fundir que el cobre; recién se comenzó a utilizar con más frecuencia en la época de la conquista israelita de Canaán. Previamente, las armas de metal y las herramientas agrícolas eran de bronce. El uso del hierro como material tecnológico no se desarrolló hasta más tarde. Los "carros herrados" de los cananeos (Jos. 17:16,18; Jue. 1:19; 4:3) representaron una ventaja tecnológica sobre Israel, en tanto que los filisteos probablemente hayan ejercido el monopolio en la labor realizada con este tipo de material (1 Sam. 17:7; 13:19-21). Para la época de David, el hierro ya se usaba de manera más extensiva (2 Sam. 12:31; 1 Crón. 20:3; 22:14); no obstante, continuó siendo valioso (2 Rey. 6:5,6). Se empleaba donde el poder era esencial y se convirtió en símbolo de dureza y fuerza (Deut. 28:48; Sal. 2:9; Isa. 48:4; Jer. 17:1; Apoc. 2:27). Ver *Hierro* (entrada principal).

Oro Valorado y utilizado por su rareza, belleza y maleabilidad. Se puede fundir sin provocarle daño y es extremadamente dúctil. Por esta razón se puede emplear para moldear objetos, incrustaciones o enchapados. Muchos de los objetos empleados por Israel en la adoración eran de oro puro o laminado (Ex. 37). El oro se menciona en la Biblia con más frecuencia que cualquier otro metal, y se empleaba para hacer joyas (Ex. 12:35; 1 Tim. 2:9), ídolos, cetros, utensilios para la adoración y dinero (Mat. 10:9; Hech. 3:6). Al describir la nueva Jerusalén se dice que es de oro (Apoc. 21:18,21).

Plomo Metal gris de densidad extremadamente elevada (Ex. 15:10) que se empleaba para elaborar pesas, cubiertas pesadas (Zac. 5:7,8) y plomadas (comp. Amós 7:7,8). El plomo es bastante maleable y útil para realizar incrustaciones tales como escrituras en rocas (Job 19:24). También se empleaba para refinar la plata (Jer. 6:27-30).

Depósitos de minerales de las termas minerales en Hierápolis.

Plata Ya en épocas antiguas se utilizaba en el Cercano Oriente. Si bien no se halla con frecuencia en estado natural, se extrae fácilmente de los minerales. Originariamente era más valiosa que el oro, y por lo general aparece primero en las listas. Se convirtió en un parámetro para medir la riqueza (Gén. 13:2; 24:35; Sof. 1:18; Hag. 2:8). Para la época de Salomón ya era común en Israel (1 Rey. 10:27) y constituía la unidad monetaria general que se dividía en siclos, talentos y minas (Gén. 23:15,16; 37:28; Ex. 21:32; Neh. 7:72; Isa. 7:23). La plata se empleaba en Israel en la fabricación de objetos para la adoración (Ex. 26:19; 36:24; Esd. 8:26,28), en los ídolos (Ex. 20:23; Jue. 17:4; Sal. 115:4; Isa. 40:19) y en las joyas (Gén. 24:53; Cant. 1:11). Ver *Pesos y medidas.* *Daniel C. Browning (h)*

MINI Pueblo que habitaba la región montañosa al sur del Lago Urmia y al noreste del valle del Tigris-Éufrates (Jer. 51:27). Los mini se mencionan entre las tribus convocadas para castigar la maldad de Babilonia. En las inscripciones asirias del 800 al 600 a.C. se los conoce como maneanos.

MINIAMÍN Nombre de persona que significa "afortunado" (lit. "de la diestra"). **1.** Levita de la época de Ezequías (2 Crón. 31:15). **2.** Familia sacerdotal de la época del sumo sacerdote Joiacim (Neh. 12:17). **3.** Sacerdote que participó en la dedicación del muro encabezada por Nehemías (Neh. 12:41).

MINISTRO, MINISTERIO Persona que sirve a otra y tarea que desarrolla. El llamado de Dios a Abram (Gén. 12) contiene principios básicos del ministerio. La promesa de Dios fue que iba a comenzar con Abram y Sarai, que a partir de ellos haría una nación a la que Él bendeciría y que esta sería bendición para todas las demás naciones. El término hebreo que se traduce "ministro", "ministerio" y otras palabras que expresan el mismo concepto es *sharat*; significa literalmente "atender" o "servir", tal como lo hacía José con Potifar (Gén. 39:4; Ex. 24:13; 1 Sam. 2:11). Una palabra hebrea relacionada es *ebed*, que posee un significado más amplio que *sharat*. *Ebed* puede aludir a "trabajar" o "trabajar la tierra". *Sharat* se emplea para describir la labor de servicio de los sacerdotes como representantes de Dios ante el pueblo y como representantes del pueblo ante Dios. Así pues, mientras que Israel fue creado y llamado para ser el pueblo de Dios en quien serían benditas todas las naciones, Dios designó a Aarón, el hermano de Moisés, a sus descendientes varones (Ex. 28:35,43; 39:1) y a los levitas (Núm. 18:2; Deut. 10:8) para que desempeñaran funciones específicas en la adoración y el servicio a Jehová en Israel.

Para los creyentes, Jesús es el modelo supremo de ministro. En su sermón inaugural en la sinagoga de Nazaret, leyó una porción del libro de Isaías donde se resume el propósito y los numerosos aspectos de Su ministerio (Luc. 4:18, 19). Si bien Jesús posee plena autoridad en el cielo y en la tierra, Su modalidad de liderazgo y ministerio no consiste en dominar a Sus seguidores (Mar. 10:42) sino en servirlos. En una ocasión cuando Jacobo y Juan procuraron obtener lugares destacados en el reino de Jesús, Él les recordó lo siguiente: "Porque el Hijo del Hombre no vino para ser servido, sino para servir, y para dar su vida en rescate por muchos" (Mar. 10:45).

El ministerio de Jesús consistió en enseñar, predicar, evangelizar, echar fuera demonios, sanar, suplir necesidades físicas de la gente y aconsejar. El acto supremo de servicio fue Su obediencia al Padre al ir a la cruz, donde dio Su vida para expiar los pecados del mundo.

El ministerio no concluyó con Su resurrección y ascensión a la diestra del Padre. Lucas hace una introducción a la historia de la iglesia primitiva recordándole a Teófilo, el receptor, que en el primer volumen había descrito "todas las cosas que Jesús comenzó a hacer y enseñar, hasta el día en que fue recibido arriba" (Hech. 1:1,2). Lucas ciertamente está diciendo que Jesús continúa haciendo lo que hacía. Antes lo había hecho en forma personal; ahora lo hacía a través de Su pueblo, la iglesia.

El ministerio de la iglesia de Cristo se asemeja al de Jesús cuando estaba en la tierra. El Espíritu Santo de Dios, representante de Cristo en la iglesia, les otorga a sus miembros diversidad de funciones y dones para cumplir con el propósito del ministerio, que incluye predicación, evangelismo, enseñanza, cuidado pastoral y administración. Las tres palabras griegas principales que se traducen "ministro" o "servidor" poseen una connotación de servicio más que de dominio. *Diakonos* (Mar. 10:43; Ef. 3:7; 6:21), que en algunos pasajes se traduce "diácono", se refiere a alguien que sirve las mesas. *Huperetes* (Luc. 1:2; 1 Cor. 4:1) originariamente designaba a remeros que trabajaban en la parte inferior de un barco. *Leitourgos* (Rom. 13:6; 15:16; Heb. 1:7) aludía a un sirviente del estado o del templo. Ver *Ordenación; Pastor; Posiciones de liderazgo en el Nuevo Testamento; Sacerdotes.*

Steve Bond

MINIT Una de las 20 ciudades amonitas que conquistó Jefté (Jue. 11:29-33). La ubicación se desconoce. Probablemente estuviera entre Rabat-amón y Hesbón. Los sitios sugeridos incluyen Khirbet Hanizeh y Khirbet umm el-Hanafish.

MIQUEAS Profeta del siglo VIII a.C. proveniente de Moreset. Este sitio podría ser equivalente a Moreset-gat. La aldea estaba ubicada aprox. 40 km (25 millas) al sudoeste de Jerusalén en el territorio de la tribu de Judá. No obstante, es probable que Miqueas haya estado en Jerusalén durante su ministerio. Ofició durante los reinados de Jotam (750–732 a.C.), Acaz (735–715 a.C.) y Ezequías (715–686 a.C.), todos reyes de Judá. La identificación de estos reyes no significa que haya estado activo desde el 750 hasta el 686 sino que su ministerio se desarrolló durante períodos de cada uno de estos reinados. Jeremías 26:17,18 declara que Miqueas profetizó durante la época de Ezequías. Sin embargo, es difícil determinar fechas exactas para cada una de las profecías de este libro. Miqueas fue contemporáneo de Isaías, Oseas y posiblemente Amós. Sus profecías se referían a Samaria y Jerusalén. Samaria era la capital del Reino del Norte (Israel) y Jerusalén del Sur (Judá). Si bien Miqueas ministró en Judá, algunos de sus mensajes se dirigieron a Israel Ver *Miqueas, Libro de.*

MIQUEAS, LIBRO DE Libro que lleva el nombre del profeta del siglo VIII a.C. y que contiene algunos de sus mensajes. Ver *Miqueas.*

Trasfondo histórico En la época de Miqueas se produjeron muchas crisis políticas y nacionales. Miqueas se refirió a esos temas. El Imperio Asirio comenzó a controlar el antiguo Cercano Oriente aprox. en el 740 a.C. Judá e Israel se convirtieron en tributarios de este nuevo poder político, y en el 722 a.C. Israel padeció el embate del ejército asirio. Salmanasar V y Sargón II destruyeron el Reino del Norte y su capital, Samaria (2 Rey. 16–17), tras un intento de rebelión. Los registros de Sargón II declaran que "sitió y conquistó Samaria, (y) se llevó un botín de 27.290 habitantes del lugar". Si bien Judá sobrevivió, continuaron siendo vasallos. Miqueas 1:2-7 alude a la destrucción inminente de Samaria como resultado del juicio de Dios por la idolatría del pueblo. El rey Ezequías de Judá implementó muchas reformas que provocaron la reacción del rey asirio Senaquerib. Muchas ciudades de Judá fueron destruidas y Jerusalén fue sitiada sin éxito (2 Rey. 18–19). Los anales de Senaquerib hacen alarde de que el rey sitió 46 ciudades e incontables aldeas pequeñas. Tomó como botín 200.150 personas y sus ganados. Senaquerib se refiere a Ezequías diciendo: "A él lo encarcelé en Jerusalén, su residencia real, como a un ave en una jaula". A pesar de que Jerusalén no pudo ser tomada, los ciudadanos del Reino del Sur padecieron tremendamente a causa de la invasión.

El mensaje del profeta Los temas de los mensajes de Miqueas revelan muchas verdades sobre la sociedad de su tiempo. Denunciaba constantemente la opresión de los pobres a manos de los ricos. Describía a los ricos diciendo que maquinaban cómo hacer para quitarles tierras a los pobres (2:1-5). Echaban a la gente de la casa y le robaban las pertenencias. Los que cometían esos delitos eran los mismos israelitas (2:6-11). El mercado estaba repleto de engaño e injusticia (6:9-16). Los gobernantes del país, responsables de administrar justicia, hacían lo opuesto (3:1-4).

Miqueas también denunció las prácticas religiosas de la nación. Predijo la destrucción de Judá como un acto de justicia divina. No obstante, otros profetas hicieron que la gente no creyera que esto pudiera suceder porque Dios habitaba en la nación y la protegería. Miqueas advirtió que el mensaje de los otros profetas no provenía de Dios. En cambio, el mensaje divino era que Judá sería inmediatamente devastada (3:5-12).

Aun cuando el pueblo adoraba a otros dioses, no había dejado de creer en el Dios de Judá ni de adorarlo, si bien combinaba esta adoración con la devoción a otras deidades (5:10-15). El pueblo creía que lo único que requería la religión era presentar sacrificios y ofrendas en el templo. No existía relación alguna entre la actividad en el templo y la forma de proceder en la vida diaria. Miqueas intentó corregir este concepto equivocado declarando que a Dios no sólo le importa el acto físico de ofrecer un sacrificio sino que también está especialmente interesado en la obediencia manifestada en la vida diaria (6:6-8).

Miqueas advirtió sobre el juicio inminente que pendía sobre el pueblo de Dios a causa de la desobediencia. Al mismo tiempo proclamaba mensajes de esperanza. El juicio vendría pero luego Dios restauraría a un remanente del pueblo que estaba consagrado a Él (4:1-13; 7:14-20). A diferencia de los reyes injustos a los que estaba acostumbrado el pueblo, Dios enviaría un rey que permitiría que la gente viviera en paz (5:1-5). Finalmente, los babilonios destruyeron Judá en el 586 a.C., pero un

remanente regresó. Mateo consideró que la esperanza de Miqueas respecto a un nuevo rey constituía una descripción de Cristo (Mat. 2:6). Ver *Acaz; Asiria; Ezequías; Israel; Jerusalén; Profeta; Samaria.*

Bosquejo

I. La Palabra de Dios testifica contra todo el pueblo (1:1-2)

II. Dios juzga a Su pueblo por los pecados de este (1:3–3:12)
   A. Dios juzga la infidelidad religiosa (1:3-16)
   B. Dios juzga la injusticia económica (2:1-5)
   C. Dios juzga la predicación falsa (2:6-11)
   D. El juicio de Dios contempla la restauración del remanente (2:12,13)
   E. Dios juzga a los líderes injustos (3:1-4)
   F. Dios juzga a los que predican paz y prosperidad para los pecadores (3:5-7)
   G. Dios juzga a través de Su mensajero lleno del Espíritu (3:8)
   H. Dios juzga a los funcionarios corruptos y codiciosos (3:9-12).

III. Dios promete un día de paz y adoración internacional (4:1–5:15)
   A. Dios planea que Su pueblo enseñe los caminos divinos a las naciones (4:1-5)
   B. Dios planea redimir y gobernar a Su remanente debilitado (4:6-11)
   C. Dios planea mostrarle al mundo Su gobierno universal (4:12,13)
   D. Dios planea levantar un Pastor en Belén para darle paz y victoria a Su rebaño hostigado (5:1-9)
   E. Dios planea destruir las armas y la idolatría de Su pueblo (5:10-15)

IV. Dios presenta acusaciones contra Su pueblo (6:1–7:6)
   A. Dios ha hecho Su parte, redimir a Su pueblo (6:1-5)
   B. Las expectativas de Dios son claras: justicia, misericordia y humildad (6:6-8)
   C. El pueblo de Dios no satisfizo Sus expectativas (6:9-12)
   D. El castigo de Dios se le aplicará a un pueblo corrupto (6:13–7:6)

V. Dios con justicia, amor y fidelidad perdonará y restaurará a Su pueblo (7:7-20)
   A. El pueblo de Dios puede confiar en Él para obtener salvación (7:7)
   B. El pueblo de Dios que se arrepiente puede esperar días mejores en el futuro (7:8-14)
   C. Los enemigos de Dios enfrentan un juicio vergonzoso (7:15-17)
   D. El Dios incomparable de paciencia, misericordia, compasión y fidelidad perdonará y restaurará a Su pueblo (7:18-20)

Scott Langston

MIRA Una de las seis ciudades más grandes de Lisia en la región sudeste de Asia Menor. Estaba situada sobre el Río Andracus aprox. a 4 km (2,5 millas) del mar. Actualmente, el lugar de las antiguas ruinas se llama Dembre. Mira fue uno de los sitios donde Pablo se detuvo durante su viaje a Roma (Hech. 27:5,6). Algunos mss del Texto Occidental consideran que Mira es el puerto que se denomina Pátara en Hech. 21:1.

MIRIAM (LBLA, NVI) Nombre de persona de significado incierto, quizá "amargada", "don de Dios", "amada" o "desafiante".

MIRMA Jefe de la tribu de Benjamín (1 Crón. 8:10).

MIRRA Resina aromática empleada de muchas maneras en el antiguo Cercano Oriente. Se comercializaba junto con las especias (Gén. 37:25), se usaba como ingrediente para el aceite de la unción (Ex. 30:23), se aplicaba como perfume (Est. 2:12), se colocaba en la ropa como desodorante (Sal. 45:8), se ofrecía como regalo (Mat. 2:11) y se usaba para embalsamar cuerpos (Juan 19:39).

MIRTO Ver *Plantas.*

MISAEL Nombre de persona que quizá signifique "¿Quién es lo que Dios es?" **1.** Primo de Moisés y Aarón (Ex. 6:22) que ayudó a sepultar a Nadab y Abiú (Lev. 10:4). **2.** Persona que acompañó a Esdras durante la lectura pública de la ley (Neh. 8:4). **3.** Uno de los tres amigos de Daniel (Dan. 1:6,7,11,19; 2:17); en Babilonia lo llamaron Mesac.

MISAM Miembro de la tribu de Benjamín que edificó Ono y Lod (1 Crón. 8:12). El nombre tal vez derive de un término que significa "inspeccionar".

MISEAL Nombre geográfico que significa "sitio de investigación". Ciudad de los levitas dentro del territorio de Aser (Jos. 19:26). En 1 Crón. 6:74 aparece como Masal. La ciudad se menciona en la lista de lugares conquistados por el faraón Tutmosis III. Se desconoce su ubicación.

MISERICORDIA Cualidad y acción de la naturaleza misma de Dios. La mejor descripción a nivel humano la define como la consideración que posee una persona frente a la condición y las necesidades de los demás. Constituye una cualidad esencial del pueblo del pacto, especialmente Israel y la iglesia. En el AT, Dios inicialmente no desplegaba misericordia hacia las personas fuera de la comunidad del pacto, sino que la expresaba fundamentalmente para con Su pueblo Israel. También se convirtió en la actitud y proceder mutuo que se esperaba del pueblo de Dios. Esta expectativa se transmitió a la iglesia y se convirtió en una cualidad fundamental del estilo de vida de los creyentes. Jesús hizo que constituyera una parte esencial de su manifiesto cristiano en el Sermón del Monte (Mat. 5:7). Tanto en el AT como en el NT consiste en una acción que lleva a cabo el fuerte a favor del débil, el rico hacia el pobre, el que está adentro para con el que está afuera, aquellos que tienen para beneficio de los que padecen necesidad.

La misericordia que proviene de Dios es la base del perdón divino. Es Su amor fiel e inconmovible. No significa que Dios exhiba una emoción denominada misericordia sino que lleva a cabo una acción misericordiosa. Esta acción se produjo cuando Israel tuvo necesidad de: provisiones como en el caso del maná en el desierto (Ex. 16:31-35), protección como sucede con el pastor que guarda a Israel y no duerme (Sal. 121), y liberación (Sal. 56:12-23; 107) como ocurrió cuando Yahvéh liberó a Su pueblo de Egipto (1 Sam. 10:18). La misericordia nunca fue un beneficio obtenido por el pueblo de Dios en base a méritos propios sino que siempre constituye un don divino. "¡Jehová! ¡Jehová! fuerte, misericordioso y piadoso, tardo para la ira, y grande en misericordia y verdad; que guarda misericordia a millares, que perdona la iniquidad, la rebelión y el pecado, y que de ningún modo tendrá por inocente al malvado; que visita la iniquidad de los padres sobre los hijos y sobre los hijos de los hijos, hasta la tercera y cuarta generación" (Ex. 34:6,7).

La justicia y la rectitud de Dios no pueden ser pasadas por alto en el tema de la misericordia. Éxodo 34:7 deja en claro que el juicio divino estará por encima de la misericordia cuando la rebelión pecaminosa del hombre lo aleje de la rectitud y el amor divino. La misericordia de Dios se manifiesta en este caso a través de un accionar lento y una postergación del castigo, pero no ignora el pecado ni se niega a actuar con ira. "El Señor no retarda su promesa, según algunos la tienen por tardanza, sino que es paciente para con nosotros, no queriendo que ninguno perezca, sino que todos procedan al arrepentimiento. Pero el día del Señor vendrá como ladrón en la noche; en el cual los cielos pasarán con grande estruendo, y los elementos ardiendo serán deshechos, y la tierra y las obras que en ella hay serán quemadas" (2 Ped. 3:9, 10). La ira de Dios es la acción resultante frente a la rebelión del hombre una vez que culminó Su misericordia. En el AT, la ira divina se derramaba sobre naciones paganas debido a la maldad (Gén. 18–19) y hostilidad hacia Su pueblo. Dios también expresó Su ira y actuó sin misericordia para con Sus amadas Israel y Judá.

En el NT, la misericordia se suele describir mediante varias palabras básicas: *splanchnon*, traducida generalmente "compasión" o "profunda misericordia"; *eleos*, que significa "misericordia"; *oiktirmos*, traducida "misericordia" y "compasión". La palabra *hileos* se emplea pocas veces y se traduce "misericordioso" o "propicio". Siempre se utiliza para aludir a la misericordia de Dios, y algunos la traducen "perdonar" (NVI). En Heb. 8:12 se traduce de la siguiente manera: "Porque seré propicio a sus injusticias, y nunca más me acordaré de sus pecados y de sus iniquidades". En 1 Juan 2:2 se emplea otra forma del término: "Y él [Jesús] es la propiciación (*hilasmos*) por nuestros pecados; y no solamente por los nuestros, sino también por los de todo el mundo". Esta es la palabra que aparece en la LXX, *hilasterion*, y se emplea para traducir el término hebreo *kapporet*, el propiciatorio donde se rociaba la sangre de la expiación. En el sentido más grandioso, Jesús constituyó la expresión plena de la misericordia de Dios. Nadie encarna ni ilustra personalmente el significado de la misericordia como lo hace Jesús. Así como sucedió con el Padre, Jesús fue mucho más allá de sólo sentir compasión ante el sufrimiento. Él siempre fue "movido a misericordia" y "demostró compasión" cuando se encontró con aquellos que padecían por algo. La máxima ilustración que dio sobre el significado de la misericordia quizá sea la historia del buen samaritano que utilizó para responder la pregunta que había formulado el escriba: "¿Quién es mi prójimo?" En esta historia

M

se emplean dos de los términos mencionados anteriormente. Jesús dijo que cuando el samaritano vio al hombre, tuvo misericordia (*splanchnizomai*). La acción que se produjo como resultado describe una misericordia que va más allá de un simple sentimiento; es una misericordia que se manifiesta en acción. Al final de la historia, Jesús le preguntó al escriba cuál de los hombres había demostrado ser el prójimo. El escriba respondió: "El que usó de misericordia (*eleos*) con él".

En los Evangelios se encuentran entretejidas numerosas maneras en que Jesús demostró Su misericordia. Lo vemos deteniéndose en medio de una procesión para invitarse como huésped social a la casa de un despreciado recaudador de impuestos de baja estatura (Luc. 19:1-10). Sanó leprosos (Mar. 1:41), enseñó a multitudes ignorantes, fue movido a misericordia y curó enfermos, y satisfizo el hambre de muchos con el simple almuerzo de un muchacho (Mat. 14:14-21). Jesús le dio vista a los ciegos (Mat. 20:34), hizo caminar a paralíticos (Juan 5:2-9) y resucitó a muertos (Luc. 7:2-15). Las palabras que le envió a decir a Juan el Bautista acerca de Su identidad y ministerio resumen el alcance de Su misericordia. "Id, haced saber a Juan lo que habéis visto y oído; los ciegos ven, los cojos andan, los leprosos son limpiados, los sordos oyen, los muertos son resucitados, y a los pobres es anunciado el evangelio" (Luc. 7:22).

Tanto en el AT como en el NT, la misericordia siempre se extiende del más grande al más pequeño, del rico al pobre, del fuerte al débil, del justo al pecador. La disposición principal de Dios para con el hombre pecador es la misericordia, engendrada por Su amor, que pone en actividad Su poder para hacer que las personas regresen a Él. La misericordia que Dios da nunca es merecida sino que siempre la genera Dios, no el hombre. La palabra *hilaskomai*, "ser misericordioso", "ser propicio", alude a la misericordia de Dios que lleva a cabo la expiación por el pecado del hombre, que no merece recibirla. La salvación consiste en la acción misericordiosa de Dios que detiene Su ira y castigo eterno en conjunto con Su gracia, que concede perdón y vida eterna. Pablo señala que Dios le dijo a Moisés: "Tendré misericordia del que yo tenga misericordia, y me compadeceré del que yo me compadezca. Así que no depende del que quiere, ni del que corre, sino de Dios que tiene misericordia" (Rom. 9:15, 16). Luego continúa diciendo que tanto los judíos como los gentiles, que son vasos de ira, se convirtieron en vasos de misericordia. Pablo luego declara: "De manera que de quien quiere, tiene misericordia, y al que quiere endurecer, endurece" (9:18).

La misericordia no es sólo un tema central del ministerio de Jesús y del Padre; todos los creyentes también deben practicarla. Jesús la convirtió en un ingrediente esencial de la vida y proceder del creyente cuando pronunció las Bienaventuranzas en el Sermón del Monte: "Bienaventurados los misericordiosos, porque ellos alcanzarán misericordia" (Mat. 5:7). Tal como se señaló anteriormente en este artículo, la misericordia del buen samaritano se eleva como ejemplo para todos los creyentes. Pablo presentó la idea de que la acción de mostrar misericordia es un don espiritual. "De manera que, teniendo diferentes dones, según la gracia que nos es dada...el que exhorta, en la exhortación; el que reparte, con liberalidad; el que preside, con solicitud; el que hace misericordia, con alegría" (Rom. 12:6,8). En Hech. 2, cuando los miembros de la iglesia de Jerusalén reunieron todos sus bienes a fin de sobrevivir en momentos de dificultad, se exhibió la esencia del corazón y el espíritu que se requieren de todo creyente (Hech. 2:44-47), el espíritu de misericordia que manifestaba la centralidad de la fe demostrada por Jesús. Santiago enseñó en qué consiste la sabiduría celestial y la religión verdadera: "Pero la sabiduría que es de lo alto es primeramente pura, después pacífica, amable, benigna, llena de misericordia y de buenos frutos, sin incertidumbre ni hipocresía" (Sant. 3:17). Él describió: "La religión pura y sin mácula delante de Dios el Padre es esta: Visitar a los huérfanos y a las viudas en sus tribulaciones, y guardarse sin mancha del mundo" (Sant. 1:27). Esta es la misericordia en acción que implica más que una mera emoción y da como resultado sanidad, restauración y provisión para suplir cualquier necesidad que la incentive a actuar.

Si la misericordia es una acción del más fuerte llevada a cabo en respuesta a la dificultad o necesidad del más débil, bien podríamos preguntar si se puede expresar en el caso opuesto. El NT demuestra que es posible. La ética que enseña Jesús invita a colocar la otra mejilla, a caminar una milla extra y a bendecir a los que nos maldicen. Jesús mismo encarnó esta enseñanza. La misericordia la puede ejercer el que está en el fondo para bien del que está en la cima. Este es el carácter singular de la fe cristiana. Se ve, por ejemplo, en las palabras que pronunció Jesús desde la cruz en medio de la agonía de la muerte: "Padre,

perdónalos, porque no saben lo que hacen" (Luc. 23:34). Luego aparecen expresiones similares de Esteban mientras las piedras le golpeaban la cabeza y el cuerpo: "Y puesto de rodillas, clamó a gran voz: Señor, no les tomes en cuenta este pecado. Y habiendo dicho esto, durmió" (Hech. 7:60). Por lo tanto, la misericordia es un sentimiento que invita a la acción aun de parte del oprimido a favor del opresor, del débil hacia el fuerte, de la víctima para bien del victimario. "Pero a vosotros los que oís, os digo: Amad a vuestros enemigos, haced bien a los que os aborrecen; bendecid a los que os maldicen, y orad por los que os calumnian" (Luc. 6:27,28).

Dan Parker

MISGAB Transliteración de la palabra hebrea que significa "altura" y se emplea como nombre propio de un lugar (Jer. 48:1). Otras traducciones consideran el término como un sustantivo común y lo traducen "fortaleza" o alguna palabra similar.

MISHNÁ Término hebreo que significa "repetir" y posteriormente, durante el período rabínico (que comenzó aprox. en el 100 d.C.), "aprender". Dentro del judaísmo rabínico, el término *mishnah* se refiere específicamente a la enseñanza o aprendizaje de la ley oral (*halakah*, halajá) transmitida por un maestro en particular (rabino). En la actualidad la Mishná suele aludir a recopilaciones editadas de discusiones rabínicas sobre el halajá que llevó a cabo Judah ha-Nasi (lit. "el Príncipe" o Patriarca), líder de la academia rabínica de Javneh (o Jamnia), aprox. en el 220 d.C. Por lo general, dentro de la tradición rabínica lo llaman simplemente "Rabbi" (Rabino).

Organización La Mishná posee seis divisiones importantes:

1. *Zeraim* (semillas) trata sobre productos agrícolas y el diezmo correspondiente.
2. *Moed* (fiestas establecidas) se refiere a festividades religiosas.
3. *Nashim* (mujeres) contiene las leyes que reglamentan la actividad femenina.
4. *Nazikim* (daños y perjuicios) describe derechos de propiedad y procedimientos legales.
5. *Kodashim* (cosas santas) se ocupa del templo.
6. *Tohoroth* (limpiezas) alude a las leyes de la pureza.

Estas seis divisiones a su vez se subdividen en tratados específicos. Las referencias a la Mishná en los escritos académicos generalmente se indican según el tratado y no por las otras divisiones. Si bien estas aparecen de manera clara y ordenada, el lector moderno de la Mishná se suele confundir ante la inclusión de lo que aparentan ser discusiones legales desconectadas de la división principal donde se encuentran. Por ejemplo, las Bendiciones (*Berakoth*) se tratan en la primera división, que se refiere a productos agrícolas. Hasta cierto punto estas incongruencias se aclaran un poco cuando se tiene en cuenta cómo se fue desarrollando la Mishná a partir de la *mishnoth* originaria de determinados rabinos

Desarrollo Según la propia Mishná, la tradición oral y sus enseñanzas se remontan hasta Moisés, quien recibió la halajá de Dios en el Sinaí y la transmitió a las generaciones subsiguientes. Para la tradición rabínica esto parece haber funcionado por lo menos de dos maneras. Primero, las enseñanzas de generaciones anteriores se consideran importantes para el establecimiento de la ley oral. Segundo, la ley oral no consistía en transmisión literal de palabras particulares. Hasta cierto punto, la halajá conformaba un ideal espiritual concretado de manera imperfecta en la enseñanza de determinados rabinos. Por lo tanto, era un tema de suma importancia religiosa y encendía el debate. La Mishná solía resguardar las opiniones contrarias. Si bien generalmente resolvía las cuestiones en uno u otro sentido, la preservación de la tradición también deja lugar para que generaciones posteriores reconsideren los temas.

Los eruditos modernos consideran la Mishná como una colección y edición de jurisprudencia judía cuya tradición se puede remontar hasta aprox. el 150 a.C., pero que fundamentalmente pertenece al período comprendido entre el 50 a.C. y el 220 d.C. La tradición de la Mishná parece iniciarse con la secta judía de los fariseos, cuyos integrantes buscaban independizar el sistema legal judío mediante aplicación de reglamentaciones para la purificación del templo, en especial las leyes alimenticias generales. Esta secta se debe considerar liberal dado que argumentaba que toda la nación debía justificarse delante de Dios mediante el cumplimiento de requisitos similares a los del sacerdocio. Los fariseos mayormente conformaban un movimiento laico. Los representantes más importantes de este partido para la Mishná son Hillel y Shammai, que enseñaron aprox. en el 50 d.C.

Después de la destrucción del templo de Jerusalén a manos de los romanos en el 70 d.C.,

Yohannan ben Zakkai fundó el movimiento rabínico en Javneh (Jamnia) en Galilea. Esta agrupación finalmente logró unificar los elementos sobrevivientes de la tradición judía hasta convertirlos en un sistema coherente que constituye la esencia del judaísmo de la era moderna. Por esta razón, uno de los objetivos fundamentales era establecer los límites de la interpretación legal o "levantar una cerca alrededor de la ley". La Mishná representa principalmente la recolección de opiniones de diversos maestros sobre la halajá y procura establecer los límites de la interpretación normativa mediante un examen de la jurisprudencia y las Escrituras. El rabino Akiba (50–135 d.C.) es una de las figuras destacadas que tal vez contribuyó en la organización del sistema actual de la Mishná. También procuró aclarar su base escritural. El rabino Meir, discípulo de Akiba, pareciera el eslabón que unió la Mishná de su maestro con la de Rabbi. Esta constituye la base del Talmud, que se escribió en Palestina en el 360 d.C. y en Babilonia aprox. en el 500 d.C. Los rabinos citados en la Mishná se conocen como Tanaim, en tanto que los del Talmud se denominan Amoraim. Los eruditos están en cierto modo divididos en cuanto a si Rabbi simplemente recolectó y organizó las opiniones de diversos rabinos o actuó como un editor que dejó su sello marcado en el material. Tal vez sea correcto suponer que Rabbi era un maestro sumamente respetado cuya opinión se consideraba la palabra autorizada de la época. No obstante, el grado de creatividad para editar las tradiciones rabínicas de la halajá quizá se vio limitada por el accionar de la comunidad de rabinos que no habría vacilado en desafiarlo si malinterpretaba esa tradición. Por lo tanto, la Mishná se podría considerar como un compendio de la tradición del judaísmo rabínico de los dos primeros siglos.

Ley oral rabínica Pareciera que se emplearon varios principios para determinar qué ley oral se incorporaría a la Mishná. Primero, esta supone que el fundamento lo constituye la ley mosaica escrita tal como aparece en las Escrituras. El rabino Akiba procuraba establecer un precedente escritural explícito para determinar la ley oral; en ocasiones daba la impresión de aplicar una lógica extremadamente forzada. La Mishná apoya cierto debate legal basado en el comentario escritural directo (lo que se denomina *midrás*). No obstante, en la mayor parte de la Mishná la ley oral se desarrolla en función del precedente y la jurisprudencia de manera muy similar a como lo hacen la justicia británica y la norteamericana. De generación en generación ciertos rabinos han sido considerados particularmente importantes para el establecimiento de la halajá. Por ejemplo, esta casi siempre se presenta según la opinión de Hillel más que la de Shammai, aunque este último también se cita. Si bien una gran parte de la Mishná trata temas prácticos sobre la organización social y religiosa (los rabinos no hacen distinción entre estas dos áreas) judía, algunos grupos parecen ocuparse exclusivamente de la tradición. Por ejemplo, la Mishná conserva una sección completa sobre la organización y los sacrificios en el templo a pesar de que este ya no existía cuando se escribió. Dicha discusión indica que los sacerdotes quizá formaban parte de la academia de Yohannan ben Zakkai y también refleja la esperanza de la reconstrucción del templo, que continuó reinando durante los dos primeros siglos.

La Mishná y la comprensión de la Biblia La Mishná demostró ser útil en dos aspectos para entender la Biblia. Primero, ayudó a reconstruir elementos específicos del judaísmo de Palestina en la época de Jesús. Segundo, fue útil para entender el desarrollo del judaísmo en el período en que los cristianos primitivos estaban abocados a la misma tarea.

1. Una primera generación de eruditos cristianos se inclinaba a pensar que la Mishná consistía en una descripción de las prácticas judías en Palestina en tiempos de Jesús. Algunos eruditos de períodos más recientes son más precavidos dado que reconocen la gran evolución histórica de la Mishná y también la existencia de numerosos puntos de vista y movimientos religiosos dentro del judaísmo en la época de Jesús. Es probable que las prácticas de la secta de los fariseos se reflejen en tradiciones primitivas que se incluyen en la Mishná. Por ejemplo, las palabras de Jesús que aparecen en Mat. 7:12 son bastante similares a las declaraciones rabínicas de la Mishná. Ciertas evidencias contenidas en esta también pueden ser útiles para comprender mejor las relaciones sociales que se describen en los Evangelios. Por ejemplo, el contenido del *Nashim* (sobre las mujeres) nos ayuda a reconstruir la posición social de las mujeres judías en Palestina durante el primer siglo. En este contexto, pareciera que Jesús indudablemente era más liberal en el trato con las mujeres que la tradición rabínica. Las evidencias que proporciona la Mishná no se deben considerar representativas de lo que creían todos ni la mayoría de los judíos del siglo I. Más bien, se deben tomar como pautas de las creencias de algunos judíos y circunscribirla a otros datos históricos. Ver *Judíos (grupos, partidos) en el Nuevo Testamento.*

2. Dado que los cristianos primitivos eran judíos, es probable que la Mishná proporcione datos sobre el desarrollo del cristianismo como así también del judaísmo rabínico. Cuando Yohannan ben Zakkai fundaba la academia en Javneh, los judíos cristianos experimentaban la pérdida del templo y el desarrollo de sus propias comunidades religiosas. Comprender la evolución del judaísmo y del cristianismo durante este período puede ayudar a entender cómo eran las relaciones y la tensiones entre las dos religiones hermanas. Ver *Fariseos; Talmud; Torá; Tosefta.* *Stephenson Humphries-Brooks*

MISIA Región del noroeste de Asia Menor (Hech. 16:7). El NT menciona varias ciudades de esa región: Adramitio (Hech. 27:2); Asón (Hech. 20:13, 14); Pérgamo (Apoc. 1:11; 2:12), y Troas (Hech. 16:8,11; 20:5,6; 2 Cor. 2:12; 2 Tim. 4:13). Tras las dificultades para desarrollar la obra misionera en Bitinia, Pablo pasó por Misia antes de partir para realizar su labor en Macedonia (Hech. 16:6-11). Hechos 20 registra la estada de siete días de Pablo en Troas y un viaje misionero por tierra hasta Asón. En otra ocasión, Pablo halló en Troas una puerta abierta para llevar a cabo la obra misionera (2 Cor. 2:12).

MISIÓN, MISIONES Tarea que Dios envía a una persona que ha llamado, en particular la misión de comunicarle la salvación en Cristo a otro grupo de personas. Dentro del ámbito cristiano, la persona enviada se denomina misionero. A esta persona se le encomienda la tarea de entregarles el evangelio de Jesucristo a aquellos a quienes es enviado. La misión de las iglesias es enviar misioneros a todo el mundo hasta que todos hayan tenido oportunidad de escuchar el mensaje de Jesús y aceptarlo como Señor. Es interesante observar que el término misión no se encuentra en las Escrituras, si bien el concepto que encierra se extiende a lo largo de la Biblia.

Antiguo Testamento Aunque algunos eruditos declaran que el AT dice poco o nada sobre la obra misionera, la idea más aceptada es que esta constituye un importante concepto del AT. Su fundamento radica en comprender que el Dios trascendente también participa en la historia. Él es el Dios que actúa. El registro de la participación divina en la historia indica que Su obra es tanto reveladora como redentora. El ser humano sabe quién es Dios mediante lo que Él ha hecho. Su actividad primordial ha sido redentora, tal como revelan las confesiones del AT (Deut. 6:20-24; 26:5-9; Jos. 24:2-15). Esta actividad redentora de Dios es obra misionera porque Él envía mensajeros a la casa de Israel y profetas que actúan como voceros para todas las naciones.

Es evidente que el interés misionero de Dios es incluyente, no excluyente. Tal como lo indica la lista de las naciones en Gén. 10, Su interés se extiende a todos los pueblos, no sólo a Israel. Cuando Dios llamó a Abraham y a sus descendientes, no los escogió para que fueran receptores exclusivos sino, más bien, para que actuaran como medio de bendición para "todas las familias de la tierra" (Gén. 12:1-3; 18:16-19; 22:9-19; 26:1-5; 28:10-14). Más tarde Dios les dijo a los israelitas que eran Su pueblo escogido (Ex. 19:3-6). Debían ser receptores y guardianes de la revelación especial divina (Heb. 1:1-3) y el canal por medio del cual el Redentor entraría en la corriente de la historia humana (Isa. 49:1-10). Aun así, la elección no constituía un fin en sí misma. Dios llamó a Israel para que fuera santa, separada o distinta de las demás naciones, pero los israelitas también debían actuar como sacerdotes para las otras naciones. El propósito de su existencia era que vivieran entre los otros pueblos y los guiaran hacia Dios.

Esta verdad se mantuvo en la memoria de Israel de tres maneras. El mensaje de los profetas obró como el primer recordatorio importante. Por ejemplo, Jeremías fue llamado para ser profeta a todas las naciones (Jer. 1:3-10) y declaró juicio contra ellas (Jer. 48:47; 49:6,39). También profetizó que serían reunidas en Jerusalén (Jer. 3:17). De manera similar, Isaías predijo que todas las naciones serían redimidas al dirigirse a Jerusalén (Isa. 25; 66:18-24). Más aún, les advirtió sobre el juicio de Dios (Isa. 12–25) e invitó a Israel a ser "luz de las naciones" (Isa. 49:6).

El segundo recordatorio para Israel sobre su responsabilidad en la obra misionera se manifestaba en la adoración. Los Salmos registraban que Dios era Señor de todas las naciones (Sal. 67:1,2; 72:8,17,19; 50; 96). La arquitectura del templo contaba con un lugar llamado patio de los gentiles donde los extranjeros podían adorar (1 Rey. 8:41-43) y la oración de Salomón en la dedicación del santuario contemplaba este hecho (2 Crón. 6:32, 33).

Además, la historia de Israel le recordaba su responsabilidad en la obra misionera desde el momento en que Rahab (Jos. 6:22-25) y Rut (Rut

1–4) pasaron a formar parte de la nación aun siendo extranjeras.

El AT enfatizaba que las naciones deberían dirigirse a Jerusalén para ser salvas. Jonás quedó atónito cuando recibió una clase diferente de labor misionera. Dios le dijo que fuera a Nínive y le rogara a la gente que se arrepintiera. El profeta se negó a ayudar al pueblo que oprimía a su nación; no quería que escapara del juicio divino. No obstante, el libro de Jonás se convirtió en el máximo testimonio del AT del amor y la disposición de Dios que permitía que los extranjeros se relacionaran con Él mediante la adoración.

Nuevo Testamento El NT constituye un crescendo en la sinfonía bíblica de las misiones. La tarea comienza con Jesús, quien fue enviado a la tierra para revelar al Padre (Juan 1:18; 14:9), para glorificarlo (Juan 13:31; 14:13; 17:1,6), para traer el reino de Dios a la tierra (Mat. 12:22-32) y para dar a conocer el amor y la misericordia de Dios a un mundo perdido (Luc. 19:10). Su misión también era incluyente. Si bien el ministerio de Jesús estaba dirigido principalmente a los judíos, también suplió las necesidades de quienes no lo eran. Sanó a la hija de una mujer cananea y la elogió por su fe (Mat. 15:21-29). También curó al siervo de un centurión romano (Mat. 8:5-13). En otra ocasión inició una conversación con una mujer samaritana que dio como resultado la salvación de esta y de toda la comunidad (Juan 4).

Jesús enseñó claramente que Su misión iba a continuar después de que ascendiera al cielo. Cada uno de los Evangelios y también los Hechos presentan un relato del mandato que les dio a Sus seguidores de ir por todo el mundo, hacer discípulos, bautizarlos y predicar el evangelio (Mat. 28:19,20; Mar. 16:15,16; Luc. 24:46-49; Juan 20:21,22; Hech. 1:8). Jesús daba a entender que la iglesia se extendería más allá de sus fronteras. Esta comisión produjo un cambio dramático en el énfasis en la obra misionera. En lugar de hacer que los extranjeros se dirigieran a Jerusalén como había sucedido en el AT, la misión de la iglesia era ir a todo el mundo en vez de esperar que este viniera a ella; todos los creyentes debían ir y contarles a los demás lo que habían visto, no sólo algunos profetas escogidos como Jonás.

El alcance de la obra misionera era incluyente. La iglesia tenía que atravesar fronteras, extenderse a todos los grupos étnicos, familias, tribus, clases sociales y culturas. El mensaje de salvación se les debía contar a todos en todas partes.

Los nuevos discípulos tenían que ser bautizados e instruidos. El propósito de la instrucción debía ir más allá de la simple entrega de información. También debía proporcionar crecimiento en la fe.

Dado que la Gran Comisión es un mandato, se espera que la iglesia obedezca. Aun así, no tiene que hacer la tarea por sí sola. Cristo prometió que estaría con la iglesia "hasta el fin del mundo". Ante esta afirmación, la iglesia fue obediente porque el evangelio se predicó primero en Jerusalén (Hech. 1–8), después en Samaria (Hech. 8–12) y finalmente en todo el mundo (Hech. 13–28).

La presencia de Jesús se sentiría a través del Espíritu Santo. Los discípulos no debían salir para alcanzar al mundo hasta que el Espíritu Santo descendiera sobre ellos (Hech. 1:8). Esta es la única ocasión en la Biblia donde se le dice a una iglesia que no participe en la obra misionera. Las razones son evidentes. El Espíritu Santo capacita a la iglesia. También convence y convierte a los pecadores (Hech. 5:14; 11:21,24; 18:8), lleva a cabo poderosas obras de gracia en los creyentes (Hech. 4:8-10), disciplina a la iglesia (Hech. 5:13,14), envía obreros (Hech. 8:26; 13:1-3), preside los concilios misioneros (Hech. 15), frena y detiene a los que realizan la obra (Hech. 16:6-10) y ejerce una autoridad eclesiástica suprema (Hech. 20:28).

Con el poder del Espíritu Santo, la iglesia realizó la obra misionera al predicar de Jesús (Hech. 2; 8:35; 10:36-44; 1 Cor. 2:1,2). La misión ante el mundo se fortaleció por la comunión y unidad que experimentaba (Hech. 2:44), y se hizo todo lo posible para conservar esas características (Hech. 6:1-7; 15, y por las cartas de Pablo a las iglesias de Corinto y Galacia).

Los misioneros que Jesús envió recibieron la instrucción de ir sólo a la casa de Israel para predicar y suplir las necesidades de los seres humanos. No debían preocuparse demasiado por las necesidades físicas ni materiales, ni desperdiciar mucho tiempo con aquellos que abiertamente rechazaban el mensaje (Mat. 10:1-15). Después de la resurrección, los misioneros fueron arrestados (Hech. 4–5), padecieron sufrimiento (2 Cor. 4:7-10) y los mataron (Hech. 7).

El apóstol Pablo fue el más destacado de estos misioneros. Dios lo llamó a ser misionero entre los gentiles (Hech. 26:16-18; Rom. 1:5; Ef. 3:1) y la iglesia de Antioquía lo envió (Hech. 13:1-3). El Espíritu Santo lo guió en el ministerio (Hech. 16:6-10). Predicó acerca de Jesús (1 Cor. 2:1,2), se reunió con personas de su misma condición (Hech.

17), estableció iglesias nativas y autónomas (Hech. 14:23) y trabajó con otros a quienes entrenó para que hicieran las obras del ministerio (Hech. 16:1-3). Más aún, Pablo se negó a depender como medio de vida de las iglesias que había establecido, si bien estuvo agradecido cuando ellas suplieron sus necesidades (Fil. 4:14-18). Es importante observar que se identificaba con aquellos con quienes trabajaba (1 Cor. 9:19-23).

La obra misionera era el corazón de las iglesias del NT. Ver *Confesión; Elección; Espíritu Santo; Evangelio; Evangelismo; Pablo; Reino de Dios; Salvación.* *Bob Compton*

MISMA Nombre de persona que significa "fama". **1.** Tribu árabe descendiente de un hijo de Ismael (Gén. 25:14; 1 Crón. 1:30). **2.** Descendiente de Simeón. La inclusión de los nombres Mibsam y Misma tanto en la genealogía de Ismael como en la de Simeón sugiere que algunos árabes se incorporaron a la tribu de este último cuando sus descendientes se trasladaron hacia el sur (comp. 1 Crón. 4:38-43).

MISMANA Nombre de persona que significa "fuerza" o "bocado sabroso". Uno de los oficiales del ejército de David (1 Crón. 12:10).

MISPAR Traducción moderna de un nombre de persona que significa "escritura". Mispar regresó del exilio con Zorobabel (Esd. 2:2).

MISPERET Nombre de persona que significa "cronista de la corte" o "instruido". Exiliado que regresó con Zorobabel (Neh. 7:7). La lista paralela dice Mispar (Esd. 2:2).

MISRAÍTAS Familia de Quiriat-jearim (1 Crón. 2:53). El nombre designa a los habitantes de Misra, lugar del que nada se sabe.

MISREFOTMAIM Sitio hasta donde fueron perseguidos los aliados del rey Jabín de Hazor (Jos. 11:8; 13:6). La ubicación más probable es Khirbet el-Mushreifeh en el extremo norte de la Llanura de Aco. El significado del nombre se discute. Entre las sugerencias se incluyen: Mosrefot al occidente; "abundancia de aguas"; "aguas termales"; "cal ardiendo en el agua".

MISTERIO Esta palabra proviene del sustantivo griego *musterion* que antiguamente se refería a todo culto religioso que exigía que sus participantes, que debían atravesar ciertos ritos sagrados para ingresar a la membresía, mantuvieran en secreto esas prácticas. El idioma español no refleja esta concepción. Puede ser que algún elemento de este concepto se encuentre enmarcado en el uso de *musterion* en el NT, si bien lo más probable es que ese trasfondo del término corresponda a la palabra que normalmente se traduce "misterio" en el libro de Daniel. En este libro, un misterio (aram. *raz*) consistía en un secreto revelado, algo que no se podía entender a menos que hubiera revelación o explicación divina (Dan. 2:17-47; 4:9). Sin duda, así se aplica *musterion* en varios casos del NT. Jesús empleó el vocablo en una sola ocasión cuando se refirió a los misterios o secretos del reino que Él reveló y que les explicó a los discípulos (Mat. 13:11; comp. Mar. 4:11; Luc. 8:10). Pablo empleó *musterion* 21 veces y en todos los casos el secreto ya se conocía por revelaciones anteriores (ver Rom. 16:25; Ef. 1:9; 6:19; Col. 2:2; 4:3; 1 Tim. 3:16) o porque lo explicaba el contexto (ver Rom. 11:25; 1 Cor. 15:51; Ef. 3:1-13; 5:32; Col. 1:25-27). Es decir que ya no era un secreto. Las últimas cuatro veces que *musterion* aparece en el NT es en Apocalipsis, donde el secreto es un simbolismo que se debe decodificar (1:20; 10:7; 17:5,7).

Stephen W. Carlson

MISTERIO, RELIGIONES DE Varios cultos o sociedades caracterizadas en parte por poseer rituales de iniciación y complejas ceremonias secretas. Si bien se conocían en Grecia antes del 600 a.C., las religiones de misterio florecieron durante los períodos helenístico y romano (después del 333 a.C.) para luego desaparecer antes del 500 d.C. De manera particular, las vastas conquistas de Alejandro Magno produjeron una mezcla de conceptos religiosos que aceleraron la diseminación de algunos cultos y facilitaron el desarrollo de otros. El conocimiento sobre las religiones de misterio es reducido debido a la estricta reserva que se les requería a los que se iniciaban. Las evidencias más importantes provienen de datos arqueológicos y diversas referencias de escritores de la antigüedad, algunos de ellos opositores a estas religiones. Los eruditos suelen disentir en cuanto a la interpretación de la información.

Existían muchas religiones de misterio, pero entre las más destacadas se encuentran las vinculadas con las siguientes deidades: Demetrio (los famosos misterios eleusinos) y Dionisio de Grecia;

M

Cuevas Eleusinas, centro de culto para la religión de misterio eleusina.

Cibeles (la Gran Madre) y Atis de Frigia; Adonis de Siria; Isis y Osiris (Sarapis) de Egipto, y Mitra, originariamente una deidad persa. El orfismo y Sabacio contribuyeron al desarrollo de los misterios de Dionisio, en tanto que Samotracia era sede de los misterios de Camiri. Muchas de las deidades de las religiones de misterio existían desde la antigüedad y se las adoraba en cultos separados antes y después de la aparición de estas sectas.

La característica principal de cada una de estas religiones de misterio la constituían los ritos sagrados, denominados misterios, donde se revivía el mito del dios o la diosa que se adoraba. Sólo podían participar los que habían sido formalmente iniciados en ese culto. La naturaleza precisa de estos ritos se desconoce debido al voto de secreto, pero es probable que incluyera una dramatización del mito sagrado y la presentación visual de ciertos objetos de culto. Se hace mención a "cosas dichas", tal vez una alusión a fórmulas sagradas y amor secreto. Existen referencias en cuanto a comer y beber, quizá como forma de comunión. Al participar de estos ritos, el adorador se identificaba con la deidad y compartía su destino. Estos poderosos símbolos les proporcionaban a los que se iniciaban los medios necesarios para vencer el sufrimiento y las dificultades y también la promesa de la vida en el más allá.

Muchas de las deidades de las religiones de misterio estaban originariamente vinculadas con la fertilidad. Por este motivo, los mitos asociados con el culto solían aludir al ciclo natural de crecimiento y declinación (p. ej., Demetrio) o a la muerte y el surgimiento de un dios (Atis, Adonis, Osiris). Algunos eruditos creen que las religiones de misterio empleaban este aspecto del mito para simbolizar el despertar a la inmortalidad junto con la deidad. Sin embargo, no todos los eruditos concuerdan. Algunas deidades veneradas en estas religiones no morían ni resucitaban; mas aún, por lo general no resulta claro cómo se empleaba el mito en el culto, si bien algunos aspectos de la inmortalidad parecen estar incluidos.

Se realizaban fiestas públicas en honor a algunas deidades adoradas en las religiones de misterio, pero no se sabe con precisión qué relación tenían con los ritos secretos. La fiesta de primavera (boreal) de Cibeles (15–27 de marzo) incluía procesiones, sacrificios, música y danzas frenéticas que conducían a la castración. Son famosos los excesos de bebida, la juerga pública, las pantomimas y las producciones teatrales vinculadas con los adoradores de Dionisio/Baco (la bacanales).

Los ritos de iniciación de las religiones de misterio incluían limpieza ritual en el mar, bautismos y sacrificios. No se puede omitir el taurobolio que se empleaba en la adoración a Cibeles. En este rito el sacerdote mataba un toro sobre una rejilla colocada encima de un pozo donde había una persona que se esforzaba para cubrirse con la sangre. Algunos lo interpretan como rito de iniciación, pero probablemente fuera una ceremonia de purificación que hacía renacer a la persona por un período de tiempo, quizá 20 años. Las religiones de misterio despojaban a la religión de los fundamentos tradicionales del estado y la familia, y la convertían en una cuestión de elección personal. Estas religiones estaban abiertas a todas las clases sociales y sexos, si bien ciertas excepciones como el mitraísmo eran exclusivamente para hombres. Los que se iniciaban conformaban una asociación unida por ritos y símbolos secretos propios de ese culto. Dichas asociaciones se reunían regularmente bajo la dirección de líderes designados tanto en casas como en estructuras especialmente construidas. Los adoradores de Mitra se congregaban en una estructura denominada Mitreum cuyo objetivo era asemejarse a la cueva donde la deidad había matado al toro, acto este que constituía la esencia del mito sagrado. Las escenas de la matanza (tauroctomía) se destacan en varias de estas estructuras.

Los miembros que asistían a las reuniones participaban de los ritos y sacramentos de dicho culto. Se mencionan comidas o banquetes comunitarios. A los miembros de las asociaciones se les requería cumplir ciertos patrones morales; también se alude a ciertas imposiciones ascéticas. No obstante, es

necesario hacer una advertencia: resulta difícil generalizar en cuanto a las religiones de misterio dado que cada culto era individualista. Se pueden hallar excepciones a casi todas las generalizaciones.
Thomas V. Brisco

MITANNI Reino importante entre el 1500 y el 1300 a.C., ubicado en lo que actualmente constituye las regiones septentrionales de Turquía e Irán. Mitanni era rival de Egipto por la cultura desarrollada y el control del antiguo Cercano Oriente que se disputaban durante ese período. Este pueblo poseía tecnologías avanzadas, incluso carros tirados por caballos. También aplicaban leyes bastante sofisticadas para aquella época. Mitanni ejerció una influencia considerable sobre Palestina durante varios siglos, en especial sobre la cultura jebusea en Jerusalén. Ver *Carros; Egipto; Jebuseos; Jerusalén.*

MITCA Nombre geográfico que significa "dulzura". Una de las estaciones en el desierto (Núm. 33:28,29).

MITILENE Nombre geográfico que significa "pureza". Ciudad principal de la isla de Lesbos en el Mar Egeo al sudeste de Asia Menor. Pablo se detuvo allí cuando regresaba de Acaya a Siria en el tercer viaje misionero (Hech. 20:14).

MITNITA Título otorgado a Josafat, uno de los integrantes del ejército de David (1 Crón. 11:43).

MITRA Término que indica una especie de tocado, probablemente un turbante. Formaba parte de las vestiduras del sumo sacerdote (Ex. 28:4, 36-39) y se requería que la llevara en el Día de la Expiación (Lev. 16:4). A los sacerdotes se les prohibía mostrar señales de duelo tales como cabello despeinado (Ezeq. 24:17; Lev. 21:10). Quizá se colocaban turbantes cada vez que salían. En Zac. 3:5, el sumo sacerdote Josué recibió una mitra limpia como señal de la restauración del sacerdocio.

MITRA, MITRAÍSMO Dios persa y la religión de misterio dedicada a adorarlo.

El dios Mitra Originariamente era una deidad persa considerada mediadora entre la humanidad y Ahura Mazda, el dios de la luz. Este dios venció el mal y le proporcionó vida, tanto animal como vegetal, a la humanidad. Las estatuas de Mitra lo muestran comúnmente sosteniendo un toro de la nariz mientras le clava un cuchillo en el cuello. Los romanos identificaban a Mitra con el dios sol. El 25 de diciembre se celebraba su cumpleaños. Hay tres tradiciones relacionadas con el nacimiento de Mitra: (1) nació como fruto de una relación incestuosa entre Ahura Mazda y su madre; (2) fue hijo de un mortal común; (3) nació de una roca. Luego de concluir su obra redentora en la tierra, participó de una última cena con algunos de sus seguidores y luego ascendió al cielo donde continúa ayudando a los fieles en su lucha contra los demonios.

La religión de Mitra Dado que el mitraísmo pertenece a la categoría de religiones de misterio, el conocimiento que poseemos de sus doctrinas y rituales específicos es limitado. Sólo a los devotos a la religión se les permitía presenciar los ritos o tener acceso a sus doctrinas sagradas. Por lo tanto, la mayor parte de lo que sabemos procede de artefactos y lugares de adoración que han descubierto los arqueólogos.

Características del mitraísmo Era esencialmente una religión de la gente común, si bien uno de los emperadores romanos (Cómodo, 180–192 d.C.) se inició en sus misterios. Era la única religión de misterio que excluía de su membresía a las mujeres. No poseía clérigos profesionales. Las siete etapas de iniciación preparaban al postulante para ascender al dios de la luz. Estas etapas correspondían a las siete esferas planetarias por donde hay que ascender para llegar a la morada de los benditos: el cuervo, el oculto, el soldado, el león, el persa, el corredor del sol y el padre. A los niños varones se les permitía participar de las etapas más bajas.

Rituales En el antiguo escenario rural, la matanza real de un toro formaba parte del ritual. El postulante era colocado en un pozo cubierto por una rejilla de hierro. Al toro lo mataban encima de la parrilla y el postulante intentaba atrapar la sangre sagrada con la lengua. Cuando la religión se introdujo en el Imperio Romano pareciera que este acto se convirtió en un simple simbolismo. Más allá de esto desconocemos información adicional, excepto que los bajorrelieves muestran a los participantes de las celebraciones acarreando cabezas falsas de animales, de persas, etc. Esto sugiere que el uso de disfraces formaba parte de la etapa de iniciación.

Rival del cristianismo De todas las religiones de misterio, el mitraísmo se convirtió en el rival más importante del cristianismo. Esta rivalidad tal vez se deba a que compartían algunas características externas. Entre las más destacadas se encuentran:

M

el 25 de diciembre, nacimiento del dios; el domingo, día sagrado; el bautismo; una comida sagrada; ética categórica; creencia en un juicio final con vida eterna para los justos y castigo para los impíos, y que el mundo sería finalmente destruido con fuego. Ver *Misterio, Religiones de.*

Joe E. Lunceford

MITRÍDATES Nombre de persona que significa "don de Mitra" (una deidad persa). **1.** Tesorero de Ciro que devolvió los utensilios del templo (Esd. 1:8). **2.** Oficial sirio que se negó a que Nehemías reedificara los muros de Jerusalén (Esd. 4:7).

MIZA Nombre de persona y de familia que significa "a partir de esto" o "rayo de luz". Jefe de una familia edomita (Gén. 36:13,17; 1 Crón. 1:37).

MIZAR Nombre propio que significa "pequeñez" o adjetivo que quiere decir "pequeño" (Sal. 42:6). El contexto del salmo sugiere un sitio en el nacimiento del Jordán en el territorio de Dan.

MIZPA Nombre geográfico o sustantivo común que significa "atalaya" o "vigía". Se solía utilizar en Palestina para referirse a lugares que proporcionaban protección. Aparece de dos formas diferentes, Mizpa y Mizpe, ambas con el mismo significado básico.

Mizpa se refiere por lo menos a dos sitios distintos de Transjordania, uno ubicado en el territorio de Galaad y el otro en Moab. En Galaad, Labán y Jacob hicieron un pacto (Gén. 31:25-55), levantaron un mojón y lo llamaron Mizpa (Gén. 31:49). También fue la ciudad natal del galaadita Jefté (Jue. 11). Si bien se desconoce la ubicación de Mizpa de Galaad, el lugar más probable se encuentra en la parte norte de esta región, quizá un sitio como Ramot de Galaad. La ubicación de Mizpa de Moab no se ha determinado. En la historia bíblica fue el lugar a donde David llevó a sus padres (1 Sam. 22:3-5) cuando huía de Saúl.

Por lo menos dos sitios y una región al oeste del Jordán se llamaban Mizpa. El relato del encuentro de Josué con el rey Jabín de Hazor (Jos. 11) alude a la "tierra de Mizpa" (v.3) y "el llano de Mizpa" (v.8), una región del norte de Palestina cuya ubicación se desconoce. Dentro del territorio de la tribu de Judá (Jos. 15:38) había una segunda Mizpa al oeste del Jordán. Si bien se desconoce la ubicación exacta, es probable que estuviera cerca de Laquis.

La ciudad de Mizpa en el territorio de Benjamín (Jos. 18:26) pareciera la más importante de las mencionadas en el AT. A pesar de la gran cantidad de referencias a esta notoria ciudad del AT, aún se debate su ubicación. Se han sugerido dos sitios posibles: Nebi Smawil, situada aprox. 8 km (5 millas) al norte de Jerusalén, y Tell en-Nasbeh, ubicada a unos 13 km (8 millas) en la misma dirección. Si bien no se han llevado a cabo excavaciones importantes en Nebi Samwil, las historias relacionadas con Samuel parecen corresponder a este lugar. Por el contrario, Tell en-Nasbeh ha sido excavada y la información arqueológica se adecua a la historia de Mizpa de Benjamín.

El papel importante que desempeñó Mizpa en la historia del AT se refleja en la gran cantidad de acontecimientos vinculados con este sitio. Mizpa fue el sitio de reunión del pueblo de Israel cuando se levantaron en contra de la tribu de Benjamín (Jue. 20). Samuel reunió a Israel en Mizpa para orar ante la amenaza filistea (1 Sam. 7:5-11). Mizpa era un sitio importante donde se tomaban decisiones judiciales (1 Sam. 7:15-17). Uno de los capítulos más importantes de la historia de Mizpa tuvo lugar después de la caída de Jerusalén. Debido a la situación caótica de Jerusalén luego del ataque de los babilonios en el 587 a.C., Mizpa se convirtió en centro administrativo de esa provincia babilónica. Fue en Mizpa donde Gedalías, quien había sido designado gobernador de la provincia, procuró darles ánimo a los que habían permanecido en el lugar (Jer. 40). Ver *Gedalías; Jefté; Ramot de Galaad; Samuel; Torre de vigilancia.*

LaMoine DeVries

MIZRAIM Palabra hebrea correspondiente a Egipto (Gén. 12:10; 13:10; 25:18). **1.** Hijo de Cam (Gén. 10:6,13). **2.** Algunas versiones hacen referencia a los mushris, un pueblo de Cilicia al sudeste de Asia Menor (posiblemente 1 Rey. 10:28; 2 Rey. 7:6; 2 Crón. 1:16,17). Mushri deriva de una palabra asiria que significa "marchar" y tal vez designe a todo pueblo que habitaba fuera de sus fronteras. Algunos eruditos colocan diferentes vocales a las consonantes del texto hebreo y obtienen Mushri, pero no cuentan con evidencia textual para esta modificación. Ver *Egipto.*

MNASÓN Nombre de persona que significa "recordatorio", variante de Jasón. Nativo de Chipre y anfitrión de Pablo durante su último viaje a Jerusalén aprox. en el 60 d.C. (Hech. 21:16).

MOAB Y LA PIEDRA MOABITA Nombre de persona y de nación, y monumento que produjo esta última. La estrecha franja de tierra cultivable ubicada justo al oriente del Mar Muerto se conocía en tiempos bíblicos como "Moab", y sus habitantes eran "moabitas". Moab es una meseta ondulada (con una altura promedio de aprox. 1000 m [3300 pies]), limitada al oeste por una escarpa agreste que desciende hasta el Mar Muerto (casi 400 m [1300 pies] bajo el nivel del mar), al este por el desierto y atravesada por el profundo cañón del vado al-Mojib (el Río Arnón de la época bíblica). El Mojib/Arnón que fluye mayormente de este a oeste y desemboca en el Mar Muerto aprox. en la mitad de su ribera oriental separa la región norte de Moab del resto del territorio de esta nación.

En la meseta moabita hay relativamente pocas vertientes y las aguas del Mojib/Arnón son prácticamente inaccesibles debido a la profundidad del cañón del río. Aun así, la región se halla bien irrigada como producto de las lluvias invernales que acarrean los vientos del Mediterráneo. El terreno poroso conserva suficiente humedad como para que los aldeanos cultiven cereales y encuentren buenas tierras de pastura para ovejas y cabras. La productividad agrícola de Moab se ilustra en los pasajes bíblicos que aluden a Rut y al rey Mesa, sin duda los dos moabitas más conocidos de las Escrituras. El libro de Rut comienza hablando de una época de hambruna en Judá; por esta razón, Elimelec, Noemí y sus dos hijos emigraron a Moab donde aún había alimentos (Rut 1:1-5). Se nos dice que el rey Mesa "era propietario de ganados, y pagaba al rey de Israel cien mil corderos y cien mil carneros con sus vellones" (2 Rey. 3:4).

Las principales ciudades del norte de Moab, la región comprendida entre el Río Arnón y el Jaboc, eran Hesbón, Medeba y Dibón. Dado que esta región estaba en cierto modo separada del resto de Moab por el Arnón, se hallaba más expuesta a presiones internacionales y durante los tiempos bíblicos con frecuencia cayó bajo el dominio de diversos poderes. Según Núm. 21:25-30, un tiempo antes de que los israelitas aparecieran en la región, los amorreos habían tomado Moab. Luego los israelitas conquistaron la tierra de manos de los amorreos y se la asignaron a la tribu de Rubén (Jos. 13:15-28). Según Jue. 11:13, Amón (la región al norte del Jaboc) reclamaba que la tierra les pertenecía a ellos, si bien no hay indicios de que la hubieran ocupado. Finalmente, Moab reconquistó la región a mediados del siglo IX a.C. (2 Rey. 3; Isa. 15–16; Jer. 48).

El territorio central de Moab estaba más aislado del mundo exterior ya que se encontraba limitado al oeste por la pendiente del Mar Muerto, al este por el desierto, al norte por el Mojib/Arnón y al sur por el cañón de un segundo río, denominado actualmente vado el-Hesa, quizá el Río Zered de la época bíblica (Núm. 21:12). Las principales ciudades de esta parte de Moab eran Kir-hareset (la moderna Kerak) y un sitio denominado Ar Moab (posiblemente equivalente a la actual aldea de Rabbah ubicada aprox. 14 km [9 millas] al noreste de Kerak). En 2 Rey. 3 se relata una campaña militar realizada por el rey Joram de Israel y respaldada por el rey Josafat de Judá que penetró en esta región central de Moab y culminó con la toma de Kir-hareset. El sitio acabó cuando el rey moabita Mesa sacrificó a su hijo mayor sobre el muro de la ciudad.

Además de pasajes bíblicos mencionados anteriormente y algunas referencias ocasionales que aparecen en textos asirios, la mayor fuente de información que poseemos sobre la antigua Moab es lo que se denomina Piedra Moabita. Esta piedra, que contiene una inscripción de la época del reinado del mismo rey Mesa mencionado en 2 Rey. 3, la descubrió un misionero alemán en 1868 cerca de las ruinas de la antigua Dibón. Conocida también como Inscripción de Mesa, este monumento registra los logros más destacados del reinado de este monarca, quien se jacta de manera especial por haber recuperado la independencia moabita del dominio israelita y por haber restaurado el control sobre la región norte de Moab.

Dado que eran vecinos, la historia de los moabitas se entremezcla con la de Israel. Más aún, los israelitas consideraban a los moabitas parientes cercanos, tal como lo infiere Gén. 19:30-38. Ya en la época de los jueces se habla del intercambio pacífico como así también de los conflictos entre israelitas y moabitas. La historia de Rut ilustra relaciones pacíficas, en tanto que el episodio entre Aod y Eglón refleja conflictos (Jue. 3:12-30). Se dice que Saúl peleó contra los moabitas (1 Sam. 14:47). David, descendiente de la moabita Rut según las genealogías bíblicas (Rut 4:18-22), colocó a sus padres bajo la protección del rey de Moab mientras huía de Saúl (1 Sam. 22:3,4). No obstante, posteriormente se registra que derrotó a los moabitas en una batalla y que arbitrariamente decidió ejecutar a dos tercios de los prisioneros de ese ejército (2 Sam. 8:2). Una

M

de las esposas del rey Salomón era de Moab, y durante su reinado se adoró al dios moabita Quemos en Jerusalén (1 Rey. 11:1-8).

La información más detallada sobre las relaciones moabitas-israelitas proviene de mediados del siglo IX a.C., época correspondiente a la dinastía de Omri en Israel y del rey Mesa en Moab (1 Rey. 16:15–2 Rey. 10:18). Aquí la inscripción que aparece en la Piedra Moabita complementa el registro bíblico. Se nos dice que Omri conquistó el norte de Moab y adquirió cierto dominio sobre el resto del territorio. Acab continuó con la política de Omri. No obstante, el rey Mesa ascendió al trono de Moab aprox. a mediados del reinado de Acab y finalmente logró liberarse del yugo israelita. Aparentemente, Mesa comenzó a luchar por la independencia moabita durante los años turbulentos que sucedieron a la muerte de Acab (2 Rey. 1:1). Ocozías, sucesor de Acab en el trono de Israel, no pudo reaccionar ante el desafío de Mesa debido a un accidente que produjo su muerte prematura (2 Rey. 1). Posteriormente, cuando Joram sucedió a Ocozías como rey de Israel e intentó restaurar el dominio israelita sobre Mesa, tampoco tuvo éxito (2 Rey. 3).

Finalmente, para el 700 a.C., Moab cayó bajo el dominio de Asiria tal como sucedió con Israel, Amón y los otros pequeños reinos siriopalestinos. Por esta razón, Moab y los reyes moabitas se mencionan en los registros de Tiglat-pileser III, Sargón II, Senaquerib y Asarhadón. Oráculos proféticos como Amós 2:1-3; Isa. 15; Jer. 48 también corresponden a estos últimos años de decadencia del reino moabita. Ver *Arnón; Joram; Josafat; Kir-hareset; Mesa; Rut; Transjordania.*

Maxwell Miller y E. Ray Clendenen

MOABITA Habitante de Moab.

MOADÍAS Nombre de persona que significa "Jah promete" o "adorno de Jah". Familia sacerdotal de la época del sumo sacerdote Joiacim (Neh. 12:17), quizá equivalente a Maadías (Neh. 12:5).

MODA La practica de usar la ropa para declarar algo sobre la condición o posición en la sociedad era tan generalizada en el mundo bíblico como lo es hoy. No obstante, el estilo de vestimenta no cambiaba tan rápidamente en la antigüedad, de modo que el esfuerzo por mantenerse a la moda era menos agitado.

El significado exacto de muchos términos técnicos de la Biblia que describen artículos específicos de vestimenta y accesorios permanece indescifrable; otros términos son más claros. El vestuario básico en la época bíblica incluía una prenda interior larga parecida a una camisa (la túnica, Juan 19:23) y otra exterior que podía estar decorada según la condición social (el manto, 1 Sam. 18:4), varios cinturones (taparrabos, cintos y fajas: por ej. Mat. 3:4, Apoc. 1:13), algo para cubrir la cabeza (2 Sam. 15:30; Zac. 3:5), calzado (Ezeq. 24:17) y joyas (Ex. 32:2; Jue. 8:24-26).

Los reyes y los sacerdotes usaban ropa de calidad superior (Ex. 28:1-43; 39:1-31; Mat. 11:8), al igual que personas de elevada posición social (Gén. 37:3; Luc. 15:22). Esas vestimentas eran artículos preciados (comp. Jos. 7:21), y podían constituir un regalo valioso (Gén. 45:22; 2 Rey. 5:5; Est. 6:8), pero también podían conducir a la ostentación (Isa. 3:18-26). En su lugar, a los creyentes se los insta a vestirse modestamente para que predomine la verdadera belleza, que es interior (1 Tim. 2:9; 1 Ped. 3:3-5).

Los autores bíblicos usaron los adornos externos de la ropa para señalar la naturaleza espiritual interior del pueblo de Dios. En otro tiempo adornada elegantemente (Ezeq. 16:10-14), Israel pecó y fue vestida con harapos (Isa. 64:6; Zac. 3:3-4; comp. Apoc. 3:4). Los justos son vestidos con ropas blancas delicadas (Zac. 3:4-5; Apoc. 3:4-5; 7:9,13). *Paul Wright*

MOISÉS Nombre de persona que significa "sacado del agua". Moisés fue líder de los israelitas en el éxodo de la esclavitud y opresión egipcias, en el viaje por el desierto con las amenazas de hambre, sed y enemigos impredecibles, y finalmente en la audiencia divina en el Monte Sinaí/Horeb donde se concretó el singular pacto que vinculó de manera especial a Dios e Israel. No se sabe nada de Moisés por otras fuentes extrabíblicas. En realidad es indudable que el nombre "Moisés" aparece encubierto en nombres egipcios compuestos tales como Tutmosis III, pero ninguna de estas referencias proporciona información sobre el Moisés israelita.

La historia en el AT, desarrollada extensamente desde Ex. 1 hasta Deut. 34, es más que una simple biografía. Constituye un documento del pacto que se celebró cuando Dios convirtió a Israel en el pueblo escogido tal como les había prometido a los patriarcas. También declara la gloria de Dios y la naturaleza de Su relación con los israelitas.

El artístico relato comienza en Ex. 1; no consiste en información sobre Moisés sino en una narración de los acontecimientos que afectaban al pueblo en Egipto. El faraón egipcio les temía a los israelitas porque se habían convertido en un pueblo numeroso y poderoso. Lanzó una política oficial de opresión contra ellos a fin de controlarlos. Cuando esta opresión no detuvo el crecimiento poblacional israelita, el faraón anunció otro método novedoso para detenerlo. "Echad al río a todo hijo que nazca, y a toda hija preservad la vida" (Ex. 1:22). El capítulo siguiente anuncia el nacimiento de Moisés. Su vida comenzó bajo la sombra del juicio de muerte expresado por el faraón.

No obstante, la madre actuó para proteger a Moisés del decreto de muerte del faraón. Cuando ya se hacía imposible esconder al bebé, la madre construyó una arquilla, un canasto de juncos recubierto de asfalto y brea para que fuera resistente al agua. Colocó al niño en el canasto y lo puso en el río. Una hermana permaneció cerca para vigilar lo que sucedía. Sin embargo, la muchacha fue testigo de un cambio aparentemente terrible del destino cuando la hija del faraón se acercó al río. La princesa encontró el arca, la abrió y se dio cuenta de que el niño era hebreo. No obstante, en lugar de matar al bebé como lo había ordenado su padre, tuvo compasión del niño, hizo los arreglos necesarios y, con la ayuda de la hermana del bebé, procedió a adoptarlo como hijo propio. Como parte de ese proceso le entregó el niño a una nodriza por sugerencia de la hermana que estaba vigilando el arca. Desde luego, la nodriza era la propia madre del bebé.

Después de haberlo destetado, la madre le entregó el niño a la princesa. Al adoptarlo lo llamó Moisés. El joven héroe creció en el palacio del mismo rey que había procurado matarlo. Cuando Moisés fue adulto comenzó a preocuparse por la opresión que padecía su pueblo. El escritor enfatiza el grado de identidad que existía entre el pueblo oprimido y Moisés al decir: "Moisés, salió a sus hermanos...y observó a un egipcio que golpeaba a uno de los hebreos, sus hermanos" (Ex. 2:11). Reaccionó frente a este acto particular de opresión contra su pueblo y mató al egipcio.

Tras el violento acto, Moisés huyó de Egipto y de su propio pueblo a la tierra de Madián. Una vez más intervino frente a la opresión, acción

Riacho en el Desierto de Zin que, según la tradición local, se formó cuando Moisés y Aarón golpearon la roca.

que lo colocó en una posición arriesgada y peligrosa. Moisés estaba sentado junto a un pozo, el sitio de reunión típico de aquella región (Gén. 29:2). Allí presenció la violenta agresión de pastores contra las mujeres que realizaban la misma tarea y que ya habían sacado agua para las ovejas. Moisés las salvó de la opresión que padecieron; por este motivo, el padre de ellas que era sacerdote de Madián lo invitó para que viviera y trabajara bajo la protección de los hospitalarios

Roca que tradicionalmente se considera la Roca de Refidim que Moisés golpeó con el fin de obtener agua para los israelitas.

M

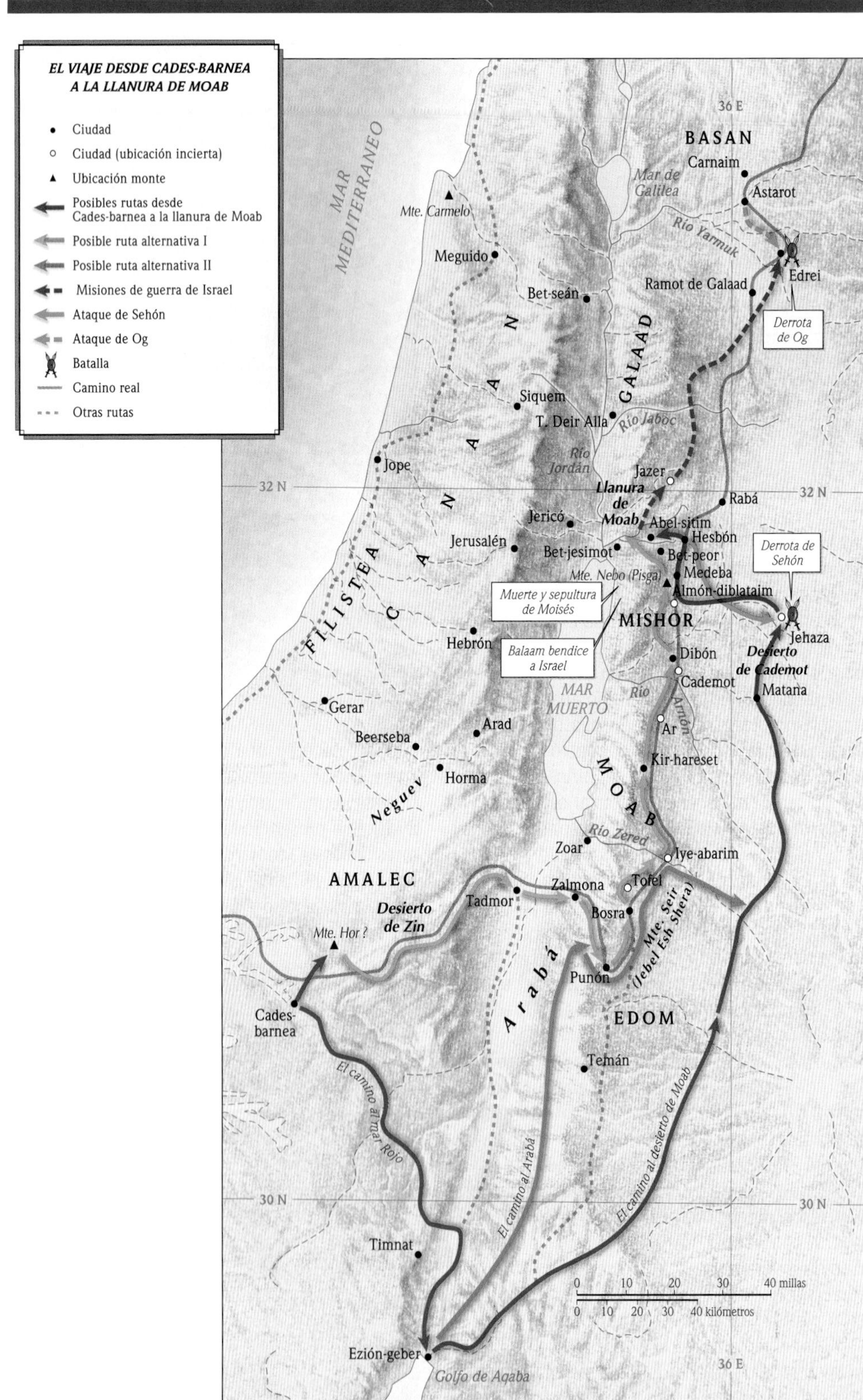
EL VIAJE DESDE CADES-BARNEA
A LA LLANURA DE MOAB
Ciudad
Ciudad (ubicación incierta)
Ubicación monte
Posibles rutas desde Cades-barnea a la llanura de Moab
Posible ruta alternativa I
Posible ruta alternativa II
Misiones de guerra de Israel
Ataque de Sehón
Ataque de Og
Batalla
Camino real
Otras rutas
MAR MEDITERRANEO
Mte. Carmelo
Meguido
BASAN
Carnaim
Astarot
Mar de Galilea
Río Yarmuk
Edrei
Ramot de Galaad
Derrota de Og
Bet-seán
CANAAN
GALAAD
Siquem
T. Deir Alla
Río Jaboc
Río Jordán
Jope
Jazer
Llanura de Moab
Rabá
Jericó
Abel-sitim
Hesbón
Jerusalén
Bet-jesimot
Bet-peor
Derrota de Sehón
Mte. Nebo (Pisga)
Medeba
Almón-diblataim
Muerte y sepultura de Moisés
MISHOR
Jehaza
FILISTEA
Hebrón
Balaam bendice a Israel
Dibón
Desierto de Cademot
Cademot
Matana
MAR MUERTO
Río Arnón
Gerar
Arad
Ar
Beerseba
Kir-hareset
Horma
MOAB
Neguev
Río Zered
Zoar
Iye-abarim
AMALEC
Zalmona
Tofel
Tadmor
Desierto de Zin
Bosra
Mte. Seir (Jebel Esh Shera)
Mte. Hor ?
Arabá
Punón
Cades-barnea
EDOM
Temán
El camino al mar Rojo
El camino al Arabá
El camino al desierto de Moab
32 N
30 N
36 E
Timnat
0 10 20 30 40 millas
0 10 20 30 40 kilómetros
Ezión-geber
Golfo de Aqaba

madianitas. Finalmente, una de las hijas del madianita se convirtió en su esposa. En medio de la paz idílica de la hospitalidad madianita, Moisés cuidó las ovejas de Jetro, tuvo un hijo y vivió lejos de su pueblo.

El evento con la zarza ardiente mientras trabajaba como pastor de ovejas lo convirtió en el personaje crucial para su heroica labor. La zarza ardiente captó la atención de Moisés. Allí se encontró con el Dios de los padres que se presentó con un nombre particular que constituyó la clave esencial de la autoridad de Moisés: "YO SOY EL QUE SOY". Este extraño enunciado era la promesa de Dios a Moisés de que estaría con él en esta comisión especial. Dios lo envió a presentarse ante el faraón y conseguir que el pueblo fuera liberado de la opresión. El discurso divino que lo comisionó incluía dos aspectos. Como líder heroico de Israel daría inicio a los acontecimientos que conducirían al éxodo de Israel de Egipto. Pero como hombre de Dios sería Su representante para liberar al pueblo de la esclavitud egipcia. Con la autoridad necesaria para esa doble comisión, Moisés se presentó ante el faraón para negociar la liberación del pueblo.

Las narraciones sobre la negociación presentan a Moisés con un fracaso tras otro. Presentaba sus demandas ante el faraón, anunciaba una señal para respaldarlas, como resultado de las negociaciones obtenía alguna concesión del monarca pero no conseguía liberar al pueblo. La escena final sólo constituía otra etapa de esas negociaciones. Sin embargo, Dios hizo morir a los primogénitos de todas las familias egipcias y pasó por alto a los israelitas. En medio de la agonía de esta escena de muerte, los egipcios arrojaron a los israelitas de Egipto (Ex. 12:30-36). Estos habían conseguido plata, oro y vestimentas de los egipcios a fin de prepararse para ese acontecimiento. Cuando escaparon se llevaron todo. Por lo tanto cuando Israel salió de Egipto, en una sola instancia le robó a la nación más poderosa los hijos primogénitos y las riquezas.

Moisés guió al pueblo al desierto mientras los egipcios los perseguían. Finalmente estos quedaron atrapados frente al Mar Rojo. Dios, que había prometido estar con Su pueblo, derrotó al enemigo en medio del mar. Luego suplió las necesidades de alimento y agua en el desierto hostil. Incluso las serpientes y los amalecitas fracasaron en su intento de frustrar el peregrinaje de los israelitas en el desierto bajo el liderazgo de Moisés. Éxodo 17:8-13 muestra que Moisés fue fiel en el cumplimiento de sus responsabilidades como líder. Números 12:1-16 demuestra que fue humilde; un líder con integridad que cumplió con los deberes correspondientes a su función a pesar de la oposición que le presentaron los miembros de su propia familia.

El corazón del relato sobre Moisés se observa con claridad en los sucesos ocurridos en el Monte Sinaí. La ley otorgada en el monte constituye el don de Dios para Israel. Le mostró al pueblo cómo actuar frente a Su obra salvadora en el éxodo, y a las generaciones subsiguientes, la manera de obedecer las enseñanzas de Moisés en el marco de un nuevo estilo de vida. Las leyes se denominaron mosaicas como una confirmación de la autoridad del líder. La ley de Moisés se convirtió en un modelo para la sociedad israelita. Los historiadores de Israel ciertamente relataron toda la historia de este pueblo conforme a la influencia del modelo mosaico y sugirieron que los reyes davídicos desarrollaran el liderazgo sobre la nación siguiendo su ejemplo (Josué–Reyes). Sólo el buen rey Josías y en menor medida Ezequías estuvieron a la altura del modelo.

La muerte de Moisés está signada por una trágica soledad, si bien se vio beneficiada con la presencia de Dios. Él le negó a Moisés el privilegio de entrar en la tierra prometida a causa de su pecado (Núm. 20). Deuteronomio 34 relata la escena de la muerte. Lo más importante del registro de la muerte de Moisés es la presencia de Dios con él. El líder dejó a su pueblo para subir a otra montaña. Moisés murió en la cima de ese monte, lejos de la gente que había servido durante tanto tiempo. Dios acompañó a Su siervo en el momento de morir. De hecho, Dios lo sepultó y sólo Él sabe dónde se encuentra ese lugar.

George W. Coats y E. Ray Clendenen

MOISÉS, LIBROS DE Ver *Ley, Diez Mandamientos, Torá; Pentateuco.*

MOLADA Nombre geográfico que significa "generación". Ciudad del sur de Judá cerca de Beerseba y asignada a las tribus de Judá (Jos. 15:26) y Simeón (Jos. 19:2). Esto tal vez refleje realidades políticas correspondientes a épocas diferentes o a la dependencia que Simeón tenía de Judá. La similitud con el nombre Molid sugiere que Molada era un asentamiento jerameelita (1 Sam. 27:10; 1 Crón. 2:29). Fue una de las ciudades repobladas por los judíos que regresaron del exilio (Neh. 11:26). Quizá sea equivalente a Malathah, la aldea edomita que Herodes Agripa I utilizaba como refugio. Se han propuesto diversas ubicaciones: Khirbet Kuseifeh, 19 km (12 millas) al oeste de Beerseba; Tell el Milh, al sudeste de Beerseba; y Khereibet el-Waten, también al este de Beerseba.

MOLDURAS Se refiere a las bandas metálicas que unen los extremos superiores de los pilares usados en la construcción del tabernáculo (Ex. 36:38; 38:10-12,17,19), o bien a las barras que conectan los pilares entre sí.

MOLID Nombre de persona que significa "padre". Descendiente de Judá (1 Crón. 2:29).

MOLINO Dos piedras circulares empleadas para triturar granos. Por lo general lo manejaban dos mujeres ubicadas una frente a la otra. Una colocaba los granos en el centro y la otra acomodaba el producto formando pilas pequeñas. El grano se colocaba en el agujero del centro de la piedra superior y se iba moliendo gradualmente a medida que descendía y pasaba entre las dos piedras. Cuando el grano se convertía en harina se iba depositando en un paño o piel que se colocaba debajo del molino. Para obtener harina fina, se volvía a moler y se tamizaba. La piedra era de basalto y medía aprox. 45 cm (1,5 pies) de diámetro y 5 a 10 cm (2 a 4 pulgadas) de espesor.

Estaba prohibido tomar molinos como prenda debido a la gran importancia que tenían para la subsistencia (Deut. 24:6). El maná que cayó en el desierto era lo suficientemente duro como para que la gente lo pudiera moler antes de cocinarlo (Núm. 11:7,8).

En el NT, nuestro Señor profetizó que en Su venida "dos mujeres estarán moliendo en un molino; la una será tomada, y la otra será dejada" (Mat. 24:41). En Apoc. 18:21, la piedra de molino es arrojada al mar como símbolo de destrucción absoluta. Ver *Maná.* *Gary Bonner*

Molino rotatorio en Capernaum.

MOLOC Transliteración de una palabra hebrea relacionada con el término correspondiente a "rey" pero que describe a un dios extraño o a una práctica vinculada con la adoración pagana. El significado de "Moloc" es tema de debate. Por lo general se proponen dos opiniones. Una sugiere que alude a una clase especial de ofrenda, un sacrificio votivo efectuado para confirmar o cumplir un voto. Algunas inscripciones de Cartagena y Fenicia (púnicas) del período 400–150 a.C. respaldan este punto de vista ya que indican que la palabra *malak* es un término general correspondiente a "sacrificio" u "ofrenda". Es posible que dicho significado sea el apropiado en algunos pasajes (Lev. 18:21; 20:3-5; 2 Rey. 23:10; Jer. 32:35).

Una segunda sugerencia indica que "Moloc" es el nombre de una deidad pagana a quien se le ofrecían sacrificios humanos. A menudo se la relaciona con Amón (comp. 1 Rey. 11:7, "ídolo abominable de los hijos de Amón"). Levítico 20:5 condena a aquellos que "fornicaron...prostituyéndose con Moloc" (Lev. 18:21; 20:3-5; 2 Rey. 23:10; Jer. 32:35). Algunas evidencias arqueológicas recientes indican que en la antigua Amón se sacrificaban niños. Muchos eruditos sostienen que todos los textos bíblicos sobre Moloc se deben interpretar como pertinentes a un nombre divino.

La etimología del nombre *Moloc* es interesante. Los eruditos sugieren que consiste en un cambio deliberado de las vocales agregadas al término hebreo correspondiente a rey o una forma derivada (*molek*), "gobernante". Proponen que las consonantes de la palabra hebrea para rey (*mlk*) se combinaron con las vocales del término que significa vergüenza (*boshet*). Por lo tanto, este título constituía un epíteto divino que expresaba desprecio hacia el dios pagano.

En épocas de apostasía y aparentemente sumidos en la desesperación, algunos israelitas ofrecieron a sus hijos "por fuego a Moloc" (Lev. 18:21; 20:2-5; 2 Rey. 23:10; comp. 2 Rey. 17:31; Jer. 7:31; 19:5; 32:35). Por lo general se entiende que estas referencias aluden a sacrificios de niños que se realizaban en el Valle de Hinom en un lugar conocido como Tofet ("Tofet" probablemente signifique "abismo de fuego" en siríaco). Se desconoce la manera precisa en que esto se llevaba a cabo. Algunos aducen que los niños eran arrojados al fuego ardiente. Ciertos escritos rabínicos describen una estatua de bronce hueca con forma humana y cabeza de buey. Según los rabinos, los niños eran colocados dentro de esa estructura que luego era calentada desde la parte inferior. Se hacían sonar los tambores para tapar los gritos de los niños.

Una opinión alternativa afirma que la expresión "ofrecerlo a Moloc" no se refiere a sacrificios humanos sino a que los padres entregaban a sus hijos para que crecieran en el templo y se prostituyeran. Dicho punto de vista alude a Lev. 18 donde el escritor, a lo largo de todo el capítulo, se preocupa por las relaciones sexuales (esp. vv.19-23). Otra opinión considera que se refiere originariamente a una ceremonia con fuego donde se consagraba a los niños pero sin dañarlos; esto posteriormente se convirtió en un holocausto.

La práctica de ofrecer niños como sacrificios humanos estaba condenada en la antigua Israel, pero el AT deja en claro que algunos israelitas lo hacían (2 Rey. 21:6; 23:10; 2 Crón. 28:3; Sal. 106:38; Jer. 7:31; 19:4,5; Ezeq. 16:21; 23:37, 39). Pareciera que el exilio le puso fin a este tipo de adoración en Israel. No obstante, hasta la era cristiana se continuó practicando en el norte de África y entre los habitantes de Cartagena y Fenicia. Ver *Astarot; Dioses paganos; Hinom, Valle de; Sacrificio.* *Paul E. Robertson*

MONEDAS Discos de metal acuñados por un gobierno para el comercio y los valores.

Antes de que se inventara el dinero, un hombre podía negociar o canjear con otro una cosa que le pertenecía por otra que deseaba tener. Debido al valor intrínseco y a la movilidad del ganado, éste se usaba con mucha frecuencia en el sistema de trueque. Dicha comercialización también tenía lugar en gran escala. Cuando Hiram de Tiro acordó proveer los materiales de construcción para el templo, Salomón se comprometió a efectuar grandes pagos anuales en trigo y aceite de oliva (1 Rey. 5:11). Finalmente, el descubrimiento y la utilización del metal para los adornos, los utensilios y las armas hizo que se impusiera sobre los métodos de cambio primitivos. La plata, el oro y el cobre en sus diversas formas, tales como barras, brazaletes y cosas similares, representaban riqueza junto con la tierra, el ganado y los esclavos. El *shekel* (siclo) de plata que pesaba aprox. 4/10 de una onza (es decir unos 11,5 gramos) se convirtió en el patrón de medida. Cuando Abraham compró la cueva de Macpela,

Una moneda de oro de Lisímaco de Tracia (323–281 a.C.).

él "pesó... cuatrocientos siclos de plata" (Gén. 23:16). En aquella época, el siclo era una medida de peso más que una moneda.

El talento era otra medida de peso que en el AT se asociaba frecuentemente con el oro y la plata. La corona que David le sacó al rey de los amonitas pesaba un talento (2 Sam. 12:30). Después de la derrota de Judá en Meguido, el faraón victorioso les asignó un rey títere y requirió que los judíos le pagaran un elevado tributo en plata y oro (2 Rey. 23:33). Aunque su peso variaba levemente de un país a otro, el talento equivalía aprox. a 34 kg (75 libras).

La determinación del peso y la pureza de cualquier metal era una tarea tediosa y a veces sujeta a deshonestidad. A fin de establecer parámetros, las primeras monedas se acuñaron alrededor de la misma época, aprox. en el 650 a.C., tanto en Grecia como en Lidia de Asia Menor. Excavaciones realizadas en Siquem descubrieron una moneda griega de plata que data de un tiempo posterior al 600 a.C., alrededor de la época en que los judíos estaban regresando de Babilonia a Judá. La primera mención del dinero en la Biblia aparece en Esd. 2:69, donde se describen los fondos recolectados para la reedificación del templo. La RVR1960 menciona, entre otros recursos, 61.000 "dracmas de oro", probablemente refiriéndose a una moneda de oro persa (la LBLA y la NVI detallan que fueron 488 kilos de oro y 2750 kilos de plata). Según la investigación arqueológica, años después, aprox. en el 326 a.C., luego de que Alejandro invadiera el

Una moneda de Panfilia (190–36 a.C.).

Imperio Persa, las monedas griegas circulaban extensamente en Palestina.

La revolución macabea comenzó en el 167 a.C. Veinticuatro años después (123 a.C.), Judea se convirtió en estado independiente y, alrededor del 110 a.C., el sumo sacerdote reinante acuñó en bronce las primeras monedas judías verdaderas. Sólo las entidades con dominio político podían producir monedas de plata. En conformidad con el segundo mandamiento, las monedas judías no podían llevar la imagen de ningún gobernante sino que utilizaban símbolos tales como una guirnalda, un cuerno de la abundancia o el candelabro de siete brazos del templo. Herodes y otros gobernantes judíos designados continuaron utilizando dichos símbolos después de que Palestina cayó bajo dominio romano. Se han descubierto muchas monedas de bronce pequeñas correspondientes a este período neotestamentario inicial.

La moneda que se menciona con más frecuencia en el NT griego es el *denarion*, que se traduce "denario". Era una moneda de plata que generalmente se acuñaba en Roma. De un lado llevaba la imagen del emperador (Mat. 22:21) y al dorso podía tener algún símbolo de propaganda política o de otra clase. Su valor en la época del NT se puede determinar con más exactitud al saber cuál era la tarea que la antigua moneda podía pagar. En Palestina el denario era la paga diaria de un soldado romano y el salario de un día de trabajo (Mat. 20:2).

Otra referencia a la moneda de plata aparece en Mat. 26:15 en el acuerdo entre el sumo

La cima occidental del Monte Carmelo, con vista a la actual ciudad portuaria de Haifa, Israel.

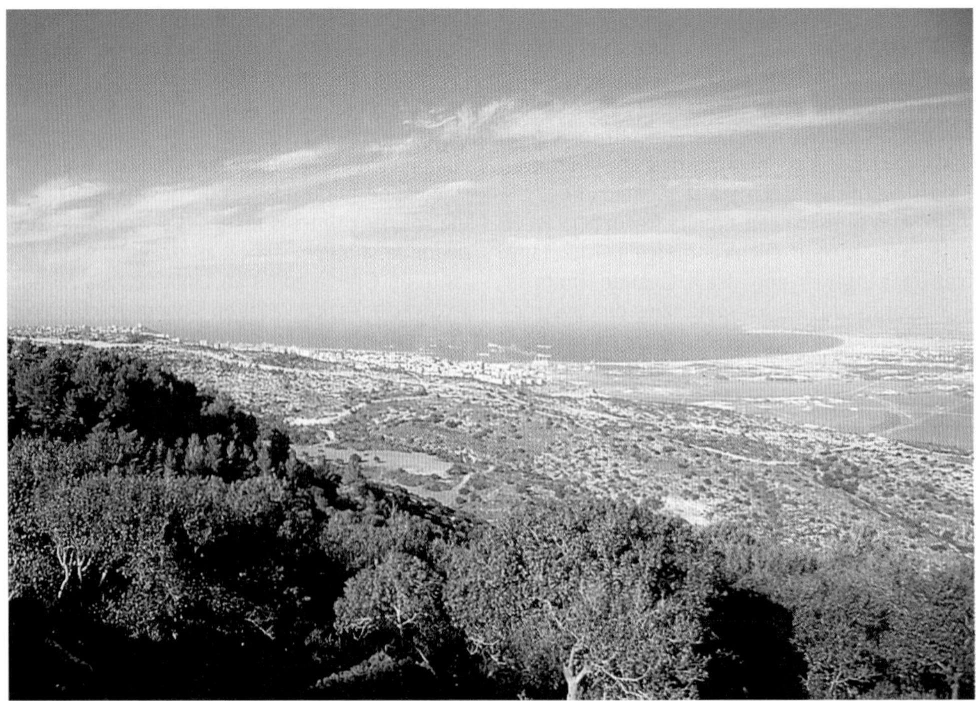

sacerdote y Judas para traicionar a Jesús. Aunque el texto original sólo menciona "plata" sin ninguna moneda específica, algunos eruditos creen que el número "30" se refiere a la recompensa que requería la ley por matar accidentalmente a un esclavo (Ex. 21:32). Por lo tanto, la paga de Judas pudo haber sido de 30 siclos de plata. Para esa época, el siclo (*shekel*) había dejado de ser solamente una medida de peso para convertirse en una moneda específica que pesaba un poco menos de 14 gr (0,5 onzas). También es posible que el "mucho dinero" que se les pagó a los soldados que vigilaban la tumba de Jesús (Mat. 28:12) se refiriera a monedas de plata grandes o a varios siclos.

La tercera moneda mencionada en el NT es la que colocó la viuda pobre en el tesoro del templo mientras Jesús estaba mirando (Mar. 12:42). La RVR1960 traduce las palabras originales como "dos blancas, o sea un cuadrante", mientras que la LBLA dice "dos pequeñas monedas de bronce", y la NVI expresa "dos moneditas de muy poco valor". El primer nombre describe la moneda de cobre griega más pequeña (*lepta*) y el segundo traduce el término griego (*Kodrantess*), que se refiere a la moneda de cobre romana más pequeña. En ambos casos, era la moneda más pequeña que existía, pero Jesús dijo que en proporción tenían más valor que las otras ofrendas.

A partir de dos parábolas que narró Jesús obtenemos la impresión de que el término "talento" en la época neotestamentaria llegó a representar una gran suma de dinero en lugar de ser simplemente una medida de peso. En Mat. 18:24 Jesús habló acerca de un hombre que le debía "diez mil talentos" a un rey. Unos pocos capítulos después Jesús describió a un hombre rico que les asignaba diferentes responsabilidades a tres siervos. Cuando llegó el momento de rendir cuentas, recriminó al que simplemente había escondido su talento diciéndole que, por lo menos, podría haber depositado el dinero a fin de obtener intereses (Mat. 25:27). Se ha estimado que dicho talento pudo haber tenido un valor actual de alrededor de mil dólares. *William J. Fallis*

MONO Primate grande y semierecto que se menciona sólo dos veces en el AT pero no se describe. El mono no era originario de la Tierra Santa pero los israelitas estaban familiarizados con él. Algunos tipos de monos se usaban como mascotas. Formaron parte de los regalos que la flota de Hiram le llevó a Salomón (1 Rey. 10:22; 2 Crón. 9:21).

El término hebreo *qoph* se puede referir a simios (*Papio hamadryas arabicus*) al utilizar una palabra tomada de los egipcios, pero no se tiene seguridad en cuanto al animal exacto al que se alude con este término. Aparentemente, el animal era una novedad de importación para la gente de la época de Salomón.

MONOTEÍSMO, POLITEÍSMO Ver *Dioses paganos.*

MONTE BAAL-HERMÓN Nombre alternativo del Monte Hermón (Jue. 3:3). Tal vez indique que se empleaba como sitio de adoración a Baal.

MONTE CARMELO En la Biblia se lo menciona frecuentemente como un lugar de gran belleza y fertilidad. Alcanza una altura máxima de alrededor de 525 m (1750 pies). El elevado monte se encuentra cerca de la costa mediterránea de Palestina, entre la llanura de Aco al norte y la de Sarón al sur. Según 1 Reyes 18:19 fue el escenario del enfrentamiento entre el profeta Elías y los profetas de Baal.

MONTE DE AMALEC Región montañosa del territorio de Efraín (Jue. 12:15; comp. la frase hebrea "de Amalec" en 5:14). Algunos intérpretes afirman que existe una conexión con la tribu del desierto que lleva el mismo nombre.

MONTE DE HERES Ver *Herez.*

MONTE DE LA DESTRUCCIÓN Monte al este de Jerusalén y cerca del Monte de los Olivos donde Salomón edificó altares a los dioses de sus esposas extranjeras (1 Rey. 11:7-8). Josías destruyó estos lugares de adoración (2 Rey. 23:13). El nombre probablemente sea un juego de palabras en relación al Monte del Aceite, un nombre antiguo del Monte de los Olivos, y una palabra muy parecida correspondiente al monte de destrucción o corrupción.

MONTE DE LAS BIENAVENTURANZAS Los "cuernos de Hattin", ubicados cerca de Capernaum que la tradición identifica como sitio donde se pronunció el Sermón del Monte (Mat. 5:1–7:29). La referencia al ascenso de Jesús al

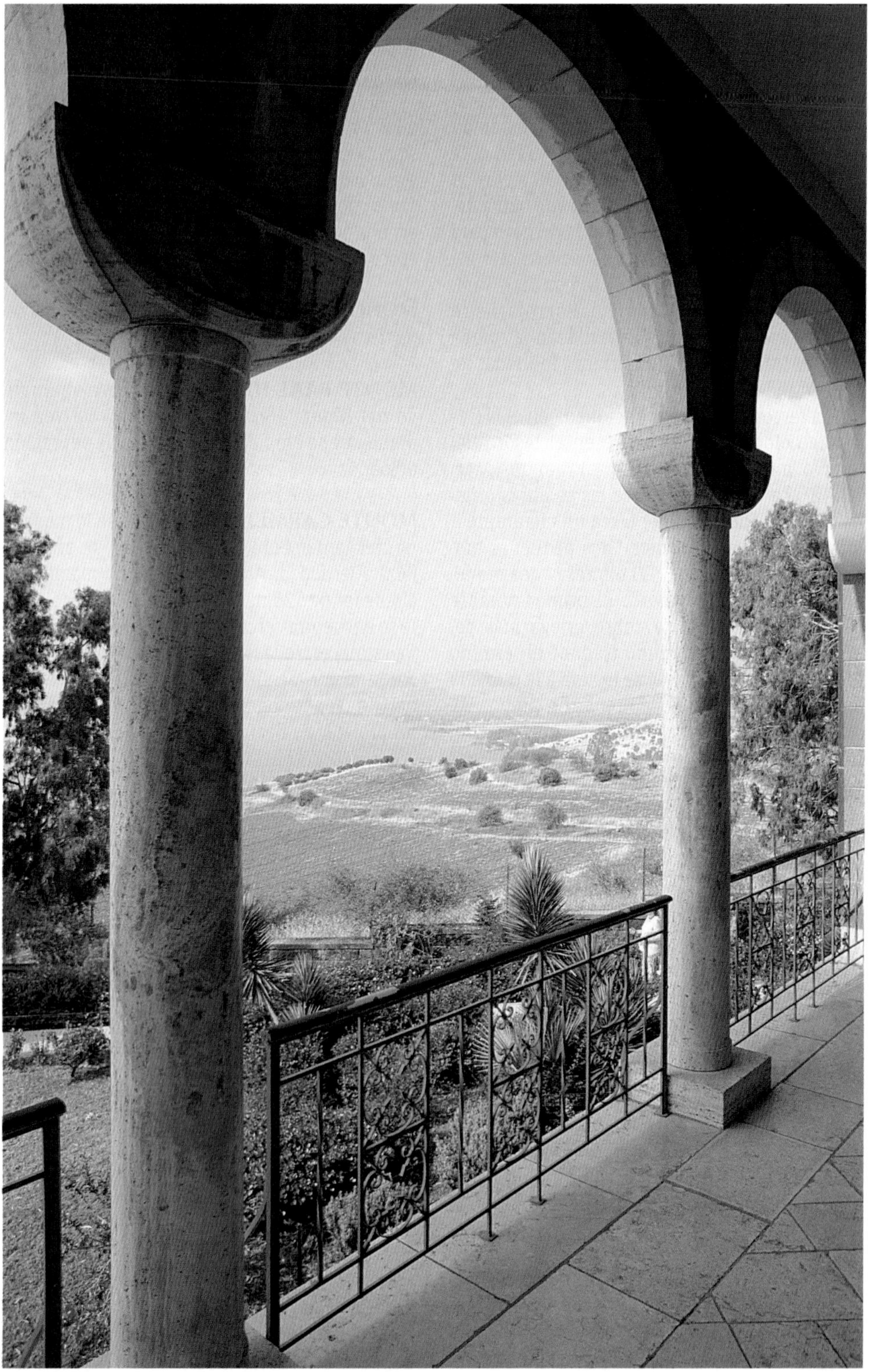

Iglesia de las Bienaventuranzas, en el sitio tradicional del Sermón del Monte, junto al Mar de Galilea.

monte quizá intente conmemorar la historia de Moisés en Sinaí (Ex. 19:3,20).

MONTE DE LOS OLIVOS Cresta montañosa de 4 km (2,5 millas) de extensión que se eleva en el extremo este de Jerusalén; o más precisamente, el pico central de los tres que constituyen dicha cresta. Sumamente cubierta de olivos, la cresta sobresale en dirección norte-sur (como una estribación) de la cordillera que corre por el centro de la región. Tanto el Monte de los Olivos como el Scopus, el pico ubicado del lado norte, se elevan más de 60 m (200 pies) por encima del Monte del Templo al otro lado del Valle de Cedrón. Proporcionaba un espacio atalaya y de señalización para los ejércitos que defendían Jerusalén.

David cruzó el Monte de los Olivos cuando huía de Absalón (2 Sam. 15:30). Ezequiel vio posarse allí el carro con los querubines (Ezeq. 11:22-23). Zacarías describió la forma en que el Monte de los Olivos se moverá para formar un gran valle en el día de Jehová (Zac. 14:3-5). Muchos acontecimientos cruciales de la vida de Jesús tuvieron lugar en dicho monte (Mat. 26:30; Mar. 11:1,2; Luc. 4:5; 22:39-46; Hech. 1:9-12). *Robert O. Byrd*

Ladera occidental del Monte de los Olivos, donde Jesús pronunció su discurso sobre el fin de los tiempos.

MONTE DE SEFER Nombre geográfico que tal vez signifique "belleza". Parada en el viaje de Israel por el desierto cuya ubicación se desconoce (Núm. 33:23).

MONTE DEL AMORREO Designación correspondiente a la región montañosa de Judá y Efraín (Deut. 1:7,20).

Vista del Valle de Cedrón al nordeste, hacia el Monte de los Olivos.

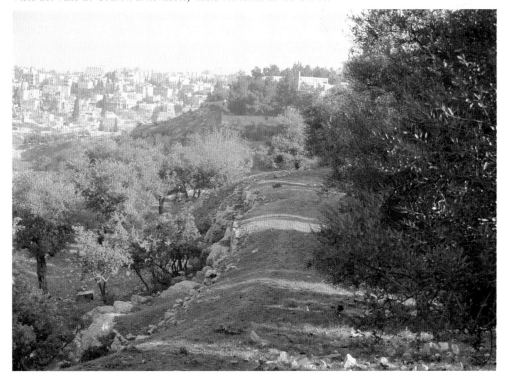

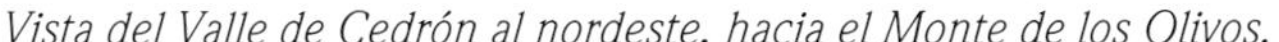

MONTE DEL TESTIMONIO Expresión que los traductores modernos generalmente enuncian como Monte de la Congregación. Parte de la declaración de Isaías sobre el orgullo del rey de Babilonia incluye la acusación por desear ascender al monte distante donde según el mito babilónico se reunían los dioses (Isa. 14:13). Este deseo equivale a declararse divino.

MONTE DEL VALLE Designación para una elevación dentro de un valle en el territorio de Rubén en Transjordania (Jos. 13:19).

MONTE EFRAÍN Designación de las tierras montañosas pertenecientes a Efraín. Algunas traducciones usan la expresión "región montañosa" (LBLA, NVI) ya que se trata de una región más que de un monte en particular. Las Escrituras especifican que las siguientes ciudades se encontraban en las laderas de Efraín: Bet-el (Jue. 4:5); Gabaa o Gibea (Jos. 24:33 LBLA); Ramá (Jue. 4:5); Samir (Jue. 10:1); Siquem (Jos. 20:7); Timnat-sera (Jos. 19:50; Jue. 2:9).

MONTE GERIZIM Y EBAL Nombre de dos lugares íntimamente relacionados que significan "desheredados" y "despojado" o "calvo". Dos montes que forman los lados norte y sur de un importante paso en la parte central de Israel conocido como el Valle de Siquem. La antigua ciudad de Siquem se encuentra en la entrada este del valle, y la moderna Nablus se halla en el estrecho valle entre los dos montes.

Gerizim (la moderna Jebel et-Tor) se encuentra a 868 m (2849 pies) sobre el nivel del Mar Mediterráneo y a unos 210 m (700 pies) por encima del Valle. Ebal (la moderna Jebel Eslamiyeh) se situaba en posición directamente opuesta a Gerizim, y está a unos 885 m (2950 pies) sobre el nivel del mar. Ambos montes son empinados y rocosos, y esto tal vez haya dado origen al significado probable de Siquem: "hombro/s". Los montes, que se asemejaban a dos centinelas, podían fortificarse y así asegurar el control de este importante valle.

Cuando los israelitas conquistaron la parte central de Israel, Josué cumplió la orden de Moisés y ubicó la mitad de las tribus sobre el Monte Gerizim para pronunciar las bendiciones (Deut. 27:12), y la otra mitad sobre el Monte Ebal para enunciar las maldiciones (Deut. 11:29; Jos. 8:30-35). Además construyó un altar en Ebal (Jos. 8:30).

Jotam proclamó desde el Monte Gerizim su famosa fábula de la realeza a los habitantes de Siquem (Jue. 9:7) y utilizó así la tradición sagrada del lugar para dar más peso a la autoridad de su mensaje. Luego que los asirios capturaron el Reino del Norte, surgió del pueblo de Israel una raza mixta que comenzó a mezclar el culto pagano con la adoración a Yahvéh (2 Rey. 17:33).

Gerizim desaparece de la historia bíblica hasta después del exilio babilónico y la restauración persa. El historiador judío Josefo relató que Alejandro Magno les otorgó permiso a los samaritanos para construir un templo en el Monte Gerizim. Los arqueólogos sostienen haber encontrado restos de este templo de 20 m por 20 m (66 pies por 66 pies) y 9 m de alto (30 pies) construido con rocas sin tallar y sin cemento. Josefo también relató que Juan Hircano destruyó el templo en el 128 a.C. Además los arqueólogos descubrieron restos del templo de Zeus Hipsistos que edificó el emperador romano Adriano después del 100 d.C. Más de 1500 escalones de mármol conducían al templo pagano. En la actualidad, la pequeña comunidad samaritana continúa adorando en Gerizim, tal como lo hacían en los tiempos de Jesús cuando Él se encontró con la mujer samaritana que sacaba agua del pozo de Jacob. Ella señaló la adoración tradicional que tenía lugar en el monte (Juan 4:20). Ver *Samaritanos.* *Jimmy Albright*

MONTE HERMÓN Nombre geográfico que significa "monte dedicado". Lugar del santuario de Baal y límite norte de Israel. El Monte Hermón se llamaba Sirión para los sidonios (fenicios) y Senir para los amorreos (Deut. 3:9; Sal. 29:6). Ambas denominaciones significan "peto", evidentemente por la cima redondeada y cubierta de nieve que resplandecía y brillaba a la luz del sol. Este último nombre aparece dos veces en el AT, aparentemente como nombre de una cumbre adyacente al Monte Hermón (1 Crón. 5:23; Cant. 4:8). También se lo llamaba Sion (Deut. 4:48), tal vez por su altura. En una oportunidad se lo llama "Hermones", lo que la versión RVR1960 traduce equivocadamente "hermonitas" (Sal. 42:6). Probablemente sea una referencia a las tres cumbres de la montaña ("las cumbres del Hermón", LBLA).

La cadena del Hermón es la rama sur de la cordillera del Antilíbano que corre paralela a la cadena del Líbano, de la que está separada por el Valle de Beqaa. El Hermón, que se eleva 2800 m (9100 pies) sobre el nivel del mar, es el monte

M

más alto de Siria. Se lo puede ver desde el Mar Muerto a 190 km (120 millas) de distancia. La cadena tiene aprox. 45 km (28 millas) de longitud. Su cima está cubierta de nieve durante las dos terceras partes del año. Las aguas del deshielo fluyen a los ríos del Haurán y son la fuente principal del Jordán. Aunque el Monte Hermón recibe alrededor de 1500 mm (60 pulgadas) de precipitaciones anuales (lluvia, nieve, rocío), arriba de la línea de nieve no crece prácticamente nada de vegetación debido a la ausencia casi total de tierra. Por debajo de esa línea, las laderas de las montañas están cubiertas de árboles y viñedos. En esos bosques hay lobos, leopardos y osos sirios. El registro bíblico alaba el rocío de Hermón (Sal. 133:3), sus leones (Cant. 4:8) y sus cipreses (Ezeq. 27:5).

El monte es importante por varios motivos. (1) Era la frontera norte del reino de los amorreos (Deut. 3:8; 4:48). (2) Señalaba el límite norte de las campañas victoriosas de Josué (Jos. 11:17; 12:1; 13:5). (3) Siempre se lo consideró un monte sagrado. (4) Algunos eruditos consideran que la transfiguración de Jesús ocurrió en el Monte Hermón.

Gary Baldwin

MONTE HOR Nombre geográfico, tal vez una antigua variante del nombre común hebreo *har*, "montaña". **1.** Lugar donde murió el sumo sacerdote Aarón en cumplimiento de la palabra de Dios de que sería castigado por rebelarse en las aguas de la rencilla (Núm. 20:22-29; 33:38,39, Meriba). En ese monte, Moisés estableció como sumo sacerdote a Eleazar, el hijo de Aarón. Aparentemente estaba a poca distancia de Cades y cerca de la costa de Edom (Núm. 20:22,23). La ubicación tradicional en Jebel Harun, al norte de Petra, resulta demasiado al centro de Edom y excesivamente lejos de Cades. Es elevado (1500 m [4800 pies]) e imponente. Recientemente, los estudiosos de la Biblia han señalado Jebel Madurah, al noreste de Cades en la frontera de Edom. Deuteronomio 10:6 sitúa la muerte de Aarón en Mosera, un sitio desconocido que podría situarse al pie del Monte Hor. Israel viajó desde el Monte Hor para rodear Edom (Núm. 21:4; 33:41). **2.** Monte que señala el límite norte de la tierra prometida (Núm. 34:7,8). La ubicación es desconocida, aunque algunos consideran que Hor es una variante del nombre del Monte Hermón.

Vista del Monte Hermón desde la antigua ciudad-montículo de Hazor, en el norte de Galilea.

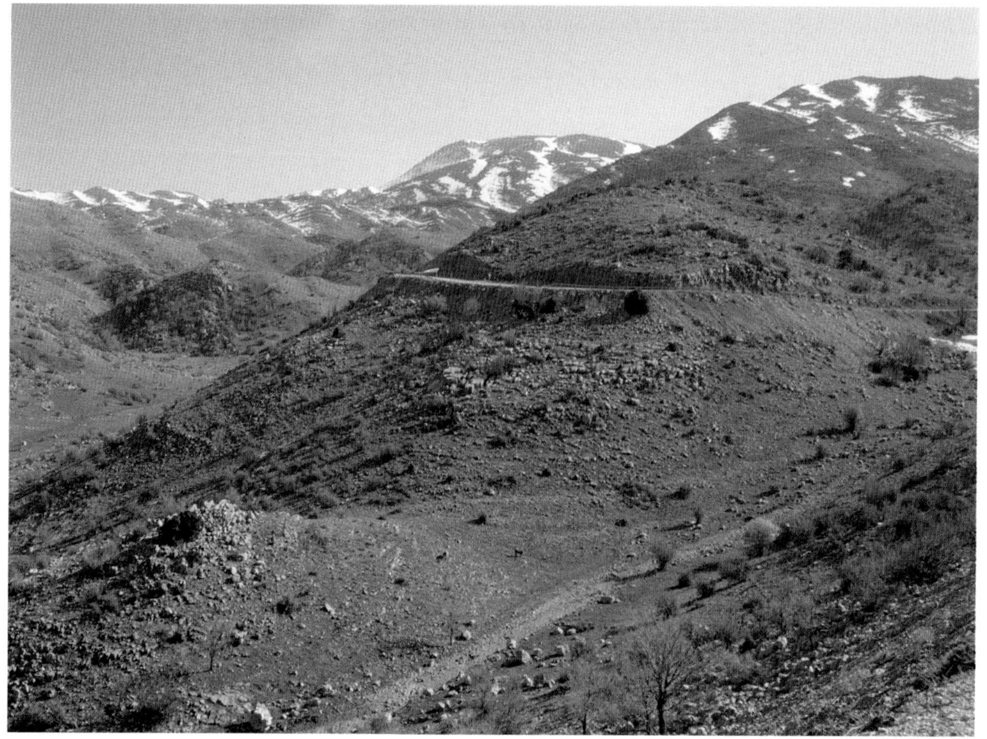

M

MONTE SEIR Nombre geográfico que significa "velloso" y por ende "matorral" o "pequeña región forestada". Cadena montañosa que corre a lo largo del Edom bíblico, razón por la que ocasionalmente se equipara a Edom con Seir. Algunas zonas de la cadena montañosa son casi infranqueables. El pico más alto se eleva aprox. 1700 metros (5600 pies) sobre el nivel del mar. La región era el hogar de Esaú y sus descendientes (Gén. 32:3; Jos. 24:4). Algunos documentos hallados en Egipto parecen indicar que Seir y Edom eran dos hábitats tribales diferentes, y es posible que en ciertos momentos de la historia el área haya estado gobernada simultáneamente por varios clanes del lugar. Los "hijos de Seir" representaban a una familia de horeos de la región. Ver *Edom; Horeos.*

MONTE SINAÍ Montaña ubicada en el centro de la parte sur de una península del noroeste de Arabia. En ese lugar Dios se reveló muchas veces a Sí mismo y reveló Sus propósitos para con Israel. El significado del nombre no resulta claro pero probablemente signifique "brillante"; parecería derivar de la palabra *sin*, dios babilónico de la luna.

La península entera tiene forma de triángulo invertido cuya base mide unos 240 km (150 millas) de largo y limita al este con el extremo norte del Mar Rojo y al oeste con el Golfo de Aqaba; al norte limita directamente con la franja de Gaza. La península tiene una superficie de alrededor de 61.700 km^2 (23.442 millas^2) y una población de aprox. 270.000. Las regiones central y sur son extremadamente montañosas, con alturas entre los 1500 y 2700 metros (5000 y 9000 pies); actualmente la tierra de esta región se valora por los yacimientos petrolíferos y los depósitos de manganeso.

La Biblia utiliza el término "Sinaí" tanto para referirse a la montaña como a toda la región desértica (Lev. 7:38). Al Sinaí a veces se lo denomina "el monte" (Ex. 19:2), "la montaña de Dios" (Ex. 3:1) o "el monte del Señor" (Núm. 10:33).

El término *Horeb* a menudo se utiliza para referirse al Sinaí; esto los convierte en sinónimos (Ex. 3:1). Dado que Horeb significa "basura" o "área del desierto", pareciera mejor pensar en este nombre como el término general para designar el área, y en Sinaí como el pico específico donde Dios se manifestó a Moisés.

El nombre actual del lugar donde se encuentra el Sinaí es Jebel Musa (el monte de Moisés). *Jebel* es la palabra árabe para "cerro"; a veces se escribe Jabal o Gabel.

El Jebel Musa, sitio tradicional del Monte Sinaí, en la parte sur de la Península de Sinaí.

Vista desde Jebel Musa (probable ubicación del Monte Sinaí) del escarpado paisaje a su alrededor.

Jebel Musa (2290 m de altura [7500 pies]) es uno de los tres picos de granito cerca del extremo sur de la península. El pico más alto, Jebel Katarin (Monte Catherine; aprox. 2637 m, [8652 pies]), se encuentra inmediatamente al sudoeste, y Ras es-Safsafeh (aprox. 1995 m [6540 pies]) al noreste de Jebel Musa. Muchos exploradores piensan que Ras es-Safsafeh es el Sinaí bíblico porque presenta una llanura en la base noroeste, *er Rahah*, de 3 km (2 millas) de largo y aprox. 1 km (2/3 milla) de ancho. La llanura era lo suficientemente grande como para contener el campamento de los israelitas.

Otra ubicación sugerida para el Monte Sinaí es más al norte y este de Jebel Musa, cerca de la parte superior del Golfo de Aqaba. El argumento principal que sustenta esta opinión es que los fenómenos del Sinaí indican actividad volcánica (fuego, humo, tierra temblorosa [Ex. 19:16-18]) y en la Península del Sinaí no hay ningún volcán. El más cercano se encuentra al este del Golfo. Sin embargo, los fenómenos que se produjeron en el Sinaí fueron indudablemente sobrenaturales ya que estuvieron acompañados del sonido de una trompeta y la voz de Dios (Ex. 19:19).

Otra ubicación sugerida para el Sinaí es más al norte de Jebel Musa, principalmente por referencias históricas como la batalla contra los amalecitas (Ex. 17:8-16). Estos vivían en Canaán (Num. 14:42-45) y se dice que no se hubieran encontrado con los israelitas en la Península del Sinaí. Sin embargo, es probable que los amalecitas hayan perseguido hasta el sur de su territorio a los israelitas recientemente liberados para aprovecharse de los refugiados mal organizados (Deut. 25:17-19).Ver *Desierto; Éxodo; Palestina.* *James L. Travis*

MONTE, MONTAÑA Elevación topográfica producto de fallas geológicas y erosión. La geografía de Palestina presenta montañas elevadas y grietas profundas. Las dos palabras que comúnmente se emplean en la Biblia para aludir a una montaña son har en hebreo y *oros* en griego. La definición común para ambos términos corresponde a montaña o monte, si bien pueden referirse a una zona de montes o una región montañosa.

Muchos acontecimientos importantes de la Biblia se produjeron sobre montañas o cerca de ellas. Dios llamó a Moisés para la obra en el Monte Horeb, a veces denominado "el monte de Dios". Parte del llamado divino incluía la promesa de que los israelitas lo adorarían en ese sitio

M

después de huir de Egipto (Ex. 3:1-12). Luego del éxodo, Dios le ordenó a Moisés que reuniera al pueblo en el Monte Sinaí (quizá equivalente al Horeb). Dios le entregó allí a Moisés la ley, que incluía los Diez Mandamientos.

Otros episodios del AT relacionados con montes o montañas incluyen la muerte de Aarón en el Monte Hor (Núm. 33:38), la de Moisés en el Nebo (Deut. 34:1-8) y la derrota de los profetas de Baal frente a Elías en el Carmelo (1 Rey. 18:15-40).

Gran parte de la vida y el ministerio de Jesús se desarrolló en los montes. Una de las tentaciones de Jesús se produjo en "un monte muy alto" (Mat. 4:8). La sesión de enseñanza más famosa de Jesús se denomina "El Sermón del Monte" (Mat. 5–7). Jesús subió a un monte a orar (Luc. 6:12). Se transfiguró en un monte (Mat. 17:1-8). Allí se declaró Su preeminencia sobre Moisés y Elías, los representantes de la ley y los profetas. Muchas de sus victorias más importantes se llevaron a cabo sobre montes y montañas.

Los términos "monte" y "montaña" también se emplean en sentido figurado. Constituyen una imagen natural de estabilidad (Sal. 30:7), de obstáculos (Zac. 4:7) y del poder de Dios (Sal. 121:1, 2). Él quitará todos los obstáculos cuando sea "[bajado] todo monte y collado" (Isa. 40:4) y se complete la redención.

A los montes se los suele denominar "lugares sagrados". A menudo se alude a Jerusalén (ubicada a una altura de aprox. 810 m (2670 pies) como el Monte Sión, el monte de Jehová (Sal. 2:6; 135:21; Isa. 8:18; Joel 3:21; Miq. 4:2). Dios se reunía allí con Su pueblo para la adoración. La "nueva Jerusalén" también se conoce como Monte Sión (Apoc. 14:1).

Algunos de los montes bíblicos más famosos y su altura en metros y pies: Ebal (aprox. 940 m [3084 pies]), Gerizim (aprox. 880 m [2890 pies]), Gilboa (aprox. 500 m [1630 pies]), Hermón (aprox. 2813 m [9230 pies]), Nebo (aprox. 800 m [2630 pies]), Tabor (aprox. 590 m [1930 pies]), Sinaí (aprox. 2290 m [7500 pies]). Ver *Jerusalén; Palestina; Sermón del Monte; Sion.* *Bradley S. Butler*

MORADA Lugar donde vive alguien, en épocas bíblicas una tienda (Gén. 25:27), casa (2 Sam. 7:2) o territorio (Gén. 36:40,43). En varias ocasiones, el AT promete que los que guardan el pacto morarán seguros (Lev. 25:18,19; Zac. 2:10,11).

Las referencias a la morada de Dios enfatizan tanto la inmanencia como la trascendencia de Dios. Las citas bíblicas que enfatizan el acercamiento de Dios para hablar, escuchar y acompañar incluyen las siguientes referencias a la morada divina: el arbusto en Sinaí (Deut. 33:16); el tabernáculo (Ex. 25:8; 29:45,46; 2 Sam. 7:2); Siloé (Sal. 78:60); la tierra de Israel (Núm. 35:34); el templo (Sal. 26:8; 43:3; 135:2; Mat. 23:21); el Monte Sión (Sal. 9:11; 20:2; 132:14); y Jerusalén (Sal. 76:2; 135:21; Esd. 7:15). La idea del AT de la morada de Dios con Su pueblo (Ezeq. 37:27) se desarrolla de diversas maneras en el NT.

El Verbo se hizo carne y moró entre los hombres (Juan 1:14). La iglesia es la morada de Dios (Ef. 2:22). Cristo mora en el corazón de los creyentes (Ef. 3:17). Los creyentes son el templo de Dios (1 Cor. 3:16) y sus cuerpos son templo de Su Espíritu Santo (6:19). El NT termina en Apoc. 21:3 haciendo eco de la esperanza de Ezequiel de que Dios more con Su pueblo.

Las referencias que enfatizan la trascendencia de Dios incluyen las que dicen que Dios mora en las nubes y en densa oscuridad (1 Rey. 8:12), en un lugar alto y santo (Isa. 57:15) o en la luz (1 Tim. 6:16). Aunque se habla del cielo como la morada de Dios (1 Rey. 8:30,39,43,49), ni siquiera el cielo puede contenerlo (1 Rey. 8:27).

El término morada se utiliza en forma figurada para referirse al cuerpo. Morar en una casa de barro (Job 4:19) significa poseer un cuerpo mortal. La morada celestial de 2 Cor. 5:2 se refiere a la resurrección del cuerpo. *Chris Church*

MORADA, HABITACIÓN Casa; hogar. Estos términos corresponden a diez palabras hebreas diferentes. Se usan para referirse al lugar donde viven las personas (Ex. 35:3; Isa. 27:10) y las aves (Sal. 104:12). Las alusiones a la morada de Dios son especialmente interesantes. Se la llama cielo (Deut. 26:15; 2 Crón. 30:27), templo (2 Crón. 29:6) o Jerusalén (Sal. 46:4). Jeremías 50:7 describe al Señor como morada de justicia (comp. Sal. 71:3; 91:9). Efesios 2:22 dice que los creyentes son "morada de Dios en el Espíritu". Apocalipsis 18:2 anuncia la caída de "Babilonia", que se ha convertido en "habitación de demonios".

MORE Nombre geográfico que significa "instrucción" o "arqueros". **1.** Lugar donde se produjeron varios sucesos importantes en la vida de los patriarcas y de la nación de Israel. Una encina que había en ese sitio cerca de Siquem se menciona en

El Cerro More.

varias ocasiones como punto clave. El primer lugar donde acampó Abraham cuando llegó a la tierra de Canaán fue Siquem, junto a la encina de More. Allí edificó un altar después de que Dios se le apareciera e hicieran un pacto (Gén. 12:6,7). Jacob enterró en Siquem los dioses paganos que su familia había llevado de Harán (Gén. 35:4). Dios pronunció en More las bendiciones y maldiciones sobre Israel según obedecieran los mandamientos (Deut. 11:26-30). Josué erigió un memorial debajo de la encina como recordatorio del pacto entre Dios y el pueblo (Jos. 24:26). **2.** Colina dentro del territorio de la tribu de Isacar donde Gedeón redujo el número de sus tropas tras probar cómo bebían el agua (Jue. 7:1). Corresponde a la actual Nebi Dachi frente al Monte Gilboa.

MORESET, MORESET-GAT Nombre geográfico que significa "herencia de Gat". Ciudad natal del profeta Miqueas (Miq. 1:1), quien describió su ciudad diciendo que era semejante a una esposa que recibía un regalo de despedida de Jerusalén, su padre. Esto fue una advertencia para los líderes de la ciudad en cuanto al exilio y que, en consecuencia, serían separados de sus vecinos (1:14). Aparentemente, la ciudad estaba situada cerca de la Gat filistea y generalmente se la identifica con Tell ej-Judeideh, aprox. 35 km (22 millas) al sudoeste de Jerusalén y 14 km (9 millas) al este de Gat. Recientemente se cuestionó esta localización. Tal vez sea la Gat que fortificó Roboam (2 Crón. 11:8). Quizá corresponda a la Muchrashti que se menciona en las cartas de Amarna.

MORIAH Nombre geográfico de significado incierto que se traduce de diversas maneras, incluso como "amorreos" en las primeras traducciones. Corresponde al extremo rocoso de Jerusalén ubicado justo al norte de la antigua ciudad de David. Abraham hubiera sacrificado a su hijo en holocausto sobre esta roca, pero Dios intervino y proveyó un carnero (Gén. 22:2,13). Posteriormente, la ciudad jebusea de Salem se construyó al lado de la colina. David capturó el lugar y se propuso edificar allí un templo para albergar el arca del pacto. Sin embargo, Dios le concedió la tarea a su hijo Salomón (1 Crón. 28:3-6). Tal vez corresponda a la actual Khirbet Beth-Lejj.

MORTERO Utensilio donde se aplastan sustancias. Los morteros a menudo se fabricaban de basalto o piedra caliza. Se usaban para moler grano a fin de hacer harina, hierbas para medicinas y olivas para aceite (Núm. 11:8). Un significado más amplio de mortero se refiere a una hondonada (Jue. 15:19). Se emplea en Sof. 1:11 (LBLA) como nombre propio de un distrito de Jerusalén. **2.** Material de construcción, generalmente barro, (Ex. 1:14; Isa. 41:25; Nah. 3:14). Sin embargo, a veces se lo encuentra como asfalto (Gén 11:3), que se utilizaba para unir ladrillos y piedras.

MOSA Nombre de persona que significa "descendencia". **1.** Descendiente de Judá (1 Crón. 2:46). **2.** Descendiente del rey Saúl (1 Crón. 8:36,37; 9:42,43).

MOSERA, MOSEROT Nombre geográfico que significa "castigos". Estación de parada en el desierto (Núm. 33:30,31). La forma singular del nombre (Mosera) corresponde al sitio donde fue sepultado Aarón (Deut. 10:6). Números 20:22-28 señala que Moserot estaba ubicada en las inmediaciones del Monte Hor.

Mortero de piedra en Laquis, para moler grano u otras sustancias.

M

MOSTAZA Planta anual grande de crecimiento rápido. En un tiempo se creía que su semilla era la más pequeña del mundo vegetal. Jesús empleó en una parábola el ejemplo de la planta de mostaza para simbolizar el rápido crecimiento del reino de Dios (Mat. 13:31,32) y la semilla como figura de la fe (Mat. 17:20). Ver *Plantas.*

MOZAH Nombre geográfico que significa "sin levadura". Ciudad de Benjamín (Jos. 18:26) que posteriormente se convirtió en centro de producción de artesanías tal como lo atestiguan muchos utensilios hallados en Jericó y Tell-en-Nasbeh que tienen escrito Mozah en las asas. Es probable que corresponda a la actual Qaluniya, aprox. 6 km (4 millas) al noroeste de Jerusalén en el camino a Tel Aviv.

MUDEZ Imposibilidad de hablar. En el AT, la mudez la origina Dios (Ex. 4:11). Él hizo que Ezequiel quedara mudo (Ezeq. 3:26) cuando Israel se negó a escuchar su mensaje. Luego le devolvió el habla al profeta (Ezeq. 24:27; 33:22) como señal de que el pueblo estaba dispuesto a escuchar. Daniel quedó mudo ante la aparición de un mensajero celestial (Dan. 10:15). El salmista consideraba que la mudez era un castigo apropiado para mentirosos (Sal. 31:18). Más aún, enmudecer significa quedarse callado (Sal. 39:2,9; Isa. 53:7; Hech. 8:32), en especial frente a las injusticias. En Prov. 31:8, la mudez representa a todos los que sufren sin decir nada. Isaías 56:10 describe a los líderes de Israel diciendo que son perros mudos que no pueden ladrar para advertir del peligro. En Isa. 35:6, el canto de los que solían ser mudos acompaña a los que regresan del exilio. Habacuc 2:18,19 se burla de los ídolos diciendo que son mudos (1 Cor. 12:2).

El NT no explica nada sobre la mudez (Mar. 7:32,37) o, de lo contrario, se la atribuye a los demonios (Mat. 9:32; 12:22; Mar. 9:17,25; Luc. 11:14). La mudez de Zacarías constituye una excepción (Luc. 1:20,22); sirvió como castigo por su incredulidad y también como señal de la veracidad del mensaje de Gabriel.

MUEBLES, MOBILIARIO Equipamiento de una casa utilizado para descanso, embellecimiento, almacenamiento y trabajo.

Mobiliario sagrado El interés bíblico en el mobiliario se centra en los muebles sagrados del tabernáculo y del templo. En Ex. 25–27; 30; 37–38 encontramos una descripción completa del tabernáculo con todo su mobiliario. El informe cuidadoso y detallado del arca del pacto, el altar del incienso y otros muebles es tan claro que podemos visualizarlos fácilmente y reconstruirlos en forma de maqueta. Asimismo, 1 Rey. 6–7 provee datos similares sobre el templo de Salomón. Ver *Tabernáculo; Templo.*

Mobiliario común Pero no sucede lo mismo con los muebles que la gente común usaba a diario para vivir en tiendas y casas. Ocasionalmente, la Biblia menciona elementos del mobiliario básico como camas, sillas, etc., pero prácticamente no se incluyen detalles sobre los fabricantes, los materiales de construcción, los diseños y el aspecto que tenían.

La terminología bíblica ilustra el problema. El hebreo del AT carece de palabra equivalente a los términos españoles "mobiliario" y "muebles". La palabra hebrea *keli* se traduce así en pasajes como Ex. 31:7, pero en este mismo contexto, la palabra también se traduce "utensilios", "artículos" o "accesorios". De hecho, la palabra *keli* es tan dúctil que puede referirse a cualquier objeto material fabricado por el hombre.

Del mismo modo, el NT no nos ayuda porque no utiliza ninguna palabra que pueda traducirse "mueble".

Fuentes de información No obstante, la Biblia sigue constituyendo una fuente de datos en la medida que hace referencia a elementos como camas y sillas. Más allá de la Biblia misma, debemos recurrir a artefactos recuperados por la arqueología. Pero ocurre que Palestina no tiene el tipo de clima que hubiera podido preservar muebles de madera para su estudio en la actualidad. Sólo algunos objetos han sobrevivido, e incluso estos se desintegraron mucho con el tiempo. Por lo tanto, debemos recurrir a elementos secundarios como registros, sellos, escrituras, objetos de marfil y tumbas.

Objetos individuales del mobiliario En lo doméstico, el mobiliario israelita refleja la sencillez de la vivienda de uso común. Algunos israelitas preferían vivir en tiendas (Jer. 35), y mantenían las tradiciones de los días del nomadismo y del desierto.

Los muebles de una vivienda de este tipo tienen que haber sido fácilmente transportables y lo más livianos posible. Cuando la familia o la tribu se asentaba, se usaba una especie de arcón que luego se convertía en cajones de embalaje cuando se trasladaba. Algunas alfombras sencillas cubrían el piso de tierra. La tienda misma y todo su equipamiento (estacas, cuerdas, cortinas interiores para separar los espacios y algunas esteras para dormir) podía ser el único "mobiliario" con que contaba una familia. Lo mismo sucedía con los que vivían en pequeños refugios.

Una vivienda más estable estaba amueblada según la riqueza o pobreza de la familia. Como en el caso de los moradores de la tienda descrita anteriormente, una familia más pobre tendría como mínimo un equipamiento sencillo para dormir y cocinar. Las esteras de juncos se estiraban en el suelo para dormir y descansar. En algunos casos, esas mismas esteras hacían las veces de mesa o silla, ya que las verdaderas estaban más allá de las posibilidades de las familias más pobres. Todas las viviendas requerían iluminación interior, de modo que hasta los más pobres tendrían varias lámparas; por ejemplo, una vasija en forma de cuenco con una caladura en el borde para sujetar una mecha alimentada por aceite de oliva como combustible. Dichas lámparas solían estar sobre un soporte. Las vasijas de boca ancha para la comida y el agua eran elementos esenciales, lo mismo que algún tipo de horno de barro o piedra y un mortero para moler cereales. Algunas casas podían tener bancos de piedra o madera, en ocasiones cubiertos con mantas o alfombras en las caras interiores, pero esto era más bien la excepción y no la regla entre las familias pobres. Como la mayoría de las viviendas de ese tiempo tenían pocas ventanas, probablemente había pocas cortinas o quizás ninguna.

En la actualidad, incluso los hogares de los ricos parecerían vacíos en contraste con las casas de cualquier clase socioeconómica de un país desarrollado de Occidente. Consideremos por ejemplo el hogar de la "mujer de buena posición" (NVI) de Sunem (región baja del norte de Palestina, aprox. 8 km [5 millas] al este de Meguido), que aparece en 2 Rey. 4:8-37. Por su especial atención para con el profeta Eliseo, ella y su esposo construyeron "un cuarto en la azotea" (4:10 NVI) de su casa para que él se alojara cuando pasaba por la ciudad. Lo amueblaron con "cama, mesa, silla y candelero" (4:10), por lo cual él estuvo sinceramente agradecido.

Apenas un siglo después, Amós (760–750 a.C.) condenó la decadente prosperidad de la clase pudiente de su tiempo. Habló de las mansiones de Samaria (Amós 3:15; 5:11; 6:11) y sus opulentas camas y sofás con incrustaciones de marfil (3:12,15; 6:4). Para entonces, la brecha entre los relativamente ricos y los relativamente pobres había crecido hasta alcanzar proporciones escandalosas, como lo evidenciaba la calidad del mobiliario (comp. Est. 1:6). Es probable que aparte del mobiliario muy ornamentado que menciona Amós, los muebles de las viviendas de la gran mayoría de los israelitas fueran meramente funcionales más que estéticos.

Muebles y artefactos La arqueología ha arrojado algo de luz (aunque no mucha) sobre el mobiliario de Palestina en la antigüedad. Las excavaciones en la antigua Jericó en la década de 1950 pusieron al descubierto varias tumbas con restos de esqueletos y elementos prácticos que les sirvieran a los muertos en la otra vida. Los hallazgos pertinentes datan de alrededor del 1600 a.C. El estilo del mobiliario tardaba mucho en cambiar, y los artefactos hallados en Jericó probablemente fueran los mismos que usaron los israelitas mucho después.

Un cadáver había sido encontrado sobre una cama de madera que consistía en un marco rectangular con travesaños encastrados al marco. Este y los travesaños sostenían cinco paneles de junco entretejido. Probablemente, la cama sostenía un colchón a unos 15 cm (6 pulgadas) del suelo.

Al costado de la cama había una mesa que medía cerca de 1,50 m (58 pulgadas) por 40 cm (16 pulgadas), sostenida por sólo tres patas y a unos 25 cm (10 pulgadas) del suelo. Cada pata estaba encastrada en una prolongación redondeada en esquina que sobresalía de la cara inferior de la mesa. Los deudos habían dejado una bandeja con cordero sobre la mesa.

Dos sellos cilíndricos de Tell es-Sa'idiyeh sobre el Río Jordán y fechados alrededor del 750 a.C. tienen impresiones de sillas simples. Una tiene un respaldo alto y recto, y aparentemente era una silla de junco entramado. Los otros detalles son difusos. La otra silla tiene un diseño de respaldo escalonado con cuatro tablillas.

Tony M. Martin

MUERTE La descripción bíblica de la muerte no es un resultado normal de procesos naturales. La Biblia más bien presenta la muerte humana como la reafirmación de que algo ha cambiado en el orden creado por Dios. Sin embargo, las Escrituras no la presentan como la terminación desesperanzada de la conciencia humana sino que, por el contrario, se caracteriza por la esperanza de resurrección. Los eruditos bíblicos agrupan las enseñanzas de la Biblia acerca de la muerte en tres categorías diferentes pero interrelacionadas: física, espiritual y eterna.

M

La muerte física Los capítulos iniciales del Pentateuco ubican claramente el origen de la muerte humana en la rebelión del Edén (Gén. 3: 19). Esta mortalidad alcanzó a Adán (Gén. 5:5) y es una certeza para todos sus descendientes (1 Cor. 15:21,22). Aparte de la provisión milagrosa directa, como en el caso del profeta Elías (2 Rey. 2:11), Dios ha fijado una hora para la muerte de cada ser humano (Heb. 9:27). En su estado caído y finito, los seres humanos son incapaces de evitar la realidad de la muerte (Sal. 89:48).

La realidad de la muerte impregna las Escrituras. En la comunidad del AT, el contacto con un cadáver significaba volverse impuro (Núm. 5:2) Incluso el contacto con los huesos de los muertos o con un sepulcro hacía necesario cumplir con los siete días del ritual de purificación (Núm. 19:16). El pueblo de Dios tenía prohibido hacer luto por sus muertos conforme a las costumbres de las naciones paganas que lo rodeaban, tales como corte ceremonial de la piel y rapado de la cabeza (Deut. 14:1).

Puesto que Dios es el dador de la vida (Hech. 17:25), Él tiene la prerrogativa soberana de tomar la vida humana cuando así lo considere. Ocasionalmente en la teocracia del antiguo pacto y por revelación directa a través de sus profetas, Dios designaba a los suyos para ejecutar juicio divino sobre los enemigos del pueblo de Dios (Núm. 31:1-11; Deut. 7:22-26; 20; 1 Sam. 15:1-8). La iglesia del nuevo pacto no recibió esa autoridad. El poder de la iglesia no se ejerce sobre la vida o la muerte física sino solamente sobre la exclusión del cuerpo de los pecadores no arrepentidos (1 Cor. 5:9-13). Aun así, la Biblia habla de la muerte como una manifestación drástica de la disciplina divina sobre aquellos miembros de la comunidad de creyentes que persisten en su actividad pecaminosa sin arrepentirse (Hech. 5:1-11; 1 Cor. 11:27-34).

A lo largo de la Biblia, la muerte es un recordatorio de la brevedad de la vida humana. La Escritura nos llama a una vida gozosa a la luz de la certeza de nuestro destino en el sepulcro (Ecl. 9:9,10), compara la brevedad de la vida con la existencia efímera de una flor (Job 14:2) y contrasta la brevedad de la existencia humana con la fidelidad eterna de Dios (Sal. 90:2-12; 103:14-17). Jesús habló de lo repentino de la muerte como una advertencia para los que confían en sus posesiones terrenales más que en la provisión de la gracia de Dios (Luc. 12:16-20). La descripción de Santiago de la existencia humana como "niebla" enseña que la muerte inminente expone la incertidumbre de todo lo que el ser humano planifica (Sant. 4:13-16).

La Biblia nunca presenta la muerte física como una transición sin dolor de la existencia material al plano espiritual. Por ejemplo, cuando Jesús se enfrentó a la muerte de su amigo Lázaro, no reaccionó con una resignación indiferente sino que fue movido a derramar lágrimas de compasión por el dolor que la muerte había dejado a su paso (Juan 11:35,38). El apóstol Pablo muestra una actitud ambivalente ante su muerte a manos del estado. El bien que él encuentra en la muerte no es escapar de la vida. Por el contrario, Pablo se regocija en el conocimiento de que en la muerte sería glorificado y podría estar en la presencia de su Mesías, el Señor Jesús (Fil. 1:19-23).

La Escritura vincula muy de cerca a la muerte con la actividad malévola de Satanás, a quien Jesús calificó como "homicida desde el principio" (Juan 8:44). La entrada de la muerte en la creación vino con la tentación astuta de la serpiente (Gén. 3:1-6). El escritor de Hebreos le atribuye al malvado el "poder de la muerte"; concretamente, ese miedo universal y paralizante a la muerte del que los creyentes son librados por la expiación de Cristo (Heb. 2:14,15).

Aunque la muerte física a veces se compara con el sueño (Deut. 31:16; Juan 11:11; 1 Cor. 11:30; 1 Tes. 4:15), la Escritura no enseña que al morir la conciencia se desvanece para entonces despertar en el día de la resurrección y del juicio. En la cruz, Jesús le prometió al ladrón arrepentido que vería el paraíso el mismo día de su muerte (Luc. 23:43). Pablo enseña que, para los creyentes, estar ausentes del cuerpo significa estar presentes con Cristo (2 Cor. 5:8).

La muerte espiritual Los resultados catastróficos de la caída de Adán no se limitan a la muerte corporal. La Escritura caracteriza a la humanidad caída como "muertos en delitos y pecados" (Ef. 2:1; Col. 2:13). Los seres humanos nacen con una sentencia de muerte, pero también con deseos corruptos e inclinaciones que los someten por completo como si estuvieran "muertos" ante el peligro de su culpa acumulada (Ef. 4:18,19).

Por todo esto, la humanidad está separada de su Creador. La mente pasa por alto lo que puede verse claramente acerca de Dios en la creación y prefiere adorar ídolos (Rom. 1:21-23). La voluntad no quiere reconocer la verdad de la autorrevelación de Dios (Rom. 3:10). Las emociones se aferran a deseos pecaminosos, prefiriéndolos antes que a la justicia de Dios (Juan 3:19; Fil. 3:19). A menos que esta muerte espiritual sea contrarrestada por la obra de la gracia de Dios en el evangelio, conducirá al juicio eterno (Sant. 1:14,15).

La muerte eterna La muerte corporal no termina con la responsabilidad de los seres humanos rebeldes ante el santo tribunal de Dios. Después de la hora designada para la muerte viene el juicio (Heb. 9:27). En algunas ocasiones, la Biblia utiliza la palabra "muerte" para describir la ira de Dios que alcanzará en la vida futura a los que no son creyentes (Apoc. 20:14). Aunque a esta realidad diabólica a veces se la denomina "perdición" (Juan 3:16; 2 Ped. 2:12) y "destrucción" (Mat. 10:28; 2 Tes. 1:9), no se puede entender como aniquilación de la persona. En contraste con el momentáneo aguijón de la muerte física, la muerte que aguarda al pecador en el último juicio se describe como consciente (Mat. 8:12) y eternamente implacable (Mar. 9:43). La universalidad del pecado significa que cada uno de los seres humanos merece esta expresión suprema de la justicia de Dios (Rom. 3:23), con excepción de Jesús de Nazaret, quien no conoció pecado.

La muerte y la obra de Cristo El AT no describe la muerte como una condición permanente dentro del orden creado. En cambio, los profetas señalan el día en que Dios llamará a los justos de sus sepulcros a la vida eterna (Dan. 12:2). Los profetas proclaman que la muerte no tiene lugar en la consumación del reino escatológico de Dios (Isa. 25:8). La resurrección de los muertos en el último día se entiende como la confirmación de la fidelidad gloriosa de Dios a las promesas de Su pacto (Ezeq. 37:12-14).

En Jesús de Nazaret ha llegado la prometida destrucción de la muerte en el reino de Dios. Jesús ejerció Su soberanía sobre la vida y la muerte al resucitar muertos (Mat. 9:18-26; Mar. 5:35-43; Luc. 7:11-17; 8:49-56), y también al declararse a sí mismo fuente de la resurrección y la vida eterna (Juan 11:25). Jesús enseñó que en el día final Él llamaría personalmente a Su pueblo de sus sepulcros (Juan 6:39), promesa reiterada en la predicación apostólica de la iglesia primitiva.

El momento decisivo en los propósitos de Dios para vencer el reinado de la muerte se cumplió en la muerte expiatoria y la resurrección de Jesús. Él soportó la muerte por el mundo y cargó en Su cuerpo el juicio santo de Dios contra la creación rebelde. Su resurrección lo confirma como el Mesías ungido y como beneficiario de las promesas del pacto de Dios (Rom. 1:3,4; Hech. 2:22-36). Los apóstoles predicaron sobre la resurrección de Jesús como Su triunfo sobre la muerte. Como el segundo Adán, Él es el primogénito de la resurrección de los justos (1 Cor. 15:20-23). Los que creen en Él serán resucitados, no a causa de su propia justicia sino porque están unidos al Cristo resucitado.

Pablo, luego de identificar a la muerte como consecuencia de la depravación humana universal, anuncia la resurrección de Jesús como declaración de muerte para la muerte misma (2 Tim. 1:10). Al proclamar que con Cristo han llegado los últimos tiempos debido a que el "último enemigo" fue vencido en la resurrección del Mesías (1 Cor. 15:26), Pablo se burla del poder de la muerte a la luz de la victoria de Jesús (1 Cor. 15:55). Sobre la base de que Dios resucitó a Jesús, les brinda a los creyentes la seguridad de que los cuerpos enterrados en los sepulcros serán levantados a la vida en la nueva creación (1 Cor. 15:35-49). Los creyentes, por lo tanto, no tienen razón alguna para desesperarse ante la muerte (1 Tes. 4:13-18).

La Biblia establece la esperanza de los creyentes ante la muerte, no sólo en el triunfo de la resurrección de Jesús sobre la muerte sino también en el ministerio actual del Espíritu Santo. Los profetas del AT relacionaron la resurrección de los muertos con la venida del Espíritu de Dios en el reino escatológico (Ezeq. 37:13,14). La regeneración del espíritu de los seres humanos se presenta como garantía de la futura regeneración del universo (2 Cor. 1:22; 5:1-5; Ef.1:14).

La Biblia compara la victoria de Jesús sobre la muerte física en la resurrección con Su victoria sobre la muerte espiritual en la regeneración del corazón humano, hecho que se compara con la creación de luz por parte de Dios en el momento de la creación (2 Cor. 4:6). Se nos dice que la regeneración es el acto mediante el cual Dios "da vida" a los que habían estado "muertos" en sus pecados (Ef. 2:1) para que puedan caminar en la maravilla de la nueva creación (Rom. 6:4). Ver *Resurrección.* *Russell D. Moore*

MUERTE DE CRISTO Ver *Cristo, cristología; Cruz, crucifixión; Jesucristo.*

MUERTE SEGUNDA Separación eterna de Dios. El concepto se menciona en Apoc. 2:11; 20:6, 14 y 21:8. Según Apoc. 20:15, incluye ser "lanzado al lago de fuego". La primera muerte sería la física (ver Mat. 10:28). Aunque la expresión "muerte

M

primera" no aparece, el concepto se encuentra implícito en Apoc. 20:6 donde se afirma que "la muerte segunda no tiene potestad" sobre aquel que tiene parte en la primera resurrección. Participar de la primera resurrección sería imposible a menos que se haya muerto previamente. Ver *Muerte; Resurrección.*

MUJER El paradigma de la Biblia para la mujer, a pesar de que permite diversidad y singularidad, es totalmente consecuente y sin contradicción con la presentación del plan del Creador respecto a la naturaleza y los propósitos para el género femenino.

El origen de la mujer La mujer procedió del hombre como su reconocido retoño, con una naturaleza como la de él pero con existencia individual. Este acto creador establece la unidad de la raza humana, garantiza la dignidad y el valor de la mujer, y forja un parentesco exclusivo y permanente entre el hombre y ella.

El hombre recibió a la mujer como un diseño que el Creador le ofreció (Gén. 2:22). Ella es la única criatura de la que se dice que Dios "construyó" (heb. *banah,* "hizo" en 2:22, literalmente "construyó"). Dios "construyó" a la mujer a partir de la materia prima proveniente del hombre (Gén. 2:22). Según los rabinos, la esposa "construye" el hogar y sus hijos como su responsabilidad en el matrimonio.

Cuando Adán dijo en 2:23: "del varón fue tomada", utilizó un sagaz juego de palabras a fin de afirmar la congruencia física de esta persona nueva. "Hombre" (heb. *ish*) se contrasta con "mujer" (*ishshah*). Esta similitud lingüística también existe en otros idiomas, por ejemplo "varón" y "varona".

El hombre y la mujer fueron creados "a la imagen de Dios" y su posición en Cristo elimina cualquier posibilidad de inferioridad de uno con respecto al otro. No obstante, son complementarios pero no idénticos. La igualdad de dignidad prohíbe que uno desprecie al otro; la interacción complementaria de uno con el otro requiere que se honren las diferencias.

El hombre y la mujer en conjunto están equipados para continuar con las generaciones y ejercer dominio sobre la tierra y sus recursos. Sin embargo, el orden divino requiere una reciprocidad que se manifiesta en el liderazgo del hombre como siervo y en la sumisión de la mujer; Jesús es el modelo de ambas cosas.

Antiguo Testamento Las mujeres israelitas administraban la casa y llevaban a cabo las tareas de esposas y madres (Prov. 31:10-31). Poseían un grado de anonimato en la vida y estaban subordinadas a sus esposos. La belleza en la Biblia está asociada a las mujeres pero sin dar detalles en cuanto a qué las hace hermosas (Gén. 12:11; 26:7; 29:17; 2 Sam. 11:2; Cant. 4:2,3). La belleza interior, definida como "el temor de Jehová" y un "espíritu afable y apacible", se eleva por encima de cualquier semblante atractivo (Prov. 31:30; 1 Tim. 2:9,10; 1 Ped. 3:3,4). Se esperaba que las mujeres suplieran las necesidades sexuales del esposo pero que también se proveyera para las de ellas (Cant. 1:2; 2:3-6,8-10; 8:1-4; 1 Cor. 7:3,5).

El esposo era el patriarca de la casa y la esposa pasaba a formar parte de la familia del esposo. Las mujeres constituían una parte integral de la comunidad, y por eso tenían que ser protegidas. El matrimonio era lo ideal (Gén. 2:24); a una buena esposa generalmente se la alababa y honraba (Prov. 31:10-31); a las mujeres piadosas se las admiraba y sus contribuciones se valoraban en gran manera (p. ej., Débora, Ana, Abigail, Noemí, Rut, Ester); a las viudas había que protegerlas (Deut. 24:19-22; 26:12).

La posición legal de una mujer en Israel era menor que la del hombre. Aunque el esposo podía divorciarse de la esposa por cualquier cosa indecente, no había ninguna ley que sugiriera que una esposa se pudiera divorciar del marido (Deut. 24:1-4). A las esposas se les podía requerir que atravesaran una prueba de los celos si el esposo sospechaba de infidelidad de parte de ella, pero no había ninguna ley que permitiera que la esposa requiriera lo mismo del marido (Núm. 5:11-31).

Las leyes hebreas ciertamente ofrecían protección para las mujeres. Si un esposo agregaba una segunda esposa, no se le permitía que ignorara las necesidades de la primera (Ex. 21:10). Incluso la mujer que era llevada cautiva durante la guerra tenía derechos (Deut. 21:14), y un hombre que era hallado culpable de violar a una mujer era apedreado hasta morir (Deut. 22:23-27). A pesar de que los hombres eran por lo común dueños de las propiedades, las hijas podían recibir la herencia de sus padres si no había hijos varones en la familia (Núm. 27:8-11). La dote para las mujeres a menudo se pasaba por alto. Puesto que la dote teóricamente le pertenecía a la novia, algunos han sugerido que este presente representaba la parte de las posesiones del padre que le pertenecían a la hija. Ella recibía la "herencia" en el momento del matrimonio, en

tanto que los hermanos tenían que esperar hasta la muerte del padre para recibir su parte.

La Biblia identifica a mujeres que participaron activamente en la sociedad antigua: Débora, profetisa y jueza; Ester, una reina cuyas habilidades diplomáticas salvaron de la extinción a los judíos; Lidia, una empresaria con un negocio próspero. En vista de que la participación femenina en actividades civiles y comerciales es la excepción más que la regla, esto no disminuye el valioso papel de la mujer en la sociedad. Desde el mundo antiguo hasta la actualidad, la sociedad permanece o cae en función de su infraestructura, o sea, la familia, sobre la cual preside la esposa y madre.

Se espera que los hijos respeten tanto a la madre como al padre de manera equitativa (Ex. 20:12), aunque ellos constituían la tarea especialmente asignada a las madres (Ex. 21:15; Prov. 1:8; 6:20; 20:20). Los nombres de las madres aparecían en las biografías de los sucesivos reyes (2 Crón. 24:7; 27:6). Desobedecer o maldecir a cualquiera de los padres se castigaba con el apedreamiento (Deut. 21:18-21). Si un hombre y una mujer eran atrapados en el acto de adulterio, ambos tenían que ser apedreados (Deut. 22:22).

El esposo ejercía su liderazgo espiritual al presentar sacrificios y ofrendas por la familia (Lev. 1:2), pero sólo las mujeres ofrecían un sacrificio después del nacimiento de un hijo (Lev. 12:6). Las mujeres también participaban en la adoración pero no se les requería presentarse delante del Señor como sucedía con los hombres (Deut. 29:10; Neh. 8:2; Joel 2:16). Es probable que esta participación opcional se debiera a las responsabilidades que tenían como esposas y madres (1 Sam. 1:3-5, 21,22).

Nuevo Testamento Jesús les ofreció a las mujeres roles nuevos y una condición de igualdad dentro de Su reino. La primera en dar testimonio de la resurrección de Jesús fue una mujer (Mat. 28:8-10). Las mujeres seguían a Jesús junto con las multitudes (Mat. 14:21), y Jesús mencionó mujeres y aspectos femeninos en sus parábolas e ilustraciones (Mat. 13:33; 25:1-13; Luc. 13:18-21; 15:8-10; 18:1-5).

En el NT, las narraciones del nacimiento y la infancia señalan una cantidad notable de mujeres. Mateo incluye cuatro –Tamar, Rahab, Rut y Betsabé– en la genealogía de Cristo (Mat. 1:3,5,6). El Mesías iba a venir a través de estas mujeres a las que Dios les había extendido Su perdón. Jesús les habló (Juan 4) y les enseñó en forma individual y privada (Luc. 10:38-42). Un grupo de mujeres viajaba a menudo con Él (Luc. 8:1-3) y Él frecuentemente hablaba muy bien de ellas (Mat. 9:20-22; Luc. 21:1-4). Jesús salvaguardó los derechos de las mujeres, especialmente en sus enseñanzas sobre matrimonio y divorcio (Mat. 5:27-32; 19:3-9). Que Jesús invirtiera tiempo y energía en enseñarles indica que veía en ellas no sólo perspicacia intelectual sino también sensibilidad espiritual.

Jesús trató a hombres y mujeres como iguales en cuanto al privilegio espiritual, pero diferentes en la actividad espiritual. Ni entre los 12 discípulos ni entre los 70 que Él envió había mujeres (Luc. 10:1-12). La Cena del Señor se instituyó dentro de un grupo de hombres (Mat. 26:26-29). La selectividad de Jesús no minimizaba de ninguna manera los ministerios que Él recibía con gratitud de parte de mujeres piadosas, ya sea en palabras de aliento, hospitalidad y presentes para sobrellevar Su obra. Jesús elevó a un plano de importancia renovada las responsabilidades domésticas que las mujeres utilizaron en el servicio para Él.

Opinión de los antiguos Los Padres Apostólicos ciertamente hablaron acerca de la mujer. Mayormente hicieron comentarios sobre la responsabilidad que tenía la iglesia de ocuparse de las viudas. Se elogia la tarea de las mujeres cristianas en el cuidado de sus hogares y la instrucción apropiada de los hijos.

Aunque las declaraciones de los padres de la iglesia pueden parecer injustas y prejuiciosas hacia las mujeres, no hay que ignorar que estos líderes estaban de acuerdo en reconocer que el hogar era el lugar para la mujer. Existen muchas evidencias con respecto a que, dentro del hogar, se hacía mucho énfasis en proteger a la mujer y en elevar la importancia de su función. Los padres de la iglesia también le asignaron a la mujer la posición de subordinación, pero era a través de esta característica que ella recibía honra y responsabilidad en su ámbito, o sea, el hogar.

Pensamiento rabínico La actitud judía hacia las mujeres fuera del canon de las Escrituras era en ocasiones discriminatoria y degradante. Muchos rabinos no les hablaban a las mujeres ni les enseñaban. En los escritos rabínicos tal desprecio se demuestra en su comentario sobre las Escrituras, y se puede atribuir al legalismo rabínico. Aunque Israel en ocasiones no les daba a las mujeres la honra y el reconocimiento apropiados, la Ley de Israel protegía la vulnerabilidad que ellas tenían (p. ej., la viuda mediante la práctica del matrimonio por levirato, Deut. 25:5-10).

Una mujer y una niña de una aldea árabe llevan sobre sus cabezas grandes cántaros de agua.

En el judaísmo, sólo los hombres componían la mayoría requerida y cumplían con los deberes religiosos en la adoración. Las mujeres ni siquiera se sentaban con los hombres. Es probable que se las haya liberado de obligaciones religiosas públicas a fin de que desempeñaran los rituales espirituales en el hogar y no se vieran estorbadas en la crianza de los hijos. La diferencia no está en que un papel sea mejor que el otro sino que cada uno es importante en su correspondiente contribución.

La ayudante: Una función diferente Aunque el uso contemporáneo de "ayudante" (heb. *ezer*) generalmente se entiende como alguien que ocupa una posición de servicio, este término en el AT simplemente describe la asistencia ética, espiritual y física a una persona que padece necesidad. La palabra "ayudante" define el papel de una mujer dentro de la diferencia funcional entre el esposo y la esposa. Cualquier persona que ayuda proporciona respaldo, acompaña, ofrece consejo sin exigir conformidad, y actúa en respuesta a una necesidad presente.

"Ayudante" es quien provee lo que le falta al otro, aquel que puede hacer lo que el otro no puede realizar solo. El Señor se acerca como ayudador para asistir al necesitado, no porque Él sea inferior o relegado a tareas de servicio, sino más bien, porque solo Él posee lo que es necesario para suplir las necesidades (Ex. 18:4; Deut. 33:7; Os. 13:9; Sal. 70:5). El Señor puede escoger aplicar los poderes de Su deidad a los asuntos humanos.

Las asignaciones generales dentro del orden divino no han cambiado, pero el líder siempre posee la prerrogativa de decidir actuar como ayudante. El matiz de significado del término "ayudante" no está relacionado con la dignidad y la condición de la persona sino que, más bien, alude al papel o función; por ejemplo, el ámbito donde se tiene que ofrecer la ayuda.

La mujer, como ayudante, limita su subordinación a su función y rol, pero ella es completa dentro de esa tarea. Esta limitación autoimpuesta no invalida los talentos superiores que pueda tener sino que pone todos sus dones y habilidades a disposición de la persona a quien está consagrada a ayudar.

La mujer es la que le "corresponde a él" ("idónea para él" RVR1960), sin ser ni inferior ni superior sino semejante e igual a él en su condición de persona. Uno se corresponde con el otro de manera complementaria.

Para que el hombre pudiera llevar a cabo el plan del Creador para su vida, necesitaba la ayuda de alguien que le correspondiera en todos los aspectos, alguien que fuera su pareja para continuar con las generaciones como así también para cumplir con las responsabilidades de dominio que Dios le había asignado al hombre. Sólo la mujer es la ayudante que le corresponde al hombre como pareja para proveerle algo diferente a lo que él se proporciona a sí mismo.

El fundamento de la institución divina del matrimonio se encuentra en la necesidad del hombre y la capacidad de la mujer para suplir esa necesidad; una reciprocidad diseñada por el Creador. La mujer no es de ninguna manera el resultado del plan o la acción del hombre, ya que Dios la creó mientras Adán se hallaba en un sueño profundo (Gén. 2:21). La intimidad no se tiene que entender como pérdida de singularidad del hombre o de la mujer; ni tampoco sugiere que la identidad de uno debe ser absorbida por el otro. La unidad entre hombre y mujer, que fue idea de Dios, nunca quiso negar la singularidad de las individualidades ni de las personalidades.

El reino de Cristo Las Escrituras afirman que en la iglesia primitiva las mujeres se desempeñaban en el servicio, con influencia en el liderazgo y en la enseñanza. María, la madre de Marcos, y Lidia de Tiatira abrieron sus casas para que se reunieran los creyentes y practicaron hospitalidad (Hech. 12:12; 16:14,15). Pablo encomendó la tarea de Febe (Rom. 16:1,2), y empleó mujeres en el servicio del reino (Fil. 4:3). Priscila, junto con su esposo Aquila, instruyó a Apolos en un ministerio individual (Hech. 18:26). Las mujeres se ofrecían para prestarles servicios especiales a Jesús (Juan 12:1-11).

A algunas mujeres se las identifica como profetisas: María, que lideraba a las mujeres de Israel

(Ex. 15:20); Hulda, cuya única profecía de las Escrituras fue para un hombre que la consultó en su casa (2 Rey. 22:14-20); Noadías, que fue catalogada como profetisa falsa (Neh. 6:1-14); Ana, quien profetizaba en el templo (Luc. 2:36-40), y las hijas de Felipe (Hech. 21:9). Por su arbitrio divino, Dios también se reserva el derecho de irrumpir la historia con lo inesperado o extraordinario, como es el caso de haber llamado a Débora para que fuera jueza de Israel (Jue. 4–5).

No existe ninguna evidencia en cuanto a eliminar a las mujeres del servicio del reino. Más bien, se las anima a trabajar dentro del marco divinamente otorgado basado en el orden natural de la creación y las características de la función. Pablo elogió el aprendizaje en las mujeres (1 Tim. 2:11). Exhortó a las espiritualmente maduras para que instruyeran a las más jóvenes y les delineó lo que debían enseñar (Tito 2:3-5). A las mujeres se las amonesta para que compartan el evangelio (1 Ped. 3:15), y las madres y los padres deben enseñarles a sus hijos mediante su manera de vivir (Deut. 6:7-9). Las mujeres pueden orar y profetizar en la iglesia (1 Cor. 11:5), pero se establecen límites dentro de los cuales ejercer sus dones. Sólo se presentan dos restricciones: enseñarles a los hombres y gobernar sobre ellos; y esto dentro de dos esferas, el hogar y la iglesia (1 Tim. 2:11-15). Ver *Antropología; Humanidad; Pecado.* *Dorothy Patterson*

MULA Animal híbrido que surge de la unión de un asno y una yegua. Dado que la ley mosaica prohibía la cruza de animales (Lev. 19:19), los israelitas importaban mulas (Ezeq. 27:14). Se utilizaban como animales de guerra, para montar y transportar cargas (2 Rey. 5:17). Eran particularmente apropiadas para trasladar cargas pesadas en las regiones montañosas; lo hacían mejor que caballos, asnos y camellos. David probablemente decidió usar una mula como símbolo real en la coronación de Salomón (1 Rey. 1:33) porque los israelitas no tenían caballos. No obstante, este no corresponde al tipo de asno que se menciona en Zac. 9:9 y Mat. 21:5 que Jesús utilizó para entrar a Jerusalén.

MUNDO Generalmente se refiere a lo que actualmente denominaríamos "la tierra", aunque en algunos casos su significado parece incluir también los cuerpos celestes. En otras ocasiones se utiliza para hacer referencia a las cosas de este "mundo", e incluso a la época en que vivimos, o sea, en esta "era del mundo".

Antiguo Testamento De una manera u otra varias palabras hebreas hablan acerca del mundo. *Erets* (tierra) se utiliza en Isa. 23:17 y Jer. 25:26 para hablar de la tierra en que vivimos y se traduce "mundo". *Olam* también se traduce "mundo" en Sal. 73:12, aunque traducciones más modernas lo expresan como "edad". La palabra hebrea principal que se traduce "mundo" es *tebel*, un término poético que habla del lugar de morada de los seres humanos en toda su productividad (Job 18:18; 34:13; 37:12; 1 Sam. 2:8; Sal. 9:8).

Los escritores del AT no tenían acceso a la clase de conocimiento científico del mundo que nosotros tenemos disponible, pero esto no quiere decir que las Escrituras hebreas presenten un punto de vista mitológico acerca del mundo. ¿Qué dice el AT sobre la estructura del mundo en que vivimos?

Ezequiel 38:12 habla de que Israel es el centro del mundo o "la parte central de la tierra". Algunos eruditos declaran que esto significa que el mundo es como un disco cuyo punto medio es el templo. Esto podría deberse a que Homero creía que el mundo tenía un punto medio que se podía encontrar en el mar (*La Odisea* 1.50), o a que algunas leyendas griegas veían el Oráculo de Delfos (o en algunos casos, Atenas) como "el ombligo del mundo". Sin embargo, esto es ir demasiado lejos. La clave para esta interpretación es la idea de que la palabra hebrea *tabbur* se debería traducir "ombligo". El término se utiliza de este modo en el hebreo del Talmud, pero no existe evidencia de que se use de esta manera en el AT. En realidad, el mismo Ezequiel utiliza una palabra para "ombligo", la palabra *sor*, en 16:4. No es probable, pues, que en este texto esté empleando la palabra de este modo. Una de las grandes transgresiones de la erudición bíblica del siglo XIX, especialmente de los eruditos liberales, ha sido la tendencia a leer la Biblia a la luz de los mitos griegos o del talmudismo posterior. Esto es descontextualizar y tornar anacrónicas las enseñanzas bíblicas. Los lexicógrafos hebreos han rechazado la traducción de "ombligo de la tierra" y han propuesto, a cambio, "cima del mundo" o "centro de la tierra".

Ezequiel 5:5 declara que Israel ha sido colocado por Dios "en medio de las naciones y de las tierras alrededor de ella". Se ubica en medio de los propósitos de Dios en el mundo o, por lo menos, en relación con sus vecinos. Sin embargo, la palabra de Ezeq. 38:12 es mucho más limitada. El contexto

M

inmediato, que diferencia a Israel de los pueblos circundantes que "habitan sin muros", indica algo así como un "lugar seguro y a salvo".

Algunos citan Jue. 9:37 para respaldar la idea de que los escritores del AT veían la tierra como un "disco, cuyo punto medio es el santuario central", pero esta interpretación es insostenible. El versículo dice: "He allí gente que desciende de en medio de la tierra, y una tropa viene por el camino de la encina de los adivinos". La frase clave aquí es "medio de la tierra". En su contexto, el pasaje solo significa que algunas personas venían de lo que probablemente fuera "un lugar prominente, posiblemente un monte", tal como lo señala Arthur Cundall en su comentario sobre este texto. La versión LBLA dice: "Gente que baja de la parte más alta de la tierra". Además, dejando de lado la traducción apropiada de Jue. 9:37, a esa frase no la expresa un profeta ni un orador inspirado, sino alguien que no se presenta en absoluto como un hombre santo, o sea, Gaal. Por lo tanto, no se reclama la condición de declaración inspirada de la verdad; es sólo un informe de lo que dijo alguien.

Job 9:6 habla de las columnas de la tierra. Salmo 104:5 y 1 Sam. 2:8 también hablan en este sentido, aunque esos pasajes sólo se refieren a los "cimientos" de la tierra. Esta idea no es específica y no parece incluir ninguna clase de afirmación cosmológica especial ni evidente. No obstante, ante la referencia de las "columnas", algunos eruditos señalan que en ciertas cosmologías primitivas se creía que la tierra estaba asentada sobre columnas, tal como sucede en algunas versiones del mito griego según el cual la tierra estaba apoyada sobre los hombros de Atlas. No hay manera de saber qué pensaba Job ya que sólo tenemos acceso a sus escritos, y la referencia es parte de un texto sumamente poético, no uno de prosa discursiva. Además, es una referencia incidental y no esencial para la verdad que se está enseñando, es decir que Dios es soberano.

Nuevo Testamento La palabra más común para "mundo" en el NT griego es *kosmos*. A menudo incluye la idea de un mundo ordenado y reglamentado que está abierto a la observación y al saber (Mat. 4:8; Mar. 8:36; Juan 1:9; 8:12; Hech. 17:24; Rom. 1:20). La palabra *aion* también se utiliza con frecuencia para hablar del "mundo", aunque literalmente significa "edad", y en consecuencia, "este mundo" o "este siglo" (Mat. 12:32; 13:22; Rom. 12:2; Heb. 1:2). Ocasionalmente, la idea de "toda la creación" se indica mediante el término "todas las cosas" (*panta*), como en Juan 1:3, o la frase "toda la creación" (*pasa he ktisis*) en Rom. 8:22.

A menudo las Escrituras aluden a la humanidad como el "mundo" o la "tierra". Esto se debe a que la raza humana es la parte más importante de la creación de Dios, tal como se ve en que "de tal manera amó Dios al mundo, que ha dado a su Hijo unigénito, para que todo aquel que en él cree, no se pierda, mas tenga vida eterna" (Juan 3:16). El mundo que ha caído bajo el juicio de Dios está constituido por aquellos que no lo conocen (Juan 1:10), que lo rechazaron (12:48), y que no creen en Él (3:18,19). Juan el Bautista se refirió a Jesús como "el Cordero de Dios, que quita el pecado del mundo" (1:29). Satanás fue capaz de ofrecerle a Jesús "todos los reinos del mundo" (Mat. 4:8,9; Luc. 4:5) porque él es "el príncipe de este mundo" (Juan 12:31; 14:30; 16:11), el "dios de este mundo" (2 Cor. 4:4), y "el cual engaña al mundo entero" (Apoc. 12:9). La muerte de Cristo produjo la caída del "príncipe de este mundo" (Juan 12:31). Jesús profetizó que el evangelio iba a ser predicado por Sus discípulos a todo el mundo (Mat. 24:14; 26:13; Rom. 10:18), y se dijo que los cristianos del primer siglo "trastornan el mundo entero" (Hech. 17:7) con su proclamación.

El mundo moral se superpone con el mundo humano porque hay muchas personas hostiles a Dios y, en consecuencia, las Escrituras utilizan "mundo" para describir ese medio ambiente o espíritu maligno y de enemistad hacia Dios y las cosas que son de Dios. Sobre todo en el Evangelio de Juan, "mundo" adopta este significado siniestro. El mundo no fue originariamente malo, sin embargo, "el mundo entero" desde la caída "está bajo el maligno" (1 Jn. 5:19). La cruz es una locura y una ofensa para el mundo. En contraste con la corrupción moral y la oscuridad del mundo, Jesús vino como la "luz del mundo" (Juan 8:12; 9:5; 12:46) para impedir que los hombres tropezaran en las tinieblas (11:9-12).

Mundanalidad es la adoración idólatra de las cosas que uno codicia y que pertenecen a este mundo. "Haced morir, pues, lo terrenal en vosotros" (Col. 3:5). Las cosas de este mundo no se pueden considerar inherentemente malas o incorrectas, pero se pueden tornar así cuando no se emplean conforme a la palabra de Dios y/o cuando se las eleva a una posición que le pertenece sólo a Dios. Por esta razón, el mundo se presenta como un cuadro de la corrupción (2 Ped. 1:4). Santiago denomina adúltera a la persona mundana y advierte que estar aliado con el mundo es estar en guerra contra Dios (Sant. 4:4). Juan disuade a los creyentes de amar al mundo y las cosas que están en él (1 Jn. 2:15), en tanto que Pablo proclama que "el mundo me es crucificado a mí, y yo al mundo" (Gál. 6:14). Cuando uno ha "muerto en Cristo" y ha nacido de Dios, esa persona ya no pertenece al mundo (Col. 2:20) sino que ha conquistado al mundo por medio de su fe en Jesucristo (1 Jn. 5:4, 5), y se la ha instruido mediante la gracia para negar los deseos mundanos (Tito 2:11,12). Cristo advierte sobre el peligro de perder el alma como resultado de procurar ganarse el mundo (Mat. 16:26).

Chad Brand

MUPIM Hijo de Benjamín (Gén. 46:21). Quizá el nombre derive de una raíz que significa "agitar" u "ondear".

MURCIÉLAGO Orden (*Quiróptera*) correspondiente a un mamífero volador nocturno provisto de placenta; cuadrúpedo con alas. La palabra hebrea traducida "murciélago" es el nombre genérico para muchas especies de este mamífero que se encuentran en Palestina (Isa. 2:20). Aunque el murciélago está incluido entre las aves inmundas de la Biblia (Lev. 11:19; Deut. 14:18), pertenece a los mamíferos porque amamanta a su cría. Es nocturno y vive en cuevas (Isa. 2:20). Los zoólogos modernos han citado por lo menos 20 especies diferentes en la región de Palestina.

MURO ANCHO Porción del muro de Jerusalén en el extremo noroeste cerca de la puerta de Efraín, restaurado por Nehemías (Neh. 3:8; 12:38).

MUROS Estructuras verticales externas de las casas y de las fortalezas que rodeaban las ciudades. En tiempos antiguos, los muros de las ciudades y de las casas se construían con ladrillos de arcilla mezclada con paja y endurecidos al sol. Los arqueólogos estiman que los muros de Nínive eran lo suficientemente anchos como para que pasaran tres carros uno al lado del otro, y los de Babilonia como para dar lugar al paso de seis carros en la parte superior.

En el lenguaje de las Escrituras, un muro es símbolo de salvación (Isa. 26:1; 60:18), de la protección de Dios (Zac. 2:5), de los que pueden proveer protección (1 Sam. 25:16; Isa. 2:15) y de la riqueza del rico en su propia imaginación (Prov. 18:11). Un "muro fortificado de bronce" simboliza a los profetas y su testimonio contra impíos (Jer. 15:20). La "pared intermedia de separación" (Ef. 2:14) representaba la adoración en el templo y la práctica judía que dividía a los judíos de los gentiles. Ver *Arquitectura; Fortaleza, fortificación.*

MUSI Nombre de persona que significa "quitado". Hijo de Merari de quien recibe el nombre la familia de sacerdotes denominados musitas (Ex. 6:19; Núm. 3:20,33; 26:58; 1 Crón. 6:19, 47; 23:21,23; 24:26,30).

MÚSICA, INSTRUMENTOS MUSICALES, DANZA La expresión vocal o instrumental de todo el espectro de emociones humanas a través de la música constituyó gran parte de la vida de las personas de la Biblia tal como sucede en la actualidad. Los obreros que recogían los granos cantaban un canto de la cosecha (Isa. 16:10; Jer. 48:33). También se podía escuchar que cantaban los que cavaban un pozo (Núm. 21:17). Ciertamente, todas las áreas de la vida podían estar acompañadas por música. Las celebraciones comunitarias, las prácticas rituales de adoración e incluso las actividades bélicas eran motivo de cánticos.

Dentro de un clima tan musical, la celebración por medio de la danza ocupaba un espacio habitual en la vida tanto secular como religiosa de la antigua Israel. Diversos instrumentos musicales acompañaban el canto y la danza.

Música Los hallazgos arqueológicos de textos descriptivos más los restos de instrumentos han permitido conocer mejor cómo se desarrolló la música en el antiguo Cercano Oriente.

La música secular y religiosa de la antigua Israel tuvo sus raíces en el contexto musical del Cercano Oriente de aquellos tiempos donde todos los aspectos de la vida se podían expresar mediante el canto. Génesis 4:21 constituye la primera referencia a la música en el AT. Jubal, uno de los hijos de Lamec, "fue padre de todos los que tocan arpa y flauta". Este introdujo la música en el marco del avance cultural. El nombre Jubal en sí está relacionado con la palabra hebrea correspondiente a "carnero" (*yovel*), animal cuyos cuernos se empleaban en la antigua Israel como instrumento para comunicar indicaciones.

El gozo que se expresaba con la música se pone de manifiesto en el papel prominente que ocupaba en las celebraciones cotidianas. Una despedida se podía expresar "con alegría y con cantares, con tamborín y arpa" (Gén. 31:27); una bienvenida al

hogar “con panderos y danzas” (Jue. 11:34; comp. Luc. 15:25). Las canciones o cánticos de los que cavaban pozos (Núm. 21:17,18), de los que trabajaban en lagares (Jer. 48:33) y tal vez de los guardias (Isa. 21:12) demuestran que la música acompañaba las tareas diarias.

La celebración musical bajo ciertas circunstancias daba como resultado condenación. El relato del regreso de Moisés del monte y su encuentro con el pueblo que cantaba y danzaba alrededor del becerro de oro (Ex. 32:17-19) es símbolo del quebrantamiento del pacto. El profeta Isaías censura a los ricos ociosos porque tienen “arpas, vihuelas, tamboriles, flautas y vino” en las fiestas pero no prestan atención a las obras de Jehová (Isa. 5:12). La burla de los licenciosos (Job 30:9) y la aclamación de los héroes (1 Sam. 18:6,7) se expresaban con cánticos.

Las victorias bélicas dieron lugar a numerosas canciones. El cántico de María, uno de los poemas más antiguos del AT, celebraba la derrota del faraón en el mar (Ex. 15:21). Jueces 5 se eleva como testimonio musical del triunfo de Israel sobre Jabín, rey de Canaán. Estos versos se conocen como “el canto de Débora” y constituyen la celebración musical del relato de un acontecimiento. Los cánticos de victoria procedentes de los labios del vencedor (comp. Jue. 15:16 donde aparece Sansón luego de matar a los filisteos) o de aquellos que reciben al triunfador de una batalla (comp. 1 Sam. 18:7) confirman que la música era un medio de expresión de gozo incontenible. La celebración se manifestaba en canción. Las emociones que podían verse limitadas por la prosa se expresaban mediante la poesía de la música tal como se observa en el lamento conmovedor de David ante la muerte de Saúl y Jonatán (2 Sam. 1:19-27).

En los primeros tiempos de la historia del AT pareciera que a la mujer se le otorgaba un lugar especial en la ejecución musical. María y Débora, ambas profetisas y esta última también jueza, estuvieron entre los primeros músicos de Israel. Jueces 11:34 presenta a la hija de Jefté que recibía a su padre “con panderos y danzas” luego de la victoria contra los amonitas. Las voces de mujeres unidas por el canto proclamaban la valentía de David: “Saúl hirió a sus miles, y David a sus diez miles” (1 Sam. 18:7). El hallazgo en tumbas egipcias de pinturas que muestran la danza de mujeres durante las festividades revela el papel que desempeñaban con la música del antiguo Cercano Oriente.

El establecimiento de la monarquía aprox. en el 1025 a.C., acompañado por la aparición de músicos profesionales, introdujo una nueva dimensión en la tradición musical de la antigua Israel. Egipto y Asiria, naciones vecinas de Israel, ya de antiguo conocían la tradición de los músicos profesionales. Estos oficiaban tanto en la corte (1 Rey. 1:34,39, 40; 10:12; Ecl. 2:8) como en rituales religiosos. Una inscripción asiria donde se elogia la victoria del rey Senaquerib sobre el monarca Ezequías de Judá menciona la inclusión de músicos, tanto hombres como mujeres, como parte del tributo llevado a Nínive.

Si bien aún persiste la incertidumbre en cuanto a detalles de la adoración en el templo, las referencias bíblicas proporcionan ciertas pautas respecto al papel que desempeñaba la música en el culto. Como un himno que proclama la intervención futura de Dios en la tierra, el Sal. 98 invita a utilizar música para acompañar la alabanza:

“Cantad alegres a Jehová, toda la tierra;
Levantad la voz, y aplaudid, y cantad salmos.
Cantad salmos a Jehová con arpa;
Con arpa y voz de cántico.
Aclamad con trompetas y sonidos de bocina,
Delante del rey Jehová” (vv.4-6).

La adoración incluía sonido de trompetas (comp. Núm. 10:10) y cánticos de acción de gracias, expresiones de alabanza y ruegos luego de ofrecer sacrificios (2 Crón. 29:20-30).

Los salmos no sólo exhiben el espectro emocional de la música que va desde el lamento hasta la alabanza sino que también proporcionan palabras para algunas canciones en la adoración en el templo. Los títulos de algunos salmos hacen referencia a personas (p. ej., “los hijos de Coré”) que iniciaron gremios de músicos que evidentemente estaban dedicados a la disciplina de la música litúrgica.

Durante el exilio babilónico surgió la pregunta: “¿Cómo cantaremos cántico de Jehová en tierra de extraños?” (Sal. 137:4). El Sal. 137 alude además a la exigencia de los babilonios a los cautivos hebreos: “Cantadnos algunos de los cánticos de Sion” (v.3). El retorno del exilio y la restauración del templo fueron testigos de la reanudación de la actividad en la música litúrgica de los descendientes de los músicos levíticos originarios (comp. Esd. 2:40,41). La declaración de Strabo donde dice que las jóvenes cantantes de Palestina eran consideradas las más melodiosas del mundo demuestra que la música continuó siendo importante en Israel durante la época helenista.

Las estructuras de los salmos proporcionan elementos para conjeturas sobre las características de la interpretación vocal. Dentro de las pautas de interpretación se encuentran refranes (tales como "Alzad, oh puertas, vuestras cabezas, y alzaos vosotras, puertas eternas" en el Sal. 24:7), aclamaciones como "Aleluya", y también divisiones en estrofas. El recurso comúnmente empleado del paralelismo poético, donde un pensamiento se relaciona con otro en forma sinónima o antitética, proporciona pruebas adicionales para suponer cuáles eran las características de la interpretación musical. Las interpretaciones antifonales y donde un grupo respondía a otro posiblemente fueran formas de interpretación.

Dado que muchos títulos de los Salmos no son suficientemente claros, en términos generales se puede hablar de cinco clases de datos: títulos que identifican salmos con personas o grupos de personas (Sal. 3; 72; 90); títulos que pretenden dar información histórica del salmo, en particular con relación a David (Sal. 18; 34); títulos que contienen información musical (Sal. 4; 5); títulos con información litúrgica (Sal. 92; 100), y títulos que designan el "tipo" de salmo en cuestión (Sal. 120, "Cántico gradual"; Sal. 145, "Salmo de alabanza").

Casi 2/3 de los salmos poseen títulos con términos que indican a qué colección pertenecen, quién los recopiló y quién lo escribió. El que más se menciona es David, a quien la tradición bíblica lo describe como compositor, intérprete de instrumentos, músico de la corte y danzarín. Se mencionan otros personajes tales como los hijos de Coré, Asaf, Salomón, Hemán ezraíta, Etán ezraíta, Moisés y Jedutún.

La palabra "salmo" deriva de la traducción griega del término hebreo *mizmor* y se aplica a aprox. 57 canciones. Consiste en un término técnico que aparece sólo en el Salterio y alude a cantos con acompañamiento instrumental. Otros términos que indican la clase de salmo son *shiggaion* (Sal. 7), que a veces se aduce que se refiere a un lamento; *miktam* (Sal. 16; 56–60), que se relaciona con el término acadio que significa "cubrir"; *maskil* (Sal. 78), cuyo significado aún se desconoce. Alrededor de 30 salmos incluyen en el título la palabra "cántico" (heb. *shir*), además de las expresiones "cántico de alabanza", "oración", "canción de amores" y "cántico gradual". Los títulos también incluyen términos que indican el objetivo litúrgico y el uso de un salmo en particular (p. ej., "para acción de gracias", "para recordar o conmemorar", "para el día de reposo").

Aproximadamente 55 salmos contienen en el título la expresión "al músico principal". Otras expresiones musicales técnicas que se refieren a indicaciones sobre los tipos de interpretación son: "para instrumentos de cuerda" (*neginot*, Sal. 4; 6; 54, tal vez para excluir instrumentos de percusión y de viento) y "para flautas" (*nehilot*), si bien ambos significados son dudosos. Tampoco es claro el significado de los términos *higaion* (quizá "toque musical"), *seminit* ("sobre la octava", tal vez una octava más agudo) y "sobre *gitit*" (Sal. 8; 81; 84).

Títulos tales como "Ajelet-sahar" ("sobre la espada del alba") en el Sal. 22 y "Lirios" en Sal. 45; 69; 80 sugieren que estos salmos se cantaban con la melodía de otras canciones populares.

La interpretación del término *Selah* aún es incierta aunque aparece 71 veces en los Salmos. Las sugerencias van desde considerar el término según la traducción griega más antigua (por lo general se cree que indica una especie de interludio musical o cambio de intérpretes) hasta indicar una invitación a repetir el versículo, cantarlo en voz más alta o solicitarles a los adoradores que se arrodillen o hagan reverencia.

Instrumentos musicales Las representaciones pictóricas, al igual que los restos de instrumentos provistos por los descubrimientos arqueológicos, hoy nos ayudan a saber con qué se ejecutaba la música. Un amplio espectro de elementos literarios coadyuvan a estas evidencias. Tanto en el AT como en el NT, en las traducciones más antiguas, en la literatura rabínica y patriarcal y en los escritos de autores romanos y griegos se encuentran descripciones y comentarios sobre los instrumentos musicales. No obstante, es necesario ser precavido en el uso de la información disponible dado que muchas identificaciones resultan dificultosas y, en el mejor de los casos, hipotéticas.

El instrumento musical que más se menciona en la Biblia es el "shofar" (cuerno de carnero). Si bien las referencias a este instrumento se reducen a dos ó tres notas, el shofar (que se suele traducir "trompeta") servía para dar indicaciones en tiempos de paz y de guerra (Jue. 3:27; 6:34; Neh. 4:18-20). Su función principal era emitir ruidos, pero también se lo empleaba para anunciar las lunas nuevas y los días de reposo, advertir ante un peligro que se avecinaba e indicar que había muerto un miembro de la nobleza. El shofar es el único instrumento que aún hoy se ejecuta en las sinagogas. Su ejecución durante las celebraciones nacionales indica el papel notorio

M

que desempeñaba en la vida de los israelitas (1 Rey. 1:34; 2 Rey. 9:13).

La trompeta era un instrumento alargado de metal con forma acampanada en un extremo. Su función era similar al shofar y se cree que emitía un sonido agudo y estridente. Las trompetas se ejecutaban de a dos y se consideraban instrumento de los sacerdotes (comp. Núm. 10:2-10 para obtener una descripción de su uso; 2 Crón. 5:12,13 donde se mencionan aprox. 20 trompetistas). La trompeta se enumera entre los utensilios sagrados del templo y su sonido se escuchaba al comienzo de celebraciones y sacrificios (2 Rey. 12:13; Núm. 31:6).

El arpa era el instrumento de David y de los levitas (heb. *kinnor*) y se utilizaba en escenarios tanto seculares como sagrados (comp. Isa. 23:16; 2 Sam. 6:5). Era un instrumento popular en todo el antiguo Cercano Oriente y se solía ejecutar para acompañar el canto. La cantidad de cuerdas de un arpa podía variar y por lo general esta tenía forma rectangular o trapezoidal.

El arpa era uno de los instrumentos favoritos de los egipcios. Si bien no se sabe con seguridad, el término hebreo *nebel* tal vez se refiera a una especie de arpa angulada con una caja de resonancia vertical o alguna otra clase. La tradición bíblica considera el *nebel* como instrumento ejecutado principalmente en las actividades religiosas que en pocas ocasiones se menciona en contexto secular (comp. Isa. 5:12; 14:11). Generalmente se lo asociaba con la aristocracia, razón por la cual se solía fabricar de madera o metales valiosos (1 Rey. 10:12; 2 Crón. 9:11).

El instrumento de viento más popular del antiguo Cercano Oriente y el más importante de los religiosos era el *chalil* o "flauta" que también se ejecutaba en marcos seculares. Quizá la mejor descripción corresponda a un clarinete primitivo con dos tubos separados de caña, metal o marfil. Cada uno de estos tubos tenía una boquilla de caña simple o doble. Utilizado para expresar gozo (1 Rey. 1:39,40) o tristeza (Jer. 48:36; Mat. 9:23), el *chalil* era fundamentalmente un instrumento secular que se ejecutaba en funerales y fiestas.

Otros instrumentos musicales que se mencionan en el texto bíblico son el tamboril (heb. *tohp*, a menudo un símbolo de alegría, Gén. 31:27), los címbalos, las campanillas (probablemente cascabeles de metal sin badajos; Ex. 28:33, 34; 39:25,26 donde aparecen adheridos a la túnica del sacerdote) y una especie de matraca que se traduce de diversas maneras, entre ellas címbalos (2 Sam. 6:5).

En el NT se mencionan la flauta, el arpa, los címbalos y la trompeta. El "metal que resuena" de 1 Cor. 13:1 quizá corresponda a un instrumento característico mencionado en la literatura rabínica que se ejecutaba en bodas y festividades inundadas de gozo.

Danza Movimiento rítmico generalmente realizado al compás de la música y que ocupaba un papel importante en la vida y la adoración israelitas. En el AT se emplean diversas palabras hebreas para expresar la idea de la danza que indican distintas clases de movimientos: andar saltando (*raqad*, Job 21:11), saltar y danzar (*karar* 2 Sam. 6:14,16), y quizá bailar dando vueltas (*machol*, Sal. 30:11). Se describe como acción acompañada de instrumentos musicales y canto llevada a cabo por las mujeres cuando recibían en casa a los soldados victoriosos (1 Sam. 18:6). Ver *Danzar; David; Levitas; Salmos, Libro de; Silo.* *Kandy Queen-Sutherland*

MUSITA Miembro del clan de Musi.

MUSLO Parte superior de la pierna y lateral bajo del torso. En ocasiones la referencia es sólo física (Jue. 3:16; Sal. 45:3; Cant. 3:8; 7:1). Con mayor frecuencia, para las Escrituras es el centro de funciones vitales, en especial de la procreación. Las traducciones al español por lo general no transmiten esta connotación. Los textos hebreos de Ex. 1:5 y Jue. 8:30 mencionan el muslo o los lomos como el origen de la descendencia. La infidelidad matrimonial se castigaba haciendo que el "muslo caiga", es decir, volviendo estéril a la mujer (Núm. 5:16-21). En el período patriarcal, los juramentos se hacían colocando la mano "debajo del muslo", una referencia indirecta a los órganos reproductivos. La acción quizás represente el llamado a un descendiente como testigo del juramento. Cuando el "varón" en Peniel no podía contra Jacob, lo tocó en la glena del muslo y lo dejó rengo (Gén. 32:25-32). Jacob escapó de la lucha herido pero con la frente en alto. Golpearse los muslos era señal de dolor, vergüenza o remordimiento (Jer. 31:19; Ezeq. 21:12). El muslo era una de las partes del sacrificio que ofrecían los sacerdotes (Lev. 7:32-34; 10:14; comp. 1 Sam. 9:24, donde Samuel honró a Saúl ofreciéndole esta porción ["espaldilla"]).

MUT-LABÉN Frase hebrea que aparece en el título del Sal. 9 y significa "muerte del hijo". Es probable que la expresión se refiera a la melodía para interpretar el salmo.

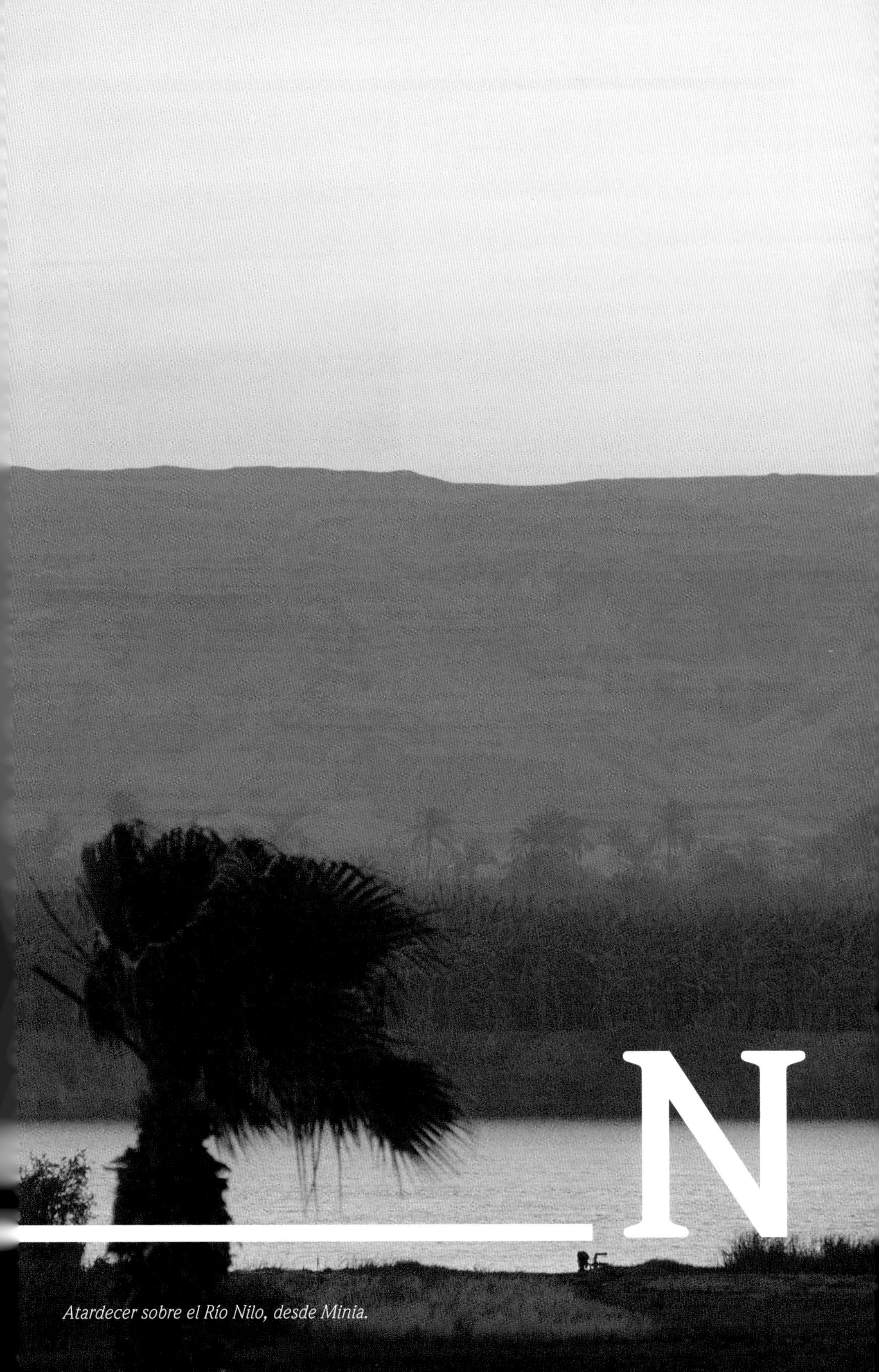

Atardecer sobre el Río Nilo, desde Minia.

NAALAL Nombre geográfico que significa "pastura". Ciudad asignada a los levitas dentro del territorio de Zabulón (Jos. 19:15; 21:35). Los israelitas no desalojaron a los cananeos que habitaban esa ciudad (Jue. 1:30). La ubicación es incierta. Posiblemente corresponda a Tell en-Nahl al norte del Río Cisón en el extremo sur de la Llanura de Aco, a la actual Nahalal ubicada aprox. 9,5 km (6 millas) al oeste de Nazaret o a Tell el-Beida.

N

NAAM Nombre de persona que significa "simpatía". Descendiente de Caleb (1 Crón. 4:15).

NAAMA Nombre que significa "agradable" o "encantador". **1.** Hermana de Tubal-caín (Gén. 4:22). **2.** Esposa amonita de Salomón y madre de Roboam (1 Rey. 14:21,31; 2 Crón. 12:13). **3.** Aldea de la Sefela en el distrito de Judá (Jos. 15:41), probablemente Khirbet Farad ubicada aprox. 35 km (22 millas) al oeste de Jerusalén entre Timnat y Elteke.

NAAMÁN Nombre de persona que significa "simpatía". General sirio que fue curado de lepra conforme a las instrucciones del profeta Eliseo (2 Rey. 5). Aparentemente, la lepra de Naamán no era contagiosa ni se consideraba consecuencia de un pecado de inmoralidad. Luego de ser sanado, profesó su fe en el Dios de Israel. Ver *Lepra.*

NAAMATITA Título que significa "habitante de Na'ameh", nombre atribuido a Zofar, uno de los tres amigos de Job (Job 2:11; 11:1; 20:1; 42:9). Na'ameh tal vez sea Djebel-el-Na'ameh en el noroeste de Arabia.

NAAMITAS Familia de la tribu de Benjamín, descendientes de Naamán (Núm. 26:40).

NAARA Nombre que significa "niña" o "molino". Esposa de Asur (1 Crón. 4:5,6).

NAARAI Nombre de persona que significa "asistente de Yahvéh". Uno de los 30 guerreros valerosos de David (1 Crón. 11:37). El relato paralelo dice Paarai (2 Sam. 23:35).

NAARÁN Ciudad asignada a Efraín, probablemente Naara (1 Crón. 7:28; comp. Jos. 16:7).

NAARAT Ciudad del territorio asignado a la tribu de Efraín al norte de Jericó (Jos. 16:7). Los sitios sugeridos incluyen 'Ain Duq; Khirbet el 'Nayash, aprox. 8 km (5 millas) al noreste de Jericó; y Tell el-Jishr. Probablemente sea Naarán (1 Crón. 7:28).

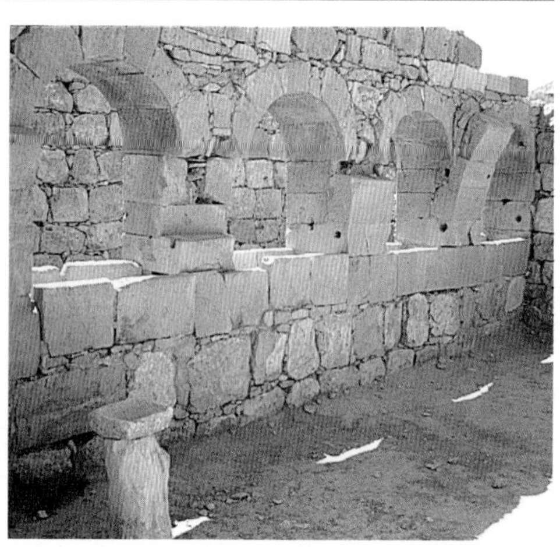

Parte de un gran establo del período nabateo tardío en Kurnub (la antigua ciudad nabatea de Mampsis).

NAASÓN Nombre de persona que significa "serpiente". Líder de la tribu de Judá durante los años de peregrinaje (Núm. 1:7; 2:3; 7:12,17; 10:14). Cuñado de Aarón (Ex. 6:23) y antepasado del rey David (Rut 4:20-22) y de Jesús (Mat. 1:4; Luc. 3:32).

Excavaciones en la antigua ciudad nabatea de Mampsis.

NABAL Nombre de persona que significa "necio" o "tosco, sin educación". Ver *Abigail*.

NABAT Nombre de persona que significa "Dios ha considerado". Padre de Jeroboam I (1 Rey. 11:26; 12:2,15). Nabat provenía de Sereda, aprox. 16 km (10 millas) al oeste de Silo.

NABATEOS Pueblo árabe de origen desconocido. Aunque no se mencionan en la Biblia, ejercieron mucha influencia en Palestina durante el período intertestamentario y del NT. Aparentemente se infiltraron en las antiguas Edom y Moab tras dejar su tierra de origen al sudeste de Petra. Esta ciudad se convirtió más tarde en la capital. A partir de aquí continuaron extendiéndose hacia el norte hasta llegar a Madeba. En el 85 a.C., el gobierno de Damasco requirió la presencia de un gobernante nabateo. Los árabes respondieron. Si bien Pompeyo los invadió en el 63 a.C., este pueblo continuó ejerciendo influencia en Transjordania mediante una sucesión de gobernantes. Pablo estuvo a punto de ser arrestado en Damasco (2 Cor. 11:32). Pasó un tiempo en Arabia después de su conversión, lugar donde probablemente haya predicado el evangelio (Gál. 1:17).

NABÓNIDO Nombre de persona que significa "Nabu inspira asombro". Último rey del Imperio Neobabilónico (555–539 a.C.). Ver *Babilonia*.

NABOPOLASAR Nombre de persona que significa "Nabu, protege al hijo". Rey (626–605 a.C.) que se rebeló de los asirios y estableció el Imperio Neobabilónico. El levantamiento se produjo en el 627 a.C. y estableció su capital en Babilonia. Su reinado se caracterizó por una sucesión de batallas en las que fue conquistando progresivamente las ciudades del domino asirio. En el 614 hizo una alianza con el rey medo Ciaxares y ambos conquistaron Nínive en el 612 a.C. Ver *Babilonia*.

NABOT Nombre de persona que probablemente signifique "brote". Dueño de una viña en el Valle de Jezreel lindera al palacio rural del rey Acab, quien quiso obtener la propiedad para utilizarla como huerto de hortalizas. Nabot se negó a vender tras alegar que la propiedad era herencia familiar (1 Rey. 21:3,4). La ley hebrea sólo permitía que la tierra fuera arrendada durante una cierta cantidad de cosechas hasta que llegara el año del jubileo (Lev. 25:15,16); no se podía vender a perpetuidad (Lev. 25:23). Jezabel, a quien no le interesaban las leyes de Israel, tramó el asesinato de Nabot por orden judicial bajo la acusación de haber blasfemado a Dios y al rey (1 Rey. 21:8-14). El asesinato de Nabot provocó el juicio de Dios sobre Acab y su familia (1 Rey. 21:17-24).

El Edificio del Tesoro en la antigua ciudad de Petra, tal como se ve desde la única entrada a la ciudad.

NABUCODONOSOR Nombre de persona que significa "Nabu protege". Rey de Babilonia entre el 602 y el 562 a.C. Era hijo de Nabopolasar y heredó el trono al morir su padre. Actuó como general durante el reinado de su padre y fue un brillante estratega. Su victoria sobre las fuerzas egipcias en Carquemis (605) señaló la consumación de la conquista de Palestina a manos de los babilonios (Jer. 46:1,2). Ver *Babilonia*.

N

NABUSAZBÁN Variación en la transliteración del nombre de persona que significa "Nabu, sálvame". Alto oficial de Nabucodonosor que participó en la caída de Jerusalén (Jer. 39:13).

NABUZARADÁN Nombre de persona que significa "Nebo ha dado descendencia". Oficial del ejército babilónico durante el reinado de Nabucodonosor. El cargo se designa "capitán de la guardia" (Jer. 39:13); se desconoce en qué consistía. Lideró a sus tropas en el sitio de Jerusalén en el 587 a.C. (2 Rey. 25:8,9), quemó los edificios de la ciudad, echó abajo los muros y llevó al pueblo al exilio. Cuatro años después regresó y deportó a otros habitantes (Jer. 52:30). Ver *Babilonia.*

NACER DE NUEVO Ver *Regeneración.*

NACIMIENTO Dar a luz un bebé desde el vientre. Los escritores bíblicos, al igual que sucedía con otros pueblos antiguos, no entendían completamente el proceso de la concepción. Al no tener conocimiento acerca del óvulo de la mujer, pensaban que sólo el semen del hombre (su "simiente") producía al niño. Entendían que la mujer proveía su vientre como un receptáculo para protección y crecimiento del bebé.

En el proceso del nacimiento a menudo se utilizaban parteras (Gén. 35:17; 38:28; Ex. 1:15). También se usaban herramientas para dar a luz (Ex. 1:16). El cordón umbilical del bebé se cortaba inmediatamente después del nacimiento. El niño era lavado, frotado con sal y envuelto en paños (Ezeq. 16:4), y con frecuencia se le ponía el nombre al nacer (Gén. 21:3; 29:32,35; 30:6-8). A la mujer se la consideraba ritualmente impura durante un período que iba de 40 a 80 días después del nacimiento (Lev. 12:1-8; Luc. 2:22).

Cuando nacía un hijo varón, se lo colocaba inmediatamente sobre las rodillas de su padre (Gén. 50:23; Job 3:12). Las palabras del salmista "Sobre ti fui echado desde antes de nacer" refleja el concepto del padre que recibe a su nuevo hijo e indica el cuidado de Dios desde el momento de nacer (Sal. 22:10; 71:6). Cuando Raquel recibió al hijo de Bilha sobre sus rodillas al nacer, lo estaba adoptando como suyo propio (Gén. 30:3-8).

El nacimiento podía ser prematuro como resultado del golpe producido por malas noticias (1 Sam. 4:19). El nacimiento fuera de tiempo, que aquí se describe como nacido muerto, hace que entre en la oscuridad, halle descanso y no conozca la agonía de la vida (Ecl. 6:4,5; Job 3:11-13). Un accidente o un acto de violencia podían provocar un aborto espontáneo (Ex. 21:22-25), o se lo podía considerar juicio divino (Sal. 58:8; Os. 9:14).

El nacimiento de un niño era un momento de regocijo, especialmente en el caso de un hijo varón (Rut 4:13,14; Jer. 20:15; Luc. 1:14,57,58; 2:13,14; Juan 16:21). El cumpleaños de una persona era ocasión para celebrar (Gén. 40:20; Mat. 14:6). Si la vida se tornaba insoportable, uno se podía sentir tentado a maldecir el día de su nacimiento (Job 3:3; Jer. 20:14).

El proceso del nacimiento se utilizaba en forma figurada para describir la relación de Dios con Su pueblo. En Deut. 32:18, Dios dio a luz a Israel así como una madre daría a luz un niño. Por lo tanto, cuando los israelitas le decían al árbol, "Tú eres mi padre", y a la piedra, "Tú me diste a luz", se estaban alejando de su padre verdadero (el árbol y el pilar de piedras eran símbolos de la idolatría). Según lo dicho por Jesús, es tan necesario nacer del Espíritu como lo es nacer de una mujer (Juan 3:1-7). Este proceso del nacimiento también se utiliza como una imagen de la actividad creadora de Dios (Job 38:29). Inclusive se describe a Dios como una partera (Isa. 66:7-9).

Muchos escritores bíblicos utilizaron los dolores de parto en sentido metafórico. Los reyes temblaban delante de Dios como una mujer que da a luz (Sal. 48:6). La venida del día del Señor causará una angustia similar a la del parto. Habrá dolores de parto, agonía, lloro, jadeo y gritos ahogados (Isa. 13:8; 42:14; Jer. 6:24; 13:21; 22:23; 30:6; 48:41; 49:24; 50:43; Juan 16:21; Apoc. 12:2). *Phil Logan*

NACIMIENTO DE JESÚS Ver *Jesucristo; Jesús, Vida y ministerio; Virgen, nacimiento virginal.*

NACIONES Ver *Gentiles.*

NACÓN Nombre geográfico que significa "firme" o "preparado". Sitio de una era ubicada entre Baala de Judá (Quiriat-jearim) y Jerusalén (2 Sam. 6:6). La designación corresponde al nombre de un lugar o del dueño. En el pasaje paralelo (1 Crón. 13:9), el nombre del dueño aparece como Quidón.

NACOR Nombre de persona que significa "ronquido, resoplido". **1.** Hijo de Serug, padre de Taré y abuelo de Abraham (Gén. 11:22-26). **2.** Hijo de Taré y hermano de Abraham (Gén. 11:26). Se casó con su sobrina Milca, que le dio ocho hijos (11:29;

22:20-23). La genealogía de Nacor demuestra la relación entre los hebreos y otros pueblos semíticos del antiguo Cercano Oriente. Es de especial interés la relación que tuvo con los arameos en la región de la actual Siria que probablemente hayan sido descendientes de los hijos que tuvo con su concubina Reúma (22:24). **3.** Ciudad de la Mesopotamia donde el siervo de Abraham buscó y halló esposa para Isaac (Gén. 24:10). Esto se ajustaba a la antigua costumbre de casarse con un miembro de la misma familia. Es probable que la ciudad haya estado al sudeste de Harán. Se menciona en los textos de Mari.

NADAB Nombre de persona que significa "dispuesto" o "liberal". **1.** Hijo mayor de Aarón (Ex. 6:23; Núm. 3:2; 1 Crón. 6:3) que participó de la ratificación del pacto (Ex. 24:1,9), ofició como sacerdote (Ex. 28:1) y fue consumido por el fuego junto con su hermano Abiú por haber ofrecido fuego extraño delante del Señor (Lev. 10:1-7; Núm. 26:61). Nadab murió sin haber tenido hijos (Núm. 3:4; 1 Crón. 24:2). **2.** Descendiente de Judá y Tamar (1 Crón. 2:28,30). **3.** Descendiente de Benjamín y tío abuelo de Saúl (1 Crón. 8:30; 9:36). **4.** Hijo de Jeroboam (1 Rey. 14:20) y rey idólatra de Israel (901–900 a.C.), asesinado por Baasa durante el sitio de la ciudad filistea de Gibetón (1 Rey. 15:25-28). El exterminio de la familia de Jeroboam (15:29) se considera cumplimiento de la profecía de Ahías (14:10,11).

NAFIS Nombre de persona que significa "renovado". Hijo de Ismael y antepasado de una tribu del noroeste de Arabia que lleva el mismo nombre (Gén. 25:15; 1 Crón. 1:31). La tribu habitaba en Transjordania antes de ser desplazada por Rubén, Gad y la media tribu de Manasés (1 Crón. 5:19).

NAFTUHIM Habitantes de Naftu, región geográfica no identificada (Gén. 10:13; 1 Crón. 1:11). Lo más probable es que los naftuhim hayan residido en el delta del Nilo o, de lo contrario, en los oasis al oeste del valle de este mismo río. El término tal vez provenga de la palabra egipcia correspondiente a Ptah, que se refiere al Egipto Medio.

NAGAI Nombre de persona que quizá signifique "esplendor del sol". Antepasado de Jesús (Luc. 3:25).

NAG HAMMADI Actual aldea egipcia ubicada a 480 km (300 millas) al sur de El Cairo y aprox. 95 km (60 millas) al norte de Lúxor o la antigua Tebas. Debido a la proximidad entre Nag Hammadi y el sitio de un importante descubrimiento de documentos antiguos relacionados con el gnosticismo, por lo general se los denomina documentos o biblioteca de Nag Hammadi. Otro nombre ocasionalmente asociado con estos documentos es Chenoboskion, denominación de una antigua comunidad cristiana también cercana al sitio del descubrimiento. Aunque estos documentos se encontraron en un cementerio abandonado cerca de Chenoboskion, es probable que no hayan tenido relación con esa comunidad.

A diferencia de los materiales que forman parte de los Rollos del Mar Muerto, que fundamentalmente consisten en rollos, los documentos de Nag Hammadi son códices, libros con hojas. Cada códice estaba formado por láminas de papiro encuadernadas en cuero que medían aprox. entre 25 y 30 cm (9,5 y 11,5 pulgadas). Se hallaron 13 códices con 51 escritos más pequeños cada uno. Si bien los documentos están en copto, un antiguo idioma de Egipto, probablemente sean traducciones de originales griegos. La fecha de estos documentos parece corresponder a aprox. el 350 d.C. Si bien se discute la fecha de los textos originales, es probable que algunos se hayan escrito antes del 200 d.C.

Descubrimiento de los documentos de Nag Hammadi Tal como ha sucedido con muchos importantes descubrimientos arqueológicos, el hallazgo fue bastante inesperado. En 1945, un campesino árabe que estaba cavando en un antiguo cementerio para obtener tierra blanda a fin de usar como fertilizante, en su lugar encontró una vasija grande de arcilla. Al principio tuvo temor de abrirla debido a sus creencias supersticiosas, pero la perspectiva de que en su interior hubiera un tesoro valioso lo indujo a destaparla. Halló trece libros o códices encuadernados en cuero. Es probable que algunos documentos hayan sido destruidos, pero el descubrimiento finalmente captó la atención de quienes se dedican al estudio de antigüedades.

Contenido de los documentos de Nag Hammadi Prácticamente todos los documentos reflejan el punto de vista religioso denominado "gnosticismo", un concepto mundano emergente que le provocó importantes dificultades al cristianismo de los primeros tiempos. Hasta el descubrimiento de dichos documentos, el conocimiento que se tenía del gnosticismo provenía fundamentalmente de escritores cristianos primitivos que se expresaban en

N

contra de ese movimiento. Escritores cristianos tales como Ireneo, Clemente de Alejandría, Orígenes y Tertuliano no sólo proporcionaron descripciones de enseñanzas gnósticas sino que también citaron porciones de estos escritos. No obstante, como resultado del descubrimiento en Nag Hammadi se halla disponible para el estudio una pequeña biblioteca de verdaderos escritos gnósticos.

Los documentos de Nag Hammadi presentan una amplia diversidad. Lo más interesante lo constituyen varias categorías definidas de manera más específica. Los materiales denominados "evangelios" son especialmente importantes. Dentro de esta categoría se encuentran obras tales como *El Evangelio de Felipe*, *El Evangelio de la Verdad*, y quizá la obra más importante que se halló en Nag Hammadi, *El Evangelio de Tomás*, que pretende ser una colección de dichos de Jesús. Otra categoría de documentos se ocupa de la obra y circunstancias relacionadas con los apóstoles. *El Apocalipsis de Pablo* presenta un relato del viaje de Pablo al cielo. *El Apocalipsis de Pedro* describe revelaciones especiales que Jesús le hizo a Pedro antes de que este fuese encarcelado. *El Apocalipsis de Jacobo* narra su muerte.

Una categoría adicional de documentos contiene una amplia variedad de especulaciones mitológicas que abarcan temas como la creación, la redención y el destino final. Dentro de este grupo encontramos obras como *Sobre los orígenes del mundo*, *Libro secreto del gran Espíritu invisible*, *Revelación de Adán*, *El pensamiento de nuestro gran poder*, *La paráfrasis de Sem*, *El segundo Verbo del gran Set* y *La protennoia trimórfica*.

Si bien los documentos de Nag Hammadi representan una diversidad de sistemas gnósticos, la mayoría de los materiales reflejan sin duda la orientación correspondiente a este tipo de pensamiento. Una excepción podría ser la obra denominada *Los hechos de Pedro y de los doce apóstoles*, que constituye un documento apócrifo acerca de los doce apóstoles.

Significado de los documentos de Nag Hammadi (1) Proporcionan una fuente de material esencial para entender mejor el gnosticismo. (2) Comprueban la existencia de sistemas gnósticos independientes del marco cristiano. Algunos eran de orientación fundamentalmente judía, en tanto que otros existían como movimientos independientes de tendencia tanto judía como cristiana. (3) Favorecen el estudio del NT, en especial de los libros que probablemente se escribieron como una reacción ante el gnosticismo, como es el caso de Colosenses, Juan y, posiblemente, 1 Corintios. (4) Reflejan la diversidad de conceptos dentro del gnosticismo e indica esta misma situación dentro del cristianismo primitivo y la correspondiente lucha por la ortodoxia. (5) Explican de manera más profunda la gravedad de la amenaza gnóstica sobre el cristianismo primitivo. En la actualidad existe una prueba directa de los puntos de vista gnósticos divergentes sobre la creación, Cristo, la redención, la doctrina de la humanidad y el significado de la iglesia como institución.

Para concluir, aunque no se conocen tanto como los Rollos del Mar Muerto, el descubrimiento en Nag Hammadi representa un hito importante para la comprensión de las luchas y el desarrollo de la iglesia cristiana primitiva. Ver *Apócrifos, Nuevo Testamento; Gnosticismo.*

Bruce Tankersley

NAHALIEL Nombre geográfico que significa "palmar de Dios", "valle del torrente de Dios" o, lo que es menos probable, "Dios es mi herencia". Una de las estaciones en Transjordania donde se detuvo Israel (Núm. 21:19). La corriente fluvial quizá sea el vado Zerqa Ma'in o el Wala, un tributario del Arnón proveniente del norte.

NAHAMANI Nombre de persona que significa "consuelo". Exiliado que regresó con Zorobabel (Neh. 7:7). El nombre no aparece en la lista paralela (Esd. 2:2).

NAHARAI Nombre de persona que significa "inteligente" o "resoplido". Uno de los 30 guerreros valerosos de David que ofició como escudero de Joab (2 Sam. 23:37; 1 Crón. 11:39).

NAHAS Nombre de persona y geográfico que significa "serpiente" o quizá "magnificencia" o "ciudad de bronce". **1.** Gobernante amonita cuya invasión de Jabes de Galaad determinó las circunstancias para la asunción de Saúl como rey (1 Sam. 11:1-11). Es probable que el rival de Saúl haya sido el Nahas que era amigo de David (2 Sam. 10:1,2). Su hijo Hanún provocó el enojo de David (2 Sam. 10:3-5). Otro de sus hijos, Sobi, fue aliado de David (2 Sam. 17:27). **2.** Padre de Abigail (2 Sam. 17:25). Se han propuesto diversas opiniones para armonizar 2 Sam. 17:25 con 1 Crón. 2:16: que Nahas era una mujer; que Nahas es una forma alternativa del nombre Isaí; que el gobernante amorreo Nahas e Isaí fueron esposos de la misma mujer en diferentes épocas. **3.** Es la actual Deir Nahhas a 9 km (5,5 millas) al norte de Lida o Khirbet Nahash en el extremo norte del Arabá.

NAHAT Nombre de persona que significa "descenso", "reposo", "tranquilidad" o incluso "puro, claro". **1.** Jefe de una familia edomita (Gén. 36:13,17; 1 Crón. 1:37). **2.** Levita (1 Crón. 6:26), posiblemente el mismo que Toa (1 Crón. 6:34) y Tohu (1 Sam. 1:1). **3.** Supervisor en la época de Ezequías (2 Crón. 31:13).

NAHBI Nombre de persona que significa "escondido" o "tímido". Representante de Neftalí entre los doce espías enviados a investigar Canaán (Núm. 13:14).

NAHUM, LIBRO DE "Nahum" es un nombre de persona que significa "consuelo, ánimo". Era un profeta hebreo, y el libro del Antiguo Testamento que lleva su nombre contiene algunos de sus mensajes. Existe extremadamente poca información biográfica sobre el profeta Nahum. Se menciona que provenía de Elcos (1:1), pero se desconoce la ubicación de este lugar.

Dos acontecimientos mencionados en el libro permiten establecer la fecha del ministerio del profeta entre el 600 y 700 a.C. Nahum 3:8 se refiere a la destrucción de la capital egipcia No-amón o Tebas en el 663 a.C., lo cual indica que el profeta se desempeñó después de ese acontecimiento. En el cap. 2 anhelaba la destrucción de Nínive, que tuvo lugar en el 612 a.C. Por lo tanto, Nahum profetizó después del 650 a.C., probablemente en una época cercana a la caída de Nínive.

Trasfondo histórico Israel y Judá habían sido vasallos de Asiria desde aprox. el 730 a.C. El Imperio Asirio comenzó a declinar casi un siglo después. Muchas naciones tributarias se rebelaron junto con Josías de Judá (2 Rey. 22–23). Una coalición de medos, babilonios y escitas atacaron a los asirios en el 612 a.C. y destruyeron la capital, Nínive. Los asirios hicieron una coalición con los egipcios, pero fueron derrotados en el 605 a.C. Ver *Asiria*.

El mensaje del profeta La opresión asiria hizo que el pueblo se preguntara cómo podía Dios mantenerse impasible ante tales actos inhumanos. Nahum respondió a la tiranía asiria con un mensaje destacado por su lenguaje vívido. Tal vez Asiria había oprimido severamente a Judá, pero Nahum anunció que Dios la iba a destruir.

El libro se inicia con una declaración sobre el carácter vengativo de Dios. La ferocidad de Su ira se describe mediante la destrucción de la naturaleza. Daba la impresión de que los asirios habían ejercido un gobierno descontrolado durante más de un siglo, pero ahora Dios reacciona. Su juicio se compara con una tormenta que se avecina. Quizá el pueblo de Judá dudaba de la justicia de Dios al observar que Asiria aparentemente no tenía límites. No obstante, Nahum intentó disipar dicha idea.

El segundo capítulo describe de manera gráfica la futura caída de Nínive, la capital de Asiria. Probablemente a la gente le haya resultado difícil imaginar este suceso. Nínive era una ciudad inmensa con un muro defensivo de 13 km (8 millas) de extensión y una altura que oscilaba entre 8 y 18 m (25 a 60 pies). Además la rodeaba un foso. No obstante, Nahum declaró en forma poética la caída de la ciudad. El enemigo la arrasaría con sus carros (2:4) y los que la defendían no los podrían detener (2:5). La gran ciudad iba a ser saqueada (2:7-10).

El libro de Nahum concluye con más amenazas contra Nínive. Irónicamente, así como Asiria había destruido Tebas en el 663 a.C., Nínive padecería el mismo destino (3:8-11). En 3:14 se alude a los preparativos para el sitio de la ciudad. Se almacenaría agua y se fortalecerían las defensas mediante el agregado de ladrillos de barro adicionales. Sin embargo, estas cosas no impedirían el devastador juicio de Dios.

En tanto que el libro de Nahum es severo y trata sobre los aspectos desagradables de la guerra, sirvió para infundirle esperanza al pueblo de Judá. Habían estado sujetos a la cruel opresión de Asiria durante más de un siglo, pero la fe que ahora tenían en que Dios iba a obrar a favor de ellos, se vio reforzada por la respuesta divina. La justicia de Dios se confirmaba.

Bosquejo

I. El Dios soberano se da a conocer (1:1-11)
   A. El Señor celoso y paciente se venga de Sus adversarios (1:1-3)
   B. La tierra tiembla ante la llegada de Dios (1:4,5)
   C. La ira de Dios es derramada (1:6)
   D. El Señor es refugio para los angustiados y los que confían (1:7)
   E. Dios protege a los que lo buscan pero destruirá al enemigo (1:8,9)
   F. El enemigo debe beber la copa de la ira de Dios (1:10,11)

N

II. Dios ofrece esperanza para Su pueblo oprimido mediante la caída del enemigo (1:12-15)
   A. Dios puede derrotar a los enemigos sin importar lo poderosos o numerosos que sean (1:12,13)
   B. Dios juzga al enemigo a causa de sus dioses falsos (1:14)
   C. Dios invita a Su pueblo liberado a celebrar (1:15)
III. Dios derramará juicio sobre Su malvado enemigo (2:1–3:19)
   A. El enemigo caerá pero el pueblo de Dios será restaurado (2:1,2)
   B. Ni los ejércitos ni las riquezas pueden impedir el juicio de Dios (2:3-12)
   C. Cuando Dios declara la guerra, el enemigo no tiene esperanzas (2:13)
   D. Dios humilla a los impíos (3:1-19)

Scott Langston

NAÍN Nombre geográfico que significa "agradable". Aldea del sudoeste de Galilea donde Jesús resucitó al hijo de la viuda (Luc. 7:11-15). La antigua ciudad estaba situada sobre una colina que miraba hacia la Llanura de Esdraelón.

NAIOT Nombre geográfico que significa "morada". El nombre se refiere a un edificio o un distrito en la ciudad de Ramá donde se encontraba la escuela profética que encabezaba Samuel (1 Sam. 19:18-24). Cuando huía de Saúl, David buscó refugio en Naiot. Tres grupos de mensajeros reales y finalmente el mismo Saúl fueron presa de un frenesí profético cuando intentaron capturar a David en ese sitio.

NARCISO Nombre común de esclavos o de personas libres que hace referencia a la flor correspondiente. El Narciso que se menciona en Rom. 16:11 encabezaba una casa que quizá incluía esclavos y/o hombres libres asociados con ella, entre los que había algunos cristianos. El personaje más conocido de nombre Narciso era un hombre libre que ofició de consejero del emperador Claudio (41–54 d.C.). Se suicidó poco después del ascenso de Nerón al trono. Es posible, aunque no hay certeza, que este Narciso sea la persona que Pablo tenía en mente.

NARDO Fragancia costosa que proviene de las raíces de la hierba *Nardostachys jatamansi.* El término aparece en dos ocasiones en el Cantar de los Cantares (1:12; 4:13,14) y en dos de los Evangelios en el relato sobre la mujer que unge a Jesús en la casa de Simón en Betania (Mar. 14:3; Juan 12:3). Los discípulos la reprendieron por lo que había hecho y alegaron que el perfume se podría haber vendido por una suma considerable y dado la ganancia a los pobres. Ver *Especias.*

NARIZ Parte del rostro entre los ojos y la boca que contiene las fosas nasales y cubre la cavidad nasal. Las joyas se llevaban en la nariz (Gén. 24:47; Isa. 3:21; Ezeq. 16:12). A los prisioneros de guerra a veces se los llevaba cautivos mediante ganchos colocados en la nariz (2 Rey. 19:28; Isa. 37:29). Se desconoce el significado preciso de colocar una rama ("ramo") en la nariz (Ezeq. 8:17). Las sugerencias incluyen una acción vinculada con la idolatría, un gesto provocativo y despectivo o, si se modifica el texto, un hedor proveniente de las personas que llega hasta la nariz de Dios. Cortarle la nariz a una mujer adúltera era una forma de castigo común en la ley asiria (Ezeq. 23:25,35).

La nariz a menudo se asocia con el aliento de vida (Gén. 2:7; 7:22; Job 27:3; Isa. 2:22). Es como si la nariz o los orificios nasales del Señor amontonan las aguas para permitir el paso por el mar (2 Sam. 22:16; comp. Ex. 15:8) y también se asocia con el juicio (2 Sam. 22:9; Job 41:20; Sal. 18:8).

NATÁN Nombre de persona que significa "regalo". **1.** Profeta de la corte real durante el reinado de David y los primeros años de Salomón. David lo consultó en cuanto a la edificación del templo. Natán le respondió favorablemente. Esa noche, el Señor le habló al profeta para que le informara a David que su sucesor lo iba a edificar. Natán incluyó las palabras que Dios le había dado en cuanto a que David tendría una casa, un gran nombre y un reino sempiterno. David respondió con gratitud al Señor (2 Sam. 7; 1 Crón. 17).

David cometió adulterio con Betsabé e hizo que su esposo Urías fuera asesinado en una batalla. El Señor se disgustó y envió a Natán a censurar al rey. El profeta relató una historia donde un hombre rico tomaba el único corderito que tenía un hombre pobre y lo preparaba para agasajar a sus invitados. David dijo que el rico debía morir. Natán respondió: "Tú eres aquel hombre". David se arrepintió, pero el primer hijo que le dio Betsabé murió (2 Sam. 11–12).

Adonías intentó convertirse en rey durante la última etapa de la vida de David, pero no tuvo éxito. Natán, junto con el sacerdote Sadoc, Benaía hijo de Joiada, Simei, Rei y todos los grandes de David se opusieron a Adonías. Betsabé y Natán le hablaron al rey para recordarle su decisión previa de designar a Salomón como sucesor. David entonces lo proclamó rey (1 Rey. 1:5-53).

Algunas referencias posteriores indican que Natán escribió las crónicas de David (1 Crón. 29:29) y una historia de Salomón (2 Crón. 9:29). Natán aconsejó a David sobre la disposición de los instrumentos musicales que ejecutaban los levitas (2 Crón. 29:25). **2.** Hijo de David que nació en Jerusalén (2 Sam. 5:14; 1 Crón. 14:4). Su madre fue Bet-súa (1 Crón. 3:5). Aparece en la genealogía de Jesús (Luc. 3:31). **3.** Natán de Soba, padre de Igal, uno de los valientes de David (2 Sam. 23:36). Tal vez sea el mismo Natán que era hermano de Joel (1 Crón. 11:38) y se encuentra en otra lista de los valientes de David. **4.** Los dos Natán que se mencionan como padres de Azarías y Zabud quizá sean la misma persona y correspondan al profeta del mismo nombre (1 Rey. 4:5) que ofició durante el reinado de Salomón. Si Zabad (1 Crón. 2:36) es Zabud, es probable que su padre Natán haya sido el profeta; por lo tanto, el padre del profeta fue Ahías, uno de los descendientes de Jerameel (1 Crón. 2:25). **5.** Exiliado que regresó con Esdras y fue enviado a buscar ministros para la casa de Dios (Esd. 8:15-17). Quizá sea el mismo que se casó con una extranjera y la dejó (Esd. 10:39).

Omer J. Hancock (h)

NATANAEL Nombre de persona que significa "dado por Dios". **1.** Líder de la tribu de Isacar e hijo de Zuar (Núm. 1:8). Comandaba un ejército de 54.400 hombres (2:5,6). **2.** Cuarto hijo de Isaí y hermano del rey David (1 Crón. 2:14). **3.** Uno de los sacerdotes que tocaba la trompeta delante del arca de Dios (1 Crón. 15:24). **4.** Príncipe de Judá a quien el rey Josafat envió junto con otros para que enseñara la ley de Dios en las ciudades de esa región (2 Crón. 17:7,9). **5.** Levita y padre de Semaías que registró los nombres de las personas que iban a servir en el templo y el orden en que lo harían (1 Crón. 24:6). **6.** Quinto hijo de Obed-edom que fue portero del templo (1 Crón. 26:4). **7.** Levita que contribuyó con la ofrenda pascual cuando Josías era rey (2 Crón. 35:9). **8.** Sacerdote e hijo de Pasur que se había casado con una mujer extranjera durante el exilio en Babilonia (Esd. 10:22). Tal vez haya participado en la dedicación del muro de Jerusalén (Neh. 12:36). **9.** Jefe de la familia sacerdotal de Jedaías cuando Joiacim era sumo sacerdote (Neh. 12:21). **10.** Uno de los sacerdotes colaboradores de Asaf que tocó la trompeta en la dedicación del muro de Jerusalén tras su reconstrucción (Neh. 12:36). Algunos lo identifican con *8.* **11.** Israelita al que Jesús elogió por su pureza (Juan 1:47) y quien, a su vez, confesó que Jesús era Hijo de Dios y Rey de Israel (v.49). Era originario de Caná de Galilea (Juan 21:2) y aparentemente se convirtió en uno de los integrantes del círculo íntimo de discípulos de Jesús. Aunque Mateo, Marcos y Lucas no mencionan su nombre, las dos referencias de Juan señalan su devoción a Cristo. Algunos lo identifican con Bartolomé. Felipe le anunció a Natanael que Jesús era el Mesías prometido (Juan 1:45). Fue en esa ocasión que Natanael expresó la infame declaración "¿De Nazaret puede salir algo de bueno?" (v.46). Ver *Discípulo.*

NATÁN-MELEC Nombre de persona que significa "el rey ha dado" o, tal vez, "Melec [el dios Moloc] ha dado". Natán-melec se desempeñó como oficial del rey Josías (2 Rey. 23:11). Ver *Eunuco.*

NATURAL Conforme a la naturaleza. **1.** La expresión "uso natural" (Rom. 1:26,27) se refiere a las relaciones heterosexuales; de ahí, "relaciones naturales" (NVI). **2.** El afecto natural se refiere específicamente al cariño entre los miembros de una familia. Los que carecen de afecto natural (*astorgoi*) no aman a sus familiares o, por lo general, son inhumanos y antisociables (Rom. 1:31; 2 Tim. 3:3). **3.** Las ramas naturales se refieren a las originarias en oposición a las injertadas (Rom. 11:21,24). **4.** El hombre natural (1 Cor. 2:14) no está dispuesto a recibir dones del Espíritu de Dios ni a discernir los temas espirituales (comp. 2:15). Este contraste entre el espiritual y el natural también se declara en Sant. 3:15 y Jud. 19 (NVI). **5.** El rostro natural (Sant. 1:23) corresponde literalmente a la cara con que se nace. Ver el rostro natural se refiere a verse como uno es realmente.

NAVAJAS Instrumentos cortantes afilados utilizados en el proceso de quitar el vello facial. Las costumbres de la antigüedad variaban mucho al respecto. La evidencia provista por inscripciones y pinturas disponibles muestra que cada nación

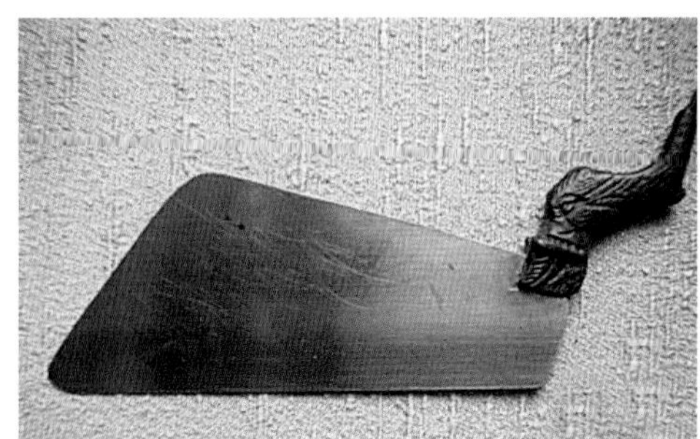

Una antigua navaja de afeitar con mango de pierna de cabra.

tenía sus propias costumbres. Los egipcios eran conocidos por el exigente cuidado del aseo personal. Tenían la costumbre de afeitarse tanto la cabeza como la barba, excepto en tiempos de luto. Las pinturas y las estatuas de faraones los muestran con barba, que ahora se sabe eran falsas.

La costumbre de afeitarse el pelo de la barba y de la cabeza era menos frecuente entre los hebreos. Entre ellos, al igual que en el caso de la mayoría de los asiáticos occidentales, incluso los asirios, la barba se consideraba un adorno y motivo de orgullo; no se la afeitaban sino que la recortaban (2 Sam. 19:24; Ezeq. 44:20). La barba se consideraba distintivo de la dignidad de la hombría. Las personas se afeitaban con un instrumento cortante afilado (hecho de diversos materiales, generalmente pedernal, obsidiana o hierro; Isa. 7:20; Ezeq. 5:1), pero sólo en circunstancias extraordinarias. La navaja podía ser un simple cuchillo, probablemente alargado y con punta redondeada, o un instrumento elaborado y a veces decorado. Afeitarse era señal de luto (Job 1:20; Jer. 7:29), de sometimiento a un superior (Núm. 8:7; Gén. 41:14), y un tratamiento para los leprosos (Lev. 14:9). *Jimmy Albright*

NAVIDAD La Navidad es la celebración de origen más reciente entre las fiestas cristianas importantes. El nombre no comenzó a utilizarse hasta la Edad Media. Los cristianos de los primeros siglos tenían más tendencia a conmemorar el día de la muerte de una persona que a celebrar su nacimiento. En los comienzos mismos de la historia de la iglesia, existía una conmemoración anual de la muerte de Cristo y también se honraba a muchos de los primeros mártires en el día de su muerte. Antes del siglo IV, las iglesias del Oriente (o sea, Egipto, Asia Menor y Antioquía) celebraban la Epifanía, la manifestación de Dios al mundo, en la que conmemoraban el bautismo de Cristo, su nacimiento y la visita de los magos.

En la primera parte del siglo IV, los cristianos de Roma comenzaron a celebrar el nacimiento de Cristo. La práctica se diseminó de manera amplia y rápida, de modo que para fines de ese siglo la nueva fiesta se celebraba en la mayor parte del mundo cristiano. En el siglo IV, la controversia en cuanto a la naturaleza de Cristo, si Él era verdaderamente Dios o un ser creado, condujo a aplicar un creciente énfasis en la doctrina de la encarnación, la afirmación de que "el Verbo se hizo carne" (Juan 1:14). Es probable que la urgencia para proclamar la encarnación haya sido un factor importante en la amplitud de la celebración de la Navidad.

No quedan evidencias en cuanto a la fecha exacta del nacimiento de Cristo. Se escogió el 25 de diciembre tanto por razones prácticas como teológicas. A lo largo del Imperio Romano se celebraban muchas festividades en conjunción con el solsticio del invierno boreal. En Roma, la Fiesta del Sol Invicto celebraba el comienzo del regreso del sol. Cuando el cristianismo se convirtió en la religión del imperio, la iglesia tuvo que optar entre suprimir las festividades o transformarlas. El solsticio de invierno pareció ser un momento apropiado para celebrar el nacimiento de Cristo. Por lo tanto, la fiesta del sol se convirtió en una fiesta del Hijo, la Luz del mundo. Ver *Año eclesiástico.* *Fred A. Grissom*

NAZAREO Miembro de una clase de individuos especialmente consagrados a Dios. El término hebreo significa consagración, devoción y separación. Existían dos formas de nazareato. Una se basaba en un voto realizado por el individuo durante un determinado período de tiempo; la otra consistía en una consagración de por vida luego de que uno de los padres tuviera revelación sobre el nacimiento inminente de un hijo.

Las señales externas del nazareato, como el cabello largo, la abstinencia de vino y otros productos con contenido alcohólico y el evitar tener contacto con los muertos, son demostraciones de consagración a Dios. Violar alguna de estas características daba como resultado contaminación y necesidad de ser purificado a fin de poder cumplir el voto. Números 6:1-21 reglamentaba la práctica y enumeraba el fenómeno junto a las leyes relacionadas con el culto. Los vv.1-8 muestran cómo se iniciaba el período de nazareato. En caso de contaminación se ofrecía un método de purificación (vv.9-12). Se ponía fin a ese estado (vv.13-21) al quemar el cabello cortado y ofrecer diversas ofrendas. Existen paralelos entre el nazareato y la pureza del sumo sacerdote para el culto.

El nazareato vitalicio en la tradición bíblica incluyó a Sansón (Jue. 13), Samuel (1 Sam. 1) y Juan el Bautista (Luc. 1:15-17). En el NT, Pablo efectuó el voto del nazareato durante un período de tiempo específico (Hech. 18:18; 21:22-26). Amós 2:12 exhibe un interés ético en proteger la condición del nazareato. Ver *Abstinencia.*

NAZARET, NAZARENO Nombre geográfico que significa "rama". Nazaret no gozaba de una posición destacada hasta que se la relacionó con Jesús. No aparece en el AT. Cuando al Señor se lo conoció como "Jesús de Nazaret" (Mat. 26:71; Luc. 18:37; 24:19; Juan 1:45; Hech. 2:22; 3:6; 10:38), ese pueblo quedó grabado en la memoria de los cristianos. Nazaret estaba situada en la Baja Galilea aprox. a mitad de camino entre el Mar de Galilea y el Mediterráneo. Yacía en los montes al norte de la Llanura de Esdraelón. Dichos montes conformaban una cuenca natural de tres lados pero abierta hacia el sur. La ciudad se situaba en las colinas de esa cuenca mirando

Iglesia (católica) de la Anunciación, construida sobre cuevas donde, según la tradición, vivieron María y José.

Panorama de la moderna Nazaret, desde el suroeste.

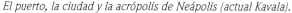

N

hacia el este y el sudeste. Caná se encontraba aprox. 8 km (5 millas) al noreste. Un camino romano que salía de Capernaum hacia el oeste, en dirección a la costa, pasaba cerca de Nazaret.

En la época de Jesús era una aldea pequeña que constaba tan sólo de un manantial para suplir de agua a los habitantes. Este manantial se conoce en la actualidad como "pozo de María". La ciudad moderna cuenta con aprox. 20.000 habitantes que en su mayoría son musulmanes y cristianos. El ángel se dirigió a Nazaret para anunciarles a María y José el nacimiento de Jesús (Luc. 1:26-28). Luego de que Jesús naciera en Belén y del viaje a Egipto, María y José regresaron con el niño a Nazaret (Mat. 2:19-23) donde este creció hasta llegar a ser adulto (Luc. 2:39,40; 4:16). Por esta razón se lo llamaba nazareno (Mat. 2:23), lo que aparentemente constituía un juego de palabras midráshico relacionado con el término *netser*, que en Isa. 11:1 significa "raíz".

Nazaret no tenía buena reputación, tal como lo refleja la pregunta que hizo Natanael aun cuando él mismo era galileo (Juan 1:46). La iglesia primitiva también fue objeto de burla y desdén porque se la consideraba secta de los nazarenos (Hech. 24:5). Dicha falta de respeto probablemente se debía al dialecto burdo, a la falta de cultura y, posiblemente, en gran medida a la irreligiosidad y bajeza moral. La propia gente del pueblo natal de Jesús lo rechazó al comienzo de su ministerio cuando lo echaron de la sinagoga de Nazaret (Luc. 4:16-30; Mat. 13:54-58; Mar. 6:1-6). Ver *Galilea*. *Jerry W. Batson*

NEA Nombre geográfico que significa "asentamiento". Ciudad fronteriza del territorio asignado a la tribu de Zabulón (Jos. 19:13). El sitio quizá corresponda a la actual Nimrin al oeste de Kurn Hattin.

NEÁPOLIS Nombre que significa "ciudad nueva" ubicada en el puerto de Filipos (Hech. 16:11). Neápolis (la actual Kavala) está ubicada a unos 16 km (10 millas) de Filipos en la región noreste de Macedonia. La ciudad está asentada en un estrecho de tierra entre dos bahías que sirven de puerto.

NEARÍAS Nombre de persona que tal vez signifique "joven de Jah". **1.** Descendiente de David (1 Crón. 3:22,23). **2.** Comandante de las fuerzas de Ezequías que derrotó a los amalecitas (1 Crón. 4:42,43).

NEBAI Nombre de persona que significa "proyectar" o "fructífero". Uno de los testigos de la

El puerto, la ciudad y la acrópolis de Neápolis (actual Kavala).

renovación del pacto llevada a cabo por Esdras (Neh. 10:19).

NEBAIOT Nombre de persona que significa "productividad". Hijo de Ismael y antepasado de una tribu árabe del mismo nombre (Gén. 25:13; 28:9; 36:3).

NEBALAT Nombre geográfico que tal vez signifique "bendecido con vida". El nombre quizá derive de Nabu-uballit, correspondiente a un gobernador de Samaria de origen asirio. Los benjamitas repoblaron Nebalat después del exilio (Neh. 11:34). Es la actual Beit Nebala en el extremo de la Llanura de Sarón aprox. 6 km (4 millas) al este de Lod.

NEBO Nombre geográfico y de deidad que significa "altura". **1.** Dios babilónico del lenguaje, la escritura y el agua. La adoración a Nebo era común durante el período neobabilónico (612–539 a.C.). Isaías se burló de las procesiones que acarreaban al ídolo Nebo (Isa. 46:1). **2.** Ciudad moabita ubicada al sudoeste de Hesbón. Las tribus de Rubén y Gad solicitaron para sus rebaños la región que rodeaba Nebo (Núm. 32:2,3). Se mantuvo bajo dominio israelita hasta que fue recapturada por el rey Mesa aprox. en el 850 a.C. **3.** Ciudad que volvieron a habitar los exiliados que regresaron de Babilonia (Esd. 2:29). El sitio ha sido identificado con Nob. **4.** Monte ubicado a unos 19 km (12 millas) al este de la desembocadura del Río Jordán desde donde Moisés contempló la tierra prometida (Deut. 32:49). Se eleva más de 1200 m (4000 pies) por encima del Mar Muerto y proporciona una vista excelente hacia el sudoeste, el oeste y bien al norte hasta el Monte Hermón. Israel conquistó la región lindera al Monte Nebo a medida que marchaban hacia Canaán. Acampaban en la región del Monte Nebo al frente de Jericó cuando se produjo el incidente de Balaam (Núm. 22–24). Durante el período de los jueces le pertenecía a Eglón de Moab. David reconquistó la región (2 Sam. 8:2) y continuó perteneciéndole a Israel hasta que Mesa se rebeló y asumió el control aprox. en el 850 a.C.

NECAO Segundo faraón (609–594 a.C.) de la dinastía XXVI de Egipto cuyas fuerzas militares asesinaron a Josías durante una batalla (2 Rey. 23:29-35; 2 Crón. 35:20-24) y nombraron a Joacim como rey de Judá en su reemplazo (2 Rey. 23:34,35). Dicha dinastía fue establecida con el patrocinio de los asirios. Necao comenzó a reinar tres años después de la caída de Nínive, capital

El Valle del Jordán desde la cima del Monte Nebo, mirando hacia Jericó.

de Asiria. El vacío de poder que se produjo como resultado incentivó al ambicioso Necao a tomar Gaza como base (Jer. 47:1) para realizar una campaña a fin de subyugar a Siria y proporcionar ayuda al remanente asirio en su lucha contra el creciente dominio de Babilonia. Josías se encontró con Necao en una batalla mientras este último iba a Carquemis. Nabucodonosor derrotó allí a Necao en el 605 a.C. (Jer. 46:2). Nabucodonosor posteriormente extendería su dominio hasta el Nilo (2 Rey. 24:7). Ver *Asiria; Egipto; Josías.*

NECODA Nombre de persona que significa "moteado". **1.** Familia de sirvientes del templo que regresó a Jerusalén después del exilio (Esd. 2:48; Neh. 7:50). **2.** Familia que regresó del exilio pero no pudo comprobar su ascendencia israelita (Neh. 7:62).

NEDABÍAS Nombre de persona que significa "Jah es generoso". Hijo de Jeconías, el exiliado rey de Judá (1 Crón. 3:18).

NEFEG Nombre de persona que significa "jactancioso". **1.** Levita (Ex. 6:21). **2.** Hijo de David que nació en Jerusalén (2 Sam. 5:15; 1 Crón. 3:7; 14:6).

NEFILIM Transliteración de una palabra hebrea que designa a una clase de seres mencionados en Gén. 6:4 y Núm. 13:33 (LBLA nota al margen). Algunos intérpretes creen que el término se relaciona con *nafal*, que significa "caer". En Gén. 6:4, el término se refiere a "héroes de la antigüedad" (LBLA), de modo que algunos suponen que estos son seres que cayeron del cielo y se casaron con las hijas de los hombres. No obstante, el texto no lo declara de manera explícita. A lo sumo dice que los nefilim estaban en la tierra cuando los hijos de Dios se casaron con las hijas de los hombres. Cuando los doce espías fueron enviados a Canaán, vieron gigantes a los que denominaron nefilim, junto a los cuales parecían pequeños como "langostas". No se ha intentado relacionar a estas personas con los nefilim de Gén. 6. Ver *Gigantes; Hijos de Dios; Refaítas.*

NEFISESIM Ver *Nefusim.*

NEFTALÍ Nombre de persona que significa "luchador". Sexto hijo de Jacob y segundo de su concubina Bilha (Gén. 30:6-8). Cuando Jacob bendijo a Neftalí, lo comparó con una cierva suelta (49:21), lo que probablemente haya sido referencia a su energía desenfrenada. La tribu que lleva su nombre habitaba en un territorio al norte del Mar de Galilea que se extendía a lo largo de la ribera noroeste del Jordán más allá del Lago Huleh (Jos. 19:32-39).

En su cántico, Débora alaba a Neftalí por haberse arriesgado para bien de Israel (Jue. 5:18). La tribu se unió a Aser y Manasés para echar a los madianitas de la tierra (7:23). Durante el reinado de Salomón, el territorio fue designado como un distrito económico aparte (1 Rey. 4:7,15). De allí provino Hiram, jefe de los trabajadores del bronce del rey (7:13,14). Los sirios invadieron Neftalí durante el reinado de Baasa y le produjeron grandes pérdidas (15:20). El territorio finalmente sucumbió en el 734 a.C. a manos de Tiglat-pileser III (2 Rey. 15:29). Ver *Tribus de Israel.*

NEFTOA Nombre que significa "apertura" y sólo se encuentra en la frase "las aguas de Neftoa". Punto limítrofe entre Judá y Benjamín (Jos. 15:9; 18:15). El sitio se identificó antiguamente con Atan, al sur de Belén. La identificación más frecuente en la actualidad es con Lifta, aprox. 5 km (3 millas) al noroeste de Jerusalén.

NEFUSIM Familia de sirvientes del templo que regresó del exilio (Esd. 2:50); probablemente sea la denominada Nefisesim en Neh. 7:52.

NEGAR Rechazar o apartarse de alguien o disputar que una afirmación (Mar. 14:70) o acontecimiento (Hech. 4:16) sean verdaderos. El AT habla de apartarse de Dios (Jos. 24:27; Prov. 30:9). La negación de Pedro (Mat. 26:34,69-75; Mar. 14:30,66-72; Luc. 22:34,56-62) se debe entender en este sentido ya que Pedro negó a Jesús tres veces al declarar que no era parte de Su grupo. El temor a la muerte o a la persecución conduce a algunos a la negación, esto es, a separarse de Jesús (Mat. 10:33; Mar. 8:38; Luc. 12:9; 2 Tim. 2:12), lo cual resulta en que Jesús se separe de ellos en el juicio. Es posible que 2 Ped. 2:1 y Jud. 4 también se deban entender en este sentido. El negarse a uno mismo es un caso especial en el que una persona se aparta de su interés personal para servir a una causa más elevada. Aquí la idea de la negación se presenta paralelamente con tomar la cruz de Jesús y seguirlo (Mat. 16:24; Mar. 8:34; Luc. 9:23).

Juan el Bautista negó o refutó la afirmación de que él era el Cristo (Juan 1:19,20). Los "anticristos" de 1 Juan 2:22 negaban la enseñanza de que Jesús era el Cristo. Posiblemente 2 Ped. 2:1 y Jud. 4 se deban entender en este sentido.

NEGINOT Forma plural de *neginah* que se emplea como término técnico en los títulos de varios salmos (Sal. 4; 6; 54–55; 61; 67; 76) y al final de Hab. 3:19. Por lo general se cree que el término especifica los instrumentos necesarios para la ejecución "con instrumentos de cuerdas" (comp. Isa. 38:20; Lam. 5:14). Otras referencias sugieren que designa un cántico de ridiculización (Job 30:9; Sal. 69:12; Lam. 3:14).

NEGUEV Nombre geográfico que significa "seco" y que alude a una región árida del sur de Palestina; por esta razón adquirió el significado "sur". Durante la época bíblica se hallaba más habitada que en la actualidad, lo cual podría indicar que en aquel entonces se producían más precipitaciones o que los recursos naturales estaban mejor conservados. En la época de Abraham constituía la tierra de los amalecitas (Gén. 14:7). Ese fue el lugar donde envió a Agar (21:14). Los israelitas vagaron por el Neguev después de un intento fallido de entrar a Canaán (Núm. 14:44, 45). David lo incorporó a su reino y Salomón estableció fortalezas en esa zona. Daniel utilizó el término, traducido "sur", para referirse a Egipto (Dan. 11:15,29). Después de la caída de Judá en el 586 a.C., Edom incorporó la región a su dominio. En los tiempos del NT se la conocía como Nabatea. Ver *Direcciones (geográficas); Nabateos; Palestina.*

NEHELAM Nombre de una familia o referencia al hogar del falso profeta Semaías (Jer. 29:24,31, 32). Quizá este nombre sea un juego de palabras en relación con el término hebreo correspondiente a soñador (comp. Jer. 23:25,32).

NEHEMÍAS Nombre de persona que significa "Yahvéh consuela o alienta", y nombre del libro del Antiguo Testamento que relata la labor de Nehemías. **1.** Líder que formó parte del primer grupo que retornó del exilio con Zorobabel a Judá aprox. en el 538 a.C. (Esd. 2:2; Neh. 7:7). **2.** Hijo de Azbuc, "gobernador de la mitad de la región de Bet-sur" (Neh. 3:16), que ayudó a Nehemías, hijo de Hacalías, a reconstruir los muros de Jerusalén. **3.** Nehemías, hijo de Hacalías, es el personaje principal del libro que lleva su nombre. Fue contemporáneo de Esdras y Malaquías, de Sócrates en Grecia (470–399 a.C.), y sólo unas pocas décadas posteriores a Gautama Budda en la India (560–480 a.C.) y a Confucio en la China (551–479 a.C.).

Nehemías ocupaba el destacado cargo de copero del rey (1:11). Esta era una posición de confianza; al probar el vino y la comida del rey, el copero estaba ubicado entre el rey y la muerte. Eran una atribución y un honor inusuales que este hombre de carácter fuerte llamado Nehemías, en su condición de judío y cautivo, sirviera al rey en un cargo tan estratégico.

Las memorias de Nehemías incluyen relatos en primera persona (1:1–7:5; 12:27-47; 13:4-31) junto a otras porciones donde emplea el pronombre en tercera persona (caps. 8–10). Por lo tanto, su historia es tanto autobiográfica como biográfica. Personas que visitaron Susa le informaron sobre el deterioro de los muros de Jerusalén. Se sintió tan decepcionado que lloró e hizo duelo "por algunos días" (1:4) y elevó una oración de confesión (1:5-11). Artajerjes se dio cuenta de la tristeza que tenía y le permitió regresar a Jerusalén.

Lo primero que hizo Nehemías al llegar fue inspeccionar los muros durante la noche (2:15). Luego convocó a una asamblea y convenció al pueblo de la necesidad de un programa edilicio. Era un líder excelente que demostró conocimientos de ingeniería y brillante capacidad organizativa (cap. 3) como para comenzar la obra.

Surgieron problemas internos y externos. Sanbalat y sus amigos intentaron detener la tarea pero no tuvieron éxito (cap. 4). El problema interno era económico. La edificación de los muros produjo un recorte laboral; se hipotecaban las granjas y se aplicaban intereses elevados. Nehemías dijo: "No es bueno lo que hacéis" (5:9). Solucionó el problema e incluso otorgó ayuda financiera a los que la necesitaban (cap. 5). Sanbalat y otras personas no judías volvieron a realizar varios intentos para que Nehemías abandonara la tarea pero fracasaron. Nehemías demostró una voluntad sumamente poderosa y una audacia poco común. "Fue terminado, pues, el muro... en cincuenta y dos días" (6:15). La dedicación del muro se describe posteriormente en 12:27-43.

El clímax teológico del libro de Nehemías y de la vida de Esdras es el gran avivamiento (Neh. 8–10). Fue una experiencia grandiosa. Merece un estudio detallado a fin de aplicar estos principios cuando se intente obtener un avivamiento en el presente. El pueblo se reunía y le requería a Esdras que leyera del libro de la ley de Moisés (8:1). Es probable que este libro haya sido el Pentateuco (Torá) o alguna de sus partes. Esdras leía y otros que lo ayudaban "ponían el sentido, de modo que entendiesen la lectura" (8:8). Posiblemente esto haya incluido la traducción de la Escritura hebrea al arameo, el idioma que se hablaba comúnmente.

Se llevó a cabo un gran festejo y celebraron la fiesta de los tabernáculos. Los resultados fueron impresionantes: "confesaron sus pecados y adoraron a Jehová su Dios" (9:3) y se apartaron de todos los extranjeros (9:2); es decir, se divorciaron de sus esposas extranjeras. Realizaron una extensa oración de confesión (9:6-37). El pueblo respondió: "A causa, pues, de todo esto, nosotros hacemos fiel promesa, y la escribimos" (9:38). Luego se registró quiénes firmaron y cuáles eran las condiciones del pacto (cap.10).

Nehemías no estaba satisfecho con la cantidad de población en Jerusalén porque era reducida. Efectuó una propuesta ingeniosa: "echó suertes para traer uno de cada diez para que morase en Jerusalén, ciudad santa, y las otras nueve partes en las otras ciudades" (11:1). El último capítulo cita las reformas que realizó durante su segunda visita a Jerusalén en el 432 a.C. Expulsó a un gentil a quien se le había permitido vivir en el templo; restauró la práctica del diezmo para sustento de los levitas; corrigió errores relacionados con el día de reposo que llevaban a cabo los que compraban y vendían durante esa jornada; y se ocupó directamente de aquellos que se habían casado con extranjeros los cuales no formaban parte del pacto realizado con Dios.

Jerusalén en el tiempo de Nehemías.

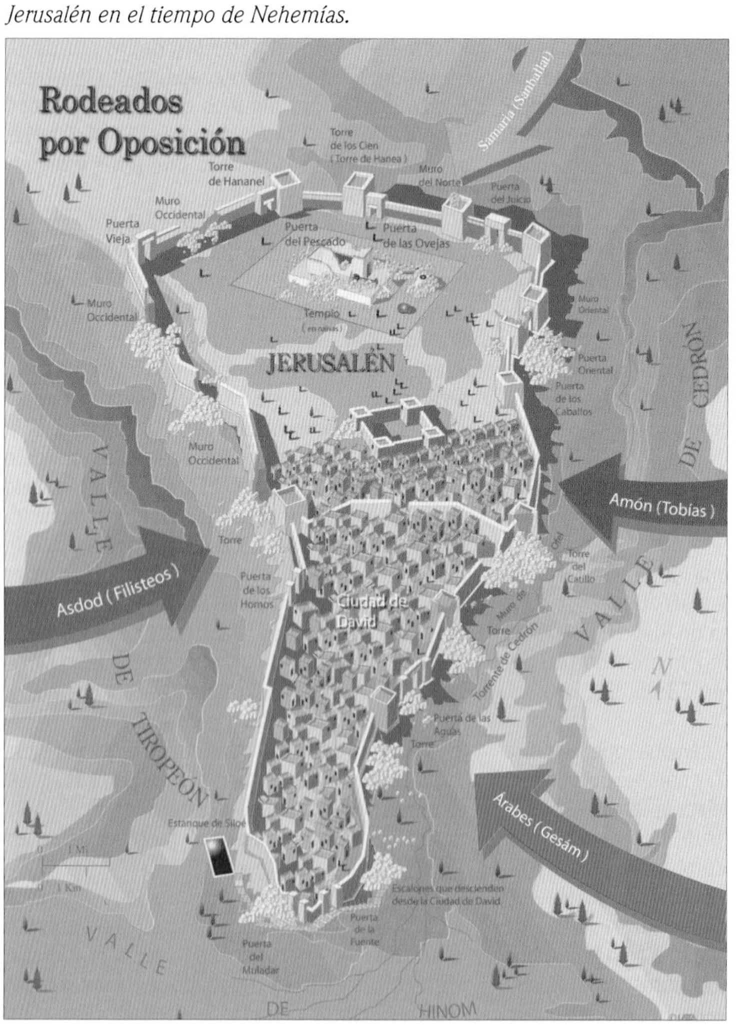

Nehemías fue, sin lugar a dudas, una persona sobresaliente. Su teología era sumamente práctica; abarcaba todas las áreas de la vida. En su libro, se pueden advertir sus oraciones y cuán prácticas eran (1:4-11; 2:4; 4:4,5,9; 5:19; 6:9,14; 13:14,22, 29,31). Pidió denodadamente: "Acuérdate de mí para bien, Dios mío, y de todo lo que hice por este pueblo" (5:19; comp. 13:14,31). Su fe era práctica: "Y me lo concedió el rey, según la benéfica mano de Jehová sobre mí" (2:8; comp. 2:18 para una aplicación práctica de este concepto). Él creyó que "el Dios de los cielos, él nos prosperará" (2:20) y que "nuestro Dios peleará por nosotros" (4:20). Respetó el día de reposo, el templo y sus instituciones, el diezmo y los levitas.

Nehemías fue un hombre de acción; hacía que las cosas se concretaran. Sabía cómo emplear la persuasión pero también la fuerza. Bien se lo puede catalogar como el padre del judaísmo. Nehemías fue la causa de que el judaísmo tuviese una ciudad fortificada, un pueblo purificado, una nación consagrada y unida, una estabilidad económica renovada y una nueva dedicación a la ley de Dios. *D. C. Martin*

NEHEMÍAS, LIBRO DE En el AT hebreo y griego originales, Nehemías y Esdras conformaban un solo libro y es probable que no hayan sido divididos hasta después del período intertestamentario. La tradición judía declara que el autor fue Esdras o Nehemías. Debido a la íntima vinculación entre las Crónicas y Esdras-Nehemías, tal vez una misma persona haya escrito o recopilado los tres libros. Los que defienden esta perspectiva se refieren al autor como el cronista.

El estilo literario de Nehemías es similar al de Esdras. Hay muchas listas (caps. 3; 10:1-27; 11; 12:1-26). El autor/recopilador entrelazó las historias de Esdras y Nehemías, de manera que el relato sobre Esdras aparece en Neh. 8.

El libro posee cuatro secciones importantes: la reconstrucción de los muros de Jerusalén (caps. 1–7), el gran avivamiento (caps. 8–10), la información sobre la población y el censo (caps. 11–12) y las reformas de Nehemías (cap.13). Nehemías realizó dos visitas a Jerusalén durante el reinado de Artajerjes (2:1-6; 13:6,7). La primera, en el 445 a.C., fue para reparar los muros; se hallaban en mal estado después de haber pasado casi un siglo desde el primer regreso del exilio en el 538 a.C. La segunda se produjo durante el 32° año del reinado de Artajerjes (13:6), en el 432 a.C., y consistió en un viaje con el propósito de resolver un conflicto. Ver *Esdras, Libro de; Nehemías 3.*

Bosquejo

I. La obra de Dios debe ser realizada (1:1–7:33)
   A. Los líderes de Dios deben ser informados de las necesidades en la obra de Dios (1:1-3)
   B. Los líderes de Dios deben responder espiritualmente ante las necesidades en la obra de Dios y deben orar (1:4-11)
   C. Los líderes de Dios deben conseguir ayuda de otros; en ocasiones fuera de la familia de Dios (2:1-9)
   D. Los líderes de Dios probablemente enfrenten oposición (2:10)
   E. Los líderes de Dios deben ser precavidos y discretos en la ejecución de una planificación detallada (2:11-16)
   F. Los líderes de Dios deben informar y desafiar al pueblo de Dios en relación a la obra (2:17-20)
   G. La obra de Dios requiere trabajo arduo, buena organización, gran cooperación y buenos registros que le atribuyan reconocimiento a quien lo merece (3:1-32)
   H. Los líderes de Dios oran ante la ridiculización y los insultos (4:1-9)
   I. Los líderes de Dios deben esperar oposición tanto interna como externa (4:10-12)
   J. Los líderes de Dios deben alentar a los obreros desanimados mediante la fe práctica y el respaldo en oración (4:13-15)
   K. La obra de Dios se lleva a cabo con trabajo arduo y obreros consagrados (4:16-23)
   L. La obra de Dios se frena con problemas internos de injusticia (5:1-5)
   M. Los líderes de Dios deben enfrentar a los especuladores que causan problemas (5:6-13)
   N. Los líderes de Dios pueden en ocasiones sacrificarse generosamente para suplir una necesidad apremiante (5:14-19)
   O. Los líderes de Dios saben que la oposición puede ser sumamente personal y deben encararla frontalmente (6:1-14)
   P. La ayuda de Dios y la cooperación de muchos obreros determina el éxito (6:15,16)
   Q. La obra de Dios puede tener traidores internos (6:17-19)
   R. Los líderes de Dios reclutan a otros y les dan instrucciones precisas (7:1-5)
   S. Los líderes de Dios deben tener y utilizar buenos registros (7:6-73)

II. El método de Dios debe incluir avivamiento y transformación (8:1–13:31)
   A. El pueblo de Dios desea oír la Palabra de Dios (8:1-3)
   B. La Palabra de Dios debe ser leída y luego interpretada (8:4-8)
   C. El método de Dios invita a celebrar con gozo (8:9-12)

D. El método de Dios prescribe expresiones formales de adoración gozosa (8:13-18)
E. El método de Dios provoca confesión (9:1-5)
F. El pueblo de Dios expresa en forma práctica el arrepentimiento mediante la oración (9:6-37)
G. El pueblo de Dios está dispuesto a consagrarse (9:38)
H. El pueblo de Dios firma compromisos de consagración (10:1-27)
I. El pueblo de Dios debe efectuar demostraciones prácticas de consagración (10:28-39)
J. El pueblo de Dios debe estar dispuesto a realizar cambios (11:1,2)
K. La obra de Dios requiere buenos registros (11:3–12:26)
L. La obra de Dios debe ser dedicada y celebrada (12:27-47)
M. El pueblo de Dios debe ser un pueblo separado (13:1-9)
N. La obra de Dios, incluso la planificación financiera, no se debe descuidar (13:10-14)
Ñ. El día del Señor se debe respetar (13:15-22)
O. El método de Dios requiere pureza en el matrimonio y en los ministros (13:23-31) *D. C. Martin*

NEHILOT Término técnico relacionado con la música que aparece en el encabezamiento del Sal. 5. Por lo general se cree que especifica el instrumento musical utilizado para ejecutar el salmo, "con flautas".

NEHUSTA Nombre de persona que significa "serpiente" o "bronce". Madre del rey Joaquín de Judá (2 Rey. 24:8). Ocupaba el cargo de reina madre cuando fue deportada junto con otras personas en el primer exilio (24:12,15).

NEHUSTÁN Nombre de una "serpiente de bronce" que destruyó el rey Ezequías como parte de un intento de transformar la vida y la adoración en Judá (2 Rey. 18:4). Se creía que el objeto lo había elaborado Moisés para detener una plaga en el campamento israelita durante el éxodo (Núm. 21:8,9). Es probable que el término "Nehustán" sea un juego de palabras en hebreo, donde el término referente a bronce es sumamente similar. Nehustán tal vez haya sido un dios de la naturaleza con forma de serpiente vinculado con los cultos cananeos. La madre del rey Joaquín se llamaba Nehusta (2 Rey. 24:8), posiblemente en honor a esta deidad foránea. Ver *Bronce, Serpiente de.*

NEIEL Nombre que significa "lugar de la morada de Dios". Ciudad asignada a Aser (Jos. 19:27). Probablemente el sitio corresponda a Khirbet Ya'nin en el extremo oriental de la Llanura de Aco, aprox. 29 km (18 millas) al sudeste de esa ciudad.

NEMUEL **1.** Antepasado de una familia de simeonitas, los nemuelitas (Núm. 26:12; 1 Crón. 4:24). A este Nemuel también se lo llama Jemuel (Gén. 46:10; Ex. 6:15). **2.** Rubenita (Núm. 26:9).

NER Nombre de persona que significa "luz". Padre de Abner, general de Saúl, y abuelo de este último (1 Sam. 14:51; 26:5,14; 2 Sam. 2:8; 1 Crón. 9:36).

NEREO Nombre de persona tomado de la mitología griega donde Nereo es dios del mar y padre de las nereidas (ninfas del mar). El Nereo del NT era un cristiano romano, posiblemente hijo de Filólogo y Julia (Rom. 16:15).

NERGAL Quizá forma abreviada de "Neu-ru-gal" (Señor de la gran ciudad), nombre del dios mesopotámico de los muertos cuya adoración tenía asiento en la antigua ciudad de Cuth (Cuthah, la actual Tell Ibrahim). Luego de la caída de Israel, el Reino del Norte, los asirios repoblaron Samaria con gente de la Mesopotamia que trasladó sus dioses, entre ellos Nergal (2 Rey. 17:30). El nombre también forma parte de la designación del oficial babilónico Nergal-sarezer (Jer. 39:3,13). Ver *Asiria.*

NERGAL-SAREZER Nombre de persona que significa "Nergal, protege al rey". Probablemente sea una forma alternativa del nombre "Neriglissar". Se lo menciona entre los oficiales de la corte de Nabucodonosor que ayudaron a destruir Jerusalén en el 586 a.C. (Jer. 39:3,13). Fue el yerno de Nabucodonosor que usurpó el trono babilónico después de la muerte de Evil-merodac. Es probable que Nergal-sarezer haya estado involucrado en la rebelión y la muerte del rey. Según las crónicas babilónicas se sabe que Nergal-sarezer realizó una campaña militar a través de los Montes Taurus para luchar contra los medos. Inicialmente tuvo éxito pero luego se enfrentó con una amarga derrota y una pronta muerte, tal vez en manos de aquellos que colocaron en el trono a Nabónido. Ver *Babilonia.*

NERI Nombre de persona que significa "lámpara". Antepasado de Jesús (Luc. 3:27).

NERÍAS Nombre de persona que significa "Yahvéh es luz". Padre de dos hombres que ayudaron a Jeremías: el escriba Baruc (Jer. 32:12; 36:4-19) y el camarero principal Seraías (Jer. 51:59).

NERÓN Nombre de persona que significa "valiente". Emperador romano entre el 54 y el 68 d.C. Se convirtió en emperador a los 17 años de edad. Sucedió a su padrastro Claudio, que probablemente fue asesinado por pedido de Agripina, la madre de Nerón.

Durante los primeros años de su reinado, Nerón se contentó de ser dominado por su madre y sus dos mentores, Burus y Séneca. Este último era un filósofo estoico destacado quien durante un tiempo fue capaz de calmar las tendencias más desenfrenadas de Nerón. A medida que Nerón fue creciendo se despojó de estas influencias moderadoras y asumió el control. Es probable que, a fin de eliminar toda oposición, haya participado de la muerte de su hermanastro Británico y también haya ordenado asesinar a su madre.

Nerón tenía una personalidad compleja. Podía ser extremadamente cruel, y su vida estuvo signada por libertinaje y desenfreno. No obstante, también era poeta, actor, músico y atleta. Intentó alejar a las multitudes romanas de las brutales luchas de los gladiadores para que se volcaran a apreciar los juegos olímpicos de estilo griego y otras formas de competencia cultural.

El gran incendio de Roma (64 d.C.) tuvo lugar durante su reinado. Se destruyó gran parte de la ciudad, incluso el palacio del emperador. La historia, que probablemente en parte sea cierta, relata que mientras Roma se incendiaba, Nerón ejecutaba la lira.

Aunque tomó medidas a fin de proporcionar alivio a los que habían sido afectados por el fuego, no pudo disipar el rumor de que él mismo lo había provocado. El pueblo sabía que tenía planeado construirse un palacio mucho más grande y dedujo que había empleado el fuego para despejar el terreno. Nerón sintió necesidad de desviar las sospechas, y escogió a los cristianos como chivo expiatorio. Declaró que ellos habían iniciado el incendio. Esto trajo aparejado una sistemática persecución de los creyentes en Cristo. Debido a su estilo de vida y a la persecución, muchos cristianos lo consideraron el anticristo.

Nerón descuidó el ejército, y esto desencadenó su caída. Perdió la lealtad de gran parte de las fuerzas militares. Finalmente, varios ejércitos de frontera se rebelaron. El respaldo que rodeaba a Nerón desapareció. Al darse cuenta que el final estaba cerca y era inevitable, se suicidó de una puñalada en el 68 d.C. Ver *Roma y el Imperio Romano.*

Gary Poulton

NETANÍAS Nombre de persona que significa "regalo de Yahvéh". **1.** Hijo de Asaf que ofició como miembro de una compañía de profetas que instituyó David. Entregaban su mensaje con arpas, salterios y címbalos (1 Crón. 25:1,2). **2.** Levita que fue enviado con los príncipes de Josafat para enseñar del libro de la ley de Dios en todas las ciudades de Judá (2 Crón. 17:7-9). **3.** Padre de Jehudí que los príncipes de Joacim enviaron a hablar con Baruc (Jer. 36:14). **4.** Padre de Ismael que mató a Gedalías (2 Rey. 25:23-25; Jer. 40:8,14-16; 41).

NETINEOS, SIRVIENTES DEL TEMPLO Nombre que significa "aquellos dados (a los sacerdotes y levitas)" que Esdras y Nehemías asignaron a personas de origen extranjero que realizaban tareas de servicio en el templo. Moisés les otorgó prisioneros de guerra madianitas a los sacerdotes (32 sirvientes; Núm. 31:28, 40) y a los levitas (320 sirvientes; Núm. 31:30, 47). Josué obligó a los gabaonitas a servir como leñadores y aguateros para el santuario (Jos. 9:27). Es probable que los siervos que David les dio a los levitas también hayan sido prisioneros de guerra (Esd. 8:20).

Representantes de los netineos regresaron del exilio con Zorobabel en el 538 a.C. (Esd. 2:43-54; Neh. 7:46-56). La lista de los que regresaron contiene muchos nombres extranjeros lo cual sugiere que originariamente habían sido prisioneros de guerra. A pesar del origen extranjero, pareciera que los netineos fueron aceptados como parte del pueblo de Israel. Se les prohibió casarse con miembros de los pueblos de la tierra (Neh. 10:28-30) y debieron compartir la responsabilidad de reparar los muros de la ciudad de Jerusalén (Neh. 3:26; comp. con Esd. 4:1-3). Los netineos residían en el distrito de Ofel en Jerusalén, probablemente cerca de la Puerta de las Aguas (Neh. 3:26), sitio acorde con la tarea de aguateros.

N

NETOFA Nombre que significa "gotera". Aldea y distrito circundante de los montes de Judá (2 Sam. 23:28,29; 1 Crón. 11:30; 27:13; Neh. 7:26). A menudo se asocia con Belén, lo cual sugiere que es un sitio cerca de esa ciudad. La deducción halla mayor respaldo en la inclusión de dos netofatitas dentro del círculo escogido de guerreros de David. Lo más probable es que el lugar corresponda a Khirbet Bedd Faluh, unos 5, 5 km (3,5 millas) al sudeste de Belén. El manantial cercano de Ain en-Natuf conserva el nombre.

NETOFATITA Habitantes de Netofa (1 Crón. 9:16; Neh. 12:27,28).

NEZÍA Nombre de persona que significa "fiel" o "ilustre". Jefe de una familia de sirvientes del templo (netineos) que regresó del exilio (Esd. 2:54; Neh. 7:56).

NEZIB Nombre que significa "guarnición", "ídolo", "pilar" o "sitio de detención". Aldea del distrito de la Sefela de Judá (Jos. 15:43). El lugar se identifica con Beit Nesib al este de Laquis, a unos 3,5 km (2 millas) de Khirbet Qila (Keila).

NIBHAZ Deidad adorada por los habitantes de Ava a quienes los asirios utilizaron para repoblar la región en las proximidades de Samaria después de la caída de esta ciudad en el 722 a.C. (2 Rey. 17:31). Es la única información sobre esta deidad. Quizá el nombre sea una modificación deliberada del término correspondiente a altar (*Mizbeach*), que probablemente se había convertido en objeto de adoración.

NIBSÁN Nombre que significa "profecía". Ciudad asignada a la tribu de Judá (Jos. 15:62). Su ubicación es incierta, aunque su mención en la lista sugiere un sitio a orillas del Mar Muerto.

NICANOR Nombre de persona que significa "conquistador". Uno de los siete helenistas "lleno de fe y del Espíritu Santo" que fueron escogidos para servir las mesas de las viudas de habla griega que formaban parte de la iglesia de Jerusalén (Hech. 6:5).

NICODEMO Nombre de persona que significa "inocente de sangre". Juan identifica a Nicodemo como fariseo, "un principal entre los judíos" (Juan 3:1), es decir, un miembro del Sanedrín, el concejo judío de gobernantes, y como "maestro de Israel" (Juan 3:10), es decir, una autoridad en la interpretación de las Escrituras hebreas. La visita nocturna de Nicodemo sugiere su timidez, el extenso trayecto para alejarse de la oscuridad de su propio pecado y su ignorancia en cuanto a la luz de Jesús (Juan 3:2). Nicodemo saludó a este empleando un título respetuoso, "Rabbi" (maestro), que lo reconocía como un maestro enviado por Dios cuyas señales daban testimonio de la presencia divina (Juan 3:2). Jesús respondió que Nicodemo jamás podría ver el cielo a menos que naciera "de nuevo" (v.3) o naciera "de agua y del Espíritu" (v.5). La única reacción de Nicodemo fue maravillarse ante la imposibilidad de que sucediera algo así (vv.4,9), pero el texto no indica si Jesús finalmente se lo pudo aclarar.

Haciendo honor a su nombre, Nicodemo defendió a Cristo ante sus pares (Juan 7:51), quienes no tenían conocimiento de que alguno de ellos hubiese creído en Él (v.48). La respuesta que dieron consiste en una doble reprimenda que se podría parafrasear de este modo: "¿Eres tú un campesino galileo?" y "¿No conoces las Escrituras?" (v.52).

La referencia a que Nicodemo inicialmente se acercó de noche da más importancia a la participación pública que tuvo en la sepultura de Jesús (Juan 19:39-41). Contribuyó con suficientes áloes y especias como para preparar a un rey para la sepultura, y así lo hizo. Superficialmente, la sepultura fue un sencillo acto de piedad de un fariseo (comp. Tobías 1:17). En un sentido más profundo reconocía que el sufrimiento y la muerte de Cristo daban cumplimiento a su función como Rey de los judíos.

NICOLAÍTAS Agrupación hereje de la iglesia primitiva que predicaba la inmoralidad y la idolatría. En Apoc. 2:6,15 se los condena por sus prácticas en Éfeso y Pérgamo. Tiatira aparentemente había resistido ante la profecía falsa que predicaban (Apoc. 2:20-25). Los nicolaítas habían estado vinculados con la clase de herejía que enseñó Balaam (Núm. 25:1-2; 2 Ped. 2:15), en especial con las fiestas y orgías que supuestamente se realizaban en la iglesia del primer siglo.

NICOLÁS Nombre de persona que significa "conquistador de gente". Uno de los siete helenistas "llenos de fe y del Espíritu Santo" que fueron escogidos para servir las mesas de las viudas de habla griega de la iglesia de Jerusalén (Hech. 6:5). Nicolás era prosélito, es decir, un gentil convertido al judaísmo, proveniente de Antioquía. Algunos padres de la iglesia lo vinculan con la secta herética de los nicolaítas (Apoc. 2:6,15). No obstante, el nombre es común y no hay motivo para vincularlo con una secta que actuaba activamente en Asia Menor.

NICÓPOLIS Nombre geográfico que significa "ciudad de victoria" y corresponde a muchas ciudades del mundo antiguo. El sitio más probable donde Pablo haya pasado el invierno (Tito 3:12) era Nicópolis en Epiro, al noroeste de Grecia sobre el extremo norte del Golfo de Ambracia. Octavio fundó la ciudad en el campamento desde donde organizó su exitosa batalla de Actia.

NIDO Receptáculo ahuecado elaborado por un ave para alojar los huevos y la cría. Suele emplearse como símil o metáfora de una morada humana (Núm. 24:21; Job 29:18; Hab. 2:9; Prov. 27:8). El término que se traduce "nidos" (Mat. 8:20; Luc. 9:58) da idea de una "tienda" de hojas más que un nido.

NIEVE El clima de Palestina es básicamente caluroso y sólo nieva de modo excepcional. Sin embargo, el Monte Hermón tiene nieve en su cúspide que se puede ver desde casi toda Palestina. La nieve se utiliza en la Biblia en sentido figurativo: blancura (Isa. 1:18); limpieza (Job 9:30), frescura renovadora (Prov. 25:13). Ver *Clima.*

NIGER Sobrenombre latino que significa "negro". Apodo de Simón, uno de los maestros-profetas de la iglesia primitiva de Antioquía. Durante la época helenista era habitual ver negros entre los pobladores de Egipto y el norte de África. El sobrenombre latino de Simón sugiere que provenía de una provincia romana del África, al oeste de Cirenaica. Su inclusión en Hech. 13:1 indica la composición multirracial y multinacional del liderazgo de la iglesia de Antioquía. Es probable que su interés en la obra misionera tuviera sus raíces en la diversidad étnica que la caracterizaba. Algunos han supuesto que Simón Niger es el mismo que Simón de Cirene (Mar. 15:21). No obstante, Hech. 13:1 sólo designa a Lucio como residente de esa región.

NIGROMANCIA Invocar el espíritu de los muertos para predecir o influir sobre acontecimientos futuros. Ver *Médium.*

NIMRA Nombre geográfico que significa "(agua) clara". Forma alternativa de Bet-nimra (Núm. 32:36), que se utiliza en Números 32:3.

NIMRIM Nombre geográfico que significa "leopardos" o "cuencas de agua clara". El nombre aparece en la frase "aguas de Nimrim" (Isa. 15:6; Jer. 48:34), corriente de la cual dependía la producción agrícola moabita. Esta corriente es el vado en-Numeirah que fluye al este del Mar Muerto a unos 13 km (8 millas) al norte de su extremo inferior, o el vado Nimrim que corre hacia el este para alcanzar el Jordán, 13 km (8 millas) al norte de su desembocadura.

NIMROD Nombre de persona que significa "nos rebelaremos". Hijo de Cus (Gén. 10:8-10; 1 Crón. 1:10). Cazador y constructor del reino de Babel que algunos estudiosos de la Biblia relacionaron con Tukulti-ninurta, un rey asirio (aprox. 1246–1206 a.C.). La Biblia no proporciona suficiente información como para vincularlo con ningún otro personaje histórico conocido. Otros creen que Amenofis III de Egipto (aprox. 1411–1375 a.C.) o el heroico Gilgamesh tal vez hayan sido el Nimrod de la antigüedad. No obstante, leyendas sumamente populares tanto de la tradición egipcia como asiria incluyen a Nimrod como gobernante. El profeta Miqueas denominó a Asiria la "tierra de Nimrod" (5:6). Nimrod demuestra que la cultura mesopotámica se originó a partir de la obra creadora del Dios de Israel.

NIMSI Nombre de persona que significa "comadreja". Abuelo de Jehú (2 Rey. 9:2,14). En las demás citas se dice que Jehú fue hijo de Nimsi (1 Rey. 19:16; 2 Rey. 9:20; 2 Crón. 22:7). Podría ser que "hijo" se utilice ampliamente en el sentido de descendientes, o que se halle comprendida una modificación producto de la tradición.

NINFAS Anfitrión cristiano en cuya casa había una iglesia, probablemente en Laodicea (Col. 4:15). Debido a que el nombre aparece en género neutro, es imposible determinar si es masculino o femenino. Algunas traducciones modernas se conforman a los mejores mss griegos y presentan la frase "la casa de ella" acompañada del nombre femenino Ninfas. Otras versiones se basan en otros mss que dicen "la casa de él" y, por esa razón, consideran que Ninfas es un nombre masculino, abreviatura de Ninfodoro, que significa "regalo de las ninfas".

NÍNIVE La más grandiosa de las capitales del antiguo Imperio Asirio que floreció desde aprox. el 800 hasta el 612 a.C. Estaba situada sobre la ribera izquierda del Río Tigris al noreste de la

Mesopotamia (actual Irak). Las ruinas se componen de dos montículos denominados *Quyundjiq* ("muchas ovejas") y *Nebi Yunus* ("el profeta Jonás").

Referencias bíblicas Nínive se menciona por primera vez en el AT como una de las ciudades fundadas por Nimrod (Gén. 10:9-12). Era la ciudad enemiga a donde Dios envió al renuente profeta Jonás en el siglo VIII a.C. El libro de Jonás la denomina "aquella gran ciudad" (1:2; 4:11) y "ciudad grande en extremo" (3:3). La frase adicional, "de tres días de camino" (3:3) se traduce en LBLA por: "de un recorrido de tres días". Esta frase podría ser una expresión idiomática que se refiriera al primer día para viajar hasta allí, al segundo para visitarla y al tercero para regresar desde un sitio. La frase "más de ciento veinte mil personas que no saben discernir entre su mano derecha y su mano izquierda" (4:11) a veces se consideró como una referencia a los niños. De ser así, la población ascendería a 600.000 personas. No obstante, la superficie dentro de los muros no habría albergado más de 175.000.

Las últimas referencias bíblicas aparecen en Nahum, quien profetizó la caída de la "ciudad sanguinaria" en el 612 a.C. tras el ataque de los aliados medos y caldeos. En el siglo V a.C., las palabras del profeta (Nah. 3:7), "Nínive es asolada", tuvieron eco en las expresiones del historiador griego Herodoto, quien se refirió al Tigris como "el río sobre el cual antiguamente estuvo asentada la ciudad de Nínive".

Excavaciones La aldea y el cementerio musulmán han ocupado el sitio de Nebi Yunus, lo cual impidió excavaciones en el lugar. El montículo de Quyundjiq que se eleva 27 m (90 pies) por encima de la llanura atrajo a muchos excavadores después de que C. J. Rich lo delineara por primera vez con precisión en 1820.

En 1842, Paul Emile Botta, cónsul francés en la ciudad vecina de Mosul, se convirtió en el primer excavador del Cercano Oriente cuando comenzó a cavar en Quyundjiq. En 1845, el inglés A. H. Layard excavó en el mismo lugar durante un mes. Ambos se trasladaron a otros sitios donde erróneamente consideraron que estaba ubicada Nínive. Más tarde, en 1849, Layard regresó a Quyundjiq, donde descubrió el palacio de Senaquerib.

Hormuz Rassam, nativo de Mosul, colaboró con Layard y luego trabajó en Quyundjiq entre 1852–54 y 1878–82. Descubrió el palacio y la biblioteca de Asurbanipal en 1853. George Smith, quien en 1872 había descifrado la historia babilónica del diluvio en la epopeya de Gilgamesh, fue

Puerta restaurada en el emplazamiento de la antigua ciudad de Nínive.

enviado al lugar por *The Daily Telegraph* [El Telégrafo Diario]. En 1873 halló una tablilla que contenía 17 renglones más sobre el relato del diluvio. Algunos eruditos iraquíes realizaron sondeos en Nebi Yunus en 1954 que confirmaron la suposición de Layard de que el palacio de Esarhadón se encontraba en ese lugar.

Palacios Senaquerib (704–681 a.C.) construyó el enorme palacio del sudoeste en Quyundjiq. En sus bajorrelieves se observan cautivos filisteos, tirios, arameos y de otras etnias trabajando bajo la supervisión del rey en persona. Su "palacio que no tiene igual" cubría 2 ha (5 acres) y tenía 71 habitaciones que incluían dos salas amplias de 55 m (180 pies) de largo por 12 m (40 pies) de ancho. Él se jactaba de que los materiales del palacio incluían "cedros fragantes, cipreses, puertas recubiertas de plata y cobre... ladrillo pintado... estacas de plata y cobre para los cortinados, alabastro, brecha, mármol y marfil". Las habitaciones estaban adornadas con aprox. 3012 m (9880 pies) de bajorrelieves esculpidos que describían las victorias asirias sobre las ciudades enemigas, entre las que se incluía Laquis, ciudad de Judá capturada en el 701 a.C. La ciudad de Senaquerib estaba rodeada por muros de 13 km (8 millas) de extensión, con 15 puertas. Tenía jardines y parques irrigados por un extenso acueducto de 50 km (30 millas) de largo.

Asurbanipal (669–627 a.C.), el último gran rey asirio, construyó el palacio del norte con magníficos bajorrelieves de cacerías de leones llevadas a cabo por la realeza. Reunía una biblioteca de 20.000 tablillas que contenían importantes epopeyas literarias, colecciones de magia y agüeros, archivos reales y cartas. Ver *Asiria.* *Edwin Yamauchi*

NINIVITAS Habitantes de Nínive, la capital de Asiria (Luc. 11:30,32). Sirvieron como ejemplo de gentiles que se arrepentían y eran aceptados por Dios (Jon. 3). Ver *Asiria.*

NIÑA DE LOS OJOS Expresión en español que se refiere a la pupila del ojo y, en consecuencia, a algo muy precioso. Tres palabras o frases hebreas se traducen como niña del ojo: (1) la palabra de Deuteronomio 32:10 y Proverbios 7:2 significa literalmente "hombre pequeño", y evidentemente se refiere al reflejo de una persona en el ojo de otra; (2) la palabra en Salmo 17:8 y en Lamentaciones 2:18 significa literalmente "la hija del ojo", posiblemente con el mismo significado que (1), y (3) la palabra de Zacarías 2:8 significa literalmente "puerta". Lamentaciones 2:18 alude a la pupila del ojo como fuente de lágrimas; las otras referencias son metafóricas de algo precioso.

NIPPUR Ciudad de la Mesopotamia ubicada aprox. a 80 km (50 millas) al sudeste de la antigua ciudad de Babilonia, y a unos 160 km (100 millas) al sur de la moderna Bagdad en Irak. Si bien jamás se menciona en la Biblia, su historia es importante dentro del más amplio contexto del mundo bíblico. Se cree que fue el centro de una de las primeras verdaderas civilizaciones conocida como Sumer.

La ciudad fue fundada aprox. en el 4000 a.C. por un grupo primitivo denominado "ubaidianos". Nippur fue indiscutiblemente el centro cultural y religioso durante más de 2000 años, aunque nunca se utilizó como ciudad capital de ningún reino.

Era un floreciente centro industrial y de educación para escribas. Documentos descubiertos en la región describen una variedad de emprendimientos comerciales. Algunas de las tablillas encontradas se remontan al 2500 a.C. o antes. También se hallaron registros de una época mucho más tardía. Uno de los descubrimientos más importantes de los últimos tiempos tuvo lugar en las ruinas de una casa de negocios. Los registros, conocidos como documentos de Murashu, en honor a la familia de banqueros que los elaboró, ofrecen ciertos indicios del grado de participación judía en el mundo de los negocios posterior a la época del exilio babilónico. La educación de los escribas se relacionaba con el uso de una de las formas de escritura más antigua denominada cuneiforme. Parte de la educación también ponía énfasis en las matemáticas.

No obstante, Nippur se destacaba más por su religión. Diversos dioses controlaban todos los aspectos de la vida. La deidad principal era En-lil, a veces denominado también Bel ("el señor"). Se lo consideraba dios del mundo terrenal y padre de otros dioses. La importancia que tenía hizo que su ciudad, Nippur, fuera el sitio donde la gente, desde campesinos hasta reyes, se dirigiera para presentarle ofrendas.

Según la tradición, la autoridad real descendió del cielo después del diluvio. Las diversas ciudades de la región, con excepción de Nippur, se turnaban para oficiar como asiento del gobierno y a menudo batallaban unas contra otras a fin de obtener supremacía política. No obstante, la fuente indisputable de esta supremacía se hallaba en

En-lil, la deidad principal. Su autoridad era transferida a los reyes humanos a través de la labor del sacerdocio de su templo, el *Ekur* ("casa de la montaña"), el altar central de la región.

La influencia e importancia de Nippur comenzó a declinar con el surgimiento del dominio babilónico. Para la época de Hammurabi, 1792–1750 a.C., Babilonia ya se había convertido en el centro religioso y cultural en lugar de Nippur. No obstante, ciertamente continuó siendo una ciudad influyente hasta aprox. el 250 a.C. Ver *Babilonia; Cuneiforme; Hammurabi; Mesopotamia; Sumer.* *Hugh Tobias*

NISÁN Término foráneo utilizado después del exilio para designar el primer mes del calendario hebreo (Neh. 2:1; Est. 3:7). Este mes, que cae entre marzo y abril, anteriormente se denominaba Abib. Ver *Calendario.*

NISROC Deidad que adoraba el rey asirio Senaquerib (2 Rey. 19:37; Isa. 37:38). No se conoce ningún otro dios con este nombre. Quizá el apelativo sea una modificación de Marduc, Nusku (el dios del fuego) o Asur (comp. la escritura griega antigua correspondiente a Esdrach y Asorach).

NO AMÓN Nombre antiguo de la ciudad egipcia de Tebas (la actual Lúxor). En el nombre se halla implícita su reputación. "*No*" es una palabra para la mejor ciudad, y "*Amon*" era el nombre del dios egipcio Amón-ra. Jeremías (46:25), Ezequiel (30:14-16) y Nahum (3:8) fueron conscientes de su importancia. Atacar esta ciudad capital era sinónimo de golpear el corazón y el espíritu de Egipto.

Aunque Tebas existía antes del reino medio (aprox. 2040–1750 a.C.), no se destacaba de manera particular. En el nuevo reino (aprox. 1550–1070 a.C.), se convirtió en el centro cultural y de adoración de Egipto. Los sucesivos faraones efectuaron agregados a los magníficos templos de Karnak y a su "reina", Lúxor, ubicada inmediatamente al sur. Estos dos edificios dominaban la ribera oriental del Nilo, en tanto que los templos funerarios y los valles de los reyes (Biban el-Moluk) y de las reinas ocupaban la costa occidental. Deir el-Bahri (Hatshepsut), el coloso de Memnon (Amenotep III), el Ramasseum (Ramsés II) y Medinet Habu (Ramsés III) son sólo algunos sitios que dan testimonio de las glorias pasadas de Tebas. Tal como indicó Nahum, no era invencible. En el 661 a.C., Asurbanipal (de Asiria) saqueó el lugar sagrado. Moralmente herida, la ciudad jamás se recuperó plenamente. Ver *Egipto.* *Gary C. Huckabay*

NOA Una de las cinco hijas de Zelofehad (Núm. 26:33), de la tribu de Manasés. Estas hijas recibieron herencia en la tierra en el nombre de su padre aún cuando él ya había muerto sin dejar descendencia masculina (27:1-11). Este fue un hecho poco común para la época.

NOADÍAS Nombre de persona que significa "Yahvéh ha suplido". **1.** Levita que regresó del exilio y actuó como tesorero del templo (Esd. 8:33). **2.** Profetisa que desalentó a Nehemías para que este no reconstruyera los muros de Jerusalén (Neh. 6:14).

NOB Ciudad de Benjamín probablemente ubicada entre Anatot y Jerusalén (Neh. 11:31,32; Isa. 10:32). Luego de la destrucción del santuario en Siloé aprox. en el 1000 a.C. (Jer. 7:14), el sacerdocio se reubicó en Nob. Debido a la ayuda del sacerdote Ahimelec al fugitivo David (1 Sam. 21:1-9), Saúl mató a 85 sacerdotes de Nob (1 Sam. 22:9-23). Sólo escapó Abiatar. Es probable que Nob haya estado ubicada en el Monte Scopus, aprox. a 1,5 km (1 milla) al noreste de la antigua Jerusalén; sobre la colina de Qu'meh, 1,5 km (1 milla) más al norte; o en Ras el-Mesharif, aprox. 1,5 km (1 milla) al norte de Jerusalén. Ver *Ahimelec.*

NOBA Nombre de persona que significa "ladrar" o "aullar". **1.** Líder de la tribu de Manasés que conquistó Kenat en Galaad (Núm. 32:42). **2.** Ciudad de Galaad, antiguamente denominada Kenat (Núm. 32:42). Sitio que quizá equivalga a Kanawat, unos 95 km (60 millas) al este del Mar de Galilea. **3.** Ciudad de Galaad (Jue. 8:10,11) al este de Sucot y de Penuel y al oeste del camino real ("el camino de los que habitaban en tiendas" RVR1960; "la ruta de los nómadas" NVI).

NOCHE Período de oscuridad entre el crepúsculo y el amanecer. La noche suele producirse simplemente en el aspecto temporal. Forma parte del orden que Dios estableció en cuanto al tiempo (Gén. 1:5,14; 8:22), y es con frecuencia un momento de encuentro con Dios, ya sea a través de sueños y visiones (Gén. 20:3; 31:24; 46:2; 1 Rey. 3:5; Job 33:15; Dan. 2:19; 7:2,7,13; Hech. 16:9; 18:9), apariciones (Gén.

26:24; Núm. 22:20; 1 Crón. 17:3; 2 Crón. 1:7; 7:12; Hech. 23:11; 27:23) o la palabra hablada (Jue. 6:25; 7:9; 1 Sam. 15:16). A la noche a veces se la vincula con el peligro (Sal. 91:5). La ausencia de noche en la Jerusalén celestial (Apoc. 21:25; 22:5) indica la seguridad que experimentan los creyentes y la presencia constante de Dios en ese lugar. La noche también se puede relacionar con actos de liberación de parte de Dios (Deut. 16:1; 2 Rey. 19:35; Job 34:25).

NOD Nombre geográfico que significa "errante". Después de asesinar a su hermano Abel, Caín fue condenado a ser "errante y extranjero en la tierra" (Gén. 4:12,14). Nod estaba situada lejos de la presencia del Señor y "al oriente de Edén" (Gén. 4:16 LBLA). El texto no se interesa tanto en establecer la ubicación física de Nod sino en enfatizar lo "perdido" que se hallaba Caín en su condición de fugitivo.

NODAB Nombre que significa "nobleza". Tribu conquistada por Rubén, Gad y la media tribu de Manasés (1 Crón. 5:19). El nombre lo conserva Nudebe en Haurán. La vinculación de Nodab con Jetur y Nafis sugiere que se la identifique con Cedema (Gén. 25:15; 1 Crón. 1:31).

NOÉ Nombre de persona de significado incierto; relacionado con "reposo". Hijo de Lamec, descendiente de Adán a través del linaje de Set y sobreviviente del diluvio. Fue un hombre bueno y justo, padre de Sem, Cam y Jafet, que nacieron cuando él tenía 500 años de edad. Dios le advirtió a Noé que iba a borrar a la humanidad de la faz de la tierra. Debido a que él caminaba con Dios y mantenía su rectitud en medio de la gente de su época, Dios le dio instrucciones específicas para que construyera el arca en que él y su familia sobrevivirían del diluvio que llegaría. Noé siguió las instrucciones de construcción hasta el más mínimo detalle. Posteriormente, una semana antes del diluvio (Gén. 7:4), introdujo a su familia y a todos los animales en el arca tal como Dios le había indicado. Después de siete días comenzó la lluvia y se extendió durante 40 jornadas. Cuando quiso saber si era seguro salir del arca, primero envió un cuervo y después una paloma. Cuando la paloma regresó con una hoja de olivo, Noé supo que el agua se había retirado.

Después de salir del arca, Noé edificó un altar y sacrificó animales limpios como holocausto. El Señor luego le prometió que jamás volvería a destruir las criaturas vivientes por medio de un diluvio y estableció un pacto con Noé y sus hijos cuyo sello fue un arco iris en el cielo.

La naturaleza pecaminosa se preservó en el arca. Una vez asentado en tierra seca, Noé plantó una viña, bebió del vino, se emborrachó y se desnudó dentro de su tienda. Cam les informó a Sem y a Jafet acerca de la desnudez de su padre. Estos últimos demostraron respeto hacia su padre y lo cubrieron. Como resultado, recibieron ricas bendiciones para sus descendientes. Cam, a cambio, obtuvo una maldición para su descendencia: Canaán. Noé vivió 350 años más después del diluvio y murió a los 950 años de edad.

Hebreos 11:7 atestigua de la acción de fe de Noé al construir el arca. Las referencias a Noé en 1 Ped. 3:20 y 2 Ped. 2:5 aluden a él y a los miembros de su familia que se salvaron del diluvio. Ver *Diluvio; Pacto.* *Judith Wooldridge*

NOEMÍ Nombre de persona que significa "placentera". Esposa de Elimelec y suegra de Orfa y Rut (Rut 1:2,4). Mientras habitaba en Moab, Noemí experimentó el dolor de la muerte de su esposo y dos hijos. Sus planes para que Rut y Booz se casaran tuvieron éxito y se convirtió en ascendiente de David, el rey más grandioso de Israel (Rut 4:21,22). Ver *Rut, Libro de.*

NOFA Nombre geográfico que significa "estallido". Nofa pasó del dominio moabita al amonita y luego al israelita (Núm. 21:30). Algunas versiones modifican una de las letras del texto hebreo y lo traducen "fuego expandido", interpretación que respaldan la traducción griega más antigua y el Pentateuco samaritano. Si Nofa era en verdad un lugar, quizá sea Noba (Núm. 32:42).

NOGA Nombre de persona que significa "brillantez" o "lustre". Hijo de David nacido en Jerusalén (1 Crón. 3:7; 14:6). La omisión del nombre en la lista paralela (2 Sam. 5:15) ha sugerido que este surgió como resultado de una repetición o una copia duplicada de Nefeg.

NOHA Nombre de persona que significa "tranquilo". Hijo de Benjamín (1 Crón. 8:2). El nombre no aparece en la lista paralela (Gén. 46:21).

NOMBRES Según la tradición bíblica, la tarea de darle un nombre al hijo por lo general recaía en la madre (Gén. 29:31–30:24; 1 Sam. 1:20), pero también la podía llevar a cabo el padre (Gén. 16:15; Ex. 2:22) y, en casos excepcionales, personas que no estaban emparentadas (Ex. 2:10; Rut 4:17). El último hijo de Jacob y Raquel recibió un nombre de cada uno de los padres; el que le puso Jacob modificó el que le había puesto Raquel (Gén. 35:18). El otorgamiento del nombre se le podía atribuir a Dios al originarse mediante el anuncio divino del nacimiento (Gén. 17:19; Luc. 1:13). En el AT, el nombre se colocaba próximo al momento del nacimiento, mientras que en el NT se efectuaba al octavo día, cuando se realizaba la circuncisión (Luc. 1:59; 2:21).

El concepto bíblico de los nombres tenía sus raíces en la idea del mundo antiguo de que el nombre expresaba la esencia. Saber el nombre de una persona era sinónimo de conocer completamente su carácter y naturaleza. Al revelar el carácter y el destino, el nombre de la persona podía expresar expectativas para el futuro del niño. La modificación del nombre se podía producir por iniciativa divina o humana y revelaba una transformación del carácter o del destino (Gén. 17:5, 15; 32:28; Mat. 16:17,18).

Conocer el nombre de una persona implicaba una relación entre las partes donde estaba vigente la posibilidad de hacerle bien o mal. Que Dios conociera a Moisés por su nombre dio como resultado que le fuera otorgado su pedido respecto a la presencia divina (Ex. 33:12,17). El acto de poner nombre incluía la idea de que quien lo colocaba tenía poder sobre el receptor, lo que se evidencia en Gén. 2:19,20 en la tarea de ponerles nombre a los animales o cuando Faraón cambió el nombre de José (Gén. 41:45; comp. Dan. 1:6,7; 2 Rey. 24:17).

Dentro del mundo bíblico, los nombres propios que constaban de uno o más elementos concientemente escogidos por quien lo colocaba, transmitían un significado inmediatamente comprensible. Como reflejo de las circunstancias del nacimiento, Raquel llamó Benoni, "hijo de mi tristeza", al niño que al nacer le produjo la muerte (Gén. 35:18). Jacob fue llamado "suplantador" porque tenía "trabada su mano al calcañar de Esaú" (Gén.25:26). Moisés, quien dijo "forastero soy en tierra ajena", llamó a su hijo Gersón (Ex. 2:22). Las condiciones existentes en las diversas épocas también exhibían cualidades imaginativas: Icabod, "traspasada es la gloria de Israel", surgió como resultado de que el arca del pacto cayera en manos de los filisteos (1 Sam. 4:21,22). Así sucedió también con los nombres simbólicos de los hijos de Isaías: Searjasub, "un remanente volverá" (Isa. 7:3); Mahersalal-hasbaz, "el despojo se apresura, la presa se precipita" (Isa. 8:1).

En los tiempos bíblicos se utilizaban características personales: Esaú significa "velludo"; Carea quiere decir "calvo" (Gén. 25:25; 2 Rey. 25:23). También se empleaba el nombre de animales: Débora significa "abeja"; Jonás quiere decir "paloma"; Raquel, "oveja". Con menos frecuencia aparecen nombres tomados de plantas: Tamar significa "palmera"; Susana quiere decir "lirio".

El uso de nombres simples a manera de epítetos, como en el caso de Nabal que significa "necio"; y Sara, "princesa", dio lugar a nombres compuestos de naturaleza real o imaginativa, como sucede con Matanías que quiere decir "don de Yahvéh" y Ezequiel que significa "que Dios fortalezca". Por lo general, los nombres compuestos incluían los divinos El y Jah (Elías, Ismael, Natanael). También aparecen nombres correspondientes a títulos y términos relacionados con la realeza (Abimelec, donde melec significa "rey"; Abigail, donde Ab(i) quiere decir "padre"); también nombres extranjeros: arameos, griegos y romanos (Marta, Salomé, Alejandra, Juan Marcos).

En la era cristiana ya era común la práctica del uso del patronímico donde el hijo recibía el nombre de un pariente, en especial del abuelo. También existen casos que expresan identidad geográfica (Goliat de Gat y Jesús de Nazaret). Ver *Dios, Nombres de; Familia.*

Kandy Queen-Sutherland

NORTE Ver *Direcciones (geográficas).*

NOVIA, DESPOSADA, ESPOSA Los escritos bíblicos tienen poco que decir acerca de las bodas o las novias. Ocasionalmente mencionan medios por los cuales se conseguían esposas (Gén. 24:4; 29:15-19). Ezequiel 16:8-14 describe a la novia, su vestimenta y la ceremonia de casamiento. El Cantar de los Cantares es una colección de poemas de amor en los que la esposa describe el amor hacia su esposo.

La imagen de la esposa se utiliza ampliamente en la Biblia como descripción del pueblo de Dios. En el AT, los profetas presentaban a Israel como una esposa que había cometido adulterio en varias ocasiones (Jer. 3; Ezeq. 16; Os. 3). Los profetas también proclamaron que Dios era fiel a Su esposa infiel y que la restauraría (Jer.

33:10,11; Isa. 61:10; 62:5). En el NT, la imagen de la esposa se utiliza frecuentemente en relación a la iglesia y su relación con Cristo. La esposa le pertenece a Cristo, que es el Esposo (Juan 3:29). En Apocalipsis, la iglesia, como esposa del Cordero, se ha preparado para la boda realizando acciones justas (19:7,8). En Apoc. 21, la gran boda se representa con la iglesia preparada para su esposo (21:2,9). Finalmente, la Esposa y el Espíritu hacen una invitación diciendo: "Ven" (22:17). Pablo utilizó la metáfora de la esposa para indicar sus sentimientos hacia las iglesias que había fundado. En 2 Cor. 11:2, el apóstol escribió que él había desposado con Cristo a la iglesia de Corinto. Deseaba presentarle la iglesia a Cristo como una virgen pura. Los corintios se hallaban en peligro de cometer "adulterio". Diferentes autores bíblicos utilizaron la imagen de la esposa pero aparentemente con un único propósito: indicar el gran amor de Dios hacia Su pueblo. Para estos escritores no había otra imagen que pudiera expresar este amor de mejor manera que el amor ideal entre un esposo y su esposa.

Terence B. Ellis

NUBE, COLUMNA DE Medio por el cual Dios guió a Su pueblo a través del desierto con Su presencia y que al mismo tiempo lo escondía para que no pudieran ver Su rostro. Durante el día, Israel veía una columna de nube, mientras que en la noche observaba una columna de fuego (Ex. 13:21,22). La noche víspera del éxodo, la nube le dio luz a Israel pero oscuridad a los egipcios a fin de que no se pudieran acercar (Ex. 14:19,20). Dios descendía en una nube para hablar con Israel en tiempos de crisis (Núm. 11:25; 12:5). También hablaba con Moisés cara a cara cuando llegaba al tabernáculo en una nube (Ex. 33:11; Núm. 14:14). Pablo utilizó el tema de la protección de la nube para advertirles a los creyentes que, para vivir en la presencia de Dios, se requería una vida santa (1 Cor. 10:1-14).

NUBES El AT utiliza 8 palabras hebreas diferentes en 167 pasajes para referirse a nubes de lluvia, polvo, humo, tormenta y niebla. Aparecen tanto el significado meteorológico (1 Rey. 18:44, 45) como el metafórico. El último puede ser positivo (beneficioso para la vida, Prov. 16:15; Isa. 25:5) o negativo (un obstáculo para la vida, Ecl. 12:1,2). Las nubes simbolizan fluidez y transitoriedad (Job 30:15; Isa. 44:22; Os. 6:4), extensión y altura enormes (Sal. 36:5; Ezeq. 38:9,16). Más importantes son las declaraciones en contextos que hablan de Dios.

Antiguo Testamento Las nubes demuestran el poder de Dios como Creador. Job 36–38 particularmente da testimonio de la soberanía del Creador, quien dirige y controla las nubes. Estas acompañan la revelación de Dios. Él mora en las nubes oscuras (1 Rey. 8:12; Sal. 18:11) y cuando se manifiesta desde Su esencia santa e inaccesible para juicio o salvación, de las nubes surgen lluvia, relámpagos y truenos (Jue. 5:4; Sal. 77:14-18; 97:2). Cuando Jehová aparece como guerrero, las nubes son los carros de batalla en los que se traslada (Sal. 104:3; Isa. 19:1) y desde donde arroja relámpagos como flechas (Sal. 77:17). Nubes oscuras ensombrecen el día del juicio de Jehová que anunciaron los profetas (Joel 2:2; Sof. 1:15).

Las nubes al mismo tiempo esconden y revelan los secretos de Dios. En el tabernáculo de reunión durante el período del desierto (Ex. 40:34-38), en el templo de Jerusalén (1 Rey. 8:10,11), en el Monte Sinaí (Ex. 34:5) y cuando los guiaba y protegía mediante la nube y la columna de fuego, Israel experimentó que Dios se acercaba a ellos (Ex. 33:7-11) pero que al mismo tiempo se mantenía completamente separado (Lev. 16:2,13), aun cuando vino como el Hijo del Hombre (Dan. 7:13).

Nuevo Testamento El significado estrictamente meteorológico sólo aparece en Luc. 12:54. El significado metafórico se halla en Jud. 12; 2 Ped. 2:17; Heb. 12:1 (es una palabra griega diferente). Las nubes no se utilizan en el NT para señalar el poder de Dios como Creador excepto mediante referencias indirectas (Mat. 5:45; Hech. 14:17). Todas las otras referencias en el NT están conectadas con Dios.

Las nubes acompañan la revelación de Dios en Jesucristo. Así como Dios en Sinaí fue glorificado y se escondió en las nubes, lo mismo sucedió con Jesús en el monte de la transfiguración y en Su ascensión al cielo (Mar. 9:7; Hech. 1:9). Las nubes en las que Jesús entró junto con Moisés y Elías, tal como lo hizo Moisés en una ocasión en el Monte Sinaí (Ex. 24:18), son "luz" pero, al mismo tiempo, esconden. La voz que surgió de las nubes ya no se refirió a la Torá de Moisés sino a las enseñanzas del Hijo. Ya no hace falta levantar un tabernáculo para experimentar la presencia de Dios porque las nubes han permitido que esta presencia se manifieste con libertad solamente en Jesús. Las nubes cubrieron al Cristo resucitado cuando fue exaltado para ir con el Padre.

Las nubes señalan la revelación final y concluyente del señorío de Cristo. Marcos 13:26; 14:62 y Apoc. 1:7 combinaban el tema del Hijo del Hombre en Dan. 7 con la palabra de juicio de Zac. 12:10 y se referían a ello como la *parousia* o venida de Cristo. Por lo tanto, las nubes se convirtieron sólo en señales de la revelación del señorío y la majestad del Señor; ya no escondían nada. En Apoc. 14:14-16, el Cristo que regresa está sentado en nubes "blancas" (luz, brillo, majestad). En esta pureza transparente, tanto los creyentes vivos como los muertos se unirán con su Señor (1 Tes. 4:17).

En 1 Cor. 10:1,2, las nubes y el mar del éxodo de Israel conforman un tipo del bautismo de los cristianos que los corintios habían malinterpretado. En consecuencia, vemos que la palabra "nubes" en el lenguaje de parábolas de la Biblia deja en claro el contexto espiritual.

Christian Wolf

NUBIOS Habitantes de un antiguo reino ubicado a lo largo del Río Nilo en la región meridional de Egipto y septentrional de Sudán (Dan. 11:43). El término "cusitas" designa a los habitantes de la misma región. Otras traducciones emplean "etíopes", que antiguamente señalaba a pueblos que habitaban en ese sitio. La actual Etiopía se encuentra ubicada más al sudeste. Ver *Etiopía.*

NUERA La esposa del hijo de una persona. Las nueras famosas incluyen a Sara, nuera de Taré (Gén. 11:31); Tamar, nuera de Judá (Gén. 38:11, 16, 1Crón. 2:4) y Rut, nuera de Noemí (Rut 2:20, 22; 4:15). Las nueras podían recibir tratamiento de hijas (Rut 2:2,8,22). El matrimonio las convertía en un miembro pleno de la familia. Rut era más valiosa para Noemí que siete hijos (Rut 4:15). El rompimiento de la relación entre suegras y nueras ilustraba el colapso moral de la sociedad (Miq. 7:6). En el NT, la respuesta diferente respecto al evangelio creaba la misma ruptura en las relaciones (Mat. 10:35; Luc. 12:53). La ley judía prohibía el incesto entre un hombre y su nuera (Lev. 18:15). Este delito era penado con la muerte (Lev. 20:12). En Ezeq. 22:11, dicho delito ilustra la declinación moral de la nación. Ver *Familia.*

NUEVA JERUSALÉN Ver *Escatología; Jerusalén.*

NUEVO Diferente a algo de la misma clase que existió anteriormente; renovado. Las Escrituras expresan el interés de Dios hacia las personas y la creación en general dentro de las amplias categorías de un nuevo acto y una nueva relación.

El nuevo acto de Dios Las Escrituras suelen traer a la memoria acciones del pasado como la

Sello cilíndrico de marfil con un nubio que golpea a alguien que se encuentra de rodillas.

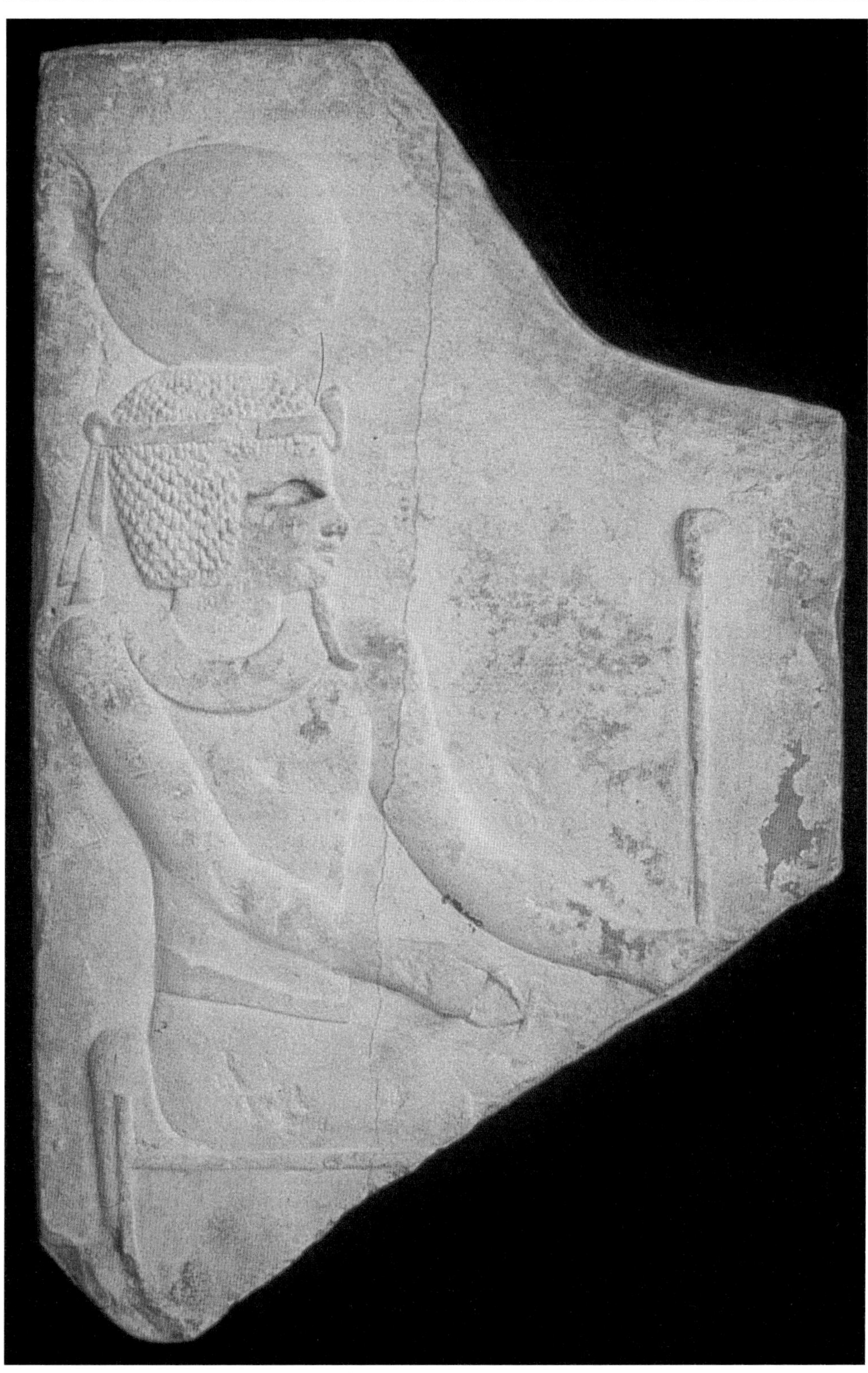

Relieve del dios nubio Mandulis.

creación y el éxodo a fin de revelar el cuidado de Dios para con el mundo y las personas. Aunque arraigada en las acciones históricas de la Deidad, la fe bíblica no relega a Dios al pasado distante. Una y otra vez los escritores de la Biblia instan al pueblo de Dios a anticipar Su nueva intervención en la vida de ellos. Isaías 43:14-21 prometía a los exiliados en Babilonia que Dios estaba haciendo una "cosa nueva" comparable a los actos que había realizado para liberar a Israel de la esclavitud en Egipto. Dios volvió a actuar de manera renovada a través de Jesucristo, quien ofrecía con autoridad una nueva enseñanza (Mar. 1:27) y cuyo ministerio se podía comparar con un vino nuevo que despertaba las antiguas expectativas de intervención divina para la salvación de los seres humanos (Mar. 2:22).

Nuevas relaciones Dios actuó en el pasado a fin de establecer relaciones, en especial con los descendientes de Abraham y el pueblo de Israel en Sinaí. Jeremías anticipó la obra de Dios para establecer un nuevo pacto con Su pueblo recurrentemente infiel, pacto en el que haría que el conocimiento de la ley fuera una cuestión del corazón (Jer. 31:31-34; Heb. 8:8-13). Lucas 22:20 indica que la muerte sacrificial de Cristo es la base para este nuevo pacto. En Cristo, el creyente experimenta novedad de vida (Rom. 6:4; 2 Cor. 5:17). Esta vida renovada se caracteriza por tener una nueva relación con Dios y los demás (Ef. 2:15,16; Col. 3:10,11). Ver *Nuevo nacimiento.*

NUEVO NACIMIENTO Término referente al otorgamiento de vida espiritual que Dios realiza en los pecadores. Es sinónimo de regeneración y tiene su origen en Juan 3:1-10. Allí Jesús le dijo a Nicodemo: "El que no naciere de nuevo, no puede ver el reino de Dios" (v.3). La idea del nuevo nacimiento tiene sus raíces en el AT; así lo manifestó Jesús cuando reprendió a Nicodemo por la decepción que este último experimentó ante esta enseñanza, y le preguntó: "¿Eres tú maestro de Israel, y no sabes esto?" (v.10; comp. Ezeq. 36:26,27). El nuevo nacimiento se produce por un acto de Dios soberano y lleno de gracia ajeno a toda cooperación humana (Juan 1:13; Ef. 2:4,5). Dios lleva a cabo el nuevo nacimiento por la predicación de Su palabra (1 Ped. 1:23; Sant. 1:18). El resultado es una vida transformada (2 Cor. 5:17) que incluye fe salvadora y arrepentimiento (Ef. 2:8; Hech. 11:18; 16:14), y obediencia a la ley de Dios (1 Jn. 3:9). Ver *Regeneración; Salvación.* *Steven B. Cowan*

NUEVO PACTO Ver *Pacto.*

NUEVO TESTAMENTO Segunda división importante de la Biblia cristiana compuesta por 27 obras distintas (denominadas "libros") atribuidas a, por lo menos, ocho escritores diferentes. La esencia la constituyen cuatro relatos de la vida de Jesús. Los primeros tres Evangelios (llamados "Sinópticos") son muy similares en contenido y orden. El cuarto Evangelio posee un enfoque completamente diferente.

Una historia de acontecimientos seleccionados de la iglesia primitiva (Hechos) es seguida por 20 cartas a iglesias e individuos y un Apocalipsis. Las cartas se ocupan fundamentalmente de la interpretación de la obra divina de salvación por medio de Jesucristo. También se incluyen cuestiones disciplinarias, comportamiento cristiano apropiado y política de la iglesia. El Apocalipsis es un mensaje codificado de esperanza para la iglesia del primer siglo que ha sido reinterpretado por cada generación sucesiva de creyentes conforme a su propia situación. *Mike Mitchell*

NUMÉRICO, SISTEMA Y SIMBOLISMO A fin de entender adecuadamente el sistema numérico del mundo bíblico, es necesario observar a los vecinos de Israel. Para el 3000 a.C., los egipcios ya utilizaban matemáticas relativamente avanzadas. La construcción de estructuras como las pirámides requería comprensión de las matemáticas complejas. El sistema egipcio era decimal. Para esa época, los sumerios ya habían desarrollado su propio sistema numérico. En realidad, los sumerios conocían dos sistemas, uno basado en el 10 (sistema decimal) y otro en función del 6 ó del 12 (comúnmente designado duodecimal). Aún hoy hacemos uso de vestigios del sistema sumerio en la división del tiempo: 12 horas para el día y 12 horas para la noche; 60 minutos y 60 segundos en relación a las horas. También dividimos un círculo en 360 grados. Originariamente, nuestro calendario se basaba en la misma división, por lo que el año tenía 12 meses de 30 días que daban un total de 360. Incluso las unidades de la docena (12), de la gruesa (144, es decir 12 docenas) y la relación de pulgadas a pies quizá hayan tenido su origen en el sistema matemático sumerio.

Los hebreos no desarrollaron símbolos para representar números hasta el período postexílico (después del 539 a.C.). En todas las inscripciones preexílicas, los números pequeños se representaban mediante marcas separadas (p. ej., //// para el cuatro). Los números grandes eran representados ya sea por medio de los símbolos egipcios o escribiendo el nombre del número ("cuatro" para el número 4). Las inscripciones de Arad por lo general empleaban símbolos egipcios para los números, marcas separadas para las unidades y números hieráticos para el 5, el 10 y números más grandes. Las óstracas de Samaria mayormente escribían el nombre del número. Las letras del alfabeto hebreo se emplearon por primera vez para representar números en las monedas acuñadas durante el período macabeo (después del 167 a.C.).

Con la llegada a Palestina de los períodos helenístico y romano aparecieron los símbolos griegos para los números y los numerales romanos. El griego empleaba letras del alfabeto para representar números, en tanto que los romanos utilizaban símbolos conocidos como I, V, L, C, M, etc.

Los pasajes bíblicos demuestran que los hebreos conocían perfectamente las cuatro operaciones matemáticas básicas correspondientes a la suma (Núm. 1:20-46), la resta (Gén. 18:28-33), la multiplicación (Núm. 7:84-86) y la división (Núm. 31:27). Los hebreos también empleaban fracciones como mitad (Gén. 24:22), tercera parte (Núm. 15:6) y cuarta parte (Ex. 29:40).

Además de ser usados para designar cantidades específicas, muchos números de la Biblia pasaron a tener un significado simbólico. Por lo tanto, 7 pasó a simbolizar plenitud o perfección. La obra de la creación hecha por Dios era tanto total como perfecta, y se completó en 7 días. Todo lo referente a la existencia humana estaba relacionado con la actividad creadora de Dios. La semana de 7 días reflejaba la primera obra creadora de Dios. El sábado (sabat) era el día de reposo que seguía a la semana de trabajo y reflejaba el reposo de Dios (Gén. 1:1–2:4). Los israelitas también tenían que acordarse de la tierra y proporcionarle reposo al dejar que permaneciera como barbecho durante el séptimo año (Lev. 25:2-7). El 7 era asimismo importante en cuestiones relacionadas con la adoración aparte del día de reposo: fiestas importantes como la Pascua y los tabernáculos duraban 7 días al igual que las fiestas de bodas (Jue. 14:12,17). En el sueño del faraón, 7 años buenos fueron sucedidos por 7 años de hambruna (Gén. 41:1-36), lo que representaba un ciclo completo de plenitud y de hambre. Jacob trabajó un ciclo completo de años para obtener a Raquel. Luego, cuando le entregaron a Lea en su lugar, trabajó otro ciclo adicional también de 7 años (Gén. 29:15-30).

La palabra hebrea *shaba*, importante para realizar un juramento o una promesa, estaba íntimamente vinculada con el término "7", *sheba*. El significado original de "hacer un juramento" tal vez haya sido "declarar 7 veces" o "comprometerse mediante 7 cosas".

En el NT se puede observar un uso similar del número 7. En función del número, las 7 iglesias (Apoc. 2–3) quizá representen a todas las iglesias. Jesús enseñó que el perdón no debe tener límites, ni siquiera hasta alcanzar un número completo o una cantidad completa de ocasiones. Tenemos que perdonar, no la mera cantidad de siete veces (en sí una cantidad ya generosa de perdones) sino 70 veces 7 (un perdón ilimitado, más allá de lo que se pueda contar) (Mat. 18:21,22).

Tal como lo demuestra el ejemplo anterior, los múltiplos de 7 solían tener significado simbólico. El año del jubileo tenía lugar luego de haberse completado ciclos de 49 años. En el año del jubileo se dejaba en libertad a todos los esclavos judíos y se le devolvía la tierra al dueño inicial de la propiedad vendida (Lev. 25:8-55) El número 70 es otro múltiplo de siete que se utilizó en la Biblia. En Éxodo se mencionan 70 ancianos (Ex. 24:1,9). Jesús envió a 70 (Luc. 10:1-17). Al hablar de la duración del exilio, se mencionan 70 años (Jer. 25:12; 29:10; Dan. 9:2). El reino mesiánico sería inaugurado después de que pasara un período de 70 semanas de años (Dan. 9:24).

Después del 7, el número 12 es indudablemente el más importante en la Biblia. Los sumerios empleaban el 12 como base para su sistema numérico. Tanto el calendario como los signos del zodíaco reflejan este sistema numérico basado en el 12. Las tribus de Israel y los discípulos de Jesús sumaban 12. La importancia del número 12 se observa en el esfuerzo por mantener esa cantidad. Cuando Leví dejó de ser contado entre las tribus, las de José, Efraín y Manasés, se enumeraron por separado para mantener intacto el número 12. De manera similar, en el NT, cuando Judas Iscariote se suicidó, los 11 se apresuraron para agregar a otro a fin de mantener la cantidad en 12. El 12 parece haber tenido un significado especial en el libro de Apocalipsis. La nueva Jerusalén tenía 12 puertas; sus muros tenían 12 cimientos (Apoc. 21:12-14). El árbol de la vida daba 12 clases de frutos (Apoc. 22:2).

Los múltiplos de 12 también son importantes. Había 24 divisiones de sacerdotes (1 Crón. 24:4) y 24 ancianos alrededor del trono celestial (Apoc. 4:4). Cuando se incluye a Eldad y Medad, 72 fueron los ancianos a quienes se les otorgó una porción del Espíritu de Dios que moraba sobre Moisés, tras lo cual profetizaron (Núm. 11:24-26). Una tradición apócrifa sostiene que 72 eruditos judíos, 6 de cada una de las 12 tribus, tradujeron el AT al griego a fin de proporcionarnos la versión que en la actualidad denominamos LXX. A los 144.000 siervos de Dios (Apoc. 7:4) lo conformaban 12.000 de cada una de las 12 tribus de Israel.

El número 3, en sentido simbólico, a menudo indica plenitud. El cosmos creado poseía tres elementos: cielo, tierra e infierno. La Deidad está constituida por 3 Personas: Padre, Hijo y Espíritu Santo. La oración se debía elevar por lo menos 3 veces al día (Dan. 6:10; comp. Sal. 55:17). El santuario tenía 3 secciones principales: el atrio, la nave y el altar interior (1 Rey. 6). Los animales de 3 años de edad eran maduros y, por esa razón, apreciados para los sacrificios especiales (1 Sam. 1:24; Gén. 15:9). Jesús dijo que estaría en la tumba 3 días y 3 noches (Mat. 12:40), la misma cantidad de tiempo que Jonás estuvo dentro del gran pez (Jon. 1:17). Pablo solía emplear tríadas en sus escritos, de las cuales la más famosa es "la fe, la esperanza y el amor" (1 Cor. 13:13). Hay que recordar también la bendición de Pablo: "La gracia del Señor Jesucristo, el amor de Dios, y la comunión del Espíritu Santo sean con todos vosotros" (2 Cor. 13:14).

El 4 también se empleaba a menudo como número sagrado. Hay referencias bíblicas relacionadas con el 4: los 4 confines de la tierra (Isa. 11:12), los 4 puntos del cielo (Jer. 49:36), los 4 ríos que salían del Edén para regar el huerto (Gén. 2:10-14) y los 4 seres vivientes que rodeaban a Dios (Ezeq. 1; Apoc. 4:6,7). Dios envió los 4 jinetes del Apocalipsis (6:1-8) para devastar la tierra.

El múltiplo de 4 más significativo es el 40, que comúnmente representaba una gran cantidad o un período de tiempo extenso. La lluvia inundó la tierra durante 40 días (Gén. 7:12). Jesús resistió las tentaciones de Satanás durante 40 días (Mar. 1:13). Una generación era, aprox., 40 años. Por lo tanto, todos los adultos que se habían rebelado contra Dios en Sinaí murieron durante los 40 años de peregrinaje en el desierto. Se consideraba que una persona había alcanzado la madurez cuando llegaba a los 40 años de edad (Ex. 2:11; Hech. 7:23).

En el judaísmo más tardío se desarrolló un sistema de números especial conocido como *gematría*. Esta se basa en la idea de que se puede descubrir el significado escondido del texto bíblico a partir de un estudio de la equivalencia numérica con las letras hebreas. La primera letra del alfabeto hebreo, *alef*, representa el 1; *bet*, la segunda letra, representa el 2, y así sucesivamente. En la gematría se toma la suma correspondiente a las letras de una palabra hebrea y se trata de buscar el significado. Por ejemplo, las letras hebreas del nombre Eliezer, el siervo de Abraham, tienen un valor numérico de 318. Cuando Gén. 14:14 declara que Abraham tomó 318 hombres entrenados para perseguir a los reyes del oriente, algunos comentaristas hebreos interpretan que esto quiere decir que Abraham sólo tenía un colaborador, Eliezer, ya que su nombre equivalía al valor numérico de 318. Del mismo modo, el número 666 del Apocalipsis se suele tomar como una gematría inversa correspondiente al emperador Nerón. El nombre César Nerón, escrito en letras hebreas y sumado según la gematría, da un total de 666. Toda interpretación basada en la gematría se debe tratar con cuidado; dicha interpretación siempre constituye una especulación.

Joel F. Drinkard (h)

NÚMEROS, LIBRO DE Cuarto libro de la serie cronológica de la Torá; el título de Números en el texto original hebreo es *Bemidbar* ("en el desierto"). Esta es la palabra inicial del texto y representa gran parte del contenido histórico incluido.

Aunque los descendientes de Jacob entraron en una relación de pacto con Yahvéh, el Señor, en muchas ocasiones decidieron actuar según les parecía. Esto hizo que tuvieran que enfrentar el juicio de Dios una y otra vez. A causa de su rebelión, desobediencia y falta de fe, los adultos que salieron de Egipto fueron sentenciados a morir en el desierto, y sus hijos los reemplazaron como guerreros y líderes para recibir posteriormente la tierra prometida.

En las versiones españolas, el libro se titula Números como resultado del antiguo nombre griego *Arithmoi* y el latino *Numeri*. En ambos casos, la designación refleja su enfoque en el censo que se llevó a cabo para determinar la cantidad de hombres aptos para la lucha en cada tribu.

Números es un libro de transición donde la naturaleza condicional del pacto sinaítico se le muestra con claridad a la generación de adultos que escapó de la esclavitud en Egipto. La generación mayor escogió la desobediencia, lo que dio como resultado una sentencia a morir en el desierto. En este libro se cubre un período de historia más extenso que en la suma de los otros libros relacionados con el éxodo de Egipto (Éxodo, Levítico, Deuteronomio). En Números aparecen los casi 40 años de peregrinaje como resultado de la desobediencia de Israel y la falta de fe en Yahvéh, el Dios del pacto.

Este libro es esencial para entender las razones por las cuales se entregaron por segunda vez los mandamientos (ver Ex. 20 y Deut. 5). De no haber sido por la sentencia de muerte pronunciada a los adultos, no habría sido necesario que Moisés volviera a presentar la ley y los mandamientos a otra generación que sería la encargada de conquistar la tierra prometida.

Números registra también otros detalles históricos a los que sólo hacen alusión otros escritores bíblicos. Por ejemplo en Sal. 95, el escritor da la orden: "No endurezcáis vuestro corazón, como en Meriba, como en el día de Masah en el desierto". El contexto señala una referencia a la decisión de Israel de aceptar el informe presentado por la mayoría de los espías (Núm. 14). Otro incidente en Números es la fabricación de la serpiente de bronce (Núm. 21). Jesús hizo referencia a este acontecimiento mientras instruía a Nicodemo.

Muchos sostienen la existencia de un esquema de autoría múltiple de la Torá. No obstante, no existe fundamento legítimo para suponer que Moisés no fue quien registró la mayoría de los sucesos del éxodo (Ex., Lev., Núm.) durante el tiempo que se cubre en este libro. Las evidencias internas y externas de Números señalan a Moisés como autor original. Ver *Aarón; Balaam; Eleazar; Josué; Moisés; Pentateuco; Tabernáculo; Tribus de Israel.*

Bosquejo

I. Partida de Sinaí (caps. 1–10)
  A. Separación de los hombres para combatir (cap. 1)
  B. Separación de las tribus para el campamento (cap. 2)
  C. Separación de los sacerdotes y los levitas (caps. 3–4)
  D. Separación de la contaminación (cap. 5)
  E. Separación de los nazareos (cap. 6)
  F. Separación de las ofrendas de los líderes (cap. 7)
  G. Separación de los levitas (cap. 8)
  H. Separación para la Pascua (9:1-14)
  I. Separación y traslado del campamento (9:15–10:36)

II. A la deriva en Cades-barnea (caps. 11–21)
  A. Rebelión/juicio por fuego (11:1-3)
  B. Provisión de codornices (11:4-35)
  C. Rebelión/juicio de Aarón/María (cap. 12)
  D. Provisión de frutos de Canaán (13:1-25)
  E. Rebelión/juicio de espías y adultos (13:26–14:43)
  F. Provisión de instrucciones misceláneas (cap. 15)
  G. Rebelión/juicio de Coré (cap. 16)
  H. Provisión de una obra milagrosa y de instrucciones adicionales (caps. 17–19)
  I. Rebelión/juicio de Moisés y Aarón (cap. 20)
  J. Provisión de victoria militar (21:1-3)
  K. Rebelión/juicio mediante serpientes (21:4-7)
  L. Provisión de sanidad y victorias (21:8-35)

III. Camino a Moab, donde enfrentaron problemas (caps. 22–25)
  A. Los oráculos de Balaam (caps. 22–24)
  B. Idolatría, inmoralidad y juicio de Israel (cap. 25)

IV. Camino a la tierra prometida (caps. 26–36)
  A. Comienzo de un segundo censo (cap. 26)
  B. Herencia de las hijas de Zelofehad (cap. 27)
  C. Instrucciones para la nueva generación (caps. 28–30)
  D. Derrota de los madianitas y de Balaam (cap. 31)
  E. Las tribus israelitas de Transjordania (cap. 32)
  F. Perspectiva general de Moisés sobre el éxodo (cap. 33)
  G. División de la tierra en Canaán (caps. 34–36)

Douglas K. Wilson (h)

NUN 1. Padre de Josué (Ex. 33:11; Núm. 11:28; 13:8,16). **2.** Decimocuarta letra del alfabeto hebreo que se emplea como título para el Sal. 119:105-112. Cada versículo de esta sección comienza con "nun".

NUNC DIMITTIS Frase latina que significa "ahora despides". Las primeras palabras en latín del salmo de alabanza de Simeón en Luc. 2:29-32 y, por esta razón, el título de este salmo. Ver *Benedictus; Magníficat.*

NUZI Ciudad ubicada en la región noreste de la Medialuna Fértil y, posteriormente, Gasur, que floreció bajo el dominio de Sargón poco antes del 2000 a.C. Pocas ciudades no mencionadas en el AT contribuyen de manera tan significativa a entenderlo, como sucede en el caso de Nuzi (la actual Yorghan Tepe). En lo que respecta al AT, la historia más destacada consiste en su renacimiento como parte del reino hurrita situado en el estado de Mitanni aprox. en el 1500 a.C. y en época de la esclavitud israelita en Egipto. En Nuzi se han hallado 20.000 documentos acadios que reflejan fundamentalmente la situación legal, social y económica de la cultura mesopotámica entre aprox. el 2000 y el 1400 a.C. Los eruditos hacen una estimación variada de la importancia sociológica de este descubrimiento. La mayoría acepta el valor que poseen en relación al estudio general sobre el Cercano Oriente y el trasfondo bíblico, y algunos emplean la información para determinar la fecha correspondiente a los patriarcas y la literatura referente a ellos haciendo una comparación entre el relato bíblico y las costumbres de Nuzi.

Algunos paralelos son más exactos que otros, pero los siguientes ejemplos se pueden citar como elementos importantes para la cultura patriarcal y la israelita más tardía. Las costumbres matrimoniales de Nuzi y de los patriarcas concuerdan cuando vemos que Raquel y Lea se quejan de que su padre Labán había acumulado injustamente la dote que les correspondía a ellas y las había dejado sin nada, acción que iba en contra de las cláusulas previstas en los acuerdos matrimoniales empleados en Nuzi (Gén. 31:14-16). A pesar de esta injusticia, Labán posteriormente confió en la palabra de honor de Jacob en cuanto a adecuarse a la costumbre de no casarse con otras mujeres (Gén. 31:50). En el caso de la esterilidad, tanto Raquel como Lea ofrecieron a sus siervas como pareja sustituta para que tuvieran hijos con su esposo Jacob, costumbre que también se observaba en Nuzi (Gén. 30:1-13). La abuela de Jacob, Sara, había hecho lo mismo con Abraham (Gén. 16:1-4) y asumió que el hijo era de ella tal como lo hubiese hecho una persona de Nuzi (v.2). Hasta ese momento, Abraham se sentía desanimado de que su siervo Eliezer fuera su único heredero legal, lo cual da la pauta de que, conforme a la costumbre de Nuzi, lo había adoptado para ese fin (Gén. 15:2). Dos paralelos más en el aspecto de la herencia se observan cuando Jacob despoja verbalmente a Rubén de los privilegios correspondientes al primogénito a causa del pecado contra su padre (Gén. 49:2-4), y en la transposición de la herencia entre los hermanos Esaú y Jacob (Gén. 25:27-34). Ambos casos señalan prerrogativas estipuladas en la ley de Nuzi. Si bien no se explica la razón precisa por la cual Raquel le robó los ídolos a su padre (Gén. 31:19,27-32), en Nuzi también se observa la importancia de poseer los ídolos del progenitor de una persona. Los paralelos de Nuzi con la ley israelita también son sumamente interesantes. Algunos ejemplos son la doble porción otorgada al primogénito conforme a Deut. 21:15-17 (comp. Gén. 48:21,22), los derechos ocasionales de las hijas para heredar (Núm. 27:8) y la cancelación de deudas después de una determinada cantidad de años (Deut. 15:1-3).

El nombre "hebreo" para referirse a un extranjero como lo era José en Egipto (Gén. 39:13, 14) y como sucedió con los israelitas mientras estuvieron en ese país (Ex. 1:15-19) o en tierra de los filisteos (1 Sam. 14:21) es notablemente similar al mismo uso del término *habiru* en los documentos de Nuzi y en otros lugares. Esto arroja luz al perpetuo debate sobre el origen y el significado de este nombre característico dado a los israelitas. Ver *Abraham; Arqueología y estudios bíblicos; Habiru; Mesopotamia; Patriarcas.*

Dan Fredricks

O

Vista del Monte de los Olivos desde una de las entradas orientales con forma de arco en el Monte del Templo.

OBADÍAS Nombre de persona que significa "siervo de Yahvéh". **1.** Hijo de Izarías de la tribu de Isacar (1 Crón. 7:3). **2.** Hijo de Azel de la tribu de Benjamín (1 Crón. 8:38; 9:44). **3.** Levita que regresó a Jerusalén con el primer grupo de exiliados en Babilonia (1 Crón. 9:16). **4.** Gadita que se unió a David junto con Ezer y Eliab. Secundaba a Ezer en importancia (1 Crón. 12:8,9). **5.** Sacerdote que regresó a Jerusalén con Esdras del exilio babilónico (Esd. 8:9). Se unió a otros sacerdotes, príncipes y levitas para colocar su sello en el pacto (Neh. 9:38) realizado entre el pueblo y Dios (Neh. 10:5). **6.** Portero y guardia para "la guardia a las entradas de las puertas" durante los liderazgos de Esdras y Nehemías (Neh. 12:25).

OBAL Nombre de persona que significa "robusto". Hijo de Joctán y antepasado de una tribu árabe (Gén. 10:28). En 1 Crón. 1:22, el nombre adopta la forma alternativa Ebal.

OBED Nombre de persona que significa "servir". Con escritura apenas distinta significa "contador", "restaurador" o "cronometrador". **1.** Hijo de Booz y Rut (Rut 4:13-17), padre de Isaí y abuelo del rey David. Fue antepasado de Jesucristo (Mat. 1:5; Luc. 3:32). **2.** Hijo de Eflal y padre de Jehú (1 Crón. 2:37,38). **3.** Uno de los valientes de David (1 Crón. 11:47). **4.** Portero del templo de Salomón (1 Crón. 26:7). **5.** Padre de Azarías, oficial que colaboró en la coronación del rey Josías (2 Crón. 23). Ver *Atalía.* **6.** Padre del profeta Azarías (2 Crón. 15:1). **7.** Profeta de la época de Acaz que instó a los israelitas a liberar al pueblo de Judá que habían tomado como prisioneros de guerra (2 Crón. 28:8-15).

OBED-EDOM Nombre de persona que significa "servir a Edom". **1.** Filisteo de Gat que aparentemente fue leal a David e Israel. Luego de que Dios diera muerte a Uza, David dejó el arca del pacto en la casa de Obed-edom (2 Sam. 6:6-11). Este fue bendecido por Dios de manera inusual (probablemente se refiera a prosperidad) durante los tres meses que el arca permaneció en su casa. **2.** Levita que ofició como portero y músico en el tabernáculo de Jerusalén durante el reinado de David (1 Crón. 15:18,24; 16:5). Sus tareas estaban directamente relacionadas con el arca del pacto. Es probable que una agrupación de levitas haya adoptado el nombre "obed-edom" como denominación del cargo de guardas del arca. **3.** Miembro de los coreítas (1 Crón. 26:1,4-8) que vigilaban la parte sur del templo (v.15). **4.** Cuidador de los utensilios sagrados del templo. Joás de Israel se llevó los utensilios sagrados a Samaria luego de capturar Jerusalén y al rey Amasías de Judá (2 Crón. 25:23,24).

OBEDIENCIA Escuchar la Palabra de Dios y actuar conforme a ella. La palabra que se traduce "obedecer" en el AT significa "escuchar", y a menudo también se la traduce de ese modo. En el NT hay varias palabras que describen la obediencia. Un término significa "oír o escuchar con actitud de sumisión". Otra palabra del NT que suele traducirse "obedecer" quiere decir "confiar".

La respuesta obediente de una persona a la Palabra de Dios se caracteriza por fe o confianza. Por esta razón, escuchar realmente la Palabra de Dios es sinónimo de obedecerla (Ex. 19:5; Jer. 7:23).

Para la Biblia desobediencia es no escuchar ni hacer la Palabra de Dios (Sal. 81:11). La historia de Israel fue la de una nación que no oía ni escuchaba a Dios (Jer. 7:13; Os. 9:17). Jesús advirtió: "El que tiene oídos para oír, oiga" (Mat. 11:15).

La obediencia afecta la vida espiritual de la persona. Es esencial para la adoración (1 Sam. 15:22; Juan 4:23,24). La obediencia de fe da como resultado la salvación (Rom. 1:5; 10:16,17), y asegura las bendiciones de Dios (Juan 14:23; 1 Jn. 2:17; Apoc. 22:14). El discernimiento espiritual se obtiene por medio de obediencia (Juan 7:17). El fruto de la fe es una vida de obediencia a Dios (Sant. 2:21-26).

La verdadera obediencia significa imitar a Dios en santidad, humildad y amor (1 Ped. 1:15; Juan 13:34; Fil. 2:5-8). Los verdaderos discípulos hacen la voluntad divina (Mat. 7:21). Para enfrentar la oposición se requiere lealtad; el creyente obedece a Dios antes que a los demás (Hech. 5:29).

¿Qué nos motiva a obedecer a Dios? Gratitud por la gracia recibida (Rom. 12:2). Los creyentes obedecen a Dios como manifestación de la libertad espiritual que gozan (Gál. 5:13; 1 Ped. 2:16). Jesús enseñó que nuestro amor a Dios nos motiva a obedecerlo (Juan 14:21,23,24; 15:10).

¿Cómo afecta la obediencia nuestra relación con los demás? La Biblia habla de la obediencia de la esposa al esposo (Ef. 5:22), de los hijos a los padres (Ef. 6:1), de los esclavos a los amos (Col. 3:22). Debe haber obediencia gozosa para con los líderes de la iglesia (1 Tes. 5:12,13). Se espera que todos los creyentes obedezcan a quienes ejercen autoridad (1 Ped. 2:13,14).

El NT coloca un énfasis especial en la obediencia de Jesús, que se eleva en contraste con la desobediencia de Adán (Rom. 5:12-21). Las acciones de Jesús estaban motivadas en el deseo de obedecer la voluntad de Dios (Luc. 4:43; Juan 5:30). Jesús actuó y habló en obediencia al Padre (Juan 3:34). A través de su vida obediente, Jesús demostró que Él era el Salvador (Heb. 5:7-10). La obra de Cristo en la cruz se considera un sacrificio de obediencia (Rom. 5:19; Heb. 10:7-10).

Dios habló por medio de las Escrituras. La desobediencia a la Palabra de Dios surge de un corazón pecaminoso; un corazón que no confía en Dios. La obediencia proviene de un corazón que confía en Él. Si el pueblo de Dios obedece, recibirá las bendiciones que Él anhela dar. Si los creyentes desobedecen, recibirán juicio y disciplina.

Gary Hardin

OBELISCO Columna de piedra empleada para la adoración, en especial al dios egipcio del sol, Amón-Ra. Fabricados en piedra y con cuatro lados, los obeliscos se iban estrechando a medida que alcanzaban la parte superior donde descansaba una pirámide. Aparentemente simbolizaban los rayos del sol naciente y la esperanza de rejuvenecimiento y vitalidad renovada del faraón. A veces se utilizaban en las tumbas para representar la esperanza de la resurrección. En la moderna Matariyeh, la antigua On, aún se conserva un obelisco de 4000 años de antigüedad. Otro fue trasladado al Central Park de la ciudad de Nueva York. Entre aprox. el 1550 y el 1100 a.C. se construyeron muchos obeliscos. Algunos tenían más de 30 m (100 pies) de altura. El término hebreo que se traduce "obelisco" en Jer. 43:13 (NVI, LBLA) se refiere a columnas o estatuas (RVR1960). El contexto egipcio sugiere que las estatuas en realidad eran obeliscos, quizá dedicados al dios sol Ra. Ver *On.*

OBESIDAD Dado que la mayoría de las personas en el mundo antiguo vivía constantemente al borde de la inanición, la obesidad no era ni una opción, ni algo que se debía evitar. Sólo los ricos podían darse el lujo de ser gordos, y por esta razón, la gordura llegó a ser un indicador de estatus y riqueza.

Eglón, rey de Moab, era "muy grueso" (Jue. 3:17,22) y Elí, sumo sacerdote en Silo, era "pesado" (1 Sam. 4:18; comp. 2:29). Ambos hombres habían logrado una posición social por la cual podían ser "aceptablemente gordos." Aun así, en ambos casos su gordura se presenta como símbolo narrativo de extravagancia y holgazanería. Del mismo modo, el libro de Proverbios advierte que comer y beber en exceso es marca de ser necio (Prov. 23:20,21; comp. Fil. 3:19), y exhorta al dominio propio (Prov. 23:1-3; 25:16). *Paul H. Wright*

OBIL Nombre de persona de significado incierto, quizá "jinete de camello, "dolorido" o "afligido". Supervisor encargado de los camellos de David (1 Crón. 27:30).

OBISPO Término que proviene del sustantivo griego *episkopos* que aparece cinco veces en el NT (Hech. 20:28; Fil. 1:1; 1 Tim. 3:2; Tito 1:7;

Un obelisco egipcio caído, en Ramesés (Tanis).

1 Ped. 2:25). "Sobreveedor" identifica de manera más precisa que el término "obispo" la función de la persona que desempeña la tarea.

Episkopos se utilizaba en la literatura griega antigua para referirse a los dioses que cuidaban a personas u objetos que se hallaban bajo su patrocinio. Cuando se lo relaciona con la gente, este término también se puede referir al cuidado protector que una persona ejerce sobre alguien o algo, pero también se puede utilizar como título oficial. Más comúnmente, el término se aplica a oficiales locales de sociedades o clubes, pero también se encuentra como título para los líderes religiosos.

De los cinco usos de *episkopos* en el NT, uno se utiliza en relación a Jesús donde se lo denomina el "Pastor y Obispo" de nuestras almas (1 Ped. 2:25). Los otros cuatro usos se refieren a oficiales de congregaciones predominantemente gentiles. En Hech. 20:28, Pablo exhorta a los ancianos de Éfeso a que vigilen el rebaño ya que el Espíritu Santo los ha puesto como "obispos" para pastorear a la iglesia de Dios. En Fil. 1:1, Pablo se dirige a los "obispos y diáconos". Las cualidades para el oficio de obispo se detallan en 1 Tim. 3:1-7 y Tito 1:5-9. Aunque se dice poco sobre la labor del obispo, uno de los requisitos que lo distinguen de un diácono es la responsabilidad de enseñar (comp. 1 Tim. 3:2; Tito 1:9 con 1 Tim. 5:8-13).

Puesto que *episkopos* se utiliza de manera indistinta con "anciano" (gr. *presbuteros*), es probable que estos dos términos indiquen el mismo oficio en el NT (muchos también equiparan *episkopos* con el "pastor y maestro" de Ef. 4:11). Por ejemplo, en Hech. 20, Pablo convocó a los ancianos de Éfeso (v.17) y luego declaró que Dios los había puesto como "obispos" (v.28) para pastorear la iglesia de Dios. De manera similar, Tito recibe instrucciones para establecer ancianos en cada ciudad (Tito 1:5), pero cuando Pablo dio las cualidades necesarias, dijo: "Porque es necesario que el obispo…" (Tito 1:7; comp. 1 Ped. 5:1,2). Sin embargo, el hecho de que *episkopos* y *presbuteros* se utilicen de manera indistinta no es la única evidencia de que ambos términos denotan la misma función. Si *episkopos* y *presbuteros* son dos oficios separados, entonces Pablo nunca especificó las cualidades para los ancianos, lo que sería una omisión notable dada la importancia de este oficio. También, tanto el *episkopos* como el *presbuteros* tienen las mismas funciones, liderar y enseñar (comp. 1 Tim. 3:2,4, 5; Tito 1:7,9 con Hech. 20:28; 1 Tim. 5:17). Más aún, en ningún lugar se mencionan los tres oficios juntos (obispo, anciano y diácono), lo que sugiere que en el NT no existe un sistema eclesiástico conformado por tres categorías. También es probable que más de un obispo lidere cada iglesia local (Hech. 20:28; Fil. 1:1; comp. Hech. 14:23; 20:17; 1 Tim. 5:17; Tito 1:5; Sant. 5:14; 1 Ped. 5:1).

El sustantivo relacionado, *episkope*, aparece cuatro veces en el NT. Dos veces se refiere al juicio de Dios (Luc. 19:44; 1 Ped. 2:12) y otras dos a las personas que desempeñan el oficio (Hech. 1:20; 1 Tim. 3:1).

Recién en el siglo II d.C. (en las epístolas de Ignacio) se hace distinción entre obispo y ancianos. Al principio, el obispo era simplemente el líder de los ancianos, pero poco después obtuvo más poder y se convirtió en cabeza exclusiva de la iglesia, a diferencia de los ancianos. Posteriormente, el obispo no encabezaba solamente una congregación sino todas las iglesias de una ciudad o región en particular. En el día de hoy, la Iglesia Católica Romana, la Iglesia Ortodoxa Oriental, los anglicanos, los metodistas y los luteranos utilizan obispos que están encargados de la supervisión de varias iglesias. *Ben L. Merkle*

OBLACIÓN Ofrenda presentada en un altar que se caracterizaba por ser voluntaria y no contener sangre. Término empleado unas 130 veces en el AT para referirse a una ofrenda de alimentos en contraste con una de elementos líquidos (libación). Las versiones modernas por lo general reemplazan "oblación" por "ofrendas" (Lev. 7:38; Isa. 1:13; Ezeq. 44:30 NVI; LBLA), "dones" (2 Crón. 31:14; Ezeq. 20:40) u "ofrendas de grano". Ver *Ofrendas de grano; Sacrificios y ofrendas.*

OBOT Nombre geográfico que significa "padres" u "odres de agua". Estación del desierto (Núm. 21:10,11; 33:43,44), quizá'Ain el-Wieba cerca de Panon (la actual Feinan).

OBRA MISIONERA Ver *Misión, misiones.*

OBRAS Se refiere a actos, acciones o logros. A menudo indica actividad física o mental para llevar a cabo una tarea. El trabajo fue un deber que se le otorgó a Adán y que originalmente consistía en una actividad que producía satisfacción (Gén. 2:15). Se convirtió en una maldición como resultado de la caída (3:17-19); sin embargo, el hombre tuvo que continuar trabajando (Ex. 20:9). Sin embargo, en el trabajo sigue habiendo satisfacción y virtud.

"Obras" también se utiliza para describir las acciones de Dios. Además se puede referir a acciones malas y buenas. En el AT, diferentes formas de la palabra hebrea (*pa'al, po'al*) describen las obras de Dios en la creación (Ex. 15:17; Prov. 16:4), en la providencia (Deut. 32:4; Isa. 51:2; Job 36:24) y en el juicio (Hab. 1:5). En el NT aparecen comúnmente diversas formas del término griego (*ergon*). Este se utiliza frecuentemente para describir las "obras" de Jesucristo. Se usa en todos los Evangelios, y Juan la emplea con más frecuencia (5:36; 7:3,21; 10:25,32,33,38; 14:11,12; 15:24). Esta palabra también se utiliza para describir las acciones del hombre (Juan 6:27; Rom. 4:4,5). Los Evangelios afirman que mediante sus buenas obras los creyentes demuestran que Dios está activo en sus vidas (Mat. 5:16; Juan 6:28,29; 14:12).

Existe mucho debate en cuanto a la relación de la fe y las obras en el proceso de salvación. Pablo declaró que la justificación se produce solo por fe y no por obras (Rom. 4:2-3,9-10; Gál. 3:9-11; Ef. 2:8,9; Fil. 3:7-9). No obstante, Santiago parece afirmar una relación más íntima (Sant. 2:14-24). Esta aparente contradicción ha perturbado a muchos, especialmente a Lutero, quien denominó la carta de Santiago "una epístola de hojarasca" y declaró que su mensaje estaba "llanamente en contra de San Pablo y de todo el resto de la Escritura al atribuirle la justificación a las obras".

Hay una solución lógica para la aparente contradicción. Pablo, que a menudo trataba con los legalistas judíos, utilizó el término para describir "las obras de la ley" que aquellos creían que ganaban la salvación. Pablo rechaza estas "obras" diciendo que son insuficientes. No obstante, reconoce abiertamente que es inevitable que los que se convirtieron de manera genuina por medio de la fe hagan buenas obras (Ef. 2:10). En contraposición, el argumento de Santiago es que cualquier tipo de "fe" que no se puede ver mediante la evidencia de "obras" no es la fe salvadora verdadera (2:14). El artículo definido en el texto (*ha pistis*) indica que Santiago no está hablando de la fe salvadora genuina sino, más bien, de una fe ficticia, en particular que demuestra ser tal al carecer de buenas obras. Pablo y Santiago están hablando de dos caras de la misma moneda. Las obras de la ley son insuficientes para ganar la salvación de una persona, en tanto que las buenas obras son consecuencia natural de la fe salvadora. Tal como lo expresó Calvino: "¡La fe sola salva, pero la fe que salva no está sola!"

Joel Rainey

OCOZÍAS Nombre de dos reyes del AT, un rey de Israel (850–840 a.C.) y un rey de Judá (aprox. 842). El nombre significa "Yahvéh ha tomado". **1.** Hijo y sucesor de Acab como rey de Israel (1 Rey. 22:40). Reinó dos años y murió después de sufrir una caída en su palacio en Samaria (2 Rey. 1:2-17). El profeta Elías anunció que Ocozías iba a morir porque había pedido ayuda a Baal-zebub, el dios de Ecrón, en lugar de recurrir a Yahvéh. **2.** Hijo y sucesor de Joram como rey de Judá (2 Rey. 8:25). Reinó durante un año y murió después de haber sido herido al huir de Jehú mientras visitaba al rey Joram de Israel (2 Rey. 9:27).

Estos dos reyes estaban relacionados entre sí. Atalía, la madre de Ocozías de Judá, era hermana de Ocozías de Israel.

OCRÁN Nombre de persona que significa "agitador". Padre de Pagiel, líder de la tribu de Aser (Núm. 1:13; 2:27; 7:72,77; 10:26).

OCUPACIONES Y PROFESIONES Las ocupaciones y profesiones de las civilizaciones antiguas, tal como sucede en los tiempos modernos, estaban relacionadas con los recursos naturales, el comercio y las instituciones nacionales. Israel no era la excepción.

Con el transcurso del tiempo, las ocupaciones dejaron de ser tareas simples sin capacitación para convertirse en trabajos más complejos y especializados. Esta evolución se desencadenó por el cambio que se produjo en Israel al pasar de una existencia nómada a una vida estable, y de un gobierno controlado por un clan a la monarquía. El desarrollo de las ocupaciones seculares tuvo lugar en forma paralela al establecimiento de la gente en pueblos y aldeas y a la evolución del gobierno, que dejó de ser un grupo tribal apenas relacionado para convertirse en una nación envuelta en política internacional. En las épocas bíblicas más tempranas, los hebreos conducían sus rebaños de un campo de pastura a otro, y de un pozo de agua al siguiente, aunque a veces vivían durante largos períodos cerca de las ciudades importantes (Gén. 13:18; 20:1; 26:6; 33:19). Sus ocupaciones se centraban en la empresa familiar.

Un artesano del Medio Oriente que coloca azulejos en una caja con incrustaciones de mosaico.

Cuando Israel entró a Canaán, los hebreos pasaron a tener una existencia estable. En esta condición de pueblo asentado, las actividades agrícolas se tornaron sumamente importantes para la supervivencia. A medida que se desarrolló la monarquía, aparecieron muchas tareas nuevas dentro del texto bíblico, y la mayoría tenían que ver con el mantenimiento de la casa real. Finalmente, cuando las aldeas se extendieron y el comercio entre las ciudades se expandió, sucedió lo mismo con los diversos oficios y profesiones.

A continuación se describen brevemente algunas de las ocupaciones y profesiones más comunes de la Biblia y se las agrupa en función de los lugares donde generalmente se llevaban a cabo: la casa, el palacio, el mercado y las ocupaciones religiosas relacionadas con la iglesia cristiana y el templo judío.

Ocupaciones caseras Tal como habría de suponerse, las ocupaciones y profesiones más antiguas mencionadas en la Biblia son tareas y actividades realizadas en el hogar. Una de las labores caseras principales se centraba en la preparación de alimentos. El ***panadero*** (Gén. 40:5) se menciona al comienzo de las Escrituras como miembro de la corte del faraón egipcio. Hornear el pan era una tarea frecuente en los hogares hebreos ya mucho antes de que se convirtiera en oficio especializado. El ***mayordomo*** del palacio del faraón también se conocía como ***copero*** (Neh. 1:11; comp. Gén. 40:5,21). Era el encargado de darle la bebida al rey. Se presume que probaba cada copa de vino antes de entregársela al faraón a fin de evitar que este fuera envenenado. Los ***cocineros*** preparaban la comida de la mayoría de la gente en la antigüedad (1 Sam. 9:23,24). Las mujeres cocinaban en el hogar. A medida que esta tarea se convirtió en una labor fuera de la casa, los hombres comenzaron a participar en este oficio. La tarea de moler el grano, labor que se llevaba a cabo diariamente y en relación con la cocina, pasó a ser el oficio del ***molinero*** (Mat. 24:41), y más tarde se convirtió en quehacer mercantil. Ver *Molino.*

La mayoría de la gente en épocas bíblicas participaba en algún área relacionada con la recolección o producción de alimentos. Los ***pescadores*** (Isa. 19:8; Mat. 4:18) conformaban uno de estos grupos que recolectaban alimentos. Los antiguos elementos de pesca no se diferenciaban mucho de sus contrapartes actuales: la pesca con anzuelos y línea, lanzas y redes. Los pescadores y la pesca se mencionan con frecuencia en las Escrituras. El caso más destacado es el uso metafórico en Mar. 1:17 cuando Jesús desafía a Simón y Andrés a convertirse en "pescadores de hombres". Los ***cazadores*** (Jer. 16:16) constituyen el segundo grupo más importante de recolectores de alimentos. El éxito de los antiguos cazadores dependía de la habilidad en el uso del arco y la flecha, la lanza, las trampas y el cepo, sumado al conocimiento de la presa. Nimrod (Gén. 10:9) es la primera persona de la Biblia a quien se designa como cazador. Los ***pastores*** (Luc. 2:8) también participaban en la producción de alimentos. Aquellos que gobiernan sobre los demás suelen describirse con términos sobre las obligaciones de un pastor de ovejas. Debían cuidar y alimentar a las personas que estaban bajo su responsabilidad. El Sal. 23 identifica al Señor como pastor y describe de manera vívida los deberes de quien está a cargo de las ovejas. Las responsabilidades y peligros que enfrentaba el pastor eran grandes debido a lo escabroso del terreno, la constante amenaza de animales salvajes y la búsqueda incesante de agua y tierras de pastura. Abel es el primero a quien se describe como "pastor de

Un tejedor de alfombras mientras trabaja en su telar.

ovejas" (Gén. 4:2). El **criador de ganado** estaba estrechamente vinculado con el pastor (Gén. 4:20). A Jabal se lo describe como padre de los que "crían ganado". La única distinción que podría haber entre un pastor y un criador de ganado depende de los animales que cuidaba: el pastor tenía ovejas y el criador tenía bovinos. Caín, el hermano de Abel, fue identificado como el primer ***labrador*** (Gén. 4:2). El trabajo agrícola incluía al ***espigador*** (Rut 2:3), ***cosechador*** (Isa. 17:5) y al ***segador*** (Rut 2:3). Es probable que el labrador también oficiara como este último. El espigador es diferente: Los pobres y los extranjeros obtenían alimentos al espigar lo que los labradores dejaban en el campo. Ver *Agricultura; Cazar, Cazador; Espigar; Peces, pesca.*

La vida nómada no requería una compleja estructura de gobierno. La administración estaba en manos del líder de cada tribu. No obstante, cuando comenzaron a formarse pueblos y aldeas, se hizo necesaria alguna forma de gobierno. Antes de la aparición de la monarquía y su sistema de gobierno más centralizado, Dios escogió ***jueces*** (Jue. 2:16) para liderar a Su pueblo, especialmente en épocas de crisis. Dado que las crisis por lo general eran guerras, los jueces eran primeramente líderes militares que rescataban a las tribus israelitas de la destrucción a manos de sus vecinos guerreros. Estos líderes y los que los sucedieron también solucionaban conflictos (comp. Luc. 18:2). Ver *Juez.*

Ocupaciones y profesiones en el palacio Las personas que trabajaban en el hogar realizaban múltiples quehaceres en cualquier momento. Fuera del hogar, las tareas adquirían un rasgo más especializado. Con el surgimiento de la monarquía en Israel, algunos hebreos encontraron trabajo en el palacio. El ***rey*** (1 Sam. 8:5) ocupaba el primer lugar. Los pueblos vecinos de Israel consideraban al rey como un dios; no así en el caso de los israelitas. El rey en Israel era gobernante político y líder y ejemplo espiritual del pueblo. Mediante su obediencia o desobediencia al Dios de Israel, el rey determinaba los destinos de la nación, pero jamás era dios. (Observar, no obstante, la designación poética del Sal. 45:6.) Ver *Rey.*

José fue ***gobernador*** (Gén. 42:6) de Egipto. Como tal, ocupó el segundo lugar en importancia después del faraón. En realidad, gobernó sobre toda la tierra de Egipto (Gén. 41:43). Daniel fue otro hebreo que se desempeñó en el gobierno en una nación extranjera. Fue uno de los tres ***gobernadores*** o comisionados (Dan. 6:2) a los que se les confirió autoridad sobre el Imperio Medo.

Un mampostero ocupado en su oficio.

No se proporciona información sobre sus obligaciones.

En épocas del NT, el gobierno romano empleaba ***procónsules*** (Hech. 13:7) a fin de supervisar las responsabilidades administrativas de las provincias. Los romanos habían extendido su imperio más allá de los límites que el emperador era capaz de gobernar personalmente. Los procónsules se enviaban a regiones donde no era necesaria la milicia romana. En los lugares donde se requería presencia militar, la función la desempeñaba un gobernador (Mat. 27:2) o ***procurador***. Si bien existieron otros, el NT sólo menciona a tres hombres que oficiaron como gobernadores de Palestina: Poncio Pilato, Félix y Festo. Ver *Gobernador; Roma y el Imperio Romano.*

Más allá de la labor gubernamental, el palacio proporcionaba una gran oportunidad para desempeñar tareas militares. El ***escudero*** (Jue. 9:54) era un sirviente que se le otorgaba a un guerrero cuando iba a la batalla. El ejército estaba conformado por hombres con diversos rangos y responsabilidades. Muchos términos para designar a personas en posiciones de liderazgo son ambiguos y pueden referirse a la misma tarea. El

O

jefe (Isa. 55:4) aparentemente describía a cualquier líder del pueblo. Es posible que categorías tales como capitán, teniente y príncipe, que se podrían incluir dentro del concepto de "jefe", hayan sido inicialmente sólo posiciones militares. Los ***soldados*** (1 Crón. 7:4) se suelen mencionar en relación con muchas guerras que se registran en la Biblia. La ubicación geográfica de Israel la colocaba en constante peligro de ataque de ejércitos invasores. Se esperaba que todos los hombres adultos (mayores de 20 años) de las tribus de Israel sirvieran en el ejército. La ley mosaica, en especial el libro de Números, describe reglamentos para la formación de un ejército. Ver *Armas y armaduras.*

El gobierno también incluía personal de servicio y judicial. El ***carcelero*** (Hech. 16:23) aparece en varios pasajes del NT. Se encargaba de todos los prisioneros, políticos y religiosos. Bajo el dominio romano, el carcelero era estrictamente responsable del cuidado de los presos. Si alguno se escapaba o por alguna razón no podía completar el período de sentencia, el carcelero tenía la responsabilidad de ocupar su lugar hasta cumplirlo.

Además de gobernar y ejercer presencia militar, las naciones vieron la necesidad de recaudar impuestos de parte de los ciudadanos. El despreciado ***publicano*** o ***recaudador de impuestos*** (Mat. 9:10) era famoso en el NT. Su deber principal era conseguir todo el dinero posible mediante la recaudación de impuestos. Algunos creen que el publicano podía guardarse el dinero extra que recaudaba por encima del monto que aplicaba el gobierno.

El ***escriba*** (Mat. 5:20), además de servir en el ámbito religioso, lo hacía en tareas administrativas gubernamentales. Los escribas que participaron en el copiado e interpretación de la ley de Moisés se conocen desde la época de Esdras y se los identificaba como "escriba diligente en la ley de Moisés" (Esd. 7:6). En los gobiernos de la antigüedad, los escribas servían en la corte real, donde guardaban registros de las actividades del reino. Cada rey organizaba su gobierno empleando consejeros y personas responsables de diversas áreas. La Biblia muestra la organización de David (2 Sam. 8:16-18; 20:23-26) y de Salomón (1 Rey. 4:1-19). Tal como se observa al considerar las diferentes traducciones, es difícil determinar la responsabilidad exacta de cada uno de los oficiales.

Trabajo en el mercado El mercado ofrecía muchas oportunidades de empleo fuera del hogar que se pueden agrupar en función de la venta de artículos y muchas se pueden clasificar como artes y oficios y prestaciones de servicios.

Entre los primeros oficios, el de ***carpintero*** (2 Sam. 5:11) gozaba de un lugar especial por ser la ocupación de Jesús. No obstante, la mayoría de las referencias bíblicas relacionadas con carpinteros corresponde a trabajadores extranjeros. Los más destacados son los obreros de Hiram, rey de Tiro, que trabajaron en el templo de Salomón. Junto a estos artesanos de la madera están los ***cortadores*** (Isa. 14:8) y los ***leñadores*** (Jos. 9:21) que cortaban dicho material. Los trabajadores del metal mencionados en la Biblia son el ***calderero*** (2 Tim. 4:14), el ***orfebre*** (Neh. 3:8) y el ***platero*** (Hech. 19:24), cada uno especializado en un metal. En términos generales, a los trabajadores del metal se los identifica como ***fundidores*** (Jue. 17:4) y ***herreros*** (1 Sam. 13:19). Si bien es numerosa la cantidad de artesanos en diversos metales, resulta extraño que la Biblia no mencione específicamente a los mineros. A menudo, los metales utilizados por los artesanos eran de importación, aunque Israel tal vez haya ejercido control de algunas minas cerca del Mar Rojo cuando dominaba esas regiones. Ver *Minas y minería.*

En el ámbito de las ventas, el ***mercader*** (Gén. 23:16) o ***vendedor*** (Isa. 24:2) ocupaba desde las épocas bíblicas más tempranas una posición destacada en el comercio. Su tarea alcanzó proporciones internacionales. El ***alfarero*** (Jer. 18:2; Rom. 9:21) tal vez haya sido una de las personas más atareadas del mercado. Sus productos tenían mucha demanda. Los recipientes de alfarería eran mucho más accesibles y duraderos que otros que se hallaban a disposición de los israelitas, razón por la que se usaban más.

El ***albañil*** empleaba su talento cortando piedras para la construcción de edificios (2 Rey. 12:12), en tanto que el ***curtidor*** (Hech. 9:43) se ocupaba de preparar pieles para usar como ropa y recipientes. La ***fabricación de tiendas*** (Hech. 18:3) tal vez haya sido un oficio que se desarrollaba ya en épocas tempranas de la vida seminómada israelita en el período patriarcal. Se dice que Pablo, Aquila y Priscila se ganaban la vida con la fabricación de tiendas (Hech. 18:3).

En tiempos bíblicos se ofrecían muchos servicios.

El ***perfumero*** (Neh. 3:8) se ha comparado con el actual farmacéutico. Su tarea principal incluía la mezcla de drogas y ungüentos con fines medicinales. Las prácticas religiosas judías sugieren que la elaboración de perfumes también formaba parte del oficio del perfumador (Ex. 30:35).

El ***banquero*** o ***prestamista*** (Prov. 22:7) tenía mala reputación entre los judíos. Las leyes religiosas prohibían prestar dinero aplicando intereses. En el NT, estos banqueros eran los infames "cambistas" del templo. Ver *Bancario, Sistema; Comercio.*

El ***lavador*** (Mal. 3:2) tal vez se describa mejor como un antiguo lavandero. Trabajaba con ropa sucia y material del telar listo para tejer. Su servicio incluía la limpieza de cualquier tela.

El ***mesonero*** (Luc. 10:35) proporcionaba alojamiento a los viajeros que, en algunos casos, consistía en poco más que un espacio para levantar una tienda o acostarse a dormir.

Entre las personas más respetadas de las Escrituras estaba el ***maestro*** o ***instructor*** (Sant. 3:1; Rom. 2:20). Las referencias bíblicas sobre esta profesión se aplican principalmente a la enseñanza religiosa, pero el término era apropiado para cualquier persona que proporcionara instrucción. Ver *Educación en tiempos de la Biblia.*

A lo largo de la Biblia se destacan diversas ocupaciones relacionadas con el talento musical: ***cantores*** y ***músicos*** (Sal. 68:25) en el AT, y ***arpistas, flautistas*** y ***trompeteros*** (Apoc. 18:22) en el NT. En ambos Testamentos, la música desempeñaba un papel significativo en la vida religiosa y la adoración de la nación.

Ocupaciones en la iglesia y en el templo Si bien "ocupación" no es un término técnico preciso al referirse a la iglesia primitiva, los cristianos desempañaban "oficios" que por lo general eran voluntarios. Ver *Posiciones de liderazgo en el Nuevo Testamento.*

Los oficiales del templo desempeñaban funciones mucho más relacionadas con el concepto de autoridad. El ***sacerdote*** (Ex. 31:10) actuaba como intermediario entre Dios y el pueblo que se acercaba al templo a adorar. En muchos casos, los sacerdotes ofrecían sacrificios por el pueblo y la nación y tomaban para sí parte de la ofrenda. Además oficiaban como consejeros del rey (2 Sam. 20:25). Hasta hace poco, el ***profeta*** (Gén. 20:7) se consideraba antítesis del sacerdote. Muchos exhibían hostilidad hacia los abusos de los sacerdotes y los excesos en el sacerdocio, pero no condenaban la actividad en sí. De hecho, algunos profetas eran miembros del personal del templo. Los profetas oficiaban principalmente como "mensajeros" de Dios. Allí donde el sacerdote era un intermediario "ritual", el profeta era un "vocero". A veces su mensaje llevaba implícito un elemento del pronóstico. No obstante, por lo general se refería a la situación histórica que atravesaban sus oyentes. Ver *Levita; Profecía, profetas; Sacerdotes; Sumo sacerdote; Templo.*

Conclusión Las ocupaciones a lo largo de los tiempos bíblicos fueron numerosas y diversas, tal como en la actualidad. No obstante, eran ocupaciones propias de una sociedad sin tecnología. La nación de Israel continuó siendo una economía de orientación agrícola a lo largo de toda su existencia, tal como lo registran las Escrituras.

Phillip J. Swanson

ODIO Fuerte reacción negativa; lo que se siente hacia alguien que se considera enemigo y que posiblemente indique hostilidad impredecible.

Odio hacia otras personas El odio hacia otras personas es una respuesta común en las relaciones humanas. Conflictos, celos y envidia con frecuencia suelen terminar en animosidad, separación, venganza y hasta asesinato (Gén. 26:27; 27:41; Jue. 11:7; 2 Sam. 13:15,22). Algunas leyes hebreas tratan explícitamente el odio o el favoritismo (Deut. 19:11-13; 21:15-17; 22:13-21).

Por lo general se condena el odio hacia otras personas y se estimula el amor a los enemigos (Lev. 19:17; Mat. 5:43-44). El odio es una característica de la vieja naturaleza y de la vida de pecado (Gál. 5:19-21; Tito 3:3; 1 Jn. 2:9,11). Aunque Jesús alude a la actitud de odiar al enemigo (Mat. 5:43), el AT no tiene un mandamiento explícito como ese. Sin embargo, los Rollos del Mar Muerto indican que los esenios en Qumrán practicaban el odio a los enemigos pero no alentaban represalias. Jesús insistió en amar a los enemigos y hacer el bien a quienes nos odian (Luc. 6:27).

Los creyentes pueden ejercitar y practicar el odio en ciertos contextos. Por ejemplo, deben odiar todo aquello que se oponga a Dios. Este odio, que no es una actitud maliciosa, refleja coincidencia con la oposición de Dios hacia el mal (Sal. 97:10; 139:19-22; Prov. 8:13; 13:5; Amós 5:15). Aunque algunos salmos pueden sonar vengativos, dejan el castigo de los malvados como prerrogativa de Dios.

Los discípulos de Jesús tenían que aborrecer a sus familias para entonces seguirlo (Luc. 14:26). Aquí el odio no se refiere a hostilidad emocional sino a una disposición consciente de las prioridades. Odiar significa aquí amar a la familia menos que a Jesús (Mat. 10:37). De manera similar, uno debe odiar su propia vida para entonces obtener la vida eterna (Juan 12.26).

Los discípulos deben esperar que los odien, tal como Jesús fue odiado por el mundo (Juan 15:18-24; 17:14; 1 Jn. 3:13). El odio y las persecuciones también se darán al fin de los tiempos (Mat. 24:9). Jesús instó a Sus discípulos a regocijarse en medio de esa oposición (Luc. 6:22-23).

El odio a Dios A veces las personas odian a Dios (Sal. 68:1; 81:15) y a Su pueblo. Son enemigos de Dios que se rebelan obstinadamente contra Su voluntad, y serán castigados.

El odio divino Aunque Dios es amor (1 Jn. 4:8), algunos pasajes señalan el odio divino. Un Dios santo y celoso aborrece el pecado humano. Por ejemplo, Dios odia la idolatría pagana (Deut. 12:31) al igual que la adoración hebrea hipócrita (Isa. 1:14; Amós 5:21). Dios aborrece el pecado (Prov. 6:16-19; 8:13; Mal. 2:16), pero desea el arrepentimiento del pecador (Ezeq. 18:32). Algunos pasajes sugieren que el odio de Dios está dirigido principalmente a las acciones pecaminosas y no a la persona que peca (Heb. 1:9; Apoc. 2:6).

El odio de Dios no es la actitud emocional y vengativa que sienten con frecuencia los seres humanos, sino una fuerte reacción moral contra el pecado (la actitud de Dios hacia Edom en Mal. 1:3-4). En algunos casos, el término "amor" en contraste con "odio" puede significar "preferencia" (p. ej. Gén. 25:28; 29:30-33; Deut. 21:15-16), y "odio" puede significar "desdén" o "menosprecio" (Gén. 29:31,33; Deut. 22:13; 24:3; Luc. 14:26; 16:13). Los términos "amor" y "odio" también pueden indicar la libertad divina de elegir (Mal. 1:2-5; Rom. 9:13). Ver *Amor; Enemigo; Ira; Venganza.*

Warren McWilliams

OESTE Ver *Direcciones (geográficas).*

OFEL Nombre geográfico que significa "inflamado", "gordura", "protuberancia" o "montículo". Se convirtió en el nombre propio de una parte del monte donde se construyó la ciudad de David (2 Crón. 27:3). Estaba inmediatamente al sur del Monte Moriah, donde se construyó el templo y unía la ciudad vieja con la zona en que se hallaban el palacio de Salomón y el templo. Desde épocas anteriores al establecimiento de los israelitas, el monte había estado habitado por pueblos tales como los jebusitas. David se apropió de estas tierras y, junto con otros reyes posteriores a él, fortificaron aun más el lugar. Ofel sirvió de cuartel para que habitaran los que reconstruyeron la torre después del exilio (Neh. 3:26,27). Esto quizá refleje que el nombre gradualmente se fue empleando para designar una zona más amplia. Miqueas empleó el término hebreo para nombrar la "fortaleza de la hija de Sion" (4:8). Isaías advirtió que las "fortalezas" o "collados" (LBLA) serían destruidos (32:14). El término hebreo se utiliza en 2 Rey. 5:24 con un significado incierto como "colina" (NVI) o "monte" (LBLA). La palabra aparece además en la Piedra Moabita.

OFICIO Ocupación o profesión que requiere destreza manual o habilidad artística. En los tiempos bíblicos se practicaban varios oficios: carpintería, construcción de barcos, tallado (madera, marfil, ébano y alabastro), trabajos en metal (oro, plata, hierro y bronce), hilado y tejido, tintura, fabricación de tiendas, elaboración de cestas, alfarería, abatanado, escultura, joyería, vidriería, perfumería, bordados, albañilería, yesería, etc. Ver *Ocupaciones y profesiones.*

OFIR Nombre geográfico y de persona que significa "polvoriento". Sitio del antiguo Cercano Oriente famoso por su actividad comercial, especialmente en relación al oro. Los barcos de Salomón, con la ayuda de marineros fenicios, transportaban artículos valiosos provenientes de Ofir (1 Rey. 9:28; 10:11; comp. 1 Rey. 22:48). Aparentemente, el oro de Ofir era apreciado en gran manera, lo cual hizo que la frase se convirtiera en un término descriptivo de calidad dentro del lenguaje comercial del antiguo Cercano Oriente (Isa. 13:12; Job 22:24; 28:16; Sal. 45:9). Ofir se menciona fuera de la Biblia en un trozo de pieza de alfarería de Tell al-Qasileh, al norte de Tel Aviv en la Llanura de Sarón. Esta inscripción dice: "Oro de Ofir para Bet-horón, 30 siclos".

Los eruditos bíblicos discrepan en cuanto a la ubicación geográfica de Ofir. Se han sugerido tres regiones: India, Arabia y África. Quienes respaldan la ubicación en la India, lo hacen por la semejanza entre el término Ofir en la LXX (traducción griega del AT) y el nombre egipcio para aquella nación. Las pruebas disponibles sobre las prácticas comerciales indican que las flotas egipcias, fenicias y griegas recibían artículos de Oriente en forma indirecta a través de puertos del sur de Arabia y el este de África.

Otros eruditos han sugerido que Ofir estaba situada en la Península Arábiga. Se han identificado, por lo menos, cinco regiones pero no existe evidencia precisa en cuanto a ninguna. El argumento de más peso con respecto a su ubicación en Arabia, se debe a la presencia del nombre Ofir entre los nombres de las tribus árabes descendientes de Joctán, en la Tabla de las Naciones de Gén. 10.

Finalmente, se ha sugerido una ubicación en África: la costa oriental a la altura de Somalia. Se alude a este sitio dada la distancia desde Palestina y debido a los productos mencionados en el texto bíblico (1 Rey. 9:28; 10:11,22), que son característicos del África.

La ubicación de Ofir seguirá siendo un tema incierto. Conocimiento de las antiguas rutas y prácticas mercantiles, de los emprendimientos marítimos del antiguo Cercano Oriente y de las políticas económicas de la Israel del pasado serán útiles para determinar el lugar donde se situaba Ofir. Ver *Afec; Comercio; Economía.*

James Newell

OFNI Nombre que significa "lugar alto". Ciudad asignada a Benjamín (Jos. 18:24). Es probable que estuviera cerca de Geba y quizá sea Jifna, 5 km (3 millas) al noroeste de Bet-el, cerca de la intersección del camino que une Jerusalén con Siquem, y del que se dirige de la Llanura de Sarón a Bet-el.

OFNI Y FINEES Nombres propios que en egipcio significan "renacuajo" y "de piel oscura". En 1 Sam. 1:3, hijos de Elí y sacerdotes en Silo. Fueron hombres de mala reputación que despreciaban los asuntos sagrados. Fueron muertos en batalla contra los filisteos (1 Sam. 4:4). La noticia de su deceso precipitó la muerte de su padre, Elí (1 Sam. 4:18). Ver *Elí; Samuel.*

OFRA Nombre que significa "cervatillo". **1.** Descendiente de Judá (1 Crón. 4:14). **2.** Ciudad de Benjamín (Jos. 18:23), probablemente al norte de Micmas (1 Sam. 13:17,18). Esta Ofra quizá sea Efrón (2 Crón. 13:19) y Efraín (2 Sam. 13:23; Juan 11:54). Jerónimo ubicaba Ofra cinco millas romanas al este de Bet-el. Es probable que este sitio sea et-Taiyibeh, 8 km (5 millas) al norte de Micmas y 6 km (4 millas) al noreste de Bet-el. **3.** Ciudad asociada con la familia de Abiezer de Manasés que se estableció al este del Jordán (Jue. 6:11,24; 8:32). Esta Ofra fue la ciudad natal de Gedeón. Se han sugerido sitios tales como et-Taiyibeh al sur de la actual Tulkarm, et-Taiyibeh (Afula) en el Valle de Esdraelón al oeste del Monte More, y Fer'ata al oeste del Monte Gerizim cerca de Siquem. El último sitio se identifica mejor con Tizrah.

OFRENDA ELEVADA Ver *Sacrificios y ofrendas.*

OFRENDA MECIDA Ver *Sacrificios y ofrendas.*

OFRENDA PARA LOS SANTOS Cerca del final de ministerio de Pablo, este recolectó una ofrenda para los pobres de la iglesia de Jerusalén. Se desconoce la razón por la cual dicha iglesia tuviera tanta pobreza. Es probable que los judíos de Jerusalén hayan aislado del sistema económico a los judíos cristianos. Pablo y Bernabé prometieron ayuda (Gál. 2:1-10), de modo que Pablo reunió este dinero de las iglesias gentiles donde ministraba. Estas iglesias incluían Filipos, Tesalónica, Corinto y Galacia. Él mencionó esta ofrenda en tres ocasiones en sus cartas. En 1 Cor. 16:1-4, el apóstol indicó que deseaba que la iglesia separara algo de dinero el primer día de cada semana. En 2 Cor. 8–9, Pablo escribió diciendo que las iglesias de Macedonia habían dado generosamente y que Tito debía supervisar la concreción de la ofrenda en Corinto. Finalmente, en Rom. 15:25, Pablo declaró que en ese momento iba hacia Jerusalén para entregar la ofrenda. La ofrenda fue impulsada por un sentido de agradecimiento espiritual hacia la iglesia de Jerusalén, que era la iglesia fundadora de iglesias. En Hechos, Lucas nunca mencionó las ofrendas en forma específica. En 20:4 aparece una lista de hombres que acompañaron a Pablo a Jerusalén. (Este viaje corresponde a los planes de Rom. 15:25.) Para Pablo, la importancia de esta ofrenda era doble. Primero, suplía una necesidad económica en Jerusalén. La inestabilidad política y la depresión económica general eran problemas que estaba atravesando Palestina. Había viudas que necesitaban ayuda regular (Hech. 6:1), y compartir los bienes sólo ofrecía un alivio temporal (Hech. 4:32-37). Por esta razón, Pablo estaba ansioso para que los cristianos recordaran a los pobres (Gál. 2:10). Segundo, la ofrenda tenía una importancia teológica para Pablo. El hecho de que los gentiles estuvieran dispuestos a ayudar a los judíos de esta manera convalidaba la misión de Pablo a los gentiles. La ofrenda era una evidencia de que dentro de la familia cristiana "no hay judío ni griego" (Gál. 3:28).

Terence B. Ellis y Lynn Jones

OFRENDA POR LA CULPA Ver *Sacrificios y ofrendas.*

OFRENDA VOLUNTARIA Ofrenda dada por propia disposición del dador (Ex. 35:21-29; 36:3-7; Lev. 7:16). La característica distintiva era "el impulso del corazón" de los dadores que se sentían "movidos por su espíritu" (LBLA). El tabernáculo se construyó utilizando materiales que habían sido entregados como ofrenda voluntaria (Ex. 35:29). El deseo del pueblo de dar era tan grande que Moisés tuvo que pedirles que no ofrendaran más (Ex. 36:3-7). Era tradicional que en Pentecostés se hicieran ofrendas voluntarias (Deut. 16:10). Ver *Sacrificios y ofrendas.*

OFRENDAS Ver *Sacrificios y ofrendas.*

OFRENDAS DE GRANO (OBLACIONES) Ver *Sacrificios y ofrendas.*

OFRENDAS DE PAZ Ver *Sacrificios y ofrendas.*

OG Rey amorreo de Basán al cual derrotaron los israelitas antes de cruzar el Jordán (Núm. 21:33-35; Deut. 1:4; 3:1-13). A Og se lo identifica como el último miembro de los refaítas o gigantes (Deut. 3:11). El término que se traduce "cama" (comp. Job 7:13; Amós 3:12) quizá corresponda mejor a "lugar de descanso" en el sentido de lugar de sepultura. Algunos intérpretes sugieren que este lugar de descanso era similar a sarcófagos de basalto negro hallados en Transjordania.

OHAD Nombre de persona que significa "unidad". Hijo de Simeón (Gén. 46:10; Ex. 6:15). El nombre se omite en las listas paralelas (Núm. 26:12-14; 1 Crón. 4:24).

OHEL Nombre de persona que significa "tienda", "familia (de Dios)" o "(Dios es) refugio". Descendiente de David (1 Crón. 3:20).

OÍDO, OREJA Órgano físico de la audición. En el AT, las "orejas" cumplen un papel en diversos ritos. La oreja derecha del sacerdote se consagraba con sangre (Ex. 29:20; Lev. 8:24). La oreja derecha de un leproso también se rociaba con sangre y aceite como parte de la purificación (Lev. 14:14,17). Si un esclavo se ofrecía voluntariamente a servir de por vida a su amo, la oreja del esclavo se perforaba con un punzón contra el marco de la puerta del amo (Ex. 21:6; Deut. 15:17).

El oído aparece en diversas expresiones en ambos testamentos. Inclinar el oído aludía a escuchar (2 Rey. 19:16) y aun a obedecer (Jer. 11:8). Prestar oído era prestar atención cuidadosa (Job 32:11). Volver los oídos a la sabiduría (Prov. 2:2) significaba desear entendimiento. Oídos pesados, sordos, cerrados o incircuncisos expresaban desatención y desobediencia (Isa. 6:10; Jer. 6:10; Hech. 7:51). Taparse los oídos era negarse a escuchar (Hech. 7:57). Los oídos abiertos eran oídos atentos y obedientes. Los oídos abiertos son un don de Dios (Sal. 40:6), quien a veces usa la adversidad para abrir los oídos sordos (Job 36:15). Despertar los oídos era capacitar a la persona para recibir enseñanza (Isa. 50:4). Destapar o abrir el oído significaba revelar algo (Isa. 50:5). Dejar que las palabras penetren en el oído era comprender cabalmente (Luc. 9:44). En algunas ocasiones, al oído se le atribuían funciones de la mente. Así, el oído tenía criterio (Job 12:11) y entendimiento (13:1).

OJO Órgano de la vista.

Usos literarios Los ojos eran órganos con un valor especial. Si un amo golpeaba a un esclavo y lo dejaba ciego de un ojo, el siervo debía quedar libre como compensación (Ex. 21:26). La ley de retribución del AT limitaba la venganza de una pérdida personal a "ojo por ojo" (Lev. 24:20). Jesús reemplazó este concepto de la justicia por el de amar al enemigo (Mat. 5:38-48). Un defecto visual descalificaba a alguien para el servicio sacerdotal (Lev. 21:20). Un castigo excepcionalmente cruel era arrancarle los ojos al enemigo (Jue. 16:21; 2 Rey. 25:7). Se interpretaba que este acto traía desgracia sobre la tierra de los que habían sido cegados (1 Sam. 11:2). La descripción de los ojos de Lea (Gén. 29:17) no tiene un claro significado. La expresión "ojos delicados" se puede entender positivamente (bellos) o negativamente "apagados" (NVI).

Usos derivados El AT a menudo habla del ojo cuando nosotros hablaríamos de la persona, lo que refleja el concepto hebreo de partes corporales como si fueran entidades parcialmente independientes. Los ojos, por lo tanto, pueden aprobar acciones (Job 29:11); pueden estar llenos de adulterio (2 Ped. 2:14), y pueden desear (Sal. 54:7) o codiciar (Núm. 15:39; 1 Jn. 2:16).

Los ojos desprecian (Est. 1:17), se muestran insatisfechos (Prov. 27:20; Ecl. 4:8), y pueden permanecer atados a provocaciones pasadas (Job 17:2). Job incluso habló de entrar en un pacto con sus ojos como si fueran una parte ajena a él (31:1). Los ojos pueden ser malvados, es decir, codiciosos o hirientes. Dichos ojos se rehúsan a hacer préstamos cuando el año sabático está próximo (Deut. 15:9) y le mezquina la comida a un hermano (28:54). El ojo malvado de Mat. 6:23 a menudo se interpreta como un ojo enfermo, en contraste con el ojo (sano) de 6:22. El contexto de Mateo para enseñar sobre el tesoro en el cielo (6:19) y sobre servir a Mamón o a las riquezas (6:24), al igual que el uso en Mat. 20:15, sugiere que la idea conocida en el AT en relación al ojo malo como el ojo mezquino también está presente aquí. Los ojos pueden ser generosos para con los pobres (Prov. 22:9). Pueden ser despreciativos y burlones (Prov. 30:17); pueden perdonar a un enemigo (1 Sam. 24:10; Isa. 13:18), o esperar el momento para pecar (Job 24:15). Los ojos pueden ofender (Mat. 5:29), es decir, hacer que alguien peque. El llamado de Jesús a arrancarse el ojo ofensivo es una expresión exagerada para aludir a que nada debe inducirnos a pecar.

Expresiones La "niña del ojo" es una descripción de la pupila. Proverbios 7:2 es un llamado para hacer que la ley de Dios sea la niña del ojo, es decir, algo de valor que se debe proteger (guardar) cuidadosamente. Los sobornos enceguecen los ojos de los jueces para que ignoren la justicia (Deut. 16:19; 1 Sam. 12:3). La difícil expresión "un velo para los ojos" (Gén. 20:16) denota ya sea la compensación por un daño, la exoneración o algo similar. De alguna forma, Sara fue vindicada; Abimelec y su corte no pudieron "ver" nada como para criticar el comportamiento de ella, y así salvó su matrimonio.

Ver "ojo a ojo" (Isa. 52:8) sería ver a plena luz o ver con los propios ojos.

Los ojos que han sido iluminados o encendidos (1 Sam. 14:27 LBLA) probablemente sea imagen de ser reconfortado (comp. Sal. 13:3) La luz de los ojos puede ser un paralelo de fortaleza, de vigor (Sal. 38:10; comp. Prov. 15:30). Los mandamientos del Señor podían iluminar los ojos (Sal. 19:8), ya sea en el sentido de dar vigor o de otorgar comprensión.

Fijar los ojos (Hech. 11:6) es mirar de cerca. Ojos entrecerrados o pesados son ojos adormilados. Que los ojos sean abiertos (Gén. 3:5; 21:19) es hacer que se tome conciencia o que se reconozca. La imagen de arrancarse los ojos (Gál. 4:15) representa la voluntad de hacer algo. Guiñar el ojo (Sal. 35:19; Prov. 6:13; 10:10; comp. 16:30) se asocia al odio, a la traición y a la provocación.

El ojo de Dios/Los ojos de Dios El ojo o los ojos de Dios es una figura frecuente del cuidado providencial divino. Él nos guía con Su ojo (Sal. 32:8), es decir, nos aconseja a la vez que ofrece protección cuidadosa. Ser liberados de la muerte y del hambre es el resultado de la atenta mirada del ojo de Dios (Sal. 33:18-19). La imagen del ojo o de los ojos de Dios que recorren la tierra (2 Crón. 16:9; Prov. 15:3; Jer. 16:17) simboliza el conocimiento que Dios tiene de toda actividad humana y del control que ejerce sobre ella. Del mismo modo, las descripciones apocalípticas de numerosos ojos (Ezeq. 1:18; 10:12; Apoc. 4:6) aseguran la confianza en el conocimiento que Dios tiene de las vicisitudes de Su pueblo donde quiera que esté.

Otros usos El término hebreo para ojo es usado en una variedad de expresiones que no están relacionadas con la vista ni con la visión. La palabra puede traducirse "fuente" (Gén. 16:7; Núm. 33:9). El término también puede referirse a la faz o superficie de la tierra (Ex. 10:5,15; Núm. 22:5, 11) o las facetas (caras) de una piedra (Zac. 3:9). El vocablo también se utiliza para hablar de las burbujas del vino (Prov. 23:31 LBLA, nota al margen) quizás para aludir a burbujas que parecen ojos. La palabra que a veces se traduce "color" (Núm. 11:7), también es un vocablo para ojo. *Chris Church*

OJO DE UNA AGUJA Ver *Aguja.*

OJOS, PINTURA PARA LOS Ver *Cosméticos.*

OJOS, SACAR LOS Castigo cruel y degradante que en los tiempos bíblicos a veces se aplicaba a los pueblos conquistados. Los filisteos le sacaron los ojos a Sansón (Jue. 16:21). Nahas le ofreció un tratado de paz al pueblo de Galaad con la condición de sacarles el ojo derecho a todos los varones, lo que implicaría deshonra para Israel (1 Sam. 11:2). Luego de ejecutar al hijo del rey Sedequías ante su presencia, los babilonios le sacaron los ojos (2 Rey. 25:7). La Escritura registra dichos sucesos como actos de crueldad, no como ejemplos a seguir.

OLIMPAS Quizá una forma abreviada de Olimpiodoro (don del Olimpo). Cristiano al que Pablo saludó en Rom. 16:15. Aparentemente, era miembro de una iglesia que se reunía en una casa y que incluía a las demás personas mencionadas en 16:15.

OLIVOS Ver *Agricultura; Plantas; Ungüentos.*

OLIVOS, MONTE DE LOS Ver *Monte de los Olivos.*

OLLA DE CARNE Marmita utilizada para cocinar carne. La murmuración de los israelitas contra Moisés (Ex. 16:3) incluía la declaración exagerada de que en Egipto habitualmente se sentaban junto a ollas de carne y tenían pan hasta saciarse. En el antiguo Cercano Oriente, la carne no formaba parte de la dieta regular de la gente promedio.

OLOR Esencia fragante; término empleado comúnmente en la frase "olor grato". Sinónimo de ofrendas encendidas (Núm. 28:1,2). Ver *Sacrificios y ofrendas.*

OLVIDO, TIERRA DE En Sal. 88:12, designación para el Seol, la morada de los muertos.

OMAR Nombre de persona que significa "conversador". Hijo de Elifaz y antepasado de una familia edomita del mismo nombre (Gén. 36:11, 15; 1 Crón. 1:36).

OMBLIGO Depresión en el medio del abdomen donde inicialmente se hallaba adherido el cordón umbilical. Ezequiel 16:4 describe gráficamente la condición desesperada de Jerusalén antes de que Dios la adoptara mediante la imagen de un niño cuyo cordón umbilical no había sido cortado. Las traducciones modernas suelen reemplazar "ombligo" con otra palabra más apropiada al contexto, por ejemplo, "vientre" o "cuerpo" (Job 40:16; Prov. 3:8; Cant. 7:2). Ver *Partera.*

OMEGA Última letra del alfabeto griego. Junto con la primera letra, alfa, omega designa a Dios y a Cristo como la "Realidad" que lo abarca todo (Apoc. 1:8; 21:6; 22:13). Ver *Alfa y Omega.*

OMNIPOTENCIA Cualidad de ser totalmente poderoso y que la teología le atribuye a Dios. Las Escrituras suelen afirmar que todo el poder le pertenece a Dios (Sal. 147:5), que para Dios todo es posible (Luc. 1:37; Mat. 19:26) y que el poder de Dios excede todo lo que los seres humanos puedan pedir o imaginar (Ef. 3:20). Para la Escritura, la omnipotencia de Dios no es cuestión de especulación abstracta sino una fuerza que se debe tener en cuenta. El poder de Dios se revela en Su obra creadora y sustentadora del universo (Sal. 65:6; Jer. 32:17; Heb. 1:3), en la liberación de Israel de los ejércitos del Faraón (Ex. 15:1-18), en la conquista de Canaán (Deut. 3:21-24), en la encarnación (Luc. 1:35), en la muerte de Cristo en la cruz (1 Cor. 1:17,18,23,24) y en el ministerio continuo de la iglesia (1 Cor. 2:5; Ef. 3:20). Ver *Dios.*

OMNIPRESENCIA Estar presente en todas partes al mismo tiempo; uno de los atributos exclusivos de Dios. Una de las características de los objetos creados es que se hallan limitados por el espacio. Un objeto o una persona pueden ocupar sólo un lugar en un momento determinado. Dado que Dios creó los cielos y la tierra (Gén. 1:1) y que por medio de Su Hijo sustenta continuamente todo lo que existe (Heb. 1:3), Él está presente en la totalidad de la creación y en cada uno de sus componentes. El rey David se dio cuenta de que no había lugar a donde pudiera huir de la presencia de Dios (Sal. 139:7-12) y que ningún estado, como es el caso de la oscuridad, podía esconderlo de Él. Si bien Dios está presente en todas partes, no se lo percibe en todas partes. Él puede estar plenamente presente y, aun así, permanecer escondido de la vista de Sus criaturas, o puede hacer que Su presencia se perciba ya sea mediante bendición o juicio. Ver *Dios.* *Steve Bond*

OMNISCIENCIA Cualidad de conocer todas las cosas y que la teología le atribuye a Dios. Si bien las Escrituras declaran el entendimiento inconmensurable de Dios (Sal. 147:5), Su omnisciencia no es cuestión de especulación abstracta. Más bien, el conocimiento de Dios es una cuestión de experiencia personal. Dios nos conoce íntimamente (Sal. 139:1-6; Mat. 6:4,6,8). Dicho conocimiento es motivo de alarma para el impío pero de confianza para los santos de Dios (Job 23:10; Sal. 34:15,16; 90:8; Prov. 15:3; 1 Ped. 3:12). Ver *Dios.*

OMRI Nombre de persona que significa "peregrino" o "vida". **1.** Rey de Israel (885–874 a.C.) y fundador de la dinastía que lleva su nombre y que gobernó hasta el 842. Omri ascendió al trono de manera sumamente extraña. Zimri, un comandante de los carros del ejército de Israel, asesinó al rey Ela y asumió el control del palacio de Tirsa (1 Rey. 16:8-15). La mitad del pueblo se rebeló y estableció como rey a Omri ("general del ejército", v.16). Cuando Zimri se dio cuenta de que se hallaba en una situación desesperante, incendió el palacio estando él adentro. Omri se convirtió en rey recién después de enfrentar con éxito una rebelión encabezada por Tibni (vv.21,22). El logro más importante de Omri durante sus 11 años de reinado fue la compra del monte de Samaria y la edificación de la capital de Israel en ese sitio. Lo sucedió su hijo Acab. Fuentes asirias continuaron denominando a Israel como "la tierra de Omri". Miqueas acusó a Jerusalén de continuar con las acciones de Omri y también de su hijo Acab. Ese fue el fundamento de Dios para la destrucción de Jerusalén (Miq. 6:16). **2.** Oficial de la tribu de Isacar durante el reinado de David (1 Crón. 27:18). **3.** Nieto de Benjamín (1 Crón. 7:8). **4.** Abuelo de un miembro de la tribu de Judá que regresó a Jerusalén del exilio aprox. en el 537 a.C.

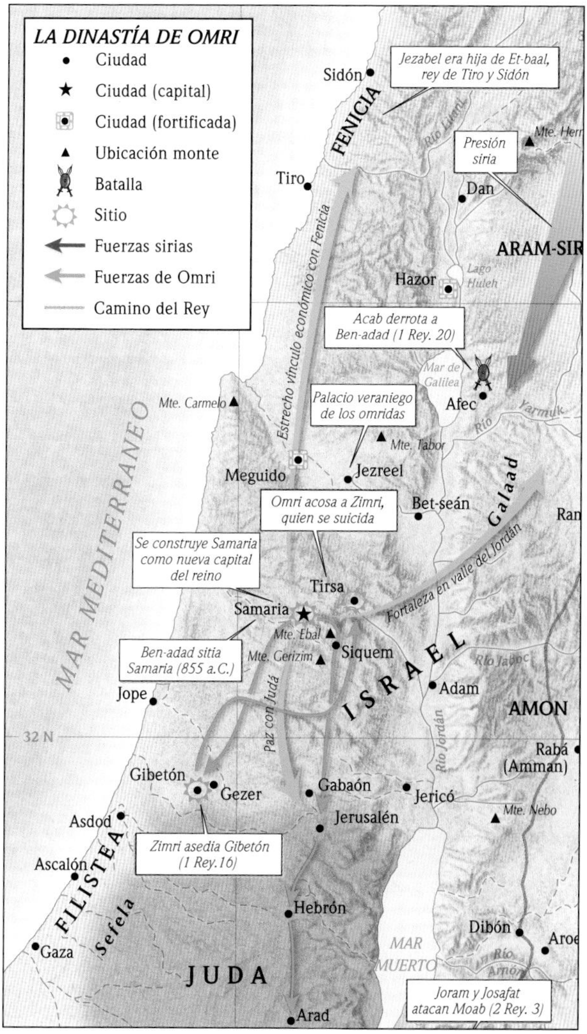

ON 1. Nombre egipcio de lugar que significa "ciudad de la columna" y que en griego se llamaba Heliópolis o "ciudad del sol" y en hebreo Bet-semes, también "ciudad del sol" (Jer. 43:13) y Avén. Era el centro de adoración del dios-sol, Ra (Atún). Si bien no era importante desde el punto de vista político, ya a comienzos de la historia de Egipto la ciudad se convirtió en un centro religioso vital. Situada en Matariyeh, aprox. 8 km (5 millas) al noreste de la actual El Cairo, On permaneció como centro de adoración hasta mucho después. La esposa egipcia de José era originaria de On (Gén. 41:45); su padre oficiaba como sacerdote en el templo de ese lugar. Mientras estaba en Egipto, Jeremías advirtió que Dios iba a destruir On y la adoración en ese sitio (Jer. 43:13). Ezequiel o los escribas que copiaron su obra colocaron Avén, palabra hebrea para "tribulación, engaño", en lugar de On cuando se pronunció el juicio sobre la ciudad (Ezeq. 30:17). **2.** Nombre de persona que significa "poderoso, rico". Miembro de la tribu de Rubén que formó parte del grupo de líderes que desafió la autoridad de Moisés (Núm. 16:1).

ONAM Nombre de persona que significa "vigoroso". **1.** Antepasado de una familia de edomitas (Gén. 36:23; 1 Crón. 1:40). **2.** Antepasado de una familia de jerameelitas descendientes de Judá (1 Crón. 2:26,28).

ONÁN Nombre de persona que significa "poder". Hijo de Judá y su esposa cananea, Súa (Gén. 38:2-8). Después de la muerte de Er, su hermano mayor, Onán tuvo que casarse con la viuda y engendrar un hijo que diera continuidad al nombre del difunto. Una y otra vez, Onán no cumplía con las responsabilidades de procreación del matrimonio y, por esa razón, Dios le quitó la vida (38:8-10). Ver *Levirato (ley), Matrimonio por.*

ONESÍFORO Nombre de persona que significa "que da fruto". Cristiano de Éfeso que fue ponderado por su esfuerzo en hallar el lugar donde Pablo estaba arrestado, por no haberse avergonzado de que lo consideraran amigo de alguien que estaba preso y por el servicio que anteriormente había desarrollado en aquella ciudad (2 Tim. 1:16-18). El saludo y la oración por la casa de Onesíforo (2 Tim. 1:16; 4:19) les ha sugerido a algunos que ya había muerto. Lo que se puede afirmar es que no estaba en Éfeso.

ONÉSIMO Nombre de persona que tal vez signifique "productivo". Esclavo que motivó que Pablo le escribiera una carta a Filemón. En esa carta, Pablo le rogó que le otorgara la libertad al sirviente porque este le había sido sumamente útil al apóstol. Onésimo le había robado a su amo y se había escapado; luego se encontró con Pablo y aceptó a Cristo. Cuando Pablo lo envió de regreso con Filemón, instó al amo a tratar al esclavo como a un hermano en Cristo (v.16).

Más tarde, Onésimo acompañó a Tíquico para llevar la carta de Pablo a la iglesia de Colosas (Col. 4:7-9). Dos tradiciones vinculan a Onésimo con un obispo del mismo nombre que se desempeñó en la iglesia durante el siglo II y con el Onesíforo que aparece en 2 Tim. 1:16. Ninguna de estas dos vinculaciones se ha demostrado de manera satisfactoria. Ver *Filemón, Carta a.*

ÓNICE Ver *Minerales y metales.*

ONO Nombre que significa "duelo". Ciudad benjamita ubicada aprox. 11 km (7 millas) al sudeste de Jope. La ciudad aparece en una lista del faraón Tutmoses III (1490–1436 a.C.). La Mishná consideraba Ono como fortaleza ya en tiempos de Josué. La ciudad fue reedificada por Semed, un descendiente de Benjamín (1 Crón. 8:12). Ono fue morada de algunos de los que regresaron del exilio (Esd. 2:33; Neh. 7:37; 11:35). Se identifica con Kefr' Ana en el vado Musrara. Este amplio vado se denomina valle de los artífices (Neh. 11:35) y campo de Ono (Neh. 6:2).

ORACIÓN Diálogo entre Dios y Su pueblo, en especial con los miembros de Su pacto.

Antiguo Testamento Israel es una nación que nació de la oración. Abraham escuchó el llamado de Dios (Gén. 12:1-3), y Dios escuchó el clamor del pueblo hebreo (Ex. 3:7). Moisés conversó con Dios (Ex. 3:1–4:17) e intercedió por Israel (Ex. 32:11-13; Núm. 11:11-15). A través de la oración, Josué discernió el pecado en la comunidad de la conquista (Jos. 7:6-9), pero fue engañado cuando no descifró la opinión de Dios a través de la oración (Jos. 9). Dios también les habló a los jueces para que liberaran a Su pueblo

Judíos ortodoxos modernos oran en la vieja Jerusalén como los hebreos del AT.

cuando este clamó a Él pidiendo la liberación. La perspicacia espiritual de David se ve en sus oraciones de confesión (2 Sam. 12:13; Sal. 51). Salomón cumplió las promesas hechas a David luego de orar pidiendo sabiduría (1 Rey. 3:5-9), y dedicó el templo en oración (1 Rey. 8). Dios obró milagros a través de la oración de Elías y de Eliseo (1 Rey. 17:19-22; 18:20-40). Los profetas que dejaron testimonio escrito señalaron que la oración genuina debe ir acompañada de responsabilidad moral y social (Os. 7:14; Amós 4:4,5). El llamado de Isaías reflejó la intensa limpieza y el compromiso que implicaba la oración (Isa. 6). El diálogo y la intercesión de Jeremías con frecuencia expresaba reserva y frustración (Jer. 1; 20:7-18), e instruye en cuanto a la sinceridad en la oración. El libro de los Salmos enseña que la variedad y la sinceridad en la oración son lícitas. Los Salmos proclaman alabanza, piden perdón, procuran comunión (63), protección (57), vindicación (107) y sanidad (6). El Salmo 86 proporciona un excelente modelo para la oración. El modelo de oración diaria se convierte en crucial para los exiliados sin acceso al templo (Dan. 6:10).

Nuevo Testamento El ejemplo y la enseñanza de Jesús inspiran a la oración. Marcos enfatizó que Jesús oraba en los momentos cruciales, incluyendo la elección de los discípulos (3:13), Su misión (6:30-32), y la transfiguración (9:2). Jesús tenía una constante e intensa vida de oración (Mat. 6:5; 14:23; Mar. 1:35). Lucas declaró que Jesús era guiado por el Espíritu Santo (Luc. 3:22; 4:1,14,18; 10:21; Hech. 10:38). Juan informó que, a veces, Jesús oraba en voz alta para beneficio de los presentes (Juan 11:41,42). También registró la oración de intercesión que hizo Jesús por los primeros discípulos y los futuros creyentes (Juan 17). Ambas oraciones muestran la unidad de Jesús con el Padre y el deseo de darle gloria (Juan 11:4; 17:1).

El Padrenuestro (Mat. 6:9-13; Luc. 11:2-4) lo enseñó Jesús a los discípulos para que entendieran que el reino está presente pero que aún tiene que venir en toda su plenitud. Es significativo que los discípulos le hayan pedido a Jesús que les enseñara a orar luego de haber observado que Él lo hacía (Luc. 11:1). Esta oración también proporciona un contraste con las oraciones hipócritas (Mat. 6:5). Aunque se permite repetir esta oración, sería bueno recordar que Jesús hizo énfasis en la manera de orar y no en qué decir al hacerlo. Ver *Padrenuestro.*

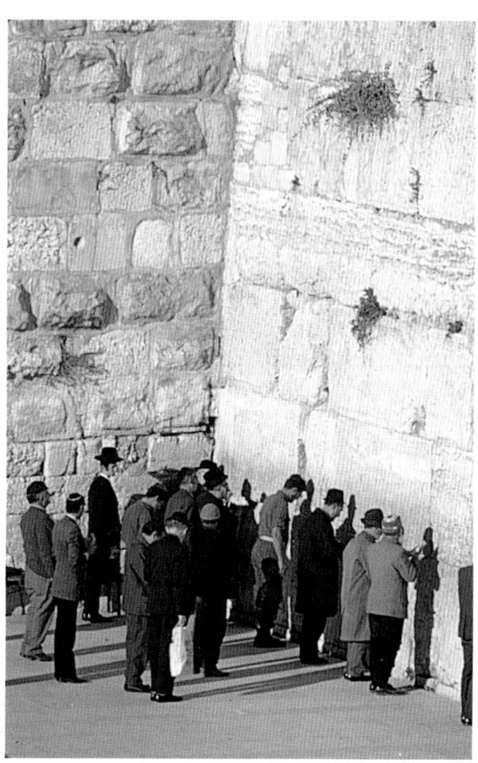

Hombres judíos oran en el Muro de los Lamentos, un lugar cercano al probable emplazamiento del antiguo templo.

Jesús también corrigió abusos y malentendidos con respecto a la oración. En primer lugar, esta no se debe expresar para impresionar a los demás. Más bien, los discípulos debían buscar un cuarto o un cobertizo para orar en privado. Jesús no rechazó la oración en grupo, pero Su advertencia se puede aplicar al creyente que ora para impresionar a una congregación (Mat. 6:5,6). En segundo lugar, Jesús también prohibió los largos y rebuscados intentos de manipular a Dios. Mientras que Él oró durante largos períodos (Luc. 6:12; Mar.1:35) y repitió Sus palabras (Mar. 14:36-42), invitó a las personas a que confiaran en el Padre y no en la elocuencia o fervor que ellas poseían.

La enseñanza de Jesús sobre la persistencia en la oración está ligada a la llegada del reino (Luc. 11:5-28; 18:1-8). Dios no es reacio, aunque a veces los cristianos tengan que esperar las respuestas (Luc. 11:13; 18:6-8). Las paradojas de la oración son evidentes: Dios conoce nuestras necesidades, sin embargo, debemos pedir; Dios está listo para responder, no obstante, debemos persistir con paciencia. Los pedidos de los hijos del reino serán oídos (Mat. 6:8; 7:7-11; 21:22;

Juan 14:13; 15:7,16; 16:23; comp. 1 Jn. 3:22; 5:14; Sant. 1:5), en particular los de los creyentes que se reúnen en el nombre de Jesús (Mat. 18:19).

En el pensamiento hebreo, el nombre estaba misteriosamente ligado al carácter y a las prerrogativas de la persona. Por lo tanto, la oración en el nombre de Jesús es aquella que busca Su voluntad y se somete a Su autoridad (Juan 14:13; 1 Jn. 5:14).

La iglesia recordó la enseñanza de Jesús con respecto al Espíritu, a la oración y a la misión del reino. Los discípulos oraron esperando el derramamiento del Espíritu Santo (Hech. 1:14). La iglesia primitiva se caracteriza por la oración (Hech. 2:42). Oró con respecto a la selección de los líderes (Hech. 1:24; 6:6; 13:3); durante la persecución (Hech. 4:24-30; 12:5,12), y al prepararse para sanar (Hech. 9:40; 28:8). Invocar el nombre de Dios, es decir orar, es el primer acto y la verdadera marca de un creyente (Hech. 2:21; 9:14,21; 22:16).

El ministerio de Pablo reflejó su constante oración de intercesión y acción de gracias (1 Tim. 2:1; Ef. 1:16; 5:4; Hech. 9:11). El Señor le habló a Pablo en oración (Hech. 22:17). Esta es crucial para continuar en la vida cristiana (Rom. 12:12). El Espíritu que habita en el creyente lo capacita para llamar a Dios "Abba" (Rom. 8:15); es decir, la obra del Espíritu en el creyente lo impulsa a dirigirse a Dios con la confianza de un niño (Rom. 8:14). El Espíritu debe interceder porque nuestras oraciones son débiles; sin el Espíritu, los cristianos oran sin discernimiento. Él eleva nuestras peticiones con ruegos que trascienden las palabras (Rom. 8:26,27; Gál. 4:6).

Oraciones respondidas–Peticiones sin responder No todas las peticiones son concedidas. La exigencia de Job de respuestas de parte de Dios se vio eclipsada por el imponente privilegio de encontrarse con Él (Job 38–41). Los creyentes modernos también deben valorar más la comunión con su Padre que las peticiones.

Jesús, con el alma angustiada hasta la muerte, oró tres veces para que la copa del sufrimiento pasara de Él, pero de todas formas se sometió a la voluntad de Dios (Mat. 26:38,39,42,45). Tanto el denuedo de la petición para modificar la voluntad de Dios como la sumisión ante este difícil camino de sufrimiento son significativos.

Pablo pidió tres veces que le fuera quitado el "aguijón en la carne". La respuesta de Dios lo llevó a encontrar consuelo en la gracia suficiente de Dios. Además, Dios declaró que Su poder se revelaba mejor en la debilidad de Pablo (2 Cor. 12:8,9). Dios le dio este problema para poner un obstáculo a su orgullo. Irónicamente, Pablo proclamaba que Dios le había dado ese problema y, sin embargo, lo consideraba un mensajero de Satanás. Aprendió que, a veces, las peticiones se nos niegan en vista de un bien futuro mayor. El poder de Dios se mostró en la humildad de Pablo.

La fe es una condición para recibir respuestas a las peticiones (Mar. 11:24). En lo que respecta a la fe, se deben evitar dos extremos. (1) Teniendo en mente el ejemplo de Jesús, no debemos pensar que la fe siempre hará que se nos concedan nuestros deseos. (2) No debemos cumplir con las formalidades de la oración sin fe. Los creyentes no reciben lo que piden en oración porque piden con motivos egoístas (Sant. 4:2,3). Las oraciones también se ven obstaculizadas por un carácter corrupto (Sant. 4:7) o por relaciones dañadas (Mat. 5:23,24; 1 Ped. 3:7).

Reflexiones teológicas Lo esencial en la oración es el diálogo. La oración produce una transformación en lo que sucede (Sant. 4:2). Nuestra comprensión de la oración se corresponderá con el conocimiento que tengamos de Dios. Cuando vemos a Dios con deseos de bendecir (Sant. 1:5) y con la soberana libertad de responderles a las personas (Jon. 3:9), entonces la oración se considera como un diálogo con Él. Dios responderá cuando procuremos establecer fielmente este diálogo. La oración nos conducirá a una mayor comunión con Dios y un mayor conocimiento de Su voluntad. *Randy Hatchett*

ORÁCULOS Comunicados de parte de Dios. El término se refiere tanto a respuestas divinas sobre preguntas formuladas a Dios como a declaraciones efectuadas por Él sin que se le hubiese preguntado. En un sentido, los oráculos eran profecías dado que solían referirse al futuro; pero a veces tratan sobre decisiones que deben tomarse en el presente. Por lo general, los comunicados que aparecen en la Biblia eran de parte de Yahvéh, el Dios de Israel. No obstante, en las épocas de idolatría, los israelitas ciertamente buscaban una palabra o declaración de parte de los dioses falsos (Os. 4:12). Muchas de las naciones vecinas de Israel procuraban recibir oráculos de sus deidades.

Si bien la palabra "oráculo" no se emplea con mucha frecuencia en el AT, definitivamente era algo común en aquella época. Esta diferencia tiene lugar porque la palabra hebrea que se traduce "oráculo" también se puede traducir como "carga", "dicho", "palabra", "profecía" y otros términos más. Las traducciones no son congruentes en cuanto a la manera de expresar estas palabras hebreas. En las versiones en español de la Biblia se traducen mayormente con formas derivadas del verbo "decir".

Algunos "oráculos" corresponden a "profecías" que representan la totalidad de un libro profético (Mal. 1:1) o una porción importante de alguno de ellos (Hab. 1:1). En Isaías, varias porciones proféticas de juicio y castigo entran en esta categoría (13:1; 14:28). Los dichos específicos acerca del juicio de Dios sobre Joram (2 Rey. 9:25) y Joás (2 Crón. 24:27) también corresponden a oráculos. Otros ejemplos, aun cuando la palabra "oráculo" no se usa, incluyen las palabras de Elías a Acab (1 Rey. 21:17-19) y las de Eliseo a Joram (2 Rey. 3:13-20). Según estas clases de usos, muchos estudiosos de la Biblia consideran que los oráculos son palabras divinas de castigo y juicio. No obstante, el oráculo de Balaam (Núm. 24:3-9) es una bendición. También las referencias al consejo de Ahitofel (2 Sam. 16:23) y a las profecías sobre Jerusalén que, aunque agradables, eran falsas (Lam. 2:14) nos demuestran que estos pronunciamientos no siempre eran negativos.

El NT no refleja un uso similar de los oráculos ni de las palabras referentes a ellos como sucede en el AT. La iglesia primitiva ciertamente tenía profetas como Agabo (Hech. 21:10,11) que expresaban la palabra de Dios sobre lo que iba a sobrevenir. En la mayoría de los casos se refiere a las enseñanzas de Dios en el AT (Hech. 7:38; Rom. 3:2). Es probable que también apunte a las enseñanzas cristianas (Heb. 5:12).

¿Por qué se pronunciaban oráculos? Debemos hacer una distinción entre los oráculos que se pedían y los que llegaban sin ser solicitados. A los primeros hay que denominarlos "oráculos decisorios", en tanto que a los segundos se los podría llamar "oráculos declaratorios". Los oráculos decisorios se daban cuando la gente le hacía una pregunta a Dios o buscaba Su consejo. Por ejemplo, David necesitaba saber el momento preciso para atacar a los filisteos, de modo que le preguntó a Dios. Las respuestas que recibió fueron oráculos (2 Sam. 5:19,23,24). Saúl, el primer rey de Israel, fue elegido mediante un oráculo (1 Sam. 10:20-24). En ese caso, el comunicado divino se obtuvo echando suertes. Los resultados se consideraban oráculos de Dios. Los oráculos decisorios son, pues, la respuesta de Dios a preguntas e intereses del momento presente. No condenaban el pecado ni predecían el futuro de ninguna manera específica.

Los oráculos declaratorios constituían la palabra dicha por Dios con respecto a una situación o una persona aun cuando no se había buscado obtenerla (no obstante, ver más abajo los comentarios sobre el oráculo de Balaam). Los oráculos declaratorios a veces eran breves, tal como cuando Elías anticipó hambruna en Israel (1 Rey. 17:1). El mensaje podía ser extenso; por esta razón, todo el libro de Malaquías es un oráculo declaratorio. Por lo general, esta clase de oráculo enunciaba lo que iba a suceder y también solía condenar el pecado. Expresaba el punto de vista de Dios respecto a los actos y circunstancias del presente. En ese sentido, muchas de las profecías del AT eran oráculos declaratorios. Dado que expresaban la palabra de Dios, estos pronunciamientos eran verdaderos aun cuando podían cambiar, tal como sucedió en el caso de lo dicho por Jonás acerca de Nínive (Jon. 3:4-9).

Los oráculos declaratorios se emitían a fin de provocar un efecto. La gente tenía que escuchar y modificar su manera de proceder. Con esto en mente, los oráculos declaratorios contra las naciones extranjeras conformaban un grupo especial. Muchos de los escritos proféticos contienen declaraciones en contra de (o referentes a) las naciones que rodeaban a Israel (Amós 1; Isa. 13–19; Jer. 46–51). Dichas naciones tenían pocas probabilidades de escuchar la palabra de un profeta israelita y actuar en función de ella. Otras naciones tenían sus propios dioses y profetas. Aparentemente, las declaraciones sobre las naciones extranjeras procuraban hacer efecto en el pueblo de Israel como así también desencadenar los acontecimientos descritos. En ocasiones, Israel o Judá escuchaban que su nombre se incluía entre las naciones extranjeras (p. ej., Amós 2:4-16). Dios se interesaba por las otras naciones aun cuando ellas no le prestaban mucha atención. La expresión de interés de Dios al pronunciar juicio (o salvación como en el caso de Isa. 19:19-22) procuraba recordarle a Israel su misión de compartirles a otros acerca de Dios. Estas palabras al menos les recordaban a los oyentes sobre el poder y las expectativas internacionales, e incluso universales, de Dios.

El oráculo de Balaam (Núm. 24) es un caso especial. Balac buscó obtener una declaración a través del profeta Balaam. La intención de Balac era maldecir o pronunciar juicio sobre los israelitas. Dios no lo permitió sino que le dio a Balaam un oráculo de bendición. Este oráculo fue tanto positivo como buscado; un oráculo declaratorio positivo. La búsqueda de una declaración como esta quizá haya sido más común de lo que tenemos conocimiento. Los oráculos llegaban en respuesta a preguntas humanas o cuando Dios deseaba dar a conocer Sus perspectivas a fin de producir cambio en los oyentes.

¿Cómo se entregaban o se recibían los oráculos? Los oráculos se entregaban a través de personas especiales. Si bien cualquiera podía tratar de obtener una palabra de parte de Dios, y muchos, como en el caso de Gedeón y de Abraham, recibieron directamente un oráculo, estos comunicados divinos por lo general llegaban a través de sacerdotes, profetas o profetisas. Pareciera que estos grupos tenían una manera específica de recibir los oráculos. En épocas más tempranas se solía recurrir a los sacerdotes para obtener una palabra de Dios. Posteriormente se destacaron más los profetas. Desde luego, ambos oficiaron como intermediarios durante un largo período. Es necesario hacer una advertencia en cuanto a los profetas y sus declaraciones. A menudo, no se los consideraba como tales hasta que recibían una palabra de parte de Dios (considerar la experiencia de Amós en Amós 7:14,15). Algunos eran reacios a recibir dicha palabra, como en el caso de Jeremías. La acción divina de otorgarle un oráculo a un hombre o a una mujer los convertía en profetas dado que, cuando llegaba la palabra divina, el profeta tenía que hablar (Amós 3:8b).

Sacerdotes y profetas empleaban métodos distintos para recibir las dos clases de oráculos, aunque no hay que tratar de establecer una diferencia demasiado estricta. Los oráculos decisorios a menudo llegaban mediante el uso de objetos. Ejemplos son el Urim y Tumim del sumo sacerdote y el efod. También se acostumbraba a echar suertes. Ver *Efod; Suertes; Urim y Tumim.*

Los oráculos decisorios también podían llegar a través de una persona sin el uso de ningún objeto. David buscó la voluntad del Señor en el momento de edificar un templo. Su respuesta llegó por intermedio del profeta Natán (2 Sam. 7). En 1 Rey. 22 se produjo un dramático conflicto cuando los reyes de Judá y de Israel buscaron conjuntamente obtener un oráculo decisorio. En ese caso no se utilizaron objetos. El problema surgió cuando un profeta verdadero recibió una respuesta con respecto a la decisión, y otro grupo grande de profetas falsos proporcionaron una respuesta diferente. Los profetas a veces empleaban la música como medio para recibir un oráculo decisorio, tal como sucedió con Eliseo (2 Rey. 3:15). Sin embargo, no resulta claro de qué manera exacta se implementaba la música.

Con frecuencia, el AT no da indicaciones sobre cómo Dios les comunicaba los oráculos declaratorios a Sus sacerdotes o profetas. Una lectura cuidadosa del AT manifiesta una variedad de métodos. La audición (escuchar la voz directamente) y las visiones sin duda eran formas de recibir las palabras de Dios. No sabemos qué parte de la revelación de Dios llegó directamente a través del oído o la vista, ni cuánto lo hizo por medio de la mente. Balaam habló cuando el Espíritu descendió sobre él (Núm. 24:2,3). Se describió a sí mismo como alguien cuyos ojos habían sido abiertos, que había escuchado la palabra de Dios y había tenido una visión. Nahum y Habacuc escribieron sobre una visión o haber visto sus oráculos o profecías (Nah. 1:1; Hab. 1:1). Dios condenó por intermedio de Jeremías a aquellos profetas que se apoyaban en los sueños para recibir un oráculo (Jer. 23:23-32). No obstante, Salomón anteriormente había recibido una declaración de Dios en un sueño (1 Rey. 3:5-15). Dios también utilizaba escenas que veían los profetas como medio para entregar un oráculo declaratorio. Algunas eran externas (Jer. 18:1-12) y otras eran visiones (Ezeq. 37:1-14). El uso frecuente de las visiones en conexión con las declaraciones indujo a muchos a creer que los profetas tenían encuentros con Dios que posteriormente debían interpretar y comunicarles a los demás.

Dejando de lado la manera como llegaba el oráculo, lo importante era expresárselo a los demás. Pareciera que lo más frecuente era la comunicación oral. El sacerdote o el profeta le referían el oráculo a un individuo o a un grupo. El lugar podía ser un campo o el trono de un rey. Los oráculos declaratorios se solían proclamar en la ciudad, incluso en el templo (Amós en Bet-el y Jeremías en Jerusalén). No obstante, muchos oráculos no nos indican ni dónde ni cuándo fueron entregados.

Aparentemente, los oráculos que iban más allá de pronunciar simples afirmaciones o negaciones con frecuencia se expresaban en forma poética. Este es el caso con las declaraciones preservadas de los escritos de los profetas. Si bien al principio se expresaron en forma oral, en algún momento los oráculos declaratorios se colocaron por escrito. Tal vez los hayan escrito discípulos del profeta u otros que los escucharon. Quizá se escribieron cuando se oyeron por primera vez, o tiempo más tarde.

Cualquiera sea el caso, los oráculos fueron dados por Dios y preservados para nosotros.

¿Cómo respondía la gente frente a los oráculos? Una vez más es necesario distinguir entre los oráculos decisorios y los declaratorios. Quienes buscaban la ayuda o el consejo de Dios durante el proceso de tomar una decisión sin duda actuaban en función de lo que averiguaban. Los que escuchaban oráculos que ni habían buscado ni recibían con buen agrado tal vez no aceptaban inmediatamente la declaración (considerar las palabra de Elías a Acab, 1 Rey. 21:20-24). En la mayoría de los casos se puede predecir la respuesta de los que oían o leían los oráculos de Dios. Es necesario reconocer dos aspectos. Primero, los oráculos se recordaban hasta mucho tiempo después de ser pronunciados. Cuando Jehú mató a Joram (2 Rey. 9:24,25), hizo que llevaran el cuerpo a la viña de Nabot a fin de que se cumpliera el oráculo entregado en época de Acab. Segundo, si bien no conocemos la respuesta de los oyentes originales, actualmente las declaraciones de Dios aún se leen y producen cambios en las personas. Por lo tanto, los oráculos aún tienen vigencia. Ver *Adivinación y magia; Espíritu; Inspiración de las Escrituras; Profeta, profecía; Sacerdote.*

Albert F. Bean

ORÁCULOS SIBILINOS Ver *Pseudoepigráficos, Libros.*

ORATORIA, ORADOR Discurso detallado entregado de manera formal y solemne cuyo objetivo es persuadir a una audiencia. Orador es la persona que se distingue por su talento y persuasión como disertante público. La palabra "oratoria" no aparece en las versiones en español pero algunas citas emplean otros términos para traducir el concepto (Prov. 30:1 "palabras"; Hech. 12:21 "arenga" RVR1960; "dirigió un discurso" NVI). El discurso de Herodes Agripa fue ponderado por su cualidad retórica (Hech. 12:22) pero el orador fue juzgado por no darle la gloria a Dios (12:23). Pablo exhibe con frecuencia un intenso desagrado hacia la capacidad de oratoria y la falta de dependencia en el poder de Dios (1 Cor. 2:1, 2,4,13; 4:19,20).

Pablo habló del "disputador de este siglo" (1 Cor. 1:20). El apóstol negaba poseer "excelencia de palabras" y declaraba ser "tosco en la palabra" (1 Cor. 2:1; 2 Cor. 11:6), pero en otros lugares comparaba su predicación con la labor de

Interior del túnel principal (en Cuma) del Santuario Sibyl, el principal santuario sibilino.

un arquitecto capacitado que colocaba un cimiento (1 Cor. 3:10), y hablaba de destruir argumentos y obstáculos que impidieran conocer a Dios (2 Cor. 10:5). El libro de Hechos suele presentar a Pablo como orador persuasivo (Hech. 18:4,13; 19:26; 26:28,29). De hecho, luego de haber escuchado su discurso, Festo reconoció que Pablo era un hombre de gran conocimiento (Hech. 26:24). Hechos también describe a Apolos como orador elocuente (Hech. 18:24).

Los griegos clasificaban la oratoria en tres categorías: (1) La modalidad legal, el discurso de los tribunales de justicia, trata sobre la culpa y la inocencia. Ejemplos de retórica legal incluyen las causas relacionadas con Pablo que fueron llevadas ante Galión, Félix y Festo (Hech. 18:12-16; 24:1-21; 25:15,18,19; 26:1-29). (2) La modalidad deliberativa concierne a la conveniencia de llevar a cabo una acción *a posteriori.* Entre los ejemplos se incluyen el debate del Sanedrín sobre el aumento de los seguidores de Jesús que concluyó con la sugerencia de Caifás de que el proceder apropiado era procurar la muerte del Señor (Juan 11:47-50), y el discurso de Demetrio sobre qué era necesario para salvaguardar el negocio de los plateros en Éfeso (Hech. 19:23-27). (3) La modalidad epidéctica (demostrativa) se relaciona con la alabanza y la culpabilidad. Ejemplos de esta son la exaltación que Pablo hace del amor (1 Cor. 13) y su reprimenda a los gálatas (Gál. 1:6-9; 3:1-5). En sentido amplio, esta modalidad incluye toda exhortación a una acción virtuosa (como en Santiago). Ver *Retórica.*

Chris Church

ORDENACIÓN Designación, consagración o nombramiento de personas para un servicio especial para el Señor y Su pueblo.

Traducciones Existen más de 20 palabras hebreas y griegas que se traducen con términos que encierran el concepto de ordenación y se relacionan con una diversidad de ideas tales como la obra y la providencia de Dios, la designación para un oficio o tarea y el establecimiento de leyes, principios, lugares y celebraciones. Si bien todas estas ideas no se relacionan directamente con la ordenación, contienen conceptos básicos sobre el propósito, la elección, la designación y la institución divina que fundamentan la práctica.

Antiguo Testamento Cuatro ejemplos principales proporcionan antecedentes de la ordenación en el AT: la consagración de Aarón y sus hijos como sacerdotes para Dios (Ex. 28–29; Lev. 8–9), la dedicación de los levitas como siervos de Dios (Núm. 8:5-14), la dedicación de los 70 ancianos para colaborar con Moisés (Núm. 11:16,17,24,25) y el nombramiento de Josué como su sucesor (Núm. 27:18-23). La diversidad de estos ejemplos ayuda a explicar los distintos conceptos contemporáneos de esa práctica.

La ordenación del sacerdote se basaba en la elección que Dios había hecho de Aarón y sus hijos diciendo: "para que sean mis sacerdotes" (Ex. 28:1). El acto en sí consistía en un acto de consagración de siete días de duración acompañado del lavamiento, la colocación de las vestiduras, la unción, el sacrificio y la comida (Lev. 8). El término hebreo básico para "ordenación" significa lit. "llenar las manos", y tal vez se refiera a la acción de llenar las manos del sacerdote con ofrendas (Lev. 8:27). La ordenación de los levitas también se basaba en haber sido elegidos por Dios para "ministrar en el tabernáculo" (Núm. 8:15). Esta ordenación incluía limpieza, presentación delante del Señor, imposición de manos por parte de toda la congregación, la ofrenda mecida de los levitas y los sacrificios.

La designación de los 70 para asistir a Moisés a llevar "la carga del pueblo" (Núm. 11:17) fue iniciativa de Dios, pero Moisés seleccionó personas reconocidas como ancianos y líderes. Esta ordenación consistió en estar junto a Moisés y recibir del Señor el Espíritu que anteriormente había estado sobre el líder. Cuando el Espíritu se posó sobre ellos, profetizaron (11:25). La ordenación de un sucesor de Moisés fue iniciativa suya (27:15-17), pero Dios escogió a Josué porque era "varón en el cual hay espíritu" (v.18). La ordenación de Josué consistió en colocarse delante del sacerdote y toda la congregación y ser nombrado ante la vista de todos. Moisés colocó sus manos sobre Josué y le otorgó parte de su autoridad, incluso la función de inquirir el juicio del Urim.

Nuevo Testamento La práctica de la ordenación en el NT se asocia por lo general con la imposición de manos, pero también se deben considerar otras designaciones, consagraciones y nombramientos aun cuando no se produzca ninguna investidura formal.

La designación que Jesús hizo de los Doce "para que estuviesen con él, y para enviarlos a predicar" (Mar. 3:14) se basó en la oración (Luc. 6:12), en Su elección y llamado (Mar. 3:13) y en la respuesta de los apóstoles. Cuando los envió, les dio "poder y autoridad" (Luc. 9:1) pero no los ordenó de manera formal. Lo mismo sucedió con los 70 (Luc. 10:1). La Gran Comisión se dio únicamente sobre la base de la "potestad" de Jesús (o autoridad, Mat. 28:18). El Espíritu Santo fue dado directamente sin imposición de manos (Juan 20:22). Los discípulos fueron escogidos y designados por Jesús para la tarea de dar fruto (Juan 15:16).

Hay varios pasajes más que describen designaciones sin hacer referencia a una ordenación. Matías fue designado como uno de los Doce después de echar suertes para elegirlo (Hech. 1:21-26). Bernabé y Pablo designaron ancianos "en cada iglesia" después de orar y ayunar (14:23). A Tito lo dejaron en Creta para que desempeñara la misma función (Tito 1:5).

En varios pasajes se describe la ordenación acompañada de la imposición de manos. Hechos 6:1-6 narra la designación de siete hombres para servir diariamente a las viudas de la congregación de Jerusalén. Bernabé y Pablo fueron apartados para la obra a la cual Dios los había llamado (Hech. 13:1-3). Timoteo fue elegido mediante profecía, recomendado por Pablo y ordenado para la tarea por la imposición de manos de este y de la asamblea de ancianos (1 Tim. 4:14; 2 Tim. 1:6). Es probable que las referencias a la imposición de manos en 1 Tim. 5:22 y Heb. 6:2 se refieran a otras prácticas y no a la ordenación. Ver *Imposición de manos; Ministro, ministerio.*

Michael Fink

ORDENANZAS Los cristianos en su totalidad concuerdan en que el bautismo y la Cena del Señor fueron instituidos por Cristo y que Sus seguidores deben observarlos como "ordenanzas" o "sacramentos". Ni la una ni el otro son términos bíblicos. Algunos intérpretes sostienen que sacramento transmite la idea de que la gracia de Dios se dispensa casi automáticamente mediante la participación en la Cena del Señor. Otros creen que la ordenanza enfatiza la obediencia para cumplir lo que Cristo mandó de manera explícita. Incluidos en el término se encuentran peligros extremos que van desde la superstición hasta el legalismo.

Los "sacramentos" variaron en número dentro de la historia de la iglesia primitiva durante un período de mil años. Peter Lombard (aprox. 1150 d.C.) alegaba siete, y Tomás de Aquino (aprox. 1250 d.C.) argumentaba que todos habían sido instituidos por Cristo. Después del 1500 d.C., Martín Lutero y otros reformadores protestantes rechazaron cinco e insistieron en que sólo el bautismo y la Cena del Señor tenían fundamento bíblico. La mayoría de los protestantes concuerdan con esta afirmación.

No sólo el nombre y la cantidad sino además la práctica y el significado de las ordenanzas han sido cuestiones de debate continuo. ¿Quiénes deben ser bautizados o participar en la celebración de la Cena del Señor? ¿Cuáles son los elementos esenciales de la observancia que aseguran su validez? ¿Qué producen en la vida de los individuos y de la iglesia? Aquí no presentamos respuestas definitivas ni aceptables para todos los cristianos sobre estas o muchas otras preguntas, pero un estudio de la evidencia bíblica puede ser útil para llegar a conclusiones.

Bautismo Las referencias bíblicas sobre el bautismo abundan en los Evangelios, Hechos, las Epístolas Paulinas y otros libros del NT. Juan el Bautista predicó y practicó un bautismo de arrepentimiento (Mat. 3:11,12; Mar. 1:2-8; Luc. 3:2-17). Su proclamación anticipaba el reino venidero. "Arrepentíos, porque el reino de los cielos se ha acercado" (Mat. 3:2). Multitudes respondían y, confesando sus pecados, "eran bautizados por él en el Río Jordán" (Mar. 1:5). Aparentemente, no todos los que se acercaban eran bautizados porque Juan desafiaba a algunos diciendo: "Haced, pues, frutos dignos de arrepentimiento" (Mat. 3:8). Juan consideraba que su función era de transición para preparar el camino (Mat. 3:11), la venida de aquel que bautizaría con el Espíritu Santo y fuego.

Los escritores de los Evangelios registran que Jesús fue bautizado por Juan (Mat. 3:13-17; Mar. 1:9-11; Luc. 3:21,22; Juan 1:32-34). Mateo señaló que Juan vaciló en bautizar a Jesús pero que finalmente consintió en hacerlo "porque así conviene que cumplamos toda justicia" (3:15). Luego del bautismo, cuando el cielo se abrió se produjo la identificación de Jesús como Mesías, el Espíritu descendió sobre Él como una paloma y una voz lo proclamó como el Hijo amado. Este acontecimiento inauguró Su ministerio público y determinó el trasfondo para el bautismo de los creyentes.

La era venidera que profetizaba Juan el Bautista arribó con Jesús. Este confirmó el ministerio de Juan al someterse al bautismo y adoptó el rito como parte de Su propio ministerio, aunque le confirió un nuevo significado para la nueva dispensación. El cuarto Evangelio indica que Jesús ganó y bautizó más seguidores que Juan el Bautista (Juan 4:1,2), pero señala que el bautismo en sí lo llevaban a cabo Sus discípulos. Jesús se refirió a Su muerte inminente como un bautismo (Luc. 12:50), lo cual vinculó el significado de la ordenanza con la cruz. Los estudiosos de la Biblia evalúan e interpretan de maneras variadas estas y otras referencias al bautismo en los Evangelios, pero el impacto fundamental de la evidencia se presenta en favor de la opinión de que Jesús practicó y ordenó el bautismo. Un elemento esencial de esta evidencia lo constituye la Gran Comisión (Mat. 28:19,20).

Los Hechos de los Apóstoles reflejan la práctica del bautismo en las iglesias cristianas primitivas y hace referencia a esta ordenanza con mayor frecuencia que cualquier otro libro del NT. En Pentecostés, después del mensaje de Pedro, "los que recibieron su palabra fueron bautizados; y se añadieron aquel día como tres mil personas" (Hech. 2:41). Ellos habían sido exhortados por el apóstol, quien les dijo: "Arrepentíos, y bautícese cada uno de vosotros en el nombre de Jesucristo para perdón de los pecados; y recibiréis el don del Espíritu Santo" (2:38). En otras ocasiones, el bautismo fue "en el nombre de Jesús" (8:16; 19:5). A veces, el don del Espíritu sucedía al bautismo; en otras instancias, lo precedía (10:44-48). Aparentemente, estos acontecimientos se consideraban experiencias diferentes.

El bautismo "para" perdón de los pecados se puede traducir "sobre la base del". Muchos pasajes del NT enfatizan que el perdón se basa en el arrepentimiento y la confianza en lo que Jesús había hecho, no en un rito como el bautismo o alguna otra cosa (Juan 3:16; Hech. 16:31). El evangelio es para todos; el bautismo es para los discípulos. La salvación la proporciona Cristo, no el bautismo. Las referencias a Jesús cuando bendijo a los niños pequeños no contienen ninguna alusión al bautismo (Mar. 10:13-16), y el bautismo de "familias" (NVI) o de la "casa" (LBLA) que se describe en Hech. 16:31-33 no se debe usar para defender prácticas cristianas posteriores.

Si el bautismo es sólo para los creyentes y no otorga salvación, ¿por qué, pues, los cristianos lo universalizan? Es sumamente improbable que los primeros cristianos hubiesen adoptado esta práctica sin vacilar a menos que estuvieran plenamente convencidos de que Cristo quería que la adoptaran. Una reflexión adicional sobre lo que Cristo había hecho les permitió entender el sentido del bautismo en relación con el evangelio. Ningún otro escritor del NT contribuyó tanto como Pablo para interpretar plenamente el sentido teológico de esta ordenanza.

Pablo (Saulo) se encontró con el Cristo viviente cuando iba camino a Damasco para perseguir a los cristianos. Esto condujo a una reunión con Ananías en esa ciudad, lugar donde se le devolvió la vista a Pablo y también fue bautizado (Hech. 9:17,18). Es probable que lo que Pablo conocía anteriormente acerca del bautismo haya sido negativo pero, a partir de ese momento, esta ordenanza pasó a formar parte de su mensaje misionero y de la práctica tanto entre judíos como gentiles.

El mensaje fundamental de Pablo declaraba que una relación correcta con Dios se basa exclusivamente en la fe en Jesucristo. "Porque en el evangelio la justicia de Dios se revela por fe y para fe, como está escrito: Mas el justo por la fe vivirá" (Rom. 1:17). A lo largo del libro de Romanos, Pablo enfatizó la preponderancia de la gracia sobre la ley. El acceso a esta gracia es por medio de la fe en Jesucristo (5:2). Donde abunda el pecado (la infracción de la ley), la gracia abunda mucho más. Esto plantea la pregunta (6:1): "¿Perseveraremos en el pecado para que la gracia abunde?" Pablo lo niega de manera contundente dado que el que está muerto al pecado ya no vive más en él. Este hecho se ilustra claramente en el bautismo cristiano. "¿O no sabéis que todos los que hemos sido bautizados en Cristo Jesús, hemos sido bautizados en su muerte? Porque somos sepultados juntamente con él para muerte por el bautismo, a fin de que como Cristo resucitó de los muertos para la gloria del Padre, así también nosotros andemos en vida nueva" (vv.3,4).

Pablo adoptaba aquí la práctica cristiana universal del bautismo y una comprensión general de que simbolizaba la muerte, sepultura y resurrección del creyente junto con Cristo. La modalidad de la inmersión preserva este simbolismo de manera más evidente sumado al énfasis en la muerte al pecado y la resurrección a una nueva vida en Cristo. Se hace más hincapié en lo que Cristo hizo que en lo que hace el creyente. Mediante la fe en Él se recibe la gracia y se le otorga significado al bautismo.

En 1 Cor., Pablo relacionó la unidad en Cristo con el bautismo. "Porque por un solo Espíritu fuimos todos bautizados en un cuerpo" (12:13). El cuerpo de Cristo incluye a judíos y griegos, esclavos y libres, cada uno de ellos con diferentes dones; pero todos están inmersos en una unidad de espíritu que se representa mediante el bautismo. Gálatas 3:26-29 enfatiza la identificación con Cristo y también la unidad con Él al emplear la figura del vestirse. "Porque todos los que habéis sido bautizados en Cristo, de Cristo estáis revestidos" (3:27). No obstante, es preciso destacar también el versículo anterior. "Todos sois hijos de Dios por la fe en Cristo Jesús". Las distinciones terrenales desaparecen para los que pertenecen a Cristo; todos son uno en Cristo, herederos según la promesa.

El aspecto subjetivo del bautismo para el creyente y el objetivo en Cristo se unen en Col. 2:9-12. La naturaleza pecaminosa es transformada mediante una circuncisión que no la realizan manos humanas sino Cristo. Los colosenses habían sido sepultados con Cristo en el bautismo y resucitados con Él por medio de la fe en el poder de Dios quién lo resucitó de los muertos. Por esa razón, tenían que poner sus afectos en las cosas de arriba y hacer morir la naturaleza terrenal (3:1,5).

En base a lo anterior y a otros pasajes, es evidente que para Pablo el bautismo representaba el mensaje del evangelio de la muerte y resurrección de Cristo, la confirmación de la muerte del creyente al pecado y su resurrección para andar en novedad de vida, lo que significaba su unión con Cristo y la unidad con los demás creyentes. El rito en sí no produce estas cosas dado que están basadas en lo que Cristo hizo y está haciendo. El bautismo sirve de simbolismo y manifestación pública eficaz para aquellos que confían en Cristo como Salvador y Señor.

La Cena del Señor El relato escrito más antiguo de la institución de la Cena del Señor es 1 Cor. 11:23-26. La iglesia de Corinto estaba dividida y muchos de sus miembros eran egoístas y se excedían. Por lo tanto, en las comidas comunitarias no participaban de "la cena del Señor" (v.20), ya que algunos caían en excesos mientras que otros se quedaban con hambre y eran humillados. En respuesta a este abuso, Pablo les recordó la tradición que él había recibido y les había transmitido sobre la cena que el Señor compartió con Sus discípulos la noche que fue entregado.

"El Señor Jesús, la noche que fue entregado, tomó pan; y habiendo dado gracias, lo partió, y dijo: Tomad, comed, esto es mi cuerpo que por vosotros es partido; haced esto en memoria de mí. Asimismo tomó también la copa, después de haber cenado, diciendo: Esta copa es el nuevo pacto en mi sangre; haced esto todas las veces que la bebiereis, en memoria de mí."

Los términos "eucaristía", "acción de gracias" y "comunión" se suelen aplicar a la Cena, y cada uno de ellos destaca un aspecto importante de esta ordenanza. "Cena del Señor" parece la más apropiada como designación general porque les recuerda a los creyentes que están participando del pan y de la copa en la mesa de Él y no en la de ellos.

El relato de la última cena tal como aparece en Mar. 14:22-26 es prácticamente idéntico al de Pablo pero con ciertas diferencias (Mat. 26:26-30; Luc. 22:7-20). Ambas narraciones (de Marcos y de Pablo) registran la bendición (acción de gracias) y el partimiento del pan. Ambas aluden al pacto al referirse a la copa como Su sangre, si bien Pablo solo lo denomina "nuevo pacto" (Jer. 31:31-34). Ambas contienen un énfasis futuro, aunque en forma diferente. Marcos señala que Jesús dijo que no volvería a beber del fruto de la vid hasta que lo hiciera nuevamente en el reino de Dios. Pablo dice: "todas las veces que comiereis este pan, y bebiereis esta copa, la muerte del Señor anunciáis hasta que él venga" (1 Cor. 11:26).

Pablo enfatizó el aspecto conmemorativo de la cena, "haced esto en memoria de mí". Los creyentes deben recordar que el cuerpo de Cristo fue partido y Su sangre derramada por ellos. Tal como sucede con el bautismo, la participación en la Cena es una proclamación esperanzada del evangelio "hasta que él venga". Así como la Pascua era un símbolo del antiguo pacto, la Cena del Señor lo es del nuevo. Los creyentes recuerdan el sacrificio realizado para su liberación de la esclavitud y anticipan la consumación definitiva en la tierra de la promesa, el reino de Dios.

La Cena compartida en memoria del pasado y con esperanza para el futuro se cumple en comunión en el presente. En los escritos paulinos se repite una y otra vez la frase "en Cristo". La unión en Cristo y la unidad con los creyentes es un tema recurrente. Por esta razón, no debe sorprender que estos aspectos estén relacionados con la Cena del Señor. "La copa de bendición que bendecimos, ¿no es la comunión de la sangre de Cristo? El pan que partimos, ¿no es la comunión del cuerpo de Cristo?" (1 Cor. 10:16). Pablo no hablaba de una repetición del sacrificio de Cristo sino de una participación genuina en la comunión (*koinonia*) con el Señor viviente. La comunión con Cristo es fundamental para la comunión con Su cuerpo (v.17).

Todos los creyentes son indignos de participar de la Cena del Señor, pero la gracia divina ha quitado esa indignidad. Lo lamentable es que algunos participan indignamente, sin discernir el cuerpo del Señor. Pablo desarrolló este tema tanto para los corintios como para nosotros, e instó a los creyentes a examinarse en el momento de participar de la Cena del Señor y respetar a la congregación que conforma el cuerpo de Cristo.

Conclusiones Cristo instituyó las dos ordenanzas. Ambas describen de manera pública y visible los elementos esenciales del evangelio, y ambas simbolizan realidades que abarcan la actividad divina y la experiencia humana. El bautismo es una experiencia que se vive una sola vez, pero la Cena del Señor se repite en muchas ocasiones. El bautismo sucede inmediatamente a la profesión de fe en Cristo y, de hecho en el NT, era la declaración de esa fe. La Cena del Señor declara la dependencia continua de la persona en el Cristo proclamado en el evangelio, quien murió, fue sepultado y resucitó para nuestra salvación.

La importancia del bautismo y de la Cena del Señor se irá incrementando a medida que las iglesias y los creyentes se consagren nuevamente al Cristo proclamado por el evangelio. Esta consagración admitirá que, al observar las ordenanzas, están presentando de manera singular el evangelio de Cristo y sometiéndose plenamente a las exigencias divinas. Al invocar a Cristo, el Salvador y Señor, para que proporcione fortaleza y liderazgo al pueblo de Dios en forma individual y colectiva, los creyentes permitirán que la observancia de estas ordenanzas cumpla un servicio fiel en el mundo. *Claude L. Howe (h)*

OREB Y ZEEB Nombres de persona que significan "cuervo" y "lobo". Dos príncipes madianitas capturados y ejecutados por los efraimitas después de la derrota aplastante de sus ejércitos a manos de Gedeón (Jue. 7:24–8:3). Los nobles de Madián asignaron los nombres de estas personas a los lugares donde murieron; la peña de Oreb cerca de Bet-bara en el Jordán y el lagar de Zeeb. La liberación de Israel del dominio madianita se convirtió en suceso representativo de la obra libertadora de Dios para con Su pueblo (Sal. 83:11; Isa. 9:4; 10:26).

ORÉN Nombre de persona que significa "cedro". Miembro de la familia de Jerameel de Judá (1 Crón. 2:25).

ORFA Nombre de persona que significa "cuello", "muchacha de melena abundante" o "nube de lluvia". Nuera de Noemí que regresó con su gente y sus dioses después de que su suegra le pidiera en dos ocasiones que lo hiciera (Rut 1:4-15). Ver *Rut.*

ORGULLO Confianza y atención excesivas en las habilidades, los logros, la condición, las posesiones o la posición que uno posee. El orgullo es más fácil de reconocer que de definir; más fácil de reconocer en otros que en uno mismo. Muchas palabras bíblicas describen este concepto, cada una con un énfasis particular. Algunos sinónimos son arrogancia, presunción, engreimiento, autosuficiencia, jactancia y petulancia. Es lo opuesto a humildad, la actitud adecuada que uno debe tener en relación a Dios. El orgullo es rebelión contra Dios porque se le atribuye a uno mismo el honor y la gloria que le pertenecen sólo a Él. Las personas orgullosas piensan que no es necesario pedir perdón porque no admiten su condición pecaminosa. Esta actitud hacia Dios se expresa en la actitud que uno tiene hacia los demás, y muchas veces hace que la gente desestime las habilidades y el valor de los demás, y que, por lo tanto, los trate con desprecio o con crueldad. Algunos han considerado que el orgullo es la raíz y la esencia del pecado. Otros consideran que es el pecado en su forma final. En cualquiera de los casos, es un pecado grave.

Sólo podemos "vanagloriarnos" en presencia de otras personas (1 Jn. 2:16). La "arrogancia" o la "jactancia" valúa el yo por encima de los demás (Mar. 7:23; Luc.1:51; Rom. 1:30; 2 Tim. 3:2; Sant. 4:6; 1 Ped. 5:5). Esta palabra se refiere principalmente a la actitud del corazón. Primera Timoteo 3:6; 6:4, y 2 Tim. 3:4 usan un término que lit. quiere decir "envolverse en humo". Hace énfasis en la difícil situación de aquel que se ha cegado por el orgullo personal.

El orgullo puede aparecer de muchas maneras. Las más comunes son el orgullo por la raza, el orgullo espiritual y el orgullo por las riquezas. Jesús denunció el orgullo racial (Luc. 3:8). La parábola del fariseo y el publicano iba dirigida a aquellos que eran culpables de orgullo espiritual, los "que confiaban en sí mismos como justos, y menospreciaban a los otros" (Luc. 18:9). Santiago 1:10 les advierte a los ricos no caer en la tentación de enorgullecerse a causa de su riqueza. *Gerald Cowen*

ORIENTALES Ver *Cadmoneos.*

ORIÓN Constelación que lleva el nombre de un cazador griego gigante que, según el mito, fue atado y colocado en los cielos. Es probable que Job 38:31 aluda a este mito. A Dios se lo describe normalmente como creador de la constelación de Orión (Job 9:9; Amós 5:8). El plural del término hebreo para Orión se traduce en Isa. 13:10 "luceros".

ORNÁN Nombre de persona que significa "príncipe". Nombre alternativo de Arauna (1 Crón. 21:15,18,20-25,28; 2 Crón. 3:1). Ver *Arauna.*

ORO Ver *Minerales y metales.*

ORO BATIDO Láminas delgadas de oro producidas a golpe de martillo y utilizadas para recubrir objetos de menor valor. Varios objetos se recubrían de oro de esta manera: los escudos de oro de Salomón (1 Rey. 10:16,17), los candelabros del tabernáculo (Ex. 25:18,31,36; 37:7,22; Núm. 8:4) y los ídolos (Isa. 40:19).

ORO, BECERROS DE Imagen de un toro joven, probablemente de madera recubierta de oro, al que los hebreos adoraron en el desierto y en el Reino del Norte de Israel. Los toros vivos eran importantes en la religión de algunas regiones del antiguo Egipto, y las imágenes de estos animales aparecen en arte y en textos religiosos de Mesopotamia, Asia Menor, Fenicia y Siria. En Ex. 32:1-8 y 1 Rey. 12:25-33 se encuentran las principales referencias al "becerro de oro". El pasaje de Éxodo registra que el pueblo le pidió a Aarón que hiciera una imagen para que fuera delante de ellos. Aparentemente, con esta imagen intentaron representar a Jehová, el Señor de Israel. La referencia de 1 Reyes establece que Jeroboam I hizo dos becerros de oro en Bet-el y en Dan, con los que probablemente intentó representar los pedestales del trono de Dios. Es interesante notar que estos pasajes se relacionan íntimamente debido a que usan la misma terminología en la dedicación de las imágenes (Ex. 32:4; 1 Rey. 12:28), y ambas exploran el pecado de idolatría en puntos cruciales de la historia de Israel. **Significado teológico** Estos relatos demuestran la poderosa convicción de Israel de que no se puede reducir a Dios al nivel de una representación pictórica. Dios, como Señor soberano, no permite que se hagan imágenes físicas de Él, y cualquier esfuerzo humano para crear una imagen desencadena juicio divino. Ver *Aarón; Becerros de oro; Bet-el; Dan; Éxodo; Jehová; Jeroboam; Moisés; Toro.*

Robert William Prince III

ORTIGAS Dos palabras hebreas diferentes a veces se traducen "ortigas" (otras veces "espinos" [NVI]). Son plantas irritantes cubiertas de pilosidad, pertenecientes a la familia de las *Urtica.* Por lo general se refieren a cualquier planta espinosa o urticante (Job 30:7; Prov. 24:31; Isa. 34:13; Os. 9:6; Sof. 2:9). El término hebreo que se emplea en Job 30:7 y Sof. 2:9 quizá corresponda a la mostaza silvestre. Las ortigas se utilizaban como señal de desolación y juicio.

OSA MAYOR Constelación de estrellas que Dios creó (Job 9:9; 38:32) cuya identificación exacta no fue clara para los primeros traductores de la Biblia y que se continúa debatiendo. Las traducciones modernas generalmente utilizan "Osa" (RVR1960, NVI, LBLA). Algunos eruditos prefieren "el león". Cualquiera sea la identificación, la estrella indica la grandeza soberana de Dios que va más allá de la comprensión humana.

OSAÍAS Nombre de persona que significa "Jehová salvó". **1.** Padre de un líder judío que dirigió a la comitiva para pedir que Jeremías los apoyara en oración (Jer. 42:1), y luego rechazó la palabra de Dios que le comunicó el profeta (Jer. 43:2). **2.** Líder de un grupo judío que celebró la terminación del muro de Jerusalén bajo el liderazgo de Nehemías (Neh. 12:32).

OSEAS Nombre de persona que significa "salvación". En hebreo, el nombre es igual al nombre original de Josué (Núm. 13:16; Deut. 32:44) y del último rey de Israel (2 Rey. 17:1) que vivió al mismo tiempo que el profeta. Uno de los funcionarios de David tenía ese nombre (1 Crón. 27:20), al igual que un jefe de familia de la época de Nehemías (Neh. 10:23).

El ministerio profético de Oseas incluyó el período de la historia del Cercano Oriente cuando Asiria surgió como nuevo imperio mundial bajo el hábil liderazgo de Tiglat-pileser III (745–727 a.C.). El ascenso de Asiria al poder significó una constante amenaza a la existencia nacional de Israel. El nombre de Oseas simbolizó la imperiosa necesidad de liberación nacional. Su mensaje le indicaba el salvador a la nación (Os. 13:4).

El profeta reprendió los esfuerzos por hacer una alianza con Asiria y Egipto como medio de seguridad nacional. Fue testigo del caos político de Israel que siguió a la muerte de Jeroboam II. Cuatro de los últimos seis reyes en el trono de Israel fueron asesinados. Oseas tuvo la poco envidiable oportunidad de ser testigo de la muerte de su amada nación, pero expresó su esperanza en el avivamiento nacional basado en un arrepentimiento total (Os. 14).

La ubicación del ministerio de Oseas en los días de Uzías, Jotam, Acaz y Ezequías indica que fue contemporáneo de Isaías, cuyo primer versículo incluye la misma lista de reyes de Judá. Jeroboam II es el único rey israelita mencionado en la introducción al libro de Oseas, a pesar de que las evidencias internas sugieren que el ministerio de Oseas continuó desde los últimos días de Jeroboam II hasta cerca del final del Reino del Norte (aprox. 750–725 a.C.). *Billy K. Smith*

OSEAS, LIBRO DE Título del primer libro de la sección de los doce profetas de la Biblia hebrea, y lleva el nombre de su héroe. Los breves libros proféticos que componen esta sección a menudo se denominan Profetas Menores. Este título no es un juicio de valor sino una descripción de extensión al compararlos con Isaías, Jeremías y Ezequiel.

Las dos partes principales del libro de Oseas son el matrimonio del profeta (Os. 1–3) y sus mensajes (4–14). Un patrón de juicio seguido de esperanza se repite en cada uno de los primeros tres capítulos. Un modelo similar se percibe en sus oráculos (4–14), aunque este no es tan equilibrado ni se revela con tanta claridad. Sin duda, el libro concluye con una nota de esperanza (14), pero la mayoría de las profecías de los caps. 4–13 tienen carácter de juicio. El tema dominante del libro es el amor (el pacto de fidelidad), el constante amor de Dios hacia Su pueblo díscolo y el inestable amor de Israel hacia Él.

Oseas se identifica en 1:1 como un profeta genuino a quien "la palabra de Jehová... vino". Esa frase establece la fuente de su autoridad y describe sus credenciales. No sólo los oráculos de Oseas (4–14) son palabra de Dios a Israel sino también el material relacionado con sus problemas familiares (1–3). En base a la información recogida de su libro, Oseas era del Reino del Norte de Israel. Su familiaridad con nombres de lugares, prácticas religiosas y condiciones políticas en Israel sugiere que era nativo de la región. En contraste, Amós, que ministró como profeta en Israel poco antes del ministerio de Oseas, era de Tecoa de Judá. Ambos profetas predicaron sobre el juicio, Amós con el rugido de un león, y Oseas con el corazón destrozado.

El matrimonio y la vida familiar de Oseas dominan los caps. 1–3 y afloran una y otra vez en el resto del libro. Las referencias a su familia sirven como simbolismo profético de Dios y Su familia, Israel. Dios le ordenó a Oseas que tomara por esposa a una prostituta y tuviera hijos de prostitución "porque la tierra fornica apartándose de Jehová" (1:2). El principal interés no es Oseas y su familia sino Dios y Su familia. No hay consenso sobre cómo interpretar el matrimonio del profeta. Algunos toman el matrimonio como alegoría. Otros lo aceptan como un matrimonio literal con una mujer que se prostituyó después de su boda. La mayoría lo considera un verdadero matrimonio con una prostituta de un culto pagano. Todo intérprete debe tener en mente la evidente intención del material de servir de simbolismo profético de la relación de Dios con Israel.

En la esencia de la teología de Oseas estaba la relación entre Dios e Israel. Sólo Jehová era el Dios de Israel. Este era el pueblo escogido de Yahvéh. Oseas presentó a Jehová como esposo fiel y a Israel como esposa infiel. El énfasis de Oseas no es la justicia y la rectitud, como en el caso de Amós, sino el conocimiento de Dios y del amor fiel. El amor divino hacia el pueblo de Israel no le permitiría abandonar a este a pesar de la ignorancia y la infidelidad. La esperanza para el futuro de Israel radicaba en el arrepentimiento de la nación y el amor que hacía que Dios estuviera dispuesto a restaurar la relación.

Bosquejo

I. Dios ama a Su pueblo infiel (1:1–3:5)
   A. El perdón de Dios tiene un límite (1:1-9)
   B. Dios promete revertir en el futuro el juicio sobre Su pueblo (1:10–2:1)
   C. Dios obra con Su pueblo para lograr reconciliación (2:2-15)
      1. Las acciones legales de Dios exigen la reforma de Su pueblo (2:2-5)
      2. Dios pone obstáculos en el camino de Su pueblo para que este regrese a Él (2:6-8)
      3. Dios quita la abundancia de Su pueblo para recordarle que Dios es el dador (2:9-13)
      4. Dios lleva a Su pueblo al desierto para abrir una puerta de esperanza (2:14-15)
   D. Dios inicia un nuevo pacto con Su pueblo (2:16-23)
   E. El amor de Dios es la base de la esperanza futura del pueblo (3:1-5)

II. La infidelidad es el fundamento de la controversia de Dios con Su pueblo (4:1–9:9)
   A. El pueblo infiel rompe los compromisos del pacto (4:1-3)
   B. Los sacerdotes infieles acarrean juicio sobre el pueblo y sobre sí mismos (4:4-12a)
   C. Un espíritu extraño domina al pueblo infiel (4:12b-19)
   D. Dios castiga a Su pueblo infiel (5:1-15)
      1. Dios disciplina a los líderes infieles (5:1-2)
      2. Dios disciplina porque conoce plenamente a Su pueblo (5:3)
      3. El orgullo impide arrepentimiento y produce tropiezos (5:4-5)
      4. El dar exageradamente no remedia las faltas de la vida (5:6-7)
      5. Dios es el agente del castigo de Su pueblo (5:8-14)
      6. Dios busca el regreso de Su pueblo por medio de disciplina (5:15)
   E. El arrepentimiento superficial no satisface al Dios soberano (6:1-3)
   F. Duro castigo por la lealtad efímera (6:4-5)
   G. El amor leal y el conocimiento personal de Dios cumplen con lo que Él exige (6:6)
   H. Romper el pacto dificulta la restauración del pueblo de Dios (6:7–7:2)
   I. Levantar líderes con poder político deja a Dios fuera del proceso (7:3-7)
   J. La transigencia lleva a pérdida de fuerza y separación de Dios (7:8-10)
   K. El doble juego diplomático interfiere con la actividad redentora de Dios (7:11-13)

L. La distorsión religiosa termina en apostasía y esclavitud (7:14-16)
M. El infiel pueblo de Dios cosecha más de lo que siembra (8:1–9:9)
 1. El infiel desprecia la ley de Dios (8:1-2)
 2. El infiel rechaza la bondad de Dios (8:3)
 3. El infiel practica idolatría (8:4-6)
 4. El infiel cosechará dominación extranjera (8:7-10)
 5. El infiel cosechará corrupción moral y religiosa (8:11-13a)
 6. El infiel cosechará destrucción nacional (8:13b-14)
 7. El infiel cosechará exilio en tierra extranjera (9:1-4)
 8. El infiel cosechará castigo por su pecado (9:5-9)

III. El fiel amor de Dios es la única base para una relación duradera con Su pueblo (9:10–14:9)
A. Sin el amor de Dios, el pueblo perece (9:10-17)
B. Sin reverencia por Dios, Su pueblo no tiene futuro (10:1-8)
 1. Un altar adornado no esconde el corazón engañoso (10:1-2)
 2. Malos líderes producen tiempos malos (10:3-8)
C. Sin justicia, el pueblo no puede experimentar el amor inquebrantable de Dios (10:9-15)
D. El amor de Dios por Su pueblo no permite que Él los abandone (11:1-11)
E. Pactar con potencias extranjeras implica infidelidad a Dios (11:12–12:1)
F. El juicio conforme a las acciones es un principio universal (12:2-6)
G. El engaño se paga con destrucción (12:7-14)
H. La rebelión contra Dios lleva a la muerte (13:1-16)
I. El arrepentimiento produce restauración y vida para el pueblo de Dios (14:1-9)

Billy K. Smith

OSO Mamífero grande y pesado con pelo largo, grueso y desgreñado. Se alimenta de insectos, fruta y carne. El oso de la Biblia se ha identificado con un alto grado de certeza como el oso sirio. Puede alcanzar una altura de 1,80 m (6 pies) y pesar hasta 230 kg (500 libras). En los tiempos bíblicos, el oso era una amenaza para los viñedos y los rebaños de ovejas y cabras (1 Sam. 17:34, 35). Las dos bestias de presa más grandes y fuertes, el oso y el león, a menudo se mencionan juntos (1 Sam. 17:37). Una narración acerca de Eliseo describe la ferocidad del oso (2 Rey. 2:23, 24). El oso sirio ha desaparecido de la Tierra Santa en el transcurso del último siglo. Al último oso lo mataron en Galilea justo antes de la Segunda Guerra Mundial. Aún sobrevive en Siria, Persia y Turquía. En relación a la constelación, Ver *Osa mayor.*

O

OSTIA Ciudad romana ubicada en la desembocadura del Tíber a unos 24 km (15 millas) de Roma que, luego de la construcción de una dársena artificial que llevó a cabo Claudio (41–54 d.C.), sirvió como puerto principal de esa ciudad. Antes de que se construyera esta dársena, el cieno impedía que los barcos de alta mar usaran el puerto, y se veían forzados a utilizar el puerto de Puteoli, situado aprox. 220 km (138 millas) al sur de Roma (Hech. 28:13).

OSTRACA Tiestos (piezas de alfarería); fragmentos utilizados especialmente como material económico para escribir. Ver *Alfarería; Arqueología y estudios bíblicos; Escritura.*

OTNI Nombre de persona que quizá signifique "fuerza" o "poder". Portero levita (1 Crón. 26:7).

OTONIEL Nombre que significa "Dios es poderoso". **1.** Primer juez o libertador de Israel. Recibió por esposa a Acsa, la hija de Caleb, como recompensa por haber capturado Quiriat-sefer (Debir) (Jos. 15:15-19; Jue. 1:11-15). Otoniel rescató a Israel de manos del rey mesopotámico Cusan-risataim mientras desempeñaba su función como primer juez de la nación (Jue. 3:7-11). Fue el único juez proveniente de las tribus del sur. Ver *Jueces, Libro de.* **2.** Nombre de familia asociado con un habitante de Netofa (1 Crón. 27:15).

OVEJAS Mamífero de baja estatura más grande que una cabra pero sin barba. Muy utilizado en el sistema israelita de sacrificios. Se menciona por primera vez en Gén. 4:2 donde se describe a Abel como pastor de ovejas. Estos animales eran la principal riqueza de los pueblos dedicados al pastoreo.

Ovejas del Asia pastando en el emplazamiento de lo que en una época fue la ciudad de Laodicea.

Las ovejas que aparecen en la Biblia generalmente pertenecen a una variedad de rabo desarrollado. Este podía llegar a pesar casi 7 kg (15 libras) y a veces se ofrecía como sacrificio (Ex. 29:22; Lev. 3:9). En esta especie, sólo el macho tenía cuernos; en otras también tenían las hembras. Los cuernos de carnero se usaban como trompetas (shofars) (Jos. 6:4) y como vasijas para guardar aceite (1 Sam. 16:1). Las ovejas eran también fuente de alimentos y vestimenta. La Biblia las menciona en centenares de ocasiones. Frecuentemente se las considera ganado pequeño. Eran importantes para la economía de la antigua Israel y de los pueblos vecinos.

Siete palabras y expresiones hebreas diferentes se traducen "oveja". *Tso'n* es un término colectivo para designar pequeños animales domesticados, en especial ovejas y cabras. *Seh* se refiere a un miembro del sustantivo colectivo *tso'n*, una oveja o cabra. *Kebes* es un carnero joven, al igual que *keseb*, una palabra aparentemente relacionada. *Kibsah* y *kisbah* son ovejas jóvenes. *Tsoneh* es una variante ortográfica o el femenino de *tso'n*. La oveja macho o carnero es *ayil*, utilizado como símbolo de autoridad y gobierno (Ex. 15:15; Ezeq. 17:13; 31:11).

Las ovejas esparcidas sin pastor simbolizaban a personas sin liderazgo ni unidad, (1 Rey. 22:17), personas inocentes que no merecen ser castigadas (1 Crón. 21:17), desvalidas, destinadas al matadero (Sal. 44:11,22) y a la muerte (Sal. 49:14). Los miembros del pueblo de Dios son Sus ovejas, disfrutan de Su protección y escuchan Su voz (Sal. 78:52; 95:7; 100:3; comp. Sal. 23). Las ovejas representan prosperidad económica (Sal. 144:13) o pobreza (Isa. 7:21). La oveja extraviada ilustra el pecado humano (Isa. 53:6), pero la silenciosa que va camino al matadero prepara el camino para el sacrificio de Cristo (Isa. 53:7). Ezequiel 34 emplea la vida de las ovejas y de los pastores para ilustrar la relación de Dios con Su pueblo y los gobernantes. El valor humano se contrasta con el de las ovejas (Mat. 12:12). La separación entre ovejas y cabras que el pastor hace de su *tso'n* ilustra el juicio final (Mat. 25). La búsqueda de una oveja perdida demuestra el amor de Dios hacia Su pueblo (Luc. 15). Jesús diferencia el cuidado que Él le dedica a Su rebaño del que practican otros líderes religiosos, especialmente los fariseos, que se comportaban como ladrones (Juan 10). La tarea encomendada a Pedro fue apacentar las ovejas (Juan 21). Ver *Agricultura; Cordero de Dios; Economía; Ganado; Pastor.*

Trent C. Butler

OVERO Color gris abigarrado de los caballos en la visión de Zac. 6:3,6. La NVI traduce el extraño término hebreo por "pinto". Los traductores modernos siguen la traducción griega primitiva y leen "overo". El término hebreo también aparece en Gén. 31:10,12 y en unos pocos manuscritos de Neh. 5:18. En la NVI se traduce "moteado", mientras que traducciones modernas dicen "manchado" o "punteado".

OZEM Nombre de persona que significa "irritable" o "fortaleza". **1.** Sexto hijo de Isaí (1 Crón. 2:15). **2.** Cuarto hijo de Jerameel (1 Crón. 2:25).

OZNI Nombre de persona que significa "mi oído" o "atento". Antepasado de una familia gadita, los oznitas (Núm. 26:16).

OZNITAS Ver *Ozni.*

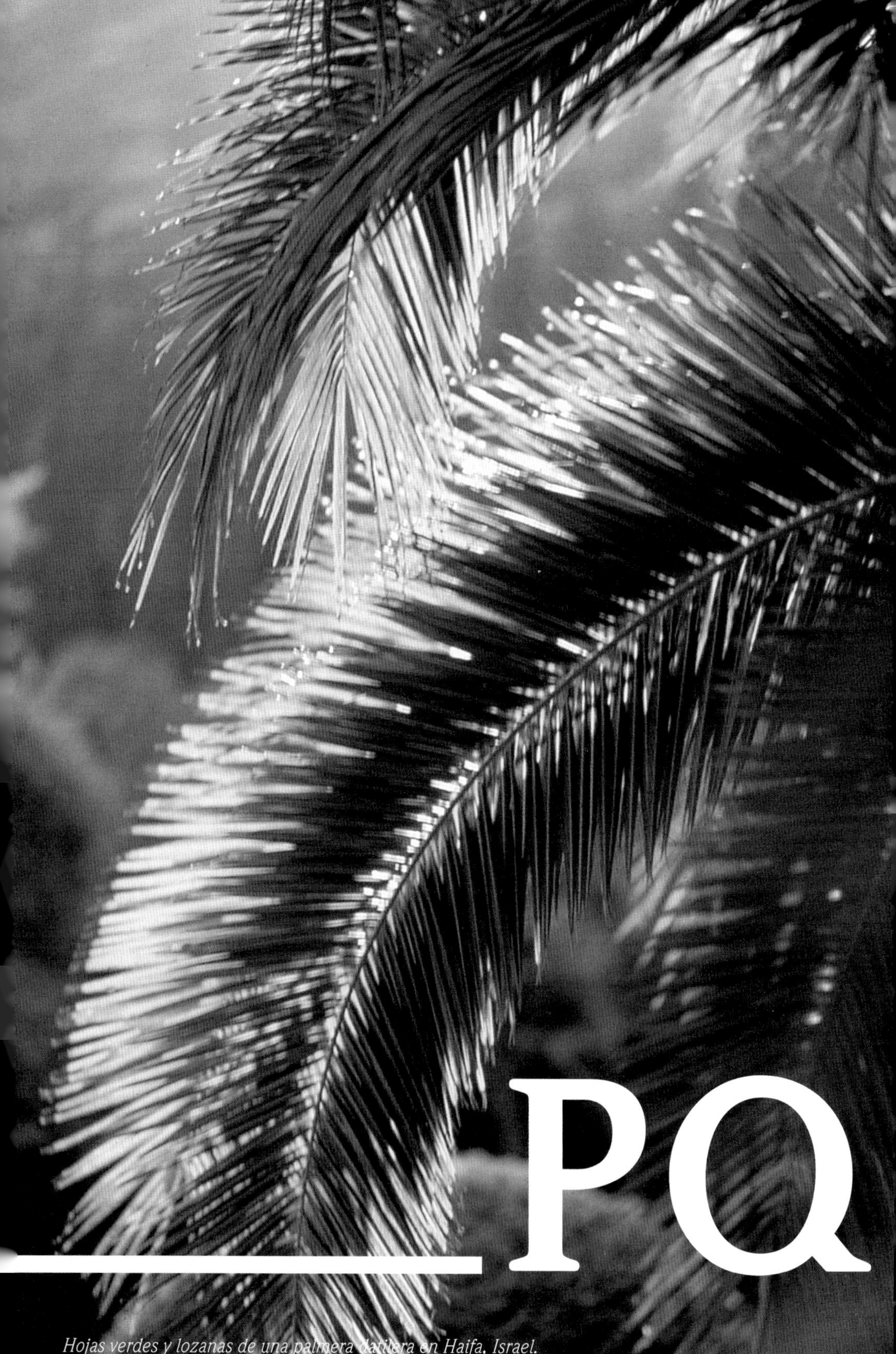

PQ

Hojas verdes y lozanas de una palmera datilera en Haifa, Israel.

PAARAI Nombre de persona que significa "revelación de Yahvéh". Uno de los 30 guerreros selectos de David (2 Sam. 23:35), designado arbita, residente de Arba (Jos. 15:52). La lista paralela lo llama "Naarai" (1 Crón. 11:37).

PABLO Misionero sobresaliente, teólogo y escritor de la iglesia primitiva. Figura de gran relevancia en el NT y en la historia del cristianismo. Escribió 13 epístolas que comprenden casi la cuarta parte del NT. Aprox. 16 capítulos del libro de Hechos (13–28) se concentran en sus tareas misioneras. De manera que Pablo es el autor o el sujeto de casi la tercera parte del NT y el intérprete más importante de las enseñanzas de Cristo y de la importancia de Su vida, Su muerte y Su resurrección.

Comienzos de su vida y entrenamiento (1–35 d.C.) ***Nacimiento y trasfondo familiar*** Pablo nació en una familia judía en Tarso de Cilicia (Hech. 22:3), probablemente durante la primera década del siglo I. Según Jerónimo, la familia de Pablo que era de la tribu de Benjamín (Fil. 3:5) se mudó de Tarso a Giscala en Galilea. Él recibió su nombre en honor al miembro más prominente de la tribu, el rey Saúl. Es probable que Pablo proviniera de una familia de confeccionistas de tiendas o trabajadores del cuero y, de acuerdo a la costumbre judía, su padre le enseñó este oficio. Aparentemente, el negocio prosperó y la familia de Pablo se volvió moderadamente rica. Pablo era ciudadano de Tarso, "una ciudad no insignificante" (Hech. 21:39). Según un antiguo escritor, para ser ciudadano de Tarso había que poseer 500 dracmas, el salario de un año y medio.

Ciudadanía romana Más importante aún es que Pablo fue ciudadano romano desde su nacimiento. Muchos especulan con que el padre o el abuelo recibieron el honor de la ciudadanía por algún servicio especial brindado a un procónsul militar. Sin embargo, la tradición cristiana primitiva conservada por Jerónimo y Focio afirma que los padres de Pablo habían sido llevados como prisioneros de guerra desde Giscala a Tarso, tomados como esclavos por un ciudadano romano y luego liberados, tras lo cual se les concedió la ciudadanía. Más allá de cómo la hayan recibido los padres de Pablo, el libro de Hechos afirma tres veces que él la poseía y que su ciudadanía conllevaba importantes derechos que lo beneficiaban en sus tareas misioneras. El ciudadano romano tenía derecho a apelación luego de un juicio, la exención del servicio al imperio, el derecho a escoger entre un juicio local o

Columnata de la vía Arcadiana de Éfeso, ciudad que durante dos años fue hogar de Pablo.

romano y la protección ante formas degradantes de castigo como los azotes. Es probable que Pablo haya llevado consigo una placa de cera que funcionaba como certificado de nacimiento o de ciudadanía a fin de poder probar su condición. Sin embargo, a la mayoría de quienes afirmaban ser ciudadanos romanos se les creía, ya que la pena por ese fraude era la muerte.

Entrenamiento rabínico Hechos 22:3 muestra que Pablo creció en Jerusalén. Él usó este hecho para probar que no pertenecía a los judíos de la diáspora que tenían más influencia de la cultura gentil que de costumbres judías. Fue educado en Jerusalén en el judaísmo conforme a las tradiciones de sus antepasados (Hech. 22:3). La Mishná enseñaba: "A los 5 años [uno es apto] para la Escritura, a los 10 para la Mishná, a los 13 [para el cumplimiento de] los mandamientos, a los 15 para el Talmud, a los 18 para la cámara nupcial, a los 20 para seguir un llamado, a los 30 para la autoridad". Esto probablemente sea una descripción bastante precisa del régimen de entrenamiento que tuvo Pablo. Hechos 22 dice que fue instruido por el rabino Gamaliel I, el miembro del Sanedrín que se menciona en Hech. 5:33-39. Gamaliel era uno de los principales maestros judíos de la época. La Mishná lo menciona frecuentemente y expresa muchas de sus opiniones. Estuvo entre los 13 rabinos más destacados cuyas muertes marcaron la decadencia del judaísmo: "Cuando el rabino Gamaliel, el anciano, murió, cesó la gloria de la Ley, y la pureza y la abstinencia murieron". El pasaje implica que Gamaliel era reconocido por sus altas normas morales y por su interpretación de las Escrituras. Pablo rápidamente sobresalió como estudiante rabínico judío. Como registra Gál. 1:14: "En el judaísmo aventajaba a muchos de mis contemporáneos en mi nación, siendo mucho más celoso de las tradiciones de mis padres". En Fil. 3 Pablo se describe a sí mismo como "circuncidado al octavo día, del linaje de Israel, de la tribu de Benjamín, hebreo de hebreos; en cuanto a la ley, fariseo; en cuanto a celo, perseguidor de la iglesia; en cuanto a la justicia que es en la ley, irreprensible". En Hech. 26:5 Pablo se identifica nuevamente con la secta de los fariseos, a la cual también había pertenecido su padre (Hech. 23:6).

Persecución de los cristianos Como fariseo ideal, es probable que Pablo haya sido un misionero judío activo que ganaba prosélitos entre los gentiles. Tal vez haya sido como los fariseos que Jesús describió que recorrían mar y tierra para ganar un prosélito (Mat. 23:15). Las palabras de Pablo "si aún predico la circuncisión" pueden hacer alusión a su pasado como misionero judío (Gál. 5:11). Él reconocía más que su maestro Gamaliel (Hech. 5:34-39) la seria amenaza que representaban los seguidores de Jesús para la religión tradicional judía. La Mishná enseñaba que un varón judío estaba listo para una posición de autoridad a los 30 años. Por lo tanto, es probable que Pablo rondara los 30 cuando, con la autorización de los principales sacerdotes, comenzó a apresar cristianos, primero en las sinagogas de Jerusalén y luego en Damasco. Tal vez la descripción paulina más clara de la persecución se encuentre en Hech. 26:9-11: "Yo ciertamente había creído mi deber hacer muchas cosas contra el nombre de Jesús de Nazaret; lo cual también hice en Jerusalén. Yo encerré en cárceles a muchos de los santos, habiendo recibido poderes de los principales sacerdotes; y cuando los mataron, yo di mi voto. Y muchas veces, castigándolos en todas las sinagogas, los forcé a blasfemar; y enfurecido sobremanera contra ellos, los perseguí hasta en las ciudades extranjeras". Algunos creen que esta referencia a dar un voto (lit. "arrojar una piedrita", que era negra en caso del no y blanca en caso del sí) implica que Pablo era miembro del Sanedrín. Sin embargo, es difícil imaginar que Pablo no haya hecho esta afirmación de manera explícita en aquellas ocasiones en que resalta su devoto linaje judío. Por lo tanto, la mayoría de los comentaristas toman esta declaración como una metáfora que implica que Pablo daba su consentimiento en la ejecución de los creyentes o sugieren que era miembro de un comité designado por el Sanedrín y revestido de esa autoridad. El rechazo inicial y categórico de Pablo hacia Jesús como Mesías bien puede haber estado motivado por la muerte innoble de Jesús. La muerte por crucifixión era indicativo de maldición divina

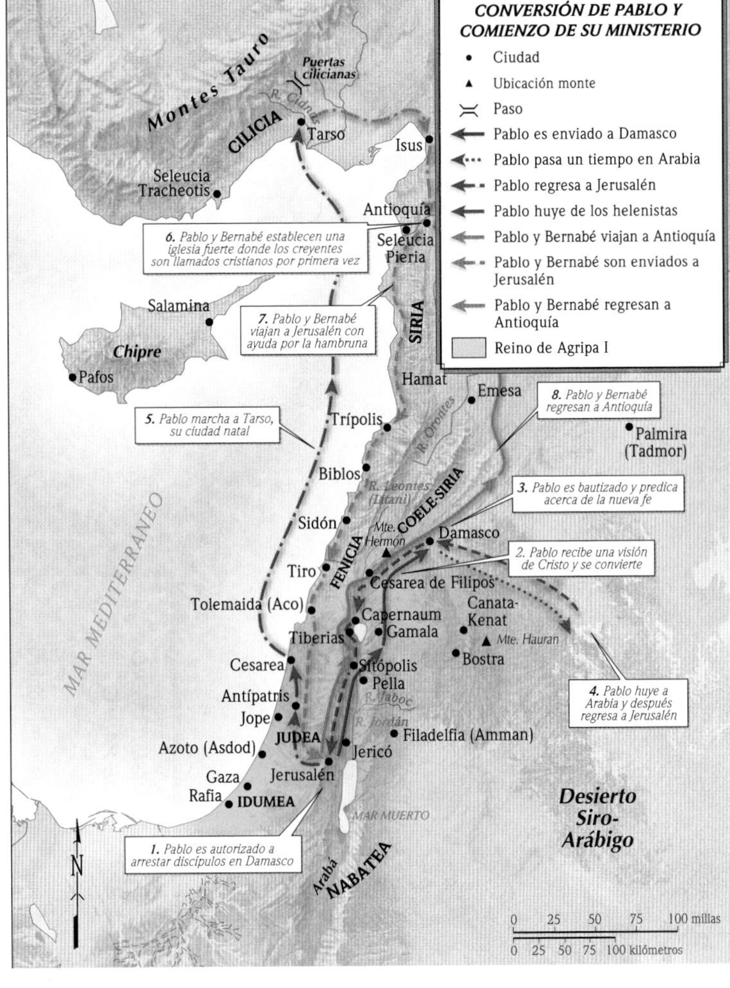
CONVERSIÓN DE PABLO Y COMIENZO DE SU MINISTERIO
Ciudad
Ubicación monte
Paso
Pablo es enviado a Damasco
Pablo pasa un tiempo en Arabia
Pablo regresa a Jerusalén
Pablo huye de los helenistas
Pablo y Bernabé viajan a Antioquía
Pablo y Bernabé son enviados a Jerusalén
Pablo y Bernabé regresan a Antioquía
Reino de Agripa I
1. Pablo es autorizado a arrestar discípulos en Damasco
2. Pablo recibe una visión de Cristo y se convierte
3. Pablo es bautizado y predica acerca de la nueva fe
4. Pablo huye a Arabia y después regresa a Jerusalén
5. Pablo marcha a Tarso, su ciudad natal
6. Pablo y Bernabé establecen una iglesia fuerte donde los creyentes son llamados cristianos por primera vez
7. Pablo y Bernabé viajan a Jerusalén con ayuda por la hambruna
8. Pablo y Bernabé regresan a Antioquía
Montes Tauro
Puertas cilicianas
R. Cidno
CILICIA
Tarso
Isus
Seleucia Tracheotis
Antioquía
Seleucia Pieria
Salamina
Chipre
Pafos
SIRIA
Hamat
Emesa
Palmira (Tadmor)
Trípolis
R. Orontes
Biblos
R. Leontes (Litani)
COELE-SIRIA
Sidón
Mte. Hermón
Damasco
FENICIA
Tiro
Cesarea de Filipos
Tolemaida (Aco)
Capernaum
Canata-Kenat
Tiberias
Gamala
Mte. Hauran
Bostra
Cesarea
Sitópolis
Pella
R. Jaboc
Antípatris
Jope
R. Jordán
JUDEA
Filadelfia (Amman)
Azoto (Asdod)
Jericó
Gaza
Jerusalén
Rafia
IDUMEA
MAR MUERTO
MAR MEDITERRÁNEO
Desierto Siro-Arábigo
Arabá
NABATEA
N
0 25 50 75 100 millas
0 25 50 75 100 kilómetros

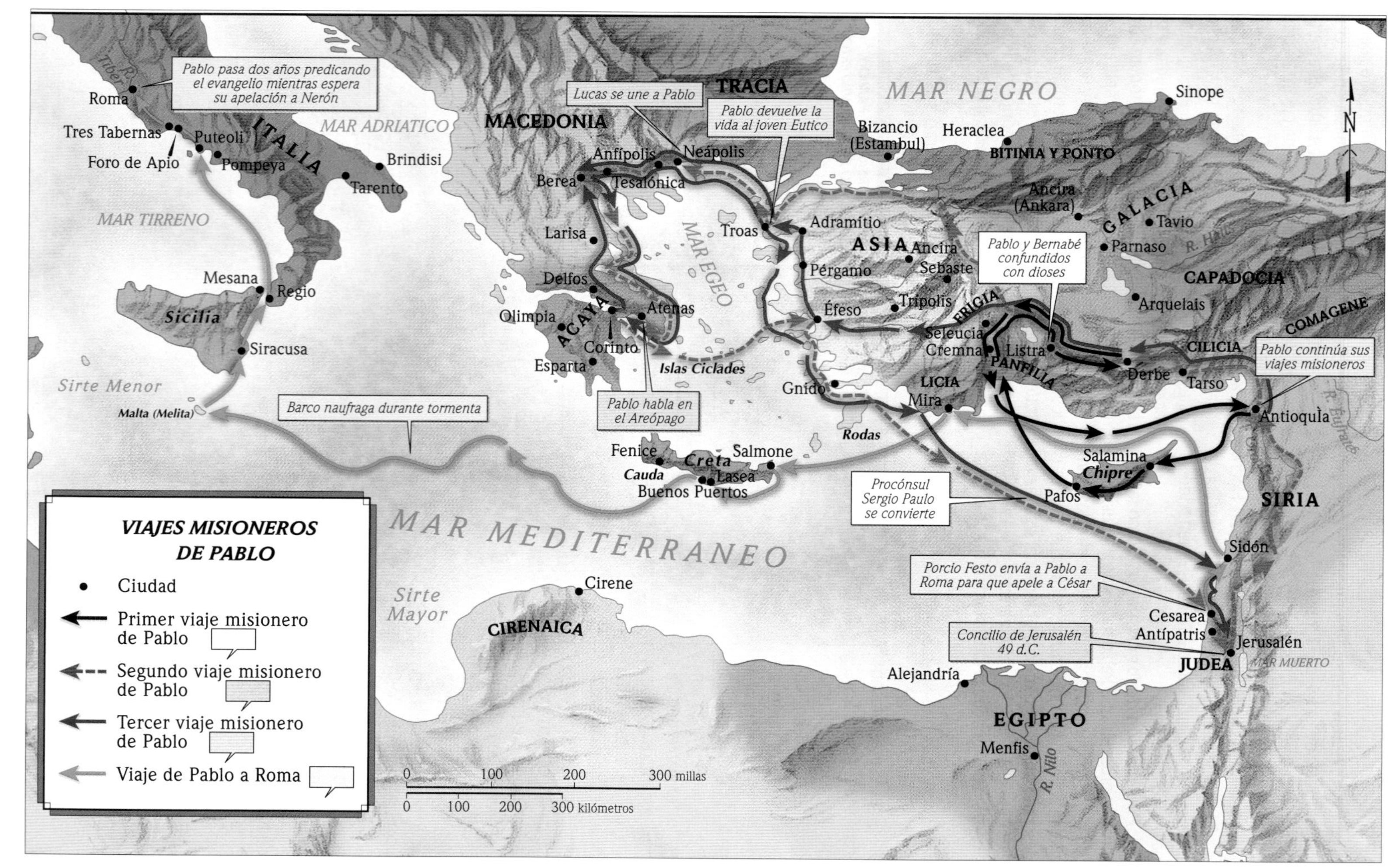
VIAJES MISIONEROS DE PABLO
Ciudad
Primer viaje misionero de Pablo
Segundo viaje misionero de Pablo
Tercer viaje misionero de Pablo
Viaje de Pablo a Roma
N
MAR NEGRO
MAR EGEO
MAR MEDITERRANEO
MAR ADRIATICO
MAR TIRRENO
MAR MUERTO
Sirte Menor
Sirte Mayor
Pablo pasa dos años predicando el evangelio mientras espera su apelación a Nerón
Barco naufraga durante tormenta
Lucas se une a Pablo
Pablo devuelve la vida al joven Eutico
Pablo habla en el Areópago
Pablo y Bernabé confundidos con dioses
Pablo continúa sus viajes misioneros
Procónsul Sergio Paulo se convierte
Porcio Festo envía a Pablo a Roma para que apele a César
Concilio de Jerusalén 49 d.C.
ITALIA
MACEDONIA
TRACIA
ACAYA
ASIA
GALACIA
BITINIA Y PONTO
CAPADOCIA
COMAGENE
CILICIA
FRIGIA
PANFILIA
LICIA
SIRIA
JUDEA
EGIPTO
CIRENAICA
Roma
Tres Tabernas
Foro de Apio
Puteoli
Pompeya
Brindisi
Tarento
Regio
Mesana
Siracusa
Sicilia
Malta (Melita)
Berea
Anfípolis
Tesalónica
Neápolis
Troas
Larisa
Delfos
Olimpia
Corinto
Atenas
Esparta
Islas Cíclades
Creta
Fenice
Cauda
Lasea
Buenos Puertos
Salmone
Rodas
Gnido
Éfeso
Pérgamo
Adramitio
Bizancio (Estambul)
Heraclea
Sinope
Ancira (Ankara)
Parnaso
Tavio
Arquelais
Sebaste
Ancira
Trípolis
Seleucia
Cremna
Listra
Derbe
Tarso
Mira
Antioquía
Salamina
Chipre
Pafos
Sidón
Cesarea
Antípatris
Jerusalén
Alejandría
Menfis
Cirene
R. Tíber
R. Éufrates
R. Halis
R. Nilo
Orontes
0 100 200 300 millas
0 100 200 300 kilómetros

(Deut. 21:23). Ciertamente, el Mesías no podía haber muerto bajo la maldición de Dios. Pero cuando Pablo escribió su primera epístola, esta maldición de muerte se reconoce como base para la expiación sustitutoria (Gál. 3:10-14). En 1 Cor. 1 Pablo explica que la idea de un Mesías crucificado era una piedra de tropiezo para los judíos. Probablemente hablaba de su propia experiencia pasada.

Conversión de Pablo (35 d.C.) Mientras Saulo iba camino a Damasco para arrestar y apresar a los creyentes del lugar, el Cristo resucitado y glorificado se le apareció con un resplandor cegador. Las palabras de Cristo "Dura cosa te es dar coces contra el aguijón" indican que Dios ya había comenzado Su obra desde antes. Como un buey que patea contra el aguijón que se encuentra en la mano del que lo conduce, Pablo se había resistido a la guía y liderazgo divino, que dio como resultado su propio daño y dolor. Ante la aparición de Cristo, Saulo se rindió de inmediato a Su autoridad y fue a la ciudad a esperar más órdenes. Allí fue sanado de su ceguera, recibió el Espíritu Santo y aceptó el bautismo del creyente. Sin duda, Ananías le habrá entregado el mensaje que el Señor le había dado en una visión: "Este hombre es mi instrumento escogido para llevar mi nombre delante de los gentiles, de reyes y de los hijos de Israel. ¡Por cierto le mostraré cuánto tendrá que sufrir por mi nombre!" Pablo pasó unos pocos días con los discípulos en Damasco.

Los viajes misioneros de Pablo (35–61 d.C.)
Viajes iniciales Inmediatamente después de su conversión, Pablo viajó a Arabia, donde comenzó la evangelización de los árabes nabateos (Gál. 1:17; 2 Cor. 11:32,33) y donde probablemente experimentó su primera oposición al evangelio por parte de las autoridades políticas. Luego regresó a Damasco y comenzó a ir a las sinagogas a predicar el mensaje que le había sido revelado en el camino: Jesús es el Hijo de Dios y el Mesías prometido. Los judíos damascenos vigilaron las puertas de la ciudad para matar a Pablo, y tuvo que escapar a través de una ventana en la pared por donde lo bajaron en una cesta (Hech.9:22-25).

Pablo entonces viajó a Jerusalén. Al comienzo, los líderes de la iglesia sospecharon de él, pero Bernabé intervino a su favor (Hech. 9:26-30 y Gál. 1:18). Luego de 15 días en Jerusalén, cuando visitó a Pedro y a Jacobo, el hermano del Señor, Pablo regresó a Tarso y evangelizó Siria y Cilicia durante varios años. No cabe duda de que los escuchó describir la vida y las enseñanzas de Jesús, aunque el evangelio de Pablo ya estaba claramente definido aun antes de su visita. Mientras estaba en Siria, Bernabé lo buscó y lo invitó a participar en la iglesia de Antioquía, donde un gran número de gentiles respondía al evangelio. Dicha iglesia juntó dinero para enviarles a los creyentes que sufrían en Judea durante un período de hambruna. La iglesia escogió a Bernabé y a Pablo para

Reconstrucción de Cesarea, donde Pablo estuvo preso dos años (Hechos 23:31–26:32).

llevar la ofrenda a Jerusalén (Hech. 11:27-30). Probablemente esta fue la ocasión de la conferencia descrita por Pablo en Gál. 2:1-10. Muchos la equiparan con el concilio de Jerusalén (Hech. 15), pero si Gálatas fue escrita después de un gobierno apostólico oficial, Pablo sólo habría tenido que exhibir la carta de los apóstoles a fin de desacreditar a los judaizantes. Además, la conferencia en Gál. 2:1-10 parece haber sido una reunión privada más que un asunto público. Los pilares de la iglesia de Jerusalén, Pedro, Juan y Jacobo, el hermano de Jesús, aprobaron el evangelio sin ley que predicaba Pablo y su énfasis en la evangelización de los gentiles.

Primer viaje misionero Pablo y Bernabé pronto comenzaron su primer viaje misionero viajando a través de Chipre y Anatolia, probablemente durante los años 47–48 d.C. El equipo misionero llevó el evangelio a las ciudades de Antioquía de Pisidia, Iconio, Listra y Derbe. Estas se encontraban en la provincia romana de Galacia, y es probable que la Epístola a los Gálatas haya estado dirigida a estas iglesias al sur de Galacia. Gálatas fue escrita probablemente durante este viaje.

El concilio de Jerusalén Cuando Pablo regresó a Antioquía después de su primer viaje misionero, se vio envuelto en una controversia acerca de qué se requería para la salvación de los gentiles. Pedro e incluso Bernabé vacilaban en el tema de la relación entre judíos y gentiles. Peor aún, algunos falsos maestros de la iglesia de Jerusalén se habían infiltrado en las congregaciones de Antioquía y enseñaban que "a menos que se circunciden de acuerdo a la costumbre enseñada por Moisés, no pueden ser salvos". La iglesia designó a Pablo y Bernabé para ir a Jerusalén y aclarar la cuestión. Se convocó un concilio en el 49 d.C. que incluyó al equipo misionero, a los que insistían en la circuncisión como requisito para la salvación, y a los apóstoles. El apóstol Pedro y Jacobo, el hermano de Jesús, hablaron en defensa del evangelio libre de la ley que predicaba Pablo, y se envió una carta a las iglesias gentiles confirmando el punto de vista oficial. Pablo regresó a Antioquía y permaneció allí desde el 49 al 51.

Segundo viaje misionero El segundo viaje llevó a Pablo a Macedonia y Acaya en el 50–52 d.C. Pablo y Bernabé se separaron al comienzo de este viaje debido a un desacuerdo por la participación del sobrino de Bernabé, Juan Marcos. Este había abandonado al equipo durante el primer viaje (Hech. 15:38). Pablo tomó a Silas y estableció iglesias en Filipos, Tesalónica y Berea. Bernabé se fue con Juan Marcos. Pablo también pasó 18 meses en Corinto fortaleciendo a la joven iglesia del lugar. Cuatro de las cartas de Pablo están dirigidas a iglesias conocidas de este segundo viaje. La mayoría de los eruditos creen que 1 y 2 Tesalonicenses fueron escritas durante este viaje.

Tercer viaje misionero El tercer viaje misionero de Pablo (53–57 d.C.) se concentró en la ciudad de Éfeso, donde Pablo pasó casi tres años. Hacia el final de este viaje, Pablo se esforzó por recoger otra ofrenda de ayuda para los creyentes de Jerusalén. Durante este viaje escribió 1 y 2 Corintios, y Romanos.

Últimos años Pablo llevó la ofrenda a Jerusalén. Mientras estaba en el templo realizando un ritual para demostrar su fidelidad al judaísmo a algunos creyentes de Jerusalén, opositores judíos incitaron una revuelta y Pablo fue arrestado (57 d.C.). Fue enviado a Cesarea para presentarse a un juicio ante el procurador Félix. Luego de dos años

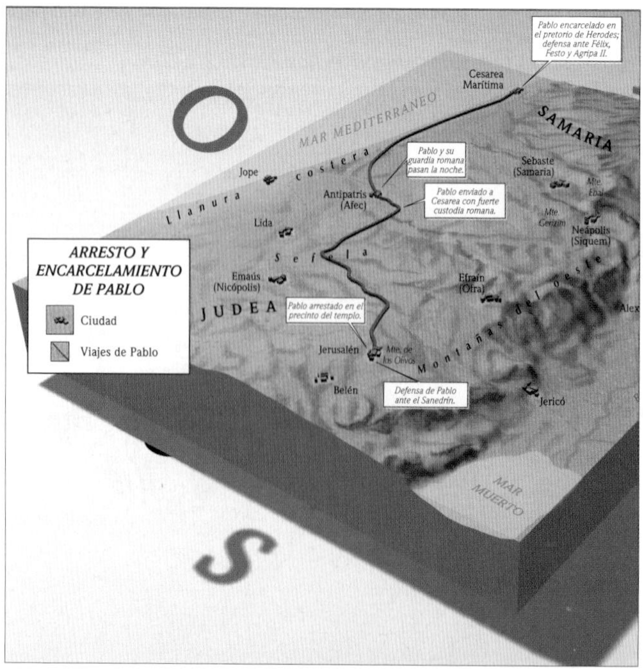

de falta de actuación por parte de quienes lo habían detenido, Pablo finalmente apeló al emperador romano. Al llegar a Roma, pasó dos años bajo arresto domiciliario a la espera del juicio. Durante este primer encarcelamiento en Roma escribió Filemón, Colosenses, Efesios y Filipenses.

El relato de Hechos termina en este punto, de modo que la información sobre el resultado del juicio es muy vaga. La tradición de la iglesia primitiva sugiere que Pablo fue absuelto (aprox. en el 63 d.C.) o exiliado, y que cumplió el sueño que expresa en Rom. 15:23-29 de llevar el evangelio a España (63–67 d.C.). Probablemente escribió 1 y 2 Timoteo y Tito durante el período entre su absolución y un segundo encarcelamiento romano. De acuerdo a la tradición de la iglesia, Pablo fue arrestado nuevamente y sometido a un encarcelamiento más severo. El emperador Nerón lo condenó y lo degolló con una espada en el tercer mojón de la Vía Ostia, en un lugar llamado Aquae Salviae, y yace sepultado en el sitio cubierto por la basílica de San Pablo Extramuros. Su ejecución probablemente tuvo lugar en el 67 d.C.

Aspecto físico de Pablo No existen registros bíblicos sobre la apariencia o el aspecto físico de Pablo. Sabemos que probablemente haya sido un individuo vigoroso como para soportar los abusos y las pruebas que sufrió siendo apóstol (2 Cor. 11:23-29). Era víctima de alguna grave enfermedad de la vista (Gál. 4:12-16). Esto puede responder a su firma característicamente grande adosada a las cartas que escribía un secretario (Gál. 6:11). La descripción más temprana del aspecto de Pablo aparece en un libro apócrifo del NT que dice que "Pablo era un hombre de baja estatura, con la cabeza calva y las piernas chuecas, en buen estado físico, con espesas cejas que se unían y una nariz un tanto aguileña; lleno de simpatía, por momentos parecía un hombre y por momentos un ángel". El escritor atribuye la descripción de Pablo a Tito, y puede tener cierta base histórica. Aunque en la actualidad no suene halagüeño, varios de los rasgos físicos mencionados eran considerados parte del ideal romano.

El evangelio de Pablo El evangelio de Pablo condena a toda la humanidad por el delito de rechazar a Dios y Su legítima autoridad. Por la influencia del pecado de Adán, la humanidad se lanzó a las profundidades de la depravación de tal manera que fue completamente incapaz de cumplir las justas demandas de Dios (Rom. 1:18-32; 3:9-20; 9:12-19), y sólo merece la ira divina (Rom. 1:18; 2:5-16). El pecador estaba separado de Dios y enemistado con Él (Col. 1:21). Por lo tanto, su única esperanza era el evangelio, que representaba el poder de Dios para salvar a aquellos que tuvieran fe en Cristo (Rom. 1:16). El centro del evangelio de Pablo era Jesucristo (Rom. 1:3,4). Afirmaba la humanidad y la deidad de Jesús. Cristo fue un descendiente físico del linaje de David (Rom. 1:2), que había venido en semejanza de hombre pecador (Rom. 8:3), y que

Columnas de la época romana del ágora en Tarso, lugar de nacimiento y de los primeros años de Pablo.

había adoptado la forma de siervo humilde y obediente (Fil. 2:7,8). Sin embargo, Él era la forma visible del Dios invisible (Col. 1:15), y toda la plenitud de la deidad habitaba en Él en forma corporal (Col. 2:9), la naturaleza misma de Dios (Fil. 1:6), y poseía el título de "Señor" (título griego para el Dios del AT), el nombre sobre todo nombre (Fil. 2:9-11). Pablo creía que en virtud de Su impecabilidad, Jesús era apto para ser el sacrificio que pondría a los pecadores en una correcta relación con Dios (2 Cor. 5:21). En Su muerte en la cruz, Jesús se convirtió en la maldición del pecado (Gál. 3:10-14), y el justo murió por los injustos (Rom. 5:6-8). La salvación es un don gratuito concedido a los creyentes y basado exclusivamente en la gracia de Dios. La salvación no depende de méritos, actividades ni esfuerzos humanos, sino sólo del amor inmerecido de parte de Dios (Ef. 2:8-10; Rom. 6:23). Los que confían en Jesús para salvación, lo confiesan como Señor y creen que Dios lo resucitó de los muertos (Rom. 10:9), serán salvos de la ira divina y se volverán justos a los ojos de Dios (Rom. 5:9), son adoptados como hijos de Dios (Rom. 8:15-17), y transformados por el poder del Espíritu (Gál. 5:22-24). Cuando Cristo vuelva, los creyentes resucitarán (1 Cor. 15:12-52), serán totalmente partícipes del carácter justo del Hijo (Fil. 3:20,21) y vivirán por siempre con su Señor (1 Tes. 4:17). Mediante su unión con Cristo a través de la fe, el creyente participa espiritualmente de la muerte, la resurrección y la ascensión de Cristo (Rom. 6:1–7:6; Ef. 2:4,5). Por lo tanto, el cristiano ha sido liberado del poder del pecado, de la muerte y de la ley. Aunque imperfecta, es una nueva creación, que va siendo transformada más y más a semejanza de Cristo (Col. 3:9,10; 2 Cor. 5:17). Aunque el creyente ya no se encuentra bajo la autoridad de la ley escrita, el Espíritu Santo funciona como una nueva ley interna que lo guía a cumplir de manera natural y espontánea las justas exigencias de la ley (Rom. 8:1-4). Como resultado, el evangelio libre de la ley no alienta el comportamiento inicuo en los creyentes. Tal conducta es contraria a la nueva identidad en Cristo. La unión de los creyentes con Cristo los lleva a la unión con otros creyentes en el cuerpo de Cristo, la iglesia. Los creyentes ejercen sus dones espirituales para ayudarse mutuamente a madurar, a servir a Cristo y a glorificarlo, lo cual es el propósito supremo de la Iglesia (Ef. 3:21; 4:11-13). Ahora Cristo gobierna la iglesia como su cabeza, su máxima autoridad (Ef. 1:22). Cuando Cristo regrese, se consumará Su reinado en el mundo y todo lo que existe será puesto bajo Su absoluta autoridad (Fil. 2:10,11; 4:20; Ef. 1:10). Él resucitará a los muertos: a los incrédulos para juicio y castigo; a los creyentes para glorificación y recompensa (2 Tes. 1:5-10). *Charles L. Quarles*

PACIENCIA Resistencia activa a la oposición, no una resignación pasiva. Paciencia y paciente se usan para traducir varias palabras hebreas y griegas. La paciencia es resistencia, perseverancia, tolerancia y longanimidad.

Dios es paciente (Rom. 15:5). Fue lento para la ira en relación con los hebreos (Ex. 34:6; Núm. 14:18; Neh. 9:17; Sal. 86:15; Is. 48:9; Os. 11:8,9). Estos se rebelaban con frecuencia, pero Dios trató pacientemente con ellos. La parábola de Jesús sobre los labradores describe la paciencia de Dios con Su pueblo (Mar. 12:1-11). Él es paciente con los pecadores y les da tiempo para arrepentirse (Rom. 2:4), en especial en la aparente demora del regreso de Cristo (2 Ped. 3:9, 10).

El pueblo de Dios debe ser paciente. El salmista aprendió esa conducta al enfrentarse a la prosperidad de los impíos (Sal. 37:1-3,9-13,34-38). Los cristianos deben enfrentar la adversidad con paciencia (Rom. 5:3-5), la cual es un fruto del Espíritu (Gál.5:22). El amor cristiano es paciente (1 Cor. 13:4,7) y también deben serlo los ministros (2 Cor. 6:6).

Los cristianos necesitan paciente resistencia al enfrentarse a persecución. Hebreos enfatiza la resistencia como alternativa para no retroceder durante la adversidad (Heb. 6:9-15; 10:32-39). Jesús es el gran ejemplo de resistencia (Heb. 12:1-3). La perseverancia es parte de la madurez (Sant. 1:2-4). La perseverancia de Job es ejemplo para los cristianos que sufren (Sant. 5:11). Juan resalta con frecuencia la paciente resistencia de los cristianos (Apoc. 2:2,19; 3:10; 13:10; 14:12). En definitiva, la paciencia cristiana es un don de Dios (Rom. 15:5,6; 2 Tes. 3:5). Ver *Perseverancia*.

Warren McWilliams

PACIFICADORES Aquellos que activamente trabajan para generar paz y reconciliación donde hay odio y enemistad. Dios bendice a los pacificadores y declara que son Sus hijos (Mat. 5:9). Aquellos que trabajan por la paz comparten el ministerio de Cristo de traer paz y reconciliación (2 Cor. 5:18, 19; Ef. 2:14,15; Col. 1:20).

PACTO Promesa sujeta a juramento mediante el cual una parte promete solemnemente bendecir o servir a otra de alguna manera específica. A veces el cumplimiento de la promesa depende de que la parte a quien se le promete cumpla con ciertas condiciones. En otras ocasiones, la promesa se hace unilateral e incondicionalmente. El concepto de pacto es un tema esencial y unificador de las Escrituras que establece y define la relación de Dios con el hombre en todas las edades.

En el AT, la palabra hebrea que se traduce "pacto" es *berit*. Es probable que el término derive del verbo *bara*, "unir". El sustantivo *berit* originariamente se refería a una relación de unión entre dos partes en la que cada una de ellas se comprometía a realizar algún servicio a favor de la otra. El NT, al igual que la LXX, utiliza de manera uniforme la palabra *diatheke* para referirse a la idea del pacto, y evita el término similar *suntheke*, que describiría erróneamente un pacto como un contrato o alianza mutua más que como una promesa sujeta a un voto. Esto no quiere decir que, en algunos casos, un pacto no pueda tener ciertas características comunes de los acuerdos o contratos mutuos, pero la esencia del concepto de pacto corresponde claramente a la de una promesa de unión.

Rituales y señales del pacto El lenguaje técnico que se utilizaba cuando se realizaban pactos era "cortar un pacto" (*karat berit*). Esta terminología aludía a los sacrificios rituales que acompañaban la realización de una alianza. Los animales sacrificados a menudo se cortaban en dos. En algunos rituales de pactos, una parte del animal la comían los participantes del acuerdo y la otra mitad se quemaba en honor al dios que ellos adoraban. En ocasiones, las partes caminaban simbólicamente entre los trozos del animal. En todos los casos, el derramamiento de sangre en dichos rituales indicaba lo solemne que era el pacto, y cada una de las partes juraba, bajo pena de muerte, no quebrantarlo.

A menudo, la celebración de los pactos también incluía señales. Estas servían como un memorial que les recordaba a las partes sus promesas. Abraham le dio a Abimelec siete corderas "para que… sirvan de testimonio" del pacto (Gén. 21:30); Jacob y Labán utilizaron una pila de piedras (Gén. 31:46-48); la señal del pacto de Dios con Noé fue el arco iris (Gén. 9:12-15); la circuncisión fue la señal de los pactos abrahámico y mosaico (Gén. 17:10-14; Ex. 12:47,48); y el bautismo es la señal del nuevo pacto (Col. 2:9-12; Rom. 6:3,4).

Pactos entre los seres humanos La Biblia registra muchos pactos entre personas. Abraham y Abimelec hicieron un pacto en Beerseba (Gén. 21:22-34) en el que Abraham prometió tratar amablemente a la familia de Abimelec y éste prometió reconocer que el otro era dueño de un pozo (Gén. 31:44-54). Jacob y Labán hicieron un pacto y juraron no hacerse daño mutuamente. Jonatán y David hicieron un pacto en el que Jonatán reconocía el derecho de David al trono de Israel (1 Sam. 18:3; 23:18).

Los gabaonitas, a quienes Dios había decretado matar, engañaron a Josué haciendo un pacto para vivir en paz y para ser protegidos (Jos. 9:15). Abner hizo un pacto con David para que encabezara las tribus del norte de Israel a fin de que se separaran de Is-boset y se unieran a él (2 Sam. 3:12,13). Salomón hizo un pacto de paz con Hiram, el rey de Tiro, comprometiendo a sus países a participar en transacciones comerciales (1 Rey. 5:12). El rey Asa instó a Judá a realizar un pacto para buscar al Señor después de muchos años de rebelión (2 Crón. 15:9-15).

Hay muchos otros pactos humanos en la Biblia, algunos de los cuales fueron mal aconsejados. Por ejemplo, Oseas le advirtió a Israel sobre el juicio de Dios por el pacto que había hecho con Asiria (Os. 12:1), y Dios castigó a Asa por un pacto con Ben-hadad de Siria (2 Crón. 16:2-13). Las consecuencias funestas de estos pactos se desencadenaron porque Israel se apoyaba en el poder militar extranjero en lugar de descansar en Dios (comp. 2 Crón. 16:7).

El matrimonio goza de un interés especial entre los pactos humanos. Malaquías 2:14 indica claramente que el matrimonio es un pacto, donde un hombre y una mujer prometen vivir juntos en un compromiso para toda la vida (Gén. 2:24; Mat. 19:4-6) que incluye la unión sexual, el amor sacrificial y el respaldo mutuo.

Los pactos divinos En las Escrituras son sumamente significativos los diversos pactos que Dios hace con el hombre pues proveen un principio unificador para entender la totalidad de las Escrituras y para definir la relación entre Dios y la persona. La esencia de esa relación se halla en la frase: "Yo seré vuestro Dios, y vosotros seréis mi pueblo" (comp. Gén. 17:7,8; Ex. 6:6,7; Lev. 26:12; Deut. 4:20; Jer. 11:4; Ezeq. 11:20).

El primer pacto divino fue el de la redención, donde Dios el Padre lo estableció con Dios el Hijo para redimir a la humanidad caída. En 2 Tim. 1:9,10 vemos que Dios no nos ha salvado por obras sino por la gracia "que nos fue dada en Cristo Jesús antes de los tiempos de los siglos". Y en Tito 1:2, Pablo declara que Dios prometió vida eterna a los escogidos "antes del principio de los siglos". El término "pacto" no aparece aquí, pero es evidente el concepto de una promesa sujeta a un juramento. Esta promesa se le hizo a Cristo, quien vino a cumplir un plan eterno para salvar a aquellos que el Padre le había dado (Juan 6:37-40; 17:1-5). Dios el Padre le asignó (lit. "pactó") un reino que Él, a su vez, lo asignaba a los discípulos (Luc. 22:28-30).

El primer pacto bíblico es el edénico o pacto de las obras que Dios efectuó con Adán en el huerto del Edén (Gén. 2:15-17). Oseas 6:6,7 declara llanamente que este acuerdo fue un pacto. Dios le prometió al hombre en su estado de inocencia que le iba a dar vida eterna bajo la condición de que le obedeciera en forma perfecta. La obediencia se mediría en función del cumplimiento del mandato de Dios de no comer del árbol de la ciencia del bien y del mal. Sin embargo, Adán y Eva comieron del fruto prohibido y, de este modo, quebrantaron este pacto y cayeron bajo su terrible maldición: "el día que de él comieres, ciertamente morirás".

Es importante destacar que el pacto de las obras no proveía ningún método de restauración. Puesto que este pacto demandaba perfección, una vez que se quebrantó dejó sin esperanzas a Adán y su descendencia. En este contexto encontramos el comienzo de otro pacto, el de la gracia. Después de la caída, Dios maldijo a la serpiente y prometió que la simiente de la mujer le iba a aplastar la cabeza, aunque su propio tobillo sería dañado (Gén. 3:15). Esta promesa era una garantía incondicional de que Dios, en Su gracia, rescataría al hombre caído de la maldición del pacto de las obras. El NT deja en claro que Cristo es "la simiente de la mujer" que cumplió esta promesa (Gál. 3:19; Col. 2:13-15; 1 Jn. 3:8). El pacto de la gracia, pues, es la promesa de Dios de salvar a la humanidad pecaminosa de la maldición de la caída por medio de la gracia a través de la obra redentora de Cristo. Esta se puede prever incluso en Génesis 3 cuando Dios aparentemente mata un animal para cubrir la desnudez de Adán y Eva (v.21).

Génesis 4–6 describe la rápida decadencia moral de la raza humana después de la caída que llevó a Dios a destruir a la mayoría de las personas con un diluvio. No obstante, "Noé halló gracia ante los ojos de Jehová" (Gén. 6:8), y Dios preservó la raza humana indicándole que construyera un arca en la que él, su familia y las especies animales podrían sobrevivir a la inundación. Después del diluvio, Dios estableció el pacto con Noé (Gén. 9:9-17) donde prometió no volver a inundar la tierra jamás. Este pacto no requería respuesta humana. En Su gracia Dios simplemente se comprometió a preservar a los seres humanos y las otras criaturas vivientes.

El pacto bíblico siguiente es el abrahámico (comp. Gén. 12:1-3; 15:1-19; 17:1-14; 22:15-18). Dios llamó a Abraham para que saliera de Ur y fuera a Canaán, y le prometió convertirlo en una gran nación la cual, a su vez, bendeciría a todas las naciones (Gén. 12:1-3). La gracia absoluta de este pacto se ve claramente en la ceremonia de ratificación de Gén. 15. Dios le prometió al anciano Abraham que tendría un hijo y heredero de su propia sangre, y que él heredaría la tierra de Canaán. Abraham le creyó a Dios, lo que dio como resultado que Él lo declarara justo (v.6). Aun así, Abraham quiso tener una confirmación, y preguntó: "¿En qué conoceré que la he de heredar?" A manera de respuesta, Dios hizo que Abraham cortara varios animales en dos conforme a la costumbre de "cortar" un pacto. No obstante, a diferencia de lo acostumbrado, sólo Dios pasó entre los animales, lo que implicaba que Su promesa era incondicional y le demostraba a Abraham que Él por cierto cumpliría Sus promesas divinas. Dios repitió Su juramento en Gén. 22:18, donde además agrega que sería a través de la simiente de Abraham que todas las naciones un día serían bendecidas. Pablo aplica el sustantivo singular "simiente" como referencia a Cristo (Gál. 3:16). Por medio de Cristo, el descendiente prometido a Abraham, las bendiciones del pacto abrahámico llegarían a todas las naciones. Pablo entiende que la bendición que reciben las naciones es, al igual que en el caso de Abraham, ser justificados únicamente por la fe en lugar de las obras y recibir el don del Espíritu Santo (Gál. 3:8-14).

Con el paso del tiempo, los descendientes de Abraham fueron esclavizados en Egipto. Ellos clamaron a Dios para ser liberados, y debido a que Dios "se acordó de Su pacto con Abraham, Isaac y Jacob" (Ex. 2:24), envió a Moisés para que se enfrentara al faraón y sacara al pueblo de la esclavitud. Una vez libres, los israelitas se reunieron en el Monte Sinaí. Allí Dios estableció con ellos el pacto sinaítico o mosaico (Ex. 19:5). Este pacto es el que más se asemeja a los tratados de soberanía que se hallaron en otras naciones del antiguo Cercano Oriente. En dichos tratados, el soberano (o sea, el señor o el rey) se comprometía a proporcionar un gobierno benevolente y protección a los pueblos conquistados a cambio de la lealtad de ellos. Los tratados de soberanía tenían aspectos característicos que encuentran paralelo en el pacto mosaico (Ex. 19–23). Estas características incluyen:

1. Un prólogo histórico que repasa la relación pasada entre las partes;
2. Una declaración de obligaciones que las partes tienen mutuamente;
3. Provisiones para la lectura ocasional y en público del tratado; y
4. Listas de bendiciones y maldiciones que surgen de cumplir o quebrantar el tratado.

Aunque el pacto mosaico seguía este modelo conocido, su propósito y contenido diferían significativamente. Por un lado, el pacto mosaico no surgió mediante un acto de conquista sino por la gracia libertadora que Dios manifestó al sacar a Israel de la esclavitud. Además, el pacto de Dios con Israel no establecía simplemente un acuerdo entre un soberano y sus vasallos, sino además una relación íntima basada en el amor leal (heb. *chesed*).

El rasgo singular del pacto mosaico era la ley que se resumía en los Diez Mandamientos (Ex. 20:10-17). Dios, al promulgar esa ley, constituyó a Israel en un pueblo y nación diferente que existía bajo Su gobierno teocrático. Dios le prometió a Israel que ellos serían Su posesión especial, Su "nación santa", y prometió ser su Dios (comp. Ex. 19:5,6; 20:2). Esta promesa estaba condicionada a la obediencia de Israel a la ley. La gracia divina escogió a Israel como receptor de este pacto (Deut. 7:7), pero se les advirtió que las bendiciones temporales prometidas sólo serían de ellos si cumplían con los mandamientos divinos (Deut. 7:12-26; 28:1-14). No cumplir con los mandamientos de Dios daría como resultado maldiciones calamitosas que incluían ser "repudiado" por Dios y no ser más Su pueblo especial (Deut. 8:19,20; 28:15-68; comp. Jer. 3:6-8; Os. 1:1-8). Israel, bajo el pacto mosaico, se rebeló varias veces contra Dios, lo que desencadenó la ira divina en numerosas ocasiones, pero en su misericordia Dios limitó la severidad del juicio debido a la promesa que le había hecho a Abraham (comp. 2 Rey. 13:22,23). No obstante, la paciencia divina finalmente se acabó e impuso las maldiciones ante todo sobre Israel (722 a.C.) y luego sobre Judá (586 a.C.) mediante los exilios asirio y babilónico. Pero una vez más, a causa de las promesas incondicionales que les había hecho a Abraham y a David, Dios preservó un remanente de Judá y lo llevó de regreso a Palestina (comp. 1 Rey. 11:11-13; Neh. 9:7,8,32).

El NT agrega otros aspectos al significado e importancia del pacto mosaico. Hebreos indica que los requisitos de sacrificios de animales eran "la sombra de los bienes venideros" y no eran eficaces para la expiación del pecado (Heb. 10:1-4). Más bien, eran símbolos que señalaban hacia el sacrificio expiatorio de Cristo, el único que puede quitar los pecados (Heb. 10:11-14). Pablo explica que el pacto mosaico se agregó al abrahámico "hasta que viniera la simiente a quien fue hecha la promesa" (Gál. 3:18,19). Es decir, Dios estableció el pacto mosaico con la nación de Israel como un acuerdo temporal cuyo propósito se cumpliría en la primera venida de Cristo. Además, el propósito de este pacto era que la ley nos sirviera como "nuestro ayo, para llevarnos a Cristo" (Gál. 3:24). Esto lo hace al presentar las demandas justas de Dios que los pecadores son incapaces de cumplir (comp. Rom. 5:13,20; 8:7, 8) y que, al quebrantarlas, llevan a la ira divina. Al darse cuenta de su incapacidad delante de la ley, los pecadores arrepentidos tal vez vean la necesidad de un Salvador y sean conducidos hacia Cristo.

Dios hizo otro pacto incondicional con David (2 Sam. 7:1-17; 23:1-5), donde prometió que establecería para él un reino perpetuo, y que uno de sus descendientes se sentaría en el trono de Israel para siempre. Más aún, Dios prometió con respecto a la simiente de David: "Yo le seré a él padre, y él me será a mí hijo" (2 Sam. 7:14). La promesa es incondicional; Dios había decidido cumplirla a pesar de la maldad de los reyes subsiguientes descendientes de David (1 Rey. 11:11-13; 2 Rey. 20:4-6). Desde luego, la destrucción que finalmente se produjo de la dinastía davídica parece poner en duda la perpetuidad de este pacto, pero los profetas miraban al futuro hacia la restauración final del reino de David (Amós 9:11).

El NT también proporciona datos del pacto davídico. Por ejemplo, varios autores del NT utilizan el tema de la condición de hijo de Dios que posee el rey a fin de relacionar al rey davídico con Jesucristo (comp. Sal. 2:6,7; Heb. 1:5,6; Hech. 13:32-34; Rom. 1:3,4). Como el verdadero Hijo de Dios, Cristo es el cumplimiento final del pacto con David. Además, la resurrección y la ascensión de Cristo señalan Su coronación como el Rey davídico sentado en el trono de David (Hech. 2:29-36). Y Santiago toma el establecimiento de la iglesia con la afluencia de los convertidos gentiles como una señal de la restauración del reino davídico profetizado por Amós (Amós 9:11,12; Hech. 15:13-18).

Finalmente, Dios estableció lo que ambos testamentos denominan el nuevo pacto. Jeremías fue el primero en mencionarlo (Jer. 31:27-34). Cuando Israel comenzó a desobedecer y quebrantar el pacto, Dios prometió que un día establecería un nuevo pacto con Su pueblo que sería diferente del pacto antiguo que habían quebrantado. En este nuevo pacto, Dios dice: "Daré mi ley en su mente, y la escribiré en su corazón; y yo seré a ellos por Dios, y ellos me serán por pueblo ... [y] todos me conocerán ... porque perdonaré la maldad de ellos, y no me acordaré más de su pecado" (vv.33-34). Ezequiel hace eco de este tema diciendo que en el nuevo pacto, Dios dice: "Os daré corazón nuevo, y pondré espíritu nuevo dentro de vosotros ... y haré que andéis en mis estatutos" (Ezeq. 36:26,27). A este nuevo pacto se lo diferencia del antiguo pacto mosaico y promete varias bendiciones que el anterior no podía proveer: la regeneración o nuevo nacimiento, el perdón completo de los pecados, un conocimiento íntimo de Dios y la seguridad de que este nuevo pacto es inquebrantable. Las promesas del nuevo pacto significan el cumplimiento de todos los propósitos redentores que Dios estableció en el pacto de gracia, que puso fin a la maldición de la caída y proveyó salvación completa para la raza humana.

Jesús anunció el cumplimiento del nuevo pacto cuando instituyó la Cena del Señor (Luc. 22:20; 1 Cor. 11:23-25). La muerte sustitutoria de Jesús en la cruz, simbolizada en la Cena del Señor, puso en existencia el nuevo pacto y convirtió en obsoleto al antiguo (comp. Heb. 8:6-13; 9:11-15). En el nuevo pacto, Cristo cumple las promesas y los propósitos de los pactos anteriores. Tal como se indicó, Cristo es la "simiente de la mujer" que Dios prometió aplastaría la cabeza de la serpiente. Él es la simiente de Abraham que bendeciría a todas las naciones; Él es la meta de la ley mosaica; Él es el Rey que se sienta para siempre en el trono de David. Más aún, como Cristo es "Emanuel" o "Dios con nosotros" (Mat. 1:23; Juan 1:14), consuma el tema compartido por todos los pactos confirmando que Dios sería Su Dios y ellos serían su pueblo. El nuevo pacto también cumple en la nueva Israel, la iglesia, todas las promesas veterotestamentarias a la nación (comp. Gál. 6:16; 1 Ped. 2:9,10; Hech. 15:14-17; Heb. 11:8-16; Apoc. 21:12-14). Desde luego, no todas las bendiciones del nuevo pacto se han concretado plenamente. La consumación definitiva aguarda el regreso de Cristo.

La unidad de los pactos divinos A pesar de las diferencias, los pactos divinos exhiben una unidad estructural y temática que unifica la totalidad de las Escrituras. La unidad estructural se observa en que cada uno de los sucesivos pactos surge de los previos y depende de ellos. Cada pacto forma una nueva fase de un plan divino general. Tanto el pacto de las obras como el de la gracia son el trasfondo del pacto más esencial, el de la redención. El pacto de la gracia en el que Dios unilateralmente promete, en Su gracia, redimir a la humanidad caída, presupone el fracaso del pacto de las obras. Pero ambos pactos dependen de ese pacto eterno que Dios Padre hizo con Dios Hijo de redimir a los pecadores del pecado, la desdicha y la miseria. Desde la eternidad, Dios prometió dar salvación a una raza humana pecadora. Esa promesa requería en la historia el establecimiento de los pactos de las obras y de la gracia.

Todos los pactos divinos subsiguientes son etapas del pacto de la gracia en que Dios va revelando de manera progresiva la promesa de Gén. 3:15. El pacto con Noé preserva de la destrucción a la raza humana a fin de que la simiente de la mujer pudiera nacer. Esto demuestra la gracia de Dios al prometer soportar con paciencia a la raza humana hasta la venida de Cristo (comp. Hech. 17:30). El pacto abrahámico también surge del pacto de la gracia al crear una descendencia histórica a través de la cual vendría la simiente prometida. En todos los pactos siguientes, Dios en Su gracia preserva a este linaje a pesar de la maldad de los descendientes de Abraham. El pacto mosaico también es parte del pacto de la gracia y una extensión del pacto con Abraham. De hecho, las Escrituras declaran explícitamente que el pacto mosaico se estableció porque Dios "se acordó de su pacto con Abraham, Isaac y Jacob" (Ex. 2:24). Al liberar a Israel de Egipto y convertirla en nación mediante la promulgación de la ley, Dios estableció un acuerdo en el que toda la humanidad podría ver su incapacidad para vivir a la altura del pacto de las obras y, de este modo, darse cuenta de que necesitaba un Salvador. Dentro del contexto de la nación de Israel, Dios también estableció el pacto davídico, que proveyó la monarquía divina mediante la cual Dios gobernaría a Su pueblo redimido por toda la eternidad. Dios también guardó este pacto incondicionalmente, preservó a la nación hebrea rebelde y la hizo regresar del exilio diciendo, "por amor a mí mismo, y por amor a mi siervo David" (2 Rey. 20:4-6). Finalmente, el nuevo pacto cumple con el pacto de la gracia con la vida, la muerte, la resurrección y la ascensión de Jesucristo, que es la simiente prometida de este pacto. Por lo tanto, en la revelación progresiva de estos pactos podemos observar la revelación del plan eterno unificado de Dios.

La unidad de los pactos se ve además en el tema singular presente en todos ellos: "Yo seré vuestro Dios, y vosotros seréis mi pueblo" (comp. Gén. 17:7,8). Los pactos divinos están diseñados para llevar a la humanidad caída a una relación íntima y personal con Dios. Este tema se desarrolla en las Escrituras en íntima relación con el "Principio Emanuel" provisto por Dios, que ciertamente mora en medio de Su pueblo. El tabernáculo del AT era el lugar donde Dios se reunía personalmente con Israel. Cuando se dedicó el tabernáculo, Dios mismo relacionó el Principio Emanuel con el tema del pacto: "Habitaré entre los hijos de Israel, y seré su Dios" (Ex. 29:45). Cristo encarna en el nuevo pacto la forma consumada de este principio. A Él se lo llama "Emanuel", que traducido es "Dios con nosotros" (Mat. 1:23), y Juan declara de manera explícita que Dios, en Cristo, "fue hecho carne, y habitó [lit. 'hizo tabernáculo'] entre nosotros" (Juan 1:14). La última mención de este tema del pacto se encuentra en Apoc. 21:3. Después de la segunda venida de Cristo vemos que la promesa del pacto de Dios se concretó de manera plena y definitiva: "He aquí el tabernáculo de Dios con los hombres, y él morará con ellos; y ellos serán su pueblo, y Dios mismo estará con ellos como su Dios". *Steven B. Cowan*

PACTO DE SAL La sal se utilizaba a menudo para realizar un pacto, posiblemente como símbolo de lo que preserva y previene el deterioro. La esperanza era que el pacto celebrado de esta manera perdurara (Núm. 18:19; 2 Crón. 13:5). La sal era un elemento esencial de las ofrendas a Dios (Lev. 2:13).

PADAN-ARAM Nombre geográfico con el posible significado de "camino de Siria", "campo de Siria" o "arado de Siria". Tierra desde donde Abraham viajó hacia Canaán. Una de las principales ciudades era Harán. Más tarde, Abraham envió a su siervo a Padan-aram (Gén. 25:20) a buscar esposa para Isaac (Gén. 24:1-9), y Jacob huyó hacia allí y se casó. Así entró a formar parte de la rama patriarcal de la familia de Labán y de Rebeca (28:2-5). Podría tratarse de la moderna Tell Feddan cerca de Carrhae.

PADÓN Nombre de persona que significa "redención". Antepasado de una familia de siervos del templo postexílico (Esd. 2:44; Neh. 7:47). Ver *Netineos, sirvientes del templo.*

PADRE Ver *Familia; Dios.*

PADRENUESTRO Palabras que utilizó Jesús para enseñarles a orar a Sus seguidores. En la literatura cristiana primitiva existen tres formas de Padrenuestro: dos en el NT (Mat. 6:9-13; Luc. 11:2-4) y la otra en la Didaché 8:2, un escrito cristiano no canónico de principios del siglo II proveniente del norte de Siria. Se pueden observar similitudes y diferencias si las tres formas se colocan una al lado de la otra. (Ver columna siguiente).

De dicha comparación derivan tres conclusiones. Primero, en los tres casos es la misma oración. Segundo, es probable que la Didaché emplee la forma de oración que se encuentra en Mateo. Tercero, la versión de Mateo es más larga que la de Lucas en tres puntos: al final de las palabras dirigidas a Dios, al final de las peticiones relacionadas con Dios y al final de las peticiones asociadas con los seres humanos. El estudio de los mss griegos también muestra que la doxología que aparece al final de la forma expresada por Mateo en algunas traducciones no es original; la forma más antigua de la oración con una doxología se encuentra en Didaché 8:2. Es probable que cada evangelista haya presentado la oración como se usaba generalmente en su iglesia en ese momento.

Mateo y Lucas emplearon el Padrenuestro de diferentes maneras en sus Evangelios. En Mateo, la oración aparece en el Sermón del Monte, donde Jesús habló sobre la justicia que excede a la de escribas y fariseos (5:20). Está ubicada en una sección que advierte contra la práctica de piedad delante de los hombres a fin de ser vistos por ellos (6:1-18). Las ofrendas, la oración y el ayuno son para los ojos y los oídos de Dios. Al orar, uno no debe hacer una exhibición pública (6:5,6) ni amontonar frases vacías pensando que será escuchado en función de la cantidad de palabras (6:7).

En Lucas, la oración surge en medio del viaje de Jesús a Jerusalén (9:51–19:46). Al comportarse de este modo, Jesús es un ejemplo de la persona que ora. Su vida de oración hizo que Sus discípulos le pidieran instrucciones para orar, como había instruido Juan el Bautista a sus seguidores. Lo que sigue (11:2-13) es una enseñanza sobre la oración donde se les dice a los discípulos para qué orar (11:2-4) y por qué hacerlo (11:5-13). En este caso, el Padrenuestro es un modelo de aquello por lo cual hay que orar. Orar de este modo es una señal distintiva de los discípulos de Jesús.

Mateo	**Lucas**	**Didaché**
Padre nuestro	Padre nuestro	Padre Nuestro
que estás en los cielos	que estás en los cielos	que estás en los Cielos,
santificado sea tu nombre.	santificado sea tu nombre.	santificado sea tu nombre,
Venga tu reino.	Venga tu reino.	venga a nosotros Tu reino,
Hágase tu voluntad	Hágase tu voluntad	hágase Tu voluntad así en la tierra
como en el cielo	como en el cielo	como en el cielo.
así también en la tierra.	así también en la tierra.	
El pan nuestro de cada día	El pan nuestro de cada día	Danos hoy nuestro pan de cada día,
dánoslo hoy.	dánoslo hoy.	
Y perdónanos nuestras deudas	Y perdónanos nuestros pecados	perdona nuestras deudas
como también nosotros perdonamos	porque también nosotros perdonamos	como también nosotros perdonamos
a nuestros deudores.	a todos los que nos deben.	a nuestros deudores.
Y no nos metas en tentación	Y no nos metas en tentación	No nos dejes caer en tentación
mas líbranos del mal;	mas líbranos del mal.	y líbranos del mal.
porque tuyo es el reino y el poder		Tuya es la gloria
y la gloria por todos los siglos. Amén.		y el poder por siempre.

Aunque las tres versiones de la oración sólo existen en griego, el patrón de pensamiento y las expresiones son judíos. En el discurso, a Dios se lo designa como "Padre" o "Padre nuestro que estás en los cielos". Una oración judía comienza diciendo: "Perdónanos, Padre nuestro" (Dieciocho Bendiciones, 6). El rabino Akiba (aprox. 130 d.C.) dijo: "¡Bienaventurados, vosotros israelitas! ¿Delante de quién sois purificados, y quién os purifica? Vuestro Padre que está en los cielos" (Mishná, *Yoma*, 8:9). La oración *Ahaba Rabba* (Gran Amor) que formaba parte de la adoración matinal en el templo de Jerusalén, comenzaba diciendo: "Con gran amor nos has amado, oh Señor, nuestro Dios, con excesivamente grande longanimidad has gobernado sobre nosotros. Nuestro Padre, nuestro Rey, aplica tu gracia sobre nosotros".

Las "peticiones tu" son asimismo judías tanto en pensamiento como en expresión. Las primeras dos: "Santificado sea tu nombre. Venga tu reino", hacen eco de la oración judía denominada Kaddish, que comienza diciendo: "Exaltado y santificado [honrado como santo] sea su gran nombre en el mundo... Y establezca su reino durante vuestra vida y en vuestros días... rápido y pronto". La tercera, "Tu voluntad sea hecha", es similar a una oración del rabino Eliezer (aprox. 100 d.C.): "Tu voluntad sea hecha arriba en el cielo y dales paz a los que temen aquí abajo" (Talmud babilónico, *Berakot*, 29b).

Las "peticiones nos" también son expresiones idiomáticas judías. La primera, "El pan nuestro dánoslo", es semejante a la primera bendición de gracia a la hora de comer: "Bendito seas tú, oh Señor nuestro Dios, rey del universo, que alimentas a todo el mundo con tu bondad;... tú le das comida a toda carne... Por medio de tu bondad jamás nos ha faltado la comida: oh, que no nos falte nunca jamás". La segunda, "Perdónanos", hace eco de las Dieciocho Bendiciones, 6: "Perdónanos, Padre nuestro, porque hemos pecado contra ti; borra nuestras transgresiones de delante de tus ojos. Bendito seas, oh Señor, que perdonas mucho". La frase que la acompaña, "así como nosotros también perdonamos", refleja la enseñanza judía que se encuentra en Sirac 28:2: "Perdona el mal de tu prójimo, y entonces tus pecados serán perdonados cuando ores". La tercera petición, "No nos metas en tentación", es similar a una que se realizaba en oraciones matinales y nocturnas. "Haz que no caiga en manos del pecado, ni en manos de la trasgresión, ni en manos de la tentación ni en manos de la deshonra".

Así como era costumbre de los maestros judíos reducir la gran cantidad de mandamientos a uno ó dos (comp. Mar. 12:28-34), de la misma manera sucedía a menudo cuando daban sinopsis de las Dieciocho Bendiciones (Talmud babilónico, *Berakot*, 29a). El Padrenuestro pareciera una sinopsis hecha por Jesús de las diversas oraciones judías de la época.

Si el lenguaje del Padrenuestro y de las diversas oraciones judías es similar, el significado

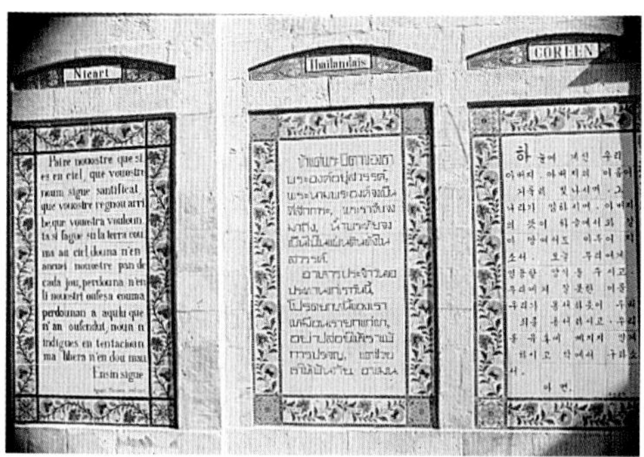

Azulejos con el Padrenuestro en tres de muchos idiomas, en exposición en la Iglesia del Padrenuestro, en Jerusalén.

se debe determinar a partir del mensaje general de Jesús. Él y los cristianos primitivos creían en dos edades, el "presente siglo malo" y la "era venidera". Esta se iba a desencadenar mediante una intervención decisiva de Dios al final de la historia. Este cambio de eras iría acompañado de la resurrección de los muertos y el juicio final. Antes de cualquiera de estos dos eventos, habría un período de gran sufrimiento o tribulación. A esta "era venidera" también se la llamaba "reino de Dios". Consistía en un estado ideal de las cosas cuando Satanás iba a ser derrotado, el pecado conquistado y la muerte ya no existiría más. Jesús creía que en Su ministerio, la actividad de Dios que produciría el cambio en las edades ya se estaba produciendo. Debemos entender el Padrenuestro dentro de este modo de pensar.

Las "peticiones tu" son paralelismos sinónimos. Todas significan prácticamente lo mismo. "Santificado sea tu nombre", "Venga tu reino" y "Hágase tu voluntad, como en el cielo, así también en la tierra" son todos pedidos para que se produzca el cambio de era y entre en acción el estado ideal de las cosas. Constituyen una oración que pide la victoria final de Dios sobre el mal, el pecado y la muerte. También es posible que los cristianos primitivos lo entendieran como un pedido para que Dios gobernara sus vidas allí y en ese momento.

Las "peticiones nos" participan de la misma tensión entre el futuro definitivo y el presente de los discípulos. "El pan nuestro de cada día, dánoslo hoy" tal vez se refiera a que el don del maná reaparezca cuando cambien las edades. Tal como declaró el rabino judío Josué (aprox. 90 d.C.): "El que sirve a Dios hasta el último día de su vida, se satisfará de pan, es decir, el pan del mundo por venir" (*Génesis Rabbah* 82). Tal como indica Luc. 11:3, también alude al pan necesario para la vida diaria en este mundo: "El pan nuestro de cada día, dánoslo hoy". Es muy probable que el "perdónanos nuestras deudas" se refiera al perdón definitivo de los pecados en el día final, pero también alude al perdón continuo de los discípulos por parte de su Padre celestial, así como ellos, al vivir en esta era, perdonan continuamente a aquellos que les deben. "Y no nos metas en tentación" tal vez se refiera a la protección de los discípulos en la tribulación final (como en Apoc. 3:10), pero también habla de recibir ayuda para evitar que suceda algo malo en la historia presente. Por lo tanto, en todas estas peticiones hay una tensión entre el presente y el futuro. Es factible entender todas las peticiones tanto en referencia al cambio en las edades, como al presente en que nos encontramos ahora. Esto no sorprende cuando se considera la tensión entre ambas tanto en el mensaje de Jesús como también en la teología de la iglesia primitiva. La preocupación en la oración por el cambio de las edades la separa de las oraciones judías cuyo lenguaje es tan similar.

El Padrenuestro en el NT es una oración comunitaria: ... "Padre nuestro", "Danos... nuestro pan", "Perdona nuestras deudas", "así como nosotros perdonamos a nuestros deudores", "No nos metas", "Líbranos". Es la oración de la comunidad de los discípulos de Jesús.

El Padrenuestro es una oración de petición. Es significativo que la oración modelo para los creyentes no sea de alabanza, gratitud, meditación ni contemplación, sino de petición.

Esta oración de pedido tiene dos objetivos. Primero, el que ora de esta manera le implora a Dios que actúe para lograr el propósito divino en el mundo. Segundo, el que ora de este modo le pide a Dios que supla las necesidades físicas y espirituales de los discípulos. Es significativo que los pedidos aparezcan en el orden que lo hacen: primero, la vindicación de Dios; luego, la satisfacción de los discípulos.

Una oración de petición de este tipo supone una cierta opinión en cuanto a Dios. Se da por sentado que un Dios al que se le pide de esta manera tiene control de la situación; Él es capaz de responder. También se supone que es bueno; Él desea responder. El Padre al que Jesús aludía es quien tiene el control y también es bueno. Ver *Escatología; Midrás; Mishná; Rabí; Reino de Dios; Talmud; Targum.* *Charles Talbert*

PADRES APOSTÓLICOS Grupo de escritores de la iglesia primitiva, algunos de los cuales conocieron a los apóstoles. Estos escritores no fueron agrupados ni se los denominó Padres Apostólicos hasta fines del siglo XVII. Esa primera colección, titulada Padres Apostólicos, incluía obras de Clemente, Ignacio, Policarpo, Bernabé y Hermas. Otras obras tales como la Didaché, Diogneto y Papías se han incluido frecuentemente en colecciones recientes. Los documentos (excepto Diogneto y Papías) se escribieron aproximadamente entre el 96 y 156 d.C., sin embargo no se aceptaron como parte del canon del NT. No obstante, el Códice Sinaítico (siglo IV) sí incluía la Epístola de Bernabé y el Pastor de Hermas; y el Códice Alejandrino (siglo V) incluía las dos epístolas de Clemente.

La colección Padres Apostólicos incluye dos epístolas de Clemente, obispo de Roma (luego de Lino y Anacleto). La primera epístola, que data del año 96, se le escribió a la iglesia de Corinto para tratar problemas internos, específicamente la expulsión de los presbíteros por decisión de la congregación. Clemente invitó a la congregación a restituir a los presbíteros despedidos a quienes los apóstoles habían seleccionado. La epístola ilustraba la constante existencia de facciones dentro de la iglesia de Corinto aun después de que Pablo había tratado esos problemas en sus propias epístolas a dicha iglesia. Clemente también proporcionó la idea básica de la sucesión apostólica al argumentar que se debía restituir a los ancianos debido a que habían sido designados por los apóstoles en persona. La segunda epístola de Clemente era en realidad un sermón que exhortaba a los oyentes a vivir una vida piadosa y a permanecer fieles en vista de la venida final de Cristo. Eruditos recientes han cuestionado la autoría del sermón por parte de Clemente ya que ciertos elementos tal vez hayan estado dirigidos a los gnósticos, quienes no emergieron dentro de la iglesia hasta la mitad del siglo II.

La Didaché, o Enseñanza de los Doce Apóstoles, era un manual de la iglesia primitiva que data de entre el 100 y 110 d.C. Aunque esta obra anónima no se agrupó originariamente con la colección, ya que se descubrió a fines del siglo XIX, se ha llegado a aceptar como parte de los Padres Apostólicos. La obra comenzaba hablando de la conducta apropiada, tema que se desarrollaba como el "camino de vida" en contraposición con el "camino de muerte". La segunda sección de la obra proporcionaba instrucciones para los líderes de la iglesia en cuanto a la manera de conducir las reuniones e indicándoles que, en caso de ser posible, debían bautizar por inmersión.

La colección contiene varias epístolas de Ignacio, obispo de Antioquía, que fue discípulo del apóstol Juan. Ignacio escribió estas epístolas alrededor del 115 d.C. durante su viaje a Roma, lugar donde padeció el martirio. Aunque existen numerosas epístolas, los eruditos en general han aceptado como auténticas sólo las de las iglesias de Éfeso, Magnesia, Tralles, Roma, Filadelfia, Esmirna, y la epístola a Policarpo. Ignacio expresaba en estas epístolas su deseo de ser martirizado y afirmaba la humanidad de Cristo en oposición a la herejía del docetismo. Sus epístolas efectuaron dos contribuciones significativas al desarrollo de la teología católica romana. La primera se relaciona con la eucaristía, a la que Ignacio describe como la "carne de nuestro salvador Jesucristo" (Epístola a los Esmirneanos) y la "medicina de la inmortalidad, el antídoto contra la muerte" (Epístola a los Efesios). Estas ideas establecieron la base para el desarrollo de la eucaristía como sacramento y para la doctrina de la transustanciación. La segunda contribución se relaciona con la importancia que le otorga al obispado, como él indicó, "sigue al obispo tal como Jesucristo siguió al Padre" (Epístola a los Esmirneanos). Este concepto colaboró para respaldar la idea de la sucesión apostólica y la prominencia de la tradición dentro de la iglesia.

La colección contiene dos documentos relacionados con Policarpo, obispo de Esmirna y discípulo del apóstol Juan. El primero era una epístola escrita por Policarpo y enviada a la iglesia de Filipos. La carta, que data probablemente del 116 d.C., era ante todo una amalgama de citas de las Epístolas Pastorales, aunque no incluía información acerca del debate de si la Pascua se debía celebrar el día mismo de la resurrección o el domingo más próximo. El segundo documento relacionado con Policarpo era un relato de su martirio. Escrito en el 156, detallaba la muerte de Policarpo y describía los elementos míticos que rodearon su ejecución, tales como que su sangre extinguía el fuego que supuestamente tenía que consumirlo a él. Fue importante por el estímulo a permanecer fiel frente a la persecución, por la glorificación del martirio y por el uso del término "iglesia católica [es decir, 'universal']".

La colección también incluye la Epístola de Bernabé, que no fue escrita por el Bernabé bíblico. Lo más probable es que la obra se haya producido alrededor del 135 en respuesta a la segunda rebelión judía encabezada por Bar Kokhba desde el 132 al 135. El escrito era de tono antijudío y describía elementos veterotestamentarios como el sacrificio de animales, la construcción del templo y la adhesión a la ley, diciendo que eran errores cometidos por los judíos, quienes no entendían la voluntad de Dios. Bernabé se apoyaba en la interpretación alegórica para demostrar que el AT enseñaba que el cristianismo era la religión verdadera y el judaísmo estaba basado en un malentendido humano.

El Pastor de Hermas fue escrito por un autor anónimo probablemente entre el 140 y el 150 d.C. Era una alegoría que enfatizaba la penitencia. Era importante por su mención de que sólo hay un perdón de los pecados después del bautismo, idea que llevó a muchos cristianos a posponer el bautismo hasta encontrarse en su lecho de muerte, tal como sucedió con Constantino. Esa práctica finalmente llegó a constituirse en el sacramento de la extremaunción. Además, la obra presenta también la idea esencial del purgatorio.

En el siglo XX, los eruditos agregaron varias obras más a los Padres Apostólicos, aunque todavía existe desacuerdo en cuanto a qué agregados corresponden. Entre las obras agregadas se encuentra la Epístola a Diogneto, escrita por un autor anónimo a un receptor anónimo. Es difícil establecer la fecha de la obra, aunque se la ubica a fines del siglo II o principios del siglo III. Es una apología que argumenta los méritos del cristianismo sobre el judaísmo y el paganismo. Debido a la naturaleza de la obra, algunos eruditos prefieren clasificarla dentro de la literatura apologética en lugar de incluirla en los Padres Apostólicos. Algunos estudiosos consideran que las obras de Papías forman parte de la colección, aunque sus obras ya no existen. Papías fue discípulo del apóstol Juan y colaborador de Policarpo.

Los Padres Apostólicos permiten que los eruditos modernos observen los temas que trataba la iglesia primitiva. También los ayudan a trazar el desarrollo de las doctrinas católico romanas como la regeneración bautismal, la transustanciación y el purgatorio, las cuales se inician con los Padres. Además, las citas escriturales de los Padres Apostólicos no sólo muestran qué porciones de las Escrituras utilizaba la iglesia primitiva sino que también proveen una idea de cómo esta iglesia interpretaba y utilizaba la Palabra de Dios.

Scott Drumm

Ruinas de la antigua Pafos, en la Isla de Chipre.

PAFOS Ciudad situada al sudoeste de Chipre y capital de la isla durante los tiempos del NT. Pablo, Bernabé y Juan Marcos fueron a la ciudad en su primer viaje misionero y posiblemente guiaron a la fe en Cristo al procónsul Sergio Paulo (Hech. 13:6-12). Ver *Chipre.*

PAGANOS Ver *Gentiles.*

PAGIEL Nombre de persona que significa "fortuna de Dios", "súplica a Dios" o "Dios suple". Líder de la tribu de Aser en el desierto (Núm. 1:13; 2:27; 7:72,77; 10:26).

PAHAT-MOAB Título que significa "gobernador de Moab". Familia de exiliados que regresaron, probablemente descendientes del gobernador hebreo de Moab en tiempos de David (Esd. 2:6; 8:4; 10:30; Neh. 7:11; 10:14).

PAI Nombre geográfico que significa "gemido". Forma alternativa de Pau, utilizada en 1 Crón. 1:50 (comp. Gén. 36:39). Ver *Pau.*

PAJA Generalmente alude a tallos de cebada o trigo después de ser cortados. A veces el término se traducía "paja seca". Por lo general se usaba como colchón para los animales, tal como lo hacen muchos granjeros en la actualidad. Los israelitas se vieron forzados a usar paja para fabricar ladrillos (Ex. 5:6-13).

PAJE DE ARMAS Ver *Armas y armaduras.*

PALABRA Expresión o dicho que se puede referir a un enunciado simple, a toda la ley, al mensaje del evangelio, e inclusive a Cristo.

Antiguo Testamento *Dabar* es la expresión hebrea principal para "palabra". Tiene varios significados y puede aludir a una expresión hablada, a un dicho, a una orden, a un discurso o a una historia, o sea, a la comunicación lingüística en general. *Dabar* también puede indicar una cosa, un acontecimiento o una acción (Gén. 18:14). Ocasionalmente surgen dificultades para distinguir entre estos significados (Sal. 35:20 "palabras engañosas" RVR1960; "urden mentiras" NVI; "puras patrañas" BJL; "engaños" RVA; "planes traicioneros" DHH). La construcción frecuente "la palabra del Señor" o "la palabra de Yahvéh" se refiere a la comunicación de Dios con la gente. Los significados de esta comunicación rara vez se relacionan, y la frase no alude necesariamente a una serie particular de palabras. Tres aspectos de esta palabra demandan una atención especial.

Una palabra profética Los profetas declaraban entregar la "palabra de Dios" (Jer. 1:9). Eran comisionados para este propósito (Isa. 6:8). Esta palabra estaba dirigida a los seres humanos y exigía una respuesta. Por lo tanto, la palabra de Dios se puede visualizar como una gran salvación (Isa. 2:2-5) o un gran juicio (Jer. 26:4-6).

Una palabra legal En la ley del pacto, Dios le expresó las palabras de la ley a Moisés (Ex. 20:1; 24:3-8). La esencia de la ley se entiende como las 10 palabras (Ex. 34:28; Deut. 4:13). La ley en su totalidad representa la voluntad de Dios y puede ser denominada una sola "palabra" (Deut. 4:2). Esta palabra también exige una respuesta: la obediencia fiel traerá la bendición de Dios, en tanto que la desobediencia conducirá a la maldición (Deut. 30:15-20).

Una palabra creadora Dios creó el mundo por medio de Su palabra (Gén. 1; Isa. 48:13; Sal. 33:9). Este mundo revela la majestad de Dios (Sal. 19:1) y, por lo tanto, extiende la esfera de Su revelación a todas las personas, más allá de Su obra con Israel. Se habla de palabra como si fuera una persona que dirige los eventos de la naturaleza (Sal. 147:15-18; 148:8), salva (107:20), y da vida (Ezeq. 37:1-4).

Nuevo Testamento *Logos* y *hrema* son los dos vocablos griegos principales que significan "palabra". Se los utiliza de manera intercambiable y diversa, como sucede con *dabar* del AT. El NT puede utilizar estos términos para aplicarlos al mensaje de Jesús, al mensaje acerca de Jesús y a Jesús mismo.

El mensaje de Jesús en cuanto al reino venidero se puede denominar "palabra" (Mar. 2:2; 4:33; Luc. 5:1), al igual que lo que Él decía de manera individual (Mat. 26:75; Luc. 22:61). Es significativo que Jesús evitaba citar a las autoridades rabínicas o utilizar el lenguaje tradicional de un profeta, quien declararía que "la palabra del Señor vino a mí" o expresaría que "así dijo Jehová". Quizá estas frases no honraban de manera significativa Su relación especial con el Padre y Su propia autoridad (Mat. 11:27; comp. 5:21-26; Mar. 3:28,29). Al igual que en el AT, las palabras de Jesús también exigían decisión por parte de los oyentes (Juan 8:51; 12:47).

El mensaje sobre Jesús también se puede denominar "una palabra". Pablo habló acerca de "la palabra de Dios que oísteis de nosotros" que se entrega por medio de palabras humanas (1 Tes. 2:13). El contenido de esta palabra es sin duda la historia de las buenas nuevas sobre la muerte y la resurrección de Jesús, la esencia del evangelio (1 Cor. 15:3-5). Este mensaje es la palabra de la cruz (1 Cor. 1:18) y es el contenido fundamental de la predicación de Pablo (1 Cor. 2:2). Debido al sacrificio y a la resurrección de Cristo, el mensaje del evangelio es una "palabra de reconciliación" (2 Cor. 2:19) y una "palabra de vida" (Fil. 2:16). Los seguidores de Jesús dan testimonio de la palabra y la proclaman (Luc. 1:2; Hech. 4:4; 6:7). La palabra revelada por medio del Hijo (Heb. 1:1-4) ilumina y trae juicio.

Jesús mismo es la Palabra, el Verbo viviente. El Verbo preexistente que estaba con Dios "en el principio", ahora se ha hecho carne (Juan 1:1-18). Los eruditos han declarado con frecuencia que Juan utilizó *logos* en un sentido filosófico para referirse al principio racional que controlaba el mundo (estoicismo) o al intermediario creado entre Dios y Su mundo (*Filón*). Sin embargo, el Verbo de Juan no es un principio ni una característica divina. Es una persona preexistente que da vida. Juan se opone a la filosofía griega al argumentar que la salvación no se produce mediante la salida de este mundo por parte de la humanidad sino por la entrada de Dios para redimir a la creación. Lo más probable es que *logos* se haya escogido por el significado que tenía en el AT, por su traducción griega, y por la literatura hebrea contemporánea donde los conceptos de "sabiduría" y "palabra" se utilizaban para expresar una manifestación distintiva de Dios. Juan observó que el mismo agente de Dios que dio vida en la primera creación, también la estaba dando en la nueva creación inaugurada con la venida de Jesús. La Palabra (Verbo) de Dios creadora se hizo carne; al ser divino, Él encarnaba la comunicación divina. Ahora el Verbo mora entre nosotros y revela la gloria de Dios (Juan 1:14).

El poder de la palabra Generalmente se cree que en el pensamiento hebreo, las palabras tenían una autoridad con vínculos misteriosos. Por ejemplo, cuando Isaac descubrió que había sido engañado y que erróneamente le había dado la bendición a Jacob, declaró que su bendición ya había sido otorgada y que Jacob sería bendecido (Gén. 27:33). Las palabras de Isaac parecen concluyentes; como una saeta que se lanza una vez y no se puede detener. En este aspecto se requiere precaución. Sólo la palabra de Dios tiene esta clase de poder irresistible (Isa. 55:11) y de poder creativo absoluto (Gén. 1:3-31; Luc. 1:32-35; comp. Isa. 9:8; 31:2; 45:23). La mayoría de los casos como el de Isaac se pueden explicar en términos de la costumbre social. Siguiendo una tradición social ya prescrita, una persona puede formular un compromiso o una voluntad expresando una palabra. Aun en el día de hoy, una pareja puede efectuar o crear un matrimonio diciendo "acepto". También debemos observar que las Escrituras enseñan que la palabra de una persona a menudo carece de poder (1 Cor. 2:4; 4:19,20) y frecuentemente falla (Mat. 21:28-32).

Las palabras son capaces de hacer mucho bien y mucho mal (Mat. 12:36; Sant. 3:5,6,8). Pueden dañar profundamente (Prov. 12:18,25). Pueden ejercer una gran influencia: las palabras del perverso son "como llama de fuego" (Prov. 16:27-28); las palabras del justo como "manantial de vida" (Prov. 10:11; 12:14).

Randy Hatchett

PALABRERO Traducción común de un término despectivo que los epicúreos y los estoicos utilizaron en contra de Pablo en Atenas (Hech. 17:18). La palabra griega significa literalmente "recolector de semillas" y se utilizaba para referirse a las aves (especialmente a los cuervos) que vivían juntando semillas. Se aplicaba a quienes vivían como parásitos recolectando los trozos de comida que caían de los carros de los mercaderes. El término se aplicaba en el campo de la literatura y la filosofía a aquellos que plagiaban sin la capacidad de entender o utilizar adecuadamente lo que habían tomado. Los filósofos se refirieron a Pablo como palabrero porque lo consideraron un plagiario ignorante.

Otra palabra griega, *bebelos*, se refiere a algo que está fuera de la esfera religiosa. Aparece en 1 Tim. 4:7; 6:20; 2 Tim. 2:16; Heb. 12:16 generalmente en relación a una charla o conversación que murmuraba sobre cosas mundanas, actividad que los creyentes debían evitar. En Hebreos se refiere a una persona impía.

PALACIO Residencia de un monarca o un noble. La RVR1960 usa por lo general el término "palacio" en pasajes donde las traducciones modernas lo han reemplazado por otro más apropiado según el contexto. Con frecuencia, términos que designan una sección altamente fortificada de la residencia real reemplazan a "palacio": ciudadela (1 Rey. 16:18; 2 Rey. 15:25 LBLA); baluarte (Cant. 8:9 LBLA); fortaleza (Amós 1:4 NVI). En Amós 4:3, algunas traducciones modernas reemplazan "palacio" con el nombre propio Hermón.

Los palacios no sólo servían como residencias reales sino también como medios para exhibir la riqueza de un reino. Ester 1:6,7 describe el palacio del rey Asuero (Jerjes I) de Persia, que ostentaba cortinas finas, columnas de mármol y pisos de mosaico ornamentados. El palacio de David fue construido por obreros enviados por el rey Hiram de Tiro y presentaba trabajos de madera de cedro. (2 Sam. 5:11). Es probable que el palacio haya sido lo suficientemente grande como para alojar el creciente número de esposas, concubinas e hijos de David (2 Sam. 3:2-5; 5:13-16), como así también para almacenar los botines de guerra, tales como los escudos de oro de los cuales se apoderó David (2 Sam. 8:7). Se necesitaron 13 años para completar el complejo del palacio de Salomón (1 Rey. 7:1). Este complejo palaciego incluía la "casa del bosque del Líbano" (7:2), un inmenso salón con 45 columnas de cedro y los escudos de oro de Salomón (10:16-18); el "pórtico de columnas" (7:6); el "pórtico del juicio" (7:7 LBLA), que tenía un trono de marfil y oro (10:18-20), y habitaciones privadas tanto para el rey como para la hija de Faraón (7:8). Por todo el palacio los constructores utilizaron piedras labradas costosas y cedro (7:9,11). Algunas secciones de este palacio sobrevivieron a la destrucción de Jerusalén en mano de los babilonios (Neh. 3:25). El palacio del rey Acab en Samaria estaba decorado con paneles de marfil. Los arqueólogos han recuperado algunos (1 Rey. 22:39).

Los profetas, en particular Amós, condenaron a los ricos por construir palacios a expensas de los pobres. Los anuncios de juicio de Amós se refieren a las residencias de verano y de invierno, a los muebles de marfil y a los palacios, y a las grandes casas de piedra labrada (Amós 3:15; 5:11; 6:4,11). Jeremías presenta una crítica similar del programa de edificación de Jeroboam en Jerusalén (22:13-15).

Chris Church

PALADÍN La frase hebrea de 1 Sam. 17:4,23 es literalmente "el hombre del espacio entre", es decir, el hombre (como Goliat) que pelea contra un solo adversario en el espacio ubicado entre dos ejércitos. La palabra hebrea que se traduce "paladín" en 1 Sam. 17:51 es un término distinto que significa "poderoso, guerrero".

PALAL Nombre de persona que significa "Dios viene a juzgar". Ayudó a Nehemías en la reparación del muro (Neh. 3:25).

PALESTINA Designación geográfica para la tierra bíblica, en particular la situada al oeste del Río Jordán que Dios le asignó como herencia a Israel (Jos. 13–19). Se han utilizado diversos términos para designar la pequeña pero significativa tierra conocida en el comienzo del AT como "Canaán" (Gén. 12:5) y a la que muchas veces se llama la tierra prometida (Deut. 9:28). La región se designó "Israel" y "Judá" cuando se dividieron los reinos en el 931 a.C. Al llegar el tiempo del NT, la tierra había sido dividida en provincias: Judea, Samaria, Galilea y otras. Por lo general, se consideraba que la región formaba parte de Siria.

Palestina deriva del nombre Pelishtim o "filisteos". Los griegos, familiarizados con la zona costera, le pusieron el nombre "Palestina" a toda la región sudeste del Mediterráneo. El término designa sólo la franja costera ocupada por el pueblo filisteo. Ver *Filisteos.*

A efectos de este artículo, Palestina se extiende hacia el norte de 15 a 25 km (10 a 15 millas) más allá de las antiguas tierras de Dan y Cesarea de Filipo del NT, hacia los desfiladeros y montañas al sur del Monte Hermón. Al este se extiende hacia la estepa árabe. Al sur, Palestina se prolonga de 15 a 25 km (10 a 15 millas) más allá de Beerseba. Al oeste se encuentra el Mar Mediterráneo. Por lo tanto, incluye a la Palestina occidental, entre el Río Jordán y el mar, y a la Palestina oriental, entre el Río Jordán y la estepa árabe.

Al oeste del Jordán, Palestina cubre aproximadamente 15.500 km^2 (6000 millas cuadradas). Al este del Jordán se incluyó, en la tierra de Israel, un área de unos 10.400 km^2 (4000 millas cuadradas).

Características geográficas Palestina se encuentra dividida naturalmente en cuatro franjas estrechas de tierra que se extienden de norte a sur.

Llanura costera Esta llanura sumamente fértil comienza aprox. unos 15 a 20 km (10 a 12 millas) al sur de Gaza, justo al norte de la frontera con Egipto, y se extiende en dirección norte hacia la región de Tiro y Sidón. Por lo general, se divide en tres secciones: la planicie de Filistea, aprox. desde el sur de Gaza hasta Jope (Tel Aviv); la planicie de Sarón, desde Jope en dirección norte hacia el promontorio de la cadena del Carmelo, y la planicie separada de Aco que se fusiona con la de Esdraelón, el histórico camino de entrada hacia el interior y hacia la región septentrional y la oriental. La Llanura de Sarón oscila desde un ancho de unos cientos de metros justo al sur del Carmelo hasta más de 19 km (12 millas) de ancho cerca de Jope. Cubierta por tierra aluvial fértil y bien regada durante la primavera, en una ocasión la región estuvo cubierta por extensos bosques.

Más al sur está la Llanura de Filistea. Aquí estaban las fortalezas filisteas de Gaza, Ascalón, Asdod, Ecrón y Gat. A los pantanos de sal (las ciénagas serbonianas) en el extremo sur de la planicie filistea se los conoce como semilleros de enfermedades.

Al formar el extremo sudoeste de la Medialuna Fértil, la llanura de la costa durante siglos fue la vía principal del comercio y de la conquista. Fue la ruta que siguieron los hititas y los egipcios al mando de Cambises, Alejandro, Pompeyo y Napoleón.

La llanura de la costa carecía de una bahía natural destacada. Jope tenía arrecifes aprox. semicirculares que formaban una rompiente de olas a unos 90 a 120 m (300 a 400 pies) aguas adentro y, por lo tanto, se utilizaba como puerto. De todos modos, el acceso por el sur era imposible y la entrada por el norte era poco profunda y traicionera. Herodes el Grande convirtió la Cesarea marítima en un puerto artificial de considerable eficiencia. Ver *Cesarea.*

Región montañosa central La segunda franja de tierra es la cadena montañosa que comienza justo al norte de Beerseba y se extiende a través de toda Judea y Samaria hasta la parte alta de Galilea. En realidad, el escarpado terreno que se desplaza a lo largo del segmento de tierra bíblica es una continuación de las montañas más claramente definidas del Líbano que se encuentran hacia el norte. La única interrupción importante de la cadena montañosa es la Llanura de Esdraelón, también llamada Valle de Jezreel. Existen tres divisiones evidentes: Judea, Samaria y Galilea.

Judea Al elevarse del reseco terreno del Neguev (Neguev significa "reseco" o "tierra seca"), los cerros de Judea alcanzan su altura máxima, 1000 m (3370 pies), cerca de Hebrón. Jerusalén está situada en los montes de Judea a una altura de 790 m (2600 pies). Las pendientes orientales forman el árido y escarpado "Desierto de Judea" y luego caen abruptamente hacia el fondo del Valle del Jordán. En el desierto no hay árboles ni agua. Entre las blandas formaciones sedimentarias se abren profundos desfiladeros y cañones. Ver *Neguev*.

Las estribaciones orientales de Judea se llaman "Sefela", que significa "valle" o "tierras bajas". El nombre se ha aplicado incorrectamente a la Llanura de Filistea, pero las ciudades que el AT le asigna a la Sefela se encuentran todas en los cerros bajos más que en la llanura. La Sefela es una zona de montes suavemente redondeados de entre 150 y 300 m (500 y 1000 pies) de altura. Cinco valles dividen la región desde Wadi el Hesy al sur hasta el Valle de Ajalón en el norte de Judea. Estos pasos fueron testigos de los conflictos entre Saúl y los filisteos, los macabeos y los sirios, los judíos y los romanos, Ricardo I y Saladino. Aquí creció Sansón y se hizo hombre. Aquí se enfrentó David con Goliat.

La Sefela era importante militarmente. Formaba una barrera entre Judea y los enemigos del pueblo hebreo: los filisteos, los egipcios y los sirios. Cubierta de sicómoros en épocas antiguas, la región servía para impedir ataques desde el oeste.

Samaria Los cerros de Samaria descienden suavemente desde las montañas de Judea con una altura promedio de alrededor de 300 m (1000 pies). Varios montes destacados dominan la región: el Gerizim, de aprox. 900 m (2890 pies); el Ebal, de unos 940 m (3083 pies) y el Gilboa, de alrededor de 500 m (1640 pies). Esta tierra montañosa se caracteriza por valles anchos y fértiles. La mayoría de la gente durante la era del AT vivió en este lugar, y fue aquí donde se desarrollaron acontecimientos significativos de la historia hebrea. Lo abierta que es Samaria es un rasgo prominente de la tierra que facilita el traslado más fácil de lo que sucede en Judea, razón por la cual invita a los ejércitos y carros del norte.

El valle entre el Monte Ebal y el Gerizim era una ubicación central que aparentemente proporcionaba el punto perfecto desde donde se podía gobernar a una nación unida. Los caminos iban en todas las direcciones: hacia Galilea, hacia el Valle del Jordán, hacia Jerusalén que estaba al sur. Aquí se encontraba situada Siquem, lugar importante para los patriarcas y en la época de los jueces. Sin embargo, Siquem no tenía defensas naturales y, en consecuencia, los reyes de Israel la rechazaron como capital.

Desde esta región, la cadena montañosa principal lanza un ramal hacia el noroeste que llega hasta la costa a la altura del Monte Carmelo. Este alcanza una altura de sólo 546 m (1791 pies), pero parece más alto porque se eleva directamente desde la costa. Recibe abundantes lluvias, un promedio de 700 y 800 mm (28 a 32 pulgadas) por año y, por lo tanto, se encuentra bastante cubierto de vegetación, incluyendo algunos bosques.

La cadena montañosa del Carmelo divide la Llanura de Sarón de la estrecha llanura costera de Fenicia. Constituye el lado sur de la Llanura de Esdraelón, donde se encuentra la antigua fortaleza de Meguido que se eleva como una de sus ciudades clave. Esta barrera natural hacía que los pasos de la cadena del Carmelo alcanzaran una importancia inusual por encontrarse en la histórica ruta entre Egipto y la Mesopotamia.

Galilea Al norte de la Llanura de Esdraelón y al sur del Río Leontes se encuentra la región llamada Galilea. El nombre proviene del hebreo *galil*, que literalmente quiere decir "círculo" o "anillo". En Isa. 9:1, el profeta se refiere al lugar como "Galilea de los gentiles". A las tribus de Aser, Neftalí y Zabulón les fue asignada esta región. Existen evidencias de una gran variedad racial y una población mixta desde épocas antiguas. En los días de Jesús, en Galilea vivían muchos gentiles.

La región se divide en Alta Galilea y Baja Galilea. Esta última es una tierra de cerros de piedra caliza y valles fértiles. La mayor parte de la región se encuentra aprox. a unos 150 m (500 pies) sobre el nivel del mar, pero con montañas como el Monte Tabor que alcanza unos 590 m (1929 pies). Abundaban los granos, la grama, las olivas y las uvas. El pescado, el aceite y el vino constituían productos habituales de exportación. Había varios caminos internacionales importantes que cruzaban la zona, y era intenso el tránsito de caravanas que venían de Damasco y se dirigían hacia el sur pasando por Capernaum. Josefo se refirió a Galilea como "universalmente rica y fructífera".

Sobre las orillas del Mar de Galilea estaban algunas de sus ciudades más importantes. Las ubicadas sobre la ribera noroeste, tales como Capernaum, eran más judías que las del sur. Tiberias, construida por Herodes Antipas en el 25 d.C. y recibió su nombre en honor al César reinante, se convirtió en la capital y en la ciudad más importante durante la era del NT.

El terreno de la Alta Galilea es mucho más escarpado que el de la Baja; es una zona de mesetas ligeramente erosionadas y con profundas fisuras, con picos altos y muchos vados. El pico más alto es el Monte Merón, de 1208 m (3963 pies) de altura, el punto más elevado de Palestina. La roca más común es la piedra caliza que, en las regiones occidentales, muchas veces se encuentra cubierta por roca volcánica. Al este, Galilea cae abruptamente hacia el Jordán, en tanto que más al sur, cerca del Mar de Galilea, las laderas se tornan mucho más escalonadas y moderadas.

La grieta del Valle del Jordán Como resultado de una falla tectónica, los montes de Palestina caen en la grieta más profunda de la superficie terrestre. La falla forma parte de un sistema que se extiende hacia el norte para formar el valle entre las cadenas del Líbano y el Anti-Líbano. También se prolonga hacia el sur para formar el Mar Rojo, el árido Valle del Arabá, el Golfo de Aqaba y, finalmente, la cadena de lagos en el continente africano.

El Río Jordán tiene su naciente en varios manantiales, principalmente en las laderas al oeste y al sur del Monte Hermón. Cerca de Dan se juntan varios arroyos pequeños, luego fluyen al Lago Huleh, de aguas poco profundas y repleto de juncos. Desde sus nacientes en Huleh, el Jordán desciende poco más de 300 m (1000 pies) en un trayecto de 19 km (12 millas) y entra al Lago Huleh a 70 m (230 pies) sobre el nivel del mar (no a 2 m [7 pies] como informaban algunas viejas publicaciones). Durante los últimos años, el lecho del Río Jordán se ha enderezado luego de salir de Huleh, se han drenado los pantanos del valle y se ha reducido en gran manera el tamaño del lago. La mayor parte del área ahora es una excelente tierra de labranza. En los 18 km (11 millas) desde Huleh hasta el Mar de Galilea, el Jordán desciende 282 m (926 pies) y, durante un tramo, fluye a través de un estrecho cañón. Desde Galilea hasta el Mar Muerto existe otra caída de unos 183 m (600 pies).

El Mar de Galilea es una parte significativa de la grieta superior del valle y está formado por un ensanchamiento de esa falla. Tiene diversos nombres: Lago de Genesaret, Mar de Tiberias, Lago de Cineret; pero se lo conoce más comúnmente como Mar de Galilea. La mayor parte del ministerio de Jesús se desarrolló alrededor de este mar. Aquí pudo descansar, escapar de las multitudes y encontrar alivio para el calor. Con una forma muy parecida a la de un arpa, tiene 21 km (13 millas) de largo y 11 km (7 millas) de ancho. El entorno de basalto duro le ha dado al lago un nivel y un tamaño casi constantes. En los días del NT, era el centro de una pujante industria pesquera. Las ciudades alrededor del lago dan testimonio de esto: Betsaida quiere decir "lugar de pesca" y Tariquea deriva de un término griego que significa "pescado en conserva".

A medida que el Jordán fluye hacia el sur y se aleja del Mar de Galilea, entra en una garganta llamada Gor o "depresión". El serpenteante Jordán y sus periódicas inundaciones han creado el Zor, o "jungla", una espesura de plantas y árboles semitropicales. Aunque la distancia desde el extremo inferior del Mar de Galilea hasta el extremo superior del Mar Muerto es de sólo 105 km (65 millas), el sinuoso Jordán serpentea 320 km (200 millas) para cubrir esa distancia. La Gor tiene unos 19 km (12 millas) de ancho en Jericó.

A 11 km (7 millas) al sur de Jericó, el Jordán llega al Mar Muerto, una de las masas de agua más excepcionales del mundo. La superficie del agua se encuentra a 517 m (1696 pies) por debajo del nivel del mar, el punto más bajo de la superficie terrestre. El Mar Muerto tiene 75 km (47 millas) de largo, por 13 km (8 millas) de ancho, y no posee salida. Diariamente entran al mar un promedio de 6,5 millones de toneladas de agua. Siglos de evaporación han hecho que en el presente, el 25% del peso del agua esté constituido por sales minerales. El cloruro de magnesio le da al agua un sabor amargo y el cloruro de calcio la hace aceitosa al tacto. Los peces no pueden vivir en las aguas del Mar Muerto. Por cierto, destruye casi toda la vida orgánica que hay en él y a su alrededor.

A unos 50 km (30 millas) hacia el sur por la margen oriental hay una saliente que penetra en el mar, una península, el Lisán o "Lengua". Al norte, el mar es profundo, alcanza una profundidad máxima que va de 402 m (1319 pies) a 808 m (2650 pies) por debajo del nivel del mar. Al sur de la península, el mar es muy poco profundo, y alcanza un máximo de 4 m (13 pies). Se cree que en esta zona se encontraban "las ciudades de la llanura" (Gén. 13:12), Sodoma y Gomorra.

Meseta transjordana Al este del Jordán hay una región donde se asentaron las tribus de Rubén, Gad y la mitad de Manasés. En tiempos del NT, allí se encontraban Decápolis y Perea. El ministerio de Jesús lo llevó a pocos lugares de estas provincias. Transjordania está dividida en varias secciones por los ríos Yarmuk, Jaboc, Arnón y Zered.

Al otro lado de Galilea y al norte del Río Yarmuk está Basán (Haurón), una zona de rica tierra volcánica con lluvias que superan los 406 mm (16 pulgadas) anuales. La meseta tiene un promedio de 460 m (1500 pies) por encima del nivel del mar. Al este de Basán sólo hay desierto que comienza a convertirse en lomas en dirección al Éufrates. En la era del NT formaba parte del territorio del tetrarca Felipe, hijo de Herodes el Grande.

Al sur de Yarmuk, llegando al Río Jaboc, estaba Galaad. Durante el gobierno persa, los límites fueron bastante rígidos. Tanto antes como después del dominio persa, hacia el sur Galaad llegaba hasta Rabá (Filadelfia, la moderna Amán). Anteriormente, con muchos bosques, vertientes y lomas, Galaad es una de las regiones más pintorescas de Palestina. En las laderas de las lomas hay olivares y viñas. Jeras y Amán, las capitales del Reino Hachemita de Jordania, están ubicadas aquí.

Al sur de Galaad se encuentra Moab. Originalmente, su límite norte era el Río Arnón, pero los moabitas presionaron hacia el norte y le dieron su nombre a las llanuras al este del lugar donde el Jordán entra en el Mar Muerto (Amón intentó establecerse entre Galaad y Moab utilizando Rabá como fortaleza. Esto sólo tuvo éxito bajo el mando del infame Tobías durante los años del exilio.) El límite sur de Moab era el Río Zered, Wadi al Hasa.

Todavía más al sur está Edom, con las montañas más altas de la región. La zona es árida y estéril. A 80 km (50 millas) al sur del Mar Muerto se encuentra la antigua fortaleza de Petra.

Clima Palestina está ubicada en la zona semitropical entre 30 y 33 grados de latitud norte. Normalmente, las temperaturas son altas en verano y moderadas en invierno, pero estas generalizaciones se modifican tanto por la elevación como por la distancia de la costa. El clima palestino es variado ya que, a pesar de su tamaño relativamente pequeño, la configuración geográfica de la región produce diversidad de condiciones. Debido a la influencia mediterránea, la llanura de la costa tiene una temperatura promedio anual de 14° C (57° F) en Jope. Jerusalén, a sólo 56 km (35 millas) de distancia, tiene un promedio anual de 17,5° C (63° F). La diferencia radica en su elevación a 760 m (2500 pies) sobre el nivel del mar. Jericó está a sólo 27 km (17 millas) más al este, pero se encuentra 1035 m (3400 pies) más abajo, 275 m (900 pies) por debajo del nivel del mar, y por lo tanto, tiene un clima tropical y muy baja humedad. Aquí, las noches terriblemente frías del desierto compensan los días bastante calurosos. De manera similar, gran parte de la zona que rodea el Mar de Galilea cuenta con condiciones templadas, en tanto que la región del Mar Muerto es conocida por las sucesiones de días de verano de más de 38° C (100°F).

Palestina es una tierra de dos estaciones, una seca y otra lluviosa, con períodos de transición. La estación seca va desde mediados de mayo hasta mediados de octubre. Desde junio hasta agosto no cae una gota de lluvia, excepto en el extremo norte. Desde el oeste o el sudoeste, por lo general, soplan vientos moderados y regulares. Las brisas llegan a Jerusalén al mediodía, a Jericó por la tarde temprano y a la meseta de Transjordania a media tarde. El aire es húmedo, pero las condiciones atmosféricas son tales que no se producen precipitaciones. Sin embargo, la humedad es evidente a juzgar por el rocío extremadamente denso que se forma cinco de cada seis noches en julio.

A fines de octubre comienza a caer la "lluvia temprana", tantas veces mencionada en la Escritura. Noviembre se caracteriza por fuertes tormentas eléctricas. Los meses de diciembre a febrero se destacan por fuertes lluvias, pero no es un tiempo de precipitación constante. Los días lluviosos alternan con días radiantes de sol. El frío no es severo. Ocasionalmente hay escarcha en los picos altos desde diciembre hasta febrero. En Jerusalén puede llegar a nevar dos veces durante los meses de invierno.

De tanto en tanto, toda Palestina experimenta condiciones cálidas extremadamente desagradables. El viento siroco (el "viento solano" de Gén. 41:6 y Ezeq. 19:12), que sopla del sudeste durante los meses de transición (mayo, junio, septiembre, octubre), lleva nubes cargadas de polvo por toda la zona. Esto seca la vegetación y tiene un efecto deteriorante en la gente y los animales. En algunas oportunidades, la temperatura puede elevarse 17° C (30°F) y la humedad puede caer a menos del 10%.

A lo largo de la llanura costera, la fluctuación de temperatura diaria es bastante limitada debido a las brisas del Mediterráneo. En las montañas y en la grieta del valle, la fluctuación diurna es mucho mayor. *Timothy Trammel*

PALETA Instrumento utilizado para remover cenizas del altar (Ex. 27:3).

PALMERAS La palmera (*Phoenix dactylifera*) está entre los primeros árboles cultivados. Inscripciones de Mesopotamia que datan de 5000 años dan instrucciones sobre su cultivo. Las palmeras son características de oasis y de lugares con riego (Ex. 15:27; Núm. 33:9). El fruto es muy preciado para los viajeros del desierto ya que se puede consumir fresco o seco, o se puede preparar en forma de tortas para tener un alimento portátil y fácil de almacenar. A Jericó se la conocía como la ciudad de las palmeras (Deut. 34:3; Jue. 1:16; 3:13). La jueza Débora tomaba decisiones bajo una palmera que llevaba su nombre (Jue. 4:5). La palmera era símbolo tanto de belleza (Cant. 7:7) como de prosperidad (Sal. 92:12). Por lo tanto, en la decoración del templo se utilizaron imágenes de palmeras (1 Rey. 6:29, 35; 7:36) y formaron parte de la visión de Ezequiel del nuevo templo (Ezeq. 40:16,22,26). Las palmeras se utilizaban para hacer enramadas para la fiesta de los tabernáculos (Lev. 23:40; Neh. 8:15). En Juan 12:13, la multitud usó hojas de palmera para darle la bienvenida a Jesús al entrar a Jerusalén. Ver *Pasas; Plantas.*

PALMERAS, CIUDAD DE LAS Nombre alternativo para Jericó (Deut. 34:3; Jue. 1:16; 3:13; 2 Crón. 28:15). Ver *Jericó.*

PALMO Medio codo. Un codo es la longitud del antebrazo, aprox. 45 cm (18 pulgadas). El palmo se mide desde el pulgar hasta el meñique, con ambos dedos extendidos, unos 20 ó 22 cm (8 ó 9 pulgadas). Ver *Codo*; *Pesos y medidas.*

PALMO MENOR Medida antigua equivalente al ancho de la mano a la altura de la base de los dedos (casi 8 cm [3 pulgadas]). El codo largo de Ezequiel equivalía a seis palmos menores, uno más que el codo común (Ezeq. 40:5).

PALO, PORRA Arma de guerra utilizada en el combate cuerpo a cuerpo para golpear al enemigo. Ver *Armas y armadura.*

PALOMA Término que se aplica también de manera general a muchas aves que son especies de palomas más pequeñas. La primera mención del término tiene lugar en Gén. 8:8-12. Noé dejó ir una paloma desde el arca para determinar si las aguas del diluvio habían disminuido.

Palmeras en el Wadi Feiran, en la Península de Sinaí.

El gemido de las palomas a veces se usa en sentido metafórico (Isa. 38:14; 59:11; Ezeq. 7:16). Salmo 55:6 hace referencia al poder de vuelo de la paloma; Jer. 48:28 describe sus hábitos de anidar; el Sal. 68:13 habla de sus colores atractivos. Debido a la dulzura de la paloma y la fidelidad hacia su compañero, esta ave se usa en el Cantar de los Cantares como título descriptivo de la persona amada (2:14; 5:2; 6:9). En Mat. 10:16, la paloma simboliza inocencia.

Los cuatro Evangelios describen al Espíritu de Dios que desciende como paloma sobre Jesús después de Su bautismo (Mat. 3:16; Mar. 1:10; Luc. 3:22; Juan 1:32).

El término "tórtola" también está aplicado a cualquiera de las variedades más pequeñas de paloma. La tórtola desempeñó un papel sacrificial importante en la Biblia (Gén. 15:9; Lev. 1:14; 5:7,11; 12:6; 14:22,30; 15:14; Luc. 2:24). A quienes no podían comprar un cordero, la ley les prescribía que ofrecieran dos tórtolas o palomas como sacrificio de purificación después de la maternidad. María llevó esa ofrenda después del nacimiento de Cristo (Lev. 12:8; Luc. 2:24). La tórtola también significaba la llegada de la primavera (Cant. 2:12; Jer. 8:7). *Janice Meier*

PALOMA SILENCIOSA EN PARAJE MUY DISTANTE Parte del epígrafe inicial del Sal. 56 (comp. NVI, "La tórtola en los robles lejanos"); probablemente una referencia a la tonada secular con la cual se debía cantar el salmo. "La cierva de la aurora" (Sal. 22, NVI) y "lirios" (Sal. 45) son posiblemente otras melodías de himnos. Una explicación alternativa se relaciona con la inclusión de palomas en el ritual de la expiación. En este caso, el título indicaría que se trata de un salmo de expiación.

PALOMA, ESTIÉRCOL DE Artículo vendido como alimento durante el sitio de Samaria por un precio increíble (2 Rey. 6:25). Algunos lo interpretan como excremento de ave debido a que 2 Rey. 18:27 indica que durante el tiempo del sitio las personas podrían llegar a comer su propio excremento y beber su propia orina. Otros han sugerido que el estiércol era utilizado como combustible o sustituto de la sal. Probablemente, el nombre "estiércol de paloma" se refiera a una planta bulbosa similar a una cebolla silvestre que era comestible después de hervirla o asarla. Otros corrigen el texto para que se lea como cierto tipo de vainas de algarroba.

PALOMINO Término general que se refiere a cualquier ejemplar de una subfamilia de aves de corral de vasta distribución (*Columbinae*). El término se emplea básicamente al aludir al uso de estas aves en las ofrendas para los sacrificios. En Levítico, los palominos servían como holocausto y como ofrendas por el pecado (Lev. 1:14; 5:7, 11). También cumplían un papel en los rituales de purificación posteriores al parto (Lev. 12:6,8) y para la limpieza de un leproso sanado (Lev. 14:22,30). Junto con las tórtolas, los palominos eran los animales menos costosos para las ofrendas. María ofreció un palomino y dos tórtolas luego del nacimiento de Jesús (Luc. 2:24). Ver *Paloma*. *Janice Meier*

PALTI Nombre de persona que significa "mi liberación" **1.** Representante de Benjamín entre los doce espías enviados a inspeccionar Canaán (Núm. 13:9). **2.** Segundo esposo de Mical, la hija del rey Saúl que previamente había sido entregada en matrimonio a David (1 Sam. 25:44). Posteriormente, Is-boset se la devolvió a David luego de la deserción de Abner (2 Sam. 3:15,16). En 2 Samuel se usa la forma completa Paltiel, que significa "Dios libra", se usa.

PALTIEL Nombre de persona que significa "Dios es (mi) liberación". **1.** Líder de Isacar al cual Moisés nombró para ayudar a Josué y a Eliezer en la distribución de la tierra a las tribus al oeste del Jordán (Núm. 34:26). **2.** Forma completa del nombre del yerno de Saúl (2 Sam. 3:15,16). Ver *Palti*.

PALTITA Título que significa "residente de Bet-pelet", dado a Heles, uno de los 30 guerreros selectos de David (2 Sam. 23:26). Los paralelos en 1 Crónicas dicen pelonita (11:27; 27:10).

PAN Las siete palabras hebreas que aluden al pan y que no siempre se traducen de este modo aparecen 384 veces en el AT, y las tres palabras griegas aparecen 108 veces en el NT. La frecuencia de su uso es simplemente indicativo de que el pan (no los vegetales e indudablemente tampoco la carne) era la comida básica de la mayoría (excepto los nómadas y los ricos) en los tiempos bíblicos. De hecho, varias de las palabras a las que se hace alusión más arriba a menudo se traducen "comida".

Ingredientes El trigo (Gén. 30:14) o la cebada (Juan 6:9,13) eran la base de una comida que incluía un solo plato. No se conocía el maíz utilizado

Venta de pan en Jerusalén (la ciudad vieja).

actualmente en Occidente. El pan de cebada era menos sabroso pero también más barato y, en consecuencia, común entre los pobres. El molido se realizaba mediante un mortero de mano o con molinos que se hacían girar mediante animales o personas (Núm. 11:8; Mat. 24:41). Para ocasiones especiales y para las ofrendas se molía una harina fina (Gén. 18:6; Lev. 2:7). La comida o la harina se mezclaba con agua, sal y a veces levadura, otras veces con aceite de oliva y, en raras ocasiones, con otros cereales y vegetales (Ezeq. 4:9) para luego amasarla (Ex. 12:34).

Cocinado Comúnmente era la labor de esposas (Gén. 18:6) o hijas (2 Sam. 13:8), aunque en las familias acaudaladas lo hacían los esclavos. Las ciudades grandes y las cortes reales tenían panaderos profesionales (Gén. 40:2; Jer. 37:21). Había tres maneras de hornear: sobre rocas calientes con la masa cubierta con cenizas (1 Rey. 19:6), sobre una rejilla o vasija de hierro o barro (Lev. 2:5) y en un horno de barro o hierro (Lev. 2:4). La mayor parte del pan que se horneaba de este modo tenía el aspecto de un disco (Jue. 7:13) de alrededor de 1,25 cm (0,5 pulgadas) de espesor y 30 cm (12 pulgadas) de diámetro. Algunos se perforaban. Otros tenían un agujero en el medio para almacenarlo o transportarlo en un palo. Algunos tenían forma de corazón (la palabra hojuelas que aparece en 2 Sam. 13:6,8,10 significa literalmente con forma de corazón). Otros tenían la forma de un pan pequeño como los del día de hoy (tal como lo sugiere la forma en que estaban acomodados los panes de la proposición). El pan se rompía o despedazaba, no se cortaba.

Uso Además de ser utilizado como alimento básico, el pan se ofrendaba a Dios (Lev. 2:4-10). Se utilizaba en el tabernáculo y el templo como símbolo de la presencia divina (Ex. 25:23-30; Lev. 24:5-9). El pan también se usaba en el AT para simbolizar cosas tales como un enemigo que tenía que ser consumido (Núm. 14:9), la unidad de un grupo (1 Rey. 18:19), la hospitalidad (Gén. 19:3) y la sabiduría (Prov. 9:5). Se lo coloca como prefijo de cosas tales como el ocio (Prov. 31:27 "balde"), la maldad (Prov. 4:17) y la adversidad (Isa. 30:20). En el NT es símbolo de Jesucristo (Juan 6:35), Su cuerpo (1 Cor. 11:23, 24), Su reino (Luc. 14:15) y la unidad de Su iglesia (1 Cor. 10:17).

PAN DE LA PROPOSICIÓN También "pan de los rostros". En Ex. 25:30 (NVI "pan de la presencia"), las instrucciones del Señor sobre la parafernalia de la adoración incluían una provisión de pan que siempre se guardaba en una mesa colocada delante del Lugar Santísimo. Este pan se denominaba "pan de la proposición". El significado literal de la expresión hebrea es "pan del rostro". Consistía en doce panes presumiblemente sin levadura que se cambiaban todos los días de reposo. Jesús tomó la dieta básica de la adoración de las festividades, el pan sin levadura, y se lo dio a Sus seguidores como símbolo de la presencia de Su cuerpo partido para proveer salvación y la esperanza de Su regreso (1 Cor. 11:17-32). Ver *Tabernáculo; Templo.* *James A. Brooks*

PAN SIN LEVADURA Pan horneado sin levadura, una sustancia que fermenta la masa. Generalmente a los invitados se les ofrecía pan sin levadura (Gén. 19:3; Jue. 6:19; 1 Sam. 28:24). La ingesta de este pan cobraba un significado especial en la fiesta de los panes sin levadura que se celebraba en relación con la Pascua (Ex. 12:8,15, 20; 13:3,6,7). Ver *Éxodo; Fiestas; Pascua.*

PANAG Término hebreo que tal vez signifique "pastelito". La RVR1960 lo toma como nombre de lugar (Ezeq. 27:17). Las traducciones LBLA y NVI (pasteles y torta) están respaldadas por un término acadio relacionado y por el Tárgum.

PANDERO, TAMBORÍN Términos utilizados en la Biblia para referirse al tamboril. Las Escrituras asocian este instrumento con momentos de emociones fuertes: despedidas (Gén. 31:27); éxtasis profético (1 Sam. 10:5); procesión de victoria (1 Sam. 18:6); traslado del arca a Jerusalén (2 Sam. 6:5). La música de los tamboriles solía acompañar las ocasiones festivas cuando se bebía y se festejaba (Isa.5:12; 24:8; 30:32; Jer. 31:4). Frecuentemente los ejecutaban las mujeres

Piso de mosaicos de la iglesia de Tabgah, en Galilea, en conmemoración de cuando Jesús alimentó a 5000.

Ruta norte de Antalia a Isparta en la provincia romana de Panfilia (actual Turquía).

(1 Sam. 18:6; 2 Sam. 6:5; Sal. 68:25). Ver *Música, instrumentos musicales, danza.*

PANFILIA Una de las provincias de Asia Menor. Situada en lo que ahora es Turquía, Panfilia era un pequeño distrito sobre la costa. Medía unos 130 km (80 millas) de largo y 32 km (20 millas) de ancho. Una de las ciudades principales era Perge, donde Juan Marcos abandonó a Pablo y a Bernabé durante el primer viaje misionero (Hech. 13:13). Otras ciudades importantes eran los puertos de Side y Atalía. El NT no registra ningún otro suceso significativo para la iglesia primitiva de Panfilia, tal vez debido a la concentración de personas no helenizadas de la región. Esto haría que la expansión del evangelio fuera más lenta y más difícil de lograr.

PAÑALES Trozo largo de lino usado en tiempos antiguos para envolver a los bebés y las extremidades fracturadas. La tela se enrollaba alrededor del cuerpo ajustándola bien para impedir el movimiento. María envolvió a Jesús en pañales después de Su nacimiento (Luc. 2:7).

Una madre árabe cuida a su bebé que está envuelto en pañales.

PAPEL, PAPIRO Material popular para escribir inventado por los egipcios y usado por escribas desde el 2500 a.C. hasta el 700 d.C.

La palabra castellana "papel" deriva del latín *papyrus.* En algún tiempo la planta del papiro creció en abundancia a lo largo del Delta del Nilo ("¿Puede crecer el papiro donde no hay pantano?" [Job 8:11 NVI]), y proporcionaba a los egipcios un material económico para escribir que se exportaba a todo el mundo mediterráneo. La planta del papiro es un junco alto y acuático que crece hasta una altura de 4,5 m (15 pies) y se vuelve tan grueso como la muñeca de una persona. Su tallo triangular se cortaba en secciones de 30 cm (12 pulgadas). La sección central de cada vara de papiro, la médula, se rebanaba en tiras delgadas de 2,5 cm (1 pulgada). La hoja de papel se confeccionaba acomodando estas tiras de 2,5 cm por 30 cm (1 por 12 pulgadas) en sentido vertical y colocando encima otra capa de tiras en forma horizontal. Luego, las dos capas de tiras verdes fibrosas se machacaban y se secaban al sol, que unía la hoja constituida por dos capas de papiro. El lado horizontal de la hoja se raspaba hasta alisarlo, lo que obviamente proporcionaba mejor superficie para la escritura en esa misma dirección. Se pegaban varias hojas para formar un rollo de papiro al que se denominaba *biblos* (gr. "rollo" o "libro").

Para el 100 d.C., el papiro se usaba para hacer códices (latín para "libros"). El formato del códice (una pila de hojas de papiro unidas en un extremo) demostró ser más económico que el rollo ya que el escriba podía escribir sólo de un lado del rollo. Un códice también era menos incómodo, teniendo en cuenta el transporte de los rollos y la dificultad en las referencias cruzadas. Con el tiempo, se reemplazó el papiro con el pergamino (piel de animales), más caro pero más durable. Los papiros antiguos se ajaban y hacían que las palabras literalmente se cayeran de la página. Además, a diferencia del papiro, el pergamino se podía borrar y se volvía a usar. La única referencia bíblica al papel de papiro se encuentra en 2 Jn. 12, donde el anciano escribe: "Tengo muchas cosas que escribiros, pero no he querido hacerlo por medio de papel (gr. *chartes*) y tinta".

Los mss del NT que se produjeron antes del siglo IV se escribieron exclusivamente sobre papiros; posteriormente, casi todos los documentos del NT se preservaron en pergaminos. Ver *Biblia, Textos y versiones; Biblioteca; Escritura.*

Rodney Reeves

Una variedad moderna de la antigua planta de papiro, de cuyos tallos se hacía material para escribir.

PARÁ Nombre geográfico que significa "novilla" o "vaca joven". Pueblo en el territorio de Benjamín, a unos 8 km (5 millas) al noreste de Jerusalén, identificado con Khirbet el-Farah (Jos. 18:23). La palabra hebrea *parat*, que muchas veces se traduce Éufrates, puede aludir al manantial 'Ain Farah en Jer. 13:4-7 (ver nota al pie en LBLA, "Perat"). La NVI usa directamente "Perat".

PARÁBOLAS Historias, en especial aquellas que Jesús relataba para dar una visión de la vida, principalmente la vida en el reino de Dios. Narración de un suceso fingido con el fin de compararlo con uno real y brindar una nueva perspectiva. Las parábolas utilizan figuras literarias como la metáfora o el símil, y frecuentemente las convierten en una historia breve para revelar una enseñanza o una verdad importante. Sin embargo, la parábola no es sinónimo de alegoría.

La diferencia entre parábola y alegoría radica en la cantidad de comparaciones. Una parábola puede transmitir otras imágenes e insinuaciones, pero posee sólo un punto principal establecido mediante comparación básica o yuxtaposición interna. Por ejemplo, la parábola de la semilla de mostaza (Mar. 4:30-32; Mat. 13:31,32; Luc. 13:18,19) compara o yuxtapone una semilla que al comienzo es microscópicamente pequeña con un arbusto que con el tiempo se hace enorme.

Una alegoría hace muchas comparaciones a través de una especie de mensaje codificado. Establece una relación entre dos áreas del discurso, proporcionando una serie de figuras que simbolizan una sucesión de verdades en otra esfera. Cada detalle es una metáfora por separado, o lo que algunos llaman un "criptograma". Si eres uno de los que manejan cierta información, recibes el segundo mensaje o el que se pretendía enviar. De lo contrario, sólo puedes seguir la historia superficial. *Los viajes de Gulliver* de Jonathan Swift son una alegoría, como así también *El progreso del peregrino* de John Bunyan. En el AT, Ezequiel narra un incidente en la naturaleza acerca de grandes águilas y vides (17:3-8), y luego le asigna una aplicación alegórica a cada detalle (17:9-18).

La palabra "alegoría" nunca aparece en los Evangelios. La parábola es la figura fundamental que utilizó Jesús. Aunque ninguna parábola de los Evangelios sinópticos es una alegoría pura, algunas contienen aspectos alegóricos subordinados, como la de los labradores malvados (Mar. 12:1-12; Mat. 21:36-46; Luc.20:9-19). Incluso en la parábola de la semilla de mostaza, la breve alusión a las aves del cielo que hacen nido en sus ramas (Mar. 4:32) puede ser un detalle alegórico, pero lo destacado de la parábola al establecer una comparación básica y única, sigue en pie y ayuda a la interpretación. Ver *Alegoría*.

Parábolas previas a Jesús Aunque Jesús perfeccionó el arte oral de relatar parábolas, se pueden encontrar antecedentes en el AT y en fuentes seculares. El AT emplea la categoría más amplia de *mashal*, que se refiere a todas las expresiones que incluyen una comparación. Puede ser un proverbio (1 Sam. 10:12), un refrán (Miq. 2:4), un acertijo complicado (Sal. 78:2), una alegoría (Ezeq. 24:3,4) o una parábola. Las historias de Jesús están ligadas a la herencia de las parábolas proféticas del AT (Isa. 28:23-29; 5:1-7; 1 Rey.20:39-43; Ecl. 9:13-16; 2 Sam. 12:1-4).

Quizá el antecedente más interesante de las parábolas de Jesús provenga de las palabras de Natán a David. Natán le narró al desprevenido David la historia aparentemente inofensiva de un hombre rico y uno pobre que vivían en la misma ciudad (2 Sam. 12:1-4). El hombre pobre poseía una sola corderita a la que amaba como a una mascota, mientras que el rico tenía grandes rebaños; sin embargo, cuando el granjero rico tuvo que servir comida a un invitado, le quitó al pobre su única corderita para usarla en la cena. El narrador de la historia corría cierto riesgo mientras buscaba un momento de enseñanza para confrontar la vida del más famoso rey de Israel. Procuró bajar la guardia de David para cortar las ligaduras de hierro de su autoengaño y así quitarle la ceguera moral de los ojos. En un sentido, fue una trampa bien tendida, ya que David respondió con indignación moral y consecuentemente se condenó a sí mismo. Luego entonces, Natán aplicó la parábola al amorío que el rey había tenido con Betsabé (2 Sam. 12:5-14). Esta parábola crucial y otras del AT pertenecen a la misma tradición en la que permaneció nuestro Señor.

Antes del tiempo de Jesús, la parábola también era reconocida como forma literaria en los escritos de los griegos sobre retórica. El famoso escritor Homero incluyó 189 parábolas en *La Ilíada* y 39 más en *La Odisea*. El discurso poético de Platón era rico en símiles que se entrelazaban en su discurso, pero no eran unidades tan independientes como las de Jesús. Algunas ilustraciones de Sócrates fueron parabólicas. Aristóteles reconocía el lugar que ocupó la parábola en sus escritos.

Los estudiosos de la Biblia no concuerdan en cuanto a si los rabinos anteriores a Jesús usaron parábolas. Eruditos como C. A. Bugge y Paul Fiebig señalan numerosas parábolas rabínicas que datan de comienzos del siglo I d.C. Otros, como Jeremías, no hallan prácticamente ninguna hasta después de los días de Jesús. Nosotros sí tenemos conocimiento de parábolas de los rabinos inmediatamente posteriores a la época de Jesús, y reconocemos que las de Jesús no sólo son mucho más convincentes sino que además están centradas en el reino venidero de Dios en lugar de enfocar la atención en la exposición de la Ley o Torá como en la caso de las parábolas rabínicas.

Las parábolas que usó Jesús Muchas parábolas surgieron de situaciones conflictivas que surgían cuando Jesús respondía a críticas religiosas. Estas parábolas de respuesta, por lo general para fariseos y pecadores simultáneamente, desenmascaraban y ponderaban. Jesús desenmascaraba la pretensión de superioridad moral de sus críticos y exaltaba el reino de Dios. Cuando a Juan el Bautista lo importunaron por ser demasiado austero, y a Jesús por ser frívolo, este último respondió con la parábola de los niños que jugaban (Mat. 11:16-19; Luc.7:31-35) a fin de desenmascarar la incongruencia de la crítica. En Su parábola más famosa, ensalzó el amor perdonador del padre y desenmascaró la crítica hostil del rencoroso hermano mayor (Luc.15:11-32).

En realidad, Jesús interpretaba Su ministerio y Su lugar en la historia de la salvación a través de parábolas. Se dirigió a diferentes públicos: multitudes, discípulos y críticos con propósitos definidos. Sin duda, tanto el narrador como la narración son importantes. Es decir, el que Jesús fuera el autor afecta el significado. Como Él interpretaba Su ministerio a través de parábolas, algunas veces estas tienen cierta "penetración cristológica". El mismo Jesús aparece de manera indirecta en la historia (Mar. 3:23-27). Las parábolas no son meros relatos ingeniosos, sino proclamas del evangelio. El que escucha debe responder, y a través de la historia, se lo invita a tomar una decisión acerca del reino y del Rey. La parábola de los labradores malvados (Mar. 12:1-12) representó una ostensible confrontación.

Estas historias pusieron en problemas a Jesús porque hacía encubiertas declaraciones de Su realeza y desenmascaraba la hipocresía reinante en la jerarquía religiosa. Las parábolas desafiantes de Jesús y las aseveraciones sobre Su reino condujeron al Señor a la crucifixión.

Las diferentes clases de parábolas de Jesús Jesús podía convertir los oídos de la gente en ojos, algunas veces con una imagen estática y otras con una imagen móvil. Pronunció dichos parabólicos refiriéndose a la sal de la tierra (Mat. 5:13) o a arrojar perlas a los cerdos (Mat. 7:6). Estas parábolas incipientes o gérmenes de parábolas eran, por lo general, anécdotas con una apelación pintoresca a la imaginación. Cabe destacar que en el Evangelio de Juan no hay parábolas; sí se incluyen 13 dichos parabólicos.

Jesús también relató parábolas sencillas que representaban un elaborado cuadro en una historia. Estos cuadros ampliados representaban una situación general que surgía de una experiencia típica y que apelaba al sentido común. Casi siempre se refieren específicamente al reino de Dios y se inician con la frase: "El reino de Dios es semejante a..." Son ejemplos las parábolas "en pares" del tesoro y la perla (Mat. 13:44-46), del constructor de la torre y del rey que va a la guerra (Luc. 14:28-32), y de la oveja y la moneda perdida (Luc. 15:3-10). Estos son símiles ampliados.

Además, Jesús relató Sus famosas parábolas narrativas que representaban una situación específica y que, generalmente, en la primera oración incluían la referencia a cierta persona. Mientras que Mateo registra gran cantidad de dichos parabólicos, Lucas contiene numerosas parábolas narrativas, como la del mayordomo injusto (16:1-8), la del buen samaritano (10:30-37) y la del rico necio (12:16-21). Una parábola narrativa es una historia compuesta por una o más escenas, extraída de la vida diaria pero orientada hacia una circunstancia inusual y decisiva.

Consideraciones literarias especiales Las parábolas narrativas y las parábolas simples hacen un total de más de 40 ejemplos. Hay ciertas metáforas recurrentes. Por ejemplo, las parábolas de las semillas como la del sembrador, la de la que crece por sí sola y la de la semilla de mostaza en Mar. 4

concentran la atención en la naturaleza del reino venidero. Las parábolas que hablan de amos y siervos reflejan un tiempo de juicio decisivo. Las parábolas de reyes y reinos, especialmente en Mateo, representan la soberanía del juicio y de la gracia divina. Las parábolas de los dueños de casa representan una figura de autoridad cuyo propósito es resistido o rechazado, pero cuya voluntad, sin embargo, finalmente se impone. Esta última categoría señala la realidad del rechazo a la voluntad de Dios que, por un lado, es perfectamente posible debido a la provisión divina de la libertad pero, por el otro, señala la insistencia divina en el triunfo final de Su propósito de amor.

Al prestar debida atención a la forma de las parábolas, surge la prominencia del formato de preguntas, las parábolas de negación y el lugar del discurso directo. Jesús pretendía involucrar a sus oyentes, por lo tanto, elaboró muchas parábolas que llevaban a una gran pregunta. La parábola del siervo y su salario se desarrolla con dos preguntas (Luc. 17:7-10). La parábola del mayordomo injusto (Luc. 16:1-8) incluye cuatro preguntas. Estas interrogaciones dentro de las parábolas muchas veces definen un dilema (Luc. 12:20; Mar. 12:9) o instan a dar la aprobación en un área de la vida que conduce a otra.

Las parábolas de negación expresan la intención de un personaje de no hacer lo que se le pide. El hermano mayor se negó a entrar en las festividades en honor al hijo pródigo (Luc. 15:28), y los invitados a la boda rechazaron la invitación para asistir a la fiesta de celebración (Mat. 22:3). Estos y otros ejemplos de negarse a hacer la voluntad de Dios reconocen la realidad del orgullo, de la testarudez, de la hipocresía y del rechazo humano que enfrentó Jesús durante Su ministerio.

El discurso directo también es relevante en muchas parábolas porque les da vida a las historias. La parábola casi siempre transmite la idea a través de una conversación, especialmente en las últimas líneas. Es probable que Jesús expresara las frases de cada personaje del relato de manera sumamente animada, y que incluso las interpretara con distintos tonos de voz.

El tema común en las parábolas de Jesús La gran tesis de Jesús se centra en el reino de Dios (Mar. 1:15). Cada parábola explora y expande el tema. La realeza de Dios o de Yahvéh se puede encontrar primero en el AT (Sal. 24:9,10; Isa. 6:5). Daniel 4 proclama la soberanía divina sobre los reinos seculares, y los Diez Mandamientos requieren completa obediencia a Dios.

Jesús elevó el tema a nuevas dimensiones y, a través de Sus parábolas, representó la naturaleza del reino (Mar. 4:26-29), la gracia del reino (Luc. 18:9-17), la crisis (Luc. 12:54-56) y las condiciones del reino tales como el compromiso (Luc. 14:28-30), el perdón (Mat. 18:23-35) y la compasión (Luc. 10:25-37).

Las parábolas, además, proclaman el reino como un reino ético, empírico o existencial, escatológico y evangelizador. Varias parábolas acentúan las preocupaciones éticas, como la actitud hacia el prójimo (Luc. 18:9-14; 15:25-32; Mat. 18:23-35). Jesús insistió en un comportamiento religioso en las relaciones. El llamado vehemente al arrepentimiento expresado en muchas parábolas requiere una reorientación moral y espiritual de la vida para que gire en torno al reino.

Muchas parábolas alcanzan el nivel de experiencia compartida e iluminan la vida. Jesús pudo delatar una vida pálida o petrificada. Pudo transmitir la conmovedora experiencia de estar perdido en un país lejano y luego reflexionar y regresar a casa (Luc. 15:17). Sus parábolas dejaron al descubierto la vida carente de autenticidad, egoísta y avara (Luc. 12:13-21; 16:19-31).

Tal como Jesús lo proclamaba en Sus parábolas, Dios había irrumpido en la historia. Lo anunció con urgencia. En la parábola del rico necio hizo que los oyentes consideraran una perspectiva del otro mundo (Luc. 12:13-21). Previó la venida futura del reino (Mat. 13:8,30,32, 39).

Las parábolas son evangelísticas porque procuraban estimular una decisión y cambiar una vida. Invitaban a los oyentes a arrepentirse y a creer. El propósito era despertar fe. La fe del narrador era contagiosa. El fragmento sobre el hermano mayor (Luc. 15:25-32) no concluye sino que tiene un final abierto. Pudo haber decidido tragarse el orgullo, activar el espíritu perdonador, ponerse los zapatos de baile y unirse a la fiesta.

Parábolas sin palabras Al igual que los profetas, Jesús representó algunos de los mensajes que quiso transmitir. Sus acciones parabólicas mostraban arrojo. Por ejemplo, de su gran grupo de seguidores escogió a un grupo especial de doce discípulos (Mar.3:13-19), que simbolizaban la creación de un nuevo Israel. Como amigo de los pecadores a lo largo de todo Su ministerio, Jesús recibió gentilmente a los marginados espirituales y sociales, indicando así la gracia amorosa del Padre. Maldijo a la higuera (Mar. 11:12-14, 20,21) como señal del juicio divino de Israel.

Entró a Jerusalén como humilde rey el primer domingo de ramos, y así cumplió la expectativa de Zacarías. Limpió el templo (Mar. 11:15-19), lo cual declaraba la voluntad de Dios de que Israel fuera la luz de las naciones. En la última cena, al romper el pan y verter el vino, proclamó con mini parábolas el sacrificio de amor del Calvario.

La perspectiva de la vida en las parábolas Algunas historias tienen relevancia pastoral, y otras relevancia profética. Tienen a la vez azúcar y acero. La parábola de la semilla de mostaza habla pastoralmente de terminar con la desesperación, y la parábola de la viuda insistente (Luc. 18:1-8) nos alienta a perseverar. La parábola de la higuera estéril (Luc. 13:6-9) habla proféticamente en cuanto a las prioridades nacionales; la de los labradores malvados aborda el tema de los líderes religiosos arrogantes; la parábola del rico necio confronta la falsa confianza en el materialismo. A través de la parábola del fariseo y del recaudador de impuestos, la gracia divina contempla a dos personas que oraban en el templo y las apariencias sufren una fuerte sacudida. ¡La gracia brilla en la adoración y se produce la revelación! Ver *Jesús; Reino de Dios.*

Peter Rhea Jones

PARACLETO Transliteración de la palabra griega que literalmente significa "llamado a estar al lado de, o junto a, para ayudar". En el NT Juan usa el término en forma exclusiva. Describió al Espíritu como otro "Paracleto" que enseña (Juan 14:16), les recuerda a los discípulos lo que Jesús enseñó (Juan 14:26), testifica (Juan 15:26), y convence de pecado (Juan 16:7,8). Juan también describe a Jesús como el primer "Paracleto" (Juan 14:16, "Consolador") o abogado (1 Jn. 2:1). Ver *Abogado; Consejero; Consolador; Espíritu Santo.* *Thomas Strong*

PARAÍSO Antiguo término persa que significa literalmente "cercamiento" o "parque arbolado", usado en el AT para hablar del bosque del rey Artajerjes (Neh. 2:8) y dos veces en relación a huertos (Ecl. 2:5; Cant. 4:13). Las tres veces que aparece en el NT (Luc. 23:43; 2 Cor. 12:4; Apoc. 2:7) alude a la morada de los justos que murieron (el cielo). El AT griego (Septuaginta) usaba "paraíso" para traducir las palabras hebreas para el jardín del Edén en Gén. 2–3. A lo largo de los años, los términos se convirtieron en sinónimos y, finalmente, paraíso llegó a hacer referencia al cielo. En consecuencia, la teología judía desarrolló un lugar opuesto para las personas malvadas, *gehenna*, un horno ardiente. Ver *Cielo; Esperanza.*

PARALELISMO Ver *Poesía.*

PARÁLISIS Término para referirse a las parálisis en general (Mat. 4:24; 9:2; Luc. 5:18; Hech.8:7). Las descripciones de los escritores de los Evangelios no permiten identificar formas específicas de parálisis, ya que estaban más preocupados por presentar a Jesús como aquel a quien Dios le había dado autoridad para perdonar pecados (Mat. 9:6) y cuyo ministerio de sanidad era motivo para glorificar a Dios (Mat. 9:8).

PARÁN **1.** Zona desértica al sur de Judá, al oeste de Edom y al norte del Sinaí. Israel acampó allí luego de partir del Sinaí durante el éxodo y envió espías para hacer un reconocimiento de la tierra prometida desde Cades, una localidad de Parán (Núm. 10:11,12; 13:3,26). Allí el rey Quedorlaomer hizo regresar su campaña militar (Gén. 14:5-7). Ismael estableció allí su hogar luego de que Abraham se vio obligado a despedirlo (Gén. 21:21). El rey Hadad de Edom eludió a Joab al pasar a través de Parán yendo camino a Egipto (1 Rey. 11:17,18). 2. El Monte Parán aparece como paralelo poético del Monte Sinaí (Deut. 33:2; comp. Hab. 3:3) como el lugar de revelación. Si no es el mismo lugar que Sinaí, se desconoce la ubicación.

PARED INTERMEDIA Término en Ef. 2:14 que se traduce de diversas maneras: "pared intermedia de separación" (RVR1960, LBLA); "muro de enemistad que nos separaba" (NVI). Las investigaciones realizadas arrojan varias interpretaciones posibles. **1.** La pared que separaba los patios interno y externo del templo que impedía que judíos y gentiles adoraran juntos. Las inscripciones en griego y latín advertían que los gentiles que ignoraran dicha pared serían pasibles de la pena de muerte. **2.** El velo que separaba el lugar santísimo del resto del templo. Este velo se rasgó en el momento de la muerte de Jesús (Mar. 15:38) y representa la separación entre la humanidad y Dios. **3.** El "cerco" conformado por mandamientos detallados y comentarios orales que los intérpretes erigieron en torno de la ley a fin de asegurar que se cumpliera fielmente. En realidad, la ley con dicho cerco generó hostilidad entre judíos y gentiles y los dividió aun más, al mismo tiempo que incrementó la enemistad entre Dios y la humanidad. La destrucción de los mediadores de la ley abre un camino nuevo y vivo hacia Dios por medio de Jesucristo (Ef. 2:18; 3:12; Heb. 10:20). **4.** La barrera cósmica que separa a Dios de las personas, a las personas entre sí y a otros poderes del universo (Ef. 1:20,21, ángeles, dominios, principados). **5.** Haciendo eco de Isa. 59:2, el término se refiere a la separación entre la humanidad y Dios a causa del pecado.

Ninguna interpretación es lo suficientemente adecuada. El escritor de Efesios enfatizó que toda barrera imaginable que exista entre las personas o entre Dios y la humanidad fue destruida por la obra consumada de Dios en Cristo Jesús. Ver *Efesios; Gentiles; Judíos; Ley; Pecado; Salvación; Templo.* *William J. Ireland (h)*

PARIENTE CERCANO Por lo general se refiere a un familiar consanguíneo según la naturaleza tribal de Israel. La relación más importante era la correspondiente al padre con el hijo mayor.

Ciertas obligaciones recaían sobre el pariente cercano. En el caso de la muerte prematura de un esposo que no había engendrado hijos, entraba en funcionamiento la ley del matrimonio por levirato; es decir, el hermano del fallecido estaba obligado a levantar una descendencia masculina a su hermano y perpetuar así su nombre y su herencia. El hermano del que había muerto era el *go'el*, su redentor (Gén. 38:8; Deut. 25:5-10; Rut 3:9-12).

El pariente cercano también era el vengador de la sangre. Un agravio contra un miembro de la familia se consideraba un delito contra toda la tribu o clan. Por lo tanto, la familia tenía obligación de castigar al malhechor. En caso de un asesinato, el pariente cercano tenía que procurar venganza. Según la imagen de pueblos de antaño, la sangre del hombre asesinado clamaba desde la tierra pidiendo venganza, y el clamor lo escuchaba con más intensidad el miembro de la familia más cercano del linaje del fallecido. Por lo tanto, el pariente más cercano cumplía con la responsabilidad que le cabía como vengador de la sangre (comp. Gén. 4:1-16; especialmente. v.10).

El pariente cercano también era responsable de redimir las propiedades que su familiar tal vez hubiese vendido por razones de pobreza (Lev. 25:25; Rut. 4:4), y de rescatar a un familiar que se hubiera vendido a sí mismo (Lev. 25:47,48).

El libro de Rut en el AT es el ejemplo más notorio de un pariente cercano que utilizó su poder y la ley judía para redimir. Booz demostró uno de los deberes del pariente cercano, casarse con la viuda de un familiar fallecido. A veces la redención de Rut llevada a cabo por Booz se correlaciona con la redención de los pecadores consumada por Cristo. Ver *Ciudades de refugio; Levirato (ley), Matrimonio por; Redimir, redención, redentor; Vengador; Venganza.* *Gary Bonner*

PARMASTA Nombre de persona, probablemente de origen persa, con el posible significado de "puño fuerte" o "el primerísimo". Uno de los diez hijos de Amán (Ester 9:9).

PARMENAS Nombre de persona que significa "fiel" o "constante". Uno de los siete escogidos por la congregación de Jerusalén para distribuir comida a las viudas de esa iglesia que hablaban griego (Hech. 6:5).

PARNAC Nombre persa de persona de significado incierto. Padre de Elizafán (Núm. 34:25).

PAROS Nombre de persona que significa "pulga". **1.** Antepasado de una familia postexílica (Esd. 2:3; 8:3; 10:25; Neh. 7:8). **2.** Uno de los testigos de la renovación del pacto efectuada por Esdras (Neh. 10:14), posiblemente el padre de Pedaías (Neh. 3:25). Es probable que este Paros fuera el principal miembro de la familia mencionada anteriormente.

PAROUSIA Transliteración de la palabra griega que significa "presencia" o "venida". En la teología del NT abarca los sucesos relacionados con la segunda venida de Cristo. Ver *Día del Señor; Escatología; Esperanza; Reino de Dios.*

PÁRPADOS DEL ALBA Frase que significa "el resplandor de la aurora" o "los rayos de la aurora" (NVI), utilizada para describir los ojos del leviatán (Job 41:18). Ver *Leviatán.*

PARRILLA Parte de la ornamentación del altar para el holocausto (Ex. 27:4-5; 38:4) Tal vez también funcionara como tiro del altar.

PARSANDATA Nombre de persona, probablemente de origen persa, con el posible significado de "inquisitivo". Uno de los diez hijos de Amán (Est. 9:7).

PARTERA Mujer que asiste cuando se da a luz un bebé (Ex. 1:15-21). Es probable que los deberes

El amanecer (los "párpados del alba", de Job 3:9) sobre la costa mediterránea de Israel.

de la partera incluyeran cortar el cordón umbilical, lavar y salar al recién nacido y envolverlo con fajas (Ezeq. 16:4). La desobediencia civil de las parteras hebreas Sifra y Fúa coartaron durante un tiempo los planes del faraón de exterminar a los varones israelitas (Ex. 1:15-21). La fidelidad de ambas fue recompensada cuando tuvieron sus respectivas familias (Ex. 1:21), lo cual sugiere que las mujeres que no tenían hijos solían trabajar de parteras. Probablemente las mujeres mencionadas en Rut 4:14-17 y 1 Sam. 4:20 fueran parteras.

PARTIDOS JUDÍOS Ver *Judíos (grupos, partidos) en el Nuevo Testamento.*

PARTOS Pueblo tribal que emigró de Asia Central hacia lo que ahora es Irán. Su tierra natal era una región al sudeste del Mar Caspio. Hablaban un dialecto ario muy parecido al persa y adoraban al dios persa Ahura Mazda. Los partos adoptaron la cultura griega luego de caer bajo el dominio de Alejandro Magno. Alrededor del 250 a.C. se levantaron contra el gobierno seléucida y alcanzaron cierto grado de poder bajo el rey Mitrídates que reinó desde el 171 al 138 a.C. En el 53 a.C., los romanos los invadieron pero fueron derrotados en varias ocasiones. No obtuvieron el control de Partia hasta el 114 d.C. Había algunos partos entre aquellos que estaban en Jerusalén en el día de Pentecostés, y oyeron el evangelio en su propia lengua (Hech. 2:9-11).

PARÚA Nombre de persona que significa "floreciente", "gozoso", o "aumento". Padre de Josafat (1 Rey. 4:17).

PARVAIM Lugar de origen del oro para la decoración del templo de Salomón (2 Crón. 3:6). Probablemente el lugar sea el Farwaim (Farwa) en Yemen, o bien un término general para el Oriente.

PASAC Nombre de persona que tal vez signifique "divisor". Miembro de la tribu de Aser (1 Crón. 7:33).

PASAS Fruto de la palmera (*phoenix dactylifera*) altamente valorado por los viajeros del desierto que consumen pasas frescas, las secan o las preparan en tortas como una comida que se puede transportar y conservar fácilmente. Como parte de la celebración del regreso del arca a Jerusalén, David repartió comida de regalo a los israelitas que se habían reunido en Jerusalén (2 Sam. 6:19; 1 Crón. 16:3). El significado del término hebreo es incierto. La LBLA y la NVI usan la expresión "torta de pasas" en 2 Sam. 6:19. Otras traducciones modernas entienden la comida como un trozo de carne. La NVI usa "torta de pasas" en el relato paralelo de 1 Crónicas.

La LBLA en Cant. 5:11 describe el cabello del rey como un "racimo de dátiles", tal vez en referencia a una cabeza llena de cabello. Otras traducciones se refieren al cabello abundante o enrulado. Ver *Palmeras; Plantas.*

PASAS, UVAS SECAS Pasas de uva. Las uvas se secaban en racimos para elaborar un alimento

Dátiles en una palmera datilera.

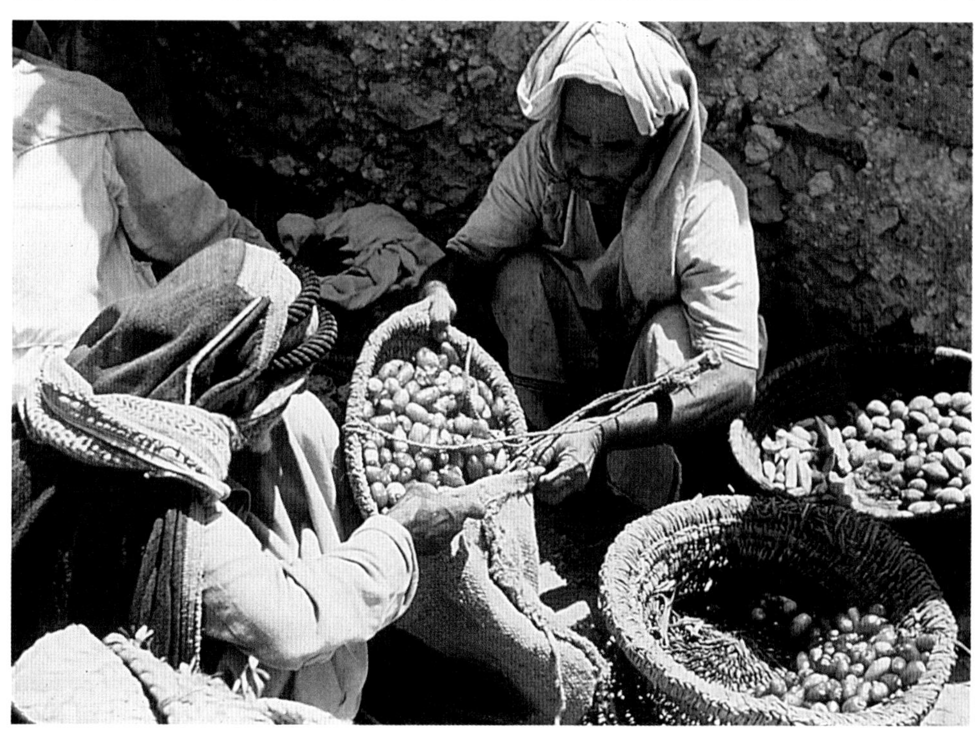

Un vendedor de dátiles árabe.

que podía ser fácilmente almacenado y transportado (1 Sam. 25:18; 30:12; 2 Sam. 16:1; 1 Crón. 12:40). Los nazareos tenían prohibido comer uvas secas (Núm. 6:3).

PASCUA Importante festividad hebrea que conmemora la liberación de la esclavitud de Egipto. Ver *Fiestas.*

PASCUA DE RESURRECCIÓN La celebración especial de la resurrección en la Pascua es la fiesta cristiana más antigua, con excepción de la celebración semanal de los domingos. Aunque el momento exacto del año estuvo en discusión y los ritos específicos de la fiesta fueron cambiando a lo largo de los siglos, no cabe duda de que la Pascua de resurrección tenía un significado especial para las primeras generaciones de cristianos. Dado que la pasión y la resurrección de Cristo ocurrieron en ocasión de la Pascua judía, los primeros cristianos judíos probablemente transformaron la observancia de la Pascua en una celebración de los acontecimientos centrales de su nueva fe. Durante los primeros siglos, la celebración anual se denominaba *pascha*, palabra griega para Pascua, y se centraba en Cristo como el Cordero pascual.

Aunque el NT no ofrece ningún relato de la observancia especial de la Pascua, y la evidencia anterior al 200 d.C. es escasa, es probable que hacia el 100 d.C. la celebración haya estado afianzada en la mayoría de las iglesias. Posiblemente, el rito más primitivo consistía en una vigilia que comenzaba el sábado por la noche y concluía el domingo por la mañana e incluía la recordación tanto de la crucifixión de Cristo como de Su resurrección. Las evidencias de poco después del 200 d.C. muestran que el clímax de la vigilia consistía en el bautismo de nuevos cristianos y la celebración de la Cena del Señor. Ya alrededor del año 300 d.C., la mayoría de las iglesias habían dividido el rito original y dedicaban el Viernes Santo a la crucifixión y el Domingo de Pascua a la resurrección. Ver *Año eclesiástico.*

Fred A. Grissom

PASDAMIM Nombre geográfico que significa "límite de sangre". Escena de la victoria de David sobre los filisteos (1 Crón. 11:13). El lugar se encuentra probablemente entre Soco y Azeca; Efesdamim (1 Sam. 17:1).

PASEAH Nombre de persona que significa "rengo". **1.** Miembro de la tribu de Judá (1 Crón. 4:12).

2. Antepasado de una familia de sirvientes del templo (Neh. 7:51) **3.** Padre de Joiada (Neh. 3:6).

PASTOR Cuidador de ovejas. El primero que se menciona en Biblia es Abel, hijo de Adán (Gén. 4:2). El pastoreo fue la ocupación principal de los israelitas en tiempos patriarcales: Abraham (Gén. 12:16); Raquel (Gén. 29:9); Jacob (Gén. 30:31-40); Moisés (Ex. 3:1).

A medida que hubo más cultivos, la popularidad del pastoreo decayó y pasó a ser una tarea que realizaban los hijos más jóvenes, personas contratadas o esclavos (comp. David en 1 Sam. 16:11-13). Los labradores egipcios odiaban a los pastores (Gén. 46:34).

La Biblia menciona más de 200 veces pastores y pastoreo. Sin embargo, la palabra hebrea para esta tarea se suele traducir también "alimentar" o términos relacionados. Los pastores guiaban a las ovejas a las tierras de pastoreo y al agua (Sal. 23:1), y las protegían de los animales salvajes (1 Sam. 17:34,35). Vigilaban los rebaños por la noche, ya sea en descampados (Luc. 2:8) o en rediles (Sof. 2:6), donde contaban a las ovejas a medida que entraban (Jer. 33:13). Las cuidaban y hasta llevaban en brazos a las más débiles (Isa. 40:11).

El término "pastor" comenzó a utilizarse no sólo para designar a personas que cuidaban manadas de ovejas sino también para referirse a reyes (2 Sam. 5:2) y a Dios (Sal. 23; Isa. 40:11). Los profetas posteriormente llamaron pastores a los líderes de Israel (Jer. 23; Ezeq. 34).

En los tiempos bíblicos, las ovejas que cuidaban los pastores representaban riqueza. Proveían comida (1 Sam. 14:32), leche (Isa. 7:21, 22), lana para vestidos (Job 31:20), pieles para vestimentas rústicas (Mat. 7:15) y cuero para tiendas (Ex. 26:14). Además, eran una importante ofrenda en el sistema sacrificial (Ex. 20:24). Se ofrecían como holocausto (Lev. 1:10), ofrendas por el pecado (Lev. 4:32), por la culpa (Lev. 5:15) y ofrendas de paz (Lev. 22:21).

El NT menciona 16 veces a los pastores. Estuvieron entre los primeros que visitaron a Jesús cuando nació (Luc. 2:8-20). Algunas referencias del NT utilizan al pastor y sus ovejas para ilustrar la relación de Cristo con Sus seguidores, quienes lo denominaban "nuestro Señor Jesucristo, el gran pastor de las ovejas" (Heb.13:20). Jesús habló de sí mismo como "el buen pastor" que conocía a Sus ovejas y daría Su vida por ellas (Juan 10:7-18), y le encomendó a Pedro que apacentara Sus ovejas (Juan 21:17). Pablo comparó a la iglesia y sus líderes con un rebaño y sus pastores (Hech. 20:28). *Elmer Gray*

PASTOR, OBISPO Traducción habitual del sustantivo griego *poimen* (Ef. 4:11) y su forma verbal; también del hebreo *ra'ah* (Jer. 3:15; 10:21; 12:10; 22:22). Literalmente, el que cuida ovejas (o animales, Gén. 4:2; 13:7; 46:32, 34; Ex. 2:17; Isa. 13:20; Jer. 6:3; Luc. 2:8,15, 18,20), pero se usa figurativamente para designar a quienes han sido llamados por Dios para apacentar (Jer. 3:15; Juan 21:16), cuidar (Hech. 20:28), y guiar (1 Ped. 5:2) a Su pueblo, que es el "rebaño" divino (Núm. 27:17; 1 Rey. 22:17; Jer. 3:15; 10:21; 12:10; 22:22; Ezeq. 34:2,5, 7-10; Zac. 10:3; Juan 21:16; Hech. 20:28; Ef. 4:11; 1 Ped. 5:2). En las Epístolas Pastorales (1, 2 Timoteo y Tito) está gran parte de las instrucciones dirigidas a tales líderes de la iglesia. Sobre todo, la idea se aplica a Cristo y alcanza su plenitud en Él (Isa. 40:11; Miq. 5:2; Zac. 13:7; Mat. 2:6; 25:32; 26:31; Mar. 14:27; Juan 10:11,14; Heb. 13:20; 1 Ped. 2:25; Apoc. 7:17) y en Dios mismo (Sal. 23:1; 27:9; 47:5; Jer. 23:3; 31:10; Ezeq. 34:12,23,24; Os. 13:5). En el NT, pastor aparece para describir aspectos o funciones correspondientes a responsabilidades del anciano u obispo (1 Ped. 2:25, donde las dos se juntan en Cristo). Ver *Ministro, ministerio.* *B. Spencer Haygood*

PASTORALES, EPÍSTOLAS Primera y Segunda Timoteo, y Tito se denominan Epístolas Pastorales, título que usó por primera vez Antón en 1753. Pablo escribió estas epístolas a compañeros de trabajo que había dejado a cargo de las iglesias de Éfeso y de Creta respectivamente.

A lo largo de estas cartas se ve el tema de la administración y encomendación de la tarea del evangelio. Pablo compuso 1 Timoteo para instruir a su joven colega a fin de que detuviera las falsas enseñanzas en Éfeso (1:3), y para informarle cómo deben conducirse las personas dentro de la iglesia (3:14,15). El apóstol se dirigió a Tito para que estableciera orden en las iglesia de Creta. Pablo escribió 2 Timoteo para "pasarle el manto" y animar a Timoteo a permanecer como fiel mayordomo del evangelio.

Recién a partir del siglo XIX, los estudiosos se han cuestionado seriamente la autoría y el entorno de estas cartas. Los defensores de la autenticidad de las Epístolas Pastorales declaran que a Pablo lo liberaron luego de los dos años de prisión en Hech. 28, que viajó de regreso hacia el Oriente, se involucró en más trabajo misionero y que más tarde lo arrestaron y apresaron nuevamente en Roma, desde donde escribió 2 Timoteo. Por consiguiente, el apóstol escribió las Pastorales en algún momento después de su primer encarcelamiento alrededor del 62 d.C. y antes del 68 d.C. Muchos eruditos sostienen que un admirador o colega de Pablo compuso las epístolas en el siglo II.

Los críticos apoyan la última teoría utilizando el criterio que sigue. Primero, enfatizan que el vocabulario y el estilo difieren de otras cartas paulinas. Tal argumento es subjetivo. Las variaciones en contenido, ocasión, propósito y destinatarios pueden responder a estas diferencias. Que Pablo usara un secretario también puede explicar la presencia de muchas palabras en las Pastorales.

Segundo, los defensores del uso de seudónimos sostienen que la estructura de la iglesia es demasiado avanzada para la época de Pablo y que refleja un obispado monárquico. Esto pasa por alto que el mismo tipo de estructura eclesiástica en las Pastorales, se ve también en el ministerio de Pablo (comp. Hech. 20:17-28; Fil. 1:1).

Tercero, remontan la herejía a la que se oponen estas cartas a una fecha posterior a la vida de Pablo y sostienen que se escribieron para un gnosticismo desarrollado del siglo II. Sin embargo, es probable que en los días de Pablo operara un incipiente gnosticismo. La falsa enseñanza aludida también contenía muchos elementos judíos (1 Tim. 1:7; Tito 1:10, 14; 3:9).

Cuarto, sostienen que las Pastorales no enfatizan las doctrinas paulinas características como la unión del creyente con Cristo y la obra del Espíritu Santo. Muchos sugieren también que una preocupación por la "enseñanza sólida" y la tradición refleja el fin del primer siglo. Sin embargo, se exagera en cuanto a la ausencia de temas típicos. Más aún, el énfasis en la doctrina no requiere una fecha posterior. Pablo enfatizó la tradición (comp. 1 Cor. 11:2) y citó en sus cartas partes de un credo e himnos (comp. 1 Cor. 15:3-5; Fil. 2:6-8; Col. 1:15-17).

Por último, los opositores a la autoría paulina sostienen que estas cartas incluyen alusiones históricas a la vida de Pablo que no se pueden ubicar en el libro de Hechos (comp. 1 Tim. 1:3; Tito 1:5; 2 Tim. 1:8,16,17; 4:16). Tradicionalmente, los defensores de la autenticidad han respondido con la teoría de un segundo encarcelamiento de Pablo en Roma. Un estudio de Hechos 28 indica la probabilidad de que Pablo haya sido liberado. Bajo este punto de vista, las referencias en las Pastorales no se pueden ubicar en Hechos porque tuvieron lugar en una fecha posterior. Además, el libro de los Hechos no registra ciertos detalles de la vida de Pablo (comp. 2 Cor. 11).

No se necesita recurrir a un seudónimo ni a una fecha en el siglo II para las Epístolas Pastorales. Estas cartas se pueden considerar auténticas y confiables. Ver *Timoteo, Primera carta a; Timoteo, Segunda carta a; Tito, Carta a.*

Terry Wilder

PASUR Nombre de persona que significa "hijo de (el dios) Horus" **1.** Oficial principal del templo de Jerusalén en los últimos años antes de la victoria de Nabucodonosor sobre la ciudad. Hizo que azotaran y apresaran a Jeremías (Jer. 20:1,2). Él, u otro Pasar, fue padre de Gedalías (Jer. 38:1). **2.** Hombre de la corte de Sedequías en Jerusalén (Jer. 21:1). A medida que el ejército babilónico se acercaba, Pasur le pedía a Jeremías que le diera una palabra de parte del Señor. Jeremías profetizó la destrucción de la ciudad (21:1-7; comp. 38:1-3). **3.** Antepasado de una familia sacerdotal (1 Crón. 9:12) que regresó del exilio (Esd. 2:38) y que después sus miembros dejaron a sus esposas extranjeras (10:22; comp. Neh. 10:3; 11:12).

PÁTARA Ver *Asia Menor, Ciudades de.*

PATIO DE LA CÁRCEL Patio abierto del palacio de Jerusalén reservado para la detención de prisioneros durante la época de Jeremías (Jer. 32:8,12; 33:1; 37:21; 38:6,13,28; 39:14-15). En las traducciones modernas aparece como "patio de la guardia".

PATMOS Pequeña isla de 16 km por 10 km (10 millas por 6 millas) en el Mar Egeo, situada a unos 60 km (37 millas) al sudoeste de Mileto. Los romanos usaban estos lugares para exilios políticos. Cuando Juan menciona la isla en Apoc. 1:9 probablemente signifique que él fue uno de estos prisioneros al que habían enviado allí por predicar el evangelio. Eusebio (un padre de la iglesia primitiva) escribió que el emperador Domiciano envió a Juan a Patmos en el 95 d.C. y que lo liberaron después de un año y medio. Ver *Apocalipsis, Libro de.*

La Isla de Patmos, probable lugar al que Juan fue exiliado por los romanos.

PATRIARCAS Padres fundadores de Israel: Abraham, Isaac, Jacob y los doce hijos de Jacob (Israel). La palabra "patriarca" proviene de una combinación del término latino *pater*, "padre", y del verbo griego *archo*, "gobernar". Por lo tanto, un patriarca es un importante antepasado que pudo haber sido el padre fundador de una familia, de un clan o de una nación.

La idea de un acuerdo vinculante entre Dios y la humanidad antecede a los patriarcas. Se expresó por primera vez en el tiempo de Noé (Gén. 6:18; 9:8-17). A Abraham se le prometió específicamente el desarrollo de la nación hebrea (Gén. 15; 17), junto con la provisión de una tierra donde moraría su descendencia. Como transcurrieron varias generaciones antes de que se cristalizara esta situación, el pacto con Abraham debe considerarse promisorio. Las promesas a Abraham establecieron el concepto de un pueblo que descendería de Abraham, Isaac y Jacob, y que estaría en una relación histórica y espiritual con Dios. Ver *Pacto.*

Abraham, o Abram como se lo llama en los primeros capítulos de Génesis, pertenecía a la novena generación de descendientes de Sem, hijo de Noé. Su padre, Taré, nació en Ur de los Caldeos, como así también sus hermanos Nacor y Harán (Gén. 11:26,28). Ver *Sem; Taré; Ur.*

En un período temprano, Abraham había testificado que Dios era el Dios Altísimo (Gén. 14:22), el juez de la humanidad (Gén. 15:14), y el garante del pacto de la promesa. Disfrutaba de una estrecha comunión con Dios (Gén. 18:33; 24:40) y lo adoraba sistemáticamente, excluyendo a todos los demás dioses. La fidelidad y la obediencia eran rasgos característicos de su personalidad e hicieron de este renombrado antepasado de Israel (comp. Rom 4:1-4) un ejemplo de la manera en que hombres y mujeres son justificados delante de Dios. Ver *Abraham; Nuzi.*

La línea de descendencia mediante la cual se perpetuaría el pacto consistía exclusivamente en su hijo Isaac; a través de él continuaron las promesas del pacto. Por lo general, se piensa que el nombre Isaac significa "risa", pero es posible que también transmita el sentido más sutil de "bromista". Conmemoró la ocasión en que tanto Abraham como Sara se rieron ante la promesa de Dios de proveerles un hijo en su ancianidad (Gén. 17:17-19; 18:9-15).

Contamos con poca información sobre la niñez y la juventud de Isaac, excepto que fue utilizado como prueba suprema de la fe de Abraham en las promesas del pacto. Bajo el sistema patriarcal, el padre tenía poder de vida o de muerte sobre cualquier persona o cosa viviente de su casa. En el mismo momento en que la vida de Isaac estaba a punto de ser quitada, su posición como heredero del pacto quedó salvaguardada mediante la provisión de una ofrenda expiatoria alternativa (Gén. 22:9-13). Las circunstancias en torno a su matrimonio con Rebeca le proporcionaron a Isaac un gran consuelo luego de la muerte de su madre (Gén. 24:67). Isaac oró a Dios de todo corazón pidiendo herederos para el pacto y, a su debido tiempo, Rebeca quedó embarazada de gemelos cuando Isaac tenía 60 años. Esaú creció y se convirtió en cazador, en tanto que Jacob siguió el estilo de vida más sedentario de su padre, supervisando los rebaños y el ganado de la familia y trasladándose con ellos cuando era necesario encontrar pasturas frescas (Gén. 25:27). Lamentablemente, Isaac provocó rivalidad entre los hermanos al favorecer a Esaú por encima de Jacob. El primero le llevaba a su padre deliciosa carne de venado, en tanto que las habilidades culinarias de Jacob parecían haberse extendido sólo a la preparación de un guiso de lentejas (Gén. 25:28-29). En un momento de hambre desesperada, Esaú vendió su primogenitura por un poco del guiso de Jacob, y de este modo le transfirió a su hermano una doble porción de los bienes de Isaac como así también otros derechos.

En la vejez, Isaac perdió la vista, y cuando pareció que había llegado el momento apropiado para que Esaú heredara la provisión extra de su primogenitura, Rebeca conspiró con su hijo favorito, Jacob, para engañar a Isaac y hacer que lo bendijera a él en vez de a Esaú. El éxito del plan hizo que Esaú se enfureciera. Para escapar de su venganza, Jacob huyó a Mesopotamia según las instrucciones de su madre. Antes de llegar, recibió una revelación de Dios que le confirmó su herencia en el pacto. Posteriormente, se encontró con la familia de Labán, hijo de Nacor, y a su debido tiempo se casó con dos hijas de Labán. Luego de algunos años de ausencia, Jacob finalmente regresó a Mamre, donde vivía su padre, y junto con Esaú lo enterró cuando Isaac murió a la edad de 180 años.

La vida de Isaac, aunque menos espectacular que la de Abraham, de todas formas estuvo marcada por el favor divino. Lo circuncidaron como señal de que era miembro del pacto y le debió su vida a la oportuna intervención divina cuando era joven (Gén. 22:12-14). Fue obediente a la voluntad de Dios (Gén. 22:6,9), fue un hombre de devoción y oración (Gén. 26:25) y un seguidor de la paz (Gén. 26:20-23). Cumplió con su rol de hijo de la promesa (Gál. 4:22,23). Ver *Isaac.*

La vida de Jacob, el último de los tres grandes patriarcas, estuvo marcada por migraciones, tal como sucedió con sus ancestros. A pesar de que vivió en Siquem (Gén. 33:18-20), en Bet-el (Gén. 35:6,7) y en Hebrón (Gén. 35:27), Jacob era básicamente un extranjero sin una ciudad capital.

Justo antes de la muerte de Isaac, Dios se le apareció otra vez (Gén. 35:9) y renovó la promesa de su nuevo nombre. A partir de entonces Jacob habitó en Canaán y sólo se fue de allí cuando sobrevino hambruna a esa tierra. José invitó a Jacob y a sus hijos a vivir en Egipto. A medida que su vida se acercaba al final se quedó ciego como su padre Isaac, pero bendijo a sus hijos a través de un testamento y última voluntad oral, luego de lo cual murió en paz. Su cuerpo fue embalsamado al estilo egipcio y sepultado en la cueva de Macpela junto a sus antepasados (Gén. 49:30–50:13). A pesar de su aparente materialismo, Jacob fue una persona de profunda espiritualidad que, como Abraham, fue tenido en alta estima por sus vecinos paganos. A pesar de sus temores, se comportó de manera honorable y correcta al tratar con su avaro suegro Labán, y de la misma manera cumplió con su promesa de regresar a Bet-el. Jacob confió en que el Dios que había visto en Peniel implementaría las promesas del pacto a través de él; y cuando murió, dejó tras sí una nación claramente pujante. Ver *Jacob.*

Mucho se ha discutido sobre la fecha del período patriarcal. Un período antes del 2000 a.C. (Edad de Bronce temprana) pareciera demasiado anticipado y no es fácil confirmarlo haciendo referencia a evidencias arqueológicas corrientes. La Edad de Bronce media (2000-1500 a.C.) pareciera más prometedora debido a paralelos arqueológicos contemporáneos y también a que muchos sistemas de irrigación del Neguev datan de ese período. Algunos eruditos han sugerido que los patriarcas vivieron en el período de Amarna (1500–1300 a.C.), pero esto presenta problemas para fechar el éxodo. La misma objeción se aplica a la Edad de Bronce tardía (1500–1200 a.C.) como período de los patriarcas. La fecha menos probable es durante el período de los jueces o la época del rey David. Todas estas fechas no dan tiempo para que se desarrollaran las tradiciones patriarcales, y hacen imposible que Abraham, Isaac y Jacob encajen de manera realista en una cronología ya conocida. La solución más adecuada para el complejo problema de las fechas pareciera ser durante la Edad de Bronce media.

R. K. Harrison

PATROBAS Nombre de persona que significa "vida de (o del) padre". Miembro de una iglesia en un hogar de Roma a quien Pablo saluda (Rom. 16:14).

PATROS Transliteración hebrea del término egipcio para el Alto Egipto (al sur), que incluía el territorio entre las modernas El Cairo y Aswan (Isa. 11:11; Jer. 44:1,15; Ezeq. 29:14; 30:14).

PATRUSIM Hijo de Mizraim (Egipto) y antepasado de los habitantes del Alto Egipto (al sur) que llevaba su nombre (1 Crón. 1:12).

PAU Ciudad edomita que significa "ellos clamaron". Capital de Hadar (Hadad) (Gén.36:39). El paralelo en 1 Crón. 1:50 presenta el nombre Pai. Puede tratarse de Wadi Fai al oeste del extremo sur del Mar Muerto.

PAZ Estado o sensación de armonía, bienestar y prosperidad. El concepto bíblico va más allá de la ausencia de hostilidad, y es más que un estado psicológico.

Antiguo Testamento Se ha dicho que la palabra hebrea *shalom* y sus derivados representan "uno de los conceptos teológicos más prominentes del AT". (Este grupo de palabras aparece unas 180 veces en el AT.) No era un concepto negativo ni pasivo sino que incluía integridad y entereza. El verbo relacionado puede significar "cancelar" o "cumplir un voto", y por lo tanto se refería a completar o reparar una relación. Un adjetivo afín se podía usar para describir algo como "ileso, a salvo, completo, pacífico". La paz podía aludir a la armonía entre amigos o aliados, al triunfo en la guerra, al éxito en los esfuerzos personales, a la buena salud y a la seguridad. El equivalente hebreo del saludo en español "¿Cómo estás tú?" es "¿Tienes 'paz'?" (comp. Gén. 29:6; 2 Sam. 18:29; 2 Rey. 4:26; Est. 2:11).

Un "tratado de paz" bilateral (Jos. 9:15; 10:1) significaba que ambas partes prometían abstenerse de hostilidades entre sí y que, además, buscarían el bienestar del otro, incluyendo la promesa de auxilio si alguien atacaba a la otra parte del tratado. "Ir en paz" significaba ir con la seguridad de la amistad y el favor (Gén. 26:31; Ex. 4:18; 1 Sam. 20:42; Mar. 5:34; Luc. 7:50). El "pacto de paz" de Dios con Su pueblo abarca la seguridad de una relación duradera con aquel que es nuestra paz (Isa. 9:6; Miq. 5:5), y una promesa para proteger el bienestar de Su pueblo y bendecirlo abundantemente a través de Su gracia, sabiduría y poder divinos (Núm. 25:12; Isa. 54:10; Ezeq. 34:25; 37:26; Mal. 2:5).

Caminar con el Señor "en paz y en justicia" (Mal. 2:6) significa mantener la armonía con Él mediante fe y obediencia, y disfrutar así de su paz (comp. Núm. 6:26; Job 21:25; Sal. 125:5; Prov. 3:17; Isa. 48:18; 57:2; 59:8; comp. Luc. 1:79). Paz es lo opuesto a la experiencia final de los perversos (Isa. 48:22; 57:21; 59:8).

La ofrenda de *shelem*, traducida tradicionalmente "ofrenda de paz", pero en la actualidad más a menudo "comunión" u "ofrenda de comunión", era un homenaje que celebraba el gozo de tener "paz" con Dios y todo lo que eso incluía. Por último, el término "paz" puede referirse a la sensación de confiada conciencia de que todo está bien (Gén 15:15; 2 Rey. 22:20; Sal. 4:8; Isa. 26:3).

En vista de esto no es sorprendente que el término *shalom* se asocie con tanta frecuencia con el pacto de David y las promesas proféticas de la venida de un reino mesiánico. La salvación del Señor, de la cual se habla tantas veces en el AT, esencialmente equivale a la llegada de la paz (1 Rey. 2:33: "sobre David y sobre su descendencia, y sobre su casa y sobre su trono, habrá perpetuamente paz de parte de Jehová"; Isa. 9:7: "Lo dilatado de su imperio y la paz no tendrán límite, sobre el trono de David y sobre su reino, disponiéndolo y confirmándolo en juicio y en justicia desde ahora y para siempre"). Esa paz será el resultado de la venida de Dios y de Su gobierno con justicia (Isa. 32:17; 60:17).

Nuevo Testamento El término que se traduce "paz" en el NT es *eirene*. Aparece en todos los libros del NT excepto en 1 Juan (con mayor frecuencia en Lucas, 14 veces, seguido por Romanos, 10, y luego Efesios, 8). Fuera de la Biblia, la palabra griega probablemente significaba lo opuesto a guerra, pero su uso para traducir *shalom* en la LXX puede haber haber ampliado su utilización. Al igual que *shalom*, el término en el NT puede haberse referido no sólo a la ausencia de hostilidad, de lucha o de desorden (1 Cor. 14:33), sino también a la condición y al sentido de estar a salvo y seguro (Hech. 9:31). Cristo hizo la paz entre los creyentes judíos y gentiles haciéndolos un nuevo hombre en Él (Ef. 2:14,15). El término también podría describir un estado de bienestar tanto físico como espiritual. Cuando Jesús lo usó como bendición (Luc. 24:36; Juan 14:27; 16:33; 20:19,21,26; comp. Col. 3:15) y el apóstol Pablo lo empleó al comienzo de sus cartas, ambos se refirieron a algo más que una sensación de confianza en Dios. El término traía a la mente todo lo que Cristo haría o había hecho a través de la cruz y de la resurrección para terminar con el dominio del pecado y hacer la paz entre Dios y el hombre (Rom. 5:1; Col. 1:20), la paz entre todos los que están en Cristo (2 Cor. 13:11; Ef. 4:3), y para recobrar un estado de plenitud espiritual (Rom. 14:17; Gál. 5:22). El mensaje del evangelio se llamó "el evangelio de la paz" (Ef. 6:15). "Paz" fue la promesa angelical ante el nacimiento de Jesús en Luc. 2:14: "Y en la tierra paz, buena voluntad para con los hombres" (comp. Luc. 19:38). El mundo no puede alcanzar ni proporcionar paz (Jer. 6:14; Juan 14:27; 1 Tes. 3:5) porque no está capacitado para tratar con el problema del pecado. De modo que la paz de Dios que guarda el corazón y la mente del cristiano "sobrepasa todo entendimiento" (Fil. 4:7; comp. 2 Tes. 3:16).

E. Ray Clendenen

PECADO Acciones con que los seres humanos se rebelan contra Dios, dejan de cumplir el propósito divino para sus vidas y ceden ante el poder del mal.

El pecado como rebelión Una de las afirmaciones centrales de toda la Biblia es el alejamiento de Dios por parte del hombre. La causa de este alejamiento es el pecado, la raíz de todos los problemas de la humanidad. Sin embargo, la Biblia no da ninguna definición formal de pecado. Lo describe como una actitud de rebelión contra Dios. La rebelión fue la raíz del problema de Adán y Eva (Gén. 3) y también de la situación crítica de la humanidad desde entonces.

El pecado es universal; todos pecamos. La Biblia no relata en forma completa el origen del pecado. Dios de ninguna manera es responsable por el pecado. Satanás introdujo el pecado cuando engañó a Eva, pero la Biblia tampoco enseña que el pecado se haya originado en él. El origen del pecado está en la naturaleza rebelde de la humanidad. Desde que Adán y Eva se rebelaron contra el claro mandato de Dios, el pecado infectó a la humanidad como una temible malignidad.

Pasajes como Sal. 51:5 y Ef. 2:3 podrían interpretarse como que esta naturaleza pecaminosa se hereda. Otros pasajes parecen afirmar que el pecado se debe a una elección humana (ver Ezeq. 18:4,19,20; Rom. 1:18-20; 5:12). Por una parte, la humanidad hereda la naturaleza pecaminosa, y por otra, cada persona es ciertamente responsable de elegir pecar.

Otra posibilidad para entender cómo infectó el pecado a toda la humanidad es el concepto bíblico de la solidaridad de la raza humana. Dicho concepto se explicaría diciendo que cuando Adán se rebeló contra Dios, incorporó a todos sus descendientes en esa acción (ver Heb. 7:9,10 para una analogía similar). Es indudable que este punto de vista no elimina la necesidad de que cada individuo acepte la total responsabilidad por sus actos pecaminosos.

Adán y Eva introdujeron el pecado en la historia humana a través de sus acciones rebeldes. La Biblia afirma que desde entonces cada persona ha seguido el ejemplo de ellos. Esto es lo que se afirma a lo largo de la Biblia, independientemente de todo lo demás que pueda decirse sobre el origen del pecado.

La Biblia ve el pecado desde varias perspectivas Un concepto del pecado en el AT es la trasgresión de la ley. Dios estableció la ley como parámetro de rectitud; cualquier violación de este patrón se define como pecado. Deuteronomio 6:24,25 constituye una afirmación de este principio desde la perspectiva de que la persona que cumple con la ley es justa. La implicancia es que la persona que no la cumple no es justa, es decir, es pecadora.

Otro concepto del pecado en el AT es el incumplimiento del pacto. Dios hizo un pacto con la nación de Israel; los israelitas estaban obligados como pueblo a cumplir este pacto (Ex. 19; 24; Jos. 24). Cada año durante el Día de la Expiación, la nación renovaba el pacto. Cuando el sumo sacerdote consagraba al pueblo al rociarlo con la sangre del sacrificio expiatorio, el pueblo renovaba la promesa al Señor de guardar el pacto. Cualquier incumplimiento se consideraba pecado (Deut. 29:19-21).

El AT también describe el pecado como una violación de la naturaleza justa de Dios. Él es justo y santo, y le pide a Su pueblo una justicia similar. (Lev. 11:45). Cualquier desviación de la justicia divina se considera pecado.

El AT cuenta con un rico vocabulario para referirse al pecado. *Chata'* significa "errar el blanco", al igual que el término griego *hamartia*. La palabra podría usarse para describir a una persona que lanza una flecha con un arco y no da en el blanco. Cuando se usa para describir el pecado, significa que la persona no dio en el blanco que Dios estableció para la vida de esa persona.

Aven describe el espíritu torcido o perverso asociado al pecado. Las personas pecadoras pervirtieron su espíritu y es como si se hubieran encorvado en lugar de mantenerse erguidas. *Ra'* describe la violencia asociada al pecado. También posee la connotación de manifestación del mal. En el AT, el pecado es lo opuesto a la justicia o la rectitud moral.

La perspectiva del pecado en el NT La descripción del pecado en el NT es muy similar a la del AT. Varias de las palabras que aparecen en el NT para referirse al pecado tienen prácticamente el mismo significado que algunas palabras hebreas del AT. El avance más notable en la visión del pecado en el NT es que se lo define tomando a Jesús como parámetro de lo justo. Su vida ejemplifica la perfección. La pureza excelsa de Su vida crea la norma para juzgar qué es pecaminoso.

En el NT, el pecado también se considera como falta de comunión con Dios. La vida ideal consiste en tener comunión con Él. Todo lo que perturba o distorsiona esta comunión es pecado.

La visión del pecado en el NT es, en cierto sentido, más subjetiva que objetiva. Jesús enseñó enfáticamente que el pecado es una condición del corazón. Señaló que las motivaciones internas son el origen del pecado cuando declaró que este realmente se encuentra en el pensamiento pecaminoso que desencadena la manifestación exterior. La acción externa es, en realidad, el fruto del pecado. La ira interior equivale a asesinato (Mat. 5:21,22). La mirada impura equivale a adulterio (Mat. 5:27,28). La verdadera corrupción en una persona surge del ser interior (el corazón), que es pecaminoso (Mat. 15:18-20). Por lo tanto, se considera que el pecado abarca la esencia misma de la naturaleza humana.

El NT interpreta el pecado como "incredulidad". Esta no es solamente el rechazo de un dogma o credo. Se trata más bien del rechazo de la luz espiritual que ha sido revelada en Jesucristo. O, desde otra perspectiva, es el rechazo de la revelación suprema tal como se manifiesta en la persona de Jesucristo. La incredulidad es la resistencia a la verdad de Dios revelada por el Espíritu de Dios, y produce ceguera moral y espiritual. El resultado de tal rechazo es el juicio. El único criterio para el juicio es que uno haya aceptado o rechazado la revelación divina manifestada en Jesucristo (Juan 3:18,19; 16:8-16).

El NT va más allá y describe el pecado como algo revelado por la ley de Moisés. La ley tenía la función preparatoria de señalar a Cristo. Reveló el verdadero carácter del pecado, pero esto sólo despertó en la humanidad un deseo de probar ese fruto prohibido. La ley en sí no es mala, pero la humanidad no posee la capacidad de cumplirla. Por esta razón, la ley no es un medio de salvación sino que deja a la humanidad con un profundo sentido de pecado y de culpa (Rom. 7). La ley, por lo tanto, sirve para poner de relieve el pecado, de modo que sea claramente perceptible.

La palabra más frecuente para designar pecado en el NT es *hamartia* (ver arriba). *Parabasis*, "infracción" o "transgresión", literalmente significan traspasar una línea. Alguien que traspasa el límite de una propiedad, traspasa el terreno de otra persona; la persona que traspasa lo que Dios estableció como justo, comete infracción o trasgresión.

Anomia significa "sin ley" o "iniquidad", y es una descripción más bien general de los actos pecaminosos; se refiere a casi cualquier acción que se opone al parámetro de justicia establecido por Dios. *Poneria*, "el mal" o "la maldad", es un término aun más general que *anomia*. *Adikia*, "injusticia", es simplemente lo opuesto a justicia. En contextos forenses ajenos al NT, este término describe a alguien que está del lado opuesto a la ley.

Akatharsia, "suciedad" o "impureza", era una palabra referida al culto que se usaba para describir todo lo que causaba impureza. Frecuentemente se utilizaba para describir actos viciosos o pecados sexuales. *Apistia*, "incredulidad", literalmente se refiere a falta de fe. Rehusarse a aceptar la verdad de Dios por medio de la fe es pecado. Por lo tanto, toda acción que pueda ser interpretada como infiel y cualquier condición que refleje falta de fe es pecaminosa.

Epithumia, a menudo traducida "lujuria", es en realidad una palabra neutra. Sólo el contexto puede determinar si el deseo es bueno o malo. Por ejemplo, Jesús dijo: "He tenido muchísimos deseos de comer esta Pascua con ustedes antes de padecer" (Luc. 22:15 NVI). Pablo utilizó esta palabra en Col. 3:5 con un modificador, "malos", donde la traducción dice "malos deseos". Cuando se usa de esta manera, podría referirse a casi todo deseo malo, pero con más frecuencia se usaba para describir pecados sexuales (Mat. 5:28).

Consecuencias del pecado La Biblia considera que el pecado, en cualquiera de sus formas, es el problema más serio de la humanidad. Aunque los actos pecaminosos pueden estar dirigidos contra otra persona, en última instancia todo pecado es contra Dios, el Creador de todas las cosas. Al ser perfecto en justicia, Dios no puede tolerar aquello que viola Su carácter justo. Por lo tanto, el pecado crea una barrera entre Dios y las personas.

El pecado también hace necesaria la intervención divina en los asuntos humanos. Dado que la humanidad no podía liberarse de las ataduras del pecado, fue necesario que Dios interviniera para hacerlo. Ver *Salvación.*

Las consecuencias del pecado, tanto en la persona como en la sociedad, tienen largo alcance. La persona que de modo constante y sistemático sigue un camino pecaminoso, quedará tan enredada en él que será, en la práctica, esclava del pecado (Rom. 6).

Otra de las horrendas consecuencias del pecado es la depravación espiritual de la sociedad en general como así también en lo individual. Algunos argumentarán que la depravación es la causa del pecado, y esto es válido. Sin embargo, no se puede obviar que mantenerse en pecado le agrega a esta condición una depravación personal, una desviación o corrupción moral que finalmente hace imposible rechazar el pecado. Este además produce ceguera espiritual. Las verdades espirituales no resultan visibles para quien ha sido cegado por el pecado.

La ineptitud moral es otra consecuencia devastadora del pecado. Cuanto más practican el pecado, más ineptas se vuelven las personas en cuanto a los valores morales y espirituales. El pecado termina enturbiando la distinción entre el bien y el mal.

La culpa es ciertamente una consecuencia del pecado. Ninguna persona puede culpar a otra persona por un problema de pecado. Cada uno debe aceptar responsabilidad y afrontar la culpa asociada (Rom. 1–3).

En la Biblia, el pecado y la muerte son corolarios. Una de las terribles consecuencias del pecado es la muerte. El pecado continuo y constante acarreará muerte espiritual a quien no se haya colocado bajo el señorío de Cristo a través del arrepentimiento y la fe (Rom. 6:23; Apoc. 20:14). Para aquellos que confiaron en Cristo Jesús como Salvador, la muerte ya no produce terror. Cristo invalidó el poder de Satanás de hacer que la muerte fuera horrorosa, y liberó a la persona de la esclavitud a este terrible miedo (Heb. 2:14,15). Ver *Muerte.*

Otra grave consecuencia del pecado es que provoca separación de Dios, alejamiento y ausencia de comunión con Él. Esto no es necesariamente permanente, pero si una persona muere sin haber corregido este problema mediante la fe en Cristo, entonces la separación sí se consolida (Rom. 6:23). Ver *Infierno.*

El pecado produce alejamiento de otras personas así como de Dios. Todos los problemas interpersonales tienen su origen en el pecado (Sant. 4:1-3). La única esperanza de alcanzar la paz tanto a nivel personal como nacional se encuentra en el Príncipe de Paz. *Billy E. Simmons*

PECADO IMPERDONABLE Los tres Evangelios sinópticos hacen alusión a este concepto (Mat. 12:31,32; Mar. 3:28,29; Luc. 12:10). El contexto es idéntico en Mateo y Marcos: se menciona luego de un exorcismo realizado por Jesús e incluye la acusación de que Él expulsaba demonios con la autoridad de Beelzebú (Satanás). Lucas registra la declaración junto con una advertencia sobre confesar y negar a Jesús ante los hombres (Luc. 12:8,9). Sería un error equiparar el "pecado imperdonable" con la falta de fe, como también sería erróneo interpretarlo como rechazo a la obra del Espíritu Santo. Ambos actos fueron perpetrados por Pablo antes de su conversión al cristianismo. El contexto de Lucas es una controversia con los fariseos (Luc. 11:15) e incluye la acusación de que la autoridad de Jesús para exorcizar provenía de Beelzebú.

La advertencia incluye la declaración de que la blasfemia contra el Hijo del Hombre, si bien es un pecado, puede ser perdonada. Esto sería rechazar el evangelio, las buenas nuevas de la salvación de Dios en Jesús. A la luz del contexto, el pecado imperdonable puede definirse como la negación del poder y la autoridad del Espíritu Santo que obra en Jesús y la acreditación de esa autoridad a Satanás. La acusación falsa del fariseo da lugar a la advertencia, pero Jesús nunca dice explícitamente que se hubieran extralimitado y cometido un pecado imperdonable. Quizás esto indique que el pecado imperdonable se comete cuando una persona le atribuye conscientemente el poder y la autoridad del Espíritu Santo a Satanás. Si es así, es posible que algunos de los fariseos hayan sido culpables de realizar tal acusación contra Jesús sabiendo que era falsa.

Las personas sólo pueden atribuirle deliberadamente la obra del Espíritu Santo a Satanás si sus corazones están tan endurecidos que ya rechazaron irrevocablemente la salvación de Dios en Cristo Jesús. Un verdadero creyente en Cristo nunca podría cometer este pecado. Ver *Blasfemia; Diablo, Satanás, demonio, demoníaco; Espíritu Santo; Pecado.* *David R. Beck*

PECADOR Persona que ha errado el blanco marcado por Dios para su vida al rebelarse contra Él. La Biblia considera que toda persona es pecadora (Rom. 3:23). En el AT, a los que no vivían según la ley se los consideraba pecadores (Sal. 1). El NT utiliza *anomia* de manera similar (1 Tim. 1:9). Los judíos consideraban pecadores a los gentiles (Gál. 2:15) y también a los que no guardaban la tradición de los fariseos, incluso a Jesús (Mat.11:19; ver Luc. 15:1). Pablo se refirió a los pecadores como personas separadas de Dios (Rom. 5:8). Ver *Ley; Pecado; Salvación.*

PECES, PESCA Animales que viven en el agua y respiran por branquias; profesión y/o práctica de atrapar peces para suplir las necesidades de alimento de la familia o la sociedad. Los métodos para atrapar peces incluían la caña de pescar con anzuelo (Job 41:1), arpones y lanzas (Job 41:7), redes barrederas (Juan 21:8) y redes circulares (Mat. 4:18).

Antiguo Testamento Los peces se mencionan con frecuencia pero no por sus diversos tipos. Constituían un alimento favorito y la principal fuente de proteínas (Núm. 11:5; Neh. 13:16). La ley consideraba limpios todos los peces con aletas y escamas. Los animales acuáticos que carecieran de ellas eran impuros (Lev. 11:9-12).

Los peces abundaban en las aguas interiores de Palestina al igual que en el Mar Mediterráneo. Los peces atrapados en este último se llevaban a puertos como Tiro y Sidón. El Mar de Genesaret o de Galilea también era centro pesquero. El pescado se conservaba en sal y se transportaba a Jerusalén, donde se vendía junto a la llamada "Puerta del pescado". Las fuertes corrientes del Río Jordán arrastraban muchos peces hacia el Mar Muerto, donde morían (Ezeq. 47:7-11).

Piedra de construcción de Éfeso, tallada con la figura de un pez.

Las referencias a pesca como ocupación son escasas en el AT porque, en ese tiempo, la costa mediterránea estaba controlada por filisteos y fenicios. Los israelitas dependían mayormente del comercio exterior para su provisión de pescado (Neh. 13:16). Dos pasajes del AT (Cant. 7:4 e Isa. 19:10) hablan de estanques y criaderos de peces, que posiblemente se refieran a la cría comercial de peces.

El pez más conocido del AT es el gran pez del libro de Jonás (1:17) que Dios preparó especialmente para la ocasión y cuya especie no se indica.

Nuevo Testamento En tiempos neotestamentarios, la pesca comercial se realizaba en el Mar de Galilea y estaba en manos de pescadores organizados en gremios (Luc. 5:7-11). Los pescadores eran trabajadores con modales toscos, torpes en el habla y en el trato con los demás (Juan 18:10). Los pescadores tenían sus propios barcos, contrataban jornaleros y a veces se unían en sociedades (Mar. 1:20; Luc. 5:7).

La pesca proveía alimento para la gente común (Mat. 14:17; 15:34). El Señor resucitado comió pescado con los discípulos en Jerusalén (Luc. 24:42) y a la orilla del Mar de Galilea (Juan 21:13). El principal modo de preparación del pescado era asarlo (Juan 21:9). El pez más conocido del NT es el que usaron Jesús y Pedro para pagar el impuesto del templo (Mat. 17:27).

Aspectos teológicos La Biblia contiene numerosos usos figurativos de los peces y la pesca. La impotencia humana se compara con peces atrapados en una red (Ecl. 9:12; Hab. 1:14). Dichos peces simbolizaban el juicio de Dios (Sal. 66:11; Ezeq. 32:3). Jesús mencionó la pesca cuando llamó a Sus discípulos a ser Sus testigos (Mat. 4:18-19). Además, comparó el reino de los cielos a una red arrojada al mar y cargada de peces de distintos tipos (Mat. 13:47).

En las primeras iglesias cristianas, la palabra griega para pez (*ichthus*) se llegó a interpretar como una clave codificada referente a Jesús. La primera letra de cada una de las palabras griegas para "Jesucristo, Hijo de Dios, Salvador" forman el término "*ichthus*". Se desconoce cuándo se usó esta clave por primera vez; pero una vez que se efectuó la asociación, el pez se convirtió en símbolo cristiano establecido. *Gary Hardin*

PECOD Término hebreo para "castigo" o "juicio" un juego de palabras con el nombre *Puqadu*, tribu aramea que habitaba la región oriental de la desembocadura del Tigris (Jer. 50:21; Ezeq. 23:23). Sargón II (722–705 a.C.) incorporó Pecod al Imperio Asirio. Pecod formó parte del Imperio Babilónico en tiempos de Jeremías y Ezequiel.

PECTORAL DEL SUMO SACERDOTE Pieza de bordado elaborado de alrededor de 60 cm^2 (9 pulgadas cuadradas) que el sumo sacerdote llevaba sobre el pecho. Tenía doce piedras con el nombre de una de las doce tribus de Israel grabada en cada una. El pectoral era un elemento especial que vestía el sumo sacerdote cuando ministraba en el tabernáculo o el templo. Con forma de bolsa, el pectoral se hacía de oro, con hilos azul, púrpura y escarlata, y de lino fino. Se ceñía fuertemente al efod. Dentro del pectoral se colocaban dos piedras desconocidas, el Urim y Tumim, ubicadas sobre el corazón (Lev. 8:8). Al pectoral se lo denominaba pectoral del juicio (Ex. 28:15) porque estas piedras eran el medio para tomar decisiones (Ex. 28:28,29). Su propósito era mostrar la gloria y la belleza del Señor (Ex. 28:2) y ser un medio para la toma de decisiones (Ex. 28:30) como así también un memorial continuo delante de Dios (Ex. 28:29). Ver *Coraza; Efod; Urim y Tumim.* *Lawson G. Hatfield*

PEDAEL Nombre de persona que significa "Dios liberta". Líder de la tribu de Neftalí al que Moisés nombró para que ayudara a Josué y a Eliezer en la distribución de la tierra a las tribus que vivían al oeste del Jordán (Núm. 34:28).

PEDAÍAS Nombre de persona que significa "Jah redime". **1.** Abuelo materno del rey Joacim (2 Rey. 23:36). **2.** Padre (1 Crón. 3:18,19) o tío (Esd. 3:2, 8; 5:2; Neh. 12:1; Hag. 1:1,12,14; 2:2,23) de Zorobabel. En 1 Crón. se presenta a Pedaías y Salatiel como hermanos. **3.** Padre manasita de Joel (1 Crón. 27:20). **4.** Hijo de Paros que ayudó a Nehemías en la reparación del muro (Neh. 3:25). **5.** Uno de los testigos de la renovación del pacto de Esdras (Neh. 8:4), tal vez idéntico a 4. **6.** Padre benjamita de Joed (Neh. 11:7). **7.** Levita al que Nehemías nombró tesorero del templo (Neh. 13:13).

PEDASUR Nombre de persona que significa "(la) Roca redime". Padre de Gamaliel (Núm. 1:10; 2:20; 7:54,59; 10:23).

PEDERNAL Tres términos hebreos que se aplican en términos generales a cualquier roca dura y compacta, o específicamente a variedades de cuarzo casi opacas y criptocristalinas. El pedernal se puede trabajar hasta obtener bordes muy filosos. Desde la prehistoria se lo utilizaba para fabricar herramientas como raspadores, cabezas de hacha, cuchillos (Ex. 4:25; Jos. 5:2-3 NVI), puntas de flecha, cinceles, cuchillas de hoz y demás.

La dureza del pedernal es consabida. La provisión milagrosa de Dios para los israelitas en el desierto se describe como agua (Deut. 8:15; Sal. 114:8 NVI) o aceite (Deut. 32:13) que brota de una roca de pedernal. Dios protegió al profeta Ezequiel haciendo que su frente fuera más dura que el pedernal (Ezeq. 3:9). Un rostro con aspecto de pedernal describía la determinación del Siervo del Señor (Isa. 50:7; comp. Luc. 9:51). Con la traducción "corazón como diamante", Zacarías 7:12 describe la falta de disposición de la gente para arrepentirse diciendo que tienen el corazón como pedernal.

PEDRO Derivado del griego *petros* que significa "roca". El nombre aparece 159 veces en el NT. Se llamaba Simón; Jesús le puso el nombre Pedro (Mat. 16:18), y aunque es el preponderante, se usan también: el hebreo Simón (Hech. 15:14), y Cefas (en arameo "roca"), que lo usa mayormente Pablo (1 Cor. 1:12; 3:22; 9:5; 15:5; Gál. 1:18; 2:9,11,14) y también aparece en Juan 1:42.

La familia de Pedro Los evangelios proporcionan información sobre Pedro y su familia. Era "hijo de Jonás" (*Barjona* en arameo, Mat. 16:17). Pedro y su hermano Andrés provenían de Betsaida (Juan 1:44) y eran pescadores galileos (Mar. 1:16; Luc. 5:2-3; Juan 21:3) asociados con Jacobo y Juan (Luc. 5:10). Pedro era casado (Mar. 1:30) y vivía en Capernaum (Mar. 1:21-31). Pedro y Andrés se habían relacionado con Juan el Bautista antes de convertirse en discípulos de Jesús (Juan 1:40).

El rol de Pedro entre los discípulos Pedro era el líder y el vocero de los Doce (Mar. 8:29; Mat. 17:24). Siempre le hacía preguntas a Jesús que representaban las preocupaciones de los demás (Mat. 15:15; 18:21; Mar. 11:21; Luc. 12:41). Es el primero que aparece en la lista de los Doce (Mat. 10:2; Mar. 3:16; Luc. 6:14) y en el círculo más íntimo (Pedro, Jacobo y Juan en Mar. 5:35-41; 9:2-8; 14:33,43-50).

A veces Pedro tenía poca fe. En algunas ocasiones era osado (Mat. 16:22; Juan 13:8; 18:10) y en otras se acobardaba (Mat. 14:30; 26:69-72). A veces era interesado (Mat. 19:27) en tanto que en otras era abnegado (Mar. 1:18). A veces tenía percepción espiritual (Mat. 16:16; Juan 6:68) y otras veces era lento para entender cuestiones espirituales (Mat. 15:15-16). En una ocasión caminó sobre las aguas con Jesús, pero su fe vaciló y comenzó a hundirse (Mat. 14:28-31). El mayor ejemplo de la inconstancia de Pedro fue su confesión, "Tú eres el Cristo" (Mat. 16:16), que se opone a su negación, "No conozco a este hombre" (Mar. 14:71). Luego de Pentecostés (Hech. 2:1), Pedro fue audaz cuando lo persiguieron. En dos ocasiones fue arrestado y le advirtieron que se abstuviera de predicar acerca de Jesús (Hech. 4:1-22; 5:12-40). Herodes lo apresó con la intención de ejecutarlo (Hech. 12:3-5), sin embargo, un ángel lo liberó y lo sacó de prisión (Hech. 12:6-11).

El rol de Pedro en la iglesia primitiva y su legado A pesar de que Pedro encabezó a los discípulos y asumió un rol prominente en la iglesia primitiva (Hech 1–5), no surgió como el líder. Ayudó a establecer la iglesia de Jerusalén, pero Jacobo, el hermano de Jesús, fue quien asumió el liderazgo de la iglesia de Jerusalén (Hech 15). Aunque participó activamente en la extensión del evangelio a los gentiles (Hech. 11–12), Pablo fue el que se convirtió en "el apóstol para los gentiles" (Hech. 14; 16–28). Pedro sirvió como un puente para mantener unidas a las diversas personas de la iglesia primitiva (Hech. 15). Se convirtió en el "apóstol de los judíos" que predicó por toda Palestina. Murió como mártir en Roma durante el reinado de Nerón, probablemente en el 64 ó 65 d.C. (1 Clemente 5:1–6:1). La tradición sostiene que Pedro fue crucificado cabeza abajo porque se sintió indigno de morir como Jesús.

Los estudiosos conservadores sostienen que Pedro escribió 1 y 2 Pedro con ayuda de escribas. Eusebio sostiene que Juan Marcos escribió el Evangelio de Marcos para preservar la predicación de Pedro. Aparentemente, devotos de Pedro escribieron bajo seudónimos los libros no canónicos Hechos de Pedro y el Evangelio de Pedro, y les adjudicaron el nombre del apóstol. Ver *Pedro, Primera epístola de; Pedro, Segunda epístola de.* *Steven L. Cox*

PEDRO, PRIMERA EPÍSTOLA DE Epístola dirigida a iglesias de Asia Menor que sufrían persecución. Pedro les recordó la esperanza celestial y la herencia eterna que poseían, de modo que fueran fortalecidos para perseverar en medio del sufrimiento. Hizo énfasis en que los creyentes

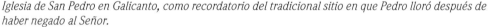

Iglesia de San Pedro en Galicanto, como recordatorio del tradicional sitio en que Pedro lloró después de haber negado al Señor.

son llamados a la santidad y a una vida de amor. A los creyentes se los llama a glorificar a Dios en la vida diaria y a imitar a Cristo que sufrió en la cruz por amor a Su pueblo. Pedro hace un bosquejo de qué significa vivir como cristiano, cómo los creyentes deben relacionarse con las autoridades de gobierno, con los amos crueles y los maridos incrédulos. Advirtió que el sufrimiento puede ser intenso, pero los creyentes deben descansar en la gracia de Dios sabiendo que hay recompensa celestial.

Autor La carta declara haber sido escrita por el apóstol Pedro (1:1) y no hay razones convincentes para dudar de su autoría. Los padres de la iglesia primitiva también apoyaban la autoría de Pedro, y existe evidencia patrística amplia y temprana que apoya este punto de vista. De todas maneras, los estudiosos presentan un número de objeciones a Pedro como autor. (1) Un pescador galileo no pudo haber escrito en griego culto. (2) Las citas del AT provienen de la LXX y, como Pedro no sabía griego, no habría usado dicha traducción. (3) La teología de 1 Pedro es notablemente paulina en su carácter, lo cual demuestra que no es auténticamente de Pedro. (4) La carta dice muy poco sobre el Jesús histórico. (5) La persecución mencionada en la carta abarca a todo el imperio y dataría de la época de Domiciano (81–96 d.C.) o de Trajano (98–117 d.C.).

Ninguno de estos argumentos es convincente, y la autoría de Pedro está sólidamente establecida. (1) Hay evidencia significativa de que en Palestina se hablaba griego, especialmente en Galilea. Como pescador del lugar, es probable que Pedro haya entablado negocios con otros pescadores de habla griega. La idea de que Pedro era analfabeto o no tenía educación es un mito. Hechos 4:13 sólo quiere decir que no tenía instrucción rabínica, y esto no se debería usar para declarar que no podía leer. (2) Como Pedro sabía griego, no nos sorprende que usara la LXX. En particular, Pedro citó la Biblia que sus lectores usaban, como lo hubiera hecho cualquier pastor calificado. (3) La vieja idea de Tübingen de que las teologías de Pedro y Pablo siempre estaban en desacuerdo debería dejarse de lado. Pablo mismo sostuvo que los apóstoles concordaban en cuanto al evangelio (Gál. 2:1-10; 1 Cor. 15:11). (4) En la carta existen más alusiones a la enseñanza de Jesús de lo que algunos pretenden. En cualquier caso, no existe razón para insistir en que Pedro se veía obligado a referirse con frecuencia al Jesús histórico en una carta ocasional escrita con un propósito específico. (5) La idea de que la persecución comprendía todo el imperio y estaba patrocinada por el Estado es poco evidente según 1 Pedro, y la mayoría de los eruditos ahora rechaza esta teoría. En cambio, 1 Pedro indica que existía la persecución esporádica contra los creyentes. Por cierto, la carta no menciona que mataran a los creyentes, aunque es una posibilidad. Por lo tanto, no existe razón convincente para dudar de que la carta haya sido escrita cuando Nerón era emperador (54–68 d.C.) y Pedro todavía estuviera vivo. Debemos señalar que ni siquiera Nerón estableció en todo el imperio una persecución contra los cristianos. Su castigo a los cristianos de Roma, luego de que gran parte de la ciudad fuera destruida por fuego, no fue el comienzo de una política que alcanzó los confines del imperio. (6) También es posible que Pedro haya usado un secretario (amanuense) para escribir la carta. Muchos han argumentado que lo ayudó Silvano (1 Ped. 5:12), aunque el lenguaje usado en el versículo indica al portador de la carta más que al secretario. De todas maneras, es posible que Silvano o alguna otra persona haya oficiado de secretario.

Fecha/Destino Si aceptamos la autoría de Pedro, es probable que la carta haya sido escrita al comienzo de la década de los años 60, antes de la composición de 2 Pedro. En 1:1 la carta indica que fue dirigida a varias iglesias de la parte norte de Asia Menor (actualmente Turquía). Es probable que el portador de la carta, supuestamente Silvano, haya viajado en círculo leyendo la carta a las diversas iglesias. El propósito de la epístola era fortalecer a las iglesias y darles esperanza durante la persecución. Ya hemos mencionado que la persecución era esporádica y no estaba patrocinada por el Estado. Tampoco existe una clara indicación de que los creyentes fueran ejecutados. Lo más probable es que fueran discriminados en la sociedad y en los lugares de trabajo, y que fueran objeto de diversas formas de hostilidades.

Bosquejo

I. Apertura (1:1-2)
II. Llamados a la salvación como exiliados (1:3–2:10)
  A. Alabanza por la salvación (1:3-12)
    1. Una herencia prometida (1:3-5)
    2. Resultado: Gozo en el sufrimiento (1:6-9)
    3. El privilegio de la revelación (1:10-12)
  B. La herencia futura como incentivo a la santidad (1:13-21)

1. Poner la esperanza en la herencia (1:13-16)
2. Un llamado al temor (1:17-21)

C. Vivir como nuevo pueblo de Dios (1:22–2:10)
1. Un llamado al amor (1:22-25)
2. Anhelar la leche pura (2:1-3)
3. La piedra viva y las piedras vivas (2:4-10)

III. Vivir como extranjeros para glorificar a Dios en un mundo hostil (2:11–4:11)
A. La vida cristiana como batalla y testimonio (2:11-12)
B. Testificar del evangelio en el orden social (2:13–3:12)
1. Someterse al gobierno (2:13-17)
2. Los esclavos se someten a los amos (2:18-25)
a. Para recibir una recompensa (2:18-20)
b. Para imitar a Cristo (2:21-25)
3. Las esposas se someten a sus esposos (3:1-6)
4. Los esposos viven sabiamente con sus esposas (3:7)
5. Conclusión: Vivir una vida que agrade a Dios para obtener una herencia (3:8-12)

C. Responder al sufrimiento de manera que agrade a Dios (3:13–4:11)
1. La bendición de sufrir por Cristo (3:13-17)
2. El sufrimiento de Cristo como camino a la exaltación (3:18-22)
3. Preparación para sufrir como lo hizo Cristo (4:1-6)
4. Vivir a la luz del fin (4:7-11)

IV. Perseverar en el sufrimiento (4:12–5:11)
A. Sufrir con alegría conforme a la voluntad de Dios (4:12-19)
B. Exhortaciones a los ancianos y a la comunidad (5:1-11)
1. Exhortaciones para ancianos y jóvenes (5:1-5)
2. Exhortaciones finales y promesa (5:6-11)

V. Palabras finales (5:12-14)

Thomas R. Schreiner

PEDRO, SEGUNDA EPÍSTOLA DE En su segunda epístola, Pedro escribió en respuesta a los falsos maestros que negaban la segunda venida del Señor Jesucristo y defendían un estilo de vida libertino. Pedro sostenía que la gracia de Dios es el cimiento de una vida piadosa y que para vivir una vida que agrade a Dios es necesario obtener una recompensa eterna. Esto no equivale a obras de justicia, porque tales obras no ameritan la salvación sino que son resultado de la gracia transformadora de Dios. Pedro también defendió enérgicamente la verdad de la segunda venida de Cristo, anticipada en la transfiguración y prometida en la Palabra de Dios. Los que rechazan la venida de Cristo niegan la soberanía de Dios, rechazan la intervención divina en el mundo y eliminan toda base para una vida ética. Pedro instó a sus lectores a crecer en la gracia y en el conocimiento hasta que llegue el día de la salvación.

Autor Muchos eruditos niegan que 2 Pedro haya sido escrita por el apóstol, y alegan que se compuso en forma seudónima. Defienden este punto de vista con los siguientes argumentos: (1) Pedro usó a Judas como fuente en el capítulo 2, y la carta de Judas es demasiado tardía como para haber sido utilizada por el Pedro histórico que murió en la década de los años 60 d.C. Además, algunos insisten en que Pedro nunca hubiera citado nada de un escritor como Judas. (2) El vocabulario helenístico y la teología de la carta muestran que Pedro, un pescador galileo, no pudo ser el autor. El estilo y la sintaxis son bastante diferentes a los de 1 Pedro, lo cual demuestra que hubo otro autor. (3) Los falsos maestros mencionados en la carta son gnósticos del siglo II y, evidentemente, Pedro no pudo haber escrito la carta en ese siglo. (4) Las cartas de Pablo se consideran parte de las Escrituras (2 Ped. 3:15,16), pero es imposible que estas epístolas se hayan podido juntar y se las haya considerado de ese modo mientras Pedro vivía. (5) La carta carece de una prueba clara en el siglo II, e incluso en el siglo IV se cuestionó su canonicidad. Algunos evangélicos, como Richard Bauckham, sostienen que 2 Pedro encaja en el género de testamento, pero la carta era una "ficción transparente", y por lo tanto, ninguno de los lectores originales pensó que había sido escrita por este apóstol. Por lo tanto, la conclusión es que los lectores originales no fueron engañados por la inclusión del nombre de Pedro.

A pesar de las objeciones de muchos, la autoría de Pedro sigue siendo la visión más convincente. (1) Fundamentalmente, la carta afirma haber sido escrita por Pedro (1:1). Él dice que su muerte es inminente (1:14). Más llamativo aún es que declara haber visto y oído a Jesús en la transfiguración (1:16-18). Es evidente que si el autor no fuera Pedro estaba expuesto a que lo acusaran de engaño. (2) El uso de Judas como fuente es sólo una teoría. Además, aunque Pedro hubiera utilizado a Judas, no constituiría un problema. Es probable que Judas haya escrito su epístola antes de la muerte de Pedro. No hay nada en Judas que exija una fecha posterior, y no existe razón para pensar por qué un apóstol no podría utilizar a otro como fuente. (3) La idea de que los opositores eran gnósticos del siglo II no queda verificada por los datos de la carta. No existe evidencia del dualismo cosmológico típico del gnosticismo. Tampoco resulta claro si los enemigos rechazaban el mundo material. (4) A partir de 2 Ped. 3:15,16 no es necesario determinar que ya se habían juntado todas las cartas de Pablo y se las había declarado canónicas. Es evidente que Pedro conoce algunas cartas paulinas y las considera con autoridad, pero eso no equivale a un canon de todos los escritos de Pablo. Los que piensan que este elogio de Pedro hacia Pablo es imposible, están sumamente influidos por la antigua hipótesis de Tübingen. (5) El vocabulario y el estilo de 2 Pedro son diferentes a 1 Pedro, y el lenguaje tiene un sabor helenístico, pero esto no es un problema insuperable. Primeramente, debemos observar que el corpus de los escritos de Pedro es muy breve. Por lo tanto, los juicios sobre el "estilo de Pedro" deben ser cautos. En segundo lugar, Pedro puede haber adaptado su estilo para hablar de acuerdo a la situación de sus lectores, tal como lo hizo Pablo en Atenas (Hech. 17:16-34). Finalmente, Pedro puede haber instruido a un secretario (amanuense) para que compusiera el escrito, y esto probablemente responda a algunas diferencias estilísticas. (6) El argumento de que Pedro usa una teología diferente tampoco tiene respaldo. Debemos recordar que la carta es ocasional y, por lo tanto, no es un resumen de toda su teología. Además, siempre se ha hecho un énfasis exagerado en las diferencias teológicas entre 1 y 2 Pedro. (7) Segunda Pedro no tiene un aval tan fuerte de evidencia externa como otras cartas. Sin embargo, existe alguna prueba del uso de la carta incluso en el siglo II, y debemos recordar que en definitiva fue considerada auténtica y canónica. (8) La hipótesis de la "ficción transparente" según Richard Bauckham es un intento interesante para resolver el problema de la paternidad literaria. Pero en definitiva, el punto de vista de Bauckham fracasa. No existe evidencia histórica que diga que la carta se considerara "ficción transparente". Si era tan transparente, ¿cómo es que se pudo olvidar tan rápidamente de modo que todo rasgo de un recurso de ficción de esta clase se haya desvanecido del registro histórico? Además, no existen pruebas satisfactorias de que se aceptaran cartas seudónimas dentro del canon. En realidad, se las rechazó porque eran fraudulentas.

Fecha/Destinatarios/Opositores La fecha de 2 Pedro depende del punto de vista que uno tenga del autor. Probablemente, Pedro escribió la carta poco antes de su muerte a mediados de la década del 60. Lo más probable es que haya sido escrita para los mismos lectores que recibieron 1 Pedro (comp. 3:2) y, por lo tanto, enviada a las iglesias de Asia Menor. Ya hemos destacado que a los opositores no se los pudo identificar definitivamente como gnósticos. Jerome Neyrey sugiere algunas afinidades con los epicúreos, pero ninguna identificación específica ha tenido éxito. Lo que sí sabemos es que los adversarios eran libertinos y negaban la segunda venida de Cristo. Cualquiera de estos dos rasgos eran ciertamente posibles en la época de Pedro.

Bosquejo

I. Saludo (1:1-2)
II. La gracia de Dios, el cimiento para una vida de santidad (1:3-11)
  A. Provisión divina (1:3-4)
  B. Procurar con diligencia una vida que agrade a Dios (1:5-7)
  C. Virtudes piadosas necesarias para entrar al reino (1:8-11)
III. Recordatorio apostólico de Pedro (1:12-21)
  A. La función del recordatorio: Inducirlos a la acción (1:12-15)
  B. La verdad de la venida de Jesús está basada en el testimonio de testigos oculares (1:16-18)
  C. La verdad de la venida de Jesús está basada en la palabra profética (1:19-21)
IV. La llegada, el carácter y el juicio de los falsos maestros (2:1-22)
  A. El impacto de los falsos maestros (2:1-3)
  B. El juicio certero de los impíos y la preservación de los piadosos (2:4-10a)
  C. Falsos maestros juzgados por su rebelión y sensualidad (2:10b-16)
  D. El impacto adverso de los falsos maestros sobre los demás (2:17-22)
V. Recordatorio: El día del Señor vendrá (3:1-18)
  A. Los burladores dudan del día de la venida (3:1-7)

B. El tiempo del Señor es diferente del nuestro (3:8-10)
C. Vivir con rectitud a causa del día futuro (3:11-18) *Thomas R. Schreiner*

PEINADOS OSTENTOSOS Arreglo del cabello con nudos o entretejido formando una corona. A las mujeres cristianas se les enseñaba que las buenas obras y la gracia espiritual eran más importantes que la apariencia externa (1 Tim. 2:9; 1 Ped. 3:3).

PEKA Nombre de persona que significa "con los ojos abiertos". Oficial del ejército de Israel que se convirtió en rey en un sangriento golpe maestro al asesinar al rey Pekaía (2 Rey. 15:25). Su reinado de 20 años (15:27) probablemente sea el tiempo total en que retuvo el control militar de Galaad y Samaria. Aparentemente, Peka fue el líder en Galaad durante el reinado de Manahem, pero cedió control en ese lugar cuando Tiglat-pileser III de Asiria confirmó el gobierno de Manahem. Peka recibió un alto puesto en el ejército y el golpe maestro llegó poco después de que Pekaía sucediera a Manahem. Peka reinó en Samaria del 752 al 732 a.C. y, a su vez, fue asesinado por Oseas (2 Rey. 15:30). Ver *Manahem.*

PEKAÍA Nombre de persona que significa "Jah ha abierto sus ojos". Rey de Israel (742–740 a.C.). Sucedió a su padre, Manahem, como vasallo del trono asirio (2 Rey. 15:23). La tensa situación política que heredó era muy hostil, en tanto que los partidarios del régimen y los zelotes rebeldes se disputaban el control. El reinado sin incidentes de Pekaía terminó cuando lo asesinó Peka, un oficial del ejército que se oponía a la dominación asiria y estaba respaldado por Siria, (2 Rey. 15:25). Ver *Peka.*

PELAÍAS Nombre de persona que significa "Yahvéh es maravilloso (o hace maravillas)". **1.** Descendiente de David (1 Crón. 3:24). **2.** Levita testigo del pacto de Nehemías (Neh. 10:10).

PELALÍAS Nombre de persona que significa "Yahvéh intercede". Antepasado de un sacerdote de la época de Esdras (Neh. 11:12).

PELATÍAS Nombre de persona que significa "Yahvéh libera". **1.** Descendiente de David (1 Crón. 3:21). **2.** Uno de los simeonitas que destruyó a los amalecitas que quedaban en el Monte Seir (1 Crón. 4:42). **3.** Príncipe de Judea que ofreció "consejo malvado", tal vez solicitando ayuda a Egipto en una revuelta en contra de los babilonios (Ezeq. 11:1,13; comp. Jer. 27:1-3; 37:5,7,11). **4.** Testigo del pacto de Nehemías (Neh. 10:22).

PELEG Nombre de persona que significa "división" o "curso de agua". Descendiente de Sem (Gén. 10:25), antepasado de Abraham (Gén. 11:16-19; 1 Crón. 1:19,25) y de Jesús (Luc. 3:35). El nombre Peleg se le atribuye a una de la gran cantidad de personas que se registran por primera vez en Génesis, la "división" de la tierra. La tradición asocia esta división con la confusión de idiomas y el consiguiente esparcimiento de los pueblos a partir de Babel (Gén. 11:8,9). Al observar que *Peleg* muchas veces se refiere a una corriente de agua (Job 29:6; Sal. 1:3; 46:4; 119:136; Prov. 5:16; 21:1; Isa. 30:25; 32:2), algunos sugieren que la "división" de la tierra alude a acequias de irrigación que se entrecruzaban en el paisaje. Según esta interpretación, el nombre Peleg conmemora los comienzos de la agricultura organizada. Aunque los descendientes de Peleg se rastrean sólo a través de Abraham, se lo reconoce como el antepasado de todos los pueblos semitas de la Mesopotamia, mientras que su hermano Joctán fue el antepasado de los semitas árabes. Ver *Tabla de las Naciones.*

PELET Nombre de persona derivado de una raíz que significa "escape". Otro significado puede ser "veloz". **1.** Descendiente de Caleb (1 Crón. 2:47). **2.** Guerrero benjamita que desertó de Saúl para irse con David (1 Crón. 12:3). **3.** Padre de On (Núm. 16:1). El nombre puede ser una corrupción textual de Falú (Gén. 46:9; Núm. 26:5,8), cuyos descendientes también se asocian con la rebelión de Coré (Núm. 26:9,10). **4.** Descendiente de Jerameel (1 Crón. 2:33).

PELETEOS Nombre de familia que significa "mensajero". Mercenarios extranjeros que empleó el rey David como guardaespaldas y fuerzas especiales. Su líder era Benaía (2 Sam. 8:18). A los peleteos se los menciona en conjunción con los cereteos. Estos dos grupos eran, probablemente, pueblos del mar que se volvieron leales a David durante los días que pasó en tierra filistea mientras huía de Saúl. Permanecieron a su lado hasta su muerte, luchando por él durante las rebeliones contra su trono. Luego de la muerte de

David, ayudaron a Salomón a purgar el reino de los enemigos de su padre. Ver *Cereteos.*

PELÍCANO Todo miembro de una familia de aves palmípedas grandes con picos enormes y cuya mandíbula inferior posee una membrana dilatable en forma de bolsa. En Palestina hay pelícanos. Sin embargo, el término hebreo que se traduce como "pelícano" en Lev. 11:18 y Deut. 14:17 sugiere un ave que regurgita su comida para alimentar a sus crías. Otros pasajes (Sal. 102:6; Isa. 34:11; Sof. 2:14) asocian el mismo término hebreo con ruinas desiertas, un hábitat muy poco probable para el pelícano. Algunas asociaciones sugeridas incluyen el buitre y la lechuza.

PELLA Ciudad justo al este del Río Jordán y al sudeste del Mar de Galilea. Recibió a gran parte de la iglesia de Jerusalén cuando huyó antes de que los romanos destruyeran la ciudad santa en el 66 d.C. A partir de entonces, Pella se convirtió en un importante nexo en la estructura de la iglesia. El lugar estuvo habitado desde épocas tan tempranas como el 1900 a.C. y se menciona en los textos egipcios execratorios (1850 a.C.) y en las tablillas de Amarna (alrededor del 1400 a.C.). Fue destruida poco antes de la conquista israelita y no se reconstruyó hasta cerca del 350 a.C. Alejandro Magno pobló la ciudad con macedonios. En los primeros años del siglo I a.C., fue destruida una vez más y Pompeyo la reconstruyó y la mejoró notablemente.

PELONITA Residente de Pelón, un lugar desconocido. El título pertenece a dos de los 30 guerreros selectos de David (1 Crón. 11:27,36; 27:10). Pelonita tal vez sea una corrupción textual de paltita, el título de Heles en 2 Sam. 23:26.

PELUSIUM Puesto militar egipcio de avanzada, cerca de la desembocadura de la rama más oriental del Nilo, a unos 29 km (18 millas) al oeste del Canal de Suez, identificado con la moderna el-Farama. Fue el lugar donde Cambises de Persia derrotó al faraón Samético III en el 525 a.C. Las versiones de la Biblia en español en general siguen la escritura del hebreo "Sin" (Ezeq. 30:15,16). Algunos testimonios del griego y del latín escriben "Sais", la capital de la Dinastía XXVII (Saite) (663–525 a.C.). Sais estaba situada sobre el brazo más oriental del Nilo. Ver *Sin, Desierto de.*

PENA CAPITAL La pena capital o pena de muerte se refiere a la ejecución por parte del estado de aquellos que son culpables de ciertos crímenes. Aunque algunos se han opuesto a la pena capital por razones ideológicas y prácticas, es importante observar que Dios ordenó su utilización. Este mandato divino aparece por primera vez inmediatamente después del diluvio en tiempos de Noé. Dios instruyó a Noé y a sus hijos diciendo: "El que derramare sangre de hombre, por el hombre su sangre será derramada" (Gén. 9:6). Los seres humanos son creados a imagen de Dios (Gén. 9:6), y en consecuencia toda vida humana es sagrada, lo cual justifica la severa pena de muerte por asesinato.

La pena capital está reservada para el estado y no para los individuos. No hay lugar para la venganza personal en la aplicación de este castigo (Rom. 12:19). Como siervo civil de Dios en la tierra, el estado tiene la responsabilidad de proteger a sus ciudadanos y castigar a aquellos que los dañan (Rom. 13:4,6). La pena capital provee al estado el medio para aplicar el castigo apropiado por el asesinato (Deut. 19:21).

Dios instituyó la pena capital como una opción punitiva legítima para todo estado. Su institución es anterior al nacimiento de Israel como nación y a las instrucciones divinamente inspiradas que dio Moisés en cuanto a su implementación, lo cual elimina la posibilidad de que haya sido ordenada únicamente para Israel. Dios dio instrucciones sobre la pena capital a las únicas personas que sobrevivieron en la tierra (Gén. 7:20-24). Estas instrucciones proveyeron el fundamento para todos los gobiernos subsiguientes.

La pena capital continúa siendo un instrumento válido para la administración de justicia por parte del estado. Pablo afirma que la autoridad gubernamental "no en vano lleva la espada (*machaira*)" (Rom. 13:4). El apóstol está expresando el principio general de que el estado tiene derecho de castigar a los que quebrantan sus leyes. De manera más específica, puesto que la *machaira* (espada) describe típicamente a un instrumento de muerte en el NT, y especialmente en Romanos (comp. Rom. 8:35,36), es evidente que la autoridad del estado en cuanto a la administración de justicia incluye la pena capital.

El estado posee este poder de muerte para castigar el mal (Rom. 13:4; 1 Ped. 2:13,14); no obstante, sólo aquellos actos que Dios identifica como mal justifican el uso de la pena capital (Isa. 5:20). Un estado que la utiliza para otros propósitos abusa de su poder y viola los parámetros establecidos por Dios para su utilización. Un ejemplo de dicho abuso de poder es la matanza de millones de judíos por parte de la Alemania nazi.

Mediante el uso apropiado de la pena capital, el estado no está violando el sexto mandamiento ("No matarás", Ex. 20:13). La palabra hebrea *ratsach*, que en algunas traducciones aparece como "matar", se refiere al acto de asesinato y homicidio. Una palabra diferente, *harag*, que a menudo se traduce "matar", aparece más comúnmente en el AT. Más que violar el sexto mandamiento por medio de la pena capital, en realidad el estado lo está respaldando al ejecutar a aquellos que asesinan.

A fin de asegurar la justa administración de la justicia, Dios estableció para Israel importantes instrucciones que todo estado sería sabio en adoptar, especialmente en un tema tan serio como la pena capital:

1. La persona acusada tiene que haber cometido un crimen para el cual el castigo apropiado sea la muerte. Dios declara: "vida por vida, ojo por ojo, diente por diente, mano por mano, pie por pie" (Deut. 19:21).

2. Una clara evidencia de la culpa debe ser provista por dos o más testigos. Un testigo no era suficiente para justificar la pena capital (Núm. 35:30; Deut. 17:6). Sabiendo que personas inescrupulosas podían utilizar la pena de muerte con propósitos malvados, Dios requiere testigos múltiples del crimen.

3. Los que son culpados de crímenes deben ser tratados de manera uniforme e imparcial, cualquiera sea la condición (Deut. 1:17) o clase (Lev. 19:15) del ofensor. Toda sociedad que favorece a algunos y discrimina a otros a causa de su clase o condición, o que en forma intencional o por negligencia priva a algunos de la defensa apropiada, disminuye su integridad y crea serias dudas en cuanto a la administración de justicia (Lev. 24:22).

Algunos observan el incidente de la mujer descubierta en el acto de adulterio como una evidencia de que Jesús se oponía a la pena capital (Juan 8:1-11). No obstante, la reacción de Jesús no estaba dirigida hacia el castigo prescrito sino, más bien, hacia aquellos que procuraban tenderle una trampa como partícipe de un acto ilegítimo (Juan 8:6). En primer lugar, los escribas y los fariseos no constituían un cuerpo gubernamental oficial. Sus esfuerzos representaban un intento ilegítimo por ejercer el poder del estado. Segundo, no hay ninguna indicación de que hubiese una acusación formal ni declaración oficial de culpabilidad. Tercero, no existe ninguna evidencia de que hubiera testigos. Se necesitaban por lo menos dos para demostrar los casos castigados con pena capital y, en algunas instancias, ellos tenían que arrojar las primeras piedras (Deut. 17:6,7).

Jesús no señaló la falta de estas cosas. En su lugar, utilizó el incidente para poner en evidencia la hipocresía de escribas y fariseos, y pidió que el que estuviera sin pecado arrojara la primera piedra (Juan 8:7). Sólo una persona sin pecado podía reclamar la autoridad moral para ejecutar a esta mujer por un delito sin el debido procesamiento. Sabiendo que su situación era legalmente indefendible y que no estaban exentos de pecado, los escribas y los fariseos se echaron atrás (Juan 8:9). Obviamente, las palabras de Jesús estaban dirigidas a ellos, no al tema de la pena capital.

Aunque la pena de muerte continúa siendo una opción legítima para el estado, debe ser aplicada bajo las más estrictas condiciones. El estado que decide ejercer el poder de la vida y la muerte sobre sus ciudadanos, debe estar seguro de que se ha hecho todo lo necesario para asegurar que se está castigando a la persona correcta, que el castigo es apropiado para el crimen, y que la persona, cualquiera sea su clase o condición, ha tenido una defensa adecuada.

Las ofensas que requerían la pena capital en Israel eran: (1) homicidio intencional (Ex. 21:12, 13; Lev. 24:17; Núm. 35:16-21,29-34); (2) falso testimonio en casos de pena capital (Deut. 19:16-21); (3) idolatría (Lev. 20:1-5; Deut. 13:6-11; 17:2-7), incluyendo los sacrificios humanos (Lev. 20:2) y de animales (Ex. 22:20); (4) blasfemia (Lev. 24:14-16, 23; 1 Rey. 21:13; Mat. 26:65-66); (5) hechicería y declaraciones falsas de profecía (Ex. 22:18; Lev. 20:27; Deut. 13:1-5; 18:20; 1 Sam. 28:3,9); (6) profanación del día de reposo (Ex. 31:14; 35:2; Núm. 15:32-36); (7) violación (Deut. 22:23-27); (8) adulterio (Lev. 20:10-12; Deut. 22:22); (9) relaciones sexuales fuera del matrimonio: (a) antes del matrimonio (Deut. 22:20,21), solo la mujer tenía que ser ejecutada; (b) relaciones sexuales con personas comprometidas para casarse (Deut. 22:23, 24), ambos debían ser ejecutados; (c) de una hija de un sacerdote (Lev. 21:9); (10) actos de incesto, homosexualidad y bestialismo (Ex. 22:19; Lev. 20:11-17); (11) secuestro (Ex. 21:16; Deut. 24:7); (12) maldecir o golpear a los padres (Ex. 21:15,17; (13) ser incorregible (Deut. 21:18-20; Ezeq. 18:1-

18); (14) negarse a obedecer a la corte judicial (Deut. 17:12).

Puesto que Dios deseaba que Su pueblo del pacto se adecuara a un patrón espiritual elevado, Él especificó la aplicación de la pena capital para los actos mencionados anteriormente. Dios no ha especificado que estos actos estén sujetos a la misma pena en otras sociedades, ya que ninguna otra nación ha tenido esta misma relación con Él. No obstante, debido a que Dios ordenó la pena capital antes del establecimiento de Israel, lo mínimo que se puede requerir de otras sociedades es una respuesta legítima ante el asesinato.

Formas de pena capital que se estipulan o se mencionan: el método común era apedrear a la persona (Ex. 19:13; Lev. 20:27; Deut. 22:24; Jos. 7:25); la incineración (Lev. 20:14; 21:9); la espada (Ex. 32:27; Deut. 13:15); la lanza (Núm. 25:7,8); asaetear (Ex. 19:13); cortar la cabeza (2 Sam. 16:9; 2 Rey. 6:31,32), y crucificar, sólo mediante decreto romano y llevado a cabo por soldados romanos (Mat. 27:22-26,33-50; Mar. 15:15-32; Luc. 23:13-33; Juan 18:28–19:30). A las autoridades judías bajo el gobierno romano normalmente no se les permitía ejecutar a nadie (Juan 18:31). *Barrett Duke (h)*

PENIEL (Gén. 32:30) Ver *Penuel.*

PENINA Nombre de persona con el posible significado de "mujer con abundante cabello", "coral" o "perla". Puede tratarse de un juego intencional de palabras que signifique "fructífera". Segunda esposa de Elcana y rival de la estéril Ana (1 Sam. 1:2,4).

PENTÁPOLIS Federación de cinco ciudades-estado filisteas que se unieron para oponerse a la ocupación israelita de Canaán. Ver *Filisteos.*

PENTATEUCO La expresión deriva de dos palabras griegas: *penta*, "cinco", y *teuchos*, "recipiente, contenedor", y se refiere a los cinco primeros libros del AT. Esta designación data de la época de Tertuliano (aprox. 200 d.C.), pero los cánones judíos llaman al conjunto de estos libros la Torá, que significa "enseñanza, instrucción". En las Biblias en español, a estos cinco primeros libros se los llama comúnmente los "libros de la Ley". Esta designación induce al error porque representa mal el contenido del Pentateuco. Hay grandes porciones que no son ley en absoluto; en realidad, son narraciones inspiradoras (prácticamente todo el Génesis; Ex. 1–11; 14–20; 32–34; Lev. 8–10; Núm. 9–14; 16–17; 20–25; 27; 31–32; 36). Aunque *Deuteronomium* significa "segunda ley", el libro se presenta como una predicación, los últimos discursos pastorales de Moisés.

Estructura y contenido del Pentateuco El Pentateuco es una continua narración. Por ejemplo, los últimos versículos de Éxodo hablan del tabernáculo y de cómo la presencia de Jehová estaba en él. Cuando entramos al primer versículo de Levítico, nos encontramos con que sigue fluidamente con este tema, cuando Jehová llama a Moisés y le habla desde el tabernáculo de reunión. Debido a las limitaciones de los rollos, es probable que desde el principio fuera necesario dividir la narrativa en cinco segmentos más fáciles de manejar en rollos de cuero o pergamino. Esta división data, por lo menos, del siglo II a.C. en la LXX. La división crea la lamentable e incorrecta impresión de que son diferentes composiciones que se deben interpretar por separado. La historia que comienza en Gén. 1:1 llega a su momento cumbre con el pacto en el Sinaí, y concluye con la exposición teológica de Moisés acerca del pacto en Deuteronomio.

En el texto hebreo, los nombres derivan principalmente de las palabras de apertura de cada rollo. Génesis se llama *bere'shith*, "En [el] comienzo"; Éxodo, *we'elleh shemoth*, "Estos son los nombres"; Levítico, *wayyiqra*, "Y Él llamó"; Números, *bemidbar*, "En el desierto" [la quinta palabra]; y Deuteronomio, *elleh haddebarim*, "Estas son las palabras". Los nombres de los libros en las Biblias en español llegaron a través de la Vulgata (versión en latín) que siguió a la LXX en griego, y describen los contenidos: Génesis, "generación, origen"; Éxodo, "salida"; Levítico refleja el sistema levítico de culto; Números se refiere a la numeración de las tribus, y Deuteronomio significa "segunda ley" (comp. 17:18). Siguiendo a Martín Lutero, los alemanes y los escandinavos los llaman 1 Moisés, 2 Moisés, 3 Moisés, 4 Moisés y 5 Moisés, lo cual refleja la autoridad mosaica de cada libro.

No sabemos cuándo se originaron las divisiones, pero las segmentaciones son lógicas y sustanciales. La división entre Génesis y Éxodo ocurre cuando termina la historia de la familia de los patriarcas. La división entre Éxodo y Levítico se produce cuando termina la narrativa que describe la construcción del tabernáculo. (Ex. 35:1–40:18). El libro de Números comienza con el registro de las fuerzas militares de Israel (Núm. 1:1–2:34), y

Levítico (3:1–4:49) mientras Israel se prepara para partir del Sinaí. Deuteronomio es una unidad literaria más independiente que consta de los discursos finales de Moisés previos a su muerte. Sin embargo, se puede argumentar que Deut. 32:48–34:12 representa una conclusión narrativa natural de Números e indica que los discursos de Moisés (Deut. 1:1–32:47) son una serie de inserciones sermonarias.

En cualquiera de los casos, la división del Pentateuco es artificial. Teniendo en cuenta el estilo y el contenido, se divide naturalmente en bloques literarios más breves: Gén 1–11:26 es la historia primigenia desde la creación hasta Abraham; Gén. 11:27–50:26 son las narraciones patriarcales; Ex. 1:1–18:27 es el éxodo de Israel desde Egipto; Ex. 20:1–Núm. 10:10, Israel en Sinaí; Núm. 10:11–21:35, corresponde a Israel en el desierto, y Núm. 22:1–Deut. 34:12 a Israel en las planicies de Moab. Cada una de estas secciones consta de subdivisiones literarias fácilmente identificables.

Cabe la posibilidad de que antes de que apareciera la forma actual, los materiales se presentaran en una serie de rollos más pequeños. Génesis, por ejemplo, se encuentra marcado por la fórmula "Estas son las generaciones de…" (o expresiones similares), que se presenta 11 veces y divide al libro formalmente en 12 secciones (2:4; 5:1, 6:9; 10:1; 11:10; 11:27; 25:12; 25:19; 36:1; 36:9; 37:2). El ciclo de José (Gén. 37; 39–48; 50) tiene su propio estilo literario y es probable que se haya preservado por separado, como tal vez sucedió con la narrativa del éxodo de Israel desde Egipto (Ex. 1:1–18:27). Sabemos que el Decálogo (Ex. 20:2-17) se preservó desde el comienzo como un documento separado en tablas "escritas por el dedo de Dios" (Ex. 24:12; 31:18; comp. 32:15,16; 34:1,28; Deut. 4:13; 5:22; 10:2-4). Éxodo 24:7 menciona "el libro del pacto" (heb. *seper berith*) preservado en Ex. 21:1–23:3 (o tal vez comience en 20.22). Parece probable que lo que Yahvéh dijo en el Monte Sinaí (es decir, las instrucciones para construir el tabernáculo y las vestimentas de los sacerdotes [Ex. 25:1–31:17]; las instrucciones para los sacrificios [Lev. 1:1–7:38]; el llamado "código de santidad" [Lev. 17–27]; etc.) se haya escrito de inmediato, tal vez en rollos separados y que, cuando Israel partió de Sinaí, llevó los documentos consigo. El tinte arcaico en la poesía de las narraciones del Pentateuco (la bendición de Jacob, Gén. 49; el cántico del mar, Ex. 15:2-18; los oráculos de Balaam en Núm. 22–24; la canción de Yahvéh, Deut. 32:1-43 [que tenía la intención de ser el "himno nacional" de Israel"]; la bendición de Moisés a las tribus, Deut. 33:2-33), sugiere que fueron preservadas en forma escrita desde el comienzo. Según Núm. 21:14, Israel poseía un "Libro de las guerras de Yahvéh" que aparentemente contenía registros y poemas que conmemoraban Sus triunfos sobre los enemigos de Israel (comp. Ex. 17:14). Números 33:1-3 indica que Israel llevaba un diario de sus experiencias mientras deambulaba de un lugar a otro (los lugares donde se detenían se enumeran en 33:5-49. Deuteronomio incluye numerosas referencias a "la Torá" que Moisés predicaba como un texto escrito (ver 17:18; 27:3; 28:58; 29:21; 30:10). Por cierto, 31:9 sugiere que Moisés escribió sus discursos finales solo. Es probable que las genealogías y otros materiales estadísticos deriven de documentos escritos por separado. Sea cual fuere la forma en que haya sido compuesto el Pentateuco, estos documentos representan el verdadero origen.

Pentateuco samaritano en Nablus. Los samaritanos consideran que sólo el Pentateuco es material canónico.

Argumento del Pentateuco El suceso fundamental del Pentateuco es la revelación que Dios hace de sí mismo en Sinaí. Todo lo anterior es prólogo, y todo lo que sigue es epílogo. Esto es evidente a juzgar por la redundante mención del lugar en Deut. 19:1-3 y también por la anticipación explícita en Ex. 3:12, donde Yahvéh le dijo a Moisés que el servicio que Israel le daría a Dios en el Monte Sinaí demostraría que Él había enviado a Moisés. Esto se confirma mediante las exigencias de Moisés a Faraón para que dejara ir a Israel a servir a Yahvéh en el desierto (4:23; 5:1,3; 6:11; 7:16; 8:1,25-28; 9:13; 10:3,7,9,24-26). Las narraciones patriarcales también anhelan el Sinaí. En Gén. 12:2 Dios le promete a Abraham que será una bendición a todas las naciones. Más tarde, vemos que esto implica ser receptor de la revelación divina (comp. Deut. 4:5-8), un reino de sacerdotes, una nación santa, un tesoro especial "sobre todos los pueblos, porque mía es toda la tierra" (Ex. 19:5,6). La narración invita al lector a anticipar el éxodo al Sinaí con la identificación que Yahvéh hace de sí mismo en Gén. 15:7: "Yo soy Jehová, que te saqué de Ur de los caldeos", que hace eco de una frase que posteriormente aparece docenas de veces: "Porque yo soy Jehová, que os hago subir de la tierra de Egipto" (comp. Lev. 11:45); con la cita de la predicción de la esclavitud de Israel, su liberación y su salida con riqueza (15:13,14), riqueza necesaria para construir el tabernáculo; con la cita de la promesa de Yahvéh de dar la tierra de Canaán a los descendientes de Abraham (Gén. 15:18-21), que se convierte en la razón expresa para el éxodo (Ex. 3:7,8; 6:6-8); y con la cita del anuncio de Dios (de El Shadai) de que sería Dios para Abraham *y para su descendencia después de él* (Gén 17:7), con quien establecería Su pacto. En Sinaí, el Dios de Abraham, Isaac y Jacob se convirtió formalmente en el Dios de Israel, vinculando consigo a los descendientes de Abraham mediante la confirmación del pacto eterno (Ex. 31:16,17; Lev. 24:8; comp. Jue. 2:1). Finalmente, el Sinaí se anticipa en Gén. 26:5 donde Yahvéh reconoce que "oyó Abraham mi voz, y guardó mi precepto, mis mandamientos, mis estatutos y mis leyes". Las expresiones se hacen eco de la revelación del Sinaí; aparentemente, Abraham cumplió los requisitos del pacto del Sinaí sin el beneficio de la revelación sinaítica.

Las narraciones del viaje de Israel desde Sinaí hasta las planicies de Moab se relatan con el telón de fondo del pacto de Yahvéh con Israel y la promesa de Israel de hacer "todo lo que Yahvéh les había dicho". Números 28:6 se refiere explícitamente a la revelación de Sinaí, pero Deuteronomio, casi en su totalidad, representa la exposición de Moisés del pacto sinaítico. Sin embargo, el personaje principal no es humano; este es un registro de la relación de Dios con aquellos que creó a Su propia imagen, a quienes eligió, redimió y les encomendó que fueran Sus agentes sobre la tierra.

Los temas del Pentateuco Los temas teológicos en el Pentateuco son prácticamente innumerables. Representan el esqueleto teológico de las narraciones: Dios como creador (Gén. 1–2); Dios como juez de la humanidad pecadora, pero que salva a Noé (Gén. 3–11:26); Dios como aquel que eligió a Sus agentes para que bendigan al mundo, y que entró en una relación de pacto con ellos y prometió a sus descendientes darles como posesión eterna la tierra de Canaán (Gén. 11:27–50:26); Dios como aquel que redime a Su pueblo de la esclavitud (Ex. 1–15:21); Dios como el que acompañó a Su pueblo durante los viajes por el desierto, proveyendo para sus necesidades físicas y castigando su falta de fidelidad (Ex. 15:22–17:7; 18:1-27; Núm. 10:11–20:29); Dios como el que entró en una relación de pacto y reveló Su voluntad a Israel en Sinaí (Ex. 19:1–Núm. 10:10); Dios como aquel que lucha por Israel en contra de sus enemigos (Ex. 17:8-16; Núm. 22:1–25:18); Dios como aquel que le dará a Israel su tierra y promete estar con Su pueblo luego de la muerte de Moisés (Núm. 26:1–Deut. 34:12).

Formas y géneros literarios del Pentateuco Aunque comúnmente al Pentateuco se lo llama "la Ley", el material legislativo formal es limitado. Por cierto, esta designación puede inducir a error, incluso como sugiere una lectura superficial del Salmo 1. Si el Pentateuco fuera principalmente "ley", no podría ser el deleite del salmista ni mucho menos, ni una fuente de luz y de vida (Sal. 1:2,3). Lo que predomina en el Pentateuco es el "evangelio", las buenas nuevas de la gracia de Dios demostrada a través de la elección, la salvación y el cuidado providencial de Su pueblo. Los que tienen dudas, sólo necesitan leer Ex. 34:6,7, donde Yahvéh define Su gloria con términos inmanentes y atractivos: "¡Jehová! ¡Jehová! fuerte, misericordioso y piadoso; tardo para la ira, y grande en misericordia y verdad; que guarda misericordia a millares, que perdona la iniquidad, la rebelión y el pecado, y que de ningún modo tendrá por inocente al malvado; que visita la iniquidad de los padres sobre los hijos y sobre los hijos de los hijos, hasta la tercera y cuarta generación".

El Pentateuco está dominado por narrativas que desarrollan este tema. En Gén. 1–4, Dios en Su gracia libró a una raza que se separó de Él por el pecado y prometió resolver el problema desde la raíz; en Gén. 6–9 Dios en Su gracia rescató (6:8; 8:1) a Noé y a su familia de la furia de Su ira; en Gén. 11:26–50:26 Dios en Su gracia llamó a Abraham y preservó a su familia para que fuera el canal de bendición para un mundo bajo la maldición del pecado y de la muerte; en Ex. 1–18 Dios en Su gracia redimió a Su pueblo de la esclavitud; en Ex. 19–24 Dios en Su gracia entró en una relación de pacto con Israel; en Ex. 25–40 Dios en Su gracia proveyó una manera de morar en medio de Su pueblo; en

Ex. 20–23, en la mayor parte de Levítico y en grandes porciones de Números, Dios en Su gracia reveló Su voluntad a Israel (comp. Deut. 4:6-8); mientras Israel vagaba por el desierto, Dios en Su gracia cuidó a Su pueblo, lo alimentó y lo defendió de sus enemigos, y le aseguró que entraría a la tierra prometida; en Deuteronomio Dios en Su gracia le proveyó a Israel de Moisés para que este le explicara al pueblo la voluntad divina. La mayor parte del material normativo de Éxodo y Levítico son discursos divinos enmarcados en comentarios narrativos: "Entonces Dios/Yahvéh dijo/habló". Incluso Deuteronomio es un texto narrativo con alocuciones y poemas de Moisés insertados. El género dominante del Pentateuco es la narrativa, no la "ley".

La "ley" está presente si mediante este término entendemos los mandamientos que prescriben el comportamiento humano. El Pentateuco contiene cientos de prescripciones de esta clase (los rabinos judíos contaron 613), a las cuales se ha hecho referencia como *torá* ("enseñanza"), *miswith* ("mandamientos"), *huqqoth* ("estatutos, ordenanzas, decretos"), *mispatim* ("juicios, regulaciones, leyes"), *edot* ("estipulaciones del pacto"), que se pueden caracterizar como reglas constitucionales. En cuanto a la forma, las reglamentaciones tienden a ser de dos clases. Los mandamientos "apodícticos", emitidos en segunda persona ("harás" o "no harás"), por lo general no tienen requisito, condición ni motivación (la mayor parte del Decálogo). Las reglas "casuísticas" se expresan en tercera persona, comenzando con una cláusula condicional ("Si una persona") y concluyendo con una declaración de las consecuencias ("Si A, entonces B"). Los cristianos tienden a dividir las leyes en morales, civiles y ceremoniales, pero el Pentateuco no presenta tal distinción. Por el contrario, textos como Levítico 19, que mezclan los tres tipos, suponen que toda la vida es sagrada y que está mal "compartimentar" la conducta.

Aunque hay material normativo en todas partes, por una cuestión de conveniencia nos referimos específicamente a seis secciones preceptivas: el Decálogo (Ex. 20:1-17; Deut. 5:6-21); el "libro del pacto" (Ex. 21:1–23:33); las prescripciones del tabernáculo (Ex. 25–31); el "manual de la adoración ritual" (Lev. 1–7); el llamado "código de santidad" (Lev. 17-25); y el denominado "código deuteronómico" (Deut. 12–26). Levítico y Números contienen mucho material normativo adicional, pero las mencionadas más arriba se reconocen como unidades independientes.

El Decálogo (Ex. 20:1-17; Deut. 5:6-21) El Decálogo compendia los principios de la relación de pacto con declaraciones fáciles de memorizar (una por cada dedo). A las claras este es el documento fundamental del pacto porque Yahvéh mismo proporcionó la primera copia (Ex. 24:12; 34:1-24; Deut. 4:13; 5:22; 10:1-5) y por el uso que le da Moisés en Deuteronomio. El Decálogo es más un documento de adoración que un código legal, como lo confirma la oración fundamental de apertura: "Yo soy Jehová tu Dios, que te saqué de la tierra de Egipto, de casa de servidumbre". La obediencia a estos diez principios representa la respuesta de adoración ante la salvación recibida como un regalo de Yahvéh (comp. Lev. 19:6). El preámbulo proporciona trasfondo y motivación para la adoración. Sin él, el llamado a la obediencia es una exigencia legalista.

El "libro del pacto" (Ex. 21:1–23:33; algunos añaden 20:22-26) El nombre deriva de 24:7 en base al cual Moisés leyó el *seper habberith* ("documento del pacto") a oídos de todo el pueblo reunido antes de la ratificación ritual. El libro del pacto se subdivide en seis partes ordenadas de manera quiástica:

(a) Introducción (20:22) Ubica la respuesta de Israel al pacto en el contexto presente de la revelación divina

(b) Principios de adoración (20:23-26) Resaltan la expresión de devoción a Yahvéh del culto de Israel

(c) Leyes casuísticas (21:1–22:20) Resaltan la expresión ética de devoción a Yahvéh por parte de Israel

(c') Leyes apodícticas (22:21–23:9) Resaltan la expresión ética de devoción a Yahvéh por parte de Israel

(b') Principios de adoración (23:10-19) Resaltan la expresión de devoción a Yahvéh del culto de Israel

(a') Conclusión (23:20-33) Ubica la respuesta de Israel al pacto en el contexto futuro de la acción divina

Las prescripciones para la adoración de Israel son el marco para las disposiciones que rigen la vida diaria. El propósito de la adoración es inspirar la devoción a Yahvéh y crear una comunidad ética de fe.

Las prescripciones del tabernáculo (Ex. 25–31) Siguiendo el modelo de los siete días de la creación, hay siete discursos divinos que llegan al clímax en la provisión del día de reposo como señal del carácter eterno del pacto de Dios con Israel. A pesar de que las instrucciones tienen repercusiones a largo plazo, en su mayor parte tienen que ver con un suceso: la construcción del tabernáculo como residencia sagrada para Yahvéh. A través del tabernáculo, Dios misericordiosamente proveyó un medio de constante comunión con Su pueblo. Esta comunión se vio severamente amenazada por la apostasía de adorar el becerro de oro, pero Yahvéh en Su gracia renovó el pacto (Ex. 32–34). Éxodo 35–40 es una descripción narrativa de la construcción del tabernáculo de acuerdo a las especificaciones de Dios, y llega a su punto cumbre en la confirmación visible expresada en el traslado de Su gloria radiante al interior de la estructura.

El "manual de la adoración ritual" (Lev. 1–7) Este material prescribe prácticas permanentes "por todas vuestras generaciones" (Lev. 3:17 LBLA), y se encuentra en forma imperativa como legislación. Sin embargo, no sólo está motivado por el deseo divino de obediencia sino además por el bienestar del ser humano, para que los israelitas sean perdonados (4:35) y puedan disfrutar de comunión con Dios.

El "código de santidad" (Lev. 17–25; algunos añaden 26–27) El nombre de esta sección deriva de la declaración "Seréis santos porque yo, el Señor vuestro Dios, soy santo" (19:2; 20:26), y del énfasis general. El Señor se identificó como el santo (19:2; 20:26; 21:8); el que hace santo a Israel (20:8; 21:8,15,23; 22:9,16,32) y lo separa de otros pueblos (20:24,26); el que desafía a los israelitas para que se santifiquen (20:7) y sean santos (19:2; 20:7,26; 21:6; comp. vv.7,8). Se dice que muchos artículos y personas son santos: el nombre del Señor (20:3; 22:3,32), la comida para los sacrificios (19:8), la comida común (19:24), el pan sagrado (21:22; 24:9), la comida dedicada al Señor (22:1-6,10-16); las asambleas (23:2-8, 21-27, 35-37); un lugar (el tabernáculo, 24:9), y un momento (el año del jubileo, 25:12).

Bosquejo: Instrucciones para una vida santa (El "código de santidad") (17:1–25:55)

1. La santidad de la vida (17:1–18:30)
2. La santidad de la comunidad (19:1–20:27)
3. La santidad de la adoración (21:1–24:23)
   a. La santidad del sacerdocio (21:1-24)
   b. La santidad de los dones de Dios (22:1-33)
   c. La santidad de los días sagrados (23:1-44)
   d. La santidad del tabernáculo (24:1-9)
   e. La santidad del nombre divino (24:10-23)
4. La santidad de la tierra (25:1-55)

El "código deuteronómico" (Deut. 12–26) Esta sección comienza con el anuncio: "Estos son los estatutos y decretos que cuidaréis de poner por obra en la tierra que Jehová el Dios de tus padres te ha dado para que tomes posesión de ella, todos los días que vosotros viviereis sobre la tierra" (12:1). Sin embargo, Deut. 12–26 representa una parte del segundo discurso de Moisés a las tribus justo antes de que cruzaran el Jordán para entrar a Canaán. Él preparó el escenario con una extensa presentación de la naturaleza de la relación del pacto y de repetidas apelaciones al amor y al servicio exclusivo a Yahvéh (5:1–11:32). Los mandamientos de los capítulos 12–26 derivan de la revelación en Sinaí, pero tienen un pronunciado sabor a sermón (comp. 26:16-19) en vez de un resabio legal. Por lo tanto, la designación de esta sección como "código" legal puede llevar a confusión. Al aplicar las leyes sinaíticas a la nueva situación que enfrentaban los israelitas, el rol de Moisés es más pastoral que legislativo. Por lo tanto, las instrucciones están entrelazadas con cláusulas de intención, advertencias contra el juicio divino por la desobediencia, y promesas de bendición y larga vida por la fidelidad al pacto. Esta diferencia responde a la divergencia entre las instrucciones deuteronómicas y las del "libro del pacto" o "el código de santidad". En concordancia con la preocupación de Moisés por una alianza exclusiva con Yahvéh (como se formaliza en la Shemá, "Oye, Israel: Jehová nuestro Dios, Jehová uno es" [6:4]), y con un amor total y sin reservas hacia Él (6:5), declaró que una vez que estuvieran establecidos en la tierra, Yahvéh identificaría el lugar que había escogido para establecer Su nombre, el lugar donde todo Israel iría a adorar (ver 12:1-14).

Tema general: Las estipulaciones específicas del pacto (12:1–26:15)

1. La vida religiosa del pueblo santo (12:1–16:17)
   a. La unidad y la pureza de la adoración (12:1–14:21)
   b. Normas institucionales (14:22–16:17)
2. El gobierno del pueblo santo (16:18–21:9)
   a. Las estructuras del gobierno teocrático (16:18–18:22)
   b. La conducta del gobierno (19:1–21:9)
3. La ley familiar (21:10–22:30)
   a. Las prisioneras de guerra (21:10-14)
   b. Los derechos de los primogénitos (21:15-17)
   c. Los hijos rebeldes (21:18-21)
   d. Leyes misceláneas (21:22–22:12)

   e. La santidad del matrimonio y del sexo (22:13-30)
4. La santidad de la santa congregación (23:1-8)
5. Reglas misceláneas de la vida israelita (23:9–25:15)
6. Dos ofrendas especiales (26:1-15)
   a. Las primicias (26:1-11)
   b. El diezmo del tercer año (26:12-15)
7. El juramento final del pacto (26:16-19)

Aunque por lo general se interpretan como códigos de leyes, hay que tener en cuenta que ninguno legisla por legislar. Tampoco se exige obediencia por el simple hecho de exigirla. Cada uno abarca una conducta que el pueblo de Dios debe seguir en respuesta a la salvación por gracia y como expresión de fidelidad hacia Él. En ningún caso las leyes son un camino de salvación; por el contrario, la obediencia agradecida y espontánea es la expresión de amor a Dios en respuesta a la salvación que ha provisto y al privilegio de la relación de pacto con Él. La expectativa fundamental de Dios fue siempre una disposición de amor (compromiso por pacto) y temor que se demuestren mediante un comportamiento ético visible (Deut. 10:12–11:1).

Además de la narrativa historiográfica y de las normativas constitucionales, en el Pentateuco están representados otros géneros literarios. Estos incluyen los textos poéticos de la narración (que incluyen "la bendición de Jacob a sus hijos", Gén. 49:1-27; el "cántico de Moisés y de María" Ex. 15:1-18; "los oráculos de Balaam" Núm. 23:7-10,18-24, y 24:3-9,15-24; el "himno nacional" de Israel, Deut. 32:1-43, y "la bendición de Moisés a las tribus", Deut. 33:2-29; material estadístico (genealogías, Gén. 5; 10; 11:1-26; 25:1-4; 36; 46:8-27; Ex. 6:14-27; listas de registros militares, Núm. 1:1–3:51; 26:1-65; listas de botines, Núm. 31:32-47; itinerario de viaje, Núm. 33:1-49; descripciones de fronteras, Núm. 34:1-12, y listas personales, Núm. 34:16-29); dichos proverbiales (Gén. 2:23; 3:19; 10:9; Ex. 33:19); etiologías (explicaciones de los orígenes de prácticas o nombres, Gén. 2:25; 21:31 y 26:33 [Beersheba]; Ex. 2:10 [Moisés]; etc.), y documentos en forma de tratados o de pactos. El Decálogo se presenta como un documento completo del pacto con preámbulo, prólogo histórico y estipulaciones. Las formas del pacto también se extienden a Números y a Levítico (observar especialmente en cláusulas de maldiciones en Lev. 26), y en particular al libro de Deuteronomio, que aunque está formado por los discursos de despedida de Moisés, estos están dispuestos para reflejar las formas de los tratados hititas del antiguo Cercano Oriente (segundo milenio a.C.).

La importancia histórica de la narrativa del Pentateuco Antes del Siglo de las Luces no se cuestionaba la calidad histórica de las narrativas patriarcales y del éxodo. Sin embargo, esto cambió radicalmente en los siglos pasados. La primera víctima de la alta crítica de los eruditos fueron los primeros capítulos de Génesis. Como la creación en Gén. 1–3 aparentemente está en desacuerdo con algunas conclusiones científicas modernas, como los sucesos de Gén. 4–11 incluyen sucesos prehistóricos y preliterarios, y como textos como 2:7 y 6:1-8 describen a seres divinos y semidivinos que se relacionan directamente con los seres humanos, a estos textos se los interpreta como mitológicos, afines a los relatos babilónicos de la creación y el diluvio más que como registros históricos. La segunda víctima fueron los patriarcas. Como sus historias presentan cuadros idealizados de los antepasados de Israel y se mueven en una época preliteraria, se los descarta en gran parte por considerarlos una retrospectiva legendaria de un Israel posterior, creada para explicar la existencia y la unidad israelita. La tercera víctima fueron Moisés y el éxodo. Aunque hasta hace poco muchos eruditos de la alta crítica reconocían un núcleo histórico en las narrativas del éxodo (los recuerdos de un puñado de esclavos que escaparon de Egipto a Palestina), aun esta reducción ahora se rechaza como historicidad teológica. Que la arqueología no haya podido dar pruebas que convaliden los personajes o sucesos del Pentateuco se acepta como prueba de que nada de esto es verdad.

Sin embargo, el tema no es tan sencillo. Con respecto al registro arqueológico, aceptamos el axioma "La ausencia de evidencia no es evidencia de ausencia". Además, aunque resulte dudoso que la arqueología pueda probar que la Biblia es certera, los descubrimientos del siglo pasado nos permiten reconstruir modelos de vida y un "esqueleto" de la antigua historia del Cercano Oriente donde los sucesos descritos en el Pentateuco encajan perfectamente. En cuanto a la historicidad del éxodo, así como es imposible explicar la existencia de la iglesia sin hacer referencia a la encarnación y la resurrección histórica de Cristo, es también imposible explicar la existencia de Israel sin la dramática intervención de Dios a su favor, cuyo recuerdo subyace en todo el AT. Con respecto a las narrativas patriarcales, los autores de estos textos no consideraron que estaban escribiendo ficción. Basándose en antiguas historias transmitidas en forma oral o escrita, estas narraciones preservan la antigua memoria de la intervención de Dios en Su gracia a fin de dar bendición y vida a un mundo bajo la maldición de la muerte. Génesis 1:1–2:4a está compuesto con un estilo majestuoso y elegante, apropiado para un texto que iba a ser utilizado en la adoración, pero esto no significa que sea producto de la imaginación humana. Este texto no sólo celebra a Dios como Creador de todas las cosas sino además a la humanidad como el clímax de la creación divina. Los nexos genéricos, estilísticos y sustanciales entre los primeros capítulos de Génesis y las últimas narraciones, incluyendo Josué, Jueces, Samuel y Reyes, sugieren una línea histórica continua desde la creación del universo hasta el surgimiento y la caída de Israel.

Fecha y autoría del Pentateuco A pesar de que la tradición judía y la cristiana reconocen casi en forma unánime a Moisés como autor del Pentateuco, hay pocos temas relacionados con el AT que ahora se debatan tan acaloradamente, y son pocos aquellos en que el abismo sea tan grande entre los eruditos de la alta crítica y de los evangélicos. Muchos estudiosos conservadores continúan creyendo que Moisés escribió prácticamente todo el Pentateuco con su propia mano. Siempre que los estudiosos de la alta crítica reconozcan a Moisés como figura histórica, su participación, en principio, no queda excluida en la composición del Pentateuco, a menos que se le niegue la alfabetización. Sin embargo, a partir de mediados del siglo XIX d.C., en especial siguiendo a Julius Wellhausen, la mayoría de los eruditos de la alta crítica ha rechazado la idea de que Moisés haya tenido un rol significativo en el origen del Pentateuco.

El cuestionamiento comenzó inicialmente con dudas en cuanto a si Moisés había registrado su propia muerte y su funeral (Deut. 34), o si conocía un lugar al norte de Israel llamado Dan (Gén. 14:14; comp. Jos.19:47; Jue. 18:28b-29), o si se había referido a la conquista de Canaán como un hecho pasado (Deut. 2:12). Por consiguiente, algunos estudiosos desarrollaron una explicación alternativa para los orígenes del Pentateuco conocida como Hipótesis Documentaria. Según la forma clásica de la teoría, el Pentateuco es producto de una larga y compleja evolución literaria que incorpora específicamente al menos cuatro líneas literarias principales compuestas independientemente a lo largo de varios siglos y que no se combinaron tal como las conocemos sino hasta el tiempo de Esdras (siglo V a.C.). Estas fuentes se identifican como J, E, D y P. La J representa un documento del siglo IX a.C. (aprox. el 850) que se originó en Judá y se caracterizaba por su preferencia en el uso del nombre Yahvéh (Jehová). La fuente E prefirió el título divino Eloim y teóricamente se compuso en Israel en el siglo VIII a.C. La D representa Deuteronomio, supuestamente escrito alrededor del 621 a.C. para brindar apoyo a las reformas de Josías. El documento sacerdotal, P (por *priestly*, sacerdotal en inglés), se supone fue compuesto por sacerdotes (alrededor del 500 a.C.) que procuraban preservar su propia versión de la historia de Israel. Según la teoría, estas fuentes fueron recopiladas y combinadas a mitad del siglo V a.C. Nehemías 8 relata el momento en que Esdras lee por primera vez públicamente el Pentateuco como unidad. Como Josué describe el cumplimiento de las promesas de la tierra a los patriarcas, y debido a nexos estilísticos con Deuteronomio, Gerhard von Rad añadió Josué al cuerpo del Pentateuco y denominó a los seis libros Hexateuco.

Las variaciones de la Hipótesis Documentaria prevalecieron durante más de un siglo. Sin embargo, debido a avances en estudios literarios, actualmente el estado de los estudios sobre el Pentateuco es confuso, con nuevas teorías o modificaciones radicales que aparecen a menudo. Las nuevas teorías empujan las fechas para el origen del Pentateuco aún más adelante. Martin Noth creó el término Tetrateuco ("cuatro libros") argumentando que Deuteronomio fue compuesto originalmente como un prefacio teológico de la "Historia Deuteronomística" que consta de Josué, Jueces, 1–2 Samuel, y 1–2 Reyes. Sin embargo, muchos eruditos ahora marchan en dirección opuesta y reconocen más rasgos deuteronómicos en Génesis–Números. Debido al nexo entre Deuteronomio y la reforma de Josías, algunos afirman que las fuentes más antiguas subyacentes en el Pentateuco se compusieron en el siglo VI a.C., durante el exilio. Por lo general se reconoce que algunos de los "códigos" de leyes pueden ser más antiguos, pero como documentos literarios se dice que son más tardíos. R. N. Whybray sostuvo que el Pentateuco es una composición unitaria escrita en el siglo IV a.C., inspirada tal vez por las *Historias* griegas de Herodoto.

La apabullante variedad de teorías inspira poca confianza en la erudición crítica. Sin embargo, no se puede eludir que el Pentateuco nunca menciona específicamente a su autor. Como era común en el antiguo mundo semita, es anónimo. Por otra parte, la evidencia interna sugiere que Moisés llevaba un registro de las experiencias de Israel en el desierto (Ex. 17:14; 24:4,7; 34:27; Núm. 33:1,2; Deut. 31:9,11). Además, muchas declaraciones del AT le acreditan el Pentateuco a Moisés (ver Jos. 1:8; 8:31,32; 1 Rey. 2:3; 2 Rey. 14:6; Esd. 6:18; Neh. 13:1; Dan. 9:11-13; Mal. 4:4), y el NT identifica a la Torá de manera muy estrecha con él (Mat. 19:8; Juan 5:46,47; 7:19; Hech.3:22; Rom. 10:5). Una serie de características adicionales dentro del texto señalan una fecha anterior para su composición: (1) las formas de los nombres y muchas de las acciones de los patriarcas adquieren mejor sentido en el entorno del segundo milenio a.C.; (2) las narraciones sugieren un conocimiento total de Egipto; (3) los préstamos lingüísticos egipcios aparecen con mayor frecuencia en el Pentateuco que en cualquier otro lugar del AT; (4) el nombre mismo de Moisés sugiere una procedencia egipcia para la historia; (5) el punto de vista general de la narrativa es ajeno a Canaán; (6) las estaciones son egipcias; la flora y la fauna son egipcias y sinaíticas; (7) en algunos casos, la geografía refleja un punto de vista extranjero (por ej. el comentario de Gén. 33:18, "la ciudad de Siquem, que está en la tierra de Canaán", es poco probable que se produzca después del exilio porque, para ese entonces, Israel ya había estado en la tierra durante 900 años); (8) arcaísmos en el lenguaje (como el uso del pronombre de tercera persona singular *hi* para ambos géneros). Todo indica una fecha más temprana.

Moisés bien pudo haber escrito por sí mismo la mayor parte del Pentateuco. Al haber sido criado en la corte de Faraón y haber recibido el nuevo alfabeto de 22 letras, no se debería desestimar la capacitación literaria de Moisés para escribir.

Es poco probable que todas estas consideraciones establezcan que Moisés escribió todo el Pentateuco tal como lo tenemos hoy. Es dudoso que haya escrito el relato de su muerte en Deut. 34. Con frecuencia, el texto proporciona notas explicativas que actualizaban los hechos para una audiencia posterior (por ej. "Esaú, es decir, Edom", Gén. 36:1; los habitantes nativos de Transjordania, Deut. 2:10-12). Además, la forma de caligrafía cursiva cananea que probablemente usó Moisés, todavía se encontraba en pañales y fue reemplazada por la caligrafía cuadrada aramea en el período postexílico, y las vocales se añadieron en el milenio siguiente. Las cualidades arcaicas de los poemas (Gén. 49; Ex. 15; etc.) en contraste con la narrativa circundante sugieren que esta última posiblemente haya sido actualizada periódicamente de acuerdo con la evolución del idioma hebreo. Esto puede explicar por qué la gramática y la sintaxis de Deuteronomio en su forma presente se parecen tanto a la de Jeremías, que vivió mucho después de Moisés. Al mismo tiempo, Moisés pudo haber utilizado un escriba o secretario.

No existe razón para dudar que Moisés haya escrito los discursos que pronunció (Deut. 31:9-13), ni que cuando bajó del Monte Sinaí haya hecho arreglos para la transcripción de la revelación que había recibido en el monte, sin descartar que él la haya escrito en su totalidad. También es posible que haya autorizado la composición escrita de muchas historias y genealogías de los patriarcas que se habían transmitido oralmente o en forma escrita rudimentaria. De la misma manera que las piezas del tabernáculo fueron construidas y tejidas por artesanos habilidosos y finalmente Moisés las armó (Ex. 35–40), artesanos literarios tal vez compusieron ciertas partes del Pentateuco, las entregaron a Moisés para que las supervisara, y él las aprobó. Sólo podemos especular en cuanto al momento exacto en que el Pentateuco adoptó la forma definitiva (Deuteronomio sugiere un momento posterior a la muerte de Moisés), pero parece probable que para cuando David organizó la adoración en el templo, los contenidos de la Torá ya estaban unidos. El Pentateuco es fundamental y sustancialmente mosaico, y los israelitas posteriores lo aceptaron como un documento que tenía toda la fuerza de su autoridad.

El Pentateuco era la Torá que los sacerdotes debían enseñar y de la que debían ser modelos (Deut. 33:10; 2 Crón. 15:3; 19:8; Mal. 2:6,9; comp. Jer. 18:18; Ezeq. 7:26; Esd. 7:10); lo que los salmistas elogiaron (Sal. 19:7-14; 119; etc.), a lo que apelaron los profetas (Isa. 1:10; 5:24; 8:20; 30:9; 51:7); la base sobre la cual gobernaron reyes fieles (1 Rey. 2:2-4; 2 Rey. 14:6; 22:11; 23:25), y vivieron los justos (Sal. 1). Ver *Autoridad, autoridad divina; Inspiración de las Escrituras; Revelación de Dios.* *Daniel I. Block*

PENTATEUCO SAMARITANO Canon o "Biblia" de los samaritanos, que reconocen la Torá como revelación de Dios a Moisés en el Monte Sinaí y descartan el resto de la Biblia hebrea. Los samaritanos se consideraban verdaderos herederos (en oposición a la tribu de Judá) de la tradición mosaica. Sus Escrituras incluyen desde Génesis hasta Deuteronomio, sumado a muchas lecturas alternativas del texto masorético o del hebreo que actualmente utilizan los eruditos. Ver *Biblia, Textos y versiones; Samaria, samaritanos.*

PENTECOSTÉS Una de las tres fiestas judías principales, llamada también fiesta de las semanas. "Pentecostés" deriva del término griego que significa "cincuenta", y tiene lugar en el mes de Siván (mayo/junio), 50 días después de la Pascua, y celebra el final de la cosecha de granos. El Pentecostés que siguió a la muerte y la resurrección de Jesús fue cuando se derramó el Espíritu Santo sobre los creyentes en Jerusalén.

Estos se encontraban juntos celebrando Pentecostés cuando, de repente, sonidos y visiones fuera de lo común marcaron un suceso que tendría repercusiones de largo alcance. Oyeron "un estruendo como de un viento recio que soplaba" (Hech. 2:2). Vieron lenguas de fuego que se posaban sobre los creyentes y cada uno se podía comunicar en idiomas que nunca antes había hablado. Podían hablar con peregrinos judíos de distintos idiomas de todo el mundo mediterráneo.

Este fenómeno llamó la atención de los fieles judíos reunidos en Jerusalén. Muchos pensaron que los discípulos estaban ebrios, pero Simón Pedro señaló que era una hora demasiado temprana del día como para que la gente estuviera en esa condición. Aprovechó entonces esta oportunidad fuera de lo común para proclamar que este suceso cumplía la profecía de Joel de que Dios derramaría Su Espíritu sobre todas las personas. Relacionó el don del Espíritu Santo con la vida, la muerte, la resurrección y la ascensión de Jesús.

El mensaje de Pedro se abrió paso hacia los corazones de más de 3000 personas que respondieron arrepintiéndose y bautizándose en el nombre de Jesús y recibiendo el don del Espíritu Santo. Ver *Espíritu; Fiestas.* *Steve Bond*

PENUEL o PENIEL Nombre que significa "rostro de Dios". **1.** Descendiente de Judá y fundador (padre) de Gedor (1 Crón. 4:4). **2.** Benjamita (1 Crón. 8:25). **3.** Sitio en el Río Jaboc al noreste de Sucot, donde Jacob luchó con el ángel (Gén. 32:24-32; comp. Os 12:4). La ciudad fue destruida por Gedeón porque sus habitantes le negaron provisiones mientras perseguía a los madianitas (Jue. 8:8,9,17). Jeroboam I la construyó o tal vez la reconstruyó o fortificó (1 Rey. 12:25). Al lugar se lo identifica con uno (el ubicado más al este) de dos montículos llamados Tulul ed-Dhahab, que domina la entrada al Valle del Jordán desde la garganta de Jaboc, a unos 11 km (7 millas) al este del Jordán.

PEOR Nombre que tal vez signifique "abertura". **1.** Monte de Moab frente al Desierto de Judá. Balac llevó a Balaam a ese lugar para maldecir el campamento de los israelitas que se veía desde allí (Núm. 23:28; 24:2). **2.** Forma abreviada de Baal-Peor (señor de Peor), un dios al que los israelitas fueron inducidos a adorar (Núm. 25:18; 31:16; Jos. 22:17). Ver *Baal-peor.*

PERAZIM Ver *Baal-Perazim.*

PERDICIÓN Estado eterno de muerte, destrucción, aniquilación o ruina.

Antiguo Testamento La familia de palabras de la que deriva perdición se relaciona por lo general con un estado de destrucción física más que moral o religiosa. La perdición se presenta en contraste con la bendición de Dios. Es el castigo por la desobediencia (Deut. 22:24; 28:20). A veces, el AT relaciona este término con el concepto de Seol (2 Sam. 22:5; Sal. 18:4).

Nuevo Testamento La suerte de todo el que no se arrepiente. El camino que lleva a esta destrucción es ancho en comparación con el sendero estrecho que lleva a la vida (Mat. 7:13). Perdición, tal como se usa en el NT, no transmite la idea de simple extinción o aniquilación. Dentro del contexto de la eternidad, los escritores del evangelio la usaron para referirse al estado eterno de muerte y juicio. Con la misma certeza que la salvación expresa la idea de vida eterna, la perdición designa una eternidad de destrucción sin esperanza. La frase "hijo de perdición" describe a la persona que ha caído víctima de esta destrucción (comp. Judas en Juan 17:12). El "hijo de pecado" está condenado a la perdición (2 Tes. 2:3). Una forma de esta palabra se usa en Apoc.9:11 para describir al enemigo definitivo de Dios: Abadón, Apolión. Ver *Castigo eterno; Diablo; Infierno; Muerte; Seol; Vida eterna.* *Ken Massey*

PÉRDIDA DEL EMPLEO Las declaraciones de la Biblia relacionadas con la providencia de Dios en tiempos de dificultad se aplican directamente a las dificultades personales que resultan de las pérdidas corporativas y financieras. El registro bíblico es prueba amplia de que nadie está exento de problemas (Job 5:7; Sal. 40:12).

Job experimentó más pérdidas que tal vez cualquier otra persona antes o después de él (Job 1:13-19). Si bien Job al parecer nunca entendió las razones de su desgracia (Job 42:1-6), Dios finalmente restauró tanto su riqueza como su posición (Job 42:10-17).

El apóstol Pablo aprendió "el secreto de estar satisfecho ... tanto en la pobreza, como en la abundancia"(Fil. 4:12 NVI). Entendió que si bien las circunstancias a menudo están fuera de nuestro control, nada está más allá del poder de Dios, quien cuida hasta de la parte más pequeña de Su creación (Sal. 24:1; Mat. 6:25-33). Por esta razón, Dios contesta a los que esperan en Él (Sal. 40:1). *Paul H. Wright*

PERDIZ Ave robusta de tamaño mediano y plumaje abigarrado. David comparó su vida como fugitivo de Saúl con la de una perdiz perseguida para cazarla (1 Sam. 26:20). La traducción del proverbio de la perdiz (Jer. 17:11) es difícil; el hebreo es extremadamente escueto y uno de los verbos tiene significado incierto (empollar, reunir o poner [huevos]). Varias traducciones entienden la acción de las siguientes maneras: una perdiz que cubre los huevos que no puso (RVR1960); una perdiz que incuba lo que no ha puesto (LBLA); una perdiz que empolla huevos ajenos (NVI). La interpretación de la RVR1960 y de LBLA es un cuadro adecuado de riquezas que no llegan a nada. En otras interpretaciones, la perdiz que roba huevos o polluelos no es menos afortunada que cualquier ave cuyos polluelos crecen y abandonan el nido.

PERDÓN Término que indica la disculpa por una ofensa o falta; la condonación del pago de una deuda.

Terminología Los dos términos principales para perdón en hebreo son *nasa'*, "quitar (el pecado)" y *salach*, "perdonar". En este último caso Dios siempre es el sujeto de la acción. La LXX extiende el vocabulario del perdón en el AT a 20 términos. El NT expresa perdón mediante un grupo selecto de palabras, especialmente *aphiemi*.

Antiguo Testamento En los comienzos del pueblo de Israel, a Dios se lo caracteriza como un Dios que perdona pero que a la vez hace responsable al culpable (Ex. 34:7, comp. con Neh. 9:17). Él es la fuente del perdón para Israel en el Sinaí (Ex. 32:32; 34:9). Provee perdón por el pecado mediante el sistema de sacrificios (Lev. 4:20,26,28,31; 5:10,13,16,18; 6:7; 19:22). En su oración de dedicación del templo, Salomón confía en que Dios perdonará al arrepentido. Utiliza la fórmula "Oye, pues, ... y perdonarás", y establece la soberanía y la voluntad de Dios para perdonar. El perdón de Dios está dirigido inicialmente al pueblo de Su pacto para sustentar ese pacto a través de ellos. No obstante, los que no pertenecen a Su pueblo también pueden convertirse en objeto del perdón misericordioso de Dios (1 Rey. 8:41-43; comp. 2 Crón. 6:32-33). Tanto en el relato de 1 Reyes como en el de 2 Crónicas, el perdón está ligado al entorno del culto. De esa manera, el perdón es el vehículo por el cual Dios reasigna las bendiciones de Su pacto de gracia.

Los profetas le ofrecen a Israel este mismo pacto de gracia si el pueblo se arrepiente de su arrogancia en cuanto a la gracia y la elección divina. Las injusticias sociales que surgen con frecuencia son resultado de la indiferencia de Israel hacia el pacto de Dios, y son el blanco de Su ira divina (Amós 2:6). Antes de poder acceder al perdón, Israel debe arrepentirse de los pecados que profanan el pacto (y la tierra), tales como idolatría, derramamiento de sangre y pecados sexuales.

Los Salmos revelan que el Dios de Israel es Dios de la Torá. No permite que el culpable quede sin castigo, pero también es un Dios perdonador. En particular, el salmista se da cuanta de que Dios es la única fuente de perdón (Sal. 19:12; 25:11; 32:5; 65:3; 78:38). Esta confianza en Dios lo lleva a cantar himnos de alabanza al Señor (Sal. 136).

Nuevo Testamento El perdón es una idea fundamental en la teología del NT. El bautismo de Juan era para arrepentimiento y perdón de pecados (Mar. 1:4; Luc. 1:76-77). La idea aparece en la confesión sobre el destino del niño Jesús (Mat. 1:21; Heb. 10:11-12; Lev. 16; 17:11). Jesús pone mucho énfasis en el perdón horizontal (de persona a persona). En Mat. 18:21-35, la parábola del esclavo que no quiso perdonar se describe en el marco de la exigencia divina de perdonar. En el modelo de oración de Jesús, el perdón que recibe la persona depende del perdón que es capaz de dar a quienes lo ofenden. Jesús distingue Su ministerio como uno en que el perdón se le otorga a los pecadores por medio de Su sangre (Mat. 26:28).

Sólo en pocas ocasiones Pablo habla sobre el perdón usando la terminología mencionada anteriormente. Prefiere exponer el concepto bajo la idea de justicia. No obstante, define el perdón como la condición fundamental para la comunión cristiana (2 Cor. 2:7-10). Se refiere a la redención como "el perdón de pecados" (Col. 1:14). Debido a que los cristianos han sido redimidos, están obligados a perdonar como ellos fueron perdonados (Col. 3:13).

¿Perdón garantizado? La idea de que la tarea de Dios es perdonar y consecuentemente el perdón está asegurado para todo aquel que lo pida, sin importar la intención, carece de base bíblica. Dios estableció el sistema de sacrificios para disolución de la impureza ritual y perdón de la impureza espiritual. Sin embargo, para "el que peque deliberadamente" no hay perdón de pecados por medio del sacrificio (Núm. 15:30-36 NVI). La ilustración que se usa en Números es un joven que quebranta el día de reposo. Su juicio se aplica al instante. Este pecado desafiante se trata de manera diferente en otros casos (Jos. 7; 1 Sam. 12, comp. Sal. 51), de modo que sería desacertado decir que no hay perdón. Pero existe un grave riesgo de juicio inmediato e irrevocable.

El NT también habla de un pecado que no será perdonado (Mar. 3:29; Luc. 12:10). Posiblemente, el pecado de calificar indignamente como demoníaco al espíritu de Jesús, a quien Él identifica como el Espíritu Santo, revela el deseo de envilecer a Dios y negarle soberanía. *Jeff Mooney*

PEREA Distrito romano en Transjordania que se convirtió en parte del reino de Herodes el Grande. La capital era Gadara, donde Jesús le echó fuera demonios a un hombre. (En la nota al pie de Mat. 8:28, la NVI agrega la traducción más moderna que sigue a otros mss que dicen "gerasenos".). Otros sitios importantes de la provincia eran la fortaleza de Macaerus, donde Juan el Bautista fue decapitado, y Pella, donde huyeron los cristianos de Jerusalén justo antes de que Roma destruyera la ciudad santa en el 66 d.C. Perea era el área a través de la cual viajaban los judíos para evitar pasar por Samaria. Aunque en el NT no se la menciona por nombre, en varios textos se alude a esa región como "Judea, al otro lado del Jordán" (Mat. 19:1; Mar. 10:1). Ver *Gadareno; Macaerus; Pella; Transjordania.*

PEREGRINACIÓN Travesía, en especial una caminata religiosa hasta un sitio donde Dios se haya revelado en el pasado. La LBLA usa "peregrinación" en el sentido no técnico de travesía (Ex. 6:4). También lo usa en sentido figurativo para la travesía de la vida (Gén. 47:9; Sal. 119:54). En la historia primitiva de Israel, muchos santuarios locales eran objetivos de los peregrinajes religiosos: Bet-el (Gén. 28:10-22; 31:13; 35:9-15; Amós 4:4; 5:5); Gilgal (Jos. 4:19-24; Os. 4:15; Amós 4:4; 5:5); Silo (1 Sam. 1:3,19); Beerseba (Amós 5:5; 8:14); Gabaón (1 Rey. 3:3-5); incluso Horeb (1 Rey. 19:8). Jerusalén no fue meta de peregrinaciones religiosas hasta que David reubicó el arca en ese lugar (2 Sam. 6:12-19). Las reformas de Ezequías y Josías procuraron destruir los lugares paganos de peregrinaje y de idolatría (2 Rey. 18:4; 23:8) e hicieron de Jerusalén el centro exclusivo de peregrinación. La ley mosaica requería que los israelitas adultos se presentaran ante el Señor (donde descansaba el arca del pacto) tres veces al año (Ex. 23:14-17; 34:18-23; Deut. 16:16). Multitudes de peregrinos (Sal. 42:4; 55:14; Luc. 2:44) cantaban mientras iban camino a Jerusalén (Isa. 30:29). Es probable que los cánticos graduales (Sal. 24; 84; 118; 120–134) se entonaran mientras los peregrinos subían la cuesta hacia el templo, que estaba sobre un monte en Jerusalén. Los profetas condenaron la celebración de las peregrinaciones y las fiestas religiosas cuando no iban acompañadas por una genuina devoción al Señor expresada en vidas rectas (Isa. 1:12,13; Amós 4:4,5; 5:5,6,21-24).

El NT fue testigo de la continua popularidad de la peregrinación a Jerusalén (Mat. 21:8-11; Luc. 2:41; Juan 2:13; 5:1; 7:2,10; 12:12,20; Hech. 2:5-10; 20:16). *Chris Church*

PEREGRINACIÓN EN EL DESIERTO Traslado de Israel desde Egipto hasta la tierra prometida bajo la dirección de Moisés, incluyendo el nombre de los lugares a lo largo del trayecto. Una reconstrucción del peregrinaje de los israelitas es más compleja de lo que inicialmente podría indicar una lectura superficial del relato bíblico. "Peregrinación" es ese difícil período de la historia de Israel entre la partida de la región de esclavitud egipcia en la tierra de Gosén, y la llegada al Valle del Jordán para reclamar la antigua herencia de la tierra prometida (Ex. 12:31–Núm. 33:49). La secuencia de ese prolongado evento se complica debido a la naturaleza de la información bíblica.

El itinerario desde la frontera de Egipto hasta el oasis de Cades-barnea es relativamente claro. Sólo eran factibles tres rutas comerciales a través de la región norte del Sinaí para el traslado de un contingente tan numeroso de personas y animales. Las decisiones tomadas en Egipto durante las primeras etapas de la migración reducen estas opciones a una sola. No se tomó la ruta más corta y más al norte a lo largo del Mediterráneo a causa de posibles enfrentamientos con la milicia egipcia encargada de vigilar los fuertes de los oasis o que regresaba de incursiones regulares y punitivas en Canaán (Ex. 13:17). Una segunda ruta relativamente directa hacia Cades-barnea parece haberse evitado según el plan divino cuando se acercaron a la frontera de Etam y luego recibieron instrucciones para regresar a la situación aparentemente imposible "junto al mar", donde Dios los libró milagrosamente de las fuerzas del faraón (Ex. 13:20–14:2). Esta ruta se identifica con Mara (15:23), Elim (15:27), el Desierto de Sin (16:1), Refidim (17:1), el Desierto de Sinaí (18:5; 19:1), Sinaí (19:2), el Desierto de Parán (Núm. 10:12), Tabera (11:3) o Kibrot-hataava (tumbas de los codiciosos, 11:34), Hazerot ("corrales", 11:35; 12:16) donde la mención de corrales para el ganado y una serie de eventos sugieren una estadía prolongada, y finalmente, Cades (Núm. 20:1). Una referencia posterior a la distancia entre el Monte Sinaí (Horeb) y Cades-barnea (Deut. 1:2) parece sugerir que el itinerario inicial los condujo básicamente a lo largo de la ruta comercial principal que utilizaban los amalecitas entre la moderna Suez en el extremo norte del Golfo de Suez, y el Golfo de Aqaba (Elat y Ezión-geber), y luego en dirección norte por el extenso conjunto de oasis de Cades, que durante los 38 años siguientes se convertiría en su centro tribal y el sitio de ubicación del tabernáculo.

La respuesta negativa a una encuesta realizada inmediatamente después del informe de los espías dio como resultado 38 años más en el Desierto de Sinaí. Cuando esta generación del ejército murió, el campamento de Israel se volvió a movilizar para atacar Canaán. El pedido del pueblo para pasar por territorio edomita y continuar atravesando Moab a lo largo del Camino Real para llegar al Valle del Jordán frente a Jericó, fue resistido por una demostración de poderío militar por parte del rey de Edom. El rey de Arad detuvo el intento de entrar a Canaán desde el sur, y fue así que un desvío muy difícil en dirección sur hasta la cabecera del Golfo de Aqaba y hacia el noreste rodeando las tierras edomitas y moabitas (Núm. 20:14; Deut. 2) los llevó finalmente al Monte Nebo, que mira hacia el Valle del Jordán al norte del Mar Muerto.

Este itinerario se complica con la enumeración de una extensa lista de nombres de lugares (Núm. 33) relacionados con el éxodo y el peregrinaje que incluye muchos sitios más que aparentemente formaron parte de este prolongado suceso. Es evidente que muchos de estos lugares se pueden relacionar naturalmente con los 38 años de peregrinación. Es más importante aún que Núm. 33 indique que el itinerario israelita desde Egipto hasta el Valle del Jordán ciertamente incluyó el paso a través del territorio edomita y moabita por el Camino Real. Esta ruta no se puede asociar con el éxodo encabezado por Moisés y Josué debido a las declaraciones específicas de Núm. 20–21. Por lo tanto, muchos eruditos entienden que Núm. 33 es una recopilación combinada de nombres de lugares relacionados con la infiltración premosaica desde Egipto a Canaán a través del Camino Real, del lugar correspondiente a la segunda ruta alrededor del territorio edomita-moabita que siguió el contingente liderado por Moisés y Josué, y de todos aquellos sitios que los israelitas visitaron durante esos 38 años de castigo peregrinando en el desierto cuando, al igual que los nómadas de toda generación, buscaban agua y pasturas para sus rebaños en ese ambiente árido y hostil de Sinaí. Ver *Éxodo; Cades-barnea; Moisés; Sinaí.*

George L. Kelm

PERES Nombre de persona que significa "separado". Descendiente de Manasés (1 Crón. 7:16).

PEREZA Falta de acción para ganarse la vida; depender del trabajo y la generosidad de los demás para el sustento. Las Escrituras distinguen entre los que no están dispuestos a trabajar y tampoco deberían comer (2 Tes. 3:10), y los que son incapaces de ganarse la vida (por ej. "en verdad" viudas, 1 Tim. 5:9-16), de quienes la comunidad de la fe es responsable. La literatura sapiencial hebrea con frecuencia condenaba la pereza como causa de hambre (Prov. 19:15), de pobreza (Prov. 10:4 "negligente"), y de una casa inadecuada (Ecl. 10:18). Según la sabiduría hebrea, la mujer ideal "no es fruto del ocio" (Prov. 31:27 NVI) sino diligente, trabajadora, y colabora para suplir las necesidades financieras de su familia (Prov. 31:16,24). En el NT, Pablo hizo que prestaran atención a su ejemplo de ministro con dos vocaciones de trabajo, a fin de estimular a los creyentes tesalonicenses para que trabajaran con ahínco (2 Tes. 3:7-8). Aunque las Escrituras continuamente condenan la pereza "voluntaria", también es consciente de realidades económicas donde algunos trabajadores dispuestos permanecen ociosos porque nadie los contrata (Mat. 20:6-7). Asimismo, el testimonio bíblico no considera la pereza como causa de toda pobreza. Cierta clase de pobreza es resultado de que el rico se niega a pagar el jornal a los obreros pobres (Lev. 19:13; Jer. 22:13; Sant. 5:4).

PEREZOSO, INDOLENTE Persona floja, indisciplinada. El término hebreo puede referirse a un arco sin tensar o que no está equipado con una flecha para la acción (Sal. 78:57; Os. 7:16). La misma raíz hebrea, o una relacionada, se refiere a una lengua o una mente engañosa (Job 13:7; 27:4; Sal. 32:2; 52:4; Miq. 6:12). La persona perezosa no es capaz de ser líder sino que se sujeta a las reglas de otro (Prov. 12:24; comp. 10:4; 19:15). No se debe hacer la obra de Dios con ese espíritu (Jer. 48:10). Un segundo término hebreo alude a aquello que es difícil, pesado o con obstáculos, e indica pereza o negligencia indolente. La miembros de la tribu de Dan fueron instados a tomar nuevo territorio y no ser perezosos ni reticentes (Jue. 18:9). La hormiga, sabia y trabajadora, ilustra la actitud contraria a la pereza (Prov. 6:6), mientras que el perezoso sólo quiere dormir (Prov. 6:9; comp. Prov. 10:26; 13:4; 15:19; 19:24; 20:4; 21:25; 22:13; 24:30; 26:16). La mujer virtuosa es lo opuesto a la pereza y no tiene que cargar con las consecuencias del ocio perezoso (Prov. 31:27). Eclesiastés 10:18 dice: "Por la pereza se cae la techumbre, y por la flojedad de las manos se llueve la casa". Jesús condenó al siervo malo y negligente (Mat. 25:26) pero elogió y premió al "buen siervo y fiel" (Mat. 25:23). Ver *Ética*.

PÉREZ-UZA Nombre geográfico que significa "brecha de Uza". Sitio de la era de Nacón (o Quidón) al oeste de Jerusalén sobre el camino de Quiriat-jearim, donde la ira del Señor se desató contra Uza, quien tocó el arca para estabilizarla (2 Sam. 6:8; 1 Crón. 13:11). El lugar tal vez sea Khirbet el-Uz, unos 3 km (2 millas) al este de Quiriat-jearim.

PERFECTO Cabal o completo; también se refiere a "maduro". A lo largo de la Biblia, en especial en el AT, se hace referencia a Dios como un ser "perfecto" (Sal. 18:32). Es completo y no le falta nada. Además, los "caminos" de Dios son perfectos, lo cual implica que Él no sólo es perfecto en esencia sino que es perfecto en Sus acciones (2 Sam. 22:31). También se describe a la ley de Dios como perfecta, indicativo de que es completa y capaz de lograr su propósito (Sal. 19:7). En el NT, Santiago recordó a sus lectores que "toda buena dádiva y todo don perfecto" se originan en Dios (Sant. 1:17). Por lo tanto, Él también se convierte en la fuente de todo lo que es "perfecto" dentro de este mundo.

Dios, en Su perfección, desea asimismo que Sus hijos sean "perfectos". En el Sermón del Monte, Jesús ordenó, "Sed, pues, vosotros perfectos, como vuestro Padre que está en los cielos es perfecto" (Mat. 5:48). La perfección que se exige de los cristianos es un estado en el que sean maduros o cabales espiritualmente. Jesús ordenaba a Sus seguidores que se esforzaran para alcanzar en su vida un estado de semejanza a Dios moral y espiritual. Específicamente, alentaba a Sus discípulos a amar a los enemigos de la misma manera que Dios los amaba a ellos. Al hacerlo, demostrarían la perfección o la madurez que Él deseaba. Debido al pecado en el mundo, los creyentes recién alcanzarán la verdadera perfección en el cielo, pero las exhortaciones en la Escritura animan a todos a continuar luchando hacia esa meta en la vida.

La travesía hacia la perfección no es un logro individual. En primer lugar, y por sobre todo, es un don de Dios. Isaías les recordó a sus lectores que Dios es el que provee "perfecta paz" a aquellos que permanecen consagrados a Él (Isa. 26:3). Además, entendía la necesidad de trabajar juntos hacia la perfección cuando afirmó que la meta de su ministerio era poder "presentar a todo hombre perfecto" (Col. 1:28; LBLA, completo). Por lo tanto, se les recuerda a todos los cristianos que la meta es ayudarse mutuamente para alcanzar la madurez como Pablo se esforzó para lograrlo en su ministerio. Ver *Santo*. *Thomas Strong*

PERFUME, PERFUMADOR Éste término se encuentra en pasajes como Ex. 30:25,35; 37:29; 2 Crón. 16:14; Neh. 3:8; Ecl. 10:1. Los perfumes mencionados en la Biblia incluyen áloes, alheña, aroma, azafrán, balsameras (o bálsamos), bedelio, cálamo (o caña dulce o fragmentada), canela (o casia), estacte, gálbano, incienso, mirra, nardo y uña aromática. Ver *Aceite; Cosméticos; Ocupaciones y profesiones; Ungüento*.

PERGAMINO Ver *Papel, papiro*.

P Q

Parte del teatro romano ubicado en la antigua Pérgamo.

Gran cisterna con columna en el centro, en la antigua Pérgamo.

PÉRGAMO Nombre geográfico que significa "ciudadela" (Apoc. 1:11; 2:12). Una ciudad antigua y rica del distrito de Misia en Asia Menor. Ver *Asia menor, Ciudades de.*

PERGE Antigua ciudad en la provincia de Panfilia a unos 13 km (8 millas) del Mar Mediterráneo. El asentamiento en Perge data de la prehistoria. Alejandro Magno pasó por la ciudad durante sus campañas y usó guías de ese lugar. Una de las construcciones prominentes era un templo a Artemisa. Pablo, Bernabé y Juan Marcos fueron a Perge desde Pafos (Hech. 13:13). Allí, el joven Juan decidió regresar a su casa.

PERIDA Nombre de persona que significa "único" o "separado". Jefe de una familia de sirvientes de Salomón, algunos de los cuales regresaron del exilio (Neh. 7:57; comp. Peruda, Esd. 2:55).

PERJURIO Declaración falsa hecha voluntariamente bajo juramento. Implica tanto falso testimonio con respecto a hechos pasados como despreocupación por lo que se ha jurado previamente. La ley mosaica prohibía el falso juramento (Lev. 19:12; Ex. 20:7) y el falso testimonio (Ex. 20:16). Este último se castigaba con la sentencia que hubiera correspondido al acusado falsamente de culpa (Deut. 19:16-21).

El templo de Atenea en Pérgamo.

Relieves tallados encontrados entre la ruinas del estadio en la antigua ciudad de Perge.

Cuando se prometía o juraba realizar un acto, este se debía cumplir (Núm. 30:2). Ver *Juramentos.*

PERLAS Ver *Joyas, alhajas; Minerales y metales.*

PERRO Considerado impuro, a menudo se trataba de un animal salvaje y carroñero que andaba en jauría (Sal. 22:16-21; 59:6), aunque a veces era conservado como animal doméstico. Los perros servían como guardianes para las manadas (Isa. 56:10; Job 30:1) y la vivienda (Ex. 11:7). Algunos eran entrenados para la caza (Sal. 22:16), aunque otros eran perros vagabundos (Ex. 22:31; 1 Rey. 14:11).

Metafóricamente, "perro" era un término de menosprecio (1 Sam. 17:43) y de desprecio personal (1 Sam. 24:14). El término además puede referirse a un varón que se dedicaba a la prostitución (Deut. 23:18), si bien el significado exacto del "precio de un perro" está en disputa. El término "perro" también era una designación para los malvados (Isa. 56:10-11). El profeta insultó a los sacerdotes diciendo que sus sacrificios no eran mejores que romperle el cuello a un perro y sacrificarlo (Isa. 66:3). Esto significa que los sacrificios no eran necesarios en la nueva era y que los sacerdotes habían descuidado su tarea principal, discernir la voluntad de Dios.

Jesús utilizó la figura de los perros para enseñarle a la gente a ser sagaces cuando decidieran a quiénes enseñar (Mat. 7:6). En Mar. 7:27, Jesús probablemente se estaba refiriendo a los perros pequeños que la gente mantenía como mascotas. Los judíos despectivamente llamaban "perros" a los gentiles. Pablo insultó a sus opositores judaizantes llamándolos perros (Fil. 3:2; comp. 2 Ped. 2:22; Apoc. 22:15).

PERSECUCIÓN Acoso y sufrimiento que personas e instituciones infligen a otros por ser

La puerta helénica sur de la antigua ciudad de Perge de Panfilia (actualmente Turquía).

diferentes en la fe, cosmovisión, cultura o raza. La persecución procura intimidar, silenciar, castigar e incluso matar a la gente.

Antiguo Testamento Israel fue el agente de persecución de otras naciones (Jue. 2:11-23; Lev. 26:7,8). La Biblia presta especial atención a la suerte de Israel en Egipto (Ex. 1–3) y en el exilio (Sal. 137). A nivel individual, Saúl persiguió a David (1 Sam. 19:9-12), y Sadrac, Mesac y Abednego fueron perseguidos porque se negaron a adorar la imagen del rey (Dan. 3). Jezabel persiguió a los profetas del Señor, y el profeta Elías persiguió y mató a los profetas de Baal (1 Rey. 18). Job se sintió perseguido por Dios mismo (7:11-21). Los profetas Amós (7:10-12), Jeremías (Jer. 1:19; 15:15; 37–38) y Urías (Jer. 26:20-23) sufrieron persecución porque ponían en práctica la voluntad de Dios en circunstancias adversas. Los Salmos hablan de los justos que sufren y se sienten perseguidos como resultado de la fe en Dios, y oran a Dios para que los libere (7; 35; 37; 79; 119:84-87).

Período intertestamentario Esta era fue testigo del intento coordinado de procurar que el pueblo judío renunciara a su fe en Dios. En este conflicto, la persecución tuvo lugar de ambas partes (1 y 2 Macabeos). Ver *Intertestamentaria, Historia y literatura.*

Nuevo Testamento Jesús fue perseguido hasta la muerte por las clases dirigentes políticas y religiosas de Su época (Mar. 3:6; Luc. 4:29; Juan 5:16; Hech. 3:13-15; 7:52; historias de la pasión). Él puso en práctica la pasión liberadora de Dios (Luc. 4:16-29) y entró en conflicto con las instituciones religiosas por sanar en el día de reposo (Mar. 3:1-6), por criticar las actividades del templo (Mar. 11:15-18) y también la ley (Mat. 5:21-48).

Jesús pronunció la salvación de Dios sobre los perseguidos por causa de la justicia (Mat. 5:10-12). En un mundo perverso, los discípulos deben esperar persecución (Mat. 10:16-23), tal como en el caso de los profetas del AT (Mat. 5:12; Heb. 11:32-38). Pablo (1 Cor. 4:11-13; 2 Cor. 4:8-12; 6:4-10; 11:24-27; Gál. 5:11; 1 Tes. 2:2; 3:4; Hech. 17:5-10; 18:12-17; 21:30-36; 23:12-35), al igual que Esteban (Hech. 6:8–7:60), Santiago (Hech. 12:2) y Pedro (Hech. 12:3-5), junto con muchos mártires anónimos, experimentaron lo dicho por Jesús: "Si a mí me han perseguido, también a vosotros os perseguirán" (Juan 15:20; Hech. 4:3; 5:17-42; 8:1; 12:1; Apoc. 2:3,9,10,13,19; 3:8-10; 6:9; 16:6; 17:6; 18:24; 20:4).

Epístolas y libros enteros como 1 Pedro, Hebreos y Apocalipsis se escribieron para animar a los cristianos frente a la persecución (1 Ped. 3:13-18; 4:12-19; 5:6-14; Heb. 10:32-39; 12:3; Apoc. 2–3). Surgió entonces una suerte de teología de la persecución que enfatizó la paciencia, la entereza y la perseverancia (Rom. 12:12; 1 Tes. 2:14-16; Sant. 5:7-11); la oración (Mat. 5:44; Rom. 12:14; 1 Cor. 4:12); la acción de gracias (2 Tes. 1:4); las pruebas (Mar. 4:17) y el fortalecimiento de la fe (1 Tes. 3:2-3); la experiencia de la gracia de Dios (Rom. 8:35; 2 Cor. 4:9, 12:10), y el ser bendecidos a través del sufrimiento (Mat. 5:10-12; 1 Ped. 3:14; 4:12-14). Para Pablo, perseguir a los cristianos podía ser un testimonio viviente y visible del Cristo crucificado y resucitado (2 Cor. 4:7-12).

Pareciera que constituía un elemento del fanatismo religioso (Pablo antes de su conversión: 1 Cor. 15:9, Gál. 1:13,23; Fil. 3:6; Hech. 8:3; 9:1-2; 22:4) que alimentaba la intolerancia y conducía a la persecución. Los cristianos deben arrepentirse de este elemento en su propia vida y estar plenamente comprometidos a abolir toda clase de persecución. Ver *Apócrifos; Discípulo; Mártir; Profecía, profetas; Sufrimiento.*

Thorwald Lorenzen

PERSEVERANCIA Mantener la fe cristiana a través de los tiempos de prueba en la vida. Como sustantivo, "perseverancia" aparece en el NT en Ef. 6:18 *(proskarteresis)* y en Luc. 8:15 *(hupomone).* La idea está latente en todo el NT en la gran interacción de los temas de la convicción y la advertencia.

La idea de perseverancia surgió del contexto de la persecución y la tentación. Se esperaba que el creyente soportara fielmente y permaneciera firme frente a oposición, ataques y desaliento. Los escritores del NT fueron muy directos al advertirles a los creyentes que fueran constantes en la oración (Ef. 6:18; Fil. 4:6), y emplearon imágenes del atletismo para recordarles que fueran eficaces mientras se entrenaban en los caminos de Dios (1 Cor. 9:24-27; Rom. 12:11-12; Heb. 12:1-12). El fracaso de Israel en cuanto a la fidelidad en el éxodo fue también un cuadro evocador para los cristianos, y los escritores inspirados del NT entendieron que constituía una base importante para la advertencia (1 Cor. 10:1-14; Heb. 3:7-19). Estaban comprometidos a que quedara absolutamente claro que los requisitos de la vida cristiana eran un elemento esencial de la fe en Cristo. Tanto la vida auténtica como la verdadera fe son partes necesarias de la vida cristiana.

En tanto que las advertencias son muy severas, en especial en Hebreos (2:3; 6:1-8; 10:26-31), los escritores del NT tenían la convicción de que aquellos que en verdad se comprometían con Cristo debían perseverar hasta el fin porque habían obtenido una nueva perspectiva y se habían convertido en personas que no iban a tratar las amonestaciones bíblicas a la ligera (comp. Heb. 6:9-12; 10:39). Creían que los cristianos terminarían la "carrera de la fe" porque concentrarían su atención en Jesús, el principal corredor y el modelo de quien completa la carrera de la fe (Heb. 2:10; 12:1,2).

En la iglesia primitiva, los cristianos luchaban con el problema de los que se volvían atrás durante y después de períodos de persecución. Los cristianos encontraron una clave importante en el modelo de la restauración de Pedro (Juan 21), para quien la restauración fue posible, pero aun así implicó su muerte. Por lo tanto, la restauración para los cristianos podía ser posible, pero exigía absoluta seriedad para los desertores. Se esperaba que de allí en más perseveraran, incluso frente a la muerte. Sin embargo, a medida que pasó el tiempo, algunos cristianos llegaron a considerar el bautismo como una especie de baño que proporcionaba limpieza de toda clase de pecado, inclusive la renuncia a la fe. Así, algunos demoraban el bautismo hasta casi el momento de la muerte para garantizar que quedaran purgados todos los pecados de su vida. Estos cristianos veían la necesidad de un rito final para ocuparse de tales pecados no confesados y posteriores al bautismo. Otros creían que este modo de ver el bautismo y la extremaunción no pertenecía a las perspectivas del NT.

Sin embargo, la perseverancia de los santos es una de las grandes ideas teológicas que necesita ser reafirmada en esta era. Es el aspecto humano de la ecuación de la salvación y tiene que ver con la fidelidad de los cristianos en cuanto a la voluntad de Dios (Sant. 1:25). Comprende la seria consideración de la debilidad humana, sin negar la misteriosa naturaleza de la paciencia de Dios para con Su pueblo. Permite el juicio por cómo vive la gente en este mundo, pero no excluye la abundante gracia de Dios.

Los cristianos perseverantes toman en serio la oración como un reflejo de la vida. Reconocen el camino del amor y el perdón porque entienden la naturaleza de la debilidad humana y de la ayuda divina. Saben que han experimentado gracia más allá de sus capacidades humanas. Los cristianos perseverantes reconocen que deben obedecer las advertencias bíblicas, y que Cristo dio Su vida para trasformar la de ellos. Por lo tanto, la perseverancia es un llamado a la fidelidad pero es también una afirmación de que, de algún modo y a pesar de los fracasos, Dios llevará a Su pueblo consagrado a través de las dificultades y las preocupaciones de la vida hasta el destino prometido en Cristo. *Gerald L. Borchert*

PERSEVERANCIA DE LOS SANTOS Ver *Perseverancia; Seguridad de la salvación.*

PERSIA Como nación, Persia corresponde al estado moderno de Irán. Como imperio, era un vasto conjunto de estados y reinos que se extendía desde las playas de Asia Menor al oeste hasta el valle del Río Indo al este. Hacia el norte se extendía hasta el sur de Rusia, y hacia el sur incluía Egipto y las regiones que bordean el Golfo Pérsico y el de Omán. En la historia, vemos que el imperio derrotó a los babilonios y finalmente cayó ante Alejandro Magno.

La nación recibió su nombre de la zona más austral de la región llamada Pérsida. Era una tierra agreste de desiertos, montañas, mesetas y valles. El clima era árido y presentaba calores y fríos extremos. El oro, la plata, el trigo y la cebada eran originarios de la zona.

La región fue ocupada poco después del 3000 a.C. por pueblos del norte. Así se desarrolló una cultura elamita que, en su punto cumbre en el 1200 a.C., dominó todo el valle del Río Tigris. Duró hasta el 1050 a.C. Luego de su destrucción, entraron otros grupos del norte. Entre estos se encontraban tribus que formaron un pequeño reino en la región de Ansan alrededor del 700 a.C. Su gobernante era Aquemenes el Grande, bisabuelo de Ciro II el Grande. (Por eso, el período desde Aquemenes hasta Alejandro se llama Período Aqueménido.) Este pequeño reino fue la semilla del Imperio Persa.

Cuando Ciro II llegó al trono de su padre en el 559 a.C., el reino formaba parte de un reino medo mayor. Los medos controlaban el territorio al noreste y al este de los babilonios. En el 550 a.C., Ciro se rebeló contra Astiages, el rey medo. Su rebelión condujo a la captura del rey y le dio a Ciro el control de un reino que se extendía desde Media hasta el Río Halys en Asia Menor. Al poco tiempo, Ciro desafió al rey de Lidia. La victoria allí le concedió la porción occidental de Asia Menor. En el 539 a.C., Babilonia cayó ante Ciro debido a su capacidad y a las disensiones internas en el Imperio Babilónico. Ver *Babilonia*.

Ciro murió en el 530 a.C.; sin embargo, el Imperio Persa continuó creciendo. Cambises II, hijo de Ciro, conquistó Egipto en el 525 a.C. Su sucesor, Darío I, expandió el imperio hacia el este hasta el Indo e intentó conquistar o controlar a los griegos. Estos derrotaron a Darío en la batalla de Maratón en el 490 a.C. Hasta aquí llegó la máxima extensión del imperio. Los emperadores posteriores hicieron poco y nada por expandirlo. Hasta tuvieron dificultades para mantener unido un imperio tan extenso.

El Imperio Persa es importante para la historia y el desarrollo de la civilización. Tuvo efectos significativos en religión, ley, política y economía. El impacto llegó a través de los judíos, de la Biblia, del contacto con los griegos, y mediante la incorporación que llevó a cabo Alejandro Magno de las ideas y la arquitectura de los persas.

En el aspecto político, el Imperio Persa fue el mejor organizado que el mundo jamás haya conocido. Para la época de Darío I, 522–486 a.C., estaba dividido en 20 satrapías (unidades políticas de tamaño y población variados) que se hallaban subdivididas en provincias. Al comienzo, Judá era una provincia en la satrapía de Babilonia. Más tarde, se la denominó en forma unificada “Del otro lado del río”. Las satrapías estaban gobernadas por persas que eran directamente responsables ante el emperador. La buena administración requería buena comunicación, que a su vez exigía buenos caminos y rutas. Sin embargo, estos caminos hacían más que acelerar la administración. Alentaban el contacto entre los pueblos del imperio. Las ideas y los bienes podían trasladarse cientos de kilómetros con poca restricción. El imperio se volvió rico y también les dio a sus habitantes la sensación de ser parte de un mundo más grande. Se desarrolló una especie de “conciencia universal”. El uso de monedas acuñadas y el desarrollo de una economía monetaria ayudaron a esta identificación con el mundo más amplio. Las monedas del emperador eran recordatorios prácticos del poder y los privilegios de formar parte del imperio. Además, los persas estaban comprometidos a gobernar mediante la ley. Sin embargo, en lugar de imponer una ley imperial desde arriba, el emperador y los sátrapas brindaban su autoridad y apoyaban la ley local. Para los judíos, esto significaba apoyo oficial para guardar la ley judía en su propia tierra.

El Imperio Persa afectó en gran manera a los judíos y a la historia bíblica. Babilonia había conquistado Jerusalén y había destruido el templo en el 586 a.C. Cuando Ciro conquistó Babilonia, permitió que los judíos regresaran a Judá y los alentó a reconstruir el templo (Esdras 1:1-4). La obra comenzó pero no se completó. Luego, bajo el reinado de Darío I, Zorobabel y el sumo sacerdote Josué guiaron a la comunidad restaurada con el apoyo y el incentivo de los persas. (Esdras 3–6 narra algunos sucesos mientras se pronunciaban las profecías de Hageo y Zacarías durante los días de la restauración.) A pesar de cierta oposición local, Darío apoyó la reconstrucción del templo, que fue reedificado en el sexto año de su reinado (Esdras 6:15). Además, tanto Esdras como Nehemías fueron representantes oficiales del gobierno persa. Esdras tuvo que enseñar y designar a los jueces (Esdras 7). Nehemías tal vez haya sido el primer gobernador de la provincia de Yehud (Judá). Sin lugar a duda, tenía apoyo oficial para la reconstrucción de los muros de Jerusalén.

Los judíos también tuvieron problemas bajo el gobierno persa. Aunque Daniel fue llevado al exilio por los babilonios (Dan. 1), su ministerio continuó aun después de la caída de este imperio (Dan. 5) y llegó hasta la época de los persas (Dan. 6). Sus visiones se proyectaron aún más al futuro. Daniel 6 muestra un gobierno estable pero donde los judíos todavía podían enfrentar cierto riesgo. Sus visiones en una época de tranquilidad les recuerdan a los lectores que los reinos humanos vienen y van. Ester es la historia de cómo Dios rescató a Su pueblo durante el reinado del emperador persa Asuero (también conocido como Jerjes I). La historia muestra un imperio donde se hacía uso y abuso de la ley. Aparentemente, los judíos ya eran odiados. Es probable que Malaquías también haya pertenecido al período persa. Su libro muestra una conciencia del mundo en general y es categórico con respecto a los gentiles y al gobierno.

A lo largo de todo el período, los judíos siguieron esperando la clase de restauración prometida por profetas como Isaías (caps. 40–66) y Ezequiel (caps. 40–48). Hageo, Zacarías y Malaquías ayudaron a los judíos a tener esperanza, pero estos hombres de Dios también les recordaron a sus oyentes la importancia de la fidelidad presente y de la obediencia a Dios. Ver *Artajerjes; Ciro; Daniel; Darío; Esdras, Libro de; Ester; Mitra; Nehemías, Libro de; Templo de Jerusalén.* *Albert F. Bean*

PÉRSIDA Nombre de persona que significa "mujer persa". Líder de la iglesia romana a la que Pablo saluda y felicita por su servicio diligente (Rom. 16:12).

PERVERSO Traducción de un término griego y de varios hebreos con el significado literal de "inclinado", "torcido" o "retorcido" que se aplica a personas que participan en un error moral. La mayoría de las referencias bíblicas aparecen en Proverbios, que menciona perversidad en: personas (Prov. 3:32); mentes (11:20; 12:8; 23:33); lenguas (10:31; 17:20); palabras o discursos (10:32; 19:1), y caminos (28:6). Pablo instó a los cristianos a que fueran "luces" morales que dieran testimonio a esta "generación maligna y perversa" (Fil. 2:15; comp. Deut. 32:5). Jesús acusó a su generación de falta de fe y de perversidad (Mat. 17:17 Luc. 9:41; comp. Deut. 32:20).

PESEBRE Comedero utilizado para alimentar ganado, ovejas, asnos y caballos. Los arqueólogos han descubierto pesebres de piedra en establos donde se albergaban los caballos de Acab en Meguido. Estaban tallados en piedra y medían aprox. 90 cm (3 pies) de largo, 45 cm (18 pulgadas) de ancho y 60 cm (2 pies) de profundidad. Otros pesebres antiguos se hacían con materiales de construcción. Muchas casas de Palestina constaban de una habitación grande con una parte elevada y otra más baja. En la parte elevada se desarrollaba la vida familiar, en tanto que la más baja alojaba los animales. Por lo general, el pesebre estaba ubicado en dicha parte inferior y tenía forma de caja de albañilería o nicho de piedra. Los pesebres también se colocaban en cuevas usadas como establos y en otros corrales. El pesebre al que se alude en Luc. 2:16 tal vez haya sido un establo ubicado en una cueva u otro tipo de refugio. Allí acostaron al niño Jesús.

Floyd Lewis

Un pesebre de piedra, aún en su lugar, en excavaciones arqueológicas realizadas en la antigua Meguido.

PESHITTA Versión siríaca (aramea) de las Escrituras. El AT se tradujo probablemente entre el 100 y el 200 d.C. La traducción del NT data de antes del 400 d.C. A la Peshitta le faltan los libros rechazados por las iglesias de habla aramea (2 Pedro, 2 y 3 Juan, Judas y Apocalipsis). Ver *Biblia, Textos y versiones.*

PESOS Y MEDIDAS Sistemas de medida. En el antiguo Cercano Oriente los pesos y las medidas variaban. Los profetas hablaron en contra de mercaderes que utilizaban medidas engañosas (Miq. 6:11).

Pesos Considerando en primer lugar la evidencia del AT, los pesos hebreos nunca fueron un sistema exacto. Gran cantidad de evidencias arqueológicas demuestran que ni siquiera los pesos inscritos en una misma inscripción pesaban lo mismo. Las pesas se usaban en una balanza para pesar plata y oro ya que la moneda no existió hasta el período persa después del 500 a.C. Este medio de intercambio reemplazó al trueque desde las primeras épocas del período bíblico.

El *siclo* era la unidad básica de peso tanto en el sistema hebreo como en el babilónico y el cananeo. El peso exacto variaba de una región a otra y en algunas ocasiones también según la clase de mercadería que se vendía. El sistema mesopotámico era sexagesimal, basado en los 6 y en los 60. Así, por ejemplo, el sistema babilónico utilizaba un *talento* de 60 *minas*, una *mina* de 60 *siclos*, y un *siclo* de 24 *geras.*

El sistema hebreo era decimal como el egipcio, aunque los pesos no eran iguales. Las variaciones del siclo se podrían atribuir a varios factores no

TABLA DE PESOS Y MEDIDAS

PESOS

UNIDAD BÍBLICA	IDIOMA	MEDIDA BÍBLICA	EQUIVALENTE INGLÉS	EQUIVALENTE MÉTRICO DECIMAL	DIVERSAS TRADUCCIONES
Gera	hebreo	1/20 de siclo	1/50 de onza	0,6 gramos	gera
Becá	hebreo	½ siclo o 10 geras	1/5 de onza	5,7 gramos	beka; medio siclo; cuarto de onza; cincuenta centavos
Pim	hebreo	2/3 de siclo	1/3 de onza	7,6 gramos	2/3 de siclo; cuarto
Siclo	hebreo	2 becás	2/5 de onza	11,5 gramos	siclo; pieza; dólar; cincuenta dólares
Litra (libra)	greco-romano	30 siclos	12 onzas	0,4 kilogramos	libra; libras
Mina	hebreo/griego50 siclos	1,25 libras	0,6 kilogramos	mina; libra	
Talento	hebreo/griego	"3000 siclos ó 60 minas"	75 libras/88 libras	34 kilogramos/ 40 kilogramos	talento/talentos; 100 libras

LONGITUD

UNIDAD BÍBLICA	IDIOMA	MEDIDA BÍBLICA	EQUIVALENTE INGLÉS	EQUIVALENTE MÉTRICO DECIMAL	DIVERSAS TRADUCCIONES
Palma (ancho de mano)	hebreo	1/6 de codo ó 1/3 de palmo	3 pulgadas	8 centímetros	palma; ancho de mano; tres pulgadas; cuatro pulgadas; palmo menor
Palmo	hebreo	½ codo o 3 palmas	9 pulgadas	23 centímetros	palmo
Codo/Pechys	hebreo/griego	2 palmos	18 pulgadas	0,5 metros	codo/codos; yarda; media yarda; pie
Pékhus	greco-romano	4 codos	2 yardas	2 metros	pékhus; seis pies
Caña	greco-romano	6 codos	3 yardas	3 metros	caña; vara
Estadio	greco-romano	1/8 de milla ó 400 codos	1/8 de milla	185 metros	milla romana; estadio
Milla	greco-romano	8 estadios	"1620 yardas"	1,5 kilómetros	milla: milla romana

MEDIDAS DE ÁRIDOS

UNIDAD BÍBLICA	IDIOMA	MEDIDA BÍBLICA	EQUIVALENTE INGLÉS	EQUIVALENTE MÉTRICO DECIMAL	DIVERSAS TRADUCCIONES
Jarro	greco-romano	½ cab	1 1/6 de pinta	0,5 litros	vasija; jarra; vasijas de cobre; jarras de cobre; utensilios de bronce
Cab	hebreo	1/18 de efa	1 cuarto de galón	1 litro	cab: kab
Quínice	greco-romano	1/18 de efa	1 cuarto de galón	1 litro	medida; cuarto
Gomer	hebreo	1/10 de efa	2 cuartos de galón	2 litros	gomer; décima parte de una efa; seis pintas
Seah/Satón	hebreo/griego	1/3 de efa	7 cuartos de galón	7,3 litros	medidas; cantidades
Almud	greco-romano	4 gomer	1/4 de bushel	9 litros	bushel; medida de cereales
Efa [Bato]	hebreo	10 gomer	3/5 de bushel	22 litros	bushel; parte; medida; seis pintas; siete pintas
Létek	hebreo	5 efas	3 bushel	110 litros	medio gomer; medio saco
Kor [Homer]/ Coro	hebreo/griego	10 efas	6 bushel ó 200 cuartos de galón	220 litros/525 litros	coro; homer; saco; medidas; bushel/saco

MEDIDAS DE LÍQUIDOS

UNIDAD BÍBLICA	IDIOMA	MEDIDA BÍBLICA	EQUIVALENTE INGLÉS	EQUIVALENTE MÉTRICO DECIMAL	DIVERSAS TRADUCCIONES
Log	hebreo	1/72 de bato	1/3 de cuarto de galón	0,3 litros	log; pinta
Jarro	greco-romano	1/8 de hin	1 1/6 de pinta	0,5 litros	jarro; cántaro; jarras de cobre; vasijas de cobre; utensilios de bronce
Hin	hebreo	1/6 de bato	1 galón ó 4 cuartos de galón	4 litros	hin; pintas
Bato	hebreo/griego	1 efa	6 galones	22 litros	galón; galones; barriles; medida de líquidos; medidas
Cántaro	greco-romano	10 hin	10 galones	39 litros	cántaros; galones

relacionados con la deshonestidad condenada por la Ley (Deut. 25:13-16) y los Profetas (Amós 8:5; Miq. 6:11). Es probable que hubiera variaciones entre los pesos oficiales y no oficiales, incluso en el establecimiento de nuevos patrones llevados a cabo por administraciones reformistas como la del buen rey Josías. Posiblemente haya existido depreciación de los valores con el transcurso del tiempo, o utilización de patrones diferentes para pesar distintos artículos (en Ugarit se usaba un patrón pesado para pesar el lino púrpura) o influencia de sistemas foráneos. Aparentemente hubo tres clases de siclos corrientes en Israel: (1) el siclo del templo de aprox. 10 gr (0,351 onzas) que se depreció hasta unos 9,8 gr (0,345 onzas); (2) el siclo común de aprox. 11,7 gr (0,408 onzas) que se depreció hasta unos 11,4 gr (0,401 onzas), y (3) el siclo pesado (¿"real"?) de aprox. 13 gr (0,457 onzas).

La porción más pequeña de un siclo era la *gera*, que correspondía a 1/20 de un siclo (Ex. 30:13; Ezeq. 45:12). Se ha estimado que la *gera* pasaba 0,571 gr (0,02 onzas). Existían porciones más grandes correspondientes al siclo; la más conocida era la *becá* o medio siclo (Ex. 38:26), que también se conocía en Egipto. Los arqueólogos han recuperado ejemplos en inscripciones donde promedia más de 6 gramos, y tal vez haya sido la mitad del siclo pesado mencionado anteriormente. El *pim*, si es 2/3 de un siclo como supone la mayoría de los eruditos, también está relacionado con un siclo pesado y pesa aprox. 8 gr (0,28 onzas). Probablemente haya sido un peso filisteo ya que se lo menciona como el precio que los filisteos le cobraron a los granjeros israelitas para afilar las herramientas agrícolas cuando gozaban del monopolio del hierro sobre Israel (1 Sam. 13:19-21).

La *mina* y el *talento* eran múltiplos del siclo. Según el relato del impuesto del templo (Ex. 38:25, 26), en un talento había 3000 siclos, probablemente 60 minas de 50 siclos cada una. Este talento puede haber sido el mismo que el peso asirio, ya que 2 Rey. 18:14 al igual que las inscripciones de Senaquerib mencionan el tributo del rey Ezequías diciendo que fue de 30 talentos de plata y oro. Esto era de 28,38 a 30,27 kg (aprox. 70 libras). Es probable que la mina haya tenido 50 siclos (como en el sistema cananeo), aunque Ezeq. 45:12 establece una mina de 60 siclos, y la traducción griega antigua dice "50". La mina ha sido estimada en 550 a 600 gr (1,213 a 1,323 libras). A continuación sigue una tabla de pesos del AT estimada sobre un siclo de 11,424 gr:

1 talento (3000 siclos)	34,27 kg	75,6 libras
1 mina (50 siclos)	571,2 gr	1,26 libras
1 siclo	11,424 gr	0,403 onzas
1 pim (¿2/3 de siclo?)	7,616 gr	0,258 onzas
1 becá (1/2 siclo)	5,712 gr	0,201 onzas
1 gera (1/20 de siclo)	0,571 gr	0,02 onzas

No obstante, debemos recordar que esto puede provocar confusión, ya que los pesos del AT nunca fueron sumamente precisos. El ideal del Señor era pesos y medidas "justos" (Lev. 19:36; Prov. 16:11; Ezeq. 45:10); pero las manipulaciones deshonestas eran comunes (Prov. 11:1; 20:23; Os. 12:7). Los arqueólogos han descubierto pesos que fueron alterados lijándoles la parte inferior. Elementos interesantes cuyo peso se da en el AT fueron la armadura de Goliat (1 Sam. 17:5-7) y el corte de cabello anual de Absalón (2 Sam. 14:26). En el NT, el talento y la mina eran grandes sumas de dinero (Mat. 25:15-28; comp. Luc. 19:13-25), y la "libra de perfume" de mucho precio (Juan 12:3) probablemente equivalía al peso romano de 327,45 gr (12 onzas).

Medidas Las medidas de capacidad, al igual que las de peso, se utilizaron desde tiempos antiguos en el mercado. No eran exactas y variaban de una época a otra y de un lugar a otro. A veces se usaban nombres distintos para designar la misma unidad. Algunos nombres se utilizaban para describir tanto medidas líquidas como de áridos, como sucede con el litro moderno. La unidad básica de medida de áridos era la *efa*, que significa "canasta". El *homer*, "carga de asno", era una medida de áridos del mismo tamaño que el *coro*, que representaba una medida tanto de áridos como de líquidos. Cada uno contenía 10 efas o batos, la medida equivalente de líquidos (Ezeq. 45:10-14). La efa se estima entre 1,52 y 2,42 peck (aprox. entre 12 y 22 litros), entre 3/8 y 2/3 de bushel.

A partir de dos fragmentos de vasijas rotuladas como *batos* que provienen de Tell Beit Mirsim y de Laquis, se estima que el *bato* contenía entre 21 y 23 litros o aprox. 5,5 galones, lo cual correspondería a aprox. de una efa, de 3/8 a 2/3 de bushel. El *létek*, que puede significar medio homer (o coro), tendría unas 5 efas. *Seah* era una medida de áridos que puede corresponder a 1/3 de efa. El *hin*, una medida de líquidos egipcia que significa "frasco", era aprox. 1/6 de bato. El *gomer*, utilizado únicamente en la historia del maná (Ex. 16:13-36), era una ración diaria y se calcula en 1/10 de efa (denominado también *issaron*, "décima"). Un *cab* (solamente en Lev. 14:10-20) corresponde aprox. a la mitad de un gomer y, según las traducciones griega y latina, se estima en forma variada en aprox. 0,300 a 0,400 litros (1/2 pinta ó 2/3 de pinta).

Aunque las medidas de capacidad en el AT tenían muchas variaciones, la tabla siguiente representa en cierto modo las suposiciones expuestas anteriormente:

Medidas de áridos

cab	1 litro (1,16 cuartos de galón)
gomer, issaron, 1/10 de efa	2 litros (2,09 cuartos de galón)
seah, 1/3 de efa	7,3 litros (2/3 peck)
efa	18,5 litros (1/2 bushel)
létek, ½ homer	110 litros (2,68 bushel)
homer, coro	220 litros (5,16 bushel)

Medidas de líquidos

log	0,3 litros (0,67 pinta)
hin	4 litros (1 galón)
bato	22 litros (5,5 galones)
coro, homer	220 litros (55 galones)

En el NT, las medidas de capacidad son griegas y romanas. El sextario o "jarro" (Mar. 7:4) era de aprox. ½ litro (una pinta). La medida de Juan 2:6 (*metretes*) probablemente sea unos 45 litros (10 galones). El almud (*modios*) de Mat. 5:15 y pasajes paralelos es una vasija lo suficientemente grande como para cubrir una luz, quizás aprox. 9 litros (1/4 de bushel americano). Tal como se mencionó anteriormente, la cantidad de perfume que María utilizó para ungir a Jesús (Juan 12:3) era una libra romana de aprox. 0,350 gr (12 onzas), una medida tanto de peso como de capacidad. Y Nicodemo llevó 100 medidas de dichas libras de especias mezcladas para ungir el cuerpo de Jesús (Juan 19:39).

En cuanto a las medidas de longitud en todo el antiguo Cercano Oriente, el patrón era el *codo*, correspondiente al largo del antebrazo desde el codo hasta la punta del dedo medio. Israel conocía dos longitudes diferentes para el codo, tal como sucedía en Egipto. El codo común, mencionado en relación con la descripción de la cama de Og, rey de Basán (Deut. 3:11), era de aprox. 45 cm (17,5 pulgadas). Esto se podría deducir en base a los 1200 codos de largo que se mencionan en la inscripción de Siloé correspondiente al túnel del rey Ezequías cuya medida posee un codo de extensión. Ezequiel (40:5) menciona un codo largo que consiste en un codo común más un palmo, lo que da como resultado un codo "real" de aprox. 52 cm (20,5 pulgadas).

Aunque pensando en el codo común, Goliat tenía una altura gigantesca de aprox. 6 codos y 1 palmo (3 m [9,5 pies]) (1 Sam. 17:4). Medido con el codo común, el templo de Salomón tenía aprox. 30 m (90 pies) de largo, 10 m (30 pies) de ancho y 15 m (45 pies) de alto (1 Rey. 6:2). El palmo corresponde a medio codo (Ezeq. 43:13, 17) o a la distancia entre el dedo pulgar y el meñique, ambos extendidos. Si se considera como la mitad del codo largo, el palmo sería de alrededor de 26 cm (10,2 pulgadas); si es la mitad del codo común, entonces sería de aprox. 22,5 cm (8,75 pulgadas).

La *palma* o palmo menor corresponde a 1/6 de codo, y representa el ancho de la mano en la base de los cuatro dedos. Esta medida es un poco menor de 7,5 cm (3 pulgadas). La medida israelita más pequeña era el dedo, un cuarto de palma (Jer. 52:21) y tenía casi 2 cm (3/4 pulgada). Mayor que el codo era la *caña*, que medía probablemente 6 codos comunes. Los arqueólogos han observado varias construcciones monumentales cuyo tamaño se puede calcular en números redondos de codos o cañas. Resumiendo, sobre la base del codo común, las medidas de longitud aproximadas del NT eran:

Codo común

1 caña	6 codos	2,7 m (8 pies y 9 pulgadas)
1 codo	6 palmos	45 cm (17,5 pulgadas)
1 palmo	4 dedos	7,5 cm (2,9 pulgadas)
1 dedo	1,9 cm (0,73 pulgadas)	

Codo de Ezequiel

1 caña	6 codos	3,12 m (10 pies y 2,4 pulgadas)
1 codo	7 palmas	52,5 cm (20,4 pulgadas)

Existían medidas indefinidas de gran longitud como un día de camino, tres días de camino o siete días de camino, cuyos cálculos dependían del modo de transporte y la clase de terreno. Las distancias indefinidas más cortas eran el tiro de arco (Gén. 21:16) y la yugada (1 Sam. 14:14; aprox. 0,2 ha [0, 5 acres]).

En el NT, las medidas de longitud eran unidades griegas o romanas. El codo probablemente equivalía al codo común, ya que los romanos lo estimaban en una vez y media el tamaño del pie romano. La *braza* (Hech. 27:28) tenía una profundidad de aprox. 2 m (6 pies) de agua. El *estadio* era una medida romana de 400 codos ó 1/ 8 de milla romana (aprox. 180–200 m [600 pies]). La milla romana (Mat. 5:41) era de 1500 m (1620 yardas). Josefo la calculó en 6 estadios ó 1127 m (1237 yardas).

Las medidas de superficie eran indefinidas en el AT. Un "acre" era aprox. lo que una yunta de bueyes podía arar en un día. La tierra se podía medir por la cantidad de grano que se requería para sembrarla. En los tiempos del NT, una medida romana de superficie fue la *jugerum* latina, la yugada, relacionada con lo que la yunta de bueyes podía arar. Esta medida equivalía a 0,275 ha (28.000 pies cuadrados) ó 5/8 de acre. Otra medida era el surco, que correspondía a una longitud de 120 pies romanos.

En conclusión, los pesos y las medidas en los tiempos bíblicos pocas veces son lo suficientemente precisos como para permitir que se calculen equivalencias métricas exactas, pero Dios estableció un ideal en relación a balanzas, pesos y medidas para que fueran "justos". Los patrones diferentes de los países circundantes del Cercano Oriente afectaron los parámetros bíblicos. En ocasiones había dos patrones que funcionaban al mismo tiempo, como en el caso de largo y corto, liviano y pesado, común y real. En conclusión, existen evidencias suficientes como para poder calcular de manera aproximada los valores metrológicos correspondientes a pesos y medidas de la Biblia. *M. Pierce Matheney*

PETAÍAS Nombre de persona que significa "Yahvéh abre". **1.** Antepasado de una familia sacerdotal postexílica (1 Crón. 24:16). **2.** Consejero del rey de Persia, tanto en la corte como en la función de representante real en Jerusalén (Neh. 11:24). **3.** Levita que participó en la renovación del pacto de Esdras (Neh. 9:5). **4.** Levita con una esposa extranjera (Esd. 10:23), tal vez idéntico a 3.

PETICIÓN Ver *Oración.*

PETOR Nombre geográfico que significa "adivino". Ciudad en la alta Mesopotamia identificada con Tell Ahmar, a 19 km (12 millas) al sur de Carquemis, cerca de la confluencia de los Ríos Sajur y Éufrates. Hogar de Balaam (Núm. 22:5;Deut. 23:4).

PETRA Ciudad capital de los árabes nabateos situada a unos 100 km (60 millas) al norte del Golfo de Aqaba. Algunas veces se la identifica con Sela (Jue. 1:36; 2 Rey. 14:7; Isa. 16:1; 42:11) porque ambos nombres significan "roca". La falta de evidencia arqueológica de asentamientos edomitas en la cuenca sugiere que Sela se identifica mejor con Um el Bayarah, en la meseta montañosa con vista a Petra. El rey nabateo Aretas IV (2 Cor. 11:32,33) reinó en Petra.

PETUEL Nombre de persona que significa "visión de Dios" o "juventud o joven de Dios". Padre del profeta Joel (1:1).

PEULTAI Nombre de persona que significa "recompensa". Levita portero del templo (1 Crón. 26:5).

PEZUÑA Cubierta curva de queratina que protege la parte anterior o los dedos de algunos mamíferos. Según la ley mosaica, los animales ritualmente limpios son aquellos que rumian y tienen pezuñas hendidas (Deut. 14:6,7).

PIADOSO Cuidadoso en cumplir los deberes religiosos. A Simeón se lo describe como una persona justa y piadosa que dio la bienvenida a la venida del Mesías y sobre quien descendió el Espíritu Santo (Luc. 2:25). Se describe a Cornelio como una persona piadosa que reverenciaba a Dios, daba limosnas y oraba continuamente (Hech. 10:2). A Ananías se lo describe como una persona piadosa según el estándar de la ley judía; "tenía buen testimonio de todos los judíos que allí moraban" (Hech. 22:12).

PIBESET Ciudad egipcia cuyo nombre significa "casa de Bastet", ubicada sobre la playa del antiguo brazo Tanis del Nilo a unos 72 km (45 millas) al noreste de El Cairo; servía como capital del 18° distrito administrativo y, durante las Dinastías XXII y XXIII (940–745 a.C.), como capital de un imperio egipcio fragmentado. El emplazamiento es tell Basta. Ezequiel menciona esta ciudad en su oráculo contra Egipto (Ezeq. 30:17).

PIE Parte del cuerpo humano y de animales que les permite andar. En la Biblia, "pie" se refiere principalmente al pie humano (Ex. 12:11; Hech. 14:8). También se usa para patas de animales (Ezeq. 1:7), o en sentido antropomórfico, para el pie de Dios (Isa. 60:13).

En el mundo antiguo, donde los caminos carecían de pavimento, los pies se ensuciaban fácilmente y había que lavarlos a menudo. Desde los primeros tiempos, los anfitriones se ofrecían para lavar los pies de los invitados (Gén. 18:4), acción que generalmente hacía el sirviente de más baja categoría (Juan 13:3-14). Se le demostraba gran estima a la persona a quien se le ungían los pies (Deut. 33:24; Luc. 7:46; Juan 12:3).

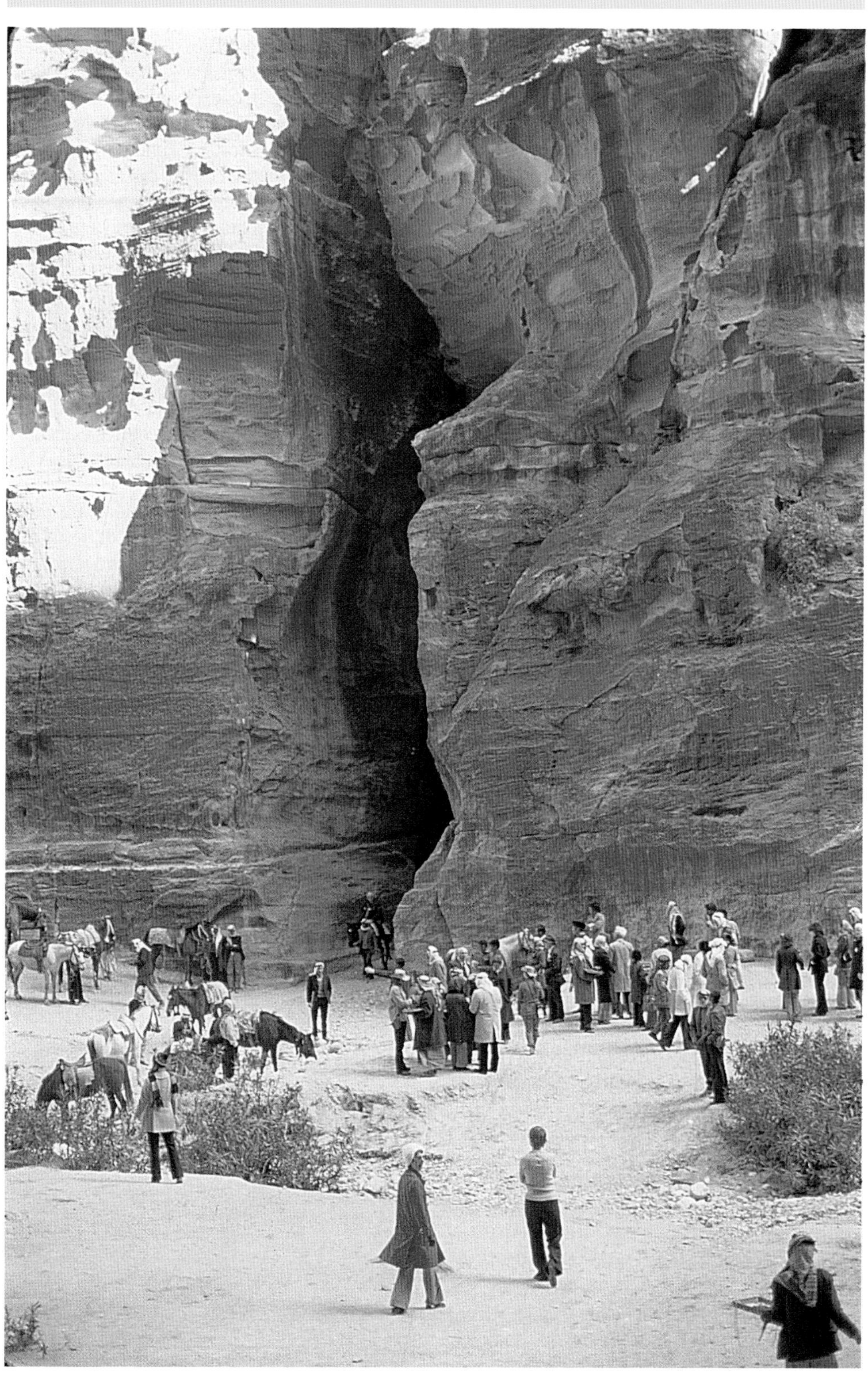

Vista desde el frente del edificio del tesoro, de la angosta entrada a la ciudad de Petra, de los nabateos.

Una botella de perfume con la forma de un pie con sandalia, de aprox. 550 a.C., en Sicilia.

Como era tan fácil ensuciárselos, quitarse el calzado era señal de deshacerse de la tierra e indicaba santidad en la adoración (Ex. 3:5). Sacudirse el polvo de los pies significaba un total rechazo al lugar (Hech. 13:51). Tanto para israelitas como para romanos, la aplicación de un castigo podía incluir sujetar los pies en un cepo (Job 13:27; Hech. 16:24). Con frecuencia, "pies" simboliza a toda la persona, tal vez porque es difícil actuar sin valerse de ellos ("De todo mal camino contuve mis pies" significa "me contuve de hacer el mal", Sal. 119:101; comp. Luc. 1:79; Hech. 5:9; Rom. 3:15).

Varias expresiones bíblicas contienen la palabra "pie": "Poned vuestros pies sobre los cuellos de estos" sugería victoria total sobre alguien (Jos. 10:24). Eso mismo se indicaba con la frase poner a alguien "bajo los pies" (Rom. 16:20; 1 Cor. 15:25). Echarse "a los pies" de alguien demostraba humilde sumisión, con frecuencia cuando la persona necesitaba algo (1 Sam. 25:24; Luc. 17:16). "Cubrirse los pies" era un eufemismo para orinar (1 Sam. 24:3). Que a uno le "resbale el pie" o que el pie "sea tomado en una red" significaba alguna calamidad (Sal. 9:15; 66:9). "Los pies del que trae alegres nuevas" indicaba la venida de la persona (Isa. 52:7). "A los pies de" significaba ser oyente o discípulo de alguien (Hech. 22:3). Poner algo "a los pies de" alguien indicaba que el objeto era un regalo (Hech. 4:35).

Kendell Easley

PIEDAD Respeto por Dios que afecta la manera de vivir de una persona. El término "piedad" aparece con mayor frecuencia en los escritos de Pablo, específicamente en las Epístolas Pastorales. El apóstol exhortó a Timoteo a buscar la "piedad" activamente (1 Tim. 6:11). Al hacerlo, lo desafió a que tuviera respeto genuino hacia Dios y que luego, como resultado, viviera su vida en base a ese respeto. Pablo enfatizó el valor de la piedad al contrastarla con el entrenamiento físico (1 Tim. 4:8). Mientras que este tiene beneficios para esta vida, la piedad beneficia al creyente en esta vida y en la venidera. También reconoció que esta característica era de "gran ganancia" para la vida de un cristiano (1 Tim. 6:6). Asimismo, Pedro animaba a sus lectores a añadir a sus vidas la "piedad" como manera de vivir (2 Ped. 1:6-7).

Además, Pablo utilizó el término para aludir a las acciones de Dios por medio de Jesús que proveyeron la base para la piedad del cristiano. Según 1 Tim. 3:16, "grande es el misterio de la piedad". Pablo también se refirió a algunos que tenían "apariencia de piedad" pero que negaban su poder. Estas personas parecían piadosas, sin embargo, su conocimiento y adoración a Dios tenía muy poco o ningún efecto en sus vidas (1 Tim. 6:5). Ver *Impiedad*. *Thomas Strong*

PIEDRA Mineral duro del que está compuesta gran parte de la tierra. Palestina es un país pedregoso. Frecuentemente era necesario despejar de piedras un terreno antes de cultivarlo (Isa. 5:2). Los campos de un enemigo se destruían arrojándoles piedras, que también se usaban para tapar pozos (2 Rey. 3:19,25). Las piedras se empleaban con propósitos variados: muros de una ciudad (Neh. 4:3), casas (Lev. 14:38-40), palacios (1 Rey. 7:1,

Restos de columnas romanas de mármol, usados para reforzar un malecón de defensa en Cesarea.

1 Rey. 7:9), templos (1 Rey. 6:7), revestimiento de patios y columnas (Est. 1:6) y, al menos en tiempos herodianos, para pavimentar calles. Para construir altares, los israelitas usaban piedras sin tallar. Con frecuencia apilaban piedras para conmemorar algún gran acontecimiento espiritual o encuentro con Dios (Gén. 31:46; Jos. 4:1). Las tumbas de los delincuentes y criminales se señalaban con piedras (Jos. 7:26). Uno de los usos más populares fue la construcción de las paredes del templo y de los muros de la ciudad de Jerusalén (1 Rey. 7:9-12).

Las bocas de cisternas, pozos y tumbas se cerraban con una piedra (Gén. 29:2; Mat. 27:60; Juan 11:38). También se utilizaban para demarcar límites (Deut. 19:14). Los israelitas a veces consagraban una piedra en particular como altar a Dios (Gén. 28:18-22; 1 Sam. 7:12).

El AT y el NT aluden a piedras utilizadas como armas mortales. Dos conocidas historias sobre el uso de piedras como armas son la de David cuando mató a Goliat (1 Sam. 17:49) y los enemigos de la fe cristiana que apedrearon a Esteban (Hech. 7:58).

Las piedras se usaban frecuentemente como pesas para las balanzas. Se empleaban también para escribir documentos. El ejemplo más evidente es la escritura de los Diez Mandamientos.

Piedra con intrincado tallado en parte de una columna en la antigua ciudad de Baalbek (Heliópolis).

El Espíritu de Dios los escribió sobre piedra cuando Moisés subió al Monte Sinaí.

Simbólicamente, una piedra denota dureza o insensibilidad (1 Sam. 25:37; Ezeq. 36:26). También puede significar firmeza y fuerza. Los seguidores de Cristo eran llamados piedras vivientes edificadas en el templo espiritual de Cristo. Él mismo se transformó en la principal piedra (Ef. 2:20-22; 1 Ped. 2:4-8). Ver *Armas y armaduras; Minerales y metales.* *Gary Bonner*

PIEDRA DE TROPIEZO Cualquier cosa que provoca que una persona trastabille o caiga. Se usa literalmente (Lev. 19:14), pero con mayor frecuencia como metáfora. Se usa para aludir a los ídolos (Ezeq. 7:19), para la obra de Dios en personas incrédulas (Jer. 6:21) y en relación con Su pueblo (Isa. 8:14). Pablo les advirtió a los cristianos que no permitieran que su libertad resultara una piedra de tropiezo para otros creyentes (Rom. 14:13; 1 Cor. 8:9). A los desobedientes se les advierte que Jesús mismo podría ser para ellos una piedra de tropiezo (Rom. 9:32,33; 1 Cor. 1:23; 1 Ped. 2:8). En 1 Cor. 1:23 la palabra griega traducida piedra de tropiezo es *skandalon*, el palo para el cebo de una trampa. También se usaba simbólicamente para la trampa en sí. El significado se fue ampliando hasta incluir tentación a pecar o tener fe falsa.

PIEDRA DEL ÁNGULO Piedra colocada en la esquina para unir dos paredes y fortalecerlas. En la Biblia se utiliza en forma simbólica para representar fortaleza y prominencia. La figura se aplica con frecuencia a gobernantes o líderes (Sal. 118:22; 144:12; Isa. 19:13; Zac. 10:4). Dios prometió por medio de Isaías que Sión sería restaurada y descansaría sobre la piedra angular de la fe renovada de Israel (Isa. 28:16). Jeremías declaró que Babilonia sería destruida de tal manera que no quedaría nada útil, ni siquiera una piedra para utilizar como cimiento (Jer. 51:26).

En el NT se cita (o se hace alusión) en Sal. 118:22 e Isa. 28:16 y se aplica a Cristo. El simbolismo es claro: Jesucristo es el único fundamento seguro de la fe. Los Evangelios Sinópticos citan el Sal. 118:22 después de la parábola de los siervos malvados para mostrar el rechazo a Cristo y su triunfo final (Mat. 21:42; Mar. 12:10; Luc. 20:17; comp. Hech. 4:11; Ef. 2:20-22).

En 1 Ped. 2:4-8 se citan los dos pasajes de la piedra del ángulo junto con Isa. 8:14. Aquí se apela al lector para que acuda a la piedra viviente

(Jesús) que rechazó la gente pero que es preciosa a los ojos de Dios. Esto se sustancia con una cita de Isa. 28:16. Allí viene luego una advertencia: los que creen consideran que la piedra es algo precioso, pero a los que no creen se les advierte que la piedra que han rechazado se ha convertido en cabeza del ángulo (Sal. 118:22) y, además, que esta piedra los hará tropezar y caer (Isa. 8:14; comp. Rom. 9:33). A los cristianos se los exhorta a convertirse en piedras vivientes semejantes a *la* Piedra Viva, y a ser edificados para formar una casa espiritual (1 Ped. 2:5). Ver *Roca; Piedra.* *Phil Logan*

PIEDRA ROSETTA Monumento de piedra con un texto grabado en tres lenguas (jeroglíficos egipcios, demótico y griego) en honor a Ptolomeo V Epífanes (196 a.C.), que proporcionó las claves necesarias para descifrar las dos lenguas muertas (jeroglíficos egipcios y demótico). El nombre proviene del lugar donde se descubrió la piedra en el delta del Nilo en 1799. Ver *Arqueología y estudios bíblicos; Egipto.*

PIEDRAS PRECIOSAS Ver *Joyas, alhajas; Minerales y metales.*

PIEL Parte externa del cuerpo humano y de los animales. **1.** La mención de piel humana se suele relacionar con una enfermedad (Lev.13). También se menciona en relación con el vello (Gen. 27:11,12,16,22,23), el malestar (Job 7:5; Lam. 5:10) y el color (Jer.13:23). **2.** En Gén. 3:21 por primera vez en la Biblia se menciona la piel de los animales. En esa ocasión, Dios les hizo a Adán y Eva túnicas de pieles para que se vistieran. Dichas pieles se utilizaban para fabricar recipientes para varias clases de líquidos: agua, leche, vino (Jue. 4:19; Mat. 9:17). Las más utilizadas probablemente procedían de los animales que más se empleaban: ovejas, cabras, bueyes y asnos, aunque seguramente también se usaban las de otros animales cuando estaban disponibles. **3.** El sacrificio de animales a veces requería la destrucción del animal entero (Lev. 4:11,12). En otras ocasiones, las pieles eran propiedad de los sacerdotes para uso personal (Lev. 7:8). **4.** Varios refranes proverbiales también mencionaban la piel: "piel por piel" (Job 2:4), "con sólo la piel de mis dientes" (Job 19:20), y "¿mudará el etíope su piel, y el leopardo sus manchas?" (Jer.13:23). Ver *Enfermedades; Lepra; Vasijas y utensilios.*

PIEZA DE DINERO Traducción del hebreo *qesitah*, moneda de peso y valor inciertos (Job 42:11). La NVI dice "moneda de plata". Ver *Monedas.*

PI-HAHIROT Nombre geográfico hebreo derivado del egipcio "casa de Hathor" e interpretado en hebreo como "desembocadura de canales". Se extiende en la parte oriental del delta del Nilo hacia el este de Baal-zefón. El sitio se desconoce. Los israelitas acamparon en Pi-hahirot en los comienzos del éxodo (Ex. 14:2,9; Núm. 33:7). El nombre vuelve a aparecer en Núm. 33:8.

PILA Nombre de persona que significa "rueda de molino". Líder laico que fue testigo del pacto de renovación de Esdras (Neh. 10:24).

PILATO, PONCIO Gobernador romano de Judea recordado en la historia como un antisemita de mala reputación, y en los credos cristianos como el magistrado bajo cuyo poder padeció Jesucristo (1 Tim. 6:13). El NT lo llama "gobernador", en tanto que otras fuentes lo llaman "procurador" o "prefecto" (inscripción hallada en Cesarea en 1961). Pilato llegó al poder alrededor del 26 d.C., cerca de la época en que dos de sus contemporáneos, Sejano en Roma y Flaco en Egipto, trataban de imponer políticas aparentemente orientadas a la destrucción del pueblo judío. Las políticas de Pilato fueron parecidas. Su gobierno consistía en continuas provocaciones a las susceptibilidades judías. Superó todos los precedentes al llevar a Jerusalén insignias militares que portaban la imagen del César, desafiando de manera flagrante la ley judía. Recién las quitó cuando los judíos se ofrecieron a morir a manos de sus soldados en lugar de consentir semejante blasfemia. Sofocó brutalmente las protestas poniendo soldados armados disfrazados de civiles entre las multitudes judías. Con semejante telón de fondo no es difícil entender la referencia en Luc. 13:1 a "los galileos cuya sangre Pilato había mezclado con los sacrificios de ellos". Quedó destituido de su cargo como resultado de un atentado similar en contra de adoradores samaritanos que se habían reunido en el Monte Gerizim, el monte santo de ellos, para contemplar ciertos utensilios sagrados que creían Moisés había enterrado en ese lugar. Cuando los samaritanos se quejaron frente a Vitelio, el gobernador de Siria, a Pilato se le ordenó ir a Roma para rendirle cuentas de sus acciones al emperador, y no

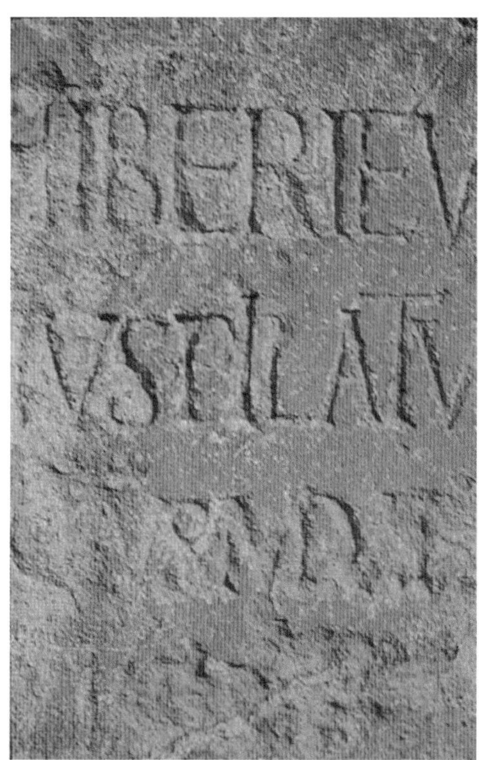

En esta inscripción latina sobre una losa hallada en Cesarea aparece la única mención extrabíblica conocida del nombre de Pilato.

se lo vuelve a mencionar en fuentes contemporáneas confiables.

En vista de sus antecedentes, es sorprendente que Pilato se haya dejado presionar por un grupo de autoridades religiosas judías para permitir que ejecutaran a Jesús. Una posible explicación es que ya sentía que su posición en el imperio estaba en peligro (observar la amenaza implícita en Juan 19:12). Da la impresión de que Pilato no sentía inclinación personal para condenar a muerte a Jesús, y los escritores del NT deseaban mostrarlo (Luc. 23:4,14, 22; Juan 18:38; 19:4,6; comp. Mat. 27:19). Los escritores bíblicos procuraban demostrar que Jesús era inocente desde el punto de vista de la ley romana y que, por lo tanto, el cristianismo de aquella época no constituía una amenaza al orden político y social de Roma. El que hayan llevado a Jesús ante Pilato probablemente signifique que no había sido formalmente juzgado y condenado por el Sanedrín o por el consejo judío gobernante (si lo hubieran juzgado, tal vez lo habrían apedreado como lo hicieron con Esteban, o con Jacobo el justo en el 62 d.C.). En cambio, un grupo relativamente chico de sacerdotes de Jerusalén, incluyendo al sumo sacerdote, quiso impedir cualquier clase de movimiento mesiánico de parte de la gente debido a la represión que provocaría por parte de los romanos (Juan 11:47-50,53). Ellos entonces manipularon a Pilato para que hiciera el trabajo por ellos (comp. Luc. 23:2). En todos los Evangelios se lo describe al interrogar a Jesús, en especial acerca del tema de Su reino, pero no quedó convencido de que Jesús de algún modo reclamara seriamente el poder político judío o el romano. Ver *Cruz, crucifixión.*

J. Ramsey Michaels

PILDAS Nombre de persona y de una familia con el posible significado de "poderoso". Sexto hijo de Nacor (Gén. 22:22), probablemente el antepasado de una tribu del norte de Arabia que de otro modo resulta desconocida.

PILTAI Forma abreviada del nombre de persona que significa "(Jah es) mi liberación". Jefe de una familia postexílica de sacerdotes (Neh. 12:17).

PIM Ver *Pesos y medidas.*

PINÁCULO El punto más alto de una estructura. El significado subyacente del hebreo sugiere una

El tradicional "pináculo del templo".

Un ejemplo de pintura al fresco, en un muro. Una forma artística importante del período romano, que utilizaba diferentes tipos de pinturas.

estructura que capta los rayos del sol. El pináculo (lit, "ala pequeña") del templo (Mat. 4:5; Luc. 4:9) no se menciona en el AT, en la literatura intertestamentaria ni en las fuentes rabínicas. Las posibles identificaciones incluyen la esquina sudeste de la columnata real con vista al valle del Torrente de Cedrón, y un dintel o balcón que se encuentra sobre una de las puertas del templo. El relato del martirio de Jacobo, el hermano del Señor, que narra Hegesipo cuenta que a Jacobo lo arrojaron del pináculo del templo y luego lo apedrearon y apalearon. Este relato (probablemente compilado) sugiere una estructura alta que daba al atrio del templo. Ver *Templo.*

PINO Ver *Plantas.*

PINÓN Jefe de una familia edomita (Gén. 36:41; 1 Crón. 1:52) cuyos descendientes tal vez se establecieron en Punón (Núm. 33:42,43).

PINTURA Mezcla de pigmento y líquido utilizado para aplicar una capa adherente de color a una superficie. La mayoría de las referencias en las Escrituras está relacionada con la pintura de los ojos. La única excepción se encuentra en Jer. 22:14, donde se refiere a los planes de Joacim para pintar su palacio de color bermellón. Tal vez la prohibición de hacer imágenes (Ex. 20:4) restringió el desarrollo de la pintura en Israel. Los arqueólogos han desenterrado numerosas pinturas en tumbas y palacios tanto en Egipto como en Mesopotamia. Ver *Cosméticos.*

PIRA Pila de materiales para ser quemados, en especial aquellos que se usan para quemar un cuerpo como parte de ritos funerarios (Isa. 30:33). La preparación de una pira funeraria por parte de Dios para el rey de Asiria enfatiza la certeza del derramamiento del juicio divino.

PIRÁMIDES Estructuras cuadriláteras que han cautivado a los visitantes de Egipto durante siglos. El nombre actual se originó aparentemente entre algunos antiguos turistas griegos que jocosamente llamaron a los monumentos "tortas de trigo". Este nombre tal vez haya descrito la primera "pirámide escalonada" construida por Djoser (Zoser) en Saqqara, pero era una injusticia

La famosa esfinge de Giza, construida por Kefrén (Khafre), mide unos 80 m (240 pies) de largo.

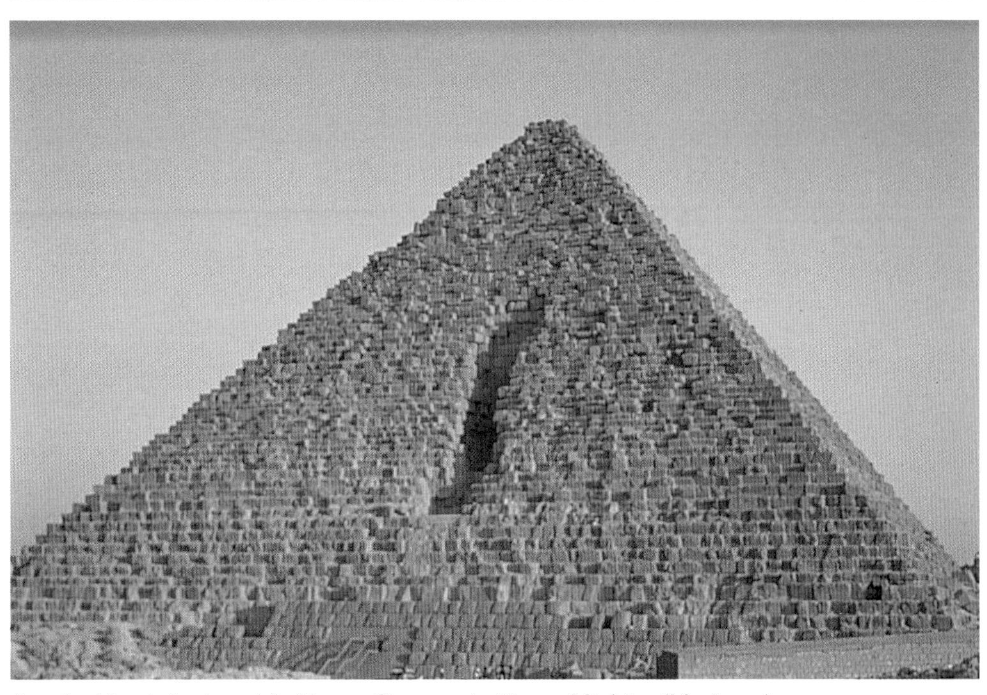

La más chica de las tres pirámides en Giza, construida por Micérino (Menkaure).

para las que estaban erigidas en Giza, una de las siete maravillas del mundo antiguo. La Dinastía IV (aprox. 2520–2480 a.C.) reflejó el apogeo de la construcción de pirámides.

Las pirámides más conocidas se elevan majestuosamente sobre la margen del Nilo cerca de El Cairo (en Giza). La "Gran Pirámide" alcanza unos 150 m (481 pies) con una base de 230 m

Gran piedra de cantera en la región de Baalbak (actual Líbano), sobre el Río Orontes.

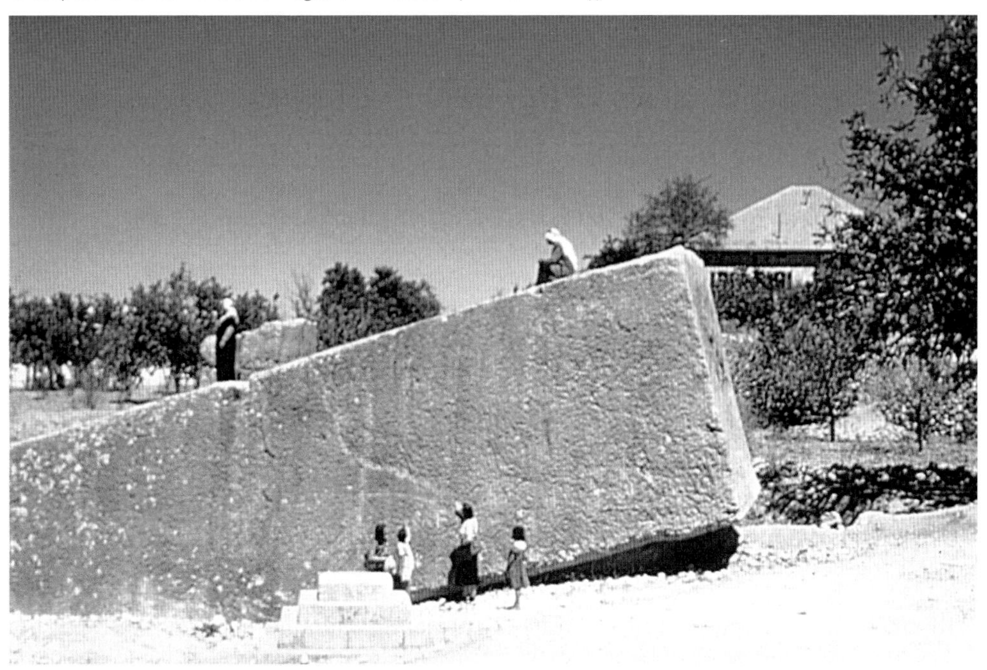

Pirámide con escalones del rey Dyoser (Zozer) de la Dinastía III, ubicada en Saqqara.

(755 pies) fue construida por Keops alrededor del 2580 a.C. Su hijo Kefrén y su nieto Micerino siguieron los pasos de sus antecesores. Aunque no tan grandiosas, se construyeron pirámides en diversos lugares a lo largo del Nilo, incluyendo la inconfundible "Pirámide Inclinada" en Dashur.

El propósito de estos edificios era sepultar e inmortalizar a los gobernantes. Verdaderamente actúan como centros de todo un complejo de edificios que incluyen un templo fúnebre, un paso elevado hacia un edificio en el valle cerca del Nilo y barcazas para llevar al difunto a su morada eterna. Sin embargo, no se construyeron con la intención de ser observatorios astrológicos ni generadores de poderes místicos. Ver *Arqueología y estudios bíblicos; Egipto.* *Gary C. Huckabay*

PIRATÓN, PIRATONITA Nombre geográfico que significa "principesco" o "altura, cima", y el nombre de sus habitantes. La ciudad en los Montes de Efraín era el hogar del juez Abdón (Jue. 12:13, 15) y de Benaía, uno de los guerreros destacados de David (2 Sam. 23:30; 1 Crón. 11:31). El sitio se identifica con Far'ata, unos 8 km (5 millas) al sudoeste de Siquem.

PIREAM Nombre de persona que probablemente signifique "asno salvaje". Rey de Jarmut, al sudoeste de Jerusalén, y miembro de una coalición de cinco reyes amorreos que lucharon sin éxito contra Josué (Jos. 10:3,23).

PISGA Nombre geográfico que probablemente signifique "el dividido". Montaña de la cadena de Abarim al otro lado del Río Jordán frente a Jericó. Algunos eruditos de la Biblia creen que formaba parte del Monte Nebo; otros piensan que pudo haber sido una elevación diferente, ya sea en-Neba o cerca de la moderna Khirbet Tsijaga. Dios le permitió a Moisés ver la tierra prometida desde las alturas de Pisga (Deut. 34:1), pero no le permitió cruzar a Canaán. Israel había acampado cerca de Pisga (Núm. 21:20). Balac llevó a Balaam a esta elevación para que el profeta pudiera ver a Israel y lo maldijera (Núm. 23:14). Era uno de los límites del reino de Sehón (Jos. 12:2,3) y también de la tribu de Rubén (13:20).

PISIDIA Pequeña región de la provincia de Galacia al sur de Asia Menor delimitada por Panfilia, Frigia y Licaonia. El territorio se encontraba dentro de la cadena montañosa de Tauro y, por lo tanto, resistió las invasiones de los pueblos antiguos. Recién en el 25 d.C. los romanos obtuvieron el control de la región a través de la diplomacia económica. Antioquía fue nombrada

Picos nevados de montañas de Pisidia, una antigua provincia en Asia Menor (Turquía).

capital, aunque algunos historiadores sostienen que la ciudad no estaba verdaderamente en Pisidia. Pablo y Bernabé pasaron por Antioquía (Hech. 13:14) luego de que Juan Marcos los abandonara en Perge (v.13). El NT no registra actividad misionera en Pisidia, probablemente porque allí había muy pocos judíos con quienes comenzar una congregación. Ver *Asia Menor, Ciudades de.*

PISÓN Herramienta pequeña con forma de garrote para moler en un mortero (Prov. 27:22).

PISÓN, RÍO Nombre que significa "que fluye libremente" y designa a uno de los ríos del Edén (Gén. 2:11). La identidad del río se desconoce. Algunos sugieren que el "río" era un canal que conectaba el Tigris y el Éufrates, u otra masa de agua como el Golfo Pérsico.

PISPA Nombre de persona con significado desconocido. Miembro de la tribu de Aser (1 Crón. 7:38).

PITÓN Nombre de persona de significado desconocido. Descendiente de Saúl (1 Crón. 8:35; 9:41).

PITÓN Y RAMESÉS Ciudades egipcias situadas al norte de Egipto (delta del Nilo) en o cerca del Wadi Tumilat. Fueron construidas por los israelitas mientras estaban en Egipto (Ex. 1:11), y fueron centros de abastecimiento para propósitos reales, militares y religiosos, y se encontraban cerca de palacios, fortalezas y templos. A Pitón (Templo de Atum) se la ha identificado con Tell er-Retaba, con Tell el-Maskhuta o con Heliópolis, y a Ramesés se la ha identificado con Qantir. Sin embargo, ninguno de los dos primeros sitios para Pitón ha arrojado evidencias del siglo XV a.C., y faltan pruebas para su identificación con Heliópolis.

Ramesés (Qantir) se menciona por primera vez en Gén 47:11 (como sinónimo de Gosén) como la región donde José instaló a su padre Jacob y a sus hermanos. Posteriormente fue el punto de partida para el éxodo de los israelitas desde Egipto (Ex. 12:37; Núm. 33:3,5). Ramesés fue la capital de los hicsos llamada Avaris (1638–1530 a.C.) antes de que fueran expulsados por el faraón tebano Amosis I (1540–1515 a.C.), el primer faraón de la Dinastía XVIII, que estableció una fortaleza y un asentamiento en el lugar. Los sucesores de Amosis I, hasta Tutmosis III, construyeron y utilizaron un gran complejo real justo al sur de este sitio que estuvo en uso hasta el reinado de Amenofis II. De todos modos, el faraón Ramsés II (faraón durante la fecha más tardía del éxodo) también hizo edificaciones cerca de este sitio. Ver *Egipto; Éxodo.* *Eric Mitchell*

PLAGAS Enfermedad que se interpretaba como juicio divino; traducción de varias palabras hebreas. Las diez plagas del libro de Éxodo fueron las poderosas obras de Dios que condujeron a la liberación de Israel y demostraron la soberanía de Dios; se denominó "plagas" (Ex. 9:14; 11:1), "señales" (Ex. 7:3), "prodigios" (Ex. 7:3) y "maravillas" (Ex.11:9). Mostraron que el Dios de Moisés era soberano sobre los dioses de Egipto, incluyendo al faraón, a quien los egipcios consideraban un dios.

La referencia principal a las plagas en la Biblia se encuentra en Ex. 7:1–13:15 (comp. Deut. 4:34; 7:19; 11:3; Jer. 32:20). Dos salmos (78; 105) contienen relatos detallados de las plagas pero ninguno incluye las diez. Pablo usó el tema de las plagas para enfatizar la soberanía de Dios al endurecer el corazón de Faraón (Rom. 9:17,18). Las plagas del libro de Apocalipsis reflejan influencia del AT (Apoc. 8; 16).

Natural o sobrenatural Las diferenciaciones modernas entre lo natural y lo sobrenatural no eran consideraciones aceptables para los israelitas. Para ellos, todo lo que sucedía era obra de Dios. Todo estaba bajo el control inmediato de Dios. Para el escritor inspirado, las plagas no fueron nada más ni nada menos que el juicio del Señor sobre los egipcios y divinas acciones salvadoras para Israel. La mayoría de los intérpretes señalan que las plagan representan sucesos de la naturaleza que podían suceder en Egipto. A las claras, el autor de Éxodo las vio como producto de una voluntad divina intencional. Como los magos de Egipto repitieron los dos primeros acontecimientos, la exclusividad de las plagas puede encontrarse en lo oportuno del momento en que se presentaron, en el escenario, en la intensidad y en la interpretación teológica.

Propósito Las plagas dieron como resultado la liberación de Israel. Sin embargo, el propósito central fue la revelación de Dios. Faraón y los egipcios, así como Moisés y los israelitas, conocerían al Señor a través de los sucesos de las plagas (Ex. 7:17; 8:10,22; 9:14,16,29). Pablo reconoció este propósito: "para que mi nombre [de Dios] sea proclamado por toda la tierra" (Rom. 9:17). Ver *Éxodo, Libro de; Milagros, señales, prodigios.*

Billy K. Smith

PLANTAS Al tercer día de la creación, tal como se registra en Génesis, Dios le habló a la tierra para que produjera vegetación: que las semillas generaran plantas y árboles (Gén. 1:11,12; comp. 2:4-6). En Gén. 1:29,30, Dios les dio las plantas y los árboles al hombre y a las criaturas que había creado, toda planta para que se alimentaran. Génesis 2:9 dice que todo árbol era "delicioso a la vista, y bueno para comer". A través de todo el AT y el NT se hace referencia a árboles, viñedos, arbustos, hierbas y hasta la grama. Adán y Eva "cosieron hojas de higuera" para hacer su primera vestimenta (Gén. 3:7). Luego de la caída, Dios maldijo la tierra de modo que el hombre tuviera que luchar con las plantas indeseadas que contaminaban los campos que tenía que cuidar (Gén. 3:17,18).

Algunas especies de plantas que se incluyen en la Escritura no se traducen fácilmente a nombres conocidos, por lo tanto, se han creado categorías de plantas. Se han notado similitudes en el uso y en la apariencia. Ver *Flores.*

El lirio y la rosa Los labios rojos de Cant. 5:13 indican un "lirio" rojo, como un tulipán o una anémona escarlata. Otras referencias, como Cant. 2:1, 2, se pueden referir al lirio virgen blanco (*Lilium candidum*), ahora muy escaso en la zona, al jacinto silvestre (*Hyacinthus orientalis*), al azafrán silvestre (la especie *Croccus*), o a la rosa de Isa. 35:1,2. No se puede saber con precisión a qué "lirios" se refería Jesús (Mat. 6:28; Luc. 12:27). Pueden haber sido anémonas o cualquier flor silvestre llamativa como los crisantemos (*Chrysanthemum coronarium*).

Existe una dificultad parecida para identificar a la "rosa" bíblica. La "rosa de Sarón" (Cant. 2:1) se ha equiparado con la anémona, la jara, el narciso, el tulipán y el azafrán.

Los juncos Ciertas plantas acuáticas se pueden distinguir a partir de las diversas palabras hebreas que se usan. Es probable que las siguientes especies sean aquellas a las que se hace alusión en la Biblia.

Junco común (*Phragmites communis*); forma grandes matorrales en aguas poco profundas o en arenas húmedas salitrosas. Es probable que a Jesús le hayan dado la flor en forma de penacho como una burla (Mat. 27:29). Las plumas para escribir (3 Jn. 13) se hacían con tallos parecidos al bambú.

Junco de papiro (*Cyperus papyrus*); también crece en aguas poco profundas en lugares cálidos como el Lago Huleh y a lo largo del Nilo, pero ahora está extinguido en Egipto a no ser que se lo cultive. Es alto y triangular; los tallos esponjosos se usaban para hacer balsas (Isa. 18:1,2), cestos (Ex. 2:3), y papel de papiro sobre el que se puede haber escrito gran parte de la Biblia.

Enea o espadaña (*Typha domingensis*); se asocia frecuentemente con los juncos mencionados anteriormente y parece haber sido la variedad entre la cual escondieron a Moisés (Ex. 2:3). Muchas veces se la llama enea, pero el árbol de enea (*Scirpus lacustris*) es un junco con tallos esbeltos que también se encuentra en lagos y lagunas.

Las espinas La corona de espinas de Jesús ha llevado a los eruditos a dos arbustos conocidos como "corona de Cristo" (*Ziziphus spina-christ, Paliurus spina-christi*). El primero crece cerca del Mar Muerto próximo a Jerusalén (Mat. 27:29; Mar. 15:17; Juan 19:5), mientras que el último crece recién en las cercanías de Siria. Sin embargo, en los tiempos bíblicos puede haber crecido en los montes de Judea. Algunos autores consideran que la especie en cuestión es la pimpinela espinosa común (*Poterium o Sarcopoterium spinosum*).

Incluso en la actualidad, nadie puede andar mucha distancia por la Tierra Santa sin ver malezas espinosas. La tierra está maldita con ellas (Gén. 3:18; Núm. 33:55). Se han usado muchas palabras hebreas diferentes para distinguirlas, y a algunas se las puede identificar. Las espinas son, en general, plantas leñosas como la acacia, el lycium, el ononis, el prosopis, el rubus, el sarcopoterium, en tanto que los cardos son herbáceas, como la centáurea, el notobasis, el silybum. Estas últimas pueden haber sido las "espinas" que ahogaron las semillas en la parábola de Jesús (Mat. 13:7).

Plantas fragantes En los tiempos bíblicos, las plantas con aromas fuertes incluían las siguientes especies:

La casia y la canela se identifican tradicionalmente con los árboles del lejano oriente, el *Cinnamomum cassia* y el *C. zeylanicum.* La corteza molida se utilizaba en el aceite santo de la unción para los sacerdotes (Ex. 30:24), y la canela se usaba para los perfumes (Prov. 7:17; Apoc. 18:13).

El cálamo aromático o caña dulce (*Acorus calamus*) era el rizoma seco de esta planta acuática importada de zonas templadas de Asia que se usaba para perfume (Isa. 43:24 NVI).

El gálbano, resina de aroma muy fuerte que se quemaba como incienso (Ex. 30:34), se obtenía del tallo de la *Ferula galbaniflua*, un pariente del perejil que crece en las áridas colinas de Irán.

La alheña (*Lawsonia inermis*); se molían las hojas y se utilizaban como perfume (Cant. 1:14) y como tintura amarilla para la piel, las uñas y el cabello. Es un arbusto subtropical con flores blancas.

El hisopo, utilizado para la limpieza ritual (Lev. 14:4,49) y para rociar la sangre en el tabernáculo (Ex. 12:22), probablemente haya sido la mejorana blanca (*Origanum syriacum* o *Majorana syriacum*) que crece comúnmente en lugares rocosos y se la relaciona con la menta. Ver *Hisopo.*

El mirto (*Myrtus communis*) o arrayán es un arbusto con hojas fragantes y flores blancas que se encuentra a menudo en lugares llenos de arbustos. Se prefería especialmente para hacer las viviendas temporales en campo abierto durante la fiesta de los tabernáculos (Lev. 23:40; Neh. 8:15).

La ruda (*Ruta chalepensis*) crece en los montes de la Tierra Santa como un arbusto bajo y desordenado con hojas de un olor penetrante. Jesús se refiere a esta planta al mencionar que se diezmaba (Luc. 11:42).

El nardo era un aceite perfumado y costoso (Cant. 4:13,14; Juan 12:3) que se obtenía tanto de las hojas de una grama del desierto *(Cymhybopogon schoenanthus*) o, tradicionalmente, de su pariente valeriana *Nardostachys jatamansi* de los Himalayas.

El estacte era una de las especias aludidas en Ex. 30:34 que debía usarse en el incienso; puede ser la resina del bálsamo de Galaad (*Commiphora gileadensis*) del sur de Arabia.

Este cardo grande es una de las muchas variedades oriundas de Israel.

Hierbas culinarias Las hierbas amargas para la Pascua son ciertas plantas silvestres con hojas de sabor fuerte. El ajenjo, planta del desierto (*Artemisia*) también era amarga y representaba dolor y sufrimiento (Prov. 5:4 Lam. 3:15,19).

El culantro o coriandro (*Coriandrum sativum*) proporciona tanto hojas para ensalada como semillas picantes (Ex. 16:31), y los israelitas lo compararon con el maná del desierto (Núm. 11:7).

El comino (*Cuminum cyminum* y el ***eneldo*** (*Anethum graveolens*), así como el coriandro, son miembros de la familia del perejil con semillas picantes (Isa. 28:25-27; Mat. 23:23).

El comino negro (*Nigella sativa*) es una planta anual con semillas negras oleosas que se dañan con facilidad al cosecharla (Isa. 28:25-27).

La menta (*Mentha longifolia*) era una hierba popular para condimentar, de la cual algunos líderes judíos daban el diezmo (Luc. 11:42).

La mostaza (*Brassica nigra*), bien conocida por sus semillas de sabor picante, es aquella a la que Jesús se refiere por tener semillas pequeñas que se convierten en un árbol (Mat. 13:31-32).

El azafrán (*Crocus sativus*), polvo amarillo preparado de los estigmas de la planta que se usa como condimento suave (Cant. 4:14), medicina, y colorante para la comida.

El incienso y la mirra son resinas de ciertos árboles que crecen en tierras áridas al sur de Arabia y al norte de África.

El incienso es una resina blanca o incolora que producen varias especies de la *Boswellia*, principalmente la *B. sacra*, un arbusto o árbol pequeño que crece a ambos lados del Mar Rojo. La resina se obtiene cortando las ramas y recogiendo las "lágrimas" exudantes que se queman como incienso en los ritos religiosos o como fumigante personal. En la Biblia, el incienso se prescribía para la mezcla del incienso santo (Ex. 30:31,34; Luc. 1:9). Los magos también se lo llevaron al niño Jesús, junto con oro y mirra (Mat. 2:11).

La mirra es una resina de color rojizo que se obtiene de un arbusto espinoso, el *Commiphora myrrha*, de una manera similar al incienso. Por lo general, a esta resina no se la quemaba sino que se la disolvía en aceite y se la ingería o se le daba usos medicinales y cosméticos (Sal. 45:8; Mat. 2:11).

Plantas medicinales Muchas hierbas medicinales se obtenían en colinas y valles donde crecían las plantas silvestres. La gente del lugar conocía mucho sobre plantas de la zona, pero estas hierbas comunes no se mencionan de manera especial en la Biblia. Se hace referencia a algunas medicinas especiales importadas. Ver *Incienso y mirra* más arriba.

El áloe del NT (*Aloe vera*) era una planta suculenta con hojas largas en forma de espada y bordes dentados, y flores erguidas de una altura de hasta 90 cm (3 pies), importadas de Yemen. La savia amarga se usaba como medicina y para embalsamar (Juan 19:39). En el AT, el áloe alude a una costosa madera fragante obtenida de un árbol tropical de la India llamado palo de áloe (*Aquilaria agallocha*).

El bálsamo (Gén. 37:25) es un término general correspondiente a un ungüento medicinal preparado con plantas resinosas como la jara (*Cistus laurifolius*) que produce el ládano. El bálsamo de Galaad u opobálsamo surge del *Commiphora gileadensis*, un arbusto sin espinas de tierra seca del sur de Arabia que, según se dice, Salomón cultivó en En-gadi cerca del Mar Muerto (Cant. 5:1, "aromas"). Los ismaelitas importaban la resina junto con el bálsamo (Gén. 37:25). La extraían de raíces que cortaban de un arbusto espinoso (*Astragalus tragacanth*) que crecía en las secas laderas de los montes iraníes.

Algunas plantas, como la calabaza *Citrullus colocynthis*, podía ser una purga medicinal si se la administraba en pequeñas cantidades pero, de otro modo, era un veneno amargo (2 Rey. 4:39-40).

Cereales para el pan Los ciudadanos adinerados hacían el pan principalmente de trigo, pero los pobres tenían que contentarse con la cebada común (2 Rey. 4:42; Juan 6:9). No se cultivaban otros cereales, de modo que estos eran el "maíz" del AT. En cambio, en los tiempos del NT se introdujo el sorgo. El arroz llegó más tarde y los maizales no llegaron hasta que se descubrió América.

El trigo (trigo escandia *Triticum dicoccum*; trigo de pan *T. aestivum*) es un cultivo anual que crece alrededor de 90 cm (3 pies), aunque las variedades primitivas eran más altas en tierra rica y poseían espigas barbadas.

Los granos de trigo son duros, secos y fáciles de almacenar en graneros como hizo José en Egipto antes de la época de hambruna (Gén. 41:49). Era importante retener semillas para sembrar (Gén. 47:24), pero los granos de las antiguas tumbas no germinan. Ver *Pan*.

La cebada (*Hordeum vulgare*) tolera una tierra más pobre que el trigo, es más baja, tiene espigas barbadas y se cosecha más rápido (Ex. 9:31,32). También se usaba para destilar cerveza y como forraje para los caballos y el ganado (1 Rey. 4:28). A veces a la cebada se la comía tostada como grano tostado (Rut 2:14).

El trigo y la cebada que quedaba luego de trillar se usaba como combustible (Isa. 47:14), y la paja delgada para calentar el horno inmediatamente.

Frutas ***Los olivos*** (*Olea europaea*) son pequeños árboles de cultivo, redondeados y con hojas angostas color verde grisáceo y flores diminutas color crema que florecen en mayo. Los frutos con carozo maduran hacia fines del verano y se conservan en salmuera, ya sea sin madurar como aceitunas verdes o maduros como aceitunas negras. Sin embargo, la mayor parte de la cosecha se juntaba para obtener el aceite de oliva. Ver *Aceite*.

Las vides (*Vitis vinifera*) crecían en viñedos o solas como parrales para sombra alrededor de las casas y en los patios; tienen ramas largas y flexibles con hojas lobuladas como zarcillos. Entre las hojas nuevas crecen cortos ramilletes al comienzo del verano y las numerosas florcitas se convierten en un racimo de uvas redondas y dulces que maduran, ya sea como frutos verdes o negros. Los frutos se comen frescos como uvas, o secos y almacenados como pasas (1 Sam. 30:12). El vino se preparaba con el jugo fermentado. Ver *Vino*.

La higuera común (*Ficus carica*) tiene un tronco corto y robusto, ramas y ramitas gruesas que dan hojas toscamente lobuladas y ásperas (Gén. 3:7). Los frutos redondeados maduran durante el verano. Estos higos dulces tienen numerosas semillitas en su cavidad interior. Los higos frescos se preferían como frutas tempranas (Isa. 28:4; Jer. 24:2), pero también se los podía secar muy bien para almacenarlos en forma de tortas para uso futuro (1 Sam. 25:18; 30:12). Jesús se refirió varias veces a los higos y a las higueras (Mat. 7:16; Luc. 21:29-31).

Otra clase de higuera, el ***sicómoro*** (*Ficus sycomorus*), crecía en Egipto y en las zonas más cálidas de la Tierra Santa. Este árbol grande tenía, por lo general, ramas que crecían desde abajo, como las que le permitieron a Zaqueo, que era de baja estatura, treparse para ver a Jesús que pasaba por las calles de Jericó (Luc. 19:4)

El fruto jugoso de la ***granada*** (*Punica granatum*), más o menos del tamaño de un balón de tenis, está lleno de semillas y una pulpa dulce. Se desarrolla a partir de unas hermosas flores escarlata que cubren el arbusto tupido en primavera. Los granados crecen, por lo general, en jardines y junto a las casas (Deut. 8:8; Cant. 6:11). Moisés recibió instrucciones de bordar granadas en las orlas de las túnicas de los sacerdotes (Ex. 28:33), y sus formas adornaban las columnas del templo de Salomón en Jerusalén (1 Rey. 7:18; 2 Crón. 3:16). En los tiempos bíblicos sólo una palmera, la ***palmera datilera*** (*Phoenix dactylifera*), daba fruto. Este árbol muy alto con tronco tosco sin ramas y terminación en un penacho de grandes hojas como plumas, da mejores frutos en las condiciones calurosas de los oasis del Mar Muerto. Por lo tanto, a Jericó se la conocía como la ciudad de las palmeras (Jue. 1:16). Los israelitas errantes llegaron a Elim, donde había 70 palmeras (Ex. 15:27). El salmista lo consideraba un árbol tan magnífico que lo comparó con los justos que florecen (Sal. 92:12). Apocalipsis 7:9 alude al uso simbólico de hojas de palmera ("palmas") que denotan victoria, como cuando Jesús entró a Jerusalén y la gente alfombró su paso con estas hojas (Juan 12:13).

Una fruta cuestionable es la que la Biblia llama "manzana" o "manzano" (Prov. 25:11; Cant. 2:3,5; 7:8; 8:5; Joel 1:12). Podría ser posible, pero es poco probable que en épocas tan tempranas se encontraran variedades tan finas de manzanas.

Frutos secos Eran secos, duros y con semillas, a diferencia de los frutos más suculentos descritos más arriba.

La fruta seca bíblica más importante era la ***almendra*** (*Prunus dulcis*), de un árbol pequeño con encantadoras flores blanquecinas que aparecen al comienzo de la primavera antes de que hayan brotado las hojas. Actualmente son populares ya sea frescas o como mazapán; el fruto se encuentra dentro de una cáscara gruesa y muy dura. Los hermanos de José fueron los que llevaron las almendras a Egipto (Gén. 43:11). La vara de Aarón floreció y dio almendras de la noche a la mañana, y así demostró que él era el hombre escogido por Dios para ayudar a Moisés (Núm. 17:8). El candelero santo tenía copas en forma de flores de almendro (Ex. 25:33; 37:19).

El ***nogal*** (*Juglans regia*) se originó en la región del Caspio y es probable que no se lo haya plantado en la región mediterránea oriental sino hasta después del período bíblico. Sin embargo, es posible que Salomón los hubiera plantado en su huerto (Cant. 6:11). El árbol crece hasta una altura considerable. Las hojas son compuestas y las nueces oleosas comestibles parecen un cerebro en miniatura, de allí su antiguo nombre *Jovis glans* y la adaptación científica *Juglans*.

Vegetales Los israelitas errantes anhelaban tener vegetales en el desierto luego de haber salido de Egipto (Núm. 11:5). Se mencionan cebollas, puerros y ajos, como también pepinos y melones. En muchos lugares leemos de lentejas y otras legumbres (2 Sam. 17:28; Dan. 1:12).

Las ***cebollas*** (*Allium cepa*) son los bulbos que nosotros conocemos en el presente. Son blancos o púrpura y crecen rápidamente de semillas en una temporada. Los puerros (*Allium porrum*) forman un bulbo parecido. Se cocinan o se cortan las hojas en trozos. El ajo (*Allium sativum*) es una cebolla de sabor fuerte que produce un bulbo compuesto por dientes separados.

Los ***pepinos*** del Egipto bíblico eran más probablemente melones *Cucumis melo*, que tenían trazos longitudinales en el exterior. Los melones eran las sandías (*Citrullus lanatus*) y no los melones jugosos o los rocío de miel que son de origen americano y ahora crecen extensamente en el Medio Oriente.

En los tiempos bíblicos se cultivaban variados ***porotos*** o legumbres, en especial lentejas (*Lens culinaris*) en las regiones más áridas. El potaje o guisado rojo de lentejas le permitió a Jacob obtener la primogenitura de Esaú (Gén. 25:29-34). Las plantas de lentejas son pequeñas y esbeltas, con flores parecidas a guisantes y pequeñas vainas chatas que contienen dos semillas. De las otras legumbres, las habas (*Vicia faba*) y los garbanzos (*Cicer arietinum*) eran importantes y pueden haber sido los vegetales que Daniel y sus amigos comieron en Babilonia (Dan. 1:12).

Árboles Desde Génesis hasta Apocalipsis, los árboles ocupan un lugar especial, tanto de manera objetiva como simbólica. Se pueden dividir en grupos de acuerdo a su hábitat natural.

Árboles de regiones secas y desérticas La lluvia es imprevisible y los árboles pueden estar restringidos a cursos de agua secos donde permanece el agua residual.

En Sinaí crecen varias especies de acacias (*shittim*, utilizando la palabra hebrea). Su madera se usó para la construcción del tabernáculo de reunión (Ex. 25). Por lo general, son árboles con la copa achatada que poseen grandes espinas.

El tamarisco (especie *Tamarix*) es un arbusto o árbol pequeño con ramitas delgadas, hojas escamosas y flores rosadas y blancas que crecen en lugares salitrosos del desierto. Abraham plantó uno en Beerseba (Gén. 21:33 NVI).

Árboles de arroyos, ríos y lagos En estos hábitats, por lo general el agua se encuentra disponible todo el año.

La adelfa, hoy conocido como laurel de jardín (*Nerium oleander*), es un arbusto erecto con hojas largas, delgadas, venenosas y perennes que da hermosas flores rosadas o blancas en verano. Aunque se lo puede encontrar en los lechos de los ríos en tierras secas, también crece en pantanos y arroyos como los del Monte Carmelo. Puede tratarse de las “rosas” de Jericó y de las “rosas” plantadas junto al arroyo (Eclesiástico 24:14;39:13). Incluso algunas de las referencias a los sauces pueden corresponder a las adelfas o laureles de jardín.

El plátano (*Platanus orientalis*) es un árbol grande con corteza que se desmenuza y hojas en forma de dedos. Sus diminutas flores están en racimos en varias bolsas colgantes. Se los puede encontrar en los lechos rocosos de los arroyos. Fue una de las varas que Jacob descortezó (Gén. 30.37; también Ezeq. 31:8).

El álamo (*Populus euphratica*) es otro de los árboles que Jacob descortezó (Gén. 30:37). Crece junto al agua, en especial junto a los ríos Éufrates y Jordán. Es un árbol alto con hojas que se sacuden y numerosos retoños alrededor de la base. El álamo blanco (*P. alba*) o el estoraque (*Styrax officinalis*) probablemente crecía en las montañas (Os. 4:13).

El sauce (*Salix acynophylla*), al igual que el álamo, echa raíces fácilmente en lugares húmedos, pero no es tan alto y por lo general tiene hojas largas y angostas (Job 40:22; Isa. 44:4; Ezeq. 17:5).

Árboles de colinas y planicies En los tiempos bíblicos, y ciertamente antes de que los israelitas conquistaran Canaán, las colinas de la Tierra Santa eran arboladas, en tanto que el Líbano era famoso por sus densos bosques. La agricultura, la construcción de terrazas en las colinas, el pastoreo de ovejas y cabras, y la constante demanda de combustible y madera han dejado pocos bosques en la actualidad. En muchos lugares sólo quedan árboles aislados. Hasta hace poco, incluso las planicies entre el Mediterráneo y las colinas estaban cubiertas de robles.

El ciprés (*Cypressus sempervirens*) es una conífera densa de bosque con ramas típicas que se expanden, aunque por lo general se lo ve como un árbol alto y estrecho plantado junto a los cementerios. Las referencias en la Biblia con respecto a las coníferas son confusas, pero es evidente que en Isa. 40:20; 60:13 se refiere al ciprés, entre otros.

El cedro (*Cedrus libani*), el famoso cedro del Líbano, crecía en extensos bosques de coníferas que ahora tristemente han quedado diezmados. Los robustos árboles de copa achatada proporcionaban excelente madera que se usó para la casa de David (2 Sam. 5:11) y para el templo de Salomón (1 Rey. 5:6-10), como así también para la reconstrucción luego del exilio (Esd. 3:7).

La encina (*Quercus species*) proporciona excelente madera para barcos (Ezeq. 27:6) y otras construcciones, aunque la coscoja perenne por lo general no crece más alta que un arbusto. La encina de hojas caducas sigue formando bosques en algunos montes de Palestina, tales como en el Carmelo, en Neftalí y en Basán (Isa. 2:13). Las encinas se usaban para marcar tumbas (Gén.

35:8), como mojones (1 Sam. 10:3), o para ceremonias sacrílegas (Os. 4:13).

El pino (*Pinus halepensis*), en especial el pino carrasco (*Aleppo pineis*), es una conífera alta con largas hojas en forma de aguja y piñas que contienen semillas aladas. La madera es maleable y se usa para construcción; probablemente sea el árbol al que se alude en Isa. 44:14.

Árboles extranjeros Las expediciones dieron como resultado maderas raras durante el período del AT, y en los tiempos del NT las maderas extranjeras entraban a través de las rutas normales de comercio.

La madera que tradicionalmente se identifica como madera de sándalo (*Pterocarpus santalinus*), Salomón la importaba de Ofir a Judá por medio de la flota de Hiram (1 Rey. 10:10,11). Provenía del Líbano (2 Crón. 2:8), en cuyo caso pudo haber sido el abeto de Cilicia (*Abies cilicia*) o el enebro de Grecia (*Juniperus excelsa*).

Ezequiel 27:15 relaciona el ébano con los colmillos de marfil importados. El ébano negro rojizo de Egipto era un árbol leguminoso africano, *Dalbergia melanoxylon*, en tanto que posteriormente el nombre se transfirió al *Diospyros ebenum* asiático, que tiene madera negra azabache. Ver *Enebro; Hiel; Palmeras; Retama.*

F. Nigel Hepper

PLANTÍO Término para designar una parcela donde se cultivan plantas (Ezeq. 17:7).

PLATA Metal precioso relativamente escaso de color blanco brillante y notablemente resistente al óxido. Se funde a los 1016° C (1861° F). Las referencias bíblicas a menudo mencionan el proceso para refinar la plata (1 Crón. 29:4; Sal. 12:6; Prov. 17:3; Ezeq. 22:20-22). Es tan maleable que se golpea hasta obtener hojas que llegan a medir tan sólo 0,00025 mm de espesor. Hasta alrededor del 500 a.C., la plata era el metal más valioso del Cercano Oriente. Por ende, en la mayor parte del AT se le da prioridad sobre el oro. Sólo en Crónicas y Daniel el oro se considera más valioso. Por consiguiente, la analogía que decía que en Jerusalén la plata era tan común como las piedras (1 Rey. 10:27; 2 Crón. 9:27) refleja la espléndida riqueza del imperio salomónico. Las primeras monedas se acuñaron después del 700 a.C., pero el peso del material continuó siendo el estándar más común para determinar el valor. En tiempos del NT, el impuesto del templo equivalía a una dracma, es decir, una moneda de plata. En sentido figurado, el refinado de la plata se emplea en la Biblia para referirse al corazón del hombre que es puesto a prueba (Sal. 66:10; Isa. 48:10; comp. 1 Cor. 3:10-15) y a la pureza de la palabra de Dios (Sal. 12:6). Se declara que la justicia es más valiosa que la plata (Job 28:10-15; Prov. 3:13,14; 8:10,19; 16:16). Ver *Dinero; Minerales y metales; Monedas; Oro.*

LeBron Matthews

PLATA BATIDA Láminas delgadas de plata que se obtenían moldeándolas con martillo y se utilizaban para recubrir objetos de menor valor tales como el centro de madera de un ídolo (Jer. 10:6-10).

PLATERO Persona que trabaja con plata, ya sea en el refinado del mineral o en la fabricación de productos hechos del material ya refinado. La plata se utilizaba para el dinero y las imágenes religiosas (Jue. 17:4). Se empleó en la fabricación de muchos utensilios usados en el tabernáculo y en el templo (Núm. 7:13). La única mención de los plateros en el NT corresponde a una disputa con Pablo donde la predicación de este amenazaba el trabajo de aquellos (Hech. 19:23-41). Ver *Ocupaciones y profesiones.*

Caja de plata para un rollo de la Torá.

PLATO El plato donde se colocó la cabeza de Juan el Bautista probablemente haya sido de oro o plata (Mat. 14:8,11; y paralelos). Los platos de cerámica eran de uso común (Luc. 11:39). Ver *Alfarería.*

PLAZA Las calles estrechas y los edificios agrupados de la mayoría de los pueblos y aldeas de la antigua Palestina dejaban poco lugar para una plaza pública. Las tiendas se encontraban en residencias privadas o se agrupaban en los alrededores de la puerta de la ciudad formando ferias (1 Rey. 20:34). Los mercaderes operaban en casetas ubicadas por dentro de la puerta de la ciudad o vendían la mercancía en un espacio abierto fuera de ella. Esta zona también servía como lugar de concentración de las tropas (2 Crón. 32:6) y sitio para reuniones públicas (Neh. 8:1), celebración de victorias (Deut. 13:16) y exhibición de rehenes (2 Sam. 21:12).

Ben-adad de Damasco le dio permiso a Acab para que hiciera plazas en esa ciudad tal como su padre había hecho en Samaria (1 Rey. 20:34).

Herodes reedificó muchas ciudades de Palestina siguiendo el modelo griego, que incluía áreas abiertas para congregaciones públicas (gr. *agora*).

Zona donde estaban ubicados los comercios y el ágora de la antigua Corinto.

Los niños jugaban entre las tiendas (Mat. 11:16), los jornaleros se reunían para ser contratados (Mat. 20:2,3) y los fariseos y otros ciudadanos líderes deambulaban e intercambiaban saludos (Mat. 23:7; Luc. 11:43). Cuando Pablo visitaba las ciudades griegas, iba a la plaza (gr. *agora*) para hablarles a las multitudes que siempre se reunían allí (Hech. 17:17). Silas y Pablo también fueron juzgados por los magistrados en la plaza de Filipos luego del enojo de los mercaderes (Hech. 16:19, "foro"). *Victor H. Matthews*

Moderna plaza/mercado del Medio Oriente en la Isla de Creta, con reminiscencias de un mercado antiguo.

PLENITUD Integridad o totalidad. "De Jehová es la tierra y su plenitud" (Sal. 24:1). Las Escrituras consideran que nada está realmente completo hasta tanto cumple el propósito para el que Dios lo creó. Por eso, Ef. 1:23 habla de Dios como quien "todo lo llena en todo". Él es quien da a cada cosa su significado y riqueza esenciales. La plenitud se expresa con mayor claridad en la persona de Jesucristo (Col. 1:19; 2:9), de quien los verdaderos creyentes reciben la vida de plenitud divina (Juan 1:16; 10:10). Es una vida llena de gozo (Juan 15:11) y de paz a pesar de las tribulaciones de este mundo (Juan 16:33). Ver *Vida eterna.* *Joe Baskin*

PLÉYADES Agrupación brillante de seis o siete estrellas visibles ubicadas en el lomo de la constelación de Tauro (Job 9:9; 38:31; Amós 5:8). La derivación del nombre se remonta a las siete hijas de Atlas y Pléyone en la mitología griega; el adjetivo *pleos* sugiere la "plenitud" de la constelación; y el verbo *pleo* (navegar), la utilidad de la constelación para la navegación.

PLOMADA Cuerda con un peso (generalmente de metal o de piedra) adosado a un extremo. La plomada se colgaba junto a una pared mientras se construía para asegurarse de la precisión vertical. Los profetas hablaron de la medida que Dios usaría con la nación (Isa. 28:17 "nivel"; Amós 7:7,8). A Israel se la había construido derecha pero, debido a que estaba fuera de línea, sería destruida.

POBRES EN ESPÍRITU La expresión no alude a aquellos espiritualmente pobres, es decir, carentes de fe o de amor, sino a los que tienen un espíritu humilde y, por lo tanto, dependen de Dios (Mat. 5:3). El paralelo de Lucas habla simplemente de los pobres (Luc. 6:20). Se consideraba un hecho bien establecido que "ha elegido Dios a los pobres de este mundo, para que sean ricos en fe y herederos del reino" (Sant. 2:5).

POBRES, HUÉRFANOS, VIUDAS Tres grupos de personas de las clases sociales más bajas que necesitaban protección legal contra los ricos y los poderosos que a veces abusaban de ellos (Job 24:3,4). La promesa de Dios de cuidar a los pobres, a los huérfanos y a las viudas era una fuente de profunda esperanza en tiempos de severa dificultad.

Condición y esperanza de los pobres Las palabras usadas para describir a los pobres tienen el significado subyacente de "humilde, oprimido, necesitado, débil, dependiente". Los contextos en que se usan estos términos sugieren que los pobres eran aquellos que habían sido oprimidos o empobrecidos injustamente (Job 24:14; 29:12; Sal. 10:9; Isa. 3:14); aquellos que mendigaban comida (Deut. 15:7-11; Job 31:16-21), o aquellos que no tenían estatus económico o social (2 Sam. 12:1-4; Prov. 14:20; Ecl. 9:13-18). Lo ideal habría sido que no hubiera pobres entre el pueblo del pacto de Dios debido a Sus bendiciones y a la generosidad del pueblo hacia aquellos que padecían necesidad (Deut. 15:7-11). En realidad, las bendiciones de Dios no siempre descendían sobre Su pueblo pecador, y los ricos no siempre compartían con los pobres. A fin de proveer para estos, Dios permitía que espigaran los restos que quedaban en los campos y en los viñedos y que cosecharan los rincones (Lev. 19:10; 23:22). Si a una persona pobre se la obligaba a entrar en esclavitud, debía ser tratada como un sirviente contratado (Lev. 25:39-43). Los tribunales debían cuidar que los pobres recibieran un trato justo, es decir, no debía ser favorable ni desfavorable (Ex. 23:3,6,7).

La esperanza del pobre se basaba en su condición delante de Dios. Como eran parte del pueblo que Dios había redimido de la esclavitud en Egipto, heredaban las bendiciones divinas de libertad, protección y una porción de tierra (Lev. 25:38,42,55). Los salmos describen a Dios como refugio y libertador de los pobres (Sal. 12:5; 14:6; 70:5). En algunos pasajes se los identifica con los justos (Sal. 14:5,6). Los profetas predijeron la destrucción de Judá y de Israel debido, en parte, a la opresión de los pobres en manos de los mismos israelitas (Amós 2:6-8; 4:1-3; 5:10-13; 8:4-6). Los profetas animaban al pueblo a defender al pobre e instruían a los reyes a gobernar con equidad (Prov. 29:7,14; Isa. 1:17; Jer. 22:3). Dios envió juicio sobre Sodoma (Gén. 18:16–19:29) y sobre Judá porque la gente no se preocupaba por los pobres (Ezeq. 16:46-50).

Jesús se interesaba de manera particular en los pobres y predicaba un mensaje de buenas nuevas para ellos (Mat. 11:5; Luc. 4:18) y relataba parábolas que animaban a la generosidad hacia estas personas (Luc. 14:13-24). Los primeros cristianos proveían para las necesidades de las viudas pobres (Hech. 6:1-6), y Pablo hizo un gran esfuerzo para recolectar fondos para los necesitados de Jerusalén (Rom. 15:26). Esta actitud positiva hacia los pobres no estaba presente en todos los cristianos de la iglesia primitiva (Sant. 2:1-6).

Condición y esperanza de los huérfanos y las viudas Entre los pobres, los huérfanos y las viudas eran los más vulnerables. El huérfano era el niño sin padre (la madre podía seguir con vida), mientras que la viuda no tenía esposo. En ambos casos, no había una figura masculina madura que pudiera defenderlos contra las personas inescrupulosas que quisieran estafarles la herencia. Por lo tanto, había códigos legales bíblicos (y no bíblicos) que tomaban recaudos para proteger los derechos de huérfanos y viudas (Ex. 22:22; Deut. 10:18; 24:17-22). Los profetas tenían una preocupación especial ante la injusticia perpetrada contra los más vulnerables (Isa. 1:17; Jer. 5:28; Miq. 2:9; Mal. 3:5). Dios declaró que Él sería un Padre para los huérfanos y haría justicia a las viudas (Deut. 10:18; Sal. 68:5).

El NT medía el verdadero carácter religioso de acuerdo al cuidado que una persona le brindara a huérfanos y viudas (Sant. 1:27). Los cristianos primitivos se preocupaban por estas (Hech. 6:1-8), pero Pablo limitó estas provisiones debido a los abusos por parte de algunos (1 Tim. 5:3-16). Jesús condenó a los fariseos por devorarse las casas de las viudas (Mat. 23:14). Ver *Ética; Familia; Herencia; Huérfano.* *Gary V. Smith*

POBREZA Ver *Pobres, huérfanos, viudas.*

PODER Habilidad para actuar o producir un efecto; posesión de autoridad sobre otros. En la Escritura estos dos aspectos del poder, por lo general, están relacionados. Puesto que Dios ha revelado Su poder en el acto de la creación, tiene autoridad para asignar dominio a quien Él desee (Jer. 10:12; 27:5). Dios reveló Su poder al librar milagrosamente a Israel de la esclavitud en Egipto (Ex. 4:21; 9:16; 15:6; 32:11) y en la conquista de Canaán (Sal. 111:6). El poder de Dios no sólo incluye poder para juzgar sino también para perdonar pecados (Núm. 14:15-19; Jer. 32:17,18). En 2 Rey. 3:15 el embate del poder de Dios se relaciona con la profecía. El poder, en este caso, se aproxima al Espíritu de Dios (comp. Miq. 3:8; Luc. 1:35).

Los milagros de Cristo durante Su ministerio evidencian el poder de Dios en acción (Mat. 14:2; Mar. 5:30; 9:1; Luc. 4:36; 5:17). Lucas resalta el rol del Espíritu Santo al concederle poder al ministerio de Jesús (Luc. 4:14; Hech. 10:38) y al subsiguiente ministerio de la iglesia (Hech. 1:8; 3:12; 4:7,33; 6:8). Pablo acentuó la paradoja de que la cruz (el aparente momento de mayor debilidad de Jesús) es el suceso en el cual se lleva a cabo el poder de Dios para salvar (1 Cor. 1:17,18; comp. Rom. 1:16). Esta locura del poder de Dios revelado en la muerte de Cristo continúa con la elección divina de obrar a través de los impotentes (1 Cor. 1:26-29; 2:3,4; 2 Cor. 12:9). En algunos textos, "poderes" se refiere a los poderes angelicales (Rom. 8:38; Ef. 3:10; Col. 2:15; 1 Ped. 3:22). *Chris Church*

POESÍA "Poesía" nos trae a la mente el modelo occidental de líneas equilibradas, acentos regulares y rima. Los mss hebreos no distinguen la poesía de la prosa de una manera tan cortante. La poesía hebrea tiene tres características principales: paralelismo, métrica y agrupación de líneas en unidades más grandes llamadas estrofas. El paralelismo aparece como dos o tres líneas cortas conectadas de diferentes maneras. La métrica se puede tomar en cuenta de diversos modos. El más directo es un conteo de palabras de las líneas paralelas individuales. Las estrofas se pueden reconocer por el cambio de tema o la presencia de un refrán. En hebreo, la diferencia entre poesía y prosa no es tanto de clase sino de grado. Cada uno de los tres elementos mencionados se pueden encontrar en menor proporción en la prosa. La tercera parte del AT está presentado en poesía.

La poesía en el AT Todos los libros del AT, con la excepción de Nehemías, Ester, Hageo y Malaquías, contienen por lo menos algo de poesía, aunque en ciertos casos se limita a unos pocos versículos o a uno o dos capítulos (Ex. 15:1-18,21; Lev. 10:3; Deut. 32:1-43; 33:2-29; Jos. 10:12,13; Rut 1:16-17, 20-21; 2 Rey. 19:21-28; 1 Crón. 16:8-36; Esd. 3:11; Jon. 2:2-9). Algunos libros son poesía prácticamente en su totalidad (Job, Salmos, Proverbios, Cantares, Isaías, Lamentaciones, Oseas, Joel, Amós, Abdías, Miqueas, Nahum, Habacuc, Sofonías).

Paralelismo El rasgo predominante de la poesía hebrea es el paralelismo. En este caso hay dos o tres líneas cortas donde se observa una de tres relaciones entre sí: sinonimia, antítesis o síntesis.

En el paralelismo sinónimo, la segunda línea expresa un pensamiento idéntico o casi idéntico:

"Mi boca hablará sabiduría,
y el pensamiento de mi corazón inteligencia."
Salmo 49:3

Las líneas no son sinónimas en el sentido que expresan exactamente lo mismo. Por el contrario, ligeras diferencias colorean las líneas paralelas expandiendo o estrechando el tema que se ha presentado en la primera línea.

En el paralelismo antitético, las líneas subsiguientes expresan pensamientos opuestos:

"El impío toma prestado, y no paga;
Mas el justo tiene misericordia, y da."
Salmo 37:21

La segunda línea es una expresión positiva de la primera, pero la elección de palabras del salmista hace algo más que reflejar un par de imágenes opuestas. Cada línea significa algo más al estar ligada a la otra.

En el paralelismo sintético, las líneas subsiguientes presentan poco o nada de repetición:

"Mirad cuán bueno y cuán delicioso es
habitar los hermanos juntos en armonía"
Salmo 133:1

No existe correspondencia de uno a uno en los grupos de palabras. Lo que une a las líneas paralelas es la continuidad. Este paralelismo puede describir un orden de acontecimientos, enumerar una lista de características de una persona o cosa, o sencillamente modificar un tema común.

Métrica Se han desarrollado varios métodos para determinar la métrica. Los intentos por establecer un sistema de métrica clásico (el pie yámbico, por ejemplo) han fracasado. Otras teorías usan conteo de letras, vocales, acentos y palabras. Este último es uno de los métodos más efectivos. Las unidades de palabras hebreas se pueden ilustrar mediante el uso de guiones:

Como-el-ciervo brama por-las-corrientes-de-las-aguas,
así-clama por-ti, oh-Dios el-alma-mía.
Salmo 42:1

Este ejemplo muestra una métrica de 3+4 en el original. Las partículas y otras palabras que juegan papeles menores en la sintaxis hebrea, en general se excluyen de la cuenta. Las líneas individuales van de dos a cuatro palabras cada una, aunque estas "palabras" se puedan traducir al español con dos o tres términos. La métrica de 3+2 y de 2+3 es común. Las líneas paralelas también pueden ser 3+3. Los grupos de tres líneas paralelas pueden expresar un modelo de 2+2+2 o de 3+3+3. Existen numerosos sistemas métricos posibles. Por lo tanto, la métrica hebrea se describe en términos de patrones generales en lugar de una uniformidad absoluta. Los sistemas de métrica, a diferencia del paralelismo, se ven sólo en el idioma hebreo y no en las traducciones al español.

Estrofas Los grupos de líneas paralelas se dividen por lo general, pero no siempre, en unidades mayores. Tales estrofas comienzan a partir de líneas idénticas o paralelas que expresan pensamientos similares. Estas introducciones adoptan la forma de un estribillo, muy similar a un estribillo musical. Las secciones así separadas pueden ser diferentes en tema, forma y vocabulario. Los Salmos 42–43 ofrecen un buen ejemplo de estrofas bien definidas. Los dos capítulos juntos forman un solo poema. Un estribillo se repite tres veces: 42:5,11; 43:5. El estribillo subdivide al poema en tres secciones.

La poesía proporciona imágenes y tonada para que los escritores inspirados le hagan entender claramente la palabra de Dios al pueblo. La conciencia de la forma poética alerta al lector a prestar atención a las imágenes y a los modos de un pasaje. *Donald K. Berry*

POETA El que compone poesía o versos. En épocas antiguas, los poetas transmitían la historia y la sabiduría de sus culturas. Al testificar frente a una sofisticada audiencia griega en Atenas, Pablo apeló a poetas conocidos por sus oyentes. La frase "Porque en él vivimos, y nos movemos, y somos" (Hech. 17:28) se le atribuye a veces a Epiménides de Creta (aprox. 500 a.C.). La frase "Porque linaje suyo somos" se remonta a la obra *Phaenomena* de Arasto (aprox. 310 a.C.) o al himno a Zeus de Cleantes.

POLILLA Literalmente "consumidor" o "derrochador", la polilla es un insecto cuyo poder destructivo se emplea para simbolizar el resultado del pecado (Sal. 39:11) y el juicio de Dios (Os. 5:12). La debilidad de la polilla se usa para hablar de la fragilidad del hombre (Job 4:19). Jesús instó a Sus seguidores a evitar la tentación de acumular riquezas en la tierra donde la polilla podría destruirlas y, en su lugar, colocar los tesoros inmortales en el cielo (Mat. 6:19,20). Ver *Insectos.*

POLLINO Diversos animales jóvenes para cabalgar. La idea moderna es un caballo joven, pero en el siglo XVI el rango de significado era más amplio. Asnos jóvenes (Gén. 49:11); la palabra en hebreo es "hijo" (comp. Jue. 10:4; 12:14, donde el hebreo es "asnos"). El NT utiliza la referencia de Zac. 9:9 como predicción de la entrada triunfal de Jesús en Jerusalén (Mat. 21; Mar. 11; Luc. 19; Juan 12:15). Aparentemente Zacarías usó el paralelismo, estructura básica de la poesía hebrea, para describir a uno que cabalga en un asno joven. Marcos, Lucas y Juan narran la historia de la entrada de Jesús con referencia a un animal. Mateo menciona dos animales, e incluye el asno y el pollino de Zacarías como animales distintos.

POLLO Ave que anida y empolla. En los tiempos bíblicos se conocían tanto aves silvestres como domésticas. Jesús compara el cuidado que Él tenía de Jerusalén con el de la gallina por sus polluelos. Las palabras griegas son términos generales para aves y pajaritos (Mat. 23:37; Luc. 13:34).

PÓLUX Uno de los hermanos gemelos de la constelación de Géminis (Hech. 28:11). Ver *Cástor y Pólux; Enseña.*

POLVO Tierra suelta; término usado literal y figurativamente. El polvo se utiliza en sentido metafórico para referirse a una multitud (Gén. 13:16; Núm. 23:10; Isa. 29:5) o a la abundancia (de carne, Sal. 78:27; de plata, Job 27:16; de sangre, Sof. 1:17). Se utiliza además como metáfora de la muerte, del sepulcro o del Seol (Job 10:9; Ecl. 12:7; Dan. 12:2). El polvo en una balanza es figura de algo insignificante (Isa. 40:15). La creación del hombre a partir del polvo expresa tanto lo humilde del género humano en relación con Dios, como también la relación cercana con el resto de lo creado (Gén. 2:7; Job 4:19; Sal. 104:29). Volver al polvo significa morir (Gén. 3:19; Job 10:9; 17:16). Echarse polvo sobre la cabeza era una demostración de luto (Lam. 2:10; Ezeq. 27:30; Apoc. 18:19). Este acto a veces se realizaba revolcándose en el polvo (Miq. 1:10). En Jos. 7:6, el polvo en la cabeza pudo haber sido una muestra de derrota y vergüenza, como así también de luto. Arrojar polvo era una muestra de desprecio (2 Sam. 16:13); sin embargo, lanzarlo al aire podía ser una exigencia de justicia (Hech. 22:23).

Profanar una corona hasta el polvo (Sal. 89:39) significaba deshonrar el cargo del rey. Comer o lamer polvo (Gén. 3:14; Sal. 72:9; Isa. 65:25; Lam. 3:29; Miq. 7:17) significaba sufrir humillación y derrota ante un enemigo. Poner la cabeza en el polvo expresaba humillación y pérdida de posición (Job 16:15). Poner a alguien en el polvo (Sal. 7:5; 22:15) era una figura de matar. Convertir algo en polvo (Deut. 9:21; 2 Rey. 13:7) era destruirlo por completo. Levantar del polvo (1 Sam. 2:8) significaba rescatar o exaltar. Sentarse en el polvo (Isa. 47:1) significaba sufrir humillación.

Para los judíos, sacudirse el polvo de los pies era una muestra de que el territorio gentil era impuro. En el NT, esta acción indica que los judíos que han rechazado el evangelio se han vuelto como los gentiles y deben enfrentar el juicio de Dios (Mat. 10:14,15; Hech.13:51).

Chris Church

POLVO AROMÁTICO Especias para pulverizar usadas como fragancia (Cant. 3:6). Ver *Especias.*

PONCIO PILATO Ver *Pilato, Poncio.*

PONTO Provincia justo al sur del Mar Negro en Asia Menor. El terreno varía entre planicies fértiles a lo largo de la costa y montañas escarpadas en el interior. Los griegos colonizaron las planicies poco después del 700 a.C., pero las montañas permanecieron libres de esa influencia. Mitrídates fundó el reino del Ponto alrededor del 302 a.C., y permaneció dentro de su dinastía hasta el 63 a.C., cuando Roma lo invadió. El cristianismo se expandió desde temprano a esta región. Primera Pedro estaba dirigida a los elegidos de ese lugar (1:1-2). Hubo ciudadanos del Ponto en Jerusalén el día de Pentecostés (Hech. 2:9). Ver *Asia Menor, Ciudades de.*

POQUERET-HAZEBAIM Nombre de persona que denota un cargo oficial, "enlazador (o cazador) de gacelas". Jefe de una familia de sirvientes de Salomón incluidos entre los que regresaron del exilio (Esd. 2:57; Neh. 7:59).

PORATA Nombre persa de persona que significa "pródigo". Uno de los diez hijos de Amán (Est. 9:8).

PORCIO FESTO Ver *Festo.*

PORCIÓN, PARTE Adjudicación, asignación, ración, participación. Porción se usa frecuentemente en el sentido literal de una asignación de comida, de ropa o de propiedad, como también en una variedad de sentidos figurados. Los escritos sapienciales por lo general designan la suerte en la vida de una persona como su porción (Job 20:29; 27:13; Ecl. 9:9). Al pueblo escogido de Dios se lo llama la porción de Dios (Deut. 32:9). Los levitas no recibieron un territorio tribal junto con las otras tribus sino que tenían al Señor como su parte especial (Núm. 18:20).

Tener porción en el Señor es compartir el derecho de unirse a la comunidad en adoración a Dios (Jos. 22:25,27; comp. Neh. 2:20). Los Salmos hablan muchas veces del Señor como la porción de los fieles (Sal. 16:5; 73:26; 119:57).

PÓRFIDO Roca compuesta por cristales feldespatos incrustados en una matriz cristalizada roja oscura o púrpura (Est. 1:6).

PORTERO Persona que guarda el acceso a un lugar importante o restringido. La función de portero del templo era un oficio relevante en épocas bíblicas. Ellos recogían dinero del pueblo (2 Rey. 22:4). Algunos levitas fueron designados porteros del arca (1 Crón. 15:23,24). Los reyes persas utilizaban a eunucos como porteros (Est. 2:21). Las mujeres también cumplían esta función (Juan 18:16,17; Hech. 12:13).

La palabra hebrea subyacente a la traducción "portero" en el Sal. 84:10 (NVI) aparece solamente una vez en el AT. La idea principal es umbral. Algunas traducciones (por ej. LBLA) traducen "en el umbral" o alguna expresión similar. Se refiere a las personas que esperan fuera del templo para pedir limosnas o solicitar admisión. El versículo expresa que es mejor estar fuera del templo que estar dentro de las tiendas del malvado.

PÓRTICO DE SALOMÓN La parte más externa y elevada del templo de Herodes con columnas que rodeaban todo el patio exterior (Juan 10:23; Hech. 3:11). Se lo llama "pórtico de Salomón" y "columnata de Salomón" dado que sus obreros construyeron al menos el pórtico más antiguo del lado oriental. En tiempos de Jesús, esta parte del templo había sido construida por gente de Herodes. Ver *Templo.*

POSESIÓN DEMONÍACA Los demonios son identificados en la Escritura como ángeles caídos que se unieron a Satanás en su rebelión. Siguen a Satanás haciendo el mal y causando estragos. Tienen poder limitado y al igual que Satanás ya están derrotados (Col. 2:15).

Antiguo Testamento El AT no menciona a ningún individuo como poseído, pero habla de seres demoníacos. Dos de los seres demoníacos más prominentes son *Sedim* y *Se'irim.* Los *Sedim* se mencionan dos veces (Deut. 32:17; Sal. 106:37) al igual que los *Se'irim* (Lev. 17:7; 2 Crón. 11:15). Estos seres reciben la calificación de "demonios" y son los receptores de sacrificios prohibidos. Se les presentaban sacrificios de adultos, niños o animales impuros. Lilit y Azazel también se consideran representación de lo demoníaco. Lilit es representada como una hembra asociada con animales impuros y lugares solitarios (Isa. 34:14). Azazel se menciona en conexión con el chivo expiatorio enviado al desierto (Lev. 16:8,10,26). En tres ocasiones se menciona un espíritu malvado (1 Sam. 16:15,16; 18:10). Este espíritu fue enviado para atormentar al rey Saúl.

Nuevo Testamento El NT les atribuye a los demonios diferentes clases de actividades. En la posesión demoníaca, un individuo es afectado de tal manera que sus acciones son controladas por ese espíritu. Para identificar a los demonios en el NT se utilizan términos como "espíritu malvado", "espíritus engañadores", y "espíritus inmundos". La posesión demoníaca tiene varias manifestaciones que incluyen: mudez (Mat. 9:32; 12:22; Mar. 9:17,25; Luc. 11:14), sordera (Mar. 9:25), ceguera (Mat. 12:22; Juan 10:21), convulsiones (Mar. 1:26; 9:26), fuerza sobrehumana (Mar. 5:4) y comportamiento autodestructivo (Mat. 17:15). El NT no distingue las acciones de la persona de las del demonio. Los cambios físicos tales como el masoquismo (Mar. 5:5) y una voz antinatural (Mar. 5:7) se interpretan como efectos del control del demonio sobre el individuo. Pablo considera que los demonios son ídolos a los cuales los hombres adoran y ofrecen sacrificios (1 Cor. 10:20-22).

El NT diferencia entre la posesión demoníaca y la enfermedad física. Mateo 4:24 indica que Jesús sanó a "todos los que tenían dolencias, los afligidos por diversas enfermedades y tormentos, los endemoniados, lunáticos y paralíticos." Por lo tanto, resulta débil la teoría de que la posesión demoníaca se debe equiparar a la epilepsia o a cualquier otra enfermedad neurótica. Aunque los discípulos todavía no habían reconocido la divinidad de Cristo, algunos de los demonios la confirmaron. La enfermedad mental o física no podría impartir este tipo de conocimiento (Mar. 5:13; Luc.4:33-35; 8:29-33).

La cura para la posesión demoníaca era la fe en el poder de Cristo. En ningún caso se usaron magia ni rituales para liberar a la persona endemoniada. Los exorcismos de Jesús demuestran Su poder sobre Satanás y sus demonios. Los pasajes que mencionan a Beelzebú (Mat. 12:25-29; Mar. 3:23-27; Luc. 11:17-22) demuestran la presencia del reino de Dios en el sistema mundial actual (Luc. 11:20). Jesús realizó Sus exorcismos por el poder de Su palabra. Expresaba simples órdenes como, por ejemplo, "¡Cállate, y sal de él!" (Mar. 1:25), o "Espíritu mudo y sordo, yo te mando, sal de él, y no entres más en él". (Mar. 9:25). Los discípulos recibieron la autoridad de Cristo y echaron fuera demonios (Luc. 10:17-20; Hech. 16:18). Su éxito condujo a los exorcistas judíos a incluir los nombres de Jesús y Pablo en sus rituales (Hech. 19:13). A pesar de la autoridad de Cristo sobre los demonios, los Evangelios describen una batalla que continúa en la época actual (Mat. 13:36-49). El resultado final de la lucha no está en duda. Se nos dice claramente cuál será el destino de Satanás y sus huestes (Apoc. 20:10). *Joe Cathey*

POSICIONES DE LIDERAZGO EN EL NUEVO TESTAMENTO Si bien en el NT se evitó el uso de términos técnicos para "oficio", el concepto está presente. Las características formales del NT en conjunción con lo que actualmente denominamos oficios incluyen permanencia, reconocimiento de parte de los demás (posiblemente mediante un título), autoridad, retribución y designación (incluso con imposición de manos). Los tres primeros elementos son, en cierto modo, esenciales, no así los últimos dos. Los términos normalmente asociados con los oficios son apóstoles, profetas, evangelistas, obispos y diáconos. Por lo general, el enfoque del NT en estos oficios es en la función o tarea más que en la condición o posición.

La palabra "apóstol" aparece 80 veces en el NT y tiene diversos referentes. De manera más reducida se aplica a los 12 discípulos. Cuando Matías reemplazó a Judas, el requisito era que fuera alguien que hubiese seguido a Jesús desde Su bautismo hasta la ascensión (Hech. 1:21,22). Pablo emplea el término en sentido técnico para referirse a aquellos que vieron al Señor resucitado (1 Cor. 9:1; 15:7-9) y fueron comisionados directamente por Cristo (p. ej., Hech. 9:15; Rom. 1:1). Por esta razón, Pablo declara ser el último de los apóstoles (1 Cor. 15:7,8) y considera este oficio como de suma importancia (1 Cor. 12:28; Ef. 4:11). La mayoría cree que el apostolado concluyó en el siglo I debido a la característica de ser testigo visual de la resurrección de Jesús (comp. Ef. 2:20).

A algunos de los colaboradores de Pablo también se les da el título de apóstoles. A Bernabé se lo llama apóstol en Hech. 14:14 (comp. Hech. 14:4; 1 Cor. 9:5,6). Aunque no se los denomina directamente apóstoles, es probable que Apolos haya estado incluido en las referencias de Pablo sobre "nosotros los apóstoles" en 1 Cor. 4:9 (comp. 1 Cor. 4:6), y que lo mismo suceda con Silas en la expresión "apóstoles de Cristo" en 1 Tes. 2:6 (comp. 1 Tes. 1:1). Se discute si Andrónico y Junias eran muy estimados "entre los apóstoles" o "por los apóstoles" (Rom. 16:7).

En pocas ocasiones, Pablo emplea el término no técnico que significa "mensajero". El apóstol envió a Tito y a un hermano como mensajeros (*apostoloi*) a los corintios para incentivar la dádiva de ofrendas (2 Cor. 8:23). Pablo también declara que Epafrodito era un mensajero (*apostolos*) enviado por la iglesia de Filipos para llevarle ayuda (Fil. 2:25). El término "apóstol" también se aplica a Jesús quien es el "apóstol y sumo sacerdote de nuestra profesión" (Heb. 3:1).

El oficio de profeta a menudo está estrechamente vinculado con el de apóstol. Profetas eran aquellos que comúnmente le proclamaban la palabra divina a la comunidad (1 Cor. 13:2; 14:22, 29; Ef. 3:5; 2 Ped. 1:19-21). Dios les entregaba directamente el mensaje y se consideraba como palabra autorizada. Dada la importancia de los mensajes de los profetas y la posibilidad de que se abusara de este don, era necesario someter a prueba las declaraciones proféticas. El pasaje más extenso se encuentra en 1 Cor. 14. Pablo proporciona instrucciones en cuanto a cómo se debían comportar en la adoración los profetas y otros individuos dotados de dones. Declara que los que profetizan lo hacen para edificación, exhortación y consolación del cuerpo (1 Cor. 14:3-5,26,31). Por lo tanto, Pablo prefiere que la congregación se centre más en la profecía que en hablar en lenguas (1 Cor. 14:5,12,19,22-26). Los profetas se deben comportar de manera ordenada, y los demás tienen que juzgar la validez de sus expresiones (1 Cor. 14:29-33,40). La importancia de los profetas se observa en 1 Cor. 12:28 y Ef. 4:11 donde se los ubica en segundo lugar luego de los apóstoles. Los mencionados por nombre son Ana (Luc. 2:36), Judas y Silas (Hech. 15:32) y Agabo (Hech. 21:10). Había profetas en Jerusalén (Hech. 11:27), Antioquía (Hech. 13:1) y Corinto (1 Cor. 14). Algunos creen que el oficio de profeta cesó poco después de haberse completado el canon (comp. Ef. 2:20; Heb. 1:1,2).

El término "evangelista" deriva del verbo *euangelizomai* ("anunciar las buenas nuevas" o "predicar el evangelio"). Los evangelistas sólo se mencionan tres veces en el NT: En Hech. 21:8, a Felipe, uno de los siete escogidos en Hech. 6. En Ef. 4:11 se los menciona en tercer lugar luego de los apóstoles y los profetas. Finalmente, Pablo exhorta a Timoteo diciéndole, "haz obra de evangelista" (2 Tim. 4:5), lo que probablemente se refiera a dar a conocer las verdades del evangelio.

Para la época en que se escribieron las Epístolas Pastorales, aparentemente ya existían dos posiciones de liderazgo establecidas dentro de las congregaciones locales: los obispos y los diáconos. Los términos "obispo" (o sobreveedor) y "anciano" (o presbítero) se emplean indistintamente, lo cual denota que se trata del mismo oficio. Dado que la palabra griega para obispo (*episkopos*) significa "sobreveedor", la función principal del obispo era supervisar la vida espiritual de la congregación. En 1 Tim. 3:1-7 y Tito 1:5-9 se describen las cualidades de los obispos y se centran en el carácter más que en los deberes. Uno de los requisitos que diferenciaba al obispo del diácono era la capacidad del primero para enseñar (1 Tim. 3:2; 5:17; Tito 1:9). Los pastores y maestros (Ef. 4:11) parecieran ser aquellos que Cristo dio para que pastoreen e instruyan a la iglesia. Tomados como tales, es probable que estos líderes también puedan ser identificados como obispos y ancianos.

Si bien el término "diácono" proviene de una palabra griega (*diakonos*) que significa "sirviente" o "ministro", a veces se lo empleaba en sentido técnico para referirse a un oficial de la iglesia. En Fil. 1:1, Pablo se dirige a los "obispos y diáconos", y las cualidades de los diáconos se mencionan en 1 Tim. 3:8-13. En Rom. 16:1 vemos otra referencia posible al uso oficial del término donde Pablo expresa que Febe era *diakonon* de la iglesia de Cencrea (comp. 1 Tim. 3:11). El relato de la designación de los siete hombres para colaborar en la distribución de alimentos tal vez proporcione el prototipo de este oficio (Hech. 6:1-6). La responsabilidad de los diáconos tal vez se pueda describir mejor como una tarea de respaldo a la labor de los obispos (o ancianos). Es decir, eran responsables de ocuparse de aquellas obligaciones que permitían que los obispos se dedicaran con más libertad a la palabra de Dios y la oración (1 Tim. 3:2; Tito 1:9; comp. Hech. 6:2-4).

A menudo se mencionan otros líderes sin que se nombre ningún oficio en especial. En Gál. 6:6, Pablo declara que los que reciben la enseñanza de la palabra deben proveer para el mantenimiento físico de sus maestros. Este texto sugiere que existía una clase de enseñadores que proporcionaban instrucción cristiana formal y que esa actividad de enseñanza era tan amplia que necesitaban ser compensados por su trabajo. En 1 Tes. 5:12,13, Pablo exhorta a la congregación a respetar y tener en alta estima a los que trabajaban en ella, la lideraban y la amonestaban. Aunque Pablo no utiliza ningún título formal, es posible que estos líderes fueran, o más tarde se conocieran, como obispos o ancianos. Otros líderes mencionados por Pablo son Estéfanas (1 Cor. 16:15,16), Epafras (Col. 1:7; 4:12) y Arquipo (Col. 4:17). Además, en Heb. 13:17, el autor instruye a la congregación a obedecer a sus líderes y sujetarse a ellos. La razón de dicho respeto es que estos líderes se encargan de cuidar las almas y son responsables ante Dios por dicho liderazgo.

Algunos incluyen a las viudas como un "oficio" reconocido (1 Tim. 5:3-16) ya que Pablo declaró que ciertas viudas mayores de 60 años debían ser "puestas en la lista" (1 Tim. 5:9). No obstante, es difícil conocer el grado de formalidad de esta "posición" y determinar en qué consistía precisamente su tarea.

Si bien las posiciones de liderazgo son importantes en la iglesia, el NT enfatiza que todos los creyentes comparten la responsabilidad del ministerio. Quienes ocupan posiciones de liderazgo fueron dotados especialmente por Dios. Aun así, todos tienen dones para el servicio y se espera que todos sirvan. *Ben L. Merkle*

POSTEXÍLICO Período de la historia de Israel entre el regreso del exilio en Babilonia en el 538 a.C. y la ocupación romana en el 63 a.C. Durante esta etapa, los judíos regresaron a Jerusalén y a Palestina para reconstruir lo que habían destruido los asirios y los babilonios. Ver *Intertestamentaria, Historia y literatura; Israel.*

POTAJE Sopa espesa que generalmente se hace de lentejas y vegetales y se condimenta con varias hierbas. Jacob le sirvió un potaje y pan al hambriento Esaú a cambio de su primogenitura (Gén. 25:29-34). Elías añadió harina a una olla de potaje contaminado (2 Rey. 4:38-41).

POTIFAR Nombre de persona que significa "que pertenece al sol". Capitán egipcio de la guardia que les compró a José a mercaderes madianitas (Gén. 37:36; 39:1). Vio un gran potencial en las habilidades del joven, y lo nombró mayordomo de su casa. La esposa de Potifar trató de seducir a José, pero él se negó a sus insinuaciones. Debido a este rechazo, ella le dijo a su marido que José había intentado violarla. Potifar hizo que lo arrojaran a prisión.

POTIFERA Sacerdote de la ciudad egipcia de On (Heliópolis) donde se adoraba a Ra, el dios sol. José se casó con su hija, Asenat, por orden del faraón (Gén. 41:45). Potifera y Potifar son iguales en egipcio, lo que lleva a algunos a pensar que a uno de los nombres se le efectuó un leve cambio en hebreo para distinguir entre el capitán de la guardia y el sacerdote.

POZO Fuente de agua que se creaba cavando la tierra para hallar este elemento. La disponibilidad de agua era una preocupación constante en el clima semiárido de la Israel antigua. La Biblia incluye muchas referencias a las fuentes que se utilizaban para obtenerla. Hay varias palabras hebreas que se utilizan en diferentes contextos para indicar estas fuentes, lo que en ocasiones hace difícil determinar qué palabra española utilizar en la traducción.

El término hebreo más común que se traduce "pozo" es *be'er* (Gén. 21:30,31; Núm. 21:16-18). *Be'er* también aparece en varios nombres de lugares señalando la ubicación de pozos importantes: Beer (Núm. 21:16); Beer-elim (Isa. 15:8); Beerot-bene-jaacán (Deut. 10:6); Bered (Gén. 16:14); Beerseba (Gén. 21:31).

Una joven acarrea sobre su cabeza un recipiente de agua de pozo de una aldea cercana a Jerusalén.

Mecanismo para sacar agua de un pozo, cerca de la antigua Listra, en la zona sur-central de Asia Menor (actualmente Turquía).

Cavar un pozo podía ser ocasión para celebrar (Núm. 21:17,18), pero también se podía desatar una pelea cuando distintas personas trataban de tener el control del precioso recurso (Gén. 21:25, 26; 26:15-22; Ex. 2:16,17). Había pozos en cualquier lugar donde se pudiera hallar una fuente de agua. Esto incluía campos (Gén. 29:2), pueblos (2 Sam. 23:15) y el desierto (Gén. 16:7,14).

"Pozo" también se utiliza en forma figurativa en relación a una mujer "extraña" (Prov. 23:27; "ajena" NVI) y a una ciudad maligna (Jer. 6:7). También se utiliza como metáfora para el placer sexual (Prov. 5:15; Cant. 4:15). Ver *Agua; Cisterna; Fuente.* *John C. H. Laughlin*

POZO DEL ABISMO Traducción literal del griego en Apoc. 9:1-2,11; 11:7; 17:8; 20:1,3. Representaba la morada del mal, la muerte y la destrucción reservados hasta que el Dios soberano les permita ejercer un poder temporal sobre la tierra. Ver *Abismo; Hades; Infierno; Seol.*

POZO DEL VIVIENTE-QUE-ME-VE Nombre geográfico cuya interpretación y ubicación son difíciles. Después de que Sarai hizo que Abraham echara a Agar de la casa, un ángel se le apareció a esta anunciándole el nacimiento de un hijo. Agar interpretó esto como una visión del Dios viviente y le puso al pozo donde se encontraba el nombre de Pozo del Viviente-que-me-ve (Gén. 16:14). Isaac pasó por allí cuando iba camino a encontrarse con Rebeca para casarse con ella (Gén. 24:62). Isaac vivió allí después de la muerte de su padre, Abraham (Gén. 25:11).

PRADO, PRADERA Extensión de tierra cubierta de pasto húmedo y de poca altura. Génesis 41:2, 18 alude claramente a una superficie de pastizales de juncos o matorrales de papiros comunes a lo largo del Nilo. El término que se traduce pradera en la frase "pradera de Gabaa" (Jue. 20:33) no es claro. La LBLA simplemente translitera el nombre "Maareh-geba". En traducciones modernas, "pradera" es símbolo de la bendición de Dios (Sal. 65:13 LBLA; Isa. 30:23 "dehesa" RVR1960; Isa. 44:4 "prado" NVI). Los "prados" o "praderas" también se emplean como imágenes del juicio de Dios (Jer. 25:37 NVI; Os. 9:13 LBLA; Sof. 2:6 LBLA, NVI).

PRECURSOR El término griego *prodromos* (uno que corre adelante) aparece sólo una vez en el NT (Heb. 6:20), donde se utiliza como una designación para Cristo. En el griego secular, el término se usaba con frecuencia en el contexto militar para designar a exploradores o caballería de avanzada que se preparaban para el ataque. Este sentido se observa en la temprana traducción griega del libro apócrifo La Sabiduría de Salomón (12:8), donde las avispas eran precursoras de los ejércitos de Israel (comp. con Ex. 23:28; Deut. 7:20; también Jos. 24:12, donde los tábanos iban quitando de en medio a los reyes amorreos, lo cual hizo innecesario el ataque de los israelitas). En todas las demás citas de la traducción griega del AT (LXX), *prodromos* se usa metafóricamente para el primer fruto maduro (Núm. 13:20; Isa. 28:4). Este uso sugiere que la esperanza cristiana de entrar a la presencia del Señor está garantizada porque el precursor ya ha logrado esta meta (comp. con la idea de Cristo como primicia entre los muertos, 1 Cor. 15:20,23). Una idea similar se expresa en la imagen de Cristo como pionero de la salvación (Heb. 2:10), el primero de muchos hijos que Dios lleva a la gloria mediante el sufrimiento. Significativamente, Cristo es nuestro precursor. Al haber atravesado antes el camino del sufrimiento, se convirtió en la fuente de salvación que hace posible que nosotros lo sigamos (Heb. 5:8-10).

En español, precursor indica alguien que se adelanta y señala la aproximación de otro. En este sentido, Juan el Bautista se califica como precursor de Jesús, aunque el NT no usa este término para Juan. Con el propósito de describir la misión de un mensajero profético que prepara el camino para la venida de Dios (Isa. 40:3; Mal. 3:1), el AT usaba la imagen común de los mensajeros de avanzada enviados ante de que llegara un rey para hacer los preparativos para su arribo. La aplicación que hacen los escritores neotestamentarios de estos pasajes a Juan el Bautista (Mat. 11:10; Mar. 1:2; Luc. 1:76; 7:27) afirma que la venida de Jesús es la venida de Dios.

PREDESTINACIÓN Propósitos de la gracia de Dios hacia aquellos a quienes finalmente salvará por la eternidad.

La palabra "predestinar" como verbo que tiene a Dios como sujeto se usa cinco veces en el NT (Rom. 8:29,30; 1 Cor. 2:7; Ef. 1:5,11). La palabra proviene del latín *praedestinare*, que en la Vulgata se usa para traducir el término griego *proorizo*, que significa esencialmente "decidir de antemano". Otras palabras transmiten una idea similar: determinar, elegir, conocer de antemano (presciencia). ("Elección" y "presciencia" se tratan como artículos separados en esta obra.)

Textos principales Tanto en Romanos 8 como en Efesios 1, Pablo alega poderosamente a favor de la prioridad de la gracia de Dios en la salvación. "Porque a los que antes conoció, también los predestinó para que fuesen hechos conformes a la imagen de su Hijo, para que él sea el primogénito entre muchos hermanos" (Rom. 8:29). El Padre determinó que Él moldearía a la imagen de Cristo a aquellos que conoció de antemano. Los predestinó completamente santificados. Para dejar en claro cómo encaja esta predestinación en el plan global divino de salvación, Pablo luego enumera una especie de "cadena de gracia": "Y a los que predestinó, a éstos también llamó; y a los que llamó, a éstos también justificó; y a los que justificó, a éstos también glorificó" (v.30). En cada eslabón de la cadena, Dios es el que actúa y las personas son los objetos de la acción. Dios conocía anticipadamente a las personas, no algo casual acerca de ellas (por ejemplo, que iban a creer) sino que más bien conocía de antemano a las personas en sí. Aquellos a los que conocía anticipadamente, son los mismos a los que predestinó, los mismos a los que llamó, los mismos a los que justificó, y los mismos a los que glorificó. No hay ruptura en ninguno de los eslabones. Es decir, no existe posibilidad de que alguien que inicialmente fue predestinado no sea finalmente glorificado. En esto, lo que declara Pablo está completamente de acuerdo con lo que declara Jesús, quien en Juan 6:37-40 deja en claro que todos los que el Padre le ha dado (predestinación) creerán en Él y finalmente serán resucitados en el día final (glorificación). Ningún salvado dejará de ser completamente salvo.

En Ef. 1:3-6,11, Pablo retoma el tema de la predestinación. Aquí establece varios puntos que se observan fácilmente en el texto. Usa tanto el término "predestinó" como "escogió" (*eklegomai*) en forma sinónima. Primero, en el v.4 dice que Dios "nos" escogió (a los creyentes) antes de la fundación del mundo. Segundo, Pablo afirma que esta elección fue "en Él" (Cristo). Tercero, esta elección tiene el objetivo de que seamos "santos y sin mancha delante de Él". Cuarto, nos predestinó "en amor" (vv.4-5). Quinto, esta predestinación fue para adoptarnos como hijos. Sexto, la predestinación fue "según el puro afecto de su voluntad" (v.5). Séptimo, nos hace alabar "la gloria de su gracia" (v.6). En el v.11, el apóstol vuelve a enfatizar uno o dos puntos que destacó en los primeros versículos: "En él asimismo tuvimos herencia, habiendo sido predestinados conforme al propósito del que hace todas las cosas según el designio de su voluntad". Aquí Pablo conecta la predestinación de los creyentes con el ser adoptados como hijos (de ahí, la herencia), y vuelve a destacar que esta elección se hizo según los propósitos de Dios que hace todo de acuerdo a Su voluntad. Estas son poderosas declaraciones a fin de establecer que Dios es un Dios de gracia y que la única esperanza que podemos tener en este mundo es que Dios nos conceda esa gracia.

Dos textos finales usan la palabra *proorizo*. En 1 Cor. 2:7 Pablo les dice a sus lectores que Dios "predestinó" el misterio de Su sabiduría oculta. Este misterio es el propósito divino de la salvación por medio de Cristo que es dada tanto a judíos como a gentiles sobre la base de la gracia de Dios y que sólo se recibe mediante la fe (comp. 1 Cor. 2:1; 4:7; Rom. 11:25; 16:25; Ef. 1:9; 3:3,4,9; 6:19-20; Col. 1:25,27; 2:2; 4:3). Aquí Pablo afirma que Dios ha predestinado a Cristo y Su obra expiatoria como la única esperanza de salvación. En Hech. 4:27,28, la iglesia de Jerusalén ora diciendo: "Porque verdaderamente se unieron en esta ciudad contra tu santo Hijo Jesús, a quien ungiste, Herodes y Poncio Pilato, con los gentiles y el pueblo de Israel, para hacer cuanto tu mano y tu consejo habían antes determinado que sucediera". Estos creyentes afirman que Dios usó a hombres malvados para llevar a cabo Su plan de salvación, ya que al crucificar a Jesús estaban poniendo en acción el plan predestinado de Dios.

El lector de la Escritura no debiera sorprenderse de que está frente a un Dios verdaderamente soberano y poderoso. Sus planes siempre se cumplirán (Sal. 33:10,11; Job 9:12; Dan. 4:35). Él tiene control de toda la historia al punto tal que hasta los detalles menores forman parte de Su obra (Prov. 21:1; 16:1,9,33). No hay nada que pueda impedir el cumplimiento de Sus predicciones (Isa. 14:24-27; 44:24-45; Prov. 19:21).

Consideraciones teológicas Desde el punto de vista teológico, esta enseñanza presenta un desafío para algunos cristianos. Junto con estos pasajes que enfatizan la prioridad de la gracia de Dios, hay muchos textos que afirman la importancia del arrepentimiento y de la fe (Rom. 10:9-14; Hech. 2:38), y la necesidad del pecador de "venir" a Cristo (Apoc. 22:17). Aunque el concepto de la predestinación pareciera en conflicto con la responsabilidad del individuo para responder al llamado del evangelio, los dos deben ser compatibles, ya que los mismos maestros inspirados de la Escritura hicieron énfasis en ambos. Pablo puede decir que los cristianos están predestinados por Dios y, sin embargo, en una de las páginas siguientes insta a que "si confesares con tu boca que Jesús es el Señor, y creyeres en tu corazón que Dios le levantó de los muertos, serás salvo. Porque con el corazón se cree para justicia, pero con la boca se confiesa para salvación. Pues la Escritura dice: Todo aquel que en él creyere, no será avergonzado. Porque no hay diferencia entre judío y griego, pues el mismo que es Señor de todos, es rico para con todos los que le invocan; porque todo aquel que invocare el nombre del Señor, será salvo" (Rom. 10:9-13). Quien escribió que somos predestinados según el puro afecto de la buena voluntad de Dios, pocas declaraciones más tarde apunta: "Porque por gracia sois salvos por medio de la fe; y esto no de vosotros, pues es don de Dios" (Ef. 2:8). Para Jesús y para Pablo, las dos ideas son complementarias, no contradictorias (comp. Juan 10:25-30).

Se han hecho varios intentos por "reconciliar" la soberanía de Dios en la predestinación con la responsabilidad humana. Algunos argumentan que Dios predestina a los creyentes basándose en Su conocimiento anticipado de quiénes creerán algún día en el evangelio. El problema es que ningún texto lo enseña. El pasaje en Rom. 8:29 no dice: "A los que antes conoció que iban a creer, a estos predestinó para que fueran salvos". Como vimos anteriormente, la palabra "presciencia" ("conocer de antemano") se refiere a la gente a la que Dios conoció y no a algo acerca de esa gente (que algún día creería). Además, Ef. 1:11 deja en claro que la predestinación no se basa en algo que Dios ve en esas personas. Es decir, no se basa en obras conocidas de antemano, en fe conocida de antemano, en perseverancia conocida de antemano ni en ninguna otra cosa. Dice que la predestinación se basa en los propósitos de Dios, aunque no especifica precisamente qué significa eso. En el otro extremo del espectro, algunos han argumentado que Dios comenzó planeando salvar a algunos y luego reprobar a otros, para Su propia gloria, y que posteriormente se dispuso a crear el mundo de modo tal que eso se llevara a cabo. Ambas "soluciones" a esta dificultad lógica poseen algo en común: son soluciones filosóficas que no están basadas en ningún estudio a fondo del texto.

Es importante mantenernos fieles a la Biblia y a sus enseñanzas en este tema. Ella dice lo siguiente acerca de la predestinación: Dios predestinó a las personas en Su amor divino antes de que el mundo fuera hecho, para adoptarlas en Cristo, a fin de que esas personas pudieran ser santas y sin mancha, conformadas a la imagen de Cristo, para que pudieran dedicarse a la tarea de alabar a Dios por Su gracia y servirlo como resultado de la consecuente gratitud. No lo hizo basándose en nada que hubiera visto en ellos sino de acuerdo a Sus propósitos, desconocidos para la sabiduría humana, de modo tal que una gran multitud pudiera estar en Su reino eterno (Rom. 8:29-30; Ef. 1:3-6,11). Dios planeó esta redención mediante la obra preestablecida de Cristo en el Calvario, a quien el Padre había determinado desde antes de los tiempos que fuera crucificado. A pesar de que era Su voluntad que mataran a Cristo de esta manera, los que lo mataron lo hicieron por su propia voluntad y sus propios propósitos perversos, no obligados por Dios y, por lo tanto, son culpables delante de Él por el crimen que realizaron (Hech. 4:28; 2:22,23; Apoc. 13:8). Además, sabemos que el Dios que predestina también envía a Sus obreros a la cosecha para llevar a cabo Sus propósitos en la misión. No hay un ápice de razón para que la iglesia se torne perezosa en la evangelización, porque si no hay quien les predique, los pecadores nunca se salvarán. Es tarea de la iglesia testificar de la verdad y creer que el Señor abrirá los corazones de los incrédulos (Hech. 16:14), como en el caso de los gentiles que oyeron a Pablo y a Bernabé y "creyeron todos los que estaban ordenados para vida eterna" (Hech. 13:48).

Aunque los cristianos de hoy puedan no estar en condiciones de entender cómo funciona todo esto, sí pueden afirmar que es verdad y, por cierto, deben obedecer el llamado de Dios para trabajar en el ministerio. Ver *Antropomorfismo; Elección; Presciencia; Salvación; Soberanía de Dios.* *Chad Brand*

PREDICACIÓN Presentación humana, mediante el poder del Espíritu Santo, de los actos de Dios de salvación por medio de Jesucristo. Esta proclama de la revelación de Dios funciona como Su instrumento escogido para darnos la salvación por gracia, aunque el mensaje de un Mesías crucificado pareciera locura para la sabiduría de este mundo y una ofensa escandalosa para los judíos (1 Cor. 1:21-23). La verdadera predicación cristiana interpreta el significado de las acciones de Dios dentro de los contextos contemporáneos. Un sermón se convierte en palabra de Dios para nosotros sólo si el siervo de Dios reconstruye las realidades pasadas de la revelación bíblica y las transforma en experiencias vitales presentes.

Tradiciones del Antiguo Testamento Los grandes profetas del AT anunciaban los mensajes directos de Dios en contra de los pecados del pueblo, hablaban de los juicios venideros y presentaban la esperanza futura del gran día del Señor. La revelación de Dios a las familias, que se transmitía regularmente como instrucción privada (Deut. 11:19), se convirtió en el fundamento de la lectura pública de la ley a todo el pueblo cada siete años (Deut. 31:9-13). Durante períodos de avivamiento especial, los líderes viajaban transmitiendo la revelación a grandes asambleas (2 Crón. 15:1,2; 17:7-9; 35:3). Nehemías 8:7-9 registra que Esdras y sus colegas interpretaban el "sentido" de lo que se leía en estos encuentros. La continua necesidad de esta interpretación e instrucción públicas orientadas a la fe dio lugar a una tradición expositiva de la revelación del AT. Esto continuó luego del exilio en los cultos regulares de las sinagogas locales que surgieron en el judaísmo de la dispersión como sustitutos del culto en el templo.

La práctica en el Nuevo Testamento Jesús comenzó Su ministerio en la sinagoga anunciando que Él era el heraldo que había cumplido la profecía de Isaías en cuanto a la predicación del reino y a sus bendiciones (Luc. 4:16-21). Cuando llegó el momento de que Pedro y los otros apóstoles predicaran, el énfasis se centró en la persona y la obra de Cristo como punto central de la historia que certificaba la presencia del reino de Dios en la tierra en la actualidad. En el NT, este mensaje abarcaba una suma de realidades básicas acerca de la vida, el carácter, la muerte, la sepultura, la resurrección y la segunda venida de Cristo. Hasta el día de hoy continúa como la principal palabra de revelación al mundo a través de la iglesia. Aunque el NT usa unos 30 términos diferentes para describir la predicación de Juan el Bautista, de Jesús y de los apóstoles, los que se utilizan más comúnmente se pueden agrupar bajo proclamación (anunciar, evangelizar) o doctrina (enseñar). Muchos eruditos definen estos énfasis ya sea como predicación del evangelio (proclamación de la salvación en Cristo) o enseñanza pastoral (instrucción, amonestación y exhortación a los creyentes en doctrina y estilo de vida). En la práctica, cada función se fusiona con la otra. Así, 1 Cor. 15:1-7 no sólo representa la "esencia irreductible" del mensaje del evangelio sino que también incluye clara enseñanza doctrinal acerca de la expiación sustitutoria y el cumplimiento de las profecías mesiánicas. El mismo pasaje constituye un fundamento para la exposición de la doctrina más extensa de la resurrección general y de sus dimensiones cristianas que se enseña en los versículos siguientes. El discurso de Esteban en Hech. 7:1-53 representa lo mejor de la tradición del AT al entrelazar porciones narrativas e históricas de la Escritura junto con interpretaciones y aplicaciones contemporáneas de la situación presente. El sermón de Pedro en Hechos 2 afirma la naturaleza expiatoria de la muerte de Jesús y la realidad de Su resurrección junto con un claro llamado a la fe y al arrepentimiento que constituyen un razonamiento equilibrado que enmarca la proposición central que "Jesucristo es el Señor".

Perspectivas especiales Pablo creía firmemente que proclamar la gloria completa de Cristo no sólo advierte a hombres y mujeres sobre la necesidad de la salvación sino que, a través de esta predicación, los creyentes pueden crecer hacia la madurez espiritual (Col. 1:28). El apóstol escribió que el ministerio de los líderes llamados por Dios equipa a los creyentes de cada asamblea local para el servicio a través de los ministerios mutuos y conduce a la saludable edificación del cuerpo de Cristo (Ef. 4:11-16). Definió su contenido diciendo que incluye "todo el consejo de Dios", y su práctica como que está orientada a "judíos y a gentiles" y realizada "públicamente y por las casas" (Hech. 20:17-21,27).

Homilética Pablo subrayó la necesidad de una cuidadosa atención a los principios de comunicación en la predicación. Aunque se rehusó a adoptar ciertas palabras astutas de los retóricos seculares de su época (2 Cor. 4:2; 1 Tes. 2:3,5), adaptó bien su predicación a la variedad de audiencias y necesidades. En la sinagoga, Pablo les habló a los judíos acerca del trato especial de Dios para con Su pueblo (Hech. 13:16-41), pero a los filósofos griegos les presentó al Dios viviente como un desafío al amor que ellos experimentaban por las nuevas ideas, para lo cual citó a sus propios escritores (Hech. 17:22-31). A Agripa y a Festo, Pablo les modeló el mensaje del evangelio en términos legales y majestuosos. (Hech. 26:2-23). Cuando se enfrentó a una acusación de apostasía por parte de los judíos, se dirigió a la gente en su propia lengua refiriéndose a sus orígenes y a sus experiencias en Cristo (Hech. 21:40–22:21). Pablo también le aconsejó al joven pastor Timoteo que fuera aplicado con respecto a sí mismo y a su enseñanza (1 Tim. 4:16). Aconsejó la necesidad de la práctica diligente para mejorar las habilidades de Timoteo en la lectura pública de las Escrituras y en la enseñanza motivadora (1 Tim. 4:13-15). Destacó que tales responsabilidades implicaban una tarea ardua (1 Tim. 5:17).

Craig Skinner

PREEXÍLICO Período de la historia de Israel antes del exilio en Babilonia (586–538 a.C.) Ver *Israel*.

PREEXISTENCIA DEL ALMA La idea de que el alma humana inmaterial existe antes que el cuerpo. Como la Biblia enseña que la muerte física no es el fin de la existencia humana, algunos han sugerido que la concepción no es el comienzo.

Platón sostenía que los sucesos históricos son la ejecución de realidades preexistentes dentro de un mundo ideal de la mente divina. Enseñó que el alma existe antes de su encarnación corporal en este mundo ideal. Otros pensadores tienen explicaciones similares.

Las ideas paganas de la preexistencia del alma se introdujeron en el pensamiento cristiano en ciertos momentos de la historia de la iglesia. Los razonamientos del antiguo teólogo cristiano Orígenes (aprox. 185–254 d.C.) sugerían que los cuerpos humanos están habitados por almas que pecaron durante algún estado incorpóreo anterior y que como castigo han sido consignadas al reino material. Sin embargo, el cristianismo ortodoxo ha repudiado con uniformidad semejante doctrina. Por el contrario, Dios crea directamente el alma y la une con el cuerpo en la concepción o en el nacimiento (creacionismo), o el alma es engendrada junto con el cuerpo mediante el proceso reproductivo (traducianismo).

El concepto de la preexistencia del alma es ajeno a la Biblia. Desde el momento en que Dios "sopló en su nariz [la de Adán] aliento de vida" (Gén 2:7), la Escritura nunca separa la creación de la parte material y espiritual de un individuo. La Biblia no admite ningún concepto de existencia fuera del cuerpo, excepto aquel estado intermedio entre la muerte y la resurrección del cuerpo (Fil. 1:21-23).

David da a entender que el comienzo de su vida tuvo lugar en el vientre de su madre (Sal. 51:5, 6; 139:13-16). Dios declara que Él conocía a Jeremías antes de que hubiera sido formado en el vientre (Jer. 1:5), pero esto no apunta a la antigüedad espiritual sino a la soberana omnisciencia y presciencia de Dios. El NT declara que Dios conoce a los creyentes antes de la fundación del mundo, pero siempre dentro del contexto de Su amorosa intención de salvarlos en Cristo (Rom. 8:29).

La preexistencia de Jesús (Juan 1:1,2) no es de ninguna manera un argumento a favor de la preexistencia del alma humana. La Escritura no relaciona la preexistencia de Jesús con la experiencia humana sino con Su identidad como el Dios eterno, no creado y que existe por sí mismo (Juan 8:58), que se vistió de naturaleza humana para servir como mediador entre Dios y los pecadores.

La Biblia, a diferencia de la filosofía y el misticismo, no menosprecia el cuerpo como receptáculo del alma. En su lugar, habla de la creación y la redención de toda la persona, cuerpo y alma (Rom. 8:11). La Biblia confirma la creación del cuerpo por obra de Dios como parte integral de la existencia humana, así como sucede con la resurrección corporal de los muertos (Juan 6:39). Los propósitos de Dios no terminan al restaurar a la humanidad a algún estado preexistente sino al redimir el cosmos material convirtiéndolo en una gloriosa nueva creación (2 Ped. 3:13).

Russell D. Moore

PREGONERO Mensajero oficial. El pregonero de Dan. 3:4 fue responsable de publicar los decretos del rey y el castigo por la desobediencia. En 2 Ped. 2:5, a Noé se lo describe como "pregonero de justicia"; es decir, uno que anuncia las exigencias de Dios. Pablo fue designado pregonero o predicador del evangelio. Primera Timoteo 2:5-7 presenta un bosquejo del mensaje de Pablo sobre la singularidad de Dios, el papel único de Jesús como mediador entre Dios y la humanidad, y la muerte de Cristo como rescate. Segunda Timoteo 1:9-11 bosqueja el evangelio de Pablo como buenas nuevas de la gracia de Dios manifestada al enviar a Cristo, quien abolió la muerte y trajo vida.

PREMIO Recompensa en una competencia atlética. Pablo usa la imagen para ilustrar la meta de la vida cristiana (Fil. 3:14; comp. 1 Cor. 9:24). El premio se identifica a veces como el destino celestial de Pablo. Lo más probable es que "el supremo llamamiento" designe el llamado total a la madurez cristiana. El contexto más amplio usa múltiples expresiones (conocer a Cristo, 1 Cor. 2:8,10; ganar a Cristo, 2:8; conocer el poder de la resurrección de Cristo; compartir los sufrimientos y la muerte de Cristo, 2:10) para definir la meta de la vida cristiana. Aunque Pablo usó una imagen competitiva, era consciente de que la justicia que valía no era resultado de sus propios esfuerzos sino que era don de Dios por medio de la fe (3:9).

PRENDA Algo que se entrega como anticipo de una deuda. El AT regulaba esta práctica. El vestido que se entregaba como prenda debía devolverse antes de la noche ya que era la única protección que tenían los pobres ante el frío (Ex. 22:26; Deut 24:12,13). Estaba prohibido tomar como prenda lo que alguien necesitaba para ganarse la vida (Deut. 24:6). Los acreedores tenían prohibido entrar a una casa para apropiarse de una prenda (Deut. 24:10). Job denunció abusos al tomar prendas de las familias (22:6), de los huérfanos y de las viudas (24:3), como así también de la práctica de tomar a los hijos como prendas (24:9). Ezequiel advirtió una y otra vez en contra de no devolver las prendas. Amós reprendió a aquellos que a la idolatría le sumaban la retención de vestimentas en prenda (2:8).

PREPUCIO Pliegue suelto de piel que cubre el glande del pene y que se extrae en la circuncisión. Quitar el prepucio era un recordatorio físico del pacto de Dios con Abraham (Gén. 17:11,14, 23-25). En Deut. 10:16, "el prepucio de vuestro corazón" se asocia con la obstinación de desobedecer. Hab. 2:16 dice: "muestra lo pagano que eres" (NVI). La lectura del texto masorético, "mostrarse incircunciso" "enseña tu prepucio" (BJ) "muestra tu desnudez" (LBLA), no implica la simple exposición de la desnudez sino ser reconocido como alguien a quien se ha separado del pacto. Ver *Circuncisión; Pacto.*

PRESBÍTERO Ver *Anciano.*

PRESCIENCIA, CONOCIMIENTO PREVIO Conocer de antemano. El verbo (en gr. *progignosko*) y el sustantivo (en gr. *prognosis*) son palabras compuestas por el prefijo *pro* (antes) y el verbo *ginosko* (conocer, entender, percibir, estar familiarizado con). Las Escrituras usan estos términos para indicar el conocimiento de las cosas antes de su existencia. De las siete veces que aparece en el NT, dos se refieren al conocimiento humano: Hech. 26:5 se refiere al conocimiento previo que tenían los judíos de Pablo, y 2 Ped. 3:17 se refiere al conocimiento de los creyentes acerca de las cosas futuras basado en la revelación divina. Todas las demás citas son sobre la presciencia de Dios. Aunque la idea de conocimiento previo está presente en el AT, no hay un equivalente hebreo para los términos griegos.

La Escritura revela que Dios es omnisciente, es decir, tiene un conocimiento exhaustivo de todas las cosas, pasadas, presentes y futuras. Tanto el AT como el NT dan testimonio del conocimiento absoluto de Dios. Los ojos divinos recorren de un extremo a otro de la tierra (2 Crón. 16:9); y están en todas partes (Prov. 15:3). Su entendimiento no tiene límites (Sal. 147:5). Dios tiene conocimiento completo de las acciones de los hombres (Job 34:21), de los pensamientos humanos (1 Sam. 16:7; 1 Rey. 8:39; Sal. 139:2; Prov. 5:21) e incluso de sus motivos (1 Crón. 28:9). Para recalcar el alcance del conocimiento de Dios, Jesús habló de la forma en que el Padre tiene en cuenta los pájaros del aire y el cabello de la cabeza de los seres humanos (Mat. 10:29-30). Nada está oculto de los ojos de Dios (Heb. 4:13). Juan resumió la esencia de la enseñanza bíblica: "Dios… él sabe todas las cosas" (1 Jn. 3:20).

La presciencia de Dios es el aspecto de su omnisciencia que tiene que ver con el futuro. Las Escrituras indican claramente que el conocimiento de Dios no se limita al pasado y al presente. Él anuncia los hechos antes de que ocurran y da a conocer el final desde el principio (Isa. 42:9; 46:10a). Este conocimiento del futuro distingue a Dios de los falsos dioses (Isa. 44:6-8; 48:14). Lo que les permitía a los profetas hacer predicciones no era la clarividencia sino el conocimiento previo de Dios. Natán predijo la muerte del hijo de David (2 Sam. 12:14); Elías predijo la muerte de Jezabel y Acab (1 Rey. 21:19,23); Amós predijo el cautiverio de Israel (Amós 5:27) y su restauración (Amós 9:14). Por el conocimiento previo de Dios, los profetas predijeron que Jesús nacería en Belén (Miq. 5:2); que sufriría en forma vicaria (Isa. 53:4-6); que sería levantado de entre los muertos (Sal. 16:10). La profecía anticipada sólo fue posible porque Dios reveló Su conocimiento previo a los profetas.

Aunque las palabras griegas *prognosis* y *proginosko* tienen la connotación de conocer algo por adelantado (presciencia), muchos intérpretes piensan que en los usos del NT expresa un significado más amplio. Algunos pasajes indican que el conocimiento previo de Dios está íntimamente ligado a su determinación previa. En el AT, los sucesos de la historia constituyen el desarrollo de los planes eternos de Dios (Gén. 45:4-8; Isa. 14:24-27; 42:9; Jer. 50:45). Los autores del NT percibieron en la vida, la muerte y la resurrección de Jesús la consumación del plan eterno de Dios para salvar a la humanidad pecadora. Los Evangelios declaran que las profecías de los profetas se cumplían ahora en la vida y muerte de Jesús (Mat. 1:22-23; 2:5–6:15; Juan 19:24). Usando formas derivadas de la palabra *prognosis*, la Biblia enseña que la crucifixión no fue un accidente en la historia. Ocurrió según la presciencia de Dios, de acuerdo a Su plan eterno. Hablando sobre la muerte de Jesús, Pedro dijo: "Éste fue entregado según el determinado propósito y el previo conocimiento de Dios" (Hech. 2:23 NVI). Pedro habló sobre Jesucristo diciendo: "Cristo, a quien Dios escogió antes de la fundación del mundo" (1 Ped. 1:20a). Este conocimiento previo implica más que saber por adelantado; incluye una determinación previa.

Otros pasajes indican que el conocimiento previo de Dios se refiere a las personas. Dicho conocimiento no se refiere principalmente al intelecto de Dios sino a Su voluntad benévola por la cual aparta a personas para sí. En este caso, conocimiento previo implica colocar anticipadamente los afectos en algo.

Esto se manifiesta en los dos usos que le da Pablo al verbo en Romanos: "Porque a los que Dios conoció de antemano, también los predestinó a ser transformados según la imagen de su Hijo" (8:29 NVI); "Dios no rechazó a su pueblo, al que de antemano conoció" (11:2 NVI). No se describe tanto a Dios como consciente de los hechos o las circunstancias (presciencia) sino de las personas. No se trata de *qué* conoce Dios de antemano sino *a quién* conoce anticipadamente. A veces se afirma que Pablo usa aquí el sentido hebreo de conocimiento (*yada'*) tal como se encuentra en, por ejemplo, Amós 3:2 y Jer. 1:5. Este conocimiento implica una relación personal con Israel, el pueblo de Dios. No los escogió basándose en alguna virtud que vio de antemano en ellos sino por Su propia misericordia. De esta manera, aunque Dios tiene conocimiento previo (presciencia) de las otras naciones, no se dice que las conozca de antemano. Asimismo, Dios tiene conocimiento previo de toda la gente, pero conoce de antemano solamente a quienes son Sus redimidos (Rom. 8:29).

Los intentos de reconciliar el conocimiento previo de Dios con la libertad y la responsabilidad humanas han mantenido ocupados a filósofos y teólogos a lo largo de toda la historia de la iglesia. Algunos declaran que el conocimiento previo de Dios, ya sea interpretado como presciencia o como determinación previa, implica negación de la libertad humana. Sobre esa base, algunos han negado que Dios conozca el futuro, ya sea porque ha elegido no saberlo o, como han argumentando más recientemente los "teístas abiertos", porque es incapaz de saberlo. Otros han tendido a forzar el conocimiento previo y la determinación previa casi al punto de negar la elección humana. Un enfoque más apropiado consiste en aceptar la enseñanza bíblica de que Dios conoce de antemano y determina previamente todas las cosas sin violar con ello la libertad de acción y la responsabilidad moral humana. Los autores bíblicos no se avergonzaban de unir estas dos verdades. En Hech. 2:23, Pedro proclamó que la crucifixión de Jesús se debió al conocimiento anticipado y al plan determinado de Dios. Sin embargo, Pedro hizo responsables de sus acciones a quienes torturaron a Cristo porque consideraba que habían actuado según sus propias intenciones maliciosas. *Walter Johnson*

PRESENCIA DE DIOS Iniciativa de Dios para encontrarse con Su pueblo. Las palabras bíblicas que se refieren a la presencia de Dios por lo general están relacionadas con el "rostro" de Dios.

Antiguo Testamento Durante el período patriarcal, Dios usó una variedad de medios de revelación para comunicarse con Su pueblo (Gén. 15:1; 32:24-30). Por lo general se describen como teofanías, apariciones de Dios a la humanidad. Moisés tenía una estrecha relación con Dios. Se encontró con Él en la zarza ardiente y lo conoció "cara a cara" (Deut. 34:10). La presencia de Dios también estaba íntimamente relacionada con el tabernáculo, el lugar donde el antiguo Israel se encontraba con Dios en la adoración. El tabernáculo era el sitio del nombre o de la gloria del Señor, una manifestación de la presencia y de la actividad de Dios en el mundo (Ex. 40:34,38). La nube y el fuego simbolizaban la presencia divina que guiaba el viaje hacia Canaán.

Tal vez, el principal símbolo tangible de la presencia de Dios con el pueblo fue el arca del pacto donde se encontraban las tablas de la ley y el asiento del trono de Dios. Ella guiaba al pueblo en el viaje a Canaán y a la batalla (Jos. 3:1-6). El arca estaba asociada con el santuario y finalmente fue colocada en el templo, el lugar de la presencia de Dios. En este lugar, Isaías tuvo una poderosa visión del Dios santo (Isa. 6).

Dios también se manifestó de otras maneras: en el fuego (1 Rey. 18) y en una voz apacible (1 Rey. 19), en ambos casos con Elías. Los Salmos hablan de la presencia de Dios con la comunidad adoradora (Sal. 139) y de la aparente ausencia de Dios (Sal. 13). En cualquiera de los casos, se siguen dirigiendo a Dios. Ezequiel se refirió al exilio diciendo que la gloria (la presencia) de Dios había abandonado al antiguo Israel pero que luego había regresado al final del exilio en Babilonia (Ezeq. 43:1-5). Gran parte de las deliberaciones del AT sobre la presencia de Dios se centran en que Dios tiene la completa libertad para estar donde desee, pero que constantemente escoge estar con Su pueblo para darle vida.

Nuevo Testamento La principal manifestación de la presencia de Dios en el NT se halla en Jesucristo, Emanuel, "Dios con nosotros" (Mat. 1:23; Juan 1:14; Heb. 1:1-3). Esta presencia no terminó con la muerte de Jesús. El Cristo resucitado se apareció a los discípulos (Juan 21:1-14) y a Pablo. La obra de Cristo continuó a través de los apóstoles, de Pablo y de los demás discípulos (Hech. 1:8; 26:12-18). El Espíritu Santo es una manifestación importante de la presencia de Dios y continúa Su obra redentora. El regreso de Cristo le dará permanencia a la presencia de Dios con Su pueblo.

La iglesia ha sido llamada a ser una manifestación de la presencia de Dios. Esa comunidad se alimenta de dicha presencia, que se encuentra en comunión entre el adorador y Dios.

W. H. Bellinger (h)

PRESIÓN DE GRUPO Necesidad de seguir un curso de acción porque los amigos y colegas lo aconsejan o lo siguen; por lo general opera de manera negativa y no positiva (Prov. 18:24; Rom. 12:2; 1 Cor. 15:33; Heb. 3:13; 12:1). En vez de escuchar a los consejeros ancianos de su padre, Roboam cedió ante la presión de su pares, "de los jóvenes que se habían criado con él" (1 Rey. 12:8; comp. 2 Crón. 13:7). En contraste, Salomón le pidió a Dios sabiduría y conocimiento para poder reinar bien (2 Crón. 1:10).

PRÉSTAMO Uso temporal de una cesión. Debido a que Israel experimentó la liberación de la esclavitud, su código moral le otorgaba un cuidado especial a los marginados (Ex. 22:21-24; Deut. 10:19; Sal. 82:3,4; Prov. 31:8,9). Por lo tanto, los préstamos tenían que ser actos de generosidad y no un beneficio a expensas de los pobres (Lev. 25:35-37). Más aún, como la tierra era de Dios (Lev. 25:23; Deut. 10:14) y las posesiones humanas eran regalos de Dios (Deut. 8:1-10), prestar era sinónimo de compartir los dones de Dios.

En consecuencia, el AT prohibía aplicar intereses a los congéneres israelitas (Ex. 22:25; Lev. 25:35-38; Deut. 23:19), ya que pedir préstamos significaba tener problemas económicos. Se les podían aplicar intereses a los extranjeros (Deut. 23:20), aunque este acuerdo no era para obtener beneficios (Ex. 22:21; Lev. 19:33,34; Deut. 10:19; Ezeq. 22:7). Las leyes de garantía se centraban en la protección del deudor. La prenda no debía ser una amenaza para la dignidad del deudor (Deut. 24:10, 11), su medio de vida (Deut. 24:6), su familia (Job 24:1-3,9) ni sus necesidades físicas (Ex. 22:26,27; Deut. 24:12,13). Prestar con actitud compasiva era característica de la persona justa (Sal. 15; Ezeq. 18:5-9).

Los años de remisión y el año del jubileo (Ex. 23:10,11; Deut. 15:1-15; Lev. 25) proporcionaban un medio sistemático para resolver los problemas económicos de larga data al devolver las propiedades familiares, dejar en libertad a los esclavos y cancelar las deudas. Deuteronomio 15:7-11 advierte en contra de los prestamistas maquinadores que se negaban a hacer préstamos porque se acercaba un año de remisión; el prestar debía ser un acto de generosidad (v.10). Como en la mayoría de las comunidades humanas, prevalecía la codicia, y los profetas recriminaban contra la explotación de los pobres (por ej., Amós 2:6-8; 8:4), entre lo que se incluían las violaciones por la aplicación de intereses y el abuso de las prendas (Ezeq. 18:12,13; 22:12; Hab. 2:6-9; Neh. 5:6-11). Ver *Año del jubileo; Año sabático; Ética; Esclavo, siervo; Justicia; Levitas; Monedas; Pobres, huérfanos, viudas; Prestar, tomar prestado.* *David Nelson Duke*

PRESTAR Ver *Bancario, Sistema; Interés; Préstamo.*

PRESTAR, TOMAR PRESTADO En la cultura hebrea, prestar o tomar prestado indicaba una dificultad económica y no una estrategia para ampliar el negocio o la casa. (Ver Lev. 25:35-37 donde se da por sentado que los que toman prestado son pobres.) En Deuteronomio se entendía que las bendiciones de prosperidad de parte de Dios excluían la necesidad de tomar prestado (15:6; 26:12). Por lo tanto, no se consideraba que la pobreza fuera una situación deseable para ninguno que formara parte de la comunidad del pacto. En Neh. 5:1-5 se ilustra la gran dificultad que requería tomar prestado. Con los típicos cambios en la fortuna, el tomar prestado era una práctica común dentro de la sociedad hebrea y se necesitaban reglas para que los pobres no fueran víctimas de los prestamistas. También se establecieron leyes para la restitución en el caso de propiedades prestadas que habían sufrido daños (Ex. 22:14-15).

En Mat. 5:42, Jesús cita la cualidad de mostrar generosidad "al que quiera tomar de ti prestado" como un ejemplo de respuesta amorosa e inesperada (en lugar de la típica reacción de protección personal) ante las exigencias y los abusos de los demás. En cada ejemplo (5:38-42), el interés principal del discípulo es la otra persona y no la protección de los derechos adquiridos que uno posee. El uso de la segunda persona singular en el v.42 deja en claro la naturaleza personal de esta respuesta ante el posible solicitante del préstamo. Este pasaje forma parte del énfasis constante de Jesús en cuanto a la absoluta lealtad a la metodología del reino de Dios que requiere la consideración cuidadosa de las posesiones de una persona (Mat. 6:24-34) y la seguridad personal (Mat. 5:43-48) cuando uno ama al prójimo sin egoísmo. *David Nelson Duke*

PRETORIO Término en la literatura no canónica en referencia al palacio del emperador. El pretorio de Herodes en Cesarea (Hech. 23:35) era la residencia de Félix, el procurador romano de Judea, aunque en este versículo no aparece el pretorio griego.

Anteriormente, el pretorio era el cuartel central o las barracas de un campamento romano; sin embargo, tanto en las provincias como en Roma, pretorio llegó a usarse para aludir a las residencias oficiales del gobernador o del emperador. Los romanos se albergaban en dichos edificios al apropiarse por la fuerza de los palacios de la realeza conquistada de la región. Ver *Guardia pretoriana.*

Steven L. Cox

Frente del pretorio en el palacio del emperador romano Adriano.

PRIMERO Y ÚLTIMO Ver *Alfa y Omega.*

PRIMICIAS Ejemplares selectos de un cultivo que se cosechaba primero y se dedicaba a Dios. En obediencia a la ley mosaica, los israelitas llevaban a la casa de Dios "lo mejor de las primicias de la tierra" (Ex. 23:19 NVI; 34:26), incluyendo cereales, vino y aceite que se usaban (salvo el grano, Lev. 2:14-16) para sustento de los sacerdotes (Núm. 18:12; Deut. 18:4). Según Deut. 26:1-11, la ofrenda se llevaba al santuario en un canasto para su presentación. El libro de Proverbios promete prosperidad a quienes honran al Señor con las primicias (Prov. 3:9-10).

Según Lev. 23:9-14, la primera gavilla de la nueva cosecha de cebada se presentaba como ofrenda mecida al Señor. Esto ocurría al día siguiente del día de reposo de la Pascua y era un reconocimiento público de que todo provenía de Dios y le pertenecía a Él (Núm. 28:26; comp. Ex. 23:16; 34:22). Los israelitas no sólo tenían que ser conscientes de que la tierra de Canaán era propiedad del Señor y que ellos únicamente poseían los derechos como arrendatarios (Lev. 25:23), sino que también debían tener presente que la fertilidad del suelo no se debía a ninguno de los baales sino al don de la gracia de Dios.

A Israel se la describía como las "primicias" de Dios (Jer. 2:3). En la resurrección, a Cristo se lo describe como "primicias" de los que durmieron (1 Cor. 15:20,23). Se habla del Espíritu Santo como "primicias" (Rom. 8:23), y a los creyentes también se los denomina "primicias" de Sus criaturas (Sant. 1:18). El remanente salvo de Israel se describe como "primicias", lo mismo que los 144.000 del período de tribulación (Apoc. 14:4). A los primeros convertidos de una región se los designaba "primicias" (Rom. 16:5; 1 Cor. 16:15). En cada caso se enfatiza la dedicación y la bendición especial. Ver *Fiestas.* *Larry Walker*

PRIMOGÉNITO El primer hijo que nace de una pareja y que debía ser dedicado especialmente a Dios. Se pensaba que el primer hijo en el matrimonio representaba lo mejor del vigor humano (Gén. 49:3; Sal. 78:51). En memoria de la muerte de los primogénitos de Egipto y la preservación de los primogénitos de Israel, todos los primogénitos del pueblo de Dios, tanto hombres como bestias, le pertenecían a Jehová (Ex. 13:2,15; comp. 12:12-16). Esto significa que Israel le otorgaba un valor diferente al hijo mayor y le asignaba privilegios y responsabilidades especiales. Se lo presentaba al Señor cuando cumplía el primer mes de vida. Como le pertenecía a Dios, se requería que el padre se lo comprara nuevamente al sacerdote a un precio de rescate no mayor de cinco siclos (Núm. 18:16). El hombre que tenía varias esposas debía pagar el rescate del primogénito de cada una de ellas.

El derecho de primogenitura incluía una doble porción de la propiedad y el liderazgo de la familia. Como cabeza del hogar después de la muerte del padre, el hijo mayor habitualmente cuidaba de la madre hasta que ella moría y proveía para sus hermanas hasta que se casaran. El primogénito podía vender sus derechos como lo hizo Esaú (Gén. 25:29-34), o perderlo por mala conducta como sucedió con Rubén a causa del incesto (Gén. 35:22; 49:3-4).

El primogénito de un animal limpio se llevaba al santuario al octavo día de nacer (Ex. 22:29-30). Si no tenía defecto, se lo sacrificaba (Deut. 15:19; Núm. 18:17). Si era defectuoso, el sacerdote a quien se le entregaba podía comerlo fuera de Jerusalén como si fuera comida común (Deut. 15:21-23). Aparentemente, el primogénito de un animal limpio no se podía usar para el trabajo porque le pertenecía a Dios (Deut. 15:19).

El primogénito de un animal impuro se debía rescatar mediante un precio estimado por el sacerdote, más el agregado de un quinto del valor (Lev. 27:27; Núm. 18:15). Según Éxodo 13:13; 34:20, el primogénito de un asno debía ser rescatado mediante un cordero u oveja; de lo contrario, había que quebrarle el cuello.

En sentido figurado, Israel era el primogénito de Dios (Ex. 4:22; Jer. 31:9) y disfrutaba de una condición preferencial. Dios comparaba Su relación con Israel con la de un padre con su hijo primogénito. Dentro de Israel, la tribu de Leví representaba al primogénito de la nación en la ceremonia de adoración (Núm. 3:40-41; 8:18).

Cristo es el "primogénito" del Padre (Heb. 1:6) pues tiene una posición preeminente sobre otros en relación con Él. También se lo describe como "el primogénito entre muchos hermanos" (Rom. 8:29) y como "el primogénito de toda la creación" (Col. 1:15). Pablo (Col. 1:18) y Juan (Apoc. 1:5) se refieren a Cristo como "el primogénito de entre los muertos", el primero en resucitar físicamente de la tumba y no volver a morir.

Hebreos 12:23 alude a "la congregación de los primogénitos que están inscritos en los cielos". Los creyentes cristianos unidos con Cristo y coherederos con Él gozan de la condición de "primogénitos" en la familia de Dios. Ver *Familia.*

Larry Walker

PRIMOGENITURA Privilegios especiales que le pertenecían al primer hijo varón de una familia. Algo sobresaliente entre esos privilegios era que recibía como herencia una porción doble de las posesiones. Si un hombre tenía dos hijos, sus propiedades se dividían en tres partes y el hijo mayor recibía dos. Si había tres hijos, las posesiones se dividían en cuatro partes y el mayor recibía dos. Por lo general, el hijo mayor también recibía la bendición mayor de parte del padre. Esaú perdió el derecho a la primogenitura ante su hermano a cambio de un plato de guiso de lentejas y pan (Gén. 25:29-34). En realidad, la palabra hebrea para bendición (*berakah*) es virtualmente un anagrama del término que significa tanto primogenitura como primogénito (*bekorah*). La continuidad legal del linaje de la familia también pudo haber estado incluida entre los privilegios. Deuteronomio 21:15-17 prohíbe que un padre tenga preferencia entre sus hijos tratando de darle la primogenitura a otro que no sea el mayor.

PRINCIPADOS Poderes espirituales sobrenaturales, ya sean buenos o malos. Los principados fueron creados por Cristo y, por lo tanto, están sujetos a Él (Col. 1:16). Ni los principados ni ninguna otra fuerza pueden separar a un creyente del amor de Dios que se halla en Cristo (Rom. 8:38).

PRINCIPAL DE LA SINAGOGA Ver *Sinagoga.*

PRÍNCIPE En la mayoría de los casos designa la posición y autoridad de un gobernante, no sólo el sentido limitado del heredero masculino de un soberano o de alguien de cuna noble (ver Sof. 1:8 que distingue a los príncipes de los hijos de los reyes). La palabra "príncipe" aparece como título para el rey de Israel (1 Sam. 13:14), para un sacerdote líder (1 Crón. 12:27), para el jefe de una tribu madianita (Núm. 25:18), para los hombres que lideran una ciudad o provincia (Gén. 34:2; 1 Rey. 20:15; Jer. 34:19), y para los gobernantes en general (1 Cor. 2:6,8). Por extensión, "príncipe" se aplica a seres sobrenaturales. "Príncipe de paz" (Isa. 9:6) y "Príncipe y Salvador" (Hech. 5:31) son títulos mesiánicos. Daniel 8:25 se refiere a Dios como el "Príncipe de los príncipes". Daniel 12:1 le da a Miguel, el defensor angelical de Israel, el título de "príncipe". A Satanás se lo describe a menudo como "el príncipe de este mundo" (Juan 12:31; 14:30; 16:11; comp. Mat. 9:34; 12:24; Ef. 2:2).

PRINCIPIO Y FIN Ver *Alfa y Omega.*

PRISCA, PRISCILA Ver *Aquila y Priscila.*

PROCÓNSUL Cargo dentro del sistema romano de gobierno. Los procónsules supervisaban la administración de los asuntos civiles y militares de una provincia. Eran responsables ante el Senado de Roma. El NT menciona dos procónsules: Sergio Paulo en Chipre (Hech. 13:7) y Galión en Acaya (Hech. 18:12; comp. Hech. 19:38). Ver *Roma y el Imperio Romano.*

PRÓCORO Nombre de persona que significa "líder del coro (o de la danza)". Uno de los siete escogidos para ayudar en la distribución de comida a las viudas griegas de la iglesia de Jerusalén. (Hech. 6:5).

PROCURADOR Cargo militar romano que se convirtió en una poderosa posición en la época del NT. Bajo el sistema romano poseía el control de países enteros. Podía emitir sentencias de muerte (privilegio que, por lo general, se le negaba a los súbditos) y su nombre se acuñaba en monedas. En el NT se nombra a tres procuradores: Pilato (Mat. 27:2; algunos cuestionan si Pilato era procurador), Félix (Hech. 23:24) y Festo (Hech. 24:27). Ver *Roma y el Imperio Romano.*

PROFANAR Tratar lo que es santo como si fuera común. Profanar a menudo se aproxima en significado a corromper. Ver *Limpio, limpieza; Santo.*

PROFECÍA, PROFETAS Recepción y declaración de una palabra de parte del Señor a través de una instancia directa del Espíritu Santo y el instrumento humano correspondiente.

Antiguo Testamento Se utilizan tres términos clave para referirse al profeta. Ro'eh y hozeh *se traducen "vidente".* El término más importante, *navi'*, se traduce generalmente "profeta". Probablemente significaba "uno que es llamado a hablar".

Historia Moisés, tal vez el líder más grande de Israel, fue un prototipo profético (Hech. 3:21-24). Apareció con Elías en la transfiguración (Mat. 17:1-8). Israel buscaba un profeta como Moisés (Deut. 34:10).

Los profetas también desempeñaron un papel en la conquista y en el establecimiento en la tierra prometida. La profetisa Débora predijo victoria, pronunció juicio sobre el dubitativo Barac, y hasta identificó el momento adecuado para atacar (Jue. 4:6,7,9,14). Samuel, que guió a Israel durante la transición hacia la monarquía, fue profeta, sacerdote y juez (1 Sam. 3:20; 7:6,15). Podía ver el futuro en visiones (3:11-14) y pedirle a Dios truenos y lluvia (12:18). Samuel guió a la victoria contra los filisteos (1 Sam. 7), y Dios lo utilizó para ungir reyes. Gad y Natán sirvieron como profetas del rey. Elías y Eliseo les ofrecieron críticas y consejos a los reyes. Los profetas no sólo predecían el futuro; sus mensajes además instaban a Israel a honrar a Dios. Sus profecías no eran principios generales sino palabras específicas que correspondían al contexto histórico de Israel.

De manera similar, los profetas clásicos o que dejaron testimonio escrito estuvieron ligados a la historia. La conmoción política de Israel proporcionó el contexto para dichos profetas. La asunción al poder de los asirios luego del 750 a.C. proveyó el núcleo de los ministerios de Amós, Oseas, Isaías y Miqueas. La amenaza de Babilonia fue el trasfondo y el motivo de gran parte del ministerio de Jeremías y Ezequiel. El advenimiento del Imperio Persa en la última parte del siglo VI estableció el escenario para profetas como Abdías, Hageo, Zacarías y Malaquías. De modo que, los profetas hablaron de parte de Dios a lo largo de toda la historia de Israel.

Los profetas tuvieron influencia sobre casi todas las instituciones de Israel, a pesar de que muchas veces se los miraba con desprecio, se los encarcelaba (Jer. 37), se los ignoraba (Isa. 6:9-13), y se los perseguía (1 Rey. 19:1,2). Además de servir a jueces y reyes, los profetas también se refirieron a la adoración de Israel. Criticaron la adoración vana (Amós 5:23,24) y los fracasos sacerdotales (Amós 7:10; Mal. 2). La palabra del Señor también se entregaba durante la adoración (Sal. 50:5; 60:6; 81:6-10; 91:14-16; 95:8-11). El llamado de los profetas a la fidelidad al pacto revelaba la existencia de una conciencia de la ley (Isa. 58:6-9; Ezeq. 18; Miq. 6:6-8; Os. 6:6; Amós 2:4; 5:21-24).

Los profetas formaban asociaciones o escuelas (2 Rey. 4:38; 1 Sam. 10:5; 19:20). Aunque la mayoría de las referencias a las escuelas proféticas pertenecen al período de la monarquía, existen evidencias para creer que continuaron (Jer. 23:13, 14). La mera existencia de los libros de profecía se debe, probablemente y en parte, a los ayudantes de los profetas (Jer. 36:4). Tal vez sus palabras se registraban porque proporcionaban un desafío moral para toda la nación y no meramente para un rey o un individuo. Con seguridad, una vez que las palabras del profeta se habían escrito, no se ignoraban sino que continuamente se estudiaban y se volvían a aplicar.

La experiencia del profeta Por lo general, los profetas tenían en común varias experiencias y características. (1) Una marca esencial era el llamado de Dios. El intento de profetizar sin ese llamado daba como resultado una profecía falsa (Jer. 14:14). A veces, a los profetas se les permitió ver la sala del trono o la corte celestial (Isa. 6:1-7; 1 Rey. 22:19-23; Jer. 23:18-22; comp. Amós 3:7; Job 1:6-12; 2:1-6; 2 Cor. 12:1-4; Apoc. 1:1-3; 22:18,19). (2) Los profetas recibían palabra de Dios a través de muchas maneras: declaraciones directas, visiones, sueños o una aparición divina. La gran variedad en la experiencia profética prohíbe cualquier simplificación excesiva; las experiencias de éxtasis no eran indispensables. (3) Los profetas hablaban la palabra de Dios. Ante todo eran voceros que llamaban al pueblo a la obediencia apelando al pasado y al futuro de Israel. Por ejemplo, la bendición pasada y el juicio futuro de Dios debían provocar justicia social y misericordia para el desfavorecido. (4) Los profetas transmitían el mensaje de Dios a través de obras así como de palabras. Realizaban actos simbólicos que servían como dramáticas parábolas vivientes. El matrimonio de Oseas enseñó sobre la relación de Dios con Israel (Os. 2:1-13; Isa. 20:1-3; Ezeq. 4:1-3; Jer. 19:10,11). (5) Los profetas también realizaban milagros que confirmaban su mensaje. Aunque algunos profetas como Moisés (Ex. 4:1-9) y Elías (1 Rey. 17) hicieron muchos milagros, prácticamente todos los profetas vieron en algún momento un cumplimiento milagroso de la palabra de Dios (Isa. 38:8). Esta capacidad también incluía sanidad (1 Rey. 17:17-22; 2 Rey. 5; Mat. 12:22-29). (6) Los profetas también transmitían la palabra de Dios por escrito (Isa. 8:1; Ezeq. 43:11). (7) Los profetas debían ministrarle al pueblo. Tenían que poner a prueba la vida del pueblo de Dios (Jer. 6:27) y actuar como guardianes ante los compromisos morales (Ezeq. 3:17). Era particularmente importante el rol de intercesor, incluso a veces para su propio enemigo (1 Rey. 13:6; 17:17-24; 2 Rey. 4:18-37; Amós 7:2; Jer. 14:17-20,21; Isa. 59:16). (8) A lo largo de toda la historia de Israel, los profetas genuinos tuvieron experiencias extáticas.

Falsos profetas Era muy difícil distinguir entre profetas verdaderos y falsos, aunque en el AT surgen varias pruebas de autenticidad. El profeta verdadero debía ser leal a la fe bíblica al dirigir a la persona a adorar sólo a Yahvéh (Deut. 13:1-3). Una segunda prueba requería que las palabras de un verdadero profeta se cumplieran (Deut. 18:22; Jer. 42:1-6; Ezeq. 33:30-33). Esta era una prueba difícil de aplicar. Muchas veces, transcurrían lapsos largos entre las predicciones y el cumplimiento (Miq. 3:12; Jer. 26:16-19). Algunas predicciones parecían bastante improbables y otras eran condicionales, basadas en la respuesta del receptor (Jon. 3:4,5). Además, los profetas se podían comportar de manera inadecuada (Núm. 12:1-2; 20:1-12; Jer. 15:19-21; 38:24-27). A veces, parecían ambivalentes cuando entregaban la palabra de Dios tal como les había sido dada (2 Rey. 20:1-6). También se podía predecir correctamente sin ser leal a Yahvéh (Deut. 13:1-3). La predicción precisa no era una prueba definitiva. Otras pruebas incluían concordancia con las palabras de profetas anteriores (Jer. 28:8), buen carácter (Miq. 3:11), y disposición a sufrir a causa de la fidelidad (1 Rey. 22:27,28; Jer. 38:3-13). Del mismo modo, los creyentes del NT tenían que distinguir la profecía verdadera (1 Jn. 4:1; 1 Cor. 14:29). Ver *Falso profeta.*

Pautas para la interpretación Los profetas procuraban evocar fe mediante la proclamación, no meramente predecir el futuro. Por lo tanto, es inadecuado leer a los profetas con una curiosidad morbosa. Nuestro deseo principal debe ser conocer a Dios y no simplemente los hechos del futuro.

El intérprete debe recordar la perspectiva limitada del profeta. Estos no lo sabían todo sino que lo decían todo; es decir, decían todo lo que Dios les había dicho que dijeran. La profecía tiene un carácter progresivo. Uno debe procurar leerla como un todo y obtener una reflexión parcial de parte de los diferentes profetas. A la profecía también hay que leerla en su contexto histórico. Se debe prestar particular atención a la intención del profeta. Por ejemplo, este podía reprender a otro país para que le prestara ayuda a Israel (Isa. 46–47), hacer que Israel examinara su propia conducta (Amós 1–2), o conducir a una nación al arrepentimiento (Jon. 3:4,8,9).

Se debe tener cautela al leer la profecía predictiva porque, por lo general, tiene más de un cumplimiento. Muchas profecías tienen una aplicación inmediata a la situación en que se pronunció, y también se aplican a otro contexto. Así, la predicción de que el Cristo nacería de una virgen (Mat.

1:23) también tuvo un cumplimiento en los días de Isaías (Isa. 8:3). De manera similar, las profecías acerca del "día del Señor" tienen varios cumplimientos (parciales) que también anticipan un cumplimiento final (Abd. 15; Joel 1:15; 2:1; Sof. 1:7, 14; Ezeq. 30:3; comp. 2 Ped. 3:10).

Los evangélicos modernos entienden las profecías predictivas de diversas maneras. (1) Algunas parecen tener un cumplimiento directo, literal: el Mesías iba a nacer en Belén (Mat. 2:5,6; Miq. 5:2). (2) No todas se cumplían literalmente. Jesús enseñó que la predicción acerca del regreso de Elías se cumplió en Juan el Bautista y no en un Elías literal (Mat. 11:13-15; Mal. 3:1-4). Asimismo, Pablo aplicó a la iglesia las profecías literales referidas a la nación de Israel (Rom. 9:25,26; Os. 1:9,10; 2:23). El padre literal de Israel, Abraham, era visto como el padre de la iglesia creyente (Rom. 4:11,16; Gál. 3:7). Se creía que esta lectura cristiana muy particular era legítima debido al cumplimiento y a la interpretación del AT que realizó Cristo (Luc. 4:17-21). (3) Esta lectura cristiana del AT adquiere, por lo general, la forma de interpretación tipológica. Los autores del NT creían que los sucesos, las personas o las cosas del AT anunciaban la historia cristiana posterior. Por lo tanto, usaban las imágenes del AT para entender las realidades del NT. A Cristo se lo puede comparar con Adán (1 Cor. 15:22,23; 10:11). (4) Algunos lectores creen que las palabras del AT adquieren un significado o "sentido más completo". Las expresiones del AT pueden tener un significado divino que el escritor del AT no previó y que sale a la luz recién después de una palabra o una obra posterior de Dios. Ver *Tipología.*

Nuevo Testamento El verbo derivado del sustantivo *prophetes* significa "predecir" o "hablar por". Por lo tanto, se refiere a uno que habla de parte Dios o de Cristo. A los profetas también se los llamaba *pneumatikos,* "espirituales" (1 Cor. 14:37). Los profetas desempeñaron un papel fundamental en la iglesia primitiva (1 Cor. 12:28-31; Ef. 4:11; 2:20). Debido al supuesto silencio profético entre ambos Testamentos, la venida de Jesús se ve como irrupción de la obra del Espíritu visible especialmente en la profecía. Por ejemplo en Lucas, la visitación y la predicción del ángel (1:11,26,27) hicieron que María y Zacarías profetizaran (1:46-79). Luego de una visita angelical a los pastores, el profeta y la profetisa declararon que Jesús era la redención que esperaba Israel (2:10-12,25,36-38). Juan el Bautista también predijo que Jesús bautizaría en el Espíritu (Mat. 3:11).

Jesús se autodenominó profeta (Luc. 13:33). Sus milagros y Su discernimiento se consideraron correctamente como proféticos (Juan 4:19). No enseñaba citando a rabinos expertos sino con Su propia autoridad profética (Mar. 1:22; Luc. 4:24).

Los creyentes de la iglesia primitiva vieron el derramamiento del Espíritu (Hech. 2:17) como cumplimiento de la predicción de Joel de que todo el pueblo de Dios, jóvenes y viejos, hombres y mujeres, profetizarían. Es probable que estos dones se intensifiquen al final de los tiempos, como también sucederá con el mal. Aunque cualquier cristiano podía ocasionalmente recibir una profecía, algunos parecen tener un don especial (1 Cor. 12:29; 13:2). Los profetas actúan principalmente en la adoración de la iglesia (Hech. 13:2). Predicen (Hech. 11:28; 20:23; 27:22-26), anuncian juicios (Hech. 13:11; 28:25-28), actúan simbólicamente (Hech. 21:10,11) y reciben visiones (Hech. 9:10,11; 2 Cor. 12:1). El discernimiento profético condujo a actividades misioneras (Hech. 13:1-3; 10:10-17; 15:28,32). Aunque la enseñanza y la profecía son diferentes, también pueden estar relacionadas (Hech. 13:1-2; Apoc. 2:20). Algunos profetas "predicaban" mensajes extensos (Hech. 15:32) y hacían exposición de textos bíblicos (Luc. 1:67-79; Ef. 3:5; Rom. 11:25-36).

Los profetas usaban frases tales como "el Señor dice" o "el Espíritu Santo dice" a modo de fórmulas introductorias para el discernimiento profético del futuro (Hech. 21:11) o para la adaptación inspirada de un texto del AT (Heb. 3:7).

La profecía del NT era limitada (1 Cor. 13:9); debía ser evaluada por la congregación (1 Cor. 14:29; 1 Tes. 5:20,21). Hasta era posible que se respondiera inadecuadamente a la profecía (Hech. 21:12). La prueba suprema de la profecía es la lealtad a Cristo (1 Cor. 12:3; Apoc. 19:10). Algunos cristianos tienen el don de discernimiento (1 Cor. 12:10). Jesús dijo que a los profetas se los podía conocer por el fruto (Mat. 7:15-20). Pablo exigía una profecía ordenada, que honrara a Cristo, que edificara y que se sometiera a la autoridad apostólica (1 Cor. 14:26-40). Por lo tanto, la profecía tiene restricciones. La circunstancia incluso puede llegar a exigir que se estipule la vestimenta de los hombres y de las mujeres profetas (1 Cor. 11:5-7). El camino seguro es ignorar la profecía que está fuera de la autoridad apostólica; de esta manera, no es una amenaza a la autoridad especial de la Escritura (1 Cor. 14:38,39; 2 Tim. 3:16; 2 Ped. 1:20,21). *Randy Hatchett*

PROFETISA 1. Mujer profeta; mujer que sirve como vocera de Dios. En la Biblia cinco mujeres se identifican explícitamente como profetisas: Miriam (Ex. 15:20), Débora (Jue. 4:4), Hulda (2 Rey. 22:14), Noadías, una "falsa" profetisa (Neh. 6:14) y Ana (Luc. 2:36). Jezabel pretendía ser profetisa (Apoc. 2:20). Los ministerios de estas mujeres variaban en gran manera. Miriam instó a Israel a celebrar la liberación de Dios. Débora combinó los oficios de profetisa y jueza, incluso acompañando a Barac a la batalla. Hulda le expresó al rey Josías palabras de juicio (2 Rey. 22:16,17) y de perdón (22:18-20) de parte de Dios. Ana compartió con las multitudes del templo las buenas noticias del nacimiento de Jesús. La falsa profetisa Noadías procuró asustar a Nehemías. Jezabel intentó inducir a la iglesia de Tiatira a la idolatría. El profeta Joel anticipó un tiempo cuando todo el pueblo de Dios, "los siervos y las siervas", serían llenos del Espíritu de Dios y profetizarían (Joel 2:28,29). Esta esperanza profética se cumplió en Pentecostés (Hech. 2:17,18) y en el desarrollo de la iglesia primitiva (Hech. 21:9). Pablo animó a todos los creyentes a que desearan profetizar (1 Cor. 14:1), es decir, ofrecer un discurso que edifique a la iglesia (14:5). Primera Corintios 11:5 supone que las mujeres eran parte de la profecía y la oración en la adoración pública. **2.** Esposa de un profeta (Isa. 8:3). Ver *Profeta.*

PROFUNDIDADES Lugares profundos del mar (Ex. 15:5,8; Sal. 68:22; 77:16; 78:15); el interior de la tierra (Sal. 95:4; Isa. 44:23); y por extensión el Seol, la morada subterránea de los muertos (Sal. 63:9; 71:20). "Las profundidades" se utiliza en forma figurada para lo inescrutable (Prov. 25:3), para la matriz (Sal. 139:15), y quizás para la tragedia (Sal. 130:1). Ver *Abismo, El.*

PRÓJIMO La Biblia registra gran cantidad de instrucciones sobre cómo tratar al prójimo, pero poca definición en cuanto a qué o quién se ubica dentro de esa condición. El término se emplea por primera vez en Éxodo de una manera que va más allá de las fronteras étnicas o nacionales cuando los israelitas iban a tomar prestadas joyas de oro y plata de los egipcios (Ex. 3:22; 12:36). En este caso, las mujeres de Israel quienes debían dirigirse a sus amigas y vecinas egipcias para pedirles joyas de metales preciosos.

Después de esas referencias, el resto de los textos del Antiguo Testamento sobre el prójimo son mandatos positivos, como "deberá compartirlo con sus vecinos más cercanos" al hablar de la comida de la Pascua (Ex. 12:4 NVI), y "Amarás a tu prójimo como a ti mismo" (Lev. 19:18), o mandamientos expresados en forma negativa. Dichos mandamientos incluyen la prohibición de dar falso testimonio y codiciar (Ex. 20:17,18), modificar los límites de las propiedades y defraudar de algún otro modo a la persona que vive en las inmediaciones (Lev. 19:13). Varias enseñanzas que aparecen en el libro de Proverbios y en los escritos de los profetas se refieren a actitudes y acciones apropiadas para con el prójimo.

Que ciertas instrucciones fueran de naturaleza nacional explica claramente la manera de pensar de Jesús cuando se refirió o enseñó acerca del trato que se les debía proporcionar a los prójimos "indeseables". Por ejemplo, la usura no se le podía aplicar a un préstamo efectuado a un prójimo pero sí se permitía en el caso de extranjeros.

Si bien los samaritanos vivían sumamente cerca de los judíos en la época del NT, en el aspecto social no se los consideraba prójimos. Cuando Jesús le habló a la mujer samaritana en Sicar (Juan 4), inicialmente tanto ella como los discípulos se sintieron incómodos por ese contacto.

La enseñanza más importante para definir al prójimo surgió de la respuesta de Jesús a la pregunta "¿Y quién es mi prójimo?" Jesús respondió con el relato de la parábola del buen samaritano, donde se describía a este último como el prójimo misericordioso. Jesús le dijo al hombre que fuera e hiciera lo mismo (Luc. 10:37).

Douglas K. Wilson (h) y Kimberly P. Wilson

PROMESA Anuncio de Dios de Su plan de salvación y bendición a Su pueblo, uno de los temas unificadores que integran el mensaje y las obras del AT y del NT.

La promesa comprende tanto la declaración como la obra La promesa de Dios comienza con una declaración de Su parte; abarca los planes futuros no sólo para una raza sino para todas las naciones de la tierra. Se centra en los dones y en las obras que Dios les otorgará a unos pocos para beneficio de muchos. Podemos definir la promesa de Dios de esta manera: declaración o confirmación divina hecha primero a Eva, a Sem, a Abraham, a Isaac y a Jacob, y luego a toda la nación de Israel en cuanto a que: (1) Él sería su Dios, (2) ellos serían Su pueblo, y (3) Él moraría en medio de ellos. La bendición de poseer una tierra y de crecer como nación, así como el llamado a bendecir a las naciones, formaba parte de la promesa a Abraham. Sumada a estas palabras de compromiso hubo una serie de acciones divinas en la historia. Estas palabras y obras divinas comenzaron a constituir el plan divino que se desplegó de manera continuada, mediante el cual todos los pueblos y las naciones de la tierra se beneficiarían desde aquel día hasta hoy.

El AT no usa una palabra hebrea específica para "promesa" sino palabras bastante comunes para encapsular la promesa fundamental de Dios: hablar, decir, jurar. Sin embargo, el NT sí usa en el original griego el sustantivo "promesa" (51 veces) y el verbo "prometer" (11 veces).

En estas referencias, "promesa" o "prometer" pueden denotar tanto la forma como el contenido de esas palabras. Se pueden referir a las palabras en sí como pagarés en los cuales basar la confianza de uno en el futuro, o a las cosas que fueron prometidas. Debido a que el plan prometido por Dios estaba constituido por muchas especificaciones, la forma plural, "promesas", aparece 11 veces en el NT. De todas maneras, la que predomina es la forma singular.

Diversas formulaciones de la promesa en el Antiguo Testamento En Gén. 1–11, la promesa de Dios está representada por sucesivas "bendiciones" anunciadas tanto en el orden creacional como sobre la familia humana (aun a pesar de su pecado). Por lo tanto, la promesa de bendición fue a la vez una introducción a la promesa y parte de la promesa misma.

La promesa y los patriarcas En el caso de los padres de Israel (Abraham, Isaac y Jacob), podemos hablar de la promesa en singular aunque anunciaba tres elementos significativos. Cada uno de esos elementos queda incompleto sin el respaldo del otro y sin estar entrelazados en un mismo plan de promesa.

Esta triple promesa incluía: (1) la promesa de una simiente o descendencia (un heredero; Gén. 12:7; 15:4; 17:16,19; 21:12; 22:16-18; 26:3,4,24; 28:13,14; 35:11,12); (2) la promesa de una tierra (una herencia; Gén. 12:1,7; 13:17; 15:18; 17:8; 24:7; 26:3-5; 28:13,15; 35:12; 48:4; 50:24); (3) la promesa de bendecir a todas las naciones (una herencia del evangelio; Gén. 12:3; 18:18; 22:17,18; 26:4; 28:14).

Para demostrar la cualidad eterna y lo incondicional de la oferta de gracia de Dios, sólo Él pasó entre las mitades en Gén 15:9-21, lo que, de este modo, lo obligaba a cumplir sus promesas sin forzar de manera simultánea o similar a Abraham y a los beneficiarios subsiguientes.

La promesa y la ley Como la promesa era eterna, los descendientes de Abraham debían trasmitirla a generaciones subsiguientes hasta que llegara la última simiente, Jesús el Mesías. Debían hacer algo más. Dios esperaba que participaran personalmente por la fe. Donde la fe estaba presente, asimismo estaban presentes las exigencias y los mandamientos. Por lo tanto, Abraham obedeció a Dios y salió de Ur (Gén. 12:1-4) y caminó delante de Dios de manera intachable (Gén. 17:1). Su obediencia a los "preceptos", "mandamientos", "estatutos" y "leyes" de Dios (Gén. 26:5) fue ejemplar.

La ley extendía estas exigencias a la totalidad de la vida del pueblo, presuponiendo en todo momento que las antiguas promesas constituían la base misma, de hecho, la fuerza inductora sobre la cual se podían hacer tales exigencias (Ex. 2:23-25; 6:2-8; 19:3-8; 20:2). Más tarde, el apóstol Pablo preguntaría si las promesas anulaban la ley (Rom. 3:31). Su respuesta es: "En ninguna manera, sino que confirmamos la ley" (Rom. 3:31).

Las promesas y David La monarquía, fundada prematuramente por los caprichos de un pueblo que deseaba ser como las otras naciones, recibió un rol distintivo a través de las promesas de Dios. Un jovencito sacado "del redil" (2 Sam. 7:8) recibiría un nombre como "el de los grandes que hay en la tierra" (2 Sam. 7:9); por cierto, su descendencia se sentaría a la diestra del trono de Dios (Sal. 110:1) y heredaría las naciones (Sal. 2:8).

La promesa y el nuevo pacto El nuevo pacto de Jer. 31:31-34 repite muchos elementos y fórmulas que ya se encontraban en el plan de la promesa divina anunciado previamente, y también añade varios rasgos novedosos. La nueva promesa sigue conteniendo la ley de Dios, sólo que ahora será internalizada. Todavía promete que Dios será su Dios y ellos serán Su pueblo. Todavía declara que Dios perdonará sus pecados y no los recordará más. Sin embargo, también añade que ya no será necesario enseñarle al prójimo o al hermano porque todos, sea cual fuere su condición en la vida, conocerán al Señor.

En lugar de la futura pérdida de Israel de su rey, su capital, su templo y su antigua gloria, Dios cumpliría sus promesas antiguas estableciendo otras nuevas sobre aquellas que ya había hecho antes (Isa. 48:3). Él enviaría su nuevo David, su nuevo templo, su nuevo Elías, cielos nuevos y tierra nueva, pero todo como continuidad de lo que había prometido en el pasado.

El NT amplía las antiguas promesas Las promesas del NT se pueden dividir en estos grupos. El primero y más frecuente es el que hace referencia a las promesas de Dios a Abraham acerca del heredero que iba a recibir, esto es, Jesucristo (Rom. 4:13-16,20; 9:7-9; 15:8; Gál. 3:16-22; 4:23; Heb. 6:13-17; 7:6; 11:9,11,17). Un segundo grupo importante se puede formar en torno de la simiente de David y el envío de Jesús como Salvador "conforme a la promesa" (Hech. 13:23,32,33, 26:6). Tal vez deberíamos relacionar con este grupo el don "según la promesa de la vida que es en Cristo Jesús" (2 Tim. 1:1), "la promesa de la herencia eterna" (Heb. 9:15), y "la promesa que él nos hizo, la vida eterna" (1 Jn. 2:25). Esta promesa se hizo "por la fe en Jesucristo" (Gál. 3:22).

El tercer gran grupo es el don del Espíritu Santo. Las promesas aparecen luego de la resurrección de nuestro Señor (Luc. 24:49; Hech. 2:33,38,39).

Existen otros temas relacionados con la promesa de Dios: el reposo (Heb. 4:1); el nuevo pacto con su perspectiva de herencia eterna (9:15); los cielos nuevos y la tierra nueva (2 Ped. 3:13); la resurrección (Hech. 26:6); la bendición de descendientes numerosos (Heb. 6:14); el surgimiento de un reino inconmovible (12:28), y de los gentiles como receptores de la misma promesa (Ef. 2:11-13).

La promesa tiene ciertas diferencias notables con la profecía Aunque gran parte de la doctrina de la promesa es también profética en el sentido de que se relaciona con el futuro, existen ciertas diferencias notables entre promesa y profecía. (1) Las promesas se relacionan con lo que es bueno, deseable, y con aquello que bendice y enriquece. Sin embargo, la profecía también puede incluir notas de juicio, destrucción y calamidad cuando la gente o las naciones no se arrepienten. (2) Las promesas abarcan, por lo general, a toda la raza humana, en tanto que es más común que las profecías estén dirigidas a naciones, culturas o pueblos en especial. (3) Las promesas deliberadamente tienen un cumplimiento continuo de generación tras generación, en tanto que las profecías invocan promesas cuando desean hablar de un futuro distante. (4) La promesa de Dios es incondicional, en tanto que la mayoría de las profecías son condicionales y tienen un "a menos que" o un "si" condicional adosados a sus predicciones de juicio. (5) La promesa de Dios comprende muchas declaraciones divinas ("preciosas y grandísimas promesas", 2 Ped. 1:4), en tanto que las profecías por lo general están dirigidas a sucesos más específicos y a individuos en particular.

Por lo tanto, el plan de la promesa de Dios es, por cierto, Su propia Palabra y plan, tanto en Su persona como en Sus obras, a fin de comunicar una bendición a Israel y así bendecir a todas las naciones de la tierra. *Walter C. Kaiser (h)*

PROPICIACIÓN Ver *Expiación y propiciación, Diferencias entre.*

PROPICIATORIO Mesa de oro puro que medía aprox. 115 cm (45 pulgadas) por 70 cm (27 pulgadas) y estaba colocada encima del arca del pacto, que era del mismo tamaño. Constituía la base donde se apoyaban los querubines de oro (Ex. 25:17-19,21) y simbolizaba el trono desde donde Dios gobernaba Israel (Lev. 16:2; Núm. 7:89). En el Día de la Expiación, el sacerdote rociaba sobre el propiciatorio la sangre del cordero sacrificado para suplicar que los pecados de la nación fueran perdonados (Lev. 16:15). La palabra hebrea significa literalmente "borrar" o "cubrir". El propiciatorio ha sido reemplazado en su función de símbolo y sitio de la presencia de Dios y de la expiación provista por Él. La cruz y la resurrección de Cristo demostraron una vez y para siempre la presencia divina perfecta y la consumación de la expiación (Heb. 9).

PROPIEDAD Posesión de un bien. Dos principios generales regían las leyes israelitas sobre la propiedad: (1) en definitiva todo le pertenecía a Dios, y (2) la posesión de la tierra era meramente una cuestión comercial. Después de la división de la tierra entre las doce tribus, a los grupos familiares o clanes se les entregaron parcelas individuales. Si la ocasión lo requería, posteriormente la tierra se podía volver a dividir. Los escribas registraban las ventas o transferencias de tierra en cueros o rollos de papiros, en tablillas de arcilla o en presencia de testigos mediante la acción simbólica de quitar una sandalia (Rut 4:7) o hacer que el nuevo dueño colocara su pie sobre la propiedad. La tierra pasaba del padre al hijo, pero se le podía conceder a una hija. Las tierras privadas que no se utilizaban durante varios años finalmente se le entregaban al rey (2 Rey. 8). La ley del pariente-redentor (Lev. 25:25) se elaboró para asegurar que la tierra que le pertenecía a una familia en particular no se perdiera aunque el esposo muriera sin dejar descendencia. Al pariente más cercano se le requería que comprara la tierra y engendrara un heredero a nombre del difunto. La viuda empobrecida no estaba forzada a vender la tierra a desconocidos, lo que habría reducido el área de posesión de la tribu a la que pertenecía esa familia.

Si bien es cierto que el rey compraba las tierras de sus súbditos, estas también estaban sujetas a ser tomadas por el gobernante. El rey les concedía tierras reales a miembros de su familia o a hombres que se ganaban su favor, como regalos para obtener una renta. La tierra solía ser arrendada para cultivarla en beneficio del rey, quien continuaba siendo el propietario final del traspaso. Cuando la situación económica era difícil, el rey intercambiaba las tierras por servicios, tal como sucedió con la entrega de tierra que Salomón le hizo a Hiram de Tiro a cambio de oro y obreros para la edificación del templo (1 Rey. 9:11). Las familias sacerdotales y los santuarios locales también eran propietarios de la tierra, en especial las que rodeaban las ciudades de los levitas donde los sacerdotes cultivaban los campos (Jos. 21). Cuando se centralizó la adoración en el templo de Jerusalén se vendieron muchas de las tierras sacerdotales.

El concepto de propiedad privada continuó desarrollándose de la misma manera durante la época del NT. Se descubrieron contratos de compraventa y títulos de propiedad escritos en rollos de papiro correspondientes a ese período, lo cual da testimonio del intercambio de tierras privadas. La venta de propiedad privada a menudo estaba sujeta a la aprobación real. Los romanos supervisaban el control de las tierras en Palestina y requerían de los dueños elevados impuestos. La comunidad cristiana primitiva subsistía por la generosidad de aquellos miembros que vendían muchas de sus posesiones para ayudar a los creyentes pobres. Ver *Economía.*

David Maltzberger

PROSÉLITOS Convertidos a una religión; los no judíos que aceptaban la fe judía y cumplían con los rituales para convertirse en judíos. El NT da testimonio del celo que tenían los fariseos del primer siglo por hacer prosélitos a los gentiles (Mat. 23:15). El éxito de los esfuerzos misioneros de los judíos se observa en las inscripciones en las sinagogas y en las tumbas en relación a los prosélitos y por referencias literarias romanas y judías. Tácito (Historia V.5) se queja, por ejemplo, de que los prosélitos despreciaban a los dioses, despreciaban a sus familiares y renunciaban a la tierra de sus padres.

A los gentiles les impresionaban tres rasgos del judaísmo. Primero, el concepto de un Dios que creó, sustenta y gobierna todas las cosas era claramente superior a los puntos de vista politeístas. Segundo, el judaísmo con su monoteísmo hacía énfasis en un estilo de vida de responsabilidad moral. Tercero, era una religión de tradición antigua y estable en contraste con los cultos pasajeros de la época.

Por lo general, los prosélitos abrazaban el judaísmo en forma gradual porque, antes de que uno pudiera ganar aceptación en la comunidad judía, había mucho que aprender, como la manera adecuada de guardar el día de reposo y el cumplimiento cuidadoso de las reglas alimenticias. A las personas atraídas al judaísmo que guardaban el día de reposo y las leyes alimenticias se las llamaba adoradores de Dios. Estos términos aparecen en el NT donde a Cornelio (Hech. 10:1, 2) y a Lidia (Hech. 16:14) se los describe de esta manera (Juan 12:20; Hech. 17:4; 18:7). Muchos temerosos de Dios seguían adelante hasta convertirse en prosélitos o hasta que los aceptaran e integraran plenamente como miembros de la comunidad judía. Esto incluía el cumplimiento de las exigencias judías de la circuncisión (en los hombres), que los relacionaba con el pacto (ver Gál. 5:3); del bautismo (hombres y mujeres), que los hacía ritualmente limpios; y de la presentación de una ofrenda (hombres y mujeres) en el templo de Jerusalén para la expiación de los pecados. Ver *Dios, Temeroso de.* *Harold S. Songer*

PROSTITUCIÓN Prestación de servicios sexuales por dinero. Es el resultado de una concepción en que los hombres insisten en la pureza sexual de sus esposas e hijas, en tanto que desean tener acceso carnal a otras mujeres. Esta dinámica se ve claramente en Gén. 38. Judá, pensando que su nuera Tamar era una prostituta, tuvo relaciones sexuales con ella pero, al enterarse de que estaba embarazada como resultado de "hacerse pasar por prostituta", exigió que la quemaran. Oseas criticó la actitud que pedía castigo para las prostitutas (y para las mujeres que cometían adulterio) mientras que se toleraba a los hombres que cometían esos actos (Os. 4:14). Debido a esta norma que se aplica con algunos y con otros no, la prostituta ha tenido una posición ambigua en la sociedad. En el antiguo Israel se la toleraba (siempre y cuando no estuviera casada), pero su profesión no era aceptada socialmente. Los hijos de las prostitutas padecían de arbitrariedades sociales en su contra (Jue. 11:2).

Aunque el AT no registra leyes que prohibieran que los hombres visitaran a prostitutas y usaran sus servicios, hay sólidos consejos en contra de tal comportamiento (Prov. 23:27-28; 29:3). El libro apócrifo de Eclesiástico hace advertencias similares (9:3-9; 19:2).

El Código de Santidad prohibía a los padres israelitas convertir a sus hijas en prostitutas (Lev. 19:29), lo cual tal vez haya sido tentador durante tiempos con mucha pobreza. Es probable que la mayoría de las prostitutas en Israel estuviera constituida por mujeres extranjeras o cananeas.

Jesús les advirtió a los líderes religiosos de Su época que las prostitutas entrarían al reino antes que ellos (Mat. 21:31), no porque aprobara la prostitución sino porque las prostitutas no tenían pretensiones de superioridad moral que les impedía arrepentirse a los líderes religiosos. Pablo les recordó a los cristianos de Corinto que su cuerpo era templo del Espíritu Santo; por lo tanto, debían abstenerse de la inmoralidad, incluyendo las relaciones sexuales con prostitutas (1 Cor. 6:15-20).

El término "prostitución cúltica" se usa frecuentemente para referirse a ciertas prácticas en los cultos cananeos de fertilidad, incluso el culto a Baal. Esta práctica y las creencias en que se basaba eran incompatibles con el monoteísmo y con la naturaleza del Dios de Israel. Los términos *qadash* (masc.) y *qedeshah* (fem.), de la palabra que significa "sagrado", se traducen por lo general "prostituto del culto" (o "sodomita"). El término masculino probablemente se use también en sentido genérico para referirse tanto a prostitutas como a prostitutos cúlticos. Tales prostitutos actuaron en el templo de Jerusalén en varios momentos de la historia de Israel y fueron eliminados durante los períodos de reformas religiosas (1 Rey. 14:24; 15:12; 22:46; 2 Rey. 23:7). La prostitución cúltica está prohibida en el código legal deuteronómico (Deut. 23:17,18). Ver *Fertilidad, Cultos a la.*

La presencia de prostitutas "seculares" y "cúlticas" les dieron a los profetas una poderosa metáfora para la infidelidad del pueblo hacia Dios. El pacto se ilustraba como un matrimonio entre el Señor y Su pueblo. El interés continuo de este en otros dioses, especialmente en Baal, se veía como forma de prostitución. Esta idea se presenta gráficamente en Ezequiel 16 (comp. Ezeq. 23). Como la esposa del Señor se ha convertido en ramera, será castigada como tal. Oseas también atacó la atracción de los israelitas hacia la religión de la fertilidad de Canaán definiéndola como prostitución. Sintió el llamado de Dios a casarse con una ramera (Os. 1:2), una acción simbólica (o lección objetiva) que representaba la relación de Dios con Israel. El amor de Oseas por su esposa infiel y prostituida era análogo al amor de Dios por la Israel infiel.

El libro de Apocalipsis amplía la imagen de la ramera y la lleva a Roma, a la que compara con una mujer con vestidos escarlata y joyas a la que acuden los reyes de la tierra (Apoc. 17:1-6). Ver *Prostituta.* *Wilda W. Morris*

PROSTITUTA La prostituta más conocida de la Biblia es Rahab de Jericó, que salvó a los espías israelitas enviados por Josué para hacer un reconocimiento de la tierra prometida (Jos. 2). Cuando Israel conquistó y destruyó Jericó, la perdonó junto a su familia. Ella continuó viviendo entre los israelitas (Jos. 6:23-25). Se la menciona en la genealogía de Jesús (Mat. 1:5). Su acción a favor de los espías de Israel le otorgó un lugar en la lista de los fieles (Heb. 11:31; comp. Sant. 2:25).

La Biblia da pocos detalles de la forma en que prostitutas como Rahab ejercían su comercio. Evidentemente, se apostaban a lo largo de caminos (Gén. 38:14-15). Los burdeles, que con frecuencias hacían las veces de tabernas y hospedajes, ya se conocían en el antiguo Cercano Oriente. La casa de Rahab pudo haber sido uno de ellos (Jos. 2:1). Es posible que la prostituta llevara una marca distintiva en la frente (Jer. 3:3) y en los senos (Os. 2:2). Posiblemente llamaba la atención con su vestimenta, sus joyas y su maquillaje (Jer. 4:30; Ezeq. 23:40; Apoc. 17:4). La adulación (Prov. 2:16) y la música melodiosa tal vez se empleaban para seducir y atraer a un cliente (Isa. 23:16). Probablemente recibían el pago en dinero, joyas (Ezeq. 23:42) u otros objetos de valor (Gén. 38:15-18; comp. Luc. 15:30).

Aunque a las prostitutas se las consideraba socialmente inferiores, tenían derechos legales tal como se evidencia en el incidente de 1 Rey. 3:16-22. Ver *Fornicación; Prostitución.*

Wilda W. Morris

PROVERBIOS, LIBRO DE El libro de Proverbios contiene la esencia de la sabiduría de Israel. Proporciona una visión del mundo según Dios y ofrece discernimiento para la vida. Proverbios 1:7 provee la perspectiva para comprender todos los proverbios: "El principio de la sabiduría es el temor de Jehová; los insensatos desprecian la sabiduría y la enseñanza". El "temor de Jehová" es el resumen bíblico para toda una vida de amor, adoración y obediencia a Dios.

Fecha y composición A pesar de que el título de Proverbios (1:1) parece adjudicarle todo el libro a Salomón, una inspección más detenida revela que está compuesto por secciones y que se compiló a lo largo de varios cientos de años. Es difícil saber con precisión el rol que Salomón y su corte pueden haber tenido para comenzar el proceso que culminó en el libro de Proverbios. Dicho proceso se puede comparar a la manera en que los salmos de autoría davídica condujeron con el tiempo al libro de los Salmos. En Israel, la sabiduría se consideraba salomónica casi por definición. Por lo tanto, los títulos en 1:1 y en 10:1 no son afirmaciones estrictas de autoría en el sentido moderno. Ver *Apócrifos, Antiguo Testamento; Cantar de los cantares; Eclesiastés.*

Debido a su variedad de contenido y a sus títulos, es mejor considerar Proverbios como una colección de colecciones que creció con el paso del tiempo. Estos títulos introducen las subcolecciones principales del libro y se encuentran en 1:1; 10:1; 22:17 ("palabras de los sabios"); 24:23; 25:1; 30:1; 31:1. Para ponerle fecha, el 25:1 ubica la copia o edición de los capítulos 25–29 en la corte de Ezequías; por lo tanto, fue aprox. en el 700 a.C., unos 250 años después de Salomón. Es probable que el proceso de compilación se haya extendido hasta el período postexílico.

Como los escritos sapienciales casi no contienen referencias históricas, es difícil fecharlos. La mayoría de los eruditos ubican los caps. 10–29 durante el período de la monarquía. Los caps. 1–9 se encuentran dentro de un género diferente (ver más abajo) al de los dichos salomónicos de los caps. 10:1–22:16, y se discute su fecha. Algunos afirman que pudo ser tan temprana como Salomón. Otros declaran que es postexílica, que los caps. 1–9 se añadieron a los caps. 10–29 para dar a los lectores posteriores un contexto a partir del cual pudieran entender los breves dichos de los últimos capítulos. La fecha de los caps. 30–31 también es incierta. Un erudito ha sostenido que en 31:26 hay un juego de palabras en relación con el griego para sabiduría (*sophia*). Esto ubicaría el cap. 31 luego de la conquista de Palestina por parte de Alejandro Magno en el 332 a.C.

Carácter y formas literarias El libro de Proverbios usa una variedad de formas o géneros sapienciales. La palabra hebrea para proverbio (*mashal*), que se encuentra en el título del libro, se puede referir a una variedad de formas literarias además de los proverbios: el "discurso" profético (Núm. 23:7, 18); la "alegoría" (Ezeq. 17:2; 24:3), los "refranes" (Miq. 2:4). Diferentes secciones del libro se especializan en formas características. Extensos poemas de sabiduría, que los estudiosos llaman "Instrucciones" en honor a su contraparte egipcia, dominan 1:8–9:18. Por lo general, estos comienzan con una apelación directa al "hijo" y contienen imperativos o prohibiciones, cláusulas de motivación (razones para las acciones) y, a veces, un desarrollo narrativo (7:6-23). El marco de estas instrucciones puede haber sido una escuela para jóvenes aristócratas. Esta sección también contiene discursos públicos que da la Sabiduría personificada (1:20-33; 8:1-36; 9:1-6).

Las formas principales en 10:1–22:16 y en 25:1–29:27son "dichos" que expresan reflexiones sabias sobre la realidad. Los dichos se caracterizan por su extrema brevedad. En el hebreo tienen, por lo general, dos líneas con sólo seis u ocho palabras, en contraste con las traducciones españolas mucho más extensas. Estos dichos pueden simplemente "decir las cosas tal cual son" y dejar que el lector saque sus propias conclusiones (11:24; 17:27-28; 18:16). También pueden hacer claros juicios de valores (10:17; 14:31; 15:33; 19:17). La mayoría de los "dichos antitéticos", con opuestos que contrastan, aparecen en 10:1–15:33, pero se encuentran mezclados entre algunos dichos "mejor...que" ("Mejor es la comida de legumbres donde hay amor, que de buey engordado donde hay odio", comp. v.16) que también se hallan esparcidos en otras secciones (16:8,19; 17:1; 19:1; 21:9; 25:24; 27:5,10b; 28:6). La sección 25:1–25:27 es especialmente rica en proverbios comparativos que colocan dos cosas, una junto a la otra, para que se las compare. "Como el agua fría al alma sedienta, así son las buenas nuevas de lejanas tierras" (25:25; comp. 25:12,14,26,28; 26:1-3,6-11,14,20 entre otros). Tales dichos aparecen también en otras secciones: "Como zarcillo de oro en el hocico de un cerdo es la mujer hermosa y apartada de razón" (11:22).

Las "amonestaciones" caracterizan 22:17–24:34. Esta sección se destaca por su similitud con la sabiduría egipcia. Estas formas sapienciales breves contienen imperativos o prohibiciones, por lo general seguidos por una cláusula de motivación que da una o dos razones para hacer aquello a lo que se insta. "No traspases el lindero antiguo, ni entres en la heredad de los huérfanos, porque el defensor de ellos es el Fuerte, el cual juzgará la causa de ellos contra ti" (23:10,11). Las amonestaciones son parientes más breves de la instrucción.

Las palabras de Agur (cap. 30) se especializan en dichos numéricos (30:15-31). El epílogo del libro (31:10-31) presenta un poema alfabético de sabiduría personificado en la "mujer virtuosa". Este breve bosquejo de formas sapienciales presenta sólo los tipos básicos. Incluso dentro de los tipos aquí presentados se produce una gran cantidad de variaciones sutiles.

Temas y cosmovisión A pesar de ser una colección de colecciones, Proverbios presenta una cosmovisión unificada, rica y compleja. Proverbios 1–9 introduce este punto de vista del mundo y bosqueja sus temas principales. Los breves dichos de Proverbios 10–31 se deben entender a la luz de los primeros nueve capítulos.

El principio y el final de la sabiduría es el temor a Dios y el evitar el mal (1:7; 8:13; 9:10; 15:33). El mundo es un campo de batalla entre la sabiduría y la insensatez, entre la rectitud y la impiedad, entre el bien y el mal. Este conflicto se personifica entre la Dama Sabiduría (1:20-33; 4:5-9; 8; 9:1-6) y la Ramera Insensatez (5:1-6; 6:23-35; 7; 9:13-18). Las dos "mujeres" ofrecen amor e invitan a sus hogares a los jóvenes sencillos (como aquellos que se encontraban en la escuela real) para que prueben sus mercaderías. La invitación de la Sabiduría es a la vida (8:34-36); la seducción de la Insensatez lleva a la muerte (5:3-6; 7:22-27; 9:18).

Misteriosamente, la Dama Sabiduría habla en los lugares públicos y ofrece sabiduría a cualquiera que desee escuchar (1:20-22; 8:1-5; 9:3). La Sabiduría no se esconde sino que se expone para todos los que la buscan. Algunos eruditos consideran que la Sabiduría es un atributo de Dios que se muestra especialmente en la creación (3:19-20; 8:22-31). Sin embargo, es más preciso afirmar que la Sabiduría es "la revelación propia de la creación". Es decir, Dios ha puesto en la creación un orden sabio que le habla a la humanidad del bien y del mal y que insta a los seres humanos a acercarse al bien y a apartarse del mal. No se trata simplemente de la "voz de la experiencia" sino de la revelación general de Dios que le habla a todos con autoridad. El mundo no está en silencio sino que habla del Creador y de Su voluntad (Sal. 19:1,2; 97:6; 145:10; 148; Job 12:7-9; Hech. 14:15-17; Rom. 1:18-23; 2:14, 15).

Esta perspectiva elimina cualquier fractura entre la fe y la razón, entre lo sagrado y lo secular. La persona que conoce a Dios también conoce que cada centímetro de vida ha sido creado por Dios y le pertenece a Él. Las experiencias de Dios sólo provienen de experiencias en el mundo de Dios. A la persona de fe, las experiencias del mundo señalan hacia Dios.

Así, la persona sabia "teme a Dios" y también vive en armonía con Su orden para la creación. El perezoso debe aprender de la hormiga porque el trabajo de esta se encuentra en sintonía con el orden de las estaciones (Prov. 6:6-11; comp. 10:5).

El pensamiento proverbial Los breves proverbios de los capítulos 10–29 cubren una abundancia de temas para las esposas (11:22; 18:22; 25:24), para los amigos (14:20; 17:17-18; 18:17; 27:6), acerca de las bebidas espirituosas (23:29-35; 31:4-7), acerca de la riqueza y la pobreza, de la justicia y la injusticia, de los modales en la mesa y del estatus social (23:1-8; comp. 25:6,7; Luc. 14:7-11).

No se puede sencillamente usar cualquier proverbio sobre cualquier tema porque los proverbios se pueden malinterpretar. "Las piernas del cojo penden inútiles; así es el proverbio en la boca del necio" (Prov. 26:7, comp. v.9). Los proverbios están diseñados para hacernos sabios, pero se requiere sabiduría para usarlos correctamente. Los proverbios son verdaderos, pero su verdad se percibe sólo cuando se los aplica adecuadamente en la situación correcta. Los amigos de Job le aplicaron mal a este hombre recto algunos proverbios acerca de los perversos. Muchas cosas tienen más de una cara, y la persona sabia sabrá cuál es cuál. Las esposas pueden ser un regalo del Señor (18:22) pero, a veces, pareciera mejor quedarse soltero (21:9, 19). El silencio puede ser una señal de sabiduría (17:27) o una forma de encubrir (17:28). Un "amigo" (heb. *rea'*) es alguien en quien se puede confiar (17:17), pero no siempre (17:18).

La riqueza puede ser señal de la bendición de Dios (3:9,10), pero algunos santos sufren (3:11, 12). La riqueza puede ser resultado de la impiedad (13:23; 17:23; 28:11; comp. 26:12). Es mejor ser santo y temeroso de Dios. "Mejor es lo poco con justicia que la muchedumbre de frutos sin derecho" (16:8; comp. 15:16,17; 17:1; 19:1; 28:6). Al final, Dios juzgará: "El que cierra su oído al clamor del pobre, también él clamará, y no será oído" (21:13; comp. 3:27,28; 22:16; 24:11,12; 10:2; 11:4).

El problema de la adecuación se muestra más contundentemente en 26:4-5:

"Nunca respondas al necio de acuerdo con su necedad, para que no seas tú también como él. Responde al necio como merece su necedad, para que no se estime sabio en su propia opinión."

Tales dilemas nos obligan a enfrentarnos a los límites de nuestra sabiduría (26:12) y a confiar en Dios (3:5-8).

Por lo general, Proverbios opera sobre el principio de que las consecuencias siguen a las acciones: cosechas lo que siembras. Sin embargo, en un mundo caído, según nuestra perspectiva, pareciera que la justicia de Dios a veces se retrasa. En particular, los proverbios "mejor...que" muestran el desorden del mundo presente, las "excepciones a la regla". Así, el justo obra y ora, como el salmista, esperando el día en que Dios ponga todas las cosas en orden.

Bosquejo

I. Proverbios está diseñado para impartir sabiduría divina sobre la vida (1:1-6)

II. Se debe elogiar la contribución de la sabiduría a la vida (1:7–9:18)
   - A. El principio de toda la sabiduría es que la gente tema a Yahvéh (1:7)
   - B. La sabiduría identifica el pecado y llama a los pecadores al arrepentimiento (1:8-33)
   - C. La sabiduría le da al pecador la posibilidad de ser libre y de experimentar una vida significativa (2:1-22)
   - D. La sabiduría produce en el creyente sensación de presencia divina, gozo y paz (3:1-26)
   - E. La sabiduría amonesta a los creyentes a compartir el amor de Dios con los demás (3:27-35)
   - F. La sabiduría le ayuda a un padre a instruir a su hijo para que sepa cómo obtener una vida significativa (4:1-27)
   - G. La sabiduría llama a pureza y sinceridad en las relaciones matrimoniales (5:1-23)
   - H. La sabiduría amonesta al creyente a trabajar esforzadamente y a gastar con sabiduría (6:1-19)
   - I. La sabiduría advierte contra el peligro del adulterio (6:20–7:27)
   - J. A través de la sabiduría divina, Dios se ofrece a sí mismo a la humanidad (8:1-36)
   - K. La sabiduría presenta dos posibilidades, la vida o la muerte (9:1-18)

III. La respuesta que uno le da a la sabiduría produce consecuencias terrenales (10:1–22:16)
   - A. Los rectos encuentran bendiciones, pero los perversos sufren mucho (10:1-32)
   - B. Los que engañan pagan un precio terrible, pero los que son honestos encuentran el favor de Dios (11:1-31)
   - C. Los rectos están abiertos a la instrucción, pero los perversos no (12:1-28)
   - D. Los rectos son obedientes a la voluntad de Dios, en cambio, los perversos son rebeldes (13:1-25)
   - E. Los necios serán juzgados, pero a los rectos, Dios los aceptará (14:1-35)
   - F. El Señor observa a toda la humanidad y juzga a cada uno según sus obras (15:1-33)
   - G. El Señor es fuente de vida para los fieles (16:1-33)
   - H. Los necios prosperan con el soborno, pero los sabios son honestos y misericordiosos (17:1-28)
   - I. Los necios son altaneros, pero los rectos son humildes (18:1-24)
   - J. Se debe sentir lástima de los pobres, pero a los ricos los honra Dios (19:1-29)
   - K. El sabio trabaja arduamente y trata con amor al amigo y al enemigo (20:1-30)
   - L. Dios requiere vidas santas y no sólo rituales santos (21:1-31)
   - M. Los sabios se autodisciplinan para seguir a Dios en todo (22:1-16)

IV. La sabiduría proporciona consejo prudente para el presente y el futuro (22:17–24:34).
   - A. La sabiduría nos dice cuándo hablar y cuándo callar (22:17-21)
   - B. Los sabios cuidan y protegen al pobre (22:22-29)
   - C. La sabiduría nos advierte para no caer en la trampa de la astucia de otro (23:1-11)
   - D. Los jóvenes necesitan instrucción y corrección para convertirse en lo que deben ser (23:12-28)
   - E. El ebrio destruye su vida y la de los demás (23:29-35)
   - F. La sabiduría conduce a una vida significativa, pero la perversidad conduce a la destrucción (24:1-9)
   - G. Los sabios confían incondicionalmente en Dios en los tiempos buenos y en los malos (24:10-22)

H. La sabiduría promueve verdadera justicia (24:23-24)

V. La sabiduría constantemente le recuerda a la gente su herencia pasada (25:1–29:27)

A. El rey comparte la responsabilidad de promover la sabiduría (25:1-14)

B. El justo ejercita autodisciplina y ama en todos los aspectos de la vida (25:15-28)

C. El necio no pasa la prueba de la vida y se enfrenta al juicio de Dios (26:1-28)

D. La búsqueda de significado en la vida es breve y, a veces, frustrante (27:1-22)

E. Las personas deben aprender a vivir como mayordomos responsables (27:23-27)

F. Dios espera justicia de Sus seguidores (28:1-28)

G. La disciplina es parte esencial de la vida (29:1-27)

VI. La verdadera fuente de una existencia significativa se puede encontrar sólo en Dios (30:1–31:31)

A. Los seres humanos no pueden descubrir ni entender por completo la sabiduría de Dios (30:1-33)

B. Los humanos pueden practicar la rectitud y mostrar amor y bondad (31:1-9)

C. La clave para una existencia significativa es la relación de fe que uno tiene con Dios (31:10-31)

Raymond C. Van Leeuwen

PROVERBISTAS Se refiere a los que hacían y repetían los proverbios (Núm. 21:27). La frase "por tanto dicen los proverbistas" de la versión RVR1960 sugiere esa idea.

PROVIDENCIA Supervisión benevolente y sabia de Dios sobre Su creación. Con respecto a esta supervisión, la Confesión de Fe de Westminster (1647) afirma: "Dios, el Gran Creador de todo, sostiene, dirige, dispone y gobierna a todas las criaturas, acciones y cosas, desde la más grande hasta las más pequeña, por su sabia y santa providencia, conforme a su presciencia infalible y al libre e inmutable consejo de su propia voluntad, para la alabanza de la gloria de su sabiduría, poder, justicia, bondad y misericordia". Tal como se indica, Dios, del cual nada se oculta (comp. Sal. 33:13-15; 139:1-16; Isa. 40:27,28) y cuyo poder es incomparablemente grande (comp. Job 42:2; Jer. 32:17), supervisa sabiamente y controla con soberanía toda la creación. Al hacerlo, atiende no sólo acontecimientos y personas que en apariencia son trascendentes sino también a aquellos que parecen tanto mundanos como triviales. Por lo tanto, mientras mantiene en Sus manos la vida de reyes y de naciones (comp. Isa 40:21-26; Jer. 18:1-6), Dios también se preocupa por el bienestar de los humildes y de los mansos (comp. Sal. 104:10-30; 107:39-43). Por cierto, la atención de Dios abarca todos los sucesos dentro de la creación de tal manera que nada sucede por casualidad, ni siquiera cuando se echan suertes (comp. Prov. 16:33).

Con respecto al rol de Dios en el curso de los acontecimientos terrenales, debemos evitar el error del deísmo por un lado y el del fatalismo por el otro. El deísmo es la visión de que Dios creó el universo como una suerte de máquina colosal, lo puso en movimiento conforme a varias leyes naturales (las que, tal vez, Él mismo estableció), y ahora sencillamente se sienta y observa cómo se desarrollan los acontecimientos de acuerdo a esas leyes. La visión de que Dios interviene ocasionalmente en los asuntos terrenales es en sí una versión del deísmo. Además, como Dios participa de todo lo que sucede, el deísmo es falso.

El fatalismo es la visión de que todo suceso ocurre porque tenía que ocurrir. Por lo tanto, desde la visión fatalista, todo lo que sucede es inevitable en el sentido de que no podría haber dejado de suceder. Puesto que implica que uno no puede hacer nada más de lo que en realidad hace y, por lo tanto, que uno no tiene posibilidad de elección ni control sobre sus acciones, dicha visión socava la responsabilidad personal. Como la Escritura indica claramente que los seres humanos se enfrentan a verdaderas elecciones y en general son responsables por sus acciones (comp. Deut. 30:11-20), el fatalismo es falso.

En consecuencia, mientras el deísmo minimiza de manera antibíblica el papel de Dios en el curso de la historia, el fatalismo minimiza de la misma manera la responsabilidad de las acciones humanas. A fin de ser fiel al testimonio bíblico, la explicación que se le da a la providencia debe estipular el rol sumamente activo que desempeña Dios dirigiendo los sucesos hacia fines que Él elige, como así también la responsabilidad que tienen los seres humanos por la manera en que contribuyen hacia esos fines. Por lo tanto, por ejemplo, Dios usa las acciones de los hermanos de José para llevarlo a Egipto (comp. Gén. 37:12-28; 45:1-8; 50:15-21) como así también las acciones de los líderes religiosos de Jerusalén al producir la muerte de Cristo (comp. Mat. 26:1-5, 47-68; 27:1-26; Juan 18:1–19:16; Hech. 2:22-24). Pero, en tanto que Dios obró mediante Sus acciones para llevar a cabo Sus propósitos, esto no niega la responsabilidad por sus acciones de los hermanos de José ni de aquellos líderes religiosos.

Un corolario importante de la providencia es la presciencia divina. Puesto que Dios dirige soberanamente todo lo que sucede, tiene pleno conocimiento de aquellos sucesos que todavía no han ocurrido (comp. Isa. 42:8,9). En resumen, Dios nunca necesita revisar Sus planes a la luz de algún suceso sorprendente o inesperado. Su conocimiento del futuro se extiende incluso a lo que Sus criaturas elegirán hacer en las edades por venir. Por supuesto, esto hace surgir dos preguntas potencialmente perturbadoras. En primer lugar, si Dios conoce de antemano lo que una criatura escogerá hacer en algún momento del futuro, ¿no se deduce que esta no tiene otra opción más que tomar esa decisión y que, por lo tanto, no es responsable por ella? En segundo lugar, si Dios controla la historia a tal punto que conoce de antemano el futuro con todos los detalles, ¿no quiere decir que habría podido saber de antemano y, así, prevenir el mal en el mundo? La primera pregunta da lugar a lo que se conoce como el problema de la libertad y de la presciencia; la segunda, al problema del mal.

Tal vez, la respuesta más conocida al problema de la libertad y de la presciencia incluye la sugerencia, hecha por Agustín, Boecio y otros, de que Dios existe al margen del tiempo (es decir, Él existe "fuera" de la dimensión del tiempo) y, por lo tanto, no sufre limitaciones temporales. De acuerdo a esta sugerencia, lo que es futuro desde un punto de vista meramente humano, es presente desde el punto de vista divino. Por lo tanto, para aquellos que toman en serio esta sugerencia, el conocimiento eterno de Dios de las futuras acciones de una persona, no hace que la persona sea menos capaz de abstenerse de hacerlas, de lo que sucedería con el conocimiento de un observador en el presente. Una cosa es cierta: la visión de algunos teólogos contemporáneos (teístas libres) en cuanto a que Dios no conoce el futuro no es sostenible a la luz de la clara revelación bíblica.

En respuesta al problema del mal, hay un par de puntos que merecen ser mencionados. Primero, dado el carácter de Dios, Él debe tener buenas razones para permitir el mal que permite. Segundo, en respuesta a las preguntas de Job sobre su propio sufrimiento, Dios le señala que no se encuentra en condición de entender las razones por las cuales Él permite que sufra (comp. Job 38:1-7; 40:6-14). Job se parece a un bebé que necesita cirugía y que se enfrenta a un sufrimiento del que no puede entender las razones. Por lo tanto, aunque Dios supuestamente tiene buenas razones para permitir el mal, ningún ser humano puede suponer que es capaz, y muchos menos con certeza, de entender esas razones. Aun así, al igual que el padre del bebé que necesita cirugía, Dios puede, y lo hace, hacer evidente Su amor aun en medio del mal y del sufrimiento. Por supuesto, al darse a conocer, ha prometido conquistar un día al mal (comp. 1 Cor. 15:24-28) y eliminar el dolor y la tristeza (comp. Apoc. 21:3,4). Así, en Su providencia, Dios finalmente liberará a Su pueblo del mal.

Aun así, sería un error pensar que el único consuelo que se puede encontrar en la providencia es la esperanza bendita del cielo nuevo y la tierra nueva. Porque, desde luego, Dios ahora obra para el bien de aquellos que lo aman (comp. Rom. 8:28) y los invita a echar sobre Él sus preocupaciones (comp. 1 Ped. 5:6,7) confiando en que Él proveerá (comp. Mat. 6:26-33). Ver *Dios; Elección; Libertad; Maldad; Predestinación; Presciencia.*

Douglas Blount

PROVINCIA Región política romana. Durante los tiempos del NT había tres tipos de provincias. Los distritos imperiales eran gobernados directamente por el emperador. Las provincias senatoriales respondían al Senado. Los tipos especiales de provincias eran aquellas compuestas por terreno escarpado o por pueblos recientemente conquistados. Estas exigían un control más estricto y estaban bajo el control de un procurador imperial. Judea era una provincia especial debido a que los judíos odiaban ferozmente la dominación romana.

Israel practicó un tipo de sistema de provincias durante el reinado de Acab (1 Rey. 20:14, 15). Más tarde, los babilonios y los persas usaron dichos distritos en Palestina (Est. 4:11). Los romanos refinaron el sistema y lo usaron para mantener control de su vasto imperio. Ver *Gobierno; Roma y el Imperio Romano.*

PROVOCACIÓN En Heb. 3:8,15 es aquello que incita la ira de Dios. Provocación corresponde al nombre de lugar "Meriba," que significa "rencilla" (Ex. 17:1-7; Núm. 20:1-13; Sal. 95:7-11; Heb. 3:7-11). Ver *Masah.*

PSEUDOEPIGRÁFICOS, LIBROS Literatura intertestamentaria no aceptada en el canon cristiano ni judío de la Escritura, y atribuida generalmente a un antiguo héroe de la fe. Los descubrimientos en curso proporcionan diferentes listas. Una publicación reciente enumeró 52 escritos. Proporcionan mucha información sobre el desarrollo de la religión y la cultura judía.

Pseudoepigráfico quiere decir "escritos atribuidos falsamente". Se basa en libros que alegan haber sido escritos por Adán, Enoc, Moisés y otros personajes famosos del AT. Algunos escritos son anónimos; por consiguiente, ciertos eruditos prefieren el nombre de "libros externos" para referirse a todos estos escritos y enfatizar que no llegaron a ser parte del canon. Algunos cristianos de la antigüedad y la Iglesia Romana han usado el término "apócrifos" dado que para ellos lo que los protestantes llaman de este modo es parte de su canon. Ver *Apócrifos, Antiguo Testamento; Apócrifos, Nuevo Testamento.*

Tanto los judíos palestinos como los helenistas fueron autores de libros pseudoepigráficos. Usaron una variedad de estilos y de tipos literarios (leyenda, poesía, historia, filosofía), pero el tipo dominante fue el apocalíptico. Una revisión de los libros más importantes y representativos mostrará la importancia de los pseudoepigráficos para comprender el trasfondo del NT. Ver *Apocalíptico.*

Primero de Enoc se ha preservado en lenguaje etíope. Es una obra con cinco secciones, escrita en diferentes momentos. La primera sección (caps. 1–36) cuenta cómo Enoc fue llevado al cielo y allí se le mostraron los secretos de ese lugar. A los hijos de Dios de Génesis 6 se los considera ángeles. Ellos pecaron, y los hijos que les nacieron fueron gigantes malvados. Se enfatiza el juicio y el castigo. Hasta la esfera de los muertos se divide en clases separadas para justos y perversos. La segunda sección (caps. 37–71) es la más importante debido a su relación con la Biblia. Son Parábolas o Similitudes. Estos capítulos se refieren al Hijo del Hombre. Las opiniones difieren en cuanto a la manera en que estas referencias forman parte del trasfondo de las enseñanzas del NT acerca de Jesús como Hijo del Hombre. Hay incertidumbre sobre la fecha de esta sección y de sus capítulos. El resto del libro proviene de entre el 200 y el 1 a.C., pero las Similitudes pueden haber sido escritas poco antes del 100 d.C. En las cuevas de Qumrán se han encontrado fragmentos de todas las otras secciones, pero aún no partes de esta. La tercera sección (caps. 78–82) trata de los cuerpos celestiales. El autor presenta argumentos a favor de un calendario basado en el movimiento del sol a diferencia del calendario lunar de los judíos. La cuarta sección (caps. 83–90) contiene dos visiones en sueño que tienen relación con el diluvio y la historia de Israel desde Adán hasta la rebelión macabea. La sección final (caps. 91–108) da instrucción religiosa referida al fin de los tiempos. Todo el libro es apocalíptico.

Segundo de Enoc es también un escrito apocalíptico preservado principalmente en lengua eslava. Se escribió entre el 100 a.C. y el 100 d.C. En él, Enoc fue llevado al cielo y se le ordenó que escribiera 366 libros. Se le permitió regresar a la tierra durante 30 días para enseñarles a sus hijos, luego de lo cual regresó al cielo. Este escrito describe el contenido de los *siete* cielos y divide el tiempo en *siete* períodos de mil años.

Segundo de Baruc es apocalíptico y muestra cómo reaccionaron algunos judíos ante la destrucción de Jerusalén por parte de los romanos en el 70 d.C. Se escribió poco después del 100 d.C. Tres visiones procuran consolar al pueblo mostrándole que, aunque la destrucción había llegado, Dios le había preparado algo mejor. Los escritos enseñan que el Mesías será revelado para traer un tiempo de gran abundancia. Se hace énfasis en la obediencia a la ley.

Los *Oráculo Sibilinos* fueron escritos apocalípticos muy populares en el mundo antiguo. Los judíos se apropiaron de los escritos originalmente paganos y los modificaron insertando ideas acerca del monoteísmo, los requisitos mosaicos y la historia judía. Faltan 3 de los 15 libros de la colección. El libro 3, de entre el 200 y el 100 a.C., es el más importante y el más judaico. Detalla la historia judía desde el tiempo de Abraham hasta la construcción del segundo templo. Pronuncia juicio de Dios sobre las naciones paganas pero ofrece la esperanza de que pueden volverse a Dios.

El *Testamento de Moisés* (a veces llamado la *Asunción de Moisés*) también es apocalíptico. Los mss están incompletos y la porción que falta puede haber contenido un relato de la muerte de Moisés y de su asunción al cielo. Escritores cristianos de la antigüedad afirman que el v.9 de Judas era parte del libro la *Asunción de Moisés* que ellos conocían. Este libro es una nueva redacción de Deut. 31–34. Moisés es el mediador elegido de Dios, preparado desde el comienzo de los tiempos. El libro detalla la historia del pueblo desde el principio hasta la época del autor. Como los capítulos 6 y 7 parecen referirse a Herodes el

Grande, es probable que el libro haya sido escrito poco después del 1 d.C. Hace énfasis en que Dios ha planeado todas las cosas y las mantiene bajo Su control.

Los *Testamentos de los doce patriarcas* están conformados según Génesis 49, las instrucciones finales de Jacob a sus hijos. Cada hijo de Jacob se dirigió a sus descendientes haciendo un breve repaso de su vida y colocando atención especial a algún pecado o fracaso. Por ejemplo, Rubén enfatizó su adulterio con Bilha (Gén. 35:22) y Simeón relató sus celos hacia José. En cambio, José hizo énfasis en cómo mantuvo su pureza. Utilizando como trasfondo el pecado confesado, los patriarcas instaron a sus hijos a vivir rectamente. Se le da un énfasis especial al amor al prójimo y a la pureza sexual. En la mayoría de los testamentos se les dice a los hijos que honren a Leví y a Judá. El libro se refiere a dos mesías: uno de la tribu de Leví y otro de la de Judá. Las porciones más antiguas de los testamentos tuvieron origen después del 200 a.C.

El *Libro de los jubileos* es una nueva redacción de Génesis y de los primeros capítulos de Éxodo, posterior al 200 a.C. Detalla la historia de Israel desde la creación hasta la época de Moisés y divide el tiempo en períodos de jubileo de 49 años cada uno. El calendario se basa en el sol, no en la luna. El escritor se opone totalmente a las influencias gentiles que se iban introduciendo en el judaísmo, e insta a los judíos a mantenerse separados de los gentiles. En el *Libro de los jubileos*, Abraham era el hombre justo ideal. El libro muestra cómo veía el mundo un judío conservador y sacerdotal de aprox. 150 a.C.

Los *Salmos de Salomón* son una colección de 18 salmos escritos aprox. en 50 a.C. Reflejan la situación del pueblo de Jerusalén luego de ser capturado por los romanos en manos de Pompeyo en el 63 a.C. Los *Salmos de Salomón* 17 y 18 son especialmente importantes debido a sus referencias al Mesías. Según ellos, este sería una figura humana, un descendiente de David, sabio y recto, y sin pecado. Para aludir al Mesías se usan los títulos Hijo de David y Mesías Señor.

Tercero de Macabeos, escrito luego del 200 a.C., no tiene relación alguna con los macabeos. Narra el intento de Ptolomeo IV de matar a los judíos de Egipto. Dios frustró sus esfuerzos y el resultado fue el avance de los judíos. Este libro muestra la vindicación de los justos.

Cuarto de Macabeos está basado, hasta cierto punto, en material de 2 Macabeos 6–7. Es un escrito filosófico que hace énfasis en que la razón piadosa puede ser la mayor de las pasiones. La razón deriva de obediencia a la ley. En la narración de los siete hijos que son martirizados, el autor amplió en gran manera el relato, pero dejó de lado las referencias a la resurrección. El libro proviene de poco después del 1 d.C.

La vida de Adán y Eva se ha preservado tanto en latín como en griego. Las dos versiones son diferentes en extensión y contenido. La culpa de la caída recae sobre Eva. El pecado entra a la experiencia humana a través de ella. Este escrito alude a Satanás, que se transforma en un ángel refulgente (9:1; 2 Cor. 11:14) y declara que el paraíso está en el tercer cielo (comp. 2 Cor. 12:2-3). *La vida de Adán y Eva* se escribió después del 1 d.C.

La carta de Aristeas fue compuesta luego del 200 a.C. y cuenta cómo se tradujo la ley del AT al griego. En realidad, se preocupa más por las conversaciones en las mesas de los banquetes en Alejandría que por la traducción de la LXX. Procura mostrar que la ley judía estaba en conformidad con los más altos ideales del pensamiento y de la vida griegos. Indica que es posible para judíos y griegos vivir juntos en paz. En lo que se refiere al relato de la traducción de la Ley al griego, su única validez histórica es que dicha traducción se comenzó en esta época (durante el reinado de Ptolomeo Filadelfo, 285–246 a.C.).

Ver *Apocalíptico; Apócrifos, Antiguo Testamento; Biblia, Textos y versiones.*

Clayton Harrop

PSEUDONIMIA Se dice que un texto es seudónimo cuando el nombre que figura como autor no es el verdadero. Tales obras las escribe otra persona luego de la muerte del pretendido autor o durante su vida, alguien a quien no se le ha encargado tal misión. Los escritos seudónimos no equivalen a textos anónimos. Los primeros hacen alegatos definidos de autoría, los últimos no.

Muchos eruditos de la alta crítica creen que en el AT hay pseudonimia (por ej. Daniel) y también en el NT (por ej. las Epístolas Pastorales). Con seguridad, hay varios escritos pseudónimos fuera del canon de la Escritura (1 Enoc, 4 Esdras, 3 Corintios, la Epístola a los Laodicenses y el Evangelio de Pedro). Sin embargo, falta evidencia para respaldar la presencia de tales obras en las Escrituras.

Para promover la idea de que existe la pseudonimia dentro del canon, los críticos apelan a fuentes greco-romanas (las escuelas pitagóricas y cínicas) y judías. Pareciera que cierta pseudonomia ha sido una costumbre en tales ambientes (comp. Iamblichus, *de Vita Pythagorica* § 198, 158). Autores sin reputación escribían muchas veces usando el pseudónimo de una figura mayor y con reputación para asegurarse de que se escucharan las obras de ellos.

No era típico encontrar atribuciones específicas de autoría en los antiguos escritos judíos. De todas formas, en ellos puede haber pseudonomia. El fenómeno tuvo lugar principalmente en escritos apocalípticos luego del 200 a.C. y posiblemente se debió a una creencia general de que la inspiración profética había cesado (comp. Josefo, Contra Apio 1.41; El Talmud Babilónico, Sanedrín 11a).

La literatura judía no es, por lo general, de mucha ayuda en el estudio de los libros pseudoepigráficos en el cristianismo primitivo. Los escritos del NT que los críticos clasifican más a menudo como pseudonímicos son las epístolas. Por lo tanto, se hace necesario considerar la literatura epistolar judía para establecer precedentes. Sólo dos cartas pseudónimas nos han llegado a partir de fuentes judías: la Carta de Aristeas y la Epístola de Jeremías. La primera obra en realidad no es una carta porque no se presenta en forma epistolar. Es más bien una narración apologética que proporciona un relato de la traducción del AT hebreo al griego. El segundo escrito, un sermón que advierte a los judíos contra la idolatría pagana, se autodenomina carta e identifica a los emisores y a los destinatarios pero, según se afirma, es copia de una epístola. Por lo tanto, no se puede comparar en forma absoluta con las epístolas del NT. Existen otras cartas pseudónimas judías (1 Baruc, 2 Baruc 78–87, 1 Enoc 92–105, y algunas cartas que son parte de 1 y 2 Macabeos), pero tales escritos se presentan dentro de marcos compuestos apocalípticos o narrativos. Estas cartas tenían forma y función diferentes a las de las epístolas del NT, y no son relevantes para estas últimas.

De todas formas, es posible encontrar cartas pseudónimas en los círculos cristianos, aunque son menores en número y comunes y corrientes (por ej. las Cartas de Cristo y Abgaro, la Carta de Léntulo, la Correspondencia de Pablo y Séneca, la Epístola de Tito, la Epístola a los Laodicenses, la Epístola de los Apóstoles, 3 Corintios y las Cartas Pseudoignacias). Además, no se parecen ni remotamente a las epístolas del NT y fueron escritas en una fecha mucho más tardía.

El NT contiene pasajes de gran relevancia para la cuestión de la pseudonimia en el cristianismo primitivo. Por ejemplo, en 2 Tesalonicenses 2:2 Pablo advirtió a la iglesia en contra de aceptar la falsa enseñanza de que “el día del Señor está cerca” y había venido. Les advierte a sus lectores que, sin importar cuál fuera la fuente por la que habían recibido esta herejía (“ni por espíritu, ni por palabra, ni por carta”), ni Pablo ni sus compañeros de misión tenían nada que ver con eso. Pablo hubiera objetado una carta pseudónima que se le atribuyera a él y que contuviera enseñanzas falsas y erróneas, o material que él no hubiera escrito. El apóstol claramente niega la pseudonimia en su nombre (comp. 2 Tes. 3:17).

Las firmas paulinas en el NT (1 Cor. 16:21; Gál. 6:11; Col. 4:18; 2 Tes. 3:17; Fil. 19) indicaban el uso de un secretario por parte del apóstol y les proporcionaba a los lectores una señal de la autenticidad y la autoridad de sus cartas. A Pablo por cierto no le hubiera agradado que alguien haya usado una imitación de su firma en una carta pseudónima que pretendiera ser suya.

En Apoc. 22:18,19, Juan advirtió que nadie debía alterar ni volver a redactar lo que él había escrito en el libro. Se puede hacer una extrapolación de la interpretación de estos versículos e inferir que alguien estaba escribiendo otro libro y que se lo estaba adjudicando falsamente a él mediante la pseudonimia. Juan habría objetado una carta pseudónima que se le atribuyera a él y que contuviera falsedades o material que él no había escrito. Escribir una obra pseudónima y atribuírsela a otro es en realidad manipulación de un documento existente. Por lo tanto, ampliar un cuerpo literario ya existente (por ejemplo, el corpus paulino) añadiendo unas pocas obras que no son auténticas, es alterar el verdadero corpus del autor.

El NT también contiene varias apelaciones a la verdad que son difíciles de reconciliar con el pensamiento de un autor que ha usado deliberadamente la pseudonimia. Por ejemplo, en 1 Ti. 4:1,2 Pablo advierte a sus lectores que no abracen la doctrina de “espíritus engañadores” y la “hipocresía de mentirosos”. En Ef. 4:15 instruye a sus lectores a hablar “la verdad en amor”. En Ef. 4:25 exhorta a la iglesia a “desechar la mentira” y “hablar la verdad”. En Col. 3:9 amonesta a sus lectores: “No mintáis los unos a los otros”. Además, el Espíritu Santo que mora en cada creyente (1 Cor. 6:19; 12:13) y al que se lo describe como el “Espíritu de verdad” (Juan 14:17; 16:3) creó un espíritu en la comunidad cristiana que habría hecho que se rechazara la pseudonimia y que esta no hubiera florecido. Un estudio cuidadoso de los términos para “engaño” revela que es difícil sostener un concepto de engaño legítimo en el NT.

Las reacciones conocidas de los cristianos primitivos ante la pseudoepigrafía no afirman que la práctica haya sido aceptable (comp. los comentarios de Tertuliano en *de Baptismo* 17 sobre los Hechos de Pablo; los comentarios de Serapio acerca del Evangelio de Pedro registrado en la Historia Eclesiástica de Eusebio 6.12; la referencia en el Canon Muratorio a las cartas paulinas "falsificadas", etc.). El lenguaje usado por los líderes de la iglesia primitiva al aludir a obras pseudónimas las describe claramente como fraudulentas y engañosas. Los cristianos primitivos sencillamente no adoptaban obras pseudónimas ya que su opinión de ellas era peyorativa. Si las descubrían, rechazaban firmemente tales escritos.

No todos los críticos concuerdan. Algunos argumentan que lo único que le preocupaba a la iglesia primitiva era el contenido de las obras y no la pseudonimia. Sin embargo, esta teoría no explica la exclusión del canon de la iglesia de varios escritos pseudónimos de contenido ortodoxo (por ej. la Predicación de Pedro, el Apocalipsis de Pedro, la Epístola de los Apóstoles, la Correspondencia de Pablo y Séneca, la existente Epístola a los Laodicenses, etc.).

Otros críticos objetan que la evidencia de las actitudes de cristianos gentiles posteriores hacia la pseudoepigrafía es anacrónica y no debería ser usada para juzgar el fenómeno de la pseudonimia judeo-cristiana del primer siglo. Sin embargo, el que los mismos judíos rechazaran del canon hebreo obras pseudónimas como 1 Enoc y 4 Esdras ayuda a hacer que esta última teoría resulte insostenible. Indiscutiblemente, los cristianos ortodoxos del siglo II desaprobaron enérgicamente la pseudonimia, y es improbable que los cristianos del siglo I tuvieran una opinión diferente al respecto.

Existen aun más eruditos que destacan que el rechazo de la iglesia hacia la pseudonimia tuvo lugar en un período cuando circulaba gran cantidad de literatura herética atribuida a los apóstoles. Por lo tanto, es probable que este fenómeno haya influido en cómo los eclesiásticos ortodoxos, que estaban preocupados por la herejía, consideraban toda pseudonimia. Sin embargo, cabe la posibilidad de que la iglesia primitiva haya respondido de manera diferente; por ejemplo, escudriñando solamente el contenido de los documentos y no su autoría. Pero por otro lado, los cristianos primitivos no actuaron de esa manera sino que, en cambio, utilizaron ambas normas en el momento de reconocer que los libros eran inspirados por Dios y canónicos.

Efectivamente, los libros inspirados e infalibles de la Santa Biblia son precisos. Se puede confiar en que fueron escritos por quienes afirman que fueron escritos. *Terry Wilder*

PTOLOMEOS Poderes dinásticos que surgieron en Egipto luego de las conquistas de Alejandro Magno.

Ptolomeo I Sóter (323–283 a.C.) estableció la dinastía que lleva su nombre y trasladó la capital egipcia de Menfis a Alejandría, la ciudad que fundó Alejandro. Él y sus sucesores gobernaron un imperio que incluyó por momentos Cirenaica, Palestina, Fenicia, Chipre y algunas partes del oeste de Asia Menor y del Egeo. Las políticas ptolemaicas produjeron gran riqueza al estado a través de impuestos y comercio. Los ptolomeos no impusieron la helenización a las poblaciones nativas, pero los evidentes beneficios comerciales, culturales y sociales de las políticas ptolomeas llevaron a una gran aceptación de las ideas y las costumbres helénicas. La tierra se cultivaba bajo el control del estado y las reservas se canalizaban hacia el gobierno central. Sin embargo, el pago de elevados impuestos anuales aseguraba cierto grado de autonomía local. Los ptolomeos introdujeron un culto dominante pero

Atrio delantero de Ptolomeo IX en el templo de Horus, el dios-halcón egipcio, en Edfu, en el Alto Egipto.

Un relieve de muro en el que se observa a Ptolomeo I Soter (mostrado dos veces) mientras hace ofrendas.

permitieron que las religiones locales continuaran sin impedimento. Además de Ptolomeo I, el más enérgico de estos gobernantes fue Ptolomeo II Filadelfo (282–246 a.C.) y Ptolomeo III Evergetes (246–221 a.C.).

Los ptolomeos convirtieron Alejandría en un centro de aprendizaje y comercio. Los primeros ptolomeos especialmente sustentaron a un gran grupo de estudiosos en el famoso museo y desarrollaron el núcleo de la gran biblioteca. Los ptolomeos fundaron o hicieron reformas en varias ciudades de Palestina y Transjordania, les pusieron nombres griegos y muchas veces las dotaron de rasgos de esta cultura. Los ejemplos incluyen Aco que recibió el nuevo nombre Ptolemaida (o Tolemaida); Bet-seán, ahora llamada Escitópolis; y la antigua Rabot-amón que se volvió a fundar como Filadelfia.

El gobierno ptolomeo produjo un impacto directo sobre los judíos tanto dentro como fuera de Palestina. Durante las campañas a fin de procurar Palestina para Egipto, Ptolomeo I transportó a gran número de judíos desde Palestina a Alejandría para que se establecieran allí. Este fue el comienzo de una comunidad judía grande e influyente que prosperó manteniendo buenas relaciones con los ptolomeos, prestando frecuentes servicios como mercenarios y mercaderes. Alejandría pronto se convirtió en uno de los principales centros mundiales del judaísmo. Los judíos de Alejandría se empaparon mucho más profundamente del helenismo que sus compatriotas de Judea, como lo demuestra la necesidad de traducir los escritos del AT al griego. Esta traducción, conocida como la Septuaginta (LXX), comenzó probablemente en el reinado de Ptolomeo II pero no se completó hasta alrededor del 100 a.C.

Los ptolomeos trataban a Judea como un estado "templo" entregado por el rey al sumo sacerdote de Jerusalén para que lo administrara. A cambio de un impuesto anual, al sumo sacerdote se le concedía autoridad en temas religiosos y en la mayoría de los asuntos civiles.

Durante el reinado de Ptolomeo II estalló la primera de las cinco guerras con los seléucidas por la posesión de Palestina. Egipto resistió exitosamente el desafío seléucida bajo el gobierno de los tres primeros gobernantes ptolomeos. Sin embargo, el poder ptolomeo comenzó a decaer durante el dominio de Ptolomeo IV Filopátor (221–204 a.C.), un mujeriego de mala reputación. En el 200 a.C., Antíoco III derrotó al ejército egipcio en Banias (más tarde, Cesarea de Filipo) y se apoderó del control de Palestina. A continuación, el reino ptolomeo decayó y se sometió cada vez más a la influencia de Roma. Cleopatra VII fue la última gobernante ptolomea antes de que Egipto se anexara a Roma en el 30 a.C. Ver *Egipto; Intertestamentaria, Historia y literatura.*

Thomas V. Brisco

PUBLICANO Cargo político creado por los romanos para ayudar a recaudar impuestos en las provincias. En realidad, el título "recaudador de impuestos" es más correcto que el término más antiguo "publicano" para referirse al rango más bajo de la estructura. A Zaqueo se lo llama "jefe de los publicanos" (Luc. 19:2), lo cual probablemente indica que era alguien contratado por el gobierno para recaudar impuestos y que, a su vez, contrataba a otros para que hicieran el trabajo en sí. En tiempos del NT, había personas que se ofrecían para el trabajo de jefe de recaudadores de impuestos y luego le exigían a los ciudadanos el monto del impuesto más una ganancia extra. La mayoría de los cargos estaban ocupados por romanos, aunque algunos nativos obtenían el puesto. A los publicanos se los despreciaba en gran manera debido a las excesivas ganancias y se los ubicaba en la misma categoría que las prostitutas (Mat. 21:32). A Jesús lo acusaron de comer con ellos y de ser su amigo (Mat. 9:11).

PUBLIO Nombre de persona que significa "relativo al pueblo". El oficial más alto de Malta, ya sea romano o local (Hech. 28:7,8).

PUDENTE Nombre de persona que significa "recatado". Cristiano romano que saludó a Timoteo (2 Tim. 4:21). A este Pudente se lo identifica a veces con el amigo del poeta romano Marcial.

PUEBLO DE DIOS Grupo escogido por Dios y comprometido a ser Su pueblo del pacto. La Escritura define repetidas veces quién está incluido en el pueblo de Dios. La historia de la revelación muestra que Dios elige a Israel por gracia.

Elección y pacto La elección de Israel como pueblo de Dios se remonta a Abraham (Gén. 12; comp. Gál. 3:29; Rom. 9:7,8). Sin embargo, la relación entre Yahvéh e Israel comenzó en el éxodo. Éxodo 19 representa una forma especial de pacto tanto con condiciones (v.5) como con promesas (vv.5b-6). La condición era obediencia; la promesa, "seréis mi especial tesoro entre todos los pueblos". Esta promesa implica una relación Dios-pueblo y pueblo-Dios que es la esencia del AT. Esta promesa la heredó la iglesia como el Israel verdadero o el nuevo Israel (Rom. 9:6-8; 1 Cor. 10:18-21; Gál. 6:16). Aquí radica la posición exclusiva de la iglesia como pueblo de Dios en el orden divino (Rom. 9:25,26; 1 Cor. 6:14-17; Tito 2:14; Heb. 8:10; 1 Ped. 2:9,10; Apoc. 21:3). Ver *Elección; Iglesia; Israel espiritual; Pacto.*

La fe de Israel se tornó más concreta cuando la idea del remanente se desarrolló a partir de la salvación corporativa, salvación de la ira y el juicio divino. Al remanente se le traspasó el estatus y la condición del propósito de Dios para Su pueblo. En Mat. 22:14, Jesús explicó que el remanente eran los escogidos. Por sobre todas las cosas, Jesús mismo es el remanente. La iglesia sigue las ideas del AT en cuanto a que el remanente en la figura del Siervo es el testigo de la salvación universal y el agente de una revelación final. El siervo de Yahvéh representado por Israel sería una luz para las naciones. Aquí se expresa más claramente el carácter universal de la vocación de Israel. La idea del pueblo de Dios en el AT culmina en la persona del siervo, que es la idea del remanente personificada en un individuo.

Cristo declaró Su calidad de siervo mesiánico ya que es el Hijo de David que cumple la promesa de Dios en el AT. Jesús es rey, pero rechazó toda interpretación política de Su vocación mesiánica. Su reino no es de este mundo (Juan 18:36). Es el Siervo sufriente que dio Su vida en rescate por muchos y que, a partir de entonces, inauguró el nuevo pacto.

El rol de Siervo-Mesías creó otra dimensión, la iglesia. La idea de siervo es determinante para comprender el sacerdocio de toda la iglesia. La cristología (Cristo) está relacionada con la eclesiología (iglesia) (2 Cor. 4:5). Los cristianos son siervos que comparten ese servicio que crea el Siervo por excelencia. El llamado a pertenecer al pueblo es un llamado al servicio. La iglesia es el verdadero pueblo de Dios. *Samuel Tang*

PUEBLO DE LA TIERRA Traducción del término técnico hebreo *am ha'arets* utilizado principalmente en Jeremías, Ezequiel, 2 Reyes y 2 Crónicas (Gén. 23:7; Ex. 5:5; Lev. 20:2; Núm. 14:9; Hag. 2:4, Zac. 7:5; Dan. 9:6). En la mayoría de los casos, aparentemente se refiere a los ciudadanos varones que vivían de su propia tierra y eran responsables de participar en las actividades judiciales, en las fiestas de culto y en el servicio militar. De todos modos, las referencias son tan diversas que no podemos estar seguros de que cada vez que aparece el término se tuviera en mente a las mismas personas. Algunos estudiosos piensan que "el pueblo de la tierra" representaba un elemento de influencia particular en la sociedad, como un consejo nacional, aristócratas de influencia, ciudadanos libres y propietarios de tierra, pobres sin tierra, o personas que no eran de Jerusalén. Tales teorías no se pueden demostrar.

En la Judá previa al exilio, el "pueblo de la tierra" aparece primeramente asociado con la coronación de Joás (2 Rey. 11:4-20). Surge poco después en la venganza por el asesinato de Amón y en la ascensión de Josías al reino (2 Rey. 21:24). Se lo describe como capaz de liberar esclavos (Jer. 34, especialmente vv.18-20, donde el "pueblo de la tierra" participó en la confección del pacto y, a la vez, fue responsabilizado por quebrantarlo). También podía ser agente de opresión (Ezeq. 22:29). En 2 Rey. 25:18-21 se registra que Nabucodonosor mató en Ribla a "sesenta hombres del pueblo de la tierra" junto con otros a los que se responsabilizaba por una revuelta contra Babilonia que terminó con la caída de Jerusalén en el 587 a.C. En estas situaciones es evidente que estas eran personas de importancia social, económica, política y religiosa.

Al "pueblo de la tierra" también se lo describe como a "los pobres de la tierra" que se quedaron en Jerusalén durante el exilio babilónico (2 Rey. 24:14; 25:12). Es notable que, cuando los exiliados regresaron, se distanciaron de aquellos que se habían quedado en Judá utilizando el nombre de "pueblo de Judá" para caracterizar a los exiliados que habían vuelto (Esd. 4:4). En Esdras y Nehemías se expresa la desaprobación de los paganos que eran mitad judíos y mitad gentiles, en especial los judíos no practicantes (Esd. 10:2,11; Neh. 10:28-31). En Esdras 9:1,2, 11, el plural, los "pueblos de las tierras", se usa para designar a agrupaciones con las que se habían producido matrimonios mixtos: "cananeos, heteos, ferezeos, jebuseos, amonitas, moabitas, egipcios y amorreos" (9:1).

Existían sentimientos encontrados entre el "pueblo de la tierra" y los fariseos. En los Evangelios Sinópticos se describe a Jesús como si respaldara al "pueblo de la tierra" (Mar. 7:1-5; Luc. 6:1-5). Este uso postexílico en Esdras y Nehemías y en los Evangelios Sinópticos (Juan 7:49) se refleja más adelante en la clasificación rabínica del "pueblo de la tierra" como los ignorantes de la ley que no cumplían con las prácticas religiosas en su vida diaria. Sin embargo, como su condición no dependía del nacimiento, las deficiencias se podían remediar mediante una mayor conciencia de la Torá y una mayor adherencia a sus principios. *Frank E. Eaki (h)*

PUEBLO ESCOGIDO Israel como elegido de Dios. Ver *Elección.*

PUERRO El *Allium porrum*, un bulbo vegetal, o la *Tragonella foenumgraecum*, una hierba parecida al pasto. Alimento egipcio que los hebreos comieron durante el cautiverio. Después de una dieta estricta de maná en el desierto, los israelitas estaban dispuestos a volver a la esclavitud y a los alimentos de su servidumbre (Núm. 11:5). Ver *Plantas.*

PUERTA Abertura para entrar o salir de una casa, una tienda o un cuarto. Por lo menos cinco palabras hebreas y un término griego se traducen "puerta" en la Biblia. Las dos palabras hebreas más comunes tienen usos distintos, aunque se pueden intercambiar. *Petach* se refiere a la entrada, a la abertura en sí. *Delet* se refiere a la puerta hecha generalmente de madera cubierta con metal, aunque podía utilizarse una losa de piedra. El término griego *thura* es utilizado para ambas palabras hebreas.

"Puerta" se utiliza a menudo en la Biblia en sentido figurado. En el AT, "el pecado está a la puerta" (Gén. 4:7) significa que está muy cerca. El Valle de Acor, un lugar de angustia (Jos. 7:26), se promete más adelante como "puerta de esperanza" (Os. 2:15). Este lugar se convertiría en una razón para que el pueblo de Dios confiara otra vez en Él.

En el NT, Jesús se refiere a sí mismo como "la puerta" (Juan 10:7,9). La fe en Él es la única manera de entrar en el reino de Dios. Él les dio a los gentiles "la puerta de la fe" es decir, una oportunidad para conocerlo como Señor (Hech. 14:27). Pablo buscaba constantemente una "puerta de servicio", una ocasión para ministrar en el nombre de Cristo (1 Cor. 16:9). Jesús está a la puerta y llama (Apoc. 3:20). Llama a todos para que se acerquen a Él, pero sólo entrará si le abren la puerta del corazón. *Bradley S. Butler*

PUERTA DE BENJAMÍN Puerta de Jerusalén (Jer. 37:13; 38:7). Algunos la identifican con la Puerta de las Ovejas de Nehemías o con la Puerta de la Asamblea, y podría indicar una puerta que conducía al territorio correspondiente a la tribu de Benjamín. Ver *Jerusalén.*

PUERTA DE EFRAÍN Entrada a Jerusalén ubicada a 400 codos (unos 180 metros [200 yardas]) de la Puerta de la Esquina (2 Rey. 14:13). La sección del muro entre estas dos puertas fue destruida por el rey Joás de Israel en el siglo VIII a.C. En tiempos de Nehemías, la plaza de la ciudad en la Puerta de Efraín era uno de los lugares donde se instalaban enramadas para la celebración de la fiesta de los tabernáculos (Neh. 8:16).

PUERTA DE EN MEDIO Puerta de la ciudad de Jerusalén (Jer. 39:3). Los arqueólogos han hallado evidencias de una batalla (cabezas de flechas, madera carbonizada) fuera de las ruinas de una puerta ubicada en la mitad del muro septentrional de la ciudad postexílica. Pareciera que los babilonios atacaron la ciudad desde el norte y que lo encontrado son restos de la puerta de en Medio. Probablemente equivalga a la puerta del Pescado (2 Crón. 33:14; Neh. 3:3; Sof. 1:10). Ver *Puerta.*

PUERTA DE LA CÁRCEL Nombre de una puerta de Jerusalén (Neh. 12:39). Las traducciones modernas se refieren a la Puerta de la Guardia (NVI, LBLA). Es probable que esta puerta sea exactamente la Puerta *Miphkad* (del Juicio, Neh. 3:31).

PUERTA DE LA FUENTE Puerta en el extremo sudeste de los muros de la antigua ciudad de Jerusalén (Neh. 2:14; 3:15; 12:37), probablemente denominada así porque por esa puerta llegaba la gente con agua de los manantiales de Rogel y Gihón. Posiblemente equivalga a "la puerta que estaba entre los dos muros" (2 Rey. 25:4; Jer. 39:4; 52:7). Ver *Puerta.*

PUERTA DE LAS OVEJAS Entrada en el extremo noreste del muro de Jerusalén (Neh. 3:1, 32; 12:39). Aparentemente, las ovejas destinadas al sacrificio en el templo entraban a la ciudad por ese lugar. Estaba cerca del estanque de Betesda (Juan 5:2). Ver *Puertas de Jerusalén y del templo.*

PUERTA DE LOS CABALLOS Puerta en el lado oriental del muro de la ciudad de Jerusalén, cerca del templo. Jeremías prometió que sería reconstruida (Jer. 31:40), y los sacerdotes bajo la dirección de Nehemías la reconstruyeron (Neh. 3:28).

PUERTA DE LOS TIESTOS Ver *Puerta oriental 1.*

PUERTA DE SUR Una puerta de Jerusalén. Algunos creen que puede ser la puerta que conectaba el palacio del rey con el templo, y que se menciona en el relato del asesinato de la reina Atalía (2 Rey. 11:1). En el relato paralelo (2 Crón. 23), la puerta se denomina "Puerta del Cimiento" (2 Crón. 23:5).

PUERTA DEL ÁNGULO Puerta de Jerusalén en el extremo noroeste de la ciudad, no muy lejos de la puerta de Efraín; también llamada puerta de la esquina (2 Rey. 14:13; 2 Crón. 25:23). No se menciona en la restauración de Jerusalén que llevó a cabo Nehemías. Ver *Ciudad, Puertas de la.*

PUERTA DEL JUICIO Nombre de una puerta de Jerusalén o del templo (Neh. 3:31). El término hebreo original traducido puerta es *miphkad,* que significa "inspección", "revista" o "prisión" (comp. Jer. 52:11). Quizá esta puerta equivalga a la puerta de Benjamín (Jer. 37:13; 38:7; Zac. 14:10), que estaba ubicada en el extremo norte del muro occidental (quizá sea equivalente a la Puerta de la Cárcel, Neh. 12:39).

PUERTA DEL MULADAR Sitio importante de Jerusalén; una de las once puertas en tiempos de Nehemías (Neh. 2:13; 3:13,14; 12:31). Localizada en la esquina sudoeste del muro, la puerta se utilizaba para desechar la basura, los desperdicios y el estiércol que se descartaban en el Valle de Hinom, al pie de la ciudad.

La Puerta del Muladar, en la vieja Jerusalén.

PUERTA DEL NORTE Designación correspondiente a dos puertas que aparecen en la visión que Ezequiel tuvo del templo restaurado; una puerta daba al atrio exterior (Ezeq. 8:14; 44:4; 46:9; 47:2) y otra al interior (Ezeq. 40:35,40,44).

PUERTA DEL PESCADO Una puerta norte del segundo distrito de Jerusalén (Sof. 1:10) que se menciona en relación con las fortalezas construidas por Manasés (2 Crón. 33:14). La puerta se reconstruyó en la época de Nehemías (Neh. 3:3; 12:39). Probablemente, el nombre provenga de su proximidad al mercado de pescado (comp. Neh. 13:16-22).

PUERTA ENTRE LOS DOS MUROS Puerta de Jerusalén ubicada al sudeste de la ciudad; tal vez sea la Puerta de la Fuente. Los babilonios capturaron a Sedequías y a sus hijos luego de haber escapado a través de esta puerta (2 Rey. 25:4; Jer. 39:4; 52:7). Ver *Ciudad, Puertas de la; Puerta de la fuente; Puerta.*

PUERTA LA HERMOSA Escenario de la curación del paralítico que Pedro y Juan llevaron a cabo (Hech. 3:2,10). Ni el AT ni ninguna otra fuente judía menciona una "Puerta la Hermosa". La tradición cristiana identifica la puerta con la de Shushan o Puerta de Oro sobre el lado oriental del templo que conduce hacia el patio de los gentiles en el exterior. No obstante, los eruditos modernos identifican la puerta con la que está en el costado oriental del patio de las mujeres que viene del patio de los gentiles. Otros la ubican al este del patio de los hombres. Josefo, historiador judío del siglo I, describe una puerta de "bronce corintio" fuera del santuario. Las fuentes judías se refieren a esta puerta como la Puerta de Nicanor. Ver *Jerusalén; Templo.*

PUERTA MÁS ALTA Designación para una puerta del templo de Jerusalén (2 Rey. 15:35; 2 Crón. 23:20; 27:3). La mayoría de las versiones modernas prefieren "Puerta superior". Su ubicación es incierta; posiblemente sea la Puerta de Benjamín. De manera similar a 2 Crón. 23:20; 2 Rey. 11:19 la denomina "puerta de la guardia", lo que probablemente indique un cambio de nombre a lo largo de la historia. Ver *Puertas de Jerusalén y del templo.*

PUERTA MAYOR Ver *Puerta más alta.*

PUERTA NUEVA Puerta del templo de Jerusalén (Jer. 26:10; 36:10) que tal vez corresponda a la Puerta Alta que edificó Jotam (2 Rey. 15:35) y/o a la Puerta Superior de Benjamín (Jer. 20:2).

PUERTA ORIENTAL Esta designación hace referencia a tres puertas diferentes. **1.** La Puerta Oriental de Jerusalén conduce al Valle de Hinom (Jer. 19:2). Este se ubica al sur de la ciudad más que al este. Las traducciones en lenguaje moderno vierten esta frase como "puerta de los Alfareros" (NVI). Esta puerta puede equivaler a la Puerta del Valle (2 Crón. 26:9; Neh. 2:13,15; 3:13) o quizás a la Puerta del Muladar (Neh. 2:13; 3:13-14; 12:31), ubicada a unos 500 m (1000 codos). **2.** La Puerta Oriental del patio exterior del templo. Dado que el templo miraba hacia el este, esta puerta era la entrada principal al complejo edilicio del templo (Ezeq. 47:1). Los levitas a cargo de la Puerta Oriental en el templo de Salomón estaban encargados de las ofrendas voluntarias (2 Crón. 31:14). Ezequiel vio en una visión que la gloria de Dios se alejaba por la Puerta Oriental antes de la destrucción de la ciudad (Ezeq. 10:19). Su visión del nuevo templo incluía el regreso de la gloria de Dios a través de la misma puerta (Ezeq. 43:1-2). El uso que Dios hacía de esta puerta la convertía en sagrada. Debía permanecer cerrada. Sólo el príncipe (el rey mesiánico) estaba autorizado a entrar por ella (Ezeq. 44:1-3). **3.** La Puerta Oriental del patio interior del templo. Esta puerta se mantenía cerrada durante los seis días hábiles, pero se abría el día de reposo (Ezeq. 46:1).

PUERTA VIEJA Nombre de una puerta de la ciudad de Jerusalén que se reparó en la época de Nehemías (Neh. 3:6; 12:39). Esta traducción es dudosa si se toma en cuenta el aspecto gramatical (el adjetivo y el sustantivo no concuerdan). Por lo tanto, algunos intérpretes proponen decir "puerta de la vieja (ciudad)". Otros entienden que la palabra hebrea *Yeshanah* es un nombre propio. Cerca de Bet-el hay una aldea con ese nombre. Tal vez la puerta miraba en esa dirección.

PUERTAS La puerta, al igual que el muro o el umbral, establece un límite entre lo que está adentro y lo que está afuera. "Puerta" es el término más prominente debido a que proveía el acceso más común a ciudades y pueblos, a templos e incluso a casas. En realidad, una puerta sirve tanto para permitir el acceso como para restringirlo. Las puertas abiertas permitían la entrada, aunque con frecuencia se empleaban porteros para asegurar que ingresaran sólo las personas autorizadas (1 Crón. 9:22). Cuando estaban cerradas ofrecían protección y seguridad a quienes estaban adentro (Juan 5:2). Debido a que la puerta era el medio primario de ingreso, con frecuencia era el lugar donde los enemigos se reunían para atacar o forzar la entrada (Jer. 1:15).

Todos los que residían en una casa se consideraban miembros de esa familia: integrantes de la familia, empleados que servían a la familia, siervos e invitados. Todos los que se encontraban del lado de adentro de la puerta eran tratados como si formaran parte de la familia, e incluso debían respetar el mandamiento de descansar en el día de reposo (Ex. 20:9-10) y participar en las fiestas más importantes (Deut. 16:11,14). Los invitados recibían la misma protección que los miembros de la familia (ver Gén. 19; Jue. 19). Asimismo, los que se encontraban del lado de adentro de las puertas de la ciudad recibían protección de ciudadanos.

Hay ejemplos bíblicos de personas excluidas por la puerta: los leprosos, que debían permanecer afuera (2 Rey. 7:3), Lázaro, el hombre pobre de la parábola que relató Jesús (Luc. 16:20), y el hombre paralítico que se encontraba fuera de la puerta del templo (Hech. 3:2). Todos estos eran "marginados" que vivían del lado de afuera de la puerta y no se los consideraba parte de la comunidad ni de la familia.

Desde el punto de vista físico, una puerta podía ser una simple abertura en un muro o una entrada compleja y elaborada con múltiples cámaras y portones y con numerosas curvas cerradas diseñadas para impedir el acceso. Las puertas eran básicamente de madera o metal y se cerraban durante la noche y en caso de amenaza de ataque. A menudo se construían torres al lado de la puerta para proveer protección adicional.

En la Biblia se hacen diversas alusiones al término puerta con sentido figurativo o simbólico. Jacob, luego de su sueño en Bet-el, describe el lugar como "casa de Dios, y puerta del cielo" (Gén. 28:17). En efecto, para Jacob el lugar marcó un límite simbólico entre el cielo y la tierra. Tanto Job como el salmista hablan de las puertas de la muerte (Job 38:17; Sal. 107:18). Estas señalan el límite entre la vida y la muerte. En Isaías, el rey Ezequías habla de haber sido confinado a las puertas del Seol por el resto de sus días, una clara referencia a su muerte (Isa. 38:10). Jesús dijo acerca de la iglesia: "las puertas del Hades no prevalecerán contra ella" (Mat. 16:18). El Hades, el reino del infierno y de la muerte, no tiene poder sobre la iglesia de Cristo.

En resumen, el término "puerta" marca un límite real o figurado entre el interior y el exterior. Sirve para permitir o impedir el movimiento desde afuera hacia adentro. Ver *Ciudad, Puertas de la; Puertas de Jerusalén y del templo.*

Joel F. Drinkard (h)

La Puerta de Jope (actual Jaffa) en Jerusalén.

La Puerta del Muladar, en Jerusalén, era la entrada a la ciudad desde el Valle de Tiropeón.

PUERTAS DE JERUSALÉN Y DEL TEMPLO

Las numerosas puertas de Jerusalén han variado en cuanto a cantidad y ubicación debido al cambio de tamaño y orientación de los muros a través de su larga historia. Las personas podían entrar desde la ruta proveniente de Jope (Tel Aviv) por una importante puerta de la ciudad ubicada en el oeste, tal como se hace hoy en día. En tiempos del NT, los que venían del Torrente de Cedrón entraban a la ciudad principalmente a través de la Puerta de las Ovejas, ubicada al oeste (actualmente Puerta del León o de Esteban), y en tiempos del AT lo hacían a través de una puerta recientemente descubierta (primavera de 1986) al sur de los muros de la ciudad moderna. Es posible que esta última sea de la época de Salomón, ya que es similar a las puertas salomónicas encontradas en Meguido, Gezer y Hazor. Al templo propiamente dicho se entraba a través de la Puerta la Hermosa ubicada al este del templo (Hech. 3:10) y cerca de la Puerta Dorada que se

La Puerta de Damasco, en Jerusalén, vista desde afuera de los muros de la vieja ciudad.

Puerta de Esteban (o del León) en Jerusalén.

descubrió recientemente bajo el muro oriental de la ciudad. Por el norte, la entrada principal (la Puerta de Damasco) se abría hacia la ruta de Damasco. Actualmente hay siete puertas que permiten la entrada a la ciudad vieja de Jerusalén.

John McRay

PUL Nombre alternativo del rey asirio Tiglat-pileser III (2 Rey. 15:19; 1 Crón. 5:26). Es probable que el nombre sea una contracción de Pileser. Ver *Asiria.*

PUNÓN Nombre geográfico que significa "hoyo metalífero". Centro minero edomita ubicado en la intersección de Wadi el-Gheweil y Wadi esh-Shequer en la margen oriental del Arabá, unos 40 km (25 millas) al sur del Mar Muerto. El sitio se ocupó por primera vez alrededor del 2200 a.C. La segunda ocupación comenzó poco antes de que los israelitas acamparan allí alrededor del 1200 a.C. (Núm. 33:42,43). Es probable que el sitio fuera el hogar de los descendientes de Pinón, el jefe de la familia (Gén. 36:41). El sitio se identifica con la moderna Feinan. Al nor-noreste se ubican dos antiguos lugares de fundición, Khirbet en-Nahas y Khirbet Nqeib Aseimer.

PUÑAL Arma corta de doble filo de Aod, uno de los jueces de Israel (Jue. 3:16-22). En otras traducciones se usa la palabra "espada". El arma de Aod medía un codo de largo (45-55 cm [18-22 pulgadas]), lo cual le permitía esconderla debajo de su capa.

PUR o PURIM Ver *Fiestas.*

PUREZA, PURIFICACIÓN Condición correspondiente a ser liberado de elementos inferiores o de impureza ritual, o el proceso para alcanzar dicha liberación. Una meta esencial de la religión es obtener pureza frente a la deidad.

Antiguo Testamento *Puro* La raíz primaria de la palabra hebrea para puro (*tahar*) casi siempre se refiere al oro puro (1 Rey. 10:21; Job 28:19; Sal. 12:6). *Tahar* y otros términos hebreos para "puro" se usan para describir otros objetos como la sal (Ex. 30:35), el aceite (Ex. 27:20) y el incienso (Ex. 37:29). Por lo tanto, un significado básico en el AT es "refinado, purificado, sin mancha, perfecto, limpio" (comp. Lam. 4:7).

Pureza ritual Ser ritualmente puro significa ser libre de alguna imperfección o impureza que impida el contacto con objetos o lugares santos, en especial el contacto con la presencia santa de Dios en la adoración. Dios es el ideal de pureza y aquellos que quieren entrar en contacto con la presencia de Dios también deben ser puros. Habacuc 1:13 indica que los ojos de Dios son muy puros para mirar el mal.

El altar para el sacrificio era purificado a fin de estar preparado para la adoración (Lev. 8:15; Ezeq. 43:26). Los objetos de oro usados en el tabernáculo y en el templo también eran puros en este sentido; lo mismo debía suceder con el incienso según Ex. 37:29. Los levitas debían purificarse para el servicio en el tabernáculo (Núm. 8:21). Cuando aquello que era impuro entraba en contacto con lo que era santo, se corría peligro y hasta podía llegar a la muerte. Probablemente este sea el trasfondo de la preparación efectuada para la teofanía, una manifestación de la presencia de Dios, en Ex. 19, y para la muerte de Uza cuando por no estar preparado (no estaba purificado) para tocar el arca del pacto, un objeto sumamente santo (2 Sam. 6:1-11). Malaquías 1:11,12 hace un contraste entre las ofrendas puras de los gentiles y las ofrendas imperfectas del pueblo de Dios; tal estado requería purificación (Mal. 3:3,4).

La pureza le daba derecho a la persona para participar en la adoración, una actividad central en la vida del antiguo Israel. Quebrantar esa pureza era asunto serio. La impureza ritual aparecía como resultado de los fluidos corporales (Lev. 15), como los producidos por una enfermedad, por el flujo menstrual o por una descarga de semen. Este capítulo también muestra que tal impureza se podía diseminar por contacto, ya que cualquier cosa que entraba en contacto con la persona impura debía ser purificada. Levítico 12 también habla de la impureza asociada al nacimiento, probablemente debido a la secreción de sangre. La sangre relacionada con el misterioso poder de la vida y cualquier pérdida de sangre exigía purificación. La impureza ritual también era resultado del contacto con un cadáver, ya que la muerte era un enemigo de Dios (Núm. 19). La participación en la guerra también podía causar impureza. Esta también sobrevenía por el contacto con dioses extranjeros. Probablemente este fue el entorno para la necesidad de purificación cuando el pueblo regresó del exilio en Babilonia. Los sacerdotes y los levitas se purificaron primero, luego el pueblo, y luego las puertas y el muro (Isa. 52:11; Esd. 6:20; Neh. 12:30). Esto también los preparó para la adoración.

Pureza ética Pensamiento y comportamiento apropiado para el pueblo de Dios (Sal. 24:4; 73:1; Prov. 15:26; 22:11; 30:12). Tal pureza de pensamiento debe dar como resultado una conducta apropiada para el pueblo (Sal. 119:9; Prov. 16:2; 20:9,11; 21:8). Observar también la oración pura de Job en 16:17.

Puesto que los Salmos 15 y 24 hablan de requisitos para adorar en términos de pureza ética, es importante no hacer una distinción marcada en el AT entre la pureza ritual y la ética. Dios espera pureza ética, y el pecado trae como resultado la impureza. Por lo tanto, en el AT el pecado y la impureza ritual se ubican juntos como algo inaceptable para el Señor. Sus contrapartes, la ética y la pureza ritual, también marchan juntas.

Rituales de purificación Puesto que el AT supone que la gente iba a estar en contacto con pecado e impureza, provee un medio para volver a ser limpio.

Por lo general, el ritual de purificación comenzaba con un período de espera que se iniciaba cuando cesaba la causa de impureza. Las causas menos serias requerían un día de espera. El contacto con un cadáver (Núm. 19:11,14), el nacimiento de un niño varón (Lev. 12:2), la cura de la lepra (Lev. 14:8,9) y la presencia de otros fluidos corporales (Lev. 15:13,19,28) requerían un período de espera de siete días. El período de espera ante el nacimiento de una niña, era de 14 días (Lev. 12:5). El mismo lapso se aplicaba a la cuarentena de alguien sospechado de tener lepra (Lev. 13:4-6).

Se requería un agente limpiador: agua, sangre o fuego (Núm. 31:23). El agua, el purificador más común, simbolizaba limpieza y se usaba en los rituales relacionados con un período de espera. La persona debía lavar la ropa y bañar el cuerpo (Lev. 15:7). La sangre se usaba para limpiar el altar y el lugar santo (Lev. 16:14-19). Se mezclaba con otros ingredientes para limpiar de la lepra (Lev. 14) y del contacto con los muertos (Núm. 19).

El elemento final del ritual de la purificación es el sacrificio. La purificación de las descargas de fluidos requería dos tórtolas o palominos, una como ofrenda por el pecado y otra para el holocausto (Lev. 15:14-15,29-30). Luego del nacimiento se ofrecía un cordero y un palomino o una tórtola (Lev. 12:6). El sacrificio en el ritual de purificación de los leprosos era complejo, lo cual indicaba la gravedad de la lepra como causa de impureza (Lev. 14). El sacerdote también tocaba las extremidades de la persona con sangre de la ofrenda y con aceite, agentes de limpieza y de renovación de la vida. Para los sacrificios, a los pobres se les permitía utilizar animales de menor valor.

Nuevo Testamento La mayoría de los usos en el NT de palabras para la pureza se relacionan con limpieza de algún tipo. Por lo general se reflejan los significados del AT. El significado en Marcos 14:3 es la perfección; esto se mezcla con pureza religiosa en Heb. 10:22; 1 Jn. 3:3.

En el NT predomina la pureza ética. La persona que se encuentra en una buena relación con Dios debe llevar una vida de pureza (2 Tim. 2:21,22; Tito 1:15 y referencias a un corazón puro, Mat. 5:8; 1 Tim. 1:5; Heb. 9:14; Sant. 4:8; 1 Ped. 1:22). Además la pureza se encuentra enumerada en la lista de virtudes (2 Cor. 6:6; Fil. 4:8; 1 Tim. 4:12; comp. Mar. 7:15).

En el NT también se menciona la purificación mediante el sacrificio y se aplica a la muerte de Cristo, una purificación que no necesita repetición y que, por lo tanto, se encuentra en un nivel superior al de los sacrificios del AT (Heb. 9:13,14). El sacrificio de Cristo produce purificación; Cristo efectuó limpieza como parte de la obra del sumo sacerdote, y Su sangre nos limpia de pecado (1 Jn. 1:7). Ver *Ética; Expiación; Levitas; Limpio, limpieza; Sacerdotes; Sacrificio y ofrendas.* *W. H. Bellinger (h)*

PURGATORIO Dogma de la Iglesia Católica Romana con siglos de antigüedad. El término en sí deriva del latín *purgare*, que significa "limpiar" o "purificar". Varios escritores cristianos antiguos (Orígenes, Cipriano, Ambrosio, Tertuliano, Jerónimo y Agustín) refrendaban hasta cierto punto la idea del purgatorio o las oraciones por los muertos (que no necesariamente implican purgatorio). El Concilio de Lyon en 1274 pronunció la doctrina. El Concilio de Florencia en 1439 definió su naturaleza tanto punitoria como purificadora. En 1563, el Concilio de Trento reconoció la validez de los sufragios realizados para beneficio de aquellos que se encontraban en el purgatorio.

Según el catolicismo romano, las almas de los cristianos que mueren cargadas de pecados veniales o mortales bajo remisión son trasladadas al purgatorio donde atraviesan un proceso de limpieza por esos pecados. No resulta claro si el purgatorio es un lugar o un estado. Los sufrimientos de los que están allí varían tremendamente en intensidad y duración, según el grado en que haya pecado el cristiano bautizado pero que no está completamente limpio. La mayoría concuerda en que los que están en el purgatorio se purgan a través del fuego, pero no hay consenso en cuanto a si el fuego es literal o figurado. Más allá de la intensidad o la duración del sufrimiento personal, el purgatorio es temporal en naturaleza y llega hasta la resurrección general de los muertos, aunque los individuos pueden ser librados de ese lugar antes de ese momento. Esto se logra a través de las acciones de los cristianos vivos que realizan buenas obras a favor de los muertos. Tales obras incluyen la misa, las oraciones (por los muertos), y la dádiva de limosnas. Los que se encuentran en un estado de perfecta gracia no necesitarán ir al purgatorio; irán de inmediato al cielo. Otros irán de inmediato al infierno. Pero la mayoría de los justos pasará algún tiempo purificándose en el purgatorio. En relación con el purgatorio hay otras dos moradas para los muertos. El *Limbus infantium* está reservado para los niños que mueren antes del bautismo. Aunque no sufren en el purgatorio, se les niega para siempre la visión beatífica. Los santos del AT estuvieron consignados al *Limbus patrum* antes de la obra expiatoria de Cristo, luego de la cual fueron trasladados al cielo.

Los católicos romanos apelan a Mat. 12:32; 1 Ped. 3:18-20; 4:6 y 1 Cor. 3:15 para encontrar respaldo bíblico para el dogma. También apelan como apoyo 2 Macabeos 12:38-45 en los libros apócrifos del AT. Ninguno de estos textos pronuncia explícitamente una doctrina sobre el purgatorio; esta se forma en base a tradición extrabíblica. *Robert Stewart*

PÚRPURA Color usado específicamente en la vestimenta. Con frecuencia indicaba el honor de la realeza (Dan. 5:7,16,29). Ver *Colores; Grana; Ropa; Tinte.*

Q Abreviatura del término alemán *Quelle*, que significa "fuente" y se utiliza para designar la fuente hipotética en común de más de 200 versículos que aparece en Mateo y Lucas pero no en Marcos. Según la hipótesis de dos documentos, Mateo y Lucas insertaron dichos de Jesús que provienen de Q en la estructura narrativa de Marcos sobre la historia de Jesús (comp. Luc. 1:1 como evidencia de fuentes anteriores). Las concordancias textuales de la doble tradición (el material que comparten Mateo y Lucas pero no Marcos), la secuencia corriente de los dichos dentro de los bloques de materiales, y los dobletes (repeticiones) de dichos que se encuentran sólo una vez en Marcos señalan hacia la fuente en común. Una versión frecuente de la hipótesis Q considera que esta se escribió en griego en Palestina, quizá en Cesarea, entre el 50–60 d.C. Se sostiene que Lucas preservó de mejor manera el orden general de los dichos Q, en tanto que Mateo se sintió con libertad para reacomodar gran parte del material compartido para desarrollar sus cinco discursos más importantes. Algunos eruditos poseen tanta confianza en su habilidad para descifrar Q, que han escrito comentarios y libros de teología acerca de la presunta fuente. Otros prefieren creer que Q fue una fuente "oral". Incluso existen otros que descartan toda necesidad de una fuente común para la doble tradición argumentando en favor de la prioridad de Mateo. Ver *Armonía de los Evangelios.*

QOHELET Ver *Kohelet.*

QUEBAR Río de Babilonia donde Ezequiel tuvo visiones (Ezeq. 1:1; 3:15; 10:15; 43:3). Probablemente se deba identificar con el nar Kebari, un canal del Río Éufrates al sudeste de Babilonia. Podría ser el moderno Satt-en-nil.

QUEBRANTAHUESOS Nombre que se aplica a tres aves: el buitre aristado, el águila y el petrel gigante. El quebrantahuesos estaba incluido entre los animales inmundos (Lev. 11:13; Deut. 14:12). Algunas versiones identifican el ave como un buitre negro (LBLA).

QUEDORLAOMER Rey de Elam que se unió a la coalición de monarcas contra los reyes de Sodoma y Gomorra, lo cual condujo a la participación y la victoria de Abraham (Gén. 14:1). Su nombre elamita significa "hijo de La'gamal" (un dios). Aparentemente encabezó la coalición oriental. No aparece en los registros fragmentados elamitas que se conocen en la actualidad, de modo que se desconoce otra información con excepción de lo registrado en Gén. 14. Ver *Elam.*

QUEFAR-HAAMONI Nombre geográfico que significa "aldea abierta de los amonitas". Pueblo del territorio correspondiente a la tribu de Benjamín (Jos. 18:24). Se desconoce su ubicación.

QUELAL Nombre de un hombre de la comunidad postexílica que tenía una esposa extranjera (Esd. 10:30).

QUELIÓN Nombre de persona que significa "enfermizo". Uno de los dos hijos de Elimelec y Noemí (Rut 1:2). Emigró con sus padres a Moab, donde se casó con una moabita llamada Orfa. Posteriormente murió en Moab. Ver *Rut.*

QUELUB 1. Descendiente de la tribu de Judá (1 Crón. 4:11), probablemente identificado con Caleb, el héroe de la narración de los espías de Núm. 13–14. Ver *Caleb.* **2.** Padre de Ezri, supervisor de los obreros de los fundos agrícolas de David (1 Crón. 27:26).

QUELÚHI Nombre de un hombre de la comunidad postexílica que tenía una esposa extranjera (Esd. 10:35).

QUEMOS Nombre de deidad que significa "subyugar". Dios al que adoraban los moabitas (Núm. 21:29). Se esperaba que proveyera tierra para ellos (Jue. 11:24), aunque el significado en este lugar se complica porque se les está hablando a los amonitas. Salomón erigió un santuario para Quemos sobre un monte al este de Jerusalén (1 Rey. 11:7). Josías posteriormente profanó el santuario (2 Rey. 23:13). Jeremías pronunció juicio sobre Quemos y su pueblo (Jer. 48:7,13,46).

QUENAANA 1. Nombre de persona que significa "mujer de negocios". Padre del falso profeta Sedequías (1 Rey. 22:11). Ver *Sedequías.* **2.** Miembro de la tribu de Benjamín (1 Crón. 7:10).

QUENANI Nombre de persona que significa "nacido en el mes de Kanunu". Levita que guió a Israel en una oración de renovación y alabanza (Neh. 9:4).

QUENANÍAS Nombre de persona que significa "Jehová da poder". **1.** Jefe de los levitas bajo el reinado de David que instruía al pueblo en el canto y desempeñó un papel destacado en el traslado del arca de regreso a Jerusalén (1 Crón. 15:22,27). **2.** Levita cuya familia estaba encargada de los negocios fuera del templo, incluso de la tarea de oficiales y jueces (1 Crón. 26:29).

QUERÁN Descendiente de Seir (o Edom) mencionado en Gén. 36:26.

QUERIOT Nombre geográfico que significa "ciudades". Ciudad fortificada de Moab (Jer. 48:24,41;

Amós 2:2). Tal vez se identifique con Ar, la antigua capital de Moab, ya que Amós la trata como capital de esa región (2:2). Es probable que Judas, el discípulo de Jesús, haya sido de Queriot. Muchos eruditos entienden que la designación "Iscariote" deriva del hebreo que significa "hombre de Queriot". Ver *Iscariote.*

QUERIT Nombre geográfico que significa "corte" o "zanja". Vado o arroyo al este del Río Jordán, la actual Wadi Kilt al sur de Jericó. Elías pronunció el juicio de Dios contra Acab, rey de Israel, diciendo que habría una sequía que se extendería durante dos años, y luego buscó la protección de Dios en el arroyo de Querit donde tenía agua para beber (1 Rey. 17:3). Cuando Querit finalmente se secó, Elías halló refugio con la viuda de Sarepta. Ver *Elías.*

QUEROS Nombre de persona que significa "inclinado". Uno de los sirvientes del templo cuyos descendientes regresaron del exilio con Zorobabel (Esd. 2:44; Neh. 7:47).

QUERUB Hombre que partió de Tel-melah en el exilio babilónico para ir a Jerusalén con Zorobabel alrededor del 537 a.C. No pudo proporcionar una lista de familia para corroborar que era israelita (Esd. 2:59).

QUERUBÍN Especie de ángeles alados. El término hebreo *cherub* (plural, *cherubim*) tiene una derivación desconocida. En el AT, es el nombre de una clase de ángeles alados cuya función primordial era ser guardianes (Gén. 3:24) o ayudantes (Ezeq. 10:3-22). La única referencia neotestamentaria a los querubines está en una descripción del mobiliario del lugar santísimo (Heb. 9:5).

Los textos que describen la apariencia y las actividades de los querubines reflejan dos contextos. Uno está en las visiones de las criaturas vivientes que sirven en la presencia de Dios (querubines y serafines, Isa. 6:2-6; Ezeq. 1:4-28; 10:3-22). El otro es la adoración en el templo y las representaciones de querubines que formaban parte del mobiliario (Ex. 25:18-22; 1 Rey. 6:23-35; 2 Cor. 3:7-14).

Lo más impresionante de los querubines del templo eran las grandes esculturas (probablemente cuadrúpedos alados) en el lugar santísimo. Si estaban colocadas como era común en el antiguo Cercano Oriente, los dos querubines formaban un trono. Sus piernas serían las patas del trono, sus espaldas los apoyabrazos y sus alas la parte posterior del trono. Los textos que reflejan una visión de Dios morando entre ellos, entronado sobre ellos o sentado sobre ellos, son congruentes con la idea de un trono de querubines (1 Sam. 4:4; 2 Sam. 6:2; 22:11; 2 Rey. 19:15; 1 Crón. 13:6; 28:18; Sal. 18:10; 80:1; 99:1; Isa. 37:16). Aun la visión de Ezequiel describe la gloria de Dios que descansa sobre o entre los querubines como en una especie de trono viviente. Ver *Ángeles.* *Michael Martin*

QUESALÓN Nombre geográfico que significa "sobre las caderas". Aldea en la frontera oriental del territorio de la tribu de Judá (Jos. 15:10). Se la equipara con el Monte Jearim y es la moderna Kesla, ubicada alrededor de 16 km (10 millas) al oeste de Jerusalén. Ver *Jearim.*

QUESED Nombre de persona que significa "uno de los caldeos". Hijo de Nacor, el hermano de Abraham (Gén. 22:22). Su nombre tal vez indique que era el antepasado original de los caldeos. Ver *Caldea.*

QUESIL Nombre geográfico que significa "necio". Ciudad de la tribu de Judá (Jos. 15:30). Una lista similar que da los límites de Simeón en Jos. 19:4 coloca el nombre Betuel, lectura respaldada por Jos. 15:30 en la LXX, la traducción griega más antigua. En 1 Crón. 4:30 también dice Betuel. Por lo tanto, Quesil es idéntica a Betuel. Ver *Betuel.*

QUESO Producto de granja que forma parte de la dieta diaria básica. Las tres apariciones de la palabra queso en las traducciones españolas reflejan tres expresiones hebreas diferentes. Job 10:10 se refiere al queso; 1 Sam. 17:18 habla literalmente de una "rodaja de leche"; y 2 Samuel 17:29 utiliza una frase que generalmente se interpreta como "cuajada del rebaño".

QUESULOT Nombre geográfico que significa "sobre las caderas". Ciudad limítrofe de la tribu de Isacar (Jos. 19:18), probablemente la ciudad fronteriza de Zabulón llamada Quislot-tabor en Jos. 19:12. Es la moderna Iksal, ubicada a 6 km (4 millas) al sur de Nazaret.

QUEZIB Nombre geográfico que significa "engañador". Lugar donde nació Sela, hijo de Judá y la cananea Súa (Gén. 38:5). Es probable que Quezib equivalga a Aczib.

QUICIO, QUICIAL Pieza flexible sobre la que gira una puerta. Proverbios 26:14 compara una persona perezosa que da vueltas en la cama con la puerta que gira sobre sus quicios. El significado del término que se traduce quiciales en 1 Rey. 7:50 es tema de debate. La NVI y otras versiones prefieren traducirlo por "gozne".

QUIDÓN Nombre de persona que significa "espada curva". En 1 Crón. 13:9 aparece "Quidón" donde en 2 Sam. 6:6 dice "Nacón". Quidón podría ser el nombre de un lugar en el texto. Ver *Nacón.*

QUIJADA Cualquiera de las dos estructuras óseas que rodean la boca y contienen los dientes. La toma de prisioneros de guerra con frecuencia se ilustraba con la imagen de animales con bridas o frenos en sus quijadas (Isa. 30:28) o con peces llevados con garfios en sus quijadas (Ezeq. 29:4; 38:4). Según una interpretación de Os. 11:4, Dios se compara con un granjero que "alza el yugo de sobre sus quijadas" (LBLA), es decir, alivia el yugo para que el buey pueda comer mejor.

QUILEAB Nombre de persona que significa "todo del Padre". Segundo hijo de David (2 Sam. 3:3) que tuvo con Abigail. El nombre aparece como Daniel en 1 Crón. 3:1. Cualquiera sea el nombre exacto, el segundo hijo de David desaparece de la historia en este lugar y no figura en las disputas subsiguientes en cuanto a quién sucedería a David como rey. Su nombre se podría asociar con la familia de Caleb.

QUILMAD Nombre geográfico que significa "mercado". Asociado comercial de Tiro según el texto hebreo de Ezeq. 27:23, aunque muchos eruditos creen que los copistas inadvertidamente cambiaron el texto de "todo Media" o una escritura similar. Por lo demás, Quilmad es idéntico a Kulmadara, ciudad del reino sirio de Unqi. Su ubicación puede ser la moderna Tell Jindaris.

QUIMAM Nombre de persona que significa "cara pálida". Aparentemente hijo de Barzilai, el protector de David cuando huyó de delante de Absalón y se dirigió a Mahanaim al este del Jordán (2 Sam. 19:37). Quimam regresó con David a Jerusalén cuando Barzilai se negó a dejar su casa.

QUÍO Isla con una ciudad del mismo nombre. Pablo se detuvo allí cuando regresaba del tercer viaje misionero (Hech. 20:15). El poeta griego Homero supuestamente provenía de Quío. Se encuentra en el Mar Egeo a 8 km (5 millas) de distancia de la costa de Asia Menor. Actualmente se llama de la misma manera.

QUIRIAT Nombre geográfico que significa "ciudad", ubicado en el territorio de Benjamín (Jos. 18:28). Equivale a Quiriat-jearim. Ver *Quiriat-jearim.*

QUIRIATAIM Nombre geográfico que significa "ciudad doble" o "dos ciudades". **1.** Ciudad de los levitas y de refugio en el territorio de la tribu de Neftalí (1 Crón. 6:76). En la lista paralela de Jos. 21:32, en el lugar de Quiriataim aparece Cartán, probablemente otro nombre de la misma ciudad. Ver *Cartán; Ciudades de refugio; Levitas, Ciudades de los.* **2.** Ciudad que Quedorlaomer arrebató de manos de los emitas (Gén. 14:5, Save-quiriataim significa "la Llanura de Quiriataim"). Más tarde, los israelitas la tomaron de manos de los amorreos y se la asignaron a la tribu de Rubén (Núm. 32:37; Jos. 13:19). Los moabitas controlaron la ciudad durante el exilio (Jer. 48:1,23; Ezeq. 25:9). Quizá se identifique con el-Qereiyat, aprox. 8 km (5 millas) al noroeste de Dibón. No obstante, en este sitio no se han hallado restos de una época anterior al 100 a.C.

QUIRIAT-ARBA Nombre geográfico que significa "ciudad de Arba" o "ciudad de cuatro". Nombre antiguo de Hebrón, la ciudad principal de los Montes de Judá (Jos. 15:54). Era una de las ciudades de los levitas (Jos. 21:11) y también de refugio (Jos. 20:7). Caleb tomó la ciudad para los israelitas (Jos. 15:13-14). Los estudiosos bíblicos debaten el origen del nombre. Según algunos, Quiriat-arba originariamente recibió su nombre por Arba, el héroe anaceo (Jos. 14:15; 15:13). Otros señalan que alude a la cueva de Macpela ubicada en las cercanías donde, según la tradición judía, fueron sepultados Adán, Abraham, Isaac y Jacob; de allí, "ciudad de cuatro". Ver *Ciudades de refugio; Hebrón; Levitas, Ciudades de los.*

QUIRIAT-BAAL Nombre geográfico que significa "ciudad de Baal". Otro nombre de Quiriat-jearim en Jos. 15:60; 18:14. Ver *Quiriat-jearim.*

QUIRIAT-HUZOT Nombre geográfico que significa "ciudad de las calles". Ciudad de Moab a la que Balac llevó a Balaam para que ofreciera un sacrificio (Núm. 22:39). Algunos sugieren una ubicación cercana al Río Arnón (Núm. 22:36) cerca de Bamot-baal (Núm. 22:41). El sitio exacto se desconoce.

QUIRIAT-JEARIM Nombre geográfico que significa "ciudad de bosques". Estaba ubicada en la moderna Abu Gosh, unos 14 km (9 millas) al norte de Jerusalén. Se encontraba en la frontera donde se unían Dan, Benjamín y Judá antes de que Dan comenzara a emigrar hacia el norte (Jos. 15:9,60; 18:14,15). El ejército de Dan acampó allí mientras buscaba nuevo territorio (Jue. 18:12). Después de que los filisteos devolvieran al arca del pacto, esta permaneció un tiempo en Quiriat-jearim (1 Sam. 6:21–7:2). David intentó trasladar el arca desde allí a Jerusalén pero, al hacerlo de manera incorrecta, Dios fulminó a Uza (2 Sam. 6:1-8). Entre los hijos de Quiriat-jearim se encontraba Urías, un profeta fiel y contemporáneo de Jeremías. Fue ejecutado por profetizar en contra del rey (Jer. 26:20-24).

Los romanos edificaron un fuerte sobre las ruinas de la ciudad para vigilar la ruta principal que iba de Jerusalén al Mar Mediterráneo. Allí tenía asiento una guarnición de la Décima Legión.

Quiriat-jearim se identifica con Deir al-Azhar cerca de la aldea moderna de Qaryet el-Inab o Abu Gosh.

QUIRIAT-SANA Nombre geográfico que quizás signifique "ciudad del bronce". Otro nombre de la ciudad de Debir, conocida también como Quiriat-sefer (Jos. 15:15,16,49). Ver *Debir 2.*

QUIRIAT-SEFER Nombre geográfico que significa "ciudad del libro". Usada en Jos. 15:15,16 como otro nombre de Debir. Quiriat-sana es la misma ciudad (Jos. 15:49). Ver *Debir 2.*

QUISI Nombre de persona que probablemente signifique "regalo". Levita de la familia de Merari (1 Crón. 6:44) también llamado Cusaías (1 Crón. 15:17). Ver *Cusaías.*

QUISLEU Nombre del noveno mes del calendario hebreo posterior al exilio, aparentemente tomado del nombre babilónico kislivu (Neh. 1:1; Zac. 7:1). Ver *Calendario.*

QUISLÓN Nombre de persona que significa "torpe". Padre de Elidad que representó a la tribu de Benjamín en la división de la tierra de Israel (Núm. 34:21).

QUITIM Nombre de una tribu de la isla de Chipre. El nombre derivaba de Quitión, una ciudad-estado ubicada sobre la ribera sudeste de la isla. Asociada durante mucho tiempo con las ciencias marítimas, la isla estuvo gobernada inicialmente por Grecia, luego por Asiria y finalmente por Roma. Génesis 10:4 remonta las raíces del pueblo hasta Jafet, el hijo de Noé. Tanto Jeremías como Ezequiel la mencionan en sus profecías (Jer. 2:10; Ezeq. 27:6; comp. Isa. 23:1,12).

Quitim se utiliza en los escritos intertestamentarios para indicar toda la tierra al oeste de Chipre. En 1 Macabeos se le atribuye ser la tierra de Alejandro Magno (1:1; 8:5). El escritor de Daniel entendía que formaba parte del Imperio Romano (11:30) que se usó para amenazar a Antíoco Epífanes. Los Rollos del Mar Muerto contienen varias referencias a Quitim. La más notable es la correspondiente a la derrota de su pueblo (los romanos) en manos del pueblo de Dios. Ver *Chipre.*

QUITLIS Nombre geográfico de origen desconocido. Ciudad de la tribu de Judá cerca de Laquis (Jos. 15:40).

QUITRÓN Nombre geográfico de significado incierto. Ciudad del territorio correspondiente a la tribu de Zabulón de donde los israelitas no pudieron expulsar a los cananeos (Jue. 1:30). Esta ciudad probablemente sea Catat. Ver *Catat.*

QUIÚN Nombre de una deidad que significa "el constante, el inmutable" (Amós 5:26). La palabra hebrea *kiyun* parece representar un cambio intencional efectuado por los escribas hebreos, quienes insertaron las vocales de *shiqquts,* "abominación", a una lectura original, *Kaiwan,* que era el nombre de un dios babilónico de las estrellas equivalente al dios griego Saturno. Amós condenó al pueblo de Israel por enorgullecerse de la sofisticada adoración a dioses extraños. Los invitó a volver a la adoración sencilla del desierto.

Excavaciones en el emplazamiento de la comunidad Qumrán, en el extremo noroeste del Mar Muerto.

QUMRÁN Sitio arqueológico cerca de las cuevas donde se descubrieron los Rollos del Mar Muerto y centro de la comunidad esenia judía.

Ubicación Las ruinas denominadas Quirbet Qumrán están ubicadas a 13 km (8 millas) al sur de Jericó y a 1200 m (3/4 de milla) al oeste de la ribera noroeste del Mar Muerto. Después del primer descubrimiento de los Rollos del Mar Muerto en 1947, Qumrán se convirtió en centro de investigación arqueológica y fue meticulosamente excavada entre 1953 y 1956. Entre las áreas excavadas (un cementerio, grandes sistemas de suministro de agua, refectorio, cocina y cuartos para oración y estudio), se descubrió un cuarto con ruinas de bancos revocados y tinteros del período romano, lo cual demuestra que ese lugar posiblemente haya sido el "escritorio" donde se copiaban los rollos.

Comunidad de Qumrán El sitio de Qumrán estuvo habitado desde aprox. el 130 a.C. hasta el 70 d.C. por una secta tan similar en naturaleza, teología y práctica a la secta judía conocida como los esenios, que la mayoría de los eruditos piensan que fue una variedad de este grupo. El bautismo ritual, la vida monástica y la tarea manual caracterizaban la vida de los esenios de Qumrán. Aunque permitían el matrimonio, rehuían todo contacto con el mundo exterior. Su interés principal en la vida era la devoción completa y estricta hacia Dios. Expresaban esta cualidad mediante su actividad de escribas, la copia y el estudio de las Escrituras. En el 70 d.C., ante la enorme amenaza que el ejército romano imponía sobre su existencia, los esenios de Qumrán escaparon precipitadamente, y escondieron sus mss en las cuevas circundantes a medida que huían.

Los rollos y su valor En 1947, un joven pastor beduino encontró un antiguo rollo en una cueva en la ladera de uno de los acantilados de arenisca de la región de Qumrán. Durante las semanas y meses subsiguientes, una investigación cuidadosa de la zona proporcionó 40.000 fragmentos de mss antiguos provenientes de 11 cuevas. Se hallan representados alrededor de 800 mss, 170 de los cuales son fragmentos de libros del AT (incluyendo mss de cada libro del AT, con la excepción de Ester). El más importante tal vez sea un texto casi completo de Isaías. El resto de los rollos incluía comentarios sobre Habacuc y Miqueas, documentos judíos extrabíblicos de los períodos intertestamentarios y del NT, y escritos extrabíblicos específicamente relacionados con la comunidad de Qumrán, tales como el *Génesis Apócrifo*, el *Rollo del Templo*, y el *Manual de Disciplina*. Se hallaron rollos en hebreo, arameo y griego, y el material con que estaban hechos incluía tanto el pergamino como el papiro. (También se descubrieron dos rollos de cobre.) En tanto que el contenido de muchos de los rollos se extendía a una fecha mucho más temprana, los rollos en sí corresponden a un período entre aprox. el 200 a.C. y el 70 d.C.

El valor de los Rollos del Mar Muerto para los estudios bíblicos es doble. Primero, proporcionan mss hebreos del AT que tienen mil años más de antigüedad que cualquier otro manuscrito existente del AT. Antes de 1947, los mss más antiguos del AT hebreo que se conocían databan de fines del siglo IX. Con el descubrimiento de los Rollos del Mar Muerto, los eruditos bíblicos ahora tienen acceso a mss del AT que datan aprox. del 200–100 a.C. La importancia de esto se incrementa por el hecho de que estas son copias, las cuales presuponen originales, que ofrecen de este modo otra verificación de una fecha temprana para la escritura del AT. Segundo, los rollos proveen un atisbo del entorno cultural y teológico judío de la época de Cristo, y también proporcionan ejemplos de expresiones verbales contemporáneas del período del NT. Ver *Esenios; Rollos del Mar Muerto.* *Marsha A. Ellis Smith*

Primer plano de una de las cuevas en que los esenios escondieron de los romanos sus rollos sagrados.

Baño ritual usado para ritos de purificación entre los miembros de la secta en el sitio de la comunidad de Qumrán.

Acantilados de piedra caliza de la región de Qumrán, donde se ven las cuevas en que se descubrieron los rollos del Mar Muerto.

P Q

R

Gigantesca estatua de Ramsés el Grande en Karnak, Egipto.

RA Supremo dios egipcio adorado en el templo en Tebas a quien se le atribuía haber creado el universo y de quien se creía que había sido el primer faraón. En las imágenes se lo suele representar como un disco solar. Ver *Dioses paganos; Egipto.*

RAAMA Hijo de Cus (Gén. 10:7) y antepasado de Seba y Dedán. Tribus árabes que ocupaban el sudoeste y el centro-oeste de Arabia (1 Crón. 1:9). Raama y Seba eran socios comerciales de Tiro (Ezeq. 27:22). Raama probablemente sea la actual Najran en Yemen, aunque la primera traducción griega identificaba Raama con Regmah, en el Golfo Pérsico.

RAAMÍAS Persona que regresó del exilio (Neh. 7:7). Variante de Reelaías (Esd. 2:2).

RABÁ Nombre geográfico que significa "grandeza". **1.** Aldea cercana a Jerusalén (Jos. 15:60) asignada a la tribu de Judá; aparentemente en territorio de Benjamín. Se desconoce su ubicación. **2.** Capital de Amón que Moisés aparentemente no conquistó (Deut. 3:11; Jos. 13:25), ubicada a unos 38 km (23 millas) al este del Río Jordán. Habitada en épocas prehistóricas y luego con anterioridad al 1500 a.C., la ciudad se convirtió desde sus orígenes en un asentamiento fortificado. David la sitió (2 Sam. 11:1) y la capturó (12:28,29). Estuvo bajo dominio israelita mientras duró la monarquía unida, pero recuperó su independencia poco después de la división de Israel. Rabá fue destruida durante la invasión babilónica (590–580 a.C.) y no fue reedificada por varios cientos de años. Los helenistas le dieron el nuevo nombre de Filadelfia, y más tarde se transformó en Amán, actual capital de Jordania. Ver *Filadelfia.*

RABÍ Título que significa "mi maestro", aplicado a pedagogos y otras personas de posición encumbrada y reverenciada. Durante el período del NT, este término se aplicó más específicamente a alguien entendido en la ley de Moisés, sin referirse a un puesto oficial. En el NT, el título "rabí" se utiliza sólo en tres Evangelios. En Mat. 23:7,8 se llama así a los escribas en general. En Juan 3:26, Juan el Bautista es llamado "rabí" por sus discípulos. En los demás casos, "rabí" y la forma alternativa "raboni" se aplican a Jesús cuando se dirigen a Él directamente (Mar. 9:5; 11:21; Mar. 14:45, Juan 1:49; 3:2; 4:31; 6:25; 9:2; 11:8; 20:16).

Lucas no utilizó el término "rabí" sino *epistates*, que equivale a "gran maestro". Este término tenía más sentido para sus lectores, que en su mayoría eran griegos (Luc. 17:13). Entre Jesús y Sus discípulos existía una relación única, diferente a la que existía típicamente entre un rabí y sus estudiantes. Estos tenían prohibido llamarse "rabí" unos a otros (Mat. 23:8), y en Mateo en particular, los discípulos llamaban a Jesús "Señor" *(Kurie)*. Para Mateo, Jesús no era sólo un maestro para Sus seguidores; era su Señor.

Robert Stagg

RABIT Sitio no identificado en el territorio de Isacar (Jos. 19:20). Probablemente se trate de una deformación de Daberat, un lugar incluido en otras listas del territorio de Isacar (Jos. 21:28; 1 Crón. 6:72) pero que falta en Josué 19.

RABMAG Título del oficial babilónico Nergalsarezer (Jer. 39:3,13). El nombre deriva del acadio *rab mugi*. El primer vocablo (*rab*) significa "jefe". Lamentablemente se desconoce el significado del segundo. Si se lo relaciona con la raíz "magi", el Rabmag quizás fuera el funcionario a cargo de la adivinación (comp. Ezeq. 21:21).

RABONI Título honorario en lengua aramea y variante ortográfica de "rabí" que significa "maestro", utilizado por María Magdalena para dirigirse a Jesús (Mar. 10:51; Juan 20:16). Probablemente exprese un mayor énfasis u honor que la expresión casi sinónima "rabí". Además, "Raboni" tiene una connotación más personal; manifiesta una relación entre el maestro y la persona que se dirige a él. Equivale a "Mi maestro", y fue la manera en que María Magdalena se dirigió a Jesús después de la resurrección (Juan 20:16). Ver *Rabí.*

Robert L. Plummer y Charles W. Draper

RABSACES Título asirio; lit., "copero principal". Es probable que en los comienzos haya sido un simple mayordomo, pero era un puesto de influencia cuando se menciona en la Biblia. El funcionario que trató con Ezequías habló en representación del rey asirio como lo hubiera hecho un embajador. Instó al pueblo de Jerusalén a hacer la paz con Asiria en vez de creerle al rey Ezequías que Dios protegería a Judá (2 Rey. 18:17-32). *Mike Mitchell*

RABSARIS Puesto con fuertes poderes militares y diplomáticos en la corte asiria. El término hebreo *saris* significa "eunuco", pero aquí se trata de una transliteración del acadio y no debe tomarse literalmente. Lit., el título significa “quien sirve al rey”. El AT relata que el rabsaris fue enviado en dos ocasiones a tratar con los reyes israelitas (2 Rey. 18:17; Jer. 39:3). Tanto Ezequías como Sedequías se rebelaron contra la dominación asiria y se negaron a pagar tributo; el rabsaris fue uno de los embajadores que fueron a ver a los reyes para exigir el pago. Ver *Eunuco.*

RACA (LBLA) Palabra de reproche que los escritores hebreos tomaron del arameo; significa “vacío” o “ignorante”. Jesús la utilizó en Mat. 5:22 como término duro de burla, poco menos que “necio” o ignorante. La relacionó con el enojo y condenó duramente a quien la utilizara para referirse a otra persona.

RACAL Sitio no identificado en el sur de Judá (1 Sam. 30:29). La mayoría de los comentaristas siguen la lectura de la primera traducción griega, “Carmelo”, y consideran que Racal es una deformación del texto.

RACAT Nombre geográfico que significa “espetón”, “estrecho” o “ciénaga”. Ciudad fortificada en tierra de Neftalí (Jos. 19:35), ya sea en Tiberias o en Tell Eqlatiyeh, unos 2,5 km (1 ½ milla) al noroeste de Tiberias. Del último sitio mencionado se han recuperado utensilios utilizados en la Edad de Bronce.

RACIAL, TENSIÓN Inquietud y división entre personas causada por orígenes raciales diferentes. La identidad personal en el mundo antiguo no estaba basada principalmente en la raza, sino en los lazos familiares, tribales, ciudadanos, nacionales, étnicos o religiosos.

Los pastores (que típicamente eran semitas) eran una abominación para los egipcios (no semitas) (Gén. 46:34). Cuando los judíos vivían fuera de Palestina, las diferencias raciales se tornaron más significativas (Est. 3:1-6; comp. Luc. 4:25-28). Pablo informa de una máxima griega bien aceptada que estereotipaba a los cretenses como “mentirosos, malas bestias, glotones ociosos” (Tito 1:12,13). En razón de que en Cristo no hay distinción racial (Gál. 3:28,29; Ef. 2:19), la iglesia fue capaz de esparcirse rápidamente a todo el mundo gentil para abarcar a personas de todas las razas. Divisiones y prejuicios basados en la raza nunca son aceptables para los cristianos.

Paul H. Wright

RACÓN Nombre geográfico que probablemente signifique “espetón” o “lugar estrecho”. Aldea cerca de Jope asignada a Dan (Jos. 19:46). El sitio probablemente sea Tell er-Reqqeit, unos 3 km (2 millas) al norte de la desembocadura del Río Yarkón (Nahr el-’Auja). La omisión del nombre en la primera traducción griega sugiere que Racón podría ser un error de copista al escribir el nombre original.

RADAÍ Nombre de persona que significa “Yahvéh reina”. Hijo de Isaí y hermano de David (1 Crón. 2:14).

RAFA Nombre de persona que significa “Él ha sanado” o “curar”. **1.** Quinto hijo de Benjamín (1 Crón. 8:2). El relato paralelo de Gén. 46:21 da el nombre “Naamán”. **2.** Descendiente de Saúl (1 Crón. 8:37). Se lo identifica con el Refaías de 1 Crón. 9:43.

RAFAEL Nombre de persona que significa “Dios sana”. Guardia del templo (1 Crón. 26:7).

RAFÚ Nombre de persona que significa “sanado”. Padre del representante de la tribu de Benjamín entre los doce espías enviados a inspeccionar Canaán (Núm. 13:9).

RAGAU (Luc. 3:35) Ver *Reu.*

RAGÜEL (Núm. 10:29) Ver *Reuel.*

RAHAB Nombre que significa “arrogante, colérico, belicoso, conflictivo”. **1.** Primitivo monstruo de los mares que representaba las fuerzas del caos vencidas por Dios en la creación (Job 9:13; 26:12 NVI; Sal. 89:10; Isa. 51:9; comp. Sal. 74:12-17). **2.** Nombre simbólico para referirse a Egipto (Sal. 87:4). Isaías 30:7 originalmente incluye un nombre compuesto, Rahabhemshebeth. Las traducciones varían: “Rahab el destruido” (LBLA); “Rahab, la inmóvil” (NVI). **3.** Nombre de persona que significa “ramera”. Prostituta de Jericó que escondió a dos espías hebreos que Josué envió para que comprobaran el poderío de esa ciudad (Jos. 2:1). Cuando el rey de Jericó supo de la presencia de los espías, mandó que los arrestaran. Rahab fue más lista que el rey; escondió a los hombres en el techo de su casa y tras una pista falsa envió a los oficiales hacia el Río Jordán. En retribución por su ayuda, Josué la perdonó a ella y a su familia cuando los hebreos destruyeron Jericó (Jos. 6:17-25). Mateo nombra a Rahab como madre de Booz (1:5) en la genealogía de Cristo; la incluye entre los antepasados del Señor. Sin embargo, algunos intérpretes piensan que se trata de otra mujer. En Heb. 11:31 se enumera a Rahab entre los héroes de la fe.

RAHAM Nombre de persona que significa "misericordia, amor". Descendiente de Judá (1 Crón. 2:44).

RAÍZ Parte enterrada de una planta que se alimenta de los nutrientes que proporciona la tierra. En las Escrituras, la palabra "raíz" aparece generalmente en sentido figurado. Indica origen, como cuando los injustos son representados como una raíz que da frutos amargos y venenosos (Deut. 29:18; Heb.12:15) o cuando el amor por el dinero se describe como raíz de todos los males (1 Tim. 6:10). Las raíces profundas representan estabilidad (Sal. 80:9; Prov. 12:3) y prosperidad (Prov. 12:12; comp. Sal. 1:3). Al exilio se lo califica como desarraigo (1 Rey. 14:15; Jer. 24:6), mientras que echar raíces representa la vuelta del exilio y la renovación de la bendición de Dios (2 Rey. 19:30; Isa. 27:6; 37:31).

La semilla que no echa raíces representa a aquellos que no tienen un compromiso suficientemente firme con Cristo y, por lo tanto, no pueden soportar problemas ni persecución (Mat. 13:6,21). Estar arraigado en Cristo es estar establecido en la fe (Col. 2:6). La raíz de Isaí (Isa. 11:10; Rom. 15:12) y la raíz de David (Apoc. 5:5; 22:16) sirven de títulos para el Mesías. En la alegoría de Pablo sobre la viña, Israel es la raíz de la planta y la iglesia, sus ramas (Rom. 11:16-18).

RAM Nombre de persona que significa "alto, elevado". **1.** Antepasado de David (Rut 4:19; 1 Crón. 2:9) y de Jesús (Mat. 1:3,4 LBLA, margen). **2.** Hijo mayor de Jerameel (1 Crón. 2:25,27), sobrino de 1. **3.** Cabeza de la familia a la cual pertenecía Eliú, el amigo de Job (Job 32:2).

RAMA Traducción de muchas palabras hebreas y griegas. A menudo se refiere a las ramas de árboles o viñas o a los brazos del candelero del tabernáculo y el templo. No obstante, hay muchos usos metafóricos del término "rama". La rama de palmera puede representar la nobleza mientras que la caña es un símbolo de la gente común (Isa. 9:14; 19:15). El que uno "sea una rama" denota su membresía dentro del pueblo de Dios (Juan 15:1-8; Rom. 11:16-21). La acción de esparcir las ramas puede simbolizar productividad y prosperidad (Gén. 49:22; Job 18:16), mientras que las ramas secas, quemadas o cortadas simbolizan destrucción (Job 18:16; Isa. 9:14; Jer. 11:16). "Rama" o "renuevo" se utilizan a menudo como símbolo de un rey de Israel presente o futuro (Isa. 11:1; Jer. 23:5; 33:15; Zac. 3:8; 6:12). Ver *Mesías.*

RAMÁ (Mat. 2:18) Nombre geográfico que significa "alto" y se aplica a varias ciudades ubicadas en zonas elevadas, especialmente fortalezas militares. **1.** Ciudad en la frontera del territorio de la tribu de Aser (Jos. 19:29). Se desconoce su ubicación precisa, aunque la mayoría de los eruditos la sitúan en inmediaciones de Tiro. **2.** Ciudad fortificada en el territorio de la tribu de Neftalí (Jos. 19:36); probablemente se identifique con la actual er-Rameh. Ramá de Aser y Ramá de Neftalí podrían haber sido la misma comunidad ya que las fronteras de los territorios asignados a estas tribus se corresponden. **3.** A Ramá de Galaad generalmente se la llama Ramot de Galaad (comp. 2 Rey. 8:28,29; 2 Crón. 22:6). Ver *Ramot de Galaad.* **4.** Ciudad de la herencia de Benjamín enumerada junto con Gabaón, Beerot, Jerusalén y otras (Jos. 18:25). Se identifica con la actual er-Ram a 8 km (5 millas) al norte de Jerusalén. En tiempos antiguos esta ciudad quedó entre los reinos rivales de Israel y Judá, lo cual acarreó consecuencias fatales (1 Rey. 15:16-22; 2 Crón. 16:1,5,6). El sitio tradicional de la tumba de Raquel estaba relacionado con Ramá (1 Sam. 10:2; Jer. 31:15). La profetisa Débora vivía en Israel y juzgaba a sus habitantes desde las cercanías de Ramá (Jue. 4:4,5). Oseas mencionó esta ciudad (Os. 5:8), e Isaías profetizó que el ejército asirio que se acercaba marcharía a través de ella (Isa. 10:29). Aparentemente, los babilonios la utilizaron como campo para prisioneros de guerra; allí procesaban a los cautivos de Jerusalén y los deportaban a Babilonia. Jeremías fue liberado de sus cadenas en ese sitio y se le permitió permanecer en Judá (Jer. 40:1-6). En esta ciudad se establecían los que volvían del cautiverio (Esd. 2:26; Neh. 7:30). **5.** Ciudad del Neguev, el árido desierto al sur de Judea, en la heredad de la tribu de Simeón (Jos. 19:8). En una ocasión, David envió presentes a esta ciudad después de su exitosa batalla contra los amalecitas (1 Sam. 30:27). **6.** Lugar donde nació, vivió y fue enterrado Samuel (1 Sam. 1:19; 2:11;7:17; 8:4; 15:34;25:1). En 1 Sam. 1:1 se utiliza la forma larga, Ramataim de Zofim. Samuel construyó allí un altar para Dios. Desde allí juzgaba a Israel y realizaba una ronda anual por otras ciudades (1 Sam. 7:15-17). Algunos han sostenido que Ramataim de Zofim es Ramá de Benjamín. También podría tratarse de Arimatea, ciudad de José, en cuya tumba fue sepultado Jesús (Mat. 27:57-60).

J. Randall O'Brien

RAMAT DEL NEGUEV Ver *Ramá; Ramat.*

RAMAT Nombre geográfico que significa "altura, lugar elevado". Parte de varios nombres: Ramat-lehi, que significa "altura de la quijada", es el lugar donde Sansón venció a los filisteos (Jue. 15:17); Ramat-mizpe (también Ramat-mizpa), que significa "altura de puesto de vigía o atalaya" (Jos. 13:26); Ramat del Neguev, que significa "Ramat del sur" (Jos. 19:8; 1 Sam. 30:27). Ver *Ramá.*

RAMATAIM o RAMATAIM DE ZOFIM Lugar de nacimiento de Samuel (1 Sam. 1:1). La primera parte del nombre significa "picos mellizos". La parte final diferencia a esta Ramat de otras. Zofim probablemente sea una deformación de Zuf, la región de donde provenía Samuel (1 Sam. 9:5).

La cabeza de la gigantesca estatua de Ramsés el Grande, constructor de Ramesés, ciudad de almacenaje.

RAMATITA Residente de Ramá (1 Crón. 27:27).

RAMAT-LEHI Ver *Ramat.*

RAMAT-MIZPA Ver *Ramat.*

RAMESÉS Capital egipcia y residencia real durante las dinastías XIX y XX (aprox. 1320–1085 a.C.). Ver *Pitón y Ramesés.*

RAMÍA Nombre de persona que significa "Yahvéh es exaltado". Israelita que tenía una mujer extranjera (Esd. 10:25).

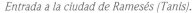

Entrada a la ciudad de Ramesés (Tanis).

RAMOT Ver *Remet.*

RAMOT DE GALAAD Nombre geográfico que significa "alturas de Galaad". Una de las ciudades de refugio que Moisés destinó para los homicidas involuntarios (Deut. 4:43; comp. Jos. 20:8) y los levitas (Jos. 21:38). Probablemente ubicada al nordeste de Galaad, al este del Jordán. Salomón la convirtió en capital de distrito (1 Rey. 4:13). Luego de la división del reino aprox. en 922 a.C., la ciudad cayó en manos de Siria (1 Rey. 22:3) y permaneció bajo su dominio por casi 70 años. Acab intentó recuperarla pero fue herido de muerte en la batalla (1 Rey. 22:29-40). Joram la reconquistó (2 Rey. 9:14; comp. 8:28). En Ramot de Galaad, Eliseo ungió a Jehú como rey de Israel (2 Rey. 9:1-6). En el 722 a.C., la región fue tomada por Asiria.
Mike Mitchell

RANAS Animal anfibio usado específicamente por Dios como plaga contra el faraón y su pueblo. Cuando Dios envió a Moisés a liberar a los israelitas, el corazón del faraón se endureció. Moisés le dijo que Dios iba a enviar ranas al palacio y a las casas de los oficiales y del pueblo. Aarón extendió su mano sobre el agua y las ranas cubrieron la tierra. Los magos de la corte hicieron lo mismo, y hubo más ranas. Faraón llamó a Moisés para que le pidiera a Dios que quitara las ranas, y le dijo que dejaría partir al pueblo hebreo. Moisés oró, las ranas murieron, pero Faraón continuó negándose a dejar en libertad a los israelitas (Ex. 8:2-15). Ver *Animales.*

RAPTO Ver *Arrebatamiento.*

RAQUEL Nombre de persona que significa "oveja". La hija más joven de Labán, segunda esposa y prima de Jacob, madre de José y Benjamín. Al escapar de su hermano Esaú, Jacob se encontró con Raquel que llevaba las ovejas a beber agua. Al instante quedó prendado de ella. Ver *Jacob.*

A Raquel se la menciona en dos pasajes fuera del Génesis. Rut 4:11 dice de ella que edificó la casa de Israel. Jeremías 31:15 la menciona cuando llora por sus hijos llevados al exilio. En el NT, Mat. 2:18 cita la referencia de Jeremías al llanto de Raquel en relación con la orden de Herodes de matar a los niños varones menores de dos años.

RASGAR LOS VESTIDOS Rasgar o hacer pedazos las vestiduras, a menudo como señal de duelo (Gén. 37:34; Lev. 10:6; 21:10; 1 Sam. 4:12; 2 Sam. 3:31), arrepentimiento (Gén. 37:29; Jos. 7:6; 2 Crón. 34:27; Joel 2:13) o como respuesta ante el rechazo del plan de Dios (Núm. 14:6) o la blasfemia (percibida) (Mat. 26:65; Mar. 14:63; Hech. 14:14). Ver *Blasfemia; Duelo.*

Ubicación tradicional de la tumba de Raquel en Belén.

RATÓN Roedor con hocico alargado. Se incluye entre los animales inmundos (Lev. 11:29). Aparentemente se temía que los roedores transmitieran plagas (1 Sam. 6:4). Ver *Roedores.*

REAÍA Nombre de persona que significa "Yahvéh ha visto". **1.** Miembro de la tribu de Judá (1 Crón. 4:1,2). **2.** Miembro de la tribu de Rubén (1 Crón. 5:5). **3.** Jefe de una familia de sirvientes del templo que regresó del exilio (Esd. 2:47; Neh. 7:50).

REBA Nombre de persona de una raíz que significa "recostarse". Rey de Madián a quien Israel venció en tiempos de Moisés (Núm. 31:8). Josué 13:21 une la derrota de los reyes de Madián con la de Sehón, rey de los amorreos (Núm. 21:21-35).

REBAÑO Ovejas y cabras al cuidado de un pastor (Gén. 30:31-32). Al pueblo de Dios a veces se lo describe como ovejas sin pastor (Núm. 27:17; Ezeq. 34:5,8; Mat. 9:36; Mar. 6:34), es decir, carentes de líderes que los gobernaran con justicia y los alimentaran espiritualmente. El pueblo de Dios podría describirse como un rebaño pastoreado por Él (Sal. 100:3; Jer. 23:3; Ezeq. 34:31) o por Cristo, "el gran pastor de las ovejas" (Heb. 13:20; comp. Juan 10:11; 1 Ped. 5:4).

La unidad de los cristianos se describe con la imagen de un rebaño formado por muchos rediles

Pastor con un rebaño de ovejas.

(Juan 10:16). Pero rebaño también puede referirse a una congregación individual a cargo de un pastor (1 Ped. 5:2-3 LBLA).

En ocasiones se habla del juicio como la clasificación de un rebaño. En Ezeq. 34, las ovejas gordas y fuertes (los líderes opresivos de Israel) son separadas de las débiles, que son las víctimas (34:16-17,20-21). En Mat. 25:32-46, las ovejas se separan de las cabras sobre la base de hechos concretos de amor hacia los necesitados.

REBECA Nombre de persona que probablemente signifique "vaca". Hija de Betuel, sobrino de Abraham (Gén. 24:15); esposa de Isaac (24:67), y madre de Jacob y Esaú (25:25,26). Rebeca fue un personaje complejo. Se la presenta como una hermosa virgen (24:16), servidora dispuesta (24:19) y mujer hospitalaria con los extranjeros (24:25). En obediencia a la voluntad de Dios, dejó su casa en Padan-aram para convertirse en esposa de Isaac (24:58). Se convirtió en el consuelo de Isaac después de la muerte de Sara (24:67). Cuando se vio afligida por el problemático embarazo, se volvió hacia Dios para pedirle consejo (25:22,23). El favoritismo de Rebeca hacia Jacob no fue positivo (25:28), tal como se evidencia especialmente en el plan que tramó para lograr que Jacob robara la bendición de Esaú (27:5-17). Se vio obligada a enviar a su hijo favorito a la casa de su hermano para salvarlo de la venganza de Esaú (27:42-46).

REBELDE Término utilizado por los profetas para describir la infidelidad a Dios de Israel (Isa. 57:17; Jer. 3:14,22; 8:5; Os. 11:7; 14:4). En estos pasajes es evidente que Israel había quebrantado la fe en Dios sirviendo a otros dioses y viviendo una vida inmoral. Ver *Apostasía.*

RECA Sitio no identificado de Judá (1 Crón. 4:12). En un ms griego de los primeros tiempos aparece Recab en lugar de Reca.

RECAB Nombre de persona que significa "jinete" o "auriga". **1.** Líder, junto con su hermano, de un grupo de jinetes de la tribu de Benjamín. Ambos asesinaron a Is-boset, hijo de Saúl, con la intención de ganar el favor de David, pero este respondió con la orden de ejecutarlos (2 Sam. 4:1-12). **2.** Padre o antepasado de Jonadab, partidario del exterminio de la familia de Acab y de los demás adoradores de Baal a manos de Jehú (2 Rey. 10:15,23). **3.** Padre o antepasado de Malquías que ayudó a Nehemías a reparar los muros de Jerusalén (Neh. 3:14), probablemente sea el mismo que 2.

RECABITAS Descendientes de Jonadab hijo de Recab, que apoyó a Jehú cuando destruyó la casa de Acab (2 Rey. 10:15-17). Aprox. en el 599 a.C., los recabitas se refugiaron de Nabucodonosor en Jerusalén (Jer. 35). En ese momento, el Señor envió a Jeremías para que los llevara al templo y les diera a beber vino. Ellos se negaron diciendo que su padre Jonadab les había ordenado no tomar vino, ni vivir en casas ni dedicarse a la agricultura. Estas prohibiciones quizá procuraban ser una protesta contra la religión de los cananeos o su modo de vida en general, pero lo más probable es que intentaran proteger el estilo de vida de los recabitas y sus secretos en el oficio de artesanos itinerantes que trabajaban el metal. Jeremías contrapone la fidelidad de estos a los preceptos de sus antepasados con la infidelidad del pueblo de Judá para con el Señor.

Ricky L. Johnson

RECONCILIACIÓN Acercamiento de dos partes que se encuentran distanciadas o en conflicto. Jesucristo es quien une a Dios y al hombre y proporciona salvación como resultado de esa unión. Reconciliación básicamente significa "cambio" o "intercambio". La idea es un cambio de relación; cambiar el antagonismo por la buena voluntad, la enemistad por la amistad. Se transforman las actitudes y cesa la hostilidad.

En el mundo antiguo, la iniciativa de reconciliación generalmente se llevaba a cabo en más de un modo: el primer paso podía darlo una tercera parte o una de las partes enemistadas. En la Biblia vemos esta última modalidad. El NT tiene dos ejemplos de reconciliación entre personas. En ambos casos, la persona que causó la ruptura de la relación es la que toma la iniciativa: el hermano que perjudicó a otro (Mat. 5:24) y la mujer que dejó a su marido (1 Cor. 7:11). Se dice que la persona que busca la reconciliación "se reconcilia" con la otra; los efectos de la reconciliación dependen de la parte agraviada. En estos casos, quienes han cometido la falta sólo pueden confesar su culpa, ofrecer reparación y buscar perdón. La decisión final es de la parte agraviada, que podrá perdonar o continuar distanciada.

En la restauración de las relaciones entre Dios y los hombres, la reconciliación toma un giro impensado. Dios, la parte agraviada, toma la iniciativa (2 Cor. 5:19). Es una acción contraria a lo que se podría esperar. La supresión del distanciamiento creado por el pecado del hombre es obra de Dios. La Biblia nunca presenta al hombre que se reconcilia a sí mismo con Dios ni a Dios como que se deja influir por los hombres para acceder a la reconciliación. Cuando Pablo amonesta a sus lectores en 2 Cor. 5:20 y les expresa "Reconciliaos con Dios", les está diciendo que reciban con humildad y agradecimiento la reconciliación que Dios ya ha logrado en Cristo.

Existe un debate sobre si se trata de una doble reconciliación; es decir, si en algún sentido sólo los hombres se reconcilian con Dios o si Él también se reconcilia con ellos. Los que se reconciliaron con Dios eran "en otro tiempo extraños y enemigos en vuestra mente, haciendo malas obras" (Col.1:21). Pablo además afirma que "los designios de la carne son enemistad contra Dios" (Rom. 8:7). El hombre pecador se opone a Dios y a todo lo que es de Dios. La naturaleza pecadora desobedece la ley de Dios y no cree en el evangelio. Los seres humanos no redimidos están en rebelión contra Dios; están en enemistad con su Creador. Pero aunque sean hostiles a Dios, ¿está Dios igualmente enemistado con ellos? La Biblia parece indicar que, en cierta medida, Dios está en enemistad con los pecadores. En Rom. 5:10, Pablo declara que Cristo murió por los pecadores "cuando éramos enemigos" (LBLA). Esta última palabra no es una simple descripción del carácter moral. Es también una declaración de la relación de los pecadores para con Dios; ellos son objeto tanto del amor de Dios como de Su desagrado (Mat. 5:43-48). Ellos obran en contra de la voluntad de Dios y Él obra en contra de la voluntad de aquellos. Dios no sólo otorga Su gracia, misericordia y paciencia a los pecadores sino que también expresa Su desagrado por medio de Su ira (Rom. 1:18-32). Como Pablo les recordó a los efesios: "entre los cuales también todos nosotros vivimos en otro tiempo en los deseos de nuestra carne, haciendo la voluntad de la carne y de los pensamientos, y éramos por naturaleza hijos de ira, lo mismo que los demás" (Ef. 2:3).

Hay varios temas fundamentales para entender el sentido de la reconciliación en la Biblia. Primero está el reconocimiento de la necesidad de reconciliación (Rom. 5:10; Ef. 2:12; Col. 1:21). El pecado creó separación y enemistad entre Dios y el hombre. La reconciliación presupone que existe necesidad de unir algo que está separado y restaurar la relación correcta entre Dios y los hombres. Segundo, Dios es quien reconcilia; la reconciliación es obra de Él. La encarnación es la declaración divina de que la iniciativa de reconciliación reside exclusivamente en Él (2 Cor.

5:19). Tercero, la muerte de Jesucristo es el medio por el cual Dios lleva a cabo la reconciliación (Rom. 5:10). Cuarto, la reconciliación es una obra ya terminada pero aún se sigue realizando. Aunque el sacrificio sustitutorio de Cristo ya ha logrado la reconciliación, los hombres siguen recibiendo la obra reconciliadora de Dios y Su dádiva inmerecida por medio de la fe en Jesucristo. Quinto, el acto divino y humano de la reconciliación sirve de base para la auténtica reconciliación entre las personas. Por último, la obra reconciliadora de Dios es en gran medida el ministerio de la iglesia. El Señor resucitado ha encomendado a los creyentes que tengan un mensaje y un ministerio de reconciliación. En este sentido, la reconciliación no es sólo una realidad de vida para los creyentes sino que constituye también un fin en el ministerio del reino. Ver *Cruz, crucifixión; Expiación; Jesucristo; Salvación.* *Stan Norman*

RED 1. Malla de hilo o cuerda entretejida y flexible utilizada para atrapar aves, peces u otra presa. Las redes de pesca eran esencialmente de dos clases. Las primeras consistían en una red de forma cónica con plomos colocados alrededor de la amplia abertura, y se arrojaba con la mano (Mat. 4:18-21; Mar. 1:16-19). La segunda era la red barredera, un arrastre amplio con flotadores en la parte superior y pesas de plomo en el extremo inferior. Esta clase de redes se solía arrastrar hasta la costa para vaciarlas (Isa. 19:8; Ezeq. 26:5,14; 32:3; 47:10; Mat. 13:47). En la mayoría de los casos del AT, la red barredera es figura del juicio aplicado por una fuerza militar despiadada. Las redes para cazar aves a menudo tenían aberturas engoznadas que se cerraban de inmediato cuando se accionaban (Prov. 1:17; Os. 7:11,12). Las redes cuyo tipo no se especifica se suelen emplear como figuras del castigo o la disciplina del Señor (Job 19:6; Sal. 66:11; Lam. 1:13; Ezeq. 12:13) o de las estratagemas de los impíos (Sal. 9:15; 31:4; 35:7,8). **2.** También se hablaba de redes como ornamentación en los capiteles de las columnas del templo (1 Rey. 7:17-20).

REDIMIR, REDENCIÓN, REDENTOR Pagar un precio para asegurar la liberación de algo o alguien. Connota la idea de pagar lo exigido para liberar de la opresión, la esclavitud u otro tipo de obligación vinculante. El proceso redentor puede ser legal, comercial o religioso.

En el AT, dos grupos de palabras expresan la idea de redención. El verbo *ga'al* y sus cognados significan "volver a comprar" o "redimir". En el libro de Rut (2:20), Booz actúa como pariente redentor para asegurar la libertad de Rut de la pobreza y la viudez. Booz compra la tierra de Elimelec y, al hacerlo, "redime" a Rut y la toma por esposa (Rut 4:1-12). En otro relato, Dios le ordena al profeta Jeremías que compre la tierra de la familia; él redime la propiedad familiar pagando el precio de la redención (Jer. 32:6-15). Jeremías anuncia que Dios un día redimirá a Israel de la opresión de los babilonios (Jer. 32:16-44).

Cuando *ga'al* se utiliza con respecto a Dios, la idea es redención del cautiverio o la opresión; por lo general, de la mano de los enemigos. En el relato del Éxodo, Yahvéh declara a Moisés: "Yo soy Jehová ... y os redimiré con brazo extendido, y con juicios grandes" (Ex. 6:6). Algunos usos de *ga'al* y sus cognados hablan de redención de la opresión a manos del enemigo (Sal. 69:18; 72:14; 106:10; 107:2; Isa. 48:20). Rara vez hace referencia a la redención del pecado (Isa. 44:22) o de la muerte (Sal. 103:4; Os. 13:14).

Padah se utiliza principalmente para redención de personas o seres vivientes. Desde que salvó a los primogénitos israelitas cuando envió la última plaga a Egipto, Dios requirió que todos los primogénitos de los hombres y de los animales fueran redimidos. (Ex. 13:13-15; 34:20; Núm. 18:15). Si el propietario de un buey era negligente y no lo aseguraba de manera apropiada, y el buey corneaba al hijo de un vecino, tanto el buey como su dueño debían ser apedreados. Sin embargo, el padre de la persona fallecida tenía la opción de aceptar un precio de redención o rescate por el hijo perdido. De este modo, permitía que el propietario del buey viviera (Ex. 21:29-30). *Padah* y sus cognados podían aludir a una liberación general de problemas o angustias (2 Sam. 4:9; 1 Rey. 1:29; Sal. 25:22), o podían aludir a la redención del pecado (Sal. 26:11; 49:7; 103:8; 130:8; Isa. 1:27; 59:20) o de la muerte (Job 4:20; Sal. 44:26; 49:15).

La noción de redención del pecado también se revela implícitamente en el AT. El sistema sacrificial les recordaba de manera constante a los israelitas que para obtener la redención de los pecados se debía pagar un precio. Cada ofrenda sacrificada ilustraba la noción del precio del pecado y la necesidad de pagarlo. Además, los israelitas consideraban la liberación de circunstancias opresivas (por ejemplo, el cautiverio babilónico) como redención del pecado, ya que ese pecado los había llevado al cautiverio (Isa. 40:2).

En el NT, dos grupos de palabras expresan dicho concepto. El primero consta de *lutron* y sus cognados. Pueden significar "redimir", "liberar", o "rescatar". La idea de rescate es el aspecto principal de la misión de Jesús (Mar. 10:45). Su vida y ministerio culminaron en Su muerte sacrificial que sirvió como rescate para liberar a los pecadores de su condición de esclavos.

Otra familia de palabras, *agorazein*, significa "comprar en el mercado" o "redimir". Este grupo se utiliza varias veces para expresar la actividad redentora de Dios en Cristo. Por ejemplo, la redención divina de la humanidad caída tiene un precio (1 Cor. 6:20). Los creyentes son liberados de la maldición esclavizante de la ley (Gál. 3:13; 4:5). La misión redentora de Dios entre las naciones es causa de adoración escatológica (Apoc. 5:9; 14:3,4).

En el NT, Pablo brinda la explicación completa al conectar la obra redentora de Cristo con la declaración legal del perdón (justificación) del pecador y el apaciguamiento de la ira de Dios ante el pecado (propiciación, Rom. 3:24; 1 Cor. 1:30). El apóstol también interpretó la actividad redentora de Cristo desde dos perspectivas. Actualmente, el perdón puede aplicarse al creyente sobre la base del precio del rescate pagado por la sangre derramada de Cristo (Ef. 1:7). Esta obra redentora también tiene un aspecto futuro. El cuerpo físico experimentará liberación final de la corrupción y la decadencia reinantes (Rom. 8:23). Este acto redentor final se producirá cuando el cuerpo resucite. Sin embargo, esta no es la primera expresión de redención de los creyentes. La "redención" anterior que se produjo en el creyente culminará en la redención final del pecado y de la muerte que experimentará el cuerpo (Ef. 4:30).

Ver *Cristo, cristología; Expiación; Jesucristo; Reconciliación.* *Stan Norman*

REDOMA Término general que utilizan los traductores para referirse a algún recipiente. En 2 Rey. 9:1-3 y 1 Sam. 10:1 alude a un pequeño recipiente con aceite perfumado. En Jer. 19:1 y 1 Rey. 14:3, el mismo término hebreo se traduce "vasija" de barro cocido y se refiere a un jarro para agua. En Mateo 25:4 corresponde a un pequeño recipiente para aceite de lámparas. En el NT, la palabra griega aparece únicamente aquí. Lucas 7:37 habla de un pequeño recipiente de alabastro como el que se había utilizado durante miles de años para los perfumes costosos.

REELAÍAS Nombre de persona que significa "Yahvéh ha hecho temblar". Exiliado que volvió con Zorobabel (Esd. 2:2); idéntico a Raamías (Neh. 7:7).

REFA Nombre de persona que significa "desbordamiento". Un efraimita (1 Crón. 7:25).

REFAÍAS Nombre de persona que significa "Dios sanó". **1.** Descendiente de David (1 Crón. 3:21). **2.** Simeonita que vivía en el Monte de Seir (1 Crón. 4:42). **3.** Guerrero de la tribu de Isacar (1 Crón. 7:2). **4.** Descendiente de Saúl (1 Crón. 9:43). **5.** Quien ayudó a Nehemías a reparar el muro; era gobernador de la mitad del distrito administrativo que incluía Jerusalén (Neh. 3:9).

REFAÍTAS **1.** Habitantes del Seol (heb. *Refaim*), a menudo traducido "sombras" o "los muertos" (Job 26:5 NVI; Sal. 88:10; Prov. 9:18; 21:16; Isa. 14:9; 26:14,19). Ver *Seol.* **2.** Denominación étnica de quienes habitaron Palestina antes que los israelitas, equivalente a anaceos, al término moabita *emita* (Deut. 2:10,11) y al término amonita *zomzomeo* (2:20,21). A pesar de la fama de ser fuertes y altos, fueron derrotados por una coalición de reyes del oriente (Gén. 14:5) y más tarde fueron desplazados por los israelitas (Deut. 3:11,13; comp. Gén. 15:20) y sus consanguíneos lejanos, los moabitas (Deut. 2:10,11) y los amonitas (2:20,21). La RVR1960 utiliza "refaítas" para referirse a los habitantes de Palestina anteriores a los israelitas, "Refaim" para nombrar el valle o las tierras y, en 2 Samuel y en 1 Crónicas, "gigantes" para aludir a las personas. La NVI utiliza "descendientes de Rafá" en este último caso, aunque en general suele utilizar la traducción "refaítas". La distinción artificial entre "refaítas" y "descendientes de Rafá" aparentemente procura atenuar la contradicción de mencionar al rey Og de Basán como el último de los refaítas (Deut. 3:11; Jos. 12:4) y nombrar a descendientes posteriores en 2 Sam. 21:16,18,20, 22; 1 Crón. 20:6,8. Ver *Gigantes; Nefilim.*

REFIDIM Lugar en el desierto donde los hebreos se detuvieron en su viaje a Canaán justo antes de llegar a Sinaí (Ex. 17:1; 19:2). El pueblo se quejó en ese sitio porque estaba sediento, y Dios le ordenó a Moisés que golpeara la roca de donde saldría agua. Los hebreos acamparon en Refidim y fueron atacados por los amalecitas, a quienes derrotaron bajo el mando de Josué. El suegro de Moisés, Jetro, llegó a Refidim y lo ayudó a delegar su autoridad en otros integrantes del pueblo (18:13-26). Se desconoce el lugar exacto.

REFINAR Reducir a un estado puro; frecuentemente se utilizaba de manera figurativa para indicar limpieza moral. Ver *Crisol; Ezión-geber; Horno; Minas y minería; Minerales y metales.*

REFORMA Traducción del término griego *diorthosis* (Heb. 9:10). Alude al nuevo orden que estableció Cristo para nuestra relación con Dios o al proceso de establecer ese nuevo orden. Ver *Pacto.*

REFUGIO, CIUDADES DE Ver *Ciudades de refugio.*

REGEM Nombre de persona que significa "amigo". Descendiente de Caleb (1 Crón. 2:47).

REGEM-MELEC Nombre de persona que significa "amigo del rey". Delegado enviado a Jerusalén por el pueblo de Bet-el para informarse sobre la continuidad del ayuno en conmemoración de la destrucción del templo de Jerusalén (Zac. 7:2). El profeta repitió el mensaje dado por profetas anteriores: Dios desea vidas con moralidad en lugar de ayunos (7:9-10).

REGENERACIÓN Acto especial de Dios donde el receptor es pasivo. Sólo Dios despierta a la persona espiritualmente mediante el poder de Su Espíritu Santo. Tanto el AT como el NT hablan de la renovación del individuo. Técnicamente, el acto de regeneración se produce en el momento de la conversión, cuando el individuo despierta en sentido espiritual.

"Regeneración" (gr. *palingenesia*) sólo aparece en Mat. 19:28 (respecto de la creación) y en Tito 3:5, donde se refiere a la regeneración del individuo: "Él nos salvó, no por nuestras propias obras de justicia sino por su misericordia. Nos salvó mediante el lavamiento de la regeneración y de la renovación por el Espíritu Santo" (NVI). La Biblia expresa el concepto varias veces mediante otros términos como nacido de nuevo, renovado, nueva criatura y nacido de Dios. Por ejemplo, en Juan 3:3-8, Jesús le dice a Nicodemo que para poder entrar al reino de Dios debía nacer de nuevo. Este pensamiento se repite en 1 Ped. 1:23: "siendo renacidos, no de simiente corruptible, sino de incorruptible, por la palabra de Dios que vive y permanece para siempre". La Biblia enseña claramente que el hombre debe experimentar re-creación espiritual para poder tener una relación con Dios o entrar en Su reino.

Pablo lo explica con mayor profundidad en Ef. 2:1: "cuando estabais muertos en vuestros delitos y pecados". Es evidente que Pablo no se refiere a la muerte física sino al estado espiritual del hombre. El pecado provocó la muerte espiritual del individuo, y lo tornó incapaz de responder ante Dios. Sin embargo, la regeneración vuelve a despertar o a resucitar la capacidad espiritual del hombre de modo que pueda tener una relación con Dios. El apóstol explicó en Ef. 2:4,5: "Pero Dios, que es rico en misericordia, por su gran amor con que nos amó, aun estando nosotros muertos en pecados, nos dio vida juntamente con Cristo". La regeneración le brinda a la persona la posibilidad de tener comunión con Dios de modo que sea una "nueva criatura" (2 Cor. 5:17).

La misma idea aparece en el AT. Por ejemplo, Dios le dijo a Israel en Ezeq. 36:26: "Os daré corazón nuevo, y pondré espíritu nuevo dentro de vosotros; y quitaré de vuestra carne el corazón de piedra, y os daré un corazón de carne". El salmista expresó esta necesidad de un corazón nuevo: "Crea en mí, oh Dios, un corazón limpio, y renueva un espíritu recto dentro de mí" (Sal. 51:10). Jeremías 31:31-34 también habla de un nuevo pacto por parte de Dios donde Su ley se escribiría en el corazón de los hombres. Estos versículos hablan claramente de un cambio en el corazón que le permite al hombre tener una mejor repuesta hacia Dios y Su voluntad. Esto refleja el concepto de regeneración del NT.

Varias tradiciones eclesiásticas, como la católica romana, han asociado el acto regenerador con el bautismo. Sin embargo, la Biblia enseña con claridad que el bautismo es testimonio de que se ha producido regeneración y no un medio para lograrla. La Biblia es clara al señalar que sólo el Espíritu Santo puede producir regeneración (Tito 3:5; 1 Cor. 2:6-16).

La regeneración es el catalizador que le permite al cristiano interactuar con su Creador. Es el primer paso en un andar eterno con Dios y permite al individuo gozar de una relación con Dios; por ello ocurre al comienzo de la vida cristiana.

Scott Drumm

REGIO Nombre geográfico derivado del griego *rhegnumi* (alquilar, romper) o del latín *regium* (real). Puerto ubicado en el extremo sudoeste de

R

la bota italiana, a unos 11 km (7 millas) de Sicilia por el estrecho de Mesina. Pablo hizo un alto allí cuando iba hacia Roma (Hech. 28:13). Regio fue establecido por colonos griegos y retuvo el idioma y las instituciones griegas hasta el siglo I.

REGIÓN, DISTRITO Traducción para diversas palabras hebreas y griegas que aluden a una región, un territorio o cierta tierra. En el AT, el distrito a menudo implicaba parte de un todo, provincias de un imperio (1 Rey. 20:14-19), regiones dentro de un país (2 Crón. 11:23) o secciones de una ciudad (Neh. 3:9-18). En el NT, "región" se refiere a menudo al área alrededor de una ciudad (Mat. 15:21; 16:13; Mar. 8:10).

REGISTRO Término que indica un registro de nombres, un registro genealógico (Esd. 2:62; Neh. 7:5,64). Las traducciones modernas utilizan con mayor frecuencia las formas verbales "registrar" e "inscribir", que significan "asentar en registros formales" (Núm. 1:18; 11:26; Neh. 12:22,23; Sal. 87:6 LBLA). Ver *Censo*.

REGLA DE ORO Nombre que habitualmente se le da al mandamiento de Jesús que aparece en Mat. 7:12 (comp. Luc. 6:31): "todas las cosas que queráis que los hombres hagan con vosotros, así también haced vosotros con ellos". La designación "regla de oro" no aparece en la Biblia y es difícil rastrear su origen en español. El principio de la regla de oro se puede encontrar en muchas religiones pero con declaración negativa "no hagáis a otros lo que no quieras que otros te hagan a ti." Sin embargo, la aplicación que Jesús le dio a esta regla fue original y única.

REGRESO DE CRISTO Ver *Escatología; Esperanza; Milenio; Parousia; Segunda venida.*

REHABÍAS Nombre de persona que significa "Yahvéh ha ensanchado". Hijo de Eliezer y antepasado de un grupo de levitas (1 Crón. 23:17; 24:21; 26:25).

REHÉN Persona que se tiene cautiva como medio de seguridad contra una rebelión o una agresión. El rey Joás de Israel tomó rehenes cuando derrotó al rey Amasías de Judá (2 Rey. 14:14; 2 Crón. 25:24).

REHOB Nombre de persona y de lugar que significa "lugar amplio o abierto". **1.** Padre de un rey de Soba, ciudad aramea al norte de Damasco (2 Sam. 8:3,12). **2.** Testigo del pacto de Nehemías (Neh. 10:11). **3.** Ciudad en las inmediaciones de Lais en la Alta Galilea (Núm. 13:21). Ver *Bet-rehob*. **4.** Ciudad del territorio de Aser (Jos. 19:28,30). Este no pudo expulsar a los habitantes cananeos (Jue. 1:31). En otras ocasiones, Rehob en Aser se les asigna a los levitas (Jos. 21:31; 1 Crón. 6:75). El sitio quizás sea Tell el-Gharbi, unos 11 km (7 millas) al este-sudeste de Aco.

REHOBOT Nombre geográfico que significa "lugares espaciosos". **1.** Rehobot-ir, "lugares espaciosos de la ciudad", probablemente denote un sitio abierto en Nínive o los suburbios (Gén. 10:11) y no una ciudad propiamente dicha entre Nínive y Cala. **2.** Lugar de un pozo excavado y conservado por los hombres de Isaac en el Valle de Gerar (Gén. 26:22). El nombre afirma que Dios había hecho lugar para ellos después de las confrontaciones sobre los derechos de dos pozos anteriores. **3.** Ciudad edomita no identificada (Gén. 36:37; 1 Crón. 1:48). Las versiones RVR 1960 y LBLA, por ejemplo, distinguen esta ciudad como la Rehobot junto al Río Éufrates, mientras que la NVI la menciona como Rejobot del río. Es poco probable que el dominio edomita haya llegado al Éufrates. Por lo tanto, algunos sugieren que el arroyo de Zered, el principal de Edom, es el sitio de Rehobot.

REHUM Nombre de persona que significa "misericordioso, compasivo". **1.** Persona que volvió del exilio con Zorobabel (Esd. 2:2); el pasaje paralelo (Neh. 7:7) dice "Nehúm". **2.** Oficial persa que supervisaba el territorio del otro lado del Éufrates, incluido Judá. Su protesta por la reconstrucción del templo de Jerusalén y las murallas de la ciudad provocó la suspensión del proyecto (Esd. 4:8-24). **3.** Levita comprometido en la reparación del muro de Nehemías (Neh. 3:17). **4.** Testigo del pacto de Nehemías (Neh. 10:25). **5.** Sacerdote o familia sacerdotal (Neh. 12:3), quizás una deformación de Harim.

REI Nombre de persona que significa "amigable". Oficial de David que se alió con Salomón en su lucha contra Adonías por la sucesión (1 Rey. 1:8).

REINA Esposa o viuda de un rey, y monarca mujer que reinaba por derecho propio. Reina madre se refiere a la madre de un monarca reinante. En el antiguo Cercano Oriente se tenía conocimiento de soberanas femeninas (1 Rey. 10:1-13, la reina de Sabá; Hech. 8:27, Candace de Etiopía). Ninguna reina gobernó ni Israel ni Judá por derecho propio, aunque Atalía usurpó el poder (2 Rey. 11:1-3). Las esposas de los monarcas ejercían diversos grados de influencia. Puesto que los matrimonios a menudo sellaban alianzas políticas (2 Sam. 3:3; 1 Rey. 3:1; 16:31; 2 Rey. 8:25-27), las hijas de los aliados más poderosos, como el faraón egipcio o el rey de Tiro, disfrutaban de privilegios especiales (1 Rey. 7:8) y de influencia (1 Rey. 16:32-33; 18:19; 21:7-14). La madre del heredero designado también gozaba de una condición social especial. Natán utilizó la ayuda de Betsabé más que la de Salomón en su plan para hacer que este fuera confirmado como rey (1 Rey. 1:11-40). Reina madre era un cargo oficial en Israel y en Judá. Se tenía mucho cuidado en preservar los nombres de las reinas madres (1 Rey. 14:21; 15:2,13; 22:42; 2 Rey. 8:26). La acción de Asa al destituir a su madre a causa de la idolatría (1 Rey. 15:13) señala el carácter oficial que poseía. Luego de la muerte de su hijo, Atalía asesinó a sus propios nietos, los herederos legítimos, a fin de retener el poder que había gozado como reina madre (2 Rey. 11:1-2). Es probable que oficiara como consejera de su hijo (Prov. 31:1). En su función de reina madre, Jezabel continuó siendo una fuerza negativa después de la muerte de Acab (1 Rey. 22:52; 2 Rey. 3:2,13; 9:22).

Famoso busto de la reina Nefertiti (de aprox. 1356 a.C.), esposa del faraón Akhenatón de Egipto.

REINA DE SABÁ Ver *Sabeos.*

REINA DEL CIELO Diosa que las mujeres de Judá adoraban para asegurarse fertilidad y estabilidad material (Jer. 7:18; 44:17). Las formas de adoración incluían elaboración de tortas (posiblemente con su imagen tal como las de los moldes hallados en Mari), ofrenda de libaciones e incienso (Jer. 44:25). Se desconoce a qué deidad se adoraba exactamente. Las palabras se pueden traducir “estrellas del cielo” o “huestes celestiales”. No obstante, “reina del cielo” pareciera la mejor opción. La influencia más importante pudo haber sido Ishtar, la “reina del cielo” (introducida en Israel por Manasés), o la Astarot cananea. Los arqueólogos han descubierto en lugares israelitas muchas imágenes de diosas desnudas, lo cual demuestra la razón por qué Jeremías protestó contra dicha adoración.

REINO DE DIOS Concepto correspondiente al gobierno real y soberano de Dios que incluye tanto el ámbito sobre el cual se ejerce el gobierno (Mat. 4:8; 24:7; Mar. 6:23; Luc. 4:5; Apoc. 16:10) como el desempeño de la autoridad para reinar (Luc. 19:12; Apoc. 17:12,17,18). El reino de Dios es significativo para la nación de Israel, para la proclamación del evangelio y para la presencia de la iglesia. La idea constituye un punto de integración para ambos testamentos.

Antiguo Testamento Dios gobierna soberanamente como Rey sobre todas Sus obras. Él desea que Su gobierno se reconozca mediante un lazo de amor, lealtad, espíritu y confianza. No es sorprendente, pues, que uno de los temas centrales del AT sea el reino por medio del pacto.

Este tema se revela en la primera página de las Escrituras cuando Dios crea al hombre a Su imagen. Según la gramática del texto original, el señorío sobre las criaturas que aparece en Gén. 1:26b es resultado de haber creado al hombre a imagen de Dios. Que la humanidad esté constituida por varones y mujeres nos prepara para consumar el mandamiento de ser fructíferos, y

R

que haya sido creada a imagen de Dios nos dispone para cumplir con el mandato de señorear sobre las criaturas.

Que la humanidad esté formada por varones y mujeres no tiene nada que ver con la imagen divina. En su lugar, deberíamos entender el concepto de la imagen de Dios conforme al trasfondo del antiguo Cercano Oriente donde el emplazamiento de una estatua del rey equivalía a proclamar su dominio sobre la región donde se erigía el monumento. De manera similar, el hombre es colocado en medio de la creación como la estatua de Dios. Él constituye la prueba de que Dios es Señor de la creación. El hombre no ejerce el gobierno con despotismo arbitrario sino como un agente responsable, como administrador de Dios. Su gobierno y su deber de gobernar no son autónomos; son copias. Por lo tanto, el concepto del reino de Dios aparece en la primera página de la Biblia. Adán comienza a gobernar el mundo bajo el mando de Dios al colocarle nombre a todo lo creado que había en la tierra, del mismo modo que Dios gobernaba al ponerle nombre a todo lo creado en los cielos.

R

Es de especial importancia el lenguaje que se utiliza en las promesas a Abraham en Gén. 12, que posteriormente fueron incorporadas al pacto que se efectuó en Gén. 15. La primera promesa de Dios a Abram fue que lo convertiría en una gran nación (12:2). La última, que en Abram serían benditas todas las familias de la tierra (12:3). Dios le habla a Abram sobre convertirse en una gran nación mediante tres aspectos. (1) El término "nación" enfatiza el concepto de un pueblo como entidad política caracterizada por factores culturales, étnicos, geográficos y sociales. (2) En 12:3, a las naciones del mundo no se las denomina "naciones" sino, más bien, "familias". El término familia enfatiza la idea de un pueblo sin una estructura política y donde no opera ningún sistema de liderazgo gubernamental definitivo. (3) El trasfondo de Gén. 12 es el cap. 11. Allí encontramos la historia de Babel, donde se observa una confianza completa y un optimismo ingenuo en cuanto a los logros y esfuerzos humanos. El hombre ocupa el centro de su mundo y puede lograr todo lo que se proponga. Esta filosofía se halla bajo juicio divino. En contraposición, Gén. 12 nos presenta una estructura política puesta en acción por Dios, con Dios en el centro, y con Él como líder del gobierno y dirigente del sistema. En otras palabras, el reino de Dios comienza mediante las promesas hechas a Abraham y el pacto realizado con él (comp. Heb. 11:8-10).

Cuando la familia de Abraham se convierte en nación, Dios inicia con los miembros de esta el pacto sinaítico o ley mosaica como medio para que las personas se relacionen correctamente con Dios, los unos con los otros como la verdadera humanidad creada por Dios, y con la creación como administradores divinos. Por lo tanto, el pacto es el medio para establecer el reino de Dios. El libro de Jueces demuestra que, aunque cada persona hacía lo que le parecía bien (17:6), el Señor gobernaba sobre Su pueblo como rey. Más tarde, Dios levantó un rey conforme a Su corazón y efectuó un pacto especial con David. El pacto davídico constituyó el intento del rey colocado por Dios de ubicar al pueblo de Dios, y de hecho a todas las naciones, bajo este gobierno detallado en el pacto (2 Sam. 7:19). En consecuencia, el rey era el intermediario del pacto y el medio para extender el gobierno de Dios.

Cuando el pueblo no cumplía con el pacto, Dios enviaba a profetas y sabios para que lo llamaran a volver a obedecer el acuerdo, las condiciones del gobierno de Dios. Sofonías, por ejemplo, basó sus advertencias en el pacto tal como se encuentra en Deuteronomio (comp. Sof. 1:2 y Deut. 32:22; Sof. 1:3 y Deut. 28:21; Sof. 1:4-6 y Deut. 28:45; Sof. 1:8-13 y Deut. 28:45; Sof. 1:13 y Deut. 28:30,39; Sof. 1:15 y Deut. 28:53,55,57). Más aún, la estructura literaria de Sofonías "es un quiasmo", donde 2:11 es el centro del libro: "y así hasta las naciones más remotas se postrarán en adoración ante él, cada cual en su propia tierra" (NVI). La teología de Sofonías, entonces, se puede resumir mediante el tema: el reino por medio del pacto.

Aunque los profetas procuraron hacer que el pueblo regresara al pacto, el sinaítico (ley de Moisés) no consiguió cumplir con la meta de establecer el reino de Dios porque, de hecho, no garantizaba ni podía garantizar la obediencia del pueblo. Por lo tanto, los profetas comenzaron a hablar sobre un nuevo pacto (Jer. 31) donde el gobierno de Dios era garantizado por un pueblo obediente. Cuando la historia puso en evidencia el fracaso del linaje davídico de reyes, cada vez comenzó a destacarse más la esperanza de un rey futuro junto con la promesa de un nuevo pacto mediante el cual el reino de Dios sería reconocido en el corazón de Su pueblo en una nueva creación, una nueva humanidad en un cielo nuevo y una tierra nueva.

El AT concluye (en el canon hebreo) con Crónicas, un libro que se centra en los reyes rectos como ideal del Mesías futuro en quien Yahvéh verdaderamente iba a ser Señor sobre Su pueblo y sobre toda la creación. De modo que las últimas palabras del AT llaman de entre el pueblo a un constructor del templo que convierta en realidad esta esperanza; probablemente el Mesías (2 Crón. 36:23).

Nuevo Testamento En el NT, la máxima revelación del gobierno de Dios se halla en la persona de Jesucristo. Su nacimiento fue anunciado como el de un rey (Luc. 1:32,33). El ministerio de Juan el Bautista preparó la venida del reino de Dios (Mat. 3:2). La crucifixión se consideró como la muerte de un rey (Mar. 15:26-32).

Jesús predicó que el reino de Dios se había acercado (Mat. 11:12). Sus milagros, predicación, perdón de pecados y resurrección son muestra anticipada del gobierno soberano de Dios en esta era oscura y maligna.

El reino de Dios se manifestó en la iglesia. Jesús encomendó hacer discípulos sobre la base de Su autoridad real (Mat. 28:18-20). El sermón de Pedro en Pentecostés enfatizó que un descendiente de David iba a ocupar su trono para siempre, promesa que se cumplió con la resurrección de Cristo (Hech. 2:30-32). Los creyentes son trasladados de la potestad de las tinieblas al reino del Hijo de Dios (Col. 1:13).

El reino de Dios se puede entender en base a los conceptos de "reino" o "ámbito". Reino da la idea de que Dios ejerce autoridad divina sobre Sus súbditos/reino. Ámbito sugiere ubicación, y la esfera de Dios es universal. El reinado de Dios alcanza todas las cosas. Él es universalmente soberano sobre las naciones, la humanidad, los ángeles, el dominio de las tinieblas y sus habitantes, e incluso sobre el cosmos, los creyentes individuales y la iglesia.

En el AT, el reino de Dios abarca pasado, presente y futuro. El reino de Dios tenía implicancias en el estado teocrático. El reino de Dios "ya" está presente pero todavía no se completó plenamente como realidad presente y futura. El reino se inauguró con la encarnación, la vida, el ministerio, la muerte y la resurrección de Jesús. En cierto modo, las bendiciones del reino de Dios son una posesión presente. En la actualidad, la gente encuentra el reino de Dios y entra en él. Dios ahora manifiesta Su gobierno de autoridad en la vida de Su pueblo. No obstante, el reino de Dios aguarda la concreción plena. El pueblo de Dios aún padece sufrimientos y tribulaciones. Las dificultades cesarán una vez que se haya consumado en plenitud. En la actualidad, los ciudadanos del reino moran junto a los habitantes del reino de las tinieblas. Dios finalmente disipará toda oscuridad. La herencia definitiva de los ciudadanos del reino de Dios aún tiene que consumarse. La resurrección corporal a la vida en el reino escatológico es una bendición que aguarda cumplimiento.

El reino de Dios es de naturaleza soteriológica, expresada en la redención de seres humanos caídos. El reino de Cristo instituyó la destrucción de todos los poderes malignos y hostiles a la voluntad de Dios. Satanás, el "dios de este siglo", junto con su hueste demoníaca, procura mantener en oscuridad el corazón de los individuos. Cristo ha derrotado a Satanás y a los poderes de las tinieblas, y libera a los creyentes. Aunque Satanás aún se halla activo en esta oscuridad presente, su conquista definitiva y su destrucción están aseguradas por medio de la muerte sacrificial y la resurrección de Cristo. Los pecadores entran al reino de Dios mediante la regeneración.

Muchas parábolas de Jesús enfatizan la naturaleza misteriosa del reino de Dios. Por ejemplo, una insignificante semilla de mostaza crece hasta convertirse en un árbol, del mismo modo en que el reino de Dios va a crecer mucho más allá de como se inició (Mat. 13:31,32). El reino de Dios es como la semilla que se dispersa en el suelo. Algunas semillas caen en tierra buena, echan raíces y crecen. Sin embargo, otras caen en terreno duro y rocoso y no crecen. De la misma manera, el reino echará raíces en el corazón de algunos, pero otros lo rechazarán y no dará fruto (Mat. 13:3-8). Así como el trigo y la cizaña crecen conjuntamente sin que se pueda distinguir uno de otra, también los hijos del reino de Dios y los del reino de las tinieblas crecen juntos en el mundo hasta que Dios finalmente los separe (Mat. 13:24-30,36-43).

Aunque están íntimamente relacionados, el reino y la iglesia son diferentes. El teólogo George Eldon Ladd identificó cuatro elementos en la relación entre el reino de Dios y la iglesia. El reino de Dios crea a la iglesia. El gobierno redentor de Dios se manifiesta sobre la iglesia y a través de ella. La iglesia es "guardián" del reino. La iglesia también da testimonio del gobierno divino de Dios.

El reino de Dios es obra de Dios y no producto de la ingenuidad humana. Dios lo trajo al mundo por medio de Cristo, y en la actualidad obra a través de la iglesia. Esta predica el reino de Dios y anticipa su consumación final. Ver *Jesucristo; Salvación.* *Peter Gentry y Stan Norman*

REINO DIVIDIDO Los dos estados políticos de Judá e Israel que aparecieron poco después de la muerte de Salomón (1 Rey. 11:43) y sobrevivieron por separado hasta la caída de Israel en el 722 a.C. El Reino del Norte, conocido como Israel, y el Reino del Sur, conocido como Judá, funcionaron como países separados desde alrededor del 924 a.C. hasta el 722 a.C. (1 Rey. 12). En ocasiones, estos dos países estuvieron en guerra el uno contra el otro. Otras veces cooperaron en una alianza amistosa. El Reino del Norte acabó en el 722 a.C. cuando los asirios destruyeron Samaria, la ciudad capital. El Reino del Sur sucumbió ante los babilonios en el 587 a.C.
James Newell

REÍR Expresar gozo o burla con un sonido entre dientes o explosivo. La risa es esencial en el relato del nacimiento de Isaac. Tanto Abraham (Gén. 17:17) como Sara (18:12) se rieron con desdén e incredulidad ante la promesa de Dios de que ella iba a tener un hijo. El nombre Isaac (de la palabra hebrea correspondiente a risa) servía como recordatorio gozoso de que la risa final se emitiría sobre los que son lentos para creer (Gén. 21:3,6). La risa también puede servir como señal de desprecio (Gén. 38:23; 2 Crón. 30:10; Job 22:19) o de confianza (Job 5:22 LBLA). Las referencias a la risa de Dios ante los malvados demuestra Su menosprecio (Sal. 2:4; 37:13; 59:8). A la risa se la diferencia frecuentemente de las señales de duelo (Job 8:21; Sal. 126:2; Luc. 6:21,25). Aunque la sabiduría hebrea reconocía que un tiempo de risa formaba parte del plan de Dios (Ecl. 3:4), también menoscababa el valor de la risa al asociarla con los necios (Prov. 29:9; Ecl. 7:4,6), denominarla enloquecedora (Ecl. 2:2), y descubrir que es preferible el pesar (Ecl. 7:3).

RELACIONES SEXUALES PREMATRIMONIALES El Cantar de los Cantares de Salomón es un poema extenso que alaba la virtud de la fidelidad sexual entre un rey y su esposa. El deseo sexual es evidente a lo largo del cantar a medida que el rey y su amada anticipan su unión. Tras ciertos intervalos, el poeta repite un estribillo que aconseja la abstención sexual: "Yo os conjuro, oh doncellas de Jerusalén, por los corzos y por las ciervas del campo, que no despertéis ni hagáis velar al amor, hasta que quiera" (Cant. 2:7; 3:5; 8:4). A la iglesia de Corinto, una ciudad bien conocida por su conducta sexual promiscua, Pablo le escribe que los cristianos deben controlar sus deseos sexuales y que los que no pueden hacerlo deben casarse (1 Cor. 7:2,8-9,36-37). Pablo le aconsejó a Timoteo huir de las pasiones juveniles y seguir las cosas que tienen que ver con una vida pura (2 Tim. 2:22). Si bien la tentación a gratificar las pasiones personales puede ser fuerte, Pablo enseña que Dios promete darnos fortaleza para vencer (1 Cor. 10:12,13).

Dios escogió la relación matrimonial como un medio para expresar la intimidad que Él comparte con los creyentes (Os. 1–3; 2 Cor. 11:2; Apoc. 21:2). Todo aquello que desvaloriza o rebaja la unión del esposo y la esposa en el matrimonio, por ejemplo, las relaciones sexuales prematrimoniales o extramatrimoniales, también empaña la relación de Dios con Su pueblo. *Paul H. Wright*

RELÁMPAGO Destello de luz producto de una descarga de electricidad estática en la atmósfera. En el AT, el relámpago siempre se asocia con Dios. Él es el Creador del relámpago y el trueno (Job 28:26; Jer. 10:13), que revelan Su poder y majestad (Sal. 77:18; 97:4), y acompañan con frecuencia a una revelación de Dios (la entrega de la ley, Ex. 19:16; 20:18; la primera visión de Ezequiel, Ezeq. 1:13,14). En lenguaje poético, a la voz de Dios se la identifica con el trueno (Job. 37:3-5). El relámpago también aparece como un arma en pasajes donde a Dios se lo describe como un guerrero (flechas: 2 Sam. 22:15; Sal. 18:14; 77:17; 144:6; fuego: Sal. 97:3; Job 36:32). Tanto el AT como el NT continúan la asociación con el poder y la majestad (Apoc. 4:5; 11:19) y con las armas y el juicio (Apoc. 8:5; 16:18). El relámpago sirve como ilustración de la venida claramente visible de Cristo (Mat. 24:26,27) y de la caída de Satanás (repentina, catastrófica, visible) (Luc. 10:18).

RELIGIÓN Relación de devoción o temor a Dios o dioses. **1.** Los términos cognados "religioso" y "religión" (Hech. 17:22; 25:19) pueden indicar reverencia positiva a los dioses o, de lo contrario, temor negativo hacia ellos. Ciertas traducciones peyorativas ("supersticioso" y "superstición") son desafortunadas. Al comienzo de su discurso, Pablo trató de contextualizarse con los atenienses. Señaló sus expresiones externas de piedad (Hech. 17:22). A pesar de ser monoteísta (creyente en un solo Dios), optó por no utilizar "temor de los dioses" para describir al judaísmo, expresión natural de labios paganos (Hech. 25:19). **2.** Los términos relacionados traducidos "religión" y "religioso" en Hech. 26:5 y Sant. 1:26,27 señalan el "temor de Dios" según se pone de manifiesto en la conducta religiosa, particularmente la práctica ritual. En Hech. 26:5, Pablo se refirió al judaísmo como "nuestra" forma de expresar reverencia a Dios. Según Sant. 1:26,27, quien se considera religioso pero no puede controlar su lengua verá que su religiosidad no tiene valor alguno. Santiago continuó diciendo que la religiosidad que Dios pide no es cuestión ritual sino ética: ocuparse de los desprotegidos de la sociedad. **3.** Varios términos derivados de *sebomai* (temer) se traducen religioso o religión. El vocablo en Hech. 13:43 se traduce "piadosos" (RVR1960), "fieles" (NVI), "religiosos" (RVA), y "temerosos de Dios" (LBLA). El término que la RVR1960 traduce "que profesan piedad" en 1 Tim. 2:10 significa literalmente "que temen a Dios" en el sentido de ser obediente a Sus mandamientos (comp. Juan 9:31). La traducción de la NVI, "que profesan servir a Dios", enfatiza la relación entre temor y reverencia. **4.** El significado del término que la LBLA traduce "religión humana" es incierto (Col. 2:23). La raíz griega sugiere adoración elegida libremente (p. ej., "culto voluntario" RVR1960 y RVA). Construcciones similares con *thelo* sugieren el significado "presunta adoración". **5.** La TLA traduce *Ioudaism* (Judaísmo) por "religión judía" (Gál. 1:13,14). **6.** Cuando no existe un término correspondiente en los textos griego o hebreo, la NVI frecuentemente inserta el adjetivo "religiosa(s)" en su paráfrasis para clarificar la naturaleza de las fiestas (Amós 5:21; 8:10; Col. 2:16). *Chris Church*

RELINCHO Grito prolongado y potente de un caballo, que se utiliza como figura de la aproximación de una batalla (Jer. 8:16) o del deseo sexual desenfrenado (Jer. 5:8; 13:27; 50:11).

RELOJ DE SOL Artefacto que por lo general consistía en un disco plano con números en el borde que se empleaba para medir el tiempo según la posición de la sombra proyectada por el sol. La raíz de la palabra hebrea traducida "reloj" (2 Rey. 20:11; Isa. 38:8) significa "ascender" y normalmente se refiere a las escaleras. Por esta razón, la mayoría de los intérpretes entienden que el reloj de Acaz era una escalera donde una sombra ascendía a medida que avanzaba el día. En la señal, la sombra bajó diez escalones.

REMALÍAS Nombre de persona que significa "que Yahvéh sea exaltado" o "Yahvéh embelleció". Padre de Peka que asesinó al rey Pekaía de Israel y reinó en su lugar (2 Rey. 15:25; Isa. 7:1).

REMANENTE Algo que ha quedado, especialmente los justos del pueblo de Dios después del juicio divino. Varias palabras hebreas expresan la idea de remanente: yeter, "lo que ha quedado"; *she'ar*, "lo que resta"; *she'rit*, "residuo"; *pelitah*, "uno que escapa"; *sarid*, "un sobreviviente", y *sherut*, "uno liberado de cadenas". En el NT, "remanente" o resto equivalen a las palabras griegas *kataleimma*, *leimma* y *loipos*.

Estas palabras se asocian con diversas actividades de la vida cotidiana. Los objetos o las personas pueden separarse de un grupo mayor mediante selección, asignación, consumo (ingerir alimentos) o destrucción. Lo que queda es el residuo o, en el caso de personas, aquellos que permanecen después de una epidemia, hambruna, sequía o guerra.

Noé y su familia pueden ser considerados sobrevivientes, o remanente del juicio divino en el diluvio (Gén. 6:5-8; 7:1-23). Lo mismo podría decirse de Lot cuando Sodoma fue destruida (Gén. 18:17-33; 19:1-29), de la familia de Jacob en Egipto (Gén. 45:7), de Elías y los 7000 seguidores fieles del Señor (1 Rey. 19:17,18), y de los israelitas del cautiverio (Ezeq. 12:1-16). Fueron sobrevivientes porque el Señor los eligió para mostrar misericordia a aquellos que habían confiado plenamente en Él y habían sido justos en su manera de vivir.

Alrededor del 750 a.C., Amós descubrió que muchos en Israel creían que Dios los protegería a todos ellos y a sus instituciones. El profeta tiró por tierra esas ideas equivocadas con un lenguaje duro (3:12-15; 5:2-3,18-20; 6:1-7; 9:1-6). El juicio divino se derramaría sobre todo Israel. Mediante la doctrina de que sólo unos pocos sobrevivirían y reconstruirían la nación (9:8b-9,11-15), corrigió la convicción de que todos vivirían felices y prósperos (9:10). Esta nueva vida podría hacerse realidad si todos y cada uno de ellos se arrepentían, se volvían al Señor y eran salvos (5:4b-6a, 14,15).

El libro de Oseas no utiliza terminología del remanente, pero el concepto de la misericordia del Señor hacia aquellos que pasan por la experiencia del juicio está presente en varios lugares (2:14-23; 3:4,5; 6:1-3; 11:8-11; 13:14; 14:1-9), incluso los llamados al arrepentimiento y las descripciones de lo que el remanente podría disfrutar en la vida.

El libro de Miqueas tiene un énfasis bastante similar. Después de anunciar juicio, el Señor proclama que el pueblo será reunido como ovejas y que Dios los guiará (2:12,13) como su rey (4:6-8). El Mesías les daría una atención especial (5:2-5,7-9). El clímax del libro es una exaltación de Dios como aquel que perdona y quita el pecado de sus vidas una vez que el juicio ha pasado (7:7-20).

La doctrina del remanente era tan importante para Isaías que llamó a uno de sus hijos Sear-jasub, que significa: "un remanente volverá" (7:3). Los fieles sobrevivirían a las matanzas del ejército asirio (4:2-6; 12:1-6), según lo ilustraba la sorprendente liberación de aquellos pocos que se encontraban en Jerusalén cuando la ciudad fue sitiada por los asirios (caps. 36–38).

Muchos pasajes sobre el remanente están estrechamente vinculados con el futuro rey, el Mesías, quien sería el gobernante majestuoso de aquellos que buscaran Sus misericordias (9:1-7; 11:1-16; 32:1-8; 33:17-24). Estos pasajes tienen un fuerte énfasis escatológico, y esperan que las futuras generaciones sean el remanente. Otros pasajes consideran que el remanente es la generación de la época de Isaías. Varias afirmaciones hacia el final del libro tienen una evidente orientación futurista. En ese futuro habría un nuevo pueblo, una nueva comunidad, una nueva nación y una profunda fe en un solo Dios. Este remanente estaría personificado en el Siervo Sufriente (cap. 53).

Amós, Oseas, Miqueas e Isaías alzaron sus voces a coro. Sólo unos pocos sobrevivirían a los sucesos del juicio, básicamente porque se arrepintieron y confiaron su futuro a la compasión de su Señor. Un segmento importante del remanente estaría compuesto por los que fueron afligidos (Isa. 14:32). Más tarde, Sofonías habló de los humildes y los pobres como aquellos que encontrarían refugio en el remanente (2:3; 3:12, 13).

Jeremías anunció que Judá sería destruido por su rebelión contra el Señor del pacto. Las instituciones políticas, religiosas y sociales del estado serían eliminadas. Muchos perderían la vida; otros serían llevados al exilio durante 70 años. Allí, aquellos que creyeran en un único Dios verdadero serían reunidos para regresar a la tierra prometida. Dios crearía una nueva comunidad. En los capítulos 30–33 se concentran afirmaciones de esperanza y promesa para el remanente.

Ezequiel concordó con Jeremías en que el remanente de Judá llevado a Babilonia sería la fuente de personas aptas para la nueva comunidad del Señor. Estos pocos participarían en un nuevo éxodo y se asentarían en la tierra prometida en torno a un nuevo templo (caps. 40–48).

Zacarías habló en términos vívidos sobre cómo el remanente, los exiliados que regresaron a Jerusalén, prosperaría (8:6-17; 9:9-17; 14:1-21). Esdras reconoció a las personas que habían regresado a Jerusalén como miembros del remanente que se hallaban en peligro de repetir los pecados del pasado (9:7-15).

En el NT, Pablo citó palabras de Oseas y de Isaías (Rom. 9:25-33) para demostrar que la salvación de un remanente de entre los judíos aún formaba parte del método del Señor para redimir a Su pueblo. Siempre habría un futuro para todo miembro del pueblo del pacto que se volviera verdaderamente al Señor para obtener salvación (caps. 9–11). *George Herbert Livingston*

REMATE, MOLDURA Traducción tradicional del término arquitectónico hebreo que aparece en 1 Rey. 7:9. El significado de la palabra hebrea se desconoce. Eruditos actuales lo ven como "armazón", referencia a una hilera de cabeceras y tirantes de piedra o de madera encima de los diversos niveles del cimiento sobre el que se colocan los ladrillos.

REMEROS Término para designar a las personas que reman en una galera (Ezeq. 27:8,26). Ver *Barcos, marineros y navegación.*

REMET Nombre geográfico que significa "altura". Ciudad del territorio de Isacar (Jos. 19:21), probablemente idéntica a Ramot (1 Crón. 6:73) y Jarmut (Jos. 21:29).

REMISIÓN Liberación, perdón. La frase "remisión de pecados" se utiliza para referirse a la liberación de la culpa o el castigo por los pecados. Las traducciones modernas generalmente sustituyen el término por "perdón". El término griego subyacente es *aphesis.* El perdón de pecados se suele relacionar con el arrepentimiento, tanto en la predicación de Juan el Bautista (Mar. 1:4; Luc. 3:3) como de la iglesia primitiva (Luc. 24:47; Hech. 2:38; 5:31). Es consecuencia de la muerte sacrificial de Cristo (Mat. 26:28; comp. Heb. 10:17,18) y está disponible para todos aquellos que creen en el nombre de Jesús (Luc. 24:47 RVA). Debido a que el sacrificio de Cristo ha liberado a los creyentes de la culpa y el castigo por el pecado, no se necesitan sacrificios adicionales (Heb. 10:18). Ver *Perdón.*

REMISIÓN, AÑO DE LA Expresión hebrea que aparece sólo dos veces (Deut. 15:9; 31:10), ambas con referencia al año sabático como un año de remisión de deudas. Ver *Año de jubileo; Año sabático.*

RENFÁN Término usado para designar a una deidad astral y extranjera (Hech. 7:43). Hechos 7 sigue la lectura de la primera traducción griega del AT en Amós 5:26. En el texto masorético hebreo dice "Quiún", nombre babilónico para designar a Saturno.

REPROBADO, ELIMINADO Traducción de la palabra griega *adokimos* que se refiere a la prueba en batalla de los soldados, a los requisitos para el oficio o a la verificación de los metales para asegurarse de que sean genuinos. Pablo utilizó su propio ejemplo de disciplina personal para cerciorarse de que su predicación estuviera acorde con su vida y llamara a otros a hacer lo mismo (1 Cor. 9:27). Él no quería ser eliminado como un metal impuro ni descalificado como un soldado o candidato indigno. En 2 Cor. 13:5-7 Pablo hizo un juego de palabras con los términos *dokimos*, "calificado", y *adokimos*, "descalificado". Los corintios exigían una prueba o demostración de que Cristo hablaba por medio de él (v.3). Pablo dio vuelta el argumento diciéndoles que debían comprobar que no habían fallado en la prueba que Cristo les había hecho y que no habían sido reprobados. Pablo esperaba que los corintios reconocieran por medio de su vida que él no había fracasado en la prueba y que, en consecuencia, no estaba reprobado. Oraba pidiendo que los corintios no hicieran lo malo, no con el propósito de demostrar que él estaba calificado sino para que ellos hicieran lo correcto aunque Pablo quedara descalificado.

Pablo le advirtió a Timoteo de la presencia de personas malas en tiempos malos que iban a resistir la fe porque tenían una mente corrupta y eran réprobos en cuanto a la fe (2 Tim. 3:8). De la misma manera, escribió a Tito con respecto a personas que profesaban conocer a Dios pero que estaban reprobadas en cuanto a las buenas obras (Tito 1:16). Con un propósito semejante, Hebreos compara a las personas con terrenos que dan espinas y abrojos y que, por lo tanto, están descalificadas y no pueden pasar la prueba (Heb. 6:8).

REPROBAR Término que se utiliza en dos sentidos: (1) no aprobar un examen y ser rechazado por falta de mérito o por no ser aceptado (2 Cor. 13:5-7; Tito 1:16), igual que la plata de desecho (Jer. 6:30); (2) condición del depravado o falto de moral (Rom. 1:28; 2 Tim. 3:8). La NVI utiliza el término "reprobar" para referirse "al que es menospreciado por Dios" (Sal. 15:4; comp. LBLA).

REPTILES Animales que por carecer de pies o por tenerlos muy cortos reptan o se arrastran rozando la tierra con el vientre. Esta categoría de animales incluye, entre otros, lagartos, cocodrilos, lagartijas, víboras y tortugas. En general hay consenso en que, en muchos casos, los reptiles mencionados en la Biblia no pueden ser determinados específicamente. Muchas veces el mismo término hebreo se traduce de diferentes formas. Por ejemplo, en Lev. 11:30, la misma palabra hebrea traducida en muchas versiones "lagarto", en la NVI se traduce "camaleón". No obstante, en este versículo parece haber un agrupamiento de reptiles, aunque los nombres específicos puedan resultar difíciles de determinar. Ver *Cosas que se arrastran.*

Áspid Culebra venenosa (Isa. 11:8). Las versiones modernas suelen utilizar el término "cobra". Ver *Serpiente* más abajo.

Camaleón Tipo de lagarto que cambia de color según su entorno. Se caracteriza por ojos saltones y cada globo ocular tiene movimiento independiente a fin de poder mirar hacia dos lugares al mismo tiempo. Se alimenta mayormente de insectos y es inofensivo. En Palestina habita en árboles y arbustos y pende de las ramas con su larga cola.

Cobra Culebra mortalmente venenosa. En el cuello tiene una piel blanda que, cuando el reptil se excita, toma la forma de una capucha. Ver *Áspid.*

Cocodrilo Reptil grande, acuático y de piel gruesa. Ver *Lagarto/lagartija* más abajo.

Culebra Ver *Serpiente* más abajo.

Lagarto/lagartija Reptil de cuerpo largo que se distingue de la serpiente por tener dos pares de patas cortas. En Lev. 11:30 se mencionan diversos tipos: salamanquesa, iguana, camaleón y salamandra (NVI). Un viajero llegó a identificar 44 especies diferentes en Palestina.

Rana Batracio; figura entre los animales inmundos (Lev. 11:29). En otras versiones, en lugar de rana se menciona "toda clase de lagartos" (NVI) o "lagarto según sus especies" (LBLA).

Salamandra Pequeña lagartija; figura entre los animales inmundos (Lev. 11:30 NVI). En otras traducciones aparece "lagartija de arena" (LBLA), "babosa" (RVA).

Salamanquesa Pequeño lagarto de pared, común en Tierra Santa. Dedos en forma de disco succionadores le permiten andar por paredes y cielo raso. Si bien las primeras versiones tradujeron la palabra hebrea "erizo", los eruditos más recientes creen que "salamanquesa" es la traducción correcta (NVI). Es inofensiva y principalmente nocturna.

Serpiente Nombre genérico para reptiles de cuerpo largo, específicamente culebras, como por ejemplo la víbora. Se menciona a menudo. En Palestina se pueden encontrar al menos 33 especies diferentes. Los traductores utilizan diversas palabras para traducir los ocho términos hebreos. La serpiente, nombre común para designar a la víbora, siempre ha sido símbolo de la maldad y del maligno.

R

Víbora Culebra venenosa. Ver *Serpiente* arriba.

Shirley Stephens

REQUEM Nombre de persona y de lugar que significa "fabricante de paño multicolor". **1.** Uno de los cinco reyes madianitas que venció Israel en la época de Moisés (Núm. 31:8; Jos. 13:21). Aparentemente Requem fue el nombre anterior de Petra. Ver *Reba.* **2.** Descendiente de Caleb (1 Crón. 2:43,44). **3.** Antepasado de una familia que vivía en Galaad (1 Crón. 7:16). **4.** Sitio no identificado de Benjamín (Jos. 18:27).

RESA Antepasado de Jesús (Luc. 3:27).

RESCATE Pago, generalmente de dinero, requerido para liberar a alguien del castigo o la esclavitud.

Antiguo Testamento El término se utiliza para traducir palabras relacionadas con el concepto de redención o expiación, como en Ex. 21:30; 30:12; Núm. 35:31; Job 33:24; Sal. 49:7; Prov. 6:35 (heb. *kopher*); Lev. 27:29; Sal. 69:18 (heb. *padah*). A veces se pone más énfasis en la liberación que en el precio pagado, como cuando Dios dice que ha "rescatado" a Israel al liberar a la nación del dominio extranjero (Jer. 31:11; Os. 13:14).

Nuevo Testamento La palabra "rescate" se utiliza en el NT como traducción de diversos términos relacionados con el verbo griego *lutroo*, que significa "rescatar, redimir". Estas palabras aparecen aprox. 20 veces en el NT (y más de 100 en la traducción griega del AT). En muchas traducciones al español, los tres pasajes principales donde se encuentra el término "rescate" son Mar.10:45, "Porque el Hijo del Hombre no vino para ser servido, sino para servir, y para dar su vida en rescate por muchos", y el relato paralelo de Mat. 20:28, y 1 Tim. 2:5,6: "Porque hay un solo Dios, y un solo mediador entre Dios y los hombres, Jesucristo hombre, el cual se dio a sí mismo en rescate por todos, de lo cual se dio testimonio a su debido tiempo". Estos pasajes plantean que la muerte propiciatoria de Jesús en la cruz fue el precio pagado para asegurar la liberación de la culpa y del cautiverio del pecado de todos aquellos que creerían. El término se usa en sentido metafórico, quizá con la intención de hacer una analogía con la antigua práctica de pagar por la liberación de esclavos o prisioneros. Aunque en Heb. 2:14 se dice que el demonio tenía el imperio de la muerte, la Biblia jamás menciona la muerte de Jesús como un rescate pagado al diablo. Más bien, fue el precio pagado para satisfacer la justicia divina (Rom. 3:25,26). Ver *Expiación; Propiciación; Redimir, redención, redentor; Salvación.* *E. Ray Clendenen*

RESEF Nombre de persona y geográfico que significa "llama" o "carbón encendido". **1.** Efraimita (1 Crón. 7:25). **2.** Ciudad conquistada por los asirios, probablemente durante el reinado de Salmanasar III (aprox. 838 a.C.). Aquellos la utilizaron como advertencia al rey Ezequías de Judá en el 701 a.C. a fin de que no confiara en Dios para librarlo de ellos (2 Rey. 19:12; Isa 37:12). El lugar posiblemente sea Resefah, unos 160 km (100 millas) al sudeste de Alepo.

RESÉN Nombre geográfico que significa "cabeza de fuente". Ciudad que fundó Nimrod entre Nínive y Cala (Gén. 10:12). Probablemente sea la actual Salemijeh (en Iraq), 4 km (2 ½ millas) al noroeste de Nimrud.

RESH Letra 20º del alfabeto hebreo que se utiliza como título para ocho versículos del Sal.119:153-160; cada uno comienza con esta letra.

RESTITUCIÓN Acto de devolver lo que se ha tomado equívocamente o de reemplazar lo que se ha perdido o dañado; restauración divina de todas las cosas a su orden original.

Restitución humana La ley del AT exigía "ofrendas por los pecados" cometidos contra el prójimo (robo, engaño, deshonestidad, extorsión, retención de objetos perdidos o daño a propiedad ajena). Tales delitos implicaban "infidelidad" para con Dios e interrupción de comunión y paz entre el pueblo. Se debían expiar mediante una ofrenda a Dios por la culpa y la restitución al prójimo perjudicado. La expiación y el perdón del pecado tenían lugar después de que se había efectuado restitución a la víctima. La ofrenda a Dios por el pecado siempre seguía al acto de restitución. La ley del AT establecía el principio de "castigo adecuado al delito" (vida por vida, ojo por ojo, diente por diente, herida por herida). La restitución era congruente con este concepto de equidad. Debía devolverse la propiedad robada o, de lo contrario, hacer una compensación "completa". Las pautas para dicha restitución incluían también provisión por daños y perjuicios (hasta cinco veces lo que se había perdido), medida que iba más allá del "ojo por ojo". Se hacían provisiones teniendo en cuenta posibles complicaciones en el proceso (Ex. 22.3). La restitución a la víctima estaba tan estrechamente identificada con el sacrificio de expiación hecho a Dios que ambas expresiones podrían tomarse como elementos del mismo mandato. Ninguno de los elementos tendría sentido por sí solo. Se desconocen ejemplos concretos del funcionamiento de esta ley pero sí de la puesta en práctica del principio de restitución (1 Rey. 20:34; 2 Rey. 8:6; Neh. 5:10-12). No existe una aplicación legal o ritual de este mandato en el NT; sin embargo, el principio de restitución resulta claro en la historia de Zaqueo (Luc. 19:1-10). Jesús confirmó implícitamente esta práctica cuando exhortó a Sus seguidores a "reconciliarse" con el hermano antes de presentar una ofrenda a Dios (Mat. 5:23,24).

Restitución divina La palabra griega se encuentra sólo una vez en el NT (Hech. 3:21) y, a veces, se traduce "restauración". Describe la futura obra de Dios que restablecerá todas las "cosas" a su orden y fines primigenios. La implicancia aquí no es la restauración de las personas sino del orden creado, es decir, la renovación universal de la Tierra. Esta restauración divina acompañará la venida y el triunfo de Jesucristo (1 Cor. 15:25-28). *Ken Massey*

RESURRECCIÓN Futura vuelta a la vida corporal de todas las personas que hayan muerto. Los que creen en Cristo alcanzan vida eterna y felicidad junto a Dios; los incrédulos, tormento eterno y separación de Dios.

Antiguo Testamento Aunque no de modo destacado, los pasajes del AT demuestran fe en la resurrección del cuerpo. Los profetas utilizaron el concepto para expresar esperanza en la renovación nacional de Israel (Ezeq. 37; Isa. 26:19). En Salmo 16:10 se contempla la resurrección en un marco mesiánico; Dios no abandonará a Su "Santo" en el sepulcro. Los creyentes pueden esperar la muerte en paz porque Dios no los abandonará; Él los "redimirá" del sepulcro y los llevará hacia Él (Sal. 49:14, 15). La muerte no era definitiva; Dios renovaría el cuerpo y la persona podría "ver a Dios" (Job 19:26). Daniel 12:2 nos proporciona la afirmación más clara del AT sobre la resurrección: "y del polvo de la tierra se levantarán las multitudes de los que duermen, algunos de ellos para vivir por siempre, pero otros para quedar en la vergüenza y en la confusión perpetuas" (NVI). Todos resucitarán, justos y malvados. Por consiguiente, las consecuencias eternas dependen de las acciones y decisiones que se toman en vida.

Nuevo Testamento El NT trata la resurrección en forma clara y amplia. Los Evangelios anuncian una futura resurrección del cuerpo. En los Sinópticos, en dos oportunidades Jesús resucita a personas que han muerto: el hijo de una viuda (Luc. 7:11-17) y la hija de Jairo (Mar. 5:22-43). Además, Jesús adoctrinó a los Doce para que "resuciten a los muertos" (Mat. 10:8). Todo esto revelaba que el reino de Dios había venido en la persona y la misión de Jesús, y señalaba que los seguidores de Jesús resucitarían para nunca más morir. Con la parábola de una cena, Jesús enseñó sobre la resurrección y la recompensa de los justos (Luc. 14:12-14). La resurrección genera una discusión con los saduceos. Respondiendo a su pregunta sobre una mujer que había tenido siete esposos, Jesús replicó que la vida después de la resurrección es diferente; ya no será necesario el matrimonio (Mar. 12:18-23). Él aprovechó la ocasión para afirmar que los patriarcas todavía vivían (Mar. 12:26,27).

La resurrección es un tema destacado en Juan, quien la describe como una realidad presente y espiritual, y un acontecimiento escatológico futuro. Los muertos resucitarán a una vida eterna; la vida de resurrección también puede ser experimentada en parte en el presente. Jesús lo puso de relieve cuando murió Lázaro: "Yo soy la resurrección y la vida; el que cree en mí, aunque esté muerto, vivirá. Y todo aquel que vive y cree en mí, no morirá eternamente" (Juan 11:25,26). La vida de resurrección es una realidad presente en el Hijo (Juan 5:25,26). La resurrección del cuerpo es una promesa futura que aguarda cumplimiento (Juan 6:35-40). Juan también relaciona la resurrección del cuerpo del creyente con la realidad de la resurrección corporal de Jesús (Juan 20:17).

El concepto de resurrección fue fundamental para la iglesia primitiva. El mensaje de los apóstoles estaba estrechamente relacionado con la resurrección de Jesús (Hech. 3:14), razón por la cual ellos podían realizar obras poderosas (Hech. 4:10). El testimonio constante de la resurrección de Jesús y la promesa de la futura resurrección de los creyentes eran causa de hostilidad, oposición y persecución (Hech. 4:1-21; 5:29-32; 23:6).

Para Pablo, la resurrección fue un acontecimiento histórico y una obra sobrenatural de Dios. El objetivo de la salvación es la posesión total de la herencia (un cuerpo resucitado) en la resurrección (Ef. 1:14). Cristo descenderá con todos los creyentes que han muerto, lo inmaterial se reunirá con lo material y las almas se unirán a los cuerpos resucitados y glorificados (1 Tes. 4:13-18). Con la resurrección, los creyentes obtendrán un cuerpo resucitado adecuado para la vida en el reino de Dios ya consumado (1 Cor. 15:35-56). Para Pablo, este tema era tan importante que negar la resurrección del creyente era, básicamente, negar la resurrección de Cristo. Sin dicha resurrección, los creyentes no tenían esperanza y su fe era vana (1 Cor. 15:12-34). Negar la realidad de la resurrección (1 Cor. 15) o enseñar que ya había sucedido (2 Tim. 2:17,18) destruía la fe.

Enseñanza bíblica Resurrección no es lo mismo que resucitación. Esta, como la de Lázaro, es un regreso temporal a la vida, pero finalmente la muerte física ocurre otra vez. Quienes resuciten no volverán a morir. La resurrección es para vida eterna, paz perfecta, alegría y felicidad eternas en el reino de Dios. Segundo, la resurrección es corporal, algo indispensable para recibir la plena acción redentora y propiciatoria de Dios. La salvación no se alcanza hasta que el cuerpo experimente la redención completa. A la inversa, la condenación eterna no estará completa hasta que los incrédulos experimenten en cuerpo y alma el dolor y la angustia del infierno. La resurrección del cuerpo vuelve a proclamar la afirmación edénica de la bondad de la creación (Gén. 1:31) y subraya la importancia del cuerpo en los planes de Dios. En tercer lugar, la naturaleza del cuerpo resucitado sigue siendo, en cierto modo, un misterio. Algunos aspectos, tales como identidad personal, perduran en el estado resucitado. Pero la vida en un cuerpo resucitado será diferente de aquella conocida anteriormente (1 Cor. 15:37-44). "Porque sabemos que si la tienda terrenal que es nuestra morada, es destruida, tenemos de Dios un edificio, una casa no hecha por manos, eterna en los cielos" (2 Cor. 5:1 LBLA). *Stan Norman*

RESURRECCIÓN DE JESUCRISTO Acontecimiento histórico mediante el cual Jesús regresó de la muerte física, con un cuerpo glorificado, a una nueva vida para nunca más morir. La resurrección corporal de Jesús es una de las doctrinas esenciales de la fe cristiana. Dicha resurrección convalida la afirmación de que Él es Señor y Cristo. Ella corrobora que Su vida y Su muerte no fueron simplemente la vida y la muerte de un hombre bueno sino que Él, en verdad, era Dios encarnado y que por Su muerte tenemos perdón de pecados.

Los cuatro Evangelios son selectivos con respecto a los acontecimientos que relatan de la resurrección. Todos destacan la tumba vacía, pero cada uno relata en forma diferente las apariciones después de la resurrección.

Evangelio de Marcos El relato de Marcos es el más breve; si se reconoce la autenticidad del final más corto, son sólo ocho versículos. Su relato se centra en el descubrimiento que hicieron las mujeres de la tumba vacía (Mar. 16:1-4), el anuncio de la resurrección llevado a cabo por un joven que vestía una túnica blanca, y la promesa de Jesús de encontrarse con los discípulos en Galilea (16:5-7). La respuesta de las mujeres fue temor y asombro (16:8).

Evangelio de Mateo El relato de Mateo tiene 20 versículos, y destaca tres aspectos: la tumba vacía, la respuesta a la acusación falsa de que los discípulos habían robado el cuerpo, y la Gran Comisión. Narra sólo dos apariciones posteriores a la resurrección: primero a las mujeres cuando salían de encontrar la tumba vacía, y luego a los once apóstoles en Galilea. Su relato consta de cuatro escenas. La primera sucede en la tumba vacía e incluye a María Magdalena y la "otra María". Se produce un violento terremoto, la aparición de un ángel, el miedo paralizante de los guardias y el encargo de contarles a los discípulos que Jesús estaba vivo (Mat. 28:1-7). La segunda escena describe el encuentro de Jesús con las mujeres luego que ellas se alejaran a prisa de la tumba (28:8-10). La tercera narra el intento de los líderes religiosos de ocultar lo ocurrido en la tumba (28:11-15). La cuarta escena tiene lugar en Galilea y concluye cuando Jesús da la Gran Comisión (28:16-20).

Evangelio de Lucas El registro de Lucas consta de 53 versículos. Relata una serie de apariciones de Jesús posteriores a la resurrección y finaliza con la ascensión. Todas las apariciones suceden en Jerusalén. Lucas tiene, al menos, tres propósitos: primero, presentar los hechos históricos (comp. Lucas 1:1-4), narrar cómo los discípulos que no creían en la resurrección terminaron creyendo en ella al destacar la naturaleza física del cuerpo resucitado de Jesús (24:30,37-43); segundo, mostrar que la muerte y la resurrección de Jesús cumplen la profecía del AT (24:25-27, 32); y tercero, mostrar que los discípulos van a predicar el evangelio en el poder del Espíritu a todas las naciones (24:46-49). El material se desarrolla en cuatro puntos. El primero incluye el descubrimiento que hacen las mujeres de la tumba vacía y la investigación de Pedro y Juan con respecto a la tumba (24:1-12). El segundo, el más extenso, es la aparición de Jesús a dos discípulos en el camino a Emaús. El tercero es la aparición de Jesús a los discípulos ya entrada la tarde del domingo de resurrección. El cuarto son las instrucciones finales de Jesús a Sus seguidores en el momento de la ascensión (24:50-53; comp. Hech. 1:9-11).

Evangelio de Juan El relato de Juan sobre la resurrección es el más extenso; abarca dos capítulos completos. Juan narra tres apariciones en Jerusalén: la primera a María Magdalena en la tumba vacía (20:1-18) y las otras dos a los discípulos, una vez con Tomás ausente (Juan 20:19-25) y otra vez estando este presente (20:26-29). Estas apariciones concluyen con la gran confesión de Tomás: "Señor mío y Dios mío" (Juan 20:28). Al igual que Lucas, Juan se concentra en la corporalidad de Jesús (20:17,20,25-27). La aparición en el cap. 21 ocurre en Galilea. Aparentemente, su propósito es describir el restablecimiento del liderazgo de Pedro (21:15-19) y erradicar el rumor de que Juan, el discípulo "al cual Jesús amaba" (13:23), no moriría antes del regreso de Jesús".

Una lectura superficial de los relatos de la resurrección en los cuatro Evangelios revela una gran diversidad de material. Cierto es que cualquier intento de armonización de los relatos es especulativo y debe evitarse caer en el dogmatismo. Resulta imposible saber cuál de todos es el correcto (si hubiera alguno), pero cada uno muestra un posible orden de acontecimientos en una secuencia creíble. No obstante, el problema de los diferentes relatos no se limita a los acontecimientos relacionados con la resurrección. En torno a casi todo hecho histórico se presentan problemas por diferencias en detalles según las diversas fuentes. Las discrepancias en los relatos escriturales sugieren la existencia de testigos independientes y no la repetición de una línea ideológica "oficial".

Relato de Pablo El relato más antiguo de la resurrección se encuentra en 1 Cor. 15. En ese pasaje, Pablo volvió a narrar algunas apariciones posteriores a la resurrección. Estableció que la futura resurrección del creyente se basa en la historicidad de la resurrección corporal de Cristo. Sin embargo, hay un gran debate sobre la autenticidad de la resurrección de Cristo.

Respuesta de los críticos Desde el siglo XIX, los eruditos han cuestionado la historicidad de la resurrección de Jesús. Algunos han argumentado que las mujeres y los discípulos fueron a la tumba equivocada. El problema con este argumento es que el liderazgo judío podría haber presentado el cuerpo de Jesús en respuesta a la proclamación de la resurrección. Seguramente ellos conocían la ubicación de la tumba. Otra propuesta alternativa es que los discípulos robaron el cuerpo de Jesús. Resulta improbable que lo hayan hecho y luego hayan inventado una historia por la que estuvieron dispuestos a sufrir persecución y martirio. Con todo, otros sostienen que Jesús no murió en la cruz sino que simplemente se desvaneció y luego, en la frescura de la tumba, revivió y escapó. Esta propuesta no toma en serio los severos azotes que Jesús soportó, el espantoso proceso de crucifixión, el reconocimiento de Su muerte por parte de un centurión (Marcos 15:39), así como la lanza hundida en Su costado para confirmar la muerte (Juan 19:32-34). Otra sugerencia de los escépticos es que Jesús continuó viviendo luego de Su crucifixión en un sentido "espiritual", pero que esto no implicó resurrección corporal. Sin embargo, la evidencia bíblica de la corporalidad es de mucho peso (Lucas 24:40-43; Juan 20:27). Finalmente, algunos eruditos han comparado las apariciones posteriores a la resurrección con alucinaciones. Sin embargo, el NT proporciona pruebas de apariciones a muchas personas (incluso a 500 a la vez) en diversos lugares (1 Cor. 15:6). Esta propuesta tampoco reconoce que los discípulos no estaban psicológicamente preparados para la resurrección y que realmente no creyeron en los informes iniciales.

La evidencia en favor de la historicidad de la resurrección corporal de Jesús es contundente. La prueba de la tumba vacía tiene mucho peso.

En primer lugar, la historia de la tumba vacía aparece en los cuatro Evangelios y está implícita en la primera proclamación de la resurrección que efectuó la iglesia primitiva. ¿Cómo podían predicar la resurrección del cuerpo de Jesús si todos en Jerusalén sabían que Su cuerpo aún se encontraba en la tumba? En segundo lugar, resulta difícil creer que la iglesia primitiva hubiera tramado la historia de la resurrección y luego hacer que los primeros testigos de la tumba vacía y la resurrección fueran mujeres, ya que estas no eran consideradas testigos confiables dentro de la cultura judía (como lo ilustra la respuesta dada por los discípulos). En tercer lugar, algo increíble tiene que haber sucedido aquel domingo para lograr que los creyentes judíos comenzaran a adorar el primer día de la semana en vez del sábado (Hech. 20:7; 1 Cor. 16:2; Apoc. 1:10). Finalmente, nada menos que el milagro de la resurrección puede explicar la transformación que se produjo luego en los discípulos. El registro bíblico indica que, cuando Jesús fue arrestado, todos huyeron (Mar. 14:50). Cuando las mujeres informaron que habían visto a Jesús, los hombres no les creyeron (Luc. 24:11). Sin embargo, más adelante esos mismos hombres estuvieron dispuestos a sufrir persecución y martirio para predicar de Jesús como el Señor resucitado. Ver *Ascensión; Cristo, cristología; Jesucristo; Resurrección.* *Bill Cook*

RETAMA Arbusto de hoja perenne de la familia del brezo (Jer. 17:6; 48:6). Se han efectuado diversas traducciones: zarza (NVI), tamarisco (BJ). En Jer. 48:6 la traducción griega de Aquila sustituye el nombre de la planta por "asno salvaje". Las evidencias árabes señalan el enebro (*Juniperus oxycedrus* y *Juniperus phoenicia*).

RETÓRICA Arte de comunicar de manera persuasiva y memorable. Los autores de las Escrituras emplearon varios recursos retóricos para comunicarse de manera eficaz. Comprender estos métodos de expresión permite a los estudiantes de la Biblia entender sus mensajes de manera más clara y compartirlos con otras personas con eficacia.

Algunos recursos retóricos conectan palabras, ideas o sucesos debido a algún tipo de similitud. En ocasiones la similitud era un concepto compartido. En Heb. 1:5-13, el autor empleó seis pasajes del AT que demostraban la supremacía del Mesías mediante el uso de un método que los rabinos denominaban "enhebrar perlas". A veces las palabras o las ideas se colocaban juntas para resaltar las diferencias. Mateo 7:24-27 ofrece una ilustración de lo que significa ser un oidor obediente, y luego lo contrasta con uno desobediente.

En otras ocasiones, la similitud entre palabras está dada por fonética u ortografía en lugar de significado. El texto griego de Rom. 1:31 es un ejemplo de aliteración ya que cada palabra comienza con la misma letra. Las primeras dos palabras son un ejemplo de asonancia. Riman y difieren en ortografía sólo por una letra. Igualmente, en Rom 1:29 las palabras envidia y homicidio difieren en la ortografía sólo por una letra. El Sal. 119 es un acróstico donde los versos de cada estrofa comienzan con la misma letra del alfabeto hebreo. Cada nueva estrofa empieza con la letra subsiguiente. Eran recursos interesantes y hacían que se recordara mejor el texto.

A veces las ideas se vinculaban debido a relaciones lógicas como causa y efecto, problema y solución o pregunta y respuesta. En Rom. 1:18-32 Pablo fue de la causa al efecto para mostrar cómo el pecado da como resultado mayor corrupción y finalmente muerte. En todo el libro de Romanos incluyó preguntas retóricas y luego brindó respuestas y evidencias para sustentarlas (Rom. 2:21-24; 3:1-4; 6:1-2).

La retórica incluye recursos literarios como la hipérbole, una exageración intencional para enfatizar un argumento (Mat. 5:29-30), y el símil, una comparación que utiliza "como" o "semejante" ("el reino de los cielos es como"). La retórica también tiene que ver con la organización cuidadosa de un discurso o un escrito para que tenga mayor impacto. A veces un relato o un argumento se organizan de determinada manera para llevar a un clímax. En Fil. 3:2, por ejemplo, Pablo repite tres veces la advertencia de resguardarse de los que se oponen al evangelio de la gracia. Con cada descripción repetitiva de sus opositores se vuelve más severo. En un quiasmo, las palabras se disponían de modo que se correspondieran la una a la otra en el orden A B C seguido por C B A (Isa. 6:10).

A finales del siglo XX se desarrolló una nueva herramienta para el estudio bíblico, la crítica retórica. El enfoque se basaba en reconocer que el uso de retórica en las Escrituras podía proporcionar una guía útil para la interpretación. Este enfoque implica estudiar los manuales antiguos sobre retórica a fin de comprender los modelos que las personas cultas usaban para comunicarse, en particular durante la era del NT. Luego se comparan estos modelos con secciones o libros enteros de la Biblia. El método puede ayudar a comprender el mensaje del escritor, su estructura y propósito e incluso cómo pueden haber respondido los lectores originales.

Charles L. Quarles

RETRIBUCIÓN DIVINA Pago sin calificación de bueno o malo. Sin embargo, la aplicación de la palabra en teología se entiende casi siempre como la respuesta frente al mal de parte de un Dios santo y justo. Como otros términos teológicos destacados (por ej. Trinidad, etc.), la palabra no se encuentra en la Biblia, pero la idea del pago de Dios ante el mal se destaca por lo menos de tres maneras.

Primero, la ley de la siembra y la cosecha es parte de la economía de Dios (Gál. 6:7,8). En el AT toma la forma de bendiciones y maldiciones. Cuando Israel entró en Canaán, la mitad del pueblo se ubicó en el Monte Ebal y la otra mitad en el Monte Gerizim, y comprendió que ciertas clases de comportamientos traen consecuencias para bien o para mal (Deut. 27:1-26). En el NT, la certeza de cosechar lo que uno siembra es clara (Rom 6:21,22).

En segundo lugar, el juicio al final de la historia incluye la retribución de Dios por la rebelión. En el juicio del gran trono blanco (Apoc. 20:11-15) parecen estar presentes dos criterios de juicio. La Biblia dice que los que *no* son creyentes serán juzgados en base a los libros (plural) y al libro (singular). Específicamente, los "libros" se examinan para comprobar que los hechos del condenado han demostrado que el veredicto de Dios es justo. La búsqueda en el "libro" confirma que los que son echados al infierno no están mencionados en el libro de la vida del Cordero y, por lo tanto, el castigo divino sobreviene porque no aceptaron la oferta de la salvación que Dios hizo en Su gracia.

Finalmente, la justicia de la condenación de Dios a los pecadores da lugar a la necesidad de la gracia de Dios para salvación, y de la muerte vicaria de Jesús en la cruz. En el AT, Isaías lo observó de manera específica (Isa. 53:6): "todos andábamos perdidos, como ovejas; cada uno seguía su propio camino, pero el Señor hizo recaer sobre él la iniquidad de todos nosotros" (NVI). En el NT, Pedro declara que Cristo sufrió por nosotros puesto que "Él mismo, en su cuerpo, llevó al madero nuestros pecados" (1 Ped. 2:24 NVI). Existe un principio eterno de justicia. Dios en su gracia les extiende a los pecadores una oferta de perdón en lugar de la retribución que merecen, porque Jesús pagó el precio del pecado del hombre en Su muerte vicaria e hizo posible que el Padre fuera tanto el "justo" como el que "justifica" al pecador que deposita su fe en Jesús (Rom. 3:26).

La retribución adquiere diferentes formas en la Biblia. A veces, la respuesta de Dios es temporal y física: derrota ante los enemigos, sequía en la tierra (1 Rey. 8:33-40) o aun enfermedad (1 Cor. 11:30; 1 Crón. 21:12,13). Más grave es el carácter inevitable de la muerte física como efecto residual de la retribución de Dios (Gén. 2:17; Rom. 6:23). Más grave aún, y ciertamente irremediable, es la "muerte espiritual" y la eterna separación del alma de la presencia de Dios. Esta retribución comprende el confinamiento del pecador en el infierno (Apoc. 21:8; Mat. 18:19). Por esta razón, el principio de la sabiduría sigue siendo el "temor" de Dios (Luc. 12:5). Ver *Castigo eterno; Escatología; Esperanza futura; Vida eterna.*

Paige Patterson

REU Nombre de persona que significa "amigo, compañero". Descendiente de Sem (Gén. 11:18-21; 1 Crón. 1:25); posiblemente el antepasado de una tribu semita relacionada con Ra'ilu, una isla en el Éufrates al sur de Anat.

REUEL Nombre de persona que significa "amigo de Dios". **1.** Hijo de Esaú y antepasado de varias familias edomitas (Gén. 36:4,10,13,17; 1 Crón. 1:35,37). **2.** Éxodo 2:18 identifica a Reuel como "padre" de Séfora, esposa de Moisés. Números 10:29 lo presenta como Ragüel y padre de Hobab, suegro de Moisés. En otro pasaje, al suegro de Moisés se lo llama Jetro. La tradición también se divide con respecto a los antecedentes del suegro de Moisés, ya sea como madianita (Ex. 2:16; 3:1) o ceneo (Jue. 1:16; 4:11). Ver *Jetro.* **3.** Un gadita (Núm. 2:14). **4.** Un benjamita (1 Crón. 9:8).

REÚMA Nombre de persona que significa "coral". Concubina de Nacor, antepasado de varias tribus arameas que habitaban al noroeste de Damasco (Gén. 22:24).

REVELACIÓN DE DIOS Contenido y proceso por el cual Dios se da a conocer a las personas. Todo conocimiento de Dios viene por medio de revelación. El conocimiento humano sobre Dios es un conocimiento revelado, ya que sólo Dios lo otorga. Él atraviesa la brecha entre sí mismo y

Sus criaturas, y se revela a sí mismo y revela Su voluntad. Sólo por medio de Dios puede ser conocido Dios.

El pensamiento moderno suele cuestionar la posibilidad y/o realidad de la revelación. La fe bíblica afirma que la revelación es real porque el Creador personal, Dios, escogió permitir que Sus criaturas humanas lo conozcan. La pregunta es: "¿Cómo puede una persona conocer a Dios?" La Biblia parece distinguir dos formas: mediante la revelación general y la especial.

El énfasis bíblico señala a Jesucristo como la revelación final de Dios, quien de manera continua ha proporcionado a las generaciones de creyentes la Biblia, una fuente de conocimiento sobre sí mismo y sobre Su Hijo.

Definición "Revelación" significa descubrir, quitar el velo, mostrar lo que antes se desconocía. La revelación de Dios es Su manifestación a la humanidad, de tal manera que hombres y mujeres puedan conocerlo y tener comunión con Él. Jesús le explicó a Pedro: "Bienaventurado eres, Simón, hijo de Jonás, porque no te lo reveló carne ni sangre, sino mi Padre que está en los cielos" (Mat. 16:17). El conocimiento de la condición de Jesús como Hijo no se obtuvo mediante un descubrimiento humano, ni podría haber sido así; provino de Dios mismo.

Todos los cristianos reconocen que Dios actuó y habló en la historia para revelarse a Sus criaturas. Sin embargo, varias opiniones buscan definir qué constituye la revelación.

Revelación general Dios y Su creación se diferencian. No obstante, Dios podría revelarse a través de Sus acciones en este mundo. Además de decir o escribir cosas, las personas pueden revelar hechos sobre sí mismas de otras formas, tales como gestos físicos o expresiones faciales. A veces las acciones de las personas comunican si son egoístas o generosas, torpes o habilidosas. Una mueca, una sonrisa o un entrecejo fruncido pueden, a menudo, comunicar algo. Trasladar estas cosas a un contexto teológico no es sencillo porque Dios no es un ser visible. Él no tiene características faciales ni partes del cuerpo para gesticular. Decir que Dios se revela a través de la naturaleza significa que lo hace por medio de acontecimientos del mundo físico; Dios nos comunica cosas sobre sí mismo que no podríamos conocer de otra manera.

¿Qué clases de cosas podría decirnos Dios de esta forma? Pablo explicó: "Porque desde la creación del mundo, sus atributos invisibles, su eterno poder y divinidad, se han visto con toda claridad, siendo entendidos por medio de lo creado, de manera que no tienen excusa" (Rom. 1:20 LBLA). El salmista (Sal. 19:1) vio la gloria de Dios a través de las "gafas" de la revelación especial. Lo que el salmista vio estaba objetiva y verdaderamente allí. Podemos parafrasear estas observaciones diciendo que todo lo que puede conocerse con respecto a Dios, en un sentido natural, se reveló en la naturaleza. Esto es lo que se denomina revelación natural o general, que es universal en el sentido de que es la declaración del Ser divino en forma general a todas las personas, en todos los tiempos y en todos los lugares. La revelación general se produce (1) a través de la naturaleza; (2) en nuestra experiencia y en nuestra conciencia, y (3) en la historia.

Dios se manifiesta a sí mismo en las maravillas de los cielos y en la belleza de la tierra. Jesús enseñó que Dios "hace salir su sol sobre malos y buenos, y llover sobre justos e injustos" (Mat. 5:45), revelando así Su bondad para con todos. "El Dios Vivo, que hizo el cielo, la tierra, el mar y todo lo que en ellos hay...no dejó de dar testimonio de Sí mismo, haciendo bien y dándonos lluvias del cielo y estaciones fructíferas, llenando vuestros corazones de sustento y de alegría" (Hech. 14:15-17 LBLA). Dios se da a conocer mediante Su cuidado y provisión continuos para con la humanidad. El universo entero sirve a los propósitos del Creador como vehículo de la propia manifestación divina.

Él también se revela a sí mismo en hombres y mujeres que están hechos a "imagen" y "semejanza" de Dios (Gén. 1:26,27). Los seres humanos, como creación directa de Dios, son un espejo o reflejo de Él; son una obra singular de Dios, lo cual se manifiesta por el lugar de dominio que ocupan sobre el resto de la creación; por su capacidad de razonamiento, sentimiento e imaginación; por su libertad de acción y respuesta, y por su sentido del bien y del mal (Gén.1:28; Rom. 2:14,15). Dios se revela especialmente a través de este sentido moral en la conciencia de hombres y mujeres. Que la creencia y la práctica religiosa sean universales confirma lo enunciado por el apóstol en Rom. 2. Sin embargo, las criaturas que adoran, oran, construyen templos, ídolos y santuarios y buscan a Dios de diversas maneras, no lo glorifican ni le dan gracias (Rom. 1:21-23). Con todo, debido a que a cada persona se le ha otorgado la capacidad de recibir la revelación general de Dios, ellas son responsables de sus acciones.

Dios se manifiesta en el devenir de la historia. Toda la historia, comprendida correctamente, lleva la huella de la actividad de Dios y, de este modo, posee un carácter teológico. Ante todo, Dios se revela en la historia mediante el ascenso y la caída de pueblos y naciones (comp. Hech. 17:22-31).

La revelación general de Dios es simple, ya sea en la naturaleza, en la conciencia humana o en la historia. A pesar de ser simple, con frecuencia es mal interpretada porque los hombres pecadores y finitos tratan de entender a un Dios perfecto e infinito. Lo mencionado hasta ahora es compatible con lo siguiente:

(1) La creencia religiosa es un fenómeno humano casi universal.

(2) Dicha creencia religiosa es implantada por Dios.

(3) Todas las personas deberían reconocer a Dios sobre la base de lo que aprendieron del mundo que los rodea.

(4) Todas las personas creen en Dios y muestran su fe aunque no lo admitan.

(5) Nadie, sin importar lo aparentemente insignificante y falto de carácter que sea, puede ser disculpado de pasar por alto la revelación de Dios.

La luz que proporciona la naturaleza no es suficiente para obtener el conocimiento de Dios necesario para la salvación. El poder de Dios (Rom. 1:20), Su bondad (Mat. 5:45) y Su justicia (Rom. 2:14,15) han sido revelados, pero no así Su gracia salvadora, que sólo puede descubrirse mediante una revelación especial. Esta revelación es necesaria para enseñarle a las personas a adorar a Dios en forma correcta. En la revelación general, Dios se manifiesta a sí mismo pero, debido a nuestra pecaminosidad, los seres humanos corrompemos la recepción de esta revelación, la cual es tan simple que nos deja a todos sin excusa. Es como si a un abogado se le ofreciera la información necesaria para resolver un caso y este optara por ignorarla de manera perversa.

En resumen, a los seres humanos les falta la disposición para llegar a un conocimiento puro y claro de Dios. Hombres y mujeres suprimen la verdad divina porque no les agrada. No les agrada el Dios hacia quien esa verdad los conduce; por lo tanto, inventan dioses y religiones para sustituirlo. La universalidad de la religión en el mundo es prueba de las verdades presentadas más arriba. Según Pablo, el acto de suprimir el conocimiento de Dios y Sus mandatos corrompe nuestra razón y nuestra conciencia. Debido a este rechazo hacia Dios, Él revela con toda justicia Su ira contra la humanidad. La revelación general de Dios no nos sitúa en una relación de salvación para con Dios; lo que sí hace es revelarlo ante Sus criaturas quienes son, por lo tanto, responsables de la respuesta que manifiestan. Esta perspectiva de la revelación general sólo puede ser aceptada mediante la revelación especial.

Revelación especial Dios se ha revelado en la naturaleza, en la experiencia humana y en la historia, pero la entrada del pecado en el mundo cambió tanto la revelación así como su interpretación. Necesitamos Su revelación especial para entender plenamente la revelación de la esencia de Dios. La verdad divina existe fuera de la revelación especial, pero es coherente y complementaria con esta y no un sustituto.

En contraste con la revelación general de Dios, que está a disposición de todas las personas, la revelación especial sólo está disponible para determinadas personas, en determinados tiempos y lugares. Ahora sólo se obtiene al consultar las Sagradas Escrituras. La revelación especial es, ante todo, particular. Dios se revela a Su pueblo, que son los hijos de Abraham, ya sea por descendencia natural (Gén. 12:1-3) o espiritual (Gál. 3:16,29). ¿Significa esto que Dios restringe el conocimiento de sí mismo a un pueblo en particular? No necesariamente, ya que la revelación general de Dios ha sido dada a todos, a pesar de haber sido corrompida y rechazada por la maldad universal de la humanidad. Él ahora elige a quién y, a través de quién, se dará a conocer. Con respecto a Abraham, Dios dijo: "Bendeciré a los que te bendijeren, y a los que te maldijeren maldeciré; y serán benditas en ti todas las familias de la tierra" (Gén. 12:3). Dios se manifiesta a Su pueblo de un modo particular de manera que ellos puedan ser un canal de bendición para todos los demás.

La revelación especial también es progresiva. La historia bíblica atestigua una revelación gradual de Dios, Su voluntad y Su verdad en el AT y en el NT. El desarrollo no es de ningún modo contradictorio. Es complementario y suplementario a lo que se había revelado anteriormente. No debemos pensar en un avance de falsedad a verdad sino de una revelación menos completa a otra más plena (Heb. 1:1-3). La revelación de la ley en el AT no es sustituida por el evangelio sino que se completa en él.

La revelación especial es principalmente redentora y personal. Conociendo la condición de los seres humanos, en el principio Dios eligió revelarse de un modo más directo. En tiempo y espacio, Dios ha actuado y hablado para redimir a la raza humana de la maldad que se autoimpuso. Dios se reveló a sí mismo en la historia a través del llamamiento de personas, de milagros, del éxodo, de pactos establecidos y, por último, por medio de Jesucristo.

La culminación de la revelación personal de Dios es Jesucristo. En Él, el Verbo se hizo carne (Juan 1:1,14; 14:9). La promesa del AT de salvación como don divino para las personas, que no pueden salvarse a sí mismas, se cumplió en la entrega de Su Hijo. La revelación redentora de Dios es que Jesucristo cargó con los pecados de la humanidad caída, murió por ella y resucitó para asegurar la justificación. Este es el centro de la revelación especial.

Esta además tiene el carácter de una proposición. Incluye no sólo aquellos actos personales y redentores de la historia sino también la interpretación profética y apostólica de dichos acontecimientos. La revelación de Dios es proposicional porque le dio a conocer a Su pueblo verdades acerca de sí mismo. El conocimiento sobre alguien precede al conocimiento íntimo de esa persona. El propósito principal de la revelación no es necesariamente ampliar nuestro conocimiento. Sin embargo, el conocimiento proposicional tiene como fin el conocimiento personal.

De este modo, podemos afirmar que la revelación especial posee tres etapas: (1) la redención en la historia, que se centra finalmente en la obra de nuestro Señor Jesucristo; (2) la Biblia, la revelación escrita que interpreta lo que Él hizo para la redención de hombres y mujeres; (3) la obra del Espíritu Santo en las personas y en la iglesia, al aplicar la revelación de Dios a la mente y el corazón de Su pueblo. Como resultado, hombres y mujeres reciben a Jesucristo como Señor y Salvador, y pueden seguirlo fielmente en una comunidad de fe según el pacto toda la vida.

El contenido principal de la revelación especial es Dios mismo. El misterio perdura incluso en dicha revelación de sí mismo. Dios no se revela por completo a nadie. Sin embargo, sí se les revela a las personas hasta el grado en que puedan recibir dicho conocimiento. La revelación especial es la declaración de la verdad acerca de Dios, Su carácter y Su acción, y de la relación con Su creación a fin de reunir todas las cosas en Cristo, la única cabeza (Ef. 1:9-10).

El marco apropiado de la revelación especial es la fe cristiana. Dios se da a conocer a aquellos que reciben Su revelación con fe (Heb. 11:1,6). Fe es aceptar con gozo la verdad; recibir la revelación de Dios sin reservas ni vacilaciones (Rom. 10:17).

La Biblia es de vital importancia en la actualidad. A través de ella, el Espíritu testifica a las personas sobre la gracia de Dios y la necesidad de una respuesta de fe. En la Biblia aprendemos que Dios redime en Cristo Jesús a los pecadores. Nuestra respuesta de fe a la Palabra y los hechos de Dios, registrados e interpretados por los profetas y apóstoles, nos pide que asimilemos con humildad, docilidad y sin críticas lo que se enseña en las Sagradas Escrituras.

En resumen, podemos decir que Dios ha comenzado la revelación de sí mismo a hombres y mujeres. Esta es comprensible para la humanidad y hace posible que conozcamos a Dios y crezcamos en nuestra relación con Él. La autorrevelación divina proporciona información sobre Él a fin de llevar a hombres y mujeres a Su presencia. En el presente, para los cristianos la Biblia es la fuente de la revelación de Dios. En la palabra escrita podemos identificar a Dios, conocer y comprender algo acerca de Su persona, Su voluntad y Su obra, y guiar a otros a Él. Por lo general, la revelación especial no es especulativa. La Biblia trata principalmente de temas de cosmología e historia, donde estas cuestiones afectan la naturaleza de la fe. Dios se ha manifestado a sí mismo en carne a través del lenguaje, el pensamiento y la acción humana, tal como lo demostró finalmente en la encarnación de Jesucristo. *David S. Dockery*

REVELACIÓN NATURAL Ver *Revelación de Dios.*

REVERENCIA Respeto u honor que se brinda a un objeto digno. En la Biblia se honra: al padre y a la madre (Lev. 19:3; Heb. 12:9); a Dios (1 Rey. 18:3,12; Heb. 12:28); el santuario de Dios (Lev. 19:30; 26:2), y los mandamientos de Dios (Sal. 119:48). No reverenciar a Dios (Deut. 32:51) y reverenciar a otros dioses (Jue. 6:10) tiene graves consecuencias. La reverencia a Cristo se expresa en sumisión mutua dentro de la comunidad cristiana (Ef. 5:21). La persecución del creyente cobra nuevo significado cuando el sufrimiento se transforma en oportunidad para reverenciar a Cristo (1 Ped. 3:14,15). Ver *Temor.*

REVERENCIAR Inclinarse con el rostro en tierra como señal de homenaje y sumisión. La palabra hebrea *chavah* se traduce "reverencia" cuando el objeto venerado es una persona, pero como "adoración" cuando el homenaje se ofrece a Dios u otros dioses. En la mayoría de los casos, la gente hacía reverencia ante el rey (1 Sam. 24:8; 2 Sam. 1:2; 9:6-8; 14:4) o un oficial de la corte real (Gén. 43:28; Est. 3:2,5). Moisés se inclinó ante su suegro (Ex. 18:7). Saúl hizo reverencia ante la aparición de Samuel (1 Sam. 28:14).

REY, CRISTO COMO Enseñanza bíblica de que Jesús de Nazaret cumplió las promesas del AT sobre un Rey perfecto, y reina sobre Su pueblo y sobre el universo. La esperanza del AT para el futuro incluía la visión de un nuevo rey semejante a David denominado en hebreo "el ungido" o "el Mesías" (2 Sam. 7:16; 22:51). El profeta Isaías intensificó las promesas y señaló al Mesías que iba a venir (Isa. 7:13,14; comp. Sal. 45; 110). El libro de Daniel contiene una visión de aquel a quien se le concedería el dominio, la gloria y un reino; uno al que servirían todos los pueblos, naciones y lenguas. Su dominio sería eterno y no cesaría jamás. Su reino nunca sería destruido (Dan. 7:13,14).

Cuando nació Jesucristo, Su nacimiento fue anunciado en estas categorías. Su ministerio terrenal posteriormente amplió estos conceptos (Mat. 4:17; Luc. 1:32,33). De manera similar, Juan el Bautista proclamó la presencia del reino de Dios en la venida de Jesús (Mat. 3). El tema de Jesús como Rey, Gobernante o Señor domina el NT de principio a fin. Hallamos la culminación de este tema con el Señor sentado en el trono, Sus enemigos sujetos a Él y el otorgamiento de un nombre nuevo: "Y en su vestidura y en su muslo tiene escrito este nombre: REY DE REYES Y SEÑOR DE SEÑORES" (Apoc. 19:16).

La pregunta surge naturalmente, ¿en qué sentido el reinado de Cristo opera realmente en el mundo actual? Si Él es rey, ¿cómo es que el mundo ha cambiado tan poco y que Su reinado no se reconozca? Algunos responderían diciendo que el reinado de Jesús pertenece al futuro. Esto deja de lado la propia declaración de Cristo en cuanto a que el reino de Dios "está entre vosotros" (Luc. 17:21). Por lo tanto, el reinado de Cristo es tanto presente como futuro, ya está aquí y aún está por venir, es espiritual y universal.

El reinado presente de Cristo consiste en que Él gobierna a Su pueblo (Col. 1:13,18). Es un ámbito espiritual establecido en el corazón y en la vida de los creyentes. Él administra Su reino a través de medios espirituales, la Palabra y el Espíritu. Dondequiera que los creyentes acepten el señorío de Cristo, el Salvador está ejerciendo Su función de gobernante o rey. En base a esto, entendemos que Su reino se refiere más al reinado de Jesús que al ámbito donde se desarrolla. Cuando oramos diciendo "Venga tu reino", como lo hacemos en el Padrenuestro (Mat. 6:10), tenemos en mente este gobierno actual de Cristo el Rey.

El reinado de Cristo también está presente hoy en el mundo natural. Cristo es aquel a través de quien todas las cosas comenzaron su existencia (Juan 1:3) y son sustentadas (Col. 1:17). Él posee control del universo natural tal como lo demostró durante Su ministerio terrenal (Mar. 4:35-41).

La Biblia reconoce el reinado actual de Jesús y lo presenta como un reino espiritual (Juan 18:36). La multitud proclamó rey a Jesús en Su entrada triunfal el "domingo de ramos" (Juan 12:12-19). Podríamos decir que la puerta del cielo se entreabrió a fin de que, por un breve instante, Su verdadero reinado fuera visible a la gente en la tierra. Él declaró que si la gente se hubiese quedado callada en esa ocasión histórica, las piedras lo habrían proclamado Rey.

Además del reinado presente de Cristo, Su reino se hará plenamente evidente en el futuro. Veremos y entenderemos esto claramente cuando Jesús vuelva (Mat. 19:28). El reino futuro será esencialmente igual al gobierno presente en el sentido de que los seres humanos reconocerán el reinado de Cristo en su corazón. No obstante, será diferente en el sentido de que Su gobierno será perfecto y visible (1 Cor. 15:24-28). Una vez que se manifieste, el reino futuro durará para siempre. Cristo gobernará sobre todas las cosas en el cielo y en la tierra. En ese momento, Dios el Padre exaltará a Su Hijo Jesús al lugar de mayor autoridad y honor. En el nombre de Jesús, toda rodilla se doblará en el cielo y en la tierra y debajo de la tierra, y toda lengua confesará que Jesús es Señor para la gloria de Dios Padre (Fil. 2:9-11).

Jesús estableció Su reino mediante el sacrificio de Su muerte, tal como lo muestra claramente cada uno de los Evangelios. Pilato admitió más de lo que sabía cuando, al indicar la acusación contra Jesús, erigió la señal que decía "Rey de los judíos". El reinado de Jesús halla su máxima expresión cuando da a Su pueblo las bendiciones que aseguró mediante Su obra expiatoria (Rom. 8:32; Ef. 1:3-11,20-22). Jesús continuará reinando como la segunda persona de la Trinidad. Su condición de Dios/hombre no cesará. Jesucristo, el Rey, reinará como el Dios-hombre y ejercerá Su poder para beneficio de los redimidos y para la gloria de Su reino. *David S. Dockery*

REY, ESTANQUE DEL Probablemente el estanque de Siloé, un embalse en el huerto del rey en Jerusalén (Neh. 2:14) reconstruido por Salum, gobernador del distrito de Mizpa (Neh. 3:15). Ver *Rey, Huerto del.*

REY, HUERTO DEL Sitio de Jerusalén adyacente al estanque de Siloé, probablemente irrigado por el desborde de sus aguas (Neh. 3:15). Ver *Rey, Estanque del.*

REY, REALEZA Monarca masculino de una unidad territorial importante; en especial, alguien cuya posición es hereditaria y gobierna de por vida. El reino incluye posición, oficio y dignidad correspondientes a un rey. Aunque no se lo designa de este modo, el primer rey mencionado en la Biblia es Nimrod (Gén. 10:8-10), constructor de una ciudad mesopotámica que llegó a tener un poderoso imperio (quizá la Babilonia inicial). Durante los primeros tiempos de Abraham se mencionan otros diez reyes (Gén. 14:2-9). Uno de ellos fue Melquisedec, el rey de Salem. En Gén. 17:6 Dios le prometió a Abraham que de él descenderían naciones y reyes. La Biblia da evidencia del surgimiento de reyes entre diversos grupos de pueblos cananeos, egipcios y mesopotámicos.

En el antiguo Cercano Oriente, los reyes eran de tres clases fundamentales: (1) reyes de las naciones grandes a los que, a menudo, se los identifica con un dios (por ej. de Asiria, de Babilona y de Egipto); (2) reyes que provenían de un círculo militar exclusivo y habían tomado por la fuerza el control de una población local (p. ej. los reyes de las ciudades cananeas), y (3) reyes que surgían de grupos con orientación tribal o familiar cuya elección o herencia para el reinado estaba, en parte, determinada por la voluntad del pueblo (p. ej. Israel, Edom, Moab y Amón).

Transición de jueces a reyes Los jueces dirigieron a Israel desde la época de Josué hasta la de Saúl. La naturaleza de su liderazgo fue temporaria y localizada, y su función principal consistía en encabezar las regiones de Israel amenazadas por alguna fuerza exterior hasta que dicha amenaza desapareciera. Durante este período, Israel se hallaba más unida por el pacto que tenía con Dios que por el gobierno.

A medida que Israel se fue estableciendo en Canaán, el pueblo comenzó a asimilar diversos aspectos de la cultura cananea, y la confianza plena solo en Yahvéh para el bienestar y la seguridad comenzó a declinar. Esto, unido a la amenaza de los filisteos a todas las tribus de Israel, ponía en peligro la existencia del pueblo. Muchos comenzaron a sentir la necesidad de un liderazgo hereditario y totalitario para hacer frente a la amenaza (1 Sam. 8:5,20; comp. Jue. 8:22-23).

Saúl fue el primer líder de la nación. Fue ungido sobre Israel como el *nagid* de Israel (1 Sam. 11:15; 13:1; 15:1,11,35; 17:55; 18:6,22,25,27; 19:4; 24:8; 26:17; 29:3; 2 Sam. 5:25; 1 Crón. 11:2). Saúl fue un líder carismático con características muy similares a los jueces. Israel continuó siendo una liga tribal. Saúl no estableció ningún centro gubernamental, no tuvo corte real ni ejército permanente, y su asiento en Gabaa era una fortaleza y no un palacio.

Lo significativo en cuanto al liderazgo de Saúl es que, por primera vez después del asentamiento en Canaán, Israel tuvo un líder militar nacional permanente. Este fue un importante paso en la transición del sistema de jueces al establecimiento de la monarquía.

David también fue una figura muy semejante a los jueces con una personalidad carismática. Un profeta lo designó líder del mismo modo que se había procedido con los jueces y con Saúl antes de él.

No obstante, el liderazgo davídico representa la segunda etapa de la transición. A diferencia de Saúl, David fue capaz de fusionar a las tribus de Israel y formó una nación con lealtad a la corona, pudo establecer y mantener una corte, y constituir un ejército permanente. Lo que había sido una débil unión de doce tribus se convirtió en un complejo imperio centrado en la persona de David. Debido a su personalidad carismática y a su capacitación divina, David pudo concretar la unión de las tribus del norte y del sur (algo que, aparentemente, Saúl no fue capaz de hacer). David capturó Jerusalén y la convirtió en el centro religioso y político de Israel. La población cananea de Palestina estaba sujeta al rey. Las tierras subyugadas le pagaban tributo a David y no a las tribus en forma individual.

Cuando David le traspasó el poder del reinado a su hijo Salomón, se completó la transición del sistema de jueces al monárquico. El concepto común de rey consiste en una persona cuya posición es hereditaria y gobierna de por vida. Estas condiciones se cumplieron por primera vez cuando Salomón heredó el trono de David.

Funciones y poderes del rey El rey oficiaba como líder militar (1 Rey. 22:29-36) y juez supremo (1 Rey. 3:16-28). Israel, a diferencia de algunas naciones vecinas, imponía limitaciones al poder de sus reyes (1 Sam. 28:10-18). Era normal que los ancianos de la nación realizaran un pacto con el rey (2 Sam. 5:3; 2 Rey. 11:17) donde se registraban los derechos y las obligaciones del monarca, y se depositaba en el santuario, probablemente durante la ceremonia de la unción (1 Sam. 10:25). Se entendía claramente que el rey no estaba exento de cumplir con las leyes civiles (1 Rey. 21:4) ni que era señor absoluto de la vida y de la muerte, poder que David asumió al mandar a asesinar a Urías (2 Sam. 11; comp. asesinato de Nabot en manos de Acab en 1 Rey. 21:14-18; también 2 Rey. 5:7; 6:26-33). La denuncia profética de ciertos reyes demuestra que estaban sujetos a la ley (2 Sam. 12:1-15; 1 Rey. 21:17-24; comp. Deut. 17:14-20).

La corte del rey Los oficiales incluidos en la corte del rey eran la guardia (2 Rey. 11:4), el general del ejército (1 Sam. 14:50; 2 Sam. 8:16), el cronista (2 Sam. 8:16), el secretario o escriba (2 Sam. 8:17; 2 Rey. 18:18), el jefe administrativo que dirigía a los doce oficiales de distrito (1 Rey. 4:5; comp. vv.7-19), el mayordomo de palacio (1 Rey. 4:6; 18:3; 2 Rey. 18:18; Isa. 22:15), el supervisor del trabajo forzado (2 Sam. 20:24; 1 Rey. 4:6; 5:13-17; 11:28; comp. las traducciones modernas del término tributo), el amigo del rey (2 Sam. 15:37; 1 Rey. 4:5; 1 Crón. 27:33), el consejero (2 Sam. 15:12), el guarda de las vestiduras (2 Rey. 22:14), los oficiales a cargo de las granjas reales (1 Crón. 27:25-31), los sacerdotes (2 Sam. 8:17; 20:25; 1 Rey. 4:4) y los profetas (1 Sam. 22:5; 2 Sam. 7:2; 12:25; 24:10-25).

Salomón introdujo un sistema de impuestos a fin de recaudar los ingresos necesarios para mantener una corte de ese tamaño. La corte de Saúl era sencilla y no requería gran sustento financiero, en tanto que David dependía de los botines de guerra (2 Sam. 8:1-14). Salomón dividió la nación en doce distritos, cada uno de los cuales fue responsable de mantener a la corte durante un mes al año (1 Rey. 4:7-19,27,28).

Otro ingreso para la corte del rey eran las propiedades reales (1 Crón. 27:25-31; 2 Crón. 26:10; 32:27-29) y el trabajo forzado (2 Sam. 20:24; 1 Rey. 4:6; 11:28). Salomón también recaudaba ingresos de un peaje carretero impuesto a las rutas comerciales que atravesaban Israel (1 Rey. 10:15), la venta de caballos y carros (1 Rey. 10:28,29), una flota mercante (1 Rey. 9:26-28) y, según evidencias arqueológicas, probablemente de minas de cobre.

Dios como rey La fe de Israel incluía la confesión de que Dios era, en definitiva, su Rey. Algunos eruditos de la actualidad consideran que el pacto entre Dios e Israel registrado en Jos. 24, es un acuerdo real entre el rey y el pueblo (Ex. 19:6; Núm. 23:21; Deut. 33:5; Jue. 8:23; 1 Sam. 8:7; 12:12). El que ya en Gén. 17:6; 35:11; 49:10 y Núm. 24:17-19 se haya profetizado el reino indica que Dios no consideraba que el reinado humano fuera inherentemente malo ni contrario a Su voluntad para Israel. Lo que a Dios le desagradó fue la manera, el momento y la motivación con que Israel exigió un rey (comp. 1 Sam. 8:5-8; 12:12; Jue. 8:22,23). El rey terrenal obtenía su autoridad de parte de Dios como ungido de Jehová (1 Sam. 16:6; 2 Sam. 1:14) o capitán o príncipe del Señor (1 Sam. 9:16; 10:1; 13:14). Muchos salmos hablan de Dios como Rey (Sal. 24; 93; 95–98). Ver *Reino de Dios.*

Phil Logan y E. Ray Clendenen

REY, VALLE DEL Ver *Save.*

REYES, LIBROS DE Al cubrir el período entre los últimos días del rey David y el final del estado de Judá, los libros de 1 y 2 Reyes constituyen una parte vital de la historia de Israel. El título de estos libros indica su contenido: los reyes y los reinos de Israel y Judá. Tanto 1 como 2 Reyes forman parte de un cuerpo literario más amplio del AT conocido como los doce Libros Históricos (de Josué a Ester). En la Biblia en español, 1 y 2 Reyes están en 11° y 12° lugar en el AT; sin embargo, hasta los siglos XIV y XV d.C. los mss hebreos los agrupaban como obra unificada. En la traducción griega del AT, la Septuaginta (LXX, siglo III a.C.), 1 y 2 Reyes estaban unidos a 1 y 2 Samuel para formar los cuatro libros de los “reinos” o “reinados”. Por lo tanto, 1 y 2 Reyes se conocían como 3 y 4 “Reinos”. En la traducción latina de la Biblia de Jerónimo, la Vulgata (aprox. 400 d.C.), 1 y 2 Reyes equivalen a 3 y 4 Reyes, y así se preserva la antigua tradición de que los libros de Samuel y Reyes están interrelacionados con respecto a la historia de Israel, y al separarlos se demuestra cierto grado de superficialidad.

Marco temporal El momento histórico en que se inicia la narración de 1 Reyes es aprox. el 970 a.C. El último acontecimiento de 2 Rey. 25, ocasión en que Evil-merodac libera de la prisión al rey Joaquín, tiene lugar aprox. en el 560 a.C. Por lo tanto, el relato de 1 y 2 Reyes abarca 410 años de historia. Este período es testigo de enormes cambios en la nación de Israel, que incluyen la división del reino en el 930 a.C. (Israel como las diez tribus del norte y Judá como las dos tribus del sur), el clímax de la monarquía bajo el reinado de Salomón (970–930 a.C.), y los exilios de Israel y de Judá (722 a.C. y 587/586 a.C.).

Autor Los libros 1 y 2 Reyes son obras anónimas. Como los textos en sí no proporcionan evidencias internas directas sobre el autor, dos ideas básicas dominan el tema. La primera proviene del Talmud judío que designa como autor a Jeremías. Este encaja con la época como para haber escrito estos libros, excepto por un pasaje: 2 Rey. 25:27-30. Hay poco fundamento como para atribuirle a Jeremías estos cuatro versículos; no obstante, es posible la autoría del profeta debido a la perspectiva profundamente profética a través de los libros.

El erudito alemán Martin Noth lanzó la segunda idea básica sobre la autoría: la hipótesis de que un solo "historiador deuteronómico" escribió Josué a 2 Reyes (excepto Rut), después del 560 a.C., durante el exilio babilónico (587–539 a.C.). Esta idea ha acopiado la mayor cantidad de seguidores entre los eruditos bíblicos de la alta crítica desde que Noth postuló la idea a fines de la década de 1940. Basó su idea en la creencia de que el libro de Deuteronomio era una especie de documento fundamental sobre el cual el historiador deuteronómico basó la selección de acontecimientos que incluiría en su relato de la historia de Israel. En la Biblia hebrea, los libros que van desde Josué hasta 2 Reyes se conocen como Profetas Anteriores.

Teología de 1 y 2 Reyes Dejando de lado la posibilidad de que 1 y 2 Reyes hayan sido escritos por un solo autor denominado historiador deuteronómico, dichos libros contienen una teología marcadamente "deuteronómica". El libro de Deuteronomio propone esta verdad: la obediencia a las leyes de Dios produce bendiciones, en tanto que la desobediencia desencadena maldiciones. Dicha teología proporciona un eje alrededor del cual se desarrolla la narración histórica de los Profetas Anteriores. No obstante, gran parte del AT al margen de estos libros posee similitudes filosóficas con esta idea teológica (es decir, los Profetas y la Literatura Sapiencial).

Al interpretar la teología deuteronómica del AT, el intérprete debe ser cuidadoso al entender las promesas de Deuteronomio sobre la relación de pacto entre Israel y Yahvéh. Si no se entiende que Deuteronomio es la palabra de Dios para Su pueblo escogido (que ya se encuentra relacionado con Yahvéh mediante un pacto), un intérprete podría aplicar la verdad del texto erróneamente al afirmar que cualquier persona puede recibir las bendiciones de Yahvéh si se comporta de modo acorde a la teología deuteronómica. Esta aplicación errónea no reconoce la relación de pacto ya presente entre la simiente escogida de Abraham y Yahvéh. En otras palabras, la teología deuteronómica sólo es real para aquellos que ya se encuentran relacionados con Yahvéh por medio de un pacto. Intentar obedecer las leyes de Dios sin una relación de pacto no es más que "teología de salvación por obras" o "teología de la prosperidad".

Las otras dos ideas deuteronómicas importantes que impregnan 1 y 2 Reyes son la adoración centralizada en Jerusalén (Deut. 12:1-28) y la fidelidad de cada uno de los reyes en particular para promover la devoción plena a Yahvéh al eliminar a los ídolos de la tierra (Deut. 12:29-32; 13:12-18). Cuando se finalizó el templo durante el reinado de Salomón, la adoración se centralizó en Jerusalén, lo que dio así cumplimiento a Deut. 12:5: "Sino que el lugar que Jehová vuestro Dios escogiere de entre todas vuestras tribus, para poner allí su nombre para su habitación, ése buscaréis, y allá iréis". Los reyes que sucedieron a Salomón son juzgados según la fidelidad que mostraron para promover la obediencia plena a Yahvéh al quitar de la tierra a los ídolos, la prostitución cúltica masculina, las imágenes de Asera, etc. En otras palabras, el autor de 1 y 2 Reyes juzgó a los reyes de Israel y de Judá sobre la base de los actos de devoción o el incumplimiento del primer y segundo mandamiento: (1) "No tendrás dioses ajenos delante de mí", y (2) "No te harás imagen, ni ninguna semejanza de lo que esté arriba en el cielo, ni abajo en la tierra, ni en las aguas debajo de la tierra. No te inclinarás a ellas, ni las honrarás; porque yo soy Jehová tu Dios, fuerte, celoso..." (Ex. 20:3-5a).

El autor de 1 y 2 Reyes proporcionó una declaración final de juicio cualitativo en función de cómo cada rey había cumplido con el pacto de Dios. Estas declaraciones utilizan a David como parámetro para juzgar a cada uno de los reyes subsiguientes de Judá. En 2 Rey. 18:3 aparece un ejemplo de dicha declaración sobre el rey Ezequías:

"Hizo lo recto ante los ojos de Jehová, conforme a todas las cosas que había hecho David su padre". Veinte reyes sucedieron al rey Salomón en Judá. De estos 20 reyes, sólo ocho permanecieron, hasta cierto punto, fieles al pacto de Dios: Asa, Josafat, Joás, Amasías, Uzías (Azarías en 2 Rey. 15:1-7), Jotam, Ezequías y Josías. De estos ocho, sólo Ezequías y Josías recibieron alabanza absoluta por su fidelidad al pacto. Los otros seis permitieron que, hasta cierto punto, continuaran ciertas formas de idolatría.

En un sentido menos positivo, todos los reyes de la nación norteña de Israel fueron malos. Los reyes del Reino del Norte son juzgados por haber hecho lo malo ante los ojos del Señor y haber seguido el ejemplo de Jeroboam (el primer rey de la nación del norte) y su pecado (1 Rey. 15:34). Estas fórmulas de evaluación también parecen actuar como indicadores organizacionales.

Historia teológica/sagrada Con versículos tales como "Los demás hechos de Salomón, y todo lo que hizo, y su sabiduría, ¿no está escrito en el libro de los hechos de Salomón?" (1 Rey. 11:41), el lector entiende que el autor de 1 y 2 Reyes no registró todos los acontecimientos en la historia de Israel. Este proceso de selección fue lo que impulsó el desarrollo de los términos "historia teológica" o "historia sagrada". El autor escogió ciertos sucesos para incluirlos en el relato de la historia de Israel. Dichos sucesos son deuteronómicos en sentido teológico, y el motivo aparente del autor es proporcionar un relato preciso de los acontecimientos seleccionados.

Los eruditos de la alta crítica del siglo XX cuestionaron constantemente la autenticidad histórica de los relatos del Pentateuco y de los libros históricos del AT al afirmar que las evidencias extrabíblicas para verificar los relatos de la Escritura eran escasas o inexistentes. Si bien la falta de espacio impide la exploración de la totalidad de estos cuestionamientos escépticos, un intérprete debería observar que tanto la Estela de Mernepta (aprox. 1224 a.C.) como la inscripción de Tell-Dan hallada en 1993 constituyen dos ejemplos de respaldo extrabíblico sobre la presencia de Israel en la tierra de Canaán y la historicidad del reinado de David. Asimismo, la Piedra Moabita provee respaldo extrabíblico sobre la dinastía de Omri en Israel, 1 Rey. 16:21-28. Además, las cartas de Laquis y los anales de Senaquerib ofrecen material extrabíblico adicional que concuerda con ciertos relatos de 1 y 2 Reyes (aunque ciertamente existen ciertas diferencias entre los textos bíblicos y los extrabíblicos). Con respecto a la historicidad de los acontecimientos incluidos en la Biblia, el lector haría bien en prestar atención a las palabras del historiador Walter Kaiser, y permitir que la Biblia sea "inocente hasta que se demuestre su culpabilidad". Así también, es necesario recordar que la falta de evidencia extrabíblica no es prueba consumada de que un acontecimiento bíblico no haya ocurrido.

Informe de acontecimientos Los libros de 1 y 2 Reyes tienen tres secciones principales, según las cuales se presenta un informe de los sucesos registrados en los libros.

Salomón y su reinado (1 Rey. 1–11) El relato de 1 Reyes comienza con el final de la vida de David. Adonías, uno de sus hijos, intentó ocupar el trono tras conseguir un grupo de seguidores y proclamarse rey, pero el profeta Natán y Betsabé intercedieron, y David designó a Salomón como sucesor. Una vez que este fue declarado rey, aplicó "sabiduría" y exterminó a los probables opositores a su reinado: Adonías, Joab y Simei. El sacerdote Abiatar, que se había unido al levantamiento de Adonías, también fue destituido del sacerdocio en cumplimiento de la profecía contra la casa de Elí en Silo (1 Sam. 2:27-36; 3:10-14). En 1 Reyes se narra la oración de Salomón al pedir sabiduría, la concesión de dicha sabiduría por parte de Dios, y la clásica exhibición de sabiduría salomónica en la mediación entre dos prostitutas que se disputaban un hijo.

Una vez que se estableció firmemente el control del reino, Salomón dirigió su atención a tomar esposas extranjeras y concretar proyectos edilicios. El templo de Jerusalén es el proyecto de construcción más significativo de Salomón. La finalización del templo cumplió las palabras de Deut. 12:1-28 en cuanto al lugar donde Yahvéh establecería Su nombre. El texto bíblico revela la magnificencia del templo, el reclutamiento de obreros para edificarlo y la forma como fue dedicado. Cuando el pueblo trasladó el arca del pacto al templo, la gloria de Dios regresó en forma de nube, y conmemoró así la época del tabernáculo. Cuando Salomón expresa sus palabras dedicatorias, el lector observa el cumplimiento de la promesa divina a David de que su hijo edificaría el templo (2 Sam. 7:12,13). Si bien el templo poseía gran relevancia para los hebreos, Salomón también manifestó este concepto a los extranjeros que se acercaban a Yahvéh y oraban a Él (1 Rey. 8:41-43). La dedicación del templo fue seguida por una visita de la reina de Sabá y actividades comerciales con el rey de Tiro. Aunque las riquezas de Salomón excedían las de cualquiera de los reyes de Israel antes o después de él, aun así tuvo un "talón de Aquiles": los dioses ajenos. Las esposas extranjeras de Salomón introdujeron otros dioses a la presencia del rey. Estas mujeres alejaron el corazón del rey de la plena devoción a Yahvéh, y el rey adoró a estos dioses foráneos y les edificó altares. Esta acción pecaminosa fue un factor perjudicial para el magnánimo reinado de Salomón, pero fiel a la forma deuteronómica, el autor de 1 Reyes registró el juicio que pronunció Dios, la división del reino de Salomón. Dios llevó a cabo este juicio después de la muerte del rey. Es interesante observar que en el texto no se ofrece ninguna evaluación espiritual de Salomón como es tan común en 1 y 2 Reyes en el caso de todos los reyes que le sucedieron.

El reino dividido (1 Rey. 12–2 Rey. 17) La anteriormente unida nación de Israel entró luego en un espiral descendente. Roboam, el hijo de Salomón, actuó en forma necia al confirmar su intención de aplicar sobre el pueblo una carga laboral e impositiva aún mayor de la que había aplicado su padre. Esta acción provocó que Jeroboam, un antiguo enemigo de Salomón, se separara de la monarquía de Jerusalén. Las diez tribus del norte entonces se convirtieron en la nación de Israel, y las dos tribus del sur (Judá y Benjamín) pasaron a formar la nación de Judá (aprox. 930 a.C.). Jeroboam se convirtió en el primer rey de la nación del norte y erigió altares idólatras en Dan y en Bet-el en un intento para impedir que la gente viajara a Jerusalén para adorar. Estos altares tenían becerros de oro que recordaban la rebelión de los israelitas en el Monte Sinaí. A esta altura del relato se enfatiza la terrible pecaminosidad de Jeroboam; en consecuencia, este se convierte en el parámetro para la evaluación espiritual negativa de todos los reyes del norte que lo sucedieron. Ninguno de los 20 reyes del Reino del Norte fueron fieles al pacto con Yahvéh, lo cual precipitó la destrucción de la nación de Israel en el 723/22 a.C. En 2 Rey. 17 se registra que los asirios destruyeron Samaria, capital del Reino del Norte. Esta destrucción se vio seguida por la incorporación de otros pueblos conquistados. La mezcla matrimonial entre estos pueblos importados y los israelitas que no habían sido deportados fue el comienzo de los samaritanos.

Aunque la nación del norte presenta un "cuadro sombrío", la del sur posee algunos momentos brillantes en su historia. Ocho de los 20 reyes de Judá vivieron con cierto grado de fidelidad al pacto con Yahvéh. A través de este linaje escogido de reyes Dios mantuvo intacta Su promesa a Abraham y la descendencia mediante la cual enviaría a Su Hijo al mundo.

La fórmula real toma relevancia en esta sección del relato. Esta fórmula introductoria para los reyes de Judá consiste en cuatro elementos básicos: (1) el año del reinado del monarca en la nación de Israel; (2) la edad del rey cuando comenzó a reinar; (3) el nombre de la reina madre y (4) la evaluación espiritual del rey. Esta fórmula es una evidente característica organizativa de la narración; no obstante, aun con este procedimiento, los nombres similares de los reyes de ambas naciones y el desarrollo de la trama que pasa de una nación a otra puede, en ocasiones, ser difícil de seguir. La fórmula para los reyes de Israel consiste en el año del reinado del rey de Judá correspondiente y la extensión del reinado.

Aunque la mayoría de los reyes de Israel presentan escasa información de sus hazañas, los monarcas que reinaron durante los ministerios proféticos de Elías y Eliseo reciben atención especial, como es el caso de Acab y Jehú. Elías entra en escena en 1 Rey. 17. Al enfrentarse con el rey Acab (aprox. 874/73–853), con la reina Jezabel y con los profetas de Baal, Elías aparece como un héroe por su fidelidad al pacto con Yahvéh. Fue un profeta que realizó milagros y permaneció fiel a Yahvéh a pesar de la persecución. Después de huir de Jezabel y dirigirse a la región del Neguev/Sinaí, Elías recibió la palabra de Dios en cuanto al concepto de un remanente (1 Rey. 19:18). Yahvéh le dijo a Elías que había 7000 personas que no habían doblado sus rodillas ante Baal; por lo tanto, Dios les perdonaría la vida. Después de recibir esta palabra de parte de Dios, Elías le traspasó el manto profético a Eliseo, quien ministró durante el siglo IX a.C. El relato registra su interacción con el rey de Asiria, Ben-adad I (aprox. 880–842), y con Jehú, rey de Israel (aprox. 841–814/13). Muchos milagros de Eliseo están registrados en 2 Rey. 4–8. Este conjunto de milagros se conoce como "racimo milagroso".

Esta importante sección de 1 y 2 Reyes concluye con la destrucción del Reino del Norte. Lo que Salmanasar V inició al tomar Samaria, Sargón II lo concluyó al destruirla. Este cataclismo, que tuvo lugar en 723/22 a.C., señaló el final de la nación del norte.

Judá por sí sola (2 Rey. 18–25) Esta sección final del relato de Reyes se centra en la nación de Judá. Con Israel ya destruida, Judá permaneció por sí sola entre 722 y 587/86 a.C. Los dos mejores reyes de Judá ascendieron al trono durante este período: Ezequías y Josías. No obstante, a pesar de las reformas deuteronómicas de estos reyes, la nación de Judá continuó rebelándose contra Yahvéh. Por lo tanto, Dios utilizó a los babilonios como instrumento para castigar a Su pueblo al destruir la ciudad de Jerusalén y el templo en el 587/86 a.C.

Esperanza para el futuro Aunque la historia del pueblo de Dios en 1 y 2 Reyes está signada por fracasos, Dios se mantuvo fiel a Su pueblo escogido. Si bien ambas naciones partieron al exilio, Dios recordó la promesa a Abraham y preservó a Su pueblo mientras se hallaba exiliado. El último acontecimiento del libro de 2 Reyes es la bondad de Evil-merodac hacia uno de los reyes malvados de Judá, Joaquín (Jeconías), a través del cual Dios iba a llevar a cabo la redención definitiva en la persona de Su Hijo Jesucristo. Por lo tanto, la historia deuteronómica de Israel concluye con una nota de "anhelante anticipación" por la inauguración del nuevo pacto (Jer. 31:31-34). *Pete Wilbanks*

Bosquejo

1 Reyes

I. Dios obra Sus propósitos aun mediante venganza y traición humana (1:1–2:46)

II. Dios obra mediante la sabiduría que le da a Su humilde líder (3:1–7:51)
   A. Dios cumple el pedido de Su humilde líder y lo equipa con sabiduría divina (3:1-28)
   B. El líder de Dios administra sabiamente a su pueblo (4:1-34)
   C. El líder de Dios sigue sabiamente instrucciones divinas para edificar una casa de adoración (5:1–7:51)

III. Dios reacciona ante la adoración y el pecado de Su pueblo (8:1–11:43)
   A. Dios cumple la promesa que le hizo a Su pueblo y a sus líderes (8:1-21)
   B. El incomparable Dios del cielo escucha la oración de Su pueblo arrepentido en cualquier parte (8:22-53)
   C. El Dios fiel guía a Su pueblo para que sea fiel e invita a la nación a reconocer el carácter único de Yahvéh (8:54-61)
   D. El pueblo de Dios adora gozosamente en Su casa (8:62-66)
   E. El favor de Dios está relacionado con la obediencia de Su pueblo (9:1-9)
   F. Dios bendice los esfuerzos de Su líder fiel (9:10–10:29)
   G. La infidelidad de un líder desencadena disciplina de Dios sobre Su pueblo (11:1-43)

IV. La desobediencia conlleva consecuencias (12:1–16:34)
   A. Los líderes que se niegan a ser siervos pierden a sus súbditos (12:1-24)
   B. La adoración falsa conduce a la condenación del pueblo de Dios y de su líder (12:25–13:10)
   C. Los profetas de Dios deben obedecer la voz de Dios (13:11-25)
   D. La desobediencia conduce a una nación a la ruina eterna (13:26–14:20)
   E. Dios es fiel a Sus promesas aun cuando el pueblo desobedece (14:21–15:8)
   F. Dios honra a un líder fiel en medio de la desobediencia (15:9-24)
   G. Dios cumple Sus amenazas contra los líderes malvados (15:25–16:34)

V. Dios obra en la historia mediante Sus mensajeros proféticos (17:1–22:53)
   A. Dios bendice y envía reconocimiento hacia Su fiel profeta (17:1-24)
   B. Yahvéh comprueba a través de Su profeta la declaración de ser el único Dios de Israel (18:1-46)
   C. Dios reanima al profeta deprimido y provee lo necesario para que se cumplan los propósitos divinos (19:1-21)
   D. Dios utiliza a un profeta para demostrar Su señorío sobre la historia (20:1-30a)
   E. Dios envía profetas para condenar a Sus líderes desobedientes (20:30b-43)
   F. Dios utiliza a Sus profetas para que los líderes culpables se arrepientan (21:1-29)
   G. Dios habla mediante Su profeta escogido, no a través de los que dependen de designación y provisiones humanas (22:1-40)
   H. Dios bendice a los fieles pero muestra enojo con los desobedientes (22:41-53)

2 Reyes

I. Dios lidera la historia y revela Su voluntad mediante profetas (1:1–8:29)
   A. Solo Dios controla el destino de Su pueblo (1:1-18)
   B. Dios proporciona liderazgo espiritual para Su pueblo (2:1-25)
   C. La palabra profética de Dios controla la historia (3:1-27)

D. El siervo de Dios ayuda al fiel pueblo de Dios en tiempos de necesidad (4:1-44)
E. La misericordia de Dios se extiende más allá de las fronteras internacionales (5:1-19a)
F. Los ministros codiciosos no pueden engañar a Dios (5:19b-27)
G. Dios derrota a los enemigos de Su pueblo (6:1–7:20)
H. Dios no se olvida de Su pueblo fiel (8:1-6)
I. Dios controla el destino de todas las naciones (8:7-29)

II. La misericordia de Dios tiene límites (9:1–17:41)
A. Dios cumple Sus amenazas contra la adoración falsa pero honra a aquellos que hacen Su voluntad (9:1–10:36)
B. Dios protege a Su líder escogido (11:1-21)
C. El pueblo de Dios sustenta Su casa de adoración (12:1-16)
D. Las ofrendas a Dios no se deben usar con propósitos políticos (12:17-21)
E. La misericordia y la fidelidad de Dios protegen incluso a Su pueblo desobediente (13:1–14:29)
F. Dios obra para castigar al pueblo que sigue siendo desobediente (15:1–16:20)
G. Dios pone fin a la nación que se niega a seguir la palabra profética (17:1-41)

III. Dios honra a los líderes justos pero castiga a un pueblo pecaminoso (18:1–25:30).
A. Dios recompensa a los que confían en Él pero castiga a los que se burlan (18:1–19:37; comp. con Isa. 36:1–37:38)
B. Dios escucha la oración de Su siervo fiel (20:1-11; comp. con Isa. 38:1-22)
C. Dios conoce el futuro de Su pueblo (20:12-21; comp. con Isa. 39:1-8)
D. La rebelión contra Dios desencadena rechazo divino (21:1-26)
E. Un gobernante justo puede retrasar el juicio divino (22:1-20).
F. Un gobernante justo no puede evitar para siempre el juicio (23:1-30).
G. El castigo merecido le llega al pueblo de Dios desobediente (23:31–25:26).
H. Dios mantiene la esperanza para Su pueblo (25:27-30). *Phil Logan*

REZIA Nombre de persona que significa "delicia". Jefe de una familia de la tribu de Aser que fue un guerrero de renombre (1 Crón. 7:39,40).

REZÍN Rey de Siria alrededor del 735 a.C. durante los reinados de Peka en Israel y Acaz en Judá. Cuando este rehusó unirse a Rezín y a Peka para luchar contra Asiria, Rezín persuadió a Peka para que se aliara con él en contra del rey de Judá (2 Rey. 15:37; 16:5). Acaz apeló por ayuda ante Tiglat-pileser de Asiria, quien se alzó contra Rezín y Peka, y destruyó sus reinos. Rezín murió en el 732 a.C., cuando Damasco cayó bajo dominio asirio.

REZÓN Nombre de persona que significa "príncipe". Líder arameo que condujo exitosamente una revuelta contra Salomón y estableció un estado independiente con capital en Damasco (1 Rey. 11:23-25). Ver *Damasco.*

RIBAI Nombre de persona que significa "Yahvéh contiende". Padre de Itai, uno de los 30 guerreros escogidos de David (2 Sam. 23:29; 1 Crón. 11:31).

RIBLA **1.** Ciudad siria cercana a Cades sobre el Orontes, próxima a la frontera con Babilonia. Allí el faraón Necao tomo prisionero al rey Joacaz de Judá tres meses después de que este joven monarca comenzara su reinado (2 Rey. 23:31-33). Más tarde, cuando Sedequías se rebeló contra Nabucodonosor de Babilonia, fue llevado a Ribla como prisionero y presenció la ejecución de sus hijos antes de que le sacaran los ojos a él (25:4-7). Ver *Diblat.* **2.** Ciudad desconocida en la frontera oriental de Canaán (Núm. 34:11). Las traducciones más antiguas la llaman "Arbela".

RIFAT Nombre de persona de origen extranjero. Hijo de Gomer, probablemente antepasado de una tribu de Anatolia (Gén. 10:3).

RIMÓN Nombre geográfico y de una deidad que significa "granada". **1.** Dios principal de Siria, también llamado Hadad. Naamán adoraba a Rimón en Damasco (2 Rey. 5:18). **2.** Ciudad asignada a la tribu de Judá (Jos. 15:32) pero luego entregada a Simeón (19:7; comp. 1 Crón. 4:32). Las primeras traducciones y muchos intérpretes modernos leen En-rimón en todos los casos. Es la moderna ciudad de Khirbet er-Ramamin, unos 3 km (2 millas) al sur de Lahav. Zacarías 14:10 la describe como límite sur del nuevo y enaltecido reino de Dios. Ver *En-rimón.* **3.** Ciudad de los levitas en Zabulón (Jos. 19:13; 1 Crón. 6:77); en algunos mss hebreos aparece como Dimna (Jos. 21:35). Es la actual Rummaneh, 9,5 km (6 millas) al noreste de Nazaret. Ver *Dimna.* **4.** Peña cerca de Gabaa hacia donde el pueblo de Benjamín huyó de los israelitas vengativos (Jue. 20:45-47); moderna ciudad de Rammun ubicada a unos 6 km (4 millas) al este de Bet-el. **5.** Padre de Recab y Baana, quienes asesinaron al hijo de Saúl, Is-boset (2 Sam. 4:2,9).

RIMÓN-PERES Nombre geográfico que significa "granada del paso". Lugar de campamento durante la peregrinación de Israel por el desierto (Núm. 33:19,20).

RINA Nombre de persona que significa "grito resonante". Descendiente de Judá (1 Crón. 4:20).

RÍO ÉUFRATES Ver *Ríos Tigris y Éufrates.*

RÍO JORDÁN Nombre geográfico que significa "el que desciende". Río que constituye la división geográfica entre las tribus del este y del oeste de Israel. Es el río más largo e importante de Palestina. Nace al pie del Monte Hermón y desemboca en el Mar Muerto. El Valle del Jordán es una angosta franja de poco más de 110 km (70 millas) de largo entre el Mar de Galilea y el Mar Muerto. Dicho valle se halla atravesado por varios ríos y wadis (arroyos) que lo dividen en varios sectores geográficos.

Las verdes aguas del Río Jordán, en su serpenteo a través de Israel.

Debido a lo sinuoso de su curso, la longitud total del río es de más de 320 km (200 millas). Las nacientes se hallan a más de 300 m (1000 pies) sobre el nivel del mar y la desembocadura a unos 400 m (1300 pies) bajo el nivel del mar. A lo largo del curso descendente, el río pasa por una gran variedad de zonas climáticas así como por distintos tipos de terrenos.

En las colinas al pie del Monte Hermón se juntan cuatro fuentes y forman el Río Jordán: Banias, el-Leddan, Hasbani y Bareig-hit. El Jordán luego fluye hacia el sur a través de lo que podrían

El Río Jordán fluye por Israel hacia el sur desde el Monte Hermón, y finalmente desemboca en el Mar Muerto.

denominarse tres etapas: *(1) Desde el nacimiento hasta el Lago Huleh.* El Jordán recorre alrededor de 11 km (7 millas) antes de ingresar al Lago Huleh. En ese primer trayecto, atraviesa una zona pantanosa de juncos, totoras y papiros (principal material de escritura durante siglos). En esta zona solían verse leones en los tiempos bíblicos (Jer. 49:19). *(2) Entre el Lago Huleh y el Mar de Galilea.* Una vez que abandona el Lago Huleh, el Jordán recorre unos 16 km (10 millas) hasta el Mar de Galilea. En este breve trecho desciende hasta los 212 m (696 pies) bajo el nivel del mar. El río ha erosionado un cauce profundo y sinuoso que atraviesa el centro del valle. Gran parte del recorrido presenta profundas gargantas. *(3) Desde el Mar de Galilea hasta el Mar Muerto.* Cuando abandona el Mar de Galilea, el Jordán atraviesa una región de gran fertilidad. La longitud de este tramo es de unos 100 km (65 millas), pero las curvas y vueltas del río triplican dicha distancia. El ancho del valle va de 5 a 22 km (3 a 14 millas). El río desciende 180 m (590 pies) en este tramo.

Varios de sus mayores afluentes (p. ej. el Yarmuk, el Jaboc) vierten casi la misma cantidad de agua que trae el Jordán. Los deltas de dichos cursos de agua son siempre zonas fértiles que amplían el área cultivable del valle. Muchas ciudades de la antigüedad se construyeron cerca del punto de unión de los tributarios con el río principal.

El Río Jordán y el Valle del Jordán cumplieron un importante rol en diversos eventos memorables tanto del AT como del NT. La primera mención del Jordán en la Biblia se da en la historia de Abram y Lot. Cuando este se separa de aquel, elige para sí "todo el Valle del Jordán" (Gén. 13:11 LBLA). Jacob luchó contra su adversario en el vado de Jaboc (Gén. 32:22-26). Bajo el liderazgo de Josué, Israel cruzó el Jordán "en seco" (Jos. 3:15-17). Durante el período de los jueces y la primera monarquía, la posesión de los vados del Jordán más de una vez constituyeron la diferencia entre la derrota y la victoria. El Jordán era una gran línea de defensa que no podía ser atravesada con facilidad. También se menciona el Jordán en milagros de Elías y Eliseo.

La historia esencial de los Evangelios se inicia en el Río Jordán. Allí llegó Juan el Bautista predicando sobre el reino de los cielos que se acercaba. El evento más importante del NT relacionado con el Jordán es el bautismo de Jesús, llevado a cabo por Juan el Bautista (Mar. 1:9). La primera parte del ministerio de Jesús estuvo centrada en el Mar de Galilea y sus alrededores. La segunda parte de su ministerio se sucedió a medida que recorría el este del Valle del Jordán. Allí realizó nuevos milagros y habló a la multitud por medio de parábolas, en especial las registradas en Luc. 12–18. Ver *Mar de Galilea; Mar Muerto; Monte Hermón.*

Philip Lee

RÍO NILO Río importante considerado como la "vida" del antiguo Egipto. La palabra hebrea empleada comúnmente en el AT para referirse al Nilo es *y'or.* En realidad es un término tomado del vocablo egipcio *itwi* o *itr* con que los egipcios se referían al Nilo y a los brazos y canales que de él emergían.

El Nilo egipcio se forma mediante la confluencia del Nilo Blanco que nace en el Lago Victoria en Tanzania y el Nilo Azul que proviene del Lago Tana en Etiopía. Estos confluyen en Jartum en Sudán y posteriormente se alimenta del Atbara. A partir de allí, el Nilo recorre 2680 km (1675 millas) hacia el norte hasta el Mar Mediterráneo sin recibir ningún otro tributario. En la antigüedad existían seis cataratas que impedían la navegación en diversos puntos. La primera, aguas arriba, se encuentra en Aswan y por lo general se la reconoce como la frontera sur de Egipto. Desde Aswan hacia el norte, el Nilo fluye entre dos acantilados que en ocasiones descienden directamente hasta sus márgenes y en otros lugares se encuentran a 14 km (9 millas) de distancia. Los terrenos lindantes se podían cultivar hasta donde fuera posible extender el agua del Nilo. Los egipcios denominaban a esta región cultivable Tierra Negra por el color del terreno fértil. Más allá de esta zona se hallaba la Tierra Roja del desierto bajo que se extendía al pie de los acantilados. En la parte superior del acantilado se encontraba el inhóspito gran desierto que pocos egipcios se aventuraban a atravesar. Al sur de la actual capital, El Cairo, y la antigua capital cercana, Menfis, el Nilo forma un inmenso delta. Las numerosas ciudades antiguas de esta región ahora yacen bajo la masa de agua. Se han realizado pocas excavaciones arqueológicas en este sitio, si bien esta es la zona donde probablemente se encuentren ubicados los lazos más cercanos con Palestina. El extremo oriental del delta es el sitio correspondiente a la tierra de Gosén donde se establecieron Jacob/Israel y sus descendientes. Ver *Gosén.*

El Nilo es la esencia de la riqueza de Egipto, su propia vida. Es el único río que fluye hacia el norte y atraviesa el Sahara. Egipto se caracterizaba como comunidad agrícola por ser la única que no dependía de las precipitaciones. El secreto era el limo negro que se depositaba en los campos como resultado de la inundación anual que se producía cuando el Nilo Azul crecía tras las abundantes lluvias invernales en Etiopía. Este limo era notablemente fértil. Las aguas para irrigación que los egipcios esforzadamente recogían del río les permitían producir gran variedades de granos (Núm. 11:5; Gén. 42:1,2). Si las lluvias invernales escaseaban, la leve o inexistente inundación subsiguiente traía consigo una desastrosa hambruna; se han registrado algunas que se extendieron durante muchos años (comp. Gén. 41).

Aun en el presente se conduce el agua hasta los campos particulares a través de canales que derivan de acequias centrales. Estos canales están bloqueados con diques de tierra que se pueden romper con el pie cuando le corresponde utilizar agua a uno de los agricultores en particular (Deut. 11:10). Debido a que la vida se concentraba en el valle, el río también constituía una ruta natural. Todos los viajes importantes de Egipto se realizaban en barcos llevados por la corriente cuando se dirigían hacia el norte, o por el viento imperante en ocasión de transitar en dirección sur. La primera de las diez plagas se suele vincular con las condiciones del río durante el clímax de la estación de crecientes correspondiente al mes de agosto, en que grandes cantidades de organismos pequeños tiñen el agua de rojo y la convierten en fétida e imbebible. También es posible que hayan matado los peces que luego entraron en descomposición e infectaron las ranas (la segunda plaga), lo cual condujo a sucesivas plagas de piojos, moscas y pestilencia. Dios tal vez haya empleado tales condiciones naturales en el momento indicado por Él para enviar las plagas a Egipto. Ver *Egipto; Plagas.*

John Ruffle

RÍO ORONTES Río principal de Siria que nace al este de la cadena del Líbano (la moderna Asi [turca], Nahr el-'Asi [árabe]), asciende cerca de Heliópolis (Bealbek) en el Valle de Beka en el Líbano y fluye hacia el norte unos 400 km (250 millas) atravesando Siria y Turquía antes de girar hacia el sudoeste al sur de Antioquía del Orontes (Antakya) en dirección al Mediterráneo, para entonces llegar a la

Velero en el Río Nilo.

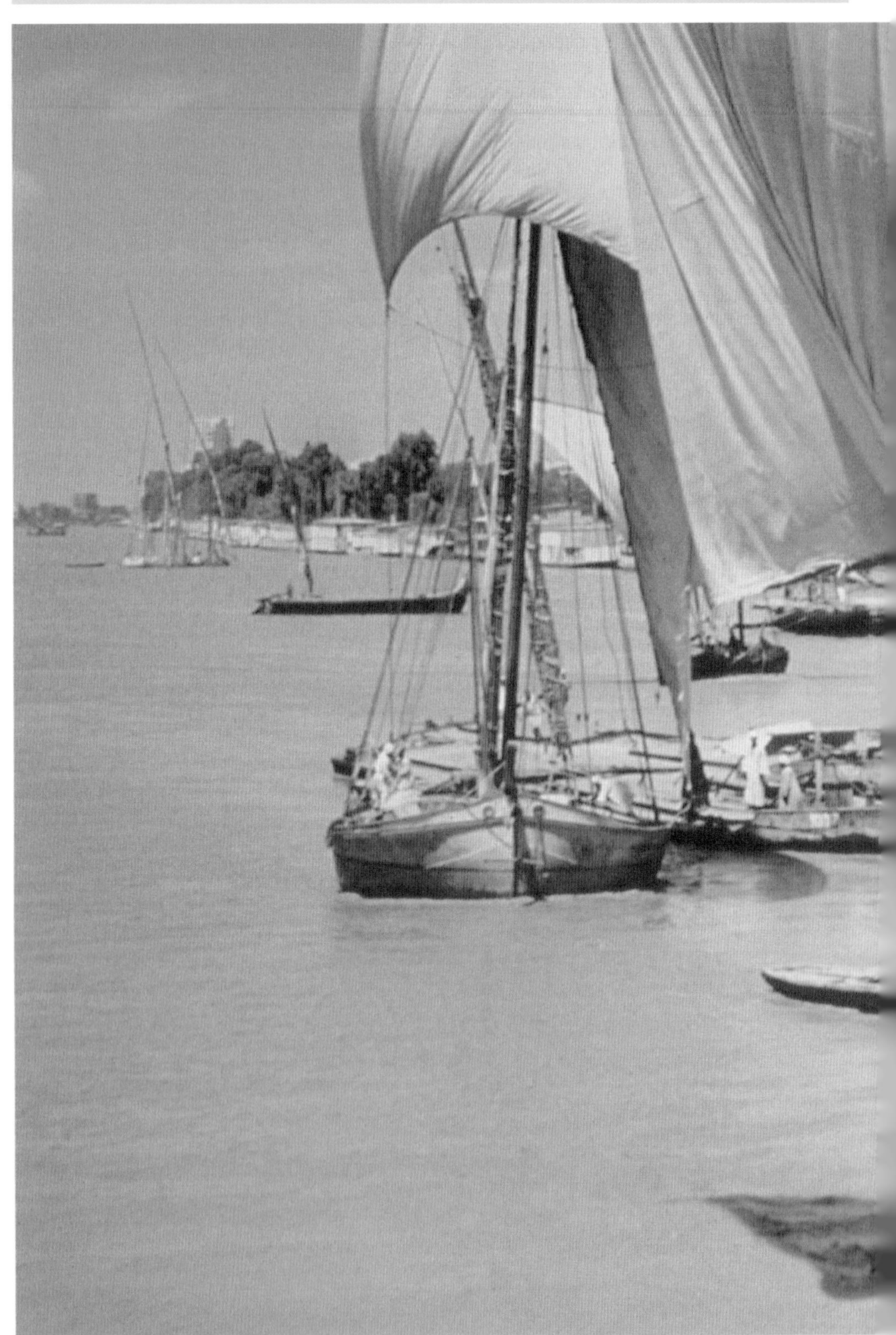

Barcos pesqueros en el Río Nilo, en Egipto.

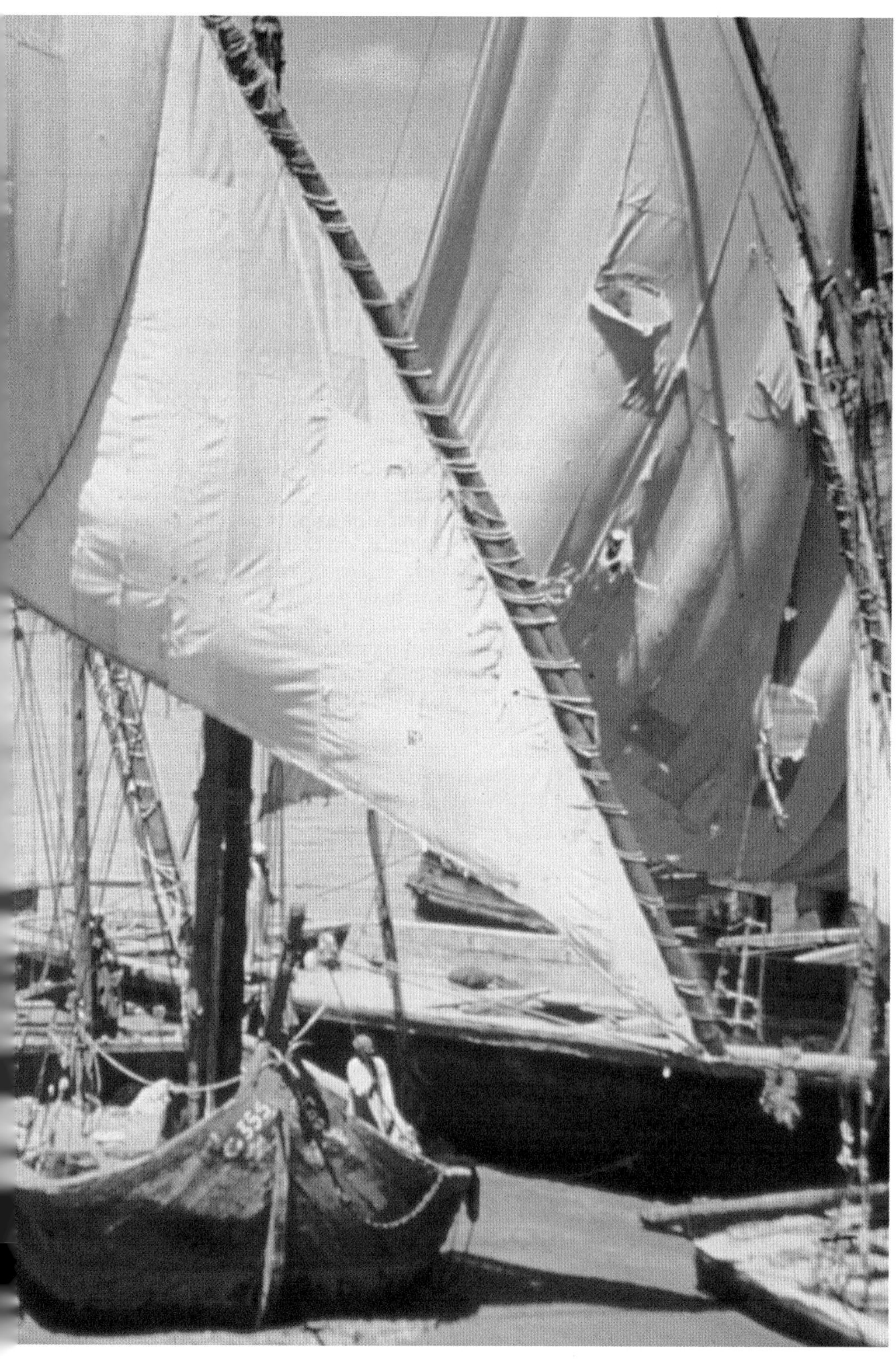

costa inmediatamente al sur de la antigua Seleucia, el puerto de Antioquía. Este río nunca se menciona específicamente en la Biblia, pero era famoso por su vinculación con Antioquía, que le debía al río la fertilidad de la región. Las ciudades en el Valle del Orontes incluyen Antioquía (Hech. 11:19; 13:1); Amat (2 Sam. 8:9; 2 Rey. 17:24; 2 Crón. 8:4; Isa. 11:11); Qarqar, sitio donde el rey Acab de Israel se unió a la coalición de reyes sirios para luchar contra Salmanasar III, y Ribla (2 Rey. 23:33; 25:6,21). El nombre actual del Orontes es Nahr el-'Asi (río rebelde). Ver *Antioquía; Ríos y vías fluviales.*

Colin J. Hemer

Un joven iraquí mira al otro lado del Éufrates, que fluye a través de Iraq hasta el Golfo Pérsico.

RÍO, DEL OTRO LADO DEL Se refiere al Río Éufrates en la Mesopotamia. Desde la perspectiva de aquellos que vivían en Palestina, "del/al otro lado del río" significaba del lado oriental del Río Éufrates. La expresión se utilizaba con frecuencia para hablar del hogar ancestral de los patriarcas (Jos. 24:3,14,15). Desde la perspectiva de los que vivían en Persia, "del otro lado del río" significaba al oeste del Río Éufrates. Darío I, el gran organizador del Imperio Persa, le puso el nombre de "del otro lado del río" (Ebir-nari) a la quinta satrapía. Esta incluía Siria y Palestina. El uso persa oficial se refleja en los libros de Esdras (4:10-20; 5:3,6; 6:6,8,13; 7:21,25; 8:36) y Nehemías (2:7,9; 3:7).

RÍOS TIGRIS Y ÉUFRATES Dos de los más grandes ríos de Asia Occidental. Nacen en las montañas de Armenia y se unen a unos 145 km (90 millas) del Golfo Pérsico para formar lo que ahora se conoce como Río Shatt-al-Arab, que fluye hasta desembocar en el golfo. En la antigüedad, el Tigris desembocaba en el golfo en forma separada. Tanto el Éufrates como el Tigris se mencionan entre los cuatro ríos del Paraíso (Gén. 2:14).

Embarcaciones en el Río Éufrates, en el actual Iraq (antigua Mesopotamia).

El Río Tigris fluye a través de Iraq (la antigua Mesopotamia).

Entre los hebreos al Éufrates se lo conocía como "el gran río" (Gén. 15:18; Jos. 1:4) o el "río" (Núm. 22:5). Constituía el límite norte de la tierra prometida a Israel (Gén. 15:8; Deut. 1:7). Además se menciona en Apocalipsis como el lugar donde estaban atados los ángeles (9:14) y donde se arrojó la sexta copa (16:12).

El Éufrates es el río más largo, más grande y más importante de Asia Occidental. Muchas ciudades importantes estaban ubicadas sobre su costa; la más importante era Babilonia. Otras eran Mari y Carquemis. Esta última fue el sitio de una famosa batalla entre Babilonia y Egipto en el 605 a.C. (Jer. 46:2).

En la Biblia, el Tigris no se destaca tanto como el Éufrates, pero es el sitio donde se produjo la visión más importante del profeta Daniel (Dan. 10:4). Como en el caso del Éufrates, algunas ciudades significativas se asentaron en sus riberas. Nínive, la antigua capital del Imperio Asirio, se encontraba en la costa oriental. Más al sur estaba Asur, centro religioso y primera capital de Asiria. Ver *Babilonia*; *Nínive.*

M. Stephen Davis

RÍOS Y VÍAS FLUVIALES Desde los primeros esfuerzos por asentarse de manera permanente en el antiguo Cercano Oriente, las personas fueron atraídas hacia los ríos y los arroyos que finalmente determinarían la distribución de la población entre las montañas, los desiertos y los mares. Las llanuras anegadas de muchos de estos ríos originalmente eran inhóspitas, con selvas espesas y enmarañadas, bestias salvajes e inundaciones y enfermedades impredecibles. No obstante, en las zonas de llanuras y tierras bajas que proporcionaban un suministro de alimento más constante y facilidad de traslado, la necesidad de una fuente de agua permanente atraía a los colonos hacia las orillas de los ríos. Así, las primeras civilizaciones ribereñas del Nilo, el Tigris y el Éufrates que comenzaron alrededor del 3000 a.C., y poco tiempo después la civilización del Indo, nacieron como respuesta a los retos y beneficios que representaban estas importantes vías fluviales. Se desarrolló el control de inundaciones y la organización social y económica, y se inventó la escritura como medio de comunicación. El comercio se vio facilitado debido a las vías fluviales navegables. Dado que los caminos seguían las líneas de menor resistencia, el patrón de las primeras rutas comerciales se regía por los canales y los cursos de ríos y arroyos (especialmente en terreno más accidentado), y se extendían a lo largo de la costa donde se desarrollaron los primeros poblados de pescadores.

Ríos y arroyos Cada uno de los ríos de la Biblia fue aprovechado para satisfacer necesidades humanas específicas. Un estudio de los ríos ayuda a comprender la cultura ribereña.

Nilo (heb. *ye'or*) El Nilo juega un papel prominente en los primeros acontecimientos de la vida de Moisés en Éxodo (Moisés, Ex. 2:3; las diez plagas, Ex. 7:15,20). Muchos pasajes hacen referencia al Nilo como el río (Gén. 41:1), el "río de Egipto" (Gén. 15:18; Amós 8:8) y Sihor (Jos. 13:3), entre otros nombres. El "torrente de Egipto" se refiere mayormente a Wadi el-Arish, el sistema de desagüe del centro de Sinaí. Los profetas Amós (Amós 8:8; 9:5) y Jeremías (Jer. 46:8) emplearon el Nilo como símbolo de Egipto, concepto que se entiende fácilmente en términos de la importancia histórica del río para la supervivencia y el bienestar del país.

Para los egipcios, el desborde anual predecible del Nilo junto con el depósito de suelo aluvial negro y fértil significaba enriquecimiento de la llanura anegada y la diferencia entre el alimento y la hambruna. El Nilo nace de la unión del Nilo Blanco y el Nilo Azul, y recorre una distancia de unos 5600 km (3500 millas). Su cuenca tiene alrededor de 2.600.000 km^2 (1.000.000 de millas^2). Luego de un caudal bajo a fines de mayo, a comienzos de septiembre el flujo del río llega gradualmente a su nivel de desborde máximo. A lo largo de la historia, aprox. el 95% de la población de Egipto dependía de la productividad del 5% de la superficie del país correspondiente a la llanura anegada del Nilo. En el delta, al menos tres brazos importantes facilitaban la irrigación de todo el abanico al norte de Menfis, la antigua capital del Bajo Egipto. Ver *Egipto; Río Nilo.*

Éufrates Se menciona por primera vez en Gén. 2:14 como uno de los cuatro brazos del río que irrigaba el jardín del Edén. El Éufrates recorre unos 2700 km (1700 millas) hasta transformarse en el río más largo del oeste de Asia. Desde la región montañosa del noreste de Turquía (Armenia), fluye en dirección sur hacia el norte de Siria y gira hacia el sudeste para unirse al Tigris y desembocar en el Golfo Pérsico. En el Éufrates medio, Carquemis (originalmente el centro de una pequeña ciudad-estado) se transformó en la importante capital provincial del reino Mitanni, después de los imperios hitita y asirio. En Carquemis, en el 605 a.C., Nabucodonosor II derrotó al faraón Neco cuando comenzó su exitosa avanzada para reclamar el antiguo Imperio Asirio a fin de incorporarlo a Babilonia (2 Rey. 24:7; Jer. 46). Dos importantes tributarios, el Balikh y el Khabur, confluyen en el Éufrates desde el norte antes de que continúe hacia el antiguo centro comercial de Mari. El bajo Éufrates generalmente determinaba los límites occidentales de las ciudades-estado que conformaron la primera civilización sumeria. Desde la llanura del río hasta el delta, tanto el Tigris como el Éufrates regularmente han creado nuevos brazos y cambiado sus cursos. Alrededor del 90% de su flujo se pierde misteriosamente debido a la irrigación, la evaporación, las lagunas, los lagos y los pantanos, y nunca llega al Golfo Pérsico. Perdidas también en esta región se encuentran vastas cantidades de sedimento que el Tigris y el Éufrates acarrean de las regiones montañosas. Los depósitos de sedimentos a lo largo de los cursos inferiores de estos ríos alcanzan un promedio de 5 a 7 m (16 a 23 pies), y en algunas regiones llegan a tener 11 m (36 pies). Se ha calculado que en un solo día el Tigris por sí solo retira alrededor de tres millones de toneladas de materiales erosionados de tierras altas. En el extremo sur, los dos ríos se unen en un arroyo combinado que en la actualidad se conoce como Shatt el-Arab.

El desborde de los ríos de la Mesopotamia en marzo y abril difiere del patrón seguido por el Nilo, que en dicha estación se encuentra en su nivel bajo. Los deshielos y las lluvias donde se originan crean torrentes repentinos y desastrosos que, especialmente a lo largo del Tigris, deben ser controlados mediante represas durante tales períodos para entonces proveer un sistema de irrigación beneficioso. Ver *Ríos Tigris y Éufrates*.

El curso del alto Éufrates fue descrito como el límite norte de la tierra prometida (Gén. 15:18; Deut. 1:7; 11:24; Jos. 1:4). Durante su apogeo, David extendió su influencia militar hasta las orillas de este río (2 Sam. 8:3; 10:16-18; 1 Rey. 4:24). Los términos "al otro lado del río" y "del otro lado del río" (Jos. 24:2,3; Esd. 4:10-13; Neh. 2:7-9) aluden al Éufrates, un límite geográfico y político significativo a lo largo de la historia.

Tigris Desde su origen en un pequeño lago (Hazar Golu), unos 160 km (100 millas) al oeste del Lago Van, en Armenia, el Tigris fluye en dirección sudeste a lo largo de aprox. 1850 km (1150 millas) antes de unirse al Éufrates y desembocar en el Golfo Pérsico. Alcanza la etapa de desborde durante marzo y abril debido a los deshielos de las montañas, y disminuye después de mitad de mayo. Si bien su curso superior es rápido en medio de cañones estrechos, desde Mosul y Nínive hacia el sur era navegable, y en la antigüedad fue muy utilizado para el transporte. Desde el este, una serie de tributarios provenientes de las laderas de los Montes Zagros desembocaban en el Tigris, incluidos el Gran Zab, el Pequeño Zab y el Diyala. Este fluye hacia el Tigris cerca de Bagdad. Antiguamente sus márgenes estaban habitadas por una densa población que se mantenía y prosperaba gracias a un excelente sistema de irrigación. El Éufrates, al fluir a un nivel nueve metros más alto que el Tigris, permitió la construcción de una secuencia de canales de irrigación entre ambos ríos que dio como resultado una productividad fuera de lo común. Al sur de Bagdad, donde sus cursos se separaban nuevamente, se hizo necesario un sistema más complicado de canales y desvíos.

A orillas del Tigris se encontraban algunas de las ciudades más importantes de la antigüedad: Nínive, capital de Asiria durante el Imperio Asirio; Asur, capital original de Asiria; Opis (en los alrededores de Bagdad), centro comercial importante de épocas neobabilónicas y posteriores; Ctesifonte, capital de los partos y sasanios; y Seleucia, capital de los gobernantes seléucidas de Mesopotamia.

Ríos de Anatolia Varios ríos irrigan esta región de la Turquía moderna. Ver *Asia Menor*.

Halis Desde sus vertientes en las montañas armenias, el Halis comienza su curso de 1142 km (714 millas) hacia el sudoeste, sólo para ser desviado por una cadena montañosa secundaria en una amplia circunvalación hasta que su dirección se invierte por completo hacia el noreste atravesando las regiones montañosas que bordean la costa sur del Mar Negro. Como el río más largo de Anatolia, el Halis, al igual que los demás ríos principales de Turquía, es resultado de copiosas lluvias en la zona póntica. Debido a sus cursos serpenteantes en medio de las cadenas montañosas costeras, ninguno de estos ríos es navegable. Los hititas establecieron su capital Boghazkoy dentro de esta circunvalación del Halis en la zona norte de la meseta de Anatolia. El curso del Halis generalmente constituía las fronteras del distrito del Ponto.

Ríos de la costa egea La accidentada costa egea ostentaba una serie de entradas y refugios protegidos que favorecieron la colonización griega y el establecimiento de las grandes ciudades portuarias de los períodos griego y romano posteriores. Las desembocaduras de los ríos egeos, ideales para los centros marítimos durante la colonización, finalmente demostraron ser desastrosas. Los cursos inferiores de estos ríos, relativamente cortos y serpenteantes a través de sus respectivas llanuras, son muy poco profundos y de aguas mansas durante los meses del verano. Sin embargo, sus cursos superiores, de reciente formación, traen consigo excesivo aluvión desde las tierras altas, y tendían a llenar estuarios y golfos. Para mantener el acceso del puerto al mar y evitar la formación de pantanos infestados de malaria se requería un dragado constante. De este modo, el Hermo (250 km [155 millas]) fue desviado para evitar la destrucción del puerto de Esmirna (Izmir). El emplazamiento original de la ciudad al sur de Éfeso sobre las marismas azotadas por la enfermedad fue abandonado alrededor del 400 d.C. por la construcción de un nuevo puerto en el Río Caister. Durante los días de prosperidad de Éfeso, se mantuvo el dragado constante. Sin embargo, con la decadencia del Imperio Romano después del 200 d.C., la acumulación de cieno en el puerto acarreó el rápido deterioro de la ciudad. Mileto, sobre la llanura aluvial del Río Meandro (378 km [236 millas]), fue establecida originalmente sobre un golfo profundo protegido de los vientos imperantes. La gran ciudad jónica había contado en su momento con cuatro puertos, pero la acumulación de cieno en estos lugares debido a los depósitos aluviales del Meandro acabó por conducir a la decadencia y el abandono de la ciudad. A pesar de que estos ríos egeos no eran navegables, las llanuras aluviales que los bordeaban proveían un acceso cómodo y vital y comunicaciones con el interior.

Ríos de Siria y Palestina Los ríos de Siria y Palestina a menudo separaban a los pueblos en lugar de brindarles poder económico.

Orontes y Litani En las regiones altas del Valle de Beqa que forma la falla entre las cadenas montañosas del Líbano y Antilíbano, una cuenca a 1150 m (3770 pies) sobre el nivel del mar constituye las cabeceras de los ríos Orontes y Litani. Las lluvias y la nieve de las cumbres montañosas a más de 3300 m (11.000 pies) bajan hacia el Beqa, de 10–15 km (6–10 millas) de ancho, que forma parte de la gran hendidura ("Llanura del Líbano", Jos. 11:17). Desde la divisoria de aguas, el Orontes fluye hacia el norte y gira en dirección oeste para desembocar en el Mediterráneo cerca de Antioquía. El Litani fluye hacia el sur y finalmente sale al mar al norte de Tiro. Desgraciadamente, su curso inferior ha formado un cañón tan profundo y estrecho que no es de utilidad para las comunicaciones. Ver *Palestina.*

Jordán Una serie de vertientes y tributarios, producto de las lluvias y nieves de las alturas del Monte Hermón (hasta 2770 m [9100 pies] sobre el nivel del mar) en el extremo sur de las montañas del Antilíbano al este del Valle de la Hendidura, convergen en el Lago Huleh para formar las cabeceras del Río Jordán. A lo largo del borde oriental del Valle de Hule, fluye en dirección sur hacia el Lago Cineret (Mar de Galilea). Con tan sólo unos 13 km (8 millas) de ancho y 23 km (14 millas) de largo, las aguas dulces del Mar de Galilea y su industria pesquera proporcionaron sustento para una densa población durante la mayoría de los períodos de la historia. En el extremo sur de Galilea, el Jordán sale y recorre unos 100 km (65 millas) hacia el Mar Muerto (unos 400 m [1300 pies] debajo del nivel del mar). El Jordán recorre 203 km (127 millas) con un área de desagüe de aprox. 16.500 km^2 (6380 millas^2). El Río Yarmuk se une al Jordán 8 km (5 millas) al sur del Mar de Galilea. El Río Jaboc llega al Jordán desde el este, 40 km (25 millas) al norte del Mar Muerto.

Al final del Jordán, el Mar Muerto se extiende otros 72 km (45 millas) entre altos y escarpados acantilados de arenisca y piedra caliza de Nubia en medio de los áridos desiertos que bordean la cuenca de Judea al oeste y la meseta transjordánica al este. El mar y el inhóspito terreno a lo largo de la costa refrenaron el transporte y los viajes regulares en esta zona.

Aparentemente, el Jordán nunca fue utilizado como vía fluvial para viajes ni transporte. En su lugar, sirvió como barrera natural y límite político debido a que sus márgenes empinadas y las densas hileras de árboles que flanqueaban su tortuoso trayecto ("espesura del Jordán", Jer. 49:19 NVI; comp. 2 Rey. 6:4) sólo podían cruzarse sin dificultad a través de los vados (Jos. 3:1). El control de estos vados durante las confrontaciones militares en la época bíblica constituía una ventaja crucial (Jue. 3:28; 12:5,6). Parecería que el papel del Jordán como límite político ya había sido establecido poco después del 2000 a.C. cuando la frontera oriental de la provincia egipcia de Canaán seguía el curso del Jordán. A pesar de que las tribus de Israel recibieron un permiso especial para asentarse en Transjordania, siempre quedó claro que, al vivir más allá del Jordán, en realidad residían fuera de la tierra prometida (Jos. 22). Aún en las épocas posbíblicas, el límite oriental de la provincia persa y helenística de Judea lo establecía el Jordán. Además de los fértiles oasis que salpicaban el Valle del Jordán, la prosperidad agrícola durante las épocas helenística y romana quedó asegurada cuando se desarrolló la irrigación a lo largo de las colinas escalonadas a ambos lados del Jordán en el Valle de la Hendidura. Ver *Río Jordán.*

Cisón El Río Cisón forma el sistema de desagüe de la Llanura de Jezreel y la porción sur de la Llanura de Aco. Si bien algunos de sus tributarios pequeños tienen sus orígenes en vertientes al pie del Monte Tabor en el sur de Galilea y en la extensión del Carmelo en las cercanías de Taanac y Meguido, el Cisón rara vez es más que un arroyo que corre entre márgenes relativamente estrechas y poco profundas, excepto durante las fuertes lluvias invernales. Durante esas épocas su curso se transforma en una ciénaga pantanosa imposible de cruzar. Desde Jezreel, pasa junto al pie del Monte Carmelo por un paso angosto formado por un ramal de los montes de Galilea y sigue hacia la Llanura de Aco, donde se le unen otros tributarios antes de desembocar en el Mediterráneo. Su longitud total desde las vertientes hasta el mar es de tan sólo de 37 km (23 millas). En la historia bíblica se lo conoce por su papel en la victoria de Débora y Barac sobre las fuerzas cananeas de Sísara (Jue. 4–5), y la disputa de Elías con los profetas de Baal en el Monte Carmelo (1 Rey. 18:40).

Yarkón El Yarkón se forma por el desborde estacional desde las laderas occidentales de los montes de Samaria y Judea que fluye hacia el Arroyo de Caná, su principal tributario, y las ricas fuentes en la base de Afec aprox. 13 km (8 millas) hacia el interior desde la costa del Mediterráneo. A pesar del establecimiento de amarraderos y puertos pequeños a lo largo de su curso (como tel Qasile, una ciudad filistea) y de la madera de cedros del Líbano llevadas a flote tierra adentro hacia Afec para la construcción del palacio y el templo de Salomón, históricamente el Yarkón constituyó una barrera importante para el tráfico norte-sur debido a la gran cantidad de pantanos que se formaban en su lecho. Es probable que la abundante vegetación que bordeaba sus márgenes haya sugerido su nombre, que deriva del hebreo *yarok*, que significa "verde". En tiempos bíblicos, el Yarkón delimitaba la frontera entre las tribus de Dan y Efraín en el norte. Más hacia el interior, el Arroyo de Caná marcaba el límite entre Efraín y Manasés (Jos. 16:8; 17:9).

Importantes masas de agua Dos importantes mares ejercieron gran influencia en la historia política, económica y cultural de Israel.

Mar Mediterráneo El Mar Mediterráneo tenía un ancho de 160–960 km (100–600 millas) y se extendía más de 3200 km (2000 millas) desde el Estrecho de Gibraltar hasta la costa de Palestina.

Formado por el movimiento de masas continentales de Europa y del Norte de África, el Gran Mediterráneo consta de una serie de cuencas y una costa extendida que a lo largo de la historia contribuyeron a la vitalidad del comercio y el intercambio marítimo. La costa inusualmente recta a lo largo de la porción sur de la ribera oriental y la falta de puertos y ensenadas naturales limitaban las oportunidades de los israelitas de involucrarse directamente en el comercio marítimo del Mediterráneo. Si bien existían instalaciones portuarias limitadas en ciudades costeras como Jope, Dor y Aco, apenas lograban proveer instalaciones para más de una flota pesquera local y servir como refugio ocasional durante las tormentas para los barcos mercantes de mayor envergadura que frecuentaban los grandes puertos ubicados más al norte a lo largo de la costa fenicia. En consecuencia, los tratados establecidos entre los reyes de Israel y los fenicios posibilitaron intercambio de productos de agricultura y horticultura a cambio de madera e importaciones (2 Crón. 2:16), y una cooperación mutuamente beneficiosa para mantener el monopolio en las rutas terrestres y marítimas de comercio e intercambio (1 Rey. 9:26,27). El Mediterráneo se transformó en el mar "romano" cuando las condiciones pacíficas del control de Roma sobre las masas terrestres a lo largo de la mayor parte de la ribera mediterránea promovieron un movimiento intenso de productos, mercancías y personas con el fin de satisfacer las diversas necesidades de las provincias y la política romana imperante. Ver *Mar Mediterráneo.*

Mar Rojo El Mar Rojo (heb. *yam suf,* literalmente “Mar de los Juncos”) es una masa de agua prolongada y estrecha que separa la península arábiga de la costa noreste de África (Egipto, Sudán y Etiopía). En el extremo sur, sus estrechos (de 34 km de ancho [21 millas]) se abren al Océano Índico. Con una longitud de aprox. 2000 km (1240 millas) y un ancho que varía entre 200 y 360 km (124 a 223 millas), la superficie total es de sólo unos 456.000 km^2 (176.000 millas^2). Si bien su profundidad promedio es de unos 500 m (1640 pies), como parte de la gran hendidura o falla que se extiende en dirección norte desde el Lago Victoria hasta el pie de las montañas del Cáucaso al sur de Rusia, el Mar Rojo desciende a 2360 m (7741 pies) cerca de Puerto Sudán. Es el mar más cálido y salado de todos los mares abiertos. Aunque las costas del Mar Rojo se han poblado de manera aislada y sus puertos han sido pocos a lo largo de la historia, su vía fluvial proporcionaba acceso a los puertos distantes del Océano Índico y la costa este de África, donde las flotas de mercaderes fenicios arrendadas a Salomón comerciaban para obtener los bienes lujosos que adornaban las cortes reales del Levante (1 Rey. 9:26).

En el norte, el Golfo de Suez y el de Elat (Aqaba) forman los brazos occidental y oriental que delinean las costas de la Península de Sinaí. Los faraones egipcios utilizaban el Golfo de Suez como la ruta más corta hacia el Mediterráneo. Se unía con los Lagos Amargos y con el Nilo por un canal que existía antes del 600 a.C. y que fue mantenido por los persas, los ptolomeos y los romanos.

Con la expansión del imperio de David, el Golfo de Elat (Aqaba) proporcionaba la salida comercial marítima vital que explotaban los reyes de Israel y Judá y los aliados fenicios para llenar los cofres de Jerusalén. Después que desapareció el reino de Judá, los nabateos establecieron un monopolio similar sobre el mismo comercio marítimo y las rutas terrestres de caravanas que atravesaban Petra a fin de llegar hasta Damasco y Gaza para el trasbordo en el Mediterráneo. En épocas helenistas, se reestablecieron las rutas comerciales de la India y se conservaron durante todo el período romano. Ver *Mar Rojo.*

Conclusión Además de los papeles significativos que desempeñaron el Nilo en Egipto y el Tigris y el Éufrates en Mesopotamia, los ríos del mundo bíblico eran pequeños y, en su gran mayoría, no navegables. En consecuencia, además de las llanuras aluviales a sus orillas, estos ríos jugaron un papel más significativo como barreras y límites que como vías fluviales para viajes y transporte. En términos de la historia bíblica primitiva, los mares Mediterráneo y Rojo desempeñaron roles preponderantes en el intercambio intercultural y comercial. A medida que se desarrollaron los Imperios Griego y Romano, los mares occidentales (Egeo, Jónico, Adriático y Tirreno) cobraron mayor importancia. En el norte y el este, el Mar Negro, el Mar Caspio y el Golfo Pérsico, con las cadenas montañosas que los unían, formaron básicamente los límites del mundo bíblico. *George L. Kelm*

RIQUEZAS Y MATERIALISMO Posesiones materiales que tienen valor significativo, tales como tierra, ganado, dinero y metales preciosos, y la práctica de valorar dichas posesiones de manera más elevada de lo que deberían valorarse, especialmente cuando esto trae como resultado una mala distribución de las prioridades de una persona y socava su devoción a Dios.

Riquezas Para entender el concepto escritural sobre la riqueza, es necesario comprender el relato bíblico de la creación. En ese relato, Dios creó el universo, y todo lo que hay en él, “de la nada” (Gén. 1:1-27). Esto significa que mientras Dios creaba todo el universo, no utilizó ningún material preexistente para hacerlo. Así que, a diferencia de los pintores que utilizan cosas que ya existen (pinceles, lienzos, pinturas) al crear sus obras, Dios creó el universo sin utilizar nada que existiera previamente. El salmista instruye en cuanto a esto: “Porque Jehová es Dios grande, y Rey grande sobre todos los dioses. Porque en su mano están las profundidades de la tierra, y las alturas de los montes son suyas. Suyo también el mar, pues él lo hizo; y sus manos formaron la tierra seca” (Sal. 95:3-5). Por lo tanto, en virtud de ser el Creador absoluto, el reclamo de Dios sobre el universo y todo lo que hay en él también es absoluto; todo le pertenece definitivamente a Él (comp. Sal. 50:10-12).

Desde luego, Dios en su sabiduría le dio a la humanidad dominio sobre la tierra (Gén. 1:26-28) y, de este modo, les confió sus riquezas a los seres humanos. Al hacerlo, Dios los designó como administradores de la creación. No obstante, a partir de esto surgen varias consecuencias. Primero, puesto que todo le pertenece finalmente a Dios, cualquier cosa que uno posea, y de la que en consecuencia sea dueño, viene como un fondo de inversiones de parte de Él. Por esta razón, el derecho de propiedad de una persona nunca es absoluto; la propiedad de uno siempre le pertenece ante todo a Dios. Segundo, debido a que viene como fondo provisto por Dios, la posesión de la propiedad acarrea importantes responsabilidades. Por ejemplo, a aquellas personas a las que Dios les ha confiado riquezas, Él las considera responsables de ofrendar para Su obra (comp. Núm. 18:20-32; Deut. 14:28,29; Mal. 3:8-10; 2 Cor. 9:6-14; 1 Tim. 5:18) y de cuidar de los pobres (comp. Prov. 29:7; Amós 5:11,12; Mat. 19:21; 1 Tim. 5:3-5). Es importante observar que, en tanto que Dios invita a Sus hijos a avalar los ministerios de la iglesia mediante ofrenda sacrificial, la responsabilidad de manejar sabiamente lo que Dios ha dado se extiende aún más allá. De modo que es incorrecto pensar que, una vez que se ha entregado a la iglesia un cierto porcentaje de los ingresos que uno posee, no importa lo que se haga con el resto.

Dios ha bendecido a algunos con riquezas abundantes. Abram, Isaac, Salomón y Job fueron bendecidos con grandes riquezas (comp. Gén. 13:2; 26:12-14; 1 Rey. 3:13; Job 42:12). Sin embargo, esto no significa que la pobreza sea una señal de desaprobación de parte de Dios. Según las Escrituras, Dios se interesa especialmente en los pobres (Sal. 72:12-15). Más aún, Job fue justo aun cuando Dios permitió que se empobreciera (Job 1:1,13-19). La justicia de Job es evidente aun cuando reacciona ante su desgracia. "Y dijo: Desnudo salí del vientre de mi madre, y desnudo volveré allá. Jehová dio, y Jehová quitó; sea el nombre de Jehová bendito" (Job 1:21). Por lo tanto, sería un error llegar a la conclusión de que el empobrecimiento de Job fue señal del desagrado de Dios hacia él. Sin embargo, Dios espera mucho de parte de aquellos a quienes ha bendecido abundantemente. Las propias palabras de Jesús enfatizan esto: "A todo aquel a quien se haya dado mucho, mucho se le demandará" (Luc. 12:48).

Materialismo Las Escrituras advierten contra valorar demasiado las riquezas que uno posee. Estas pueden impedir que uno dé fruto espiritual (comp. Luc. 8:14). Es probable que el ruego de Agur para no recibir riquezas, no sea que niegue a Dios (Prov. 30:8,9), tenga su base en ser consciente de esta posibilidad. La realidad de que las riquezas pueden obstaculizar el crecimiento espiritual recibe una expresión elocuente de parte de Jesús: "Otra vez os digo, que es más fácil pasar un camello por el ojo de una aguja, que entrar un rico en el reino de Dios" (Mat. 19:24). Jesús además advierte sobre la división en la lealtad de una persona: "Ninguno puede servir a dos señores; porque o aborrecerá al uno y amará al otro, o estimará al uno y menospreciará al otro. No podéis servir a Dios y a las riquezas" (Mat. 6:24). Más aún, tal como Pablo le dice a Timoteo, el amor al dinero ha conducido a muchos males, incluso provocando que muchos se alejaran de la fe (1 Tim. 6:10). De manera que uno debe contentarse con lo que posee y debe procurar la justicia más que las riquezas (Mat. 6:33; Luc. 12:15-21; Heb. 13:5).

La justicia va acompañada de un espíritu generoso. Zaqueo respondió ante Jesús no solamente devolviendo cuadruplicado lo que había ganado en forma deshonesta sino también dándoles generosamente a los pobres (Luc. 19:8), y los miembros de la iglesia de Jerusalén compartían sus posesiones entre sí (Hech. 2:44-45; 4:32-35). Dicha generosidad caracteriza a los que han sido librados del amor al dinero y han procurado guardar tesoros en el cielo más que en la tierra (Mat. 6:19-21). Ver *Creación; Diezmo; Mayordomía; Sacrificios y ofrendas.* *Douglas Blount*

RISSA Nombre geográfico que posiblemente signifique "gota de rocío", "lluvia", o "ruinas". Lugar de campamento durante la peregrinación de Israel por el desierto (Núm. 33:21,22); la moderna Sharma al este del Golfo de Aqaba.

RITMA Nombre geográfico que significa "retama". Campamento durante la peregrinación de Israel por el desierto (Núm. 33:18,19), posiblemente el valle denominado er-Retame, al este del Golfo de Aqaba.

RITUAL Ver *Adoración; Sacrificios y ofrenda.*

RIVALIDAD ENTRE HERMANOS Tensiones y pelea entre hermanos o hermanas incluyendo a Caín y Abel (Gén. 4:1-16); Sem, Cam y Jafet (Gén. 9:20-27); Jacob y Esaú (Gén. 25:22–28:9; 32:1–33:17; Mal. 1:2-3); Lea y Raquel (Gén. 29:16–30:24); José y sus hermanos (Gén. 37; 39–45); Er y Onán (Gén. 38:1-10); Moisés, Aarón y María (Núm. 12:1-15); Abimelec y Jotam (Jue. 9:1-57); David y Eliab (1 Sam. 17:28-30); Absalón y Amnón (2 Sam. 13:1-39), y Salomón y Adonías (1 Rey. 1:5-53). En cada caso, uno o generalmente ambos tratan de ganar posición o favor sobre el otro.

Las familias son un regalo de Dios (Sal. 127:3) y no son elegidas por sus miembros, como sucede con los amigos. La proximidad física y emocional de los miembros de la familia se caracteriza por ser estrecha. El potencial para la rivalidad entre hermanos es parte de la dinámica familiar, según lo entendía el escritor de Proverbios: "En todo tiempo ama el amigo, y el hermano nace para tiempo de angustia" (Prov. 17:17, LBLA; 18:24; Mat. 10:21). El salmista exaltó lo bueno y placentero de los hermanos que pueden vivir juntos en unidad (Sal. 133:1-3). *Paul H. Wright*

RIZPA Nombre de persona que significa "carbones encendidos" o "pan calentado sobre carbones o cenizas". Concubina de Saúl que Abner tomó por mujer en lo que en realidad fue un reclamo a la corona (2 Sam. 3:7; comp. 1 Rey. 2:22). Se conoce más por su fiel vigilia sobre los cuerpos de sus hijos ejecutados (2 Sam. 21:10-14) hasta que David ordenó la sepultura.

ROBO Tomar la propiedad de otra persona sin su consentimiento. La ley bíblica básica con respecto al robo es la prohibición de los Diez Mandamientos: No robarás (Ex. 20:15; Deut. 5:19). Tal afirmación absoluta hace que sea irrelevante que el ladrón adquiera la propiedad por fuerza, engaño u opresión (ver Gén. 31:31; Lev. 19:13; Deut. 24:14,15; Mal. 3:5; Juan 10:1). Aunque nos sorprenda, es poco lo que la ley de Moisés dice sobre el robo. A diferencia del derecho asirio y babilónico, no se prescribía ningún castigo específico. En su lugar, el énfasis está en la restauración de la propiedad robada a su legítimo dueño (Ex. 22:1,4,7,9; Lev. 6:1-7; Núm. 5:5-8). Si un ladrón no podía devolver la propiedad o reemplazarla, podía ser vendido como esclavo hasta que se realizara la restitución (Ex. 22:3).

Durante el período del NT, el robo era jurisdicción del derecho romano. Los ladrones capturados a veces eran crucificados (Mat. 27:38; Mar. 15:27). El robo podía ser político. En Palestina había varios grupos denominados zelotes famosos por su celo del judaísmo y la oposición a Roma. Los grupos más militantes, como los sicarios, recurrían al homicidio y al robo.

Los ladrones del siglo I frecuentemente operaban juntos en bandas que atacaban a los viajeros (Luc. 10:30). La sorpresa de un ataque semejante es análoga al carácter sorpresivo de la venida de Cristo (Apoc. 3:3). El robo amenaza las posesiones materiales; por lo tanto, Jesús ordenó tener fe en las cosas espirituales (Mat. 6:19,20). *LeBron Matthews*

ROBOAM Nombre de persona que significa "él agranda al pueblo". Uno de los hijos de Salomón y su sucesor al trono de la monarquía unida (1 Rey. 11:43). Reinó aprox. entre 931–913 a.C. Mientras se encontraba en Siquem para su ceremonia de coronación como rey de Israel (1 Rey. 12), el pueblo le pidió que eliminara parte de las cargas impositivas y las leyes laborales que su padre había impuesto. En lugar de seguir los consejos de los ancianos, actuó en función de la sugerencia de quienes querían aumentar aún más dichas cargas. Las tribus del norte se sublevaron y eligieron a Jeroboam como rey. Roboam quedó sólo con las tribus de Judá y Benjamín. Continuó con las costumbres paganas que Salomón había permitido (14:21-24) y luchó contra Jeroboam y Sisac de Egipto. Es posible que algunas de sus fortalezas sean las de Laquis y Azeca.

ROCA El uso de sitios rocosos como lugares de refugio (Núm. 24:21; Jue. 15:8; 20:47) hizo que se empleara con frecuencia la imagen de Dios como una roca, es decir, una fuente de protección.

Los títulos de Dios incluyen: la "Roca de Israel" (Gén. 49:24); la Roca (Deut. 32:4); la Roca de la salvación (Deut. 32:15); la Roca que engendró a Israel (Deut. 32:18); "la roca que es más alta que yo" (Sal. 61:2). Isaías 8:13,14 muestra a Jehová de los Ejércitos como roca de tropiezo para la gente impía de Israel y Judá. Pablo identificó a Cristo como la Roca espiritual que nutrió a Israel en el desierto (1 Cor. 10:4). Otros textos le aplican a Cristo la imagen de Isaías sobre una roca que hace que las personas caigan (Rom. 9:33; 1 Ped. 2:8). La enseñanza de Jesús es el cimiento sólido como una roca para la vida (Mat. 7:24,25). La identidad de la roca sobre la que Cristo prometió construir la iglesia (Mat. 16:18) es tema de disputa. Las identificaciones posibles incluyen: Pedro, cuyo nombre significa "roca"; el grupo más amplio de discípulos; Cristo mismo, y la confesión de fe de Pedro. Los diferentes términos griegos empleados (*Petros* y *petra*) constituyen un argumento contra una identificación apresurada de Pedro como el fundamento. Tanto Cristo (1 Cor. 3:11) como el círculo más amplio de apóstoles (Ef. 2:20; Apoc. 21:14) son descritos en otros pasajes como el fundamento de la iglesia. Parece improbable que Mateo presente a

Cristo tanto como el constructor y a la vez el fundamento de la iglesia. La aplicación de la imagen del cimiento a la labor evangelística (Rom. 15:20; 1 Cor. 3:10) sugiere que la confesión de fe que por revelación de Dios pronunció Pedro sobre Jesús como el Cristo, el Hijo del Dios viviente (Mat. 16:16), es el fundamento de la iglesia que pone sitio a las puertas del Hades. Ver *Llaves del reino; Pedro.* *Chris Church*

ROCÍO Humedad que cae como gotas de agua sobre la tierra durante una noche fresca. El aire húmedo que proviene del mar es en gran parte responsable del rocío en Palestina occidental. El rocío descendente ocurre en verano, cuando la tierra está suelta, y de esa manera refresca el ambiente. El rocío ascendente resulta de la condensación del vapor del suelo húmedo y es, por lo tanto, más frecuente en el invierno.

El rocío se utiliza en la Biblia como símbolo de renovación (Deut. 32:2; Sal. 133:3); del poder amoroso de Dios que restablece y vigoriza (Prov. 19:12); de la aparición repentina de un enemigo (2 Sam. 17:12); del amor y la armonía fraternal (Sal. 133:3); de la revelación de Dios (Jue. 6:36-40), y de la bendición de Dios (Gén. 27:28). *Gary Bonner*

Las calles de Rodas han permanecido prácticamente iguales durante siglos.

RODANIM Ver *Dodanim.*

RODAS Isla en el Mar Mediterráneo frente a la costa sudoeste de Asia Menor asociada con Dodanim (Gén. 10:4). Fue fundada como colonia comercial minoica alrededor del 1500 a.C. y cayó bajo el control de un gobierno único aprox. en el 407 a.C. Como rico centro de embarque, Rodas desarrolló una flota naval que controlaba el Mediterráneo oriental. Con un pie a cada lado de la entrada del puerto se erguía el Coloso de bronce de 32 m (105 pies) de altura, considerado una de las "siete maravillas del mundo". Construido en el

Ciudad y zona del puerto en la Isla de Rodas.

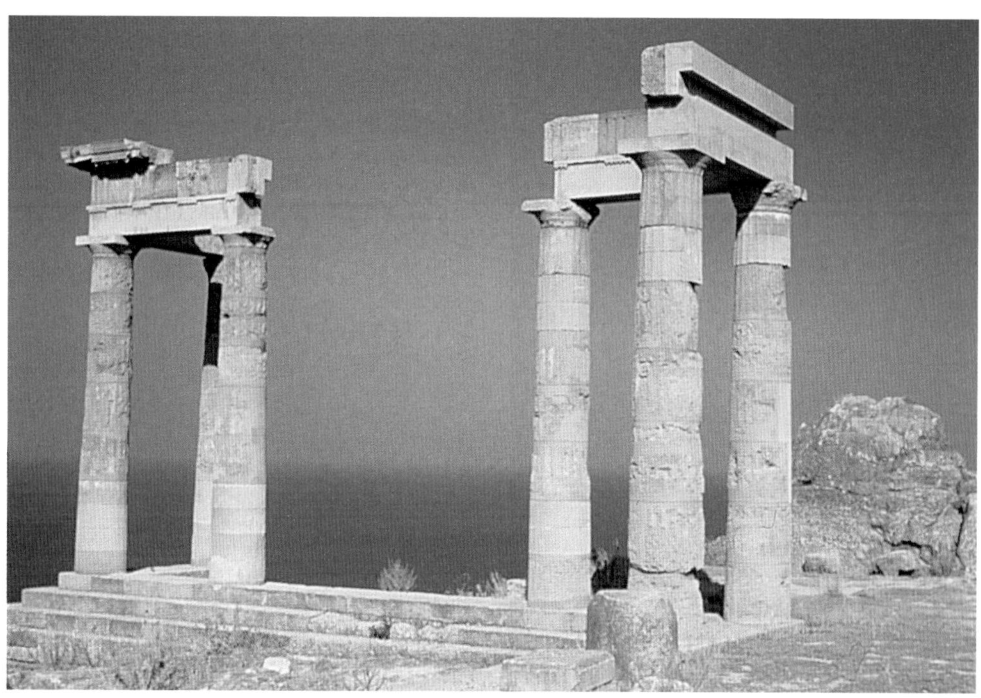

Ruinas del templo en el área de Lindos, en la Isla de Rodas.

288 a.C., se desplomó durante un terremoto unos 64 años más tarde. La deslealtad al gobierno romano resultó en rígidas sanciones económicas contra la ciudad que provocaron su decadencia. Si bien era bastante popular como centro del culto a Helios, el dios sol, Rodas no pudo superar la presión económica ejercida por Roma. Cuando el apóstol Pablo se detuvo en Rodas durante su viaje de Troas a Cesarea (Hech. 21:1), esta ciudad era sólo un sitio de poca importancia en la provincia. Ver *Dodanim.*

RODE Nombre de persona que significa "rosa". La relación de Rode con la familia de María, la madre de Juan Marcos, no es clara. Lo más probable es que haya sido una esclava, aunque es posible que fuera miembro de la familia o una invitada a la reunión de oración. Se sintió tan gozosa de encontrar a Pedro en la puerta que no se dio cuenta de hacerlo entrar. Su gozo al salir corriendo a contarles a los discípulos y la respuesta de estos al acusarla de estar loca traen a la memoria detalles del relato de Lucas sobre la resurrección (Hech. 12:13; comp. Luc. 24:9-11).

ROEDORES Todos los pequeños roedores son designados en hebreo con la palabra *akbar*, término genérico que incluye tanto ratones como ratas. La prohibición mosaica contra comer roedores (Lev. 11:29) revela que existían en la Tierra Santa. Como ofrenda por la culpa de haber robado el arca del pacto, a los filisteos se les indicó enviar "cinco ratones de oro" cuando les devolvieran el arca a los israelitas (1 Sam. 6:4). En la actualidad en Tierra Santa se han identificado más de 20 variedades de roedores pequeños.

ROGEL Nombre geográfico que significa "fuente del lavador" o "fuente del pie". Ciudad fronteriza entre el territorio de la tribu de Judá (Jos. 15:7) y el de Benjamín (Jos. 18:16). Jonatán y Ahimaas, hijos de sacerdotes, se quedaron en Rogel como mensajeros para informarle a David lo que los sacerdotes pudieran llegar a saber cuando Absalón capturara Jerusalén de manos de su padre (2 Sam. 17:17). Adonías asentó un batallón en el lugar para proclamarse sucesor de David en el trono de Judá (1 Rey. 1:9). Rogel estaba cerca de Jerusalén, en el empalme de los Valles de Cedrón y de Hinom en la moderna Bir Ayyub.

ROGELIM Nombre geográfico que significa "[lugar de] los lavadores." Ciudad sobre el Río Jaboc en Galaad (2 Sam. 17:27-29; 2 Sam. 19:31). El lugar tal vez sea Zaharet's Soq'ah.

Rogel es el emplazamiento tradicional del pozo de Jacob que está bajo la cúpula, en el centro de esta foto.

Tell Barsina no presenta evidencias de ocupación durante la época de David.

ROHGA Nombre de persona que probablemente signifique "pedir a gritos". Líder de la tribu de Aser (1 Crón. 7:34).

ROLLO Láminas enrolladas de papiro (material parecido al papel hecho de la planta de papiro) o pergamino (cuero tratado de manera especial) utilizadas como superficie para escribir (Esd. 6:2; Jer. 36:2; Ezeq. 2:9; Zac. 5:1,2; Luc. 4:17; Apoc. 5:1). Uno de los papiros antiguos más famosos y mejor conservados es el "rollo de Isaías", una copia completa del libro de Isaías escrita sobre un pergamino enrollado que data del siglo II a.C. Los antiguos libros o "códices" no se usaron extensivamente hasta el siglo III d.C. Ver *Escritura; Papel, papiro.* *Robert L. Plummer*

ROLLOS DEL MAR MUERTO Gran colección de manuscritos bíblicos, extrabíblicos y fragmentos descubiertos en cuevas y construcciones cerca de la costa occidental del Mar Muerto. En 2001 se celebró la finalización de la publicación oficial de los rollos *(Descubrimientos en el Desierto de Judea).*

El descubrimiento y la excavación El descubrimiento comenzó en el invierno boreal de 1946-47 cuando dos jóvenes beduinos que pastoreaban ovejas y cabras descubrieron en una cueva varias vasijas grandes que contenían elementos de cuero envueltos en lino. Estos materiales fueron luego vendidos a un comerciante de reliquias y antigüedades de Belén, quien luego buscó compradores para los rollos. Dos juegos de rollos fueron vendidos al arzobispo de la Iglesia Ortodoxa Siria de Jerusalén y a Eleazar Sukenik, de la Universidad Hebrea de Jerusalén.

La autenticidad fue proporcionada inicialmente por el profesor Sukenik, por John Trever, director a cargo de las Escuelas Americanas de Investigación Oriental de Jerusalén, y por el conocido erudito norteamericano William F. Albright.

Se contrataron dos arqueólogos para que efectuaran una exploración sistemática de la región de las cuevas, situadas aprox. a 12 km (8 millas) al sur de Jericó: el doctor G. L. Harding, director del Departamento de Antigüedades de Amman, y Fray Roland de Vaux de la Escuela Bíblica de Jerusalén Oriental. En su exploración no encontraron cuevas adicionales pero examinaron

Rollo de la Torá sostenido en su caja de madera durante una celebración en Jerusalén.

los restos superficiales de algunas ruinas conocidas por los árabes como Khirbet Qumrán, que recibe su nombre del cercano Wadi Qumrán. Designaron a Fray De Vaux para realizar una excavación sistemática de las ruinas de Khirbet Qumrán, mientras los beduinos continuaron buscando secretamente más rollos en las cuevas aledañas.

La excavación comenzó en la primavera boreal de 1952, dos meses después de que los beduinos descubrieran la Cueva 2 cerca de la primera, y De Vaux pronto se dio cuenta de la conexión entre los rollos de la Cueva 1 y las ruinas de Khirbet Qumrán. Durante la primera etapa de la excavación se exploraron muchas cuevas y entre ellas cuatro cuevas adicionales que contenían rollos. Algunas fueron encontradas por el equipo de excavación y otras por los beduinos locales. En la Cueva 4 los beduinos descubrieron el escondite más rico de material escrito, con más de 8000 fragmentos que representan más de 200 documentos. En 1955-56 se encontraron cinco cuevas más que contenían manuscritos y fragmentos. En el lado israelí del límite de Cisjordania, Yigael Yadin encabezó un equipo de exploradores a los precipicios profundos de los vados cerca de En-gadi, incluyendo Mishmar, Muraba'at, Hever y Zeelim. Se encontraron rollos y papiros que datan de la segunda rebelión judía de Bar Kochba (132–135 d.C.), junto con monedas de diversas fechas que van desde el 40 a.C. hasta el 135 d.C. En la excavación de la fortaleza herodiana y zelote de Masada en 1964–65, el equipo de Yigael Yadin descubrió varios fragmentos de manuscritos bíblicos y extrabíblicos.

Las excavaciones de Qumrán aportaron restos que datan de finales del Reino de Judá, que tal vez correspondan a una de las torres construidas por Uzías en el desierto (2 Crón. 6:10). Una torre grande con depósitos, dos hornos de alfarería y un edificio de dos pisos en el interior del sitio se consideraron como el Scriptorium. Los restos excavados del "scriptorium" incluyeron dos tinteros y secciones de mesas largas semejantes a bancos sobre las que se cree que los escribas de Qumrán cosían las piezas de pergamino de piel de oveja y producían copias de diversos documentos. El sitio fue destruido dramáticamente por el fuego y un terremoto entre los años 40 y 31 a.C.

Contenido de los Rollos Los rollos se dividen en documentos bíblicos y sectarios, incluyendo un número de comentarios sobre libros de la Biblia. Los

Cuevas en Qumrán, donde se descubrieron los Rollos del Mar Muerto.

textos apócrifos y pseudoepigráficos abundan en la colección, que también contiene numerosos textos escritos por la comunidad que ponen de manifiesto sus doctrinas y prácticas. Los siete manuscritos originales de la Cueva 1 incluían una gran mezcla de documentos. El arzobispo sirio compró **1QIs**^{a}, un rollo completo de Isaías; **1QpHab**, un comentario de Habacuc 1–2 (**p** = pesher, una especie de interpretación por iluminación divina); **1QGenApoc**, una versión apócrifa del Génesis, y **1QS**, el Seder (precepto) de la Comunidad que consistía en doctrinas y reglas que regían al grupo sectario. Este último documento también contenía una porción identificada como **1QSa**, a la que se alude a veces como el "Reinado Mesiánico". Estos cuatro rollos finalmente fueron vendidos al israelí Yigael Yadin a través de un intermediario por unos 250.000 dólares. El profesor Sukenik compró tres rollos identificados como **1QIs**^{b}, que contenía una porción importante de Isaías, el **1QM** (**M**=Hb. Mil' hamah, "guerra"), conocido como el "Rollo de la Guerra", y el **1QH** (**H** = Hb. hodayot, "acción de gracias") que contenía numerosos salmos y cánticos compuestos por líderes y miembros de la secta.

Los 39 libros de la Biblia hebrea están representados al menos en fragmentos, con excepción de Ester y posiblemente Nehemías. El libro de

Ester está representado en una versión aramea parafraseada (seis fragmentos). Si Nehemías estaba combinado con Esdras en esa época, como muchos eruditos creen, entonces podemos decir que está representado, ya que hay una porción de Esdras en la recopilación. De algunos libros bíblicos, tales como Crónicas, se encontraron solamente algunos versículos en un fragmento pequeño, mientras que otros como Isaías se encuentran completos en múltiples copias (21). El mayor número de manuscritos bíblicos corresponde al Pentateuco, Isaías y Salmos (36). Algunos de los textos bíblicos se encuentran en la forma y el lenguaje griegos de la Septuaginta, y un número de textos, principalmente del Pentateuco, fueron escritos en la escritura paleo-hebrea usada por los israelitas antes del cautiverio babilónico. A través de un análisis paleográfico de la formación de caracteres hebreos, algunos manuscritos bíblicos se han fechado como del siglo III a.C., lo que sugiere que los fundadores originales de la secta de Qumrán llevaron copias de los libros bíblicos que ya tenían casi 100 años de antigüedad.

Los documentos sectarios se dividen en cinco categorías: (1) Reglas y Halaká, (2) Himnos, Liturgias y Sabiduría, (3) Interpretación y Paráfrasis de la Biblia, (4) Apócrifos y Pseudoepígraficos, y (5) Textos Astronómicos y Calendarios. Algunos eran conocidos por medio de fuentes judías y cristianas anteriores; sin embargo, muchos eran desconocidos antes de los descubrimientos. El Documento de Damasco, que describe temas relacionados con la fundación de la secta así como materias doctrinales y prácticas, fue encontrado primeramente entre los manuscritos descubiertos en excavaciones de una sinagoga judeo-caraíta en El Cairo, Egipto, en 1890. La popularidad que algunos documentos tenían entre los miembros de la secta tal vez se refleje en la cantidad de manuscritos encontrados. Por ejemplo, Jubileos está representado por 15 copias encontradas en las cuevas 1, 2, 3, 4, y 11. Entre los rollos se identificaron doce manuscritos del Documento de Damasco y otros doce de la Regla de la Comunidad. Se encontraron siete copias de 1 Enoc en la cueva 4, y de allí también provinieron seis manuscritos de la carta Halakhic (4QMMT), que postula ciertas creencias y prácticas rituales que los miembros de Qumrán mantenían en contraposición con el círculo sacerdotal establecido en Jerusalén. Este documento pudo haber servido como tratado fundacional de la creación del grupo por parte de un líder conocido como el Maestro Justo. Se identificaron nueve copias del Rollo de la Guerra, que describe la preparación para la batalla y una secuencia de conflictos en los 50 años de luchas escatológicas hasta el establecimiento del reino mesiánico.

Fragmento de uno de los Rollos del Mar Muerto.

La hermenéutica de Qumrán fue regida por el principio de *pesher*, por el cual se creía que el Maestro Justo estaba dotado por Dios con una iluminación especial para discernir los tiempos y las Escrituras, a fin de entender lo que Dios estaba haciendo en el tiempo de ira presente. Esta perspectiva es evidente en el *pesher* de Habacuc 2:1-2, "y Dios le dijo a Habacuc que escribiera lo que le sucedería a la última generación, pero no le dio a conocer cuándo sería el tiempo del fin… Esto le preocupa al Maestro Justo a quien Dios dio a conocer todos los misterios de los profetas". Por lo tanto, la escatología de Qumrán fue regida por el concepto que tenían de su lugar en el plan de Dios: ellos iban a lograr la concreción de aquellos planes durante ese tiempo.

Identidad sectaria Desde la primera publicación de los rollos, la mayoría de los eruditos han notado los paralelos entre su contenido y la organización de la comunidad con los esenios, conocidos a través de los escritos de Josefo, Filón de Alejandría y Plinio, el Anciano. Otras sugerencias anteriores incluyen grupos conocidos tales como fariseos, saduceos, zelotes e incluso caraítas medievales. L. Schiffman ha continuado abogando por una identidad proto-saducea, aduciendo algunos de los rituales de purificación más estrictos descriptos en los rollos de Qumrán que tienen afinidad con los rituales saduceos conocidos más tarde y específicamente citados en la Mishná. Otros han sugerido la idea de que los rollos fueron depositados en cuevas por los escribas líderes de Jerusalén poco antes de la destrucción de la ciudad y el templo.

Los esenios de la literatura del siglo I d.C. eran una secta judía profundamente religiosa, ascética, comunitaria y pacífica, considerados por los escritores de su época como personas con una vida muy virtuosa y más amor el uno por el otro que cualquier otro grupo. En los documentos de Qumrán, los miembros de la secta nunca se referían a sí mismos por nombre sino por términos descriptivos tales como "el camino de la verdad", "comunidad" (o "unidad"), "pobres", "hombres de santidad", o "guardadores del pacto". Es de particular interés la identidad personal como "hijos de la luz" que en esa era estaban en una batalla espiritual escatológica contra los "hijos de las tinieblas" representados por las naciones gentiles y los desleales al pacto (judíos infieles). Entre los argumentos contra la hipótesis de los esenios están las diferencias entre las etapas iniciales para ingresar a las comunidades, la práctica de matrimonio en Qumrán a diferencia del celibato sugerido por los escritores sobre este grupo, y la ausencia del término "esenio" en los textos de Qumrán. A pesar de esto, la evidencia favorece a los esenios o posiblemente a un subgrupo de entre los miles de esenios que existían en la última mitad del siglo I d.C.

Vida comunitaria y teología Al principio del Documento de Damasco, el escritor describe el escenario para la fundación de la comunidad como el "tiempo de la ira" que había continuado desde el cautiverio babilónico. En el siglo II a.C., un grupo de "hombres culpables" arrepentidos que buscaron el perdón y el favor de Dios, fueron bendecidos con un Maestro Justo quien guiaba a los fieles "en el camino de Su corazón". Se les opuso un sacerdote infiel llamado "Burlador" que abandonó la enseñanza verdadera del pacto y finalmente los forzó a retirarse de Jerusalén hacia una localidad aislada con vista al Mar Muerto donde podrían prepararse para la venida del reino de Dios. Se denominaron "hijos del Sacerdote Sadoc", interpretaron literalmente Isa. 40:3 y buscaron "preparar el camino del Señor en el desierto". La comunidad estaba guiada por un consejo integrado por sacerdotes y laicos dedicados al estudio y discusión de la Torá, y eran ejemplo de fidelidad en la enseñanza de las Escrituras según la interpretación del Maestro Justo. Los miembros de la secta debían invertir un tercio de su tiempo en el estudio de las Escrituras, con frecuencia en el contexto de un grupo de por lo menos diez hombres y la presencia de un sacerdote docto. Muchos otros miembros contribuían realizando tareas agrícolas y prácticas de granja, producción de alfarería, teñido de pieles para sandalias y pergaminos para escribir, preparación de comidas y otras necesidades diarias.

El ingreso a la secta consistía en un proceso de tres años durante el cual la persona era instruida y debía demostrar las doctrinas de la secta con su estilo de vida. Un examen anual analizaba el progreso del iniciado y de esa manera la persona podría gradualmente participar en las "cosas santas" de la comunidad, tales como lavamiento ritual, comidas comunitarias y actividades festivas. Al final del proceso, las pertenencias terrenales que habían sido registradas al ingresar se incorporaban a las posesiones de la comunidad.

Desde el principio a la persona se le enseñaba a discernir los caminos de la humanidad para determinar si eran del espíritu de la luz y la verdad o del espíritu de la oscuridad y el engaño: las dos categorías en que Dios agrupa a la humanidad. La teología de la secta consideraba a Dios como el creador de ambos espíritus, si bien "ama a uno eternamente y se deleita en sus obras para siempre pero aborrece el consejo del otro y odia para siempre sus caminos" (1QS IV.2-3). Los miembros de la secta compartían con los fariseos la creencia en la inmortalidad del alma, y también con los esenios según la descripción de Josefo (La Guerra Judía II.154-55; Antigüedades XVIII.i.2-6; 1QS IV; 1QH 3.19-23). Sin embargo, la Regla de la Comunidad (IV.10-11) sugiere que en la etapa final de la escatología (los últimos días), el fin del malvado y del espíritu del engaño será "la extinción vergonzosa en el fuego de las regiones de oscuridad. Todos sus hijos vivirán en lamento doloroso y en miseria amarga y en calamidades de la oscuridad hasta que sean destruidos sin que les quede remanente ni sobreviviente".

Los Rollos del Mar Muerto y el texto del Antiguo Testamento Antes del descubrimiento de estos rollos, los manuscritos más antiguos completos o casi completos del AT hebreo eran el Códice de Leningrado (1009 d.C.) y el Códice de Aleppo (930 d.C.). El descubrimiento de los Rollos del Mar Muerto ha extendido nuestro conocimiento del texto hebreo a 1000 años antes. La lección más importante es el cuidado con que los escribas judíos de aquella época preservaron la integridad del texto. Por otra parte, entre los manuscritos recuperados estaba la traducción textual primitiva que posteriormente se convirtió en el texto estándar, conocido como Texto Masorético (TM). Este descubrimiento demostró que los masoretas judíos no estaban creando un texto sino preservando fielmente una forma antigua del AT hebreo. Las condiciones del texto hebreo en Qumrán son un testimonio de que existían otras formas del texto hebreo en ese lugar. Las múltiples tradiciones de los escribas se pueden descifrar de algunos de los textos más antiguos en relación con la ortografía (la grafía; algunas más influidas por el arameo que otras), la paleografía (formación de las letras) y las lecturas textuales. Los fragmentos del manuscrito hebreo de Jeremías, 1 Samuel, Josué y otros sugieren que la Septuaginta Griega, traducida en Egipto en los siglos II y III a.C., se realizó a partir de un texto hebreo que difiere en algunos aspectos del texto luego estandarizado y preservado por los masoretas. También, otros textos hebreos de Qumrán concordaban con variantes conocidas a través del Pentateuco Samaritano (aprox. 150 a.C.). Los eruditos creen que la forma estándar del texto hebreo fue determinada alrededor del 100 d.C. Gracias a los descubrimientos de los Rollos del Mar Muerto, los eruditos están ahora en una posición mejor para identificar las mejores lecturas hebreas por medio de la disciplina de la crítica textual (que establece las palabras originales del texto). En resumen, el campo de la crítica textual del AT ha avanzado en su análisis y en la recuperación de las Escrituras hebreas.

El Santuario del Libro (museo para los Rollos del Mar Muerto) en Jerusalén, Israel.

Los Rollos de Mar Muerto y el cristianismo

Luego del descubrimiento del primero de los rollos, algunos eruditos presentaron la idea de que parte de la ideología del cristianismo inicial pudo haber tenido sus orígenes en la teología de Qumrán. Frases de identificación propia como "los llamados" *(ekklesia)*, "el camino", "los pobres", "los elegidos" y "los santos" eran comunes a ambos grupos, como así también su identidad como comunidades mesiánicas. Ambos se aferraban a una teología del "nuevo pacto" y consideraban a sus fundadores y líderes como el cumplimiento de la promesa profética del AT. Ambos grupos sostenían que el liderazgo religioso de Jerusalén se había corrompido y necesitaba la intervención divina a fin de corregirlo. Las comidas comunitarias y el compartir los bienes en la iglesia primitiva fueron comparables a Qumrán, y ambos grupos practicaban una forma de bautismo ritual. Sin embargo, por semejantes que pudieran parecer los textos a partir de su lectura superficial, hay notables diferencias. La esencia que los distingue es la identidad personal, la enseñanza y la obra de Jesús de Nazaret. Los miembros de Qumrán posiblemente buscaban dos mesías, uno del linaje de Aarón (sacerdotal) y otro de la rama de David (de la realeza), mientras que para el cristianismo el Mesías ya había venido y cumplido con la ley y los profetas, y regresaría a buscar a los santos en el futuro escatológico.

En numerosos casos, el NT evidencia que los escritores bíblicos proclamaron la persona y la obra de Jesucristo tomando en cuenta una amplia gama de perspectivas teológicas judías, incluyendo las de Qumrán. M. Abegg ha sugerido que Pablo pudo haber escrito sobre conceptos relatados en el 4QMMT (carta Halakic) cuando se refirió a las "obras de la ley" en Gál. 2:16. El hebreo equivalente de esta frase *(ma 'asey ha-Torah)* se encuentra sólo en este trabajo dentro de toda la literatura judía existente. El uso del apóstol Juan de las imágenes dualistas para referirse a los "hijos de la luz" y al "espíritu del engaño" tiene su paralelo más cercano en el marcado dualismo evidente en los Rollos del Mar Muerto.

Numerosos eruditos han examinado los paralelos entre Juan el Bautista y la vida de los miembros de la secta de Qumrán. Dichos paralelos incluyen la forma general de vida ascética, la dieta magra compuesta por langostas y miel silvestre (ambas enumeradas en los suplementos alimenticios de Qumrán), el contexto y el linaje sacerdotal, aunque al mismo tiempo hubiera fuertes confrontaciones con el liderazgo religioso de Jerusalén, la proximidad relativa de la actividad de Juan el Bautista a la ubicación de Qumrán y, finalmente, el papel mesiánico como cumplimiento de Isa. 40:3. Aunque la evidencia es en gran parte circunstancial, algunos puntos pueden ser válidos. Si Juan el Bautista había tenido algún contacto con la secta, en el momento de su ministerio público ya se había diferenciado de la enseñanza de la comunidad y percibía de una manera nueva la misión que Dios le había encomendado en la preparación del advenimiento del Mesías Jesús.

R. Dennis Cole y E. Ray Clendenen

ROMA Y EL IMPERIO ROMANO Dominio internacional ejercido por el gobierno de Roma, Italia, después del 27 a.C., cuando desapareció la República Romana y nació el Imperio. Demostrar con claridad las razones de la caída de la república es tan improbable como hacerlo en relación al posterior derrumbe de dicho imperio. Fueron producto de una compleja interrelación de varios componentes que incluyeron: cambios en los valores, la riqueza y la educación de las clases altas; innovaciones en las finanzas, la agricultura y el comercio; expansión del senado; alto aumento de la tasa poblacional; disturbios entre clases sociales; problemas para mantener el orden tanto en el distrito de Roma como en los circundantes, y dificultades para reclutar personal suficiente para el ejército. El factor principal de su desaparición parece haber sido político. El senado perdió el control político del estado. Aprovechando ese vacío, Julio César avanzó con ambiciones de control que el senado no pudo tolerar. A principios del 44 a.C., Julio César se declaró dictador perpetuo, lo cual provocó que fuera asesinado en los *idus* de marzo por un grupo de homicidas del senado liderado por Bruto y Casio. Los generales del César, Antonio y Lépido, junto con Octavio, heredero del César, formaron un triunvirato provisorio. Derrotaron a los asesinos del César en la batalla de Filipos en el 42 a.C. Esto resultó finalmente en la exclusión de Lépido y la división del imperio en Occidente, controlado por Octavio, y Oriente, regido por Antonio. El fracaso militar de Antonio contra los partos lo llevó a depender demasiado de los recursos de Egipto y dio lugar, en consecuencia, a una influencia desmesurada de la reina Cleopatra de este país sobre este gobernante. Octavio pudo utilizar la dependencia egipcia de Antonio en su contra y persuadir al senado de que este último quería convertir Alejandría en la capital del Imperio. Ambos condujeron sus ejércitos a un enfrentamiento en Actium, Grecia, en el 31 a.C., que resultó en la derrota de Antonio y, finalmente, el suicidio de este y de Cleopatra. Octavio se convirtió en el único soberano, y en el 27 a.C. tomó el nombre de César Augusto. La república se transformó en imperio y Octavio se convirtió en lo que Julio César había soñado ser: el primer emperador de Roma.

Augusto fue sumamente eficiente como administrador y solucionó muchos problemas de la antigua república. A diferencia de Julio César, trató al senado con respeto y fue retribuido de la misma manera. Como hijo adoptivo del gobernante anterior, heredó el afecto del ejército. Tan popular fue esta relación que, a partir de Augusto, cada emperador debía ser hijo real o adoptivo del emperador anterior para contar con la lealtad del ejército y de todo el imperio. Augusto redujo gradualmente de 1000 a 600 la cantidad de miembros del senado e hizo que la membresía fuera hereditaria. Sin embargo, se reservó el privilegio de designar a nuevos senadores.

Compartir el poder con las provincias del imperio fue un gran logro. Se crearon provincias senatoriales bajo su jurisdicción y se les asignaba gobernadores o procónsules. Eran provincias pacíficas que, en general, no requerían la presencia del ejército de manera extraordinaria. Galión, el hermano de Séneca, fue nombrado procónsul de la provincia de Acaya, situada al sur de Grecia, en el 51 d.C. durante la época en que Pablo estuvo en Corinto (Hech. 18:12). Las provincias imperiales eran controladas por el emperador, quien a su vez designaba procuradores para estas regiones de potencial inestabilidad, donde estaban apostados legiones o ejércitos romanos. Poncio Pilato fue uno de esos procuradores o gobernadores en Judea (Luc. 3:1).

Augusto inició un amplio programa de reforma social, religiosa y moral. Las parejas que estaban de acuerdo en tener hijos recibían beneficios especiales. El adulterio, que con anterioridad había sido ampliamente disculpado, pasó a considerarse delito público sujeto a severos castigos. Se puso especial énfasis en la religión tradicional y se renovaron 82 templos paganos. Muchos cultos antiguos fueron restaurados, lo cual acentuó aun más la visión tradicional de que la paz y la prosperidad de la república dependían del cumplimiento adecuado del deber religioso. Augusto se convirtió en sumo pontífice en el 12 a.C., y esto lo estableció como cabeza política y religiosa del estado.

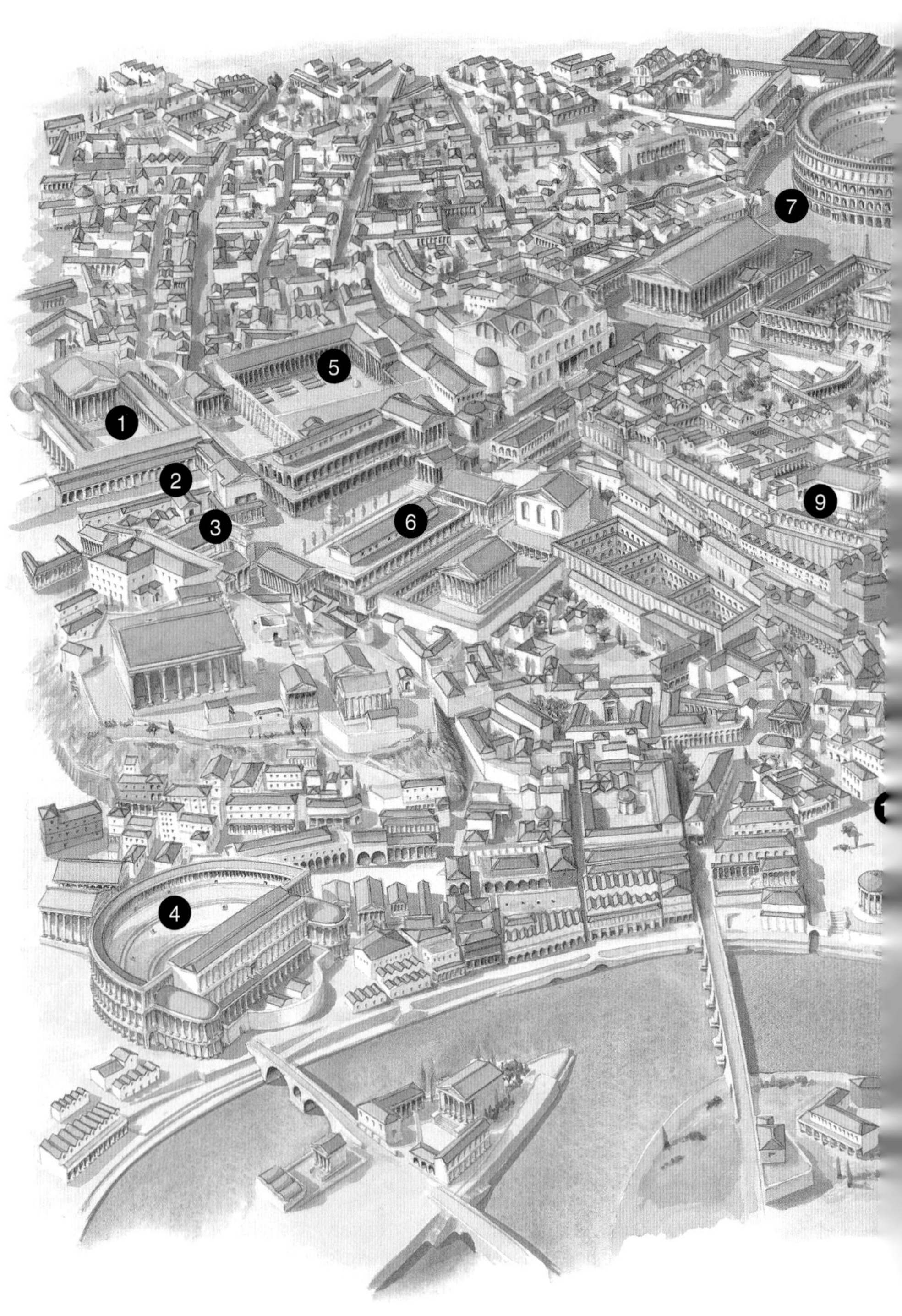

R

Roma antigua

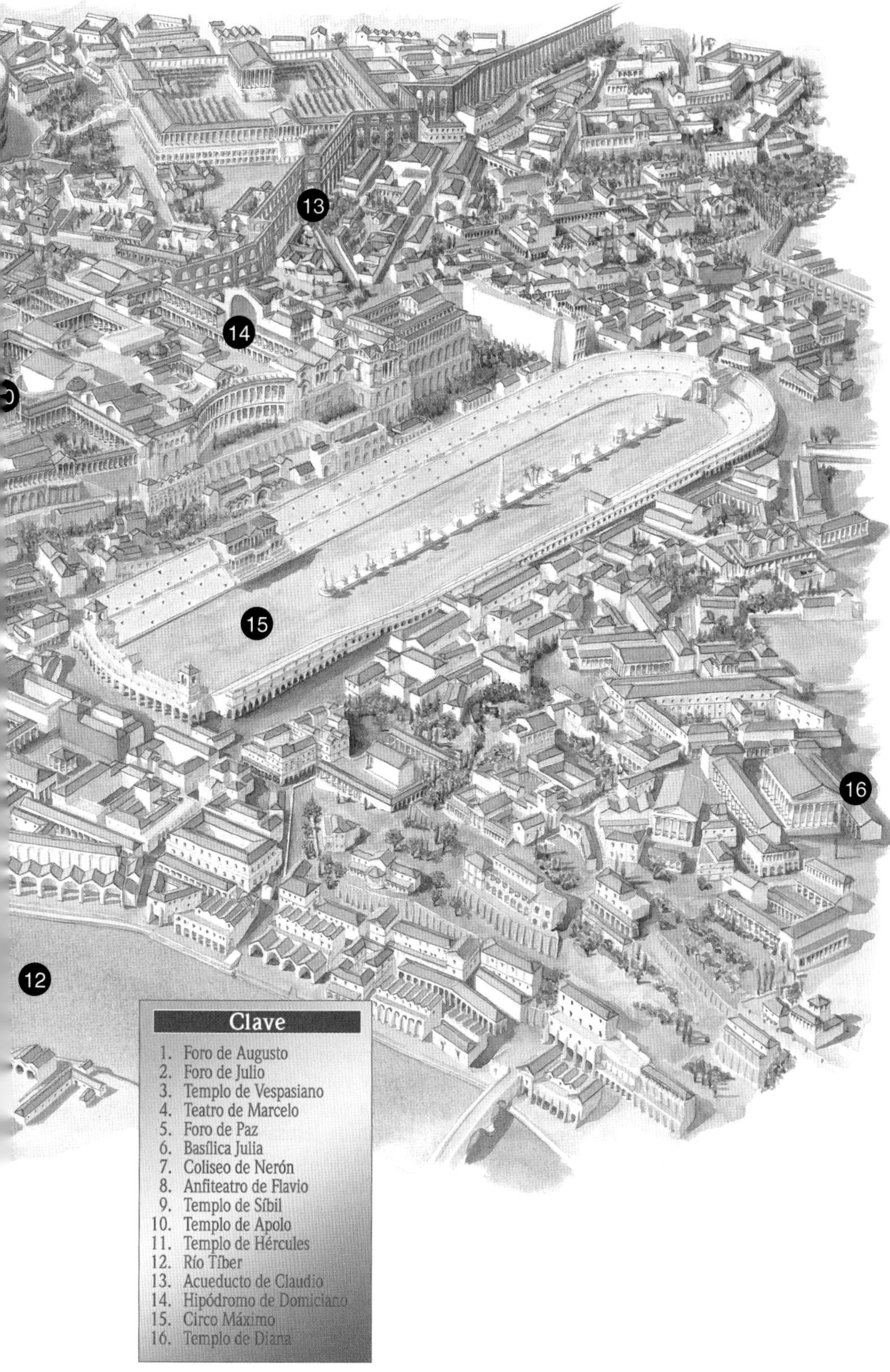
13
14
15
16
12
Clave
1. Foro de Augusto
2. Foro de Julio
3. Templo de Vespasiano
4. Teatro de Marcelo
5. Foro de Paz
6. Basílica Julia
7. Coliseo de Nerón
8. Anfiteatro de Flavio
9. Templo de Síbil
10. Templo de Apolo
11. Templo de Hércules
12. Río Tíber
13. Acueducto de Claudio
14. Hipódromo de Domiciano
15. Circo Máximo
16. Templo de Diana

Se emprendió un amplio programa de viviendas. Augusto agregó otro foro a los ya existentes (Foro Romano y Foro de [Julio] César). El foro cumplía la función de centro judicial, religioso y comercial de la ciudad, e incluía basílicas, templos y pórticos. Más tarde, Vespasiano, Nerva y Trajano construyeron otros foros, todos ellos ubicados al norte del antiguo Foro Romano. Entre las variadas estructuras nuevas había teatros, bibliotecas, templos, baños, basílicas, arcos y depósitos. Se construyó el primer anfiteatro romano permanente con el solo propósito de entretenimiento. Se construyeron extensos sistemas de suministro de agua que incluían lagos artificiales, canales, acueductos y controladores de inundaciones. Se renovó el sistema de cloacas. Se creó un cuerpo de policía de 3000 hombres y uno de bomberos de aprox. 7000.

Los primeros emperadores rigieron durante la época inicial del movimiento cristiano en el Imperio Romano. Jesús nació durante el reinado de Augusto (del 27 a.C. al 14 d.C.) y llevó a cabo Su ministerio durante el reinado de su sucesor, Tiberio (del 14 d.C. al 37 d.C.; comp. Luc.3:1). La imagen de Tiberio estaba estampada en el denario de plata al que Jesús se refirió en un debate sobre los impuestos (Luc. 20:20-26). Alrededor del 18 d.C., Herodes Antipas, hijo de Herodes el Grande, estableció su capital en la costa oeste del Mar de Galilea y la llamó Tiberias en honor al emperador Tiberio. Este fue un comandante militar extremadamente capaz y buen administrador que a su muerte dejó un gran superávit en el tesoro. Siguió el ejemplo de Augusto al no expandirse más allá de los límites de su imperio y evitar así la guerra. La *pax romana* que había iniciado Augusto fue preservada, lo cual permitía viajar por todo el imperio de manera sencilla y segura. Sin lugar a dudas, Pablo se refiere a esto en Gál. 4:4 cuando escribe: "Pero cuando vino la plenitud (el cumplimiento) del tiempo, Dios envió a Su Hijo" (NBLH). Tiberio nunca fue popular con el senado y después del 26 d.C., cuando se le presentó la oportunidad, dejó Roma y se recluyó voluntariamente en la Isla de Capri para gobernar el imperio desde allí. Ese año, Poncio Pilato fue designado gobernador de Judea, cargo que cumplió hasta el 36 d.C., un año antes de la muerte del emperador, que ocurrió en el 37 d.C.

A Tiberio lo sucedió su sobrino nieto Cayo (Calígula), un desequilibrado mental que demostró ser desastroso. La mayor parte del ministerio de Pablo tuvo lugar durante su reinado (del 37 d.C. al 41 d.C.) y el de su sucesor, su anciano tío Claudio (del 41 d.C. al 54 d.C.). Se dice que Claudio expulsó de Roma a los judíos que ocasionaban disturbios a causa de Cristo (comp. Hech. 18:2). En un comienzo, los contemporáneos de Claudio lo consideraron inepto, pero luego demostró enorme talento para la administración y se convirtió en uno de lo emperadores romanos más competentes. Fue responsable de la conquista del sur de Britania (43 d.C. al 47 d.C.), aunque le llevó otros 30 años dominar el norte de ese territorio y Gales. En un sarcófago descubierto recientemente en el cementerio de la familia Goliat en el límite oeste de Jericó, se menciona a su cuarta esposa, Agripina. Ella envenenó a Claudio en el 54 d.C. para acelerar la sucesión de su hijo Nerón, fruto de un matrimonio anterior.

Nerón (54–68 d.C.) en algunos aspectos fue peor que Calígula. Era un hombre sin escrúpulos morales ni interés alguno en el pueblo romano, salvo explotarlos. Aparentemente, tanto Pablo como Pedro fueron martirizados durante su reinado. Esto tal vez tenga relación con el incendio de Roma en el 64 d.C., hecho del cual Nerón culpó a los cristianos. El historiador romano Tácito escribió que cuando el fuego se extinguió, sólo cuatro de los catorce distritos de Roma permanecían intactos. No obstante, Pablo escribió: "Todos los santos os saludan, especialmente los de la casa del César" (Fil. 4:22 LBLA). El hedonismo y la absoluta irresponsabilidad de Nerón lo llevaron inevitablemente a la muerte. El levantamiento de Galba, uno de sus generales, hizo que Nerón se suicidara.

Galba, Otón y Vitelio, tres generales-emperadores sucesivos, murieron durante el año de guerra civil que siguió a la muerte de Nerón (68–69 d.C.). El sucesor de Vitelio fue Vespasiano, uno de los comandantes que había conquistado Britania para Claudio y que estaba en Judea sofocando el primer levantamiento judío. Fue declarado emperador por las legiones de Siria y del Danubio, y volvió a Roma para asumir el cargo tras dejar a su hijo Tito para que completara la destrucción de Jerusalén y el templo al año siguiente (70 d.C.). Este evento fue profetizado por Jesús hacia el final de Su vida cuando dijo: "Cuando veáis a Jerusalén rodeada de ejércitos, sabed entonces que su desolación está cerca" (Luc. 21:20 LBLA).

Las dinastías aristocráticas de Julio y Claudio que habían reinado hasta la muerte de Nerón fueron felizmente reemplazadas por la dinastía de Flavio, que surgió de la clase media rural de Italia y reflejó un enfoque más modesto y responsable en el uso del poder. El reinado de Vespasiano (69–79 d.C.) fue sucedido por su hijo Tito, cuyo gobierno fue breve (79–81 d.C.). A su muerte lo sucedió su hermano Domiciano (81–96 d.C.). Eusebio, historiador del siglo IV, relató que el apóstol Juan fue exiliado a Patmos (comp. Apoc. 1:9) durante el reinado de Domiciano. Eusebio también afirmó que durante el reinado de Nerva, el senado despojó a Domiciano de sus honores y liberó a los exiliados para que volvieran a su tierra, lo cual permitió que Juan regresara a Éfeso.

El reinado de Nerva fue breve, duró poco más de un año (96–98 d.C.). Lo sucedió Trajano (98–117 d.C.), que tiñó de rojo el imperio con sangre de cristianos. Su persecución fue más severa que la instituida por Domiciano. En el siglo II, Ireneo escribió que Juan murió en Éfeso durante el reinado de Trajano. La persecución de la iglesia descrita en Apocalipsis probablemente refleje la iniciada por Trajano y Domiciano. El primero, hijo adoptivo de Nerva, fue el primer emperador originario de una provincia. Su familia era de la zona de Sevilla, España. Marco Aurelio, un emperador subsiguiente de ascendencia española (161–180 d.C.), también persiguió a la iglesia.

Al casarse, Trajano adoptó a su sobrino Adriano y este lo sucedió en el trono (117–138 d.C.). Ya en los comienzos abandonó las tentativas parcialmente exitosas de su antepasado de conquistar el Oriente. Pasó más de la mitad de su reinado viajando por todo el imperio e involucrándose profundamente en la administración de las provincias, actividad en que demostró gran talento. En todo el mundo mediterráneo han quedado evidencias de su inclinación por la construcción, entre lo que se incluyen el arco de entrada a los predios del templo ateniense de Júpiter, el arco de Ecce Homo en Jerusalén, su villa cerca de Roma y el magnífico Panteón romano cuya construcción perfectamente conservada continúa asombrando a los turistas. Sin embargo, quienes más recordarán a Adriano serán aquellos de tradición judeocristiana debido a su intento de helenizar Jerusalén. Con este propósito le cambió el nombre a la ciudad por Aelia Capitolina, erigió un templo para él y Zeus en el lugar donde anteriormente se encontraba el templo de Salomón, y prohibió la circuncisión. La forma brutal con que sofocó el levantamiento inevitable (132–135 d.C.) fue coherente con su afirmación de ser otro Antíoco Epífanes (helenista del siglo II a.C. que, siendo rey de Siria, también profanó el templo de los judíos y precipitó la rebelión de los macabeos). Ver *Intertestamentaria, Historia y literatura.*

El éxito del Imperio Romano dependía de la habilidad de las legiones para mantener paz. La *Pax romana* fue la clave para la prosperidad y el éxito. El griego y el latín eran idiomas universales; no obstante, la mayoría de los países conquistados también conservaron sus propios idiomas, entre los que se incluían el celta, el germano, el semítico, el camítico y el bereber. Desde aquel entonces, el mundo no ha sido capaz de comunicarse con tanta eficacia en idiomas comunes. Si se incluye el Mar Mediterráneo, el Imperio Romano tenía aprox. el tamaño del territorio continental de los Estados Unidos de América. Se extendía desde Britania hasta Arabia y desde Alemania hasta Marruecos. En tres semanas se podía ir en barco desde un extremo al otro del Mediterráneo. De una manera menos efectiva, se podían recorrer 145 km (90

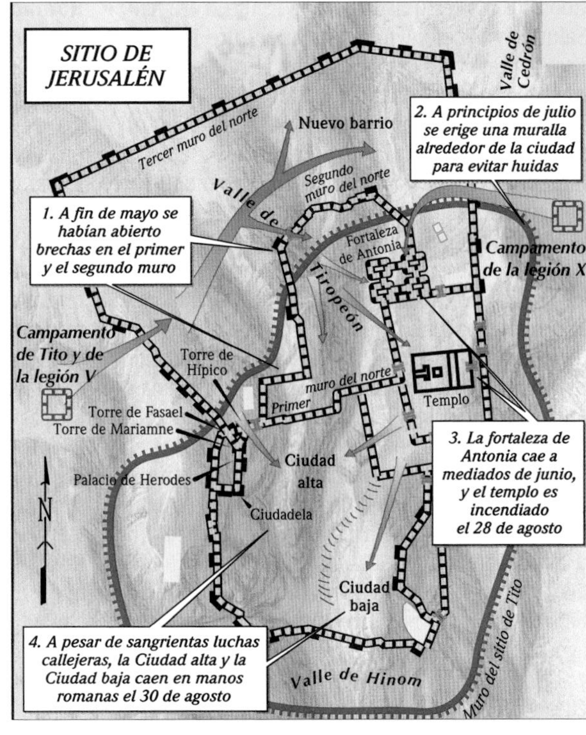
SITIO DE JERUSALÉN
Valle de Cedrón
Tercer muro del norte
Nuevo barrio
2. A principios de julio se erige una muralla alrededor de la ciudad para evitar huidas
Segundo muro del norte
Valle de Tiropeón
1. A fin de mayo se habían abierto brechas en el primer y el segundo muro
Fortaleza de Antonia
Campamento de la legión X
Campamento de Tito y de la legión V
Torre de Hípico
Primer muro del norte
Templo
Torre de Fasael
Torre de Mariamne
3. La fortaleza de Antonia cae a mediados de junio, y el templo es incendiado el 28 de agosto
Palacio de Herodes
Ciudad alta
N
Ciudadela
Ciudad baja
4. A pesar de sangrientas luchas callejeras, la Ciudad alta y la Ciudad baja caen en manos romanas el 30 de agosto
Valle de Hinom
Muro del sitio de Tito

millas) por día por la magnífica red de caminos que entrecruzaba todo el imperio, incluidas la Vía Apia y la Vía Ignacia.

La calidad de la cultura grecorromana diseminada por Roma fue más contundente en las zonas lindantes al Mediterráneo y más débil en aquellas alejadas de las rutas principales de comunicación. La resistencia más eficiente a la cultura se encontró, como era de esperarse, entre los países orientales como Egipto, Siria, Mesopotamia y el Levante (Siria-Palestina), que tenían una historia de civilización más antigua. El oeste de Europa, con una historia comparativamente reciente y no civilizada, no presentó oposición y en poco tiempo se vio inmerso de manera total y permanente en el fenómeno de la civilización occidental.

La educación en el imperio era patrimonio exclusivo de los ricos. Los pobres no tenían ni tiempo, ni dinero ni necesidad de una educación que fue ideada para preparar a las clases altas para puestos de servicio público. El objetivo de la educación era dominar la palabra hablada. La vida cívica exitosa estaba ligada a competencia en el manejo del idioma. La oratoria era indispensable. Las principales materias de estudio eran gramática y retórica, que ponían más énfasis en el estilo que en el contenido. Entre los autores latinos, los más estudiados eran Virgilio, Terencio, Salustio y Cicerón, mientras que entre los griegos, los favoritos eran Homero, Tucídides, Demóstenes y los dramaturgos áticos.

En los comienzos del imperio, la religión era diversa y hasta caótica. Tanto políticos como filósofos intentaban ordenar la religión del mismo modo que habían ordenado otros aspectos de la vida romana. El emperador romano era la cabeza de la religión de estado, que consistía en adorar al emperador y a los dioses tradicionales de Roma. Al emperador se lo consideraba semidivino mientras vivía, y un dios después de su muerte. Es posible que Juan, cuando menciona el lugar "donde está el trono de Satanás" (quizá refiriéndose al altar de Zeus; Apoc. 2:13 LBLA), se haya referido al culto al emperador en Pérgamo, lugar donde se había erigido el primer templo asiático para un emperador romano. Abundaban las religiones de misterio como el mitraísmo y la adoración de Cibeles e Isis. Los sistemas filosóficos como el epicureismo y el estoicismo funcionaban casi como religiones para los intelectuales agnósticos. El judaísmo, con su énfasis monoteísta, y el cristianismo, con su origen judío y un código de ética y moral igualmente elevado, eran anomalías. El conflicto inevitable entre judeocristianos y romanos fue un conflicto entre monoteísmo y politeísmo, entre moralidad e inmoralidad.

John McRay

ROMANOS, CARTA A LOS La más larga y con más intenso contenido teológico de las 13 cartas del NT escritas por Pablo. Es también la más significativa en la historia de la iglesia. Martín Lutero estaba estudiándola cuando llegó a la conclusión de que una persona se justifica a los ojos de Dios únicamente por la fe. Su descubrimiento llevó al grito de batalla de la Reforma: *sola fide*, "sólo por fe".

Quién escribió Romanos A pesar de que se ha refutado la autoría paulina de varias cartas, la evidencia de que él escribió Romanos es tan fuerte que sólo los más innovadores la han puesto en tela de juicio. Sin embargo, los eruditos contemporáneos debaten el papel que tuvo Tercio en la redacción de esta carta (Rom. 16:22). Algunos sospechan que Pablo le comunicó a Tercio sólo temas generales y que este último la redactó. No obstante, como la carta a los Romanos es tan parecida a otras cartas paulinas sin la participación de Tercio, probablemente la haya dictado el apóstol.

Dónde y cuándo escribió Pablo la carta a los Romanos Romanos 15:25-29 indica que Pablo la escribió poco antes de hacer un viaje a Jerusalén. El apóstol llevó el dinero de las colectas de las iglesias gentiles de Macedonia y Acaya para los creyentes pobres en Jerusalén (15:26). Pablo tenía la esperanza de viajar desde allí a través de Roma hasta España, para "predicar el evangelio donde Cristo no sea conocido" (NVI). Esto coincide con la descripción que hace Lucas de los viajes de Pablo al final del relato del tercer viaje misionero (Hech. 19:21; 20:16). Hechos 20:3 muestra que Pablo pasó tres meses en Grecia cuando viajó desde Macedonia a Jerusalén, y escribió Romanos en esa época. A pesar de que Lucas no especificó el lugar, diversos indicios sugieren que fue en Corinto. Primero, en 1 Cor. 16:5,6 se ve que Pablo tuvo la intención de visitar dicha ciudad y probablemente pasar el invierno allí después de dejar Éfeso. Segundo, en Rom. 16 se le encomienda a la iglesia de Roma que cuide de Febe, oriunda de Cencrea, una ciudad cercana a Corinto. Tercero, Pablo envía saludos de Gayo y Erasto (Rom. 16:23), quienes probablemente residían en Corinto (1 Cor. 1:14; 2 Tim. 4:20).

El interior del Coliseo romano y una vista de la sección subterránea.

El hecho más significativo para poder fecharla es su comparecencia ante Galión, procónsul de Acaya (Hech.18:12-17), durante su estadía en Corinto en el segundo viaje misionero. Inscripciones antiguas indican que Galión fue procónsul de Acaya desde julio del 51 hasta julio del 52. Esto sugiere que el segundo viaje misionero terminó al final del verano o en el otoño boreal del 51 d.C. El tercer viaje misionero de Pablo incluyó una estadía de tres años en Éfeso que probablemente se haya extendido desde mediados o fines del 52 hasta mediados o fines del 55. No podemos determinar con precisión cuánto tiempo pasó Pablo en Macedonia desde su partida de Éfeso hasta el comienzo de su estadía de tres meses en Grecia (Hech. 20:1-3). Sin embargo, sería razonable estimar que Pablo les escribió a los romanos desde Grecia en el 56 ó 57. Tácito describió los disturbios ocurridos en Roma en los primeros años del reinado de Nerón (56–58 d.C.) a causa del cobro de excesivos impuestos; Rom. 13:1-7 puede indicar que Pablo conocía esta situación, lo cual confirmaría la fecha propuesta.

Por qué Pablo les escribió a los romanos Algunos intérpretes han considerado Romanos como un "tratado teológico". Si bien es sumamente teológica, fue escrita con el fin de abordar la situación concreta de una iglesia en particular. La carta no presenta ciertos aspectos importantes de la teología paulina, como por ejemplo la doctrina sobre la Cena del Señor (1 Cor. 11:17-24) o la segunda venida de Cristo (1 Tes. 4:13–5:11). Pablo también presta atención singular a asuntos que no son tratados en detalle en otras cartas, como la ira de Dios (Rom. 1:18-32) y el rechazo de Jesús por parte de los judíos (Rom. 9–11). Varios aspectos de Romanos, como la relación entre los débiles y los fuertes (Rom. 14:1–15:6) y el modo en que los creyentes debían relacionarse con el gobierno, parecen reflejar la luchas que enfrentaba esta congregación en particular. Por consiguiente, Romanos no fue un libro de texto sobre teología escrito para destinatarios desconocidos.

Pablo tuvo varias razones para escribir esta carta. Primero, quería recordarles a los creyentes romanos algunas verdades fundamentales del evangelio para cumplir así su deber de proclamar el evangelio a los gentiles (Rom.15:14-16). El apóstol era consciente de que su mensaje podría ser mal interpretado o mal aplicado. Escribió para clarificar aspectos importantes de su mensaje a personas que sólo habían escuchado acerca de él. Romanos 16:17-20 muestra que Pablo estaba preocupado por la infiltración de falsos maestros en la iglesia. Ante este peligro, era imperioso expresar los puntos fundamentales del evangelio.

Segundo, Pablo quería tratar determinados problemas que enfrentaba la iglesia romana. En particular, quería llamar a la iglesia a la unidad. Era consciente de que ciertas diferencias en los puntos de vista de los creyentes gentiles y judíos habían causado desunión en la congregación. Esas diferencias surgieron en polémicas sobre el ayuno y la observancia de días festivos judíos. Probablemente el núcleo de la cuestión encerrara un tema más importante: "La inclusión de los gentiles en el pueblo de Dios, ¿significaba que Dios había abandonado Sus promesas a Israel?" (ver especialmente Rom. 9–11). Pablo hace hincapié en la igualdad entre creyentes judíos y gentiles. Tanto unos como otros son pecadores (Rom. 2:9; 3:9,23) y salvos por la gracia por medio de la fe, sin necesidad de las obras de la ley (Rom. 3:22,28-30).

Tercero, Pablo quería presentarse formalmente a la iglesia romana y pedirle apoyo para su misión en España. Ya había proclamado plenamente el evangelio a través de todo el este del Imperio Romano, "desde Jerusalén, y por los alrededores hasta Ilírico". Ahora planeaba llevarlo a España, en el extremo occidental del imperio. Luego de dejar Jerusalén, viajaría a España pasando por Roma. El apóstol tenía la esperanza de recibir una ofrenda de la iglesia romana para colaborar con sus trabajos en España (Rom. 15:21).

Cuál es la idea central de la carta a los Romanos Quienes han profundizado en la interpretación de Romanos han buscado un único tema que unifique la epístola. Durante la Reforma, la tendencia era centrarse en la primera parte del libro y destacar "la justificación por la fe" como tema de la carta. Más adelante, los intérpretes sostuvieron que el núcleo de la epístola se encontraba en Rom. 6–8 y que el tema principal era la unión de los creyentes con Cristo y la obra del Espíritu. Otros respondieron argumentando que el eje de la carta estaba en Rom. 9–11 y que, en realidad, el tema central era la relación entre judíos y gentiles en el plan de Dios para la salvación. Incluso otros insistieron en que la sección práctica, Rom. 12–15, expresaba el tema central del libro. La intención principal de Pablo fue llamar a la iglesia a la unidad y promover la armonía entre creyentes judíos y gentiles. Todos los enfoques anteriores tienden a enfatizar sólo una parte de la carta y a restarle importancia al resto.

En la actualidad, los eruditos generalmente concuerdan en que el tema que puede abarcar todo el contenido del libro es "la justicia divina" aunque se discute el significado preciso de esta frase. En primer lugar, tradicionalmente los intérpretes protestantes han sostenido que la frase se refiere a una dádiva de Dios, quien juzga a los pecadores y los considera justos si creen en Cristo (Rom. 3:21,22; 4:1-8; 10:3). Los intérpretes católicos, aun reconociendo que la justicia es un don, sostienen que se trata de una justicia real que Dios produce en los creyentes mediante Su poder transformador (Rom. 6–8). Quizá la opinión más común en la actualidad es que esa "justicia divina" se refiere a un poder que Dios ejerce, Su poder para salvar. Esta interpretación enfatiza el concepto de justicia divina en el AT (Sal. 98:2; Isa. 46:13; 51:8). Finalmente, otros opinan que la frase expresa una cualidad que posee Dios. Dios es justo. Esta justicia se expresa tanto en la justa condenación de los pecadores como en la justificación de aquellos que creen (Rom. 3:3-5,25,26). Sin embargo, estas definiciones no se pueden tomar individualmente como el único significado de la frase. Cada definición se aplica a diversos contextos. No obstante, la cuarta y última definición tal vez haya sido la que Pablo tuvo en mente en Rom. 1:17.

El concepto de "justicia divina" probablemente sea demasiado limitado como para constituir el tema de todo el libro. Un enfoque más acertado reconoce que el tema principal de Romanos es "el evangelio" o "el evangelio de la justicia divina". La palabra "evangelio" y otros vocablos relacionados con este término aparecen con frecuencia en la introducción y la conclusión de la carta. Esta palabra se destaca aun más cuando Pablo anuncia el tema en Rom. 1:16,17.

Cuál es el mensaje de Romanos La introducción incluye un breve resumen del evangelio donde se destaca el AT como fundamento y Cristo como centro. Que Cristo sea del linaje de David confirma Su derecho de gobernar como rey mesiánico. Por virtud de Su resurrección, Jesús es también "Hijo de Dios con poder". Dado que la siguiente instancia donde se menciona "poder" en el libro de Romanos se refiere al poder de Dios para salvar (Rom. 1:16), el título implica que debido a Su resurrección, Jesús posee el poder de salvar (Rom. 4:25; 1 Cor. 15:14, 17,20). Por último, Jesús es llamado "nuestro Señor", título que claramente denota deidad (Rom. 10:9,13; Joel 2:32).

En Rom. 1:16,17 se expresa el tema de la carta. Pablo no se avergüenza de proclamar el evangelio, ya que lo que produce la salvación de todos los que creen, sean judíos o gentiles, es el poder de Dios para salvar. El evangelio revela la justicia de Dios, tanto el atributo en sí como Su acción de justificar a los pecadores (Rom. 3:21-26). La salvación por fe no era un concepto nuevo; fue el mensaje de los profetas del AT (Rom. 1:17; Hab. 2:4).

Los gentiles merecen la ira divina porque sus pecados no han sido cometidos por ignorancia sino que suponen una negación de las verdades acerca de Dios que son evidentes para todos. El pecado que predomina en el hombre es no darle a Dios la gloria que merece. Él expresó Su ira divina al dejar al hombre librado al poder corruptor del pecado de modo que su comportamiento pecaminoso se vuelve cada vez más atroz y repulsivo a pesar de saber claramente que el pecado conduce a la muerte.

Ahora bien, que Dios condene a otros no impide que Él vea nuestra propia culpa. Dios juzgará a cada persona con equidad y le dará el castigo o premio que merezcan sus obras. Dios juzgará a judíos y gentiles por igual, con justicia y equidad, porque el juicio divino no se basa en favoritismos.

Tanto judíos como gentiles merecen la ira del Señor. A pesar de predicar y enseñar la ley, no la obedecieron, por lo cual deshonraron a Dios y blasfemaron Su nombre. La circuncisión no concede protección contra el juicio divino. El verdadero judío al que Dios elogiará es aquel que ha sido transformado en su interior. Los judíos ciertamente poseen algunas ventajas. Dios quiso concederles las Escrituras del AT y es fiel a Sus promesas a Israel. La justicia divina no deja de ser tal por castigar los pecados de los judíos, aunque se vería comprometida si no lo hiciera. La Ley que poseía Israel no era un medio de salvación. Lo que hacía era demostrar la pecaminosidad del hombre de modo que este perdiera las esperanzas de salvarse por su propia justicia.

Tanto la Ley como los Profetas testifican que Dios declara que los pecadores que no han guardado la ley son justos a Sus ojos si creen en Jesucristo. Este estado de justicia es otorgado gratuitamente por la gracia divina sobre la base de los méritos del sacrificio expiatorio de Cristo. Esta manifestación de justicia por gracia divina elimina toda presunción humana y sitúa en igualdad de condiciones tanto a gentiles como a judíos. La justificación por la fe más que por el cumplimiento de la ley no exime de la obediencia a esta última. Al contrario, afirma todo lo que la ley siempre ha expresado sobre la salvación. La ley dice claramente que Abraham, el padre de los judíos, fue declarado justo a los ojos de Dios por medio de la fe (Gén. 15:6). La justicia fue un don recibido. De este modo, Dios le otorga esta justicia a una persona sobre la base de su fe, sin tener en cuenta la circuncisión.

El famoso Coliseo de Roma fue construido en los últimos años del siglo I d.C.

Además, esta justicia se le otorgó a Abraham antes de que fuera dada la ley mosaica, como una muestra más de que Dios concede dicha justicia sobre la base de la fe y no del cumplimiento de la ley. Las promesas a la descendencia de Abraham (que incluyen el otorgamiento de la justificación y la vida en el mundo futuro) se conceden a los creyentes, tanto judíos como gentiles, al cumplirse la promesa de que aquel sería padre de muchas naciones. Abraham creía que Dios podía producir vida a partir de la muerte, hacer nacer a un niño de personas cuya ancianidad era equivalente a estar muertas. Del mismo modo, los cristianos creen que Dios pudo resucitar a Jesús de entre los muertos, y mostrar así la fe de Abraham y recibir la promesa de una justicia imputada.

Gracias a la justificación, los creyentes están en paz con Dios y esperan con alegría la completa transformación final. A través de la muerte expiatoria y propiciatoria de Jesús, los creyentes, que en el pasado eran enemigos de Dios y merecedores de Su ira, fueron reconciliados con Dios. El impacto que la desobediencia de Adán ejerció sobre la humanidad tiene su correlativo positivo en el efecto que produjo en los creyentes la obediencia de Cristo. Debido al pecado de Adán, todas las personas mueren, incluso las que vivieron antes de que fuera dada la ley y que, por lo tanto, no tenían mandamientos explícitos que pudieran desobedecer. Evidentemente, un solo acto de una persona puede tener un impacto universal y eterno. Sin embargo, la obediencia de Jesucristo tiene el poder de anular las consecuencias de la desobediencia de Adán. Si la desobediencia de un solo hombre puede causar la muerte de tantos, la obediencia de Cristo puede, del mismo modo, dar justicia y vida a muchos. Así como los efectos de la desobediencia de Adán fueron universales, los resultados de la obediencia de Cristo también lo son. La ley no introdujo la muerte en el mundo sino que les dio a los descendientes de Adán mandamientos explícitos que podían ser desobedecidos, tal como lo había hecho Adán. Por este motivo, el pecado fue más desenfrenado y atroz, lo cual sirvió para magnificar la abundancia y la grandeza de la gracia de Dios.

De lo expuesto anteriormente, no se debe llegar a la conclusión de que el pecado debería continuar. La unión de los creyentes con Cristo en Su muerte, sepultura y resurrección no es congruente con un estilo de vida pecaminosa. La vida vieja que tenía el creyente murió con Cristo. Ahora el creyente ha sido liberado del dominio del pecado. Al final, la unión del creyente con Cristo producirá su resurrección y la completa liberación del pecado. Los creyentes ahora deben vivir a la luz del conocimiento de que el dominio del pecado ha sido roto. Deben ofrecerse a sí mismos a Dios como instrumentos de justicia. El creyente tiene un nuevo amo espiritual: la justicia. Ser esclavo del pecado no beneficia a los pecadores sino que los condena a muerte. Ser esclavo de la justicia, en cambio, produce santidad y lleva a la vida eterna.

El creyente ha sido liberado de la ley. La muerte anula los pactos, de modo que ya no son vinculantes. Cuando un cónyuge muere, el otro queda liberado de la ley del matrimonio y puede volver a casarse. De manera similar, la muerte anula el poder de la ley. Por la unión con Cristo en Su muerte, el creyente es liberado de la ley y es libre para consagrarse a Dios. La liberación de la ley, la unión con Dios en Cristo y el poder del Espíritu permiten que el creyente lleve una vida justa, algo que la ley no podía realizar.

La ley incita a los incrédulos a pecar, pero esto no significa que sea mala. La ley es santa, justa y buena, pero la naturaleza pecadora utilizó la ley para destruir a los pecadores. Aun así, la ley cumplió una función positiva; mostró la corrupción absoluta del hombre y su esclavitud al pecado. No obstante, no podía liberar al hombre de dicha esclavitud. Pablo lo ilustró al describir su propia frustración al intentar cumplir con los requisitos de la ley. Pablo batallaba entre deleitarse en la ley de Dios y ser dominado por el pecado, y confesó que este conflicto sólo terminaría mediante la resurrección corporal.

Aun así, el creyente puede gozar de victoria sobre el pecado. El Espíritu le da al creyente lo que la ley no podía otorgarle: lo libera de la esclavitud al pecado y lo mueve a cumplir las justas exigencias de la ley de un modo natural y espontáneo. A fin de producir nueva vida en el creyente, el Espíritu ejerce el mismo poder que utilizó para resucitar a Jesús de la muerte. Quienes viven según el Espíritu de Dios son hijos de Dios y, por lo tanto, herederos que tendrán parte en Su gloria. Toda la creación anhela esta gloria. El creyente anhela ser adoptado por Dios mediante la redención del cuerpo.

En el presente, Dios obra a través de cada circunstancia para el bien espiritual del creyente. El designio eterno de Dios no se verá frustrado, e indefectiblemente hará que aquellos a quienes amó desde la eternidad pasen a ser como Su hijo. Tanto la culminación de la salvación de los creyentes en el juicio final mediante la justificación como también su glorificación son ciertas porque se basan en el amor eterno de Dios.

El rechazo de Cristo por parte de Israel, el pueblo elegido de Dios, podría parecer contradictorio a la infalibilidad de las promesas de Dios, y podría debilitar la esperanza del creyente. Sin embargo, las promesas divinas a Israel no han fallado. No todos los descendientes físicos de Abraham son verdaderos israelitas. Las promesas de Dios son para aquellos a quienes Él escogió. Esta elección no está basada en el modo de ser ni en el comportamiento humano sino en los misteriosos designios de Dios.

No podemos acusar a Dios de ser injusto. Él tiene libertad de mostrar misericordia con quien desee porque el Creador tiene autoridad absoluta sobre Sus criaturas. Si Él elige glorificarse a sí mismo expresando ira hacia unos y generosa misericordia hacia otros no podemos cuestionar Su modo de ser. Dios habría sido justo aun si no hubiese salvado a nadie, y es ciertamente justo si escoge salvar a gran parte de la humanidad.

De todos modos, Israel es completamente responsable de su condición espiritual. Los gentiles obtuvieron la verdadera justicia por la fe. Israel procuró justicia pero intentó establecerla mediante obediencia a la ley antes que por fe en Cristo. A pesar de sus esfuerzos, Israel no encontró la verdadera justicia porque sólo se consigue cumplir la ley por medio de la fe en Cristo. La salvación viene sólo por la fe en Cristo, tal como se demuestra en el AT.

Lo que impidió que Israel confesara su fe en Cristo no fue falta de información. Aunque escuchó el mensaje de Jesús, la mayoría lo rechazó a causa de obstinada desobediencia. Aun así, Dios no ha rechazado completamente a Israel sino que por Su gracia ha elegido a una parte de Su pueblo para que se salve. Este remanente obtendrá la justicia buscada por Israel. Dios endureció al resto.

Dios utilizó el rechazo de Israel al evangelio para concretar Sus designios de gracia: llevar la salvación a los gentiles. Ahora Dios usará la acogida del evangelio por parte de los gentiles para inducir a algunos israelitas a confiar en Cristo. Los gentiles no deben presumir ante Israel. Su salvación depende de las promesas hechas por Dios a Israel y de la fe. Él está dispuesto a aceptar al resto de los israelitas cuando se arrepientan de su incredulidad.

Los gentiles no deben suponer que su condición delante de Dios es privilegiada. Después de que todos los gentiles elegidos en la presciencia divina hayan sido salvos, Dios volverá a centrar su atención en el pueblo de Israel. Gran cantidad de judíos serán salvos porque los dones de Dios y Su llamamiento son irrevocables. Dios ha mostrado Su misteriosa sabiduría al hacer que gentiles y judíos se animen mutuamente a creer en Cristo.

Los creyentes responden a la misericordia de Dios al consagrarse por completo a Él con una mente renovada que conoce la voluntad divina. La mente renovada reconoce la interdependencia de los miembros de la iglesia y no establece jerarquía basada en los dones espirituales recibidos. La mente renovada se caracteriza por el amor, el cual se expresa a través de perdón, compasión, armonía, humildad y bondad.

Los creyentes deben someterse a las autoridades gubernamentales. Dichas autoridades son designadas por Dios, mantienen el orden y buscan impedir el desorden y la anarquía. Por este motivo, los creyentes pagan sus impuestos y muestran respeto hacia líderes políticos.

Este bajorrelieve con el símbolo del poder de Roma, el águila imperial romana, fue hallado en Jerusalén.

Los cristianos deben cumplir la ley expresando amor hacia los demás. Dado que la segunda venida de Cristo se acerca, es especialmente importante expresar dicho amor a los demás y vivir de manera recta. Los creyentes deben aceptarse mutuamente con amor aun cuando no estén de acuerdo en cuestiones de conciencia, incluso al hacer lo que uno considere correcto. Deben tener cuidado de no permitir que su comportamiento perturbe a otros creyentes con diferentes convicciones. Deben tener especial cuidado de no alentar a otros a hacer algo que ellos piensen que está mal. Está mal comer, beber o hacer cualquier cosa que turbe la propia conciencia.

Los creyentes judíos y gentiles, los débiles y los fuertes deben vivir en unidad y procurar edificarse mutuamente. Deben aprender a glorificar a Dios en unidad de corazón y de expresión. Jesús mismo vino al mundo a servir a los judíos al cumplir las promesas que les fueron hechas, y además incluir a los gentiles en el plan de Dios para que pudieran glorificar a Dios como fue profetizado en el AT. Ver *Ética; Justicia; Salvación.*

Bosquejo

I. Introducción (1:1-15)
   A. Jesucristo es el centro del evangelio; Pablo está capacitado para proclamar el evangelio (1:1-7)
   B. Pablo agradece a Dios por los cristianos romanos y expresa su amor hacia ellos (1:8-15)

II. Tema: El evangelio revela el poder salvador de Dios y Su justicia (1:16,17)

III. La promesa ofrecida por el evangelio: justificación por la fe (1:18–4:25)
   A. La necesidad de ser justificado (1:18–3:20)
      1. Todos los gentiles son pecadores (1:18-32)
      2. Todos los judíos son pecadores (2:1–3:8)
      3. Todas las personas son pecadoras (3:9-20)
   B. El don divino de la justificación (3:21–4:25)
      1. Dios otorga justificación a través de Cristo por la fe (3:21-26)
      2. La justificación tanto de judíos como de gentiles se basa en la fe y no en las obras (3:27–4:25)

- IV. Los beneficios conferidos por el evangelio (5:1–8:39)
    - A. El creyente tiene paz, justicia y gozo (5:1-11)
    - B. El creyente escapa de las consecuencias de la trasgresión de Adán y el reinado del pecado en la muerte (5:12-21)
    - C. El creyente es liberado de la esclavitud del pecado (6:1-23)
    - D. El creyente es liberado de las ataduras de la ley (7:1-25)
    - E. El creyente vive una vida justa por el poder del Espíritu (8:1-17)
    - F. El creyente gozará finalmente de victoria completa sobre la corrupción (8:18-39)
- V. El rechazo de Israel al evangelio (9:1–11:36)
    - A. Israel ha rechazado a Cristo (9:1-5)
    - B. El rechazo temporal de Israel a Cristo es congruente con el plan eterno de Dios (9:6-29)
    - C. El rechazo temporal de Israel a Cristo se debe a su obstinada desobediencia en la búsqueda de justicia propia (9:30–10:21)
    - D. Dios ha elegido un remanente actual de judíos para que sean salvos y ha endurecido al resto (11:1-10)
    - E. Dios finalmente salvará a la nación de Israel (11:11-32)
    - F. El plan de Dios es misterioso y sabio (11:33-36)
- VI. Las consecuencias prácticas del evangelio (12:1–15:13)
    - A. Los cristianos deben responder a la misericordia de Dios mediante la transformación de sus vidas (12:1-2)
    - B. La transformación de vida afectará las relaciones en la iglesia (12:3-21)
    - C. La transformación de vida afectará las relaciones con autoridades políticas (13:1-7)
    - D. La transformación de vida es urgente porque la segunda venida de Cristo está cerca (13:8-14)
    - E. La transformación de vida llevará a la aceptación mutua de cristianos débiles y fuertes (14:1–15:13)
- VII. Conclusión (15:14–16:27)

Charles L. Quarles

ROMANTI-EZER Nombre de persona que significa "he exaltado la ayuda". Músico del templo (1 Crón. 25:4,31). Algunos eruditos reconocen una oración de alabanza en los nombres de los músicos del templo, desde Hananías hasta Mahaziot (1 Crón. 25:4).

ROPA Las fuentes bíblicas y arqueológicas concuerdan en que los recursos más antiguos para ropa eran los cueros de animales salvajes (Gén. 3:21). No obstante, la Biblia incluye cierta información acerca del proceso de manufacturación de ropa a partir de fibras vegetales. Los desarrollos tecnológicos preceden a la historia bíblica.

Recursos naturales La producción de ropa en el antiguo Cercano Oriente data del período neolítico; las fibras naturales de lino se hilaban y entretejían para hacer telas de ese material. Las culturas nómadas seguían teniendo preferencia por los cueros de animales, a algunos de los cuales les dejaban pequeñas cantidades de piel. Las crecientes culturas urbanas sedentarias preferían las telas hechas con fibras vegetales, como el lino o algodón, y de fibras animales como la lana, el pelo de cabra, la seda y el uso limitado de otros animales salvajes.

El lino silvestre era originario de las regiones de Palestina y el Cáucaso. Las plantas cultivadas se llevaron desde un principio a Egipto, donde crecieron en abundancia y se utilizaron para producir lino fino (Gén. 41:42) para las vestiduras delicadas y las velas de embarcaciones (Ezeq. 27:7). El lino de Siria se consideraba más fino que el egipcio. La importancia de la producción de lino en Palestina se refleja en el calendario de Gezer. Las telas de calidad se fabricaban a partir de plantas que crecían en Galilea y el Valle del

Hombre árabe en la actualidad, con su típico tocado de género ("kaffiyeh"), que los habitantes del Medio Oriente han usado por milenios.

Jordán. El tallo del lino también se usaba para hacer canastos resistentes.

El algodón, que parece haberse originado en la región del Valle del Indo, crecía en árboles pequeños. El árbol de algodón se introdujo en Asiria en la Edad de Hierro, pero el clima del sur de la Mesopotamia era más apropiado para el cultivo de granos. El algodón necesita un clima cálido y húmedo para que crezca y se procese con buena calidad, por lo tanto, no se producía tan ampliamente en Palestina. Sin embargo, los líderes desde Egipto hasta Babilonia lo apreciaban muchísimo debido a su color brillante y características delicadas y al mismo tiempo durables. La producción y el uso se incrementaron en gran manera durante el período helenista.

La lana era la materia prima utilizada más comúnmente entre los pueblos semíticos para el fieltro (pañolenci) y otras telas. En la época de los patriarcas el hilado de lana estaba lo suficientemente avanzado como para no merecer descripciones en la Biblia. Los tonos naturales de la lana iban desde el blanco al amarillo y al gris. Esto daba lugar a la posibilidad de múltiples colores en conjunto con tinturas naturales. El desarrollo de las tijeras metálicas para esquilar durante la Edad de Hierro facilitó en gran manera la remoción de la lana y el pelo. Al principio la lana se arrancaba a mano y posteriormente con un cepillo dentado. Las telas de lana estaban bastante de moda entre los sumerios, quienes hablaron ampliamente sobre los aspectos de la producción lanera.

Otros recursos incluían la seda, el cáñamo, el pelo de camello y el pelo de cabra. La seda se importaba de China y se extendió primero a la Mesopotamia y finalmente a las islas del Mediterráneo donde se criaba la mariposa nocturna. Generalmente se reservaba para la realeza y los adinerados. El cáñamo y el pelo producían vestimentas rústicas cuando se utilizaban solas pero, si se las usaba con lana, daban como resultado ropas resistentes.

El lavador tomaba la lana recién esquilada o el lino, y a veces el lino tejido, y preparaba los productos que se iban a utilizar en las vestimentas. El aceite, la suciedad u otros residuos se quitaban primero lavando la tela en un líquido de base alcalina que se hacía con cenizas, limo, etc., y luego se enjuagaba varias veces en agua limpia. A veces se apisonaba o se golpeaba contra las rocas durante la etapa del enjuague. Por último, y antes de utilizarlas, la tela se dejaba al sol para que se secara, se blanqueara y se encogiera (Isa. 7:3). La justicia de Dios se compara con el jabón de lavar del lavador (Mal. 3:2). En la transfiguración de Jesús (Mar. 9:3) se dice que Sus vestidos se volvieron más blancos que con la mejor obra de un lavador.

Tejido Las fuentes bíblicas indican que las materias primas se hilaban y tejían formando trozos de tela de unos 2 m (6 pies) de ancho y con un largo apropiado a las necesidades (Ex. 26:1-2,7-8). Los murales egipcios indican que sus telares eran grandes y tecnológicamente avanzados. Se emplearon tres clases de telares durante los tiempos bíblicos: el vertical egipcio, el vertical griego y el horizontal. En las tumbas egipcias se han hallado modelos de telares horizontales. El vertical griego se utilizó originariamente en la producción de lana. Los verticales primitivos de urdimbre y con pesas que utilizaban contrapesos de arcilla moldeados manualmente se destacaron en Israel durante el período de Hierro II. En numerosos sitios del AT se han excavado pesas de telares del tamaño de un balón de béisbol. Estos telares consistían en dos piezas verticales, una viga horizontal y una urdimbre que se extendía entre la viga y una serie de pesas. Las vasijas pintadas griegas también muestran excelentes ejemplos de esta clase.

En la construcción del tabernáculo, las mujeres talentosas hilaban lana con las manos e inclusive entretejían hilos de oro en la tela (Ex. 35:25; 39:3). En Egipto y en Mesopotamia se desarrollaron mejor las ruecas. El libro de Proverbios describe a una mujer que dedica mucho tiempo a hilar y tejer telas (Prov. 31:13-24).

Tinturas y colores Los egipcios previos a las dinastías (alrededor del 3000 a.C.) habían comenzado a dominar el arte de teñir telas. Los rojos, los púrpuras y los azules (índigo) eran las tinturas naturales conocidas en las regiones mediterráneas y africanas. Provenían de la vida marina, de las plantas y de los insectos. Las tonalidades naturales de las diferentes razas de animales daban variedad a los colores de las telas (pelo de cabra marrón y negro; lana blanca, gris y amarilla). Las tinturas naturales disponibles y los tonos naturales diferentes ofrecían un amplio espectro de posibilidades de colores. La mezcla de tinturas y telas podía producir como resultado colores como el verde, el anaranjado, el café, el amarillo, el negro y el rosa, cada uno con diversas tonalidades. Según el geógrafo e historiador griego Estrabón, a lo largo de la historia antigua, el púrpura natural de Tiro se consideró el color más hermoso.

Los que podían afrontar el gasto preferían las vestiduras más coloridas. Las descripciones bíblicas indican que las telas teñidas generalmente se reservaban para vestimentas y ocasiones especiales. En Ex. 26:1, el azul, el púrpura y el carmesí se enumeran como los tonos de las prendas del tabernáculo. El celo por el favoritismo al recibir una túnica de colores brillantes se refleja en el conflicto de José con sus hermanos (Gén. 37:3,4).

Estilos de ropa Las Escrituras sólo dan descripciones generales de las vestimentas en los tiempos bíblicos. Los monumentos egipcios, asirios, romanos y heteos proporcionan amplia evidencia pictórica de la ropa en el mundo antiguo. La necesidad de ropa tiene su origen en la vergüenza que experimentaron Adán y Eva en el huerto a causa de su desnudez (Gén. 3:7,8). La provisión de Dios para con su pueblo se refleja en las vestiduras de piel de animal que proporcionó en respuesta a la necesidad humana.

Los varones y las mujeres llevaban túnicas hechas de lino o lana que colgaban desde el cuello hasta las rodillas o los tobillos. La Tabla de Beni Hasan de la tumba de Khumhotep de Egipto describe la práctica semita de llevar túnicas con diversos diseños y colores.

Los hombres llevaban cintos o cinturones de lino (Jer. 13:1) o de cuero (2 Rey. 1:8) que se usaban a fin de ceñir la túnica para viajar. A la noche o durante el descanso se podían aflojar para estar más cómodos. Los sacerdotes tenían que cubrirse las caderas y los muslos (Ex. 28:42) con calzoncillos con el objeto de cubrir bien todo su cuerpo cuando prestaban servicio ante Jehová.

El manto era una vestimenta exterior para cubrirse durante la noche y, en consecuencia, no se debía prestar (Deut. 24:13). Este vestido era el que generalmente utilizaban los extranjeros (Deut. 10:18; Rut 3:3). En Juan 19:2, los soldados romanos envolvieron a Jesús en su manto mientras lo azotaban. Es probable que la túnica de Jesús haya sido la ropa sobre la cual los soldados romanos echaron suerte durante la crucifixión (Juan 19:23). La realeza, los profetas y los ricos llevaban túnicas exteriores sin mangas de tela azul o púrpura (1 Sam. 18:4; Esd. 9:3; Luc. 15:22). Los reyes, los profetas y otras personas destacadas llevaban mantos de diversas clases. En momentos de tristeza o angustia se podían rasgar estas vestiduras (Job 1:20). El efod era otra clase de vestimenta exterior que consistía generalmente en una túnica blanca especial (1 Sam. 2:18).

Las mujeres asimismo llevaban vestimentas interiores y exteriores, pero las diferencias de aspecto tienen que haber sido notorias ya que estaba estrictamente prohibido llevar ropas del sexo opuesto (Deut. 22:5). La ropa interior era una indumentaria floja y abolsada (Prov. 31:24), y las túnicas exteriores eran más sueltas. La mujer también llevaba en la cabeza un pañuelo de tela de colores brillantes y estampadas que se podía utilizar como sostén enrollado para acarrear cosas (Isa. 3:22), como velo (Gén. 24:65; Cant. 5:7) o como un vestido colgante que la protegía del sol. Una cola o velo adornaba a las mujeres de estatus social elevado (Isa. 47:2).

Las vestimentas festivas tanto para hombres como para mujeres generalmente estaban hechas de tela blanca muy costosa, adornadas con envolturas exteriores coloridas y túnicas para la cabeza. Los atuendos festivos también se adornaban con oro, plata o joyas (2 Sam. 1:24). Las vestiduras sacerdotales asimismo estaban hechas del mejor lino fino al que se lo teñía de carmesí, azul y púrpura, y además tenían adornos de oro. Ver *Lana; Lino; Seda.* *R. Dennis Cole*

ROS Nombre de persona que significa "cabeza" o "jefe". Séptimo hijo de Benjamín (Gén. 46:21). La traducción griega más antigua se refiere a Ros como hijo de Bela y, por lo tanto, nieto de Benjamín. El nombre no se encuentra en las listas paralelas de los hijos benjamitas (Num. 26:38-39; 1 Crón. 8:1-5).

ROSA Ver *Plantas.*

ROSTRO, FAZ En la Biblia hay varias palabras que se traducen "rostro". En el AT, *panim* es la más común y tiene el sentido real de "rostro". *Aph* (nariz) y *ayin* (ojos, semblante) a veces también se traducen rostro. En el NT, las palabras que se usan son *opsis* y *prosopon.*

"Rostro" tiene una variedad de significados. Se usa literalmente para referirse al rostro de un hombre o de animales (Gén. 30:40), de serafines (Isa. 6:2) y para el rostro de Cristo (Mat. 17:2). Figurativamente se usa en referencia a la faz de la tierra (Gén. 1:29), la superficie de las aguas (Gén. 1:2), el aspecto del cielo (Mat. 16:3), y la cara de la luna (Job 26:9). La palabra "rostro" en sentido teológico también se usa en relación con "la presencia de Dios" (Gén. 32:30). El "rostro" puede ser la cara física o la superficie vista. Estar "cara a cara" (lit. "ojo a ojo") es estar enfrentados uno al otro, frente a frente, y totalmente a la vista del otro (Núm. 14:14). La "faz" (el ojo) de la tierra es la superficie visible de la tierra (Ex. 10:5, 15), y la faz de las aguas es la superficie que se ve de ellas (Gén. 1:2).

La palabra "rostro" puede representar todo el semblante. En el rostro se expresan las emociones. La faz del cielo expresa el estado del tiempo, tormentoso y oscuro o limpio y favorable (Mat. 16:2-3). Inclinar el rostro (la nariz o la cara) expresa reverencia o respeto (Núm. 22:31; Luc. 5:12). Inclinar el rostro (la nariz) hacia el suelo también incluye el compromiso de toda la persona (1 Sam. 20:41; Mat. 26:39), e indica sumisión total. Cuando uno está enojado o triste, le decae el semblante (el rostro) (Gén. 4:5). "El corazón alegre se refleja en el rostro" (Prov. 15:13 NVI). Para expresar desagrado o disgusto, el rostro se aparta o se "esconde" (Ezeq. 39:23; Sal. 105:4). "He puesto mi rostro contra..." (Jer. 21:10) expresa hostilidad, mientras que volver el rostro indica rechazo (Sal. 132:10). "Afirmar el rostro" muestra determinación (Luc. 9:51). El hombre malvado "endurece su rostro" (Prov. 21:29), y "ha cubierto su rostro de grosura" (Job 15:27 LBLA). Cuando se está de duelo, la persona se cubre el rostro (2 Sam. 19:4).

Como el rostro refleja la personalidad y el carácter, con frecuencia la palabra se traduce "persona" (2 Sam. 17:11); o "presencia" (Ex. 10:11; 2 Cor. 2:10). A veces se traduce simplemente por el pronombre indefinido "muchos" (2 Cor. 1:11). Con frecuencia, el término "rostro" se traduce con la frase "distinción de persona" o "acepción de persona" (LBLA), (Deut. 1:17; Prov. 24:23; Gál. 2:6).

Muchos giros idiomáticos y frases también aluden al "rostro de Dios". Su rostro "brilla" (Sal. 4:6 NVI) e indica buena voluntad y bendiciones. "Pone su rostro contra" los pecadores y "esconde su rostro" (Sal.13:1). Con frecuencia, "rostro" se usa en sentido teológico en relación a la presencia o la persona de Dios. A veces se traduce "rostro" por presencia (Gén. 4:16; Ex. 33:14; 2 Tes. 1:9). En el tabernáculo, el "pan de la proposición" o el "pan de la Presencia" (NVI) era una manifestación local de la presencia de Dios. En hebreo se lee literalmente "pan de los rostros". En otros casos se sustituye por otras palabras, pero el sentido directo es "el rostro de Dios". Moisés pidió ver la "gloria" de Dios (Ex. 33:18), pero Dios le respondió: "No podrás ver mi rostro" (Ex. 33:20). La correlación indica que al ver el rostro de Dios, experimentaríamos realmente Su presencia y en consecuencia estaríamos expuestos a la naturaleza y el carácter de Dios. Los seres pecadores y no santos no pueden soportar la presencia santa de Dios sin la gracia divina ni Su intervención misericordiosa (Ex. 33:17-23). Por lo tanto, Moisés (Ex. 3:6), Elías (1 Rey. 19:13) y el serafín (Isa. 6:2) se cubrieron el rostro en la presencia de Dios. Ver *Gloria; Ojo; Pan de la Proposición; Presencia de Dios.* *Darlene R. Gautsch*

RUBÉN, RUBENITAS Hijo mayor de Jacob, nacido de Lea (Gén. 29:32) mientras la pareja vivía con el padre de ella, Labán, en Padan-aram, y la familia o tribu que descendió de aquel. Entre los hechos registrados en la Biblia figura cuando encontró mandrágoras (con las que probablemente se preparó una poción de amor para que su madre usara con Jacob, 30:14,16,17) y cuando tuvo relaciones sexuales con una de las concubinas de su padre (35:22), por lo cual fue castigado posteriormente (49:4). Rubén sintió compasión por el joven José cuando sus hermanos quisieron matar al casi insolente soñador (37:21,22), y estuvo dispuesto a hacerse responsable del bienestar de Benjamín ante su padre cuando el desconocido José le ordenó llevar al hermano menor a Egipto (42:37).

La tribu que recibió el nombre de Rubén ocupaba un lugar de honor entre las otras tribus. El territorio que heredó se encontraba justo al este del Mar Muerto y fue la primera parcela de tierra concedida (Núm. 32).

RUDA (*Ruta graveolens*) Arbusto de aroma penetrante utilizado como condimento, medicina y en hechizos (Luc. 11:42). En el texto paralelo de Mateo aparece el eneldo (Mat. 23:23).

RUDIMENTOS Término griego (*ta stoicheia*) que se utiliza de distintas formas en fuentes antiguas y en el NT.

En primer lugar, "rudimentos" podría referirse a los temas elementales de aprendizaje, especialmente en el terreno de la religión o la filosofía. Ese parece haber sido el significado original de la frase, y aparentemente es la manera como la utiliza el escritor de Hebreos (comp. Heb. 5:12). En segundo lugar, el término podría referirse a los cuatro elementos básicos: el fuego, el aire, el agua y la tierra, a partir de los cuales se consideraba que habían surgido los demás. Pedro se refiere a la destrucción de los rudimentos en 2 Ped. 3:10 ("elementos"). El término también se asocia con las estrellas y otros cuerpos celestes a los que se creía compuestos por fuego, el más puro de los elementos. Por último, la palabra comenzó a usarse asociada con "seres espirituales rudimentales" a quienes algunos atribuían cierto grado de control sobre los cuerpos celestes, fuera para bien o para mal.

Hay una variedad de interpretaciones con respecto a la forma en que Pablo usa el término (Gál. 4:3,9; Col. 2:8,20). El contexto inmediato en Gálatas favorece el concepto de "espíritus rudimentales", ya que Gál. 4:8-9 vincula a los *stoicheia* con "los [seres] que por naturaleza no son dioses". Sin embargo, un problema es que antes del siglo II no se encuentra otra evidencia de este significado. Más aún, el contexto más amplio señala una equivalencia entre regresar a la Torá y regresar a los *stoicheia*, y esto favorece el paralelo entre los "rudimentos" y los principios filosóficos o la concepción nacionalista de la Torá. En síntesis, Pablo probablemente usa el término para referirse a "espíritus rudimentales", pero no se puede determinar el significado preciso.

C. Hal Freeman (h)

RUECA Parte del huso que se utilizaba para hilar lana (Prov. 31:19). La difícil palabra hebrea puede referirse a un disco pequeño ubicado en el fondo del huso que hacía que la rueda girara más rápido. Ver *Huso; Ropa.*

RUEDA Disco y objeto circular capaz de girar sobre un eje central. Los arqueólogos y los historiadores creen que la rueda se inventó probablemente en la Mesopotamia antes del 3000 a.C.

La Biblia describe tanto un uso funcional como un significado simbólico de la rueda, que era indispensable para el transporte. Se utilizaba en carretas, carros y carros de guerra, y la palabra "rueda" podría ser sinónimo de cualquiera de estos vehículos (Ezeq. 23:24; 26:10; Neh. 3:2). En el templo de Salomón había diez basas sobre las que se apoyaban diez fuentes. Cada una de las basas estaba adornada con cuatro ruedas (1 Rey. 7:30-33).

La visión de Ezequiel de la gran rueda en el cielo (1:4-28; 10) fue un símbolo de la presencia de Dios. Había cuatro querubines alrededor del trono. Junto a cada uno había una rueda "semejante al color del crisólito" (1:16). Ezequiel describió los aros de la rueda como "altos y espantosos" y "llenos de ojos" (v.18). Se desconoce el significado exacto de estas imágenes misteriosas. Quizá representaran las ruedas de un carro invisible de Dios que se movía por el cielo ("los carros del sol", 2 Rey. 23:11) o las ruedas del trono de Dios (Dan. 7:9).

Una rueda quemada de un carro romano.

Otros usos simbólicos de la rueda son el torbellino (Sal. 77:18) y el juicio de Dios semejantes a una rueda que Él hace rodar sobre los impíos (Prov. 20:26). Jeremías describió la redención de Dios como la reconstrucción de la arcilla estropeada en la rueda del alfarero (18:3). Ver *Carros.*

Brad Creed

RUFO Nombre de persona que significa "pelirrojo". **1.** Hijo de Simón de Cirene y hermano de Alejandro (Mar.15:21). **2.** Destinatario de los saludos de Pablo en Rom. 16:13. Si el Evangelio de Marcos fue escrito desde Roma, es probable que ambas referencias aludan a la misma persona.

RUHAMA Nombre de persona que significa "se compadeció". Nombre que utilizó Oseas para simbolizar el cambio de estado de Israel ante Dios después que Él la juzgara (2:1 comp. 1:6). En 1 Pedro 2:10 la imagen de Oseas se aplica a los cristianos que han experimentado la misericordia de Dios en Cristo.

RUMA Nombre geográfico que significa "lugar elevado". Hogar de la madre de Joacim (2 Rey. 23:36), posiblemente identificada con Khirbet Rumeh cerca de Rimón en Galilea, o con Aruma.

RUT, LIBRO DE Libro del AT cuyo personaje principal es una mujer moabita llamada Rut, antepasado de David y de Jesús. Dada la naturaleza del judaísmo más tardío que denigraba a la mujer y desdeñaba a los extranjeros, es sorprendente que un libro bíblico haya sido titulado con el nombre de una mujer moabita. Es más impactante aun dado que Rut no es tan importante como Booz y Noemí, y que la relevancia del libro está relacionada directamente con el personaje masculino, tal como lo demuestra la genealogía final.

En el canon litúrgico representado por el *Códice de Leningrado*, el libro de Rut es el primero de los cinco *Megilloth* (rollos leídos en las fiestas judías) y está inmediatamente después de Proverbios. Este ordenamiento quizá se deba a que los responsables de determinarlo vieron a Rut como el ejemplo supremo de una mujer virtuosa, tal como se describe en Prov. 31, conclusión reafirmada por la caracterización que Booz hace de ella: una *eseth hayil* ("mujer virtuosa", Rut 3:11), el mismo epíteto que se registra en Prov. 31:10 (encabezamiento de la descripción acróstica de la mujer virtuosa en 31:10-31). En las Biblias en español, el libro se ubica conforme a la disposición de la Septuaginta debido al interés por ordenar los acontecimientos descritos allí de manera histórica y cronológica. En otra tradición judía, Rut precede a los Salmos, lo cual reconoce su importancia como testimonio del rol de David en la historia de Israel.

Luego de leer el libro de Jueces, que presenta una imagen oscura y deprimente de Israel, el lector siente alivio al encontrar la historia de Rut. Mientras Israel vivía en grave decadencia moral y espiritual, Belén representaba un oasis de lealtad al pacto en un escenario que, de otra manera, habría sido totalmente árido. Muchos han reconocido el libro de Rut como una obra maestra de la literatura, un relato encantador con un argumento clásico que comienza con una crisis (la hambruna y la muerte amenazan la existencia de la familia), continúa con una complicación (la introducción de un candidato principal pero menos deseable para resolver la crisis) y finaliza con una resolución (el candidato deseable rescata a la familia). Con gran habilidad, el narrador permite que los lectores entren en la mente de los personajes (Noemí, Rut y Booz sucesivamente), y los invita a identificarse con sus angustias y alegrías personales para finalmente celebrar la transición de un estado de vacío y frustración a otro de satisfacción y gozo. Durante el curso de la narración, cada uno de los personajes principales demuestra ser una persona de valentía extraordinaria y amor comprometido (*chesed*, "benevolencia, fidelidad, lealtad", es la palabra clave del libro: 1:8; 2:20; 3:10). Son personas cuyo compromiso espiritual queda claramente demostrado en sus vidas piadosas.

A pesar de lo admirables y psicológicamente fascinantes que puedan ser los personajes, Rut no es ante todo un relato sobre personalidades humanas interesantes. El objetivo del libro es una declaración gloriosa de la providencia de Dios. A pesar de que sólo en dos oportunidades (1:6; 4:13) el narrador atribuye los sucesos a la acción directa de Dios, los personajes humanos expresan repetidamente su fe en Él a través de declaraciones acusatorias (1:13,20,21), pero en especial mediante las bendiciones que se expresan unos a otros y las súplicas por el favor divino (1:8,9; 2:4,12,19,20; 3:10; 4:11-12,14-15). La mano de Dios es evidente para todos aquellos que leen el libro con los ojos de la fe: (1) en los fenómenos meteorológicos aparentemente naturales (la hambruna, según las maldiciones del pacto de Lev. 26:19,20 y Deut. 28:23, 24, debe ser interpretada como un hecho divino. Cuando hay pan en Belén, la gente lo atribuye a Dios); (2) en los sucesos aparentemente azarosos (la llegada de Rut al campo de un hombre que "por casualidad" resultó ser amable y también pariente. La frase clave en 2:3 se traduce literalmente "encontró la oportunidad por casualidad"; hoy diríamos que ella llegó al campo de Booz por "un golpe de suerte"; (3) los frágiles y osados ardides humanos (el plan éticamente cuestionable de Noemí en 3:1-7); (4) los procesos legales del tribunal de justicia (cuando se dispone de la propiedad de Elimelec en 4:1-10); (5) los hechos biológicos naturales (una mujer estéril durante diez años de matrimonio queda inmediatamente embarazada de Booz, 4:13). El resultado en cada uno de estos casos pudo haber sido diferente o, quizás, debería haberlo sido desde una perspectiva natural. Pero la mano de Dios supervisa todo; por lo tanto, las necesidades humanas son finalmente satisfechas y, más importante aún, Sus propósitos se llevan a cabo.

¿Cuáles son esos propósitos? A pesar de que muchos desechan la genealogía de 4:18-22 por considerarla secundaria y virtualmente irrelevante, estos versículos son la clave del libro. Desde el punto de vista del autor, estos hechos tienen relevancia principalmente por el lugar crucial que ocupan en la historia de la familia de David. Una de las preguntas que responde el libro es: "¿Cómo puede David, el hombre conforme al corazón de Dios, surgir del oscuro y amoral período de los jueces (comp. 1:1)?" La respuesta es: "Debido a la mano providencial de Dios sobre esta familia en Belén". Al igual que las genealogías de Gén. 5 y 11, esta consta de diez nombres en relación lineal de parentesco. Y al igual que en esas genealogías, se da un momento crítico en la séptima generación (Booz es comparado con Enoc, que caminó con Dios, Gén. 5:21-24, y con Peleg, en cuyo tiempo se repartió la tierra, Gén. 11:16,17 y Gén. 10:25).

El tema principal de Rut es David. Con esta historia, el autor no sólo declara que Dios puso Sus ojos en David desde el principio sino también que este era un candidato sin probabilidades de ocupar el puesto más significativo en la historia de Israel, el de rey divinamente ungido. Por sus venas corría sangre moabita (de ahí la importancia de que se mencione ocho veces que Rut era moabita), pueblo despreciado por Israel debido a su origen incestuoso (Gén. 1:30-38), a la hostilidad demostrada hacia ellos cuando salieron de Egipto (Núm. 22–24; comp. Deut. 23:3-6) y a la seducción que ejercían sobre el pueblo escogido de Dios al instarlo a cometer adulterio físico y espiritual (Núm. 25:1-9). Todo lector alerta percibirá la ironía: en una época cuando los israelitas se comportaban más como cananeos que como pueblo de Yahvéh (el período de los jueces), una moabita despreciada da el ejemplo de bondad y lealtad según un pacto (ver el testimonio de Booz con referencia a Rut en 3:10,11).

Pero finalmente el libro de Rut trata sobre el Mesías. A pesar de que el autor podría no haber reconocido el significado pleno de estos acontecimientos, cuando Mateo comienza su Evangelio con una extensa genealogía de Jesús el Mesías, el Hijo de David y Abraham, aparecen los nombres de Booz y Rut (Mat. 1:5). Otras tres mujeres de esta genealogía (Tamar, v.3; Rahab, v.5; Betsabé, v.6) también son personajes mancillados. La importancia teológica de esas mujeres en esta lista de hombres es obvia: Jesús el Mesías representa a todos los pueblos de la tierra, y si Dios acepta a gentiles como Rut y los incorpora a Su plan de salvación, hay esperanza para todos (comp. Mat. 28:18-20). A través de Booz y de Rut no sólo se rescató a una familia amenazada de extinción sino que, a través de ellos, Dios preparó el camino para David y, finalmente, para el más grande hijo de David: Jesús el Mesías.

A pesar de que dentro de la literatura el libro de Rut por lo general se clasifica como un relato, también es provechoso interpretarlo como un drama en cuatro actos que podría bosquejarse de la siguiente manera:

Tema La preservación de la familia real de Israel.

Bosquejo

Acto I: La crisis de la familia (1:1-21)
1. El escenario de la crisis (1:1-2)
2. La naturaleza de la crisis (1:3-5)
3. La respuesta a la crisis (1:6-18)
4. La interpretación de la crisis (1:19-21)

Acto II: El rayo de esperanza para la familia (1:22–2:23)
1. El nuevo escenario (1:22–2:1)
2. La iniciativa de Rut (2:2-3)
3. La gracia de Booz (2:4-16)
4. Los resultados (2:17-23)

Acto III: La complicación para la familia (3:1-18)
1. El plan de Noemí (3:1-5)
2. La ejecución del plan (3:6-15)
3. Los resultados del plan (3:16-18)

Acto IV: El rescate de la familia (4:1-17)
1. La resolución legal (4:1-12)
2. La resolución genealógica (4:13-17)

Epílogo: La genealogía real (4:18-22)

Daniel I. Block

S

La zona tradicional de la casa de Simón el curtidor en la antigua Jope (actual Jaffa, cerca de Tel-aviv).

SAAF Nombre de familia que significa “bálsamo”. Aparentemente se refiere a dos personas del linaje de Caleb, aunque algunos intérpretes declaran que es la misma (1 Crón. 2:47,49). Ver *Madmana*.

SAALABÍN Nombre geográfico que significa “sitio de zorros”. Ciudad en el territorio de la tribu de Dan (Jos. 19:42); aparentemente equivale a Saalbim.

SAALBIM Nombre geográfico que significa “lugar de zorros”. Se escribe e interpreta de maneras distintas en diferentes textos y en las primeras versiones griegas. Fortaleza de los amorreos que finalmente fue conquistada por Manasés y Efraín (Jue. 1:35). Parte del segundo distrito de Salomón que suministraba provisiones para la familia real (1 Rey. 4:9). Su ubicación probablemente corresponda a la Selbit moderna, 11 km (7 millas) al sudeste de Lida y 5 km (3 millas) al noroeste de Ajalón. Eliaba, héroe militar de David, era de Saalbim (2 Sam. 23:32). Ver *Saalabín*.

SAALIM Nombre geográfico que tal vez signifique “cuevas, cavidades”. Sitio donde Saúl buscó las asnas perdidas de su padre (1 Sam. 9:4). A veces este lugar se equipara con Saalbim o con la tierra de Súal.

S

SAARAIM Nombre geográfico que significa “puertas dobles”. **1.** Ciudad en el territorio de la tribu de Judá (Jos. 15:36). Sitio donde los soldados de David persiguieron al ejército filisteo (1 Sam. 17:52). Algunos lo ubican en Khirbet esh-Sharia, 1,5 km (1 milla) al noreste de Azeca. **2.** Ciudad donde vivía Simeón (1 Crón. 4:31), si bien los textos paralelos dicen Silhim (Jos. 15:32) y Saruhén (Jos. 19:6). Muchos eruditos creen que el texto de Crónicas alude a Saruhén.

SAASGAZ Transliteración hebrea de un nombre persa de significado incierto. Eunuco encargado del harén de Jerjes (Asuero) del que Ester pasó a formar parte antes de que la proclamaran reina (Est. 2:14).

SABÁ, REINA DE Reina de los sabeos que visitó a Salomón (1 Rey. 10) para poner a prueba su sabiduría, aprender de su Dios y fomentar las relaciones comerciales. Ver *Sabeos*.

SÁBANA Una connotación es lienzo para sepultura. Generalmente eran trozos de tela muy largos que se envolvían alrededor del cuerpo. A medida que se envolvía se colocaban especias en los pliegues. José de Arimatea y las mujeres que seguían a Jesús sepultaron el cuerpo de esta manera después de la crucifixión (Mat. 27:59-61). En una ocasión se utilizó una sábana como vestimenta (Mar. 14:51, 52).

SABAOT Transliteración del hebreo que significa “huestes, ejércitos, cuerpos celestiales”. Parte del título divino “Jehová de los ejércitos”, interpretado variadamente como ejércitos del Señor de Israel (comp. 1 Sam. 17:45); estrellas; miembros de la corte o el concilio celestial de Yahvéh; título amplio para todos los seres, celestiales y terrenales; título profundo que describe a Dios como todopoderoso. Es interesante que el título no aparezca desde Génesis hasta Jueces. La primera traducción griega a veces usaba “Sabaot” como nombre propio, a veces “Todopoderoso” y en otras ocasiones directamente no lo traducía. Al parecer, el título estaba estrechamente vinculado a Silo y el arca del pacto (1 Sam.1:3,11; 4:4; 6:2). Cuando David llevó el arca a Jerusalén, también introdujo el título “Jehová de los ejércitos” en la adoración en ese lugar (2 Sam. 6:2). Yahvéh Sabaot parece haber enfatizado la posición de Dios como rey divino entronizado sobre los querubines y con el arca como el estrado desde donde gobernaba la nación, la tierra y los cielos (Sal. 24:10). Él es el Dios sin igual (Sal. 89:8) que está presente con Su pueblo (Sal. 46:7,11, comp. 2 Sam. 5:10). Ver *Dios, Nombres de; Ejército; Jehová de los ejércitos*.

SÁBAT, SÁBADO, DÍA DE REPOSO Día separado para Dios en vista de que Él reposó el séptimo día después de la creación. Se lo considera señal del pacto entre Dios y Su pueblo, y del eterno reposo que le ha prometido.

Antiguo Testamento La palabra “sábat” (heb. *shabbat*) significa “cesar” o “desistir”. El significado principal es el cese de todo trabajo. El origen del concepto se remonta hasta incluso el calendario babilónico, que contenía determinados días correspondientes a fases de la luna cuando los reyes y los sacerdotes no podían desempeñar sus funciones oficiales. Tales días implicaban mala connotación y el trabajo llevado a cabo tendría efectos dañinos. El día 15 del mes, el momento de la luna llena en el calendario lunar, era *shapattu*, el “día de la pacificación del corazón” (del dios) mediante determinadas ceremonias.

Si bien es posible hallar similitudes con el concepto babilónico, el Sábat hebreo no seguía un ciclo lunar. Se celebraba cada siete días y pasó a ser esencial en el reconocimiento y la adoración del Dios de la creación y la redención. Los reglamentos sobre el Sábat son una característica relevante de las leyes mosaicas. Ambas versiones de los Diez Mandamientos afirmaban que el Sábat le pertenecía al Señor. Los israelitas debían trabajar seis días pero en el séptimo ellos, así como todos los esclavos, los extranjeros y las bestias, debían descansar. Se brindan dos razones. La primera es que Dios descansó el séptimo día después de la creación, de modo que lo santificó (Ex. 29:8-11). La segunda, que era un recordatorio de la esclavitud en Egipto (Deut. 5:12-15).

El día se transformó en ocasión para la reunión y la adoración sagrada (Lev. 23:1-3), una evidencia del pacto con Dios (Ex. 31:12-17; Ezeq. 20:12-20). La profanación se castigaba con la muerte (Ex. 35:1-3). Dejar de lado los fines personales ese día elevaría a la persona al monte santo de Dios y le proporcionaría nutrición espiritual (Isa. 56:1-7; 58:13-14), pero no guardarlo destruiría el reino terrenal de Israel (Neh. 13:15-22; Jer. 17:21-27).

Período intertestamentario El Sábat se transformó en el centro focal de la ley y las prohibiciones se ampliaron. Se prohibieron 39 tareas, tales como atar o desatar un nudo. Estas, a su vez, se extendieron hasta crear evasiones ingeniosas que perdían de vista el espíritu de la ley pero satisfacían el requisito legal.

Nuevo Testamento El hábito de Jesús fue guardar el Sábat como día de adoración en las sinagogas (Luc. 4:16) pero no cumplir las detalladas restricciones acarreó conflictos (Mar. 2:23-28; 3:1-6; Luc. 13:10-17; Juan 5:1-18). Al principio los cristianos también se congregaban con los judíos en las sinagogas el día sábado para proclamar a Cristo (Hech. 13:14). El día santo, el que pertenecía especialmente al Señor, era el primer día de la semana, el día de la resurrección (Mat. 28:1; Hech. 20:7; Apoc. 1:10). El Sábat y otras cuestiones de la ley se consideraban una sombra de la realidad revelada (Col. 2:16-23), y el Sábat se transformó en símbolo del futuro descanso celestial (Heb. 4:1-11). Ver *Día del Señor*.

Barbara J. Bruce

SABEOS Transliteración de dos nombres nacionales hebreos. **1.** Descendientes de Seba, hijo de Cus (Gén. 10:7a). Se esperaba que llevaran presentes para mostrar su lealtad a Jerusalén (Sal. 72:10; Isa. 45:14; comp. Ezeq. 23:42). Dios podía utilizar a los sabeos para "pagar" el rescate del cautiverio de Israel (Isa. 43:3). Frecuentemente se los identifica con pueblos de Meroe del Alto Egipto entre el Nilo Blanco y el Azul, es decir, la capital de Etiopía. Otros eruditos la ubican mucho más al sur, en el territorio al este y sudeste de Cus en el límite con el Mar Rojo. Otros identifican al menos algunas de estas referencias con 2. a continuación. **2.** Descendientes de Seba, hijo de Raama (Gén. 10:7b) o de Joctán (Gén. 10:28; comp. Gén. 25:3). La acaudalada reina de Seba visitó a Salomón (1 Rey. 10:1). (Seba y Sabá parecieran ser nombres alternativos del mismo pueblo.) Los sabeos destruyeron los rebaños, las manadas y los sirvientes de Job (Job 1:15). Se los conocía como "mercaderes" (Job 6:19 NVI; comp. Sal. 72:10,15; Isa. 60:6; Jer. 6:20; Ezeq. 27:22; 38:13; Joel 3:8). La zona suele identificarse con Marib, ciudad en el sur de Arabia en Yemen. Algunos eruditos consideran que esta ubicación es demasiado al sur y buscan la Seba bíblica en el norte de Arabia, sobre Wadi esh-Shaba, cerca de Medina. El término sabeos tal vez se haya convertido en un apodo para mercaderes extranjeros o nómadas. La Seba del sur de Arabia se enriqueció comerciando con la cercana África y con la India, cuyas mercancías transportaban y vendían a los imperios del norte. Seba producía y comercializaba incienso.

SABETAI Nombre de persona que significa "perteneciente al Sábat". Levita que le explicaba la ley al pueblo mientras Esdras la leía (Neh. 8:7). Él u otra persona del mismo nombre se opuso al plan de Esdras de otorgar el divorcio de las esposas extranjeras (Esd. 10:15). Estaba a cargo de la "obra exterior de la casa de Dios" (Neh. 11:16); esto se refería a mantener la apariencia externa del templo o a recolectar diezmos.

SABIDURÍA Y SABIOS Clase educada de personas responsables de preservar y transmitir la cultura y el saber de la sociedad. A pesar de que la sabiduría y los sabios que la perpetuaron han existido casi tanto tiempo como la humanidad, el estudio de la sabiduría en el antiguo Cercano Oriente es un emprendimiento relativamente nuevo. Esto se ha debido en parte a la falta de una definición clara del término "sabiduría", como así también a la naturaleza complicada del lenguaje poético de la mayoría del material sapiencial. Es lamentable reconocer que ninguno de estos temas se ha podido resolver completamente todavía, aunque en los últimos años se ha aprendido mucho.

La verdadera sabiduría es el temor a Dios Tres definiciones básicas de la sabiduría resumen muy bien la condición en que se encuentra este campo de estudio. Es necesario observar que las primeras dos definiciones son de naturaleza bastante secular mientras que la tercera es religiosa.

Primero, muchos consideran que la sabiduría es simplemente el arte de aprender a triunfar en la vida. Aparentemente, en épocas primitivas se aprendió desde muy temprano que en el mundo existía un orden. También se supo que el éxito y la felicidad son resultado de vivir en conformidad con ese orden (Prov. 22:17–24:22). Segundo, algunos consideran que la sabiduría es un estudio filosófico de la esencia de la vida. No hay duda de que gran parte de los libros de Job y Eclesiastés parecen tratar acerca de dichos temas existenciales de la vida (Job 30:29-31). Tercero, aunque las otras definiciones podrían incluir esta última, pareciera que la verdadera esencia de la sabiduría es espiritual, ya que la vida es más que simplemente vivir en base a una serie de reglas y ser recompensado de manera material. Indudablemente, la sabiduría en este sentido proviene de Dios (Prov. 2:6). Por lo tanto, aunque incluya la observación y la instrucción, en realidad comienza con Dios y con la fe que uno coloca en Él como Señor y Salvador (Prov. 1:7; Job 28:28).

Los sabios preservaron esta sabiduría Aunque al principio dicha sabiduría era probablemente responsabilidad del patriarca o jefe de la familia, pareciera que cada cultura antigua desarrolló una clase especial de personas, los *chakam* o sabios, responsables de crear y preservar la sabiduría de esas sociedades. No hay duda de que estas personas formaban parte de un grupo más educado de la sociedad que podía leer y escribir y tenía la libertad económica para hacerlo.

Ciertamente, Israel no era la excepción. La primera referencia clara a los sabios en el texto bíblico se relaciona con Ahitofel y Husai durante el reinado de David (2 Sam. 16:15–17:23). No obstante, en la época de Salomón, el movimiento sapiencial adquirió un significado nuevo, ya que el rey y su corte se hicieron mundialmente conocidos a causa de su sabiduría (1 Rey. 4:29-34; 10). Es indudable que su reinado se convirtió en la "edad de oro" de la cultura israelita (Luc. 12:27).

A pesar de que el movimiento perdió notoriedad durante la primera parte de la monarquía dividida, se mantenía bastante activo, ya que los sabios de Ezequías se preocuparon en preservar la tradición de la sabiduría para las generaciones futuras (Prov. 25:1). Más tarde aún, los enemigos de Jeremías incluso lo enfrentaron con respecto a su profecía de que los sacerdotes, los profetas y los sabios carecerían de Ley (Jer. 18:18). Por lo tanto, es evidente que para la época de la caída de Judá, los sabios se habían ubicado como líderes claves de la sociedad israelita.

Sin duda, a medida que el papel del profeta se hizo menos visible durante el período intertestamentario, el rol del sabio y del sacerdote se volvió más destacado (Eclesiástico 38:24–39:11). Aparentemente, este desarrollo continuó hasta la era del NT cuando los magos (o sabios) anunciaron el nacimiento de Cristo (Mat. 2:1-12), quien se convirtió en el más grande maestro de la sabiduría (Mat. 12:42; 13:54; Mar. 6:2).

La mayor parte de la sabiduría está en forma poética La mayor parte del material sapiencial del antiguo Cercano Oriente aparece con estructura poética. Hasta años recientes, estas estructuras habían sido un misterio porque no parecían rimar ni en métrica ni en rima tradicional como lo hacen los idiomas modernos. No obstante, en el 1753 d.C., el obispo Robert Lowth descifró la clave de dichos escritos poéticos cuando descubrió que la poesía hebrea rimaba en pensamiento. Más aún, él conjeturó que dichos pensamientos se expresaban más comúnmente en patrones paralelos. Algunos de estos patrones expresaban las mismas ideas (Prov. 20:1), mientras que otros describían pensamientos opuestos (Prov. 10:1) o desarrollaban determinado concepto (Prov. 31:10-31). Con el paso del tiempo, estos patrones de paralelismo se estructuraron en formas específicas tales como proverbios, acertijos, alegorías, himnos, disputas, narración autobiográfica, narración didáctica y listas. Sin duda, dicha estructura poética hermosa e intrincada era evidentemente un distintivo de los sabios y de las escuelas de sabiduría de aquella época. Ver *Poesía*.

La sabiduría se convirtió en guía para la vida diaria Aunque en los últimos años muchas secciones de las Sagradas Escrituras se han considerado en el concepto de sabiduría, no hay duda de que la mayor contribución por parte de los sabios de Israel han sido los tres libros que forman parte de los "Escritos" (Job, Proverbios y Eclesiastés). No obstante, algunos de los otros "Escritos" tales como Salmos, Cantar de los Cantares y Lamentaciones contienen figuras del lenguaje y formas estilísticas que reflejan la tradición sapiencial. Además de estos libros, las obras intertestamentarias del

Eclesiástico y la Sabiduría de Salomón continuaron con la tradición y establecieron un fundamento excelente para la revelación final de la sabiduría en Cristo Jesús (Mat. 11:19; Luc. 11:49-51; 1 Cor. 1:24,30; Col. 1:15-20; Apoc. 5:12). Ver *Apócrifos; Intertestamentaria, Historia y literatura; Pseudoepigráficos, Libros.*

Ciertamente, la sabiduría bíblica, al igual que la de otras culturas, enfatiza el éxito y el bienestar del individuo. Esto se observa no sólo en los temas que trata sino también en cómo lo hace. Algunos de estos importantes temas son: el conocimiento, el mundo, la justicia, la virtud, la familia y la fe. El mayor de todos estos tal vez sea la fe, que está velando por la sabiduría y, en realidad, por todas las cosas de la vida (Prov. 1:7). Ver *Eclesiastés; Job, Libro de; Proverbios, Libro de.* *Harry Hunt*

SABTA Hijo de Cus y aparentemente antepasado de los ciudadanos de Sabota, capital de Hadramaut, ubicada a unos 430 km (270 millas) al norte de Adén. Otros la identifican con un gobernante etíope de alrededor del 700 a.C. Josefo la identificó con Astaboras, la moderna Abare.

SABTECA Nombre geográfico de significado incierto. A veces se lo identifica con el gobernante etíope Sabataka (700–689 a.C.), pero más probablemente con una ciudad-estado árabe como Ashshabbak, cerca de Medina, o Sembrachate, en el norte de Yemen.

SACAR Nombre de persona que significa "salario". **1.** Hombre de Arar y padre de uno de los héroes de David (1 Crón. 11:35) a quien se llama Sarar en 2 Sam. 23:33. **2.** Guarda del templo (1 Crón. 26:4).

SACERDOCIO DE CRISTO La obra de Cristo donde Él se ofrece a sí mismo como el sacrificio supremo por los pecados de la humanidad e intercede continuamente a su favor. Ver *Expiación; Jesucristo; Sumo sacerdote.*

SACERDOCIO DEL CREYENTE La posición del cristiano al tener acceso directo a Dios por medio de Jesucristo, y de la iglesia al ser una comunión de sacerdotes que sirven juntos bajo el señorío de Cristo.

El concepto de sacerdocio es fundamental tanto en el AT como en el NT, y tiene su cumplimiento en Cristo como mediador y gran sumo sacerdote. El fundamento del ministerio sacerdotal se encuentra en el AT, donde se le asignaba al linaje de descendientes de Aarón y a la tribu de Leví (Ex. 40:13, Núm. 1:47-54). De acuerdo al modelo del AT, el sacerdote cumplía una función representativa al entrar al lugar santísimo el Día de la Expiación y realizar una ofrenda expiatoria a favor del pueblo.

Este rol representativo fue cumplido por Cristo cuyas funciones como profeta, sacerdote y rey describen Su obra cumplida y continua. Como mediador, Jesús cumplió con el rol representativo al cual señalaba el sacerdocio aarónico. La carta a los Hebreos explica este cumplimiento al describir a Jesucristo como el "gran sumo sacerdote" quien, luego de haber cumplido Su obra mediadora de expiación sustitutoria, ahora ha traspasado los cielos (Heb. 4:14).

La muerte de Cristo en la cruz se describe como una acción sacerdotal que pagó de una vez y para siempre la deuda de nuestro pecado. Como sacerdote, Cristo no llevó la sangre de un animal representativo al lugar santísimo sino que Él mismo entró en "el más amplio y más perfecto tabernáculo" y derramó Su sangre para obtener "eterna redención" (Heb. 9:11,12).

Ahora que Cristo ha cumplido con el rol representativo del sacerdocio, y puesto que Él es el único mediador entre Dios y los hombres (1 Tim. 2:5), no hay más necesidad de un sacerdote humano ni de alguien que cumpla esa función para representar a otros seres humanos delante de Dios.

Como pueblo de Dios, la iglesia es ahora un "real sacerdocio" (1 Ped. 2:9) que ministra en conjunto en el nombre de Cristo. Aunque no nos representamos unos a otros delante del Padre, los creyentes hemos sido convocados a orar los unos por los otros, a animarnos mutuamente a las buenas obras y a llamarnos a la santidad.

En el corazón de la doctrina del sacerdocio del creyente está el concepto de la iglesia reunida o del congregacionalismo. Cada iglesia está compuesta por creyentes que han sido redimidos por Jesucristo y que ahora sirven conjuntamente como sacerdotes. En su sentido más puro, esta doctrina se refiere a creyentes reunidos bajo el señorío de Cristo y no a creyentes individuales que permanecen aislados. Sin embargo, la doctrina afirma correctamente que no necesitamos un sacerdote humano que se coloque entre nosotros y Dios. En Su condición de mediador, solo Jesucristo cumple esta función.

Una ilustración gráfica se observó cuando el gran velo del templo que separaba el lugar santísimo del resto del templo se partió de arriba abajo. Del mismo modo, el apóstol Pablo describe la expiación de Cristo como la ruptura de las barreras que han separado y segregado a las personas en el templo según la raza y el sexo (Ef. 2:14-16).

Como sacerdotes, los creyentes deben ofrecer "sacrificios espirituales aceptables a Dios por medio de Jesucristo" (1 Ped. 2:5). Dichos sacrificios reemplazan cualquier noción de servicios sacramentales o representativos. Así pues, la doctrina del sacerdocio del creyente afirma el derecho de todo creyente a tener comunión con Dios por medio de Cristo, y la obligación de ser miembro activo de una congregación donde ejerza el discipulado cristiano dentro de la comunión de otros creyentes-sacerdotes. *R. Albert Mohler (h)*

SACERDOTES Personal a cargo de los sacrificios y las ofrendas en los lugares de adoración, particularmente en el tabernáculo y el templo.

Funciones El sacerdocio en el AT abarcaba principalmente los sacrificios en el altar y la adoración en el santuario. Las otras funciones eran bendecir al pueblo (Núm. 6:22-26), determinar la voluntad de Dios (Ex. 28:30) e instruir al pueblo en la ley divina (Deut. 31:9-12). Esta instrucción incluía la aplicación de las leyes de purificación (Lev. 11–15). Algunas de estas funciones, como la bendición y la enseñanza, no estaban reservadas sólo a los sacerdotes, pero los sacrificios y el uso del Urim y el Tumim eran exclusivas de ellos.

Si la principal característica del sacerdocio era el sacrificio, el oficio se remonta hasta Abel. Noé ofreció sacrificios y lo mismo hicieron Abraham y los patriarcas. Podemos decir que eran sacerdotes de la familia. Jetro, el sacerdote de Madián, presentó sacrificios a Dios y adoró con Moisés, Aarón y los ancianos de Israel (Ex. 18:12). Dios prometió que si Israel era fiel, entonces sería "un reino de sacerdotes, y gente santa" (Ex. 19:6). Esto tal vez significaba que Israel era llamado a transmitir la palabra y la obra de Dios al mundo; a ser una luz para las naciones (Isa. 42:6).

Más tarde, cuando Dios se propuso establecer a la nación, escogió a Moisés para organizar el ejército, para establecer un sistema de jueces, para construir una casa de adoración y para ordenar sacerdotes que sirvieran en ella. El sacerdocio formal va unido a la adoración formal de una nación organizada de tamaño considerable. En el Monte Sinaí, Dios le dio instrucciones a Moisés para construir el tabernáculo: le dijo que nombrara a Aarón y a sus cuatro hijos para servir como sacerdotes, es decir, para servir en el altar y en el santuario (Ex. 28:1,41). Sus vestimentas sagradas se prescriben en detalle y su consagración ritual se encuentra en los caps. 28 y 29. La labor de estos sacerdotes se encuentra detallada en la mayor parte de Levítico y en porciones de Números y Deuteronomio. Aarón y sus descendientes de la tribu de Leví actuaron como sacerdotes en el tabernáculo y el templo. Los miembros de la tribu de Leví que no eran parientes de Aarón ayudaban a los sacerdotes pero no ofrecían sacrificios. A los sacerdotes se los sustentaba mediante ofrendas, y a los levitas con los diezmos (Núm. 18:20-24). Ver *Aarón; Levitas; Sumo sacerdote; Urim y Tumim.* *R. Laird Harris*

SACRAMENTO Ceremonia o rito religioso considerado señal externa y visible de una gracia espiritual interna. El rito fue instituido por Jesucristo. El término latino *sacramentum* significa "voto de lealtad", y tal vez originalmente se haya referido a un juramento hecho por los soldados que ingresaban al ejército romano. El uso del término dentro del cristianismo aparentemente comenzó con Tertuliano, y era la traducción al latín de la palabra griega "misterio" (1 Cor. 2:7; Ef. 3:3; Col. 1:26).

En el cristianismo la cantidad de sacramentos ha variado. Los cristianos de la iglesia primitiva usaron el término para referirse al bautismo. Más tarde, dicho concepto se extendió e incluyó la Cena del Señor. La Iglesia Católica Romana observa siete sacramentos: confirmación, penitencia, ordenación, matrimonio, unción de los enfermos, bautismo y Eucaristía. Las iglesias protestantes reconocen sólo dos: el bautismo y la Cena del Señor.

El significado exacto del término sacramento ha variado a lo largo de la historia del cristianismo. La teología católico-romana enseña que los sacramentos transmiten lo que representan: la gracia salvadora. En la teología luterana, la promesa de la palabra de Dios se transmite a través de los sacramentos. Los teólogos de la Reforma subrayan la importancia de los sacramentos como "señales y sellos" del pacto. En todas estas tradiciones confesionales, el ritual está conectado con la realidad y la verdad espiritual transmitidas en ese acto.

Ciertas denominaciones cristianas consideran que algunos sacramentos son ordenanzas. Se considera que estas, al igual que los sacramentos, fueron establecidas por Jesucristo y deben cumplirse en obediencia a Su mandato. A diferencia de los sacramentos, las ordenanzas no transmiten ningún tipo de gracia; son ritos que conmemoran la muerte, la sepultura y la resurrección de Cristo. Se cumplen como expresiones de obediencia amorosa a Cristo. Dos ordenanzas ponen de relieve diversos aspectos de la vida del creyente. La ordenanza del bautismo es la profesión pública de la fe de una persona y sirve como rito de iniciación para incorporarse a la comunidad de los creyentes. La Cena del Señor es una ordenanza permanente y denota la consagración continua a Cristo de la vida de la persona.

La Biblia enseña que las señales externas transmiten realidades espirituales. Por ej., el bautismo del creyente es una demostración externa y pública de la unión espiritual con Cristo. Los que no practican sacramentos harían bien en enfatizar las realidades espirituales representadas en el ritual como así también la conmemoración de los sufrimientos y la muerte de Cristo. Sin embargo, la idea de que los sacramentos transmiten gracia es contraria a las Escrituras. El mensaje de la Biblia es que la gracia llega a través de la fe y no de las obras (Rom. 4:3; Gál. 3:6). Creer que los sacramentos transmiten gracia implica que una persona podría recibirla como recompensa por el esfuerzo para cumplir con el ritual. La perspectiva bíblica es que la fe genuina produce obras. Los sacramentos no son la transmisión automática ni mecánica de la gracia divina. La verdadera fe produce obras de fe, pero la gracia no se recibe como resultado de las obras. *Stan Norman*

SACRIFICIO HUMANO Matanza ritual de uno o más seres humanos para satisfacer a un dios. Se practicaba ampliamente en muchas culturas de la antigüedad. Aunque es difícil establecer la frecuencia de la práctica, los rituales se realizaban por diversos motivos. Por ej., antes del 2000 a.C. tanto egipcios como sumerios mataban esclavos y posiblemente familiares para enterrarlos con los reyes fallecidos y permitir así que aquellos que los habían servido o habían vivido junto al difunto lo acompañaran al reino de los muertos. En la Mesopotamia, y tal vez en otros lugares, los restos de animales y de seres humanos ofrecidos en sacrificio se depositaban en los cimientos de las construcciones para proteger el edificio de poderes malignos. El pasaje de 1 Rey. 16:34 posiblemente refleje esa práctica.

En el AT, Jefté sacrificó a su hija como cumplimiento de un voto, aunque es claro que el incidente no establece una norma (Jue. 11:30-40). En el siglo IX a.C., el rey Mesa de Moab ofreció a su propio hijo como holocausto, probablemente al dios nacional Quemos, sobre los muros de la ciudad capital que estaba sitiada por Israel y Judá (2 Rey. 3:27). El hecho fue tan espantoso que se levantó el sitio. Aunque la ley israelita prohibía expresamente el sacrificio humano (Lev. 18:21; 20:2-5), hay continuas referencias a esa práctica, especialmente entre el 800 y el 500 a.C. Tanto Acaz como Manasés ofrecieron en sacrificio a sus propios hijos en tiempos de riesgo nacional (2 Rey. 16:3; 21:6). Los sacrificios se llevaban a cabo en el Valle de Hinom, que protegía Jerusalén al sur y al oeste. Una parte del valle tenía por nombre Tofet, término que derivaba de la palabra para lugar de sacrificio, lugar para quemar. Aparentemente, Tofet era un sitio ritual al aire libre donde se ofrecían sacrificios a Moloc. Este nombre con frecuencia aparece asociado a sacrificios humanos. En la Biblia y en otras fuentes, el nombre Moloc parece haberse usado de dos maneras: como nombre o título de un dios a quien se le ofrecían sacrificios (1 Rey. 11:7) y como un tipo específico de sacrificio que implicaba consumación total de una persona, por lo general un niño, por medio del fuego. El AT parece reflejar ambos usos del término. Tanto Ezequiel como Jeremías condenan esos sacrificios como abominación a Dios (Jer. 7:31,32; 19:5,6; Ezeq. 16:20, 21; 20:31). Josías profanó Tofet como parte de su reforma para que "ninguno pasase su hijo o su hija por fuego a Moloc" (2 Rey. 23:10).

Estas prácticas, ajenas al culto a Jehová, seguramente fueron adoptadas por Israel por influencia de los pueblos circundantes. Las evidencias directas de sacrificio humano durante el primer milenio a.C. provienen de dos culturas con las que Israel tenía contacto: la colonia fenicia de Cartago y los arameos. Los cartagineses sacrificaban niños al dios Kronos en tiempos de calamidad debidos a guerras, hambrunas o plagas. Se han excavado pozos llenos de huesos de niños y de animales con piedras inscriptas que indicaban que eran sacrificios a Moloc. Los arameos de Gozán al noroeste de la Mesopotamia sacrificaban seres humanos al dios Hadad. Es interesante observar que los habitantes de Sefarvaim, un pueblo dominado por los arameos, fueron deportados a Palestina en el 721 a.C. por Sargón II; ellos quemaban a sus niños como sacrificio a Adramelec y Anamelec (2 Rey. 17:31). No obstante, Jeremías afirmó que el sacrificio humano jamás estuvo en la mente de Jehová (Jer. 19:5). Ver *Moloc.* *Thomas V. Brisco*

S

SACRIFICIOS Y OFRENDAS Elementos físicos que el adorador presenta a la Deidad para expresar devoción, acción de gracias o necesidad de perdón.

Antiguo Cercano Oriente Israel no era la única nación de la zona que utilizaba sacrificios y ofrendas para expresar su religiosidad. Los numerosos métodos religiosos que las naciones empleaban en sus intentos de honrar a los dioses se caracterizaban por algún tipo de sistema sacrificial. Por lo tanto, la presencia de sacrificios y ofrendas en Israel no era exclusividad de ellos.

En literatura extrabíblica existen muchas referencias a ofrendas de sacrificios. En Babilonia, parte del ritual de purificación del templo de Bel para el festival del año nuevo incluía el sacrificio de un carnero. El animal era decapitado y el sacerdote, a su vez, utilizaba el cuerpo en la ceremonia de purificación. El cuerpo del carnero después era arrojado al río. El ritual que acompañaba el reemplazo de la cabeza del timbal que se utilizaba en el templo, requería seleccionar un toro negro para sacrificarlo. Luego de una elaborada ceremonia que culminaba con el sacrificio del toro, la piel era sumergida en dos mezclas diferentes y frotada, y posteriormente se empleaba para cubrir el timbal.

Mientras que los sacrificios mencionados se llevaban a cabo en ocasiones especiales, una variedad de carneros, toros y aves se ofrecían diariamente como comida para los ídolos. Frente a las deidades también se colocaba cerveza de cebada, cerveza mezclada, leche, vino y también panes.

El propósito de sacrificios y ofrendas era satisfacer las necesidades físicas de comida y bebida de los dioses. La fidelidad en la preparación y presentación era un acto de devoción.

Antiguo Testamento Los sacrificios se han practicado desde los tiempos más remotos del AT. Caín y Abel ofrendaron al Señor el fruto de la tierra y el primogénito del rebaño (Gén. 4). Apenas salió del arca después del diluvio, Noé construyó un altar y ofreció holocaustos. Fueron un olor grato para el Señor (Gén. 8). Otras historias de grandes diluvios del antiguo Cercano Oriente tienen paralelismos con esta acción de Noé. Las historias patriarcales de Génesis 12–50 están repletas de casos donde se ofrecían sacrificios a Dios. El más famoso es el de Abraham e Isaac (Gén. 22).

En el AT no aparece un sistema de sacrificios organizado sino hasta después del éxodo de Israel de la tierra de Egipto. Las instrucciones para construir el tabernáculo y establecer una organización sacerdotal indicaban que se debían utilizar sacrificios en la consagración u ordenación de los sacerdotes (Ex. 29). Como ofrenda por el pecado se sacrificaba un toro. Otros sacrificios proveían comida santa a Aarón y sus hijos. Estos sacrificios se repetían diariamente durante una semana como parte de la "ordenación" de los sacerdotes. El altar se consagraba mediante la ofrenda de dos corderos, de las primicias y una libación u "ofrenda bebida" (nombre poco apropiado dado que nunca se bebía sino que se derramaba) de vino. Este sacrificio también se llevaba a cabo en forma cotidiana durante una semana.

Los sacrificios que constituían gran parte de la adoración de Israel en esa época se quemaban en el altar construido de madera de acacia y cubierto de bronce (Ex. 27). Además de dichos sacrificios, el incienso se quemaba sobre un altar más pequeño (Ex. 30). Si bien el altar del sacrificio estaba ubicado en el atrio, justo frente a la puerta del tabernáculo, el altar de incienso se encontraba adentro, delante del arca del pacto. Ver *Altar.*

Levítico 1–7 brinda la descripción más detallada del sistema de sacrificios de Israel, que incluía cinco clases. Los sacrificios y las ofrendas que presentaba el pueblo debían ser la expresión física de su devoción interior.

1. Holocausto (*olah*) Se ofrecía de mañana y de noche, y también durante días especiales como el Sábat, la luna nueva y las fiestas anuales (Núm. 28–29; 2 Rey. 16:15; 2 Crón. 2:4; 2 Crón. 31:3; Esd. 3:3-6). Los rituales realizados luego de dar a luz (Lev. 12:6-8), por flujo (Lev. 15:14-15) o hemorragia (Lev. 15:29-30), o después de que una persona con voto de nazareato se contaminaba (Núm. 6:10-11) requerían un holocausto como así también una ofrenda por el pecado.

El animal para este sacrificio podía ser un toro joven, un cordero, una cabra, una tórtola o una palomita, pero tenía que ser un espécimen perfecto y completo. Pareciera que el tipo de animal elegido para este sacrificio dependía de las posibilidades económicas de quien presentaba la ofrenda. La persona debía colocar una mano sobre el animal para indicar que este estaba tomando el lugar de ella, y después debía matarlo. A continuación el sacerdote recogía la sangre y la rociaba sobre altar y el santuario, y el adorador cortaba y desollaba el animal. Cuando se ofrecían aves, las mataba el sacerdote. Después de que este acomodaba las diversas partes sobre el altar, el animal entero se quemaba como sacrificio. La única porción que se conservaba era la piel, y la recibía el sacerdote (Lev. 7:8). El que ofrecía este sacrificio lo hacía para restaurar la relación con Dios y expiar algún pecado. Cuando Arauna le ofreció gratuitamente a David los bueyes, los trillos y la madera para que pudiera realizar el sacrificio, este no los aceptó. Explicó que no podía ofrecer holocaustos que no le costaran nada (2 Sam. 24:18-25).

2. Ofrenda de grano u oblación (*minchah*) La ofrenda de la cosecha de la tierra es la única que no requería derramamiento de sangre. Estaba compuesta por harina fina mezclada con aceite e incienso. A veces esta ofrenda se cocinaba como una torta antes de llevarla al sacerdote. Estas tortas, sin embargo, debían hacerse sin levadura. Cada oblación debía contener sal (Lev. 2:13), tal vez como símbolo del pacto. Sólo una porción de esta ofrenda se quemaba en el altar, y lo que sobraba era para los sacerdotes. Si bien no se da una razón para presentar esta ofrenda, tal vez haya simbolizado el reconocimiento de la bendición de Dios sobre la cosecha de parte de una sociedad basada en gran medida en la agricultura. El acto de ofrecer una porción representativa de la cosecha era otra expresión externa de devoción. Las ofrendas de granos al igual que las "ofrendas de bebidas" o libaciones de vino acompañaban todos los holocaustos y las ofrendas de paz (Núm. 15:3-4).

3. Ofrenda de paz (*zebach shelamin*; "paz" en RVR1960; "comunión" en NVI) Consistía en el sacrificio de un toro, una vaca, un cordero o una cabra sin defecto. Como en el caso de la ofrenda quemada (holocausto), el individuo colocaba una mano sobre el animal y lo mataba. Los sacerdotes, a su vez, rociaban la sangre en el altar. Sólo ciertas partes de los órganos internos se quemaban. El sacerdote recibía el pecho y el muslo derecho (Lev. 7:28-36), pero al que ofrecía el sacrificio se le daba gran parte de la carne para que celebrara con una comida (Lev. 7:11-21). Como parte de la comida se ofrendaban varios tipos de pan (que finalmente los guardaba el sacerdote). Se debía presentar una "ofrenda de paz" en respuesta a una bendición inesperada (ofrenda de acción de gracias), una contestación a la oración (ofrenda de votos) o una gratitud generalizada (ofrenda de buena voluntad). La idea de acción de gracias se asociaba con la ofrenda de paz. A menudo acompañaba otros sacrificios en la celebración de eventos como la dedicación del templo (1 Rey. 8:63) o la renovación espiritual (2 Crón. 29:31-36). Las "ofrendas mecidas" (*tenuphah*, consagración) y las "ofrendas elevadas"

Altar de sacrificio de la Edad de Hierro, ubicado en el emplazamiento de la antigua Arad.

(*terumah*, contribución) también se asociaban con las ofrendas de paz. Eran porciones presentadas o elevadas al Señor que se mencionan por primera vez como parte de la ceremonia de ordenación sacerdotal (Ex. 29:24-27). Si bien la ofrenda mecida se ofrecía siempre en el santuario, la ofrenda elevada se podía presentar en cualquier lugar.

4. Ofrenda por el pecado (*chatta't*) Tenía por objeto purificar el santuario del pecado que se cometía involuntariamente y, de esta manera, permitir que Dios continuara habitando en medio de Su pueblo. Su naturaleza variaba según quién cometía el pecado. Si pecaba el sacerdote o la congregación de Israel, se requería un toro. Un líder del pueblo debía llevar un macho cabrío, mientras que cualquier otra persona debía sacrificar una cabra o un cordero. A los pobres se les permitía llevar dos tórtolas o dos palomas jóvenes. El que presentaba la ofrenda colocaba una mano sobre el animal y luego lo mataba. Cuando el sacerdote o la congregación pecaban, la sangre se rociaba siete veces ante el velo del santuario, y una parte se colocaba en los cuernos del altar del incienso. El resto se derramaba sobre la base del altar del sacrificio. Cuando pecaban otras personas, no se rociaba la sangre ante el velo. Los mismos órganos internos que se quemaban en la ofrenda de paz también se quemaban en este sacrificio. El resto del animal se llevaba fuera del campamento al lugar donde se desechaban las cenizas de los sacrificios y allí lo quemaban. Estos procedimientos de desecho no se realizaban cuando la ofrenda por el pecado se hacía por alguien que no era sacerdote (Lev. 6:24-30). En este caso se permitía que el sacerdote comiera parte de la carne.

5. Ofrenda por la culpa (*asham*) Esta ofrenda parece superponerse en cierto modo con la ofrenda por el pecado (Lev. 4–5) y en Lev. 5:6,7 se la denomina ofrenda por el pecado. La ofrenda por la culpa tenía que ver ante todo con la restitución. Alguien que tomaba algo ilegalmente debía devolverlo en su totalidad más el 20% del valor, y luego llevar un carnero para ofrendarlo por la culpa. Otras instancias que requerían este tipo de ofrenda incluían la limpieza de un leproso (Lev. 14), el haber mantenido relaciones sexuales con la esclava de otra persona (Lev. 19:20-22) y la renovación de un voto nazareo quebrantado (Núm. 6:11,12).

Los holocaustos, las ofrendas de granos, de paz, por el pecado y por la culpa conformaban el sistema básico sacrificial de Israel. Por lo general se utilizaban de manera conjunta y se llevaban a cabo tanto individual como colectivamente. El sistema de sacrificios enseñaba sobre la necesidad de resolver el pecado y, al mismo tiempo, demostraba que Dios había provisto una manera para hacerlo.

La actitud de los profetas hacia el sistema de sacrificios Los profetas hablaron duramente sobre el concepto que la gente tenía del sacrificio. Los individuos tendían a ignorar la fe, la confesión y la devoción pues pensaban que el mero acto del sacrificio garantizaba el perdón. Isaías afirmó que los sacrificios carecían de valor cuando no iban acompañados de arrepentimiento y una vida de obediencia (Isa. 1:10-17). Miqueas reflejó los mismos sentimientos cuando proclamó que Dios no estaba interesado en el acto físico del sacrificio sino en la vida y el corazón del que lo ofrecía (Miq. 6:4-6). Jeremías condenó la creencia de que mientras el templo permaneciera en Israel y el pueblo llevara a cabo los sacrificios fielmente, Dios los protegería. El simbolismo del sacrificio se debe reflejar en la vida de la persona (Jer. 7:1-26). Malaquías reprendió a la gente por ofrecer a Dios animales cojos y enfermos en lugar de ofrendar lo mejor, tal como lo exigía la ley levítica. Al hacer esto, el pueblo profanaba el altar y despreciaba a Dios (Mal. 1:7-14).

Los profetas no querían abolir el sistema de sacrificios. Más bien, denunciaban el mal uso de parte del pueblo. Dios deseaba recibir más que el mero acto físico de sacrificios sin sentido. Quería que las ofrendas reflejaran el corazón del adorador.

Nuevo Testamento Durante la época del NT, el pueblo ofrecía sacrificios según las pautas del AT. De acuerdo con la ley levítica (Lev. 12), María llevó a Jesús al templo cuando era bebé y ofreció un sacrificio para ser purificada. Sacrificó tórtolas o palomas, lo que indica la baja posición económica de la familia. Cuando Jesús sanó al leproso (Luc. 5:12-14), le dijo que se presentara ante el sacerdote y ofreciera un sacrificio (comp. Lev. 14). La limpieza del templo (Juan 2) tuvo lugar porque dentro de su radio la gente vendía animales y aves para los distintos sacrificios. Estas personas habían permitido que el "negocio" del sacrificio trastornara la naturaleza espiritual de las ofrendas. Jesús reprendió a los fariseos por descuidar sus responsabilidades familiares cuando alegaban que algo era "corbán" (ofrecido a Dios) y, por lo tanto, no podían ayudar a los padres (Mar. 7). *Corban* es la palabra hebrea más común y generalizada para referirse a una ofrenda sacrificial (Lev. 1:2). Ver *Corbán.*

El NT describe sistemáticamente la muerte de Cristo en términos de sacrificio. Hebreos describe a Cristo como el sumo sacerdote sin pecado que se ofreció a sí mismo como sacrificio por los pecadores (Lev. 7:27). La superioridad del sacrificio de Cristo sobre el sistema sacrificial levítico se ve reflejada en que Su sacrificio sólo tuvo que ofrecerse una vez. El libro finaliza con una exhortación a ofrecer sacrificios de alabanza a Dios por medio de Cristo. Este pensamiento se ve reflejado en 1 Ped. 2, donde se hace referencia a los creyentes como un sacerdocio santo y real que ofrece sacrificios espirituales.

Pablo utilizó la terminología de los sacrificios del AT en las enseñanzas acerca de la muerte de Jesús, que fue una ofrenda y un sacrificio a Dios y, como tal, un olor fragante (Ef. 5:2). Asoció a Jesús con el sacrificio de la Pascua (1 Cor. 5:7).

La iglesia del primer siglo vivía en una cultura que ofrecía sacrificios a dioses paganos. En Listra, Pablo y Bernabé fueron confundidos con los dioses Júpiter y Mercurio. El sacerdote de Júpiter quiso ofrecerles sacrificios (Hech. 14). La iglesia de Corinto se vio envuelta en una controversia sobre si los cristianos podían comer carne ofrecida a ídolos (1 Cor. 8–10). La predicación del evangelio de Pablo en Éfeso desbarató el negocio y el culto a la diosa Diana (Hech. 19).

El sistema de sacrificios judíos cesó cuando el templo de Jerusalén fue destruido en el 70 d.C. No obstante, para ese entonces la iglesia ya había comenzado a distanciarse del judaísmo. La perspectiva bíblica del sacrificio también cambió. En el AT y en los primeros años del NT, el sacrificio era el modo aceptado de adoración. Sin embargo, con la muerte de Cristo el sacrificio de animales se tornó innecesario. Como templo y sacerdote de Dios, el creyente ahora tiene la responsabilidad de ofrecer sacrificios espirituales aceptables (Rom. 12:1-2; 1 Ped. 2:5; Heb. 13:15). Pablo también habló de sí mismo como una libación derramada (Fil. 2:17), y catalogó la ofrenda de los filipenses como olor fragante y sacrificio agradable a Dios (Fil. 4:18; Rom. 15:16).

Scott Langston y E. Ray Clendenen

SADOC Nombre de persona que significa "justo", una forma abreviada de Sedequías, "el Señor es justo". Ver *Sedequías.*
1. Hijo de Ahitob y padre de Ahimaas, descendiente de Aarón a través de Eleazar, fue sacerdote en la época de David (2 Sam. 8:17; 1 Crón. 6:3-8). Se lo menciona junto con Abiatar, que era descendiente de Aarón a través de Itamar (1 Crón. 24:3). Sadoc fue leal a David cuando Adonías se rebeló siendo su padre anciano (1 Rey. 1). Debido a esto, continuó siendo sacerdote durante el reinado de Salomón. Abiatar pronto fue quitado de su cargo de acuerdo con la profecía dada a Elí (1 Sam. 2:31-33; 1 Rey. 2:26,27). La genealogía de Sadoc se menciona en 1 Crón. 6:3-15 desde Aarón pasando por Eleazar y hasta llegar a Josadac en los tiempos postexílicos (comp. Zac. 6:11). La genealogía menciona a un segundo Sadoc siete generaciones más tarde del cual se sabe poco, salvo que su nombre confirma que los nombres estándar vuelven a aparecer en las listas genealógicas.

En una conmovedora escena, Sadoc y Abiatar llevan el arca cuando David se ve forzado a huir de Absalón (2 Sam. 15:24). David los envía de regreso para que continúen su adoración en Jerusalén y actúen como espías para él. El hijo de Sadoc, Ahimaas, era el nexo entre ellos y fue también el primero en llevar la noticia de la derrota de Absalón al rey David (2 Sam. 18:27). Luego, David solicitó a Sadoc y a Abiatar que organizaran una bienvenida para cuando él regresara a Jerusalén.

Como recompensa a la lealtad de Sadoc hacia el rey Salomón y como castigo por los pecados de los hijos de Elí, los descendientes de Sadoc (de la línea de Eleazar) reemplazaron a los descendientes de Itamar como sacerdotes principales. El creciente rol de Jerusalén como centro exclusivo de adoración de Israel dio aún más importancia al lugar ocupado por los descendientes de Sadoc.

Años después, Ezequiel declaró que los sacerdotes hijos de Sadoc habían sido los únicos leales durante el exilio y que sólo a ellos les correspondía servir en el futuro templo ideal. Esta declaración concuerda con las genealogías de Crónicas, que mencionan sólo a dos familias con relación al cautiverio: a David de Judá y a Sadoc, descendiente de Aarón a través de Eleazar. Los sacerdotes que volvieron del cautiverio, incluidos Josué hijo de Josadac (1 Crón. 6:15) y Esdras (1 Crón. 7:1-7), eran de la línea de Sadoc, que se extendió hasta bien desarrollado el período intertestamentario. La línea de Itamar después de la eliminación de la familia de Elí tuvo menor importancia. Los descendientes de Sadoc, hasta cierto grado, hicieron honor a su nombre como sacerdotes justos del Señor. Ver *Abiatar.*
2. Abuelo de Jotam, rey de Judá (2 Rey. 15:33).
3. y **4.** Hombres que ayudaron a Nehemías a reconstruir el muro de Jerusalén (Neh. 3:4,29).
5. Líder que firmó el pacto de Nehemías (Neh. 10:21). **6.** Escriba fiel que Nehemías nombró como tesorero (Neh. 13:13). Ver *Levitas; Sacerdotes; Sumo sacerdote.* *R. Laird Harris*

SADRAC Nombre babilónico que significa "circuito del sol". Uno de los tres amigos de Daniel llevado a Babilonia durante el exilio (Dan. 1:6,7). Su nombre hebreo era Ananías. Los tres fueron lanzados al horno ardiente por haberse rehusado a adorar una imagen que había levantado el rey Nabucodonosor. El Señor los libró milagrosamente y les fueron otorgados sitios de honor en el reino (Dan. 3:30). Ver *Abed-nego; Daniel; Mesac.*

SADUCEOS Grupo religioso formado durante el período intertestamentario cuando los macabeos gobernaban Judá. Adoptaron el nombre de uno de los sacerdotes de David llamado Sadoc y afirmaban ser sus descendientes. El nombre significaba "justos". Ver *Judíos (grupos, partidos) en el Nuevo Testamento.* *Mike Mitchell*

SAF Nombre de persona que tal vez signifique "umbral". Gigante que mataron los hombres de David (2 Sam. 21:18). Ver *Gigantes; Rafa; Refaítas.*

SAFÁN 1. Nombre de persona de significado desconocido. **1.** Líder de la tribu de Gad (1 Crón. 5:12). **2.** Nombre de persona (con leve variante en hebreo) que significa "piel de conejo". Importante funcionario de la corte durante el reinado del rey Josías en Judá (2 Rey. 22:1). Era escriba y tesorero. Durante las reformas religiosas de Josías y la restauración del templo, llevó hasta el palacio del rey de parte del sacerdote Hilcías el recién descubierto libro de la ley (probablemente Deuteronomio). También fue enviado para consultar sobre el libro a la profetisa Hulda (2 Rey. 22:14). Safán y sus hijos se trataron amistosamente con Jeremías en varias ocasiones. Ver *Ahicam; Elasa; Gedalías; Jaazanías.*

SAFAT Nombre de persona que significa "Él ha establecido justicia". **1.** Espía de la tribu de Simeón (Núm. 13:5). **2.** Padre de Eliseo (2 Rey. 6:31). **3.** Descendiente de David y Zorobabel (1 Crón. 3:22). **4.** Supervisor de una parte del ganado de David (1 Crón. 27:29). **5.** Miembro de la tribu de Gad (1 Crón. 5:12).

SAFIR Nombre geográfico que significa "ciudad hermosa". Ciudad por la que se lamentó Miqueas (Miq. 1:11). Se desconoce la ubicación. Entre las sugerencias están Khirbet el-Kom o Tell Eitun. Probablemente cercana a Laquis.

SAFIRA Nombre de persona que significa "hermosa" o "zafiro". Ver *Ananías.*

S

SAGE Padre de uno de los valientes de David (1 Crón. 11:34). El texto paralelo de 2 Sam. 23:1 menciona dos nombres similares: 2 Sam. 23:11, Sama, hijo de Age; 2 Sam. 23:33, Sama ararita. Sage tal vez represente una combinación de dos palabras hebreas: Sama y Age.

SAHAR Transliteración de la palabra hebrea que significa "alba". Parte del título del Sal. 22. La mayoría de las traducciones modernas traducen el vocablo ("aurora" NVI). Ver *Ajelet-sahar.*

SAHARIM Nombre de persona que significa "albas dobles". Miembro de la tribu de Benjamín que se divorció de sus esposas y vivió en Moab (1 Crón. 8:8).

SAHAZIMA Nombre geográfico que significa "pico doble". Ciudad o montaña que demarcaba el límite de la tribu de Isacar (Jos. 19:22). Se desconoce su ubicación. Algunos sugieren que es una combinación de los nombres de dos ciudades: Shahaz y Yammah.

SAL Compuesto cristalino común utilizado para condimentar alimentos y en los sacrificios. Ver *Minerales y metales.*

SAL, CIUDAD DE LA Ver *Ciudad de la Sal.*

SAL, PACTO DE Ver *Pacto; Pacto de Sal.*

SAL, VALLE DE LA Corredor geográfico al sur y este del Mar Muerto frecuentemente identificado con Wadi el-Milch al sur de Beerseba, aunque los comentaristas modernos no aceptan dicha ubicación. David mató a 18.000 edomitas en ese lugar (2 Sam. 8:13; comp. 1 Crón. 18:12; Sal. 60). El rey Amasías (796–767 a.C.) mató a 10.000 edomitas (2 Rey. 14:7).

SALA Nombre de persona que significa "brote". Padre de Heber (Gén. 10:24; 11:12-15).

SALAF Nombre de persona que significa "alcaparra". Padre de Hanún, que ayudó a reparar los muros de Jerusalén (Neh. 3:30).

SALAI Nombre de persona que tal vez signifique "el restaurado". **1.** Integrante de la tribu de Benjamín que vivió en Jerusalén después del exilio (Neh. 11:8). Los comentaristas suelen enmendar el texto hebreo para que diga: "y sus hermanos, hombres de valor". Otros textos dicen "Salú". **2.** Familia sacerdotal posterior al exilio (Neh. 12:20), tal vez equivalente a Salú (v.7).

SALAMINA La ciudad más importante de Chipre. Estaba ubicada en la costa este y contaba con más de una sinagoga judía (Hech. 13:5). Ver *Chipre.*

SALARIO La idea de empleo o compensación por los servicios prestados que corresponden al significado de las palabras hebreas y griegas. Su uso en el texto se aplica a actividades comerciales y servicios laborales, como así también a recompensa judicial por las acciones en la vida de una persona.

En una economía mixta de agricultura y pastoreo sin moneda acuñada, por lo general los salarios incluían poco más que comida y un lugar de empleo (comp. Job 7:2; Juan 10:12). Aun así, un pastor habilidoso como Jacob podía recibir parte del rebaño y, de este modo comenzar su propio ganado (Gén. 30:32-33; 31:8, y textos legales tanto de Asiria como de Babilonia). No había salario fijo establecido para los agricultores. Es probable que hayan recibido una porción de la cosecha (Juan 4:36) o, como en Mat. 20:1-8, un salario diario acordado. La ley establecía que a estos obreros sin tierras había que pagarles por sus esfuerzos al final de cada día (Lev. 19:13; Deut. 24:14-15). No obstante, los textos mencionan suficientes casos de fraude como para sugerir que a este grupo se lo engañaba frecuentemente en cuanto a su salario (Jer. 22:13; Mal. 3:5; Sant. 5:4).

Los reyes empleaban tropas de mercenarios para pelear las batallas (Jue. 9:4; 2 Sam. 10:6) y utilizaban obreros habilidosos junto con esclavos y reclutas sin sueldo para construir y decorar palacios y templos (1 Rey. 5:6-17; Isa. 46:6; 2 Crón. 24:11, 12). Los servicios de los sacerdotes (Jue. 18:4; Mal. 1:10) y el consejo de los ancianos (Esd. 4:5; 1 Tim. 5:17,18) se obtenían por medio de oro y plata en aranceles acordes a su capacidad. Además, la autoridad de los profetas también era sobornable. Por ejemplo, a Balaam se le dieron "dádivas de adivinación" a cambio de maldecir a Israel (Núm. 22:7), y Sanbalat contrató a Semaías para atrapar a Nehemías con una profecía falsa (Neh. 6:10-13).

El uso teológico de estos términos promete la recompensa de Dios para los fieles (Gén. 15:1) y el galardón apropiado para su pueblo Israel (Isa. 40:10; 62:11). La justicia divina también aseguraba que la recompensa de los impíos era equivalente a sus delitos (Sal. 109:20; Rom. 6:23; 2 Ped. 2:15). Ver *Comercio; Economía; Esclavo, Siervo.* *Victor H. Matthews*

SALATIEL Nombre de persona que significa "he pedido a Dios". Padre de Zorobabel, gobernador de Jerusalén durante el régimen persa luego del exilio (Esd. 3:2; Neh. 12:1; Hag. 1:1). En 1 Crón. 3:17 aparece como tío de Zorobabel. Esto podría referirse a la práctica de matrimonio por levirato (Deut. 25:5-10). Incluido en la genealogía de Cristo (Mat. 1:12; Luc. 3:27).

SALCA Territorio y/o ciudad sobre el extremo oriental de la frontera de Basán, posiblemente la Salkhad moderna, centro defensivo del Jebel el-Druze, situada 101 km (63 millas) al este del Jordán (Deut. 3:10; Jos. 12:5). Ver *Basán.*

SALEM Forma abreviada de Jerusalén (Gén. 14:18; Sal. 76:2; Heb. 7:1,2). Ver *Jerusalén; Melquisedec.*

SALEQUET Nombre geográfico de significado incierto. En base a traducciones anteriores, a veces se consideró que el término era resultado de un error de copista con la transposición de las dos primeras letras. De ser así, el término original habría sido "cámara". Puerta de Jerusalén que sólo se menciona en 1 Crón. 26:16.

SALIM Nombre geográfico que significa "paz". Pueblo cercano al sitio donde bautizaba Juan el Bautista (Juan 3:23). Su ubicación es muy discutida: al noreste del Mar Muerto cerca de Betábara; en la orilla occidental del norte del valle del Jordán, 13 km (8 millas) al sur de Escitópolis; en Samaria, 6 km (4 millas) al sud-sudeste de Siquem. El tercer lugar identificaría tanto a Juan como a Jesús con el ministerio en esa región. El segundo y tercer lugar indicarían que Juan partió hacia el norte para que Jesús ministrara cerca de Jerusalén. Ver *Enón; Samaria.*

SALISA Nombre geográfico que significa "el tercero". Territorio donde Saúl buscó las asnas perdidas de su padre (1 Sam. 9:4); probablemente equivale a Baal-salisa. Recientemente se cuestionó su ubicación. Ver *Baal-salisa.*

SALMA Nombre de persona que significa "abrigo". Descendiente de Caleb y padre de Belén (1 Crón. 2:51).

SALMAI Nombre de persona que significa "abrigo". Los mss lo escriben de varias maneras. Sirviente (netineo) del templo (Esd. 2:46; Neh. 7:48).

SALMÁN Nombre de persona que significa "completo, paz". Figura misteriosa de Os. 10:14 que los eruditos suelen identificar como abreviatura de Salmanasar V de Asiria, y en otras ocasiones como gobernante de Moab mencionado por Tiglat-pileser III entre los reyes que le pagaban tributo. Su nombre se convirtió en sinónimo de violencia y crueldad.

SALMANASAR Nombre de persona que significa "Salmanu (el dios) tiene el grado más alto". **1.** Rey asirio que gobernó durante 1274–1245 a.C. Las crónicas de sus proezas militares sentaron precedente para los reyes que lo sucedieron. **2.** Salmanasar III gobernó Asiria desde el 858 hasta el 824 a.C. Luchó contra un grupo de reinos pequeños, entre ellos Israel, en la batalla de Qarqar en el 853 a.C. Si bien se declaró victorioso, Salmanasar no siguió avanzando. **3.** Salmanasar V gobernó Asiria entre el 726 y el 722 a.C. Completó el ataque a Samaria que había iniciado su predecesor Tiglat-pileser III. En el 722 a.C., Israel cayó ante Salmanasar (2 Rey. 17:6) y así

Réplica del Obelisco Negro de Salmanasar III (858–824 a.C.). Dicho obelisco se halló en 1846 durante excavaciones en Nimrod, un antiguo emplazamiento al sur de Bagdad, Iraq.

llegó a su fin el Reino del Norte. Ver *Asiria; Israel, Tierra de.*

SALMISTA Escritor de salmos o himnos. En 2 Sam. 23:1 a David se lo llama el "dulce salmista de Israel" (LBLA). Los encabezamientos le adjudican a David cerca de la mitad de los salmos. Ver *David; Salmos, Libro de.*

SALMÓN Nombre de persona y nombre geográfico que significa "abrigo" y "pequeño ser oscuro" o "pequeña imagen". **1.** Padre de Booz (Rut 4:21; Mat. 1:5; Luc. 3:32). **2.** Uno de los 30 "valientes" de David (2 Sam. 23:28), también conocido como Ilai (1 Crón. 11:29). **3.** Montaña cerca de Siquem donde Abimelec y sus hombres cortaron ramas para encenderlas y así quemar la torre de Siquem (Jue. 9:48-49). **4.** El Salmo 68:14 menciona un "monte de Basán" llamado Salmón ("Zalmón" NVI). Esto puede referirse a las Alturas de Golán. **5.** Promontorio sobre la costa noreste de Creta; el actual Cabo Sidero. Allí se encontraba el templo dedicado a Atenea Salmonia. Pablo navegó por esa zona camino a Roma (Hech. 27:7).

SALMOS DE SALOMÓN Ver *Pseudoepigráficos, Libros.*

SALMOS, LIBRO DE El título hebreo del libro significa "alabanzas". El título en español (Salmos) proviene de la LXX, la antigua traducción griega del AT hebreo. La palabra griega *psalmoi* significa "canciones", de la que surge la idea de "canciones de alabanza".

Los distintos salmos provienen de varios autores. David, el dulce cantor de Israel (2 Sam. 23:1), escribió aproximadamente la mitad de los 150 salmos del libro. Sus salmos se convirtieron en la norma que siguieron otros, imprimiéndole así un carácter davídico a todo el libro. Otros autores incluyen Asaf (doce), los hijos de Coré (diez), Salomón (dos), Moisés (uno), Emán (uno) y Etán (uno). Aproximadamente 48 salmos son anónimos.

El salterio contiene salmos individuales que cubren un período de 1000 años, desde la época de Moisés (siglo XV a.C.) hasta el período postexílico (siglo V a.C.). La mayoría de los salmos se escribieron en la época de David y de Salomón (1010–930). Probablemente, el compilador final de la obra fue Esdras (450 a.C.).

Los títulos o encabezamientos de los salmos son muy antiguos y, en muchos casos, es probable que provengan de cada autor. Ciertas palabras o frases de los títulos que no resultan claras y la ausencia de estos en ciertos salmos (los rabinos se refieren a estos salmos como salmos "huérfanos") sugieren con peso la fiabilidad y la antigüedad de esos títulos. Si escribas posteriores los añadieron arbitrariamente, ¿por qué no añadírselos a todos los que tenían aspectos poco claros?

Bosquejo Tradicionalmente, al libro se lo ha dividido en cinco secciones correspondientes a los cinco libros de Moisés, cada una de las cuales termina con una doxología (Libro 1: Salmos 1–41; Libro 2: Salmos 42–72; Libro 3: Salmos 73–89; Libro 4: Salmos 90–106; Libro 5: Salmos 107–150). Estas divisiones pueden sugerir que estos "libros" fueron independientes durante algún tiempo. (Observar que los Salmos 14 y 53 son muy similares y aparecen en diferentes "libros".) A algunos salmos también se los puede agrupar de acuerdo a su función; por ejemplo, es probable que los cánticos graduales (120–134) fueran canciones que los israelitas cantaban cuando se encontraban camino a las tres fiestas obligatorias en Jerusalén. Otro grupo de salmos (93; 96–99) celebran la divina soberanía del Señor sobre el universo.

Los eruditos han discutido durante siglos las formas y las clasificaciones de los distintos salmos. El salterio incluye himnos (145–150), lamentos (38–39), canciones de acción de gracias (30–32), salmos reales (2; 110), salmos de coronación (96; 98), salmos penitentes (32; 38; 51), y salmos de sabiduría o didácticos (19; 119).

Un *lamento* puede estar expresado por la comunidad (ver 44; 74; 79) o por el individuo (22; 38; 41; 54). En ambos casos son oraciones o clamores a Dios en situaciones de angustia. Las diferencias están relacionadas con las clases de problemas y con las experiencias de salvación. Para la comunidad, el problema puede ser un enemigo; en el caso de un individuo, puede ser una enfermedad. El modelo básico incluye una invocación a Dios, una descripción de la(s) queja(s) del peticionario, un recordatorio de experiencias pasadas de salvación (por lo general lamentos de la comunidad), peticiones, una respuesta divina (u oráculo) y una promesa final de alabanza.

Los *salmos de acción de gracias* también los expresa la comunidad (106; 124; 129) y el individuo (9; 18; 30). Están relacionados con los lamentos ya que son respuestas a la liberación que ha tenido lugar luego de la angustia. Son expresiones de gozo y formas más completas de las promesas de alabanza de los lamentos.

El *himno* (8; 19; 29) se acerca más en la forma al cántico de alabanza tal como se canta en las expresiones de culto modernas. Estos salmos son exclusivamente litúrgicos y se pueden cantar en forma antifonal; algunos tienen estribillos que se repiten (Sal. 8; 136). El himno normalmente incluye un llamado a la alabanza. Luego describe las razones para alabar a Dios. La estructura no es tan netamente definida como en otros tipos de salmos.

A algunos salmos se los considera *salmos reales* (2; 18; 20) pues se refieren al rey terrenal de Israel. En este caso, por lo general también se los considera salmos mixtos. Se los usaba para celebrar la coronación del rey. Probablemente hayan incluido un oráculo para el monarca. En algunos casos (como en el Sal. 72) se hacían oraciones para interceder a favor del rey.

Otra categoría mixta es la de los *salmos de coronación* que celebran el reinado de Yahvéh (Sal. 96–99). Están estrechamente relacionados con los himnos; la principal diferencia es que celebran a Yahvéh como rey sobre toda la creación.

Los *salmos penitentes* son expresiones de contrición y arrepentimiento. El salmista suplica ser restaurado a una relación correcta con Dios (Sal. 38; 51).

Una última categoría de salmo es el *salmo de sabiduría*. Esta clase tiene forma y estilo poético pero se distingue debido al contenido y a la tendencia hacia lo proverbial. Estos salmos contemplan cuestiones de teodicea (73), celebran la Palabra de Dios (la Torá, Sal. 119), o tratan acerca de dos maneras diferentes de vivir: la de la persona piadosa o la de la persona malvada (Sal. 1).

Como indican los salmos mixtos, no se encuentran prolija o fácilmente clasificados. Sin embargo, la identificación ayuda al lector a saber qué clase de salmo está leyendo, con un posible contexto original o un contexto actual adecuado para la adoración. Ver *Música, instrumentos musicales, danza*.

Sin embargo, estas clasificaciones no deberían tomarse de manera demasiado estricta. No son moldes rígidos. Las expresiones y los sentimientos genuinos en los Salmos pueden, a veces, cruzarse con muchas de estas clasificaciones o incluso trascenderlas. Unos pocos salmos (25; 34; 37; 111; 112; 119; 145) están acomodados de manera acróstica de acuerdo al alfabeto hebreo, probablemente para ayudar a memorizarlos.

La interpretación de los Salmos Los Salmos representan meditaciones devotas e inspiradas del corazón en cuanto a la ley de Dios y Sus obras providenciales. Son la religión del AT internalizada en

S

el corazón y en la vida del creyente. Tal como era la intención divina, siempre han sido el modelo del culto y de la devoción aceptables a Dios, tanto en privado como en público. Aunque en la Biblia hay otros salmos o canciones (por ejemplo, el cántico de Moisés en Deut. 32:1-43), no se esperaba que formaran parte del culto permanente de Israel en el templo. Al libro de los Salmos, por lo tanto, se lo ha conocido apropiadamente durante muchos siglos como el libro de himnos de Israel y, por supuesto, de la iglesia. Como el libro inspirado de himnos, los Salmos amplían y desarrollan el AT. La ley se expande al dar lugar a su verdadera aplicación espiritual en el corazón del individuo y, a veces, al interpretar sucesos significativos y prácticas relacionadas a ella. Del mismo modo, a veces los Salmos interpretan sucesos de los libros históricos proporcionando reflexiones y respuestas a muchas situaciones de la vida. El libro de los Salmos ilumina los escritos de los profetas al mostrar los peligros de separar los rituales externos (como los sacrificios) de la verdadera devoción y la adoración interna.

El salterio abarca un amplio espectro de temas teológicos. Se confirma claramente el monoteísmo: los ídolos son creaciones del hombre que no tienen poder (115; 96). La existencia y los atributos de Dios se afirman con frecuencia (omnisciencia y omnipotencia, 139; rectitud y verdad, 86; bondad, 103; santidad, 99); ateísmo teórico y práctico, que es perversidad y necedad (14; 53). La revelación de Dios en la naturaleza y en Su Palabra es el tema del 19 y del 119. La relación de pacto del Señor con Su pueblo se enfatiza en el 89, el 105 y el 68. La naturaleza pecaminosa del hombre se confirma en el 51. La importancia del arrepentimiento y de la restauración es el tema del 51, del 32, del 6, del 143 y del 38. Aunque el injusto a veces puede prosperar, el justo estará con Dios aquí y en el futuro (37; 1). Más aún, el Señor cumplirá Sus promesas y, como refugio de Su pueblo, lo librará (40; 2). Tal vez uno de los temas teológicos más controversiales de los Salmos es la oración imprecatoria (35; 69; 109; 137), que buscan la justicia divina en contra de los enemigos de Dios (que también son los enemigos del escritor) por los agravios y los delitos cometidos. Estas oraciones no expresan venganza ni reivindicación individuales, son súplicas a Dios pidiendo que ejecute justicia, similares a ciertas oraciones del NT (Mat. 11:25; 2 Tim. 4:16; Apoc. 6:10).

Lo relevante es que los Salmos se centran en el Mesías, la esperanza y el cumplimiento de toda la historia y la religión israelita. Las enseñanzas mesiánicas de los salmos se hallan entretejidas a lo largo de todo el libro. Por lo tanto, al Mesías se lo encuentra muchas veces cuando se quitan los límites humanos o se representa al hombre en un estado ideal (2; 8). Cuando el Señor aparece o viene y se relaciona con el hombre, lo hace en la persona de Su Hijo (102;97). Por otra parte, al Mesías por lo general se lo ve tipológicamente a través de las experiencias de David y Salomón (22), con un lenguaje que a veces va más allá de los prototipos y se aplica directa y exclusivamente al Mesías (Sal. 16:10; 110). Los Salmos aluden a la encarnación del Mesías (Sal. 40; Heb. 10:5), a Su humillación y exaltación (Sal. 8; Heb. 2:5-10), a Su trono eterno (Sal. 45; Heb. 1:8-9), a Sus sufrimientos (Sal. 22; Mat. 27), a Su resurrección (Sal. 16; Hech. 2:24-31), y a Su oficio como profeta, sacerdote y rey (Sal. 110). Ver *Tipología*.

El libro de los Salmos ha sido fuente de instrucción, consuelo y bendición para el pueblo de Dios al enseñarle a adorar, servir y glorificar a Dios para siempre.

David M. Fleming y Russell Fuller

SALOMÉ Nombre de persona que significa "pacífica". Esposa de Zebedeo y madre de Jacobo y Juan (si uno combina Mar. 16:1; Mat. 27:56; comp. Juan 19:25). Fue seguidora de Jesús y estuvo entre las mujeres que presenciaron la crucifixión y ayudaron a preparar el cuerpo del Señor para la sepultura. Algunos creen que Juan 19:25 la menciona como hermana de María. De ser así, sería tía de Jesús, y Jacobo y Juan serían primos de este. Ver *María*.

SALOMÓN Nombre de persona cuyo significado se interpreta de formas diversas: "su paz", "(Dios) es paz", "Salem (un dios)", "intacto" o "su reemplazo". Décimo hijo de David y segundo de Betsabé, Salomón se convirtió en el tercer rey de Israel y reinó durante 40 años alrededor del 1000 a.C.

Antiguo Testamento Salomón nació de David y Betsabé después de la muerte de su primer hijo (2 Sam. 12:24). Aunque no era el hijo mayor de David, fue coronado rey después que su madre y el profeta Natán intervinieron ante David y se aseguraron de que lo nombraría sucesor (1 Rey. 1–2). Se lo recuerda por su sabiduría, sus proyectos edilicios y sus riquezas, generadas estas mediante una reorganización comercial y administrativa.

Reconstrucción del templo de Salomón en Jerusalén, donde se observan el lugar santo y el lugar santísimo.

También se recuerda a Salomón por sus 3000 proverbios y 1005 cánticos (1 Rey. 4:32). Por esta razón, no sorprende que los Proverbios y el Cantar de los Cantares de la Biblia se le atribuyan a él (Prov. 1:1; Cant. 1:1), al igual que varios libros apócrifos y pseudoepigráficos. Su sabiduría también queda ilustrada en la Biblia en el relato de las dos prostitutas que alegaban como suyo al único niño sobreviviente (1 Rey. 3:16), y en la visita de la reina de Sabá (1 Rey. 10). Ver *Apócrifos*; *Pseudoepigráficos, Libros.*

Si bien el templo fue su más famoso proyecto edilicio (1 Rey. 5–8), no fue el único. Salomón fortificó varias ciudades que ayudaban a proteger Jerusalén, "ciudades...de provisiones" construidas para almacenar los materiales necesarios para el reino y bases militares para contingentes de carros y hombres de a caballo (1 Rey. 9:15-19). El complejo del templo de Jerusalén estaba compuesto por varios edificios que incluían el palacio de Salomón, "la casa del bosque del Líbano", "el pórtico de columnas", "el pórtico del trono" y un palacio para una de sus esposas, la hija del faraón de Egipto (1 Rey. 7). Ver *Arqueología; Gezer; Hazor; Meguido; Templo.*

Salomón dividió el país en distritos administrativos que no correspondían a los antiguos límites tribales (1 Rey. 4:7-19) e hizo que proporcionaran provisiones al gobierno central. Este sistema, combinado con el control de vitales rutas comerciales de dirección norte/sur entre el Mar Rojo y lo que más tarde se llamó Asia Menor, hizo posible que Salomón acumulara enormes riquezas. Estas además aumentaron por la comercialización de caballos y carros y la actividad mercantil realizada por una flota de barcos (1 Rey. 9:26-28; 10:26-29). Ver *Elat; Ezión-geber.*

Maqueta del pórtico de Salomón en la Jerusalén del siglo I (Hotel Holyland, Jerusalén).

La Biblia señala claramente que Salomón tenía debilidades como así también cualidades de grandeza. Las "setecientas mujeres reinas y trescientas concubinas" procedían de muchos reinos con los que Salomón había hecho acuerdos (1 Rey. 11:1, 3). Aparentemente permitió que sus mujeres adoraran a los dioses nativos e incluso se construyeron altares en Jerusalén para venerarlos (1 Rey. 11:7-8). Este tipo de concesión le mostró al historiador una debilidad en Salomón que no se encontraba en David. Las rebeliones lideradas por el rey de Edom, Rezón de Damasco y Jeroboam, uno de los propios oficiales de Salomón, indican que su extenso reinado no fue ajeno a agitaciones políticas.

Nuevo Testamento Salomón fue antepasado de Jesús (Mat. 1:6,7) y se lo menciona en las enseñanzas del Señor sobre la ansiedad (Mat. 6:29; Luc. 12:27). Jesús señaló que la reina de Sabá viajó desde lejos para ver a Salomón, y agregó: "he aquí más que Salomón en este lugar" (Mat. 12:42; Luc 11:31). Jesús anduvo por "el pórtico de Salomón", una parte del templo (Juan 10:23; comp. Hech. 3:11; 5:12). Esteban señaló que aunque David procuró construir un lugar para Dios, Salomón fue quien "le edificó casa" (Hech. 7:47). *Joe O. Lewis*

SALTERIO **1.** Nombre alternativo para el libro de los Salmos. **2.** Cualquier colección de salmos utilizada en la adoración.

SALU Nombre de persona que significa "el restaurado". Padre de Zimri (Núm. 25:14) y líder de la tribu de Simeón.

SALÚ Nombre de persona que tal vez signifique "el restaurado". **1.** Integrante de la tribu de Benjamín

S

Reconstrucción del templo de Salomón (957–587 a.C.) en Jerusalén. Se observa el templo (centro), flanqueado al norte y al sur con diez lavacros (cinco a cada lado del templo), el mar de fundición (centro, abajo) y el altar del holocausto (abajo, derecha). El palacio de Salomón (izquierda, a lo lejos) estaba erigido inmediatamente al sur del atrio del templo y la puerta del sur.

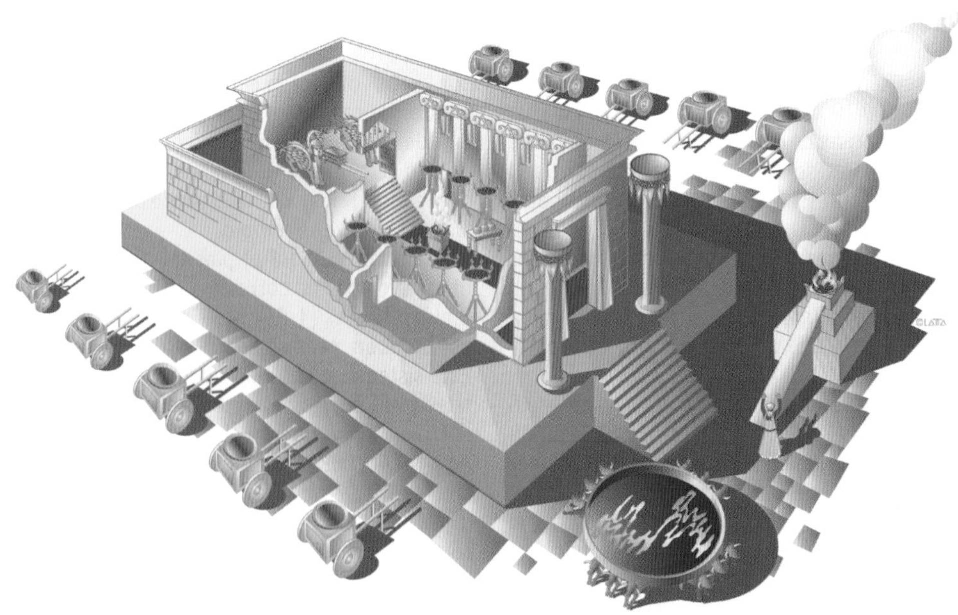

(1 Crón. 9:7; Neh. 11:7). **2.** Jefe de los sacerdotes después del exilio (Neh. 12:7). Ver *Salai.*

SALUD Condición de estar sano en cuerpo, mente y espíritu, pero se usa especialmente para referirse a la salud física. Ni en hebreo ni en griego hay un equivalente directo para nuestro concepto de salud. Como se emplea una diversidad de términos, las traducciones varían mucho en el uso de la palabra "salud". La sustitución más común es "medicina" o "sanidad" en lugar de "salud" (p. ej., Prov. 3:8; 4:22; 12:18; 13:17; Isa. 58:8, Jer. 8:22; 30:17; 33:6). En otras instancias aparece la palabra "bien" en el sentido general de bienestar (Gén. 43:28; 2 Sam. 20:9) o "salvación" para referirse a casos más específicos de ayuda divina (Sal. 42:11; 43:5; 67:2). En Hech. 27:34 la NVI traduce "lo necesitan para sobrevivir" en lugar de "por vuestra salud".

La expresión "que tengas salud" que aparece en 3 Juan 2 es típica de las cartas helenistas (comp. 2 Mac. 1:10; 3 Mac. 3:12; 7:1). El concepto griego básico de salud describe aquello que está equilibrado. Por eso, los griegos usaban con frecuencia el adjetivo "saludable" (*hugies*) para referirse a algo racional o inteligible. Con frecuencia ese modificador se ha traducido "sano" en el NT (1 Tim. 1:10; 6:3; 2 Tim. 1:13; 4:3; Tito 1:9; 2:1,8). Ver *Enfermedades*; *Sanidad divina.*

SALUDO, SALUTACIÓN Salutación en un encuentro; expresión de buenos deseos en el encabezado (en los tiempos helenistas también en el cierre) de una carta.

Entre los pueblos semitas, el saludo usual era y es "paz": "Sea paz a ti, y paz a tu familia, y paz a todo cuanto tienes" (1 Sam. 25:5-6; comp. Luc. 10:5). La forma usual de saludo en griego en un encuentro es *chairein*, que se traduce "salve" o "salud" (Luc. 1:28; Mat. 28:9). Frecuentemente se incluía un beso como parte del saludo (Gén. 29:13; Rom 16:16; 1 Cor. 16:20; 2 Cor. 13:12; 1 Tes. 5:26; 1 Ped. 5:14). El mandamiento referente a no dejar de saludarse (2 Rey. 4:29; Luc. 10:4) subraya la importancia de esta indicación.

El saludo de apertura de las cartas de la antigüedad tenía normalmente la siguiente forma: De X (remitente) a Y (destinatario), saludo (Hech. 15:23; 23:26; Sant. 1:1). La carta que se dirigía a un miembro de una clase social superior tenía la siguiente forma: a Y (destinatario) de X (remitente), saludo (Esd. 4:17). El libro de Santiago es el único del NT que comienza con el saludo griego habitual *chairein.*

Pablo transformó el uso acostumbrado de *chairein* en oportunidad para compartir la fe al sustituirlo por "gracia (*charis*) y paz a vosotros, de Dios nuestro Padre y del Señor Jesucristo" (Rom. 1:7; 1 Cor. 1:3; 2 Cor. 1:2; Gál. 1:3; Ef. 1:2; Fil. 1:2; Tito 1:4). En el saludo de apertura de las cartas paulinas, los términos siempre aparecían en este orden, lo cual daba testimonio de que la paz no se puede sentir si no se ha experimentado antes la gracia de Dios.

Los saludos de las cartas helenísticas normalmente contenían una oración por la salud de los destinatarios. En 3 Juan 2 está el mejor ejemplo del NT: "Amado, yo deseo que tú seas prosperado en todas las cosas, y que tengas salud, así como prospera tu alma". Pablo expandía ampliamente las oraciones con que comenzaba sus cartas. La mayoría se inicia con una oración de acción de gracias, generalmente por los destinatarios. Efesios comienza con una bendición en lugar de una oración de acción de gracias (1 Ped. 1:3-5; Apoc. 1:4-6). En el corpus de cartas paulinas, sólo Gálatas *no* comienza con una oración.

Frecuentemente, las cartas helenísticas concluían con un saludo, por lo general en "tercera persona" con la forma X te saluda (a través de mí) (1 Cor. 16:19-20; Col. 4:10-14) o envía mis saludos a Y (a quien no se dirige directamente; Col. 4:15). Los saludos de cierre con frecuencia incluían una oración de bendición. El más simple es "la gracia sea con vosotros" (Col. 4:18; 1 Tim. 6:21; Tito 3:15; Heb. 13:25). En otros pasajes, la bendición se amplía (Rom. 16:25-27; 1 Cor. 16:23-24; Gál. 6:16; Ef. 6:23-24; Fil. 4:23). Algunas de las bendiciones más conocidas que se empleaban en la adoración cristiana surgen de saludos de cierre tales como: "la gracia del Señor Jesucristo, el amor de Dios, y la comunión del Espíritu Santo sean con todos vosotros" (2 Cor. 13:14); "y el Dios de paz que resucitó de los muertos a nuestro Señor Jesucristo, el gran pastor de las ovejas, por la sangre del pacto eterno, os haga aptos en toda obra buena para que hagáis su voluntad…" (Heb. 13:20-21); "y a aquel que es poderoso para guardaros sin caída…al único y sabio Dios, nuestro Salvador" (Judas 24-25). Ver *Carta: formato y propósito.*

Chris Church

SALUM Nombre de persona que significa "suplantador, el suplantado" o tal vez "pacífico, despreocupado". **1.** Rey de Israel (752 a.C.). Asesinó a Zacarías y fue, a su vez, asesinado un mes más tarde por Manahem (2 Rey. 15:10-15). **2.** Ver *Joacaz 3.* **3.** Esposo de Hulda (2 Rey. 22:14). **4.** Portero (1 Crón. 9:17,19,31; comp. Esd. 2:42; Neh. 7:45). Tal vez equivalga a Selemías (1 Crón. 26:14) y Meselemías (1 Crón. 9:21; 26:1-14), ya que ambos nombres están estrechamente relacionados en hebreo. **5.** Sacerdote (1 Crón. 6:13; Esd. 7:2). **6.** Descendiente de Judá (1 Crón. 2:40). **7.** Tío de Jeremías (Jer. 32:7). **8.** Portero del templo (Jer. 35:4). **9.** Descendiente de Simeón (1 Crón. 4:25). **10.** Descendiente de Neftalí (1 Crón. 7:13). **11.** Padre de Ezequías (2 Crón. 28:12). **12.** Portero que accedió a divorciarse de su esposa extranjera (Esd. 10:24). **13.** Israelita con esposa extranjera (Esd. 10:42). **14.** Supervisor de la mitad de Jerusalén que ayudó a Nehemías a reconstruir los muros (Neh. 3:12). **15.** Hombre que ayudó a Nehemías a reparar la puerta de la Fuente (Neh. 3:15).

SALVACIÓN Uno de los conceptos clave de la revelación de Dios a la humanidad. La idea bíblica de la salvación implica tres nociones. Primero se refiere a rescatar del peligro, del daño o incluso de la muerte a un individuo, grupo o nación. Más específicamente, salvación es el rescate del pecado y de la muerte. En segundo lugar se encuentra la renovación del espíritu. Las Escrituras explican que la humanidad cayó del estado original de pureza moral a la condición de pecado. La salvación divina siempre renueva el espíritu de la persona para que lleve una vida moralmente agradable a Dios. La tercera noción es la restauración de una relación correcta con Dios. Uno de los efectos del pecado es la separación de Dios. Su Palabra escrita deja en claro que la salvación restaura la relación del ser humano con Él, tal como lo expresa Rom. 5:10: "Porque…siendo enemigos, fuimos reconciliados con Dios por la muerte de su Hijo". Tanto en el AT como en el NT, la salvación de Dios incluye rescate, renovación y restauración, y se produce mediante la persona y la obra de Su Hijo, nuestro Señor y Salvador Jesucristo.

Antiguo Testamento El AT ofrece muchos ejemplos de tipos de salvación física para enseñar sobre la salvación espiritual, que es más importante. Esta enseñanza comienza en los tres primeros capítulos de Génesis. Los dos primeros relatan cómo creó Dios los cielos y la tierra, los peces del mar, las aves del aire, los animales de la tierra y el primer hombre y la primera mujer. Todo lo que Dios creó era muy bueno (Gén. 1:31). El cap. 3 explica cómo entró el pecado en el orden creado por Dios y la promesa de salvación que Él hizo a través de la simiente de la mujer (Gén. 3:15). Aunque el hombre y la mujer fueron creados a imagen de Dios, esta imagen ahora está estropeada en la humanidad. Los resultados del pecado incluyen muerte y separación de Dios.

La degradación de la naturaleza humana hasta convertirse en impiedad se evidencia en la historia de Noé. Dado que Dios es santo, no puede tolerar ni aprobar lo pecaminoso. El juicio de Dios contra el pecado y los pecadores es real y quedó demostrado en el diluvio mundial. Sin embargo, Dios reveló Su gracia y misericordia al proveer un arca de salvación para Noé y su familia (Gén. 6–9). Este es un cuadro viviente de la salvación que Dios concretó para los pecadores en y a través de Jesús.

El Señor hizo un pacto con Abraham donde le prometió bendecir por medio de él a todas las naciones de la tierra (Gén. 12:1-3). Esta promesa es otra ilustración de la intención de Dios de proveer salvación. Más tarde en la historia de Israel, Moisés sacó a la nación del cautiverio para llevarla a la tierra prometida. Dios demostró ser más fuerte que los falsos dioses de Egipto, más sabio que la sabiduría de Faraón y más poderoso que el ejército egipcio. Dios proveyó salvación para Su pueblo.

Moisés además instruyó al pueblo de Dios sobre la necesidad de efectuar sacrificios de sangre para expiar el pecado. Levítico describe el método y los instrumentos adecuados para los sacrificios, y el cap. 16 explica en cuanto al Día de la Expiación. El sumo sacerdote entra al lugar santísimo con la sangre de un toro para hacer expiación primero por sí mismo y luego por el pueblo. La lección ilustraba además el concepto de la santidad de Dios y la necesidad de un sacrificio para experimentar salvación divina.

Mientras que gran parte del AT trata de la salvación de la nación de Israel, los Salmos se concentran más en la salvación del individuo y los profetas extienden el plan divino de salvación para las naciones (Sal. 13; 18; 51; Isa. 2:2-4; Miq. 4:1-4; Zac. 8:20-23). El AT sienta bases para entender el concepto bíblico de la salvación. Dios es santo y no puede tolerar el pecado; los seres humanos son criaturas caídas y pecaminosas; Dios inicia y provee un camino de salvación, y finalmente las personas responden al ofrecimiento de salvación que Él hace. Dios es siempre el que salva y redime a Su pueblo, y la redención generalmente llega con un sacrificio de sangre.

Nuevo Testamento En el NT, el tema dominante es la salvación otorgada sólo por gracia por medio de la fe en la persona y obra de Jesucristo. La salvación comienza con el amor de Dios, que toma la iniciativa (Juan 3:16; Ef. 1:3-6). El propósito eterno de Dios es salvar a los pecadores por medio de la muerte expiatoria de Jesús en la cruz. De este modo, la cristología es un componente vital del NT y se relaciona directamente con la doctrina de la salvación. Los elementos esenciales son específicamente la naturaleza de Jesús como el Dios-hombre y Su muerte sustitutoria en la cruz. El NT no se puede entender de manera adecuada sin poseer una visión correcta de quién es Jesús y qué hizo. Como dice Juan: "Hizo además Jesús muchas otras señales en presencia de sus discípulos, las cuales no están escritas en este libro. Pero estas se han escrito para que creáis que Jesús es el Cristo, el Hijo de Dios, y para que creyendo, tengáis vida en su nombre" (Juan 20:30-31).

Todos los escritores del NT dan testimonio de la importancia de la muerte, la sepultura y la resurrección de Jesús para la salvación (Rom. 1:6; 1 Cor. 15:3-11; 1 Ped. 2:21-25). La predicación tanto de Pedro como de Pablo en Hechos da testimonio del carácter esencial de la expiación y la resurrección en el mensaje del Evangelio (Hech. 2:14-39; 3:11-26; 10:34-48; 13:26-43; 17:22-34; 24:2-21). En el NT, la salvación se encuentra únicamente en el nombre de Jesús (Hech. 4:12).

El NT identifica varias doctrinas o elementos adicionales relevantes que ayudan a entender completamente el tema de la salvación. Una es la obra del Espíritu Santo que convence de pecado y produce el nuevo nacimiento. En el Evangelio de Juan, Jesús explica que el ministerio del Espíritu Santo incluye convencer de pecado, de justicia y de juicio (Juan 16:5-11). Al comienzo de este Evangelio, Jesús sostiene una conversación con Nicodemo donde le enseña al fariseo sobre la necesidad del nuevo nacimiento (Juan 3:3-8). A este nuevo nacimiento Pablo lo denomina regeneración (Tito 3:5). Él utiliza el término "llamamiento" para referirse a la obra del Espíritu Santo que produce convicción de pecado y convence a las personas sobre la necesidad de un Salvador (Rom. 11:29; 1 Cor. 1:26).

"Conversión" es el término que se suele utilizar para describir el momento cuando alguien recibe la salvación. Es el instante en que la persona se arrepiente y cree. Según el NT, las condiciones necesarias para la salvación son la fe y el arrepentimiento (Mar. 1:15). Este consiste en alejarse del yo y del pecado para acercarse a Dios y a la santidad, mientras que la fe significa creer los datos históricos acerca de Jesús y confiar únicamente en Él para alcanzar el perdón de los pecados y la salvación eterna (Heb. 11:1-6). La promesa de la salvación es vida eterna con Jesús en el cielo (Juan 3:16; 1 Juan 2:25).

El NT enseña que creer en el evangelio da como resultado justificación ante Dios. La doctrina de la justificación por fe es fundamental en la teología paulina y tuvo gran influencia en la historia de la iglesia. En Romanos, Gálatas y Filipenses, Pablo trata ampliamente el tema (Rom. 3:21–5:21; Gál. 3:1–4:31; Fil. 3:2-16). El punto esencial de la salvación es que cuando el pecador se convierte es declarado inocente delante Dios por medio de la sangre de Jesús. Al creer en Jesús y sólo en Jesús para la salvación, la justicia de Cristo se le imputa al pecador de modo que Dios ahora lo trata a la luz de esa justicia (Rom. 3:21-26).

En el momento de la conversión, el pecador se torna santo. Esto no significa que esté libre del pecado en esta vida sino libre de la pena de muerte que lo acompaña. La Biblia enseña que el Espíritu Santo habita en el pecador desde el momento de la conversión. Allí comienza un proceso de crecimiento a la semejanza de Cristo llamado "santificación", y dura toda la vida. Dado que la salvación es un regalo de Dios, el creyente nunca puede perderla. Esto da testimonio de la plenitud de la gracia de Dios. El futuro eterno del cristiano está asegurado porque Dios no sólo inicia la salvación sino que también preserva al cristiano pues el Espíritu Santo mora en su interior. La salvación es un regalo de Dios que rescata al creyente del pecado y sus consecuencias, lo renueva para una vida santa y restaura su relación con Él para toda la eternidad. Ver *Arrepentimiento; Conversión; Elección; Escatología; Esperanza; Expiación; Gracia; Justificación; Nuevo nacimiento; Predestinación; Perdón; Reconciliación; Redimir, Redención, Redentor; Santificación; Seguridad de la salvación.*

Douglas C. Walker

SALVADOR Uno que salva otorgando liberación, preservación, sanidad o provisión (2 Sam. 22:2-7). A diferencia de otras religiones, el cristianismo se distingue al definir que la salvación

S

se produce únicamente por la gracia de un Salvador. La salvación proviene exclusiva y completamente de Dios. La fuente de salvación es la gracia del Salvador. El medio es fe en el Salvador. El Señor Jesucristo es el único Salvador (Juan 4:42).

El AT describe a Dios como Salvador (Isa. 43:3; 45:15,21,22). De manera categórica, Dios es el único Salvador (Isa. 43:11; Os. 13:4). Esta es también la enseñanza del NT (Jud. 25; Sant. 4:12; Hech. 4:12). Jesús es el Salvador que proporciona vida eterna (Juan 3:16; Mat. 1:21; Rom. 3:21-26; 5:1-11; 1 Juan 2:2; 4:14; 5:13).

Jesús es Salvador porque Él es Dios (Rom. 10:9,10,13; comp. Joel 2:32). Es necesario invocar el nombre del Señor (*Yahvéh* en el AT, *Kurios* en el NT). También hay que destacar la estrecha vinculación entre la deidad de Jesús y Su condición de Salvador (Tito 2:13; 2 Ped. 1:1). Jesús también es el Salvador porque es Dios encarnado, totalmente humano y totalmente divino. Jesús declaró: "Si no creéis que yo soy, en vuestros pecados moriréis" (Juan 8:24). La frase "yo soy" en griego es la misma que aparece en la expresión "Antes que Abraham fuese, yo soy" (Juan 8:58). Esta es una clara declaración personal de la deidad inherente de Jesucristo donde se apropia del nombre personal de Dios. Ver *Salvación.* *Doros Zachariades*

SALVE Ver *Saludo.*

SAMA Nombre de persona de significado incierto, tal vez "aterrador", "asombroso" o "él oyó". **1.** Tribu edomita descendiente de Esaú (Gén. 36:13). **2.** Hermano mayor de David (1 Sam. 16:9; 17:13) y padre de Jonadab (2 Sam. 13:3,32) y Jonatán (2 Sam. 21:21), si es que la escritura hebrea similar de 2 Sam. indica la misma persona que menciona 1 Sam. Ver *Simea.* **3.** Héroe militar de David (2 Sam. 23:25; escrito Samot en 1 Crón. 11:27). **4.** Otro de los valientes de David (2 Sam. 23:33) o, con un leve cambio del texto hebreo tal como sugieren muchos comentaristas, padre de Jonatán, un héroe militar. **5.** Líder de una familia de Aser (1 Crón. 7:37).

SAMAI Forma abreviada de un nombre de persona que tal vez signifique "Él oyó". **1.** Miembro de la tribu de Judá y de la familia de Jerameel (1 Crón. 2:28,32). **2.** Descendiente de Caleb (1 Crón. 2:44). **3.** Otro descendiente de Caleb (1 Crón. 4:17).

SAMAQUÍAS Nombre de persona que significa "Yahvéh sustenta". Portero levita (1 Crón. 26:7) descrito como un hombre o guerrero valiente, posiblemente un título honorífico por la prestación de un servicio público.

SAMARIA, SAMARITANOS Nombre geográfico de montaña, ciudad y región que significa "montaña de vigía,"; samaritanos son los habitantes de ese lugar. A 67 km (42 millas) al norte de Jerusalén y 14,5 km (9 millas) al noreste de Nablus hay un monte que sobresale del amplio valle que atraviesa las tierras altas centrales de Israel. Las ruinas de la antigua Samaria están cerca de una aldea pequeña llamada Sebastiya. Esta ciudad fue capital, residencia y lugar de sepultura de los reyes de Israel (1 Rey. 16:23-28; 22:37; 2 Rey. 6:24-30). Luego de la caída del Reino del Norte frente a Asiria (721 a.C.), exiliados de muchas naciones se asentaron en Samaria (Esd. 4:9,10). Luego los griegos conquistaron la región (331 a.C.) y helenizaron la zona con habitantes y cultura griega. Posteriormente los asmoneos, liderados por Juan Hircano, destruyeron la ciudad (119 a.C.). Tras estar deshabitada durante un prolongado período, Samaria revivió bajo el dominio de Pompeyo y los romanos (63 a.C.). Finalmente, Herodes el Grande obtuvo el control de Samaria en el 30 a.C. y la convirtió en una de las principales ciudades de su territorio. La ciudad volvió a ser repoblada con pueblos de lugares lejanos, esta vez mercenarios europeos. Herodes le cambió el nombre por Sebaste, la palabra griega para el emperador Augusto. Cuando los judíos se sublevaron en el 66 d.C., los romanos conquistaron la ciudad y la destruyeron. Más tarde la reconstruyeron pero nunca recuperó el prestigio anterior.

Larga calle con columnata, construida por el emperador Severo en la Sebaste del NT, llamada Samaria en el AT.

Samaria es la única gran ciudad fundada por Israel, el Reino del Norte. Omri, el sexto rey de Israel (885–874 a.C.), compró el Monte de Samaria para su residencia real. La capital del Reino del Norte había sido Siquem hasta que Jeroboam la trasladó a Tirsa.

Cuando Acab, hijo de Omri, se convirtió en rey de Israel, construyó un palacio de marfil en Samaria. Amós lo denunció por tal hecho (Amós 6:1,4; 1 Rey. 22:39). Jezabel presionó a su esposo Acab para que convirtiera la ciudad en centro de adoración a Baal (1 Rey. 16:29-33). Además también mandó matar en Samaria a muchos profetas de Jehová (1 Rey. 18:2-4).

En dos ocasiones, el rey de Siria Ben-adad sitió Samaria pero fracasó en ambas oportunidades (1 Rey. 20:1; 2 Rey. 6). Naamán, un leproso sirio, había ido a Samaria poco antes del ataque de Ben-adad para que Eliseo lo curara (2 Rey. 5).

Eliseo destruyó allí a los mensajeros del rey Ocozías que buscaban el consejo de Baal-zebub. También profetizó la muerte del rey Ocozías (2 Rey. 1). Más tarde, Jehú mató en Samaria a los 70 hijos de Acab (2 Rey. 10). Finalmente, la ciudad cayó bajo el dominio asirio en el 721 a.C. luego de estar sitiada durante tres años (2 Rey.

Iglesia bizantina en Sebaste (Samaria), construida sobre el sitio tradicional de la sepultura de Juan el Bautista.

17:5; 18:9-12). Esta destrucción se produjo después de varias profecías sobre sus pecados y muchas advertencias acerca de su fin (Isa. 8:4; 9:8-14; 10:9; 28:1-13; 36:19; Jer. 23:13; Ezeq. 23:1-4; Os. 7; 13:16; Amós 3:12; Miq. 1:6). Ver *Asiria.*

Si bien el término "Samaria" fue inicialmente identificado con la ciudad fundada por Omri, pronto se lo asoció con toda la región circundante, el territorio de las tribus de Manasés y Efraín. Finalmente, el nombre Samaria se convirtió en

S

Samaritanos del siglo XX celebrando la Pascua en el Monte Gerizim.

Sacerdotes samaritanos con una copia de sus sagradas escrituras, el Pentateuco Samaritano.

sinónimo del Reino del Norte (1 Rey. 13:32; Jer. 31:5). Después de la conquista asiria, Samaria empezó a perder territorio. En la época del NT se la identificó con la región central de Palestina, con Galilea al norte y Judea al sur.

El nombre "samaritanos" originariamente identificaba a los israelitas del Reino del Norte (2 Rey. 17:29). Cuando los asirios conquistaron Israel y exiliaron a 27.290 israelitas, un "remanente de Israel" permaneció en el territorio. Cautivos asirios de lugares lejanos también se establecieron allí (2 Rey. 17:24). Esto hizo que algunos judíos (no todos) se casaran con gentiles y que la adoración a dioses extranjeros se extendiera. Cuando los judíos regresaron a Jerusalén para reconstruir el templo y los muros de Israel, Esdras y Nehemías no permitieron que los samaritanos formaran parte del emprendimiento (Esd. 4:1-3; Neh. 4:7). El viejo antagonismo entre Israel en el norte y Judá en el sur intensificó la disputa.

Los habitantes judíos de Samaria consideraban el Monte Gerizim como lugar escogido por Dios y único centro de adoración; lo llamaron "el ombligo de la tierra" por una tradición que decía que Adán ofreció sacrificios allí. Las Escrituras que poseían se limitaban al Pentateuco, los cinco primeros libros de la Biblia. Se consideraba a Moisés como único profeta e intercesor en el juicio final. También creían que 6000 años después de la creación se levantaría un Restaurador y viviría en la tierra 110 años. En el día del juicio, los justos serían resucitados en el paraíso y los injustos quemados en el fuego eterno.

En los días de Cristo, la relación entre judíos y samaritanos era tensa (Luc. 9:52-54; 10:25-37; 17:11-19; Juan 8:48). La animosidad era tal que cuando los judíos viajaban entre Galilea y Judea, se desviaban para no pasar por Samaria, y recorrían una distancia adicional por la árida tierra de Perea al este del Jordán. Jesús reprendió a Sus discípulos por ser hostiles con los samaritanos (Luc. 9:55,56), sanó a un leproso de esa región (Luc. 17:16), honró a otro por ser prójimo ejemplar (Luc. 10:30-37), elogió a uno por su gratitud (Luc. 17:11-18), le pidió un vaso de agua a una mujer de ese lugar (Juan 4:7) y les predicó (Juan 4:40-42). Luego, en Hech. 1:8, Jesús desafió a Sus discípulos para que les predicaran también a los samaritanos. Felipe, un diácono, inició una obra misionera en Samaria (Hech. 8:5).

Una pequeña comunidad samaritana continúa con la adoración tradicional cerca de Siquem. Ver *Israel, Tierra de; Sanbalat.*

Donald R. Potts

SAMGAR Nombre hurrita que significa "Simig (el dios) ha dado". Misterioso guerrero que mató 600 filisteos con una aguijada de bueyes, un palo largo con puntas de metal (Jue. 3:31). Su nombre es hurrita, pero se desconoce si ese era su linaje. En el cántico de Débora (Jue. 5), Samgar (el "hijo de Anat") es elogiado por eliminar a los ladrones de las rutas y hacer que se pudiera volver a viajar. Ver *Anat; Jueces, Libro de.*

SAMGAR-NEBO Según el texto hebreo, nombre de un oficial babilónico que acompañó a Nabucodonosor para tomar Jerusalén en el 587 a.C. (Jer. 39:3). Muchos eruditos modernos procuran reconstruir el nombre acadio original. Dichas reconstrucciones lo relacionan con una ciudad, Simmagir, conocida gracias a otros registros babilónicos. Esto significaría que la persona que aparece antes en la lista, Nergal-sarezer, era de esa ciudad. Otros eruditos consideran que Samgar-nebo es un título que describe la posición que ocupaba Nergal-sarezer.

SAMHUT Jefe de la quinta división del ejército de David que servía durante el quinto mes (1 Crón. 27:8). Muchos comentaristas consideran que los escribas combinaron los nombres Sama (2 Sam. 23:25) y Samot (1 Crón. 11:27).

SAMIR Nombre de persona y de lugar que significa "espina" o "diamante". **1.** Levita (1 Crón. 24:24) que en algunos mss aparece como "Samur". **2.** Ciudad en los montes de Judá asignada a la tribu del mismo nombre (Jos. 15:48). Ubicada en la actual el-Bireh, cerca de Khirbet Somera al noreste de en-Rimón, o en Khirbet es-Sumara, 19 km (12 millas) al oeste-sudoeste de Hebrón. **3.** Hogar de Tola, juez de la tribu de Isacar, en el Monte de Efraín (Jue. 10:1). Ubicada posiblemente en Khirbet es-Sumara, 12 km (7 millas) al sur de Siquem. Algunos comentaristas consideran que se trata de Samaria.

SAMLA Nombre de persona que tal vez signifique "abrigo". Gobernante de Edom (Gén. 36:36).

Agregados del período romano al Heraion (gran santuario de Hera en Samos) en la Isla de Samos.

SAMOS Nombre geográfico que significa "altura". Isla pequeña (de tan sólo 43 km de largo [27 millas]) ubicada en el Mar Egeo, aprox. a 1,5 km (1 milla) de la costa de Asia Menor cerca de la Península de Trogilio. En el estrecho entre Samos y la tierra continental, los griegos derrotaron a la flota persa alrededor del 479 a.C. y en el antiguo Cercano Oriente entonces, el poder cambió de manos. El barco de Pablo ancló en Samos o muy cerca de allí cuando viajó de Jerusalén a Roma (Hech. 20:15).

SAMOT Variante ortográfica (1 Crón. 11:27) de "Sama" (2 Sam. 23:25).

SAMOTRACIA Nombre geográfico que tal vez signifique "altura de Tracia". Isla montañosa al norte del Mar Egeo, 61 km (38 millas) al sur de la costa de Tracia, con picos que se elevan a poco más de 1500 m (5000 pies) sobre el nivel del mar. Pablo pasó una noche allí durante el segundo viaje misionero, camino a Filipos (Hech. 16:11). Una famosa secta misteriosa se reunía en ese lugar.

SAMSERAI Nombre de persona de significado incierto; algunos comentaristas lo consideran combinación de Simsai y Simri. Miembro de la tribu de Benjamín que vivía en Jerusalén (1 Crón. 8:26).

SAMÚA Nombre de persona que significa "alguien que fue escuchado". **1.** Espía que representó a la tribu de Rubén (Núm. 13:4). **2.** Hijo de David (2 Sam. 5:14; se escribe "Simea" en 1 Crón. 3:5). **3.** Padre de un levita (Neh. 11:17; se escribe "Semaías" en 1 Crón. 9:16). **4.** Sacerdote en los tiempos de Joiacim, en el 600 a.C. (Neh. 12:18).

SAMUEL Nombre de persona en el antiguo Cercano Oriente que significa "Sumu es Dios", pero que en Israel se interpreta como "su nombre es Dios" o "nombre de Dios". Último juez, primera persona encargada de elegir a un rey, sacerdote y profeta durante el período de transición entre los jueces y la monarquía (aprox. 1066–1000 a.C.). Nació en respuesta a la emotiva oración de Ana que era estéril (1 Sam. 1:10) y fue dedicado al Señor antes de su nacimiento (1 Sam. 1:11). Por ser el primogénito, Ana lo "dedicó al Señor" para toda la vida (1 Sam. 1:28; 2:20). Lo crió Elí en el santuario de Silo (1 Sam. 2:11). Durante su niñez, Samuel "iba creciendo y era acepto delante de Dios y delante de los hombres" (1 Sam. 2:26; comp. Luc. 2:52). Se encontró con Dios y recibió la primera misión profética durante su juventud (1 Sam. 3:1, 11-14). Lo primero que Dios le dijo fue que destituiría a la familia de Elí del sacerdocio en castigo por los pecados de sus hijos.

Samuel fue responsable del renacimiento del santuario de Silo (1 Sam. 3:21). El Sal. 99:6-7 declara que Dios hablaba con Samuel desde una columna de nube, como lo había hecho anteriormente con Moisés y Aarón. Dios "estaba con él y no dejó caer a tierra ninguna de sus palabras" (1 Sam. 3:19; 9:6). Jeremías se refirió a Samuel y a Moisés como los dos grandes intercesores de Israel (Jer. 15:1).

Después de la muerte de Elí y sus hijos, el pueblo de Israel vivió 20 años en pecado bajo la

Tel Rama (Ramah), lugar de nacimiento del profeta Samuel.

opresión filistea (1 Sam. 7:2). Samuel reapareció como juez, instó al pueblo de Israel al arrepentimiento y lo liberó del dominio extranjero. En el plano judicial administró justicia en Bet-el, Gilgal, Mizpa y Ramá (1 Sam. 7:15-17).

Samuel sirvió como prototipo de los profetas venideros que tendrían conflictos con los reyes de Israel y Judá. Los pecados de los hijos de Samuel y la amenaza filistea hicieron que los ancianos de Israel le pidieran un rey "como todas las naciones" (1 Sam. 8:3,5,20). Samuel comprendió que este pedido del pueblo era un rechazo al gobierno de Dios (1 Sam. 8:7; 10:19). Antes de ungir a Saúl como primer rey de Israel (1 Sam. 10:1), Samuel le advirtió al pueblo sobre los peligros de una monarquía: mano de obra forzada, confiscación de bienes, pago de impuestos (1 Sam. 8:10-18). El registro de los derechos y las obligaciones de la monarquía que Samuel llevó a cabo (1 Sam. 10:25) sentó el precedente para que los profetas posteriores reprendieran a sus reyes cuando desobedecían los mandatos de Dios y transgredían los límites que Él había impuesto. Samuel fue un tipo de Elías cuando oró para que lloviera durante la cosecha de trigo (la acostumbrada estación seca) para confirmar su palabra de juicio ante el pedido de un rey por parte de Israel (1 Sam. 12:17,18).

Las relaciones de Samuel con Saúl ponen de manifiesto la naturaleza condicional de la monarquía israelita. El rey de Israel fue designado por Dios y debía hacer la voluntad divina. El atrevimiento de Saúl al ofrecer el holocausto antes de la batalla con los filisteos (1 Sam. 13:8-15) y su indiferencia frente al mandato de Dios de no dejar sobrevivientes de los amalecitas ni de sus ganados (1 Sam. 15), hicieron que Samuel declarara el rechazo divino de Saúl como rey de Israel. Saúl interpretó que el llamado a ungir a otro rey en obediencia al Señor constituía traición y Samuel comenzó a temer por su vida. No obstante, fue obediente y ungió a David como rey de Israel (1 Sam. 16:13). Más tarde, cuando Saúl intentó quitarle la vida, David se refugió con Samuel y su grupo de profetas en Ramá (1 Sam. 19:18-24). Finalmente, la muerte de Samuel hizo que toda la nación estuviera de luto (1 Sam. 25:1; 28:3). También hizo que Saúl quedara sin acceso a la palabra de Dios, y reconoció el poder y la influencia del profeta, y desesperadamente procuró íntima comunión con el espíritu de Samuel (1 Sam. 28). Ya sea con su vida o con su muerte, Samuel dejó una marca significativa en la historia de la adoración, el gobierno, la profecía y la justicia de Israel. *Chris Church*

SAMUEL, LIBROS DE Noveno y décimo libros de la Biblia española según el orden de la primera traducción griega; en el canon hebreo aparecen combinados como el octavo libro. Reciben el nombre del personaje más importante del primer libro. Junto con Josué, Jueces y Reyes, los libros de Samuel conforman los "Profetas anteriores" de la Biblia hebrea. Muchos eruditos modernos hacen referencia a estos cuatro libros como la historia de Deuteronomio, dado que muestran la influencia que la enseñanza de Deuteronomio ejerció en la historia del pueblo de Dios.

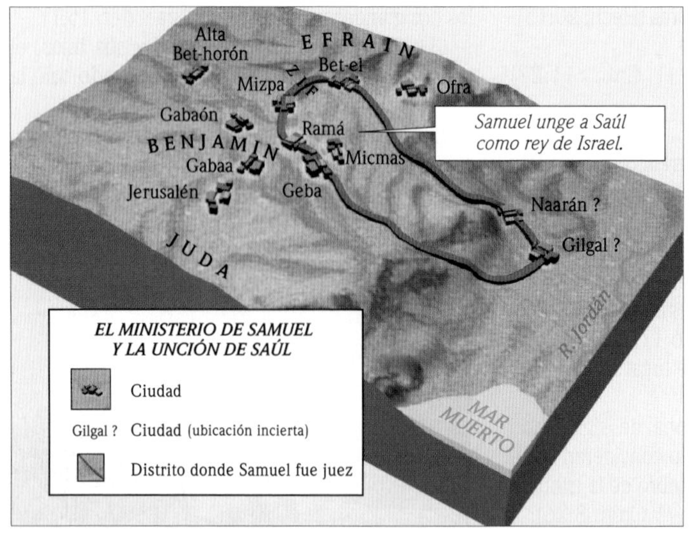

La Biblia no dice quién escribió estos libros. Muchos estudiosos se basan en 1 Crón. 29:29 para creer que Samuel junto con Natán y Gad hicieron los aportes más importantes. Otros piensan que los libros se escribieron durante un período extenso y provienen de diversas fuentes narrativas o relatos escritos desde la época en que ocurrieron los hechos hasta el exilio cuando los "Profetas anteriores" formaron una colección. Tales relatos individuales incluirían Silo (1 Sam. 1–3), el arca (1 Sam. 4:1–7:11), el surgimiento de la monarquía (1 Sam.

9:1–11:15), las batallas de Saúl (1 Sam. 13–15), la historia de la llegada de David al poder (1 Sam. 16:14–2 Sam. 5:25), su reinado (2 Sam. 9–20) y la sucesión al trono davídico (1 Reyes 1–2). Ver *Crónicas, Libros de.*

Los libros de Samuel surgieron como reflexión sobre la naturaleza del reino humano frente a la tradición israelita de que Jehová era su rey. Dieron respuesta a preguntas candentes de una primera generación. ¿Había Dios rechazado a David como lo había hecho con Saúl? ¿Por qué fue escogido el hermano más joven en lugar de los mayores? ¿Existe justificación alguna para las medidas violentas que aplicó Salomón cuando ascendió al trono? Para responder tales preguntas, los libros relatan la historia de tres personajes principales: Samuel, Saúl y David. La historia de cada uno de ellos combina tragedia, desesperación y guía hacia una esperanza futura. Los peligros de la monarquía (1 Sam. 8) y la esperanza del reino (2 Sam. 7) conforman la tensa trama de los libros. El capítulo final (2 Sam. 24) no resuelve dicha tensión. Anticipa la construcción del templo donde la presencia de Dios y la adoración de Israel ocupan el centro de la vida e inducen al rey a ser un siervo de Dios, humilde y perdonado. Ver *David; Reino de Dios; Rey, monarquía; Samuel; Saúl.*

De este modo, los libros de Samuel enfatizan diversos temas teológicos que pueden guiar al pueblo de Dios a través de las generaciones. El tema central es el liderazgo. ¿Puede el pueblo de Dios continuar con una organización flexible como en los días de los jueces, o debe tener un rey "que nos juzgue, como tienen todas las naciones" (1 Sam. 8:5)? Samuel no responde la pregunta de manera explícita. Dios no acepta por completo la monarquía como única alternativa, pues implica que el pueblo ha rechazado a Dios (1 Sam. 8:7; 10:19). Aun así, puede florecer si el pueblo y el rey obedecen a Dios (1 Sam. 12:14-15,20-25). La vida de Saúl mostró que las amonestaciones divinas no demoraban en hacerse realidad (1 Sam. 13:13,14). Una nueva familia de una nueva tribu iba a gobernar. Esto no acarreó un conflicto eterno entre tribus y familias. Un pacto unió a las dos familias (1 Sam. 20; 23:16-18). Tal como se resume en 1 Sam. 24:17, la ira de una de las partes no implica la misma actitud de la otra, según muestran continuamente las reacciones de David para con Saúl: "Más justo eres tú que yo, que me has pagado con bien, habiéndote yo pagado con mal". David no planeó la muerte de Saúl y de su familia ni recompensó a quienes los asesinaron (2 Sam. 4:9-12), pero finalmente David estableció su reino y quiso edificar una casa para Dios (2 Sam. 7:2). El rey, sin embargo, aceptó el plan divino que consistió en establecer la casa davídica y dejar que su hijo construyera la de Dios (2 Sam. 7:13). La respuesta de David muestra la naturaleza del verdadero liderazgo. Expresa alabanza a Dios y ausencia de orgullo por los logros personales (2 Sam. 7:18-29).

Fiel a la promesa hecha a David, Dios luego obró para establecer Su reino entre Su pueblo. Pudo obrar a través de un rey imperfecto que cometió el pecado descabellado con Betsabé (2 Sam. 11) porque dicho rey estuvo dispuesto a confesarlo (2 Sam. 12:13). El gobierno de un rey designado por Dios no garantiza paz perfecta. Aun la propia familia de David se rebeló en su contra. La historia no se determina por el egoísmo y el orgullo humanos. La promesa que Dios le había hecho a David no podía ser revocada.

Hay otros temas subordinados al del liderazgo de Israel: el llamado al compromiso y la obediencia al pacto, el perdón y la misericordia de Dios, la soberanía divina en la historia humana, el significado de la oración y la alabanza, la fidelidad de Dios en el cumplimiento de las profecías, la necesidad de lealtad hacia los líderes humanos, la santa presencia de Dios entre Su pueblo, la naturaleza de la amistad humana y la importancia de las relaciones familiares.

1 Samuel

Bosquejo

I. Dios le da a Su pueblo un ejemplo de liderazgo dedicado (1:1–7:17)
   A. Un líder dedicado es la respuesta a las oraciones de los padres (1:1-28)
   B. Un líder dedicado proviene de padres agradecidos que se sacrifican y adoran al Dios incomparable (2:1-10)
   C. Un líder dedicado es un sacerdote que sirve fielmente a Dios en lugar de buscar intereses egoístas (2:11-36)
   D. Un líder dedicado es un profeta llamado por la palabra de Dios, y la comunica con fidelidad (3:1–4:15)
   E. El uso supersticioso de las reliquias religiosas no es un sustituto del liderazgo dedicado (4:16-22)
   F. Ante Dios sólo puede presentarse un sacerdote dedicado, y no dioses extraños ni personas desobedientes (5:1–7:2)

S

- G. Un líder político dedicado es un hombre de oración (7:3-17)
- II. La monarquía humana representa un compromiso con Dios por parte de un pueblo que lo rechazó como rey (8:1–15:35)
  - A. La monarquía hereditaria es un rechazo a Dios que daña a Su pueblo y lo separa de Él (8:1-22; comp. Jue. 8:22–9:57)
  - B. Un rey dedicado es una persona humilde procedente de una familia humilde que sabe que le debe su posición a la elección divina (9:1–10:27)
  - C. El rey dedicado es un libertador lleno del Espíritu (11:1-15)
  - D. El líder dedicado es moralmente puro y utiliza la historia del pueblo de Dios para instarlo a la obediencia (12:1-25)
  - E. El reinado depende de la obediencia a Dios y no de la sabiduría humana (13:1-23)
  - F. Un líder dedicado es utilizado por Dios para unificar y liberar a Su pueblo (14:1-23)
  - G. Dios libra de pecados involuntarios a Su líder dedicado (14:24-46)
  - H. El rey es responsable de vencer a los enemigos del pueblo de Dios (14:47-52)
  - I. Un rey desobediente es rechazado por Dios (15:1-35)
- III. Dios levanta nuevo liderazgo para Su pueblo (16:1–31:13)
  - A. Dios da Su Espíritu a la persona elegida que cumple con los requisitos divinos para el liderazgo (16:1-13)
  - B. Dios provee oportunidades de servicio inesperadas para Su rey elegido (16:14-23)
  - C. Dios utiliza las capacidades y la fe de Su líder para vencer a los que desafían a Jehová (17:1-58)
  - D. Dios brinda Su presencia y la lealtad de amigos para proteger a Su elegido ante las conspiraciones de un líder malvado y envidioso (18:1–20:42)
  - E. Los sacerdotes de Dios afirman la posición especial del líder elegido por Él (21:1-9)
  - F. Dios protege de la venganza de los enemigos malvados a Su líder benevolente y fiel (21:10–22:23)
  - G. Dios escucha la oración de Su elegido y lo libra de enemigos traicioneros (23:1-29)
  - H. Dios honra la rectitud de Su líder elegido (24:1-22)
  - I. Dios venga a Su elegido de los insultos de enemigos insensatos (25:1-39)
  - J. Dios le concede una familia a Su elegido (25:39-44)
  - K. Dios recompensa la rectitud y la fidelidad de Su líder elegido (26:1-25)
  - L. El líder elegido comienza a construir su reino con astucia en medio de circunstancias adversas (27:1-12)
  - M. Dios cumple Su profecía y destruye a los líderes desobedientes (28:1-25)
  - N. Dios protege a Su líder elegido de situaciones comprometedoras (29:1-11)
  - O. Dios restaura la propiedad que le fue quitada a Su líder elegido (30:1-20)
  - P. El líder elegido de Dios comparte sus bienes con los necesitados y los colegas (30:21-31)
  - Q. Dios destruye a los líderes desobedientes (31:1-7)
  - R. Dios honra al pueblo que manifiesta lealtad a los líderes elegidos (31:8-13)

2 Samuel

Bosquejo

- I. Para lograr Sus propósitos, Dios honra la obediencia y no la traición (1:1–6:23)
  - A. Aquellos que deshonran a los líderes elegidos por Dios son castigados (1:1-16)
  - B. El líder de Dios honra la memoria de sus predecesores (1:17-27)
  - C. Dios conduce a Su pueblo a honrar al líder obediente (2:1-4)
  - D. Dios honra al pueblo leal y obediente (2:4-7)
  - E. Dios bendice los esfuerzos en beneficio de la paz (2:8-28)
  - F. Dios fortalece a Su líder obediente (2:29–3:19)
  - G. El líder de Dios se rehúsa a la traición y la venganza (3:20–4:12)
  - H. Dios cumple las promesas a Su siervo paciente (5:1-16)
  - I. Dios le da victoria a Su pueblo (5:17-25)
  - J. El pueblo de Dios debe honrar Su santa presencia (6:1-23)
- II. Dios establece Sus propósitos a través de Su siervo fiel pero falible (7:1–12:31)

A. Dios promete bendecir la casa de David para siempre (7:1-17)
B. El siervo de Dios alaba al Señor incomparable (7:18-29)
C. Dios da victoria a Su siervo fiel (8:1-18)
D. El siervo de Dios muestra bondad en conmemoración de amigos que partieron (9:1-13)
E. Las coaliciones enemigas no pueden evitar que Dios tome venganza (10:1-19)
F. La desobediencia del líder de Dios desagrada al Señor y desencadena juicio pero también misericordia (11:1–12:14)
G. Dios honra a Su siervo penitente (12:14-31)

III. La falta de atención a relaciones familiares desencadena problemas nacionales para el líder de Dios (13:1–20:26)
A. La negligencia de un padre piadoso puede producir contiendas familiares, vergüenza y venganza (13:1-39)
B. La vida familiar de los siervos de Dios debe caracterizarse por reconciliación y no por ira ni juicios (14:1-33)
C. Las heridas familiares no curadas conducen a la rebelión (15:1-37)
D. Los líderes necesitan consejeros que Dios pueda utilizar para lograr Sus propósitos (16:1–17:29)
E. Cuando hay gran dolor y tristeza ya es demasiado tarde para sanar relaciones familiares (18:1-33)
F. El siervo victorioso de Dios trata bondadosamente a colaboradores y opositores (19:1-40)
G. La victoria no puede quitar rivalidades entre el pueblo de Dios (19:41–20:26)

IV. El pueblo de Dios aprende de la experiencia y del ejemplo del líder divino (21:1–24:25)
A. Dios bendice al líder que es fiel a la tradición de Su pueblo (21:1-22)
B. El líder de Dios alaba al Señor por la liberación (22:1-51; comp. Sal. 18)
C. El líder de Dios enseña lo que aprendió: sus experiencias con Él (23:1-7)
D. El líder de Dios depende de colegas valientes y fieles (23:8-39)
E. Las decisiones insensatas del líder producen castigo, incluso al líder arrepentido (24:1-17)
F. La adoración apropiada incita la misericordia de Dios para con Su pueblo (24:18-25)

SANBALAT Nombre acadio de persona que significa "sin (el dios) ha sanado". Según el Papiro Elefantino del reinado de Darío I, Sanbalat fue gobernador de Samaria alrededor del 407 a.C. Tuvo hijos cuyos nombres incluían el término "Yahvéh" por el Dios de Israel. Aunque lo llamaban por su nombre babilónico (probablemente adquirido durante el exilio), Sanbalat era un judío ortodoxo. Su hija estaba casada con el nieto del sumo sacerdote de Jerusalén (Neh. 13:28), lo que indicaba una relación armoniosa entre Judá y Samaria en ese tiempo. Nehemías aludió a Sanbalat como el "horonita"; esto sugiere una conexión con el Alto o Bajo Bet-horón (Neh. 2:10). Dichas ciudades controlaban la carretera principal entre Jerusalén y el Mar Mediterráneo. Si Sanbalat hubiera tenido influencia en estas ciudades, podría haber afectado en gran manera la economía de Jerusalén. Se alió con Tobías y Selemías para oponerse a la reconstrucción de Jerusalén que dirigía Nehemías. Si la ciudad santa recuperaba su prominencia, erosionaría el poder de las ciudades vecinas. Aparentemente, la lucha era política más que racial o religiosa. El Papiro de Wadi Daliyeh parece indicar que dos personas llamadas Sanbalat también sirvieron como gobernadores de Samaria en épocas posteriores.

SANDALIAS, ZAPATOS Artículos utilizados para proteger los pies. Los zapatos antiguos se conocen gracias a pinturas, esculturas y bajorrelieves. El zapato se consideraba el artículo de vestimenta más humilde y se compraba con poco dinero. Existían dos tipos de zapatos: las chinelas de cuero blando y las sandalias con una suela de cuero dura que eran más populares. La sandalia se sujetaba con tiras de cuero a través de la suela y los dedos del pie. Aunque los zapatos podían comprarse a un precio accesible, los pobres solían repararlos. Los zapatos se quitaban a la entrada de la carpa o la casa, o durante un período de luto. También se quitaban como evidencia de humildad en presencia de reyes. Quitarle las sandalias al visitante era la labor del sirviente más bajo, a quien también se le requería que le lavara los pies polvorientos y sucios. En el antiguo Israel, los contratos legales y los juramentos se sellaban frecuentemente quitándose un zapato y entregándoselo a la otra parte (Rut 4:7). Andar

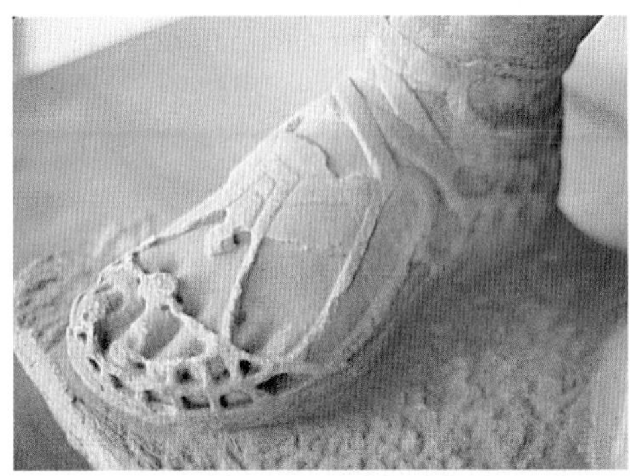

Pie en sandalia de una estatua romana.

descalzo era señal de pobreza y oprobio. Isaías caminó descalzo para simbolizar la pobreza inminente de Israel ante el juicio de Dios (Isa. 20:2). En tiempos del NT, la práctica judía prohibía el uso de sandalias con múltiples capas de suelas clavadas unas sobre otras ya que era el tipo de calzado que usaban los soldados romanos. Ver *Lavado de pies.* *David Maltsberger*

SÁNDALO Madera poco común que Salomón importó del Líbano para el templo (2 Crón. 2:8). Se desconoce el tipo exacto de madera. Primera Reyes 10:11-12 hace referencia a la madera de "sándalo" que se importaba de Ofir (comp. 2 Crón. 9:10-11). Esta madera exótica se utilizó para las puertas y los instrumentos musicales.

Sandalias ojotas de cuero del período romano.

SANEDRÍN Concilio judío supremo del siglo I. Contaba con 71 miembros y era presidido por el sumo sacerdote. Entre sus miembros incluía a los dos partidos judíos más importantes. Dado que el sumo sacerdote lo presidía, el partido sacerdotal saduceo parece haber sobresalido, pero entre sus miembros también había algunos fariseos destacados (Hech. 5:34; 23:1-9).

La palabra "Sanedrín" generalmente se traduce "concilio". Dada la supremacía de los jefes sacerdotales en el Sanedrín, ocasionalmente la frase "principales sacerdotes" parece referirse a la acción del Sanedrín, si bien el nombre no se utiliza.

Según la tradición judía, el Sanedrín comenzó con los 70 ancianos que designó Moisés en Núm. 11:16 y que Esdras reorganizó después del exilio. Sin embargo, el AT no ofrece evidencia de un concilio que funcionara como el Sanedrín de épocas posteriores. De modo que el Sanedrín tuvo su origen durante los siglos intertestamentarios. Ver *Intertestamentaria, Historia y literatura; Judíos (grupos, partidos) en el Nuevo Testamento.*

Durante el primer siglo, el Sanedrín ejercía autoridad bajo vigilancia de los romanos. Generalmente, el emperador romano le concedía autonomía y autoridad considerable. No obstante, el juicio a Jesús muestra que el Sanedrín no tenía autoridad para condenar a muerte (Juan 18:31). Más tarde, Esteban fue apedreado hasta morir después de una audiencia ante el Sanedrín, pero esto quizá fue una acción de la multitud más que una ejecución legal autorizada por el concilio (Hech. 6:12-15; 7:54-60).

Los Evangelios describen el papel del Sanedrín en el arresto, los juicios y la condena de Jesús. Bajo el liderazgo del sumo sacerdote Caifás, conspiró para matar a Jesús (Juan 11:47-53). Los principales sacerdotes conspiraron con Judas para traicionar a Jesús (Mat. 26:14-16). Después de arrestar a este, lo llevaron ante el concilio (Luc. 22:66). Recurrieron a testigos falsos para condenarlo (Mat. 26:59-60; Mar. 14:55,56). Lo enviaron ante Pilato y presionaron a este para que pronunciara la sentencia de muerte (Mar. 15:1-15).

El libro de los Hechos describe cómo el Sanedrín acosó y amenazó a los apóstoles. La curación del hombre en el templo y el sermón de Pedro captaron la atención de los principales sacerdotes. Pedro y Juan fueron citados ante el concilio y se les advirtió que no predicaran más en el nombre de Jesús (Hech. 4:5-21). Cuando los apóstoles continuaron predicando, el concilio ordenó arrestarlos (Hech. 5:21,27). El sabio consejo de Gamaliel hizo que el concilio liberara a los apóstoles tras una golpiza y una advertencia (Hech. 5:34-42). Esteban tuvo que comparecer ante el Sanedrín acusado de actos similares a los presentados contra Jesús (Hech. 6:12-15).

Luego del arresto de Pablo en Jerusalén, el comandante romano le pidió al concilio que lo interrogara para decidir cuál era su delito (Hech. 22:30; 23:28). Pablo se identificó como fariseo enjuiciado por su esperanza en la resurrección. Esto provocó en el concilio un debate sobre el divisorio tema de la resurrección (Hech. 23:1-9). Los principales sacerdotes y los ancianos fueron parte de un complot para asesinar a Pablo cuando fuera trasladado a otra audiencia ante el concilio (Hech. 23:13-15,20). *Robert J. Dean*

SANGRE Término con significados que abarcan profundos aspectos de la vida humana y el deseo de Dios de transformar la existencia de los seres humanos. La sangre está íntimamente asociada con la vida física. Sangre y "vida" o "ser viviente" están ligados. Los hebreos del AT tenían prohibido comer sangre. "Solamente que te mantengas firme en no comer sangre; porque la sangre es la vida, y no comerás la vida juntamente con su carne. No la comerás; en tierra la derramarás como agua" (Deut. 12:23,24). Para los agricultores, este mandamiento enfatizaba el valor de la vida. Aunque la muerte siempre estaba presente, la vida era sagrada, y no se debía considerar con liviandad.

El carácter sagrado de la vida se enfatiza aun cuando el AT habla acerca del sacrificio animal y la expiación. "Porque la vida de la carne en la sangre está, y yo os la he dado para hacer expiación sobre el altar por vuestras almas; y la misma sangre hará expiación de la persona" (Lev. 17:11). Es probable que, debido a que se entregaba la vida de un animal (y los animales eran parte vital de las posesiones de una persona), esta acción que se presentaba delante de Dios indicara lo alejada que estaba de Él esa persona. Al entregar lo que era de gran valor, la persona que ofrecía el sacrificio mostraba que la reconciliación con Dios requería una vida, el elemento básico de la existencia humana. No resulta clara la forma en que la entrega de un animal daba como resultado redención y reconciliación. Lo que sí resultaba claro era que la expiación era algo costoso. Sólo el NT pudo demostrar lo costoso que fue.

Carne y sangre Esta frase designa a un ser humano. Cuando Pedro confesó que Jesús era el Mesías, Jesús le dijo: "...no te lo reveló ni carne ni sangre, sino mi Padre que está en los cielos" (Mat. 16:17). Ningún agente humano le informó a Pedro; el Padre mismo le reveló esta verdad. Cuando "carne y sangre" se utiliza en relación a Jesús, designa la totalidad de Su persona: "El que come mi carne y bebe mi sangre, en mí permanece, y yo en él" (Juan 6:56). El versículo siguiente muestra que comer "sangre y carne" es un lenguaje ampliamente metafórico sobre compartir la vida que otorga Jesús, "...asimismo el que me come, él también vivirá por mí" (Juan 6:57).

Cuando Pablo utilizó la frase "carne y sangre" en 1 Cor. 15:50, se refirió a la existencia humana pecadora: "la carne y la sangre no pueden heredar el reino de Dios". La pecaminosidad de los seres humanos los descalifica como herederos del reino de Dios. En Gál. 1:16, Pablo utilizó "carne y sangre" como sinónimo de seres humanos con quienes no consultó después de su conversión. Pablo dijo que su evangelio había llegado directamente de Dios.

En Ef. 6:12, Pablo presenta un retrato de los creyentes en conflicto donde la lucha no es "contra sangre y carne" sino contra poderes demoníacos más poderosos y elevados, "contra principados, contra potestades, contra los gobernadores de las tinieblas de este mundo, contra huestes espirituales de maldad en las regiones celestes". Desde luego que los creyentes encuentran oposición a Cristo y al evangelio de parte de otros seres humanos, pero detrás de toda oposición humana hay una oposición demoníaca-satánica. Los seres humanos deciden identificarse con la maldad moral. Nosotros luchamos contra los líderes demoníacos de la rebelión moral.

Finalmente, la frase "carne y sangre" a veces designa la naturaleza humana sin relación con la maldad moral. Jesús, al igual que los demás hijos de Su pueblo, participó de "carne y sangre" (Heb. 2:14). Debido a que lo hizo, pudo morir una muerte singular y expiatoria. Él era plenamente humano y, aún así, más que humano; Él era Dios y hombre.

Después del diluvio Dios renovó el mandato original de que Noé y sus hijos fuesen fructíferos y se multiplicaran (Gén. 9:1). No tenían que comer la carne con su vida, lo cual se refiere a la sangre (Gén. 9:4). En consecuencia, el asesinato estaba prohibido (Gén. 9:5,6). La razón se explica de este modo: "El que derramare sangre de hombre, por el hombre su sangre será derramada; porque a imagen de Dios es hecho el hombre" (Gén. 9:6). El asesinato es un ataque a Dios porque el asesino destruye a alguien hecho a la imagen divina.

En Deut. 21:1-9 leemos acerca de una elaborada ceremonia que los ancianos llevaban a cabo cuando una persona era asesinada en los campos cerca de la ciudad. Tenían que orar pidiendo el perdón del Señor mediante la expiación: "Perdona a tu pueblo Israel, al cual redimiste, oh Jehová; y no culpes de sangre inocente a tu pueblo Israel. Y la sangre les será perdonada" (Deut. 21:8; ver v.9). Se suponía que la víctima era inocente y la comunidad era considerada culpable. Una persona que mataba accidentalmente a otra tenía seis ciudades a donde podía huir y demostrar allí su inocencia (Jos. 20:1-9). Debía huir porque el vengador de la sangre (el pariente más cercano de la persona asesinada) tenía la obligación de matar al individuo que había asesinado a su pariente (Núm. 35).

Cuando Pilato vio que en el juicio de Jesús la justicia se estaba distorsionando, se lavó simbólicamente las manos y declaró su inocencia diciendo: "Inocente soy yo de la sangre de este justo; allá vosotros" (Mat. 27:24). El pueblo respondió con ingenuidad: "Su sangre sea sobre nosotros, y sobre nuestros hijos" (Mat. 27:25).

La sangre de los sacrificios, la sangre del pacto El gran acontecimiento histórico del AT fue el éxodo de Egipto. Un aspecto central de ese evento fue el ofrecimiento de un cordero de las ovejas o las cabras (Ex. 12:5). La sangre de ese cordero se debía colocar en la parte superior y en los dos costados del marco de la puerta (Ex. 12:7, 22,23). Cuando el ángel pasara destruyendo a los primogénitos de Egipto, iba a pasar de largo frente a las casas de la zona israelita de esa tierra que estuvieran marcadas de este modo. En términos de sus efectos redentores, ninguno de los sacrificios diarios realizados a lo largo del AT (ver Levítico) fue tan drástico como el sacrificio de la Pascua.

Casi tan espectacular como la Pascua fue la ceremonia de celebración del tratado pactado en Sinaí entre Yahvéh y Su pueblo del pacto, los israelitas (Ex. 24:1-8). Moisés tomó la sangre de un buey y la colocó en dos recipientes. Una mitad la derramó sobre el altar y la otra sobre el pueblo (Ex. 24:6-8). Moisés declaró: "He aquí la sangre del pacto que Jehová ha hecho (literalmente, "cortado") con vosotros sobre todas estas cosas". El pueblo prometió solemnemente actuar conforme a dicho pacto (Ex. 24:3,7).

Cuando Jesús inauguró el nuevo pacto después de Su última Pascua con los discípulos, declaró: "Porque esto es mi sangre del nuevo pacto, que por muchos es derramada para remisión de los pecados" (Mat. 26:28). Lucas dice: "Esta copa es el nuevo pacto en mi sangre, que por vosotros es derramada" (Luc. 22:20). Testamento en estos casos significa pacto. Jesús, el Dios-hombre, entregó Su vida y experimentó la realidad de la muerte para que aquellos que se identifiquen con Él puedan experimentar Su vida y no gustar jamás la muerte como lo hizo Él. Jesús murió cargando con el pecado para que nosotros pudiésemos vivir para la justicia y ser sanados (1 Ped. 2:24).

La sangre de Cristo—significado y efectos El término "la sangre de Cristo" en el NT designa la muerte expiatoria de Cristo. La expiación se refiere al fundamento y al proceso por el cual las personas alejadas se ponen de acuerdo con Dios. Cuando nos identificamos con Cristo, ya no estamos enfrentados con Dios. El significado de la muerte de Cristo es un gran misterio. El NT procura expresar este significado de dos maneras: en el lenguaje sacrificial y en el legal, que proveen analogías útiles. No obstante, el significado de la muerte de Cristo va mucho más allá de una ampliación de los sacrificios animales o una espiritualización de las transacciones legales. En algunas ocasiones el lenguaje legal y el sacrificial se hallan juntos.

En el lenguaje sacrificial tenemos "propiciación" (remoción de los pecados, Rom. 3:25); "rociados con la sangre de Jesucristo" (1 Ped. 1:1,2); redimidos "con la sangre preciosa de Cristo, como de un cordero sin mancha y sin contaminación" (1 Ped. 1:19); "la sangre de Jesucristo su Hijo nos limpia de todo pecado" (1 Jn. 1:7); la sangre que "limpiará vuestras conciencias" (Heb. 9:14), y "la sangre del pacto eterno" (Heb. 13:20). En el lenguaje legal tenemos "justificación" (Rom. 5:16,18); "redención" (Ef 1:7); ser redimidos por Dios por medio de Su sangre (Apoc. 5:9). Dichas metáforas demuestran que sólo Dios podía proveer la expiación; Jesús, el Dios-hombre, fue al mismo tiempo el sacerdote y la ofrenda, el redentor y el que se relaciona íntimamente con el redimido.

A. Berkeley Mickelsen

SANGRE, CAMPO DE Ver *Acéldama.*

SANGRE, CULPABLE DE Había culpabilidad mediante el derramamiento de sangre. Ser culpable de sangre hacía que una persona fuera ritualmente impura (Núm. 35:33,34) y se incurría en esa condición al matar a alguien que no merecía morir (Deut. 19:10; Jer. 26:15; Jon. 1:14). Matar en defensa propia y ejecutar criminales estaba eximido de la culpabilidad de sangre (Ex. 22:2; Lev. 20:9). Se incurría en culpabilidad de sangre (1) por el asesinato intencional (Jue. 9:24; 2 Sam. 25:26,33; 2 Rey. 9:26; Jer. 26:15); (2) por el asesinato sin intencionalidad (Ver Núm. 35:22-28 donde el que mataba accidentalmente a otro podía ser asesinado por el vengador de la sangre, lo que implicaba que el asesino accidental era culpable de sangre. Ver *Vengador.*); (3) por ser causa indirecta de muerte (Gén. 42:22; Deut. 19:10b; 22:8; Jos. 2:19); (4) cuando una persona era responsable de otra que cometía un asesinato (1 Rey. 2:5,31-33), y (5) cuando se efectuaba una matanza para un sacrificio en un altar que no estaba autorizado (Lev. 17:4). El vengador de la sangre podía actuar en los dos primeros casos pero no en los tres últimos.

Cuando se sabía que el asesino se hallaba bajo el caso (1), la comunidad compartía la culpa hasta que la parte culpable pagara con la pena de muerte. Ningún otro sacrificio o penalidad podía sustituir la muerte de la parte culpable ni tampoco había necesidad de sacrificio una vez que el asesino moría (Núm. 35:33; Deut. 21:8,9). El que asesinaba a otro sin intención, como en el caso de (2), podía huir a una ciudad de refugio y estar a salvo. No obstante, si el asesino accidental salía de los límites de la ciudad de refugio, el vengador de la sangre podía matarlo en venganza sin incurrir en la culpabilidad de sangre (Núm. 35:31, 32; Deut. 19:13). La comunidad se consideraba culpable de la sangre si no le proporcionaba asilo al asesino por accidente (Deut. 19:10).

Cuando no se vengaba la sangre de una víctima inocente, esa sangre clamaba delante de Dios (Gén. 4:10; Isa. 26:21; Ezeq. 24:7-9; comp. Job 16:18) y Dios se convertía en el vengador de la persona (Gén. 9:5; 2 Sam. 4:11; 2 Rey. 9:7; Sal. 9:12; Os. 1:4). Aun los descendientes de la persona culpable de sangre podían sufrir las consecuencias del juicio divino (2 Sam. 3:28,29; 21:1; 1 Rey. 21:29). La culpabilidad de sangre del rey Manasés y la falta de acción de Judá en hacer algo al respecto fueron la causa de la caída de la nación después de 50 años de concluido su reinado (2 Rey. 24:4).

Judas incurrió en la culpabilidad de sangre al traicionar a Jesús ("sangre inocente", Mat. 27:4). Los que clamaron por la crucifixión aceptaron el cargo de la culpabilidad de sangre sobre sí mismos y sobre sus hijos (Mat. 27:25). Pilato no aceptó responsabilidad alguna por el derramamiento de sangre inocente (Mat. 27:24).

Phil Logan

SANGUIJUELA Parásito perteneciente a la familia de las *hirudinae* semejante al gusano, que succiona sangre y sirve como símbolo de apetito insaciable (Prov. 30:15).

SANIDAD DIVINA Obra de Dios por medio de instrumentos y modos que Él escoge para otorgar salud a personas física, emocional y espiritualmente enfermas. La Biblia no sólo trata de la condición espiritual de las personas sino que también se preocupa por su estado físico. Esto se manifiesta en el énfasis en la sanidad, especialmente en el ministerio de Jesús y de la iglesia primitiva. Casi una quinta parte de los Evangelios relatan los milagros de Jesús y las polémicas que estos provocaron. Los Evangelios registran 14 instancias diferentes de sanidad física y mental. Jesús comisionó a Sus discípulos a continuar Su ministerio básico, que incluía la sanidad (Mat. 10:5-10; Mar. 6:7-13; Luc. 9:1-6). En el libro de los Hechos se observa que el ministerio de sanidad continuó.

La palabra "psicosomático" significa literalmente "alma y cuerpo", y se refiere a la estrecha relación entre el cuerpo y el espíritu. El alma afecta al cuerpo, y la salud del alma puede ser indicador de la salud del cuerpo. En la Biblia, Juan expresó lo que anhelaba para su amigo Gayo al decirle "que tú seas prosperado en todas las cosas y que tengas salud, así como prospera tu alma" (3 Jn. 2). Esto era un anticipo del énfasis en la medicina psicosomática: la persona es una unidad; el cuerpo y el alma no se pueden separar. El cristianismo y la salud están íntimamente entrelazados.

La mayoría de los cristianos creen en la sanidad por medio de la fe, pero lo que confunde al creyente es tratar de decidir qué técnicas son bíblicas, decorosas y psicológicamente útiles. Jesús empleó diferentes métodos en Su ministerio de sanidad: apelación a la fe de la persona que iba a ser sanada o de aquellos que presenciaban el hecho, tocar a la persona enferma, orar, asegurarle el perdón de pecados, expresar ciertas órdenes y utilizar medios físicos. En varias oportunidades, la fe del enfermo fue un factor importante en la sanidad. Cuando le habló a la mujer que padecía hemorragias, Jesús le dijo: "Tu fe te ha sanado" (Mar. 5:34 NVI; comp. Mat. 9:29).

La fe de otras personas también era un factor decisivo. Jesús le declaró al padre del muchacho enfermo que la sanidad era posible si las personas tenían fe, y el hombre respondió: "Creo, ayuda mi incredulidad" (Mar. 9:23-24). Cuando el centurión buscó a Jesús para pedirle que sanara a su sirviente, el Salvador respondió: "ni aun en Israel he hallado tanta fe...y su criado fue sanado en aquella misma hora" (Mat. 8:10,13; comp. Mar. 2:5).

Los cristianos con frecuencia se confunden en cuanto al ministerio de sanidad, pero hay ciertas enseñanzas bíblicas claras:

(1) La Biblia afirma claramente que Jesús creía en la sanidad del cuerpo.

(2) Jesús habló positivamente de los médicos cuando comparó a los que tenían buena salud y no necesitaban médico con los que sí lo necesitaban (Mat. 9:12; Mar. 2:17; Luc. 5:31). Con frecuencia, Dios ha sanado al guiar a científicos dedicados para que descubrieran más sobre el funcionamiento del cuerpo.

(3) Los métodos de sanidad que empleaba Jesús incluían orar, imponer las manos, ungir con aceite y asegurar el perdón de los pecados. La iglesia siguió utilizando los mismos métodos (Sant. 5:14-16).

(4) Jesús no usó la sanidad como medio para llamar la atención sino que intentaba mantener el tema en privado. "Bendice, alma mía, a Jehová... el que sana todas tus dolencias" (Sal. 103:2-3).

John W. Drakeford

SANIDAD, DON DE Ver *Dones espirituales; Sanidad divina.*

SANSANA Nombre geográfico que tal vez signifique "rama de la palmera datilera". Pueblo en el territorio de la tribu de Judá (Jos. 15:31). La actual Khirbet esh-Shamshaniyat, 15 km (9 millas) al noroeste de Beerseba. Quizá equivalente a Hazar-susa (Jos. 19:5) y Hazar-susim (1 Crón. 4:31) y, por ende, asignado a la tribu de Simeón.

SANSÓN Nombre de persona que significa "del sol". El último de los principales jueces que gobernaron Israel aprox. en el 1100 a.C. (Jue. 13:1–16:31). Sansón, hijo de Manoa de la tribu de Dan, fue un héroe legendario que peleó frecuentemente contra los filisteos, quienes en aquellos tiempos "dominaban sobre Israel" (Jue. 14:4).

Antes de ser concebido, los padres lo dedicaron para que fuera nazareo de por vida (Jue.

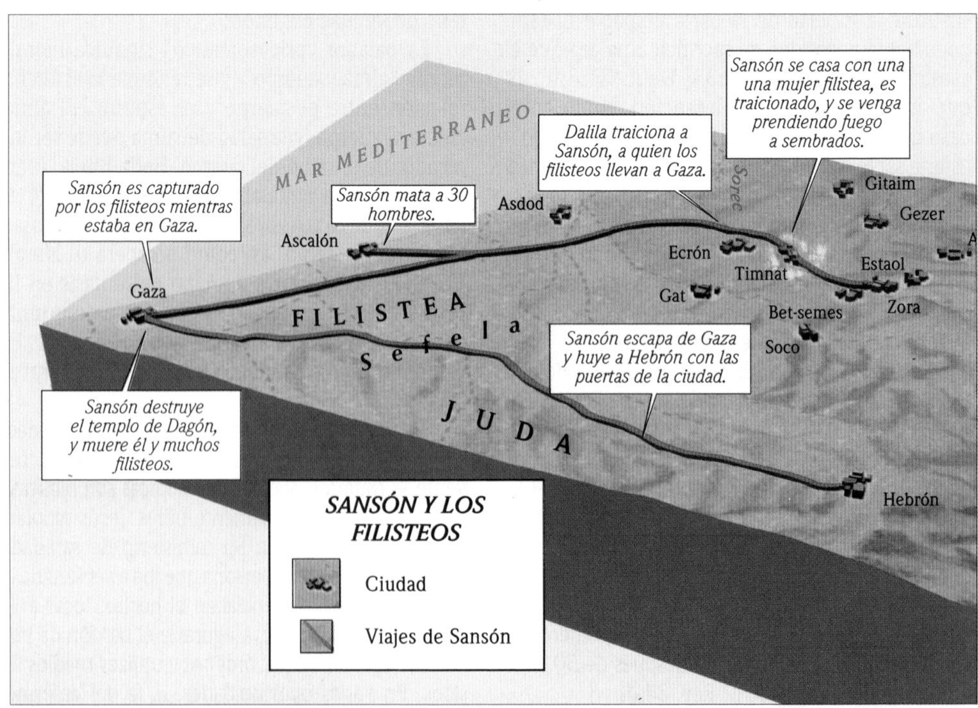
Sansón se casa con una una mujer filistea, es traicionado, y se venga prendiendo fuego a sembrados.
MAR MEDITERRANEO
Dalila traiciona a Sansón, a quien los filisteos llevan a Gaza.
Sansón es capturado por los filisteos mientras estaba en Gaza.
Sansón mata a 30 hombres.
Asdod
Sorec
Gitaim
Gezer
Ascalón
Ecrón
Timnat
Estaol
Gaza
Gat
Zora
Bet-semes
FILISTEA
Sefela
Soco
Sansón escapa de Gaza y huye a Hebrón con las puertas de la ciudad.
JUDA
Sansón destruye el templo de Dagón, y muere él y muchos filisteos.
Hebrón
SANSÓN Y LOS FILISTEOS
Ciudad
Viajes de Sansón

13:3-7), es decir, una persona especialmente devota o consagrada. Parte del voto incluía dejarse crecer el cabello y abstenerse del vino y las bebidas alcohólicas. La fuerza legendaria de Sansón no procedía del cabello largo sino del "Espíritu de Jehová" que "vino sobre" él para permitirle llevar a cabo asombrosas hazañas de fuerza física (Jue. 14:6,19; 15:14; comp. Jue. 16:28,29). A pesar de ser nazareo, Sansón no vivía una vida devota. Desobedeció secretamente la prohibición de acercarse a un cuerpo muerto (Jue. 14:8,9), tuvo relaciones inmorales con una prostituta de Gaza (Jue. 16:1) y con Dalila (Jue. 16:4-20).

Se lo describe como un joven testarudo sin dominio propio. Ninguna de sus proezas lo muestra como entusiasta religioso. Cada crisis importante de su vida que desencadenaba enfrentamientos con los filisteos fue causada por sus relaciones con mujeres filisteas. La fascinación de Sansón con Dalila finalmente provocó su caída. Cada uno de los príncipes de los filisteos le ofrecieron a Dalila 1100 piezas de plata para que averiguara cuál era el origen de la fuerza de Sansón. En los primeros tres intentos, Sansón respondió falsamente. Sin embargo, en apariencia Sansón no relacionó las ataduras que le colocaron los filisteos con una traición de Dalila. Finalmente, ella logró arrancarle la verdad y Sansón fue capturado.

En definitiva, Sansón sólo fue un aguijón en la carne para los filisteos. Nunca liberó realmente a Israel de dicho dominio. Al morir mató más filisteos que los que había matado durante toda su vida (Jue. 16:30). Aparece en la lista de héroes de la fe de Heb. 11:32 porque su fuerza provino de Dios y porque demostró fe en el momento de morir. Ver *Espíritu; Jueces, Libro de; Juez; Nazareo.* *Darlene R. Gautsch*

SANTA CONVOCACIÓN Ver *Fiestas.*

SANTIAGO, EPÍSTOLA DE La carta de Santiago pertenece a la sección del NT que habitualmente se designa "Epístolas generales". Esta carta es una exhortación al cristianismo práctico. El autor establece principios de conducta y luego provee ejemplos claros. Las preocupaciones del autor son mucho más prácticas y menos abstractas que las de cualquier otro escritor del NT. Ningún otro libro del NT recibió tantas críticas como esta epístola.

Autor El primer versículo de la carta identifica a Santiago (contracción de Sant + Yacob) como "siervo de Dios" y autor de la carta. Puede haber sido el hermano de Juan e hijo de Zebedeo, Jacobo el hijo de Alfeo, uno de los doce apóstoles, o Jacobo el medio hermano de Jesús, hijo menor de María y José. Lo más probable es que haya sido el hermano del Señor. La tradición de los primeros padres de la iglesia por unanimidad adjudican esta epístola a Jacobo, el pastor de la iglesia en Jerusalén. Ver *Jacobo 3.*

El contenido general de la carta es un llamado a la santidad. Esto condice con lo que se conoce de la vida de Jacobo. La tradición eclesiástica reconoció su excepcional piedad describiendo que las rodillas del piadoso Jacobo parecían las de un camello por la gran cantidad de tiempo que pasaba postrado ante Dios. El autor de la epístola era también versado en la perspectiva del AT en general y del judaísmo en particular.

Por otro lado, Jacobo el hermano de Juan e hijo de Zebedeo no pudo haber sido el autor porque fue uno de los primeros mártires (Hech. 12:1,2), y su muerte con seguridad fue anterior a que se escribiera esta epístola. Poco se sabe de Jacobo hijo de Alfeo, demasiado poco como para conjeturar que pudiera haber sido autor de esta epístola.

Destinatarios Aunque algunos pasajes parecen estar dirigidos a los incrédulos (Sant. 5:1-6), la epístola va dirigida "a las doce tribus que están en la dispersión" (1:1). La referencia a las "doce tribus" sugiere que los destinatarios eran judíos. "Judíos de la dispersión" trae a la memoria la dispersión del pueblo judío, en primer lugar en el 722 a.C. cuando Israel, el Reino del Norte, cayó ante el imperio asirio, y luego en el 586 a.C. cuando Judá, el Reino del Sur, cayó ante los saqueadores babilonios bajo el gobierno de Nabucodonosor.

Sin embargo, resulta claro que Santiago tenía un enfoque mucho más reducido. Al parecer, el autor tenía en mente a los judíos "cristianos" de la dispersión. Esto puede conjeturarse a partir de la propia identificación de Santiago (1:1) como siervo de Jesucristo, así también como por las referencias a tener "fe en nuestro glorioso Señor Jesucristo" (2:1).

Fecha Establecer una fecha temprana de escritura explicaría la particularidad del discurso. El martirio de Jacobo alrededor del 66 d.C. nos proporciona la fecha más tardía en que pudo haber sido escrita. Evidencias de una fecha muy temprana, por ejemplo la mención de aquellos que estaban en la "asamblea" (gr. *sunagoge*), indicaría un momento muy temprano en la historia cristiana, tal vez anterior al Concilio de Jerusalén en el 49–50 d.C. Aunque algunos estudiosos de la Biblia fechan esta epístola después del 60 d.C.,

S

muchos otros están convencidos de que Santiago fue el primer libro del NT, y lo fechan incluso en el 48 d.C. Como tal, brinda al lector una notable perspectiva de los sucesos que se desarrollaron en la iglesia en sus primeros tiempos.

Motivo Resulta evidente que esta epístola es producto de preocupaciones por parte del liderazgo pastoral de la iglesia primitiva acerca del nivel ético de los primeros cristianos. De ahí que el tema principal incluye en el cap. 1 un análisis sobre cómo responder ante la prueba y la tentación (1:1-18). La necesidad de "poner en práctica" la palabra además de "oírla" es el aspecto central de Sant. 1:19-27. El trato a los pobres y la adecuada administración de la riqueza son temas de preocupación en Sant. 2:1-13 y 5:1-6. El cap. 3 trata sobre la falta de docilidad de la lengua y la necesidad de controlarla. Los temas del cap. 4 son conflictos y actitudes hacia los demás cristianos. Las respuestas adecuadas a las exigencias y presiones de la vida se tratan en el cap. 5.

Aportes de Santiago Algunos eruditos comparan Santiago con el libro de Proverbios del AT. Aunque son bastante diferentes, la comparación es válida desde la perspectiva de la ética. El tema del libro es que la religión práctica debe manifestarse por medio de obras que sean superiores a las del mundo. La esencia de dichas obras incluye áreas de santidad personal y servicio a los demás, como visitar a los "huérfanos y a las viudas" y "guardarse sin mancha del mundo" (1:27). Estas "obras" además exigen resistencia activa al diablo (4:7), sujeción a Dios (4:7) y sincero arrepentimiento de los pecados (4:9).

Tanto en la introducción como en la conclusión se habla de la paciencia como resultado de pruebas y tentaciones. Cuando lleguen las pruebas, los lectores deben recibirlas con "sumo gozo" (1:2) y deben esperar recompensa por soportar con paciencia esas pruebas (1:12). En Sant. 5:7-11, el autor vuelve sobre el tema, al citar a Job y a los profetas como ejemplos de paciencia en medio de tribulación.

Preguntas y desafíos de Santiago Hay dos pasajes de Santiago difíciles y ampliamente debatidos que resultan un desafío para los eruditos. En 2:14-26, Santiago arguye que "la fe, si no tiene obras, es muerta en sí misma" (2:17). Esta aparente contradicción con la enseñanza del apóstol Pablo ha causado gran consternación entre algunos teólogos. Por ejemplo, Martín Lutero se refirió al libro como "una epístola de paja" en comparación con los escritos de Pablo.

Una exégesis más cuidadosa ha demostrado que la contradicción es más aparente que real. Santiago afirma que una fe que solo profesa, como la de los demonios (2:19), no es fe salvadora. Los demonios creen en Dios en sentido intelectual, pero no creen en el sentido de hacer un compromiso con Él. La ortodoxia de la doctrina que no produce un estilo de vida santificado, en realidad carece de valor.

En 5:13-16 Santiago se refirió a la sanidad y a los medios para lograrla. Este pasaje solo toca el tema de la sanidad ocasional. El propósito de la argumentación es enfatizar la eficacia de la oración tenaz del hombre justo (5:15,16). Esto se ejemplifica con una referencia a Elías, cuyas oraciones fueron suficientes para cerrar los cielos y luego para abrirlos (5:17,18).

Más allá de cualquier otro propósito, la oración de fe "salvará al enfermo". El agente de la sanidad no es el aceite de la unción, ya sea medicinal (como algunos sostienen) o simbólico (como opinan otros). Dios sana cuando Él así lo determina (5:14) en respuesta a las oraciones fervientes de los justos.

La epístola de Santiago sigue teniendo valor y trascendencia para el cristiano, que se confronta a un mundo cada vez más secularizado. Cristo debe producir una diferencia en nuestra vida. Este es el tema y el mandato de Santiago.

Bosquejo

I. Salutación (1:1)
II. La verdadera religión se desarrolla por medio de pruebas y sufrimientos (1:2-15)
   A. El gozo es la respuesta adecuada en tiempo de prueba (1:2)
   B. La fe puesta a prueba conduce a la perseverancia que, al madurar, nos permite ser perfectos, completos y que no nos falte nada (1:3,4)
   C. La verdadera sabiduría viene de Dios y está disponible para quienes la piden con fe, sin dudar (1:5-8)
   D. La riqueza puede ser una prueba de la fe y no una evidencia de fe (1:9-11)
   E. La perseverancia en las pruebas conduce a bendición (1:12)
   F. La tentación proviene de nosotros y no de Dios, y debemos resistirla (1:13-15)
III. La verdadera religión la inicia la fe (1:16–2:26)
   A. La salvación por fe es un don de Dios, de quien provienen todos los dones (1:16,17)

B. La salvación como expresión de la voluntad divina está relacionada con la Palabra de Dios (1:18-27)
   1. Debemos recibir la Palabra de Dios (1:18-21)
   2. Debemos cumplir la Palabra de Dios y no tan solo oírla (1:22-25)
   3. Debemos controlar lo que decimos y practicar la verdadera religión (1:26, 27)

C. La fe que salva no manifiesta favoritismos sino amor a todos (2:1-13)

D. La fe que salva se manifiesta en actitudes y acciones piadosas (2:14-26)

IV. La verdadera religión se orienta por la sabiduría (3:1-18)
   A. La persona sabia controla su lengua (3:1-12)
   B. La sabiduría terrenal se caracteriza por actitudes y acciones malvadas (3:13-16)
   C. La vida del sabio se caracteriza por conducta moral (3:17,18)

V. La verdadera religión se manifiesta con obras (4:1–5:12)
   A. Evita actuar en forma egoísta y consulta a Dios (4:1-3)
   B. Evita congraciarte con el mundo (4:4,5)
   C. Ten la actitud adecuada: sé humilde; no seas orgulloso ni impertinente (4:6-10)
   D. Evita hablar contra otros cristianos y no los juzgues (4:11,12)
   E. Evita querer disponer del tiempo de Dios como si fuera tuyo (4:13-16)
   F. No dejes de hacer lo que sabes es correcto (4:17)
   G. Evita depender de la riqueza (5:1-3)
   H. No trates a las personas injustamente (5:4-6)
   I. No te impacientes, porque el Señor vuelve (5:7-11)
   J. No hagas juramentos (5:12)

VI. La verdadera religión se expresa en la oración (5:13-20)
   A. La oración intercesora es parte importante de la verdadera religión (5:13-16a)
      1. La oración es una respuesta adecuada para el sufrimiento y la enfermedad (5:13,14)
      2. Las oraciones deben ofrecerse con fe, por motivos correctos (5:15)
      3. La oración incluye confesión de pecados (5:16a)
   B. La rectitud de la persona que ora se relaciona con la eficacia de la oración (5:16b)
   C. Todos los seres humanos pueden orar y ser escuchados (5:17,18)
   D. La intercesión por los pecadores es una importante responsabilidad cristiana (5:19,20)

Paige Patterson

SANTIFICACIÓN Proceso de ser hecho santo que da como resultado modificación del estilo de vida del creyente. La palabra santificación se refiere al acto/proceso de hacer santo, consagrado. En el NT griego, la raíz *hag-* es la base de *hagiasmos*, "santidad", "consagración", "santificación"; *hagiosune*, "santidad"; *hagiotes*, "santidad"; *hagiazo* "santificar", "consagrar", "tratar como santo", "purificar", y *hagios*, "santo". La idea principal de la raíz griega es quedarse absorto ante algo o alguien. El significado de su uso en el NT depende en gran medida de la traducción griega del AT, la Septuaginta. Las palabras *hag-* en la LXX generalmente traducían el hebreo *qadosh* por "separado, en contraste con lo profano". De este modo, Dios está separado; las cosas y las personas dedicadas a Él y para uso divino son apartadas. Las implicancias morales de esta palabra cobraron mayor preponderancia con los profetas y se transformaron en énfasis fundamental en el NT. Ver *Santo*.

Antiguo Testamento En el pensamiento del AT, el centro de la santidad (*qadosh*) está en Dios. Él es santo (Sal. 99:9), Su nombre es santo (Sal. 99:3; 111:9) y no puede ser profanado (Lev. 20:3). Dado que Dios existe en el ámbito de lo santo y no de lo profano, todo lo que tiene que ver con Él debe ingresar en esa misma esfera de santidad. Esto incluye tiempo, espacio, objetos y personas.

Algunos momentos son santificados ya que se apartan especialmente para el Señor: el Sábat (Gén. 2:3), las diversas fiestas (Lev. 23:4-44), el año del jubileo (Lev. 25:12). Al cumplir con rigurosidad las reglas que regían cada uno de estos momentos especiales del año, Israel los santificaba (o los trataba como santos). Tanto la tierra de Canaán (Ex. 15:13) como Jerusalén (Isa. 11:9) eran santas para el Señor y no debían ser contaminadas mediante conducta pecaminosa (Lev. 18:27,28). El tabernáculo/templo y todos los objetos relacionados debían ser santos (Ex. 28:38; Ezeq. 40–48). Los distintos obsequios que se ofrecían en la adoración eran santificados. Estos se agrupan en tres categorías: objetos cuya santidad era inherente (por ej. los primogénitos machos nacidos de animales, y de seres humanos de sexo masculino, Ex. 13:2,11-13; Lev. 27:26); objetos cuya santificación era requerida (por ej. diezmos de cosechas y animales puros, Lev. 27:30-33: Deut. 26:13), y obsequios cuya santificación era voluntaria (ver lista parcial en Lev. 27). La dedicación de dichos objetos por lo general no tenía lugar con rituales en el santuario sino en una declaración previa de dedicación (Jue. 17:3; Lev. 27:30-33).

Desde luego, los sacerdotes y los levitas que trabajaban en el santuario, empezando por Aarón, eran santificados para el Señor mediante unción con aceite (Ex. 30:30-32; 40:12-15). Además, el nazareo era consagrado (Núm. 6:8), aunque sólo por un determinado lapso. Finalmente, la nación de Israel era santificada para el Señor como pueblo santo (Ex. 19:6; Deut. 7:6; 14:2,21; 26:19). Esta santidad estaba estrechamente identificada con la obediencia a la Ley de Santidad de Lev. 17–26, que incluye mandatos tanto rituales como éticos. Especialmente en el caso de los profetas, la responsabilidad ética de una conducta santa era primordial (Isa. 5; Jer. 5–7; Amós 4–5; Os. 11).

Nuevo Testamento El mismo rango de significados reflejado en la Septuaginta se conserva en el NT pero en algunos casos, ampliado. Los objetos pueden ser hechos santos (Mat. 23:17,19; 1 Tim. 4:4-5) o tratados como santos (Mat. 6:9; Luc. 11:2) pero, mayormente, el grupo de palabras enfatiza la dimensión personal de la santidad. Aquí son importantes las dos corrientes de significado del AT: la sagrada y la ética. La santificación está estrechamente ligada a la experiencia de salvación y tiene que ver con obligaciones morales/espirituales asumidas en dicha experiencia. Fuimos apartados para Dios en la conversión, y ponemos en práctica esa dedicación a Dios con una vida santa.

El vínculo del pensamiento del NT con los antecedentes del AT en el aspecto sagrado de la santificación se ve con mayor claridad en Hebreos. La crucifixión de Cristo hace posible que el pecador pase de lo profano a lo santo (es decir, santifica, hace santo), de manera que el creyente pasa a formar parte del templo donde Dios habita y es adorado (Heb. 2:9-11; 10:10,14,29; 13:11-16). Tanto Pablo (Rom. 15:16; 1 Cor. 1:2; 6:11; Ef. 5:26-27; 1 Tes. 2:13) como Pedro (1 Ped. 1:2) definieron la obra del Espíritu Santo en la conversión como una santificación que hace santo al creyente para que sea aceptado en la presencia de Dios. Sobre todo para Pablo, la justificación y la santificación son conceptos estrechamente relacionados. Ver *Justificación.*

Hebreos también enfatiza el aspecto ético de la santificación. Es necesario procurar la santificación/santidad como un aspecto esencial de la vida del creyente (Heb. 12:14); la sangre de la santificación no debe ser profanada por una conducta pecaminosa (Heb. 10:26-31). Pablo enfatizó el compromiso del individuo de vivir una vida santa (Rom. 6:19-22; 1 Tes. 4:3-8; 2 Cor. 7:1) como así también el poder de Dios que la hace posible (1 Tes. 3:13; 4:8). El agregado del imperativo ético se observa en cómo Pedro (1 Ped. 1:15-16) utiliza Lev. 11:44; 19:2; 20:7: "Santos seréis, porque yo soy santo". Ver *Ética; Hebreos; Salvación.* *Lorin L. Cranford*

SANTO El uso bíblico del término "santo" tiene que ver principalmente con que Dios separa del mundo lo que Él elige consagrar para sí. A medida que el plan redentor divino se iba develando en el AT, lo "santo" comenzó a ser asociado con el carácter del pueblo separado por Dios en cumplimiento de la ley revelada. Cuando se cumplió el tiempo para concretar la obra salvadora de Jesucristo, el pueblo redimido comenzó a ser conocido como "los santos". La cruz lo hizo posible al inaugurar el cumplimiento de las enseñanzas preparatorias del AT sobre lo santo y abrir el camino para que el Espíritu Santo de Dios morara en Su pueblo.

La santidad singular de Dios como separación Sólo Dios es "magnífico en santidad" (Ex. 15:11; comp. 1 Sam. 2:2; Apoc. 15:4). Esa singularidad se enfatiza mediante la exclamación del serafín: "¡Santo, santo, santo!" (Isa. 6:3; comp. Apoc. 4:8). Efectivamente, el título más frecuente que elige Isaías para Dios es "el Santo de Israel" (p. ej. 12:6; 17:7; 29:19,23; 41:14,16; 47:4; 60:9). Pero la perfecta santidad de Dios (la total perfección de atributos tales como poder y bondad) produce humildad y hasta terror cuando se revela al hombre pecador (p. ej. Isa. 6:5; Luc. 5:8; Apoc. 1:17).

Aquello que Dios separa para sí también se vuelve santo. Dichos objetos escogidos por Dios quedan separados del mundo. Por ej., el lugar santo en el tabernáculo y el templo está oculto de la vista de la gente, y en el "lugar santísimo" sólo podía entrar el sumo sacerdote una vez al año con la sangre de la expiación y una nube de incienso para no caer muerto (Lev. 16). Por eso, el privilegio de ser "pueblo santo para Jehová, tu Dios" (Deut. 7:6; 14:2,21; 28:9) es una condición que conlleva una pesada carga de responsabilidad. Aquello que es santo no sólo puede ser profanado (p. ej. Lev. 21:6,12,15) sino que además el contacto con lo santo transfiere santidad a lo profano (p. ej. Ezeq. 44:19; 46:20; comp. Ex. 29:37; 30:29; 1 Cor. 7:14).

El mandato ético de la santidad de Dios El pueblo elegido de Dios, separado del mundo, está llamado a una vida ética en conformidad con la palabra revelada. El mandamiento es "sed santos; porque yo soy santo" (Lev. 11:44-45; comp. 19:2; 20:26). Esta exigencia no queda abrogada por la venida de Cristo sino que debe hallar su cumplimiento en la comunidad cristiana (1 Cor. 7:34; Ef. 1:4; Col. 1:22; 1 Ped. 1:16). Los cristianos deben perfeccionar la santidad en el temor de Dios (2 Cor. 7:1). Si es necesario, Dios disciplina a los seguidores de Cristo para su propio bien a fin de que puedan "participar de su santidad" (Heb. 12:10).

El cumplimiento definitivo de la santidad de Dios David, temiendo que su pecado pudiera separarlo de Dios, ora diciendo: "...y no quites de mí tu santo espíritu" (Sal. 51:11). No obstante, Juan el Bautista predijo que Jesús inauguraría una nueva era para el pueblo de Dios mediante el bautismo en el Espíritu Santo (Mat. 3:11). La muerte expiatoria de Jesús, al cumplir con las legítimas exigencias de la justicia divina (Rom. 3:21-26), hace posible esta relación íntima entre Él y Su pueblo. Tal como lo habían anunciado los escritos proféticos, Jesús, como el Santo verdadero, en Su muerte no experimenta corrupción (Sal. 16:10; Hech. 13:35). Por lo tanto, Su resurrección implica el logro de la salvación y la inauguración de la era del Espíritu Santo (Rom. 1:4), donde los seguidores de Jesús son bautizados con el Espíritu de Dios (Hech. 2:4). Esta promesa permanente para los creyentes de todas las generaciones (Hech. 2:38-39) es el poder del Espíritu Santo para santificarlos (Rom. 15:16).

Ted Cabal

SANTO DE ISRAEL Nombre para Yahvéh en Isa. 1:4. Destaca la naturaleza santa de Dios y Su relación particular con Israel. En el AT, esta designación se usa especialmente en el libro de Isaías. En el NT hay referencias a Jesús como el Santo. Ver *Dios; Santo.*

SANTOS Título para todo el pueblo de Dios pero aplicado en algunos contextos a un pequeño grupo considerado el más consagrado.

Antiguo Testamento Se utilizan dos palabras para el concepto de santos: *qaddish* y *chasid. Qaddish* proviene de *qadosh* y significa "santo". Ser santo consiste en separarse del mal y consagrarse a Dios. Esta separación y unión se aplica tanto a cosas como a personas. Todos los elementos de la adoración son apartados para que el Señor los utilice: el altar (Ex. 29:37), el aceite (Ex. 30:25), las vestimentas (Ex. 31:10) e incluso las personas deben ser santas (Ex. 22:31). Dicha separación refleja el carácter de Dios porque Él es santo (Lev. 19:2). La santidad se describe claramente como un encuentro con el Dios viviente que da como resultado un estilo de vida santo (Isa. 6). Por lo tanto, la santidad es más que una actividad de separación y unión que se realiza una vez y para siempre. Es una forma de vida. "Santos seréis, porque santo soy yo Jehová vuestro Dios" (Lev. 19:2). Los santos son aquellos que procuran vivir vidas santas (Dan. 7:18-28). Ver *Dios; Santo.*

Chasid significa "ser bondadoso o misericordioso". Estas son cualidades de Dios. Por lo tanto, las personas *chasid* son piadosas porque el reflejan el carácter divino. Los santos alaban al Señor por Su eterno favor (Sal. 30:4), se regocijan en Su bondad (2 Crón. 6:41) y saben que Dios guarda los caminos de ellos (1 Sam. 2:9). A través del pacto, Dios tiene un encuentro con Su pueblo, y esto les permite a ellos vivir en santidad.

Nuevo Testamento En el NT para aludir a los santos se utiliza una sola palabra, *hagios.* Hay sólo una referencia a los santos en los Evangelios (Mat. 27:52): los santos que murieron resucitan cuando el Señor es crucificado. La muerte del Santo otorga vida a los creen en Dios. En Hechos, tres de las cuatro referencias aparecen en el cap. 9 (vv.13,32,41). Primero Ananías y luego Pedro hablan de los santos simplemente como creyentes en Cristo. Pablo continúa utilizando este concepto en Romanos, Corintios, Efesios, Filipenses, Colosenses, Tesalonicenses y Filemón. En todos los casos, los *santos* parecen ser simplemente personas que llaman Señor a Jesús. Sin embargo, en Apocalipsis, donde la palabra "santos" se emplea más veces que en cualquier otro libro (13 veces), el significado se explica más detalladamente. Los santos no sólo llaman Señor a Jesús sino que además son Sus testigos fieles y verdaderos.

Por ende, no es extraño que la iglesia primitiva considerara santos a los testigos martirizados a causa de su testimonio. A estos santos inmediatamente se les concedieron honores especiales y luego incluso se los adoró. Lamentablemente, el término "santos" se comenzó a aplicar para referirse sólo a esas personas especiales.

Sin embargo, desde el punto de vista bíblico el término "santo" se aplica correctamente a toda persona que cree que Jesucristo es Señor. Creer en Jesús exige obediencia y conformidad a Su voluntad. Un santo da testimonio fiel y verdadero de Cristo en lo que dice y en cómo vive. Ser santo es una realidad cuando el creyente permite que a través del Espíritu Santo, Cristo sea formado en su interior (Rom. 8:29; Gál. 4:19; Ef. 4:13). Ver *Espíritu; Testimonio, testigo, mártir.*

William Vermillion

SANTUARIO Lugar apartado como sitio sagrado y santo, especialmente de adoración. En lugares donde los patriarcas habían erigido altares, el pueblo de Israel más tarde construyó santuarios y templos para conmemorar los encuentros con Dios. Específicamente, el tabernáculo y el templo en Jerusalén se reverenciaban como santuarios.

SAQUÍAS Líder de una familia de la tribu de Benjamín (1 Crón. 8:10).

SARA Variante de la forma hebrea del nombre Sarai. Ver *Sarai.*

SARAF Nombre de persona que significa "ardiendo". Miembro de la tribu de Judá que ejercía el poder en Moab (1 Crón. 4:22).

SARAI 1. Nombre de persona que significa "princesa". Esposa y media hermana de Abraham (Gén. 11:29–25:10). Sara, primero llamada Sarai, tenía el mismo padre que Abraham. Los casamientos entre hermanastros eran comunes en esa época. Sara viajó con Abraham de Ur a Harán. Luego, a la edad de 65 años, lo acompañó a Canaán cuando Abraham obedeció la instrucción de Dios de trasladarse a la tierra que le había prometido. Durante una hambruna en Canaán, Abraham y Sara huyeron a Egipto. Esta fue la primera vez que Abraham intentó hacer pasar a Sara como su hermana en lugar de su esposa porque temía que los egipcios lo mataran cuando vieran la belleza de ella. Por esa razón, el Faraón pensó que Sara era hermana de

La construcción de la pirámide de Keops, en Giza, fue anterior al viaje a Egipto de Abram y Sarai.

Abraham, la llevó a la corte y lo trató bien a él. Cuando el Señor envió una enfermedad grave a la casa del Faraón, este se dio cuenta del engaño y los echó. La segunda mentira sobre la relación de Abraham con Sara tuvo lugar en la corte de Abimelec, rey de Gerar, quien también la tomó. Dios intervino en el sueño de Abimelec y protegió a Sara. Este los despidió otorgándoles el derecho de vivir allí y le hizo un obsequio a ella.

En medio de la tristeza que le generaba su esterilidad, Sara le entregó su criada Agar a Abraham con la esperanza de tener un heredero, pero se sintió resentida cuando ella concibió. Cuando Sara tenía casi 90 años de edad, Dios le cambió el nombre y le prometió un hijo. Un año más tarde dio a luz a Isaac.

Sara murió en Hebrón a la edad de 127 años y fue sepultada en la cueva del campo de Macpela cerca de Mamre.

En el NT, Rom. 4:19 hace referencia a la esterilidad de Sara como una prueba de la fe de Abraham; Rom. 9:9 habla de la concepción de Isaac como ejemplo del poder de Dios para cumplir una promesa. Gálatas 4:21-31 la contrasta con Agar sin nombrarla, Heb. 11:11 alaba su fe y 1 Ped. 3:6 describe su relación con Abraham.

2. Con leve diferencia en la grafía hebrea, nombre de persona que quizás signifique "él liberó o redimió". Hombre con esposa extranjera (Esd. 10:40). *Judith Wooldridge*

SARAR Nombre de persona que tal vez signifique "él es sano". Ver *Sacar.*

SARDIO Piedra preciosa utilizada ocasionalmente para traducir el hebreo *odem*, "rojo", y el griego *sardion.* Otros traductores utilizan "cornalina" o "rubí". Ver "rubí" en *Minerales y metales.*

SARDIS Ciudad de una de las siete iglesias que se mencionan en Apocalipsis (3:1-6). La iglesia fue acusada de estar "muerta", tal vez en referencia a la falta de eficacia en el mundo. Sin embargo, algunos de sus miembros recibieron elogios (v.4). Era capital de la provincia de Lidia y estaba ubicada en el valle del Río Hermo al noreste de Éfeso. El sitio puede apreciarse desde una acrópolis admirable. Una de las mayores atracciones del lugar en la época del NT era un templo de Diana, la diosa del amor y la fertilidad. Ver *Asia Menor, Ciudades de.*

SAREPTA Nombre geográfico que posiblemente signifique "fundición, refinamiento". Localidad

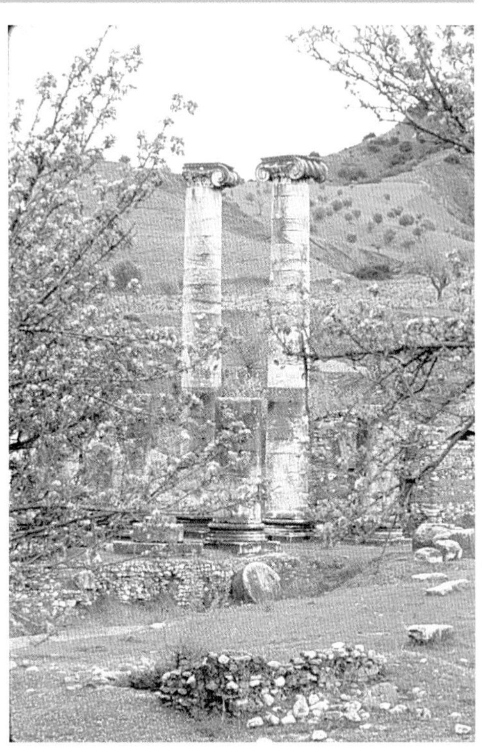

Columnas del templo de Artemisa en Sardis (actual Turquía).

Ruinas del gimnasio romano en la antigua ciudad de Sardis, en Asia Menor (Turquía).

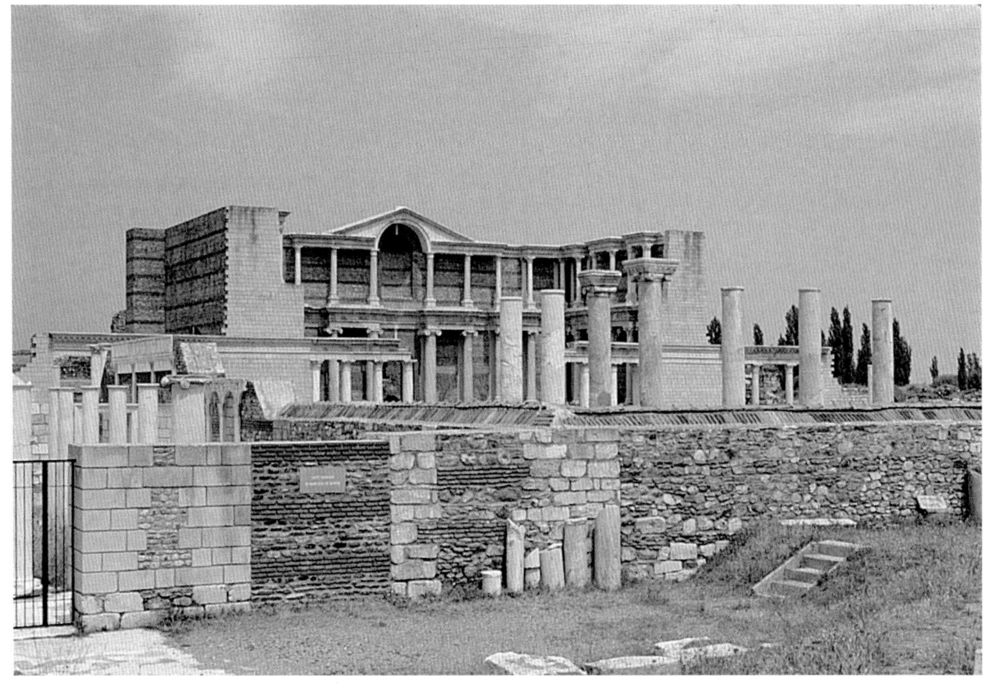

sobre la costa del Mediterráneo, justo al sur de Sidón. En respuesta a la orden de Dios, Elías huyó a este lugar luego de profetizar una sequía en Israel (1 Rey. 17:2-9). Mientras estaba en Sarepta, fue alojado por una viuda y su hijo. Aunque la sequía afectó también los ingresos de la viuda, el abastecimiento de harina y aceite fue milagrosamente mantenido por Dios (17:12-16). Elías también le devolvió la vida y la salud al hijo de la viuda (17:17-23).

SARETÁN Nombre geográfico que quizás signifique "refrescante". Lugar cercano al sitio donde se abrió el Río Jordán e Israel pasó a Canaán sobre tierra seca (Jos. 3:16); cerca de Bet-seán (1 Rey. 4:12); cerca del lugar donde Hiram de Tiro hizo los utensilios del templo de bronce bruñido (1 Rey. 7:46; el paralelo en 2 Crón. 4:17 dice Seredata). Por lo general, Saretán se identifica con los dos montículos de Tell es-Saidiyah en la orilla este del Jordán, a unos 22 km (14 millas) al norte de Adam (Tell ed-Damiyeh). Los arqueólogos han descubierto numerosos artefactos de bronce en los alrededores de Sucot y Saretán, lo que confirma la actividad atribuida a Hiram. Otros sitios alternativos incluyen Tell Umm Hamad, Sleihat y Tell el-Merkbere.

S

SAREZER Forma abreviada de un nombre acadio que significa "que (nombre de un dios) proteja al rey". **1.** Hijo de Senaquerib que ayudó a asesinar a su padre (2 Rey. 19:37). Documentos asirios informan que murió en el 681 a.C. **2.** Nombre pasible de muchas interpretaciones que aparece en Zac. 7:2. La forma completa tal vez sea Bet-el-sarezer, que significa "que el dios Bet-el proteja al rey". Sarezer tal vez haya sido un hombre enviado a la casa de Dios (heb. *beth-el*) para orar. Quizá la ciudad de Bet-el lo haya enviado. El nombre probablemente indique que la persona nació durante el exilio babilónico. Es posible que haya venido con preguntas desde Babilonia y que lo haya hecho en calidad de representante del pueblo de Bet-el. Ver *Asiria.*

SARGÓN Nombre real acadio que significa "el rey es legítimo". Título antiguo del trono tomado primeramente por el rey Acad alrededor de 2100 a.C. En el 722 a.C., Sargón II de Asiria sucedió a su hermano Salmanasar V. Su padre fue el famoso rey Tiglat-pileser III. Sargón completó la destrucción de Samaria que había iniciado su hermano (Isa. 20:1). Deportó al pueblo de Israel a Media y otras partes de Medio Oriente. Luego inició campañas militares contra el rey Midas de Muski en el sudeste de Asia Menor y contra el reino de Urartu. Conquistó a ambos. A Sargón lo sucedió su hijo Senaquerib. Ver *Asiria; Israel, Tierra de.*

SARID Nombre geográfico que significa "sobreviviente". Pueblo de la frontera del territorio de la tribu de Zabulón (Jos. 19:10). Escrito "Sebud" en algunas de las primeras versiones, Sarid probablemente sea la moderna Tell Shadud en el límite norte del valle de Jezreel, aprox. 10 km (6 millas) al noreste de Meguido y 8 km (5 millas) al sudeste de Nazaret.

SARÓN, LLANURA DE Nombre geográfico que significa "tierra plana" o "pantanos". **1.** Planicie costera que va desde la actual Tel Aviv hasta el sur del Monte Carmelo (aprox. 80 km, [50 millas]). En tiempos bíblicos el área abundaba en pantanos, bosques y dunas de arena pero contaba con pocos asentamientos. Dada la fertilidad y el bajo riesgo de inundaciones, la llanura era más utilizada por pastores migratorios que labradores establecidos. Isaías 35:2 compara Sarón con el Líbano, conocido por sus árboles. Isaías 65:10 afirma que la zona tenía excelentes pasturas para los rebaños, figura de la paz que Dios algún día le otorgaría a Su pueblo. Ver *Palestina.* **2.** Área al este del Jordán pero de ubicación incierta, habitada por la tribu de Gad (1 Crón. 5:16) y mencionada por el rey Mesa de Moab. Ver *Mesa.*

SARONITA Persona que vivía en la Llanura de Sarón.

SARSEQUIM Nombre de persona o título babilónico que posiblemente signifique "supervisor de esclavos negros" o "supervisor de las tropas mercenarias". Frecuentemente se lo considera como modificación de copista a partir del término Nabusazbán (Jer. 39:13). Líder babilónico durante el sitio de Jerusalén en el 587 a.C. (Jer. 39:3). Comp. diversas traducciones. Ver *Rabsaris.*

SARTÉN Utensilio de cocina chato y de metal. Las sartenes se utilizaban para cocinar el pan de uso familiar (2 Sam. 13:9) o el que se presentaba como ofrenda (Lev. 2:5; 6:21; 1 Crón. 23:29).

SARUHÉN Nombre geográfico que tal vez signifique "pradera despejada". Ciudad asignada a la tribu de Simeón (Jos. 19:6) ubicada en el territorio de Judá (Jos. 15:32, donde aparece como Silhim; en 1 Crón. 4:31 es Saaraim; la escritura egipcia aparentemente es Shurahuna). Los hicsos se retiraron hacia ese lugar tras ser derrotados por los egipcios en el 1540 a.C. Según la tradición se trata de Tell el-Farah, pero estudios recientes favorecen Tell el-Ajjul, ubicada aprox. 6 km (4 millas) al sur de Gaza, aunque esta zona suele identificarse como Bet Eglayim. Las excavaciones demuestran que era una ciudad grande, fortificada y con riquezas. Ver *Hicsos*.

SARVIA Nombre de persona que significa "perfumada con almáciga" o "sangrar". Madre de tres generales de David, Joab, Abisai y Asael (2 Sam. 2:18). Según 1 Crón. 2:16, Sarvia era (media) hermana de David. Según 2 Sam. 17:25, su hermana, Abigail, era la hija (o nieta) de Nahas y no de Isaí, el padre de David. El parentesco con David da cuenta de los puestos de confianza otorgados a los hijos de Sarvia.

SASAC Nombre de persona de significado incierto y posible origen egipcio. Líder de la tribu de Benjamín que vivía en Jerusalén (1 Crón. 8:14,25).

SASAI Nombre de persona de significado incierto. Hombre casado con una extranjera (Esd. 10:40).

SATANÁS Transliteración de una palabra hebrea que significa "adversario". El término hebreo aparece en Núm. 22:22,32; 1 Sam. 29:4; 2 Sam. 19:22; 1 Rey. 5:4; 11:14,23,25; Sal. 109:6 normalmente traducido "adversario". En Job 1–2; Zac. 3:2, y 1 Crón. 21:1 el mismo término se traduce como nombre propio. Ver *Diablo, Satanás, demonio, demoníaco*.

SATANÁS, SINAGOGA DE Término utilizado en Apocalipsis (2:9; 3:9) para describir a los adoradores judíos que perseguían a la iglesia.

SATISFACCIÓN Teoría que explica que la muerte expiatoria de Cristo satisface las demandas de la santa ley de Dios y por ende aplaca Su ira. Ver *Expiación; Propiciación*.

SÁTRAPA, SATRAPÍA Posición de liderazgo en el Imperio Persa comparable al gobernador. El territorio de un sátrapa se llamaba satrapía. Estos oficiales ayudaron al pueblo de Israel a reconstruir Jerusalén y el templo. En el momento cumbre del reinado persa había al menos 20 satrapías. Ver *Persia*.

SAUCE Árbol que generalmente se halla donde abunda el agua, particularmente a lo largo del Río Jordán. A menudo el sauce y el álamo se encuentran juntos. El sauce puede crecer hasta 12 m (40 pies) de altura. Las ramas de los sauces se utilizaban para hacer las tiendas para la Fiesta de los Tabernáculos (Lev. 23:40). Durante el cautiverio babilónico, los judíos colgaban sus arpas en los sauces porque no tenían deseos de cantar acerca de Jerusalén en una tierra extraña (Sal. 137:1-4). Con frecuencia la NVI traduce sauce por "álamo". Ver *Plantas*.

SAÚL Nombre de persona que significa "pedido". **1.** Primer rey de la Israel unida, un alto y apuesto hijo de Cis de la tribu de Benjamín (1 Sam. 9:1,2, 21). Escogido por Dios (1 Sam. 9:15-17) y secretamente ungido por Samuel (1 Sam. 10:1), Saúl luego fue elegido públicamente por suertes (1 Sam. 10:17-24). A pesar del escepticismo de algunos

Puesta del sol en el emplazamiento de la antigua Azeca, cerca del lugar de una batalla entre Saúl y los filisteos.

S

(1 Sam. 10:27), demostró ser un líder capaz al liberar a la ciudad de Jabes de Galaad, y fue proclamado rey en Gilgal (1 Sam. 11:1-15).

Los números de 1 Sam. 13.1 están incompletos en el texto hebreo pero, por lo general, la fecha que se otorga al reinado de Saúl es aprox. 1050–1010 a.C. Estableció su capital en "Gabaa de Saúl" ("monte de Saúl", 1 Sam. 11:4), probablemente Tell el-Ful, 5 km (3 millas) al norte de Jerusalén, donde excavaciones actuales descubrieron cimientos contemporáneos de un modesto palacio estilo fortaleza. Desde Gabaa, Saúl echó a los filisteos de los montes (1 Sam. 13:19–14:23) y peleó contra otros enemigos de Israel (1 Sam. 14:47,48).

El corazón de Saúl, una figura trágica, inicialmente cambió; incluso profetizó (1 Sam. 10:9-13). Sin embargo, su ofrenda impertinente (1 Sam. 13:8-14) y la violación de la prohibición de una guerra santa lo llevaron a cortar relaciones con Samuel y ser rechazado por Dios (1 Sam. 15:7-23). El Espíritu del Señor lo abandonó y fue reemplazado por un espíritu maligno que lo atormentaba. David aparece por primera vez como músico que lo tranquilizaba ejecutando el arpa (1 Sam. 16:14-23). Después del episodio con Goliat, Saúl tuvo envidia

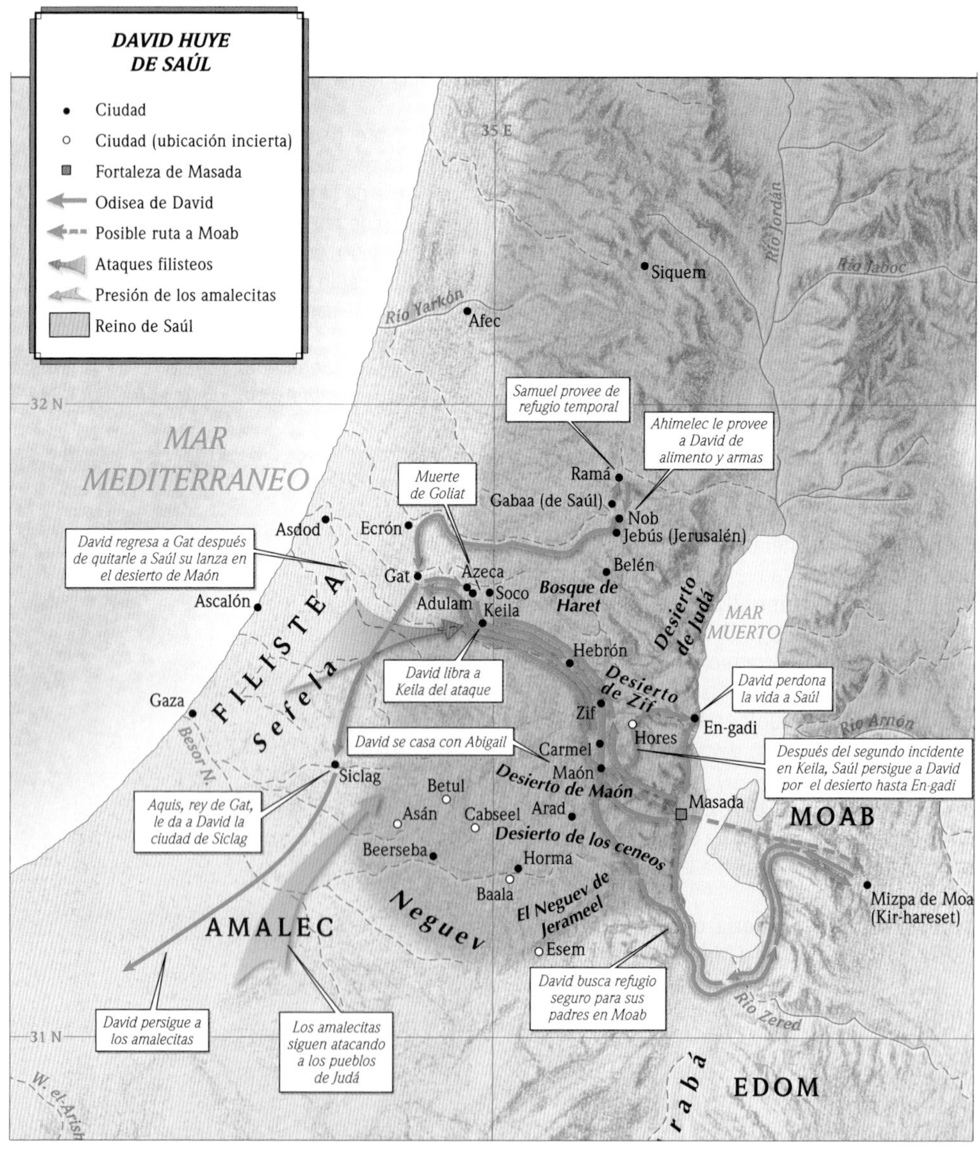

y temor de David (1 Sam. 18:6-9,12) y varias veces intentó quitarle la vida en forma imprevista e indirecta (1 Sam. 18:10,11,25; 19:1,9-11). Los arranques de ira de Saúl, su obsesión contra David y la masacre de los sacerdotes de Nob (1 Sam. 22:17-19) parecen indicar una especie de psicosis. Su desgraciado estado final se pone de manifiesto cuando consulta a la adivina de Endor (1 Sam. 28:7,8). Al día siguiente, Saúl y tres de sus hijos fueron asesinados por los filisteos en el Monte Gilboa (1 Sam. 31). Saúl fue decapitado y colgado sobre los muros de Bet-seán, de donde fue rescatado y luego sepultado por los agradecidos habitantes de Jabes de Galaad (1 Sam. 31:8-13).

David percibía el enigma de Saúl, por lo que se rehusó a alzar su mano contra "el ungido del Señor" (1 Sam. 26:9-11,23) y a su muerte pronunció una apropiada elegía (2 Sam. 1:17-27). Ver *Profetas.* **2.** Antiguo rey de Edom de Rehobot (Gén. 36:37; 1 Crón. 1:48). **3.** Nieto de Jacob y último hijo de Simeón con madre cananea (Gén. 46:10). **4.** Levita de los coatitas (1 Crón. 6:24).

Daniel C. Browning (h)

SAULITA Miembro de una familia de la tribu de Simeón y descendiente de Saúl (Núm. 26:13).

SAULO Nombre hebreo del apóstol Pablo. Ver *Pablo.*

SAUSA Ver *Savsa.*

SAVE Nombre geográfico que significa "valle", "llanura" o "soberano". Lugar donde el rey de Sodoma se encontró con Abraham cuando este regresó de haber vencido a la coalición de reyes (Gén. 14:17). También se lo llama valle del rey. Allí Absalón levantó un monumento en honor a sí mismo (2 Sam. 18:18). El libro Génesis Apócrifo ubica este lugar en Bet-hakkerem, 4 km (2, 5 millas) al sur de Jerusalén, donde convergen los Valles de Cedrón e Hinom. También se lo ubicó al norte, este y oeste de Jerusalén.

SAVE-QUIRIATAIM Nombre geográfico que significa "tierra de desecho de Quiriataim". Este valle es la planicie elevada sobre el Río Arnón. Quedorlaomer y su coalición de reyes derrotaron a los emitas en ese sitio (Gén. 14:5). Ver *Emitas; Quedorlaomer; Quiriataim.*

SAVSA Variante ortográfica de Sisa (1 Rey. 4:3) en 1 Crón. 18:16 (RVR1960). Ver *Sisa.*

SEAL Nombre de persona que significa "pregunta". Muchos comentaristas modifican levemente el texto hebreo para que se lea "Yishal" o "Jishal", que significan "él pregunta o pide". Israelita casado con una mujer extranjera (Esd. 10:29).

SEARÍAS Nombre de persona que tal vez signifique "Jah ha honrado" o "Jah sabe". Descendiente de Saúl (1 Crón. 8:38).

SEAR-JASUB Nombre simbólico de persona que significa "un remanente regresará". Primer hijo del profeta Isaías que nació aprox. en el 737 a.C. al principio del ministerio de su padre en Jerusalén. Isaías aparentemente le puso ese nombre (y el de su hermano, Maher-salal-hasbaz) para personificar la profecía de que Judá caería pero que un remanente sobreviviría. En una ocasión, Sear-jasub acompañó a su padre en un viaje para asegurarle al rey Acaz que la alianza entre Siria e Israel no dañaría a Judá (Isa. 7:3-7). Ver *Isaías.*

SEBA **1.** Ver *Sabeos.* **2.** Nombre de persona que significa "plenitud, totalidad". Miembro de la tribu de Benjamín que lideró una rebelión contra David (2 Sam. 20) y de un miembro de la tribu de Gad (1 Crón. 5:13). **3.** Nombre de persona cuya escritura en hebreo es igual a *1.* Nombre de un hijo de Joctán (Gén. 10:28) y de Jocsán (Gén. 25:3).

SEBÁ Nombre geográfico que significa "desbordamiento" o "juramento". Nombre que Isaac le puso a Beerseba (Gén. 26:33). Ver *Beerseba.*

SEBAM Nombre geográfico que significa "alto" o "frío". Ciudad al este del Jordán donde las tribus de Rubén y Gad quisieron asentarse luego de que Dios la conquistara para dársela (Núm. 32:3). Algunas versiones antiguas concuerdan con el v.38 al llamarla "Sibma", ciudad que fue reconstruida por las tribus. Su ubicación exacta se desconoce.

SEBANÍAS Nombre hebreo de persona que aparece en forma abreviada y forma ampliada, y que significa "Yahvéh se acercó". Familia de levitas que utilizó el mismo nombre para varios individuos (1 Crón. 15:24; Neh. 9:4,5; 10:4,10,12; 12:14).

SEBARIM Nombre geográfico que significa "los puntos de ruptura". Lugar cerca de Hai con nombre simbólico y ubicación incierta (Jos. 7:5).

S

Algunos comentaristas han sugerido que significa “brechas” o “barrancos”.

SEBAT Mes undécimo del calendario babilónico utilizado para indicar la fecha de la visión de Zacarías (Núm. 1:7). Sería febrero–marzo. Ver *Calendarios.*

SEBER Nombre de persona que tal vez signifique “insensato”, “león” o “fractura”. Hijo de Caleb (1 Crón. 2:48).

SEBNA Nombre de persona que significa “Él se acercó”. Escriba real (2 Rey. 18:18,37; 19:2; Isa. 36:3,22; 37:2) y mayordomo (Isa. 22:15) bajo las órdenes del rey Ezequías alrededor del 715 a.C. Ver *Escriba.*

SEBOIM Nombre geográfico que significa “hienas” o “lugar salvaje”. No debe confundirse con Zeboim. **1.** Una de las aldeas que los benjamitas ocuparon al volver a Palestina después del exilio (Neh.11:34). Puede ser Khirbet Sabije. **2.** Valle en tierra de Benjamín entre Micmas y el desierto con vista al Río Jordán (1 Sam.13:17-18). Puede ser Wadi el-Oelt o Wadi Fara.

SEBUEL Nombre de persona que significa “regresa, oh Dios”. **1.** Nieto de Moisés y jefe de una familia de levitas (1 Crón. 23:16; 26:24; a veces se lo equipara con Subael de 1 Crón. 24:20). **2.** Levita, hijo de Hemán (1 Crón. 25:4); aparentemente se trata de Subael (1 Crón. 25:20).

SECACA Nombre geográfico que significa “cubierto”. Ciudad del territorio de la tribu de Judá en el Desierto de Judea (Jos. 15:61). Es la Khirbet es-Samrah moderna en Buqeia central. Algunos la equiparan con el sitio correspondiente a Qumrán.

SECANÍAS Nombre de persona que significa “Yahvéh ha establecido su morada”. Tanto la forma ampliada del nombre como la abreviatura aparecen en el texto hebreo. **1.** Líder de una familia (Esd. 8:3). **2.** Líder de otra familia (Esd. 8:5). **3.** Israelita con esposa extranjera (Esd. 10:2). **4.** Padre de un hombre que ayudó a Nehemías a reparar el muro de Jerusalén y portero de la puerta oriental (Neh. 3:29). **5.** Suegro de Tobías, el enemigo de Nehemías (Neh. 6:18). **6.** Sacerdote que regresó a Jerusalén con Zorobabel alrededor del 537 a.C. (Neh. 12:3). **7.** Descendiente de David y Zorobabel (1 Crón. 3:21). **8.** Líder de una división sacerdotal durante el reinado de David (1 Crón. 24:11; puede ser el mismo que constituyó una familia sacerdotal en Neh. 10:4; en 12:14 aparece como Sebanías). **9.** Sacerdote en tiempos de Ezequías (2 Crón. 31:15).

SECRETO MESIÁNICO Ver *Mesiánico, Secreto.*

SECTA Grupo que establece su propia identidad y enseñanzas por encima del grupo mayor al que pertenece, especialmente los distintos partidos que conformaban el judaísmo en tiempos del NT. Ver *Judíos (grupos, partidos) en el Nuevo Testamento.*

SECÚ Nombre geográfico que significa “vigía”. Único dato de un sitio desconocido donde Saúl preguntó por David (1 Sam. 19:22). Muchos comentaristas siguen la traducción griega más antigua y cambian el texto hebreo para que diga “apenas en la altura”.

SECUESTRO Acción de capturar y retener a una persona usando fuerza ilegal o fraude. En la actualidad, por lo general se secuestra a una persona con el propósito de obtener un rescate extorsivo. En tiempos bíblicos, el propósito común al secuestrar a una persona era usarla o venderla como esclava (Gén. 37:28; 40:15). La NVI traduce el término griego correspondiente “traficantes de esclavos” (1 Tim. 1:10). El secuestro de israelitas que habían nacido libres, ya sea para tratarlos como esclavos o para venderlos a esclavitud, se castigaba con la muerte (Ex. 21:16; Deut. 24:7).

SEDA Tela hecha de hilo proveniente del gusano de seda chino. La China y la India la comercializaban desde tiempos antiguos. La India también la comerciaba en la Mesopotamia. Algunos creen que Salomón posiblemente haya obtenido seda de la India. Algunos sugieren que la palabra hebrea que se traduce “seda” debería ser “lino fino” o “tela costosa” (ver Ezeq. 16:10; Prov. 31:22), ya que se refiere a algo brilloso y blanco. Apocalipsis 18:12 indica que los ricos de Babilonia les compraban seda a los mercaderes.

SEDEQUÍAS Nombre de persona que significa “Yahvéh es mi justicia” o “Yahvéh es mi salvación”. **1.** Profeta falso que aconsejó al rey Acab que luchara contra Ramot de Galaad, y le garantizó victoria (1 Reyes 22). Su profecía se contradecía con la de Micaías, que predijo su derrota. Cuando este último dijo que Dios había puesto un espíritu mentiroso en las bocas de Sedequías y su banda de profetas, Sedequías le dio una bofetada. Micaías predijo que Sedequías sentiría el castigo del Espíritu de Dios, pero el texto no aclara qué sucedió con el falso profeta. Ver *Micaías; Profecía, profetas.* **2.** Último rey de Judá (596–586 a.C.). Fue hecho rey en Jerusalén por Nabucodonosor de Babilonia (2 Rey. 24:17). Cuando se rebeló, el ejército babilónico sitió a Jerusalén y la destruyó. Sedequías fue llevado a Ribla junto con su familia. Allí fue testigo de la ejecución de sus hijos antes de que le sacaran sus propios ojos (25:7). Luego fue llevado a Babilonia. Aparentemente murió en cautiverio. Ver *Israel, Tierra de.* **3.** Hijo de Joacim o Jeconías (1 Crón. 3:16), el texto hebreo no es claro en este punto. **4.** Firmante del pacto de Nehemías (Neh. 10:1). **5.** Profeta que prometió una falsa esperanza a los exiliados en Babilonia (Jer. 29:21). Jeremías pronunció el juicio de Dios sobre él. **6.** Funcionario real en la época de Jeremías (36:12).

SEDEUR Grafía dialéctica (basada en la pronunciación) de un nombre de persona que significa "Shadai es luz". Padre de un líder de la tribu de Rubén (Núm. 1:5; 2:10; 7:30,35; 10:18).

SEDICIÓN Rebelión contra un gobierno establecido. En la época de Artajerjes (464–423 a.C.), Jerusalén tenía reconocida reputación de sediciosa (Esd. 4:19). Barrabás había sido acusado de sedición (Mar. 15:7; Luc. 23:19,25). El tribuno a cargo de la seguridad del templo confundió a Pablo con un sedicioso egipcio (Hech. 21:38). La sedición de Hech. 18:12 queda mejor expresada como "levantamiento de común acuerdo". Ver *Barrabás.*

SEERA Nombre de persona que tal vez signifique "pariente de sangre". Mujer de la tribu de Efraín que fundó las ciudades de Bet-horón y Uzan-seera (1 Crón. 7:24).

SEFAM Nombre geográfico de significado incierto ubicado en el noreste de Transjordania; forma el límite noreste de la tierra prometida (Núm. 34:10).

SEFAR Nombre geográfico que quizás signifique "numeración, censo". Límite oriental de la región donde habitaban los hijos de Joctán (Gén. 10:30). El sitio aparentemente se encuentra en el sur de Arabia, tal vez la ciudad costera de Tsaphar en Omán o de Itsphar al sur de Hadramaut.

SEFARAD Nombre geográfico de significado incierto. Lugar donde vivían exiliados de Jerusalén. Abdías les prometió nuevas tierras en el Neguev (Gén. 10:20). La ubicación es tema de debate: posiblemente se trate de una región al sur del Lago Urmia y al noroeste de Media más allá del Imperio Babilónico, pero es más probable que se refiera a la capital de la satrapía persa llamada Sefarad, o a Sardis en Lidia, cerca del Mar Egeo. Evidencias sirias (Peshitta) y arameas (Targum) de la antigüedad indican España, pero es improbable.

SEFARVAIM Nombre étnico de origen extranjero. Pueblos que conquistaron los asirios e instalaron en Israel en lugar de los israelitas que habían deportado en el 722 a.C. (2 Rey. 17:24). El nombre tal vez represente a ambas Sipar sobre el Río Éufrates, o a Shabarain en Siria. Tal vez sea equivalente a la Sibraim siria (Ezeq. 47:16), que constituía una de las fronteras en la restauración de Israel prometida por Ezequiel. A pesar de los reclamos de Asiria, los dioses de Sefarvaim no se podían comparar con Yahvéh, el Dios de Israel (2 Rey. 19:12,13; comp. 2 Rey. 17:31).

SEFAT Nombre geográfico que significa "torre de vigilancia". Ciudad en el sudoeste de Judá, en las cercanías de Arvad. Después de la destrucción de la ciudad, las tribus de Judá y Simeón rebautizaron el lugar con el nombre de Horma (Jue. 1:17). El sitio se identifica con Khirbet Masas en la ruta principal desde Beerseba hasta el Valle de Arabá.

SEFATA Nombre geográfico que significa "torre de vigilancia". Asa conoció a Zera, el rey etíope, en la batalla del "Valle de Sefata junto a Maresa" (2 Crón. 14:10). La traducción griega más antigua tradujo Zafón "norte" en lugar de Sefata. Si Sefata se identifica con Safiyah, a unos 3 km (2 millas) de Beit Jibrin, el "Valle de Sefata" es Wadi Safiyah. Ver *Maresa.*

SEFATÍAS Nombre de persona que aparece en forma abreviada y ampliada en hebreo y significa "Yahvéh ha creado justicia". **1.** Quinto hijo de David (2 Sam. 3:4). **2.** Oficial del rey Sedequías, 597–586 a.C. (Jer. 38:1). **3.** Miembro de la tribu de Benjamín (1 Crón. 9:8). **4.** Jefe de una familia de exiliados que regresaron con Esdras alrededor del 458 a.C. (Esd. 2:4; 8:8; Neh. 7:9). **5.** Antepasado de una familia incluida entre "los sirvientes de Salomón"; es decir, funcionarios reales que tal vez tenían responsabilidades en el templo (Esd. 2:57; Neh. 7:59). **6.** Miembro de la tribu de Judá (Neh. 11:4). **7.** Miembro de la tribu de Benjamín que dejó a Saúl para unirse al ejército de David en Siclag (1 Crón. 12:5). **8.** Líder de la tribu de Simeón en tiempos de David (1 Crón. 27:16). **9.** Hijo del rey Josafat (2 Crón. 21:2).

SEFELA Transliteración de un término geográfico hebreo que significa "tierras bajas". Región de bajas estribaciones entre la llanura costera filistea y las tierras altas de Judá tierra adentro. Fue campo de batalla de Israel y Filistea durante el período de los jueces y los primeros tiempos de la monarquía. Josué 15:33-41 enumera unas 30 aldeas y pueblos ubicados en esa región. Ver *Palestina.*

SEFER Nombre geográfico que tal vez signifique "encantador". Lugar donde Israel hizo un alto en el viaje por el desierto (Núm. 33:23), y cuya ubicación aproximada está al este del Golfo de Aqaba.

SEFO Nombre tribal que tal vez signifique "oveja macho, carnero". Tribu o familia edomita (Gén. 36:23).

SÉFORA Nombre de persona que significa "pequeña ave" o "gorrión". Primera esposa de Moisés (algunos creen que la mujer mencionada en Núm. 12:1 también puede referirse a Séfora) y madre de sus hijos Gersón y Eliezer (Ex. 2:21, 22; 18:4). Una de las hijas de Reuel, un sacerdote de Madián. Al circuncidar a Gersón, salvó la vida de Moisés cuando el Señor procuró matarlo (Ex. 4:24,25). Aparentemente, Séfora permaneció con su padre hasta que Moisés hubo conducido al pueblo fuera de Egipto (Ex. 18:2-6).

SÉFORIS Ciudad de Galilea que fue capital romana de la región en tiempos de Jesús. Dado que se encontraba a 6 km (4 millas) de Nazaret, Jesús probablemente la conocía bien y tal vez ejercía allí su oficio de carpintero. Excavaciones han revelado que era una ciudad romana cosmopolita con hermosos edificios, templos, un anfiteatro y otras muestras de sofisticación. Las características de Séforis contradicen la imagen de Galilea como un entorno rural poco sofisticado y la de Jesús como una persona sencilla y poco acostumbrada a un ambiente urbano como el de Jerusalén.

Charles W. Draper

SEFUFÁN Nombre de persona de significado incierto. Miembro de la tribu de Benjamín (1 Crón. 8:5). Algunos comentaristas se basan en las primeras traducciones y creen que se debe leer "Sufam".

Un labrador árabe siembra semillas en su tierra, cerca de Belén.

SEGADOR Ver *Ocupaciones y profesiones.*

SEGAR Cosechar granos utilizando una hoz (Rut 2:3-9). La siega se utiliza como símbolo de retribución por hacer el bien (Os. 10:12; Gál. 6:7-10) y por la maldad (Job 4:8; Prov. 22:8; Os. 8:7; 10:13), símbolo del evangelismo (Mat. 9:37,38; Luc. 10:2; Juan 4:35-38) y del juicio final (Mat. 13:30,39; Apoc. 14:14-16).

SEGUB Nombre de persona que significa "Él reveló Su carácter excelso" o "Él ha protegido". **1.** Segundo hijo de Hiel cuya muerte durante la reconstrucción de Jericó demostró la veracidad de la profecía de Dios a través de los siglos (1 Rey. 16:34). **2.** Hijo de padre descendiente de la tribu de Judá y madre maquirita o manaseíta (1 Crón. 2:21,22).

SEGUNDA VENIDA Enseñanza bíblica que declara que Cristo regresará visible y físicamente a la tierra para aplicar juicio y completar Su plan redentor.

Antiguo Testamento El concepto de la segunda venida derivó originariamente de las enseñanzas del AT sobre el Mesías venidero. Allí los profetas predijeron que el Señor enviaría a alguien de la propia nación de Israel (Núm. 24:17; Jer. 23:5,6) que no sólo sería el ungido de Dios sino Dios mismo (Isa. 9:6; Miq. 5:2). A partir de las diversas descripciones de este Mesías, surgieron dos retratos. Uno lo describía como un redentor poderoso que destruiría a los enemigos de Israel, traería salvación y restauraría la paz (Jer. 33:15; Zac. 9:9, 10), mientras que el otro lo pintaba como un siervo que sufriría y sería rechazado (Isa. 53; Zac. 13:7). No obstante, estas descripciones contrastantes del Mesías se delinearían como dos venidas, separadas recién en el NT.

Nuevo Testamento El NT distingue claramente entre dos venidas de Jesucristo, el Mesías: la primera en la encarnación y la segunda al final de la era actual. Las primeras indicaciones de su segunda venida aparecen en los Evangelios, donde Cristo mismo declara explícitamente que volverá. Por ejemplo, instó a las personas a prepararse porque volvería de modo inesperado, como un ladrón (Mat. 25:1-13; Mar. 13:35,36; Luc. 21:34-36). También prometió regresar para llevar a los suyos y recompensarlos (Mat. 25:31-46; Juan 14:1-3). Más aún, en el momento de Su ascensión los ángeles declararon que regresaría a la tierra de la misma manera como se había ido (Hech. 1:10,11).

Más tarde, otros escritores del NT explicaron aun más las enseñanzas de Cristo. Enseñaron que vendría en gloria para juzgar a los incrédulos, a Satanás, sus huestes e incluso a la tierra misma (2 Tes. 1:6-10; 2:8; 2 Ped. 3:10-12; Apoc. 19:20–20:3). Además vendría en las nubes para reunir eternamente con Él a todos los creyentes tras resucitar a los muertos y congregarlos en el aire con los creyentes que aún estén vivos en Su venida; luego recompensaría a todos por su fidelidad (1 Cor. 15:51-57; 2 Cor. 5:10; 1 Tes. 4:13-17). Dado que la segunda venida prometía tanto vindicación como salvación, sirvió como motivación para una vida santa y se convirtió en la esperanza bienaventurada de la iglesia primitiva (Tito 2:13; 1 Juan 3:2,3).

La hora de Su venida Históricamente, los cristianos han diferido en cuanto a dos temas principales sobre la segunda venida. La primera cuestión tiene que ver con la era milenial que se menciona en Apoc. 20:1-10. Muchos identifican el milenio con los tiempos presentes de la iglesia o el período entre Pentecostés y el regreso de Cristo. En consecuencia, algunos estiman que este regreso se producirá al final de la era de la Iglesia para poner fin a la maldad y la rebelión pecaminosa (esta es la perspectiva del amilenialismo) o como el clímax de un desarrollo gradual de la justicia y paz universales sobre la tierra (esta es la perspectiva del posmilenialismo). Otros, que no consideran el milenio como la presente dispensación de la Iglesia, creen que será un período posterior al retorno de Cristo donde Él establecerá un reino literal sobre la tierra (esta es la perspectiva del premilenialismo).

La segunda cuestión, que constituye una preocupación sobre todo entre los premilenialistas, tiene que ver con la cronología de los eventos entre el arrebatamiento de los creyentes (es decir, el rapto) y un tiempo futuro de juicio mundial conocido como el período de la tribulación (Jer. 30:7; Dan. 9:23-27; 2 Tes. 2:3-7). Muchos creen que el arrebatamiento ocurrirá antes de la tribulación, mientras que el retorno de Cristo a la tierra se producirá después (pretribulacionismo). Otros creen que el arrebatamiento tendrá lugar en la mitad o durante la última etapa de la tribulación (tribulacionismo medio). Finalmente, algunos están convencidos de que tanto el arrebatamiento como Su segunda venida a la tierra se producirán luego de la tribulación (postribulacionismo). Este último grupo por lo general rechaza la palabra "rapto" ya que el "arrebatamiento" ocurre al mismo tiempo que la segunda venida.

Todas estas interpretaciones afirman que habrá un retorno literal y físico de Jesús al final de los tiempos como preludio del juicio final y la redención de la creación. Si bien los cristianos sostienen diversos puntos de vista en cuanto a muchos de los detalles, en última instancia la seguridad de la segunda venida debe brindar esperanza y consuelo a todos los creyentes (1 Tes. 4:18; Heb. 9:28; Apoc. 22:20). Ver *Cristo, cristología; Escatología; Esperanza; Jesucristo; Juicio, Día del; Milenio; Rapto; Tribulación.* *Everett Berry*

SEGUNDO BARRIO Sección norte de Jerusalén cuyos límites se extendieron durante la monarquía. Esta parte de la ciudad estaba más expuesta al ataque enemigo.

SEGUNDO Nombre latino de persona. Representante de la iglesia de Tesalónica que acompañó a Pablo en el viaje para llevar a la iglesia de Jerusalén las ofrendas de otras congregaciones (Hech. 20:4).

SEGURIDAD DE LA SALVACIÓN Enseñanza que indica que Dios guarda a los creyentes hasta que se complete su salvación. El cristianismo contemporáneo necesita tratar de manera directa el problema universal de la inseguridad. La brecha natural entre el Dios invisible e infinito y la humanidad finita y falible hace que la búsqueda de confianza y seguridad se convierta en tema teológico significativo. Los eslóganes como "una vez salvo, siempre salvo" y "seguridad eterna" suelen conseguir fácilmente la reverencia que sólo está reservada para los textos bíblicos, y se convierten en símbolos de la "ortodoxia evangélica". Por cierto, algunos se sorprenden al descubrir que esos símbolos no son términos bíblicos propiamente dichos.

La Biblia en verdad enseña que la salvación no depende del esfuerzo humano. Dios es el autor de la salvación (2 Cor. 5:18,19; Juan 3:16). Él justifica o considera aceptables a los pecadores que reciben a Cristo por medio de la fe (Rom. 3:21-26). El gran mensaje de la Reforma es que con Dios nadie puede obtener por méritos la certeza ni la seguridad. La seguridad de la salvación es un regalo divino. No se consigue con absoluciones, asistencia a la iglesia, buenas obras, recitado de las Escrituras ni penitencias. Dios, quien inició la obra de salvación en los cristianos, también provee la seguridad necesaria para completar Su obra en el día de Jesucristo (Fil. 1:6). Dios protege y guarda en Cristo a los cristianos (Juan 10:27-29; 2 Tes. 3:3), tal como Jesús asumió la tarea de preservar a los discípulos mientras estuvo en la tierra (Juan 17:12-15).

No obstante, la visión bíblica de la seguridad probablemente se ejemplifique mejor en la doctrina cristiana de la perseverancia (Ef. 6:18; Heb. 12:1; Sant. 1:25). La seguridad de los cristianos no se basa en ver la vida como un cuento de hadas donde una persona se convierte a Cristo y todo se transforma en un eterno lecho de rosas. Dicha visión no toma seriamente las dificultades de la vida humana. Ver *Perseverancia.*

El concepto bíblico de la seguridad de la salvación se fundamenta en la convicción de que cuando Jesús se apartó de los discípulos para ascender al cielo, no los dejó huérfanos ni carentes de respaldo. Les prometió a los creyentes Su presencia y un Espíritu que los acompañaría (el Consolador o Paracleto), y este no sólo estaría a su lado sino que también moraría en ellos como si formara parte de su propio ser (Juan 14:16-18). El Espíritu sería en ellos esa sensación de paz y seguridad, el testigo con respecto a Jesús, el abogado defensor ante el mundo y el guía o maestro de toda la verdad (Juan 14:25-30; 15:26,27; 16:8-15). Ver *Abogado; Consolador.*

Junto con las grandes promesas de seguridad de la salvación, la Biblia también contiene fuertes advertencias que instan a los creyentes a vivir de manera coherente con su fe, aun cuando hayan cedido a las tentaciones y el pecado y se hayan rendido ante las fuerzas hostiles del mal (p. ej., 1 Cor. 10:1-12; Heb. 2:1-3; 3:12-19; 6:1-8; 10:26-31; Sant. 5:19,20). Estas y muchas otras advertencias de la Biblia no son sólo amonestaciones imaginarias sin relación alguna con la vida cristiana. Se deben tomar seriamente. Son tan serias para Dios como lo fue la muerte de Cristo.

Dichas advertencias aparecen en el NT como parte de las claras afirmaciones que les recuerdan a los creyentes que a pesar de la tentación, la presencia de Dios está con ellos. Los cristianos deben resistir las tentaciones y huir de las actividades impías (por ej. 1 Cor. 10:13,14). Los patrones de vida malignos no son compatibles con la transformación del creyente. Los escritores del NT sabían que los cristianos obedecerían estas advertencias y resistirían al diablo (Sant. 4:7; 1 Ped. 5:8,9). Es virtualmente inconcebible que un cristiano obre de manera diferente, ya que está anclado a Dios. Hay que resolver el tema de la maldad. El mal es algo que se debe dominar. El cristiano puede encontrar en Dios una seguridad permanente para el alma. Tal es el significado de Heb. 6:17-20. La unidad de propósito de Dios es la base para la seguridad del cristiano en medio de los problemas del mundo.

La seguridad del creyente no se centra simplemente en la vida terrenal. Tiene un énfasis dinámico en la vida futura. Los escritores del NT están convencidos de que un cristiano tomará muy seriamente las advertencias en esta vida porque esta se relaciona con la vida con Cristo en el cielo. Por lo tanto, el creyente debe perseverar hasta el fin (1 Ped. 1:5; 1 Juan 5:18; Apoc. 3:10).

La confianza o sentido de seguridad del creyente con respecto a la vida eterna se basa en el testimonio unánime de los escritores del NT en cuanto a que la resurrección de Jesucristo es el eje de la fe cristiana. Al resucitar a Su Hijo Jesús, Dios les proveyó a los creyentes la señal del destino que tendrían y la base de su seguridad. Sin la resurrección, el mensaje cristiano sería hueco (1 Cor. 15:14). Más aún, con la venida del Espíritu Santo, Dios nos proporcionó la garantía de nuestra maravillosa relación con Él (2 Cor. 1:22). Al identificarse con Adán, la humanidad experimentó el pecado y como consecuencia la muerte, pero al identificarnos con el poder concluyente de Cristo en la resurrección, nosotros también experimentaremos el significado efectivo de la seguridad del creyente gracias al triunfo logrado por Dios (1 Cor. 15:20-28). *Gerald L. Borchert*

SEHARÍAS Nombre de persona que significa "Jah es el alba". Jefe de la tribu de Benjamín que vivía en Jerusalén (1 Crón. 8:26).

SEHÓN Nombre amorreo de persona de significado desconocido. Rey amorreo cuya capital era Hesbón (Deut. 2:26). Se opuso a que Israel atravesara su territorio camino a la tierra prometida (Núm. 21:23). Aunque se alió con el rey Og de Basán, ninguno de los dos pudo resistir la migración hebrea. Las tribus de Rubén y Gad se establecieron en la región anteriormente dominada por Sehón, al este del Río Jordán.

SEIRAT Nombre geográfico que significa "hacia Seir". El nombre aparentemente se refiere al Monte Seir en Edom, pero el contexto pareciera hacer imposible esa ubicación. Por lo demás, la ubicación se desconoce. Probablemente sea un área forestada en el territorio tribal de Benjamín.

SELA Nombre geográfico y de persona que significa "roca", "por favor" o "estad quietos, reposad". **1.** Importante ciudad fortificada de Edom. Las referencias bíblicas se prestan a varias interpretaciones dado que Sela también puede tomarse como sustantivo común para referirse a un campo o desierto rocoso. Jueces 1:36 alude a una frontera de los amorreos, aunque algunos comentaristas lo cambian por la palabra edomitas. Amasías de Judá (796–767 a.C.) capturó Sela y la rebautizó "Jocteel" (2 Rey. 14:7). La profecía de Isaías contra Moab hace un llamado a la acción desde Sela, sitio que muchos comentaristas señalan como un desierto rocoso que rodea Moab, en lugar de la más lejana ciudad de Sela (Isa. 16:1). Tradicionalmente, la traducción griega más antigua identificaba Sela con Petra, la capital de Edom, o con la cercana umm-Bayyara en Wadi Musa. Un estudio más reciente la ubica en es-Sela, 4 km (2,5 millas) al noroeste de Bosra y 8 km (5 millas) al sudoeste de Tafileh. Las traducciones modernas incluyen Sela en Isa. 42:11, que relata la invitación de Dios a gozarse por la salvación venidera. **2.** Hijo de Judá y antepasado original de una familia de esa tribu (Gén. 10:25; 46:12; Núm. 26:20; 1 Crón. 2:3; 4:21). A veces Sela es la transliteración del nombre hebreo que en otros casos se escribe Sala. Ver *Sala.*

SELAH Término de significado desconocido que aparece en algunos salmos y que, fuera del libro de Salmos, aparece sólo en Hab. 3. Los eruditos han sugerido diversas teorías poco probables: una pausa, ya sea para silencio o interludio musical; una señal para que la congregación cantara, recitara o se arrodillara; una entrada para que sonaran los címbalos; una palabra para que la congregación la exclamara; una señal para que el coro cantara con un timbre más agudo o más fuerte. Las tradiciones judías más antiguas creían que significaba "para siempre". *Mike Mitchell*

SELA-HAMA-LECOT Nombre geográfico que significa "roca de escondite, guarida, refugio". El lugar donde se escondió David en el Desierto de Maón cuando Saúl lo perseguía (1 Sam. 23:28). Las traducciones modernas suelen traducir el nombre en lugar de transliterarlo: "Peña de Escape" (LBLA), "la roca del escape" (TLA), "peña de la separación" (BJL).

SELEC Nombre de persona que significa "hendidura, fisura". Uno de los 30 "valientes" de David (2 Sam. 23:37; 1 Crón. 11:39).

SELED Nombre de persona que significa "saltando". Miembro de la tribu de Judá (1 Crón. 2:30).

SELEF Nombre de tribu que tal vez signifique "remover, sacar de". Hijo de Joctán y antepasado originario de las tribus yemenitas que habitaban cerca de Adén (Gén. 10:26).

SELEMÍAS Nombre de persona que aparece en forma abreviada y ampliada en el hebreo y significa "Yahvéh restauró, reemplazó, devolvió". **1.** Padre de un mensajero del rey Sedequías, aprox. en el 590 a.C. (Jer. 37:3). **2.** Padre del capitán de la guardia que arrestó a Jeremías (Jer. 37:13). **3.** Antepasado de un oficial del rey Joacim (Jer. 36:14). **4.** Oficial de la corte del rey Joacim (609–597 a.C.) a quien se le ordenó arrestar a Jeremías y de quien Dios lo ocultó (Jer. 36:26). **5.** Portero del templo (1 Crón. 26:14), aparentemente llamado Meselemías en 1 Crón. 26:1,9. **6.** y **7.** Dos judíos que se casaron con mujeres extranjeras (Esd. 10:39,41). **8.** Padre de un hombre que ayudó a Nehemías a reconstruir los muros de Jerusalén (Neh. 3:30). **9.** Sacerdote a quien Nehemías nombró tesorero (Neh. 13:13).

SELES Nombre de persona que tal vez signifique "trillizo". Jefe de una familia de la tribu de Aser (1 Crón. 7:35).

SELEUCIA Ciudad siria sobre la costa mediterránea situada 8 km (5 millas) al norte del Río Orontes y 24 km (15 millas) de Antioquía. Pabló se detuvo allí durante el primer viaje misionero (Hech. 13:4). La fundó Seleuco Nicanor, el primer rey seléucida, en el 301 a.C. Ver *Seléucidas.*

SELÉUCIDAS Descendientes de Seleuco, uno de los generales de Alejandro Magno. Luego de la muerte de este en el 323 a.C., el reino se dividió entre cinco de sus principales comandantes. Seleuco eligió la parte oriental del imperio en las inmediaciones de la ciudad de Babilonia. Durante los años siguientes hubo gran confusión. Seleuco se vio forzado a abandonar Babilonia por un tiempo y buscar refugio junto a su amigo Ptolomeo, soberano de Egipto, con la ayuda del cual pudo recuperar el control de Babilonia. La fecha importante es el 312 a.C. El calendario sirio comienza en esa fecha.

La situación general permaneció sin cambios hasta la batalla de Ipso en el 301 a.C. En ese enfrentamiento, cuatro de los generales, incluido Seleuco, lucharon contra Antígono, que se había convertido en uno de los más poderosos y decía ser rey sobre gran parte de Asia Menor y el norte de Siria. Antígono fue asesinado en batalla y su territorio se le entregó a Seleuco junto con un cargo en la tierra de Palestina. Sin embargo, Ptolomeo asumió el control de Palestina y sus sucesores la retuvieron por más de 100 años. Esto causó una seria disputa entre los dos imperios durante todo este período.

Seleuco fue asesinado en el 281 a.C. Antíoco I, su hijo, asumió el gobierno e hizo las paces con los egipcios. Durante todo su reinado buscó consolidarse en el poder, pero esos años fueron en su mayoría un tiempo de guerras y luchas intensas. Al morir en el 262 o al comienzo del 261 a.C., su hijo Antíoco II se convirtió en rey (261–246 a.C.). Durante los primeros años de Antíoco II, el conflicto con Egipto continuó. Cuando ambas naciones concretaron la paz en el 253 a.C., Ptolomeo le ofreció su hija por esposa presuponiendo que este abandonaría a la primera. La meta era que el hijo que naciera de ese matrimonio se convirtiera en gobernante del Imperio Seléucida y cimentara las relaciones entre ambos. Sin embargo, no resultó así y Antíoco murió en el 246 a.C. tal vez asesinado por su primera esposa.

El hijo mayor de Antíoco, Seleuco II, fue nombrado rey. Gobernó hasta su muerte en el 226 a.C.; sin embargo, algunos sirios se unieron a Egipto para apoyar al hijo pequeño de la segunda esposa de Antíoco. El ejército egipcio no pudo llegar a tiempo a la zona para defender al niño y Seleuco recuperó el control del territorio gobernado por su padre, control que se había perdido luego de su muerte. En el 241 a.C. se logró nuevamente la paz entre los seléucidas y Egipto. Cuando Seleuco murió como resultado de una caída del caballo, su hijo Alejandro se convirtió en rey y adoptó el nombre Seleuco III. Fue asesinado en el 223 a.C. y lo sucedió su hijo Antíoco III, conocido como Antíoco el Grande (223–187 a.C.).

Con la muerte de Antíoco Epífanes, la situación de los seléucidas se tornó caótica. De allí en más, siempre hubo varios individuos poderosos peleando por la corona. Lisias había quedado a cargo del cuidado del joven hijo de Epífanes. Estaba seguro de que al morir el rey, el hijo pronto lo sucedería en el trono. Pero antes de morir, el monarca evidentemente había designado a Felipe, un amigo cercano procedente de Oriente, para que fuese el rey. Felipe volvió a Antioquía, la capital de Siria, lo que obligó a Lisias a abandonar sus esfuerzos para reprimir la revolución judía. En su anhelo por conseguir la paz les otorgó libertad religiosa a los judíos. Lisias pudo desbaratar el intento de Felipe y Antíoco V reinó durante un corto tiempo (164–162 a.C.).

Demetrio, el joven hijo de Seleuco IV, era rehén en Roma. El deseo de retornar a su casa luego de la muerte del padre le fue denegado. Cuando Antíoco IV murió en el 162 a.C., Demetrio logró escapar de Roma y huyó a Siria. Se hizo proclamar rey y ordenó matar a Lisias y a Antíoco V. Permaneció en el trono hasta el 150 a.C. En estos años intentó calmar la revuelta judía y consolidar y expandir su posición en Oriente.

Apareció entonces un fuerte rival: Alejandro Balas. Este decía ser hijo ilegítimo de Antíoco Epífanes. En el 153 a.C., el senado romano lo reconoció como rey de Siria, aunque probablemente sabía que su afirmación era falsa. Ambos rivales hicieron grandes promesas a los judíos para conseguir su respaldo. Jonatán, el líder judío, apoyó a Alejandro quien, en el 150 a.C., venció a Demetrio, que murió durante la batalla. Alejandro reinó hasta el 145 a.C. respaldado inicialmente por el soberano de Egipto, quien le otorgó a su hija en matrimonio. Cuando Ptolomeo se enteró de que Alejandro planeaba matarlo, se puso en su contra, se llevó a la hija y la ofreció en matrimonio al joven hijo de Demetrio. Tras ser vencido en batalla por Ptolomeo, Alejandro huyó a Arabia, donde fue asesinado. El hijo de Demetrio, Demetrio II, fue proclamado rey (145–139 y 129–125 a.C.).

Dado que necesitaba el apoyo de los judíos, Demetrio les otorgó libertad política durante los primeros años de su reinado. Trifón, uno de sus generales, respaldaba al joven hijo de Alejandro Balas que reclamaba el trono como lo había hecho Antíoco VI (145–142 a.C.). Trifón ordenó asesinar a Antíoco y se hizo proclamar rey (142–139 a.C.). Demetrio II fue tomado prisionero en una campaña contra los partos, y su hermano Antíoco VII (139–128 a.C.) se convirtió en rey. Venció a Trifón, quien luego se suicidó. Antíoco hizo un último esfuerzo por interferir en la vida de los judíos. En el 133 a.C. invadió Judea y sitió Jerusalén durante casi un año. Finalmente, él y Juan Hircano llegaron a un acuerdo de paz que garantizaba la independencia de los judíos de la intervención siria. Antíoco lideró una campaña contra los partos en la que murió.

Con la muerte de Antíoco VII, los seléucidas dejaron de ser un factor relevante en la vida política del mundo al este del Mediterráneo. Si bien Demetrio fue liberado por los partos y reasumió su función como rey, ni él ni ningún otro logró consolidar el poder imperial. Los años subsiguientes estuvieron colmados de conflictos internos que agotaron los recursos del imperio, y en menos de 50 años al menos diez personas intentaron gobernar. En el 83 a.C., el rey de Armenia tomó posesión de Siria y el reinado de los seléucidas llegó a su fin. Ver *Intertestamentaria, Historia y literatura.*

Clayton Harrop

SELLO Anillo de sellar que contenía una marca distintiva que representaba al dueño. Los sellos más antiguos que se han hallado hasta ahora datan de antes del 3000 a.C. Las formas y los tamaños varían. Algunos eran redondos y se usaban alrededor del cuello. Otros eran anillos que se llevaban en el dedo. La marca se hacía al estampar el sello sobre arcilla blanda. Se han hallado muchos sellos cilíndricos con escenas que comunican un mensaje. Se hacían rodar sobre la arcilla para dejar la impresión. Tamar pidió el sello de Judá como garantía de un juramento que él hizo (Gén. 38:18). José recibió el anillo del Faraón cuando lo designaron gobernante de la nación (Gén. 41:42); esto simbolizaba su derecho de actuar con la autoridad del soberano. Jezabel utilizó el sello de Acab para firmar cartas donde pedía que Nabot fuera enjuiciado y apedreado hasta la muerte (1 Rey. 21:8).

Sellos hititas (heteos) y sirios.

SELOMI Nombre de persona que significa "mi paz". Padre de un jefe de la tribu de Aser (Núm. 34:27).

SELOMIT Nombre de persona. **1.** Jefe de una familia que regresó del exilio en Babilonia con Esdras alrededor del 458 a.C. (Esd. 8:10). **2.** Hijo del rey Roboam (2 Crón. 11:20). **3.** Primo de Moisés y jefe de un grupo de levitas (1 Crón. 23:18). **4.** Sacerdote encargado del tesoro sagrado durante el reinado de David (1 Crón. 26:25-28). **5.** Mujer de la tribu de Dan cuyo hijo maldijo el nombre divino y fue culpado de blasfemia. Los israelitas obedecieron el mandato de Dios y lo apedrearon hasta matarlo (Lev. 24:10-23). **6.** Hija de Zorobabel (1 Crón. 3:19). **7.** Con pequeña variante ortográfica en hebreo, significa "paces". Jefe de los levitas durante el reinado de David (1 Crón. 23:9).

SELSA Sitio no identificado cerca de la tumba de Raquel en el territorio de Benjamín donde se produjo la primera de las tres señales que Samuel prometió a Saúl como confirmación de su reinado (1 Sam. 10:1,2). Muchos comentaristas utilizan evidencia del ms griego para modificar el texto hebreo y que así no signifique un nombre de lugar.

SELUMIEL Nombre de persona que significa "Dios es mi plenitud o salud". Jefe la tribu de Simeón (Núm. 1:6; 2:12; 7:36,41; 10:19).

SEM Nombre de persona que significa "nombre". Hijo mayor de Noé y antepasado originario de los pueblos semíticos, incluido Israel (Gén. 5:32; 6:10; 7:13; 9:18-27; 10:1,21,22,31; 11:10, 11). Contaba con la bendición de Dios (Gén. 9:26,27). De su linaje vino Abraham y el pacto de bendición.

SEMA Nombre de persona que significa "una audiencia", y nombre geográfico que tal vez signifique "hiena". **1.** Hijo de Hebrón y nieto de Caleb (1 Crón. 2:43). **2.** Miembro y antepasado de una familia de la tribu de Rubén (1 Crón. 5:8); posiblemente equivalga a Semaías (1 Crón. 5:4). **3.** Jefe de una familia benjamita de Ajalón (1 Crón. 8:13); aparentemente equivale a Simei (1 Crón. 8:21). **4.** Hombre que ayudó a Esdras a enseñar la ley (Neh. 8:4). **5.** Ciudad en el territorio de la tribu de Judá (Jos. 15:26) en apariencia ocupada por Simeón (Jos. 19:2; Seba podría ser una repetición de copista de una palabra anterior con sonido similar a Sema). Es posible que sea equivalente a Jesúa (Neh. 11:26). Ver *Jesúa 9.*

SEMAA Nombre de persona que tal vez signifique "una audiencia". Padre de líderes militares de la tribu de Benjamín que abandonó a Saúl para unirse a David en Siclag (1 Crón. 12:3).

SEMAÍAS Nombre de persona con formas hebreas breves y largas que significa "Yahvéh oyó". **1.** Profeta en tiempos de Roboam cuyo mensaje de parte de Dios evitó la guerra entre Israel y Judá alrededor del 930 a.C. (1 Rey. 12:22). Por su predicación se humillaron Roboam y los líderes de Judá, razón por la cual Dios no permitió que Sisac de Egipto destruyera Jerusalén (2 Crón. 12). **2.** Falso profeta entre los exiliados en Babilonia que se opuso a la palabra de Jeremías (Jer. 29:24-32). **3.** Descendiente de David y Zorobabel (1 Crón. 3:22). **4.** Miembro de la tribu de Simeón (1 Crón. 4:37). **5.** Miembro de la tribu de Rubén (1 Crón. 5:4); tal vez equivalga a Sema *2* (1 Crón. 5:8). **6.** Levita (Neh. 11:15; comp. 1 Crón. 9:14). **7.** Levita (1 Crón. 9:16), probablemente equivalente a Samúa *3* (Neh. 11:17). **8.** Jefe de una de las seis familias de levitas durante el reinado de David (1 Crón. 15:8,11). **9.** Escriba levita que registró las divisiones sacerdotales durante el reinado de David (1 Crón. 24:6). **10.** Jefe de una importante familia de porteros (1 Crón. 24:4-8). **11.** Levita en tiempos de Ezequías, alrededor del 715 a.C. (2 Crón. 29:14); puede equivaler al levita de 2 Crón. 31:15. **12.** Jefe de una familia que regresó con Esdras del exilio en Babilonia alrededor del 458 a.C. (Esd. 8:13). Posiblemente sea el mismo que Esdras envió a fin de buscar más sirvientes para el templo (Esd. 8:16). **13.** Sacerdote cuya mujer era extranjera (Esd. 10:21). **14.** Hombre casado con una mujer extranjera (Esd. 10:31). **15.** Portero de la puerta oriental que ayudó a Nehemías a reparar el muro de Jerusalén alrededor del 445 a.C. (Neh. 3:29). **16.** Profeta contratado por Tobías y Sanbalat contra Nehemías (Neh. 6:10-12). **17.** Antepasado originario de una familia sacerdotal (Neh. 10:8; 12:6, 18). **18.** Líder de Judá que participó con Nehemías en la dedicación de los muros reconstruidos de Jerusalén (Neh. 12:34). **19.** Sacerdote que ayudó a Nehemías a dedicar los muros (Neh. 12:42). **20.** Sacerdote cuyo nieto ayudó a Nehemías a dedicar los muros (Neh. 12:35). **21.** Músico levita que ayudó a Nehemías a dedicar los muros (Neh. 12:36). **22.** Padre del profeta Urías (Jer. 26:20). **23.** Padre de un oficial de la corte de Joacim alrededor del 600 a.C. (Jer. 36:12). **24.** Levita en tiempos de Josafat (873–848 a.C.) que enseñaba la ley de Dios al pueblo (2 Crón. 17:8). **25.** Levita en tiempos de Josías alrededor del 621 a.C. (2 Crón. 35:9).

SEMANA Para los judíos significaba cualquier serie consecutiva de siete días que concluía en el día de reposo (Gén. 2:1-3). Este comenzaba en el crepúsculo del viernes y duraba hasta el atardecer del sábado. Los cristianos trasladaron el día de adoración al domingo, el primer día de la semana. De esta manera ponían énfasis en la resurrección de su Señor Jesucristo (Luc. 24:1-7). La semana tiene un origen semítico antiguo. Formaba parte del mundo antiguo en la Biblia y en las prácticas religiosas tanto de judíos como de gentiles. Ver *Calendario; Tiempo, Significado del.*

SEMANA SANTA Semana anterior al domingo de Pascua cuando la iglesia recuerda la muerte y resurrección de Cristo. A medida que el cumplimiento de la fiesta de la Pascua fue evolucionando durante los primeros siglos, la semana anterior a ese domingo comenzó a adquirir un significado especial para la iglesia primitiva. En los primeros tiempos, las celebraciones del domingo de Pascua incluían el recordatorio de la crucifixión y la resurrección. Alrededor del 500 d.C., el viernes santo llegó a ser el punto focal en la recordación de la crucifixión.

S

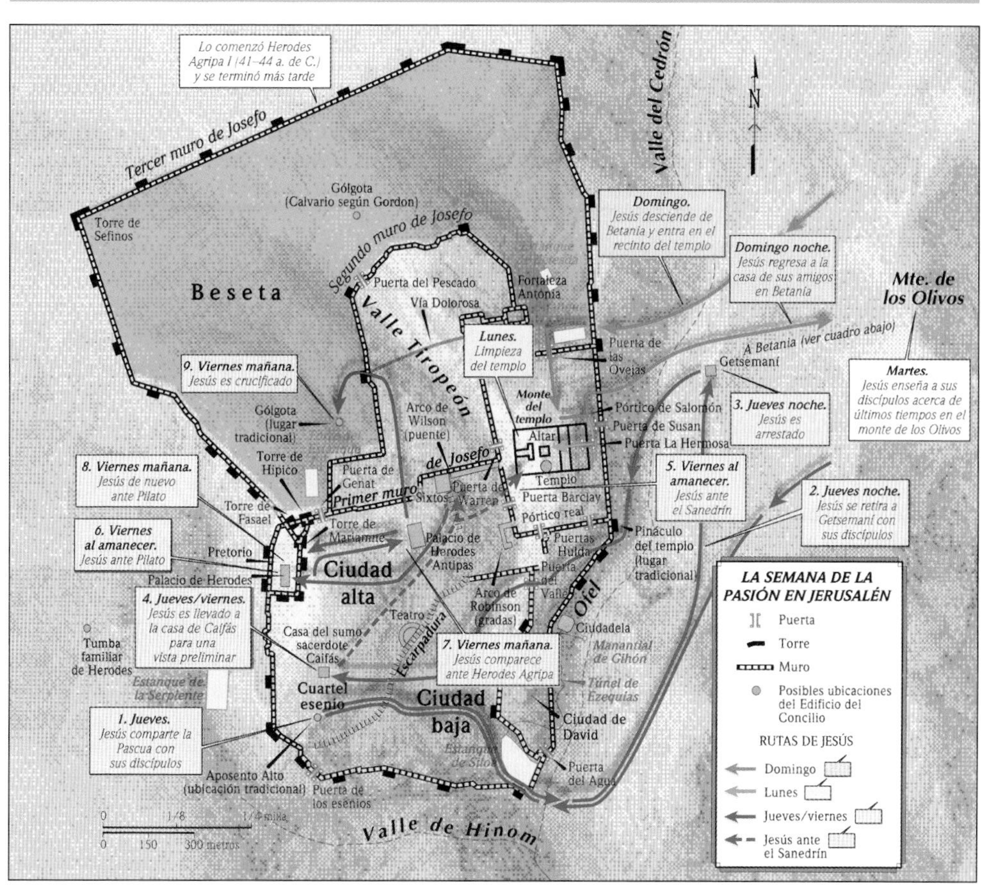

Además el jueves de esa semana comenzó a considerarse como un momento especial para participar de la Cena del Señor. El día llegó a conocerse como "jueves santo", una referencia al "nuevo mandamiento" que Cristo le dio a sus discípulos (Juan 13:34). Las celebraciones primitivas de dicho jueves generalmente incluían el lavado ceremonial de pies que imitaba lo que Jesús había hecho con Sus discípulos (Juan 13:5-11). Ver *Año eclesiástico.* *Fred A. Grissom*

SEMARÍAS Nombre de persona que aparece en forma abreviada y ampliada en el hebreo y que significa "Yahvéh protegió". **1.** Miembro de la tribu de Benjamín que abandonó a Saúl para unirse al ejército de David en Siclag (1 Crón. 12:5). **2.** Hijo del rey Roboam (2 Crón. 11:19). **3. y 4.** Hombres con esposas extranjeras en tiempos de Esdras (Esd. 10:32,41).

SEMBLANTE, ROSTRO El semblante de una persona indica el estado de ánimo, la emoción o el carácter (Gén. 4:5,6; Prov. 15:13; Ecl. 7:3). Cuando se habla de Dios que levanta su rostro sobre alguien es una manera de referirse a la presencia divina (Sal. 21:6). Estar en la presencia de Dios puede traer paz (Núm. 6:25,26), bendición (Sal. 4:6; 89:15) o victoria (Sal. 44:3). También puede provocar destrucción (Sal. 80:16) o juicio por el pecado (Sal. 90:8).

SEMBRADOR Persona que sostenía una vasija llena de semillas en una mano y las esparcía con movimiento experto con la otra. La semilla generalmente se diseminaba sobre tierra sin cultivar. Luego, con un arado o rastra se escarbaba o removía la tierra para cubrir lo sembrado. Parecería que toda semilla sembrada debía ser ceremonialmente limpia (Lev. 11:37). Las semillas mezcladas no podían sembrarse en el mismo campo (Lev. 19:19). La pureza abarcaba cada aspecto de la vida hebrea. Jesús utilizó al sembrador para referir una parábola sobre la vida, e ilustró las dificultades que enfrentaban diariamente los labradores (Mat. 13:3-9; Mar. 4:3-9; Luc. 8:4-8). Ver *Agricultura; Arar.*

SEMEBER Nombre real que significa "nombre poderoso". Rey de Zeboim cuya rebelión contra Quedorlaomer llevó a Abraham a rescatar a Lot (Gén. 14:2). En el libro de Génesis Apócrifo y en el Pentateuco Samaritano aparecía como Shemiabad, "el nombre está perdido". Ver *Zeboim.*

SEMED Nombre de persona que significa "destrucción". Miembro de la tribu de Benjamín a quien se le adjudica la construcción o reconstrucción de Ono y Lod (1 Crón. 8:12).

SEMEI Forma griega del nombre de persona hebreo Shimei; uno de los antepasados de Jesús (Luc. 3:26).

SEMEJANZA Cualidad o estado de ser semejante; parecido. Los pasajes del AT se centran en dos verdades: (1) Dios es totalmente diferente y no puede ser adecuadamente comparado con nada semejante (Isa. 40:18); (2) la humanidad fue creada a imagen y semejanza de Dios (Gén. 1:26). La primera verdad constituye la base para la prohibición de hacer cualquier clase de imagen tallada (Ex. 20:4; Deut. 4:16-18), y quizá explique la renuencia de Ezequiel para hablar en términos concretos de los elementos de su visión (Ezeq. 1:5,10,16,22,26, 28). La semejanza de Dios en la humanidad (Gén. 1:26) se ha interpretado de diversas maneras. En ocasiones se ha diferenciado a la semejanza de la imagen, aunque la mejor manera de entender estos términos es como sinónimos. Los intérpretes identificaron la semejanza divina con la capacidad de pensar de manera racional, de establecer relaciones con los demás seres humanos y con Dios, o con el ejercicio del dominio sobre la creación (comp. Sal. 8:5-8). A veces se considera que la semejanza divina se perdió con la caída, pero su transferencia a Set (Gén. 5:3) se opone a esta popular forma argumental. Aunque la semejanza de Dios no se perdió con el pecado de Adán, ni este ni la humanidad subsiguiente cumplieron con los propósitos de Dios, que se cumplieron en Jesucristo, que es la semejanza de Dios en un sentido exclusivo (2 Cor. 4:4; comp. Juan 1:14,18; 14:9; Heb. 1:3). La declaración de Pablo de que Cristo vino "en semejanza de carne de pecado" (Rom. 8:3) es análoga a "hecho semejante a los hombres" (Fil. 2:7), y da testimonio de que el Cristo encarnado era realmente humano. La vida cristiana se caracteriza como una nueva creación a semejanza de Dios (Ef. 4:24; comp. 2 Cor. 4:4). Ver *Ídolo; Imagen de Dios.*

SEMER Nombre de persona que significa "protección, preservación". **1.** Una variante ortográfica de Samer que aparece en traducciones modernas se refiere al padre de un músico del templo durante el reinado de David (1 Crón. 6:46). **2.** Jefe de una familia de la tribu de Aser (1 Crón. 7:34) con la variante Somer (1 Crón. 7:34). **3.** Propietario original del Monte de Samaria que le dio el nombre a la ciudad (1 Rey. 16:24). Ver *Samaria.*

SEMIDA Nombre de persona que significa "El Nombre ha sabido" o "El Nombre se preocupa por". Jefe de una familia galaadita de la tribu de Manasés (Núm. 26:32; comp. Jos. 17:2; 1 Crón. 7:19). El óstracon de Samaria menciona Semida como nombre de una región en el territorio de Manasés.

SEMINIT Instrucción musical que significa "la octava". Se utiliza en los títulos de los Sal. 6; 12; como así también en 1 Crón. 15:21. Podría referirse a un instrumento de ocho cuerdas; a la octava cuerda de un instrumento; a una octava más grave que Alamot (1 Crón. 15:20); al octavo y último rito de la fiesta del año nuevo de otoño, o a la afinación del instrumento o la métrica de la melodía.

SEMIRAMOT Nombre de persona de significado incierto. **1.** Levita y músico del templo en tiempos de David (1 Crón. 15:18,20; 16:5). **2.** Levita a las órdenes del rey Josafat (873-848 a.C.) que enseñaba la ley (2 Crón. 17:8).

SEMITA Persona que afirma ser descendiente de Sem, uno de los hijos de Noé (Gén. 5:32; 10:21-31); o más precisamente como término lingüístico, pueblos que hablaban uno de los idiomas semíticos. La lista de razas de Génesis y la presentada por los lingüistas no siempre incluyen los mismos grupos poblacionales.

Génesis 10:21-31 enumera 5 hijos y 21 descendientes/pueblos que derivan de Sem. Estos pueblos se extendieron geográficamente desde Lidia hasta Siria, Asiria y Persia. Armenia conformaba el límite norte, mientras que el Mar Rojo y el Golfo Pérsico limitaban al sur. Se dice que los elamitas, los asirios, los lidios, los arameos y numerosas tribus árabes fueron descendientes de Sem.

Es difícil determinar el lugar de origen de los semitas. En la Medialuna Fértil existen evidencias de influencia semita en los comienzos de la civilización. Una teoría aún no demostrada es que emigraron desde el norte de Arabia en una sucesión de movimientos nómadas hasta llegar a la Medialuna Fértil.

Existen tres divisiones principales en la familia de las lenguas semíticas. La oriental incluye el acadio, utilizado en la antigua Babilonia y en Asiria. La noroccidental incluye el hebreo, el arameo, el sirio, el fenicio, el samaritano, el palmireño, el nabateo, el cananeo y el moabita. La lengua semítica meridional incluye el árabe, el sabeo, el mineo y el etíope. Se conocen aprox. 70 modalidades diferentes de lenguas semíticas. Algunas cuentan con grandes bibliotecas de literatura mientras que otras existen sólo en forma no escrita o cuentan sólo con pequeñas colecciones de obras literarias. Ver *Asiria; Babilonia; Canaán; Idiomas de la Biblia.* *Steve Wyrick*

SEMUEL Nombre de persona que significa "Sumu es dios", "El nombre es Dios", "Dios es exaltado", o "Hijo de Dios". **1.** Transliteración exacta del nombre hebreo Samuel. Ver *Samuel.* **2.** Jefe de la tribu de Simeón (Núm. 34:20). **3.** Jefe de una familia en la tribu de Isacar (1 Crón. 7:2).

SEN Nombre geográfico que significa "el diente". Localidad tomada como referencia para ubicar Eben-ezer (1 Sam. 7:12) que se ha traducido e interpretado de diversas maneras desde las primeras traducciones. Puede referirse a una colina prominente o a una montaña con forma de diente. Las traducciones antiguas dicen "Jesana" pero, dado el contexto, parecería demasiado al este. Otras traducciones, también antiguas, dicen "Bet-seán". La ubicación exacta se debate y es incierta.

SENAA Nombre de persona y de lugar que tal vez signifique "el detestado". Miembro de una familia que regresó con Zorobabel del exilio de Babilonia alrededor del 537 a.C. (Esd. 2:35). Esta familia ayudó a Nehemías a reconstruir la Puerta del Pescado en el muro de Jerusalén (Neh. 3:3).

SENAQUERIB Nombre real asirio que significa "Sin (el dios) ha reemplazado a mi hermano". Rey de Asiria (704–681 a.C.). Ver *Asiria; Israel, Tierra de.*

SENAZAR Nombre babilónico de persona que significa "Sin (un dios) protege" o "que Sin proteja". Hijo del rey Joaquín (1 Crón. 3:18). Con frecuencia se lo identifica con Sesbasar como si fuera una transliteración alternativa del nombre babilónico, pero recientemente esto se ha refutado.

Palacio de Acab en Samaria. Senaquerib conquistó la ciudad en el 722 a.C.

SENE Nombre geográfico que significa "brillante" o "resbaladizo". Acantilado o peñasco agudo ubicado entre Micmas y Geba (1 Sam. 14:4). Ver *Boses.*

SENIR Nombre de montaña que significa "puntiagudo". Nombre que usaban los amorreos para el Monte Hermón (Deut. 3:9). Cantar de los Cantares 4:8 tal vez indique que Senir era un pico diferente al Hermón ubicado en la cordillera del Antilíbano, o que denominaba toda la cordillera (comp. 1 Crón. 5:23). Ver *Monte Hermón.*

S

SEÑAL Símbolo, acción o acontecimiento que indica algo más allá de sí mismo. En el AT, las señales a veces se refieren a fenómenos celestiales, tales como las lumbreras que Dios creó por medio de su palabra, "señales para las estaciones, para días y años" (Gén. 1:14). Con frecuencia aluden a una intervención milagrosa de Dios. Pueden guiar a los observadores a conocer a Dios, como en el caso de los eventos del éxodo (Deut. 4:34). Pueden reforzar la fe al recordar las poderosas obras divinas, tal como sucedió con las piedras conmemorativas del Jordán que debían ser una "señal entre vosotros" (Jos. 4:6). Las señales también pueden indicar el pacto de Dios con Su pueblo. Estas incluyen el arco iris (Gén. 9:12), la circuncisión (Gén. 17:11), el Sábat (Ex. 31:13) y el uso de filacterias en la muñeca y la frente (Deut. 6:8; 11:18).

Uno de los usos más importantes de las "señales" en el AT era comprobar si un mensaje profético provenía de Dios. Un ejemplo es la vara de Moisés que se convirtió en serpiente y la mano que quedó leprosa y luego se sanó (Ex. 4:8,9). En Ezeq. 12:6, el profeta en persona es una señal para la casa de Israel al llevar sus enseres como símbolo del exilio profetizado. La mera presencia de señales no era suficiente para garantizar que el profeta estuviera hablando en nombre de Dios. Deuteronomio 13:1-5 afirma que, después de que se diera una señal, el profeta todavía podía profetizar falsamente. El mensaje debe comprobarse por su veracidad.

La concepción virginal de Isa. 7:14 es de particular interés. Aparentemente, el cumplimiento de esta profecía es doble, primero con una concepción y nacimiento en tiempos de Isaías como símbolo de la liberación de Judá por parte de Dios. La consumación definitiva de esta profecía se produce con la llegada del Mesías nacido de una virgen (Mat. 1:20-23).

En el NT, "señal" generalmente traduce el término griego *semeion*. Esta palabra aparece más de 70 veces en el NT, sobre todo en los Evangelios y en Hechos, 7 veces en las cartas de Pablo, 2 en Hebreos y 6 en Apocalipsis. *Semeion* puede referirse a un acontecimiento natural, pero más a menudo alude a un hecho milagroso que autentica la actividad divina o una señal escatológica que apunta a la culminación de la historia.

Lucas registra señales en el nacimiento de Jesús. El "niño envuelto en pañales" sirvió de señal para que los pastores verificaran el anuncio de los ángeles (Luc. 2:12); Simeón profetizó que Jesús mismo era una señal a la que muchos se opondrían (Luc. 2:34).

Si bien las señales pueden indicar acción divina, Jesús condenó la exigencia de estas para demostrar que Dios obraba a través de Él. Cuando escribas y fariseos le pidieron a Jesús una señal, Él respondió que quienes ansiaban recibir señales formaban parte de una "una generación mala y adúltera" (Mat. 12:39). La única señal que se les daría era la señal de Jonás, una referencia a Su muerte y resurrección. En el Evangelio de Juan, Jesús les dice a quienes lo siguieron después de alimentar a los 5000: "Me buscáis, no porque habéis visto las señales, sino porque comisteis el pan y os saciasteis" (Juan 6:26). Ellos vieron físicamente las señales que Jesús realizó, pero no percibieron el significado: que Él era el Hijo de Dios.

En el Evangelio de Juan, *semeion* se utiliza para referirse a los milagros de Jesús y a otras pruebas de Su deidad. Juan emplea la palabra "señal" colocando más énfasis en el significado del milagro que en lo sobrenatural de la acción. Lo importante es la identidad de Jesús y la obra de Dios a través de Él.

En Hechos, "señal" se utiliza para referirse a la actividad de Dios en el AT (Hech. 7:36) y en Jesús (2:22; 4:30). Además, las señales ocurren para dar testimonio de la acción divina en los apóstoles y a través de ellos. Después de Pentecostés, "muchas maravillas y señales eran hechas por los apóstoles" (Hech. 2:43; 5:12; Heb. 2:4). Los ministerios de Felipe (Hech. 8:6,13) y de Pablo (14:3; 15:12) fueron autenticados por señales.

Pablo se refiere a la circuncisión de Abraham como señal y sello de la justicia de su fe (Rom. 4:11). Las señales también indicaban la presencia de Dios en el ministerio de Pablo (Rom. 15:19; 2 Cor. 12:12). Él repitió lo que Jesús había dicho: "Los judíos piden señales, y los griegos piden sabiduría, pero nosotros predicamos a Cristo crucificado" (1 Cor. 1:22,23). Hablar en lenguas se consideraba señal para los incrédulos (1 Cor. 14:22). Pablo les dijo a los filipenses que la firmeza de ellos en la persecución era señal de destrucción para los perseguidores y señal de salvación para ellos mismos (Fil. 1:27, 28). Advirtió que vendría un "inicuo cuyo advenimiento es por obra de Satanás, con gran poder y señales y prodigios mentirosos" (2 Tes. 2:9; comp. Deut. 13:2).

Jesús advirtió contra las señales de los falsos profetas que precederán Su segunda venida (Mat. 24:24), pero también habló de las señales de Su llegada y del fin de los tiempos (Mat. 24:30; Luc. 21:11,25). De manera similar, Pedro citó a Joel en Pentecostés: "Y daré prodigios arriba en el cielo, y señales abajo en la tierra" (Hech. 2:19). Apocalipsis 12 incluye las señales escatológicas de una "mujer vestida del sol" (Apoc. 12:1) y el "gran dragón escarlata" (12:3). Más de la mitad de las referencias a señales en Apocalipsis corresponden a las que realizarán la bestia que sale de la tierra y el falso profeta (13:13,14; 16:14; 19:20).

Las señales pueden ser verificación de la presencia de Dios en determinadas circunstancias o en medio de Su pueblo. Pueden indicar la segunda venida de Cristo. También pueden ser falsas y acompañar a los engañadores. Si bien pueden apuntar a Dios y a Cristo, y así lo hacen, son inadecuadas para que una persona sea salva por la fe. *David R. Beck*

SEÑOR Traducción al español de varias palabras hebreas y griegas. Por lo general, el término se refiere a alguien que tiene poder o autoridad.

Dios como Señor *Jehová* (o *Yahvéh*; en hebreo *YHVH*, "autoexistente") es el nombre de Dios que se utiliza con más frecuencia en las Escrituras hebreas. En algunas traducciones españolas aparece como SEÑOR. Los judíos evitaban mencionarlo, y lo reemplazaban por otra palabra, *Adonai*. Sustituyeron las vocales de *Adonai* por las de *Yahvéh* y esto dio como resultado el término *Jehová*.

Siempre es relevante enfatizar la importancia de este nombre. Éxodo 3:14 proporciona una clave para el significado de la palabra. Cuando Moisés fue comisionado para ser libertador de Israel, Dios, que apareció en la zarza ardiente, le comunicó cuál era el nombre que debía presentar como credencial de su misión: "Y respondió Dios a Moisés: YO SOY EL QUE SOY [heb. *ehyeh asher ehyeh*].Y dijo: 'Así dirás a los hijos de Israel: YO SOY me envió a vosotros'". En ambos nombres, *ehyeh* y *YHVH*, la idea fundamental es de una existencia no creada. Cuando se dice que el nombre de Dios es "Yo soy", no sólo se afirma la simple existencia. Él *es* en un sentido que ningún otro ser puede ser. Él es, y la causa de Su ser está en Él mismo. Él es porque Él es. El aviso de Ex. 6:3, "mas en mi nombre JEHOVÁ no me di a conocer", no implica que los patriarcas ignoraran por completo la existencia o el uso del nombre. Significa sencillamente que antes de haber sido liberados de la esclavitud en Egipto, no conocían de manera personal dicha redención. Bajo el liderazgo de Moisés, iban a experimentar liberación, y el poder redentor de Dios se les iba a convertir en realidad y se les iba a confiar Su nombre redentor. Previamente, como pastores en Palestina, Abraham, Isaac y Jacob habían conocido a Dios como El Shaddai ("el Todopoderoso", Gén. 17:1) y esto demostraba Su poder, pero no con respecto a esta clase de relación redentora. Este nombre afirma el señorío de Dios sobre Su pueblo (Ex. 34:23) como así también Su poder sobre toda la creación (Jos. 3:13). Mediante este nombre, Dios declara Su superioridad por sobre todos los otros dioses (Deut. 10:17).

En el AT *Adonai* es otra designación para Dios como Señor. Deriva de la palabra hebrea *Adon*, un término antiguo que denotaba posesión; por lo tanto, control absoluto. *Adon* no es un término divino adecuado ya que a veces se utiliza para los seres humanos. Se le aplica a Dios como dueño o gobernante de toda la tierra (Sal. 114:7). A veces se lo usa como término respetuoso (como nuestra palabra "señor"), pero unido a un pronombre ("mi señor"). A menudo aparece en plural. *Adonai* es, en la forma enfática, "el Señor". Muchos consideran este título como el plural de *Adon*.

"Señor" o "Amo" (gr. *kurios*, "supremo") significa aquel a quien le pertenece una persona o una cosa, el amo, el que dispone de los hombres y las propiedades, como en el caso de "el señor de la viña" (Mat. 20:8; 21:40; Mar. 12:9; Luc. 20:15); "el Señor de la mies" (Mat. 9:38; Luc. 10:2); "el señor de la casa" (Mar. 13:35); el "Señor del día de reposo" (Mat. 12:8; Mar. 2:28; Luc. 6:5), que tiene poder para determinar qué es apropiado para el sábat, y para liberarse a sí mismo y a los demás de las obligaciones relacionadas con ese día. Este título se aplica a Dios, el gobernante del universo, con el artículo definido *ho kurios* (Mat. 1:22; 5:33; Mar. 5:19; Hech. 7:33; 2 Tim. 1:16,18) y sin él (Mat. 21:9; 27:10; Mar. 13:20; Luc. 2:9,23,26; Heb. 7:21).

Jesús como Señor *Kurios* es normalmente la palabra del NT para hablar de Jesús como Señor. No obstante, el término posee un amplio espectro de referencia cuando se utiliza en relación a Dios (Hech. 2:34), a Jesús (Luc. 10:1), a los seres humanos (Hech. 16:19) y a los ángeles (Hech. 10:4). Cuando los personajes de los Evangelios hablan de Jesús como Señor, a menudo sólo quieren decir "señor" con minúscula. En otras ocasiones, la designación *kurios* expresa una plena confesión de fe, como en el caso de la declaración de Tomás: "¡Señor mío, y Dios mío!" (Juan 20:28). En Lucas y Hechos, "Señor" pasó a utilizarse como una simple pero profunda designación de Cristo. "El Señor Jesús" también se usaba con frecuencia en Hechos (4:33) para hablar de la fe en Cristo como Señor (16:31) y para identificar que el bautismo era en el nombre del Señor Jesús (8:16; 19:5). La frase "Jesús es Señor" fue evidentemente la confesión de fe cristiana más antigua. En Hech. 2:36, Pedro declaró que Dios había hecho a Jesús Señor y Cristo.

A menudo, Pablo utilizaba una frase más completa para hablar del señorío de Cristo: "el Señor Jesucristo". Es significativo observar que lo usaba junto con la mención de Dios el Padre y del Espíritu Santo (1 Tes. 1:1; 2 Cor. 13:14). En otras ocasiones, Pablo empleó las fórmulas más simples "el Señor Jesús" (2 Tes. 1:7) o "nuestro Señor Jesús" (1 Tes. 3:13). En contraste con los numerosos dioses y señores falsos de los paganos, para los creyentes hay un Dios, el Padre, y un Señor, Cristo Jesús (1 Cor. 8:5,6). Es indudable que el apóstol estaba familiarizado con la antigua expresión "Jesús es Señor", porque en 1 Cor. 12:3 aseguró que "nadie puede llamar a Jesús Señor, sino por el Espíritu Santo". La palabra se emplea a menudo en conexión con la esperanza de la segunda venida de Cristo (Fil. 3:20; 4:5; 1 Cor. 16:22; Apoc. 22:20).

En Apocalipsis, el título "Señor" posee otra connotación. Los emperadores exigían que los llamaran "señor", y uno de ellos, Domiciano, incluso promulgó un decreto que comenzaba diciendo: "Nuestro señor y dios ordena". Juan declaró que tales títulos eran una blasfemia, y que Cristo, el Rey de reyes y Señor de señores, es el único emperador que deben reconocer los creyentes (Apoc. 19:16).

Segunda Pedro 2:1 y Jud. 4 hablan de Jesús como *despotes*, "Señor", palabra que lleva en sí un énfasis mayor en la soberanía de Jesús como Señor. Es interesante observar que la misma palabra se utiliza para dirigirse a Dios en Luc. 2:29 y Hech. 4:24. Apocalipsis 6:10 también emplea este término para aludir a Jesús como el que vengará la sangre de los mártires.

Para un cristiano primitivo acostumbrado a leer el AT, cuando la palabra "Señor" se usaba en relación a Jesús, sugería identificación con el Dios del AT. A diferencia de algunos eruditos que creen que el título se tomó prestado de cultos paganos, las evidencias en Hechos, Corintios y Apocalipsis demuestran que pertenece a la esencia más antigua de la confesión cristiana. El Jesús crucificado y resucitado es el Señor que le devolverá al Padre el mundo juzgado y redimido (1 Cor. 15:28), y Él es el Señor eterno por sobre toda la humanidad (Rom. 14:9).

Los seres humanos como señores La palabra hebrea *adon* se utiliza más de 300 veces en el AT para referirse a amos humanos o como término respetuoso hacia alguien de igual rango y condición. *Adon* se emplea para los dueños de esclavos (Gén. 24:14,27; 39:2,7, traducido "señor" y "amo"), para los reyes como amos de sus súbditos (Isa. 26:13, "señores") y para un esposo como señor de la esposa (Gén. 18:12).

En el NT, el griego *kurios* se usa para designar a alguien que ejerce autoridad sobre otra persona. También sirve como término para expresar respeto (Mat. 21:29,30; Hech. 25:26). *Kurios* (Señor) también es un título de honorabilidad que a veces se traduce "señor" y expresa el respeto y la reverencia con que los siervos saludan a sus amos (Mat. 13:27; Luc. 13:8; 14:22). Lo empleaba un hijo cuando se dirigía a su padre (Mat. 21:30); cualquier persona que deseaba honrar a un hombre distinguido (8:2,6,8; 15:27; Mar. 7:28; Luc. 5:12); los discípulos al saludar a Jesús, su maestro y señor (Mat. 8:25; 16:22; Luc. 9:54; Juan 11:12). Ver *Cristo; Dios; Espíritu Santo; Jesús; Mesías; Rabí; Resurrección.*

Dale Ellenburg

SEÑORA ELEGIDA Ver *Elegida, Señora.*

SEOL Según la Biblia hebrea, morada de los muertos o, más específicamente, de los injustos que han muerto. Es una de las muchas palabras y frases que designan la muerte, los muertos y el destino de quienes pasaron más allá de esta vida. Las Escrituras hablan de Dios como quien produce la muerte de un hombre (Job 30:23). Se dice que al morir, algunos de los patriarcas se fueron para estar con sus padres (Gén. 15:15) o que descansaron con sus padres (Deut. 31:16). A las personas del AT se les recordaba que eran polvo y que al morir volverían a esa condición (Gén. 3:19; Ecl. 3:20).

Se desconocen los orígenes de la palabra *she'ol*, aunque se la ha vinculado con una deidad acadia del infierno de nombre similar. De cualquier modo, el uso bíblico no tiene conexión alguna con la mitología de dicha cultura. En varios textos se habla de personas que descienden al Seol o a lugares profundos (Sal. 88:6-10; Amós 9:2). Esto probablemente indique que los hebreos consideraban que el Seol estaba debajo de sus pies. Los muertos, desde luego, se colocaban en sepulcros o tumbas, o bien en osarios de la familia; por esta razón, el lenguaje sobre un reino de los muertos debajo de la tierra es fácilmente comprensible. Esto no significa que los escritores del AT simplemente adoptaron el punto de vista de los pueblos vecinos. Aunque muchas culturas del antiguo Cercano Oriente creían en algún tipo de infierno, la visión del AT es única tanto en el lenguaje que utiliza como en el contenido de la enseñanza. No implica que los hebreos creyeran en un universo de tres niveles, con dioses arriba, demonios debajo de la tierra y seres humanos sobre la superficie de la tierra. Es probable que hayan usado el lenguaje como metonimia, donde una palabra sustituye la realidad que indica. Es improbable que creyeran en la existencia de un conjunto de cavernas donde los muertos moraban como habitantes de algún reino subterráneo.

La palabra "Seol" aparece 20 veces en la literatura salmódica (Sal. 6:5; 9:17; 16:10; 18:5; 30:13; 31:17; 49:14,15; 55:15; 86:13; 88:3;

89:48; 116:3; 139:8; 141:7; 1 Sam. 2:6; 2 Sam. 22:6; Isa. 38:10,18; Jon. 2:2), 20 en la de reflexión (Job 7:9; 11:8; 14:13; 17:13,16; 21:13; 24:19; 26:6; Prov. 1:12; 5:5; 7:27; 9:18; 15:11, 24; 23:14; 27:20; 30:16), 17 en la profética (Isa. 5:14; 7:11; 14:9,11,15; 28:15,18; 57:9; Ezeq. 31:15-17; 32:21,27; Os. 13:14; Amós 9:2; Hab. 2:5) y 8 en la narrativa (Gén. 37:35; 42:38; 44:29,31; Núm. 16:30,33; 1 Rey. 2:6,9). Esta lista pareciera indicar que la palabra se utilizaba principalmente en contextos poéticos (profecía, salmos o sabiduría) y en discursos sobre la muerte. Connotaba un compromiso serio con la realidad de la muerte, la mortalidad y cómo influía la vida de una persona en el destino.

La palabra hebrea se traduce de diversas maneras. La RVR1960 suele traducirla "infierno", presumiblemente porque se encuentra "dentro de la tierra" y porque en líneas generales los malvados son sus habitantes. Pero indudablemente es una traducción poco feliz ya que el infierno como lago de fuego, no es la morada de nadie hasta el juicio final (Apoc. 20:14). En otros pasajes, se traduce "el sepulcro" o "el hoyo". Las traducciones más recientes suelen dejar la palabra sin traducir y simplemente transcriben el hebreo "Seol". Es probable que este sea el mejor enfoque ya que la palabra a veces requiere interpretación literal y a veces metafórica.

El Seol es un lugar que se opone a la obra de Yahvéh. Los que moran allí están espiritual y moralmente separados de Dios (Isa. 38:18; Sal. 6:5, 6) pero no físicamente, ya que en realidad es imposible escapar de Dios, ni siquiera en el Seol (Sal. 139:8; Amós 9:2). Es un lugar donde la persona está cautiva (Sal. 18:5; 116:3); un lugar de oscuridad (Sal. 88:6) y silencio (Sal. 115:17). También es un sitio donde desaparecen el rango y el privilegio. En Isa. 14, el profeta habla de alguien que fue rey pero que ahora se encuentra en el Seol donde otros le dicen: "¿Tú también te debilitaste como nosotros, y llegaste a ser como nosotros? Descendió al Seol tu soberbia, y el sonido de tus arpas; gusanos serán tu cama y gusanos te cubrirán" (Isa. 14:10,11). El Seol nivela a los hombres, en especial a aquellos que se exaltaron a sí mismos en esta vida en vez de humillarse frente al verdadero Rey (ver también Ezeq. 32).

El Seol es el destino de quienes terminan la vida de modo impenitente. Los ricos necios acabarán en el Seol (Sal. 49:14), al igual que los inmorales (Prov. 5:5) y los que se complacen en hacer el mal (Isa. 5:14). Estarán allí los egipcios (Ezeq. 31:15-17); también algunas personas en particular, como por ej. Coré (Núm. 16:30). Algunos textos parecen indicar que aun los justos irán al Seol. Por eso Job se lamenta por dirigirse hacia ese destino tan temido (Job 17:13-16), tal como lo hacen Jacob (Gén. 37:35) y Ezequías (Isa. 38:10). No obstante, si se examinan cuidadosamente estos textos, se advierte que estas personas se encontraban sumidas en la tristeza o en circunstancias trágicas. En estos textos Seol adopta un significado más metafórico, como si una persona hoy dijera: "He estado en un pozo profundo estos últimos días".

Dos textos (Sal. 89:48,49 y Ecl. 9:7-10) aparentemente enseñan que todas las personas acabarán en el Seol. Pero el primer pasaje indica con claridad que los destinados a ese lugar son los seres humanos bajo juicio. El último texto se encuentra en la sección de Eclesiastés donde Salomón se lamenta de lo absurda que pareciera la vida pero, por supuesto, esa no es su conclusión final (ver 12:14). Varias razones hacen inconcebible que el Seol sea la morada de los justos que murieron. Allí no existe la adoración a Yahvéh (Sal. 6:5; 115:17), lo cual indica que no es la morada de los justos. Es un lugar de dolor y angustia (Sal. 116:3), debilidad (Isa. 14:10), impotencia (Sal. 88:4), desesperanza (Isa. 38:10) y destrucción (Isa. 38:17).

Los justos esperan algo diferente. Si bien el AT no habla tan claramente como el NT sobre el tema de la vida después de la muerte, sí lo hace de manera complementaria. Un erudito señaló que el AT es como una habitación lujosamente amoblada pero mal iluminada. Muchas personas del AT esperaban permanecer en comunión con Dios después de la muerte y no ser condenadas a oscuridad y vacío. "Porque no dejarás mi alma en el Seol... en tu presencia hay plenitud de gozo... para siempre" (Sal. 16:10-11). "El bien y la misericordia me seguirán todos los días de mi vida, y en la casa de Jehová moraré por largos días" (Sal. 23:6). En cuanto a los ricos necios, "como a rebaños que son conducidos al Seol, la muerte los pastoreará" (Sal. 49:14), pero no así con los justos: "Pero Dios redimirá mi vida del poder de Seol, porque Él me tomará consigo" (Sal. 49:15). Otros textos hablan de la expectativa de la resurrección de los justos para vida eterna (Deut. 32:39; Dan. 12:2; Isa. 26:19).

El Seol del AT es básicamente análogo al Hades del NT. Jesús habló del hombre rico atormentado en el Hades mientras Lázaro estaba en el seno de Abraham morando gozoso y en paz (Luc. 16:19-31). Jesús les dijo a Sus discípulos que las puertas del Hades no prevalecerían contra Su iglesia (Mat. 16:18). En este caso el Hades es nuevamente el reino que se opone a Dios y a Su reino de justicia; la morada de los impíos y su "rey". Por último, la muerte y el Hades son arrojados al lago de fuego (Apoc. 20:14). El destino final de aquellos que moran en el Seol/Hades es la separación eterna de la justicia y el amor de Dios. Así como procuraron estar separados de Él en vida, así se hallarán eternamente cuando mueran. *Chad Brand*

SEORIM Nombre de persona que quizás signifique "el que tiene cabello enmarañado". Jefe del cuarto grupo de sacerdotes asignado durante el reinado de David (1 Crón. 24:8).

SEPARACIÓN Término utilizado para el período de la menstruación cuando una mujer era considerada ritualmente impura (Lev. 12:2,5; 15:20,25,26), o de la abstención de ciertas actividades debido a un voto (Núm. 6).

SEPARACIÓN DE IGLESIA Y ESTADO Durante la época del AT en la antigua Israel, había muy poca separación entre instituciones gubernamentales y religiosas. Antes de la monarquía israelita, Israel funcionaba como una teocracia; durante la monarquía, las instituciones religiosas de Israel estuvieron bajo la influencia directa del rey (por ej. 1 Rey. 5–8; 2 Rey. 16:10-18; 22:1–23:25). Sin embargo, algunos profetas actuaron independientemente del control real (por ej. 1 Rey. 17:1; Amós 7:12-15).

En el período del NT los cristianos individualmente estaban sujetos a la autoridad del César y sus funcionarios, pero las iglesias locales, si permanecían tranquilas, podían funcionar en forma relativamente independiente del control gubernamental. A medida que el movimiento cristiano creció en poder e influencia, los intereses del Imperio Romano invariablemente entraron en contacto, y conflicto, con los intereses de la iglesia.

Dios es quien confiere todo poder civil (Jer. 27:5,6; Dan. 2:21; Juan 19:11; Rom. 13:1) y religioso. La libertad religiosa está fundada en la realidad de Dios y en la libertad de la conciencia humana para adorarlo como se crea adecuado. En última instancia, todas las autoridades gubernamentales, e individuales, están sujetas a Dios (Rom. 13:4,6), ya sea que un estado particular elimine del control civil a la religión o no lo haga. Es responsabilidad de los ciudadanos cristianos obedecer a las autoridades de su gobierno (Rom. 13:1-5; 1 Tim. 2:1,2; 1 Ped. 2:13-17) y al mismo tiempo promover valores bíblicos en la sociedad, haciendo esto por medio de todas las posibles esferas de influencia.

SEPTUAGINTA Título que significa "los 70". Es la traducción griega más antigua del AT hebreo. También contiene varios libros apócrifos. La mayoría de las citas del AT que aparecen en el NT son de la Septuaginta (LXX). Ver *Apócrifos; Biblia, Textos y versiones.*

SEPULCRO Fosa o cueva donde se enterraba un cadáver. La variedad de sepulcros que utilizaban los hebreos estaba determinada por diversos factores: circunstancias de la muerte, terreno circundante y tiempo disponible para preparación y sepultura. El sepulcro más común era un hueco o una zanja. Aunque en la Biblia no se menciona el uso de fosas como lugares de sepultura colectiva, en Palestina se

Una tumba romana en Pompeya. Eran tumbas con nichos para colocar los jarrones que contenían restos mortales cremados.

Interior de la Iglesia del Santo Sepulcro, sitio tradicional de la sepultura de Jesús (tumba de José de Arimatea).

han excavado numerosos sepulcros de este tipo. A menudo las cuevas se escogían como alternativa práctica cuando se tenía en cuenta el costo y el tiempo requerido para cavar una tumba en la roca. Las colinas de Palestina eran un lugar común para sepulcros ya que ofrecían cuevas en abundancia como así también ubicaciones ideales para construir fosas talladas en la roca.

Un adorador de rodillas ante la Piedra de la Unción, en la Iglesia del Santo Sepulcro, en Jerusalén.

La tumba cavada en la roca a veces se utilizaba como sepulcro múltiple con cámaras separadas. Se construían salientes para depositar a cada miembro de la familia y cuando la tumba se llenaba, se sacaban los huesos de las sepulturas más antiguas para que hubiera más espacio. Los huesos se ponían en vasijas o cajas de piedra llamadas "osarios" y se asemejaban a las vasijas de los romanos para guardar las cenizas luego de la cremación. A veces los osarios contenían los huesos de más de una persona y con frecuencia tenían sellos con diseños decorativos o de identificación. Las entradas se aseguraban con puertas con bisagras o piedras planas grandes que se movían haciéndolas rodar.

El lugar más deseable para ser sepultado era la tumba familiar mencionada con frecuencia en las narrativas del Génesis sobre los patriarcas. Aparentemente, los hebreos tenían la perspectiva de una existencia en las "sombras" después de la muerte, y al ubicar los restos de sus seres queridos, preferían la proximidad de sus antepasados antes que la soledad.

Aunque la mayoría de los sepulcros no tenían marcas, algunos se señalaban con árboles (Gén. 35:8) o pilares de piedra. En 2 Sam. 18:18 se anticipa el uso de pilares; sin embargo, en los tiempos bíblicos esta práctica no se extendió. Los sepulcros de los inicuos generalmente se marcaban con una pila de piedras (Acán, Jos. 7:26; Absalón, 2 Sam. 18:17; el rey de Hai y los cinco reyes cananeos, Jos. 8:29; 10:27). En tiempos del NT, los sepulcros se blanqueaban cada primavera durante los peregrinajes de Pascua y Pentecostés para que las personas pudieran verlos fácilmente y evitaran tocarlos para no quedar ritualmente impuros (Mat. 23:27; comp. Luc. 11:44).

En la antigua Palestina, por lo general no se utilizaban ataúdes. El cuerpo se colocaba en una litera común y se transportaba al lugar del sepulcro. Los israelitas no practicaban la costumbre de los cananeos, que ponían recipientes con comida y agua en las tumbas.

Según el pensamiento hebreo, los sepulcros no eran simplemente lugares para depositar los restos humanos. En cierto sentido eran extensiones del Seol, el lugar de los muertos. Y como el reino del Seol era amenazante y cada sepulcro era una expresión individual de ese sitio, los israelitas evitaban estar en lugares de sepultura cuando les era posible, y los trataban con reserva. Cuando no podían evitar el contacto tenían que realizar ciertos ritos de purificación. Ver *Muerte; Seol; Vida eterna.* *Joe Haag*

S

SEPULTURA Debido por una parte al clima cálido de Palestina y por otra a que los cadáveres se consideraban ritualmente inmundos, los hebreos sepultaban a sus muertos lo más pronto posible, por lo general, dentro de las 24 horas posteriores al deceso (Deut. 21:23). Permitir que un cuerpo entrara en estado de descomposición o que fuera profanado en el suelo era altamente deshonroso (1 Rey. 14:10-14; 2 Rey. 9:34-37) y se requería que cualquier cadáver que se hallara al costado del camino fuese sepultado (2 Sam. 21:10-14).

Aunque la Biblia no describe sistemáticamente las prácticas mortuorias de los hebreos, hay varios aspectos que se pueden recoger a partir de pasajes individuales. José cerró los ojos de su padre inmediatamente después de que Jacob muriera (Gén. 46:4). El cuerpo de Jesús fue preparado para la sepultura ungiéndolo con ungüentos y especies aromáticas y envolviéndolo en una túnica de lino (Mar. 16:1; Luc. 24:1; Juan 19:39). Los brazos y las piernas del cuerpo de Lázaro fueron atados con vendas y la cara cubierta con un sudario (Juan 11:44). El cuerpo de Tabita fue lavado a fin de prepararlo para la sepultura (Hech. 9:37).

Los muertos eran sepultados en cuevas, en tumbas cavadas en la roca o en la tierra. Lo deseable era ser sepultado en la tumba de la familia, y Sara (Gén. 23:19), Abraham (Gén. 25:9), Isaac, Rebeca, Lea (Gén. 49:31) y Jacob (Gén. 50:13) fueron todos sepultados en la cueva de Macpela al este de Hebrón. Los lugares de las sepulturas se marcaban con árboles (Gén. 35:8), pilares (Gén. 35:19-20) y pilas de piedras (Jos. 7:26). La sepultura de los ricos y los políticamente poderosos a veces iba acompañada de accesorios lujosos, inclusive túnicas, joyas, muebles, armas y artesanías (1 Sam. 28:14; Isa. 14:11; Ezeq. 32:27).

Cuevas para sepulturas talladas en rocas en la ladera sur del Valle de Hinom, en Jerusalén.

En contraste con el amplio uso entre griegos y romanos, la cremación no se describe como una práctica normal en la Biblia. Los cuerpos se cremaban sólo en casos excepcionales de descomposición luego de haber sido mutilados (1 Sam. 31:12) o ante la amenaza de una plaga. Aun en estos casos, la cremación era parcial a fin de conservar los huesos. El embalsamamiento se menciona sólo en los relatos de la sepultura de Jacob y José (Gén. 50:2,3,26) y esto sucede únicamente debido al entorno egipcio y los planes de trasladar los cuerpos. Aparentemente, la tarea de embalsamar era una práctica egipcia.

Cuando se completaban los preparativos para la sepultura, el cuerpo generalmente se colocaba en un féretro y se acarreaba hasta el lugar indicado en medio de una procesión de parientes, amigos y siervos (Amós 6:10). Dicha procesión llevaba a cabo el ritual del duelo que podía incluir cortarse el cabello o la barba, rasgarse las vestiduras y vestirse de cilicio, llorar en voz alta y agonizante, y colocarse polvo sobre la cabeza y sentarse sobre cenizas (2 Sam. 1:11,12; 13:31; 14:2; Isa. 3:24; 22:12; Jer. 7:29; Ezeq. 7:18; Joel 1:8). La práctica cananea de la laceración y la mutilación estaba prohibida en la Torá (Lev. 19:27,28; Deut. 14:1).

El período de duelo variaba según las circunstancias. El duelo por Jacob duró 70 días (Gén. 50:3), mientras que en el caso de Aarón y Moisés se extendió durante 30 días (Núm. 20:29; Deut. 34:5-8). Las mujeres capturadas en la guerra tenían permitido hacer duelo durante un mes por la muerte de sus padres antes de casarse con sus captores (Deut. 21:11-13).

La muerte de personas famosas daba lugar a lamentos poéticos. David se condolió por la muerte de Saúl y Jonatán (2 Sam. 1:17-27) y Jeremías se lamentó por la muerte de Josías (2 Crón. 35:25).

En Jer. 9:17,18 y Amós 5:16 se hace referencia a los endechadores profesionales, y en Mat. 9:23 se los menciona como "los que tocaban flauta". En este último relato pareciera que Jesús los despidió en ocasión de sanar a la hija de un principal de la sinagoga. Es interesante observar que la reacción de Jesús ante la muerte de Lázaro fue comparativamente simple; lloró en la tumba (Juan 11:35,36).

Los ritos de duelo de los israelitas reflejan en parte la creencia de que la muerte era algo malo. Todo contacto con la muerte, ya sea por tocar un cadáver, los huesos de un cadáver, una tumba o una casa donde hubiera un cuerpo muerto, hacía que el israelita se tornara inmundo y necesitara ser

Las sequedades y los lugares del Wadi Arabá, al sur del Mar Muerto.

purificado. Además de la tristeza personal, los ritos de los duelos reflejaban, por lo menos en cierta medida, la humillación del doliente debido al contacto necesariamente cercano con el cuerpo del muerto.

Joe Haag

SEQUEDADES Expresión que algunas traducciones (RVR1960, NVI) usan para referirse a "tierras áridas" (Jer. 17:6). Otras traducciones utilizan "pedregales" (LBLA).

SERA Nombre de persona que significa "progresar, desarrollar, desbordar" o "esplendor, orgullo". Hija de Aser (Gén. 46:17; Núm. 26:46).

SERAFÍN Literalmente significa "los que arden"; los serafines eran serpientes aladas cuyas imágenes adornaban el trono de muchos faraones egipcios. En algunos casos llevaban las coronas de los reinos egipcios y se creía que actuaban como guardianes del rey. Isaías percibió los serafines como agentes de Dios que lo preparaban para proclamar el mensaje del Señor para Judá (Isa. 6:2). Ver *Ángeles.*

SERAÍAS Nombre de persona que significa: "Jah ha demostrado ser soberano". **1.** El "escriba" real de David; probablemente cumplía funciones de un actual secretario de estado (2 Sam. 8:17). La tradición hebrea escribe el nombre de diversas maneras: Seva, Seba (2 Sam. 20:25); Sisa (1 Rey. 4:3), a menos que se trate de una versión hebrea de la palabra egipcia para "escriba"; Savsa (1 Crón. 18:16). **2.** Sacerdote importante exiliado a Babilonia en el 587 a.C. (2 Rey. 25:18; 1 Crón. 16:14; Jer. 52:24). **3.** "Príncipe silencioso", "camarero" que Sedequías (597–586 a.C.) envió a Babilonia con instrucciones suyas y de Jeremías (Jer. 51:59-64). **4.** Sacerdote y padre de Esdras (Esd. 7:1). **5.** Oficial del ejército bajo las órdenes de Gedalías cuando este fue nombrado gobernador inmediatamente después de la caída de Jerusalén en el 586 a.C. (2 Rey. 25:23; comp. Jer. 40:8). Es probable que haya tomado parte en la rebelión que lideró Ismael. **6.** Líder de la tribu de Judá (1 Crón. 4:13). **7.** Miembro de la tribu de Simeón (1 Crón. 4:35). **8.** Líder de los exiliados que regresaron con Zorobabel (Esd. 2:2), aparentemente equivalente a Azarías (Neh. 7:7). **9.** Familia sacerdotal (Neh. 10:2;12:12).

SERAPIS También conocida como Sarapis, esta deidad solar egipcia-griega fue adorada primero en Menfis junto con el dios-toro Apis. Serapis, introducido en Egipto por los griegos, era adorado inicialmente como dios del infierno. El templo que le dedicaron en Alejandría era el más grande y más conocido. Serapis comenzó a ser reverenciado también como dios de la sanidad y la fertilidad, y su adoración se expandió por todo el Imperio Romano a través de las rutas comerciales.

Busto de bronce del dios egipcio-griego Serapis, que data del siglo I d.C.

SEREBÍAS Nombre de persona que tal vez signifique "Jah dio una nueva generación", "Jah entiende" o "Jah lo calentó". Antepasado de una familia de levitas (Esd. 8:18,24; Neh. 8:7; 9:4,5; 10:12; 12:8,24). Encargado del oro del templo que Esdras llevó de regreso a Jerusalén después del exilio y su ayudante para enseñar la ley.

SERED Nombre de persona que significa "señor del equipaje". Jefe de una familia de la tribu de Zabulón (Gén. 46:14; Núm. 26:26).

SEREDA Nombre geográfico de significado incierto. **1.** Paraje del hogar de Jeroboam en Efraín (1 Rey. 11:26), posiblemente identificado como Ain Seridah en Wadi Deir Ballut en el oeste de Samaria. **2.** Ciudad del Valle del Jordán (2 Crón. 4:17). El texto paralelo en 1 Rey. 7:46 dice "Saretán"(NVI).

SEREDATA (2 Crón. 4:17). Ver *Sereda.*

SEREDITA Descendiente o miembro de la familia de Sered (Núm. 26:26).

SERES Nombre de persona que significa "brote" o "ladino, astuto". Descendiente de Manasés (1 Crón. 7:16); también el nombre de una ciudad en el reino de Ugarit.

SERES VIVIENTES Personajes de la primera visión de Ezequiel (Ezeq. 1:5,13-15,19-20,22; 3:13; 10:15,17,20). Posteriormente, las criaturas son identificadas como querubines (10:20). Hay cuatro; cada una tiene forma humana pero con cuatro rostros. Tal vez la mejor interpretación es que son una representación descriptiva de la total soberanía de Dios. Las cuatro criaturas representan los cuatro puntos cardinales de la tierra. Los cuatro rostros simbolizan cuatro clases de la creación: el hombre, la humanidad; el león, el rey de las bestias salvajes; el buey, el rey de los animales domesticados; y el águila, el rey de las aves. Lo esencial de esta interpretación lo constituye el que está sentado en el trono por encima de todas las criaturas (1:26-28). El libro de Apocalipsis desarrolla una imagen similar para describir la plena soberanía de Dios (Apoc. 4:1-8).

SERGIO PAULO Nombre del procónsul de Chipre cuando Pablo visitó la capital de Pafos durante el primer viaje misionero (Hech. 13:6-12). Cuando Pablo y Bernabé llegaron, Sergio Paulo estaba bajo la influencia de un mago llamado Barjesús. Quiso escuchar el evangelio que predicaban los dos misioneros, pero el mago intentó que no llegara a la cita. Pablo le habló directamente al mago y este quedó ciego por un tiempo. Al ver lo sucedido, Sergio Paulo se convirtió a Cristo.

SERMÓN DEL MONTE Mateo 5–7 se conoce comúnmente como el Sermón del Monte, el primero de los cinco grandes discursos de Jesús en el Evangelio de Mateo. Es una exposición inteligente de la ley y de cómo armoniza con el nuevo pacto en Cristo. También formula acusaciones punzantes contra el legalismo de los fariseos y su fría y formal pretensión de superioridad moral. Jesús resalta Sus demandas para los discípulos y hace un llamado a demostrar rectitud verdadera, una rectitud de corazón que la ley no puede producir.

Interpretaciones Pocos pasajes de las Escrituras se prestan a interpretaciones tan divergentes. El sermón contiene una ética tan elevada y exigencias tan intransigentes que los eruditos siempre discreparon sobre su propósito y aplicación. Nadie puede cumplir a la perfección las exigencias del sermón, y la disparidad entre las expectativas y la conducta crea un problema desconcertante. Seguidamente aparecen algunos de los principales abordajes al pasaje.

Una interpretación común es la "ética provisoria", que sostiene que Jesús defendió una ética tan radical porque esperaba que el reino consumado comenzara de inmediato. La llegada de ese reino era tan inminente que los discípulos debían practicar esos estrictos requisitos por un breve período de tiempo hasta que el reino se concretara. Sin embargo, como este no se consumó, las exigencias del sermón "provisorio" deben descartarse. Esta interpretación no es popular.

Otro enfoque, correspondiente al liberalismo clásico, fue popular a comienzos del siglo XX, y desechaba la necesidad de redención personal mediante la obra expiatoria de Cristo. Sus adherentes sostenían que el sermón es esencialmente un mapa de ruta para construir una sociedad mejor y más progresista. La fe optimista en la bondad inherente de la humanidad los llevó a reemplazar el evangelio con una filosofía secular. Los grandes conflictos mundiales y la continua destrucción de la sociedad han demostrado que estaban equivocados.

Otra interpretación, más meritoria que las dos anteriores, es la perspectiva de la ortodoxia luterana. Esta sostiene que el sermón refleja una ética elevada imposible de cumplir cuyo propósito es demostrar que no podemos lograr por nuestras propias fuerzas la rectitud que Dios exige. El sermón es realmente evangelístico, ya que muestra la necesidad de recurrir a Dios para ser justos. El punto débil de esta interpretación es que le aplica al sermón la teología sistemática en vez de interpretarlo.

El enfoque "existencial" considera el sermón como invitación a tomar una decisión personal más que un conjunto de principios éticos concretos. El propósito del sermón es orientar la vida hacia una perspectiva celestial. Estos existencialistas no enfatizan un reino futuro literal. Más bien, la vida presente se compara con el ideal de lo que debería ser la conducta "celestial". Este punto de vista fomenta una actitud de reflexión personal y disposición para mejorar el futuro. Las debilidades de este enfoque son evidentes.

Otra interpretación, más popular en Norteamérica, es el enfoque dispensacional. En su forma clásica, el dispensacionalismo distinguía rígidamente los períodos de la ley y la gracia. Era el arquetipo del concepto de "discontinuidad" de las Escrituras; es decir, que Dios trató con las personas de manera distinta durante los diferentes períodos. En su interpretación más extrema, este sistema incluso sostenía que en el AT las personas eran salvas por un método distinto al NT. Cabe señalar que el dispensacionalismo cambió radicalmente en los últimos años y refleja una teología más moderada. Aún sostiene que, cuando Jesús predicó el sermón, estaba ofreciendo un reino milenial a los judíos. Ofreció establecerlo inmediatamente después de Su muerte si la nación lo aceptaba. Los judíos no lo recibieron como su Mesías y Rey, por lo que la oferta fue rescindida temporalmente. En lugar de inaugurar el reino, Jesús recurrió al "Plan B", por así decirlo, e introdujo la era actual de la gracia. Según este modelo, el sermón no tiene relevancia inmediata para la "era de la iglesia" sino que se reserva para el futuro reino milenial cuando Cristo regrese. Muchos cristianos conservadores sostienen este punto de vista, pero no es la mejor interpretación.

Aunque varios de los enfoques mencionados contienen algo de cierto, pareciera más acertado interpretar el sermón de la manera directa como Jesús lo predicó. "Directa" no significa necesariamente "literal". Algunos pasajes presentan problemas reales si se interpretan literalmente en vez de reconocer el contexto y la intención de Jesús. La predicación estaba dirigida a personas que lo seguían a Él en ese momento, personas que vivían en un mundo pecaminoso mientras esperaban que el Rey regresara y estableciera el reino. El sermón es la norma que los discípulos debían procurar. Describe la clase de vida que deberíamos vivir porque el Señor es nuestro dueño y queremos ser como Él, quien desea que Sus seguidores vivan un estilo de vida nuevo, aunque nunca logremos completamente la meta hasta que Él vuelva.

Contenido El sermón comienza con las bienaventuranzas (Mat. 5:3-12) y luego describe el testimonio que los discípulos de Cristo deben dar al mundo (Mat. 5:13-16). A continuación aparece la relación entre Jesús y la ley, y Su interpretación (Mat. 5:17-48), y después enumera algunos actos específicos de rectitud, incluida la oración modelo (Mat. 6:1-18). El Señor continúa el sermón con un detalle de las actitudes del corazón que Jesús requiere de Sus seguidores (Mat. 6:19–7:12), y finaliza con un desafío a vivir como verdaderos discípulos (7:13-27).

La introducción (Mat. 5:1,2) revela que Jesús le predicó a una congregación "mixta". Algunos eran marginales, otros se volcaban hacia Jesús y aun otros se habían comprometido a seguirlo. El sermón estaba dirigido directa y principalmente a Sus discípulos, pero el resto de la multitud también lo escuchó con sumo interés. La gente se maravillaba de Sus enseñanzas porque, a diferencia de sus maestros de la ley, Él hablaba con gran autoridad (Mat. 7:28,29). Ver *Bienaventuranzas; Ética; Jesús, Vida y ministerio.*

Dale Ellenburg

SERPIENTE Traducción de varias palabras bíblicas referentes a víboras. Símbolo del mal y Satanás. Dios le dio una señal a Moisés para demostrarle el control que tenía sobre las temidas serpientes (Ex. 4:3; 7:9,10; comp. Job 26:13). Jesús acusó a los fariseos de ser malvados y mortíferos como las serpientes (Mat. 23:33). A los 70 les dio poder sobre las serpientes (Luc. 10:19). Ver *Diablo, Satanás, demonio, demoníaco; Reptiles.*

SERPIENTE ARDIENTE Para instruir a Su pueblo Dios usó serpientes de aspecto terrible o de mordedura ardiente. La palabra hebrea para ardiente o abrasador es la misma para serafín en Isaías 6, pero se refiere a diferentes tipos de criaturas.

Para castigar a los israelitas por quejarse de su suerte en el desierto, Dios envió serpientes ardientes. Como resultado, muchos murieron. Las serpientes habitaban naturalmente en el desierto (Deut. 8:15). Con posterioridad, Dios le ordenó a Moisés que hiciera una imagen de una serpiente ardiente y la colocara sobre un poste. La serpiente metálica de Moisés se convirtió en el medio para la sanidad de los que habían sido mordidos por las serpientes ardientes y que no habían muerto. Jesús usó esa figura para señalar Su propio destino de ser levantado en una cruz (Juan 3:14; comp. 12:32). Ver *Moisés; Números.*

Isaías usó el temor a las serpientes para advertirles a los displicentes filisteos que Dios levantaría un enemigo más temible sólo comparable con una serpiente (*saraph*) voladora o de movimientos muy rápidos (Isa. 14:29, comp. 30:6).

SERUG Nombre de persona y de lugar que tal vez signifique "vástago, descendiente". **1.** Antepasado de Abraham (Gén. 11:20) y, por ende, de Jesús (Luc. 3:35). **2.** Ciudad ubicada 32 km (20 millas) al noroeste de Harrán y mencionada en textos asirios.

S

SERVICIO Trabajo hecho para otras personas o para Dios y adoración a Él. Jacob trabajó para Labán siete años por cada una de sus esposas (Gén. 29:15-30). El servicio podía consistir en trabajo de esclavo (Ex. 5:11; Lev. 25:39; 1 Rey. 12:4; Isa. 14:3; comp. Lam. 1:3), agroganadero (1 Crón. 27:26) o tareas diarias en el puesto de trabajo (Sal. 104:23). Podía ser servicio a reinos terrenales (2 Crón. 12:8; comp. 1 Crón. 26:30), en el lugar de adoración a Dios (Ex. 30:16; comp. Núm. 4:47; 1 Crón. 23:24), a los ministros de Dios (Esd. 8:20), y a Dios (Jos. 22:27). No sólo las personas brindan servicio; Dios también lo hace (Isa. 28:21). Incluso la justicia presta servicio (Isa. 32:17).

La máxima expresión del servicio es la adoración. Esto incluye el servicio de los utensilios del templo (1 Crón. 9:28), las acciones de adoración (2 Crón. 35:10; comp. Ex. 12:25,26), las ofrendas (Jos. 22:27), y la labor sacerdotal (Núm. 8:11). Es interesante que el AT nunca les atribuye servicio a otros dioses.

De manera similar, el NT habla de servicio forzoso (Mat. 27:32), sacrificio vivo (Rom. 12:1; Fil. 2:17 con un juego de palabras que también indica una ofrenda), tareas de esclavo realizadas por la causa de Cristo (Ef. 6:7; Col. 3:22; comp. Fil. 2:30), adoración (Rom. 9:4; Heb. 12:28), ofrendas (Rom. 15:31; 2 Cor. 9:12), y ministerio personal (Rom. 12:7; 1 Tim. 1:12; 2 Tim. 4:11). Hebreos 1:14 habla del servicio de los ángeles. Formar parte de un ejército también es un servicio (2 Tim. 2:4), y quienes persiguen a los seguidores de Cristo creen que lo hacen para servir a Dios (Juan 16:2).

SERVICIO COMUNITARIO Las descripciones de servicio comunitario que se registran en la Biblia se centran primordialmente en la responsabilidad de un creyente de procurar el bien de otros (1 Cor. 10:24; Fil. 2:4).

Exhortaciones específicas para el servicio comunitario incluyen el cuidado de los pobres (Deut. 15:7-8), los huérfanos y las viudas (Deut. 14:29; Hech. 6:1), los extranjeros (Lev. 19:10; Deut. 14:29; Heb. 13:2), los enfermos y los presos (Mat. 25:36), los hambrientos (Isa. 58:7; Mat. 25:35; Sant. 2:15-16), los errantes y los que no tienen techo (Job 31:32; Isa. 58:7) y las víctimas de delitos (Luc. 10:29-37).

La iglesia primitiva se ocupaba regularmente de las necesidades sociales y físicas de sus miembros (Hech. 2:45-46; 4:34-37; 6:1-6; 2 Cor. 8:3-4). Si bien no resulta claro hasta qué punto la iglesia primitiva cubrió necesidades similares entre personas que no formaban parte de la iglesia, el tenor de las declaraciones de Jesús acerca del amor al prójimo (Luc. 10:29-37; comp. Luc. 4:25-27) sugiere que los creyentes también tienen la responsabilidad de ir más allá de la iglesia y llegar a la comunidad.

SERVIDUMBRE Trabajo arduo realizado por sirvientes o trabajadores reclutados (Gén. 47:21; 2 Crón. 10:4; Neh. 5:18; Jer. 28:14; Lam. 1:3). El mismo término hebreo se traduce también "servicio".

SESAI Probablemente un nombre hurrita de significado incierto. Hombre o familia descendiente de los anaceos que vivía cerca de Hebrón (Núm. 13:22) y que Caleb (Jos. 15:14) y la tribu de Judá (Jue. 1:10) expulsaron. Tal vez ingresaron a Palestina con los pueblos del mar, que están relacionados los filisteos. Ver *Anac, anaceos.*

SESÁN Nombre de persona de significado incierto. Miembro de la familia de Jerameel de la tribu de Judá (1 Crón. 2:31-35).

SESBASAR Nombre babilónico que tal vez signifique "que Shamash (dios del sol) proteja al padre". Líder judío que acompañó al primer grupo de exiliados desde Babilonia hasta Jerusalén en el 538 a.C. (Esd. 1:8). El rey Ciro de Persia aparentemente designó a Sesbasar como gobernador de la restaurada Judá y abasteció al grupo que lo acompañaba, de provisiones y muchos tesoros que los babilónicos se habían llevado de Jerusalén. Intentó reconstruir el templo (Esd. 5:16) pero sólo había colocado los cimientos cuando lo reemplazó Zorobabel. Su genealogía no es clara, pero algunos creen que pudo ser el Senazar de 1 Crón. 3:18. En ese caso, era hijo de Joaquín y tío de Zorobabel.

SET **1.** Nombre de persona que significa "Él estableció o designó" o "reemplazo". Tercer hijo de Adán y Eva que nació después de que Caín asesinara a Abel (Gen. 4:25; 5:3). Antepasado de Jesús (Luc. 3:38). **2.** Familia moabita cuya destrucción profetizó Balaam (Núm. 24:17). Los textos egipcios y babilónicos apuntan a un pueblo seminómada de los desiertos sirio y árabe llamado Sutu. Algunos comentaristas creen que la traducción debería ser "hijos del tumulto" en vez de optar por un nombre propio.

SETAR Nombre persa de significado incierto. Consejero del rey Asuero de Persia; experto en "la ley y el derecho" persa, y probablemente en astrología (Est. 1:13,14).

SETAR-BOZNAI Nombre persa que significa "Mitra es libertador". Funcionario provincial persa que cuestionó el derecho de Zorobabel para iniciar la reconstrucción del templo (Esd. 5:3,6) pero ante la respuesta del rey Darío ayudó a los judíos en la construcción (Esd. 6:13). El nombre aparece en el Papiro Elefantino.

SETENTA AÑOS Número profético y apocalíptico que indica la duración del exilio de Israel en Babilonia y el fin de la tribulación en la visión de Daniel. Setenta años representaban un número redondo correspondiente a la expectativa normal de la vida humana (Sal. 90:10). Isaías 23:15 y la piedra negra babilónica de Esar-hadón tal vez indiquen que 70 años era el tiempo de castigo y desolación para una ciudad derrotada. Jeremías predijo que Judá serviría a Babilonia durante 70 años (Jer. 25:11; comp. Jer. 29:10). En 2 Crón. 36:21 se relata la llegada de Ciro, que pone fin a los 70 años (538 a.C.). Esto aparentemente los ubica entre la primera deportación de los judíos a Babilonia (aprox. 605 a.C.) y la llegada de Ciro. Pareciera que Zacarías creía que los 70 años finalizarían durante su vida cuando se reconstruyera el templo (Zac. 1:12). Esto abarcaría el período desde la destrucción del templo (586 a.C.) y la dedicación en el 516 a.C. Algunos intérpretes creen que las referencias del cronista a los días de reposo indicaban un segundo significado de los 70 años: 70 años sabáticos (Lev. 25:1-7: 26:34,35) ó 490 años. Según esta interpretación, Israel no había cumplido el mandato del año sabático desde la época de los jueces, de modo que Dios le dio a la tierra 70 años sabáticos consecutivos durante el exilio. Daniel meditó sobre la profecía de Jeremías (Dan. 9:2) y se dio cuenta de que se refería a 70 semanas de años (v.24). Ver *Año Sabático; Setenta semanas.*

SETENTA SEMANAS Período del que se habla en Dan. 9:24-27 y que generalmente se interpreta como 70 semanas de años ó 490 años. El pasaje agrupa las semanas en tres partes: siete semanas (49 años), 62 semanas (434 años), y una semana (siete años). Los 49 años se relacionan con la reconstrucción de Jerusalén "cuando los tiempos apremien" (v.25 NVI). Los 434 años están relacionados con el tiempo intermedio antes que se le quite la vida al Mesías (v.26). Los siete años están conectados con el período correspondiente a un pacto entre un gobernante y Jerusalén que es violado a mitad de tiempo (v.27).

El significado de las 70 semanas se entiende de diversas maneras. El enfoque histórico relaciona estos años con el período de la historia entre la caída de Jerusalén y la restauración del templo en el 164 a.C. luego de las atrocidades de Antíoco Epífanes. Ver *Intertestamentaria, Historia y literatura.*

El enfoque profético distingue una referencia al nacimiento de Cristo, Su subsiguiente crucifixión (quitarle la vida al Mesías) y la destrucción de Jerusalén por parte de los romanos en el 70 d.C. En ese momento cesaron los sacrificios correspondientes al antiguo pacto. Los judíos utilizaron las mismas fechas (sin la referencia a Jesús) desde la época de Josefo. Se centran en la destrucción del templo.

El enfoque dispensacional interpreta las 70 semanas como un marco profético para los eventos del fin de los tiempos en lugar de una profecía sobre lo que sucedió con la obra de Cristo en Su primera venida. Se considera que la semana 69 finaliza con la muerte de Cristo, mientras que la 70 recién se cumplirá en un período futuro de gran tribulación. El intervalo entre las dos se considera un paréntesis en el patrón profético que incluye la actual edad de la iglesia, período que se considera no haber sido revelado en las profecías del AT. Ver *Dispensación; Escatología; Milenio; Tribulación.* *Jerry W. Batson*

SETUR Nombre de persona que significa "oculto". Espía que representaba a la tribu de Aser en la misión de explorar la Tierra Prometida (Núm. 13:13).

SEVA Nombre de persona que significa "similitud". **1.** Escriba de David (2 Sam. 20:25), tal vez la transliteración de un título egipcio que significa "escritor de cartas". Aparece como Seraías en 2 Sam. 8:17 y Sausa en 1 Crón. 18:16. Ver *Escriba.* **2.** Descendiente de Caleb y antepasado originario de una familia (1 Crón. 2:49).

SEVENE Asentamiento egipcio gemelo de Elefantina, una isla del Nilo. Goza de cierto grado de importancia comercial y militar. La sienita, una piedra de granito rosa, se extraía de ese lugar. En Sevene (Asuán) está situada la presa que se construyó en 1902 para controlar la irrigación del Nilo. Isaías 49:12 (NVI) dice "Asuán", aunque generalmente aparece como "Sinim".

SEXO, ENSEÑANZA BÍBLICA SOBRE EL La Biblia trata el tema de la sexualidad humana desde una perspectiva holística sobre la intención y el diseño divino. En contraste con los rituales sexuales paganos y la obsesión moderna con el sexo, la Biblia lo ubica dentro del contexto total de la naturaleza, la felicidad y la santidad humanas.

Género y relación Dios creó a los seres humanos como hombre y mujer, ambos a Su imagen (Gén. 1:27). Por ende, el género no es meramente un accidente biológico ni un accidente social. El contraste y la manera como el hombre y la mujer se complementan revelan que el género sexual es parte de la bondad de la creación de Dios. Los esfuerzos modernos por redefinir o rediseñar el género son directamente contrarios a la afirmación bíblica sobre la distinción correcta entre lo masculino y lo femenino. Este patrón de distinción se afirma e impone en las indicaciones litúrgicas y las restricciones sobre la vestimenta, el largo del cabello, etc. Cualquier esfuerzo por confundir o negar las diferencias está expresamente prohibido, y las Escrituras se oponen a ello, tal como se observa particularmente en los códigos legales del AT.

La intención divina se presenta a lo largo de la Biblia como un patrón donde el hombre y la mujer se complementan, particularmente dentro de la institución del matrimonio. Ambos son iguales en dignidad y condición, pero existe un modelo de liderazgo masculino en el hogar y en la iglesia que se enfatiza tanto en pasajes descriptivos como instructivos (1 Tim. 2:8–3:7; 1 Cor. 11:2-16; 14:34-38).

El sexo como regalo y responsabilidad La Biblia coloca el sexo y la actividad sexual dentro del contexto más amplio de la santidad y la fidelidad. En este sentido presenta una explicación sincera y detallada del diseño de Dios para el sexo y su rol en la vida humana y la felicidad.

En primer lugar, los escritores bíblicos afirman que el placer de la sexualidad es un regalo de Dios. Cantar de los Cantares es un extenso poema de amor con imágenes literarias y lenguaje explícitamente eróticos. Confirma que el sexo es una fuente de placer e intimidad compartida entre el esposo y la esposa.

En segundo lugar, el regalo de la actividad sexual sólo tiene su lugar dentro del contexto del pacto matrimonial. Unidos el uno al otro dentro de este pacto monógamo, el hombre y la mujer pueden estar desnudos sin sentir vergüenza (Gén. 2:25). El testimonio de los escritores bíblicos es que las relaciones sexuales se limitan a esta relación pactada. Se condenan todas las formas de actividad sexual fuera del matrimonio, incluso el sexo prematrimonial (fornicación) y el adulterio (Ex. 20:14; Deut. 22:22; 1 Cor. 6:9,10). Al mismo tiempo, el esposo y la esposa deben cumplir con sus obligaciones conyugales y no abstenerse de la unión sexual (1 Cor. 7:2-5).

En tercer lugar, si bien el placer es una de las bondades bíblicamente asociadas con la unión sexual (Prov. 5:15-19), las Escrituras de modo sistemático vinculan la procreación con el acto matrimonial (Sal. 128:3). El placer sexual y la procreación están vinculados de una manera sana y natural que evita la negación de parte de cualquiera de los dos. Las tecnologías anticonceptivas modernas no se conocían en los tiempos bíblicos, y la "mentalidad anticonceptiva" contemporánea que defiende el placer sexual como algo completamente desconectado de la procreación es ajena a la visión bíblica.

En cuarto lugar, los escritores bíblicos tratan con sinceridad el tema de la sexualidad humana. Pablo reconocía la existencia de pasiones sexuales (1 Cor. 7:9) y advirtió a los que no recibieron el don del celibato que debían casarse en vez de permitir que sus pasiones se convirtieran en lujuria pecaminosa.

La Biblia también trata el tema del pecado sexual. Por ej., el relato del pecado de David con Betsabé expone el dolor y la vergüenza del adulterio. El horror de Pablo al enterarse del pecado sexual entre los corintios dio lugar a algunas de las enseñanzas más claras sobre la sexualidad y la santidad.

Sexo, santidad y felicidad Los escritores bíblicos afirman que la sexualidad es una característica propia del cuerpo. Como seres humanos somos criaturas sexuales y, como criaturas sexuales, se nos insta a honrar a Dios con nuestro cuerpo (1 Cor. 6:15-20). Dentro del contexto del pacto matrimonial, el esposo y la esposa tienen libertad para expresar amor mutuo, experimentar placer y unirse en el acto de procreación de la relación sexual. Esto agrada a Dios y no debe ser motivo de vergüenza.

Los escritores bíblicos vinculan santidad con felicidad. La verdadera felicidad humana se logra en el cumplimiento de la santidad sexual. El intento de gozar de la felicidad del sexo sin santidad es la raíz de las desviaciones sexuales.

Desviación sexual Así como los escritores bíblicos presentan el sexo matrimonial como algo santo y natural, todas las otras formas de actividad sexual son condenadas y declaradas pecaminosas. Además del adulterio y la fornicación, la Biblia prohíbe expresamente la homosexualidad, la bestialidad, el incesto, la prostitución, la violación, la pederastia y toda otra forma de desviación sexual (Ex. 22:16,17,19; Lev. 18:6-18, 22,23; Prov. 7:1-27; Rom. 1:26,27; 1 Cor. 5:1-13).

La Biblia considera que la desviación sexual es un rechazo intencional a la autoridad de Dios como Creador y Señor (Rom. 1:18-25). Tal como advierte Pablo, los que practican tales pecados no heredarán el reino de Dios (1 Cor. 6:9,10). Tanto los escritores del AT como los del NT advierten que el pueblo de Dios no debe contaminarse ni corromperse con tales pecados. Es interesante notar que las prácticas sexuales de las distintas naciones paganas descriptas en el AT y los vicios sexuales del Imperio Romano del siglo I sean sorprendentemente similares a los de nuestros días.

La sexualidad es un maravilloso regalo de Dios y fuente de gran felicidad. Al mismo tiempo, cuando se expresa fuera del contexto de la fidelidad matrimonial, puede convertirse en una de las fuerzas más destructivas de la existencia humana.

El amor sexual matrimonial se expresa en la intimidad de la unión sexual que es fuente de placer como así también de procreación. Ambos son beneficios del acto y la relación matrimonial, y deben ser recibidos y aceptados con gratitud. Los escritores bíblicos enseñan que la verdadera felicidad sexual está inextricablemente vinculada con la santidad sexual que posea el creyente que vive para Dios. *R. Albert Mohle (h)*

SHADDAI Transliteración del nombre hebreo para Dios que frecuentemente se traduce "Todopoderoso" conforme a la traducción griega más antigua. Ver *Dios de los padres; Dios, Nombres de; Todopoderoso.*

SHEKINÁH Transliteración de una palabra hebrea que no aparece en la Biblia pero se utiliza en muchos escritos judíos para hablar de la presencia de Dios. El término significa "aquello que habita" y está implícito a lo largo de la Biblia cuando se alude a la cercanía de Dios en una persona, un objeto o Su gloria. Frecuentemente se usa con la palabra "gloria" para referirse a la gloria *shekináh* de la presencia de Dios. Ver *Gloria.*

SHEMÁ Transliteración de un imperativo hebreo que significa "Oye" (Deut. 6:4) y se aplica a Deut. 6:4-9 como declaración básica de la ley judía. La Shemá se convirtió para el pueblo de Dios en una confesión de fe donde reconocían al único Dios verdadero y Sus mandamientos para con ellos. Más tarde, la práctica de la adoración combinó Deut. 6:4-9; 11:13-21, y Núm. 15:37-41 para formar una Shemá más extensa como síntesis de la confesión judía. Cuando le preguntaron a Jesús cuál era "el primer mandamiento", Él les contestó citando la Shemá (Mar. 12:29).

SHIBOLET Transliteración de una palabra hebrea que significa "orejas", "ramas" o "arroyo". Las personas de Galaad, al este del Jordán, usaban este término para detectar a los miembros de la tribu de Efraín que habitaban al oeste del río, ya que el dialecto de estos evidentemente no incluía el sonido *sh* y siempre decían "sibolet", palabra que no se emplea en ningún otro lugar en hebreo (Jue. 12:6).

SHOFAR Palabra hebrea para el cuerno del carnero ceremonial utilizado para convocar al pueblo de Israel (Ex. 19:16). Debía hacerse sonar en el Día de la Expiación del año del jubileo como señal de la liberación de los esclavos y el perdón de las deudas. También se utilizaba como trompeta de guerra cuando los israelitas avanzaban contra sus enemigos. Ver *Música, instrumentos musicales, danza.* *Mike Mitchell*

SHUR, DESIERTO DE Nombre geográfico que significa "muralla". Región en el límite noreste de Egipto, tal vez con ese nombre debido a las murallas egipcias construidas para proteger la frontera. Allí fue donde Moisés hizo la primera parada luego de cruzar el Mar Rojo (Ex. 15:22). Anteriormente Agar, la sierva de Sara, había ido hacia Shur tras ser expulsada de la casa de Abraham (Gén. 16:7). Este vivía cerca de Shur (Gén. 20:1). Saúl aplastó a los amalecitas en esa zona (1 Sam. 15:7). David y sus hombres incursionaron hasta Shur cuando huían del rey Saúl (1 Sam. 27:8). Podría ser la actual Tell el-Fara.

SIAHA Nombre de persona que significa "ayudante." Familia de sirvientes del templo o netineos (Esd. 2:44; Neh. 7:47). Ver *Netineos, sirvientes del templo.*

SIBA Nombre de persona, quizás la palabra aramea para decir "rama". Sirviente de Saúl. Cuando David quiso demostrar su amabilidad a los miembros de la familia de Jonatán, Siba le habló a David sobre Mefi-boset (2 Sam. 9:1-8). David puso a Siba a cargo de la propiedad restaurada de Mefiboset (9:9-13). Durante la rebelión de Absalón, Siba ayudó a David con suministros y acusó (falsamente) de traición a Mefi-boset (2 Sam. 16:1-4). David recompensó a Siba otorgándole la propiedad de Mefi-boset. Este se reunió con David cuando retomó el poder en Jerusalén y acusó a Siba de engaño (2 Sam. 19:24-29). David, ya sea dudando a quién creer o deseoso de no tener rivales fuertes, dividió la propiedad de Saúl entre Siba y Mefiboset.

El Desierto de Shur.

SIBECAI Nombre de persona de significado incierto. Integrante del ejército de David que mató a un gigante o, más literalmente, a un descendiente de los refaítas (2 Sam. 21:18). En 1 Crón. 11:29 se lo incluye entre los valientes de David, razón por la cual muchos comentaristas consideran que Sibecai es la lectura original de Mebunai en 2 Sam. 23:27, resultado de una confusión de los primeros escribas con las letras hebreas. Sibecai comandaba las fuerzas de David en el octavo mes (1 Crón. 27:11).

SIBIA Nombre de persona que significa "gacela". **1.** Cabeza de una familia de benjamitas (1 Crón. 8:9). **2.** Madre del rey Joás de Judá (2 Rey. 12:1; 2 Crón. 24:1).

SIBMA Nombre geográfico que significa "frío" o "elevado". Ciudad de la tribu de Rubén que fue reconstruida en Transjordania (Núm. 32:38). Se transformó en parte de la herencia de la tribu (Jos. 13:19). Isaías la mencionó en su lamento por Moab (Jos. 16:8,9; comp. Jer. 48:32). El nombre Sebam (Núm. 32:3) frecuentemente se considera un cambio de la palabra Sibma efectuado por un copista. Podría encontrarse en Khirbet al-qibsh, 5 km (3 millas) al este-noreste del Monte Nebo y 5 km (3 millas) al sudoeste de Hesbán.

SIBOLET Ver *Shibolet.*

SIBRAIM Nombre geográfico de significado incierto. Aparentemente corresponde a la frontera norte entre Damasco y Hamat. Algunos lo identifican con Sefarvaim (2 Rey. 17:24). Se desconoce su ubicación exacta.

SICAR Nombre geográfico que pretende indicar "falsedad", aunque es probable que originalmente derivara de "Siquem". Pueblo de Samaria donde se encuentra el pozo de Jacob (Juan 4:5,6). Jesús descansó junto a dicho pozo y allí ministró a la mujer samaritana. Jacob compró la parcela de tierra a "los hijos de Hamor, padre de Siquem" (Gén. 33:19). El sitio se ha identificado en varias oportunidades con Siquem y una aldea justo al norte de esta última llamada Askar. Las excavaciones arqueológicas han revelado que Sicar y Siquem son parte del mismo antiguo asentamiento.

SICARIOS Ver *Asesinos.*

SICLAG Ciudad al sur de la Llanura de Judea, identificada como Tell el-Khuweilifeh, unos 15 km (10 millas) al nor-noreste de Beerseba, o Tell esh-Shariah, 13 km (9 millas) al nor-noroeste de Beerseba o Khirbet el-Mashash. Ciudad en la herencia tribal de Judá entregada a Simeón (Jos. 15:31; 19:5).

Aparentemente, Siclag perteneció a los filisteos, y los israelitas la tomaron durante la época de los jueces de Israel (1 Sam. 27:6). Aquis, rey de Gat, entregó la ciudad a David durante el período de este último como "fugitivo". El obsequio puede haber sido una manera de limitar las fronteras demasiado extendidas de Filistea. Siclag nunca llegó a formar parte de Filistea propiamente dicha.

David convirtió la ciudad en su cuartel principal mientras reunía a su ejército personal y realizaba incursiones contra los amalecitas. A su regreso a la base de operaciones después de que los filisteos se negaran a dejarlo luchar junto con ellos contra Saúl, David encontró que la ciudad había sido atacada e incendiada por los amalecitas, y que su familia había sido tomada como rehén. Mediante una arriesgada incursión nocturna en territorio enemigo, David rescató a su gente y la llevó de regreso a Siclag (1 Sam. 30). Los judíos que regresaron del exilio en Babilonia habitaron en Siclag (Neh. 11:28).

SICLO Medida hebrea de peso equivalente a aprox. 11 gr (2/5 de onza). Se convirtió en el nombre de una moneda de plata de ese peso. Ver *Monedas; Pesos y medidas.*

SICÓMORO Combinación de "higuera" con "morera" (*Ficus sycomorus*). Higuera que crecía en el Valle del Jordán y tenía hojas como la morera actual. Su fruto era de menor calidad que el higo y se tenía que perforar para poder comerlo. Amós trabajó como "cultivador de higos silvestres" (Amós 7:14; comp. Sal. 78:47). Este árbol no tiene relación con el sicómoro americano. Se usaba como comida para los pobres y daba fruto varias veces al año. (Ver 1 Rey. 10:27; 2 Crón. 9:27). Se solía plantar a la vera de los caminos en razón de la sombra que producía (ver Luc. 19:4). Las personas pobres usaban la madera de este árbol en lugar del costoso cedro (Isa. 9:10).

SICRÓN Nombre geográfico que significa "beleño" (un tipo de planta solanácea). Ciudad limítrofe de la tribu de Judá (Jos. 15:11). Tal vez esté ubicada en Tell el-Ful al norte del Río Soreq, 5 km (3 millas) al noroeste de Ecrón.

SIDA (Síndrome de inmunodeficiencia adquirida). Si bien la Biblia no se refiere específicamente al SIDA, proporciona principios para entenderlo y para que los que están afectados por el SIDA puedan hallar consuelo y esperanza.

Como todas las enfermedades, el sufrimiento y la muerte, el SIDA es una consecuencia de la caída (Gén. 2:17; 3:19b; Rom. 1:27). Sin embargo, a diferencia de la mayoría de las enfermedades, el virus HIV por lo general (aunque no en forma exclusiva) afecta a personas a través de acciones de conducta irresponsable (Os. 8:7a; Gál. 6:7-8). La Biblia ordena a los seguidores de Cristo cultivar un estilo de vida puro (Fil. 4:8; Col. 3:1-7; 2 Ped. 1:5-11). Además, esa conducta o estilo de vida minimiza el riesgo por el cual el virus HIV pudiera infectarlos y provocar el SIDA.

Al tocar (Mat. 20:34; Mar. 1:41) y sanar a los que acudían a Él, Jesús mostró compasión para con los leprosos (Mar. 1:40-42), parias sociales (Mar. 5:1-8; Juan 4:1-38) y otros que estaban enfermos y en gran necesidad (Mat. 9:36; 14:14; Mar. 1:32-34). Pablo ruega a los cristianos que muestren gran compasión por los que están en necesidad (Rom. 12:15; Gál. 6:2), y declara que los que sufren son consolados por Dios por medio de la obra de Jesús (2 Cor. 1:3-4). De la misma manera, los que están afectados con SIDA pueden encontrar consuelo y esperanza a través del amor de Dios.

SIDIM Nombre geográfico que tal vez signifique "lados" "llanos" o "campos". **1.** Ciudad fortificada en Neftalí (Jos. 19:35), quizás Hatin el-Qadim, unos 13 km (8 millas) al oeste-noroeste de Tiberias. Algunos comentaristas lo ven como una repetición del copista de "ciudades fortificadas". Ver *Zer.* **2.** Variante del nombre del Mar Muerto; sitio donde la coalición de reyes se enfrentó a Quedorlaomer y sus aliados, y que indujo a Abraham a rescatar a Lot (Gén. 14). La referencia aparentemente corresponde a la tierra que bordea el Mar Muerto. Algunos creen que el hebreo debería decir "Sadim" y ser interpretado entonces como referencia al Valle de los Demonios.

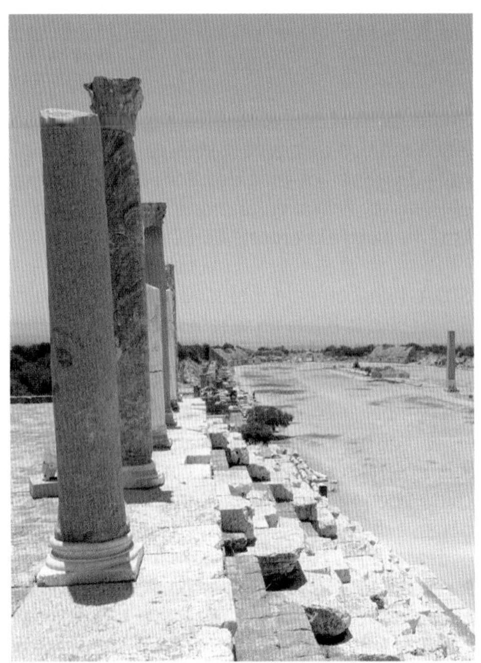

Hipódromo en Tiro, el más grande del Imperio Romano.

SIDÓN Y TIRO Ciudades fenicias ubicadas en la llanura costera entre las montañas del Líbano y el Mar Mediterráneo (Gén. 10:15). Eran ciudades antiguas fundadas mucho antes de que los israelitas entraran a Canaán. Fuentes extrabíblicas mencionan Sidón por primera vez antes del 2000 a.C., y Tiro inmediatamente después de esa fecha. Si bien Sidón parece haber sido la más poderosa de las dos durante la primera parte de su historia, Tiro asumió este rol en tiempos posteriores. Ambas ciudades eran conocidas por sus hazañas marítimas y la actividad comercial. Una de las exportaciones más codiciadas de Tiro era el tinte púrpura. Josué no pudo conquistar ese territorio (Jos. 13:3-4).

Israel mantenía relaciones con ambas ciudades, pero en particular con Tiro. David contrató canteros y carpinteros y usó cedros de esa zona para construir su palacio (2 Sam. 5:11). La construcción del templo de Jerusalén durante el reinado de Salomón dependió en gran medida de los materiales y artesanos de Tiro. Alrededor del 870 a.C., Acab se casó con Jezabel, hija del rey fenicio, y así introdujo la adoración a Baal en la corte de Israel. Ezequiel 28 describe al rey de Tiro como un verdadero ejemplo de orgullo. Las dos ciudades fueron importantes puertos mercantes durante el dominio romano, pero no disfrutaron de la preponderancia que habían tenido

El puerto de Sidón (actualmente en Líbano).

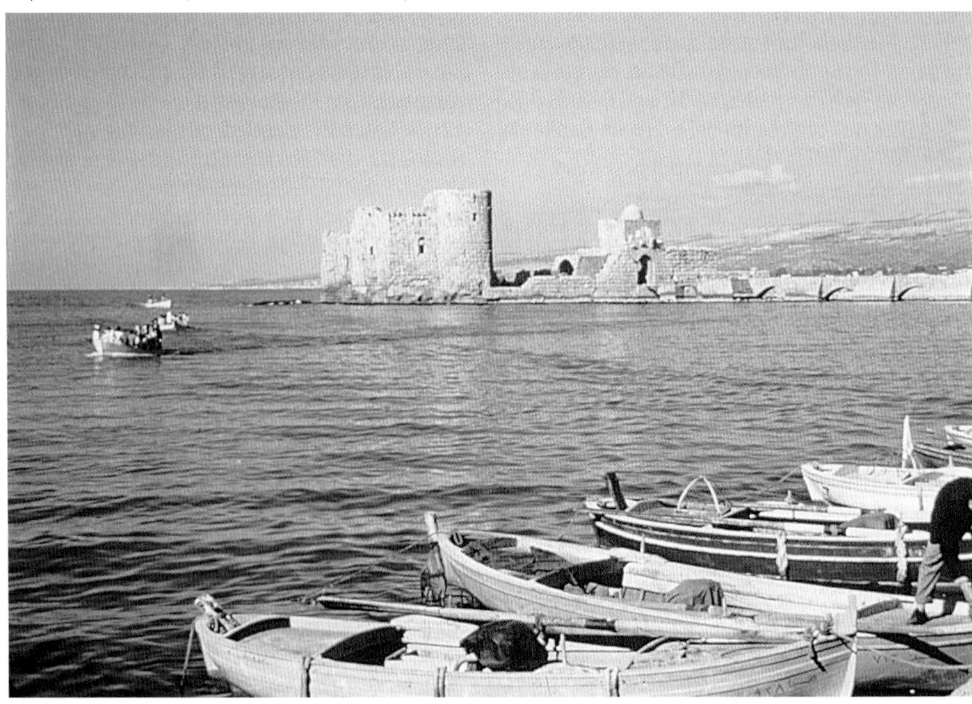

antes. Jesús pasó un tiempo en Tiro y Sidón y, a diferencia de la actitud de los profetas hacia estas ciudades, las diferenció de los judíos diciendo que eran ejemplos de fe (Mat. 11:20-22). Pablo pasó siete días en Tiro después del tercer viaje misionero (Hech. 21:3,4). Ver *Fenicia.*

Scott Langston

SIDRA Bebida alcohólica hecha de granos. Al principio quizá se haya llamado así a la cerveza elaborada con cebada. Al vino por lo general se lo menciona junto con la sidra, pero es una bebida distinta (1 Sam. 1:15; Jue. 13:4,14; Luc. 1:15). Frecuentemente se les prohibía a los sacerdotes (Lev. 10:8,9) y a los que hacían el voto nazareo (Núm. 6:3). Isaías advirtió contra el exceso de bebida (5:11). La Biblia advierte contra la embriaguez. El NT declara que los borrachos no tendrán entrada en el reino de Dios (1 Cor. 6:9,10). Ver *Borrachera; Vino.*

SIEGA Tiempo festivo para recoger la cosecha, generalmente señalada por importantes fiestas religiosas. Entre las principales cosechas estaban el trigo, las uvas y los olivos. También se cultivaba cebada, lino y diversas hortalizas y frutas. Las plantas cultivadas se cosechaban en diferentes momentos. El olivo se recolectaba entre mediados de septiembre y mediados de noviembre con golpes aplicados a los árboles con palos largos (Deut. 24:20; Isa. 17:6). El lino se cosechaba en primavera; se cortaba la planta cerca de la base y se ponían a secar los tallos (Jos. 2:6). La cebada se cosechaba de abril a mayo, el trigo de mayo a junio y las frutas de agosto a septiembre. El período promedio de cosecha llevaba alrededor de siete semanas (Lev. 23:15; Deut. 16:9). Se esperaba que todos los miembros de la familia trabajaran durante ese tiempo (Prov. 10:5; 20:4). Había sucesos importantes conectados con el tiempo de cosecha (Ex. 34:18-20; Deut. 16:13-16; Jos. 3:15; 1 Sam. 16:13). La época de la siega era la oportunidad para realizar festividades gozosas (Ex. 34:22; Isa. 9:3).

Varias leyes regían la cosecha. Parte de los cultivos se dejaba sin cosechar (Lev. 19:9) para beneficio de los pobres. Las primicias de la cosecha se ofrendaban a Dios (Lev. 23:10).

El AT provee varios usos figurativos de la siega. Una cosecha destruida representaba aflicción (Job 5:5; Isa. 16:9). El "tiempo de la siega" a veces representaba el día de destrucción (Jer. 51:33; Joel 3:13). La frase "pasó la siega" significaba que había pasado el tiempo señalado (Jer. 8:20).

Jesús con frecuencia se refirió a la siega para hablar de la cosecha de almas (Mat. 9:37; Mar. 4:29; Juan 4:35). En la parábola del trigo y la cizaña, Jesús relacionó la siega con el fin del mundo (Mat. 13:30-39). El ritmo del tiempo de la cosecha (sembrar y recoger) sirvió de ilustración para una verdad espiritual (Gál. 6:7-8). Ver *Agricultura; Fiestas.*

Gary Hardin

SIEGA, FIESTA DE LA Nombre alternativo para Pentecostés o la fiesta de las semanas (Ex. 23:16; 34:22). Ver *Fiestas; Pentecostés.*

SIERVO DE JEHOVÁ Título que Jesús tomó del AT, especialmente de Isa. 40–55. La frase "el siervo de Jehová" ("Mi siervo" o "Su siervo", donde los pronombres se refieren a Dios) se aplicó a muchos líderes del pueblo de Dios: más de 30 veces a Moisés, más de 70 a David, y varias a Israel como nación.

En Isaías, la idea se presenta de manera casi incidental. El cap. 41 describe una gran crisis causada por un ejército poderoso que desde Persia se dirige hacia el oeste y conquista y aterroriza numerosas naciones. Frente a esto, Dios le dijo a Israel que no temiera. "Pero tú, Israel, siervo mío eres; tú, Jacob, a quien yo escogí, descendencia de Abraham mi amigo....Mi siervo eres tú; te escogí, y no te deseché" (Isa. 41:8-9b). Israel debía ser preservado porque era el instrumento de Dios para llevar a cabo una tarea de importancia mundial.

Isaías 42 retrata de manera excepcional al Siervo de Jehová ideal y la gran obra que Dios quiere que lleve a cabo. Él "traerá justicia a las naciones" (v.1). Debe establecer "en la tierra justicia; y las costas esperarán su ley" (v.4). Las tareas que está destinado a cumplir son casi increíbles. Traerá la justicia de Dios a todas las naciones (vv.1,4).

Casi más sorprendente que la titánica tarea que el Siervo debe llevar a cabo es la descripción de cómo tiene que hacerlo. Avanzará con absoluta confianza pero nada indica que necesite hacer un esfuerzo extenuante. Comprenderá con tanta cabalidad el alcance de Su poder sobrecogedor que podrá ser inmensamente tierno al hacer Su tarea (Isa. 42:2-4), aun con aquellos que hayan fracasado en sus esfuerzos. Esta primera parte de Isaías 42 pinta un retrato del Siervo ideal, la meta para la cual Israel debía ser preservado.

Cuando un israelita leía esta predicción, pensaba: "¿Cómo puede Israel pensar siquiera en llevar a cabo esta gran tarea que el Siervo del Señor debe hacer?" Dios inmediatamente señaló la incapacitad del israelita natural de estar a la altura del retrato del Siervo ideal. El v.19 dice: "¿Quién es ciego, sino mi siervo? ¿Quién es sordo, como mi mensajero que envié?" Israel era responsable de procurar ese ideal, pero estaba más allá de su alcance. No obstante, el Señor dice: "Vosotros sois mis testigos, y mi siervo que yo escogí" (Isa. 43:10; comp. 44:1,2,21).

Israel tenía la responsabilidad de hacer el trabajo del Siervo. Sin embargo, no se refería a todo Israel ya que algunos eran blasfemos e idólatras. ¿Podría parte de Israel ser el verdadero Siervo? ¿O podría realmente apuntar a Uno que saliera de Israel, Uno que representara a Israel para llevar a cabo la tarea? Mateo 12:17-21 cita Isa. 42:1-4 para mostrar que esto se cumplió en Jesucristo.

El cap. 49 presenta más detalladamente la obra del Siervo. Este les dice a las "costas" y a los "pueblos lejanos" que Dios lo había llamado antes de Su nacimiento, incluso por Su nombre: Israel (Isa. 49:3). El v.4 describe a los piadosos de Israel que saben lo que Dios desea pero reconocen su propia ineptitud, y asegura que la obra le pertenece a Dios y que Él se encargará de concretarla. Los vv.5 y 6 distinguen entre Aquel que llevará a cabo la labor del Siervo y la nación de Israel, a la que pertenece y representa. No sólo debe traer juicio al mundo sino también "hacer volver a él a Jacob" (v.5) y restaurar "el remanente de Israel" (v.6). Debe ser "luz de las naciones" y "mi salvación hasta lo postrero de la tierra" (v.6). En Isa. 50:4-10 se relatan los sufrimientos a que se someterá voluntariamente.

Todo esto lleva al retrato triunfal de Isa. 52:13–53:12 que muestra los sufrimientos del Siervo (52:14; 53:2-5,7,8,10), Su naturaleza vicaria y redentora (52:15; 53:4-6,8,10-12; comp. 1 Ped. 1:1,2). El cap. 54 muestra el alcance de la obra del Siervo, mientras que Isa. 55:1 hace el glorioso llamado a recibir la salvación que logró la obra redentora del Siervo "sin dinero y sin precio" (v.1).

Después del cap. 53, Isaías nunca vuelve a usar la palabra "Siervo" en singular; en cambio, habla de las bendiciones que recibirán los seguidores del Siervo a quienes denomina "los siervos del Señor" (54:17); "sus siervos" (56:6; 65:15; 66:14), y "mis siervos" (65:8,9,13,14).

El NT describe a Jesús como el Siervo Sufriente que consuma las gloriosas descripciones de Isaías. Al no permitir que los discípulos revelaran Su

Iglesia de San Juan en Pérgamo, una de las ciudades de las siete iglesias de Asia.

verdadera identidad, Jesús se manifestó como el Siervo agradable que no luchó ni clamó a gritos (Mat. 12:14-21). Dios glorificó a Su siervo Jesús en la resurrección y la ascensión (Hech. 3:1; 13:1). Líderes gentiles y judíos conspiraron para hacer que Jesús, el "santo Hijo", sufriera como Dios había "determinado que sucediera" (Hech. 4:27,28). Esto hizo que la iglesia primitiva orara pidiendo, como siervos de Dios, ser capaces de hablar con denuedo y realizar milagros en el nombre de "tu santo siervo Jesús" (Hech. 4:29,30 NVI). Jesús consideró que Su misión era ser Siervo (Luc. 4:18,19; comp. Luc. 22:37) y fue ejemplo para Sus discípulos, a quienes instó para que fueran siervos los unos de los otros y del mundo (Juan 13:4-17). Ver *Cristo, cristología; Esclavo, Siervo; Hijo de Dios; Isaías; Jesucristo.*

Allan A. MacRae

SIETE IGLESIAS DE ASIA Destinatarios originarios del libro de Apocalipsis (Apoc. 1:4). Ver *Asia Menor, Ciudades de.*

SIETE PALABRAS DE LA CRUZ Declaraciones que hizo Jesús durante las seis horas agonizantes de Su crucifixión. El haber sido pronunciadas durante el acto central de la redención les otorga gran peso

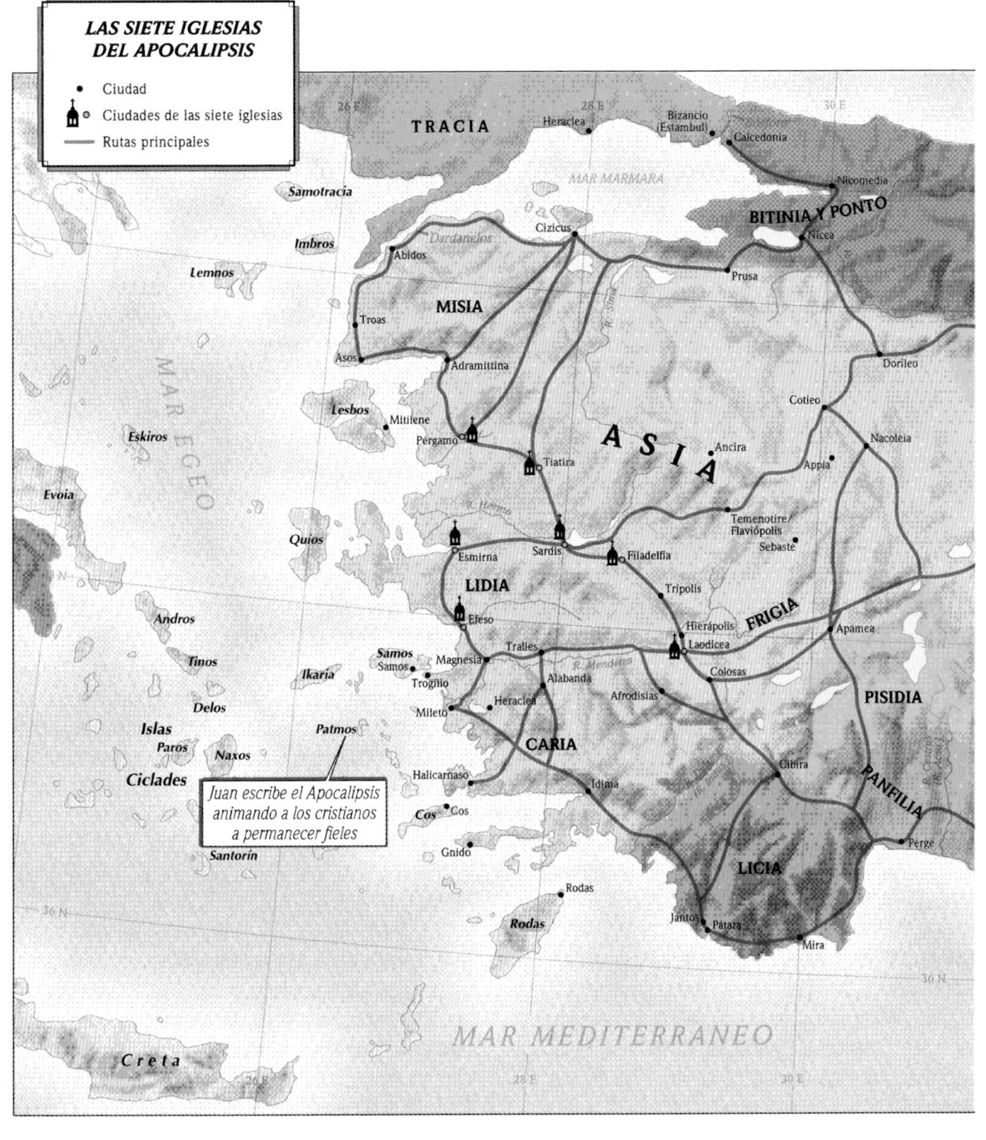

e importancia. Ninguno de los Evangelios registra las siete frases, pero dichos enunciados cuadran en un orden comúnmente aceptado.

Los primeros tres comentarios de Jesús se hicieron entre las nueve de la mañana y el mediodía (Mar. 15:25). Primero pidió que se perdonara a quienes lo habían crucificado (Luc. 23:34). En la cruz, Jesús hizo que el perdón fuera posible no sólo para los involucrados en Su crucifixión sino también para todos aquellos que pusieran su confianza en Él. En segundo lugar, Jesús le prometió al ladrón arrepentido que ese mismo día estaría con Él en el paraíso (Luc. 23:43); esto nos permite entender qué sucede con los creyentes después de la muerte. En tercer lugar, Jesús le encomendó a Juan el cuidado de su madre (Juan 19:26,27).

Las últimas cuatro frases de Jesús se pronunciaron entre el mediodía y las tres de la tarde, las horas finales antes de Su muerte (Mat. 27:45; Mar. 15:33; Luc. 23:44). La cuarta frase fue un clamor de soledad donde cita el Sal. 22:1 en arameo (Mat. 27:46; Mar. 15:34). Esta expresión no brotó tanto del dolor físico sino más bien de la agonía de cargar sobre Sí el pecado del mundo. Su agonía física se expresa en el quinto enunciado cuando reconoció tener sed (Juan 19:28). Luego de que le ofrecieran una bebida amarga, Jesús pronunció la sexta declaración: "Consumado es" (Juan 19:30). Este es un grito de victoria y no de derrota. Jesús no estaba acabado sino que se había consumado la redención. En las palabras finales citó el Sal. 31:5 al encomendar Su espíritu a Dios (Luc. 23:46). Ver *Crucifixión.* *Steve W. Lemke*

SIETE, SÉPTIMO Número de la perfección. Ver *Numérico, Sistema y Simbolismo.*

SIFI Nombre de persona que significa "mi desborde". Miembro de la tribu de Simeón (1 Crón. 4:37).

SIFMITA Sustantivo que indica ciudad originaria, tierra natal o familia de donde provenía Zabdi. Algunos han sugerido la ciudad de Sefam (Núm. 34:10) pero no hay certeza.

SIFMOT Ciudad en el sur de Judá que recibió un botín de guerra por haber trabado amistad con David (1 Sam. 30:26,28). Se desconoce su ubicación. Un hombre llamado Zabdi tal vez haya sido residente de esta ciudad (1 Crón. 27:27). Ver *Sifmita.*

SIFRA Nombre de persona que significa "belleza". Partera de los israelitas en Egipto que desobedeció a Faraón porque temía a Dios (Ex. 1:15-21).

SIFTÁN Nombre de persona que significa "procedimiento de justicia". Padre de un jefe de la tribu de Efraín (Núm. 34:24).

SIGAIÓN Transliteración de un término técnico hebreo que se usa en títulos de algunos salmos (Sal. 7; Hab. 3). Las traducciones sugeridas incluyen "frenético" o "emocional". Algunos consideran que el significado básico es "vagar" y alude a un estilo de pensamiento o melodía divagante o a las expresiones desconectadas de un lamento.

SIGIONOT Forma plural hebrea de Sigaión. Ver *Sigaión.*

SIGLO VENIDERO La expresión "siglo venidero" o "porvenir" se encuentra en los apócrifos (2 Esd. 7:113; 8:52) y varias veces en el NT (Mat. 12:32; Mar. 10:30; Luc. 18:30; Ef. 1:21; 2:7; 1 Tim: 6:19; Heb. 6:5). Generalmente se lo considera en forma explícita o implícita en oposición a "este siglo", "el presente siglo" o "este mundo" (Mat. 12:32; Luc. 16:8; 20:34-35; 1 Cor. 2:6-8; 2 Cor. 4:4; Gál. 1:4; Ef. 1:21; 2:2; 1 Tim. 6:17; 2 Tim. 4:10; Tito 2:12). La expresión "el fin del siglo" o "el fin del mundo" (Mat. 13:39-40,49; 24:3; 28:20) se refiere al final de la era actual y, por lo tanto, se relaciona con la época futura.

Hay evidencia de que los escritores bíblicos también consideraban esta era desde la venida de Cristo como una época de transición hacia un período en que la historia humana llegaría, en cierto sentido, a su fin. En consecuencia, la época actual también se podría describir como "los fines de los siglos" o "la consumación de los siglos (1 Cor. 10:11; Heb. 9:26). En cierta manera, el siglo futuro ya ha comenzado (1 Cor. 10:11; 2 Cor. 5:17) así que, aunque el siglo futuro aún no esté plenamente aquí (1 Cor. 15:20-28), el estar en Cristo hace que uno ya no forme parte realmente del siglo presente (Luc. 16:8; 1 Cor. 1:20; 3:18; Fil. 3:20; Heb. 6:5). La distinción, pues, entre el siglo presente y el venidero no es estrictamente temporal.

El concepto de un siglo anterior está implícito en lo que los profetas y los tipos del AT anunciaban acerca del actual siglo mesiánico (Luc. 1:70; Hech. 3:21; 15:18; Heb. 9:9-10). También se encuentra la expresión "antes de los siglos" al hacer referencia a la eternidad pasada antes de que Dios creara el mundo y comenzara la historia humana (1 Cor. 2:7).

En el AT se hace referencia a una era de liberación y bendición divinas como "aquel día" o como "días" futuros tal cual aparece en Jer. 30:3 ("Porque he aquí que vienen días, dice Jehová, en que haré volver a los cautivos de mi pueblo Israel y Judá, ha dicho Jehová, y los traeré a la tierra que di a sus padres, y la disfrutarán"; comp. Isa. 11:1–12:6; Jer. 23:3-8; 31:27-34; Ezeq. 37:21-28; Amós 9:11-15). Ver también *Escatología.* *E. Ray Clendenen*

SIHÓN Nombre geográfico de significado incierto que tal vez quiera decir "indigno". Algunos lo ubican en la Sirim moderna, 20 km (13 millas) al sudeste del Monte Tabor. Era una ciudad fronteriza de Isacar (Jos. 19:19).

SIHOR Nombre egipcio de lugar que significa "estanque de Horus (un dios)". Determinaba la frontera de la tierra prometida (Jos. 13:3) e indicaba la extensión territorial máxima que reclamaba Israel (1 Crón. 13:5). En Isa. 23:3 y Jer. 2:18, el término aparentemente se refiere a uno de los brazos del Río Nilo en Egipto, pero el sitio fronterizo lo ubica fuera de esta nación y lo equipara con el Torrente de Egipto o la región que reclamaban los israelitas hasta ese río. Los traductores más antiguos no entendieron el término de Jos. 13. Ver *Palestina; Torrente de Egipto.*

SIHORLIBNAT Nombre geográfico que tal vez signifique "ciénaga de Libnat". Frontera del territorio tribal de Aser (Jos. 19:26) que se identifica de formas diversas como Nahr ez-Zerqa en el límite sur de Aser; el territorio pantanoso entre los ríos Nahr ed-Difleh y Nahr ez-Zerqa; y Tell Abu Hawam en la boca del Cisón.

SILA Casa de Milo donde el rey Joás fue asesinado por sus sirvientes; se decía que estaba "camino a Sila" (2 Rey. 12:20 NVI). Es un lugar desconocido, tal vez cerca de Jerusalén. Ver *Milo.*

SILAS, SILVANO Aparentemente, formas griega y latina del mismo nombre, posiblemente derivado del arameo o hebreo Saúl. Líder de la iglesia primitiva de Jerusalén. Acompañó tanto a Pedro como a Pablo en distintos viajes misioneros. Una de sus primeras misiones fue llevar las noticias del concilio de Jerusalén a los creyentes de Antioquía (Hech. 15:22). Salió de allí con Pablo para cumplir una misión en Asia Menor (Hech. 15:40,41) y luego en Macedonia. Ambos fueron encarcelados en Filipos (Hech. 16:19-24) pero luego ganaron al carcelero y su familia para el Señor cuando Dios los liberó. Más adelante, Silas se unió a Pedro para la obra misionera en el Ponto y Capadocia. También fue escriba de Pedro; escribió 1 Pedro y quizás otras cartas. Muchos creen que redactó y organizó la mayor parte de la carta, ya que Pedro probablemente fuera poco instruido. Ver *Pablo; Pedro, Primera Epístola de.*

SILEM Nombre de persona que significa "él ha reemplazado o devuelto". Hijo de Neftalí y antepasado originario de una familia de esa tribu (Gén. 46:24). En 1 Crón. 7:13 dice "Salum".

SILEMITA Miembros de una familia de Silem (Núm. 26:49).

SILENCIO Ausencia de sonido. La Biblia utiliza el silencio de varias maneras: como reverencia ante Dios (Hab. 2:20), como símbolo de muerte (Sal. 94:17), como figura del Seol (Sal. 115:17) y como expresión de desesperación (Lam. 2:10). Es una manera de hacer callar a la oposición (Mat. 22:34). También se utiliza en Apoc. 8:1 como pausa dramática posterior a la apertura del séptimo sello.

SILHI Nombre de persona que significa "él me envió", "Salach (dios o río del infierno) me tiene", o "mi vástago". Se encontró una forma similar en Tell Arad. Abuelo materno del rey Josafat (1 Rey. 22:42).

SILHIM Forma alternativa de escribir Saruhén en hebreo. Ver *Saruhén.*

SILO Nombre geográfico que tal vez signifique "tranquilo, seguro". Ubicada aprox. 48 km (30 millas) al norte de Jerusalén se encontraba la ciudad que sería el centro religioso de Israel por más de un siglo después de la conquista. Allí se encontraba el tabernáculo de Israel (Jos. 18:1). Ver *Tabernáculo.*

Jueces 21:19 ubica Silo "al norte de Bet-el, al este de la ruta que sube desde Bet-el hasta Siquem, y al sur de Lebona". Se encontraba en una llanura fértil, unos 600 metros (2000 pies) sobre el nivel del mar y 19 km (12 millas) al sur de

Siquem. Aparentemente es la Seilún moderna donde los arqueólogos han descubierto evidencias de un asentamiento cananeo del 1700 a.C. Tal vez cuando Israel escogió ubicación para el tabernáculo, Silo se encontraba disponible a fin de que Josué utilizara el lugar para asignar tierras a las tribus (Jos. 18).

Las peregrinaciones anuales de las tribus al tabernáculo prepararon el escenario para otro incidente en Silo. La tribu de Benjamín enfrentaba el problema de que ninguna otra tribu le entregaba las hijas para que las tomaran como esposas (Jue. 21). Debido a esto, los benjamitas esperaron en las viñas (v.20) hasta que las mujeres que bailaban salieran de Silo; luego las capturaron y se casaron con ellas.

Los primeros años de Samuel establecieron otra conexión con Silo (1 Sam. 1–4). Ana le hizo una promesa al Señor en el tabernáculo: si Él le daba un hijo, ella se lo devolvería (1 Sam. 1). Después del nacimiento de Samuel, Ana lo llevó a Silo en gratitud a Dios (1 Sam. 1:24-28). Así, Silo se convirtió en el hogar de Samuel mientras vivió bajo el cuidado del sumo sacerdote Elí y sus dos hijos malvados, Ofni y Finees. Posteriormente Samuel recibió un mensaje de Dios diciendo que se le quitaría el sacerdocio a la familia de Elí (1 Sam. 3). Años después, luego de una derrota en Afec, el ejército israelita mandó a buscar el arca del pacto a Silo. Los israelitas se equivocaron al pensar que el arca les daría la victoria y perdieron la segunda batalla de Afec contra los filisteos. Como resultado también perdieron el arca; Ofni, Finees y Elí murieron, y Silo aparentemente fue conquistada (1 Sam. 4).

En la Biblia no hay ninguna referencia explícita sobre el destino final de Silo. Según evidencias arqueológicas, parece haber sido destruida por los filisteos alrededor del 1050 a.C. Prueba de esto es que, cuando los filisteos finalmente devolvieron el arca del pacto, fue alojada en Quiriat-jearim en lugar de Silo (1 Sam. 7:1). Además, Jeremías le advirtió a Jerusalén que podría sufrir el mismo destino de Silo y ser destruida (Jer. 7:12).

Siglos más tarde, Jeremías usó Silo y el tabernáculo como ilustraciones para advertirle a Jerusalén que no estaría a salvo simplemente porque el templo se encontrara allí (Jer. 7:12-14). Al volver a escuchar el mismo mensaje, el pueblo procuró matar a Jeremías (Jer. 26:6-9). Aún en el 585 a.C. Jeremías mencionó a algunos hombres de Silo (Jer. 41:5), lo que indica que en ese momento existía algún tipo de ocupación. Ver *Elí; Josué; Samuel.* *Larry McGraw*

Ruinas de una antigua sinagoga en el emplazamiento de la ciudad de Silo.

SILOÉ Nombre griego de lugar, posiblemente derivado del hebreo "Shiloah", que significa "enviar". Lugar que fácilmente se confunde con las aguas de Siloé mencionadas en Isa. 8:6 debido a la semejanza en la escritura original. Un Siloé corresponde al estanque que se creó como consecuencia del túnel de Ezequías que desviaba las aguas de la vertiente del mismo nombre hasta un punto menos vulnerable para el enemigo asirio. Estaba ubicado en la parte sur de la antigua ciudad jebusea de Jerusalén. Este Siloé se debe diferenciar del estanque mencionado en Neh. 3:15 que se dirigía al huerto del rey. La inscripción de Ezequías conservada sobre la pared del túnel describe el grupo de constructores que horadaban la roca desde cada extremo. Juan 9:7,11 emplea el significado etimológico del término Siloé para hacer un juego de palabras que enfatice que el ciego fue "enviado" a Siloé por Uno que, a su vez, era el "enviado". Para obtener la vista, el ciego fue y obedeció a Aquel que había sido enviado. Lucas 13:4 se refiere a una torre desconocida de Siloé más que al sitio en sí. Es posible que la torre haya sido un malogrado esfuerzo para proteger el suministro de agua. El tema teológico de Luc. 13 no depende de la cuestión geográfica de Siloé. El estanque, creado por Ezequías y conocido por Jesús, es hasta el día de hoy una fuente de agua. Ver *Rey, Estanque del ; Jerusalén.* *John R. Drayer*

El estanque de Siloé en Jerusalén.

SILOÉ, AGUAS DE Nombre geográfico que significa "ser enviado". Aguas que abastecían Jerusalén procedentes del Arroyo de Gihón y representaban la provisión abundante de Dios, y hacían innecesaria la dependencia de reyes extranjeros (Isa. 8:6). Difiere del conducto de Siloé que construyó Ezequías (2 Rey. 20:20). El trasfondo tal vez corresponda a la unción de reyes en el Gihón (1 Rey. 1:33-40), lo cual implicaba el rechazo de la soberanía de Dios representada mediante Su rey ungido.

SILONI Transliteración del término hebreo para silonita que la RVR1960 interpreta como nombre de persona (Neh. 11:5).

SILONITA Residente o nativo de Silo.

SILSA Nombre de persona que tal vez signifique "pequeño terceto". Antepasado originario de una familia de la tribu de Aser (1 Crón. 7:37).

SILVANO Ver *Silas, Silvano.*

SIMA Término para referirse al abismo que separa el lugar de tormento en que se encuentra el hombre rico y el sitio placentero en la presencia de Abraham donde se halla Lázaro (Luc. 16:26).

SÍMBOLO Muestra o señal. Si bien la palabra "símbolo" no aparece en la Biblia, tanto el AT como el NT son ricos en simbolismo y lenguaje simbólico.

Los símbolos, sean objetos, gestos o rituales, transmiten significado a aspectos racionales, emocionales e intuitivos del ser humano. El símbolo universal y supremo de la fe cristiana es la cruz, un instrumento de ejecución. Para los cristianos, este horrendo objeto se convierte en una señal del amor de Dios hacia los seres humanos.

El significado de los símbolos aumenta e incluso cambia con el tiempo. Para el apóstol Pablo, el significado transmitido por la cruz cambió radicalmente, como lo hizo también su modo de ver a Jesús de Nazaret. Como rabino, celoso en el cumplimiento de la ley mosaica y en lograr que otros también la cumplan, Pablo creía que cualquiera que fuera colgado en un madero (o árbol) era maldecido por Dios (Deut. 21:23). Por esta y otras razones se oponía con vehemencia a las declaraciones de que Jesús era el Mesías. ¿Cómo era posible que alguien bajo maldición divina fuera el Mesías? Sólo cuando el Señor resucitado se le apareció a Saulo, este comprendió que lo que en apariencia era una maldición se había transformado en fuente de gran bendición. La muerte de Cristo, vista a través de la resurrección, es central en los dos rituales simbólicos más importantes de la fe cristiana: el bautismo y la Cena del Señor o Eucaristía. Ver *Ordenanzas; Sacramento.*

El bautismo es una imagen de la muerte, la sepultura y la resurrección de Cristo. Cuando una persona se bautiza le está diciendo al mundo que se identifica con el acto de salvación que se está representando. Esto significa que el nuevo creyente muere al pecado y resucita a una vida nueva; ahora vive para Dios y Él es el centro de su vida.

La Cena del Señor emplea los elementos comunes del pan y el vino para representar el cuerpo casi hecho pedazos de Cristo y Su sangre derramada por el pecado de la humanidad.

Si bien la cruz, el agua, el pan y el vino son símbolos centrales en la fe y la práctica cristiana, no son los únicos. Los símbolos en el AT se relacionan con los del NT de manera relevante. Muchos acontecimientos del AT son un tipo de los del NT. Por ejemplo, el cordero expiatorio del AT señala la muerte expiatoria de Cristo. Las parábolas de Jesús abundan en símbolos: granos, cizaña, diferentes tipos de tierra, una oveja perdida, una moneda perdida y un hijo perdido. Jesús usó lenguaje simbólico cuando habló de Sí mismo y de Su relación con las personas: pan de vida, luz del mundo, buen pastor, agua de vida y puerta.

Los escritos apocalípticos de la Biblia, es decir, Ezequiel, Daniel y Apocalipsis, son ricos en lenguaje simbólico. La persona que lee e interpreta estos libros se ve obligada a conocer el significado simbólico de los términos que se utilizan como si fuera una persona que intenta descifrar un código. Ver *Apocalíptico.* *Steve Bond*

SIMEA Nombre de persona que significa "audiencia". **1.** Hijo de David (1 Crón. 3:5; Samúa en 2 Sam. 5:14). **2.** Levita (1 Crón. 6:30). **3.** Levita antepasado de Asaf (1 Crón. 6:39). **4.** Hermano mayor de David (1 Crón. 2:13; 20:7; Sama en 1 Sam. 16:9; 17:13). Ver *Sama 2.* **5.** Ver *Simeam.*

SIMEAM Nombre de persona que tal vez signifique "la audiencia de ellos". Miembro de la tribu de Benjamín que vivía en Jerusalén (1 Crón. 9:38; 8:32, "Simea").

SIMEAT Nombre de persona que significa "audiencia". Padre de un oficial de la corte que asesinó al rey Joás aprox. en el 796 a.C. (2 Rey. 12:21). En 2 Crón. 24:26 se toma la forma aparentemente femenina del nombre hebreo y se identifica a la madre como mujer amonita.

SIMEI Nombre de persona que significa "que se me escuche". **1.** Nieto de Leví y jefe de una familia levita (Ex. 6:17; Núm. 3:18; comp. 1 Crón. 6:42). **2.** Levita (1 Crón. 23:9, si el texto no representa una duplicación al copiarlo como sugieren algunos comentaristas; comp. v.10). **3.** Pariente del rey Saúl que maldijo y se opuso a David cuando este huía de Absalón (2 Sam. 16). Cuando David regresó tras la muerte de su hijo, Simei se encontró con él y le imploró perdón y misericordia; David accedió por tratarse de una ocasión festiva (2 Sam. 19). Salomón siguió el consejo de David y lo hizo asesinar (1 Rey. 2). **4.** Persona de la corte que se rehusó a apoyar a Adonías al enfrentarse a Salomón (1 Rey. 1:8). **5.** Supervisor de distrito en el territorio de Benjamín encargado del abastecimiento de la corte de Salomón durante un mes por año (1 Rey. 4:18); podría ser equivalente a *4.* **6.** Antepasado de Mardoqueo, el pariente de Ester (Est. 2:5). **7.** Hermano de Zorobabel (1 Crón. 3:19). **8.** Miembro de la tribu de Simeón (1 Crón. 4:26). **9.** Miembro de la tribu de Rubén (1 Crón. 5:4). **10.** Levita (1 Crón. 6:29). **11.** Miembro de la tribu de Benjamín (1 Crón. 8:21; aparentemente equivale a Sema en 1 Crón. 8:13). **12.** Músico del templo durante el reinado de David (1 Crón. 25:17; tal vez aparezca también en el v.3 en un ms hebreo y algunos mss griegos). **13.** Supervisor de las viñas de David (1 Crón. 27:27). **14.** y **15.** Dos levitas durante el reinado de Ezequías (2 Crón. 29:14; 31:12,13). **16.** Levita de la época de Esdras casado con una mujer extranjera (Esd. 10:23). **17.** y **18.** Dos judíos de la época de Esdras casados con mujeres extranjeras (Esd. 10:33,38).

SIMEÓN Nombre de persona que significa "audiencia" o posiblemente, "pequeña hiena". **1.** Uno de los doce hijos de Jacob, el segundo que tuvo con Lea (Gén. 29:33). Se unió con Leví para vengarse de Siquem por la violación a Dina (Gén. 34:25-31). José mantuvo cautivo a Simeón en Egipto para asegurarse de que vería a Benjamín (Gén. 42:24). Ver *Jacob; Tribus de Israel.* **2.** Judío devoto que vivía en Jerusalén cuando nació Jesús. Buscaba el cumplimiento de la profecía mesiánica cuando Israel sería restaurado (Luc. 2:25). Dios le prometió a Simeón que no moriría antes de ver al Cristo. Cuando José y María llevaron a Jesús al templo para los ritos de la purificación, Simeón les anunció el plan de Dios para el niño (Luc. 2:34). **3.** Antepasado de Jesús (Luc. 3:30). **4.** Forma griega alternativa de Simón, nombre original de Pedro. Ver *Pedro; Simón.*

SIMEONITAS Miembros de la tribu de Simeón, el segundo hijo de Jacob y Lea (Gén. 29:33).

SIMÓN Nombre griego de persona que significa "de nariz chata". Utilizado en el NT como alternativa griega del hebreo "Simeón". **1.** Padre de Judas Iscariote (Juan 6:71). **2.** Uno de los discípulos de Jesús; hijo de Jonás (Mat. 16:17) y hermano de Andrés. Después de confesar a Jesús como el Cristo, el Señor le cambió el nombre por Pedro (Mat. 16:18). Ver *Pedro.* **3.** Fariseo que recibió a Jesús en una cena (Luc. 7:36-50) y aprendió lecciones valiosas sobre el amor, la cortesía y el perdón cuando una mujer pecadora ungió a Jesús. **4.** Nativo de Cirene que fue forzado a llevar la cruz de Jesús al Gólgota (Mar. 15:21). Ver *Cirene.* **5.** Curtidor de pieles de animales que vivía en el puerto de Jope. Pedro se hospedó en su casa (Hech. 9:43) y allí recibió un mensaje de Dios mediante una visión donde se declaraba que todos los alimentos eran aptos para ser consumidos (Hech. 10:9-16). **6.** Discípulo de Jesús, también llamado "el cananista" (Mat. 10:4) o zelote (Luc. 6:15). **7.** Hermano de Jesús (Mat. 13:55). **8.** Leproso que recibió a Jesús en su casa y vio a una mujer que ungió al Señor con un perfume de gran precio (Mat. 26:6-13; comp. con *3.*). **9.** Mago de Samaria que creyó en la predicación de Felipe, fue bautizado y luego intentó comprar el poder para imponer las manos y dar el Espíritu Santo a las personas (Hech. 8:9-24). **10.** Profeta y maestro de la iglesia de Antioquía (Hech. 13:1).

La zona tradicional de la casa de Simón el curtidor en la antigua Jope (actual Jaffa, cerca de Tel-aviv).

SIMPLE, SENCILLO Persona abierta, sincera y directa, carente de hipocresía. A veces subyace la idea de inculto, inexperto o ingenuo. La sencillez se asocia con ideas como la integridad (2 Cor. 15:11), la falta de maldad (Rom. 16:18), la generosidad (Rom. 12:8), una vida de devoción a Dios (2 Cor. 1:12) y el simple hecho de creer la verdad del evangelio (2 Cor. 11:3). Se dice que Dios "guarda" al sencillo (Sal. 116:6). Proverbios está repleto de dichos positivos y negativos sobre las personas simples (Prov. 1:22; 14:15,18; 21:11). Ver *Sinceridad.*

SIMRAT Nombre de persona que significa "protección". Miembro de la tribu de Benjamín (1 Crón. 8:21).

SIMRI Nombre de persona que significa "mi protección". **1.** Miembro de la tribu de Simeón (1 Crón. 4:37). **2.** Padre de uno de los héroes militares de David (1 Crón. 11:45). **3.** Portero levita (1 Crón. 26:10). **4.** Levita en tiempos de Ezequías (2 Crón. 29:13).

SIMRIT Nombre de persona que significa "protección". Mujer moabita cuyo hijo asesinó al rey Joás en el 796 a.C. (2 Crón. 24:26). En el pasaje paralelo, el padre parece ser Somer (2 Rey. 12:21).

SIMRÓN Nombre de persona y de lugar que probablemente signifique "protección". **1.** Hijo

S

de Isacar y antepasado originario de una familia de esa tribu (Gén. 46:13). **2.** Ciudad-estado cananea que se unió a la coalición del norte de Hazor para enfrentarse a Josué y fue derrotada (Jos. 11:1). Algunos comentaristas piensan que el nombre original era Simón y la identifican con Khirbet Sammuniyeh ubicada 8 km (5 millas) al oeste de Nazaret en el Valle de Esdraelón. Algunos han sugerido Marun er-Ras, 16 km (10 millas) al noroeste de la Safed moderna situada sobre la ribera del Mar de Cineret, que es el Mar de Galilea. Se le asignó a la tribu de Zabulón (Jos. 19:15).

SIMRONITA Miembro del familia de Simrón (Núm. 26:24).

SIMRÓN-MERÓN Una de las ciudades que derrotó Josué (Jos. 12:20). Aparentemente es un nombre más largo correspondiente a Simrón (Jos. 11:1), aunque la primera traducción griega y algunos comentaristas las consideran dos ciudades diferentes.

SIMSAI Nombre de persona que significa "pequeña luz del sol". Escriba que puso sobre papel la carta de los oficiales samaritanos que se oponían a la reconstrucción de Jerusalén y el templo alrededor del 537 a.C. (Esd. 4).

SIN Penúltima letra del alfabeto hebreo que se empleó como título en el Sal. 119:161-168 dado que cada versículo de la sección comienza con esa letra.

SIN, DESIERTO DE Región árida en lugar no determinado al oeste de la meseta del Sinaí en la península del mismo nombre. El pueblo hebreo se detuvo allí durante el viaje de Egipto a la Tierra Prometida (Ex. 16:1). Allí Dios proporcionó por primera vez el maná y las codornices como alimento. A veces este lugar se confunde con el Desierto de Zin, ubicado en la región noroeste de Sinaí. Ver *Zin, Desierto de.*

La desolada tierra del Desierto de Sin.

Restos excavados de una sinagoga del siglo III, en el emplazamiento de la antigua ciudad de Corazín, Israel.

SINAB Nombre acadio que significa "Sin (un dios) es padre". Rey de Adma que se unió a una coalición contra Quedorlaomer (Gén. 14:2), lo cual llevó a que Abraham rescatara a Lot.

SINAGOGA Lugar de reunión y asamblea local de los judíos durante la última parte del período intertestamentario y en la época del NT.

Origen La tradición judía declara que Moisés dio inicio a la sinagoga, pero el AT no apoya esta afirmación. Durante la mayor parte del AT no se fomentó la adoración local porque frecuentemente se la asociaba con prácticas paganas. La adoración giraba en torno al templo en Jerusalén. Salmo 74:8, escrito hacia el final de los tiempos del AT, parece indicar que los lugares locales de adoración se derribaron cuando se destruyó el templo. Algunas traducciones usan la palabra "sinagoga" para referirse a estos lugares de adoración, pero desconocemos datos adicionales.

La sinagoga en la era del NT tenía sus raíces en la época posterior a la destrucción del templo de Salomón y el traslado de gran parte del pueblo al exilio. Se hicieron necesarias la adoración y la instrucción a nivel local. Incluso después de que muchos judíos volvieron a Jerusalén y reconstruyeron el templo, los lugares de adoración local se preservaron. En el siglo I, estos lugares y asambleas ya se denominaban sinagogas.

Datos de las sinagogas Las sinagogas existían en cualquier lugar donde vivieran judíos. Si bien el templo se mantuvo hasta el 70 d.C., continuó siendo el centro para la adoración sacrificial. Los judíos fieles siguieron yendo al templo para las fiestas. También participaban en las sinagogas locales. Durante la época de Jesús, incluso había una sinagoga dentro del mismo templo. Es probable que esta haya sido la zona donde Jesús, a los doce años, hablaba con maestros de la ley (Luc. 2:46).

La mayoría de las comunidades, independientemente del tamaño, tenía al menos una sinagoga; algunas tenían varias. Fuentes judías indican que se debía establecer una sinagoga en todo lugar donde hubiera, al menos, diez hombres judíos. Tenía que estar ubicada lo suficientemente cerca de los judíos fieles como para que asistieran sin quebrantar el día de reposo al superar la distancia que permitían los rabinos en dicho día. Un servicio típico consistía en recitación de la Shemá (la confesión de fe en el único Dios), oraciones, lecturas de la Ley de Dios y los Profetas, un sermón y una bendición. Lucas 4:16-21 es el pasaje bíblico que mejor describe una reunión en una sinagoga del primer siglo en Palestina. Ver *Shemá*.

Los ancianos locales estaban a cargo de la supervisión general de la sinagoga. A menudo designaban un jefe. Este era un laico que cuidaba el edificio y seleccionaba a los que participaban en el culto en el día de reposo. El jefe tenía un asistente. Una de sus tareas era entregar los rollos sagrados a quienes los leían, y luego guardarlos nuevamente en un lugar especial (Luc. 4:17,20).

Jesús y las sinagogas Los Sábat Jesús concurría habitualmente a la sinagoga en la ciudad donde fue criado, Nazaret (Luc. 4:16). Después de comenzar Su ministerio público, con frecuencia daba clases y predicaba en sinagogas de toda Galilea (Mat. 4:23; 9:35; Mar. 1:39; Luc. 4:44). Al principio de Su ministerio, sanó a un hombre en la sinagoga de Capernaum (Mar. 1:21; Luc. 4:31-37).

Jesús a menudo encontraba oposición en las sinagogas. Lucas 4:16-30 relata lo sucedido en Nazaret (ver Mat. 13:54-58; Mar. 6:1-6), donde Su predicación y enseñanza generaron reacciones

Reconstrucción de una típica sinagoga del siglo I d.C., donde se observa un gran salón interior donde se reunían los hombres, y una galería superior donde se reunían las mujeres. Este dibujo en particular se basa en la sinagoga de Capernaum.

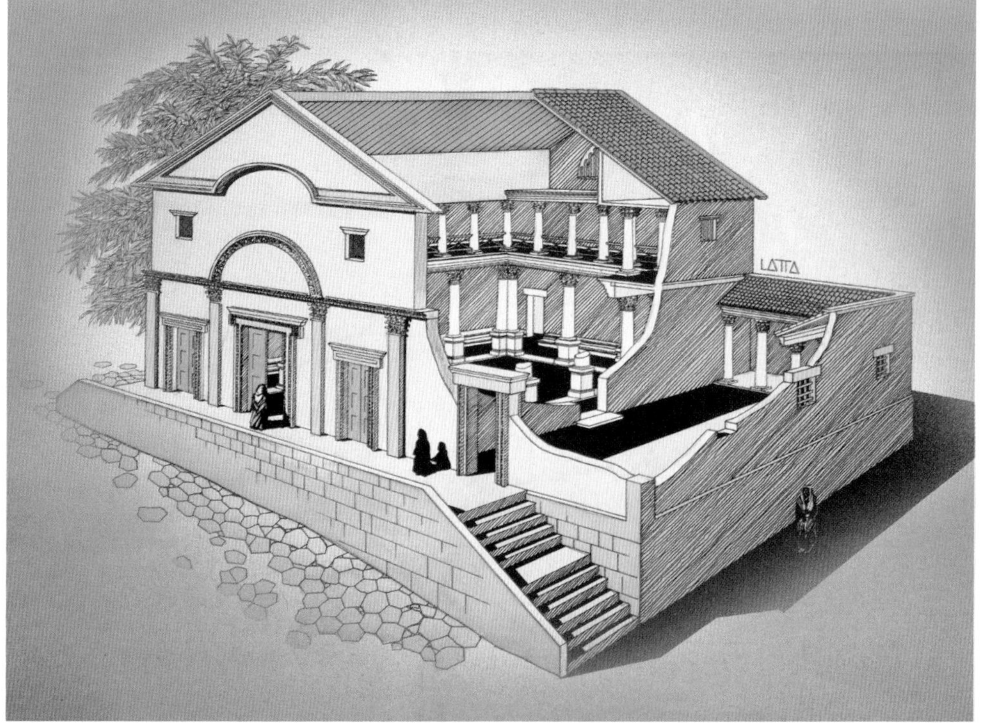

S

negativas. Lucas 13:10-16 refiere que Jesús sanó a una mujer en la sinagoga durante el Sábat. Esto enfureció al principal encargado. Jesús, a su vez, reprendió al hombre por su hipocresía y advirtió contra la hipocresía de los que en la sinagoga se jactaban de su propia justicia. Condenó el presentar ofrendas y oraciones para ser vistos y elogiados (Mat. 6:2,5). También reprochó a los que buscaban los primeros asientos (Mat. 23:6; Mar. 12:39; Luc. 11:43; 20:46).

A medida que aumentaba la oposición a Jesús, Él advirtió a Sus discípulos sobre un tiempo futuro cuando serían perseguidos en las sinagogas de sus propios pueblos (Mat. 10:17; 23:34; Mar. 13:9; Luc. 12:11; 21:12).

Sinagogas en Hechos La primera parte de Hechos parece reflejar un período cuando algunos creyentes judíos continuaron adorando en las sinagogas. Saulo iba a las sinagogas para buscar y perseguir a los creyentes en Cristo (Hech. 9:2; 22:19; 26:11). A medida que la persecución aumentaba, los creyentes se vieron forzados a abandonarlas. Ver *Libertos, Sinagoga de los.*

Tras su conversión, Saulo inmediatamente comenzó a predicar a Cristo en las sinagogas de Damasco (Hech. 9:20). Esto muestra que los judíos cristianos aún se congregaban allí, especialmente en las que estaban fuera de Palestina. Durante sus viajes misioneros, por lo general Pablo comenzaba el trabajo en una nueva ciudad yendo a la sinagoga (Hech. 13:5,14; 14:1; 17:1,10,17; 18:4; 19:8). La excepción en Filipos tal vez se deba a que no había suficientes judíos allí como para que hubiera alguna. Pablo, por lo tanto, fue a un lugar donde los judíos fieles se reunían para orar durante el Sábat (Hech. 16:13).

Por lo general Pablo, como buen rabino fariseo, era bienvenido y se le daba oportunidad de presentar sus opiniones. Fue bien recibido especialmente entre los gentiles que asistían a las sinagogas, pero algunos judíos también creyeron (Hech. 13:42,43). Otros le ofrecían gran resistencia. A menudo se veía forzado a abandonar la sinagoga y adorar junto con creyentes en otro lugar (Hech. 18:6-8; 19:8-10). La iglesia y la sinagoga finalmente se separaron de manera permanente durante el primer tercio del siglo II.

Las sinagogas en las epístolas generales La carta de Santiago es uno de los primeros libros del NT (escrito aprox. en el 50 d.C.) dirigido a los creyentes de Palestina. En Sant. 2:2, el autor advierte a los creyentes que no muestren favoritismo hacia una persona rica que se acerca para adorar. La palabra griega que se utiliza es *sunagoge.*

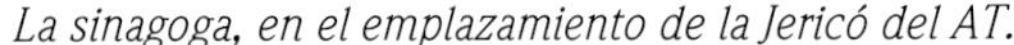

La sinagoga, en el emplazamiento de la Jericó del AT.

Evidentemente, 20 años después de la crucifixión, los creyentes de Palestina todavía adoraban en sinagogas que aceptaban a Jesús como Mesías.

La carta a los Hebreos probablemente fue escrita a los creyentes judíos de Roma aprox. en el 65 d.C. Pareciera que algunos creyentes, al ser perseguidos, abandonaban las sinagogas mesiánicas y volvían a aquellas donde Jesús no era aceptado como el Cristo porque estas no eran objeto de persecución.

La influencia de la sinagoga Esta era el medio para conservar la fe judía y la adoración. Los judíos en todas partes del mundo antiguo siguieron manteniendo su fe, y ellas fueron un semillero para la fe cristiana a medida que los misioneros extendían el mensaje del evangelio. Los adoradores en las sinagogas creían en un Dios verdadero, estudiaban las Escrituras y buscaban al Mesías venidero. Fueron además el punto de partida evidente para el emprendimiento evangelístico de la iglesia primitiva.

Robert J. Dean y Charles W. Draper

SINAÍ, MONTE Ver *Monte Sinaí.*

SINAR, TIERRA DE Nombre geográfico de significado incierto utilizado en varios documentos del antiguo Cercano Oriente aparentemente en referencia a diversos sitios. Parte de la evidencia indica un distrito sirio citado en las cartas de Amarna como Sanhara. Algunos eruditos equiparan la Sinar de los textos asirios con la moderna Sinjar al oeste de Mosul en Iraq. Otros creen que originariamente se refería a una tribu kassita. Cualquiera sea el significado extrabíblico, en la Biblia, Sinar se usa para aludir a la Mesopotamia (Gén. 10:10). Ver *Mesopotamia.*

La torre de Babel se construyó en Sinar (Gén. 11:2-9). El rey de Sinar se opuso a Abraham (Gén. 14:1). Isaías profetizó que Dios sacaría de Sinar a un remanente de Su pueblo (Gén. 11:11). Daniel 1:1,2 y quizás Zac. 5:11 equiparan a Babilonia con Sinar; de este modo, reducen Sinar a la ciudad más importante en los tiempos del autor.

SINCERIDAD Cualidad de una persona de vivir la vida con motivación pura y sin engaño. Está asociada con palabras o ideas como "verdad" (1 Cor. 5:8), "autenticidad" (2 Cor. 8:8), "piedad" (2 Cor. 1:12) y la prédica sincera del evangelio (2 Cor. 2:17). Además contrasta con palabras como hipocresía, engaño, y maldad. Ver *Santo; Verdad.*

SINEO Persona de una ciudad-estado controlada por Ugarit, los hititas y los asirios cuyos habitantes descendían de Canaán (Gén. 10:17). Se encuentra en el noreste de Fenicia, cerca de Arqa; puede ser Siyanu, 6 km (2,5 millas) al este de Gebala, o Sen al sur-sureste de Halba.

SINIM Tierra de donde Dios prometió reunir a los exiliados babilónicos (Isa. 49:12). Tradicionalmente se traducía "China" y los primeros traductores consideraron que hablaba de Persia o del sur; el significado del término pudo clarificarse gracias a un ms de Isaías que se encontró entre los Rollos del Mar Muerto y dice "de Sevene", una referencia a la actual Asuán (comp. RVR1960, LBLA).

SINÓPTICOS, EVANGELIOS Ver *Armonía de los Evangelios; Evangelio.*

SÍNTIQUE Nombre de persona que significa "amistad agradable" o "buena suerte". Mujer de la iglesia de Filipos a quien se dirigió Pablo en vista de una discusión que ella tenía con Evodia (Fil. 4:2).

SION Transliteración de las palabras hebreas y griegas que originalmente hacían referencia a un monte fortificado de la Jerusalén preisraelita, entre los Valles de Cedrón y Tiropeón. Los eruditos no han logrado llegar a un acuerdo sobre el significado raíz del término. Algunas autoridades han sugerido que la palabra Sion estaba relacionada con una palabra hebrea que significaba "lugar seco" o "tierra reseca". Otros relacionan la palabra con el término árabe que se interpretaba como "cumbre" o "cadena montañosa".

El nombre "Sion" se menciona por primera vez en el relato de la conquista de Jerusalén por parte de David (2 Sam. 5:6-10; 1 Crón. 11:4-9). La frase "fortaleza de Sion" puede haberse referido sólo a la parte fortificada de la ciudad. Jerusalén era el nombre de la ciudad-estado como un todo, e incluía numerosas aldeas y casas ubicadas fuera del área fortificada de la ciudad misma. Después que David capturó Sion, vivió allí y cambió su nombre a "ciudad de David".

Sion fue utilizada por escritores bíblicos de diferentes maneras. Muchos salmistas utilizan el término para referirse al templo construido por Salomón (Sal. 2:6; 48:2; 84:7; 132:13). En Isa. 1:27, la idea de "Sion" incluía a toda la nación. Sion también hacía alusión a la capital de Judá

(Amós 6:1). El uso más común de Sion era para referirse a la ciudad de Dios en la nueva era (Isa. 1:27; 28:16; 33:5).

También se entiende que Sion hace referencia a la Jerusalén celestial (Isa. 60:14, Heb. 12:22; Rev.14:1), el lugar donde el Mesías aparecería al final de los tiempos. La glorificación de la comunidad mesiánica tendrá lugar en la montaña sagrada de "Sion". Ver *Jerusalén.*

James Newell

SIOR Nombre geográfico que significa "pequeñez". Aldea asignada a Judá en la zona montañosa cerca de Hebrón (Jos. 15:54). Las investigaciones arqueológicas indican que el sitio Si'ir que se sugiere con frecuencia, 8 km (5 millas) al nor-noreste de Hebrón, estuvo deshabitado antes del 400 a.C.

SIPAI Variante del nombre "Saf" (2 Sam. 21:18), hijo de un gigante al que asesinó Sibecai husatita (1 Crón. 20:4). Ver *Saf.*

SIQUEM Nombre de persona y de lugar que significa "ladera, espalda". Distrito y ciudad en los Montes de Efraín en el centro y norte de Palestina. Primera capital del Reino del Norte. La ciudad se construyó principalmente en la ladera del Monte Ebal y estaba ubicada en la convergencia de las principales carreteras y rutas comerciales antiguas. Era una importante ciudad mucho antes de que los israelitas ocuparan Canaán.

Se menciona por primera vez en la Biblia en relación con la llegada de Abraham a la tierra (Gén. 12:6,7). Cuando Jacob regresó de Padanaram, se estableció en Siquem y compró tierras de los hijos de Hamor (Gén. 33:18,19). En Génesis 33–34, Siquem era el nombre de la ciudad y también de su príncipe. El desafortunado incidente con Dina ocurrió mientras Jacob estaba en Siquem. Simeón y Leví, hermanos de la joven, destruyeron la ciudad (Gén. 34). Más tarde, los hermanos de José cuidaban el rebaño de Jacob en Siquem cuando el muchacho fue enviado para verificar que estuvieran bien. José fue sepultado en el terreno que su padre Jacob había comprado en este lugar (Jos. 24:32).

Cuando los israelitas conquistaron Canaán, se dirigieron inesperadamente a Siquem. Josué construyó un altar en el Monte Ebal y lideró al pueblo en la construcción y en la renovación del compromiso con la ley de Moisés (Jos. 8:30-35; comp. Deut. 27:12,13). Siquem estaba en el territorio de la tribu de Efraín cerca del límite con Manasés (Jos. 17:7). Era una ciudad de refugio (Jos. 20:7) y pertenecía a los levitas (Jos. 21:21). Allí Josué guió a Israel en la renovación del pacto con Dios (Jos. 24:1-17). Gedeón, hijo de Abimelec, luchó contra los líderes de Siquem (Jue. 8:31–9:49).

Roboam, sucesor del rey Salomón, se dirigió a Siquem para ser coronado rey sobre todo Israel (1 Rey. 12:1). Luego, cuando la nación se dividió en dos reinos, esta ciudad se convirtió en la primera capital del Reino del Norte (1 Rey. 12:25). Al final Samaria se convirtió en capital política permanente del reino de Israel, pero Siquem conservó su importancia religiosa. Es probable que haya sido un santuario para adorar a Dios en tiempos de Oseas, alrededor del 750 a.C. (1 Rey. 6:9).

El nombre Siquem aparece en documentos históricos y otras fuentes fuera de Palestina. Se menciona como ciudad capturada por Senusert III de Egipto (con anterioridad al 1800 a.C.) y aparece en los textos execratorios egipcios de aprox. la misma época. "El monte de Siquem" se menciona en una carta satírica de la dinastía XIX de Egipto. Siquem también surge en las cartas de Amarna. Su rey, Lab'ayu, y sus hijos fueron acusados de actuar contra Egipto, si bien el monarca respondió que era absolutamente leal a Faraón.

Jesús se encontró con la mujer samaritana en el pozo de Jacob en Siquem (a veces identificada con Sicar) (Juan 4). Los samaritanos habían reconstruido el templo en el Monte Gerizim, donde practicaban su religión. Ver *Ciudades de refugio; Levitas, Ciudades de los.* *Rich Murrell*

SIQUEMITA Residente o nativo de Siquem.

SIRA Nombre geográfico que significa "espina". Pozo donde Joab y Abisai asesinaron a Abner por haber matado a Asael, hermano de ellos (2 Sam. 3:26-30). Este pozo probablemente sea el denominado Ain Sarah, alrededor de 1,5 km (1 milla) al noroeste de Hebrón. Ver *Pozo.*

SIRACUSA Ciudad principal de la Isla de Sicilia. Pablo estuvo tres días en el puerto de la ciudad cuando se dirigía a Roma (Hech. 28:12). Fue lo suficientemente fuerte como para resistir un ataque de Atenas en el 413 a.C., pero los romanos la conquistaron en el 212 a.C. Se convirtió en la residencia del gobernador de Sicilia durante el gobierno romano, y disfrutó de gran prosperidad bajo el dominio de este imperio.

SIRIA Región o nación situada inmediatamente al norte de Palestina en el extremo noreste del Mar Mediterráneo.

Nombre y geografía Es más apropiado hablar de Siria como un término geográfico correspondiente a la región noreste del Mediterráneo situada entre Palestina y Mesopotamia, casi equivalente a los actuales estados de Siria y Líbano, con pequeñas porciones de Turquía e Iraq. Es posible que el nombre provenga de una abreviatura griega de "Asiria" y que sólo se haya aplicado accidentalmente al área. No hay conexión geográfica entre Asiria y Siria.

Siria, al igual que Palestina, tiene cuatro características geográficas básicas desde el Mediterráneo hacia el este: (1) una llanura costera angosta; (2) una cadena montañosa; (3) la grieta del Valle del Jordán, y (4) la fértil estepa que va desapareciendo hacia el desierto. Los dos ríos principales nacen uno cerca del otro en la grieta del Valle del Jordán. El Orontes fluye hacia el norte antes de doblar abruptamente en dirección oeste hacia el mar en la planicie de Antioquía, mientras que el Leontes corre hacia el sur y luego gira al oeste a través de una garganta angosta para desembocar en el mar. Ver *Palestina; Ríos y vías fluviales.*

Antiguo Testamento *Etapa histórica inicial* Durante la Edad de Bronce temprana (aprox. 3200–2200 a.C.), Siria fue cuna de grandes ciudades-estado similares a las de Mesopotamia. Lo sucedido en la última parte de este período se hizo claro con el descubrimiento reciente de tablillas cuneiformes en el archivo estatal de Ebla, capital de un pequeño imperio del norte de Siria. Muchas de estas tablillas están en eblaíta, un lenguaje antiguo similar al hebreo, y prometen ser beneficiosas para el estudio bíblico. Ver *Ebla.*

En la Edad de Bronce media (2200–1550 a.C.), la época de los patriarcas hebreos, el norte de Siria fue cuna de los reinos de Yamhad, que tenía su capital en Alepo, y Qatna. La región sur de Qatna se conocía como Amurru (palabra acadia para amorreo). Es probable que Damasco ya existiera más al sur (Gén. 15:2), si bien no aparece en registros contemporáneos. En la Edad de Bronce tardía (aprox. 1550–1200 a.C.), Siria pasó a ser la frontera, y en ocasiones el campo de batalla, entre los imperios del Nuevo Reino Egipcio al sur e inicialmente Mitanni, y los hititas al norte. Las ciudades importantes de este período incluyen Qadesh y Ugarit. La primera encabezó un número de rebeliones contra la autoridad egipcia. Excavaciones realizadas en la segunda aportaron tablillas cuneiformes alfabéticas en ugarítico (un lenguaje similar al hebreo), que han arrojado mucha luz sobre la naturaleza de la religión cananea. Ver *Arqueología y estudios bíblicos; Canaán; Ugarit.*

Los reinos arameos Algunas versiones del AT usan la designación moderna Siria. La mayoría se refiere al país como Aram y a los pobladores como arameos, en base a la palabra hebrea *Aram* (Deut. 26:5). Los arameos comenzaron a asentarse en Siria y en el norte de la Mesopotamia cerca del comienzo de la Edad de Hierro (aprox. 1200 a.C.), y donde establecieron una cantidad de estados independientes. El AT menciona los reinos arameos de Bet-edén en el norte de Siria, Soba en el sur de Siria central y Damasco en el sur.

Al comienzo de la monarquía israelita, el reino de Soba tenía dominio en Siria y Saúl lo atacó (1 Sam. 14:47). David decididamente derrotó a los sirios de Soba (2 Sam. 10:6-19), cuyo rey Hadad-ezer había reclutado ayuda de sus estados arameos súbditos (2 Sam. 10:16,19). Como resultado, Soba y sus vasallos, entre los que aparentemente estaba incluida Damasco, pasaron a ser súbditos de David (2 Sam. 8:3-8; 10:19). Hamat, un estado neo-hitita del norte de Siria que había estado en guerra con Soba, también estableció relaciones amistosas con David (2 Sam. 8:9,10). Mientras tanto, un tal Rezón rompió relaciones con Hadad-ezer de Soba luego de la victoria de David y se transformó en el líder de una banda de saqueadores. En la última etapa del reino de Salomón se estableció como rey en Damasco (1 Rey. 11:23-25) y liberó el sur de Siria del dominio israelita. Las menciones siguientes a "Aram" o "arameos" ("Siria" o "sirios") en el AT se refieren al reino arameo de Damasco.

El surgimiento del poder de Aram-Damasco se vio facilitado por la división de Israel luego de la muerte de Salomón. Cuando Baasa de Israel construyó una fortaleza en Ramá y amenazó así a Jerusalén, Asa de Judá engañó al rey de Damasco, "Ben-hadad hijo de Tabrimón, hijo de Hezión", para que rompiera su alianza con Israel y ayudara a Judá (1 Rey. 15:18,19). Ben-hadad respondió conquistando varias ciudades y parte del territorio en el norte de Israel (1 Rey. 15:20). La genealogía que aparece en este pasaje fue confirmada por una estela encontrada cerca de Alepo que Ben-hadad le había dedicado al dios Melqart. Sin embargo, a Rezón no se lo menciona y se ha sugerido que es equivalente a Hezión. Ver *Damasco.*

S

Cultura siria La cultura aramea (siria) fue esencialmente tomada de sus vecinos. Se adoraba a los típicos dioses semitas; el más importante era el dios de la tormenta denominado Hadad, que muchas veces se menciona mediante su epíteto Rimón (2 Rey. 5:18; Zac. 12:11), que significa "trueno". La contribución más duradera de los arameos fue su idioma, que se transformó en el lenguaje comercial y diplomático del período persa. Porciones de Daniel y Esdras están escritas en arameo, que es similar al hebreo. Para los tiempos del NT, el arameo era el idioma que se hablaba comúnmente en Palestina y el que probablemente hablaba Jesús. Para escribir en hebreo se adoptó la escritura aramea y se la modificó levemente. Ver *Aramea, Lengua; Canaán; Dioses paganos.*

El período intertestamentario En el 331 a.C., Siria y el resto del Imperio Persa cayeron ante la avanzada de Alejandro Magno. Cuando este murió, la región constituyó el núcleo del reino seléucida helénico con capital en Antioquía. En este período se difundió el término "Siria". El reino seléucida oprimió al judaísmo, lo que provocó la revolución macabea en el 167 a.C., que dio como resultado la independencia judía. Siria continuó en decadencia hasta la llegada de los romanos, que la transformaron en una provincia en el 64 a.C. Ver *Intertestamentaria, Historia y literatura; Seléucidas.*

Nuevo Testamento En tiempos del NT, Judea pasó a formar parte de una procuraduría dentro de la provincia romana de Siria (Mat. 4:24), que estaba regida por un gobernador (Luc. 2:2). Siria desempeñó un importante papel en la propagación inicial del cristianismo. Pablo se convirtió en el camino que iba hacia Damasco (Hech. 9:1-9) y posteriormente evangelizó en esa provincia (Hech. 15:41; Gál. 1:21). Antioquía, lugar donde los creyentes fueron llamados "cristianos" por primera vez (Hech. 11:26), se convirtió en la base de operaciones para los viajes misioneros (Hech. 13:1-3). *Daniel C. Browning (h)*

SIRIÓN Nombre sidonio del Monte Hermón (Deut. 3:9). Ver *Monte Hermón.*

SIROFENICIO Combinación de Siria con Fenicia. La palabra refleja la unión de las dos regiones en un solo distrito durante el dominio romano. Antes de esta era, Fenicia era la zona costera del norte de Palestina, y Siria era un país separado y ubicado más hacia el interior. Jesús encontró en el distrito sirofenicio a una mujer cuya hija estaba poseída por un demonio (Mar. 7:26). Después de que ella le rogara repetidamente que sanara a su hija, el Señor le concedió el pedido.

SIRTE Traducción del griego *surtis* que significa "banco de arena" (Hech. 27:17). Las traducciones modernas toman *surtis* como nombre propio para los grandes bancos de arena en lo que ahora se conoce como Golfo de Sidra, un lugar de aguas poco profundas y rocas escondidas, bancos de arena y arenas movedizas frente a la costa africana al oeste de Cirene (actualmente Libia). La NVI y LBLA parafrasean diciendo "bancos de Sirte", y esto transmite el sentido de la palabra.

SIS Nombre geográfico que significa "capullo". Sitio involucrado en los planes de batalla de Judá con Amón y Moab (2 Crón. 20:16). Paso a través de un lugar escarpado por donde el pueblo de Amón, Moab y del Monte Seir iban a entrar a Judá para atacar al rey Josafat. Se lo ubica frecuentemente en Wadi Hasasa, al sudeste de Tecoa, cerca del Mar Muerto. El Señor ganó esta batalla para Su pueblo sin que éste luchara (ver 2 Crón. 20:22-30), y como resultado las naciones vecinas temieron a Dios.

SISA Nombre de persona o, más probablemente, título oficial tomado del egipcio: escriba real que pone cartas por escrito. Aparentemente, "hijos de Sisa" (1 Rey. 4:3) se refiere a miembros del gremio de los escribas. Seva (2 Sam. 20:25) y Sausa (1 Crón. 18:16) tal vez representen otras transliteraciones del título egipcio al hebreo.

SISAC Nombre real egipcio de significado incierto. Faraón de Egipto conocido también como Sheshonk I. Reinó alrededor del 945–924 a.C. y fundó la Dinastía XXII. Justo después del comienzo del reinado de Roboam en Judá, Sisac invadió Jerusalén y se llevó los tesoros del templo (1 Rey. 14:25,26). Según inscripciones en las paredes de un templo dedicado al dios Amón en Karnak, Sisac capturó más de 150 ciudades de Palestina, incluidas Meguido, Taanac y Gabaón. Algunos lo equiparan con el Faraón cuya hija se casó con Salomón (1 Rey. 3:1) y que luego quemó Gezer y se la obsequió a ella (1 Rey. 9:16). Ver *Egipto.*

SÍSARA Nombre de persona que significa "mediación". **1.** Líder militar de Jabín, rey de Canaán

(Jue. 4:2), que fue asesinado por Jael, la esposa de Heber (Jue. 4:21). **2.** Descendiente netineo que regresó a Palestina con Zorobabel (Esd. 2:53; Neh. 7:55). Ver *Jabín.*

SISMAI Nombre de persona de significado incierto. Hijo de Elasa y padre de Salum (1 Crón. 2:40).

SISTEMA JUDICIAL El sistema judicial de la antigua Israel no se describe detalladamente en el AT ni en ninguna otra fuente extrabíblica. Las leyes que regían la conducta de los jueces y de los testigos, los informes acerca de los líderes consultados para tomar decisiones legales, y las narraciones de los procedimientos judiciales complementan los relatos de la designación de jueces asistentes que Moisés llevó a cabo (Ex. 18) y la reforma judicial de Josafat (2 Crón. 19). Las investigaciones arqueológicas aún no han descubierto documentos judiciales de la antigua Israel.

Las disputas legales se podían resolver a nivel de la sociedad donde habían surgido. El jefe de una familia tenía autoridad para decidir casos dentro de su casa sin llevar el asunto delante de un juez profesional (Gén. 31; 38). Los códigos legales limitaban en algunos casos su autoridad (Núm. 5:11-31; Deut. 21:18-21; 22:13-21). Cuando se encontraban involucradas personas de más de una familia, el caso se llevaba delante de los ancianos de la ciudad, quienes eran los jefes del círculo familiar más amplio que vivían juntos en ese lugar y representaban a la comunidad en su totalidad. Los ancianos servían como testigos de una transacción (Deut. 25:5-10; Rut 4:1-12), decidían la culpabilidad o la inocencia (Deut. 19; 22:13-21; Jos. 20:1-6), o ejecutaban el castigo correspondiente a la parte culpable (Deut. 22:13-21; 25:1-3). Los ancianos ayudaban a preservar a la comunidad ocupándose de que las disputas se resolvieran de una manera que pareciera justa a todos.

Las disputas entre las tribus eran más difíciles de resolver. Varias tribus participaron en el caso donde una mujer de Judá concubina de un levita que vivía en el territorio de Efraín, fue violada y asesinada en Gabaa de Benjamín (Jue. 19–21). Por lo tanto, el levita apeló a todas las tribus de Israel para que se hiciera justicia. Los intentos iniciales de negociación fueron rechazados cuando los hombres de Benjamín se negaron a entregar al culpable para que fuera castigado. Israel entonces entró en guerra contra toda la tribu de Benjamín, la derrotó e hizo un voto prometiendo que no permitiría a sus integrantes casarse con personas del resto de las tribus. El historiador bíblico se lamenta diciendo que estas cosas sucedían cuando no había ningún rey que aplicara la ley (Jue. 21:25).

Durante el período de la historia israelita que cubre el libro de Jueces se observa a varios individuos designados por Dios que poseían una autoridad judicial especial. A los denominados "jueces menores" (Jue. 10:1-5; 12:8-15) no se les atribuye haber liberado a Israel de la opresión por medios militares, de manera que la función que desempeñaron tal vez haya sido puramente judicial o política. Algunos eruditos han identificado ese oficio como "jueces de toda Israel" dentro de la liga tribal, pero otros han argumentado que su jurisdicción correspondía a un área más pequeña. Débora y posteriormente Samuel también decidieron sobre litigios. Sus actividades judiciales se llevaban a cabo en una región limitada (Jue. 4:4,5; 1 Sam. 7:15-17). Se desconoce si sólo escuchaban casos de apelación. La Biblia no dice cómo estos individuos llegaron a obtener su autoridad como jueces. Tanto Débora como Samuel eran profetas. Los otros jueces libertadores fueron llamados por Dios y poseían el Espíritu Santo, de modo que probablemente la autoridad judicial también fuera un don divino.

Un sistema jerárquico de justicia y de jueces podía existir cuando la autoridad política estaba centralizada. En Ex. 18:13-26, Moisés designó jueces asistentes para que decidieran los casos más pequeños de manera que él pudiera conservar su energía para las causas difíciles. En Deut. 17:2-13; 19:16-19 se describe un sistema donde las cortes locales transferían los casos complejos a los jueces supremos. Esto no era una corte de apelaciones a la que las partes insatisfechas podían llevar los casos para ser considerados; era una corte de expertos que podían pronunciar juicio en causas demasiado complicadas como para que los jueces locales decidieran por sí solos. El sistema judicial que instituyó Josafat también seguía este modelo (2 Crón. 19:4-11). Aunque el rey designaba a los jueces, estos también eran responsables ante Dios (2 Crón. 19:6). No es claro si los habitantes de Jerusalén iban directamente a la corte central. Sólo sabemos que "los príncipes de Judá" juzgaron a Jeremías en Jerusalén, luego que los sacerdotes y profetas lo acusaron de un crimen posible de muerte. El sistema que se describe en Deut. 17; 19 y en 2 Crón. 19 tiene como jueces de la corte central de Jerusalén tanto a sacerdotes como a funcionarios seculares.

El rey poseía autoridad judicial limitada. A pesar de su poder político supremo, no estaba por encima de la ley. El pueblo no aceptó la sentencia de muerte que Saúl pronunció sobre Jonatán (1 Sam. 14:39) y los sacerdotes de Nob (1 Sam. 22:6-23). A Jonatán no lo castigaron y finalmente una persona no israelita asesinó a los sacerdotes. El crimen de David contra Urías y el maltrato que le aplicó a Absalón, lo llevaron a condenarse a sí mismo (2 Sam. 12:1-6; 14:1-24). A diferencia de Saúl, David y Salomón tuvieron capacidad de ejercer autoridad para ejecutar o perdonar la vida de las personas que representaban una amenaza para su reinado (2 Sam. 1:1-16; 4:1-12; 19:16-23; 21:1-14; 1 Rey. 2:19-46). Jezabel utilizó la corte local existente para deshacerse de Nabot y confiscar su viña. Dios, sin embargo, la castigó a ella y a Acab por haber hecho ejecutar a Nabot bajo acusaciones falsas aun cuando Acab era rey (1 Rey. 21–22). Deuteronomio 17:18-20 coloca al rey al mismo nivel de sus súbditos con respecto a los requerimientos de la ley de Dios. El monarca en Israel no tenía autoridad para promulgar leyes nuevas ni para proclamar fallos arbitrarios que iban en contra de cómo se entendía la justicia.

En Israel se conocía el ideal del rey justo que supervisaba la aplicación de justicia para todos sus súbditos. En este sentido, el rey mismo era el ejemplo a seguir en cuanto a un juez justo y honesto que participaba personalmente en las audiencias como así también en la designación de otros jueces. Absalón pudo aprovecharse del fracaso de David, que no vivió a la altura de este ideal (2 Sam. 15:1-6). Salomón es el ejemplo supremo del juez justo al que Dios concedió discernimiento y sabiduría (1 Rey. 3).

Se desconoce la relación de la corte real con el resto del sistema judicial. La mujer sabia de Tecoa apeló ante David una decisión que se había tomado con respecto a otros miembros de su familia (2 Sam. 14). La viuda sunamita apeló con éxito ante el rey de Israel para que se le restaurara la casa y la tierra que había abandonado durante una época de hambruna (2 Rey. 8:1-6). El famoso caso de las dos prostitutas y el hijo recién nacido se llevó directamente ante Salomón sin juicio previo (1 Rey. 3:16-28). Todos estos casos parecieran excepcionales. En los dos primeros casos participaron terceras partes poderosas. Joab consiguió la audiencia con David, y la sunamita tuvo como abogado a Giezi, el siervo de Eliseo. Las dos prostitutas no tenían familiares que resolvieran la disputa. Por lo tanto, no estamos seguros de lo que pueden aportar estos relatos sobre la forma en que las causas llegaban comúnmente a ser escuchadas por el rey. No existen leyes en el AT que definan el proceso de apelación judicial ante el monarca.

Los sacerdotes también poseían autoridad judicial. Los pasajes sobre la corte suprema de Jerusalén mencionan a los sacerdotes junto con el juez secular (Deut. 17:9; 19:17; 2 Crón. 19:8, 11). Algunos eruditos creen que esta división entre las cortes religiosas y las civiles refleja el período postexílico donde la autoridad secular era la del rey persa y de los sacerdotes judíos que administraban la ley de Dios (Esd. 7:25,26). No obstante, los sacerdotes israelitas poseían un corpus de conocimiento en función del cual regían las cuestiones que pertenecían a la adoración a Dios y la pureza de la comunidad. El objetivo del culto y del sistema judicial era quitar de la comunidad la culpabilidad por sangre (Deut. 21:1-9). No podemos determinar de qué modo los jueces sacerdotales estaban relacionados con los otros sistemas judiciales ni la manera en que las causas se asignaban a los diversos jueces.

Los procedimientos judiciales en su forma precisa tal vez se puedan reconstruir de la siguiente manera. No había fiscales ni abogados defensores; el acusador y el acusado discutían las causas. El peso de la prueba dependía del defensor. Cuando era necesario se presentaban evidencias físicas (Deut. 22:13-21), pero la comprobación de la causa dependía primeramente del testimonio y del argumento persuasivo. Para condenar se requería, por lo menos, la palabra de dos testigos (Sal. 19:15). El sistema dependía de la sinceridad de los testigos y la integridad de los jueces (Ex. 18:21; 20:16; 23:1-3,6-9; Lev. 19:15-19; Deut. 16:19-20; 19:16-21; 2 Crón. 19:6,7). Los profetas condenaban a los jueces corruptos (Isa. 1:21-26; Amós 5:12,15; Miq. 7:3) y a quienes los respaldaban (Amós 5:10). Las causas que se iniciaban con un testigo malicioso mediante falso testimonio se derivaban a la corte central (Deut. 19:16-21). En algunas circunstancias, el acusado se podía someter a una prueba difícil o a un voto a fin de probar su inocencia (Ex. 22:6-10; Núm. 5:11-31; Deut. 21:1-8). Si era culpable, Dios lo castigaba directamente. El echar suertes para descubrir a la parte culpable era otro procedimiento extraordinario. En los dos casos que se registran en la Biblia, la persona identificada también confesó su culpabilidad (Jos. 7; 1 Sam. 14:24-46). Los jueces eran responsables de aplicar el castigo, en el que a menudo participaba toda la comunidad (Deut. 21:21). El sistema judicial sólo podía funcionar adecuadamente cuando la comunidad estaba de acuerdo con sus decisiones y cooperaba para aplicarlas. Las cortes, al juzgar justamente, enseñaban la ley de Dios y los principios de la justicia divina. Además funcionaban en conjunto con el pueblo a fin de restaurar la paz en la comunidad y la integridad ante Dios siempre que se reconociera quién estaba en lo correcto y se le impusiera al culpable una pena apropiada. *Pamela J. Scalise*

SITIM Transliteración de la palabra hebrea para acacia. **1.** Nombre de una amplia región de Moab ubicada directamente al otro lado del Jordán frente a Jericó y al noreste del Mar Muerto. Israel acampó allí un largo tiempo antes de cruzar a la Tierra Prometida. Mientras estaban en Sitim, fueron bendecidos por Balaam (a quien Balac había contratado para maldecir a Israel; Núm. 22-24; comp. Miq. 6:5), pecaron con mujeres moabitas y madianitas (Núm. 25) y Josué fue señalado como sucesor de Moisés (Deut. 34:9). El nuevo líder envió espías desde Sitim (Jos. 2:1; comp. Jos. 3:1). Es la actual Tell el-Hammam es Samri, 13 km (8 millas) al este del Jordán. **2.** En Joel 3:18 (NVI), el significado simbólico de las acacias se pone de manifiesto en la imagen mesiánica de la fertilidad del torrente de Cedrón con una corriente que fluye del templo.

SITIO, SITIAR Táctica de batalla donde un ejército rodea una ciudad y corta todos los abastecimientos para que el enemigo se vea forzado a rendirse por falta de comida y agua. Se construían plataformas o torres alrededor o encima de los muros de la ciudad. Esto permitía que el ejército que asediaba lanzara flechas y arrojara misiles de guerra hacia el interior de la ciudad. La ley de Israel prohibía que los árboles frutales se podaran para construir dichas plataformas (Deut. 20:19,20). Las rampas construidas para acceder a los muros de la ciudad permitían que los soldados atacaran dichos muros y lanzaran flechas y dispararan otras armas hacia su objetivo. Las escaleras de ascenso elevaban a los ejércitos por encima de los muros para que entraran a la ciudad. Las puertas de éstas eran destruidas por arietes.

S

Flores amarillas de una moderna variedad de acacia en Israel.

Los ladrillos de arenisca eran debilitados con fogatas en la base de los muros. Los túneles que se excavaban debajo de los muros los debilitaban aun más. En consecuencia, la población quedaba devastada emocionalmente pues se les acababan las provisiones y se destruían las defensas.

Deuteronomio 28:53-57 describe los terribles efectos que produce un sitio (comp. Jer. 19:9). Ezequiel 4 describe el acto simbólico del profeta al construir una maqueta de la ciudad de Jerusalén sitiada. Cuando una ciudad se preparaba para enfrentar un sitio, se almacenaba agua y se reparaban los muros (Neh. 3:14). Una posible respuesta a la situación era recoger las pertenencias y huir (Jer. 10:17 TLA). Continuar sitiados era como estar entregados "a muerte, a hambre y a sed" (2 Crón. 32:11). Sitiar la ciudad era la táctica principal en las guerras del Cercano Oriente. Judá fue sitiada por Senaquerib (2 Rey. 18–19) y Nabucodonosor (2 Rey. 24–25).

SITNA Pozo que cavaron los sirvientes de Isaac en la zona de Gerar (Gén. 26:21), y arrebatado por los sirvientes de Abimelec; de ahí el significado del nombre: "odio" u "oponente". Ver *Pozo*.

SITRAI Nombre de persona que tal vez signifique "oficial menor". Oficial encargado del pastoreo de los animales de David en Sarón (1 Crón. 27:29). Según los primeros escribas hebreos, Sirtai.

SITRI Nombre de persona que significa "Él es mi protección". Hijo de Uziel en la genealogía de Leví (Ex. 6:22).

SIVÁN Tercer mes (mayo–junio) del calendario hebreo, época de la cosecha del trigo y de Pentecostés. Ver *Calendarios*.

SIZA Nombre abreviado de persona y de significado incierto. Miembro de la tribu de Rubén en tiempos de David (1 Crón. 11:42).

SOA Nombre de nación que significa "¡socorro!". Nación que utilizó Dios para castigar a Su pueblo (Ezeq. 23:23). Generalmente se los identifica con los sutus, un pueblo nómada del Desierto Siro-arábigo conocido por documentos de Mari, Amarna y Asiria.

SOBA Ciudad-estado cuyo nombre quizás signifique "batalla". Primero Saúl (1 Sam. 14:47) y después David (2 Sam. 8:3) lucharon contra los reyes de Soba. Comparar con el encabezamiento del Sal. 60. Aparentemente Soba está aprox. donde más tarde Siria se convirtió en nación, al noreste de Damasco. Fue la potencia siria más importante antes del ascenso de Damasco. En una oportunidad, los amonitas contrataron mercenarios de Soba (2 Sam. 10:6) para que los ayudaran a luchar contra David. Los amonitas llegaron desde el sur mientras que los de Soba lo hicieron desde el norte, forzando a David a luchar en dos frentes. David venció y el pueblo de Soba estuvo a su servicio (2 Sam. 10:13-19). Ver *David; Siria*.

SOBAB Nombre de persona que significa "uno traído de vuelta" o "caído, rebelde". **1.** Hijo de David (2 Sam. 5:14). **2.** Hijo de Caleb y antepasado de una familia de la tribu de Judá (1 Crón. 2:18).

SOBAC Nombre de persona de significado incierto. Comandante del ejército sirio bajo las órdenes de Hadad-ezer, muerto en batalla por las tropas de David (2 Sam. 10:16,18). En 1 Crón. 19:16,18 el nombre aparece como Sofac.

SOBAI Nombre de persona de significado incierto. Jefe de una familia de porteros (Esd. 2:42).

SOBAL Nombre de persona que probablemente signifique "león". **1.** Hijo de Seir y rey de Edom (Gén. 36:20,23,29). **2.** Hijo de Caleb y fundador de Quiriat-jearim (1 Crón. 2:50), mencionado como uno de los hijos de Judá (1 Crón. 4:1), posible indicador de que "hijo de" denota pertenencia a una tribu.

SOBEC Nombre de persona que significa "vencedor". Líder judío que firmó el pacto de Nehemías (Neh. 10:24).

SOBERANÍA DE DIOS Enseñanza bíblica que expresa que Dios es omnipotente y gobierna sobre todas las cosas (Sal. 135:6; Dan. 4:34,35). Dios reina y obra de acuerdo con Su propósito eterno, aun a través de acontecimientos que parecerían contradecir u oponerse a Su gobierno.

Enseñanza bíblica Las Escrituras enfatizan el gobierno de Dios en tres áreas: la creación, la historia de la humanidad y la redención. La Biblia expresa claramente el dominio divino sobre la creación (Gén. 1; Mar. 4:35-41; Rom. 8:20,21), incluso la función de Cristo de sustentar y regir todas las cosas (Heb. 1:3; Col. 1:15-17). La Biblia también afirma que Dios gobierna la historia de la humanidad según Su propósito, desde los acontecimientos comunes y corrientes en la vida de las personas (Jue. 14:1-4; Prov. 16:9,33) hasta el surgimiento, las relaciones y la caída de las naciones (Sal. 22:28; Hab. 1:6; Hech. 17:26). Las Escrituras muestran la redención como obra exclusiva de Dios, quien según Su propósito eterno, toma la iniciativa en la provisión y aplicación de la salvación y en capacitar al hombre para que la acepte por voluntad propia (Juan 17:2; Rom. 8:29,30; Ef. 1:3-14; 2 Tes. 2:13,14; 2 Tim. 1:9, 10).

Cinco temas parecieran estar en conflicto con el gobierno absoluto de Dios: la maldad, el libre albedrío, la responsabilidad humana, el evangelismo y la oración.

La soberanía y el mal La Biblia no explica la relación entre la soberanía divina y el mal. En cambio, sí enseña que Dios no comete maldad ni la aprueba (Hab. 1:13; Sant. 1:13); en su lugar, aunque la permite, también la restringe (Job 1:12–2:7); la juzga (Isa. 66:3,4; Hech. 12:19-23; Apoc. 20:11-15); la emplea para el bien de Sus hijos y para cumplir Sus propósitos divinos (Gén. 50:20; Rom. 8:28,29).

La soberanía y el libre albedrío Algunos ven contradicción entre la soberanía divina y el libre albedrío humano, un término que suele malentenderse. La voluntad del hombre es libre en el sentido de que toma decisiones que tienen consecuencias reales. Sin embargo, la voluntad del hombre no es moralmente neutral; más bien, está esclavizada por el pecado y, sin la gracia divina, decide libre y sistemáticamente rechazar a Dios (Rom. 3:10,11; Ef. 2:1-3; 2 Tim. 2:25,26). Las Escrituras afirman tanto la soberanía divina como la actividad voluntaria del hombre. El ascenso de Faraón al poder fue completamente por su propia voluntad, pero también se debió por completo a la mano de Dios (Ex. 9:16). La crucifixión de Cristo fue plenamente la acción deliberada de hombres pecaminosos y, al mismo tiempo y en forma plena, el propósito de Dios (Hech. 2:23; 4:27,28). Las conversiones se relatan en Hechos de una manera coherente con ambos conceptos (Hech. 13:48; 16:14).

La soberanía y la responsabilidad humana Si bien Dios es soberano, el hombre sigue siendo responsable ante Él por sus acciones (Rom. 2:5-11; 3:19). La relación entre estos dos conceptos es misteriosa pero no contradictoria. Pablo plantea el tema pero, en lugar de resolver el conflicto, simplemente afirma ambas perspectivas (Rom. 9:19-29).

La soberanía y el evangelismo Jesús afirmó la soberanía absoluta de Dios y, en el mismo contexto, invitó a los pecadores a recurrir a Él para ser salvos (Mat. 11:25-30). Pablo comenzó a desarrollar profundamente el tema de la soberanía divina manifestando su pesar por sus compatriotas perdidos (Rom. 9:1-5); en el mismo contexto expresó su sentida oración por la salvación de ellos (Rom. 10:1) y afirmó la promesa de esa salvación para “todo aquel que invocare el nombre del Señor” (Rom. 10:12-13). De modo que la afirmación de la soberanía divina va de la mano con el evangelismo y la tarea misionera (2 Tim. 1:12; 2:10), y con el deseo y la oración para que toda persona o pueblo perdido sea salvo.

Soberanía y oración Para el creyente, la soberanía de Dios significa que “Si Dios está de nuestra parte, nadie podrá ponerse en contra de nosotros” (Rom. 8:31 TLA). En repetidas ocasiones la Biblia declara que Dios desea conceder los pedidos del cristiano (Rom. 8:32; 1 Jn. 5:14-15). El creyente puede orar confiado de que sus oraciones serán oídas y contestadas. Ver *Dios; Providencia.* *T. Preston Pearce*

SOBI Nombre de persona de significado incierto. Amonita que ayudó a David cuando cruzó el Jordán al huir de Absalón (2 Sam. 17:27).

SOBORNO Entrega de alguna cosa de valor con intención de influir en otra persona para que no cumpla con sus deberes. El peligro del soborno se encuentra en la oportunidad que presenta de pervertir la justicia (1 Sam. 8:3; Prov. 17:23; Isa. 1:23; Miq. 3:11; 7:3) y por eso la Biblia lo prohíbe (Ex. 23:8; Deut. 16:19). A los pobres se los discriminaba al emitir un juicio o directamente tenían dificultad para conseguirlo debido a que no tenían ningún soborno para ofrecer (ver Job 6:22, donde es necesario un soborno para conseguir que se haga justicia).

SOBRIO Persona que se caracteriza por su autocontrol, seriedad y sano juicio moral (1 Tes. 5:6,8; 1 Tim. 3:2,11; Tito 1:8; 2:2,6; 1 Ped. 1:13; 5:8).

SOCO Nombre geográfico que significa “espinas”. **1.** Ciudad de los montes de Judá que se usaba como fortaleza contra los pueblos que avanzaban desde el sur (Jos. 15:35). Es la actual Khirbet Abbad. Los filisteos se reunieron allí para combatir contra Saúl (1 Sam. 17:1). Roboam la fortificó (2 Crón. 11:7). **2.** Ciudad en el sur de los montes de Judá situada 16 km (10 millas) al sudoeste de Hebrón (Jos. 15:48) en Khirbet Shuweikeh. **3.** Ciudad que pertenecía a Ben-hesed (1 Rey. 4:10), uno de los doce funcionarios que proporcionaban alimentos a Salomón y su casa. Es as-Shuweikeh, al oeste de Nablus y 3 km (2 millas) al norte de Tulkarm. **4.** Nativo de Judá, hijo de Heber (1 Crón. 4:18). Algunos intérpretes creen que es un nombre geográfico más que de persona. Puede ser equivalente a *2.*

SODI Nombre de persona que significa "mi consejo". Padre de Gadiel de Zabulón, uno de los espías que Moisés envió a Canaán (Núm. 13:10).

SODOMA Y GOMORRA Nombres de lugar de significado incierto. Dos ciudades de Palestina en tiempos de Abraham. Estaban entre las cinco "ciudades del valle" (Gén. 13:12; 19:29) en aquel tiempo. Se desconoce su ubicación exacta, pero probablemente estaban situadas en el Valle de Sidim (Gén. 14:3,8,10,11) cerca del Mar Muerto, quizás en la región actualmente cubierta por las aguas poco profundas del extremo sur de este mar. Lot se trasladó a esa zona y finalmente se instaló en Sodoma (Gén. 13:10-12; 14:12; 19:1).

Sodoma y Gomorra eran famosas por su maldad (Gén. 18:20). A pesar de la súplica exitosa de Abraham (Gén. 18:22-32), no pudieron encontrarse siquiera 10 hombres justos en Sodoma; las ciudades fueron juzgadas por el Señor y luego destruidas con "azufre y fuego" (Gén. 19:24).

Las lujurias antinaturales de los hombres de Sodoma (Gén. 19:4-8; Judas 7) nos han dado el término moderno "sodomía", pero la ciudad era culpable de un amplio espectro de pecados, entre ellos el orgullo, la opresión del pobre, la soberbia y las "prácticas repugnantes" (Ezeq. 16:49,50 NVI). Sodoma y Gomorra en conjunto proporcionaron un punto de comparación para la maldad de Israel y las otras naciones (Deut. 32:32; Isa. 1:10; Jer. 23:14). El recuerdo de su destrucción provee una imagen del juicio de Dios (Isa. 13:19; Jer. 49:18; Mat. 10:14,15; 11:23,24), quien las convirtió en ejemplo de lo que se debe evitar (Deut. 29:23-25; 2 Ped. 2:6).

Daniel C. Browning (h)

SODOMITA Originalmente un habitante de Sodoma, una de las ciudades de la llanura cercana al Mar Muerto (Gén. 13:12). El término luego se comenzó a usar para aludir a un hombre que tiene relaciones sexuales con otro hombre. La maldad de Sodoma llegó a ser famosa (ver Gén. 19:1-11). Ver *Homosexualidad; Sexo, Enseñanza bíblica sobre el.*

SOFAC Ver *Sobac.*

SOFERET Nombre de persona que significa "el escriba" u "oficio de escriba". Esdras 2:55 indica que era un nombre de familia o un gremio de escribas que regresaron del exilio de Babilonia con Zorobabel alrededor de 537 a.C. (Neh. 7:57).

SOFONÍAS Nombre de persona que significa "Yahvéh cobijó o almacenó" o "Zafón (dios) es Yahvéh". **1.** Profeta cuya predicación produjo el libro 36 del AT. **2.** Sacerdote a quien el rey Sedequías envió para pedir a Jeremías que orara por la nación amenazada por Nabucodonosor de Babilonia (Jer. 21:1-7; 37:3). Dio a Jeremías una profecía falsa de Babilonia (Jer. 29:24-32). Cuando Jerusalén cayó, el sacerdote fue ejecutado (52:24-27). **3.** Padre de Josías y Hen (Zac. 6:10,14) posiblemente idéntico a *2.* más arriba. **4.** Levita (1 Crón. 6:36), quizás Uriel (1 Crón. 6:24).

Paul L. Redditt

SOFONÍAS, LIBRO DE El Libro de Sofonías, de sólo tres capítulos de extensión, se centra en el castigo a todas las naciones pecaminosas, incluida Judá, seguida de la restauración de Judá y también de las naciones.

El profeta Sofonías El v.1 relata lo único que sabemos sobre el profeta. Su ascendencia se remonta a cuatro generaciones anteriores hasta un hombre llamado Ezequías. Algunos eruditos creen que este Ezequías era el rey de Judá que reinó a fines del siglo VIII durante el ministerio de Isaías (2 Rey. 18–20). Si así fuera, Sofonías habría pertenecido al linaje real. Esto quizás explicaría por qué no condenó al rey en Sof. 1:8; 3:3-5, donde acusa por sus pecados a la mayoría de las clases altas de Judá. Otros eruditos señalan que Ezequías era un nombre bastante común y que el antepasado no se identifica como rey. Además, al padre de Sofonías se lo llamaba "Cusi", que podría significar "cusita" o "etíope". Sugieren, entonces, que tal vez los antepasados de Sofonías hayan sido rastreados hasta cuatro generaciones anteriores para demostrar que realmente era israelita.

La fecha de Sofonías Según Sof. 1:1, su ministerio tuvo lugar durante el reinado de Josías (640–609 a.C.). La mayoría de los eruditos fechan el libro en 630 o entre 630 y 621. En el 621, el rey Josías instituyó una arrolladora reforma de adoración en Judá (ver 2 Rey. 22:3–23:25) y abolió oficialmente la adoración de Baal y de las estrellas mencionada en Sof. 1:4-6. Jeremías también condenó esas prácticas (Jer. 2:20-28; 8:1-3). Jeremías 26:1 muestra que florecieron nuevamente, incluso en el reinado de Joacim (609 a.C.); tal adoración puede haber continuado secretamente entre el 621 y el 609. De haber sido así, Sofonías podría haber profetizado durante esos años. En resumen, probablemente Sofonías haya predicado entre el 630 y el 621, pero puede haber aparecido durante el reinado de Josías.

Contenido del libro de Sofonías El profeta predijo un castigo futuro. En Sof. 1:2-6 anunció castigo sobre el mundo entero, incluida Jerusalén. Sofonías 1:17,18 describe la incapacidad de los seres humanos para escapar del castigo de Dios. Los versos intermedios describen con mayor detalle el castigo llamándolo el Día del Señor; los vv.1:14-16 lo describen como el tiempo de la ira de Dios. El castigo recaería sobre los nobles de la corte del rey, aquellos que obtuvieron ganancias materiales a través de la violencia, los comerciantes, y aquellos que negaron el poder de Dios para recompensar el bien o castigar el mal.

El cap. 2 contiene una serie de amenazas contra los filisteos (vv.4-7), los moabitas y los amonitas (vv.8-11), los etíopes (v.12) y los asirios (vv.13-15). Sofonías llamó a todas las naciones a arrepentirse y a convertirse en justas y dóciles. Él no dio por sentada la gracia de Dios al prometer perdón, sino que aconsejó a las personas a volverse rectas y sumisas como medio para evitar quizás el castigo en el Día del Señor.

El cap. 3 está marcado por un cambio en la perspectiva entre los vv.7 y 8. Los primeros siete versículos pronuncian un lamento sobre Jerusalén por la opresión que existía dentro de sus muros. Sus príncipes acechaban al pueblo como leones, sus profetas cometían traición y sus sacerdotes contaminaban el templo. Dios condenó al pueblo no sólo por sus pecados sino también por su incapacidad de aprender de cómo trata Dios a otras naciones.

Frente a la sombría imagen de corrupción humana relatada en 3:1-7, se exhorta a los creyentes a “esperar” a que el Señor venga como testigo, derrame su ira sobre todos los pueblos y purifique al remanente que buscará refugio en Él. “Esperar” al Señor significa “anhelar” la llegada del Señor (Job 3:21; Isa. 30:18) y poner nuestra esperanza segura sólo en Él (Sal. 33:20; Isa. 8:17; 64:4).

El propósito de Dios, expresado en los vv.9-13, es purificar de entre las naciones a un pueblo unido en la adoración. Las palabras del pueblo serán limpiadas de orgullo pecaminoso y de idolatría (Isa. 2:17,18; Os. 2:17). Los términos utilizados en el resto del v.13 se utilizan en el v.5 para referirse al Señor. Será un tiempo de justicia, verdad y seguridad (comp. Jer. 50:19; Ezeq. 34:14; Miq. 4:4; 7:14).

El libro concluye con un himno de alabanza, una exhortación para que la Jerusalén restaurada se regocije en la redención de Dios. Esto describe la era mesiánica con el Señor, su Rey victorioso, en medio de ella (comp. Deut. 30:9). Finaliza con la promesa del Señor de volver a juntar y glorificar a Israel después de que la hora de su castigo haya terminado.

Bosquejo

I. Identificación del mensajero de la Palabra de Dios (1:1)

II. Advertencia de Dios sobre el juicio a todas las naciones (1:2–3:8)
   A. Se acerca el día del juicio de Dios (1:2–2:3).
      1. Su juicio incluirá a toda la humanidad (1:2-3).
      2. Su juicio incluirá a Su propio pueblo pecaminoso que lo abandonó (1:4-6).
      3. El día del Señor llama a un silencio sobrecogedor ante la cercanía del juicio de Dios (1:7-11).
      4. Los escépticos verán a Dios en acción ese día (1:12-13).
      5. La ira de Dios será derramada contra el pecado en ese día (1:14-17).
      6. La riqueza no sirve en el día del Señor (1:18).
      7. Dios llama a Su humilde pueblo a buscarlo antes de que sea demasiado tarde (2:1-3).
   B. El juicio de Dios someterá a Sus enemigos y bendecirá al remanente de Su pueblo (2:4-15).

S

C. La justicia divina será imparcial (3:1-8).

III. Dios promete formar un nuevo pueblo (3:9-20)

A. Las naciones invocarán a Dios (3:9-10).

B. Un remanente purificado adorará a Dios con humildad y regocijo (3:11-13).

C. Dios reinará como Rey para eliminar los temores de su Pueblo (3:14-17).

D. Su pueblo oprimido será exaltado (3:18-20).

Paul L. Redditt y E. Ray Clendenen

SOHAM Nombre de persona que significa "gema". Levita en tiempos de David (1 Crón. 24:27).

SOL Fuente de luz de la tierra. Los pueblos antiguos consideraban que el sol era parte necesaria del ciclo estacional. En consecuencia, se lo solía considerar dios. Los antiguos egipcios adoraban al sol como el dios Ra y los griegos como Helios. La ciudad cananea de Bet-semes, "casa del sol", probablemente hacía referencia a un templo de la ciudad. La Biblia considera el sol simplemente como "la lumbrera mayor" creada por Dios para regir el día (Gén. 1:16). En Israel, el nuevo día comenzaba con la puesta del sol. Los Salmos comparaban el brillo del sol con la gloria de Dios que un día lo reemplazaría (Sal. 84:11). Zacarías describe la venida de Cristo como un nuevo amanecer para la humanidad (Luc. 1:78). El oscurecimiento o eclipse de sol se solía interpretar como señal de desagrado de Dios hacia los seres humanos. Ver *Dioses paganos.*

David Maltsberger

SOLDADO Persona entrenada para pelear, especialmente en el servicio militar activo. En los primeros tiempos de la historia de Israel, todos los hombres eran convocados para luchar cuando las tribus enfrentaban amenazas. David fue el primero en formar un ejército compuesto por soldados profesionales. Los reyes solían tener un grupo de soldados guardianes. El soldado del NT generalmente era romano. Juan el Bautista señaló que era habitual que soldados romanos extorsionaran a civiles amenazándolos y quitándoles dinero (Luc. 3:14). Por otro lado, el centurión (jefe de 100 hombres) es tenido en alta estima en el NT (Hech. 10). Ver *Centurión; Ejército.*

SOMBRA Imagen oscura de un objeto cuando este interfiere los rayos de luz. La Biblia utiliza el término de manera literal y figurativa.

Antiguo Testamento El hebreo *tsel* habla de la sombra como protección y como algo transitorio, de corta vida y cambiante. El calor intenso, particularmente en verano, hacía que la sombra fuera importante en Palestina. Los viajeros buscaban descanso bajo un árbol (Gén. 18:4; comp. Job 40:22) o en una casa (Gén. 19:8). Especialmente al mediodía, cuando las sombras prácticamente desaparecían, la gente buscaban guarecerse del sol (Isa. 16:3; comp. Gén. 21:15; Jon. 4; Job 7:2). Durante la tarde, las sombras se alargan (Jer. 6:4; comp. Neh. 13:19 NVI). En la frescura de la noche, desaparecen (Cant. 2:17). En el desierto, el viajero tenía pocas esperanzas de hallar sombra, pero buscaba la protección de los montes (Jue. 9:36), las grandes rocas (Isa. 32:2), una cueva (Ex. 33:22; 1 Rey. 19:9) o una nube (Isa. 25:5).

Las personas poderosas ofrecen sombra de protección y seguridad (Cant. 2:3). También la ofrece un rey (Lam. 4:20; Ezeq. 31:6). Sin embargo, Israel conocía las declaraciones falsas de los reyes en cuanto a proveer ese tipo de protección (Jue. 9:15; comp. Isa. 30:2; Ezeq. 31). Los escritores bíblicos buscaban al Mesías para obtener la sombra tan ansiada (Isa. 32:2; Ezeq. 17:23). Dios era la máxima sombra de protección para Su pueblo (Sal. 36:7; 91:1; 121:5; Isa. 25:4; 49:2; 51:16).

La vida humana es tan sólo una breve sombra (Job 8:9; 14:2; Sal. 102:11; 144:4; Ecl. 6:12; 8:13).

Nuevo Testamento El griego *skia* puede referirse a una sombra literal (Mar. 4:32; Hech. 5:15). Con más frecuencia se refiere a la muerte o a una señal de algo que está por suceder, un anuncio. Las referencias a la muerte provienen de las profecías del AT: Mat. 4:16 y Luc. 1:79 aluden a Isa. 9:2. Las leyes sobre los alimentos y las fiestas religiosas eran sólo una sombra que preparaba a Israel para la realidad que se daría a conocer en Cristo (Col. 2:17; Heb. 8:5; 10:1). Santiago utilizó una palabra griega relacionada para decir que Dios no es una sombra fugaz ni cambiante (Sant. 1:17).

Trent C. Butler

SOMER Nombre de persona que significa "protector". **1.** Padre de uno de los asesinos del rey Joás (2 Rey. 12:21). Ver *Simrit.* **2.** Ver *Semer 2.*

SOMORMUJO Ave marina grande (*Phalacrocorax carbo carbo*) que se menciona entre las aves inmundas (Lev. 11:17; Deut. 14:17). Otros traductores la denominan lechuza nocturna.

SÓPATER Nombre de persona que significa "crianza familiar sana". Este hombre acompañó a Pablo hasta Asia en el último viaje a Jerusalén (Hech. 20:4). Algunos creen que equivale al "Sosípater" de Rom. 16:21.

SORDERA Incapacidad para oír. Según el AT, Dios hace que las personas sean sordas o puedan escuchar (Ex. 4:11). Los sordos estaban protegidos por la ley de Moisés (Lev. 19:14). La incapacidad para oír se utiliza como una imagen de esperar en Dios en lugar de resistir a los atacantes (Sal. 38:13,14). La sordera es también un símbolo de falta de atención y rebelión contra Dios (Isa. 42:18-20; 43:8). Parte de la esperanza futura de los profetas es que los sordos escuchen (Isa. 29:18). Los enemigos de Israel experimentarán sordera en respuesta a la restauración de Israel por parte de Dios (Miq. 7:16).

El NT interpreta la curación del sordo por parte de Jesús como evidencia del carácter mesiánico de Jesús (Mat. 11:5; Luc. 7:22). Es extraño que sólo Marcos narró la curación de una persona sorda (Mar. 7:33-35; comp. 9:14-29). Marcos 9:25 atribuye la sordera a un espíritu malvado. Las narraciones paralelas (Mat. 17:14-19; Luc. 9:37-42) señalan convulsiones parecidas a la epilepsia más que sordera.

SOREC Nombre geográfico que significa "uva roja". Valle en el lado oeste de Palestina. Se extiende desde las inmediaciones de Jerusalén hasta el Mar Mediterráneo. Bet-semes vigilaba el lado oriental, mientras que los filisteos controlaban la porción occidental durante la era de los jueces. Dalila, la amante de Sansón, vivía en el valle de Sorec (Jue. 16:4). Ver *Palestina*.

SOSÍPATER Nombre de persona que significa "salvar al propio padre". Se dice que era un pariente (judío) de Pablo que envió saludos a Roma (Rom. 16:21). Es posible que "Sópater de Berea" (Hech. 20:4) sea la misma persona.

SÓSTENES Nombre de persona que significa "de fuerza segura". Jefe de una sinagoga en Corinto (Hech. 18:17). Aparentemente asumió el puesto después de que Crispo, el jefe anterior, se convirtiera al cristianismo por la predicación de Pablo (Hech. 18:8). Al fracasar un intento de procesar legalmente a Pablo, los ciudadanos de la ciudad se vengaron y golpearon a Sóstenes. Según la tradición, más tarde se convirtió y fue colaborador de Pablo (1 Cor. 1:1). La evidencia existente no alcanza para determinar si los dos eran la misma persona.

SOTAI Uno de los sirvientes de Salomón cuyos descendientes regresaron a Jerusalén con Zorobabel (Esd. 2:55; Neh. 7:57).

SÚA Nombre de persona que significa "¡socorro!" o tal vez "hundido". **1.** Suegro de Judá (Gén. 38:2; 1 Crón. 2:3). **2.** Mujer descendiente de Aser (1 Crón. 7:32). **3.** Hijo de Abraham (Gén. 25:2); considerado antepasado originario de los suhu que se mencionan en fuentes asirias como un pueblo que vivía junto al Río Éufrates, al sur de la desembocadura del Chabur. **4.** Hogar de Bildad, un amigo de Job (Job 2:11), posiblemente identificado con las personas mencionadas en *3.* o con una tribu del Desierto Siro-arábigo de quien no se tiene más información; tal vez una rama de *3.* **5.** Hermano o, según evidencia de algunos mss, hijo de Caleb (1 Crón. 4:11). Algunos comentaristas relacionan el nombre con Suchati, personaje conocido por fuentes egipcias, y lo consideran antepasado de una familia nómada que vivía en el Neguev. **6.** Hijo de Zofa de la tribu de Aser (1 Crón. 7:36).

SÚAL Nombre de persona y de lugar que significa "chacal". **1.** Descendiente de Aser (1 Crón. 7:36). **2.** Territorio que utilizó el escritor bíblico para indicar el camino que un grupo de filisteos tomó contra Saúl (1 Sam. 13:17). Algunos lo identifican con la tierra de Saalim (1 Sam. 9:4). La ubicación es incierta.

SUBIDAS, CÁNTICOS DE LAS Ver *Cántico gradual*.

SUCATEOS Pueblo que afirmaba ser descendiente de los ceneos y los recabitas (1 Crón. 2:55).

SUCOT Nombre geográfico que significa "casillas". **1.** Ciudad al este del Jordán en el territorio de la tribu de Gad. Jacob vivió allí cuando regresó a Canaán (Gén. 33:17). Era una ciudad importante en tiempos de Gedeón. Este castigó a sus líderes por no haberlo ayudado en la campaña contra los madianitas (Jue. 8:5-7,13-16). Generalmente se la ubica en Tell Deir Alla, pero los resultados de algunas excavaciones lo pusieron en duda. **2.** Lugar donde acamparon los israelitas cuando salieron de Egipto (Ex. 12:37; 13:20; Núm. 33:5,6). Se encontraba cerca de Pitón y generalmente se lo identifica con Tell el-Maskhutah o Tell er-Retabah.

SUCOT-BENOT Nombre divino que significa "casillas de las hijas". Deidad pagana que los babilonios llevaron a Israel cuando los asirios la repoblaron después de la caída de Samaria en el 722 a.C. (2 Rey. 17:30). Los intérpretes no concuerdan en la identificación de este ídolo. Muchos creen que tal vez haya sido Sarpanitu, la consorte de Marduk. Ver *Dioses paganos.*

SUEÑO, DORMIR Estado natural de descanso de seres humanos y animales (Sal. 4:8). Dios a veces provoca un estado de "sueño profundo" para revelar algo (Gén. 2:21; 15:12; Job 4:13), y en otras ocasiones para impedir la visión profética (Isa. 29:10; comp. 1 Sam. 26:12). También se usa como señal de pereza (Prov. 19:15). Además, el sueño es imagen de la muerte física (Juan 11:11-14; 1 Cor. 15:51). Ver *Muerte; Vida eterna.*

SUEÑOS En el antiguo Cercano Oriente, los sueños eran una de las muchas maneras en que las personas intentaban ver el futuro y tomar decisiones que les resultarían beneficiosas. En algunas culturas, la gente iba a dormir a los templos o a los lugares santos para tener un sueño que mostrara cuál era la mejor decisión.

Los sueños de la gente común eran importantes para ellos, pero los de los reyes y de hombres o mujeres santos eran importantes a nivel nacional o internacional. Uno de los resultados era que muchas de las naciones vecinas de Israel tenían figuras religiosas expertas en la interpretación de los sueños. Estas figuras se podían consultar en el nivel más alto del gobierno para las decisiones importantes. En naciones como Egipto y Asiria, estos intérpretes incluso escribieron "libros de sueños" mediante los cuales podían hacer interpretaciones según los símbolos de un sueño.

Los sueños también eran importantes en el AT. A Israel se le prohibió utilizar muchas prácticas de adivinación de las naciones vecinas. Sin embargo, Dios reveló algo más de una docena de veces a través de un sueño. Cuando reconocemos que las visiones y los sueños nocturnos no se diferenciaban claramente, veremos muchos otros lugares en el AT y el NT donde Dios utilizó este método para comunicarse. De hecho, según Deut. 13, la profecía y los sueños debían probarse de la misma manera.

¿Qué sueños se interpretaban? No todos los sueños se consideraban provenientes de Dios. No todos los sueños eran significativos. Algunos podían ser deseos de la mente (Sal. 126:1; Isa. 29:7,8). En épocas de necesidad y especialmente cuando una persona buscaba una palabra de parte de Dios, los sueños podían ser pertinentes.

No todos los sueños necesitaban ser interpretados. Para comprobarlo podemos considerar tres tipos de sueños. Un simple "mensaje a través del sueño" aparentemente no necesitaba interpretación. Por ejemplo, en Mat. 1 y 2, José entendió los sueños relacionados con María y Herodes aun cuando no se hace mención de ninguna interpretación. Un segundo tipo, el "sueño simbólico simple", usaba símbolos pero el simbolismo era lo suficientemente claro como para que el soñador y también otros lo pudieran entender. El José del AT tuvo esta clase de sueño en Gén. 37. Sin embargo, los sueños simbólicos complejos necesitaban la capacidad interpretativa de alguien con experiencia o capacidad inusual para la interpretación. Los sueños de Nabucodonosor descritos en Dan. 2 y 4 son buenos ejemplos de esta clase de sueños. Incluso el mismo Daniel tuvo sueños donde el simbolismo era tan complejo que tuvo que buscar la interpretación divina (Dan. 8).

¿Fueron los sueños alguna vez equivocados o interpretados incorrectamente? Los sueños no eran inmunes ni infalibles. Tanto Jeremías como Zacarías hablaron en contra de confiar en los sueños para expresar la revelación de Dios. Los sueños podían no ser palabra de Dios (Jer. 23:28). Jeremías comparó a los soñadores con los adivinos, los hechiceros y los falsos profetas (Jer. 27:9). Advirtió a los exiliados en Babilonia que no escucharan a los soñadores y los falsos profetas que les decían que el exilio no duraría mucho tiempo (Jer. 29:8). Zacarías le indicó al pueblo el camino hacia el Señor al parecer porque estaba confiando en los soñadores y en otros para que le enseñaran la verdad (Zac. 10:1, 2). De modo que, a pesar de que Dios a menudo usaba los sueños para revelar Su voluntad, también hay advertencias para no confiar en este método a fin de conocer la voluntad de Dios. Ver *Inspiración de la Escritura; Oráculos; Profecía, Profetas; Revelación de Dios.* *Albert F. Bean*

SUERTES Objetos de forma y material desconocidos empleados para determinar la voluntad divina. La gente del antiguo Cercano Oriente, en especial los sacerdotes, a menudo tomaban decisiones difíciles e importantes echando suertes al suelo o tomándolas de un receptáculo. Las Escrituras mencionan dicha práctica en varias ocasiones. No sabemos exactamente qué aspecto tenían las suertes. Tampoco sabemos cómo se interpretaban. Sí sabemos que la gente del AT y del NT creía que Dios (o los dioses en el caso de los que no eran israelitas ni cristianos) influía en la caída o resultado de las suertes (Prov. 16:33). Por lo tanto, echar suertes era una manera de determinar la voluntad de Dios.

Uno de los mejores ejemplos aparece en Hechos. Mediante las suertes, Matías fue elegido como sucesor de Judas (Hech. 1:26). La oración inmediatamente previa de los apóstoles demuestra la fe de que Dios expresaría Su voluntad a través de este método. En el AT, Saúl fue escogido como primer rey de Israel mediante el uso de las suertes (1 Sam. 10:20-24 NVI, LBLA).

De manera similar, Dios les comunicaba verdades desconocidas a los seres humanos por este medio. Saúl pidió que se echaran suertes para determinar quién había pecado durante la batalla que habían sostenido durante todo un día contra los filisteos (1 Sam. 14:41,42). Cuando Josué hizo que el pueblo se acercara al Señor para hallar a los culpables después de la derrota en Hai, es probable que haya utilizado suertes, aunque la palabra no aparece en el texto (Jos. 7:10-15).

Las suertes ayudaban al pueblo de Dios a tomar decisiones justas en situaciones complejas. Dios ordenó que la tierra prometida se dividiera echando suertes (Núm. 26:52-56). Más tarde, estas determinaron el orden de servicio de los sacerdotes en el templo (1 Crón. 24:5-19). Esta práctica continuó hasta la época de Jesús. Cuando el ángel le habló a Zacarías, el padre de Juan el Bautista, este estaba quemando incienso en el santuario. Estaba allí porque la suerte había caído sobre él (Luc. 1:8,9). El espantoso cuadro de los soldados al echar suertes sobre las vestiduras de Jesús es un ejemplo de la costumbre, una práctica aceptada (Mat. 27:35). Proverbios enseña que el empleo de las suertes es una manera de poner fin a una disputa cuando las decisiones son difíciles (18:18).

Las suertes se conmemoran en la fiesta judía de *Purim*, una palabra acadia para "suertes", y se celebra la frustración del plan de Amán para destruir a los judíos que estaban en Persia. Amán había empleado las suertes para saber cuál sería el mejor día para la destrucción (Est. 3:7).

Finalmente, la palabra "suerte" pasó a significar el destino o las circunstancias de la vida de una persona. Los justos podían confesar que Dios era su suerte (Sal. 16:5). La suerte de los que perturbaban al pueblo de Dios era terror y aniquilación (Isa. 17:14). Ver *Oráculos; Urim y Tumim.*
Albert F. Bean

SUFAM Nombre de persona de significado incierto. Los eruditos deducen que fue hijo de Benjamín por el nombre de familia "sufamita" (Núm. 26:39). El nombre de persona en hebreo es Mupim en Gén. 46:21, y Sefufam en Números. En 1 Crón. 7:6 el nombre no aparece, pero en 7:12, 15 aparece "Supim".

SUFAMITA Miembro de la familia de Sufam o Sefufán, de la tribu de Benjamín. Ver *Sufam.*

S

SUFRIMIENTO Las causas del sufrimiento humano Las Escrituras afirman que el sufrimiento es inevitable en un mundo caído (Gén. 3:14-19; Sal. 10:1-18; 22:1-31; 38:1-22; 90:1-17; Mar. 13:12,13; Juan 16:33; Hech. 14:22). En realidad, los cristianos pueden llegar a sufrir más que los incrédulos (Rom. 6:1-14; 8:35-39; 1 Cor. 12:26; 1 Tes. 2:14; 2 Tim. 3:10-12; 1 Ped. 4:1-14; Apoc. 2:10). Las experiencias de sufrimiento se dividen en tres categorías: sufrimiento causado por limitaciones físicas (enfermedad, dolor físico y psicológico, depresión y enfermedad mental), por desastres naturales (tormentas, incendios, inundaciones y terremotos), y por acciones humanas (daño infringido a uno mismo o a otros, individual o colectivamente).

Al enfrentar el sufrimiento, los personajes bíblicos formularon importantes preguntas. Una es: "¿Por qué el Dios verdadero permite el mal y el sufrimiento?" La Biblia enseña en cuanto a sus causas y enuncia varias explicaciones. No obstante, algunos casos no se aclaran y las Escrituras no ofrecen explicación exhaustiva. Las razones y los propósitos de Dios trascienden el conocimiento humano finito, y no siempre podemos comprender el sufrimiento. Algunos acontecimientos siguen siendo un misterio. A veces, debemos confiar en Dios aunque no entendamos (Job 12:2,3; Isa. 55:8,9; Hab. 2:2-4). No tendremos respuestas completas hasta llegar a la eternidad (Juan 14:1-3; Rom. 8:18; 1 Cor. 2:9; 15:1-58; 2 Cor. 4:16-18; 1 Tes. 4:13-18; Apoc. 21:4,5).

Una causa del sufrimiento es el pecado (Sal. 7:12-16; Os. 8:7; Rom. 2:3-6; Gál. 6:7,8; Sant. 1:13-15). El mal uso del don divino de la libertad, comenzando con la caída de Adán y Eva y siguiendo con todas las personas, trae aparejadas consecuencias devastadoras (Gén. 3:14-19; Rom. 3:23; 5:12-21; 6:23). El pecado puede desencadenar sufrimiento (Sal. 1:1-6; Jer. 31:29,30; Ezeq. 18:2-4), tanto en forma individual o colectiva (Jos. 7:1-12; 2 Rey. 17:7-24; Amós 1:3–2:16). No obstante, la presunción de que el sufrimiento es siempre resultado del pecado es incorrecta (Job 4:1–5:27; 42:7, 8; Luc. 13:1-5; Juan 9:1-3). Algunos males y sufrimientos trascienden la depravación humana y son causados por Satanás y sus fuerzas demoníacas (Job 1:9-12; 2:6; Luc. 9:38-42; 13:16; Hech. 10:38; 2 Cor. 12:7-9; Ef. 6:10-13). Si bien el sufrimiento se infiltra en la creación de Dios y tergiversa el bien por el mal, nada escapa al control soberano de Dios (2 Sam. 14:14; Amós 3:6; Isa. 45:7; Rom. 8:28-39).

Una segunda razón es que Dios envía o permite sufrimiento para enseñarnos, disciplinarnos y hacernos madurar. Cuando sufrimos recordamos nuestras limitaciones y aprendemos a confiar pacientemente en Dios (Jue. 2:21–3:6; Job 1:9-12; Sal. 66:10; Mal. 3:3; Rom. 5:3-5; 8:28; 1 Ped. 5:10; 1 Cor. 9:24-27; 2 Cor. 12:7-10). Él disciplina a los que ama; su disciplina es una señal de amor y no de ira (Sal. 94:12; Prov. 3:11, 12; 1 Cor. 11:32; Heb. 12:3-13). El sufrimiento no se debe recibir con angustia ni sentimiento de derrota sino con regocijo porque conduce a la madurez y a un carácter piadoso (Sant. 1:2-12; 1 Ped. 1:6-9).

El sufrimiento de los creyentes Una de las metas de la existencia humana no es evitar el sufrimiento sino tener devoción por las cosas de Dios. El sufrimiento puede ser redentor o vicario (Os. 1:1–3:5; Isa. 53:1-12; 2 Cor. 1:3-12; 1 Ped. 3:18). José se dio cuenta de que su sufrimiento condujo a la bendición de su pueblo, de modo que, a pesar de que en sí no fue bueno, podía producir un bien mayor (Gén. 50:15-21; Rom. 8:28). Cristo ejemplificó el sufrimiento vicario en la crucifixión (Mat. 16:21; Luc. 24:44-48; 1 Cor. 15:1-4; Heb. 2:9,10; 9:24-28). Los creyentes pueden participar de Su sufrimiento (Mat. 5:11,12; Mar.13:7-9; Luc. 9:22-26; Hech. 5:38-41; Rom. 8:17,18; 2 Cor. 1:5-11; 4:7-18; Fil. 1:19-29; 3:8-11; 1 Tes. 1:4-8; 1 Ped. 4:12-14).

Otra pregunta es: "¿Por qué Dios permite que el justo sufra?" El injusto en ocasiones prospera y el recto a veces sufre (Sal. 73:2-12; Jer. 12:1-4; Mal. 3:13-15). Job era un hombre justo pero sufrió una gran catástrofe. Sin embargo, a través de su sufrimiento, continuó sirviendo a Dios (Job 1:21). En el ámbito nacional, Habacuc pregunta por qué Dios permite que una nación impía derrote a otra más justa (Hab. 1:12,13). Cuando David se dio cuenta de las consecuencias eternas de la injusticia, reafirmó la bondad y la justicia de Dios (Sal. 73:1-28).

Los creyentes no deberían sufrir con resignación sino con esperanza (Sal. 39:7-13; 73:15-28; 1 Cor. 15:57,58; 2 Cor. 4:16-18; 1 Tes. 4:16-18; 1 Ped. 5:8-11). A través de la esperanza en la resurrección, los cristianos pueden soportar con actitud victoriosa y no derrotados ni desesperados (Juan 16:33; Rom. 5:1-16; 8:17-39). Las promesas y la presencia de Dios encaminan hacia el futuro al que sufre, con la confianza de que Dios redimirá hasta el peor sufrimiento. La solución final para este, recién llega en el cielo (Apoc. 21:4,5). Los cristianos experimentan el cuidado de Dios aun en medio del sufrimiento. Él escucha y responde las oraciones que piden fortaleza en medio del dolor (Sal. 23:1-6; 66:13-20; 102:1-17; Mar. 11:22-24; Heb. 4:14-16). Por más doloroso que sea el sufrimiento, es sólo una sombra comparado con la gloria venidera (Rom. 8:17,18). *Steve W. Lemke*

SUHAMITA Miembro de la familia de Súhan (Núm. 26:42).

SÚHAN Nombre de persona de significado incierto. Hijo de Dan (Núm. 26:42). Ver *Husim*.

SUHITA Persona de Súa.

SUICIDIO, SUICIDIO ASISTIDO En la Biblia se registran varios casos de suicidio (Abimelec, Jue. 9:54; Sansón, Jue. 16:29-30; Saúl, 1 Sam. 31:4; el paje de armas de Saúl, 1 Sam. 31:5; Ahitofel, 2 Sam. 17:23; Zimri, 1 Rey. 16:18 y Judas, Mat. 27:5, comp. Hech. 16:27). De todos estos casos, las muertes de Abimelec y de Saúl están en la categoría de "suicidio asistido". Con la posible excepción de Sansón (cuya muerte tal vez se describa mejor llamándola "martirio"), la Biblia presenta a cada suicida como un individuo cuya conducta no debemos imitar.

Si bien la Biblia no prohíbe específicamente el suicidio, proclama la santidad de la vida (Gén. 1:26-27; 2:7; Sal. 8:5) y declara categóricamente que el pueblo de Dios debe elegir la vida en lugar de la muerte (Deut. 30:15,19). El derecho a dar vida y a quitarla le está reservado a Dios (Job 1:21; comp. Ex. 20:13). Los cristianos son llamados a permanecer firmes en medio de pruebas (2 Cor. 12:7-10; Fil. 4:11-13; Sant. 1:2-4), pero Juan pudo ver que en los últimos días los hombres que se enfrentaran a dificultades desearían la muerte (Apoc. 9:6).

Moisés (Núm. 11:14-15), Elías (1 Rey. 19:4), Job (Job 6:8-11) y Jonás (Jon. 4:3) le pidieron a Dios la muerte, pero en cada uno de los casos Dios se negó. Simeón (Luc. 2:29) y Pablo (2 Cor. 5:2,8; Fil. 1:20-23) anhelaron estar en el cielo, pero se contentaron con permanecer en la tierra, esperando que Dios actuara a su tiempo. Si bien estos ejemplos no están en la categoría de "suicidio asistido", proveen amplia evidencia bíblica de que el suicidio asistido nunca es una opción apropiada.

SULAMITA Descripción de una mujer en Cant. 6:13 que podría ser: de Sunem, si hubo un cambio de copista; procedente de Sulam, una ciudad de la que no se tiene información; salomonita, en referencia a una relación con Salomón, o un sustantivo común que significa "la reemplazada".

SUMATITAS Nombre de familia de significado incierto descendiente de Caleb (1 Crón. 2:53).

SUMER Una de las dos divisiones políticas que abarcaban originariamente lo que luego se convirtió en Babilonia. Sus ciudades principales eran Nippur, Adab, Lagash, Umma, Larsa, Erec, Ur y Eridu, que en su mayoría estaban sobre o cerca del Éufrates. La región abarca principalmente la llanura fértil entre los ríos Tigris y Éufrates, y ahora constituye la parte sur de Iraq.

En el AT, Sumer es el territorio que se denomina Sinar (Gén. 10:10) o Caldea (Jer. 50:10). Ver *Sinar*.

Los arqueólogos creen que los habitantes de la antigua Sumer fueron la primera civilización sobresaliente de la humanidad aprox. en el 3000 a.C. Quizás la contribución sumeria más importante para la civilización haya sido la invención de la escritura cuneiforme que se obtenía presionando con un punzón las tablillas de arcilla húmeda que luego se secaban, cocían y almacenaban en bibliotecas. Los babilonios y otros pueblos circundantes adaptaron la escritura cuneiforme a sus propios idiomas, de manera que durante siglos fue el modo de escritura predominante en la antigua Mesopotamia. La mayoría de las tablillas sumerias contienen registros económicos y administrativos, pero otras incluyen mitología, historia, himnos, textos sapienciales, ley y muchas cosas más. De especial interés para los eruditos bíblicos son: el código legal de Ur-nammu, la lista de reyes sumerios, la historia del diluvio de Zuisudra, el mito del paraíso de Enki y Ninhursag, versiones tempranas de la epopeya de Gilgamesh y el descenso de Inanna al infierno.

Al principio, Sumer constaba de un número de ciudades-estado, cada una con su propio dios protector. El poder político era detentado por los ciudadanos libres de la ciudad y un gobernador denominado *ensi*. Cuando las ciudades-estado comenzaron a competir entre sí por el poder, y la presión de invasores externos aumentó, se instituyó la monarquía donde el soberano de una ciudad-estado dominaba otras.

Alrededor del 2100 a.C., Sumer fue conquistada por invasores de tribus del oeste y el norte. Un poderoso guerrero llamado Sargón (más tarde conocido como Sargón I, Sargón el Grande y Sargón de Acad) conquistó esta región y extendió su imperio desde el Golfo Pérsico hasta el Mar Mediterráneo. Fundó una nueva capital, Agade, que durante más de medio siglo fue la más rica y poderosa del mundo.

Sumer gozó de un breve renacimiento en Ur (aprox. en el 2050 a.C.), pero luego declinó ante la aparición de los elamitas, un pueblo del oriente. Finalmente, aprox. en el 1720 a.C., Hammurabi de Babilonia unió Sumer (la porción meridional de la antigua Babilonia) para constituir un imperio. La conquista de Hammurabi marcó el final de la antigua Sumer, pero el impacto cultural e intelectual de los sumerios continuó hasta después de que los persas se convirtieran en la fuerza dominante en esa zona del mundo antiguo. *Rich Murrell*

SUMISIÓN, SUBORDINACIÓN Ubicación voluntaria de una persona bajo autoridad y liderazgo de otra (gr. *hupotasso*). La sumisión se enseña en el contexto de diversas relaciones. En las relaciones ordenadas por Dios, permite disfrutar de una armonía cristiana única basada en el buen diseño divino.

Esposos y esposas La enseñanza bíblica sobre la sumisión de las esposas a los maridos comienza en Génesis, donde se declara que Dios creó al ser humano a Su propia imagen como varón y mujer (1:27). La igualdad de los dos sexos es el fundamento necesario para comenzar a tratar el tema del liderazgo y la sumisión en el matrimonio. El liderazgo y la autoridad de Adán en la familia fueron establecidos antes de la caída. Primero, Adán fue creado (Gén. 2:7; comp. 1 Cor. 11:8; 1 Tim. 2:13). Segundo, el mandamiento de irse y unirse está dirigido al hombre, lo que en consecuencia le da la responsabilidad de establecer el hogar (Gén. 2:24). Tercero, a la mujer se la designa como ayuda para el hombre (Gén. 2:18; comp. 1 Cor. 11:9). Cuarto, la autoridad de Adán se ve en que él le puso nombre a Eva (Gén. 2:23). Quinto, al hombre se lo llamó "Adán", término empleado para describir a toda la raza humana (Gén. 1:26,27; 5:2). En el NT, 1 Cor. 11:3-10 enseña que el hombre es la cabeza en el matrimonio y basa esta instrucción en el relato de la creación. Efesios 5:22,23 instruye a las esposas a someterse a la autoridad de sus maridos como al Señor (Col. 3:18; Tito 2:3-5; 1 Ped. 3:1-7), mientras que los esposos deben amar a sus esposas. Pedro también exhorta a la mujer a someterse al esposo y advierte que la autoridad de este debe ser ejercida con comprensión y honor hacia ella (1 Ped. 3:1-7). Cuando esta estructura se equilibra con Gén. 1:26,27, queda demostrado que los hombres y las mujeres son esencialmente iguales ante Dios pero diferentes en su rol y función.

Algunos han sugerido que, según Ef. 5:21, la sumisión en el matrimonio es un concepto que circula en dos direcciones. Es decir, así como la esposa se somete al esposo, él se somete a ella mediante un liderazgo amoroso y sacrificial. Sin embargo, en este pasaje es más correcto hablar de esferas de autoridad y sumisión del uno al otro, y no de sumisión mutua.

Cristo y la iglesia La relación entre Cristo y la iglesia es un paradigma de la sumisión y la autoridad en el matrimonio (Ef. 5:22,33). La iglesia voluntariamente se somete a Cristo, la cabeza que le ha sido designada (Ef. 5:23; Col. 1:18), mientras que Cristo, como cabeza, es claramente la autoridad sobre la iglesia (Ef. 1:22, 23). Cristo ama a la iglesia y se entregó a Sí mismo por ella para presentarla sin mancha (Ef. 5:25-27).

La Trinidad En la relación entre el Padre y el Hijo puede observarse un aspecto de la sumisión en la Deidad. Aunque plenamente igual a Dios el Padre (Juan 5:18), el Hijo libremente se sometió a Él en la eternidad pasada (1 Cor. 8:6; 11:3), a lo largo de todo Su ministerio terrenal (Fil. 2:6-11) y en el reino eterno (1 Cor. 15:20-28). En la Deidad hay igualdad en esencia pero diferencia de roles y funciones, lo que ofrece otro posible paradigma para el liderazgo y la sumisión en el matrimonio.

Otras relaciones Existen varias relaciones más en la Biblia que se estructuran sobre la base de la autoridad y la sumisión a Dios. Primero, a todos los seres humanos se les requiere sujetarse a Dios (Deut. 6:1-9; Isa. 45:23;1 Jn. 2:3-6). Segundo, la Biblia enseña sobre la sumisión a los líderes designados por Dios, como en los casos de Abraham y Moisés o, en el NT, el pastor y los ancianos elegidos en una iglesia local (Heb. 13:17; 1 Ped. 5:1-5). Tercero, se exhorta a los seres humanos a someterse a las autoridades gubernamentales, por ej. a los reyes Saúl, David, Salomón o, en el NT, a las autoridades en general (Rom. 13:1-7). Cuarto, los niños deben someterse y obedecer a los padres (Deut. 5:16; 21:18-21; Ef. 6:1-4). *Ver Familia; Matrimonio.* *Randy Stinson*

SUMO SACERDOTE Sacerdote a cargo de la adoración en el templo (o el tabernáculo). Hay una serie de expresiones que aluden al sumo sacerdote: sacerdote (Ex. 31:10); sacerdote ungido (Lev. 4:3); sumo sacerdote entre sus hermanos (Lev. 21:10), y sumo sacerdote (2 Rey. 12:10).

Responsabilidades y privilegios El sumo sacerdocio era un oficio hereditario basado en la condición de descendiente de Aarón (Ex. 29:29-30; Lev. 16:32). Normalmente, el sumo sacerdote lo era de por vida (Núm. 18:7; 25:11-13; 35:25,28; Neh. 12:10-11), aunque ya en el reinado de Salomón un sumo sacerdote fue destituido por motivos políticos (1 Rey. 2:27).

Al sumo sacerdote se le requería un alto nivel de santidad (Lev. 10:6,9; 21:10-15). Esto significaba que debía evitar la contaminación por contacto con los muertos, incluso en el caso de sus propios padres; y tenía prohibido mostrar signos exteriores de duelo. No podía salir de los límites del santuario. Esa legislación identificaba al sumo sacerdote como alguien dedicado al Señor en forma plena, siempre puro ritualmente y preparado para servirle.

Si el sumo sacerdote pecaba, acarreaba culpa sobre todo el pueblo (Lev. 4:3). La ofrenda por el pecado del sumo sacerdote (Lev. 4:3-12) era igual a la requerida "si toda la congregación de Israel hubiere errado" (4:13-21).

La consagración del sumo sacerdote era un ritual elaborado que duraba siete días e incluía lavamientos especiales, vestiduras determinadas y ungimiento con aceite y sangre (Ex. 29:1-37; Lev. 6:19-22; 8:5-35). Las vestiduras especiales incluían un manto azul con un borde ornamentado con campanillas de oro y bordado de granadas color púrpura y escarlata; un efod de lino fino también con bordados coloridos y hombreras con piedras grabadas con los nombres de las doce tribus; un pectoral con doce piedras preciosas grabadas con el nombre de las doce tribus, y una mitra (turbante) de lino con una lámina de oro con la inscripción "Santidad a Jehová" (Ex. 28:4-39; 39:1-31; Lev. 8:7-9). Las piedras grabadas y la lámina grabada con el nombre de las tribus enfatizan el papel del sumo sacerdote como representante santo de todo Israel delante del Señor (Ex. 28:12,29). En ese "pectoral de juicio", el sumo sacerdote guardaba el Urim y el Tumim, que se usaban para obtener respuestas divinas (Ex. 28:29-30; Núm. 27:21). Ver *Efod; Pectoral del sumo sacerdote; Suertes; Urim y tumim.*

El sumo sacerdote participaba de las tareas sacerdotales generales. No obstante, sólo él tenía permitido entrar al lugar santísimo y únicamente en el Día de la Expiación (Lev. 16:1-25). Ver *Día de Expiación.*

La muerte del sumo sacerdote marcaba el fin de un período. Alguien que hubiera cometido un homicidio involuntario debía permanecer en una ciudad de refugio hasta la muerte del sumo sacerdote (Núm. 35:25,28,32; Josué 20:6). La muerte expiatoria de este quitaba la culpa de sangre que contaminaba la tierra (comp. Núm. 35:33).

Historia del oficio Algunos afirman que el sacerdocio elaborado caracterizado por las tres categorías (sumos sacerdotes, sacerdotes y levitas) fue un desarrollo tardío en la historia del culto en Israel, posiblemente posterior al exilio. Otros interpretan literalmente el texto bíblico y aceptan la institución mosaica del sacerdocio plenamente desarrollado.

La expresión "sumo sacerdote" aparece sólo en un breve pasaje del Pentateuco (Núm. 35:25, 28,32), una vez en Josué (Jos. 20:6, donde se promulga la legislación de Núm. 35) pero no en el libro de los Jueces. A Aarón, Eleazar y Finees se los llama tradicionalmente sacerdotes. A Elí, Ahimelec, Abiatar y Sadoc no se los llama sumos sacerdotes a pesar de que los cuatro encabezaban familias sacerdotales y se mencionan en relación con asuntos normalmente asociados con esa función (el arca, el efod, el urim y el tumim: 1 Sam. 3:3; 4:4-11; 21:6,9; 2 Sam. 15:24-29).

A Eleazar se le encargó la supervisión de los levitas (Núm. 3:32; comp. 1 Crón. 9:20) y de todo el santuario (Núm. 4:16). Aparece en el relato de Núm. 16 donde la ofrenda de incienso se declara prerrogativa exclusiva sacerdotal en la ceremonia de la vaca alazana (Núm. 19). El relato de Eleazar con la ropa sacerdotal de Aarón (Núm. 20:25-28; comp. Deut. 10:6) es el mejor ejemplo bíblico de sucesión del sumo sacerdote. Como sacerdote principal, Eleazar ayudó a Moisés con el censo (Núm. 26), y sirvió de consejero a Moisés (Núm. 27:1) y a Josué al consultar al Señor por medio de la suerte sagrada. Esa consulta constituyó el fundamento de la distribución de la tierra prometida entre las tribus (Núm. 34:17; Jos. 14:1; 17:4; 19:51; 21:1). Un indicativo de la importancia de Eleazar es que el libro de Josué concluye con la muerte de este sumo sacerdote (24:33).

Finees, hijo de Eleazar, es más conocido por su celosa oposición a los matrimonios mixtos con las moabitas a causa de la idolatría que acarreaba (Núm. 25:6-13). Por ese celo se le otorgó un pacto de sacerdocio perpetuo (Núm. 25:13) y fue reconocido como justo (Sal. 106:30). Finees acompañó los vasos del santuario en la guerra santa (Núm. 31:6). Parte de su ministerio ante el arca implicaba consultar a Dios por las batallas (Jue. 20:27-28). Fue la figura principal en la resolución del conflicto por el altar "de testimonio" que las tribus construyeron al este del Jordán (Jos. 22:13,31-32).

Aarón, Eleazar y Finees aparecen en la historia bíblica como personalidades destacadas. Hasta la aparición de Elí al final del período de los jueces, hay un silencio desconcertante en torno al sumo sacerdocio. En 1 Crón. 6:1-15 se ofrece una lista de siete sumos sacerdotes entre Finees y Sadoc, contemporáneo este de David y Salomón. De ellos sólo se sabe el nombre. En esta lista tampoco está incluido Elí, a pesar de que se desempeñaba como sumo sacerdote en el santuario de Silo.

A Elí se lo conoce porque crió a Samuel (1 Sam. 1:25-28; 3) y por su incapacidad para controlar a sus propios hijos (1 Sam. 2:12-17,22-25; 3:13), lo que, con el tiempo, produjo para su linaje la pérdida del sumo sacerdocio (1 Sam. 2:27-35). Al morir Elí, el sacerdocio de Silo aparentemente se reubicó en Nob. Saúl sospechó que el sacerdocio conspiraba junto con David y exterminó a la familia sacerdotal de Ahimelec (1 Sam. 22:9-19). Sólo escapó Abiatar (22:20). Cuando David trasladó el arca a Jerusalén, aparentemente Abiatar y Sadoc oficiaban juntos como principales sacerdotes (2 Sam. 8:17; 15:24-29,35; 19:11), aunque en 2 Samuel Sadoc ya aparece como figura dominante. Salomón sospechó que Abiatar se había sumado a la conspiración de su hermano Adonías y lo desterró a su heredad familiar (1 Rey. 2:26-27). El sumo sacerdocio permaneció en la familia de Sadoc desde el comienzo del reinado de Salomón (alrededor del 964 a.C.) hasta que Menelao compró el sumo sacerdocio (171 a.C.) en los días de Antíoco Epífanes.

Azarías, el hijo de Sadoc, fue el primero en ser identificado explícitamente como "sumo sacerdote" (1 Rey. 4:2). En ocasiones, durante la monarquía, algunos sumos sacerdotes ejercieron individualmente papeles importantes en la vida de Judá. Josabet, esposa del sumo sacerdote Joiada (2 Crón. 22:11), salvó al pequeño Joás de la asesina Atalía. Seis años más tarde, Joiada fue el cerebro del golpe de estado que coronó a Joás como rey (2 Rey. 11:4-17). Un segundo Azarías fue conocido por oponerse al rey Uzías, que intentaba usurpar el derecho sacerdotal de ofrecer incienso (2 Crón. 26:17-18). El sumo sacerdote Hilcías descubrió el "libro de la ley", tal vez Deuteronomio, que proporcionó el incentivo para las reformas del rey Josías (2 Rey. 22:8). Hilcías quitó del templo de Jerusalén todos los rastros del culto a Baal (2 Rey. 23:4).

A comienzos del período postexílico se presenta al sumo sacerdote Josué al mismo nivel del gobernador davídico Zorobabel (Hag. 1:1,12,14; 2:2,4). Tanto uno como otro trabajaron juntos en la reconstrucción del templo (Esd. 3; 6:9-15; Hag. 1–2) Ambos son reconocidos como líderes ungidos (Zac. 4:14; 6:9-15). Otra señal de la importancia creciente del sumo sacerdocio en el período postexílico es el interés en las listas sucesorias de los sumos sacerdotes (1 Crón. 6:1-15,50-53; 9:11; Esd. 7:1-5; Neh. 12:10-11), una nueva etapa en la literatura bíblica.

En el período previo al levantamiento macabeo, el sumo sacerdocio se fue politizando cada vez más. Jasón, un simpatizante helenista, derrocó a su hermano más conservador, Onías III (2 Mac.4:7-10,18-20). A su vez, Jasón fue derrocado por Menelao, otro helenista más radicalizado, que les ofreció a los gobernantes seléucidas un soborno mayor a fin de asegurarse el oficio (2 Mac. 4:23-26). Con Menelao, el sumo sacerdocio quedó fuera de la línea legítima de Sadoc.

Los macabeos combinaron el oficio de sumo sacerdote con el de comandante militar o líder político. Alejandro Balas, que pretendía el trono seléucida, nombró a Jonatán Macabeo "sumo sacerdote" y "amigo del rey" (1 Mac. 10:20). Simón Macabeo fue confirmado en el sumo sacerdocio de la misma manera y como "amigo" del rey seléucida Demetrio II (1 Mac. 14:38). El templo y el estado se combinaron en la persona de Simón, que fue a la vez sumo sacerdote y etnarca (1 Mac. 15:1-2).

Los romanos continuaron con la práctica de otorgar el sumo sacerdocio como recompensa a sus políticos favoritos. Durante el período romano, Anás (sumo sacerdote 6–15 d.C.) fue claramente la figura sacerdotal más poderosa. Incluso después de haber sido depuesto por los romanos, Anás consiguió que cinco de sus hijos y un yerno, José Caifás (sumo sacerdote 18–36/37 d.C.), fueran nombrados sumo sacerdotes. Existe cierta confusión en las citas del NT en cuanto al sacerdocio conjunto de Anás y Caifás (Luc. 3:2). El pasaje tal vez se entienda mejor cuando se reconoce a Anás como el poder detrás de sus sucesores inmediatos. Otra posibilidad es que Anás haya retenido el respetado título sobre la base de que el sumo sacerdocio era vitalicio. Ananías, uno de los hijos de Anás, fue el sumo sacerdote ante quien fue presentado Pablo en Hech. 23:2; 24:1.

Sumo sacerdote y principales sacerdotes El rito de ordenación para el sumo sacerdote incluía también la consagración de sus hijos (Ex. 29:8-9, 20-21). Una serie de términos aluden a los sacerdotes líderes además del sumo sacerdote: sacerdotes ungidos (2 Mac. 1:10); príncipes de los sacerdotes (Esd. 8:29; 10:5; Neh. 12:7); ancianos de los sacerdotes (2 Rey. 19:2; Isa. 37:2; Jer. 19:1). También existen títulos más específicos. A Sofonías se lo describe como "el segundo sacerdote" (2 Rey. 25:18; Jer. 52:24). Pasur era "el sacerdote...que presidía como príncipe en la casa de Jehová" (Jer. 20:1).

Tabla de sumos sacerdotes
Aarón (Ex. 28–29)
Eleazar (Núm. 3:4; Deut. 10:6)
Finees (Jos. 22:13-32; Jue. 20:28)
Elí (1 Sam. 1:9; 2:11)
Ahimelec (1 Sam. 21:1-2; 22:11)
Abiatar (2 Sam. 20:25; 1 Rey. 2:26-27)
Sadoc (1 Rey. 2:35; 1 Crón. 29:22)
Azarías (1 Rey. 4:2)
Amarías (2 Crón. 19:11)
Joiada (2 Rey. 11:9-10,15; 12:7,9-10)
Azarías (2 Crón. 26:20)
Urías (2 Rey. 16:10-16)
Hilcías (2 Rey. 22:10,12,14; 22:4,8; 23:4)
Seraías (2 Rey. 25:18)
Josué (Hag. 1:1,12,14; 2:2,4; Esd. 3; Zac. 3:6-7; 4:14; 6:9-15)
Eliasib (Neh. 3:1,20)
Simón el Justo (Sirac 50:1-21)
Onías III (1 Mac. 12:7; 2 Mac. 3:1)
Jasón (2 Mac. 4:7-10; 18-20; 4 Mac. 4:16)
Menelao (2 Mac. 4:23-26)
Alcimo (1 Mac. 7:9)
Jonatán Macabeo (1 Mac. 10:20; 14:30)
Simón Macabeo (1 Mac. 14:20,23)
Juan Hircano (1 Mac. 16:23-24)
Anás (Luc. 3:2; Juan 18:13,24; Hech. 4:6)
(José) Caifás (Mat. 26:57; Juan 18:13)
Ananías (Hech. 23:2; 24:1)

Chris Church

SUNEM, SUNAMITAS Nombre geográfico y de familia de significado incierto. Ciudad de la tribu de Isacar ubicada al sudeste del Monte Carmelo. El sitio fue capturado por el faraón egipcio Thutmosis III aprox. en el 1450 a.C., luego por Labayu de Siquem aprox. en el 1350 a.C. y reconstruido por Biridia de Meguido. Los israelitas controlaron la zona en la época de Josué (Jos. 19:18). Los filisteos acamparon en Sunem mientras luchaban contra Saúl (1 Sam. 28:4). Alrededor del 920 a.C., el faraón egipcio Sisac capturó la ciudad. Cuando David agonizaba, la sunamita Abisag fue contratada para servirlo (1 Rey. 1:3; comp. 2:17). El profeta Eliseo se hospedaba frecuentemente en el hogar de una pareja sunamita, profetizó que tendrían un hijo y lo resucitó luego de un accidente en el campo (2 Rey. 4). Es la Solem moderna, 13 km (8 millas) al norte de Jenin y 5 km (3 millas) al este de Affulah. Ver *Abisag.*

SUNI Nombre de persona de significado incierto. Hijo de Gad y jefe de una familia de esa tribu (Gén. 46:16).

SUNITA Miembro de la familia de Suni (Núm. 26:15).

SUPIM Nombre de persona de significado incierto y plural en hebreo. Aparentemente un hijo de Benjamín (1 Crón. 7:12); se lo relaciona con Maquir en v.15. Los textos de Crónicas parecen haber perdido palabras en el proceso de copiado. Ver *Sufam.*

SUQUIENOS Sólo se mencionan en 2 Crón. 12:3. Formaban parte del ejército del monarca de Egipto, Sisac, cuando peleó contra Roboam de Judá. Probablemente fueran mercenarios de Libia que habitaban en el desierto, conocidos en fuentes egipcias como Tjukten desde 1300 hasta 1100 a.C.

SUR Ver *Direcciones (geográficas); Neguev.*

SUSA Nombre persa de lugar que se transcribe al hebreo con una palabra tomada del egipcio que significa "lirio" o "loto". Ciudad en el sudoeste de Irán; antigua capital de Elam. El lugar estuvo habitado desde el 3000 a.C. Se encontraba en el trayecto de las caravanas entre Arabia y sitios del norte y el oeste, y como consecuencia se transformó en una próspera ciudad. Evidencias arqueológicas indican que Susa tenía fluidas relaciones comerciales con naciones de la Mesopotamia. En Ester 1:2, se la identifica como la ciudad real de Asuero. La dinastía aqueménida entre el 500 y 300 a.C. condujo a Susa a la cúspide política y económica. Era la residencia invernal del rey, que en verano se trasladaba a Ecbátana. El territorio corresponde al Irán actual. Cuando Alejandro Magno tomó Susa, encontró un gran tesoro y lo confiscó. Durante los períodos de reinado seléucida y parto declinó y finalmente fue destruida en el siglo IV d.C. Los arqueólogos han realizado excavaciones en Susa en torno a cuatro áreas principales: el palacio real, la acrópolis, la ciudad real y un tell de artesanos. Ver *Elam; Ester, Libro de; Nehemías, Libro de; Persia.*

SUSANA Nombre de persona que significa "lirio". Una de las mujeres que seguían y sustentaban económicamente a Jesús (Luc. 8:2,3).

SUSI Nombre de persona que significa "mi caballo". Padre de Gadi, uno de los espías que Moisés envió desde el Desierto de Parán para hacer el reconocimiento de la tierra de Canaán (Núm. 13:11).

SUSURRAR Emitir palabras de manera incomprensible o en voz baja. El susurro y los chirridos caracterizaban la manera de hablar de médium y encantadores (Isa. 8:19). Ver *Médium; Seol.*

SUTELA Nombre de persona de significado incierto. Antepasado originario de una familia de la tribu de Efraín (Núm. 26:35).

SUTELAÍTA Miembro de la familia de Sutela (Núm. 26:35).

T

El Monte de la Tentación, visto desde la parte más alta de la vieja Jerusalén.

TAANAC Nombre geográfico de significado incierto. Sitio en la ladera norte del Monte Carmelo que protegía el acceso desde la Llanura de Esdraelón a la región de Samaria. Irbid, Meguido y Taanac protegían pasos estratégicos a través de la cadena montañosa del Carmelo. Taanac estaba situada en una bifurcación de la "Vía Maris", principal ruta que antiguamente atravesaba Palestina de norte a sur. También se hallaba sobre una ruta de dirección este-oeste que iba desde el Valle del Jordán hasta el Mar Mediterráneo, cerca de la actual ciudad de Haifa.

En la Biblia, Taanac se menciona sólo siete veces, normalmente en listas de asignaciones tribales (Jos. 17:11; 1 Crón. 7:29), distritos administrativos (1 Rey. 4:12), ciudades levitas (Jos. 21:25) o ciudades conquistadas (Jos. 12:21; Jue. 1:27). La referencia bíblica más famosa sobre Taanac es la batalla librada en "Taanac, junto a las aguas de Meguido", donde las fuerzas hebreas al mando de Débora y Barac derrotaron a los cananeos liderados por Sísara (Jue. 5:19).

Taanac era una ciudad de aprox. 5 ha [13 acres], casi del mismo tamaño que Meguido, una ciudad más conocida. Su historia abarca desde la Edad de Bronce hasta la de Hierro (aprox. del 2700 a.C. al 918.a.C.) cuando fue destruida por el faraón egipcio Sisac. En la primera época del período islámico se construyó una gran fortaleza en este lugar que tal vez se siguió utilizando durante las Cruzadas.

Si bien Meguido aparentemente era un importante centro administrativo de Canaán, Taanac tenía una densidad de población menor y quizás haya albergado a labradores de los alrededores y sus arrendatarios. En excavaciones realizadas en Taanac se han encontrado varias instalaciones y objetos de culto, lo cual sugiere que la ciudad era también un centro religioso. *Joel F. Drinkard (h)*

TAANAT-SILO Nombre geográfico que probablemente signifique "acercamiento a Silo". Aldea ubicada a unos 11 km (7 millas) al sudeste de Siquem entre Micmetat y Janoa (Jos. 16:6), identificada con la actual Khirbet Ta'nah el Foqa.

TABAOT Nombre de persona que significa "anillo de sellar". Jefe de una familia de sirvientes del templo (netineos) que volvieron del exilio (Esd. 2:43; Neh. 7:46).

TABAT Nombre geográfico que quizás signifique "hundido". Sitio en los Montes de Galaad al este del Jordán donde Gedeón dejó de perseguir a los madianitas (Jue. 7:22); se identifica con la actual Ras Abu Tabat al noroeste de Pakoris.

TABEEL Nombre arameo de persona que significa "Dios es bueno". **1.** Padre de un hombre que los reyes Rezín de Damasco y Peka de Israel deseaban que asumiera como rey títere de Judá en lugar de Acaz (Isa. 7:6). Además, Tabeel designa una región en el norte de Transjordania correspondiente al sitio de origen del posible líder títere. La ortografía fue ligeramente modificada en hebreo para que signifique "bueno para nada". **2.** Oficial persa de Samaria que adhirió a una carta de protesta contra la reconstrucción del templo de Jerusalén (Esd. 4:7).

TABERA Nombre geográfico que significa "ardiente". Sitio no identificado del peregrinaje por el desierto. El nombre conmemora la ardiente ira de Dios que se manifestó en forma de fuego contra los israelitas que siempre estaban disconformes (Núm. 11:3; Deut. 9:22). El nombre no aparece en el itinerario mencionado en Núm. 33.

TABERNÁCULO, TIENDA DE REUNIÓN Tienda sagrada o santuario portátil y provisorio donde Dios se reunía con Su pueblo (Ex. 33:7-10). Los nómadas habitaban en tiendas. Cuando se hace referencia a la tienda sagrada, por lo general se utiliza algún epíteto distintivo. En la Biblia se utilizan dos frases compuestas (*ohel moed* y *ohel ha'eduth*) para designar esta tienda: "el tabernáculo de reunión" (Ex. 29:42,44), literalmente "la tienda de reunión" (NVI), y el "tabernáculo del testimonio" (Núm. 17:7) o "la tienda del pacto" (NVI). En ambos casos era un lugar donde el Dios de Israel se revelaba y moraba en medio de Su pueblo. El término hebreo básico (*mishkan*) traducido "tabernáculo" (Ex. 25:9) proviene de un verbo que significa "morar". En este sentido, en algunos casos es correcta la traducción de esta palabra por "morada", "lugar de morada", "habitación" y "residencia".

El AT menciona tres tiendas o tabernáculos. En primer lugar, después del pecado del becerro de oro en el Monte Sinaí, el tabernáculo "provisional" se estableció fuera del campamento y se denominó "Tabernáculo de Reunión" (Ex. 33:7). En segundo lugar, el tabernáculo "sinaítico" construido según las indicaciones que Dios le dio a Moisés (Ex. 25–40). A diferencia del tabernáculo de reunión, este santuario se encontraba en el centro del campamento (Núm. 2). Por último, la tienda davídica erigida en Jerusalén para recibir el arca (2 Sam. 6:17). El "tabernáculo de reunión" original era un edificio provisorio donde Dios se reunía con Su pueblo (Ex. 33:7-11; 34:34, 35). Aparentemente, sólo Moisés ingresaba allí para reunirse con Dios. Josué, el "servidor" de Moisés (33:11), estaba encargado del mantenimiento y la vigilancia. Después que se fabricó el becerro de oro, Dios se negó a reconocer a Israel como Su pueblo y a morar entre ellos. La desavenencia, resultado del pecado, puso distancia entre Dios y Su pueblo. Debido a esta situación y como símbolo de lo sucedido, Moisés trasladó el "Tabernáculo de Reunión" fuera del campamento (33:7). Finalmente, Dios prometió que volvería a morar en medio de Israel (34:9).

Se desconoce la naturaleza exacta del tabernáculo. En apariencia constituía el cuartel general del campamento hasta que se construyó el sinaítico. Josué se encargaba del lugar cuando Moisés no estaba (33:11). En base a la traducción griega más antigua, algunos consideraban que la tienda de Moisés de Ex. 18:7 equivalía al tabernáculo de reunión, pero las Escrituras no establecen esta relación de manera explícita. Las personas podían acudir al tabernáculo para buscar a Dios (33:7), ya sea para encontrar una respuesta divina en un caso judicial, hacer una petición, adorar o recibir una palabra profética. Aparentemente, Moisés actuaba como el profeta que elevaba a Dios las preguntas del pueblo y obtenía una respuesta, ya que la frase "buscar a Yahvéh" por lo general se menciona en contextos proféticos. En Núm. 11:16-29 también aparece el contenido profético en relación al tabernáculo. En ese sitio Moisés nombró a Josué como su sucesor (Deut. 31:14,15).

Moisés lo llamó "tabernáculo de reunión" porque era el lugar de revelación. Dios se reunía allí con Su pueblo cuando la columna de nube descendía hasta la puerta (Ex. 33:9). Es posible que haya tenido ese nombre desde el comienzo o quizás Moisés lo haya tomado de las instrucciones que recibió para el tabernáculo permanente (27:21).

Reconstrucción del tabernáculo israelita y de su atrio. Estaba hecho de cortinas amarradas a postes. Frente a la tienda estaba el altar de los holocaustos y el lavacro. El tabernáculo siempre se erigía mirando el este, de modo que esta vista era del nordeste.

Aparentemente, esta tienda no se convirtió en santuario nacional. No contenía un arca ni otros elementos necesarios para la adoración, y carecía de sacerdotes. Josué estaba encargado de cuidarla y mantenerla (Ex. 33:11) mientras que Aarón era responsable del tabernáculo (Lev. 10:7). La nube descendía sobre el santuario cuando Moisés se acercaba para consultar a Dios; sin embargo, la nube permanecía sobre el tabernáculo permanente y la gloria del Señor llenaba el lugar para que Moisés no pudiera ingresar (Ex. 40:34,35,38).

El foco de atención en los relatos del desierto es el tabernáculo con su exuberante decoración, cortinas, pan de la proposición, arca, luces y altar. Este es el santuario portátil que Israel les encargó a sacerdotes y levitas que transportaran con sumo cuidado (Núm. 3). En el campamento de Israel este santuario era el centro (Núm. 2). También era la tienda de reunión (Ex. 27:21) donde el Dios santo se acercaba a Su pueblo pecador. Allí se llevaban a cabo sacrificios y procedimientos expiatorios descritos en el libro de Levítico. "Allí me reuniré con los hijos de Israel; y el lugar será santificado con mi gloria....Y habitaré entre los hijos de Israel, y seré su Dios" (29:43,45). *Jimmy Albright*

TABERNÁCULOS, FIESTA DE LOS Ver *Fiestas.*

T

TABITA Nombre arameo de persona que significa "gacela"; en griego corresponde a Dorcas (Hech. 9:36). Ver *Dorcas.*

TABLA DE LAS NACIONES Enumeración de los descendientes de los hijos de Noé que se presenta en Gén. 10 para explicar el origen de las naciones y los pueblos del mundo conocido. El relato es único por varios motivos. Primero, en este punto se abre un nuevo capítulo en la historia bíblica; la humanidad tiene un nuevo comienzo a través de Noé y sus tres hijos. Segundo, el relato destaca la composición étnica del mundo antiguo y menciona cerca de 70 grupos étnicos que constituyeron la base del mundo conocido. Tercero, a pesar de nuestra falta de conocimiento sobre muchos de los grupos allí mencionados, Gén. 10 resalta que la Biblia se basa en acontecimientos históricos. Cuarto, este capítulo proporciona la base para comprender a Abraham pues presenta el mundo del patriarca. El material de la Tabla de las Naciones, con unas pocas variaciones, también aparece en 1 Crón. 1:5-23.

La Tabla de las Naciones tiene tres divisiones básicas. Los pueblos y territorios del mundo conocido corresponden a una de tres familias: la de Sem, la de Cam o la de Jafet. Los nombres que aparecen en cada una proceden de varias categorías diferentes: origen étnico, ubicación geográfica, diferencias lingüísticas o unidades políticas.

Los descendientes de Jafet (Gén. 10:2-5) habitaron la región del Egeo y Anatolia o Asia Menor. Los de Cam (10:6-20) estaban ubicados especialmente en las regiones del norte de África y de la costa de Canaán y Siria. Los de Sem (10:21-31) son especialmente importantes porque Abraham desciende de esta línea. Por lo tanto, Abraham es semita. Dado que también es descendiente de Héber, se lo llama hebreo (11:14-32). Los descendientes de Sem generalmente habitaban el norte de Siria, es decir, la región correspondiente a la parte superior del Río Éufrates y la Mesopotamia, en especial la región oriental. Ver *Asiria; Babilonia; Canaán; Habiru; Israel; Mesopotamia; Semita.* *LaMoine DeVries*

TABLILLA Por lo general, una superficie plana utilizada para escribir. **1.** Tablillas (tablas) de la ley. Las Escrituras denominan tablas de la ley (Ex. 24:12), tablas del testimonio (Ex. 31:18) y tablas del pacto (Deut. 9:9) a los objetos de piedra que contenían los Diez Mandamientos. Estas tablillas eran quizás pequeñas estelas como las que otras naciones utilizaban para publicar leyes. **2.** Tablillas de escritura. Generalmente se escribía sobre tablillas de arcilla (Ezeq. 4:1) o de madera cubiertas con cera (Luc. 1:63). El corazón generalmente se describe como una tablilla sobre la cual Dios escribe Su ley (Prov. 3:3; Jer. 17:1; 2 Cor. 3:3).

TABOR Nombre geográfico de significado incierto; probablemente "altura". **1.** Monte en el Valle de Jezreel ubicado a unos 10 km (6 millas) al este de Nazaret; tuvo un papel importante en la historia de Israel desde el período de la conquista. Sirvió como punto limítrofe para las tribus de Neftalí, Isacar y Zabulón (Jos.19:12,22); estas tribus adoraban allí inicialmente (Deut. 33:18, 19). Barac reunió un ejército en Tabor para defenderse de Sísara (Jue. 4:6). Aparentemente era un lugar de idolatría (Os. 5:1). La tradición sostiene que Tabor fue el sitio donde Jesús se transfiguró (Mar. 9:2), aunque no existen evidencias que comprueben dicha aseveración. **2.** Ciudad de los levitas (1 Crón. 6:77) que aparentemente

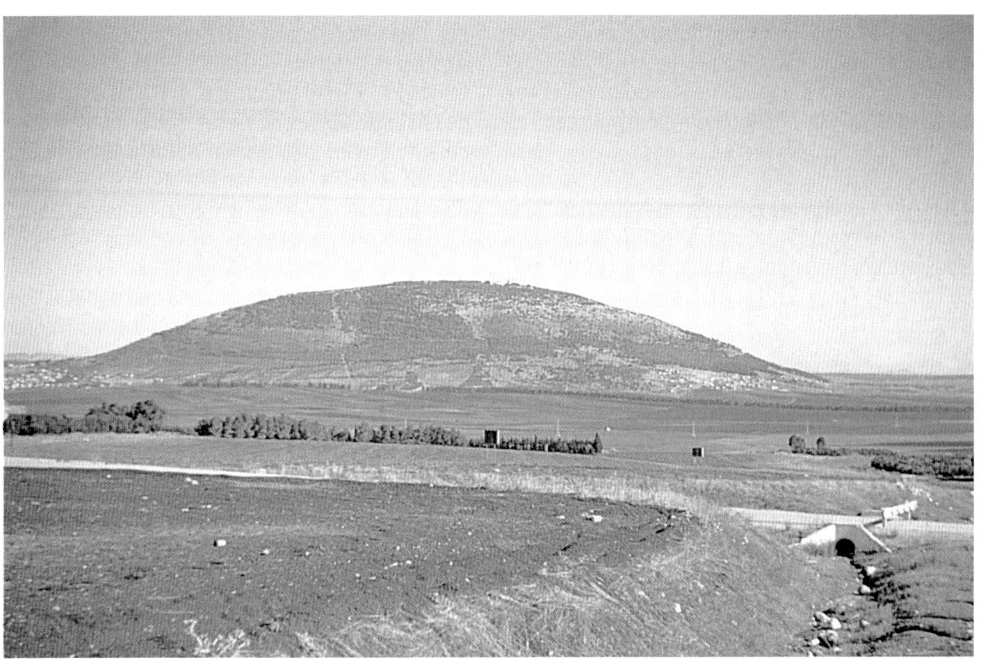

El Monte Tabor estaba ubicado a pocos kilómetros al sudeste de Nazaret.

reemplaza a Naalal en la primera lista (Jos. 21:35). Podría tratarse de Khirbet Dabura.

TABOR, ENCINA DE Designación de un sitio ubicado entre la tumba de Raquel (cerca de Belén) y Gabaa de Saúl (1 Sam. 10:3). Otras versiones de la Biblia dicen simplemente "la campiña de Tabor".

TABRIMÓN Nombre de persona que significa "Rimón es bueno". Padre del rey Ben-adad de Damasco (1 Rey. 15:18). Rimón era el dios acadio del trueno. Ver *Hadad; Hadad-rimón; Rimón.*

TACMONITA Título de uno de los treinta valientes de David (2 Sam. 23:8); probablemente Hacmoni, una modificación de copista en la lista paralela (1 Crón. 11:11).

TADEO Nombre de persona que en griego probablemente signifique "dádiva de Dios" pero que proviene de un vocablo hebreo o arameo que quiere decir "pecho". Ver *Discípulo; Judas; Lebeo.*

TADMOR Nombre geográfico de significado incierto. Ciudad construida por Salomón al norte de Palestina (2 Crón. 8:4), probablemente para controlar una ruta. Los primeros escribas hebreos tradujeron Tamar en lugar de Tadmor para referirse a la ciudad que figura en el texto de 1 Rey. 9:18. La ciudad gozó de prosperidad en diferentes períodos, en especial durante el reinado de Salomón y nuevamente en el siglo III d.C. poco antes de ser destruida. El sitio ha sido identificado con Palmira, una gran ciudad árabe ubicada a unos 190 km (120 millas) al noreste de Damasco.

TAFAT Nombre de persona que significa "gotita". Hija de Salomón y esposa del hijo de Abinadab, un oficial de Salomón (1 Rey. 4:11).

TAFNES Transliteración hebrea de un nombre geográfico egipcio que significa "fortaleza de Penhase" o "casa de los nubios". Ciudad en el Delta del Nilo, cerca de la frontera este de Egipto (Jer. 2:16). El sitio, identificado con Dafne (Tell Defneh), muestra escasa evidencia de ocupación importante antes de la dinastía Saite (663 a.C.), que reunió aquí una guarnición de mercenarios griegos para defenderse de los ataques asirios. En el 605 a.C., el entonces príncipe heredero Nabucodonosor derrotó a las fuerzas egipcias en Carquemis, al norte del Éufrates, y los persiguió hasta el límite con Egipto. En el 601 a.C., Nabucodonosor y el faraón Necao lucharon nuevamente en la frontera egipcia hasta llegar a un impasse. Jeremías 46:14 probablemente relate uno de estos incidentes. Después de la destrucción de Jerusalén y debido a los constantes disturbios en Judá, un gran grupo de judíos se llevó a Jeremías y huyó hacia Tafnes (Jer. 43:7; 44:1). El profeta se opuso a la salida de los judíos (42:19) y les advirtió que Nabucodonosor podría atacar Tafnes nuevamente (46:14).

TAHÁN Nombre de persona que significa "gracia". **1.** Tercer hijo de Efraín (Núm. 26:35). La lista paralela menciona a Tahat como tercer hijo de Efraín (1 Crón. 7:20). **2.** Antepasado efrainita de Josué (1 Crón. 7:25).

TAHANITAS Miembro de la familia efrainita que desciende de Tahán (Núm. 26:35).

TAHAS Nombre de persona que significa "marsopa" o "dugongo". Tercer hijo de Nacor y Reúma (Gén. 22:24), y antepasado de una tribu árabe probablemente relacionada con Tahshi al norte de Damasco. Las cartas de Tell el-Amarna y las crónicas de Thutmose III mencionan Tahas.

TAHAT Nombre de persona y de lugar que significa "por debajo, bajo" o "sustituto, compensación". **1.** Levita (1 Crón. 6:24,37). **2.** Dos descendientes de Efraín (1 Crón. 7:20). Ver *Tahán.* **3.** Lugar donde se detuvieron los israelitas durante el peregrinaje por el desierto (Núm. 33:26-27).

TAHPENES Consorte real egipcia; título que se le da a la reina de Egipto en 1 Rey. 11:19-20. Su hermana fue dada en matrimonio al edomita Hadad, un enemigo de David y, más tarde, de Salomón.

TALENTO Ver *Pesos y medidas.*

TALITA CUMI Transliteración de una frase en lengua aramea que significa "niña, a ti te digo, levántate". Palabras que Jesús le dijo a la hija de Jairo (Mar. 5:41). Cuando el Señor llegó a la casa, los familiares de la niña creyeron que estaba muerta, pero Él pronunció estas palabras como si sólo estuviera dormida (5:39). El uso de la lengua aramea refleja el intento de Marcos para preservar las palabras exactas de Jesús, que probablemente hablara arameo en lugar de griego, idioma este en que está escrito casi todo el NT. Ver *Jairo.*

TALMAI Nombre de persona que significa "labrador" o, si no, un derivado de la palabra hurrita para "grande". **1.** Uno de los tres anaceos (gigantes que habitaron Canaán antes que los israelitas) que residían en Hebrón (Núm. 13:22). Se cree que Caleb (Jos. 15:14) y Judá (Jue. 1:10) los expulsaron de ese lugar. **2.** Rey de Gesur, padre de Maaca, esposa de David, y abuelo de Absalón (2 Sam. 3:3; 1 Crón. 3:2). Después que este asesinó a su medio hermano Amnón, se refugió con su abuelo (2 Sam. 13:37).

TALMÓN Nombre de persona que significa "brillo". **1.** Levita al que David y Samuel designaron portero (1 Crón. 9:17); antepasado de una familia de porteros del templo que regresó del exilio (Esd. 2:42; Neh. 7:45). **2.** Jefe de los porteros postexílicos (Neh. 11:19; 12:25).

TALMUD Comentarios judíos. Significa "estudio" o "aprendizaje", y en el judaísmo rabínico se alude a opiniones y enseñanzas que los discípulos aprenden de sus predecesores, especialmente respecto al desarrollo de enseñanzas legales orales (Halajá). "Talmud" se utiliza con frecuencia en el judaísmo para referirse específicamente al compendio de comentarios sobre la Mishná. Esta (un código de enseñanzas legales orales sobre la ley escrita de Moisés) probablemente se redactó en Jamnia, Galilea, alrededor del 220 d.C. Entre el 220 y el 500 d.C., las escuelas rabínicas de Palestina y Babilonia ampliaron y aplicaron las enseñanzas de la Mishná para sus comunidades judías. Dos documentos llegaron a incluir gran parte de esta enseñanza: el Talmud de Jerusalén y el Talmud babilónico.

Los eruditos representados en la Mishná son conocidos como *Tanaim.* En general vivieron durante los siglos I y II a.C. El Talmud ofrece opiniones de una nueva generación de eruditos conocidos como Amoraim (200–500 d.C.). Diversos maestros se hicieron famosos y atrajeron estudiantes de diferentes partes del mundo antiguo. Mediante esta práctica, las decisiones de los rabinos que residían en Babilonia se convirtieron en normas para un amplio sector de la sociedad judía antigua. No es posible establecer el grado de influencia que tenían las decisiones de los rabinos en el judío medio. Algunos pasajes del Talmud reflejan gran preocupación de algunos rabinos porque el pueblo desoía sus consejos.

El Talmud representa una continuación de la aplicación de la ley oral (Halajá) en cada aspecto de la vida de los judíos. Este proceso probablemente comenzó con la antigua secta judía de los fariseos. Sin embargo, muchos debates mencionados en el

Talmud parecen no tener una aplicación práctica sino que son más bien de naturaleza teórica.

Aparentemente, las escuelas rabínicas enfatizaron la importancia de la tradición y de la necesidad de que los discípulos recordaran razonamientos y decisiones específicas de los maestros. Existe evidencia de que tanto la Mishná como el Talmud se recordaban mediante cánticos o melodías.

El Talmud babilónico se convirtió en el de mayor relevancia debido al destino político de las comunidades judías de Palestina y Babilonia en los primeros cuatro siglos d.C., y también por su estilo más sofisticado. Las generaciones posteriores de eruditos judíos también reconocieron que este Talmud se completó más tarde y, por lo tanto, supusieron que absorbió o sustituyó al de Jerusalén.

Además de los pasajes de la Hagadá que están mayormente en hebreo, el Talmud fue escrito en lengua aramea oriental, el idioma babilónico de ese tiempo. El Talmud de Babilonia refleja un sistema altamente desarrollado para resolver preguntas polémicas sobre la Halajá (ley oral). Incluye comentarios sobre las seis divisiones principales de la Mishná pero elimina determinadas subdivisiones. Por ejemplo, omite la discusión de los segmentos de la Mishná que tratan sobre el servicio en el templo, tal vez porque la comunidad judía de Babilonia no preveía la reconstrucción del santuario en un futuro cercano (es de notar que el Talmud de Jerusalén sí discute estas secciones).

El Talmud babilónico también contiene discusiones legales teóricas e información sobre la vida diaria de los judíos durante los primeros seis siglos, además de historia, medicina, astronomía, comercio, agricultura, demonología, magia, botánica, zoología y otras ciencias. También incorpora a las discusiones legales una gran parte de la Hagadá (relatos y poesía ilustrativa).

El Talmud de Jerusalén no fue compilado en esa ciudad sino en los centros de Tiberias, Cesarea y Séforis en Palestina (Jerusalén dejó de ser un centro importante de aprendizaje judío después de la destrucción del templo en el 70 d.C.), y está escrito en lengua aramea occidental, el dialecto de Palestina. Es breve y conciso en la presentación de los argumentos legales y no contiene el volumen considerable de la Hagadá que sí incluye el Talmud de Babilonia. El Talmud de Jerusalén fue completado alrededor del 400 d.C., aprox. un siglo antes del babilónico.

La importancia del Talmud para la vida judía hasta el período moderno difícilmente pueda ser sobreestimada. El Talmud y sus comentarios se convirtieron en un documento esencial para la educación judía y las actividades religiosas durante el período medieval.

Los eruditos del NT muestran un interés especial en el Talmud. Parte de la Halajá contenida en este libro se les atribuye a antiguos rabinos y puede reflejar la práctica judía en la época de los escritores del NT o de Jesús. Sin embargo, este material debe usarse con criterio para la reconstrucción histórica ya que fue compilado cinco siglos después de los hechos. Ver *Hagadá, Halajá; Mishná.* *Stephenson Humphries-Brooks*

TAMAR Nombre de persona que significa "palmera de dátiles". **1.** Nuera de Judá, esposa de su hijo mayor Er (Gén. 38:6). Después de que su malvado esposo muriera sin darle un hijo, Tamar fue entregada al hermano de este llamado Onán para que tuviera un hijo en nombre del fallecido. Onán se rehusaba a fecundar a Tamar, por lo que Dios le dio muerte. Luego ella engañó a su suegro para concebir un hijo de él (38:18). Ver *Levirato, Matrimonio por.* **2.** Hija de David violada por su medio hermano Amnón (2 Sam. 13:14). El acto fue vengado por Absalón, hermano de Tamar, que decidió matarlo (13:28-29). Estos hechos fueron parte de la profecía de Natán que predijo que la espada nunca se apartaría de la casa de David (12:10). **3.** Absalón llamó Tamar a su única hija. Se la menciona como "mujer de hermoso semblante" (2 Sam. 14:27). **4.** Ciudad construida por Salomón "en tierra del desierto" (1 Rey. 9:18). El texto tal vez deba traducirse Tadmor (2 Crón. 8:4), ya que el hebreo carece de la frase calificativa "de Judá" y los puntos de vocales masoréticas corresponden a Tadmor. Ver *Tadmor.* **5.** Ciudad fortificada en el extremo sur del Mar Muerto que marcaba el límite ideal de Israel (Ezeq. 47:19; 48:28). Si es la misma que 4., esta Tamar probablemente servía como depósito de suministros para las minas de Salomón en Arabá y como puesto fronterizo para vigilar la frontera con Edom.

TAMARISCO Árbol con aspecto de arbusto (*Tamarix syriaca*) con pequeñas flores blancas o rosas, típico del Desierto de Sinaí y el sur de Palestina. Existen muchas variedades. Abraham plantó un tamarisco en Beerseba (Gén. 21:33) y Saúl fue enterrado debajo de uno de ellos en Jabes (1 Sam. 31:13). Saúl reunió su corte bajo uno de estos árboles (1 Sam. 22:6). Algunos creen que la resina que produce el tamarisco tal vez fue el maná que los hebreos comieron durante su peregrinaje por el desierto.

TAMO, PAJA Cáscara y otros materiales que se separaban del núcleo del grano durante el proceso de trillado y aventamiento. Lo soplaba el viento (Os. 13:3) y se quemaba como algo sin valor (Isa. 5:24; Luc. 3:17).

TAMUZ Dios sumerio de la vegetación. La adoración a Tamuz que practicaban las mujeres en Israel se presenta como abominación en Ezeq. 8:14-15. Según la religión pagana, Tamuz fue traicionado por su amante Ishtar y, por este motivo, muere cada otoño. La caída de las hojas en esa época del año se interpreta como señal de su muerte. Esto provocaba gran tristeza en el mundo antiguo y era motivo del llanto de las mujeres de Jerusalén. Ver *Fertilidad, Cultos a la; Dioses paganos.*

TANHUMET Nombre de persona que significa "reconfortante". Padre de Seraías, capitán de las fuerzas que se quedaron con Gedalías en Judá después de la deportación babilónica (2 Rey. 25:23; Jer. 40:8). Un sello de Laquis y una inscripción de Arad dan testimonio del nombre.

TANIS Ver *Zoán.*

TAPÚA Nombre de persona que significa "manzana" o "membrillo". **1.** Descendiente de Caleb que probablemente residía en una ciudad cerca de Hebrón (1 Crón. 2:43). **2.** Ciudad del distrito de Judá en la Sefela (Jos. 15:34), posiblemente Beit Nettif, unos 19 km (12 millas) al oeste de Belén. **3.** Ciudad en la frontera norte de Efraín (Jos. 16:8) cuyos alrededores fueron destinados a Manasés (17:7,8), probablemente la Tapúa de Jos. 12:17 y 2 Rey. 15:16. Quizá se trate de Sheikh Abu Zarod, situada unos 13 km (8 millas) al sudoeste de Siquem. Algunos eruditos utilizan "Tapúa" en lugar de "Tifsa" en 2 Rey. 15:16. Ver *Bet-tapúa.*

TARALA Nombre geográfico que significa "fuerza". Sitio no identificado de Benjamín ubicado probablemente al noroeste de Jerusalén (Jos. 18:27).

TARÉ Nombre de persona que quizás signifique "íbice". **1.** Padre de Abraham, Nacor y Harán (Gén. 11:26). Junto con un grupo de personas que emigraron de Ur de los caldeos, Taré trasladó a su familia siguiendo la dirección del Río Éufrates hasta llegar a Harán. (Gén. 11:31). Se proponía llegar a Canaán pero murió en la Mesopotamia a los 205 años (Gén. 11:32). Las prácticas religiosas de Taré han sido motivo de debate dado que Jos. 24:2 aparentemente se refiere a su familia cuando dice que el padre adoraba a otros dioses aparte de Jehová. **2.** Campamento en el desierto (Núm. 33:27,28).

TAREA Nombre de persona de procedencia desconocida. Descendiente de Saúl (1 Crón. 8:35; 9:41).

TARGUM Primeras traducciones de la Biblia a la lengua aramea, el idioma nativo de Palestina y Babilonia en el siglo I d.C. La forma verbal de la palabra hebrea significa "explicar, traducir". De estas traducciones, la más importante que aún subsiste es el Targum Onkelos, que probablemente se leía todas las semanas en los cultos de la sinagoga desde tiempos antiguos. Los tárgumes no son meras traducciones sino que incluyen gran cantidad de comentarios bíblicos que quizás reflejen los sermones de las sinagogas judías en Palestina. Por lo tanto, el material resulta interesante para los eruditos del NT que intentan comprender el judaísmo al que pertenecía Jesús. Ver *Aramea, Lengua.*

Stephenson Humphries-Brooks

TARSIS Nombre de persona y de lugar de procedencia desconocida que significa "jaspe amarillo" como en el texto hebreo de Ex. 28:20; Ezeq. 28:13. También puede derivar de un término acadio que significa "planta aromática". **1.** Hijo de Javán (Gén. 10:4; 1 Crón. 1:7) y antepasado de un pueblo del Egeo. **2.** Guerrero benjamita (1 Crón. 7:10). **3.** Uno de los siete oficiales principales que sirvieron al rey Asuero de Persia (Est. 1:14). Este nombre posiblemente signifique "persona mezquina" en la antigua lengua persa. **4.** Designación geográfica que probablemente corresponda a Tartesos en el extremo sur de España o a Tarso en Cilicia. Jonás partió rumbo a dicho lugar, el límite extremo del mundo occidental, desde el puerto mediterráneo de Jope en un intento inútil de huir del llamado de Dios (Jon. 1:3). Tarsis comerciaba metales preciosos con Tiro, otro puerto del Mediterráneo (Isa. 23:1, Jer. 10:9; Ezeq. 27:12). **5.** Las referencias a Tarsis en 1 Reyes y 2 Crónicas no poseen significado geográfico. Las flotas de Salomón (1 Rey.

10:22; 2 Crón. 9:21) y de Josafat (1 Rey. 22:48; 2 Crón. 20:36) tenían su base en Ezión-geber en el Mar Rojo. El tipo de cargamento de Salomón sugiere que comerciaba con mercados del este de África. Por lo tanto, la frase "naves de Tarsis" puede designar barcos de altura como los de Tarsis o barcos que transportaban cargamento de metales como los de Tarsis.

TARSO Lugar de nacimiento de Pablo (Hech. 9:11) y capital de la provincia romana de Cilicia. Ver *Asia Menor, Ciudades de; Pablo.*

TARTAC Deidad adorada por los aveos a quienes los asirios establecieron en Samaria después del 722. a.C. (2 Rey. 17:31). El nombre (que no se menciona en ningún otro lugar) probablemente se origine en un error deliberado con la palabra Atargatis, la diosa madre siria, esposa de Hadad.

TARTÁN Título del oficial asirio de más alto rango después del rey; comandante en jefe; comandante supremo (2 Rey. 18:17; Isa. 20:1). La primera mención de dicho rango se produjo en el reinado de Adad-nirari II (911–891 a.C.).

TATNAI Contemporáneo de Zorobabel; gobernador de la provincia persa "del otro lado del río (Éufrates)", que incluía Palestina (Esd. 5:3,6; 6:6,13).

TAU Vigésima segunda y última letra del alfabeto hebreo que se utiliza como título del Salmo 119:169-176 donde cada verso comienza con dicha letra.

La Puerta de Cleopatra en Tarso, en conmemoración del encuentro en esta ciudad entre Marco Antonio y Cleopatra.

Estatua de una anciana que sostiene un tazón de vino en su falda.

TAZA, TAZÓN Jarro grande de dos manijas para almacenar vino (Isa. 22:24; Ex. 25:29; 37:16).

TEATRO Las dramatizaciones públicas aparentemente eran desconocidas en el Israel del AT, excepto en el caso de posibles actividades de adoración; sólo se hicieron presente con la llegada de los griegos después del 400 a.C. Como símbolo de la cultura greco-romana, la presencia de teatros en Palestina era un constante recordatorio del control ejercido por Grecia y Roma sobre el estado judío. Herodes I construyó varios teatros en ciudades griegas durante su reinado en Palestina (37–4 a.C.). La presencia de estos recintos, en especial cerca del templo de Jerusalén, enfurecía constantemente a los judíos. Los teatros florecieron fuera de Israel y en todo el Imperio Romano. Los espectáculos públicos comenzaban con un sacrificio a una deidad pagana, normalmente el dios patrono de la ciudad. Las dramatizaciones y las comedias incluían temas políticos o históricos y, por lo general, eran vulgares y sugestivas. Los asientos del teatro ubicados en semicírculo se elevaban como si fueran escalones en una colina natural o sobre gradas artificiales. Detrás del escenario se elevaba una fachada de varios pisos (tan alta como los asientos superiores) que se decoraba con esculturas. El público

El teatro romano en el sitio de la antigua Aspendos.

Pintura en una tumba del Valle de los Reyes, región mortuoria de la orilla occidental del Río Nilo.

general se sentaba en los asientos más altos en la parte posterior, mientras que los más ricos ocupaban los más bajos y más cercanos al escenario. Para el gobernador o la autoridad local se reservaba un amplio sector central. Los teatros eran de diferentes tamaños. Los de los pueblos pequeños podían albergar aprox. 4000 personas, en tanto que los más grandes, como el de Éfeso donde Pablo fue denunciado (Hech. 19:29), podían albergar 25.000 personas o incluso más. Ver *Grecia; Roma y el Imperio Romano.*

David Maltsberger

TEBA Nombre de persona que significa "matanza". Hijo de Nacor y antepasado de una tribu aramea (Gén. 22:24). Quizás se relacione con Tubihi, un sitio entre Damasco y Cades.

TEBALÍAS Nombre de persona que significa "Yahvéh ha sumergido, es decir, purificado", "amado por Yahvéh" o "bueno para Yahvéh". Portero levita postexílico (1 Crón. 26:11).

TEBAS Capital del Alto Egipto durante la mayor parte de la historia de ese reino (aprox. 2000–

Esfinges con cabeza de carnero, alineadas en la avenida procesional antes del templo de Amón-Ra, en Tebas.

T

El gran hipóstilo del templo de Amón-Ra en Karnak, región norte de la antigua ciudad de Tebas, en Egipto.

661 a.C.). La ciudad sólo declinó durante el breve período de los hicsos (aprox. 1750–1550 a.C.). Tebas era el centro de adoración del dios Amón, una deidad principal de la religión egipcia. Aún existen majestuosos templos que muestran la adoración que la ciudad le profesaba a Amón. Ver *Egipto; No Amón.*

TEBES Posiblemente Tubas, unos 20 km (13 millas) al noreste de Siquem donde los caminos procedentes de esta ciudad y de Datán convergían para dirigirse hacia el Valle del Jordán. Durante el sitio de Tebes, una mujer de la ciudad hirió de muerte a Abimelec al arrojarle una rueda de molino en la cabeza (Jue. 9:50-53; 2 Sam. 11:21).

TEBET Décimo mes (diciembre–enero) del calendario hebreo (Est. 2:16). El nombre deriva de un término acadio que significa "hundirse" y se refiere al mes de las lluvias. Ver *Calendarios.*

TECHO Ver *Arquitectura en tiempos bíblicos; Casa.*

TECOA Nombre geográfico que significa "sitio para establecer una tienda". Ciudad en las tierras altas de Judá ubicada unos 10 km (6 millas) al sur de Belén y 16 km (10 millas) al sur de Jerusalén; hogar del profeta Amós. Dios llamó a Amós de entre los pastores de Tecoa para que le predicara a Israel, el reino del norte (Amós 1:1). El sacerdote Amasías trató de enviarlo de regreso a su ciudad (Amós 7:12).

Uno de los principales guerreros de David fue Ira, hijo de Iques de Tecoa (2 Sam. 23:26). Entre el 922 a.C. y el 915 a.C., Roboam mencionó Tecoa como una de las ciudades cuyas fortificaciones debían incrementarse (2 Crón. 11:5,6). Cincuenta años después aprox., Josafat derrotó a un ejército de invasores amonitas, meunitas y moabitas en el desierto ubicado entre Tecoa y En-gadi (2 Crón. 20:20-22). Después del regreso del exilio, Tecoa permaneció ocupada (Neh. 3:5). Ver *Amós.* *Kenneth Craig*

TECOÍTA Residente de Tecoa (2 Sam. 23:26; Neh. 3:5).

TEHINA Nombre de persona que significa "súplica" o "gracia". Descendiente de Judá responsable de la fundación de Nahas (1 Crón. 4:12).

TEJÓN Mamífero de madriguera, el más grande de la familia de las comadrejas. Es un carnívoro con garras en los dedos de las patas que los israelitas consideraban inmundo. La versión RVR1960 utiliza la frase "pieles de tejones" en Éxodo 26:14; 36:19 y otros pasajes, pero otras traducciones no concuerdan. Este animal también se ha identificado como el hirax de las rocas o conejo.

TEKEL Ver *Mene, mene, tekel uparsín.*

Excavaciones en el emplazamiento de la antigua Tecoa, de donde era oriundo el profeta Amós.

TEL-ABIB Nombre geográfico que significa "montículo de la inundación" o "montículo de grano". Tel-abib en el canal del Quebar cerca de Nippur en Babilonia fue la morada de Ezequiel y otros exiliados (Ezeq. 3:15). Los babilonios pueden haber creído que eran las ruinas del sitio donde se produjo el diluvio.

TELAH Nombre de persona que significa "ruptura" o "fractura". Antepasado de Josué (1 Crón. 7:25).

TELAIM Nombre geográfico que significa "corderos jóvenes moteados o manchados". Ciudad en el sur de Judá donde Saúl reunió sus ejércitos para luchar contra los amalecitas (1 Sam. 15:4). Los sitios sugeridos incluyen Khirbet Umm es-Salafeh, al sudoeste de Kurnub, y Khirbet Abu Tulul, 19 km (12 millas) al sudeste de Beerseba. La traducción griega más antigua de 1 Sam. 27:8 dice "desde Telem" en lugar de "de largo tiempo". Ver *Telem.*

TELASAR Nombre geográfico que significa "montículo de Asur". Ciudad en el norte de la Mesopotamia conquistada por los asirios (2 Rey. 19:12; Isa. 37:12). Se desconoce su ubicación.

TEL-AVIV Ver *Tel-abib.*

TELEM Nombre de persona y de lugar que significa "brillo" o "cordero". **1.** Levita que tenía una esposa extranjera (Esd. 10:24). **2.** Ciudad en el sur de Judá (Jos. 15:24), variante de Telaim.

TELL EL AMARNA Ver *Amarna, Tell el.*

TEL-HARSA Nombre geográfico que significa "montículo del bosque" o "montículo de magia". Sitio donde habitaban los judíos de Babilonia que no pudieron comprobar su linaje (Esd. 2:59; Neh. 7:61). Probablemente estuviera en las planicies cercanas al Golfo Pérsico.

TELL Término semita que significa "montículo" y que se aplica a áreas construidas por sucesivos asentamientos en un mismo sitio. "Tell" o "tel" es un componente común de nombres de lugares del Cercano Oriente. Ver *Arqueología.*

TEL-MELAH Nombre geográfico que significa "montículo de sal". Lugar de residencia babilónica de un grupo de judíos que no pudieron comprobar su linaje (Esd. 2:59; Neh. 7:61). Tel-melah quizás sea Thelma de Ptolomeo en las salinas bajas cercanas al Golfo Pérsico.

TEMA Nombre de persona y de lugar que significa "país del sur". **1.** Tema, un hijo de Ismael (Gén. 25:15; 1 Crón. 1:30), se asocia con Tema (actualmente Teima), un oasis estratégico ubicado en la Península Arábiga 400 km (250 millas) al sudeste de Aqaba y 320 km (200 millas) al nor-noreste de Medina. Isaías 21:14 probablemente aluda a la campaña del rey asirio Tiglat-pileser III (738 a.C.) cuando al pagar tributo, Tema se salvó de ser destruida. Jeremías 25:23 quizás se refiera a la campaña de Nabucodonosor. Luego de conquistar y reconstruir Tema, Nabónido, el último rey de Babilonia, permaneció allí diez años tras dejar a su hijo Belsasar como vicerregente en Babilonia (Dan. 5:1). **2.** Familia de sirvientes del templo (netineos) que volvieron del exilio (Esd. 2:53; Neh. 7:55).

TEMÁN Nombre de persona y de lugar que significa "lado derecho", es decir, "del sur". **1.** Familia edomita descendiente de Esaú (Gén.36:11, 15; 1 Crón. 1:36). **2.** Área de la ciudad asociada con esta familia (Jer. 49:7,20; Ezeq. 25:13; Amós 1:12; Abd. 9; Hab. 3:3). Con frecuencia se la ha identificado con Tawilan, situada 80 km (50 millas) al sur del Mar Muerto, al este de Petra, aunque la evidencia arqueológica no confirma que este sitio fuera la ciudad principal del sur de Edom. Algunos interpretan que en líneas generales Temán designa la parte sur de Edom. Para otros, el vínculo con Dedán (Jer. 49:7; Ezeq. 25:13) sugiere que se encontraba en la Península Arábiga. Ver *Tema.*

TEMANITAS Descendientes de Temán o residentes del lugar del mismo nombre, la región sur de Edom. La tierra de los temanitas designa el sur de Edom (Gén. 36:34; 1 Crón. 1:45). Los temanitas eran famosos por su sabiduría (Job 2:11; comp. Jer. 49:7).

TEMENI Nombre de persona que quizás signifique "a mano derecha", es decir, "al sur". Descendiente de Judá (1 Crón. 4:6).

TEMOR Respuesta emocional natural ante lo que se percibe como una amenaza a la seguridad o al bienestar general. Varía en grado de intensidad, desde una sensación de ansiedad o preocupación hasta un terror absoluto. Puede ser una emoción útil cuando conduce a tomar precauciones o medidas adecuadas para proteger el bienestar personal. Por otra parte, si el temor es inducido por un error o si se prolonga y supera otras emociones más positivas como el amor o el gozo, puede ser un impedimento para disfrutar la vida, y tal vez lleve a incapacidad para participar de las actividades normales de la vida. No obstante, en la Biblia, el temor se considera con más frecuencia que en la cultura popular como una conducta sabia, y no como una simple emoción.

Terminología La Biblia se refiere varios cientos de veces al concepto del temor, ya sea en forma explícita o implícita a través de sus efectos, tales como temblor, agitación, transpiración o llanto. El grupo de palabras que se asocia con mayor frecuencia al temor en el Antiguo Testamento (aparecen 435 veces) es el verbo *yara'*, "temer, honrar", el adjetivo *yare'*, "atemorizado, temeroso", y los sustantivo relacionados, *mora'*, "temor, terror, pavor" y *yir'ah*, "temor, adoración". Estos se complementan con otro grupo de palabras como el relacionado con la raíz *chatat*, "estar aterrorizado, descorazonado, abatido", y *pacad*, "temblar, estar aterrado".

En el Nuevo Testamento el concepto de temor se asocia con más frecuencia a la raíz *phob-* (146 veces), como en el verbo *phobeo*, "temer, reverenciar o respetar"; sustantivos relacionados, *phobos*, "temor, terror, reverencia, respeto" y *phobetron*, "visión aterradora", y el adjetivo *phoberos*, "temeroso". También se encuentran sinónimos, como *tarasso*, "inquietar, aterrorizar" y el grupo de palabras *deilia*, "cobardía", *deiliao*, "ser cobarde, temeroso", y *deilos*, "cobarde, tímido".

Sensaciones de terror y ansiedad El familiar concepto de temor inducido por una situación amenazante es común en la Biblia. La primera emoción a que se hace referencia explícita es el temor de Adán y Eva al castigo divino por comer del fruto del árbol prohibido (Gén. 3:10). En este caso, el temor los indujo a ocultarse. El temor de Jacob a Esaú lo indujo a orar (Gén. 32:11). A veces el temor produce silencio o inhibe la acción, como cuando Is-boset "no pudo responder palabra a Abner, porque le temía" (2 Sam. 3:11; comp. 2 Crón. 17:10).

Un tema bíblico frecuente es el temor a los enemigos, que por lo general aparece en pasajes donde Dios anima a no temer. Por ejemplo, antes de entrar en batalla, el sacerdote de Israel debía exhortar al pueblo diciendo: "no desmaye vuestro corazón, no temáis, ni os azoréis, ni tampoco os desalentéis delante de ellos". Y el Señor mandó a Josué: "Mira que te mando que te esfuerces y seas valiente; no temas ni desmayes, porque Jehová tu Dios estará contigo dondequiera que vayas" (Jos. 1:9; Deut. 31:6; Isa. 44:8; Luc. 12:32; Juan 16:33). Por otra parte, Dios le prometió a Israel que provocaría pánico entre sus enemigos y que estos huirían aterrorizados (Ex. 15:14-16; 23:27; Deut. 2:25; 11:25). Se podría decir que un creyente es alguien que le teme sólo a Dios (Deut. 7:21; Prov. 29:25; Isa. 8:13; Mat. 10:28).

En base a estos pasajes, debemos observar que la Biblia no describe el temor al peligro simplemente como una emoción de la cual el creyente carece de control. El mandamiento bíblico de no temer se refiere a no entrar en pánico ni quedar paralizado por el temor, y a no permitir que el temor ante la percepción de una amenaza obstaculice la obediencia a Dios. El antídoto para ese temor es la convicción de que Dios puede proteger y cumplir Su voluntad y que podemos confiar en Sus promesas (2 Rey. 6:15-17; 2 Crón. 15:7-8; Sal. 34:4; 56:3-4; Prov. 3:24-26; Isa. 41:10; 43:1; Mat. 10:26-31; Heb. 13:6; 1 Ped. 3:13-17; Apoc. 2:10).

Lo mismo se podría decir de la ansiedad, que puede ser tan destructiva para la fidelidad como el terror (Fil. 4:6). Probablemente la ansiedad de Abraham por la falta de hijos hizo que Dios, en Génesis 15:1, le ordenara no temer, y fue el incumplimiento de esa orden lo que condujo al nacimiento de Ismael en el cap. 16. El temor ansioso o la preocupación se convierten en pecado de orgullo e incredulidad cuando desvían nuestra atención para que dejemos de seguir al Señor (Isa. 51:12-13; Mar. 4:19; Luc. 10:41) o hacen que confiemos en nuestros propios recursos o capacidades o en los de otra persona en lugar de confiar en Dios (Mat. 6:19-34; Sal. 55:22).

Actitud de respeto y sumisión Otra indicación de que el concepto bíblico del temor no era necesariamente un sentimiento involuntario, es que las mismas palabras se usaban también para indicar la respuesta adecuada frente a una autoridad: un niño frente a sus padres (Lev. 19:3), los ciudadanos frente a sus líderes (Jos. 4:14; Rom. 13:7), un siervo frente a su amo (Mal. 1:6; Ef. 6:5), y una esposa frente a su esposo (Ef. 5:33). En estos casos, "temor" tiene la connotación de obediencia. El respeto o la honra pueden haber sido la forma en que el pueblo de Israel "temió" a

Salomón cuando observó que este tenía sabiduría de parte de Dios (1 Rey. 3:28). El respeto o la reverencia también es la actitud adecuada hacia el santuario de Dios (Lev. 19:30). El temor puede ser lo opuesto a tratar a alguien o algo como común, insignificante, irrelevante o no digno de atención (Est. 5:9).

Temor a Dios Cualquiera de estos sentimientos (terror, honor, sumisión) pueden estar presentes cuando el objeto del temor es Dios, con el sentido adicional de adoración. Para los que son enemigos en lugar de seguidores del Señor, lo adecuado es sentir miedo (Jer. 5:22). Ese temor es limitado porque Dios no es caprichoso sino que actúa en forma coherente con Su carácter justo y Su voluntad revelada. No obstante, los culpables de idolatría e injusticia tienen razón para temer la ira y el juicio venidero de Dios (Sal. 90:11; Isa. 13:6-11; 30:30-33; Sof. 1:18; Heb. 10:26-31). A menos que nuestra seguridad esté garantizada, el terror es la única respuesta razonable cuando uno se enfrenta con un Ser cuyo conocimiento y poder son ilimitados. La Biblia incluye muchos casos de apariciones divinas o angélicas donde el temor es la respuesta natural (Ex. 3:6; 20:18-20; Dan. 10:10-12; Luc. 1:12-13,30). Después de la resurrección de Jesucristo, por ejemplo, la aparición de los ángeles hizo que los guardias de la tumba temblaran de miedo, mientras que a las mujeres que creían se les dijo que no tenían nada que temer (Mat. 28:4-5).

Con frecuencia se dice que la actitud adecuada de los creyentes frente a Dios debería ser respeto, reverencia y sobrecogimiento en lugar del temor. Sin embargo, la terminología bíblica es la misma, y el carácter de Dios no cambia. La descripción de Dios que a menudo se traduce "formidable" es literalmente "temido" o "temible" (Ex. 15:11, Neh. 1:5; Job 37:22; Sal. 89:7; Dan. 9:4). Limitar la actitud del creyente frente Dios a "reverencia" o "sobrecogimiento" en lugar de "temor" puede hacer que se pierdan de vista aspectos del carácter divino que conducen a la obediencia: su perfecta santidad y justicia, y su poder y conocimiento ilimitados. Saber que la ira de Dios fue satisfecha en Cristo libera al creyente del temor a la condenación, pero no de la responsabilidad frente a un Dios santo (2 Cor. 5:10-11; 7:1; 1 Tim. 5:20; 1 Ped. 1:17).

En la literatura del antiguo Cercano Oriente, "temor" y "amor" se hallan asociados con la lealtad al pacto. Temer a Dios es tener lealtad hacia Él y, en consecuencia, a sus enseñanzas, de tal manera que afecten nuestros valores, convicciones y conducta (Gén. 20:11; Lev. 25:17,36,43; 1 Sam. 12:14,24; Sal. 128:1; Prov. 8:13). A menudo se hace referencia a los verdaderos creyentes diciendo que son aquellos que temen a Dios (Gén. 22:12; Job 1:9, Sal. 31:19; 33:18; 103:11,13,17; 115:11,13; 118:4; Mal. 3:16; 4:2; Luc. 1:50). El temor a Dios expresado en humilde sumisión y adoración es esencial para la verdadera sabiduría (Prov. 9:10; 15:33; Isa. 33:6). Un verdadero creyente se podría definir como aquel que tiembla ante la palabra de Dios (Gén. 22:12; Ex. 1:17; Sal. 119:161; Isa. 66:2,5; Jer. 23:9). Ver *Reverencia.*

E. Ray Clendenen

TEMOR DE ISAAC Nombre o título que Jacob usó para aludir a Dios (Gén. 31:42; comp. 31:53; 46:1). Evidentemente, los patriarcas usaron varios nombres para referirse al Señor hasta que Él mismo le reveló Su nombre a Moisés (Ex. 6:3). Algunos estudiosos traducen la expresión hebrea "Pariente de Isaac" o "Refugio de Isaac". Ver *Dios de los padres; Patriarcas.*

TEMPLO DE JERUSALÉN Lugar de adoración, en particular el templo de Salomón construido en Jerusalén para la adoración nacional a Yahvéh. "Templo" significa lugar sagrado o santo, muy similar a las dos palabras que se utilizan en griego, *hieron* (área del templo) y *naos* (santuario), que se traducen "templo" en el NT. En el AT generalmente se utiliza bet Yahvéh o bet Elohim, "casa de Yahvéh" o "casa de Dios", porque se dice que el Señor habita allí. Otra expresión hebrea para templo es *hekal*, palabra derivada de la lengua sumeria que significa "palacio, gran casa", ya sea para Dios o un rey terrenal. Por esta razón, cuando David terminó de construir su palacio de cedro, creyó que era apropiado construir otro para Yahvéh (2 Sam. 7:1-2). En un principio, Natán aprobó su plan, pero Dios dijo que desde el éxodo de Egipto estaba acostumbrado a residir en una tienda. Permitiría que el hijo de David construyera un templo para Él, pero Él construiría una casa para David (dinastía, 2 Sam. 7:3-16). Esta promesa pactada fue sumamente relevante para el cumplimiento de la esperanza mesiánica con la venida del gran rey del linaje de David. Ver *Tabernáculo, tienda de reunión.*

El libro de Crónicas deja en claro que David planificó el templo y acumuló grandes riquezas y dádivas para construirlo, aunque fue Salomón quien finalmente lo edificó. Es posible que el templo de Salomón no haya sido el primer santuario que alojó el arca del pacto, ya que en Silo existía una casa de Yahvéh también llamada templo (1 Sam. 1:7,9,24; 3:3). En 1 Sam. 2:22 se denomina "tabernáculo de reunión" pero no resulta claro si se refiere al tabernáculo del desierto. En el gran sermón de Jeremías en el templo les advirtió a todos los que entraran en la casa de Jehová en Jerusalén que si confiaban más en el santuario mismo que en el Señor, Dios podría destruir el templo de Salomón tal como lo había hecho con el anterior en Silo (Jer. 7:1-15; 26:1-6).

Israel conocía otros lugares de adoración mucho más antiguos que el templo de Jerusalén. Los antiguos lugares santos patriarcales cercanos a Siquem o Bet-el (Gén. 12:6-8; 28:10-22; comp. Deut. 11:29,30; 27:1-26; Jos. 8:30-35; 24:1-28; Jue. 20:26,27) no se denominan templos en las Escrituras, si bien es posible que los habitantes del lugar los llamaran de esa manera. No es posible determinar qué tipo de santuarios existían en Ofra, Gilgal, Nob, Mizpa, Ramá u otros "lugares altos" donde se adoraba a Yahvéh, pero "el templo" hace referencia al santuario que existía en Jerusalén en la época de Salomón.

El templo de Salomón Tres templos se sucedieron a lo largo de la historia: el de Salomón (preexílico), el de Zorobabel (postexílico) y el de Herodes (NT). El templo de Herodes era en realidad una reconstrucción masiva del templo de Zorobabel, por lo que el judaísmo considera a ambos "segundo templo". Los tres templos estuvieron ubicados en un monte al norte de la ciudad capital de David, quien la conquistó tras luchar contra los jebuseos (2 Sam.5:6,7). Por consejo del profeta Gad, David le había comprado dicho monte al jebuseo Arauna. El objetivo era construir un altar y ofrecer sacrificios en la era para detener una plaga que azotaba al pueblo (2 Sam. 24:18-25). El libro de Crónicas identifica esta elevación con el Monte Moriah, donde Abraham estuvo dispuesto a sacrificar a Isaac (2 Crón. 3:1; Gén. 22:1-14). Por este motivo, el monte donde actualmente se encuentra el templo en Jerusalén se llama Monte Moriah, y la era de Arauna es sin dudas la gran roca consagrada dentro de la Mezquita de la Roca, centro del recinto musulmán llamado Haram es-Sharif (en orden de importancia, el tercer lugar sagrado

Reconstrucción del templo de Herodes (20 a.C.–70 d.C.), en Jerusalén, visto desde el sudeste. El dibujo refleja descubrimientos arqueológicos iniciados en 1967 a lo largo del extremo sur de la plataforma de entrada en el Monte del Templo.

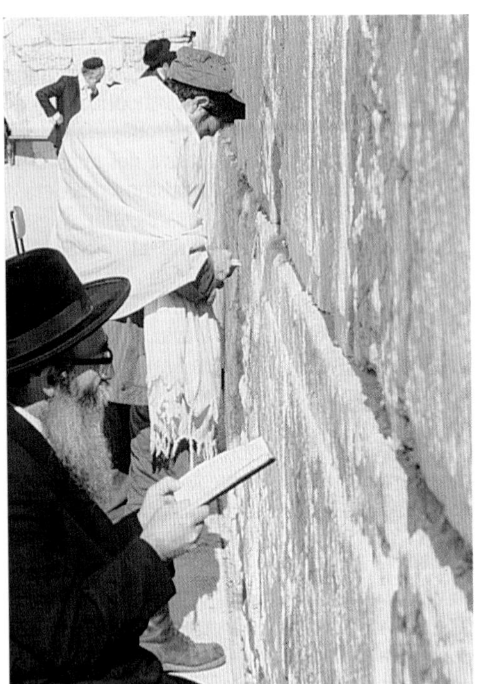

Judíos ortodoxos modernos oran en el Muro de los Lamentos del Monte del Templo, en Jerusalén.

para el Islam después de La Meca y Medina). Este recinto es básicamente lo que queda de la plataforma ampliada del templo de Herodes cuya mampostería puede apreciarse mejor en el Muro Occidental, el lugar más sagrado del judaísmo desde que los romanos destruyeron el templo de Herodes.

T

No ha quedado ninguna piedra que los arqueólogos puedan atribuir con total seguridad al templo de Salomón. Lo que sí existe es un detallado relato literario de su construcción en los libros de Reyes (1 Rey. 5:1–9:10) y Crónicas (2 Crón. 2–7). La visión de Ezequiel del nuevo templo de Jerusalén después del exilio (Ezeq. 40–43) es idealista y tal vez nunca se haya concretado en la reconstrucción que hizo Zorobabel; sin embargo, muchos de sus detalles tal vez reflejaban el templo de Salomón, donde es probable que Ezequiel haya servido como sacerdote antes de ser deportado a Babilonia en el 597 a.C. El tratado con Hiram, el rey de Tiro, y el contratar al artesano en bronce Hiram (o Huram-abi, una persona diferente al rey) demuestran una considerable influencia, pericia, mano de obra y diseño artístico fenicio en la construcción del templo.

El principal significado del templo era el mismo que el del arca para la que fue construido: un símbolo de la presencia de Dios entre Su pueblo (Ex. 25:21,22). Dado que era la casa de Dios, los adoradores no podían ingresar al lugar santo, que estaba reservado para los sacerdotes y los encargados de dirigir la adoración; mucho menos al lugar más santo (lugar santísimo) donde sólo podía ingresar el sumo sacerdote una vez al año (Lev. 16). Los adoradores podían reunirse para orar y ofrecer sacrificios en los patios del templo, donde entonaban salmos mientras veían que sus ofrendas eran presentadas a Yahvéh en el gran altar. El espíritu de oración y alabanza de Israel se encuentra en los Salmos y en las experiencias de adoración como la de Isaías cuando obedeció el llamado profético en el atrio del templo (Isa. 6:1-8).

El relato de la experiencia de Isaías deja en claro que el templo terrenal era visto como microcosmos del templo celestial donde realmente mora el Rey del universo. El estremecimiento y el humo ante la presencia de Dios en el Sinaí ahora se producían en Sión (Isa. 6:4). Israel comprendió que, sólo por Su gracia, Dios había aceptado morar entre Su pueblo. Por esta razón, Deuteronomio menciona el santuario central como el lugar que Yahvéh había elegido para morada de Su nombre (Deut. 12:5; comp. 1 Rey. 8:13), y los entendidos sobre el sacerdocio lo consideraban un lugar lleno de la gloria divina (comp. con el tabernáculo, Ex. 40:34). Obviamente, nada puede albergar a Dios: "Pero ¿es verdad que Dios morará sobre la tierra? He aquí que los cielos, los cielos de los cielos, no te pueden contener; ¿cuánto menos esta casa que yo he edificado?" (1 Rey. 8:27).

El templo de Salomón tenía forma de una "casa larga" con tres habitaciones consecutivas en dirección este-oeste, un vestíbulo de sólo 4,5 metros (15 pies) de profundidad, una nave (el lugar santo) de 18 metros (60 pies) y un santuario interno (el lugar santísimo) de 9 metros (30 pies) (1 Rey. 6:2,3,16,17). Las medidas internas de la "casa" propiamente dicha eran 9 metros (30 pies) de ancho por 13,5 metros (45 pies) de alto, sin contar el pórtico, que era una especie de entrada abierta. Este diseño es bastante similar al de varios templos sirios y cananeos excavados en las últimas décadas (en Hazor, Laquis, Tell Tainat). Incluso existe un "templo" israelita en la frontera sudeste de Judá en la fortaleza de Arad que data de la Edad de Hierro y que algunos han comparado con el templo de Salomón. Ninguno era tan simétrico ni ornamentado ni grande como el templo de Jerusalén, aunque el complejo del palacio de Salomón, donde el templo constituía sólo una parte (1 Rey. 7:1-12), era mucho más grande y su construcción llevó más tiempo (Tell Tainat, en el norte de Siria, es la analogía más cercana). Alrededor de la parte externa de la casa propiamente dicha se construyeron tres pisos de cámaras laterales que funcionaban como depósitos del templo sobre los cuales había ventanas empotradas en los muros del lugar santo (1 Rey. 6:4-6,8-10).

El interior de la casa propiamente dicha tenía paredes de paneles de cedro, pisos de ciprés y estaba todo recubierto de oro. La decoración consistía en famosas ornamentaciones artísticas fenicias, diseños florales con querubines, flores y palmeras. El lugar santísimo, un cubo sin ventanas de unos 9 metros (30 pies), albergaba el arca del pacto, que estaba custodiada por dos querubines de 4,5 metros (15 pies) de alto ubicados en cada pared lateral con las alas extendidas que se tocaban en el medio (1 Rey. 6:15-28). Un interesante hallazgo de la investigación arqueológica es la reconstrucción de la forma de estos antiguos querubines. Se trata de esfinges de estilo egipcio (leones alados con cabeza humana) como los que se encuentran en los apoyabrazos del trono de un rey cananeo en uno de los de marfil de Meguido. El arca, con sus propios querubines guardianes en la parte superior del propiciatorio (Ex. 25:18-20), era el "estrado" de Yahvéh. Debajo de estos maravillosos querubines, Dios estaba entronizado de manera invisible.

Las puertas dobles del santuario interno y la nave estaban talladas y recubiertas de manera similar con madera y oro (2 Rey. 6:31-35). El diseño prescripto para la pared del atrio interno, "tres hileras de piedra labrada por cada hilera de vigas de cedro" (NVI), se encontró también en las construcciones salomónicas excavadas en Meguido (1 Rey. 6:36; 7:12). Esta disposición también corresponde al templo de Tell Tainat. La construcción de este exquisito santuario llevó siete años (960 a.C. aprox.; 1 Rey. 6:37,38). La descripción del maravilloso mobiliario del lugar santo y el patio requieren un capítulo aparte (1 Rey. 7:9-51).

Las creaciones más misteriosas eran dos grandes columnas de bronce de aprox. 11 m (35 pies) de alto con capiteles bellamente ornamentados con cadenas de lirios e hileras de granadas (1 Rey. 7:15-20). Tenían casi 2 m (6 pies) de diámetro, eran huecas y estaban recubiertas de unos 8 cm (3 pulgadas) de bronce. Estas columnas fueron

Cuadrante sudeste del atrio superior del templo, en el Monte del Templo.

llamadas "Jaquín" ("Él establecerá") y "Booz" ("en la fuerza de"), quizás para referirse al simbolismo visible del templo como testimonio de la estabilidad de la dinastía davídica con la cual estaba estrechamente relacionado.

En este punto, el lector espera que se presente un relato del altar de bronce, tal como se incluye en el libro de Crónicas (2 Crón. 4:1) pero que Reyes sólo da por sentado (1 Rey. 8:22,54, 64; 9:25). Este altar era grande, medía 3,25 m^2 (35 pies cuadrados) y 4,5 m (15 pies) de alto, probablemente con escalones.

El mar de fundición, que tal vez tenía algún tipo de simbolismo cósmico, estaba ubicado en el cuadrante central y sur del patio interno frente al altar de bronce. Era redondo con un borde en forma de copa, tenía 4,5 m (15 pies) de diámetro y aprox. 2 m (7,5 pies) de alto con una circunferencia de unos 14 m (45 pies). Estaba hecho de bronce fundido, profusamente decorado y se apoyaba sobre el lomo de doce bueyes dispuestos en grupos de tres mirando hacia cada punto cardinal. Dado que contenía alrededor de 45.500 litros (10.000 galones) de agua, probablemente haya servido para suministrarla a las fuentes mediante algún mecanismo de sifón.

La tercera gran obra de ingeniería fue la fabricación de diez soportes rodantes ornamentados para las diez fuentes, cinco a cada lado del patio. Las fuentes medían aprox. 0,5 m^2 (6 pies cuadrados) por casi 1,5 m (4,5 pies) de alto y contenían alrededor de 900 litros de agua (200 galones) cada una; realmente pesadas, debían transportarse sobre carros con ruedas. El libro de Crónicas indica que se utilizaban para lavar los utensilios para los sacrificios (2 Crón. 4:6).

Durante la fiesta de los tabernáculos, Salomón presidió un elaborado festival de dedicación del

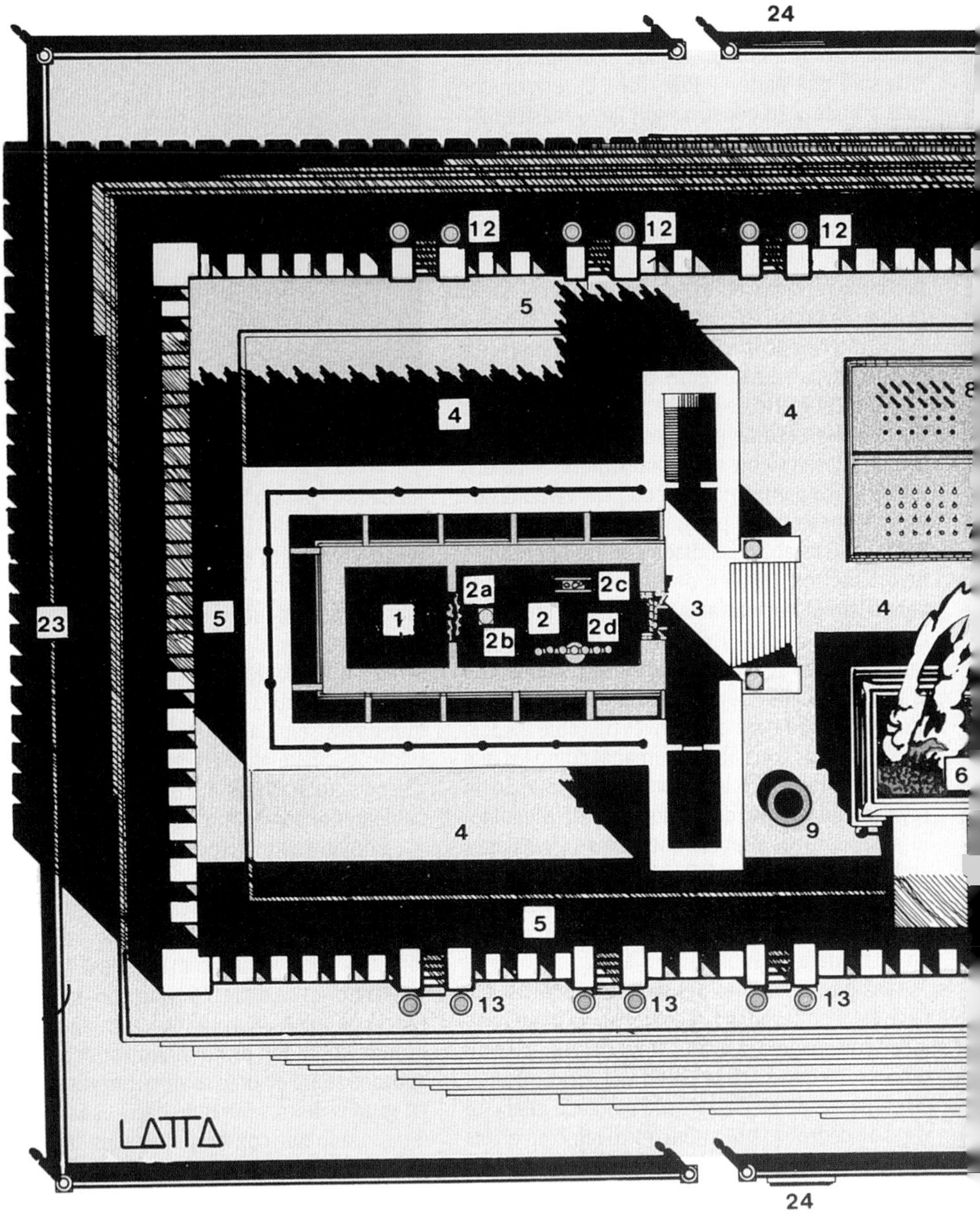

El templo de Herodes (20 a.C.–70 d.C.) comenzó a construirse en el año 18 del reinado de Herodes el Grande (37–4 a.C.). De acuerdo a Josefo, historiador judío del siglo I, el templo se construyó después de quitar los viejos cimientos. El edificio anterior, el templo de Zorobabel, fue una sencilla restauración del templo de Salomón, que había sido destruido durante la conquista babilónica. El edificio central se construyó en tan sólo dos años, sin que hubiera interrupción de las actividades del templo. Los edificios de alrededor y los grandes atrios, que fueron agrandados, no se terminaron hasta el 64 d.C. El templo fue destruido por los romanos al mando de Tito, durante la segunda revuelta judía, en el 70 d.C.

1. Lugar Santísimo (donde una vez estuvieron arca del pacto y los grandes querubines)
2. El lugar santo
2a. Velo (en realidad eran dos grandes tapices c gados antes de la entrada al lugar santísim para permitir que el sumo sacerdote estuvie entre ambos sin que se viera el santuario. Es es el velo que se rasgó por la mitad cuando Jes estaba en la cruz)
2b. Altar del incienso
2c. Mesa de los panes de la proposición
2d. Candelero de oro de siete brazos

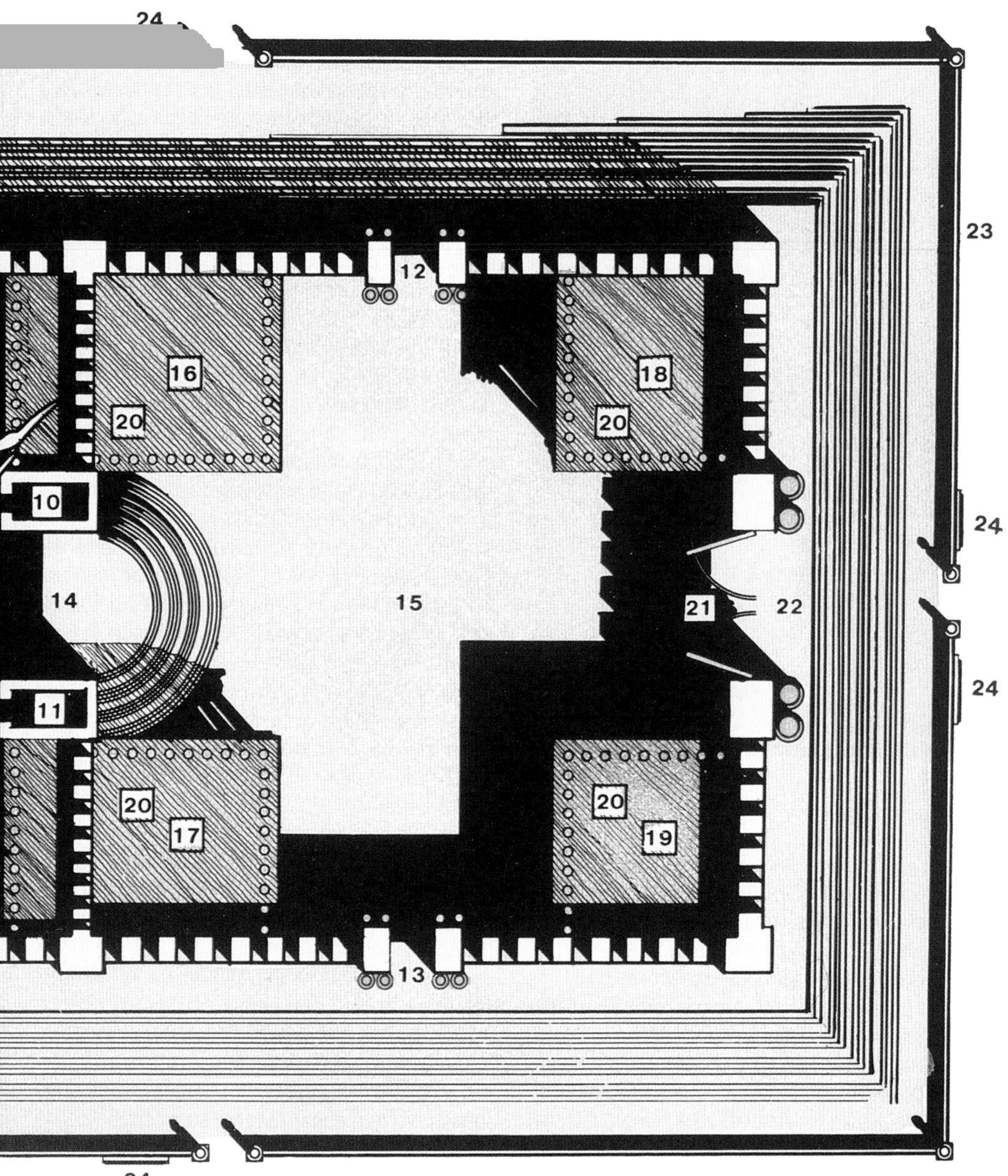

. Pórtico del templo
. Atrio de los sacerdotes
. Atrio de Israel (varones)
. Altar del holocausto
. Lugar en que se amarraban los animales
. Lugar para matar y desollar
. Lavacro (fuente)
0. Cámara de Finees (almacenaje de vestiduras)
1. Cámara donde se hacía el pan
2. Puertas norte de los atrios interiores
3. Puertas sur de los atrios interiores
4. Puerta este (Nicanor)
15. Atrio de las mujeres
16. Atrio de los nazareos
17. Atrio del leñero
18. Cámara para los leprosos
19. Shemanyah (posiblemente, "aceite de Yah")
20. Balcón para las mujeres (para observar actividades del templo)
21. Puerta la Hermosa (?)
22. Terraza
23. Soreg (partición de 3 codos de alto)
24. Inscripciones de advertencia a los gentiles

Notas con pedidos de oración que aún están entre las gigantescas piedras del Muro de los Lamentos.

templo (1 Rey. 8:1–9:9). El relato comienza con una procesión del arca que contenía las dos tablas del Decálogo. La gloria de Dios en la brillante nube de Su presencia llenó el santuario (1 Rey. 8:1-11). Luego el rey bendijo a la congregación; alabó a Dios por Sus misericordias en el cumplimiento del pacto y la promesa que Natán le había hecho a David; elevó una larga y fervorosa oración mencionando siete situaciones diferentes en que las plegarias de Su pueblo debían dirigirse desde el templo terrenal al trono celestial, y cerró la ceremonia con una bendición. El rey luego ofreció innumerables sacrificios durante los siete días de la gran fiesta de dedicación. Dios había consagrado esta casa de oración pero exigía que Salomón y todos sus sucesores fueran obedientes al pacto; de lo contrario, tendría que destruir el magnífico santuario debido a la apostasía del pueblo (1 Rey. 9:1-9). El énfasis de la oración de Salomón y la respuesta de Dios señalan la necesidad de ser conscientes del pecado y arrepentirse genuinamente para que las ceremonias del templo continúen siendo un símbolo de verdadera adoración y devoción (2 Crón. 7:13,14). Los grandes profetas predicaron que, en la adoración en el templo, Israel no pudo evitar el sincretismo con impulsos religiosos paganos ni la irrelevancia hipócrita de un énfasis exagerado y sin sentido en los ritos que le impedían demostrar obediencia piadosa al supremo y soberano Señor (Isa.1:10-17; Miq. 6:6-8; Jer. 7:1-26).

La historia del templo de Salomón tiene muchos altibajos a lo largo de sus casi 400 años de existencia. Los tesoros de oro fueron saqueados con frecuencia por invasores extranjeros como Sisac de Egipto (1 Rey. 14:25,26). Durante la división de los reinos, Jeroboam estableció santuarios rivales en Bet-el y Dan; esto alejó de Jerusalén a muchos adoradores durante 200 años. Pese a que previamente había reparado el altar del templo y llevado adelante reformas limitadas en la adoración (2 Crón. 15:8-18), el rey Asa saqueó los tesoros del santuario para comprar un aliado militar, Ben-adad de Siria, y levantarse contra Baasa, monarca del Reino del Norte (1 Rey.15:18,19). Joás de Judá realizó reparaciones en el templo después del asesinato de la malvada reina Atalía, pero aun él tuvo que recurrir a los tesoros para sobornar a Hazael, el rey de Siria (2 Rey. 12). El rey Joás de Israel fue neciamente desafiado a luchar contra Amasías, el rey de Judá, y no sólo derrotó a este sino que además entró en Jerusalén y saqueó el templo (2 Rey. 14:12-14). El rey Acaz saqueó su propio templo al tomar algunos objetos de bronce del atrio para pagar tributo a Asiria durante la guerra siroefrainita del 735 a.C. (2 Rey. 16:8,9,17). El buen rey Ezequías recaudó un gran tributo para Senaquerib, rey de Asiria, durante la invasión del 701 a.C. Para cumplir con la obligación incluso tomó parte del oro que recubría las puertas del templo (2 Rey. 18:13-16). Durante el largo y desastroso reinado de Manasés se colocaron en el templo ídolos abominables y objetos de culto pagano, elementos que el rey Josías tuvo que quitar durante su reforma (2 Rey. 23:4-6,11,12). Tanto Ezequías como Josías durante sus reformas pudieron centralizar la adoración en el templo de Jerusalén e incluso recuperaron adoradores del norte para que regresaran al santuario de la ciudad santa, pero el sucesor de Josías, Joacim, revirtió las reformas y llenó el templo de abominaciones paganas (Ezeq. 8). A pesar de las advertencias de Jeremías y Ezequiel, el pueblo no quiso arrepentirse de los errores políticos y religiosos, y el templo y la ciudad fueron saqueados por Nabucodonosor en el 597 a.C. para ser luego quemadas por el general Nebuzaradán en el 587/586 a.C.

Para ambos grupos de Judá, los que estaban en Babilonia y los que quedaron en Jerusalén, la pérdida del templo y de la ciudad fue un golpe doloroso (Sal. 137; Lam. 1–5). Sin embargo, Jeremías y Ezequiel en sus profecías habían hablado de un regreso y una reconstrucción del santuario.

El templo de Zorobabel El decreto de Ciro en el 538 a.C. permitió que los judíos volvieran del exilio en Babilonia con los utensilios que habían sido saqueados del templo. Les encargó la reconstrucción del santuario de Jerusalén con ayuda financiera persa y ofrendas voluntarias de los judíos que permanecieron en Babilonia (Esd. 1:1-4). El gobernador Sesbasar puso los cimientos. El proyecto fue suspendido cuando los habitantes del lugar desanimaron a los constructores (Esd. 1:8,11; 4:1-5). Durante el segundo año del reinado de Darío, en el 520 a.C., Zorobabel y Jesúa, nuevo gobernador y sumo sacerdote respectivamente, reanudaron los trabajos en respuesta a las exhortaciones de los profetas Hageo y Zacarías (Esd. 5:1,2).

Cuando algunos oficiales persas locales intentaron detener la reconstrucción, Darío encontró un registro del decreto de Ciro que incluía las dimensiones generales (Esd. 6:1-6). Aparentemente, el tamaño era aprox. igual al templo de Salomón. La visión del templo de Ezequiel influyó de modo considerable en la construcción del nuevo santuario (Ezeq. 40–42). Por lo tanto, es posible que el templo de Zorobabel se haya montado sobre una plataforma y que midiera alrededor de 30 m por 30 m (100 pies por 100 pies) y tuviera dimensiones interiores prácticamente iguales al de Salomón. Es probable que no tuviera una decoración tan ampulosa (Esd. 3:12, 13; Hag. 2:3).

Las diferencias entre los dos santuarios tienen que ver con el mobiliario y los atrios o puertas. Como Jeremías había predicho, el arca del pacto nunca fue reemplazada (Jer. 3:16). Josefo afirmó que el lugar santísimo estaba vacío y se separaba del lugar santo mediante un velo en lugar de una puerta. Había solamente un candelabro de siete brazos, como en el tabernáculo. Es probable que este corresponda al que Tito plasmó en su arco de triunfo en Roma por ser el candelabro extraído del templo de Herodes cuando fue saqueado. La importancia del nuevo templo residía en que simbolizaba la santidad del Señor y constituía el centro de la vida religiosa de la nueva comunidad. Se completó en el 515 a.C. y fue dedicado con gran alegría (Esd. 6:14-16). Los sacerdotes habían reemplazado a los reyes en el

El Domo de la Roca musulmán en el Monte del Templo en Jerusalén, con el Muro de los Lamentos en primer plano.

ejercicio de la autoridad de la comunidad post-exílica.

Esto cambió con la revolución macabea, y Judas Macabeo volvió a dedicar el templo en el 164 a.C. después de que Antíoco lo hubiera profanado en diciembre del 167 a.C. Este gozoso evento aún se recuerda mediante la celebración judía de Janucá. Los sucesores de Judas se constituyeron sumo sacerdotes y el templo pasó a ser una institución más bien política. Pompeyo capturó el templo en el 63 a.C. pero no lo saqueó. Ver *Intertestamentaria, Historia y literatura.*

Templo de Herodes Herodes el Grande llegó al poder en el 37 a.C. y decidió complacer a sus súbditos judíos y hacer alarde de su realeza ante los romanos. Con este propósito mejoró y amplió el templo de Jerusalén como nunca antes. La contribución más notable fue la magnífica mampostería de la plataforma del templo que fue ampliada considerablemente. Las descripciones de Josefo y de la Mishná cobraron vida gracias a descubrimientos arqueológicos recientes.

Herodes rodeó todo el recinto con magníficos pórticos, particularmente el estilóbato real a lo largo del muro sur. A través de las Puertas de Hulda, cuyos arcos dobles y triples aún pueden verse, los adoradores subían por pasillos cerrados hasta el patio de los gentiles. Se han hallado inscripciones griegas que separan este patio del de las mujeres y los atrios internos más sagrados de Israel (hombres) y los sacerdotes. Los escalones del sur del templo, donde quizás Jesús haya enseñado en varias ocasiones, han sido excavados y reconstruidos. Una inscripción que dice “al lugar de las trompetas” se halló en el extremo sur donde había una gran escalera hacia el templo desde la calle principal que quedaba más abajo. Quizás este era el “pináculo del templo” desde donde Satanás tentó a Jesús para que se arrojara desde allí.

El templo de Jerusalén es el centro de muchos acontecimientos del NT. El nacimiento de Juan el Bautista fue anunciado allí (Luc.1:11-20). José y María presentaron en ese lugar la ofrenda en la circuncisión del niño Jesús. Simeón y Ana saludaron a Jesús allí (Luc. 2:22-38). Jesús fue al templo a los doce años (Luc. 2:42-51) y luego enseñó allí durante Su ministerio (Juan 7:14). La limpieza que hizo del templo fue determinante para que se acelerara Su muerte. Jesús sabía que no era necesario un templo terrenal para adorar a Dios (Juan 4:21-24). Predijo la destrucción del templo a manos de los romanos, y la advertencia que les hizo a Sus seguidores para que huyeran cuando esto sucediera, les salvó la vida a muchos cristianos (Mar. 13:2,14-23). Los primeros creyentes continuaron adorando en ese lugar y Pablo también fue arrestado allí (Hech. 3; 21:27-33).

Después de la revolución judía en el 66 d.C., Vespasiano y luego su hijo Tito frenaron toda resistencia. El templo fue destruido en el 70 d.C. La predicación de Esteban intentaba hacer que los cristianos pensaran que no había necesidad de un templo (Hech. 7:46-50), y Pablo consideró a la iglesia y a los creyentes como el nuevo templo (1 Cor. 3:16,17; 6:19,20). Para Juan, el ideal que representaba el templo se verá concretado finalmente en una "nueva Jerusalén" (Apoc. 21:2). Ver *Arca del pacto; Herodes; Lugar santísimo; Moriah; Silo; Salomón; Tabernáculo, tienda de reunión; Zorobabel.* *M. Pierce Matheney*

TEMPLOS PAGANOS Ver *Canaán; Dioses paganos; Egipto; Fertilidad, Cultos a la; Lugar alto; Misterio, Religiones de.*

TENTACIÓN En términos generales, es la incentivación para hacer algo malo. Satanás es el tentador (Mat. 4:1-11; 1 Tes. 3:5). Tras comenzar con Eva, Satanás tentó con éxito a Adán, Caín, Abraham y David para que pecaran. No lo logró tanto con Job, y Jesús fue "tentado en todo según nuestra semejanza, pero sin pecado" (Heb. 4:15). Santiago explica que Dios no puede ser tentado por el mal y que Él no tienta a nadie (Sant. 1:13). La tentación puede tener como fin la destrucción de una persona mediante el pecado, que lo conduce a la muerte y el infierno. Este es el propósito de Satanás. Como en el caso de Job, Dios puede permitir la prueba para que

Ruinas del templo romano de Apolo en Hierápolis, Turquía.

adquiramos fe y paciencia, algo que finalmente será para honra divina. Santiago explica además que los que soportan la tentación serán bendecidos (Sant. 1:12).

Santiago describe el mecanismo de la tentación. "Cada uno es tentado cuando sus propios malos deseos lo arrastran y seducen" (Sant. 1:14 NVI). El origen de la tentación se atribuye a la naturaleza humana caída (Rom. 6:6; Ef. 4:22; Col. 3:9 y 2 Cor. 5:17). Por otro lado, Dios no desea que Sus hijos sean atrapados por el mal sino que venzan el mal con el bien (Rom. 12:21).

El templo de Apolo en Dídima, cerca de la antigua Mileto (actual Turquía).

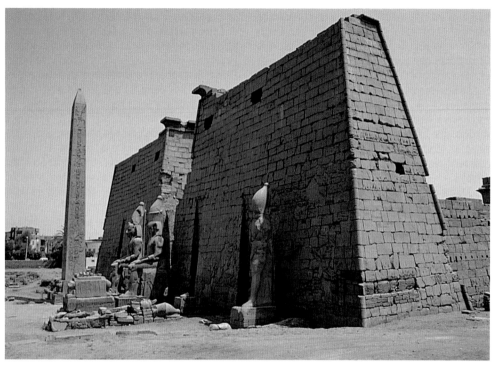

La grandiosa entrada al complejo del templo de Luxor, en la antigua Tebas, fue construida por el faraón egipcio Ramsés II.

A continuación Santiago utiliza la metáfora de una mujer que da a luz para describir un cuadro terrible. Una vez que una persona ha sido atraída por su propio deseo, el deseo concibe y da a luz el pecado. La tentación no es pecado; ceder a la tentación sí lo es. Jesús dijo que albergar la idea de cometer adulterio es lo mismo que haberlo concretado (Mat. 5:28).

Cuando el ciclo se ha completado, el pecado a su vez acarrea la muerte. Para los incrédulos, la muerte espiritual significa estar separado de Dios para siempre en el lago de fuego (Apoc. 20:10,15). Para el creyente, "el pecado que lleva a la muerte" puede significar que se lo disciplina mediante una muerte anticipada (Hech. 5:1-5; 1 Juan 5:16; Gál. 6:8).

El Partenón, templo dedicado a Palas Atenea, domina la Acrópolis en Atenas, Grecia.

Pablo explica que "ustedes no han sufrido ninguna tentación que no sea común al género humano. Pero Dios es fiel, y no permitirá que ustedes sean tentados más allá de lo que puedan aguantar. Más bien, cuando llegue la tentación, él les dará también una salida a fin de que puedan resistir" (1 Cor. 10:13 NVI). Dios desea que soportemos la tentación y lo glorifiquemos en nuestro cuerpo, que ha sido comprado con la sangre de Cristo (1 Cor. 6:20). Ver *Diablo, Satanás, demonio, demoníaco; Tentación de Jesús.* *David Lanier*

TENTACIÓN DE JESÚS Después de haber sido bautizado por Juan, Jesús fue tentado por el demonio en el desierto. Estos son los dos únicos eventos que todos los Evangelios Sinópticos mencionan entre la infancia de Jesús y el comienzo de Su ministerio. Si bien no se aclara el motivo de las tentaciones, todos los sinópticos asocian estrechamente las tentaciones de Jesús con Su bautismo. Las referencias a Su filiación,

"Tú eres mi Hijo amado; estoy muy complacido contigo" (Mar. 1:11, NVI; Mat. 3:17; Luc. 3:22) y "Si eres el Hijo de Dios" (Mat. 4:3,6; Luc. 4:3, 9) sugieren que parte del objetivo de la prueba era determinar qué tipo de Mesías sería Jesús.

La brevedad del relato de Marcos es sorprendente (1:13,14). Informa solamente que el Espíritu llevó a Jesús al desierto, donde permaneció 40 días, que había animales salvajes y que los ángeles lo servían. La característica distintiva de este relato es la alusión a la presencia de animales salvajes.

Mateo y Lucas describen con más detalle los tres encuentros entre Jesús y Satanás. La diferencia principal entre los relatos es el orden inverso de las dos últimas tentaciones. Mateo relata las primeras dos tentaciones utilizando un conector que puede tener implicancias cronológicas. El interés de Lucas en Jerusalén y el templo (1:9; 2:22,25,37,41-50) indica que seguramente utilizó la tercera tentación como clímax del relato de las tentaciones.

Los 40 días en el desierto recuerdan los ayunos de Moisés (Ex. 34:28; Deut. 9:9) y Elías (1 Rey. 9:8) y los años que pasaron los israelitas en el desierto (Núm. 14:33; 32:13). No obstante, el único paralelo que se desarrolla es la travesía de Israel por esa región. Así como Dios guió a Israel en el desierto, el Espíritu lo hizo con Jesús. Dios puso a prueba a Israel en el desierto y ellos pecaron. Dios permitió que Jesús fuera tentado por el demonio y Jesús resistió la tentación.

Este monasterio cristiano en el Monte de la Tentación, marca el sitio tradicional donde ocurrió la tentación de Jesús.

La primera tentación (Mat. 4:3,4) procuraba que Jesús dudara del cuidado providencial de Dios. Si Jesús hubiera convertido las piedras en pan, habría actuado de manera independiente de Su Padre celestial. El objetivo de Satanás no era que Jesús dudara de Su filiación, que fue anunciada desde el cielo durante Su bautismo (Mat. 3:17). Más bien, el diablo argumentó que como Jesús era el Hijo de Dios, debería utilizar Sus poderes para satisfacer Sus necesidades. La respuesta de Jesús (Deut. 8:3) enseña que el alimento espiritual es más importante que el físico.

En la segunda tentación (Mat. 4:5-7) Satanás aplica incorrectamente las Escrituras (Sal. 91:11-12) para que Jesús se arroje desde el punto más alto del templo para poner a prueba la promesa de Dios de protegerlo de daños físicos. La cita que Jesús hace de Deut. 6:16 alude a la rebelión de Israel en Masah (Ex. 17:1-7). Jesús se negó a poner a prueba la fidelidad y protección de Dios. Confiaba en el Padre y no necesitaba pruebas.

La tercera tentación era una oportunidad de que Jesús obtuviera un reino y evitara la cruz. Satanás presentó primero el "cebo" ("le mostró todos los reinos del mundo y su esplendor") y luego la condición ("Todo esto te daré, si te postras y me adoras"). La respuesta de Jesús al demonio (Deut. 6:13) enfatiza la relación estrecha que existe entre la adoración y el servicio. Mientras que Israel tendía a ir detrás de dioses falsos (Deut. 6:10-15), Jesús mantuvo una total lealtad a Dios. Los ángeles sirvieron a Jesús después de las tentaciones.

La ubicación que hace Lucas de la genealogía (Luc. 3:23-28) entre el bautismo de Jesús (3:21,22) y la tentación (4:1-13) puede sugerir que Jesús, "mi Hijo amado" (3:22), comenzaba a revertir lo que Adán, "hijo de Dios" (3:38), había hecho en la caída. Mientras que el primer Adán había caído en el idílico entorno del Edén, el segundo soportó al enemigo en la soledad del desierto. Otra característica única del relato de Lucas es el rol del Espíritu. Comenta (4:1) que el Espíritu guió a Jesús al desierto. Después de la tentación, Jesús "volvió en el poder del Espíritu a Galilea" (4:14). Lucas es el evangelista que advierte que la partida de Satanás no era el fin del conflicto (4:13), pero la intensidad del suceso no se repitió hasta el Getsemaní (22:40, 46,53) y el Gólgota (23:35,36,39).

A medida que uno contempla la tentación de Jesús en el desierto, se destacan varios puntos significativos. Su encuentro con el diablo en el desierto es una fuente de aliento y enseñanza para los creyentes en la batalla contra la tentación (Heb. 2:18; 4:15). Su compromiso con la voluntad del Padre, el uso de las Escrituras y la determinación a resistir a Satanás (Sant. 4:7) son ejemplos útiles en la lucha contra la tentación. Ver *Diablo, Satanás, demonio, demoníaco; Jesús, Vida y ministerio.* *Bill Cook*

TEOCRACIA Forma de gobierno en que Dios gobierna de manera directa. Como Rey soberano, Dios puede gobernar directamente sin mediación alguna, u optar por diversos mediadores para manifestar Su divina potestad. Sea como fuere, Dios es el Gobernante Soberano. La teocracia se revela progresivamente en las Escrituras. Se podría afirmar que las primeras formas de gobierno divino fueron los encuentros directos de Dios con Adán en el huerto de Edén. Sin embargo, Dios recién reveló Su plan de establecer una teocracia nacional sobre la tierra cuando llamó a Abram en Ur de los caldeos (Gén. 12).

La ley mosaica otorgada por Dios a los israelitas le dio al pueblo hebreo una estructura teocrática única. Las leyes civiles y morales proporcionaron la guía necesaria para administrar el estado y las relaciones interpersonales dentro de la teocracia. Estas leyes establecerían estructuras sociales básicas del estado teocrático: toma de decisiones judiciales, procesos de adjudicación, pautas maritales, responsabilidades de los padres, respeto por la vida humana, derechos de propiedad, etc. La ley ceremonial trataba cuestiones sobre ceremonias y prácticas religiosas.

El próximo paso en el desarrollo del estado teocrático fue la toma de la tierra prometida (conquista) y el período de los jueces (conflicto). Bajo el efectivo liderazgo de Josué, los israelitas pudieron ingresar en Canaán y conquistarla conforme a las promesas divinas. Mediante este acto, el pueblo de Dios recibió una tierra donde podría establecer un estado teocrático.

El pueblo pronto pidió un rey. Sin embargo, un rey humano no suponía necesariamente un conflicto con la teocracia. El rey, escogido por Dios, no sería un dictador despótico ni egoísta sino un hombre que caminaría a la luz del Señor y buscaría Su guía en todos los aspectos de la vida. De este modo, el gobierno del monarca humano glorificaría a Dios y manifestaría el ideal teocrático.

La práctica de dicho ideal teocrático disminuyó entre los israelitas después de la división del reino y durante el período exílico y postexílico. Sin embargo, en el NT se retoma un aspecto de este ideal teocrático. Cristo, como Mesías y Rey davídico, es la persona en quien reside el reino de Dios. Con Su predicación y ministerio en la tierra, Jesús dio testimonio de que "el reino de Dios se ha acercado". Además, después de Su resurrección les declaró a Sus seguidores: "Se me ha dado toda autoridad en el cielo y en la tierra. Por tanto, vayan y hagan discípulos de todas las naciones" (Mat. 28:18-20 NVI). Con esta declaración, el nuevo Rey comisionó a Sus seguidores para que fueran y proclamaran la existencia de Su reino. A medida que los cristianos presentaban y difundían individual y colectivamente el señorío de Cristo, en cierto sentido experimentaban y expresaban el ideal teocrático del gobierno directo de Dios. Por lo tanto, la iglesia del NT debía esforzarse por concretar y hacer realidad la potestad directa del Rey soberano en todas las áreas. *Stan Norman*

TEOFANÍA Aparición física o manifestación personal de un dios a una persona.

Necesidad de una teofanía El postulado básico aquí es que ver a Dios puede ser mortal. "Pero debo aclararte que no podrás ver mi rostro, porque nadie puede verme y seguir con vida" (Ex. 33:20 NVI; comp. Gén. 16:13; Ex. 3:2-6; 19:20,21; Jue. 6:22,23; 13:20-22). No obstante, los registros son precisos al decir que hubo personas que sí vieron a Dios, como Moisés y otros en Sinaí (Ex. 24:9,10); cuando el Señor reprende a Aarón y María (Núm. 12:4-8), y en la majestuosa visión de Isaías (Isa. 6:1,5). Por lo general, Dios no se revela a la vista común sino que decide hacerlo mediante teofanías.

Tipos de teofanías Existen cinco formas de teofanías.

Con forma humana Sin duda la teofanía descrita en Ex. 24:10 consistió en una aparición con aspecto de ser humano, ya que el texto dice claramente que un embaldosado de zafiro apareció "debajo de sus pies". En Peniel, Jacob dio testimonio de que había visto a Dios cara a cara (Gén. 32:30). En el Monte Horeb Moisés tuvo la experiencia de hablar con Dios "cara a cara, como quien habla con un amigo" (Ex. 33:11 NVI). En el mismo pasaje, cuando le rogó a Dios que le demostrara Su gloria (33:18), el Señor en Su gracia le otorgó una visión de Él y le dijo: "después apartaré mi mano, y verás mis espaldas; mas no se verá mi rostro" (33:23). Si se argumenta que el tema está rodeado de misterio, es necesario recordar que una teología sin misterio carece de sentido. Dios en Su sabiduría no se limita a un solo método de revelación personal. Observar el pronunciamiento divino en Núm. 12:6-8, bastante diferente al de Deut. 4:12-15, donde sólo se escucha una voz.

En una visión Incluso a Balaam, que sólo buscaba su propio interés, se le permitió ver al Señor en una visión (Núm. 24:3,4). Isaías, Ezequiel y Daniel, gigantes entre los profetas, vieron a Dios en visiones (Isa. 6:1; Ezeq. 1; Dan. 7:9). A Jacob, enviado por Isaac a Padán-aram, se le concedió un sueño en el que vio al Señor (Gén. 28:12,13).

Mediante el "ángel del Señor" Esta es la forma más usual de teofanía, llamada "ángel del Señor", "ángel de Jehová" o "ángel de Dios". Hay que señalar que no es un "ángel de Dios" que podría referirse a cualquiera de las huestes celestiales creadas por Dios. Al "ángel del Señor" se lo identifica en los relatos con el mismo Yahvéh. Sólo ocasionalmente aparece en forma humana. El encuentro del ángel del Señor con Agar es importante en este sentido (Gén. 16:7-13). Ver *Ángeles.*

En forma no humana En algunos casos la teofanía se presentó como zarza ardiente (Ex.3:2–4:17) y guía a través del desierto (13:21; comp. Hech. 7:30). La gloria del Señor aparece ante el pueblo en numerosos pasajes. La presencia de Dios está en una nube (Ex. 16:10; 33:9,10; Ezeq. 10:4). Dios también se manifestó en la naturaleza y en la historia (Isa. 6:3; Ezeq. 1:28; 43:2). Ver *Gloria.*

Como el nombre del Señor El nombre sagrado del Señor representaba Su misma presencia (Deut.12:5; Isa. 30:27; 59:19).

Diferencia con la encarnación La encarnación no fue ni es una teofanía. El fenómeno de las teofanías fue temporal, se produjo sólo para ocasiones que así lo requerían y luego desapareció. Por el contrario, en la encarnación de Cristo se unieron Su deidad y humanidad, no en forma temporaria sino para toda la eternidad. Ver *Encarnación; Jesucristo.*

El factor tiempo El pueblo de Dios necesitó una teofanía sólo en la dispensación del AT; desde la encarnación ya no existe tal necesidad. La doctrina del NT es final y completa. Dios está siempre presente en el Cristo resucitado y el Espíritu Santo. Aun así, el pueblo de Dios a veces es más consciente de esa presencia que en otras ocasiones. *Charles Lee Feinberg*

TEÓFILO Nombre de persona que significa "amigo de Dios"; la persona a quien se dirigieron los libros de Lucas y Hechos (Luc. 1:3; Hech. 1:1). Sin embargo, se desconoce su identidad exacta. Las especulaciones han variado desde una interpretación genérica de "amigo de Dios", donde se incluye a todos los creyentes, hasta la idea de un benefactor determinado, quizás una persona de alto nivel social o político. Si esto último fuera correcto, el nombre podría ser un seudónimo para proteger de la persecución a dicha persona. Una hipótesis sostiene que Teófilo no era salvo y que Lucas le escribió a fin de persuadirlo a creer en Cristo.

TEOLOGÍA BÍBLICA Análisis de lo que la Biblia enseña sobre Dios y Su relación con los seres humanos y el resto de la creación. La teología bíblica ha existido desde que se escribió la Biblia. Por ejemplo, en Deut. 1–11 Moisés describe e interpreta las intervenciones de Dios en el pasado a favor de Israel según se registran en los libros de Éxodo y Números, incluso cuando él da a conocer más revelaciones divinas. Samuel interpreta el pasado de Israel en forma teológica en 1 Sam. 8–12, Esteban hace lo mismo en Hechos 7 y se podría continuar con la lista de ejemplos.

Aunque la teología bíblica nació en tiempos bíblicos, sus orígenes académicos y formales modernos generalmente se remontan a 1787, cuando J. P. Gabler reivindicó la necesidad de contar con una teología bíblica que estuviera en contraposición con la teología sistemática, a fin de que la doctrina de la iglesia no predeterminara el significado de los textos bíblicos. Esta declaración hizo que de allí en más la definición de teología bíblica se basara en sus diferencias con la teología sistemática, la teología histórica y la teología pastoral. El método para definir la teología bíblica normalmente sigue pautas similares. Mientras que la teología sistemática utiliza categorías extraídas de la filosofía y de la Biblia, la teología bíblica aplica sólo las Escrituras. La teología histórica rastrea el proceso de desarrollo doctrinal, mientras que la bíblica describe los elementos concretos de esas doctrinas. La teología pastoral aplica los contenidos de la Biblia, en tanto que la bíblica los describe, y así sucesivamente.

No obstante, estas distinciones no siempre resultan útiles ya que la teología bíblica debe organizar sus hallazgos. Los cristianos han lidiado con la teología de la Biblia durante gran parte de la historia de la iglesia, y la investigación teológica debe colaborar con el ministerio de la iglesia. Además, la teología bíblica tiene el potencial de ayudar a la teología sistemática al proporcionar datos bíblicos exactos. También puede asistir a la teología pastoral al proporcionar datos teológicos y pastorales doctrinalmente sanos. Cuando se aplica de manera adecuada, la teología bíblica actúa en conjunto con otras disciplinas teológicas, y no en oposición directa a ellas.

Principios básicos Dado que su tema principal es la Biblia, la llamada teología bíblica declara principios fundamentales. En primer lugar, Sal. 19:7-11 declara que la ley del AT es "perfecta", su testimonio "fiel", sus preceptos "rectos, que alegran el corazón" y sus juicios "verdad, todos justos". Pablo resume su opinión sobre las Escrituras diciendo que "es inspirada por Dios, y útil para enseñar, para redargüir, para corregir, para instruir en justicia" (2 Tim. 3:16). Por lo tanto, la Biblia declara que toda la Biblia es palabra inspirada de Dios, palabras escritas para preservación permanente y que, por esta razón, resultan válidas y útiles a fin de que todas las generaciones subsiguientes vivan piadosamente. En segundo lugar, la Biblia refleja el carácter de aquel cuya palabra transmite. Deuteronomio 6:4-9 declara que "Jehová nuestro Dios, Jehová uno es", es decir, una persona íntegra y plena. Por lo tanto, Su palabra y Su mensaje también son una sola cosa. Como dijo Jesús, "la Escritura no puede ser quebrantada" (Juan 10:35). Además, dado que Dios nunca miente (Heb. 6:18), esta palabra unificada es verdadera. En tercer lugar, la Biblia se revela siguiendo un orden particular que se refleja en Luc. 24:44 cuando Jesús les enseñó a dos de Sus discípulos las cosas escritas sobre Él en la Ley, los Profetas y los Salmos. Este orden sigue el proceso comúnmente aceptado por el judaísmo de Palestina del primer siglo que se refleja en el AT (Jos. 1:1-9; Sal. 1). El NT también presenta tres segmentos claramente definidos: los Evangelios y Hechos, las Epístolas Paulinas, y las Epístolas Generales y Apocalipsis. Por lo tanto, la teología bíblica tiene un orden claro de desarrollo que se pone de manifiesto en el texto de las Escrituras. En cuarto lugar, Dios actúa en la historia para redimir a los seres humanos, de modo que la historia humana tiene relevancia. Esto se demuestra en pasajes como Sal. 78; 89 y 104–106, que analizan las acciones de Dios en el pasado. En muchos libros bíblicos también se evidencia que destacan la historia de Israel y de la iglesia. En quinto lugar, la vida, muerte, resurrección y segunda venida de Jesucristo constituyen el núcleo temático de la Biblia. La obra de la salvación provista por Dios a lo largo de la historia culmina en dichos sucesos. En sexto lugar, el pueblo de Dios es redimido por Él y existe para glorificarlo en el mundo siendo un pueblo santo (Ex.19:5,6; 1 Ped. 2:5-9). En séptimo lugar, dentro de la unidad de la Biblia existe una evidente diversidad, pero esta opera en forma complementaria y no contradictoria.

Metodología Aun si se aceptan estos principios básicos, la Biblia no establece exactamente cómo transmitir lo que dice sobre Dios y sobre Su relación con la raza humana. Por lo tanto, los eruditos han enfocado la teología bíblica de diferentes maneras. Algunos han buscado un tema central que reúna el mensaje de la Biblia, como por ejemplo, la historia de la creación, del pacto, del reino, de la salvación (o redención), la promesa mesiánica, el evangelio, la nueva creación, la presencia de Dios o alguna otra idea bíblica importante. Luego utilizan ese tema para integrar ideas relacionadas. Otros ordenan el estudio examinando los principales períodos históricos de la Biblia y los temas relacionados. Incluso hay otros que concentraron la atención en la predicación neotestamentaria del evangelio y en cómo agrupa dicho mensaje los temas principales de la Biblia. Cada uno de estos métodos es válido a su manera y contribuye a comprender la teología bíblica.

La descripción de la teología bíblica que se brinda a continuación se basa en el orden de la Biblia, los temas principales y las etapas históricas. Destaca además el carácter de Dios. Este enfoque un tanto ecléctico trata de utilizar los mejores componentes de métodos que demostraron su eficacia en las últimas décadas.

Teología bíblica: la Ley (Génesis–Deuteronomio) Génesis comienza con la declaración de que el Creador de los cielos y la tierra fue Dios, y no los dioses. Esta afirmación establece un único Dios como hacedor de todas las cosas y así separa la Biblia de otros relatos antiguos de la creación, todos basados en teología politeísta. Este único

Dios soberano gobierna todo y dirige a los seres humanos, que están hechos a Su semejanza para gobernar la tierra como Sus representantes (Gén. 1:26-31). Dios coloca al hombre y la mujer en un huerto, los une en una relación de compromiso mutuo, establece una relación con ambos y les ordena no comer de determinado árbol (Gén. 2:4-25). Desafortunadamente, la mujer y el hombre creyeron lo que les dijo la serpiente en lugar de creer la palabra de Dios. Debido a que no tuvieron fe en el Creador y Su palabra, pecaron al comer el fruto prohibido (3:1-6). El pecado condujo a un sentimiento de vergüenza y provocó la pérdida de la relación perfecta entre Adán y Eva, y de ellos con Dios (3:7-13). También fue causa de otras consecuencias específicas como dolor de la mujer en el parto y en la relación con el marido, y el sufrimiento del hombre en el trabajo (3:14-19). Aun así, no todo está perdido ya que Dios reveló que un niño que nacería en el futuro derrotaría a la serpiente. Prometió además proteger al hombre y a la mujer para que no sufrieran daño (3:15,20-24). El resto de la Biblia amplía de muchas maneras estos temas básicos. El Creador interviene para redimir a una humanidad pecaminosa que lucha con su falta de confianza en Él. Sólo mediante la obra redentora de Dios los seres humanos pueden recuperar la relación perdida con Él y entre sí.

A medida que el pecado se esparcía sobre la tierra al ser transmitido por las primeras personas a sus hijos y a cada generación subsiguiente, el Creador decidió destruir la creación por medio del agua y perdonar únicamente la vida de Noé y su familia (4:1–8:19). Por lo tanto, el Creador y Libertador es también el Juez de la creación. No obstante, este Juez también está decidido a redimir. Por lo tanto, celebra un pacto con Noé y la raza humana donde promete no volver a destruir la tierra mediante agua. Este pacto es un contrato vinculante entre una parte más poderosa y otra de menor valía donde se incluyen responsabilidades, beneficios y consecuencias. Es importante en sí mismo, pero más lo es la primera celebración explícita de dicho acuerdo entre Dios y el pueblo.

Dios celebró otro pacto fundamental en Gén. 12:1-9, cuando le prometió a Abram que de su descendencia surgiría una gran nación, que dicha nación recibiría la tierra de Canaán como posesión y que el mundo sería bendecido a través de él. El Creador decidió ayudar a toda la humanidad pecaminosa a través de esta familia que se convertiría en el pueblo judío. Abraham fue considerado justo por su fe (15:6) y vivió de manera recta aunque imperfecta gracias a esta relación con Dios.

Después de varios siglos, la familia creció hasta formar una nación de refugiados esclavizados en Egipto (Ex. 1–4). Dios decidió liberarlos de la esclavitud mediante milagros increíbles realizados por medio de Moisés. Este "éxodo" (Ex. 5–18) demostró el poder de Dios sobre la creación, el testimonio divino ante Egipto, la lealtad divina a las promesas hechas a Abraham y el deseo de liberar a Su pueblo elegido. Un grupo racial mixto (Ex. 12:38), el pueblo escogido, se trasladó hasta el Monte Sinaí, donde Dios reveló otro pacto a través de Moisés. El propósito de este pacto era hacer de Israel un "reino de sacerdotes y una nación santa" (19:5-6).

Es evidente que este pacto se basaba en una relación que ya existía; no creaba un nuevo trato entre Dios e Israel. Sólo la fe puede crear una relación con Dios (Gén. 15:6). Este pacto procuró reflejar la relación entre Dios e Israel para que un reino de sacerdotes velara por el mundo creado por Él y bendijera a todas las naciones en Abraham (Gén. 12:1-9). Todas las leyes del pacto mosaico procuraban convertir a Israel en una nación singular entre las demás naciones a fin de glorificar a Dios en Su creación divina. Lamentablemente, la nación que acababa de ser liberada no fue fiel ni siquiera al principio (Ex. 32–34), de modo que la gracia y la misericordia de Dios (Ex. 34:6-7) lo obligaron a aplicar Su juicio a fin de lograr redención.

Este pacto expresaba normas exigentes pero comprendía que las personas pecan. Por lo tanto, incluía el perdón de pecados mediante oración y sacrificios (Lev. 1–7; 16). Dichos sacrificios eran de carácter anual, estacional o diario, y no tenían efecto permanente. Aun así, eran eficaces (4:26, 31; 16:21,22). Dios incluyó en este pacto leyes que regularan una sociedad justa, equitativa, bondadosa y protectora (Lev.11–15; 17–27).

A pesar de todo lo que Dios hizo por Israel, la nación no creyó en Él lo suficiente como para entrar en la tierra prometida cuando se le ordenó hacerlo (Núm. 14:11,12). La incredulidad seguía siendo la causa principal del pecado. En consecuencia, Dios juzgó a esa generación incipiente y les entregó la tierra a sus hijos (Núm. 15–36). Dios renovó y amplió el pacto con esta nueva generación al establecer normas para las personas, los reyes y los profetas (Deut. 1–12; 17:14-20;

18:15-22). Como punto culminante del pacto, Dios le ofreció al pueblo la posibilidad de elegir entre recibir beneficios o castigos, vida o muerte (Deut. 27–28). El castigo supremo era la pérdida de la tierra prometida. Si Dios enviaba este castigo, el pueblo podría renovar el pacto tras arrepentirse de su pecado y regresar al Señor (Deut. 30:1-10). La gracia continuó caracterizando la labor de Dios y el amor motivó las acciones divinas para con Israel y la respuesta de la nación hacia Él (Deut. 6–7).

Teología bíblica: los Profetas La Biblia hebrea divide los Profetas en Anteriores (Josué a Reyes) y Posteriores (Isaías a Malaquías). Josué relata cuando Dios les entregó la tierra prometida a los descendientes de Abraham tal como había prometido seis siglos antes, mientras que Jueces demuestra hasta dónde fue capaz Israel de desviarse de los principios del pacto, y a qué extremos llegó Dios para recuperar a Su pueblo. En 1 y 2 Samuel se enfatiza el surgimiento de la monarquía israelita. Se centra particularmente en la lenta llegada de David al poder, y sus éxitos y fracasos posteriores. Luego la Biblia comienza un largo proceso donde declara cómo se manifiesta el reino de Dios sobre la tierra o si es que se manifiesta.

Aun más importante, 2 Sam. 7:1-17 relata el pacto de Dios con David, a quien le prometió que lo sucedería un hijo (Salomón), que este hijo sería el encargado de construir el templo, y que el reino davídico sería eterno. Esta promesa final dio lugar a futuros pasajes proféticos sobre la venida de un salvador, un mesías o ungido de Dios. La simiente mencionada en Gén. 3:15 llegaría a través del linaje de Abraham y David a fin de bendecir a todas las naciones y proporcionarle a este último un reino eterno. La promesa a David se tornó difícil de comprender cuando la nación se dividió en el 930 a.C. y sus componentes fueron destruidos en el 722 y 587 a.C. respectivamente.

Isaías 1–12 enfatiza la violación sistemática de los pactos por parte de Israel y la doble respuesta de Dios a ese pecado. Dios enviará al heredero de David para ser el salvador y líder justo de Israel y castigará todos los pecados en el día del juicio, que aquí y en otros pasajes de la Biblia también se denomina "el día del Señor" o día de Yahvéh. Isaías 40–55 describe a un siervo del Señor que predica a Israel y las naciones (42:1-9; 49:1-7). Este siervo morirá por el pecado del pueblo, justificará a muchos y repartirá los despojos aun después de Su muerte (52:13–53:12). Así reaccionará Dios ante los pecados de Israel y de las naciones. Al final de los tiempos, el Señor derrotará la muerte (25:6-12), creará cielos nuevos y tierra nueva y una nueva Jerusalén (65:17-25), y juzgará a los impíos (66:18-24).

Jeremías y Ezequiel coinciden con la descripción que hace Isaías del Mesías, de Israel y del pecado de la nación. También destacan las acciones futuras de Dios. Jeremías predice un "nuevo pacto" donde todos los que participaran en él conocerán al Señor y tendrán Su ley escrita directamente en el corazón. El problema con el antiguo pacto fue que el pueblo lo quebrantó y no que Dios de alguna manera les hubiera fallado (31:33,34). En el nuevo pacto, la otra parte finalmente sería fiel a Dios. Ezequiel declara que Dios cambiará el corazón de Israel al colocar Su espíritu en el pueblo (36:22-32). No habrá personas infieles al pacto. Ezequiel prevé una nueva Jerusalén donde el Señor viva con Su pueblo sin que exista el pecado (40–48).

Aunque también coinciden en el concepto del mesías y de un futuro glorioso, los Profetas Menores enfatizan amenaza de juicio, necesidad de arrepentimiento y numerosas maneras en que el juicio reivindicará a los justos y castigará a los impíos. El Día del Señor es un tema constante, aunque después de la destrucción de Israel los libros destacan la renovación de Jerusalén y la venida del salvador. Estos libros terminan con Malaquías, quien promete la llegada de un nuevo Elías que preparará al pueblo para el Día del Señor.

Teología bíblica: los Escritos Esta sección del AT recalca la vida a la luz de la historia del pacto y la teología presentada en las dos secciones anteriores. Por ejemplo, Salmos muestra formas de adoración a Dios motivadas por la teología en distintos momentos de la historia de Israel. Job y Proverbios explican cómo vivir sabiamente en circunstancias extremas y normales, al igual que Rut, Eclesiastés, Ester y Daniel. Esdras, Nehemías y Crónicas demuestran la determinación divina de hacer que Israel regrese a su tierra antes de la llegada del Mesías. Cada libro aporta ejemplos del servicio a Dios o a lo opuesto a Dios en medio de sufrimiento, juicio o renovación.

Estos libros también contribuyen al tema de la promesa mesiánica. En particular, el libro de los Salmos declara que el heredero de David gobernará las naciones (Sal. 2; 110), vencerá a la muerte (Sal. 16) y será rechazado por muchos (Sal. 118:22). Daniel 7:13-14 describe a "uno como un hijo de hombre" a quien Dios le entrega los reinos del mundo; este hijo de hombre comparte Su reino con los santos.

Hasta que llegaron los tiempos del NT, el AT se consideraba la palabra de Dios. Los que creían y servían a Dios no dudaban de la autoridad del AT para sus vidas, incluso cuando lo malinterpretaban. Todo libro que quisiera ser aceptado como parte de las Escrituras tenía que demostrar su equivalencia con el AT, y no a la inversa.

Teología bíblica: los Evangelios y Hechos Los Evangelios y los Hechos proclaman que llegó el Mesías prometido. Este fue anunciado en el AT y es Jesús de Nazaret, un descendiente de David (Mat. 1:1-17) y de Adán (Luc. 3:23-38; Gén. 3:15). Su aparición indica que el "reino de Dios se ha acercado", lo que significa que ha llegado el Día del Señor, el día del juicio de Dios. Los que creen en Él se salvaguardan de la ira venidera (Mat. 3:1-12; Mar. 1:14,15) y los que no creen estarán sujetos a juicio (Mat. 24; Mar. 13). Él es el nuevo Moisés (Mat. 5–7), el Hijo del Hombre a quien Dios le entrega el reino (Mar. 14:62), el Siervo que muere por el pueblo (Mat. 27:57; Luc. 22:37). Él es el Creador y la Palabra de Dios (Juan 1:1-18) y, por lo tanto, es Dios. Su vida y enseñanza afirman y complementan la ley (Mat. 5:17-20), pero también dejan a un lado los sacrificios (Mat. 27:51) y las tablas de la ley (Mar. 7:19).

Su muerte es el núcleo del mensaje de la Biblia y el medio por el cual se instituye el nuevo pacto con el nuevo pueblo de Dios (Luc. 22:14-23). Su resurrección de entre los muertos demuestra que es el Señor (Juan 20:18). En resumen, en Él se cumplen las predicciones específicas de las Escrituras y las pautas más amplias sobre el Mesías o Cristo. También enseña cómo se puede hacer la voluntad de Dios y glorificarlo en la tierra. El último mandato que les dio a Sus discípulos consistió en que fueran por todo el mundo llevando el mensaje que habían aprendido (Mat. 28:16-20). De este modo, toda la tierra será bendecida a través de Abraham.

Cuando Juan el Bautista, Jesús y la iglesia primitiva predicaron y enseñaron estos temas, denominaron "evangelio" a la totalidad de este mensaje. Los detalles del evangelio se amplían o reducen según el conocimiento de la audiencia sobre las promesas y los preceptos de la Biblia (comp. Hech. 2:14-41; 7:2-53; 13:13-48; 17:22-34), pero la resurrección es un elemento infaltable en estos sermones. Para los primeros creyentes, la predicación del evangelio significaba que los grandes temas del AT estaban relacionados con la vida, las enseñanzas, la muerte, la resurrección y el servicio de Jesucristo.

El libro de los Hechos presenta ante los lectores a Pablo, el apóstol misionero que domina la próxima sección del NT. Convertido del judaísmo fariseo, Pablo se convierte en la fuerza fundamental del cristianismo primitivo, especialmente para las iglesias gentiles. Su predicación y enseñanza del evangelio bien pueden ser los escritos más influyentes de la iglesia hasta el día de hoy.

Teología bíblica: las Epístolas Paulinas El ministerio de Pablo fue lo suficientemente prolongado y variado como para hacer que sus epístolas sean difíciles de sistematizar. No obstante, para cumplir con el objetivo de este artículo, sus epístolas pueden dividirse en cartas que tratan diversos problemas específicos de la iglesia, cartas de carácter introductorio o general, y cartas relacionadas con la organización y el orden de las iglesias.

Las cartas generales e introductorias desarrollan la interpretación paulina del evangelio. En la epístola a los Romanos, Pablo enfatiza que los hombres llegan a ser justos a los ojos de Dios (justificados) tal como sucedió con Abraham: por la fe (Rom.1–4; Gén. 15:6). Por esta fe viven para glorificar a Dios (Rom. 5–8). Ese estilo de vida refleja los dones que Dios les da a los hombres y testifican de Su bondad en el mundo (Rom. 12–16). De manera similar, Pablo destaca en Efesios que Dios, el Creador, planificó la salvación de los creyentes en Cristo desde el comienzo del mundo y la selló con el Espíritu Santo (1:3-14; Ezeq. 36:22-32). Dios colocó toda la creación bajo la autoridad de Jesús (1:15-22). La salvación se produce por gracia a través de la fe, que es un don de Dios, de modo que nadie puede jactarse. Dios salvó a los creyentes para que pudieran hacer las buenas obras que Él preparó para ellos al mismo tiempo que planificó la salvación, es decir desde el principio de los tiempos (2:1-10). Los judíos y los gentiles comparten esta salvación, por lo cual el Creador es adorado y servido en todo el mundo (2:11-22). La iglesia, el pueblo de Dios, demuestra la sabiduría divina en el mundo (3:1-21) porque cuenta con los dones de Cristo (4:1-16), con una nueva vida (4:17-32) y con un nuevo orden para vivir en un mundo pecaminoso (5:1–6:24). Para Pablo, el evangelio significa que Cristo es el Creador (Col. 1:15-20; Juan 1:1-18) y que la salvación en Él convierte a las personas en testigos del reino de Dios.

Las cartas paulinas a las iglesias atribuladas también proporcionan conexiones con la teología bíblica. Por ejemplo, en Gálatas enseña que no es posible salvarse por cumplir con las "obras de ley" porque la Biblia enseña que la salvación es por la fe (Gál. 3–4; Gen. 15:6). Proclamar lo contrario refuta las enseñanza de la Ley y los Profetas. Cuando Pablo corrige a los de Corinto, señala que la Cena del Señor es una celebración del nuevo pacto (1 Cor. 11:17-34) y que la realidad de la resurrección constituye el clímax del evangelio (1 Cor. 15). Cuando corrige las concepciones erróneas de los tesalonicenses sobre el juicio final, proclama la venida de Cristo y del Día del Señor (1 Tes. 5:1-11). Pablo defiende firmemente la validez del AT para los creyentes (Rom. 7:1-12; 1 Cor. 10:1-13), incluso cuando corrige conceptos erróneos sobre lo que enseña la ley o no, y examina la fidelidad cristiana que brota de la fe en Cristo (Rom. 1:16-17).

Las cartas de Pablo a sus colaboradores sobre el orden en las iglesias señalan la necesidad de sana doctrina. Surgirán falsos maestros que pervertirán el verdadero significado de la ley (1 Tim. 1:3-11), y en los últimos días los falsos maestros ganarán adeptos (2 Tim.3:1-10). Por lo tanto, los maestros son responsables de conservar el depósito de la doctrina verdadera hasta el Día del Señor (2 Tim. 1:3-18). Este depósito se encuentra en la palabra inspirada por Dios, que es lo que Pablo denomina "toda la Escritura" (2 Tim. 3:14-17). Este es el buen depósito que los líderes de la iglesia deben transmitir a cada generación subsiguiente.

Teología bíblica: las Epístolas Generales y el Apocalipsis En conjunto, estos libros fueron escritos para iglesias que estaban sufriendo persecución o, al menos, una gran presión. Por lo tanto, aplican los grandes temas de la teología bíblica a circunstancias difíciles.

Por ejemplo, la carta a los Hebreos proclama la superioridad de Cristo en comparación con grandes verdades y símbolos del antiguo pacto. Cristo instituyó el nuevo pacto. Él es mejor que Moisés, que los ángeles, que Aarón y que los sacrificios del AT. En realidad, Su muerte fue el sacrificio final donde se cumplieron todos los demás (Heb. 1–10). Por lo tanto, la iglesia perseguida debe tener fe en Él y vivir según esa fe mientras espera la manifestación definitiva del reino de Dios (Heb.11–13). Santiago enseña que deben considerar la persecución como una prueba de la fe (1:2-4), e insta a los lectores a vivir una fe activa porque "la fe por sí sola, si no tiene obras, está muerta" (2:14-26 NVI).

De manera similar, Pedro les dice a sus lectores que, tal como sucedió con el Israel antiguo, ellos son un reino de sacerdotes y una nación santa (1 Ped. 2:5,9; Ex. 19:5,6). La iglesia perseguida debe glorificar a Cristo hasta que llegue el Día del Señor (2 Ped. 3:1-13). Los lectores de Juan habían padecido deserciones en sus filas, y el apóstol los ayuda a comprender la necesidad de confesar sus pecados y de amarse y perdonarse unos a otros. Judas enfatiza la lucha por la fe en los últimos días.

El libro del Apocalipsis cierra la Biblia con tono triunfante. La iglesia es perseguida (Apoc. 1–3) pero aun así persevera y triunfa. Los impíos serán juzgados (Apoc. 20), pero los que aman a Cristo, el Rey de reyes (19:16), habitarán la nueva Jerusalén prometida en Isaías; allí la muerte y el dolor ya no existirán (Apoc. 21:1-27; Isa.65:17-25; Ezeq. 40–48).

Hacia el final del libro de Apocalipsis, la Biblia ha completado un trayecto desde la creación hasta la nueva creación, un viaje que se hace posible gracias a la muerte y resurrección de Jesucristo, quien fue enviado para salvar a los pecadores de ser juzgados en el Día del Señor. Apocalipsis es una dinámica interpretación del evangelio dentro de la teología bíblica, pero de todos modos sigue siendo una presentación de las buenas nuevas.

Conclusión La teología bíblica manifiesta la unidad de la Biblia al exponer y recopilar sus temas principales. Demuestra las diversas maneras en que los diferentes libros y materiales están unidos por el carácter de Dios Padre, Hijo y Espíritu Santo. Sin descuidar cómo hacerlo, la Biblia declara nuevas acciones divinas y vuelve a aplicar antiguas verdades a nuevas situaciones, y destaca la integridad de la revelación divina.

Paul House

TERAFINES Transliteración de una palabra griega utilizada para designar ídolos domésticos de forma y tamaño indeterminados. También se los denomina "dioses" (comp. Gén 31:19,30-35; 1 Sam. 19:13). Algunos eruditos consideran que los derechos hereditarios del antiguo Cercano Oriente se basaban en la posesión de estas imágenes según muestran documentos de este tipo en Nuzi. Sin embargo, la evidencia es ambigua y no permite determinar el motivo del robo de Raquel ni su pleno significado. Jacob (Gén. 35:2) desechó tales artefactos religiosos antes de volver a Bet-el. A veces los terafines se utilizaban para adivinación (Jue. 17:5; 18:14-20; 1 Sam. 15:23; 2 Rey. 23:24; Os. 3:4; Ezeq. 21:21; Zac. 10:2). Sin embargo, la Biblia condena tales prácticas idólatras. Las traducciones utilizan distintas palabras en diferentes pasajes para traducir "terafines". Ver *Adivinación y magia.*

David M. Fleming

TERCIO Nombre latino de persona que significa "tercer [hijo]". Amanuense (secretario) de Pablo en la escritura del libro de Romanos que incluyó su propio saludo en 16:22. Algunos sugieren que Cuarto quizás fuera el hermano menor de Tercio (Rom. 16:23).

TERES Nombre de persona que significa "firme, sólido" o derivado de un antiguo término persa que quiere decir "deseo". Uno de los dos eunucos reales que planearon un asesinato fallido contra el rey persa Asuero. Luego de ser delatados por Mardoqueo, los dos fueron colgados en una horca (Est. 2:21-23).

TERREMOTO Sacudimiento o temblor de la tierra debido a la actividad volcánica o, con mayor frecuencia, al movimiento de la corteza terrestre. Los terremotos severos producen efectos colaterales tales como fuerte estruendo (Ezeq. 3:12-13), grietas en la corteza terrestre (Núm. 16:32) y fuego (Apoc. 8:5). Palestina sufre dos o tres temblores importantes cada siglo, y dos a seis de menor intensidad cada año. Los principales epicentros de Palestina son la Alta Galilea, cerca de la aldea bíblica de Siquem (Nablus) y las inmediaciones de Lida sobre la ladera occidental de los montes de Judá. Los centros secundarios de temblores se encuentran en el Valle del Jordán, en Jericó y en Tiberias.

La Biblia menciona un terremoto durante el reinado de Uzías (Amós 1:1; Zac. 14:5). Las profecías de Amós están fechadas dos años antes de ese cataclismo. La fecha exacta de este acontecimiento no se ha establecido de manera que conforme a todos. La mayoría acepta como fecha probable entre el 767 y el 742 a.C.

En muchas oportunidades, el juicio o visitación de Dios se describe usando las imágenes de un terremoto (Sal. 18:7; Isa. 29:6; Nah. 1:5; Apoc. 6:12; 8:5; 11:13; 16:18), y a menudo se toma como señal del fin de los tiempos (Mat. 24:7,29). Con mucha frecuencia, un terremoto es señal de la presencia de Dios o de la revelación de su Persona (1 Rey. 19:11-12; Sal. 29:8; Ezeq. 38:19-20; Joel 2:10; 3:16; Hech. 4:31; Apoc. 11:19). En ocasiones se describe al universo completo como si Dios lo estuviera sacudiendo (Isa. 13:13; 24:17-20; Joel 3:16; Hag. 2:6-7; Mat. 24:29; Heb. 12:26-27; Apoc. 6:12; 8:5).

Si bien los terremotos habitualmente se consideraban algo de lo cual había que escapar (Isa. 2:19,21), también podían ser utilizados por Dios con un buen propósito (Hech. 16:26). La tierra tembló irritada por la muerte de Jesús (Mat. 27:51-54), y se sacudió para desplazar la piedra de la tumba de Jesús (Mat. 28:2). Aquellos que aman a Dios y le son fieles no tienen por qué temerles a los temblores de la tierra (Sal. 46:2-3).

Phil Logan

TÉRTULO Diminutivo de Tercio (nombre de persona) que significa "tercero" (Hech. 24:1-8). Fiscal que se opuso a Pablo ante Félix, el gobernador romano de Judea. Lo acusó de ser agitador político e intentar profanar el templo. Según el texto occidental más extenso (Hech. 24:7), Tértulo era judío. El más breve tiene en cuenta que podía ser romano. Independientemente de su origen étnico, era muy diestro en la oratoria judicial y conocía muy bien las convenciones legales romanas.

TESALÓNICA Nombre de la actual Thessaloniki. Casandro, un general de Alejandro Magno, llamó así a la ciudad alrededor del 315 a.C. y le puso el nombre por su esposa, que era hija de Felipe II de Macedonia y hermanastra de Alejandro. Ubicada en el Golfo Termaico (Golfo de Salónica), con un excelente puerto y al final de una ruta mercantil importante que partía del Danubio, se convirtió junto con Corinto en uno de los dos centros comerciales más importantes de Grecia. En el período romano conservó su orientación cultural griega y funcionó como capital de Macedonia después del 146 a.C. Ver *Macedonia.*

Cuando el apóstol Pablo visitó la ciudad, era más grande que Filipos, ciudad que reflejaba una cultura predominantemente romana. Tesalónica era una ciudad libre, sin guarniciones romanas dentro de sus muros y con el privilegio de acuñar su propia moneda. Al igual que Corinto, su población era cosmopolita debido a los beneficios que ofrecía para el comercio. El reciente hallazgo de una inscripción en mármol, escrita parte en griego y parte en una forma samaritana del hebreo y el arameo, da testimonio de la presencia de samaritanos en Tesalónica. Por el libro de los Hechos sabemos que contaba con una sinagoga judía (17:1).

Debido a que la mayor parte de la antigua ciudad aún está debajo de la actual Thessaloníki, ha sido imposible realizar excavaciones. No obstante, en el centro de la ciudad se ha excavado un amplio sector abierto que deja al descubierto un foro romano (plaza), de aprox. 65 m x 100 m (70 yardas x 110 yardas), que data de alrededor del 100 al 300 d.C. Una inscripción del 60 a.C. encontrada en el área general, menciona un *agora* (forma griega para denominar al foro romano) y abre la posibilidad de que aquí hubiera estado ubicada una plaza helenística construida justo antes que la romana. En tiempos helénicos la ciudad contaba con un estadio, un gimnasio y el templo de Serapis. Se conserva un *odeum* (teatro pequeño) del siglo III en el lado este del foro.

Se ha cuestionado la autenticidad del libro de los Hechos debido a que Lucas menciona a funcionarios romanos de Tesalónica con el nombre griego *politarcas* (Hech. 17:6), término desconocido en la literatura griega existente. Sin embargo, un arco romano en el extremo oeste de la antigua calle Vardar, tenía una inscripción de antes de 100 d.C. que comenzaba "En tiempo de los *Politarcas*". Otras inscripciones de Tesalónica, una de ellas de tiempos del reinado de Augusto César, mencionan a los politarcas. Ver *Tesalonicenses, Primera Carta a los; Tesalonicenses, Segunda Carta a los.* *John McRay*

TESALONICENSES, PRIMERA CARTA A LOS Tesalónica fue la ciudad más grande de Macedonia en el siglo I y la capital de la provincia. Era una ciudad libre. Pablo, Silas y Timoteo predicaron allí a pesar de la fuerte oposición de los judíos. Pese a que su estadía fue breve, lograron establecer una iglesia (Hech. 17:4). No hubo suficiente tiempo para instruir mucho a los nuevos convertidos, de modo que no es de extrañarse que hayan surgido preguntas sobre el significado de ciertos aspectos de la fe cristiana y de la conducta que se espera de los creyentes. Ver *Macedonia.*

A fin de ayudar a la nueva iglesia, Pablo escribió 1 Tesalonicenses poco después de la visita de Timoteo (1 Tes. 3:6). Es probable que haya sido luego que este llegara a Corinto (Hech. 18:5), y no cuando estuvo con Pablo en Atenas (1 Tes. 3:1,2), ya que quedaría poco tiempo para que surgieran los problemas que trata el apóstol en la carta. Una inscripción que hace referencia a Galión (Hech. 18:12) permite determinar que el procónsul estuvo en Corinto a comienzos de la década del 50 d.C. Según estos cálculos, los

Arco de triunfo del emperador Galerius, edificado sobre la vía Ignacia en Tesalónica.

eruditos determinan que Pablo probablemente haya escrito 1 Tesalonicenses a principios de dicha década (aunque si se tienen en cuenta las incertidumbres, esta fecha sólo debe considerarse aproximada). Evidentemente se trata de una de las primeras cartas del apóstol y uno de los documentos cristianos más antiguos que se conservan en la actualidad.

La autenticidad de 1 Tesalonicenses es aceptada casi universalmente. Es de estilo paulino y se menciona en algunos de los primeros escritos cristianos tales como, por ejemplo, las listas de los libros del NT elaboradas por Marción en la primera mitad del siglo II, y en el Canon Muratorio un poco más tarde. Algunos problemas que trata la carta tal vez surgieron en los primeros años de vida de la iglesia (por ejemplo, qué pasará con los creyentes que mueren antes de la venida de Cristo).

Algunas dificultades de la iglesia de Tesalónica incluían la persecución de los gentiles (2:14) y la tentación que enfrentaban los creyentes en cuanto a aceptar las costumbres sexuales paganas (4:4-8). Pareciera que algunos creyentes habían dejado de trabajar y esperaban que otras personas suplieran sus necesidades (4:11,12). Había dudas sobre el destino de los creyentes que habían muerto, y algunos tesalonicenses pensaban que Cristo volvería pronto y los llevaría con Él. ¿Qué pasaría con los que hubieran muerto antes de ese gran evento (4:13-18)? La respuesta de Pablo brinda información sobre la venida de Cristo que no encontramos en ningún otro escrito. Nuevamente, algunos creyentes parecen preocupados por el momento del retorno de Jesús (5:1-11). Por este motivo, Pablo escribe esta carta pastoral para satisfacer las necesidades de los nuevos cristianos y acercarlos más a Cristo. Ver *Pablo.*

Bosquejo

I. La iglesia se funda en la fidelidad del pasado (1:1-10)
   A. Remitentes, destinatarios y saludo (1:1)
   B. La fe, el amor y la esperanza del pasado instan a la acción de gracias (1:2,3)
   C. La elección, el poder, la convicción y el Espíritu dieron lugar al evangelio (1:4,5)
   D. El modelo de vida cristiana es resultado del evangelio (1:6,7)
   E. El testimonio ferviente y la influencia cristiana duradera esparcen el evangelio (1:8,9)
   F. La esperanza segura en la resurrección marcó la vida de la iglesia (1:10)

II. La oposición y la persecución no pueden detener el evangelio (2:1 20)
   A. El sufrimiento y los insultos no pueden impedir el testimonio cristiano (2:1,2)
   B. La sinceridad del método y del propósito respaldan el testimonio del evangelio (2:3-6a)
   C. El amor y no la gloria personal es lo que motiva el testimonio (2:6b-12)
   D. La perseverancia y la entereza caracterizan a los cristianos convertidos (2:13-16)
   E. El evangelio crea hermandad y amor duraderos (2:17,18)
   F. Una nueva iglesia es recompensa por el testimonio cristiano (2:19,20)

III. La preocupación por la iglesia domina el corazón del ministro (3:1–4:12)
   A. El amor sacrificado lleva al ministro a mostrar su preocupación aun bajo persecución personal (3:1-5)
   B. La fidelidad de la iglesia da ánimo y gozo al ministro (3:6-10)
   C. El ministro preocupado ora por el futuro de la iglesia (3:11-13)
   D. El ministro preocupado le enseña a la iglesia a vivir con rectitud (4:1-8)
   E. El ministro preocupado insta a la iglesia a crecer en amor fraternal (4:9-12)

IV. Problemas relacionados con la venida del Señor (4:13–5:11)
   A. Los creyentes vivos y muertos tienen la misma esperanza (4:13-18)
   B. El momento de la venida es incierto (5:1-3)
   C. La iglesia debe estar alerta (5:4-8)
   D. Los creyentes tienen seguridad (5:9-11)

V. Exhortaciones finales (5:12-28)
   A. Respetar a los líderes cristianos (5:12,13)
   B. Ocuparse de los demás creyentes (5:14,15)
   C. Demostrar siempre agradecimiento (5:16-18)
   D. Examinar las declaraciones proféticas para comprobar que procedan de Dios (5:19-22)
   E. Comprometerse con Dios, que es fiel (5:23,24)
   F. Peticiones finales y bendición (5:25-28)

Leon Morris

T

TESALONICENSES, SEGUNDA CARTA A LOS Se cree que fue escrita por Pablo (1:1), y el estilo, el lenguaje y la teología parecen comprobarlo. Al parecer, escritores antiguos como Policarpo e Ignacio conocían esta epístola, que se incluye además en la lista de libros del NT de Marción y en el Canon Muratorio. La carta dice ostentar la firma de Pablo (3:17). La mayoría de los eruditos concuerda en que se trata de una genuina carta paulina a la iglesia de Tesalónica escrita poco después de la primera. La situación postulada en esta carta es tan similar a la otra que es probable que no haya transcurrido mucho tiempo entre ambas, quizás tan sólo unas semanas.

Algunos recientemente sostuvieron que no es una carta genuina de Pablo. Sostienen que, en 1 Tesalonicenses, la segunda venida de Cristo se ve como algo muy cercano, mientras que aquí parece estar precedida por la aparición del hombre de pecado y otras señales. No se trata de una objeción seria ya que los cristianos solían tener ambos puntos de vista; no hay razón para que no sucediera lo mismo con Pablo. El argumento de que la enseñanza sobre el hombre de pecado es diferente a todo otro tema paulino tampoco es convincente ya que en ninguna otra parte el apóstol se enfrenta con la declaración de que "el día del Señor está cerca" (2 Tes. 2:2).

No se conoce la fecha exacta de la misión de Pablo en Tesalónica ni tampoco de las cartas escritas para la nueva iglesia de ese lugar. La mayoría de los eruditos concuerda en que 2 Tesalonicenses tal vez se escribió no más de un año o dos después de que Pablo y Silas dejaran la ciudad. La iglesia aparentemente demostraba entusiasmo pero es evidente que los creyentes aún no habían madurado en la fe. Pablo escribió a cristianos consagrados que no habían progresado mucho en la vida cristiana.

Los griegos del primer siglo no eran una raza impasible. Vemos su entusiasmo y agitación en las peleas que surgieron durante las primeras visitas de los predicadores cristianos. Tales disturbios comenzaron en Tesalónica (Hech. 17:5-8, 13). Los que se convirtieron al cristianismo en esa época lo hicieron con brío y entusiasmo. Sin embargo, no habían tenido tiempo suficiente para llegar a comprender el verdadero significado de ser cristiano.

El saludo inicial habla sobre la gracia y la paz que proceden de Dios Padre y de nuestro Señor Jesucristo (2 Tes. 1:2). En toda la carta, se ve a Cristo en una relación mucho más cercana con el Padre. Esto se evidencia en que existen ocasiones donde no queda claro si "Señor" se refiere al Padre o al Hijo, como en la expresión "el Señor de paz" (3:16). La grandeza de Cristo se observa en la descripción de Su majestuosa venida con los ángeles para juzgar (1:7-10). No se habla demasiado sobre la salvación por medio de Cristo, aunque existen referencias al evangelio (1:8; 2:14), la salvación (2:13) y el "testimonio" de los predicadores (1:10). Es evidente que Pablo había predicado las buenas nuevas de la salvación que Cristo proveyó para los pecadores con Su muerte, y que los tesalonicenses lo sabían bien y no era necesario que Pablo volviera a reiterar ese tema.

Los creyentes no podían estudiar en paz y con tranquilidad el significado de su nueva fe (1:4). Aunque se regocijaban en el significado de su nueva relación con Dios, aparentemente no tomaban con la debida seriedad las exigencias de las enseñanzas cristianas, en especial en dos áreas: la segunda venida del Señor y la vida cotidiana. Algunos creían que "el día del Señor" estaba cerca o incluso que ya había ocurrido (2:2). Otros habían dejado de trabajar (3:6-13), quizás porque creían que la venida del Señor estaba tan cerca que no tenía sentido hacerlo. Pablo les escribió a fin de apaciguarlos un poco sin por ello refrenar su entusiasmo.

La carta no es larga y no nos brinda un bosquejo definitivo de la totalidad de la fe cristiana. Pablo escribió para satisfacer una necesidad puntual, y el orden que presenta se centra en circunstancias locales.

Quizás podríamos decir que existen cuatro grandes enseñanzas en 2 Tesalonicenses:

1) la grandeza de Dios,
2) la maravilla de la salvación en Cristo,
3) la segunda venida, y
4) la importancia de la vida y el trabajo cotidiano.

Dios ama a personas como los tesalonicenses y los hace parte de la iglesia (1:4). Los escogió (2:13), los llamó (1:11; 2:14) y los redimió. Los designios divinos se mantendrán hasta el fin y alcanzarán su clímax con el regreso de Cristo y el juicio universal. Es interesante ver la claridad con que se expresan en esta antigua carta las grandes doctrinas de la elección y el llamado, temas que significaban tanto para Pablo. También podemos ver la doctrina de la justificación cuando hace referencia a que Dios considera dignos a los creyentes (1:5,11) y, por supuesto, en la enseñanza sobre la fe (1:3,4,11; 2:13; 3:2).

La salvación en Cristo se proclama en el evangelio y se consumará cuando Cristo venga nuevamente para derrotar toda maldad y les traiga paz y gloria a los suyos. Este gran Dios ama a Su pueblo y le da consuelo y esperanza, dos cualidades importantes para los que son perseguidos (2:16). El apóstol oró pidiendo que los corazones de los convertidos fueran dirigidos al "amor de Dios" (3:5), lo que quizá se refiera al amor de Dios por ellos o a la inversa. Es probable que la idea principal sea el amor de Dios por ellos, aunque Pablo también menciona un amor correspondido por parte de los creyentes. Hay varias referencias al Apocalipsis (1:7; 2:6,8). Si bien el término no se utiliza igual que en otros lugares, nos recuerda que Dios no nos ha abandonado a nuestra suerte. Nos reveló lo necesario y tiene otras revelaciones para los últimos días.

La segunda venida se ve aquí como la derrota de todo mal, en especial del hombre de pecado. Pablo deja en claro que la venida de Cristo será majestuosa, castigará a los hombres que rehúsan conocer a Dios y rechazan el evangelio, y proporcionará descanso y gloria a los creyentes (1:7-10). Al final triunfarán Dios y el bien, no el mal.

Teniendo en cuenta el amor que Dios demuestra cuando realiza una elección y un llamado, es interesante observar el énfasis de Pablo en el juicio divino. Habló sobre el juicio justo de Dios (1:5), y creía que Él, a su debido tiempo, castigaría a todos los que persiguen a los creyentes, quienes así disfrutarían del reposo. Otros también sufrirían en el día de juicio. Los que se rehúsan a conocer a Dios y rechazan el evangelio sufrirán las consecuencias de sus actos (1:8,9). Siempre se alude a temas eternos cuando se predica el evangelio, y Pablo no permitiría que los tesalonicenses los omitieran.

T

Algunos convertidos creían que la venida de Cristo era inminente (2:2). Habían malinterpretado un "espíritu" (es decir, una profecía o revelación), un "mensaje" (comunicación oral) o una "carta" (que quizás se refiera a una carta de Pablo que no se entendió correctamente, o a otra que se le atribuía a Pablo pero que no era suya). En realidad, pensaban que Cristo ya había regresado. Desde luego, la gloriosa aparición de Cristo aún no se había producido, pero "el día del Señor" era un evento complejo con muchas características. Evidentemente creían que "el día" se había indicado, que los eventos habían comenzado a producirse, y que todo lo que abarcaba la venida de Cristo se cumpliría muy pronto.

Pablo dejó en claro que no era así. Primero debían suceder varias cosas; por ejemplo, "la rebelión" ("apostasía", RVR1960) y la revelación del "hombre del pecado" (2:3), aunque no explicó ninguna de estas dos cosas. Tal vez aludía a algo que les había dicho a los tesalonicenses cuando estuvo con ellos. Lamentablemente no sabemos qué les dijo Pablo, por lo que sólo podemos hacer conjeturas. Que una apostasía de la fe precederá la venida del Señor claramente se sabe que forma parte de la enseñanza cristiana (Mat. 24:10-14; 1 Tim. 4:1-3; 2 Tim. 3:1-9; 4:3, 4). Algunos mss dicen "hombre de maldad" (en lugar de "pecado"), pero no existe diferencia real ya que "todo el que comete pecado quebranta la ley" (1 Juan 3:4 NVI). La Biblia no utiliza el término "hombre de pecado" en ningún otro lado, pero evidentemente es el "anticristo" (1 Juan 2:18). Pablo decía que al final de los tiempos aparecería alguien que haría las obras de Satanás de una manera especial. Se opondría al Dios verdadero y reclamaría para sí honores divinos (2:4).

La identidad de "quien al presente lo detiene" (2:6,7) no es clara. Una interpretación antigua que algunos aún sostienen es que "lo que lo detiene" del v.6 se refiere al Imperio Romano y que "quien al presente lo detiene" del v.7 se refiere al emperador. Pablo contaba con que Roma mantendría la ley y el orden. Una interpretación más reciente es que el v.6 se refiere a la predicación del evangelio y el v.7 al apóstol Pablo o a un ángel. Una opinión bastante diferente es que el v.6 se refiere al principio (o misterio) de la apostasía y el v.7 a Satanás o nuevamente al emperador romano. En este caso, el verbo no se interpreta como "detener" sino como "ejercer dominio", "regir" o "prevalecer". Quizás la interpretación más popular es que el que lo detiene es el Espíritu Santo. Una interpretación dispensacionalista común es que lo que lo detiene será quitado cuando la iglesia sea tomada por Dios en el arrebatamiento (1 Tes. 4:17).

No obstante, lo que Pablo intentaba transmitir era que los creyentes no debían tener expectativas prematuras. Las cosas ocurrirían a su debido tiempo y Dios destruiría todas las fuerzas del mal (2:8-10).

Pablo tenía mucho que decir sobre los que andan "desordenadamente" y parecen estar ociosos, sin trabajar (3:6-12). Tal vez creían que la venida del Señor estaba tan cerca que no tenía sentido trabajar, o quizás se creían tan "espirituales" que se ocupaban de cosas más elevadas y dejaban que otros los mantuvieran. Pablo aconsejó que todos trabajaran para ganarse la vida (3:12). Ningún aspecto de la doctrina, ni siquiera la venida de Cristo, debe hacer que los cristianos dejen de trabajar. Los que pueden trabajar deben ganarse el sustento diario. Los creyentes deben trabajar para vivir y no cansarse de hacer el bien.

Timoteo acababa de llegar de Tesalónica con noticias frescas (1 Tes. 3:2). Pablo vio que los problemas tratados en la primera carta continuaban sin resolverse. Por eso volvió a escribir para reprender a los ociosos (2 Tes. 3:10) y alentar a los desanimados. Existía un nuevo error sobre la segunda venida; algunos decían que el Día del Señor ya había llegado. Pablo les aclaró este tema al decirles que el mal aumentaría cuando apareciera el hombre de pecado, pero que ellos debían mirar más allá con la seguridad de que Cristo, a su debido tiempo, volvería y derrotaría todas las fuerzas del mal. Los cristianos han sido fortalecidos por tales enseñanzas desde aquel día hasta hoy.

Bosquejo

I. Salutaciones (1:1,2)
II. Los líderes de la congregación oran por la iglesia (1:3-12)
   A. El crecimiento en la fe, el amor y la perseverancia de los creyentes instan a la acción de gracias (1:3,4)
   B. Dios es justo y ayudará a Su pueblo que padece injusticias (1:5-7a)
   C. La venida de Cristo aplicará la justicia definitiva (l:7b-10)
   D. La oración ayuda al pueblo de Dios a cumplir su propósito y glorificar a Cristo (1:11,12)
III. La venida de Cristo derrotará las fuerzas satánicas (2:1-12)
   A. Pese a los informes engañosos, Cristo no ha vuelto (2:1-12)
   B. El hombre de pecado debe aparecer antes de que Cristo regrese (2:3-8)
   C. Los seguidores del hombre de pecado que fueron engañados perecerán (2:9-12)
IV. La elección lleva a la acción de gracias (2:13-17)
   A. Dios nos elige para compartir la gloria de Cristo (2:13,14)
   B. Dios invita a los creyentes a comprometerse firmemente con Sus enseñanzas (2:15)
   C. El aliento y la esperanza proceden de la gracia de Dios (2:16,17)
V. Dios es fiel (3:1-5)
   A. Los evangelistas de Dios necesitan nuestras oraciones (3:1,2)
   B. Dios es fiel y protege a Su pueblo (3:3)
   C. El pueblo de Dios es fiel y cumple Su voluntad (3:4,5)
VI. Dios disciplina a Su pueblo (3:6-15)
   A. El pueblo de Dios no debe volverse ocioso ni entrometido (3:6-13)
   B. Los desobedientes deben recibir disciplina fraternal (3:14,15)
VII. Saludos finales (3:16-18)

Leon Morris

TESORO Lo que uno valora, sea plata, oro o algo intangible, y el lugar donde se almacena. En tiempos del AT, los tesoros se guardaban en el palacio del rey (2 Rey. 20:13) o en el templo (1 Rey. 7:51). En la época de Jesús, el término también se aplicaba a los trece receptáculos con forma de trompeta que se hallaban en el patio de las mujeres en el templo, donde Jesús observaba al pueblo que presentaba las ofrendas (Mar. 12:41). "Tesoro" también se utilizaba como ilustración o en sentido figurativo. Israel era el tesoro de Dios (Ex. 19:5). Esto se refleja en la idea de que los cristianos son el pueblo de Dios (1 Ped. 2.9). La memoria de una persona es un tesoro (Prov. 2:1; 7:1). El temor (sobrecogimiento) al Señor era el tesoro de Israel (Isa. 33:6).

Jesús utilizó el término con frecuencia. Diferenció los tesoros terrenales de los celestiales (Mat. 6:19-20). Lo que una persona atesora o valora determina su lealtad y sus prioridades (Mat. 6:21). Pablo se maravillaba de que el tesoro de la revelación personal de Dios en Cristo se hubiese depositado en un vaso de barro como era él (2 Cor. 4:7). Ver *Templo de Jerusalén.*

Elmer Gray

TESTAMENTO Ver *Pacto.*

TESTAMENTOS DE LOS DOCE PATRIARCAS Ver *Pseudoepigráficos, Libros.*

TESTIMONIO, MONTE DEL Monte que según los vecinos de Israel estaba ubicado en el extremo norte y servía como lugar de reunión de los dioses (Isa. 14:13).

TESTIMONIO, TESTIGO, MÁRTIR Se refiere generalmente a algo o a alguien que da testimonio de cosas vistas, oídas, pactadas o experimentadas. Dar testimonio puede ser algo pasivo (como cuando uno está presente en calidad de espectador o asistente, Gén. 21:30; Rut 4:7; Heb. 12:1) o activo (cuando uno presenta evidencias como testigo). El significado y el uso convencional pertenecen a la esfera legal, pero también se pueden referir al ámbito moral. Dar testimonio también podría indicar el contenido y/o el significado del testimonio. Además, este tal vez pueda aludir a los hechos sobre los cuales una persona está firmemente convencida mediante la fe y por los que estaría dispuesta a morir. En este último sentido, dicha persona sería considerada mártir. La diferencia entre testigo (*marturion, marturia*) y mártir (*martus*) sólo consiste en el grado de testimonio, ya que ambas palabras son cognados del mismo verbo griego que significa "yo testifico/doy testimonio" (*martureo*).

Antiguo Testamento Las palabras que se traducen "testigo" y "testimonio" derivan de tres términos hebreos: *'ed*, un testimonio legal, *mo'ed* o en ocasiones *'edah*, acuerdo o citación.

Legal El uso principal del testimonio corresponde a la esfera legal, en referencia a hechos o experiencias personales (Lev. 5:1; Núm. 23:18; Isa. 8:2). También indica la prueba o la evidencia que se presenta en un juicio, primordialmente del lado de la parte acusadora (Núm. 5:13; 35:30; Deut. 17:6,7; 19:15). Los testigos falsos, injustos e imprudentes son despreciables y están sujetos a represalias (Deut. 19:16-21; Ex. 23:1; Sal. 27:12; 35:11; Prov. 6:19; 12:17; 19:5; 21:28). Ejemplos de testigos de un acuerdo aparecen en Rut 4:9,10 y Jer. 32:10,25,44. Dios puede ser invocado como testigo de la integridad de una persona (Job 16:19). En sentido acusador, los israelitas se colocaban en posición de ser acusados si regresaban a la idolatría (Jos. 24:22). Israel es también testigo de la singularidad, la realidad y la deidad de Dios en base a la experiencia de haber sido escogida por Él (Isa. 43–44).

Memorial Los objetos inanimados a veces servían como testimonio de promesas, pactos y acuerdos. Algunos ejemplos son los altares (Jos. 22), los monumentos de piedra (Gén. 31:44; Jos. 24:27), e incluso la ley de Dios (Ex. 25:22). *Mo'ed* se utiliza más de 100 veces en relación a "testimonio" en la frase "arca del Testimonio" (*ohel mo'ed*), que indica el lugar donde Dios se encontraba con Moisés (Ex. 25:22).

Moral Este matiz ideológico de testimonio implica proclamación de ciertas verdades, puntos de vista y convicciones internas que una persona sostiene por medio de la fe y por la cual estaría dispuesta a morir. Este sentido no es tan distintivo en el AT como posteriormente llegó a serlo en el NT y en la iglesia primitiva. En el AT no se puede sostener con firmeza ningún caso de martirio teológico.

Nuevo Testamento ***Legal*** En el sentido judicial, "testigo/testimonio" se refiere a una persona que da testimonio y/o al contenido de lo que testifica (Juan 1:7; 3:28; 1 Ped. 5:12; Mat. 18:16; comp. Deut. 19:15), sea verdadero o falso (Mat. 26:60-68). Jesús les dice a escribas y a fariseos que ellos son testigos que se acusan a sí mismos (Mat. 23:31).

Personal Testimonio se utiliza en el sentido de "reputación" (Luc. 4:22; Hech. 6:3; 1 Tim. 3:7; Apoc. 3:1) y también se puede referir a la propia vida o a la persona (como en el caso de Juan el Bautista; Juan 1:6,7). A lo largo del Evangelio de Juan, Jesús fue un testigo del amor de Dios y del regalo de la vida eterna para los creyentes, y un testigo acusador para los incrédulos (Juan 20:30,31; 21:24).

Evangelístico Testigo, especialmente en el material de Lucas, se utiliza en sentido activo y evangelizador. Los creyentes proclaman el evangelio (*kerugma*) de manera activa e insistente, alentando a los oyentes a que reciban y respondan al mensaje (Hech. 2:40; 18:5; 1 Tes. 2:11,12).

Mortal La palabra *martus* se refiere a mártir, aquella persona a la cual se le quita la vida como resultado de su testimonio en favor de Jesucristo. Este término sólo se utiliza tres veces en el NT (Hech. 22:20; Apoc. 2:13; 17:6). Ver *Mártir*.

Stefana Dan Laing

TET Novena letra del alfabeto hebreo que se emplea como título del Salmo 119:65-72, donde cada verso comienza con dicha letra.

TETRARCA Puesto político en el antiguo Imperio Romano. Designaba el tamaño del territorio gobernado (literalmente la "cuarta parte") y el grado de dependencia de la autoridad romana. Lucas 3:1 menciona a uno de los tetrarcas que gobernaba en el año del nacimiento de Jesús. El puesto perdió poder con el transcurso de los años y los límites de su autoridad se redujeron. Cuando Herodes el Grande murió, el reino fue dividido entre sus tres hijos, uno de los cuales fue llamado "etnarca" y los otros tetrarcas. Ver *Ley Romana, Derecho Romano*.

TETRATEUCO Ver *Pentateuco.*

TEUDAS Nombre de persona que significa "dádiva de Dios". Hechos 5:36 menciona a Teudas, quien fue asesinado después de liderar sin éxito una rebelión de 400 hombres antes del censo (6 d.C.). Josefo conoció a un Teudas que encabezó una revolución también sin éxito durante el consulado de Cuspio Fado (aprox. 44 d.C.).

TEXTUS RECEPTUS Término que generalmente se aplica a ciertas ediciones impresas del NT griego, pero que en ocasiones se utiliza también para referirse a la edición de ben Chayim del AT hebreo.

El primer NT griego que se imprimió (1514) se completó en 12 años, fue editado por Diego López de Zúñiga y auspiciado por el cardenal español Ximenes como parte de la Biblia Políglota Complutense (un polígloto contiene varias traducciones o versiones). La Complutense contenía versiones en latín, arameo, hebreo y griego. No contó con aprobación formal del Papa para distribuirla hasta el año 1521, y no se concretó hasta 1522. En años subsiguientes no fue reproducida con frecuencia en forma masiva. En 1515, Desiderio Erasmo de Rotterdam, un humanista y erudito católico romano holandés especializado en el NT, fue contratado por un impresor de Basilea, Johann Froben, para la producción de una edición del NT griego. Froben, cuyo objetivo era superar la edición de Ximenes, le dio a Erasmo menos de seis meses para completar el trabajo sobre un texto crítico (un texto crítico es el que se basa en la comparación de más de un ms). El trabajo se extendió a diez meses y en 1516 se publicó el NT griego de Erasmo (una edición bilingüe con los textos griego y latino en páginas enfrentadas).

Según Erasmo, sólo tuvo acceso a seis mss y ninguno de ellos estaba completo. El mejor y más antiguo de los mss (el Códice 1) correspondía al siglo X, pero no lo usó demasiado dado que por alguna razón su confiabilidad no lo convencía. Los Evangelios estaban en cuatro mss; el más antiguo era del siglo XV. El libro de los Hechos y las Epístolas Generales se encontraban en tres mss; los más antiguos, del siglo XIII. Las Epístolas Paulinas estaban en cuatro de estos últimos mss. Para el Apocalipsis sólo contó con un ms (del siglo XII) al que le faltaba la última página, por lo que Erasmo tuvo que traducir de la Vulgata latina al griego los últimos seis versículos de Apocalipsis. Cuando los mss resultaban ambiguos o tenían defectos, Erasmo consultaba la Vulgata, por lo que existen al menos una docena de lugares donde su versión no está respaldada por mss griegos. Debido al apuro para la impresión, la primera edición presenta muchos errores tipográficos. El mismo Erasmo dijo que su trabajo fue "precipitado más que editado". La segunda edición (1522) tuvo más de 400 correcciones y modificaciones. Lutero hizo la traducción al alemán utilizando la segunda edición. La tercera edición nuevamente sufrió algunos cambios pero no los suficientes como para corregir la gran cantidad de deficiencias. Esta tercera edición fue la base para el "Textus Receptus" y en los 400 años subsiguientes la publicaron varias personas luego de realizar leves cambios. Erasmo reconoció la superioridad del texto de Ximenes y realizó cientos de cambios en la cuarta (1527) y quinta (1535) edición, pero estas no se reprodujeron con frecuencia. De este modo, dado que se distribuyó primero, era más económica y su tamaño era menor, la obra de Erasmo se convirtió en el texto utilizado comúnmente durante cientos de años.

La obra de Erasmo fue reproducida fundamentalmente en cuatro ediciones por el impresor francés Robert Estienne (latinizado como Estéfano), y en nueve ediciones (1565–1604) por el erudito reformista Teodoro Beza. La cuarta edición de Estéfano (1551) y el texto de Beza diferían levemente de la versión de Erasmo, y a estas ediciones por lo general se las denomina Textus Receptus (aunque el término no se acuñó hasta 1633). Estéfano, en su cuarta edición (1551), incluyó algunas lecturas de la Políglota Complutense y del Códice de Beza (siglo V). Aunque Beza siguió de manera bastante fidedigna a Erasmo y Estéfano, en las ediciones posteriores empleó para algunos textos el Códice Claromontano (siglo VI) que era de su propiedad. Estos dos mss antiguos se utilizaron poco por ser extremadamente diferentes de la versión de Erasmo.

Ciertos editores holandeses de apellido Elzevire produjeron a partir del año 1624 siete ediciones del NT griego tomadas principalmente de la edición de Beza de 1565. Los Elzevire eran dos hermanos, Bonaventura y Mateo, y Abraham, el hijo de Mateo. La primera edición fue duramente criticada por la gran cantidad de errores. Después de corregir con cuidado la primera edición, en la segunda (1633) escribieron en el prefacio la siguiente oración en latín: "Textum ergo habes, nunc ab omnibus receptum: in quo nihil immutatum aut corruptum damus" ("Tienes ahora el texto recibido por todos: en el que no damos nada cambiado ni corrupto"). Se extrajeron dos palabras de esta oración: "receptum" (recibido) y "textum" (texto), se los colocó en forma nominativa, Textus Receptus (Texto Recibido), y la frase se convirtió en el título común para referirse a esta y otras ediciones del NT griego, incluso para algunas originadas décadas antes de que surgiera el término. De este modo, a partir de lo que Bruce Metzger llamó una "frase más o menos casual para publicitar la edición", lo que J. K. Elliott definió como "publicidad sin sentido" y lo que Eldon Epp describió como una "generalización arrogante", surgió un término de extraordinaria trascendencia. La declaración del prefacio equivalía a una "nota publicitaria" promocional de un editor moderno. Al margen del impresor, ninguna figura de autoridad declaró que este texto era superior a otros, y mucho menos un "original". El Textus Receptus es un texto crítico pero, a diferencia de las modernas ediciones de crítica basadas en al menos cientos de mss, se basó en menos de diez.

En ocasiones, el Textus Receptus se confunde con el Texto Mayoritario, un NT griego crítico basado en el estudio de cientos de mss bizantinos. No son iguales ya que el Mayoritario difiere del Receptus en aprox. 1800 lugares, incluidos algunos donde la versión de este último no es lo que dice la mayoría. Ver *Crítica textual, Nuevo Testamento.*

Si bien las tradiciones textuales subyacentes del AT hebreo son evidentemente distintas, los argumentos para priorizar el texto de ben Chayim por encima del masorético de la familia de ben Aser son igualmente débiles y llevan a la misma conclusión. El texto masorético es anterior y más confiable. Ver *Crítica textual, Antiguo Testamento.*

Erasmo sería el primero en elogiar que se estudie la mayor cantidad posible de mss, y se horrorizaría al saber que su tentativa obra logró una categoría casi reverencial. Hasta el final de su vida continuó trabajando para mejorar su NT griego cada vez que lograba disponer de mss y ediciones más confiables. *Charles W. Draper*

THUTMOSE Nombre real egipcio que significa "Thot, el dios de la luna, ha nacido". Nombre de cuatro faraones egipcios de la dinastía XVIII (alrededor del 1550–1310 a.C.). Sus esfuerzos conjuntos, especialmente los de Thutmose I y III, ayudaron en gran manera a expandir la riqueza y la influencia de Egipto.

Thutmose I llegó al poder gracias a su capacidad como general y por haberse casado con la hija de su predecesor, Amenhotep I. Sus hazañas militares expandieron las fronteras de Egipto hasta incluir Nubia en el sur y Siria al norte del Río Éufrates. El tributo que recibía de las tierras conquistadas permitió que Ineni, su arquitecto, restaurara y ampliara los templos de Tebas. Ineni también recibió órdenes de comenzar las obras en Biban el-Moluk (puertas de los reyes), lugar conocido actualmente como Valle de los Reyes. Cuando Thutmosis I murió no había heredero designado para el trono.

Thutmose II lo sucedió tras casarse con su ambiciosa hermanastra Hatshepsut. Su reinado duró sólo unos años y fue opacado por la sombra de esta reina.

Thutmose III siguió los pasos de su abuelo Thutmose I, pero sólo después de casi 20 años de "reinado conjunto" con Hatshepsut. Su odio hacia ella tal vez creció durante todos esos años ya que eliminó gran parte de la evidencia del gobierno de la reina una vez que esta murió. Thutmose III encabezó 14 campañas militares en 17 años y continuó su reinado durante otros 15. El templo de Karnak en Tebas contiene muestras de sus numerosas hazañas. Le gustaba mucho cazar y adoraba al dios Amun. Algunos eruditos creen que fue el faraón que oprimió a los israelitas. Amenhotep II gobernó como corregente con su padre durante aprox. los tres últimos años del reinado de este.

Thutmose IV, al igual que Thutmose II, llegó al trono por medio de un casamiento. Según una estela (una piedra antigua con algunas inscripciones), pareció conformarse con mantener el status quo y quitar la arena de la Esfinge donde había soñado que se convertiría en faraón. Que él no haya sido el primogénito del faraón anterior, Thutmose III, según algunos es evidencia de que Amenhotep II fue el faraón del éxodo. Ver *Egipto; Tebas.* *Gary C. Huckabay*

TIAMAT Deidad sumerio-acadia considerada por los babilonios como una de las diosas más importantes de su panteón. Controlaba las aguas saladas y se describía como una diosa caprichosa debido a la naturaleza destructiva y al mismo tiempo beneficiosa de los ríos y los mares. En la épica de la creación *Enuma Elish*, Tiamat y su consorte Apsu dieron a luz a Anshar y Kishar, el universo superior e inferior. Según este relato, la tierra fue creada como resultado de la derrota de Tiamat a manos

T

Las ruinas de Tiatira en la antigua Asia Menor (actual Turquía).

del dios Marduk, quien la partió en dos para formar el cielo y la tierra, una representación de la separación de las aguas del mar primigenio que dio lugar a la aparición de la tierra firme.

TIARA Traducción correspondiente a dos palabras. Birrete de forma cónica que se colocaba sobre la cabeza del sumo sacerdote en el momento de la investidura. Estaba hecho de lino fino blanco (Ex. 28:40; 29:9; 39:28; Lev. 8:13). Ver *Ropa.*

TIATIRA Ciudad sobre el valle del Río Lico. Aunque nunca fue una gran ciudad, nucleaba una gran cantidad de gremios mercantiles que utilizaron los recursos naturales de la zona y la convirtieron en un sitio muy redituable. Albergaba un contingente de judíos de donde surgió una iglesia del NT. Lidia, una de las primeras personas que se convirtió al cristianismo en el continente europeo, era nativa de Tiatira (Hech. 16:14). Probablemente haya sido parte de un gremio que comerciaba tintura púrpura. La iglesia de Tiatira fue elogiada por las obras de caridad, el servicio y la fe (Apoc. 2:19), pero criticada por permitir que los seguidores de Jezabel prosperaran en medio de ella (Apoc. 2:20). Ver *Apocalipsis, Libro de; Asia Menor, Ciudades de.*

TIBERIAS Mencionada solamente en Juan 6:23 (comp. Juan 6:1; 21:1), Tiberias es una ciudad ubicada en la costa oeste del Mar de Galilea. Actualmente ocupa lo que en la antigüedad eran dos ciudades diferentes, Tiberias y Hamat, cada una rodeada por su propio muro. Separadas antiguamente por menos de 2 km (1 milla) de distancia (Talmud Palestino, Megillah 2.2), se cree que se unieron en el siglo I d.C. (Tosefta, 'Erubin

La moderna Tiberias, edificada sobre la antigua ciudad de Tiberias, da al Mar de Galilea.

7.2,146). En ese tiempo, alrededor del 18 d.C., Herodes Antipas (Luc. 3:1) construyó una ciudad más grande junto a una importante ruta comercial que unía Egipto con Siria para reemplazar Séforis, que era la capital de Galilea (Josefo, Antigüedades 18.36). Tiberias continuó siendo capital hasta el 61 d.C., cuando Nerón se la entregó a Agripa II (Antigüedades 20.159). Fue paganizada por Adriano después de la segunda revolución judía en el 132–135 d.C., pero después del 200 d.C. se transformó en centro de estudios judíos. La Mishná, compilada en Séforis por Judah haNasi, fue terminada en Tiberias al igual que el Talmud y el texto masorético de la Biblia hebrea.

Las excavaciones en Hamat-Tiberias por N. Slouschz en 1921 y M. Dothan en 1961, cerca de los baños termales, revelaron varias sinagogas superpuestas que datan del año 300 al 800 aprox., algunas con hermosos pisos de mosaicos. En 1973 y 1974, G. Forester excavó el sur de esta zona y encontró la puerta sur de la ciudad con dos torres redondas que se remontan a la fundación de Tiberias antes del 100 a.C. *John McRay*

TIBERIO CÉSAR Persona que tuvo la tarea nada envidiable de suceder a Augusto como emperador romano. Gobernó el imperio desde el 14 al 37 d.C. Fue la persona menos indicada para sucederlo, pues era un hombre inflexible y taciturno que carecía de la capacidad de Augusto para las relaciones públicas.

Cuando llegó al trono tenía 54 años. Era un republicano de pura raza, por lo que seguramente se sintió muy incómodo con el sistema de gobierno que Augusto le había legado. Sentía un profundo respeto por el Senado y se esforzó por preservar la dignidad de dicho organismo. Aun así, se dio cuenta de que era demasiado tarde para incorporarlo a la actividad gubernamental.

Jesús comenzó Su ministerio y fue crucificado durante su reinado. Es probable que la corte del emperador no haya tenido en cuenta este acontecimiento. Tiberio murió en el 37 d.C. a los 79 años de edad. Ver *Roma y el Imperio Romano.* *Gary Poulton*

TIBHAT Nombre geográfico que significa "lugar de matanza". Ciudad donde David tomó despojos (o recibió tributo) de bronce (1 Crón. 18:8). El sitio probablemente se encuentre en los alrededores de Soba, al norte de Damasco. El pasaje paralelo de 2 Sam. 8:8 dice "Beta".

TIBIO Indiferente; ni caliente ni frío (Apoc. 3:16). La ciudad de Laodicea recibía agua de un acueducto que estaba a varios kilómetros de distancia. El agua tibia que llegaba a la ciudad servía de ilustración apropiada de una cristiandad insípida e inútil.

TIBNI Nombre de persona que significa "inteligente" o "paja". Probablemente se refiera a un oficial del ejército que luchó con Omri por la sucesión al trono de Israel después del suicidio de Zimri (1 Rey. 16:21,22).

TICVA Nombre de persona que significa "esperanza, expectativa". **1.** Suegro de la profetisa Hulda (2 Rey. 22:14; 2 Crón. 34:22). **2.** Padre de Jahazías que se opuso al llamado de Esdras para que los israelitas se divorciaran de sus esposas extranjeras (Esd. 10:15).

TIDAL Uno de los cuatro reyes que se aliaron contra otros cinco en Gén. 14:1,9. El nombre es similar a Tud'alia, que corresponde a varios reyes heteos, lo cual sugiere que este rey era oriundo de Asia Menor. El rey quizás sea Tudhalia I (aprox. 1700–1650 a.C.).

TIEMPO LIBRE Ver *Esparcimiento.*

TIEMPO, SIGNIFICADO DEL Dios y el tiempo Dios es Señor sobre el tiempo porque fue Él quien lo creó y lo ordenó (Gén. 1:4,5,14-19). Dios es eterno, no está limitado por el espacio ni por el tiempo (Ex. 3:14,15; 1 Crón. 16:36; Sal. 41:13; 90:1,2; 93:2; 146:10; Isa. 9:6; Juan 1:1-18; 8:58; Heb. 13:8; 2 Ped. 3:8; Jud. 25). Por otro lado, Dios no es ajeno al tiempo. Mediante Su cuidado providencial y especialmente a través de la encarnación de Jesucristo, Dios ingresa en el tiempo sin estar limitado por las restricciones que este impone.

Debido a Su presciencia, sólo Dios conoce y ordena de antemano los sucesos en el tiempo (Dan. 2:20,22; Mar. 13:31,32; Hech 1:7; 2:22, 23). Él ve todas las cosas que suceden en el tiempo desde una perspectiva eterna, ve el final desde el comienzo. No obstante, los seres humanos están atrapados en el tiempo y, en ocasiones, no pueden discernir el significado ni la importancia que este tiene durante su existencia (Ecl. 3:1-11; 9:12; Sal. 90:9,10; Luc. 12:54-56; Sant. 4:13-16). El estar limitados por el inexorable paso del tiempo es un recordatorio de la finitud y la temporalidad de los seres humanos.

Estructura del tiempo Las sociedades agrícolas que rodeaban al pueblo hebreo tenían una visión cíclica del tiempo relacionada con el ciclo anual del sol. La economía de Israel también se basaba en la agricultura y, por lo tanto, el calendario israelita tomaba en cuenta los ciclos de la luna y el sol (Núm. 10:10; 1 Sam. 20:5,18,24; 1 Rey. 4:23; Sal. 81:2; Isa. 1:13,14; Col. 2:16). Las Escrituras a veces sugieren una visión cíclica de la historia, por ejemplo, en los ciclos de vida descritos en Eclesiastés (1:3-12; 3:1-8) y en el patrón repetitivo descrito en el libro de Jueces (Israel peca, se produce una crisis, el pueblo implora la ayuda de Dios, Dios los libera). Sin embargo, la Biblia propone una visión del tiempo totalmente diferente de las culturas circundantes. Las Escrituras enmarcan la historia en una visión lineal del tiempo que comienza con la creación, continúa a través de la historia dirigida por la providencia de Dios y culmina en el Día del Señor. El tiempo comienza a ser tiempo en un momento decisivo por creación divina (Gén. 1:14-19). En las Escrituras, la historia de la interacción de Dios con la humanidad se registra en orden cronológico en los libros narrativos tanto del AT como del NT. Si bien el tema general de la Biblia son las acciones de Dios en la historia, los escritores bíblicos tuvieron mucho cuidado de documentar sus relatos de manera específica. Por ejemplo, en la Biblia hay más de 180 referencias que se traducen "mes", que normalmente aluden a un determinado día santo, a un acontecimiento en la vida de Israel o a la recepción de la Palabra del Señor por parte de los profetas. Los escritores de los Evangelios mostraron preocupación por el orden cronológico, pero Lucas fue el más cuidadoso al fechar intencionalmente los acontecimientos bíblicos en función de sucesos públicos notorios (Luc. 1:1-4; 2:1-3; 3:1,2). La cronología específica de estos acontecimientos enfatiza que se trata de sucesos reales en tiempo y espacio, y no meras historias místicas ni mitológicas.

Medición del tiempo Dios estableció el día, la noche (Gén. 1:14-19) y las semanas (Gén. 1:1–2:3; Ex. 16:25,26; 20:9-11) como medidas de tiempo. Cuando se escribió la Biblia, los judíos consideraban que el día comenzaba la tarde del día anterior (Gén. 1:5,8,13,19,23,31; Mar. 13:35). La porción diurna del día constaba de doce horas; el mediodía era la hora sexta (Mar. 15:25; Juan 11:9). Los días se dividían en tres o cuatro "vigilias", que evidentemente estaban asociadas con las horas de guardia de los centinelas militares (Ex. 14:24; 1 Sam. 11:11; Jue. 7:19; Lam. 2:19; Mat. 14:25; Mar. 6:48; Luc. 12:38). El único instrumento para medir el tiempo que se menciona en la Biblia es un reloj de sol que tenía el rey Acaz (2 Rey. 20:8-11; Isa. 38:7,8).

El año hebreo tenía doce meses. Estos meses tenían 30 días que se contaban según el calendario lunar, por lo tanto, se realizaban ajustes periódicos para que el año tuviera 365 días y se equiparara con el calendario solar. El primer mes se llamaba Abib (Ex. 13:4; 23:15; 34:18; Deut. 16:11) o Nisán (Neh. 2:1; Est. 3:7). El segundo era Zif (1 Rey. 6:1,37); el tercero Siván (Est. 8:9); los nombres del cuarto y quinto mes no se mencionan en las Escrituras. El sexto mes era Elul (Neh. 6:15); el séptimo Etanim (1 Rey. 8:2); el octavo Bul (1 Rey. 6:38); el noveno Quislón (Neh. 1:1; Zac. 7:11); el décimo Tebet (Est. 2:16); el undécimo Sebat (Zac. 1:7), y el duodécimo Adar (Esd. 6:15; Est. 3:7,13; 8:12; 9:1,15, 17,19,21). El calendario anual israelita estaba estructurado por una serie de días festivos, días santos y fiestas religiosas. No existían sistemas de fechas para los años, pero estos generalmente se determinaban conforme a otros hechos históricos. En los libros 1 y 2 Reyes y 1 y 2 Crónicas, la fecha en que un rey comienza su reinado se establece según el año en que un monarca de otro lugar comienza su reinado (1 Rey. 15:1,9,15,28, 33; 16:8,10,15,23,29). La coronación de los reyes y otros acontecimientos importantes se convirtieron en patrones para fechar eventos (Isa. 6:1; 20:1; Amós 1:1; Luc. 2:1-3; 3:1,2).

Distinciones de tiempo Además de la medición cronológica del tiempo, las Escrituras enfatizan otro aspecto relacionado con momentos designados por Dios. Aunque la distinción no es absoluta, hay dos palabras en el NT que enfatizan estas dos dimensiones. *Chronos* es el término griego que se suele utilizar para aludir a la simple medición cronológica del tiempo (Luc. 20:9; Juan 7:33; Hech. 14:28), mientras que *kairos* por lo general se refiere a la importancia espiritual de una era (Mar. 1:15; Luc. 19:44; Rom. 5:6; Tito 1:3; Apoc. 1:3). Algunos tiempos son determinados por Dios, especialmente para cumplir Su voluntad dentro de una misión específica en un momento determinado (Hech. 17:26; Heb. 9:27) o en eventos apropiados para cada época de la vida (Deut. 11:14; Sal. 145:15; Ecl. 3:1-11; Jer. 18:23). Fue fundamental que la encarnación de Jesús ocurriera en el momento *kairos*, cuando se cumplió el tiempo (Juan 7:8; Gál. 4:4). A veces el espíritu de la época puede ser caracterizado como bueno o malo (Isa. 49:8; Ef.

5:15; 4:2,3). Todos los creyentes tienen la responsabilidad de mirar más allá del aspecto superficial de las cosas de la vida a fin de discernir la importancia espiritual de su época y apreciar las cuestiones espirituales más profundas que dan sentido a la vida (Sal. 90:9,10; Luc. 12:54-56). Por ejemplo, Juan no describe los milagros de Jesús como una mera serie de eventos inusuales sino como señales que demuestran la divinidad de Cristo (Juan 2:11, 23; 4:54; 6:2,14,26; 9:16; 11:47; 12:37; 20:30). Con discernimiento espiritual, los acontecimientos de una época tienen un significado más profundo que el que se observa a simple vista. En cada momento de la vida se deben tomar decisiones con consecuencias eternas (2 Cor. 6:2; Ef. 5:15,16). Por lo tanto, los cristianos deben estar atentos para poder discernir el significado y la importancia de su existencia en el tiempo, y comprender la realidad del mal y el accionar de Dios en la historia.

Tiempo y eternidad Un creyente vive en una época determinada pero espera con ansias el día cuando el aguijón del tiempo no exista más. En el presente participamos en el reino de Dios. En cierto sentido ya hemos tenido en nuestro tiempo un anticipo de la eternidad. En su Evangelio, Juan enfatiza esta "escatología cumplida": la vida eterna es una posesión actual del creyente (Juan 3:16,36; 5:24). El reino de Dios se concreta en nosotros cuando reconocemos el señorío de Jesús en nuestra vida. Pero además esperamos que llegue un día, el Día del Señor (Amós 5:18-20; Abd. 15; Sof. 1:7-14; 2 Tes. 2:1-12). La Biblia establece una clara distinción entre el tiempo presente y el por venir (Mar. 10:30; Rom. 8:18; Ef. 1:21; 2:4-7; Tito 2:12,13). La edad presente es un tiempo de decisión y servicio en el reino de Dios; la era que vendrá es el cumplimiento pleno de la vida eterna provista por Él. Por lo tanto, los cristianos viven en la tensión entre el "ya" (la eternidad invadió el tiempo a través de Jesucristo) y el "todavía no" (nuestra salvación aguarda completarse en el cielo). El tiempo dejará de ser significativo cuando ingresemos a la eternidad, los creyentes con Dios en el cielo y los incrédulos con Satanás en el infierno (Dan. 7:18, 27; Mat. 25:41-46; Apoc. 14:11; 20:5,10-15). La finitud y la muerte humana son los dos factores que dan relevancia al tiempo. En la eternidad el tiempo será redimido. Ver *Historia*. *Steve W. Lemke*

TIERRA En el AT, varios términos se traducen "tierra" o "nación". La palabra principal *erets* a menudo se distingue del otro término importante *adamah* porque indica un territorio geográfico o político (Gén. 11:28, "la tierra de su nacimiento"; 13:10, "la tierra de Egipto"; Gén. 36:43 "la tierra de su posesión"), si bien ambas palabras pueden denotar la superficie del terreno, el suelo que sostiene la vegetación y toda la vida (Gén. 1:11-12, *erets*; Deut. 26:2, *adamah*; Gén. 2:5-6, ambos). Cuando no se especifica claramente a través de un modificador, suele ser difícil decidir si *erets* se refiere a toda la tierra o solamente a una parte. Sin embargo, por lo general *adamah* no alude a toda la tierra (pero ver por ej. Gén. 12:3 y 28:14, "todas las familias de la tierra [*adamah*]"). Otros términos relacionados son *yabbasha* (Gén. 1:10: "y llamó Dios a lo seco [*yabbasha*] Tierra" [*erets*]); *sadeh* ("campo", Gén. 2:5), y *migrash* ("tierras de pasto", Lev. 25:34 LBLA). En la LXX y en el NT, *ge* es el equivalente habitual de *erets*, y *oikoumene* se traduce a veces "tierra habitada". Entre los diversos sentidos asociados a tierra y nación, la tierra y la nación de Israel en la teología bíblica se destacan de manera prominente.

La tierra se vincula íntimamente tanto con Dios como con la humanidad. La frase "los cielos y la tierra" se refiere a la totalidad del orden creado (Gén. 1:1; 2:4). Como Creador, Yahvéh es el Dios universal, Soberano, y Dueño de los cielos y la tierra (Gén. 14:19; 24:3; Ex. 9:14-16, 29; 19:5; Deut. 4:39; Jos. 3:11; Sal. 24:1; Isa. 48:13). Él es también el Juez de toda la tierra (Gén. 18:25; 1 Sam. 2:10; Isa. 24) y su Sustentador (Sal. 104:10-21,27-30). Al mismo tiempo, Dios trasciende Su creación (Isa. 40:12,22; 66:1-2; comp. 1 Rey. 8:27; 2 Crón. 2:6).

La tierra es el lugar de morada que Dios le dio a la humanidad (Gén. 1:28-29; 9:1-3; Sal. 115:16). El hombre [*adam*] fue formado del polvo de la tierra (*adamah*; Gén. 2:7) para atenderla (*'bd*) y cuidarla (*shmr*) (Gén. 2:15); de esa manera quedan ligados el destino de la tierra y el de la humanidad. La tierra (*adamah*) fue maldecida por causa de la rebelión de Adán y Eva (Gén. 3:17-19). Cuando Dios vio que se había corrompido a causa de la maldad del ser humano, envió un diluvio para destruirla (Gén. 6; 9:11; comp. Isa. 24:5-6). Cuando los hijos de Dios se manifiesten (con la redención de nuestros cuerpos en la resurrección final), también la creación será liberada de la esclavitud de la corrupción (Rom. 8:19-23), y habrá "nuevos cielos y nueva tierra" (Isa. 65:17; 2 Ped. 3:13; Apoc. 21:1).

Con el pacto abrahámico, Dios redujo el enfoque de Su misión redentora (el pacto con Noé confirmó implícitamente una nueva creación [Gén. 8:17; 9:7], pero no puso fin a la rebeldía humana puesta de manifiesto en Babel). Sin embargo, la promesa a Abraham y a sus descendientes de una tierra específica, Canaán (Gén. 12:7; 13:15,17; 15:7; 17:8; 26:3-4; 35:12; 48:4; 50:24), va acompañada de la promesa de bendecir a "todas las familias de la tierra" (Gén. 12:3; 28:14; "todas las naciones de la tierra" en 22:18 y 26:4). Israel debía obedecer a Jehová en su tierra de la misma manera que la humanidad tenía que hacerlo en toda la tierra, pero no lo hizo. La buena tierra le fue dada a Israel como posesión (Deut. 9:6), con una provisión abundante ("tierra que fluye leche y miel", por ej., Ex. 3:8; Núm. 13:27; comp. Deut. 8:7-9; 11:10-12) y para descansar de la peregrinación (Jos. 1:13; comp. Deut. 12:9).

En la historia de Israel, las bendiciones y las maldiciones de la tierra reflejaban la obediencia o la rebelión de Israel hacia Jehová. Los profetas empleaban figuras de una tierra enlutada como resultado de las malas obras de la gente (Os. 4:1-3; Jer. 12:4; 23:10; Amós 1:2). A los israelitas se les advirtió que, si imitaban la maldad de los cananeos, la tierra los vomitaría de la misma manera que los había vomitado a ellos (Lev. 18:25-28). Las maldiciones incluidas en el pacto, que culminaron con la expulsión de la tierra y la dispersión entre las naciones por causa de la desobediencia (Lev. 26:32-39; Deut. 28:63-65), cayeron primero sobre el Reino del Norte (2 Rey. 17:6-23; Amós 7:11) y luego sobre el Reino del Sur, de Judá (2 Rey. 23:26, 27; Jer. 7:15). Sin embargo, Jehová prometió restaurar la tierra (por ej., Isa. 14:1; 27:12-13; Jer. 16:15; 23:8; Ezeq. 28:25; Amós 9:15; Sof. 3:10), lo que ocurrió en forma parcial bajo el liderazgo de Zorobabel, de Esdras y de Nehemías.

En el NT, la proclamación se concentra en el reino de Dios y en Jesucristo como Su encarnación (son raras las referencias a la tierra prometida: por ej., Hech. 7:3-7; 13:17-19; Heb. 11:9). Algunos argumentan que la tierra no es un asunto que interese al NT. Es más probable que el símbolo de la tierra se universalice a la luz de Cristo. Abraham y sus descendientes heredarán la tierra (Rom. 4:13; comp. Mat. 5:5 donde "la tierra" al parecer se equipara con el "reino de los cielos", Mat. 5:3,10 y 25:34,46, donde el reino heredado se presenta como el contexto para la entrada a la vida eterna). Usando el modelo de un éxodo seguido por la posesión de la tierra, el Padre "nos hizo aptos para participar de la herencia de los santos en luz; el cual nos ha librado de la potestad de las tinieblas, y trasladado al reino de su amado Hijo" (Col. 1:12-13; comp. 1 Ped. 1:3-5). Abraham y otros creyentes del AT buscaban y anhelaban una patria mejor, celestial (Heb. 11:13-16). La redención del pueblo de Dios incluirá la redención de toda la creación como Su herencia (Rom. 8:14-25). Mientras tanto, a fin de entrar en su reposo, los que pertenecen a Dios deben responder con suma obediencia a la gracia de Dios (Heb. 4:1-11).

¿Disfrutarán los judíos una restauración a su tierra, tal vez en un futuro milenio? La respuesta depende en parte de la manera como se interprete la profecía del AT y también de la posición en cuanto a escatología (por ej., si Apoc. 20 se refiere en forma literal a un milenio futuro y si las profecías antiguotestamentarias se cumplirán en ese momento de una manera más literal para los judíos). Sin embargo, el énfasis del NT gira en torno a la inauguración del reino de Dios con la primera venida de Cristo y a Su consumación cuando Él regrese. En el nuevo cielo y la nueva tierra, donde Dios habita en armonía con Su pueblo, la creación y la redención de la humanidad y de la tierra, y la promesa de Dios de que la tierra y Su pueblo entrarán a la bendición, al reposo y la vida eterna, alcanzarán su meta final (Apoc. 21–22). *Randall K. J. Tan*

TIERRA DEL OLVIDO Descripción del Seol (Sal. 88:12). Ver *Seol*.

TIERRA ORIENTAL Designación de los territorios ubicados en dirección al sol naciente. En Gén. 25:6, más que a esa orientación, la referencia alude a tierras desérticas. En 1 Rey. 4:30, la sabiduría de los orientales, ya sea de la Mesopotamia o de los árabes que habitaban el desierto, sumada a la sabiduría de Egipto, significa toda la sabiduría. La región del oriente en Ezeq. 47:8 se ubica en dirección al Mar Muerto. La región del oriente y la tierra del oriente en Zac. 8:7 hacen referencia al mundo entero.

TIFSA Nombre geográfico que significa "pasaje, vado". **1.** Ciudad en la ribera oriental del Río Éufrates situada aprox. 120 km (75 millas) al sur de Carquemis, el límite noreste del reino de Salomón (1 Rey. 4:24). **2.** Lugar cercano a Tirsa en Samaria (2 Rey. 15:16), posiblemente una deformación de Tapúa, la forma que aparece en la traducción griega más antigua.

TIGLAT-PILESER Nombre de persona que significa "Mi confianza es el hijo de Esarra (el templo de Asur)". Rey de Asiria desde el 745 al 727 a.C. (2 Rey. 16:7), conocido también como Pul (2 Rey. 15:19). Ver *Asiria.*

TILDE Traducción del término griego que literalmente significa "cuerno pequeño" (Mat. 5:18; comp. Luc. 16:17). También se traduce "ápice", "trazo de letra". La tilde se considera generalmente una marca que distingue letras con formas semejantes, ya sea la tilde ubicada sobre la letra para distinguir la *sin* hebrea de *shin* o bien los rasgos usados para diferenciar otras (por ej. *bet* y *caf*). Otros sugieren que se refiere a la letra *vau.* La *iota*, traducida "jota" o "la letra más pequeña", es la vocal griega más pequeña y generalmente es representativa de la letra hebrea más pequeña, *yod.* Jesús dijo que era más fácil que pasaran el cielo y la tierra antes de que el detalle más pequeño de la ley quedara sin cumplir. La calificación de Mateo "hasta que todo se haya cumplido" es quizás una referencia a la obra redentora de Cristo como cumplimiento de toda la Escritura.

TILÓN Nombre de persona de significado incierto. Descendiente de Judá (1 Crón. 4:20).

TIMEO Nombre de persona que significa "altamente valorado" (Mar. 10:46). Bartimeo es la forma aramea de "hijo de Timeo".

TIMNA Nombre de persona que significa "contención" o "ella protege". **1.** Hermana del jefe de la familia horea de Lotán (Gén. 36:22; 1 Crón. 1:39), concubina de Elifaz, el hijo de Esaú, y madre de Amalec (Gén. 36:12). **2.** Hijo de Elifaz (1 Crón. 1:36; Gén. 36:16, Temán) y jefe de una familia edomita (Gén. 36:40; 1 Crón. 1:51). Timna se

El nombre moderno Timna alude a una gran zona minera de cobre, al norte del Golfo de Aqaba.

Panorama de Tel Batash (emplazamiento de la antigua ciudad de Timnat).

asocia con Timnat del sur de Arabia o, según Gén. 36:16, con Temán en el sur de Edom. Es la capital de Qataban. **3.** Nombre moderno de una antigua mina de cobre ubicada a unos 22 km (14 millas) al norte de Elat.

TIMNAT Nombre geográfico que significa "porción asignada". **1.** Ciudad asignada a Dan (Jos. 19:43) en la frontera sur con Judá (Jos. 15:10). En este último pasaje, la mayoría de las traducciones al español dicen Timna en lugar de Timnat. El sitio tal vez sea Tel Batash, ubicado unos 6 km (4 millas) al noroeste de Bet-semes en Judá. Los filisteos ocuparon el lugar en tiempos de Sansón (Jue. 14:1-5). Uzías probablemente haya tomado la ciudad cuando conquistó las ciudades filisteas (2 Crón. 26:6). Su nieto Acaz volvió a perder la ciudad a manos de los filisteos (2 Crón. 28:18). El rey asirio Senaquerib la conquistó en el 701 a.C. **2.** Aldea en la zona montañosa de Judá (Jos. 15:57). Esta Timnat quizás haya sido el escenario del encuentro de Judá con Tamar (Gén. 38:12-14). El sitio probablemente se halle al sur de Hebrón, unos 6 km (4 millas) al este de Beit Nettif.

TIMNATEO Residente de Timna (Jue. 15:6).

TIMNAT-SERA Lugar heredado por Josué y donde más tarde fue sepultado (Jue. 2:9; Jos. 19:50; 24:30). Timnat-sera significa "porción restante", y se refiere a una región otorgada a Josué después de la distribución de tierra a las tribus (Jos. 19:50; 24:30). El sitio se identifica con Khirbet Tibneh, unos 27 km (17 millas) al sudoeste de Siquem.

TIMÓN Nombre de persona que significa "honorable". **1.** Una de las siete personas escogidas para supervisar la distribución de alimentos a las

viudas que hablaban griego en la iglesia de Jerusalén (Hech. 6:5).
2. Ver *Barcos, marineros y navegación.*

TIMOTEO Nombre de persona que significa "honrar a Dios". Amigo y colaborador de confianza de Pablo. Desde pequeño, su madre Eunice y su abuela Loida le enseñaron las Escrituras (2 Tim. 1:5; 3:15). Nació en Listra y posiblemente se convirtió al cristianismo durante el primer viaje misionero de Pablo (Hech. 14:6-23). Este llama a Timoteo su hijo en la fe (1 Cor. 4:17; 1 Tim. 1:2; 2 Tim. 1:2), lo cual quizá signifique que el apóstol desempeñó un papel fundamental en su conversión. Cuando Pablo fue a Listra en el segundo viaje, Timoteo ya era un discípulo muy respetado por los creyentes (Hech. 16:1,2). Pablo le pidió que lo acompañara. El padre de Timoteo era griego y este no había sido circuncidado. Dado que estarían ministrando entre muchos judíos y que la madre de Timoteo era judía, Pablo hizo que se circuncidara (Hech. 16:3).

Timoteo no sólo acompañó a Pablo sino que este lo envió para cumplir con misiones de vital importancia (Hech. 17:14,15; 18:5; 19:22; 20:4; Rom. 16:21; 1 Cor. 16:10; 2 Cor. 1:19; 1 Tes. 3:2,6). Por ejemplo, cuando el apóstol no pudo ir a Corinto, envió a Timoteo en representación suya y de sus enseñanzas (1 Cor. 4:17). Más tarde, mientras estaba en prisión, lo envió a Filipos (Fil. 2:19). Pablo consideraba que no había otra persona con mayor compasión y compromiso que Timoteo (Fil. 2:20-22).

Timoteo y Pablo eran tan unidos que ambos nombres se mencionan como autores de seis cartas paulinas (2 Cor.1:1; Fil.1:1; Col. 1:1; 1 Tes. 1:1; 2 Tes. 1:1; Filem. 1). Además, el apóstol le escribió dos cartas (1 Tim.1:2; 2 Tim. 1:2). A medida que se acercaba el final de su ministerio, Pablo lo instó a permanecer comprometido con su llamamiento (1 Tim. 1:18). Cuando estaba por morir, le pidió a Timoteo que fuera para acompañarlo (2 Tim. 4:9). En algún momento de su vida Timoteo estuvo en prisión pero fue liberado (Heb. 13:23). Ver *Pablo; Timoteo, Primera Carta a; Timoteo, Segunda Carta a.* *Robert J. Dean*

TIMOTEO, PRIMERA CARTA A Primera de las dos cartas que Pablo le escribió a Timoteo. Fue escrita aprox. en el 63 d.C. luego del encarcelamiento de Pablo en Roma. Quizá Pablo dejó Roma y viajó a Éfeso. Existe cierta discrepancia respecto al lugar donde se escribió la carta. Se han mencionado Roma y Macedonia. Según 1 Tim. 1:3, tal vez Macedonia sea la mejor opción. La carta está dirigida a Timoteo, que estaba en Éfeso. Pablo lo insta a permanecer allí y guiar a esta importante iglesia como pastor (1 Tim. 1:3).
Propósito Pablo esperaba visitar a Timoteo en Éfeso pero temía retrasarse. Si eso sucedía, quería que su discípulo supiera "cómo hay que portarse en la casa de Dios" (3:14,15 NVI). La epístola contiene instrucciones sobre el orden y la estructura de la iglesia, y algunos consejos prácticos para el joven pastor. Un tema importante de esta y las otras dos epístolas pastorales (2 Timoteo y Tito) es la sana doctrina. Pablo instó a Timoteo y a Tito a enfrentar las falsas enseñanzas mediante una doctrina sana y correcta. Esta palabra se menciona ocho veces en estas tres cartas (1 Tim. 1:10; 6:3; 2 Tim. 1:13; 4:3; Tito 1:9,13; 2:1,2). Ver *Cartas; Pablo; Timoteo.*
Resumen ***Capítulo uno*** Pablo escribió como apóstol de Jesucristo y con la autoridad de Jesús mismo. El error descrito en los vv.3-4 lo cometían los judíos. Algunos enseñaban falsamente una interpretación mitológica de las genealogías del AT. Esta enseñanza no tenía sentido y era controvertida. Timoteo es exhortado a enseñar una "doctrina sana" (1:10,11). Himeneo y Alejandro era dos líderes entre los falsos maestros. Pablo dijo con respecto a ellos que los entregó "a Satanás para que aprendan a no blasfemar" (1:20; comp. 1 Cor. 5:5). El propósito de esta exhortación y de toda la disciplina cristiana era la restauración final del transgresor.

Capítulo dos Se otorga prioridad a la oración en las reuniones de adoración en la iglesia. En el NT aparecen siete palabras griegas para "oración", y cuatro se mencionan en el v.1. Una de las declaraciones más significativas del NT se encuentra en el v.5. Pablo escribió que "hay un solo Dios, y un solo mediador entre Dios y los hombres, Jesucristo hombre". Se establece el monoteísmo en clara oposición al politeísmo del mundo religioso del siglo I. Mediador hace referencia a "algo o alguien que media". Jesús "media" entre Dios y la humanidad, y se lo llama "rescate" en el v.6. En la antigüedad, para comprar la libertad de un esclavo era necesario pagarle un rescate a su dueño. Jesús pagó nuestra redención con Su muerte en la cruz.

Capítulo tres Se detallan las virtudes necesarias para liderar a la iglesia. Se mencionan 15 requisitos morales y éticos en los vv.2-7. Ver *Posiciones de liderazgo en el NT.*

Capítulo cuatro Pablo afirmó que "todo lo que Dios creó es bueno" (4:4). Algunos falsos maestros sostenían que el matrimonio y ciertos alimentos eran malos. Pablo aludió al mensaje de Génesis donde se afirma que todo lo que Dios creó es bueno. La humanidad toma la creación de Dios y la corrompe. El apóstol le recordó a Timoteo que debía ser un "buen ministro de Jesucristo" (4:6) y un "ejemplo de los creyentes en palabra, conducta, amor, espíritu, fe y pureza" (4:12).

Capítulo cinco Pablo brindó consejos prácticos sobre el ministerio de la iglesia a varios grupos de personas que componían la membresía.

Capítulo seis Los maestros de la falsa doctrina "piensan que la religión es un medio de obtener ganancias" (6:5 NVI). En vista de esto y otras cosas, Pablo advierte que "el amor al dinero es la raíz de toda clase de males" (1 Tim. 6:10 NVI).

Bosquejo

I. Saludos (1:1,2)
II. Consideraciones introductorias (1:3-20)
   A. Falsa doctrina y uso incorrecto de la ley (1:3-11)
   B. Testimonio de Pablo (1:12-17)
   C. Participación en la batalla (1:18-20)
III. La adoración de la iglesia (2:1-15)
   A. Instrucciones sobre la oración (2:1-7)
   B. Instrucciones a hombres y mujeres (2:8-15)
IV. Cualidades de los líderes de la iglesia (3:1-13)
V. El misterio de la piedad (3:14-16)
VI. El ministerio de la iglesia (4:1–6:10)
   A. Influencia demoníaca (4:1-5)
   B. Un buen siervo de Jesucristo (4:6-10)
   C. Instrucciones para el ministerio (4:11–5:2)
   D. Apoyo a las viudas (5:3-16)
   E. Respetar a los ancianos (5:17-25)
   F. Honrar a los amos (6:1,2a)
   G. Falsa doctrina y ambición humana (6:2b-10)
VII. Consideraciones finales (6:11-21)
   A. Pelear la batalla de la fe (6:11-16)
   B. Instrucciones a los ricos (6:17-19)
   C. Protección de lo encomendado (6:20-21)

Mark E. Matheson

TIMOTEO, SEGUNDA CARTA A Segunda de las cartas que Pablo le escribió a Timoteo, pastor de la iglesia en Éfeso. Es la última epístola que escribió Pablo de la que se tiene conocimiento. Lo hizo desde su celda durante el segundo encarcelamiento en Roma. Estaba esperando ser juzgado por su fe. Es evidente que no creía que iba a ser liberado (2 Tim. 4:6). Si Nerón ejecutó a Pablo y murió en el 68 d.C., el apóstol tiene que haber sido ejecutado antes. La fecha de la carta puede establecerse entre el 63 y 67 d.C. El destinatario era Timoteo. Durante un tiempo había sido representante del apóstol en Éfeso.

Propósito La carta contiene conmovedoras palabras de aliento e instrucción para su joven discípulo. Pablo anhelaba ver a Timoteo (2 Tim. 1:4) y le pidió que fuera a Roma a visitarlo. Se cree que Timoteo acudió a su llamado. El apóstol le solicitó que fuera antes del invierno (2 Tim. 4:21) y le llevara un abrigo que había dejado en Troas (2 Tim. 4:13). También le pidió que llevara algunos rollos y papiros para poder leer y estudiar (2 Tim. 4:13). Ver *Cartas; Pablo; Timoteo.*

Resumen *Capítulo uno* Pablo recuerda que la fe de Timoteo vivió primero en su abuela, Loida, y en su madre, Eunice (1:5). Pablo realmente se había convertido en el padre de Timoteo (1:2). Es probable que este haya sido una persona naturalmente tímida, por lo cual Pablo le dijo que ministrara con espíritu de poder (1:7). El Espíritu Santo capacita a los creyentes, pero debemos tener cuidado de ejercer este poder con un espíritu de "amor y dominio propio" (1:7 NVI). Dos hombres, Figelo y Hermógenes, abandonaron a Pablo (1:15). Onesíforo era un amigo que lo alentaba y no se avergonzaba de la prisión del apóstol (1:16).

Capítulo dos Pablo instó a Timoteo a ser fuerte en Jesucristo. Para describir el llamamiento cristiano utilizó metáforas como las del soldado, el atleta y el labrador. El objetivo de tal llamamiento es que todos obtengan la salvación en Cristo Jesús (2:10 NVI). Timoteo debía interpretar rectamente la palabra de verdad (2:15) frente a aquellos que la emplean mal. Se mencionó a Himeneo (1 Tim. 1:20) y a Fileto. Estos enseñaban que la resurrección ya había ocurrido y destruían la fe de algunos (2 Tim. 2:18).

Capítulo tres "Los últimos días" son una referencia a la segunda venida de Jesús. Los días que antecedan esta venida serán difíciles. Las características de estos días han surgido en diferentes épocas, pero los tiempos previos a la venida real de Jesús serán aun más intensos. En los vv.2-5, Pablo menciona 18 características de los hombres malvados.

T

Los compara con Janes y Jambres, que se opusieron a Moisés (3:8). Aunque estas dos personas no se mencionan en el AT, la tradición judía afirma que fueron dos magos egipcios que se opusieron a Moisés y Aarón. El mal y la falsa enseñanza serán vencidos con las sagradas Escrituras (3:16-17).

Capítulo cuatro Pablo continúa diciéndole a Timoteo que debe estar preparado para predicar "la palabra" en todo momento. La necesidad es inmensa porque las personas no siempre adhieren a la "verdad" (4:3). Utilizando la metáfora de Núm. 28:24, el apóstol comparó su vida con una "libación". Esta se vertía sobre un sacrificio antes de ofrecerlo. Pablo estaba listo para dejar esta vida y unirse al Señor. Anticipó que lo esperaba una "corona de justicia" (4:8). La carta concluye con consejos prácticos y consideraciones pastorales para Timoteo.

Bosquejo

I. Saludos (1:1-2)
II. Acción de gracias (1:3-7)
III. No avergonzarse del evangelio (1:8-12)
IV. Ser leal a la fe (1:13-18)
V. Esforzarse en la gracia de Cristo (2:1-13)
VI. Un obrero aprobado (2:14-26)
VII. Se aproximan tiempos difíciles (3:1-9)
VIII. Las Sagradas Escrituras (3:10-17)
IX. Cumple tu ministerio (4:1-8)
X. Instrucciones finales (4:9-18)
XI. Bendición (4:19-22)

Mark E. Matheson

TINIEBLAS En el AT y en el NT se usa la ausencia de luz tanto en sentido físico como figurado. Las tinieblas que cubrían el abismo antes de que Dios creara la luz, simbolizan el caos en oposición a la creación ordenada de Dios (Gén. 1:2, 3). En otras porciones de la Biblia se reconoce que tanto las tinieblas como la luz son creación de Dios (Isa. 45:7). En las tinieblas "se pueden esconder los malhechores" (Job 34:22 NVI); sin embargo, las tinieblas no nos esconden de Dios (Sal. 139:11,12; Dan. 2:22).

Las tinieblas se consideraban maldición. Por lo tanto, el AT se refiere a la muerte como un lugar de tinieblas (Job 10:21,22; 17:13; Sal. 88:6). Con frecuencia se las asocia con hechos sobrenaturales que involucran el juicio de Dios, como las plagas de Egipto (Ex. 10:21), la venida del Señor (Isa. 13:9,10; Joel 2:31; Mat. 24:29) y la crucifixión de Cristo (Mat. 27:45). Frecuentemente se describe el día del juicio de Dios como un día de tinieblas (Joel 2:2; Amós 5:18-20). En otros versículos, las tinieblas forman parte del castigo divino a los desobedientes (Deut. 28:29; 1 Sam. 2:9; Job 5:14; 15:30; 20:26; Sal 107:10; Isa. 47:5; Jer. 13:16; Ezeq. 32:8).

En el NT, el lugar de castigo para los seres humanos y los ángeles caídos se conoce como "las tinieblas de afuera" (Mat. 8:12; 22:13; 25:30; comp. 2 Ped. 2:4; Jud. 6,13). Las tinieblas con frecuencia tienen un sentido ético. La Escritura menciona caminos de tinieblas (Prov. 2:13; 4:19), caminar en tinieblas (Juan 8:12; 1 Juan 1:6 comp. 2 Cor. 6:14; Ef. 5:8), y obras de las tinieblas (Rom. 13:12; Ef. 5:11). En este sentido ético, Dios no tiene tinieblas (1 Juan 1:5). Se puede llamar tinieblas a los poderes hostiles a Dios, por lo tanto, las personas tienen que elegir si son leales a Dios o a las tinieblas (Luc. 22:53; Juan 1:5; 3:19; Col. 1:13; 1 Tes. 5:5). También simbolizan ignorancia, especialmente sobre Dios y los caminos divinos (Isa. 8:22; 9:2; Juan 12:46; Hech. 26:18; 1 Tes. 5:4; 1 Juan 2:9). A la liberación de parte de Dios se la describe como la luz que ilumina las tinieblas (ya sea de la ignorancia o de los poderes hostiles) (Isa. 9:2; 29:18; 42:7-16; Miq. 7:8; 1 Ped. 2:9). Ver *Luz.*

Chris Church

TINTA Líquido para escribir en papiros (producto vegetal) que se preparaba con hollín o negro de humo mezclado con goma arábiga (Jer. 36:18; 2 Cor. 3:3; 2 Jn. 12; 3 Jn. 13). La tinta roja se lograba reemplazando el hollín con óxido de hierro rojo. Como esa tinta no se adhería bien al pergamino (producto de cuero), se preparaba otra tinta de nuez de agalla de ciertos árboles mezclada con sulfato de hierro.

TINTE Proceso de colorear materiales. El proceso de teñido no se menciona en la Escritura, aunque sí se habla de los materiales. En la fabricación de las cortinas del tabernáculo se utilizó hilo color azul, púrpura y escarlata (Ex. 25:4; 36:8,35,37). Los materiales teñidos eran una parte importante de los despojos de guerra (Jue. 5:30). El trabajo de las familias de los que trabajaban el lino (1 Crón. 4:21) pudo haber incluido el teñido del hilo. Salomón le solicitó al rey Hiram de Tiro que le enviara alguien experto en el teñido de púrpura, azul y carmesí para las cortinas del templo (2 Crón. 2:7; 3:14). Job 38:14, según lo enmendado por algunos traductores modernos habla del amanecer "que tiñe" el cielo (la mayoría se refiere al "barro"). En el NT, Lidia era vendedora de mercancías teñidas de púrpura (Hech.16:14).

El proceso de teñido implicaba empapar el material en las tinas con tinte y luego secarlo. Este proceso se repetía hasta que el material teñido adquiría el color deseado. El proceso concluía con el empapado del material en un agente de fijación que daba como resultado un paño de color inalterable. El tinte azul se hacía con las cáscaras de las granadas; el carmesí, con las larvas o gusanos que se alimentaban de los robles; y el púrpura, de la concha de los mariscos múrice. Puesto que este marisco se encontraba solamente en las cercanías de Acre en la costa fenicia, y debido a que de cada concha sólo se podía extraer una pequeña cantidad de material de teñido, este tinte era especialmente costoso. La evidencia arqueológica sugiere que en Palestina, en los tiempos bíblicos, se teñía el hilo en sí más que todo el paño. Ver *Ropa.*

TINTERO Término empleado por la RVR1960 para el estuche (NVI) o cartera (LBLA) donde se guardaban los ingredientes para fabricar tinta (Ezeq. 9:2,3,11). Un escriba por lo general llevaba su tintero en el cinturón.

Lapiceros del antiguo Egipto, con recipientes para tinta en la parte superior.

T

TIÑA Nombre de una enfermedad de la piel (Lev. 13:30-37; 14:54). El término hebreo básico significa "arrancar, aflojar". La enfermedad producía llagas en la cabeza, comezón, debilitamiento y pigmentación amarilla del cabello. Las traducciones modernas hacen referencia a escamas o comezón. Algunos eruditos piensan que la enfermedad descripta es el favo; otros hablan de serpigo o eczema. Ver *Comezón.*

TIPOLOGÍA Método de interpretar partes de las Escrituras mediante el uso de un patrón establecido por una declaración anterior que explica otra posterior. Las palabras griegas que nos ayudan a comprender la tipología provienen de la raíz de un verbo que significa "pegar, golpear o martillar". En la construcción de edificios, lo que se "martilla" puede convertirse en un patrón. Este artículo examinará cómo se utiliza esa familia de palabras y cómo funciona la tipología en la interpretación del AT.

Palabras y significados básicos Todas estas palabras relacionadas muestran los efectos de una impronta.

1. Golpe, marca En el relato sobre el escepticismo de Tomás aparece un significado literal de *tupos.* "Mientras no vea yo la marca (*tupos*) de los clavos en sus manos, y meta mi dedo en las marcas y mi mano en su costado, no lo creeré" (Juan 20:25 NVI). Jesús invitó a Tomás a examinar Sus manos y Su costado. Luego Jesús lo instó: "Y no seas incrédulo, sino hombre de fe" (Juan 20:27 NVI). Tomás demostró que había creído cuando exclamó: "¡Señor mío y Dios mío!" (Juan 20:28 NVI).

2. Modelo o patrón técnico Tanto Heb. 8:5 como Hech. 7:44 utilizan *tupos* para referirse a Ex. 25:40, donde el Señor le ordenó a Moisés que fabricara los muebles y los utensilios para el tabernáculo "conforme al modelo que te ha sido mostrado en el monte". La palabra hebrea para patrón o modelo es *tabnit*, que proviene de una raíz hebrea que significa "construir". El sustantivo significa "construcción, patrón o figura". El escritor de Hebreos enfatizó que Cristo no podía ser un sacerdote terrenal porque tales sacerdotes servían en lo que era copia y sombra de cosas celestiales. Moisés vio una copia terrenal de la realidad celestial. Jesús se convirtió en sumo sacerdote y ministro de los lugares celestiales y del tabernáculo verdadero que levantó el Señor (Heb. 8:2). Incluso este lenguaje terrenal muestra la superioridad del sacerdocio celestial de Cristo en comparación con los sacerdotes terrenales.

En Hech. 7:44, Esteban dijo que todo el tabernáculo (al que llamó "el tabernáculo del testimonio") fue hecho según "el modelo" que Moisés había visto. La palabra *tupos* significa modelo o patrón.

3. Imagen o estatus En Hech. 7, Esteban dice que Israel tomó el "tabernáculo de Moloc, de la estrella del dios Refán, y de las imágenes que hicieron para adorarlas" (Hech. 7:43 NVI). Aquí lo que está sellado o estampado es un ídolo. La impronta se convirtió en objeto de adoración.

4. Patrón como molde o norma Si bien Esteban señaló que la idolatría era un modelo erróneo, Pablo indicó uno correcto en Rom. 6:17, cuando le agradeció a Dios que, a pesar de que los romanos fueron alguna vez esclavos del pecado, se sujetaron al evangelio. Pablo describió el evangelio como "aquella forma de doctrina a la que fuisteis entregados" (LBLA). El evangelio es una norma o patrón que muestra cómo debemos vivir (comp. Rom. 1:16,17).

5. Personas como ejemplos o modelos Cuando las personas internalizan el evangelio, sus vidas inician un proceso de transformación. Pablo habló de sí mismo y de sus compañeros como ejemplos o modelos. Instó a los filipenses a convertirse en imitadores de él: "sigan todos mi ejemplo, y fíjense en los que se comportan conforme al modelo que les hemos dado" (Fil. 3:17 NVI). Les dijo a los tesalonicenses: "Y lo hicimos así, no porque no tuviéramos derecho a tal ayuda, sino para darles buen ejemplo" (2 Tes. 3:9 NVI). Pablo obtuvo misericordia y Dios le mostró tolerancia "para ejemplo de los que habrían de creer en él para vida eterna" (1 Tim. 1:16).

Los tesalonicenses se convirtieron en modelos o patrones para los creyentes en Macedonia y Acaya por la fe demostrada durante las tribulaciones. "En todo lugar vuestra fe en Dios se ha extendido" (1 Tes. 1:7,8). El apóstol le recomendó a Timoteo que fuera modelo para los creyentes en "palabra, conducta, amor, espíritu, fe y pureza" (1 Tim. 4:12). Al mismo tiempo, Timoteo tenía su propio estándar para guiarse: "la forma de las sanas palabras que de mí oíste, en la fe y amor que es en Cristo Jesús" (2 Tim. 1:13 NVI). Asimismo, Tito debía ser un modelo o patrón de buenas obras, integridad en la enseñanza, seriedad y palabra irreprochable (Tito 2:7,8 NVI). Pedro instó a los ancianos a convertirse en ejemplos o patrones para sus rebaños en lugar de tener "señorío sobre los que están a vuestro cuidado" (1 Ped. 5:3). Los cristianos, y especialmente los líderes cristianos, son observados y con frecuencia imitados. El patrón o modelo que ellos muestran es crucial.

La tipología como método para interpretar el AT A veces el NT se refiere explícitamente al método para interpretar el AT diciendo que es un "tipo" o "símbolo". Sin embargo, el NT normalmente utiliza la tipología como método para interpretar el AT, aunque sin decirlo de manera explícita. La tipología implica correspondencia, generalmente sobre un tema en particular entre una persona, evento o cosa del AT con otra persona, evento o cosa del NT. Todos los elementos pueden ser muy diferentes excepto este, pero el que se seleccionó para efectuar la comparación tiene verdadera similitud en los dos contextos históricos.

1. Advertencias del AT Pablo utilizó esta clase de tipología en 1 Cor. 10:1-11. Rememoró las experiencias del pueblo de Israel en el éxodo y durante los 40 años en el desierto: la destrucción del ejercito del faraón en el desierto (Ex. 14–15); la provisión del maná (Ex. 16); la conducta en Refidim cuando tuvieron sed y la roca fue golpeada para obtener agua (Ex. 17); en Cades, cuando se le habló a la roca (Núm. 20); el pecado del becerro de oro (Ex. 32); la fornicación con las hijas de Moab en Baal-peor (Núm. 25); las murmuraciones cuando partieron del Monte Hor para rodear la tierra de Edom (Núm. 21). Pablo señaló un punto de correspondencia entre los eventos del AT y el mensaje del NT: todo el pueblo participó en estas experiencias, pero Dios no se complació con la mayoría; la mayor parte del pueblo murió en el desierto y no pudo entrar a la tierra prometida (1 Cor. 10:5). Pablo señaló que esta conducta mayoritaria que hizo enojar a Dios son tipos o patrones de advertencia, modelos y ejemplos para los cristianos (1 Cor. 10:6). Estos no deben desear cosas malas, como sucedió con el incidente del becerro de oro y en Baal-peor (1 Cor. 10:7,8). No debían quejarse ni murmurar como hicieron los israelitas cuando las serpientes ardientes los mordieron o cuando se juzgó a los hijos de Coré (1 Cor. 10:9-10; comp. Núm. 16; 21). Pablo concluyó diciendo: "Y estas cosas les acontecieron como ejemplo, y están escritas para amonestarnos a nosotros, a quienes han alcanzado los fines de los siglos" (1 Cor. 10:11).

2. Adán como tipo de Cristo En Rom. 5:12-21, Pablo comparó a Adán con Cristo. Explicó que la obra de Cristo es mucho más poderosa que la transgresión de Adán, y dijo específicamente que Adán "es figura del que había de venir" (Rom. 5:14). Indudablemente existen grandes diferencias entre Adán y Cristo. El punto de correspondencia en el pasaje es el efecto que produjeron en la humanidad. Adán afectó desfavorablemente a los seres humanos, mientras que Cristo lo hace de manera positiva. La transgresión de Adán condenó a todas las personas; las obras rectas de Cristo otorgan el beneficio de la gracia a todos los hombres para poder ser justificados (Rom. 5:16,18). Donde abundaba el pecado, sobreabundó la gracia (Rom. 5:20). Para que las obras de Cristo se hagan efectivas, las personas deben recibir la abundancia de la gracia de Dios y el don de la justicia (Rom. 5:17).

3. El bautismo como cumplimiento Después de hablar sobre la obra de Cristo que les predicó a los espíritus encarcelados, Pedro mencionó el arca de Noé y el diluvio: "En ella sólo pocas personas, ocho en total, se salvaron mediante el agua, la cual simboliza el bautismo que ahora los salva también a ustedes. El bautismo no consiste en la limpieza del cuerpo, sino en el compromiso de tener una buena conciencia delante de Dios" (1 Ped. 3:20,21 NVI). El bautismo es una representación de la fe. Aquí se lo llama "compromiso", el compromiso de tener una buena conciencia. Somos salvos por la fe expresada en el bautismo por agua. ¿Cuál es el punto de correspondencia con el diluvio? Este fue un tipo del bautismo porque las personas que tuvieron fe (y que fueron receptoras del favor de Dios) experimentaron liberación. Noé y su familia fueron liberados por medio del arca y del agua. Los cristianos que expresan su verdadera fe mediante el bautismo son liberados del yugo del pecado.

Un punto de correspondencia entre un acontecimiento del AT y otro del NT muestra al mismo Dios que actúa en ambos pactos. La tipología, que es una comparación que enfatiza un punto de similitud, nos ayuda a ver a la persona, el acontecimiento o la institución del NT como cumplimiento de aquello que sólo se insinuó en el AT. *Berkeley Mickelson*

TÍQUICO Nombre de persona que significa "afortunado". Colaborador de Pablo en el ministerio. Nativo de Asia Menor (Hech. 20:4), viajó con el apóstol en el tercer viaje misionero. Él y Onésimo llevaron la carta de Pablo a los colosenses (Col 4:7-9) y debían informarle a la iglesia sobre la condición de Pablo. En una ocasión, este lo envió a Éfeso (2 Tim. 4:12) y posiblemente también a Creta (Tito 3:12). La tradición sostiene que murió como mártir.

TIRANNO Forma latina de la palabra griega *turannos*, un gobernante con autoridad absoluta. Después de que Pablo se retirara de la sinagoga en Éfeso, predicó durante dos años en la escuela de Tiranno (Hech. 19:9). Este era el propietario de la escuela o un filósofo prominente relacionado con ella. Según algunos textos occidentales, Pablo predicaba desde las 11 de la mañana hasta las 4 de la tarde, la hora en que descansaban del trabajo. Si esta información es correcta, esta tradición explica la disponibilidad del recinto (las escuelas generalmente se reunían a la mañana) y la libertad para que "todos...en Asia" escucharan a Pablo durante la hora de la siesta.

TIRAS División de los descendientes de Jafet, todos pueblos de navegantes (Gén. 10:2; 1 Crón. 1:5). Tradicionalmente estaban relacionados con los turscha, uno de los pueblos del mar contra los que luchó Ramesés III (1198–1166 a.C.). Algunos los han identificado con los etruscos de Italia.

TIRATEOS Familia de escribas ceneos (1 Crón. 2:55).

TIRHACA Faraón egipcio de la dinastía XXV (689–664 a.C.) que apoyó la rebelión de Ezequías contra el rey asirio Senaquerib (2 Rey. 19:8-9; Isa. 37:9).

TIRHANA Nombre de persona de significado incierto. Hijo de Caleb y Maaca (1 Crón. 2:48).

TIRÍAS Nombre de persona que significa "miedo". Descendiente y familia de Judá (1 Crón. 4:16).

TIRO Ver *Sidón y Tiro.*

TIRSA Nombre de persona y de lugar que significa "ella es amigable". **1.** Hija de Zelofehad que heredó parte de la tierra asignada a la tribu de Manases porque su padre no tuvo hijos varones (Jos. 17:3,4). **2.** Originalmente, ciudad cananea notable por su belleza (Cant. 6:4), que fue capturada en la conquista de la tierra prometida (Jos. 12:24). Se convirtió en una de las primeras capitales de Israel cuando Jeroboam I estableció su residencia en ese lugar (1 Rey. 14:17), y continuó como tal hasta que Omri construyó Samaria (1 Rey. 16:23,24). Algunos descubrimientos arqueológicos y referencias bíblicas sugieren que Tirsa puede ser la moderna ciudad de Tell el-Fara, un montículo de tamaño extraordinario situado unos 11 km (7 millas) al noreste de Siquem. Es evidente que la ciudad fue ocupada por primera vez antes del 3000 a.C., y bajo el dominio cananeo tuvo momentos de gloria y abandono hasta que Josué la capturó entre el 1500 y 1200 a.C. Continuó siendo una ciudad israelita hasta la conquista asiria en el 722 a.C. Para el 600 a.C., Tirsa había sido completamente abandonada. *Hugh Tobias*

TISBITA Residente de una aldea no identificada llamada Tisbi; se utiliza como título de Elías (1 Rey. 17:1; 21:17; 21:28; 2 Rey. 1:3,8; 9:36). Quizá sea una deformación de jabesita o una designación de clase (comp. con el heb. *toshab* que designa a un residente extranjero, Lev. 25:6). Ver *Elías.*

TITO Compañero gentil de Pablo (Gál. 2:3) y destinatario de la carta del NT que lleva su nombre. Quizás se haya convertido con Pablo, quien lo llamó "mi verdadero hijo en esta fe que compartimos" (Tito 1:4 NVI). Fue uno de sus primeros colaboradores y acompañó al apóstol y a Bernabé a Jerusalén (Gál. 2:1), probablemente en la visita para ayudar a superar la hambruna (Hech. 11:28-30).

Aunque Hechos no menciona a Tito, es probable que haya participado en las actividades misioneras de Pablo, tal como se muestra en las epístolas paulinas. Es evidente que los gálatas lo conocían (Gál. 2:1,3), posiblemente del primer viaje misionero a esa región. Pareciera haber sido una persona muy capaz ya que Pablo lo llamó "mi compañero y colaborador entre ustedes" (2 Cor. 8:23 NVI). Le fue confiada la delicada tarea de entregar la severa carta de Pablo (2 Cor. 2:1-4) a los corintios y solucionar los problemas en la iglesia de ese lugar (2 Cor. 7:13-15). La genuina preocupación de Tito por lo corintios y su trato ecuánime para con ellos (2 Cor. 8:16,17; 12:18) sin duda contribuyeron a su éxito, algo que le informó personalmente a Pablo, que lo esperaba ansioso en Macedonia (2 Cor. 2:13; 7:5, 6,13-15). El apóstol respondió escribiendo la segunda carta a los Corintios, que probablemente la haya entregado Tito (2 Cor. 8:6,16-18,23).

Aparentemente, Pablo fue liberado luego de su primer encarcelamiento en Roma y realizó otros viajes que no se mencionan en Hechos. En uno de ellos, Pablo y Tito llegaron a Creta, donde este se quedó para supervisar y administrar la iglesia (Tito 1:5). Allí Pablo escribió su carta solicitándole a Tito que se reuniera con él en Nicópolis, en la costa oeste de Grecia (Tito 3:12). Luego del siguiente encarcelamiento de Pablo, Tito fue enviado a Dalmacia (2 Tim. 4:10). Según la tradición de la iglesia, fue el primer obispo de Creta. Ver *Creta.* *Daniel C. Browning (h)*

TITO JUSTO Ver *Justo.*

TITO, CARTA A Pablo le escribió a Tito, un colaborador gentil de confianza. Cuando el apóstol y Bernabé fueron a Jerusalén para discutir el evangelio con los apóstoles, lo llevaron como ejemplo de un gentil creyente que no había sido circuncidado (Gál. 2:1-3). El apóstol también se valió de él para entregar una complicada carta a la iglesia de Corinto (2 Cor. 2:3,4,13; 7:6-16) y recolectar la dádiva de la iglesia para los santos pobres en Jerusalén (2 Cor. 8:16-24).

Las circunstancias en que se escribió la epístola a Tito son similares a 1 Timoteo. Después de su encarcelamiento en Roma (60–62 d.C.), Pablo regresó a Oriente para continuar su labor misionera. Aparentemente, después de que Pablo y Tito evangelizaron Creta, este se quedó allí para poner las iglesias en orden y designar ancianos en cada ciudad (1:5). Es probable que Pablo haya escrito esta carta mientras se dirigía de Creta a Nicópolis, alrededor del 63–65 d.C. Al igual que en 1 Timoteo, Pablo advierte sobre los falsos maestros y les proporciona indicaciones a varios grupos sobre la conducta cristiana adecuada. Además, le ordena a Tito que se encuentre con él en Nicópolis apenas llegara una persona para reemplazarlo (3:12).

Pablo describe al evangelio como un conjunto establecido de creencias, "piedad" (1:1), "conocimiento de la verdad" (1:1), "sana enseñanza" (1:9; 2:1,8) y "fe" (1:13). Ver que el evangelio se describe de esta manera no debe turbarnos ni hacernos cuestionar si Pablo en verdad le escribió a Tito. A diferencia de sus cartas a las iglesias, en este caso Pablo le escribía a una persona a quien le había confiado el ministerio del evangelio, y es de esperar que lo describiera de esta manera. En otras cartas, Pablo se refiere al evangelio de manera similar al señalar un fuerte apego a la tradición (1 Cor. 11:2), citar declaraciones del credo que reflejaban el contenido de las buenas nuevas (1 Cor. 15:3-5) y designarlo como "la fe" (Gál. 1:23).

Tal como sucedía en las otras Cartas Pastorales, la herejía basada en mitos (1:14), genealogías (3:9) y elementos de la religión judía (1:10,14) era un problema. Los falsos maestros disfrutaban de las controversias y las disputas (1:10; 3:9,10), y eran engañadores (1:10), abominables y rebeldes (1:15, 16). Además, esperaban obtener ganancias por la enseñanza (1:11). Las falsas doctrinas tal vez fueron similares a la herejía de los colosenses.

Pablo menciona dos jerarquías de liderazgo dentro de la iglesia: los ancianos (*presbuteros*, 1:5) y los obispos (*episkopos*, 1:7), que aparentemente emplea de manera indistinta como se demuestra en Hech. 20:17,28. "Obispo" describe más la función mientras que "anciano" puede referirse a edad y/o experiencia. Estas personas eran responsables de supervisar congregaciones. Esto no refleja necesariamente una estructura monárquica de la iglesia en épocas posteriores. Pablo no trata en detalle las tareas de los obispos ni de los ancianos, pero los ancianos/sobreveedores debían ser irreprensibles (1:5-9) y gobernar bien a su familia (1:6).

Dado que el término "ancianos" es plural (1:5), muchos sostienen que cada congregación tenía varios. Sin embargo, esto no se ha comprobado. El uso del plural es natural al referirse a más de una persona. Es posible que existieran varias iglesias y, por lo tanto, varios ancianos. Aunque es factible que varios ancianos supervisaran cada congregación, parece más probable que hubiera un anciano en cada iglesia.

Pablo sostenía que la humanidad era pecaminosa (3:3) y que la salvación había sido otorgada por la gracia de Dios y sólo se basaba en la gracia y la misericordia divina, no en obras humanas (3:4-7). También explicó que las personas salvadas por Cristo debían dedicarse a hacer buenas obras (2:11-14; 3:3-8). Ver *Apolos; Circuncisión; Espíritu Santo; Pablo; Salvación.*

Bosquejo

I. Saludo (1:1-4)
II. Ministerio de Tito en Creta (1:5-16)
III. Sana doctrina (2:1-15)
IV. Importancia de las buenas obras (3:1-11)
V. Instrucciones finales y cierre (3:12-15)

Terry Wilder

TITO, CÉSAR Emperador romano (79–81 d.C.), hijo mayor de Vespasiano. Al igual que su padre, fue soldado. Sirvió en Germania y Bretaña, y más tarde en Medio Oriente. Después que Vespasiano dejara su mando en Medio Oriente para convertirse en emperador en el 69 d.C., le encomendó a Tito acabar con la rebelión de los judíos. En el 70 d.C. sus tropas capturaron el templo de Jerusalén. En el 73 d.C. tomó el último bastión judío, Masada. Su victoria sobre los judíos se retrató vívidamente en el Arco de Triunfo erigido en Roma que se conserva hasta la actualidad.

El Arco de Tito, emperador del Imperio Romano e hijo de Vespasiano, en la ciudad de Roma, Italia.

Tito era profundamente admirado por sus soldados, y cuando se convirtió en emperador, el pueblo lo amó. Se lo consideró un gobernante honesto y un administrador eficiente. Seguidor de la filosofía estoica, creía que el emperador romano era siervo del pueblo. Él y su padre antes que él (los denominados "emperadores flavianos") se esforzaron por restablecer la estabilidad del imperio y el gobierno después de los excesos cometidos por Nerón. Lograron recobrar una sólida situación financiera.

Tito tuvo que lidiar constantemente con las actividades de su hermano menor, Domiciano. Si bien no creía que este tuviera las cualidades necesarias para sucederlo en el trono, no se deshizo de él. Ver *Jerusalén; Roma y el Imperio Romano.*

Gary Poulton

TIZITA Título de Joha, uno de los 30 valientes de David (1 Crón. 11:45); designa su lugar o región de origen.

TOA Nombre de persona que quizás signifique "humildad". Levita coatita (1 Crón. 6:34). Las listas paralelas mencionan Nahat (1 Crón. 6:26) y Tohu (1 Sam. 1:1).

TOB Nombre geográfico que significa "bueno". Ciudad siria al sur de Haurán donde se dirigió Jefté para huir de sus hermanos (Jue. 11:3-5). Tob aportó tropas para una alianza contra David que no tuvo éxito (2 Sam. 10:6-13). Quizás sea equivalente a Tabeel (Isa. 7:6). El sitio quizás sea el-Taiyibeh, situado unos 19 km (12 millas) al este de Ramot de Galaad, cerca del nacimiento del Río Yarmuk.

TOBADONÍAS Nombre de persona que significa "Jah, mi Señor, es bueno". Levita al que Josafat envió para instruir al pueblo de Judá (2 Crón. 17:8). El nombre quizás sea una combinación de dos nombres anteriores de la lista.

TOBÍAS Nombre de persona que significa "Jah es bueno". **1.** Uno de los principales adversarios de Nehemías en su esfuerzo por reconstruir Jerusalén. Era un judío practicante que vivía en una habitación del templo. Se lo llama "amonita" (Neh. 2:10, 19) porque probablemente su familia huyó a ese territorio después de la destrucción de Jerusalén. Gozaba de beneficios aristocráticos y el gobernador persa lo había nombrado "siervo". Se oponía a la reconstrucción de la ciudad porque iba a debilitar su autoridad política en la zona. Se alió con Sanbalat y Gesem para tratar de disuadir a Nehemías. **2.** Antepasado de una familia que regresó del exilio pero no pudo demostrar que era israelita (Esd. 2:60). **3.** Levita al que Josafat envió para instruir al pueblo (2 Crón. 17:8). **4.** Persona que regresó del exilio y aparentemente llevó un regalo de oro desde Babilonia para la comunidad de Jerusalén. Zacarías lo utilizó como testigo de la coronación del sumo sacerdote Josué y para preservar las coronas en el templo (Zac. 6:9-14). **5.** Título de un libro apócrifo. Ver *Apócrifos, Antiguo Testamento.*

TODOPODEROSO Título de Dios, traducción del hebreo *El Shaddai.* La traducción griega antigua introdujo el término "Todopoderoso" como una de varias traducciones. Estudios recientes tienden a considerar "El de la Montaña" como la traducción original más probable. El nombre se relacionaba particularmente con Abraham y los patriarcas (Gén. 17:1; 28:3; 35:11; 49:25). Job es el único libro que utiliza ampliamente *El Shaddai;* un total de 31 veces (12 veces traducido "Todopoderoso" y 19 veces traducido "Omnipotente"). Pablo utilizó en una oportunidad la expresión "Todopoderoso" al final de una serie de citas veterotestamentarias con el propósito de imitar el estilo del AT y enfatizar el poder de Dios para hacer cumplir Su palabra (2 Cor. 6:18). Apocalipsis se refiere nueve veces a Dios como "Todopoderoso", con lo que también da un sentido de poder a la visión del Apocalipsis.

TOFEL Lugar cerca del sitio donde Moisés dio su discurso de despedida a Israel (Deut. 1:1), identificado con et-Tafileh, unos 24 km (15 millas) al sudeste del Mar Muerto entre Kerak y Petra. Tal vez represente el nombre de un territorio más que de una ciudad.

TOFET Nombre de un lugar en el Valle de Hinom en las afueras de Jerusalén que deriva del arameo o hebreo y significa "lugar de fuego". Fue alterado por copistas hebreos para que significara "cosa vergonzosa" debido a la adoración ilícita que se practicaba allí (Jer. 7:31,32). En Tofet se sacrificaban niños, lo cual llevó al profeta a anunciar que en ese lugar habría una matanza de personas cuando llegara el tiempo de la venganza de Dios (Jer. 19:6-11). Ver *Hinom, Valle de.*

TOGARMA Hijo de Gomer y nombre de una región de Asia Menor (Gén. 10:3; 1 Crón. 1:6; comp. la casa de Togarma, Ezeq. 38:6) habitada por sus descendientes. Era famosa por sus caballos (Ezeq. 27:14). Probablemente sea la moderna ciudad de Gurun situada unos 115 km (70 millas) al oeste de Malatya o una zona de Armenia.

TOHU Antepasado de Samuel (1 Sam. 1:1). Las listas paralelas dicen Nahat (1 Crón. 6:26) y Toa (1 Crón. 6:34).

TOI Nombre de persona que significa "error". Rey de Hamat en el Orontes que le envió tributo a David luego de la derrota de su enemigo en común, Hadad-ezer de Soba (2 Sam. 8:9-10; 1 Crón. 18:9,10).

TOLA Nombre de persona que significa "gusano carmesí". **1.** Primogénito de Isacar (Gén. 46:13; Núm. 26:23; 1 Crón. 7:1,2). **2.** Juez que gobernó Israel durante 23 años desde Samir, sitio que tal vez quedaba en Samaria o cerca de allí (Jue. 10:1).

TOLAD Forma alternativa de Eltolad (1 Crón. 4:29). Ver *Eltolad.*

TOLAÍTA Descendientes de Tola, de la tribu de Isacar (Núm. 26:23-25).

TOMÁS Nombre hebreo de persona que significa "mellizo". Uno de los doce discípulos iniciales de Jesús (Mar. 3:18). El libro apócrifo *Los Hechos de Tomás* utiliza el significado literal de su nombre ("mellizo") y dice que es ¡mellizo de Jesús! Su personalidad era compleja; revela pesimismo mezclado con lealtad y fe (Juan 11:16). Tomás exigió una prueba de la resurrección de Jesús (Juan 20:25), pero cuando se convenció del milagro realizó una histórica confesión de fe (20:28). Ver *Apócrifos, Nuevo Testamento; Dídimo; Discípulo.*

TOQUÉN Nombre geográfico que significa "medida". Aldea no identificada de la tribu de Simeón (1 Crón. 4:32). Las listas paralelas en Jos. 15:42; 19:7 dicen Eter.

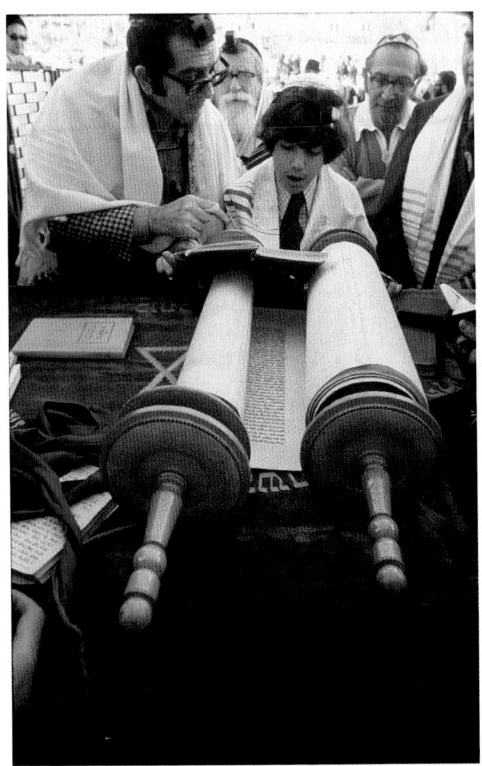

Un jovencito judío en su bar-mitzvá, con un rollo de la Torá.

TORÁ Palabra hebrea que generalmente se tradujo "ley" y que finalmente se convirtió en el título del Pentateuco, los primeros cinco libros del AT.

Antiguo Testamento Aunque se ha traducido universalmente "ley", en la mayoría de las versiones de la Biblia *Torá* también tiene un sentido de "enseñanza" o "instrucción"; este significado se refleja en las traducciones más recientes (Job 22:22; Sal. 78:1; Prov. 1:8; 4:2; 13:14; Isa. 30:9). El significado de "ley" ciertamente está presente en el AT. *Torá,* por ejemplo, se utiliza con relación a términos referidos a requisitos, mandatos y decretos (Gén. 26:5; Ex. 18:16). La Torá le fue dada Moisés (Ex. 24:12), y la orden fue obedecerla (Ex. 16:28; Deut. 17:19; Ezeq. 44:24).

En el libro de Deuteronomio, *Torá* se utiliza para representar la totalidad del código deuteronómico (Deut. 4:8; 30:10; 32:46), es decir, las responsabilidades fundamentales que tenía Israel según el pacto. Los escritos subsiguientes del AT continúan mencionando en este sentido la *Torá* como "la ley" (Isa. 5:24; Jer. 32:23; 44:10; Dan. 9:11), con frecuencia como "el libro de la ley", la "ley de Moisés" o una combinación de ambos (Jos. 1:8; 8:31,32,34; 2 Rey. 14:6). El "libro de la ley" encontrado en el templo y que impulsó las reformas de Josías (2 Rey. 22:8-13) se considera con frecuencia un equivalente aproximado al libro de Deuteronomio. En tiempos de Esdras y Nehemías, "el libro de la ley de Moisés" (Neh. 8:1) incluía más material que el código deuteronómico. Esdras citó "la ley de Moisés, la cual Jehová había dado a Israel" para la fiesta de los tabernáculos prescripta en Levítico (Lev. 23:33-43). Finalmente, el nombre *Torá* se utilizó para aludir a todo el Pentateuco, los cinco libros que tradicionalmente se atribuyen a Moisés: Génesis, Éxodo, Levítico, Números y Deuteronomio. En el judaísmo rabínico, el alcance de la Torá a veces se expande e incluye todas las Escrituras o incluso la totalidad de la revelación de Dios.

Nuevo Testamento Durante la época del NT se establecieron definitivamente los límites del canon del AT. Los judíos comenzaron a considerar que las Escrituras estaban compuestas por tres secciones: la Torá (Ley), los Profetas y los Escritos (comp. Luc. 24:44). Los libros de Moisés eran considerados "ley" a pesar de que gran parte no es de naturaleza legal. Indudablemente a la Torá se la consideraba la sección más importante de las Escrituras. Por su parte, los saduceos aceptaban sólo la Torá como Escritura inspirada. Lo mismo sucedió con los samaritanos, quienes se consideraban el pueblo escogido por Dios.

En el período del NT, la Torá era más que una mera sección de las Escrituras; era una parte fundamental del judaísmo. Se creía que la voluntad de Dios tomaba cuerpo en la observancia de la ley. Por lo tanto, los judíos piadosos necesitaron detallar los mandamientos contenidos en la Torá para determinar con mayor precisión sus obligaciones, por lo cual la interpretación de varios pasajes se convirtió en el centro de muchos debates. Las tradiciones de los fariseos fueron más allá de los límites de la ley según se expresa en la Torá. Estas tradiciones se convirtieron para ellos en la Torá oral que creían se le había entregado a Moisés en el Monte Sinaí para acompañar a la ley escrita. Jesús denunció que los fariseos colocaban la tradición por encima de la intención de la ley (Mar. 7:8-13). Aunque nunca negó la autoridad de la Torá, Jesús denunció la prominencia de cuestiones rituales por encima de "los asuntos más importantes de la ley, tales como la justicia, la misericordia y la fidelidad" (Mat. 23:23, NVI). Según Jesús, algunos preceptos de la ley fueron otorgados en razón de la debilidad de la naturaleza humana para cumplir la perfecta voluntad de Dios (Mat. 5:33-37; 19:8,9). Para los verdaderos creyentes, Jesús exigía un compromiso que iba más allá de la supuesta rectitud que se obtenía mediante la observancia de la ley (Luc. 18:18-23).

El apóstol Pablo predicó la justificación por la fe y no por la observancia de la ley. Por lo tanto, tenía mucho que decir sobre la Torá. Según él, esta guiaría nuestras vidas si realmente fuera puesta en práctica (Rom. 10:5), pero tal práctica es imposible (3:20). El efecto de la ley ha sido poner de manifiesto el conocimiento del pecado e incluso incrementarlo (Rom 3:20; 5:20; 7:5,7-11; 1 Cor. 15:56). De este modo, la humanidad quedó prisionera del pecado y de la consiguiente ira de Dios (Rom. 4:14; Gál. 3:22), situación que preparó el terreno para la revelación de la gracia de Dios a través de Cristo (Rom. 3:21-26; Gál. 3:22-25). Para Pablo, la Torá personificaba el antiguo pacto con la ley escrita en piedra (2 Cor. 3:7). En el nuevo pacto, que es superior, la ley está en el Espíritu (2 Cor. 3:6) y escrita en el corazón de los creyentes (comp. Jer. 31:33). Estos no están sujetos a la Torá (Gál. 5:18) sino que al andar "en el Espíritu" (Rom. 8:4; Gál. 5:16) producen frutos que trascienden (Gál. 5:22-25) y cumplen la esencia de la ley (Rom. 13:8-10; Gál. 5:14; comp. Mat. 22:37-40). Ver *Diez mandamientos; Ley; Pentateuco.*

Daniel C. Browning (h)

Rabinos judíos conversan frente a un rollo de la Torá decorado con mucha elaboración.

TORBELLINO Palabra española para cuatro términos hebreos que designan cualquier tormenta de viento que sea destructiva. Sólo el Sal. 77:18 usa un término que indica movimiento circular. Los

Un pequeño torbellino en el Desierto de Wadi Arabah.

T

verdaderos torbellinos y los tornados son raros en Palestina. Generalmente se producen cerca de la costa donde las brisas frescas del Mar Mediterráneo colisionan con el viento caliente del desierto. Los torbellinos más leves se observan cuando el polvo se eleva en el aire formando remolinos. Dios utilizó el viento violento para llevar a Elías al cielo (2 Rey. 2:1,11) y para hablar con Job (38:1; 40:6). Los profetas utilizaron el "torbellino" como figura del juicio (Isa. 5:28; Jer. 4:13; Os. 8:7; Zac. 7:14). Dios viene a librar a Su pueblo, y lo hace cabalgando en torbellinos (Zac. 9:14).

TORO El término es una traducción de varias palabras hebreas: *abbir, par* y *shor*. La diferencia entre *abbir* y *par* no es obvia pero puede ser de importancia. *Abbir* se utiliza como adjetivo para referirse más frecuentemente a alguien o algo poderoso o valiente, ya sea un hombre, ángeles o animales. *Par* pareciera usarse en relación a los machos de los bovinos.

En el mundo antiguo, el toro era símbolo de gran productividad y señal de mucha fortaleza. Moisés describió la fortaleza futura de José con el término *shor* (Deut. 33:17). El rey de Asiria se jactó de su gran poder con el término *abbir* (Isa. 10:13). El uso más frecuente del toro en el AT

Relieve de una cabeza de toro adornada a manera de festón, de la antigua ciudad romana de Filipos.

era como animal para el sacrificio. Levítico especifica que no se podía utilizar ningún animal castrado, y que tenía que tener por lo menos ocho días de vida (22:17-28). Se utilizaba específicamente como ofrenda de paz (Ex. 24:5), para el holocausto (Jue. 6:26), y como ofrenda por el pecado (Ezeq. 43:19). Por otra parte, en otros pasajes no se restringe tanto lo referente al animal para el sacrificio (Lev. 22:23; Núm. 23:14). Con mayor frecuencia el toro se utilizaba en conexión con la inauguración del sistema de sacrificios o

Gigantesco capitel de columna persa en Susa, decorado con el cuello y la cabeza de dos toros estilizados.

con los sacrificios en días especiales. Asimismo, se usaba en conexión con la consagración de los sacerdotes (Ex. 29:1-37); en la dedicación del altar del tabernáculo (Núm. 7); para la purificación de los levitas (Núm. 8:5-22); al comienzo del mes, la luna nueva (Núm. 28:11-15); en la fiesta de las semanas (Núm. 28:26-31). Es probable que se haya incorporado al sistema de culto de Israel a partir de la práctica de las naciones vecinas. Era una práctica extendida en la región donde residía Israel. En la religión cananea, al jefe de la asamblea se lo denominaba "padre toro El". Ver *Becerro*. *Bryce Sandlin*

TORRE Edificio alto construido para que los guardias pudieran vigilar pasturas, viñedos y ciudades. Las torres podían ser estructuras pequeñas de una habitación o verdaderas fortalezas. Restos arqueológicos confirman el uso difundido de torres desde tiempos inmemoriales. La mayoría eran de piedra, aunque en algunas excavaciones se han encontrado torres de madera. En 2 Sam. 22:51 la palabra se usa figurativamente para referirse a la salvación de Dios, donde indica la fuerza de la acción divina.

Ruinas de los muros de la antigua ciudad de Perge, donde se ven los restos de una torre de defensa.

TORRE DE VIGILANCIA Torre ubicada en un lugar elevado o construida con la suficiente altura como para permitir que una persona pudiera ver a cierta distancia. La persona que vigilaba podía ser un soldado o un siervo (2 Rey. 9:17; Isa. 5:2; Mar. 12:1). Ver *Torre.*

TORRENTE DE ARABÁ *Ver Mar o Arroyo de Arabá.*

TORRENTE DE EGIPTO Límite sudoeste del territorio cananeo entregado como posesión a Israel (Núm. 34:5). Generalmente se lo identifica con el vado el-'Arish, que fluye desde el centro de la península de Sinaí hasta el Mar Mediterráneo. Desemboca allí, a mitad de camino entre Gaza y Pelusium. Ver *Ríos y vías fluviales.*

TORRENTE DE LOS SAUCES Nombre que aparece solamente en Isa. 15:7 como uno de los límites de Moab. El nombre hebreo se puede interpretar como una forma plural del Arroyo de Arabá, pero se refiere a dos vías fluviales diferentes. Probablemente equivalga al Torrente de Zered, el actual Wadi el-Hesa. Ver *Torrente o Arroyo de Zered.*

Los restos de una antigua torre de vigilancia, virtualmente sin cambios, a campo abierto en Israel.

TORRENTE O ARROYO DE ZERED También denominado "Valle de Zered". Los israelitas cruzaron este arroyo que señala el final de la peregrinación en el desierto y la entrada a la tierra prometida (Núm. 21:12; Deut. 2:13,14). Se lo identifica comúnmente con el actual Wadi el-Hesa, que fluye hacia el extremo sudeste del Mar Muerto. El vado tiene alrededor de 56 km (35 millas) de largo y forma el límite entre Moab y Edom. El Arroyo de Zered es el Torrente de los Sauces (Isa. 15:7), el lecho seco de 2 Rey. 3:16 (ver 3:22) y quizá equivalente al Arroyo de Arabá (Amós 6:14). Ver *Mar o Arroyo de Arabá.*

TORTA Término que hacía más referencia a la forma del pan (achatado y redondo) que al tipo de masa que se utilizaba para elaborarlo (Ex. 29:23; 1 Rey. 17:13). Ver *Pan.*

TORTAS DE PASAS Alimento que se prepara prensando pasas de uva. David les dio tortas de pasas a los que acompañaron el arca a Jerusalén (2 Sam. 6:19; 1 Crón. 16:3). Oseas 3:1 vincula las tortas de pasas con la adoración a dioses paganos (comp. Jer. 7:18).

TOSEFTA El término hebreo *tosaphah* y el arameo correspondiente *tosephta* denotan un conjunto de opiniones rabínicas organizadas siguiendo el orden de la Mishná de Judá ha-Nasi. Puede considerarse como un apéndice recopilado de la Mishná. En su forma actual, la Tosefta tal vez se haya editado hacia fines del siglo IV d.C. Fue compilada en Palestina prácticamente en la misma época que el Talmud de Jerusalén. La intención del editor parece haber sido "actualizar" o complementar aun más la Mishná teniendo en cuenta la nueva jurisprudencia desarrollada durante los dos siglos que separaban ambas obras. Su existencia demuestra el desarrollo del sistema legal de los rabinos de Palestina a medida que intentaban adaptar la ley oral a las cambiantes condiciones sociales y religiosas. Ver *Mishná; Talmud.*

Stephenson Humphries-Brooks

TRABAJO, TEOLOGÍA DEL Se refiere a la importancia del trabajo a la luz de la naturaleza divina. Dios es un ser personal cuyas múltiples actividades y obras no sólo confieren bendiciones a Sus criaturas sino que incluso infunden de significado y trascendencia divina a la acción de trabajar, e imponen sobre los seres humanos una obligación de comprometerse en el trabajo de la manera que lo hace Dios.

Dios se presenta a sí mismo como ejemplo del equilibrio entre trabajar y abstenerse de hacerlo, de descansar y deleitarse del fruto de Sus tareas. Se enfatiza la importancia del trabajo porque Dios ordenó seis de siete días para trabajar y sólo uno para descansar (Ex. 20:8-11). Las Escrituras expresan claramente que los seres humanos imitan a Dios tanto al trabajar como al descansar (Ex. 20:11). Posteriormente (Deut. 5:12-15), el día de reposo no es sólo un día de descanso físico y de refrigerio para todos los trabajadores (siervos, animales, etc.) sino que también sirve como recordatorio de la redención de Israel de la esclavitud en Egipto. Ver *Sábat, Sábado, Día de reposo.*

Un Dios que trabaja Génesis se inicia con la imagen de un Creador que trabaja cuya tarea principal constituye una inversión de Su creatividad, inteligencia, palabras, aliento y "manos" (la imagen del Hijo y del Espíritu como las dos "manos de Dios" es un desarrollo teológico posterior correspondiente al siglo II).

Una criatura que trabaja El propósito de Dios para los seres humanos, quienes son el pináculo de Su creación, era trabajar, específicamente en el Edén, para labrar la tierra (Gén. 2:15) y para administrar el huerto como buenos mayordomos. No obstante, aparte del mandato directo de Dios de labrar y administrar el huerto, pareciera que la actitud de trabajar activamente es parte integral de la naturaleza de Dios, y todas sus criaturas reflejan esta característica cuando trabajan de manera activa y diligente (Prov. 6:6-11). A pesar de la perfección de la creación divina, la desobediencia humana echó a perder la imagen de Dios en ellos y dio como resultado una maldición sobre la tierra (Gén. 3:17-19). De allí en más, la relación cooperativa entre los seres humanos y el resto de la creación dejó de ser una tarea placentera para convertirse en esfuerzo y dificultad. Este estado continuará hasta el momento escatológico en que la maldición sea eliminada y toda la creación sea redimida (Rom. 8:19-23). Durante el período intermedio, tanto el AT como el NT enseñan que el trabajo (ya no restringido solamente a agricultura sino ampliado, e incluyendo actividades comerciales, obligaciones del hogar y cualquier empleo) les proporciona a los seres humanos un sentimiento de gozo, satisfacción, dignidad y respeto (Ecl. 3; 4). El pueblo de Dios no sólo tiene que desarrollar sus mejores esfuerzos para llevar a cabo sus tareas; también se los invita a guardar los patrones éticos y morales más elevados. Se elogian y admiran las transacciones de negocios hechas con integridad, el trabajo con total diligencia y el buen trato hacia los empleados (Booz en Rut 2:4), en tanto que se aborrece la deshonestidad, el ocio y la pereza (Prov. 6).

La literatura sapiencial tal vez dé la impresión de describir el trabajo de las criaturas con un aspecto sombrío, recordando la maldición del Génesis (Ecl. 2:11,18-23) donde los seres humanos deben hacer un gran esfuerzo para ganarse la vida en base a la tierra como recordatorio diario de que un día volverán a ella (Gén. 2:17-19,23). Sin embargo, el mensaje de la literatura sapiencial con respecto al trabajo no es que este es una maldición por el pecado sino, más bien, que los seres humanos sobrevivirán solamente mediante el esfuerzo físico constante y arduo debido a que la tierra ya no dará fruto fácilmente. Es evidente que la tarea establecida para la humanidad sigue siendo la misma fuera del paraíso de lo que fue dentro de él: labrar la tierra (Gén. 3:23). La luz positiva para el Maestro (Predicador; Kohelet) era la bendición de Dios donde a los seres humanos se les permite disfrutar del fruto de su propio esfuerzo (Ecl. 3:13) y también hallar el significado de la vida (aparte de su esfuerzo) mediante la sabiduría y el temor de Dios (Ecl. 2:24-26; 12:13).

En el NT, la labor de las criaturas es, en cierto modo, santificada porque el Hijo de Dios también trabajó. Jesús y Sus discípulos dieron ejemplo de una vida de trabajo en diversas ocupaciones (pesca, carpintería), y a través de muchas parábolas Jesús enseñó los principios del reino utilizando ilustraciones relacionadas con el trabajo (la justicia y la generosidad en el trato con los empleados: Mat. 18:23-25; 20:1-16; el ingenio en las inversiones: Mat. 25:14-30; la astucia y la prudencia: Luc. 16:1-13). En general, los Evangelios y la literatura paulina describen el trabajo positivamente y exhortan al pueblo de Dios a trabajar de manera fiel, honesta, fructífera, y con una visión de agradar a Dios más que a los amos terrenales. La diligencia recibe alabanza mientras que el ocio conduce a censura (Ef. 6:5-9; 1 Tes. 2:9; 4:11,12; 2 Tes. 3:6-12).

Uso especial del trabajo en el NT Comenzando en los Evangelios, "trabajo" (*kopos*: esfuerzo, ocupación, dificultad; o *ergon*: obra, tarea, acción) y "trabajador" (*ergates*) describen con frecuencia el ministerio del evangelio. Jesús se refiere a sí mismo de este modo (Juan 4:34, la obra de Dios; Juan 5:17, la obra de sanidad; Juan 17:4, la obra de redención) y a los Doce que envió (Mat. 10:10; *ergates*, predicando el evangelio). Pablo utiliza este significado en numerosas ocasiones en frases como "han trabajado mucho (*ekopiasen*) en el Señor", al referirse a María, a Trifena, a Trifosa y a Pérsida (Rom. 16); a ganarse el sustento al decir que "vivan del evangelio" (1 Cor. 9:14), a "la obra (*ergou*) de vuestra fe" (1 Tes. 1:3) y a un "obrero" (*ergaten*) al aludir a Timoteo, cuya "obra" alude a que "usa bien la palabra de verdad" (2 Tim. 2:15). Dejando de lado la vocación humana y terrenal de cada persona, todo creyente tiene también una vocación divina que consiste en hacer la obra de Dios en la medida que esté capacitado y dotado por el Espíritu Santo. *Stefana Dan Laing*

TRACONITE Nombre geográfico que significa "pila de piedras". Distrito político y geográfico en el norte de Palestina sobre la margen oriental del Río Jordán (Luc. 3:1). El terreno accidentado era adecuado para la cría de ovejas y cabras. La región carecía de madera casi totalmente. Durante el ministerio de Juan el Bautista, Traconite era gobernada por Felipe, hermano de Herodes Antipas. En el AT se la conocía como Basán (Amós 4:1), ubicada justo al sur de Damasco. Ver *Basán; Herodes.*

TRADICIÓN Enseñanza o ritual que se transmite a otras generaciones. El término tiene varias acepciones. Se utiliza con frecuencia para hablar de distintas denominaciones o puntos de vistas teológicos, como por ejemplo la tradición bautista o la tradición reformada. El término también se emplea frecuentemente para referirse a la coherencia litúrgica o a la práctica histórica, como cuando se habla de una tradición de la iglesia. También se utiliza para hablar de leyendas, tales como la tradición que dice que Pedro solicitó ser crucificado cabeza abajo. Desde un punto de vista técnico, el vocablo se emplea para describir dos grupos diferentes de material teológico: el material bíblico antes de ser plasmado en las Escrituras, y los escritos que no forman parte de la Biblia pero que aun así son valorados por la iglesia.

Tradición escritural Los eruditos usan la palabra "tradición" para describir la existencia de material bíblico antes de que formara parte de la Biblia. Es necesario hablar de tradición debido a la brecha temporal entre el momento cuando se produjeron algunos hechos bíblicos y el momento en que se registraron. "Tradición" describe el conocimiento del hecho durante el lapso entre el momento cuando se produjo y cuando fue registrado en las Escrituras. Ciertas partes de la Biblia, como el libro del Apocalipsis, no habían ocurrido antes de ser escritas, aunque gran parte del material bíblico sí se había concretado de alguna manera. Por ejemplo, cuando Pablo predicó en las iglesias de Asia, les enseñó muchas cosas sobre Jesús, la vida cristiana y el ministerio de la iglesia. Muchas de esas enseñanzas se reiteraron en las epístolas. Por lo tanto, algunos elementos de las enseñanzas de Pablo existieron antes de que él escribiera las cartas, aunque esos elementos no quedaron registrados.

El material de la tradición se puede considerar de varias maneras. La tradición quizá haya existido en forma escrita. Lucas da a entender que utilizó fuentes escritas como ayuda para escribir su Evangelio (Luc. 1:1-4). El escritor de 1 Reyes también menciona haber utilizado documentos escritos para redactar su obra (1 Rey. 14:19; 15:7; 16:5; 22:39). Asimismo, la tradición tal vez se haya transmitido en forma oral. En culturas antiguas, los relatos se repetían con frecuencia como un ritual alrededor de una fogata o como parte de un culto religioso. Por lo tanto, todas las personas de la comunidad se convertían en depositarios de la tradición. Independientemente de su forma, la existencia de la tradición es un hecho tanto para material del AT como del NT.

El AT describe acontecimientos que ocurrieron durante miles de años. Por lo tanto, cuando Moisés escribió el libro de Génesis, estaba relatando hechos que habían ocurrido 2500 años antes de que él naciera. Aun así, Moisés pudo escribir Génesis bajo la inspiración del Espíritu Santo debido en parte a que la enseñanza de cómo Dios había creado el mundo, salvado a Noé y celebrado un pacto con Abraham le había sido transmitida por tradición. Deuteronomio 6 enseña claramente que las obras de Dios deben ser transmitidas a las generaciones subsiguientes. Por lo tanto, la Biblia misma contiene el mandato de continuar transmitiendo la tradición. Además, la mayor parte del material profético originariamente se transmitía en forma de sermones. Los profetas le predicaron al pueblo casi literalmente.

Estos sermones se conservaron como tradición oral hasta que finalmente fueron puestos por escrito. La Biblia describe el esfuerzo de Jeremías para contratar a Baruc a fin de que lo ayudara a poner por escrito sus sermones (Jer. 36). Por lo tanto, el AT fue producto de la tradición y preserva la memoria de las obras de Dios en la conciencia del hombre.

Este mismo proceso continuó en la formación del NT. Los Evangelios, que describen la vida y obra de Jesucristo, no se escribieron inmediatamente después de Su resurrección sino varios años más tarde. Sin embargo, esto no significa que la iglesia no supiera lo que Jesús había hecho y enseñado. Las obras y enseñanzas del Señor se transmitían oralmente a los nuevos convertidos. Hechos 2:42 registra que los miembros de la iglesia "se mantenían firmes en la enseñanza de los apóstoles" (NVI). Los elementos de su enseñanza sin duda incluían información sobre las obras y enseñanzas de Jesús a los discípulos. Pedro mismo, cuando se enfrentó a los líderes religiosos judíos, proclamó: "no podemos dejar de decir lo que hemos visto y oído" (Hech. 4:20). Este testimonio oral de Cristo era una tradición. Pablo aludió a este proceso en 1 Cor.15:3 cuando dijo: "porque primeramente os he enseñado lo que asimismo recibí" (comp. 1 Cor. 11:2). La forma pluralista de la tradición se demuestra en 2 Tes. 2:15 donde Pablo afirma: "así que, hermanos, estad firmes, y retened la doctrina que habéis aprendido, sea por palabra, o por carta nuestra". El apóstol reconoció la existencia de la tradición y comprendió que había sido expresada de diferentes formas.

Los eruditos bíblicos han considerado la tradición de maneras diferentes en épocas diversas. En el pasado, los eruditos del AT se esforzaban por separar los textos bíblicos de las tradiciones subyacentes. El trabajo más famoso de este tipo fue la Hipótesis Documental que popularizó Julius Wellhausen, donde dividía el Pentateuco en cuatro tradiciones diferentes (Yahvehísta, Elohísta, Sacerdotal y Deuteronómica). El resultado final tendía a fragmentar el texto y su mensaje. Los eruditos modernos tienden a preservar la integridad literaria del texto bíblico aunque reconocen la existencia de tradición subyacente.

Los eruditos del NT también se han interesado en identificar las tradiciones que subyacen en el texto. Esto es especialmente cierto con respecto al material de los Evangelios. Las similitudes y diferencias entre los Evangelios Sinópticos de Mateo, Marcos y Lucas han dado origen a un esfuerzo por descubrir las tradiciones en que se basan los tres. En realidad, los eruditos del NT han pasado más de 200 años tratando de explicar la relación de los Evangelios Sinópticos y el uso de la tradición. En estudios recientes del NT realizados en los Estados Unidos de América, un grupo no evangélico ha comenzado a tratar de reconstruir las tradiciones subyacentes en los Evangelios. Este grupo, autotitulado el Seminario de Jesús, ha llegado a editar las enseñanzas de Jesús quitando elementos que consideran agregados a tradiciones originales. No obstante, los eruditos evangélicos han rechazado la metodología, las presuposiciones y los hallazgos de ese grupo.

Tradición extrabíblica Se refiere a escritos no incluidos en el canon del NT pero valorados por la iglesia. Dos factores principales contribuyeron al uso continuo de la tradición dentro de la iglesia. El primero tiene que ver con la antigua práctica eclesiástica de utilizar materiales no canónicos. Inicialmente, antes de que se elaborara el canon, las iglesias utilizaban documentos que luego fueron aceptados como parte del NT y otros que no. La formación del canon fue un proceso gradual que tuvo lugar durante un período de varias décadas en que los documentos no canónicos se continuaron usando. Aun después de la formación del canon, la iglesia continuó usando algunos de estos documentos que reconocían como tradición, es decir, diferente de la literatura canónica.

El segundo factor tiene que ver con la respuesta de la iglesia a los herejes. Varios de estos grupos, que con frecuencia surgían dentro de la iglesia, reinterpretaban las Escrituras para respaldar su propio punto de vista. En lugar de tratar las metodologías hermenéuticas de los herejes, la iglesia sostenía que las nuevas interpretaciones heréticas no eran lo que ella siempre había creído. En otras palabras, estas nuevas ideas no se ajustaban a la tradición de la iglesia según se expresaba en estos escritos no canónicos. Por lo tanto, la iglesia comenzó a elevar el material de la tradición que apoyaba sus interpretaciones de la Biblia y servía de testigo contra los herejes. Esta práctica con el tiempo se transformó en lo que la iglesia denominó regla de la fe, que comprende lo que la iglesia siempre ha creído según se expresa en diferentes materiales de la tradición.

La tradición, se trate de antecedentes canónicos o de escritos no canónicos, puede ser muy útil para el estudiante actual, pues muestra el desarrollo y la evolución de la teología y la estructura de la iglesia. También es extremadamente útil para explicar el desarrollo de la Iglesia Católica Romana. Ver *Biblia, Formación y canon; Inspiración de las Escrituras.* *Scott Drum*

TRANSFIGURACIÓN Transformación de Jesús al aparecer con Moisés y Elías delante de Pedro, Jacobo y Juan (Mat. 17:1-13; Mar. 9:1-13; Luc. 9:28-36; comp. 2 Ped. 1:16-18). Tuvo lugar poco después de la confesión en Cesarea de Filipo, la primera predicción de la pasión y un discurso sobre el costo del discipulado. Jesús llevó a Pedro, Jacobo y Juan a un monte donde se produjo la transfiguración. Cambió la apariencia personal de Jesús y de Sus vestiduras. Aparecieron Moisés y Elías que hablaban con Él. Pedro dijo que era bueno estar allí y que debían construir tres enramadas. Una nube se posó sobre ellos y Dios habló desde allí e identificó a Jesús como Su Hijo (comp. con la voz en el bautismo), y les ordenó a los discípulos que lo escucharan. Cuando la nube se elevó, Jesús quedó solo con los discípulos, quienes estaban temerosos. Jesús los instó a no contar a nadie lo sucedido.

Más allá de pequeñas diferencias de redacción, Marcos es el único que menciona que las vestiduras de Jesús se volvieron tan blancas que "ningún lavador en la tierra los puede hacer tan blancos" (NVI) y que Pedro no sabía qué decir. Además, es el único que no hace referencia alguna al cambio en el rostro de Cristo. Sólo Mateo afirma que Dios expresó Su complacencia en Jesús, que los discípulos se postraron sobre sus rostros y que Él los tocó para que se levantaran. En lugar de los "seis días" de Mateo y Marcos, Lucas menciona aprox. "ocho días". Lucas es el único que dice que Jesús y los discípulos estaban orando, que Moisés y Elías conversaban con Él sobre Su muerte inminente, que los discípulos estaban rendidos por el sueño y que vieron la gloria de Jesús. En Mateo, Pedro llama a Jesús "Señor", en Marcos y en Lucas, "Maestro".

La naturaleza del evento Con frecuencia se ha argumentado que es un relato de una aparición posterior a la resurrección colocado en un lugar equivocado del libro; pero los que aparecen son Moisés y Elías, no Jesús, y no se alude a ellos ni a una voz del cielo en ningún otro relato de la resurrección. Otros han afirmado que la transfiguración no fue una experiencia real sino una visión. Es posible, pero que tres discípulos diferentes tengan visiones similares es tan milagroso como el hecho histórico en sí, y esto último es ciertamente lo que los escritores describen.

El lugar El sitio tradicional es el Monte Tabor en la Baja Galilea, pero no es una montaña alta (sólo unos 600 metros [1850 pies]) y probablemente en los días de Jesús estaba fortificada y no se podía acceder al lugar. Es más probable que haya sido en el Monte Hermón (aprox. 3000 metros [9100 pies] de altura) al norte de Cesarea de Filipo. Ver *Monte Hermón.*

Significado En la Biblia, una montaña es con frecuencia un lugar de revelación. Moisés y Elías representaban respectivamente la ley y los profetas, que dan testimonio de Jesús pero que deben cederle el lugar. (Esta última afirmación hace que la sugerencia de Pedro no fuera apropiada.) Moisés y Elías fueron heraldos del Mesías (Deut. 18:15; Mal. 4:5,6). Las tres enramadas señalan la fiesta de los tabernáculos, y esta simboliza una nueva situación, una nueva era. Las nubes representan la presencia divina. La estrecha conexión de la transfiguración con la confesión de Cesarea de Filipo y la predicción de la pasión es importante. El Mesías debe sufrir, pero Su destino final no es el sufrimiento sino ser glorificado y entronizado. Esto incluye la resurrección, la ascensión y la segunda venida gloriosa de Jesús. Los discípulos necesitaban esa seguridad que les transmitió la transfiguración para contemplar más allá de la muerte y los sufrimientos de Jesús. Ver *Jesús, Vida y ministerio.*

James Brooks

TRANSGRESIÓN Imagen del pecado como algo que traspasa los límites impuestos por la ley de Dios. Ver *Arrepentimiento; Maldad; Pecado; Perdón; Salvación.*

TRANSJORDANIA Región situada inmediatamente al este del Río Jordán y ocupada por Rubén, Gad, la mitad de Manasés, Edom, Moab y Amón. La característica topográfica más prominente de Palestina es el valle del Río Jordán que se menciona en el AT como el "Arabá", y en árabe actualmente se denomina "Ghor". Este valle representa una gigantesca falla geográfica que también se manifiesta en el Líbano, donde crea el Valle de Beqa'a, continúa hacia el sur desde Palestina para formar el Mar Rojo, y se extiende hasta llegar a Mozambique en el este de África. Un lugar importante en los relatos bíblicos es la zona montañosa al oeste del Río Jordán, donde se asentaron la mayoría de las tribus israelitas y se fundaron ciudades famosas como Samaria, Siquem, Jerusalén y Hebrón. Ver *Palestina; Río Jordán.*

Las tierras altas al este del Jordán también tuvieron un papel destacado, especialmente en tiempos del AT. Transjordania incluía: el Río Jaboc, escenario del relato de la lucha de Jacob cuando regresaba de Padan-aram (Gén. 32:22-32); las planicies de Moab, donde se cree que los israelitas acamparon después del éxodo de Egipto y Balaam profetizó, y el Monte Nebo desde donde Moisés vio la Tierra Prometida (Núm. 22:1-24:25; Deut. 34). Tres reinos de Transjordania (Amón, Moab y Edom) fueron contemporáneos de los dos reinos hebreos (Israel y Judá), a veces como aliados y otras como enemigos (1 Sam. 11; 14:47; 2 Sam. 8:12; 10; 2 Rey. 3; Amós 1:11–2:3). El profeta Elías nació en Tisbi, un pueblo del territorio transjordano de Galaad (1 Rey. 17:1). Otros profetas y poetas israelitas se refirieron con frecuencia a territorios y pueblos de Transjordania. Consultar, por ejemplo, las alusiones en Amós 4:1 y Sal. 22:12 a las vacas y toros de Basán.

El vasto Desierto de Arabia se extiende hacia el sudeste desde la falla geológica descrita anteriormente. La Transjordania que se menciona en los relatos bíblicos no abarca la totalidad del desierto sino la franja de tierras altas que van en dirección norte-sur comprendida entre el Valle del Jordán y el desierto. Dicha franja recibe lluvias abundantes durante los meses de invierno gracias a los vientos del Mediterráneo, lo que permite desarrollar agricultura y ganadería. Sin embargo, las precipitaciones son más escasas hacia el este, y la tierra montañosa y cultivable ya se transforma en un desierto rocoso a unos 50 ó 55 km (30-35 millas) al este del Jordán.

Cuatro ríos importantes, junto con numerosos cauces más pequeños e intermitentes, riegan las tierras altas de Transjordania hasta llegar al Valle del Jordán. (1) El Río Yarmuk, que no se menciona en la Biblia, irriga la región conocida en el AT como Basán, tierra sumamente apta para la ganadería como se indicó más arriba, que estaba situada al este del Mar de Galilea. Las principales ciudades bíblicas de la región de Basán eran Astarot y Carnayim (Jos. 9:10; 12:4; Amós 6:13 [LBLA, NVI]). (2) Nahr ex-Zerqa, el Río Jaboc de tiempos del AT, irriga la región que en ese entonces se conocía como Galaad. Esta, ubicada al este de la parte del Jordán que conecta el Mar de Galilea con el Mar Muerto, produce uvas, aceitunas, vegetales y cereales, y también se menciona en la Biblia como lugar donde se podía obtener bálsamo (Gén. 37:25; Jer. 8:22). Entre las ciudades galaaditas que aparecen en los relatos bíblicos se encuentran Mizpa, Jabes y Ramot (Jue. 10:17; 1 Sam. 11:1; 31:12; 1 Rey. 22:3; 2 Rey. 8:28). (3) Wadi el-Mujib, el Río Arnón de tiempos pasados, dividía la antigua tierra de Moab e ingresa al Mar Muerto casi a mitad de camino a lo largo de su margen oriental. (4) Wadi Hesa (probablemente el antiguo Río Zered, aunque no puede afirmarse con certeza) separaba Moab de Edom e ingresaba al Arabá en el extremo sur del Mar Muerto.

Una importante ruta comercial atravesaba Transjordania en tiempos bíblicos conectando Damasco y Bostra de Siria con el Golfo de Aqaba y el oeste de Arabia. Algunos eruditos prefieren traducir el término *derek hamelek* (Núm. 20:17; 21:22) como un nombre propio ("el Camino del Rey") e identificarlo con esta antigua ruta. Otros interpretan el término como un sustantivo común ("camino real") y dudan que se refiriera a una ruta específica, así como sucede con términos actuales como "autopista" o "ruta", que se refieren a categorías de caminos y no a rutas específicas. En cualquiera de los dos casos, sabemos que la antigua ruta comercial que atravesaba Transjordania tuvo un rol importante en la economía de la antigua Palestina y fue reacondicionada por los romanos, que la denominaron *Via Nova Traiana.*

Las tribus israelitas de Rubén y Gad, junto con algunas familias de la tribu de Manasés, se asentaron en Transjordania (Cisjordania), al parecer primero en Galaad y en dirección a Basán y el territorio tradicionalmente moabita ubicado al norte del Arnón (ver especialmente Núm. 32). Más tarde, después del establecimiento de la monarquía hebrea, varios reyes de Israel y Judá intentaron, algunos con más éxito que otros, gobernar esta porción de Transjordania vinculada a las tribus israelitas. David, Omri, Acab y Jeroboam II fueron los que tuvieron más éxito. Los reyes más débiles, como Roboam y Joás de Judá por ejemplo, tuvieron poca o ninguna influencia en Transjordania. Además, por supuesto, vemos ocasionales campañas militares de moabitas y edomitas que amenazaron incluso Jerusalén (2 Crón. 20).

Con el surgimiento de Asiria, especialmente durante y después del reino de Tiglat-pileser III (744–727 a.C.), las diferentes regiones de Siria-Palestina cayeron bajo dominio asirio. Transjordania no fue la excepción. Varios reyes de Amón, Moab y Edom se mencionan en registros asirios, donde normalmente aparecen entre los monarcas que pagaban tributo o proporcionaban otras formas de apoyo no voluntario a la monarquía asiria. Cuando el Imperio Asirio colapsó y fue reemplazado por el Babilónico, es posible que los babilonios hayan tomado control de Transjordania.

En tiempos del NT, un conjunto de ciudades de orientación grecorromana con población básicamente gentil (las llamadas ciudades de "Decápolis") surgió en el norte de Transjordania (anteriormente Basán, Galaad y Amón). Por otra parte, el sur de esta región (anteriormente Moab y Edom) estaba dominado por los nabateos, un pueblo de origen árabe que estableció un imperio comercial a lo largo de los márgenes del desierto con capital en Petra. Finalmente, toda Transjordania fue incorporada al Imperio Romano. Domiciano anexó la parte norte en el 90 d.C., y se constituyó la provincia administrativa de Arabia. Trajano agregó el territorio nabateo en el 106 d.C. y le cambió el nombre a la provincia por Arabia Pétrea. Ver *Amón; Arnón; Basán; Decápolis; Edom; Galaad; Jaboc; Moab; Tribus de Israel.* *J. Maxwell Miller*

TRANSPORTE Y VIAJES Medios y formas de traslado comercial y privado entre pueblos y naciones durante el período bíblico. Los viajes en la antigüedad, al igual que en el mundo moderno, son resultado de factores económicos, políticos, sociales y religiosos. En su mayoría, el transporte y los viajes en el mundo bíblico se realizaban a pie (Jue. 16:3; Jos. 9:3-5; 1 Rey. 18:46). Al principio esto significaba seguir las sendas que hacían los animales a través de montes y valles de Palestina. Sin embargo, a medida que las exigencias económicas y políticas de la región aumentaron, también se incrementó el tránsito. Era necesario contar con rutas mejor delimitadas y menos accidentadas para los viajeros y el transporte de grandes cantidades de productos de un lugar a otro. Diversos tipos de grandes animales de carga también tuvieron que ser domesticados y preparados para dicha tarea (Ex. 23:5).

A medida que el comercio comenzó a expandirse más allá del área local, se desarrollaron carreteras internacionales y rutas comerciales, la Vía Maris y la carretera real de Transjordania. Rutas sumamente transitadas como estas fueron un factor contribuyente a la fundación de muchas ciudades. También funcionaban como conexión principal desde donde salían rutas secundarias que unían ciudades y pueblos de Palestina con el resto del Cercano Oriente (Prov. 8:2-3). Estas carreteras promovían el traslado de comerciantes, peregrinos religiosos, funcionarios gubernamentales y ejércitos entre las distintas regiones del país y las naciones extranjeras. La mezcla de culturas y economías resultante creó la sociedad que se describe en textos bíblicos y extrabíblicos.

Factores geográficos en los viajes Quizás el mayor obstáculo que los viajantes y los constructores de caminos tenían que vencer eran los accidentes geográficos de Palestina. Las regiones desérticas del Neguev y las tierras altas de Judea en el sur requerían identificación de pozos y pastizales para los animales de carga. La cadena montañosa central de Palestina forzaba a los viajeros a zigzaguear por elevaciones empinadas (como las que existían entre Jericó y Jerusalén), seguir la dirección de las cadenas montañosas a lo largo de las cumbres (la ruta de Bet-horón al noroeste de Jerusalén) o transitar junto a las vertientes de aguas (Belén a Mizpa). Los viajeros tenían que vadear numerosos arroyos y también el Río Jordán (2 Sam. 19:18), a veces a costa de equipaje y animales.

Cuando era preciso atravesar valles, como el de Jezreel, los caminos generalmente seguían el terreno más alto a lo largo del pie de los montes para evitar regiones pantanosas y mantenerse lejos de torrentes embravecidos que a veces llenaban el lecho de arroyos en la estación lluviosa. Valles estrechos y serpenteantes, como en el Desierto de Judea, solían ser áreas perfectas para emboscadas de bandidos. A lo largo de la llanura costera, las dunas de arena obligaban a hacer un desvío tierra adentro hasta la meseta de la Sefela.

La accidentada costa de Palestina carecía de un buen puerto de aguas profundas para las embarcaciones. Por esa razón era necesario realizar un viaje adicional por tierra a fin de transportar mercaderías agrícolas y otros productos comerciales hacia y desde los puertos de Ezión-geber (1 Rey. 9:26-28) en el Mar Rojo, y los fenicios de Tiro y Sidón. Salomón poseía una flota de barcos que operaba en el Mar Rojo para contactarse con el comercio africano. Otro grupo de navíos de Salomón (heb. "barcos de Tarsis") se unió a las flotas de Hiram de Tiro en el Mediterráneo (1 Rey. 10:22). A pesar de esta actividad, los reyes de Israel por lo general carecían de experiencia en el mar. En ocasiones, esto los hacía reticentes a confiar en la navegación. Por ejemplo, el rey Josafat de Judá se negó a realizar nuevas incursiones para obtener oro de Ofir después de que su primera flota de barcos fuera hundida en las proximidades de Ezión-geber (1 Rey. 22:48-49). Ver *Barcos, marineros y navegación.*

A pesar de estas dificultades, el deseo de viajar y las necesidades comerciales de las naciones motivaron la identificación de rutas relativamente seguras ante el ataque de bandidos, y que permitían el libre transporte de mercadería a todas las regiones de la zona en animales de carga y carros. Las rutas por donde circulaba este tráfico variaban en tamaño e iban desde carreteras de dos vías de aprox. 3 m (10 pies) de ancho, hasta sendas angostas a través de los campos, apenas anchas como para que un hombre y su burro pasaran uno detrás del otro. El factor determinante en todos los casos era el uso que se le daba a cada ruta. Los caminos transitados por carros de dos y cuatro ruedas tirados por bueyes requerían más espacio y una calzada más lisa (Isa. 62:10) que los senderos que cruzaban los viñedos.

Los reyes del antiguo Cercano Oriente (Shulgi de Ur III, Mesopotamia, y Mesa, rey de Moab) con frecuencia hacían alarde del registro oficial de sus actividades en la construcción de rutas. Estas carreteras, tan importantes para el mantenimiento del control político y económico de la nación, tal vez hayan sido mantenidas en buenas condiciones por obreros reclutados por el gobierno que realizaban trabajos forzados (2 Sam. 20:24; 1 Rey. 9:15) o por el ejército. Dado que en el período bíblico no se conocían los puentes, se identificaban vados (Jue. 12:5-6 NVI) para uso general y, en el período Romano, fueron emparejados mediante la colocación de piedras planas en el lecho del río. Cuando no se podía encontrar un cruce para el río, los botes se amarraban juntos para formar transbordadores temporarios o grandes transportes.

Factores políticos y militares en el transporte Si bien el terreno tenía mucho que ver con la construcción de carreteras, otro factor importante era la situación política de la región. En el antiguo Israel, las rutas no sólo unían centros comerciales y religiosos sino que además protegían asentamientos y facilitaban la llegada de ejércitos en tiempos de guerra. La vasta red de carreteras en la dificultosa zona montañosa de Judea habla de manera elocuente sobre la importancia de Jerusalén, el centro de actividades de esa región. Funcionaba como centro político de la monarquía davídica y centro religioso de la nación, lo cual hacía que muchos peregrinos ascendieran a Sión (Sal. 122:1). Las legiones romanas construyeron un sistema de carreteras aun más complejo para dominar el país y detener la rebelión organizada después de las revoluciones del 69–70 y 135 d.C.

Durante la monarquía, las campañas militares requerían carreteras en buenas condiciones para facilitar el movimiento de las tropas en el país. A fin de proteger valles y rutas que llevaban a la capital en Jerusalén, se construyó una serie de fortalezas entre las que se encontraban Gezer, Bet-horón, Baalat y Tadmor (1 Rey. 9:17-19 NVI). En tiempos de paz, los séquitos reales también viajaban por estas rutas protegidas para realizar tareas gubernamentales (1 Rey. 12:1; 18:16).

Para ayudar con el constante flujo de viajeros del gobierno se construyeron paradores (cada 15 ó 20 km [entre 10 y 15 millas] en el Imperio Persa) y puestos administrativos. Antes de que hubiera posadas, estas estaciones proveían suministros a los funcionarios que viajaban y monturas frescas a los mensajeros. El que viajaba por su cuenta a lo largo del camino tenía que depender de la hospitalidad de las aldeas o los amigos (Jue. 19:10-15; 2 Rey. 4:8).

Los sistemas de rutas y las instalaciones portuarias de los reyes de Israel y Judá se expandían en tiempos de prosperidad y se disputaban en épocas de guerra (2 Rey. 16:6). Meguido, que custodiaba la entrada occidental al Valle de Jezreel, controlaba el tráfico por la Vía Maris hacia el interior de la región y luego en dirección norte hacia Damasco. Al igual que Hazor y Gezer, Salomón demostró conocer la importancia estratégica de ese lugar como para fortificarlo y proteger las fronteras de Israel (1 Rey. 9:15). Los gobernantes extranjeros también lucharon para capturar la ciudad (que fue destruida más de una decena de veces mientras estuvo habitada), y el rey Josías de Judá murió allí en el 609 a.C. cuando defendía el paso frente a los ejércitos del faraón Necao II (2 Rey. 23:29).

Factores religiosos en los viajes Según textos bíblicos, uno de los motivos principales de viaje era la visita a un santuario religioso o la realización de sacrificios. A lo largo de gran parte de la historia de Israel se relata que el pueblo viajaba a lugares como Siquem (Jos. 24:1), Silo (1 Sam. 1:3), Ofra (Jue. 8:27), Dan (Jue. 18:30) y Bet-el (1 Rey. 12:26-33). Allí demostraba su devoción ante una imagen sagrada o frente al arca del pacto. Los lugares altos (*bamot*) también eran sitios populares entre los peregrinos religiosos. En el período previo a que Jerusalén se estableciera como centro religioso de la nación, profetas como Samuel visitaban asiduamente estos santuarios locales para presentar sacrificios (1 Sam. 9:12). Los ritos religiosos locales a veces incluían la reunión de una familia procedente de distintos lugares de la nación, como así también parte de la celebración anual (1 Sam. 20:6).

Animales utilizados en los viajes Gran parte de lo que se sabe sobre los animales utilizados para transportar personas y materiales en el mundo antiguo se basa en la evidencia textual y en el arte. La Biblia menciona diferentes tipos de animales de carga: burros, mulas, camellos y bueyes. Entre ellos, los asnos tal vez hayan sido el medio de transporte más popular en el Cercano Oriente. Se los describe en antiguos textos asirios (aprox. 2100 a.C.) diciendo que transportaban lingotes de cobre desde Capadocia en Turquía. Las pinturas en la tumba de Beni Hasan de Egipto, que datan del 1900 a.C., retratan vívidamente caravanas semitas con asnos cargados de equipaje y mercancías.

En relatos bíblicos, el asno es el principal medio de transporte privado y comercial a lo largo de la historia del pueblo de Israel. Los hijos de Jacob acarrearon a lomo de burro desde Egipto a Canaán el grano que habían comprado (Gén. 42:26); Isaí envió a David a la corte de Saúl con un asno cargado de provisiones (1 Sam. 16:20), y Nehemías se enojó muchísimo cuando vio que los judíos transportaban granos en asnos durante el día de reposo (Neh. 13:15).

Las mulas se mencionan con menos frecuencia. Esto quizás se deba a la escasez de caballos para reproducción o a la costumbre de limitar el uso de mulas a las clases altas (2 Sam. 13:29). Por ejemplo, a los hijos de David, Absalón (2 Sam. 18:9) y Salomón (1 Rey. 1:33), se los describe montados en mulas. Un pasaje de la Biblia (Isa. 66:20) describe a quienes integraban la caravana de exiliados que volvían a Jerusalén montados en caballos, mulas y camellos, y también en carros y literas. No obstante, cada uno de estos medios de transporte cuadra perfectamente en la visión del profeta en cuanto a una procesión gloriosa que va camino a Jerusalén en lugar trasladarse en grupos de viajeros como solían hacerlo por la ruta internacional.

Los camellos aparecen varias veces en el texto llevando grandes cargas (cinco veces más que un asno). Un ejemplo claro es 2 Rey. 8:9 (NVI). Benhadad, rey de Siria, le envió “cuarenta cargas de camello” en mercancías a Eliseo en un intento por saber si se recuperaría de una enfermedad. En otra ocasión, Isaías denunció a los líderes de Judá por enviar camellos cargados de regalos a Egipto a fin de conseguir ayuda contra Asiria (Isa. 30:6). Debido a

Un viajero en la ruta de Jericó a Jerusalén, montado en un burro.

las pezuñas anchas y sensibles, mejor adaptadas para los viajes por el desierto, el camello no era muy apto para las regiones montañosas. Es probable que estas bestias sólo se hayan usado en las rutas más importantes tales como la Vía Maris a lo largo de la costa o en los caminos más parejos de los valles de la Sefela y el Neguev.

Los bueyes se vinculan exclusivamente con viajes realizados en vehículos de ruedas, y se tratarán más adelante dentro de ese contexto. Los israelitas no comenzaron a utilizar caballos antes del 1000 a.C., cuando David los incorporó a sus fuerzas (2 Sam. 8:3-4). Se los menciona principalmente en contextos militares: en batallas (Job 39:18-25) y sujetos a carros (1 Rey. 12:18). Los mensajeros oficiales también montaban a caballo (2 Rey. 9:18-19), al igual que los exploradores del ejército (2 Rey. 7:13-15).

Vehículos con ruedas El vehículo con ruedas que más se menciona en los relatos bíblicos es el carro. Los primeros en utilizarlo fueron los enemigos de Israel durante el período de la conquista (Jue. 1:19; 4:3). Sin embargo, no podía emplearse de manera eficaz en el terreno montañoso y accidentado donde las tribus se establecieron inicialmente (Jos. 17:16). Una vez establecida la monarquía, los carros pasaron a formar parte integral de la estrategia de batalla de los reyes (1 Rey. 10:26; 22:31-34). También se utilizaban regularmente como medio de transporte para reyes (2 Rey. 9:16) y nobles (2 Rey. 5:9). En Isa. 22:18 se menciona que algunos carros tenían dueños particulares. En este pasaje, el profeta condena a Sebna, mayordomo de la casa del rey, por su extravagancia y orgullo. Sus carros, al igual que su tumba cavada en la roca, eran símbolos de la condición social elevada que disfrutaban los miembros de alto rango de la burocracia real en época de Ezequías (comp. Hech. 8:26-38).

No se han encontrado evidencias palpables de carros en Palestina, si bien en la tumba del faraón Tutankamón (alrededor del 1300 a.C.) se descubrió un magnífico ejemplo de carroza real egipcia. En un bajorrelieve asirio (alrededor del 701 a.C.) que describe el sitio de Laquis a manos de Senaquerib, aparece un carro de batalla judío para tres hombres. Tenía además un yugo para cuatro caballos. Los cálculos de las dimensiones de los carros se basan en el ancho de los surcos que dejaron en las carreteras de las ciudades romanas y mesopotámicas. Si se toman en cuenta estas medidas, el ancho promedio de los carros era de 1,23 metros entre las ruedas y 1,53 metros en total.

El uso de vehículos con ruedas parece haberse originado en Sumer, donde se han encontrado modelos de carros cubiertos tirados por bueyes que datan del 2500 a.C. Estos voluminosos vehículos que transportaban pesadas cargas requerían carreteras amplias y bien mantenidas. Si no se realizaba un mantenimiento adecuado, las rutas podían llenarse de malezas (Prov. 15:19) o piedras que caían por la erosión de las laderas. Por lo tanto, para poder mantener el tráfico es probable que existieran equipos de obreros que recorrían los caminos y realizaban las reparaciones necesarias. Tal vez las puertas de la ciudad también hayan tenido que ser ampliadas para permitir el paso de vehículos con ruedas. Las que se excavaron en Israel tienen un ancho de 2,5 a 4,5 m. Las ciudades donde había tráfico intenso, como Gezer y Meguido, tenían calzadas de adoquines o cubiertas de piedras molidas en el popular complejo de puertas.

En tiempos bíblicos eran comunes los carros grandes de dos y cuatro ruedas para transportar cargas pesadas y personas. En el período patriarcal, José envió carros a Canaán para trasladar a Gosén a su padre y los familiares de sus hermanos (Gén. 45:19-27). Después de terminar la construcción del tabernáculo del desierto, los líderes de las tribus les donaron a los levitas seis carros cubiertos, cada uno tirado por dos bueyes, para que transportaran elementos sagrados en el camino (Núm. 7:1-8).

Una vez que el pueblo se estableció en Canaán, los carros se convirtieron en un elemento auxiliar cotidiano para los agricultores, que tenían que transportar gavillas a la era (Amós 2:13). David utilizó un carro similar de dos ruedas para llevar el arca del pacto desde Quiriat-jearim (también llamada Baal de Judá) a la nueva capital en Jerusalén (2 Sam. 6:2-17). La naturaleza un tanto inestable de estos carros se puede apreciar en que casi se tumba cuando se acercaba a la era de Nacón. Varios hombres caminaban junto al carro para guiar a los bueyes y evitar que se desplazara la carga.

En el período de la conquista asiria, en Palestina también se usaron caminos más anchos y vehículos pesados con ruedas para trasladar al pueblo al exilio. El bajorrelieve de piedra de Senaquerib que relata el sitio de Laquis incluye la imagen de judíos transportados en carros de dos ruedas tirados por una yunta de bueyes. Los nuevos exiliados están sentados sobre bultos con sus pertenencias mientras un hombre camina junto al buey ubicado a la izquierda y lo guía con un palo afilado. Es probable que la visión de Isaías sobre el regreso (Isa. 66:20) haya afectado profundamente a los exiliados, que veían a sus ancestros retratados en el bajorrelieve asirio. Ver *Economía.* *Victor H. Matthews*

TRASQUILADORES Personas que le cortan la lana a las ovejas. No son profesionales sino dueños de las ovejas (Gén. 31:19) o empleados del dueño (Gén. 38:12). El hebreo no distingue entre "trasquiladores" y "trasquilar", por lo que ambas traducciones son posibles en varios pasajes. La época del trasquilado era un tiempo de celebración donde se organizaban fiestas y se invitaban amigos (1 Sam. 25; 2 Sam. 13). La palabra usada para referirse a trasquilar ovejas también se empleaba para aludir al corte de pelo de seres humanos (Jer. 7.29; Miq. 1:16).

TRATADO Ver *Pacto.*

TRES TABERNAS Parada de descanso en la Vía Apia, ubicada a unos 50 km (30 millas) al sudeste de Roma y 16 km (10 millas) al noroeste del Foro de Apio donde los cristianos romanos se encontraron con Pablo cuando viajó a Roma (Hech. 28:15).

TRIBULACIÓN Generalmente se refiere al sufrimiento y la angustia del pueblo de Dios. Según el NT, las tribulaciones son una realidad prevista entre los seguidores de Cristo.

La palabra hebrea que por lo general se traduce tribulación es *tsara*, que literalmente significa "estrecho" (Núm. 22:26 LBLA) o "cerrados...estrechamente" (Job 41:15). En sentido figurado quiere decir "aflicción, angustia o tribulación" (Deut. 4:30; Job 15:24; Sal. 32:7; Isa. 63:9; Jon. 2:2). La palabra griega *thlipsis* transmite la idea de "constricción severa", "estrechamiento" u "opresión" (Mat. 7:14; Marcos 3:9). Nociones similares subyacen en el término latino *tribulum* (borde de una trilladora), del que proviene la palabra en español.

La Biblia enseña varias verdades sobre las tribulaciones de los creyentes. Primero, las tribulaciones de Cristo son el patrón del sufrimiento de los creyentes. Así como las tribulaciones fueron inevitables y previsibles en el ministerio mesiánico de Jesús, también estarán presentes entre Sus seguidores (Mat. 13:21; Juan 16:33; Hech. 14:22; Rom. 8:35; 12:12; 1 Tes. 3:3; 2 Tes. 1:4; Apoc. 1:9). Segundo, las tribulaciones de los creyentes son, en un sentido, participación en los sufrimientos de Cristo (Col. 1:24; 2 Cor. 1:5; 4:10; Fil. 3:10; 1 Ped. 4:13). Tercero, las tribulaciones de los creyentes promueven la transformación a la semejanza de Cristo (Rom. 5:3; 2 Cor. 3:18; 4:8-12,16). Les enseña a los seguidores de Cristo a consolar y alentar a otros que atraviesan situaciones similares; esto capacita a los que sufren para que perseveren y resistan (2 Cor. 1:4; 4:10; Col. 1:24; 1 Tes. 1:6).

Otro sentido bíblico de la tribulación es escatológico. La expresión "gran tribulación" se refiere a la época de angustia que dará paso a la segunda venida de Cristo (Mat. 24:21; Apoc. 2:22; 7:14). Jesús advirtió que la gran tribulación sería tan intensa que las calamidades casi diezmarían toda vida (Mat. 24:15-22). Las palabras de Jesús en Mat. 24:29 pueden referirse a Dan. 12:1, "será tiempo de angustia, cual nunca fue desde que hubo gente hasta entonces". Esta alusión sugiere una visión escatológica de la gran tribulación.

La visión que uno tenga del milenio por lo general determina la interpretación del momento y la naturaleza de este período de intensa tribulación. Los posmilenialistas y los milenialistas consideran que la gran tribulación es un período breve e indefinido al final de esta era, y generalmente lo identifican con la rebelión de Gog y Magog en Apoc. 20:8,9. Los premilenialistas dispensacionalistas identifican la tribulación con la semana setenta de la profecía de Daniel (9:27), un período de siete años cuya segunda mitad es la gran tribulación. El arrebatamiento de la iglesia precede una tribulación literal de siete años que va seguida de la segunda venida de Cristo. Los premilenialistas históricos (postribulacionistas) afirman que la tribulación es un período horroroso de angustia que inmediatamente precede al milenio y, por lo general, enseñan que tanto los creyentes como los incrédulos atravesarán ese período.

Si bien este evento debe ciertamente considerarse como algo futuro, los intentos por relacionar el período de la tribulación con sucesos o personas específicos han demostrado ser inútiles. A los creyentes se los exhorta a concentrar su atención en Cristo y fijar su esperanza en Él, no en los eventos en torno a Su venida (1 Juan 3:3).

Stan Norman

TRIBUNAL En Mat. 27:19, la plataforma o estrado elevado que ocupaba Poncio Pilato mientras deliberaba sobre las acusaciones contra Jesús y la sentencia que iba a pronunciar en relación a Su causa. Según Hech. 18:12, el apóstol Pablo fue llevado ante el tribunal en Corinto. En estos dos casos, el concepto de tribunal se debe considerar en el sentido literario corriente. En Rom. 14:10 y 2 Cor. 5:10, el tribunal de Cristo es un concepto teológico. Esos versículos enfatizan que los individuos son responsables de su vida ante el Señor, y un día deberán enfrentarlo en un juicio. Ver *Cruz, crucifixión; Jerusalén; Jesús; Juicio, Día del.*

Lugar en la Puerta de Dan (durante la Edad de Hierro) donde se cree que se sentaban los jueces a escuchar los distintos casos.

TRIBUNO Comandante de una antigua compañía romana, una unidad militar que idealmente contaba con 1000 hombres. Algunas versiones utilizan este término para la palabra griega *chiliarchos*, que también se traduce "capitán". El término griego para "compañía" es *speires* (comp. Hech. 21:31-33; 22:24-29; 23:10-22; 24:22; 25:23). Según Josefo, los romanos emplazaron una compañía en la Fortaleza Antonia en Jerusalén para terminar con los disturbios en la ciudad.

E. Ray Clendenen

TRIBUS DE ISRAEL Grupos sociales y políticos de Israel que afirman ser descendientes de uno de los doce hijos de Jacob.

Unidad tribal La unidad tribal desempeñó un papel importante en la historia de la nación de Israel. En tiempos antiguos, a una nación se la llamaba "pueblo", *am*; en el caso de Israel, esta nación era el "pueblo de Israel". La nación, a su vez, estaba compuesta por "tribus". La tribu, un *shevet* o *matteh*, era la unidad social más importante para la constitución de una nación, y estaba compuesta por "familias". La "familia", una *mishpachah*, consistía en una agrupación de parientes con un antepasado en común. La familia estaba entonces compuesta por hogares individuales a los que se hacía referencia como la "casa del padre", la *beth av*. En realidad, la familia en la antigüedad podía constar de varias familias que vivían juntas y conformaban un solo hogar (Núm. 3:24). Ver *Familia*.

Orígenes tribales El trasfondo ancestral de "las tribus de Israel" se remonta al patriarca Jacob, cuyo nombre se le cambió a "Israel". La nación de Israel se identificaba como "los hijos de Israel". Según el relato bíblico, la familia de Jacob de la que procedieron las tribus tuvo su origen en el norte de Siria durante el tiempo que él estuvo en Harán con su tío Labán. Once de los doce hijos nacieron allí, mientras que el número doce, Benjamín, nació después de que Jacob regresara a Canaán. El nacimiento de los hijos se produjo a través de las esposas de Jacob, Lea y Raquel, y de sus criadas Zilpa y Bilha. Los hijos de Lea eran Rubén, Simeón, Leví, Judá (Gén. 29:31-35), Isacar y Zabulón, y también una hija llamada Dina. (Gén. 30:19-21). Los hijos de Raquel eran José (Gén. 30:22-24), que se convirtió en el padre de Efraín y Manasés (Gén. 41:50-52), y Benjamín (Gén. 35:16-18). Los hijos de Jacob y Zilpa, la criada de Lea, fueron Gad y Aser (Gén. 30:9-13), mientras que Bilha, la criada de Raquel, dio a luz a Dan y Neftalí (Gén. 30:1-8).

Esta familia de familias o familia de tribus ocupó el lugar más importante de la historia de Israel en su desarrollo como nación. Si bien en dicha historia hay detalles que no comprendemos con claridad, y existen otros grupos que tal vez se incorporaron a la nación a los que simplemente se alude como "grande multitud de toda clase de gentes" (Ex. 12:38), el enfoque central siempre está en las "tribus de Israel", los descendientes de Jacob. Por esa razón, en varios lugares en el AT aparecen listas de los doce hijos de Jacob o de las tribus, aunque con ciertas variaciones. Algunas de las más importantes incluyen la bendición de Jacob a los doce hijos (Gén. 49), el recuento de las familias cuando comienza el período de opresión en Egipto (Ex. 1:1-10), la bendición de Moisés a las tribus (Deut. 33) y el cántico de Débora (Jue. 5).

Las tribus de Israel Cada tribu tenía su propia historia con respecto a la asignación de la tierra. Conocemos pocos detalles sobre las tribus individuales.

1. Rubén, el primogénito de Jacob y su esposa Lea, estaba preparado para asumir un rol de liderazgo en la familia pero perdió ese derecho debido a una relación ilícita que mantuvo con Bilha, concubina de su padre (Gén. 35:22). El impacto de esto se reflejó en la bendición de Jacob donde le dice a Rubén: "Incontrolable como el agua, no tendrás preeminencia, porque subiste a la cama de tu padre" (Gén. 49:4 LBLA). Cuando la familia de Jacob emigró a Egipto, Rubén tenía cuatro hijos (Gén. 46:8,9).

En algunas listas de las tribus de Israel, a Rubén se lo menciona en primer lugar (Ex. 1:1-4: Núm. 1:5-15), mientras que en otras aparece más abajo (Núm. 2:1-11). Durante la travesía por el desierto, las tribus de Rubén, Simeón y Gad conformaban la segunda unidad de la procesión. La tribu de Rubén iba al frente (Núm. 10:17-20). Esta agrupación de tribus encabezada por la de Rubén iba a continuación del tabernáculo (Num. 10:17,18). Cuando las tribus se aproximaron a la tierra de Canaán y se les adjudicaron territorios a cada una, la de Rubén, Gad y una mitad de Manasés ocuparon Transjordania, la altiplanicie al este del Río Jordán (Jos. 13:8-31; comp. Núm. 32:1-5,33-42). La tribu de Rubén ocupaba la región sur, que se extendía aprox. desde el Río Arnón hasta Hesbón (Jos. 13:15-23). Anteriormente este territorio lo ocupaba el reino de Sehón. Si bien se sabe poco sobre la tribu de Rubén durante el período del asentamiento, el cántico de Débora sugiere que la tribu fue criticada por algunas otras por no participar más activamente en la conquista (Jue. 5:15,16). Ver *Transjordania*.

2. Simeón fue el segundo hijo de Jacob y Lea y desempeñó un papel fundamental en el encuentro de Dina con Siquem. Dado que Simeón y Leví eran hermanos directos de Dina, buscaron vengar el honor de ella (Gén. 34:25,26) por las acciones de Siquem (Gén. 34:1-4). La respuesta radical de los dos hermanos cuando "tomaron cada uno su espada y entraron en la ciudad, que estaba desprevenida, y mataron a todo varón" (Gén. 34:25 LBLA) se refleja en la bendición de Jacob para ambos: "sus armas instrumentos de violencia... Maldita su ira porque es feroz; y su furor porque es cruel. Los dividiré en Jacob, y los dispersaré en Israel" (Gén. 49:5-7 LBLA). Durante los años de hambruna cuando los hijos de Jacob viajaron de Egipto a Canaán, en una ocasión José mantuvo a Simeón como rehén (Gén. 42:24).

En las listas de las tribus Simeón aparece en segundo lugar, es decir, inmediatamente después de Rubén (Ex. 1:2; 6:14,15; Núm. 1:5,6, 22,23; 13:5; 26:12-14). Por lo general, esta tribu se caracterizaba por su debilidad, condición que se refleja en la declaración final de la bendición de Jacob para Simeón y Leví donde dice: "Los dividiré en Jacob, y los dispersaré en Israel" (Gén. 49:7 LBLA). Quizás por esa condición débil, esta tribu aparentemente no recibió una heredad separada en la tierra (Jos. 19:1-9). En su lugar, "su heredad estaba en medio de la heredad de los hijos de Judá" (Jos. 19:1 LBLA) al sur del Neguev.

3. Leví fue el tercer hijo de Jacob y Lea (ver Simeón). Durante el viaje de Egipto a Canaán, los hijos de Leví asesinaron a unos 3000 hombres hebreos rebeldes (Ex. 32:25-29). Se transformaron en la tribu sacerdotal y no poseían tierras. Ver *Levitas*; *Levitas, Ciudades de los; Sacerdotes*.

4. Judá, el cuarto hijo de Jacob y Lea (Gén. 29:35), aparece como líder y vocero entre sus hermanos (Gén. 37:26; 43:3; 44:16; comp. 46:28). En la bendición de Jacob, a Judá se le prometió preeminencia sobre las demás tribus (Gén. 49:8-12). En el viaje de Egipto a Canaán iba en primer lugar (Núm. 2:9). Cuando las tribus entraron a la tierra, Acán, que pertenecía a la tribu de Judá, fue hallado culpable de tomar parte del botín prohibido de Jericó (Jos. 7). La tribu de Judá ocupaba la parte sur de Palestina, básicamente el territorio entre el Mar Muerto al este y el Mediterráneo al oeste (Jos. 15). La frontera norte estaba delimitada por los territorios de Benjamín y Dan. Es posible que el territorio de Jerusalén haya formado una especie de barrera entre Judá y las tribus del norte porque no se conquistó hasta la época de David (2 Sam. 5:6-10). La captura de Jerusalén preparó el camino para que las tribus tuvieran la clase de unidad que no habían experimentado antes. El territorio de la tribu de Judá constituía la porción más importante del reino del sur; por esta razón, conformó el reino de Judá con su capital Jerusalén.

5. Isacar fue el noveno hijo varón de Jacob, pero el primero de la segunda familia que tuvo con Lea (Gén. 30:18). Al margen de su nacimiento, poco se sabe de él y de su tribu. Durante el viaje desde el Monte Sinaí a Canaán, la tribu de Isacar seguía a la de Judá; es decir que formaba parte del primer grupo de tribus ubicada al este del tabernáculo (Núm. 2:5). Es difícil determinar con precisión el territorio ocupado por esta tribu (Jos. 19:17-23). Se encontraba al oeste del Jordán en la región al sur del Mar de Galilea que se extiende hasta el Valle de Jezreel. Dado que la bendición de Moisés dice que Zabulón e Isacar "llamarán a los pueblos al monte; allí ofrecerán sacrificios de justicia" (Deut. 33:19 LBLA), algunos han especulado que las dos tribus quizás tenían un centro de adoración en el Monte Tabor, una montaña en la frontera entre ambos territorios. Debido a que la bendición de Jacob habla de Isacar como bestia de carga (Gén. 49:14,15), posiblemente esta tribu haya enfrentado diversas pruebas. Por ejemplo, durante un tiempo del período tribal, el pueblo de Isacar tal vez haya trabajado como esclavo en proyectos de trabajos forzados realizados por sus vecinos cananeos.

6. Zabulón fue el décimo hijo de Jacob, y el sexto y último hijo que tuvo con su esposa Lea (Gén. 30:19-20). No se sabe mucho más sobre su vida. El territorio asignado a esta tribu se encontraba en la parte norte de la Galilea del sur y limitaba al sur-sureste con Isacar, al este con Neftalí y al oeste con Aser (Jos. 19:10-16). La bendición de Jacob manifestó que el territorio de Zabulón incluía la costa, quizás el Mar Mediterráneo, "y su límite será hasta Sidón" (Gén. 49:13 LBLA), una ciudad en el extremo norte del Monte Carmelo. Si bien este territorio tradicionalmente estuvo ocupado por la tribu de Aser, es posible que en algún momento Zabulón haya ocupado parte de la región y, por lo tanto, haya tenido acceso al mar. La bendición de Moisés declara además que Zabulón e Isacar se beneficiarían de "la abundancia de los mares, y de los tesoros escondidos en la arena" (Deut. 33:19 LBLA). Durante el período de asentamiento de las tribus en Canaán, Zabulón aparentemente fue más allá del llamado del deber para brindar apoyo. Es la única tribu que se menciona dos veces en el cántico de Débora (Jue. 5:14,18).

7. José fue el primer hijo de Jacob y Raquel, su esposa favorita (Gén. 30:22-24). Dos de las tribus de Israel provienen de José: Efraín y Manasés.

De las historias de los hijos de Jacob, la de José es la más emocionante. Tuvo dos hijos, Manasés y Efraín (Gén. 41:50-52), que nacieron en Egipto. Jacob los adoptó y, por lo tanto, cada uno se transformó en padre de una tribu de Israel (Gén. 48:8-20). Si bien Manasés era el mayor, Jacob prefirió a Efraín (Gén. 41:14, comp. Deut. 33:17). La bendición del patriarca (Gén. 49:22-26) menciona sólo a José; la de Moisés (Deut. 33:13-17) comienza con José y destaca a Efraín y Manasés; el cántico de Débora (Jue. 5:14) habla de Efraín y Maquir. Ver *José; Maquir.*

Efraín durante el período tribal ocupó una porción importante de los montes centrales junto con Manasés. El territorio comprendía la región justo al norte de Dan y Benjamín, y se extendía desde el Río Jordán al este hasta el Mar Mediterráneo al oeste. En la historia tribal se observa que Efraín desempeñó un importante papel de liderazgo entre las tribus. Josué, uno de los doce espías y miembro de la tribu de Efraín, se transformó en sucesor de Moisés (Núm. 13:8,16; Jos. 1:1-11). Efraín exigió liderazgo en el período de los jueces (Jue. 3:27; 4:5; 7:24; 8:1; 10:1; 12:1–6; 17:1; 18:2,13; 19:1). Silo, ubicada en el territorio de esta tribu, se transformó en el principal centro de adoración durante el período tribal (Jos. 18:1; 1 Sam. 1:1-18). Samuel, el líder de las tribus (1 Sam. 7:15-17) durante la última parte del período de los jueces y justo antes del comienzo del reino, provenía de Efraín (1 Sam. 1:1-20).

La influencia efraimita no sólo se ve durante el período tribal sino también en la historia posterior de Israel. Por ejemplo, cuando la nación se dividió en dos reinos después de la muerte de Salomón en el 922 a.C., un efraimita llamado Jeroboam encabezó las tribus del norte para pedir indulgencia (1 Rey. 12:1-5). Cuando Roboam rechazó dicha súplica, estas tribus rompieron los vínculos con el sur, formaron un reino separado (1 Rey. 12:16-19) y eligieron a Jeroboam como rey (1 Rey. 12:20). La influencia de Efraín también se observa durante la época de los profetas. Por ejemplo, Oseas se refiere a Israel más de 30 veces utilizando el nombre Efraín como sinónimo.

Manasés era el hijo mayor de José y Asenat. La tribu de Manasés ocupó territorio tanto al este como al oeste del Río Jordán. La región de Manasés al este del Jordán incluía las zonas de Galaad y Basán, y muy probablemente se extendía desde el Río Jaboc hasta cerca del Monte Hermón. Al oeste del Jordán, Manasés se encontraba al norte de Efraín. Aparentemente la tribu de Manasés desempeñó un papel relevante en la conquista. Por ejemplo, los hijos de Maquir, hijo de Manasés, tomaron la tierra de Galaad y expulsaron a los amorreos que la ocupaban (Núm. 32:39; comp. Jue. 5:14), mientras que otros descendientes suyos participaron en la conquista de otros lugares (Núm. 32:41,42). Quizás Gedeón sea el más conocido descendiente de Manasés (Jue. 6:12-15). Él venció a los madianitas con un pequeño grupo de hombres (Jue. 6–7).

8. Benjamín fue el hijo menor de Jacob y Raquel, y el único que nació después de regresar de Harán a Palestina (Gén. 35:16-20). Era el único hermano directo de José. Por lo tanto, las tribus de Benjamín, Efraín y Manasés formaban un grupo especial. El territorio tribal de Benjamín era un área pequeña al oeste del Jordán entre el territorio de Efraín al norte y Judá al sur (Jos. 18:11-28). Los benjamitas se destacaban por ser buenos guerreros. La bendición de Jacob los llama "lobo rapaz" que "devora la presa" (Gén. 49:27 LBLA). El libro de Jueces destaca sus actividades como guerreros durante el período tribal (Jue. 5:14; 20:12-16). Se decía "que eran zurdos" y expertos con la honda (Jue. 20:16). La historia del levita y su concubina refleja los actos crueles de los cuales se responsabilizaba a los benjamitas (Jue. 19). El segundo juez, Aod (Jue. 3:12-30), y el primer rey, Saúl (1 Sam. 9:15-17; 10:1), provenían de la tribu de Benjamín.

9. Dan fue el quinto hijo de Jacob y el primero de los dos que tuvo con Bilha, la criada de Raquel (Gén. 30:5-8). En consecuencia, Dan y Neftalí eran hermanos directos y a menudo se los menciona juntos (Gén. 46:23,24; Ex. 1:4). La tribu de Dan en un comienzo ocupó el territorio inmediatamente al oeste de Benjamín, con Efraín al norte y Judá y los filisteos al sur (Jos. 19:40-48). Poco tiempo después de su asentamiento en la región, los amorreos y los filisteos aparentemente intentaron expulsarlos (Jue. 1:34-36). La presión y la hostigación de los filisteos sobre el pueblo de Dan se refleja en las historias del danita Sansón y los encuentros que tuvo con ellos (Jue. 13–16). La presión filistea provocó la migración de la tribu a una zona al norte del Lago Huleh, a la ciudad de Lais y el territorio circundante (Jue. 18:14-27). El pueblo de Dan capturó la ciudad y le cambió el nombre por Dan (Jue. 18:29). Ver *Dan.*

10. Neftalí fue el sexto hijo de Jacob y el hermano menor directo de Dan (Gén. 30:6-8). El nombre Neftalí, que transmite la idea de "lucha", se seleccionó debido a los conflictos personales entre Raquel y Lea (Gén. 30:7,8). La Biblia proporciona poca información sobre Neftalí, ya sea de la persona o la tribu. Durante el período tribal ocupó la amplia franja de tierra al oeste del Jordán en la región del Lago Huleh y el Mar de Cineret (Galilea). Esta franja se extendía desde Isacar y Zabulón al sur hasta cerca de Dan al norte (Jos. 19:32-39). Aparentemente, la tribu de Neftalí proveyó personas para la lucha durante la conquista de la tierra (Jue. 5:18) y la amenaza madianita (Jue. 6:35; 7:23).

11. Gad fue el séptimo hijo de Jacob y el primero de los dos que tuvo con Zilpa, la criada de Lea (Gén. 30:9-11). Dado que esta consideró ese nacimiento como una señal de "buena suerte", especialmente porque ella había dejado de tener hijos, llamó al niño "Gad", que significa "suerte" (Gén. 30:11 NVI). Más allá de los breves detalles sobre su nacimiento, se sabe muy poco sobre este patriarca. El territorio de la tribu estaba ubicado al este del Río Jordán y el Mar Muerto e incluía parte de la región de Galaad (Núm. 32:34; Jos. 13:24-28), que se extendía desde la región del Río Jaboc al norte hasta la región del Arnón al sur. Según la bendición de Jacob, es probable que la tribu de Gad haya sufrido numerosos ataques (Gén. 49:19), en especial de grupos como los amorreos, como se refleja en la historia de Jefté (Jue. 11). Quizás tales ataques se debían a que Gad ocupaba parte de la mejor tierra de Transjordania (Deut. 33:20,21). Aparentemente, los hombres de Gad adquirieron gran destreza como guerreros (1 Crón. 12:8).

12. Aser fue el octavo hijo de Jacob, el segundo de Zilpa, y el hermano menor directo de Gad (Gén. 30:9-13). Como sucede con este, hay muy poca información sobre Aser. La tribu ocupó la región al oeste de Zabulón y Neftalí, es decir, la costa norte de Palestina. El territorio se extendía desde las cercanías del Monte Carmelo al sur hasta las inmediaciones de Tiro al norte (Jos. 19:24-31). Aser es la única tribu de la que no se dice haya provisto ningún juez durante el período tribal. Si bien Aser ocupaba un territorio selecto (Gén. 49:20), aparentemente sufrió reproches y es posible que no haya podido ganarse el respeto de algunas de las demás tribus (Jue. 5:1-7b).

Conclusión Si bien continuará el debate y la investigación sobre la historia de las tribus y el territorio que ocuparon, el período tribal siempre será reconocido como una época relevante aunque enigmática de la historia de Israel. Con la institución de la monarquía, el período tribal llegó a su fin. Sin embargo, los lazos y las tradiciones de las tribus siguieron siendo bastante fuertes. Muchos eruditos sugieren que los celos y las tradiciones jugaron un papel preponderante en la división del reino y la formación del Reino del Norte y el Reino del Sur, en el 922 a.C. *LaMoine DeVries*

TRIBUTO Pago exigido por un poder superior, por lo general un estado, a otro inferior. El estado más débil, llamado vasallo, por lo general entregaba anualmente una cantidad determinada de oro u otros bienes. La imposición del tributo demostraba la condición servil del estado vasallo, y de este modo socavaba la autonomía política y a menudo ocasionaba debilidad financiera. Las naciones poderosas recaudaban tributos tanto de los estados hostiles como de los aliados. Si cualquiera de ellos se negaba a pagar tributo, se consideraba rebelión y generalmente conducía a represalias militares.

La imposición de tributos se practicaba ampliamente y se remonta a antes del 2000 a.C. Las cartas de Tell el Amarna de los reyes cananeos posteriores al 1400 a.C. revelan con claridad su condición de vasallos de Egipto. Durante algunos períodos de poderío, Israel recibía tributo de pueblos vecinos. David y Salomón exigieron tributo de varios estados más pequeños (2 Sam. 8:14; 1 Rey. 4:21). Con posterioridad, Moab le pagó a Acab de Israel un tributo consistente en 100.000 corderos y la lana de 100.000 carneros (2 Rey. 3:3,4).

Después de la división del reino de Salomón en el 922 a.C., los estados relativamente más débiles de Judá e Israel solían ser forzados a pagar tributo a las grandes potencias que dominaban cada vez más el Cercano Oriente. Ese fue el caso durante el período asirio (850–600 a.C.), tal como lo confirman evidencias bíblicas y arqueológicas. El Obelisco Negro de Salmanasar III (aprox. 841 a.C.) muestra a Jehú de Israel postrado delante del rey asirio y pagando tributo. Manahem de Israel (2 Rey. 15:19) y Acaz de Judá (2 Rey. 16:7-9) le pagaron tributo a Tiglat-pileser III (Pul) por diferentes motivos. El pesado tributo que Ezequías le pagó a Senaquerib alrededor del 701 a.C. fue registrado tanto en textos bíblicos como asirios (2 Rey. 18:13-16).

Más tarde, de una forma u otra los judíos pagaron tributo a Babilonia, Persia, Egipto y Roma. El *tributum* romano era una forma de impuesto. La famosa pregunta que Jesús les formuló a los fariseos sobre el tributo (Mat. 22:15-22) se refería al impuesto. Ver *Asiria; Babilonia; Egipto; Roma y el Imperio Romano.* *Thomas V. Brisco*

TRIFENA Y TRIFOSA Nombres propios que significan "refinada" y "delicada". Dos mujeres que Pablo saludó y dijo que "trabajan en el Señor" (Rom. 16:12). Quizás fueron diaconisas de la iglesia de Roma (comp. Febe en Rom. 16:1) o evangelistas "seculares" como Priscila (Hech. 18:26; Rom. 16:3). La similitud entre los nombres sugiere que tal vez eran hermanas (mellizas).

TRIGO Grano básico del antiguo Cercano Oriente (Núm. 18:12). El trigo se ha cultivado en dicha región desde, por lo menos, la época neolítica (8300–4500 a.C.). Existen muchas especies y no se pueden determinar los tipos exactos en base a los términos bíblicos. Se convirtió en el cultivo más importante después de que los nómadas comenzaron a establecerse en sociedades agrícolas. Se utiliza como analogía para hablar del juicio de Dios (Mat. 3:12) y de su cuidado (Sal. 81:16). La cosecha del trigo era una antigua referencia para el tiempo (Ex. 34:22) y se celebraba en la Fiesta de las semanas. También se dice que el trigo se cosechaba (1 Sam. 6:13), se sacudía (Jue. 6:11) y se aventaba (Mat. 3:12). Ver *Agricultura; Pan; Plantas; Siega.*

TRINIDAD Término teológico utilizado para definir a Dios como una unidad indivisa manifestada en la naturaleza trina de Dios Padre, Dios Hijo y Dios Espíritu Santo. La Trinidad se considera una doctrina cristiana distintiva sobre un misterio divino que va más allá de la comprensión humana y sólo se puede considerar mediante revelación escritural. La Trinidad es un concepto bíblico que expresa el carácter dinámico de Dios; no es una idea griega procedente de especulaciones filosóficas ni religiosas impuestas a las Escrituras. Si bien el término "Trinidad" no aparece en la Biblia, en todo el NT se observa la estructura trinitaria para afirmar que Dios se manifiesta a través de Jesucristo por medio del Espíritu Santo.

Una perspectiva bíblica adecuada de la Trinidad equilibra los conceptos de unidad y diferenciación. Dos errores históricos de esta doctrina son el triteísmo y el unitarianismo. El triteísmo cae en el error de enfatizar la diferenciación de la Deidad al punto que la Trinidad se ve como tres Dioses separados o un politeísmo cristiano. Por otro lado, el unitarianismo excluye el concepto de diferenciación y se concentra solamente en el aspecto de Dios Padre. De esta manera, Cristo y el Espíritu Santo se ubican en categorías inferiores y son menos divinos. Ambos errores comprometen la eficacia y la contribución de la actividad divina en la historia de la redención.

El concepto bíblico de la Trinidad se desarrolló a través de una revelación progresiva. El AT afirma sistemáticamente la unidad de Dios mediante afirmaciones como: "Oye, Israel: Jehová nuestro Dios, Jehová uno es" (Deut. 6:4). Se enfatiza la unidad de Dios para advertirles a los israelitas contra el politeísmo y el ateísmo que practicaban sus vecinos paganos. Ver *Apocalipsis, Libro de; Shemá.*

El AT da cuenta de implicancias de la idea trinitaria. Esto no significa que haya sido posible conocer plenamente a la Trinidad a partir del AT, sino que se estableció un vocabulario a través de los sucesos de la cercanía y la creatividad de Dios. Los escritores del NT amplían el significado de ambos temas. Por ejemplo, la palabra de Dios se reconoce como agente de la creación (Sal. 33:6,9; comp. Prov. 3:19; 8:27), la revelación y la salvación (Sal. 107:20). Este mismo vocabulario cobra una personalidad diferente en el prólogo de Juan (Juan 1:1-4) sobre la persona de Jesucristo. Otras expresiones relacionadas corresponden a la sabiduría divina (Prov. 8) y el Espíritu de Dios (Gén. 1:2; Sal. 104:30; Zac. 4:6).

Una característica bien diferenciada del NT es la doctrina de la Trinidad. Es notable que los escritores del NT presenten la doctrina de tal manera que no viola el concepto del AT de la unicidad de Dios. En realidad, afirman en forma unánime la fe monoteísta hebrea, pero la extienden para incluir la venida de Jesús y el derramamiento del Espíritu Santo. La iglesia cristiana primitiva experimentó al Dios de Abraham de una forma nueva y drástica, pero sin abandonar la unidad divina que impregna todo el AT. Como expresión renovada de Dios, el concepto de la Trinidad (arraigado en el Dios del pasado y coherente con ese Dios del pasado) absorbe la idea del Dios del pasado pero va más allá e incluye un encuentro más personal.

El NT no brinda una presentación sistemática de la Trinidad. Los segmentos dispersos de varios escritores que aparecen en todo el NT reflejan una comprensión aparentemente aceptada que existe sin análisis exhaustivo. Está entretejida en la estructura de la experiencia cristiana y simplemente se adopta como cierta. Los escritores del NT se centran en afirmaciones extraídas de la evidente existencia de la experiencia trinitaria sin ofrecer exposición detallada.

La evidencia del NT sobre la Trinidad puede agruparse en cuatro tipos de pasajes. El primero es la fórmula trinitaria de Mat. 28:19; 2 Cor. 13:14; 1 Ped. 1:2; Apoc. 1:4,5. En cada pasaje aparece una fórmula trinitaria, repetida en forma de sumatoria, donde se registra una contribución distintiva de cada persona de la Deidad. Mat. 28:19, por ejemplo, sigue la triple fórmula de Padre, Hijo y Espíritu Santo que distingue el bautismo cristiano. El Señor resucitado les encomendó a los discípulos que bautizaran a los convertidos con un énfasis trinitario que señala la diferenciación de cada persona de la Deidad y, a su vez, expresa la vinculación interna que existe entre ellas. Este pasaje es la referencia escritural más clara de una presentación sistemática de la doctrina de la Trinidad.

En 2 Cor. 13:14, Pablo finalizó sus conceptos con una apelación pastoral basada en "la gracia del Señor Jesucristo, el amor de Dios y la comunión del Espíritu Santo". La fórmula intenta producir mediante la experiencia personal de la Trinidad en la vida cotidiana, la unión de esa iglesia dividida. Es significativo que en el orden trinitario Cristo se menciona primero. Esto refleja el proceso real de la salvación cristiana, ya que Cristo es la clave para comenzar a discernir la obra de la Deidad. Pablo dirigía la atención hacia la conciencia trinitaria, no en relación a la obra inicial de salvación que ya se había logrado en Corinto sino en la obra sustentadora que permite que los creyentes divididos se unan.

En 1 Ped. 1:2, la fórmula trinitaria va seguida de una referencia a cada persona de la Deidad. La alusión a la Trinidad les recuerda a los cristianos dispersos que su elección (presciencia del Padre) y redención (la obra santificadora del Espíritu) deben conducir a una vida santa en obediencia al Hijo.

Juan se dirigió a los lectores del Apocalipsis con una fórmula trinitaria ampliada que incluye referencias a las personas de la Deidad (Apoc. 1:4-6). El enfoque en el triunfo del cristianismo cristaliza el saludo trinitario en una doxología que reconoce la obra consumada y el futuro regreso de Cristo. Esta presentación amplificada sirve de aliento a las iglesias que enfrentan persecución.

Un segundo tipo de pasaje en el NT es la forma triádica. Dos pasajes que forman parte de esta estructura son Ef. 4:4-6 y 1 Cor. 12:3-6. Ambos se refieren a las tres Personas pero no en la fórmula definitiva del pasaje anterior. Cada pasaje equilibra la unidad de la iglesia. El énfasis se coloca en la administración de los dones por parte de la Deidad.

Una tercera categoría de pasajes menciona a las tres personas de la Deidad pero sin una clara estructura triádica. En los relatos del bautismo de Jesús (Mat. 3:13-17; Mar. 1:9-11; Luc. 3:21,22), los tres escritores sinópticos registraron la presencia de la Trinidad cuando el Hijo fue bautizado, el Espíritu descendió y el Padre expresó Su aprobación. En Gál. 4:4-6, Pablo delineó la obra de la Trinidad desde el aspecto del Padre que envía. Otros pasajes correspondientes a esta categoría (2 Tes. 2:13-15; Tito 3:4-6; Jud. 20,21) describen a cada integrante de la Trinidad en relación con una función redentora en particular.

La cuarta categoría de pasajes sobre la Trinidad incluye aquellos que se presentan en el discurso de despedida de Jesús a Sus discípulos (Juan 14:16; 15:26; 16:13-15). En el contexto de estos pasajes, Jesús expuso la obra y el ministerio de la tercera Persona de la Deidad como el Agente divino en el ministerio continuado del Hijo. El Espíritu es un maestro que facilita la comprensión por parte de los discípulos y, al ser enviado del Padre y el Hijo, participa de la misma naturaleza con las otras Personas de la Trinidad. Jesús declaró que el Espíritu toma lo que es de Él y lo da a conocer a los creyentes (Juan 16:15). El discurso enfatiza la interrelación trinitaria en cuanto a igualdad e importancia funcional.

Todos estos pasajes constituyen los primeros esfuerzos de la iglesia primitiva para expresar su conciencia de la Trinidad. El NT posee un enfoque cristológico pero abarca la plenitud de Dios al acercarse al creyente individual a través de Jesús y por el Espíritu. La expresión trinitaria sistemática no es una formulación de la doctrina como tal sino que revela la constante manifestación personal por parte de Dios.

En la era posbíblica, la iglesia cristiana intentó expresar su doctrina en términos filosóficamente aceptables y lógicamente coherentes. Diversas categorías griegas del saber comenzaron a aparecer como resultado del esfuerzo por dar una explicación. El debate pasó del énfasis del NT sobre la función de la Trinidad en la historia de la redención, a un análisis de la unidad de la esencia de la Deidad.

Una pregunta importante durante esos primeros siglos se centró en la unicidad de Dios. Los sabelianos describieron a la Deidad según modos que existían de a uno por vez. Esta teoría sostenía la unidad de Dios pero excluía Su diferenciación permanente. Los docetistas entendían que Cristo era una aparición de Dios en forma humana, mientras que los ebonitas describían a Jesús como un hombre común que comenzó a manifestar el poder de Dios en el momento del bautismo. Arrio también fue un teólogo de gran influencia que consideraba que Jesús estaba subordinado a Dios. Para él, Jesús era un ser creado por Dios, superior al hombre, pero inferior a Dios. Esta idea, así como las otras, fueron cuestionadas por Atanasio de Nicea (325 d.C.), y el concilio decidió que la posición de Jesús era de "exactamente la misma sustancia que el Padre".

El pensador más sobresaliente de los primeros siglos probablemente haya sido Agustín de Hipona (354–430 d.C.). Comenzó con la idea de Dios como una sustancia y procuró explicar la Deidad con una analogía psicológica: una persona existe como un ser con tres dimensiones correspondientes a la memoria, el entendimiento y la voluntad; por lo tanto, la Deidad también existe como una unidad de Padre, Hijo y Espíritu Santo. Si bien esta explicación es útil y contiene el concepto de tres personas en una, no resuelve la compleja naturaleza de Dios.

Quizás cuatro afirmaciones puedan resumir y clarificar este estudio.

1. Dios es uno. El Dios del AT es el mismo del NT. Su ofrecimiento de salvación en el AT se revela más ampliamente en el NT, no de manera diferente sino más completa. La doctrina de la Trinidad no deja de lado la fe monoteísta de Israel.

2. Dios tiene tres maneras diferentes de participar en la obra redentora, sin embargo permanece como una unidad indivisa. La esencia de la fe cristiana es que Dios Padre se ofrece a la humanidad a través del Hijo y el Espíritu sin dejar de ser Él mismo. La transigencia en la unidad absoluta de la Deidad o la innegable diversidad de la Deidad reduce la verdad de la salvación.

3. La principal manera de captar el concepto de la Trinidad es mediante la triple participación en la salvación. El enfoque del NT no consiste en discutir la esencia de la Deidad sino los aspectos particulares del proceso de revelación, que incluye la presencia cierta del Padre en la persona de Jesucristo a través del Espíritu Santo.

4. La doctrina de la Trinidad es un misterio absoluto. No se conoce mediante especulaciones sino fundamentalmente a través de la experiencia del acto de gracia por medio de la fe personal. Ver *Dios; Espíritu Santo; Jesucristo.*

Jerry M. Henry

TRISTEZA Dolor o estrés emocional, mental o físico. El hebreo no posee una palabra general para tristeza sino que utiliza unos 15 términos distintos para expresar diferentes dimensiones. Algunas hablan del dolor emocional (Sal. 13:2). Dios no deseaba que los problemas y la tristeza fueran parte de la experiencia humana. Sin embargo, el pecado de la humanidad trajo aparejado el dolor (Gén. 3:16-19). Para eliminar la tristeza, los profetas instaban al arrepentimiento que llevaba a la obediencia (Joel 2:12,13; Os. 6:6).

Sección de las ruinas del teatro en Troas.

T

La palabra griega para tristeza suele ser *lupe*. Significa, "pena, pesar, dolor de mente o espíritu, aflicción". Pablo distinguió la tristeza piadosa de la mundana (2 Cor. 7:8-11). La tristeza puede llevar a una persona a tener una fe más profunda en Dios o hacer que viva lamentándose, concentrada en la experiencia que le causó tal tristeza. Jesús les dio palabras de esperanza a los creyentes para que vencieran los problemas, la angustia y la tristeza: "Yo les he dicho estas cosas para que en mí hallen paz. En este mundo afrontarán aflicciones, pero ¡anímense! Yo he vencido al mundo" (Juan 16:33 NVI).Ver *Duelo*.

TROAS Ciudad del noroeste de Asia Menor que visitó Pablo durante el segundo y tercer viaje misionero (Hech. 16:8,11, 20:5,6; 2 Cor. 2:12; 2 Tim. 4:13). Fue fundada antes del 300 a.C. por Antígono, sucesor de Alejandro Magno, y se encontraba unos 16 km (10 millas) al sur de la ciudad de Troya. El emperador Augusto (31 a.C.–14 d.C.) la transformó en colonia romana. Sirvió como importante puerto marítimo del Imperio Romano para los que viajaban entre Asia Menor y Macedonia. En la actualidad permanecen las ruinas del muro de la ciudad (unos 10 km [6 millas] de circunferencia), un teatro y un acueducto. Ver *Asia Menor, Ciudades de; Pablo.* *Scott Langston*

TRÓFIMO Nombre de persona que significa "nutritivo". Era un gentil de Éfeso que se convirtió al cristianismo y acompañó a Pablo a Jerusalén para entregar la ofrenda (Hech. 20:4,5; 21:29). La vinculación estrecha entre ambos hizo que acusaran al apóstol de profanar el templo al introducir a un gentil al atrio israelita (Hech. 21:19). El Trófimo que dejó Pablo en Mileto (2 Tim. 4:20) es otra persona o, de lo contrario, comprueba que hubo un segundo encarcelamiento en Roma. Según los Hechos, Pablo no pasó por Mileto cuando se dirigía a Roma.

TROGILIO Promontorio en la costa oeste de Asia Menor situado a menos de 1,5 km (1 milla) del estrecho de Samos, lugar donde, según el texto Occidental de Hech. 20:15, Pablo se detuvo cuando regresaba a Jerusalén.

TROMPETA Ver *Música, instrumentos musicales, danza; Shofar.*

TRONO, PÓRTICO DEL Una de las construcciones de Salomón (1 Rey. 7:7).

TUBAL Hijo de Jafet (Gén. 10:2; 1 Crón. 1:5) y antepasado de un pueblo, quizás de Capadocia o de Cilicia en Asia Menor (Isa. 66:19; Ezeq. 27:13; 32:26; 38:2,3; 39:1).

TUBAL-CAÍN Hijo de Lamec, asociado con el origen de la metalurgia (Gén. 4:22). Los dos elementos que forman su nombre significan "fabricante" y "herrero".

TUÉTANO Tejido blando en el interior de las cavidades óseas. En el AT, se consideraba uno de los alimentos preferidos (Isa. 25:6). La buena salud se caracterizaba por tener tuétanos abundantes (Job 21:24). La imagen de partir las articulaciones y los tuétanos simboliza el poder de las Escrituras para penetrar en los pensamientos y las motivaciones de una persona (Heb. 4:12).

TUMBA DE JESÚS Según los relatos del NT, la tumba de Jesús estaba ubicada en un huerto del lugar donde fue crucificado (Juan 19:41), fuera de los muros de la ciudad de Jerusalén (19:20). Era un "sepulcro nuevo" que había sido "cavado en la roca" por José de Arimatea (Mat. 27:60 NVI; comp. Luc. 23:50-56), que aparentemente lo había preparado para su familia. En esa época era común que personas acaudaladas prepararan sus sepulcros con antelación debido a la dificultad que suponía cavar tumbas en el suelo rocoso de los alrededores de Jerusalén. Era lo suficientemente grande como para que una persona se sentara adentro (Mar. 16:5; comp. Juan 20:11,12), y había que inclinarse para ingresar o ver el interior (Juan 20:5,6,11; comp. Luc. 24:12). La entrada de la tumba estaba sellada con una gran piedra (Mat. 27:60; Mar. 15:46; 16:3).

Esta descripción sugiere una típica tumba judía del período de Herodes que constaba de: (1) una antecámara, (2) una puerta de entrada baja que podía sellarse con una piedra (en muchos casos se colocaba una roca que se deslizaba sobre una hendidura o guía para poder abrir o cerrar la tumba desplazando la piedra hacia un lado u otro delante de la entrada), y (3) un corredor que conducía a una cámara de forma rectangular. El cuerpo (luego de haber sido envuelto en una tela de lino) se colocaba a lo largo en un hueco rectangular, horizontal y con forma de horno que penetraba verticalmente la pared rocosa que medía aprox. 2 x 0,7 x 0,5 m (78 x 25 x 20 pulgadas) o se depositaba sobre un simple estante cortado lateralmente en la roca, con un arco abovedado en la parte superior. La secuencia de eventos en los Evangelios (especialmente en

La Tumba del Jardín es un sitio que por tradición sería el lugar donde sepultaron a Jesús.

Juan 20:5,6) pareciera indicar que la tumba de Jesús tenía este arco abovedado.

El sitio tradicional de la tumba del Señor lo ocupa ahora la Iglesia del Santo Sepulcro ubicada sobre una cantera de roca del siglo I que en tiempos de Jesús se encontraba fuera de los muros de la ciudad de Jerusalén y donde se descubrieron otras tumbas típicas del primer siglo. En 1883 se identificó un sitio alternativo conocido como "Tumba del Jardín" (adyacente al "Calvario de Gordon").

Hulitt Gloer

T

TUMIM Ver *Urim y Tumim.*

TÚNICA Vestimenta suelta que llegaba hasta la rodilla y se llevaba sobre la piel (Mat. 10:10; Mar. 6:9). Ver *Ropa.*

TUTOR Adulto responsable de la persona y pertenencias de un menor (2 Rey. 10:1,5). El término griego *epitropos*, que en Gál. 4:2 se traduce ayo, es una palabra general para referirse a administrador. Cuando aparece en otros libros de la Biblia, las traducciones modernas interpretan este término como "mayordomo", "capataz" o "administrador" (Mat. 20:8; Luc. 8:3). La idea clave del mensaje de Pablo es clara: Los creyentes vivían como esclavos antes de haber experimentado la gracia en Cristo (Gál. 4:3,8). El ayo parece ser una imagen de las cosas "elementales del mundo", es decir, de poderes celestiales o demoníacos que los paganos gentiles consideraban dioses. Unos versículos antes, Pablo había escrito que los judíos estaban bajo la carga de la ley (Gál. 3:22-25). Ver *Ayo.*

Relieve de dos hombres romanos que visten túnicas parcialmente visibles bajo sus togas exteriores.

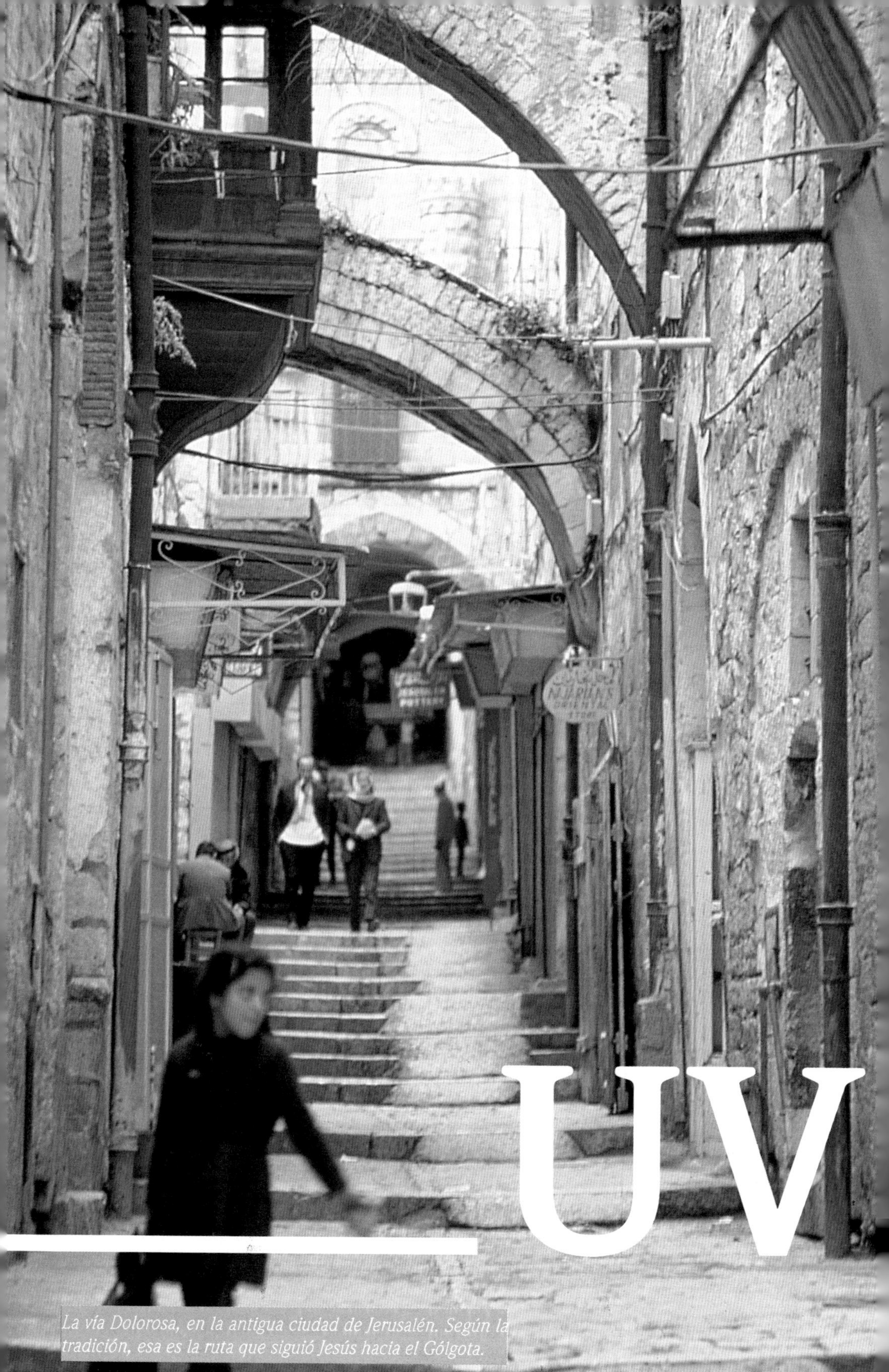

UV

La vía Dolorosa, en la antigua ciudad de Jerusalén. Según la tradición, esa es la ruta que siguió Jesús hacia el Gólgota.

UCAL Nombre de persona que significa "soy fuerte" o "soy consumido". Discípulo de Agur, maestro sapiencial responsable de Prov. 30 (v.1). La NVI se apega a la traducción griega más antigua al interpretar los nombres propios Itiel y Ucal como "Cansado estoy, oh Dios; cansado estoy, oh Dios, y débil" (comp. LBLA, RVR1960).

UEL Nombre de persona que significa "voluntad de Dios", o abreviatura de Abiel que significa "Dios es padre". Contemporáneo de Esdras que tenía una esposa extranjera (Esd. 10:34).

UFAZ Fuente no identificada de oro fino (Jer. 10:9; Dan. 10:5) o un término para referirse al oro de buena calidad. Una palabra hebrea relacionada se traduce "oro purísimo" (1 Rey. 10:18; Isa. 13:12). "Ufaz" posiblemente sea una modificación de copista de la palabra "Ofir" que aparece en Jer. 10:9 según indican versiones tempranas.

UGARIT Importante ciudad de Siria. Durante su excavación se encontraron tablillas que ofrecen la evidencia primaria más cercana para conocer la religión cananea que enfrentó Israel.

Ubicación Las ruinas de la antigua ciudad de Ugarit se encuentran sobre la costa del Mediterráneo, unos 15 km (9 millas) al norte de Latakia. Su nombre actual es Ras Shamra, "cabeza [tierra] de hinojo". Ubicada en la intersección de las rutas comerciales más importantes provenientes de Anatolia, al noroeste de la Mesopotamia, y de Egipto. Contaba con un puerto (actualmente Minet el-Beida) que albergaba barcos de Chipre, el Mar Egeo y Egipto. Fue un importante centro comercial durante mucho tiempo hasta que los pueblos de mar la destruyeron en el 1180 a.C. Tenía una cultura tan cosmopolita que es difícil identificar elementos exclusivamente ugaríticos. Aunque era capital de una ciudad-estado, con frecuencia estuvo bajo control o influencia dominante de estados más grandes.

Las excavaciones Si bien se sabía de la existencia de Ugarit por documentos mesopotámicos y egipcios, su ubicación era incierta. En 1928, un granjero descubrió lo que resultó ser un gran cementerio justo al norte de Minet el-Beida. Esto hizo que en 1929 se realizaran excavaciones en ese lugar y en un montículo cercano (Ras Shambra). Durante esa primera etapa de excavaciones se descubrieron importantes textos redactados con una escritura cuneiforme anteriormente desconocida, uno de los cuales mencionaba que el documento se había

Panorama de las ruinas de Ugarit en Ras Shamra, sobre la costa de Siria, cerca del Río Orontes.

UV

escrito durante el reinado de Niqmaddu, rey de Ugarit. Ese fue el primer indicio de que el sitio era en realidad la antigua ciudad de Ugarit.

Entre 1929 y 1939 se realizaron excavaciones anuales bajo la dirección de C.F.A Schaeffer. Después de la interrupción provocada por la Segunda Guerra Mundial, las excavaciones se reanudaron y continuaron de manera regular hasta 1976. Además se han inspeccionados o excavados lugares adyacentes. La historia de la ciudad ahora puede rastrearse desde sus comienzos más antiguos en el período neolítico pre-alfarería (aprox. 6500 a.C.), pasando por el calcolítico y la Edad de Bronce temprana y media, hasta llegar a su destrucción total en manos los pueblos del mar a fines de la Edad de Bronce, poco después del 1200 a.C. No existen evidencias de que el lugar donde estaba Ugarit haya sido ocupado nuevamente, aunque se han encontrado algunos artefactos de la época romana.

A fines de la Edad de Bronce la ciudad de Ugarit abarcaba aprox. 28 ha (70 acres), contenía restos de palacios, templos, viviendas privadas, talleres, áreas de almacenamiento y fortalezas. Se encontraron templos dedicados a Baal y El. Entre estas construcciones estaba la casa del sumo sacerdote y el *scriptorium* (taller de libros). En la parte noroeste del montículo se encontraban los palacios. La cultura material de la ciudad de Ugarit a fines de la Edad de Bronce era muy avanzada y con influencias de las diferentes áreas circundantes.

Los hallazgos más significativos para el estudio de la historia y la religión son los descubrimientos de materiales epigráficos. Se descubrieron tablillas de barro y otras inscripciones en ocho idiomas diferentes. La mayoría de estos documentos eran textos de economía y administrativos, correspondencia privada y textos litúrgico-religiosos que representan importantes temas mitológicos.

Desde la primera temporada de excavación se encontraron numerosas tablillas en escritura desconocida. La nueva escritura, utilizada para escribir textos en lenguaje ugarítico, era una escritura cuneiforme alfabética compuesta por 31 signos, 28 consonantes y 3 símbolos que indicaban la letra *alef* combinada con tres vocales diferentes. Para el estudiante de la Biblia, los textos religiosos y mitológicos ofrecen una vívida imagen de las prácticas y creencias religiosas cananeas mencionadas en la Biblia. El estudio y las evaluaciones de las ruinas de Ugarit y los sitios aledaños continuarán hasta que se pueda aclarar la historia arqueológica, redactar de la manera más completa posible los acontecimientos políticos y sociales, y obtener la totalidad de la información contenida en los textos ugaríticos. Ver *Canaán*.

Las áreas excavadas de Ugarit, que han provisto mucho material sobre Canaán y la religión cananea.

Los textos religiosos Los textos poéticos y mitológicos y las leyendas poéticas han suscitado el mayor interés debido a la información que brindan sobre la religión de los cananeos. El texto más importante es el ciclo de Baal-Anat, del que se han podido recuperar gran cantidad de tablillas y fragmentos más pequeños. Es difícil determinar el argumento exacto porque no existe un acuerdo generalizado sobre el orden de las tablillas. El personaje principal es Baal, el dios de la tormenta, las nubes y la lluvia o el dador de vida y fertilidad que luchó contra sus enemigos para obtener un lugar prominente en el panteón. El jefe del panteón era El, que aparece en la leyenda como retirado, casi un dios emérito, aunque nada podía lograrse sin su aprobación. Asera y Anat eran las consortes de El y Baal respectivamente. Los contrincantes de Baal eran el príncipe del mar (Yam) y Mot (dios de la estación seca y del infierno). Luego de recibir permiso para construir una casa (templo), el príncipe del mar llenó de temor el corazón de los dioses al demandar que Baal se rindiera ante él. Pero Baal lo derrotó en un episodio similar a la derrota del monstruo del mar Tiamat a manos de Marduk, que se describe en el Enuma Elish. Luego se le permitió a Baal construir un palacio (templo) como símbolo de su nueva posición entre los dioses. No obstante, Mot, el adversario más poderoso de Baal, lo derrotó y se lo llevó al infierno. El mundo se puso de luto. El lloró amargamente al conocer la noticia y se hirió la espalda, el pecho y los brazos, mientras que Anat, que había hallado el cuerpo

de Baal, se vistió de cilicio y deploró la muerte del señor de la vida. Mot se jactaba de su victoria ante Anat, por lo que esta lo pulverizó y desparramó sus restos en los campos. Luego se escuchó la feliz noticia de que Baal estaba vivo; llegaron las lluvias y el mundo renació. Ver *Babilonia.*

El mito estaba íntimamente relacionado con el ciclo del año y describía la continua lucha entre la vida y la muerte. Baal reinaba durante una mitad del año enviando lluvias y buenas cosechas, y Mot lo hacía durante la otra mitad, la estación seca. La religión de la fertilidad estaba conformada por diversas prácticas mágicas y rituales creadas para resucitar a Baal. En el ciclo de Baal-Anat pueden observarse algunas evidencias de estas prácticas. El, luego de escuchar que Baal había muerto, se provocó profundas heridas en el cuerpo: "Labra la parte superior de sus brazos, ara su pecho como un jardín, labra su espalda como una planicie". Al igual que los profetas de Baal en el Monte Carmelo (1 Rey. 18), El estaba practicando la magia imitativa donde simulaba la preparación de los campos para recibir lluvia. Por su parte, Anat lloró por Baal y sus lágrimas tenían como objetivo fomentar la llegada de la lluvia. Además de estos actos, los cananeos practicaban diariamente la prostitución sagrada y otras ceremonias imitativas para hacer retornar la fertilidad al mundo. Ver *Fertilidad, Cultos a la.*

Las leyendas del rey Keret y de Aqhat de alguna manera también están relacionadas con el ciclo de la fertilidad. El rey Keret se lamentaba por su destino tras haber perdido a sus siete esposas en diferentes tragedias antes de poder engendrar un hijo. En un sueño, El le dijo que atacara otro reino para conseguir una nueva esposa que pudiera darle un heredero. Keret obedeció el sueño y tuvo ocho hijos y ocho hijas. Sin embargo, aparentemente debido al incumplimiento de un voto, cayó enfermo y su inminente muerte pareció afectar la fertilidad de la tierra. El intervino destruyendo a la muerte y devolviendo a Keret a la vida normal. Es difícil determinar el pleno significado de la leyenda de Keret (es decir, si se trata de un mito social o sagrado con base histórica), pero parece afirmar el rol central del rey en la fertilidad de la tierra y el pueblo.

La leyenda de Aqhat también trata los temas característicos del nacimiento de un hijo muy esperado, la tragedia de la muerte y la posibilidad de la inmortalidad. Aqhat, hijo de Danel, recibió un arco que la reina Anat codiciaba. Esta le ofreció la inmortalidad a cambio del arco, pero Aqhat se rehusó y fue asesinado. Las lluvias entonces cesaron por siete años. La hermana de Aqhat fue enviada a vengar su muerte, pero el texto se interrumpe antes del final de la historia sin permitir que sepamos si se le devolvió la vida y cesó la sequía. Si bien la conexión de la leyenda con la fertilidad es bastante clara, no existe consenso sobre cómo debe interpretarse.

Estos mitos y leyendas, junto con otros como los de Shachar, Shalim, Nikkal y Kathirat, tal vez se empleaban como partes habladas de rituales anuales o periódicos. De todos modos, estos textos sumados a otros elementos proporcionan una descripción más completa de la religión cananea que constituyó una tentación tan grande para los israelitas (comp. con el libro de Jueces) y contra la cual lucharon los profetas.

Importancia para el estudio del AT Los textos y los restos de materiales de Ugarit son fuentes esenciales para gran parte del estudio que realizan los eruditos del AT.

1. Lexicografía Los textos ugaríticos han brindado una importante fuente para aclarar significados y matices de palabras y frases desconocidas o confusas del AT. Aunque es necesario ser cautos debido a los factores cronológicos, geográficos y culturales que separan los textos ugaríticos del AT, ningún erudito actual deja de lado los datos lingüísticos proporcionados por Ugarit. Nuevas lecturas de textos bíblicos a la luz de gramática, sintaxis y léxico de los textos ugaríticos abren innumerables posibilidades para realizar interpretaciones y traducciones nuevas o revisadas. Actualmente los traductores no se apresuran a enmendar el texto hebreo sobre la base de traducciones tempranas. Recurren primero a la evidencia ugarítica.

2. Estudios poéticos El paralelismo poético, principal característica de la poesía hebrea, también es una característica esencial de la poesía ugarítica. En realidad, el estudio de los textos poéticos de Ugarit ha hecho que los lectores se vuelvan más sensibles a las sofisticadas técnicas de los salmistas y otros poetas. Claros casos ugaríticos de construcción quiástica, nombres divinos compuestos separados dentro de un verso, sustantivos y verbos con doble función, característicos pares de palabras y análisis de la métrica según la cantidad de sílabas resultan útiles para el análisis de la poesía hebrea, en especial de los salmos.

3. Religión Si bien en los textos ugaríticos se mencionan unos 250 nombres de deidades, el panteón de los dioses contenía un número mucho menor. Varios de esos nombres se mencionan en el AT: El, Baal, Asera, Anat, Sahar, Dagón. Ugarit da pruebas de la existencia de una asamblea de dioses (Sal. 82; Job 1–2), especialmente en el ciclo de Baal-Anat. La práctica de la magia imitativa para manipular a la deidad y el orden natural se menciona con frecuencia (comp. 1 Rey. 18:28; Jer. 41:5). También se hace referencia a la prostitución religiosa (comp. Deut. 23:18; Os. 4:14). En general, los textos ugaríticos proporcionan una descripción bastante completa de la religión de la fertilidad característica de un pueblo agrícola que muchos israelitas adoptaron en la mayoría de los períodos de la historia de Israel. Un estudio comparativo de textos hebreos y ugaríticos permite ver las características culturales y religiosas comunes como así también las distintivas de cada uno de ellos. *Thomas Smothers*

ULA Nombre de persona que significa "carga" o "yugo". Descendiente de Aser (1 Crón. 7:39). Los eruditos sugieren diferentes enmiendas.

ULAI Canal que conecta los ríos Kerkha y Abdizful inmediatamente al norte de Susa (Dan. 8:2,16).

ULAM Nombre de persona que significa "primero" o "líder". **1.** Descendiente de Manasés (1 Crón. 7:16-17). **2.** Líder de una familia de arqueros de la tribu de Benjamín (1 Crón. 8:39-40).

ÚLTIMA CENA La última comida que Jesús compartió con Sus discípulos antes de la crucifixión. El tema destacado de la Biblia y el acontecimiento central de todos los tiempos es la pasión (traición, crucifixión, muerte, sepultura, resurrección y ascensión) de Jesucristo. Todo lo que aparece antes en la Biblia anticipa Su venida. Todo lo que sucede después expresa el significado pleno de la persona y obra de Cristo.

La Última Cena está registrada en los cuatro Evangelios (Mat. 26:20-35; Mar. 14:12-31; Luc. 22:14-38; y Juan 13:1–17:26), pero la descripción más antigua y detallada está en 1 Cor. 11:17-34, que probablemente se escribió antes de que se publicaran los Evangelios. Aun anterior a esto aparece Isa. 52:13–53:12, que se expresa como testimonio de un testigo ocular. Estos dos pasajes se utilizan más que los Evangelios para explicar la importancia de la pasión.

A medida que transcurría Su última semana en la tierra, Jesús estableció una nueva celebración. La comida comunitaria constituye la esencia de la adoración cristiana y se celebrará hasta la segunda venida de Cristo, momento en que el simbolismo dará paso a la plena realidad de lo que anticipa la cena. Al partimiento y participación del pan y la copa, se le concedió un nuevo significado, lo que demostraba continuidad entre el antiguo y el nuevo pacto. El cuerpo y la sangre de Cristo se entregaron como sacrificio para asegurar la salvación eterna de todos los que confían en Él como Señor y Salvador. Esa noche, Jesús también demostró el principio del liderazgo como siervo. Aunque aquella noche fue honrado públicamente, Judas Iscariote, uno de los doce, traicionó a Cristo al entregarlo en manos de aquellos que lo crucificaron.

A algunos comentaristas les agrada explorar las aparentes contradicciones en cuanto al tiempo y los detalles de la Última Cena en relación con la celebración de la Pascua. Los Sinópticos la relacionan directamente con la comida de la Pascua, y Juan (si es que habla del mismo acontecimiento) la coloca el día anterior. Tal vez no sea correcto dar por sentado que exista un conflicto. Juan, en su Evangelio, a menudo relata sucesos que no se registran en los otros. Así como sus relatos difieren en otros aspectos, es probable que Juan esté describiendo otra comida íntima con los discípulos previa a la última semana de la vida de Jesús. Ver *Ordenanzas*. *Charles W. Draper*

ÚLTIMOS DÍAS Ver *Juicio, Día del; Escatología.*

UMA Nombre geográfico que significa "pariente". Ciudad de Aser (Jos. 19:30). El nombre quizá se deba a una modificación de Aco realizada por el copista según sugiere la evidencia de mss griegos.

UNGIR, UNGIDO Procedimiento que consiste en frotar o untar a una persona o cosa, generalmente con aceite, con el propósito de sanarla, apartarla o embalsamarla. Una persona se puede ungir a sí misma, puede ser ungida o bien ungir a otra persona u objeto. Mientras que el aceite de oliva es el elemento que más se menciona para uso en la unción, también se utilizaban aceites elaborados a partir del castor, el laurel, la almendra, el mirto, el ciprés, el cedro, el nogal y los peces. Por ejemplo, en Ester 2:12, el aceite (óleo) de mirra se utilizaba como cosmético.

El verbo hebreo *mashach* (sustantivo, *messiah*) y el griego *chrio* (sustantivo, *christos*) se traducen "ungir". Desde épocas antiguas se ungía ceremonialmente a los sacerdotes y a los reyes como señal de la designación oficial al cargo y como símbolo del poder de Dios sobre ellos. La acción estaba imbuida de un elemento de sobrecogimiento. David se resistió a dañar al rey Saúl a causa de la unción que este había recibido (1 Sam. 24:6). Asimismo, a Israel (Sal. 89:38) e inclusive a Ciro (Isa. 45:1) se los denomina ungidos de Dios debido a que Él obró a través de ellos. Israel llegó a considerar como ungido de Dios a cada uno de los reyes que se sucedieron en el trono, los *mesías* que la libertarían de sus enemigos y establecerían a la nación como la presencia de Dios sobre la tierra.

En el NT, "ungir" se utiliza para hablar del arreglo diario del cabello (Mat. 6:17), el tratamiento de las lastimaduras o las enfermedades (Luc. 10:34) y la preparación de un cuerpo para la sepultura (Mar. 16:1).

Los creyentes ven a Jesús como el Ungido de Dios, el Salvador (Hech. 10:38). En este uso se emplea el mismo simbolismo del AT: la presencia y el poder de Dios residen en el ungido. De la misma manera, Dios unge al creyente (2 Cor. 1:21; 1 Jn. 2:27) para las tareas del ministerio.

Mike Mitchell

UNGÜENTO Linimentos o pomadas perfumadas de diversas clases para cosméticos, medicina y ceremonias religiosas. Este uso aparentemente era una práctica común en el antiguo Cercano Oriente, incluso entre los hebreos.

Terminología El AT utiliza diversas palabras para describir el ungüento. La más común, *shemen*, significa simplemente "aceite" (Gén. 28:18; Os. 2:8). El AT no hace diferencia entre aceite y ungüento. En el NT, *muron* se traduce "perfume" (Mat. 26:7; Mar. 14:3,4; Luc. 7:37,38).

Elaboración La base del ungüento era el aceite de oliva. Los olivos eran muy comunes en Palestina; no obstante, las pomadas perfumadas eran muy costosas. La demanda de ungüentos se fue incrementando a medida que la gente intentaba protegerse del viento cálido del desierto y las condiciones áridas de la tierra.

La preparación de ungüentos era tarea de talentosos perfumadores. Bezaleel y Aholiab fueron designados por Dios para preparar el aceite sagrado y el incienso que se empleaban en la adoración (Ex. 31:1-11). En tanto que la mezcla de perfumes y aceite para uso secular probablemente la llevaban a cabo las mujeres (1 Sam. 8:13), las familias sacerdotales eran responsables de elaborar la gran cantidad de ungüentos utilizados en el templo (1 Crón. 9:30). En el período postexílico había en Jerusalén un grupo de personas capacitadas para la elaboración de perfumes (Neh. 3:8). Su función era tomar varias gomas, resinas, raíces y tallos para combinarlos con aceite y elaborar diversos ungüentos para la unción. En muchos casos, la fórmula para estos ungüentos era un secreto profesional que se transmitía de una generación a otra. Fuentes egipcias y ugaríticas mostraron que el agua mezclada con aceite se calentaba en vasijas grandes (Job 41:31). Las especias se agregaban con el agua en ebullición. Después de mezclar los ingredientes, se traspasaban a recipientes apropiados. A fin de preservar la fragancia especial del ungüento perfumado, las tinajas de alabastro con cuello estrecho se sellaban en el momento de preparar el perfume y luego se rompían inmediatamente antes de usarlo (Mar. 14:3). Los perfumes secos se guardaban en bolsas (Cant. 1:13) y en pomos (Isa. 3:20; "cajitas" LBLA; "frasquitos" NVI). Ver *Vasijas y utensilios*.

Ingredientes En la elaboración de ungüentos y perfumes se empleaban diversas especias: áloes (Sal. 45:8; Juan 19:39); mirra (Gén. 37:25; 43:11; Cant. 5:1,13; Mat. 2:11, Est. 2:12); gálbano (Ex. 30:34); nardo (Cant. 4:13,14; Mar. 14:3), incienso (Isa. 60:6; Mat. 2:11); bálsamo (Gen. 37:25; Jer. 8:22); casia (Ex. 30:24); caña aromática o cálamo (Ezeq. 27:19; Ex. 30:23; Cant. 4:14); canela (Ex. 30:23; Apoc. 18:13), estacte (Ex. 30:34) y uña aromática (Ex. 30:34). Esta última, ingrediente derivado de un molusco del Mar Rojo, se empleaba en la mezcla que se quemaba sobre el altar del incienso. Estas especias se utilizaban como incienso fragante en la adoración. También se mezclaban con aceite para elaborar el aceite santo de la unción, cosméticos y medicinas.

Valor Los habitantes de Palestina importaban la mayoría de estas especias. La gran variedad empleada en la elaboración de ungüentos dio lugar a la aparición de mercaderes que comerciaban costosas materias primas y perfumes (Gén. 37:28; Ezeq. 27:17-22). En tiempos bíblicos, Arabia era uno de los principales mercados de especias aromáticas, que también se importaban de África, India y Persia. Los ungüentos perfumados eran sumamente apreciados. Salomón recibía un pago anual de especias aromáticas como tributo de sus súbditos (1 Rey. 10:25); la reina de Sabá le llevó de regalo al rey muchas especias costosas (1 Rey.

10:2). El rey Ezequías de Judá incluía como parte de su tesoro valiosos ungüentos perfumados y especias (2 Rey. 20:13; Isa. 39:2). Cuando María ungió a Jesús con una libra de perfume costoso, Judas Iscariote la reprendió porque el valor del ungüento equivalía al salario de un año de trabajo (Juan 12:3-8).

Uso Muchos elementos personales se perfumaban con ungüentos aromáticos. El aliento se perfumaba (Cant. 7:8), probablemente con vino aromatizado (Cant. 8:2). Las vestiduras de los reyes se perfumaban con mirra, áloes y casia (Sal. 45:8) o con mirra, incienso y "todo polvo aromático" (Cant. 3:6). La cama de la prostituta estaba perfumada con mirra, áloes y canela (Prov. 7:17).

Uno de los usos más importantes del ungüento en el AT se llevaba a cabo en las ceremonias religiosas. La elaboración del aceite de la unción consistía en mezclar aceite de oliva con mirra, canela aromática, cálamo y casia (Ex. 30:22-25). Este aceite se consideraba santo; toda persona que elaboraba el aceite sagrado para usarlo fuera del lugar de adoración era excomulgada del pueblo (Ex. 30:33). Muchos eran ungidos con el aceite sagrado, acción donde se los designaba para el servicio a Dios. El escudo de un soldado se ungía con aceite (2 Sam. 1:21) para simbolizar la consagración a Dios. Jacob ungió la piedra de Bet-el, y este sitio donde Dios se le apareció se convirtió en lugar sagrado (Gén. 28:18; 35:14). Los ungüentos también se usaban en los ritos para la sepultura.

En el antiguo Cercano Oriente se creía profundamente en los poderes curativos del aceite. Por esta razón, se empleaban ungüentos como medicina en el tratamiento de algunas enfermedades (Jer. 8:22; Mar. 6:13; Sant. 5:14) y para las heridas (Isa. 1:6; Luc. 10:34). La ley de Moisés ordenaba que se ungiera con aceite a la persona que se había curado de lepra (Lev. 14:15-18,26-29).

Los ungüentos se utilizaban como cosméticos para proteger la piel. Los perfumes se empleaban para contrarrestar el olor corporal. Por lo general, todo el cuerpo se ungía con perfume después del baño (Rut 3:3; 2 Sam. 12:20; Ezeq. 16:9). Los perfumes se usaban dentro de la ropa (Cant. 1:13) y, en el caso de las mujeres, cuando deseaban ser atractivas a los hombres (Est. 2:12). Ver *Aceite; Enfermedades; Sepultura; Ungir, ungido.*

Claude F. Mariottini

UNI Nombre de persona que significa "aquejado" o "respondido". **1.** Arpista levita de la época de David (1 Crón. 15:18,20). **2.** Levita que volvió del exilio con Zorobabel (Neh. 12:9). En los textos masoréticos hebreos aparece como *Uno*, mientras que en las notas marginales de los escribas (*Qere*) figura como *Uni.*

UNIDAD Estado de indivisión, unicidad; condición armónica.

Antiguo Testamento La confesión de la unidad de Dios es un elemento fundamental de la fe de Israel: "Escucha, oh Israel: El Señor nuestro Dios es el único Señor" (Deut. 6:4 NVI). Dado que Dios es uno, un único conjunto de leyes se aplica tanto a los israelitas como a los extranjeros (Núm. 15:16). La historia humana es el relato del trastorno generado por el pecado en la unidad ordenada por Dios. El ideal divino para el matrimonio es que ambos cónyuges experimenten unidad en la vida: "una sola carne" (Gén. 2:24). El pecado en el jardín de Edén generó desconfianza y acusaciones (3:12). La terquedad de la voluntad ("dureza" del corazón, Mar. 10:5) continúa perturbando la unidad que Dios desea para el matrimonio. El ideal divino para toda la humanidad es también la unidad. La unidad primigenia de los seres humanos ("una sola lengua", Gén. 11:1) fue igualmente perturbada como resultado del orgullo pecaminoso (11:4-8). La visión profética del futuro divino anticipa el día en que Dios volverá a reunir los reinos divididos de Israel y Judá y hará regresar a los exiliados dispersos en diferentes partes del mundo (Ezeq. 37:15-23). En realidad, la esperanza profética incluye el reencuentro de todos los pueblos del mundo bajo la soberanía de un único Dios (Zac. 14:9).

Nuevo Testamento Jesús oró para que Sus discípulos pudieran experimentar una unidad basada en la que Él mismo tiene con el Padre (Juan 17:11,21-23). Tal unidad verifica la misión de Jesús ordenada por Dios y el amor del Padre por el mundo. La oración de Jesús para que haya unidad fue contestada durante los primeros años de la iglesia. Los primeros creyentes estaban juntos en un mismo lugar, compartían sus posesiones y eran de un solo corazón y alma (Hech. 2:1,46; 4:32). Como en el AT, el pecado amenazó la unidad ordenada por Dios. El egoísmo de Ananías y Safira (Hech. 5:1-11), el prejuicio de aquellos que descuidaban a las viudas con trasfondo griego (6:1) y la rigidez de los que exigían que los gentiles se convirtieran al judaísmo antes de transformarse en discípulos de Cristo (15:1), todo amenazaba la unidad de la iglesia. No obstante, en todos los casos el Espíritu Santo guió a la iglesia para que generara soluciones creativas que ayudaran a superar el disenso y avocarse al ministerio (Hech. 6:2-7; 15:6-35). Pablo se refirió en reiteradas ocasiones a los creyentes como "un cuerpo en Cristo" que trasciende la diversidad de dones (Rom.12:5-8; 1 Cor. 12:13,27-30) y las diferencias impuestas por los hombres (Gál. 3:28; Ef. 2:14-15; 3:6). Para Pablo, la unidad de la iglesia refleja la unidad de la Deidad: un Dios (1 Cor. 12:6), un Señor (Rom. 10:12; 1 Cor. 12:5; Ef. 4:5) y un Espíritu (1 Cor. 12:4,11; Hech. 11:17). La unidad cristiana tiene diversos aspectos: la experiencia compartida de Cristo como Señor y la confesión mediante el bautismo (Ef.4:5,13); el sentido compartido de la misión ("teniendo un mismo parecer", Fil. 2:2 NVI); la preocupación compartida de los unos por los otros (1 Cor. 12:25), "un mismo amor" (Fil.2:2; 1 Ped. 3:8), y la experiencia compartida del sufrimiento por la causa de Cristo (2 Cor. 1:6; Fil. 1:29-30; 1 Tes. 2:14; 1 Ped. 5:9).

Chris Church

UNIGÉNITO Traducción alternativa del adjetivo griego *monogenes* (Juan 1:14,18; 3:16,18; Heb. 11:17; 1 Jn. 4:9). En otros lugares, el término se traduce "único [hijo/a]" (hijo varón en Luc. 7:12; 9:38; hija mujer en 8:42). Algunas versiones traducen *monogenes* por "[hijo] unigénito" cuando se refiere a Jesús, pero las más modernas dicen normalmente "único".

El término *monogenes* se relaciona con la palabra griega *monos*, "único", y *genes*, "descendencia, raza, especie", lo cual sugiere que el significado es "único en su especie, exclusivo". La LXX (traducción griega del AT hebreo) emplea *monogenes* en cuatro ocasiones para traducir la palabra hebrea *yachid*, "único" (Jue. 11:34 ["única hija"]; Sal. 22:20 ["mi vida"]; 25:16 ["solo"]; 35:17 ["mi vida"]). En Gén. 22, cuando se habla de Isaac como el "único hijo" de Abraham (vv.2, 12,16), y en algunos otros lugares, la LXX traduce *yachid* por *agapetos*, "amado".

Aunque *unicus*, "único", se había empleado en el latín antiguo para traducir *monogenes*, Jerónimo (340?–420 d.C.) lo reemplazó en la Vulgata latina por *unigenitus*, de donde deriva la traducción española tradicional. Jerónimo estaba interesado en refutar la doctrina aria que declaraba que el Hijo no había sido engendrado sino hecho. Esto lo llevó a imponer al NT la terminología del Credo de Nicea (325 d.C.).

Monogenes se emplea en relación a un hijo único (Luc, 7:12; 8:42; 9:38), pero el escritor de Hebreos utiliza el mismo término para referirse a Isaac, aunque sabía perfectamente que este no había sido el único hijo de Abraham (Heb. 11:17, 18). En este caso, *monogenes* designa a Isaac como hijo de Abraham en un sentido particular, el hijo especial de la promesa que les daría nombre a los descendientes de su padre.

A los creyentes se los denomina correctamente *huioi*, "hijos" de Dios por la adopción en Cristo (Mat. 5:9; Luc. 20:36; Rom. 8:14,19; 9:26; Gál. 3:26; 4:6,7; Apoc. 21:7), pero Juan utiliza *monogenes* para referirse a la relación exclusiva y eterna que Jesús como Hijo posee con Dios. Por ser plenamente Dios y de la misma naturaleza que Dios el Padre, el Hijo Jesús está capacitado para dar a conocer la gloria divina (Juan 1:14,18; comp. Heb. 1:1-3). En Su condición de "Hijo unigénito", Jesús es el don exclusivo de Dios, la entrega misma de la Deidad para salvación (Juan 3:16; 1 Jn. 4:9). Dado que Jesús es el único representante de Dios, rechazarlo a Él significa rechazar a Dios, lo cual resulta en condenación inmediata (Juan 3:18).

Chris Church y E. Ray Clendenen

UÑA AROMÁTICA Especia que probablemente provenía del caparazón de un molusco del Mar Rojo y se empleaba en el incienso reservado para la adoración a Jehová (Ex. 30:34).

UÑAS Capa queratinosa del extremo de los dedos de las manos y de los pies. Si un israelita deseaba casarse con una prisionera de guerra, ella debía cortarse las uñas, ya sea como señal de duelo por sus padres o como parte de la purificación necesaria para entrar en la comunidad de Israel (Deut. 21:12).

UPARSÍN Ver *Mene, mene, tekel uparsín.*

UR Nombre geográfico que significa "horno de fuego". Antigua ciudad en la baja Mesopotamia que se menciona en la Biblia como lugar de nacimiento de Abraham. Ur, Cis y Uruc eran tres importantes centros poblacionales de la civilización sumeria y babilónica. En Gén. 12:1 y Hech. 7:2 se alude a la casa de la familia de Abraham. El sitio asociado con la ciudad de Ur se encuentra en lo que actualmente es Iraq, en la porción oriental inferior de la Medialuna Fértil. Se identifica con Tell el-Muqayyar, unos 350 km (220 millas) al sudeste de Bagdad. Este sitio tenía forma ovalada y contaba con instalaciones portuarias

Excavaciones en Ur muestran los cimientos del palacio en primer plano, y el zigurat a lo lejos.

El muro exterior del zigurat, o torre del templo, en Ur, la vieja Mesopotamia (actualmente Iraq).

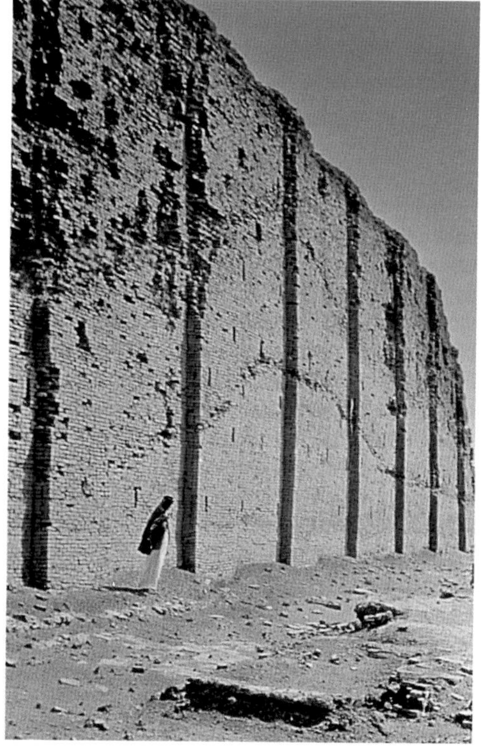

sobre el Río Éufrates hasta que este cambió su curso unos 19 km (12 millas) hacia el este desde el límite occidental de la ciudad. Con el cambio de curso del río, tanto la ciudad como su población perdieron prominencia. Se han propuesto otros sitios como posible ubicación de la ciudad bíblica de Ur, entre ellos Urartu (Turquía) o Urfa (al noroeste de Harán). La ocupación de Tell el-Muqayyar comenzó cerca del 4000 a.C. y fue una ciudad importante de la cultura sumeria, babilónica y neobabilónica. La tercera dinastía de Ur fue el período más próspero y de mayor desarrollo. Se descubrieron ruinas importantes, entre ellas un zigurat (pirámide escalonada de tres pisos) y tumbas reales. Este lugar sumerio es la identificación más probable de la ciudad de origen de Abraham. Aun así, como sucede con la mayoría de las identificaciones, tal afirmación puede cuestionarse. Ver *Abraham; Babilonia; Mesopotamia; Sumer.* *David M. Fleming*

URBANO Nombre de persona que significa "de la ciudad", es decir, "elegante, refinado". Cristiano romano al que Pablo envió saludos y mencionó como "nuestro colaborador en Cristo Jesús" (Rom. 16:9).

URI Nombre de persona que significa "ardiente, encendido". **1.** Padre de Bezaleel, el artesano del tabernáculo (Ex. 31:2; 35:30). **2.** Padre de Geber, uno de los oficiales de Salomón a cargo del servicio de comidas del palacio durante un mes (1 Rey. 4:19). **3.** Cantante levita postexílico que tenía una esposa extranjera (Esd. 10:24).

URÍAS Nombre de persona que significa "fuego de Jah" o "llama de Yahvéh". **1.** Mercenario o nativo heteo; quizás un israelita noble de ascendencia hetea que pertenecía al ejército de David (2 Sam. 11), miembro de los valientes de David (23:39). Era esposo de Betsabé, la mujer con quien David cometió adulterio. El pecado llevó finalmente al asesinato de Urías cuando el rey no pudo ocultar más la aventura amorosa. Los rollos del Mar Muerto y Josefo informan que Urías estaba bajo el mando de Joab. Demostró más entereza y moral que el rey. Ver *Betsabé; David.* **2.** Sumo sacerdote del templo de Jerusalén durante el reinado de Acaz que siguió las instrucciones del rey de establecer un altar en el templo conforme al modelo sirio (2 Rey. 16:10-16). Acaz esperaba que la incorporación de elementos extranjeros a la adoración israelita impresionara al rey asirio Tiglat-pileser. Aparentemente sirvió como testigo para Isaías (8:2). **3.** Sacerdote del tiempo de Esdras y Nehemías (Esd. 8:33; Neh. 3:4,21). **4.** Persona que ayudó a Esdras a informar al pueblo sobre la palabra de Dios (Neh. 8:4). **5.** Profeta que se unió a Jeremías en la predicación contra Jerusalén. Cuando el rey Joacim ordenó su ejecución, Urías huyó a Egipto. Sin embargo, fue capturado, devuelto a Jerusalén y ejecutado (Jer. 26:20-23).

URIEL Nombre de persona que significa "Dios es luz" o "llama de Dios". **1.** Jefe de los levitas que ayudaron a David a transportar el arca hasta Jerusalén (1 Crón. 6:24; 15:5,11). **2.** Abuelo del rey Abías de Judá (2 Crón. 13:2).

URIM Y TUMIM Objetos que Israel y especialmente el sumo sacerdote utilizaban para determinar la voluntad de Dios. Poco se sabe de ellos. En Éxodo se menciona que el sumo sacerdote los guardaba en el "pectoral del juicio" (Ex. 28:15-30). Más tarde, Moisés le encomendó el cuidado a la tribu de Leví (Deut. 33:8). Después de la muerte de Moisés y Aarón, Eleazar debió transportar y utilizar las suertes para consultar al Señor (Núm. 27:18-23). Aparentemente eran dos objetos que servían como suertes sagradas. Es decir, eran "echadas" para determinar la voluntad de Dios o recibir una respuesta divina. Por ejemplo, Saúl recurrió a ellas para determinar quién había faltado a un juramento realizado antes de una batalla contra los filisteos (1 Sam. 14:41-25). El texto también da cierta indicación de cómo se utilizaban los objetos. Eran "echados", quizás extrayéndolos de una bolsa o sacudiéndolos. Un objeto (o suerte) daba una respuesta. El otro daba otra. Probablemente, la "suerte" que salía primero se consideraba la respuesta de Dios. Sin embargo, el Urim y Tumim no eran automáticos ni mecánicos. Dios podía negarse a responder. Saúl buscó el espíritu de Samuel mediante una bruja porque Dios no quiso contestarle ni por el Urim, ni por los sueños ni por los profetas (1 Sam. 28:6-25).

Se desconoce el destino final del Urim y Tumim. En la época de Nehemías continuaba la expectativa de que algún día se levantara un sacerdote con Urim y Tumim (Esd. 2:63; Neh. 7:65). No obstante, esto tal vez se refiera a la capacidad para recibir una respuesta del Señor y no a un retorno a las "suertes" entregadas a Aarón. Ver *Consultar a Dios; Oráculos; Sumo sacerdote.* *Albert F. Bean*

UTAI Nombre de persona que significa "Yahvéh da socorro" o "Él ha demostrado ser supremo". **1.** Descendiente postexílico de Judá (1 Crón. 9:4). **2.** Jefe de una familia que regresó del exilio (Esd. 8:14).

UZ Nombre de persona y de lugar que quizás signifique "reemplazo". **1.** Territorio no especificado, probablemente en Haurán al sur de Damasco (Jer. 25:20) o entre Edom y el norte de Arabia (Job 1:1; Lam. 4:21). **2.** Descendiente de Aram, hijo de Sem, (Gén. 10:23; 1 Crón. 1:17) y progenitor de una tribu aramea. **3.** Descendiente de Nacor, el hermano de Abraham (Gén. 22:21). **4.** Descendiente de Esaú (Gén. 36:28) y miembro de los horeos, una rama de los edomitas.

UZA Nombre de persona que significa "fuerza" o "él es fuerte". **1.** Uno de los conductores del carro que transportaba el arca del pacto cuando David la trasladaba desde la casa de Abinadab en Gabaa a Jerusalén (2 Sam. 6:3). Cuando el arca comenzó a deslizarse del carro, Uza extendió la mano para tratar de estabilizarla y Dios hizo que cayera muerto por tocar el objeto sagrado (6:6-7). **2.** Descendiente de Leví (1 Crón. 6:29). **3.** Jefe de una familia de sirvientes del templo o "netinim" que regresaron con Zorobabel a Jerusalén del exilio en Babilonia (Esd. 2:49). **4.** Propietario del huerto donde fueron sepultados Manasés y Amón (2 Rey. 21:18, 26). Esto los diferenció de otros reyes que "durmieron con sus padres", es decir, fueron enterrados en la tumba real. Uza tal vez haya sido un noble que era dueño del huerto para sepultura o quizá una variante ortográfica del dios cananeo Attarmelek. **5.** Miembro de la tribu de Benjamín (1 Crón. 8:7).

UZAI Nombre de persona que significa "esperado" o "él ha escuchado". Padre de una persona que ayudó a Nehemías a reparar el muro (Neh. 3:25).

UZAL Hijo de Joctán y antepasado de una tribu árabe (Gén. 10:27; 1 Crón. 1:21). Los eruditos han vinculado la tribu con Izalla en el noreste de Siria y con Azalla cerca de Medina. Ezequiel 27:19 (LBLA) los incluye entre los socios comerciales de Tiro.

UZAN-SEERA Nombre de un lugar que significa "oreja de Seera". Aldea fundada por la hija de Efraín llamada Seera (1 Crón. 7:24). El sitio quizás sea Beit Sira, 5 km (3 millas) al sur de la baja Bet-horón.

UZI Nombre de persona; forma abreviada de "Yahvéh es mi fuerza". **1.** Sacerdote aarónico (1 Crón. 6:5,6,51; Esd. 7:4). **2.** Familia de la tribu de Isacar (1 Crón. 7:2,3). **3.** Descendiente de Benjamín (1 Crón. 7:7; 9:8). **4.** Supervisor de los levitas de Jerusalén después del exilio (Neh. 11:22). **5.** Sacerdote postexílico (Neh. 12:19). **6.** Músico que participó en la dedicación del muro de Jerusalén que realizó Nehemías (Neh. 12:42).

UZÍAS Nombre de persona que significa "Yahvéh es fuerte" o "Yahvéh es [mi] fuerza". **1.** Descendiente de Leví (1 Crón. 6:24). **2.** Padre de uno de los tesoreros de David (1 Crón. 27:25). **3.** También conocido como Azarías (2 Rey. 15:1,6-8,17,23, 27); hijo y sucesor del rey Amasías de Judá. "Todo el pueblo de Judá" declaró rey a Uzías cuando tenía 16 años (2 Rey. 14:21; 2 Crón. 26:1). Algunos conjeturan que los judíos, en lugar de permitir que el rey Joás de Israel colocara un rey títere, propusieron a Uzías como rey después de la derrota y posterior encarcelamiento de Amasías a manos de Joás (2 Crón. 25:21-24). Según esta reconstrucción, Uzías comenzó su reinado aprox. en el 792 a.C. y continuó como regente conjunto después de la liberación de su padre tras la muerte de Joás (2 Crón. 25:25). El reinado de Uzías fue un tiempo de gran prosperidad material para Judá. Él montó una exitosa campaña contra los filisteos y logró destruir las murallas de algunas de las ciudades más importantes, entre ellas Gat, Jabneel y Asdod. A fin de asegurar la ruta de las caravanas a lo largo de la costa del Mediterráneo (Vía Maris), Uzías construyó ciudades, quizás puestos militares, en las cercanías de Asdod y otros lugares de la planicie filistea (2 Crón. 26:6). Para la ruta del este (el Camino Real) reconstruyó Elat (Elot), puerto estratégico sobre el golfo de Aqaba (26:2), y luchó contra los árabes de Gurbaal (posiblemente en Gur, al este de Beerseba), los meunitas (una rama de los edomitas) y los amonitas (2 Crón. 26:7,8). Además reforzó los muros de Jerusalén con torres (2 Crón. 26:9; comp. 25:23). La construcción de numerosas cisternas y puestos militares en el desierto (Arad Neguev) hizo posible el asentamiento de muchas poblaciones. La evidencia arqueológica confirma que la construcción en el Neguev prosperó durante el reinado de Uzías. Este era amante de la tierra y promovió la agricultura (2 Crón. 26:10). A diferencia de sus antecesores, quienes dejaban en manos de las tropas la obtención de sus propias armas, Uzías les proveyó a sus ejércitos los instrumentos más avanzadas (2 Crón. 26:11-15). Sin embargo, no se lo recuerda como el líder que condujo a Judá a una edad de oro similar a la de los imperios de los reyes David y Salomón sino como "el rey leproso". El breve relato del reinado de Uzías en 2 Rey. 15:1-7 lo describe como alguien que "hizo lo que le agrada al Señor" (15:3 NVI). La única explicación del sufrimiento del rey que brinda el libro de Reyes es que "Jehová castigó al rey con lepra" (15:5). El cronista atribuye la lepra al presuntuoso intento de Uzías de usurpar la prerrogativa sacerdotal de ofrecer incienso en el templo (2 Crón. 26:16-20; comp. Núm. 16:1-40; 1 Sam. 13:8-15). De allí en más, su hijo Jotam lo sucedió en el trono, aunque probablemente Uzías haya permanecido subrepticiamente en el poder (26:21). Por ser leproso, no fue sepultado en las tumbas reales de Jerusalén sino en un campo (26:23). **4.** Sacerdote postexílico que tenía una esposa extranjera (Esd. 10:21). **5.** Descendiente de Judá y padre de un residente postexílico de Jerusalén (Neh. 11:4). **6.** Una de las 16 personas que el cronista agregó a la lista de los 30 guerreros valientes de David (1 Crón. 11:44). *Chris Church*

UZIEL Nombre de persona que significa "Dios es fuerza". **1.** Descendiente de Leví (Ex. 6:18;

Núm. 3:19; 1 Crón. 6:2,18) y antepasado de una subdivisión de levitas, los uzielitas (Núm. 3:27; 1 Crón. 15:10; 26:23). **2.** Capitán que participó en un exitoso ataque de los simeonitas contra los amalecitas del Monte Seir (1 Crón. 4:42). **3.** Descendiente de Benjamín (1 Crón. 7:7). **4.** Músico de la tribu de Leví (1 Crón. 25:4). **5.** Levita que participó en la reforma de Ezequías (2 Crón. 29:14). **6.** Platero que ayudó a Nehemías a reparar los muros de Jerusalén (Neh. 3:8).

UZIELITA Miembro de la familia levítica de Uziel.

VACA Designación correspondiente a los animales bovinos domésticos, especialmente la hembra. Las vacas se mencionan en relación al nacimiento y la alimentación de los becerros (Lev. 22:27,28; 1 Sam. 6:7). Formaban parte del regalo de ganado que Jacob le ofreció a Esaú (Gén. 32:15). Amós denominó "vacas de Basán" a las mujeres adineradas y egoístas de Samaria (Amós 4:1), haciendo referencia a la región famosa por la cría de vacas (Deut. 32:14). Ver *Ganado.*

VACA ALAZANA La ceremonia de la vaca alazana tenía como fin producir cenizas para el agua utilizada para quitar la impureza ritual contraída por el contacto con un cadáver, huesos o un sepulcro (Núm. 19). Los pasos del rito eran los siguientes: fuera del campamento se sacrificaba una vaca alazana sin defecto; se rociaba la sangre siete veces hacia el tabernáculo de reunión; se quemaba toda la vaca, incluso la sangre y el estiércol, junto con madera de cedro, hisopo y paño púrpura (comp. Lev. 14:4); la ceniza se guardaba en un lugar puro fuera del campamento. El agua para remover la impureza contraída por contacto con los muertos se preparaba mezclando el agua corriente con la ceniza. Las personas y los objetos impuros eran rociados al tercer y al séptimo día posteriores a la contaminación a fin de eliminar la impureza. Hebreos 9:14 utiliza la imagen de la ceremonia de la vaca alazana para ilustrar cómo Cristo limpia a los creyentes de los efectos de las "obras muertas". Estas se refieren tanto a "las obras que conducen a la muerte" (NVI) como a las obras llevadas a cabo antes de haber renacido en Cristo (comp. Heb. 6:1).

VADO Parte poco profunda de un arroyo o río que permite cruzar a pie. Los romanos fueron los primeros en construir puentes en Palestina. Antes de esa época, el cruce de ríos generalmente se limitaba a los vados. Se mencionan vados en tres ríos de Palestina: el vado de Arnón (lit. "torrente rápido", Isa. 16:2); el de Jaboc (Gén. 32:22), y el de Jordán (Jue. 3:28). Los tres ríos mencionados tienen corrientes rápidas y ofrecen escasos lugares para vadearlos. Por eso los vados eran estratégicos. Asegurar un vado significaba tener éxito en una batalla (Jue. 3:28; 12:5-6); su pérdida podía aludir a la derrota (Jer. 51:32).

VAIZATA Nombre persa de persona que tal vez signifique "el hijo de la atmósfera". Uno de los 10 hijos de Amán que mataron los judíos después de que Ester obtuviera permiso para vengarse de su plan mortífero (Est. 9:9).

VALIENTES Aplicado a los descendientes de nefilim, es probable que "valientes" se refiera a hombres de gran tamaño (Gén. 6:4; quizá Jos. 10:2). En otros pasajes, valientes se refiere a guerreros valerosos, en especial a los grupos selectos constituidos por 3 y 30 personas que acompañaban a David (2 Sam. 17:8,10; 23:8-39; 1 Rey. 1:10,38). Muchos de los valientes selectos de David eran mercenarios.

VALLADO Límite formado por una densa hilera de arbustos generalmente espinosos. En la antigua Palestina, los vallados servían para proteger los viñedos del posible daño de animales o intrusos (Sal. 80:12-13 LBLA; Isa. 5:5). Poner un vallado alrededor de alguien significa protegerlo (Job. 1:10 LBLA). Cercar, poner un valla, figurativamente también significa obstruir, encerrar (Job 3:23; Lam. 3:7; Oseas 2:6 LBLA).

Cerco de piedras en la Isla de Patmos, con secciones cubiertas de zarzas espinosas como mayor protección.

Borde oeste del Valle del Jordán, visto desde de la Jericó del AT.

VALLE Depresión entre las montañas, llanura amplia o meseta, barranco estrecho o terreno bajo. "Valles" de diversas formas y tamaños constituyen el paisaje de Palestina.

En el AT hay cinco términos hebreos que dan la idea de "valle". *Biqe'ak* es una llanura amplia (Gén. 11:2; Isa. 41:18). *Gaye'* es un barranco profundo, un desfiladero o un valle (Isa. 40:4; Zac. 14:4). *Nachal* es un vado, o sea, el lecho de un arroyo que a menudo está seco (Núm. 34:5; Ezeq. 48:28). *Emeq* es una extensión larga y ancha que se ubica entre cadenas paralelas de montañas (Núm. 14:25; Jos. 8:13; Jer. 21:13). *Shephelah* es la tierra baja, llanura o ladera que desciende suavemente de las montañas (Deut. 10:1; Jos. 9:1; Jer. 17:26). En el NT se utiliza el término griego, *pharanx*, para cada uno de estos casos.

"Valle" se usa a menudo en sentido simbólico para referirse a las dificultades de la vida. El ejemplo clásico es Sal. 23:4. Toda la gente atraviesa estas pruebas, pero Dios está presente con Su pueblo para protegerlo durante estos períodos. Ver *Palestina.* *Bradley S. Butler*

VALLE DE JOSAFAT Ver *Josafat, Valle de.*

VALLE DE LOS ARTÍFICES Ver *Carisim.*

VALLE DE ZERED Ver *Torrente de Zered.*

El Valle de Hinom (Gehenna) en Jerusalén, al sur de la antigua ciudad.

Valle de Josafat (Valle de Cedrón) en Jerusalén, con vista de la Iglesia de Todas las Naciones.

VALLE TIROPEÓN Depresión angosta entre el Ofel de Jerusalén (monte de David) y la colina occidental o superior de la ciudad. En la antigüedad era mucho más profunda pero a lo largo de los siglos fue rellenada con escombros, especialmente desde la destrucción de la ciudad a manos de los romanos en el 70 d.C. Cuando David capturó la ciudad, el valle sirvió como barrera natural defensiva. En épocas helenistas se encontraba dentro de los muros de la ciudad. Durante la campaña edilicia de Herodes se construyeron puentes a través del valle para conectar el área del palacio con el complejo del templo.

Vista de la ladera oeste del Monte del Templo, desde el oeste, con el Valle de Tiropeón en primer plano.

VANÍAS Nombre de persona que probablemente signifique "digno de amar". Hombre que se casó con una mujer extranjera (Esd. 10:36).

VANO Calidad de engreimiento personal; generalmente una traducción de varias palabras que significan "vacuidad" o "inestabilidad". En relación a Dios, es en vano tratar de torcer Su voluntad (Sal. 2:1; Hech. 4:25). Es en vano intentar hacer cosas sin la ayuda divina (Sal. 127:1). En los Diez Mandamientos se nos advierte no tomar el nombre de Dios en vano (como si no fuera importante) (Ex. 20:7; Deut. 5:11). Marcos advirtió que los creyentes no deben honrar a Dios sólo con los labios sino obedecerlo de corazón (Mar. 7:6,7; Isa. 1:13; 29:13; Sant. 1:26).

VAPSI Nombre de persona de significado incierto. Padre de Nahbi de la tribu de Neftalí (Núm. 13:14). Nahbi fue uno de los espías que Moisés envió a Canaán.

VASIJAS Y UTENSILIOS Implementos o recipientes utilizados comúnmente en, por ejemplo, el servicio del templo o las tareas del hogar. Guardaban productos secos o líquidos. En la Biblia se mencionan una cantidad de vasijas y otros utensilios.

Materiales de las vasijas Las vasijas de los tiempos bíblicos se hacían de una variedad de materiales. En épocas tan tempranas como el 3000 a.C., plateros y orfebres en todo el Cercano Oriente fabricaban copas y tazones de metales preciosos. Estos se utilizaban para el servicio religioso (Núm. 7:13,19; 1 Crón. 28:17; 2 Crón. 4:8; Esd. 1:9,10; 8:27) o por personas de gran riqueza o autoridad (Gén. 44:2). También se conocían las vasijas de cobre y de bronce (Ex. 27:3; Lev. 6:28).

En las tierras bíblicas se ha hallado platería en abundancia. Aunque palacios y templos a menudo tenían vasijas de oro y plata, el material más común para la platería era una aleación de cobre y estaño denominada bronce. El cobre puro se usaba poco.

Muchos recipientes, tanto grandes como pequeños, se hacían de piedra. El alabastro se tallaba y se pulía fácilmente. Se lo apreciaba especialmente para guardar perfumes (Mat. 26:7; Mar. 14:3,4; Luc. 7:37). Según los escritos rabínicos, los recipientes de piedra no eran susceptibles a la contaminación ritual. Por lo tanto, en los tiempos del NT en Jerusalén existía una extensa industria para la fabricación de una variedad de vasijas de piedra. Las excavaciones realizadas en ese lugar han suministrado muestras de todo tipo y tamaño, desde tinajas grandes de piedra (Juan 2:6) hechas en un torno hasta copas talladas a mano. Para la época del NT, el vidrio se estaba comenzando a utilizar ampliamente para jarras y botellas.

Los canastos de juncos eran recipientes económicos para transportar cosas y, a veces, para almacenaje. Las botellas para agua o vino frecuentemente se hacían de pieles de animales (Jos. 9:4,13; Jue. 4:19; 1 Sam. 1:24; 10:3; 2 Sam. 16:1; Neh. 5:18; Job 32:19; Sal. 119:83; Mat. 9:17; Mar. 2:22; Luc. 5:37). Dichos recipientes de cuero eran populares entre los pueblos nómadas por su durabilidad.

La madera se usaba para fabricar arcones y tazones para almacenaje. Los arcones se hacían clavando planchas de madera, mientras que los tazones se obtenían ahuecando las piezas de madera. En Egipto se han hallado más recipientes de madera debido, en parte, a que el clima es más apto para su conservación que en otras partes de Medio Oriente.

El material más popular para vasijas era la arcilla, que se caracterizaba por ser económica y fácil de conseguir (Núm. 5:17; Jer. 32:14). La alfarería más antigua, que se inició antes del 5000 a.C., estaba hecha a mano y, en cierta manera, de modo rudimentario. Aunque este tipo de alfarería continuó, en la época de los israelitas predominaba la fabricada con un torno especial.

La abundancia de la alfarería y el gran conocimiento que había del proceso de manufactura, proporcionó lecciones objetivas para entender verdades espirituales. Isaías se refirió varias veces al alfarero y sus productos. Comparó la furia de los instrumentos escogidos de Dios con un alfarero que pisa la arcilla (Isa. 41:25). Israel se compara con la vasija de un alfarero que, una vez que se quiebra, no deja ningún fragmento utilizable (Isa. 30:14). Para Isaías, la obra del alfarero demostraba la soberanía del Creador (Isa. 45:9). Pablo usó la misma analogía para señalar un aspecto de la elección (Rom. 9:20,21): el alfarero puede hacer la clase de vasija que desee. Jeremías también relacionó de manera alegórica al alfarero y su obra con Dios, quien moldeó a Su pueblo Israel (la arcilla) y tiene la capacidad para remodelar un producto dañado (Jer. 18:1-6). El profeta utilizó una vasija de barro terminada para anunciar el destino de Jerusalén, la cual, al igual que la vasija, sería irremediablemente destruida (Jer. 19:1,2; 10,11).

Los fragmentos o tiestos de una vasija de alfarería quebrada son extremadamente duros (comp. Job 41:30) y, por lo tanto, permanecen indefinidamente. Se encuentran en grandes cantidades en todo montículo o tel arqueológico del Cercano Oriente y eran bastante conocidos entre los personajes bíblicos. Job, por ejemplo, usaba un tiesto para rascarse las llagas (2:8). Los tiestos servían siempre como símbolos de la sequía (Sal. 22:15) y como remanentes inútiles (Isa. 30:14). Ver *Alfarería; Vidrio.*

Tipos de vasijas El AT a veces se refiere a la alfarería mediante un término genérico que se traduce "vaso de barro" (Lev. 6:28; 11:33; 14:5,50; Núm. 5:17; Jer. 32:14). Solamente dos tipos de vasijas se designan específicamente como piezas de alfarería, "vasijas de barro" (Lam. 4:2; Jer. 19:1). Sin embargo, otras vasijas comunes mencionadas en la Biblia probablemente también hayan sido de barro. Los términos, especialmente en el caso del AT, no son completamente claros y se traducen de diferentes maneras.

Una de las formas más comunes y elementales de alfarería era el tazón. Los tazones o vasijas grandes para mezclar y servir (Ex. 24:6; Cant. 7:2; Isa. 22:24), a los que los arqueólogos denominan "kráteres", generalmente tenían asas durante el período israelita. Una palabra hebrea diferente identifica tazones similares, quizá más pequeños (Jue. 5:25; 6:38). Los tazones para rociar (Núm. 7:84,85) comúnmente eran de metal. Una palabra genérica para tazón designa las vasijas de plata que se utilizaban en la dedicación del altar (Núm. 7:84). El "plato" principal (2 Rey. 21:13; Prov. 19:24; 26:15; Mat. 26:23) de las comidas era, en realidad, un tazón sin asas de tamaño mediano. Era lo suficientemente grande como para cocinar (2 Crón. 35:13). Los modelos más pequeños se utilizaban con otros propósitos (2 Rey. 2:20). Los platos no se comenzaron a usar con continuidad hasta la época del NT. Las copas en el sentido moderno también eran virtualmente desconocidas en los tiempos del AT. Tres palabras hebreas que se traducen así (Gén. 40:11; Isa. 51:17,22; Jer. 35:5; Zac. 12:2) se refieren a tazones pequeños. La "copa" de plata de José (Gén. 44:2,12,16,17) probablemente haya sido un tazón o un cáliz. Las copas del NT (Luc. 11:39) continuaron teniendo el aspecto de un tazón y eran de diversos tamaños.

Una artesa especial con forma de tazón se utilizaba para amasar el pan (Ex. 8:3; 12:34; Deut. 28:5,17). Otros tazones especiales servían como braseros para mantener el carbón (Zac. 12:6). Las lámparas en el AT eran esencialmente tazones para aceite en cuyos bordes afinados se sostenían las mechas. En la época del NT, las lámparas (Mat. 25:1) constaban de dos partes que formaban un tazón cubierto con una abertura en el centro a la que se le agregaba un pico hecho a mano. Ver *Lámparas, candelero.*

"Olla" en el AT (Ex. 16:3; 2 Rey. 4:38-41; Job 41:20,31) es generalmente la traducción de varias palabras hebreas que designan utensilios para cocinar. En la época pre-israelita eran similares a tazones profundos sin asas. Las ollas israelitas durante el período de la monarquía generalmente tenían dos asas y eran más cerradas. También se desarrolló una forma más aglobada con un cuello corto y una boca más pequeña. Las ollas de cocina en el NT eran similares pero más pequeñas y más delicadas, con asas delgadas como correas. Las ollas requerían un tipo de arcilla que se templaba con diversos materiales de grava a fin de soportar la dilatación producida por el calor extremo y el enfriamiento. Se fabricaban de diversos tamaños muy parecidas a las de la actualidad.

Otra vasija típica básica de la antigüedad era la tinaja, un jarrón alto y ovalado o con forma de pera que generalmente tenía dos o cuatro asas. La parte superior se cubría con un tiesto de forma apropiada o con un tapón de arcilla. Las vasijas se utilizaban para almacenar harina (1 Rey. 17:14) o para transportar y guardar elementos líquidos tales como el agua (Mar. 14:13; Juan 4:28). Para guardar aceite se usaba una vasija más pequeña (2 Rey. 4:2). A menudo las tinajas se diseñaban para contener medidas determinadas. Una medida común en el período del AT consistía en dos batos cuyas dimensiones promediaban en 60 cm (25 pulgadas) de alto y 40 cm (16 pulgadas) de diámetro. Las tinajas típicas tenían bases redondeadas, casi puntiagudas y se colocaban en soportes, en agujeros en tablas de madera o se las enterraba en el suelo blando. Una clase especial tenía la forma de un cilindro sin asas pero con un borde acanalado.

Algunas copas o jarros (1 Rey. 14:3; Jer. 19:1,10; 35:5) eran más pequeños que las tinajas y generalmente tenían un asa en el cuello o al costado. Había algunos con cuellos anchos y otros estrechos. Los primeros probablemente tenían un borde afinado que formaba un pequeño pico. Una variedad de jarro era el frasco del peregrino, una botella achatada con dos asas iguales a ambos lados de un cuello delgado que funcionaba como una cantimplora. Es probable que Saúl haya utilizado uno (1 Sam. 26:11,12), pero la misma palabra hebrea (1 Rey. 17:14) se puede referir a una jarra más pequeña. Los arqueólogos que trabajan en la Tierra Santa están muy familiarizados con los jarritos con cuerpo redondeado u oblongo, una sola asa y cuello y abertura pequeños. Se usaban para sacar líquido de vasijas más grandes y para guardar aceite (1 Sam. 10:1; 2 Rey. 9:3). El NT los menciona como recipientes para almacenar aceite (Mat. 25:4) y, los hechos de alabastro, para guardar perfume (Mat. 26:7).

Para la época en que Roma había conquistado Palestina en el 63 a.C., apareció un nuevo tipo de vasija cilíndrica con bordes angulares o redondeados. Tenía una base circular y un borde apto para colocar una tapa. Este tipo de vasija era excelente para guardar elementos sólidos, especialmente rollos. Los famosos Rollos del Mar Muerto estuvieron guardados durante casi 2000 años en estos recipientes delicadamente esculpidos.

Utensilios En el AT se utiliza a menudo una palabra genérica correspondiente a "utensilios" que alude a los elementos de oro y bronce que se usaban en el servicio del tabernáculo (Ex. 25:39; 27:3,19; 30:27,28). Estos incluían despabiladeras, bandejas, paletas, tinajas, tazones, tenedores, sartenes, garfios y artículos semejantes. La misma palabra se utiliza para referirse a los utensilios que se usaban en el servicio del templo (1 Crón. 9:28,29; 2 Crón. 24:14-19; Jer. 27:18-21) y para los artículos del hogar (1 Rey. 10:21; 2 Crón. 9:20).

Los utensilios comunes de la casa incluían elementos de cocina. En tiempos del AT, el grano se molía a mano (Ex. 11:5; Isa. 47:2) utilizando molinos que generalmente estaban hechos de basalto, una roca volcánica dura con muchas cavidades que formaban bordes cortantes naturales. En el mundo romano del NT eran comunes los ejemplos de molinos de piedra. Los que tenían piedras pesadas y altas (Mat. 18:6; Mar. 9:42; Luc. 17:2; Apoc. 18:21) requerían de animales o de dos personas (Mat. 24:41) para hacerlos funcionar. Las tareas de machacar y triturar se hacían con un mortero y un pisón (Núm. 11:8; Prov. 27:22). Ver *Cocinar y calentar.*

Los utensilios para comer por lo general no se hallan en las excavaciones y es probable que estuvieran hechos de madera. Los cuchillos (Gén. 22:6; Jue. 19:29; Prov. 30:14) para diversos propósitos eran de piedra (Jos. 5:2,3), cobre, bronce o hierro. Ver *Arqueología; Herramientas.*

Daniel C. Browning (h) y Mike Mitchell

VASNI Nombre de persona que probablemente signifique "débil". Hijo de Samuel según el texto hebreo de 1 Crón. 6:28 que dice literalmente: Los hijos de Samuel: el primogénito Vasni, y Abías. Traducciones y comentaristas modernos siguen 1 Sam. 8:2 y mss de versiones antiguas, debido a que consideran que Vasni es un error de copista de una palabra hebrea similar correspondiente a "el segundo" a la cual se insertó "Joel".

VASTI Nombre de persona que significa "la antes deseada, la amada". Esposa del rey Asuero y reina de Persia y Media (Est. 1:9). El rey la llamó para que exhibiera su belleza ante un grupo con quien estaba compartiendo una fiesta, pero ella se negó. Vasti fue destituida como reina (1:19) y se organizó un concurso de belleza para elegir a una nueva. Fue elegida Ester (2:16). Aún no se ha recuperado ningún registro que mencione a Vasti como reina de ningún rey del Imperio Medo-persa, lo que hace que algunos especulen en cuanto a su historicidad. La otra reina que se relaciona con Asuero (también denominado Jerjes) se llamaba Amestris. Ver *Asuero; Ester; Persia; Jerjes.*

VAU Sexta letra del alfabeto hebreo. Encabezamiento del Sal. 119:41-48 en el que cada uno de los versículos comienza con esa letra en hebreo.

VELA DE PROA Vela principal de un barco (Hech. 27:40). Algunas traducciones consideran que era una vela auxiliar más pequeña para cuando había viento fuerte que hacía innecesaria y peligrosa la acción de la vela principal.

VELO Vestimenta para cubrirse. **1.** *Velo de las mujeres* Rebeca se colocó un velo antes de encontrarse con Isaac (Gén. 24:65). Quizá su velo constituía señal de que era una doncella que se podía casar. Tamar usó su velo para esconder su identidad ante su suegro Judá (Gén. 38:14,19). Otro término hebreo se traduce "tocado" en Isa. 3:23. Los tocados que aparecen aquí son sólo uno de los muchos artículos de gala que las mujeres de la alta sociedad de Jerusalén iban a perder en el sitio que se avecinaba. El mismo término se traduce "manto" en Cant. 5:7. En ese versículo, quitar el manto formaba parte del ataque humillante a la amada del rey. En Isa. 47:2, quitar el velo ("descubre tus guedejas") es nuevamente una señal de ser avergonzado. Pablo consideraba necesario que las mujeres que oraban y predicaban ("profetizaban") en público llevaran un velo (1 Cor. 11:4-16). **2.** *Velo de Moisés* Moisés habló con Dios con el rostro descubierto y luego le entregó el mensaje de Dios al pueblo en esa misma condición. Después se colocó un velo sobre el rostro (Ex. 34:33-35). Pablo consideraba que la práctica de Moisés era una ilustración de la superioridad del nuevo pacto: los creyentes observan el esplendor del Espíritu que mora en nosotros y de la justicia otorgada por Dios; Israel vio en el rostro de Moisés el esplendor de la era de la muerte que se desvanecía (2 Cor. 3:7-11). El velo de Moisés ilustraba además la barrera mental que impidió que Israel reconociera a Cristo en el AT (3:12-15). El velo se quita por medio de la fe en Cristo, y los creyentes disfrutan del libre acceso a Dios, quien transforma la vida (3:15-18). **3.** *Simbolismo* "El velo que envuelve a todas las naciones" (Isa. 25:7) probablemente sea una imagen de la muerte, que también es destruida (25:8). Es posible que el velo además incluya el reproche. **4.** *Velo del templo* Esta cortina separaba el lugar santo del santísimo (2 Crón. 3:14). Sólo al sumo sacerdote se le permitía traspasar el velo, y lo hacía únicamente en el Día de Expiación (Lev. 16:2). Cuando Jesús murió, el velo del templo se rasgó de arriba hacia abajo, lo cual ilustra que Dios, en Cristo, abolió la barrera que separaba a la humanidad de la presencia divina (Mat. 27:51; Mar. 15:38; comp. Luc. 23:45). Hebreos 10:20 utiliza el velo del templo, pero no como imagen de una barrera sino de acceso. El acceso a Dios se obtiene mediante la encarnación histórica de Jesús (comp. Juan 10:7). *Chris Church*

VENDAS MÁGICAS Bandas o almohadillas que se colocaban en la muñeca para realizar prácticas de magia (Ezeq. 13:18,20). Se desconoce su sentido exacto. Aparentemente representaban parte de la parafernalia del adivinador que se empleaba para determinar los destinos establecidos por los dioses.

VENENO Agente químico que causa descompostura o muerte cuando un organismo toma contacto con él o lo ingiere. El veneno sirve como imagen frecuente de la maldad, en especial del discurso mentiroso (Deut. 32:32,33; Job 20:16; Sal. 58:4; 140:3). Las hierbas venenosas ilustraban los pleitos que surgían de juramentos y pactos quebrantados (Os. 10:4). En Amós 6:12, el veneno sirve como imagen de injusticia. El agua envenenada representaba el juicio de Dios sobre el pecado (Jer. 8:14).

VENGADOR Persona con la responsabilidad legal de proteger los derechos de un pariente en peligro. Vengador es la traducción del hebreo *go'el*, que en su forma verbal significa redimir. La redención se aplica a la tarea de recuperar la posesión de las cosas consagradas a Dios (Lev. 27:13-31) o a las acciones de Dios a favor de su pueblo (Ex. 6:6; Job 19:25; Sal. 103:4; Isa. 43:1). En definitiva, Dios es el *go'el* (Isa. 41:14).

El vengador humano está íntimamente ligado a la institución de las ciudades de refugio, la posesión de tierras y el matrimonio por levirato. Las ciudades de refugio ofrecían un lugar para escapar del vengador de sangre a las personas que mataban sin intención u odio (Ex. 21:12-14; Núm. 35:6-34; Deut. 4:41-43; 19:1-13; Jos. 20:1-9). El *go'el* humano puede ser un hermano, un tío, un primo u otro pariente consanguíneo (Lev. 25:48-49). Un orden establecido entre estos determinaba quién era legalmente responsable de oficiar como *go'el* (Rut 3:12-13). El vengador o *go'el* era responsable de quitarle la vida al que hubiera matado a un miembro de la familia (Núm. 35:12), responsable de recibir restitución por los crímenes realizados contra un pariente muerto (Núm. 5:7-8), de volver a comprar la propiedad que perdió la familia (Lev. 25:25), de redimir a un pariente que se vendió como esclavo (Lev. 25:48-49) o de casarse con la viuda de un familiar sin hijos, para así perpetuar la familia (Deut. 25:5-10). La venganza por la muerte de un pariente se ubica dentro de límites estrictos. El asesino tenía que haber aguardado intencionalmente para matar al familiar (Ex. 21:13) o haberlo atacado en forma deliberada (Ex. 21:14). La venganza sólo se podía efectuar antes de que el asesino llegara a la ciudad de refugio o después del juicio, ya sea en la ciudad natal de la víctima o en el sitio donde se había juzgado el asesinato (Núm. 35:12). El vengador tenía libertad para actuar si se había utilizado un objeto de hierro para cometer el asesinato (Núm. 35:17-18). Provocar la muerte de una persona mediante un empujón o dándole golpes a causa del odio hacía que el matador quedara expuesto a la acción del vengador (Núm. 35:20-21). Las acciones llevadas a cabo sin intención no se podían castigar (Núm. 35:22-24).

Un asesino convicto de haber cometido el crimen sin odio ni planificación intencional era enviado a la ciudad de refugio hasta la muerte del sumo sacerdote. El vengador no podía tocar al asesino dentro de la ciudad de refugio pero, si éste dejaba el lugar por cualquier motivo, el vengador podía vengarse aun del asesino que había obrado sin intención (Núm. 35:22-28). Esto demuestra que inclusive el asesinato sin intencionalidad implicaba un pecado por el cual debía pagarse una pena. De este modo, la ley del vengador prevenía el derramamiento de sangre inocente mientras que al mismo tiempo purgaba la culpa por haber asesinado a un inocente (Deut. 19:11-13). La ley mantenía el respeto hacia la vida humana creada a la imagen de Dios (Gén. 9:5-7).

El NT establece al gobierno como vengador de las malas acciones (Rom. 13:4), mientras que destaca el papel de Dios como vengador de las maldades cometidas contra un hermano (1 Tes. 4:6). Ver *Venganza*.

VENGANZA Palabra utilizada principalmente para traducir varios términos hebreos del AT que se forman con la raíz *nqm*, de la que se obtiene la forma más recurrente, *naqam*, que significa "vengar", "tomar venganza", "ser vengado" o "ser castigado". La palabra española "venganza" también es la traducción del término griego *ekdikeo* y sus vocablos afines. Este vocablo griego también se utilizó en la LXX, la traducción griega más antigua del AT, para traducir las palabras hebreas correspondientes a "venganza". La Ley (Pentateuco) se tradujo alrededor del 250 a.C. Los otros segmentos del AT se tradujeron posteriormente.

Antiguo Testamento Detrás del uso hebreo de *naqam* estaba el concepto de que los enemigos de Israel habían dañado el sentido de solidaridad comunitaria e integridad de la nación. La restauración de la integridad comunitaria parece haber esperado que Dios llevara a cabo acciones de venganza (represalia) o castigo. El rango de significados de este tema comunitario va más allá de la "venganza" como castigo. También incluye el lado positivo, o sea, la "venganza" como "liberación" para el pueblo de Dios.

La venganza humana frente al enemigo se expresa en el AT en una variedad de situaciones (Gén. 4:23,24; Jer. 20:10). La reacción de Sansón ante sus enemigos se describe como "venganza" en Jue. 15:7. Dicha "venganza" era un castigo justo aplicado al adúltero (Prov. 6:32-34). También podía estar dirigida en contra de un grupo étnico como los filisteos (1 Sam. 18:25). En ocasiones, esta "venganza" humana es lo que procuran conseguir los enemigos de Israel (Ezeq. 25:12,15,17).

En el contexto de amar al prójimo, la venganza humana hacia otro hebreo estaba estrictamente prohibida (Lev. 19:17,18; Deut. 32:35). No obstante, en algunos casos la palabra *naqam* se utilizaba para referirse al castigo legítimo que los seres humanos aplicaban a otras personas por las cosas malas que hacían (Ex. 21:20,23-25; Lev. 24:19; Deut. 19:21). Como un acto de Dios a favor de Su pueblo, el término se entiende mejor como retribución justa (Jue. 11:36) más que como venganza impulsada por la emoción.

David, quien era a menudo el receptor de dicho favor, es un ejemplo que respalda este uso (2 Sam. 4:8; 22:48; Sal. 18:47). La venganza se utiliza de esta misma manera en las oraciones de Jeremías (Jer. 11:20; 15:15; 20:12) y en las del salmista (Sal. 58:10; 79:10; 94:1). En varios de estos pasajes, lo que aparentemente se intenta lograr es la liberación, o sea, una motivación positiva para la venganza. Finalmente, la intención libertadora tiene una dimensión escatológica. Dios está preservando a Israel por una razón eterna, una liberación escatológica que estará a disposición de todos. La equiparación entre el "día de venganza" y el "año de retribución" en Isa. 34:8 parece respaldar esta conclusión.

Nuevo Testamento La palabra griega principal que se traduce "venganza" en el NT es el verbo *ekdikeo* (utilizado cinco veces en términos afines). Su forma sustantiva, *ekdikesis*, se utiliza nueve veces, y la forma adjetiva/pronominal, *ekdikos*, que significa "vengativo" aparece dos veces. El tema de la "venganza" en el NT ocurre pocas veces y se mantiene en perspectiva mediante un fuerte énfasis en la "compasión" y el "perdón".

Es interesante observar que Lucas es el único evangelista que utiliza tanto la forma verbal como la sustantiva. Las usó en la parábola del juez injusto y la viuda insistente. La venganza contra los enemigos de ella se concedió con renuencia (Luc. 18:1-8). Otro uso de esta palabra aparece en Luc. 21:22, donde hace una reflexión de Isa. 63:4 que enfatiza la dimensión escatológica. Lucas finalmente utilizó el término para referirse a la venganza de Dios en el discurso de Esteban en Hech. 7:34.

Pablo prohibía la "venganza" humana de manera muy similar a Deut. 32:35 (comp. Lev. 19:18), afirmando que Dios es el que venga las malas acciones (Rom. 12:19; 1 Tes. 4:6,7). En la correspondencia con Corinto utilizó tanto la forma sustantiva como la verbal para hablar de un "castigo" que tenía la intención de producir arrepentimiento (2 Cor. 7:10,11; 10:5,6). También escribió acerca de la ira escatológica (venganza/juicio) de Dios (2 Tes. 1:7,8; comp. Isa. 66:15; Sal. 79:6). Ver *Vengador; Ira, ira de Dios.*

Don Stewart

VENTANA Traducción de varios términos hebreos y griegos que indican agujeros en una casa. Servían para varios propósitos: una chimenea

Un enrejado de piedra caliza de una ventana de Tel el-Amarna en Egipto, de la Dinastía XVIII, 1570–1320 a.C.

para que saliera el humo (Os. 13:3); agujeros en lugares donde vivían las palomas (Isa. 60:8); agujeros o compuertas en el cielo por donde cae la lluvia (Gén. 7:11; 8:2; Mal. 3:10; comp. 2 Rey. 7:2). El término hebreo indica agujeros en la pared para el aire y la luz (Gén. 8:6; Jos. 2:15; Jue. 5:28). Las ventanas huecas con celosías eran características de los edificios públicos elaborados, tales como el templo (1 Rey. 6:4) y el palacio real (2 Rey. 9:30). Un tercer término hebreo se relaciona con permitir que se vea algo (1 Rey. 7:4). Ver *Arquitectura; Casa.*

VERDAD Los eruditos bíblicos del pasado solían generalizar al extremo las distinciones entre los conceptos griego y hebreo de la verdad. Afirmaban que la tradición filosófica griega consideraba la verdad como algo estático, atemporal y teórico, mientras que la visión hebrea la percibía como práctica y empírica. Sostenían que, aunque en la Biblia predomina el concepto hebreo, la contrastante visión griega está representada en el NT, especialmente en los escritos de Juan.

Pero hubo corrientes de cambio y hay ahora una creciente tendencia entre los eruditos a reconocer que las palabras bíblicas más importantes que se traducen "verdad" (heb. *emet*; gr. *aletheia*) tienen un amplio espectro de significado que abarcan aspectos declaratorios, personales, morales e históricos. *Emet* frecuentemente significa "fidelidad". Los escritores del AT la utilizaban para describir la palabra y las obras de Dios. Su palabra es digna de confianza porque Él es fiel y porque es verdadera. Lo destacado de la enseñanza bíblica es que toda la verdad está unificada y cimentada en el Dios fiel y verdadero.

La verdad en el sentido de narrar hechos verídicos El significado más común de las palabras bíblicas se refiere a declaraciones que reflejan con precisión lo sucedido, como en el caso de los testigos fieles y confiables (Prov. 12:17 comp. 1 Juan 2:21). Mentira es lo opuesto a verdad (Jer. 9:3; comp. Gén. 42:16). El pueblo de Dios debe hablar lo verdadero (Zac. 8:16; Ef. 4:25). Jesús enfatiza la autoridad y la certidumbre de Su mensaje al decir: "Pero os digo en verdad" (Luc. 9:27, comp. Luc. 4:24; Juan 16:7). Juan subraya que está diciendo la verdad sobre Jesús (Juan 19:35), y Pablo señala que no está mintiendo (Rom. 9:1; comp. 2 Cor. 7:14; 1 Tim. 2:7; Hech. 26:25).

Para Moisés, el Dios del pacto abunda en verdad (Ex. 34:6). Su verdad es eterna (Sal. 117:2). El testimonio humano no puede jurar que dice la verdad por nada más elevado que Dios (1 Rey. 22:16; Isa. 65:16). Dado que Dios es verdadero, también lo es Su palabra (Sal. 119:160; comp. Juan 17:17; 2 Sam. 7:28; Sal. 43:3; 119:142,151). Las Escrituras constituyen esta precisa palabra de verdad y, por lo tanto, deben manejarse con cuidado (2 Tim. 2:15). Al evangelio se lo equipara con la verdad (Gál. 2:5,14; Ef. 1:13), y la verdad se equipara con el evangelio (Gál. 5:7).

Otros usos de "verdad" Dado que la palabra de Dios es verdad, es definitivamente real y permanente, algo que la diferencia de todo lo demás. Por esta razón, hace libres a los hombres (Juan 8:32). Satanás y los hombres mienten (Juan 8:44; Rom. 1:25) y esclavizan. Jesús es el Salvador porque Él es la verdad encarnada (Juan 14:6; comp. 1:14,17; Ef. 4:21). Ahora el Espíritu Santo mora en los creyentes y los guía a toda la verdad (Juan 14:17; 15:26; 16:13; comp. 1 Juan 5:6).

Sin embargo, las personas rechazan la verdad. Jesús lo dio a entender cuando dijo: "Pues si digo la verdad, ¿por qué vosotros no me creéis?" (Juan 8:46). La Biblia enseña que creer la verdad no es una función psicológica mecánica sino una acción relacionada con la voluntad humana. Las personas prefieren la mentira en lugar de la verdad de Dios (Rom. 1:25; 2 Tim. 3:8; 4:4; Tito 1:14).

Más de la mitad de las veces que se emplean *aletheia* y sus cognados, están en los escritos de Juan (Juan 16:7; 1 Juan 2:4,21,27). Este los utiliza para referirse a lo real en contraposición a lo falso o lo aparente, pero no rechaza la enseñanza del AT sobre la verdad. Juan tampoco tiene mentalidad griega. En realidad, Juan 1:14 describe que Jesús en Su encarnación estaba "lleno de gracia y verdad", una referencia al concepto del AT de lealtad/fidelidad (*chesed*) al pacto, que ahora se observaba palpablemente en el Logos, la realidad genuina de Dios. En Juan 14:6, Jesús combina varios conceptos cuando se describe a sí mismo como "el camino, la verdad y la vida". Él es el verdadero camino que conduce a la vida, y los hombres no deberían acercarse a Él para encontrar la verdad sino hacerlo porque Él es el fin de la búsqueda, la realidad revelada de Dios.

Ted Cabal

VERGÜENZA Y HONRA La honra y la vergüenza eran valores que conformaban la vida cotidiana en tiempos bíblicos. La honra, indicador principal de la condición social, se basaba en el honor atribuido y adquirido. Se heredaba o adquiría por formar parte de una unidad social, principalmente la familia. Hijos de gobernantes y líderes eran objeto de alta estima debido a la honra familiar. La preocupación judía por la genealogía aseguraba que se conservara la honra heredada. Mateo 1:1-17 y Luc. 3:23-38 narran genealogías de Jesús que destacan la elevada condición social que le correspondía. Mateo señala que el linaje de Jesús era el correcto tanto para ser judío (vinculación directa con Abraham) como para gozar del derecho a ser rey de los judíos (por ser descendiente de David). Lucas remonta el linaje de Jesús a través de Adán hasta Dios, lo que declara Su derecho a ser Salvador de toda la humanidad.

La honra adquirida se obtenía mediante acciones meritorias o actuaciones públicas. La posición social de la familia era la base donde los varones fundamentaban la esperanza de aumentar la honra familiar y personal. El foro público era fuente de desafíos, tanto para ganar como para perder honra. Podía demostrar la superioridad de un hombre o grupo sobre otro. Podía ser ignorado si no merecía respuesta debido a la diferencia social entre las partes, pero un verdadero reto de honor requería acción. La parte victoriosa ganaba honra, mientras que la otra perdía honra al igual que posición social. Por ejemplo, cuando los fariseos y los herodianos observaban a Jesús para ver si sanaba al hombre de la mano seca (Mar. 3:1-6), se trataba de un reto de honor. Si Jesús violaba la ley sabática, perdería honra. Si no sanaba al hombre, también la perdería. La trampa parecía perfecta. En respuesta a este desafío poco ético, Jesús aclaró el sentido del día de reposo para así poder sanar al hombre sin infringir la ley. Cuando la trampa falló, ellos decidieron aliarse para destruir a Jesús y su condición social cada vez más elevada (a costa de ellos).

La competencia constante por la honra pública contaminaba incluso la religión. En ambos Testamentos se denuncia la tendencia a usar la religión para procurar honra personal por una demostración de piedad. En Mat. 6:1-18 Jesús condenó el mal uso de las acciones religiosas (entrega de ofrendas, oración, ayuno) para obtener honra personal.

Vergüenza no era simplemente lo opuesto a honra; existía una vergüenza positiva y otra negativa. La vergüenza podía manejarse positivamente si se sabía cómo mantener los asuntos sin conocimiento público. Por ejemplo, una mujer podía manejar bien la vergüenza si permanecía cubierta en público y evitaba los ambientes donde predominaban los hombres. La vergüenza también podía designar pérdida del honor o deshonra. Cuando alguien reclamaba un lugar de honor inmerecido, el resultado era vergüenza (Luc. 14:7-11).

Tal vez el texto más vívido sobre la honra y la vergüenza sea Fil. 2:5-11. Jesús tenía incuestionable honra heredada y adquirida; no obstante, la sacrificó por completo y tomó como base para la honra la acción más humilde de todas (la de un esclavo) y murió la muerte más vergonzosa, la crucifixión. Sin embargo, Dios le otorgó el puesto de honor más elevado y un nombre que es sobre todo nombre en la escala de la honra para que todos se arrodillen ante Él. Por lo tanto, Dios es quien define el código de honor; no los hombres.

Las mujeres en especial cargaban con vergüenza y se esperaba que lo hicieran de manera positiva. Además se las consideraba una amenaza para la honra. Una mujer inmoral corrompía el honor de la familia entera, y por esta razón generalmente se las mantenía alejadas de aquello que pudiera conducir a comportamiento deshonroso. El uso del velo en las mujeres se relacionaba con esta preocupación.

Quien se rehusaba a cumplir con los códigos de honra y vergüenza era desvergonzado. Dichas personas no respetaban las normas sociales ni se preocupaban por la opinión pública sobre su condición social. En Luc. 18:1-8, el juez injusto es un ejemplo clásico de una persona descarada, alguien que "ni temía a Dios, ni respetaba a hombre". En el AT, el "insensato" era una persona desvergonzada que no temía a Dios ni respetaba la sabiduría ni las normas sociales. *Bill Warren*

VESPASIANO Emperador de Roma entre el 69–79 d.C. Nació en una familia adinerada y se convirtió en héroe militar como comandante de una legión bajo el gobierno del emperador Claudio. Después de convertirse en comandante de tres legiones, se le ordenó que sofocara la rebelión judía en Palestina en el 66 d.C. Luego de tres años de guerra accedió al pedido del ejército para convertirse en emperador. Vespasiano le dejó el mando a su hijo Tito y se dirigió a Roma. Intentó establecer una dinastía pero esta se extendió solamente durante el reinado de sus hijos, Tito y Domiciano. Ver *César; Roma y el Imperio Romano; Tito, César.*

VESTIDO Ver *Ropa.*

VESTIDOS DE FIESTA, ROPAS DE GALA Términos usados en versiones modernas, correspondientes a dos frases hebreas. Las expresiones hebreas que dan lugar a "vestidos de fiesta" se refieren a un cambio de ropa (Gén. 45:22; Jue. 14:12-13,19; 2 Rey. 5:5,22-23); el término que en algunas versiones se traduce "ropa de gala" significa ropa limpia, pura o blanca (Isa. 3:22; Zac. 3:4). Las versiones modernas no concuerdan en la traducción de los términos, ya que dependen del contexto. En el antiguo Cercano Oriente, poseer mudas de ropa se consideraba señal de riqueza. La gente común tenía poca ropa. Por eso, tal como se refleja en ciertas traducciones, un cambio de ropa probablemente sugería la existencia de vestimentas reservadas para una ocasión especial (Jue. 14:12-13,19; 2 Rey. 5:5,22-23). Las ropas de gala de Isaías 3:22 probablemente sean vestidos de lino fino. La cita de Zacarías 3:4 se refiere a la vestimenta del sumo sacerdote (tal vez las túnicas especiales reservadas para el Día de la Expiación, Zac. 3:9), que representa la restauración del sacerdocio, o es una simple alusión a ropa limpia como símbolo de la inocencia del sacerdote Josué frente a cualquier acusación (simbolizada por la ropa sucia).

VÍA DOLOROSA Literalmente, "camino del sufrimiento". Los peregrinos cristianos desde la época de las Cruzadas han desandado el presunto sendero de Jesús desde la Fortaleza de Antonia hasta la cruz. Este viaje da por sentado que el juicio tuvo lugar en dicha fortaleza, lo cual es motivo de debate. Aun si el fuerte fue el lugar del juicio de Jesús ante Pilato, siglos de ruinas lo han cubierto y han cambiado las calles desde aquellos tiempos. Por lo tanto, las 14 "estaciones" de la cruz son tradicionales más que auténticas. Los monjes franciscanos recorren el "camino del sufrimiento" los viernes por la tarde en una procesión organizada, y se detienen en cada una de las 14 estaciones. Varios de estos lugares se basan en leyendas y no tienen fundamento en los relatos bíblicos. Las cinco estaciones finales de la Vía Dolorosa están ubicadas dentro de la Iglesia del Santo Sepulcro.

Las 14 estaciones son: (1) Jesús es condenado a muerte; (2) Jesús recibe la cruz; (3) Jesús cae por primera vez; (4) Jesús se encuentra con Su madre, María; (5) se recluta a Simón para que cargue la cruz; (6) Verónica limpia el rostro de Jesús; (7) Jesús cae por segunda vez; (8) Jesús les habla a las mujeres de Jerusalén; (9) Jesús cae por tercera vez; (10) se le despoja de la ropa; (11) Jesús es clavado en la cruz; (12) Jesús muere en la cruz; (13) Jesús es bajado de la cruz; (14) Jesús es colocado en la tumba de José de Arimatea.

Bill Cook

Una de las estaciones de la Vía Dolorosa (el camino del sufrimiento o el camino de la cruz) en Jerusalén.

VÍBORA Serpiente venenosa. Varias especies de serpientes se denominan víboras, y es probable que las diversas palabras utilizadas en la Biblia no describan clases específicas. Algunos eruditos dan por sentado que las referencias del AT corresponden a

Una víbora escondida parcialmente entre el pasto y las flores silvestres.

la *Echis colorata*. Jesús se refirió a los líderes religiosos malvados como víboras (Mat. 3:7) debido a los ataques venenosos en su contra y al carácter malvado que exhibían al hacer descarriar al pueblo. A Pablo lo mordió una víbora (Hech. 28:3) pero como resultado no padeció ningún efecto perjudicial.

VID, VIÑA Cualquier planta que tenga un tronco flexible que se sostiene adhiriéndose a una superficie o trepando por un soporte natural o artificial. En tanto que la antigua Israel cultivaba diferentes clases de plantas que producían vides, tales como los pepinos y los melones (Núm. 11:5; Isa. 1:8), la palabra "vid" casi siempre se refiere a la viña. El clima de Palestina era apropiado para el cultivo de las vides. Las viñas, junto con los olivos y las higueras, aparecen a lo largo del AT como símbolo de la fertilidad de la tierra (Deut. 6:11; Jos. 24:13; 1 Sam. 8:14; 2 Rey. 5:26; Jer. 5:17; 39:10; Os. 2:15).

El origen de la vitivinicultura se remonta a la antigüedad. La Biblia ya habla del cultivo de viñedos en la época de Noé (Gén. 9:20-21). Dicho conocimiento parece haber sido un emprendimiento autóctono que se conocía en muchas partes del mundo antiguo. Las referencias a las viñas aparecen desde los días de Gudea (un gobernante de la

Lugares de almacenaje en Cnossos, Creta, para guardar aceite, vino y granos.

Un labrador mientras examina uvas en las vides de su viña.

antigua Sumer antes del 2100 a.C.). Una pintura en una pared hallada en una tumba de Tebas en Egipto, que data de antes del 1400 a.C., describe el proceso completo de elaboración del vino desde la cosecha y el trillado de las uvas hasta su almacenamiento en tinajas.

El cultivo y el cuidado de un viñedo requería dedicación constante e intensa. La descripción más detallada de la tarea que incluía aparece en Isa. 5:1-6. Con frecuencia las laderas de los montes se mencionan como los lugares más deseables para las vides, especialmente por ser menos apropiadas para otras formas de agricultura (comp. Sal. 80:8-10; Jer. 31:5; Amós 9:13). No obstante, las vides también se cultivan en llanuras y valles. La región de Hebrón se destacaba particularmente por sus viñedos (Núm. 13:22-24).

Alrededor de las viñas generalmente se levantaban paredes y/o cercas de piedra para proteger las uvas de los animales sedientos y de los ladrones (Cant. 2:15; Jer. 49:9). También se construían atalayas para proveer más protección. La instalación del viñedo se completaba con el tallado de una prensa o cuba (Isa. 5:2). Durante la estación de la cosecha, el dueño de la viña podía vivir en una tienda a fin de permanecer cerca de su valiosa cosecha (Isa. 1:8).

Una vez que las uvas aparecían en las ramas se podaban las viñas (Lev. 25:4; Isa. 18:5; Juan 15:1,2). Este proceso producía ramas más fuertes y una mayor producción de fruta. Las ramas podadas carecían de utilidad, a menos que se utilizaran como combustible (Ezeq. 15:2-8). Por lo general se dejaba que las vides crecieran por el suelo, aunque a veces se podían trepar a un árbol cercano (comp. Sal. 80:8-10; Ezeq. 15:2; 19:10). Tal vez este último caso hacía posible que un hombre se sentara "debajo de su parra" (1 Rey. 4:25). Recién en el período romano se introdujeron los enrejados artificiales.

La cosecha de las uvas se llevaba a cabo en agosto o septiembre. Se desconoce la cantidad promedio de uvas que producía un viñedo (comp. Isa. 5:10), pero tenía una importancia tal que un hombre que hubiera plantado una viña estaba exceptuado del servicio militar (Deut. 20:6). Parte de las uvas cosechadas se comían frescas (Jer. 31:29) y otras disecadas en forma de pasas (1 Sam. 25:18). A la mayoría se le escurría el jugo para hacer vino.

Varias leyes regían el uso de los viñedos en la época del AT. A las vides no se les podía sacar completamente las uvas: El dueño tenía que permitir que los pobres y los extranjeros cosecharan de ellas (Lev. 19:10), como así también los huérfanos y las viudas (Deut. 24:21). Los viñedos tenían que permanecer como barbecho cada siete años (Ex. 23:10,11; Lev. 25:3-5) y no se podían sembrar otras plantas en ese lugar (Deut. 22:9).

Uvas en la vid.

Aparentemente, esta última ley no se cumplió durante la época del NT (comp. Luc. 13:6). A las viñas las cultivaban los dueños o los obreros contratados (Mat. 20:1-16), o se las alquilaba a otras personas (Cant. 8:11; Mat. 21:33-43). Ver *Espigar.*

Con frecuencia la Biblia utiliza la vid o el viñedo como un símbolo. La vid se usa a menudo para hablar de Israel. Por lo tanto, se dice que Israel ha sido sacada de Egipto y plantada como una viña en la tierra, pero que fue abandonada (Sal. 80:8-13; comp. Isa. 5:1-7). Israel fue plantada como "vid escogida" pero se convirtió en "vid extraña" (Jer. 2:21; comp. Os. 10:1). Así como la madera seca de una vid no sirve para otra cosa sino solamente como combustible, de la misma manera iban a ser consumidos los habitantes de Jerusalén (Ezeq. 15:1-8; 19:10-14).

Por el contrario, la abundancia de vides y viñedos se observa como una expresión del favor de Dios. El fruto de la vid alegra el corazón de la humanidad (Sal. 104:15; Ecl. 10:19) y quita la angustia y la miseria (Prov. 31:6,7). Cuando Dios la halló, Israel era "como uvas en el desierto" (Os. 9:10), y el remanente que sobrevivió al exilio se compara a un racimo de uvas (Isa. 65:8). Finalmente, una vid abundante simboliza la era gloriosa futura cuando el pisador de la uvas vencerá al que siembra la semilla (Amós 9:13-15; comp. Gén. 49:10-12).

En el NT, Jesús frecuentemente utilizó la viña como analogía del reino de Dios (Mat. 20:1-16). Aquellos que esperan entrar en el reino deben ser como el hijo que primeramente se negó a trabajar en el viñedo de su padre pero luego se arrepintió y fue (Mar. 21:28-32 y paralelos). Para concluir, Jesús mismo se describe como la "vid verdadera" y a Sus discípulos (los creyentes) como las ramas (Juan 15:1-11). Ver *Agricultura; Escatología; Israel; Lagar; Vino.*

John C. H. Laughlin

VIDA Principio o fuerza considerado cualidad distintiva subyacente de los seres animados. Lo que vive tiene movimiento; en la muerte el movimiento cesa. "Vida" se utiliza en la Biblia para describir la fuerza vivificante tanto de los animales como de los seres humanos (por ej., Gén. 1:20). Los organismos vivientes crecen y se reproducen según sus especies. Se describe la vida humana como existencia corporal, el valor de la existencia humana y su naturaleza trascendente (por ej., Sal. 17:14; Sant. 4:14). Esta existencia física y corporal está sujeta a sufrimiento, enfermedad, trabajo, muerte, tentaciones y pecado (por ej., Sal. 89:47; 103:14-16; 104:23; Rom. 5:12-21; 6:21-23; 8:18). No obstante, "vida", tal como se utiliza en la Biblia, tiene una aplicación mucho más amplia que tan sólo la existencia física o corporal.

Vida exclusiva de Dios Sólo Dios tiene vida en sentido absoluto. Él es el Dios viviente (Jos. 3:10; Mat. 16:16). Toda otra vida depende de Él para creación y sustento (Hech. 17:25; Rom. 4:17). Se habla de Dios como el Dios de vida o el dador de la vida (Deut. 32:40; Jer. 5:2). En marcado contraste con Dios, los ídolos están muertos (Isa. 44:9-20; Jer. 10:8-10,14), al igual que aquellos que dependen de dichos ídolos para la vida (Sal. 115:8; 135:18).

Del mismo modo que Dios es Creador al darles Su aliento o espíritu a las criaturas vivientes, no hay posibilidad de que haya vida cuando Él retiene ese aliento o espíritu (Job 34:14-15). Por lo tanto, Dios es Señor de la vida y de la muerte (2 Crón. 1:9; Sant. 4:15). La vida es algo que sólo Dios puede dar (Sal. 139:13,14) y sustentar (Sal. 119:116).

De modo que, toda vida es posesión exclusiva de Dios. Nadie tiene derecho a poner fin a una vida (Ex. 20:13; Deut. 5:17; comp. Gén. 4:10,19-24). Puesto que la vida le pertenece a Dios, uno debe abstenerse de consumir sangre, el vehículo de la vida (Gén. 9:4; Lev. 3:17; 17:10-14; Deut. 12:23-25). Por lo tanto, aun la vida animal era valorada por Dios tal como evidencia que la sangre animal era sagrada para Dios.

Existencia terrenal, vida física La Biblia resume la vida de muchas personas. A menudo, el relato bíblico incluye una declaración sobre la extensión de una vida, como en el caso de "Y estos fueron los días que vivió Abraham: ciento setenta y cinco años" (Gén. 25:7). El AT enfatiza la calidad de vida. La persona que halla sabiduría es afortunada: "Ella [la sabiduría] es árbol de vida a los que de ella echan mano" (Prov. 3:18). La sabiduría afecta la forma de vivir de las personas. El Sal. 143 da testimonio de los momentos oscuros de la vida. Entonces el salmista ora a Dios pidiéndole que intervenga: "Por tu nombre, oh Jehová, me vivificarás; por tu justicia sacarás mi alma de angustia" (143:11).

Cuando Jesús fue tentado, citó Deut. 8:3: "No sólo de pan vivirá el hombre" (Mat. 4:4; Luc. 4:4). Más bien, toda persona debe vivir "de toda palabra que sale de la boca de Dios" (Mat. 4:4). La vida terrenal incluye a Dios.

Jesús advirtió que "la vida del hombre no consiste en la abundancia de los bienes que posee" (Luc. 12:15). Aun así, muchas personas consideran las pertenencias como parámetro del éxito. Jesús sanó a personas y resucitó a algunos muertos para aliviar las angustias de la vida (comp. Mar. 5:21-43). Jesús trajo plenitud a la vida humana física.

La vida como comunión con Dios El AT utiliza intensas metáforas para hablar de la comunión con Dios: "Porque contigo está el manantial de la vida; en tu luz veremos la luz" (Sal. 36:9). Nos acercamos a Dios para recibir vida. Andamos en comunión con Dios, y en Su luz vemos la vida. De lo contrario, somos privados de vida y no podemos ver. Aun si nos acercamos a Dios, podemos alejarnos de Él. Otro salmista rogó que la mano de Dios se abriera sobre él: "Así no nos apartaremos de ti; vida nos darás, e invocaremos tu nombre" (Sal. 80:18).

La respuesta apropiada ante la vida como don de Dios es vivirla sirviéndolo (Isa. 38:10-20) al obedecer la ley (Lev. 18:5), hacer la voluntad divina (Mat. 6:10; 7:21) y alimentarse de Su Palabra (Deut. 6:1-9; 8:3; 32:46,47; Mat. 4:4). Sólo la vida en obediencia a Dios merece ser llamada así en el verdadero sentido de la palabra (Deut. 30:15-20; Ezeq. 3:16-21; 18:1-32).

El NT profundiza el énfasis. Pablo señala que los cristianos se diferencian por la comida que ingieren y los días que celebran (Rom. 14:1-6); estas cosas forman parte de las costumbres y la tradición. Todos los creyentes deben colocar al Señor Jesús en el centro y vivir de manera de demostrar que Él es el propósito de sus vidas. "Porque ninguno de nosotros vive para sí, y ninguno muere para sí. Pues si vivimos, para el Señor vivimos; y si morimos, para el Señor morimos. Así pues, sea que vivamos, o que muramos, del Señor somos. Porque Cristo para esto murió y resucitó, y volvió a vivir, para ser Señor así de los muertos como de los que viven" (Rom. 14:7-9). Dicha manera de vivir requiere comunión con el Salvador, que en realidad es el propósito de la vida.

Pablo escribió que morimos con Cristo y somos resucitados junto con Él (Col. 3:1-3), y que la vida de los creyentes (individualmente) ha sido escondida con Cristo en Dios. Cuando Él (la vida de los creyentes) venga por segunda vez, seremos manifestados con Él en gloria (Col. 3:4). Nuestra comunión con Él ahora depende de nuestra búsqueda y meditación constante en las cosas de arriba (Col. 3:1,2). En esto consiste la vida nueva y transformada.

Pablo describe a los siervos de Dios como un perfume divino entre las personas a las cuales testifican (2 Cor. 2:15). Para los que perecen, los creyentes son una fragancia de muerte para muerte. Para los que son salvos, son una fragancia de vida para vida (2 Cor. 2:16). Los que rechazan el mensaje continúan muertos. Los que aceptan el mensaje se trasladan de un nivel de vida a otro. La vida que Cristo inicia va creciendo. Pablo exclamó: "¿Y quién es competente para semejante tarea?" (NVI).

El apóstol expone su imagen de la vida: para mí, el proceso de vivir, Cristo; el acto de morir, ganancia (Fil. 1:21). Cuando Cristo es el centro, la vida no tiene límites.

Cristo como la vida, el que imparte vida Los creyentes del AT asociaban la vida con Dios (Sal. 42:8; 27:1; 66:9). Las expresiones "Yo soy" del Evangelio de Juan asocian la vida con Jesús. "Yo soy el pan de vida" (6:35,48). "Yo he venido para que tengan vida" (10:10). "Yo soy la resurrección y la vida" (11:25). "Yo soy el camino, y la verdad, y la vida" (14:6). Juan declara el propósito de su evangelio: "Pero éstas se han escrito para que creáis que Jesús es el Cristo, el Hijo de Dios, y para que creyendo, tengáis vida en su nombre" (20:31). Debido a que Jesús era Dios encarnado, Él hizo de la vida genuina una realidad, no una perspectiva distante.

La vida futura, la vida más allá de esta vida La vida genuina que proviene de Jesús para todos los que obedecen a Dios es vida verdadera y eterna. Así como la vida física es regalo de Dios, igualmente lo es la vida eterna (Juan 6:63; Rom. 6:23; 1 Cor. 15:45; Ef. 2:8-10). Esta, que es vida verdadera, alude tanto a la calidad de vida que uno tiene como a la cantidad. Según la Biblia, todas las personas tendrán vida interminable ya sea en la bendición de la presencia de Dios o en la condenación de estar en ausencia de Él (por ej., Dan. 12:2; Mat. 25:31-46; Juan 5:28,29). Lo que distingue la vida de estos dos grupos de personas no es la duración sino la calidad. La eterna tiene una calidad semejante a la vida de Dios, y es una verdadera bendición (Luc. 18:29-30; 1 Jn. 5:12). La calidad de esta vida está signada por la libertad del poder destructor del pecado, por la santidad y por una relación positiva con Dios (Rom. 6:20-23). La vida verdadera no es algo que sólo se debe esperar para el futuro; es una realidad presente. Los creyentes comparten la vida de Dios en esta vida (Luc. 11:20; Rom. 6:4,11; 8:6; 1 Jn. 3:14), pero no experimentan plenamente la vida verdadera hasta la resurrección, cuando obtendrán la corona de vida (Sant. 1:12; Apoc. 2:10).

La vida verdadera se ofrece a todos, pero sólo la reciben los que reconocen que la fuente de la vida verdadera es lo que Dios hizo en Jesucristo y admiten que no proviene del interior del individuo (Ef. 2:8-10). Los que tienen vida verdadera como un don son conformados a la forma de vida que Jesús exhibió (Juan 5:39-40). Los creyentes no deben retener su vida (2 Cor. 5:15) sino servir a Dios en amor (Mat. 25:31-46; Gál. 2:19). Así como la comida mantiene la vida física, el servicio a Dios mantiene la vida verdadera (Juan 6:27,32-58; Hech. 7:38).

La vida eterna es indestructible (1 Cor. 15:42-57; 1 Ped. 1:23), a pesar de la amenaza del diablo, la ley y la muerte. El diablo intenta destruir esta vida (Luc. 12:4-5; 1 Ped. 5:8), pero no puede dañarla porque Dios protege al creyente (Rom. 8:7-39; Ef. 6:10-18). La ley amenaza esta vida tentando a la gente a creer que puede obtenerla mediante esfuerzos propios (Rom. 7:10,13; 2 Cor. 3:4-6). La muerte también es enemiga de la vida verdadera, pero no tiene poder para destruir la vida que Dios da (Rom. 5:12-21; 6:9,10; 7:24–8:11,35-39).

La vida más allá de esta vida no es de un "espíritu" sino de un cuerpo resucitado. Pablo enfatizó tanto la existencia terrenal como la vida por venir: "La piedad para todo aprovecha, pues tiene promesa de esta vida presente, y de la venidera" (1 Tim. 4:8). En esta vida "presente" hay pruebas. Santiago dice que el que pasa esta prueba "recibirá la corona de vida, que Dios ha prometido a todos los que le aman" (Sant. 1:12). Esta vida futura consiste en una comunión abierta con Dios (Col. 3:4). Ver *Escatología; Resurrección; Vida eterna.*

A. Berkley Mikelson y Phil Logan

VIDA ETERNA La vida en su plenitud, con duración infinita y caracterizada por una relación constante con Dios. Este importante concepto del NT se enfatiza en el evangelio de Juan, pero también aparece en los otros Evangelios y en los escritos de Pablo. En el NT, la vida eterna elimina las fronteras con la muerte. Esta todavía es un enemigo, pero quien tiene vida eterna ya experimenta el tipo de existencia que nunca cesará.

Sin embargo, en esta expresión, el énfasis está en la calidad de vida más que en su carácter interminable. Probablemente, ciertos aspectos de ambas cosas, calidad y duración, aparecen en todos los contextos, pero algunos se refieren en especial a la calidad de vida y otros apuntan a su condición de eterna o a una vida a la que se accederá en el futuro.

En términos cualitativos, la vida es (1) impartida por Dios; (2) transformación y renovación de vida; (3) vida completamente abierta a Dios y centrada en Él; (4) triunfo constante sobre el pecado y la maldad moral, y (5) remoción total de la maldad moral de la persona y del entorno de esa persona.

La vida eterna como experiencia del presente Este término en el Evangelio de Juan tiene importantes implicaciones. El que cree en el Hijo tiene vida eterna; el que desobedece al Hijo cuenta con la ira de Dios sobre él (Juan 3:36). Confiar y obedecer van juntos; no dejan lugar a la neutralidad. El que escucha el mensaje de Cristo y cree o confía en el Padre que lo envió, tiene vida eterna. Esta persona no cae bajo condenación porque ha pasado de muerte a vida (Juan 5:24). El tiempo verbal perfecto (uno que ha pasado y que permanece en el estado de haber pasado de muerte a vida) hace énfasis en que la vida eterna es una realidad presente y permanente. Pero aquí no es posible la jactancia. La vida eterna es una realidad presente para el que escucha y confía (Juan 5:24).

Las llamativas metáforas de comer y beber indican un compromiso activo con Cristo: "El que come mi carne y bebe mi sangre tiene vida eterna" (Juan 6:54a). El v.57 explica que "el que me come, él también vivirá por mí". Puesto que Cristo es nuestra vida, debemos hacer que esa vida sea parte de nosotros "participando en Cristo", acudiendo activamente a Él y recibiendo Su fortaleza vivificadora.

En la oración sacerdotal de Cristo vemos que "Y esta es la vida eterna, que te conozcan a ti, el único Dios verdadero, y a Jesucristo, a quien has enviado" (Juan 17:3). El tiempo presente del verbo "conocer" indica que es una experiencia y no derivación de datos intelectuales. El conocimiento genuino de Dios a través de la experiencia produce vida eterna. Esa experiencia transforma la vida.

La vida eterna experimentada en el presente y en el futuro Juan comparó la serpiente levantada en el desierto con el Hijo del Hombre levantado en la cruz y exaltado al cielo. Quienes responden a Cristo con confianza constante tienen vida eterna (Juan 3:15). Reciben sanidad de algo más mortal que la picadura de una víbora:

los efectos destructivos del pecado. Aquí la vida eterna supone una curación presente, una realidad presente. Pero Juan 3:16 remite ambas imágenes al presente y al futuro.

Cristo definió a sus verdaderas ovejas como aquellos que lo oyen o escuchan su voz y lo siguen (Juan 10:27). A tales discípulos, Él les da vida eterna y no perecerán (Juan 10:28). Nuevamente vemos que no es posible la presunción. Los que lo escuchan, prestan atención y lo siguen, están bajo su protección. Para estas personas, la vida eterna es tanto una realidad presente como futura.

La vida eterna como experiencia futura "¿Qué puedo hacer para heredar la vida eterna?", preguntó el joven rico (Mar. 10:17; comp. Mat. 19:16; Luc. 18:18). Vio la vida eterna como una herencia final. Su sinceridad conmovió a Jesús, y lo amó (Mar. 10:21). Pero el joven tenía que tomar una decisión: ¿Seguiría a Jesús dejando sus posesiones? (Mar. 10:22). Su acción equivalió a un "no". No podía desprenderse de sus posesiones primero para entonces seguir a Jesús.

En Mateo 19:27, Pedro le pregunta a Jesús: "¿Qué, pues, tendremos?" Los discípulos habían dejado a sus seres queridos y sus posesiones para seguir a Jesús. Este les prometió seres queridos y posesiones pero con persecución. Y luego agregó: "Y en el siglo venidero la vida eterna" (Mar. 10:30).

Juan 12:20-26 relata sobre unos griegos que querían ver a Jesús. No sabemos cómo interactuó Jesús con ellos. Sí sabemos que les habló acerca de Su muerte y de lo que significaba ser discípulo: "El que ama su vida, la perderá, y el que aborrece su vida en este mundo, para vida eterna la guardará" (Juan 12:25). Aquí Jesús contrasta la vida eterna con la vida presente. Los creyentes preservan su vida y su alma sirviendo a Cristo y siguiéndolo (Juan 12:26). Tales siervos estarán donde está Cristo, y serán honrados por el Padre (Juan 12:26). Estar donde Cristo está significa entrar en la vida eterna, una vida libre de pecado y maldad moral.

Pablo declaró que "el que siembra para el Espíritu, del Espíritu segará vida eterna" (Gál. 6:8). La vida eterna nos es concedida por Jesús y por el Espíritu Santo. Esta futura realidad, ya experimentada hasta cierto punto en el presente, abarca al Padre, al Hijo y al Espíritu Santo. La comunión en la vida eterna significa comunión con el Dios triuno. *A. Berkeley Mickelsen*

VIDA, ESPERANZA DE La esperanza de vida en los países industrializados de occidente se aproxima bastante a la esperanza de vida de la humanidad de acuerdo al Sal. 90:10: "los días de nuestra edad son setenta años; y si en los más robustos son ochenta años..." (comp. 2 Sam. 19:32-35; Luc. 2:36-37). Si bien la medicina moderna, los servicios de salud y una sana dieta alimenticia pueden aumentar parcialmente este límite natural, no es razonable creer que las personas habrán de vivir tantos años como los patriarcas de la antigüedad.

Con excepción de Enoc, quien "caminó" con Dios y "desapareció, porque le llevó Dios" (Gén. 5:24), todos los padres antediluvianos vivieron más de 595 años (Gén. 5:3-31). La esperanza de vida que se registra para los descendientes de Noé, fue disminuyendo gradualmente después del diluvio, de modo que cada uno de los patriarcas vivieron sólo el doble de la esperanza de vida promedio de hoy (Gén. 25:7,8; 35:28,29; 47:28; 50:26). Si bien muchos eruditos aceptan estos totales de años como cifras exactas, otros los calculan en menos tiempo basándose en fórmulas matemáticas o genealógicas conocidas o sugeridas. Ver *Edad de los Patriarcas.*

La Biblia registra muchas instancias trágicas de vida humana terminada en forma prematura (Gén. 4:8; 1 Sam. 31:2; 2 Crón. 35:23-25; Job 21:21; Sal. 39:5,11; Luc. 12:20). Nadie conoce el día de su muerte (comp. Gén. 27:2). Dado que los años transcurren tan rápidamente, el salmista rogó: "Enséñanos de tal modo a contar nuestros días, que traigamos al corazón sabiduría" (Sal. 90:12). *Paul H. Wright*

VIDA, LIBRO DE LA Documento celestial que se menciona en Sal. 139:16 y que se define más ampliamente en el NT (Luc. 10:20; Apoc. 13:8). En dicho libro se encuentran registrados por Dios los nombres y las acciones de los justos.

VIDA, MANTENIMIENTO ARTIFICIAL DE LA Si bien la Biblia no habla directamente en cuanto al sostén de la vida por medios artificiales, por otro lado proporciona relevantes principios sobre el momento en que uno muere. Estos principios sugieren que las medidas extremas para prolongar la vida artificialmente usurpan la prerrogativa divina del control sobre la vida y la muerte. Por la misma razón, todas y cada unas de las formas de eutanasia son contrarias a la enseñanza de la Escritura.

UV

La Biblia enseña que sólo Dios da vida, y que sólo Él debe tomarla (Ex. 20:13; Job 1:21; comp. Rom. 14:7,8). La vida humana es un regalo sagrado y valioso porque cada persona es creada a imagen de Dios (Gén. 1:26,27; Sal. 8:5). Los escritores del AT manifestaron una marcada preferencia de la vida sobre la muerte (Deut. 30:19), aun cuando hubiera terrible dolor y derrota (Job 2:9,10).

Sin embargo, llega el momento ordenado por Dios en que todos deben morir (Ecl. 3:2; Heb. 9:27). Aunque los cristianos valoran mucho la vida, no tienen por qué temer la muerte (1 Cor. 15:54,55; Heb. 2:14,15; comp. 2 Cor. 5:8). El apóstol Pablo, que por un lado anhelaba la vida en la tierra y por otro la vida eterna en el cielo, estuvo dispuesto a seguir la senda que Dios deseara para él (Fil. 1:19-26). *Paul H Wright*

VIDA, ORIGEN DE LA La Biblia enseña que todas las cosas (Juan 1:3), incluyendo las cosas vivientes, fueron creadas por Dios *ex nihilo* (de la nada, Heb. 11:3) a través de una serie de acciones especiales y decisivas que se presentan individualmente en Génesis 1 con la frase "y Dios dijo" (Gén. 1:3,6,9,14,20,24,26; comp. Sal. 148:5; Apoc. 4:11). Las plantas y los animales fueron creados en especies que se autorreproducen (Gén. 1:11,12,21,24). Toda la creación fue dirigida por Dios y tuvo un propósito específico (Isa. 43:7; 45:18; Col. 1:16).

La Biblia habla de la especial creación de los seres humanos (Gén. 1:26-28; 2:7; Mat. 19:4), a quienes Dios creó para Su propia gloria (Isa. 43:7; comp. Col. 1:16), y para quienes hizo la tierra (Isa. 45:18). El salmista se maravilló por el complejo diseño del cuerpo humano, y lo consideró un testimonio del poder creativo de Dios (Sal. 139:13-15).

Cada una de las declaraciones bíblicas sobre la creación es incompatible con las varias teorías de evolución. Ver *Creación y ciencia*.

VIDRIO Sustancia amorfa, generalmente transparente o traslúcida, que se forma mediante fusión de silicatos (a veces de óxido de boro o fósforo) con un fundente y un estabilizador, de donde se obtiene una masa que al enfriarse adquiere condición rígida no cristalizada.

El vidrio tiene una larga historia en Medio Oriente. Ya en el 5000 a.C. la obsidiana (vidrio volcánico) se había introducido en Palestina desde Anatolia. El vidrio se empezó a manufacturar después del 2500 a.C., pero las vasijas de vidrio no

Pequeña botella de vidrio romana

aparecieron hasta aprox. el 1500 a.C. La industria del vidrio alcanzó su apogeo en Egipto entre 1400 y 1300 a.C. Un tazón cónico de la Mesopotamia, descubierto en Meguido, es uno de los pocos elementos que no proviene de Egipto.

En Egipto y Fenicia, el vidrio era opaco y se utilizaba mayormente para elaborar objetos ornamentales, en especial cuentas, joyas y botellas pequeñas. Los artesanos altamente capacitados creaban piezas que imitaban piedras preciosas, tales como el lapislázuli y la turquesa.

Es posible que en Job 28:17 se esté describiendo el valor del vidrio en la antigüedad; allí se lo equipara al oro y se utiliza al mismo nivel que

Recipiente frigio de vidrio.

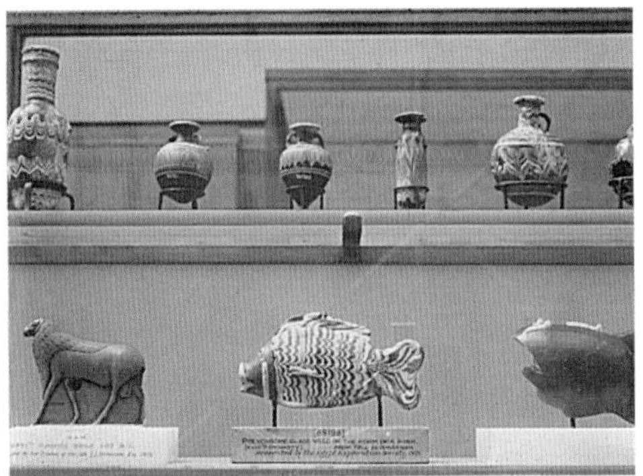

Jarrón de vidrio en forma de pez, de Tel el-Amarna en Egipto.

las joyas (Job 28:17). El proceso con que los egipcios y los fenicios elaboraban botellas pequeñas para perfume consistía en soldar trozos de vidrios alrededor de un molde de arena y arcilla montado en torno a una barra de metal. La barra y el molde se extraían después de que el vidrio se enfriaba.

Los recipientes de vidrio para beber se popularizaron en Palestina en el 200 a.C. La mayoría de los que se encontraron en Palestina provienen de Fenicia. El método que aún se usaba en esa época consistía en moldear el vidrio sobre un objeto. En el 50 a.C. aprox. surgió la revolucionaria invención del vidrio soplado. Este método era más rápido y más barato que crear moldes para cada clase de vasija. El vidrio soplado probablemente se haya descubierto en Fenicia. Durante el período romano, los palestinos preferían las vasijas de vidrio soplado. Los artistas palestinos se hicieron famosos por el vidrio marrón. Muchos incluso comenzaron a firmar sus creaciones; fueron los primeros productos de marca que se conocieron en la historia.

El vidrio transparente no se fabricó hasta los tiempos del NT, y era un producto de lujo. Durante este período, Alejandría de Egipto se hizo mundialmente famosa como centro de producción de cristalería. Tazones, tazas, frascos, copas y botellas se hacían de vidrio transparente. Después de la época de Pablo, la ciudad de Corinto se hizo famosa por la producción de vidrio. Es probable que Juan haya tenido en mente el vidrio transparente cuando escribió Apocalipsis. Describió que los muros y las calles de la nueva Jerusalén eran de oro puro, tan puro que era semejante al vidrio transparente (Apoc. 21:18,21).

Juan también describió que el mar era semejante al cristal (Apoc. 4:6; 15:2). En este caso, es probable que la referencia no sea tanto a la transparencia sino a la calma. Con frecuencia se declara que los israelitas le tenían temor al mar, que siempre parecía estar en estado de caos y agitación. El mar que vio Juan alrededor del trono de Dios era tan calmo como el cristal.

En tiempos bíblicos el vidrio no se utilizaba para elaborar espejos.

Phil Logan y Mike Mitchell

VIENTO Fuerza natural que, en su significado más amplio, representa el aliento de vida en los seres humanos y el poder creador y de llenura de Dios y de Su Espíritu.

Conceptos iniciales Dos palabras de la Biblia, la hebrea *ruach* y la griega *pneuma*, contienen el significado básico de viento, pero a menudo se traducen como espíritu. Comprender el trasfondo aclara esta transferencia de significado y enriquece el concepto.

Pneuma originariamente representaba un viento o aliento elemental, vital y dinámico. Era un poder eficaz pero pertenecía al reino de la naturaleza. Esta fuerza indicaba cualquier clase de viento y abarcaba desde una brisa suave hasta una tormenta violenta o una emanación fatal de vapor. Era el viento que las personas y los animales respiraban. Era la vida, ya que el aliento era señal de estar vivo. Era el alma, puesto que la fuerza animadora desaparecía cuando cesaba la respiración.

Al hablar en sentido metafórico, *pneuma* podía llegar a referirse a una clase de aliento que soplaba desde ámbitos invisibles; por lo tanto, podía designar al espíritu, una señal de la influencia divina sobre las personas, y la fuente de una relación entre la humanidad y lo divino. En la mitología primitiva, este viento cósmico poseía un poder creador de vida, y una deidad podía engendrar a un hijo con su aliento. El aliento divino también inspiraba a los poetas y concedía discursos extáticos a los profetas.

En todas estas reflexiones, el viento continuaba siendo una fuerza impersonal y natural. No obstante, cuando entramos al ámbito de la perspectiva judeocristiana, el concepto y los términos conservan sus características dinámicas pero se elevan de un poder cósmico a un ser personal.

Antiguo Testamento En el AT, el significado principal de la palabra *ruach* es viento. Existe la brisa suave (Sal. 78:39), el viento tormentoso (Isa. 32:2), el torbellino (2 Rey. 2:11), y el viento abrasador (Sal. 11:6). Los vientos de las montañas y del mar hacia el norte y el oeste provocaban lluvia y tormenta (1 Rey. 18:43-45; Ex. 10:19; Ezeq. 1:4); los que venían del desierto del sur y del este a veces podían ser suaves pero, con más frecuencia, abrasaban la tierra y secaban la vegetación (Gén. 41:6). Al venir de distintas direcciones geográficas, al viento se lo identificaba con esas direcciones que aluden a los cuatro extremos o cuadrantes de la tierra o del cielo (Jer. 49:36; Ezeq. 37:9).

Las teofanías o manifestaciones de Dios a menudo se asociaban con el viento. Dios le respondió a Job desde un torbellino (Job 38:1), y los cuatro seres vivientes se le aparecieron a Ezequiel en medio de un fuerte viento del norte (1:4).

El viento era símbolo de transitoriedad (Sal. 78:39 "soplo"), de esfuerzo inútil (Ecl. 1:14 LBLA) y de desesperación (Job 6:26). Más importante aún, se lo consideraba una fuerza poderosa a la que sólo Dios podía gobernar (Jer. 10:13). El viento hacía lo que Dios le indicaba (Sal. 104:4), y está tan íntimamente asociado a la voluntad divina que se habla del viento de Dios que sopló sobre el mar para cubrir los carros de Faraón (Ex. 15:10), o mediante el cual congeló los ríos (Job 37:10) y marchitó la grama (Isa. 40:7).

El viento también es aliento de vida en los seres humanos (Gén. 2:7). Cuando el aliento entra, da vida (Ezeq. 37:5-7) y cuando se quita, la persona muere (Sal. 104:29, "hálito"). El aliento que provoca la muerte, al ser quitado, se identifica como aliento de Dios (Job 34:14,15). Este mismo aliento del Todopoderoso es el espíritu de sabiduría y de conocimiento de una persona (Job 32:8). Cuando *ruach* se utiliza con referencia a la voluntad, el intelecto y las emociones, o cuando se lo relaciona con Dios, el significado a menudo se amplía pasando de viento a espíritu (Isa. 40:13). Por lo tanto, el Sal. 51 usa *ruach* tres veces cuando alude al espíritu firme, dispuesto y quebrantado del salmista, y una vez cuando habla del Espíritu Santo de Dios (vv.10-12, 17). Las opiniones a veces difieren en cuanto a si el significado se expresa mejor al traducir la palabra "viento" (aliento) o "espíritu" cuando se refiere específicamente al *ruach* de Dios.

Nuevo Testamento Dios hace a Sus ángeles vientos (Heb. 1:7 BJL, TLA, DHH "espíritus") y "con el aliento de su boca" el Señor Jesús destruirá a los impíos (2 Tes. 2:8).

Después de la experiencia de Pentecostés, el significado extendido se ha tornado dominante, y *pneuma* generalmente se refiere al ser interior de una persona (a diferencia del cuerpo) con el cual el Espíritu de Dios se comunica y se combina para regenerar y santificar a los creyentes, conformándolos dentro del cuerpo de Cristo (Juan 3:5-8; Rom. 8:14-16; 1 Cor. 12:7-13; Gál. 5:16-23). En cada uno de estos significados ampliados aún se puede detectar como base la imagen del viento (*pneuma*) que sopla donde quiere (Juan 3:8). Ver *Espíritu.*

VIGILIA Período de tiempo en que soldados u otras personas estaban de turno para vigilar algo. Se las enumera como "anochecer", "medianoche", "canto del gallo" y "mañana" (Mar. 13:35). Nehemías estableció vigilias que tal vez se referían a personas armadas o simplemente a ciudadanos que vigilaban (4:9; 7:3). Pareciera que el AT tenía tres vigilias en lugar de cuatro. Eran el "comenzar las vigilias" (Lam. 2:19), la "guardia de la medianoche" (Jue. 7:19) y la "vigilia de la mañana" (Ex. 14:24). Ver *Tiempo, Significado del.*

VIGILIA DE LA NOCHE Antigua división del tiempo (Sal. 90:4; 119:148; Lam. 2:19; Mat. 14:25). Según el sistema judío más tardío, la noche se dividía en tres vigilias (la tarde, la noche y la mañana). El sistema greco-romano agregó una cuarta ("canto del gallo") entre la noche y la mañana (Mar. 13:35). La cuarta vigilia (Mat. 14:25; Mar. 6:48) designa el momento inmediatamente previo al amanecer.

VINAGRE Literalmente, "lo que está avinagrado", en relación con una palabra hebrea para "lo que ha leudado" y que se refiere a una bebida que se ha puesto agria, ya sea vino o cerveza de cebada (Núm. 6:3). La manera más común de elaborar vinagre en tiempos bíblicos era vertiendo agua sobre la cáscara y los tallos de las uvas después de haberles sacado el jugo para dejar que todo eso fermentara. No obstante, cualquier fruta se podía utilizar para hacer vino o vinagre. Al nazareo se le prohibían dos formas de vinagre por estar asociadas con la bebida fuerte (Núm. 6:3). El vinagre irrita los dientes (Prov. 10:26) y neutraliza el bicarbonato de sodio y el jabón (Prov. 25:20). Era una bebida desagradable (Sal. 69:21), aunque algunos mojaban el pan en vinagre (Rut 2:14). Algunos piensan que en este caso era una pasta de garbanzo, *chimmuts*, común en el Cercano Oriente. En el NT el vinagre se menciona sólo en relación con la crucifixión. En el primer caso, el que Jesús rechazó, era una mezcla utilizada para adormecer los sentidos de la víctima y anular el dolor. Es probable que el

vinagre mencionado en el segundo caso, el que Cristo aceptó, haya sido la bebida acostumbrada de un campesino o un soldado llamada *posca*, una mezcla de vinagre, agua y huevos.

El vinagre se utilizaba más comúnmente para sazonar la comida o como condimento para el pan (Rut 2:14). Salomón usó el vinagre de manera figurativa para describir la irritación que provoca la actitud de un hombre perezoso. Ver *Vino*. *C. Dale Hill*

VINO Bebida hecha con uvas fermentadas. Las uvas crecían por toda la antigua Palestina. Aun en regiones donde la lluvia era escasa, durante la noche caía suficiente rocío como para sustentar viñedos florecientes. El vino se producía exprimiendo el jugo de las uvas dentro de cubas de piedra grandes que tenían un desagüe pequeño

Un pequeño comercio de vino en Pompeya, donde este era servido en recipientes de arcilla acomodados en los agujeros de la barra.

en uno de los extremos. El jugo se recogía en abrevaderos, se vertía en tinajas grandes y se dejaba fermentar en cisternas frescas hechas de roca. En los tiempos del NT, el vino se guardaba en odres y a menudo se lo diluía con agua. También se utilizaba como medicina y desinfectante. Las Escrituras condenan la borrachera y los excesos pero describen el vino como parte de la comida típica antigua. Ver *Bebidas; Vid*.

David Maltsberger

VIOLACIÓN Delito de involucrarse en relación sexual con otra persona sin consentimiento, por la fuerza y/o engaño. La ley mosaica requería que un hombre que había seducido a una virgen pagara cierto precio y se ofreciera a casarse con ella (Ex. 22:16,17). La violación forzada de una mujer comprometida para casarse era una ofensa capital (Deut. 22:25-27). En otros casos de violación forzosa, se requería que el ofensor se casara con su víctima y no se le permitía divorciarse de ella (Deut. 22:28,29).

Las hijas de Lot emborracharon a su padre y lo violaron sexualmente (Gén 19:30-35). Siquem violó a Dina (Gén. 34:1,2). Los hombres de Gabaa violaron grupalmente a la concubina de un levita, y lo hicieron de modo tan salvaje que ella murió (Jue. 19:25). Cuando Amnón violó a su media hermana Tamar, lo hizo de manera premeditada, y usó tanto engaño como fuerza (2 Sam. 13:1-22). Este relato revela la mente del violador, cuyo deseo descontrolado rápidamente se transformó en odio hacia su víctima (13:15). La violación era uno de los terribles factores asociados con la caída de Jerusalén (Lam. 5:11; Zac. 14:2).

El código mosaico subrayaba los derechos de la víctima, tanto a compensación monetaria como a recuperar la dignidad. Esto era lo que impulsaba las violentas acciones de represalia que vemos en las narraciones. Sin embargo, estos textos sugieren la facilidad con que se olvidaba a la víctima en el proceso de venganza. Ver *Sexo, Enseñanza bíblica sobre el*. *Chris Church*

VIOLENCIA Uno de los numerosos términos para pecado en el AT. La palabra hebrea que a menudo se traduce “violencia” (*chamas*) aparece 60 veces en el AT. Toda esta “violencia” finalmente se dirige hacia Dios (Ezeq. 22:26; Sof. 3:4). Pero en general, también abarca lo que se ha descrito como “abuso inescrupuloso y despiadado de los derechos personales de los demás motivado por la codicia y el odio, y que a menudo utiliza la violencia física y la brutalidad”. A veces incluye acusaciones falsas (Sal. 27:12) y generalmente describe a los que son poderosos para hacer lo malo o dañar a los débiles (Sal. 72:14; Isa. 53:9; Jer. 22:3; Miq. 6:12). De modo que a menudo se puede equiparar con la opresión y no incluye necesariamente acción física.

La palabra también es una de las tantas en el AT para describir la maldad del ser humano en sentido general, y es el pecado del que se acusa a la humanidad corrupta antes del diluvio (Gén. 6:11,13). Allí, y en casi todos los casos, la traducción griega del AT transcribe *chamas* con los términos que significan “injusticia”, “iniquidad” o “impiedad”. *Chamas* es la acusación contra los edomitas, quienes eran archienemigos de Israel y de Dios (Joel 3:19; Abd. 10); contra el pueblo de Nínive (Jon. 3:8) e incluso contra Israel cuando está madura para el juicio (Hab. 1:3,9). En este caso se encuentra íntimamente relacionada con palabras como pecado, iniquidad, orgullo, malicia, maldad y especialmente opresión (Sal. 12:5; 55:11; 73:8; Isa. 59:6,7; 60:18; Jer. 6:6,7; 20:8; Ezeq. 45:9; Amós 3:9,10; Hab. 2:17). A los "hombres injuriosos" también se los denomina "impíos" (Sal. 140:4; Prov. 3:33), "malos" (Sal. 140:1), "perversos" (Prov. 16:27,28).

Lo opuesto a cometer "violencia" sería conceder "bendiciones", "bien", "salvación", "alabanza", "rectitud" y especialmente "paz" y "justicia" (Prov. 10:6; 13:2; Isa. 59:6,8; 60:18; Amós 3:10; Hab. 1:2,3). En el Sal. 73:6 se dice que los arrogantes y los impíos se visten de violencia, es decir que es una característica de sus vidas y la practican desvergonzadamente (comp. también Jer. 2:34).

El término "violencia" es menos frecuente en el NT. Mateo 11:12 ("Desde los días de Juan el Bautista hasta ahora, el reino de los cielos sufre violencia, y los violentos lo arrebatan") es difícil de traducir. Parece hablar sobre la oposición del mundo hacia Jesús y el reino de Dios (también Luc. 16:16). Por el contrario, a los que son ciudadanos del reino se les ordena que eviten los conflictos innecesarios (1 Tim. 3:3; 2 Tim. 2:24; Tito 3:2; Sant. 4:1). *E. Ray Clendenen*

VIRGEN, NACIMIENTO VIRGINAL Acontecimiento que dio inicio a la encarnación de Cristo mediante el cual fue espiritualmente concebido en el vientre de una virgen sin la participación de un padre humano.

Antiguo Testamento Entre las pocas profecías del AT que aluden al nacimiento de Cristo (p. ej. Miq. 5:2), la única que el NT interpreta como referencia a la concepción virginal está en Isaías (Isa. 7:14; Mat. 1:23). Durante el reinado de Acaz en el Reino del Sur, Judá, Isaías predijo que una virgen concebiría y daría a luz un hijo cuyo nombre sería Emanuel (Isa. 7:14). Existen dudas sobre la manera en que esta profecía se cumplió inicialmente en la época de Acaz, como así también en relación al significado del vocablo hebreo que se traduce "virgen". La palabra utilizada en Isa. 7:14 es uno de los dos términos del AT que se refieren a mujeres jóvenes. La palabra más genérica *betulah* (aprox. 60 veces) se utilizaba para referirse a las vírgenes (Gén. 24:16; Deut. 22:16,17), a las doncellas que tal vez no hayan sido vírgenes (Est. 2:17-19), y simbólicamente a Israel (Jer. 14:17). El término más común *almah* (aprox. 9 veces), que se usa en Isa. 7:14, igualmente se refiere a vírgenes (Gén. 24:43) pero algunos traductores argumentan que también se utilizaba para describir a doncellas que no eran necesariamente vírgenes (Prov. 30:19). No obstante, la versatilidad semántica de *almah* no elimina de manera concluyente la posibilidad de que en Isa. 7:14 se describa una concepción virginal aunque, desde luego, la referencia a la esposa de Isaías implicaría que no era una virgen. No hay duda de que *almah* se puede traducir "virgen", y "virgen" sería la traducción apropiada según el uso que Mateo hace del texto.

Nuevo Testamento Los pasajes del NT que tratan sobre el nacimiento virginal son Mat. 1:18-25 y Luc. 1:26-35. Mateo relata que después de que José supo que María estaba embarazada, consideró la posibilidad de disolver el compromiso. Mientras trataba de llegar a una decisión, un ángel le informó que María todavía era virgen y que el niño que había concebido era el Mesías. Mateo luego hace un resumen especial de este suceso declarando que Isa. 7:14 había hallado aquí su cumplimiento (Mat. 1:23). Esta interpretación de Isaías ha hecho surgir serias dudas. Una de ellas es que Mateo cita la LXX más que el texto hebreo original, razón por la cual traduce el original *almah* con la palabra griega *parthenos*. En la LXX, *parthenos* se utiliza ocasionalmente para describir a las mujeres que no eran vírgenes (Gén. 34:4), pero en el NT sólo se usa con referencia a las vírgenes o a la pureza espiritual (aprox. 15 veces). En consecuencia, la elección de palabras por parte de Mateo demuestra que creía que la profecía de Isaías incluía la promesa de que una virgen concebiría de manera sobrenatural. Además, Isa. 7:14 se debe leer a la luz de todo el contexto de 7:1–9:7. Esto requiere interpretar que las palabras de Isaías no se cumplen inicialmente en el nacimiento de su propio hijo sino en el del "Hijo" mesiánico que sería llamado "Admirable, Consejero, Dios fuerte, Padre eterno, Príncipe de paz" (Isa. 9:6).

En el Evangelio de Lucas, la historia se narra colocando el énfasis en María. Comienza mencionando que María era virgen (*parthenos*, Luc. 1:27) y para aclarar el significado del término, el diálogo siguiente es explícitamente claro. Después del anuncio del ángel Gabriel de que María iba a concebir, ella le pregunta cómo podría suceder "pues no conozco hombre"; o como lo expresan algunos traductores, "puesto que soy virgen" (LBLA, NVI). Es evidente que María no entendía cómo podía concebir porque nunca había experimentado una unión sexual. Gabriel entonces le responde que el Espíritu Santo iba a producir la concepción en forma sobrenatural (1:36). Por lo tanto, el relato de Lucas no deja dudas de que María era realmente virgen antes de la concepción.

Otras referencias que respaldan implícitamente la concepción virginal son casos donde se enfatiza la relación maternal excluyendo casi por completo la del padre. Por ejemplo, en las genealogías de Cristo se declara que Jesús nació de María, no de María y José (Mat. 1:16), y que "se creía" que Jesús era hijo de José (Luc. 3:23). En el transcurso de su vida, a Jesús también se lo identificó socialmente con Su madre y Sus hermanos en vez de con Su "padre" (Mar. 6:3). Incluso hubo cierto alboroto durante Su ministerio a causa de acusaciones que decían que había nacido de manera ilegítima (Juan 8:41).

Relevancia teológica La concepción virginal afecta dos áreas principales de la teología. En primer lugar se relaciona con la veracidad de las Escrituras. El NT declara expresamente que Jesús nació de una virgen, y negar esto es cuestionar la autenticidad y la legitimidad del texto. En segundo lugar, la concepción virginal está ligada a la deidad de Cristo ya que, mediante este suceso, Él simultáneamente retuvo Su naturaleza divina y recibió una naturaleza humana sin pecado. Más aún, las Escrituras revelan el nacimiento virginal como un aspecto esencial de la encarnación. *Everett Berry*

VISIÓN Experiencia en la vida de una persona por medio de la cual recibió una revelación especial de parte de Dios. La revelación divina tiene dos propósitos. Primero, se concedió una visión para indicar una instrucción inmediata como en el caso de Abraham en Gén. 12:1-3; Lot, Gén. 19:15; Balaam, Núm. 22:22-40, y Pedro, Hech. 12:7. Segundo, se otorgó una visión a fin de mostrar el desarrollo del reino de Dios al revelar las deficiencias morales y espirituales del pueblo de Dios a la luz de los requisitos divinos para mantener una relación apropiada con Él. La visión de profetas como Isaías, Amós, Oseas, Miqueas, Ezequiel, Daniel y Juan representa este aspecto de la revelación.

La palabra española "visión" traduce varios términos griegos y hebreos. En algunas referencias, el significado que se procura transmitir es el sentido literal de la percepción con los órganos físicos de la vista (Job 27:11,12; Prov. 22:29). En 2 Sam. 7:17; Isa. 22:1,5; Joel 3:1; Zac. 13:4, la palabra hebrea se refiere a la función profética de recibir y entregar la palabra de Dios por medio del profeta.

"Visión" en sus diversas formas aparece aprox. 30 veces en el libro de Daniel. El término denota la revelación misteriosa de aquello que el profeta describe como conocimiento del futuro. En Ezequiel, las palabras se utilizan en forma literal y metafórica.

Entre los profetas clásicos (Amós, Oseas, Isaías, Miqueas, Abdías, etc), la visión era el medio principal de comunicación entre Dios y el profeta. Los profetas interpretaban por esta vía el significado de los acontecimientos inmediatos de la historia de Israel. "Visión" y "pregón de Yahvéh" se convirtieron en sinónimos en estos escritos proféticos (Abd. 1). Ver *Profecía, profetas; Revelación de Dios.* *James Newell*

VIUDA El mandato de considerar de manera especial a las viudas se menciona por primera vez en Ex. 22:22 (los huérfanos también se mencionan en el v.22, y los extranjeros en el v.21; ver Sal. 94:6). Puesto que Dios tiene compasión de las viudas (Sal. 68:5; 146:9; Prov. 15:25), nosotros debemos hacer lo mismo (Isa. 1:17; 1 Tim. 5:3; Sant. 1:27). A las naciones y a los líderes que hacen esto se les promete una bendición (Deut. 14:29; Jer. 7:5-7); la persona o la nación que no lo hace, es maldecida (Deut. 27:19; Job 22:9-11; Jer. 22:3-5; Ezeq. 22:7, 15,16; Mal. 3:5; Mar. 12:40). Joab apeló a la compasión de David hacia las viudas sin hijos cuando envió a la mujer de Tecoa para que le contara una historia a fin de conseguir que el rey restaurara a Absalón (2 Sam. 14:1-21).

Las viudas y los huérfanos carecían de la protección económica, legal y física que proveía un hombre en esa sociedad.

Ser viuda y no tener hijos era una doble dificultad. Una mujer en esas condiciones no tiene un marido que actúe como proveedor y protector ni tampoco un hijo, o aun perspectivas de tener uno, que siga adelante con el nombre de la familia y la sustente durante la vejez (Rut 4:10; 2 Sam. 14:7; 1 Rey. 17:8-24; 1 Tim. 5:4). Por esta razón, Dios a veces aplica su gracia doblemente sobre dicha persona (Rut 4:13-17; Luc. 7:11-15). En los relatos bíblicos, a las viudas desconsoladas se les daba un hijo ya sea mediante una restauración milagrosa (la viuda de Sarepta, la viuda de Naín) o a través del matrimonio (Noemí). Ver *Levirato (ley), Matrimonio por.*

Al sumo sacerdote no se le permitía casarse con una viuda ni con una mujer divorciada (Lev. 21:14).

A las naciones a veces se las amenazaba o maldecía diciéndoles que las mujeres se convertirían en viudas (Ex. 22:24; Sal. 109:9). Esta es otra manera de decir que los hombres serían asesinados (Ezeq. 22:25; Jer. 15:8; 18:21). Utilizando una imagen similar, a una ciudad o a una nación se la puede denominar figurativamente "viuda" (Isa. 47:5-9; Lam. 1:1; Apoc. 18:7), lo cual significa que iba a ser destituida y que nadie la protegería. A Babilonia se la describe como una viuda rechazada (Isa. 47:5-9; Apoc. 18:7). Dios puede restaurar a una ciudad en su "viudez" (Isa. 54:4).

La ley proveía para las viudas mediante un diezmo especial (Deut. 14:28,29; 26:12,13) y una política de dejar espigas durante la cosecha (Deut. 24:19-21). La iglesia primitiva también tuvo la política de sustentar a las viudas (Hech. 6:1). Pablo le instruyó a Timoteo que les quitara este sustento a las viudas que tenían otros familiares que las pudieran sustentar, a aquellas que tenían un estilo de vida impío y a las que eran lo suficientemente jóvenes como para sustentarse por sí solas o volver a casarse (1 Tim. 5:3-16). Ver *Mujer; Pobres, huérfanos, viudas.*

David K. Stabnow

VIVIENDA, FALTA DE De manera similar a Abraham, todos los creyentes experimentan en cierto sentido la "falta de vivienda", ya que en este mundo son sólo peregrinos (Heb. 11:13). No obstante, esta realidad no debe disminuir la responsabilidad de los creyentes que pueden ser propietarios de una casa o pagar alquiler hacia aquellos que, por diversas razones, no pueden hacer ninguna de esas cosas.

El término bíblico "peregrino" incluye a diversas personas, nativas y extranjeras, que no tenían hogares permanentes en la tierra donde vivían. En tanto que algunos peregrinos estaban relacionados con una familia o casa (1 Rey. 17:20; Job 19:15), otros eran habitantes transitorios (p. ej., 2 Sam. 4:3; 2 Crón. 15:9), "cual ave que se va de su nido" (Prov. 27:8). Los derechos de todos ellos eran vulnerables. Por esta razón, los peregrinos, al igual que los pobres, los huérfanos y las viudas, estaban bajo la protección especial de Dios (Deut. 10:17,18; Sal. 146:9; comp. Rom. 8:38,39) y debían ser tratados equitativamente dentro de la ley mosaica (Lev. 24:22; Deut. 24:17). Tanto el AT como el NT declaran que el pueblo de Dios debe proveer para las necesidades de los sin techo (Lev. 19:10; Deut. 10:18,19; Job 31:32; Isa. 58:7; Zac. 7:9,10; Mat. 25:31-46).

Otros ejemplos bíblicos de falta de vivienda incluyen a Absalón, que huyó de su casa como un fugitivo (2 Sam. 14:13,14), diversos santos del AT (Heb. 11:37,38), Jesús (Mat. 8:20), el hijo pródigo (Luc. 15:13-16) y Pablo (1 Cor. 4:11). Cuando fue desarraigado de su tierra y llevado al exilio, el pueblo de Israel se consideró a sí mismo sin vivienda (Jer. 12:7; Lam. 4:14,15; 5:2; Os. 9:17; Amós 7:17).

VOCACIÓN Ver *Llamado.*

VOLUNTAD DE DIOS Plan y propósito de Dios para la creación y para cada individuo. Dios hace lo que le place (Sal. 135:6) y desea que toda la gente haga Su voluntad. Sólo las personas plenamente maduras en Cristo son capaces de hacer la voluntad de Dios de manera regular (Col. 4:12; comp. Sal. 40:8). La voluntad divina siempre es buena, agradable y perfecta (Rom. 12:2). Hacer la voluntad de Dios fue lo que sustentó a Jesús durante su vida (Juan 4:34). No obstante, la voluntad de Dios a veces conduce al sufrimiento (Rom. 8:28; Sant. 1:2-4; 1 Ped. 3:17), tal como ocurrió con Jesús (Isa. 53:10; Mat. 26:39, 42).

Los cristianos tienen que esforzarse para conocer la voluntad de Dios para sus vidas (Sal. 143:10; Ef. 5:17; Col. 1:9; comp. Rom. 1:10) y deben discernir la voluntad de Dios por medio de la oración (Col. 1:9) y también orar para que la voluntad de Dios se haga en el mundo (Mat. 6:10). Jesús consideraba como miembros de su familia a aquellos que hacían la voluntad divina (Mat. 12:50). Ellos, al igual que Jesús, vivirán para siempre (1 Jn. 2:17).

VOLUNTARIOS Personas que piden a Dios que las use para llevar a cabo Su obra. El espíritu de voluntariado, motivado por la devoción a Dios, surgió en tiempos cruciales en la historia bíblica, y permitió que se llevaran a cabo tareas intrépidas. Moisés recibió de los israelitas contribuciones voluntarias de bienes preciosos, suficientes para construir el tabernáculo (Ex. 25:1-9). Los israelitas contribuyeron voluntariamente con su riqueza, de modo que Salomón pudiese construir el templo (1 Crón. 29:6-9). Durante el reinado de Josías, los líderes de Israel nuevamente hicieron una contribución voluntaria para que el pueblo de Israel y los sacerdotes pudiesen tener corderos para la Pascua (2 Crón. 35:7-9). Cuando Sesbasar condujo a los que volvían del exilio babilónico de regreso a Jerusalén, llevaron grandes riquezas ofrecidas voluntariamente por "todos los que estaban en sus alrededores"

(Esd. 1:5,6), incluyendo al rey persa (Esd. 7:14, 15).

En la dádiva de dinero, la delantera la tuvieron personas que contaban con medios para dar. Sin embargo, incluso una viuda sin medios dio voluntariamente (Luc. 21:1-4), y proveyó así un ejemplo de ofrenda abnegada que fue adoptado por la iglesia primitiva (2 Cor. 8:1-4; 9:7).

Otros contribuyeron con su tiempo y pericia. Débora lideró a comandantes militares (Jue. 5:9) y guerreros (Jue. 5:2) voluntarios, que libraron a Israel de Jabín, rey de Canaán (Jue. 4:23-24). Quienes se ofrecieron para trasladarse a Jerusalén durante los días de Nehemías fueron bendecidos por hacerlo (Neh. 11:1,2). Amasías sirvió como voluntario en el templo durante el reinado de Josafat (2 Crón. 17:16). *Paul H. Wright*

VOTOS Expresiones voluntarias de devoción que generalmente se concretan después de haberse cumplido alguna condición. Los votos en el AT generalmente eran condicionales. Una fórmula común para los votos era el uso de una frase en la que el término condicional "si" iba seguido de una acción futura resultante (Gén. 28:20; Núm. 21:2; Jue. 11:30). La persona que efectuaba el voto religioso proponía que, si Dios hacía algo (como dar protección o victoria), entonces él o ella realizarían a cambio algún acto de devoción. Sin embargo, no todos los votos eran condicionales. Algunos, como en el caso del voto nazareo (Núm. 6), se hacían como fruto de devoción a Dios sin requerirle nada a cambio. Ya sea que el voto fuera condicional o no, el énfasis bíblico se encuentra en cumplirlo. Un voto que no se cumple es peor que uno que nunca se ha hecho. En tanto que los votos no aparecen con frecuencia en el NT, Pablo hizo uno que incluyó raparse la cabeza (Hech. 18:18).

Scott Langston

VOYERISMO Búsqueda de estímulo sexual a través de medios visuales. En la cultura de la Biblia, por lo general se exponía y mostraba públicamente a otros la desnudez propia para indicar vergüenza por pecados previos, no para excitación sexual (por ejemplo, Gén. 9:20-23; Isa. 3:17; 20:2-4; 47:2,3; Jer. 13:22,26; Lam. 1:8; Os. 1:10; Apoc. 3:17-18). Antes de la caída, en razón de que no había vergüenza ni voyerismo, la desnudez y la sexualidad no estaban corrompidas (Gén. 2:25).

Para David, el voyerismo fue el preludio de otros pecados sexuales (2 Sam. 11:2), y evidentemente jugó una parte importante en los deseos pasionales del faraón hacia Sara (Gén. 12:14,15), y de la esposa de Potifar hacia José (Gén. 39:6,7). El concurso de belleza auspiciado por Asuero tuvo matices voyerísticos (Est. 2:2-4).

Job reconoció que el voyerismo, un acto del corazón, quebranta las leyes de Dios (Job 31:1-4). Esto fue confirmado por Jesús, quien igualó el voyerismo con el adulterio (Mat. 5:28). La amonestación de Pablo de evitar las pasiones juveniles (2 Tim. 2:22; comp. 1 Tes. 5:22) a favor de pensamientos puros (Fil. 4:8) habla en contra del voyerismo. *Paul H. Wright*

Mosaico en la capilla de la recámara de Jerónimo, el emplazamiento tradicional desde donde Jerónimo tradujo la Vulgata Latina, debajo de la Iglesia de la Natividad en Belén.

VULGATA Traducción latina de la Biblia realizada por Jerónimo aprox. en el 400 a.C. Ver *Biblia, Textos y versiones.*

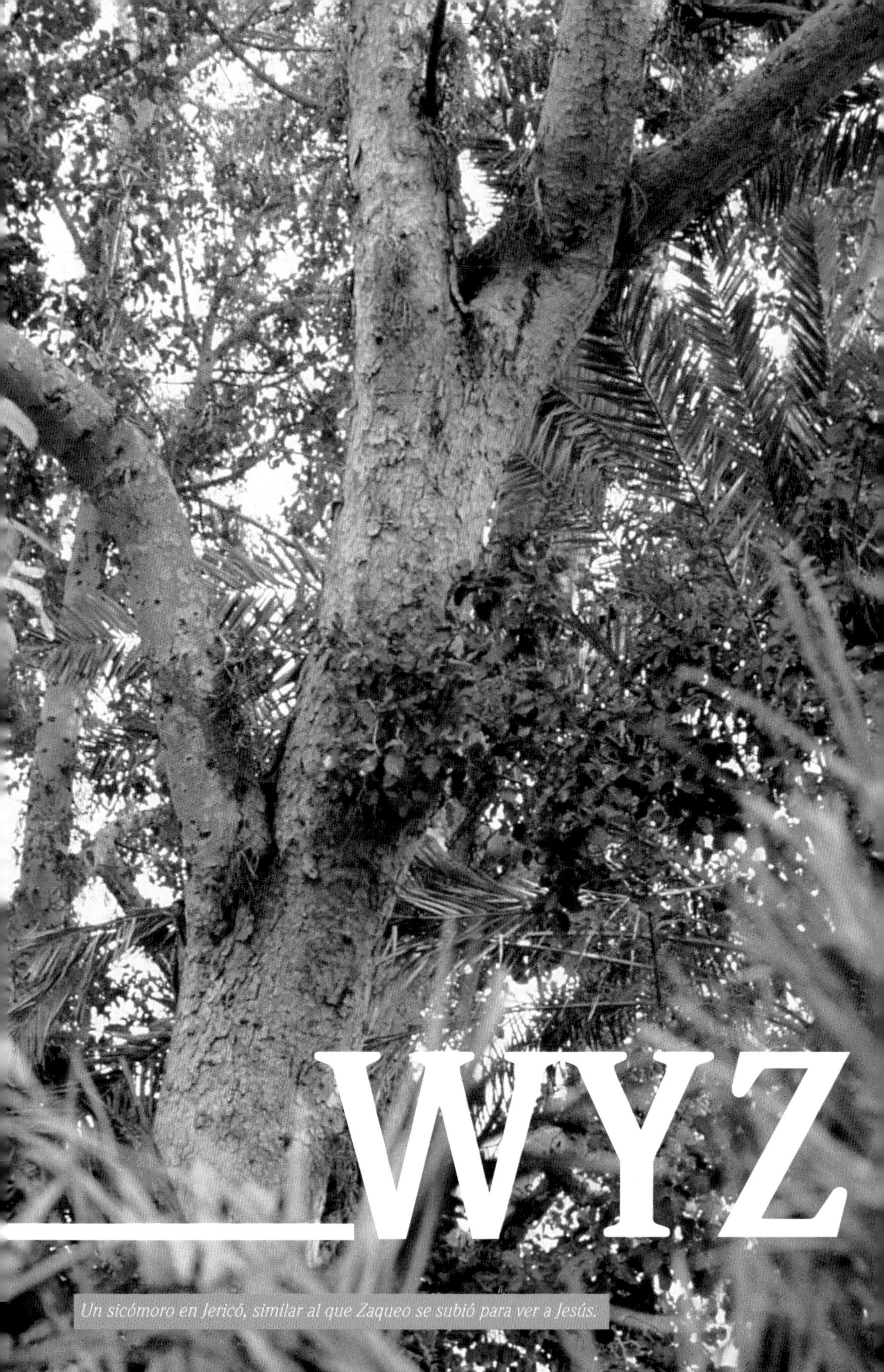

Un sicómoro en Jericó, similar al que Zaqueo se subió para ver a Jesús.

Un wadi que cruza una escarpada calera en Qumrán, cerca del Mar Muerto.

WADI Transliteración de una palabra árabe que corresponde a un curso de agua rocoso que se encuentra seco excepto durante las estaciones lluviosas. Estos lechos de arroyos se pueden convertir en corrientes torrentosas, especialmente cuando caen lluvias fuertes. En Medio Oriente los wadis son numerosos.

YELMO Ver *Armas y armaduras.*

YHWH, YHVH Conocido mediante el término técnico *Tetragrama* (gr., significa "cuatro letras"), estas son las cuatro consonantes que conforman el nombre divino (Ex. 3:15; aparece más de 6000 veces en el AT). El idioma hebreo escrito no incluía las vocales; sólo se empleaban las consonantes. Por lo tanto, los lectores proporcionaban las vocales a medida que leían (esto es cierto aun en el día de hoy en los periódicos hebreos). La reverencia hacia el nombre divino conducía a la práctica de evitar su uso para impedir que la persona quebrantara mandamientos tales como Ex. 20:7 y Lev. 24:16. En una época se pensaba que el nombre divino era demasiado santo para pronunciarlo. Por lo tanto, surgió la práctica de emplear la palabra *Adonai:* "Señor". Muchas traducciones de la Biblia continuaron con esta práctica. En algunas traducciones españolas se reconoce YHWH donde la palabra SEÑOR aparece con letras mayúsculas o versalitas.

La pronunciación real de YHWH se ha perdido en el transcurso de los siglos. En la Edad Media, los eruditos judíos desarrollaron un sistema de símbolos que se colocaban debajo y a los costados de las consonantes para indicar las vocales. YHWH aparecía con las vocales de "Adonai" como un recurso para recordarles que al leer el texto dijeran "Adonai". Una forma latinizada de esta expresión se pronuncia "Jehová", pero de ninguna manera es una palabra real. En base a un estudio de la estructura del lenguaje hebreo, la mayoría de los eruditos de la actualidad creen que YHWH probablemente se pronuncie Yahvéh. Ver *Dios; Jehová; Dios, Nombres de; Yo Soy; Señor.* *Mark Fountain*

YO SOY Forma abreviada de la respuesta de Dios a la solicitud de Moisés sobre el nombre del Dios de los patriarcas (Ex. 3:13-14). El nombre completo se puede traducir "Yo soy el que soy", "Yo seré el que seré" e incluso "Hago ser lo que es". La respuesta de Dios no es un "nombre" que lo convierte en un objeto definido y limitado sino una afirmación de que Dios siempre es sujeto, libre para ser y actuar como Él desea. La traducción griega más antigua: "Yo soy el que es" o "Yo soy (el) Ser", ha sido especialmente significativa en el desarrollo de la teología.

La respuesta de Jesús, "Yo soy", en varios pasajes del NT sugiere más que la simple identificación de "Yo soy él". El "Yo soy" en Mar. 6:50 significa, "Yo soy Jesús, no un fantasma", pero insinúa el divino "Yo soy", el único que "anda sobre las olas del mar" (Job 9:8; Mar. 6:48-49) y que apacigua las olas (Sal. 107:28-29; comp. Mar. 4:39). Juan 8:24 reconoce que Jesús es el "Yo soy", un asunto de vida y muerte eterna: "Si no creéis que yo soy, en vuestros pecados moriréis". Los judíos no entendieron porque pensaron que era una cuestión de identidad ("¿Tú quién eres?" 8:25). Resulta evidente que comprendieron la declaración de Jesús "Antes que Abraham fuese, yo soy" (8:58), como declaración divina porque recogieron piedras para lanzarle. El "Yo soy" de Juan 18:5 también sugiere algo más que "Yo soy el hombre que buscan". Más bien, Jesús es el "Yo soy" cuya presencia imponente hizo retroceder a los guardias y asumir una postura reverente. Este Jesús no era objeto de traición sino el que obtuvo la liberación de sus discípulos (18:8). Aunque difieran en el formato de las declaraciones de "Yo soy", las referencias a aquel "que es y que era y que ha de venir" (Apoc. 1:4,8; 4:8; comp. 11:17; 16:5) se asemejan en el concepto. En un contexto intenso de grandes penurias que llevaban a cuestionar la soberanía de Dios, el escritor de Apocalipsis consolidó la fe de Israel en el "Yo soy", que es el sujeto de la historia y no su víctima. Ver *YHWH, YHVH.* *Chris Church*

YOD Décima letra del alfabeto hebreo que se utiliza como título del Sal. 119:73-80, en el que todos los versículos comienzan con esta letra.

YUGADA Traducción del hebreo *tsemed*, literalmente una "yunta" de bueyes. Como medida de superficie se refiere a la tierra que una yunta puede arar en un día (1 Sam. 14:14; Isa. 5:10).

YUGO Estructura de madera que se coloca sobre el lomo de los animales de tiro para hacer que tiren en forma conjunta. Los yugos simples constaban de una barra con dos lazos de soga o cuero que se colocaba alrededor del cuello de los animales. Los yugos más elaborados tenían varas conectadas en el medio con las que los animales tiraban los arados u otros implementos. La palabra se utiliza con mucha frecuencia para hablar de esclavitud, sometimiento y dificultades (1 Rey. 12:4; Jer. 27:8). Los usos positivos incluyen el yugo de Cristo (Mat. 11:29-30) y la naturaleza de unidad de la obra de la iglesia (Fil. 4:3).

ZAANAIM Variante ortográfica de Alón-saananim en la RVR1960, la RVR1995 y LBLA (Jue. 4:11) que respeta el texto hebreo escrito en lugar de la nota del copista y Jos. 19:33.

ZAAVÁN Nombre de persona que significa "temblar o estremecerse". Hijo de Ezer (Gén. 36:27).

ZABAD Nombre geográfico que significa "Él ha dado" o "dádiva". **1.** Miembro de la tribu de Judá (1 Crón. 2:36,37). **2.** Efraimita (1 Crón. 7:21). **3.** Uno de los 30 "valientes" del rey David (1 Crón. 11:41); el primero de los 21 nombres que el cronista anexó a la lista paralela de 2 Sam. 23:24-39. **4.** Asesino del rey Joás (2 Crón. 24:26), llamado Josacar en 2 Rey. 12:21. **5.** Tres laicos postexílicos a quienes se les ordenó divorciarse de sus esposas extranjeras (Esd. 10:27,33,43).

ZABAI Nombre de persona abreviado que quizás signifique "puro". **1.** Hijo de Bebai que prometió a Esdras despediría a su mujer extranjera (Esd. 10:28). **2.** Padre de Baruc que trabajó en el muro de Jerusalén con Nehemías (Neh. 3:20). Algunos dicen que 1. y 2. pueden ser la misma persona. En una antigua nota de copista (*qere*) en Nehemías aparece como Zacai.

ZABDI Nombre de persona que significa "mi dádiva" o forma abreviada de "Jah da". **1.** Hijo de Zera de la tribu de Judá (Jos. 7:1). **2.** Hombre de la tribu de Benjamín (1 Crón. 8:19). **3.** Hombre a cargo de las bodegas de David (1 Crón. 27:27). **4.** Hijo de Asaf, quien guiaba la acción de gracias y la oración (Neh.11:17).

Un buey y un burro unidos en yugo, mientras tiran de un arado de madera.

Una tumba en Jerusalén que, de acuerdo a la tradición local, es la tumba de Zacarías.

ZABDIEL Nombre de persona que significa "Dios da dádivas" o "Mi dádiva es Dios". **1.** Descendiente de David (1 Crón. 27:2). **2.** Supervisor en Jerusalén durante la época de Nehemías (Neh. 11:14).

ZABUD Nombre de persona que significa "dádiva" y "dotado". **1.** Hijo de Natán, sacerdote y amigo de Salomón (1 Rey. 4:5). **2.** Descendiente de Bigvai que regresó a Jerusalén con Esdras después del exilio (Esd. 8:14) según el texto hebreo escrito. Una nota de copista (*qere*) dice Zacur.

ZABULÓN Nombre de persona y de tribu que probablemente signifique "morada elevada". Décimo hijo de Jacob y sexto hijo de Lea (Gén. 30:20). La tribu que lleva su nombre se asentó en el área entre el Mar de Galilea y el Monte Carmelo (Jos. 19:10-16). La tribu recibió a las otras tribus con festivales religiosos en el Monte Tabor (Deut. 33:18,19). Su menú incluyó manjares obtenidos del Mar de Galilea. En el aspecto militar, la tribu se diferenciaba del resto en las batallas por adquirir nuevas tierras, luchando tenazmente en los ejércitos de Débora y Barac, y Gedeón (Jue. 4:6; 6:35). Ver *Israel, Tierra de; Palestina; Tribus de Israel.*

ZACAI Nombre de persona que significa "puro" o "inocente". Antepasado de algunos que volvieron a Jerusalén con Zorobabel después del cautiverio (Esd. 2:9; Neh. 7:14).

ZACARÍAS Nombre de persona que significa "Jah (en forma completa, Yahvéh) recordó". **1.** Hijo de Jeroboam II, quien reinó en Israel durante 6 meses en el año 746 a.C. hasta que fue asesinado por Salum (2 Rey. 15:8-12). Ver *Israel.* **2.** Profeta que prosperó inmediatamente después del exilio en 520–518 a.C. e instó al pueblo de Judá a reconstruir el templo. **3.** Abuelo de Ezequías (2 Rey. 18:2). **4.** Sacerdote y profeta a quien el pueblo apedreó y el rey Joás mató (2 Crón. 24:20-22). **5.** Portero del templo postexílico (1 Crón. 9:21). **6.** Miembro de una familia que vivía en Gabaón (1 Crón. 9:37). **7.** Músico del templo (1 Crón. 15:20). **8.** Líder comunitario a quien el rey Josafat envió a enseñar en las ciudades de Judá (2 Crón. 17:7). **9.** Uno de los supervisores que tenía Josías en la reparación del templo (2 Crón. 34:12). **10.** y **11.** Hombres que acompañaron a Esdras en su regreso desde Babilonia (Esd. 8:3,11). **12.** Hombre que Esdras envió para que los levitas regresaran de Babilonia (Esd. 8:16). **13.** Israelita con esposa extranjera

(Esd. 10:26). **14.** Hombre que ayudó a Esdras a enseñar la ley (Neh. 8:4), quizás la misma persona que 12. o alguno de los anteriores. **15.** Antepasado de un residente postexílico de Jerusalén (Neh.11:4). **16.** Antepasado de un residente postexílico de Jerusalén (Neh.11:5). **17.** Antepasado de un sacerdote en tiempos de Nehemías (Neh. 11:12). **18.** Importante sacerdote cuando Joiacim era sumo sacerdote, posiblemente el profeta (Neh. 12:16). **19.** y **20.** Músicos sacerdotales que ayudaron a Nehemías en la celebración (Neh.12:35,41). **21.** Alto funcionario que Isaías utilizó como testigo, quizás el mismo que 3. más arriba. **22.** Hijo del rey Josafat a quien su hermano Joram asesinó después de convertirse en rey (2 Crón. 21:2-4). **23.** Consejero devoto del rey Uzías (2 Crón. 26:5). **24.** Descendiente de la tribu de Rubén (1 Crón. 5:7). **25.** Padre de un líder de la mitad oriental de la tribu de Manasés (1 Crón. 27:21). **26.** hasta **34.** Levitas (1 Crón. 15:18,24; 24:25; 26:2,14,11; 2 Crón. 20:14; 29:13; 35:8). **35.** Sacerdote en Jerusalén y padre de Juan el Bautista (Luc. 1:5-64). Cuando quemaba incienso en el templo como parte de sus tareas, el ángel Gabriel se le apareció y le anunció que él y su anciana mujer, Elizabet, tendrían un hijo. Debido a que ambos habían pasado la edad para poder tener hijos, Zacarías le pidió una señal de que el nacimiento realmente se produciría. Debido a su falta de fe, el ángel lo dejó mudo. Cuando nació Juan, todos creyeron que lo llamarían Zacarías en honor a su padre, a pesar de las objeciones de Elizabeth, que creía que el niño debía llamarse "Juan". Zacarías recuperó el habla cuando confirmó el nombre del bebé escribiéndolo en una tablilla. *Paul L. Redditt*

ZACARÍAS, LIBRO DE Uno de los profetas menores postexílicos. Al igual que Jeremías y Ezequiel, Zacarías era sacerdote y profeta. Esto parece adecuado, ya que la mayor parte del libro trata cuestiones relativas al templo, al sacerdocio y a la purificación del pueblo. El abuelo de Zacarías, Iddo, fue un sacerdote que regresó con Zorobabel (Neh. 12:4), por lo que probablemente Zacarías haya sido un joven colega de Hageo. Sin embargo, Hageo centra sus escritos en la reconstrucción del templo y la restitución del sistema de sacrificios, mientras que Zacarías lo hace en la transformación espiritual del pueblo.

Muchos están convencidos de que los capítulos 9 a 14 fueron escritos con bastante posterioridad a los capítulos 1 al 8 y por un autor diferente. La evidencia, sin embargo, no lleva necesariamente a esta conclusión, y la unidad temática del libro sugiere lo contrario. La situación histórica es la misma que la del libro de Hageo.

Mensaje y propósito ***Acusación*** Zacarías explicó que el desagrado del Señor para con el pueblo se debía a que en el pasado ellos lo habían abandonado. El pueblo se sentía desalentado debido a la oposición y a la evidente insignificancia del proyecto de construcción. Después de la época de Zorobabel, Judá tendría nuevamente líderes malvados que engañarían al pueblo. Esto haría que el pueblo volviera a rechazar al Señor.

Instrucción El Señor llamó a Judá a volver a Él y, de esta manera, a poner fin al desagrado divino. Dios exhortó al sumo sacerdote Josué y al remanente a que demostraran obediencia fiel a fin de conservar las bendiciones. Dicha exhortación incluyó un pedido indirecto de que se completara la construcción del templo. El Señor también le recordó a Judá que Su pueblo debía mostrar justicia y misericordia.

Juicio El juicio de la generación anterior por parte del Señor tuvo como objetivo enseñar a Israel a arrepentirse y mantener su fidelidad hacia Él. El futuro rechazo de Dios por parte del pueblo daría como resultado nueva oposición extranjera y la dispersión de Israel.

Esperanza El Señor prometió a Israel bendiciones cuando el pueblo se volviera a Él en obediencia fiel. También permitiría que, mediante Su Espíritu, Zorobabel y Josué completaran la construcción del templo, acción que prefiguraría la venida del reino mesiánico. Además, les aseguró que juzgaría a las naciones que los oprimían, pero que aun un remanente de las naciones se convertiría en Sus adoradores. Tal como había preservado un remanente de Israel y lo había purificado, de la misma manera Jehová enviaría al Mesías para proporcionar, mediante su muerte, perdón y paz permanentes y la erradicación total del mal. También enviaría Su Espíritu para provocar el arrepentimiento de toda la nación.

Estructura Zacarías abarca dos secciones principales que giran en torno de una sección central más pequeña pero prominente. Las dos secciones principales, cada una iniciada por una fórmula de fecha, son Zac. 1:1–6:8 y 7:1–14:21. La sección central en 6:9-15 es una narración que describe el nombramiento de Josué como sumo sacerdote con una corona. Las secciones principales contienen siete secciones más breves además de una parte introductoria.

En cada caso, las siete subsecciones están organizadas en una estructura repetitiva en torno a una subsección central y prominente. La subsección central en Zac. 3:1-10 describe el nombramiento de Josué como sumo sacerdote con una mitra, y la subsección central en Zac. 11:1-17 narra el nombramiento de Zacarías con dos cayados.

Visiones nocturnas de Zacarías (1:1–6:8) Los temas principales de las visiones nocturnas son (1) el juicio de Dios a las naciones, (2) elección y futura bendición de Jerusalén, (3) la purificación de la tierra, (4) la reconstrucción del templo, y (5) el liderazgo de Zorobabel y Josué. Las primeras tres visiones: (los caballos entre los mirtos 1:7-17; los cuernos y los carpinteros 1:18-21; el cordel de medir 2:1-13) aseguran el juicio de Dios contra las naciones que han dispersado a Israel, el amor renovado de Dios por Jerusalén y Su promesa de bendiciones, y el triunfo de Su pueblo en la reconstrucción del templo.

La visión cuarta y central en 3:1-10 describe la presentación del sumo sacerdote Josué frente al ángel de Dios que es, además, el Señor mismo (vv.1,2, comp. Gén 16:7-13; 21:17; 22:11,12, 15,16; 31:11-13). Esta visión habla de un futuro perdón permanente que el Mesías conseguiría cuando viniera a redimir a la nación y a establecer paz, prosperidad y seguridad en la tierra (vv.8-10; comp. 1 Rey. 4:25; Miq. 4:1-8).

La quinta visión del candelabro y los olivos (Zac. 4:1-14) insta a Zorobabel y a Josué, representados por los dos olivos, a no confiar en recursos financieros ni militares sino en el poder del Espíritu de Dios representado por el aceite (comp. Isa. 61:1-3) que actúa por medio de ellos. El candelabro probablemente representaba al templo que glorificaría a Dios en la tierra.

La sexta visión (Zac. 5:1-11) del rollo volante y el efa es una composición similar a la segunda visión. Habla de la acción purificadora de Dios en Su pueblo. La visión final de los carros (Zac. 6:1-8) remite a la primera visión. Describe el juicio divino sobre toda la tierra (comp. Jer. 49:36; Apoc. 6:1-8; 7:1). Debido al programa divino de juicio y redención descrito en las siete visiones, la tranquilidad y la paz superficial y falsa establecida por las naciones en la primera visión (Zac. 1:11) se transforman en genuino descanso divino en la última visión (6:8).

Coronación de Josué, el sumo sacerdote (6:9-15) El oráculo en esta sección central y prominente del libro actúa como bisagra entre las dos secciones más grandes. Al igual que 3:1-10, describe un prototipo mesiánico que recibe las señales de su cargo. Zacarías recibe la orden de fabricar coronas reales (en hebreo la palabra es plural) y coronar a Josué. Luego, las coronas se deben colocar en el templo como recordatorio de lo que Dios haría.

Pero primero, Josué recibe un mensaje divino de que "el Renuevo" (debido a que el mensaje era para Josué, "el Renuevo" designa a otra persona) construiría el templo, sería glorificado y reinaría (comp. 1 Crón. 29:25). La construcción del templo postexílico ya había sido asignada a Zorobabel (4:9) quien, como descendiente de David, prefiguraba al Mesías (Hag. 2:23). Sin embargo, el Mesías construiría el templo asociado con Su reino terrenal de justicia (6:12,13), un templo futuro prefigurado por el de Zorobabel (4:8-10). Por lo tanto, esta profecía abarca la concreción presente y futura de los planes de Dios. La ambigüedad del pasaje sobre la cantidad de coronas y tronos (v.13) se debe a la necesidad de que Zorobabel y Josué prefiguraran al Mesías, quien sería rey y sacerdote. Finalmente, aunque el reino futuro estaba garantizado por el poder y la gracia de Dios, la "señal" contemporánea dependía de la obediencia diligente de Zorobabel, Josué y el remanente (v.15).

Una pregunta sobre el ayuno (7:1–8:23) Estos dos capítulos sirven para introducir los dos oráculos de los capítulos 9–14, de igual modo que 1:1-6 introduce las visiones de 1:7–6:8. Los temas de los días ceremoniales, por ejemplo, la santidad de la morada de Dios, la adoración universal de Dios, la reunión de los exiliados y la repoblación de Jerusalén se introducen en los capítulos 7–8 y vuelven a aparecer en los capítulos 9–14.

Oráculos respecto a la venida del reino (9:1–11:7; 12:1–14:21) El resto del libro, probablemente escrito después de la finalización del templo, contiene dos oráculos o mensajes divinos en los capítulos 9–11 y 12–14. Ambos mensajes hablan del establecimiento del reino de Dios en la tierra. Ambos describen eventos futuros: algunos se cumplieron antes de la encarnación de Jesús, algunos durante Su ministerio y otros se cumplirán cuando Él regrese. Cada oráculo contiene tres secciones principales, aunque el primer oráculo concluye con una cuarta sección (11:1-17) que actúa como una bisagra entre los dos oráculos. Se trata de la tercera ceremonia de nombramiento en Zacarías (comp. 3:1-10; 6:9-15).

Según 9:9,10, "uno de los pasajes más importantes en la Biblia referidos al Mesías" (Merrill), el reino de Dios se establecería por medio de un gobernante humano (ver también Isa. 9:6,7; Sal. 2; 45; 72, especialmente el v.8 que se menciona al final de Zac. 9:10). Si bien los reyes en ocasiones montaban asnos (comp. 1 Rey. 1:33), el contraste con el uso de un caballo de guerra (comp. Apoc. 19:11-16) parece sugerir humildad y paz. El cumplimiento del v.9 con la "entrada triunfal" de Jesús en Jerusalén es evidente en Mat. 21 y Juan 12. Si tenemos en cuenta que Jesús fue crucificado unos pocos días después, la paz duradera y el dominio divino universal resultantes descritos en el v.10 sugieren una brecha no identificada entre los dos versículos o que el cumplimiento de Jesús en ese momento correspondía a un "prototipo histórico" de otro evento por venir. Pocos pasajes proféticos que describen la gloria mesiánica explican que sería precedida por sufrimiento y humillación (Isa. 52:13–53:12 es la excepción más significativa).

La última ceremonia de nombramiento en Zac. 11:4-17 contrasta con las anteriores porque Zacarías no es un mero observador sino que representa el rol del sacerdote-rey mesiánico. Aparentemente en una visión se lo designa como el buen pastor (Zac. 9:16; 10:3) y se le entregan dos cayados. No obstante, el Señor anuncia que entregará el rebaño a opresores extranjeros (v.6) debido a cómo lo han tratado (vv.7-14). Dios renunciaba a ser su pastor rompiendo los cayados. Por Sus servicios, se le pagó el precio insultante de 30 piezas de plata, el precio de un esclavo. Zacarías recibe la orden de arrojar las piezas en el tesoro de la casa del Señor. La importancia de esta escena sólo cobra sentido al presenciar su cumplimiento en los Evangelios (comp. Mat. 26:15; 27:3-10). Luego, al final de la visión, Zacarías debe representar el rol del falso pastor a quien el Señor envía a castigar al rebaño durante un tiempo antes de Su juicio (Zac. 11:15-17). El mensaje es que la liberación y la gloria de Israel estarían precedidas por opresión y sufrimiento, no sólo en manos de extranjeros sino de los propios líderes judíos, debido a que rechazarían al Señor como su buen pastor (comp. Zac. 13:7-8).

El segundo oráculo (Zac. 12:1–14:21) se centra en cómo Dios libera a Jerusalén de sus enemigos, especialmente en la primera sección (Zac. 12:1-9) y en la última (Zac. 14:1-21). Aunque, como castigo, Dios entregaría a su pueblo en manos enemigas, nunca lo abandonaría (comp. Jer. 30:11).

La segunda sección (Zac. 12:10–13:9) promete un futuro arrepentimiento de toda la nación provocado por el Espíritu de Dios (comp. Ezeq. 36:24-31; Joel 2:28-32). Israel experimentará dolor profundo y sincero por cómo trató al Señor, es decir, al Mesías (comp. Zac. 11:8; 13:7,8; Isa. 53:1-9; Juan 19:37). Se hace referencia a la naturaleza del Mesías como Dios y hombre al referirse a Él en el v.10 como "yo" (es decir, Dios) y como "Él" (comp. Isa. 9:6,7; un fenómeno similar ocurre en pasajes donde alude al ángel del Señor como Dios y como alguien diferente de Dios, comp. Gén. 16: 7-13; Ex. 3:2-4; Jue. 6:11-27; Zac.3:1-6). Es terrible la orden que da Jehová en Zac. 13:7 de "levantar" la espada contra Su pastor (es decir "matarlo"), "y contra el hombre y compañero mío" (RVR1960) (es decir, contra el "vecino", "socio" o "amigo" de Dios) en una clara referencia al Mesías (comp. Isa. 53:4). El propósito de la orden divina es, en primer lugar, anunciar que Su rebaño sería esparcido y castigado, y que muchos perecerían (comp. Mat. 26:31). Luego, después de que Su pueblo hubiera sido purgado y refinado, sería revitalizado como el pueblo del pacto de Jehová, limpiado por la sangre de aquel a quien habían dado muerte. De esta manera se cumpliría el evangelio anunciado por el Señor en Gén. 3:15.

La sección final (Zac. 14:1-21), que amplía detalles de la primera sección, describe cómo Dios liberaría a Jerusalén en los últimos días y de Su coronación como Rey de toda la tierra. La derrota inicial de Jerusalén será convertida en victoria cuando el Señor aparezca (Zac. 14:1-7; sobre la división del Monte de los Olivos, ver Zac. 6:1). El lugar que presenció la agonía más profunda del Señor será testigo de Su mayor gloria. La culminación del trabajo de Dios será la santidad perfecta de Su pueblo, entre el cual Él morará, expresado esto de manera figurativa como extendiéndose aun a los elementos más comunes de la tierra de Dios (vv.20-21; comp. Ex. 19:6; Jer. 2:3).

Bosquejo

I. Visiones nocturnas de Zacarías (1:1–6:8)
   A. Introducción (1:1-6)
   B. Primera visión: Caballos entre los mirtos (1:7-17)
   C. Segunda visión: Cuernos y carpinteros (1: 18-21)
   D. Tercera visión: Cordel de medir (2:1-13)
   E. Cuarta visión: Josué y el ángel del Señor (3:1-10)
   F. Quinta visión: Candelabro y olivos (4:1-14)

G. Sexta visión: Rollo volador y efa (5:1-11)
H. Séptima visión: Carros (6:1-8)
II. La coronación de Josué, el sumo sacerdote (6:9-15)
III. Dos oráculos sobre la venida del reino (7:1–14:21)
A. Introducción: Una pregunta sobre el ayuno (7:1–8:23)
B. Primer oráculo: Liberación del exilio (9:1–11:17)
1. Victoria futura (9:1-17)
2. Denuncia de los falsos pastores (10:1-3a)
3. Liberación de Judá por el buen pastor (10:3b–11:3)
4. Conclusión: Nombramiento de Zacarías como el buen pastor (11:4-17)
C. Segundo oráculo: Dios libera a Jerusalén (12:1–14:21)
1. Destrucción de los enemigos de Jerusalén (12:1-9)
2. Arrepentimiento de toda la nación (12:10–13:9)
3. Aparición de Yahvéh como Libertador y Rey (14:1-21)

E. Ray Clendenen

ZACUR Nombre de persona que significa "bien recordado". **1.** Padre de Samúa de la tribu de Rubén (Núm. 13:4). **2.** Descendiente de Misma de la tribu de Simeón (1 Crón. 4:26). **3.** Descendiente de Merari entre los levitas (1 Crón. 24:27). **4.** Hijo de Asaf (1 Crón. 25:2; Neh. 12:35). **5.** Hijo de Imri, que ayudó a reconstruir los muros de Jerusalén (Neh.3:2). **6.** Uno de los que firmaron el pacto de la reforma en la época de Esdras y Nehemías (Neh. 10:12). **7.** Padre de Hanán, uno de los tesoreros nombrados por Nehemías (Neh. 13:13).

ZAFIRO Ver *Minerales y metales.*

ZAFNAT-PANEA Nombre de persona que significa "el dios ha dicho, él vivirá". Nombre que el faraón dio a José cuando lo nombró segundo en poder después de él en Egipto (Gén. 41:45). Ver *José.*

ZAFÓN Nombre geográfico que significa "norte". **1.** Ciudad al este del Río Jordán en el territorio de Gad (Jue. 13:27). Probablemente era un centro de adoración del dios Baal-zafón en los días de supremacía cananea, antes de que los gaditas los conquistaran. Se identifica con Tell el-Qos, Tell es Saidiye o Tell el-Mazar. Atarot-sofán (Núm. 32:35) puede ser otra variable ortográfica de la misma ciudad. **2.** Montaña considerada como el hogar de los dioses en el pensamiento cananeo, a la cual tal vez se haga referencia en Sal. 48:2 (RVR1960), Isa. 14:13 (NVI) y Job 26:7 (RVR1960), pasajes que muestran que Jehová controla lo que, según Canaán, era posesión de sus propios dioses.

ZAHAM Nombre de persona que significa "gordura" o "aversión". Hijo del rey Roboam y de Abigail (2 Crón. 11:18,19).

ZAIN Séptima letra del alfabeto hebreo. Título del Sal. 119: 49-56 en donde cada verso comienza con esa letra.

ZAIR Nombre geográfico que significa "pequeño". Lugar donde Joram, rey de Judá (853-841 a.C.), luchó contra Edom (2 Rey. 8:20,21). La ubicación de Zair sigue siendo tema de disputa. Algunos lo sitúan al sur del Mar Muerto cerca de Edom. Otros lo equiparan con Zoar (Gén. 13:10) o con Sior (Jos. 15:54; comp. 2 Crón. 21:9).

ZALMONA Nombre geográfico que significa "oscuro" o "sombreado". Primera parada de Israel después de dejar el Monte de Hor (Núm. 33:41,42). El lugar no ha podido identificarse.

ZALMUNA Nombre de persona que significa "la protección se ha retirado" o "Zelem (dios) reina". Rey de Madián capturado y asesinado por Gedeón (Jue. 8:1-21; Sal. 83:11).

ZAMPOÑA Posiblemente una palabra griega utilizada para referirse a un instrumento musical en Dan. 3:10. Muchos piensan que en este pasaje se refiere a las gaitas (LBLA). Algunas versiones traducen "tambor".

ZANOA Nombre geográfico que significa "terreno accidentado" o "pestilente". **1.** Aldea en Judá identificada con Khirbet Zanu, alrededor de 5 km (3 millas) al sud-sudeste de Bet-semes (Jos.15:34). **2.** Ciudad en la zona montañosa de Judá (Jos. 15:56) cuya identificación con Khirbet Zanuta, a 15 km (10 millas) de Hebrón, o Khirbet Beit Amra, es tema de disputa.

ZAQUEO Forma griega de un nombre hebreo que significa "inocente". Corrupto recaudador de impuestos en la Jericó del primer siglo (Luc. 19:2-9). Fue a escuchar a Jesús por curiosidad y, debido a su corta estatura, se trepó a un árbol para poder ver al Señor. Para su sorpresa, Jesús lo llamó por su nombre para que bajara del árbol y se fue con él a su casa. El funcionario entonces creyó y se convirtió. Su nueva fe impulsó a Zaqueo a devolver con intereses el dinero que había obtenido ilegalmente.

ZARA Nombre de persona que significa "salida del sol". Hijo mellizo de Tamar y su suegro, Judá (Gén. 38:30). Uno de sus descendientes fue Acán, quien fue ejecutado por tomar botines prohibidos (Jos. 7:1,25). Zara se incluye en la genealogía de Cristo que hace Mateo, aunque Farez fue su antepasado directo (Mat. 1:3).

ZARET-SAHAR Nombre geográfico que significa "esplendor del alba". Ciudad ubicada "en el monte del valle [del Mar Muerto]" asignada a Rubén (Jos. 13:19). El sitio quizás sea la moderna ciudad de Sarta cerca de Macaerus, en la costa este del Mar Muerto. Otros sugieren Khirbet el-Libb, a 11 km (7 millas) al sur de Medeba, o bien Khirbet Qurn el-Kibsh, a unos 10 km (6 millas) al noroeste de Medeba.

ZARZA Arbusto (*Lycium europaeum*) con espinas agudas y ramas que generalmente forman una masa de vegetación enredada (Jue. 9:8-15; Luc. 6:44). Tenía flores hermosas y atractivas pero las espinas provocaban problemas a los rebaños. En la actualidad sabemos que previene la erosión en las laderas de las montañas.

ZARZA ARDIENTE En Ex. 3:2, la atención de Moisés fue captada por la visión de una zarza que ardía sin ser consumida por el fuego. Cuando se dio vuelta para investigar, Dios le habló desde la zarza y le dio instrucciones para regresar a Egipto a fin de liberar de la esclavitud al pueblo hebreo. Se ha intentado explicar el fenómeno declarando que la zarza tenía un follaje de un color brillante semejante al fuego, o que sus hojas reflejaban el brillo del sol de una manera inusual. No obstante, es mejor considerar que la zarza ardiente fue un acto singular de parte de Dios. Pareciera que su significado principal, quizá único, fue convertirse en el medio para captar la atención de Moisés y capacitarlo para escuchar la palabra divina. Ver *Éxodo; Moisés.*

ZATU Cabeza de familia que regresó a Jerusalén después del exilio (Esd. 2:8; Neh. 7:13). Algunos de sus hijos despidieron a sus esposas extranjeras (Esd. 10:27). Parece ser el mismo "Zatu" que firmó el pacto en la época de Nehemías (10:14).

ZAZA Hijo de Jonatán y descendiente de Jerameel (1 Crón. 2:33).

ZEBA Nombre de persona que significa "matanza" o "sacrificio". Él y Zalmuna eran reyes madianitas que Gedeón capturó y mató porque habían asesinado a sus hermanos (Jue. 8:4-21; Sal. 83:11; Isa. 9:4; 10:26). Este relato muestra el acto de venganza que con frecuencia prevalecía en esos tiempos, y marca un punto decisivo en las luchas de Israel contra los madianitas.

ZEBADÍAS Nombre de persona que significa "Yahvéh ha dado". **1.** Hijo de Bería (1 Crón. 8:15). **2.** Hijo de Elpaal (1 Crón. 8:17). **3.** Hijo de Jeroham de Guedor (1 Crón. 12:7). **4.** Portero del templo (1 Crón. 26:2). **5.** Cuarto capitán en el ejército de David (1 Crón. 27:7). **6.** Uno de los nueve levitas enviados por Josafat para enseñar la ley en los pueblos de Judá (2 Crón. 17:8). **7.** Hijo de Ismael que presidía las causas civiles en un sistema judicial que Josafat había establecido (2 Crón. 19:11). **8.** Hijo de Sefatías que regresó a Jerusalén desde Babilonia (Esd. 8:8). **9.** Sacerdote que despidió a su esposa extranjera en la época de Esdras (10:20).

ZEBEDEO Forma griega del nombre de persona hebreo que significa "dádiva". Pescador del Mar de Galilea, padre de Jacobo y Juan, dos de los primeros discípulos de Jesús (Mar. 1:19-20). Zebedeo poseía un floreciente negocio de pesca con sede en Capernaum en la costa norte del mar. Dicho negocio incluía varios sirvientes contratados, entre ellos Simón Pedro y Andrés (Luc. 5:10). Su esposa también siguió a Jesús y lo sirvió en Su ministerio (Mat. 27:56). La Biblia no dice si Zebedeo finalmente se convirtió al cristianismo, pero no se opuso a que sus hijos y esposa se convirtieran en discípulos de Jesús.

ZEBINA Nombre de persona que significa "comprado". Uno que tenía una esposa extranjera en la época de Esdras (Esd. 10:43).

ZEBOIM Nombre geográfico que posiblemente signifique "hienas". Una de las ciudades en el Valle de Sidim (Gén. 14:2,3) en el extremo sur del Mar Muerto. En la actualidad, el sitio probablemente se encuentre sumergido. Zeboim era gobernada por el rey Semeber pero estaba bajo el control de Quedorlaomer, rey de Elam. Cuando Semeber se rebeló, Quedorlaomer fue a terminar con la rebelión. Aunque el texto no resulta claro, pareciera que la ciudad fue entregada cuando Abram derrotó a Quedorlaomer (Gén. 14: 16, 17). Zeboim fue destruida cuando Dios envió fuego y azufre sobre Sodoma y Gomorra (Deut. 29:23; comp. Os. 11:8). Los recientes intentos por identificar Zeboim en las tablillas de Ebla han sido centro de acalorados debates.

ZEBUDA Nombre de persona que significa "dádiva". Hija de Pedaías de Ruma y madre del rey Joacim (2 Rey. 23:36 NVI "Zebudá").

ZEBUL Nombre de persona que significa "príncipe" o "capitán". Residente de Siquem que era seguidor de Abimelec, hijo de Gedeón. Cuando Gaal se complotó contra Abimelec en Siquem, Zebul dio aviso a este, que fue hasta Siquem y derrotó a Gaal (Jue. 9:30-41).

ZEDAD Nombre geográfico que significa "lugar inclinado" o "montañoso". Es Sadad, a 100 km (unas 60 millas) de Damasco, la frontera norte de Canaán (Núm. 34:8; Ezeq. 47:15).

ZEEB Ver *Oreb* y *Zeeb.*

ZEFO Abreviatura del nombre de persona que significa "pureza" o "buena fortuna". Descendiente de Esaú (Gén 36:11,15; 1 Crón. 1:36).

ZEFÓN Nombre de persona que quizás signifique "norte". Hijo mayor de Gad, antepasado de los zefonitas (Núm. 26:15). El Pentateuco samaritano y la traducción griega más antigua apoyan la identificación con Zifión (Gén. 46:16).

ZEFONITA Miembro del clan de Zefón.

ZELA Nombre geográfico que significa "costilla, costado, ladera". Ciudad asignada a Benjamín (Jos. 18:28) en la cual fueron enterrados los huesos de Saúl y Jonatán (2 Sam. 21:14). El sitio probablemente sea Khirbet-salah, entre Jerusalén y Gabaón, u otro lugar en los montes al norte y al oeste de Jerusalén.

ZELOFEHAD Nombre de persona que significa "protección del terror" o "el pariente es mi protector". Hebreo que deambuló por el desierto con Moisés. No tuvo hijos varones que heredaran su propiedad y su nombre, de modo que sus hijas recurrieron a Moisés para poder recibir una parte de la herencia después de la muerte de su padre (Núm. 26:33; 27:1-4). A pesar de que las costumbres de asignación de herencia estipulaban que únicamente los hijos varones tenían derecho a heredar, Dios guió a Moisés para que declarara que las hijas de Zelofehad eran aptas (Núm. 27:6,7). La única condición fue que las mujeres se casaran con hombres de su propia tribu (Núm. 36:5-9).

ZELOTE Persona que demostraba "celo" por una causa en particular. El término llegó a utilizarse para referirse al sector judío que buscaba derrocar el control extranjero sobre Palestina, especialmente el control romano. Estos zelotes con frecuencia recurrían a medidas extremas para lograr sus objetivos. A Simón, uno de los discípulos de Jesús, se lo describe como "zelote" (Mat. 10:4 NVI), aunque la RVR1960 lo traduce incorrectamente como "el cananista". Ver *Judíos (grupos, partidos) en el Nuevo Testamento.* *Thomas Strong*

ZEMARAIM Nombre geográfico que significa "picos gemelos". **1.** Ciudad asignada a la tribu de Benjamín (Jos. 18:22), probablemente Ras ex-Zeimara, a unos 8 km (5 millas) al noreste de Bet-el. **2.** Montaña en el territorio de Efraín donde Abías reprendió a Jeroboam (2 Crón. 13:4). El texto paralelo en 1 Rey.15:7 menciona hostilidades entre Abías y Jeroboam pero no menciona el discurso en Zemaraim. Es posible que la ciudad y la montaña estén ubicadas en el mismo lugar. Algunos ubican la ciudad en Khirbet es-Samra, a 6 km (4 millas) de Jericó.

ZEMAREOS Cananeos que habitaban el área norte del Líbano, entre Arvad y Trípoli (Gén. 10:18; 1 Crón. 1:16). Los zemareos posiblemente dieron su nombre a la ciudad de Sumra en esta región. La ciudad figura en las cartas de Tell Amarna y en registros asirios.

ZEMIRA Nombre de persona que significa "canción". Descendiente de Benjamín (1 Crón. 7:8).

ZENÁN Nombre geográfico que posiblemente signifique "campo de ovejas" o "llanura desértica". Ciudad no identificada en el sur de Judá (Miq. 1:11), probablemente la misma que aparece en Jos. 15:37.

ZENAS Forma abreviada del nombre Zenodoros, que significa "dádiva de Zeus". Abogado cristiano; Pablo pidió a Tito que lo enviara junto con Apolo sin que les faltara nada en el camino (Tito 3:13). Pablo tenía en mente, sin duda, provisiones materiales para el trabajo de evangelización itinerante. Zenas y Apolo quizás entregaron a Tito la carta paulina.

ZEQUER Forma de Zacarías (1 Crón. 9:37) utilizada en 1 Crón. 8:31. Ver *Zacarías.*

ZER Nombre geográfico que significa "estrecho" o "enemigo". Ciudad fortificada en Neftalí (Jos. 19:35), posiblemente identificada con Madón, cuya ausencia es notoria en esta lista. Los comentaristas con frecuencia toman Zer como una modificación del copista, que repite el hebreo para "ciudades fortificadas". Ver *Sidim.*

ZERA **1.** Descendiente de Esaú y, por lo tanto, líder del clan de los edomitas (Gén. 36:13,17). **2.** Antepasado de un rey edomita (Gén. 36:33). **3.** Líder de un clan de la tribu de Simeón (Núm. 26:13), aparentemente el mismo que Zohar (Gén. 46:10). **4.** Levita (1 Crón. 6:21, 41). **5.** General cusita que Dios derrotó en respuesta a la oración de Asa alrededor de 900 a.C. (2 Crón. 14:8-13). Ver *Cus; Etiopía.*

ZERAÍAS Nombre de persona que significa "Yahvéh ha amanecido". **1.** Sacerdote descendiente de Finees (1 Crón. 6:6,51; Esd. 7:4). **2.** Descendiente de Pahat-moab ("gobernante de Moab") Esd. 8:4. Ver *Israías.*

ZERAÍTAS Nombre de dos familias, una de la tribu de Simeón (Núm. 26:13), la otra de la tribu de Judá (Núm. 26:20; Jos. 7:17), descendientes de hombres llamados Zera. Dos de los treinta "valientes" de David, Sibecai y Maharai, eran zeraítas (1 Crón. 27:11,13).

ZERED Nombre de río que quizás signifique "espina blanca". Arroyo que desemboca en el extremo sur del Mar Muerto. Su longitud total es aprox. 60 km (38 millas) pero drena una extensa porción de tierra. Israel cruzó el Zered después de vagar por el desierto durante 38 años (Deut. 2:13,14). Ver *Palestina; Ríos y vías fluviales.*

ZERERA Sitio sobre la ruta por la cual huyeron de Gedeón los madianitas derrotados (Jue. 7:22); posiblemente una variante de Saretán (Jos. 3:16; 1 Rey. 4:12; 7:46) o de Seredata (2 Crón. 4:17). Ver *Saretán.*

ZERES Nombre de persona que significa "cabeza despeinada, desgreñada". Esposa y consejera de Amán (Est. 5:10,14; 6:13).

ZERET Nombre de persona que quizás signifique "esplendor". Descendiente de Judá (1 Crón. 4:7).

ZERI Nombre de persona que significa "bálsamo". Arpista levítico (1 Crón. 25:3). Zeri posiblemente sea una variante de copista de Izri (1 Crón. 25:11).

ZEROR Nombre de persona que significa "atado, bolsa pequeña" o "partícula de piedra". Antepasado de Saúl (1 Sam. 9:1).

ZERÚA Nombre de persona que significa "afligida" o "leprosa". Madre del rey Jeroboam (1 Rey. 11:26).

ZETAM Nombre de persona que significa "olivo". Levita que prestó servicio como tesorero del templo (1 Crón. 23:8; 26:22).

ZETÁN Nombre de persona que significa "olivo" o "mercader de aceitunas". Miembro de la tribu de Benjamín (1 Crón. 7:10).

ZETAR Nombre de persona que quizás signifique "asesino", "reino" o "vencedor". Uno de los siete eunucos que sirvieron al rey Asuero de Persia (Est. 1:10).

ZEUS Dios griego del cielo y líder del panteón, jefe de todos los dioses. Sus devotos creían que todos los elementos del clima estaban bajo su control. La adoración de Zeus fue importante en todo el Imperio Romano durante el siglo I. Bernabé fue confundido con Zeus (equivalente al dios romano Júpiter) por el pueblo de Listra

El altar de Zeus, el dios de mayor importancia en el panteón griego.

después de que Pablo curara a un lisiado (Hech. 14:8-12). Ver *Dioses paganos; Grecia.*

ZÍA Nombre de persona que significa "tembloroso". Cabeza de familia de la tribu de Gad (1 Crón. 5:13).

ZIBEÓN Nombre de persona que significa "pequeña hiena". Jefe horeo (Gén. 36:29) y antepasado de una de las esposas de Esaú (Gén. 36:2). Estableció un reinado entre los horeos y los edomitas (Gén. 36:20,24,29; 1 Crón. 1:38,40).

ZICRI Nombre de persona que significa "remembranza, consciente". **1.** Levita en tiempos de Moisés (Ex. 6:21). **2.** Cabezas de tres familias de benjamitas (1 Crón. 8:19; 8:23,27). **3.** Levita (1 Crón. 9:15), quizás idéntico a Zacur (1 Crón. 25:2,10; Neh. 12:35) y Zabdi (Neh. 11:17). **4.** Descendiente de Moisés que ayudó en casa de los tesoros de David (1 Crón. 26:25). **5.** Rubenita (1 Crón. 27:16). **6.** Padre de uno de los comandantes del ejército de Josafat (2 Crón. 17:16). **7.** Padre de uno de los generales de Joiada (2 Crón. 23:1). **8.** Guerrero efraimita que ayudó a Peka en la eliminación de los familiares y los consejeros de Acaz (2 Crón. 28:7). **9.** Padre de un importante benjamita en la Jerusalén postexílica (Neh. 11:9). **10.** Sacerdote postexílico (Neh. 12:17).

ZIF Nombre de persona y de lugar que quizás signifique "que fluye". **1.** Hijo de Maresa y nieto de Caleb (1 Crón. 2:42). El texto quizás signifique que Maresa fue el fundador de Zif, cerca de Hebrón. **2.** Familia de la tribu de Judá (1 Crón. 4:16). **3.** Ciudad en la zona montañosa de Judea (Jos. 15:24), probablemente Tell Zif, unos 5 kilómetros (3 millas) al sudeste de Hebrón. Maresa probablemente haya fundado la ciudad (1 Crón. 2:42). David se escondió de Saúl en el desierto de los alrededores (1 Sam. 23:14,15; 26:2). En dos ocasiones los residentes de Zif revelaron a Saúl los lugares donde se escondía David (1 Sam. 23:19; 26:1). Roboam fortificó el emplazamiento (2 Crón. 11:8). **4.** Ciudad en el Neguev (Jos. 15:24), probablemente Khirbet ez-Zeifeh al sudeste de Kurnub. **5.** Nombre del segundo mes del calendario (1 Rey. 6:1). Ver *Calendario.*

ZIFA Nombre de clan que quizás signifique "que fluye". Familia de la tribu de Judá (1 Crón. 4:16).

ZIFEOS Ver *Zif.*

ZIFIÓN Ver *Zefón.*

ZIFRÓN Nombre geográfico que quizás signifique "fragancia". Lugar en la frontera norte de Canaán, cerca de Hazar-enán (Núm. 34:9). Puede ser la moderna Zaferani al sudeste de Restan entre Hamat y Homs.

ZIGURAT Construcción escalonada que normalmente termina en un templo, popularizada por los babilonios. El diseño consistía en la colocación de niveles de ladrillo más pequeños sobre niveles más grandes. Los zigurats que han sido excavados revelan técnicas de construcción avanzadas utilizadas por civilizaciones antiguas. La mayoría de los eruditos bíblicos creen que la torre de Babel era un zigurat (Gén. 11:3-9).

ZIHA Nombre de persona egipcio que significa "el rostro de Horus (dios) ha hablado". **1.** Familia de sirvientes del templo (netineos) (Esd. 2:43; Neh. 7:46). **2.** Supervisor de los sirvientes postexílicos del templo (Neh. 11:21).

Un zigurat o torre del templo ubicado en Ur, en la antigua Mesopotamia (actualmente Iraq).

ZILA Nombre de persona que significa "sombra". Segunda esposa de Lamec y madre de Tubal-caín y Naama (Gén. 4:19,22,23).

ZILETAI Nombre de persona, abreviatura de "Yahvéh es una sombra", es decir, un protector. **1.** Familia de benjamitas (1 Crón. 8:20). **2.** Manasesita que se unió a David en Siclag (1 Crón. 12:20).

Un zigurat de la época babilónica (605–550 a.C.).

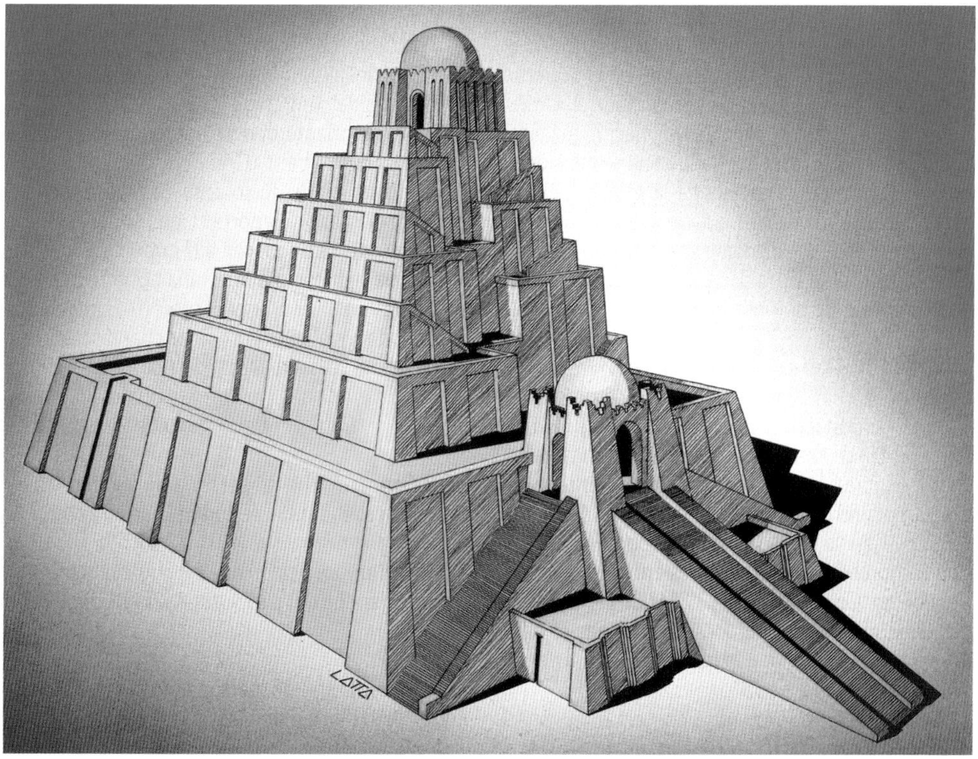

ZILPA Nombre de persona que quizás signifique "de nariz corta". Criada de Lea (Gén. 29:24; 46:18), entregada a Jacob como concubina (Gén. 30:9; 37:2); madre de Gad y Aser, a quienes se consideró hijos de Lea (Gén. 30:10,12; 35:26).

ZIMA Nombre de persona, quizás una abreviatura de "Yahvéh ha considerado o resuelto". Levita (1 Crón. 6:20,42; 2 Crón. 29:12).

ZIMRAM Nombre de persona que significa "celebrado en canción, famoso" o "cabra montés". Hijo de Abraham y Cetura, y antepasado de una tribu árabe (Gén. 25:2; 1 Crón. 1:32), posiblemente identificada con Zabram, ubicada en algún lugar al oeste de La Meca sobre el Mar Rojo, y con Zimri (Jer. 25:25).

ZIMRI Forma abreviada del nombre de persona que significa "Jah ayudó", "Jah es mi protección" o "Jah es mi alabanza". **1.** Hijo de Zera y nieto de Judá (1 Crón. 2:6). **2.** Un comandante de carros en Israel que usurpó el trono asesinando a Ela (1 Rey. 16:9,10). Su reinado fue el más corto de todos los reyes de Israel: siete días (1 Rey. 16:15). Zimri se suicidó incendiando su palacio después de que Omri sitiara Tirsa. Su nombre llegó a ser sinónimo de asesinos de reyes (2 Rey. 9:31). **3.** Líder de la tribu de Simeón asesinado por Finees por llevar a una mujer madianita al campamento en el desierto (Núm. 25:14). **4.** Descendiente de Saúl (1 Crón. 8:36). **5.** Nombre complejo de una nación juzgada por Dios (Jer. 25:25). Con frecuencia se considera una modificación del copista de la palabra hebrea para "cimerios", o bien una designación en código para hablar de Elam, algo que se aclara con la mención inmediata de Elam. No se tiene conocimiento de una nación de nombre Zimri.

ZIN, DESIERTO DE Área desértica y rocosa a través de la cual Israel pasó cuando se dirigía de Egipto a Canaán (Núm. 20:1; 27:14; 33:36). El Desierto de Zin se extendía desde Cades-barnea hasta el Mar Muerto, formaba parte de la frontera sur de Canaán y más tarde de Judá (Núm. 34:3,4; Jos. 15:1,3). Casi la totalidad de la Tierra Prometida está comprendida "Desde el Desierto de Zin hasta Rehob" en Galilea (Núm. 13:21). El Desierto de Zin debe distinguirse del Desierto de Sin, el cual abarca la meseta occidental del Sinaí. Ver *Desierto; Neguev; Palestina; Sin, Desierto de.*

ZINA (1 Crón. 23:10, NVI). Ver *Ziza.*

ZIPOR Nombre de persona que significa "(pequeña) ave". Padre del rey Balac de Moab (Núm. 22:2,4,10).

ZIZA Nombre de persona que significa "reluciente" o "brillo". **1.** Hijo de Sifi, parte de la expansión de la tribu de Simeón dentro de Gedor (1 Crón. 4:37). **2.** Hijo de Simei, un levita de Gersón, según evidencia textual y traducciones antiguas (1 Crón. 23:10). En la RVR1960 aparece como "Zina" siguiendo el texto hebreo. **3.** Uno de los hijos de Roboam por parte de Maaca (2 Crón. 11:20).

ZOÁN Nombre hebreo para la ciudad egipcia de Tanis, ubicada en San el-Hagar en el brazo tanítico del Nilo. Llegó a ser capital de Egipto alrededor del 1070 a.C. bajo Smendes I, y permaneció como tal hasta el 655 a.C. Números 13:22 hace notar que Hebrón era 7 años más antigua que Zoán, pero se desconoce la fecha exacta de construcción de ambas ciudades. Los profetas utilizaron Zoán para referirse al gobierno egipcio y sus actividades (Isa. 19:11,13; 30:4; Ezeq. 30:14). El salmista alabó a Dios por los milagros del éxodo cerca de ese lugar (Sal. 78:12,43).

ZOAR Nombre geográfico que significa "pequeño". Una de las ciudades del Valle de Sidim, también conocida como Bela (Gén. 14:2). Fue atacada por Quedorlaomer, pero aparentemente fue liberada por Abraham (Gén. 14:17). Lot huyó a Zoar con su familia justo antes de que Dios destruyera Sodoma y Gomorra (Gén. 19:23,24). Tuvo miedo de permanecer allí con sus dos hijas, por lo que se fue a una montaña por encima de la ciudad (Gén. 19:30). Isaías profetizó que los habitantes de Moab huirían a Zoar cuando llegara la destrucción sobre la primera (Isa. 15:5, comp. Jer. 48:34). Aparentemente fue una ciudad moabita, quizás Safi sobre el Arroyo de Zered.

ZOBEBA Nombre de persona de significado incierto. Descendiente de Judá (1 Crón. 4:8).

ZOFA Nombre de persona que quizás signifique "jarra". Familia de la tribu de Aser (1 Crón. 7:35-36).

ZOFAI Nombre de persona que quizás signifique "panal". Hijo de Elcana (1 Crón. 6:26). Ver *Zuf.*

ZOFAR Nombre de persona de significado incierto. Uno de los tres amigos de Job en su miseria (Job 2:11). Zofar probablemente fuera el más joven de los tres ya que se lo menciona en último lugar. De los tres, fue el crítico más severo y fue más filosófico en su crítica a Job. Sus palabras fueron más crudas y su dogmatismo más enfático. Aunque existía un lugar llamado Naama en Judá (Jos. 15:41), no se sabe con certeza si era el hogar de Zofar. Se desconoce la ubicación exacta de la ciudad.

ZOFIM Nombre geográfico que significa "vigías" o sustantivo común que significa "el campo de los vigías" o "puesto de observación". Lugar alto en "la cumbre de Pisga", cerca del extremo noreste del Mar Muerto. Balac llevó a Baalam allí para maldecir a los israelitas (Núm. 23:14).

ZOHAR Nombre de persona que quizás signifique "testigo". **1.** Heteo (Gén. 23:8; 25:9). **2.** Hijo de Simeón (Gén. 46:10; Ex. 6:15), también llamado Zera (Núm. 26:13; 1 Crón. 4:24). **3.** Descendiente de Judá según la corrección marginal tradicional (*qere*) en 1 Crón. 4:24. El texto hebreo dice Izhar.

ZOHELET Nombre geográfico que significa "el que se arrastra", "corredizo" o "piedra de la serpiente". Peña de sacrificio donde Adonías ofreció sacrificio en razón de su inminente coronación como rey (1 Rey. 1:9). Este lugar estaba cerca de Rogel, un manantial o pozo cerca de Jerusalén donde se encuentran el Torrente de Cedrón y el Valle de Hinom. La aspiración de Adonías al trono duró poco. David nombró a Salomón como su sucesor (1 Rey. 1:29,30).

ZOHET Nombre de persona de significado incierto. Hijo de Isi (1 Crón. 4:20) y cabeza de una de las familias de Judá.

ZOMZOMEOS Nombre que los amonitas dieron a los refaítas. Vivieron al este del Río Jordán hasta que los amonitas los expulsaron (Deut. 2:20). Ver *Refaítas.*

ZORA Nombre geográfico que significa "avispas" o "avispones". Ciudad de Dan (Jos. 19:41) unos 21 km (13 millas) al oeste de Jerusalén en el límite con Judá (Jos. 15:33). Hogar de Manoa, el padre de Sansón (Jue. 13:2). Roboam, rey de Judá, fortificó a Zora en caso de guerra (2 Crón. 11:5-12). Es la actual Sarah.

ZORAÍTAS Pueblo de Zora (1 Crón. 2:54). Ver *Zora.*

ZORATITAS Descendientes de Sobal que vivían en Zora (1 Crón. 2:52-53). Ver *Zora.*

ZOROASTRO Antiguo profeta iraní que le dio nombre a la religión conocida como "zoroastrismo". Ver *Persia.*

ZOROBABEL Nombre de persona que significa "descendiente de Babel". Nieto del rey Joaquín (llevado a Babilonia por Nabucodonosor en el primer exilio en el 597 a.C.; 2 Rey. 24:10-17) e hijo de Salatiel (Esd. 3:2), segundo hijo de Joaquín (1 Crón. 3:16,17). Se lo menciona en Esd. 2:2 entre los líderes que regresaron del exilio. La lista en Esd. 2:1-67 (comp. Neh. 7:6-73) probablemente mencione personas que regresaron en el año 539, el primer año del reinado de Ciro el Grande, rey del Imperio Persa (Esd. 1:1), o entre el año 539 y el 529, pese a que muchos eruditos sostienen que la lista pertenece a un segundo regreso no mencionado, liderado por Zorobabel en 521/520.

Según Esdras 3, Zorobabel y Jesúa (o Josué, el sumo sacerdote) reconstruyeron el altar y, en su segundo año (¿538?), pusieron los cimientos del templo, pero su trabajo fue interrumpido por la oposición de quienes habían permanecido en Palestina durante el exilio (4:1–6,24). Darío (emperador persa desde 522 a 486 a.C.) otorgó permiso a los judíos para continuar la reconstrucción del templo (Esd. 6:1-12). Siguiendo los consejos de Hageo (Hag. 1:1,12-15; 2:1,20) y de Zacarías (Zac. 4:6-10), Zorobabel, ahora gobernador (Hag 1:1) en lugar de Sesbasar (Esd. 5:14), retoma la tarea (Esd. 5:1,2) y la completa en el 515 a.C.

Sin embargo, Zorobabel deja de ser mencionado. Era un príncipe descendiente de David, por lo cual es posible que los judíos intentaran coronarlo durante la guerra civil que acompañó el ascenso de Darío como emperador (522/521). Es posible que Zac. 6:9-14 refleje el deseo de coronar a Zorobabel, pero su destino es incierto. Ver *Babilonia; Israel, Tierra de; Zacarías, Libro de.* *Paul L. Redditt*

ZUAR Nombre de persona que significa "joven"o "pequeño". Miembro de la tribu de Isacar (Núm. 1:8; 7:18,23; 10:15).

ZUF Nombre de persona y de lugar que quizás signifique "panal". **1.** Antepasado levítico de Elcana y Samuel (1 Sam. 1:1; 1 Crón. 6:16,26,35) de Efraín. En otro pasaje se lo llama levita (ver 1 Crón. 6:16,26,35). Efraín puede ser una referencia geográfica más bien que tribal. Otros aducen que fuentes tardías incorporaron a Samuel a la tribu de Leví porque desempeñaba tareas sacerdotales. **2.** "Tierra de Zuf" donde Saúl buscaba asnos (1 Sam. 9:5). Se desconoce su ubicación exacta.

ZUR Nombre de persona que significa "roca". **1.** Jefe tribal madianita (Núm. 25:15) cuya hija, Cozbi, fue asesinada con un hombre israelita por Finees. Zur fue muerto más tarde en una batalla que libró Moisés (Núm. 31:7,8). **2.** Tío del rey Saúl (1 Crón. 8:30; 9:36).

ZURIEL Nombre de persona que quizás signifique "Dios es una roca". Hijo de Abihail y cabeza de la familia de Merari de los levitas (Núm. 3:35).

ZURISADAI Nombre de persona que significa "shaddai es una roca". Padre de Selumiel, un líder de la tribu de Simeón en la peregrinación por el desierto (Núm. 1:6).

ZUZITAS Nombre de nación de significado incierto. Pueblo que vivió en Ham y fue derrotado por Quedorlaomer (Gén.14:5). Aparentemente se los llama zomzomeos en Deut. 2:20.

W Y Z

Colaboradores

† Fallecido *Sin información actualizada

Akin, Daniel L. Deán de la Escuela de Teología; Vicepres. de Administración Académica; Prof. de Predicación Cristiana. Southern Baptist Theological Seminary, Louisville, Kentucky

Albright, Jimmy Pastor de Wyatt Park Baptist Church, St. Joseph, Misuri

Allen, Leslie C. Prof. de AT. Fuller Theological Seminary, Pasadena, California

Anderson, Douglas Dir. Ejec., St. Luke's Community House, Nashville, Tennessee

Andrews, Stephen J. Prof. de AT & Hebreo; Dir. de Morton-Seats Institute of Archaeology & Anthropology. Midwestern Baptist Theological Seminary, Kansas City, Misuri

Baldwin, Gary D. Pastor de First Baptist Church, Pineville, Luisiana

Baskin, Joe Prof. Adjunto de Davis Center for Ministry Education. Shorter College, Rome, Georgia

Batson, Jerry W. Deán Adjunto de Asuntos Académicos; Prof. Adjunto de Divinidad, Beeson Divinity School. Samford University, Birmingham, Alabama

Bean, Albert F. Prof. Adjunto Prof. de AT & Hebreo. Midwestern Baptist Theological Seminary, Kansas City, Misuri

Beck, David R. Prof. Adjunto de NT y Griego. Southeastern Baptist Theological Seminary, Wake Forest, Carolina del Norte

Beitzel, Barry J. Vicepres. Ejec. Trinity International University, Deerfield, Illinois

Bellinger, W. H. (h) Dir. de Estudios Religiosos de Posgrado. Baylor University, Waco, Texas

Berry, Donald K. Prof. de Religión. University of Mobile, Mobile, Alabama

Berry, Everett Pastor de Utica Baptist Church, Utica, Kentucky

Betts, Terry J. Prof. Adjunto de Interpretación del AT, Boyce College. Southern Baptist Theological Seminary, Louisville, Kentucky

Bishop, Ronald E. Prof. de Jones County Junior College, Ellisville, Misisipí

Blaising, Craig Vicepres. Ejec.; Deán de la Escuela de Teología. Southwestern Baptist Theological Seminary, Fort Worth, Texas

Blevins, James L. Retirado. Ex Prof. de Interpretación del NT. Southern Baptist Theological Seminary, Louisville, Kentucky

Block, Daniel I. Deán Adjunto, Escritura e Interpretación; Prof. de Interpretación del AT. Southern Baptist Theological Seminary, Louisville, Kentucky

Blount, Douglas Deán Adjunto de Ética y Filosofía; Prof. de Filosofía de la Religión. Southwestern Baptist Theological Seminary, Fort Worth, Texas

Bond, Steve Editor Sénior, Biblias y Libros de Referencia. B&H Publishing Group, Nashville, Tennessee

Bonner, Gary*

Borchert, Gerald L. Prof. de NT. Northern Baptist Theological Seminary, Lombard, Illinois

Brand, Chad Owen Profesor Adjunto de Teología Cristiana. Southern Baptist Theological Seminary/Prof. Adjunto de Teología Cristiana; Coordinador, Depto. de Biblia y Teología. Boyce College, Louisville, Kentucky

Brangenberg, John H., III Vicepres. y Deán Académico; Prof. Adjunto de Biblia e Idiomas Bíblicos. Pacific Rim Bible College, Honolulu, Hawaii

Bridges, Linda McKinnish Deán Asociada, College de Wake Forest. Wake-Forest University, Winston-Salem, Carolina del Norte

Brisco, Thomas V. Prof. de AT. Baylor University, Waco, Texas

Brooks, James A. Prof. Emérito de NT. Bethel Seminary, St. Paul, Minnesota

Brooks, Oscar S. Sr. Prof. de NT. Golden Gate Baptist Theological Seminary, Mill Valley, California

Browning, Daniel C. (h) Prof. de Religión. William Carrey College, Hattiesburg, Misisipí

Bruce, Barbara J. Escritora, Ridgecrest, Carolina del Norte

Bruce, Larry Escritor, Fort Worth, Texas

Burris, Kevin*

Butler, Bradley S. Pastor de Warren Woods Baptist Church, Warren, Michigan

Butler, Trent C. Retirado. Ex Editor de Biblias y Libros de Referencia. B&H Publishing Group, Nashville, Tennessee

Byrd, Robert O. Prof. de Religión. Belmont University, Nashville, Tennessee

Cabal, Theodore J. Prof. de Filosofía Cristiana. Southern Baptist Theological Seminary, Louisville, Kentucky

Calçada, S. Leticia Directora Editorial, Libros y Biblias en Español. B&H Publishing Group, Nashville, Tennessee

Carlson, Stephen W.*

Cate, Robert L. Catedrático de Estudios Religiosos. Oklahoma State University, Stillwater, Oklahoma

Cathey, Joe Prof. Adjunto de Religión. Dallas Baptist University, Dallas, Texas

Chance, Bradley Catedrático de Religión; Dir. de Asesoría Académica. William Jewell College, Liberty, Misuri

Chandler, William T., III Pastor de Valley Station Baptist Church, Louisville, Kentucky

Choi, Kyoungwon*

Church, Christopher Prof. de Filosofía y Religión. Baptist College de Health Sciences, Menfis, Tennessee

Clendenen, E. Ray Editor Ejecutivo, Libros Académicos. B&H Publishing Group, Nashville, Tennessee

Coats, George W. Prof. Emérito. Lexington Theological Seminary, Lexington, Kentucky

Cole, R. Dennis Director de Estudios Bíblicos; Prof. de AT y Arqueología. New Orleans Baptist Theological Seminary, Nueva Orleáns, Luisiana

Coleson, Joseph*

Collins, Alvin O.† Ex Director del Depto. de Religión. Houston Baptist University, Houston, Texas

Compton, Bob Roseboro, Carolina del Norte

Conyers, A. J., III Prof. de Teología, Truett Theological Seminary. Baylor University, Waco, Texas

Cook, Donald E.*

Cook, William F. Prof. Adjunto de Interpretación del NT. Southern Baptist Theological Seminary, Louisville, Kentucky

Cooper, C. Kenny Presidente y Tesorero, Tennessee Baptist Adult Homes, Inc., Brentwood, Tennessee

Cornett, Daryl C. Prof. Adjunto de Historia de la Iglesia. Mid-America Baptist Theological Seminary, Germantown, Tennessee

Cowan, Steven B. Director Adjunto, Apologetics Resource Center, Birmingham, Alabama

Cowen, Gerald P. Deán de Southeastern College at Wake Forest; Prof. de NT & Griego.

Southeastern Baptist Theological Seminary, Wake Forest, Carolina del Norte

Cox, Steven L. Prof. Adjunto de NT y Griego. Mid-America Baptist Theological Seminary, Germantown, Tennessee

Craig, Kenneth M. (h) Prof. Adjunto. Lees-McRae College, Banner Elk, Carolina del Norte

Cranford, Jeff*

Cranford, Lorin L. Prof. de Religión. Gardner-Webb University, Boiling Springs, Carolina del Norte

Creech, R. Robert Pastor de University Baptist Church, Houston, Texas

Creed, Brad Rector. Samford University, Birmingham, Alabama

Cresson, Bruce C. Director, Instituto de Idiomas Bíblicos. Baylor University, Waco, Texas

Crook, Roger Retirado. Prof. de Religión. Meredith College, Raleigh, Carolina del Norte

Cross, Diane*

Culpepper, R. Alan Deán, McAfee School of Teología. Mercer University, Macon, Georgia

Davis, Earl C.*

Davis, John J. Prof. de Estudios del AT. Grace Theological Seminary, Winona Lake, Indiana

Davis, M. Stephen*

Dean, Robert J. *

Dehoney, Wayne Pastor retirado de Walnut Street Baptist Church, Louisville, Kentucky

Depp, David Escritor, Taylors, Carolina del Sur

DeVries, LaMoine Prof. de NT, AT, y Arqueología Bíblica. Southwest Missouri State University, Springfield, Misuri

DeVries, Simon J. Retirado, Prof. de AT. Methodist Theological School, Delaware, Ohio

Dockery, David S. Presidente; Prof. de Estudios Cristianos. Union University, Jackson, Tennessee

Dollar, Stephen E. Vidor, Texas

Dominy, Bert B. Prof. de Teología Cristiana, Truett Theological Seminary. Baylor University, Waco, Texas

Drakeford, John W. Prof. Emérito de Psicología y Consejería. Southwestern Baptist Theological Seminary, Fort Worth, Texas

Draper, Charles W. Prof. Adjunto de Estudios Bíblicos, Boyce College. Southern Baptist Theological Seminary, Louisville, Kentucky

Draughon, Walter D., III Pastor de St. Petersburg First Baptist Church, St. Petersburg, Florida

Drayer, John R.*

Drinkard, Joel F. (h) Prof. de Interpretación del AT; Dir., Joseph A. Callaway Museum. Southern Baptist Theological Seminary, Louisville, Kentucky

Drumm, C. Scott Prof. Adjunto de Estudios Teológicos e Históricos, Leavell College. New Orleans Baptist Theological Seminary, Nueva Orleáns, Luisiana

Duke, Barrett (h) Ethics & Religiosos Liberty Commission, Vicepres. de Public Policy, Southern Baptist Convention, Washington, D.C.

Duke, David Nelson† Ex Prof. de Religión. William Jewell College, Liberty, Misuri

Duvall, J. Scott Deán y Prof. de Estudios Bíblicos. Ouachita Baptist University, Arkadelphia, Arkansas

Eakin, Frank E. (h) Prof. de Estudios Judíos y Cristianos. University of Richmond, Richmond, Virginia

Eakins, J. Kenneth Dir. de Marian Eakins Archaeological Collection. Golden Gate Baptist Theological Seminary, Mill Valley, California

Easley, Kendell Director del Depto. de NT; Prof. de NT y Griego. Mid-America Baptist Theological Seminary, Germantown, Tennessee

Echols, Steve Deán Adjunto del Programa de Doctorado; Prof. Adjunto de Liderazgo. New Orleans Baptist Theological Seminary, Nueva Orleáns, Luisiana

Edwards, W. T. (h) Prof. Emérito de Religión. Samford University, Birmingham, Alabama

Ellenburg, Dale Pastor de Ellendale Baptist Church, Bartlett, Tennessee

Ellis, Bob R. Prof. de AT y Hebreo, Logsdon School of Theology. Hardin-Simmons University, Abilene, Texas

Ellis, Terence B. Pastor de Spring Hill Baptist Church, Mobile, Alabama

England, Archie W. Prof. Adjunto de AT y Hebreo. New Orleans Baptist Theological Seminary, Nueva Orleáns, Luisiana

Enns, Paul P. Prof. Adjunto de Teología. Southeastern Baptist Theological Seminary, Tampa, Florida

Fallis, William J. Retirado, Editor Sénior, Broadman Press, Nashville, Tennessee

Feinburg, Charles Lee† Fundador y Deán Emérito, Talbot School de Teología. Biola University, LaMirada, California

Field, Taylor Dir. de East Seventh Baptist Ministry, New York, New York

Fink, Michael*

Fisher, Fred L.† Ex Prof. de NT. Golden Gate Baptist Theological Seminary, Mill Valley, California

Fleming, David M.*

Fountain, Mark Escritor, Louisville, Kentucky

Fredericks, Daniel C. Vicepres. Sénior & Rector. Belhaven College, Jackson, Misisipí

Freeman, C. Hal (h) Prof. Adjunto de Estudios Cristianos; Dir. de Christian Emphasis in Academics. North Greenville College, Tigerville, Carolina del Sur

Fricke, Robert Dir. Retirado, Baptist Seminary, Costa Rica

Fuller, Russell T. Prof. Adjunto de Interpretación del AT. Southern Baptist Theological Seminary, Louisville, Kentucky

Galeotti, Gary A. Prof. de AT. Southeastern Baptist Theological Seminary, Wake Forest, Carolina del Norte

Gautsch, Darlene R. Prof. Adjunta de AT y Hebreo. Golden Gate Baptist Theological Seminary, Mill Valley, California

Gentry, Peter J. Prof. Adjunto de Interpretación del AT. Southern Baptist Theological Seminary, Louisville, Kentucky

George, Timothy Deán Fundador de Beeson Divinity School; Prof. de Historia de la Iglesia yTeología Histórica. Samford University, Birmingham, Alabama. Editor Ejec. de *Christianity Today*.

Glaze, Joseph E. First Baptist Church, Hamilton, NuevaYork

Glaze, R. E. (h) Prof. Emérito de NT. New Orleans Baptist Theological Seminary, Nueva Orleáns, Luisiana

Gloer, William Hulitt Prof. de Predicación y Escritura, Truett Theological Seminary. Baylor University, Waco, Texas

Gower, Ralph*

Graham, Charles E. Prof. Emérito de AT. New Orleans Baptist Theological Seminary, Nueva Orleáns, Luisiana

Gray, Elmer L.† Ex Editor de *California Southern Baptist*, Fresno, California

Grissom, Fred A. Prof. de Estudios Religiosos. Wesleyan College Carolina del Norte, Rocky Mount, Carolina del Norte

Haag, Joe Program Planning & Special Moral Concerns, Christian Life Commission. Convención Bautista General de Texas, Dallas, Texas

Halbrook, Gary K. Dir. de Center for Care & Counseling, Lufkin, Texas

Hancock, Omer J. (h) Prof. de AT, Ministerio de la Iglesia y Educación Práctica, Logsdon School de Theology. Hardin-Simmons University, Abilene, Texas

Hardin, Gary Pastor de Packard Road Baptist Church, Ann Arbor, Michigan

Harris, R. Laird† Ex Prof. Emérito de AT. Covenant Theological Seminary, St. Louis, Misuri

Harrison, R. K.† Prof. Emérito de AT, Wycliffe College. University de Toronto, Toronto, Canadá

Harrop, Clayton† Ex Vicepres. Académico y Deán del Cuerpo Docente. Golden Gate Baptist Theological Seminary, Mill Valley, California

Hatchett, Randy L. Prof. Adjunto de Cristianismo y Filosofía. Houston Baptist University, Houston, Texas

Hatfield, Lawson G.*

Haygood, B. Spencer Pastor de Orange Hill Baptist Church, Atlanta, Georgia

Hemer, Colin J.† Tyndale House, Cambridge, Inglaterra

Henderson, Gene† Lifeway Christian Resources, Nashville, Tennessee

Henry, Jerry M. Pastor de First Baptist Church, Fairhope, Alabama

Hepper, F. Nigel Anteriormente de los Royal Botanic Gardens, Kew, Inglaterra

Hill, C. Dale Pastor de Grand Parkway Baptist Church, Richmond, Texas

Hockenhull, Brenda R.*

Honeycutt, Roy L. Ex Presidente, Southern Baptist Theological Seminary, Louisville, Kentucky

Horton, Fred L. (h) Catedrático. Wake Forest University, Winston-Salem, Carolina del Norte

House, Paul R. Deán de Estudios Cristianos; Prof. de AT. Wheaton College, Wheaton, Illinois

Howe, Claude L. (h) Prof. Emérito de Historia de la Iglesia. New Orleans Baptist Theological Seminary, Nueva Orleáns, Luisiana

Hubbard, Kenneth Pastor Emérito de First Baptist Church, Smyrna, Tennessee

Huckabay, Gary C. Pastor de Calvary Baptist Church, Las Cruces, Nuevo México

Humphries-Brooks, Stephenson Prof. Adjunto de Estudios Religiosos. Hamilton College, Clinton, Nueva York

Hunt, Harry B. (h) Retirado. Prof. de AT. Southwestern Baptist Theological Seminary, Fort Worth, Texas

Ireland, William J. (h) Pastor de Ardmore Baptist Church, Winston-Salem, Carolina del Norte

Jackson, Paul Prof. Adjunto de Estudios Cristianos. Union University, Jackson, Tennessee

Jackson, Thomas A. Pastor de Wake Forest Baptist Church, Wake Forest, Carolina del Norte

Johnson, Jerry A. Deán, Boyce College. Southern Baptist Theological Seminary, Louisville, Kentucky

Johnson, Ricky L. Ex Prof. de AT. Southwestern Baptist Theological Seminary, Fort Worth, Texas

Johnson, Walter Prof. Adjunto de Filosofía y Estudios Cristianos. North Greenville College, Tigerville, Carolina del Sur

Joines, Karen R. Prof. de Religión. Samford University, Birmingham, Alabama

Jones, Lynn Pastor de First Baptist Church, Booneville, Misisipí

Jones, Peter Rhea Prof. de Predicación yTeología, McAfee School de Teología. Mercer University, Macon, Georgia

Kaiser, Walter C. (h) Presidente; Prof. de Estudios Cristianos. Gordon-Conwell Theological Seminary, South Hamilton, Massachusetts

Keathley, Naymond Dir. de Estudios de Grado en Religión. Baylor University, Waco, Texas

Kelly, Brent R. Prof. Adjunto. Indiana Wesleyan University, Louisville, Kentucky

Kelm, George L. Retirado. Prof. de Trasfondo Bíblico y Arqueología. Southwestern Baptist Theological Seminary, Fort Worth, Texas

Kent, Dan Gentry Retirado. Prof. de AT. Southwestern Baptist Theological Seminary, Fort Worth, Texas

Kilpatrick, R. Kirk Prof. de AT y Hebreo. Mid-America Baptist Theological Seminary, Germantown, Tennessee

Kimmitt, Francis X. Deán Adjunto, Leavell College; Prof. Adjunto de AT y Hebreo. New Orleans Baptist Theological Seminary, Nueva Orleáns, Luisiana

Knight, George W. Prof. de NT, Griego y Teología Bíblica, Logsdon School de Teología. Hardin-Simmons University, Abilene, Texas

Koester, Helmut Prof. de Estudios del NT. Harvard Divinity School, Cambridge, Massachusetts

Laing, John Prof. de Filosofía y Teología. Southwestern Baptist Theological Seminary, Fort Worth, Texas

Laing, Stefana Dan Instructora Adjunta en Divinidad, Beeson Divinity School. Samford University, Birmingham, Alabama

Langston, Scott Prof. Adjunto de Estudios Bíblicos. Southwest Baptist University, Bolivar, Misuri

Lanier, David E. Prof. de NT; Editor de *Faith & Mission*. Southeastern Baptist Theological Seminary, Wake Forest, Carolina del Norte

Laughlin, John C. H. Pres. del Depto. de Religión; Prof. de AT, Hebreo y Filosofía. Averett University, Danville, Virginia

Lea, Thomas D.† Ex Deán Académico. Southwestern Baptist Theological Seminary, Fort Worth, Texas

Lee, H. Page*

Lee, Philip Nueva Orleáns, Luisiana

Lemke, Steve W. Rector; Prof. de Filosofia. New Orleans Baptist Theological Seminary, Nueva Orleáns, Luisiana

Leonard, Bill J. Deán de la Escuela de Divinidad y Profesor de Historia de la Iglesia. Wake Forest University, Winston-Salem, Carolina del Norte

Lewis, Floyd† Ex Pastor de First Baptist Church, Eldorado, Arizona

Lewis, Jack P. Prof. de Biblia. Harding University Graduate School de Religión, Menfis, Tennessee

Lewis, Joe O. Retirado. Rector. Samford University, Birmingham, Alabama

Livingston, George Herbert† Prof. Emérito de AT. Asbury Theological Seminary, Wilmore, Kentucky

Logan, Phil*

Lorenzen, Thorwald Profesor. St. Mark's National Theological Center, Canberra, Australia

Lunceford, Joe E. Prof. de Religión. Georgetown College, Georgetown, Kentucky

MacRae, Allan A.† Rector & Prof. Emérito de AT. Biblical Seminary, Hatfield, Pensilvania

Mallau, Hans-Harold*

Maltsberger, David C. Pastor de Westlynn Baptist Church, North Vancouver, British Columbia , Canadá

Mapes, David Prof. de Teología. Luther Rice Bible College and Seminary, Lithonia, Georgia

Mariottini, Claude F. Prof. de AT. Northern Baptist Theological Seminary, Lombard, Illinois

Marsh, C. Robert*

Martin, D. C.† Ex Pres. y Prof. del Depto. de Estudios Cristianos. Grand Canyon, College. Phoenix, Arizona

Martin, D. Michael Dir. de Educación por Internet; Prof. de NT. Golden Gate Baptist Theological Seminary, Mill Valley, California

Martin, Ralph P. Erudito Residente. Fuller Theological Seminary, Pasadena, California

Martin, Tony M. Prof. de Religión. University de Mary Hardin Baylor, Belton, Texas

Massey, Ken Pastor de First Baptist Church, Greensboro, Carolina del Norte

Matheney, M. Pierce (h) Retirado. Prof. de AT y Hebreo. Midwestern Baptist Theological Seminary, Kansas City, Misuri

Matheson, Mark E. Pastor de First Baptist Church, Windermere, Florida

Mathis, Donny R., II Prof. Adjunto de NT, Boyce College. Southern Baptist Theological Seminary, Louisville, Kentucky

Matthews, E. LeBron Pastor de Eastern Heights Baptist Church, Columbus, Georgia

Matthews, Victor H. Deán Adjunto, College of Humanities & Public Affairs; Prof. de Estudios Religiosos; Coordinador del Programa de Antigüedades. Southwest Missouri State University, Springfield, Misuri

McCoy, Glenn Retirado. Catedrático de Biblia. Eastern New Mexico University, Portales, Nuevo México

McGee, Daniel B. Prof. de Religión. Baylor University, Waco, Texas

McGraw, Larry R. Prof. de AT, NT y Trasfondo Bíblico, Deán Adjunto de Estudios de Grado, Logsdon School de Teología. Hardin-Simmons University, Abilene, Texas

McKinney, Larry Dir. de Comunic., Baptist Foundation of Kansas City, Overland Park, Kansas

McNeal, T. R. Dir. de Desarrollo de Liderazgo, South Carolina Baptist Convention, Columbia, Carolina del Sur

McRay, John Prof. Emérito de NT y Arqueología. Wheaton College Graduate School, Wheaton, Illinois

McWilliams, Warren Catedrático de Biblia. Oklahoma Baptist University, Shawnee, Oklahoma

Meier, Janice Leadership & Adult Publishing. Lifeway Christian Resources, Nashville, Tennessee

Merkle, Ben L. Gelugor, Penang, Malasia

Michaels, J. Ramsey Prof. Emérito de Estudios Religiosos, Southwest Missouri State University/Prof. Adjunto de NT. Bangor Theological University, Springfield, Misuri & Madbury, Nueva Hampshire

Mickelsen, A. Berkeley† Prof. Emérito de NT. Bethel Theological Seminary, St. Paul, Minnesota

Miller, J. Maxwell Prof. Emérito, Candler School of Theology. Emory University, Atlanta, Georgia

Miller, Stephen R. Pres. del Comité de Doctorado en Filosofía; Pres. del Depto. de AT y Hebreo; Prof. de AT y Hebreo. Mid-America Baptist Theological Seminary, Germantown, Tennessee

Millikin, Jimmy A. Dir., Masters & Associates Programs; Pres., Depto. de Teología; Presidente Interino, Depto. de Historia de la Iglesia; Prof. de Teología. Mid-America Baptist Theological Seminary, Germantown, Tennessee

Mitchell, Eric Alan Prof. Adjunto de Trasfondo Bíblico y Arqueología. Southwestern Baptist Theological Seminary, Fort Worth, Texas

Mitchell, Michael J. Vicepres. de Mitchell Oil Company, Fort Payne, Alabama

Mohler, R. Albert (h) Presidente; Prof. de Teología Cristiana. Southern Baptist Theological Seminary, Louisville, Kentucky

Mooney, D. Jeffrey Programa de Doctorado. Southern Baptist Theological Seminary, Louisville, Kentucky

Moore, Russell D. Prof. Adjunto de Teología Cristiana; Dir. Ejec. de Carl F. H. Henry Institute for Evangelical Engagement. Southern Baptist Theological Seminary, Louisville, Kentucky

Morgan, Barry Prof. de NT y Griego. Hannibal-LaGrange College, Hannibal, Misuri

Morris, Leon† Ex Rector. Ridley College, Melbourne, Australia

Morris, Wilda W. Catedrática Adjunta. Garrett Evangelical Theological Seminary, Evanston, Illinois

Mosley, Harold R. Prof. Adjunto de AT y Hebreo. New Orleans Baptist Theological Seminary, Nueva Orleáns, Luisiana

Mott, Stephen Charles Pastor de Cochesett United Methodist Church, West Bridgewater, Massachusetts

Moyer, James C. Director de Estudios Religiosos. Southwest Missouri State University, Springfield, Misuri

Murrell, Rich División de Recursos para la Iglesia. Lifeway Christian Resources, Nashville, Tennessee

Music, David W. Prof. de Música para la Iglesia, Escuela de Música. Southwestern Baptist Theological Seminary, Fort Worth, Texas

Nelson, David P. Prof. Adjunto de Teología Sistemática. Southeastern Baptist Theological Seminary, Wake Forest, Carolina del Norte

Newell, James Pastor de First Baptist Church, Jasper, Alabama

Newman, Carey C. Editor de Libros Académicos, Westminster/John Knox Press, Louisville, Kentucky

Ngan, Lai Ling Elizabeth Prof. Asociada de Escrituras, AT y Hebreo, Truett Theological Seminary. Baylor University, Waco, Texas

Norman, Robert Stanton Prof. Adjunto de Teología, Cátedra McFarland de Teología. New Orleans Baptist Theological Seminary, Nueva Orleáns, Luisiana

O'Brien, J. Randall Presidente y Prof. del Depto. de Religión. Baylor University, Waco, Texas

Omanson, Roger L. Sociedad Bíblica Americana, Nueva York, Nueva York

Orrick, Jim Scott Prof. de Literatura y Cultura, Boyce College. Southern Baptist Theological Seminary, Louisville, Kentucky

Ortiz, Steven Prof. Adjunto de Arqueología. New Orleans Baptist Theological Seminary, Nueva Orleáns, Luisiana

Osborne, Grant R. Prof. de NT. Trinity Evangelical Divinity School, Deerfield, Illinois

Owens, J. J.† Ex Prof. de AT y Hebreo. Southern Baptist Theological Seminary, Louisville, Kentucky

Palmer, Clark Escritor, Pineville, Luisiana

Parker, W. Dan Dir. de Undergraduate Extension Center System; Prof. Adjunto de Ministerio Pastoral, North Georgia Campus. Leavell College, New Orleans Baptist Theological Seminary, Nueva Orleáns, Luisiana

Parkman, Joel*

Parks, D. Mark Prof. Adjunto de Religión. Dallas Baptist University, Dallas, Texas

Parsons, Mikeal C. Prof. Adjunto de Religión. Baylor University, Waco, Texas

Patterson, Dorothy Prof. de Estudios para la Mujer. Southeastern Baptist Theological Seminary, Wake Forest, Carolina del Norte

Patterson, L. Paige Presidente; Prof. de Teología. Southeastern Baptist Theological Seminary, Wake Forest, Carolina del Norte

Pearce, T. Preston Consultor Teológico, International Mission Board, Richmond, Virginia

Plummer, Robert L. Prof. Adjunto de Interpretación del NT. Southern Baptist Theological Seminary, Louisville, Kentucky

Polhill, John B. Catedrático de Interpretación del NT. Southern Baptist Theological Seminary, Louisville, Kentucky

Potts, Donald R. Retirado. Pres. del Depto. de Religión. East Texas Baptist University, Marshall, Texas

Poulton, Gary Pres. Emérito y Prof. de Historia. Virginia Intermont College, Bristol, Virginia

Powell, Paul Deán, Truett Theological Seminary. Baylor University, Waco, Texas

Price, Nelson Pastor Emérito de Roswell Street Baptist Church, Marietta, Georgia

Prince, Robert William, III Vernon, Texas

Quarles, Charles L. Prof. Adjunto de NT y

Griego. New Orleans Baptist Theological Seminary, Nueva Orleáns, Luisiana

Queen-Sutherland, Kandy Prof. de Estudios Religiosos. Stetson University, DeLand, Florida

Rainey, Joel North American Mission Board. Southern Baptist Convention, Richmond, Virginia

Ray, Charles A. (h) Deán Adjunto, Programas de Doctorado; Prof. de NT y Griego. New Orleans Baptist Theological Seminary, Nueva Orleáns, Luisiana

Reddish, Mitchell G. Prof. de Estudios Religiosos. Stetson University, DeLand, Florida

Redditt, Paul L. Pres. del Depto. de Religión; Prof. de AT, NT y Tradiciones No Occidentales. Georgetown College, Georgetown, Kentucky

Reeves, Rodney P Prof. de NT. Southwest Baptist University, Bolivar, Misuri

Register, R. Dean Pastor de Temple Baptist Church, Hattiesburg, Misisipí

Ridge, Donna R. Escritora, Kimberly, Wisconsin

Robbins, Ray Frank Prof. Emérito de NT y Griego. New Orleans Baptist Theological Seminary, St. Joseph, Luisiana

Robertson, Paul E. Nueva Orleáns, Luisiana

Robinson, Darrell W. Presidente, Total Church Life Ministries, Inc. y Ministro de Evangelismo. Roswell Street Baptist Church, Marietta, Georgia

Rogers, Max† Ex Prof. de AT. Southeastern Baptist Theological Seminary, Wake Forest, Carolina del Norte

Rooker, Mark Prof. de AT y Hebreo. Southeastern Baptist Theological Seminary, Wake Forest, Carolina del Norte

Ruffle, John University de Durham, Durham, Inglaterra

Russell, Jeremiah H. Baylor University, Waco, Texas

Sandlin, Bryce Levelland, Texas

Saul, D. Glenn Vicepres. de Asuntos Académicos y Estudios de Posgrado. Wayland Baptist University, Plainview, Texas

Sawyer, W. Thomas Prof. Emérito de NT y Griego. Mars Hill College, Mars Hill, Carolina del Norte

Scalise, Pamela J. Prof. Adjunto de AT. Fuller Theological Seminary, Pasadena, California

Schemm, Peter R. (h) Prof. Adjunto de Teología. Southeastern Baptist Theological Seminary, Wake Forest, Carolina del Norte

Schreiner, Thomas R. Prof. de Interpretación del NT; Editor, *The Southern Baptist Journal of Theology*. Southern Baptist Theological Seminary, Louisville, Kentucky

Schweer, G. William Prof. de Evangelismo. Golden Gate Baptist Theological Seminary, Mill Valley, California

Sexton, James Cordele, Georgia

Shackleford, David G. Prof. de NT y Griego. Mid-America Baptist Theological Seminary, Germantown, Tennessee

Sheffield, Bob*

Simmons, Billy E. Prof. Emérito de NT y Griego. New Orleans Baptist Theological Seminary, Gulfport, Misisipí

Skinner, Craig Ex Prof. de Predicación. Golden Gate Baptist Theological Seminary, Mill Valley, California

Sloan, Robert B. (h) Presidente y Prof. de Religión. Baylor University, Waco, Texas

Smith, A. J. Programa de Doctorado. Southern Baptist Theological Seminary, Louisville, Kentucky

Smith, Billy K.† Ex Deán Académico y Prof. Emérito de AT y Griego. New Orleans Baptist Theological Seminary, Nueva Orleáns, Luisiana

Smith, Fred Consejero Estudiantil y Maestro Adjunto de Filosofía de la Religión. Southwestern Baptist Theological Seminary/Prof. Adjunto de Filosofía de la Religión, Criswell College, Dallas, Texas

Smith, Gary V. Prof. de AT y Hebreo. Midwestern Baptist Theological Seminary, Kansas City, Misuri

Smith, Marsha A. Ellis Vicepres. Asociada de Desarrollo Institucional. Southern Baptist Theological Seminary, Louisville, Kentucky

Smith, Ralph L. Retirado. Prof. de AT y Hebreo. Southwestern Baptist Theological Seminary, Fort Worth, Texas

Smothers, Thomas Retirado. Prof. de AT y Hebreo. Southern Baptist Theological Seminary, Louisville, Kentucky

Snider, P. Joel Pastor de First Baptist Church, Rome, Georgia

Songer, Harold S. Retirado. Prof. de NT. Southern Baptist Theological Seminary, Louisville, Kentucky

Spradlin, Michael R. Presidente; Director del Depto. de Evangelismo; Prof. de AT y Hebreo, Evangelismo, Teología Práctica e Historia de la Iglesia. Mid-America Baptist Theological Seminary, Germantown, Tennessee

Stabnow, David K. Editor de Libros Académicos. B&H Publishing Group, Nashville, Tennessee

Stagg, Robert Prof. Emérito de Biblia. Ouachita Baptist University, Arkadelphia, Arkansas

Stein, Robert H. Catedrático de Interpretación del NT. Southern Baptist Theological Seminary, Louisville, Kentucky

Stephens, Shirley Escritora, Nashville, Tennessee

Stevens, Gerald L. Prof. de NT y Griego. New Orleans Baptist Theological Seminary, Nueva Orleáns, Luisiana

Stewart, Don H. Prof. de NT y Griego. New Orleans Baptist Theological Seminary, Nueva Orleáns, Luisiana

Stewart, Robert B. Prof. Adjunto de Filosofía y Teología. New Orleans Baptist Theological Seminary, Nueva Orleáns, Luisiana

Stinson, Randy Dir. Ejec. de Council on Biblical Manhood & Womanhood, Louisville, Kentucky

Strange, James F. Prof. de Estudios Religiosos & Dir. de Estudios de Posgrado. University de South Florida, Tampa, Florida

Street, Robert Anderson (h) Prof. de AT. Campbellsville University, Campbellsville, Kentucky

Strong, L. Thomas, III Deán, Leavell College; Prof. Adjunto de NT y Griego, Leavell College. New Orleans Baptist Theological Seminary, Nueva Orleáns, Luisiana

Summers, Ray† Ex Prof. de NT y Griego. Southwestern Baptist Theological Seminary, Fort Worth, Texas

Sutherland, Dixon*

Swanson, Phillip J. Pastor de Colts Neck Baptist Church, Colts Neck, Nueva Jersey

Talbert, Charles H. Catedrático de Religión. Baylor University, Waco, Texas

Tan, Randall K. J. Programa de doctorado. Southern Baptist Theological Seminary, Louisville, Kentucky

Tang, Samuel Yau-Chi Prof. de AT y Hebreo. Golden Gate Baptist Theological Seminary, Mill Valley, California

Tankersley, Bruce Prof. de Religión. East Texas Baptist University, Marshall, Texas

Taulman, James Baptist History & Heritage Society, Brentwood, Tennessee

Thompson, J. William Retirado. Lifeway Christian Resources, Nashville, Tennessee

Tobias, Hugh*

Trammell, Timothy Deán Adjunto de Mary Crowley College de Christian Faith. Dallas Baptist University, Dallas, Texas

Travis, James L. Prof. Emérito. Blue Mountain College, Blue Mountain, Misisipí

Traylor, John H. (h) Pastor retirado. Monroe, Luisiana

Tullock, John H. Prof. Emérito de AT y Hebreo. Belmont University, Nashville, Tennessee

Turnham, Tim Pastor de Luther Rice Memorial Baptist Church, Silver Spring, Maryland

Van Leeuwen, Raymond C. Prof. de Estudios Bíblicos. Calvin Theological Seminary, Grand Rapids, Michigan

Vermillion, William H.*

Vickers, Bryan J. Editor Asociado, *The Southern Baptist Journal of Theology*; Programa doctoral, Southern Baptist Theological Seminary, Louisville, Kentucky

Viegas Calçada, Antonio Escritor, Buenos Aires, Argentina

Wade, Charles R. Convención General Bautista de Texas, Dallas, Texas

Walker, Douglas C. Vicepres. Sénior de Relaciones Institucionales. Southern Baptist Theological Seminary, Louisville, Kentucky

Walker, Larry Retirado. Prof. de AT y Hebreo. Mid-America Baptist Theological Seminary, Germantown, Tennessee

Warren, William F. (h) Dir. del Centro de Estudios Textuales del NT; Coordinador, Baptist College Partnership Program; Prof. de NT y Griego. New Orleans Baptist Theological Seminary, Nueva Orleáns, Luisiana

Wellum, Stephen J. Prof. Adjunto de Teología Cristiana. Southern Baptist Theological Seminary, Louisville, Kentucky

White, James Dir. de Ministerios Alfa y Omega, Phoenix, Arizona

Wilbanks, Pete Prof. Adjunto de Estudios Cristianos. North Greenville College, Tigerville, Carolina del Sur

Wilder, Terry Editor de Libros Académicos, B&H Publishing Group, Nashville, Tennessee

Wilson, Douglas K. (h) Pastor de First Baptist Church, Orchard Park, Nueva York

Wilson, Kimberly P. Orchard Park, Nueva York

Wolf, Christian*

Wooldridge, Judith*

Wright, G. Al (h) Pastor de First Baptist Church, Waynesboro, Georgia

Wright, Paul H. Coordinador de Programas Académicos; Historia y Geografía Bíblica. Jerusalem University College, Jerusalén, Israel

Wyrick, Stephen Von Prof. de Religión. University de Mary Hardin Baylor, Belton, Texas

Yamauchi, Edwin Prof. de Historia. Miami University, Oxford, Ohio

Yarnell, Malcolm B., III Deán Adjunto de Estudios Teológicos; Prof. Adjunto de Teología. Southwestern Baptist Theological Seminary, Fort Worth, Texas

York, Hershael W. Prof. de Predicación Cristiana; Deán Adjunto de Ministerio y Proclamación. Southern Baptist Theological Seminary, Louisville, Kentucky

Youngblood, Kevin J. Programa de doctorado. Southern Baptist Theological Seminary, Louisville, Kentucky

Zachariades, Doros Programa de doctorado. Southern Baptist Theological Seminary/Pastor de Woodstock Baptist Church, Somerset, Kentucky

Créditos y reconocimientos artísticos

B&H Español agradece a las siguientes personas e instituciones:

FOTOGRAFÍAS

Abreviaturas de museos

AMO = Ashmolean Museum, Oxford, Iglaterra
AMS = Augst Museum, Augst, Suiza
BMI = Beersheba Museum, Beerseba, Israel
EMC = Egyptian Museum, El Cairo, Egipto
GAM = Geneva Archaelogical Museum, Ginebra, Suiza
GMG = Glyptothek Museum, Copenhague, Dinamarca
GMM = Glyptothek Museum, Munich, Alemania
HHJ = Holyland Hotel, Jerusalén, Israel
IMJ = Israel Museum, Jerusalén, Israel
JAC = Joseph A. Calloway Archaeological Museum, Southern Baptist Theological Seminary, Louisville, Kentucky, EE.UU.
MAO = Museum of the Ancient Orient, Estambul, Turquía
MEAC = Marian Eakins Archaeological Collection, Golden Gate Baptist Theological Seminary, Mill Valley, California, EE.UU.
MGV = Museum of Giula Villa, Roma, Italia
MMM = Meggido Museum, Meguido, Israel
MNY = Metropolitan Museum, Nueva York, Nueva York
NAM = Nimes Archaeological Museum, Nimes, Francia
NMN = Naples Museum, Nápoles, Italia
RMA = Roman Museum, Augsburgo, Alemania
RMM = Roman Museum, Malta
TAM = The Archaeological Museum, Ankara, Turquía
TLP = The Louvre, París, Francia
VMR = Vatican Museum, Roma, Italia
WMS = Windisch Museum, Windisch, Suiza

Fotógrafos

Arnold, Nancy, fotógrafa, Nashville, Tennessee: págs. 24, abajo; 267; 293, arriba derecha; 316, arriba derecha; 317, arriba izquierda; 566; 655, arriba; 710; 756; 866; 1036; 1038; 1107, arriba; 1175; 1275; 1277, arriba izquierda; 1393; 1396; 1403; 1477, abajo; 1622, abajo izquierda; 1637.

***Biblical Illustrator* (James McLemore, fotógrafo), Nashville, Tennessee**: págs. 54; 144; 215; 232; 318; 336; 423; 491; 621; 743 (MEAC); 849; 959; 966, arriba.

***Biblical Illustrator* (David Rogers, fotógrafo), Nashville, Tennessee**: págs. 15; 18, arriba izquierda; 21, abajo derecha; 57; 63, abajo izquierda; 63, arriba derecha; 74; 88, arriba derecha; 88, abajo izquierda; 89, arriba derecha; 119, arriba; 125; 133, derecha; 139; 154; 165; 186 (TLP); 191 (MAO); 204; 251; 279; 285; 293, abajo; 319; 325; 329, arriba izquierda; 329, abajo izquierda; 509, arriba izquierda; 509, arriba derecha; 512, izquierda; 630; 652; 706, abajo; 739; 757; 767; 768, arriba; 769 (MAO); 772; 773; 798 (TLP); 877, arriba; 913, arriba; 923; 924, arriba (TAM); 924, abajo (TAM); 925 (TAM); 967, abajo; 968, arriba derecha; 968, abajo izquierda; 970; 1013; 1033; 1041; 1044; 1091; 1111(TAM); 1112 (TAM); 1115; 1117; arriba; 1121, abajo derecha; 1198; 1200; 1226, arriba; 1265, abajo; 1269; 1283; 1285; 1298, arriba derecha; 1417; 1428 (JAC); 1436; 1455, arriba; 1494; 1497; 1507; 1531, abajo; 1539; 1544; 1580, arriba derecha; 1581, arriba.

***Biblical Illustrator* (Bob Schatz, fotógrafo), Nashville, Tennessee**: págs. 20; 26; 39; 51, abajo; 53; 87; 121; 136; 166; 168; 176; 185; 218, abajo; 236; 263; 278, abajo; 282; 296; 600; 643; 655, abajo; 657; 662; 717; 725; 733; 797; 801; 936; 978; 1017; 1019; 1086; 1114; 1118; 1135; 1145, abajo; 1205; 1347; 1488, arriba; 1623, arriba.

***Biblical Illustrator* (Ken Touchton, fotógrafo), Nashville, Tennessee**: págs. 25; 62; 64; 89, abajo (HHJ); 120; 142; 145; 218, arriba derecha; 219; 260, abajo; 265, abajo izquierda; 266 (IMJ); 278, arriba; 280; 329, arriba derecha; 313; 337; 417; 424; 433; 440; 442; 448; 451; 452; 454; 534; 546; 621; 634; 635; 644; 653; 669; 676; 700, abajo; 706, arriba; 740; 762; 763, arriba; 869; 870, derecha; 870, arriba izquierda; 870, abajo izquierda; 871; 872, abajo izquierda; 897; 913, abajo; 947, arriba; 971, abajo derecha; 1112; 1115, arriba; 1137; 1147; 1169; 1185; 1199; 1232; 1244; 1277, abajo derecha; 1279, arriba (IMJ); 1279, abajo; 1289; 1331, arriba derecha; 1331, abajo izquierda; 1339; 1340, arriba izquierda; 1392, abajo derecha; 1405; 1407 (IMJ); 1415; 1432 (HHJ); 1462; 1478; 1457; 1523; 1538; 1542; 1546; 1555; 1579, arriba; 1589; 1601; 1613, arriba; 1613, abajo.

Brisco, Thomas V., Profesor de Antiguo Testamento y Arqueología, Baylor University, Waco, Texas: págs. 58; 93; 127; 171; 253, arriba; 329, abajo derecha; 332; 579, arriba izquierda; 580; 619; 626; 631; 771; 778; 951, abajo derecha; 969; 1050; 1061; 1063; 1290, abajo; 1423; 1454; 1455, abajo; 1477, arriba; 1498, arriba derecha; 1500; 1543; 1545; 1532, abajo; 1533, arriba izquierda; 1568, derecha; 1600, arriba.

Christian Computer Art, cc-art.com: pág. 298.

Corel: pág. 894.

Couch, Ernie, consultor gráfico, Nashville, Tennessee: pág. 1227.

Ellis, C. Randolph, médico cirujano y anestesiólogo, Malvern, Arkansas: págs. 512, abajo derecha; 512 centro derecha; 688, arriba; 700, arriba; 880-881; 882, arriba; 942; 1236; 1281, arriba; 1332, abajo; 1377; 1379; 1390.

Langston, Scott, Deán Asociado y Profesor de Estudios Bíblicos. Southwest Baptist University, Bolivar, Misuri: págs. 27; 36; 49; 119, abajo izquierda; 216; 287; 294, arriba izquierda; 294, arriba derecha; 316, abajo izquierda; 319; 379; 383; 385; 428, derecha arriba; 429; 449; 612; 620; 674; 764; 877, abajo derecha; 1035, abajo; 1084; 1085, arriba; 1184; 1264, arriba izquierda; 1264, arriba derecha; 1264, abajo; 1265, arriba izquierda; 1280, abajo derecha; 1282; 1290, arriba derecha; 1377, abajo; 1498, abajo izquierda; 1532, arriba izquierda; 1544, abajo; 1568, izquierda.

Nacional Aeronautics and Space Administration (NASA): pág. 1038.

Scofield Collection, E.C.Dargan Research Library, Lifeway Christian Resources, Nashville, Tennessee: págs. 3; 18, abajo derecha; 41; 56; 124; 179; 218, arriba izquierda; 225; 310; 321, arriba; 342; 343; 344; 345, arriba; 345, abajo; 425; 426, arriba; 427, abajo derecha; 434, arriba; 434, abajo; 435; 487; 502; 529; 554; 581; 625; 640; 648; 649, arriba; 649, abajo; 651; 661; 668; 670; 683; 684, arriba izquierda; 688, abajo; 701; 765, abajo; 779; 792, arriba; 831; 851; 855; 873; 874, arriba; 874, abajo; 875, arriba; 875, abajo; 963; 973; 1013, abajo; 1023; 1039; 1065; 1107, abajo; 1121; 1128; 1174, arriba; 1174, abajo; 1226, abajo; 1232, abajo derecha; 1233; 1242; 1281, abajo; 1325; 1345, arriba; 1380-1381; 1382, arriba; 1382, abajo; 1390, arriba; 1391; 1394; 1408; 1437, abajo; 1438, arriba; 1439, abajo derecha; 1488, abajo; 1609, abajo; 1622; 1623, abajo; 1639; 1640.

Smith, Marsha A. Ellis, Southern Baptist Theological Seminary, Louisville, Kentucky: págs. 209; 216 (BMI); 232; 316, abajo derecha; 428, abajo izquierda; 1136, arriba; 1136, abajo.

Southwestern Baptist Theological Seminary, A. Webb Library, Fort Worth, Texaas: págs. 5; 201; 516, abajo; 1340, abajo.

Staaliche Museen zu Berlin, Berlín, Alemania: pág. 164.

Stevens, Bill, retirado, Coordinador Sénior de Currículo, LifeWay Christian Resources, Nashville, Tennessee: págs. 21; 23 (MGV); 75; 86; 131; 148; 149; 150; 169; 177; 199; 233; 260, arriba; 265, arriba derecha; 268; 277 (GMC); 281; 312; 314;

327; 339 (RMM); 341; 347; 355 (WMS); 356; 375 (MNY); 376; 415, arriba; 415, abajo; 420; 442; 447 (AMS); 462; 515; 531; 538; 571 (GMM); 573; 579, abajo; 599; 642; 655, arriba; 660, arriba; 660, abajo (MNY); 665; 669 (NMN); 692, arriba; 692, abajo; 707; 711 (NMN); 734, arriba; 741; 754 (VMR); 765, arriba (MGV); 768; 785 (MGV); 789; 792, abajo; 811, arriba (RMM); 811, abajo; 847; 900; 946; 947, abajo; 951, arriba; 966, abajo; 967, arriba; 971, arriba; 978; 979; 1045 (NMN); 1047; 1062, arriba (MMM); 1067; 1068; 1090; 1102; 1110; 1144; 1146; 1162 (GMM); 1163; 1171; 1189; 1213; 1222; 1276; 1280, arriba (NMN); 1307; 1326; 1345, abajo; 1353 (GMM); 1392; 1412; 1439, arriba izquierda; 1444, arriba (NMN); 1444, abajo (GMM); 1467; 1476; 1479, arriba izquierda; 1479, abajo derecha; 1490; 1495; 1531, arriba (GMM); 1572; 1576; 1580, izquierda; 1591; 1598; 1600, abajo (RMA); 1612; 1614, arriba; 1614, abajo; 1629, arriba (NMN); 1629, abajo; 1632; 1619; 1636; 1648.

Tolar, William B., Consultor Especial y Profesor Distinguido de Trasfondo Bíblico, Southwestern Baptist Theological Seminary, Fort Worth, Texas: págs. 189; 192, abajo; 193; 253, abajo; 320; 321, abajo; 349; 350; 382; 426, abajo; 427, arriba izquierda; 501; 516; 517 (EMC y GMM); 519; 520; 524; 569; 570, arriba; 570, abajo; 659; 672, arriba; 672, abajo; 684, abajo; 689; 691; 709; 734, abajo; 747; 758; 763, abajo; 883; 912; 1034, arriba; 1034, abajo; 1062, abajo; 1078; 1119; 1145, arriba; 1156; 1215; 1252; 1341; 1346; 1437, arriba; 1527; 1545, abajo; 1563, arriba; 1563, abajo; 1579, abajo; 1602; 1603; 1609, arriba; 1649, arriba.

ILUSTRACIONES Y RECONSTRUCCIONES

***Biblical Illustrator*, Linden Artist, Londres, Inglaterra**: págs. 51; 192, arriba; 1398-1399.

Latta, Bill, Latta Art Services, Mt. Juliet, Tennessee: págs. 124; 133; 147; 174-175; 229; 304; 305; 380-381; 438-439; 510-511; 512, arriba; 550-551; 1085, abajo; 1150; 1203; 1432, abajo; 1499; 1525; 1537; 1540-1541; 1649.

Otras excelentes herramientas para ayudar con el estudio bíblico.

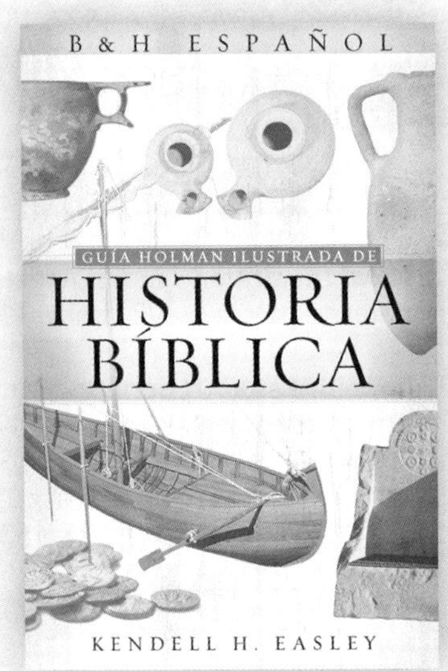

978-0-8054-2850-6

978-0-8054-2841-4

978-0-8054-9419-8

978-0-8054-2830-8